BOUQUINS

COLLEC

GU

PUBLIÉ AVEC LE CONCOURS DU
CENTRE NATIONAL DES LETTRES

EDMOND ET JULES DE GONCOURT

JOURNAL

MÉMOIRES DE LA VIE LITTÉRAIRE

III - 1887-1896

TEXTE INTÉGRAL ÉTABLI ET ANNOTÉ
PAR ROBERT RICATTE
Professeur honoraire à l'Université Paris VII

NOTES SUR LE VOCABULAIRE DU "JOURNAL"

RÉFÉRENCES BIBLIOGRAPHIQUES

INDEX

16 PAGES DE HORS-TEXTE
24 illustrations
Maquette de Daniel Arnault, légendes de Robert Kopp,
iconographie : Anne Mensior - Studio CLAM !

* * *

ROBERT LAFFONT

Chacune des œuvres publiées dans « Bouquins » est reproduite dans son intégralité.

ISBN : 2-221-05945-X (Tome III)
ISBN : 2-221-06436-4 (Édition complète)

ANNÉE 1887

Samedi 1er janvier

Dîner chez les de Béhaine, en tête à tête avec le mari et la femme et leur fils, venu de Soissons, où il est en garnison.

Nous causons avec Francis de l'armée, où il me dit qu'il n'y a plus de démission pour cause politique, la légitimité ayant été tuée par la mort du comte de Chambord, l'impérialisme par la mort du Prince Impérial, l'orléanisme par la veulerie des princes d'Orléans. Mais si elle n'est pas légitimiste, impérialiste, orléaniste, l'armée se fait tous les jours conservatrice par le recrutement d'une jeunesse écartée du fonctionnarisme et de la magistrature par les tristes choix faits par la République et dont elle dote la province. Et Francis croit que d'ici à très peu de temps, l'armée doit devenir le corps influent de l'État et avoir la haute main dans le gouvernement et les modifications du gouvernement.

Dimanche 2 janvier

Lecture par Porel chez Daudet du NORD ET MIDI, lecture qui dure jusqu'à une heure du matin [1].

Tous les éléments d'un grand succès. Une pièce amusante, des caractères délicatement étudiés, du fin comique, un habile transport des détails et des aspects de la vie intime sur les planches, et une œuvre ne présentant pas de danger.

Une seule chose nous choque, Mme Daudet, Porel et moi. C'est au quatrième acte, quand la mère fait la confession à sa fille qu'elle, aussi bien que toutes les autres femmes, a été trompée par son austère mari : un moment, avant l'explication complète, la fille a la pensée que sa

1. Il s'agit de NUMA ROUMESTAN. Cf. t.II p. 1175, n. 1.

mère a été coupable... Une complication de scène inutile et qui jette de l'antipathie sur la fille [1].

Lundi 3 janvier

Le 1er janvier, il a paru dans le GIL BLAS, un article signé *Santillane*, au sujet de la représentation demandée à Porel pour compléter la souscription pour le monument de Flaubert, article me reprochant la mendicité de la chose et me faisant un crime de ne pas compléter à moi tout seul les 3 000 francs qui manquent. Aujourd'hui, quelle a été ma surprise, un mois s'étant à peine écoulé depuis l'aimable lettre que Maupassant m'avait adressée après la première de RENÉE MAUPERIN, de lire dans le GIL BLAS une lettre dudit où il appuie de l'autorité de son nom l'article de *Santillane* ! Je lui envoie sur le coup ma démission, dans cette lettre :

« 3 janvier 1887.

« Mon cher Maupassant,

« Votre lettre imprimée dans le GIL BLAS de ce matin — le GIL BLAS, datant du lendemain, porte le 4 — apportant l'autorité de votre nom au dernier article de *Santillane*, un des plus hostiles qui aient jamais été écrits contre moi — c'est l'opinion de mes amis —, ne me laisse qu'une chose à faire : c'est de vous faire parvenir ma démission de président et de membre de la société du monument de Flaubert.

« Vous n'ignorez pas ma répulsion pour les sociétés et leurs honneurs et vous devez vous rappeler que je n'ai accepté que sur vos instances cette présidence, qui m'a causé mille ennuis et mis en contradiction avec moi-même et ma profession de foi sur la *statuomanie*, à propos de la statue de Balzac.

« Maintenant, voici l'historique de la représentation demandée par moi.

« Je recevais le 10 septembre dernier, annoncé par une lettre de vous, un extrait des délibérations du Conseil général de la Seine-Inférieure, de la session d'août, où M. Laporte, membre du Conseil, s'exprimait ainsi :

« La souscription pour le monument à élever à la mémoire de Gustave Flaubert s'élève actuellement à la somme de 9 650 francs, y compris les 1 000 francs votés par le Conseil général et qui ont été mandatés le 30 mars 1882. Cette somme, qui est déposée dans une banque de Rouen, est insuffisante. Mais on espère trouver facilement, au moyen d'une représentation dans un théâtre de Paris ou par toute autre voie, le complément nécessaire, soit à peu près 2 000 francs.

« Et l'on me priait de hâter autant qu'il était en mon pouvoir

1. Cf. NUMA ROUMESTAN, acte IV, sc. 5 : pour décider Rosalie Roumestan à ne pas divorcer après l'infidélité répétée de Numa, son père, le grave président Le Quesnoy, force sa femme à révéler à leur fille que lui aussi, a trompé jadis son épouse. Dans le texte imprimé, aucune équivoque ne subsiste et l'on sait tout de suite qu'il s'agit d'une infidélité de M. Le Quesnoy.

l'édification du monument. N'étant pas assez riche pour fournir à moi seul les fonds manquants, n'ayant reçu d'aucun membre de la société la demande de compléter entre amis la somme de 2 000 francs, répugnant à rouvrir une souscription qui depuis plusieurs années n'avait pas seulement réuni 9 000 francs, je me rendais au vœu du Conseil général et je demandais le mois dernier une représentation au Théâtre-Français.

« Sur cette demande, aucune réclamation de la famille ou d'un membre de la société.

« Le directeur du Théâtre-Français me répondait par un refus motivé sur les statuts de la Comédie-Française.

« Alors, dans un dîner chez Daudet, je proposais à Daudet de compléter la souscription, en donnant Daudet, Zola, vous et moi, chacun 500 francs, proposition rapportée le lendemain dans LE TEMPS par un de ses rédacteurs qui dînait avec nous.

« Et la résolution allait être prise définitivement et j'allais vous demander ainsi qu'à Zola 500 francs, lorsque dans un autre dîner chez Daudet, où se trouvait Porel, on parlait de la représentation du Théâtre-Français tombée dans l'eau. Sur mes regrets, Porel nous offrait alors galamment son théâtre, et instantanément, nous improvisions à nous trois la représentation annoncée dans les journaux, que je trouve, pour ma part, joliment imaginée comme *représentation d'amitié et de cœur* et dont l'argent n'avait rien à mes yeux de plus blessant pour la mémoire de Flaubert que l'argent d'une souscription du public.

« Maintenant, cette représentation n'ayant pas lieu, je tiens à la disposition de la société la somme de 500 francs pour laquelle j'avais annoncé vouloir contribuer au monument de Flaubert, regrettant, mon cher Maupassant, que vous ne m'ayez pas écrit directement, enchanté que j'aurais été de me décharger en ces affaires délicates, où je n'ai été que l'instrument de vouloirs et de désirs qui n'étaient pas toujours les miens, de toute initiative personnelle.

« Agréez quand même, mon cher Maupassant, l'assurance de mes sentiments affectueux. »

Mardi 4 janvier

La petite Benedetti me disait que, se trouvant la semaine dernière au Louvre, elle avait entendu une demoiselle de magasin, qui offrait des livres d'étrennes, dire : « Le Goncourt se vend très bien ! »

Mercredi 5 janvier

J'ai à déjeuner ce matin Bracquemond et Rodin le sculpteur.

Rodin, qui est en pleine *faunerie*, me demande à voir mes érotiques japonais, et ce sont des admirations devant ces dévalements de têtes de femmes en bas, ces cassements de cou, ces extensions nerveuses des bras, ces contractures des pieds, toute cette voluptueuse et frénétique réalité du coït, tous ces sculpturaux enlacements de corps fondus et emboîtés dans le spasme du plaisir.

Dîner chez Charpentier, où Daudet déclare qu'il y aurait un beau livre à faire : LE SIÈCLE D'OFFENBACH, déclarant que tout ce temps descendait de lui, de sa blague, de sa musique, qui n'était au fond qu'une parodie de choses et de musiques sérieuses qu'il avait travesties. Et Céard le baptise assez spirituellement du surnom : le *Scarron de la musique.*

Samedi 8 janvier

Dîner chez Banville.

C'est curieux, dans le moment, l'influence du café-concert et la prise de possession par la chansonnette des cervelles. A toute minute, j'entends Daudet chantonner :

Trois, rue du Paon,
Un petit appartement,
Sur le devant

et chantonner, en s'interrompant tout à coup, un peu honteux de cet empoignement bête.

Et voici Coppée qui dit que le mélodrame, sa toquade, n'a plus le pouvoir de l'amuser, qu'il n'y a que le café-concert, qu'il n'y a plus que Paulus qui le mette en joie, que ça lui a *créé* un emploi de sa vie du soir.

C'est ainsi que cette gaîté névro-épileptique est en train de conquérir tout Paris, et de mettre ses refrains de *gaga* dans la bouche des plus jolies intelligences. C'est un peu comme ces crises qui courent dans une salle d'hôpital et vont de lit en lit, atteignant tout le monde.

Banville, avec son ironie à lui, ironie toute charmante dans sa forme bonhomme, raconte comme quoi Sarcey, à une pièce quelconque de l'Odéon, jouée ces années dernières, l'a emmené boire un bock dans un café et lui a dit tout à coup : « Vous savez, Hugo est un grand lyrique... Oui, ces temps-ci, j'ai été emmené à la campagne par un ami, il y avait, dans une armoire de la chambre où je couchais, un livre tout dégoûtant, tout taché... LES FEUILLES D'AUTOMNE, connaissez-vous ça ?... Eh bien, il y a là-dedans un mendiant se chauffant auprès du feu, passant à travers son manteau, qui fait comme les étoiles dans le ciel la nuit... Oh ! mais là, vous savez, c'est un grand lyrique [1] ! » Et le voilà faisant une scène à Banville, ne le trouvant pas à l'unisson de son admiration !

A la fin de la soirée, dans un coin, en une causerie joliment raillarde, comme l'a d'habitude Coppée, il me confesse son étonnement de la *jobarderie* de Taine, son étonnement de *l'avaleur de n'importe quoi* qu'il y a chez cet homme, dont on fait un si grand monsieur.

1. L'émerveillement de Sarcey est d'autant plus plaisant que c'est dans les CONTEMPLATIONS (V, 9) et non dans LES FEUILLES D'AUTOMNE, que se trouve cette pièce du MENDIANT.

Dimanche 9 janvier

Il n'y a plus qu'une chose qui me sorte de mon écœurement de la vie et qui m'y fait reprendre un peu d'intérêt : c'est la première épreuve d'un livre nouveau.

Paul Margueritte me racontait aujourd'hui qu'au Sénat, où il avait été voir un ami de son père, il avait été mis en rapport avec Anatole France. L'ex-gagiste au service de Lemerre et de Lévy, tout en l'amusant de la promesse assez problématique d'un article dans la REVUE DES LETTRES ET DES ARTS, lui avait dit : « Oui, oui, c'est entendu, Flaubert est parfait, tout à fait parfait, et je n'ai pas manqué de le proclamer... Mais au fond, sachez-le bien, il lui a manqué de faire des *articles sur commande*... Ça lui aurait donné une souplesse qui lui manque [1]. »

Lundi 10 janvier

Mme Bizet, actuellement Strauss, qui conte tout à la fois à la façon d'un journaliste et d'une femme, nous contait aujourd'hui l'histoire d'un oncle à elle, d'un frère de sa mère, surprenant sa femme avec un cocher sur les marches d'un escalier de service. Cette femme, amoureuse du chanteur Mocker, employait comme messager galant son neveu, le jeune Busnach, âgé de quatorze ans, qui ignorait, j'espère, le pourquoi des visites qu'il sollicitait du chanteur, qui lui répondait : « Ta tante m'embête ! » Ainsi dédaignée, l'amoureuse de Mocker aperçoit dans la cour un cocher quelconque ressemblant au chanteur. Elle lui fait signe de monter, et la voilà se livrant si impudemment que des domestiques la voient et avertissent le mari.

Mercredi 12 janvier

Duval, ce voleur faisant du vol une opinion politique, ce voleur plaidant carrément devant un tribunal que le vol est une restitution légitime du superflu de ceux qui ont trop au profit de ceux qui n'ont pas assez — plaidoirie soutenue par un public d'amis et de disciples qui, à un moment, a manqué culbuter le tribunal —, ce n'est au fond que l'exagération des doctrines politiques et socialistes de ceux qui nous gouvernent [2].

---

1. Add. 1896 : *Et peut-être le critique du TEMPS a-t-il raison.* — Anatole France est appelé en 1886 à diriger LES LETTRES ET LES ARTS, revue mensuelle luxueusement imprimée par Boussod et Valadon et qui disparaîtra en 1889. Il y appelle Barrès, Lemaître, F. Masson, Leconte de Lisle, Heredia, Du Camp, etc.

2. Clément Duval, un serrurier de trente-sept ans, avait pillé et tenté d'incendier, le 6 oct. 1886, l'hôtel de Madeleine Lemaire, l'aquarelliste bien connue ; arrêté, il blessa le brigadier Rossignol. Aux assises, le 12 janv. 1887, il s'écria devant les juges : « Je voudrais avoir l'argent volé pour vous faire tous sauter ! Vous tremblez sur vos tibias !... Vive l'anarchie ! Vive la Révolution sociale ! » Il fut condamné à mort ; la peine fut commuée en travaux forcés à perpétuité par une grâce présidentielle, le 2 mars.

Jeudi 13 janvier

Daudet parlait ce soir du petit Hermant, de ce petit bonhomme soigné, pommadé, astiqué, de ce garçonnet poupin, toutefois à la petite mine résolue, aux démarches pour sa carrière littéraire allant toujours au but et ne s'en écartant jamais, aux demandes de lettres de recommandation si nettement exigeantes et sans aucune fioriture amicale, sympathique, complimenteuse — et il le comparait à ces petits instruments de précision, à ces charmants revolvers miniatures à manches de nacre, à ces jolis joujoux enfin qui tuent très bien.

Samedi 15 janvier

Je n'ai plus qu'un rêve, un rêve unique et qui est nécessairement toujours un cauchemar : c'est un départ pour un endroit vague et la perte au chemin de fer de mes bagages, de mon argent, de mes paletots et, au milieu de l'anxiété produite par ces terribles découvertes et surtout la crainte du froid en voyage, la soudaine mise en marche du train.

Dimanche 16 janvier

Aujourd'hui vient Stéphane Mallarmé. Il est fin, délicat, spirituel, n'ayant dans sa parole rien du logogriphe de sa poésie. Mais vraiment ces poètes ne sont pas observateurs pour un sou. Les métamorphoses, les avatars qui se produisent chez les êtres avec lesquels ils vivent, ils ne le perçoivent pas, et Mallarmé juge Catulle Mendès, à l'heure qu'il est, absolument avec le jugement qu'il a porté sur lui autrefois, et cela tout comme Rollinat.

Daudet parle de la pièce d'Ohnet comme d'une chose vraiment amusante, comique, risible par le néant de l'œuvre, et déclare que si Hading continue à jouer des pièces comme cela, des pièces où elle ne peut pas un moment s'appuyer sur la vérité, elle n'aura bientôt plus de talent [1].

Lundi 17 janvier

A ce qu'il paraît, Mme Bizet était la maîtresse de Strauss avant leur mariage, mais cette possession ne lui a pas suffi. Dans cette liaison, c'était la femme qui avait le tempérament d'un homme, qui ne voulait pas être enchaînée, et c'était l'homme qui avait le tempérament d'une femme et qui voulait que la femme aimée par lui fût toute à lui, à tout jamais.

Mardi 18 janvier

Le malheur de pièces comme FRANCILLON et autres élucubrations

1. LA COMTESSE SARAH de Georges Ohnet avait été créée au Gymnase le 15 janvier 1887.

dramatiques, c'est d'avoir, en place de types pris à la vie, les marionnettes d'une thèse en cinq actes [1].

Ce matin, Bourde, du TEMPS, vient causer avec moi pour faire un article sur ma pièce future de GERMINE LACERTEUX, sur sa construction par tableaux shakespeariens, et mes idées sur l'*acte*, qui claquemure pour moi le théâtre dans les vieilles formules et l'empêche de se rapprocher du livre.

Ce soir, au dîner de quinzaine, Spuller se lamente assez drôlement de ce qu'il était parti pour l'Amérique préparé, *idoine* à étudier toutes matières, mais qu'il y en a une qu'on n'a pas voulu absolument lui montrer, dont on ne lui a jamais parlé, qu'il n'a pas été à même de rencontrer : la prostitution et la prostituée, quoi ! Et il proclame qu'il n'y a pas un peuple plus hypocrite que le peuple américain.

Puis il parle d'écoles mixtes, dit que dans les basses classes, ce mélange est bon, qu'il corrige la sauvagerie des petits garçons et que les petites filles se développant plus vite, ça apporte chez les masculins une émulation profitable. Mais rien n'est plus mauvais pour les mœurs. Les petites filles pervertissent les petits garçons, les *touchent* et les portent à l'onanisme, qu'ils pratiquent devenus plus grands, et beaucoup se trouvent impuissants à l'époque du mariage.

Quant aux petites filles devenues des fillettes, en attendant la flirtation, elles s'éloignent des hommes, se tournant vers un autre idéal et tribadant presque toutes entre amies.

Berthelot, notre ministre de l'Instruction publique d'hier, en train de causer de la nouvelle poudre ne produisant pas de fumée et qui laissera maintenant ignorer l'endroit d'où l'on reçoit en campagne un coup de canon, devient tout à coup sérieux et abandonne la suite des effets de la nouvelle poudre, quand Spuller lui jette d'un bout de la table à l'autre qu'il n'en a plus que pour une quinzaine, l'extrême-gauche regardant comme une nécessité de renverser le ministère.

« Oui, fait Berthelot, après une minute de rêverie, une nécessité physiologique : la haine des personnes. »

Le sentiment n'est-il pas commun à chacun de nous, quand il reçoit une lettre désagréable, de ne pas la finir et de la jeter dans un coin, en remettant sa lecture sérieuse à un autre jour ?

Avoir en portefeuille LA PATRIE EN DANGER, cette pièce, la première pièce vraiment documentée historiquement, cette pièce dont le premier acte est une mise en scène si habile de la fin du XVIIIe siècle, cette pièce dont le cinquième acte, par le tragique de la vie des prisons d'alors, est plus dramatique que les tableaux les plus dramatiques de Shakespeare — et l'avoir en portefeuille, cette pièce, au su de tous les

---

1. La pièce de Dumas fils, créée au Théâtre-Français le 17 janvier, montre dans Francillon, épouse de Lucien de Riverolles, une femme prête à affronter le scandale et la rupture de son ménage, en faisant croire à son mari qu'elle l'a trompé, pour le punir d'une infidélité dont elle le soupçonne.

directeurs en quête d'une pièce pour l'anniversaire de 1789, sans qu'aucun songe à vous la demander —, c'est vraiment pas de chance !

Jeudi 20 janvier

Grand dîner chez Daudet.

Scholl a été très brillant, très spirituel, mais spirituel avec un genre d'esprit qui, au lieu de faire sortir l'esprit des autres, le fait rentrer absolument en dedans, tant l'esprit de Scholl est brutal et casseur et agressif, tant il est le développement nerveux d'un petit *moi* féroce, tyrannique, mal élevé, bordelais. Il ne décesse de parler de ses relations avec des diplomates étrangers, de ses *voyouteries* avec des femmes en vedette, de ses exigences en cuisine, s'étendant sur une certaine soupe aux choux qu'on faisait chez lui, soupe qui avait une telle renommée que, quand il le savait absent, le prince d'Orange venait s'en faire faire une chez lui par son cordon bleu.

Et il termine par ce tableau de son intérieur dans le moment actuel. Il vient de ficher tout son monde à la porte, ayant trouvé ces jours-ci, en rentrant chez lui, sa cuisinière se flanquant une peignée avec sa femme de chambre, pendant que son groom était en train de les fouailler toutes les deux avec un fouet de poste. Et maintenant, il a pour tout domestique son maître d'armes... qui sait à peu près faire cuire un bifteck.

Dimanche 23 janvier

Daudet, à propos de FRANCILLON, racontait ceci. A dix-neuf ans, la première pièce qu'il faisait et qui avait pour titre L'OISEAU BLEU, il la présentait à l'Odéon. C'était, dans un paysage idéal du Midi, un déjeuner, le lendemain d'un mariage, entre la femme, le mari et un ami. Et il arrivait un moment où les deux hommes parlaient de leurs anciennes amours. L'ami s'en allait et dans le tête-à-tête recommençant entre les deux époux, la femme disait à son mari : « Et moi aussi j'ai aimé... » et elle lui contait un passé coupable de femme. Le curieux, c'est que La Rounat, en lui refusant la pièce, lui disait : « Ça, c'est une pièce à faire par Dumas fils. » Et Dumas la fait une trentaine d'années après.

Lundi 24 janvier

Une jolie anecdote sur la jolie Mme Armengaud. Elle perd sa mère. Deux mois après a lieu un bal masqué chez une amie. Elle y va,... mais elle y va costumée en villageoise en grand deuil.

Aujourd'hui, à la répétition de NUMA ROUMESTAN, j'étais frappé d'une chose, c'est que la pensée des acteurs et des actrices n'a pas l'air de cohabiter avec la pièce qu'ils jouent et qu'ils travaillent absolument comme des employés de ministère à leurs bureaux, rien de plus, et que sortis du théâtre, dont ils se sauvent ainsi que des écoliers d'une classe, ils déposent, en passant, leurs rôles et la mémoire de leurs rôles chez le concierge. Est-ce que ç'a été toujours comme ça ?

Samedi 29 janvier

Généralement, je fais des *fours*, mais même quand j'ai des succès, mes succès me nuisent. C'est ainsi qu'à propos de l'édition illustrée de LA FEMME AU XVIIIe SIÈCLE, qui a été épuisée deux ou trois jours avant le jour de l'an, Hébert, le principal commis de Didot, me dit : « Savez-vous qu'au fond, votre grand succès a nui à la vente de nos autres volumes d'étrennes ? »

Et il ne fait pas l'illustration de LA MAISON D'UN ARTISTE, qui était une affaire presque conclue, et il ne retire pas même LA FEMME, dont des exemplaires lui sont demandés tous les jours.

Dimanche 30 janvier

Zola était en train de parler aujourd'hui de la puissance du FIGARO avec une espèce de respect religieux, quand quelqu'un a jeté dans son amplification : « Vous savez, Scholl ne dit craindre au monde que la Justice et le FIGARO ! »

Et l'on parle des toutes nouvelles élégances de Céard, de la pélerine dont il enveloppe ses épaules, de ses accointances avec Cerny et du dernier bal masqué, où il a été son cavalier servant.

Mardi 1er février

Un mal de gorge singulier, qui a quelque chose d'une brûlure, et persistant depuis un mois ; ce mal de gorge, rapproché de quintes de toux soudaines et de l'impossibilité de faire une lecture à haute voix un peu longue, me donne l'appréhension d'être au commencement d'une phtisie laryngée.

J'entre chez un coiffeur pour me faire couper les cheveux. C'est un affolement produit chez les garçons par la dégringolade de la Bourse d'aujourd'hui. Le patron, dans une de ses courses pendant la journée, y est entré au moment où le trois pour cent était tombé à 76,80. Et tous parlent *compensation*, etc., etc.

Au dîner de Brébant de ce soir, commentaires autour de l'article du POST sur le général Boulanger, qui est la cause de la baisse de la Bourse [1]... On dit que Courcel a quitté l'ambassade de Berlin, parce

1. L'agitation menée par la *Ligue des Patriotes*, le succès grandissant de Boulanger, « le général *Revanche* », l'installation de baraquements militaires à la frontière de l'Est avaient fourni à Bismarck des arguments pour justifier le vote d'un septennat militaire et la dissolution du Reichstag, qui le lui refusait (14 janvier). Une suite de nouvelles fausses ou grossies du DAILY NEWS, de la GAZETTE DE COLOGNE etc., avait « sensibilisé » l'opinion. Le 31 janvier parut, dans l'officieuse POST de Berlin, un article très alarmiste, intitulé : SOUS LE TRANCHANT DU COUTEAU, et déclarant que Boulanger était en situation de déclencher la revanche, quand il voudrait. Cela précipita la chute de la rente française, qui baissa de 2 fr. 50. Une intervention officieuse du gouvernement russe contribua à apaiser la tension franco-allemande.

que sa position n'était plus tenable, que le roi Guillaume et Bismarck, qui avaient continué, après la guerre de 1870, à regarder la France, toute vaincue qu'elle était, comme une grande puissance, la tiennent maintenant en parfait dédain depuis cette succession de ministères sans autorité. Freycinet lui-même avoue tout haut que les ministres étrangers lui disent : « Oui, très bien, parfaitement,... nous serions tout prêts à prendre des engagements avec vous, mais qui nous dit que vous y serez demain ? »

Mercredi 2 février

Visite matinale d'Alidor Delzant, qui vient pour causer de la biographie qu'il veut faire de mon frère et de moi, à l'imitation du livre qu'il vient d'écrire sur Saint-Victor [1].

Puis c'est Maupassant, qui me décide à reprendre ma démission de président de la société pour le monument de Flaubert, par veulerie, par lâcheté de ma personne, et l'ennui d'occuper le public de cette affaire. C'est raide, tout de même, le fait de cet article qu'il a appuyé sans, me dit-il, l'avoir lu ! Je me rappelle malgré moi que Zola disait de lui que c'était le plus grand menteur de la terre.

Au fond, on n'a pas assez remarqué qu'avant l'impressionnisme, la peinture du XVIIIe siècle a été une réaction contre le bitume, réaction amenée par les milieux clairs dans lesquels vivait cette société.

Geffroy m'amène Raffaelli, qui a demandé à voir mes dessins, et l'on cause critique d'art, quand soudain Raffaelli s'écrie : « Par exemple, en fait de jugement d'une peinture, ce que vous avez dit à Geffroy à propos de mon exposition de la rue de Sèze de l'année dernière, ça m'a renversé, bouleversé, fait croire que vous étiez un vrai *voyant* en tableaux ! »

Voici l'histoire. L'année dernière, à ce fameux dîner chez les Daudet, qui fut une chamaillade avec Zola depuis le commencement jusqu'à la fin, la bataille avait commencé à propos d'une discussion sur Raffaelli, que je louais, et j'ajoutais devant Geffroy, qui se trouvait là : « Il y a chez Raffaelli, dans ses dernières œuvres, une blondeur, un attendrissement tout particulier, il a dû se passer quelque chose dans sa vie ! » Geffroy rapportait quelques jours après ma phrase à Raffaelli qui, les bras cassés, lui disait : « C'est extraordinaire, bien extraordinaire !... Eh bien, oui, c'est vrai. » Et il lui racontait le brisement tout récent d'une grande passion.

Ce salon de la Princesse, ça devient le salon de tous les antipathiques, de tous les hostiles à ma personne et à ma littérature. Hier, c'était Anatole France ; aujourd'hui, c'est Ludovic Halévy, qui dîne en face de moi, évitant mon regard comme j'évite le sien. Et tout le temps,

1. LES GONCOURT d'Alidor Delzant, première étude d'ensemble sur la vie et l'œuvre des deux frères, paraîtra en 1889.

Masson, maintenant aux gages de Boussod et Valadon et qui s'est fait l'éditeur de toute l'infecte littérature honnête et *chic*, lui parle au travers de la table de l'édition illustrée de son ABBÉ CONSTANTIN et des exemplaires sur satin qu'il fait tirer. Et c'est Masson, que j'ai fait entrer dans la maison, qui amène toute cette petite racaille académique ! Au milieu de l'hostilité sourde que je sens parmi les *nouveaux*, je ne crois pas que je fasse des vieux os dans la maison ; et un de ces jours, j'abandonnerai la place à Halévy, à France, aux amis de Mme de Nittis.

Je revois ce soir chez la princesse Guy de Maupassant, et ce soir, je trouve la définition caractéristique de l'individu, que je cherchais depuis longtemps sans la trouver : c'est l'image et le type du jeune maquignon normand.

Jeudi 3 février

Floquet, le président de la Chambre : une amabilité dans laquelle il y a comme une dilution de l'esprit de Picard, l'ancien ministre.

Wolff parlait de Dumas fils, disant que c'était un être bien complexe et, tout en se proclamant son obligé, racontait que la souscription pour la statue du père n'allant pas et une représentation pornographique à vingt francs la place ayant été organisée à je ne sais plus quel cercle, il s'était cru obligé de le prévenir, pour qu'il empêchât cette représentation, et que Dumas lui avait répondu, sur un bout de papier, avec une écriture de mauvaise humeur, que cela ne le regardait pas et qu'il était décidé à ne se mêler en aucune façon de la souscription [1].

Samedi 5 février

Je tombe sur un catalogue d'autographes où il y a une lettre de mon frère, désigné sous ce titre : *érudit distingué*. Et l'historien ? Et le romancier, s'il vous plaît ?

Dimanche 6 février

Daudet, frappé de la dureté, du coupant que Mounet apportait au rôle de Roumestan et ne trouvant rien du *mutable* et de l'*ondoyant* que Montaigne attribue à l'homme du Midi, et ne rencontrant quoi que ce soit de l'homme *flou, attendrissable*, sensuel qu'il a montré dans son héros, copié des pieds à la cervelle sur le catholique du Midi, lors d'une des dernières répétitions, jeta soudain à son acteur : « Mounet, est-ce que vous êtes calviniste ? » Ce qui est et ce qui fait qu'il n'est pas l'homme du rôle, ce compatriote de M. Guizot ! Mais il n'y a qu'un très délicat observateur capable de faire une pareille *devinaille*.

Rosny me parlant de son livre sur les socialistes, à moitié composé,

1. Sur la statue de Dumas père, cf. t. II, p. 1028, n. 3.

me disait que chez ces hommes, l'amour ne joue pas de rôle et que rien, pour ainsi dire, ne les prend et ne les passionne que la bataille de la parole et l'escrime des arguments [1].

Daudet m'emmène chez lui pour assister à la répétition de PIERROT ASSASSIN DE SA FEMME, joué par l'auteur, Paul Margueritte. Vraiment curieuse, la mobilité du masque de l'auteur, et la succession des figures d'expression douloureuses qu'il fait passer sous sa chair névrosée, et les admirables et pantelants dessins qu'il donne d'une bouche terrorisée.

Et sur cette *pierrotade* macabre à la façon d'une clownerie anglaise, le jeune musicien Vidal a fait une musiquette tout à fait appropriée au nervosisme de la chose.

Jeudi 10 février

Je lis aujourd'hui, dans la préface d'une HISTOIRE DE GRANDE DAME AU XVIIIe SIÈCLE par Mlle Herpin, que ces mémoires, ces mémoires de la princesse Massalska, sont tirés des « merveilleuses bibliothèques de Paris et du château d'Oron, appartenant à M. Adolphe Gaiffe [2] ».

Or le Gaiffe en question est le Gaiffe que j'ai connu, passant ses après-midi sur un divan du journal LE PARIS et, tout le monde parti, sur le coup de sept heures, demandant au caissier de Villedeuil s'il en restait « encore un » — un louis dont on lui faisait l'aumône... C'est le Gaiffe enfin qui, dans les restaurants *chic* de Paris, dînait quelquefois avec la *glane* parmi les dîners de deux ou trois connaissances, au milieu desquelles il s'attablait. Ah ! vraiment, en ce siècle, il y a d'extravagantes escalades de la Fortune !

Ce soir, dîner chez Daudet, avec Gille, du FIGARO. Un comique personnel et une gaîté naturelle de loustic amusant. Il nous peint Francis Magnard, ce gros gagneur d'argent pessimiste qui vous dit : « Est-ce que vous trouvez que c'est drôle, la vie ? » Ce père à qui l'on demande des nouvelles de son fils et qui vous répond : « Mon fils, il me dégoûte ! » Ce directeur de journal, littéralement empoisonné par la bile que met en lui un article du journal qui a un succès. Il nous le montre si morose, d'une sociabilité si répulsive qu'on le laisse, toute la soirée, tout seul dans son bureau du FIGARO. Il parle d'une certaine inquiétude nerveuse chez lui, qui lui fait parfois demander à coucher chez les autres. Et il nous raconte que les jeunes malins du journal, qui veulent lui faire la cour, l'abordent en lui disant : « Ça ne va pas aujourd'hui... j'ai là comme une douleur... — Au cœur ! » fait tout de suite le bon Magnard.

---

1. Rosny publie en 1887 LE BILATÉRAL, qui met en scène un groupe de socialistes et d'anarchistes parisiens.

2. Lucie Herpin publie en 1887, sous le pseudonyme de Lucien Perey, le t. I de l'HISTOIRE D'UNE GRANDE DAME AU XVIIIe SIÈCLE, consacrée à Hélène Massalska, qui devint successivement princesse de Ligne et comtesse Potocka. Les mémoires utilisés dans ce tome I sont ceux que la petite Hélène rédigea à partir de 1771, de neuf à quatorze ans, à l'Abbaye-aux-Bois.

Et la soirée se termine par la pierrotade de Paul Margueritte, qu'il joue avec le talent le plus macabre. Mais vraiment, la drôle d'ambition chez un intelligent, qui a fait TOUS QUATRE, de recommencer Deburau !

Vendredi 11 février

On faisait la remarque ces jours-ci que les femmes complètement anti-religieuses plaçaient leur besoin de croire — et un besoin de croire qui ne souffrait pas la contradiction — sur de l'autre surnaturel, comme les tables tournantes, les *mediums*, l'homéopathie.

Dimanche 13 février

Dîner chez les Charpentier.

Macé, l'ancien chef du Service de sûreté, le regard à la fois fuyard et interrogateur de Taine sous ses lunettes. Un amusant causeur sur les voleurs — sur les voleurs de la société, dont il dit qu'il y en a tant dans les rues de Paris qu'il habite la campagne pour ne pas les y rencontrer. Et il parle des gens de finance à éclipses dans les prisons, nous en citant un, sans le nommer, qu'il faisait mettre à Mazas et qu'il retrouvait, à quelque temps de là, à un dîner de ministère, à la droite du ministre, et de là lui envoyant un petit signe bienveillant de protection ; nous en citant un autre qui, dans ses passages dans deux ou trois prisons, avait fait décorer de décorations étrangères tous les directeurs et gros employés.

Bauër, de l'ÉCHO DE PARIS, gros bonhomme sanguin, bourru, borné et honnête. Mme Clovis Hugues, une beauté à faire peur, une beauté assassine, une femme à engager pour les Clytemnestre. Becque, le cheveu en brosse, de gros yeux saillants, une physionomie vivante, animée, raillarde, une tête de chanteur de café-concert, une face de loustic aviné, un masque de pitre sur les tréteaux d'une baraque.

Lundi 14 février

Je trouve ce matin Daudet exaspéré contre Zola, dont il a perçu pas mal de perfidies ; et il me raconte et me mime à la fois une petite scène passée hier chez Charpentier, curieuse comme la rencontre et la poignée de main de deux méchancetés noires.

Il était hier en train de causer dans un coin avec Zola, quand il voit arriver Degas, qui tourne autour de lui, l'examine longuement, joue l'hésitation de la reconnaissance, fait le mouvement de s'en aller, puis enfin revient à lui et le regarde de tout près : « Oui, c'est moi, Daudet ! » fait Daudet, un peu colère devant le jeu de ce méchant rare, lui faisant entendre qu'il est si changé qu'il n'est pas reconnaissable. Jeu que saisit et comprend tout de suite Zola, qui lui donne la réplique en lui jetant : « Oui, oui, les années nous changent ! » Et Degas de riposter : « Non, sur vous, le temps ne porte pas du tout. » Et Daudet s'extasie sur l'entente spontanée de ces deux méchancetés et sur la merveilleuse ouverture de celle de Zola, qui n'a besoin d'aucune préparation, qui est toujours en haleine. Puis il s'étend sur l'air habilement bête qu'il prend, sur la diplomatie des phrases qu'il trouve, quand il veut leur faire dire quelque chose, sur la perfidie italienne qui se trouve en lui, et, s'il vous plaît, la perfidie italienne du XVIe siècle : le machiavélisme !

Enfin, se rappelant un jour l'allusion que Zola a faite à la maladie de son père, un autre jour à la maladie de Manet, il se demande si cette méchanceté de race et de naissance n'est pas développée par sa vie de Médan, cette vie d'un méchant replié sur lui-même. Et il voit, dans l'obstination que Zola a témoignée d'assister à sa répétition, l'envie de l'Anglais de voir manger le dompteur.

Et nous voilà à la répétition, qui ne laisse pas un moment douter d'un grand succès et pendant laquelle Mme Daudet reste mélancoliquement émotionnée, je crois, par la remontée de cruels épisodes de sa vie de ménage repassant dans la pièce de son mari.

A quelques places de nous est Céard, ricanant avec Zola et la vieille mère Charpentier, Céard avec son paletot à pèlerine et tenant un parapluie comme on tiendrait un théorbe, Céard tout à fait extraordinaire avec ses gestes contournés et son air vainqueur en son corps pataud et sur sa face de garçon de vin réjoui et un peu allumé. A côté d'eux, la petite Mme Charpentier, l'enfantine agitée, qui, d'après Charcot, sera folle dans deux ans, grignote un biscuit en dormichonnant.

Et j'étudie Zola, qui se rend compte que NUMA ROUMESTAN va être un succès et dont les mains ont des mouvements nerveux, que je fais remarquer à Mme Daudet, des mouvements colères en contradiction avec la comédie bienveillante de sa figure.

Un moment, il vient dire à Mme Daudet :

« Ce sera un succès. Oh ! vous aurez une soirée superbe !... Quant à la suite, on ne peut rien savoir... Et puis, n'est-ce pas ? vous n'avez pas de grands désirs...

— Mais si, pardon ! répond Mme Daudet, je désire tout ce qu'on peut désirer en fait de succès. »

Et Daudet me trimballe dans la loge de Sisos, en train d'essayer ses robes en compagnie de Doucet, le couturier-collectionneur, dans la loge de Cerny, dévêtant son svelte et fantaisiste costume de petit mitron, dans la loge de Mounet, tapissée de lambeaux d'affiches en pourriture et étalant sur une planche, dans d'ignobles pots pour le maquillage de l'artiste, tout l'appareillage d'un peintre à la colle, nous promenant dans la cuisine intime et assistant à la suppression d'une tirade, au raccourcissement d'une jupe, à la fabrication de glaces si joliment imitées avec de la ouate mi-partie blanche, mi-partie rose.

Enfin, la répétition finit dans les bravos et nous allons boire un verre de Malaga chez Foyot, où nous trouvons Porel dînant avec le régisseur du théâtre, Porel, brisé de fatigue et qui répète en s'étirant les bras et les jambes : « Ah ! que j'ai donc mal aux nerfs ! »

Mardi 15 février

La vie chez moi est ensommeillée toute la journée, avec une vague et émoussée perception de ce qui se passe autour de moi, et cela dure jusqu'au soir, où se fait, de sept heures à minuit, un éveil de mes yeux et de mon esprit.

Dîner chez les Daudet et départ avec le ménage pour la première de NUMA ROUMESTAN. « J'emporte, dit Daudet en train de farfouiller dans ses poches de droite et de gauche, j'emporte de très forts cigares et de la morphine. Si je souffre trop, Léon me fera une piqûre... Oui, je resterai toute la soirée dans le cabinet de Porel, où il y aura de la bière, et je ferai ma salle pour demain. »

En voiture, comme Daudet me dit qu'il a fait mettre à Mounet un col droit qui lui enlève son aspect de commis-voyageur de la répétition, je ne puis m'empêcher de lui dire que je m'étonne du manque absolu d'observation de ces gens, qui en ont au moins autant besoin que nous, et que je ne peux comprendre comment un acteur appelé à jouer Numa Roumestan n'a pas eu l'idée d'assister à une ou deux séances de la Chambre ou, au moins, d'aller flâner à la porte et de regarder un peu l'humanité représentative.

Au premier acte, tout le rôle de Mme Portal ne porte pas, et je sens le *trac* de Mme Daudet, qui est devant moi, dans le travail nerveux de son dos [1]. Mais le public est empoigné au second acte, et le succès va grandissant et tourne au triomphe à la fin de la pièce.

Mercredi 16 février

Je trouve la Princesse, qui est un peu souffrante, exaspérée contre Taine à propos de son article sur Napoléon Ier, qui vient de paraître dans la REVUE DES DEUX MONDES. Elle ne peut digérer l'accusation portée par l'écrivain contre Laetitia d'avoir été une femme malpropre. Et après une violente sortie contre Taine, contre ce lâche, contre ce fuyard de sa patrie, elle s'écrie : « Eh bien, je ferai cela... J'ai une visite à rendre à Mme Taine, je lui mettrai ma carte avec *PPC*... Oui, ce sera prendre à jamais congé de lui [2]. »

Ce que c'est que le théâtre ! Je croyais à un très grand succès, et voilà qu'en dépit des applaudissements d'hier et de la critique élogieuse

---

1. Durant ce premier acte, Mme Portal, la tante de Numa Roumestan, offre la silhouette d'une Méridionale très typique, mais qui renie naïvement et bien inutilement son Midi.

2. Au début du RÉGIME MODERNE, dont le tome I, consacré à Napoléon Bonaparte, formait le 9e volume des ORIGINES DE LA FRANCE CONTEMPORAINE, Taine peignait Madame Mère comme « une âme primitive que la civilisation n'a point entamée, sans souci du bien-être ni même de la propreté, parcimonieuse comme une paysanne » (cf. REVUE DES DEUX MONDES, 15 février 1887, p. 724). — Outre Son *PPC*, qu'on traduisit par *Princesse Pas Contente*, Mathilde écrivit le 17 février à Taine que Laetitia avait secouru sans compter ses enfants dans le malheur et que « sa tenue était extrêmement soignée ». Taine, le 19, proposa simplement, pour la publication en volume, de vérifier ses sources : il maintiendra et soulignera par ses minutieuses références son accusation de parcimonie, mais supprimera l'allusion à la malpropreté (LE RÉGIME MODERNE, t. I, 1891, p. 8). Il resta naturellement exclu du salon de la Princesse.

de ce matin, Ganderax, qui n'est pas hostile à Daudet, me fait part de l'attitude un peu réservée de la salle, des causeries des corridors, du détestable effet produit par le jeu tragique de Mounet, et ne donne pas plus d'une trentaine de représentations à la pièce. Et toute la soirée, chez de Bonnières, chez Porto-Riche et chez les autres, ce sont des paroles réfrigérantes : « Mounet est exécrable, Sisos manque de puissance, la petite Cerny est tout artificielle. » Puis c'est la pièce qui, toute charmante, toute spirituelle qu'elle a été trouvée par le public, est critiquée avec une sévérité taquine et singulièrement malveillante.

Jeudi 17 février

Hier, la Princesse racontait toutes ses démarches d'autrefois pour que Sainte-Beuve obtînt, pendant son séjour à Compiègne, un appartement près des *cabinets* [1]. L'appartement près des cabinets obtenu et Sainte-Beuve ayant comme domestique un ancien zouave donné par la Princesse, dès le premier jour, le critique l'envoie en ambassadeur, chargé de dire à l'Altesse que son maître est désespéré, qu'il s'arrache les cheveux, qu'il ne sait que faire,... qu'on lui a fait des souliers trop longs. Julie, la femme de chambre de la Princesse, met tout bonnement du coton dans les souliers du critique, qui, tout guilleret, chante un hosannah !... Et tout ainsi chez cet homme désarçonné par un rien.

Vendredi 18 février

Daudet me raconte que Zola, ayant appris que le quatrième acte de NUMA ROUMESTAN devait paraître dans le FIGARO, s'était transporté au journal et leur avait apporté un acte du VENTRE DE PARIS, dont il avait parlé d'une manière tout à fait extraordinaire, déclarant que « c'était une chose à faire *pleurer les murs*. — Moralement... » aurait jeté dans l'éloge hyperbolique de Zola le blagueur Gille, qui se trouvait là.

Fouetté par la pièce de Daudet sans collaboration, par l'annonce de GERMINIE LACERTEUX mise au théâtre par moi seul, le voilà qui a déclaré qu'il veut écrire une pièce tout seul ; et tout en déclarant que les temps ne sont pas arrivés pour accoucher du théâtre original qu'il veut faire, qu'il se réserve, il s'annonce comme le Messie du théâtre — et cela, le jour où il fait jouer ce VENTRE DE PARIS, ce vieux *mélo*, tout plein des effets d'un Dennerv *gaga* et au succès volé grâce à la scène de la petite fille avec sa boîte à musique dans le ventre [2].

1. Cf. t. I, p. 879, n. 1.

2. La pièce de Busnach, présentée au public seulement le 25, au Théâtre de Paris, reste inédite. L'allusion de Goncourt est obscure ; elle se rapporte peut-être, moyennant une erreur sur le sexe de l'enfant, à un passage du 6e tableau ajouté au roman par Busnach et qui fit le succès de la pièce. Au cours d'une querelle entre la mère Méhudin et sa fille, le petit Jean s'écrie, révélant ainsi le secret de Louise : « Ne faites pas de mal à maman ! » et la grand-mère, d'abord furieuse, se laisse attendrir par son petit-fils. Voir sur cet épisode l'article de Sarcey (TEMPS, 28 février) et la réplique de Zola (FIGARO, 2 mars 1887 ; reproduite dans l'éd. Bernouard du roman, p. 366).

En sortant du théâtre, on va souper chez Voisin.

Mme Zola, qui a ce soir ses nerfs de harengère, me prend à partie, moi et les Daudet, et nous rend presque responsables des mauvaises dispositions de Porel à l'égard de son mari, disant que Porel l'a *offensé* en lui commandant une pièce sur LA TERRE, le roman que Zola est en train d'écrire. On a beau lui faire observer que bien au contraire, c'est dans l'intention de le désarmer et de se faire pardonner de ne pas lui jouer ni RENÉE ni THÉRÈSE RAQUIN, elle n'écoute rien et jette à son mari, d'une voix colère, qu'on n'est vraiment pas bonasse comme lui, qu'on ne se laisse pas insulter ainsi... Nervosité qui jette un froid dans la petite fête.

Samedi 19 février

Cette presse du FIGARO, du GAULOIS, cette presse sans une révolte, sans une indignation, sans un écœurement contre le néant de la pièce de Zola, cette presse bienveillante, bonasse, dégoûtamment *putain*, quand on pense à ce qu'elle a été pour RENÉE MAUPERIN, tout incomplète qu'était la pièce... Ah ! vraiment, c'est à ne pas continuer à tenter quelque chose !

Lundi 21 février

Mme Sichel a dans ce moment une ouvrière qui est une voleuse de morphine. Un curieux type de morphinomane. Elle entre chez un pharmacien et s'écrie avec la tête d'expression de la Douleur dessinée par Lebrun : « Ah ! monsieur, que je souffre donc... Par grâce, faites-moi la charité d'une piqûre de morphine ! »

Puis c'est un curieux roman que me raconte Mme Sichel. Une jeune fille, mariée toute jeunette, à dix-sept ans et un peu contre sa volonté, qui était de demeurer à vivre avec ses parents qu'elle idolâtrait. Et dans cet éloignement pour son mari et pour l'homme en général, sa première nuit de noce avait le caractère d'un viol. De cette union violentée naissait un enfant qui ne vivait pas, et cette mort amenait une répulsion telle pour son mari qu'elle lui demandait en grâce de la laisser rentrer dans sa famille et de reprendre la vie en commun avec ses parents. Le mari, qui était amoureux de sa femme, y consentait, mais à une condition, c'est qu'elle coucherait une dernière fois avec lui. Elle se résignait et, de cette union, devenait une seconde fois grosse et mourait de ses couches, et c'étaient, tout le long de sa fièvre puerpérale, des imprécations, des malédictions, des cris d'horreur contre ce mari, qu'elle accusait en face d'avoir été son assassin... Aujourd'hui Mlle Breton, la fiancée du peintre Regnault, s'est prise d'amour pour ce mari, qui est un très joli garçon, et elle affiche dans le monde à son égard une passion physique qui saute aux yeux de tous.

Mercredi 23 février

Grande tristesse tous ces jours-ci. La *bonasserie* de la presse pour l'ordure qui s'appelle LE VENTRE DE PARIS, en même temps que sa reconnaissance à peu près générale du mérite de NUMA ROUMESTAN, me font faire un retour sur sa férocité à mon égard, sur son éreintement sans miséricorde de RENÉE MAUPERIN et d'HENRIETTE MARÉCHAL à la reprise, et je sens qu'à tout ce que je tenterai, j'aurai de mon vivant contre moi cette hostilité particulière et inexplicable du journalisme de toute couleur.

Jeudi 24 février

Amusante polichinellerie de Coppée, avec ses remuements gouailleurs du torse et le rire de sa bouche tordue : de la polichinellerie où se mêle la *voyouterie* parisienne.

Il se réjouit de l'entrée de Leconte de Lisle à l'Académie, à la pensée qu'il va y répandre sa « noire méchanceté comme la seiche lâche son encre dans les flots de la mer [1]... »

Il se vante de ne jamais donner un renseignement juste, s'amusant du trouble jeté dans l'esprit des imbéciles par ses mystifications. Et comme on parle de la bêtise désopilante de la COMTESSE SARAH d'Ohnet, il dit qu'au Gymnase, il pourrait être mis dedans par le jeu des acteurs, qu'il se réserve de la voir en province, que comme ça, il jouira tout à fait de la bêtise de la chose.

Puis il s'étend avec complaisance, et comme sur une matière qu'il affectionne, il s'étend sur la méchanceté de Perrin, l'ancien directeur du Théâtre-Français, disant un jour à Favart : « Mais... je vous regarde vieillir. » Et Porel confirme la vérité de cette méchanceté par cette anecdote personnelle. Avant sa nomination de directeur de l'Odéon, il avait été lui faire une visite, et l'autre, après avoir longuement écouté tous ses projets de directeur et y avoir donné un sourire approbatif, sur le pas de la porte de son cabinet, lui disait au moment de prendre congé : « Vous savez, je crois que vous ne serez pas nommé. »

Dimanche 27 février

Aujourd'hui, au *Grenier,* on parlait du beau port de corps, du style des vidangeurs et, en général, de tous les gens qui portent de grandes et lourdes bottes, ce soulèvement des grandes bottes amenant un noble soulèvement des épaules dans la poitrine rejetée en arrière. Et Raffaelli de dire que jamais un mouvement n'est isolé et qu'en peinture, il cherche à indiquer dans ses gestes le milieu, l'enchaînement central d'un mouvement.

---

1. Cf. plus haut p. 1210, n. 2.

Mardi 1er mars

Sur le proverbe : *Menteur comme un dentiste*, prononcé par quelqu'un du dîner, le chirurgien Lannelongue dit : « Savez-vous l'origine de ce proverbe ? Eh bien, la voici. Deux hommes se battent dans la rue. L'un coupe le nez à l'autre avec ses dents. L'amputé ramasse son nez dans le ruisseau et a l'idée de monter chez un médecin-dentiste nommé Carnajou, qui lui recoud à tout hasard le nez avec du fil, et le nez reprend. Le dentiste répand la nouvelle et on ajoute si peu de croyance à ses paroles qu'on crée pour lui le proverbe en question. Et Carnajou passe si bien pour un menteur qu'un vrai chirurgien, qui fait quelque temps après des réapplications de chair, n'ose pas les ébruiter.

« Il arrive même que Desprès, un interne de Dupuytren, recolle un morceau de doigt à un individu, qui revient lui montrer son doigt au bout de huit jours, et que Dupuytren, à qui on montre le morceau recollé, l'arrache en disant : « Ça ne tient pas, ça ! » C'était la *doctrine* du moment. Ce n'est qu'en 1838 que le recollement de la rhinoplastie fut hautement affirmé. »

Mercredi 2 mars

Il y a à peu près un an que ce pauvre Caze est mort. Aujourd'hui, je reçois le billet de faire-part de l'enterrement de sa femme. En une année, fauché ce ménage dont l'un des époux avait trente-quatre ans et l'autre trente et un ans. Il y a vraiment à l'égard de certains êtres une férocité du sort.

Jeudi 3 mars

Le départ de notre livre : LE JOURNAL DES GONCOURT.

Samedi 5 mars

Nous qui avons eu le jour de la publication de notre premier volume le coup d'État, aurions-nous, dans la semaine de la publication de notre dernier volume, la mort du roi Guillaume [1] ?

Dimanche 6 mars

Rosny parle du curieux pesage qui se fait du calorique produit dans une cervelle par l'effort d'un travail, et cite ce fait curieux d'un savant italien qui se croyait aussi fort en grec qu'en latin, et auquel on a appris qu'il possédait beaucoup mieux la langue latine, en opposant le poids du calorique qu'avait développé chez lui une traduction grecque au poids du calorique développé chez le même par une traduction latine.

1. Il mourra seulement le 9 mars 1888.

Pendant le débat de ces questions scientifiques dans le *Grenier*, Bonnetain et un ami du petit Hermant, l'auteur du CAVALIER MISEREY, rédigent dans mon cabinet un procès-verbal à l'effet de mettre fin aux duels du jeune romancier avec les officiers du régiment où il a servi.

Ce Zola, il n'a vraiment rien à lui, et le jour où un liseur l'étudiera à fond, on sera dans l'étonnement de tout ce qu'il a pris aux autres, les types, les caractères, les situations, les scènes, les dénouements et jusqu'aux images, aux comparaisons. Ce gros et grand et formidable animal qu'il fait d'une usine, d'une caserne, d'un magasin, c'est dans NOTRE-DAME DE PARIS qu'il a pris cette comparaison, qu'il nous fait repasser aujourd'hui dans tous ses volumes lyriques [1].

Ce soir, chez les Banville, le critique légitimiste Racot, et la bourgeoise et falote famille : ça a l'air de la réception de vieux cousins de province par M. et Mme Denis [2].

Mercredi 9 mars

Une jeune personne, qui a ou qui joue une amitié tendre pour ma vieille personne, me faisait la critique de mon JOURNAL en ces termes : « Voulez-vous que je vous dise mon sentiment personnel ? Il y est trop question de vos maîtresses. »

Ce soir, à la suite d'une assez violente défense par moi de Drumont, à la table de la Princesse, Duruy, ce gros, gras, fort garçon, qui s'était tenu jusqu'ici à mon égard sur la réserve, est venu amicalement à moi, me disant qu'il avait toute une correspondance de Julie Talma, des lettres pleines de sentiment et d'esprit, et qu'il était dans l'intention de venir prendre conseil de moi, à Auteuil, sur une étude qu'il se disposait à écrire sur cette femme, dont j'avais parlé avec tant de sympathie.

Puis il me parle des MÉMOIRES de Barras, qu'il a également en sa possession et lui venant de son beau-père, mémoires immenses où il y a de bien singuliers détails amoureux sur Joséphine et dont on pourrait tirer cinq ou six volumes.

Jeudi 10 mars

Les quelques femmes que j'ai hautement aimées, aimées avec un peu de ma cervelle mêlée à mon cœur, je ne les ai pas eues — et cependant, j'ai la croyance que si j'avais voulu absolument les avoir, elles auraient été à moi. Mais je me suis complu dans ce sentiment, au charme indescriptible, d'une femme honnête menée au bord de la faute et qu'on y laisse vivre entre la tentation et la peur de cette faute.

---

1. On peut songer dans NOTRE-DAME DE PARIS au passage où Hugo fait de Quasimodo le monstrueux berger de la cathédrale (édit. I.N. p. 123) ou à celui où Notre-Dame devient « une sorte d'éléphant prodigieux » (*ibid.*, p. 303).
2. Cf. t. II, p. 542, n. 2.

Je trouve ce soir au lit Daudet, qui me dit éprouver des douleurs *à se jeter par la fenêtre*. Son fils, qui lui avait fait deux piqûres de morphine, se refusant à lui en faire une troisième, il s'est jeté dans une voiture et s'en est fait faire deux autres par son beau-père.

Vendredi 11 mars

Tout homme qui, dans le port du haut du corps et de la tête, a quelque chose du renversement en arrière du dindon, on peut assurer que c'est une foutue bête, insupportable de prétention et d'orgueil. Gonse, le directeur de la GAZETTE DES BEAUX-ARTS, en est le type le plus achevé.

Samedi 12 mars

Ah ! le poltron, ah ! le lâche, ah ! le couard que ce Taine ! Sur l'annonce que j'allais, dans mon second volume de mon JOURNAL, donner les conversations de Magny, il m'écrit pour me rappeler qu'il est *vivant* et me prier de ne donner aucune de ses opinions, de ses paroles sur quoi que ce soit, *demandant instamment pour lui le silence*, ne voulant être compromis par rien de ce qu'il a pu dire là dans la franchise de sa pensée...

Oui, oui, ces académiciens, ça les embête qu'on dévoile leur humanité au public. Un jour, c'est Halévy qui défend qu'on les portraiture ; un autre jour, c'est Taine qui défend qu'on les sténographie [1]. Ils voudraient, diable m'emporte ! jouer les petits bons Dieux en chambre, mais il n'en sera pas comme ils le veulent.

Le pourboire, cette générosité essentiellement française, prouve l'humanité d'une nation. Elle veut, la France, qu'à la rémunération tarifée du travail ou du service, il s'ajoute un peu de joie, un peu de bon temps, un peu d'ivresse.

Dimanche 13 mars

Cornélis, c'est un Hamlet moderne fabriqué avec les procédés de Poe.

L'idéal de Bourget, avec sa distinction faite en porte-plume terminé par une perle et en nécessaire de voyage *chic*, me semble un idéal acheté chez Tahan [2].

Rosny nous apprenait cette chose amusante : c'est que les

---

1. Halévy s'en prenait non point à son portrait, mais à celui de son ami Prévost-Paradol (cf. t. I, p. 257, n. 2). — Dans sa lettre du 12 mars (CORR., vol. XXV f° 161 et Billy, t. III, p. 82), Taine précise : « Quand je causais avec vous et devant vous, c'était *sub rosa* comme disait notre pauvre Sainte-Beuve... Je ne veux être responsable que de ce que j'ai écrit avec réflexion en vue du public ; cela fait déjà 24 volumes, et cela est assez lourd. »

2. ANDRÉ CORNÉLIS conte les déductions policières — d'où l'allusion à Poe — qui conduisent André Cornélis à identifier l'assassin de son père avec Termonde, second mari de sa mère, et à venger son père en tuant son meurtrier, comme Hamlet. — Le *nécessaire de voyage* aux pièces de vermeil et le *porte-plume terminé par une perle* appartiennent à la mère d'André (cf. édit. 1887, pp. 57 et 253).

collectivistes répudient le vol, le repoussent comme une manifestation bourgeoise du sentiment de la propriété. Au fond, le vol produit une propriété personnelle qui est contraire à la doctrine.

Zola nous disait aujourd'hui, à Daudet et à moi, qu'en Auvergne, il avait déjeuné deux jours de suite avec Heredia et qu'il avait été effrayé de sa méchanceté, qui n'épargnait personne, « personne, vous entendez », dit-il, et il appuie de manière à nous faire bien comprendre que nous avons été tous deux rudement exécutés par lui... Oh ! Daudet et moi, nous connaissons cette nature de nègre qui, pour faire sa cour à quelqu'un, à quelqu'un qu'il sort d'éreinter, immole à la vanité de ce dernier tous les lettrés de la littérature.

Lundi 14 mars

Mme Edgar Ney, essayant une robe chez sa couturière et montrant toujours des bras pleins de noirs, a l'habitude de dire : « C'est bête, comme je me cogne à tout moment contre les clefs des meubles ! » La couturière suppose que son mari la bat.

Mercredi 16 mars

Je traite avec les Didot pour une édition illustrée de MADAME DE POMPADOUR, à l'imitation de LA FEMME AU XVIIIe SIÈCLE.

Jeudi 17 mars

Mme Commanville vient me lire la préface que, sur mon conseil, elle a écrite pour mettre en tête de la CORRESPONDANCE DE FLAUBERT [1]. Elle me paraît curieuse, intéressante, cette petite biographie par les dessous intimes qu'elle seule pouvait apporter sur la vie de l'homme qui l'a élevée.

Bien souffrant, Daudet. Des douleurs sans discontinuité. Pas de sommeil. Pas d'appétit. Sa main que je touche a la fièvre. Au fond, un grand découragement, qui lui fait répondre, quand on lui dit : « Mon ami, vous souffrez ? — Oui, plus que jamais ! »

Drumont, qui dîne, nous apprend qu'il fait des conférences antisémitiques place Maubert et ailleurs. Ce sont des ecclésiastiques qui l'ont déterminé à parler en public, en lui disant que le don de la langue lui viendrait avec le Saint-Esprit, et il constate que ce don qu'il croyait ne pas avoir, il le possède et qu'il harangue avec une facilité qui l'étonne. Et il nous fait part de la singulière disposition des esprits, en ce moment, de la population parisienne, pour laquelle un *Rothschild au mur !* est une prévision acceptée, une réalité dans un prochain avenir.

---

1. Cf. t. II, p. 1154, n. 2.

Samedi 19 mars

Voilà Séverine et les autres prenant comme cri de guerre de la révolution future : « A la Banque, à la Banque ! » — ma phrase de Denoisel dans RENÉE MAUPERIN et qu'a citée Guesde lors de la représentation de la pièce tirée du roman [1].

Dimanche 20 mars

J'avais tout juste rendu son salut à Anatole France, quand je l'ai rencontré chez la Princesse, et je ne lui avais pas plus envoyé mon JOURNAL que mes romans des années dernières, blessé de son article sur notre œuvre, après la mort de mon frère. Quel est mon étonnement de trouver un article très aimable dans le TEMPS sur mon JOURNAL ! Ce n'est vraiment pas un grand caractère ; mais c'est son affaire et pas la mienne, et je lui ai envoyé une carte [2].

Zola vient chercher les impressions du *Grenier* sur sa pièce de RENÉE, qui va être jouée au Vaudeville. Il se loue de la politesse de Deslandes, et les trouve tous charmants, sans savoir, dit-il, au fond, quelles sont leurs *pensées de derrière la tête*. Ça jeté en point d'interrogation, pour nous tirer les vers du nez, comme il en a l'habitude ; mais à ces diplomatiques tire-bouchonnements, Daudet et moi, nous ne répondons pas, laissant tomber ses paroles dans le silence.

Zola nous dit que pendant un entracte de la lecture de RENÉE, Deslandes, collé à un carreau et regardant tomber la neige, s'était retourné pour lui dire : « La neige, c'est le linceul des théâtres ! »

Mardi 22 mars

Dîner chez Zola. Mise en lumière par Daudet et par moi du livre de Rosny : LE BILATÉRAL, au milieu d'une ardente et sympathique discussion. De très hautes et de très rares qualités, une profonde

---

1. Var. 1894 : *« A la Banque de France ! »* — Goncourt vise dans le chapitre XXXI de RENÉE MAUPERIN, la péroraison du discours de Denoisel au bourgeois Bourjot : « ... Aujourd'hui, on sait où est le cœur de Paris, on prendra la Banque au lieu de prendre l'Hôtel de Ville. » La référence à Guesde repose sur le souvenir infidèle d'un article intitulé LES FRÈRES GONCOURT ET LA QUESTION SOCIALE et publié dans le CRI DU PEUPLE du 21 novembre 1886, anonyme, mais écrit vraisemblablement par Paul Alexis, qui, sous le pseudonyme de *Trublot*, rédige en style poissard la chronique dramatique du CRI : « Dans cet admirable roman de RENÉE MAUPERIN, que notre ami Céard vient de transporter à la scène avec un si légitime succès, il y a une page étincelante à propos de la question sociale. » L'auteur reproduit alors le discours de Denoisel, puis il en glose le dernier mot — cité ci-dessus — par une allusion gouailleuse à l'accord que le théoricien du socialisme français ne saurait manquer d'y donner : « Note de Guesde : *Je te crois !* »

2. Le premier article visé doit être, dans le TEMPS du 24 nov. 1875, ROMANCIERS CONTEMPORAINS, E. ET J. DE GONCOURT, étude d'ensemble où, tout en reconnaissant la bonne foi et la ténacité des Goncourt, France les accusait de répandre sur tous les êtres le reflet uniforme de leur vision pessimiste. — Le second, A PROPOS DU JOURNAL DES GONCOURT (dans le TEMPS du 20 mars 1887, reproduit dans LA VIE LITTÉRAIRE, Ire s., 1888, pp. 84-94), célèbre un livre de souvenirs qui satisfait notre « besoin de vérité » et atteste l'ascétisme de la vocation littéraire des Goncourt.

observation de l'humanité-peuple. C'est un constructeur d'individus, un metteur en scène des foules, des multitudes. Tout cela avec un peu de confusion, un peu de brouillard parmi les pages du bouquin, et tout cela encore avec une écriture descriptive de la nature aussi déliquescente que celle de Poictevin, et des ciels chimiques, minéralogiques, insupportables.

Je demande à Charpentier où en est mon JOURNAL. On en a vendu deux mille, on entame le troisième mille. Vraiment, ce n'est pas la peine, pour un pareil résultat, de friser des duels, de soulever tant de colères, de se brouiller avec ce qui vous reste de famille, de se refroidir avec toutes, toutes ses relations... Au moins, Drumont, lui, se vend à cent mille, et son livre fait le bruit d'une révolution. Mais patience ! j'ai confiance dans l'avenir.

Mercredi 23 mars

Soirée chez les Charpentier. Daudet obligé d'aller se faire faire dans une chambre une piqûre de morphine par son fils.

Jeudi 24 mars

On dit que Banville, le bénisseur par excellence, est devenu depuis son attaque un diseur de vérités cruelles, et Mme de Banville ne peut plus le produire dans le monde, parce que, en serrant affectueusement les mains d'un confrère, il lui dit qu'il n'a aucun talent, que son dernier livre est détestable.

Daudet parlait aujourd'hui d'un garçon de la littérature auquel il a fait quelquefois la charité et dont la spécialité était de fabriquer des mots d'enfant, des mots de bébé, et qui lui disait : « J'ai fait aujourd'hui un *bébé* de 3 francs ! »

Samedi 26 mars

Dans les silences de la Princesse, silences un peu méprisants, on perçoit souvent l'étonnement qu'elle éprouve des basses relations que nous avons, les uns et les autres de la littérature. Elle ne comprend pas que c'est une carrière de *faire* des femmes à peu près distinguées et que les gens qui travaillent et qui ne sont pas mariés ne trouvent pas le temps de se procurer cet *à peu près*.

Dimanche 27 mars

Je reprochais à Rosny l'alchimie de ses ciels, lui disant que l'effet produit par un ciel sur un humain est une impression vague, diffuse, poétiquement immatérielle, si l'on peut dire, ne pouvant être traduite qu'avec des vocables sans détermination bien arrêtée, bien précise, et qu'avec ses qualifications rigoureuses, ses mots techniques, ses épithètes minéralogiques, il solidifiait, matérialisait ses ciels, les dépoétisait enfin de leur poésie éthérée... A quoi il m'a répondu, avec l'assurance vaticinatrice d'un prophète, que dans cinquante ans, il n'y aurait plus en France d'humanités latines, que toute l'éducation serait scientifique et que la langue descriptive qu'il employait aujourd'hui serait la langue en usage.

C'est extraordinaire que, malgré ma vie de renfermement, ma renommée de piochage, enfin la publication de quarante volumes, le *de* qui est en tête de mon nom et peut-être une certaine distinction de mon être continuent à me faire prendre par les imbéciles du journalisme, qui travaillent cent fois moins que moi, continuent à me faire prendre pour un amateur. Bauër, dans un article très aimable sur mon JOURNAL, a comme un étonnement que cette chose ait pu sortir d'un homme considéré par lui comme un simple gentleman. Et pourquoi, aux yeux de certaines gens, Edmond de Goncourt est-il un gentleman, un amateur, un aristocrate qui fait joujou avec la littérature et pourquoi Guy de Maupassant, lui, est-il un véritable homme de lettres ? Pourquoi, je voudrais bien qu'on me le dise ?

Lundi 28 mars

Mme Strauss, que je ne puis discontinuer d'appeler Mme Bizet. Elle est en robe de chambre de soie claire et molle et bouffante, et garnie de haut en bas de gros nœuds floches, paresseusement enfoncée dans un profond fauteuil, avec la mobilité fiévreuse de ses doux yeux de velours noir, avec la coquetterie des poses maladives, et ayant sur ses genoux *Vivette*, une caniche noire, aux pattes montrant la ténuité d'une petite serre d'oiseau.

Et le décor est charmant autour de la femme. Sur un panneau, en face d'elle, se trouve un splendide Nattier représentant une grande dame de la Régence en son volant costume de naïade, s'enlevant au-dessus d'une forêt de roseaux ; et sur le milieu de la cheminée, contre le marbre de laquelle la maîtresse de maison appuie parfois son front, se contourne une élégante statuette de marbre blanc attribuée à Coysevox...

Mme Bizet — non, Mme Strauss — cause de l'amour avec une sorte d'amertume, disant qu'après la possession, il est bien rare que les deux amants s'aiment d'un amour égal et que cette inégalité dans l'amour de l'un et l'autre fait des attelages boiteux et qui ne marchent pas en mesure. Et tout le temps, ses paroles, qui ont l'air allusives à l'état intérieur de son âme, laissent percer comme un regret de s'être laissé *attendrir*. Il y a même un moment où elle célèbre le bonheur d'être seule dans la vie, qui est toute une révélation ; et sur ce que je disais que c'était bien vide, une maison, un grand appartement pour un seul, elle laissait échapper que, lorsque dans cette maison, dans ce grand appartement, il y avait deux êtres qui ne s'*emboîtaient* pas, c'était encore plus triste.

Et lâchant sa dissertation sur l'amour, Mme Bizet revenait à ses caniches, à l'histoire de leurs mœurs, parlait d'un prédécesseur de

Vivette, d'un caniche ayant l'horreur des bains et qui, lorsqu'on lui en préparait un, simulait le plus admirable rhume de cerveau qui se puisse imaginer.

Mardi 29 mars

Oh ! le goût littéraire des hommes politiques ! J'entends ce soir, au dîner de Brébant, Spuller crier tout haut : « Par exemple, pour LE NEVEU DE RAMEAU, je demande qu'on me montre un homme qui le comprenne, qui puisse me l'expliquer ! »

Mercredi 30 mars

Daudet vient me dire ce matin que Porel, auquel il a fait hier chez lui, gentiment, la lecture de la PATRIE EN DANGER, a dit que la pièce croulerait au quatrième acte.

Cet après-midi, je reçois un billet de Magnard, enchanté de profiter de la faculté que je lui offre de ne pas tenir son engagement et de ne pas publier la suite de mes mémoires.

Une journée dure ! Voir refuser la PATRIE EN DANGER par le directeur qui a monté JAHEL avec enthousiasme [1] ! Et voir repousser, par le journal qui donne avec orgueil du Beauvoir fils, les portraits, les sténographies de conversations, les tableaux de notre JOURNAL, enfin, les peintures — et j'ai la conviction que la Postérité dira comme moi —, les peintures les plus vraies et les plus vivantes des hommes et des choses de notre temps...

Jeudi 31 mars

Mme Daudet rentre de la séance de l'Académie, intéressée, amusée, égayée. Elle dit que c'est presque une réunion de famille, que les cinq cents personnes qu'on rencontre partout à Paris se donnent rendez-vous là et qu'entre ce monde, il s'établit des courants curieux sur les choses qui se disent, les jugements qui se produisent.

On lui demande ce que faisait Coppée pendant le discours de Leconte de Lisle. Elle répond qu'il regardait la coupole... Et *regarder la coupole* semble un moment devoir devenir l'expression pour peindre l'abstraction d'un académicien d'une séance de l'Académie, la dissimulation de ses sensations, de ses impressions, quand un ennemi parle.

Et Mme Daudet revient élogieusement sur le compte de Leconte de Lisle, qu'elle veut empêcher Geffroy d'éreinter, dithyrambe coupé tout à coup par Daudet, qui s'agitait depuis quelque temps sans rien dire. Il déclare que le discours de Dumas est le discours d'un homme de théâtre et que celui de Leconte de Lisle est d'un poète qui ne sait pas écrire

---

1. Il s'agit d'un drame biblique en 5 actes et en vers de Mlle Simone Arnaud, LES FILS DE JAHEL, créé à l'Odéon le 14 oct. 1886 et où Mme Favart fit applaudir par son seul talent la mère des Macchabées.

en prose. Quant à lui, il trouve tout à fait extraordinaires ces chinoiseries ; et si par hasard il s'y trouvait, il serait pris de l'envie de siffler, voire même, au milieu d'applaudissements d'idiotes comme Mme Aubernon ou Mme Arman, de commettre une inconvenance encore plus grande et de se faire mettre à la porte, en disant bien haut à tout ce monde : « Eh bien, oui, c'est moi ! »

Au fond, c'est d'une jolie ironie, cet éloge à quatre mains d'Hugo fabriqué par les deux jaloux, les deux désespérés de sa gloire [1].

Samedi 2 avril

Comme article critique de mon JOURNAL, je donne cet extrait du FRANÇAIS. Ces articles se perdent, s'oublient et lorsque quelqu'un les cite de mémoire, on ne veut pas y croire. Il est bon qu'il reste quelque chose de leur texte authentique, pour donner plus tard à juger l'intelligence du journalisme conservateur, catholique — du journalisme de notre bord, à mon frère et à moi.

....

« Un chef-d'œuvre (*d'infatuation*) en ce genre, c'est le JOURNAL DES GONCOURT. Un premier volume a paru, il n'a pas moins de quatre cents pages et sera suivi de huit cents autres. Impossible d'y trouver un chapitre intéressant, une ligne qui nous apprenne quoi que ce soit...

« Voulez-vous devenir auteur ?... Voulez-vous voir dans quelques années votre nom sur une couverture beurre frais avec l'indication du tirage ? Commencez dès aujourd'hui, et mettez-vous hardiment à votre journal : « 27 mars. — Déjeuné ce matin à huit heures. Parcouru les journaux... Pluie, soleil, giboulées... Dîné chez X... Nous étions douze à table, les six messieurs avaient la barbe en pointe, les six dames avaient les cheveux roux. »

« Intitulez : « Journal de ma vie », ou « Documents sur Paris », ou comme vous voudrez. Ajoutez l'indication : « Troisième mille. » Et je vous garantis une vente de quarante exemplaires, et plus [2]. »

Dimanche 3 avril

Pour les objets que j'ai possédés, je ne veux pas après moi de l'enterrement dans un musée, dans cet endroit où passent des gens ennuyés de regarder ce qu'ils ont sous les yeux. Je veux que chacun de mes objets apporte à un acquéreur, à un être bien personnel, la petite joie que j'ai eue en l'achetant.

---

1. Mme Daudet vient d'entendre le discours de réception de Leconte de Lisle à l'Académie (cf. t. III, p. 1210, n. 2) et la réponse de Dumas fils, ce 31 mars. L'éloge, par Leconte de Lisle, de son prédécesseur Hugo resta un peu en deçà de ce qu'on attendait et Dumas le lui fit sentir, regrettant aussi qu'il se fût si totalement « affranchi de l'inquiétude de Dieu ».

2. Add. 1894, en note : *Certes, le tirage pour moi, n'est pas une marque de la valeur d'un volume, toutefois le livre, que le critique du* Français *estimait devoir se vendre à quarante exemplaires, est à son vrai huitième mille.* — Cf la *Causerie* du 28 mars, signée *Ménippe.*

Mercredi 6 avril

Ce matin, Daudet, qui s'était mis en tête de vouloir faire passer dans le GIL BLAS mon JOURNAL, m'envoie une dépêche pour me dire que le directeur voudrait prendre connaissance de la copie. Je lui écris : « Merde pour le directeur ! » et prends la résolution de le publier en volume.

Ce soir, en prenant un coupé à Passy pour aller dîner chez la Princesse, je rencontre le jeune Montesquiou-Fezensac, dans la correction d'une de ses toilettes *symboliques*, suprêmement *chic*, et tenant à la main une sorte de paroissien. Et me tendant le petit livre très bien relié, il me dit : « Regardez quel est mon bréviaire... Et certes, je ne croyais pas vous rencontrer ! » Le petit livre est une MADAME GERVAISAIS de la petite édition Charpentier : un léger dédommagement de tous les échecs de ces temps-ci.

Mézières, un esprit de table d'hôte, mais bruyamment jovial et d'une grosse amabilité à l'endroit de tout le monde. Je ne sais pourquoi, il s'adresse tout le temps à moi et, après le dîner, me prend le bras avec tendresse pour me demander ce que je fais. Puis des bras de l'académicien Mézières, je tombe dans le giron de l'académicien Doucet, qui se plaint à moi, avec toutes sortes de sous-entendus aimables et d'ouvertures diplomatiques, de notre attitude à Daudet et à moi, de notre attitude rétractile vis-à-vis de l'Académie. Pourquoi diable ces amabilités inexplicables ?

Dans un coin du salon, j'entends la Princesse dire à Masson : « Vous allez voir le prince Napoléon. Parlez-lui donc de son fils et dites-lui que c'est très mal. Le pauvre enfant n'a pas le sou, et il lui faut 6 000 francs pour son équipement... Oui, c'est très mal : il s'était engagé à lui faire une pension de 12 000 francs, et il ne la lui fait pas... Mais gardez-vous de lui parler de ce que je lui envoie ! Il ne lui donnerait plus rien, mais plus rien du tout. »

Popelin me raconte qu'Haviland a dans ces derniers temps-ci exigé de Burty les 30 000 francs de dot de sa fille, que pas un seul instant, le beau-père n'avait songé à payer à son gendre. Il l'aurait aussi moralement forcé à faire une pension de 300 francs par mois à sa femme, qu'il a mise à la porte.

Ah ! cette gorge, cette blanche gorge, avec ces trois excitants grains de beauté et qu'on m'étale si gentiment sous les yeux toute la soirée, ça rend un peu insomnieuses mes nuits des mercredis !

Paul Hervieu, un petit jeune homme, distingué, joli, à la voix flûtée, aux manières douces d'un jeune homme de bonne famille, qui a eu pour précepteur un abbé, ou peut-être tout simplement d'un *Condorcet* [1].

Il parle, curieusement et avec des idées personnelles, de la littérature, indiquant dans LE BILATÉRAL une recherche de la force, qu'a introduite

1. Faut-il entendre : d'un élève du lycée Condorcet ? Le mot est souligné dans le Ms.

Zola en littérature et que témoigne deux ou trois fois dans le livre la montre du Lion de Belfort [1].

Samedi 9 avril

FLORA FUCHS par Mme de Nittis, sous le pseudonyme d'Olivier Chantal. Pas un moment, la sensation donnée au lecteur d'une chose arrivée ; tout le temps, l'impression d'une composition par un écolier à l'écriture proprette. Et rien, rien dans le livre de la curiosité, de l'originalité, de la particularité des milieux où la vie de la femme-auteur s'est passée.

Entrée de Francis Poictevin, qui a forcé ma porte. Je crains bien qu'avant deux ans, le pauvre garçon ne soit complètement fou. Il ne peut tenir en place, rester assis et s'agite et se démène et se promène, en venant me jeter dans la figure des phrases comme celles-ci, un doigt sur une page de son manuscrit :

« Tenez, là... comment trouvez-vous cela, une *blondeur roussâtre* ? N'est-ce pas ? c'est tout à fait bien, d'un rendu tout à fait pictural ?

— Heu ! heu !...

— Et ça ? (et de sa bouche jaillit une épithète douloureusement tarabiscotée)

— Oh ça, je ne l'aime pas du tout ! »

Et sans écouter et sans entendre, il prend congé de moi, en me disant : « Oh ! que je suis heureux que ça vous plaise !... que vous me complimentiez si fort ! »

Depuis un mois, j'ai les yeux fatigués, malades, plus malades que les autres printemps, et je suis embêté et un peu inquiet de cette persistance du mal.

Dimanche de Pâques, 10 avril

Au fond, c'est dur de n'avoir pas une oreille, un cœur de femme intelligente pour déposer ses souffrances d'orgueil et de vanité littéraire.

Daudet m'emmène dîner chez lui ce soir. Il a vu ce matin l'*ondoyant*, le *fuyard* Porel, tout gêné et cherchant à lui cacher des livres à images, qu'il doit consulter pour la reprise imprévue d'une pièce quelconque, et si troublé qu'il l'a reçu debout dans sa salle à manger... Il a entamé la question GERMINIE LACERTEUX, et Porel, à qui revient l'idée de faire une pièce du roman, Porel, qui par ses instances m'a décidé à l'écrire, Porel, qui un moment m'a répété que son théâtre était à moi,... Porel n'a pas voulu donner de réponse catégorique, demandant que

1. La statue de Bartholdi qui symbolise la résistance de Belfort et qui, à Paris, se dresse place Denfert-Rochereau, reparaît en effet dans cette étude des milieux socialistes de Paris qu'est LE BILATÉRAL de Rosny aîné (p. 1, p. 85, p. 97...). Il revient dans la pensée du *Bi* et d'Ève Ravière comme le rappel d'une humiliation nationale jeté à tout moment au milieu de l'internationalisme socialiste ou anarchiste.

je lui présente un scénario. Et je n'ai pas envie de le faire, ce scénario, par la raison que je suis sûr qu'il ne l'acceptera pas — voulant, moi, faire une pièce toute rapprochée de mon livre et sans effet théâtral.

Tout manque, tout casse, tout croule. Ç'a été un peu comme ça tout le long de ma carrière littéraire. Mais dans ce moment-ci, vraiment, la malchance a l'air de prendre des proportions grandioses, une intensité emmerdante.

Lundi 11 avril

Chez un vieux comme moi, ça remue tout de même, de recevoir d'une jeune, jolie et blonde fille des lettres pareilles à celles-ci :

« Jour de Pâques.

« Je suis sûre que je vous ai tourmenté. Je vous connais si bien et cela m'assombrit mon aujourd'hui.

« Les enfants sont dispersés dans tous les coins répétant fables et comédies pour ce soir. Depuis ce matin, la maison est pleine de fleurs et je veux que pour vous aussi, ce soit un peu Pâques fleuries, et je vous glane quelques brindilles : les voici.

« Oh, mais ! je vous en prie, de ceci, *pas un mot à âme qui vive.*

« Votre amie vous demande d'être muet, mais non pas sourd. A mercredi. »

En regardant ce griffonnage, avec les petites macules qu'ont laissées sur le papier les fleurettes, je me dis que ce serait vraiment bien bon d'avoir ses dernières années entourées de la tendresse de celle qui m'écrit. Puis je pense à toute notre vie consacrée, sacrifiée, immolée à la littérature, et je dis : il faut aller jusqu'au bout, il faut ne pas se marier, il faut tenir parole à mon frère mourant, il faut fonder cette Académie dont nous avons eu l'idée.

Mercredi 13 avril

On causait, ce soir, rue de Berri, du *parler* spécial aux gens des clubs, du parler ayant quelque chose du parler de l'acteur en scène [1] — parler que M. de la Girennerie, inspectant, je crois, l'École de Saumur, trouva dans la bouche de tous les jeunes gens et dont il tâcha de leur faire sentir le ridicule et le mauvais chic.

Borelli, le héros du Tonkin, tête de polichinelle intrépide, tête de polichinelle-vampire, avec la mobilité de ses traits et ses singuliers petits yeux, dont le blanc devient énorme, quand il s'anime dans un récit.

1. Var. 1894 : *parler ressemblant un peu au parler du duc de Septmonts dans la pièce de Dumas.* — Dans L'ÉTRANGÈRE, le langage du duc de Septmonts reflète sans doute le cynisme froid de ce *grand seigneur méchant homme*, mais il ne constitue pas un *parler* particulier : si l'on s'en rapporte au texte Ms., Goncourt doit songer en fait aux intonations de l'acteur, de Coquelin sans doute, qui créa le rôle au Théâtre-Français le 14 février 1876.

Jeudi 14 avril

Remise à Charpentier, ce matin, de mon manuscrit du second volume de notre JOURNAL.

Chez Noël où je déjeune, j'ai à côté de moi, ce matin, deux enfants au type juif, mais tout à fait des enfants, qui causent tout le temps avec leur précepteur de l'état comparatif de la dette française avec la dette allemande.

On parcourt chez Daudet, avant dîner, cet article du JOURNAL DES JOURNAUX, signé B. Maurice, d'où Flaubert a tiré l'idée de son roman de BOUVARD ET PÉCUCHET. Il ne peut y avoir de doute... les deux bonshommes qui recopient... la vie *plate comme le canal Saint-Martin...* et tout enfin. C'est bien curieux que Flaubert n'ait pas été arrêté par la prévision qu'un jour ou l'autre, cette espèce de plagiat serait découvert [1].

A la fin du dîner, Daudet envoie Léon et le jeune Hugo entendre, pour nous en rapporter le sens, une conférence que Sarcey fait sur le JOURNAL DES GONCOURT.

Porel, qui a dîné, me prend dans un coin et me sollicite de faire le scénario de GERMINIE LACERTEUX, mais ce n'est plus le directeur révolutionnaire de l'automne dernier, voulant utiliser pour GERMINIE la rapide machination anglaise, en faire une pièce en huit ou dix tableaux sans entractes, coupée seulement au milieu par une demi-heure de repos, ainsi que dans les concerts ou les représentations de cirque.

Samedi 16 avril

Hier, la première de RENÉE. Pas une scène où se sente de la vie vécue, et tout le temps, la tirade *clichée* du théâtre *vieux jeu*. Enfin, puisque *naturalisme* il y a, disons-le, il n'est pas une pièce de Dumas ou d'Augier qui ne soit cent fois plus naturaliste que ce drame, ressemblant à du Becque première manière.

Les Daudet, fatigués d'une visite à Champrosay faite dans la journée, moi, la vue brûlée par la lumière du lustre que nous avons eue en plein dans les yeux dans notre loge de seconde, tous trois enfin, par là-dessus, un peu effrayés de la perspective des choses désagréables que bien certainement nous servira la femme de l'auteur, nous déclinons l'invitation à souper de Zola, de Zola qui nous dit de sa voix nerveuse,

---

1. Flaubert s'est inspiré pour BOUVARD ET PÉCUCHET d'une nouvelle de Barthélémy Maurice, LES DEUX GREFFIERS, parue successivement dans la GAZETTE DES TRIBUNAUX (14 avril 1841), le JOURNAL DES JOURNAUX (mai 1841) et surtout L'AUDIENCE (7 février 1858), où Flaubert a lu l'histoire d'Andréas et de Robert, retirés à la campagne et finissant l'un par dicter et l'autre par copier la prose du JOURNAL DES HUISSIERS. Daudet et ses amis gardèrent assez bien le secret de cette source, que Mme Daudet et Céard révélèrent seulement en 1911 à René Dumesnil, qui la divulgua dans la REVUE DE PARIS du 16 août 1912. Cf. BOUVARD ET PÉCUCHET, éd. Dumesnil, 1945, t. I, p. 1, la description du canal Saint-Martin, au bord duquel se rencontrent les deux personnages de Flaubert, et t. II, *Appendice*, p. 292, dans le texte de Maurice, la phrase sur la vie des deux greffiers, « uniforme et paisible comme l'eau du canal Saint-Martin ».

de sa voix fâchée : « Ce n'est pas gentil, je vous le dis, ce n'est pas gentil ! »

Dimanche 17 avril

Aujourd'hui, je ne sais pourquoi, je suis hanté par le souvenir de ma nourrice, cette Lorraine aux cheveux et aux sourcils noirs, chez laquelle il y avait bien certainement du sang espagnol et qui m'adorait avec une sorte de frénésie.

Je la vois, le jour d'un grand dîner à Breuvannes et où je venais de manger sur le grand abricotier de la cour le seul abricot mûr et que mon père se faisait une fête d'offrir au dessert, je la vois soutenir que c'était elle, avec une belle impudence, et recevoir les quelques coups de cravache que mon père détacha sur moi, ne la croyant pas, la chère femme !

Je la vois encore quelques heures avant sa mort, à l'hospice Dubois, sachant qu'elle allait mourir et préoccupée seulement de l'idée que la visite que ma mère lui faisait allait la faire dîner une demi-heure plus tard. La mort la plus simplement détachée de la vie que j'ai vue, oui, une *en-allée* de l'existence comme s'il s'agissait d'un déménagement.

Mme de Nittis, lors de l'apparition de son roman, a écrit à Mme de Banville, lui demandant le secours des amis que son mari avait dans la presse, pour le lancement de son volume [1]. Mme de Banville, voulant éviter de la correspondance à son mari, est allée trouver Mme de Nittis, lui a dit que son mari avait très peu d'influence et que Dumas fils pouvait lui être en cela d'une assistance bien autrement grande. Seconde lettre de Mme de Nittis, lui demandant ce qu'elle pense de son livre et qu'elle est surtout désireuse de conseils. Réponse des plus complimenteuses de Mme de Banville. Troisième lettre de Mme de Nittis se plaignant de la banalité louangeuse de la lettre et réclamant une vraie critique. Seconde réponse de Mme de Banville impatientée, qui lui écrit entre autres choses que son poète lui semble un imbécile, vu qu'il quitte une belle et dévouée fille, pour une créature sans gorge, au cheveu rare, très peu à cheval sur sa vertu et prenant conseil du premier venu pour savoir si elle doit faire son mari cocu...

Mme de Banville, racontant cela à Mme Daudet, assurait n'avoir pas reconnu Mme de Nittis dans Gabrielle Amyot... Plus souvent ! Mme de Banville est trop *gale* pour être capable de cette innocence ! Enfin, quoi qu'il en soit, sur cette dernière épître, Mme de Nittis, emportée par ses nerfs, écrivait à Mme de Banville une lettre dans laquelle elle lui disait qu'elle connaissait des femmes qui aimaient mieux passer leur journée à l'église que de secourir la veuve et l'orphelin.

Lundi 18 avril

Découragement amenant chez moi une grande paresse et un détachement de l'effort, de la tentative originale. Du moment où la

1. Cf. plus haut p. 29.

RENÉE de Zola est acceptée par le public et par la presse comme du théâtre nouveau, à quoi sert de chercher du vrai *nouveau* au théâtre ?

Mercredi 20 avril

Miska est morte, *Miska*, la chienne de Mlle Abbatucci. Et l'on conçoit le chagrin de la tendre fille. C'est vraiment de la maternité, l'amour du chien chez la femme qui n'a pas d'enfant. Enfin, celle-ci, pour porter cette chienne qui pesait quatorze livres et ne pas se déformer la taille, ne pas la voir déjetée à droite, ainsi que les blanchisseuses, avait été obligée de se faire faire un corset avec des baleines de fer.

Jeudi 21 avril

Daudet comparait aujourd'hui l'œuvre de Zola à la drague, cette machine qui ramasse indifféremment tout, et des immondices et des bijoux : la drague qu'on appelle *Marie-Salope.*

Dimanche 24 avril

Un ciel tout noir et tout constellé d'étoiles, un ciel semblable à la gaze noire, piquée de paillons d'or, habillant les danseuses de l'Inde. Sur ce ciel, les grands arbres non feuillés encore, mais à la ramure infinie en éventail et pareils à ces fougères gigantesques du monde antédiluvien, qu'on découvre calcinées au fond des mines. Et sous cette obscurité toute cloutée de feu, des souffles énormes, balançant et faisant gémir ces arbres couleur de charbon, comme les arbres d'une planète autre que la terre, d'une planète en deuil.

Mardi 26 avril

Aujourd'hui, Larousse a dressé l'étagère du petit boudoir ; et le placement de mes bols japonais, cette collection faite tout dernièrement, le contraste et à la fois l'harmonisation de ces tons, de ces teintes, de ces irisations, ç'a été, une heure ou deux, chez moi une ivresse, une ivresse produite chez un coloriste par une griserie de couleurs... Il est vrai que cette ivresse, je l'ai encouragée par deux ou trois verres de fine Champagne... Autrefois, je mêlais la fumée de tabac à la jouissance de l'objet d'art ; maintenant, c'est de l'eau-de-vie... Deviendrai-je un jour un amant de la *maîtresse rousse* [1] ?

Mercredi 27 avril

Le petit Houssaye, qui fait un article sur mon livre aux DÉBATS me raconte que le bon Taine s'est transporté au journal et qu'il a déblatéré

1. Cf. t.II p. 1167 pour cette allusion à Barbey d'Aurevilly.

avec une telle fureur contre mes mémoires, leurs *indiscrétions,* qu'il avait trouvé Patinot ébranlé et presque disposé à ne pas faire passer l'article. Ah, le lâche couillon que ce Taine [1] !

Jeudi 28 avril

En suivant le travail de Porel, dans le tri de ses expressions pour trouver un mot laudateur, un mot flatteur, un mot caressant à l'endroit d'un chacun, nous faisions ce soir la remarque que les gens sortis de trop bas gardent toujours un peu de l'asservissement de l'affranchi.

Dimanche 1er mai

Mes rêves sont maintenant toujours des cauchemars, et ces cauchemars se réduisent à un cauchemar unique. C'est, dans un voyage en un pays vague, l'oubli du nom de l'hôtel où je suis descendu, l'oubli et la non-retrouvaille de la chambre que l'on m'a donnée, avec la perte de tous mes effets : un cauchemar produisant les troubles et les anxiétés les plus terribles dans mon pauvre sommeil.

Je me demande si la persistance de ce rêve n'est pas un symptôme, n'est pas une indication dissimulée d'une mémoire qui se perd.

Daudet est le boute-en-train, l'amuseur, le causeur *commediante,* le bruit, le mouvement, l'esprit bouffon des dimanches du *Grenier.* Aujourd'hui, il a mimé, avec du comique à mourir de rire, les ataxiques qu'il rencontre à Lamalou, gens pour la plupart faisant le mouvement contraire de celui qu'ils veulent, déployant une verve, une verve féroce qui, à la fin, m'a rendu tout triste. Je sentais en lui un homme qui blague la peur des choses qu'il redoute.

Lundi 2 mai

Mme Camescasse est très liée avec une marquise d'A***, une femme galante du grand monde, qui possède un château en Picardie, dont elle est originaire. Toute galante qu'elle est, la marquise, elle se pique de dévotion et demande un jour à Mme Camescasse si elle a fait ses Pâques : « Non, lui dit la femme de l'ancien préfet de police, non, je n'ai pas communié depuis deux ans. — Pourquoi ? — Parce que je n'ai pas envie de me corriger ! répond l'autre avec un sourire énigmatique. — Il faut être en règle avec Dieu, ma chère », lui jette la marquise.

Cette parole d'orthodoxie aristocratique germe dans la cervelle de la Camescasse. Et le soir où elle embarque son mari pour une tournée en Algérie, passant en revenant devant Saint-Augustin, elle y entre, se trouve avec un certain dégoût au milieu d'un tas de bonnes et de

1. En définitive, l'article d'Henry Houssaye sur le JOURNAL paraît dans les DÉBATS du 3 mai : des éloges pour « ce bric-à-brac de souvenirs », d'où Houssaye extrait quelques portraits et quelques sténographies de conversations littéraires.

servantes en train de se confesser, s'approche d'un confessionnal où est un prêtre, lui conte son affaire et attend délibérément l'absolution. La faute est si énorme que le prêtre fait des difficultés, veut au moins une promesse de renoncement ; mais la femme de défendre son péché comme un beau diable et de ne vouloir s'engager à aucun prix à ne pas recommencer. Et là-dessus, elle s'en va, moitié absoute, moitié non pardonnée, et horriblement en colère contre le *ratichon.*

Mercredi 4 mai

Bertrand, le mathématicien : je ne connais pas de savant à l'esprit plus lourdement fleuri, à l'amabilité plus rance, qui présente un mélange plus odieux du dilettante littéraire sans goût et du galantin en *us*, et dont l'agenouillement va de Vitet à Casimir Delavigne.

Ce soir, il racontait chez la Princesse une anecdote assez drôle sur Meilhac. Meilhac, se présentant à l'École polytechnique, était venu le trouver, lui demandant de convenir d'une question sur laquelle il l'interrogerait, lui déclarant que c'était uniquement pour la satisfaction de son père. Sur l'objection que lui faisait Bertrand, qu'il pourrait peut-être être reçu : « Oh ! il n'y a pas de danger ! » s'écriait avec une telle conviction le futur auteur dramatique que Bertrand faiblissait, lui accordait sa demande. Mais le jour de l'examen arrivé, au moment où Bertrand lui adressait la question convenue, Meilhac, regardant dans la salle, disait tout haut : « Papa n'est pas là ! » et ne répondant pas même à la question, s'en allait.

Jeudi 5 mai

Une amusante manie de Mme Daudet est de soutenir en toute occasion la bonté et l'excellence de la femme et la *mauvaiseté* de l'homme et de déclarer, dans toute séparation, que les torts sont toujours du côté du mari, même cocu, et de développer sa thèse imperturbablement, au milieu des charmantes ironies de Daudet, qui semblent lui dire : « Ma chère, tu ne t'en doutes pas, mais tu fais penser que ton mari est un monstre. »

Cette discussion, qui n'en est pas une, amène ce soir un petit cours sur les rapports entre les époux qui s'aiment, rapports que Daudet compare en quelque sorte à un duel, à une réunion où l'on doit toujours s'observer de l'œil, ne s'abandonner jamais, être perpétuellement en coquetterie vis-à-vis l'un de l'autre... Ce qui fait dire à la fin à Mme Daudet : « Voyons, entre gens qui s'aiment, il faut de la confiance ! » Sur quoi je m'écrie en plaisantant : « Non, non, entre gens qui s'aiment, doit régner la plus grande défiance ! »

Mme Daudet a été voir ces jours-ci Mme Burty. Elle l'a trouvée dans un petit appartement composé de deux chambres, se servant elle-même. Elle lui a raconté qu'elle avait été jetée à la porte par son mari, qui couche avec sa bonne, que son mari avait pris, en compagnie d'Arène, l'habitude de se saouler tous les soirs dans les brasseries, enfin que son mari avait toutes les maladies de Coupeau... Disons que, dans la société de son cher mari, elle était devenue aussi mauvaise que lui... Puis toujours des mensonges ! Comment ? Avec une pension alimentaire de 3 600 francs, elle n'a pas de quoi avoir quelques heures une femme de ménage ? Et est-il présumable que sa fille mariée à Haviland, dont les affaires ne sont pas, il est vrai, brillantes dans le moment, mais qui a un train de maison de 60 000 livres de rente, ne lui donne pas un sol ?

Samedi 7 mai

Me voici au bout de mon existence intellectuelle. Encore la compréhension et même l'imagination de la construction, mais plus la force de l'exécution. Avec cela une détente de l'activité, une paresse du corps à bouger de chez moi, quand il n'y a pas, là où je dois aller, l'attrait de retrouver des personnes tout à fait aimées.

C'est ainsi que ce soir, au lieu d'être à la première de la reprise de CLAUDIE dans la loge de Porel, prévenu que les Daudet n'y sont pas, je reste chez moi à rêvasser et à me réjouir les yeux, sous la lumière de la pleine lune, de la légèreté de la grille de fer qu'on vient de poser au fond de mon jardin [1]... Et regardant cela, je pensais avec tristesse au bourgeois imbécile ou à la cocotte infecte qui aura bientôt cette petite demeure de poète et d'artiste.

Dimanche 8 mai

Curieux, ce Rosny, avec son profil de Persan et sa maladie de la contradiction. Et ça le prend comme une crise physique, la contradiction ! On le voit tout à coup abaisser la tête, regarder le plancher, tenir ses bras étendus entre ses cuisses ouvertes, et lâcher, lâcher de la parole mêlée de choses agressives. Puis, l'expectoration faite, se lever et se tenir debout en quelque coin, en quelque angle de meuble, et y demeurer tout gêné, et comme peiné de ce qu'il a fait.

On cause de Huysmans et de son livre EN RADE... Daudet voudrait voir à Huysmans un succès de vente, parce que le succès le ramènerait à quelque chose de plus sain, ferait qu'il ne tournerait pas autant le dos à ce qui fait apprécier un écrivain par le public... Et l'on parle des tristesses de sa vie : une mauvaise santé, des rhumatismes qui exigent à tout moment des pointes de feu, un vieux *collage*, une maison de brochage n'allant pas et lui donnant de grands ennuis d'argent. Descaves disait qu'il emportait des soirées passées avec lui un noir qu'il fallait deux ou trois jours pour dissiper.

---

1. La création de CLAUDIE remontait au 11 février 1851, à la Porte-Saint-Martin, d'où des rivalités de comédiens avaient contraint George Sand à retirer sa pièce après une quarantaine de représentations.

Daudet m'arrache de chez moi et m'emmène dîner... Sur un emportement du petit *Zézé*, il me cause des colères des Daudet, légendaires dans le pays. Des colères de son père à propos de rien et qui, un jour que son frère avait redemandé du vinaigre, lui en faisaient remplir son assiette et le forçaient à l'avaler. Il citait un autre Daudet, dont le dîner était en retard et qui va faire des reproches à la cuisinière. Entre un poulet effaré, qui jette des *pi-pi* plaintifs à travers ses reproches. Agacé, il lui flanque un coup de pied, qui le jette à demi mort au milieu de la cuisine. Le chat saute sur le poulet. Ce que voyant ledit Daudet, il décroche, furieux, le fusil du manteau de la cheminée et tue le chat sur le seuil de la porte. Et faisant un retour sur lui-même, sur la peine qu'il a eue à dompter ses colères, il dit qu'il y a bien certainement en lui « le restant d'une race sarrasine ».

Là-dessus, je ne sais comment la conversation saute aux infirmes, et il soutient qu'il y aurait un beau livre à faire avec l'infirme, qui est presque toujours un vicieux, un *chauffe-la-couche* de la femme. Ceci amène le nom de Dupray, le peintre, et l'on raconte que ce boiteux gouailleur, trompant Detaille, fit envoyer par Valtesse, la maîtresse de ce dernier, une chemise mouillée, qui, écrivait-elle, l'était par l'insomnie de son absence — toute pleine du sperme de Dupray.

Lundi 9 mai

...Elle est venue aujourd'hui me voir en cachette, et comme je lui baisais les mains, elle a soupiré plutôt qu'elle n'a dit : « Je ne devrais pas permettre cela,... mais je n'aurais pas dû venir aussi... »

Mardi 10 mai

Je ne sais qui racontait au dîner de ce soir que dernièrement se présentait au conseil de révision un jeune homme réunissant les deux sexes et disant que toute sa famille était comme ça et qu'il avait une sœur qui se mettait quinze jours avec un homme, quinze jours avec une femme. Déclaration qui amenait de la part du médecin qui l'examinait, homme très froid et très correct en paroles, cette question : « Monsieur, pourriez-vous me dire quelle est la longueur de la verge de Mademoiselle votre sœur ? »

Une définition supercontentieuse du nommé Gounod : il appelle la cathédrale de Milan une cathédrale en *fa majeur*.

Charles Edmond me disait avoir entendu à Royat une conversation de Zola avec Heredia où, après une énumération de tout ce qu'il gagnait et de ce qu'il dépensait pour Médan, il terminait par : « Nous *bouffons* le reste. »

C'est vrai, il y a un côté goinfre chez lui : Gillot disait cet hiver à Daudet que toutes ses primeurs sont pour Zola.

Mercredi 11 mai

Ce soir chez la Princesse, elle m'a dit :
« Pour moi, vous ne sacrifieriez rien !
— Et vous, pour moi ? lui ai-je répondu.
— Tout ! » m'a-t-elle dit en me regardant en pleine figure.

J'avais sur les lèvres : « Tout, tout... Un homme que j'ai connu disait, en parlant de la femme aimée par lui : « Pour cette femme, je sacrifierais ma fortune, ma vie, mon honneur. » Me sacrifieriez-vous au moins ce qu'il mettait en dernier ? » Mais j'ai craint une réponse favorable.

Elle était charmante, ce soir, avec ses yeux mélancoliques, la blondeur frisottée de ses cheveux, ses deux grains de beauté sur sa blanche gorge.

Faut vraiment de la vertu pour ne pas envoyer promener mon Académie !

Jeudi 12 mai

J'entendais hier de Bonnières raconter *mezzo voce*, dans l'oreille de Mlle Abbatucci, une fausse couche de sa femme, cette jolie et délicate femme qui voulait à la fois mener la maternité, le monde et le *Chat noir.*

Trop d'aptitudes chez Rosny. Il annonce un volume de poésies ; il prévient Porel, qui dîne ce soir chez Daudet, qu'il lui présentera une pièce l'année prochaine ; il travaille à un livre de critique ; il parle d'inventions qu'il mettra au jour ; enfin, il me disait que plus tard, il ferait une collection d'objets d'art, et je ne sais vraiment pas s'il n'a pas un peu joué du piano. Un véritable talent, mais, je le répète, trop d'aptitudes.

C'est particulier comme Mme Daudet a l'amitié jalouse. Je lui avais demandé un exemplaire de l'ENFANCE D'UNE PARISIENNE pour *elle.* Elle a commencé par me le refuser, puis me l'a promis, mais en la traitant de *personne envahissante* et me disant qu'elle ne lui avait pas paru du tout jolie.

Samedi 14 mai

Tous ces jours-ci, possession absolue de ma personne par le jardin. Se tenir derrière un homme qui met du terreau noir sous les arbustes verts, qui creuse des cuvettes monumentales à des rhododendrons, être pris par ce travail bête, et tout ce qui vous appelle d'intelligent dans votre cabinet de travail, lectures, notes, corrections d'épreuves, laisser tout cela.

Berthelot, une grande, une très grande intelligence, sans aucun sentiment du bon ou du médiocre ou du mauvais dans la littérature moderne. Et par là-dessus, un pauvre ministre, un ministre à l'ironie d'un gamin de Paris, un ministre Gavroche.

Dimanche 15 mai

Daudet, qui doit partir demain pour Champrosay et qui devait venir aujourd'hui, n'est pas venu. Je reste tout triste de ne pas l'avoir vu et je ne puis m'empêcher de penser au vide que ça va faire dans mon existence, cette absence des amis de la rue de Bellechasse pendant de longs mois. Je sais bien que j'ai ma chambre chez eux, et une chambre que m'envie le maître de la maison. Mais je suis si lâche pour me remuer maintenant et j'ai si peur de tomber malade chez les autres !

Mercredi 18 mai

On me disait que Mme de Nittis s'était montrée chez la Princesse, un de ces derniers soirs, en grande toilette de bal. Oh ! les deuils éternels... Je n'ai pu empêcher ma pensée d'aller à ce mari sous terre, en cravate blanche, en habit noir, en tenue de soirée. Il me semble que dans un mort ainsi habillé des choses de la vie, il doit survivre une jalousie posthume qui n'existe pas chez le mort en linceul.

Jeudi 19 mai

On m'apporte une petite boîte venue par la poste. Je l'ouvre. J'y trouve une rose mousseuse fanée : la rose qu'elle avait entre les deux seins hier et qu'elle m'envoie comme un merci d'une petite amabilité qu'elle m'a demandée pour elle et son père... Cette fleur, je trouvais *jeunet* de la garder et ne voulais pas la jeter. Je me suis amusé à la brûler sur une pelle rouge ; et la cendre, je l'ai mise dans une tabatière chinoise en jade blanc, ayant la forme d'une petite urne. L'acheteur futur de la tabatière ne se doutera guère que cette pincée de cendres, ce sont des cendres des amours du romancier de CHÉRIE et de Mlle***.

Vendredi 20 mai

On sonne. Il est dix heures. Qui ça peut-il être ? C'est le Japonais Hayashi, de retour d'Amérique et qui part demain pour le Japon, dont il reviendra au mois de décembre. Il parle de trois mois de séjour au Japon, où il va écrémer tous les marchands des petites villes de province, absolument comme nous parlons d'une partie de bibelotage à Versailles. En descendant l'escalier, il me jette d'en bas : « Vous savez, c'est notre navire qui a coupé en deux le... (*je n'entends pas le nom*). J'étais sur le pont dans le moment et j'ai vu l'autre disparaître... C'était très curieux [1] ! »

Samedi 21 mai

Le Tout-Puissant qui, avec sa toute-puissance, n'a inventé rien de plus idéal que des femmes qui chient...

---

1. Dans la nuit du 7 au 8 mai, au large du cap Lizard, le *Bretagne*, venant de New-York, aborde le *Tellus*, un trois-mâts norvégien, qui coule, mais dont l'équipage est sauvé.

Lundi 23 mai

Aujourd'hui, je charme, je grise mes pauvres yeux malades de la vue de pivoines *Confucius*, de ces fleurs de soie rose turc, reflétées de blancheurs indescriptibles en leur décoratif découpage.

Mardi 24 mai

Tous ces temps-ci, un noir chez moi, comme chez un prédestiné aux Quinze-Vingts.

Ce soir au dîner de Brébant, Perrot, de l'Instruction publique, affirmait que les jeunes gens qu'il voyait ne lisaient plus de journaux, n'avaient plus d'opinion politique, tant ils étaient écœurés par les blagues et le charlatanisme des hommes politiques du moment, et il signalait comme un danger cette génération nouvelle complètement désintéressée de la politique.

Charles Edmond me parlait à l'oreille du ridicule cramponnement de Berthelot au ministère et me disait avoir entendu de sa bouche un récit de son ovation en Algérie, qui ressemblait au récit du BOURGEOIS GENTILHOMME.

Mercredi 25 mai

Pélagie faisait la remarque que dans la voix de Delzant disant : *Bonjour, monsieur... Bonjour, madame... Bonjour, mademoiselle,* il y a de l'intonation du perroquet — et ma foi, c'est très vrai.

Jeudi 26 mai

Anniversaire du jour de ma naissance. Triste anniversaire. Un moment, la lumière est si douloureuse à mes yeux que je me couche dans ma chambre complètement obscurée. Puis, dans cette nuit, je pense que l'exposition d'horticulture est ouverte, et le désir de voir des fleurs me fait lever et me mène au Palais de l'Industrie.

Tout se tient. C'est fini des belles grosses roses bourgeoises, bien portantes, à la façon de la *Baronne Prévost.* Aujourd'hui, l'horticulture cherche la rose alanguie, aux feuilles floches et tombantes. Dans ce genre est exposée une merveille : la rose appelée *Madame Cornelissen,* une rose à l'enroulement lâche, au tuyautage desserré, au contournement mourant, une rose où il y a dans le dessin comme l'évanouissement d'une syncope, une rose névrosée, la rose décadente des vieux siècles.

Vendredi 27 mai

Cet incendie de l'Opéra-Comique a été vraiment une *première à cadavres,* où l'on a été pour avoir son nom imprimé dans les feuilles [1].

1. A l'Opéra-Comique, le 25 mai, pendant le premier acte de MIGNON, le rideau d'un décor,

Jamais ne s'est montré si bien en un événement si triste l'affamement de publicité qu'a le Parisien du XIXe siècle !

Samedi 28 mai

Le jour de Mme Strauss, ci-devant Bizet. Il y a là la duchesse de Richelieu, la duchesse de Gramont, la princesse de Beauvau... Saperlotte, je n'ai jamais rencontré réunie tant d'aristocratie dans un salon ! Ces femmes, ou brunettes ou blondinettes et généralement gentillettes, ont une distinction, mais pas une distinction de grande dame : une distinction bourgeoise de demoiselle de magasin suprêmement *chic*. C'est mignon, c'est *genreux*, et ça papote dans les coins, en grignotant des petits fours avec d'élégants froufrous et un caquetage d'oiseaux.

Lundi 30 mai

Je demandais hier à Rosny, pourquoi il avait quitté la France et était allé habiter l'Angleterre. Il me répondait que, vers les dix-huit ou vingt ans, il avait été tout à fait pris par les romans de Gabriel Ferry et qu'il avait voulu se faire coureur de bois en Amérique. Puis, quand il avait été en Angleterre, l'Amérique lui avait paru beaucoup plus loin que la France [1].

Mardi 31 mai

La Princesse est venue déjeuner aujourd'hui avec Mme de Galbois, Mme de Girardin, Mlle Abbatucci, les Zeller, Popelin. Ç'a été gai, amical et bon enfant, la Princesse découpant, Popelin cassant les fils de fer du champagne, les demoiselles faisant le service des assiettes. La petite cour s'est amusée, heureuse d'échapper un moment à la vaisselle plate, aux domestiques à mollets, à l'architecture des plats — et à la mauvaise cuisine des grands cuisiniers.

Jeudi 2 juin

Lu dans le FIGARO un extrait de CHOSES VUES de Hugo, extrait dans lequel il me semble reconnaître une très grande parenté dans la vision des choses avec celle de mon JOURNAL [2].

étant tombé sur une herse à gaz, mit le feu aux frises. L'incendie ravagea le bâtiment. Il y eut une centaine de victimes.

1. Texte identique dans l'éd. 1894. Ne faut-il pas entendre : *que de la France* ?

2. De cette première série des CHOSES VUES, parues en 1887, Philippe Gilla cite et commente dans le FIGARO du 2 juin 1887 une dizaine d'extraits, tels que la mort de Talleyrand, le procès Fieschi, la mort de Balzac ou l'épisode de Chassériau et d'Alice Ozy.

Vendredi 3 juin

Je tombe aujourd'hui dans un journal sur la mort d'Albéric Second, qui voulait me pourfendre l'année dernière pour avoir imprimé qu'autrefois, il y avait eu au Café Riche des conversations sur de Sade à faire rougir les garçons et qui me faisait encore, après que j'avais pris les conversations à mon compte et à celui de Flaubert, me faisait la plus imbécile grise mine dans un dîner où nous nous trouvions côte à côte... Tous les journaux le célèbrent comme le littérateur bon par excellence, lui, le fruit sec exaspéré, qui entrait en complète épilepsie à propos d'un succès de Zola ou d'un quelconque.

Mardi 7 juin

Ces trois grains de beauté sur le haut d'un bras et la naissance de sa gorge, cette petite couette de cheveux du plus blond vénitien duvetant sa nuque, pourquoi les ai-je dans les yeux, le jour, la nuit, aussitôt que mon cerveau n'est pas occupé par une pensée littéraire ?... Oui, un empoignement tout sensuel, tout physique. Car je lui trouve l'intelligence un peu *petite fille*, et son caractère, d'un *gnangnan* mélancolique, n'est pas le caractère qu'il me faudrait auprès de moi, qui suis un triste. Et l'autre jour, comme elle avait un col lui serrant le cou et le bas du visage qui est un peu gras, je lui trouvai, une seconde, une ressemblance avec Louis XVI, qui jeta un froid en moi... Puis il y a des moments où le sceptique, le douteur qui est en moi, croit découvrir dans le bleu dormant des yeux de cette blonde une déterminée volonté de Germaine qui va à la conquête d'un mari. Enfin, je ne voulais pas aller la voir ainsi qu'elle me l'avait demandé, et j'y suis, et elle me dit : « Vous ne savez pas ce que j'ai fait mercredi ? » Son père absent n'avait pu la conduire chez la Princesse. « J'ai pris un de vos livres, LA FAUSTIN, et je vous ai lu dans mon lit, toute la soirée. Je n'ai éteint ma bougie qu'à l'heure où j'ai pensé que vous aviez quitté la rue de Berri. Ç'a été un moyen comme un autre de passer la soirée avec vous... » Là-dessus, la mère est rentrée. Ah ! les parents...

Ce soir, au dîner de Brébant, Spuller, le nouveau ministre de l'Instruction publique, dîne en face de Berthelot, l'ex-ministre, dont l'ironie aujourd'hui est encore un peu plus amère que les autres jours. Spuller, je dois le dire, a une très bonne et très simple tenue. Il affirme n'avoir voulu être ministre que pour renverser Boulanger. Il ne se fait du reste aucune illusion sur la solidité du ministère, disant que pas plus tard que mardi prochain, il se pourrait que le ministère eût les quatre fers en l'air [1].

1. A la suite de l'incident Schnaebelé (21 avril 1887), le Parlement se débarrassa de Boulanger, rendu responsable de la tension franco-allemande, en faisant tomber, sur une question financière, le ministère Freycinet. L'entrevue Grévy-de Mackau permit la constitution d'un cabinet Rouvier, investi le 31 mai et formé de membres de l'Union des gauches, mais accepté par la droite,

Samedi 11 juin

Déjeuner chez Burty. Déjeuner servi par la bonne qui a mis à la porte Mme Burty. Pas l'air timide, celle-là ! Une vraie *pouffiasse* de Grenelle.

Quant au maître de la maison, il est heureux comme un coq en pâte japonais au milieu de ses bibelots, largement nourri et abreuvé de thé excellent et de parfaite eau-de-vie, gavé jusqu'au goulot de toutes les jouissances de la gueule : « Vous attendiez donc quelqu'un hier au chemin de fer ? Pélagie vous a vu trôler dans la grande salle », lui dis-je. Burty rit et dit : « On ne peut vraiment rien cacher. Eh bien, oui, j'ai mené une petite à la campagne et je lui ai fait manger une friture de goujons. » Et au souvenir de ces délicieux goujons et du reste, des larmes de gaudissement mouillent ses yeux, et sa bedaine entre en joyeuse danse.

Grelet, qui déjeunait avec nous, a parlé du corps des femmes japonaises, de l'exquise délicatesse de leur buste et de leur gorge, mais signalait chez toutes l'absence de hanches et de cul, et l'inclinaison en dedans de leurs jambes et de leurs pieds, par l'habitude qu'elles ont de se traîner à terre.

Dimanche 12 juin

La description d'un taureau montant sur une vache dans deux livres d'hommes de talent, publiés la même année : c'est un symptôme, et ce symptôme s'est produit cette année dans EN RADE de Huysmans et dans LA TERRE de Zola [1].

Le petit Hervieu a une voix curieuse, c'est comme la voix lointaine d'un somnambule que son endormeur ferait parler.

Lundi 13 juin

Enterrement de cette vivace mère Charpentier, qui a eu une agonie telle qu'elle s'arrachait les cheveux.

Mardi 14 juin

Reçu ce matin un billet où elle me dit : « Je viendrai sur le coup de midi vous demander une larme de votre vin de Tokay. » Diable, diable ! Je ne me sens pas capable aujourd'hui de ne pas, à un moment, lui donner ce baiser sur la bouche auquel une femme qui a vraiment

---

moyennant la mise en sommeil des grands travaux et des lois contre les congrégations. C'est la première apparition de la « politique d'apaisement », qui va alterner pendant 25 ans avec la « politique de concentration républicaine ».

1. Cf. EN RADE (éd. des *Œuvres complètes*, 1929), p. 241 sq. et LA TERRE, Ire p., ch. I, éd. Bernouard, p. 17 (la scène de la saillie fait suite à l'épisode de Françoise traînée par la vache et sauvée par Jean Macquart).

un sentiment ne résiste pas ; et le baiser avec ses suites, quand on n'est pas en bronze, ça conduit, à mon âge, un peu plus tôt, un peu plus tard, au mariage... Alors, je dis à Pélagie : « Vous direz à Mlle*** que Daudet m'a enlevé hier, à l'enterrement de Mme Charpentier et m'a emmené à Champrosay. »

Et je m'enferme dans ma chambre, où je me couche après avoir fermé les persiennes... Un roulement de voiture, un coup de sonnette, la porte ouverte, et au bout de cela, la voix de Pélagie, criant à sa fille qui était dans sa chambre : « Blanche, descends mettre un petit couvert à Mlle***. » Bon, elle venait me demander à déjeuner ! Et la voilà qui s'installe, qui déjeune lentement ; et j'entends ensuite ses petites bottines faire crier les cailloux de mon jardin pendant une demi-heure, pendant que je me tiens coi dans mon lit, n'osant pas tousser, de peur qu'elle ne m'entende, et mourant de faim ! Situation comique ! Enfin, à deux heures, elle était partie et je me suis mis à déjeuner. En voilà des aventures pour un homme de soixante-cinq ans, mais parole d'honneur ! je soupire après la vie sans aventures.

Mercredi 15 juin

La popularité ! Ah ! le beau mépris que j'ai pour elle ! Pense-t-on que, si Boulanger arrive à jouer en France le Bonaparte, il le devra en grande partie à la chanson de Paulus [1] ?

Jeudi 16 juin

Le jeune Hugo vient très aimablement me chercher ce matin pour nous rendre avec sa mère chez Daudet par le *Touriste*, mais je crains la réverbération du soleil dans l'eau, et je pars par le chemin de fer de cinq heures.

C'est bon, un toit affectueux et une chambre où on sent la vigilance amie de la maîtresse de la maison.

Vendredi 17 juin

Porel et Lemerre, l'éditeur, viennent dîner. Ce Lemerre, avec sa pluie de paroles violentes et vides, est courbaturant.

Samedi 18 juin

Mme Daudet me lit des fragments de son livre : MÈRES ET ENFANTS. C'est vraiment une grande artiste.

---

1. Depuis que Boulanger n'est plus ministre (cf. p. 42, n. 1), les manifestations en sa faveur se multiplient, ce qui va amener le gouvernement à l'envoyer à Clermont commander un corps d'armée : on sait que le général dut partir sur une locomotive, ses partisans ayant dételé son train (8 juillet 1887). Un an plus tôt, le 14 juillet 1886, la revue de Longchamp avait été l'occasion d'acclamations frénétiques pour Boulanger, monté sur son cheval noir. D'où le succès d'une chansonnette de café-concert, interprétée par Paulus, EN REVENANT D'LA REVUE, mentionnant incidemment le « brav'général Boulanger » et qui devint le chant des boulangistes.

Tout le monde me reconduit à la gare. Il y a sur les quatre marches du seuil quatre têtes d'ouvriers couchés, regardant sous les jupes des femmes qui montent le petit escalier. Nous nous asseyons sur un banc, un ouvrier ivre vient s'asseoir presque sur Mme Daudet. Léon se précipite sur lui, lui disant, pendant que nous le retirons par-derrière : « Vous pouvez vous vanter que, si ma mère n'était pas là, vous auriez reçu une fameuse pile ! » Ah ! l'ouvrier français de l'heure présente, il ferait aimer une terre de sauvages !

Dimanche 19 juin

J'avais rêvé, pour la fin de ma vie, de dernières années paresseuses, inoccupées, remplies par la lecture de voyages, et il n'y a guère eu dans mon existence d'années plus laborieuses, plus fatigantes par la multiplicité des petits travaux et qui me font soupirer après de l'inactivité de la cervelle et des jambes.

Lundi 20 juin

Le premier anniversaire de la mort de mon frère que j'aie oublié.

Mardi 21 juin

Mille choses à faire. Il souffle ce vilain vent nerveux du nord-est. Au diable les choses, et je me couche !

Dans la disposition un peu amoureuse où je suis, c'est curieux et embêtant à la fois, je suis persécuté par une idée fixe, l'idée du caca, de la merde de la femme, cette merde humaine la plus orde, la plus puante des déjections et excréments de tous les animaux... Encore si le bon Dieu avait voulu que ce fût cette crotte brûlée, consumée de la gazelle et qui sent le musc !

Je me relève pour aller dîner chez Brébant. Les deux ministres de l'Instruction publique sont en présence. Ça donne au dîner la physionomie d'agapes où se rencontreraient le ministre *Tant pis* et le ministre *Tant mieux*. Berthelot, le ministre *dégoté*, a, dans les paroles et le ton, une acidité tout à fait amusante. Spuller, le ministre en exercice, a, dans les paroles et le ton, une rondeur, une jovialité qui me semblent blaguer l'acidité de son prédécesseur.

Mercredi 22 juin

La fin du roman... Aujourd'hui, j'ai reçu d'elle ce petit mot : « Amen ! dit un tambour en éclatant de rire. (Coppée.) Relisez-le. Amitiés [1]. »

1. Allusion à la fin de LA BÉNÉDICTION de Coppée : au cours de cet épisode de la guerre d'Espagne, au prêtre insurgé, qui célèbre sa dernière messe, un soldat français réplique par ce répons ironique avant que n'éclate la salve meurtrière.

Elle m'avait demandé d'aller lui serrer la main, le jour de sa fête, à la campagne qu'elle habite maintenant, et c'est la réponse qu'elle me fait à mon refus sous le prétexte que j'avais un rendez-vous avec Porel à Champrosay.

Toute la journée, le petit billet m'a hanté et le soir après dîner, au crépuscule, je suis tombé dans une grande tristesse... Après tout, c'est peut-être la seule jeune femme propre qui m'ait véritablement aimé. Je me rappelle un serrement de mon bras contre son cœur, un mercredi que je lui ai donné le bras pour la mener à la table de la Princesse, qui ne pouvait pas être une comédie... J'ai été dur, très dur avec elle, mais avec les engagements que j'ai pris au sujet de mon Académie, je ne puis vraiment pas me marier...

Puis très sincèrement, parmi les raisons qui m'ont fait repousser cet amour, il y a une question d'honnêteté ; je ne trouve pas délicat à un vieillard, à un maladif, à un homme ayant tout au plus deux ou trois ans de vie souffreteuse, de prendre une jeune femme, même avec son assentiment, pour en faire la garde-malade et la sœur de charité de ces tristes années... Où j'ai eu tort, après tout d'abord m'être refusé à toutes ses avances, c'est, un moment, d'avoir trouvé doux ce *flirtage* et de l'avoir encouragé... Mais aujourd'hui, il ne suffit ni à l'un ni à l'autre... et honnêtement et loyalement, il faut briser.

Dimanche 26 juin

Le dernier dimanche de mon *Grenier*. Huysmans prédit d'une manière assez drolatique l'avènement d'Hervieu et de Bonnières comme *centre gauche*, comme *Philippistes du naturalisme.*

Rosny, en s'en allant, me remercie avec une émotion affectueuse de lui avoir ouvert ma maison, de lui avoir apporté des relations, d'avoir puissamment aidé à sa carrière littéraire.

Mardi 28 juin

Plus de jouissance dans la vie que la jouissance de voir mon nom imprimé. Est-ce assez bête !... Mais après tout, c'est un peu la petite monnaie de la gloire !

Ce Puvis, penser qu'il y a tant de belles places blanches dans nos monuments publics qui sont condamnées à être salies par ces tristes grisailles, si mal, pis que cela, si bêtement dessinées ! Je ne connais pas, depuis que la peinture existe, un peintre qui ait eu le dessin aussi rondouillard.

Le général Boulanger ressemble-t-il à ses portraits du Salon ? S'il y ressemble, je m'étonne qu'on n'ait pas crié à sa ressemblance avec les chasseurs que les grandes dames du temps de Louis-Philippe faisaient monter derrière leur voiture.

De l'argent, je veux bien à la rigueur qu'on m'en *carotte*, mais de mon cœur, non ! Je ne veux plus en donner qu'à ceux qui m'en apportent en échange.

Mardi 5 juillet

Visite à Saint-Gratien. Demi-amabilité de la Princesse. On dirait qu'il y a, comme au fond d'elle, un dépit de ma liaison très intime avec les Daudet.

Mercredi 6 juillet

Départ pour Champrosay. Je quitte ma maison inhabitable par le refaçonnage des plâtres et le tapotage du ravalement contre les murs dès six heures du matin.

Pélagie : « Monsieur de Goncourt voudrait être revenu avant d'être parti. » Cela rend bien, à l'heure présente, la petite anxiété que j'ai du lit, de la nourriture de ceux que j'aime le mieux — et surtout ma peur de tomber malade chez eux.

Jeudi 7 juillet

Daudet se plaignait ce matin qu'on faisait dans le moment de la littérature pas assez involontaire.

Bonnetain et Descaves nous lisent une pièce sans originalité, une espèce de réédition des HÉRITIERS RABOURDIN [1].

Rosny, qui vient dans l'après-midi, nous raconte une histoire de chiade dans son wagon, dans laquelle il s'éjouit et se gaudit. Sur la pelouse où il nous raconte son histoire en ruant de tout le corps, c'est, dirait-on, la pétarade d'un roussin. Là, l'homme du peuple, sans bretelles et sans gilet, se manifeste dans son dégingandage et son débraillé. Il a surtout un geste de jubilation, avec lequel de ses deux mains ouvertes et renversées, il se caresse par-derrière les côtes, son torse projeté en avant, un geste *populo* inimitable.

Dimanche 10 juillet

Daudet me racontait qu'à l'enterrement de Mme Charpentier, Hector Malot l'abordait par un : « Ça va ? » féroce, lui regardant les jambes et comment il marchait. A quoi Daudet, qui avait vu le coup de temps, ripostait par un : « Est-ce que tu es malade ? Tu as une foutue gueule [2] ! » Un méchant, quoi !

---

1. Il s'agit de LA PELOTE, de Bonnetain et Descaves, 3 actes joués au théâtre-Libre le 23 mars 1888. LES HÉRITIERS RABOURDIN de Zola, pièce créée au Théâtre de Cluny le 3 nov. 1874.
2. L'expression : *qui avait vu le coup de temps* est curieuse. Cf. QUELQUES CRÉATURES DE CE TEMPS, p. 224 : « Je vois son jeu de loin, je devine *de longueur* que Monsieur veut *s'adoniser* pour cette Franconi. » Cf. l'italien *da tempo.*

Daudet me racontait encore ceci du nommé Malot. Il était venu le trouver après le succès de FROMONT, uniquement pour lui dire ceci : « Mon cher, tu sais, tu peux gagner cent mille francs en faisant trois volumes par an ; mais en les travaillant, comme tu fais, un volume... » Une démarche absolument faite pour enrayer chez un confrère la littérature et le pousser au métier.

Mercredi 13 juillet

Daudet me confiait aujourd'hui que son roman sur l'Académie, le roman auquel il travaille, était mal composé, que toute l'histoire des gens qu'il met en scène se trouve au commencement, qu'il faut qu'il reprenne entièrement son scénario ; et il dit que cela vient bien certainement d'un moment de faiblesse cérébrale.

Puis parlant de son horreur de l'hypocrisie, il me contait que dans les temps passés, il s'était trouvé à un dîner chez Brébant, où Ozy s'était révoltée de la liberté de ses histoires. Sur ce il avait quitté le cabinet ; et quelque temps après, Bataille étant sorti à sa recherche et le trouvant dans le corridor et lui demandant ce qu'il faisait : « Je pète ! Je pète ! »

C'était sa protestation contre les simagrées de pudibonderie de cette rosse.

Jeudi 14 juillet

« Ne mentez pas », dit aujourd'hui, avec une très grande justesse, Daudet à de Fleury, « et faites d'après nature absolument comme vous voyez, c'est seulement comme ça que vous aurez quelque chose de personnel. Si vous mentez, vous vous rencontrerez avec quelqu'un : c'est ainsi que se rencontrent et se ressemblent Arsène Houssaye, de Banville, Catulle Mendès. »

Aujourd'hui, quelqu'un disait que ce malheureux Rosny n'avait en tout que 2 000 francs de rente pour faire aller son petit ménage et nourrir ses trois enfants. A ce sujet, on répétait ce propos touchant du père : « Et je tiens à ce qu'ils mangent tous les jours de la viande, et je m'arrange pour leur en faire manger. »

Vendredi 15 juillet

Daudet parlait de l'intérieur du petit Leroux, de cet intérieur de corruption où le maître de la maison rumine de faire tribader sa maîtresse avec sa femme, où vient Marcel Fouquier, ce pied-bot avec tous les côtés vicieux de l'*estropiat*, où est familier Lemaître avec ses timidités, ses hésitations, ses incertitudes, ses envies libidineuses, biscornues, un véritable intérieur *vert-de-grisé*, dont Bourde sortait en disant qu'il se croyait empoisonné.

Lundi 18 juillet

« Oui, mon cher, c'est l'ordure, on ne peut pas demander ça à sa femme, et l'ordure, j'en ai besoin une dizaine de fois par an. »

Mardi 19 juillet

Après la lecture, dans mon JOURNAL, de la peinture descriptive des femmes se trouvant à une soirée de Morny [1], peinture qui a un grand succès près du mari et de la femme, je dis tout à coup à Daudet : « Voulez-vous mon appréciation bien sincère sur cette page ? Eh bien, j'y trouve que la littérature y tue la vie... Ce ne sont plus des femmes, ce sont des morceaux littéraires... Oui, c'est très bien ici comme croquis de styliste ; mais si j'avais à me servir de ces portraits pour un roman, j'y mettrais des phrases moins travaillées, plus *bonnement natures...* Au fond, dans le roman, la grande difficulté pour les écrivains amoureux de leur art, c'est le dosage juste de la littérature et de la vie — que la recherche excessive du style, il faut bien reconnaître, fait moins vivante. Maintenant, pour mon compte, j'aimerai toujours mieux le roman trop écrit que le roman qui ne l'est pas assez. »

Mercredi 20 juillet

De grandes causeries esthétiques tous les matins, par les allées du parc. Le feuilletage hier d'un cours de littérature sur Bossuet nous amenait à confesser qu'un cerveau bien équilibré, ayant très peu de lectures et par là gardé des infiltrations inconscientes et des embûches du plagiat, devait bien plus facilement être original que nos cerveaux à l'heure présente, tout remplis de livres et de noir d'imprimerie.

Jeudi 21 juillet

Ce soir, dix-sept personnes à dîner : le ménage Gréville, Hervieu, Geffroy, Ajalbert, Gille du FIGARO, etc., etc.

Daudet conte qu'à l'âge de douze ans, après une absence de chez lui — c'était, je crois, sa première frasque amoureuse —, rentrant à la maison, la tête perdue, s'attendant à une terrible raclée, la porte ouverte par sa mère, soudain, il lui venait l'inspiration de lui jeter : « Le pape est mort ! » Et devant l'annonce d'un tel malheur pour cette famille catholique, son cas à lui, Daudet était oublié. Le lendemain, il annonçait que le pape qu'on avait cru mort allait mieux ; et grâce à cette mirobolante invention, il échappait aux emportements et aux sévices du premier moment. C'est bien une imagination farce à la Daudet.

1. Cf. t. I, p. 1071 et n. 1.

Vendredi 22 juillet

Un détail sur le goût littéraire de Gambetta. Dans les derniers temps de sa vie, un jour, Daudet lui contait ceci. Passant sur la place du Carrousel par une de ces journées d'août où cette place a la chaleur torride du désert, il voyait, derrière une voiture d'arrosage, un papillon traverser toute la place dans la fraîcheur de l'eau tombant en pluie derrière la voiture, et Daudet s'extasiait sur l'intelligence de l'insecte et le joli de la chose. A ce récit et au plaisir littéraire qu'il y mettait, Gambetta le contempla un moment avec un regard tout plein d'une immense commisération et qui semblait lui dire qu'il était condamné à rester toujours le *Petit Chose*.

Mardi 26 juillet

Le beau mot ! Dans une bataille sous Louis XV, le marquis de Saint-Pern, voyant son régiment ébranlé par une volée de boulets, dit en fouillant tranquillement sa tabatière : « Eh bien quoi ? mes enfants, c'est du canon, cela tue et voilà tout [1] ! »

Vendredi 29 juillet

Promenade dans la forêt de Sénart. Daudet me cause de la misère qu'il a faite avec Racinet, le dessinateur. Un temps de misère effroyable, pendant laquelle ils avaient tous deux la toquade d'aller coucher l'été dans le bois de Meudon, emportant un pain, un morceau de fromage de gruyère et la couverture du lit de leur hôtel. Il remémore les curieux spectacles de nature qu'ils ont vus, les duels de crapauds, les ruts de chevreuils, et tout le surnaturel que la nuit met dans l'ombre des grands arbres. Il parle d'un rire ironique qui les a poursuivis une partie d'une nuit et qui, après lui avoir inspiré une grande terreur, l'a jeté dans une colère qui l'a fait se précipiter dans un fourré d'épines sans pouvoir rien découvrir.

Dimanche 31 juillet

Un bon cœur que ce Léon. Il est tout triste ces jours-ci ; il a reçu une lettre du jeune N..., qui lui apprend qu'il a la vérole. Il a confié la cause de sa tristesse à son père, en lui bien défendant d'en parler à qui que ce soit.

Le bleu céleste des yeux d'Edmée, ma filleule, et les gentils gestes de Guignol venant au bout de ses mignonnes mains, si joliment se contournant. Sur sa petite chaise où elle est attachée, quand elle est à table entre nous, elle a des renversements, comme en face de visions

1. C'est à la bataille de Minden, le 1er juil. 1759, que Jules-Vincent de Saint-Pern eut ce mot historique, en s'adressant aux grenadiers de France qu'il commandait.

au plafond d'êtres ou de choses invisibles, auxquels s'adressent ses petits bras tendus et le gazouillement aimant de sa bouche.

Mardi 2 août

Aujourd'hui, c'est la fête d'Alphonse Daudet. Il se lève avec la diarrhée et des douleurs intercostales, moi avec une colique épouvantable.

Daudet invente de se distraire de ses douleurs d'entrailles et autres, en se faisant jouer du Chopin par sa femme et en en jouant lui-même... Pendant ce, les deux fils s'occupent en cachette d'un feu d'artifice, qu'ils croient que le père ignore, et *Zézé* entre en courant dans le salon, me jetant dans l'oreille : « Tâchez d'empêcher mon père de sortir, et surtout qu'il ne vienne pas sur la terrasse. »

Là-dessus, je remonte dans ma chambre, ma colique devenant une véritable colique néphrétique avec vomissements, et cette ceinture de petits déchirements autour des reins. Je ne dîne pas, redescendant un peu le soir pour le feu d'artifice et je trouve la femme et le mari en froid, à propos de morceaux de piano que Daudet a fait jouer par sa sœur, qui dîne avec son mari et ses enfants, et que sa femme voulait lui jouer. En voilà une fête d'homme illustre !

Mercredi 3 août

J'ai été si malade cette nuit et me trouve si faible ce matin que, craignant de n'avoir plus la force de m'en aller demain, je pars, convoyé par Léon comme médecin auxiliaire.

Dimanche 7 août

Par ces temps de nuits agitées et de mauvais sommeil, des rêves d'une folie, d'un insenséisme inconcevable. C'est ainsi que cette nuit, tout à coup doué de la faculté de me voir dans la bouche sans me regarder dans une glace, je me voyais presque toutes les dents remplacées par de petites tabatières chinoises en porcelaine de couleurs variées — et ça ne me paraissait pas trop extraordinaire.

Mercredi 10 août

Paul Margueritte vient m'apporter la première partie de PASCAL GÉFOSSE, parue dans LA LECTURE. Il me parle de son incertitude dans la bonté de ses œuvres, dans son succès, dans son avenir, comparant ce timide et malheureux état d'âme à la pleine confiance de Rosny, ne doutant pas un seul moment, avec l'aide de quelques circonstances favorables, de sa pleine réussite future.

Jeudi 11 août

Mme Sichel me disait qu'elle ne croyait guère à un sentiment sérieux d'homme pour une femme, qui n'eût été un peu encouragé par cette femme, non par un échange de sentiment, mais par l'intérêt pris à son talent, à ses malheurs, à n'importe quoi le concernant. Il y a un peu de vrai dans cette manière de voir.

Samedi 13 août

Ces jours-ci, fatigue des membres et de la tête qu'on ressent à la fin d'une longue maladie, mais sans aucune allégresse de la convalescence. Je resterais éternellement couché ou allongé à lire des choses qui ne m'intéressent pas, toutefois tourmenté par des besoins et des désirs de coït.

Lundi 15 août

Des jours passés dans mon cabinet, dans mon jardin, avec le sentiment désolé d'un être qui serait resté tout seul sur la terre : c'est abominable, la solitude dans laquelle plongent votre cœur et votre intelligence, l'été, par l'absence de tous.

Jeudi 18 août

A mon grand étonnement, en ouvrant ce matin le FIGARO, je trouve en tête une exécution littéraire de Zola, signée des cinq noms suivants : Paul Bonnetain, Rosny, Descaves, Margueritte, Guiches [1]. Diable, sur les cinq, quatre font partie de mon *Grenier* !

Léon Daudet vient me prendre pour me conduire chez Potain, auquel il a demandé un rendez-vous pour moi. Longue attente dans ce roulement de voitures du boulevard Saint-Germain, dans ce bruit et cette trépidation de la vie parisienne, pendant laquelle vous vous demandez si bientôt quelques mots, quelques paroles de l'homme qui est derrière la porte, ne vont pas tout à coup éveiller chez vous l'idée du silence éternel.

Potain, une curieuse physionomie avec l'humaine tristesse de sa figure, son crâne comme concassé, son œil rond de gnome, sa réalité un peu fantastique. Il m'examine, me percute, m'ausculte longuement, au bout de quoi, en dépit de mes convictions intimes et de tout ce que

---

1. Cette protestation portait sur le caractère particulièrement ordurier que les signataires trouvaient au nouveau roman de Zola, LA TERRE. En outre, ils accusaient l'auteur d'être « incroyablement paresseux à l'expérimentation personnelle » et de s'entourer d'une documentation de pacotille. Voir le texte par ex. dans LA PUBLICATION DE « LA TERRE » de Maurice Le Blond, 1937, pp. 63-66. Sur le rôle de chacun des signataires, voir Guy Robert, « LA TERRE » d'É. ZOLA, 1952, ch. XXX, qui, d'autre part, met hors de cause la responsabilité directe de Goncourt et de Daudet.

je peux lui dire de mes maux, il m'affirme qu'il n'y a ni néphrétisme ni hépatisme chez moi, que je suis un rhumatisant et qu'il me faut les eaux de Plombières.

En sortant de chez Potain, nous prenons le train pour Champrosay où je dîne. Daudet n'en savait pas plus que moi du *Manifeste des Cinq*, qui ont commis leur méfait dans le plus profond secret. Dans ce moment d'aplatissement de la presse devant Zola, nous trouvons la chose courageuse, mais le manifeste mal fait, d'une écriture renfermant trop de termes scientifiques et s'attachant trop outrageusement à la personne physique de l'auteur [1].

A un moment de la soirée, Daudet s'écrie qu'il a été vraiment pris de dégoût pour la littérature de son confrère à un après-dîner chez Charpentier, dans le temps où on imprimait POT-BOUILLE, après-dîner où Mme Zola disait à son mari : « *Mimile,* il est *sâle,* il est vraiment *sâle,* ton livre ! » Et Zola ne répondait rien, et Mme Charpentier, épanouie et souriante, laissait tomber : « Voyons, croyez-vous, tant que ça ? » Et Charpentier, tout hilare, se tapotait les joues des deux mains, en s'esclaffant : « Il ne se vendra que mieux ! »

Vendredi 19 août

Drumont a passé quelques jours chez Daudet ; et comme on lui demandait ce qu'il voulait le matin, il a dit : « Une soupe et un verre de vin. » C'est en grande partie à ce déjeuner canaille qu'il a dû la rupture de son mariage avec la jeune fille qu'il aimait, pendant un séjour qu'il avait fait chez la mère de sa fiancée. La mère a trouvé ça un déjeuner de frotteur.

Dimanche 21 août

Zola, qui dit ne pas vouloir répondre, dans un interviewage de Xau, au *Manifeste des Cinq*, répond parfaitement, et voici la phrase qui nous concerne, Daudet et moi [2].

« Ce qu'il serait bien plus intéressant de savoir, c'est l'impression qu'ont involontairement subie ces jeunes gens pour rompre avec tant d'éclat avec quelqu'un qui ne les connaît pas. Peut-être, ont dit quelques-uns, faut-il voir dans leur factum l'écho de certaines appréciations émanant de gens que je tiens en haute estime littéraire et personnelle et qui professent les mêmes sentiments à mon égard. Je me refuse à le croire, quelque apparence de réalité que puissent donner à cette version plusieurs passages de ce document, les uns relatifs à la grande bataille littéraire qui se continue, les autres me concernant

1. Le *Manifeste* expliquait l'« obscénité » de LA TERRE par l'état physique et psychique de Zola : maladie rénale et refoulement.

2. Lapsus Ms. : *dans un interviewage de Xau au manifeste de Xau.* L'interview de Xau paraît dans le GIL BLAS du 21 août.

tout particulièrement. Tout au contraire, j'ai la certitude que les personnes auxquelles je fais allusion sont désolées d'une publication qui n'a reçu ni leur inspiration ni leur assentiment. »

Est-ce bien tout Zola ? La phrase est-elle assez machiavélique et la perfidie est-elle enveloppée d'une infecte bonhomie ? Ah, le vilain *Italianasse* !

Cette allusion, qui a tué Robert Caze, a donné à entendre aux lecteurs de L'ÉVÉNEMENT que nous pourrions bien être les instigateurs du *Manifeste* [1]. Et Rosny, qui vient me voir aujourd'hui, m'apprend que dans un article du RÉVEIL-MATIN, Bauër, sans doute grisé de l'honneur d'avoir été mis à la droite de Mme Zola au souper de RENÉE, me traite, toutefois, sans me nommer, de vieux fakir ayant machiné tout cela derrière un écran japonais, poussé par la noire envie d'un littérateur dont la littérature n'a pas cours dans le public [2].

Et ce soir, à dix heures, au moment de me coucher, on m'annonce Geffroy qui, touché et peiné des éreintements de ma personne, vient me lire un article qu'il a fait et qui nous dégage, moi et Daudet, de toute participation au manifeste. Mais je lui demande de ne pas le faire paraître, lui disant que je ne veux pas répondre, que je trouve l'accusation au-dessous de moi, que j'ai ignoré absolument le manifeste et que si je m'étais cru le besoin d'exprimer ma pensée sur la littérature de Zola, je l'aurais fait moi-même, avec ma signature au bas, et qu'il n'était pas dans ma nature de me cacher derrière les autres.

Lundi 22 août

Aujourd'hui a paru, dans le FIGARO, une contre-réponse de Bonnetain, qui est d'un très bon ton et d'un très bon style de polémique, contre-réponse qu'il a fait suivre d'un abandon de ses droits d'auteur sur son roman : CHARLOT S'AMUSE.

Jeudi 25 août

Geffroy est venu ce matin déjeuner chez moi. Il me peint Céard comme un policier aux gages de Zola, venant dans les journaux inspecter, avant leur apparition, les épreuves d'articles consacrés à la querelle littéraire du moment et s'efforçant d'en atténuer les attaques et travaillant à ne pas les laisser passer, ou au moins les apprenant par cœur pour faire son office de rapporteur.

---

1. Texte du Ms. incohérent : *Sur cette allusion qui a tué Robert Caze a donné à entendre*, etc. Goncourt s'indigne du procédé qu'utilise Zola, l'allusion enveloppée étant plus dangereuse qu'une attaque précise et directe : on en a eu la preuve dans l'affaire Caze. C'est cette forme d'insinuation, utilisée dans un article de Champsaur, et dans celui de Vignier, qui a amené Caze à poursuivre Champsaur en justice, puis à se battre avec Vignier, duel dont l'issue lui fut fatale (cf. t. III, p. 1219, n. 1).

2. L'article de Bauër est intitulé l'EXCOMMUNICATION D'É. ZOLA (21 août).

Samedi 27 août

Visite à Mme Daudet, qui se trouve un peu seule dans cette grande maison et qui, même en la compagnie de sa cousine, a peur la nuit. Elle a reçu une lettre de son mari, qui a été très éprouvé par son premier bain et qui éprouve une certaine contrariété du changement du vieux médecin qui l'a soigné jusque-là, remplacé par un jeune médecin peu intelligent.

Elle laisse entrevoir qu'elle s'efforce de ne jamais inquiéter Alphonse par son inquiétude, disant qu'avec les gens qui ont des maladies nerveuses, il faut toujours combattre leur découragement, leur affaissement moral par l'affiche d'une confiance qui a l'air de se moquer de leurs alarmes. A ce propos, elle raconte qu'il y a deux ans, sa mère avait eu une action déplorable sur son mari, l'empêchant de prendre l'air, de marcher, et qu'il était arrivé à la fin à l'état de son père qui, dans les dernières années de sa vie, se refusait à tout mouvement, à toute action de son corps.

Lundi 29 août

Tous les jours, des attaques nouvelles. Aujourd'hui, c'est Becque qui se met de la partie et m'attaque en compagnie de Zola, proclamant que toute ma carrière dramatique se borne à une gloire et un rêve : la gloire d'avoir mis au théâtre le bal de l'Opéra et le rêve d'y mettre le bal de la Boule-Noire. Ah ! le petit méchant et le terrible ironique !... Oui, il prétend être le seul, l'unique rénovateur du théâtre ! Saperlotte, il lui faudra pour cela une autre langue que celle de MICHEL PAUPER !

Un domestique, qui s'était marié avec une femme de chambre de Mme Léonide Lavalette et l'avait fait quitter sa maîtresse, interrogé sur la raison de cette quitterie, répondit : « Vous concevez que je n'ai pas voulu que ma femme restât dans une pareille maison ! »

Jeudi 1er septembre

Départ pour Saint-Gratien.

Vendredi 2 septembre

En dépit du traitement de Potain, toujours des maux d'estomac et d'entrailles, amenant chez moi une faiblesse qui m'inquiète, une faiblesse qui me fait un supplice de me faire la barbe.

Aujourd'hui dîne le violoniste Sivori, qui nous raconte sa vie de voyage commencée à onze ans et promenée continûment dans les cinq parties du monde. Et il nous conte que, tout jeune, à l'isthme de Panama, naviguant sur la rivière dans une étroite barque que le moindre faux mouvement pouvait faire chavirer, naviguant couché au fond de la barque, sa boîte à violon entre ses bras, soudain en ce grand paysage, il lui avait pris une envie de préluder ; mais au bout de quelques accords, ne voilà-t-il pas que les quatre sauvages qui menaient la barque, pris d'une exaltation furieuse, voulaient jeter à l'eau le sorcier. Et il ne put les faire revenir de leur détermination qu'en remettant aussitôt son violon dans sa boîte et en leur abandonnant sa provision de cigares...

Puis, je ne sais qui parle d'un ménage Fabri, qui a usé trois cents domestiques dans une année et où, très souvent, le mari est habillé le matin par un valet de chambre, qu'il ne retrouve pas le soir.

Pendant tout ce parlage des uns et des autres, la Princesse dort, la tête renversée sur le dossier de son canapé, prise d'un sommeil d'anéantissement, pendant lequel l'on voit comme les traits de la mort sur son visage vivant.

Samedi 3 septembre

Benedetti, qui est à Évian, écrit à la Princesse qu'il s'est présenté chez le prince Napoléon, où on lui a dit que le Prince était parti pour deux jours dans la montagne, sans qu'il ait pu tirer des gens du Prince aucun renseignement. Massa, ayant fait la même démarche à Prangins, avait rencontré au retour le Prince avec la marquise de Canisy et n'avait osé le saluer. Là-dessus, la Princesse, qui s'est montrée tous ces jours-ci préoccupée de son voyage en Suisse, se plaint du manque de tact de son frère, la faisant venir en l'absence chez lui de sa belle-sœur, de sa nièce, ce qui lui donne l'air d'autoriser ses relations avec la marquise ; et me prenant à part, elle me dit qu'elle ne sait pas pourquoi il veut l'avoir, qu'il n'a pas la moindre tendresse pour elle, que le second jour, il a assez de sa présence, que tout son plaisir étant de travailler et de jouer aux cartes, elle ne peut lui être d'aucune utilité.

La petite Benedetti, que les gens de son entourage avaient montée contre moi, lui faisant croire que je ne disais pas un mot qui ne fût une cochonnerie, que je n'écrivais pas une ligne qui ne fût une ordure, mieux renseignée par Mlle Abbatucci et par le ton de ma conversation dans le monde, se montre très gentille, très aimable. C'est une enfant, avec un fonds d'esprit naturel, un rien d'hurluberlu et une agitation de son petit corps et de ses petits bras très amusante.

Dimanche 4 septembre

Ce soir sont venus de Paris dîner à Saint-Gratien Ferrari, le prix de Rome de sculpture, et le jeune ménage Walewski. La femme, de beaux yeux et un air aimable, l'homme, une tête à la détermination froide et s'exprimant avec une netteté de la pensée et une correction de la parole tout à fait remarquables.

Il nous entretient, et très bien, de beaucoup de choses, entre autres de l'exécution de Barré et de Lebiez, qu'il a vus sur l'échafaud, « loin, dit-il, comme il l'est de nous [1] ». Il était alors attaché au maréchal et a pu assister à leur réveil, qui est une chose émotionnante, même pour le directeur de la prison, et où le silence — le terrible silence entre les rares paroles dites — est d'un effet qu'on ne peut dire. Il nous peint, au moment où on annonçait à Barré le rejet de son pourvoi, l'affaissement, pour ainsi dire, la mort physique de l'homme, qu'on était obligé d'habiller, de porter, de soulever comme un être qui n'était plus vivant.

Lebiez, lui, au contraire, montra un courage extraordinaire. Walewski le vit chercher à écarter le prêtre, qui s'était mis devant, pour chercher à voir de côté la guillotinade de son camarade ; et lorsqu'on lui cria : « Bravo, Lebiez ! » il le vit encore parfaitement regarder en l'air et chercher d'où venait cet applaudissement, avec le sang-froid d'un individu qui serait tout autre part que sur l'échafaud.

Lundi 5 septembre

Comme je disais à Mlle Abbatucci combien j'étais frappé de l'altération des traits de la Princesse dans ses sommeils d'après dîner, elle me confiait qu'elle était persuadée que la Princesse avait eu une attaque durant l'année, qu'elle avait les yeux, quand elle était arrivée, comme deux boules de sang, « deux cerises », et elle avait dû rester trois jours dans une complète obscurité [2].

Mardi 6 septembre

Ce matin, la Princesse, qui se trouve à sa porte au moment où je sors de chez moi, me dit d'entrer chez elle et là, en robe de chambre, en bonnet de nuit, tout en allant d'un bout de sa chambre à l'autre, se met à se plaindre de l'ennui, du trouble, du malaise que lui cause le séjour chez son frère :

« Il est si agité ! dit-elle. Et avec lui, toujours des choses tourmentantes... Et il est si autre que tout le monde, cet homme qui ne peut se baigner dans l'eau n'ayant pas plus de huit degrés de chaleur et qui veut qu'on se baigne comme lui... Et si particulier... Quoi ! enfin... l'année dernière, sa femme n'étant point encore à Prangins, lors de mon arrivée, ne voulait-il pas que je prenne sa chambre ? » Et à la table, vraiment, elle ne savait pas si elle devait se mettre en face de lui...

« Puis cette Canisy, cette grosse *pouffiasse*, qui arrive chez mon frère, suivie de sa femme de chambre, toutes deux montées sur des tricycles,

1. Lebiez et Barré, deux étudiants qui prétendaient appliquer pour leur compte les théories darwiniennes de la lutte pour la vie, avaient été condamnés à mort le 31 juillet 1878 et exécutés le 7 septembre, pour avoir assassiné une vieille femme. Daudet, avant d'écrire son drame de LA LUTTE POUR LA VIE, avait songé à écrire : LEBIEZ ET BARRÉ. DEUX JEUNES FRANÇAIS DE CE TEMPS ; il y renonça quand parut la traduction française de CRIME ET CHATIMENT, le roman de Dostoïevski ayant par avance défloré le sujet.

2. Texte Ms. : *que la Princesse avait eu une attaque l'année, qu'elle avait,* etc.

de manière à ce que toute la Suisse puisse les voir... Ah ! comme il a gâté sa vie !... Et que dites-vous de l'idée du mariage de sa fille, l'année dernière ?... Oui, la petite n'a pas voulu du monsieur, l'homme ne lui plaisait pas physiquement : elle a donc dit à son père qu'elle n'était pas pressée de se marier... Au fond, il voulait s'en *dépêtrer* ; mais ce n'est pas lui, c'est sa femme qui a la charge de la petite... Mais savez-vous ce que j'ai dit alors à mon frère ? « En voudrais-tu pour le mari de ta fille, s'il n'avait pas ses millions ? — Non ! m'a-t-il répondu — Eh bien, c'est infâme ! » me suis-je écriée... L'argent, ...c'est cet argent !

— De l'argent bien impur, dis-je.

— Oui, fait-elle. Et quelle position aurait eue la petite à Paris ? Clotilde me l'a demandé : « Aucune, lui ai-je répondu, car elle ne se contentera pas de la société de quelques savants, et il n'a de relations avec personne... » Et puis la belle-sœur et la belle-mère... Moi, pour mon compte, j'ai dit que je ne voulais pas me mêler de ce mariage, que je laisserais les choses aller... Et ne voilà-t-il pas que pour la punir, sa fille, il ne la fait pas venir cette année [1]... »

Puis, passant à la brochure du Prince contre Taine, qui va paraître ces jours-ci, elle dit : « Masson n'est pas content... Il a retapé le travail de mon frère, et il s'est vanté de l'avoir fait,... ce qui lui a été désagréable, et il l'a donné à Philis pour le remanier et un peu l'éteindre [2]. — Oui, dis-je, pour dévisser les soleils de son style. — Oui, et Masson s'est refusé à aller le voir, donnant pour prétextes l'affaire de la REVUE DES LETTRES ET DES ARTS en Amérique. »

La contrariété de la Princesse d'aller à Prangins s'est changée dans la journée en mauvaise humeur ; et ce soir, à propos d'une affirmation de moi au sujet de la supériorité du rôti à la broche sur le rôti au four, blessée comme d'une attaque personnelle, elle s'est répandue en bougonnements colères contre nous tous, qui étions des maniaques et des malades.

Mercredi 7 septembre

La comtesse de Beaulaincourt, la ci-devant marquise de Contades, contait aujourd'hui à Saint-Gratien que, les deux fois qu'elle avait dîné dans sa vie à côté de Talleyrand, les deux fois, Talleyrand avait parlé de la mauvaise conformation de Mme de Staël, pour laquelle M. et Mme Necker avaient été obligés de lui faire fabriquer un *tourne-cuisses,* à l'effet de lui ramener les pieds et les jambes en dehors.

Jeudi 8 septembre

Augier, vieilli, épaissi d'esprit et de corps et affecté de cette tristesse

---

1. On a vu qu'en définitive, la princesse Lætitia se mariera le 11 sept. 1888 avec le duc d'Aoste.
2. Il s'agit de NAPOLÉON ET SES DÉTRACTEURS, la brochure que le prince Napoléon publia en 1887 pour répondre au Napoléon *condottiere* présenté par Taine dans LE RÉGIME MODERNE (cf. t. III, p. 15, n. 2).

particulière qui vient aux sourds, parle du désir qu'il avait cette année d'aller voir, ainsi qu'il le fait tous les ans, une montagne ; mais il en a été empêché par la goutte.

Le jeune Popelin, à propos d'un quartier de lune que son père dessinait ce soir dans une illustration et qu'il critiquait, parlait de la pondération, de l'équilibre que les Japonais apportent dans leurs dessins, grâce à un goût particulier d'arrangement. Il disait très justement que chez nous, cette pondération s'obtenait par la symétrie et ne demandait aucune imagination de la part du dessinateur, tandis qu'il en faut beaucoup dans le balancement fantaisiste des compositions des artistes de là-bas.

Ce voyage à Prangins, on n'a pas l'idée de ce que ça produit chez la Princesse. Elle ne dit plus un mot et a la figure d'une femme qui éprouverait le plus grand chagrin.

Vendredi 9 septembre

Aujourd'hui, la Princesse parlait de son adoration de Versailles, disait qu'elle voudrait s'y faire faire une maison dans le style Louis XIV et où tout serait à l'imitation du temps, tout, jusqu'aux crémones des fenêtres ; et soudain s'interrompant, elle reprend : « Enfin là, à Versailles, je parle bas comme dans une église ! » Et elle ajoute après un silence : « Car là est toute l'histoire de France, on a beau dire... »

Cette baronne de Galbois, avec sa bêtise cocasse, ses coq-à-l'âne historiques, ses entêtements comiques, sa dindonnerie ingénue et colère, ferait une admirable dame d'honneur d'un proverbe de Musset se passant dans une petite cour fantastique comme les aimait l'auteur.

Tholozan, médecin du Shah de Perse depuis vingt-neuf ans, en visite chez la Princesse aujourd'hui, nous faisait cette curieuse révélation : « Les Persans disent aux Européens : « Vous avez, vous autres, des horlogers, des mécaniciens, des ouvriers dans les arts mécaniques supérieurs aux nôtres ; mais nous vous sommes bien supérieurs en tout... » Et ils demandent avec un certain doute si nous avons des littérateurs, des poètes ! »

Samedi 10 septembre

Ma maison étant inhabitable, habitée qu'elle est par des peintres, des serruriers, des menuisiers, la Princesse me permet gentiment de rester pendant son absence à Saint-Gratien, en compagnie de Blanchard et de Mme de Girardin.

Dimanche 11 septembre

Mme de Girardin me donnait sur la fin du spiritualiste Caro de curieux détails. Ce philosophe bénin et doucereux était dans ses dernières années en proie à une irascibilité qui lui faisait faire à tout moment des scènes aux femmes qui avaient négligé de l'inviter à une partie ou à dîner. Ainsi, la scène qu'il fit à Mme Strauss, pour un dîner qu'elle avait donné à Bourget et je ne sais plus à qui, sans avoir songé à le prier.

Et ce qui hâta peut-être sa mort, le croirait-on ? fut ceci. Mme Potowska avait formé une petite société de plaisir qui avait pris le nom pas mal *shocking* de la *Société des Macchabées.* A un dîner donné à la campagne de la comtesse, un toast, un toast de Taigny, contenant un compliment pour chaque personne présente, eut un grand succès. Depuis ce jour, Caro, jaloux du succès de Taigny, oui, fut pris du désir de prononcer un toast lui aussi, et il revenait à ce désir à la façon d'un enfant.

La comtesse, qui connaissait l'état d'agressivité de son esprit et qui craignait à la suite du toast quelque bisbille dans sa société, l'ajournait toujours. Enfin, il fallut le lui accorder, mais la comtesse lui demanda d'en avoir communication préalablement. Et le toast communiqué, elle lui déclara qu'il était impossible, s'il ne voulait pas y faire des changements. Il s'y engagea et le dîner eut lieu, dîner au sujet duquel la comtesse écrivit à chaque *Macchabée* de ne pas manquer, de se désinviter même, s'il était possible, dans l'aimable attention de faire plaisir à son pauvre malade.

Et les dîneurs au complet, voilà Caro débitant son toast, non corrigé, non expurgé, mais même agrémenté de quelques nouvelles méchancetés. Stupéfaction des assistants, ne sachant quelle tête faire, quand arrive le couplet de la maîtresse de maison, couplet si peu aimable que la mère de la comtesse Potowska quitte la table, en disant qu'elle ne peut être témoin d'une insulte publique faite à sa fille, d'une insulte devant les domestiques. La comtesse, gentiment, s'efforce de couvrir Caro, dit qu'elle ne sait pas vraiment ce qu'on trouve d'offensant là-dedans, que pour son compte, elle est très contente du couplet. Le toast interrompu, des groupes se forment dans le salon, et les *Macchabées* déclarent qu'ils ne reviendront plus. Caro, qui est devenu méchant, mais qui n'est pas devenu brave, se retire devant l'irritation des visages. Et la correspondance que cet incident amène entre Caro et la comtesse le rend tout à fait malade, et il meurt très peu de temps après.

Lundi 12 septembre

Aujourd'hui, je tombe sur Germinie Lacerteux devenue sexagénaire. C'est la gouvernante de Blanchard. C'est une vision magique de ce qu'aurait été ma pauvre Rose, si elle avait vécu. Même frisottement rêche des cheveux, même ouverture des narines dans un nez où le peuple dit qu'il pleut, même distance simiesque entre le nez et le menton.

Mme de Girardin, me parlant des grandes maisons juives de Paris, me disait que ces maisons ne pouvaient réunir une société, parce que les femmes juives n'ont pas la connaissance du monde, qu'elles ignorent l'art d'être maîtresses de salon et que, par exemple, Louise Cahen ou une autre, quand elles reçoivent, emmènent dans un coin de leur salon les deux ou trois hommes qui sont ou beaux ou spirituels ou célèbres et laissent leurs invités privés de leurs jolis hommes, de leurs boute-en-train, de leurs allumeurs de gaîté.

Mercredi 14 septembre

Blanchard, dont, en l'absence de Mme de Girardin, je suis la bonne aujourd'hui et que je promène, ferait un bien joli savant d'une comédie-bouffe. Cet homme, qui rapporte tout à l'Institut, s'est fabriqué un idéal de membre de l'Institut, qui lui défend de s'abonner à un journal qui n'est pas grave, qui lui interdit d'envoyer des bonbons à une femme en son nom, qui lui commande, lui qui est le plus frileux de tous les hommes, d'être toujours habillé en casimir, en drap de soirée, etc., etc.

Vendredi 16 septembre

Mme de Girardin a du montant, de l'entrain, une gaîté blagueuse et est très amusante, quand elle s'amuse à asticoter Blanchard, qui, sous ses ironies gamines, a les émoustillements rageurs d'un taureau sous les *banderilles.* Et tantôt, elle appelle l'important savant *Émile de l'Institut* et tantôt le *Pornographe des araignées,* etc., etc.

Vendredi 16 septembre

On parle du Prince, qui a toujours dans la bouche le mot de *côchon* prononcé avec son accent lourd, en parlant de n'importe qui, et on me le montrait, je ne sais dans quel voyage avec ses enfants, en chemise dans un corridor d'hôtel, criant à tue-tête : « Est-ce que Théodule — son domestique — est auprès de ces bougres d'enfants ? »

Une pique terrible, ce soir, entre Mme de Girardin et Blanchard, à propos de la clef de chambellan du peintre Arcos, que Blanchard, qui a un peu de la démocratie d'un ouvrier ébéniste, qualifie du comble de la dégradation. Et comme Mme de Girardin le blague sur sa démocratie, il perd la tête et toute politesse et lui dit qu'il semble qu'elle ait vécu au milieu de canailles.

Samedi 17 septembre

Un drôle de pistolet que ce Blanchard. Cet aveugle, qui ne peut faire un pas tout seul, me fait tous les matins donner le bras à Mlle René, son secrétaire, une personne très distinguée, pour ne pas donner le bras à une personne inférieure, et tous les soirs, à dîner, donne impérieusement le bras à Mme de Girardin.

Retour, à une heure et demie du matin, de la Princesse, que nous attendons, Mme de Girardin couchée sur le grand divan du salon.

Dimanche 18 septembre

En nous promenant ce matin sous le berceau de vigne vierge du potager, Popelin me fait un portrait drolatique du Prince, qu'il m'affirme maintenant l'amuser comme un *comique.* Et me disant que son activité gouvernementale s'était transformée en une activité de maître de maison, il me faisait un tableau du *rapport* de chaque matin, où le Prince, toujours levé à la même heure, conférait, quand il était là, avec Brunet, faisant l'aide de camp, avec son secrétaire Berthet, lui présentant la cote de la Bourse et l'état de sa fortune, avec son cocher, son cuisinier, sa lingère, prenant de sérieuses notes sur un calepin et donnant des ordres écrits en forme de proclamations — jouant enfin au souverain en chambre, ayant un peu du personnage ridicule d'un souverain de féerie.

Dans une promenade au pas de course pour nous réchauffer avant dîner, Mlle Abbatucci m'entretient du sentiment très profond de Mlle *** pour moi, sentiment qui lui a fait manquer un mariage avec le petit L***, et me confie que tous les cancans de la maison à ce sujet ont eu pour auteur Mme de Nittis, qui est allée jusqu'à dire que Mlle *** avait profité de l'absence de Mlle Abbatucci aux dîners du mercredi, pour me *faire* et me voler à son amie.

Lundi 19 septembre

Toute la soirée, le verbe retentissant de Bapst, dont la voix est comme le déversoir et le porte-voix des calepins de notes bondant la cervelle du bijoutier de l'École des chartes. Et aussitôt qu'il se présente une interruption, un joint dans sa faconde savante et assommante, aussitôt, la parole continue et trébuchante de Blanchard, toujours, toujours, toujours parlant de son *moi* de l'Institut.

Mardi 20 septembre

Au moment de mon départ, la Princesse se met à nous lire des extraits du livre de son frère en réponse aux attaques de Taine, extraits parus dans le FIGARO de ce matin ; mais au bout de quelques lignes, des larmes lui montent aux yeux et l'émotion l'empêche de continuer sa lecture.

Mercredi 21 septembre

Visite à la comtesse de Beaulaincourt pour lui demander de reproduire dans la publication de Didot l'intaille représentant Alexandrine, la fille de Mme de Pompadour, legs fait au duc de Chabot et qui lui vient de famille [1].

Je la trouve, la courte et jacassante comtesse, dans son petit salon,

1. Var. 1894 : *dans la publication illustrée que font les Didot de ma* MADAME DE POMPADOUR...

tendu de soie jaune, tout plein de portraits des Castellane et des Contades, dont elle a fait au milieu un frais atelier de fleuriste, enfermé dans la barrière d'un ruban. Tout en disant : « Quand on n'est plus jeune, il faut se faire des occupations qui vous tiennent compagnie », elle se lève d'un petit bureau, qui est comme une jardinière de glaïeuls naturels, en bas desquels se pressent et se tassent des soucoupes et des sébiles pleines de couleurs et de pétales artificiels non encore colorés, elle se lève pour me montrer un imperceptible JUGEMENT DE PARIS de Blarenberghe, un pastel de la Lecouvreur, qui a bien certainement la touche des pastels de Coypel et pourrait bien être l'original ou une répétition de la peinture à l'huile, un collier de perles, aux perles usées, qui viendrait de la femme du duc de La Rochefoucauld, l'auteur des MAXIMES.

Et la montre qu'elle fait de ces choses est semée d'anecdotes du XVIIIe siècle, d'anecdotes du règne de Louis-Philippe, d'anecdotes du second Empire, qui donnent à penser aux curieux mémoires qu'on ferait sous la dictée de cette femme à l'intarissable babil.

Jeudi 22 septembre

Première de JACQUES DAMOUR [1]. Ce soir, un sentiment s'affirmant chez moi d'une manière bien positive : un succès au théâtre, ça ne vaut pas l'effort, les embêtements et l'émotion qu'avait ce soir Hennique !

Samedi 24 septembre

A Champrosay.

Je trouve Daudet triste, préoccupé, taciturne, ne parlant que par échappade et comme par un effort de la volonté.

Dimanche 25 septembre

Depuis son retour, Alphonse n'a pu absolument rien faire ; il me dit pouvoir travailler crucifié par les plus intolérables douleurs, mais le mal d'estomac produit chez lui un affaissement intellectuel.

Nous faisons une petite promenade dans le parc en compagnie de sa femme. Il se cogne contre une racine d'arbre serpentant à fleur de terre dans une allée, et je crois qu'il va tomber à la suite d'un trébuchement prolongé en des mouvements désordonnés. « Ne ris pas ! » crie-t-il à sa femme, qui marche en avant. Et il reste quelques instants, cloué à terre dans une pose indicible de détresse et d'épouvante. Puis il me dit : « Maintenant, quand un choc m'arrive, le mouvement qui m'est imprimé se continue sans que je puisse l'arrêter... Je courrais ainsi de côté, plusieurs minutes. »

1. JACQUES DAMOUR, pièce en un acte, tirée de la nouvelle de Zola par Léon Hennique (Odéon, 22 septembre 1887).

Nous causons de la survie par le livre, ce qui a été notre préoccupation à mon frère et à moi toute notre vie. Daudet me dit que la survie pour lui est tout entière dans ses enfants ; et quant à la littérature, ç'a été tout simplement une expansion, une dépense d'activité se produisant dans un bouquin, comme elle aurait pu se produire dans toute autre manifestation.

On va ce soir, en troupe, visiter le cottage que Drumont vient de louer à Soisy, au milieu du jardin ruineux créé par Hardy, l'ancien jardinier de Versailles : un potager aux arceaux croulants, aux vieilles quenouilles lépreuses et comme tordues par la paralysie, aux allées mangées par les mauvaises herbes, une sorte de chartreuse où il me semble que les yeux du locataire doivent chercher les tombes de ses prédécesseurs [1].

Dans cette petite maison de campagne à mourir de chagrin, vague, tout réjoui, Drumont, avec son air de vieux séminariste, en cravate à la Colin, avec le noir de ses cheveux et de sa barbe, jouant le plus naturellement du monde la teinture d'un duc de Brunswick, et avec, aux pieds, des savates ignobles.

Mardi 27 septembre

Après un séjour d'une huitaine, Geffroy quitte Champrosay. Pauvre garçon, il a les yeux tendres d'un chien battu.

Ernest Daudet, qui est ici avec sa femme et ses filles, parle ce soir d'Offenbach. Il le peint comme le plus abominable Juif qui ait existé, et par là-dessus, comme le mari le plus détestable, faisant lever sa femme du fauteuil où elle était assise pour s'y asseoir. Et il me dit que tout le temps où il a vécu avec sa femme, la malheureuse n'a fait aller le ménage qu'avec l'argent qui tombait de ses poches ou qu'elle prenait dans son gilet, la nuit, pendant son sommeil.

Jeudi 29 septembre

...A propos de PASCAL GÉFOSSE, le roman de Paul Margueritte, Daudet disait qu'il y avait dans ce moment, à la suite de Bourget, une ponte de romans psychologiques dont les auteurs, à l'instar de Stendhal, voulaient écrire non ce que faisaient les héros de romans, mais ce qu'ils pensaient. Malheureusement, la pensée, quand elle n'est pas supérieure ou très originale, c'est embêtant, tandis qu'une action médiocre se fait accepter et amuse par son mouvement. Il ajoutait encore que ces psychologues, bon gré mal gré, étaient plus faits pour les descriptions de l'extériorité que des phénomènes intérieurs, que, par leur éducation littéraire de l'heure présente, ils étaient capables de décrire très bien un geste et assez mal un mouvement de l'âme.

Cette pauvre Mme Daudet, elle est demeurée tellement jalouse

1. Var. 1894 : *une sorte de chartreuse, faite pour la description d'un Edgar Poe.*

qu'aujourd'hui, Daudet, recevant des photographies où, dans l'une, il est représenté avec Mistral et une fille d'un ami de Mistral, lors de son voyage à Lamalou, dans la prévision d'une scène de sa femme ou du moins d'un gros nuage sur son front, a fait briser par son fils le cadre et déchirer la photographie, après quoi le tout a été jeté à la Seine.

Nous sommes ce soir vingt-deux à table, un dîner sans gaîté par le manque d'entrain des jeunes, qui ne savent pas comme leurs aînés oublier dans une petite fête les ennuis et les préoccupations du lendemain.

Première phrase d'un portrait d'Uzanne : « Uzanne, cet homme qui a une goutte de sperme extravasée dans l'œil... »

Samedi 1er octobre

Tous les matins, entre moi, prenant assis mon thé, et Daudet, se promenant d'un bout de ma chambre à l'autre, avec une locomotion un peu fiévreuse, c'est une forte causerie avec des idées d'éveil sur les sujets les plus disparates.

Aujourd'hui, à propos du qualificatif *doux,* il dit que le mot vient des troubadours, qui ont dénommé la femme « une douce chose », et que c'est curieux que justement, la douceur soit ce qu'il y a de plus recherché, comme qualité et mérite de la femme, pendant la période révolutionnaire. Et comme bientôt, nous nous préoccupons de l'expansion du mot *chose* en littérature, de son emploi à tout bout de champ, il fait la remarque que le mot d'origine italienne ou espagnole a été adopté par le romantisme et surtout affectionné par Hugo, qui en a senti tout le charme diffus et vague.

Hier, c'était le divorce dont nous parlions, le divorce, ce tueur du mariage catholique, ce radical *métamorphoseur* de la vieille société, dont il comparait l'action, dans un temps prochain, « à la blessure au-dessous de la flottaison, dans les flancs d'un navire en train de couler ».

Dans cette maladie de combativité qui a pris Drumont, il devient un personnage de comédie. La nature n'est plus pour lui qu'un décor de champ clos. Quand il a loué sa maison de Soisy, il s'est écrié : « Ah ! voilà un vrai jardin pour se battre au pistolet ! » Telle allée du parc de Daudet lui fait dire : « Oh ! la belle allée pour un duel à l'épée... » Et comme, ces jours-ci, on causait d'un mariage pour lui, n'a-t-il pas dit à un moment : « Oui très bien, très bien, c'est parfait, ce que vous me dites de la jeune fille... Mais croyez-vous qu'elle s'émotionnera à l'entrée chez moi, le matin, de deux messieurs ? »

Lundi 3 octobre

Ce matin, Daudet, en écartant le rideau de ma croisée, soupire presque : « Ce que j'aime la campagne ! Voir ça, c'est une allégresse en moi,... il me semble que j'ai une *cervelle de diamant,...* que dans la journée, je vais faire des choses !... »

Mardi 4 octobre

Hier, après un mieux de quelques jours, Daudet a une crise affreuse de douleur, de fulgurations dans les pieds, qui lui ont fait faire par son fils une piqûre de morphine, sans qu'il pût attendre que sa digestion fût complètement faite. Comme il se laissait aller à la plus noire désespérance et que je lui disais qu'il faisait cette année des courses qu'il n'aurait jamais pu faire il y a deux ans, il lui échappait : « Oui, je suis plus allant, mais je souffre plus... Et puis, vous ne savez donc pas que ça fait partie de ma maladie, l'agitation locomotrice ?... Enfin, mes jambes, tenez, quand je suis assis comme je suis là, je ne les sens plus, et dans mon lit, je ne sais pas où elles sont. »

Jeudi 6 octobre

Me montrant ce matin ses lèvres presque bleutées, Daudet me dit : « Voyez ce que me fait l'acétanilide. Si j'en prenais trois paquets, j'aurais le visage tout bleu... Ça arrête toute circulation... et c'est à l'intérieur, un feu, un embrasement... Figurez-vous que mon trou du c..., au lieu de vouloir rejeter quelque chose, il tend à aspirer... C'est un poulpe... Oui, quand je prends un lavement, j'ai peur qu'il n'avale le clysopompe... Non, ce que je rends, ce ne sont pas des crottes de chèvre, ce sont des crottes d'oiseau, avec de temps en temps un tout petit bâton de réglisse. »

Vendredi 7 octobre

Quelques heures avant de partir, comme je demande à Daudet si son traité était complètement arrêté pour son futur roman avec Lemerre, il me répond : « Oui et non », ajoutant : « Au fond, j'ai une certaine appréhension superstitieuse du définitif... Peut-être à ce moment serai-je une loque, un je ne sais quoi... » Et il s'écrie : « Non, je n'ai pas peur de la mort, mais j'ai peur de la paralysie et surtout de n'avoir plus la force de me suicider... »

En chemin de fer, Léon, qui m'accompagne et qui a assisté à l'ouverture de la maison de Hugo à Guernesey, disait que les armoires étaient bondées de capotes anglaises, et d'un format gigantesque, et que c'était assez gênant de les faire disparaître en la présence de Mme Charles Hugo... On découvrit aussi une série de lettres galantes qui auraient été adressées non à Hugo, mais à Vacquerie, contenant des dessins obscènes, des poils de c..., des maculatures de règles, lettres — qui l'aurait cru ? — de Louise Michel, au temps où elle était institutrice. Ces lettres auraient été brûlées.

Lundi 10 octobre

Je tombe sur un article de LA LIBERTÉ contenant un compte rendu du livre de Pavlowski et de ses conversations avec Tourgueniev [1]. Notre défunt ami se montre très féroce à notre égard, attaque notre préciosité, nie notre observation en des critiques assez bêtes et très réfutables.

Par exemple, à propos du nocturne repas des bohémiens aux bords de la Seine, l'ouverture des FRÈRES ZEMGANNO, et où se trouve la description d'un saule que je faisais gris, d'après une note prise d'après nature, il dit : « On sait que le vert devient noir la nuit. » N'en déplaise aux mânes de l'écrivain russe, mon frère et moi étions plus peintres que lui, témoins les très médiocres peintures et les horribles objets d'art qui l'entouraient, et j'affirme que le saule, décrit par moi, était gris et pas noir. Et encore dans cette description, l'épithète *glauque* appliquée à l'eau, cette vieille épithète si employée, devenue si commune, le fait s'écrier : « Est-ce assez précieux [2] ! »

Parlant de LA FAUSTIN, Tourgueniev s'abrite derrière Mme Viardot pour dire que nos observations sur les émotions des femmes de théâtre étaient archifausses. — Et ce qu'il dit n'être pas vrai, c'est rédigé d'après des observations en partie fournies par les sœurs de Rachel, et par une espèce de confession dramatique de Fargueil, dans une lettre inédite que je possède [3]. A la négation de ces émotions, on aurait pu demander à Tourgueniev, d'après les goûts de Mme Viardot, si Mme Viardot était tout à fait du sexe féminin.

Tourgueniev — c'est incontestable —, un causeur hors ligne, un écrivain au-dessous de sa réputation. Je ne lui ferai pas l'injure de demander qu'on le juge d'après son roman des EAUX PRINTANIÈRES... Oui, c'est un chasseur paysagiste, un peintre de dessous de bois très remarquable, mais un peintre d'humanité petit, manquant de la bravoure de l'observation. En effet, il n'y a pas dans son œuvre la rudesse primitive de son pays, la rudesse moscovite, cosaque, et ses compatriotes de ses livres m'ont l'air de Russes peints par un Russe qui aurait passé la fin de sa vie à la cour de Louis XIV. Car, en dehors de l'éloignement de son tempérament pour l'aigu, le mot violemment vrai, la coloration barbare, il y avait chez lui une déplorable soumission aux exigences de l'éditeur : témoin L'HAMLET RUSSE que je lui ai entendu avouer, sur les observations de Buloz, avoir amputé de quatre à cinq phrases qui faisaient son caractère.

C'est cet adoucissement dans son œuvre du caractère de l'humanité de son pays qui amena un jour, entre Flaubert et moi, la plus vive

---

1. Il s'agit des SOUVENIRS SUR TOURGUENIEV d'Isaac Pavlowski (Paris, Savine, 1887). Tourgueniev, dévot de Flaubert, trouvait que l'œuvre de Zola « puait la littérature », mais il reconnaissait la hardiesse de ses sujets, tandis que Daudet et Goncourt lui semblaient des « nullités » (ch. V, p. 65-76).

2. Détail piquant, Pavlowski fait remarquer à Tourgueniev que son exemplaire des FRÈRES ZEMGANNO — « œuvre inepte », d'après le romancier russe — n'est pas coupé, et c'est alors que Tourgueniev ouvrant le livre au hasard, tombe sur la fin du chapitre I (p. 26) et critique le *saule gris* et l'*eau glauque* (Pavlowski, *loc. cit.*, p. 74).

3. Voici le propos de Tourgueniev sur LA FAUSTIN : « Mme Viardot... trouve que tout ce que Goncourt avance est faux d'un bout à l'autre. L'artiste ne l'éprouve pas, et ce qu'elle éprouve réellement, Goncourt ne le sait pas » (Pavlowski, *loc. cit.*, p. 75). — La *Correspondance adressée aux Goncourt* ne contient aucune lettre de Fargueil. Pour la confidence contestée de Dinah Félix, sœur de Rachel, cf. t. II, p. 922, n. 3.

discussion que nous ayons jamais eue, Flaubert me soutenant que cette rudesse était une exigence de mon imagination et que les Russes devaient être tels qu'il les avait représentés. Depuis, les romans de Tolstoï, Dostoïevski et des autres m'ont, je crois, donné raison.

Quelqu'un a défini Wilson *le maniaque de la prévarication,* un homme qui se lève dès *patron-minette,* mange sur le pouce, se couche à deux heures du matin, cela uniquement pour la jouissance de la prévarication, l'argent qu'il gagne ainsi étant de suite perdu dans des jeux de Bourse.

Ce soir, chez la Princesse, le commandant Riffault, qui a vu fusiller beaucoup de gens de toutes les nations, soutenait que les hommes qui montraient le plus stupéfiant dédain de la vie devant le peloton d'exécution étaient les Mexicains. Les Arabes condamnés à mort, en sa présence, ne laissaient rien voir de leur peur de la mort dans l'expression de leurs yeux, dans le port de la tête, dans l'ensemble de leurs attitudes ; mais en les regardant bien, on remarquait un battement de l'artère du cou, une agitation nerveuse de la pomme d'Adam. Chez les Mexicains, impossible de découvrir aucun signe de faiblesse humaine.

Mardi 11 octobre

Ce soir, on joue au Théâtre-Libre SŒUR PHILOMÈNE, la pièce originale, tirée de notre roman par Jules Vidal et Arthur Byl [1].

J'y vais avec Geffroy et Descaves. Singulière salle de théâtre. Au bout de rues qui ont l'air de rues de faubourgs de province où l'on cherche un bordel, une maison bourgeoise, et dans cette maison, une scène foulée par des acteurs sentant l'ail comme jamais omnibus de Vaugirard ne l'a senti. Une salle à la composition curieuse et qui n'est pas l'éternelle composition des grands théâtres : des femmes, maîtresses ou épouses de littérateurs et de peintres, des modèles, enfin un public que Porel baptise un « public d'atelier ». Étonnement : c'est bien joué, et joué avec le charme d'acteurs de société excellents. Antoine, dans le rôle de Barnier, est merveilleux de naturel. Il a un *Nom de Dieu !* qui, au lieu d'être jeté debout, est lâché par lui, allongé, à demi couché sur la table, et ce *Nom de Dieu !* accentuant la défense de ces saintes femmes fait un grand effet [2]... C'est un succès à tout casser. La scène de la prière avec les répons des malades, coupée par la chansonnette de Romaine agonisante, est saluée par un tonnerre d'applaudissements,

---

1. Le premier spectacle du Théâtre-Libre avait eu lieu le 30 mars 1887 ; sa seconde saison dramatique s'ouvre, ce 11 octobre, avec SŒUR PHILOMÈNE et avec L'ÉVASION de Villiers de L'Isle-Adam. Le local est encore la salle du quartier Pigalle, 37 passage de l'Élysée-des-Beaux-Arts, qui avait vu les débuts du Théâtre-Libre et que louait Krauss, directeur du Cercle gaulois. Mais ayant reçu congé, Antoine donnera les spectacles suivants à Montparnasse, rue de la Gaîté.

2. Il s'agit d'une apologie des religieuses hospitalières, que l'interne Barnier défend contre son camarade Pluvinel : « Comment, n... ! Voilà des femmes qui renoncent à tout... », etc. Dans le roman, cette tirade précède, au cours d'une beuverie de carabins, l'épisode du baiser sacrilège de Barnier à la sœur Philomène (ch. XXXIX), épisode supprimé par Byl et Vidal, qui ont placé le mot de Barnier au début de la pièce, dans une simple conversation de salle de garde (acte I, sc. 7).

par l'émotion d'une salle vraiment remuée [1]... Et sait-on d'où vient l'effet de cette pièce, effet que je n'avais pas prévu à la lecture ? Il vient de la mêlée de la délicatesse des sentiments, du style, de l'action avec son réalisme théâtral.

Zola, sur lequel je me suis trouvé nez à nez sur la scène et auquel, fichtre, j'ai fait grise mine, a lâché deux phrases qui le peignent tout entier. Il a dit à Raffaelli à propos de ma pièce : « Oh ! dans ce moment-ci, sur ce théâtre, on jouerait n'importe quoi, que ça réussirait ! » Il a dit à je ne sais qui en ma présence : « Moi, je suis persuadé que, si un directeur de théâtre prenait cette pièce, la censure en empêcherait la représentation ! »

En réfléchissant à l'hostilité — à l'injustice littéraire, puis-je dire, — de Tourgueniev à l'égard de Daudet et de moi, je trouve la raison de cette injustice dans une qualité de Daudet et de mon frère : l'ironie. C'est particulier comme les étrangers, ainsi que les provinciaux, sont intimidés, gênés par ce don tout parisien et comme ils sont volontiers pris d'antipathie pour les gens dont la parole recèle pour eux de secrètes et mystérieuses moqueries, dont ils n'ont pas la clef. Tourgueniev, cette intelligence fine et distinguée, n'était à l'aise qu'avec les gros esprits comme ceux de Flaubert et de Zola.

Vendredi 14 octobre

A ce qu'il paraît, j'ai témoigné à Zola une telle froideur mardi au Théâtre-Libre que je reçois une lettre se terminant par cette phrase : « ...Si je me décide à vous écrire, c'est que la situation n'est plus nette entre nous et que votre dignité comme la mienne exige que nous sachions à quoi nous en tenir sur nos rapports d'amis et de confrères. Cordialement à vous [2]. »

A cet ultimatum, j'ai répondu par cette lettre :

« Mon cher Zola,

« Il y a deux ans, à propos de sentiments tout personnels de Gayda exprimés sous la signature de *Parisis,* sans me demander une explication, vous avez écrit une lettre au FIGARO, où vous me traitiez de pauvre petit faiseur d'aquarelles et d'eaux-fortes, incapable d'une *psychologie fouillée.* J'ai montré à vos amis une lettre de Gayda, en réponse à une plainte de moi, où il me disait que c'était Blavet qui avait remplacé le *On* vague de l'article par mon nom, trouvant que mon nom faisait l'article plus intéressant pour le public [3].

---

1. Tandis que sœur Philomène, ravagée de jalousie, fait réciter aux malades la prière du soir, l'ancienne maîtresse de Barnier agonise et, dans son délire, chante LA PETITE ROSETTE (dans le roman, chap. XXXVII ; dans la pièce, acte II, sc. 8).

2. Dans cette lettre du 13, Zola proteste qu'il n'a jamais accusé Goncourt d'être « l'inspirateur volontaire » du *Manifeste* : « Faites-moi l'amitié de penser que je sais comment l'article a été écrit. Je suis convaincu... que si vous en aviez eu connaissance, vous en auriez empêché la publication autant pour vous que pour moi. »

3. Cf. t. II, p. 1176, n. 1.

« Ces temps derniers, à propos de l'article des *Cinq* paru dans le FIGARO — article dont je vous donne ma parole d'honneur que je n'ai pas eu connaissance et article publié dans un moment où j'étais si malade que le jour de sa publication, je me trouvais chez Potain, lui demandant si je n'avais pas une maladie mortelle de l'estomac —, vous intercaliez dans votre réponse à l'interviewer du GIL BLAS une phrase dont le sens est : « Quoique tout donne lieu de supposer que Daudet et de Goncourt sont les inspirateurs de la chose... » phrase dont le sens, pas mal machiavélique, inspirait à tous ceux qui nous rencontraient, Daudet ou moi : « Vous avez vu l'accusation portée contre vous par Zola ? » — phrase enfin amenant dans les journaux des éreintements féroces de ma personne, accusée d'être bassement jalouse de l'argent que vous gagnez... Allons donc ! est-ce que je suis jaloux de l'argent gagné par Daudet, qui en gagne au moins autant que vous ?

« Quant à la phrase de *vos familiers,* le plus familier d'entre tous est Geffroy, qui a pris parti pour vous contre les *Cinq,* et quant aux autres, comme Rosny, vous avez pu juger vous-même qu'il est rebelle à toute imposition d'idées littéraires, qu'elles viennent aussi bien de moi que de vous [1].

« Oui, mon cher Zola, ce sont des procédés qui ont mis en moi beaucoup de tristesse et un peu d'indignation ; et malheureusement, ce qui se passe dans mon cœur perce à travers ma figure et ma poignée de main. »

Samedi 15 octobre

Ce soir, chez Daudet, où je suis venu passer deux jours pour conseiller des coupes et des percées dans le parc, on cause de ces yeux immenses et tournants et roulants des Orientaux, yeux qui seraient obtenus par un allongement, un coup d'ongle donné dans l'angle extérieur, au moment de la naissance de l'enfant, par de vieilles femmes qui ont la spécialité de ce coup d'ongle.

Mme Daudet, qui a aujourd'hui une note d'irritation dans la voix — est-ce souffrance, est-ce autre chose ? — se plaint spirituellement que les hommes se montrent difficiles sur la nuance d'un pantalon, sur la confection d'une sauce... et pas du tout sur la qualité d'une maîtresse, sur le choix d'une femme avec laquelle ils vivent tous les jours.

Et pendant que Mme Daudet développe sa thèse, on me remet une lettre de Zola, une lettre battant en retraite, une lettre tortueusement affectueuse, que Daudet qualifie lettre d'un *capon*... Après cette lettre, je ne puis que lui écrire : « Embrassons-nous, Folleville [2] ! »

1. Ce paragraphe vise la phrase suivante de la lettre de Zola : « Et moi qui m'étais imaginé que vous me deviez une marque de sympathie après cette niaiserie malpropre de cinq de vos familiers ! »

2. C'est le titre et l'un des *mots* d'une pièce de Labiche et Lefranc (Théâtre Montansier, 6 mars 1850) : Manicamp par reconnaissance veut faire épouser sa fille à Folleville, qui n'ose refuser et dans les bras de qui Manicamp se jette à tout moment en s'écriant : « Embrassons-nous, Folleville ! » — Dans sa lettre du 14, Zola affirme que ses remarques relatives à MANETTE

Dimanche 16 octobre

Causant avec Mme Daudet de mon ambition de ma survie dans mes objets d'art par l'apposition d'une marque, d'un cachet, d'une signature, un peu étonnée de cette préoccupation, elle me dit très intelligemment que ce goût de la postérité devait venir de cette partie de ma vie écoulée dans le passé, de mon labeur d'historien et qu'à force d'avoir travaillé et vécu au milieu des reliques du XVIIIe siècle, il est venu chez moi le désir de faire des reliques des choses en ma possession.

Lundi 17 octobre

Je quitte Mme Daudet un peu souffrante : elle a été voir deux fois de suite son père malade dans le moment, pataugeant dans la pluie et la boue et trimballant un gros panier de fruits.

Mardi 18 octobre

La lecture d'UNE PREMIÈRE MAITRESSE de Catulle Mendès me fait éprouver ce sentiment : tout livre qui ne me donne pas, par la réalité ou l'apparence de la réalité, l'impression d'une chose arrivée, tout livre enfin où je sens la fiction de l'auteur, quel que soit le mérite de l'auteur, ne m'intéresse pas.

Jeudi 20 octobre

Aujourd'hui, Lady Grey, « la beauté de Londres », vient visiter mes collections.

Ce soir, comme je traverse le Boulevard pour aller dîner chez Noël, je tombe sur Scholl, en quête d'un convive, et il m'emmène dîner à la Maison d'Or. Le voilà, ce vieux jeune, attaqué du diabète et réduit à manger d'un pain qui ressemble à une cosse de bois vide d'un fruit d'Amérique.

Il m'entretient de sa fatigue, de sa lassitude de corps, que chasse un moment son heure d'armes de chaque matin. Et il me dit maintenant son bonheur de se coucher à deux heures du matin, revenant à ces années de vie commune avec sa danseuse de corde, où il se couchait à cinq heures du matin, forcé de s'installer avec elle, après la représentation, chez Riche jusqu'à une heure du matin, puis de déménager avec elle chez Hill, où ils demeuraient jusqu'à trois heures, puis de passer encore une heure dans un bar, en face, où se réunissent tous les saltimbanques, l'homme qui marche sur un doigt de la main,

SALOMON n'étaient pas destinées à la publicité et n'avaient rien de dédaigneux. D'autre part, d'après lui Goncourt force le sens de l'interview de Xau, Zola y ayant « sincèrement affirmé » que Goncourt n'avait pas eu connaissance du *Manifeste*. Zola conclut : « J'espère encore qu'on ne réussira pas à nous fâcher ensemble, car je vous sais un grand honnête homme et un cœur tendre au fond. »

etc., etc., etc. Et enfin, sortant de là, désireux de se coucher, Scholl n'entendait-il pas la noctambule enragée, une main tendue vers le lointain, s'écrier : « Est-ce que tout là-bas, je ne vois pas encore une toute petite lumière ? »

Et il termine en me disant aimablement que la fréquentation de ce monde lui a fait apprécier la vérité des FRÈRES ZEMGANNO.

Vendredi 21 octobre

Mon deuxième volume du JOURNAL DES GONCOURT devait paraître demain ; mais devant les demandes qu'amène l'article de Daudet dans le FIGARO de ce matin, il paraît aujourd'hui [1].

Lundi 24 octobre

Quelle sale petite bête que ce Vignier, cet homme qui, après avoir tué cet honnête garçon de Caze, passe sa vie à remuer de la calomnie, à éditer de la perfidie, à faire œuvre vipérine ! C'est, en littérature, l'insecte venimeux.

Les princes sont des êtres si singuliers, si ennemis de la vérité, qu'en envoyant mon second volume du JOURNAL à la Princesse, je crois nécessaire d'y joindre cette lettre :

« Princesse,

« Je vous envoie un volume où il est plusieurs fois parlé de Votre Altesse. Je n'ai pas voulu sculpter en sucre la figure historique que vous êtes, que vous serez. J'ai cherché à vous peindre avec le mélange de grandeur et de féminité qui est en vous, avec un peu de votre langue à la Napoléon, j'ai cherché à vous peindre en historien qui aime votre personne et votre mémoire dans les siècles à venir. En tout cas, ce que je crois pouvoir vous assurer, c'est que dans vos biographies passées, présentes, futures, on ne trouvera pas un hommage plus éclatant rendu à votre cœur et à votre intelligence. »

Mardi 25 octobre

Jeudi dernier, Scholl me parlait de Chavette, de son avarice au milieu de ses rentes et de la famine assise à sa table en son château princier. Il me contait ce fait extraordinaire. Il avait mis en pension chez lui toute sa bibliothèque, cinq mille volumes, et Chavette les avait vendus à l'hospice Dubois, à raison de cinq sous le volume.

Extraordinaire ! Une presse comme je n'en ai jamais eu... jusqu'à Delpit, qui me traite, mon frère et moi, de grands écrivains !

---

1. UN LIVRE, article de Daudet sur les années 1864 à 1878 du JOURNAL, dans le FIGARO du 21 : Daudet a écrit là le meilleur compte rendu qu'ait mérité le JOURNAL, le mettant à la hauteur des CHOSES VUES de Hugo (« la même touche souveraine, ce don magique de dégager d'un fait, d'un être, d'un paysage, le trait qui le résume »), comparant les confidences du Magny à la vapeur que lâche le soir la machine après le travail, enfin notant comme dignes de Montaigne les incessantes retouches que les Goncourt apportent à leurs goûts et au portrait des êtres qu'ils fréquentent.

Des phrases pour faire la préface du deuxième volume du JOURNAL DES GONCOURT, que, bien m'en a pris, je n'ai pas faite — des phrases embryonnaires jetées sur un bout de papier que je retrouve aujourd'hui : « Ah ! la vérité ! Que dis-je, la vérité ? Non, mais tant seulement un millionième de vérité, comme c'est difficile à dire, et qu'on vous le fait payer ! Tant pis, je l'aime, cette vérité, et je cherche à la dire, ainsi que c'est permis de son vivant, à la dose d'un granule homéopathique... Eh oui, pour cette vérité telle quelle, s'il le faut, je saurais mourir comme d'autres meurent pour une patrie... Puis vraiment, est-ce que nos illustres, nos académiciens, nos membres de l'Institut, se figurent passer aux yeux de la postérité comme de petits bons Dieux en chambre, sans alliage d'humanité aucune ? Allons donc ! Tous ces mensonges et ces hypocrisies de la convention seront percés un jour, un peu plus tôt, un peu plus tard... »

Samedi 29 octobre

Aujourd'hui, je me trouve si enrhumé que je n'ose pas aller au cimetière. C'est la première fois que je manque, pendant cette semaine des Morts, à la visite sur la tombe de mon frère. Mais je passe la journée à relire sa maladie et sa mort dans mon JOURNAL, et cette relecture me décide à donner le morceau tout entier, en dépit de la pudeur de convention commandée à la douleur, du *cant* littéraire infligé au désespoir : c'est vraiment une trop belle et trop réelle monographie de la souffrance humaine.

Dimanche 30 octobre

Le petit Descaves me confie que Zola passe toutes ses soirées au Théâtre-Libre, qu'il a pris deux abonnements, qu'il y fait quotidiennement les plus énormes compliments à Antoine, qu'il y embrasse paternellement les actrices, qu'enfin, aidé de son *cuphage* Céard, il s'essaye à s'emparer de cette scène. Et il me confesse d'autre part qu'Antoine est, au fond, blessé que je ne lui aie pas écrit pour le complimenter... et que les actrices mêmes m'en veulent un peu de ne les avoir point embrassées.

Lundi 31 octobre

Un M. Deshayes, attaché au musée Guimet, en me rapportant un exemplaire de mon JOURNAL envoyé à Burty, me dit qu'il est malade, en proie à des troubles nerveux qui lui apportent une hésitation dans la trouvaille des mots : un cas, dit-on, de migraine ophtalmique. Il avait désiré me voir ; mais le médecin qui le soigne a déclaré qu'il valait mieux qu'il ne vît personne et qu'il avait besoin d'être traité tout autant par le silence que par le bromure de potassium. Et comme ce Deshayes me demande, à la place de l'exemplaire sur Hollande, un exemplaire sur Japon, ainsi qu'il en a reçu un du premier volume et que je lui dis que je ne sais pas si vraiment, maintenant, je pourrai lui en trouver un, il me dit de ne pas lui faire cette réponse, mais de lui faire espérer un exemplaire comme il le désire, parce qu'il craint que dans l'état nerveux où il se trouve, ma réponse n'amène chez lui une crise. Diable !

En allant ce soir dîner chez Mme Sichel, je vois chez le libraire du chemin de fer des exemplaires du quatrième mille de mon JOURNAL. C'est vraiment beau qu'en dix jours, il soit parti 3 000 d'un bouquin qui n'est pas un roman.

Mardi 1er novembre

Il y a eu hier, dans l'ÉCHO DE PARIS, un article de Lepelletier qui est une réponse à notre attaque à la bohème à propos de la mort de Murger, de la reprise d'HENRIETTE MARÉCHAL, etc. [1]. Il affirme que les gens qui n'ont pas passé par la bohème, qui n'ont pas été aux prises avec la pièce de cent sous, sont incapables de peindre les hommes et les choses de leur temps et qu'il n'y a que les gens absolument privés de monnaie pour être des peintres de la contemporanéité ; mais que malheureusement, ils en sont empêchés par le besoin de manger, qui leur fait faire du journalisme. Alors ?

Enfin, *c'est* des rêves, nos notes ! Oui, tout des rêves, même les sténographies des conversations du dîner de Magny... Vraiment, les journalistes parisiens sont arrivés à vouloir en faire avaler de trop énormes au public !

Mercredi 2 novembre

Ces jours-ci, mon rhume tourne à la fluxion de poitrine ; et faisant le tour du jardin par un coup de soleil, et regardant du bout de la pelouse ma maison blanche, je me disais qu'il serait bien dur de jouir si peu de temps de mon ravalement — et que je voudrais bien vivre encore au moins un an pour faire ma pièce de GERMINIE LACERTEUX et publier mon troisième volume du JOURNAL.

Le vieux Larousse, cet ouvrier ébéniste qui aurait si bien fait dans un roman de Mme Sand, me parlant de la difficulté d'avoir des bois qui ne jouent plus, me disait que le *bois reste toujours vivant* et qu'il lui faut, par un long et fort chauffage, chasser du corps cette sève qui persiste sous son apparente mort.

Il m'entretenait d'un de ses amis, d'un simple forgeron, devenu le marteleur artiste du fer et qui fabrique à l'heure présente des feux en fer forgé représentant un rosier, en la légèreté, la souplesse, l'embuissonnement de l'arbuste. Savez-vous comment il devint artiste,

1. Bien entendu, lapsus ; il faut lire : *la représentation* d'HENRIETTE MARÉCHAL, puisque le second volume se termine avec la fin de l'année 1865. — L'article d'Edmond Lepelletier sur le JOURNAL a paru dans l'ÉCHO DE PARIS du 31 oct. 1887 : « Cette aristocratique distance mise par l'aisance native entre les Goncourt et leur siècle ôte à leurs mémoires le caractère d'un témoignage, d'un reportage sur les hommes et les choses de ce temps. » Les Goncourt sont des « chanoines des lettres » qui n'ont écrit que les « mémoires de deux rêveurs littéraires ».

l'homme qui forgeait des fers de cheval ? Il aimait beaucoup sa mère et quand elle vint à mourir, il eut l'idée de forger, pour mettre sur sa tombe, un petit saule pleureur. Et la réussite du saule pleureur l'amena ensuite à forger une branche de rosier, où commença à se révéler son incomparable talent.

Jeudi 3 novembre

Quel singulier phénomène que celui qui rend un auteur complètement dupe de ce qu'il invente et le fait pleurer à une scène qu'il imagine avec tous les tâtonnements de l'imagination ! C'est ainsi qu'aujourd'hui, je pleure et étouffe un peu, étant très pris par la tousserie, en composant une scène de GERMINIE LACERTEUX.

Vendredi 4 novembre

Étant donné le nombre des articles dans les journaux sur mon livre, comme il doit occuper Paris, comme il doit être le thème ordinaire des conversations de salons !... Faut-il que je sois claquemuré dans ma chambre et que je ne perçoive rien de ce bruit !

Samedi 5 novembre

Après tous les mauvais procédés que j'ai éprouvés de cet homme qui s'appelle Céard, de cet homme que j'avais nommé mon exécuteur testamentaire avec Daudet — quand j'y pense ! —, je lui avais cependant envoyé mon volume, par déférence pour les désirs de Mme Daudet. Aujourd'hui, je reçois une lettre-ministre de ce monsieur, où il me reproche de n'avoir pas du tout donné l'indication du mouvement intellectuel et artistique de l'Empire, où il consent à faire l'abstraction de ce qu'il contient de trop ou de ce qui lui manque, où il est péniblement affecté des outrances de la table de Magny — notez que c'est le préfacier de CHARLOT S'AMUSE —, enfin, où il veut bien me tenir compte des *fugitives* silhouettes de Michelet, de la princesse Mathilde, etc. [1]. Et l'homme qui m'écrit cette lettre, travaillée d'un bout à l'autre pour m'être désagréable, n'a jamais pu trouver en littérature ou pour sa vie à lui que le type de Denoisel — par exemple un Denoisel de Bercy ! —, a fait en tout deux pièces, qui sont toujours, toujours, toujours RENÉE MAUPERIN, un garçon enfin que j'ai vu, dans les scènes qu'on

1. Cette lettre du 5 nov. 1887 (CORR., vol. VII, f° 262) est, de par son allure de froide et outrageante impartialité, la plus exaspérante vengeance que Céard pouvait tirer de l'humeur de Goncourt à l'endroit de l'adaptateur maladroit de RENÉE MAUPERIN... Edmond donne une idée assez exacte des critiques, mais non point des éloges, Céard ne louant pas seulement de « fugitives silhouettes », mais aussi « la grande esquisse » de Flaubert à Croisset, le récit de la mort de Rose, etc.

Pour CHARLOT S'AMUSE (1883), roman sur l'onanisme, Bonnetain fut traduit en justice et acquitté par le même jury qui avait condamné Desprez (20 déc. 1884). Dans sa préface-plaidoyer, Céard définit l'œuvre comme « une effroyable analyse de la condition de l'homme tout en besoins, courant Paris sans le sou ».

lui demandait de refaire à l'Odéon, tourner là-dedans comme un vieux cheval de moulin sans pouvoir jamais les mener au bout [1]. Et c'est lui qui du haut de ce pauvre petit bagage, si peu à lui, qui se permet cette insolence vis-à-vis de moi ! Ah ! Porel avait le mot vrai, quand il me disait de lui : « Céard, mon opinion sur lui ? C'est que c'est un jean-foutre. »

Mardi 8 novembre

Aujourd'hui, ça ne va pas bien du tout. Je suis forcé de faire venir le docteur Malhené, qui trouve à mon rhume le caractère d'une bronchite.

Je fais quelques changements à mon testament, et je le lis à Daudet, mon exécuteur testamentaire, qui n'en avait pas encore connaissance.

Vendredi 11 novembre

Aujourd'hui, Popelin me donnait des renseignements sur l'état de douce imbécillité, de gai *gagatisme,* dans lequel serait tombé Burty, ne trouvant plus ses mots, appelant Louis XV « quinze, quinze », et s'amusant de son aphasie, de son déménagement de cervelle.

Mardi 15 novembre

La Princesse est venue savoir de mes nouvelles, mais ne m'a pas dit un mot de mon livre. Ce JOURNAL, je le sens avec mes nerfs, la gêne, la tracasse, l'ennuie non seulement relativement à sa personne, mais relativement aux habitués de son salon, aux gens de sa connaissance dans le grand Paris. Ça ne fait rien, les princes et les plus intelligents sont rudement bêtes,... et nous, vraiment bien nigauds de leur faire cadeau de la postérité qu'ils n'auraient pas sans nous !

Des articles ! des articles !... C'est une nuée d'articles, d'articles qui commencent à tourner à l'éreintement.

Jeudi 24 novembre

Pillaut parlait curieusement ce soir du son de la *voix* des anciens violons et violes d'amour, qui n'est pas une voix de gorge, mais plutôt une voix de baryton, une voix un peu nasillarde.

1. Dans ses premiers articles, dans sa première lettre à Goncourt (4 déc. 1870, in CORR., vol. VII, f° 206), Céard arbore le pseudonyme pris à l'honnête et spirituel raisonneur de RENÉE MAUPERIN, Denoisel. — Quelles sont les deux pièces de Céard que vise Goncourt ? L'adaptation de RENÉE MAUPERIN semble exclue par la tournure de la phrase. Si l'on s'en tient aux pièces publiées, il ne reste que TOUT POUR L'HONNEUR, drame en un acte tiré de la nouvelle de Zola, LE CAPITAINE BURLE, et joué le 24 déc. 1887, et que LES RÉSIGNÉS, comédie en trois actes, jouée au Théâtre-Libre le 31 janvier 1889 : étaient-elles déjà écrites en 1887 et y sent-on l'influence de RENÉE MAUPERIN ?

Dimanche 27 novembre

Daudet me confiait aujourd'hui que, lorsqu'il avait voulu, ces derniers temps-ci, faire passer un article sur une lecture d'un de mes romans faite chez moi, quelqu'un du FIGARO, très au courant de tout ce qui s'y passe d'intime et de secret, lui avait dit : « Ce n'est pas le moment, attendez, je vous ferai signe [1]. » Il ajoutait qu'Hervieu, ayant su que Mirbeau faisait un article sur moi, lui avait très gentiment écrit, craignant un éreintement et que Mirbeau lui avait répondu qu'il n'avait rien à craindre, qu'il avait gardé son admiration pour moi, mais que, si cependant l'article était bon, ce n'était pas faute que Magnard le désirât mauvais...

C'est comme ça, et c'est vraiment un personnage bien curieux que ce Magnard. Aussitôt qu'un grand bruit se fait autour de quelqu'un, quel qu'il soit, bruit amené par un article du FIGARO, et un article accepté, presque demandé par lui, il est soudain pris de l'envie de faire tuer ce bruit par un mauvais article, et jamais on n'est plus proche d'un éreintement dans cette feuille que le jour où on vous y loue !

Et qu'on remarque que je me suis montré de très bonne composition avec Magnard, que j'avais un engagement pour deux ans et qu'aussitôt que j'ai su que mes articles ne lui plaisaient pas, je lui ai proposé de rompre sans demander aucune indemnité. Enfin, même un peu de bruit fait autour du livre profite au FIGARO, qui a publié le premier volume et l'a pour ainsi dire fait connaître au public... Mais non ! Et je suis sûr que Magnard a dû être enchanté du coup de patte de ce bon Bergerat, ces jours derniers [2].

Mercredi 30 novembre

C'est curieux, les ironies de ce temps. Voilà Halévy, un peu grâce à l'illustration de L'ABBÉ CONSTANTIN — oui, grâce à cette illustration de boîte de bonbons et bien digne du livre [3] ! —, le voilà qui est en train de passer pour un des grands messieurs littéraires de ce siècle, lui, ce triste queue-rouge jouissant autrefois dans notre société d'un tel mépris bien acquis par l'infériorité de sa cervelle, lui, cet homme qui n'avait trouvé que cette phrase : *C'est drôle, c'est drôle !* pour les plus grandes et les plus hautes conceptions littéraires, que ce fût une

1. Il s'agit de la lecture des FRÈRES ZEMGANNO, qui sera contée par Daudet sous le titre de : UNE LECTURE CHEZ EDMOND DE GONCOURT, dans les SOUVENIRS D'UN HOMME DE LETTRES (1888), après avoir paru partiellement dans le *Supplément littéraire* du FIGARO le 7 janv. 1888.

2. Sous son pseudonyme habituel de *Caliban* et sous le titre de UN SCOLIASTE, le gendre de Gautier conte dans le FIGARO du 26 nov. 1887 la belle réception faite jadis à Gautier par son admirateur bruxellois, le collectionneur et érudit Spoelberch de Lovenjoul. Après avoir reproché au JOURNAL des Goncourt de ne pas laisser voir la sensibilité de Gautier, Bergerat s'écrie, à propos de cette réception : « Que n'étiez-vous là, ô le moins posthume des deux Goncourt ! Vous auriez vu et compris peut-être qu'on ne fait point le portrait d'un grand artiste en sténographiant les jurons qu'il profère portes closes, dans une orgie de métaphores entre vieux garçons. »

3. C'est l'édition de L'ABBÉ CONSTANTIN illustrée par Madeleine Lemaire et publiée en 1887 par Boussod, Valadon et Cie.

page de Platon ou un chant du Dante, lui pour lequel le dédain de Saint-Victor tournait à la colère... Et le voilà proclamé par toute la presse comme grand écrivain. Mais nom de Dieu ! tous les écrivains français qui sont des écrivains, depuis La Bruyère jusqu'à Flaubert, en passant par Chateaubriand, ont écrit des phrases... et je mets au défi qu'on me cite une *phrase écrite* de l'auteur de MADAME CARDINAL.

Jeudi 1er décembre

Après tout, l'ironie du temps est encore plus accusée dans les choses politiques. Ne voyons-nous pas un président de la République jeté à la porte de l'Élysée pour les malversations de son gendre, président qui aurait peut-être été remplacé par un autre sans les malversations de son frère ? Et en attendant qu'on trouve un honnête homme, la France est gouvernée par un président du Conseil que Rochefort déclare un voleur fieffé ! [1].

Lundi 5 décembre

Avec l'élection de Sadi Carnot, c'est la tyrannie de la rue qui commence, une tyrannie qui ne voudra plus à la tête du gouvernement d'un homme ayant une valeur — qu'il soit Ferry ou tout autre [2].

Mercredi 7 décembre

Tout nous a été, et tout nous reste consciemment ou inconsciemment hostile. J'ouvre un catalogue de Charavay, où des romanciers de la valeur de Theuriet sont désignés sous l'appellation d'*illustres romanciers.* Quant à mon frère, ce n'est qu'un *érudit distingué.* Et pour quoi comptez-vous donc, monsieur Charavay, les romans de GERMINIE LACERTEUX, de MADAME GERVAISAIS, de MANETTE SALOMON, de RENÉE MAUPERIN, etc. ?

Ce soir, Ganderax, à propos de la pièce qu'ils ont présentée au Théâtre-Français, me parlait de la nervosité toute particulière de

1. Le président Grévy, compromis par les trafics d'influence de son gendre Wilson dès octobre 1887, fit front jusqu'au bout : bien que pour l'abattre, on eût fait tomber le ministère Rouvier et que tous les successeurs éventuels se fussent récusés, il ne démissionnera que le 2 décembre. — Le candidat que tout semblait désigner pour lui succéder, c'était Jules Ferry, assuré des deux tiers du Sénat ; peut-être Goncourt prétend-il viser le frère du ministre, le sénateur, puis député Charles Ferry. — Enfin le président du Conseil, démissionnaire, mais toujours en fonctions, c'est Rouvier ; il faudra attendre l'affaire de Panama pour que ses adversaires jettent publiquement le discrédit sur sa conduite, à propos de sa visite à l'affairiste Cornelius Herz, en compagnie de Jacques de Reinach.

2. Les radicaux s'étaient unis aux boulangistes pour faire obstacle à Jules Ferry, tandis qu'aux cris de *Ferry-Famine !* (allusion au ravitaillement de Paris pendant le Siège, tandis qu'il était maire de Paris) et de *Ferry-Tonkin !* Paris menaçait de se soulever s'il était élu. Les divers candidats républicains, Floquet, Freycinet et Brisson, furent progressivement abandonnés au profit de Sadi Carnot, technicien personnellement obscur, mais dont le nom permit de faire l'union contre Ferry.

Meilhac [1]. Claretie, occupé d'une fuite d'eau qui s'était déclarée au Théâtre-Français et ayant mis trois jours à répondre, dès le second jour, Meilhac s'écriait : « C'est étonnant, dans ma jeunesse, on me lisait et on me répondait de suite ; maintenant, on me traite comme un homme qui n'existe plus. » Il reprenait le jour suivant : « Mais vous qui avez un avenir, je ne comprends pas que Claretie ne vous ménage pas. » Cela mêlé de blagues, et un ami venant lui demander de venir dîner avec lui le jour où il attendait définitivement sa réponse : « Ce jour-là, je me serai brûlé la cervelle ! — Mais à quelle heure ? riposte spirituellement l'ami. — Oh ! très tard, car je ne me lève pas de bonne heure. »

En dépit de tant de pièces jouées, il est resté l'homme qui, le jour où on joue une pièce de lui, se sauve à Frascati et se fait adresser une dépêche à Frascati.

Jeudi 8 décembre

Le soir, chez Daudet, Banville contait que Vitu lui avait dit ces jours derniers que sur vingt nuits, il venait d'en passer seize au jeu. Et comme je faisais allusion à sa misère passée, à un enfant d'une de ses maîtresses reçu dans le mouchoir du docteur Veyne, qui se trouva être toute la layette du pauvre petit misérable, Banville, qui se trouvait présent à l'accouchement, m'interrompt pour dire : « C'est dans un journal, voilà l'exacte vérité [2] ! » C'est encore mieux pour un enfant de journaliste !

Dimanche 11 décembre

Au dernier dîner de la banlieue de mes jeunes amis, Rosny, à ce qu'il paraît, s'est grisé et a donné des détails intimes sur ses rapports conjugaux avec sa femme.

Le petit Tourneux, qui tombe aujourd'hui chez moi, me parle d'une visite faite à Burty, remontant à trois semaines, où il lui a semblé que la cervelle du pauvre diable avait complètement sombré. D'abord, Burty ne l'a pas reconnu, puis lui ayant demandé son nom, il a voulu l'écrire, sans pouvoir arriver à l'orthographe du nom dicté et ne s'apercevant pas même, un moment, qu'il n'y avait plus de mine de plomb dans son porte-crayon.

Jeudi 15 décembre

Rosny, cet homme intelligent, a dans la conversation, pour certains mots, la sorte d'affection rabâcheuse qu'on trouve chez les hommes gris. Un des premiers jours qu'il me rendit visite, ce fut le mot *horlogerie* appliqué à la fabrication d'un livre, qui revint de manière à insupporter

1. La pièce présentée par Meilhac et Ganderax est PEPA, comédie en 3 actes, représentée au Théâtre-Français le 31 octobre 1888.
2. Cf. t. I, p. 269.

tout le monde. Aujourd'hui, c'est le mot *ratiocinateur,* servi par lui trente fois dans trente phrases et qui fait écrier à Daudet impatienté : « Eh bien quoi, *ratiocinateur,* c'est un bavard, n'est-ce pas ? »

Dimanche 18 décembre

On pousse la porte du *Grenier...* C'est Burty *redivivus,* hélas ! tristement *redivivus.*

Il entre, s'assoit dans un fauteuil, son chapeau sur la tête, tenant sa canne avec un geste automatique de figure de cire. La narquoiserie de son visage s'est envolée, et il a le sourire inexpressif d'un gros et épais bourgeois en visite. Alors, il nous raconte, avec un air béat et une sorte de joyeuseté *gaga,* qu'il est guéri, mais qu'il a passé un moment désagréable, agaçant,... finissant ses phrases, dont il ne peut sortir, avec des ronds tracés par sa canne sur le tapis.

Et le voilà revenant sur sa maladie, disant que, quand il désirait du vin, il demandait de l'eau, disant que c'était le plus souvent une interversion de syllabes, dont il n'était pas le maître, et qui lui faisait dire du *féca,* quand il désirait du café ; disant qu'il lui était impossible d'écrire, écrivant deux ou trois fois de suite le mot *parce que.* Un moment, il parle, sans que nous puissions le comprendre, d'un alphabet que lui avait recommandé de lire sa bonne Augustine, où il avait perdu l'*u* et l'*y,* et n'avait jamais pu les retrouver. Et cela toujours dit avec des énormes difficultés, des mots estropiés, comme *Vichy* qui devient *Vichin,* un sourire figé et la physionomie d'un homme qui a l'air de trouver tout cela *farce,* s'entretenant avec une sorte de complaisance de l'heureuse somnolence sans irritation qu'il éprouvait dans cet état et qui lui donnait, c'est son expression, comme des *hallucinations de blanc,* l'entourant, pour ainsi dire, complètement de blancheur...

Quand il sort, il laisse un froid, au milieu de nous... S'en aller comme ça, c'est bien triste, bien humiliant pour soi-même... Vaut mieux une fluxion de poitrine !

Mardi 20 décembre

Le bon Renan, sans que rien l'y forçât, mais uniquement par amour du mensonge, vient de célébrer uniquement l'honnêteté d'About, d'About qui, s'il eût vécu quelques mois de plus, aurait été traîné en police correctionnelle [1]. Oui, Renan est et sera, en ce temps, le louangeur officiel de tous les faux hommes de talent, de tous les faux honnêtes hommes, goûtant à cela une jouissance particulière au défroqué : la satisfaction intime de la perversion morale.

---

1. Nous ignorons à quoi correspond l'accusation portée contre About, mort le 16 janvier 1885 et dont Renan fait un portrait élogieux dans le discours prononcé au nom de l'Académie à l'inauguration de la statue d'About le 20 déc. 1887 et reproduit dans les FEUILLES DÉTACHÉES de 1887. A vrai dire, Renan célèbre surtout les vertus intellectuelles d'About, qui « avait la qualité principale de l'esprit français, l'honnête droiture, la clarté ».

Mercredi 21 décembre

En ses lectures, les imaginations de la femme du côté de la cochonnerie sont au-delà de ce qu'on peut imaginer. La petite de Bonnières me disait ce soir, à propos d'un rêve sur Balzac donné dans notre JOURNAL et où il est parlé de lacunes comme il y en a dans le SATYRICON :

« Qu'est-ce que vous avez pu vouloir dire par là ? Ça doit être salé... Si vous saviez comme je me suis creusé la tête pour le deviner !

— Mais je n'ai rien voulu dire autre chose, sinon que dans mon rêve, il y avait des trous, des lacunes comme dans le livre de Pétrone, où il manque des pages [1]. »

Un peintre de talent pourrait peindre cette gentille petite femme comme une allégorie moderne de la *Curiosité du Mal.*

Après la femme, le mari, ce garçon à l'esprit pointu, tortillard, biscornu, à l'air *chat* et qui, après des compliments sur mon JOURNAL, avec toutes sortes de circonlocutions, me dit que mon observation n'est point de l'absolue vérité... ou du moins que c'est une vérité à laquelle il manque un peu de synthèse. Oui, il aurait voulu que, dans les conversations données dans le JOURNAL, j'en corrige la vivacité, l'excentricité par des notes au bout... En voilà un qui, avec ce tour de cervelle, ne fera jamais un livre où il y aura de la vie vivante. Je lui réponds que je ne suis pas un peintre d'une vérité générale, mais d'une vérité momentanée,... que j'approche quelquefois de cette vérité générale, mais seulement lorsque des relations suivies m'ont permis de réunir sur un homme beaucoup de morceaux de cette vérité momentanée. Ce qu'il me demande simplement, de Bonnières, c'est que mes mémoires réunissent la qualité de mémoires écrits après coup et les qualités d'une sténographie et d'une photographie instantanée : c'est-à-dire la réunion de deux choses impossibles. Et puis, qu'est-ce qui l'a dite, cette vérité générale sur un être, depuis le commencement du monde ?

Jeudi 22 décembre

J'entre chez les Didot, à l'effet de recevoir d'Hébert quelque témoignage de satisfaction du succès de MADAME DE POMPADOUR. Il me dit que la vente va très bien, mais que mon livre a valu à la maison Didot un coup de patte de Brunetière dans la REVUE DES DEUX MONDES [2]. Et je vois ces éditeurs de l'Institut tout troublés de cette attaque, rougissant presque d'avoir fait un livre d'étrennes d'une maîtresse de Louis XV ; et je sens que, malgré le succès du volume,

1. Cf. t. I, p. 1102.
2. Didot publie en décembre 1887 la 4ᵉ édit. de MADAME DE POMPADOUR, « illustrée de 55 reproductions sur cuivre par Dujardin, et de deux planches en couleur par Quinsac, d'après les originaux de l'époque » Dans la REVUE DES DEUX MONDES du 15 décembre, p. 934, Brunetière s'étonne de voir figurer un tel sujet et un tel livre parmi les livres d'étrennes.

ils ne publieront pas les deux autres volumes de la série [1]. Je pensais à l'intéressant, curieux et vengeur travail qu'il y aurait à faire par un jeune piocheur sur le mal que la dynastie Buloz a fait à la littérature moderne par la plume de ses *gagistes*, Planche, Pontmartin, Brunetière. Ah ! il y aurait un beau livre à faire, sans colère et sans injures, mais plein de faits et qui raconterait, avec une étude approfondie des articles publiés par le recueil et les correspondances autographes inédites, l'histoire des petites et grosses infamies de cette revue avec ceux qui ont cessé d'en faire partie — Gautier, Sand, etc. — et avec tous ceux qui dédaignent d'en être.

Samedi 24 décembre

Hier avait lieu au Théâtre-Libre la représentation du CAPITAINE BURLE de Céard, d'après la nouvelle de Zola. Céard, cet homme que j'ai vraiment aimé, cet homme que j'avais fait mon exécuteur testamentaire avec Daudet, s'est si mal conduit avec moi que je n'ai pu me décider à aller le complimenter sur sa pièce.

Et avec la neige, j'ai eu dans la cuisse un rhumatisme qui m'a fait crier toute la nuit.

On ne devrait permettre à quelqu'un de parler art dans un journal ou dans une revue qu'après trois examens : un premier où le candidat ferait la distinction d'une peinture à l'huile avec une aquarelle ; un second, d'une eau-forte avec une lithographie ; un troisième, d'un Rubens avec un Raphaël dans les anciens et d'un Munkacsy avec un Puvis de Chavannes dans les modernes.

Dimanche 25 décembre

Aujourd'hui, Huysmans me racontait ce trait de Bourget. Wyzewa va le trouver pour le prier de faire quelque chose pour Laforgue, en train de mourir de phtisie et dans le dénuement le plus complet : « Oui, en effet, Laforgue a été mon ami intime... Laissez-moi réfléchir à ce que je peux faire pour lui... » Et au bout de quelques jours, Laforgue recevait de son ancien ami intime quatre bouteilles de Bordeaux.

J'ai bien envie de rire, quand je lis les attaques contre mon *Grenier* et l'influence que cela me donne, à défaut de talent. Ça ne sert qu'aux gens qui viennent chez moi, et pas du tout à moi, bien au contraire ! Ainsi, les trois quarts des familiers du *Grenier* avaient très injustement, en y entrant, une très médiocre estime pour la littérature de Daudet et me disaient en avoir une très haute pour la mienne. Eh bien, depuis qu'ils y viennent, ils ont été conquis par l'esprit, la coquetterie d'attentions, le charme séducteur de Daudet, et maintenant sont des admirateurs bien plus grands de Daudet que de Goncourt.

---

1. Les deux autres parties des MAÎTRESSES DE LOUIS XV, LA DU BARRY et LA DUCHESSE DE CHATEAUROUX ET SES SŒURS, ne furent effectivement jamais publiées par Didot.

Mais, Dieu merci, je ne suis pas un homme pratique pour l'arrangement de ma vie, et j'aime assez Daudet pour n'en être point jaloux.

C'est insupportable, maintenant, le sommeil ne m'apporte plus des rêves, mais rien que des cauchemars. J'ai donc d'abord rêvé qu'on m'extrayait d'une dent de la carie à bâtir une maison. Puis j'ai cru vomir une chose horrifique, qui avait la couleur de la porcelaine chinoise turquoise et violette. Puis on me faisait regarder dans un stéréoscope des vues photographiques, dont quelqu'un me traversait le globe de l'œil avec une deuxième épreuve tirée en réduction sur une feuille de métal microscopique.

Mercredi 28 décembre

J'entends la Princesse dire assez haut en parlant de Mme Strauss : « C'est étonnant, aussitôt qu'il y a un Rothschild quelque part,... il faut qu'elle s'attache à lui ! » En effet, Mme Strauss cause contre la cheminée du grand salon avec Edmond Rothschild, que bientôt elle m'amène et me présente. Une tête chevaline à la laideur inintelligente. Il me parle nécessairement « gravures françaises » et, nécessairement, met Lavreince au-dessus de Baudouin, le trouvant plus peintre, plus dessinateur, plus coloriste, le trouvant plus spirituel. Les gens riches peuvent devenir des amateurs, ce seront toujours de pauvres amateurs.

Jeudi 29 décembre

Daudet, avant l'arrivée de son monde du jeudi, causait des incidents bizarres de sa vie, comme tout arrangés pour de curieux mémoires.

C'est ainsi qu'il avait acheté à Munich trois petits chapeaux en drap vert et dont il avait fait cadeau d'un à Bataille, « à Bataille, me dit-il, qui me ressemblait en charge ». Or un jour, Bataille arrivait chez lui, coiffé de ce chapeau, et lui racontait que son père s'était noyé dans une mare ; que lui se sentait attiré par cette mare,... qu'il l'empêchât de boire, parce qu'il craignait d'aller un jour à la mare [1]. Et pendant qu'il lui faisait ces confidences sur les commencements de sa déraison, le petit oiseau qui surmontait son chapeau vert lui apparaissait fantastiquement comique, d'un comique qui lui donnait envie de pleurer [2].

Le second chapeau vert était donné à Du Boys, garçon doux et tranquille, qui, un jour, venait conter à Mme Daudet des choses d'une violence terrible, coiffé de ce chapeau.

---

1. Var. 1894 : *Bataille se laissait aller à lui dire que son père était un alcoolique, qui s'était noyé dans une mare de purin, et lui demandait qu'il l'empêchât de boire, parce qu'il sentait qu'il mourrait dans de la m...*

2. Var. 1894 : *l'oiseau du chapeau était si comiquement placé et le faisait si macabrement drolatique que Daudet partait d'un éclat de rire nerveux qu'il ne pouvait arrêter.*

Enfin, le troisième chapeau était donné à Gill, sur la tête duquel Daudet ne l'a pas vu, mais qui a dû bien certainement le porter.

Et tout le monde sait que les trois porteurs des trois chapeaux verts sont morts fous.

Après dîner, je cause avec Rodin, qui me raconte sa vie de labeur, son lever à sept heures, son entrée à l'atelier à huit, et son travail seulement coupé par le déjeuner, allant jusqu'à la nuit, travail debout ou perché sur une échelle, qui le laisse plein de fatigue le soir et ayant besoin de son lit après une heure de lecture.

Il me parle de l'illustration des poésies de Baudelaire qu'il est en train d'exécuter pour un amateur et dans le fond desquelles il aurait voulu *descendre* ; mais il n'a pu le faire, étant trop peu payé — 2 000 francs — et ne pouvant y mettre assez de temps. Puis, pour ce livre qui n'aura pas de publicité et qui doit rester enfermé dans le cabinet de l'amateur, il ne se sent pas l'entrain, le feu d'une illustration commandée par un éditeur. Et comme je lui dis un mot du désir que j'aurais un jour de lui voir illustrer VENISE LA NUIT, il me fait observer qu'il est un homme du nu et non un homme de draperies.

Puis il m'entretient du médaillon de mon frère et me demande si je lui ressemble, et qu'il voudrait commencer par un médaillon de moi ; après quoi, il serait plus à l'aise pour la construction du médaillon de mon frère. Et tout le temps qu'il me parle, je sens qu'il m'observe, qu'il m'étudie, qu'il me dessine, me sculpte, m'aquafortise dans sa tête.

Il s'étend ensuite longuement sur le buste de Hugo, qui n'a pas posé, mais qui l'a laissé venir à lui autant qu'il a voulu ; et il a fait du grand poète un tas de croquetons — je crois soixante — à droite, à gauche, à vol d'oiseau, mais presque tous en raccourci, dans des attitudes de méditation ou de lecture, croquetons avec lesquels il a été contraint de construire son buste. Il est plaisant à entendre conter les batailles qu'il a eu à livrer pour le faire tel qu'il le voyait, les difficultés qu'il a rencontrées à se faire permettre par la famille de ne pas adopter l'idéal conventionnel qu'elle se faisait de l'écrivain sublime, de son front à trois étages, etc., etc., enfin à rendre et à modeler le masque qui était le sien, et non celui qui avait été inventé par la littérature.

Gustave Geffroy, qui vient de réveillonner chez Rollinat, racontait que le curé de l'endroit, qui leur a donné à déjeuner le lendemain de Noël, un curé singulier, quand il se mettait à dire quelque chose d'un peu vif, d'un peu audacieusement philosophique, jetait au commencement de sa phrase : « Si j'étais un homme... » C'est vraiment un intelligent et original commencement de phrase pour un curé.

Samedi 31 décembre

Travaillé toute la soirée au tableau de Vincennes de la pièce de GERMINIE LACERTEUX [1].

1. Il s'agit de la partie de plaisir au bois de Vincennes, où Germinie se laisse entraîner par la grande Adèle et où elle rencontre le peintre Gautruche, qui va devenir son second amant (chap. XLVIII du roman, 7e tableau de la pièce).

ANNÉE 1888

Dimanche 1er janvier

Un triste jour de l'an. A neuf heures du matin, un feu de cheminée, qui se communique à la chambre de fumisterie et qui nous fait craindre un incendie de la maison. C'est vraiment de la malchance que moi, dont toute la fortune est en bibelots, je sois tombé sur une maison où l'architecte, pour avoir la ligne décorative d'un toit couronné par une seule cheminée, ait adopté un système de chauffage qui vous tient toujours sous la menace du feu — et dire par là-dessus que, pas assez riche pour payer une assurance énorme, j'ai une assurance de soixante mille francs pour un mobilier valant un million, douze cent mille francs.

Mardi 3 janvier

Pensées cueillies dans un journal intime de jeune fille, sur de petits carnets couverts de notes crayonnées qu'on m'a confiés :

« Les femmes vraiment tendres ne sont pas sensuelles. La sensualité les dégoûte. Elles sont seulement voluptueuses de cœur, dans toute l'étendue de la tendresse de ce cœur.

« Oh ! le pauvre cœur de femme qu'un rien de l'être aimé émeut, exalte ou froisse.

« Instruites, elles — les femmes — ne s'appuient plus seulement sur le cœur », à propos de l'instruction donnée aux femmes.

« Le premier livre que je me rappelle avoir reçu était un PAUL ET VIRGINIE à l'usage des enfants. Ce livre a laissé dans mon cœur une empreinte qui a grandi en moi, comme l'entaille faite à l'écorce d'un arbre. C'est pourquoi je ne puis me décider, comme tant d'autres, à me marier sans mon cœur.

« Une femme qui n'a ni mari ni amant ne peut écrire de romans : il lui manque toujours l'autorité de la vie vécue. La seule littérature qu'on supporte d'elle est de la littérature à l'usage des enfants.

« Aimer et ne pouvoir dépenser une parcelle de tendresse est un supplice épouvantable.

« A deux jeunes mariés qui arrivent déjeuner et s'embrassent encore : « Vous ne pourriez donc pas descendre de votre chambre tout embrassés ! »

Et sur les derniers feuillets d'un de ces petits carnets se trouve écrit : *Histoires de plusieurs cœurs de jeunes filles que j'ai connues.* Malheureusement il n'y a que le titre, un titre alléchant, s'il en fut jamais.

Mercredi 4 janvier

J'ai tout lieu de croire que le JOURNAL DES GONCOURT va faire des petits. Jollivet me disait ce soir chez la Princesse qu'un de ses amis en faisait un à mon instar, et après avoir murmuré : « Oui, un paysage, une anecdote, une pensée, ça fait un ensemble amusant... et moi-même, je suis tenté d'en commencer un [1]. »

Jeudi 5 janvier

On parlait ce soir de l'aquafortiste français Legros, devenu professeur de dessin en Angleterre, ayant épousé une Anglaise et resté douloureusement au fond de lui français, au milieu du *cant* et de l'hypocrisie de la Grande-Bretagne, en une famille pleine de froideur pour le *mangeur de grenouilles* et dont le fils dit au père, en anglais, un jour qu'il était souffrant et que ce père venait le voir dans son lit : « Mon père, on ne fume pas dans ma chambre ! » Pauvre malheureux qui, au milieu de son aisance, doit regretter ses joies, les joies de ses jours d'horrible misère !

Daudet nous le représentait, dans les temps passés, vivant avec une pauvre fille qui mourait littéralement de faim en sa compagnie — et le couple invité par charité à manger par Daudet, le couple arrivant décharné, avec des trous dans les joues, et après avoir *chiqué* comme des Limousins, s'en allant remplumé avec de la chair comme soufflée sur la figure.

Et l'aquafortiste Legros amène Daudet à parler des paysagistes impressionnistes et à nous les peindre comme les *types féroces de la carotte,* sachant se faire des yeux et des gestes de commandement, pareils à ceux de voleurs arrêtant les gens dans un bois, et nous racontant là-dessus les histoires des faux déménagements que Monet lui a fait payer... et ajoutant qu'il est peut-être un bon paysagiste, mais un mauvais observateur d'humanité, qu'il ne l'a pas compris, pas pénétré,... qu'il l'a pris pour un Ohnet.

---

1. A défaut de journal, Gaston Jollivet nous a laissé ses SOUVENIRS DE LA VIE DE PLAISIR SOUS LE SECOND EMPIRE (1927) et leur suite, SOUVENIRS D'UN PARISIEN (1928), qui embrasse la fin de l'Empire et la « République conservatrice ».

Dimanche 8 janvier

La causerie du *Grenier* est aujourd'hui sur le *Supplément littéraire* du FIGARO, tripoté par Bonnetain et Geffroy, sous la direction occulte de Daudet. On parle de cet « Almanach de Bottin », où passent, crucifiés, les deux critiques fraîchement décorés, Brunetière et Lemaître, Lemaître qui dînait jeudi au milieu de ses éreinteurs. Il est question de l'amusant DIALOGUE DES VIVANTS entre Sarah Bernhardt et Renan, du morceau sur le monde, à la distinction sèche, du petit Hervieu, de l'article un peu trop élevé, un peu trop philosophique, un peu trop long de Geffroy sur les deux calendriers, du drolatique anagramme trouvé par Mullem sur Claretie : « Je sue l'article [1]. »

Et l'on se demande l'effet produit dans les hautes et sages régions littéraires par ce démasquement inattendu, dans le FIGARO, d'une petite levée de plumes railleuses, blagueuses, batailleuses.

Lundi 9 janvier

Toute la journée, je la passe à voir planter une quarantaine de pivoines qu'Hayashi m'a envoyées du Japon et qu'il m'a fait dire être les espèces les plus remarquables et les plus rares.

Dans la préface de son nouveau roman, Maupassant, attaquant l'écriture artiste, m'a visé, sans me nommer [2]. Déjà à propos de la souscription Flaubert et de l'article du GIL BLAS, je l'avais trouvé d'une franchise qui laissait à désirer. Aujourd'hui, l'attaque m'arrive en même temps qu'une lettre où il m'envoie par la poste son admiration et son attachement. Il me met ainsi dans la nécessité de le croire un Normand très normand. Du reste, Zola m'avait dit que c'était le roi des menteurs...

Maintenant, ça peut être un très habile *novelliere* de la Normandie à la façon de Monnier ; mais ce n'est pas un écrivain, et il a ses raisons pour rabaisser l'*écriture artiste*. L'écrivain, depuis La Bruyère, Bossuet, Saint-Simon, en passant par Chateaubriand et en finissant par Flaubert, signe sa phrase et la fait reconnaissable aux lettrés, sans signature, et on n'est grand écrivain qu'à cette condition : or, une page de Maupassant n'est pas signée, c'est tout bonnement de la bonne copie courante appartenant à tout le monde.

1. Les obscurités du paragraphe concernent d'abord la rubrique anonyme du *Figaro-Bottin*, conçue sous forme de notices humoristiques et consacrée, dans ce *Supplément* du 7, aux DÉCORÉS DU NOUVEL AN : la croix de la Légion d'honneur et les lazzi infligés à Brunetière et à Lemaître donnent son double sens au mot de *crucifiés*; puis, le DIALOGUE DES VIVANTS, signé naturellement *Lucien* et qui montre Renan, auteur d'un récent DIALOGUE DES MORTS, venu prier en vain Sarah Bernhardt de rentrer au Théâtre-Français ; enfin, LES DEUX CALENDRIERS de Geffroy, dont le titre vise le calendrier de l'an passé et celui de l'année qui commence.

2. Cf. l'ÉTUDE SUR LE ROMAN, qui sert de préface à PIERRE ET JEAN et qui parut dans le *Supplément littéraire* du FIGARO le 7 janvier, puis dans le volume le 9 : « Il n'est pas besoin du vocabulaire bizarre, compliqué, nombreux et chinois qu'on nous impose aujourd'hui sous le nom d'*écriture artiste* pour fixer toutes les nuances de la pensée » (éd. Ollendorff non illustrée, p. XXXIII). L'attaque prenait d'autant plus d'importance que cette ÉTUDE a la valeur d'un manifeste, qui oppose au « roman d'analyse pure » le « roman objectif », qui cherche l'action ou le geste révélateur et le montre seul, cachant l'analyse comme un squelette.

Guiches, dimanche dernier, faisait la meilleure critique de ce talent incontestable, toutefois de ce talent de second ordre : il disait que ses livres se lisaient, mais ne se relisaient pas.

Jeudi 12 janvier

Je disais ce soir à Mme Daudet, un peu anxieuse des froideurs qu'elle rencontrait chez quelques-uns depuis quelque temps, qu'elle devrait rompre avec moi, parce que j'étais tellement haï que j'apportais un peu de cette haine ambiante à mes amis. Pour la première fois, elle n'avait pas reçu d'invitation pour la soirée de Buloz. La petite Saint-Victor qui, autrefois, était presque sur le pied de la tendresse avec elle, lui disait maintenant : « Bonjour, madame », d'un sec à arrêter toute effusion. Enfin, un fils de Taine, rencontrant Léon Daudet au manège, lui fait presque une tête colère. Mme Daudet attribue ce refroidissement, cette impolitesse et toute cette mauvaise humeur à l'article que Daudet a fait dans le FIGARO sur mon JOURNAL, et il ne serait pas impossible que Mme Daudet fût dans le vrai [1].

Daudet me dit Porel très pressé d'entendre la lecture de GERMINIE LACERTEUX. Je n'ai, hélas ! pas grande confiance dans la lecture.

Samedi 14 janvier

Dîner avec les Daudet chez Frédéric Masson qui, oubliant ses préventions, si bêtement et si hautement affichées autrefois chez la Princesse, voudrait aujourd'hui, coûte que coûte, avoir de la copie de l'auteur de SAPHO, pour sa REVUE DES LETTRES ET DES ARTS.

L'inconsistance du maître de la maison, sa polichinellerie, le rien menteur et comédien qu'il est, ça vous est dit par le regard, la voix, l'attitude de sa femme quand elle lui parle ou qu'elle parle de lui.

Dimanche 15 janvier

Fini ce matin la pièce de GERMINIE LACERTEUX.

Ce soir, à dîner en tête à tête chez les Daudet, arrangement pour la lecture avec Daudet ; et comme il me dit qu'il ne voudrait pas assister à la lecture pour me laisser mettre tout à l'aise la main sur Porel : « On ne met pas la main sur Porel », lui dis-je. « Savez-vous qu'il me fait l'effet de cette chose coulante et fugace entre vos doigts, qu'on appelle le mercure ? »

Mercredi 18 janvier

J'ai la visite d'Hébert, le commis de Didot, auquel j'avais demandé

1. Cf. plus haut p. 72, n. 1.

dans une lettre si les Didot se soumettaient à l'injonction que leur avait faite, du haut de la REVUE DES DEUX MONDES, M. de Brunetière, de ne pas faire paraître la DU BARRY comme livre d'étrennes, l'an prochain. Les Didot, je le pensais bien, malgré le succès de mes deux livres chez eux, renoncent à la publication de la DU BARRY. Ça ne fait rien, je le répète, c'est pas mal canaille, de la critique ainsi faite !... Et il faut avoir l'âme bien basse pour se faire ainsi le domestique des rancunes d'un directeur de revue [1].

Jeudi 19 janvier

Je ne sais comment, aujourd'hui, mes mains se sont portées sur une petite glace de toilette de ma mère, en ont fait glisser le couvercle ; et la glace entrouverte, devant sa lumière comme usée et d'un autre monde, j'ai pensé à la nouvelle délicatement fantastique qu'on pourrait faire, d'un être nerveux qui, dans de certaines dispositions d'âme, aurait l'illusion de retrouver dans une glace, au sortir de sa nuit, la vision pendant une seconde de l'image reflétée du visage aimé, qui y resterait fixé dans l'obscurité.

Je vais chez Burty que je trouve miraculeusement mieux, ayant la vivacité d'esprit et les inventions de l'imagination. Mais seulement, au bout de la causerie qui a été longue, les choses qu'il vous dit vous arrivent vagues, diffuses, peu compréhensibles et ainsi, pour ainsi dire, que viennent à vos yeux des choses vues dans un brouillard.

Au milieu de sa maladie, du trouble de sa cervelle, il est resté toujours le brocanteur qu'il a été toute sa vie, un brocanteur supérieur ; et il vient de vendre, à un marchand américain, 1 200 francs une eau-forte de Millet, une eau-forte de quarante sous d'autrefois.

Samedi 21 janvier

Porel est venu ce matin déjeuner avec Daudet chez moi, et je lui ai lu la moitié de la pièce avant déjeuner et l'autre moitié après.

Avant le déjeuner, la pièce paraissait reçue, mais au fond, j'avais

1. Cf. plus haut p. 81, n. 2. — Var. 1894 : *Sans qu'il y eût de traité signé et d'engagement verbal absolu, il était presque entendu avec Hébert de chez les Didot, que la DU BARRY serait le livre illustré de l'année prochaine, comme la POMPADOUR avait été le livre illustré de cette année. Aujourd'hui, je vois Hébert, et lui demande s'il faut ramasser les éléments de l'illustration du livre, il me répond que les Didot renoncent à la publication devant l'article qui vient de paraître dans la REVUE DES DEUX MONDES et il me tend un article de M. Brunetière, intitulé DES LIVRES D'ÉTRENNES (décembre* 1887*).*

Le critique s'exprime ainsi : « Parmi ces beaux livres, il y en a d'abord deux ou trois, dont nous sommes un peu étonnés d'avoir à parler dans le temps des étrennes, tel est le volume de MM. Edmond et Jules de Goncourt sur Mme de Pompadour... Mais enfin, si les livres d'étrennes, selon l'antique usage, qui avait bien sa raison d'être et sans prêcher la vertu et le renoncement, devraient pouvoir être lus et feuilletés indifféremment par tout le monde, on eût sans doute mieux fait d'attendre un autre temps et une autre occasion pour publier cette nouvelle édition de Mme DE POMPADOUR... »

Cette REVUE DES DEUX MONDES, à l'heure présente, est vraiment, — vraiment, bien pudibonde.

comme une crainte que cette apparente réception fût dans l'intérêt de la gaîté du déjeuner, et je redoutais qu'un tableau quelconque de la seconde partie de la pièce servît à Porel de prétexte à un refus. Aussi, quand au septième tableau, il fit une mine de tous les diables : « Bon ! dis-je, je suis refusé. »

Enfin la lecture s'acheva et Porel me demanda un petit changement au tableau de la Boule-Noire, voyant un bal de ce genre, non pris de face, mais de côté et par un coin de la salle, me demanda encore la suppression du septième tableau, disant : « Je vous jouerai, et je vous jouerai avec ce tableau, si vous l'exigez, mais pour moi il compromet la pièce... Il faut vous attendre que pour cette pièce, dans les conditions où vous l'avez faite, vous allez avoir là tous vos ennemis prêts à vous agripper... Eh bien, il faut leur donner le moins possible de prise sur vous [1] ! »

L'observation de Porel sur le bal de la Boule-Noire est parfaitement juste et rend le tableau plus distingué... Quant au septième tableau, qui est le dîner du bois de Vincennes dans le roman, c'est incontestablement d'un comique canaille dangereux ; mais c'est enlever un morceau important de la biographie de Germinie ; puis c'était pour moi un tableau comique, placé avec intention entre deux tableaux dramatiques. Enfin soit ! Il est permis à tout auteur amoureux de son art d'espérer que ses pièces seront jouées après sa mort telles qu'elles ont été écrites. Et j'ai consenti.

Porel me quitte, en allant à la sortie de chez moi engager Réjane aux Variétés...

Forte émotion et brisement de l'être. Et cependant, il faut aller ce soir à un grand dîner privé, chez Frantz Jourdain.

Ce soir, chez Frantz Jourdain, Périvier, l'homme au pot de chambre, un parleur à la mâchoire serrée d'un homme qui fait, depuis son aventure, deux heures d'armes tous les matins. De cette voix nerveuse qui remplit le dîner et la soirée, il ne sort rien, rien... sauf quelques anecdotes dont la plus curieuse est le début d'*Ignotus* au FIGARO.

Secrétaire et dépouilleur du courrier de Villemessant, Périvier reçoit, un matin, un article, auquel était jointe une lettre très mal rédigée. Il jette l'article et la lettre au feu. Par un hasard, le feu s'était éteint, et l'article et la lettre n'étaient point brûlés le soir, quand Périvier se déshabille pour se coucher. Un remords de conscience le prend. Il retire l'article de la cheminée, le lit, le trouve très bien, va réveiller Villemessant chez lequel il demeurait. Il faut dire que, pour le bonheur de l'auteur de l'article, dans le moment, Saint-Genest, absent, manquait à la rédaction, et que l'article était un article politique sur un de Broglie quelconque. Villemessant de lui commander de le porter à l'imprimerie et de le faire composer de suite. L'article était signé *Unus* : mot que

---

1. Le *tableau de la Boule-Noire*, c'est le 3e, où Germinie vient « relancer » Jupillon à ce bal populaire sous les risées des filles et des voyous. — Le 7e tableau est la partie de plaisir au bois de Vincennes, où Germinie s'acoquine avec Gautruche, le joyeux peintre en bâtiment.

n'aime pas et ne comprend pas Villemessant, qui, on le sait, n'avait pas fait ses humanités. Il veut qu'on signe l'article d'un mot par exemple comme *Inconnu.* Sur ce désir, Périvier prononce le mot *Ignotus,* qui est agréé par Villemessant.

L'article a un grand succès, on appelle l'auteur au journal ; mais pendant trois mois, avant de donner son nom de Platel, le nouveau rédacteur envoie des articles de province signés : *Unus.*

Mercredi 25 janvier

Avant dîner, ce soir, dans l'intimité, on parlait, chez la Princesse, des incompréhensions de la baronne de Galbois et des contresens perpétuels de sa parole. Soudain, la Princesse de s'écrier : « J'ai écrit dans mon testament deux lignes : j'ai écrit que si par hasard, Mme de Galbois racontait n'importe quoi sur mon compte, je prie qu'on lui dise qu'elle en a menti ! »

C'est un grand, un grandissime dîner, le dîner qu'impose la puissance de l'argent — même aux princes. On reçoit les Alphonse Rothschild, Mme Alphonse Rothschild, bien changée depuis les années où je l'ai vue à Ferrières et chez mon cousin de Courmont. Avec elle, dîne sa fille, mariée à un Ephrussi, une jeune mariée qui a toutes les grâces, toutes les gentillesses, toutes les fraîcheurs d'une fillette, dans une robe de lampas rose, aux immenses fleurs blanches, une étoffe qui rappelle la richesse des étoffes peintes dans les tableaux anciens.

Jeudi 26 janvier

Ah ! ce Gustave Geffroy, ce joli tourneur de phrases, ce fin et délicat penseur, ce lettré artiste enfin, que j'aime pour un tas de bonnes et tendres choses que je sens en lui, il me fait de la peine. Je le vois manquer de la volonté d'un effort qui fait un livre, une œuvre, je le vois, après la rédaction rapide et facile d'un article, donner le milieu et la fin de sa journée à un *gobichonnage* intellectuel, entre quelques artistes et quelques littérateurs sympathiques...

Je l'avais poussé à faire une étude de jeune fille du peuple menée jusqu'à sa puberté, et dans son quartier de Ménilmontant qu'il a étudié et dont, je suis sûr, il aurait fait une très intéressante monographie [1]. Mais non... Finira-t-il même son BLANQUI [2] ? Oh ! je sais, il a tous les embêtements, il est mal payé à la JUSTICE, et peut-être, dans son intérieur, d'être mal payé, de ne pas gagner d'argent, ça lui vaut des ennuis, et ces ennuis le poussent à chercher des distractions. Mais c'est dommage, parce que c'est un homme d'un vrai talent et qui pourrait bien ne pas montrer tout ce qu'il a dans la cervelle.

1. Cf. t. II, p. 1178, n. 2.
2. Ce livre centré sur Blanqui paraîtra sous le titre de L'ENFERMÉ en novembre 1896.

Leconte de Lisle parlait ce soir, à dîner, de la joie basse de Claretie, reçu à l'Académie, comme de la joie d'un domestique accepté dans une maison princière [1].

Lundi 30 janvier

Le général russe Annenkoff, cet ingénieur extraordinaire qui a fait huit cents kilomètres de chemin de fer en trois mois, qui a fait le chemin de fer allant à Samarcande, racontait à un ingénieur français que, dans cette ancienne cité, maintenant sous la domination absolue des Juifs, qui ont monopolisé tout le commerce à leur profit, on ignore qu'il y a en Europe un pays qui s'appelle la France, on ignore qu'il y a un homme politique du nom de Bismarck, on sait seulement qu'il existe dans cette Europe un particulier immensément riche, qui s'appelle Rothschild.

Mercredi 1er février

Ma pièce remise à Porel, je ne puis m'empêcher de penser à tous les embêtements que m'amènera bien certainement la représentation de cette pièce. Porel a vu un succès, un clou dans ce dîner de sept petites filles servi par Germinie Lacerteux, et voilà une note dans les journaux qui annonce qu'on va défendre l'apparition sur les planches d'acteurs et d'actrices ayant moins de seize ans [2].

Puis tout ce que je pressens de luttes et de batailles autour de l'originalité primitive de la pièce !... Puis tout ce que je crains de ces prudences et de ces lâchetés qui, dans le travail de la pièce, succèdent chez Porel à la bravoure de l'acceptation et au risque-tout de la première heure.

Et vraiment, je pense que ce serait bien ennuyeux si, par suite de contestations, de désaccords, elle n'était pas jouée l'hiver prochain, et il aurait bien mieux valu, au lieu de me faire attendre un an, me la laisser imprimer tout de suite.

Ce soir, la Princesse a exposé dans son salon, comme à une place d'honneur, un éventail de Jacques Blanche, et elle me demande, devant les dîneurs qui arrivent, mon avis sur son éventail. Quoique j'éprouve une fort médiocre estime pour le talent dudit, cet éventail, représentant trois femmes assises, ne manque pas d'une certaine distinction et d'un caractère particulier : le caractère à la fois ingénu et toqué qu'auraient de jeunes pensionnaires de son papa — et je déclare à la Princesse que

---

1. Claretie venait d'être élu le 26 janvier au fauteuil Cuvillier-Fleury dès le premier tour : le directeur de la Comédie-Française avait eu l'appui de tous les auteurs dramatiques et avait facilement triomphé du critique J.J. Weiss.

2. Dans ce gracieux tableau du dîner des petites filles, servi chez Mlle de Varandeuil par Germinie Lacerteux, qui s'apprête, elle, aux angoisses d'un accouchement clandestin, Goncourt transpose le chapitre du dîner offert à ses petites amies par Chérie Haudancourt (GERMINIE LACERTEUX, *pièce en 10 tableaux*, 5e tabl., et CHÉRIE, ch. I).

je trouve l'éventail pas mal du tout. Là-dessus, la voilà qui s'emporte contre moi, avec une colère d'aliénée, et qui finit par me dire que tout ce qui est mauvais, je le trouve bon, et que tout ce qui est fait par des gens de talent, j'en dis pis que pendre, et que ça a vraiment l'air d'une gageure de ma part !

L'imprévu de cette furibonderie et de cette sollicitation d'un éreintement, à propos d'une chose reçue en cadeau et qu'on a l'air de montrer au public avec fierté, me donne l'envie de lui répondre ; mais je sens à mon état nerveux que la réponse que je lui ferais dans le moment pourrait bien m'amener à prendre mon chapeau après, et je me contente de lui dire qu'après tout, je trouve cet éventail aussi bien fait que s'il avait été fabriqué par un membre de l'Institut — et il se trouve justement que Delaunay se trouve derrière moi. Ah ! si, entre nous, ce n'était pas une si vieille liaison, comme je l'aurais depuis des années joliment lâché, ce salon de la Princesse, ce salon au milieu hostile à tout ce qui a une valeur dans les lettres et les arts, et avec son peuple de gens de l'Institut et de l'Académie et avec la série des chauds et des froids de l'amitié de la maîtresse de maison et parfois ces coups de boutoir imbéciles et aveugles contre l'indépendance de ma pensée et de mon goût !

Vendredi 3 février

Je m'étais promis d'avance, comme une occupation charmeresse, de travailler toute cette quinzaine à notre JOURNAL et de mener à sa fin la copie du troisième volume, mais soudain, au milieu du déchiffrement de la microscopique écriture de mon frère dans les dernières années de sa vie, je me sens un trouble dans les yeux, qui se mettent à se remplir de sang, et je ne puis continuer : la lumière me fait mal et me force à me coucher... Alors, la pensée noire de ne pas pouvoir finir mon travail pour l'impression et de voir interrompre la publication de ce journal, dont je ne puis confier le manuscrit à personne. Et au fond, le hantement de l'idée fixe, alors, la pensée noire de devenir aveugle — ce que je crains, depuis vingt ans, sans vouloir me l'avouer —, oui, de devenir aveugle, moi, dont tous les bonheurs qui me restent sur la terre viennent uniquement de la vue.

Samedi 4 février

Toute la faiblesse et le manque d'originalité du romancier Bourget est dans l'aveu qu'il vient de faire que la conception de Suzanne Moraines lui a été inspirée par Mme Marneffe, de Balzac [1]. Prendre l'idée d'un roman dans un roman, et ne la pas prendre cette idée dans

1. Comme Mme Marneffe dans LA COUSINE BETTE, Suzanne Moraines, dans MENSONGES (1887), est une créature dissolue et trompeuse, qui a réduit trois hommes à la fois sous ses charmes, son mari, son *entreteneur* — le baron Desforges — et le poète Vincy.

un événement humain ou une individualité caractéristique que vous avez côtoyée, là est ce qui distingue le romancier qui ne l'est pas de celui qui l'est.

Parmi les écrivains, il n'y a jamais eu un brave qui ait déclaré qu'il se foutait de la moralité ou de l'immoralité, qu'il n'était préoccupé que de faire une belle, une grande, une humaine chose, et que si l'immoralité apportait le moindre appoint d'art à son œuvre, il servirait de l'immoralité au public, carrément et sans mentir, et sans professer hypocritement qu'il faisait immoral dans un but moral, quelques criailleries que cela pût amener chez les journalistes conservateurs ou républicains, chez ces vertueux à plusieurs ménages et vivant de la cagnotte de la présidence d'un cercle de jeu.

Dimanche 5 février

Huysmans parlait des surprises qu'aimait à faire Maupassant aux gens, femmes et hommes, qu'il recevait dans son intimité : c'était de se peindre un con dans le nombril avec figuration des poils et des grandes et petites lèvres, ou de se peindre des chancres formidables sur sa queue toute vermillonnée : des farces de commis-voyageur ordurier.

Sur le nom de ce fou de Francis Poictevin, prononcé par je ne sais qui, Daudet disait spirituellement qu'il était fou, mais qu'il ne le deviendrait pas plus,... qu'il était le fou admis dans le jardin du directeur.

Lundi 6 février

Une sorte de terreur me prend ce matin, en me levant et voyant, de mes yeux malades, comme une fumée remplir l'appartement dans les endroits lumineux près des fenêtres.

Francis de Béhaine vient déjeuner, et c'est pour moi un plaisir de revoir ce grand diable que j'ai vu tout petit garçon. Il revient d'une mission secrète en Allemagne, d'une mission sollicitée pour surprendre quelque chose de ce que machine contre nous l'inquiétant Bismarck, et il revient terrifié non seulement de la puissance militaire, mais encore de la puissance commerciale et de la puissance industrielle de cette Prusse.

Mardi 7 février

Ce matin, Raffaelli vient me demander à faire mon portrait en pied pour l'Exposition, avec l'insistance la plus gracieuse. Il le fera chez moi et s'engage à ne pas dépasser quinze séances.

Mercredi 8 février

Francis Poictevin me fait une visite ce matin et dans les détails qu'il me donne, d'un air affligé, sur la mort de sa mère, je perçois tout simplement des notes prises pour en faire de la littérature plus tard. Et le récit de la mort de sa mère est mélangé de la confession qu'il me fait sans aucune pudeur d'une somme de 1 500 francs donnée au GIL BLAS, à l'effet d'avoir un article de Fouquier sur son livre, de la demande impudente que je dise un mot de son talent dans mon JOURNAL, d'une dissertation épatante sur les narines des femmes des Primitifs, enfin de la nouvelle que Ludine, sa maîtresse, veut le quitter pour aller fonder une gargote dans son pays, enfin d'un tas de paroles désordonnées et saugrenues, où le fils désolé disparaît sous le littérateur le plus férocement égoïste.

Jeudi 9 février

Tout d'abord, Rosny est agaçant avec sa parole continue, sa dialectique professorale, ce quelque chose de superlativement embêtant qu'il doit avoir pris dans le parler du DOCTRINAL DE SAPIENCE, et il ne commence à être supportable que lorsque Daudet et moi avons jeté dans cette scolastique moyenâgeuse, protestante, saxonne, un tas de grosses blagues et qu'il est obligé d'y répondre par quelques sourires de l'esprit français introduits dans son verbe [1]. Banville, à qui je demandais s'il a lu sa *pierrotade* du Théâtre-Libre à la Comédie-Française, m'annonce qu'il vient d'être reçu avec des *rugissements d'enthousiasme,* et il dit vrai [2].

Je pense, quand il manquera à la gloire de Banville les cabotins et les petits jeunes gens lyriques, ce qu'il restera de cette gloire.

Vendredi 10 février

Le bon garçon qui s'appelle Maurice de Fleury vient me voir, au moment de partir pour contracter un mariage de misère à Bordeaux. Il me parle d'un vieux de Sainte-Périne, qu'il vient de mener chez Abadie pour lui enlever un œil très malade. C'est un homme qui a été très riche, a mené la grande vie, est devenu tout à fait misérable, un homme réduit à vivre de rien et qui, s'il lui tombe un peu de monnaie blanche dans la main, n'a rien de plus pressé que d'acheter des fleurs et des bonbons pour les vieilles femmes qui sont là.

Fleury me peint le bonhomme comme la silhouette de la gentilhommerie tombée dans le malheur. Un fait curieux et pas ordinaire dans l'histoire de l'humanité : cet homme a mangé en partie sa fortune pour une actrice, et l'actrice lui est restée attachée et vient le voir et le soigne. Et même, cette femme, qui est riche, voudrait faire quelque chose pour

1. Le DOCTRINAL DE SAPIENCE (1478 ?) est la traduction « par un religieux de Cluny » d'un ouvrage composé vers 1388 et attribué à Guy de Roye, archevêque de Sens.

2. La *pierrotade* de Banville, c'est LE BAISER, créé le 23 déc. 1887 au Théâtre-Libre et joué à la Comédie-Française le 15 mai 1888.

lui, mais elle en est empêchée par la fierté de l'homme ; et cependant, comme une des dernières fois qu'elle l'avait vu, elle avait laissé percer son intention, le vieux dit à Fleury, avec une larme dans son bon œil : « Ce serait trop cher. »

Et je répétais à Fleury qu'il y avait sur Sainte-Périne un admirable roman à faire — le roman manqué par Champfleury —, et qu'il fallait continuer à prendre des notes tous les jours et ne pas se hâter, et attendre que son talent fût mûr, pour faire avec tout le temps nécessaire une belle étude bien fouillée sur ces vieillesses des deux sexes [1].

Ce soir, au Théâtre-Libre, la représentation de la PUISSANCE DES TÉNÈBRES de Tolstoï. Encore une représentation que mes yeux malades me font manquer. Il y a vraiment une fatalité pour m'empêcher d'assister aux représentations de ce théâtre : toutes les fois qu'il joue, je suis malade !

Dimanche 12 février

Raffaelli me contait aujourd'hui qu'il avait entendu dernièrement dans une maison un monsieur, de la société de la Princesse, échigner fortement mon JOURNAL et terminer sa diatribe contre moi en disant que j'étais *une des erreurs de la Princesse.*

Oh ! les antipathies et les mauvais vouloirs des gens de ce salon, et les amabilités qui ressemblent à un instrument qui joue faux, je les sens joliment avec mes nerfs, et ce que me révèle Raffaelli ne m'apprend rien.

Ce soir, dîner chez Bonnetain, qui pend la crémaillère de son nouvel appartement. C'est un petit corps de logis, dont la pièce principale est un grand atelier. Bonnetain l'a meublé et égayé avec de la japonaiserie à bon marché, d'immenses éventails, quelques objets grossiers rapportés de là-bas ; mais toute cette bibeloterie colorée est amusante par sa fantaisie et son exotisme. Et là-dedans encore, il a eu l'idée d'installer deux paravents qu'il a fait couvrir d'affiches de Chéret, dont les colorations se marient au mieux avec la japonaiserie des murs.

Les gens qui dînent dans l'atelier sont tous les habitués du *Grenier,* auxquels il faut ajouter Chéret... Alors fait son entrée la maîtresse de Bonnetain, les bras et la poitrine nus, décolletée comme à un dîner du grandissime monde, une jolie femme aux beaux grands yeux d'un noir caressant, une jeune femme au type juif et à l'aspect d'actrice de petit théâtre, une créature à l'amabilité enfantine, aux paroles de bébé, à la grâce un peu agaçante et avec laquelle je ne pourrais pas vivre deux jours, toute gentille et toute charmante et charnellement toute tentante qu'elle est.

---

1. Champfleury a écrit LES AMOUREUX DE SAINTE-PÉRINE, où il se borne à conter la passion grotesque d'un ancien douanier et les rivalités de Mme Gibassier et de Mme Ravier, sur un mode humoristique, qui exaspérait aussi Flaubert : « Champfleury a mal traité ce sujet-là. Car je ne vois pas ce qu'il a de comique ; moi, je l'aurais fait atroce et lamentable » (lettre à George Sand, janvier 1867, CORRESPONDANCE, éd. Conard, 1910, t. III, p. 456 sq.).

On commence à dîner. Le dîner est servi par une petite bonne allemande, très peu au fait du service, qui commence à verser dans la raie du dos de la maîtresse de maison l'eau d'un plateau d'huîtres, puis lui met dans les mains un plat qui lui brûle les doigts.

Un dîner somptueusement abondant et qui n'en finit pas ; et des bouteilles, des bouteilles, des bouteilles de toutes sortes de vins, qu'entonnent Rosny, Ajalbert, Geffroy, qui m'apparaissent comme de jolis *flûteurs*.

A l'autre bout de la table, Margueritte, dont la tête prend par moments l'aspect macabre du Pierrot assassin de sa pantomime [1].

Un moment, Rosny met la causerie sur ma phrase, l'*écriture artiste*, et c'est l'occasion pour lui, qui commence à se griser, de formuler des théories abracadabrantes et de lâcher une foultitude de *Bougre !* qui interloquent un peu la petite femme.

Il manque dans le dîner la gaîté et la verve de Daudet, que sont loin d'avoir nos jeunes... Toutefois, on se lève de table à onze heures et demie ; et Rosny, qui est complètement ivre, parle de son *sensualisme* ne pouvant s'accorder avec ses livres de médecine, qui ne lui concèdent qu'un *coït* tous les cinq jours,... avoue qu'il ne fume pas, parce qu'il a eu, au milieu de toutes les ambitions, l'ambition d'être l'homme le plus fort de la terre et qu'il soulevait je ne sais combien de kilogrammes,... monte ébaucher à une fenêtre-balcon, en haut de l'atelier, la charge d'une conférence anglaise,... enfin redescend s'asseoir à mes côtés et me déclara, au milieu d'un rabâchage d'ivrogne, que les deux hommes les plus forts du siècle sont Herbert Spencer et moi.

Mardi 14 février

Aujourd'hui, qui se trouve être un mardi gras, ignoré par moi et où est fermée la bibliothèque du musée Carnavalet, me voilà dans le faubourg Saint-Antoine, au milieu duquel le carnaval se révèle seulement, par la vue d'enfants ayant sur leurs jeunes et frais visages de gros nez pustuleux d'ivrognes, et sous ces nez pustuleux d'horribles moustaches grises.

Si près de la Bastille, moi, habitant d'Auteuil, qu'un hasard mène si rarement dans ces quartiers lointains, je me sens le désir de revoir ces vieux boulevards : ce boulevard Beaumarchais, ce boulevard des Filles-du-Calvaire, boulevard du Temple ; ces trois boulevards, qui d'un bout à l'autre exposaient à leurs vitres, et un peu en plein air, le musée du rococo — ces boulevards aux candides et sales boutiques de *ferrouillats,* ignorant encore la mise en scène et le *montage de coup,* par la brochure et la photographie, de l'objet d'art, montré sous un coup de jour, dans le clair-obscur d'un petit salon *ad hoc.*

1. Margueritte interprétera lui-même au Théâtre-Libre le 23 mars son PIERROT ASSASSIN : Pierrot a tué sa femme en lui chatouillant la plante des pieds, il revit son crime, s'enivre et incendie son logis.

Bien rares, hélas ! sont les noms connus du temps de ma jeunesse. Qui peut reconnaître dans le remaniement de la bâtisse, l'endroit où était la boutique de Vidalenc, cet antre aux carreaux poussiéreux, à la ferraille infecte garnissant la margelle de la porte, et tout bondé à l'intérieur de trésors ? Ah ! les merveilles que j'ai vues là, et dans tous les genres, mais surtout quelles boiseries ! quels lits à la duchesse, à la polonaise, *à tombeau* ! Quelles ottomanes ! Quels fauteuils *à poches, à cartouches,* en *cabriolet,* en *confessionnal* ! Quelles chaises en *prie-Dieu* ! Il semblait que ce magasin fût le garde-meuble de tout le mobilier contourné et si adorablement sculpté du XVIIIe siècle. Et vous marchiez de surprise en surprise, de tentation en tentation, précédé de Mme Vidalenc, au pas ne faisant pas de bruit, à la robe d'Auvergnate, mais au bonnet garni de vieilles dentelles jaunes, si belles, si belles, que chaque fois que la princesse Mathilde les voyait, elle voulait les acheter.

Voici encore le pavillon de Mme Gibert, où derrière les vitres apparaissent encore quelques lions, en affreuse faïence ocre, mais sur toutes les fenêtres est collée une large bande portant : *Grand appartement pour le commerce à louer.*

Et tout près de là, mon Dieu, je me rappelle, il y a bien longtemps, s'ouvrait la porte d'une allée, d'une allée qui était tout le magasin du marchand anonyme de dessins et de gravures, où j'ai manqué, faute d'argent, toute une série de grandes sanguines de Fragonard, à huit francs pièce, représentant des danseuses du plus beau *faire,* et bien certainement dessinées d'après des sujets de l'Académie Royale de Musique — sanguines que je n'ai jamais vues repasser dans une vente.

Crispin, lui, existe toujours, Crispin chez lequel j'ai acheté un splendide lit, provenant du château de Rambouillet et qui passait pour le lit dans lequel couchait la princesse de Lamballe, quand elle habitait chez son beau-père, le duc de Penthièvre ; Crispin dont le rez-de-chaussée, autrefois tout plein d'une flamboyante rocaille dorée, de marbres, de bustes en terre cuite, d'objets de la plus haute curiosité, laisse apercevoir maintenant des meubles *en imitation de l'ancien,* des pendules en lyre, des feux aux sphinx du premier Empire.

Oui, à l'heure présente, Mme Gibert et Crispin — qu'est devenu Cheylus ? — sont les seuls noms anciens demeurés sur les devantures de boutiques de bric-à-brac. Quant aux marchands qui sont morts ou qui ont déserté ces boulevards, ils sont remplacés par des vendeurs de meubles modernes, aux expositions se composant de mobiliers de salon en bois de chêne pour dentistes, de pendules de cabinet en marbre noir, de baromètres en noyer, de coffres-forts Huret et Fichet, entremêlés de vieux anges coloriés d'église et de fausses poteries étrusques.

Les boulevards ont fait plus que perdre leur caractère d'exposition permanente de la curiosité ; ils ont pris un aspect provincial, avec leurs pauvres petites boutiques de modes, leurs salons de coiffeurs, tels qu'on en voit dans les plus misérables sous-préfectures, leurs marchandes de lainage, de corsets à 2 fr. 25, dont l'étalage se répand sur le pavé. Je remarque un certain nombre de papeteries et de miroiteries, où aux photographies de toutes les actrices de Paris sont jointes des peintures à l'huile anacréontiques, représentant de petites femmes nues et qui coûtent de 5 à 6 francs. C'est aujourd'hui le grand commerce de ce boulevard.

Puis des industries, à la fois hétéroclites et locales, des boutiques sur lesquelles se voit : *Ressemelage américain en 30 minutes*; des boutiques de lunettes d'approche et d'instruments de mathématiques d'occasion, affichant sur leur auvent : *Achat de reconnaissances du Mont-de-Piété*; des boutiques de cordes et de poulies pour balançoires et trapèzes, des boutiques de boissellerie, qui se chargent de la réparation des tamis, etc., etc.

Et j'allais quitter le boulevard du Temple, quand en face du Café turc, je m'arrêtai, un moment, devant le nº 42, la maison à la petite porte cochère basse, où demeurait autrefois Flaubert, la maison aux bruyants déjeuners du dimanche et où, dans les batailles de paroles et les violences du verbe, la spirituelle et crâne Lagier apportait une verve si drolatique, si cocasse, si amusante. La maison n'a plus le sourire d'autrefois, son plâtre a vieilli, des persiennes fermées disent des appartements sans locataires, et dans une boutique du rez-de-chaussée, semblant avoir fait faillite, on lit sur une immense bande de toile, qui a l'air d'une ironie, au-dessus du local vide : CABARET DE LA FOLIE, *Tout Paris voudra voir les bandits corses* [1].

Mercredi 15 février

Je reçois une lettre d'Antoine qui me dit qu'il jouera la saison prochaine au Théâtre-Libre LA PATRIE EN DANGER, cela au moment où je copie dans mon JOURNAL la note de la présentation de la pièce à la Comédie-Française.

A quel abaissement est tombé le journalisme! Au fond, quand Poictevin est venu me dire qu'il avait offert sans vergogne au GIL BLAS, pour qu'on lui fasse un article, et qu'un homme du talent de Fouquier s'était chargé de la besogne, il y avait en moi une résistance à croire à la chose. Cependant, c'est absolument vrai, et le journaliste Fouquier a une part dans les 1 500 francs!

Jeudi 16 février

Raffaelli a commencé mon portrait aujourd'hui. Il me dit qu'il a commencé à être l'élève de Gérome pendant trois mois ; mais voyant

1. Dans cette description du faubourg Saint-Antoine, limitée dans le Ms. aux boutiques du boulevard Beaumarchais, nous adoptons par exception le texte imprimé de 1894, beaucoup plus précis et qui comporte notamment les additions suivantes : de *Qui peut reconnaître* à *elle voulait les acheter*, de *Et tout près de là, mon Dieu* à *repasser dans une vente* et de *Puis des industries* à *la réparation des tamis, etc., etc.*

qu'il ne trouvait pas là son affaire, il s'était mis à voyager en Italie, en Espagne, en Afrique, à l'effet d'attraper l'originalité, la personnalité, qu'il voulait conquérir — et cette originalité, il l'avait trouvée tout bêtement à son retour dans la banlieue, sans que tous ses voyages lui eussent servi à rien.

Vendredi 17 février

Dîner offert par les amis de la personne et du talent du sculpteur à Rodin, dîner dont je suis le président, avec un courant d'air dans le dos.

Je me trouve à côté de Clemenceau, avec sa tête ronde de Kalmouk et qui raconte des choses assez curieuses sur les paysans de sa province, malades, et sur les consultations en plein air qu'on lui demande au milieu de ses pérégrinations dans le département. A un départ d'un endroit quelconque, au moment où les chevaux de son break allaient prendre le galop, il nous peint une énorme femme, appuyée sur la croupe des chevaux et lui jetant : « Ah monsieur, je suis battue des vents ! » pendant que le député radical, enlevant ses chevaux d'un coup de fouet, lui crie : « Eh bien, ma bonne femme, il faut péter ! »

Dalou, le sculpteur : chez lui, rien de franc, rien d'ouvert, un monsieur à l'apparence ratatinée et *renardée*.

Samedi 18 février

Raffaelli, un esprit incertain, inquiet, bouleverseur du travail de la veille, tourmenté par la trouvaille d'intentions littéraires et psychiques en peinture, et qui au lieu de poser bêtement son modèle comme un enfant, au fond, comme les grands peintres d'autrefois, veut que dans le mouvement d'un monsieur appuyé sur un meuble, on sente encore qu'il vient de la pièce d'à côté...

Aujourd'hui, si je ne l'avais pas arrêté, il aurait tout changé, tout détruit... Et Dieu sait le temps qu'il a devant lui pour cette grande machine !

Cette école impressionniste, j'en ai une certaine défiance, parce qu'il me semble qu'elle sent et apprécie encore moins l'objet d'art, de quelque nature qu'il soit, que l'école de Bouguereau et Cabanel. Pour elle, il n'y a qu'un objet d'art : c'est sa peinture à elle.

Dimanche 19 février

Aujourd'hui, Rosny m'effraye par ses imaginations de livres où il veut faire voir des aveugles avec un sens frontal, entendre des sourds au moyen de l'électricité, etc., etc. Une série de livres fantastico-scientifico-phono-littéraires, un peu inspirés par Poe. Au fond, c'est une cervelle très curieuse ; et de toutes les cervelles de *jeunes* que je connaisse, la plus disposée et la plus prête à donner de l'original et du puissant.

Lundi 20 février

Raffaelli me parlait aujourd'hui d'une biographie où on l'avait fait naître dans un campement de bohémiens et fait élever dans une école chrétienne par charité. Et au moment de la publication de ladite biographie, sa mère était venue le voir et, tombant sur ledit imprimé, s'était mise à pleurer à chaudes larmes. Et il m'affirme qu'il appartient au contraire à une grande famille italienne, qui se rattache au cardinal Consalvi et à des papes [1].

Mardi 21 février

Dîner avec Loti chez Daudet.

Loti, l'étrange littérateur et le plus étrange encore officier de marine, tout maquillé et qui se fait l'œil avec le noir qu'emploie la femme à velouter et à *cochonner* son regard — regard qui, chez Loti, vous fuit toujours et qu'on ne rencontre jamais, regard bizarrement appareillé à cette voix éteinte, qui a l'air de parler dans la chambre d'un mourant.

Il a demandé à amener à dîner son marin, un joli marin si décolleté que Mme Daudet disait, après que les deux hommes étaient partis, que cela la gênait.

Tout en entrant, il déclare qu'il a fini, qu'il publiera peut-être encore quelques nouvelles, mais qu'il ne publiera plus un volume,... qu'il se sent complètement épuisé, vidé ! Cela est dit d'un ton froidement désespéré, avec une mélancolie et un découragement de la vie si extrêmes que j'ai comme le pressentiment chez cet homme d'une fin dramatique, d'un suicide.

Un moment, il cause de deux cent cinquante ou trois cents dessins exécutés par lui pour un MARIAGE DE LOTI que Guillaume devait publier, mais que Guillaume a fait graver par un graveur imbécile qui a fait des Parisiennes des Tahitiennes, et il travaille à les faire regraver [2].

Mais presque aussitôt, il va dans un coin du salon causer avec Mme Daudet de sa femme, lui racontant que sa femme, sourde d'une oreille avant son mariage, l'était devenue des deux après son mariage et que lui, aimant avant tout, dit-il, la force, la beauté, la santé, est très malheureux et il avoue presque le dégoût de sa femme.

Et là-dessus, il se retire, après que son marin nous a donné à tous une poignée de main... humide.

---

1. Raffaelli, dans une lettre de 1894, demandera que le passage soit ainsi rectifié : « une grande famille italienne qui se rattache aux Gonzague et compte plusieurs cardinaux » (CORR., vol. XXV, f° 35).

2. Dans une lettre du 26 juin 1894, l'éditeur Guillaume protestera que Loti s'est borné à lui présenter « cinquante affreux croquis de collégiens » : pour complaire à Loti, Guillaume en aurait retenu dix, qu'il aurait fait « refaire » par Rossi et Gambard et que Loti aurait signés (CORR., vol. XVI, f° 38).

Qu'est-ce qu'il y a dans cette cervelle, dans cette cervelle d'homme de talent ? Où commence chez cet être la comédie ? Qu'est-ce qui est vrai chez lui ? Cette pédérastie qu'il affiche est-elle vraiment sincère ? Daudet voit chez lui le sursaut et la bataille du protestantisme — il est d'une famille protestante — contre la prise de possession de vices infamants et d'une basse immoralité.

Jeudi 23 février

Mme Adam — c'est bien elle ! — est en train de faire faire un tableau la représentant au moment où Hugo lui baise la main, tableau peuplé des femmes de sa connaissance, taxées chacune à cent vingt francs, pour payer le misérable peintre, nommé, je crois, Deruet, choisi par la directrice de la REVUE. Or l'autre jour, Mme Gilbert Thierry, arrivant en robe décolletée chez le peintre et reconnaissant l'ancien valet de chambre de sa sœur, s'est trouvée toute gênée et n'y est pas retournée.

Ce soir, Mme Charpentier me disait que Zola, après m'avoir écrit qu'il viendrait me voir, avait réfléchi que, s'il venait le mercredi, ce serait rentrer chez moi par la petite porte et qu'on dirait qu'il a été chassé par les cinq jeunes gens, et qu'il ne voulait pas revenir le dimanche, parce qu'il refuserait de donner la main aux cinq et que ça amènerait un froid.

Voyant notre résistance à moi et à Mme Daudet, insupportée par les insolences de Mme Zola, voyant notre résistance à dîner avec eux chez elle, Mme Charpentier nous dit que si nous n'acceptons pas, ce sera une rupture définitive. Je ne vois pas trop ce que j'ai à y perdre, à une rupture définitive, mais Daudet faiblit et nous fait accepter l'invitation.

Charpentier me donnait, ce soir, l'explication de l'attaque de Bergerat dans le FIGARO au sujet de mon JOURNAL [1]. Ce n'est pas tant à cause de Gautier qu'à cause de sa femme, que ce prince de toutes les mufleries et de toutes les pignoufleries entend qu'on ne me nomme pas dans un imprimé, quelque gentiment que ce soit. Puis, à ce qu'il paraît, il est tout à fait scandalisé que la préface que j'ai écrite à titre gracieux pour son bouquin sur Gautier, je l'aie réimprimée dans PAGES RETROUVÉES [2]. Ça lui appartenait !... Ah ! le drôle de pistolet ! A l'entendre, je n'aurais pas eu même le droit de la réimprimer dans une édition complète de mes œuvres ! Merci, avec ça qu'il est délicat !

Samedi 25 février

Quand je pense au cirage avec lequel Raffaelli peint les objets blonds et crémeux, je trouve assez ironique le choix fait par le hasard de mon portraitiste ordinaire et extraordinaire. Il m'amusait tout à l'heure, en disant dans l'ébauche d'un de mes fauteuils du salon : « Je vais leur

1. Cf. plus haut p. 77, n. 2.
2. Add. éd. : *scandalisé.* — Cf. t. II, p. 792, n. 1.

montrer à ceux qui m'appellent le *peintre des chiffonniers*, je vais leur montrer ce que je peux faire dans la chose riche et élégante... » Et il arrive à faire de la crème rosée d'un meuble de Beauvais, de la triste et squalide *verdure* Louis XIII. Et des ors qui ont l'air de sortir d'une soute à charbon... Ah ! je me rappelais un fauteuil doré de Boucher, dans lequel était un marmot en chemise !

Et l'agaçant, c'est le profond, l'immense, l'immense, l'insondable mépris de Raffaelli et des gens de la même école pour tous les peintres de la terre, sauf pour trois ou quatre, acceptés comme des religions !

Au fond, je l'ai déjà dit, tous ces peintres, Degas, Raffaelli, sont incapables de peindre un beau et franc morceau de peinture, largement touché : ce ne sont que des hommes, des hommes de lettres échoués dans la peinture sans un tempérament de peintre.

Dimanche 26 février

Rosny, depuis qu'il est libre, qu'il s'expansionne au milieu de nous, a acquis une certaine drôlerie assez amusante : il y a chez lui du protestant qui se mettrait à batifoler.

Rodin m'avoue que les choses qu'il exécute, pour qu'elles le satisfassent complètement quand elles sont terminées, il a besoin qu'elles soient exécutées tout d'abord dans leur grandeur dernière, parce que les détails qu'il y mettait à la fin enlevaient du mouvement et que ce n'est qu'en considérant ces ébauches — et pendant de longs mois — dans leur maquette grandeur nature, qu'il se rendait compte de ce qu'elles perdaient de mouvement et que ce mouvement, il le leur rendait en leur détachant les bras, etc., etc., en y remettant enfin toute l'action, toute l'envolée, tout le détachement de terre, atténués, dissimulés par les derniers détails du travail.

Il me disait cela à propos de la commande que vient de lui faire le gouvernement du BAISER, qui doit être exécuté en marbre dans une figure plus grande que nature et qu'il n'aurait pas le temps de préparer à sa manière.

Décidément, ce pauvre Raffaelli voit gros et noir.

Mercredi 29 février

Dans cette intimité qui se fait entre un peintre et son modèle, Raffaelli me conte sa vie à déjeuner.

Il n'avait que quatorze ans, quand son père est ruiné dans le commerce, et le jeune homme de quatorze ans se trouve avoir une famille à soutenir. Il cherchait une carrière qui lui permît de gagner un peu d'argent, en faisant deux heures de peinture par jour, et il la trouvait, cette carrière, à la suite d'une audition au théâtre, où on lui trouvait une belle voix, un sentiment musical, et où il était engagé.

Et le voilà gagnant 125 francs par mois, qu'il double de 125 autres francs gagnés comme soliste, au moyen de cachets de quinze francs pour un grand enterrement ou un grand mariage, en sorte que le matin, il dessine à l'École des beaux-arts, qu'à onze heures, il chante dans une église, que dans l'après-midi, il est à une répétition, que le soir, il joue. Et par là-dessus, il passe une partie des nuits à lire et à écrire. Car il a une énorme ambition et le désir irrité de devenir le premier de tous en peinture, en littérature, en musique, en tout.

Enfin, avec le premier argent de sa peinture, avec les premiers cinq cents francs gagnés, le jeune ménage part pour l'Italie. Mais à Rome, plus d'argent, et les voyageurs sans le sou, quand un peintre, dont ils avaient fait la connaissance, fait vendre à Raffaelli un tableau, avec l'argent duquel il peut gagner Naples, où le hasard heureux le fait tomber sur une famille anglaise qui lui demande des leçons pour deux grandes filles. Et dans ce pays des cailles à trois sous pièce, du vin à un sou la *fiasque,* des corbeilles de figues pour rien, les soixante francs que lui rapportent par mois les deux *miss,* permettent à Raffaelli et à sa femme de passer tout l'hiver et de vivre dans une aisance que le ménage n'avait jamais connue.

Les voyages terminés, la multiplicité des occupations, la fièvre du travail, donnaient au peintre une maladie nerveuse qui le privait absolument de sommeil et lui apportait les *maniaqueries* de ces terribles maladies, le faisant emménager soudainement dans une maison de banlieue entrevue par hasard et lui faisant passer deux ou trois mois d'hiver dans cette location d'été.

Enfin, il se guérit de sa maladie nerveuse, en faisant des promenades à pied de six heures, passant toujours par les mêmes routes en évitant ainsi *l'inquiétude des nouveaux et inconnus chemins.* Il me dit que l'habitation à Asnières lui a fait beaucoup de bien, que le voisinage de l'eau l'a calmé et que, tous les matins, il va faire un tour de dix minutes au bord de la Seine et qu'il revient de cette promenade avec un singulier bien-être.

Une curieuse transplantation que la transplantation de sa famille dans notre pays. Son grand-oncle, originaire de Turin, s'était déjà réfugié en France, chassé par la politique, quand son grand-père, qui avait enlevé une jeune fille d'une grande famille de Florence, vint l'y rejoindre, et pas assez riche pour vivre de l'argent emporté, s'établit commerçant à Lyon.

Mercredi 29 février

Jacques Blanche : la bouche d'une femme menteuse.

La Princesse, avec les académiciens — et les académiciens qu'elle a faits —, me rappelle tout à fait l'idole grossière fabriquée par le sauvage primitif et qu'il adore sérieusement.

Jeudi 1er mars

Le côté pompes funèbres dans les journaux ! Philippe Gille parlait ce soir des cartons du FIGARO portant : *Affaires en souffrance.* Ce sont les articles faits d'avance sur les gens en train de mourir et qu'on garde, même quand ils réchappent, pour éviter de payer un autre article dans l'avenir. Il nous entretient aussi des expressions employées *ad hoc.* On dit : « C'est un *mort d'un écho* », pour le distinguer du mort des simples informations, dont l'enregistrement dans les colonnes du FIGARO n'est payé que quatre sous la ligne, tandis que le premier est payé six sous la ligne.

Grévy, sous le coup du déshonneur qui attend son gendre et lui, ne s'occupant que du point de droit et disant presque : « Oui, mon gendre est un filou, mais il filoute de telle manière qu'on ne peut le pincer et que, si on l'a condamné, c'est par la canaillerie des juges... » Allons, gendre et beau-père, c'est de la canaille, et Grévy n'aura été qu'un Robert Macaire austère [1] !

Dimanche 4 mars

Ce matin, Geffroy vient déjeuner avec Léon Daudet. J'ai bien peur que la remarque que j'ai faite tristement qu'il devenait un *gobeloteur,* remarque qui lui a été rapportée, ne soit par trop juste. A déjeuner, il a fait une déclaration dans laquelle il avoue qu'il est pris d'un désir de vivre, de vivre, de jouir de la vie...

Dîner de soi-disant rapatriage avec Zola chez Charpentier.

Au régime de ne plus boire en mangeant, et de ne plus manger de pain, Zola, en trois mois, est maigri de 28 livres. C'est positif, son estomac est fondu, et son individu est comme allongé, étiré, et, ce qui est parfaitement curieux surtout, c'est que le fin modelage de sa figure passée, perdu, enfoui dans sa pleine et grosse face de ces dernières années, s'est retrouvé et que vraiment, il recommence à ressembler à son portrait de Manet, avec une nuance de méchanceté dans la physionomie.

Ce soir, Mme Daudet à laquelle je parlais amicalement de Geffroy et de ma crainte qu'il ne fasse dans toute sa vie que des articles, et qu'il manquait d'une résolution, d'un vouloir, me disait : « Oui, c'est le caractère du Breton, il y a chez lui un côté d'insouciance de la vie, un côté de rêve. Il manque de volonté pour la conduite de sa vie, avec toutefois des coins d'entêtement. Geffroy, c'est mon père, c'est mon frère. »

Un mot qui peint l'érotisme cérébral dans lequel est plongé ce pauvre Burty. Il rencontre, il y a un mois, Céard, et lui dit : « Je suis en train de lire le JOURNAL de Goncourt, dont il m'a envoyé un exemplaire sur papier du Japon ; et sur ce beau papier lisse, c'est une jouissance pour moi, comme si je lisais sur des cuisses de femme ! »

Une Juive disait à une femme de sa connaissance, l'avertissant d'une liaison de son mari avec son amie intime : « Non, je ne crois pas que

1. Cf. plus haut p. 78, n. 1.

mon mari coure ; mais s'il court, j'aime mieux que ce soit avec mon amie ! » La Juive se révélait dans cette phrase. Elle voyait dans la trahison de son mari avec une femme de la société moins de scandale, moins de casse et moins de dépense qu'avec une cocotte.

Mardi 6 mars

Raffaelli m'amuse avec les roublardises de la société juive dans laquelle il est entré. C'est ainsi que Dreyfus lui a demandé de donner des leçons à sa fille. Et à la première leçon, on cherche à l'accoucher de son truc pour faire le mouvement de la rue ; à la seconde, on veut le forcer à conseiller une peinture que la jeune fille exécute en hiver sur le balcon de son appartement ; à la troisième, on lui fait faire une vue en voiture aux Champs-Élysées. Enfin, en cinq leçons, qui devaient se prolonger, mais qu'on arrête tout net, et pour 250 francs, la famille Dreyfus cherchait à lui carotter toute l'expérience de son talent — et encore gardait-elle pour elle le dessin des Champs-Élysées, un dessin qui vaut deux ou trois cents francs, dit-il, et qu'il va rudement demander.

Mercredi 7 mars

J'ai dirigé la copie de Francis Poictevin ne sachant où se porter, je l'ai dirigée sur les maîtres primitifs. C'est le sujet où il pourra débiter le plus de choses insensées, sans qu'on prenne trop garde à la folie de sa prose.

La Princesse disait ce soir du prince de Galles, avec lequel elle a dîné ces jours-ci : « Il est ouvert, il parle, il dit ce qu'il a sur le cœur ; il n'est pas comme les autres princes, qui ont toujours l'air d'avoir quelque chose à cacher. »

Jeudi 8 mars

Au moment où je commence à recopier la maladie et la mort de mon frère, je sens le besoin d'aller lui faire une visite au cimetière.

La mort de l'empereur d'Allemagne, ce gros événement annoncé par les vendeurs de journaux au milieu des clameurs du Carnaval et des huées des chienlits. J'entends cela du Café Riche, d'une table que je partage avec trois affreuses vieilles Allemandes à moustaches de rats d'égout — des maquerelles ou des bookmakers femelles —, qui ont le verbe haut et la consonne sonore d'un peuple tout-puissant, qui se sent chez lui à l'étranger.

Jeudi 8 mars

« Tu ne veux plus ?
— Mais si !

— Alors quand ?

— Demain, à neuf heures ! »

Conversation entendue par une amie de Mme Daudet, survenant à l'improviste dans la petite antichambre de l'entrée, entre Charpentier et la femme du graveur B***.

Le soir de ce dialogue, qui était le jour de notre dîner de rapatriage avec Zola chez Charpentier, Daudet me disait qu'après que j'avais été parti, Zola, dans une de ces causeries qui lui sont familières et qui ressemblent à un interrogatoire de juge d'instruction, avait cherché à le tirebouchonner sur GERMINIE LACERTEUX, très préoccupé de l'œuvre, lui demandant si vraiment c'était du théâtre neuf, s'il croyait à un succès, et laissant percer à mon égard une envieuse jalousie, que Daudet s'amusait à empoisonner tout le temps.

Puis il passait au *Manifeste* — qu'il sait par cœur, et qui a pénétré si profondément dans ses moelles intimes que Daudet trouve la chose comique [1] — et déclarait soudain, avec une espèce de solennité, qu'il fallait attendre une année pour reprendre nos relations intimes, ainsi qu'on l'en avait prié. A quoi Daudet lui disait que je n'étais venu à dîner que sur sa prière et que, lorsque Mlle Charpentier avait voulu le donner, ce dîner, j'avais répondu : « Oh ! pas maintenant... dans trois ou quatre mois, nous verrons [2] ! ».

Là-dessus, tout en se levant de temps en temps, assez comiquement, pour secouer son pantalon qui remontait, et en venant se rasseoir, il a proclamé, avec la figure méchante de son amaigrissement actuel, que jamais il ne s'était si bien porté, que jamais il n'avait été si ingambe, convoquant Charpentier à des promenades de beaucoup de kilomètres, que jamais il n'avait été si apte à travailler : tout cela dit à ce pauvre Daudet, qu'il sait malade, qu'il devine travailler difficilement, si bien que Daudet lui a coupé le provocant hosannah de sa santé, en lui disant : « Zola, je souhaite pour vous que cela continue ! »

« Un vilain et mauvais homme, et retors ! » s'écrie Daudet au souvenir de cette conversation.

Et Mme Daudet conte que pendant cette conversation qui avait lieu entre Zola et son mari, Mme Zola, de son côté, entonnait un éloge à grand fracas de cette charmante, de cette bonne, de cette simple Mme Jourdain, qui vient la visiter journellement, qui a une affection toute particulière pour elle, ... semblant insinuer, par toutes ses paroles, à Mme Daudet qu'elle lui a enlevé son amie d'enfance.

Vendredi 9 mars

Ce matin, en entrant dans le salon et en regardant mon portrait, auquel Raffaelli a travaillé hier toute la journée pendant mon absence, je me suis demandé s'il avait été pris de folie, attaqué du *delirium tremens* du bleu de Prusse, dont il a jeté des paquets partout. Et quand il est arrivé, je n'ai pu lui cacher mon impression et me retenir de lui

1. Sur le *Manifeste des Cinq*, cf. plus haut p. 52, n. 1.
2. Add. éd. : *j'avais répondu...*

dire qu'il avait abîmé complètement son portrait. Il a été un peu embarrassé tout d'abord et m'a avoué que c'était pour obtenir une atmosphère,... qui se fait d'après les traités techniques avec du violet. Oui, cet homme, qui est au fond un peintre naturiste, qui a une disposition à peindre ce qu'il voit, est par moments la victime de certaines théories, de certaines recettes esthétiques de peinture, qui lui font peindre ce qu'il ne voit pas du tout. Le fait est qu'il a éreinté son portrait, qui venait assez bien, et que, malgré un débarbouillage radical que je lui ai fait faire, j'ai les cheveux blancs-bleus d'un homme qui a abandonné la teinture dans la semaine, et mon pantalon, qui était d'une coloration toute légère, s'est alourdi et attristé.

Dimanche 11 mars

Lockroy disait que toutes les accusations portées contre Bauër, toutes étaient vraies, mais qu'on avait voulu l'*indulgencier*... Vraiment avec un passé comme ça, il a fallu qu'il possédât un fameux toupet, pour entreprendre de jouer le rôle de grand justicier de la littérature !

Lundi 12 mars

Je me lève avec un tel embarras dans les bronches, un râle si macabre dans la poitrine, que je me rejette de suite à la recopie des quelques pages qui me restent de mon JOURNAL.

C'est fait. Je puis être malade, je puis mourir, le morceau du JOURNAL qui va jusqu'à la mort de mon frère paraîtra.

Mardi 13 mars

Aujourd'hui, mon portrait est fini. Raffaelli n'a mis que vingt jours à cette grande machine, et il faut convenir qu'après mille changements, mille métamorphoses, mille traverses, le portrait a de très grandes qualités.

A la minute précise où le dernier coup de pinceau est donné, Raffaelli paraît envahi par une joie exhilarante, qui débonde en un tas de confidences, pour moi seul, pour moi seul, et sans faire attention à ce qu'il fait, il mange, il mange et il boit, il boit du vin de toute couleur, du thé, des petits verres innombrables. Et il me confesse qu'après la confection de toutes ses grandes machines, il est ainsi pris d'une sorte de folie.

Je vais ce soir, chez Daudet, pour la répétition de la pantomime de Margueritte et de la pièce de Bonnetain par Antoine [1]. Tout est à

1. En marge du spectacle donné au Théâtre-Libre le 23 mars et composé, entre autres pièces, de PIERROT ASSASSIN DE SA FEMME, de Paul Margueritte, et LA PELOTE, de Bonnetain et Descaves, sordide histoire de l'héritage d'un veuf capté par une domestique, Daudet avait prié Antoine de jouer dans son salon la pantomime de Margueritte et un acte inédit de Bonnetain, APRÈS LE DIVORCE, dont l'insignifiance, d'après Antoine, explique l'insuccès de cette représentation privée dont les SOUVENIRS SUR LE THÉÂTRE-LIBRE (1921) font état le 22 avril (p. 92).

vau-l'eau... Une opération qu'on a faite au petit cousin Montégut à Saint-Jean-de-Dieu, opération à la suite de laquelle on a cru le perdre, hier, a fait tout remettre ; et la contrariété qu'éprouve Mme Daudet lui met presque des larmes dans les yeux, tandis que Léon, jouant l'homme, lui dit gravement : « Maman, c'est ridicule [1] ! »

Bonnetain a apporté sa pièce et Daudet la lui fait lire. Elle est très originale. C'est le contre-coup d'un divorce, qui empêche le fils des divorcés de faire un mariage selon son cœur, et cela entremêlé de scènes très bien faites entre le père et la mère, scènes dont la vérité me semble avoir été à peu près fournie par le père et la mère de Bonnetain... Et comme je le poussais un peu là-dessus, Bonnetain m'avoue qu'il a une maladie du cœur donnée par les scènes que son père faisait à sa mère et qu'aujourd'hui encore, les cris et les chamaillades le mettent dans un tel état nerveux que, dans sa maison, il y a un ménage qui se dispute fréquemment : quand cela arrive, il se lève de sa table et quitte son travail.

Vendredi 16 mars

C'est vraiment gentil de vous envoyer, lorsqu'on vous sait malade, les fleurs naturelles de son bouquet de corsage de la dernière fois où l'on s'est vu : ça vous fait revoir le joli terrain où elles étaient plantées. La pauvre fille !

Samedi 24 mars

Une dizaine de jours de tousserie où je ne suis pas sorti de chez moi et que j'ai occupés à corriger les épreuves du troisième volume de mon Journal.

Dimanche 25 mars

Vraiment, ce Zola, c'est un fort malin et un rude perfide. Voilà, à propos de cette bête de représentation du Théâtre-Libre, qu'il tombe par-derrière sur les protestataires et qu'il les égorgille comme de pauvres moutons qu'ils sont, triomphant d'avance de la faiblesse, de la pauvreté, du néant de leur œuvre, triomphant *vilainement* et *pleutrement,* sans la moindre gentilhommerie [2]. Et dans ce duel, ça vous dégoûte, la platitude de la presse, qui l'a autrefois et furieusement attaqué et qui, devant son gros succès de vente, a des attitudes de chien couchant, ainsi que ce Lepelletier de l'ÉCHO DE PARIS.

---

1. Le *petit cousin Montégut,* qui joue au Théâtre-Libre, est Louis Montégut, ce petit cousin pour la naissance duquel Alphonse Daudet composa en 1856 son poème des PETITS ENFANTS.

2. Dans la soirée du 23 mars, le Théâtre-Libre avait monté les œuvres de quatre signataires du *Manifeste des Cinq* (cf. plus haut p. 52, n. 1). Cette conjonction sur la même scène, le même soir, de LA PELOTE de Bonnetain et Descaves, du PIERROT ASSASSIN de Paul Margueritte, et des QUARTS D'HEURE, œuvre de Gustave Guiches (en collaboration avec Henri Lavedan), avait pris la valeur d'une manifestation anti-zoliste.

Et Bonnetain ne nous cache pas que, de par Zola, il sera fichu à la porte du *Supplément* du FIGARO avant deux mois, qu'il a senti cela hier dans son entrevue avec Périvier.

En attendant, on a fort nocé chez Bonnetain la nuit de la représentation et l'on est sorti de chez lui à huit heures du matin, et Rosny a été reçu par sa femme à coups de son MANUEL D'HISTOIRE NATURELLE.

Ce soir, ma première sortie depuis une dizaine de jours. Daudet m'emmène dîner et, après le dîner, me lit près du lit de son fils Léon, qui a les oreillons, une partie de son chapitre sur le Père-Lachaise et sur le baiser donné par la petite Rosen sur la tombe de son mari. « Je ne sais comment ça s'est fait, me dit-il à la fin de sa lecture, mais j'ai écrit un livre tout à fait scélérat [1] ! » Et ma foi, il dit vrai et l'écriture du bouquin me semble cacher une ironie féroce, pour les délicats, une ironie qui atteint à la méchanceté des LIAISONS DANGEREUSES.

Lundi 26 mars

Dans ce moment, une femme honnête de ma connaissance est persécutée par la passion folle, exaspérée du mari d'une amie intime. La femme, je l'ai dit, est honnête, attachée à ses enfants, aime beaucoup son amie, n'a pas le moindre sentiment pour le monsieur, éprouve presque un ennui colère de cette poursuite qui, toute respectueuse qu'elle est, ne manque pas d'être un peu compromettante, poursuite qu'elle aurait arrêtée violemment, sans les relations intimes et les amitiés des enfants des deux familles. Eh bien, je sens très bien que lorsque la chose cassera, événement qu'appelle de tous ses vœux la femme, il se fera un vide dans sa vie amusée, intéressée par les incidents de la poursuite et le romanesque de l'aventure.

Dernièrement, cette femme disait à l'homme, qui est un violent, lui disait, espérant déplacer son sentiment et le rejeter sur une autre femme :

« Mais vous savez qu'on dit qu'il y a une actrice qui me ressemble beaucoup à un théâtre de Paris ?

— Où cela ?

— A l'Ambigu, je crois.

— Ah ? j'irai ce soir, et si c'est vrai, il faudra que je l'aie, cette femme... Je lui dirai toutes les vilaines paroles que j'ai envie de vous dire... Oui, je l'aurai, cette femme, pour la cravacher. »

Jeudi 29 mars

Aujourd'hui, avant dîner chez Daudet, je vais voir Popelin, qui est au lit depuis une huitaine de jours, à la suite d'une attaque de rhumatisme dans la poitrine, qui l'a fait beaucoup souffrir. Je trouve

---

1. Voir dans L'IMMORTEL, les tentatives de Paul Astier pour épouser la princesse de Rosen, veuve d'Herbert de Rosen, mort héroïquement en Illyrie : L'IMMORTEL prend par là la suite des ROIS EN EXIL. Cf. chap. VI (édit. *Ne varietur*, p. 77) pour l'épisode du baiser au Père-Lachaise.

à son chevet, comme sœur de charité, Mlle Abbatucci, qui très gentiment le soigne, et le repasse... au fer chaud.

On parle de l'hurluberlue qu'est la Princesse, tombant comme un ouragan dans la maison, jetant le désarroi chez tout le monde, même chez les médecins, par ses exigences de promptitude impossible demandée aux remèdes, par ses inventions d'aération propres à tuer un malade, par ses agitations, ses inquiétudes, ses peurs de la morphine ou de l'antipyrine, par le *boulvari* de son âme. Ah ! celle-là n'aura jamais le calme pour soigner un malade !... Elle arrive sur les cinq heures, s'assied au pied du lit, un bras étendu sur la couverture, et reste là, dans une concentration morne, en attendant le dîner, dont je vois le couvert dressé sur une petite table dans la pièce à côté.

Ce pauvre petit Descaves, il a toujours dans sa personne l'aspect d'un enfant rageur, qui s'en va faire la pénitence qui lui a été imposée !

Je viens d'acheter une série de *sourimonos*... On s'irrite un peu contre le prix auquel on vend aujourd'hui ces impressions ; mais il y en a vraiment qui valent des miniatures de missels et qui en ont le caractère.

Dimanche 1er avril

Bracquemond, qui est en train de graver à l'eau-forte un portrait du président Carnot, sur le modèle de celui qu'il a fait de moi, et auquel on demandait quelle tête avait le président et si elle avait du caractère, répondait : « Oh ! c'est une tête de pipe... »

Le pauvre Geffroy ! On lui doit à la JUSTICE, depuis l'automne, 2 500 francs, et il ne peut toucher un sol, et sa mère et sa sœur ont eu la pensée qu'il avait mangé cet argent, en sorte que Geffroy a été obligé de faire écrire une lettre à sa mère par Clemenceau. Vraiment, je ne trouve pas ça honnête de continuer un journal, en le faisant faire par des gens dont c'est le pain et qu'on ne paye pas.

Mercredi 4 avril

La Princesse reparlait ce soir du peu de tendresse de sa mère, disant que pendant une scarlatine, la seule maladie qu'elle ait eue de sa vie, sa mère n'était pas venue la voir une seule fois, prétextant qu'elle pourrait rapporter la maladie à son frère.

Dans ces rapports entre la mère et la fille, une chose tout à fait désagréable à la Princesse était de coucher près de sa mère, dans le lit de son père, quand le père était absent ou en voyage.

Mme de Girardin disait pittoresquement en parlant d'une personne maladive : « Elle a des derrières d'oreilles détachés comme les personnes qui sortent de l'hôpital. »

Vendredi 6 avril

Léon Daudet peignait hier l'intérieur de Fournier, le gendre et le successeur de Ricord, un intérieur toujours en festoiement, où l'on ne parle, dans les raouts et les dîners, que des parties naturelles de l'homme et de la femme et où, dans les bals, les jeunes filles peuvent lire, dans des livres tout grands ouverts sur les tables, des titres comme celui-ci : DU BUBON.

Antoine dîne ce soir chez Daudet. C'est un garçon mince, frêle, nerveux, avec un nez un rien vadrouillard et des yeux doux, veloutés, tout à fait séducteurs.

Il me confesse ses projets d'avenir. Il veut encore deux années entières consacrées à des représentations comme celles qu'il est en train de donner, deux années pendant lesquelles il apprendra à fond son métier et les éléments de la direction d'un théâtre.

Après quoi, il a la foi d'obtenir du gouvernement une salle avec une subvention, et cela au moment où il espère avoir 600 abonnés, soit un revenu de 60 000, et avec ce roulement d'une centaine de mille francs, cette salle à la location gratis, le concours d'acteurs découverts par lui et payés raisonnablement, il se voit directeur d'un théâtre où on jouera cent vingt actes par an ; on *débondera* sur les planches tout ce qu'il peut y avoir d'un peu dramatique dans les cartons des jeunes. Car, quel que soit le succès d'une pièce, son idée serait qu'elle ne fût jouée que quinze jours — quinze jours au bout desquels l'auteur serait libre de la porter à un autre théâtre.

Quant à lui, qui continuerait à jouer, il ne demanderait qu'un traitement de douze mille francs, gardant jalousement la direction littéraire, mais abandonnant la direction financière à un comité.

Et il plaisantait sur le fauteuil d'un abonné, payé cent francs et qui, avec un peu de chance venant à l'entreprise, pourrait donner deux ou trois cents francs de dividende.

Il y a là, vraiment, une idée neuve, originale, qui pourrait être très favorable à la production dramatique, une idée digne d'être encouragée par un gouvernement.

Et il fait vraiment plaisir à entendre, ce jeune Antoine, qui avoue avec une certaine modestie qu'il y a beaucoup d'engouement à son égard. On sent à ses yeux brillants et hallucinés qu'il croit à son œuvre, et il y a du convertisseur dans ce cabotin, qui, à l'heure qu'il est, a complètement conquis à ses idées son père, un vieil employé de la Compagnie du Gaz où était également le fils — son père, dans le principe tout à fait rebelle à ses essais dramatiques.

Dimanche 8 avril

Ce matin, Voillemot, le peintre, que je n'ai pas vu, je crois bien, depuis vingt-cinq ans, tombe chez moi, avec sa tignasse rutilante d'autrefois devenue toute blanche, une grosse face mamelonnée et tuberculeuse, un estomac dilaté par les innombrables bocks absorbés pendant toute sa vie.

Nous parlons du passé, de Peyrelongue, ce marchand de tableaux phénoménal qui n'a jamais vendu un tableau de sa vie, de Galetti, de Servin, de Pouthier, des uns et des autres, morts ou disparus, enfin de Dinochau, le cabaretier de la littérature sous l'Empire.

Et à ce propos, il me conte qu'il est le fondateur de Dinochau, qu'un entrepreneur de décoration, l'ayant employé dans un moment où il était sans travail et sans commandes, lui avait dit à la fin d'une journée : « Si nous allions prendre une absinthe en face ? » Là, chez le marchand de vin, une odeur de soupe aux choux, une odeur ! qui fit dire à Voillemot : « Est-ce qu'on ne pourrait pas dîner là ? »

Et les portraits de ce monde, le père Dinochau, un vieil abruti, la mère Dinochau, qui avait de gros yeux saillants comme des *tampons de locomotive,* et le fils, le Dinochau célèbre plus tard, un garçon intelligent et fin [1].

On les accepte à dîner ; et les jours suivants, Voillemot amène des camarades et au bout de quelque temps, les convives deviennent si nombreux qu'on est les uns sur les autres.

« Si vous preniez l'entresol ? » dit un jour Voillemot au ménage Dinochau. Le ménage se décide, et le gros Chabouillet, dont j'ai gardé le souvenir comme un Louis XVI en pantalon de nankin, fait un trou dans le plafond, y conduit le serpentement d'un petit escalier tournant, et voilà installée la salle à manger ordinaire de Murger, de Barthet, de Scholl, de Monselet, etc., etc.

C'étaient, dans le principe, des dîners à trente-cinq sous, mais avec des suppléments, mais avec, en bas, vous attendant au comptoir, des *diamants,* qui étaient des verres d'eau-de-vie, dont le fils Dinochau vous faisait l'offre, en l'accompagnant d'un petit air de violon tout à fait engageant.

Puis bientôt, des femmes s'adjoignaient aux hommes, et Barthet pariait un jour qu'il ferait voir son nombril à la société ; et ma foi, relevant sa blouse, sous laquelle il était nu, il le faisait voir, son nombril et peut-être mieux que son nombril — malheureusement — au moment où Mme Dinochau avait ses yeux de tampon de locomotive à la porte. Indignation de l'austère marchande de vin, qui lui déclarait qu'il déshonorait sa maison et qu'il n'y rentrerait jamais ; et à la suite de cette déclaration, une série de scènes drolatiques et de lâchetés spirituelles de Barthet pour rentrer en grâce et remanger le pot-au-feu de Dinochau.

Margueritte, auquel aujourd'hui je reprochai doucement d'avoir joué son PIERROT ASSASSIN dans la représentation d'Antoine, me disait pour sa défense que la mimique théâtrale était pour lui une distraction violente, un secouement de son noir ennui de l'existence ; et je sentais, dans tout ce qu'il disait et tout ce qu'il ne disait pas, bien des amertumes venant de son mariage et de sa servitude ministérielle.

Ce soir, le hasard me fait lire un article d'Émile Goudeau, constatant

1. Var. 1894 : *un voyoucrate fin et intelligent.*

avec une joie presque sauvage la baisse, l'écroulement, des objets japonais, tout cela pour arriver à dire au public que l'Académie des Goncourt est fichue et que les gens qui croyaient en être sont volés.

Mercredi 11 avril

On racontait qu'une de ces dernières années, le fils Menier avait frété un yacht pour faire une sorte de tour de monde en compagnie d'amis et de cocottes et qu'au moment du départ, les mères des jeunes gens ayant témoigné des inquiétudes de ce voyage, ayant laissé percer le regret, si quelqu'un ou quelques-uns venaient à périr, de n'avoir pas à pleurer sur un tombeau au Père-Lachaise ou à Montmartre, on avait fait une place dans la cale, au milieu de la cargaison de pâtés de foie gras et de champagne, à des bières en plomb ; puis, comme le soudage est une opération très difficile, on avait embarqué un soudeur qui mangeait avec l'équipage. C'était drôle, ce *Memento mori* qu'on heurtait à tout moment sur le pont, dans cette *petite fête* autour du monde.

Vendredi 13 avril

Ce soir, je vais au dîner des Spartiates transporté au *Lion d'Or*, dîner auquel je n'ai pas été de tout l'hiver et qui a maintenant en quelque sorte comme président honoraire lord Lytton, ambassadeur d'Angleterre qui, au dire des uns et des autres, est plein d'esprit et d'intelligence, mais jusqu'à présent ne m'apparaît que comme un pochard qui a de la tenue.

C'est toujours le vieil Houssaye, semblant d'une année plus jeune que l'année dernière, dans le chinchilla de sa barbe et de ses cheveux. C'est toujours le jeune Houssaye, plus interrogateur et plus jeteur de *Hein ?* étonnés dans la conversation. C'est toujours le prince Galitzine, plus bafouilleur que par le passé. C'est toujours Drumont, plus antisémitique qu'avant LA FRANCE JUIVE. C'est toujours Octave Uzanne, plus diplomate et plus réticent de l'œil et des coins de la bouche qu'oncques fut jamais ce bibliophile. C'est toujours Boisgobey plus raconteur de grasses histoires et qui nous conte l'histoire d'une ânesse baisée en capote par un de ses amis, une histoire dont Béroalde de Verville aurait fait un conte charmant.

Mardi 17 avril

Devant la persistance de mon mal d'yeux et la crainte de devenir aveugle, je me dépêche d'emmagasiner en moi le vert des arbres, le bleu des yeux d'enfants, le rose des robes de femmes, le jaune des affiches sur un vieux mur, etc., etc.

Exposition des pastellistes. Les petites compositions ingénues de Puvis de Chavannes touchent tellement à la caricature qu'on les croirait l'œuvre d'un caricaturiste moquant les primitifs, comme Daumier moquait l'histoire ancienne dans le CHARIVARI.

Ce soir, chez Daudet, pour la répétition des deux pièces de jeudi. Au milieu du dîner, dépêche d'Antoine, qui annonce qu'un contretemps l'empêche de se rendre à la répétition de ce soir et garde le silence sur la représentation de jeudi. Désespoir enfantin de Mme Daudet, bouleversement dans les traits de Bonnetain, qui devient tout jaune, colère verbeuse de Daudet, qui déclare Antoine un pignouf et regrette de ne s'être pas adressé aux Français ou à l'Odéon. On fait écrire une lettre à Bonnetain, à l'effet d'avoir une réponse catégorique d'Antoine, et le concierge, jeté dans un coupé, va chercher la réponse. Enfin, sur les neuf heures, retour du concierge, porteur d'une lettre d'Antoine, qui promet de venir répéter jeudi à cinq heures et s'engage à jouer le soir...

Rassérénement général et répétition de la pantomime de Margueritte, où Invernizzi fait la Colombine en robe rose et en hautes bottines noires. Dans son jeu mêlé de danse, une valse a l'effet de triompher de la résistance de Pierrot, une valse, les bras derrière le dos, d'une volupté charmante.

La répétition finie, on cause pantomime et je conseille à Margueritte de jouer sans blanc, le plâtrage tuant sous sa couverte tous les jeux délicats et subtils d'une physionomie ; et avec Daudet, nous disons qu'il faudrait renouveler la pantomime, jeter à l'eau tous les gestes rondouillards, tous les gestes qui *racontent* et ne garder que les gestes de sentiment, les gestes de passion, les gestes auxquels Margueritte mettrait les grandes lignes de sa pantomime, et nous parlions d'une pantomime sur la peur, dont ses traits savent si éloquemment rendre l'expression.

Vendredi 20 avril

Hier, dans la salle à manger de Daudet, transformée en buffet de bal, nous avons dîné sur une petite table, et presque aussitôt après, a commencé le défilé des invités, et comme il n'y avait, ce soir-là, ni la révolution annoncée d'avance par les journaux ni la représentation de LA MARCHANDE DE SOURIRES, ç'a été une presse et une chaleur à mourir [1].

J'étais tout heureux de l'annonce faite par LE MATIN, de l'engagement de Réjane pour GERMINIE LACERTEUX ; mais Porel me dit que ce n'est

1. LA MARCHANDE DE SOURIRES est un « drame japonais » en 5 actes de Judith Gautier, avec prologue d'Armand Silvestre et musique de Bénédictus, qui sera créé le lendemain, 21 avril, à l'Odéon.

Quant à la *révolution annoncée* et qui n'a pas lieu, c'est une de ces manifestations boulangistes, qui se multiplient depuis que Boulanger, rayé des cadres de l'armée le 14 mars, a les mains libres pour organiser la propagande de son parti, avec l'aide du Comité central de la rue de Sèze, d'où partent les mots d'ordre et les marches de partisans à travers Paris, l'œillet rouge à la boutonnière et criant : *Dissolution et Révision* ! Dans sa lettre de remerciements à ses électeurs, Boulanger, élu le 8 avril en Dordogne et le 15 dans le Nord, vient de réclamer impérieusement, au nom du pays, la convocation d'une Constituante.

pas fait... Charpentier me raconte que Zola est furieux, qu'il n'a pour GERMINAL qu'une loge et huit places, que le directeur a vendu 30 000 francs la salle le jour de la première, 30 000 francs représentant à peu près la moitié des frais qu'il a faits, et que cette vente expose les auteurs à avoir une salle vide ou une salle tout à fait *encolérée* du prix qu'on lui a fait payer les places.

La poésie, il ne faut pas l'oublier, c'était autrefois toute l'invention, toute la création, toute l'imagination du temps passé... Aujourd'hui, il y a encore des versificateurs, mais plus de poètes, car toute l'invention, toute la création, toute l'imagination du temps présent est dans la prose.

Dimanche 22 avril

On me rapporte que Wolff, blessé d'avoir été mendier la croix dans les corridors du ministère des Beaux-Arts et d'avoir été refusé, est plein de colère contre Castagnary, le petit Marx et tout ce qu'ils organisent ; et de là, la cause de son appréciation sur Gavarni, qu'il appelle un talent insinuant [1].

Lundi 23 avril

Les quatre enfants qui m'ont tant persécuté il y a deux ans, sont revenus plus criards que jamais dans la maison en face la mienne. Est-ce que va recommencer pour les dernières années le supplice du bruit, déjà mortel à mon frère ?

Vraiment, ça dépasse l'imaginative, l'imbécillité de la critique en ce moment. Cham, ce caricaturiste aux caricatures qui semblent ramassées sur un cahier de collégien, devient un artiste immense ; et l'on n'ose plus mettre Gavarni parmi les noms de dessinateurs qui peuvent amener du monde à l'Exposition de la caricature.

D'abord, une séance au musée Carnavalet, pour préparer l'illustration de la SOCIÉTÉ FRANÇAISE PENDANT LA RÉVOLUTION, que fait décidément la maison Quantin pour l'anniversaire de 1789 [2]. Puis, de la rue Sévigné au quai Malaquais, à l'exposition de la caricature, des beaux-arts.

La première personne sur laquelle je tombe est Pierre Gavarni, aussi navré et aussi encoléré que je le suis de l'injustice commise envers le talent de son père par toute la presse. Et il est obligé de convenir que je lui avais prédit tout ce qui se passe en ce moment et que je l'avais prêché violemment de faire une exposition de l'œuvre de son père tout seul, et non avec Daumier. Car je ne doutais pas qu'avec Daumier, le pur, le républicain, on n'assommât Gavarni, le corrompu, le réactionnaire... Mais enfin l'assommement a même été au-delà de ce

1. Cette attaque se produit à propos de l'exposition ouverte à l'École des beaux-arts en avril : l'Exposition des maîtres français de la caricature et de la peinture des mœurs au XIXe siècle.
2. Cette édition illustrée, comprenant 44 planches hors-texte, dont 9 en couleurs, sera annoncée le 22 décembre 1888.

que je supposais... L'homme qui a fait les dessins de VIRELOQUE a été considéré comme un illustrateur pour confiseurs... Ah ! la critique d'art du moment !

Oui, tout ce monde devant ces lithographies avant la lettre, devant cette merveilleuse COMÉDIE HUMAINE au crayon, d'un procédé à l'heure actuelle complètement perdu, tout le monde semble avoir une taie sur l'œil... Du reste, dans ces expositions, il ne s'agit pas de voir les choses exposées, il s'agit de voir les autres et surtout de se faire voir. Ce n'est pas les choses exposées qu'on regarde, ce sont les toilettes des femmes, et les nouveaux messieurs auxquels elles donnent le bras, depuis la dernière exposition [1].

Mardi 24 avril

Ce soir, heureusement seul, je bois de l'eau-de-vie devant une affiche jaune, ainsi conçue :

LE TROISIÈME ET DERNIER VOLUME DU JOURNAL DES GONCOURT.
Un volume de la bibliothèque Charpentier. Prix 3 f. 50.

C'est mon dernier volume, ça représente l'ultime production de ma vie littéraire, et je regarde l'affiche, tout à la fois avec une certaine tristesse et je ne sais quel contentement de la délivrance.

Je reçois, ce soir, une dépêche de Bonnetain, qui s'est occupé amicalement et discrètement de faire passer un extrait de mon JOURNAL dans le *Supplément* du FIGARO, dépêche dont je demeure très touché. Au fond, de toute la jeune bande littéraire, c'est le plus délicatement attentionné, le plus tendre, le plus serviable de cœur.

Une lune rose, toute diffuse, dans un ciel couleur brouillard de perle : un ciel d'impressions japonaises.

Mercredi 25 avril

Dès huit heures du matin jusqu'à la tombée de la nuit, les cris perçants des quatre enfants de la maison d'en face, des cris qui me pénètrent et m'empêchent de travailler, même les fenêtres fermées ; et comme la maison a un auvent, sous lequel la marmaille hurlante peut se tenir, les cris persistent, qu'il gèle, qu'il neige, qu'il pleuve.

Et admirez l'ironie des choses de ce monde ! Il y a un règlement qui défend l'établissement d'un pensionnat dans la villa. Non, ce n'est pas un pensionnat ! C'est pis, c'est une récréation qui dure éternellement — et jamais, au grand jamais, les enfants ne sortent du jardin !

Les livres comme mon JOURNAL, quand on se rend compte des susceptibilités et des inintelligences du monde, ont la spécialité de mettre à leur apparition, dans les repos de l'activité de votre esprit, une perspective de brouilles, de disputes, de duels. Ce matin, à la suite de l'insomnie d'une mauvaise nuit, je m'imaginais devoir avoir la visite

1. Rayé depuis *Ce n'est pas les choses exposées...*

du nouveau mari de Mme de Tourbey, à l'effet de me couper la gorge avec lui, et ce soir, en allant chez la Princesse, et n'y portant pas encore mon livre, je me disais : « Jouis de ton reste, ce sera peut-être ta dernière soirée dans ce salon où tu as l'habitude de venir depuis vingt-quatre ans. »

Jeudi 26 avril

Pendant que je suis en train de faire mon départ du troisième volume de mon JOURNAL, apparaît dans l'entrebâillement de la porte du cabinet de Fasquelle, la tête de Zola. Et cette tête amaigrie et si joliment amenuisée que j'ai vue, il y a un mois, six semaines, sous les embêtements de GERMINAL et l'exaspération de la non-réussite, a le décharnement, aujourd'hui, d'une grande et profonde maladie intérieure.

Sa parole est colère, strangulée. Il dit de sa pièce : « Oh ! ça disparaîtra de l'affiche avant huit jours ! ... Ils font 2 800... Dans deux ou trois jours, ils feront 2 000... et il y a 3 000 francs de frais... Quand j'ai vu le succès fait par la presse aux SURPRISES DU DIVORCE, je me suis bien rendu compte de ce qui m'attendait... Oui, ils veulent des choses gaies !... Ma femme ? Ma femme, elle est au lit, elle a une bronchite... Pardon, je vous laisse, j'ai un tas de courses,... j'ai hâte d'être à Médan... Et dire qu'avec cette pièce, ils m'ont empêché de travailler à mon roman,... que j'en ai jusqu'au mois d'août [1] ! »

Vendredi 27 avril

Au Théâtre-Libre, le PAIN DU PÉCHÉ d'Aubanel, rapetassé en mauvais vers par Paul Arène.

Dans un entracte, Daudet me raconte qu'Aubanel lui avait lu la pièce à lui et à Mistral, à Arles, dans le vieux cimetière des Aliscamps, Mistral et lui couchés dans une tombe antique et Aubanel faisant sa lecture dans une autre tombe. Ceci se passait en 1864...

Ce qu'il y a d'amusant, c'est que ce PAIN DU PÉCHÉ, ce pain mortel à ceux qui en mangent, ce pain ennuyeusement symbolique, que moi et tout le monde prenions pour une légende de la localité, serait, d'après Daudet, une pure imagination du catholique et vicieux Aubanel [2].

---

1. La pièce de Zola, c'est GERMINAL : voir t. II, p. 1179, n. 1, les vicissitudes de cette œuvre de Zola et Busnach. Le vaudeville qui la concurrence, LES SURPRISES DU DIVORCE, d'Alexandre Bisson et Antony Mars, avait été créé au Vaudeville le 2 mars 1888. Enfin, le roman que Zola rédige est LE RÊVE, qui paraîtra en librairie en octobre 1888 après publication dans LA REVUE ILLUSTRÉE.

2. LOU PAN DOU PECAT avait déjà été joué en provençal à Montpellier le 28 mai 1878 et publié à tirage restreint en 1882. Dans le JOURNAL imprimé, la lecture de la pièce parmi les sarcophages des Aliscamps est datée de 1861 : c'est la date manuscrite, 1864, qui est la bonne, Aubanel ayant écrit son drame dans l'été 1863. Enfin, ce n'est pas Aubanel, mais son adaptateur Paul Arène qui est responsable de l'invention de la légende provençale et du pseudo-dicton : « Le pain de l'adultère empoisonne quiconque en mange », légende et dicton destinés à faire comprendre aux Parisiens le titre de ce drame à la fois réaliste et symbolique, où le mari abandonné en vient à détester de plus en plus ses enfants, qu'il croit des bâtards, jusqu'à ce que leur mère vienne réparer sa faute en se tuant elle-même à la fin de la pièce.

Samedi 28 avril

Le naturisme chez les Japonais ! Jamais chez nous aucun artiste de valeur n'a tenté de représenter la branlade d'une femme par une main d'homme avec le dessin exact de sa décharge... Et cette vulve est dessinée comme ces pénis en érection d'un album d'Hokousaï, ces pénis qui n'ont d'équivalent dans l'art européen que la main attribuée à Michel-Ange [1].

Vraiment, cet Ernest Daudet, si la mère des Daudet n'avait été la femme la plus vertueuse du monde, je ne pourrais croire qu'il est le fils du même père, tant il est *pignouf* et *gaffeur.*

Autrefois, quand je fumais, je ne savais pas ce qu'était un petit verre. Maintenant que je ne fume plus, pour tuer l'heure vide qui suit les repas, je bois de l'eau-de-vie et me sens entraîné vers la *rousse maîtresse*... Bah ! quand je verrai que je vais tout à fait lui appartenir, je me remettrai à fumer.

Lundi 30 avril

Les Daudet viennent déjeuner chez moi et nous allons au *vernissage* voir mon portrait de Raffaelli. Une foule, ce jour *selected,* comme jamais je n'en ai rencontré au Salon. On y étouffe.

Deux remarques : l'influence de Bastien-Lepage dans la peinture et la vulgarisation des nuances du costume *esthetic* anglais dans la toilette de la femme française.

Daudet nous quitte pour aller finir son roman ; et malgré la chaleur et la fatigue, je tiens compagnie à Mme Daudet jusqu'à la fermeture, tant elle apporte à toutes les distractions de la vie un plaisir sincère et qui a quelque chose d'ingénieusement enfantin.

Mercredi 2 mai

Meilhac disait à Ganderax : « Quand je serai académicien, n'est-ce pas, je pourrai rater ? »

Jeudi 3 mai

Je reçois de Troubat, l'ancien secrétaire de Sainte-Beuve, une lettre qui m'accuse de diffamation pour avoir rapporté la phrase colère de la Princesse à Sainte-Beuve : « Mais votre maison est une maison de coquines, un mauvais lieu, et j'y suis venue pour vous [2] ! » Et il ajoute qu'il m'a cru un galant homme et que je ne le suis pas.

Ma foi, je me contenterai de rester un galant homme pour à peu

1. Cf. Quatremère de Quincy, HISTOIRE DE LA VIE ET DES ŒUVRES DE MICHEL-ANGE, 1835, p. 18 : Michel-Ange, âgé d'une vingtaine d'années, avait sculpté un CUPIDON ENDORMI, qui passa d'abord pour un antique ; mis en demeure de prouver qu'il pouvait en être l'auteur, « il prit une plume et il improvisa cette main devenue célèbre, que le comte de Caylus a fait graver ».

2. Cf. t. II, p. 192.

près tous ceux, je crois, qui me connaissent, et je me résignerai à ne l'être plus pour le mari de la cuisinière de Sainte-Beuve.

Ça ne fait rien, au fond de moi, j'ai une certaine peur qu'il n'écrive des sottises à la Princesse.

Exposition des dessins de Hugo. Bien certainement, ces dessins ont inspiré les fonds moyenâgeux des premières illustrations de Doré. Parmi les caricatures, le CHINOIS ENTHOUSIASMÉ, le GAMIN ÉMU du caricaturiste énorme ont quelque chose de semblable à des charges faites par un artiste des cavernes dans des quartiers de roche.

Rencontré Rosny sur le trottoir du FIGARO et monté avec lui chez Bonnetain, que je trouve préparant son *Supplément littéraire* de samedi, dans un cabinet décoré de la loutre empaillée, tuée par Adrien Marx et donnée par lui à Périvier.

Ce soir, comme je parlais au jeune Hugo avec une certaine admiration des dessins de son grand-père et que je disais comme les tons jaunâtres de ses vieilles pierres vermicellées faisaient bien dans le gris de l'encre des ciels, des terrains, des fonds, il m'apprenait que ces tons jaunâtres étaient obtenus avec du café sucré, ces croquis étant faits la plupart du temps, à la fin des repas, sur la table à manger.

Vendredi 4 mai

Hayashi vient me donner la traduction des étiquettes de pivoines qu'il m'a envoyées du Japon. Ces pivoines ont des dénominations comme celles-ci : *Nuage de bronze, Soleil levant du pont, Bambou neigeux, Blanc de la vie mondaine, Toilette légère, Parfum de manches de femmes.*

Samedi 5 mai

Tous ces jours-ci, attente nerveuse, inquiète, de lettres insultantes, de visites colères, de rixes même, qu'attend sur ma table de travail mon casse-tête [1].

Ce matin, on sonne à sept heures. Pélagie n'est pas levée. Je crois à la visite de deux témoins, que je *rattends* toute la matinée.

Je devais aller chez Popelin pour connaître l'état d'esprit de la Princesse à mon égard ; mais je suis lâche et au commencement du boulevard Haussmann, je retourne sur mes pas et remets ma visite à lundi.

Là-dessus, je vais dîner chez Pierre Gavarni. Il est à une chasse au sanglier à Chantilly ; mais il doit revenir, et bientôt il arrive. On dîne gaîment, et sa femme, qu'une maladie d'estomac a maigrie et allongée et a faite tout à fait belle, est décidément un très bon enfant.

Il y a un dîneur, que j'ai déjà rencontré : un Marseillais, une oreille appartenant toute au chant des oiseaux, et qui n'en donne pas seulement

1. Le deuxième volume du JOURNAL (années 1866-1870) avait paru le 30 avril.

le son, mais qui en répète mot à mot la chanson. Un curieux être, un amoureux, un passionné notateur des bruits musicaux de la nature, et qui nous fait une imitation admirable du souffle du mistral dans les sapins du Midi.

Il me racontait que, lorsqu'il était tombé à Paris, il était entré chez un fabricant d'oiseaux mécaniques, dont il avait écouté le gazouillement et lui avait dit : « Voulez-vous que je vous fasse un oiseau particulier et qui ait vraiment son chant, un pinson par exemple ? — Croyez-vous que votre pinson se vende plus que les oiseaux que voilà ?... Mais enfin je tenterais l'affaire, si vous faisiez vous-même le cylindre ! »

Et l'ami du petit Gavarni s'était mis à fabriquer le cylindre.

Dimanche 6 mai

Pélagie m'apprend aujourd'hui qu'il y a juste vingt ans qu'elle est à la maison.

Lundi 7 mai

Avec un peu de ce qui se passe en vous quand vous vous rendez chez un dentiste, je vais chez Popelin pour savoir décidément quel effet mon livre a produit sur l'esprit de la Princesse. Il n'est pas rentré, et malgré tout mon désir d'être fixé avant mercredi et savoir si je dois aller dîner ou m'abstenir, je suis enchanté de ne pas le rencontrer, et m'en vais, tout guilleret, oublier la pensée préoccupante chez le Japonais Hayashi, où j'achète le merveilleux album d'Outamaro, SOUVENIRS DE LA MARÉE BASSE, et un exemplaire tout à fait extraordinaire du livre : LES TRENTE-SIX POÉTESSES de Tchobunsai Yershé.

Mardi 8 mai

La REVUE INDÉPENDANTE donne un passage des CONFESSIONS de Moore où, rapportant les débinages du Café de la Nouvelle-Athènes ou plutôt de Degas, il affirme que je ne suis pas artiste [1].

Ah ! les bons impressionnistes ! Il n'y a qu'eux, d'artistes ! De drôles d'artistes qui n'ont jamais pu *réaliser* quoi que ce soit... Or la difficulté de l'art, c'est la réalisation : l'œuvre poussée à ce degré de fini qui la sort de la croquade, de l'esquisse, et en fait un tableau... Oui, des esquisseurs, des faiseurs de taches, et encore des taches qui ne sont pas de leur invention, des taches volées à Goya, des taches volées aux Japonais... Et les prétentions de ces impressionnistes ! Et l'amusant

1. Dans le chap. VI de ses CONFESSIONS, paru en mai 1888 dans la REVUE INDÉPENDANTE, p. 321, George Moore, après avoir croqué Monet, Mendès, Cabaner et autres habitués du Café de la Nouvelle-Athènes, passe à tout autre chose et au cours d'un dialogue imaginaire, lui-même fort décousu, il s'en prend ainsi à Goncourt : « Goncourt n'est pas un artiste, malgré toutes son affectation et ses prétentions... Il me *fait l'effet* d'une vieille femme qui pousse des cris perçants, en quête de l'immortalité, et essaie d'en abattre quelques fragments avec un balai. »

d'entendre un Degas déclarer que toute la littérature actuelle est inspirée par la peinture, Degas dont le succès était fait avec ses blanchisseuses et ses danseuses, dans les années où j'indiquais aux peintres de mœurs, dans MANETTE SALOMON, ces deux sortes de femmes comme montrant du nu et du blanc laiteux [1]... Degas, ce constipé de la peinture, cet homme aux méchancetés travaillées et piochées dans l'insomnie de ses nuits de raté,... Degas, le carotteur et le mauvais bougre que j'ai montré dans ses rapports avec les Nittis !

C'est trop bête au fond, moi, pas artiste ! Alors qu'est-ce qui l'est donc, dans les écrivains modernes ?

Mercredi 9 mai

Toute la journée, la perspective d'aller dîner ce soir chez la Princesse, avec la pensée que je pourrais être amené à prendre mon chapeau et à ficher mon camp... Or, cependant, depuis qu'il existe des princesses, je ne connais pas un écrivain qui ait fait un éloge aussi intelligent de l'intelligence et du cœur d'une de ces femmes ; mais parfois, les Altesses intelligentes sont bien bêtes.

Je pars donc à six heures, à pied, pour la rue de Berri, dans l'imprévu nerveux de ce qui peut m'arriver, roulant et épuisant dans ma pensée, pendant que je marche, la série des suppositions les plus désagréables et m'apprêtant à entendre un domestique me dire, au moment où je vais quitter mon paletot : « La Princesse n'y est pas pour Monsieur ! »

J'arrive, je pénètre dans le salon. La Princesse, déjà descendue et en train de causer avec un invité, me jette de sa voix amie, me jette un « Bonjour, cher ami », dans une inflexion qui me dit qu'elle n'est pas fâchée.

Pas un mot par exemple sur le livre.

Pendant le dîner, voyant son regard — arrêté sur moi d'une façon énigmatique — surpris par le mien et me disant : « Qu'est-ce que vous avez à me regarder ? » je lui réponds : « Je cherchais s'il y avait dans votre figure un sourire pour moi. » Et sa figure a le sourire demandé.

En sortant de table, je pousse Mlle Abbatucci dans un coin et lui demande quelle est vraiment l'impression de la Princesse sur mon JOURNAL : « Dans le premier moment, répond-elle, la Princesse a été très montée contre vous ; mais depuis, l'entourage l'a retournée. Et aujourd'hui, elle est très bien disposée pour vous. »

Jeudi 10 mai

On causait ce soir de l'aspect *église* qu'ont, à l'heure présente, les temples de l'argent et l'on peignait le grand escalier du Comptoir d'escompte, l'élévation des salles, leur éclairage tamisé, enfin l'ensemble

1. Cf. t. II, p. 569, n. 1.

de dispositions architecturales donnant à un édifice un caractère religieux. Il était question de paroles qui se disaient à voix basse et avec une sorte de recueillement devant cet autel de la pièce de cent sous, tout comme devant un autel où figurerait la tête du Christ sur le voile de Véronique — et même la remarque était faite de la physionomie de bedeaux qu'avaient en ce lieu les garçons de banque.

Léon Daudet n'a pas dîné. A Mme Daudet, qui demandait où était son neveu, on a répondu qu'il était à la caserne. Il n'était pas à la caserne. Il était près de la jeune Hugo, attaquée d'une pleurésie, sur la demande de Potain, son maître, et encore par l'amitié qu'il porte au frère de la jeune fille, et peut-être un peu par un rien de sentiment qu'il éprouverait pour la malade... Et les Ernest Daudet partis, Mme Charpentier, arrivant et qui a vu hier Léon si occupé de sa malade qu'il n'a pas voulu descendre pour manger, la voilà, Mme Charpentier, parlant d'un mariage entre le jeune Daudet et la jeune Hugo, mariage dont Mme de Banville a répandu le bruit dans tout Paris, cet hiver. Mme Daudet alors déclare qu'elle éprouve un grand ennui de cela, que son fils n'ayant pas de fortune, on pourrait le regarder comme un coureur de dots si, par hasard, ce mariage impossible se faisait ; et elle ajoute que d'un autre côté, elle serait désolée que dans ce rapprochement de la vie entre les deux jeunes gens, son fils vînt à s'amouracher de la petite et qu'elle en épousât un autre.

Samedi 12 mai

Guillaume, l'éditeur, vient me voir à propos d'une édition de SŒUR PHILOMÈNE qu'il veut tenter. Il trouve tout naturel de donner à Raffaelli 15 000 francs pour cent dessins et à moi rien, ou pour ainsi dire rien. Je trouve vraiment la disproportion exagérée entre ce qu'il donne à l'illustrateur et ce qu'il donne à l'auteur.

Dimanche 13 mai

Hayashi vient aujourd'hui me donner la traduction des titres de mes albums et de mes livres japonais.

Comme je m'extasie sur la grâce voluptueuse qu'Outamaro, mon artiste de prédilection, a mise dans ses longues femmes, et qu'à propos d'une planche des DOUZE HEURES, de cette impression où, d'une robe pâle, comme tissée de toiles d'araignées bleues, jaillit une petite épaule nue de femme, à la maigreur excitante, je lui dis qu'on sent chez l'artiste un amoureux du corps de la femme, il me révèle qu'il est mort d'épuisement.

Et tout en feuilletant d'une main rapide mes albums, Hayashi a de temps en temps de petites gaîtés, des éclats de rire d'enfant, pendant lesquels il s'écrie : « De grands *toqués*, les artistes japonais, des toqués comme celui-ci qui, dans l'admiration d'un clair de lune, empêché de le voir par un coin du toit de son voisin, s'essaya à l'*écorner* avec sa lanterne et brûla une partie de Yédo... Ah ! c'est curieux, fait-il, quelques minutes après, en tombant sur un album de théâtre... Vous voyez cet acteur qui s'ouvre le ventre. Eh bien, c'est la représentation réelle d'une chose arrivée. C'était un très grand acteur engagé à jouer pour une société, pour cette société seule. Sa belle-mère, qui avait une grande influence sur lui, contracte en son nom un engagement avec un théâtre de Yédo, engagement dont elle touche d'avance l'argent... Au moment de débuter, on lui reproche sa mauvaise foi... et dans la première représentation qu'il donne et où il avait à représenter un *hara-kiri*, il s'ouvre tout de bon le ventre. »

Il semblerait que, dans le commencement, les impressions n'ont été inventées que pour répondre à la passion effrénée du public pour le théâtre et les acteurs, et Outamaro est un des premiers qui, négligeant la figuration des hommes de théâtre, s'est voué exclusivement à la représentation des scènes de la vie intérieure. C'est lui qui a lancé à ses confrères, peintres de théâtre, cette phrase : « Moi, c'est mon dessin qu'on achète ; vous, on ne vous achète que l'image d'un acteur. »

Je demande à Hayashi quel était le tirage des séries d'Outamaro et autres peintres japonais célèbres, il me répond que le tirage était seulement de cent, deux cents au plus,... qu'on les retirait seulement si la publication avait du succès.

A déjeuner, Hayashi cause nourriture japonaise et me cite comme mets délicieux une salade de poireaux et d'huîtres. Puis, questionné par moi sur les livres et les auteurs européens en faveur au Japon, il me nomme LE CID de Corneille et les drames de Shakespeare. Et il doit être parfaitement dans le vrai, LE CID et les drames de Shakespeare ayant une grande parenté avec leurs tragédies héroïques.

Je pensais aux petits hasards curieux qui produisent de grands événements. Au fond, c'est bien certainement le voyage de Philippe Sichel et plus tard le voyage de Bing qui ont fait faire connaissance intime à l'Europe avec le Japon et qui ont vulgarisé l'art de l'Empire du Soleil en Occident.

Lundi 14 mai

Une femme, alliée aux Juifs, mais ne les aimant pas, me disait : « Savez-vous à quoi les Juifs reconnaissent un homme distingué ?

— Non.

— A la manière dont il mange à table. Ma belle-mère, me parlant d'un monsieur, me dit : « Oh ! ce monsieur, il est très distingué, je l'ai vu manger... » Oui, la distinction de la personne, de la tenue, de la parole, ça n'a pas d'importance. Et savez-vous même quelle est la distinction du manger pour les Juifs ? C'est seulement de ne jamais toucher un os de ses doigts et de manger les fruits au bout des dents d'une fourchette, enfin de se livrer à toutes les simagrées de fausse recherche et de fausse distinction avec lesquelles les grossiers Anglo-Saxons simulent le suprême *chic*. »

Mardi 15 mai

Enfin, ce soir, dans l'effacement du crépuscule, le doux bruit humide de la pluie sur les feuilles neuves, avec cette fraîche et revivifiante senteur de la pousse des choses de la nature.

Mercredi 16 mai

Je me disais ce matin : si je gagnais l'année prochaine cent mille francs avec GERMINIE LACERTEUX, j'achèterais la maison en face, et j'y ferais mettre cet écriteau : *A louer à des gens sans enfants, ne jouant d'aucun instrument de musique et auxquels il ne sera permis en fait d'animaux que des poissons rouges.*

Mercredi 16 mai

Après la préface de PIERRE ET JEAN, j'avais envoyé mon troisième volume du JOURNAL DES GONCOURT à Maupassant, sans la dédicace amicale d'autrefois [1]. Je suis tout étonné aujourd'hui de recevoir une lettre complimenteuse sur le coup de trois heures. Et je me demande, connaissant le sire : « Est-ce que par hasard, il dînerait chez la Princesse ? » Et en effet, la première personne que j'aperçois, en entrant dans le salon, c'est lui. C'est bien le Normand !

Au dîner, Sardou, avec sa tête et sa voix de vieille femme, prend la parole à la soupe et jacasse jusqu'au dessert, sans discontinuer, parlant de Nice, de la Bastille, de Versailles, intarissable et agaçant avec son admirable mémoire de lieux communs. C'est vraiment un causeur de la force de cent chevaux... Au fond, il est impossible d'être plus mal élevé !

Harris me conte qu'hier, il est entré chez une fleuriste du Boulevard, et qu'un bouquet qu'il trouvait joli, on le lui a fait, de la manière la plus simple, cinq cents francs.

Oh ! la grande critique de l'heure actuelle ! Il n'aura pas été dit un mot des trois volumes de mon JOURNAL ni dans la REVUE DES DEUX MONDES ni dans la REVUE de Mme Adam, les deux seules revues qui comptent [2].

Samedi 19 mai

Songe-t-on combien ça vous rapporte d'être républicain et se figure-t-on la place qu'aurait l'historien Aimé Martin, s'il était un historien légitimiste ?

Un mot caractéristique de républicain. Grévy demandant au directeur des Beaux-Arts comment il trouvait le Salon de cette année : « Pas

1. Cf. plus haut p. 87, n. 2. Lapsus du texte Ms. : *Après la préface de JEAN ET PAUL.*
2. Sur la NOUVELLE REVUE de Juliette Adam, cf. t. II, p. 930, n. 1.

d'œuvre supérieure, mais une très bonne moyenne. — Très bien, c'est ce qu'il faut dans une république. »

Dimanche 20 mai

On parlait de l'intérieur de Bergerat, et Mme Frantz Jourdain nous montrait la bonne de Bergerat, en bonnet recouvert d'une fanchon de laine, assistant à la leçon de gymnastique des deux enfants de Bergerat en lisant LE VIOL de son maître.

Il y a eu hier, dans le *Supplément littéraire* du FIGARO, un article un peu ironique de Descaves sur Rosny ; et voilà qu'aujourd'hui, à son entrée, Rosny se laisse tomber sur le divan du *Grenier*, en disant, sur la note d'un enfant auquel on a fait du mal : « C'est méchant, méchant.... et d'un camarade !... Au fond, je suis désolé de devoir des services à Bonnetain. » Et il gémit douloureusement pendant qu'on cherche à le *défâcher* contre Bonnetain et Descaves.

Lundi 21 mai

Mme Sichel m'entretient, ce soir, de la jalousie de son mari, surexcitée par l'approche de la mort. Elle me conte qu'en Suisse, après ce séjour aux Eaux-Bonnes où il était déjà très malade, un jour, la rencontrant sur l'escalier en chapeau et revenant d'une course matinale, toute fraîche du matin, il lui avait dit avec un accent amer : « Va, tu feras une veuve encore fort désirable ! » Et elle ajoute que la veille de sa mort, pendant le demi-assoupissement d'une piqûre de morphine, étant montée dans sa chambre avec le docteur Martin et ayant causé quelque temps avec lui au pied de son lit, croyant son mari complètement endormi, il lui avait dit, quand elle était remontée : « Il te fait la cour, le docteur Martin ? »

On a fait de la littérature avec la jalousie du passé ; il y aurait peut-être une très belle chose à faire avec la jalousie du futur, avec la jalousie posthume d'un mourant.

Mardi 22 mai

Le *blond d'Ève* qui est dans la frisure de la nuque de Mlle***, dans le dessous de son aisselle, un jour entrevu en son décolletage, et que je vois sans le voir dans le duveteux du secret de son être, ce blond parle à mes sens ; et il me faut du courage pour résister à sa tentation.

Mercredi 23 mai

J'écris à Daudet au sujet de L'IMMORTEL et je lui écris bien ce que je pense... Maintenant, je trouve dans ce livre un petit manque de netteté, de précision, de relief des êtres et des choses, et je cherche le pourquoi, sans le trouver.

Mlle Abbatucci me racontait ce soir un joli détail de la guerre qui lui avait été fourni par son oncle, le général Abbatucci. Lors du siège de Sébastopol, dans les trêves entre les deux armées, on donna des bals où les officiers français tentèrent de plaire à des femmes russes. Et pour plaire, en ce moment où l'on avait une chemise lavée à la diable par un brosseur, son oncle en repassait le col et les manches avec ses étriers, dont il faisait des fers à repasser.

Jeudi 24 mai

Le beau en littérature est peut-être d'être un écrivain sans qu'on sente l'écriture. Je dis cela à propos de l'agonie et de la mort de mon frère dans le troisième volume de mon JOURNAL [1].

Vendredi 25 mai

Ah ! si j'avais encore quelques années à vivre, je voudrais écrire sur l'art japonais un livre dans le genre de celui que j'ai écrit sur l'art du XVIIIe siècle, un livre moins documentaire, mais un livre encore plus poussé vers la description pénétrante et révélatrice des choses. Et ce livre, je le composerais de quatre études : une sur Hokousaï, le rénovateur moderniste du vieil art japonais, une sur Outamaro, le Watteau de là-bas, une sur Korin et une autre sur Ritzono, deux célèbres peintres et laqueurs. A ces quatre études, je joindrais peut-être une étude sur Gakutei, le grand artiste des *sourimonos,* celui qui, dans une délicate impression en couleur, sait réunir le charme de la miniature persane et de la miniature du Moyen Age européen [2].

Lundi 28 mai

Hier dimanche, à la soirée de la Princesse, à ce dimanche fleuri qui fêtait ses soixante-huit ans et qui, la veille, aurait pu fêter mes soixante-six ans.

Comme je parlais à la Princesse du déjeuner qu'elle a l'habitude de faire à Auteuil tous les ans avant son départ pour la campagne, elle me prie de le remettre pour le courant de l'été, et elle m'invite, avec son joli sourire des yeux, tout plein de choses amicalement grondeuses, elle m'invite au séjour annuel de Saint-Gratien dans une phrase qui se termine par ce mot de reproche : « Grand indiscret ! »

Et comme je lui dis que mon indiscrétion ne peut que grandir sa mémoire et que, si j'ai donné ses confidences colères sur Sainte-Beuve,

---

1. Cf. t. II, pp. 243-257.
2. Goncourt aura le temps de publier OUTAMARO, *le peintre des maisons vertes,* en 1891, et HOKOUSAÏ, *l'Art Japonais au XVIIIe siècle,* en 1896. Dans ce dernier ouvrage (p. 267), il mentionne élogieusement, parmi les disciples d'Hokousaï, ce littérateur converti à la peinture, ce « dessinateur de la femme de l'aristocratie, de la femme à l'aspect sacerdotal », qu'est Gakutei. Mais il ne publia rien sur lui, non plus que sur Ritzono ou Korin.

c'est que je désirais que la postérité eût un échantillon de son éloquence *napoléonienne*, elle murmure gentiment : « Ah ! vous savez, ça m'a valu une lettre d'injures de Troubat ! »

J'ai trouvé de la part de la Princesse tout à fait délicat, tout à fait distingué, de m'avoir jusqu'ici gardé le secret de cette lettre.

Mercredi 30 mai

La Princesse vient s'asseoir à côté de moi d'un air soucieux. Et comme je me laisse aller à lui avouer que je trouve Popelin très pâli, très changé, mais que j'ai la certitude qu'il se remettra bien vite à la campagne, toutefois à la condition de sortir de sa vie casanière, de prendre l'air, de faire de l'exercice : « Oui, vous savez, il a eu deux vertiges aujourd'hui », fait-elle. Puis après deux ou trois clapements de bouche, elle murmure : « Je ne sais pas... Il y a quelque chose que je ne comprends pas... Je ne vois pas ça tout physique... N'y aurait-il pas un ennui moral ? Il est si triste... Au fond, *ça me mine,* mais je ne dis rien. » Alors, pendant que je cherche à lui persuader que la tristesse de Popelin, il faut l'attribuer à l'affaiblissement produit par la maladie, soudainement elle se lève d'auprès de moi et se précipite au-devant de Dieulafoy, qui vient d'entrer dans le salon du thé.

Et au bout de quelque temps, pendant que d'un canapé du *hall,* je la vois faire des gestes violents et que j'entends sa voix s'élever avec des accents douloureux, Mlle Abbatucci, qui a l'air de son côté très préoccupée, me dit : « Allez donc dire à Popelin de rompre l'entretien », en ajoutant : « Je vous dirai ce qui se passe. »

je crois qu'en dehors des alarmes de sa tendresse pour Popelin, d'un peu de jalousie des soins donnés par Mlle Abbatucci au malade, elle est furieuse que Dieulafoy ait déclaré que Saint-Gratien était un mauvais séjour pour Popelin au mois d'octobre.

Jeudi 31 mai

Aujourd'hui, en poussant la porte de mon jardin, j'entends appeler : « Edmond ! » par une voix de femme. Je me retourne et m'avance vers la femme à cheveux blancs qui m'appelle si familièrement ; et après un moment d'hésitation, je reconnais Julie, Julie, la femme de Charles Edmond, Julie qui... Julie que...

Elle est avec un monsieur, qui est Bourde et qu'elle me présente en ces termes : « Je vous présente mon fils adoptif. Vous savez, j'ai la manie de l'adoption ; et maintenant que ma fille est mariée, c'est Bourde que j'ai adopté, et je viens lui chercher une maison dans votre villa... »

Et embarrassés et un peu émotionnés, comme des gens qui ont été très liés et qui ne se sont revus depuis des années, après un moment, nous nous remettons et parlons avec des voix attendries des gais dîners de la rue Saint-Lazare et de l'Odéon, et des fameux bas de soie, avec lesquels *Méchante* coquetait avec nous, et du rien de cour que nous lui faisions, souvenirs d'un passé où il y a bien des morts, souvenirs coupés à chaque phrase par des : « Vous rappelez-vous ? »

Et l'on se quitte en pensant que c'est peut-être la dernière fois qu'on se voit.

Dimanche 3 juin

Arrive Bonnetain qui me dit : « Avez-vous lu l'ÉVÉNEMENT de ce matin ? — Non. — Eh bien, c'est une indignité ! Il y a un article sur Mme Daudet, où on dit qu'elle n'a aucun talent, qu'elle se teint les cheveux, et qu'elle n'a d'amitié pour vous qu'à cause de l'espérance de votre succession. — Et c'est signé ? — *Vertuchou.* — Serait-ce de Vignier [1] ? »

Et voici Ajalbert qui raconte, à propos de son affaire, qu'il a dû attendre Vignier sur le terrain une heure un quart et que ses témoins n'ont pas voulu accepter pour lui cette heure de nervosité. Et il cause d'une manière amusante de ce duel manqué, qui lui a coûté 250 francs. Il a payé soixante francs un landau, son duel se trouvant avoir lieu le jour de la Fête des fleurs. Enfin dans sa recherche, comme médecin, de Fleury, il tombait à Sainte-Périne également au milieu de la fête, au milieu des gâteuses et des gâteux de l'endroit tout fleuris.

Et l'on reparle de l'article de l'ÉVÉNEMENT et de la responsabilité qui devrait retomber sur ce débitant au numéro de scandales, et je pense, sans le dire tout haut, que Léon Daudet devrait aller bâtonner Magnier avec une canne plombée en se mettant à sa disposition et, de là, aller trouver l'auteur de l'article et loger dans son individu une ou deux balles, sans lui faire l'honneur de quelque chose de plus... Oui, ça demanderait une exécution, comme on en fait ici, de chien enragé ou, comme on en fait en Amérique, de journaliste *chanteur.*

Et quel tribunal oserait condamner un fils qui laverait dans le sang sa mère — l'honnête et excellente femme qu'est Mme Daudet — de si odieuses calomnies ?

Chez les sceptiques survient à tout instant un doute amer à l'endroit des sentiments qu'on leur témoigne, et surtout quand ces sentiments ressemblent à de l'amour, et qu'ils sont vieux comme moi. Et cependant, le contentement triomphant qu'elle avait, un jour qu'elle traversa le Luxembourg à mes côtés, et qui faisait que les femmes sur les chaises la regardaient avec les yeux méchamment envieux des femmes regardant une des leurs amoureuse ou aimée — et cependant, la douce pression heureuse de sa poitrine contre mon bras, un jour où je lui ai donné le bras pour passer à la salle à manger de la Princesse, n'ont pas l'air

---

1. D'après le passage du 15 juin, *Vertuchou* est Astruc : entendez non point le sculpteur et critique d'art Zacharie Astruc, mais plus probablement Gabriel Astruc, auteur d'un vaudeville joué au Palais-Royal le 6 sept. 1888, LE BAIN DE LA MARIÉE, en collaboration avec Pierre Soulaine, et d'un livre gai, préfacé par Coquelin Cadet et publié sous le pseudonyme de *Surtac*, LES MORALES DU RASTAQUOUÈRE (1888) ; la probabilité s'accroît du fait que l'éditeur de ces deux ouvrages est Ollendorff, avec qui Daudet veut se battre un peu plus tard. D'ailleurs, *Vertuchou* est identifié avec Astruc par l'ANNUAIRE DE LA PRESSE de 1888.

de sentiments joués, mais au contraire de sentiments vrais, de sentiments sincères.

Mardi 5 juin

Déjeuner chez le gentil Bonnetain, avec la terreur qu'il me demande d'être témoin de son mariage.

Insupportable tapage des courses, qui met à votre cantonade verte le bruit de la corbeille de la Bourse.

Visite de Montesquiou-Fezensac, qui me parle du projet de publication de ses volumes de poésie à trente exemplaires et me dit que pour parler en littérature aristocratiquement des êtres et des choses, il ne connaît que Chateaubriand et moi, que les autres commettent à tout moment des pataquès effroyables.

Dans ma vie, qui n'est plus remplie par la création, j'y mets, le soir, de l'alcool, qui la fait à la fois vague et exaltée.

Mercredi 6 juin

Je me prépare à partir pour Champrosay, anxieux de savoir si l'on connaît là-bas l'article de l'ÉVÉNEMENT. Un roulement de voiture : c'est Léon Daudet qui vient me chercher. L'article est connu des Daudet ; Lorrain a bêtement, maladroitement envoyé le numéro avec une note disant qu'il n'en est pas l'auteur. Mme Daudet est dans un état déplorable. Et Léon ajoute : « C'est à cause de cela que j'ai fait ce matin deux heures d'armes et de tir Gastine. » Et il parle de son envie de tuer une de ces canailles, empêché qu'il est dans le moment par l'âge de son père ; mais il espère « prochainement et sous un prétexte quelconque en crever un » !

Je trouve à Mme Daudet la figure de la désolation. Elle m'entraîne dans une allée et me dit avec une excitation qui touche à la folie : « C'est étonnant qu'on ne me défende pas, parce que je suis une femme honnête... Alphonse, si susceptible pour lui-même, c'est singulier, il n'est pas, non, il n'est pas sensible à l'injure qui m'est faite ! » Et son mari survenant, elle l'accuse d'être, par ses romans agressifs, la cause de cette attaque contre elle, puis se met à déraisonner comme un pauvre être mortellement blessé au cœur et demande qu'on fasse un article où on rétablisse la vérité sur elle.

Je lui affirme qu'un article en réponse à l'ÉVÉNEMENT ne fera que divulguer l'article dirigé contre elle, que son honorabilité, sa respectabilité doivent lui faire mépriser ces basses calomnies et que l'article vient surtout de ce qu'elle a du talent... Mais je sens qu'elle ne m'écoute pas, qu'elle n'est pas du tout à mes paroles.

Jeudi 7 juin

Ce matin, Daudet entre dans ma chambre et me dit :

« Après avoir bien réfléchi, je suis décidé... Il faut que j'agisse... Tout d'abord, ma première impression avait été de ne rien faire ; mais devant le chagrin si profond que ma femme éprouve, je crois devoir à ce chagrin une vengeance... Frantz Jourdain vient ce matin. Je lui demanderai d'être mon témoin. Je prendrai Gouvet dont je suis sûr. J'ai bien Drumont sous la main, mais il est trop *porte-guigne*... Nécessairement, je ne peux pas me battre à l'épée, je serais ridicule, je tomberais... A l'épée, on aurait pitié de moi comme d'un vieillard... Je me battrai au pistolet... et mes conditions sont celles-ci : à quinze pas — je crois que c'est tout ce que je pourrai obtenir —, et qu'on charge des balles jusqu'à ce que l'un de nous deux tombe. »

A l'observation que je lui fais, que vraiment, ça n'a pas le sens commun, un homme de sa valeur, de se battre contre un Magnier, il reprend : « Non, c'est absolument décidé... Je vais voir Frantz Jourdain, qui doit être en bas avec les ouvriers... Maintenant, habillez-vous, nous irons dans une heure acheter du poisson à Corbeil. »

Je retrouve au jardin Daudet avec Frantz Jourdain, et nous lui demandons, Jourdain et moi, si Magnier consent à faire une exécution de l'auteur de l'article, à se contenter de cette satisfaction. Mme Daudet alors survient, et Daudet lui dit que décidément, il va faire l'article qu'elle lui a demandé la veille et que le lendemain, il ira à Paris.

Et nous partons pour Corbeil où en chemin, il me dit après un silence : « Moi, avec mes romans, il est naturel qu'il m'arrive toutes les mauvaises aventures... Mais elle, elle n'a rien fait pour mériter un outrage. Vous savez, elle a passé deux nuits à pleurer... Et puis, quoi ! ma vie... entamé comme je suis, je jouis de si peu de choses.... » Après quoi, il redevient le Daudet gai, blagueur, amusant, de tous les jours, avec une aisance qui n'est pas jouée — préoccupé seulement comment il retournera à Paris, le jour de la rencontre, sans inquiéter sa femme ou être deviné par son fils, et termine en disant : « Bah ! je leur dirai que je vais corriger les épreuves de mon article. »

Après déjeuner, essayant une dernière tentative pour empêcher le duel, je m'adresse à Mme Daudet, un peu calmée, un peu rassérénée par ma présence, et je lui dis : « Tenez, madame Daudet, maintenant que la crise douloureuse est passée, vous devriez tâcher d'obtenir de votre mari qu'il renonce à son article... » Et en effet, elle fait ce que je lui demande. Mais, moi sorti, Daudet lui dit qu'il croit maintenant l'apparition de cet article de toute nécessité.

Daudet est resté aujourd'hui à Champrosay, parce que c'est son jour de réception. Quand on se dispose à aller au-devant des arrivants du chemin de fer, la pauvre Mme Daudet nous avoue avoir eu l'idée d'aller à Paris pour ne voir personne, gardant vis-à-vis des gens comme une honte de l'attaque qui lui est faite. On la plaisante, elle se décide à nous suivre. Mais arrivée à la porte du parc, elle se refuse à sortir et attend son monde sur un banc, dans l'ombre.

Ce sont d'abord Léon Daudet et Geffroy ; puis un autre train nous amène Bonnetain et Rosny, bientôt suivis de Drumont, qu'ont été chercher chez lui Léon et Geffroy. Et pendant tout le dîner, Daudet est le Daudet à l'esprit libre et spirituel de tous les jours. Après dîner, il s'élève une vive discussion sur le sentiment pictural du paysage, que Rosny et moi disons n'avoir pas été rendu par l'Antiquité ; Daudet nous oppose Virgile, et la soirée se termine par une bataille autour du talent de Rousseau.

Le soir, comme Daudet monte dans ma chambre gentiment me coucher, ainsi qu'il en a l'habitude, à mes paroles lui montrant l'apaisement de sa femme, à ma demande de renoncer à cette rencontre, dont il n'avait pas eu l'idée d'abord et à laquelle il n'avait été amené que par le chagrin colère de sa femme, il me répond : « Non, mon cher, cela recommencerait. »

Vendredi 8 juin

Daudet est parti et dans la maison tranquillement silencieuse, on entend seulement les petits cris d'oisillon et les petits pas trébuchants d'Edmée sur le cailloutis des allées du jardin. Et pendant que ma pensée est à l'arrivée de Daudet à Paris, à sa rencontre avec les témoins, aux conditions de ce duel à mort, Mme Daudet m'aborde, la figure souriante, me dit qu'elle est heureuse d'avoir suivi mon conseil et que bien certainement, il sera appuyé par Gille, que va consulter son mari, et que renonçant à sa lettre dans le FIGARO, on n'a plus à craindre aucune complication.

Au déjeuner, à tout moment, Edmée répète : « Pas là, Papa ? » pendant que Mme Daudet, avec toute la sérénité possible, m'explique que Daudet déjeunant chez Gille, il se pourrait qu'il ne revînt pas par le train de quatre heures, mais seulement par le train de six heures.

A six heures, voilà Daudet descendant du train, le sang à la tête, marchant très mal et parlant d'une voix saccadée. Tout d'abord, il se montre furieux contre Brinn' Gaubast, le précepteur de son fils, qui s'est permis, sans le prévenir et en se donnant comme son secrétaire, de demander à Magnier de répondre à l'article publié dans l'ÉVÉNEMENT.

D'après ce qu'il a appris à Paris, Mme Aubernon n'est pour rien dans l'article, c'est avant tout une question de rivalité de boutique, ainsi que le ferait supposer ce propos d'Ollendorff à Marpon remontant à quelques semaines. Il aurait dit que, malade comme l'était Daudet, ce n'était pas lui qui aurait écrit le volume de L'IMMORTEL, mais bien sa femme, puis il raconte le prétendu déjeuner qu'il a fait chez Gille.

Monté dans ma chambre, il me dit que ses témoins ont vu Magnier, qui voulait se dérober et le renvoyer à l'auteur de l'article. Mais Gouvet l'a coupé de suite, en lui disant : « Vous comprenez que M. Alphonse Daudet ne peut avoir pour adversaire M. *Vertuchou, Vertugadin, Vertu* je ne sais quoi... » Alors, Magnier a constitué pour témoins Scholl et Henry Houssaye... « L'ennuyeux, s'écrie-t-il, c'est qu'il a fallu revenir sans avoir connaissance du résultat de l'entrevue avec les témoins : ça fait que demain, j'arriverai à Paris, ne sachant pas si je vais trouver une satisfaction ou si je vais me battre. »

Et l'on dîne dans les gaîtés du fils aîné, qui a déjeuné le matin chez Bonnetain et qui, ignorant tout ce qui se passe, jette à son père : « Papa, as-tu déjeuné au champagne, ce matin ? »

A ce moment, on apporte une dépêche, que je regarde lire à Daudet de tous mes yeux et que je lui vois jeter sur la table, en disant à sa femme : « Oui, tu l'auras, l'article que tu as demandé ! » Je ne puis m'empêcher de me lever de table et d'aller l'embrasser. Mme Daudet me regarde et s'étonne :

« Eh oui ! dis-je à la table qui a les yeux sur moi, oui, allez, j'ai passé une mauvaise nuit et une mauvaise journée... Ce n'est pas pour un article, c'est pour un duel qu'il était à Paris !

— Comment ? Et l'histoire du déjeuner chez Gille, ça n'était pas vrai ? s'écrie Mme Daudet.

— Ç'a été le dur de ma situation, répond Daudet, car le reste... Mais tous ces mensonges, c'est odieux... »

Et Léon ne peut s'empêcher de s'écrier : « Que tu aies trompé maman, c'est bien. Mais moi, tu m'as joliment mis dedans ! »

Chose curieuse, et l'être bizarre qu'est la femme ! Après cet heureux dénouement, on aurait dû croire à une soirée de bonheur et de tendresse. Non, la surprise et l'émotion de ce qui pouvait arriver ont mis Mme Daudet dans un état nerveux tel que, lorsqu'on revient à parler de l'article de l'ÉVÉNEMENT et que Daudet se laisse aller à dire qu'il ne voyait pas dans cet article le motif d'un duel et qu'il n'avait été poussé à demander une réparation que par la vue de son chagrin, Mme Daudet se montant peu à peu et ne se rendant pas compte de ce qu'elle avance et qu'elle reniera quelques instants après, arrive à dire que ça valait la mort d'un homme. Comme nous nous récrions et que Daudet déclare que les femmes honnêtes, sur l'interprétation de certaines choses, sont imbéciles, voilà Mme Daudet qui se lève et s'en va, après avoir lancé à propos d'une phrase où je soutenais son mari : « Allons, assommez-moi, vous aussi ! » Elle revient quelques instants après, mais ne me dit plus un mot de la soirée.

Comme je commençais à me déshabiller, elle monte avec son mari dans ma chambre, et tout en larmes, avec le chagrin de ses doux yeux, elle me demande pardon de m'avoir fait de la peine [1].

Samedi 9 juin

Ce matin, promenade dans le parc avec Mme Daudet, qui revient sur la scène d'hier soir et s'en excuse encore auprès de moi gentiment et tendrement. Elle s'interrompt pour me dire que c'est singulier, qu'elle a eu l'idée de faire un roman — le seul et unique qui lui soit jamais

1. Texte Ms. : *...pardon de lui avoir fait de la peine.*

venu dans la pensée — et que c'était de faire la femme calomniée, montrer ce qu'elle lit dans les yeux de ceux qui l'abordent, indiquer la diminution d'intérêt, d'affection, d'amitié, de respect, faite par la divulgation de choses pas vraies : ce qui me fait lui dire que je trouve étonnant, de la part d'une personne qui vit dans le papier imprimé et qui en connaît les mensonges journaliers, d'être aussi vivement touchée par lui.

Au fond, une journée anxieuse — en ne voyant pas Daudet revenir pour le déjeuner, et la crainte de complications survenues : cela par un temps orageux qui vous remplit de malaise.

Daudet a promis de revenir au plus tard par le train de quatre heures. Nous allons au bout du parc bien avant l'heure, et nous attendons. Enfin, voilà le train qui stoppe, et de la berge, à mesure qu'une minuscule silhouette d'homme commence à apparaître au bout du pont et le traverse, nous cherchons à reconnaître en elle Daudet. Et longtemps après que tout le monde du train a passé le pont, nous restons à l'attendre.

« Il m'avait pourtant bien promis de revenir par le train de quatre heures. C'est singulier, me dit-elle très émotionnée, si je pouvais l'attendre dans ma chambre, ça ne me ferait rien ; mais justement, voilà mon père et ma mère qui vont arriver à cinq heures... et il faut que j'aille les recevoir.. et je ne veux rien leur dire. » Et elle ajoute : « Il y a un train pour Champrosay à 6 heures, un autre à 7 heures, et un départ pour Paris à 7 heures 40 : s'il n'était pas revenu pour 7 heures, je prendrais ce train-là. »

Daudet avait manqué de quelques minutes le train qui arrive à Champrosay à quatre heures ; il débarquait à six heures avec la rectification de l'ÉVÉNEMENT.

Dimanche 10 juin

Promenade ce matin avec Daudet dans la forêt de Sénart.

« Oui, il n'y a que ma queue qui m'a fait faire des actes pas bien,... puis le plaisir de démoraliser... Oh ! je suis vicieux ! » Et il me conte qu'il a baisé une jeune cousine, au moment où sa mère était comme morte, empoisonnée par une trop forte dose de laudanum.

Et nous causons de l'incitation à baiser produite par les grandes émotions, même les émotions douloureuses. Et à ce propos, il me cite l'histoire de Mme X*** qui, sachant son fils sauvé, se mit à le serrer, lui Daudet, entre ses bras, à l'embrasser, et se jetait devant lui sur une chaise longue, tout de son long étendue, les jupes relevées, et Naquet survenant et la dame, forcée de le recevoir, le recevant en tapotant tout le temps dans ses mains les siennes.

Puis il me rappelait l'aveu de Zola qui, un jour, confessait qu'il serait enclin à aimer la petite fille qui *sent le pipi*.

On causait dans la journée de Jules Breton, le peintre et le poète, qui a une propriété dans les environs d'ici. Une curieuse remarque à son sujet. Il peut faire de la peinture dix heures de suite, sans fatigue, tandis que, lorsqu'il cherche des idées, des expressions, des mots, il est aussitôt pris de vertiges, de troubles de l'être, qui l'ont fait, depuis des années, renoncer à la poésie. Voici, il me semble, une preuve de la supériorité de notre métier.

Daudet, commençant à souffrir ce soir de ses douleurs et craignant l'envahissement général de son corps, disait : « Quand ça commence, je me rappelle involontairement le vers de Virgile sur l'incendie de Troie : *...proximus ardet Ucalegon.* »

Et il se met à parler avec enthousiasme de Théocrite, du rêve du poisson d'or des pêcheurs, dans leur cabane, si *naturalistement* décorée de leurs filets [1].

Mercredi 13 juin

Nous parlions de la petite couche de civilisation qui recouvrait l'être le plus raffiné, et comme quoi cet être redevenait primitif au bout de quelques jours. A l'appui de cette thèse, Daudet me contait qu'il avait connu une distinguée et charmante fille qui, embarquée dans une troupe de tableaux vivants devant donner des représentations à la Nouvelle-Orléans, avait fait naufrage et était restée dix-huit jours sur un radeau. Elle confessait qu'au bout de trois ou quatre jours, toute pudeur était évanouie et que l'on faisait ses besoins l'un devant l'autre, ajoutant qu'à la fin, les aliments manquant, on allait chercher dans les excréments les haricots non digérés pour les *remanger*.

La santé de Daudet, secouée par les émotions de ces jours derniers, est détestable : ce sont des souffrances qui nécessitent des piqûres de morphine, et les piqûres de morphine amènent chez lui des vomissements.

Jeudi 14 juin

Rodin, le sculpteur, disparaît quelquefois de chez lui pendant quelques jours, sans qu'on sache où il va, et quand il revient et qu'on lui demande où il a été, il dit : « Je viens de voir des cathédrales. »

On affirmait que Charcot se rasait les tempes, pour se faire un front de penseur.

Vendredi 15 juin

On fait la partie d'aller voir au Théâtre-Libre LUCIE PELLEGRIN, et en dépit de la résistance de Mme Daudet, l'on va dîner chez Lavenue,

1. *Jam proximus ardet Ucalegon,* « Ucalegon, notre voisin, brûle déjà ! », exclamation d'Énée, réveillé par l'incendie de Troie (Virgile, ÉNÉIDE, II, 311-312). — L'idylle des PÊCHEURS, œuvre d'un auteur inconnu de la seconde moitié du IIIe siècle, a été attribuée à tort à Théocrite. La description de la cabane et le rêve d'Asphalion occupent les vers 6-18 et 39-62.

un restaurant près de la gare Montparnasse, devenu, le jour de ces représentations, le restaurant de la presse dramatique et de la cocotterie littéraire [1].

C'est Catulle Mendès, en compagnie d'une femme qui a le rire sonore et faux des cabinets particuliers. C'est Bauër, qui recommence à parler haut dans les endroits publics. C'est Carle des Perrières, le duelliste, c'est le grotesque Mariéton, c'est le rastaquouère de la littérature franco-italienne, Gualdo, etc., etc. Toutes les tables sont prises, il n'en reste plus qu'une derrière la nôtre, quand entre dans la salle Céard avec sa particulière. Céard, qui est forcé de s'asseoir dos à dos avec Mme Daudet, est gêné comme tout et ne montre que ses rondes épaules et l'étoile d'une calvitie qui commence. La femme, usée, usée, avec une pauvre figure de papier mâché, sous un chapeau ridicule, « dont le nœud a été fait par la propriétaire », dit Mme Daudet.

Mme Daudet, avec le bruit de ces jours-ci autour de l'article de l'ÉVÉNEMENT, est assez gênée dans tout ce monde, et nous attendons que les tables soient vidées pour gagner le Théâtre-Libre, où un attirement de main de Frantz Jourdain, m'appelant hors de la loge, donne l'alarme à la pauvre mère et lui fait une soirée d'inquiétude. Frantz Jourdain venait de mettre en voiture Léon, qui avait reconnu à l'orchestre Astruc, l'auteur de l'article contre sa mère, et voulait se porter à des voies de fait contre lui.

Nous rentrons à Champrosay à deux heures du matin.

Dimanche 17 juin

On va voir Drumont. On arrive à la petite porte de la maison de Soisy.

« Monsieur Drumont ? — Il est au fond du jardin », dit la bonne nous faisant la conduite et se mettant à causer familièrement avec Mme Daudet et sa mère.

On arrive au fond du jardin, à cette triste allée, avec son kiosque qui ressemble à un cabinet d'aisance à 15 centimes et où il y a une gigantesque canette à demi bue, une allée à se pendre et où se tient toujours le maître de la maison. On appelle Drumont. Pas de réponse. On l'appelle une seconde fois. Enfin il sort de je ne sais où. Ses cheveux gras lui tombent sur le visage, sa culotte lui tombe sur d'ignobles mocassins. Vraiment, avec le noir de ses cheveux et le cuivré de son teint, il y a quelque chose des sous-diables qui alimentent le feu dans un enfer de l'Ambigu ou de la Gaîté.

Il nous promène, avec son rire un peu fou, dans cette ruine de jardin, dans ce verger aux arbres tortillards, nous montre son cheval Bob, pour lequel il a été obligé de fabriquer une espèce de praticable à la fin de

1. LA FIN DE LUCIE PELLEGRIN est, sur un thème lesbien, une pièce de Paul Alexis, tirée de la nouvelle qui porte le même titre (1880).

le faire sortir du jardin, son palefrenier qui est son jardinier, son chien qui est à l'attache, parce qu'il mange les fraises du jardin. Tout est extraordinaire chez Drumont qui, invité à dîner, refuse avec embarras.

Nous avons été rattrapés par la bonne, à la vilaine figure grenouillarde et qui nous fait les honneurs comme si elle était maîtresse de maison. On se demande si décidément, il couche avec elle et on n'est pas disposé à le croire par l'impudence même de la familiarité de la servante.

Enfin, la société se perd en conjectures sur cet être bizarre, qui a été toujours légèrement *maboul* et chez lequel le germe de folie a dû être développé par la fortune de la FRANCE JUIVE.

Lundi 18 juin

On causait de la domestique qui nous a empoisonnés, il y a deux ou trois ans. Or Mme Daudet a appris, depuis, que la misérable s'était vantée d'avoir fait passer en deux jours le lait d'une nourrice avec laquelle elle était mal, et elle racontait que le poisson acheté par ses maîtresses, elle le tenait quatre ou cinq heures sur le trou de l'évier et que les œufs envoyés de la campagne, elle les faisait cuire au four dans de la bouse de vache.

Jeudi 21 juin

Daudet parlait de son amour de la solitude, disant qu'enfant, il lui arrivait de monter dans un arbre, pour être tout seul. Puis il remémorait ses joies intérieures dans les grandes plaines de la Camargue, avec leurs étendues violettes, la porte de feu de la cabane, les triangles d'oiseaux voyageurs dans le ciel, s'effarant devant cette porte éclairée... Et il déclare que par moments, il avait besoin de se rassembler, de réunir l'éparpillement de son être ; car, ajoute-t-il en riant, il a tant parlé !

Ce soir, seize personnes à dîner, parmi lesquelles la jeune Hugo, au visage si bon et qui fait sa première sortie depuis sa fluxion de poitrine. Elle est accompagnée de sa mère à la grâce molle, à l'enfantin clignotement de ses doux yeux étonnés.

Samedi 23 juin

Au fond, les Daudet sont préoccupés de l'existence d'une amourette entre Jeanne Hugo et Léon, et redoutent même un peu la place que leur fils a dans l'affection de la mère et du frère de Jeanne. Ils me disaient très sincèrement ce soir : « Oui, si ce mariage avait lieu, nous aurions peur pour l'avenir de notre enfant, et nous aimerions mieux le voir marié avec une jeune fille comme Mlle Pillaut, qui lui apporterait 100 000 de dot... Car Léon a un avenir de grand médecin, reprend Daudet. Savez-vous comment Potain l'a présenté au médecin de la famille Hugo, qui le regardait comme un gamin ? « Voilà le médecin qui doit nous remplacer, voilà le médecin de demain. »

Dimanche 24 juin

Ce matin, il est long, très long, Daudet, à ouvrir la porte du parc ! Tout à coup, il s'arrête, la clef encore dans la serrure, et me dit : « Quand j'ai été mis en possession de cette propriété, on m'a remis cette clef, et quand je l'ai mise dans la serrure de cette grille, où il y avait dessus un coup de soleil, dans le moment, à la fois un peu distrait, un peu pensant à autre chose, j'ai été surpris par le souvenir d'un bruit... oui, d'un bruit, du temps que j'avais six ans,... Alors, nous avions une vigne, aux environs de Nîmes, où nous allions manger des salades de romaine, des fruits... Ah ! quand on allait là, c'étaient des joies de vacances... Eh bien, je m'attarde quelquefois à vouloir retrouver ce bruit, dont j'ai eu la sensation la première fois que j'ai ouvert cette porte. »

L'article insultant de l'ÉVÉNEMENT sur Mme Daudet, où on l'accuse de vouloir capter ma succession, a bien été écrit par Astruc, le *liseur* de la librairie Ollendorff, mais avec les ragots de Maupassant dans l'arrière-boutique, peut-être après la visite, où il est venu un jeudi, sans être invité, protester de son amitié au ménage. Maupassant, c'est bien le vilain Normand, c'est bien le fourbe !

Lundi 25 juin

Ces Hucherard, ces curieux locataires de Daudet, ces deux êtres faisant partie des sept *âmes* dont il est, ainsi qu'il dit, le seigneur [1]. Ce mari, à l'aspect desséché d'un sauvage, cette femme, ayant carrément renoncé à son sexe, à l'air jovialement gouailleur, à la ressemblance avec Got, ce ménage passant sa vie à pêcher ou à courir la forêt de Sénart à la recherche des chenilles les plus rares, et cultivant dans son tout petit jardin les plus belles roses de la terre, ces gens se piquant le nez tous les dimanches avec un petit vin blanc du Poitou, en compagnie de musiciens, de chanteuses, de farceurs, ces petits bourgeois parisiens dans un intérieur au mobilier de Robinson Crusoé, revenus aux vraies et franches joies de la vie de nature.

Mardi 26 juin

On cause collège, et de la férocité des pensums d'autrefois. A ce sujet, Daudet conte qu'il était en sixième à neuf ans, et si petit, qu'il portait encore un pantalon fendu et se tenait toujours le derrière contre les murs, afin que les grands ne lui tirassent pas dehors son pan de chemise. Mais tout petit qu'il était, il se trouvait toujours dans les trois ou quatre premiers. Toutefois, son professeur était humilié de la petitesse de sa taille, de son air d'enfant, et pour s'en débarrasser, un jour, il lui donnait comme pensum à copier six fois mot à mot le DE VIRIS ILLUSTRIBUS.

---

1. Daudet applique plaisamment à ses locataires le terme utilisé en Russie, avant l'abolition du servage, dans le dénombrement des serfs que possédait un seigneur.

A propos de la main ouverte qu'a Daudet pour les confrères besogneux, il me disait cette phrase : « Je carotte la maison, tous les trois mois pour une fille, tous les six mois pour un camarade ! »

Mercredi 27 juin

Hier, j'entre au salon, pendant que Léon lisait sur la terrasse le SECOND FAUST et quand je suis arrivé à la porte de la terrasse, les yeux de Daudet et les miens se sont dit d'un même mouvement interrogatif : « Eh bien, la TENTATION DE SAINT ANTOINE en descend-elle, de ce livre-là ? Le Sphinx et Hélène, qu'on retrouve moitié Hélène, moitié reine de Saba, et les Lamyes qui se transforment en Blemmyes, et les Chorétides en Bêtes de la Mer ou autres bêtes du bestiaire fantastique, et l'introduction de personnages semblables à la *Botte de sept lieues* — est-ce à lui ou à Gœthe qu'elle appartient [1] ? » Vraiment, il a eu la mémoire bien plagiaire, mon pauvre ami... Voir plus bas, dans le JOURNAL, la découverte que Daudet a faite à propos de BOUVARD ET PÉCUCHET [2]. Et dire qu'aucun critique n'a fait un rapprochement entre la TENTATION DE SAINT ANTOINE et le SECOND FAUST !

Jeudi 28 juin

Rosny, cet intelligent dans ses livres, est ennuyeux, embêtant dans la conversation : il a un rabâchage qui ressemble parfois au rabâchage d'un ivrogne. Daudet lui disait ce soir, en plaisantant, qu'il le *ligotait* avec sa *ratiocination*. C'est vrai, le vocable *ratiocination* revient à tout moment dans son parlage, en compagnie de mots prétentieusement incompréhensibles, comme *légende sceptique* pour définir un de ses futurs livres scientifico-littéraires, comme *psychologie de la couleur*, pour exprimer la qualité de la couleur que j'ai apportée dans mes livres. Et à tout moment, émettant des axiomes pareils à celui-ci : « Les gens maigres n'ont pas le don de la nuance en littérature. »

Drumont, près duquel je commence une phrase en lui disant : « Dans deux ans, vous... », me jette cette interruption : « Dans deux ans, je serai mort ! »

Et je sens, dans la tonalité de la phrase, comme un pressentiment d'être tué en duel avant.

---

1. Sans entrer dans le détail de ces rapprochements, rappelons avec Léon Degoumois (FLAUBERT A L'ÉCOLE DE GŒTHE, Genève, 1928, p. 57 sqq.) d'une part la double influence de l'Hélène de Gœthe, déterminant, comme le suggère Goncourt, l'épisode de la reine de Saba et celui d'Hélène, qui vient, sous la conduite de Simon Mage, conter sa vie au solitaire — d'autre part, les parentés entre le sabbat thessalien du SECOND FAUST et le défilé des êtres fantastiques qui suit, dans la seconde partie du SAINT-ANTOINE, le dialogue du Sphinx et de la Chimère.

2. Au lieu de *Voir plus bas...*, lire : *Voir plus haut...* Cf. t. III, p. 31, n. 1.

Vendredi 29 juin

« Vous allez mieux, il me semble, disais-je dans la matinée à Daudet.

— Mon cher, me répondait-il, vous savez, les gens qu'on crucifiait autrefois, on les déclouait un moment pour les faire souffrir plus longtemps ; eh bien, je suis dans un moment de déclouement ! »

Samedi 30 juin

Mme Sichel nous répétait le récit méchamment spirituel que faisait Mme Strauss à Mme Baignères de la présentation de Meilhac à Mme Aubernon, disant à son monde : « Il me croyait bête, ennuyeuse... » Et elle déclarait que ce récit, coupé par les remarques et les interrogations de sa commère, était très joli, très amusant mais elle ajoutait qu'il fallait, pour qu'il en soit ainsi, qu'il y eût présents des hommes, un homme au moins — car un seul imbécile leur suffit, mais l'imbécile est de toute nécessité, ces mondaines d'esprit ne travaillant pas pour les personnes de leur sexe.

Lundi 2 juillet

En lisant dans un des premiers volumes tirés de L'IMMORTEL le récit du mariage de Paul Astier avec la duchesse Padovani, ma pensée n'a pu s'empêcher de revenir à ce mariage de Drumont, qui a fourni à Daudet les terribles mots de ce triste mariage [1].

Un jour donc, Drumont, qui vivait depuis des années avec une laide et vieille femme, venait trouver Daudet et lui disait : « Ma vie n'est pas en rapport avec les principes que vous me connaissez, je veux la faire cesser, et je te demande d'être témoin de mon mariage. » Et quelques jours après, le couple arrivait à la mairie, suivi de ses quatre témoins, Daudet, Duruy, Imbert de Saint-Amand et je ne sais plus qui, et la femme était si peu la femme avec laquelle on se marie que, tout comme dans le livre, l'employé de la mairie disait : « On n'attend plus que la mariée. » A quoi Drumont, froidement colère, répondait : « Elle est là, la mariée ! » Et l'on se rendait, encore ainsi que dans le livre, à l'Institut catholique, où un prélat romain mariait le couple marmiteux, suivi de ses quatre témoins, dans le flamboiement des lustres de l'église vide. Et après la célébration, la pauvre créature, qui avait si cruellement souffert des regards ironiques de la mairie et de l'église, rentrait toute seule chez elle, tandis que Drumont menait ses quatre témoins dans un restaurant du Quartier latin.

L'action de Drumont était noble et humaine, d'autant plus qu'elle était un peu faite pour satisfaire le désir de la femme, déjà malade d'une maladie qui l'emportait deux ans après.

---

1. L'épisode de L'IMMORTEL se situe à la fin du roman : tandis qu'éclate le scandale des faux autographes de l'académicien Astier-Réhu, son fils, le *struggleforlifeur* Paul Astier, vient à bout d'épouser la vieille et riche duchesse Padovani (cf. ch. XVI, « éd. définitive », 1900, p. 436).

Mardi 3 juillet

Ce soir, Daudet cause de son roman futur de LA PETITE PAROISSE, dont l'embryon est en germe dans son cerveau.

L'IMMORTEL ne l'a pas amusé à faire, ne le satisfait pas complètement, il n'y trouve qu'une seule grande qualité, l'expérience de la vie. Il veut faire maintenant une œuvre où il mettra de lui ce qu'il a de bon, de compatissant, sa pitié pour les misérables, les déshérités, les routiers des grands chemins. Son livre sera l'histoire d'un mari qui pardonne, et il s'étend sur la bêtise de tuer pour l'homme qui aime, qui détruit à jamais l'objet de cet amour... « Oui, reprend-il, ce sera une œuvre de mansuétude. »

Et il mettra, dans un coin de ce livre de pardon, toutes les notes qu'il a prises derrière les persiennes fermées de son beau-père, devant cette fontaine, à un carrefour de routes, notes écrites au crayon, où il fixait, comme un peintre, les poses, les attitudes, les mouvements des pauvres errants et pour ainsi dire la mimique de leurs tergiversations, devant l'énigme et la chance des chemins s'étendant devant eux [1].

Vendredi 6 juillet

Ce qu'est Maupassant ? C'est le Paul de Kock du temps présent, le Paul de Kock d'une époque un peu plus littéraire que celle de 1830.

Ce soir, au jour tombant, je passais devant l'Opéra déjà éclairé. L'illumination blanche, dans le gris sépulcral de sa pierre, par le crépuscule, en faisait comme le palais fantomatique d'un fond de tableau de Gustave Moreau.

Samedi 7 juillet

Saint-Gratien. Je trouve Popelin bien pâli, bien fatigué, bien changé. Il dîne encore dans sa chambre.

Après le dîner, Mlle Abbatucci me fait : « Vous savez bien, au dernier mercredi de la Princesse, quand je vous ai dit : « Je vous dirai cela plus tard... » Savez-vous ce que disait la Princesse à Dieulafoy, avec des gestes qui vous effrayaient ? Elle disait que j'étais une rien du tout, que j'avais couché avec tout le monde, avec les deux Popelin père et fils, avec vous... J'ai été trois jours sans revenir, et je lui ai écrit une lettre, une lettre raide... Alors, elle m'a fait chercher partout... parce que j'étais sortie de chez moi, pour qu'on ne m'y trouvât pas... Enfin, elle m'a écrit une lettre d'excuses telle que j'ai dû revenir. Popelin lui avait dit qu'il s'en irait, si elle ne m'écrivait pas cette lettre. Vous n'avez pas l'idée de ce qui se passe en elle... A tout moment, elle me fait appeler

1. Cf. LA PETITE PAROISSE, chap. III (éd. *Ne varietur* p. 13-15) : le héros Richard Fenigan, n'a cessé, durant son enfance, de contempler ce défilé de passants autour de la fontaine, sur la route de Corbeil.

pour le soigner, car elle est incapable de lui apporter une tasse de tisane, et puis elle est désolée de m'avoir appelée... Enfin, sa jalousie est telle qu'elle me disait un de ces jours derniers : « Je te déteste, mais je ne puis me passer de toi... » Ah ! cette femme ! elle a le talent de semer l'ingratitude... »

Et Mlle Abbatucci se met à répéter plusieurs fois : « Allez, Goncourt, dans le moment, je gagne le ciel, je gagne le ciel ! »

Mardi 10 juillet

C'est très singulier, la myopie et le presbytisme de mes yeux : ils ne voient pas, sur une tête, de faux cheveux, dans une bouche, de fausses dents, n'aperçoivent pas même une légère déviation de l'épine dorsale chez une femme bien habillée, mais perçoivent les moindres mouvements moraux de la physionomie, percent sur une figure ce qui se passe dans sa cervelle ou son cœur.

Mercredi 11 juillet

Au fond, je n'aimerais plus à faire en littérature qu'une étude plastique de la tribaderie, poussée au suprême de l'art, et des considérations folles et comme *hypnotisées* sur l'art japonais, et surtout sur l'émaillure de la poterie. Il y a un certain âge où les cerveaux se congèlent ou se volcanisent [1].

Jeudi 12 juillet

Daudet m'a écrit avant-hier que Porel venait dîner aujourd'hui à Champrosay et m'invite à me trouver avec lui pour causer de GERMINIE LACERTEUX.

Geffroy, qui est du convoi pour ce jour d'hui, déjeune chez moi pour m'avoir pour compagnon de voyage. Il cause du livre de Daudet, et tout en reconnaissant ses qualités grandes, il formule avec justice que Daudet ne met pas toute l'originalité présente de sa cervelle dans ses bouquins [2]. Et c'est vrai. Puis il revient sur le désespoir colère de cette pauvre Mme Daudet, à propos de l'article de l'ÉVÉNEMENT, et dit qu'elle les a reçus en criant dans les allées : « Je ne veux plus m'appeler Daudet, je veux divorcer. »

Je trouve Porel en chemin de fer, qui m'annonce que l'engagement de Réjane pour GERMINIE LACERTEUX est signé, que les maquettes des décors sont tout près d'être terminées, que la pièce passera en novembre, et il me parle de la distribution ainsi faite dans sa pensée :

Réjane, *Germinie Lacerteux,*

---

1. La phrase manuscrite débute par : *A un certain âge où...*
2. Il s'agit de L'IMMORTEL.

Mme Cronier, *Mlle de Varandeuil,*
Dumény, *Jupillon,*
Colombey, *Gautruche,*
Mme Raucourt, *Mme Jupillon*, etc., etc.

Daudet me montre le soir une lettre de Zola sur L'IMMORTEL, une lettre de Zola très bien. Tout double et compliqué qu'il est, il ne peut mentir à la première impression de la lecture d'un livre, et la vérité de ce qu'il ressent lui sort bon gré mal gré, et avec une intelligence de jugement qu'on ne peut contester.

Puis Daudet déclare avec une inflexion presque chagrine que les trente dernières pages de mon JOURNAL le forcent à renoncer à son livre sur la Douleur ou du moins à lui chercher une autre forme [1].

Vendredi 13 juillet

Gille, du FIGARO, tombe à l'improviste ce matin, à déjeuner. Il est tout plein d'anecdotes contées avec un amusant frétillement du faciès, et entremêlées de jolies images comme celle-ci, à propos de l'émotion de Villemessant, dans une circonstance quelconque, qu'il compare à l'envie de pleurer d'un monsieur qui s'arrache un poil dans le nez.

Sur ce FIGARO, où tout le monde se déteste, il est comique en diable, racontant Magnard et sa maladie de l'envie, qui le fait détester tout homme qui a un succès, qui est en *vedette*, et jusqu'au général Boulanger, et cela bien plus parce qu'il fait trop de bruit qu'à cause de sa couleur politique. Et il conte, avec une jubilation qui le fait se tordre, le mot d'un ami de Magnard, sur ses *Premiers-Paris* de tous les jours : « Charmants, tes *Petits-Prudhommes* de chaque matin, c'est plein de raison, de bon sens... » On voit la tête de Magnard à ce mot de *Petits-Prudhommes.*

Samedi 14 juillet

J'écris à Zola : « Mes félicitations sincères pour une réparation — bien tardive. » Fichtre ! c'est vrai. Mais diable m'emporte si j'avais été Zola, si j'aurais accepté la décoration à l'heure qu'il est. Il n'a pas compris donc qu'il se diminue en devenant chevalier ! Mais le révolutionnaire littéraire sera un jour commandeur de la Légion d'honneur et secrétaire perpétuel de l'Académie et finira par écrire des livres si ennuyeusement vertueux qu'on reculera à les donner aux distributions de prix des pensionnats de demoiselles !

Il y a des paroles sans valeur jetées dans une conversation qui, à de certains moments, entrent en vous, vous pénètrent, des paroles qu'on ne peut chasser de sa mémoire. Hier, Gille, en revenant de Champrosay,

---

1. LE JOURNAL (19 janvier au 22 juin 1870, *in* t. II), contait la maladie et la mort de Jules de Goncourt. — Sur LA DOULOU, cf. t. II, p. 1147, n. 3.

pendant que je faisais un tendre éloge du ménage auquel il s'associait, laissait tomber : « Et dire qu'il y a des gens qui prétendent que ce sont deux comédiens, que le mari tient l'esprit méchant, et la femme la bonté, l'indulgence aveugle ! »

Si cette amitié pour moi cependant n'était pas vraie ?... Mais cette pensée est absurde et elle ne sera plus en moi demain.

Ne sachant que faire ce soir, je vais voir la foule des fêtes. C'est en face de la tour Eiffel, du haut en bas du Trocadéro, une multitude noire, s'étageant debout ou assise, et au milieu de laquelle s'élèvent les enveloppes de toile des magnolias, semblables à des tentes arabes, avec un horizon de lanternes rouges sur un ciel d'un bleu noir, où fulgure par moments un jet de lumière électrique, partant de l'établissement des phares.

Une foule grouillante, susurrante dans son obscurité, et piquée çà et là du blanc d'une jaquette d'homme, du blanc d'un tablier de femme. Les femmes, un peu fiévreuses, un peu grisées, parlent haut ou chantonnent. Çà et là, au milieu des gens assis à terre, un couple debout, où repose sur l'homme un geste de caresse de la femme...

Enfin, le feu d'artifice est tiré, et sur les grands espaces bitumés, que font tout lumineux les illuminations, se voient de petites flaques d'eau, laissées par les femmes en leurs émotions de la fête nationale du 14-Juillet.

En fin de compte, cette tour Eiffel, ce monument très cher et bête, et sans aucune utilité, sera un monument pour feu d'artifice — une destination à laquelle n'avait peut-être pas pensé Lockroy [1].

En revenant, je m'arrête devant un bal, improvisé sur la place des omnibus de Passy et où valse avec une créature échevelée, un pétrin, en tricot à bandes blanches et bleues, à cru sur la peau, en tablier de grosse toile, les jambes nues, et qui, à la clarté d'un feu de bengale rouge allumé sur le pavé, avec sa figure blême, ses cheveux et ses savates poudrés de farine, a l'air d'un pétrin fantastique, valsant dans la réverbération de son four.

Dimanche 15 juillet

Ce matin, en ouvrant le FIGARO, je lis que Paul Margueritte s'est noyé près de Fontainebleau. Je le revois avec sa figure de gentil pierrot fatidique, même en nos soupers — je le vois avec sa figure de pierrot noyé qu'il devait avoir, le pauvre cher garçon. Déjà deux fins tragiques parmi les jeunes de mon *Grenier :* Caze et Margueritte.

---

1. La tour Eiffel, œuvre du célèbre ingénieur et de l'architecte Sauvestre, avait été commandée officiellement par le gouvernement le 9 janvier 1887. En 1888, elle est encore en construction et elle sera inaugurée au cours de l'Exposition de 1889, dont elle sera le *clou*, le 17 mai. Dès la publication du projet en 1886, un groupe d'artistes et d'écrivains avait protesté contre les dimensions et la forme de ce monument de fer et son inutilité.

Lundi 16 juillet

Une singulière impression, en reconnaissant ce matin, sur une lettre qu'on me remet au lit, l'écriture de Margueritte... Ce n'est pas lui qui s'est noyé, mais le critique Hennequin, qui se baignait avec le peintre Redon... J'aime mieux cela !

Mardi 17 juillet

Sur le coup de dix heures du matin, Mme de Girardin, en compagnie de Ganderax, vient m'annoncer son mariage avec le très charmant et très tendre garçon... Elle m'apprend que Popelin est très malade, qu'il a une angine de poitrine et qu'il peut être enlevé d'un moment à l'autre.

Je suis enfin débarrassé des *enfants-hurleurs* du fond de mon jardin. Les parents ont loué un appartement à Passy, où ils vont les caserner. Ah ! les pauvres colocataires qu'ils vont avoir, je les plains !... Et dire que je dois cette délivrance à un vol fait chez eux l'année dernière. Les braves voleurs, si je savais dans quelle prison ils sont, je leur enverrais un paquet de tabac tous les mois !

Mercredi 18 juillet

Visite interminable de Francis Poictevin. Il me lit un morceau sur sa mère à son lit de mort, d'une recherche de style qui tue tout l'effet dramatique. Puis succède la lecture d'autres petits morceaux de prose, où, à propos du château de Vitré et d'une vieille glace dans ledit château, qui a des *macules d'argentine récurrence*, il s'écrie avec exaltation : « Oh ! dites-moi que vous aimez ça !... Ah ! tenez, encore, mon scarabée... De grâce, plus rien que mon nénuphar, et je m'en vais ! »

Il est plus fou que jamais, le Poictevin, et ce qu'il y a de triste, hélas ! c'est que sa folie ne le fait pas original !... Le morceau sur sa mère est inspiré par les trente pages écrites par moi sur la mort de mon frère ; et un autre passage, où il se tue, dit-il, pour ne pas ressembler à CHÉRIE, ressemble tout à fait à CHÉRIE. Et tous ses efforts à rendre l'invisible, l'impalpable, n'attrapent que le contourné biscornu et l'incompréhensible tourmenté.

Pélagie a un peignoir à fond noir, sur lequel sont jetées des fleurs voyantes de toutes sortes. Dans le jardin, les papillons voltigent autour de cette robe, et un petit pierrot qu'on a eu, un moment, dans la cuisine, voletait toujours vers cette robe, dans les plis de laquelle il aimait à se fourrer, comme dans une touffe de fleurs.

Samedi 21 juillet

C'est très extraordinaire, la vision fausse, mensongère, qu'a naturellement Banville, des êtres et des choses. Je tombe aujourd'hui sur des

SOUVENIRS du poète où, décrivant des gens d'entre nous qu'il a vu jeunes, il déclare qu'il les a vus tels qu'il sont absolument aujourd'hui [1]. Banville me paraît ressembler à ce monsieur, qui, lorsqu'on lui faisait manger du turbot, y cherchait et y trouvait un goût de bœuf, et cherchait et trouvait un goût de turbot, lorsqu'on lui faisait manger du bœuf.

Lundi 23 juillet

Est-ce que ce ne serait pas une jolie fin de vie, à la passer à regarder, à peu près saoul, des fleurs et des bibelots colorés ?

Lundi 23 juillet

La jouissance de mon œil devant certains *sourimonos*, qui ne sont pour ainsi dire que des compartiments de couleur, juxtaposés harmonieusement et qui contiennent un morceau de bleu sur lequel sont jetés de petits carrés d'or, un morceau de jaune où sont gravés en creux des tiges de pins au milieu de nuages, un morceau de blanc, traversé par des vols de grues qui ont le relief d'un gaufrage, un morceau de noir avec des caractères, qui ont l'air d'insectes d'argent — cette jouissance, il me semble, ne peut être partagée que par un œil japonais.

Mardi 24 juillet

L'idée que la planète la Terre peut mourir, peut ne pas durer toujours, est une idée qui me met parfois du noir dans la cervelle. Je serais volé, moi qui n'ai fait de la littérature que dans l'espérance d'une gloire *à perpétuité* ! Une gloire de dix mille, vingt mille, cent mille années seulement, ça vaut-il le mal que je me suis donné, les privations que je me suis imposées ? Dans ces conditions, n'aurait-il pas mieux valu coucher avec toutes les femmes désirables que j'aurais rencontrées, boire toutes les bouteilles que j'aurais pu boire et paresser imbécilement et délicieusement, en fumant les plus capiteux cigares ?

Mercredi 25 juillet

Elle était très amusante, ce soir, Mlle Abbatucci, racontant les distractions données par elle à Mlle Zeller, un jour de noire mélancolie : « Ah ! ma pauvre fille, lui disait-elle, tu es triste comme ça ? Eh bien, attends, nous allons goûter de la grande vie ! » Et elle l'emmenait prendre une glace chez Latinville, et de là l'entraînait aux *montagnes*

---

1. Seuls semblent en cause les SOUVENIRS de 1883, où, après avoir portraituré Pyat, Fiorentino, Hugo, Gautier, etc., Banville, s'adressant au lecteur, dit dans l'*Épilogue* en vers :

Ce que tu vois, c'est ce que j'ai vu moi-même,
Vu, dis-je, vu, de mes propres yeux vu.

Mais, quelques vers plus haut, *Ce que tu vois* était précisé par : *dans ce livre ému.* Simple certificat d'authenticité et non point prétention à une sorte de double vue prophétique.

russes, qui lui faisaient atrocement mal au cœur. Et, à la sortie des *montagnes russes*, tout en lui disant : « Tu vois, nous n'avons pu raccrocher », elle lui mettait dans la main une correspondance de tramway de Courcelles au Panthéon. Et la mélancolique, toute rassérénée, montait dans le tramway, en riant comme une folle.

Le soir, le comte Primoli, qui est chez sa tante, photographiait instantanément le salon de Saint-Gratien, dans l'embrasement d'une lumière de magnésium.

Jeudi 26 juillet

Aujourd'hui, chez Daudet, l'éclat de teint de la jeune Hugo me fait peur, c'est l'inquiétante photogénité donnée par certaines maladies de poitrine.

Édouard Fournier, un érudit pas mal voleur. La seule lettre intéressante sur La Bruyère, sur son humble position chez le prince de Condé, tirée, je crois, de la correspondance manuscrite du président Bouhier, lettre qu'il a donnée : c'est moi qui l'ai découverte, c'est moi qui lui en ai envoyé copie et il s'est bien gardé de dire que cette lettre, il la tenait de moi [1].

Samedi 28 juillet

Vraiment, ce *Trublot*, dans le monde des lettres, est à peu près le seul défenseur des vrais talents et de choses littérairement propres [2]. Sa liaison intime avec Zola ne l'a jamais empêché de faire des réclames à Daudet et à moi, toutes les fois qu'il en a trouvé l'occasion, et sa liaison intime avec Zola ne l'a pas empêché de lui adresser des reproches, des reproches vraiment durs à propos de son apostasie. Quel malheur que sa prose si brave, si honnête, si enamourée de justice, ait cru devoir parler cet argot de voleur, si peu nécessaire au succès de son feuilletonisme !

« Le président de la République... vous me demandez quel homme c'est ? » s'écrie Bracquemond, auquel on parle du portrait qu'il est en train de faire de Carnot. « C'est un homme qui ne peut pas supporter un pli sur lui, voilà !... Oh ! les portraits officiels, je sais maintenant ce que c'est. »

---

1. Voir dans l'édit. Servois des ŒUVRES de La Bruyère, 1912, t. II, p. 476 et p. 526, n. 3, la critique des trois lettres apocryphes publiées par Édouard Fournier dans sa COMÉDIE de J. de LA BRUYÈRE. En ce qui concerne la *correspondance manuscrite du président Bouhier*, elle avait été explorée par Edmond de Goncourt : cf. son article : LA CORRESPONDANCE LITTÉRAIRE DU PRÉSIDENT BOUHIER, publié en 1852 dans L'ÉCLAIR, t. I, p. 53.

2. *Trublot*, c'est Paul Alexis, l'ami et le biographe de Zola : sous ce pseudonyme, il défend sans distinction tous les naturalistes dans A MINUIT, sa chronique dramatique du journal socialiste de Séverine et de Guesde, LE CRI DU PEUPLE. Ces échos ou comptes rendus sont rédigés en un style poissard affreusement artificiel et vulgaire.

Dimanche 29 juillet

En ces années, où je dépense des quinze mille, des trente mille francs de bibelots par an, il y a des retours de ma pensée vers les années pauvres de ma jeunesse. Je pense à ma mère qui, par sagesse, s'est toujours refusé une robe de velours noir, et j'imagine le bonheur qu'elle aurait eu en l'aisance de ces derniers temps, dans cette grande maison, au milieu de ce jardin plein de fleurs.

Ce matin, il tombe chez moi un jeune reporter du GAULOIS, qui vient m'interroger sur ce que je pense à propos de la croix et de la présentation à l'Académie de Zola. Je refuse de parler, tout en n'étant pas assez maître de moi pour ne pas parler un peu [1]... Extraordinaires, ces reporters, avec l'indiscrétion inconsciente de leurs demandes ! J'étais tenté de lui dire : « Monsieur, vous m'adressez des questions comme si vous étiez un juge d'instruction, et je n'ai rien fait pour cela. »

Aujourd'hui, Rosny vient passer plusieurs heures avec moi. Il me parle de son amour de l'*énigmatique*, se défend d'imiter Poe, qu'il qualifie de Balzac du fantastique, disant qu'il cherche des chemins nouveaux, et que, dans LES XIPÊHUZ, ses imaginations ne sont pas celles de l'Américain, créant dans GORDON PYM des êtres à dents rouges [2]...

Il m'entretient ensuite du livre qu'il fait en ce moment, et qu'il appelle une *Introduction à la vie littéraire*, où il nous met en scène, Daudet, moi et les autres, mais sans y placer sa personnalité [3].

Mardi 31 juillet

Départ pour Jean-d'Heurs.

Mercredi 1er août

Le fer à gaufres, à oublies, à *toutelots*, ces trois fers servant à faire ces vieilles pâtisseries de la Lorraine et que je regardais à la cuisine, on me dit qu'on n'en fabrique plus, et que dans les successions et les ventes des antiques familles, on se les arrache.

Rattier me parle d'un extraordinaire marchand de vin, qui lui a fourni le Clos-Vougeot que nous buvons en mangeant des écrevisses. Il était alors sous-préfet à Doullens. On lui annonce ce monsieur. Il lui dit qu'il vient trop tard et lui cite trois ou quatre marchands de vin, fournissant sa famille et lui. Le quidam fait le plus grand éloge de ces

---

1. Dans cette interview du GAULOIS, prise par Mario Fenouil, ZOLA JUGÉ PAR GONCOURT (30 juillet), Edmond de Goncourt reprochait à Zola de le « quitter brusquement », et il le blâmait d'avoir accepté la croix.

2. Cf. AVENTURES DE GORDON PYM, ch. XVIII, trad. Baudelaire, éd. Conard, 1934, p. 177. — Le roman de Rosny est intitulé par Goncourt : IPSEHU, alors que Rosny songe aux XIPÊHUZ, évocation préhistorique et roman de *science-fiction*, où de fantastiques surhommes se heurtent à une humanité primitive, antérieure de mille ans à la civilisation babylonienne.

3. Il s'agit du TERMITE, *Roman de mœurs littéraires*, que Rosny aîné publiera en 1889, où Goncourt sera Fombreuse et où Daudet sera Guadet.

marchands de vin, mais lui demande à causer agriculture avec lui, lui faisant la confession qu'il en est toqué, de l'agriculture, jusqu'à négliger son métier et ses affaires, et, au bout d'une heure de causerie, lui avait arraché une commande de quinze à dix-huit cents francs !

Le beau-père de Rattier meurt, il reçoit une lettre de ce marchand de vin devenu son fournisseur unique, lui écrivant qu'il a une sœur supérieure dans un couvent, qui a fait dire des messes pour le repos de l'âme de son beau-père. Et pour donner un caractère de vérité à sa blague, six mois après, il lui annonçait le décès de sa sœur et réclamait la réciprocité des messes.

Il a un trait de lui que j'aime. Il vient à passer, ayant cédé son commerce, un jour au château, fait l'éloge des vins, puis écrit quelque temps après à Rattier : « Il y a une chose qui m'a peiné, les verres dans lesquels on boit chez vous les vins distingués. » Et la lettre était accompagnée de douze verres de la plus fine mousseline.

L'article du reporter du GAULOIS me vaut une lettre de Zola, qui me déclare que l'article le chagrine, « sans atteindre la grande amitié qu'il a pour moi depuis vingt ans ». Amen [1] !

Pour les rééditions de mes livres d'histoire — ainsi que je l'ai fait pour LA FEMME AU XVIIIe SIÈCLE, ainsi que je le fais pour LA SOCIÉTÉ PENDANT LA RÉVOLUTION —, il faudra *alinéater*, mettre du jour typographiquement dans ces pages trop compactes, dans ces paquets de texte si remplis de faits et de choses.

Mercredi 15 août

Une imagination bête qui ferait la fortune d'un peintre idéaliste : LA PLUIE. Dans le ciel, une belle rivière couleur de verre, comme il y en a dans les plans en relief, une rivière que des amours passeraient dans des passoires et jetteraient sur la terre.

Samedi 18 août

Ces jours-ci, ma petite cousine Lechanteur — au fait, elle a aujourd'hui cinquante ans sonnés ! — est arrivée plus *chic*, plus *bon genre* que jamais. Nous avons eu aujourd'hui une explication au sujet des ironies, des ironies de mon frère sur son père, dans les LETTRES publiées en 1885 [2]... Enfin, on s'est réconcilié, moi un peu poussé à cela

1. Cf. plus haut p. 148. Dans cette lettre du 30 juillet, après le préambule rassurant cité par Goncourt, Zola fait retomber la responsabilité de la distance qui s'est établie entre eux sur Edmond et il lui rappelle qu'il a été décoré grâce à la princesse Mathilde dans les mêmes conditions que lui par Lockroy ; et la fin est des plus froides : « Je ne veux donc pas fermer l'avenir et j'espère toujours que lorsque les obstacles et les malentendus qui nous ont un peu séparés n'existeront plus, nous pourrons nous retrouver comme par le passé, la main dans la main. »

2. Cf. LETTRES de Jules de Goncourt, p. 186, lettre à Gavarni datée *Lundi, juin* 1861, où il se moque de Léonidas Labille, de « l'homme qui a été arrêté dans l'astronomie par son ignorance de l'algèbre et qui fait *pipi* dans une bouteille » et qui a, accrochés sur son mur, le poignard du carbonaro et la seringue à injections.

par l'esprit de famille et le souvenir ineffaçable d'un passé intime, elle peut-être bien un peu par la vantardise de se pouvoir dire la cousine d'un homme connu — et la cousine en relations suivies.

Nous avions autrefois l'écrivain *aux gages* du libraire, faisant à la fois le balayage de la boutique et la cuisine de la réclame. Nous avons aujourd'hui moralement une plus triste espèce, c'est l'écrivain aux gages d'une revue, le valet de toutes les rancunes du directeur, l'exécuteur des hautes-œuvres de toutes ses injustices. Le plus bel exemple du genre est le nommé Brunetière, l'écrivain *gagiste* de Buloz... Et quel style ! Un style embourbé, à phrases enchevêtrées et interminables, qu'il prétend le style du XVIIe siècle, et contenant dans une phrase autant de *qui* et de *que*, autant qu'il s'en trouve dans un discours de Louis-Philippe !

Samedi 18 août

Il était ce soir près de huit heures : « Pourquoi ne dîne-t-on pas ? demande ce soir mon cousin Labille aux deux cuisinières du château. — Parce que nos maîtres n'ont pas encore faim. »

Ce mot est sublime, il peint l'égoïsme ingénu de nos amphitryons.

Mardi 21 août

Ma cousine Fédora, me parlant d'une branche de sa famille qui est presque pauvre, me disait : « Vous concevez ? des gens qui, depuis cinq générations, font des mariages d'inclination ! »

Un jeune chasseur d'Afrique, à nous apparenté de loin et qui est venu ici passer deux ou trois jours, affirmait que tous les petits *centres*, tous les villages d'Afrique et de Tunisie, avaient pour fondateur un Français — oui, toujours un Français —, qui arrivait avec des femmes du Midi de la France, des Espagnoles, des Italiennes, et établissait un bordel.

Samedi 25 août

Retour à Paris.

Lundi 27 août

Devant l'étalage de Saint-Yorre, je tombe sur Bonnetain que j'emmène dîner chez Voisin.

Avant, nous prenons une absinthe chez Riche, où il envoie par le chasseur un billet de cent francs à sa femme, qui habite avec son père une petite maison qu'il leur a louée près de Boulogne.

Il me parle tristement de sa position au FIGARO, de sa position qu'il ne garde qu'à la condition de ne plus écrire, de ne plus défendre ses amis et de faire les commissions de Périvier. Et je le pousse à sortir de cette position inférieure et à refaire du livre. Mais dépensier comme il est, les mille francs par mois du FIGARO lui sont bien nécessaires.

L'amour de l'avant-la-lettre dans les eaux-fortes va quelquefois à ce point du *rien* sur la planche, que l'amateur, pour un peu, collectionnerait la feuille de papier blanche emportée par un aquafortiste pour le tirage et qui aurait été oubliée par le tireur sur la presse.

Mercredi 29 août

Visite à Saint-Gratien. Je trouve Popelin d'une lividité un peu effrayante. Je monte avec lui dans sa chambre, et cette montée lui donne une respiration toute haletante. Il me dit au bout de quelques minutes où il peut parler : « Oui, ça va mieux, mais je ne puis dîner à table, ça me fatigue... Puis, quand plusieurs personnes parlent ensemble autour de moi, je continue à éprouver un singulier phénomène, des battements dans une oreille avec une inquiétude à l'épigastre... Et le beau de cela, mon cher, c'est la comédie avec les trois médecins : Aubertin me dit que j'ai un cœur comme il n'en a jamais rencontré, et les autres, ce sont les poumons et tout le reste qu'ils trouvent admirables... Enfin, j'espère me remettre avec du repos, de petites promenades, un séjour à Arcachon. »

Je trouve ici, tout à fait installé, le ménage Ganderax, et Ganderax, qui est en train de faire son article pour la REVUE DES DEUX MONDES, arrive, la tête grosse comme une pagode, au milieu du dîner.

Vendredi 31 août

L'ABBÉ CONSTANTIN, ce roman faux et imbécile d'Halévy, devenu le livre moderne français classique dans la patrie de Shakespeare !... Non, jamais on ne saura le mépris que les hauts esprits, autrefois fréquentés par moi, avaient pour sa basse et pauvre cervelle ! Saint-Victor, quand Halévy lui parlait, se reculait de cet infirme d'esprit, avec l'espèce d'horreur qu'il aurait eue pour un infirme de corps.

Dimanche 2 septembre

Mes nuits sont si pleines de cauchemars, si anxieuses qu'elles me font presque redouter le sommeil. Barbey d'Aurevilly m'avouait, il y a quelques années, les mêmes appréhensions. Et ce qu'il y a de particulier dans ces cauchemars, c'est toute cette humanité de rêve que j'y rencontre : ces visages de vieillards, d'hommes faits, d'enfants, si sournois, si impitoyablement gouailleurs, si méchamment fermés, ces visages diplomatiques d'un machiavélisme que ne montrent pas les plus mauvaises figures de la vraie humanité, et qui vous laissent la sensation d'une intimidation douloureusement indéfinissable — des figures que je voudrais décrire le matin, si le rêve ne vous laissait pas, des êtres qu'il fabrique, des impressions si effacées, si délavées.

Mercredi 5 septembre

Un fait curieux : je lis dans un journal que Deibler, le bourreau, la veille d'une exécution, ne prenait qu'une jatte de lait et ne pouvait manger de la viande pendant une huitaine de jours.

Jeudi 6 septembre

La Princesse devant partir samedi pour le mariage de sa nièce et, à son retour, ne faire que toucher à Paris, pour rejoindre Popelin à Arcachon, je vais dîner à Saint-Gratien [1]. Je la trouve à demi couchée dans un fauteuil, en une de ces poses désespérées qu'elle a, lorsqu'il s'agit d'abandonner Saint-Gratien pour un petit voyage. De temps en temps, il s'échappe d'elle des phrases comme celles-ci : « Après l'Empire, j'espérais au moins pouvoir rester tranquille,... être affranchie des obligations... Voyons, vraiment, est-ce que j'ai besoin d'être là ? Est-ce que ça ne pourrait pas se faire sans moi ?... Non, ça me mine, ça m'empoisonne la vie... Vous verrez que ça me tuera... Avec tous vos arguments, madame de Galbois, vous ne m'empêcherez pas d'être malheureuse de ce voyage... Et quant à la beauté de mon manteau de cour, je me fiche pas mal de tous ces chiffons, de tous ces oripeaux. »

Et au bout d'un long silence, où elle reste les yeux fermés, comme pour endormir sa pensée, elle s'écrie soudain : « J'aimerais mieux faire, oui, oui, quinze jours de Conciergerie que ce voyage ! »

Arrivent de Paris son neveu Primoli et Benedetti, qui apportent le journal LA FRANCE, annonçant quelques cas de choléra à Paris, et qui lui disent en plaisantant que ça va peut-être amener une quarantaine entre l'Italie et la France. Elle les écoute, grave, ne répond pas et plonge dans ses réflexions, au bout desquelles elle jette de très bonne foi, dans l'espérance folle que ça pourra empêcher son voyage : « Croyez-vous que la déclaration de la quarantaine puisse paraître demain dans les journaux ? » — phrase qui est accueillie, dans sa naïveté, par un éclat de rire général.

Pendant que je me lave les mains chez Primoli, il me raconte l'éventail qu'il a fait faire pour la mariée, en me montrant les documents dont il s'est servi pour le composer et qui sont des photographies instantanées qu'il a prises lui-même au Palais-Royal, palais où est née la princesse.

Après dîner, au moment où Mlle Abbatucci, croyant me le cacher, fourre dans sa poche un article, qui traîne dans la boue Daudet pour avoir mal parlé de la Corse, je lui demande où elle en est dans le moment avec la Princesse. Elle me dit qu'on est en bons rapports, qu'il y a eu

1. Sur ce mariage de la princesse Laetitia, cf. t. II, p. 1260, n. 1.

une grande explication au sujet de la demande que la Princesse lui a faite d'accompagner Popelin à Royan, explication dans laquelle la Princesse lui a avoué qu'il y avait des jours où elle voudrait la jeter par les fenêtres et d'autres où elle sentait revenue pour elle toute son ancienne affection. Mlle Abbatucci lui dit alors qu'elle y consentait, qu'elle avait le plus grand dévouement pour la Princesse et Popelin, qu'elle ne pensait plus à un mariage pour elle, mais que, tout en se sacrifiant, elle ne voulait pas trop se compromettre, qu'il lui répugnait de passer pour un M. Adelon de Son Altesse — et qu'on dirait, quand elle serait près de Popelin, qu'elle était à la campagne chez Mme Espinasse. Mais en retour de ce qu'elle faisait pour Son Altesse, Mlle Abbatucci lui demandait d'être *bonne*, d'être *indulgente* pour elle : « Car, fait-elle en s'interrompant, colère, la Princesse ne se plaignait-elle pas cet hiver que j'allais savoir des nouvelles de Popelin, tous les soirs après dîner — et c'était sur ses ordres et menée par ses chevaux ! »

Vendredi 7 septembre

Le succès présent du roman russe est dû à l'embêtement qu'éprouvaient les lettrés bien pensants en littérature du succès du roman *naturiste* français : ils ont cherché avec quoi ils pouvaient enrayer ce succès [1]. Car incontestablement, c'est la même littérature : la réalité des choses humaines vue par le côté triste, humain, non poétique [2].

Et ni Tolstoï ni Dostoïevski et les autres ne l'ont inventée, cette littérature ! Ils l'ont prise chez Flaubert, chez moi, chez Zola, en la mâtinant très fort de Poe. Ah ! si un roman de Dostoïevski, pour lequel on est si admiratif, si indulgent pour son *noir*, était signé Goncourt, quel éreintement sur toute la ligne ! Or, l'homme qui a trouvé cette habile diversion, qui a si peu nationalement fait profiter une littérature étrangère de la sympathie et — oui ! — de l'admiration qu'on nous devait, est M. de Vogüé. Aussi a-t-il bien mérité de l'Académie, qui l'appellera prochainement dans son sein [3] !

Samedi 8 septembre

Jusqu'en 1629, à ce qu'il paraît, les femmes sur le théâtre anglais ont été jouées par des hommes — oui, des hommes, de beaux jeunes gens qui représentaient Desdémone, Ophélie, Titania : cela a dû fortement développer la pédérastie, qui a compté parmi ses adeptes, dit-on, le grand Shakespeare.

---

1. Dans le texte Ms. et dans celui de 1894, par l'effet d'un *tic* du style d'Edmond de Goncourt, l'intrusion d'un relatif précédé de *et*, la phrase est incohérente : *et qui ont cherché...*

2. Var. et add. 1894 : *par le côté triste, non lyrique, le côté humain — et non par le côté poétique, fantastique, polaire, de Gogol, le représentant le plus typique de la littérature russe.*

3. Add. 1894, en note : *C'était vraiment pas mal prophétisé. Trois mois après, le 22 novembre 1888, M. de Vogüé avait le fauteuil.* Ce fauteuil où s'installe ainsi Eugène de Vogüé était celui de Nisard.

J'ai été le premier qui ai eu l'idée, dans GERMINIE LACERTEUX, de couper une pièce en tableaux par un entracte d'une demi-heure. Aujourd'hui, je vois, dans une annonce de Porel, qu'il se donne les gants de cette idée et qu'il l'applique à la pièce de CRIME ET CHATIMENT, tirée par Hugues Leroux et Ginisty du roman de Dostoïevski. Après la représentation de ma pièce, ça m'aurait été égal, mais avant, je trouve ça peu délicat... Je maintiendrai ma priorité dans la préface, priorité du reste établie par des interviews qui remontent à plus de deux ans.

Copie d'une lettre envoyée à Mlle X***.

« Un samedi soir de septembre 88,
où je suis en train d'écrire des bêtises.

« Chère Mademoiselle,

« La rue ? C'est difficile et vague. J'ai quitté le lieu de ma naissance à dix-huit mois, et vers les vingt-cinq ou vingt-six ans, j'y ai passé à peine une demi-journée. Mais dans un livre que j'ai en haut, un livre perdu dans la marée montante de mes bouquins et que je ne retrouve pas aujourd'hui, il me semble bien que c'est rue des Carmes, n° 12 ou 16 [1]. Seulement, l'inscription qui relate ma glorieuse naissance est encore au fond de la cour — on n'attend plus que ma mort pour la faire passer sur la rue.

« Votre lettre m'a fait plaisir, mieux que plaisir, j'y trouve la gaîté d'une personne qui rentre dans la pleine santé... Et vous croyez que la cure que vous faites à Plombières me fait du bien à distance ? Moi qui suis un sceptique, j'aurais cru qu'il fallait, pour que ce soit, un léger contact de l'épiderme de la personne traitée avec l'épiderme de la personne non traitée ; mais du moment que vous croyez que ce n'est pas indispensable...

« J'ai été avant-hier à Saint-Gratien. La Princesse préférerait faire quinze jours de Conciergerie plutôt que d'aller au mariage de sa nièce [2]. Quant à Popelin, dont je n'étais pas content à ma première visite, je l'ai trouvé beaucoup mieux et rassuré par une consultation de Potain. Et celle que j'aime — que j'ai aimée —, elle avait une fluxion et m'a annoncé qu'elle allait épouser Popelin et que la Princesse était en train de lui faire un magnifique trousseau. (La fluxion est vraie mais le mariage est une blague !)

« Diable, diable ! ne m'envoyez plus de descriptions de vos *couchées de mollesse*, après la *trempette* dans l'eau savonneuse. C'est d'un voluptueux, voluptu... eux ! Au fait, vous, une personne distinguée, pourquoi écrivez-vous sur du papier canaillement parfumé ? Pourquoi, votre papier, ne le parfumez-vous pas du tout ou ne le parfumez-vous

---

1. En fait, la maison du XVIIIe siècle où est né Goncourt se trouve 33, rue des Carmes, à Nancy.
2. Cf. t. II, p. 1261, n. 1.

pas à l'essence de *P...nia*, dont voici la recette ? Vous prenez une feuille de papier à lettre complètement inodore et vous laissez quelque temps sur les endroits de votre blanche peau où vous pensez que l'on aimerait vous embrasser, ou vous la placez sur votre poitrine comme *Vlinzi* et couchez toute une nuit avec, et vous envoyez aux gens que vous honorez d'une affection particulière un papier parfumé à l'iris de vous-même.

« Mille choses affectueuses.

« Edmond de Goncourt.

« Ah ! que c'est gentil de penser à vous faire belle pour GERMINIE LACERTEUX, ça me touche dans les moelles de l'auteur et de l'ami intime. »

Dimanche 9 septembre

Vraiment, le monde n'est pas si immense qu'on serait tenté de le croire, et aujourd'hui, Geffroy, qui dîne à la maison, m'entretient de ses relations intimes au collège avec Villedeuil, maintenant chef de bureau au ministère de la Guerre, fils de Charles de Villedeuil et de la chanteuse Rouvroy. C'est dans ses sorties chez la Rouvroy qu'il a entendu pour la première fois parler des deux frères, en feuilletant un exemplaire du PARIS, qui était sur la table du salon. Il accuse le côté toqué de son ami, don qu'il tenait de son père, de son grand-père, mais qui avait tourné chez lui à un priapisme que les plus grands excès ne pouvaient satisfaire. Et il me parle d'une liaison de ce Villedeuil, d'une liaison terrible avec une femme très belle, où, à travers sa beauté, passait par moments le masque épouvantant d'une tête de mort et qui s'appelait Mme Goulu.

Jeudi 13 septembre

Si les planches obscènes de Rops étaient antiques, si elles appartenaient à un Musée secret de Naples, il y aurait toute une légion de vieux savants écouillés qui commenteraient leur beauté et insulteraient au besoin le *jansénisme* de ceux qui se choqueraient un rien de la liberté de la composition [1].

Retrouvé ce soir, chez Daudet, Sivry, le musicien, que j'avais rencontré autrefois chez Burty... Le blanc de l'œil brillant d'un alcoolisé, avec quelque chose de fou dans l'allure, mais une immense mémoire musicale des musiques de tous les pays et de tous les temps, avec une prédilection pour les chants populaires, pour les chants des provinces françaises, qu'il a récoltés en grande partie, dit-il, chez les bonnes qu'il a eues à son service. Et il nous exécute un chant de prisonnier de la prison de Nantes, la prison de Carrier, dont l'orchestration inspirée par le son des cloches est d'une grande originalité.

1. Sur le *Musée secret de Naples*, cf. t. I, p. 784, n. 1.

Puis il nous joue des menuets, des pavanes, des passacailles où, avec des notes de musique, il se montre comme un historien de la gravité du grand siècle *louisquatorzien.*

Au premier mot qu'il a dit, j'ai cru entendre Villiers de l'Isle-Adam, dont, par parenthèse, il a aussi les yeux globuleux. C'est curieux, le plagiat des voix dans le monde littéraire de 1850. C'est ainsi que Coppée semble avoir absolument volé la voix de Banville.

Daudet raconte qu'ayant rencontré chez *** Lespès, qui avait l'air de s'y trouver en habitué de tous les jours, et ayant demandé, après que le directeur juif était sorti, s'il se faisait friser tous les jours : « Non, mais défriser deux fois par jour », répondit Lespès en souriant. Chez les Juifs, cette frisure animale, cet astrakan qu'ils ont sur la tête, leur est désagréable, pénible, et ils cherchent tous les moyens de l'atténuer [1].

Vendredi 14 septembre

Daudet aujourd'hui revenait à son livre de LA DOULEUR [2]. Il convenait avec moi que ce livre ne pouvait avoir la forme d'un roman, mais voilà le *hic* : c'est que la forme de la confession, avec, tout à la fois, les ruts et les appétits de la mort que donne la maladie, cette forme lui était défendue à lui, homme marié.

Daudet m'en dit de belles sur N..., le précepteur de *Zézé*, dont il a été voir l'oncle, mis en scène dans son roman de ***. Il a été chassé de Monge pour vol, et a commis une suite de détournements dans presque tous les endroits où il a été employé. Et il s'appelle humblement Z..., et n'a aucun droit de s'affubler de ce nom celte de N..., sa mère ayant été cuisinière à l'Hôtel de Bade.

Samedi 15 septembre

Déjeuner avec toute la maisonnée aux *Vieux Garçons*, la renommée de la matelote. A propos d'une phrase que je lâche, Brinn'Gaubast laisse échapper : « Je la mettrai dans mon journal... » Diable, diable !

Ce soir, Daudet disant qu'il n'y a pas de livre sur le compte duquel son jugement ne change pas, quand il le relit au bout de dix ans, et plaisantant un peu l'immuabilité des religions littéraires de sa femme, restant constamment et fidèlement attachée à Leconte de Lisle, aux Goncourt, et se servant du mot *manie* pour caractériser ce manque d'évolution d'esprit de sa femme, Mme Daudet se fâche un peu, et c'est une grosse discussion.

Dimanche 16 septembre

Drumont a passé la soirée ici ce soir. Tout le monde, hommes et

---

1. Le nom du *directeur juif* (est-ce Meyer ?) a été omis par Goncourt.
2. Cf. t. II, p. 1147, n. 4.

femmes de la maison, le reconduit chez lui et à minuit, il nous propose de tirer au pistolet.

En revenant, on cause de son mariage, manqué par la révélation faite à la jeune fille que le père de Drumont était mort fou. Et le curieux, c'est que la jeune fille, qui avait commencé à l'aimer et qui même dans le jardin, une nuit, s'était laissé vivement peloter et embrasser — on lui persuada, oui, on lui persuada, à la pauvre ingénue, que l'exaltation amoureuse de Drumont, c'était une première attaque de folie de l'écrivain. Ça ferait en littérature une très originale nouvelle.

Lundi 17 septembre

Grande conversation à déjeuner. Daudet raconte qu'avant-hier aux *Vieux Garçons,* il a causé avec les cabaretiers, qui lui ont dit que leur famille tenait ce cabaret depuis quatre générations, mais qu'autrefois, c'était uniquement la marine qui fréquentait l'endroit, et que depuis trente ans seulement, les bourgeois avaient l'habitude d'y venir. Causerie coupée par des ressouvenirs sur la *batellerie* de l'époque, sortant de la bouche édentée d'un vieux du pays buvant un demi-setier de vin à une table voisine, ressouvenirs donnant toute la coloration de l'époque en quelques mots.

Et causant de l'intérêt qu'aurait le *Livre de vérité* de ce cabaret au siècle dernier, nous arrivons à parler de l'étude d'après nature, de l'étude d'après les êtres et les choses de notre vieux terroir, étude commencée au XVIIIe siècle par Restif de la Bretonne, Jean-Jacques Rousseau, Diderot, et complètement enrayée par le romantisme, par ce mouvement littéraire rapporté des pays exotiques par Bernardin de Saint-Pierre et Chateaubriand et ne correspondant pas du tout au tempérament français. Et comme là-dessus, Daudet disait les belles choses qu'il y aurait à écrire en faisant causer les vieilles gens de la province, je lui avouais qu'au commencement de ma carrière, j'avais été mordu de l'envie de faire un volume de bonshommes de la Lorraine du commencement du siècle, d'après les racontars récoltés dans le pays de ma naissance et qu'à l'heure présente, c'est un de mes grands regrets de ne l'avoir pas fait, ce volume [1] !

Au retour d'une promenade en landau, où nous avons traversé Essonnes, ces ouvriers à panier noir au bras, avec la fatigue molle de leur démarche, avec la tristesse qu'emportent au dehors les ouvriers de l'usine, du travail enfermé, avec la pâleur de leur visage dans le crépuscule, nous ont laissés tous mélancoliques... Nous nous mettons à table à un dîner où a été invité Drumont, et poursuivis par les images du chemin, nous nous entretenons de l'amélioration possible du sort de ces hommes, de l'injustice des trop grosses fortunes... Et nos paroles remuent beaucoup de choses, et Drumont, le légitimiste et le socialiste chrétien, se déclare contre le revenu de l'argent, contre l'héritage, déclaration qui fait entrer Mme Daudet dans une belle colère, pendant

1. Cf. t. II, p. 852 sq. et t. I, p. 859 sq.

qu'elle couve, de la tendresse de ses yeux, ses trois enfants, qu'elle voit privés de sa succession, et que Drumont répète assez drolatiquement : « Que voulez-vous, je suis sociologue... Mon état est d'être sociologue [1] ! »

Après dîner, Drumont, qui a apporté, en placards, un chapitre de son livre sous presse, nous lit ce chapitre ayant pour titre *L'Héritier* et où il vaticine au temps présent le peuple — le peuple de la *Panthère des Batignolles* —, héritier futurement proche de la richesse bourgeoise, tout comme la petite bourgeoisie a été héritière en 1793 de l'aristocratie par la guillotine et la spoliation des biens nationaux [2]. Et le mirobolant de la fin du chapitre, c'est de montrer toute la députation conservatrice et religieuse de la Bretagne composée de petits-fils de guillotineurs et de spoliateurs de 93, ce qui les fait ressembler, dit-il assez plaisamment, à des gens qui ont volé un paletot avec une décoration et qui usent du paletot et de la décoration.

Il y a, dans ce que Drumont nous a lu, une hauteur philosophique qui ne se trouvait pas dans LA FRANCE JUIVE. La documentation concernant les personnes mises en scène me semble plus sévèrement contrôlée ; et vraiment, l'on éprouve une satisfaction à voir imprimées avec cette bravoure, en ce temps de lâcheté littéraire, des choses que tout le monde pense et que lui seul a le courage d'écrire.

Mardi 18 septembre

Mme Daudet me disait qu'une bonne était sortie de chez sa mère en disant : « C'est trop honnête chez vous... Il n'y a pas de secrets, pas de profits ! »

Je trouve que Loti — quel que soit son très grand talent de paysagiste en littérature — ne donne pas toujours la vision absolument réelle des lieux. Quelquefois, ses descriptions d'après nature me font penser aux descriptions imaginées de l'Inde de Méry.

Vendredi 21 septembre

Trois jours de suite, je trouve comme torche-cul aux lieux, dont tout le papier a été retiré, je trouve les mêmes quatre SONNETS INSOLENTS de Brinn' Gaubast, publiés par le DÉCADENT [3]. Je crois bien que c'est

1. Au début de la phrase, var. 1894 : *et Drumont, le chrétien et le socialiste...*

2. Le livre de Drumont, c'est LA FIN D'UN MONDE (1888) : le premier chapitre, L'HÉRITIER, donne le thème du livre, la bourgeoisie d'argent spoliatrice du peuple. Le résumé de Goncourt est clair, sauf la *Panthère des Batignolles*, qui désigne chez Drumont (p. 7), un club populaire, dont les théories anarchistes horrifiaient les bourgeois et qui avait été mis à l'ordre du jour de l'actualité en 1887 par le procès de Duval, qui, dit-on, appartenait à ce club (cf. t. III, p. 5, n. 2).

3. Le DÉCADENT, né le 10 avr. 1886, paraît jusqu'en 1889. Il est dirigé par Anatole Baju, qui veut y rassembler « les *mahdis* clamant éternellement le dogme élixiré, le verbe quintessencié du décadisme triomphant ». Son *décadisme* s'oppose au *symbolisme* de la VOGUE de Gustave Kahn. Il publie des textes de Verlaine, de Ghil, de Mallarmé, etc.

une manière inventée par lui pour se faire lire par moi : le monsieur est si compliqué !

Samedi 22 septembre

Ce matin, Daudet entre dans ma chambre, disant :

« Voilà deux ou trois jours que je suis tourmenté par une idée de livre.

MOI. — Quel livre ?

DAUDET. — Ce seraient mes ESSAIS de Montaigne, mais dans une forme amenant le renouvellement de ces ESSAIS. Vous savez ce que vous me disiez, du désir que vous avez eu de voyager autrefois en *maringote,* et vous vous rappelez les projets amusants des parcours des environs de Champrosay, dans une de ces voitures, faits ensemble ?... Eh bien, ce serait une société dans deux *maringotes,* s'arrêtant chaque soir dans un coin de nature, et là, une causerie sur les plus grands sujets... Cela me permettrait d'*éjaculer* un tas de choses que j'ai en moi et que je ne serais pas fâché de voir sortir.... Tenez, jeudi, je me suis surpris à émettre devant ces *jeunes* deux ou trois idées qu'il serait vraiment dommage de laisser perdre.

MOI. — Certes, une jolie imagination,... quelque chose comme un DÉCAMÉRON, philosophique... Mais vous avez d'autres livres à faire avant : ça, c'est un bouquin d'arrière-saison.

DAUDET. — Oui, oui, certainement, si j'avais dix ans devant moi... Et mon Dieu ! je ne parle pas de la mort,... mais de la diminution de l'intelligence, à laquelle, mon cher ami, je suis inévitablement condamné par ma maladie.

MOI. — Allons, êtes-vous bête ! Permettez-moi d'être cruel. Mettons les choses au pis : est-ce que Henri Heine n'a pas conservé sa faculté de travail jusqu'au dernier moment ?... Et vous, jamais votre cerveau n'a été plus créateur.

DAUDET. — Vous comprenez bien toute la variété qu'il y aurait là dedans, depuis les plus grands problèmes sociaux jusqu'au petit caillou de la route... Tenez, le premier soir, le crépuscule amènerait une grande causerie sur la peur... Et aussi, les épisodes de la journée... Au fait, ce ne seraient pas des chapitres, mais des *haltes,* qui feraient les divisions de mon livre... Puis vous concevez, mes gens seraient de vrais êtres... Je mettrais en contact deux jeunes ménages, deux hommes, deux femmes de caractères différents... Oh ! pas d'enfants, de peur de donner un caractère de sensiblerie à la chose.

MOI. — Si, j'y mettrais un enfant, moi, mais pas le moutard spirituel, pas l'enfant sentimentalement ventriloque du théâtre, j'y mettrais un bébé comme *Mémé,* un enfant de deux ans, qui mettrait le gazouillement dans un petit être de grâce, dans le sérieux des paroles.

DAUDET. — Ma seconde *maringote* serait amusante. Elle contiendrait une collection de domestiques impossibles, terribles, dont les brouilles amèneraient une interruption dans le voyage.

MOI. — Mais pas de Midi, mais pas de Midi, vous l'avez épuisé !

DAUDET. — Non, on partirait de Paris... C'est rigoureux... On irait lentement. Je vois trois journées jusqu'aux *Vieux Garçons...* Tout d'abord, le voyage dans cette banlieue de canailles, qui sont les paysans des environs de Paris... Et je ne manquerais pas de rappeler ce fait, une potée de fumier jetée à ma femme bien mise par un enfant,... reconnaissant que ce n'étaient pas des saltimbanques dans la voiture.

MOI. — Mais un livre comme ça, mon petit, ça ne se fait pas en un an. C'est un livre de longues méditations, de profondes songeries.

DAUDET. — Oui, oui... d'autant plus que ce livre, il faudrait le préparer par un voyage fait par soi-même, choisir ses décors... Enfin, je ne sais, il me semble que ce livre irait à la *trépidation de mon cerveau*, à mon état maladif, quoi [1] ! »

Ce soir, Frantz Jourdain, dont la femme et les enfants ont passé quelques jours ici, nous rapporte ce dialogue de Mullem avec Rosny, lors de leur retour de Champrosay jeudi dernier :

« Vous vous occupez, je crois, un peu de science, disait Mullem avec un ton ingénu.

— Je ne m'en occupe pas un peu,... je les connais toutes et à fond, répondait Rosny.

— Tiens, moi, au contraire, j'ai toutes les ignorances », reprenait Mullem — et cela était dit avec une cruauté d'esprit féroce, par ce gras ironique au physique d'un marchand de contremarques.

Dimanche 23 septembre

« Non, murmurait Daudet au milieu d'une affreuse crise de douleur, non, il ne faut pas être trop heureux ! » Et m'apercevant : « Vous concevez, si j'avais une bonne santé, ce serait trop, trop de bonheur ! »

Frantz Jourdain, qui est l'architecte des La Rochefoucauld, parlant de l'étonnante avarice de la branche La Roche-Guyon, nous rapportait que Pierre avait donné au paysan qui lui avait rapporté le corps de son père, mort subitement, avait donné 50 centimes.

Jeudi 27 septembre

Oh ! manger le derrière d'une jeune femme, qui serait comme un fruit frais tiédi par le soleil !

Journée passée avec le colonel Alessandri, le colonel du régiment dans lequel est incorporé Léon Daudet, une journée redoutée à tort — les spécialistes parlant de leur chose sont toujours intéressants — et puis là, l'amour du métier est un peu mêlé à l'amour de la patrie. Ces Corses ont une vitalité fiévreuse du corps, un incendie de l'œil, qui dit des énergiques, des déterminés.

---

1. Le voyage en maringote revient à plusieurs reprises dans les confidences de Daudet sous le titre de la CARAVANE. Dans LES NOTES SUR LA VIE (1899), Mme Daudet en publiera les fragments retrouvés, où se dessine le début de ces pérégrinations en Seine-et-Oise de deux ménages, celui de Paul G*** et du marquis d'Argis (pp. 206-222).

Vendredi 28 septembre

Retour à Paris par un jour de la fin de septembre, où il y a la chaleur moite d'un jour de pluie d'août.

En chemin de fer, tourmenté par un besoin de coït, je pensais à tout ce qu'on a dit, écrit, imprimé sur les *vieux cochons,* ces pauvres vieux cochons que mord encore à pleines dents l'animalcule spermatique. Est-ce notre faute si la nature a mis en nous d'une manière si impérieuse, si persistante, si entêtée, le désir du rapprochement avec l'autre sexe ?

Dimanche 30 septembre

A propos du journal de Frédéric III, je lis dans une feuille qu'on l'appelle *le troisième Goncourt.*

Lundi 1er octobre

Aujourd'hui paraît mon volume de PRÉFACES ET MANIFESTES LITTÉRAIRES.

C'est curieux ! la publication de mon JOURNAL m'a amené des lecteurs qui ne me lisaient pas, et voici qu'on réimprime d'un coup CHARLES DEMAILLY, SŒUR PHILOMÈNE, MANETTE SALOMON.

Mardi 2 octobre

Aujourd'hui, Fouquier fait dans le FIGARO sur Francis Poictevin, ce fou sans imagination, qui n'a pas fait un livre dont je ne lui aie donné l'idée et qui, dans ses livres, n'a pas une phrase qui ne soit une réminiscence outrée ou caricaturale des Goncourt, oui, Fouquier a fait un article comme jamais de la vie nous n'en avons eu un dans ledit FIGARO.

Mercredi 3 octobre

Il y a, dans les attentions, de délicates et heureuses *devinailles* dont seule la femme possède le secret... *Elle* m'apporte, en revenant de Plombières, deux vues de la maison de Nancy où je suis né.

Samedi 6 octobre

Une journée paresseuse à remuer des choses japonaises et à regarder mille francs d'images — la *culotte* d'hier chez Bing.

Dimanche 7 octobre

Visite de Jean Lorrain. Une pluie de paroles *cancannantes* et spirituellement amusantes, sur la démoralisation et la vénalité des journalistes actuels, et au milieu desquelles il confesse que *Santillane* du GIL BLAS lui avouait qu'il ne peut, dans un de ses articles, nommer un *jeune* que si l'éditeur de ce jeune consent à donner cinquante francs — pluie de paroles entremêlée d'une pluie de salive, tombant sur le manteau de Mme Daudet, toute triste, mais n'osant reculer.

Au moment où j'allais partir avec Daudet et sa femme pour dîner, rue Bellechasse, entre Dumény, l'air gauche et qui, après beaucoup de circonlocutions, me demande si je voudrais bien lui confier le manuscrit de GERMINIE LACERTEUX, dont Porel ne veut lui donner connaissance que par la lecture aux acteurs. Je sens qu'il a la *frousse* et qu'au fond, en disant qu'il aime la bataille, il a une terreur du *Oh !* d'une salle soulevée de dégoût, et il laisse échapper qu'il craint que j'aie noirci Jupillon et adouci Germinie... Ça promet des embêtements futurs. Il y a peut-être aussi dans sa terreur du rôle, un peu de la fréquentation de la troupe estivale de Sarah Bernhardt, complètement inféodée à Sardou...

Puis il parle de la singulière créature et de l'argent fluant entre ses doigts, et il raconte qu'après que ladite Sarah a joué vingt-sept fois à Londres et a gagné par soirée 2 700, au retour, sur le pont du paquebot qui les ramenait en France, Damala lui disait : « Devinez ce que je rapporte de là-bas. — Une vingtaine de mille francs ? » Damala ouvrait son porte-monnaie et lui faisait voir trois billets de cent francs.

Ce soir, Daudet parle d'une confession faite à sa femme, par une femme du peuple, de la mort de son mari, un pas-grand-chose, un fieffé ivrogne. Quand il se vit pour mourir, il aurait dit : « Je veux au moins faire une bonne fin. » Et le prêtre, au chevet de son lit, le questionnant sur les petits méfaits de sa vie : « Je n'ai été mauvais qu'avec ma femme et ma fille, elles m'ont pardonné... Donc, on n'a rien à me demander. » Il ajoutait : « Les marchands de vin, par exemple, je les ai mis quelquefois dedans, mais ils m'ont fait tant de mal ! »

Je n'aime pas l'habitude qu'a prise à l'heure présente mon cher Daudet, de parler sempiternellement de la mort, et je trouve que ce mot : *la mort,* a l'air de trop se plaire dans sa bouche.

Une lettre qui donne bien le ton de la relation *aigre-aimante* avec la Princesse. Je la donne dans la certitude qu'elle ne garde pas mes lettres, pas plus qu'elle n'a gardé les lettres de mon frère, qui lui en a écrit de charmantes, mais qui n'était ni de l'Académie ni de l'Institut.

« Octobre 1888.

« Princesse,

« Vous êtes à Arcachon, un pays qui m'est représenté dans la cassette qui est au pied de mon lit, la petite cassette de mes petites valeurs, par six feuilles de papier à l'en-tête admirablement gravé, contre lesquelles ma pauvre mère a donné 30 000 francs — six feuilles de papier qui ne valent plus même le timbre des six feuilles. Mais ce n'est pas de la société créée en 1840 *pour le défrichement des landes d'Arcachon* qu'il est question dans le moment, mais c'est bien de Popelin et un peu de vous qu'il s'agit, Princesse.

« On m'a dit que le cher malade allait beaucoup mieux, qu'il était débarrassé de son corselet de bronze, enfin, qu'il redevenait gaillard et guilleret. J'espère, Princesse, chère Princesse, si vous me permettez cette tendresse, que vous allez me confirmer cette bonne nouvelle et me dire que vous revenez à la fin du mois et que votre salon rouvrira pour les amis. Car ce serait bien dur, pour les *isolés* comme moi, de manquer de mon mercredi, qui m'est plus cher que vous voulez bien le croire, tout grincheux que je puisse vous paraître parfois — mais c'est l'âge et la littérature... et puis, si j'étais un simple bourgeois, peut-être serais-je charmant, mais vous ne m'inviteriez pas !

« Ce pauvre Boulanger !... Enfin, il s'en est allé comme je voudrais faire ma sortie de ce bas-monde. Meissonier racontait à Bracquemond que, le soir, il avait dîné chez Garnier et qu'il revenait si gai, dans la voiture qui le ramenait avec Saintin, et chantant si haut, que Saintin lui disait : « Mais tu vas nous faire arrêter par un sergent de ville ! » Et il mourait dans la première gaîté de ce joyeux dîner...

« Vous savez, cette année, c'est pour moi une année de bataille, ma dernière année, et je compte vous avoir à la plus grosse, à la représentation de GERMINIE LACERTEUX à l'Odéon. Ça vous coûtera peut-être encore une paire de gants comme à HENRIETTE MARÉCHAL, non pour la pièce, que vous n'aimerez pas sans doute, mais pour l'auteur, que vous aimez au fond.

« Je baise le bout des doigts de Votre Altesse.

Edmond de Goncourt. »

Mardi 9 octobre

Des lettres à des confrères, à un éditeur, à un directeur de théâtre, à un interne, à un relieur. L'ennui n'existe pas pour les gens chez lesquels il y a une incessante et multiple occupation de la cervelle ; il n'y a que les inoccupés qui s'ennuient.

Une phrase à mettre quelque part. Plus tard, par tout le papier conservé précieusement en ce temps sur les hommes de lettres, on connaîtra à fond les écrivains contemporains, et l'on verra que les écrivains qui ont fait des chaussons de lisière à Clairvaux, ou qui méritaient d'en faire, n'ont jamais fait que des œuvres vertueuses, des œuvres *ohnêtes,* ainsi que Rops l'orthographie drolatiquement dans une de ses lettres, tandis que les vrais honnêtes hommes n'ont fait que des œuvres qui ont soulevé l'indignation du public et mérité les foudres des tribunaux correctionnels.

Jeudi 11 octobre

J'ai reçu hier une lettre de Jules Vidal, qui me demande à tirer une pièce de mon roman des FRÈRES ZEMGANNO, en collaboration avec

Byl. Il y a une vingtaine de jours, la même demande m'était faite par Paul Alexis et Oscar Méténier, et je leur avais donné l'autorisation sollicitée.

Aujourd'hui, dans un pèlerinage à travers les boutiques de japonaiseries, j'ai commencé par avoir l'idée de dédommager Vidal de sa déconvenue en lui faisant faire une pièce de LA FILLE ÉLISA, sur un *mode* très chaste [1]. Et je voyais vraiment une curieuse pièce ainsi établie : un premier acte dans une maison de prostitution, mais représentant la vie intime de ces femmes, sans l'apparition de messieurs et peut-être avec la scène de la phosphorescence des cheveux qui est dans le livre ; un second acte qui serait l'assassinat du soldat dans le cimetière du Bois de Boulogne ; enfin un troisième acte, la mise en scène complète d'une condamnation à mort à la cour d'assises et où l'avocat, dans sa défense, raconterait toute la vie de l'accusée — une exposition tout à fait originale et qui n'a point été encore tentée au théâtre [2].

Puis, tout en battant le pavé et m'échauffant la cervelle de ma fièvre dramatique, je me disais qu'il fallait faire la pièce moi-même et ne pas confier sa fabrication à des *jeunes* inexpérimentés. Et je ne sais comment ma pensée allait à LA FAUSTIN, avec le désir d'en tirer moi-même une pièce — songeant à faire de GERMINIE LACERTEUX, de LA FILLE ÉLISA, de LA FAUSTIN, une trilogie naturaliste [3]. Peut-être, dans deux ou trois jours, cette foucade théâtrale sera-t-elle passée ; mais aujourd'hui, je suis mordu, mordu par le désir d'écrire ces pièces.

Ce soir, chez Daudet, Rosny est très blagué par tout le monde au sujet de l'article qu'il vient de commettre dans la REVUE INDÉPENDANTE, article portant le titre de PSAUMES — très blagué pour ses tendresses lyriques à l'endroit des marsupiaux, des charançons, etc., etc. On lui crie qu'il est emmerdant avec ses mots scientifiques. Geffroy et Mullem, qui rient dans les coins, lui jettent qu'il y a plus de mots que d'idées dans son article ; Hervieu, avec sa lente parole réfléchie, lui déclare avec la plus extrême politesse que son article n'apprend rien, ne prouve rien. Enfin, Daudet, quittant le ton bouffonnant, lui dit que ses exaltations amoureuses pour les touffes d'herbes, les gramens, ne lui sont pas absolument personnelles, qu'il les a empruntées à Michelet. A quoi Rosny répond que cet amour des touffes d'herbes, c'est la passion de tous les *tendres* depuis le commencement du monde. Et se levant

---

1. Vidal, qui annonce, le 25 octobre 1888, qu'il est en mauvais termes avec Antoine (CORR., vol. XXVIII, f° 296), ne fera pas LA FILLE ÉLISA ; c'est Jean Ajalbert qui tirera du roman d'Edmond de Goncourt une pièce représentée au Théâtre-Libre le 24 décembre 1890 et interdite le 19 janvier 1891.

2. Allusions aux chapitres XXVIII (une prostituée de l'avenue de Suffren, Alexandrine *Phénomène*, devient l'amie d'Élisa, qui peigne à longueur d'heures sa magique chevelure) et XLVIII (Élisa évoque en prison le geste meurtrier par lequel s'est traduite son horreur physique de l'homme, face à Tanchon, le conscrit qu'elle aime, dans le vieux cimetière abandonné), et au prologue, où l'on voit uniquement la fin du procès, le verdict, alors qu'Ajalbert, effectivement, utilisera la plaidoirie de l'avocat pour nous instruire du passé d'Élisa.

3. Edmond de Goncourt écrira la version scénique de LA FAUSTIN ; mais Sarah Bernhardt l'ayant refusée, la pièce ne sera pas jouée. Elle sera éditée par les soins de l'Académie Goncourt dans LA REVUE DE PARIS, le 15 juill. 1910.

et prenant la REVUE INDÉPENDANTE, et relisant l'un après l'autre tous ses PSAUMES, il proclame que c'est d'une clarté, d'une limpidité, d'une *langue complète*, voulant bien avouer qu'il se sert d'expressions scientifiques, mais qu'il y est forcé par le sujet ; mais que du reste, ce sera la langue universelle dans quinze ans, et ajoutant que toutes les objections qu'on lui fait, viennent peut-être de ce que sa prose paraît dans cette boîte de la REVUE INDÉPENDANTE, en compagnie de jeunes peu éclairés et chercheurs d'effets comme de Fleury. Rosny dit tout cela avec une obstination triste, tenant de la main gauche la brochure de la REVUE INDÉPENDANTE et se grattant le derrière de la main droite, en remontant à tout moment d'un coup de reins son pantalon, comme s'il voulait faire passer ses génitoires de droite à gauche.

Samedi 13 octobre

Je ne sais pourquoi, c'est toujours chez la Princesse que se passent mes cauchemars, mes rêves angoisseux de la perte de toutes mes affaires.

Cette nuit, j'apportais en songe chez elle un roman publié en feuilletons dans un journal et dont je devais lire des passages après dîner ; et en sortant de table, je ne trouvais plus mon paquet de feuilletons, et j'avais beau dire que je n'en avais pas de copie et que, par un fait particulier, c'était le seul exemplaire qui existât du journal, ça ne touchait ni n'émouvait ce monde, qui m'indignait comme par une apparente surdité à mes paroles. Enfin, un domestique railleur, à l'aspect de ces fous méchants qu'on voit dans les maisons de santé, apparaissait et me tendait deux ou trois feuilles du paquet à demi brûlé et qui avait servi à allumer le feu de la cheminée... Puis c'étaient des épisodes de la soirée dont j'ai perdu la mémoire, mais toujours angoisseux, et ça se terminait par une recherche vaine de mon paletot et par le détachement de l'arbre de l'antichambre de l'unique chapeau qui s'y trouvait encore : un chapeau au bord de feutre, au fond de paille. Et dans le petit jour qui se levait, je me sentais un objet de ridicule parmi les allants et venants, qui avaient l'air de grandes Chinoises, pendant que j'étais à la recherche d'un chapelier et que je trouvais sur toutes les portes de leurs boutiques un morceau de papier portant : *Fermé pour cause de décès.*

Ce matin, je tombe sur une attaque de Becque, qui traite de *panade* ma pauvre HENRIETTE MARÉCHAL [1]. Il faut que je l'embête, cet auteur dramatique de génie, pour qu'il ne manque pas une occasion de m'attaquer et qu'hier, en lisant dans le FIGARO l'annonce d'un article sur le Théâtre-Libre, j'étais certain que c'était moi qu'il allait *tomber*. Je n'ai vu de Becque que MICHEL PAUPER, et je ne connais pas de

1. Cf. A PROPOS DU THÉÂTRE-LIBRE, dans le FIGARO, *Supplément littéraire*, du 13 : il loue Antoine d'avoir représenté PUISSANCE DES TÉNÈBRES de Tolstoï et incrimine la stérilité du naturalisme au théâtre, et celle, entre autres, de Goncourt, qui « a joué pendant trente ans à l'auteur sifflé... pour cette *panade* d'HENRIETTE MARÉCHAL ».

pièce plus vieux jeu, plus *mélo* du Boulevard et avec des caractères plus faux et des tirades plus imbéciles. Cela me suffit, et je déclare que l'homme qui a commis cette pièce et qui, au lieu de la laisser oublier, l'a fait reprendre, ne peut jamais devenir un auteur d'une valeur quelconque. Et je demande en grâce qu'on le joue, qu'on le joue partout, parce que, au fond, tout le crédit dont il jouit vient absolument de la légende qu'il a fait répandre et qu'il a répandue lui-même sans pudeur, qu'il était un homme de génie que les directeurs se refusent à jouer. Et quand il aura été beaucoup joué, je ne doute pas qu'il ne soit pris pour ce qu'il est, un simple *puffiste*... Et voyez-vous le monsieur que peut être l'auteur dramatique qui éreinte tous ses confrères et proclame qu'il n'y a qu'une bonne maison de pièces sur le quai : la sienne ! Oh, le cuistre ! et qu'il est bien digne d'être l'amuseur, le fou hilare, le pitre du salon de la grosse Mme Aubernon.

Au fond, une certaine tristesse me vient des attaques de cette meute d'envieux et de jaloux, incessantes attaques que ni l'âge ni, dirai-je, la haute position littéraire n'atténuent, ne font taire : la calomnie, la médisance, l'insulte devant persévérer contre moi tout seul jusqu'à la dernière heure.

Dimanche 14 octobre

Octave Mirbeau vient aujourd'hui. Il a une fièvre dont il ne peut se débarrasser et qui le prend à six heures du soir, le quitte à une heure du matin et le laisse, tout le jour du lendemain, brisé, incapable de travail.

Il parle de Bourget, avec lequel il a déjeuné ces jours-ci et qui s'est montré à mon égard aussi malveillant que possible, de Bourget qui lui avouait qu'il vomissait une cuvette de bile à un éreintement de journal. Puis il cite cette étonnante phrase de Rosny, adressée à ceux qui lui font quelques objections : « Ah ! je vois ! vous n'en êtes pas encore à la période de l'admiration ; mais quand vous m'aurez compris, je l'exigerai. »

Drumont dîne ce soir chez Daudet. Son livre : LA FIN D'UN MONDE paraît jeudi, et en s'asseyant à table, il dit, souriant : *« Le dernier dîner du condamné. »* Et ce sont des phrases pareilles à celles-ci jetées à travers le dîner : « Oh ! vous savez, il y a deux affaires sûres, certaines... Des témoins, oui, je crois pouvoir compter sur Billing, puis sur un officier... Oh ! celui-là, un fanatique, un homme qui m'appartient absolument !... Enfin, un troisième...Ça, c'est l'ennuyeux, les préliminaires... Il faudrait pouvoir faire coucher ses quatre témoins chez soi... Je crois que, si nous avons le duel au pistolet, à vingt pas et au visé, un des deux doit y rester. Mais vous comprenez, si des vingt pas, les témoins font quarante, ce n'est plus la même chose, les chances de mort diminuent... Mais ça, ça dépend absolument des témoins... Puis j'ai confiance dans la destinée. Si ce que je devais faire est accompli, eh bien, je m'en irai... Mais s'il me reste encore quelque chose à faire, je vivrai... Au fond, ce que j'ai à faire pour le moment c'est dire des prières et faire des contre-quartes. »

Et le soir, au coin du feu, il nous entretient de son chapitre sur Clemenceau et de la terreur générale qu'inspire la force au pistolet d'un homme qui *tire à un* et qui trace un anneau parfait dans une pièce de vingt sous qu'on lance en l'air — force qui a toujours empêché toute révélation sur son compte [1].

Lundi 15 octobre

Avoir besoin de *rationner* ses lectures, dans un moment d'oisiveté de l'esprit où l'on voudrait lire tout ce qu'on n'a pas lu ! Ah, ces yeux !... Oui, je consentirais à devenir plutôt cul-de-jatte qu'aveugle !

Jeudi 18 octobre

Guillaume, l'éditeur, parlait ce soir de l'illustrateur Rossi, de la famille de fous à laquelle il appartient, des *foucades* extraordinaires auxquelles il s'est livré, quand il pouvait s'échapper de sa mère. Il n'est point resté en France parce qu'il ne pouvait jouer à la *mora* et aux autres jeux italiens, et il existe chez lui un tel amour du jeu qu'après le dîner, il forçait sa jeune femme à faire une partie de cartes et que, pour jouer au billard, il s'était lié avec un marchand de vin à sa porte et un charbonnier.

Rosny, qui dîne avec nous, s'ouvre aujourd'hui sur sa famille. Il nous confie qu'ils étaient six enfants : trois yeux bleus, trois yeux noirs, mais que les yeux bleus avaient été les moins solides et que deux étaient morts, et qu'il reste avec une sœur et deux frères, qui font encore de la science,... mais qui sont encore en chemin, étant moins alertes que lui.

Et il passe de ses frères et sœurs à ses enfants, à sa petite fille incomplètement allaitée par sa femme, âgée seulement de seize mois, qu'il a été au moment de perdre. Et il dit avec sa voix et les expressions de caresse qui lui viennent à la bouche, quand il parle de ses enfants, que le médecin lui ayant dit qu'il n'avait plus d'espoir à garder et qu'il fallait seulement songer à la soulager, il avait jeté les drogues dans la cheminée et l'avait, ainsi qu'il le raconte dans un de ses romans, promenée, bercée dans ses bras, pendant vingt-quatre heures, et que le petit être intelligent s'était laissé faire et avait eu soudain un sourire dans l'aube du jour... Elle était guérie [2] !

Pendant qu'il raconte cela, bizarre coïncidence ! Mme Daudet disparaît, et Daudet m'apprend que la petite *Mémé* a un faux croup,

---

1. Sur LA FIN D'UN MONDE, cf. plus haut p. 158, n. 2. Le chapitre sur Clemenceau se trouve liv. VII, ch. 2, et Drumont y dénonce le « cynique à froid » qu'est Clemenceau et s'indigne de ses relations avec l'affairiste Cornélius Herz.

2. Le roman de Rosny aîné visé dans le paragraphe est MARC FANE (1888), ch. V, pp. 81-90.

une laryngite striduleuse... Bon, voilà que je n'avais pas d'enfants et les soucis qu'ils amènent — et grâce à mon parrainage, je m'étonne de me sentir des entrailles d'un rien de père à l'endroit de la chère enfant, et je m'en vais tout inquiet, tout troublé.

Un charmant mot de la filleule de deux ans à un des derniers dîners du dimanche : elle embrassait sa mère, qui avait été absente toute la journée, avec une sorte de frénésie, se soulevant à tout moment de sa petite chaise pour étreindre et bécoter. Je me mis à rire. Elle se retourna sérieuse vers moi, en me disant : « Ne ris pas, *paien !* » (parrain). Il semblait qu'elle avait comme une pudeur de ses tendresses.

Dimanche 21 octobre

Huysmans vient aujourd'hui. Il a passé dix-huit jours à Hambourg en pleine prostitution. Et là, une prostitution comme il n'y en a nulle part en Europe. Une prostitution pour matelots, supérieure aux bordels du Quartier latin ; une prostitution pour banquiers, recrutée parmi des Hongroises de quinze ou seize ans et où l'on couche dans des chambres fleuries d'orchidées. Et c'est amusant de l'entendre décrire cette ville à la mer lilas, au ciel gris, une ville affairée toute la journée et se transformant le soir en une kermesse qui dure toute l'année et où l'or gagné tout le jour se répand et se déverse la nuit dans les *riddecks* opulents.

A la suite d'Huysmans, arrive à peu près tout le monde du *Grenier*, et Geffroy nous peint Becque peinant toute la journée à élaborer deux *mots cruels* et, assommé de travail, se promenant le soir en saligot et en chemise de nuit dans l'avenue de Villiers. Et Bonnetain, qui laisse percer sous la tristesse de sa figure tous les ennuis d'argent qu'il doit avoir dans le moment.

Lundi 22 octobre

Antoine vient déjeuner ce matin à Auteuil pour s'entendre avec moi sur la distribution de LA PATRIE EN DANGER.

Il a l'aspect d'un abbé précepteur dans une riche famille bien pensante, mais d'un abbé qui doit jeter sa redingote ecclésiastique aux orties : une mine futée, éveillée, un nez tourné à la friandise, mais rien dans la physionomie et la tenue d'un homme de théâtre. Malgré qu'il se défendît d'être acteur comique et d'être homme à belle prestance, je l'ai décidé à prendre le rôle du comte, le rôle de *soutènement* de la pièce. Mlle Leroux doit jouer la chanoinesse, et Mévisto, Boussanel [1].

Quoique un peu battu de l'oiseau par sa mauvaise soirée de vendredi, il croit à des pièces futures qui feront *flamber* d'enthousiasme la salle

1. Le comte de Valjuzon est, dans la pièce des Goncourt, un conspirateur royaliste acharné et longtemps invincible ; sa sœur est l'intraitable chanoinesse de Valjuzon, et Boussanel, son ancien précepteur, devenu un fanatique à la Marat.

du Théâtre-Libre ; et il espère toujours avoir prochainement cette salle, qui lui permettra de jouer une centaine d'actes par an et faire jaillir des auteurs dramatiques, s'il y en a vraiment en herbe [1]... Au fond, ce petit homme est l'ouvrier d'une radicale rénovation théâtrale, et si, comme il le disait, elle ne se fait pas chez lui, elle se fera forcément sur les autres scènes. Quelle que soit la fortune de son entreprise théâtrale, il est bien certainement le rajeunisseur du vieux théâtre.

A ce qu'il paraît, il y a eu une scène formidable chez les Halévy ces jours-ci. On a trouvé dans une armoire du jeune Halévy trois romans des Goncourt, et un de ces livres, MADAME GERVAISAIS, avait été payé par ce pauvre garçon, qui a des semaines de cinquante centimes, au moyen d'un emprunt fait au petit Sichel, et rendu en pièces de deux sous sur ses dix sous.

Mardi 23 octobre

Les retrouvailles bizarres de la vie. Dans mon troisième volume de notre JOURNAL, au milieu du récit de la maladie et de la mort de mon frère, je parle de la rencontre journalière dans le Bois de Boulogne d'un garçonnet souffreteux, d'un garçonnet ayant la gentillesse d'une fillette, d'un garçonnet au cache-nez prenant autour de son cou l'aspect d'un châle, et toujours accroché au bras d'un vieillard original [2].

Aujourd'hui, une femme en deuil dépose chez moi une lettre avec une photographie du garçonnet en question, qu'elle m'envoie comme une *carte de souvenir* de l'enfant, dont j'ai tracé un si charmant portrait, me remerciant d'avoir fait revivre l'être bien-aimé. Dans sa lettre est contenu un petit article de Renan sur cet Antoine Peccot, mort à vingt ans et qui, suivant les cours de mathématiques transcendantes de Bertrand, avec sa figure enfantine, avait fait penser à l'illustre mathématicien que son jeune auditeur ne pouvait comprendre des spéculations aussi hautes. Et un jour, Bertrand l'avait interrogé, et charmé de sa précocité, en avait fait son élève particulier...

A la suite de la mort de cet enfant — de ce tout jeune homme —, deux femmes, deux proches parentes, qui l'avaient élevé, amoureusement soigneuses de la mémoire du cher petit, voulant que la fortune qui devait un jour appartenir au jeune savant, appartînt tout entière à la science qu'il avait cultivée, par une donation anticipée, fondaient au Collège de France une rente annuelle en faveur d'un étudiant pauvre ayant déjà fait ses preuves dans les hautes études mathématiques.

---

1. La *mauvaise soirée de vendredi* est celle du 19 oct. 1888, où Antoine a présenté sans succès L'AMANTE DU CHRIST, du poète Rodolphe Darzens, LA CHEVALERIE RUSTIQUE, de Paul Solanges, autre mouture de la nouvelle de Verga d'où était sorti déjà le célèbre opéra de Mascagni, et en contraste, une effroyable tuerie passionnelle chez un boucher, LES BOUCHERS, de Fernand Icres. — Antoine restera au théâtre des Menus-Plaisirs, bd. de Strasbourg : par l'intermédiaire de Frantz Jourdain, il avait obtenu du directeur, Derenbourg, le 4 juin 1888, de donner là deux soirées par mois.

2. Cf. t. II, pp. 217 et 251.

Mercredi 24 octobre

Pourquoi diable tombe-t-il chez moi aujourd'hui, mon cousin de Villedeuil, qui, à ce qu'il dit, est depuis quatre ans rédacteur du bulletin politique de la LIBERTÉ sans être venu me voir [1] ?

Il a avec lui une petite fille, sa fille, une enfant âgée de cinq ans, avec une grosse voix d'Espagnole et une santé à la Pardo Bazan... Et c'est touchant de le voir, cet homme à la barbe terrible, devenue un peu poivre et sel, jouer tout à fait la petite mère attentive et attacher soigneusement et coquettement à l'enfant tous les nœuds d'un petit manteau volant qu'elle a sur les épaules.

Jeudi 25 octobre

A mon arrivée chez Daudet, ce soir, il me dit :

« Avez-vous lu la note du GIL BLAS d'hier ?

— Non.

— Eh bien, la note disait que Réjane était engagée pour la pièce de Sardou au Vaudeville, et que, sans doute, vous ne seriez pas probablement joué à l'Odéon... Maintenant ce qu'il y a de curieux, c'est qu'on doit vous apporter tout à l'heure le bon à signer de la copie des rôles et des deux manuscrits pour la censure !

— Peut-être, au fond, n'y a-t-il rien de vrai dans la note du GIL BLAS, ajoute Mme Daudet...

— Non, non, il doit y avoir quelque chose, je vous dirai que, sans vous en faire part, j'ai toujours pensé qu'avec ma malchance, au dernier moment, il me tomberait quelque tuile sur la tête ! »

Hervieu et Rosny surviennent et l'on cause. Daudet raconte que le premier gros argent qu'il ait touché, c'est lors de la publication de FROMONT ET RISLER et que, revenant de chez Charpentier un peu *éplafourdi* de sa vente et une poche de son petit paletot pleine de billets de banque, de louis d'or, de pièces de cent sous, il s'était mis en rentrant à répandre tout ça à terre devant sa femme et à danser autour une danse folle qu'il baptisait le *Pas de Fromont.*

Puis la conversation devient sérieuse et l'on s'entretient de la force vitale du mal, des atomes crochus qui font que le poitrinaire recherche la poitrinaire, le fou la folle, comme pour le réengendrer en le doublant, ce mal ! — ce mal qui pourrait peut-être mourir s'il restait isolé. Et Daudet parle de l'admiration, de l'espèce de culte pour le mal chez les médecins, les infirmiers, citant l'enthousiasme lyrique d'un frère Saint-Jean-de-Dieu pour la plaie du petit Montégut, chantant sa beauté, la comparant à une pivoine.

---

1. La LIBERTÉ est l'ancien journal de Girardin, créé par lui en 1866, passé à son neveu Léonce Détroyat et mis par celui-ci, à la fin de l'Empire, au service du Tiers-Parti d'Émile Ollivier, puis enfin vendu par Détroyat en 1876 et qui survivra jusqu'en 1935.

Vendredi 26 octobre

Il y a dans le demi-réveil du matin, au lendemain d'une mauvaise nouvelle, le moment où l'on se demande encore un peu endormi si la chose douloureuse est véritablement vraie ou si elle n'a pas été seulement rêvée... Ah ! c'est fait pour moi, cette pièce qu'on ne jouera pas, après sa réception, son annonce toute l'année, le mot de Réjane : « A bientôt !... » Oui, c'est un vrai chagrin. C'était ma dernière cartouche à tirer, et je tenais à la tirer. Mais cette fatalité qui m'a poursuivi toute la vie !...

Samedi 27 octobre

Rassérénement complet. Porel m'écrit que la note du GIL BLAS ne veut rien dire et qu'on lira GERMINIE LACERTEUX le lendemain de la reprise de CALIGULA, c'est-à-dire le 8 novembre [1].

Dimanche 28 octobre

Rodin, un être intelligent et fin, mais avec des côtés complètement bouchés, fermés, murés. Je lui montre des impressions japonaises du plus grand style. Il les regarde un moment, puis les referme et s'en éloigne comme peureusement, en disant qu'il ne veut pas les voir plus longtemps, de peur d'en être impressionné. Puis l'homme barbu, au corps trapu, avec des attitudes de torse fatiguées et des phrases mélancolieuses, se plaint d'un brouillard qui lui est venu dans la tête.

Ce soir, Mme Daudet faisait le portrait de Mme Aubernon dans ces termes : « Avec sa face carrée et ses gros yeux saillants, elle a l'air d'un vieux cocher de bonne maison. » Puis on est passé à Mme de Nittis, à laquelle on a reconnu une certaine distinction, mais une distinction de *première* de magasin, avec des lacunes, des intermittences à tout moment, produites dans sa distinction par un manque absolu d'éducation et des foucades de toquée ; et Daudet la comparait assez pittoresquement à la demoiselle mannequin des grands couturiers, qui, sous la robe dans laquelle on la drape, apparaît un instant comme une femme du monde, puis, déshabillée, se montre la vraie femme qu'elle est sous sa robe de tous les jours [2].

Lundi 29 octobre

Peut-être y a-t-il dans mon goût pour la japonaiserie l'influence d'un oncle, l'oncle Armand, le frère préféré de ma mère [3]. Il avait été officier de hussards sous l'Empire, et il était le type de ce joli et charmant officier de cavalerie légère, à la chevelure et aux moustaches blondes

1. Le 8 novembre, l'Odéon reprendra CALIGULA, tragédie tombée d'Alexandre Dumas père, créée le 26 déc. 1837 au Théâtre-Français.

2. A la fin du paragraphe, corr. éd., le texte Ms. portant : ... *apparaît un instant comme une vraie femme, puis, déshabillée, se montre la vraie femme*, etc.

3. Armand Lebas de Courmont.

comme *papillotées.* Il peignait très habilement des fleurs à l'aquarelle. Et quand il fut marié et qu'il eut acheté une maison à Bellevue, il se prit, je ne sais comment, d'une passion pour la chinoiserie. Et comme il n'était pas seulement un aquarelliste distingué, mais qu'il était encore très adroit de ses délicates mains, il fit là une décoration et fabriqua de ses mains tout un mobilier d'un *chinois* tout à fait extraordinaire pour le temps. Et l'on conserve encore, chez mes petits cousins de Courmont, une lanterne peinte et sculptée, qui, avec ses verres coloriés, sa fine découpure, ses cordelettes de soie, ses émaux, semble une lanterne confectionnée à Pékin...

C'est très curieux, je n'ai pas de souvenirs de mon enfance, ou du moins, je n'en ai qu'un seul, mais un souvenir tout présent et que je revois dans tout le détail de sa réalité quand j'y pense, et c'est à cet oncle qu'il se rapporte. J'avais eu une coqueluche, le docteur Tartra — oui, il me semble bien que c'était son nom — n'avait pas voulu que ce soit une coqueluche, et c'était devenu une maladie de poitrine, qui faisait craindre que je n'en revinsse pas. J'étais couché dans le grand lit de ma mère — c'était le jour — et je le vois, mon joli oncle — car il avait gardé sa beauté de jeunesse —, je le vois assis dans la ruelle, et je le vois disant des paroles d'une voix douce, douce à ma mère, qui pleurait et qui tout à coup, dans un sanglot, rejetait le drap qui me recouvrait, et lui montrait mon pauvre petit corps de squelette.

Mardi 30 octobre

Ils sont à mourir de rire, ces gens chez lesquels s'éveille soudainement, bien tard, bien tard, un goût d'art ; et il m'amuse, ce Bing, sur lequel au fond déteint l'esthétique de Gonse et qui ne veut de l'art japonais que l'art sérieux, grave, *concentré,* et qui est plein de mépris pour le joli, la grâce de cet art — prenant pour du grand art ce qui a seulement une apparence d'art, pour de la force, ce qui a l'apparence de la force, pour du talent, ce qui a une apparence de talent.

Mercredi 31 octobre

Une préface était composée, et prête à être donnée à Quantin pour mettre en tête de son édition illustrée de l'HISTOIRE DE LA SOCIÉTÉ FRANÇAISE PENDANT LA RÉVOLUTION, quand je me suis ravisé au dernier moment, la trouvant manquant de dédain, et vraiment trop hargneuse à l'encontre de ce *paillasson* de Taine — de Taine contre lequel j'ai l'antipathie la plus grande, sans qu'il l'ait tout à fait méritée par ses procédés envers moi, mais parce qu'il est le type le plus complet et le plus odieux pour moi du Normalien. Mais, cette préface, donnons-la ici :

PRÉFACE DE L'ÉDITION DE 1889

« Voici un livre appartenant à la *petite histoire,* venu au monde il y a bien longtemps, un livre paru en 1854, un livre écrit au début de notre carrière et qui, en dépit de sa jeunesse, de ses inexpériences, de ses défauts, a fait parmi les bouquins de l'heure présente quelques petits, au milieu desquels il me semble bien reconnaître les gros volumes de *la Grande Histoire* du philosophe Taine, ayant pour titre : LA RÉVOLUTION, LE GOUVERNEMENT RÉVOLUTIONNAIRE.

Edmond de Goncourt. »

Jeudi 1er novembre

Porel, tout en chantonnant les couplets sentimentalement chevrotants du temps, nous racontait ses débuts avec Bouffé, qui le pinçait sur la scène, quand c'était lui qu'on applaudissait.

N'a-t-il pas l'idée de supprimer mon prologue ? Vraiment il est bien gentil, mais, comme l'a dit Bergerat, un peu tripatouilleur.

Et l'on cause du petit Hugues Leroux et du petit Vincent, comme de types de menteurs très curieux. Le petit Leroux, un menteur suant, émotionné et ayant dans son mensonge un peu de la perversion des enfants menteurs et dont les tribunaux, à l'heure présente, n'acceptent les témoignages qu'avec une certaine défiance. Le petit Vincent, le menteur froid, assuré, coupant, mettant à son mensonge quelque chose de l'affirmation rêche d'un protestant du Midi, Vincent, qui faisait un jour le singulier aveu qu'il n'y avait qu'à Daudet qu'il ne mentait pas.

Vendredi 2 novembre

La feuille qui tombe, et qui, avant de toucher la terre, a deux ou trois planements défaillants d'un papillon blessé à mort...

Samedi 3 novembre

C'est vraiment curieux, cette sorte de bonheur sensuel que des gens à la rétine comme la mienne, éprouvent à faire jouir leurs yeux de la contemplation des taches porphyrisées dans la larme de l'émail colorié d'une poterie japonaise... Oui, bien certainement, la passion de l'objet d'art — et de l'objet d'art industriel — a tué chez moi la séduction de la femme.

Oh ! le journaliste du petit journal est, en littérature, encore plus l'ennemi du travailleur, du penseur, de l'artiste, que les plus vieux ronds-de-cuir de l'Académie ! Voici l'ÉCHO DE PARIS qui commence contre GERMINIE, cette tentative d'un théâtre nouveau, la guerre calomnieuse et bête commencée autrefois d'avance contre HENRIETTE MARÉCHAL. Et ne s'efforce-t-il pas à faire honte à Réjane d'avoir accepté le rôle de Germinie, travaillant à la faire revenir sur sa décision ?

Dimanche 4 novembre

Chez Charpentier, ce soir, un monsieur vient à moi, que je ne reconnais pas tout d'abord. C'est Zola, mais si changé que vraiment, dans la rue, je serais passé à côté de lui sans lui donner la main. Ce n'est plus sa tête du portrait de Manet, qu'il avait un moment retrouvée : c'est, avec ses trous sous les pommettes, son grand front sous ses cheveux rebroussés, la squalidité jaune de son teint, la contraction nerveuse de sa bouche, une certaine fixité du regard, c'est la tête d'un être larveux avec une méchanceté maladive répandue sur toute la figure.

Devant notre étonnement un peu effrayé de son changement, il nous raconte comment il a été amené à cet amaigrissement. A la représentation d'ESTHER BRANDÈS au Théâtre-Libre [1], il se rencontrait dans un corridor avec Raffaelli et, en dépit de tout l'effacement possible de son corps, avait peine à lui laisser le passage et s'échappait à dire : « C'est embêtant d'avoir un bedon comme ça ! — Vous savez, lui jetait Raffaelli en se dégageant, il y a un moyen très simple de maigrir, c'est de ne pas boire en mangeant ! » A déjeuner, le lendemain, la phrase de Raffaelli lui revenant, il se mettait à dire : « Tiens, si je ne buvais pas ? » A quoi Mme Zola répondait que ça n'avait pas le sens commun et que, du reste, elle était bien sûre qu'il ne pourrait pas le faire. Là-dessus, contradiction et picotage entre le mari et la femme, et Zola ne buvait pas à ce premier déjeuner et continuait le régime pendant trois mois.

Lundi 5 novembre

En allant à ROLANDE au Théâtre-Libre, dans le tête-à-tête du coupé, Daudet me raconte comment il est arrivé à faire une pièce à la suite de L'IMMORTEL, en en cherchant une dans le roman et se voyant empêché de la faire [2]. Il me joue presque une belle scène, qui est en germe dans son cerveau, une scène d'empoisonnement. La duchesse ruinée et se refusant au divorce, le jeune Astier a la tentation de l'empoisonner — et l'empoisonnement est joliment imaginé. D'un flacon de cyanure qu'il vient d'enlever à une maîtresse, qui voulait se suicider de désespoir d'être quittée par lui, il verse quelques gouttes dans un verre d'eau que lui a demandé la duchesse, mais au moment où elle va boire, il lui dit soudain : « Ne bois pas. » La femme, qui a le sentiment de ce qui se passe, lui jette un : *Poverino !* où il y a comme une maternité pardonnante, et lui tend les papiers du divorce. Le dernier acte est une vente publique, pareille à celle qui a eu lieu à Chenonceaux, où il est tué au milieu d'un *adjugé* du commissaire-priseur [3].

---

1. ESTHER BRANDÈS, pièce en 3 actes de Léon Hennique, créée au Théâtre-Libre le 13 nov. 1887.

2. ROLANDE est une variation naturaliste de de Gramont sur le type du Hulot de Balzac.

3. Daudet suivra exactement ce scénario dans sa pièce définitive, LA LUTTE POUR LA VIE, suite donnée à L'IMMORTEL (lequel s'achève sur le mariage de Paul Astier et de la duchesse Padovani) et représentée le 31 oct. 1889. Voir plus loin une série d'indications éparses sur la pièce. — La veuve du chimiste Pelouze possédait depuis 1864 et avait fait restaurer jusqu'en 1878 le château de Chenonceaux, qui devint ensuite propriété du Crédit foncier, avant d'être vendu en 1891 à un Américain, M. Terry. Plusieurs ventes de meubles, tapisseries et tableaux eurent lieu entre-temps, le 2 avr. 1881, le 3 juin 1889, etc.

Mercredi 7 novembre

Ce soir, dans la loge de Porel, à la répétition générale de CALIGULA, je pensais, avec une certaine émotion que, lorsque j'y reviendrais, dans cette loge, ce serait la première de GERMINIE LACERTEUX [1].

Vendredi 9 novembre

Hier, en sortant de chez Salviati, où je venais d'acheter une coupe de Venise comme cadeau de noce à Georgette Charpentier, au moment où je me préparais à aller voir Popelin, je suis hélé par un cocher à livrée verte — le cocher de la Princesse —, qui m'apprend qu'elle est chez le couturier Doucet, et comme je lui demande si elle doit y rester longtemps, il me dit : « Tenez, la voilà qui sort ! »

Et je vais au-devant de la Princesse et je la trouve sérieuse, préoccupée et surtout sans l'exubérance de vie qu'elle porte toujours en elle. Elle a une phrase vague, où je crois entendre qu'elle a été chez Doucet pour des *arrangements* de robes qui ne tiennent plus sur elle — tant elle serait maigrie. Et elle interrompt sa phrase, pour me dire : « Conduisez-moi là, chez Cuvillier, l'épicier anglais. Je n'ai pas déjeuné ce matin, j'ai besoin de prendre un sandwich. »

Et pendant qu'elle mange debout, elle a avec moi des paroles mystérieuses sur Popelin, comme si elle ne le voyait pour ainsi dire plus et comme si elle en était tout à fait séparée de cœur. Et ses dires, vagues et enveloppés, laissant cependant percer sa jalousie de Mlle Abbatucci, comme je lui affirmais qu'il n'y avait entre elle et Popelin qu'une grande amitié, elle avait un rire strident et me jetait : « Il faudrait qu'ils soient des saints, vivant dans les conditions où ils vivent ! »

Et prenant mon bras, elle faisait un tour dans la rue de la Paix, disant qu'elle avait besoin de marcher, et revenant à ses préoccupations, interrompait des confidences prêtes à sortir de ses lèvres, en murmurant qu'il valait mieux ne pas parler, me demandant s'il n'était pas cinq heures et demie, parce qu'elle devait faire une visite à la grande-duchesse de Russie, puis me quittait brusquement.

De là, j'allais chez Popelin, que je trouvais moins exsangue que cet été, mais très soucieux, très inquiet d'un vertige qu'il avait eu à déjeuner. Il attendait le lendemain un médecin auriste, qui devait examiner l'oreille, qu'il a toujours eue un peu dure, pour savoir si ses vertiges ne sont pas des vertiges Ménière [2]. Et à mon grand étonnement, Popelin me laisse avec son fils pour s'habiller, afin d'aller chez la Princesse, dont la froideur et la sécheresse des paroles m'avaient fait croire à une rupture entre les deux amants.

---

1. Cf. plus haut p. 171, n. 1.
2. Le *vertige Ménière* ou *Vertige otopathique*, dû sans doute à une altération des canaux semi-circulaires, se traduit par des bourdonnements et sifflements dans les oreilles, prodromes de vertiges qui provoquent la chute du malade.

Mercredi 14 novembre

Rentré chez moi à deux heures du matin d'une répétition de TARTARIN DANS LES ALPES, où le règlement des plafonds du Mont-Blanc a duré de onze heures et demie à une heure passée. « Un gros bateau à lancer qu'une pièce comme ça », disait Daudet... Dailly, qui était venu dîner avant-hier chez Daudet et lui avait raconté au dessert la mort de sa femme à la Salpêtrière et un drolatique quiproquo entre sa lettre d'engagement à la Gaîté et la lettre lui annonçant l'ouverture du corps de sa femme, est venu un moment causer avec Mme Daudet, affalé sur le bord de sa loge. Tout suant, son col relevé jusqu'aux yeux, le gros homme, à la graisse malsaine et répugnante, se défend avec un certain contentement d'ouvrier genre *Mes Bottes,* tout en jetant, de ses gros yeux bêtes, des regards tendres dans l'orchestre à une jeunesse, l'air mauvaise gale, portant un drapeau fiché d'un oiseau au-dessus de l'oreille, et qui est, selon l'expression de l'énorme comique, le *dévouement* qu'il a trouvé après la mort de sa femme [1].

Ah ! le bon type de directeur que ce Debruyère, avec sa redingote boutonnée militairement, son chapeau posé en casseur, la canne à bec d'ivoire toute droite sous le bras, ce type de *remueur de masses* au Boulevard, gueulant, sacrant, brutalisant sans merci son pauvre monde — ce type où il y a tout à la fois du *sous-off* et du marchand de contremarques aisé.

Ce soir, la Princesse, c'est, pour ainsi dire, la figure du navrement. Elle parle à peine à Popelin, pas du tout à Mlle Abbatucci. Elle est vraiment très maigrie, très changée.

Aujourd'hui, c'est la lecture de GERMINIE LACERTEUX à l'Odéon.

Une émotion, qui me réveille de très bonne heure, et un état nerveux, qui me rend insupportable, comme inactive, la locomotion en voiture et me fait descendre longtemps avant d'arriver au théâtre.

Porel lit, et lit très bien la pièce. La lecture produit un grand effet. On rit et on a la larme à l'œil. Dumény, qui m'avait laissé voir la peur qu'il avait de son rôle, l'accepte gaîment. Quant à Réjane, elle me semble tout à fait tentée du rôle par une espèce de curiosité brave.

Lundi 19 novembre

Ce matin, Pélagie me monte une lettre de la Princesse et me dit que le cocher de la Princesse attend, l'air pressé, la réponse.

J'ouvre la lettre. La Princesse m'écrit qu'on l'accuse — le jour où elle m'a rencontré rue de la Paix — de m'avoir raconté « la triste histoire qui l'atteint dans sa plus chère affection », et me rappelant qu'elle n'a rien dit sur le compte de Popelin et de Mlle Abbatucci, me

1. Sur *Mes Bottes,* le personnage de Zola dans L'ASSOMMOIR, cf. t. II, p. 785, n. 1.

demande une sorte de certificat de la fidélité de sa mémoire dans toute la conversation qu'elle a eue avec moi.

Ce qu'elle affirme est parfaitement vrai : ça n'a été tout le temps que des plaintes vagues ; et quand elle s'est sentie prête à vraiment parler, elle m'a congédié par un adieu brusque. Seulement, elle n'a pu s'empêcher, quand j'ai fait allusion à sa jalousie de Mlle Abbatucci — jalousie tellement transparente qu'elle n'est un secret pour personne —, elle n'a pu s'empêcher de laisser tomber de ses lèvres la phrase : « Qu'ils seraient des saints, vivant ensemble comme ils vivent ! »

On sonne. C'est Mlle Abbatucci qui entre, en larmes, me disant que c'est elle qui est la cause de tout ce grabuge, que la confidence que j'ai faite de ma promenade avec la Princesse dans la rue de la Paix, elle n'a pu se tenir de la communiquer à Popelin et que Popelin a bêtement fait une scène à la Princesse. Et la voilà, au milieu de sanglots étouffés, se plaignant de la Princesse, qui tue sa réputation, et me contant que la Princesse a dit, à je ne sais plus qui, qu'elle lui avait pris Popelin, que ça lui était égal, parce qu'il n'y avait plus de rapports entre eux depuis deux ans, mais que ce qui l'indignait, c'est que Mlle Abbatucci tuait Popelin avec ses ardeurs utérines. Elle se répand sur ce qu'elle est bien malheureuse, qu'elle est complètement affolée et qu'elle voudrait s'en aller de chez la Princesse, mais que Benedetti, qui la conseille, la force à rester, lui disant que l'opinion est toujours avec les puissants et que, si elle quittait la maison, le monde dirait qu'elle est la maîtresse de Popelin et que la Princesse l'a renvoyée. Et elle ajoute qu'il faut à toute force sauver Mlle Zeller, qui est déjà la bête noire de la Princesse, depuis qu'elle a cru, dans les temps passés, qu'elle travaillait à lui enlever Nieuwerkerke, et me supplie de mentir et de trouver n'importe quoi, pour ne pas la compromettre.

Elle est à peine sortie que voilà Mlle Zeller qui arrive, un pot de cyclamens sous le bras pour fêter la Saint-Edmond. Elle arrive, ne se doutant de rien, et s'en va toute bouleversée de la nouvelle.

Il est six heures. Je passe devant Tortoni, je suis hélé par Charpentier attablé en face d'une absinthe et qui, à mon salut, se lève, vient à moi, me dit :

« Est-ce assez embêtant, hein ?

— Quoi donc ?

— Vous n'étiez donc plus chez moi quand c'est arrivé ?

— Non.

— Ah... Eh bien, Daudet causait avec Zola dans mon cabinet, sur le divan où vous étiez un moment avec lui, quand Ollendorff va à lui et lui donne une poignée de main.

— Ah ! sacredié ! justement au moment où il passait sa chemise devant moi, avant d'aller chez vous, il m'avait dit, sans que ça fût amené par rien : « Ah ! si par exemple Ollendorff venait à moi, ce soir, il me semble que je ne serais pas maître de moi ! »

— Eh bien, il lui serre la main et seulement après, il reconnaît le patron d'Astruc. Alors de lui crier : « Est-ce que vous n'êtes pas monsieur Ollendorff ?... Mais c'est une surprise... Je vous retire la poignée de main que je vous ai donnée et je vous défends à l'avenir de recommencer... » Ollendorff de devenir d'une pâleur livide, de devenir bleu de ciel, selon l'expression de Mme Daudet — en affirmant qu'il n'est pour rien dans l'article... Et ce matin, Daudet a reçu la visite d'Ohnet et de Gaulot, qu'il a de suite adressés à Gouvet... Mais sa femme était aux écoutes... Elle lui demande qui a sonné... Daudet répond impudemment : « Personne ! » Mais elle entrevoit la carte d'Ohnet sur le bureau de son mari... »

On pense quelle est ma préoccupation pendant le dîner de Mme Sichel, pensant à ce duel à l'épée, qui peut être un assassinat avec un homme comme Daudet, incapable à l'heure présente de se tenir sur les jambes. A dix heures, je prends une voiture pour me rendre chez Daudet ; puis, en chemin, je réfléchis que ma visite peut effrayer sa femme, dont il aura endormi les inquiétudes avec un conte bleu comme il sait en faire, et faisant tourner bride, je rentre à Auteuil, remettant ma visite à demain.

Mardi 20 novembre

Une mauvaise nuit... et ce matin, de très bonne heure, chez Daudet. Il me dit en voyant ma figure toute décomposée : « Que vous êtes bête, c'est arrangé !... Il n'avait pas une furieuse envie de se battre... S'il y avait eu quelque chose, je vous aurais envoyé une dépêche... Oui, j'avais dit à Frantz Jourdain, vous savez : « Ni regrets ni excuses ! »... J'avais fait mettre mes épées en état, et je m'essayais hier là-haut, dans le billard, à me fendre, mais c'était dur ! »

Maurice de Fleury, qui vient me voir un moment, ce soir, me disait que les femmes ayant confié le secret de leur maladie à un médecin ont, pour sa discrétion, une reconnaissance attendrie qui touche à l'amour. Et quand il ne devient pas leur amant, ce médecin a sur elles la puissance d'un confesseur.

Mercredi 21 novembre

Très montée ce soir, Mlle Abbatucci : « Oh ! quelle vie !... J'ai été au moment d'aller retrouver Mme de Béarn en Italie... Mais pas de ça... on dirait que j'ai quitté Paris pour faire mes couches... Mais, écoutez bien, si la Princesse continue à tuer ma réputation, je lui réserve quelque chose... Non, je ne vous le dirai pas plus qu'à Benedetti... Oui, ce sera une affaire de Corse à Italienne. »

La Princesse, qui m'avait interrompu, a quelques mots tendrement amicaux, lors de mon entrée, en me disant : « Vous avez bien fait », la Princesse qui, tragique, se promène toute la soirée d'un salon à l'autre, avec des regards mauvaisement épieurs, me jette soudain, en passant devant moi : « N'est-ce pas que je fais bien mon devoir ? » Et ne me laissant pas parler... « Je vous dis que vous ne savez rien... Vous n'avez pas vu ce que j'ai vu... Oui, elle le tue,... je vous assure que les médecins s'en sont aperçus. Oh ! quelle créature !... Vous n'avez pas une idée de sa perfidie... L'avoir là, chez moi ! »

Et comme je lui dis que ce n'est pas possible, qu'avec la droiture que je lui connais, elle ne serait pas restée chez elle si elle était la maîtresse de Popelin, elle laisse passer, entre ses dents serrées, après quelques contractions colères du corps : « Si vous ne voulez pas, si vous ne voulez pas absolument me croire... Mais enfin, si ce n'est pas vrai et que j'en aie la conviction, c'est comme si cela était vrai ! » Et elle s'interrompt, en me disant : « On nous regarde, j'irai vous voir un de ces jours. »

Jeudi 22 novembre

Cette GERMINIE LACERTEUX me met dans un état nerveux qui me réveille tous les matins à quatre heures et me donne une fièvre de la cervelle, où tout éveillé, je vois jouer la pièce dans des transports d'enthousiasme d'un public de songe.

Daudet est, dans le moment, tout pris, tout absorbé, tout dominé par la lecture des ENTRETIENS d'Eckermann avec Gœthe. Il déplore que nous n'ayons pas, chacun de nous, un Eckermann, un individu « sans vanité personnelle aucune », notant, selon mon expression, tout ce qui *flue* de nous d'original dans les moments d'abandon ou de *fouettage* par la conversation, enfin, toute cette expansion de cervelle ou de cœur, bien supérieure à ce que nous mettons dans nos livres, où l'expression de la pensée est comme *figée* par l'imprimé.

Là-dessus, Daudet se met à parler de gens de valeur que les circonstances, la paresse, n'ont jamais laissés se produire et qui meurent tout entiers faute d'un Eckermann, et le nom de son ami Pillaut, le musicien, lui vient à la bouche, comme celui d'un de ces hommes, tout, tout plein de choses fines, délicates, et qui aura passé dans la vie sans laisser une trace... Et il nous le montre, assis avec lui en plein jour devant une bouteille de champagne, chez Ledoyen — et tout à coup, déposant son verre avec des larmes dans les yeux : « Ah ! c'est plus fort que moi, je ne peux pas ne pas toujours y penser ! » Daudet comprenait que c'était de son jeune enfant, mort il y avait deux ans, qu'il parlait. Alors, le père lui racontait que l'entendant, une nuit, tout doucement pleurer dans son lit, il lui demandait ce qu'il avait, et que l'enfant lui répondait : « Ça m'ennuie de mourir ! » Et Pillaut tendait son verre et continuait à boire avec des yeux aigus, regardant dans le vide.

Vendredi 23 novembre

Oh ! l'argent, les pièces de cent sous, ça ne me représente rien, ce sont comme des palets de jeu de tonneau que j'échange contre des jouissances des yeux... Ah ! ce qu'ils m'auront coûté, ces gredins-là !

Samedi 24 novembre

Battu toute la soirée la rue du Rocher, la rue des Martyrs, pour trouver le décor du tableau de l'engueulement à la porte du marchand de vin [1]. C'est peut-être enfantin de ma part, car j'ai la conviction que Porel et le décorateur ne tiendront pas compte de mes croquetons et de mes notes. Mais il faut tout faire pour s'approcher de la vérité ; après quoi, arrivera ce qu'il voudra.

Deux femmes passent dans la rue du Rocher, l'une tenant dans ses bras un enfant, l'autre le regardant avec les yeux d'une femme qui a faim d'être mère : « Oh ! qu'il est mignon ! Comment s'appelle-t-il ? — Maurice », répond l'autre avec un orgueil de tout le corps.

Au fond, il n'y a peut-être chez la femme, en fait de sentiment profond, que la maternité.

Dimanche 25 novembre

Moi, qui suis un homme qui ne m'occupe pas de toilette, qui trouve cette chose au-dessous de moi et la méprise, il m'arrive d'acheter un pantalon — le seul morceau d'habillement où il y ait encore de la fantaisie et qui soit matière à dépense de goût —, acheter un pantalon pour une nuance, pour une disposition, comme on achète un bibelot, une orchidée.

Comme de Fleury venait de me donner la main pour prendre congé et que je m'étonnais de la matérialité de la main de ce garçon, qui, physiquement, est plutôt distingué, Geffroy racontait que Bracquemond avait été invité un jour par le procureur impérial à venir regarder le bourreau toucher chez lui son argent, à l'effet de voir sa main. A ce qu'il paraît, c'est le procureur royal, impérial ou de la République qui paye en personne le bourreau, et sans que celui-ci donne un reçu. Donc, la pile de pièces de cent sous était posée sur un coin de table, le bourreau entra, salua, le procureur impérial d'un geste lui montra l'argent, et alors, Braquemond vit la pile de pièces de cent sous disparaître sous une main d'un format et d'une épaisseur comme il n'en avait jamais vu. Le bourreau, je crois, c'était Deibler.

Ce soir, chez Daudet, sur ma déploration du manque d'argent pendant ma jeunesse, Daudet et Drumont, qui dîne ce soir, partent en chœur et content l'affreuse lutte de leurs premières années avec le logeur, la crémerie, le fripier. Drumont rappelle un endroit où il y avait une poule qui mangeait entre vos jambes et qui faisait dire : « Est-ce que vous venez à *la Poule* ? » Et là, son déjeuner ordinaire se composait de quatre sous de moules, de deux sous de pain et d'un demi-setier de vin.

---

1. Cf. GERMINIE LACERTEUX, *pièce en 10 tableaux*, 8e tableau : Germinie, qui vient de rompre avec Gautruche, est ivre et s'en prend à son premier amant, Jupillon, surgi d'un marchand de vin, au bas d'une rue du quartier Saint-Georges.

« Mais ce qui m'a fait le plus souffrir dans ce temps, s'écrie l'écrivain antisémitique, ce sont les pieds, oui, les chaussures. J'avais découvert un *décroche-moi-ça*, près de Saint-Germain-l'Auxerrois, presque en face des DÉBATS... Mais quelles chaussures et qu'elles faisaient mal aux pieds !... Je me rappelle, à un retour de chez une maîtresse, qui demeurait dans la banlieue, j'ai été solliciter une avance sans succès au journal... pour avoir de quoi m'en acheter une autre paire... »

Et Daudet raconte qu'après une nuit passée avec Racinet dans les bois aux environs de Versailles, ils avaient été réduits à manger du pain à déjeuner,... mais qu'ils en avaient mangé pour dix-sept sous. Et il parle encore de sa joie, quand il avait la fortune de posséder six sous pour acheter une bougie, une bougie qui lui permettait toute une nuit de lecture.

Lundi 26 novembre

La première répétition de GERMINIE LACERTEUX un peu débrouillée et où Porel m'a convoqué. Enchantement du jeu intelligent, discret, non appuyé de Réjane, qui, dans le tableau des fortifications s'offre et se donne à Jupillon dans un abandonnement si joliment chaste [1].

A mon grand regret, je suis forcé de quitter le théâtre au moment où l'on va représenter le tableau du dîner des sept petites filles, que Porel a eu la chance de pouvoir réunir [2]. Et me voilà à la mairie pour le mariage de Georgette Charpentier, toute charmante dans une de ces toilettes *esthetic* de la Grande-Bretagne, qui va à sa beauté *ophélique* et à sa grâce névrosée. On sort de la mairie.

Il n'est que trois heures et demie. Je recours à l'Odéon, à l'instant où l'on reprend une seconde fois le tableau du dîner des sept petites filles, qui, avec le bruit, les rires, la jacasserie qu'y a introduits Porel, sera bien certainement un des *clous* de la pièce [3]. Il y a une petite Jésus de cinq ans, toute *dormichonnante* dans sa fourrure et qu'on tient éveillée et qu'on fait jouer en lui promettant un biscuit, qui est toute drôlette... Puis c'est une fillette de dix ans, une petite fille de Bouffé, qui rend gravement son rôle à Porel, parce qu'elle ne le trouve pas assez important.

Après la répétition, je devais prendre les Daudet pour le fameux dîner de famille chez les Hermant ; mais il n'est que cinq heures, et je m'en vais faire un tour chez Mme Chaumont, et j'y achète une navette de Saxe, une bonbonnière de Saxe ombré, une boîte à deux tabacs de blanc de Saxe, d'une qualité admirable, une paire de ciseaux d'or à étui de porcelaine de Saxe, les premiers menus et richissimes bibelots de cette vitrine d'objets à l'usage de la femme du XVIIIe siècle que je veux faire.

---

1. C'est la dernière scène du 2e tableau, épilogue de la promenade, jusque là toute sentimentale, de Germinie et de Jupillon aux fortifications de la barrière Clignancourt.
2. Sur le dîner des sept fillettes, cf. plus haut p. 92, n. 2.
3. Add. 1894, en note : *Ici, je me suis complètement trompé dans mes prévisions, car c'est la scène qui a manqué de faire tomber la pièce ; mais en dépit des sifflets qui l'ont accueillie, je maintiens que c'est une jolie et originale scène.*

Je rencontre Paul Alexis sur le boulevard, et il m'annonce qu'il a fait avec Méténier deux actes des FRÈRES ZEMGANNO, qu'il est content de ces deux actes, mais qu'il a dîné hier avec Zola et que Zola lui a versé une potée d'eau froide sur la tête, en lui disant que la Tompkins, ne faisant que traverser la pièce, n'amenant pas même un refroidissement entre les deux frères, sa pièce était absolument dénuée d'intérêt [1]. Allons, je retrouve là mon Zola, et ç'a dû être enveloppé de toutes les herbes de la Saint-Jean de la perfidie.

A dix heures et demie, je suis chez Daudet que je trouve triste, triste, triste, qui me dit souffrir mortellement aujourd'hui et qui tout à coup me jette : « Vous savez ce qui m'est arrivé ?... Je n'ai pas pu signer sur le registre, j'ai fait un gribouillage... Les escaliers que je ne connais pas, les luisants des parquets, ces regards que je sens sur l'hésitation de ma marche,... tout ça, ça me fait un effet, maintenant !... Oh ! c'est la dernière fois qu'on me voit dans ces machines-là, je n'irai plus. »

Chez les Hermant. Un mauvais dîner. Un mauvais dîner de traiteur et de pâtissier dans un hôtel qui semble le rêve d'un élève de l'École des beaux-arts arrivé à la fortune : un hideux mélange de Pompéi et de Renaissance, avec des plafonds bleu de ciel, des portes au décor *fines herbes*, un lit qui affecte la forme d'un retable et flanqué d'un côté d'un Clouet qui peut être un Clouet, mais de l'autre, d'un Greuze de quarante sous, qui me fait douter du Clouet.

Mme Charpentier, tout en respirant à toute minute son flacon de sels pour ne pas se trouver mal, dîne, me parlant de sa fille : un type de douce ingénuité, d'aimable bécasserie. A sa première entrevue avec son mari, elle a débuté par lui dire qu'elle voulait avoir trois enfants. Enfin, ses plus ardents désirs, c'est de manger tout un sac de bonbons pendant sa nuit de noces et d'aller au Théâtre-Libre, le lendemain de son mariage.

Dans le fumoir, on cause du théâtre et de l'imbécillité des directeurs, et Daudet raconte très drolatiquement son entrevue avec Debruyère, qui lui a dit, au sujet de TARTARIN DANS LES ALPES : « Oh ! ce sera un succès !... Ma chienne, une petite chienne grosse comme ça, a mis bas au théâtre.... et une portée,... ça porte bonheur... Je vous dis que ce sera un succès, oui, un succès. »

Mardi 27 novembre

En maniant ces *jolités* — c'est le nom que leur donne le *Catalogue de feu Son Altesse Royale le duc Charles de Lorraine et de Bar* [2] —, faisant partie de cette vitrine, que je commence, d'objets à l'usage de la femme du XVIIIe siècle, en touchant et retournant ces navettes, ces étuis, ces flacons, ces ciseaux, qui ont été pendant des années les petits

---

1. Dans le roman de Goncourt et dans la pièce d'Alexis et Méténier, la Tompkins, une écuyère du cirque, se borne à aimer sans succès Nello, le plus jeune des deux acrobates, et à provoquer un accident qui l'immobilisera pour le restant de ses jours.

2. Add. 1894 depuis : *c'est le nom...*

outils des travaux d'élégance et de grâce des femmes du temps, il vous arrive de vouloir retrouver les femmes auxquelles ils ont appartenu et de les rêver, ces femmes — le petit objet d'or ou de Saxe, amoureusement caressé de la main.

Mercredi 28 novembre

Un landau vient me prendre à onze heures chez moi, et je vais chercher les Daudet et nous nous rendons chez Charpentier.

Un long temps pour organiser le cortège... Mme Daudet fait avec raison la remarque de la parfaite ressemblance des noces des gens riches avec les noces des ouvriers, et comme les gens distingués, dans l'attifement de ce jour, deviennent communs, et comme on croirait que ça doit finir le soir par une goguette. Mme Zola, elle, témoigne tout haut sa terreur de bientôt donner le bras à Banville, parce qu'on lui a dit qu'en toussant, il vomissait un rien, et elle est pleine d'émotion pour sa robe ! Et voilà Mme Charpentier qui met quelque chose dans la poche de son mari : ce sont des sinapismes pour le cas où elle tomberait en syncope, ainsi que cela lui est arrivé, il y a quelques jours, chez son fourreur.

La mariée est toute charmante sous le blanc argenté de la soie Récamier, sa jupe sans taille tombant avec les plis d'une tunique, et de jolis entrelacements de fleurs d'oranger lui courant à la hauteur des hanches sur sa robe de dessus, et ç'a été vraiment un féerique spectacle, quand, la messe finie et la porte de l'église ouverte, un coup de soleil y est entré et, enveloppant la mariée dans la blancheur transparente de son voile, l'a donnée à voir, une seconde, dans la lumière électrique d'un coup de théâtre.

Un joli moment, avant le *lunch*, que la distribution par la mariée à ses amies des pétales d'oranger de sa robe, pétales dont le nombre figure les années qu'elles ont encore à attendre pour se marier. Jeanne, me montrant sa main ouverte, où il y en avait deux, me dit : « Dans deux ans ! » et je crois, en me disant cela, qu'elle regarde Léon Daudet.

A peine entré chez la Princesse, Popelin, qui me suit, m'entraîne dans le *hall* et me jette dans l'oreille :

« Ah ! quelle vie, mon cher Goncourt !

— Je me doute bien que c'est un enfer.

— Oui, vous dites bien, un enfer ! »

On dîne. La Princesse, à côté de laquelle je suis, a tout le temps des larmes roulant dans les yeux, tandis que Popelin regarde, taciturne, le fond de son assiette.

Soudain, Popelin se lève, trébuche et disparaît dans le grand salon.

La Princesse se soulève de sa chaise, en jetant un : « Ah ! Dieu ! » martyrisé, et le suit.

Le dîner interrompu un moment par l'anxiété des convives, au bout de quoi la baronne de Galbois, qui est allée retrouver la Princesse, revient en disant que c'est un vertige... et que la Princesse désire que le dîner continue.

La Princesse revient à l'entremets... Popelin est maintenant bien, il s'est jeté sur un canapé en haut.

Au bout d'une heure, Popelin rentre dans le salon, déclarant qu'il se trouve en état de s'en retourner chez lui, et sur la demande de la Princesse, je l'accompagne.

Nous revenons à pied, Popelin voulant marcher, prendre l'air.

En marchant, Popelin me dit :

« Non, non, vous ne pouvez pas savoir ce qu'elle me fait souffrir avec ses violences... Il s'est passé encore des choses... La pauvre Marie !... Ah ! cette Princesse !... On ne peut avoir une idée de cette femme !... Concevez-vous qu'à propos de toutes les horreurs qui arrivent par elle à Marie, elle me dit : « Qu'est-ce que ça peut vous faire ? » Concevez-vous ça ?... Oui, je ne le cache pas, j'ai pour Marie une affection de père avec quelque chose de plus, et je vous le dis, ne le répétez pas, je serais disposé à lui laisser toute ma fortune... Oh ! les Gautier se sont conduits indignement !... Ce Gautier, que j'ai fait entrer chez Masson, n'a-t-il pas à... vous savez, à l'entreteneur de sa femme, n'a-t-il pas raconté les choses, avec des réflexions... et sa femme a eu des propos d'une méchanceté noire avec Lavisse... Ces gens que j'ai comblés ! Mais ils verront aux étrennes... Enfin, je vais m'en aller à Menton, y rester le plus longtemps possible... J'ai conseillé à Marie de rester encore quelque temps... puis de s'en aller sans éclat... Mais à mon retour, je la verrai encore... L'abandonner serait une lâcheté... Je l'ai dit à la Princesse : elle sait mon dernier mot là-dessus. »

Jeudi 29 novembre

Aujourd'hui, au bout de trois ou quatre ans de séparation, je revois Mme de Nittis, après une petite correspondance, où je lui reproche le *Monsieur* tout sec remplaçant le *Très cher ami* d'autrefois.

C'est à la mairie de Batignolles, où elle m'a demandé d'assister à un conseil de famille, pour obtenir l'autorisation d'emprunter 25 000 francs sur une rente italienne de 1 300 francs appartenant à son fils, emprunt qui lui permettrait de payer les 25 000 francs restant dus sur les 200 000 de dettes laissés par son mari à sa mort.

La lecture de l'exposé de la demande est coupée, tout le temps, par le bruit nerveux de Mme de Nittis autour du manche de son *en-cas*, et sur une objection à la vente complète des 1 300 francs de rente, dont le supplément doit fournir à l'éducation de son fils, elle dit d'une voix presque colère : « Mais si on ne m'accorde pas ça, je serai très embarrassée... Je n'ai rien pour vivre, je gagne très peu de chose et les 22 000 que me rapporte ma maison sont pris par les intérêts à payer. »

Elle est engraissée, avec un teint qui va à la coloration de la pomme à la fin de l'hiver. Elle est toujours belle parleuse avec un bagout prétentieux, disant de son fils, dont je lui demande les goûts en fait de carrière : « Il a la pensée et non la virtuosité... »

Dumas, qui assiste au conseil, me donne une poignée de main presque tendre, et Claretie, auprès duquel je suis, se met à causer et me dit que je devrais faire la pièce de CHÉRIE pour le Théâtre-Français, que c'était tout à fait une pièce du monde, et comme je lui répondais que je ne voyais pas de pièce dans le roman et que j'ajoutais que j'avais été au moment de lui représenter LA PATRIE EN DANGER, il marmottait : « Il y a, voyez-vous ? dans votre pièce, l'acte de Verdun... C'est grave pour un théâtre de l'État... Au Théâtre-Libre, oui, ça se comprend très bien qu'Antoine vous joue [1].

Aurait-il, quand je l'ai fait tâter par Fèvre, aurait-il pris conseil du ministère ? Je le croirais, d'après le ton qu'il a mis à ses paroles.

Ce soir, on disait chez Daudet qu'il était question d'un mariage entre Boulanger et la duchesse de N... et que l'entremetteuse de ce mariage était Reichenberg, qui tribadait avec la duchesse et que ce mariage amènerait Reichenberg aux d'Orléans. C'est ainsi de tous les grands événements.

Vendredi 30 novembre

Je vais à la répétition de l'Odéon.

Près de l'École Militaire, de jeunes officiers paradant en bottes, la cravache à la main, le petit manteau volant aux épaules, de jeunes officiers ayant l'air de cabotins de la rue.

L'Odéon. Des décors impossibles. Dans la chambre de Mlle de Varandeuil, une fenêtre à guillotine comme on en trouverait seulement à Londres. Une crémerie si fantastique qu'elle semble une crémerie des PILULES DU DIABLE [2]. On dirait vraiment que les décorateurs ferment les yeux à tout ce qui leur tombe dessous. Il y a, à vingt pas d'ici, une crémerie qui, d'après des photographies qu'on ferait peindre par un peintre de charcutier, donnerait un décor cent fois plus réel. Mais la réalité du décor dans les pièces modernes, ça ne paraît pas utile aux directeurs de théâtre.

Réjane est admirable par son dramatique, tout simple, tout nature. Elle parle de la force nerveuse que donnent les planches aux plus faibles, et de sa crainte de jeter dans l'orchestre la grande Adèle, quand elle la bouscule à la fin du tableau des fortifications [3]. A ce sujet, elle raconte que jouant avec je ne sais plus qui, elle s'étonnait d'avoir les bras tout bleus et qu'elle avait reconnu que ça venait d'un petit coup de deux doigts, qu'il lui donnait à un moment.

Le théâtre, un endroit particulier pour la fabrication des imaginations anxieuses, peureuses. Je ne sais pourquoi, aujourd'hui, ma pensée va

---

1. *L'acte de Verdun*, c'est l'acte III de LA PATRIE EN DANGER : tout comme l'authentique Beaurepaire, Perrin se suicide plutôt que de signer la capitulation qu'exigeait la population défaitiste de Verdun et qui livra la ville à Brunswick le 2 septembre 1792.

2. Cf. t. I, p. 68, n. 1.

3. Au cours de la promenade de Jupillon et de Germinie aux fortifications, une bonne de lorette, Adèle, se moque de ces timides amours et embrasse l'adolescent. Le jeu de scène prévu indique : « *Germinie, voulant les séparer et se jetant entre eux, est effleurée par le baiser que rend Jupillon à la grande Adèle.* » (GERMINIE LACERTEUX, *pièce en 10 tableaux*, tab. II, sc. 2).

à la censure, à son veto, et j'interroge là-dessus les attitudes des gens, les réponses qu'ils font à des questions quelconques, et malgré moi, j'y cherche des dessous ténébreux, confirmant les inquiétudes de ma pensée.

Je descends jusqu'au Boulevard, avec Dumény, qui me montre en chemin des dessins de Gavarni, *ad usum* Jupillon, qu'il tire de sa poche, et me parle de la manière de se faire une bouche méchante, en la contournant, dans un maquillage, de la minceur d'une bouche de Voltaire et la relevant par le dessin d'un rictus dans un seul coin.

Samedi 1er décembre

Je reçois ce matin de chez Quantin le premier exemplaire illustré de l'HISTOIRE DE LA SOCIÉTÉ FRANÇAISE PENDANT LA RÉVOLUTION.

Ce matin, de Béhaine tombe chez moi, au moment où je m'habillais pour la répétition et reste avec moi déjeuner. Il me confirme que l'Italie est tout à fait à l'agressivité, et il croit que nous aurons la guerre au printemps [1]. Puis il me parle de ce qui se passe chez la Princesse, du renvoi que Mlle Abbatucci vient de faire de sa pension. Les Masson sont persuadés que Mlle Abbatucci couche depuis dix ans avec Popelin, racontent l'histoire d'une camisole de nuit, trouvée par la Princesse à son retour d'Italie, enfin, colportent les affirmations de Roberti, déclarant que Popelin est malade d'épuisement par la suite de ses chaudes amours avec ladite demoiselle. Je lui réponds que je ne crois pas à cette *coucherie*, qu'il faut se défier des accusations de femmes, quand les passions sont en jeu, que je crois à une amitié tendre, très tendre, de Popelin pour Mlle Abbatucci, que je suis même persuadé que, s'il y avait une rupture avec la Princesse ou si elle venait à mourir, Popelin l'épouserait, mais voilà tout ! Car j'ai la conviction que Mlle Abbatucci a un caractère assez droit pour ne pas rester dans la maison de la Princesse, si elle était la maîtresse de Popelin.

Ce soir, Frantz Jourdain, que j'emmène faire un croqueton d'un marchand de vin pour ma pièce, me ramène dîner chez lui. Là, le bibliophile Gallimard m'apprend qu'il va faire pour lui une édition de GERMINIE LACERTEUX, avec dessins et eaux-fortes de Raffaelli et préface de Gustave Geffroy, dont il n'y aura que trois exemplaires, le premier pour lui, le deuxième pour moi, le troisième pour Geffroy [2].

---

1. L'Italie avait renouvelé en 1887 pour 5 ans la Triple-Alliance avec l'Allemagne et l'Autriche ; et le premier ministre, Crispi, ancien garibaldien qui avait gardé contre nous la rancune de Mentana, ne cesse de nous témoigner son hostilité. Les deux pays en 1888 sont en pleine guerre de tarifs douaniers.

2. Cette édition paraîtra en 1890 et comprendra un texte inédit d'Edmond de Goncourt, une *Préface préparée pour une édition posthume* et datée *avril* 1886. L'essai de Gustave Geffroy est une analyse fine et sensible portant sur LES FEMMES DES GONCOURT. Le livre, tiré sur papier Whatman, comportera au moins 3 états des 10 eaux-fortes de Raffaelli.

Dimanche 2 décembre

Un gouvernement qui fait lui-même la commande de l'émeute, parole d'honneur, ça ne s'est pas encore vu [1] !

Ce soir, j'avais comme l'impression, l'impression triste, d'avoir senti aujourd'hui avec mes nerfs un refroidissement dans l'amitié de Daudet, quand Pélagie me dit qu'à la demande des nouvelles de sa santé, il avait répondu à Blanche : « Ça va on ne peut pas plus mal ! »

Lundi 3 décembre

Pas de chance. Un rhume qui tourne à la bronchite. Est-ce que ça va être comme à l'entrée de l'hiver dernier, où j'ai failli m'en aller de ce monde ? Saperlipopette, si ça arrivait avant la représentation, les deux frères seraient vraiment des maudits !

Dumény vient ce matin pour se faire une tête de « roux cruel » sur l'OISEAU DE PASSAGE de Gavarni, dont j'ai le dessin. Pendant qu'il en prend le croqueton, il me dit : « Ah ! votre JOURNAL, c'est bien curieux !... et je regrette bien de n'avoir pas écrit des notes plus tôt... Mais j'ai commencé à en écrire l'année dernière. » Décidément, immense sera le nombre des journaux autobiographiques que va faire naître dans l'avenir le journal des deux frères.

Colombey n'a qu'un bout de rôle, mais qu'il joue d'une manière merveilleuse. C'est la fin d'une ivresse, dans laquelle remontent des renvois du vin mal cuvé. De le voir jouer ainsi cette scène, ça me rend aujourd'hui tout à fait insupportable la suppression du tableau du dîner dans le bois de Vincennes, où il aurait été si amusant, si drolatique.

Oui, à propos de cette scène, quand je lui ai lu la pièce, Porel m'a dit que c'était d'un comique lugubre, mais c'est le comique de l'heure présente : le comique fouetté, nerveux, épileptique, hélas [2] ! Le gros, rond et gai comique, genre Regnard, c'est mort, ça ne se fabrique plus en France en l'an 1888. Puis au fond, au théâtre, j'en ai la conviction, les choses dangereuses ne le sont pas, quand elles sont jouées par des acteurs de grand talent.

Une remarque. Ce Colombey est le seul acteur de la troupe qui ne subisse pas l'inspiration de Porel, et même qui a dû montrer qu'il ne voulait pas la subir, car Porel ne lui fait aucune observation et le laisse jouer comme il veut.

Oh ! ce Porel, toutefois, il faut l'avouer, ce Porel est d'une fécondité d'imaginations, d'une richesse d'observations, d'une abondance de ressouvenirs, d'après nature ! Il a fait vivant ce rôle de la grande Adèle par un tas d'attitudes de fille à soldat, par un monde de détails

1. Entre autres cérémonies destinées à ranimer l'enthousiasme républicain, face au péril boulangiste, la célébration de l'anniversaire de la mort de Baudin organisée par le Conseil municipal de Paris, donna lieu le 2 décembre à un cortège formé des sociétés républicaines, des loges, d'une immense foule, et qui parcourut Paris sans aucun incident, de l'Hôtel de Ville au cimetière Montmartre.

2. Entre *épileptique* et *hélas !* passage rayé : *où il y a un peu d'Aubryet...*

caractéristiques que donne la fréquentation des pioupious et qui, chez une autre actrice que Dheurs, feraient pouffer de rire. Il a varié son éternel et gauche frappement de cuisse avec des saluts militaires faits la main à la tempe, avec des dandinements de corps triomphants de tambour-major. Et pour Mlle de Varandeuil, dans la grande scène de la fin, au milieu du tragique de la situation, il a coupé les tirades par une occupation sénile de son feu, par des attouchements persistants de pincettes, par des gestes maniaques de vieilles gens [1]. Ah ! c'est un metteur en scène tout à fait remarquable que Porel et qui apporte à un rôle une partie psychique que je ne rencontre sur aucune autre scène.

Mardi 4 décembre

Voici la guerre qui commence contre la pièce, et le journalisme qui prépare d'avance les sifflets. L'ÉCHO DE PARIS d'aujourd'hui peint d'avance les souffrances de la pudeur des actrices chargées d'interpréter Germinie, montre Réjane forcée de prononcer le mot *putain*. Quand je pense à la mauvaise foi de Zola, choisissant ce moment pour faire l'éloge du journalisme [2]... Enfin, si les cafetiers du Quartier latin se joignent aux journalistes, cette pauvre GERMINIE LACERTEUX aura le sort d'HENRIETTE MARÉCHAL. Oui, les cafetiers de l'endroit sont furieux de ce seul entracte, que je veux introduire au théâtre et qui réduit à un bock les cinq qu'on buvait avec les cinq actes et les cinq entractes.

Porel annonce, aujourd'hui, que Germinie passera samedi 15 décembre.

Les rudes articles qu'on fait le soir, dans l'élan de belles colères nerveuses, en se promenant d'un bout à l'autre de son cabinet et que, Dieu merci ! on n'écrit pas...

Mercredi 5 décembre

Hier, j'ai donné un exemplaire de l'édition illustrée de LA FEMME AU XVIIIe SIÈCLE à Réjane, qui m'a dit : « Aujourd'hui, je ne suis pas belle, je n'ai pas mon *ondulation* de dix francs, je vous embrasserai seulement demain. » En arrivant au théâtre, on me remet d'elle un billet de remerciement tout charmant, où elle veut bien me dire que Germinie est sa passion et qu'elle y apportera « toute la vie et la vérité qui sont en elle ».

Les choses chez la Princesse restent dans le *statu quo*. Mlle Abbatucci

---

1. Après la mort de Germinie et les révélations du portier, Mlle de Varandeuil exhale son indignation, puis sa pitié dans ce long monologue (GERMINIE LACERTEUX, *pièce...*, X^e tab., sc. 2).

2. Zola avait préfacé LA MORASSE, recueil de contes et de souvenirs de divers journalistes parisiens, paru en novembre 1888. Il voyait dans le journalisme une école du style et « un bain de force » pour les jeunes écrivains ; il ne le redoutait que pour l'état d'excitation où il tient le public.

dîne, la Princesse ne quitte pas Paris, ainsi qu'on l'avait dit, et Popelin part dimanche soir pour Menton.

Vendredi 7 décembre

Il y a un retard aujourd'hui pour la répétition. Je vais voir le dessin de mon portrait de Bracquemond au nouveau Musée du Luxembourg. Et comme, à propos de deux ou trois tableaux qui sont là, j'achète le livret, je suis étonné de trouver mon portrait ainsi désigné : PORTRAIT, et rien de plus. Emmanuel Arago est le directeur du Musée, et nous avons eu une petite polémique au sujet d'HENRIETTE MARÉCHAL et du vieux monsieur du Bal de l'Opéra, irrespectueusement comparé au cheval blanc de La Fayette. Est-ce une petite vengeance de l'ancien journaliste du SIÈCLE [1] ?

Porel est convoqué aujourd'hui par la censure. Il est obligé de quitter la répétition, en me disant de l'attendre pour savoir le résultat. La répétition finie, il tarde, il tarde, je laisse dans son cabinet Réjane, qui persiste à l'attendre, et je m'en vais, voulant m'éviter une nuit colère. Nous verrons ce qu'il en sera demain.

C'est bon, cette vie active, affairée, où l'on n'a pas une minute à soi : il n'y a pas de place pour l'ennui ou le noir de la pensée.

Samedi 8 décembre

Ce matin a paru à la librairie Quantin l'édition illustrée de l'HISTOIRE DE LA SOCIÉTÉ FRANÇAISE PENDANT LA RÉVOLUTION.

Quand je pense au beau — non, mais au curieux livre qu'on aurait pu faire et au pauvre et misérable livre qui a été fait par cette maison de juiverie avec la sordidité de ses lésineries et son ignorance absolue de l'illustration d'un livre !

Un fichu état nerveux, qui me met des larmes dans les yeux, quand, dans la correction des épreuves, je relis ma pièce.

Du théâtre, j'emporte chez moi le manuscrit de la censure pour en prendre copie. Songe-t-on qu'à la veille de l'anniversaire de 89, un directeur de théâtre est obligé de batailler avec la commission de censure, un gros quart d'heure, pour garder cette phrase de son auteur : *Je suis prête d'accoucher* ?

Ce soir, reporter des épreuves à dix heures chez Charpentier, aller voir l'exposition de ma SOCIÉTÉ PENDANT LA RÉVOLUTION chez les libraires et prendre une tasse de chocolat à minuit sur les boulevards... C'est amusant, cette vie précipitée, ça fait vivre jeunement en brûlant tous les ressorts de la vie.

---

1. Lire : Étienne Arago et L'AVENIR NATIONAL. Cf. t. I, p. 1215, n. 3.

Dimanche 9 décembre

Télégramme tout à fait inattendu de Saint-Pétersbourg, qui m'annonce qu'HENRIETTE MARÉCHAL a été jouée avec un grand succès au Théâtre Michel. La vie de théâtre a cela qu'elle donne la fièvre à votre cervelle, qu'elle la tient tout le temps dans une excitation capiteuse et qui vous fait craindre, quand vous en serez sorti, que la vie tout tranquillement littéraire du faiseur de livres paraisse bien vide, bien fade, bien peu remuante.

Lundi 10 décembre

L'envie de rédiger une pétition à la Chambre des députés, dans laquelle je demanderais la suppression de la commission de censure.

Au milieu de la tirade dramatique du neuvième tableau, dite d'une manière trop *mélo* par Mme Crosnier, Porel lui crie : « Mouchez-vous là, et ne craignez pas de vous moucher bruyamment [1] ! » Et cette chose humaine fait la tirade humaine, *nature*, et lui enlève le caractère *théâtre* qu'elle avait avant.

Elle est d'une imbécillité têtue tout à fait extraordinaire, cette Mme Crosnier, et se trouve profondément humiliée de vivre dans un décor qui fait de sa chambre une chambre mansardée.

Loti, qui est en congé à Paris, me disait qu'il avait demandé une prolongation de son congé jusqu'à dimanche matin, pour assister samedi à GERMINIE LACERTEUX, mais que si l'amiral le lui refusait, il était décidé à rester quand même.

Mardi 11 décembre

Aujourd'hui, le *guignol* est démonté, et les Daudet, qui assistent à la répétition, pleurent comme de candides bourgeois [2]. Daudet me dit que la seule crainte qu'il éprouve pour moi, c'est que la fin de mes actes, sans effet théâtral, ne déroute le public.

A ce qu'il paraît, Blanche, le peintre, annonce dans les sociétés que la première sera *houleuse*, mais Blanche est un potinier alarmiste, cherchant des effets pour lui — même dans les nouvelles à sensation qu'il colporte.

Mercredi 12 décembre

La Dheurs qui joue, hélas ! abominablement le rôle de la grande Adèle, le rôle dangereux de la pièce, sent, sans que je lui aie rien dit,

---

1. Comme il n'y a aucune tirade de Mlle de Varandeuil (qu'interprète Mme Crosnier) dans ce tableau de la visite à l'hôpital, il faut supposer qu'il s'agit du grand monologue d'indignation et de pitié, X[e] tab., sc. 2, après les révélations du portier : voir ici, p. 195, un autre jeu de scène déjà prévu pour animer cette tirade difficile et essentielle.

2. Entendez que les décors de BÉRÉNICE, qui a été jouée le 9 décembre, viennent d'être enlevés.

sent très bien que je suis mécontent de son jeu, et la voici, la belle et douce blonde, qui se met à fondre en larmes et pleure une partie de la répétition avec des montées de sanglots à la gorge d'une petite fille grondée. On travaille à la mise en scène du bal de la Boule-Noire et de l'engueulement du bas de la rue des Martyrs [1].

En sortant de ce travail dramatique de toute la journée, et lorsqu'on aspire à la tranquillité de la fin de la journée, c'est ennuyeux, c'est agaçant, de retrouver le soir, rue de Courcelles, encore du drame.

Au dîner, dans une sortie contre Mlle Abbatucci, la Princesse, faisant allusion aux détails qu'elle m'a donnés — et qu'elle ne m'a pas donnés — pour CHÉRIE, me jette : « Elle est propre, la demoiselle [2] ! »

Puis, après dîner, en une promenade tête à tête avec moi dans son hall, une promenade semblable à l'allée et venue d'une bête enragée dans sa cage, elle me conte, dans des phrases colères, que Mlle Abbatucci, avec ses ardeurs de Corse, a épuisé, a tué absolument Popelin, et arrêtant sa promenade dans un rire d'une ironie féroce, elle s'écrie : « Oui, c'est, à l'heure qu'il est, un homme... un homme *effouté* ! »

Enfin, dans la soirée, m'ayant vu causer assez longtemps avec Mlle Zeller, à un moment, tout à coup, elle fond sur moi et me jette : « Vous m'avez trahie ! »

Et comme je me défends de l'accusation, je sens à son silence qu'elle n'en croit rien et qu'elle pense que Mlle Abbatucci sera instruite de ce qu'elle m'a dit par Mlle Zeller.

Jeudi 13 décembre

On a parfois des idées sans queue ni tête. C'est ainsi que ce matin, regardant l'affiche du Théâtre Michel où est imprimée la distribution d'HENRIETTE MARÉCHAL, je pensais que, si un rêve avait annoncé à mon père, pendant qu'il faisait la campagne de Russie, qu'un jour, ses fils auraient une pièce représentée sur le théâtre impérial de ce pays de cosaques, il se serait réveillé en disant : « Pas possible ! »

Ah ! le théâtre, c'est plein d'imprévu hostile ! Réjane, qui a une névralgie dans la mâchoire et qui n'a pas répété hier et qui depuis deux jours n'a pas mangé, après avoir avalé un bouillon qu'on est allé chercher chez Foyot, ne peut donner que les attitudes de son rôle, que dit tout haut la souffleuse.

Ah ! *Sacretié, sacretié !* comme dit Gilbert dans sa chansonnette de LA TÊTE DE VEAU.

Vendredi 14 décembre

Pas de répétition. Repos, si c'est un repos que d'écrire trente lettres dans la journée. Oh ! la distribution des billets, c'est un terrible ennui

1. Sur la *Boule-Noire*, cf. p. 90, n. 1 et sur la rue des Martyrs, cf. p. 180, n. 1.
2. Cf. t. II, p. 1067, n. 1.

dans la vie théâtrale ! Oh ! la complication de ne pas blesser des gens, de satisfaire tout le monde !

Vraiment, je ne suis pas chanceux ! Si, par hasard, j'avais un succès, mon succès serait coupé par l'engagement de Réjane au Vaudeville dans la pièce de Sardou, qui doit passer avant le premier mars.

Samedi 15 décembre

J'ai rendez-vous à l'Odéon avec Loti, qui part demain matin et, ne pouvant assister à la première, remise à mardi, m'a demandé à être présent à la répétition de la censure.

Je le trouve dans le cabinet de Porel, causant d'un MARIAGE DE LOTI, que fabriquent en ce moment des inconnus, et je l'engage et je le décide très facilement à fabriquer la pièce lui-même. Et voici Porel, avec sa facilité d'emballement, rêvant déjà de décors exotiques et de mélodies haïtiennes et faisant du MARIAGE DE LOTI, dans son imagination, la pièce à succès de la fin de l'année, et voilà le lieutenant de vaisseau Viaud, tout charmé et sous le coup de la fascination de cette chose nouvelle, le théâtre, qui l'invite à venir à Rochefort et à travailler à la pièce à eux deux.

On descend dans la salle. Ce n'est pas encore la répétition de la censure, comme on l'avait décidé. Cette répétition est remise à lundi, et la pièce reculée à mercredi. La pauvre Réjane, cause de ce retard, n'arrive qu'à deux heures. Elle a dû se faire donner un coup de lancette dans la bouche, a eu, à la suite du coup de lancette, une crise de nerfs et est obligée de jouer le cou et la mâchoire tout empaquetés.

Il est amusant, Loti, sous sa gravité de pose et de commande avec, par moments, l'éveil de ses yeux éteints devant cette cuisine du théâtre ; et sa vue semble jouir délicieusement de la montée des décors, de l'abaissement des plafonds, et ses oreilles se pénétrer curieusement de l'argot de la machination. Et on le voit, avec quelque chose d'un provincial amené dans les profondeurs intimes du théâtre, se frotter aux femmes et aux hommes de l'endroit, attiré, séduit, hypnotisé. Un moment, cependant, le marin se révèle, et sur les récriminations et sur le rebiffement des machinistes, il laisse échapper : « On voit que ce ne sont pas des soldats, la manœuvre ne se fait pas au sifflet. »

La Dheurs est toujours détestable avec sa figure riante et son dire triste, et ses gestes de Conservatoire dans des allures de diable-au-corps.

Raucourt, grisée par les compliments, devient un peu dangereuse en jouant son rôle, trop bien son rôle, en soulignant trop la méchanceté noire de sa personne. A ce propos, Loti me dit : « Vous êtes heureux qu'on ne vous joue pas dans un port de mer, les marins monteraient sur le théâtre battre Mme Jupillon et son fils. »

Mlle Crosnier, elle, avec son bonnet à ruche, sa robe feuille-morte, sa boucle de ceinture genre Restauration, est pour moi une résurrection de ma vieille cousine [1].

---

1. Cornélie Lebas de Courmont, modèle de Mlle de Varandeuil.

Au milieu du sérieux du tableau de l'hôpital, à une créancière qui s'approche du lit de Réjane sans le tortillement du cul de déférence d'une femme du peuple, Porel crie : « Il n'y a pas assez de vie dans votre derrière ! » Et tout le monde de rire[1] !

Réjane me contait que sa petite fille, âgée de deux ans, disait au sujet de sa fluxion : *« Maman joue Géminie de M. Goncou et Maman est enflée ! »*

Dimanche 16 décembre

Ces jours-ci, j'avais un rhume qui tournait à la bronchite. Aujourd'hui, j'ai une bronchite qui tourne à la fluxion de poitrine... Serai-je dans mon lit le jour de la première ?

Fortement éreinté dans un article par Adam, je demande quel homme c'est, à Rosny qui le connaît. « Quel homme ? me répond-il. Mon Dieu ! un jour, je lui faisais la conduite à la REVUE DE SAINT-PÉTERSBOURG, où il allait pour tâcher d'attraper un peu d'argent, tout en traitant Arsène Houssaye de *glaireux*. Et j'ai été tout étonné de lire à quelques jours de là, dans cette revue, un dithyrambe d'Adam en faveur d'Houssaye, le remerciant presque d'avoir conservé, en sa personne et sa littérature, la grande littérature à la France... Oui, il ne sait jamais d'avance ce qu'il va mettre dans un article... »

J'avais envie de lui dire : « Mon bon Rosny, vous parlez de ça bien philosophiquement ! Comment ! des hommes jeunes comme vous n'ont pas plus d'indignation pour ces canailleries ? »

Lundi 17 décembre

Aimable dépêche de la Princesse, qui m'annonce qu'elle ne donnera pas son dîner de mercredi et qu'elle viendra à GERMINIE.

Je laisse Porel dans son cabinet en tête à tête avec les censeurs. Au milieu des clouements à grands coups de marteau, conciliabule qui n'en finit pas entre les machinistes, un pompier au casque qui brille — et auquel se mêle la voix de la souffleuse, qui a l'air de sortir d'une cave, pendant qu'un décorateur fait un croquis pour retoucher la chambre de Mlle de Varandeuil. Enfin, Porel vient s'asseoir sur les premiers bancs de l'orchestre entre les censeurs ; moi, je reste tout au fond de la salle, évitant tout contact avec ces messieurs.

Admirable de gaucherie dans le premier tableau, cette Réjane, pendant qu'elle tourne avec ses bras rouges de laveuse de vaisselle, dans sa toilette de bal de vraie bonne, sous les yeux de sa maîtresse[2] ! Pas la moindre coquetterie bête de femme, à preuve le chapeau ridicule du bal de la Boule-Noire[3]. C'est vraiment une actrice ! Dans l'idylle

---

1. Germinie, phtisique, est assaillie à l'hôpital par les visites intéressées des commerçants, ses créanciers : GERMINIE LACERTEUX, *pièce...*, tab. IX, sc. 1.

2. Germinie s'apprête à partir pour un bal et Mlle de Varandeuil s'étonne de l'éveil sensuel venu sur la physionomie de sa bonne (GERMINIE LACERTEUX, *pièce...*, Ier tab., sc. 3).

3. Cf. plus haut p. 90, n. 1.

du second tableau, quel triste et pudique abandon ! Mais... mais... je ne sais pas, pour une scène d'amour si poétique, la robe de bonne me fait une petite impression de froid : en sera-t-il de même avec le public [1] ?

Oh ! elle est merveilleuse, Réjane, tout le temps ! Et au moyen d'un dramatique tout simple, du dramatique que je pouvais rêver pour ma pièce. Et comme, dans la scène de l'apport des 2 300, elle dit bien et d'une voix tellement remuant les entrailles : « Pas plus que l'autre, pauvre ami... pas plus que l'autre [2] » ! Et la jolie trouvaille qu'elle a faite, dans la scène de l'hôpital, de cette tousserie qu'elle a seulement quand elle parle de choses d'amour.

Une location frénétique. Des députés, me dit Porel en me quittant, ont loué une grande avant-scène ; ils veulent assister à cette émeute littéraire.

Mardi 18 décembre

Ce matin, note aigre-douce de l'ÉCHO DE PARIS. Gouzien, hier, à l'Odéon, me parlait déjà de la mauvaise humeur causée chez les journalistes par la suppression de la répétition générale.

Toute la journée, resté à toussailler et à travailler à ma pièce contre la censure.

Je reçois, ce soir, une lettre de Magnard, qui devait donner demain dans le FIGARO la préface de ma pièce et qui m'écrit qu'il en est empêché par la publication d'un fragment, faite ce matin par l'ÉVÉNEMENT.

Mercredi 19 décembre

Décidément, je crains qu'avec cette suppression de la répétition générale et ce refus de la préface de la pièce par le FIGARO, je crains que la partie soit mal engagée.

Toute la matinée et l'après-midi, je travaille à finir cette pétition à la Chambre des députés, un morceau que j'ai écrit avec mes nerfs et que je crois un des bons morceaux que j'ai écrits [3].

Ah ! vraiment, pour un homme qui touche à ses soixante-sept ans, c'est pas mal, la vitalité que je dépense ! Mais après la représentation de la pièce, j'ai comme le pressentiment de m'écrouler tout d'un coup.

Bon ! à la sortie de chez moi, un brouillard qui me fait craindre que les voitures ne pourront pas circuler ce soir.

---

1. Cf. plus haut p. 185, n. 3.

2. Jupillon, qui a déjà emprunté de l'argent à sa maîtresse pour s'établir gantier et qui a eu la malchance d'être pris à la conscription, extorque encore à Germinie les 2 300 francs que coûte un *remplaçant*, en protestant qu'il restituera bientôt cet emprunt, d'où la réplique désenchantée de Germinie (GERMINIE LACERTEUX, *pièce...*, tab. VI, sc. 4).

3. Cette *Pétition* aux députés, « seconde préface à la pièce de GERMINIE LACERTEUX », paraît dans l'ÉCHO DE PARIS du 23 décembre. Goncourt s'en prend surtout à la censure littéraire, qui a supprimé dans sa pièce des expressions comme *Je suis prête d'accoucher* ou *Pauvre bougresse !* et qui cherche à imposer le « mot *noble* et de la tragédie dans la peinture du monde moderne ».

Pour tuer l'avant-dîner, je vais chez Bing, où je ne peux m'empêcher de quitter de l'œil les images que Lévy me montre et me promener, en parlant de ce soir, d'un bout de la pièce à l'autre.

A six heures et demie, aujourd'hui, qui est le jour de Mme Daudet, je trouve Mme de Bonnières, m'ayant déjà fait visite dimanche. C'est montrer qu'elle a bien envie d'être du souper que donnent, ce soir, les Daudet en l'honneur de GERMINIE. Mais on ne l'invite pas, parce qu'il faudrait inviter Magnard et que Daudet et moi pensons qu'il ne faut pas avoir l'air de vouloir enchaîner la critique, en priant à ce souper des journalistes.

Et me voici, aussitôt dîner, dans l'avant-scène de Porel avec les Daudet, moi tout au fond et invisible, de telle manière que Scholl, qui vient parler à Daudet, accoudé sur le rebord de la loge, ne me voit pas.

« Un public de première comme jamais n'en a vu l'Odéon », me dit Porel.

La pièce commence. Il y a deux mots dans le premier tableau, sur l'effet desquels je comptais pour m'éclairer sur la disposition des esprits. Ces deux mots sont : « Une *vieille bique* comme moi » et « Les bambins qu'on a torchés ». Ça passe, et je conclus en moi-même que la salle est bien disposée [1].

Au second tableau, quelques sifflets, et commencement du soulèvement de la pudeur de la salle : « Ça sent la poudre, j'aime ça ! » dit Porel, sur un ton pas vraiment très amoureux de la poudre.

Daudet sort, pour calmer son fils qu'il entrevoit à l'orchestre prêt à batailler, et revient bientôt avec une figure colère et avec Léon, qui dit que son père avait une tête si mauvaise dans les corridors qu'il a craint qu'il se fît une affaire ; et je regarde, vraiment touché au fond du cœur, le père et le fils se prêchant réciproquement la modération et tout aussi furieux l'un que l'autre en dedans.

La bataille entre les siffleurs et les applaudisseurs, parmi lesquels on remarque les ministres et leurs femmes, continue au tableau du bal de la Boule-Noire, au tableau de la ganterie de Jupillon. Enfin, arrive le tableau du dîner des petites filles [2].

Là, je l'avoue, je me croyais sauvé. Mais là, les sifflets redoublent, on ne veut pas entendre le récit de Mme Crosnier, on crie *Au dodo les enfants !* Et j'ai, un moment, l'anxiété douloureuse de croire qu'on ne laissera pas finir la pièce. Ah ! cette idée était dure ! Car, comme je l'avais dit à mes amis, je ne sais pas quelle sera la fortune de ma

---

1. La première réplique de Mlle de Varandeuil s'adresse au jeune saint-cyrien, fils d'une amie et dont la visite à une vieille femme comme elle l'étonne ; la seconde est une réflexion qu'elle se fait, après la sortie du jeune homme, sur ces enfants qu'on retrouve tellement changés (Premier tableau, sc. 2 et 4).

2. Pour la *Boule-Noire* et le dîner des fillettes, voir ci-dessus pp. 90 et 92. Pour la ganterie, il s'agit du magasin-atelier, offert sur ses pauvres économies par Germinie à Jupillon, afin qu'il puisse travailler à son compte : elle sert de décor à une longue conversation de la mère et du fils Jupillon, où ils méditent une rupture avec Germinie, qui vient annoncer, à la fin de ce 4ᵉ tableau, qu'elle est enceinte.

pièce, mais ce que je voudrais, ce que je demande seulement, c'est de livrer la bataille, et j'ai eu peur de ne pas la livrer jusqu'au bout... Enfin, Réjane obtient le silence avec la scène de l'emprunt des quarante francs [1].

Je vais un moment dans la coulisse, et je vois deux de mes petites actrices, si cruellement bousculées par ce public impitoyable, pleurant contre un portant.

Réjane, à laquelle je dois peut-être d'avoir vu la fin de ma pièce, au milieu du tapage et du parti pris de ne pas écouter, a le don de se faire entendre et de se faire applaudir dans la scène de l'apport de l'argent de la conscription [2].

Aux tableaux qui suivent, ça devient une vraie bataille, au milieu de laquelle, sur la phrase de Mlle de Varandeuil : « Ah ! si j'avais su, je t'en aurais donné du torchon de cuisine... *Mademoiselle comme je danse !* » une voix indignée de femme s'élève, et amène à sa suite un brouhaha d'indignation [3]. Et cette voix, c'est celle de Marie Colombier, insigne putain bien connue.

Du reste, ça sort à peu près du même tonneau, les indignations d'hommes de cette première. C'est l'indignation de Vitu, qui est dans sa loge avec sa maîtresse et son fils. C'est l'indignation de Fouquier, que tout fait supposer être l'amant de la fille de sa femme. C'est l'indignation de Koning, qui a commencé par être le Jupillon de Déjazet sexagénaire, de Page et de je ne sais quelles autres vieilles femmes ; l'indignation de Blavet, de Blavet, le dernier de tous les hommes comme indignité.

Enfin, quand Dumény veut me nommer, cette salle se refuse absolument à ce que mon nom soit prononcé, comme un nom déshonorant la littérature française, et il faut que Dumény attende longtemps, longtemps... et qu'il saisisse une suspension entre les sifflets, pour le jeter ce nom, et le jeter, il faut le dire, bravement et comme on jette sa carte à un insulteur.

Je suis resté jusqu'au bout, au fond de la loge, sans donner un signe de faiblesse, mais, au fond, pensant tristement que mon frère et moi, nous n'étions pas nés sous une heureuse étoile — étonné et doucement remué, à la tombée de la toile, par la poignée d'un homme qui m'avait été hostile, la brave et réconfortante poignée de main de Bauër.

---

1. Cf. GERMINIE LACERTEUX, *pièce...*, tab. V, sc. 4 : Germinie s'apprête à aller accoucher clandestinement chez une sage-femme, Jupillon lui emprunte les 40 francs nécessaires et Germinie se résigne à aller à la Bourbe.

2. Cf. plus haut p. 194, n. 2.

3. Le mot est dit dans la première indignation de Mlle de Varandeuil, apprenant les déportements de sa bonne et regrettant le drap qu'elle a donné pour l'ensevelir (Tab. X, sc. 1). Quant à l'expression *Mademoiselle comme je danse,* qui ironise amèrement sur la virginité indûment prêtée par le terme de *Mademoiselle* à la célibataire débauchée, elle s'explique par un emprunt à la GAZETTE DES TRIBUNAUX — une plaignante, femme du peuple, parlant d'une autre fille, dit : « Mademoiselle, qui est mademoiselle comme je danse ! » (noté par les Goncourt dans le carnet d'extraits de la GAZETTE, de la collection Gimpel, f° 26 V° et utilisé déjà dans le roman, p. 58).

Les gens perdus dans le brouillard se retrouvent autour des tables du souper offert par Daudet, sur lesquelles se dressent quatre faisans au merveilleux plumage, que m'a envoyés la comtesse Greffulhe, « à cause de leurs nuances japonaises ».

O étonnement ! Lockroy, qui ne reste pas à souper, vient un moment me féliciter, me faire des compliments de la pièce.

Tout le monde est gai. On n'a pas le sentiment d'une bataille absolument perdue ; et moi, j'oublie l'échec de la soirée devant la satisfaction que j'ai eue à voir finir la pièce. On soupe, et on soupe longuement, commentant les incidents de la soirée.

Mariéton, qui a payé 25 francs un parterre, a vu payer 190 francs chaque les deux derniers fauteuils d'orchestre.

Quelqu'un a entendu un imbécile patriote de la prose noble s'écrier dans les corridors : « Ah ! si les Allemands voyaient cette pièce ! »

Wolff, qui était derrière le jeune Hugo et lui frottait amicalement sa canne dans le dos, en lui disant : « C'est une honte que le petit-fils de Hugo applaudisse ça ! » s'est attiré une réponse à peu près semblable à celle-ci : « Pardon, Monsieur, nous ne sommes pas assez intimes pour que vous me parliez aussi familièrement. »

On raconte que le poète Haraucourt, tout le temps, a échigné la pièce, à haute voix, et même, la pièce jouée, en passant devant le contrôle, a jeté à je ne sais qui : « Ah ! vous soupez chez Daudet ? Si c'est aussi amusant que la pièce, ce ne sera pas drôle ! » Sur quoi, Geffroy raconte que chez Rollinat, où un moment, Haraucourt était en villégiature, il avait l'habitude d'être, la journée entière, tout nu dans sa chambre, ce qui l'a fait renvoyer par la mère de Rollinat.

Parmi la causerie du souper, qui se fait bruyante, tout à coup s'élève la voix de Zola, qui jette : « A Edmond de Goncourt et à la mémoire de Jules de Goncourt ! » Je suis touché, et je remercie avec émotion Zola, quand regardant Daudet, il me semble deviner sur sa figure qu'il perçoit bien des choses troubles dans ce toast.

Jeudi 20 décembre

Voici ce que Vitu dit de ma pièce dans le FIGARO : « ...Il n'est pas un seul mélodrame de l'ancien ou des derniers temps où les peintures des basses classes de Paris ne soient mises en scène avec une verve, un coloris, un relief et une vérité autrement saisissants [1]. »

C'est peut-être vraiment, monsieur Vitu, une critique un peu exagérée.

Ce soir, je trouve Mme Daudet dans l'abattement et comme consternée de la presse de ce matin, de la presse qui tout entière répète

1. Var. et add. 1894 : *Vitu, après avoir commencé son article du FIGARO par cette phrase : « La chute complète et sans appel de GERMINIE LACERTEUX », fait la déclaration suivante : « Il n'est pas un seul mélodrame...*, etc. Et en note à *La chute complète et sans appel de GERMINIE LACERTEUX*, Edmond de Goncourt ajoute : *GERMINIE LACERTEUX, on le sait, est à sa centième représentation, sauf six ou sept représentations.*

presque l'article de Vitu. Quant à Daudet, rendu tout rageur sous l'impression de l'injustice, il dit qu'il aurait envie de faire du mal.

A 11 heures, au moment où je quitte la maison, Léon et le jeune Hugo prennent l'omnibus, pour aller savoir où ma pièce en est de son existence.

Vendredi 21 décembre

Je rapproche une lettre anonyme, me parlant de la rigolade qu'ont faite Dumas, Sardou et Halévy de mon insuccès, je rapproche cette lettre que je viens de recevoir de ce que m'a raconté Pélagie, hier matin. Elle était tout en haut, à l'Odéon, à côté d'un petit ménage passant tout son temps à dire que la pièce était une horreur, une pièce tout au plus bonne pour le théâtre de Belleville. Un moment, la femme a demandé à Pélagie si elle connaissait Dumas et si elle ne le voyait pas dans la salle. Puis, à un moment, le mari est descendu pour le découvrir et à son retour, la femme lui a demandé s'il l'avait trouvé. Il lui a répondu : « Oui ». Mais comme sa femme avait vu Pélagie et sa fille applaudir, elle a fait signe à son mari de lui parler à l'oreille, et Pélagie n'a pas entendu la suite de leur conversation... C'est curieux, ce ménage allant prendre les ordres de Dumas !

Dépêche de Daudet, qui me mande qu'on a crié hier soir : « A bas Vitu ! »

Aimable visite de Réjane, toute riante, toute joyeuse, qui me plaint de n'avoir pas assisté à la représentation d'hier, à cette seconde où la pièce s'est complètement relevée, et me disant gentiment que, si elle a eu un succès, elle le doit un peu à la prose qui est sous son jeu, sous sa parole.

Elle me conte que Derenbourg, le directeur des Menus-Plaisirs, lui a confié que, la veille de la première, il dînait dans une maison qu'il n'a pas voulu nommer, où l'on avait dit : « Il ne faut pas que la pièce finisse demain ! »

Et revenant aux applaudissements, aux rappels d'hier, elle m'avoue que, dans la fièvre de bonheur qu'ils avaient, Porel et elle, ils ont été souper ainsi que deux collégiens et que dans le fiacre qui les menait, Porel ne cessait de répéter : « Deux mille cinq cents francs de location aujourd'hui... après la presse de ce matin... Je ne me suis donc pas trompé,... je ne suis donc pas une foutue bête ! »

Je passe à l'ÉCHO DE PARIS, sur la demande de Valentin Simond, pour traiter de la publication de ma pièce. Ça ne s'arrange pas ; mais Simond me prend mon étude sur la Clairon, qu'il doit donner en variétés [1].

1. Après avoir paru en feuilleton dans l'ÉCHO DE PARIS durant l'année 1889, MADEMOISELLE CLAIRON sera publiée en avril 1890.

Samedi 22 décembre

Couru toute la journée pour porter des billets à des gens qui ne sont pas chez eux ou qui ne sont pas encore rentrés à Paris, puis fait l'envoi de brochures aux acteurs et aux actrices. Passé après dîner à l'Odéon, où, à mon entrée, Émile me jette que la salle est pleine d'un monde chic. Réjane, qui vient de jouer le tableau des fortifications, est rappelée et applaudie à tout rompre... Je me sauve, de peur que ça se gâte, et je vais corriger ma pétition contre la censure à l'ÉCHO DE PARIS.

Dimanche 23 décembre

En cette atmosphère ambiante de bataille, je passe toute ma matinée à me promener de long en large dans mon cabinet de travail, à relire ma PÉTITION A LA CHAMBRE *pour la suppression de la censure*, avec des larmoiements dans les yeux et un attendrissement nerveux dont je ne suis pas le maître.

Les Zeller viennent me voir. Et Mlle Zeller me raconte qu'invitée hier rue de Berri, au moment où elle embrassait la Princesse, avec une tendre phrase d'intérêt sur sa santé, la Princesse l'avait coupée brutalement par un : « Non, non, ce n'est pas vrai... Vous ne pouvez pas m'aimer ! » Et alors, des duretés de paroles à propos de son intimité avec Mlle Abbatucci, des duretés telles que la pauvre fille avait eu une crise de nerfs et qu'elle pleurait et sanglotait encore si fort, au moment où on avait annoncé le dîner, qu'elle était restée dans le salon... Mais la Princesse, qui avait déjà pris place à table, était venue en personne la chercher, et au milieu du dîner, avec cette grandeur dans la bonté qu'elle possède, soudainement, elle lui avait fait tout haut de tendres et de nobles excuses, s'excusant sur l'état malheureux et fiévreux de son âme. Mais pense-t-on à de telles scènes se passant sous les yeux des domestiques ?

Ce soir, Daudet me raconte la scène passée au FIGARO à la suite de la seconde représentation, scène qui lui a été racontée et mimée par Philippe Gille :

MAGNARD. – J'ai dit que quelqu'un allait ce soir à GERMINIE... Ah ! c'est vous... Eh bien, comment la représentation a-t-elle marché ?

UN REPORTER QUELCONQUE. — Le public a trouvé des endroits émouvants...

MAGNARD. — C'est pas ça que je vous demande... Y a-t-il eu des sifflets ?

LE REPORTER. — Oui, il y a eu des sifflets, mais aussi des bravos.

MAGNARD. — Vous entendez, Prevel, il y a eu des sifflets, rédigez la note.

Prevel, fatigué ce soir-là, et ayant envie de dormir et nulle envie de faire de la copie, passe dans son cabinet et, au bout d'un quart d'heure, ressort, disant : « Je n'en puis pas sortir ! »

Alors, Magnard prend son article et rend compte de la soirée, en disant que cette soirée avait été un grand succès de bâillement, que l'ennui en était la note dominante ; et après avoir appuyé sur les protestations du public devant chaque tableau, il termine ainsi : « Et maintenant, il ne va plus être question que d'hôpital et de cimetière. La perspective est par trop lugubre, nous repassons la Seine, et nous revenons dans le Paris vivant et vibrant, où il y a peut-être bien des tares, mais au sein duquel on peut prendre gaîment en patience les tristesses de l'heure présente. »

Ça, c'est le compte rendu de la seconde représentation, où les sifflets ont été écrasés sous les bravos. Ça, c'est la conscience du journalisme contemporain !

Lundi 24 décembre

J'ai peur d'hier, j'ai peur du public de dimanche. Je ne suis pas de ceux qui disent : « Quand j'arriverai au vrai public... » Ma pièce, ainsi qu'elle est faite et avec l'épeurement produit par la presse dans la gent bourgeoise, ne peut vivre que par la curiosité sympathique du Paris lettré.

Je trouve Porel avec l'œil *agatisé* qu'il a dans les embarras, les contrariétés, les difficultés de son métier. Il me semble être dans ces *tracs*, qui succèdent chez lui aux coups d'audace et qui font un vrai lièvre du risque-tout de la première heure.

Après m'avoir dit que la soirée de dimanche a été bonne, il m'apprend que Charcot a sifflé dans son avant-scène. Charcot, dans la haute position qu'il occupe, le voyez-vous sifflant ? Est-ce qu'il m'en voudrait, depuis mon entrée en littérature, d'avoir travaillé la maladie nerveuse et voudrait-il qu'il n'y eût que lui au monde qui en eût le monopole ? Au fond, c'est un être de basse extraction, qui restera toujours un étudiant et ne pourra jamais s'élever au grade d'un monsieur.

Porel ajoute, avec un étonnement qu'il ne peut cacher, que le FIGARO, dans la guerre au couteau qu'il me fait, ne veut pas même accepter les réclames payées annonçant les recettes de GERMINIE LACERTEUX, et il en est de même au TEMPS et au PETIT JOURNAL.

Quelqu'un de chez Bing, qui assistait à la première, me dit qu'il avait devant lui un rang d'hommes vieux et jeunes d'un cercle catholique, qui, par parenthèse, avaient payé leurs places douze francs et qui discutaient le roman et sifflaient la pièce. C'est curieux, l'hostilité du monde clérical contre cette pièce qui contient un couplet en l'honneur du prêtre, le seul écouteur des tristesses de la femme du peuple [1].

1. Cf. GERMINIE LACERTEUX, *pièce...*, Ier tabl., sc. 3 : aux ironies de l'anticléricale Mlle de Varandeuil, son cousin, le jeune saint-cyrien, répond en montrant le rôle de « ce confident des petits chagrins, cet ami des misères du peuple » qu'est le confesseur auquel jusqu'ici se confiait Germinie.

Mardi 25 décembre

Hier dans le TEMPS, M. Sarcey, après m'avoir reproché d'avoir taillé en tranches de croquades l'histoire de Germinie Lacerteux, sans en avoir montré les points lumineux, conclut ainsi : « M. de Goncourt n'entend rien, rien absolument au théâtre. »

Voyons, monsieur Sarcey, causons un peu théâtre. Je ne veux pas entrer dans le détail et chercher à vous démontrer que mes tableaux n'ont pas été choisis si à l'aveuglette que vous le dites et que l'homme qui veut bien écouter la pièce y trouvera cette *perversion de l'affectivité*, qui, selon vous, manque [1]. Prenons la question de plus haut.

Vous avez été toujours, Monsieur, un étonnement pour moi, par le bouleversement que vous avez porté dans la conception que je m'étais faite du Normalien. Car je dois vous l'avouer, je voyais dans le Normalien un homme tout nourri des beautés et des délicatesses des littératures grecque et latine et allant dans notre littérature aux œuvres d'hommes s'efforçant d'apporter, autant qu'il était en leur pouvoir, des qualités semblables, et tout d'abord une qualité de style qui, dans toutes les littératures de tous les temps et de tous les pays, a été considérée comme la qualité maîtresse de l'art dramatique.

Mais non, ce que vous admirez avec le plus de chaleur d'entrailles et qui, selon votre expression, ne vous laisse pas *un fil de sec sur le dos*, c'est le plus gros drame du Boulevard du crime ou la jocrisserie au comique le plus épais. C'est pour ces machines-là que vous avez le rire le plus large et la plume la plus enfiévrée d'éloge. Car parfois, vous êtes un peu dur même avec Augier, Dumas et les autres... et n'aviez-vous pas près de cinquante ans, quand vous vous êtes aperçu du talent de Victor Hugo et que vous avez bien voulu vous montrer bonhomme à son égard ?

Oui, Monsieur, vous ne semblez pas vous douter, mais pas vous douter du tout que dans la scène de l'apport de l'argent, dans la scène du bas de la rue des Martyrs, il y a, sous le dire de l'admirable Mlle Réjane, une langue qui, par sa concision, sa brièveté, le rejet de la phrase du livre, l'emploi de la parole parlée, la trouvaille de mots remuants, enfin un style théâtral, qui fait de ces tirades des choses plus dramatiques que des tirades où il y aurait, sous la voix de l'actrice, de la prose de Dennery ou de Bouchardy.

Eh bien, tant pis pour vous, si comme critique lettré de théâtre, vous ne faites pas la différence de ces deux proses.

Maintenant, n'est-ce encore rien, des caractères dans une pièce ? Et les caractères de Mlle de Varandeuil, de Germinie, de Jupillon, vous les trouvez, n'est-ce pas ? inférieurs aux caractères de n'importe quel mélodrame du Boulevard.

---

1. Le principal reproche de Sarcey contre le « défilé de tableaux » à quoi se réduit, selon lui, la pièce, c'est qu'on y voit des faits, mais non « le comment des faits », c'est-à-dire l'évolution de l'hystérie chez Germinie, « cette progression et cette perversion de l'affectivité qui est le fond du roman ».

Or donc, le style, les caractères n'entrant point en ligne de compte dans votre critique, accordez-vous quelque valeur aux situations ? Pas plus ! Ce tableau frais et pur du dîner des fillettes, servi par cette servante enceinte et se terminant par l'emprunt des quarante francs de ses couches, ce tableau, en dépit de l'empoignement du public de la première — un des plus dramatiques du théâtre de ce temps —, vous ne le trouvez qu'odieux, mal fait et sans invention aucune. Et toute votre esthétique théâtrale, monsieur Sarcey, consiste dans la scène à faire.

Mais la scène à faire, êtes-vous bien sûr que vous êtes le seul, l'unique *voyant*, patenté et breveté de cette scène ? Avant tout, pour la scène à faire, il faut de l'imagination, et permettez-moi de vous dire que si vous avez une grosse tête, vous avez une cervelle comparativement petite à cette tête : cervelle dont nous connaissons les dimensions et la qualité des circonvolutions par la lecture de vos œuvres d'imagination. Et savez-vous que chez moi, lorsque, le dimanche, par hasard, on a lu le TEMPS et que vous proposez de remplacer la scène de l'auteur par une scène de votre cru, tout le monde, spontanément et sans aucun parti pris contre votre personne, trouvait que votre scène était vulgaire, commune, était la *scène à ne pas faire ?*

Et puis, Monsieur, la *scène à faire*, c'est le renouvellement du secret du théâtre, de cette vieille mystification, si vertement blaguée par Flaubert : ça fait partie du *parapharagamus* des escamoteurs, c'est le facile moyen d'abîmer une pièce, sans donner la raison valable de son éreintement. Là-dessus, un conseil charitable que je vous donne, Monsieur : ne jouez plus trop de cette rengaine, le bourgeois même, je vous le jure, commence à ne plus couper dans la *scène à faire.*

Mais là, monsieur Sarcey, où vous n'êtes pas vraiment sincère, où vous ne dites pas la vérité, c'est quand vous déclarez que la pièce est ennuyeuse, horriblement ennuyeuse, sachant très bien que c'est le moyen élémentaire de tuer une pièce, le moyen inventé par votre syndicat dramatique. La pièce peut être mauvaise d'après vos théories littéraires, mais une pièce où les spectateurs sont près d'en venir aux mains et où les spectatrices — du moins, les spectatrices honnêtes — versent de vraies larmes, non, non, Monsieur, cette pièce n'est pas ennuyeuse.

Enfin, Monsieur, vous pontifiez, toutes les semaines, du haut de vos douze colonnes du TEMPS, comme si vous prêchiez la vraie esthétique théâtrale, la grandissime esthétique de l'École normale. Mais en êtes-vous bien sûr ? Moi, je crois que vous vous illusionnez et que la jeune École normale vous trouve un critique démodé, un critique *perruque*, un critique vieux jeu, et voici la lettre qui va vous le prouver :

« Monsieur,

« Bien qu'il y ait de la hardiesse à adresser des félicitations à un homme tel que vous, je me risque à vous offrir les miennes, sûr que le témoignage de la jeunesse ne vous est pas indifférent, car il est sincère, et c'est un gage de l'avenir : ce que nous aimons, nous le ferons triompher quand nous serons des hommes.

« Je suis élève de l'École normale. J'imagine que vous ne l'aimez guère. Nous sommes donc moins suspects que qui que ce soit, nous qui avons combattu pour vous le bon combat, hier soir. C'est en mon seul nom que je vous écris, mais nous étions foule à vous acclamer à la troisième de GERMINIE. Nous étions venus pour protester contre l'indigne cabale, qui n'a pas cessé de s'attacher à vous, et pour forcer le respect dû à votre talent. Nous n'étions pas venus pour applaudir. Mais votre pièce nous a saisis, bouleversés, enthousiasmés, et des jeunes gens qui, comme moi, ne vous connaissaient guère trois heures avant et qui n'avaient pour votre art qu'une estime profonde, sont sortis pleins d'une admiration affectueuse pour vous. Oui, j'aime votre vue nette de la vie, j'aime votre amour pitoyable de ceux qui aiment et qui souffrent, j'aime surtout la sobriété discrète et vraie de votre émotion, de vos peintures les plus poignantes. Merci de ne point sacrifier au goût du gros public, de ne point lui faire de concessions, ni même de demi-concessions.

R...

« Élève de l'École normale [1]. »

Le nom du signataire de la lettre, monsieur Sarcey vous me permettrez de ne pas l'imprimer en toutes lettres, j'aurais trop peur que vous le fassiez enfermer dans l'*ergastulum* de l'École [2].

Aujourd'hui, paraît en tête du FIGARO un article sur LE MOT SALE. L'article est de Jules Case : on a eu la canaillerie d'aller chercher parmi les gens de mon *Grenier* et d'en faire mon exécuteur ! [3] Du reste, mes amis peuvent l'attester, je n'ai jamais eu la moindre confiance en ce jeune homme, qui arrivait le premier et restait le dernier, sans dire un mot et écoutant avec un air louche, qui me faisait dire qu'il avait l'air d'un agent de police. Les jeunes lettrés, il faut vraiment le reconnaître, sont pour la plupart de la racaille. Après Caraguel, c'est Jules Case. Qu'est-ce qui suivra ?

Je suis bien tenté de répondre, mais je voudrais qu'il n'y eût point de colère, et, si la comparaison n'était pas immense, mettre dans cette réponse un peu de l'accent de tristesse de Jésus au Jardin des Oliviers.

Visite de Béhaine, auquel est revenu l'écho de la rigolade à laquelle se sont livrés Dumas, Sardou, Halévy, après la première.

---

1. Cette lettre non datée figure dans la CORRESPONDANCE..., vol. XXV, f° 279 : elle est signée Romain Rolland, qui était entré à l'École normale en 1887. Le texte n'est pas altéré, mais légèrement raccourci. Il est reproduit, en note au récit de la représentation de GERMINIE, dans LE CLOÎTRE DE LA RUE D'ULM de R. Rolland (1952, p. 272).

2. Cette longue diatribe contre Sarcey, depuis *Hier dans le TEMPS...*, est une addition de 1894, comportant en outre, après *absolument rien au théâtre*, à la fin du premier paragraphe, un appel pour la note suivante : *Voici ma réponse qui a été écrite sous le coup de l'article du TEMPS, mais qui n'a pas été publiée.* Cf. les notes du 4 et du 12 janv. 1889.

3. Dans cet article, DU MOT SALE DANS LA LITTÉRATURE, Jules Case reconnaît la valeur de l'œuvre des Goncourt, mais il tient que GERMINIE LACERTEUX y fait tache à cause de ses crudités de langage, aggravées dans la pièce d'Edmond et prônées dans sa pétition. Case part en guerre contre cette tendance naturaliste et invoque l'exemple de la langue de Balzac et de Hugo.

Daudet me parle de l'espèce de chaleur amicale avec laquelle Zola lui a parlé de moi, hier soir, au réveillon chez les Ménard-Dorian. Au fond, chez le batailleur qu'il est, il y a une sympathie pour le batailleur que je suis. Puis le nom de Céard est venu dans la causerie, et au sujet du feuilleton qu'il a fait dans le SIÈCLE, il a dit que pendant deux ans, Céard, en sa qualité de mon exécuteur testamentaire, s'était tenu dans la vie comme s'il avait une barre de fer dans le c..., grisé par l'officialité qu'il aime dans les choses humaines et qu'en ces années, lui-même, Zola, n'était pas compté par Céard pour une guigne ; mais que le jour où il avait appris que je l'avais rayé de mon testament, il était devenu mon ennemi personnel [1].

Ce soir, pendant l'heure que je passe à l'Odéon, quelques sifflets qu'exaspère l'apostrophe d'une jeune femme, assise aux fauteuils de balcon et jetant aux siffleurs : « Ils sifflent parce qu'ils se sentent capables d'en faire autant que Jupillon ! »

En descendant l'escalier du théâtre, j'entends annoncer la recette, qui est de 3 200 francs.

Mercredi 26 décembre

Je lis dans un journal du soir une séance du Sénat, où la droite, toute la droite, demande la suppression de ma pièce.

Jeudi 27 décembre

Discussion à table avec Daudet, où je soutiens qu'un homme qui n'a pas été doué par Dieu du sens pictural pourra, à force d'intelligence, goûter quelques gros côtés perceptibles de la peinture, mais n'en goûtera jamais la beauté intime, la beauté absconse au public, n'aura jamais la joie d'une coloration ; et je lui parlais, à ce propos, de l'eau-forte, de ses noirs, du noir de certaines estampes de Seymour Haden, qui met l'œil dans un état d'ivresse chez l'homme au sens pictural. Et je lui parlais encore de la tendance qu'avaient les gens n'ayant pas reçu ce don du ciel à chercher dans la peinture les côtés sentimentaux, dramatiques, spirituels, littéraires, enfin tout ce qui n'est pas de la peinture et qui ne me parle pas et me fait préférer un hareng saur de Rembrandt au plus grand tableau d'histoire mal peint. Et sur ce qu'il me répondait que cependant, quelques Flamands l'avaient pris par la réalité de leurs peintures [2], je n'ai pu m'empêcher de lui dire qu'il serait aussi bien pris par des peintures de vitriers du temps, qui auraient très mal — mais photographiquement — peint des scènes contemporaines de ce temps.

Rosny, après avoir aujourd'hui vanté la solidité de sa santé et déploré

1. Chronique théâtrale de Céard dans le SIÈCLE du 20 décembre : la pièce de Goncourt est la « manifestation dernière d'un art jadis précurseur, retardataire aujourd'hui ».
2. Add. éd. : *pris*.

le manque d'une maladie, en général attestatrice du talent chez un écrivain, confesse cependant qu'il est un *angoisseux,* que son esprit se forge des ennemis qu'il n'a pas et qu'en tisonnant au coin du feu, dans la flambée de sa cheminée, parfois, il voit comme des êtres chimériques lui voulant du mal.

Puis il m'entretient de son travail, se plaignant de dormir très mal et par conséquent, se levant tard, sur les dix heures, et mangeant, aussitôt levé, une côtelette, et d'abord virant dans la chambre, et ne travaillant guère que dans le temps s'écoulant entre onze heures et une heure, puis, après cela, se promenant, lisant, ratiocinant.

Vendredi 28 décembre

Conçoit-on le tollé de la droite du Sénat contre une pièce qu'aucun de ceux qui l'attaquent n'a vue, n'a même lue [1] ! Oui, c'est attesté par l'OFFICIEL et le vaillant discours de Lockroy, le ministre de l'Instruction publique. Et cela, sur une dénonciation de Sarcey, le mangeur de prêtres qui, pendant des années, a égorgillé, tous les matins, dans le XIXe SIÈCLE, un pauvre curé de campagne — une dénonciation contre moi, l'auteur de LA SOCIÉTÉ FRANÇAISE PENDANT LA RÉVOLUTION, de l'HISTOIRE DE MARIE-ANTOINETTE, et je dirai même de SŒUR PHILOMÈNE [2].

Il y a à se dire que ce n'est pas seulement la langue de la *Grande Adèle* qui choque le public petit-bourgeois ; la langue de Mlle de Varandeuil produit peut-être un effet pire chez les gens qui ne sortent pas d'une famille noble, qui n'ont pas entendu la langue trivialement colorée des vieilles femmes de race du temps. Un symptôme curieux de Pélagie, c'est le refus qu'elle a fait de la pièce — elle qui me demande tous mes livres, non pour les lire, mais pour les avoir.

Des combats, des luttes avec la raison du vieil homme, me disant que, si je ne fais pas une réponse à la critique, où je dirai tout ce que j'ai sur le cœur et que personne n'a encore osé lui dire, je serai vraiment un lâche. Et toute la soirée, je promène ma colère nerveuse d'un bout de la chambre à l'autre, me calmant un moment par un regard jeté sur l'émail d'une tasse de la famille verte ou la coulée d'une poterie

1. Add. et var. 1894 : *L'incident le plus bouffon, à propos de GERMINIE LACERTEUX, incident amené par l'éreintement de Sarcey, qui, dans la FRANCE, a fait un réquisitoire de procureur de la République contre la pièce : ç'a été la demande de la suppression de la pièce par la droite du Sénat, sans qu'un seul sénateur l'ait vue, l'ait lue. – Le réquisitoire* de Sarcey avait paru dans le TEMPS (cf. plus haut p. 201), non dans la FRANCE. Mais c'est dans sa *Chronique* de la FRANCE, datée du 29, que Sarcey proteste contre le parti que certains sénateurs ont tiré de son article du TEMPS pour demander l'interdiction de la pièce.

2. Add. 1894 : *il y a vraiment dans les choses humaines, à l'heure présente, trop d'ironie !... Ah ! ce monsieur Sarcey, il n'est pas pour les vaincus. On peut être sûr que lorsqu'on crie quelque part :* Tue ! *il imprimera :* Assomme ! *C'est lui qui, après s'être montré, après la défaite de la Commune, si impitoyable pour les Communards, au temps de la campagne anti-catholique, se livrait, tous les matins, dans le* XIXe SIÈCLE *à l'exécution d'un curé de campagne... Je ne sais, mais il évoque chez moi l'idée d'un de ces* goujats d'armée, *qui, lorsqu'un chevalier était renversé sur le dos, sans pouvoir se relever,* l'égorgillait *sans défense, avec son eustache, par les défauts de son armure.*

de vieux Seto ; puis rentrant en rage à la pensée de l'injustice d'un article et jetant, tout en marchant, sur le coin de ma table de travail, des phrases toutes faites pour le *libretto* d'un duel avec Magnard.

Samedi 29 décembre

Lettre de Porel, m'annonçant une recette de 3 000 francs et un formidable engueulement des sénateurs à la dernière représentation de GERMINIE LACERTEUX [1]. Allé voir l'effet de mes grandes affiches jaunes [2]. C'est particulier, cette persistance du plaisir qu'éprouve l'homme de lettres à voir son nom imprimé en grosses lettres.

Un changement dans les habitudes parisiennes. Les mariages du commun ne se font plus mener à la Cascade, ils se font véhiculer à la tour Eiffel.

Penser que, ce soir, on joue GERMINIE et que, paresseusement échoué au coin d'un joli feu de bois, je pense qu'ils sont bien bons, les gens qui se dérangent de leur intérieur, affrontent le brouillard et le froid pour aller voir — au lieu de se l'imaginer — ma pièce.

Je faisais la réflexion, ce soir, que dans la vie, j'ai eu tout, sauf les chevaux et les femmes de race.

Dimanche 30 décembre

Vraiment, en lisant l'infâme article de Bloy sur Daudet, ce matin, je pensais à la canaillerie éhontée du journalisme actuel ; et dans mon esprit, Bloy, le mendiant insulteur, disparaissait, il était question de ce M. d'Hubert, qui peut débiter et vendre au grand jour ces cochonneries de la plume, sans en être empêché par le syndicat des journalistes [3].

Mais ce qu'il y a de plus triste encore, c'est le manque d'indignation, devant ces infamies, de la jeunesse des lettres qui est dans le journalisme. Oh ! les jeunes de maintenant, ils ne risqueraient pas la profondeur d'une ligne faite dans leur peau par une épingle, pour ce qu'ils disent leurs sympathies, leurs admirations, leurs convictions ! Ça, des *talentueux* futurs ? Ça n'en sera jamais, ils ont l'âme trop embourgeoisée, ils deviendront seulement des *ronds-de-cuir* dans leur journal, comme on devient *rond-de-cuir* dans un journal du gouvernement.

---

1. Tout un groupe de sénateurs de droite, Halgan, de Pressensé, Audren de Kerdrel, de Lareinty, etc., avaient interpellé le ministre, à la fin de la discussion sur le budget, le 26 décembre, en protestant contre la représentation de GERMINIE LACERTEUX sur un théâtre subventionné. Lockroy se borna à répondre que l'appréciation de la pièce relevait de la seule critique littéraire. Mais Carnot désavouera le ministre de l'Instruction publique et fera interdire les représentations en matinée.

2. Les affiches jaunes annonçant la pièce sur les colonnes de spectacles : voir note du 11 février 1889.

3. Add. éd. : le mot *jour*. L'article où Bloy dénonçait dans l'œuvre de Daudet d'énormes plagiats, UN VOLEUR DE GLOIRE, a été publié dans le GIL BLAS du 30 déc. 1888 et repris dans BELLUAIRES ET PORCHERS.

Sur l'expression de l'article de Bloy de ce matin, que je suis *confisqué* par le ménage Daudet, Daudet me demande ce soir de ne pas donner le dîner qu'il devait offrir à Oscar Méténier et à Paul Alexis, devant lire chez lui, après, LES FRÈRES ZEMGANNO, et nous convenons que le dîner et la lecture auront lieu chez moi.

Au moment où son fils arbore pour sortir une toque en velours noir, la toute nouvelle coiffure *chic* de l'étudiant, Daudet nous conte qu'à l'âge d'à peu près quatorze ans, une société de garçonnets comme lui avait loué à Lyon une chambre au quatrième, une chambre donnant sur la Saône et son brouillard, une chambre louée à un pauvre ménage d'ouvriers dans la débine et chez lequel il y avait une femme qui pleurait toujours et, dans une cage en osier, une colombe gémissant à l'instar de la femme. Cette chambre louée était la chambre des orgies, des orgies de petits verres, et tout son mobilier consistait en quelques chaises et une toque. Et quand arrivé là dedans le premier et le feu allumé, il mettait la toque et fumait une énorme bouffarde, il sentait monter en lui un orgueil d'homme fait, un orgueil indéfinissable.

Et comme il me revient dans la parole quelque chose de mes pensées du matin sur la jeunesse actuelle, Daudet dit que c'est la génération des instinctifs, des êtres de race canine qui, lorsqu'ils ont trouvé un os, vont le manger dans un coin, n'ont pas la solidarité des générations précédentes et sont le plus beau triomphe de la personnalité et de l'égotisme [1].

Lundi 31 décembre

Tout mon monde occupé à porter des bonbons à Réjane et aux autres actrices, et aux huit petites filles qui jouent dans ma pièce.

Marpon, que je rencontre sur le pas de sa boutique du boulevard Italien, m'apprend que la matinée de GERMINIE LACERTEUX a été suspendue par ordre du ministère et que la plus grande partie des gens qui avaient pris des billets ont redemandé leur argent, quand au lieu de GERMINIE, on leur a offert LE LION AMOUREUX [2].

Quand j'arrive à onze heures chez la Princesse, elle m'entraîne dans le petit salon où l'on prend le thé, et me dit : « Mon vieil ami — terme dont elle se sert avec moi depuis quelque temps — ah ! je suis bien malheureuse ! » Et son visage tiré et sa personne amaigrie, tout le dit. Elle continue : « Il y a dix ans que cela dure... je les ai surpris deux fois, oui, deux fois... Au fond, je ne suis pas une femme méchante, je leur ai dit : « Avouez, je vous pardonnerai... Mais alors, nous ne pouvons pas vivre dans les conditions d'intimité d'autrefois. »

Dumas, qui m'avait donné la main au conseil de famille de Nittis, m'évite. Il doit avoir fait à mon égard des choses pas bien.

1. Var. 1894 : *...et de l'égoïsme.*
2. C'est une reprise de la pièce de Ponsard, dont la création au Théâtre-Français remontait au 18 janvier 1866.

ANNÉE 1889

Mardi 1er janvier

Au fond, la critique dira tout ce qu'elle voudra, elle ne pourra empêcher que les deux pièces qui ont fait le plus de bruit dans la seconde moitié du XIXe siècle ne soient HENRIETTE MARÉCHAL et GERMINIE LACERTEUX.

Je juge très bien de mon état nerveux par les coupures que je me fais ou que je ne me fais pas en me rasant.

Je voudrais encore livrer la bataille de LA PATRIE EN DANGER, puis cela fait, ne plus rien faire, et avec l'argent de GERMINIE, paresser, *lézarder* tout le restant de l'année à l'Exposition, à regarder les choses, en buvant les vins réputés les meilleurs et en mangeant les cuisines les plus exotiques, les plus extravagantes [1].

Mercredi 2 janvier

Hier, à onze heures, au moment où on allait prendre congé de la Princesse, je ne sais comment, elle apprend que Mlle Zeller a reçu une dépêche de Mlle Abbatucci, lui demandant si c'est vrai que la Princesse lui avait fait une scène terrible. Et la Princesse de s'écrier tout haut qu'il faut que ça finisse, que si ça continue, elle en *crèvera, crèvera,* que cette fille est un monstre, qu'elle lui rend impossible la vie par ses

1. L'Exposition internationale de 1889 ouvrira ses portes le 6 mai. Conçue selon les directives d'Alphand et d'Antonin Proust, elle dessinait sur le Champ-de-Mars une sorte d'arc de triomphe couché : autour de la tour Eiffel, pivot et *clou* de tout le dispositif, se groupent les deux Palais des beaux-arts et des arts libéraux, édifiés par Formigé perpendiculairement à la Seine et réunis par une Galerie des industries diverses, que couronne un gigantesque dôme ; parallèlement à l'École militaire court l'immense Galerie des machines, de Dutert, avec ses ogives de fer lancées sur les 115 mètres de largeur du bâtiment... C'est partout le triomphe d'une architecture de fer et de céramique. — Plusieurs gouvernements avaient refusé d'être officiellement présents à une exposition qui commémorait le centenaire de la Révolution française ; malgré ces réticences politiques, quand l'Exposition sera close, le 6 novembre, elle aura enregistré 32 millions d'entrées et laissera un bénéfice de 10 millions de francs.

méchancetés, et se montant, se montant — du monde, non de son intimité, encore dans le petit salon —, elle déclare que, puisque personne ne peut lui faire rendre justice, elle se la fera elle-même et que si elle la rencontre dans la rue, elle la battra, et quand l'autre aura reçu sa tripotée..., ça arrêtera sa méchanceté !

On cherche à calmer la Princesse, on lui dit que l'opinion est avec elle. Mais elle n'écoute pas et se promène violemment, en disant, la voix brisée, et éclatant en sanglots : « Oui, enfin, elle m'a pris tout ce que j'aime... Non, non, je ne consentirai plus jamais à la recevoir ici... Oh ! le pauvre homme !... Maintenant ce n'est plus qu'une loque entre mes bras... Mais enfin, je l'aime et suis prête à tout faire pour le garder, à tout faire..., à tout faire en conservant ma dignité... Voyons, j'ai envie d'aller le retrouver et de passer six semaines avec lui à Menton... C'est un faible, à la merci de qui lui parle... Quand je serai là, l'autre n'aura plus d'autorité... Quel conseil me donnez-vous ? »

Il n'y a dans le salon que Benedetti, le ménage Ganderax, Mme de Galbois et moi.

MOI. — Princesse, ce n'est pas possible, dans ce moment où vos soirées ont recommencé et où toute l'attention de Paris est sur vous, non, non, ce n'est pas possible. Il y aura des journaux qui diront que vous êtes partie pour tâcher de reconquérir votre amant... Non, non, faites autre chose : si vous quittez Paris, ne le quittez pas pour six semaines et n'allez pas à Menton, mais allez dans une ville d'Italie où est votre frère, où est votre nièce, et de là, écrivez à Popelin de venir vous retrouver... Comme cela, ce ne sera plus une poursuite de l'amant, mais une villégiature d'hiver pour votre santé, pour des causes politiques... Et puis quoi ? en six semaines, vous n'obtiendrez rien de lui, et à votre retour, ce sera à recommencer !

Les six mois hors Paris de mon programme, au fond, ça lui paraît dur et elle persiste à vouloir se rendre à Menton, disant que le fils de Popelin revient à Paris, qu'il va être seul, qu'il va être heureux de l'avoir avec lui. A quoi Ganderax, enhardi par la franchise de mes paroles, lui dit carrément qu'il faut, avant de s'embarquer dans cette aventure, savoir si son arrivée fera plaisir à Popelin, qu'il en doute un peu d'après une certaine lettre impertinente que la Princesse a reçue ces jours-ci, qu'il le croit dans un état d'âme qui veut la tranquillité, le repos, l'isolement, et qu'il lui conseille bien de n'aller à Menton que si Popelin le lui demande. Et Benedetti appuie les paroles de Ganderax.

Mais la pauvre femme, toute à sa passion aveugle et les oreilles fermées à ce qu'on lui dit, continue à rabâcher amoureusement, semblant se parler à elle-même — et il est une heure du matin, quand nous quittons le salon.

Jeudi 3 janvier

Déjeuner donné chez Voisin par Simond à tous les rédacteurs de L'ÉCHO DE PARIS.

Oh ! la drôle de tête de Banville, avec sa toque à la Scapin... Un particulier bizarre, ce Mendès ! Ce matin, il était à neuf heures à Saint-Cloud, à prendre un verre de madère avec une *petite dame,* et il est revenu à pied, de là, déjeuner ici. Simond me parlait de la vitalité, de la force physique de ce garçon à l'apparence anémique et qui mène de front la vie noctambule, le coït et la copie...

Puis Simond me parle d'un dîner qu'il a fait en compagnie de Lepelletier chez Zola, un dîner épatant. Domestique en cravate blanche, Mme Zola décolletée, débraillée, sept verres, avec les vins annoncés : *Chambertin* 1877, *Château-Laffitte* 1880, *Château-Yquem* 1882, etc. Dans cette comédie du chic, Zola jouant le bonhomme, mais Mme Zola singeant la Princesse, tout en se livrant à un *abattage* général de la littérature et en proclamant que son mari a seul du talent. Enfin, « une telle pose », dans ce dîner donné à la campagne, que les deux convives sortaient en poussant un éclat de rire.

Catulle Mendès me parle d'Antoine, qu'il dit être le plus ondoyant, le plus compliqué des êtres, à moins qu'il n'en soit ingénument le plus inintelligent.

Sur la porte, au moment de partir, Simond me présente Dubruyan, qui m'a toujours éreinté, mais auquel je trouve une charmante tête de joli officier de cavalerie, avec quelque chose de résolu, tout à fait séduisant.

Une minute au théâtre, où Porel me confirme que c'est un ordre ministériel qui a empêché la matinée de dimanche, et cet ordre donné sous la pression de Carnot. Voici ce président imbécile, dont tous ceux qui l'approchent disent le néant, qui fait du *bon plaisir* à l'instar de Louis XIV. Ah ! la bonne blague que les gouvernements libéraux !

Les hauts et les bas du théâtre, c'est vraiment bien nerveux. Ce matin, après l'annonce des 40 000 francs de recette, je voyais une longue vie à ma pièce. Ce soir, sur la recette qui est seulement de 2 300, je me demande si cette pièce, faisant tant de bruit et allumant de si vifs désirs de la voir, n'aura pas sa fin après une vingtaine de représentations.

Vendredi 4 janvier

Il y a des lâchetés qui se produisent chez un homme absolument par la détente du système nerveux. Cette préface, dans laquelle je voulais dire son fait à la critique, cette préface, jetée sur le papier dans un premier moment de surexcitation, je ne la publierai pas, parce que je ne me sens plus capable de la parfaire, telle que je l'avais conçue dans la fièvre de l'ébauche ; et je dirai même que je ne me sens plus la vaillance d'en subir les conséquences. De toute cette belle révolte d'un honnête homme et de ces pages amères faisant justice de la canaillerie de la presse contemporaine, il paraîtra peut-être seulement le morceau adressé à Sarcey — et encore le ferai-je ?

Sur le coup de trois heures, Pélagie entre me dire : « Mlle Abbatucci me fait demander si vous pouvez la recevoir. »

Elle entre, sous des vêtements aux plis affaissés et qui pleurent sur elle, puis s'efforce de parler avec une voix ferme qu'étouffent par moments de petits sanglots.

Elle affirme qu'elle est la victime de la calomnie la plus noire et déclare que la Princesse a bassement envoyé quelqu'un offrir vingt francs à sa portière par jour, dans le cas où elle voudrait bien la tenir au courant de sa vie extérieure. Elle se plaint des gens qui l'abandonnent, des gens qui ne la défendent pas auprès de la Princesse et, me questionnant sur Mlle Zeller, me dit avec tristesse :

« Oui, elle me lâche ! Et cependant je pourrais lui dire que pendant toute la représentation de GERMINIE LACERTEUX, la Princesse en a dit, des horreurs ! » Je tâche de l'excuser en mettant son *lâchage* sur le dos de son père, sur la domesticité des universitaires... Oh ! mon Dieu ! elle a raison... « Quant à moi, ma vie est finie... Ne parlez pas de ma visite à personne... Mais je m'en vais, je ne veux pas faire attendre trop longtemps ma cousine Durazzo, qui est en bas et qui me garde.

— Contre les amoureux, lui dis-je.

— Non, contre moi-même... Oui, elle craint que je ne me jette par la fenêtre... Mais il faut en avoir le courage et je ne l'ai pas. »

Et elle s'en va, me laissant pas mal navré !...

Au fond, si elle était parfaitement innocente de ce que lui reproche la Princesse, ce serait bien affreux !

Elle avait commencé à me parler de la pièce et m'avait dit qu'au moment où Dumény carotte à Réjane les quarante francs de la sage-femme [1], elle entendit derrière elle une voix qui jetait à un voisin, injuriant la pièce et l'auteur : « Je vous défends d'insulter un homme de ce talent ! » et que s'étant retournée, elle avait aperçu un jeune homme, un jeune homme d'une ressemblance parfaite avec moi, un de Goncourt de vingt-cinq ans. Je ne crois pas cependant avoir de petits de Goncourt de par le monde.

Le peintre spiritualiste Henner, dont les imaginations consistent à mettre éternellement une petite femme nue, toute blanche, dans la nuit noire d'un paysage — tableautins qui font l'effet d'un mal blanc représenté dans une charpagne de suie —, disait en son hautain mépris de la réalité que « s'il suffisait de descendre dans son jardin pour avoir du talent, rien ne serait plus facile ». Non, monsieur Henner, en quoi que ce soit et de quelque façon qu'il se produise, le talent n'est pas une chose facile !

Samedi 5 janvier

Ce soir, dans le ressouvenir de ma dernière discussion avec Daudet, en regardant l'eau-forte d'un crépuscule de Seymour Haden, SUNSET IN TIPPERARY, cette eau-forte où existe peut-être le plus beau *noir*

———

1. Cf. plus haut p. 196, n. 1.

velouté que depuis le commencement du monde ait obtenu une pointe d'aquafortiste, à la regarder, dis-je, ce noir fait au fond de moi un bonheur intérieur, une petite ivresse, semblable à celle que ferait naître chez un mélomane un morceau de piano d'un grand musicien, joué par le plus fort exécutant de toute la terre.

Dimanche 6 janvier

Un nommé Villatte, dans LE DÉCADENT, témoigne en sa prose de l'envie des *jeunes* de ce recueil, la plupart du temps auteurs d'une brochurette, contre un homme arrivé au bout de quarante ans et de quarante volumes. Voici ce qu'il veut bien dire de moi : « M. de Goncourt est profondément antipathique à une grande partie de la jeunesse littéraire ; c'est le type du raté orgueilleux et jaloux, qui n'a pas même pour lui l'excuse d'une pauvreté relative. Il a cru que les scandales du Théâtre-Libre l'autorisaient à salir une scène bourgeoise pour mettre en relief sa personnalité... Le Sénat, en protestant contre la représentation de cette pièce, a accompli un acte qui l'honore au plus haut degré ; il est seulement regrettable qu'un grotesque Lockroy, qui incarne momentanément le ministre de l'Instruction publique, se soit fait l'avocat de cette nature déprimante... »

Oh ! la bonne jeunesse, à la fois pudibonde et admiratrice de Rimbaud, le pédéraste assassin, et qui eût applaudi à la suppression de la pièce par le Sénat !

Aujourd'hui, Winternitz m'apporte un plat de Chine au bleu caillouté, avec des réserves où la polychromie des feuillages et des fleurs fait si bien. Ce plat, qui coûte deux cents francs, lui a été envoyé de là-bas par le comte de Pourtalès, qui lui a demandé de lui envoyer les deux cents francs par le retour du courrier. Oh ! nos diplomates de l'Extrême-Orient devenus les courtiers, les commissionnaires des marchands de bibelots !

Mon pauvre, mon pauvre Rosny, je crains bien que tu sois trop *titanesque* dans ta prose de l'heure présente !

Lundi 7 janvier

Ce soir, après un dîner donné chez moi au ménage Daudet, et à Oscar Méténier et à Paul Alexis, Méténier nous lit la pièce qu'il a tirée, en collaboration avec Alexis, des FRÈRES ZEMGANNO.

C'est, chez les Daudet et chez moi, avec une grande émotion, un étonnement qu'ils aient pu tirer du livre une chose si scénique. Très bien machinée, la pièce, et une œuvre toute délicate, tout artiste, l'œuvre de deux imaginations distinguées.

Je me félicite de l'idée que je leur ai donnée — contrairement à l'opinion de Zola — de rester fidèles au roman, de ne pas introduire d'amour et de faire seulement de la Tompkins une silhouette fantasque, trouvant qu'ainsi comprise et réalisée, la Tompkins fait la pièce originale [1].

Après la lecture, Méténier me dit : « Voulez-vous que je vous raconte la genèse de la pièce ? C'est Antoine qui, un soir où nous causions théâtre, me dit : « Mais comment ne faites-vous pas une pièce des FRÈRES ZEMGANNO ? Il y aurait une pièce si curieuse à faire ! » Je rentrais chez moi, et la nuit, je relus d'un coup le roman ; et le matin, j'écrivais à Alexis pour lui demander sa collaboration et votre autorisation de faire la pièce. Quelques jours après, il m'apportait une lettre de vous datée de Champrosay, et nous nous mettions de suite à collaborer. »

Mardi 8 janvier

Dans cet Auteuil, dans cette banlieue cléricale et dévote, les curés ont soulevé contre ma pièce et ma personne les imbéciles qui les écoutent, et aujourd'hui, le papetier chez lequel Blanche a l'habitude d'aller lui disait avec une exaspération amusante : « On ne conçoit pas qu'on ait laissé jouer une pièce où on dise de telle horreurs ! »

Réjane m'apporte une grande photographie de sa personne sur son lit d'hôpital et, dans les paroles qu'elle me dit, je sens qu'au théâtre, on croit prochaine la mort de la pièce [2].

Ces jours-ci, je pensais que si le journal du général Boulanger, si LA COCARDE avait deux sous d'intelligence, elle avait une belle occasion de tomber sur Carnot à propos de sa défense de donner GERMINIE en matinée [3]. Ce soir, je lis avec une joie maligne qu'en effet dans ladite feuille, on attaque Carnot et qu'on en fait un Ravaisson à la feuille de vigne.

Mercredi 9 janvier

Une suite de désespérances et de *réespérances,* le théâtre ! Hier, c'était l'annonce par Réjane de faibles recettes. Aujourd'hui, c'est une lettre de Banville qui m'annonce qu'on lui a refusé une loge.

Ce matin, je vais porter la copie de mon manuscrit de CLAIRON chez la copiste de la rue Saint-Marc. Ah ! la vraie maison des romans de Balzac, avec son entrée, son escalier, son concierge logé au premier, la chambre carrelée de la copiste au bout, le café sur un petit fourneau placé au milieu de la pièce.

« Avez-vous des nouvelles de Popelin ? dis-je à la Princesse, ce soir.
— Non, je n'ai pas reçu de réponse.

---

1. Cf. plus haut p. 182, n. 1.
2. Cf. plus haut p. 193, n. 1.
3. LA COCARDE était l'organe boulangiste créé en 1887 par Georges de Labruyère, ancien rédacteur en chef du CRI DU PEUPLE socialiste et amant de Séverine. Les principaux collaborateurs étaient Mermeix et Grammont. Barrès en prit la direction de septembre 1894 à mars 1895.

— Vous lui aviez écrit une lettre dure.

— Je lui avais écrit une lettre qui finissait par cette phrase : « Mon salon et mon cœur vous seront toujours ouverts... » Mais il me demandait qu'*elle* rentrât ici, dans les mêmes conditions où elle y était un mois avant son départ... Ah ! ils m'ont *tout pris* ! Dire qu'il est parti dans ma voiture et qu'il a emmené comme valet de chambre un de mes domestiques ! »

Mlle Zeller me dit que Mlle Abbatucci ne fait que des bêtises dans ce moment, qu'elle a fait reprendre bruyamment quelques effets qui restaient à Saint-Gratien, qu'elle a dîné ces jours-ci avec les Bonnières et les gens du FIGARO, une société où ses paroles colères peuvent être répétées et peut-être devenir le canevas d'un article contre la Princesse.

Bourget, qui dîne ce soir chez la Princesse, me raconte la mort de Nicolardot qui, transporté de sa chambre de misère dans un bon lit chaud d'hôpital, au milieu de toutes les aises de la maladie, n'a pas duré quatre heures, tandis que, peut-être, il aurait vécu encore des mois dans la sordide maison qu'il habitait... Le voilà mort, et voilà les personnages de son enterrement ! Coppée, un académicien ; Mlle Barbier, la fille du conservateur de la bibliothèque du Louvre, où je l'ai rencontrée deux ou trois fois : une sainte, prise de commisération pour ce misérable ; le propriétaire de la maison de prostitution où il habitait, et un quelconque. Le quelconque et l'académicien n'avaient point de livre de messe ; mais le bordelier, entre ses mains, en tenait un du plus grand format, en sorte que Mlle Barbier donna le bras à l'homme infâme.

L'ironique enterrement, qui s'est terminé, Mlle Barbier partie, par cette phrase du ribaud : « Oui, très gentil, ce monsieur Nicolardot ! Oui, tous les matins, il poussait une petite blague aux femmes de ma maison. »

Bourget ajoute : « Ce Nicolardot, un naïf, un imbécile, mais avec des mots drôles, et des choses vraiment charmantes dans ses lettres ! » Et il cite une phrase d'une des lettres à lui adressées, où parlant d'Aurevilly, il lui dit : « Cet homme qui a tout raté, va-t-il rater la longévité ? »

Jeudi 10 janvier

Je regardais, ces jours-ci, un portrait de Lemaître dans LA VIE POPULAIRE, et j'étais étonné de la sale gueule que le critique possédait, de son hypocrite figure.

Aujourd'hui, je tombe sur un article, où le domestique à 200 francs par article de Magnard dit que GERMINIE LACERTEUX est la plus ignominieuse des pièces jouées au Théâtre-Libre [1].

---

1. Cf. FIGARO du 10, « Un échauffé » : Jules Lemaître, à propos de l'expression d'Antoine, *gueux imbéciles* (cf. t. III, p. 240, n. 1), se moque du directeur du Théâtre-Libre, se précipitant à l'Odéon quand il apprend qu'on y joue GERMINIE, pièce « plus ignominieuse, dit-on, que toutes les siennes à la fois ».

Le pauvre homme ! Il devrait être plus indulgent pour GERMINIE LACERTEUX, et j'avais envie de lui écrire cette lettre : « Moi, Monsieur, cette Germinie, je l'ai eue dans ma domesticité ; mais vous, monsieur Lemaître, vous l'avez eue dans votre ménage. Car Germinie Lacerteux était votre femme, et les trottoirs d'Alger s'entretiennent encore, à l'heure présente, de vos malheurs conjugaux. »

Que c'est beau, dans ce temps où tout est à la politique, d'occuper l'attention du Conseil des ministres et d'embêter l'inintelligent président de la République de la personnalité d'un homme de lettres !

Vendredi 11 janvier

Quand je pense à ces fripouilles du journalisme, comme Vitu, Blavet, etc., etc., quand je pense aux existences infâmes de ces êtres, de ces Jupillons entretenus par des femmes, par les fonds secrets de directeurs de théâtre, par la cagnotte de cercles de filous, et que ce sont ceux-là qui ont témoigné de la révolte de leur pudeur indignée devant ma pièce ! Ah ! ceux-là, j'ai le droit de leur dire : « Ah ! Messieurs les calomniateurs, grâce à tout le papier écrit, conservé dans ce temps et qui devient, chez les collectionneurs, de petites archives privées, la vie de tous les hommes, grands ou petits, qui ont occupé l'attention dans cette fin de siècle, sera un jour transparente — transparente, entendez-le ! Eh bien ! je le dis tout haut, je n'ai rien à craindre, près des futurs biographes intimes, de la comparaison de mon existence avec les vôtres, dont alors les malpropretés seront publiques ! »

Samedi 12 janvier

La jolie nouvelle qu'un auteur, un peu bibeloteur de la japonaiserie, pourrait faire de ceci. Le Japonais Hayashi vivait à Paris, maritalement, avec une jeune femme, à l'excellente tenue, à l'air modeste, qu'il donnait pour sa femme. L'année dernière, pendant sa longue absence, pendant les longs mois qu'il a passés en Amérique et au Japon, Gillot, l'habile imprimeur, qui est un japonisant passionné, lui fait la cour et devient son amant. Mais de la femme, il s'agissait vraiment bien ! L'amour de Gillot était tout entier pour les envois de japonaiseries que faisait tous les mois le mari à la femme, et pendant près d'un an, Bing et tous les collectionneurs s'étonnaient de la pauvreté des envois d'Hayashi, ignorant que tout ce qu'il y avait de bon, de rare, de précieux était choisi, trié, *prélibé* par l'heureux et roublard amant !

Que je suis donc paresseux ! Et que ça m'ennuie de travailler à cette préface, qui aurait été si bien dans le premier jet et qui, avec la réflexion et le rassis du sang-froid, perd toute la *vigousse* de la première heure [1].

---

1. Cf. plus haut p. 203, n. 2, et p. 210.

Dimanche 13 janvier

Ce soir, Porel vient dans la loge où sont avec moi Daudet et sa femme, désireuse de revoir la pièce. Il nous dit qu'il se passe des choses dont nous ne pouvons nous douter et qu'il nous dira longuement un jour. Toutefois, il nous raconte qu'il a reçu, le samedi, seulement le samedi, un télégramme qui l'avertissait qu'à la suite d'une décision prise au Conseil des ministres, la matinée du lendemain, annoncée depuis plusieurs jours, était supprimée. Il était aussitôt allé au ministère, demandant qu'on lui permît d'afficher : *Par ordre.* Mais le ministère n'avait pas le courage de la décision qu'il avait prise sur la demande de Carnot, et on lui refusait le *Par ordre.*

Une preuve incontestable de l'hostilité de Carnot contre la pièce est ceci. Carnot allait à la première d'HENRI III, comme protestation contre la pièce de l'Odéon, et là, dans sa loge des Français, il faisait appeler le directeur des Beaux-Arts et, devant le monde présent, disait que c'était une honte d'avoir laissé jouer GERMINIE LACERTEUX [1].

Cette semaine, Porel a redemandé la permission de donner GERMINIE en matinée, mais Lockroy la lui a refusée, en lui disant qu'il lui demandait de ne pas insister et qu'il devait bien savoir tous les ennuis qu'il avait eus à propos de cette pièce.

Enfin, il est positif que le ministère a envoyé des agents aux représentations, pour étudier la salle et se rendre compte si, d'après les dispositions du public, on pouvait supprimer la pièce.

Lundi 14 janvier

L'émotion de la bataille théâtrale, je la supporte très bien, excepté au théâtre. Là, mon moral n'est pas maître de mon organisme : je sentais hier à l'Odéon mon cœur battre plus vite, sous un plus grand volume.

On finira par m'exorciser ici, comme le diable au théâtre. Pélagie rougit, à la dérobée, de me servir et n'a pu s'empêcher toutefois de me dire aujourd'hui : « Vraiment, tout le monde à Auteuil trouve votre pièce pas une chose propre ! » Et cette phrase est dans sa bouche comme un reproche de sa propre humiliation. Ah ! les pauvres révolutionnaires dans les sciences, dans les arts, dans les lettres, quand ils ne sont pas méprisés par leurs femmes, ils le sont par leurs bonnes !

A propos du côté fermé, obscur, indéchiffrable de Porel, Daudet disait ce soir ne l'avoir jamais rencontrée, cette profondeur insondable, que chez un seul homme, chez Maupassant.

Soirée au Théâtre-Libre à la représentation de LA REINE FIAMMETTE de Catulle Mendès. Est-ce assez naturel, l'association de Capoul et de Mendès [2] ?

---

1. La scène a lieu le 5 janvier, date de la reprise d'HENRI III ET SA COUR de Dumas père.
2. LA REINE FIAMMETTE, drame en 6 actes et en vers, composé pour Sarah Bernhardt, qui le refusa. Catulle Mendès porta la pièce à Antoine ; le grand rôle masculin, celui de Danielo, avait été confié au chanteur Capoul.

Mercredi 16 janvier

Je serais désireux de voir passer LA PATRIE EN DANGER du temps qu'on jouera encore LE CHEVALIER DE MAISON-ROUGE [1]. Sans vanité, je me crois un historien plus pénétrant et plus élevé de ces époques. C'est un amuseur, d'accord, mais, au théâtre, un historien pour concierges !

M. Marillier, agrégé de philosophie, qui a fait un article en faveur de GERMINIE dans LE RÉVEIL DES ÉTUDIANTS, vient me voir.

Il a assisté à six ou sept représentations, a étudié le public et me donne quelques renseignements curieux. J'ai pour moi tous les étudiants de l'école de médecine, et pour moi encore les étudiants de l'école de droit, qui ne sont pas des assidus au théâtre, les étudiants pas fortunés, pas *chic*. Le monde des petites places est également très impressionné par la pièce, et M. Marillier me disait que les ouvriers avec lesquels il avait causé étaient enthousiasmés de l'œuvre.

En arrivant chez la Princesse, je tombe sur Lemaître, invité pour la première fois dans la maison et que je ne salue pas.

Un instant, la Princesse vient causer avec moi, m'apprend que Popelin est de retour à Paris, mais sans me dire où en sont les choses avec elle, puis me jette en souriant qu'on a fait des cancans, que Popelin s'est plaint à elle de ce que je lui avais dit, en le reconduisant le soir où il avait eu une syncope, qu'elle était persuadée que Mlle Abbatucci était sa maîtresse. A quoi je réponds à la Princesse que c'est parfaitement vrai et que je n'avais pas à être discret sur une chose qu'elle criait sur les toits !

A neuf heures, je quitte la rue de Berri, et me voilà chez Antoine, au haut de la rue Blanche, dans cette grande salle dont on voit de la cour les trois hautes fenêtres aux rideaux rouges, comme enfermant un incendie [2]. Là-dedans, un monde de femme fanées, au teint grisâtre, aux toilettes pauvres, tristes, passées, une population de cabots, sans la barbe faite et sans le liseré du linge blanc autour de la figure, au milieu desquels se trouvent quelques poètes chevelus, au col décolleté, à la figure de Christ dans des vêtements de croque-morts, des poètes tels que Darzens.

La pièce est lue par Hennique et Antoine — et saluée d'applaudissements à chaque fin d'acte.

Jeudi 17 janvier

Relecture chez Daudet de la pièce des FRÈRES ZEMGANNO, qui produit la même émotion que la première fois.

---

1. Le sous-titre du drame de Dumas père et Maquet indique sa parenté historique avec l'œuvre des Goncourt : LE CHEVALIER DE MAISON-ROUGE, *épisode du temps des Girondins*. La pièce avait été créée le 3 août 1847 au Théâtre-Historique.

2. Le 1er septembre 1887, Antoine avait loué 96, rue Blanche, « un grand atelier avec escalier indépendant au fond de la cour et un gentil salon fumoir » (Antoine, SOUV., I, p. 58). C'était le siège social du Théâtre-Libre et un local de secours pour les répétitions.

Vendredi 18 janvier

A la suite de la suppression de L'OFFICIER BLEU, la colère a fait écrire à Koning la lettre suivante visant Lockroy et où il dit qu'il aurait pu « séduire le ministre actuel de l'Instruction publique, en semant quelques mignardises qu'il affectionne comme *rosse, putain*... ou bien encore en montrant M. Marais recevant quelques pièces de monnaie de Mlles Brindeau et Darlande [1] ».

Vraiment, monsieur Koning, il faut que vous ayez un fameux toupet pour oser faire une allusion à de l'argent reçu d'une femme par un homme, vous qui, tout jeunet, avez débuté dans la vie par être entretenu par Déjazet sexagénaire et, après, par Page et autres vieilles femmes ! Et toute la différence qu'il y a entre vous et Jupillon, c'est que le marquereau que vous étiez prenait plus cher que Jupillon. Du reste, ce que j'écris là lui a été jeté à travers le visage et presque sans sous-entendus par Lockroy dans un *interviewage* du MATIN.

Lundi 21 janvier

De la politique qui se fait à de si grands coups d'affiches, c'est de la petite politique, et je crains bien que les hommes des affiches blanches, aussi bien que les hommes des affiches de toutes couleurs, ne soient de pauvres hommes d'État [2].

Mardi 22 janvier

Aujourd'hui, Gibert, le chanteur de salon, racontait qu'il y avait un médecin à Paris, dont la spécialité était le massage des figures de femmes, et qu'il obtenait des résultats étonnants, refaçonnant un visage déformé par la bouffissure ou la graisse et lui redonnant l'ovale perdu. Enfin, ce bienfaiteur de la femme de quarante ans détruit les rides, triomphe, oui, triomphe même de la patte d'oie, et la ci-devant très belle Mme de Pourtalès est sa cliente assidue.

A propos de ces rides, je disais que la figure était comme un calepin de nos chagrins, de nos excès, de nos plaisirs, et que chacun d'eux y laisse, comme écrite, sa marque.

Un moment, nous causons avec Zola de notre vie donnée aux lettres, donnée peut-être comme jamais elle n'a été donnée par personne, à

---

1. Le 20 janvier, on interdit L'OFFICIER BLEU d'Ary Ecilaw, pseudonyme de la comtesse Czapska, peut-être à la demande de l'ambassade de Russie, l'officier de la pièce étant le chef de la police secrète russe. Le directeur du Gymnase dut reprendre MONSIEUR ALPHONSE de Dumas fils. La Russie s'alarmait à tort : la pièce fut représentée à Bruxelles dans le courant de l'année sans succès ni scandale. – La lettre de Koning, adressée à Calmette, est publiée par celui-ci dans LE FIGARO du 20 janvier.

2. Les boulangistes font campagne à Paris pour le général contre le radical Jacques, à coups d'affiches. Cette élection partielle donnera le 27 janvier 244 000 voix à Boulanger contre 162 000 à son adversaire. Boulanger refusa d'exploiter son triomphe et de marcher à l'Élysée, comme le voulaient beaucoup de ses partisans.

aucune époque, et nous nous avouons que nous avons été de vrais *martyrs de la littérature*, et peut-être des *foutues bêtes*. Zola me confesse qu'en cette année où il touche presque à la cinquantaine, il est pris d'un regain de vie, d'un désir de jouissances matérielles et, s'interrompant soudain : « Ma femme n'est pas là... Eh bien, je ne vois pas passer une jeune fille comme celle-ci sans me dire : « Ça ne vaut-il pas mieux qu'un livre ? »

Mercredi 23 janvier

Ce Céard, quelle mauvaise foi ! Je pense à toutes les raisons qu'il a données pour que ma pièce ne fût pas une pièce neuve. Aujourd'hui, je tombe sur un article de lui dans LE SIÈCLE, qui a précédé la représentation de GERMINIE LACERTEUX, où il dit que j'ai éreinté Sainte-Beuve, parce qu'il n'avait pas fait d'article sur MADAME GERVAISAIS. Eh bien ! presque toutes mes critiques moqueuses, et même les plus méchantes — et aux dates inscrites dans ma publication et qui se retrouvent dans mon journal autographe —, précèdent ce refus.

Jeudi 24 janvier

Larousse m'apporte la vitrine pour la collection que je m'amuse à faire des petits objets à l'usage de la femme du XVIIIe siècle, objets de toilette et de travail féminin, et quand la vitrine est à peu près garnie de Saxe, de Sèvres, de Saint-Cloud, de ces blanches porcelaines à fleurettes, montées en or ou en vermeil, de ces porcelaines si claires, si lumineuses, si riantes et d'un si pimpant coup d'œil sous les glaces de la vitrine, je me demande si ma passion du Japon n'a pas été une erreur, et je pense à l'étonnante réunion de *jolités* européennes du siècle que j'aime, si j'y avais placé les 300 000 francs que j'ai à peu près mis à ma collection de l'Extrême-Orient.

Au fond, cette vitrine me guérit un peu de la japonaiserie, et ça arrive bien, au moment où il ne s'exporte plus rien du Japon que du moderne ou que, lorsqu'il vient par hasard chez Bing un bibelot ancien ayant la moindre valeur, le prix en est absurde.

Vendredi 25 janvier

Tout bien considéré, en la détente de mes nerfs ou l'usure de ma colère contre les critiques, je trouve trop bête, à mon âge et dans ma position, de me procurer l'occasion de me battre... Ce n'est pas que je regrette de ne l'avoir pas fait plus tôt, parce que, si je m'étais battu une ou deux fois, je suis bien certain que la critique ne friserait pas l'insulte, ainsi qu'elle le fait parfois avec moi...

Oui, si je ne me suis pas battu, ce que je crois nécessaire, utile, préservateur pour tout homme de lettres à son entrée dans la littérature, oui, si je ne me suis pas battu, ce n'est pas ma faute, car j'ai eu une très grande envie de me battre, lorsque M. Anatole de La Forge nous a injuriés dans LE SIÈCLE lors de la représentation d'HENRIETTE MARÉCHAL [1]. Mais mon frère, en sa qualité de plus jeune, a voulu passer absolument le premier, et en dehors du sentiment paternel que j'avais à son égard, je le connaissais, avec sa paresse de corps et son horreur pour les exercices violents et l'escrime, destiné à rester sur le terrain, tandis que moi, qui tirais très mal, qui ne tirais pas du tout, j'avais cependant un jeu difficile, déconcertant même pour ceux qui tiraient très bien.

C'est très supérieur, le *silence hautain* dont on me fait compliment, mais je trouverais encore plus triomphante la réplique, et telle qu'aucun écrivain n'ose la faire, la réplique sans merci ni miséricorde au FIGARO, à Sarcey, à Lemaître et aux autres.

Samedi 26 janvier

Paris, on n'y voit plus que des affiches et des colleurs d'affiches. Contre la palissade qui entoure la ruine de l'Opéra-Comique, à un angle, cinq colleurs se rencontrant nez à nez et se mettant à brandir leurs pinceaux en dansant, s'écrient : « Nous sommes tous des Jacques [2] ! »

Dimanche 27 janvier

Daudet me cause de sa pendaison d'avant le dîner : un nouveau traitement de l'ataxie, importé de Russie par Charcot. Pour la mystérieuse opération, on attend à la douche que tout le monde soit parti, et alors, on se rend secrètement dans un endroit mal éclairé, tout envahi par l'ombre. Là, en présence de Keller et d'un autre médecin, la pendaison a lieu, et la pendaison dure une minute, une minute longue, longue, une minute qui a soixante secondes et au bout de laquelle on vous dépend et on se retrouve sur le sol avec un grand mal à la nuque. « Ah ! cette pendaison dans les demi-ténèbres, ça a un caractère ! fait Daudet.

— Un vrai Goya ! lui dis-je.

— Oui, un Goya !... Et pendant que je suis ainsi accroché en l'air et que Keller est par hasard seul, je pense que, l'année dernière, il a été fou trois mois, et que si la folie revenait et qu'il m'oubliât... Mais n'ébruitez pas la chose... Si Bloy l'apprenait, songez à l'article macabre qu'il ferait sur moi à L'ÉVÉNEMENT ! »

Daudet a voté ce matin pour Jacques, et aussitôt après le dîner, son énergumène de fils détale pour *conspuer* Boulanger, sur le *Boul' Mich'*. Moi, si j'avais voté, j'aurais voté pour Boulanger, quoique ce soit l'inconnu ; mais si c'est l'inconnu, c'est la délivrance de ce qui est, et

---

1. Cf. t. I, p. 231, n. 3.
2. Cf. p. 218, n. 2.

je n'aime pas ce qui est et, à l'avance, j'aime n'importe quoi qui sera, quitte à ne pas l'aimer après... Mais fidèle à mes habitudes, je n'ai pas voté, n'ayant jamais voté de ma vie, intéressé seulement par la littérature et non par la politique.

Ce soir, sur les boulevards, une foule immense, traversée par des bandes, chantant sur un ton ironique : « Tu dors, pauvre Jacques ! » Et cela, à chaque fois qu'apparaît aux transparents des journaux, les chiffres de la majorité écrasante du général Boulanger.

Je rencontre, sur le boulevard des Italiens, Rosny, qui vague dans cette multitude, navré, me disant qu'il ne vit plus depuis huit jours, qu'il n'est pas venu me voir aujourd'hui, parce qu'il était sous le coup d'une trop grande émotion, et il se livre à la fin, d'une voix brisée, à de grandes phrases filandreuses sur le suicide de la nation française.

C'est curieux, tout de même, cette popularité inexplicable de cet homme, qui n'a même pas une petite victoire à son compte, cette popularité chez les ouvriers, les mercenaires, les petites gens de la banlieue ; ça ne peut s'expliquer que par une désaffection de ce qui est.

Lundi 28 janvier

Mme Sichel confessait ce soir le besoin que la femme a d'un mari, d'un amant, en disant qu'elle se sentait le besoin d'un *appui moral.*

Mardi 29 janvier

J'ai reçu la brochure de X... sur Balzac, couronnée par l'Académie, et tout le temps, j'ai été distrait de la lecture par ceci. Mon petit cousin me contait ces jours-ci que, couché à Bar-sur-Seine avec la femme à X... et après deux ou trois *courses,* la branlant, elle était accouchée, dans la jouissance, d'une émission d'urine en même temps qu'un gros pet, tout en disant : « Ma foi, tant pis ! »

Mercredi 30 janvier

Aujourd'hui, à dîner, comme j'étais à côté de la Princesse et qu'elle me parlait de Popelin, tout à coup, elle s'arrête et me dit tout haut : « J'en mourrai. » Et comme Mme de Girardin, qui était à ma gauche et avait entendu l'exclamation, s'écriait : « Oh ! princesse ! », la Princesse ajouta : « Ce ne sera pas si long que vous le croyez ! »

Jeudi 31 janvier

Aujourd'hui, je lisais dans le compte rendu d'un livre, je crois, du docteur Richet, qu'il définissait le génie par l'originalité. Oui, car qu'est-ce que l'originalité ? C'est *penser en avant de son temps.*

La difficulté d'écrire fait maintenant dicter ses pièces à Daudet. A une heure, arrive son cousin Montégut, de L'INTRANSIGEANT, et il lui dicte jusqu'à quatre heures, cinq heures. Ce n'est pas tout à fait une improvisation. Indépendamment du scénario très poussé, il y a déjà une écriture jetée où il y a des mots à remplacer, des phrases à construire, enfin un canevas du dialogue.

Vu au Théâtre-Libre la pièce de Henry Céard : LES RÉSIGNÉS. Le pauvre garçon ne pourra jamais se débarrasser de Denoisel, il en est tellement hanté qu'il en a mis deux dans sa pièce [1]. Et la jeune fille sera à perpétuité, dans toutes ses pièces, Renée Mauperin, et dans son rôle, il a presque mis la tirade de mon roman : « ... Je vous ai aimé pour m'avoir corrigée de mes défauts d'enfant gâtée, m'avoir ouvert l'esprit, m'avoir élevée aux choses belles, aux choses nobles... Vous m'avez appris... à m'ennuyer avec les imbéciles. Beaucoup de ce que je pense, beaucoup de ce que je suis, un peu du peu que je vaux, je vous le dois [2]... »

Et des mots d'esprit qui sont des mots des Goncourt au forceps, et partout des réminiscences, toujours des réminiscences, et encore des réminiscences ! Et cette scène du piano où elle joue du je ne sais plus qui, c'est une réminiscence de la scène où Renée Mauperin joue la MARCHE FUNÈBRE de Chopin [3].

Vendredi 1er février

Je m'amusais à regarder aujourd'hui un exemplaire de l'IPPITSOU GWAFOU ou *Album de dessins à un seul coup de pinceau* d'Hokousaï, un ancien exemplaire de 1822, à le comparer à un exemplaire moderne et à me charmer les yeux avec les bleus, qui sont des gris à peine bleutés d'un azur de savonnage, avec les roses à peines rosés, avec les colorations comme bues par le papier, avec l'harmonie effacée, avec la polychromie discrète.

En dehors de la coloration, la beauté des épreuves ne se reconnaît pas surtout par ces beaux noirs veloutés des estampes européennes et que n'a pas l'impression japonaise, où le noir est un noir de lithographie usée ; elle se témoigne à la vue par la netteté du contour, sa pénétration, pour ainsi dire, dans le papier, où le trait a quelque chose de l'intaille d'une pierre gravée.

Les cervelles les plus indépendantes n'échappent pas à l'influence des êtres avec lesquels ils vivent, et dans ce moment, je sens Daudet un peu influencé par la tendance scientifique de l'esprit de son fils.

---

1. Les deux Denoisel qui entourent Henriette Lalurange dans la pièce de Céard, c'est Bernaud, le soupirant pauvre, mais qui a fait toute l'éducation intellectuelle de la jeune fille, et c'est Charmeretz, l'écrivain célèbre, sceptique et ironiste, ami de la maison. Finalement, le riche parti, Piétrequin, l'éditeur, ayant fait faillite, Henriette et Bernaud s'épouseront... sans enthousiasme.

2. Cf. RENÉE MAUPERIN, p. 107 : Renée s'adresse à Denoisel. Et LES RÉSIGNÉS, acte II, sc. 5 : « Comment ! Vous m'élevez, vous m'apprenez l'horreur de la vulgarité. Vous m'avez donné vos idées, vos admirations, vos haines », dit Henriette à Bernaud.

3. Cf. RENÉE MAUPERIN, p. 181 sq. : Renée, mélancolique, éclate en sanglots, soudain, en jouant du Chopin. – Le passage de Céard montre Henriette au dernier acte, remâchant sa solitude, après avoir d'abord refusé Bernaud, et jouant au piano « l'appel du héraut au premier acte de LOHENGRIN » (LES RÉSIGNÉS, acte III, sc. 1).

Samedi 2 février

Naturellement, en ma qualité d'auteur, j'aurais voulu que ma pièce continuât à se jouer ; toutefois, je ne serais pas fâché d'arriver à la fin pour n'avoir plus la nervosité des hauts et des bas des représentations, et rentrer dans la tranquillité de l'esprit.

Pour l'homme qui aime sa maison, une jolie pensée de Joubert que celle-ci : « Ayez soin qu'il manque toujours à votre maison quelque chose dont la privation ne vous soit pas trop pénible et dont le désir vous soit agréable [1]. »

Mon fait est vraiment tout exceptionnel. J'ai soixante-sept ans, je suis tout près d'être septuagénaire ; à cet âge, en littérature, les injures s'arrêtent, et il en est fini de la critique insultante. Moi, je suis vilipendé, honni, insulté comme un débutant, et j'ai lieu de croire que la critique de GERMINIE, s'adressant à un homme ayant mon âge et ma situation dans les lettres, est un fait unique dans la littérature de tous les temps et de tous les pays.

Dimanche 3 février

Poictevin, le quémandeur du livre à faire, peu désireux d'aller étudier en Italie, ainsi que je le lui avais conseillé, comme le terrain d'un thème à phrases mystico-picturales, m'interroge sur le sujet qu'il pourrait bien prendre. Je lui conseille alors de rester à Paris, et d'étudier ses quartiers, et de faire, sans l'humanité qui l'habite, une description psychique des murs — et rien de Gautier [2] !

L'animal est plus fou que jamais. Il me conte qu'il a offert sa main à une femme, absolument inconnue, dont il a lu un roman dans une revue, femme mariée depuis quatorze ans à un monsieur, qui lui a écrit en lui demandant compte de venir troubler son bonheur. On en ferait un vaudeville bouffon.

Comme les événements récents apparaissent vite tout à fait lointains ! Dirait-on que c'était dimanche dernier l'élection de Boulanger ! Cette élection me paraît remonter à des semaines.

Daudet se plaint d'avoir en littérature toujours deux idées sur toute chose, et c'est le duel de ces deux idées dans sa tête qui lui fait le travail difficile, hésitant, perplexe. Il nomme cela sa *diplopie* et raconte qu'avant d'avoir sa première grande crise, il riait beaucoup de voir sur une route deux bornes, deux fontaines, quand il n'y avait qu'une borne, qu'une fontaine, et la vision double qu'il avait, dans ce temps, serait devenue la pensée double dont il se plaint.

Ce soir, il me lit un acte de sa pièce, LA LUTTE POUR LA VIE. C'est une pièce de haute philosophie, découpée très habilement dans des

---

1. Texte Ms. et texte 1894 : *une jolie pensée de Jouffroy.* Rien de tel dans l'œuvre du philosophe ; la citation a été prise à peu près textuellement chez Joubert, PENSÉES, 1864, t. II, p. 103, pensée XXVII.

2. Cf. t. I, p. 777.

compartiments de la vie moderne. Il y a une scène se passant dans un cabinet de toilette, qui est un transport au théâtre de la vie intime, comme je n'en vois pas faire par aucun des gens de théâtre de l'heure présente.

Lundi 4 février

Exposition des Peintres-Graveurs : Redon, du fantastique fait par un gâteux de Bicêtre sur une chaise percée.

Mardi 5 février

Un rêve biscornu et cauchemardesque. J'étais condamné à mort pour un crime commis dans une pièce que j'avais faite, un crime dont je n'avais pas la notion exacte dans mon rêve, et c'était Porel qui était le directeur de la prison, le Porel aux yeux durs du directeur *emmoutardé* et qui m'annonçait que j'allais être guillotiné le lendemain, me laissant seulement le choix de l'être à sept heures au lieu de cinq heures du matin, et je n'étais préoccupé que de n'avoir pas un moment de faiblesse en montant à l'échafaud, pour que ça ne nuisît pas à ma gloire littéraire.

Visite de Mévisto, qui me demande à jouer Perrin dans LA PATRIE EN DANGER. Ce n'est pas du tout l'homme du rôle, je le vois dans Boussanel et non dans Perrin ; mais ce rôle de Perrin, c'est l'ambition de tous les acteurs du Théâtre-Libre [1].

Je vais, sur le coup de six heures, faire visite à Popelin, visite que j'ai longtemps remise parce que je crains que ce que je dirai, et même ce que je ne dirai pas, ne soit rapporté de manière à amener des récriminations grinchues de la Princesse. Puis vraiment, je ne puis prendre parti contre Mlle Abbatucci, pour laquelle j'ai eu toujours un sentiment de tendre amitié.

Je trouve Popelin enfoncé dans son fauteuil, en une pose lasse, accablée. A ma demande comment il va, il me répond qu'il a toujours des vertiges, qu'il n'est sorti que deux fois depuis qu'il est revenu et que, à la dernière fois, il est tombé dans le parc Monceau et que son fils a été obligé de lui aller chercher une voiture pour le ramener chez lui.

« Ce qui me rend malade », et sa voix prend un accent de colère concentrée, « ce qui me rend malade, ce sont les choses qui se passent... Ah ! la Princesse s'est montrée abominable !... Eh oui ! » s'écrie-t-il, sur la parole qu'il sent que je vais lui dire, « eh oui ! c'est une nature passionnée, mais avec ce mot, on excuse tout..., un crime... Eh bien, moi, si dans mes discussions avec elle, je lui avais donné un coup de couteau, ce serait un crime comme celui qu'elle a commis... Car elle

1. Cf. t. II, p. 1279, n. 1 et t. III, p. 168, n. 1.

l'a déshonorée complètement, et non déshonorée par l'accusation d'une passion, d'un amour, d'un besoin sensuel, mais par l'accusation d'un sentiment cupide... Oh ! elle est bien malheureuse, la pauvre Marie, abandonnée de tous !... Et personne n'ayant qualité pour la défendre !... Des gens, qui étaient intimes avec elle, ne lui ont pas envoyé une carte au jour de l'an... Et la Princesse criant le déshonneur de la pauvre fille à n'importe qui, oui, à n'importe qui, s'en entretenant avec son concierge, avec le concierge de Marie... Elle s'en défend, je le sais, mais c'est positif... Elle déclare qu'elle a quatre témoins de nos relations, et que ce ne sont pas des domestiques... Un tas de choses pas vraies qu'elle jure être vraies... Qu'elle les nomme, qu'elle les nomme donc, ces gens !... Mais non... Moi, je le répète, j'ai pour Marie une tendresse paternelle, fraternelle plutôt, et quelque chose de plus... Mais jamais il n'y a eu entre nous que les privautés qu'il y avait entre les hommes et les femmes de la maison, des privautés comme j'en ai eu, et de plus grandes peut-être encore, avec Mme de Girardin.

« Oh ! voyez-vous, la Princesse a été vraiment abominable, abominable... C'est une nature primitive... Les autres, ça n'existe pas pour elle, quand ça la gêne... C'est bien une Napoléon, elle a fait fusiller son duc d'Enghien... Oui, elle s'est conduite comme une grisette qui *vitriole* sa rivale... Et comprenez-vous, quand elle me prêche de l'abandonner et que je tâche de lui faire toucher la cruauté de son injustice, comprenez-vous qu'elle me dit : « Avec cela que le sujet est intéressant !... Et puis, est-ce la première fois qu'un homme abandonne une femme avec laquelle il a couché ? »... Le pauvre Benedetti là dedans !... Il s'est conduit comme à son ambassade de Berlin... C'est lui qui a écrit le brouillon de la lettre de Mlle Abbatucci à la Princesse, qu'il a jeté au feu... Il a peur de la Princesse.

« Non, il ne faut plus que je me montre chez la Princesse comme autrefois, et à côté de cette Galbois que j'ai lieu de haïr, je n'y puis rentrer par la grande porte, je n'y rentrerai que par la petite porte, il m'est défendu de me pavaner dans les salons, tandis que la *complice* de mon *prétendu crime* est mise à la porte, chassée...

« Ah ! mon cher Goncourt, je suis bien malheureux, car je ne puis prendre un parti. Non, je ne puis pas abandonner cette femme qui en mourra — je n'en sais rien, mais du moins, elle le dit... Et Marie, je ne puis pas me résoudre à ne pas la voir, je ne puis la laisser seule dans la vie... Car elle n'a personne que moi... Et vous savez, je l'épouserais peut-être, si dans ce mariage le public ne voyait pas la réussite de l'intrigue qu'il lui prête... Je la vois au fond très peu, la pauvre fille, de peur que ces visites la compromettent... et par égard pour la Princesse, qui prétend qu'elle passe sa vie ici et qui ne vient pas, disant qu'on la cache dans les armoires pendant ses visites.

« La Princesse, vraiment, elle est impitoyable, la Princesse, pour sa rivale ! Ah ! la pauvre rivale, qui a empêché Magnard, oui, qui l'a empêché de faire un article terrible dans LE FIGARO... Et vous savez qu'il y a bien des choses à dire contre la princesse... Et cependant, ce qu'elle me doit... Je ne vous parle pas de mon voyage à Bruxelles pendant la Commune, qui pouvait devenir un exil à jamais de la France, je parle de ma vie, de mon existence d'artiste. Car j'étais le premier dans mon art et pas tout à fait le dernier dans les autres, et toute cette vie, toute cette existence a été sacrifiée pour l'occuper, la distraire, l'amuser... Mais vous la connaissez aussi bien que moi, c'est nous qui l'avons faite, la Princesse, c'est nous qui lui avons fabriqué la réputation d'un tas de dons qu'elle ne possède pas. »

Et il lui reproche son manque de goût en art, en littérature, en tout, et son manque de logique et d'intelligence.

Ce soir, qui devait être la dernière de GERMINIE, je vais à l'Odéon. Je trouve Réjane dans l'enivrement de son rôle. Elle m'emmène dans sa petite loge du fond de la scène et tout en changeant de robe, en me donnant à voir sa gorge et la tache du dessous de son aisselle, avec le sans-souci des actrices pour cette exhibition, elle me remercie chaudement, chaudement, de lui avoir donné son rôle.

Un moment, je vais au foyer, où mes petites actrices voient arriver avec ennui le jour où elles ne vont plus jouer et ne plus faire leur sabbat de tous les soirs dans les combles du théâtre.

Porel, que je trouve faisant sonner dans sa poche de pantalon, sous ses doigts, des pièces de cent sous, ainsi que les petits détaillants ont l'habitude de faire sonner leur recette, me dit qu'on a dépassé 82 000 francs, m'assure qu'il gagne de l'argent.

Une salle très pleine, et pleine de gens en cravate blanche, et de gens de petites places, que la pièce amuse, intéresse. Pas un sifflet, pas un *Chut !* pas une réflexion hostile. Des applaudissements tout le temps, et pour tout le monde, même pour Mme Jupillon, et des rappels à tous les tableaux. Ça me paraît d'un *inouïsme* tout à fait renversant.

Mercredi 6 février

Visite de Gabriel Martin, poète décadent et chevelu, qui ressemble à un curé du Midi qui aurait été enrôlé comme *homme-affiche* pour la vente de la *Pommade du Lion*.

Après la génération des simples, des gens naturels, qui est bien certainement la nôtre et qui a succédé à la génération des romantiques, qui étaient tous des cabotins, des gens de théâtre dans la vie privée, voici que recommence chez les *décadents* une génération de poseurs, de chercheurs d'effets, d'étonneurs de bourgeois.

On a du monde, et toujours, quand on donne à dîner ; mais quand la réception est *sèche* comme chez Flaubert, comme chez moi, la nouveauté de la réception passée, on n'a bientôt plus chez soi que l'ami tout à fait intime, et deux ou trois non-valeurs.

Ce soir, la Princesse, qui m'interroge sur ma visite d'hier chez Popelin, me fait entendre qu'elle est décidée à rompre, qu'elle ne le voit plus, disant que c'est trop « de perdre un amant et, dans cet amant, de ne pas conserver un ami ».

Et quand je la quitte, je tombe sur Yriarte, dans un coin de salon, jetant en se *gabelant* aux oreilles du ménage Ganderax : « Dans trois semaines, Popelin sera de retour ici, et tous les amis restés attachés à la Princesse seront fichus à la porte ! » Et ma foi, la prophétie pourrait bien être vraie !

Quand la Princesse, faisant allusion aux infidélités de Popelin avec Mlle Abbatucci, les faisait remonter à dix ans, elle se basait sur la cessation de ses rapports conjugaux avec lui, remontant à cette époque et où l'amant avait pris le prétexte de sa santé. Et comme dans un de ces entretiens avec Popelin elle lui disait dernièrement que maintenant elle savait à quoi s'en tenir, que c'était Mlle Abbatucci qui avait été la cause de la cessation de ses rapports avec elle, Popelin lui affirmait que non et lui déclarait qu'il avait, ces années-là, couru les *belles demoiselles de Paris*. C'est ce que me conte ce soir, d'après un récit de la Princesse, le père Zeller.

Il ajoutait une invention, dont je ne crois pas un mot, c'est que la Princesse avait été empêchée, le mois dernier, d'aller voir l'impératrice en Hollande, parce qu'on lui avait insinué qu'il y avait un plan de Popelin et de Mlle Abbatucci pour la faire exiler au sujet de ce voyage.

Samedi 9 février

On cause à dîner chez Daudet de ce théâtre de Shakespeare, de ce théâtre si hautement philosophique ; on parle de ces deux pièces de MACBETH et de HAMLET, d'une humanité si *eschylienne* et dont le théâtre moderne n'a rien gardé en son terre-à-terre d'aujourd'hui, où les individualités sont si peu originales, si bourgeoisement petites. Et l'on s'entretient amoureusement de ce théâtre faisant la joie intellectuelle des soirées de Weimar, de Gœthe et de ses amis, et de là, on est amené à dire qu'il n'y a que les milieux restreints, les petits centres, pour goûter la littérature distinguée, et l'on cite les petites républiques de la Grèce et les petites cours italiennes de la Renaissance, tout le monde constatant que les grandes accumulations de populations comme Paris, les capitales à l'innombrable public, font de préférence de formidables succès à ROGER-LA-HONTE ou à LA PORTEUSE DE PAIN, à de grosses et de basses œuvres [1].

Daudet a fini sa pièce dont, tout en causant, il corrige le dernier tableau qui revient de la copie. Tout à coup, il se lève de son fauteuil du fond, et venant à sa femme et à moi, qui sommes aux deux côtés de la cheminée :

---

1. ROGER-LA-HONTE (1887-1889) et LA PORTEUSE DE PAIN (1884-1885) sont des romans populaires, l'un de Jules Mary, l'autre de Xavier de Montépin.

« Tenez, s'écrie-t-il, je n'avais pas même dit ça à ma femme... Il y a des rencontres bien curieuses... Dans la première conception de ma pièce, le justicier était un contrôleur des contributions de l'endroit, dont la fille était la maîtresse du mari de la duchesse [1]... Oui, un Corse, nommé Salviati... Le nom, c'est vrai, du marchand de verres de Venise de la rue de la Paix... Eh bien, un mois après, mon histoire se trouvait être l'histoire de la Princesse et de Mlle Abbatucci... Si bien qu'il a fallu tout détruire, tout changer... Oui, mon premier acte commençait par une élection en Corse, où le jeune Astier était nommé par le crédit de la duchesse... Et Daudet raconte la scène du cabinet de toilette, où toute cette scène du récit dramatique, coupée par des plongeons de la tête du narrateur dans la cuvette, lui a été inspirée par la réminiscence des toilettes de Morny, faites en tête à tête avec lui [2].

Lescure vient, à ce qu'il paraît, de fabriquer une biographie de Coppée, et une biographie de 500 pages [3]... Le malin ! C'est s'assurer un prix à l'Académie, tous les ans.

Dimanche 10 février

Hermant parlait de la direction des cinq hommes du GIL BLAS, préoccupés d'avoir, dans le numéro du lendemain, préoccupés d'avoir du *cochon*, vous commandant un article *cochon*, vous interrogeant si vous leur apportez un article *cochon*, et désolés s'ils trouvent du *cochon* dans un autre journal, et tout prêts à s'en plaindre comme d'un plagiat, d'un vol qui leur est fait.

A propos du nouvel éreintement de Daudet par Bloy, Rosny dit qu'il a rencontré le monsieur dernièrement et qu'il demandait à tout le monde le sujet d'un article qui lui permît de faire *grand, grand, très grand,* affectant en public un profond mépris pour ses machineries, ses articles sur les hommes de lettres, où il ne pouvait rien donner de sa puissance [4].

Lundi 11 février

Ces grandes affiches jaunes à moitié pourries de GERMINIE

---

1. Daudet songe au dénouement de LA LUTTE POUR LA VIE : entre autres méfaits, Paul Astier, marié à la duchesse Padovani, a séduit Lydie Vaillant, qu'il abandonne et qui tente de s'empoisonner. Quand le père de la jeune fille, un simple receveur des postes, l'apprendra, il ira tuer Paul Astier.

2. Cf. LA LUTTE POUR LA VIE, acte IV, sc. 4 : Astier vient de raconter le suicide manqué de Lydie à son ami Chemineau et celui-ci a insinué qu'il vaudrait mieux ne pas laisser traîner la fiole de poison rapportée par Astier. Astier, seul, fait sa toilette avant d'aller en soirée et laisse se glisser en lui la tentation d'utiliser ce poison pour faire disparaître sa femme.

3. Il s'agit du FRANÇOIS COPPÉE, *l'homme, la vie et l'œuvre,* une étude de 503 pages, publiée par Lescure en février 1889.

4. L'*éreintement de Daudet,* c'est « L'art vertueux », paru dans le GIL BLAS du 11 : à propos de MARIE FOUGÈRE, roman anonyme (l'auteur est Jules de Glouvet), qu'on opposait aux audaces naturalistes, Bloy, avant d'ironiser sur cette tentative, s'en prend une fois de plus à Daudet, visé, dit-il, dans la préface, Daudet qu'il traite de « rastaquouère du roman moderne » et de « reptile en boyau de mouton ». Cet article, non repris en volume, fit chasser Bloy du GIL BLAS.

LACERTEUX, que mon œil rencontre encore dans les rues, c'est triste comme les choses qui vous parlent d'une morte.

Mardi 12 février

Dîner hier chez Masson avec la comtesse Zamoïska redevenue Mlle Malakoff, et une jeune femme à la figure un peu étrange, et dans laquelle Mme Daudet retrouve Mme de Beaumont, l'amante de Chateaubriand, mais qui, pour moi, a l'apparence d'un Pierrot vicieux.

Un peu impatienté d'entendre Daudet parler de très judicieuses observations que lui a faites Koning sur sa pièce, pièce un peu improvisée, dit-il, je ne puis m'empêcher de lui demander s'il a touché à la scène du cabinet de toilette. Or, la voici, cette scène du cabinet de toilette dans tout son caractère. Le *strugglelifer* vient d'arracher aux mains de sa maîtresse le flacon avec lequel elle était prête à s'empoisonner, et ce flacon en sa possession lui donne l'envie d'empoisonner sa femme. Et il commence, dans l'émotion et le noir de son dessein, à se dépouiller violemment de sa jaquette, de son gilet, de sa cravate, et à se montrer au public en pantalon et en manches de chemise, dans la tenue débraillée d'un assassin et au milieu d'ablutions songeuses ou colères. Puis passant dans sa chambre, il revient plastronné de sa chemise de soirée, et finit de s'habiller en meurtrier du monde correct. Ceci, je le répète, était une ingénieuse mise au théâtre de la vie intime et du *chez-soi* moderne [1].

Eh bien, nécessairement, Koning voit d'avance la scène empoignée et la modifie déjà, en attendant que peu à peu, aux répétitions, il la change, s'il ne la supprime pas entièrement. Et sur l'indignation que j'éprouve, Daudet laisse tomber d'une voix vaincue : « Enfin, elle sera jouée à peu près comme je l'ai faite... » et parle de la convention que réclame le théâtre !

Mme Daudet me disait, pendant la minute où nous avons causé ensemble, que Daudet avait été très affecté de l'article de Bloy, bien qu'il jouât l'indifférence, la sérénité, et qu'on avait passé à la maison trois bien mauvais jours.

Mercredi 13 février

Hier, la copiste des pièces de théâtre qui est venue me rapporter la copie du manuscrit de CLAIRON disait à Pélagie que Sardou avait pour lui la presse, parce qu'il donnait de l'argent aux journalistes... On le dirait vraiment, en voyant tous les prétextes, toutes les excuses, toutes les indulgences que leur prose trouve pour ne pas éreinter dans MARQUISE une pièce autrement *raide* que GERMINIE LACERTEUX.

---

1. C'est bien ce qui se passe à l'acte IV, sc. 4 de LA LUTTE POUR LA VIE. Cf. plus haut p. 228, n. 1.

Colette Lippmann, la fille à Dumas, avec ses yeux sourieurs et ses fortes mandibules, a le charme agaçant d'un joli singe.

La Princesse s'assoit, tout contre moi, et me dit d'une voix mouillée :

« J'ai été le voir aujourd'hui... Il a été doux avec moi... Il a parlé de revenir dans quelque temps... Il lui faut du temps et de la santé... Ah ! je suis bien heureuse !

— Ah ! vous l'aimez bien ! ne puis-je m'empêcher de lui dire.

— Oui, je l'aime... Et quand je ne le voyais pas, je lui envoyais tous ces jours-ci quelque chose, quelque petit cadeau qui me rappelât à lui... Ah ! si vous saviez ce que c'est, pendant vingt ans, de n'avoir pas acheté un bibelot, pas fait une promenade, pas fait n'importe quoi, sans penser à lui ! »

Mieux eût valu une rupture, après ce que mardi Popelin m'a dit de la Princesse, après ce que la Princesse a dit à tout le monde de Popelin : « Il n'a pas un meuble chez lui qui ne vienne de moi ! » Mais enfin...

Je ne sais pourquoi, ce soir, Edmond de Rothschild est si aimable pour moi. On dirait vraiment qu'il veut m'emprunter de l'argent. Il revient d'un voyage d'agrément à Samarcande et me parle de la pédérastie universelle du pays et me décrit une danse d'almées à Boukara, une danse d'almées qui sont des garçons et où, devant la beauté d'un des danseurs, tous les assistants qui tiennent à la main une bougie allumée en ces théâtres sans rampe de lumière, tous les assistants, les yeux enflammés de la rage du coït, tenaient leurs bougies comme des membres en érection.

Le Juif parle des choses sales d'une manière plus cochonne que les autres races : il a, dans ses paroles, l'expression de son visage, la tombée de sa bouche, quelque chose de l'entremetteur.

Jeudi 14 février

J'ai oublié le plus esbrouffant de ce que cette pauvre Princesse m'a confié hier. Comme je faisais allusion très discrètement à la cessation de ses rapports avec Popelin, remontant à une dizaine d'années, elle me l'a affirmée. Mais le prétexte donné par lui est mille fois plus original que celui indiqué par le père Zeller. Il ne s'est pas abrité derrière sa santé, il a mis ce refus du devoir conjugal sur le compte de la littérature, sur le soin de faire de *belles œuvres*... et de leur consacrer tout son sperme.

Ah ! qu'elle est vraiment plus ingénue que je ne l'aurais cru, cette Napoléon !

Vendredi 15 février

Je ne suis plus un *liseur*, et surtout un *liseur de livres d'imagination*, ayant remarqué que cette lecture dispose, même les plus indépendants, à un plagiat conscient ou inconscient. Mais aujourd'hui, avec un rhumatisme aigu sur l'estomac, qui m'empêche de manger et de dormir et me rend incapable de travail, je ne peux que lire et je prends Shakespeare.

Samedi 16 février

Au fond, chez Shakespeare, malgré toute l'humanité ramassée par lui en son entour et plaquée dans ses pièces sur des êtres d'autres siècles, cette humanité me paraît bien chimérique... Puis ses bonshommes sont parfois terriblement ergoteurs, disputailleurs, malades à l'état aigu de cette maladie anglo-saxonne : la controverse — et la controverse scolastique...

Enfin, il y a une chose qui m'embête chez le plus grand homme de lettres incontestablement du passé : c'est le défaut d'imagination ! Oui, oui, c'est indéniable, les auteurs dramatiques de tous les pays, depuis les plus renommés dans les anciens jusqu'à Sardou, manquent d'imagination et créent d'après les autres. C'est, chez nous, l'incomparable Molière : Dieu sait que presque tout son théâtre, ses scènes célèbres, ses mots que tout le monde a dans la mémoire, c'est presque toujours un vol, vol dont les critiques lui font un mérite, mais moi, non... Eh bien , Shakespeare, qui est un autre monsieur que Molière, lui aussi, hélas ! toutes ses créations, c'est de vieux bouquins qu'il les tire ; et malgré toute la sauce de génie qu'il y met, je le répète, ça m'embête, et je trouve qu'on est plus grand homme quand on les tire, ces créations, de sa propre cervelle.

C'est pour cela que Balzac m'apparaît le grand des grands... En résumé, je ne trouve, dans les quatre ou cinq pièces supérieures de Shakespeare, de tout à fait hors ligne que la scène de somnambulisme de lady Macbeth, s'essayant à effacer la tache de sang de sa main, et avant tout la scène du cimetière d'HAMLET, où il atteint le sommet du sublime.

Dimanche 17 février

Aujourd'hui, comme je disais que c'était curieux, cette succession de Jupillons au théâtre — Jupillon de GERMINIE LACERTEUX, Jupillon de MARQUISE, Jupillon de FANNY LEAR, Jupillon de la reprise de MONSIEUR ALPHONSE [1] —, Daudet disait qu'en y réfléchissant ces derniers temps, qu'en étudiant la pièce, et avec le *flair* particulier qu'il

1. Sur la reprise de MONSIEUR ALPHONSE, de Dumas fils, au Gymnase, cf. plus haut p. 218, n. 1. La pièce avait été créée au même théâtre le 26 novembre 1873. Elle met en scène *monsieur Alphonse,* amant appointé d'une ancienne servante enrichie, Mme Guichard, qu'il veut épouser. – FANNY LEAR est une comédie en 5 actes de Meilhac et Halévy, datant d'août 1868 et reprise à l'Odéon le 14 février 1889 : le marquis de Noriolis, un débauché caduc, accepte d'épouser une courtisane enrichie, Fanny Lear, qui paie ses dettes. – Goncourt a déjà mentionné plus haut (p. 229) MARQUISE !, pièce de Sardou créée au Vaudeville le 12 février et où le marquis de Campanilla accepte de donner son nom et son titre à une émule de Fanny Lear, Lydie Garousse.

avait pour les choses de théâtre, il était persuadé que Dumas avait fait MONSIEUR ALPHONSE sous l'inspiration du roman de GERMINIE LACERTEUX, tout comme Augier avait fait LES LIONNES PAUVRES sous l'inspiration du roman de MADAME BOVARY.

Lundi 18 février

Ah ! l'estomac ! Ah ! les entrailles ! Ah ! les yeux ! Ah ! la pauvre enveloppe intérieure, la misérable muqueuse !

Au coin du passage de l'Opéra, je me cogne à Scholl, qui me dit : « Eh bien, vous avez triomphé, vous avez trompé mes prévisions ! » et il ajoute sur un ton moitié raillard, moitié ébranlé : « Oh ! moi, je suis un journaliste *vieux jeu*, appartenant aux théories antiques... Mais des amis à moi, des gens ne tenant pas à la littérature, m'ont déclaré que votre pièce les avait autant intéressés qu'un drame de Dennery. Alors... »

Mardi 19 février

Ce matin, quand Blanche me les rapporte de chez Bouillon, je les regarde un long temps, ces six grandes eaux-fortes de Huet : LE HÉRON, L'INONDATION, LA MAISON DU GARDE, LES DEUX CHAUMIÈRES, LE BRACONNIER, un PONT EN AUVERGNE, ces eaux-fortes qui sont pour moi le spécimen typique supérieur de l'eau-forte romantique. J'étudie l'effort laborieusement petit vers les colorations rembranesques, les égratignures à fleur de cuivre, les promenades d'épingles, dont l'imperceptible *entame* sillonne la planche de tailles faisant l'illusion de cheveux tombés dessus, et la timide, timide morsure. J'étudie ces eaux-fortes, non sans charme, quoique bien enfantines, et qui ont l'air de gentils griffonnages à la plume de corbeau, jetés par des *miss* élégiaques sur une pierre lithographique... mais où il n'y a rien de la virile incision de la pointe d'un Seymour Haden.

A propos de la vente d'eaux-fortes d'où viennent ces Huet avant la lettre, il y a vraiment de bons toqués d'eaux-fortes avant la lettre ! Que dis-je, avant la lettre ? Avant la plupart des travaux, avant même le sujet principal indiqué, et je suis sûr, à la convoitise de certains regards par moi perçus, qu'une épreuve de la planche de Daubigny : LES CERFS AU BORD DE L'EAU, avant les cerfs, s'est vendue fort cher !

Oui, si à certains amateurs on apportait une feuille de papier, où il y aurait, derrière, le certificat d'un Delâtre, attestant que c'est la première feuille pour le tirage de telle planche, qui a été préparée, mouillée, mise entre les couvertures, puis, par une circonstance quelconque, remplacée par une autre, cette feuille ne contenant rien serait l'*épreuve avant tout*, l'épreuve désirable.

Mercredi 20 février

Visite d'Antoine et de Mévisto, qui m'annoncent que les répétitions de LA PATRIE EN DANGER sont commencées. Mévisto me demande de la manière la plus pressante à créer le rôle du général Perrin, qu'il veut montrer sous l'aspect d'un *général plébéien*. Ça me fait un peu peur, un général plébéien par cet acteur qui joue d'une façon si nature les forçats. Mais il a l'air d'y tenir tant que je cède à son désir [1].

Pendant tout le dîner, il y a chez la Princesse une absorption douloureuse, où le vague de ses yeux fixe devant elle les gens assis à sa table sans les voir.

« Oui, fait-elle en m'accostant après dîner, je donnerais un grand dîner... Il arriverait avec sa demoiselle au bras, et pendant le dîner, devant tout le monde, je lui ferais des excuses officielles... Comment trouvez-vous ça, Goncourt... C'est dur, n'est-ce pas ?... Puis, à quoi bon ? Pour reconquérir un amant, qui ne l'est plus depuis dix ans, un ami tel que l'ami qui exige de moi des choses comme cela... *Elle ! Elle ! elle* dit partout, l'excellente langue, qu'il est *bon*, parce que sans sa pitié pour moi, il l'aurait épousée ! »

Jeudi 21 février

Grand dîner chez les Daudet. Lockroy arrive au milieu du dîner, en s'excusant sur ce qu'il a attendu son successeur au ministère pour lui remettre son *tablier*, et qu'il s'est présenté un premier successeur qui a été suivi d'un autre, qui n'était pas encore le vrai successeur, et qu'enfin il s'est décidé à ne pas attendre un troisième [2].

On cause du discours de Renan à l'Académie, et comme je me laisse aller à avouer toute la révolte de la franchise de mon esprit et de mon caractère à propos du satanisme prêtreux de la cervelle de l'homme, du tortillage de sa pensée, du *oui* et du *non* que contient chacune de ses phrases, parlée ou écrite, Mme Daudet, en une de ces charmantes ingénuités qu'elle a parfois, laisse tomber, comme si elle parlait à elle-même : « Oui, vraiment, il n'a pas le sentiment de l'affirmation [3] ! »

Rapatriage avec Anatole France qui, à un mot que je lui dis de son article du TEMPS publié lors de la mort de mon frère, me dit qu'il regrette ce *bête d'article*, qu'il est très heureux de ce rapprochement, et ajoute en *post-scriptum* de la conversation qu'il m'*admire* [4].

---

1. Add. 1894 depuis *Mais il a l'air...*

2. On est en train de constituer un ministère de « défense républicaine » destiné à parer au péril boulangiste, accru depuis le succès remporté contre Jacques (cf. plus haut p. 218, n. 2). Le ministère Floquet a été liquidé et le 21, Tirard forme un cabinet où le poste essentiel, l'Intérieur, est confié à un « homme à poigne », Constans. Fallières y remplace Lockroy à l'Instruction publique.

3. Le 21 février, Renan reçoit Claretie à l'Académie, fait le procès du réalisme et prend, face au centenaire de 89, une attitude composite à l'égard de la Révolution : certes, « la marche du monde se fait par l'impulsion des fanatiques et des violents » et la Révolution est une œuvre gigantesque, mais faite par des pygmées, et il est trop tôt pour dire si ces hommes eurent tort ou raison.

4. Allusion, non point à un article nécrologique sur Jules de Goncourt, mais au grand article du 24 novembre 1875, sollicité par Edmond de Goncourt, en souvenir de Jules, pour la réimpression de SŒUR PHILOMÈNE et de RENÉE MAUPERIN (Cf. t. II, p. 667 sq., n. 1, et t. II, p. 1275 à 1281).

Dimanche 24 février

Journée tristement préoccupée. J'ai reçu ce matin une lettre de Mme Daudet, qui me disait qu'Alphonse a eu cette nuit des crachements de sang, qui l'ont bien effrayée.

Quel ergoteur ! Quel chamailleur en paroles, quel disputailleur dans le vide et à faux que ce Rosny ! — que malgré tout, j'aime beaucoup et trouve très *talentueux*. A-t-il bien le tempérament d'un moyenâgeux écolier en scolastique de la rue du Fouarre [1] ! D'abord, ç'a été à propos du roman de LA SURINTENDANTE d'Hermant, qu'il trouve supérieur à ses autres livres, parce qu'il renferme, à son dire, des idées, oui, des idées, et que la fabrication d'un livre lui est bien égale, maintenant qu'à l'heure présente, les derniers des derniers savent très bien faire *remuer des gens communs* ; et il se met à accuser la littérature naturaliste d'avoir, plus que tout autre mouvement littéraire, d'avoir tué les idées, ayant créé une classe de gens qui se contentaient pour tout idéal de faire de la réalité ; puis il grimpe et se perd dans de hautes et absconses théories, où il soutient que nous n'avons pas été les trouveurs de la *formule*, mais seulement des trouveurs des démembrements de cette formule. Et tout en me tirant de grands coups de chapeau, il laisse sous-entendre qu'au fond, je ne suis rien et qu'il se prépare à être tout.

A ce bon Rosny, je réponds que les gens qui ont vraiment des idées les gardent et ne les perdent pas, quelque mouvement littéraire qui se fasse, et j'ajoute qu'à propos d'idéal, il y a peut-être *l'idéal du vrai*, un idéal tout comme un autre et peut-être plus difficile à attraper.

Là-dessus, je ne sais comment, on est appelé à parler de Gavarni, et comme je m'étends sur l'originalité de ses idées et que je cite sa phrase à propos du progrès de la vitesse en chemin de fer : « A quoi sert à l'homme la vapeur, le chemin de fer si vous avez décuplé en lui le sentiment de la vitesse ? », il me dit que ce n'est pas neuf, que c'est une pensée de tout le monde, et il part de là pour étaler au sujet des pensées de Gavarni un dédain, un dédain ! — le dédain, du reste, que j'ai trouvé à cet état seulement chez les ouvriers passés littérateurs. C'est vraiment amusant, car le talent de Rosny, son vrai talent, est de faire *remuer des gens communs*, et l'écrivain a très peu d'idées tirées de lui-même et a, bien plutôt que des idées, des apparences d'idées présentées sous des noms scientifiquement imposants.

Lundi 25 février

Je trouve Daudet dans son lit, avec des yeux tristes, tristes, et les mains dépassant les draps, serrées l'une dans l'autre, en ce mouvement de constriction que fait l'inquiétude morale. On lui a défendu de parler, et le pauvre cher ami accueille ce que je lui dis par des éclairements des yeux et des desserrements de mains approbateurs.

1. Cf. t. II, p. 912, n. 2.

Au fond, je suis convaincu, tout comme Mme Daudet, que c'est la pendaison qui a amené cet accident — une répétition du vomissement de sang arrivé il y a une douzaine d'années —, et Charcot, malgré sa première résistance à cet aveu, n'en a pas nié la possibilité.

Mercredi 27 février

Ce soir, Mme Pasca dîne chez la Princesse... Que les actrices soient invitées aux soirées des altesses, j'y consens ; mais aux dîners, je trouve l'intimité bien intime des altesses et des cabotines !

Quelle tête a ce Mouton ! Quelle affreuse hideur à la fois de magistrat et d'employé des Pompes funèbres, et il se trouve même avoir une croix au ruban noir ! Est-ce bien la décoration de cet homme-corbeau ! Il cause Académie avec Hervieu, et Ganderax, qui le quitte, vient me trouver et me dit, moitié sérieux, moitié blaguant : « Vous savez, il ne veut pas vous être présenté, de peur que ça diminue ses chances académiques [1] ! »

Mme de Galbois me rapportait ce mot du vieux Giraud sur Popelin : « Est-il embêtant, à toujours pontifier ! »

Jeudi 28 février

Je lis ce soir, dans LE TEMPS, cette phrase adressée aux ouvriers par le président Carnot dans sa visite d'hier à la Manufacture de tabacs :

« Je vous remercie profondément de l'accueil que vous venez de faire à ma personne, mes chers amis, car vous êtes des amis, puisque vous êtes des ouvriers... »

Je demande s'il existe en aucun temps de ce monde une phrase de courtisan de roi ou d'empereur qui ait la bassesse de cette phrase de courtisan de peuple !

Dimanche 3 mars

Raffaelli, de retour de Belgique, où il vient de faire des conférences et auquel on demande ce qu'il est allé faire là-bas, répond presque sérieusement : « J'ai fait le commis-voyageur de l'idéal »... *Commis-voyageur de l'idéal* !... Et sur ce mot, je regarde l'homme, de sa nature si profondément *ouverrier* et qui a, sous de prétentieuses étoffes anglaises, ces jambes canailles que le peuple appelle des *jambes de gargotier*, des jambes à l'image de celles qu'il prête aux bonshommes de ses compositions et qui ont l'air de jambes de gens ayant chié dans leurs culottes.

---

1. En dépit de ses allures funèbres, ce magistrat était l'auteur à succès du fantaisiste INVALIDE A LA TÊTE DE BOIS. Eugène Mouton venait d'essuyer deux échecs, qui seront sans appel, à l'Académie, l'un contre Leconte de Lisle au fauteuil de Victor Hugo en 1886 et l'autre contre Claretie au fauteuil de Cuvillier-Fleury en 1888.

Berendsen m'apporte aujourd'hui, traduit en danois, le volume d'IDÉES ET SENSATIONS. C'est curieux qu'il ait été fait à l'étranger une traduction de ce livre de style et de dissection psychologique, de ce livre si peu intéressant pour le gros public français.

Dans son lit, avec sa figure à l'ovale maigre et allongé, avec ses mains exsangues au-dessus des draps, d'une voix du fond de la gorge, Daudet dit : « Je divise les livres en deux : les livres naturels, les livres voulus. Pour moi, L'ASSOMMOIR est un livre voulu, tandis que GERMINIE LACERTEUX est un livre naturel, où il y a une destinée. » Et, parlant des vols de Zola dans L'ASSOMMOIR aux uns et aux autres, il détaille le vol qui le concerne lui particulièrement, le vol inqualifiable d'une nouvelle, dans tous ses détails, de ROBERT HELMONT [1].

Mercredi 6 mars

Georges Hugo est venu ce matin déjeuner avec Léon Daudet. On ne retrouve plus chez lui l'enfant que j'ai connu dans la maison du fond de la villa qu'habitait son oncle : il est enflé, boursouflé comme d'une commune et malsaine graisse [2]. Il n'a plus, hélas ! la jolie figure maladivement distinguée qu'il avait, qu'il promettait d'avoir toujours.

La Seine, à cinq heures du côté du Point-du-Jour. Le soleil, une lueur diffuse de rubis, dans un ciel laiteux, couleur de nacre, où monte l'architecture arachnéenne de la tour Eiffel... Un paysage à la coloration d'un buvard écossais.

Maupassant, de retour de son excursion en Afrique et qui dîne chez la Princesse, déclare qu'il est en parfait état de santé. En effet, il est animé, vivant, loquace, et, le dirai-je, sous l'amaigrissement de figure et le reflet basané du voyage, moins commun d'aspect qu'à l'ordinaire.

De ses yeux, de sa vue, il ne se plaint point et dit qu'il n'aime que les pays de soleil, qu'il n'a jamais assez chaud, qu'il s'est trouvé à un autre voyage dans le Sahara, au mois d'août, et où il faisait 53 degrés à l'ombre, et qu'il ne souffrait pas de cette chaleur.

Le docteur Blanche contait ce soir que la maison qu'il occupait à Passy, et qui est l'ancienne maison de la princesse de Lamballe, avait été mise en vente, vers 1850, à la suite de mauvaises affaires, par un banquier qui en avait refusé 400 000 francs des Delessert. Or, un avoué, qui avait une bicoque au Point-du-Jour et qui tous les jours, pour se rendre au Palais, longeait le mur de la propriété, le jour de l'adjudication, où il voit que la mise à prix est de 130 000, disait de mettre, comme en plaisantant, cinquante francs de surenchère en son nom, de là, va à ses affaires et, au moment de s'en aller, passe savoir à qui elle est adjugée. C'était à lui ! Avec les frais, il avait pour 150 000

---

1. Cf. LE SINGE dans ROBERT HELMONT (1874, pp. 170-176) : une ouvrière guettant son mari ivrogne devant la boutique d'un marchand de vin ; voir L'ASSOMMOIR, chap. XI (éd. 1948, t. II, p. 145 sqq.) : Gervaise allant chercher Coupeau à l'*Assommoir* du père Colombe.
2. L'oncle de Georges Hugo était François-Victor Hugo.

une propriété dont les possesseurs demandent à l'heure actuelle trois millions [1] !

Vendredi 8 mars

« Bonjour, Monsieur. — Bonjour, Monsieur. »

C'est notre froide et sèche entrevue de Charcot et de moi, au pied du lit de Daudet, hier soir.

Mon Dieu, a-t-il l'air mauvais, cet homme ! Maintenant, il est si cabotin qu'il vaut peut-être mieux qu'il ne le paraît et que c'est une apparence théâtrale qu'il a revêtue.

Une vraie famille de toqués que cette famille Charcot, de toqués faits par la fréquentation des névropathes. Il y a toujours à la maison une potion composée de bromure, de morphine, de codéine, enfin d'un choix des plus aimables stupéfiants, que le père, la mère, la fille boivent pour se procurer des rêves exhilarants.

Première répétition au théâtre des Menus-Plaisirs de LA PATRIE EN DANGER.

Antoine ne sachant pas un mot de son rôle, l'épouvantablement laide Barny, un Boussanel, au quatrième acte, d'une férocité, d'une férocité comique à faire tomber la pièce. Antoine me sert deux ingénues : 1° une ingénue qui sort du Conservatoire de Bruxelles et qui dit aussi faussement que possible, 2° la petite Varly, qui est jolie, a du galbe, la tournure d'une actrice de grand théâtre, et qui dit mieux que l'autre, mais qu'Antoine a prise en grippe, parce qu'elle détonne sur sa pauvre, triste et grise troupe.

Bon ! me voilà pris d'une colique atroce ! Et pendant que Boussanel rugit comme un tigre et que Hennique me harcèle de questions inquiètes sur son jeu, je me tortille les pieds sous cette affreuse douleur de l'envie de chier, sans connaître l'endroit de la délivrance.

Ah ! les lieux de théâtre ! ces lieux cent fois plus sales, plus embrenés que les *chiotes* des quais, ça me fait prendre en mépris et en dégoût la race des cabotins, hommes et femmes.

Antoine — ces gens de théâtre, on ne sait jamais ce qu'ils ont dans le ventre ou dans la cervelle — se met à m'entretenir complaisamment du rôle de Boussanel comme du rôle tentant, et cela me met à l'aise pour lui offrir le rôle et lui retirer le rôle du comte, ce que je n'aurais osé lui proposer venant de moi-même.

Est-il gentil, est-il amicalement serviable, cet Hennique ! Du reste, il a gardé dans sa tête d'homme un rien de sa figure de l'enfant, et c'est un signe incontestable de la bonté d'un être humain.

---

1. La maison de santé du Dr Blanche, où mourra Maupassant, était située près de la Seine, 17, rue Berton ; construite au début du XVIIIe siècle pour Antoine Caumont, duc de Lauzun, elle avait appartenu ensuite à Mme de Lamballe, puis avait été vendue comme bien national sous la Révolution. Le successeur du Dr Blanche, le Dr Meuriot, l'achète en 1872.

Samedi 9 mars

Décidément, il n'y a pas de talents méconnus, inédits. Il n'y a de bons acteurs que les acteurs qui ont la renommée, et il en est de même pour les hommes de lettres.

Vraiment, les tribulations, les maladies, les chagrins s'abattent sur cette maison Daudet : le père de Mme Daudet est mort ce matin. J'attends la chère femme chez elle jusqu'à sept heures pour lui serrer la main. La vraie douleur, sans aucune dramatisation, avec des pleurs qu'elle comprime : « Hier, dit-elle en phrases scandées par de petits sanglots, je me suis échappée d'ici un moment... J'ai été poussée par un pressentiment... J'ai trouvé ma mère qui pleurait et qui m'a dit qu'il était en train de lui dire des choses désolantes. Il se plaignait d'être faible, faible *à toute extrémité*... J'ai compris qu'il était bien mal, parce qu'il ne demandait des nouvelles de personne... Cependant, il a mangé un peu le soir, et mon frère est passé un moment me rassurer... Dans la nuit, il a voulu dire des choses à Léon, qu'il n'avait plus la force de dire... Enfin, ce matin, on m'a prévenue à huit heures... Il ne m'a pas reconnue... Il est mort à neuf heures. »

Dimanche 10 mars

Jean Lorrain vient me voir, tout bondé d'anecdotes, de cancans, de potins. Il m'apprend que Mme de Nittis écrit dans L'ÉVÉNEMENT sous le nom de Thérèse ; que Bourget et Maupassant, invités à dîner en habit rouge chez Mme Louise Cahen et habillés en habits rouges par des tailleurs inférieurs, ont été l'amusement ironique de la société juive, dont tous les hommes s'étaient donné le mot pour n'être point en habit rouge ; que dans les réunions chez Tessandier, l'actrice de l'Odéon, le suprême amusement est la joute à qui pétera le plus fort, etc., etc., etc.

Lundi 11 mars

Enterrement du père de Mme Daudet. Ah ! le bel adieu au mort qu'a inventé la religion catholique, et la merveilleuse combinaison de musiques douloureuses, de paroles graves, de lentes promenades de vieillards, d'évocations de paix éternelle et de tentures noires et de lumières brûlant dans du jour et de parfums d'encens et de senteurs de fleurs ! Ah ! l'artistique mise en scène de la désolation et du deuil des vivants !

Dans cette marche au pas derrière le corbillard, du boulevard Montparnasse au Père-Lachaise, cette marche qui a duré une heure un quart, tout seul dans mon fiacre, je pensais, triste et navré, à la dégringolade de choses désagréables et de malheurs tombés sur les Daudet depuis quelque temps : les insultes des journaux au ménage, l'aggravation de la maladie du mari, enfin cette mort du père de Mme Daudet.

Oh ! ce temple à Thiers, sur le modèle du logis de l'éléphant du Jardin des Plantes, pour cet homme si petit de toute façon, est-ce assez ridiculement énorme !

A trois heures, me voici à la répétition du Théâtre-Libre aux Menus-Plaisirs. C'est aujourd'hui moins désespérant que l'autre jour, et les remuements de foule qu'on commence à tenter promettent, il me semble, de grands effets. Le récit de la prise de la Bastille par Mévisto blessé, soutenu par deux hommes, forme un groupe d'un beau dessin [1]. Antoine esquisse le rôle de Boussanel de manière à faire croire à une création originale. Je reprends un peu confiance.

Sur les six heures, Derenbourg, qui avait envoyé mon manuscrit à la censure pour faire jouer aux Menus-Plaisirs LA PATRIE EN DANGER avec la troupe d'Antoine, si elle a un succès, Derenbourg arrive et m'apprend, à ma grande surprise, qu'en dépit de ma préface, la censure a donné le visa à ma pièce, sans demander la suppression d'une phrase [2].

Il est décidé — ça me paraît vraiment bien prématuré — que la pièce passera le mardi 19 mars.

Et le soir, presque aussitôt mon dîner, je vais à une seconde répétition rue de Clichy, chez Antoine, où l'on répète pour la première fois, après un débrouillage préparatoire, l'acte de la prison [3]. Si ça n'impressionne pas le public, je ne sais pas qui l'impressionnera, car les événements du temps font vraiment de cet acte un acte shakespearien.

Mardi 12 mars

La tour Eiffel me fait penser que les monuments en fer ne sont pas des monuments *humains*, ou du moins des monuments de la vieille humanité, qui n'a connu, pour la construction de ses logis, que la pierre et le bois. Puis, dans les monuments en fer, les parties plates sont toujours épouvantablement affreuses. Qu'on regarde la première plate-forme de la tour Eiffel, avec cette rangée de doubles guérites, on ne peut rêver quelque chose de plus laid pour l'œil d'un vieux civilisé, et le monument en fer n'est supportable que dans les parties ajourées où il joue le treillis d'un cordage.

La pièce est décidément très mal jouée. Barny n'a pas deux sous de souffle dramatique, Mévisto a des dégingandements d'un canaille de vrai général plébéien, Antoine, on ne sait ce qu'il sera, et les autres sont assez médiocres... Après, peut-être la pièce sera sauvée par la mise en scène des foules, que travaille de son mieux Antoine.

---

1. Cf. LA PATRIE EN DANGER, acte I, sc. 11 : Perrin, le jeune domestique des Valjuzon, blessé à l'assaut de la Bastille et ramené chez ses maîtres, fait le récit de l'événement.

2. Dans cette préface de mars 1873, Edmond de Goncourt doutait qu'on laissât passer son acte de Verdun, au risque de déplaire à la Prusse (cf. t. III, p. 185), et il ironisait sur la survie, sous la Troisième République, de la censure, « replâtrée dans sa perpétuité et rafistolée dans sa toute-puissance ».

3. C'est le dernier acte de la pièce, où tout le monde se retrouve en prison, de la famille aristocrate des Valjuzon aux républicains humanitaires comme Perrin et aux fanatiques comme Boussanel.

Je revois ce soir Mme Daudet. Oui, c'est l'image de la vraie et sincère douleur. Elle a les yeux tout gonflés des pleurs de la nuit et est assise en une pose affaissée, ses mains molles réunies dans un mouvement de prière, inattentive à ce que vous dites ou bien accueillant d'un pâle sourire de politesse les paroles qui s'adressent directement à elle.

Mercredi 13 mars

Vraiment, c'est curieux, ma malchance au théâtre... Il semblait y avoir une accalmie dans la haine du journalisme contre ma personne. Ah bien oui ! aujourd'hui, dans le ressentiment d'une pièce refusée au Théâtre-Libre, voici Champsaur qui travaille à réveiller toutes les colères assoupies, avec la phrase de *gueux imbéciles*, adressée par Antoine aux siffleurs de GERMINIE LACERTEUX, donnant rendez-vous à leurs rancunes réveillées à ma première [1].

Un curieux isolement que le mien dans ce monde des lettres fréquentant le salon de la Princesse. Ce soir, il y a Lemaître, que je ne salue plus, et Maupassant, auquel, après avoir serré la main, je ne parle pas.

Popelin aurait dit, à ce qu'il paraît : « Si je voulais bien, dans dix jours, la Princesse serait ma femme. » Et en effet, la Princesse, chez laquelle il vient déjeuner de temps en temps le matin, tout en trouvant qu'il se conduit indignement, est prête à toutes les lâchetés et lui a presque offert le renvoi de la comtesse de Galbois.

Quant à l'ex-amant, en son hôtel de la rue de Téhéran, il meurt de n'être plus le parleur en titre du salon de la rue de Berri, et le *raseur*, un peu dissimulé autrefois, apparaît ostensiblement maintenant dans la manière dont il parle à tout le monde de ses nombreuses supériorités, si bien que la petite Benedetti me disait qu'il y avait chez lui comme une atteinte et un commencement de la folie des grandeurs.

Jeudi 14 mars

Vraiment, un amusant et drolatique metteur en scène qu'Antoine, avec son sifflet de contremaître et ses *Nom de Dieu !* jaillissant de son enrouement comme des déchirements de bronches. Il a le sentiment de la vie des foules et trouve des tas de petites inventions ingénieuses pour la faire revivre, cette vie tumultueuse, sur le champ étroit des planches d'un théâtre.

---

1. L'expression de *gueux imbéciles*, qui fit scandale, se trouvait dans une lettre écrite par Antoine, le lendemain de la première de GERMINIE, à Bauër, favorable à la pièce ; il y annonçait qu'il avançait la représentation de LA PATRIE EN DANGER : « Nous verrons ce soir-là si les gueux imbéciles d'hier soir recommenceront. » (ÉCHO DE PARIS du 22 décembre). – L'article de Champsaur, « Les procédés de M. Antoine », paru dans LE FIGARO du 13 mars, a trait au refus de LA GOMME par le directeur du Théâtre-Libre (voir plus loin p. 248, n. I) et il se termine sur la menace d'« une bonne leçon » donnée par « ceux que M. Antoine appelle les *gueux imbéciles* ».

Aujourd'hui, après des clameurs cherchées de trois endroits différents du théâtre et plus reculés l'un que l'autre, et donnant comme le prolongement lointain de cris de peuple à la cantonade d'un épisode révolutionnaire, il a brisé le groupement de la scène par des conversations d'apartés chuchotants, puis tout à coup, sur un banc jeté à terre, simulant le coup de pistolet avec lequel se tue le commandant de Verdun, il a fait dans un mouvement général toute la tourbe retourner la tête vers la porte du commandant [1]. Et c'était d'un grand effet, avec un éclairage d'un quinquet à droite, laissant tout le bas des corps des figurants dans l'ombre, et leur sabrant seulement la figure d'un coup de lumière, leur donnant tout à fait la tonalité blafarde qui se trouve dans les têtes du fond des lithographies des courses de taureaux de Goya.

Il y avait aujourd'hui 80 figurants, Antoine en veut 200 à la première. Quelles physionomies dans ce ramassis de vendeurs de cartes obscènes, de souteneurs, d'industriels aux commerces suspects, à la tête à la fois canaille et intelligente ! « En voilà un, avec son pantalon à l'éléphant, dit Mévisto, que je ne voudrais pas rencontrer la nuit !... » Quant à Antoine, il les savourait de l'œil, complaisamment, et finissait par dire : « Ah ! vraiment, il faut que je demande s'il n'y a pas parmi eux quelques-uns qui voudraient débuter... Il me semble qu'on tirerait plus d'eux que de ceux qui ont appris à jouer. » Puis il se retourne vers un groupe d'actrices et leur dit : « Mesdames, vous savez, vos bijoux et tout votre argent dans vos poches ! Vous voyez, vous avez ici cent escarpes, et votre habilleuse me semble sortie du bagne. Je ne réponds de rien ! »

Vendredi 15 mars

Dire qu'on en est réduit aujourd'hui, avec cet imbécile de public de première, à substituer dans l'acte de Verdun le mot « passeport » au mot *passe*, qui est le vrai mot militaire, et que je ne suis pas bien sûr, le diable m'emporte ! qu'au premier acte, l'envoi à Sa Majesté des *faucons* par le procureur de l'ordre de Malte ne sera pas égayé par un intelligent gandin [2].

Samedi 16 mars

Une critique étonnante que celle de la pièce de BELLE-MAMAN, et au fond, la critique tout entière de l'heure présente. On complimente Sardou, on le félicite, on le loue d'avoir fait une œuvre *sans prétention*. Public, entends-tu bien ce que cela veut dire, une œuvre sans prétention ? C'est une pièce ou un livre où l'auteur ne s'est pas appliqué.

---

1. Cf. t. III, p. 185, n. 1.
2. La *passe*, c'est le laissez-passer demandé par Blanche au commandant Perrin (acte III, sc. 3) et les *faucons de Malte* figurent parmi les nouvelles de la Cour lues dans LA GAZETTE, au début du drame, par le comte de Valjuzon (acte I, sc. 1).

Encore un article de Champsaur dans L'ÉVÉNEMENT appelant les sifflets sur Antoine et sur LA PATRIE EN DANGER.

Dimanche 17 mars

Répétition aux Menus-Plaisirs pendant tout l'après-midi jusqu'à des heures indues. Mévisto et Barny enroués, presque complètement aphones, Mlle Deneuilly jouissant d'une entorse, Antoine, qui a décidément pris le rôle de Boussanel, ne l'ayant pas encore une fois répété, ce rôle, d'un bout à l'autre, et me laissant dans l'incertitude s'il va être très bon ou détestable !

Par là-dessus, ledit Antoine est de très mauvaise humeur et maltraite de paroles tout le monde et même un peu moi-même, à propos d'une marche de Barny appuyée sur une béquille, marche qui la force à scander par des temps ce qu'elle dit. Et tout le monde nerveux, tourné à la bataille, à la dispute : l'homme de l'électricité voulant se battre avec un figurant, et le comte de Valjuzon exaspéré de se trouver mal habillé et menaçant de quitter le rôle. Et ceux qui ne sont pas prêts à se prendre aux cheveux, jouant comme endormis, comme sous l'influence d'une boisson opiacée. Au milieu de ce désarroi, la petite Varly venant me souffler de ses jolies lèvres dans l'oreille : « Ah ! que je vous plains, Monsieur, d'être interprété comme ça ! »

Puis cette foule de voyous — magnifiquement effrayants sous leurs blouses, dans le moderne de leurs vêtements — en leurs travestissements de pêcheurs de Masaniello ayant perdu tout leur caractère, ayant l'air d'une mascarade historique, de *chienlits* de la Révolution... Ah ! si la Providence ne s'en mêle pas, ce sera grotesque, la première !

Lundi 18 mars

Profond découragement avec un fonds de *je m'en foutisme* et une attente un peu ironique de ce qui va arriver.

Oui, j'en ai plein le dos du théâtre et de la fièvre des répétitions et des représentations, et j'aspire à mercredi, où je serai tout entier au retournement de mon jardin et à la fabrication de cet amusant livre de pêche à la ligne dans les brochurettes de l'Opéra, qui s'appellera : LA GUIMARD [1].

Je trouve à cinq heures Daudet plongé dans le MÉMORIAL DE SAINTE-HÉLÈNE, et il m'en raconte le commencement comme dans une sorte d'hallucination blagueuse. C'est l'Empereur en contact avec une famille de gens gras à lard, d'une famille Durham [2], et qui n'a jamais entendu parler de lui, et qui ne s'intéresse qu'au héros et à l'héroïne d'un roman de Mme Cottin, arrivé par hasard dans cette île perdue

1. LA GUIMARD paraîtra en avril 1893.
2. Cf. t. I, p. 555, n. 1.

et à propos duquel jeunes et vieux assassinent de questions l'Empereur qui, exaspéré, à une question du gros oncle demandant ce qu'est devenue l'héroïne, lui jette durement : « Elle est morte ! » et voit couler à cette nouvelle, sur le *facies* de l'Anglais ressemblant à un derrière, voit couler de grosses larmes [1]. Cela est conté avec le grossissement d'une ironie gasconne, des yeux par moments un peu fixes et les suspensions d'une respiration difficile.

Un mot de fillette terrible, un mot de la petite Duhamel, de mon actrice de treize ans, que Bauër a baptisée *monstrillon*. Elle disait ces jours derniers, parlant de sa formation et de son pucelage : « Je suis en état pour le petit accident ; mais ça coûtera 50 000 francs pour le dégât principal, et 30 000 francs pour les réparations locatives. »

Une surprise ce soir à la répétition générale. La pièce marche. Antoine est très bien dans Boussanel, et tout à fait supérieur dans l'acte de Fontaine-près-Lyon [1]. Ah ! certes, ce n'est pas la composition de la Comédie-Française, et ce n'est pas, comme nous l'avions espéré dans le temps jadis, Bressant jouant le comte de Valjuzon, Delaunay jouant Perrin, etc., etc. Mais en dépit de Mévisto, auquel je dois rendre la justice qu'il est détestable, ça a l'air de mordre les nerfs du public, ça a l'air de devoir être un succès.

Mardi 19 mars

La toile se lève. Je suis dans une logette sur le théâtre, où une chaise a peine à tenir entre les quatre murs de planches blanchies par une peinture à la colle, et j'ai devant les yeux un emmêlement de tuyaux de caoutchouc, au travers desquels j'aperçois l'avant-scène de gauche, et au-dessous, cinq ou six têtes de la première banquette de l'orchestre. Je suis là-dedans avec le sentiment d'un cœur non douloureux, mais plus gros qu'ailleurs.

Les mots spirituels du premier acte tombent dans un silence de glace, et Antoine me jette : « Nous avons une salle sur la réserve, toute disposée à empoigner n'importe quoi, une phrase quelconque, une perruque d'actrice, une culotte d'acteur ! »

Cette froideur s'accentue au second acte, dont la scène pathétique des deux femmes pendant l'attaque des Tuileries finit sur un maigre claquement de mains [2]. Des amis viennent me voir et s'exclament : « Oh ! cette salle, on ne peut s'en faire une idée ! » Et Antoine se

1. Cf. Las Cases, MÉMORIAL, à la date du 18 octobre 1815 : Napoléon vient d'être débarqué à Sainte-Hélène ; installé provisoirement à *Briars*, il entre dans une maison voisine et y affronte les questions ingénues que rapporte ici Daudet et qui ont trait à la MATHILDE de Mme Cottin.

2. C'est l'acte IV : le général Perrin, opportunément réchappé de son suicide, rencontre le comte de Valjuzon, déguisé en sans-culotte, dans une auberge près de Lyon, où le reste de la famille Valjuzon est réfugié. L'acte se termine par l'arrestation de la sœur du comte, la chanoinesse.

3. A la dernière scène, tandis que le comte s'en va tenter un dernier effort pour défendre les Tuileries contre le peuple, en ce matin du 10 août, Blanche de Valjuzon et la chanoinesse, restées seules, exhalent l'une son effroi, l'autre son hautain désespoir devant la ruine de la royauté.

plaint — si la chose est vraie, avec une certaine justice — que Porel, qui est à l'orchestre, démolit salement la pièce... Et je sens les acteurs nerveux et je sais d'avance qu'Antoine ne jouera pas comme hier... Hennique, très indigné, s'en retourne en criant dans les corridors : « Voilà ce que c'est que d'écrire en français ! »

La pièce se relève et est très applaudie au troisième acte.

Au fond, chez moi, une inquiétude de ce relèvement de la pièce, et une crainte de réaction du quatrième acte de la part de cette salle, qui veut la chute de la pièce et va sans douter chercher à l'*égayer*, ne pouvant la siffler. Ça ne manque pas. On rit à des phrases comme celle-ci : *Vous n'êtes pas en Suisse ?* ou à des phrases comme celle-là : *Il parlait... il parlait comme jamais je n'ai entendu parler un homme* [1] ! Ah ! le bel article à faire sur la lourde bêtise et l'ignorance des jeunes blagueurs de première ! Et chez ces gens, pas deux sous d'intelligence ; ce qu'il y avait à blaguer, dans cet acte, à blaguer avec intelligence, c'était la résurrection de Perrin, et ils ne l'ont pas fait !

Enfin arrive le cinquième acte, qu'on joue au milieu de l'égayement amené par la figure de Pierrot que s'est faite un détenu ; mais le dramatique de l'acte prend à la fin des gens, et le baisser du rideau, après l'annonce des noms des deux auteurs, a lieu dans les applaudissements.

Zola, un moment, vient chaleureusement me féliciter d'avoir la salle que j'ai, me congratuler de n'être pas reconnu, d'être contesté, d'être échigné : cela prouve que je suis jeune, que je suis encore un lutteur, que... que... que... Et il me dit tout cela, peut-être avec l'article dans sa poche de Blavet du FIGARO annonçant comme un triomphe une préface de Zola à son livre, avec peut-être la répétition, dans les journaux qui gonflent sa redingote, des lignes dans lesquelles il célèbre les services rendus à la littérature par le journalisme [2]. Oui, oui, à l'heure qu'il est, lui, ami comme cochon avec tout ce bas monde, c'est lui qui me chante ce couplet sur une intonation de Robert Macaire.

« Ah ! que vous êtes détesté, haï, cela dépasse l'imagination ! s'exclame Rosny. Il fallait entendre ce qu'il y avait de fureur contre vous dans les corridors, et ce n'est point encore tant le lettré que l'homme, qui est abominé !

— Oui, oui, je le sais, l'honorabilité de ma vie, mon éloignement marqué du monde des journalistes, mes attaques contre la société juive, aujourd'hui régnante, mon dédain et mon mépris pour ce ramassis interlope d'hommes et de femmes dont se compose une première, tout cela fait qu'on me déteste, vous ne m'apprenez rien ! »

---

1. Les deux phrases se trouvent l'une dans l'acte IV, sc. 4 (Perrin s'étonne que Blanche n'ait pas passé la frontière) et l'autre dans l'acte IV, sc. 7 (la citation est approximative ; il s'agit de Boussanel, dont le comte de Valjuzon, déguisé en sans-culotte, feint d'admirer l'éloquence révolutionnaire).

2. Sur l'apologie du journalisme, cf. t. III, p. 188, n. 2. La préface au livre de Blavet est celle que Zola a écrite pour le recueil des chroniques de Blavet, signées *Parisis* : LA VIE PARISIENNE (1888). Cette préface très élogieuse est rééditée dans le volume des MÉLANGES, éd. Bernouard, pp. 241-244.

Et quelques instants après, prenant à la sortie du théâtre un grog avec Paul Alexis, il me dit :

« C'est extraordinaire... J'avais derrière moi dans une baignoire une femme, une femme bien, une habituée du Théâtre-Libre, qui vient accompagnée — je crois — d'un vieux mari. Eh bien, elle s'est écriée avec un soupir douloureux : « Ah ! que je plains les acteurs de jouer dans une telle pièce ! »... Et Dieu sait, ajoute Paul Alexis, ce que sont vos acteurs, sauf Antoine !

— C'est clair, si la pièce avait été écrite par Dennery, cette femme se serait écriée : « Ah ! qu'ils sont donc heureux, les acteurs qui jouent dans un pareil chef-d'œuvre ! »

Je rentre et trouve mes deux femmes, arrivées un peu plus tôt que moi, sous l'émotion du récit qui vient de leur être fait d'un assassinat commis la veille dans la villa [1].

Là-dessus, la petite va se coucher, promenant sa lumière par la maison, et je mange un gâteau en buvant un verre d'eau rougie, quand Pélagie me dit :

« Entendez-vous des pas, comme glissés, sous la fenêtre ?

— C'est vrai... Donnez-moi la canne à épée qui est là et ouvrez tout doucement la porte. »

Pélagie entrebâille la porte d'entrée et aperçoit trois horribles chenapans... dont l'un lui crie aussitôt : « N'ayez pas peur, Madame ! » C'étaient trois agents de la Sûreté, déguisés en *grinches*, qui, intrigués par ces promenades de lumière dans la maison à cette heure indue, avaient cru à une intrusion de voleurs chez moi.

Mercredi 20 mars

Une presse moins exécrable que je ne l'attendais, une allusion perfide de Vitu toutefois dans LE FIGARO à la retraite de la Princesse qui, souffrante, a quitté le théâtre avant la fin.

Ce soir, Dieulafoy contait que, dans une salle de l'hospice Necker, les malades se plaignaient depuis quelque temps de vols journaliers, qu'une surveillance avait été exercée sur les infirmiers et les filles de service et qu'on n'avait pas découvert le voleur. A ce moment, était placé dans la salle un sergent de ville malade d'une fluxion de poitrine, mourant, presque agonisant. A quelques jours de là, un matin, à la visite, il disait à Dieulafoy : « Moi, je connais le voleur ! » L'homme de la police avait fait son métier en pleines affres de la mort. Et le voleur était un aveugle, oui, un aveugle traité dans cette salle pour albuminerie.

---

1. *Les deux femmes :* Pélagie et Blanche. - Cet assassinat était l'œuvre d'Allorto, Sellier, Mécrant et Catelain, qui le 1er juillet 1889, furent condamnés, les trois premiers, à mort et le dernier, à 20 ans de travaux forcés. La victime, Bourdon, jardinier au service d'un M. Theulier, 11, rue Poussin, avait été chargé en outre de garder l'hôtel situé en face au 10 *bis* et appartenant à Chabaud, concessionnaire des bains du Mont-Dore : c'est là qu'il fut assassiné.

Jeudi 21 mars

Émotion. Je lis ce matin dans L'ÉCHO DE PARIS : « AUX Menus-Plaisirs : relâche ». Je vais voir la colonne des théâtres à Auteuil, et trouvant l'affiche d'hier, je ne fais pas la réflexion que les affiches d'aujourd'hui ne sont pas posées. Et quoique les autres journaux annoncent ce soir LA PATRIE EN DANGER, je suis pris d'inquiétude. Je n'ai pas aperçu Derenbourg le soir de la première, Derenbourg si chaudement flatteur, le jour de la répétition générale. Puis il m'est revenu dans l'esprit une conversation que Darzens a eue avec Hennique et que j'avais traitée d'absurde, une conversation où Darzens avait assuré qu'il savait de la manière la plus positive que Derenbourg avait été éreinter la pièce dans plusieurs bureaux de journaux.

Une vraie terreur dans Auteuil à propos du garçon jardinier assassiné. Des gens qui déménagent, des maisons où l'on prend des gardiens pour la nuit... Pas si bête, la lettre que j'avais écrite, il y a quelques mois, au FIGARO, et où je demandais qu'en ce pays, le pays qui paye le plus d'impôts de toute la terre, l'existence et le foyer du citoyen fussent un peu mieux défendus des assassins et des voleurs [1].

Vraiment, le changement de front apporté par Céard dans sa critique à mon égard, depuis qu'il sait qu'il n'est plus mon exécuteur testamentaire, me donnerait à rire, si elle ne m'indignait pas un peu.

Un article incroyable est celui paru dans LE PETIT JOURNAL et qui demande la suppression de la commission de censure qui a laissé jouer une pièce qui est la glorification de la capitulation de Verdun, vous l'entendez, la glorification de la capitulation de Verdun ! C'est bien la bonne foi du journalisme ! Et tout cela vient de ce qu'à la représentation d'hier, des gens de la *ligue des Patriotes* ont applaudi dans l'acte du siège de Verdun : « Plus de cette Assemblée de Paris ! et le balai à ce ramas de robins, d'avocats, de marchands de paroles. Oui, oui, à bas l'Assemblée ! à bas l'Assemblée [2] ! »

Vendredi 22 mars

Une lettre de Derenbourg, directeur des Menus-Plaisirs, m'annonçant que les recettes sont pitoyables, que la salle est vide et qu'il va interrompre la pièce.

---

1. Delzant, p. 364, donne à cette LETTRE A M. FRANCIS MAGNARD *sur les maisons dévastées d'Auteuil* une référence imprécise — FIGARO, novembre 1888 — et peut-être illusoire : rien de tel dans LE FIGARO de ce mois.

2. La réplique appartient à la chanoinesse de Valjuzon, excitant le peuple de Verdun contre la République (acte III, sc. 10). — La *ligue des Patriotes*, fondée en 1882 à Paris, sur l'initiative de Déroulède, qui en devient bientôt le président, se proposait ouvertement comme but la *Revanche*, comme en témoignait la devise de son drapeau : *Quand même*, 1870-18... Elle adhéra, en grande majorité, au boulangisme. Elle va être dissoute en 1889. – L'article du PETIT JOURNAL, daté du 22 mars, est intitulé LA CENSURE et signé *Thomas Grimm*, pseudonyme du comte de Poli.

Décidément, Derenbourg est un petit Juif plus propre à faire un marchand de lorgnettes qu'un directeur de théâtre... Il a lâché la pièce sur l'attitude du public de la première, ne comprenant pas que cette pièce pouvait tout aussi bien se relever que GERMINIE LACERTEUX, mais avec un peu de persistance, mais avec pas mal de publicité et même en tirant parti des allusions politiques contemporaines. Il a eu peur de l'article du PETIT JOURNAL, et cet article était excellent, si j'avais eu affaire à un directeur intelligent, à un faiseur habile.

Un affreux détail sur le pauvre garçon jardinier assassiné, donné par un journal : c'est un double sillon creusé par les larmes, le long des deux ailes du nez. Le pauvre diable avait été tué dans toute la peur d'un faux sommeil mal joué.

Samedi 23 mars

Service funèbre de Dejoux, le jeune neveu de Popelin, dans cette église où j'ai conduit, il y a aujourd'hui près de vingt ans, le cadavre de mon frère, un peu tué par LE FIGARO. Et je pensais à la haine attachée à sa mémoire et que n'a pas même désarmée, à l'heure présente, sa mort.

Mon chapeau sur la tête, j'allais sortir. C'est la Princesse, qui vient savoir si je vais chez Popelin, qu'elle m'a donné la mission d'interroger, de prêcher. Et comme je lui dis que, dans l'état des choses et dans l'intérêt de leur dignité, je suis pour une rupture, une amputation et comme au fond, ni l'un ni l'autre ne veulent de ce remède radical, je ne sais pas à quoi je puis être bon, la Princesse de déclarer qu'elle ne veut pas compromettre sa dignité, qu'elle rompra, mais qu'elle veut avant être tout à fait assurée qu'il ne lui reviendra pas. Et là-dedans, la voilà parcourant mon cabinet avec des sanglots et s'écriant d'une voix brisée : « Ah ! dans quel isolement je vais me trouver ! »

Puis soudainement prise de fureur, et sans songer à ce qu'elle dit de grave pour l'homme qu'elle aime : « Ah ! vous ne pouvez vous figurer comme ils se sont conduits avec moi, avec moi... Car dans ce cabinet où vous irez demain, tout vient de moi, les fauteuils, les chaises, ce qu'il y a sur les murs... » Et dans la rage jalouse tout à coup montée à son cœur, elle fait de son amant un entretenu, ce qui n'est pas vrai : car, il faut le dire, les cadeaux qu'il a reçus ont été toujours largement payés par les libéralités faites aux domestiques et les prêts d'argent, qui ne se rendent pas, à la *gens* de la Princesse.

C'est dur d'aller ce soir au théâtre, ce théâtre où on m'interrompt brutalement demain ; mais je veux remercier Antoine, je veux remercier ces pauvres diables d'acteurs pour qu'ils ne puissent pas croire un moment que je leur attribue mon insuccès.

Je tombe dans la fin du second acte et trouve le jeune Montégut, à l'effet d'imiter la fusillade, tirant des coups de revolver dans un corridor, tandis qu'un gros homme à tête de manant de Moyen Age tire des coups de canon d'une grosse caisse et que, dans le foyer des acteurs, deux figurants tapent sur deux cloches pour simuler le tocsin.

Un moment, Montégut a tiré tant de coups de revolver qu'on ne peut plus respirer dans le corridor. C'est être vraiment en pleine cuisine de la chose.

Antoine ne me paraît pas trop moralement déconfit de notre *four.* Il me dit que s'il avait été le maître, il aurait tenu plus longtemps... et ajoute aimablement que la pièce n'avait pas été peut-être jouée comme elle aurait dû l'être. A cela je lui réponds que la pièce aurait été miraculeusement jouée, que ça aurait été la même chose, qu'il y a eu une combinaison et un amalgame de l'hostilité contre lui et contre moi, qu'il n'y avait rien à faire et que la pièce, peut-être *relevable* ailleurs, ne l'est pas là..., que je ne regrette toutefois qu'une chose, c'est de n'avoir pas fait un traité avec Derenbourg par lequel il se serait engagé à me jouer dix fois ou, sinon, ne m'être pas laissé aller à l'aventure d'être joué plus d'une fois... Au fond, dans sa causerie avec moi, je sens qu'Antoine ne se lâche pas sur Derenbourg, qu'il ne dit pas tout ce qu'il doit savoir sur ce que je trouve de mystérieux et d'énigmatique dans sa conduite... Je ne lui trouve pas même assez d'indignation contre la réception par Derenbourg de la pièce de LA GOMME de Champsaur, de Champsaur qui a fait revivre à la dernière heure tous les ressentiments par la phrase de *gueux imbéciles* [1].

Le bruit court que Claretie est dans la salle, et sur cette annonce tout le monde de déployer tous ses talents pour se faire engager aux Français ! Antoine lui-même, moitié pour Claretie, moitié pour moi, est superbe dans le quatrième acte.

Dimanche 24 mars

Ironie. J'ai donné 200 francs aux mécaniciens et électriciens des Menus-Plaisirs, et LA PATRIE EN DANGER — cette pièce que, dans mes rêves, je voyais jouée pendant toute l'Exposition — ne me rapportera pas ces 200 francs !

Je ne sais dans quel journal, je lisais que ma vie se passait au milieu d'une société d'admiration. Elle est restreinte, cette société ; car personne en littérature n'a été attaqué, injurié, insulté comme moi — et si peu soutenu par ma société ! Et cette société d'admiration, je la cherchais à la première de GERMINIE LACERTEUX, où la salle ne voulait pas laisser prononcer mon nom, à la première de LA PATRIE EN DANGER, cette reconstitution d'une époque historique comme il n'y en a aucune dans une pièce française et que la salle, par ses mépris,

1. Antoine avait retenu pour le Théâtre-Libre LA GOMME de Champsaur, qui imprima son œuvre ; mais Antoine revint sur ses offres et, aux sommations de Champsaur, il répondit qu'il dirigeait « une maison privée » et non une entreprise commerciale. Il renvoya sa pièce à l'auteur, d'où les articles indignés de celui-ci dans LE FIGARO le 13 mars (voir plus haut p. 240, n. 1), dans L'ÉVÉNEMENT et LE FIGARO le 16... Contrairement à ce que laisse supposer le passage du JOURNAL, Antoine, semble-t-il, n'aura pas à subir l'affront de voir la pièce qu'il a refusée jouée par Derenbourg dans la salle prêtée au Théâtre-Libre : en 1889, LA GOMME ne figure pas au programme des Menus-Plaisirs.

ses *égayements*, l'affectation de son ennui, déclarait inférieure à tout. Et dans ma pensée, je rapprochais ces deux premières — de l'avis de tout le monde, exceptionnelles et particulières aux Goncourt — de la première d'HENRIETTE MARÉCHAL, où on aurait voulu nous déchirer, mon frère et moi ! Ah ! l'admiration pour nous, je le répète, si elle existe, elle est restreinte et se témoigne discrètement.

Les gens de mon *Grenier*, dans mon désastre, se sont montrés gentils, affectueux pour moi. Ils ont eu l'idée de me donner un dîner, de m'entourer un peu de la chaleur de leur affection, et ça m'a été une jouissance de cœur de savoir que c'était Geffroy qui avait eu cette idée, Geffroy, ce caractère un peu mollasse, mais ce cœur bon et tendre. Et ils se sont indignés de la conduite de Céard à mon égard. Hennique assurait que même Zola avait trouvé qu'il avait dépassé les limites de la méchanceté et le lui avait dit carrément.

Un moment, Hervieu se penche à mon oreille et me demande si je sais quelque chose de particulier sur l'état de Daudet, et comme je fais un signe négatif, il me dit que sa question vient de ce que Charpentier répand partout qu'il sortira de cette crise les deux jambes paralysées. Est-ce le dépit colère de n'avoir pas édité L'IMMORTEL ? Est-ce de la méchanceté simple ? Est-ce tout bonnement le désir bête de paraître mieux et plus secrètement informé que les autres ?

Au fond, Sarcey est moins féroce que je ne l'attendais ! Mais au fond, est-ce vraiment un critique sérieux, l'homme qui donne au moins autant de place dans son feuilleton à MES ANCIENNES, folie-vaudeville de Raymond et Gastyne, qu'à LA PATRIE EN DANGER [1] ?

Lundi 25 mars

Tristesse en pensant que ma carrière littéraire est finie, que ma dernière cartouche a raté — et cependant, LA PATRIE EN DANGER est une œuvre qui méritait mieux qu'une chute aux Menus-Plaisirs.

Je ne suis pas assis chez Popelin qu'il me jette avec une animation colère : « La Princesse ! la Princesse !... Quand on a annoncé son mariage avec moi dans le Gotha [2], Benedetti voulait démentir la chose... Je l'en ai empêché en lui disant que j'étais un aussi grand monsieur que la Princesse... que la naissance n'était rien pour moi et, ouvrant la porte de la pièce où était la Princesse : « La Princesse sera ma femme demain ! » lui ai-je dit tout haut... Et si ça n'a pas été, ç'a été absolument par dévouement de ma part à la Princesse. » Et après avoir laissé percer le désir qu'il a de rentrer dans le salon de la rue de Berri, le voilà se répandant en protestations comédiennes sur ses obligations chevaleresques envers Mlle Abbatucci, que je sens très bien qu'il lâchera.

De la rue de Téhéran, je vais rue de Berri, où, un peu dégoûté de

1. Chronique théâtrale de Sarcey dans LE TEMPS du 25 : les Goncourt ont piqué des faits historiques dans leur pièce comme un coiffeur, des faux cheveux dans une perruque.
2. Cf. t. II, p. 809 et pp. 811-812.

la lâcheté de l'homme et de la femme, je laisse espérer à la Princesse le rapatriement sans dignité après lequel elle soupire.

Ce soir, Daudet, d'une voix moitié blagueuse, moitié désolée, et avec ses yeux dont je n'aime pas la fixité maladive, disait : « *Si la petite tousse, toi qui ne dors pas, tu me réveilleras ?* C'était la recommandation de ma femme hier en se couchant... Or, je rêvais cette nuit que j'étais le Christ sur la croix et que j'avais la Madeleine en larmes à mes pieds, et pendant que je *golgothais* dans un demi-sommeil douloureux, tout à coup, la Madeleine, élevant la voix, me jetait : *Si la petite tousse, toi qui ne dors pas...* »

Mardi 26 mars

Il y a des femmes dont le teint pauvre fait penser à l'ardoisé de leurs grandes lèvres, au demi-deuil de leur appareil pour l'amour.

Ce soir, Daudet se plaignait que la critique de Rosny, dans la REVUE INDÉPENDANTE, nous enfermât dans une prison où il nous donnait l'espérance qu'il viendrait, de temps en temps, nous passer quelque chose par les barreaux. Et il se moquait de ces formules vous parquant dans un compartiment, avec, sur la porte, un écriteau de jardin des plantes spécifiant votre espèce, quand il y a des naturalistes, au nom de Flaubert, qui font LA TENTATION DE SAINT ANTOINE, et des naturalistes, au nom de Goncourt, qui font MADAME GERVAISAIS, qui, si elle n'avait pas le nom des signataires sur la couverture, pourrait passer pour le plus spiritualiste des romans modernes.

Et je disais à Daudet : « Moi, voici mon speech à Rosny : « Oui, peut-être le mouvement littéraire baptisé *naturalisme* est à sa fin. Il a à peu près ses cinquante ans d'existence et c'est la durée d'un mouvement littéraire en ces temps, et il fera sans doute place à un mouvement plus idéaliste... Mais il faut pour cela des hommes à idées, des trouveurs de nouvelles formules ; et je le déclare, dans ce moment-ci, je connais d'habiles ouvriers en style, de vrais maîtres en procédés de toutes les écritures... mais pas du tout d'ouvriers pour le mouvement devant arriver. »

Mercredi 27 mars

Acheté hier un cartel surmonté d'un Chinois tenant un parasol et un moutardier en saxe, avec sa petite monture en vermeil et qui me faisait penser à l'ignoble moutardier qui ne gâte pas le dîner des gens qui dînent au café Anglais ou à la Maison d'or.

Enfin, mon épistolaire anonyme de tous les mois, la signataire de lettres au nom de Renée, a forcé ma porte. C'est une pauvre fille, à la tête chevaline, aux longues dents, tristement vêtue de choses vieillottes, une femme à l'apparence d'une ouvrière qui a souffert des malchances de la vie. Elle a commencé à me parler tout émotionnée, toute tremblotante... On vient de me montrer une lettre imbécile de Popelin, à propos de ma visite chez lui et chez la Princesse, et sous le coup de l'irritation colère que j'éprouve, je reçois mal la pauvre fille, qui, suppliante, me demande à la fin si je lui permets de m'écrire encore et à laquelle je réponds : « Comme vous voudrez ! »

Puis, quand elle est partie, je suis plein de remords, je me dis que si elle avait été jolie, distinguée, bien mise et dans une autre position sociale, je l'aurais moins indifféremment, moins dédaigneusement, moins durement reçue, et je me gronde en pensant à ce qu'il y a de touchant dans cette espèce de culte religieux pour ma littérature, sans aucun sentiment profane pour le littérateur, dans ce culte religieux d'une femme presque du peuple, amoureuse de littérature et qui n'est pas une lettrée.

Mme Commanville, à laquelle je demande comment elle avait pu publier les dures lettres adressées par Flaubert à Du Camp, qui, certes, ne les avait pas communiquées, me fait la confidence que Flaubert gardait la copie de ses lettres, rédigées comme un article de journal [1]. Cela dit bien des choses sur lui, cette confidence, et confirme joliment ce que je pensais : que ce n'était pas le monsieur tout *spontané* que quelques-uns veulent voir en lui et qu'il y avait souvent dans sa conduite du calcul de Normand.

Jeudi 28 mars

Aujourd'hui, en parcourant mon livre d'adresses, j'étais frappé de ce que la lettre *C* m'avait apporté de traîtres et de connaissances canailles : Caraguel, Jules Case, Céard.

Ce soir, chez Daudet, une terrible logomachie, où Rosny parle des abstraits et des concrets en littérature et des préférences morales, qu'il compare au vol obstiné de certains insectes, aux dessins d'une surface blanche ou d'une surface noire, et de beaucoup de choses absconses, compliquées et peu compréhensibles, au bout desquelles il déclare que c'est moi qui suis le théoricien dogmatique, le théoricien autoritaire...

Daudet nous confesse qu'en 1875, en présence de ses pauvres gains littéraires, il a été au moment d'entrer, par la protection de son frère, dans un bureau ou une bibliothèque et d'échanger contre un traitement de 3 000 francs les 150 000 francs qu'il gagne aujourd'hui !

Puis, je crois, à propos du recopiage des lettres de Flaubert, il nous parle du travail amoureux que prenait au recopiage de ses lettres de commerce son père, ce commerçant passionné dont la vie de commerce avait été une suite de désastres. Et là-dessus, un amusant croquis de ce père commerçant, dont l'existence commerciale consistait à se lever de très bonne heure, à se mettre en manches de chemise à sa fenêtre,

1. Dans l'édition de 1889 (CORRESPONDANCE, 2ᵉ s., pp. 117 et 122), ces deux lettres à Du Camp sont seulement datées 1852. La première est, en fait, du 26 juin et Flaubert y répond avec dédain aux instances de son ami qui le pressait de publier pour « arriver » : « *Être connu* n'est pas ma principale affaire : cela ne satisfait entièrement que les très médiocres. » La seconde, de juillet, répond aux plaintes de Du Camp, blessé : « Moi, je ne cherche pas le port, mais la haute mer ; si j'y fais naufrage, je te dispense du deuil. » (édit. Conard, 1926, 2ᵉ s. pp. 442 et 451).

à chantonner — et de temps en temps à payer une bouteille à ses ouvriers...

Puis, je ne sais par quel chemin, sa parole va à ses livres, et il déclare qu'il n'y a qu'une chose qui blesse son amour-propre, c'est que dans son TARTARIN, on n'a vu qu'une fantaisie comique et qu'on n'a pas reconnu que c'était une sérieuse personnification du Midi, une figure de Don Quichotte plus épais.

« Oui, lui dis-je, un Don Quichotte mâtiné de Sancho Pança !

— Tenez, est-ce un Tartarin que ce Numa Gilly, qui voulait tout tuer, tout avaler... et qui devant les duels, les procès que sa brochure lui amène, se met à pleurer [1] ! »

Vendredi 29 mars

Hier, Rosny racontait qu'ayant rencontré Caraguel dans un café, celui-ci disait, dans l'expansion de plusieurs bocks : « Un renfoncement de mon chapeau, je ne le rendrais pas... A la guerre, dans les rangs, je tirerais un coup de fusil ; mais si l'on s'abordait à la baïonnette, je ficherais mon camp ! » Est-ce curieux, cette profession de foi de lâcheté que rien ne sollicite ?

Samedi 30 mars

Visite de Delzant, qui me lit, dans le volume qu'il fait sur moi, ma correspondance avec le ménage Daudet, correspondance complètement oubliée et qui me révèle en moi un épistolaire, ma foi, plus épistolaire que je ne croyais. C'est gentil tout de même, ce morceau de tendre amitié, dans ce siècle et au milieu de cette société des lettres où l'on aime si peu.

Et la lecture de la correspondance est suivie de la visite du ménage, en une des premières sorties que fait le malade. Mme Daudet, dans son sévère deuil de laine, Daudet avec sa pâle figure tirée et le *poivre et sel* monté dans sa barbe et ses cheveux.

Une anecdote concernant Boussod, qu'on me raconte ce soir.

« Le voilà, ce fameux Millet ! Je l'ai acheté 12 000 francs... et il va partir pour l'Amérique, où il m'est acheté 35 000 francs, s'exclame Boussod.

— Mais ce n'est pas un Millet, fait l'amateur, après un long et consciencieux examen. Voulez-vous me le confier ? »

Et l'amateur, qui connaissait Mme Millet, va la trouver et lui fait

1. Député maire radical de Nîmes, le tonnelier Numa Gilly avait dénoncé à Alais le 3 sept. 1888 la gabegie parlementaire : « Sur 33 membres de la commission du Budget, vous avez au moins 20 Wilson. » Poursuivi pour diffamation et acquitté le 17 novembre, il publie, dans MES DOSSIERS (1889), des documents relatifs aux affaires des câbles du Tonkin, de la Franco-Algérienne, de Panama, etc., mais il rejette sur l'éditeur Savine la responsabilité de cette publication. Il n'en est pas moins condamné à 6 mois, puis à 1 mois de prison (20 avril et 16 juin 1889). Ses réélections triomphales à la mairie de Nîmes entraîneront plusieurs dissolutions du conseil municipal.

voir le tableau. Elle ne se rappelle pas l'avoir vu faire et le fils, consulté à son tour, tout en trouvant dans la toile du *faire* de son père, n'a pas plus que sa mère le souvenir du temps où il a pu être peint.

L'amateur revient chez Boussod et lui dit : « Votre Millet n'est pas un Millet. » Boussod le questionne, l'amateur lui avoue qu'il s'est adressé à Mme Millet.

Le lendemain, Boussot est chez Mme Millet et lui demande si elle a encore des dessins à vendre de son mari. Il en choisit quelques-uns et lui dit : « En voulez-vous quatre mille francs ? » qu'il pose en quatre billets sur la table, ajoutant négligemment : « On vous a présenté un Millet, je sais que vous avez dit que vous ne vous le rappeliez pas parfaitement ; mais votre fils a dit qu'il était dans sa manière... Je voudrais qu'avec votre reçu des quatre mille francs, vous me donniez une lettre... »

Devant les quatre mille francs, la femme besogneuse cède et écrit la lettre demandée, et Boussol triomphe, quand, quelques jours après, Chaplin, entrant chez lui, s'écrie : « Ah ! que je suis donc heureux de le retrouver, ce diable de tableau !... Mais voilà une signature qu'il faut effacer. Car ce Millet est de moi ! »

Lundi 1er avril

C'est incontestable, et il faut bien que je me l'avoue : à la reprise d'HENRIETTE MARÉCHAL, j'avais toute la jeunesse avec moi, je l'ai bien encore, mais pas tout entière. Les *décadents*, quoique au fond ils descendent un peu de mon style, se sont retournés contre moi. Puis il y a, dans la présente jeunesse, ce côté curieux qui la différencie des jeunesses des autres époques : elle ne veut pas reconnaître de pères et de générateurs et se considère, dès l'âge de vingt ans et dans le balbutiement du talent, comme les *trouveurs* de tout. C'est une jeunesse à l'image de la République, ellc raye le passé.

Mardi 2 avril

C'est curieux, la malchance qui me poursuit dans tout ce que j'entreprends. Aujourd'hui, lettre de May : qu'il ne fait pas l'HISTOIRE DE LA SOCIÉTÉ FRANÇAISE PENDANT LE DIRECTOIRE pour l'année prochaine, qu'il attend l'écoulement de LA SOCIÉTÉ PENDANT LA RÉVOLUTION. C'est la remise aux calendes grecques !

Causerie avec Daudet sur la femme française, que Molière dit dans une préface plus *intellectuelle* que *sensuelle*, et là-dessus, Daudet s'élève contre la fausseté des femmes françaises représentées par le roman français, des femmes françaises peintes par Catulle Mendès, ces possédées de sensualité, s'élève contre les femmes françaises décrites par le romantisme, ces femmes rugissantes, ces femmes affolées par des passions tropicales, et nous disons qu'il y aurait un intelligent et spirituel article à faire pour remettre la femme française de la littérature au point réel.

Mercredi 3 avril

Visite dans la journée du petit Popelin, morne et triste, et qui me dit que depuis ces histoires, il ne voit plus personne, qu'il redoute de se montrer au cercle *L'Épatant,* dont il fait partie, qu'il a comme une pudeur de se rencontrer avec d'anciennes connaissances. Il ajoute, en me parlant de son père, que le chagrin en a fait un *vieillard,* qu'il n'est plus l'homme que j'ai connu l'année dernière, qu'il est bien fatigué, me laissant entendre qu'il y a chez lui un affaissement cérébral, affaissement qu'il m'avait semblé percevoir lors de la dernière visite.

Le soir, la Princesse, à propos de la cessation de ses rapports conjugaux avec Popelin depuis dix ans, me dit : « Vous savez, je ne veux pas faire la *mijaurée*... J'aime beaucoup l'amour, et, mon Dieu ! l'amour physique... Mais il faut que le désir de cela existe chez les deux, et au moment où... voilà, il n'était plus brillant... Il aurait peut-être fallu des excitations, qui ne sont pas employées dans les amours propres... » Et je suis convaincu qu'*elle,* ces choses cochonnes, elle les lui a servies... comme une fille qu'elle est !

Jeudi 4 avril

J'ai toujours un plaisir, où il y a un peu d'émotion, à la réception des premières épreuves d'un livre. C'est bien cela que j'éprouve en tirant de ma boîte aux lettres les *placards* de LA CLAIRON, imprimés par l'ÉCHO DE PARIS [1].

Après dîner chez Daudet, on cause *surnaturel.* Mme Daudet et son grand fils Léon ont des tendances à y croire. Daudet et moi, sommes tout à fait des *incroyants.* Une grosse discussion à laquelle je mets fin par ces paroles : « Non, je ne crois pas au surnaturalisme entre les vivants et les morts, hélas ! Mais je crois au surnaturalisme entre les vivants... L'amour, cette première vue qui fait deux êtres amoureux, ce coup de foudre qui en une seconde affole deux êtres l'un de l'autre... voilà du surnaturel bien certain, bien positif ! »

Samedi 6 avril

Je retrouve cette note donnée par Hayashi : « Shitei Samba, romancier et critique japonais (1800), ayant une certaine parenté avec la forme du JOURNAL DES GONCOURT. »

Dmanche 7 avril

Hennique, les yeux brillants : « Oui, tout cet été, je suis au théâtre... Mais à mon retour, je me payerai une étude *chouette* d'ivrognesse [2]...

1. Cf. t. III, p. 198, n. 1.
2. Ce tableau de mœurs anglaises et cette étude de l'alcoolisme féminin, ce sera MINNIE BRANDON (1899).

Ma femme n'est pas là, je puis vous en faire la confidence : c'est une étude d'après une maîtresse, d'après une Anglaise rencontrée à l'avant-dernière Exposition, jolie comme un cœur... qui m'a donné beaucoup de mal pour la faire et qui se grisait avec de l'eau-de-vie... qui se grisait, oh ! mais vous n'en avez pas une idée !... et qui, quand elle était saoule, me répétait indéfiniment : « Faut que tu m'épouses, faut que tu m'épouses... » Vous voyez d'ici la chose.... J'ai vécu avec elle près de dix-huit mois... Et je vous le répète, jolie comme un cœur, et une certaine éducation... Figurez-vous que j'ai été à Londres avec elle ; et là, elle a tenu à me présenter à sa famille et j'ai dîné avec son père, qui était cocher dans une grande maison, sa mère qui y était je ne sais quoi, sa sœur qui y était femme de chambre... Oh ! le cocasse dîner, où nous nous sommes tous grisés, fallait voir !... Elle se grisait, figurez-vous, à tomber... J'ai eu, un temps, une maisonnette avec un jardinet à Montmartre. Eh bien, un jour où je rentrais la nuit, je me bute dans une allée contre quelque chose que je croyais un paquet de chiffons. C'était elle... Elle avait été chercher de l'eau-de-vie et, en m'attendant, en avait bu, je crois vraiment, une bouteille... Et l'extraordinaire de cela, le lendemain, point la moindre trace de la pocharderie de la veille ! »

Daudet entre, avec sa pâle figure, et s'assied et dit : « J'ai assisté ces jours-ci à une confession curieuse... Un garçon de ma connaissance, pas un gamin, mais un homme d'une trentaine d'années... et pas du tout sur le chemin de la piété, m'a dit : « Il y a eu un moment où j'ai désespéré de la vie de mon frère... » J'ai compris qu'il s'agissait du cousin de Daudet, du peintre Montégut. « Alors, j'ai fait le vœu, s'il en réchappait, de communier avec mon père... Et maintenant, voilà où j'en suis, je veux tenir mon vœu... » Là-dessus, dit Daudet, c'était intéressant d'entendre les grognements de mon grand Léon, n'en revenant pas... « Oui, je veux tenir mon vœu, reprenait tranquillement ledit garçon, et j'ai pensé à un curé d'un petit village où est mort un autre de mes frères... J'irai trouver ce bon vieux curé, lui avouerai que je ne suis pas un pratiquant, que j'ai fait tout le mal que peut faire un honnête homme, mais que voici ce qui s'est passé. »

C'est vraiment très charmant, et je suis plus touché qu'un autre de cette marque dévouée de fraternité. Mais ce frère, est-il assez un homme du Midi !

Il me parle de Rosny, auquel il a dit que la première fois qu'il l'avait vu, il l'avait pris pour un alcoolique. Sur quoi Rosny s'était écrié qu'il fallait avoir son œil pour percer ainsi les choses, qu'en effet, son père était un alcoolisé et que lui-même avait été toute sa vie en défense contre ce penchant.

Et nous nous sommes mis à déplorer cette passion, qu'a prise le bon Rosny, du monde, où Hervieu l'a introduit et lui sert de cornac — fréquentation ne lui servant de rien et destinée à diminuer plutôt son originalité peuple par la banalité et le rétrécissement des idées mondaines.

A propos de cette maladie du monde, Daudet lui a dit spirituellement : « Rosny, ça ne vous sert à rien d'aller dans le monde, en tant que vous y allez dans le Rosny que vous êtes... Je vous vois d'ici parlant tout le temps et par cela même ne voyant rien... Il faudrait y aller avec un faux nez et y être tout le temps silencieux, à la façon d'un qui n'est pas vous ! »

On parle ensuite du petit Hermant, de con côté rangé, raisonnable, pratique ; on remonte au temps où il faisait la cour à Georgette et où il lui donnait une heure et, les soixante minutes passées, allait travailler. Une heure pour la fiancée et les autres heures pour la copie : c'était le bilan de sa journée [1].

Et Daudet me prend dans un coin et me jette dans l'oreille : « Bourget, que j'ai rencontré ces jours-ci, m'a dit : « Il faut que je m'explique avec vous... Vous m'avez soupçonné, je le sais, d'être quelque chose dans l'affaire Arène... Eh bien, ce n'est pas moi... J'ai pu avoir un peu de jalousie de vos succès, mais jamais cette jalousie n'est sortie au dehors... Le souffleur d'Arène, c'est Heredia ! »

Ça doit être vrai. Cet *hidalgo,* à l'apparence cordiale, est le plus terrible colporteur de potins et de cancans méchants. Déjà, j'avais dit ma pensée sur lui à Mlle Abbatucci ; et depuis, Zola, à la suite d'une rencontre avec lui aux eaux, nous avait laissé entendre qu'il nous avait rudement éreintés, Daudet et moi. Du reste, pour faire la cour à l'homme auquel il parle, le Cubain, dans lequel il y a de la bassesse de nègre, est capable des plus féroces immolations générales.

Lundi 8 avril

Deux fois, ces jours-ci, dans les cauchemars du sommeil du matin, la condamnation à mort de mon frère, revivant dans mon rêve, avec la soirée d'anxiété de la veille.

Je voudrais faire un livre — pas un roman —, un livre où je pourrais cracher de haut sur mon siècle, un livre ayant pour titre : LES MENSONGES DE MON TEMPS.

Et le mot *mensonge* me faisait penser à ce journal du mensonge, LE FIGARO, célébrant le faux honnête homme comme l'abbé Roussel, le faux homme de talent, comme... comme... et qui, ces jours-ci, lorsqu'on n'a pu obtenir pour l'assassiné d'Auteuil, de l'homme dont il gardait la maison, qu'un service de septième classe, et lorsque son enterrement a été payé presque entièrement par le curé et des souscriptions de nous tous, a chanté la générosité du quidam [2] !

Mardi 9 avril

Tout le bénéfice qu'a tiré jusqu'à présent la France de la présidence de la République, ça a été l'encouragement des assassins par les grâces miséricordieuses que leur a accordées le président Grévy et l'encourage-

1. Il s'agit de Georgette Charpentier qu'a épousée Abel Hermant.
2. Cf. plus haut, p. 245, n. 1. Sur l'abbé Roussel, cf. note du 17 décembre 1892.

ment des voleurs politiques par l'esprit d'imitation de son gendre Wilson.

Mercredi 10 avril

Les anémones, avec leurs pétales lâches, mous, affaissés, et avec leurs douces couleurs aux tons passés, mauve, lilas, rose turc, me semblent de vraies fleurs d'odalisques. Elles m'apparaissent aussi, ces fleurs, en le coloris de leurs nuances délavées autour de l'aigrette noire de leur calice, comme ayant la tendresse surnaturelle de couleurs entrevues dans un rêve.

Jeudi 11 avril

Un mieux chez Daudet, mais une irritabilité à propos d'un rien, de son porte-plume dont se sert Lucien, une irritabilité maladive et qui m'inquiète.

Vendredi 12 avril

Ce soir, je brûle les cheveux blancs de la mère, des cheveux blonds de ma petite sœur Lili, des cheveux d'un blond d'ange. Oui, il faut songer à la profanation qui attend les reliques de cœur, laissées derrière eux par les célibataires.

Dimanche 14 avril

Aujourd'hui, dans le *Grenier,* à propos de ce malheureux Puissant, on parlait de la chance qu'a eue Leconte de Lisle, lors de sa présentation à l'Académie, de ne pas se voir rappeler par un journal ou un imprimé quelconque son rôle d'homme de police, quand il tenait sous l'Empire le salon le plus *écarlate,* le plus anti-impérial, et qu'en même temps, il était soudoyé par la cassette impériale [1].

La tendresse du journalisme pour la pièce de Lemaître, ça démontre qu'être normalien à l'heure présente, ça vous sert peut-être encore plus sur cette terre que d'être franc-maçon [2].

Lundi 15 avril

Mme Camescasse, la femme de l'ancien préfet de police, racontait

1. A partir de juillet 1864, Leconte de Lisle avait accepté de recevoir 300 francs par mois de la cassette impériale, qui payait aussi bien les espions privés de Napoléon III que les poètes amis ou courtisans. – Quant à Puissant, voir la page d'ULTIMA de Daudet (REVUE DE PARIS, 15 août 1896), où Daudet ayant reçu de lui, quelques jours avant la mort d'Edmond, le 11 juillet 1896, « une lettre navrante à faire sangloter le policier Javert », Edmond rappelle qu'il allait écrire ou venait d'écrire « une préface pour un livre qu'allait lui publier Charpentier, quand nous avons appris le joli métier qu'il faisait, à côté de celui d'homme de lettres ».

2. RÉVOLTÉE, de Jules Lemaître, une pièce en 4 actes, jouée à l'Odéon le 9 avril 1889.

à une amie que, ne se rendant pas compte de l'emploi de l'argent gagné par son mari aux *Petites Voitures* et à la Chambre, et soupçonneuse d'une intrigue au-dehors, le hasard l'avait mise en possession de lettres d'une femme de la société, très riche, beaucoup plus riche qu'elle, et qui coûtait énormément d'argent à son mari. Elle ajoutait que, dans ces conditions, elle avait mandé près d'elle des membres de sa famille et qu'elle avait obtenu la rupture de l'intrigue.

Cette confidence venait à peine d'être faite, quand l'amie de Mme Camescasse, questionnant le vieux Jourde du SIÈCLE sur ce petit drame domestique, celui-ci lui avait dit : « Il y a de ça dans l'histoire qu'elle vous a contée ; seulement, le dénouement est autre. La femme trahie a été plus pratique, elle a écrit au père de la femme, l'a fait venir chez elle et là, dans une conférence où elle lui a montré les lettres de sa fille, elle lui a déclaré que, s'il ne rendait pas l'argent que sa fille avait coûté à Camescasse, elle préviendrait son mari. Et le père s'est exécuté. »

Une journée de deux mondaines, une journée de Mme Strauss et de Mme Lippmann, la fille à Dumas : station chez la marchande de modes, station chez une lingère, que ces dames appellent la lingère, non pas *à habiller,* mais *à déshabiller,* enfin séance chez une tireuse de cartes à salons dorés. Ça, des femmes du monde ? Non ! ce sont de fausses cocottes.

Mardi 16 avril

Des minarets, des dômes, des moucharaby, tout un faux Orient en carton, pas un monument rappelant notre architecture française [1]. On sent que cette Exposition va être l'exposition du *rastaquouérisme.*

Du reste à Paris, dans le Paris d'aujourd'hui, oui, le Parisien, la Parisienne, ça commence à devenir un être rare dans cette société sémitique ou auvergnate ou marseillaise, par suite de la conquête de Paris par la juiverie et le Midi. Au fond, Paris n'est plus Paris ; c'est une sorte de ville libre, où tous les voleurs de la terre, qui ont fait leur fortune dans les affaires, viennent mal manger et coucher contre de la chair qui se dit parisienne.

Ce soir, dîner offert chez Marguery par les amis du *Grenier* et autres lieux à l'auteur de GERMINIE LACERTEUX et de LA PATRIE EN DANGER. Ce dîner est le prétexte à l'ouverture, chez le restaurateur, d'une salle recouverte d'une tenture, comme enduite d'un strass aveuglant et aux sculptures moyenâgeuses dans le genre de celles que les Fragonard fils, sous la Restauration, mettaient à l'illustration des

1. Outre l'Exposition coloniale installée sur l'esplanade des Invalides, on trouvait, située entre le Palais des industries diverses (au bout du Champ-de-Mars) et l'avenue de Suffren, la population *rue du Caire,* où des copies d'authentiques morceaux de l'architecture arabe d'Égypte reconstituaient un vrai village oriental avec des *souks,* des cafés arabes, des danses du ventre et des Aïssaouas.

Clotilde de Surville : une décoration atroce et qui aurait coûté 100 000 francs et qui sert toute la soirée de thème aux horripilations artistiques de Huysmans, qui apporte vraiment trop de rabâchage dans son pessimisme et qui, dans son très artistique SLEEPING, consacre plus de douze pages à des sensations méritant une note de quarante lignes [1].

A ce dîner, on est trente-cinq, trente-cinq goncourtistes me montrant une franche sympathie. J'ai à ma gauche Rops, le causeur coloré, à la phrase fouettée et qui m'entretient tout à la fois du dramatique de la campagne de 1870 et de sa folie amoureuse pour les rosiers de son jardin de Corbeil. Un moment, il me silhouette un de Moltke faisant la campagne de France en pantoufles. Puis il m'introduit au crépuscule dans une chaumière où, au moment de prendre une pomme de terre dans un pot de fonte cuisant sur le feu, il est arrêté par la vue d'une femme couchée à terre sur la figure, et les cheveux répandus ainsi qu'une queue de cheval dans une mare de sang ; et comme il sort dans la cour, il se trouve en face d'un homme appuyé debout sur une herse en train de mourir, avec un restant de vie dans les yeux, épouvantant. Un spectacle qui l'a rempli d'une terreur nerveuse, comme il n'en a jamais éprouvé, et au milieu de laquelle il s'est trouvé dans l'obligation d'appeler un camarade pour prendre la femme et la transporter dans la voiture d'ambulance.

Au milieu de ce récit, tout à coup, Rosny, qui est à ma droite, se lève, me porte un toast, d'une amicalité très charmante, qui reproche dans sa brutalité leur *muflerie* aux éreinteurs de mes deux pièces. Cela est dit par lui très émotionné et prêt à perdre le fil de son toast.

Au fond, un repas vraiment affectueux et sans pose, dans lequel Antoine m'apprend que la municipalité de Reims lui demande de venir jouer LA PATRIE EN DANGER le 14 juillet, et ajoute qu'il veut ouvrir la saison prochaine avec LES FRÈRES ZEMGANNO.

Et là-dessus, je *paye une tournée* de punch au café Riche, et l'on se quitte avec des tendresses à une heure du matin.

Mercredi 17 avril

Le salon de la Princesse appartient absolument dans ce moment à la famille Dumas, et Dumas y dîne ce soir, avec ses deux filles. Il parle d'une manière amusante de Sarah Bernhardt qui, hier, aux Variétés, lui est tombée dans les bras. Il se répand sur la carrure hommasse de ce corps, où il n'y a pas de gorge, mais un estomac rebondi. Il dit la force et la résistance de cette créature, que rien ne fatigue, que rien ne lasse et qui crache le sang sans plus de détérioration de son être que lorsqu'on crache des *mollards.*

1. J.K. Huysmans avait rapporté d'un voyage en Allemagne (août 1888) ce SLEEPING-CAR, qui parut dans la REVUE INDÉPENDANTE (mars 1889), avant d'être publié dans DE TOUT (1901). – Les sensations en question sont celles du dormeur qui expérimente une couchette de rapide (cf. DE TOUT, éd. Crès, 1934, pp. 178-183).

C'est vraiment un peu renversant — *sidérant,* dirait Léon Daudet —, les femmes de la société en ce moment. Elles ont tout à fait l'air d'hystériques de la Salpêtrière, lâchées par Charcot dans le monde. On n'a pas idée des excentricités mal élevées de ces folles, et aujourd'hui que la Princesse a fait venir une bouillabaisse de Marseille, la femme Lippmann va, avec toutes sortes de gamineries et de gestes de toquée ne manquant pas de grâce, souffler l'ail de bouillabaisse dans la figure des gens de sa connaissance.

Jeudi 18 avril

Au fond, le sculpteur Rodin se laisse trop gober par l'*antiquaillerie* des vieilles littératures et n'a pas le goût naturel de la modernité qu'avait Carpeaux. Le Dante, dans son cerveau d'ouvrier illettré, devient une religion étroite et bête, devient du fanatisme exclusif de l'admiration du présent.

Quel épicier il y a dans cet homme de talent et cet artiste qui s'appelle Loti ! J'ai la perception de son goût odieusement bourgeois et à la distinction à rebours dans la lettre en caractères et à rubriques de missel par laquelle il me fait part de la naissance d'un fils.

Pillaut, le musicien, racontait que pour l'exposition du Conservatoire qu'il faisait, il avait été dans un village de l'Oise, dont je ne me rappelle pas le nom et où l'on faisait des instruments de musique en bois depuis près de trois cents ans : un village où il n'y a pas de ferme, où les paysans ne sèment ni ne labourent ni ne fauchent et où tous, le cul sur une selle, travaillent à des clarinettes, qui se composent d'une trentaine de pièces. Ne vous apparaît-elle pas comme une localité digne d'être décrite par Hoffmann, cette localité fantastique ?

Vendredi 19 avril

Je voulais travailler aujourd'hui, mais les roulades des oiseaux, la nage folle des poissons sortant de leur léthargie de l'hiver, le bruissement des insectes, l'étoilement du gazon par les blanches marguerites, le vert pointant dans le haut des pousses pourprées des pivoines, le vernissage des jacinthes et des anémones par le soleil, le bleu tendre du ciel, la joie de l'air d'un premier jour de printemps m'ont fait paresseux et habitant de mon jardin toute la journée.

Samedi 20 avril

Ces sacrés yeux... C'est embêtant d'économiser son travail, de se rationner les lectures !... Moi qui donnerais mes jambes, qui consentirais à devenir cul-de-jatte plutôt qu'aveugle...

Dimanche 21 avril

Je crois décidément que la vie intellectuelle, que le ferraillement journalier de votre intelligence à l'encontre d'autres intelligences, je crois que cela combat et retarde la vieillesse. Je fais cette remarque en me comparant aux bourgeois de mon âge que je connais. Bien certainement, ils sont plus vieux que moi.

Ce soir, Daudet m'emmène dîner chez lui, et, son œil, à son entrée, tombant sur LAMIEL, ce volume de Stendhal qui vient d'être publié, il me dit, tout en cherchant la page : « Vous savez, cette idée que vous avez eue cet été, une nuit d'insomnie, d'une pièce où un voleur fantaisiste, pessimiste et blagueur, est désarmé par le sang-froid et l'esprit d'une jeune fille qu'il est prêt à assassiner... Tenez, c'est bien curieux comme rencontre. » Et il me lit une page de LAMIEL [1].

Et en effet, c'est mon sujet avec un rien de variante, le voleur assassin est désarmé par la beauté du sein de la jeune fille.

A la fin de la soirée, je causais avec Daudet des insupportables cauchemars de mes nuits ; et il me racontait que justement, la nuit précédente, il présentait sa défense, à raison d'une condamnation à 3 500 ans d'enfer pour crime de sensualité, « et cela, ajoute-t-il, dans un milieu pas drôle, en la vallée de Josaphar, un des jours du Jugement dernier. »

Lundi 22 avril

J'en suis là maintenant : c'est qu'un livre comme le second volume de la CORRESPONDANCE de Flaubert, ça m'amuse plus à lire qu'un roman, qu'un volume d'imagination.

Mardi 23 avril

Ah ! ça fait plaisir de trouver dans ce volume de Flaubert ces colères, ces indignations, qui se disent, qui se crient, qui se *gueulent*, selon son expression, dans la conversation, mais qui n'arrivent presque jamais au public par l'impression.

Un article de Jollivet constate que le romancier considéré comme le romancier de la femme distinguée du XIXe siècle, c'est Bourget. Et il dit vrai : car ces deux piètres pions — l'un, ce pauvre Bourget hypnotisé par la vue d'un porte-plume surmonté d'une perle et d'une malle en cuir de Russie anglaise [2], l'autre qui fait ses choux gras sensuels et intellectuels de la vieille hétaïre nommée Tourbey, aux profondeurs amoureuses déjà insondables au temps de ses amours avec Crémieux [3], — oui, ce sont les deux écrivains qui passent pour être, dans un livre

---

1. Cf. LAMIEL, éd. Casimir Stryienski, 1889, p. 302 : le roman est inachevé, mais le plan de Stendhal prévoit que l'héroïne, jusqu'ici déçue dans ses expériences amoureuses, va être éveillée au plaisir par le voleur Valbayre, venu cambrioler sa maison et retenu au bord de l'assassinat par la beauté de Lamiel. — Sur le scénario de A BAS LE PROGRÈS !, cf. t. II, p. 1226 sqq.

2. Allusion à deux passages d'ANDRÉ CORNÉLIS. Cf. t. III, p. 21, n. 2. L'article de Jollivet, dans LE FIGARO du 23, est : AUTEURS A FEMMES.

3. Allusion à Jules Lemaître, familier du salon de Mme de Loynes, ex-de Tourbey.

ou une pièce, les metteurs en scène de toutes les aristocraties de la femme du grand monde de ce temps.

Mercredi 24 avril

Les études sur le XVIIIe siècle de Houssaye, ah ! la sérieuse, ah ! la véridique histoire ! Aujourd'hui, travaillant à une biographie de la Guimard, j'ai la curiosité de lire sa GUIMARD à lui. J'y trouve deux lettres autographes, et toutes les deux sont fausses. Il en est ainsi de tout ce qu'il a écrit sur ce temps ; et soit ignorance, soit lâche complaisance, aucun critique n'a osé dire cela : tous les documents historiques publiés par Houssaye sont faux et fabriqués par lui.

Étonnement, en rentrant dans le salon de la Princesse, de trouver dans la pénombre d'un angle de mur, Popelin, *ipse* Popelin. Mme Ganderax, en me donnant le bras pour passer à table, me dit dans l'oreille : « On aurait pu prévenir, car j'aurais pu faire une fausse couche dans le saisissement ! » Et aussitôt à table, Popelin établit sa reprise de possession de maître de la maison par une conférence sur le téléphone, avec des détails scientifiques propres à persuader les dîneurs qu'ils sont des ânes.

Au fond, les deux amants sont assez gênés et, après le dîner, ils disparaissent dans le second salon, où on les entend longuement *marmonner* à voix basse.

Barbey d'Aurevilly, un critique épateur de bourgeois et dont les éreintements ou les *magnificats* semblent tirés au hasard dans un chapeau ; un romancier manquant absolument du sens de la réalité, un romantique arriéré, qui s'est présenté pour servir de Balzac et qui a été refusé ; un écrivain dont la célébrité a été surtout faite par son costume de faraud imbécile, le mauvais goût de ses cravates à galons d'or, ses pantalons gris perle à bandes noires, ses redingotes à gigots, ses gants crispins, le carnaval enfin qu'il promenait toute l'année dans les rues sur sa personne [1] !

Jeudi 25 avril

Je trouve Daudet sortant de la lecture du second volume de la CORRESPONDANCE de Flaubert, tout désillusionné sur l'homme qu'il s'était imaginé et le voyant dévoré d'une basse jalousie à l'encontre de son ami Du Camp — qui le lui a bien rendu plus tard. Et nous pensions, sans les nommer, à ces amitiés où l'un abomine l'autre, et lui avait sur les lèvres Arène et moi, Burty.

Samedi 27 avril

Les bons *gobeurs* que sont les journalistes, et comme ils coupent

1. Barbey d'Aurevilly venait de mourir le 23 avril.

naïvement dans la misère noire de Barbey d'Aurevilly ! Barbey recevait une pension de 1 500 à 2 000 francs de la famille Édélestand du Méril, il touchait par an 4 000 francs de l'éditeur Lemerre, et il avait eu encore en ces dernières années le profit de ses livres de critique littéraire, publiés à la librairie Quantin. Sa misère n'était pas plus vraie que sa noblesse [1].

Dimanche 28 avril

Daudet reproche à Fleury, qui vient aujourd'hui au *Grenier,* de faire mourir Barbey avec dix francs pour tout argent, quand Mlle Read avait 1 500 francs appartenant à Barbey. Fleury se défend mal, balbutiant que c'est de Mlle Read qu'il tient ce détail. Et il nous peint cette pauvre Mlle Read comme absolument folle de douleur, appelant le cadavre *mon chéri,* lui embrassant les mains, lui buvant sur les paupières les larmes de l'agonie... Et la pauvre amoureuse avait avec elle, comme veilleurs du mort adoré, Buet, le pédéraste assermenté, et Bloy, le pamphlétaire mendiant, qui a trouvé en cette circonstance le moyen de déjeuner sur les frais généraux de l'enterrement et d'emprunter cent sous à la portière de Barbey.

Alors Daudet se met à nous amuser des romans hyperboliques de Barbey sur sa généalogie et sa noble enfance, le mettant en scène avec l'abbé chargé de son éducation et auquel il criait, avant de faire des armes avec lui : « Allons, l'abbé, retrousse ta soutane ! » Puis c'est la leçon d'équitation, où un louis était placé par le père sur la selle, que le jeune Barbey devait franchir sans le faire tomber, et le louis était à lui. Mais il était si alerte qu'on était obligé de renoncer à cet exercice, parce que, disait-il avec sa voix à la Frédérick Lemaître, « il aurait ruiné son père ».

Le malheur de tous ces *racontars* était qu'il n'y avait au logis du père Barbey ni abbé, ni cheval, ni selle, ni même le louis... Un jour, dans une griserie de champagne, Barbey avouait à Daudet que dans toute sa vie, il n'avait pu tirer de son père que quarante francs, et encore avec quel effort, avec quelle peine !

Mardi 30 avril

Aujourd'hui, Mme Daudet me faisait le portrait de Mlle Read presque

---

1. Barbey d'Aurevilly s'était lié avec son cousin Édélestand durant les années d'enfance passées chez son oncle, le Dr Jean-Louis Pontas du Méril. Ils se brouillèent à la suite de la liaison de Barbey avec la belle-sœur d'Édélestand, Louise Pontas du Méril. Réconciliés, ils se rapprochèrent l'un de l'autre davantage encore lors du siège de Paris. Édélestand, en mourant en 1875, laissa à Barbey 2 000 francs de rente. Goncourt a pu connaître ce détail de source sûre, son cousin Eugène de Courmont ayant épousé Stylite Pontas du Méril. – Les *livres de critique littéraire* sont ceux qui recueillent les articles de Barbey publiés dans LE PAYS, LE CONSTITUTIONNEL, LE GAULOIS, etc. : ces volumes intitulés LES ŒUVRES ET LES HOMMES paraissent de 1860 à 1909 chez divers éditeurs ; de 1885 à 1888, l'éditeur est Prinzine, que double Quantin en 1888, relayé par Lemerre à partir de 1889. — Enfin, la noblesse de Barbey d'Aurevilly est réelle, sinon ancienne : elle remonte à 1765 et fut acquise par le procédé classique d'une charge de secrétaire du roi achetée par Vincent Barbey en 1756.

en ces termes : « Une femme aux cils blancs des primitifs..., des cheveux blonds, d'un blond merveilleux, mais toujours mal peignés et se répandant en mèches folles et en broussailles sur elle..., un teint blanc, transparent, toutefois presque toujours rougeaud par l'activité de sa marche et sa précipitation dans les rues aux ordres de Barbey, cela donnant aussi à sa tournure le *fagotage* d'une vraie sœur laïque... — Et d'un ange, lui disais-je, qui n'aurait pas fait la toilette de ses ailes. »

Mercredi 1er mai

Grande causerie sur Balzac avec Lovenjoul chez la Princesse. En ce siècle de respect et de conservation de l'autographe, le balayage, la jetée aux ordures des manuscrits, des lettres de Balzac a été encore plus incroyable, plus étonnante, plus renversante, que le récit courant qu'on en fait ; Balzac mort, les créanciers se précipitaient dans la maison, mettaient à la porte par les épaules Mme Hanska, se ruaient sur les meubles, dont ils jetaient sur le parquet tout le contenu, tout ce papier écrit qui, dans une vente savante, aurait pu faire, dit Lovenjoul, une centaine de mille francs. Et cela se donnait, ça se ramassait dans la rue par qui voulait...

C'est ainsi que Lovenjoul a découvert, dans l'échoppe du savetier qui demeurait en face, la première lettre de Balzac ou du moins la première page d'une lettre qu'il était, au moment où il entrait, en train de rouler en boulette [1]. Et le savetier, intéressé par lui à la retrouvaille de tout ce qui avait été jeté dans la rue, lui faisait mettre la main sur deux ou trois cents lettres, sur des ébauches d'études, sur des commencements de romans, tout prêts à devenir des cornets, des sacs, des enveloppes de deux sous de beurre chez les marchands et les boutiquiers des environs et, en dernier lieu, chez une cuisinière, qui mettait plusieurs années à se décider à lui vendre un gros paquet de lettres. Et la chasse était amusante, parce que dans l'éparpillement de la correspondance, il retrouvait dans une boutique la fin d'une lettre, dont il avait découvert le commencement dans la boutique à côté, et il éprouvait une vraie joie, un jour, de reconquérir chez un épicier éloigné le milieu de la lettre que le savetier était en train de chiffonner.

Lovenjoul parle avec enthousiasme de cette correspondance qui, jointe à d'autres qu'il avait déjà, est l'histoire de la vie intime de Balzac, regrettant de ne pouvoir la publier, parce que, dit-il, Balzac était de sa nature un *gobeur* et que les gens qui, à la première entrevue, lui paraissaient des anges, à la seconde ou à la troisième devenaient à ses yeux pis que des diables, en sorte qu'il est terrible pour ses contemporains.

Elle est aussi un peu *impubliable*, sa correspondance, par des allusions à la tendresse de ses caresses, par le rappel des cochonneries amoureuses

1. Var. et add. 1894 : *la première lettre de Balzac à Mme Hanska.*

se passant entre Mme Hanska et lui ; car il n'était pas, comme on le croit généralement, un chaste, un ascète... Et à propos de Mme Hanska, Lovenjoul me parle d'un curieux épisode de leur liaison, d'une lettre d'amour de Balzac, que la maîtresse avait laissé traîner et que le mari encore vivant avait surprise. Là-dessus, Balzac, prévenu par la femme, écrit au mari une lettre curieuse, une lettre d'une ingénieuse invention, dans laquelle il dit à M. Hanski que sa femme l'avait mise au défi de lui adresser une lettre passionnée dans le genre de celle adressée à Mme *** dans je ne sais plus quel roman, et que c'est un pari.

Quant au mariage avec l'écrivain, auquel tout d'abord la grande dame russe était peu disposée, ce mariage avait été d'abord commandé par une grossesse de Mme Hanska, qui avait fait à trois mois une fausse couche ; et après la fausse couche, il y avait eu de nouvelles hésitations chez la femme, que Balzac avait eu toutes les peines du monde à surmonter.

Je parlais à Lovenjoul de l'histoire, racontée par Giraud, d'une sœur morte à l'hôpital, qu'il n'avait pas voulu reconnaître. Il me dit qu'il ne lui connaît pas d'autre sœur que Mme X***, mais qu'il se pourrait très bien que ce fût sa belle-sœur, la femme d'un frère marié aux colonies et qui était le préféré de sa mère, qui l'avait eu de M. X*** et qui n'aimait pas du tout le fils de son mari, n'aimait pas du tout Honoré, qui se plaint d'avoir été mis au collège de Vendôme à neuf ans et de n'en être sorti qu'à seize [1].

Jeudi 2 mai

MADELEINE, la pièce de jeunesse de Zola, au Théâtre-Libre [2].

Je vais féliciter sur le théâtre Zola sur le succès de sa pièce, de sa pièce qui contient du dramatique, pas neuf, mais tout aussi applaudissable que le dramatique fabriqué par les faiseurs applaudis.

Je le trouve au milieu de la bousculade d'un changement de décor, avec sa nouvelle figure de diable — de diable de la figuration dans un enfer sur un théâtre du Boulevard. Il est éjoui avec quelque chose de raillard dans la physionomie. Et pendant que ses phrases sont coupées par des *Faites donc avancer le lointain !*, qui se trouve être une grande toile de fond, il jette au monde qui l'entoure : « Oui, oui... ça a réussi...,

---

1. Sur la prétendue sœur de Balzac morte à l'hôpital, cf. t. II, pp. 567-568, n. 1. — La sœur, Mme X***, dont le nom est laissé en blanc par Goncourt, est Laure, devenue Mme de Surville en 1820. — Lovenjoul semble négliger Laurence, mariée en 1821 à Michaud de Montzaigle, mais à la date tardive où se pose la question des sœurs de Balzac, Laurence n'est plus en jeu, étant morte à vingt-trois ans en 1825. — Henry de Balzac, émigré pendant longtemps à l'île Maurice, est un fils adultérin, né en 1807, de Mme de Balzac et du châtelain de Saché, M. de Margonne.

2. La pièce datait de 1865 et avait été refusée alors au Gymnase et au Vaudeville : Zola en avait tiré le roman de MADELEINE FÉRAT. – Dans le paragraphe suivant, allusion à une chronique du FIGARO où *Parisis*, sous la rubrique de *La Vie parisienne*, retrace l'histoire de la pièce de Zola. Or *Parisis*, qui est Blavet, avait bénéficié récemment d'une préface de Zola (cf. plus haut p. 244, n. 2).

je le savais bien : un article dans LE FIGARO le matin... Et puis, une pièce qu'on ne joue qu'une fois... oh ! qu'une fois ! » fait-il en se tournant vers moi d'une manière allusive.

A l'heure qu'il est, Zola est le plus roublard de la littérature, il dégote les Juifs, il dégote Dennery.

Vendredi 3 mai

Si personne dans le journalisme ne veut reconnaître que je suis le procréateur et le plagié de Zola, si personne n'a l'air de s'apercevoir que c'est le grossissement, la caricature, l'encanaillement de mes procédés qui ont fait son succès, quelque chose me console, c'est de penser que si Améric Vespuce a baptisé l'Amérique, toutes les études et tout l'intérêt du monde de maintenant sont autour du nom de Christophe Colomb.

Samedi 4 mai

Dîner chez les Ganderax, un dîner célébrant la réconciliation des deux vieux amants, et peut-être un dîner demandant l'*aman* à l'émailleur rentré en possession de la Princesse.

Un gentil intérieur ressemblant à l'intérieur d'un étudiant riche et dilettante, vivant dans un collage... La Princesse a passé toute la journée à l'Exposition, promenée par Dreyfus dans tout ce qui est ouvert et pas ouvert, et elle en est revenue avec l'admiration bête et enthousiaste et sans critique aucune d'une femme du peuple. C'est particulier, combien les choses faites administrativement par un gouvernement lui imposent !

Dimanche 5 mai

Ils sont bons, les *jeunes* ! Ils sont tout à la bataille des mots et ne se doutent guère qu'il s'agit de bien autre chose à l'heure présente en littérature, qu'il s'agit d'un renouvellement complet de la forme pour les œuvres d'imagination, d'une forme autre que le roman, qui est une forme vieille, poncive, éculée.

Ce soir, Daudet me parlait avec complaisance de son futur livre sur la douleur, disant qu'il y aurait un éloge de la morphine, un chapitre sur la névrose de Pascal, un chapitre sur la maladie de Jean-Jacques Rousseau [1].

La maquerelle d'une maison de passe racontait à Léon Daudet que Charles Buloz venait régulièrement chez elle, se faisait entourer de quatre ou cinq femmes, à demi vêtues, tournoyant autour de lui avec

1. Cf. t. II, p. 1147, n. 4. Parmi les fragments publiés de LA DOULEUR, aucune mention de Rousseau ; deux allusions à la névrose de Pascal, que Daudet suggérait comme sujet de thèse à son fils Léon (éd. *Ne varietur*, pp. 27 et 32).

de petits relèvements cochons de jupes et que devant ce spectacle, le grave directeur de LA REVUE DES DEUX MONDES se livrait égoïstement à la masturbation.

Lundi 6 mai

Je pensais, pendant que tonnait le canon célébrant l'anniversaire de 1789, je pensais au bel article qu'il y aurait à faire sur la grandeur de la France actuelle, s'il n'y avait pas eu cette Révolution de 89 et les victoires de Napoléon Ier et la politique révolutionnaire de Napoléon III. Eh mon Dieu ! la France serait peut-être sous le règne d'un Bourbon imbécile, d'un descendant d'une vieille race monarchique complètement usée ; mais ce gouvernement serait-il si différent de celui d'un Carnot, choisi de l'aveu de tous pour le néant de sa personnalité [1] ?

Retour à pied de la rue d'Amsterdam à Auteuil à travers la foule. Un ciel mauve, où les lueurs des illuminations mettent comme le reflet d'un immense incendie, un bruissement de pas faisant l'effet de l'écoulement de grandes eaux, la foule toute noire, de ce noir un peu papier brûlé, un peu roux, qui est le caractère des foules modernes, une espèce d'ivresse sur la figure des femmes, dont beaucoup font queue à la porte des *water-closets,* la vessie émotionnée, la place de la Concorde : une apothéose de lumière blanche, au milieu de laquelle l'obélisque apparaît avec la couleur rosée d'un sorbet au champagne, la tour Eiffel faisait l'effet d'un phare laissé sur la terre par une génération disparue, une génération de dix coudées.

Mardi 7 mai

Premier symptôme de l'Exposition. Une odeur de musc insupportable se dégageant de la foule qui vague, une odeur de musc insupportable dans un café de boulevard, où il ne se trouve que des hommes.

Touché à peu près, je crois, 3 325 francs du commencement de la publication de CLAIRON. Le sentiment que la littérature ne vaut pas ça, que c'est un gain ridicule. Et j'aurai 7 000 francs d'une chose dont je ne croyais pas tirer un sou.

Ce soir, en trifouillant les billets de ma cassette, ces 20 000 francs d'argent de poche, qui sont là dormant et que je ne puis me décider à placer, je suis pris d'une espèce de colère en pensant au gain de mon frère et de moi dans le passé, aux cent francs qui ont payé le roman de SŒUR PHILOMÈNE.

Jeudi 9 mai

Reçu le livre d'Alidor Delzant intitulé : LES GONCOURT. Notre

---

1. Le canon tonne pour l'anniversaire de l'ouverture des États généraux de 1789, et c'est en même temps l'inauguration de l'Exposition universelle.

personnalité, notre originalité, bien entendu, comme je m'y attendais, n'est pas dégagée. Pas un morceau nous montrant, par exemple, comme les inventeurs du *style* du paysage parisien, etc., etc. Mais pas même la science du montage du document, la mise en œuvre de l'immense collection de journaux qu'il avait en main, et beaucoup d'inexactitudes, beaucoup d'erreurs. Alidor est l'homme qui écoute à moitié ce qu'on lui dit, qui lit à moitié ce qu'il parcourt. Un peu *hannetonnant,* Alidor... Maintenant, bien certainement, un sentiment très sympathique et aucune petite perfidie.

Vendredi 10 mai

Journée passée à l'exposition de peinture avec Mme Daudet. Son amusement à voir des tableaux. Cette femme raisonnable et distinguée apporte, dans ses plaisirs et ses distractions, une petite joie enfantine, qui est charmante.

En rentrant, je trouve une lettre où *elle* me dit qu'elle m'aime depuis longtemps et me demande de devenir son *mari chéri,* son *mari bien-aimé.*

Ah ! voilà une lettre qui me promet des ennuis !

Samedi 11 mai

Poictevin tombant sur moi dans mon jardin et me parlant verbeusement du coloris des tableaux de Moreau, avec son regard en dedans d'halluciné, je l'interrompts avec humeur et lui dis : « Tenez, vous parlez de choses dont vous n'avez pas le plus petit sentiment... Vous vous trouvez au milieu des colorations les plus féeriques... Vous avez ici sous les yeux toute la gamme des roses des pivoines du Japon... Là, les déchiquetures jaunes et vermillonnées et pourprées des plus belles dragonnes... Et vous ne vous en apercevez pas... Ne parlez donc pas peinture, mon cher ! »

C'est merveilleux, comme cette beauté, autrefois un peu bestiale, de la jeune Mme Gavarni, la maladie l'a affinée, délicatifiée, spiritualisée dans le sens poétique du mot.

Dimanche 12 mai

J'avais envie de dire au nécrologue Delzant : « Vous ne savez pas faire une biographie... Je vais vous apprendre à en faire une... et mieux composée et plus exacte que la mienne, pour notre ami Burty. »

En me faisant la barbe aujourd'hui, je remarquais cette terrible ride au-dessus de l'aile droite du nez, ce profond sillon à la fois creusé par la volonté et la myopie.

C'est étonnant comme chez Huysmans, ce sont mes sensations paradoxales poussées à l'état aigu, à l'état extravagant, et comme on trouve chez lui un tas de choses chez nous très légèrement indiquées et qui prennent dans ses livres un grossissement, un grossissement caricatural. Ainsi l'idée *blagueuse* dans IDÉES ET SENSATIONS de remplacer le paysage-nature par un paysage peint dans lequel on introduirait un courant d'air, cela devient le fond de l'imagination des milieux d'A REBOURS [1].

Énormes, les *jeunes* de ce temps ! Rosny nous avoue qu'il conserve religieusement ses manuscrits, tout comme le *bon Dieu* Hugo, et qu'il comptait en vendre un à Gallimard. De nos premières œuvres, mon frère et moi n'avons jamais eu l'idée de conserver un manuscrit ; et de nos œuvres communes, c'est la dernière seule qui n'ait point été brûlée, c'est MADAME GERVAISAIS, qui a été par moi donnée à Burty.

Lundi 13 mai

LES IDÉES RÉVOLUTIONNAIRES D'UN CONSERVATEUR, voici le titre du livre que j'ai trouvé à faire, si je devenais aveugle : une crainte qui me hante. Et ce serait une série de chapitres sur Dieu, sur le gouvernement, sur le cerveau, sur la pine, etc., etc.

Mardi 14 mai

Toute la journée, l'amusement et la surprise des yeux de l'éclosion de ces couleurs de pivoines inconnues et qui n'ont pas encore fleuri chez moi ; toute la journée à les regarder, à regarder une certaine rose chair, dont la contemplation vous donne le sentiment qu'on a devant de la peau de femme, de la peau de femme qui ne voit pas le jour.

Oh ! si un homme comme moi pouvait rencontrer un Japonais intelligent, me donnant quelques renseignements, traduisant par-ci par-là quelques lignes de livres à figure, et surtout me criant *Gare !* quand je ferais fausse route, quel livre j'écrirais sur les quatre ou cinq artistes originaux de la fin du XVIIIe siècle et du commencement du XIXe ! Non un livre documentaire comme je l'ai fait pour les peintres français du XVIIIe siècle, mais un livre hypnotique, où il y aurait des envolements de poète et peut-être de la lucidité de somnambule.

Mercredi 15 mai

Deux sœurs, deux *enfants* — c'est l'expression de la lettre — avaient demandé ces jours-ci à voir l'auteur des FRÈRES ZEMGANNO. Elles sont venues aujourd'hui, ces deux fillettes d'une famille de la petite bourgeoisie, vêtues de robes de laine noire, aux gants de soie usés au bout... A la fin de la visite, la plus brave m'a demandé dans quel cimetière était enterré mon frère. J'ai été profondément remué par cette touchante prise de congé.

1. Voir notamment A REBOURS, chap. X, et plus haut t. I, p. 716-717.

C'est curieux, si je suis bien nié, bien haï, bien insulté, j'ai des enthousiastes, et surtout des femmes du peuple, en ce temps où il n'y a plus de religion et où je me sens dans leur imagination occuper comme la place d'un prêtre, d'un vieil être auquel va un respect religieux un peu amoureux !

Ce soir, chez la Princesse, ç'a été navrant, la concentration de l'altesse devant son assiette à soupe, le désespoir par moments de sa physionomie et cette conversation tombante... où soudainement, elle n'était plus avec ceux qu'elle avait invités à dîner.

Jeudi 16 mai

Ce soir, Léon Daudet conte un rêve assez original qu'il a fait ces jours-ci. Charcot lui apportait des PENSÉES de Pascal et en même temps lui faisait voir dans le cerveau du grand homme, qu'il avait avec lui, les cellules qu'avaient habitées ces pensées, absolument vides et ressemblant assez à des alvéoles d'une ruche desséchée. Il m'étonne, ce sacré gamin, par ce mélange chez lui de fumisteries bêtes, de batailles avec les cochers de fiacre et en même temps par sa fréquentation intellectuelle des hauts penseurs et ses originales rédactions de notes sur la vie médicale.

Et sur ce rêve, la conversation monte et je dis qu'il serait du plus haut intérêt que l'ascendance de tout homme de lettres fût étudiée par un curieux et un intelligent jusque dans les générations les plus lointaines, et que l'on verrait son talent venant du croisement de races étrangères ou de carrières suivies par sa famille, et qu'on découvrirait dans un homme comme Flaubert des violences littéraires provenant d'un Natchez et que peut-être chez moi, la famille toute militaire dont je sors m'a fait le batailleur de lettres que je suis.

Pendant la discussion, Daudet va promener sa douleur d'un bout de son cabinet à l'autre, triste, abattu, aigrement controverseur ; et comme quelqu'un vient à dire que les douleurs morales sont des douleurs égales aux douleurs physiques, c'est sur une note presque colère que le malheureux, qui s'est fait faire trois piqûres de morphine dans la nuit, s'insurge contre cette affirmation et déclare qu'il n'y a de vraie que la douleur physique et que les douleurs morales sont des plaisanteries à côté du *tétanique* du souffre-douleur, qu'il ne nomme pas et qui est lui.

Rosny et moi, devant cette exaspération du crucifiement sans relâche qu'éprouve notre pauvre ami, reconnaissant qu'avec lui, il n'y a pas à administrer les paroles de réconfortement qu'on adresse aux imbéciles, nous le quittons navrés.

Daudet part après-demain pour Lamalou.

Vendredi 17 mai

A propos de Delzant, je pense au joli morceau qu'il y aurait à faire sur le biographe timoré, qui ne sort qu'à moitié son admiration et n'ose en laisser passer un petit bout que mitigé par les restrictions bêtes, courantes, consacrées. Ce biographe loue MANETTE SALOMON, tout en trouvant bien des *couleurs voyantes et des frondaisons parasites*, loue l'HISTOIRE DE LA SOCIÉTÉ FRANÇAISE PENDANT LA RÉVOLUTION, tout en regrettant que l'*échantillonnage* de scènes prises sur le vif, dans les salons, les cafés, les théâtres, ne donne pas une idée exacte de la société française de ce temps, loue l'HISTOIRE DE MARIE-ANTOINETTE, en regrettant que souvent les auteurs quittent les *pinceaux* de l'histoire pour crayonner des sanguines ou des pastels, loue toute mon œuvre... avec des phrases échignantes comme celles que je viens de citer [1].

Enfin, il y a chez lui une telle condescendance à vouloir être bien avec l'opinion de tout le monde, avec la mienne comme avec celle des autres, qu'il dit au sujet de notre dissection de Sainte-Beuve : « Le critique ne sort pas rapetissé de ces expériences au microscope, il est expliqué. Voilà tout. » je m'étonne qu'il ne le trouve pas grandi !

Samedi 18 mai

L'Exposition vue du Trocadéro. La tour Eiffel, les architectures exotiques, ça vous met comme dans un rêve. Cette Exposition n'a pas la réalité ; il semble qu'on processionne dans les praticables d'une pièce orientale... Puis, au fond, c'est trop grand, trop immense, il y a trop de choses et l'attention, comme diffuse, ne s'attache à rien. Le vrai format d'une exposition était le format de l'Exposition de 1878.

Avec Manet, dont les procédés sont empruntés à Goya, avec Manet et les peintres à sa suite, est morte la peinture à l'huile, c'est-à-dire la peinture à la jolie transparence ambrée et cristallisée, dont la femme au chapeau de paille de Rubens est le type. C'est maintenant de la peinture opaque, de la peinture mate, de la peinture plâtreuse, de la peinture ayant tous les caractères de la peinture à la colle. Et tous peignent ainsi, depuis Raffaelli jusqu'au dernier rapin impressionniste !

Au fond, ç'a été chez moi une résolution non sans combat de repousser ce tendre attachement, qui me jetait les bras autour du cou... Eh oui, le sceptique qui est en moi croyait bien discerner la satisfaction de devenir la châtelaine du petit hôtel, l'orgueil de porter le nom de Mme de Goncourt ; mais en même temps, je ne pouvais m'empêcher de reconnaître le bonheur vrai qu'elle avait de se trouver à mon bras, l'effort qu'il lui fallait pour se détacher de ma causerie, le frémissement nerveux que son corps éprouvait à un attouchement amené par le hasard. Non, ce n'est pas possible que toutes ces marques d'un sentiment vrai fussent des mensonges ; car s'il en était ainsi, M. de Metternich aurait été un enfant près d'elle !

---

1. Cf. Alidor Delzant, LES GONCOURT, p. 146 (MANETTE SALOMON et ses *frondaisons parasites*), p. 51 (sur *l'échantillonnage* historique), p. 58 (sur le *pastel* de Marie-Antoinette) et p. 176 (sur Sainte-Beuve, dont il va être question).

Dimanche 19 mai

Mme Daudet, dont le mari est parti hier, est venue me donner de ses nouvelles.

Elle me dit : « J'ai pris la ferme résolution de ne plus lui faire de piqûres de morphine. Il m'en demanderait toutes les dix minutes... Je lui ai donc laissé entendre que s'il l'exigeait, je me trouverais mal... C'est une résolution parfaitement arrêtée... Avec Léon, qui a une vie extérieure, qui est toujours sorti, il ne peut en obtenir que deux ou trois... »

Lundi 20 mai

A l'Exposition.

Les allants et les venants, tout un monde bêtement affairé, éreinté, affolé, la tête perdue : c'est de l'humanité qui ressemble aux bestiaux fous que j'ai vus en leur course éperdue dans le bois de Boulogne, en 1870 [1].

C'est bien particulier, en dépit de ses succès, de ses réussites, de ses gains d'argent, c'est bien particulier, le mépris ambiant dans lequel Ludovic Halévy a promené sa vie. Ce mépris de Saint-Victor pour l'écrivain, ce mépris de Gisette pour l'amant dont elle me faisait lire les lettres, ce mépris des connaissances et des relations, aujourd'hui même où il est tout glorieux et tout triomphant, je le retrouve dans les paroles d'une fille de John Lemoinne.

Mercredi 22 mai

Je disais aujourd'hui, devant Dumas, Halévy, Maupassant, qui dînaient chez la Princesse, que de même que les banquiers ont un *choisisseur* de tableaux, d'objets d'art, les princes devraient bien avoir un *avertisseur* pour les éclairer sur la propreté morale des gens qu'ils approchent d'eux.

C'était à propos de la préface que le duc d'Aumale fait au livre du baron de Vaux... oui, de la préface faite par cet héritier des Condés à ce baron du chantage. Ah ! vraiment, ces pauvres d'Orléans, avec tout le désir qu'ils ont d'être *dans le train*, ils vivent trop dans l'ignorance d'exilés !

Jeudi 23 mai

La Parisienne, un moment, n'aimait, ne connaissait que les couleurs franches, des couleurs toujours un peu *canailles* pour un œil artiste. Enfin, un jour, elle est passée aux couleurs qu'on appelle *fausses*, mais

1. Cf. t. II, p. 271.

aux couleurs fausses fabriquées par l'Orient, à l'adorable rose turc, au délicieux mauve japonais, etc.

Aujourd'hui, elle a adopté les couleurs fausses fabriquées par le Septentrion saxon ; et ce sont d'épouvantables nuances que ces verts pousse de panais, ces rouges bisque d'écrevisse, ces jaunes bruns des vieux Rouen.

Vendredi 24 mai

Quel coup les artistes montent au public avec les danseuses javanaises ! Cette danse n'a rien de gracieux, de voluptueux, de sensuel, elle consiste tout entière dans des désarticulations de poignets et elle est exécutée par des femmes dont la peau semble de la flanelle pour les rhumatismes et qui sont grasses d'une vilaine graisse de rats nourris d'anguilles d'égout !

Samedi 25 mai

Cet après-dîner, il tonne. Le ciel est violacé et comme renfermant les lueurs d'un incendie lointain ; et sur le mur de lierre d'en face et sur la pâleur effacée des fleurs de la jardinière de la fenêtre de l'escalier, c'est la lumière d'un crépuscule rose, la lumière que je vois quelquefois éclairer les choses dans mes rêves, une lumière que, si j'étais peintre, je voudrais mettre derrière deux amoureux marchant dans la campagne.

Dimanche 26 mai

Une classe curieuse que les tout derniers éditeurs de l'heure actuelle, des éditeurs qui sont des commerçants qui ont fait leur fortune dans des industries ou des négoces inférieurs et qui, sans aucune connaissance de la partie, croient se relever de leur passé et anoblir leur avenir par le débit de productions de l'intelligence. Ainsi la maison Quantin, devenue la proie du marchand de boutons May. Ainsi la maison Dentu, devenue la proie d'une société de messieurs quelconques, qui viennent, Dieu merci ! de refuser de m'éditer LA CLAIRON... Ah ! cette boutique est bien extraordinaire, elle a l'air d'ignorer absolument mon nom, et j'ai eu l'honneur d'être reçu par un secrétaire qui m'a dit : « C'est LA GLAIRON que vous proposez d'éditer à la maison ? »

« Comment ! Vous ignorez le nom de la grande tragédienne qui a révolutionné la tragédie, de la grande tragédienne du XVIIIe siècle, de la tragédienne qui a manqué de devenir une souveraine allemande, de la tragédienne qui... de la tragédienne que [1]... » J'avais tout cela dans la bouche, quand je me suis dit : « Je serais vraiment trop bête ! » Et j'ai répondu : « Oui, c'est la *Glairon* ! »

1. Après ses démêlés avec le public, à propos du SIÈGE DE CALAIS, et son départ de la Comédie-Française (1766), la Clairon, à demi ruinée, partit se réfugier durant 13 ans auprès du margrave d'Anspach-Bayreuth, Auguste-Christian, de 1773 à 1786.

J'ai ce soir à dîner Frantz Jourdain, Geffroy, Rosny — Rosny pour qui le dîner est une occasion de tenir le crachoir et qui sème scientifiquement beaucoup de rabâchages, de phrases supérieures comme celles-ci : *Le secret de la matière..., le tremblement de la molécule...*

Puis il lance une appréciation de la femme latine, qui a le cou court, les épaules en porte-manteau, et il l'oppose à la femme germaine aux épaules abattues, à la grâce longuette ; puis il parle spécialement de la femme anglaise, qu'il reconnaît ne savoir pas marcher — oui, marcher comme une oie —, tandis que la grâce du marcher appartient à la Française — la seule séduction du reste qu'il lui reconnaisse...

Alors, la conversation va à l'indifférence actuelle du Français pour tout, pour la politique, pour la littérature, pour l'art, pour n'importe quoi ; et l'on s'arrête sur le côté blagueur des hautes classes passé au peuple, aux ouvriers, et l'on se demande si les ouvriers qui votent pour Boulanger ne le font pas rien que pour faire une bonne blague au gouvernement !

Geffroy, ce *tendre*, est devenu pas mal *bêcheur* ; et sauf deux ou trois talents de peintre ou de sculpteur pour lesquels il a une sorte de religion fanatique, il éreinte à peu près tout le monde et toute chose. Il cause de la lettre de Bourget à Mirbeau, après le féroce éreintement que ce dernier en a fait dans LE FIGARO, et qui commence à peu près en ces termes : « Cruel, cruel, quel coup vous m'avez porté ! Et cependant, je ne vous ai jamais fait aucun mal... »

Lundi 27 mai

Décidément, ça ne se recolle pas rue de Berri ! Hier, le jour de l'anniversaire de la naissance de la Princesse, Popelin n'a pas assisté à la soirée ; et ce matin, où il serait venu déjeuner, il aurait fait une scène à la Princesse, scène que la pauvre désolée racontait à Ganderax avec des larmes dans les yeux.

Quel est l'homme de lettres parmi nous qui, allant chez un médecin pour l'interroger sur une maladie mortelle, ne serait pas tout à la parole du médecin et resterait un romancier-observateur du diseur de sa destinée ? Peut-être moi seul, et encore, en suis-je bien sûr ?

Mardi 28 mai

J'ai acheté ces jours-ci un grand *netské* : une feuille de vigne recroquevillée, mangée par les fourmis. Quelle est la séduction d'art de cette représentation d'une chose pourrie avec l'imitation argentée de la bave des limaces, séduction qui me prend tout autant qu'un Japonais, séduction peut-être supérieure à celle donnée par un objet d'un art plus élevé ?

Mercredi 29 mai

Le docteur Dieulafoy, dans une conversation originale sur la glande lacrymale, qui ne serait pas plus grosse qu'un pois et qui dans certaines circonstances fournit aux femmes deux litres d'eau à mouiller plusieurs mouchoirs, passe au récit de l'abondante sécrétion des glandes séminales... Le docteur nous jure sa parole d'honneur qu'un jour, il a reçu un monsieur de province qui lui a dit :

« Docteur, j'habite une petite ville, où il n'y a ni théâtre, ni cercle, ni société aucune. Ne sachant comment passer ma soirée, je me branle tous les soirs... Mais des amis m'ont dit qu'un jour, cela pouvait mal tourner pour moi. Qu'en pensez-vous ?

— Depuis combien de temps vous branlez-vous ?

— Depuis à peu près une vingtaine d'années.

— Eh bien, Monsieur, je ne vois aucun danger à ce que vous continuiez ! »

Au fond, la phrase qui baptiserait le mieux la Princesse serait celle-ci : « C'est un enfant de quatre ans qui dit parfois un mot drôle ! »

Dimanche 2 juin

A propos du livre d'Alidor, LES GONCOURT : voici un livre sur lequel il n'y a pas eu un mot dans les revues et les journaux, et cependant, il y a des fragments de mon JOURNAL qui valent bien les NOTES ET SOUVENIRS d'Halévy. Quand je serai crevé, la jeunesse amie de ma littérature qui tient une plume se mettra à gémir sur la destinée de mes livres de mon vivant ; elle n'en aura vraiment pas le droit, ma renommée ne devra quelque chose qu'à mes éreinteurs.

Un buste de la Guimard a été donné à l'Opéra, en 1838, sous l'administration de Duponchel. Le buste a disparu. Nuitter, questionné par moi, me dit que lors de la Commune, dans la crainte de la destruction de l'Opéra, il a été porté chez Perrin, le directeur, et qu'il y est resté. D'autre part, trois ou quatre personnes m'ont parlé, dans les dernières années de la vie de Perrin, de l'existence d'un très beau buste de la Guimard chez lui. Je fais demander par Lavoix à Perrin fils s'il possède un buste de la Guimard. Il me fait répondre qu'il ne sait pas ce que je veux dire. Je lui demande alors directement par lettre à voir le buste que je sais qu'il possède, sans lui parler de la provenance, bien entendu. Il me répond qu'il ignorait que le buste qu'il possédait fût celui de la Guimard et me donne aujourd'hui rendez-vous d'une heure à cinq pour le voir. C'est mon jour où je reçois, mais tant pis ! Je suis chez lui à une heure. On me dit qu'il est à un enterrement, qu'il doit rentrer à une heure, une heure et demie.

Donc, j'attends et me mets à étudier cet intérieur, qui peut être considéré comme l'intérieur du mondain artiste. C'est un atelier à escalier en chêne sculpté, à fenêtres aux vitraux coloriés, à panneaux de soierie, en forme de rétable, représentant des saints brodés sur fond d'or, aux vieilles tapisseries de couleur jaunâtre, où se voient des cours d'amour, des DÉCAMÉRONS gothiquement dessinés. Et au milieu de ces antiquailles, des estampes en couleur du XVIIIe siècle, des Debucourt, des Lavreince et ma foi, de vrais dessins de Watteau, de vrais Fragonard, de vrais Prud'hon, la petite aquarelle des TUILERIES de Gabriel de Saint-Aubin, un petit morceau d'art, un rien douteux cependant, qui a l'air tout malheureux d'être là. Et au milieu de ce méli-mélo d'un éclectisme déplorable, un bouddha dans la restitution d'une porte en carton-pierre de l'Alhambra, de la dinanderie, des fleurs artificielles en papier, ainsi que dans les vases d'un autel de village. Puis partout, partout, jusque sur les divans, les chaises, des cadres dorés de tableaux, de thermomètres, de baromètres, la plupart d'hier et à la vieillesse de l'or mal imitée.

Et dans ce bric-à-brac inharmonique et cette grosse richesse, flânant sur une console, une bouteille portant : 1836. *Eau-de-vie vieille de Cognac.* Pour moi, c'est la vraie pièce de grand luxe de l'appartement.

Dans une petite bibliothèque, j'entrevois l'œuvre au complet d'Ohnet, de Legouvé, d'Halévy, de Pailleron, de Bornier.

Il est deux heures, le propriétaire du buste de la Guimard n'est pas rentré, je m'en vais en le trouvant mal élevé.

Décidément, il ne faudrait plus faire de la série des actrices que la Guimard. Et débarrassé de la danseuse, se consacrer tout à fait à l'ÉTUDE OBSCÈNE, avec conversations philosophiques, tirée à cent exemplaires et donnée [1] ; puis, après, à la fantaisie théâtrale de la jeune fille et du voleur [2]. Et enfin, si l'on avait encore quelques années devant soi et s'il revenait à Paris un Japonais intelligent comme Hayashi, fabriquer quatre ou cinq notices sur Hokousaï, Ritzono, Gakutei, qu'on tâcherait d'écrire avec le style le plus amoureux de l'art de ces artistes de l'Extrême-Orient.

Lundi 3 juin

Oui, c'est positif : le roman, un roman tel que FORT COMME LA MORT, à l'heure actuelle n'a plus d'intérêt pour moi [3]. Je n'aime plus que les livres qui contiennent des morceaux de vie vraiment vécue et sans préoccupation de dénouement, et non arrangée à l'usage du lecteur bête, que demandent les grandes ventes... Non, je ne suis plus intéressé que par les dévoilements d'âme d'un être réel, et non de l'être chimérique qu'est toujours un héros de roman par son amalgame avec le mensonge et la convention.

1. *Donnée,* entendez : donnée à des amis, non mise dans le commerce.
2. A BAS LE PROGRÈS ! — Cf. t. II, p. 1226, n. 1.
3. Le roman de Maupassant venait de paraître en mai 1889.

Mardi 4 juin

Dîner chez Edmond de Rothschild, qui reçoit ce soir la princesse Mathilde.

L'hôtel le plus princier que j'aie encore vu à Paris. Un escalier du Louvre, où sont étagées sur les paliers des légions de domestiques, à la livrée cardinalesque et qui prennent l'aspect de respectables et pittoresques larbins du passé.

Dîner avec la duchesse de Richelieu, la duchesse de Gramont, le prince de Wagram, le jeune Pourtalès, etc., etc.

Une salle à manger ovale, aux boiseries blanches, avec une table où montent aux grands candélabres d'argent et s'enguirlandent autour des surtouts les plus belles orchidées du monde. Une innovation charmante pour donner de la fraîcheur à une pièce, et qui nous vient, m'a-t-on dit, de Russie : deux obélisques de glace sur des consoles, jouant des morceaux de cristal de roche d'un format inconnu.

Je suis à côté de la Princesse, qui ne peut s'empêcher de faire des allusions à son délaissement et laisse échapper, assez haut pour être entendue : « Vous verrez que la gueuse — Mlle Abbatucci — se fera faire un enfant par un autre et se fera épouser par lui ! »

Après dîner, je vais m'asseoir à côté de ce gourmand, de ce gourmet de Lambert, le peintre des chiens et des chats, auquel je me permets de dire que je trouve la cuisine médiocre en comparaison de la cuisine de Mme Nathaniel. A quoi il me répond que la cuisine des Rothschild, du défunt James, du vivant Alphonse et de tous les autres, est exécrable et qu'il n'y a que la cuisine de Mme Nathaniel qui soit tout à fait bonne, de Mme Nathaniel dont le goût en tout est si fin, si délicat, tandis que le maître de la maison où nous sommes est un peu *hurluberlu* et qu'il n'y a pas à s'attendre à bien manger chez un homme comme ça !

C'est curieux comme dans le logis de ces gens millionnairement riches, je suis persécuté par une pensée, qui ne vient pas du tout chez les collectionneurs pauvres : je suis hanté par l'idée de la fausseté des objets d'art qui m'entourent, par la fausseté des peintures, par la fausseté des sculptures et surtout par la fausseté des bronzes dorés, l'objet de fabrique artistique que les opulents prisent le mieux, payent le plus cher et qui me semblent, la plupart du temps, sortir de l'atelier d'un faussaire comme le docteur Camus.

Lambert me fait la confidence que l'hôtel Pontalba où nous sommes et que le public croit encore être l'hôtel Pontalba, hypocritement, sournoisement et morceau par morceau, a été détruit et qu'il est d'une construction toute récente. On n'a pas osé le franc démolissage, de peur d'ameuter les passions contre la richesse de cette maison Rothschild, qui jetait à terre un hôtel de deux millions.

Une femme décolletée dans la rue, dont la poitrine est comme la viande blanche d'un poulet mort.

Vendredi 7 juin

La journée à l'Exposition avec Mme Daudet.

Il y a quelque temps, Popelin me faisait la confidence, avec toutes sortes de phrases diplomatiques, que la Princesse n'avait pas la moindre connaissance de mon talent. Faut-il qu'il soit naïf, s'il croit m'apprendre cela ! S'il revient sur ce sujet un jour, je lui dirai : « J'ai des nerfs qui me traduisent toutes les impressions intérieures des gens à mon égard, et j'en sais plus sur ce qui se passe dans la cervelle ou dans le cœur de la Princesse, grâce à cet appareil sensitif, que vous ne pouvez en savoir en couchant avec elle. »

Samedi 8 juin

Par ces chaleurs orageuses, devant moi, une assiette de fraises. A côté de l'assiette, dans un flacon de cristal de roche, un bouton de rose *Richardson*, au jaune bordé de blanc. En haut, un verre d'eau-de-vie de Martell, qui m'attend, et mon lit ouvert dans ma chambre enténébrée pour une sieste au léger et vague ensommeillement. Et au fond de moi, un mépris indicible pour toute cette activité roulante au-dehors des fiacres, des omnibus, des tapissières, des tramways, des wagons, menant des gens à l'Exposition.

Je m'endors parmi des roulements de tonnerre, ressemblant à des grondements de fauve, et au milieu des vocalisations d'une grêle cantatrice, qui chante au fond de la villa.

Quand je me réveille de mon engourdissement dans cette chambre noire, où une filtrée de jour met dans la glace en face de mon lit une apparence d'aquarium dans les ténèbres, dans le premier moment, il me semble que je suis un suicidé au fond d'une noire rivière, avec une lueur glauque de la fin du jour sur un banc de nénuphars.

Si j'étais un journaliste, voici l'article que je ferais.

Personne plus que moi — et presque avant tout le monde — n'a loué d'une manière plus intelligente, je crois, le talent de Millet (citations de MANETTE SALOMON et de mon JOURNAL)... Eh bien, devant l'espèce de religion qui est en train de se fonder en Amérique, avec, comme enfant de chœur, le Juif Wolff, il est bon de dire toute la vérité [1].

Millet est le *silhouetteur* — et le silhouetteur de génie — du paysan et de la paysanne ; mais c'est un pauvre peintre, un peintre a la pâte tristement glaireuse, un coloriste meurt-de-faim. Voyez-vous le soleil intérieur que vous apporterait chez vous l'étal au mur de l'HOMME A LA HOUE ? Au fond, le vrai talent de Millet, c'est d'être un *fusiniste*, un dessinateur au crayon noir avec des rehauts de pastel, le dessinateur styliste de LA BATTEUSE DE BEURRE et d'autres dessins... Voici ce

1. Sur Millet dans le JOURNAL, cf. surtout t. I, p. 857 ; dans MANETTE SALOMON, le paysagiste Crescent est avant tout un mélange de Théodore Rousseau et de Millet : l'éloge de celui-ci prédomine dans la fin du chap. LXXXIII, p. 290, lorsque les Goncourt le louent, en reprenant les termes mêmes du JOURNAL, d'avoir si bien su peindre la femme des champs.

que les Français doivent acheter ; quant aux tableaux, il faut les laisser aux Américains.

Et pour Barye, je dirais la même chose, en renvoyant aux extraits du catalogue d'Auguste Sichel [1].

Oui, ce sculpteur est le seul sculpteur de génie des fauves..., mais c'est un sculpteur plus que médiocre de l'humanité. Quant à l'ornemaniste, il a fait du romantisme imbécile en bronze... Et je le dis, beaucoup de ses admirateurs ne s'arrêteraient pas devant des bronzes japonais, des oiseaux de proie, qui égalent ses fauves, et devant des petits bronzes, des tortues comme j'en possède une de Sei-Min dans une vitrine — des petits bronzes comme il n'en a jamais, jamais fait.

Achetons chez nous les talents à leurs débuts et laissons le culte 100 pour 100 des talents arrivés aux Américains, qui n'ont jamais découvert personne et pour qui les œuvres d'art sont au fond un champ de course aux sauts de l'enchère.

Dimanche 9 juin

Il serait intéressant qu'un littérateur intelligent fît plusieurs livres d'imagination : l'un au régime du café, l'autre au régime du thé, l'autre au régime du vin et de l'alcool, et qu'il étudiât sur lui les influences de ces excitants sur sa littérature et qu'il en fît part au public... Moi, si jamais j'écris mon ÉTUDE OBSCÈNE, je l'écrirai au thé — au thé très fort, comme on le fait pour les déjeuners en Angleterre.

Au fond, en dépit du mépris de M. Lemaître et autres voltigeurs de l'Université, il y a autant de tout ce que vous voudrez, et avec plus de certitude encore, dans la reconstruction d'une CLAIRON, comme je l'ai faite, que dans la reconstruction d'une HISTOIRE ROMAINE par Mommsen. Ah ! les bons blagueurs que ces prêcheurs du genre noble !

Popelin, c'est un homme qui n'aime ni les femmes, ni les fleurs, ni les chevaux, ni les bibelots, ni le vin, ni la bonne chère — qui n'a la passion de rien enfin : il est seulement vaniteux, mais comme je n'ai jamais vu aucun homme l'être.

A propos d'une veilleuse en porcelaine de Saxe que j'ai achetée ces jours-ci, ma pensée va à Gamba, le marchand de bric-à-brac, qui occupait le rez-de-chaussée du numéro 12 de la rue des Capucines, où demeurait ma mère et dans la boutique duquel j'ai le souvenir de si belles choses. C'est lui qui, lorsque j'avais douze cents francs pour m'habiller et tout le reste, m'a prêté quatre cents francs pour acheter le TÉLÉMAQUE sur peau vélin avec miniatures, de la vente Boutourlin. Un singulier homme, ce Juif au goût délicat, ce gros homme trapu, au cou de taureau, à l'immense torse, aux jambes de basset, et qui étonnait les bonnes peu chastes de la maison en portant un seau d'eau tirée à la pompe de la cour sur sa verge en érection.

1. Cf. UN MOT, préface d'Edmond de Goncourt au catalogue des bronzes d'art de Barye de la vente Sichel du 27 février 1886.

Lundi 10 juin

Tout ce roulement précipité, tout cet enchevêtrement de voitures sur la voie publique vers l'Exposition : ça me semble les galères de l'activité.

Je passe au panorama de Stevens, qui m'a demandé à retoucher l'ébouriffement de mes moustaches et qui, me faisant voir qu'il m'a placé dominant le groupe naturaliste, me dit : « Ça embête des gens, mais j'ai voulu vous mettre là comme le *papa* [1] ! » Toutefois, si j'avais su qu'il me séparât de mon frère, je ne lui aurais pas prêté ma tête.

A propos du portrait de Baudelaire, Stevens me raconte qu'il l'avait vu à sa première perte de mémoire, au retour de chez un marchand, chez lequel il avait acheté quelque chose et à qui il n'avait pu donner son nom dans le premier moment, et il ajoutait que la désolation du pauvre diable faisait peine.

Sentir qu'on a soixante-sept ans sonnés, c'est-à-dire encore une, deux, trois années à vivre, et sentir dans son vieux cerveau tant d'idées, d'imaginations, de *livres jeunes* à faire.

Mardi 11 juin

Me voilà en habit noir et en cravate blanche pour aller dîner chez Bonnetain. C'est la tenue exigée par sa femme, cette femme rencontrée au Jardin de Paris.

Ah, l'étrange intérieur ! Cette femme, ce père, cette enfant qui n'est pas de Bonnetain, ces bonnes, cette vieille bonne au bonnet de travers et chez laquelle transperce le machiavélisme d'une confidente de cocotte.

Et donc ! la petite fille à la voix énorme, et qui a l'air d'une naine et dont le décolletage montre des bras qui ont déjà les rondeurs d'une femme ! Cette petite fille qui a des renversements sur les meubles, des rires, des griseries de paroles, qui sont d'une fille de maison. Et autour d'elle l'adoration du quasi-père, du quasi-grand-père. On l'envoie coucher et on dit à la bonne de la rapporter dans sa chemise de nuit. Et quand elle est rapportée, Bonnetain, lui enlevant sa chemise de nuit, me la montre comme une réduction, comme un petit morceau de femme du XVIIIe siècle. Et en tout bien tout honneur, c'est, chez cet homme aux entrailles paternelles, un orgueil incompréhensible de ce petit être falot.

La femme, à la tête joliment distinguée, mais autoritaire en dépit de sa parole enfantine, se vante d'avoir été une très mauvaise gale dans son enfance et de pincer et de battre volontiers ses petits camarades.

Mercredi 12 juin

Les effets de l'Exposition. Ce matin, on me sert un œuf frais dont

1. Stevens et Gervex exécutaient aux Tuileries le PANORAMA DE L'HISTOIRE DU SIÈCLE, une vaste composition où prenaient place toutes les personnalités marquantes depuis le début du XIXe siècle.

le jaune est couleur d'un mulâtre : est-ce le commerce d'une poule française avec un Annamite ?

Autrefois, je dînais rien que pour fumer après dîner un cigare *extra* ; aujourd'hui, je dîne rien que pour le bon verre d'eau-de-vie qui en est le dessert.

Ce soir, chez la Princesse, on me fait dire une phrase dans un phonographe, et la phrase que je dis, l'instrument magique la répète à mon oreille, la répète aux oreilles de la Princesse, de Lavoix, etc. — mais comme s'il y avait la pratique de Polichinelle dans ma voix.

Jeudi 13 juin

J'achète, ces temps-ci, des choses je ne sais vraiment pourquoi, des choses qui, au moment de l'achat, ne me procurent aucun plaisir et des choses que, rentré chez moi, je trouve inférieures, incomplètes.

Au fond, la vie m'ennuie, je n'ai aucune satisfaction du côté de la santé, de la vanité, du cœur ; et si l'on m'offre de la tendresse amoureuse, j'ai peur de ce qu'on m'offre et du prix qu'il faudrait le payer.

Ce soir, je retrouve mon Daudet avec sa pauvre figure, où il semble que sous le soleil qui l'a bruni, il est monté un peu de sang ; je le retrouve avec plus de vitalité et de ressort dans sa pose assise et avec des mouvements de jambes moins morts. Il est revenu de là-bas avec une espèce de griserie cérébrale, une furie de travail aiguillonnée par l'étude des originaux de Lamalou. Il me dit en se penchant sur moi qu'il a eu cette année des bonnes fortunes en ce genre, comme cela ne lui est jamais arrivé. Et il nous entretient d'un causeur de l'endroit, d'un penseur, d'un savant ethnographe, dont il donne quelques fragments de conversation qui l'ont justement toqué ; et à la fin, il le nomme : c'est Brachet qui a fait le curieux livre sur l'Italie [1].

Puis il revient à moi et me parle des deux livres qu'il fait. C'est un troisième TARTARIN, une entreprise que je déplore, parce que cet homme qui a tant d'idées va se livrer à la troisième édition d'un type que je trouve déjà trop montré au public en deux fois [2]. C'est enfin son livre sur la douleur, un beau, un superbe livre qu'il fera sur cet abominable titre, parce que, comme je le lui disais, ce livre, il l'aura vécu, trop vécu [3].

Et comme il voyait dans mes yeux l'ennui que j'éprouve de le voir revenir encore une fois à Tartarin, il me dit avec des regards qui cherchent à me désarmer : « Voyez-vous, mon cher Goncourt, il y a des jours où je suis tout à mon livre de LA DOULEUR, et il y a cinq

1. Auguste Brachet est un grammairien connu ; il n'est *ethnographe*, en forçant le terme, que par son livre : L'ITALIE QU'ON VOIT ET L'ITALIE QU'ON NE VOIT PAS (1881). Cet « herbier moral » collectionne des extraits nationalistes et francophobes des manuels et programmes de l'enseignement italien.

2. Il s'agit de PORT-TARASCON publié chez Dentu en 1890 avec des dessins de Biel, Conconi, Montégut, Montenard, Myrbach et Rossi.

3. Cf. t. II, p. 1148, n. 1.

ans que j'y travaille... Mais il est des jours où la douleur est tellement violente que ce serait comme un blasphème d'en faire la peinture... Et alors, je cherche à travailler dans le gai, à m'*égayer ironiquement* avec Tartarin. »

Samedi 15 juin

Mlle Emmy Nomety, une jeune Autrichienne, à Landau, à lettres écrites avec de l'encre blanche sur papier ardoise, vient me lire, ou plutôt me fait lire par un ami, un fragment d'un roman intitulé : LES DILETTANTES. Le roman n'est ni bon ni mauvais, mais il me montre une jeune fille de l'aristocratie autrichienne toute pourrie de Swinburne, de Baudelaire, de votre serviteur.

Ce soir, je me rends au *Dîner de la banlieue*, dont, à ce qu'il paraît, je suis le président honoraire et qui a lieu aujourd'hui à l'Exposition. Geffroy, Frantz Jourdain, Gallimard, Toudouze et Monet le paysagiste, un silencieux, à la forte mâchoire d'un carnassier, aux terribles yeux noirs d'un *tapeur* des Abruzzes.

Mirbeau, qui est de retour de Menton, dîne à côté de moi. Un causeur verveux, spirituel, doublé d'un potinier amusant. Il parle curieusement de la peur de la mort qui hante Maupassant et qui est la cause de cette vie de locomotion perpétuelle sur mer et sur terre, pour échapper à cette pensée fixe. Mirbeau raconte que dans une des descentes de Maupassant à terre, à La Spezia, si je me rappelle bien, il apprend qu'il y a un cas de scarlatine, abandonne le déjeuner commandé à l'hôtel et remonte dans son bateau. Il raconte encore que Lepelletier, qui serait un mauvais chien, blessé par un mot dit ou écrit par Maupassant et devant dîner avec lui, avait, les jours précédant ce dîner, mis le nez dans de forts bouquins de médecine et, au dîner, lui avait servi tous les cas de mort amenés par les maladies des yeux, ce qui avait fait tomber littéralement le nez de Maupassant dans son assiette.

Puis il passe à Bourget, aspirant à l'Académie, tout le monde le sait — mais aspirant encore bien plus à être du Jockey-Club. Il nous apprend ensuite qu'il est seul à avoir une disposition physiologique de l'être toute particulière, qu'il possède un petit canal dans le foie, qui lui permet de vomir des cuvettes de bile. Et me prenant à part et faisant allusion à la lettre qu'il en a reçue après son féroce article du FIGARO, il me dit : « Cette lettre, à vous je la montrerai, parce que vous savez que j'aime les femmes ; mais à d'autres, je n'oserais pas la montrer : on pourrait croire, à la tendresse des reproches, qu'il y a eu des rapports de pédérastie entre nous. » Oh ! le peu orgueilleux garçon et le misérable caractère qu'est ce Bourget !

Ces fontaines lumineuses, ce sont des amusettes pour enfants [1].

1. Goncourt pense aux fontaines lumineuses disposées dans le jardin anglais qui s'étendait au pied de la tour Eiffel, sur le Champ-de-Mars, et en particulier à la fontaine monumentale de Coutan.

Dimanche 16 juin

Huysmans, qui vient aujourd'hui au *Grenier*, dit que l'aspect rigoleur de la population de l'Exposition, ça n'annonce rien de bon, à quoi je lui réponds que je suis sûr qu'il y aura un coup de chien l'année prochaine. Et ce soir, Daudet, parlant avec moi de la surexcitation fiévreuse amenée dans l'humanité française par l'Exposition, se rencontre avec nous dans le noir pressentiment de l'avenir.

« C'est singulier, je ne puis plus marcher », m'a dit à un moment, avec un son de voix inexprimable, Daudet. Et malgré une nuit terrible, il a travaillé toute la journée... Ah ! j'ai peur qu'il y ait chez lui cette rage, cette *manie du travail*, que j'ai vue à mon pauvre frère dans les dernières années de sa vie.

Mardi 18 juin

Ce matin, j'ai à écrire, au saut du lit, aux Zeller pour leur dire que le déjeuner de la Princesse n'a pas lieu, qu'elle a un abcès dans la bouche, qu'elle ne peut venir déjeuner chez moi, à son grand regret, ce matin. Et ce matin, ma vue est tellement trouble, si brouillardeuse, que j'ai toutes les peines du monde à écrire ce mot.

Mercredi 19 juin

On est venu s'établir dans une petite maison louée dans la villa et qui est derrière mon hôtel, en sorte que je ne me risque plus à me promener dans le jardin.

Jeudi 20 juin

Aujourd'hui, le dix-neuvième anniversaire de la mort de mon frère.

Je ne sais, mais il me semble que le culte des morts s'en va au milieu de la rigolade de l'Exposition. Montmartre, ce cimetière si fleuri, si plein de la pensée non oublieuse des survivants, prend un peu de l'aspect d'un cimetière abandonné.

En sortant du cimetière, je passe chez la Princesse, que je ne trouve pas, mais que je rencontre, une joue fort enflée, chez les Ganderax.

Quand elle est partie, Ganderax me raconte qu'il y a eu entre la Princesse et Popelin de nouvelles scènes, à la suite desquelles, à un dîner chez Benedetti, la Princesse les a retenus jusqu'à une heure du matin avec le rabâchage de sa douleur, répétant : « Oui, je sens bien que je suis lâche mais je ne puis m'empêcher d'aimer ma lâcheté ! »

Enfin, voici les dernières résolutions prises. La Princesse part samedi pour Saint-Gratien. Popelin vient s'y établir lundi. On renvoie dans sa famille pour un temps — je crois bien que ce sera pour toujours — la baronne de Galbois. On n'invite pour le moment personne à séjourner. Et les deux vieux amants vont vivre ainsi quelque temps dans un tête-à-tête où la Princesse espère réchauffer l'affection de Popelin. L'expérience me paraît devoir avoir des résultats désastreux, et je crains bien que ce tête-à-tête soit une perpétuelle scène, dont ils sortiront plus exaspérés que jamais l'un contre l'autre.

Au fond, la pauvre femme a la tête perdue et la santé même compromise. Pendant la petite visite qu'elle a faite aux Ganderax, elle s'est laissée aller à *dormichonner* deux ou trois fois, et Ninette me disait qu'elle craignait une attaque d'apoplexie.

Vendredi 21 juin

Déjeuner à Asnières, chez Raffaelli, avec Geffroy, le ménage Gallimard, à l'effet d'ordonner et de régler l'illustration de l'édition de GERMINIE LACERTEUX, tirée à trois exemplaires [1].

Mme Gallimard, une brune avec de doux yeux noirs, des yeux parfois interrogateurs à la façon des yeux de femmes-sphinx.

Le logis de Raffaelli, une petite maison bourgeoise de banlieue, sans rien de la bibeloterie ou de la friperie de l'atelier, mais où est posé sur un chevalet ou accroché çà et là au mur, pour la vente, dans un cadre tout fraîchement doré, un paysage d'Asnières ou de Jersey, le plus souvent peint aux crayons à l'huile de Faber — un paysage qui a l'air d'un pastel fixé.

Une discussion, dont je m'écarte, à propos du prix des dessins et des eaux-fortes que Raffaelli doit faire pour le volume en question et où il fait intervenir assez ouvrièrement les quinze cents francs qu'il est tenu de dépenser par mois.

Dans ce monde imbécile des bibliophiles, dans ce monde de domestiques du vieil imprimé, c'est vraiment un révolutionnaire que ce Gallimard, qui va dépenser 3 000 francs pour se donner, à l'instar d'un fermier-général, pour se donner à lui seul une édition de luxe d'un livre moderne — et d'un livre tel que GERMINIE LACERTEUX.

Mon Dieu, peut-être deux ou trois années d'aveuglement avant ma mort, ce ne serait pas mauvais, cette séparation, ce divorce de ma vision avec la matière colorée, qui a été pour moi une maîtresse si captivante. Il me serait peut-être donné de composer un volume ou plutôt une suite de notes toutes spiritualistes, toutes philosophiques et écrites dans l'ombre de la pensée. Malheureusement, je crois déjà l'avoir dit, je ne peux pas formuler quelque chose sans que mon écriture soit une façon de dessin, d'où sort mon talent d'écrivain.

Samedi 22 juin

Il y a chez moi un ennui produit par ceci : c'est que l'imagination, l'invention littéraire n'a point baissé chez moi, mais que je n'ai plus

1. Cf. t. III, p. 186, n. 2.

la puissance du long travail, la force physique avec laquelle on fait un volume écrit.

Le jeune Barrès, l'auteur de l'HOMME LIBRE, est un casuiste jésuite mélangé d'apothicaire. Ignace de Loyola se combine chez lui avec le bromure de potassium [1].

Dimanche 23 juin

Beaucoup de monde chez moi. Mme Pardo-Bazan, plus bien portante, plus sonore que jamais, m'apprend que décidément, elle a trouvé un éditeur pour sa traduction des FRÈRES ZEMGANNO, qui sera illustrée par le plus célèbre dessinateur espagnol du moment.

A propos de l'exposition faite en commun des œuvres de Rodin et de Monet, il s'est passé, à ce qu'il paraît, des scènes terribles, où le doux Rodin, sortant tout à coup un Rodin inconnu à ses amis, s'est écrié : « Je me fous de Monet, je me fous de tout le monde, je ne m'occupe que de moi ! »

Lundi 24 juin

Ce Bourget, il est psychologue à la façon de Guillot, qui avait écrit sur son chapeau : *Je suis Guillot, berger de ce troupeau.* Eh bien ! moi, qui ne l'écris pas, ce mot, en tête de chacune de mes phrases, je me trouve dans MADAME GERVAISAIS plus psychologue que Bourget dans tous ses romans de psychologie.

Mardi 25 juin

Par ces chaleurs, je n'aime à me nourrir que d'écrevisses et de fraises. C'est de quoi encourager l'urticaire, si elle est en germe chez moi.

Mercredi 26 juin

Moi qui ai toujours travaillé pour après ma mort, pour les générations futures, pour la postérité, comme on dit bêtement, je me demande, dans les retournements d'une sieste, si la littérature, depuis Homère jusqu'à moi, aura un intérêt pour les cerveaux de vivants dans dix mille ans, de vivants dans vingt mille ans, de vivants dans cent mille ans... Et je riais de ma bêtise, en pensant à tout ce que j'avais sacrifié de plaisirs et de bonheurs de l'existence, sans la garantie au moins de cent mille ans de survie.

---

1. Dans cette allusion à UN HOMME LIBRE (1889), Goncourt à tort de mettre sur le même plan saint Ignace et le bromure : si Barrès, faisant retraite à Saint-Germain en son « laboratoire de l'enthousiasme », essaie sans cesse d'appliquer les EXERCICES SPIRITUELS au « culte du moi » (voir par ex. la *composition du lieu*, dans l'édit. de 1904, p. 57), en revanche, le bromure n'apparaît qu'au début du livre, comme un calmant, que le héros quitte dès qu'il se lance à la recherche d'une exaltation réglée (*ibid.*, pp. 5 et 21).

Ce soir, dîner chez les Charpentier avec Cernuschi, le docteur Robin, les Ménard-Dorian, le ménage Dayot, des Beaux-Arts.

Le docteur Robin, qui, pendant ses vacances, s'amuse à créer, dans une grande propriété qu'il possède à Dijon, des fraises monstres et des melons noirs, parle d'un de ses voisins, possesseur d'une vigne intitulée : *le Clos du Chapitre*, une vigne où l'on exploitait encore une mine de fer au milieu du XVe siècle. Or le raisin de cette vigne renferme naturellement du fer, et le vin contient les qualités fortifiantes du vin où l'on en introduit, mais sans les inconvénients de ce dernier, par l'assimilation du fer dans une première vie végétative. Malheureusement, ce fameux *Clos du Chapitre* ne produit que quatre ou cinq pièces de vin.

Cernuschi, qui avait été aujourd'hui à l'exposition de Barye, me parlait avec un certain mépris des bronzes du sculpteur, surtout au point de vue de la matière, comparée à la matière des bronzes japonais.

Jeudi 27 juin

Ah ! cette critique d'Hennequin, reprise par Rosny, comme elle n'est pas faite pour un cerveau français ! Et comme le mot de mon frère sur Feuillet : Feuillet, *le Musset des familles,* m'en apprend plus sur le talent du romancier de l'impératrice que quarante-cinq pages de critique scientifico-littéraire.

J'ai reçu, ces jours-ci, une lettre d'une trentaine de pages sur la visite que m'a faite la pauvre Renée et sur ma froide réception... Je la garde, cette lettre, comme un spécimen de l'action de la littérature sur une cervelle d'une petite bourgeoise aux aspirations intellectuelles.

Le roman, tel que les meilleurs le font et d'après les recettes les plus neuves, me semble vraiment, à l'heure qu'il est, une œuvre enfantine. Et je crois qu'on voudra bien me rendre la justice de croire que je ne juge pas ainsi les romans de mes confrères parce que je n'en fais plus. Oui, je le répète, pendant toute cette année, un seul livre m'a fait plaisir, m'a un peu *exalté*, selon l'expression affectionnée de l'épistolaire, c'est la CORRESPONDANCE de Flaubert. Et les romans de Maupassant et de Bourget, oh la la !... Puis, il faut bien le dire, avec l'habitude de faire un roman toutes les années, un roman en courant et avec la glane rapide du dernier assassinat, du dernier adultère, du dernier fait typique, mêlée de racontars d'après-dîner de gens du monde, ces messieurs n'atteignent pas à l'intérêt biographique d'une RENÉE MAUPERIN, une figure qui est la résultante de vingt années de notes écrites dans le contact intime, à l'intérêt biographique d'une GERMINIE LACERTEUX, une figure peinte d'après nature, jour par jour, avec l'éveil intrigué d'une curiosité d'observateurs pendant quatorze ans.

Jeudi 27 juin

Au fond, l'humanité politique est toujours la même — toutefois en s'encanaillant un peu plus tous les jours. Exemple : le ministère Constans [1].

Ah ! si l'on pouvait pratiquer un judas dans un cerveau comme celui de Renan, et regarder dedans, toutes les combinaisons prêtreuses qu'on verrait présider à la conduite de sa vie, à sa littérature, à ce qu'il dit et qu'il ne pense pas, à ce qu'il pense et ce qu'il ne dit pas, feraient refermer ce cerveau avec une nausée, ainsi que les boîtes à surprise où l'on trouve de la merde dedans.

Chez nous deux, mon frère et moi, des nobles de deux sous, il s'est cependant trouvé une essence aristocratique telle que mon frère a eu toutes les peines, pendant son enfance, à ne pas être défiguré par les camarades jaloux de sa distinction et que tous deux, pendant toute notre vie littéraire, nous avons été haïs, injuriés, comme aucun homme de lettres de ce siècle ne l'a été.

Je tombe, dans la cinquième partie des SOUVENIRS D'UN DIRECTEUR DES BEAUX-ARTS, sur un éloge de Tauzia, un éloge, un éloge !... Vraiment, il y a chez de Chennevière, cet homme d'intelligence et de goût, une tendance maladive à être un *dénicheur de riens du tout,* qu'ils soient peintres, critiques d'art ou conservateurs de musée.

Samedi 29 juin

Aujourd'hui de La Narde m'a écrit qu'il avait reçu des livres et des objets japonais... J'y vais et pendant que je regarde, de deux yeux ennuyés, le médiocre envoi, de La Narde me dit : « Connaissez-vous cela ? » Et il ouvre avec une clef un tableau, dont le panneau extérieur montre une église de village dans la neige et dont le panneau caché est le tableau peint par Courbet pour Khalil-Bey, un ventre de femme au noir et proéminent mont de Vénus, sur l'entrebâillement d'un con rose... Devant cette toile que je n'avais jamais vue, je dois faire amende honorable à Courbet : ce ventre, c'est beau comme la chair d'un Corrège.

Dimanche 30 juin

Heredia conte les fureurs de Galliffet contre Rochefort, désolé, lui qui s'est montré si peu pitoyable, qui a fait fusiller tant de gens, désolé de l'avoir sauvé ! En effet, voici ce qui s'est passé. Quand Rochefort a été arrêté à Montretout, il était couvert d'ordures et de crachats. Et Galliffet, le voyant ainsi, avoue avoir dit à l'oreille du général X***, qui devait le conduire à Versailles : « En route, il est impossible qu'il ne tire pas son mouchoir pour s'essuyer la figure... Voyez dans ce mouvement une tentative d'évasion et brûlez-lui la cervelle ! »

---

1. Sur la constitution du ministère Tirard, cf. plus haut p. 233, n. 1. Goncourt parle du *ministère Constans,* parce que Constans était, de par ses fonctions de ministre de l'Intérieur et sa rudesse sans scrupule, l'homme en vue, celui qui devait sauver la France du boulangisme. Il a dissous la *ligue des Patriotes,* déclenché les poursuites contre Boulanger, Dillon et Rochefort, etc.

Au moment où il disait cela, Rochefort, tournant la tête vers lui, lui jetait un regard, le regard, selon l'expression du général, d'un *chien qu'on va noyer.* Ce regard parlait par hasard à la commisération du général ; puis il y avait eu entre les deux hommes une affaire de femme, et Galliffet craignit qu'on ne vît dans sa conduite une vengeance particulière. Il rappela donc le général X*** en lui disant : « Décidément, amenez-le sain et sauf à Versailles... Le conseil de guerre en fera son affaire. »

Et avec le ton et l'assurance du monsieur parfaitement renseigné, du monsieur qui a les liaisons les plus intimes avec les hauts personnages du gouvernement, Heredia nous parle du départ du général Boulanger et nous dévoile comment la chose se serait passée.

Boulanger avait un agent qui le mouchardait. Un jour, il dit à cet agent : « Combien vous donne-t-on par mois pour me surveiller ? — Cinq cents francs. — Eh bien, je vous en donne mille, si vous voulez me rapporter tout ce qui se passe à mon sujet dans le gouvernement. »

En ce moment, on avait proposé de nommer Galliffet ministre de la Guerre, et il avait accepté à la condition de faire passer Boulanger devant un conseil de guerre et de le faire fusiller, s'il était condamné ! Mais Freycinet avait *fouiné*, avait déclaré qu'il se retirerait, et la combinaison avait échoué. C'est alors que le roublard de Constans avait l'idée de faire faire, par l'agent acheté par Boulanger, la communication que Galliffet était nommé ministre de la Guerre et qu'il allait faire passer le général Boulanger devant un conseil de guerre... Et le soir même, Boulanger décampait, n'ayant prévenu que Mme Bonnemain qu'il emmenait avec lui.

Un mot qu'on prête à Rochefort dans ces derniers temps : « J'en ai assez des républicains, je veux finir sous un tyran de mon choix. »

Bracquemond parlait du talent particulier qu'a Waltner de graver une planche de manière à ce qu'Ardaille, le meilleur tireur du moment, en tire ce qu'il en tire et qui semble n'être pas sur le cuivre, quand il est tiré *nature.*

S'il est pour un collectionneur un certificat de goût infect, c'est une collection d'assiettes de la Révolution, la collection faite par Champfleury. Je crois que dans la poterie de tous les peuples depuis le commencement du monde, il n'y a jamais eu un produit si laid, si bête, si démonstrateur de l'état anti-artistique d'une société réduite à manger dans ces assiettes la cuisine de LA CUISINIÈRE RÉPUBLICAINE, qui se réduit, en 1793, à l'*art d'accommoder les pommes de terre.*

Lundi 1er juillet

En lisant LE DISCIPLE de Bourget, il me semble lire un roman inédit de la jeunesse de Balzac, retrouvé par Lovenjoul. Oh ! le malheureux, est-il imprégné du romancier de 1830 ! En a-t-il la manière de présenter les gens et les logis au public ! En a-t-il la construction archaïque de la phrase ! Est-il domestiquement et rétrospectivement balzacien !...

C'est bien le singe qui a débuté en littérature en prenant du café noir à l'instar de Balzac et croyant attraper un peu de son talent en absorbant le même nombre de demi-tasses.

Je suis triste, ce soir. J'avais un hérisson qui, depuis deux ans, avait fait son domicile de mon jardin et qui, à la nuit tombante, venait tous les soirs manger quelques restes qu'on lui mettait devant le perron. C'était pour moi un plaisir d'entendre le bruissement de sa marche dans la bordure des lierres, puis de voir son déboulement joyeux et gaminant sur le sable des allées, sa promenade hésitante autour de moi, puis son en-allée à l'assiette d'os, qu'il suçait avec le bruit après dîner d'un cure-dent dans les dents d'un gourmand asthmatique. Ces jours-ci, on l'a vu couché au soleil sur le côté, au fond du jardin ; puis le soir, il est encore venu à la porte de la cuisine et a regardé Pélagie et sa fille avec son œil éveillé de rat, a laissé au matin la trace d'un petit lit, qu'il s'était fait dans les feuilles ; puis à partir de cette nuit, nous n'en avons plus eu de nouvelles.

Mardi 2 juillet

Une lettre adressée à Pierre Gavarni, hier soir.

« Mon cher petit.

« Une idée baroque m'a traversé la cervelle aujourd'hui. J'ai touché ces temps-ci 12 000 francs pour droits théâtraux de GERMINIE LACERTEUX et je me suis souvenu que l'œuvre de ton père, de Mahérault, avait été acheté en vente publique 12 000 francs par Roederer. Je n'ai jamais placé d'argent et je suis embarrassé de mes 12 000 francs devant la pénurie de l'objet d'art chinois ou japonais. Voudrais-tu me céder l'œuvre lithographique, eaux-fortes et procédés de ton père ? La collection serait gardée, tu n'en doutes pas, jusqu'à ma mort ; et après moi, elle serait vendue d'après un catalogue très bien fait. Tu as des enfants, tu n'es pas dans les conditions égoïstes où je me trouve. Voilà, réfléchis.

« Maintenant, il est bien entendu que je ne cherche pas à faire une affaire et que cette proposition vient de la religion que j'ai pour le talent de ton père, et que si tu avais envie de vendre et que tu trouves 25 centimes de plus que mon prix, je me retirerais. Je n'ai pas besoin de te dire que je ne voudrais pas que ma proposition exerçât la moindre pression sur ta volonté. »

Ce soir, dîner sur la plate-forme de la tour Eiffel, avec les Charpentier, les Hermant, les Dayot, les Zola, etc. La montée en ascenseur, la sensation au creux de l'estomac d'un bâtiment qui prend la mer, mais rien de vertigineux. Là-haut, la perception, bien au-delà de sa pensée à ras de terre, de la grandeur, de l'étendue, de l'immensité babylonienne de Paris et avec, sous le soleil couchant, des coins de bâtisse ayant la couleur de la pierre de Rome et, parmi les grandes lignes tranquilles de l'horizon, le sursaut et l'échancrure pittoresque, dans le ciel, de la colline de Montmartre, prenant au crépuscule l'aspect d'une grande ruine qu'on aurait illuminée.

On cause des Javanaises, et comme je parle de leur jaune petite graisse un peu répugnante : « Il y a un *mou* dans cette graisse, qui n'est pas celui de la graisse européenne », dit Zola, et il finit sa phrase en se pétrissant le nez, qui, sous ses doigts pris d'un mouvement sensuel, devient comme un morceau de caoutchouc.

Une impression tout à fait particulière de la descente à pied et qui a quelque chose d'une tête qu'on piquerait dans l'infini, l'impression de la descente sur ces échelons à jour, dans la nuit, avec des semblants de plongeons çà et là dans l'espace illimité, et où il semble qu'on soit une fourmi qui descend le long des cordages d'un vaisseau de ligne, dont les cordages seraient de fer.

Et nous voilà dans la rue du Caire, où, le soir, converge toute la curiosité libertine de Paris, dans cette rue du Caire aux âniers obscènes, aux grands Africains, dans des attitudes lascives, promenant des regards de fouteurs sur les femmes qui passent, à cette population en chaleur qui vous rappelle des chats pissant sur de la braise — la rue du Caire, une rue qu'on pourrait appeler la rue du Rut [1].

Et c'est la danse du ventre, une danse qui pour moi serait intéressante dansée par une femme nue et qui me rendrait compte du déménagement des organes de la femme, du changement de quartier de son ventre. Ici, une remarque que me suggèrent mes coucheries avec des femmes moresques en Afrique. C'est peu explicable, cette danse, avec ce déchaînement furibond du ventre et du cul, chez des femmes qui, dans le coït, ont le remuement le moins prononcé, un mouvement presque imperceptible de *roulis* et qui, si vous leur demandez d'assaisonner ce roulis du *tangage* de nos femmes européennes, vous répondent que vous leur demandez de faire l'amour comme les chiens.

Et nous finissons la soirée dans les cafés de la rue, buvant de l'eau-de-vie de datte, très amusés par notre jolie interprète, Mme Dayot, qui parle l'arabe comme une fille d'Arabe, qu'elle est, et cause avec les cafetiers et nous les fait se déployer dans tout leur exotisme.

Mercredi 3 juillet

Octave Mirbeau est venu me voir aujourd'hui. De suite, sa conversation va sur Rodin. C'est un enthousiasme, une chaleur de paroles pour son exposition, pour ses deux vieilles femmes dans une grotte, ces femmes aux mamelles desséchées et qui n'ont plus de sexe et qui, je crois, s'appellent les SOURCES TARIES. A ce sujet, il me raconte qu'il est un jour tombé sur Rodin modelant une admirable chose d'après une femme de quatre-vingt-deux ans, une chose encore supérieure aux

---

1. Cf. plus haut p. 258, n. 1.

SOURCES TARIES, et que, quelques jours après, lui demandant où sa terre en était, le sculpteur lui disait qu'il l'avait cassée... Depuis, il avait eu comme un remords de la destruction de l'œuvre louée par Mirbeau et avait fait les deux vieilles femmes exposées.

Du reste, l'histoire du modèle de quatre-vingt-deux ans est assez curieuse. C'était la mère d'un modèle italien, qui était venue à pied de là-bas, pour le voir, avant de mourir, et le fils lui avait dit : « Maman, je te fous à la porte si tu ne poses pas. » Et il l'avait proposée à Rodin, sans lui dire que c'était sa mère.

Je regarde le causeur, ses yeux d'un bleu clair, son teint aux plaques sanguines sur une chair anémique, le tripotement entre ses doigts d'une pomme noueuse de canne, je regarde le puissant nerveux, qui a de jolis rires d'enfant.

Mirbeau a beaucoup pratiqué Rodin. Il l'a eu deux fois chez lui, une fois quinze jours, une autre fois un mois. Il me dit que cet homme silencieux devient, en face de la nature, un parleur, un parleur plein d'intérêt, et un connaisseur d'un tas de choses qu'il s'est apprises tout seul et qui vont des théogonies aux procédés de tous les métiers.

Par exemple, dit Mirbeau, il est capable de tout, d'un crime pour une femme, il est le satyre brute qu'il met dans ses groupes érotiques. Et Mirbeau me raconte qu'à un dîner chez Monet, qui a quatre grandes belles filles, il passa le dîner à les regarder, mais à les regarder de telle façon que tour à tour, chacune des quatre filles fut obligée de se lever et de sortir de table.

Et comme je lui demandais quelle espèce de créature était la femme de Rodin, il me répond : « Oh ! une petite blanchisseuse, pas le moindrement du monde en communication avec lui et laissée dans la plus complète ignorance de ce qu'il fait... Vous savez, un jour, un ami l'emmène en Belgique. Il rentre chez lui faire sa valise. Sa femme était sortie. Il ne la prévient ni par la domestique ni par le concierge. Et il reste absent trois semaines, sans donner de ses nouvelles. S'il a des enfants ? Oui, il a un fils, un fils étrange, un œil extraordinaire, une tête d'assassin, et qui ne dit jamais un mot et qui passe toute sa vie aux fortifications, à dessiner des *dos de militaires,* des dos où son père dit qu'il y a quelquefois du génie... Ce fils, on ne le voit qu'à l'heure de la soupe, puis il disparaît après. »

En se levant, Mirbeau me dit qu'il avait revu Hervieu, qu'il a eu de grands ennuis, une affaire de cœur, qu'il n'est pas heureux avec sa famille, qu'un ami commun, qui n'est pas de la littérature, lui a déclaré qu'il avait été au moment de se tuer.

Vendredi 5 juillet

Je devais aller voir jeudi Daudet ; mais j'ai été pris, dans la nuit de mercredi, d'une colique hépatique ou néphrétique, qui m'a tenu au lit quarante-huit heures, sans pouvoir rester deux minutes dans la même position.

On l'a retrouvé mort, mon pauvre hérisson, à quelques pas de l'endroit où il était venu faire ses adieux à la maison. Au petit jour, il avait voulu regagner son trou du fond du jardin et n'avait pu se traîner que quelques pas. C'est étonnant comme il y a chez les animaux sauvages, quand ils souffrent, une tendance à se faire compagnons de l'homme.

Samedi 6 juillet

Je viens de recevoir ce matin une lettre tragiquement mystérieuse de Mme Daudet. Des lignes complètement illisibles au bas desquelles il y a : *Je vous laisse à lire ce que je n'ai pas écrit, mais seulement ponctué.* Quelque catastrophe dans la santé de Daudet ? Il n'y a de lisible que deux larmes tombées et mal essuyées.

Les souffrances de ces deux jours ont amené chez moi la jaunisse.

Lundi 8 juillet

Des plaisanteries, des blagues, des allusions sans doute à mes amours avec Mlle X***, ces hiéroglyphes qui m'ont fait faire de si noires et si désolantes suppositions ! Et les deux larmes, deux simples gouttes d'eau ! Ah ! que les hommes d'observation sont bêtes, certains jours !

Dans la maladie, la cessation de la marche de la pensée en avant, l'arrêt dans les projets et le désintéressement brusque, soudain, de ce qui était l'intérêt passionné de votre vie : votre travail, vos livres, vos bibelots.

Jeudi 11 juillet

Mercredi dernier, Octave Mirbeau m'avait invité à dîner chez lui pour avant-hier ; et j'avais accepté, puis, encore trop malingre, je m'étais excusé de ne pas pouvoir m'y rendre, mais je recevais une lettre si pressante que j'étais forcé d'accepter le dîner de mardi, remis à mercredi, qui était hier.

Il demeure dans le moment à Levallois-Perret, un vilain endroit, qui n'est ni la ville ni la campagne, dans le rez-de-chaussée d'un pavillon, d'une maison appartenant à sa femme, une maison entourée d'industries bruyantes, qui lui rendent la vie impossible.

Geffroy devait dîner avec nous ; mais le Geffroy de l'heure présente, à la vie voyageuse et festoyante, et qui déjeunait hier à Champrosay chez Daudet, et déjeune aujourd'hui chez le peintre Monet à Vernon, fait défaut, en sorte que nous dînons tous les trois, Mirbeau, moi, Alice Regnault, qui a de gentils restes de la très jolie femme que Paris a connue. Et dans une petite salle à manger, qui a d'un côté une étude peinte par Mirbeau et de l'autre une étude peinte par sa femme, il nous est servi un petit dîner très soigné et dont la cuisine est faite, ainsi que Mirbeau me l'avait écrit, par sa femme qui, oublieuse de sa vie de grande cocotte, à tout moment se lève de table, pour revenir, quelques instants après, précédée de la bonne portant le plat, auquel elle a donné un dernier coup d'œil et un ultime coup de doigt.

Mirbeau a la gentillesse de me reconduire à Auteuil et, en une expansion amicale, me raconte en fiacre sa vie, pendant qu'aux lueurs passagères et fugitives, jetées par l'éclairage de la route dans la voiture, je considère l'aimable *violent,* dont le cou et le bas du visage ont le sang à la peau d'un homme qui vient de se faire la barbe.

Au sortir de l'école des jésuites de Vannes, vers ses dix-sept ans, il tombe à Paris, pour faire son droit, mais n'est occupé qu'à faire la noce. Vers ce temps-là, Dugué de la Fauconnerie fonde L'ORDRE et l'appelle au journal [1]. Et il a le souvenir, lui qui vient d'écrire la notice de l'exposition de Monet, que son premier article fut un article lyrique sur Manet, Monet, Cézanne, avec force injures pour tous les académiques, article qui lui fit retirer la critique picturale. Il passe à la critique théâtrale, mais ses éreintements sont entremêlés de tant de demandes de loges pour des putains qu'au bout de quelques mois, il avait fâché le journal avec tous les directeurs de théâtre...

Là, quatre mois de vie étrange, quatre mois à fumer l'opium. Il a rencontré quelqu'un de retour de la Cochinchine, qui lui dit que ce qu'a écrit Baudelaire sur la fumerie de l'opium, c'est de la pure blague, que ça procure au contraire un bien-être charmant, et l'embaucheur lui donne une pipe et une robe cochinchinoise. Et le voilà, pendant quatre mois, dans sa robe à fleurs, à fumer des pipes, des pipes, des pipes, et allant jusqu'à 180 par jour, et ne mangeant plus ou mangeant un œuf à la coque par jour. Enfin, il arrive à un anéantissement complet, confessant que l'opium ne fait que donner une certaine hilarité au bout de quelques pipes, puis que ça amène un vide, accompagné d'une tristesse, d'une tristesse impossible à concevoir... C'est alors que son père, auquel il avait écrit qu'il était en Italie, le découvre, le tire de sa robe et de son logement, le promène très malade pendant quelques mois en Espagne.

Arrive le 16 mai [2]. Il était rétabli. Par la protection de Saint-Paul, il est nommé sous-préfet dans l'Ariège ; et il me dévoile les mensonges du suffrage universel, me contant que dans une commune où Saint-Paul avait eu l'unanimité, quelques mois après, le candidat de Gambetta avait la même unanimité.

Mais au mois d'octobre de cette année, le sous-préfet est sur le pavé, et il se remet à faire du journalisme dans LE GAULOIS. C'est alors qu'il a cette grande passion qu'il a pour la *Femme au chien,* cette femme qui le trompait si cruellement, et il me confesse que pour subvenir à ses dépenses, il était entré à la Bourse et qu'il était arrivé à gagner 12 000 francs par mois — argent qui, même, en dehors de deux ou

1. L'ORDRE, journal bonapartiste dont le directeur politique était Clément Duvernois ; il fut fondé par Dugué de la Fauconnerie le 2 oct. 1871 et vécut jusqu'en juin 1882.
2. Cf. t. II, p. 740, n. 1.

trois opérations heureuses, avait été entièrement donné à la créature. Puis la découverte des tromperies de la femme et un profond désespoir le rendant incapable de tout ; et avec l'argent d'une dernière liquidation, son départ pour la Bretagne, où l'appelait un réveil de ses souvenirs d'enfance. Et là, l'achat d'un vaisseau de pêche, qui lui coûtait 7 000, et pendant dix-huit mois, la vie dure d'un matelot dans l'horreur du contact avec les gens *chic*.

Enfin, le retour à la vie littéraire... Il me parle curieusement de la société de Lancey et de Meyer, société qu'il a fréquentée beaucoup. Il me dit qu'Arthur Meyer est une canaille capable de tout ; et à ce sujet, il me raconte que ledit lui avait volé des lettres à l'effet de faire chanter des personnes. Et voici le curieux récit qu'il me fait. Il fait appeler au GAULOIS Meyer, en présence des garçons de bureau, devant le facteur, et s'adressant à ce dernier en désignant Meyer : « N'est-ce pas à ce monsieur que vous les avez remises ? — Oui, ça pourrait être à ce monsieur ! » Là-dessus, il lui dit qu'il faut les lui remettre et, comme l'autre lui affirmait qu'il ne les avait pas, connaissant la lâcheté de l'homme, il l'avait pris à la gorge et, tirant un pistolet qui n'était pas chargé, l'avait menacé de le tuer. Sur cette menace, Meyer était passé dans sa chambre à coucher et lui avait remis, tirées de sa table de nuit, les trois lettres qu'il réclamait.

Exposition de Rodin et de Monet. Rodin un homme de talent, un sensuel tourneur des ondoyances lascives ou passionnées du corps humain, mais avec des défauts de proportion, et presque toujours avec des extrémités qui ne sont pas entièrement exécutées. Au milieu de cet engouement impressionniste, où toute la peinture est à l'état d'esquisse, il aura fait, lui, le premier, son nom et sa gloire en sculpture avec des esquisses.

Quant à Monet, ma vision n'est pas faite pour ces paysages, qui me semblent, par moments, des tableaux de passage, et j'en suis resté au *faire* des Rousseau et des Dupré. Quelques marines, mais ce sont des Jongkind maladroits.

Vendredi 12 juillet

Exposition centennale. Je ne sais si ça tient à ce jour, fait pour des expositions de machines et non pour des expositions de tableaux, mais la peinture, depuis David jusqu'à Delacroix, me paraît la peinture du même peintre, une peinture bilieuse, dont le soleil est du jaune triste qu'il y a dans les majoliques italiennes. Oui, vraiment, la peinture contemporaine a trop la place d'honneur dans ce temps... Au fond, il y a eu une peinture primitive italienne et allemande ; ensuite, la vraie peinture, qui compte trois hommes : Rembrandt, Rubens, Velasquez, et à la suite de cette école du grand et vrai *faire*, encore de jolies et spirituelles palettes en la France et surtout à Venise. Et après, plus rien que des pauvres *recommenceurs* — sauf des paysagistes du commencement et du milieu de ce siècle.

Dimanche 14 juillet

Aujourd'hui, l'anniversaire, tonitruant par tous les canons de la bonne ville de Paris, de la Révolution de 89, de cette révolution qui a fait de la grande France d'autrefois la petite et ridicule France d'aujourd'hui et qui l'a dotée du gouvernement de l'heure actuelle, où sur les sept ministres qui le composent, on en compterait bien trois méritant de passer sur les bancs de la police correctionnelle.

Lundi 15 juillet

Départ pour Champrosay.

Mardi 16 juillet

Daudet me confie qu'il a écrit cent vingt pages de son troisième TARTARIN, qu'il a déjà vendu à l'Amérique [1]. Il ajoute que ce livre ne devrait pas être écrit assis, mais parlé debout, et cette parole jetée en allant et venant dans une chambre, sténographiée par un écouteur. Et il s'écrie que dans ce livre, il faut à tout prix se défendre de la littérature, parce que la littérature *endimanche* le rire.

Nous sortons faire une promenade en landau. Daudet est pris d'une crise d'estomac, qui le force de descendre plusieurs fois pour vomir ; et malgré une piqûre de morphine qu'il se fait, les douleurs deviennent dans la soirée si intolérables qu'il faut aller chez un médecin à Ris-Orangis.

Mercredi 17 juillet

Ce matin, Daudet entre dans ma chambre, disant d'un air désespéré : « C'est que c'est maintenant l'arrêt du travail... Hier, vous avez vu... Je m'assieds sur une chaise... rien... rien... et les choses de mon livre me passent seulement dans une espèce de fièvre sous les paupières. »

Jeudi 18 juillet

Ce matin, en allant chercher une matelote à Corbeil, nous rencontrons Drumont caracolant sur *Bob.* Daudet, qui attend à dîner les Lockroy, ne l'invite pas ; mais comme il apprend dans la journée que les Lockroy ont remis leur visite à l'autre jeudi, pour se rencontrer avec Ménard-Dorian, il l'envoie prier à dîner.

Survient Geffroy, qu'on n'attendait pas et qui dit à Daudet, en faisant allusion à l'arrivée de Drumont : « Quelle plaisanterie ! » Reproche auquel Daudet, un peu piqué de la leçon que veut lui faire Geffroy,

1. Cf. plus haut p. 281, n. 2.

répond vivement que depuis trois semaines, on l'attend sans le voir venir et qu'il n'a pas supposé qu'il viendrait le soir.

Drumont a dit un bonjour général à tout le monde, mais comme il est très myope, il n'a pas reconnu, dans le groupe, Geffroy.

On passe à table et le hasard veut que Geffroy se trouve en face de Drumont, qui le reconnaît et lui jette : « Tiens, c'est vous, Geffroy, vous allez bien ? » A quoi Geffroy ne répond rien [1].

Et le dîner se passe dans la gêne de tout le monde ; Daudet nerveux, Geffroy livide, les yeux dilatés et glauques, Drumont, la tête dans son assiette, mangeant sa colère. Drumont s'est très gentiment comporté. Après s'être plaint à moi dans l'oreille de la conduite enfantine de Geffroy, il a déclaré, Geffroy parti, que si Geffroy avait été un monsieur en vue, il n'aurait pas laissé passer la chose comme cela... mais qu'il le savait pas heureux et que ça l'avait désarmé ! Il a ajouté que dans un temps de polémique comme celui-ci, Geffroy, n'étant ni le parent ni l'ami tout à fait intime de Clemenceau, n'avait pas le droit de prendre si coreligionnairement son parti, d'autant plus que lui, avait poussé la correction à son égard jusqu'à ne pas se servir des confidences qu'il lui avait faites sur LA JUSTICE et sur l'absolu manque de payement de ses rédacteurs, quand le patron achetait un cheval ou prenait un abonnement à l'Opéra.

Moi, je disais simplement que Geffroy n'aurait eu à faire qu'une chose : c'est de faire dire par Daudet qu'il était souffrant et qu'il s'était en allé — un prétexte à la fuite que je suis prêt à prendre, la première fois qu'on me fera dîner avec un antipathique.

Et Mme Daudet parlait assez justement du côté d'enfant buté et boudeur qui était en Geffroy ; et Daudet faisait voir combien, en cette affaire, Geffroy s'était montré l'ami de Clemenceau et peu le sien et combien, si un duel était arrivé, ça aurait été désagréable pour Clemenceau, qui ne s'était pas battu, et grave pour Geffroy, ce désarmé, devant l'escrimeur enragé de Drumont.

Mistral, qui dînait, a revendiqué pendant tout le dîner, d'une manière fatigante, le droit de la Provence à parler la langue provençale ; et on sent en lui le fédéraliste et l'homme ambitieux du retour de la France à ses anciennes provinces.

Vendredi 19 juillet

Daudet me dit, en nous promenant ce matin, que j'ai manqué hier une conversation bien intéressante de Mistral, une sorte de biographie au courant de la parole. Et joliment, Daudet s'étend sur ce paysan poétique, appartenant tout entier à ses bouts de champ, à son *petit bien*, à sa maison, à ses parents, à sa province, enfin à tout cela de rustique et d'ancienne France dont il a tiré sa poésie.

---

1. Geffroy est le collaborateur et l'ami de Clemenceau, pris à partie par Drumont dans LA FIN D'UN MONDE (cf. t. III, p. 167, n. 1).

Il m'entretient de l'enfant qui s'est sauvé quatre fois du collège pour retourner à son clos et qui, à douze ans, fabriquait deux petites charrues minuscules, qui sont les deux uniques objets d'art qui parent l'habitation de l'homme. Il me le montre prenant goût aux études et pouvant seulement être gardé par le collège alors qu'il a connu les GÉORGIQUES de Virgile et les IDYLLES de Théocrite. Un type particulier, ce paysan d'une race supérieure, d'une race aristocratique, chez laquelle le travail des champs, sous le beau ciel du Midi, prend une idéalité qu'il n'a jamais dans le Nord.

Dans cette biographie, tout émaillée d'expressions provençales, que le raconteur lui-même jetait en marchant, dans les allées du parc de Champrosay, à ceux qui étaient à côté de lui, il était question de deux mariages.

D'un mariage qu'il avait dû contracter avec une Mistral, une Mistral lui apportant des millions, et qu'il avait rompu avec une grande tristesse d'âme en rentrant dans son petit domaine, sur le sentiment qu'il éprouvait de la disproportion de son avoir et de celui de sa femme et dans la crainte que cette grande fortune ne lui fît perdre les éléments inspirateurs de sa poésie.

Et devant la femme, la jolie femme qui était là et qui, un moment, avait des larmes sur les joues, il racontait en comédien, ce qui était un peu méridional, il racontait l'autre mariage, celui qu'il avait contracté avec la jolie femme. L'article de Lamartine sur MIREILLE avait amené une correspondance de Mistral avec une jeune fille de Dijon et sa mère ; et un jour qu'il passait par la Bourgogne, il faisait une visite à sa correspondante [1]. Des années, beaucoup d'années se passaient ; et tous les soirs, en mangeant avec sa mère, c'étaient des phrases dans le genre de celle-ci : « Les hommes sont nés pour se marier... pour faire des enfants... Toi, quelle sera ta vie, quand je n'y serai plus ? Tu auras une bonne avec laquelle tu coucheras ? » Une nuit, après une de ces gronderies, Mistral se rappelait une toute petite fille, qui le regardait avec de beaux grands yeux, lors de la visite qu'il avait faite à la dame de Dijon, qui était sa tante. Il se demandait quel âge elle pouvait bien avoir, calculait qu'elle avait dix-neuf ans, partait pour Dijon, se rendait à la maison où il avait fait une visite, une dizaine d'années avant, et demandait en mariage la jeune fille, qui lui était accordée au bout de trois heures.

Et Daudet, se reconnaissant une certaine parenté avec Mistral, déclare qu'il était venu au monde avec le goût de la campagne, qu'il n'avait point du tout l'*appétence* de Paris, qu'a eue tout jeune son frère, qu'il n'avait pas l'ambition de devenir célèbre, qu'il avait été porté à Paris comme un *duvet* et que cette ambition de la célébrité lui était venue du milieu dans lequel il était tombé.

---

1. Cet article de Lamartine sur MIREILLE, qui révéla Mistral, fut publié en 1859 dans le VIIe *Entretien* du COURS FAMILIER DE LITTÉRATURE. Lamartine y annonçait la « bonne nouvelle » — « Un grand poète épique est né » — et il saluait la merveilleuse floraison de cet « aloès de Provence ».

Mme Daudet disait à déjeuner de Mme Mistral : « Elle a les beaux et clairs yeux d'une femme qui se couche de bonne heure ! » Et en effet, pendant que le bon Mistral habite chez Mariéton et court les gourgandines, il a remisé sa femme chez ses parents, dans une maison de la banlieue de Paris.

En promenade, devant l'épanouissement de Daudet devant les champs de blé, tout roux, tout dorés, tout brûlés : « Daudet, lui dis-je, vous aimez la plaine, vous ? » Il me répond : « Oui, la verdure ne me comble pas de joie... Nous, les gens du Midi, nous aimons les grillades de toutes sortes... Et c'est une stupeur pour nous, quand nous arrivons à tout ce vert qui est dans le Nord. »

Pendant que Daudet a ce soir une crise d'estomac, pareille à celle de mardi, Mme Daudet me racontait que le père de Daudet avait dit un jour : « Je ne puis aller qu'au fauteuil qui est au fond de cette pièce ! » Un autre jour : « Je ne puis aller que jusqu'à la table qui est au milieu de la pièce ! » Un autre jour : « Je ne peux plus marcher ! » Un autre jour enfin : « Je veux qu'on me donne à manger ! » Et l'on n'avait jamais pu savoir si c'était un entêtement de malade ou l'impossibilité de faire ce qu'il déclarait ne vouloir pas faire.

Samedi 20 juillet

J'ai reçu, ces jours-ci, une lettre vraiment touchante de la Princesse, où elle dit : « On ne guérit pas en un jour d'une année d'angoisse », et ajoute, faisant allusion à Popelin et à Mlle Abbatucci : « On vient de temps en temps, on m'a mise au régime... Je ne dis rien... Il faut bien se partager... Brûlez cette lettre. »

Mme Daudet s'étonnait un peu devant moi que le côté *Tartarin* de Mistral ne fût pas percé par son mari, qu'il le gobât, lui, un gobeur si récalcitrant ; et elle me disait l'espèce de révolte qu'elle avait éprouvée au récit de son mariage, fait devant l'épousée, qui pleurait à la façon d'un compère, et elle ajoutait, à propos du fameux mariage avec la jeune fille aux millions, que Mistral prétendait avoir immolé à sa poésie, elle ajoutait que la jeune fille était imbécile et née de parents épileptiques.

Dimanche 21 juillet et lundi 22 juillet

En face de cette grande porte en fer, au-dessus de laquelle se lit : *Académie de Médecine,* de l'autre côté de la rue des Saints-Pères, au numéro 38, s'élève une haute et étroite maison, où une boutique de fruiterie, peinte en bleu, coupe une baie XVIIIe siècle surmontée d'une tête sculptée au milieu de rinceaux rocaille, boutique à la gauche de laquelle une étroite porte d'allée s'ouvre sous une grosse lanterne portant : *Hôtel de l'Étoile.* Je ne passe jamais devant cette porte sans qu'il se réveille en moi un souvenir d'amour ; et la veille de mon départ de Paris, en encombrement de voitures et d'allants et de venants, me retenant un moment sur le pas de la porte, faisait remonter dans ma mémoire toute cette vieille histoire de ma jeunesse.

J'avais vingt-quatre ans, je crois, et j'allais souvent à Mabille, où je rencontrai, un soir, une fillette de treize à dix-sept ans, accompagnée par sa mère, une mère à la tête de maquerelle polichinellesque. La fille avait d'immenses yeux bleu de ciel, très rapprochés d'un grand nez à la courbure aquiline, et elle était longue, maigriotte, sans poitrine, et portait une modeste toilette de grisette.

Je dansais avec elle, ce soir-là — on dansait alors. Puis je la retrouvais les autres soirs ; et au bout de sept ou huit soirées passées, presque tout entières, à contredanser et à polker avec elle, elle m'accordait très facilement le rendez-vous que je lui demandais.

Je la menai dans un petit appartement qu'occupait un de mes jeunes cousins au bas de la rue d'Amsterdam. Et là, intimidé par son mutisme, le caractère angélique de ses yeux et empêché par des obstacles que je croyais un vice de conformation, je la *ratais* deux fois. Enfin, la seconde fois, au moment où elle s'en allait, je la jetai sur le canapé de l'antichambre ; et à genoux, en jouissant d'elle, j'entendais comme le bruit d'une peau de tambour d'enfant qu'on crève, et je voyais une larme dans ses yeux, sans qu'il sortît de sa bouche un cri, une plainte, un soupir. Et lorsqu'elle se relevait, sa légère robe d'été était toute tachée de sang... Elle était vierge, cette habituée de Mabille ! Jamais je n'aurais pu le supposer.

Un mystérieux être que cette fillette, avec la béatitude mourante de sa tête dans l'amour, avec la passivité inerte de son corps, où il n'y avait de vivant que le tumulte de son cœur, et avec l'expression de ses grands yeux bleus, où par instants passaient les perversions d'yeux d'ange rejeté du ciel sur la terre. Ah ! ces yeux ! je les ai retrouvés depuis à Florence dans cet ange de l'ANNONCIATION de Simon Memmi, aux yeux de serpent.

Et chez cette fille et chez cette mère, tout anormal, tout déconcertant les suppositions, tout démentant les apparences. Oui, cette mère, au masque de matrulle caricaturale, était une mère amoureuse de sa fillette, comme on l'est d'un petit enfant, tout occupée à la distraire, à la relever des sévérités et des brutalités de son père, un mauvais petit loueur de voitures de la rue Jacob, une mère peut-être renseignée sur la courte existence de sa Marie adorée et ayant la lâcheté, en son cœur faible et sa tendresse aveugle, de lui laisser prendre les joies permises et les joies non permises de cette terre.

Je ne puis pas dire que je l'aimais d'amour ; mais j'avais une espèce de curiosité, de curiosité tendre de l'être fermé et énigmatique qui était en elle, avec un peu de la gratitude orgueilleuse qu'a tout homme pour la femme qui lui a apporté sa virginité.

Ah ! cette histoire ! Il y a des lacunes dans ma mémoire, et les années et les mois, je ne les sais plus... Il me semble cependant que j'avais connu Marie au printemps ; et à l'automne, voici ce qui arrivait. Une partie était arrangée entre un ami de collège et moi, pour aller passer avec nos deux maîtresses la journée à la campagne, la partie précédée d'un fin déjeuner chez Véfour, où l'on devait manger des suprêmes de volaille aux truffes, le mets par excellence de l'endroit, en ces années.

Mon ami, qui avait les dents gâtées, mais des yeux charmants et la plus jolie figure du monde, arrivait en retard, sa maîtresse lui ayant manqué de parole, et cela l'avait mis d'une si exécrable humeur qu'il se grisait complètement et de telle façon qu'arrivé à la gare Saint-Lazare, dans ce café qu'on vient de démolir à l'angle de la vieille gare, il nous fallait demander un cabinet — où quelqu'un de ma connaissance devait se brûler la cervelle depuis —, un cabinet où mon ami était malade, malade, vomissait, vomissait, vomissait avec l'apparence de transport au cerveau, et Marie et moi étions forcés de lui fondre deux ou trois livres de glace sur la tête, jusqu'au soir, jusqu'à ce qu'il fût en état de regagner la maison de son grand-père, chez qui il habitait et qui n'était pas un vieillard indulgent aux peccadilles de la jeunesse.

L'hiver était venu, et le carnaval, et je convenais avec mon ami, et des jeunes gens de la connaissance de mon ami, d'aller en bande au bal de l'Opéra. On devait se costumer, hommes et femmes, dans le petit hôtel de l'Étoile et y revenir tous souper. Nous étions seulement deux ou trois qui avions emmené des femmes ; mon ami était encore seul. Marie avait apporté un costume de Pierrot en soie blanche. Et jamais je n'ai vu plus charmante cette frêle fillette, dans le flottement cassé de l'étoffe légère, et avec des yeux plus étrangement séducteurs. On allait au bal, on revenait souper, et ce soir-là, à mon désir fou de la posséder, avant notre départ, à notre retour, elle opposait une résistance incompréhensible, un doux, mais entêté repoussement de mes baisers, de mes caresses, par des fuites de corps, des petites moues, des gamineries sérieuses, sans l'allégation d'une raison, sans une réponse à mes pourquoi, et seulement, quand elle était trop vivement poussée, avec une pantomime qui semblait me dire qu'elle craignait qu'on ne la vît dans cette chambre d'hôtel.

A partir de ce jour, de petites maladies d'elle et de sa mère, un travail pressé, l'arrivée de parents de province, enfin toutes sortes de prétextes l'empêchaient de se rendre à mes rendez-vous. L'hiver s'avançait et c'était la mi-carême. J'allai le soir au bal de l'Opéra-Comique, un bal masqué moins fréquenté par la fille que le bal de l'Opéra et qui était le rendez-vous d'ouvrières et de demoiselles de magasin de demi-vertu. Après deux ou trois tours dans la salle, je m'attachais aux pas d'un domino, qui me semblait devoir être Marie ; et sur ses dénégations, à un moment de certitude absolue que c'était elle, je lui arrachais d'une main colère son masque ; et à cet instant, mon ami, qui sortait de je ne sais où, me mettait gentiment, mais trop tard, la main sur le bras pour m'en empêcher. Je n'ai pas le souvenir bien exact de ce qui se passait aussitôt ; mais je me vois, suivi de mon ami par derrière, ramenant à pied, chez elle, Marie, dans un besoin de marcher : je me vois — je ne sais comment cela fut amené — me promenant une heure sur la berge du quai d'Orsay, pris d'une espèce de rage devant le mutisme de ma maîtresse, dont je ne pouvais tirer une explication, une excuse, une parole, un mot, devant l'impénétrabilité de sa physionomie, et qui, un doigt replié sur la bouche, était toute à l'eau noire de la Seine, qui coulait à ses pieds — moi ayant envie de la jeter dans cette eau et de gifler mon ami, que je ne croyais pas encore son amant, mais que je trouvais, dans le moment, trop s'occuper de mes affaires intimes.

Rentré chez moi, dans l'insomnie du restant de la nuit, j'avais, ce que je n'avais point eu à l'Opéra-Comique et sur le bord de la Seine, j'avais l'intuition très nette que mon ami était devenu l'amant de Marie et que le sentiment tendre de ma maîtresse avait commencé pour lui le jour du déjeuner du Palais-Royal ; et il me venait une complète désaffection, mêlée d'un certain mépris, à l'endroit de cette femme, pour cet amour prenant naissance au milieu des vomissements et des ordures de la pochardise. Alors, j'ignorais bien des choses sur la femme et l'empire qu'avait sur elle la maladie, et les attaches qu'au fond d'elle créent ses soins de garde-malade et, il faut le dire, son absence de dégoût pour les saletés de la souffrance. Et avec le mépris survenu chez moi pour la femme, l'indignation contre mon ami, que j'aimais d'une affection remontant à l'enfance et qui était devenue une habitude de cœur, tombait si complètement que je ne lui parlai pas de sa trahison.

Des années se passaient. Ma mère mourait. Mon frère était sorti du collège et faisait de la peinture et de la littérature avec moi, lorsque je rencontrai Marie, qui me fit monter dans une petite chambre d'une maison derrière la Bourse, où elle travaillait dans la journée. Elle me racontait sa rupture avec mon ami, sorti de l'École polytechnique et qui était dans les Ponts et Chaussées, et se redonnait à moi avec la même complaisance qu'une Allemande qu'on renverse sur un lit.

Mon frère n'avait point encore de maîtresse ; et quelques jours avant ma retrouvaille de Marie, il venait justement de me raconter ses dégoûts à propos d'une fille du trottoir, chez laquelle il était monté et qui avait ôté une moitié de ses cheveux et de ses dents. Est-ce absolument l'intention de lui donner une ragoûtante maîtresse, que je n'aimais plus ? N'y eut-il pas le désir de faire une expérience sur la fragilité de la pauvre fille ? N'y eut-il pas un peu du besoin de l'avilir à mes yeux ? Je n'en sais vraiment plus rien. Ce que je me rappelle seulement, c'est que je l'invitai à un dîner au restaurant du café d'Orsay et qu'après dîner, je lui dis que j'avais une course à faire et qu'elle se donnât à mon frère comme elle s'était donnée à moi.

Mon frère, au bout de quelques semaines, où il coucha furieusement avec elle, la trouvait une créature trop rêveusement triste, une créature même un peu effrayante dans l'espèce de léthargie où la plongeait le plaisir, et avec la sorte de reculement lointain de la vision en ses immenses yeux bleus, et il la congédiait.

Je n'entendis plus parler d'elle, quand le matin d'une nuit où mon frère et moi avions travaillé jusqu'à trois heures du matin, Rose mit sur ma table de nuit une lettre arrivée par le premier courrier. Je regardai l'adresse et, ne connaissant pas l'écriture, je me rendormis.

Quand je me réveillai, j'ouvris l'enveloppe à l'écriture inconnue, elle contenait une lettre de faire-part bordée de noir et un billet dans lequel une amie de Marie, que j'avais vue deux ou trois fois, m'écrivait qu'elle venait de mourir d'une maladie de poitrine et qu'elle lui avait demandé la veille de sa mort de me prévenir, répétant par trois fois qu'elle désirait de tout son cœur que je fusse à son enterrement.

La lettre de faire-part, qui annonçait l'enterrement pour le jour même, disait que Marie avait vingt et un ans.

Je me jetai à bas de mon lit, il était plus de midi et demi.

Mardi 23 juillet

Sur une chaise de l'antichambre, un chapeau gris bordé d'un crêpe et un paletot tout ce qu'il y a de plus clair : ça annonce le comédien Lafontaine.

Il est resté jeune, la taille droite, et à peu près tel qu'il était dans HENRIETTE MARÉCHAL, sauf la moustache devenue toute blanche. C'est une voix de tête, une voix prise dans le registre de Frédérick Lemaître, avec un accent du Midi perçant par moments dans le lâché de la conversation. Un spectacle curieux, c'est l'absolue prise de possession de *Mémé* par ses jeux de physionomie, le roulement de ses yeux, son parler d'acteur. Toute tournée vers lui dans sa petite chaise, un genou en l'air, autour duquel sont nouées ses mains, elle boit ses paroles, et des larmes lui montent aux yeux, quand il s'en va.

Mercredi 24 juillet

A propos d'un article de Lemaître sur Anatole France dans LE FIGARO, Daudet me disait : « C'est bien de la bande de Renan, une bande d'érudits à l'érudition un peu fanée, mais avec un grain de poésie. — Oui, c'est de l'érudition pour femmes, rédigée par des professeurs galantins, dont Renan est le grand maître. »

Jeudi 25 juillet

Aujourd'hui, avec les femmes Ménard-Dorian, Mme Lockroy, le jeune Hugo, etc., dîne à Champrosay Brachet, qu'a rencontré Daudet à Lamalou et de la conversation duquel il était revenu tout à fait toqué.

C'est en effet un causeur supérieur par la science profonde qu'il possède de toutes les questions qu'il aborde, par le jugement original qu'il porte sur elles, par l'indépendance de son esprit à l'endroit de toutes les idées reçues, clichés, etc. Un petit homme aux yeux noirs, à la barbe grêle, au teint marbré de plaques rougeaudes de bromure, au crâne à la conformation assez semblable à celui de Drumont. Il se met à parler de la situation politique, du désarroi du moment, de l'avènement futur de Boulanger.

Il s'est trouvé avec lui à La Flèche, il a été de sa promotion et dit que ce qui le caractérise, c'est qu'il est un étranger, un Écossais par sa mère, un homme qui ne connaît pas le ridicule, qui se promènerait dans une voiture rouge d'*Old England*..., qu'au fond, il méprise les Français. Il ajoute qu'il est menteur, menteur, menteur..., qu'il a une très moyenne intelligence, mais une volonté enragée, avec le talent — un talent tout particulier — de parler à la corde sensible des gens auxquels il s'adresse et qu'il a très souvent la bonne fortune de mots qui enlèvent, qu'il est enfin un *allumeur des foules*.

Puis il conte que Carnot est trahi, que Freycinet, l'homme funeste, le ministre dont Bismarck a dit un jour : « Il m'apparaît comme le ministre d'un grand désastre », met sournoisement des bâtons dans les roues de la poursuite. Car ayant manqué d'être président de la République et ne l'ayant manqué que par les voix de Ferry, rapportées sur Carnot, sur l'homme qu'il trouve le plus nul de la terre et qui, de plus, a le malheur d'être son cadet de promotion, Freycinet, à l'heure qu'il est, n'a plus l'idée de devenir président et n'a plus que le désir d'enlever la présidence à Carnot, au profit d'un quelconque.

Enfin, Brachet affirmait de la manière la plus positive que Boulanger avait été averti de passer en Angleterre par la femme du président du Conseil, par Mme Freycinet.

Samedi 27 juillet

Un joli mot d'un petit garçon à une grande fillette, affectionnée par lui : « *Je t'amoure !* »

Il y a de par le monde parisien une falote personne, habillée comme l'est une marionnette du *jeu de massacre,* et qui s'appelle Mme Dardoize et pour laquelle j'ai eu toujours un dédain presque impoli, malgré son admiration enthousiaste pour ma littérature. Mais depuis des choses et des confidences jaillies dans sa bavarde conversation, ces jours-ci, je me trouve à la fois plein de remords et de respect à son égard. C'est bien simple, cette petite bourgeoise avait six mille francs de côté, quand fut déclarée la guerre avec l'Allemagne, et elle les a mangés à fonder une ambulance. Combien de patriotes ont fait ce sacrifice ! Et remarquez que lâchée au bout de trois jours par les illustres infirmières qui s'étaient fait inscrire, elle a frotté le parquet et fait les lits et vidé les pots de trente-deux blessés dont aucun n'est mort.

Et les intéressantes et humaines choses dont elle a été spectatrice, sans songer à les écrire ! Un petit Breton héroïque, inconscient de son héroïsme, blessé aux deux bras, avec un morceau d'obus dans la poitrine, ne connaissant pas un mot de français et qui, au crépuscule, se mettait à chantonner les vêpres en latin bas-breton. Et à côté de lui, un voltairien enragé, auquel cette sœur de charité éclectique, un jour de Noël, mettait dans ses souliers les contes de Voltaire, tandis qu'elle mettait un chapelet dans les souliers du Breton.

Puis la guerre finie et la Commune venue, cette femme, oui, cette femme dont personne n'a parlé, organisait la *Société des brassards,* l'association des chefs de groupes conservateurs dans tous les quartiers, avait à Versailles des rendez-vous avec Thiers, chez lequel elle se rendait le jour et la nuit, faisait évader Boutiller de Passy, avec l'aide d'un égoutier, indiquait aux Versaillais, en échec devant la barricade de la rue Saint-André-des-Arts, le passage du Commerce pour un mouvement tournant devant lequel la barricade avait été bien vite évacuée, allait prévenir la Banque, en train de faire de l'ajournement avec les Communards, de l'avancement des troupes de Mac-Mahon dans le faubourg Saint-Germain, et cela presque au risque d'être fusillée sur le refus d'apporter un pavé à la formation d'une barricade.

Oui, cette femme cocasse a fait des actions héroïques, a été un Ducatel, sans que, jusqu'à ce jour, les Daudet, ses amis, n'en aient rien su ; et il a fallu l'intimité expansive de la campagne pour que cela sortît de sa bouche.

Pauvre femme, qui, avant d'avoir le gendre le plus détestable, a eu le mari le plus extraordinaire, un mari qui, veuf, la première nuit de ses noces avec elle, lui a fait intercaler au milieu de ses prières un *De profundis* pour sa première femme.

Dimanche 28 juillet

Tous ces temps-ci et tous les jours, Daudet continue à avoir des crises insupportables de l'estomac, au milieu d'une succession d'éditeurs lui demandant pour l'année prochaine son TARTARIN, conférences dont il sort en disant : « L'année prochaine, je serai mort..., je serai ramolli... »

Le jeune Nicolle, l'ami de Léon Daudet, disait ce soir de Brachet : « Il a dans la conversation le *rythme* d'un alcoolisé. » Et ce serait vrai. Daudet disait qu'il buvait beaucoup de forte bière, sous le prétexte de se rafraîchir le cerveau.

Mercredi 31 juillet

Mme Lockroy, à ce qu'il paraît, a passé une partie de sa vie à se défendre de l'érotisme sénile de son beau-père, obligée de s'enfermer dans son cabinet de toilette pour résister aux entreprises du vieux satyre.

Mme Daudet, auquel son mari reprochait sa croyance invétérée à la bonté de l'humanité, à la vertu des femmes, disait ce soir : « Mes parents sont de braves gens qui ont fait un mariage d'amour, qui ont vécu à l'écart de la société et qui étaient, par là, pleins d'illusions ; et moi, je suis entrée dans la vie avec ces illusions. »

Jeudi 1er août

Judic vient de prendre pour amant Dubrujeaud, et elle se promène maintenant dans la vie suivie de son ci-devant amant Millaud, qui, ô ironie ! a pris tout à fait les gestes de son défunt mari et l'accompagne pour la signature de ses traités, le chien de l'actrice tenu dans un petit panier sous son bras. Ce pauvre Millaud, ce Juif ironique, meurt d'amour et s'efforce d'oublier son cocuage avec des piqûres de morphine, dont il fait une consommation effroyable.

Périvier, qui dîne ce soir à Champrosay, parle en commis-voyageur prolixe de la musique, de la peinture, de la littérature, et d'autre chose encore. Il n'est amusant que dans le débinage de son confrère Magnard, racontant qu'il dit aux gens de la maison qu'il voit sortir d'un air désespéré de son bureau : « Voyons, mon cher, est-ce que vous ne pouvez pas placer votre affection sur un être autre que Magnard ?... Puis il ne faut pas vous laisser aller au noir : tout ce qu'il vous a laissé entendre qu'il fera de désagréable contre vous, il ne le fera pas, parce qu'il est le plus lâche des hommes et qu'au moment de la réalisation, il aura peur... Oui, Magnard, reprend-il, est un homme auquel on servirait une aile de poulet et qui prendrait la cuisse, qu'il n'aime pas, parce qu'il sait que vous l'aimez... Un homme qui, entre une place à l'ombre et au soleil, choisirait la place à l'ombre, qui lui serait fort désagréable, parce qu'il a appris que le soleil vous donnait des migraines. »

Mme Frantz Jourdain me dit que le jour où Rosny est venu pour trouver son mari, à propos de son projet de duel ridicule avec Kahn, motivé par la phrase dudit sur sa critique de la REVUE INDÉPENDANTE, « critiques impolies et phrases mal sonnantes », il lui aurait déclaré que « quand son petit serait né, il faudrait qu'avant un an, il eût un duel ». Vraiment, cet homme sérieux est devenu enfantin et la fréquentation des *décadents* en a fait un gamin épateur à leur image.

Vendredi 2 août

Drumont, que nous avons rencontré hier matin à cheval et qui avait demandé à Daudet de venir dîner et auquel il avait répondu non, dans la crainte d'avoir le jeune Hugo le soir, rencontrant Mme Daudet à la gare, a laissé percer sa mauvaise humeur et sa souffrance d'être en quelque sorte exclu de la société de Daudet et s'est plaint assez vivement que Daudet n'ait point morigéné Geffroy sur sa conduite à son égard.

Ce soir, Frédéric Masson vient nous voir avec sa femme. Il nous parle de la crainte qu'il a du voisinage de la rivière pour son beau-père, tombé dans une mélancolie noire depuis le suicide de Denfert-Rochereau [1]. Et cette lypémanie est doublée chez Cottin d'un délire amoureux se portant sur sa vieille femme... Ah ! c'est vraiment

1. Il ne s'agit pas du défenseur de Belfort, mort en 1878, mais du directeur du Comptoir d'escompte, dont la disparition, provoquée par sa situation financière, amena le 7 mars 1889 une véritable panique. Le ministre des Finances dut appeler la Banque de France et les autres banques à renflouer le Comptoir. L'épilogue de cette tragédie sera le procès des Métaux (cf. la note du 20 avril 1890), intenté aux spéculateurs qui avaient « noyauté » le conseil d'administration du Comptoir d'escompte et l'avaient utilisé dans l'opération gigantesque qu'ils tentaient : accaparer tout le cuivre des marchés mondiaux et provoquer une très forte hausse.

abominable, toutes les diversités, toutes les combinaisons du mal à l'encontre des pauvres humains, et rien n'est-il plus atroce que le mal où il y a des côtés comiques ?

Samedi 3 août

Daudet, qui ne travaille pas depuis une dizaine de jours et auquel je demandais si la morphine l'empêche de travailler, me répondait : « Oui, avec la morphine, on en reste aux idées générales. »

Dimanche 4 août

C'est curieux, Daudet est né en mai, Zola aussi et moi, *idem.*

Ce soir Mme Daudet lisait à haute voix LE NAZARÉEN de Leconte de Lisle... Je suis frappé dans la poésie de la difficulté pour le poète de suivre une idée. A tout moment, la rime fait bifurquer sa pensée.

En montant nous coucher, Daudet fait un tableau curieux de la main de Brinn'Gaubast, s'emparant de la pièce d'argent qu'il a l'habitude d'y déposer tous les jeudis au moment du départ pour le chemin de fer. Il nous peignait cette main étonnée la dernière fois, soupesant la pièce, la trouvant moins grande qu'à l'ordinaire, l'interrogeant du bout de ses doigts mécontents, cela pendant que sa bouche formulait des paroles vagues, sans aucun sens et n'ayant aucun rapport avec ce qui se passait dans sa pensée et au fond de sa poche.

Mardi 6 août

Déjeuner chez Drumont.

Une petite salle à manger lumineuse, où la vue, une vue égayante passant par-dessus la torsion des vieux arbres fruitiers et traversant la Seine, va au coteau verdoyant qui fait face. Là-dedans, par malheur, de vieux bahuts faits de pièces rapportées, une garniture de cheminée inénarrable, un trumeau de Boucher, exécuté par un vitrier de village, acheté chez un tapissier de Villeneuve-Saint-Georges.

A propos de la tournure conventuelle de la vieille bonne qui nous sert, il est question des domestiques et la servitude de nous tous à leur égard. Et Daudet de conter que Morny avait les entrailles assez faibles et qu'un tour de main dans la confection des cataplasmes l'avait assujetti à une femme de chambre de sa maîtresse et qu'un domestique de Morny, pas bête, avait épousé la femme et que de par elle et par son tour de main, il était devenu le maître absolu du président du Conseil, obtenant tout ce qu'il voulait, en le tenant toujours sous la menace de quitter son service.

Une omelette, un gigot, des haricots se succèdent.

Une allusion fortuite au PANTHÉON LITTÉRAIRE, à Buchon qui se trouve être l'oncle de Drumont, amène la conversation sur la croisade, la prise de Constantinople et les mépris d'Anne Comnène, cette

Byzantine littéraire et artiste, à l'endroit des gros barons normands. Et de Constantinople et d'Anne Comnène, nous sautons au père Dulac et aux missionnaires, dont il parle avec un lyrisme religieux, disant que ce sont des hommes dont toute la virilité est passée dans leur foi ; et il conte, avec une bonne foi de véritable croyant, qu'un de ces missionnaires étant mort à bord d'un petit bâtiment chinois et son corps ne se décomposant pas, les matelots avaient dit à son compagnon : « Mais il était donc vierge ? »

On apporte une salade de tomates et d'oignons très réussie pour des palais blasés, et à peine Daudet, qui est muet depuis quelques instants, l'a-t-il goûtée qu'il demande à monter dans la chambre de Drumont pour se faire une piqûre de morphine.

Cette sortie jette un froid parmi nous deux restés à table. Il y a un silence au bout duquel Drumont jette cette phrase inattendue : « Pourquoi sommes-nous sur la terre ?... Pourquoi sommes-nous réunis dans ce moment ?... Pourquoi, en face de ce paysage, nous livrons-nous à des conversations supérieures ? »

Et Drumont dit cela en se donnant des coups de doigt révoltés dans sa noire crinière jésuite, où une mèche se déroule, tortillée sur son front à la façon d'une mèche de la Gorgone, tandis que ses yeux, ses yeux de scribe moyenâgeux encoléré, encastrés dans leurs minces lunettes, sont abaissés sur les fleurs de son assiette.

Daudet est rentré ; et assis, à demi couché sur une petite table, dans un coin, pendant qu'il prend à lentes avalées une tasse de café, interrompant soudain nos doléances sur la société moderne et sa veulerie, il se met à parler éloquemment sur la ressemblance de la génération actuelle avec Hamlet, de cette génération chez laquelle, selon une expression de Baudelaire, l'action ne correspond pas avec le rêve, prétendant que l'époque ne comporte pas l'action et disant qu'il a donné la phrase de Baudelaire à Geffroy pour en faire l'épigraphe de son volume de Blanqui [1].

Mercredi 7 août

A un retour d'un déjeuner aux *Vieux Garçons*, après une piqûre de morphine, tout en se levant du salon pour aller vomir sur le balcon, pendant que nous le plaignons, Daudet remercie hautement la vie pour les *sensations vives* qu'elle donne à l'amoureux, au travailleur, etc., pour tout ce qu'elle apporte de profonde jouissance dans une action passionnée, et, quelque payement qu'en demande la vie, un jour, Daudet crie tout haut sa reconnaissance.

---

1. Allusion à la formule célèbre du RENIEMENT DE SAINT PIERRE (FLEURS DU MAL, CXVIII) :

Certes, je sortirai, quant à moi, satisfait
D'un monde où l'action n'est pas la sœur du rêve.

Le *volume de Blanqui,* c'est L'ENFERMÉ (1897), dont la figure centrale est celle de Blanqui.

Puis comme dans un accès de lyrisme, il chante la nature, les frissons des grands bois, les horizons de la plaine, les renouvellements des saisons — et cela avec le charme d'un poète et le sentiment amoureux de la terre d'un homme de la campagne.

Un fait invraisemblable ! Dans cet essai de colonisation qui a conduit l'inventeur en police correctionnelle et dont Daudet se sert pour son TARTARIN, un colon pris par les Canaques n'a pas été mangé comme ses camarades [1]. Il a été épargné, parce qu'au moment d'être égorgé, il s'était mis à pleurer et que l'étonnement de ces sauvages, qui ne pleurent pas, devant ces perles d'eau lui coulant des yeux sur les joues, leur avait paru quelque chose de pas humain.

Jeudi 8 août

Mistral, les Rodenbach, les Masson, Rosny, etc., dînent ce soir.

Rosny, avant dîner, m'entretient dans un coin de Sainte-Beuve, de Renan, de Lemaître, d'Anatole France, de Barrès, un monde de gens au vilain physique, de la même famille littéraire et qui sont des fabricateurs d'êtres contrefaits comme Renan, des messieurs au nez de travers comme Anatole France, des faux bossus comme Lemaître, un monde de perfides, de Carthaginois, sous une apparence de bonasserie : « Certes, dit-il, ces disgraciés de la nature ne sont pas des créateurs ; mais il faut reconnaître que ce sont des lettrés qui ont exécuté des choses intelligentes et ont accroché de curieux astragales à l'entour du grand mouvement naturaliste du siècle. »

Après dîner, Mistral lit une poésie, qui est une chaude revendication pour la Provence de la langue provençale ; et Rodenbach dit des vers célébrant la vieille Belgique. Et il se trouve que la poésie de Mistral, qui est la défense du passé du Midi sous une forme classique, est tuée par le passé du Nord fait avec une réminiscence vague et pénombreuse de la vieille pierre catholique de la Belgique.

Blessé du succès de Rodenbach, le vieux Mistral, dont la pose troubadouresque avait été compromise par la recherche d'un lorgnon, qui ne voulait pas tenir sur son nez, et les gestes bêtes et les ânonnements d'une lecture difficile, jetait avec une bonhomie roublarde de paysan madré à cette pauvre Mme Dardoize : « Vous avez dû faire des vers, vous, Madame, dites-nous-en donc quelques-uns. » Il pensait que le ridicule des vers de la vieille femme distrairait l'attention de la poésie de Rodenbach. Ah ! le grand poète de la Provence s'est montré, ce soir, un petit monsieur !

---

1. Il s'agit de l'escroquerie de Port-Breton en Nouvelle-Irlande, qui a inspiré le PORT-TARASCON de Daudet et qui fit condamner, le 2 janv. 1884, à quatre ans de prison et à trois mille francs d'amende Du Breil de Rays pour avoir vendu de fictives concessions de terrains et avoir envoyé à trois reprises, de 1879 à 1881, dans cette « colonie libre » de Port-Breton de malheureux émigrants, dont beaucoup périrent là-bas.

Vendredi 9 août

Ce matin, jour de mon départ, Daudet qui, ces jours-ci, parlait vaguement d'un grand voyage de six mois, qu'il voudrait faire seul avec son fils, me dit qu'il souffre tellement qu'il a envie de repartir demain ou après-demain avec son domestique pour Lamalou.

Samedi 10 août

En sortant de Champrosay, une *culotte* de japonaiseries de 1 000 francs chez Hayashi, en ce moment à Paris.

Dans cette mode du rouge — une couleur qui est l'annonce de vilaines choses —, dans cette mode du rouge et de toutes ses dégradations, je viens de voir à un étalage des corsets lie-de-vin, qui semblent des seins de femme sur lesquels l'ivresse d'un bas amant aurait vomi.

Je voudrais avoir, ce soir, en tête à tête l'ombre de Benvenuto Cellini et lui dire : « Combien auriez-vous pris pour ciseler, sur ce manche de couteau, cette pipe et ces pétales de fleurs de cerisier ? Combien auriez-vous demandé pour exécuter, sur ce sabre de médecin, ce petit bas-relief en argent représentant la métamorphose d'un renard en marmite ? » Et lorsque l'ombre aurait annoncé ses prix, de lui jeter : « Eh bien, ce manche de couteau coûte 40 francs, ce sabre de médecin 200 francs... et les 100 francs du XVIe siècle, ça vaut sans doute plus que les 1 000 francs de ce temps ! »

Lundi 12 août

Hayashi est venu déjeuner chez moi et a passé la journée à me déchiffrer des noms d'artistes japonais sur mes bibelots.

Comme je m'étonnais de la longévité des artistes japonais, citant Hokousaï, et tant d'autres, et même le brodeur dont il était, dans le moment, en train de me lire la signature sur un *foukousa* représentant une carpe monumentale, et que voici : *Iôn-O, âgé de soixante-treize ans,* Hayashi me disait qu'au Japon la mortalité de un an à dix ans était énorme, encore très grande de dix à vingt ans, encore grande de vingt à trente, mais que l'homme qui avait atteint l'âge de trente ans réunissait là-bas toutes les chances « pour attraper beaucoup d'années ». Toutefois, comme sa réponse à ma question ne concernait pas absolument les artistes, le Japonais ajoutait que les artistes qui font parler d'eux le doivent à une vitalité supérieure à celle des autres hommes, et quand ils ne sont pas *submergés* par un accident, ils doivent vivre très vieux.

Il y a vraiment de l'ironie française chez ce peuple japonais. Hayashi me racontait qu'un compatriote, qu'il a connu à Paris et qui est devenu un grand monsieur dans le gouvernement japonais, lui avait écrit plusieurs fois, sans qu'il répondît, et, lors de son dernier voyage au Japon, lui avait demandé de venir le voir dans une lettre où il lui disait :

« Oui, je suis un fonctionnaire du gouvernement ; mais je suis tout de même un honnête homme, je ne vole pas mes appointements, et je mérite une visite. »

Hayashi, me parlant des collectionneurs du monde entier, me disait qu'il n'y avait que les collectionneurs parisiens pour les choses délicates du Japon. « Et après les Parisiens, lui disais-je, sont-ce les Allemands ? — Non. — Les Anglais ? — Je les ai toujours vus prêts à recéder les choses pour un bénéfice ! — Les Américains ? — Les Américains de New York, pas les autres... Les autres sont des *magasins* plutôt que des *cabinets.* »

Mardi 13 août

Ce Sénat de l'heure présente, avec sa demande de retrait de ma pièce de GERMINIE LACERTEUX et son jugement du général Boulanger, n'est-ce point un corps qui, sous un régime de vraie liberté, mérite d'être décimé [1] ?

Et là-dedans, ce roublard d'Hébrard, qui demande que Rochefort ne soit pas poursuivi — de peur qu'il ne donne un jour de la publicité dans L'INTRANSIGEANT aux tripotages financiers dudit [2].

Le jade est une matière à la fois riche et bête : on sent que ce doit être la collection des parvenus.

Mercredi 14 août

Les journaux, qui ont raconté la visite du shah de Perse à la princesse Mathilde, n'ont point raconté comment elle s'était passée [3]. La Princesse a reçu, avant la visite du souverain persan, un message qui lui demandait de lui faire préparer : « Un verre d'eau glacée, des gâteaux et une chaise percée. » On plaça la chaise percée dans un coin de la bibliothèque en bas, et Primoli avait choisi son endroit pour faire un instantané du shah en position ; malheureusement, le shah voulut que la chaise percée fût placée à l'image d'un trône, au milieu de la pièce, et Primoli fut déçu... « Un saligot, s'écrie la Princesse, un saligot ! »

Tholozan, le médecin du shah depuis trente ans, revenant avec nous ce soir et ignorant ce détail, nous dit que lui, qui connaît le tempérament du shah, il peut nous assurer qu'il n'est jamais pressé en ces sortes

1. Après réquisitoire du procureur général Quesnay de Beaurepaire, le Sénat, constitué en Haute-Cour et dont Boulanger récusait la compétence, s'apprête à condamner le 14 août, par contumace, pour « attentat contre la sûreté de l'État », Boulanger et ses complices, Dillon et Rochefort, à la déportation dans une enceinte fortifiée, ce qui avait surtout pour avantage de les rendre légalement inéligibles.

2. L'INTRANSIGEANT avait été fondé par Rochefort, le 14 juillet 1880, aussitôt après l'amnistie des *communards* et avec, d'abord, des compagnons d'exil, Casimir Bouis, Olivier Pain, Edmond Bazire. Le journal avait naturellement obliqué, avec son directeur, vers le boulangisme.

3. Cf. t. II, p. 544, n. 2 la visite de Nasser-ed-Din à Paris en 1873 ; à l'occasion de l'Exposition universelle de 1889, le shah séjourna à Paris du 29 juillet au 10 août et fut reçu par le président de la République le 2 août.

d'affaires et qu'il voit là-dedans, de la part du Roi des Rois, une affectation de dédain pour les souverains de l'Europe. Et il nous racontait qu'au dîner donné à Saint-Pétersbourg, où le shah donnait le bras à l'impératrice de Russie, en se levant de table, il avait, un moment, marché le premier en tête, faisant semblant d'oublier la souveraine, pendant que l'impératrice le suivait avec de l'ironie sur la figure.

Et jusqu'à Paris, ce sont de curieuses histoires sur l'original souverain. Il nous conte, entre autres histoires, qu'il y a quelques années, le ministre de la Police ayant commis quelques malversations, le shah eut la fantaisie de le faire fouetter devant lui ; et comme il trouvait qu'il criait trop et trop fort, il se fit apporter un joli, mais un très joli cordon, et le fit étrangler le plus tranquillement du monde.

Vendredi 16 août

En regardant à l'Exposition, sur le visage du monde, la grosse joie bestiale qui s'y épanouit et qui retrousse même jusqu'aux moustaches grises des vieilles femmes, je pense à l'ennui de l'année prochaine pour ces gens, qui ont pris l'habitude de godailler, et je crains que de cet ennui, il ne sorte une révolution.

Par quelles révolutions l'œil passe-t-il — et en se raffinant — de l'adoration d'une fine porcelaine coquille d'œuf de la Chine à l'adoration d'une poterie barbare du Japon ?

L'entraînement par lequel les Aïssaouas arrivent à exécuter leurs exercices a l'air des vêpres épileptiques du sabbat.

Samedi 17 août

Il me semble que je commence à vivre comme un voyageur qui ne loue à l'hôtel une chambre que pour un jour, ne sachant pas s'il y sera le lendemain. Oui, l'idée de la concession à perpétuité de la vie, cette illusion dans laquelle la plupart des hommes vivent, dans laquelle moi-même j'avais vécu jusqu'ici, cette illusion, je ne l'ai plus.

Primoli est venu prendre des *vues instantanées* dans mon jardin.

Lundi 19 août

Aujourd'hui, à l'Exposition une évocation du passé bien autrement intéressante pour moi que le char d'Attila, ç'a été un petit modèle de diligence, de diligence jaune portant sur la caisse *Rue Notre-Dame-des-Victoires*. En le regardant, je retrouvais mes gais départs pour la campagne, la sortie victorieuse de Paris à grandes guides par les rues étroites, le sautillement des croupes blanches devant les vitres du coupé, les relais retentissants du bruit de la ferraille, les villages et leurs pâles vivants, traversés dans le crépuscule au galop. Et la petite diligence jaune me rappelle encore une de mes plus profondes émotions. C'était cette fois en rotonde, je revenais tout seul, à douze ans, de mes premières vacances passées à Bar-sur-Seine et j'avais acheté les livraisons à quatre sous contenant le roman de Cooper : LE DERNIER DES MOHICANS. Postillon, conducteur, voisins de rotonde, endroits où l'on s'arrêtait pour relayer, auberges où l'on mangea, je ne vis rien, mais rien, des choses de la route. Non, jamais je ne fus aussi absent de la vie réelle pour appartenir si complètement à la fiction, sauf cependant une autre fois, la fois où je lus, échoué dans une vieille bergère de la chambre à four de Breuvannes, ROBINSON CRUSOÉ, que mon père avait acheté pour moi à un colporteur de la campagne.

C'est amusant, le défilé des gens à l'Exposition : on croirait, à les voir passer assis dans une chaise, dérouler un écran peint de figures cocasses. C'est un monde qui n'a rien d'offensif, rien d'hostile, du monde *à la bonne.* Il vous marche bien sur les pieds et vous pousse et vous donne des coups de coude, mais c'est simplement de la mauvaise éducation.

Le garçon qui attendait la commande de mon dîner, chez Tourtel, avait à s'y tromper l'échine révérencieuse d'Anatole France dans le monde.

Parmi les danseuses de la danse du ventre, j'en remarque une tout à fait extraordinaire, qui, lorsqu'on l'applaudit, dans la complète immobilité de son corps, a l'air de vous faire de petits saluts avec son nombril.

Mardi 20 août

Vraiment, en ces jours de Constans, de Thévenet, de Rouvier, de Beaurepaire, je me sens des velléités de faire de la littérature politique... Je regrette de n'être plus jeune, il me semble que j'aurais été un polémiste moins *Palais-Royal* et à la dent plus mauvaise que Rochefort.

Catulle Mendès disait aujourd'hui de Villiers de l'Isle-Adam qu'il était le plus grand *rêveur* du siècle. N'est-ce point plutôt le plus grand *puffiste* ?

Est-ce que chez un vieux et un refroidi, un peu d'alcool ne refait pas l'imagination jeune ?

Mercredi 21 août

Journée maladive du prurit du bibelot. Achat de 700 francs chez de La Narde. Payement d'une note de 600 francs chez Bing et nouvelle note de 450 francs. Et prise à condition chez Hayashi d'une dizaine de *kakemonos,* dont j'en garderai au moins pour la somme de mille francs.

Mon mot, avant n'importe quel séjour hors de chez moi, est maintenant : « Je voudrais bien être revenu ! »

Jeudi 22 août

Départ pour Jean-d'Heurs.

Les hommes s'ingénient vraiment à supplicier leurs semblables dans le train-train de la vie. Pourquoi faire lever des enfants à cinq heures et demie du matin ? Ne croit-on pas qu'ils pourraient faire leurs études en se levant un peu plus tard ? Eh bien, les chemins de fer agissent comme les collèges, ils imaginent des heures de départ pour la contrariété et le malaise des voyageurs. C'est ainsi qu'il y avait un omnibus de chemin de fer devant ma porte à six heures du matin.

En montant à Bar-le-Duc, dans la *victoria* des Rattier, mes regards par hasard s'arrêtant sur mes mains reflétées sur le cuir verni du siège du cocher, mon étonnement est grand de rencontrer dans le reflet de mes mains le trompe-l'œil le plus extraordinaire d'un morceau de peinture de Ribot, avec ses chairs aux ombres noirâtres, aux lumières d'un rose violacé.

Vendredi 23 août

Ma petite cousine Eugénie se laissait aller à conter, au milieu d'éclats de rire, qu'un soir, en rentrant de la rue du Caire, avant de se coucher, elle s'était mise devant sa psyché à essayer la *danse du ventre,* pendant que sa femme de chambre, qui l'avait vue, cette danse, lui répétait dédaigneusement : « Oh ! Madame n'arrivera jamais à cela [1] ! » Puis, au milieu de la tentative, la tombée subite du mari revenant du cercle, et son exclamation effarée : « Qu'est-ce que vous faites-là ? » Et le beau, c'est la femme de chambre remontée dans sa mansarde, par un effet de contagion névropathique, imitant la danse du ventre de sa maîtresse... En sorte que je suis persuadé qu'à l'heure qu'il est, les trois quarts des Parisiennes travaillent en secret à attraper cette danse de Saint-Guy des entrailles.

Ce brevet d'homme de génie, décerné si généreusement par le journalisme à Barbey d'Aurevilly et à Villiers de l'Isle-Adam, ne le doivent-ils pas surtout à ce qu'ils ont été des bohèmes ?

Le dicton qui met dans la bouche d'un vieillard : « Les pêches étaient meilleures de mon temps », dicton qu'on trouve absurde, n'est-il pas l'expression de l'absolue vérité ? Car les choses de la nature vont en diminuant de bonté d'une génération à l'autre, et toujours cela continue ainsi.

Lundi 26 août

Mon Dieu, que le monde est loin d'être infini ! Aujourd'hui, je prononce le nom d'Octave Mirbeau devant Eugénie, qui me dit : « Mais

1. Cf. plus haut p. 258, n. 1.

Mirbeau, attendez, c'est le fils du médecin de Rémalard, de l'endroit où nous avons notre propriété !... Eh bien, je lui ai donné deux ou trois fois des coups de fouet à travers la tête... Ah, le petit *rousseau* que c'était, quand il était enfant, et le terrible *affronteur* !... Il avait, par bravade, la manie de se jeter sous les pieds des chevaux de mes voitures et de celles des d'Andlau. »

Je prends un moment la canne qu'avait à la main *Marin,* et comme je regarde par hasard le vieux jonc effrité dont elle est faite, il me dit : « Tu sais, c'est la canne de ton grand-père. » Et je continue à la regarder, parce que tout à coup, je m'aperçois que certains vieux bols japonais aux tons jaunâtres ne sont que l'imitation de bambous et de joncs, et même avec leur tigrage et leur mouchetage surplombant un rien sur le lisse fauve du reste.

Jeudi 29 août

Il était aujourd'hui question d'une jeune fille qui avait été la plus grande *cotillonneuse* du faubourg Saint-Germain et dont ma cousine venait de recevoir une lettre, dans laquelle la mondaine, devenue religieuse, lui écrivait que la veille, elle avait lavé quarante-trois pots de chambre et qu'aujourd'hui, cette occupation l'intéressait autant que tous les cotillons de la terre.

Vendredi 30 août

Rattier me racontait que le chirurgien Trélat avait fait une opération à son frère, en annonçant presque tout haut que cette opération devait être nécessairement suivie d'une embolie, qui emporterait l'opéré, mais l'opération était de 6 000 francs.

Lundi 2 septembre

Je ne sais, mais cette nourriture toute de gibier et d'écrevisses a mis le feu à mes vieux sens et j'ai dans mon lit, sous mes paupières fermées, l'obsession irritante de l'admirable image obscène d'Hokousaï, représentant une main de femme aux longs doigts courbes, une vraie main parmegianesque, se chatouillant la languette du plaisir.

Puis je me lève et dans ma promenade du matin à travers les bois, mon imagination fermente et je façonne et je vois presque un corps de fauve blonde comme Mlle ***, courant comme une Ève dans la feuillée verte, zébrée sur sa blanche peau par des zigzags de lumière ensoleillée, une Ève que je culbute par terre et sur laquelle je m'assouvis avec un peu de la brutalité des amours des sauvages de la Nouvelle-Zélande.

Mardi 3 septembre

Le général Obernitz, le général würtembergeois, qui, après Reichshoffen, avait établi son quartier général à Jean-d'Heurs et qui se montra un vainqueur supportable, disait à Rattier, quand il quitta le château : « Oh ! priez Dieu que nous ne rencontrions pas l'ennemi avant trois journées d'ici, parce que le soldat qui s'est battu est une bête féroce pendant trois jours... et moi-même je n'en suis pas le maître ! »

Je me trouve ici recopiant de vieilles notes, et ce sont les notes de l'année 1877, l'année de mon premier séjour à Jean-d'Heurs.

On parlait ce soir des animaux, des choses vraiment humaines qu'ils ont parfois. Rattier racontait que quand il était sous-préfet à Doullens, il avait un cheval qui s'arrêtait pour se regarder dans la glace extérieure d'une boutique de tapissier et que son cocher lui en avait fait faire plusieurs fois la remarque.

L'industrie, oh ! l'industrie ! Ici, en haut de cette merveilleuse propriété, il y a une papeterie dont les déjections font périr tout le poisson de la rivière. En bas il y a une bleuterie, dont les exhalaisons de soufre font peu à peu périr tous les arbres de la forêt qui l'avoisinent.

Avant cent ans, l'industrie aura tué la nature en France.

Les Lorrains, à ce qu'il paraît, sont une race *cachottière.* On n'obtient jamais d'un domestique une réponse directe à la demande qu'on lui fait.

Je crois que dans l'amour, un mari peut faire à sa femme toutes les cochonneries possibles sans la dépraver, mais à la condition de ne pas lui demander la réciprocité.

Samedi 7 septembre

Une fille du maréchal Oudinot, Mme de Vesins, je crois, aimait tant Jean-d'Heurs que lors de la vente de la propriété, elle en avait emporté des sachets de terre, comme on emporte des sachets de la Terre sainte.

Les grandes émotions de la vie sont quelquefois produites par des causes imbéciles, l'occision d'un lapin, la prise d'une ablette, le gain d'une partie d'écarté : émotions qui avancent les maladies de cœur du chasseur, du pêcheur, du joueur.

Dans ce moment-ci séjourne avec moi à Jean-d'Heurs une famille toute militaire, les Morlaincourt, famille représentée par un vieux colonel de cavalerie, une antique *baderne* bon enfant et dont la fille est mariée en second mariage à un M. de Saint-Laurent, capitaine d'artillerie, qui a le silence et le dédain particuliers aux officiers de cette arme.

Dimanche 8 septembre

Hier, pour l'anniversaire des maîtres de la maison, il y a eu un feu d'artifice pénétrant et illuminant de ses lumières fantastiques les beaux massifs d'arbres ; aujourd'hui, c'est un concert donné par l'orphéon du pays. Au milieu de ces enfants du village et des alentours qui s'amusent de la musique, une petite fille, une merveille de beauté et de grâce, un ange roux... Est-ce que la couleur Zeller serait un peu entrée dans mon cœur ?

Se promener dans le premier sommeil du bois, à la nuit tombée, c'est comme se promener dans l'inconnu d'une planète morte.

Lundi 9 septembre

C'est singulier comme en le reflètement des arbres dans l'eau, en la pleine lumière du jour, c'est absolument le dessin du feuillé tel que le donne la photographie, et qui n'est pas sans analogie avec le *grignotis* des eaux-fortes de Fragonard représentant des parcs.

Des rejets dans de petits sentiers à travers bois : la perspective au loin, au loin, de raquettes de coudriers aux béquilles basculantes, s'offrant perfidement au sautillement voletant des oiseaux.

Je suis tombé dans une allée de la *tendue.* Oh ! que de souvenirs des bonnes journées de mon enfance passées à Neufchâteau ! Le départ à cinq heures. Une heure de marche au bout de laquelle on arrivait à un grand pré qui avait presque toujours, çà et là, des taches d'un vert plus vivace que le reste de l'herbe, des taches qui étaient des places à *mousserons,* poussés la nuit et qu'on cueillait dans la rosée. Puis les provisions déballées, dans la cabane le feu allumé, des pommes de terre dans un pot de fonte. On allait faire la première tournée, et la tournée était longue, car il y avait 1 500 rejets, et les journées de passage, il y avait des allées pleines d'un bout à l'autre de pauvres rouges-gorges, de pauvres rouges-queues, pris par les pattes et battant désespérément des ailes. Je me rappelle une journée d'octobre où nous avons pris dix-huit douzaines de ces petits oiseaux, et entre autres, au moins une douzaine de rossignols à la petite croupe, qui est une vraie pelote de graisse. Le retour avec une faim de tous les diables et le *fricotage* d'un morceau de viande dans les pommes de terre. Un long déjeuner. Une seconde tournée à midi, suivie d'un repos, où le garde, qui était un vieux soldat de la Garde impériale, un grand homme sec, grognonnant, me racontait interminablement toujours je ne sais quelle bataille, où l'action terminée, n'ayant rien pour s'asseoir, ils avaient mangé assis sur des cadavres d'ennemis.

Au milieu de ces récits arrivait ordinairement, pour la troisième tournée, mon oncle, qui marchant le premier, avec son gros dos rond et son pas lourd, donnait la liberté aux oisillons qui n'avaient pas les pattes cassées, silencieux et sans donner la réplique à la grondante mauvaise humeur de Chapier [1].

Chapier, c'était le jardinier, le garde, l'organisateur de la tendue, le

1. Le texte de 1894 précise : *mon oncle, l'ancien officier d'artillerie,* c'est-à-dire Pierre-Antoine-Victor Huot de Goncourt.

domestique mâle à tout faire de la maison pour un gage de 300 francs. Il était le mari de Marie-Jeanne la cuisinière, celle dont mon grand-père avait longtemps comprimé les ardeurs conjugales en la faisant tremper dans la pièce d'eau de Sommérécourt. Chapier est le père de *Mascaro* — nom donné par mon père —, qui, tout en doublant son père, eut la permission d'établir, à côté de la maison, un petit commerce de mercerie et de vente d'alamanachs dans les campagnes, qui le fit riche à sa mort de 800 000 francs. Il est le grand-père du Chapier actuel, possesseur de plusieurs millions et brasseur de grandes affaires, entre autres de la concurrence aux eaux de Contrexéville.

Marin a donné ces jours-ci l'hospitalité pour les grandes manœuvres à un de ses amis, à O'Connor, lieutenant-colonel de dragons, qui aurait mangé à peu près trois millions, provenant tant de son patrimoine que de ses gains au jeu. Ce n'est pas un homme supérieur, mais c'est un monsieur sympathique et dont la conversation est pleine de faits. Il parlait aujourd'hui de l'extraordinaire force physique des turcos, et de l'espèce de joie orgueilleuse qu'ils éprouvaient, quand leur lourd, leur écrasant sac dépassait de beaucoup leur tête.

Il les disait merveilleux pour un choc, pour un coup de main, mais incapables d'un effort continu, accusait leur insuffisance au tir, leur inaptitude à viser, entraînés qu'ils sont toujours à la *fantasia* et n'étant préoccupés que de faire *parler la poudre* et de se griser de son bruit. Il appuyait aussi sur la nature enfantine de ces hommes, sur le besoin qu'ils ont tous les matins de venir faire des plaintes fantastiques à leurs chefs et qui s'en vont bien contents et disent : « Merci, capitaine ! » quand le capitaine leur a jeté à la tête : « Tu es un imbécile... »

Mardi 10 septembre

Grandes manœuvres dans ce joli pays boisé de Mapelonne, de la Ferme du Poirier, de Stainville. Ces manœuvres, aperçues d'un plateau un peu élevé, me font l'effet de rangées de petits soldats de plomb que je verrais comme d'un ballon captif...

C'est amusant, par exemple, la vie, l'animation données par les manœuvres dans les villages, et les hommes et les femmes sur le pas des portes, et les enfants, les yeux ardents... Au retour, les jolis croquis pour un peintre : l'envahissement des cafés de village, les consommateurs, en l'effarement des servantes, allant eux-mêmes chercher au cellier le vin, la bière ; l'encombrement de la rue par les voitures, qui n'ont plus de place dans les écuries ; des chevaux attachés à un volet et, au milieu de la bousculade et du brouhaha, le défilé des soldats, des cavaliers, couverts de poussière. Ça se passait à Stainville, le berceau de la famille des Choiseul, dont en quittant le village j'aperçois le modeste petit château.

Ce matin, où j'ai déjeuné avec O'Connor, qui a passé, je crois, deux ans en Cochinchine, il nous entretenait de la vie de ce peuple occupé à travailler et à jouir de l'existence mieux et plus complètement que nous autres. Il nous disait les fréquentes culbutes de fortunes, n'étonnant ni le possesseur ni les autres, et le millionnaire ruiné se remettant sereinement le lendemain à gagner une seconde fortune.

Il nous peignait les transactions du pays, au moyen d'une petite barre d'or qu'on porte sur soi avec une paire de petites balances, barre sans alliage et qui se coupe presque aussi facilement qu'un bâton de guimauve. Il nous affirmait que dans l'Orient le placement de l'argent était complètement inconnu et que toute la fortune du petit monde de là-bas était dans les bijoux de la femme, qui portait sur elle tout le capital du ménage, et qu'il y avait des mains et des bras de femmes, se tendant vers vous pour vous vendre un centime de n'importe quoi, des mains, des bras où il y avait plus de cinq à six mille francs d'or et de pierres précieuses.

Mercredi 11 septembre

Quand on demande aux paysans ce qu'ils pensent du gouvernement actuel, ils répondent : « Nous sommes *ben* las ! — Alors, vous voulez un prince d'Orléans ? Vous voulez le général Boulanger ? » Ils font nenni de la tête et répètent avec entêtement, sans qu'on puisse en tirer rien de plus : « Nous sommes *ben* las ! »

Le jeune Achille Fould, le futur héritier de Jean-d'Heurs et qui se présente aux élections à Tarbes, est un être si peu sympathique qu'on répétait aujourd'hui un mot d'un de ses mandataires électoraux : « S'il ne vient pas, il peut être sûr d'être nommé ; mais s'il vient, je ne puis répondre de rien. »

Jeudi 12 septembre

Ah ! quel mauvais sommeil ici ! Mes draps ont les méandres, le fripement du rivage au bord de la mer, après la retraite de la marée.

Vraiment, il n'y a pas ici assez d'intellectualité. Je ne demande pas qu'on cause littérature, mais qu'on cause de choses intelligentes. Dès qu'on ne parle plus cuisine ou généalogie locale, dès que la conversation s'élève un peu, devient intéressante, un sombre ennui monte à la figure des châtelains et la leur fait toute grise.

Vendredi 13 septembre

Aujourd'hui, c'est le jour de la grande bataille. L'ennemi nous débusquera ce matin du plateau de Chardogne, qui commande Bar-le-Duc, et nous devons reprendre le plateau dans l'après-midi.

Les Rattier se sont décidés à venir avec nous, et le ménage dans une victoria, et Marin et moi dans une autre, nous voici en route à neuf heures pour être sur le terrain des manœuvres à onze heures, où nous arrivons aux premiers coups de canon.

Il y a eu du brouillard toute la matinée. Quelque chose de laiteux est resté dans l'atmosphère ; et dans l'excellente lorgnette de Rattier, la guerre ne m'apparaît pas sévère ; au contraire, elle m'apparaît gaie, jolie, *clairette,* comme dans une gouache de Blarenberghe. Un spectacle vraiment drôle, au moment où l'action est le plus vivement engagée, c'est la course éperdue d'un lièvre affolé, auquel ici un coup de canon, là une charge de cavalerie, là, la main d'un paysan, qui s'est mis à sa poursuite et le touche presque, fait faire les crochets les plus cabriolants. Le hasard nous a servis au mieux, le petit mur d'un champ, auquel nous nous sommes adossés pour déjeuner, est occupé par une compagnie de lignards, qui se mettent à faire feu, agenouillés derrière le mur, et nous nous trouvons pour ainsi dire dans les rangs de la troupe, et bientôt dans un nuage de poudre grisant... Ah ! l'intéressante chasse à l'homme que doit être la guerre, pour un monsieur qui n'est pas un *coyon* et qui n'a pas la colique, ni la migraine, ni le rhume, un monsieur bien portant... Et je pensais, au milieu du nuage grisant et du canonnement vous faisant battre bravement le cœur, que la fumée qu'on est en train de détruire avec la nouvelle poudre sera bientôt suivie par une découverte quelconque, qui supprimera le bruit excitant du canon et qu'alors, ce sera bien froid et qu'il faudra être bien enragé pour se tuer non seulement sans se voir, ce qui arrive aujourd'hui, mais encore sans s'entendre.

Ce soir, je plaignais les reins des artilleurs galopant sur les caissons, devant M. de Fraville, un officier d'artillerie qui loge chez Marin : « Ce n'est pas sur les reins, me dit-il, que se porte la fatigue du secouement sur les coffres, c'est sur la mâchoire, et cela arrive quelquefois à empêcher les artilleurs de manger le soir. »

Samedi 14 septembre

Un dur parcours que celui sur la ligne de l'Est par cette Exposition universelle. Le compartiment de première est entièrement envahi par des Allemands, qui se montrent mal élevés autant que des Anglais en voyage, avec une note de jovialité peut-être plus blessante.

Il y a parmi eux un gros banquier juif, qui ressemble étonnamment à Daikoku, au dieu japonais de la richesse, et dont le ventre semble le sac de riz sur lequel on l'assied, et qui pue des pieds. En face est son fils, une réduction du père, qui se mouche dans un foulard rose ressemblant à une cravate de maquereau et qui ronfle ignoblement. Le vieux banquier est accompagné de sa fille, une assez jolie fille à l'air légèrement *filliasse* et qui se couche de côté sur la poitrine de son père, dont la large main l'enveloppe et lui caresse le corps, auquel le lacet du chemin de fer donne le mouvement d'un corps de femme qui fait l'amour [1]. Je n'ai jamais rien vu dans ma vie d'aussi impudique que ce témoignage public d'amour paternel. Il y a un autre Allemand, genre

1. Var. 1894 : *une assez jolie fille à l'air légèrement cocotte...*

étudiant, appuyé sur un sac de nuit grand comme une malle, vêtu d'un pardessus couleur chicorée à la crème et buvant à même au goulot d'une longue bouteille de vin du Rhin. Et d'autres encore, aussi insupportables et qui semblent se sentir déjà dans leur patrie.

Lundi 16 septembre

Ce soir, un spectacle assez drolatique, rue du Caire [1]. Un ecclésiastique que j'ai devant moi, à la danse du ventre, se met à regarder de côté toutes les fois que le ventre de l'almée soubresaute trop voluptueusement, devient trop suggestif.

Mardi 17 septembre

Une journée entière à me griser les yeux de mes bibelots.

Mercredi 18 septembre

Avant dîner, je monte me laver les mains chez Popelin. Il s'étend, avec des poses comédiennes, sur sa santé complètement ébranlée par ses ennuis moraux, se plaint des ennemis implacables de Mlle Abbatucci, et sa voix, s'élevant maladivement, déclare qu'un jour, il se portera à des violences contre Mme de Galbois, qu'il la soufflettera, oui, qu'il la soufflettera et qu'il se fiche pas mal de l'idée reçue qu'un homme ne peut pas battre une femme. Puis il me reproche de ne point aller voir Mlle Abbatucci. J'avais sur les lèvres que de tous les hommes qui avaient lâché la pauvre fille, c'était lui, au fond, qui était le plus tristement lâcheur.

On dîne. Aussitôt après dîner, la Princesse m'emmène dans le salon du fond, me raconte la surprise d'un volume de notes de Primoli, où il était question de relations entre Popelin et Mlle Abbatucci et des correspondances diplomatiques que ça a amené entre les deux hommes par l'intermédiaire de Ganderax, termine en disant que la situation devient complètement intolérable et qu'elle ne comprend pas pourquoi, dans le moment, il joue la tendresse à son égard, pourquoi il la prend dans ses bras et *l'embrasse sur la nuque* au fond du parc.

En retournant avec Lavoix, comme nous parlions de l'interminable longueur de cette bête de situation, il me conte que Dumas a eu le toupet de dire à la Princesse, au commencement de la quasi-rupture : « Vous serez intéressante pendant quinze jours ; passé cela, vous serez ridicule [2]. »

Jeudi 19 septembre

En allant chez Daudet, je passe devant le lycée Molière ! Patience !

---

1. Cf. plus haut p. 258, n. 1.
2. Add. éd. : *nous parlions de...*

avec le progrès, je ne doute pas que dans cinquante ans, il y ait le lycée de Sade.

Je ruminais en chemin de fer ce mot méprisant, avec lequel les jeunes de ce temps limitent nos travaux et nos découvertes, le mot *extériorité*. Eh bien, que dans leurs œuvres, ils fassent autant de vraie intériorité qu'il y en a dans les nôtres !

C'est, en débarquant : « A-t-on vu Geffroy ?... Avez-vous lu la LÉGENDE SCEPTIQUE de Rosny ?... Margueritte est décidément déjà parti pour Alger ? A-t-on des nouvelles des Charpentier ? »... Enfin, des demandes de nouvelles de tout notre petit monde.

Je disais ce soir, après un morceau de Chopin : « Je ne goûte absolument pas la musique, elle produit seulement chez moi un état nerveux. Eh bien, il me semble que l'état nerveux qui m'est donné par Beethoven est d'une densité supérieure aux états nerveux que me donnent toutes les autres musiques. »

Vendredi 20 septembre

Causerie de Daudet, ce matin, sur sa pièce : LA LUTTE POUR LA VIE, et sur le théâtre en général : « Oh ! le théâtre ! s'écrie-t-il, c'est une ardoise et un torchon, et des choses à la craie qu'on efface à tout moment... Ça a été le procédé de Shakespeare et de Molière. »

Puis il revient à sa pièce, parle des innombrables lettres qu'il reçoit de Koning, lui demandant des suppressions, des changements, et a la conviction que derrière ces lettres, il y a de l'Halévy, de l'Ohnet : « Car Ohnet, dit-il, est sa femme légitime, moi, je suis sa putain et il est tout simple qu'on l'entretienne dans la défiance de ma littérature. »

Alors, il s'irrite de ne pas être sur les lieux pour combattre ce travail de débinage, parce que la présence de l'auteur impose toujours et qu'il sait assez bien trouver les mots qu'il faut avec ces gens de théâtre, qui sont généralement bêtes. Mais le diable, c'est qu'avec ses *jambes fauchées,* il ne peut suivre les répétitions, qu'il a la terreur des petits escaliers obscurs à monter et à descendre, qu'il a besoin de quelqu'un pour lui donner le bras.

Il me parle ensuite d'un Russe intelligent, qui définissait ainsi les trois grands littérateurs russes : « Tourgueniev, l'écrivain styliste ; Tolstoï, médiocre et très peu artiste écrivain ; Dostoïevski, exécrable écrivain, un écrivain dans le genre de Richebourg [1] ! »

Ce soir, pendant le dîner, Drumont, en nous demandant à chacun trois francs pour son entreprise du *dégraissage de la finance,* s'écrie : « Oh ! si quelqu'un pouvait souscrire pour 50 000 francs...

— Eh bien, qu'est-ce que vous vous payeriez ?

— Une émeute contre les Juifs... Oui, après quelques jours

1. Corr. éd. : *Il me parle ensuite d'un Russe...*, au lieu du texte Ms. : *Il me raconte ensuite d'un Russe...*

d'échauffement de la population, par une journée fiévreuse, un rendez-vous sur la place de la Concorde. Et de là, rue Saint-Honoré, et cassage de carreaux et enfonçage de portes, et si par hasard un Alphonse de Rothschild se trouvait pris... vous comprenez ! »

Et le reste de la soirée, Drumont le passe à demander enfantinement à Daudet et à sa femme des notes sur les cris des petits oiseaux pour fabriquer un morceau de nature dans son prochain livre.

Samedi 21 septembre

Souffrant et recouché dans la journée, un morceau à quatre mains, joué par Mme Masson et Mme Daudet dans le salon, monte à moi, submergé, comme de la musique faite dans une cloche à plongeur monterait à un homme couché dans une barque sur la mer.

Dimanche 22 septembre

Bien certainement, les grandes émotions publiques dégagent de la fièvre, qui se communique par des courants électriques à des inconscients de ce qui se passe en eux. Ce soir, les élections de Paris mettent presque de l'aigreur entre Daudet, demeuré républicain, et sa femme, qui devient réactionnaire et que révoltent la suppression de la figure du Christ dans les écoles et le renvoi des sœurs de charité des hôpitaux. Et cela, pendant que Mme Allard, animée d'une haine cannibalesque contre le prêtre catholique, en qualité de théosophe, de déiste et de mystique, demande le rétablissement du culte de l'Être suprême.

Lundi 23 septembre

Au fond, de ces élections très énigmatiques, je crois que l'opportunisme sort blessé à mort [1].

A un mot où Daudet entrevoit que je suis fâché de le voir fabriquer un troisième TARTARIN, il me jette : « Voilà pourquoi... Je ne suis pas sûr de moi dans l'avenir... Vous savez que je ne travaille pas pour l'argent ; mais j'ai trois enfants... TARTARIN me rapportera cent mille francs, et cela me permettra, fait-il avec un geste triste, de régler mes comptes [2]. »

Et il me dit qu'il a commencé à écrire LA CARAVANE, adoptant pour

1. Les droites, dans l'ensemble, s'étaient ralliées au programme révisionniste. Le scrutin du 22 avait déjà donné 230 députés républicains contre 138 conservateurs ; après le second tour, les républicains étaient 366, contre 172 conservateurs. Le boulangisme avait perdu la partie ; mais le personnel politique s'était renouvelé, et notamment comprenait 173 nouveaux députés républicains : les anciens opportunistes étaient souvent dépassés, tel Ferry, battu par un boulangiste ; à Montmartre, Boulanger ayant été élu, puis invalidé, ce fut le socialiste Joffrin qui obtint le siège.

2. Cf. plus haut p. 281, n. 2.

l'écrire la forme bonhomme d'un conte du XVIIIe siècle et ne s'élevant et ne philosophant qu'à la première étape [1]. Mais ce qui lui parle, ce qui le sollicite dans le moment, c'est son livre de LA DOULEUR. Et il continue ainsi : « J'ai bien arrangé mon affaire... Vous concevez, de mon vivant, cette autobiographie était impossible... et même après ma mort... Je ne pouvais pas laisser un vilain testament, un testament de plainte contre les miens... Écoutez... Ça commence ainsi... C'est la terrasse de l'hôtel de Lamalou, et on dit : « Il est mort !... » Là-dessus, une silhouette de l'individu faite sur moi par moi... Puis un carnet du mort que son domestique me glisse dans la main... Vous entendez, comme ça, ce n'est pas moi... Dans mon livre, je ne suis pas même marié... et cela me fournit un chapitre de comparaison sur la souffrance en famille et la souffrance dans l'isolement... Ce carnet me donne une forme fragmentée, en me permettant de parler de tout, et sans transition. »

Et il me fait des portraits de gens qu'il a étudiés, entre autres d'un *solitaire,* qui l'avait pris en grippe à cause du bruit que faisait Léon et qui s'est rapproché de lui cette année. C'est un des seuls ataxiques auquel la suspension a réussi, et il racontait à Daudet la joie qu'il eut à sa seconde suspension à la Salpêtrière, où on l'avait apporté, la joie folle qu'il eut de s'en retourner à pied sur ses béquilles, la joie folle qu'il eut de tendre trois sous sur son passage à un marchand de journaux et de prendre de ses mains LE FIGARO — car ses bras étaient, comme ses jambes, incapables de mouvement.

Et abandonnant son solitaire de Lamalou, il revient à lui, me parle de sa fin prochaine, de la mort possible de son intelligence, disant que depuis cinq ans, chaque jour resserre la partie vivante de son être. Puis je ne sais plus à propos de quoi, il *passe* à un de ses réveils à quatre heures du matin, rue de Bellechasse, un réveil dans les cris perçants des merles du jardin de Charcot et les grosses joies balourdes de la caserne d'à côté, et où il rêvait à demi qu'il était le Christ le lendemain de son crucifiement, non pas tout à fait mort, mais encore avec la persistance de la douleur.

Là-dessus, sans être annoncé, entre un marchand de vin de Corbeil, qui vient toucher une quittance. Daudet est obligé de chercher de l'argent en haut. C'est long. Je remonte dans ma chambre. Or voici que Daudet rentre et, myope comme il est, continue son histoire à une grosse couverture, que j'avais sur les genoux et qui a pris sur mon fauteuil presque la silhouette de mon individu. Le voici donc narrant, narrant et, quoiqu'il soit habitué à mon peu de paroles, toutefois étonné de mon mutisme, et enfin s'apercevant qu'il parle depuis un quart d'heure à une couverture et qu'il lui a raconté les choses les plus curieuses.

1. Cf. t. III, pp. 159-160, n. 1.

Mardi 24 septembre

Une singulière forme de gouvernement, ce suffrage universel qui ne tient aucun compte des minorités, quelque nombreuses qu'elles puissent être. C'est ainsi que si les 36 millions de Français, hommes et femmes, votaient et qu'il y eût d'un côté 18 millions moins une voix et de l'autre 18 millions plus une voix, les 18 millions moins une voix pourraient être gouvernés absolument à rebours de leurs croyances, de leurs sentiments politiques, de leurs tempéraments de conservateurs ou de républicains.

On parlait des distractions inénarrables de Mme Lockroy, et Léon racontait qu'à Londres, dans un dîner chez un pauvre diable de républicain que connaissait Lockroy, la femme du ministre avait adressé cette question à ses hôtes : « Dans les ménages pauvres, comment faites-vous pour ne pas manger de la viande pourrie ? »

Ce soir, Daudet, qui s'est enfin décidé à assister à une répétition de sa pièce, revient nerveux du Gymnase : « Trop théâtre, trop théâtre ! » me dit-il, aussitôt qu'il est monté dans le landau. « Je pensais à vous, mon cher Goncourt, c'est tout ce que vous n'aimez pas... Pasca, bien, mais rien que bien, pas d'émotion... Marais, je lui ai dit : « La marque d'un homme distingué, c'est l'absence de geste. Prenez-moi comme le prototype du contraire... »

Jeudi 26 septembre

Ce matin, comme je m'étonnais du sans-pudeur de la parole de Masson, au sujet de son beau-père, au sujet de sa sœur, cette pauvre Mme de Béhaine, que son mari, selon son expression, a deux fois *rattrapée dans le chéneau,* Daudet me dit que ce cynisme, il doit l'avoir pris dans la conversation du prince Napoléon, et je suis convaincu de la justesse de l'observation.

Nous causions de Morny et, à propos du NABAB, je disais à Daudet que le public ne sachant pas lire entre les lignes, il devrait écrire une dizaine de pages biographiques sur lui, en disant sa gentillesse à son égard ; et tout en proclamant les *trous* qu'il y avait dans son intelligence et la misère de ses goûts artistiques, il mettrait en lumière sa très remarquable connaissance des hommes [1].

A ce propos, il me conte cette anecdote sur Lépine. Ledit Lépine, nommé chef de cabinet, n'a rien de plus pressé que d'annoncer sa nomination à son beau-père en ces termes : « A nous le *Grand-Central* ! A nous les mines de *** ! A nous le chemin de fer de *** ! » Le lendemain, en arrivant à son bureau, il trouve sa lettre — sans doute décachetée par le cabinet noir —, il trouve sa lettre tout ouverte sur son bureau ; et quelques instants après, Morny, entrant chez lui et lui

1. Cf. t. II, p. 638, n. 2. — Le *Grand-Central :* réseau ferroviaire qui devait desservir le Massif central et qui fut concédé au groupe Morny en 1853, puis dépecé en 1857.

désignant sa lettre, lui dit : « Brûlez cette saleté ! » Et cette phrase dite, sans une parole de plus, il lui donne ses ordres.

Morny, au lieu de renvoyer son secrétaire, avait trouvé un avantage à en faire un domestique. Lépine demeura toute sa vie écrasé de dédain et n'osa jamais regarder en face Morny.

Ce soir, une discussion sur le *penseur,* qui fait *tenir le crachoir* à Rosny pendant tout le dîner, avec des *Permettez !,* qui ne permettent à personne de placer un mot, une interminable conférence, où il laisse passer ses mépris pour le littérateur pur. Il est soutenu par le scientifique Léon, qui dit que nous ne sommes que des « sublimes phonographes ». Et croyez bien que le mot *sublime* est de la politesse. Cela me pousse à demander qu'on m'indique un ouvrage de penseur contemporain de Balzac qui contienne autant de pensées qu'en a émises le romancier. Et comme Rosny est en train de chercher, Daudet, qui sait comme moi que sa prétention est d'être le penseur que ni lui ni moi n'avons été, lui jette railleusement : « Et vous savez, je vous permets de vous nommer ! » On rit, et le penseur devient le monsieur qui n'a pas des idées isolées, mais des séries d'idées coordonnées... *Quot verba et voces...*

Masson, en s'en allant, disait assez pittoresquement que dans la littérature de Rosny, il lui semblait voir les cubes, les sphères, les polyèdres qui traînent dans les écoles primaires.

Guillaume et Bieler sont venus dîner. Ils ont apporté des dessins pour l'illustration de SŒUR PHILOMÈNE, dont quelques-uns sont très bien [1].

Vendredi 27 septembre

Mme Masson et Mme Daudet causaient aujourd'hui des premières années de leurs mariages, de la gêne qu'elles éprouvaient devant l'être intimidant et inconnu, devenu leur seigneur et maître, de l'espèce d'effarouchement douloureux de leurs susceptibilités d'êtres timides, tendres, inexpérientes.

Mme Daudet raconte qu'ayant acheté deux cravates et son mari ayant témoigné assez vivement qu'il ne les trouvait pas jolies, elle avait pleuré toute la nuit. Mme Masson, elle, raconte qu'absolument ignorante de la direction d'une maison, elle ne savait pas commander un dîner et qu'elle avait une mauvaise cuisinière, ce qui faisait que son mari lui reprochait durement de n'avoir pas appris plutôt la cuisine que l'allemand et l'anglais. Et elle répétait plusieurs fois, fouillant mélancoliquement ses souvenirs : « Oh ! des années tristes, des années tristes ! »

Samedi 28 septembre

Daudet, qui a assisté hier au Gymnase à une seconde répétition, dont

1. Il s'agit de l'édition Lemerre de SŒUR PHILOMÈNE : elle comporte des illustrations de Bieler, gravées par Charles Guillaume, Romagnol et Burin et elle paraîtra en juin 1890.

il est revenu plus content, me dit en entrant ce matin dans ma chambre : « Le pauvre Daudet que je suis ! Figurez-vous qu'hier, les trois actes répétés, il était six heures. Koning disparaît pour aller pisser, les autres l'imitent, les femmes se sont déjà envolées. On crie : « Place sur la scène ! » Personne ne s'occupe de moi, ne songe à moi. Et moi, je me sens, un moment tout à fait incapable de me soulever de mon siège... Ah, c'est atroce !... Je me rappelle que Heck me disait : « Vous ne savez pas quel supplice ç'a été pour moi de marcher pendant deux ans sur des pieds qui ne me portaient pas, sur des *quilles* grotesques, d'essuyer les regards de tout ce monde s'amusant de ma démarche ridicule ! Maintenant, Dieu merci, c'est fini : on me porte, on me porte... et cela, savez-vous, c'est une désirable chose à attraper pour un ataxique ! »

Puis parlant de la composition de sa pièce, des acteurs, parmi lesquels il ne trouve de remarquable que Lafontaine, il s'écrie : « Oh ! l'ignoble femelle que cette N..., fourrée là-dedans par Koning, on n'a jamais su pourquoi ! Cette suceuse de la Poniatowska, de la petite Morny ! *Mme Vagin,* comme je l'appelle dans mes lettres... Il me semble, quand elle dit mes phrases, qu'elles ne sont pas dites par une bouche, mais par une vulve ! »

On ne sait pas assez combien Daudet est bon, obligeant, généreux. J'avais exprimé le désir devant Frantz Jourdain que Geffroy écrivît un petit mot à Daudet pour s'excuser de l'algarade que sa conduite avait causée, le jour du dîner avec Drumont. Frantz Jourdain, au lieu de lui transmettre tout simplement mon désir, lui fit chez lui une sorte d'admonestation de deux heures, suivie d'une lettre motivée. Ceci eut pour résultat que Geffroy s'entêta de plus en plus dans sa résolution de ne point écrire, prétextant bêtement qu'on le traitait de *mollasse* et qu'il prouvait par là qu'il ne l'était pas. Ce matin, Daudet revenait sur la maladresse de Jourdain, qu'il accusait d'être un peu cabotin et de se tailler un rôle dans tous les riens de la vie dont on le chargeait.

« Tenez, disait tout à coup Daudet, je n'ai dit ça à personne au monde, et je ne l'aurais pas même dit à vous... Rosny, vous le savez, vient d'avoir un quatrième enfant, il ne touche rien, on ne le paye pas à la REVUE INDÉPENDANTE, j'ai lieu de le croire très gêné. Je charge Frantz Jourdain de le questionner habilement et de savoir à quel degré de *panne* en est le ménage. Il faut que vous sachiez que déjà, il y a quelque temps, j'avais fait entendre à Rosny que je me mettais à sa disposition, s'il avait besoin de moi. Donc, je rédige une petite lettre, une gentille petite lettre, avec un billet inclus, où je lui écris que je le sais chargé de famille et pas payé à la REVUE INDÉPENDANTE et que je lui demande, comme ami, la permission de lui envoyer tous les mois ce qu'il doit y toucher... et qu'il me rendra cela, quand il sera en fonds. Eh bien, le lendemain, Rosny fait le voyage de Champrosay, pour me rapporter mon billet en me disant : « C'est impossible ! » J'ai lieu de croire que Frantz Jourdain a été indiscret et a laissé voir à Rosny qu'il était un *témoin* de ma bonne action... C'est tout naturel, n'est-ce pas ? que moi qui gagne beaucoup d'argent, je fasse quelque chose pour ceux qui ne sont pas heureux dans le métier.

« Et Geffroy... écoutez encore... J'ai compris, à de certaines paroles, qu'il voudrait établir sa mère et sa sœur en province — c'est gênant pour lui, leur habitation ici —, mais pour cela, il lui fallait une dizaine de mille francs... Je ne pouvais pas, moi qui ai des enfants, lui donner cette grosse somme... Ma femme, avec raison... Alors, je lui ai dit : « Geffroy, vous savez qu'on accepte mes pièces : voulez-vous faire ensemble une pièce dont je donnerai l'idée ? Je vous assure au moins dix mille francs... » N'est-ce pas, c'était bien, c'était délicat ?... Mais voilà Eugène qui vient pour votre malle, je vous laisse. »

Je le retrouve quelques instants après dans le jardin, où nous faisons notre dernière promenade. La pensée de Daudet est dans ce moment au suicide de Denfert-Rochereau, dont le suicide a quelque chose de l'héroïsme d'un suicide romain [1]. Masson était depuis huit jours prévenu de sa mort, de sa mort qui était pour lui l'unique solution propre de l'aventure financière. Le jour où il s'est tué, à la question : « A quand ? » de Masson, il lui répondait : « Si je ne reçois pas mon courrier ce soir, j'irai dîner chez vous, et ce sera pour demain matin. Mais si je le reçois pour aujourd'hui, ce sera pour aujourd'hui. » Et en le reconduisant, il lui disait, en pensant à l'œil scrutateur des employés : « Allons, maintenant, bonne figure ! » En effet, il ne venait pas dîner ce jour-là et se tuait aussitôt son courrier reçu. Notez encore la façon étudiée de se tuer, ce tout petit revolver dont il se servait, et cependant *tuant* et qui lui faisait dans la tempe un trou, pour ainsi dire, si imperceptible qu'on pouvait le boucher avec une pincée de cire. « Il est mort, mort absolument comme Monpavon », disait Masson à Daudet [2].

Ici, passant sans transition à un livre futur, qu'il caresse dans sa pensée, MONSIEUR BOCHE OU LE MAL DE MONSIEUR BOCHE, il montre un *jeune*, remarquable par l'oubliance complète de sa jeunesse, auquel on dit qu'il faut absolument se souvenir et qui, pour montrer qu'il a l'aptitude du souvenir, déshonore sa mère, un *jeune* complètement dénué d'observation, entretenant une maîtresse pour lui carotter le peu qu'elle en a, et qu'il montre, dans un croquis blagueur, commençant à *prendre la note* : une sorte de Francis Poictevin mâtiné de Brinn'Gaubast, et faisant religieusement toutes les scélératesses en l'honneur de la littérature.

Puis l'imbécile fait une chute dans l'escalier, s'ouvre la tête, a le

1. Cf. plus haut p. 305, n. 1.
2. Corr. éd. : *Monpavon ;* texte Ms. : *Saint-Pavon,* lapsus provoqué peut-être par le nom du poète Saint-Pavin. S'adressant à Daudet, Masson, à propos du suicide de Denfert-Rochereau, doit tout naturellement évoquer un des plus dramatiques épisodes du NABAB (chap. XX) : après la mort de Mora, qui le protégeait, le marquis de Monpavon, un viveur endurci doublé d'un affairiste, marche à pas tranquilles vers sa propre fin, de la Madeleine au Marais, où il va se trancher la gorge dans un établissement de bains, pour n'avoir pas à rendre compte du déficit qu'il a creusé dans sa Recette générale des Finances.

cerveau atteint, et par cette chute, ainsi que dans un cas illustre, devient un homme de génie. Et cet homme de génie est la maquette qui sert à Daudet à faire la caricature de Zola, de son pontifiement, de son charlatanisme, de sa roublardise. Ce portrait de cette double figure d'homme de lettres, entremêlé de silhouettes de maîtresses congruentes... En un mot, une satire littéraire qui serait charmante, faite par cet ironique esprit.

Lundi 30 septembre

Pendant mon absence, le Jules Case a apporté à Auteuil en personne un exemplaire sur papier de Hollande de son livre : L'AMOUR ARTIFICIEL. Est-ce curieux, ces gens qui ont l'inconscience des cochonneries qu'ils font aux autres ? Je le remercie en ces termes :

« Monsieur,

« En rentrant à Paris, je trouve votre livre que vous avez bien voulu m'apporter, et je vous en remercie, tout en étant un peu étonné de cette gracieuseté à mon égard. Votre article sur le MOT SALE EN LITTÉRATURE était au fond révérencieux à mon égard, et il ne m'aurait peut-être pas peiné dans d'autres circonstances. Mais en ces jours où LE FIGARO me faisait une guerre au couteau, où — c'est Porel qui me l'a attesté — il refusait même les réclames payantes annonçant les recettes, j'ai trouvé que ce n'était pas le moment pour un familier de la maison, pour un habitué du *Grenier,* de porter cet article au FIGARO.

« Recevez, Monsieur, encore une fois, tous mes remerciements pour votre bel exemplaire. »

Mardi 1er octobre

L'autre jour, le docteur Blanche est revenu de Saint-Gratien en disant que Popelin était un scélérat. On causait à dîner de la statue élevée au docteur Boulay et l'on vantait sa bonté. Tout à coup, sans raison et sans motif, désignant la Princesse qui avait les yeux gonflés des larmes de toute la journée, Popelin jetait à la table : « Oh ! celui-là n'avait pas fait pleurer une femme ! »

Mercredi 2 octobre

Ce Saint-Gratien à l'heure présente, ça a l'air d'une maison de fous. On entend Popelin, sous le coup de l'idée fixe de la persécution exercée contre Mlle Abbatucci, raconter au petit *Tortiti* — le petit-fils de Benedetti —, assis sur ses genoux, raconter une histoire à la portée de son cerveau de six ans, une histoire qui commence ainsi : « Mon petit ami, il n'y a pas que les animaux qui soient méchants, il y a des hommes méchants, il y a des femmes méchantes... » Et le regard du conteur se tourne vers Mme de Galbois.

En attendant la Princesse, qui est rentrée très tard de Paris, j'ai ouvert la NOUVELLE REVUE et je suis tombé sur le roman de Rosny : LE TERMITE, qui dans le principe, je crois, devait s'appeler LA JEUNESSE MONTANTE [1]. Ce livre, qui a les qualités originales du talent de Rosny et qui est une peinture du monde contemporain des lettres, m'a semblé avoir le défaut de montrer des individus qui ne sont pas le portrait de celui-ci ou de celui-là, mais des êtres fabriqués au moyen d'une macédoine de traits de caractère pris à l'un et à l'autre, et par là manquant de personnalité, de réalité, d'assise sur de vrais pieds humains.

Vendredi 4 octobre

Songe-t-on qu'au jour d'aujourd'hui, nous avons soixante-huit préfets juifs et que cette prépotence de la race dans l'administration française n'est rien auprès de l'influence occulte des petits conseils sémitiques, en permanence dans chaque cabinet de chacun de nos ministres [2] ? Et dire que nous devons le bienfait de cette domination judaïque au grand Français Gambetta, que, sur le souvenir de son physique, je continue à croire un Juif [3] ?

Je relis aujourd'hui du Veuillot, et vraiment c'est le grand pamphlétaire de ce siècle, avec les mépris de son ironie en sous-entendus et avec le mordant de sa blague hautaine, quand il risque un mot tintamarresque et qu'il dit que Vapereau est français comme Jocrisse. Rochefort, tout Rochefort qu'il est, n'a jamais trouvé une insulte de ce calibre d'esprit-là.

Samedi 5 octobre

Aujourd'hui, je m'amuse à relever à l'Exposition du ministère de la Guerre le coût des coups de canon [4]. Les coups de canon de rien du tout, ça va maintenant de 300 à 500 francs. Mais nous avons le coup de canon de 1 350 francs, et même de 1 572. Tout a bien augmenté dans la vie, et c'est devenu bien cher, l'art de se tuer !

Que de choses, toutefois, intimement parlantes à l'historien de mœurs dans ce musée de la défroque militaire, et comme elle m'en dit plus, cette cravache avec laquelle Murat chargeait à Eylau, que toutes les histoires imprimées de la bataille !

---

1. Texte Ms. : *j'ai ouvert la REVUE NOUVELLE...* Goncourt commet sans cesse le même lapsus à l'égard de la revue de Mme Adam.
2. Var. 1894 : *soixante-huit préfets et sous-préfets juifs...*
3. Cf. t. II, p. 765, n. 1.
4. Sur l'esplanade des Invalides, à côté de l'Exposition coloniale, se dressait le Palais du ministère de la Guerre, une sorte de château fort avec douves et mâchicoulis, qui contenait des armes, des documents sur l'histoire des régiments, etc. – et même un camp où étaient groupés des soldats de toutes armes, grandeur naturelle.

Dimanche 6 octobre

L'engouement des multitudes, c'est le lot des gros talents en littérature ; le fanatisme de quelques-uns, c'est le partage des talents délicats.

Je suis enrhumé, de telle façon que cela m'empêche de sortir, et j'ai mal aux yeux, de telle sorte que je ne puis pas lire, si bien que je suis forcé de ruminer des idées bêtes au coin de mon feu.

Mercredi 9 octobre

Aujourd'hui, Poictevin m'apporte son livre intitulé DOUBLE, en me disant au cours de la conversation que si je peux dire dans mon Journal qu'il est un esprit mystique, il sera le plus fortuné des hommes : ce que je fais. Il vient de faire un voyage de dix jours en Bretagne avec Huysmans, qui me fait l'effet de s'amuser à le mystifier férocement, cherchant, dans les latrines de je ne sais quel château, des ossements de petits enfants égorgés par Gilles de Rais, ramassant, à défaut d'ossements de petits enfants, un *caecum* de prêtre dans le cimetière d'un ancien monastère, pour le mettre dans son ossuaire de souvenirs, louant à outrance dans mon œuvre la figure de Selwyn et rien que cela, célébrant avec de l'éloquence presque pieuse les *au-delà* de la *minette*, jouant enfin auprès de Poictevin, pauvre et malade de l'esprit, le rôle troublant d'un fumiste méphistophélique [1].

Jeudi 10 octobre

Ce matin, Daudet, me croyant malade au lit de mon rhume, est venu me voir. Il entre en s'accrochant à tous les meubles et manque de tomber en s'asseyant. Je suis frappé de la pâleur de son visage, de la blancheur un peu plus exsangue de ses mains :

« Oui, ça va aussi mal que ça peut aller... Après tout, c'est la marche fatale... Car je sais..., je suis fixé, allez ! Ne me parlez pas de Faidherbe, de sa résistance... Il a toujours vécu, lui, dans les pays chauds, le Sénégal... Mais avant tout, ce qui me tue, ce qui me tue, voyez-vous, c'est la pitié..., la rue qui me regarde... Car je suis connu dans ce Paris, comme une image... Oui, il y a cette jambe qui me quitte... Mais ce n'est pas seulement la jambe, c'est une faiblesse générale... Je sens bien que je vais m'éteignant... Oh ! LA LUTTE POUR LA VIE, c'est un titre de circonstance... et dire que je n'ai pas pu retourner au Gymnase... Cachez aux X*** où j'en suis, car personne, dans ce monde, ne vous aime... Je ne parle pas de vous... Ah ! l'idée de s'en aller par morceaux... »

Et il me coupe la parole par un geste impératif, doublé de cette phrase

1. Huysmans est en quête de documents sur Gilles de Rais, qui occupera une place essentielle dans LA-BAS.

qu'il ne finit pas : « Vous savez, les *ataxiques*... » Il ne peut rester assis et se met à marcher, trébuchant, une main tremblotante sur le dossier des chaises et des fauteuils.

« Puis je ne suis plus soutenu par la morphine, je m'efforce à la diminuer, à ne faire qu'une piqûre par jour... Car elle me rend nerveux, irritable, méchant, oui, méchant pour ma femme et mes pauvres enfants. » Ici, sa voix s'attendrit et, malgré lui, il se met à pleurer. Je l'embrasse, le cher désolé ! « Oh, c'est bien triste, bien triste, reprend-il, la maison aujourd'hui !... J'étais la gaîté, l'entrain, la force d'eux tous... Tant que j'ai eu la vaillance de leur cacher mon état, ils n'ont pas cru, ils n'ont pas vu où j'en étais. Mais aujourd'hui, je n'en ai plus la force : alors, ils ne savent plus où ils en sont... Mon cher Léon est tout désemparé... Non, je n'ai plus de force, plus la moindre force... Puis, en mon troisième étage, me voilà prisonnier, car je ne puis plus monter, plus descendre... »

Là-dessus, il s'en va, me demandant mon bras pour les trois marches de pierre, où il n'y a pas de rampe. Et je reste dans une tristesse indicible devant cette lamentation qui était celle d'un homme se pleurant dans la force de l'âge et du talent.

Oh, le tramway ! C'est un voyage en voiture, où à toutes les secondes, on a le sentiment angoisseux, correspondant des pieds à la tête, de la chute qu'on fait en rêve.

Ce soir, Rollinat, qui se trouve à Paris, est venu dîner chez Daudet. Il a une figure toute rose, toute jeunette, toute poupine, et le macabre de ses traits a disparu. Il parle avec une espèce d'enthousiasme lyrique de ses marches, de ses pêches, des pêches au chevesne où, l'hiver, il casse la glace, enfin de cette vie active et en plein air qui a remplacé la vie factice, artificielle, enfermée et sans sommeil de sa jeunesse, vie qui, il n'en doute pas, l'aurait tué [1]. Maintenant, il ne sait plus travailler à une table ; et si on lui en apporte une, il la brise et en jette les morceaux au diable, il lui faut les chemins sauvages sur les bords de la grande et de la petite Creuse, où il parle tout haut ses vers, où il *plaide,* disent les paysans.

Il s'étend sur son bonheur dans la solitude, sur sa maison éloignée de toute habitation, où la nuit, au milieu de ses trois chiens, couchant dans trois pièces, il a une espèce de frisson peureux, agréable, au grognement trois fois répété annonçant un passant sur la route.

Étrange maison, où se succèdent des peintres, où l'hospitalité est donnée à des montreurs d'ours, où le préfet vient déjeuner, où les gens d'alentour vont à la pharmacie, maison faisant l'étonnement des Berrichons de la localité.

Et sa compagnie et son intimité, le croiriez-vous ! c'est avec le curé, oh ! un curé de la cure de Rabelais et de Béranger, ayant la carrure d'un frère Jean des Entommeures et pouvant tenir une feuillette de vin.

---

1. Après *il casse la glace,* passage rayé : *de ses gueuletons de campagne de cinq heures.*

C'est lui qui, à une messe de minuit de Noël, où les paysans, qui s'étaient grisés avant, faisaient du bruit, son surplis déjà à moitié sorti de la tête, leur cria : « Eh là-bas ! Si vous continuez, vous savez que je suis capable de prendre l'un de vous par la moitié du corps et avec lui, de jeter les autres à la porte. » C'est lui encore qui, dans une chute, s'étant à moitié fracassé la tête et ayant à ses côtés un confrère poussant des *Hélas !* s'écria : « Ah ! je le vois, vous voulez m'*extrême-onctionner,* mais vous n'y entendez rien, mon cher, avec votre figure de *De profundis* : moi, je fais cela *à la gaîté* ! » Et quoique un peu ivrogne, bon prêtre, affectueux à ses ouailles et ne leur apportant pas seulement les huiles saintes, mais des bouteilles de bon vin et parfois des piécettes d'argent.

Puis l'échappé dans le fond du Berry du bureau des Pompes funèbres et des soirées aux Batignolles du ménage Callias nous contait ceci. Mme Callias était devenue folle à la fin de sa vie, et sa folie consistait en ce qu'elle croyait qu'elle était morte. On lui demandait comment elle allait, une, deux, trois fois. Elle ne répondait d'abord pas ; mais enfin, à la troisième, se mettant à fondre en larmes, elle vous soupirait dans un rire de folle : « Mais je ne vais pas, puisque je suis morte ! » Alors, il était convenu qu'on lui disait : « Oui, oui, vous êtes bien morte... Mais les morts ressuscitent, n'est-ce pas ? » Elle faisait un signe de tête affirmatif : « ...et peuvent jouer du piano ? » Alors, prenant le bras que vous lui tendiez, elle allait s'asseoir au piano, où elle jouait d'une manière tout à fait extraordinaire.

Et l'on se sépare en disant qu'il faut faire vulgariser par Gibert dans les salons la musique de Rollinat, qui ne lui aurait rapporté encore que la somme de 174 francs.

Vendredi 11 octobre

J'entre à l'Exposition au pavillon des forêts, à une heure où la lumière commence à devenir un rien crépusculaire, et c'est pour moi vraiment comme l'entrée dans un palais magique, bâti par les fées de la Sylviculture, dans ce palais aux colonnes fabriquées avec ces vieux troncs d'arbres, qui ont pour ainsi dire les couleurs naturellement obscurées des ailes des papillons de la nuit. Et je ne pouvais détacher mes yeux du *bouleau verruqueux,* avec ses taches blanchâtres sur ses rugosités vineuses, du *cerisier merisier,* avec son enrubannement coupé de nœuds, qui ont quelque chose du dessin contourné d'une armoire de Labelle, du *fagus,* du hêtre comme tacheté, moucheté d'éclaboussures de chaux sur son lisse si joliment grisâtre, de l'*épicéa élevé,* avec son écorce qu'on dirait sculptée sur toute sa surface de folioles rondes, du *populus canescens* au joli ton verdâtre, qu'avaient adopté comme fond les grisailles amoureuses du XVIIIe siècle.

Avant, j'étais entré dans la galerie des moulages. C'est d'un grand art naturiste que cette statue tombale de Marino Soccino de Vecchietta. Et l'admirable et dévote statuette de la prière, que cette statue de bois provenant de l'hôtel de ville de Nuremberg, que cette femme, la tête au ciel dans la tombée toute droite de sa robe, avec l'ombre de sa coiffe sur les yeux et les mains l'une dans l'autre, dans un mouvement de supplication, à la hauteur de sa bouche. Non, il n'y a positivement qu'un siècle où on prie, qui puisse donner la figuration morale de la montée amoureuse d'une pensée humaine au ciel.

J'ai dit quelque part qu'avec les siècles, les corps humains changeaient de forme ; je pense que les traits mêmes de la figure font comme les corps [1]. Dans les crayons du XVIe siècle, j'avais été toujours frappé de l'ouverture bridée de l'œil et de son petit retroussement dans les coins. Je me demandais si cette forme n'appartenait pas au *faire* des crayonneurs ; aujourd'hui, un buste de femme de cette époque, appartenant à lord Elcho, me confirme que c'est bien la forme naturelle de l'œil du temps, de l'œil de la génération contemporaine des Valois.

Je lis ce soir du Poictevin — son dernier volume — et il me semble lire du de Goncourt devenu absolument, absolument fou.

Samedi 12 octobre

En sortant de l'Exposition, les yeux pleins d'éblouissements et de réminiscences : lorsque votre vue rencontre en haut de Passy la tour du Temple, dans son ton violacé de vieux monument sur le rouge du soleil couchant, on ne sait plus à quel moment on est du passé ou du présent de l'Histoire [2].

Lundi 14 octobre

Hier, pendant tout le dîner, ce pauvre Daudet avait le mouvement de tête, douloureux et affaissé de côté, du Christ couronné d'épines.

Un moment, Léon annonce qu'il prépare une thèse sur l'amour, qu'il qualifie de névrose, disant : « Oh ! c'est absolument positif ! Ça commence par les lobes frontaux et ça va... — Arrête-toi, lui dis-je, il y a des dames ! »

En sortant de table, une curieuse conversation sur la ressemblance des commencements de l'aventure de Boulanger avec les commencements de l'aventure de Jules César, ainsi qu'on la lit dans Plutarque.

Puis la conversation monte à l'idée différente que se font du cerveau le Français, l'Anglais, l'Allemand, et à la description qu'en fabrique le Français avec le concept logique de son esprit, l'Anglais avec ses qualités à la fois de synthèse et d'observation du détail, l'Allemand avec l'abondante diffusion et l'éparpillement de ses idées sur chaque circonvolution.

---

1. Cf. t. I, p. 242 et p. 802.
2. Sur la rive gauche de la Seine, à gauche du pont d'Iéna, s'étendait l'exposition de l'Histoire de l'habitation, où Garnier avait reconstitué des types successifs d'habitations, de l'âge de pierre jusqu'à nos jours.

Mardi 15 octobre

A l'Exposition.

Antiquités cambodgiennes. Ces monstres à bec d'oiseau qui ont l'air d'appartenir à une période d'êtres *plésiosauriques,* ces sphinx en forme de *cynocéphales,* ces éléphants à l'aspect d'étranges colimaçons, ces griffons qui semblent les féroces paraphes d'un calligraphe géant en délire. Et au milieu de l'ornementation de queues de paon, d'yeux de plumage, ces divinités à plusieurs bras, ces attelées d'hommes à la pantomime inquiétante, ces danseuses aux formes de fœtus, coiffées de tiares, au rire *héliogabalesque...* Oh ! ce rire dans ces bouches bordées de lèvres comme on en voit aux masques antiques ! Et encore ces têtes aux oreilles semblables à des ailes de chauve-souris, et avec l'ombre endormie et heureuse sous leurs paupières fermées, et avec l'épatement sensuel de leur nez, et qui ont comme la tranquillité jouisseuse d'un sommeillant en une pollution nocturne... Tout ce monde de pierre a quelque chose d'hallucinatoire, qui vous retire un moment de votre temps et de votre humanité.

La foule dans la rue où l'on marche comme dans un retour de feu d'artifice, la foule dans les restaurants, la foule dans les spectacles... Cette Exposition me fait prendre la foule en horreur.

Mercredi 16 octobre

Ce matin, Poictevin m'avoue qu'il avait brûlé un cierge pour que son volume ne fît pas un *four,* et comme il aperçoit un peu d'étonnement sur ma figure, le voilà qui enfile un monologue où il me déclare que ce n'est pas dans une église de Paris, mais au bord de la mer, à Notre-Dame d'Arcachon..., que cela s'adresse aussi bien à Isis qu'à la Vierge de Béthanie... Car, quoiqu'il soit un être religieux, il ne croit pas tout ce qu'il est ordonné de croire : il est, comme dit Michelet, plusieurs degrés dans la croyance...

Et quelques instants après, m'annonçant que sa maîtresse va le quitter, pour fonder un petit hôtel garni à Menton, pour la décoration duquel elle lui emporte son eau-forte de Rembrandt de 600 francs, il me confie qu'il a été, il y a deux ou trois jours, chez les frères Saint-Jean-de-Dieu, où il a demandé une chambre à cinq francs par jour — chambre qui lui a été refusée, les frères ne recevant que des malades —, disant qu'il a fait ça parce qu'il a horreur de la solitude, qu'il a peur de l'ombre, du noir qu'il fait dans un appartement où on est tout seul, depuis l'apparition dans sa glace, tout en se défendant interminablement d'être fou, d'avoir des hallucinations, de voir sur les fauteuils de petits bonshommes rouges, comme Maupassant se vante d'en avoir parfois sous les yeux.

Il y a, en ce moment, dans la contradiction de Popelin à tout bout de champ et à propos de tout, de la contradiction de pédant aigre distribuant des pensums à la société de la Princesse.

Jeudi 17 octobre

Aujourd'hui, un homme du peuple, au pied de la tour Eiffel, lisait tout haut les noms de Lavoisier, Cuvier, Lalande, Laplace : « Oui, ce sont ceux qui ont monté la tour ! » jeta un camarade à ses côtés.

Dans la peinture anglaise, un peintre à l'aquarellage clair de l'huile, à la petite touche spirituelle, un Teniers laiteux, un continuateur de Wilkie, cet Orchardson, le peintre de LA PREMIÈRE DANSE.

Ce soir, Daudet, dont la pensée est dans une continue et perpétuelle fréquentation avec la mort, disait qu'au moment de s'en aller de la terre, avant la perte de la connaissance, on devrait avoir autour de soi la réunion des esprits amis et se livrer à de hautes conversations, que ça imposerait au mourant une certaine tenue ; et comme, nécessairement, venait sous sa parole le nom de Socrate, moi qui ne comprends guère la mort que le *nez dans le mur,* je lui disais que la conférence *in extremis* de Socrate me semblait bien fabuleuse, qu'en général les poisons donnaient d'affreuses coliques, vous disposant peu à fabriquer des mots et des syllogismes et qu'il y aurait vraiment à faire avec le concours des spécialistes une enquête sur les effets de l'empoisonnement par la ciguë.

En nous en allant, je reproche à Rosny de m'avoir, dans son TERMITE, trop représenté comme un *décourageateur* de la jeunesse, tout aimable et sympathique que soit la peinture [1].

Vendredi 18 octobre

Ah ! si je pouvais avoir encore dix ans d'existence avec la plénitude de ma cervelle, et des yeux qui puissent lire et regarder !

Samedi 19 octobre

A l'Exposition.

Au pavillon de l'Équateur. Une tête de la grosseur d'une grosse noix, à laquelle est restée toute la chevelure et sous laquelle on lit : *Tête naturelle d'Indien adulte,* réduite par un procédé connu seulement de certaines tribus.

Parenté des étoffes japonaises avec les tissus de la vieille Égypte découverts dans la nécropole d'El-Fayoum.

Promenade à travers la peinture étrangère.

Allemagne.

Heffner, un paysagiste de premier ordre avec les blondeurs, couleur de glaise de ses futaies, avec les roux brûlés de ses terrains, avec le gris perle de ses eaux et de ses ciels. Il a une VIA APPIA, avec un

1. Cf. Rosny aîné, LE TERMITE, *roman de mœurs littéraires* (1889), chap. VI, qui évoque le *Grenier :* Goncourt-Fombreuse y montre « une estime cristallisée et neutre » pour le débutant Servaise (p. 78) et décourage les essais de style descriptif de Myron (p. 83). — Le terme de *décourageateur* rappelle le surnom du peintre Chenavard, *Décourageateur Ier*.

nocturne de ciel argenté derrière de noirs cyprès, du plus grand effet et du plus bel art.

Autriche-Hongrie.

Des Charlemont qui font de la peinture historique jolie, à la façon de la peinture historique qui se commande sur les vases de Sèvres.

Espagne.

Alvarès : LA CHAISE DE PHILIPPE II. De ces beaux tons qui ont du gris fauve de peaux de daim mégissées.

Rico est, de tous les paysagistes de la terre, le paysagiste spirituel. Et dans ces terrasses toutes fleuries, descendant à l'eau, avec, derrière elles, les pins parasols et les cyprès, et en les lointains violacés, les grandes villes du Midi, où les maisons font des taches blanches, parmi les jardins à la chaude verdure, Rico se montre le seul artiste qui sache être un féerique décorateur dans de la vraie et sérieuse peinture.

Italie.

Carcano a exposé des vues panoramiques de l'Italie, où se trouve une merveilleuse entente de la configuration stratifiée des terrains.

Dans les dessins, des dessins au crayon noir de Maccari, des dessins de la Rome antique, des dessins de la *Roma togata,* où tous ces vieux Romains sont si bien saisis dans les plis de la tombée de la toge, dans leurs attitudes sur les sièges de pierre ou dans leurs groupements debout, qu'un moment, on croirait à des photographies du temps.

J'ai enfin trouvé la vraie définition du talent de Carrière : c'est un Velasquez crépusculaire.

Dimanche 20 octobre

Ce matin, visite du critique danois Brandès, qui me parle de ma popularité dans son pays et en Russie. Il s'étonne un moment avec moi du *snobisme* qu'il a constaté chez Taine et chez Bourget.

C'est étonnant, la ressemblance de la tête tiraillée, névrosifiée, cabossée d'Aicard, avec du jaune de bile dans le blanc de ses yeux aux paupières rouges, c'est étonnant, la ressemblance avec une tête de Velasquez de la collection de la Princesse.

Il dîne ce soir chez Daudet et nous lit après dîner son fameux prologue à l'encontre de la Comédie-Française, qu'on doit jouer demain au Théâtre-Libre [1]. Le prologue est un peu long, et d'une méchanceté parfois trop bonhomme ; mais au fond, en ce temps de compromission et de ménagements lâches, c'est une action brave. Je n'y regrette qu'une chose, c'est l'absence de l'insertion d'un mot de Claretie. A une dénégation d'Aicard de certaines choses, qu'affirmait Claretie, celui-ci jeta à l'auteur : « Un démenti à l'avant-scène ! » Est-il digne, ce mot

1. LE PÈRE LEBONNARD de Jean Aicard ayant été renvoyé du Théâtre-Français au cours des répétitions, Aicard le fit représenter au Théâtre-Libre le 21 octobre 1889, en le faisant précéder d'un prologue satirique, DANS LE GUIGNOL, qui mettait en scène les mésaventures de la pièce durant les répétitions du Français.

du répertoire, de M. Prud'homme devenu directeur du Théâtre-Français !

Jeudi 24 octobre

Un renouveau d'amour passionné à l'endroit de mes bibelots et qui me rend la sortie de chez moi douloureuse, comme pour un amant obligé de quitter quelques heures sa maîtresse.

Que c'est beau, ces bois du Brésil, en la coupe de leurs bois vernissés ! Il y a des troncs qui sont verdâtres et cerclés de maculatures blanches, semblables à l'écume d'une vague. Il y a des troncs noirs mordorés, avec, au milieu du cœur, comme un sillage de sang.

Oh ! ces étranges plantes du Mexique ! Ces plantes grasses, géantes, ces plantes au ton de vieilles pierres, ces plantes qui n'ont rien du balancement de l'arbuste, mais qui ont l'immobilité, la solidité dense du polypier, ces plantes toutes hérissées de piquants, de poils, et dont quelques-unes présentent l'aspect d'une fourrure. Et parmi ces plantes fantasques, le *Pelocereus senilis,* qui a l'air d'une colonne d'un temple de treillage du XVIIIe siècle, en sa couleur vert d'eau d'une vieille sculpture, et qu'on dirait surmontée de la flamme en faïence violette d'un vieux poêle rocaille.

Pour l'art dramatique annamite, je ne trouve pas d'autre définition que celle-ci : des miaulements de chats en chaleur au milieu d'une musique de tocsin.

Ce soir, Rollinat contait une terrible histoire. Un enfant, doué des plus mauvais instincts et grondé par son père, dans un appartement au quatrième. La fenêtre est ouverte, l'enfant, sans un mot, se précipite par la fenêtre. Par un miracle, l'enfant n'a rien que les talons foulés. Le père se précipite et le remonte tout pantelant. Mais le ménage a des ennemis dans la maison, et le commissaire de police interroge l'enfant, lui demande s'il s'est jeté de lui-même dans le vide ou si on l'a poussé. L'enfant ne répond pas, obstinément, laissant planer sur son père le soupçon que c'est lui qui l'a jeté par la fenêtre... A l'heure qu'il est, le petit monstre est devenu fou et est enfermé à Sainte-Anne.

Gibert le chanteur est vraiment extraordinaire pour être dans l'intimité de tout le monde curieux de Paris, de tout le monde faisant du bruit en haut ou en bas. C'est, dans le moment, un fréquenteur du bar où se réunissent tous les gymnastes et équilibristes des Folies-Bergère, et il est en relations très cordiales avec Tom Cannon, qui lui a dit qu'il avait un coup pour casser le bras à l'adversaire qui mettait trop de résistance dans la lutte.

Vendredi 25 octobre

Des cafés à l'Exposition qui commencent sourdement à se démeubler et à se démolir et qui prennent l'aspect de ces hangars à manger et à boire, qui s'improvisent aux premiers jours dans les Californies.

Ce soir, Geffroy vient dîner. Il m'apporte la préface de GERMINIE qu'il a faite pour l'édition à trois exemplaires de Gallimard. Le véritable titre de cette préface devrait être : *La Femme dans l'œuvre des Goncourt.* C'est bravement admiratif, avec une note de tendresse qui m'émeut. Jamais il n'a été écrit sur les deux frères quelque chose d'aussi hautement pensé et d'aussi artistement écrit. Ah ! si Delzant avait fait sur nous un livre comme ça !

Samedi 26 octobre

De midi et demi à six heures, à la répétition de LA LUTTE POUR LA VIE.

Daudet n'a point encore fait du théâtre de cette qualité. C'est du théâtre qui remue de la pensée autour de l'état moral de la société actuelle, et c'est pas commun au théâtre. Puis Daudet possède tout à fait à un degré supérieur l'invention scénique que n'a pas du tout Zola et qu'ont bien moins que le romancier de SAPHO les faiseurs attitrés du théâtre. La scène du barbotage de la toilette, montrant le boucher dans l'homme du monde, avant qu'il ait endossé le plastron de soirée : c'est vraiment pas mal. La tentative d'empoisonnement de la duchesse au moment où on lit, dans le salon de l'hôtel, l'étude sur Lebiez, c'est, comme coïncidence dramatique, d'une ingéniosité plus forte, je crois, que les ingéniosités de Sardou. Mais ce que je trouve de tout à fait remarquable dans l'ordre de l'imagination théâtrale, c'est la trouvaille de la façon dont le poison vient naturellement dans la poche de Paul Astier, et comme l'auteur fait, d'une manière pour ainsi dire explicable, de ce flacon presque un agent provocateur au meurtre [1]...

Les hommes très supérieurs aux femmes, Lafontaine extrêmement émotionnant, et peut-être encore plus Burguet, un débutant, qui n'a rien du vieux jeu de Lafontaine et qui, je crois, fera un acteur moderne tout à fait remarquable... Victoria Lafontaine, ma ci-devant Henriette Maréchal, qui a maintenant l'aspect d'une grosse chatte gourmande, vient s'asseoir un moment à côté de moi et, après un mot sur la terrible soirée de décembre 1865, me parle de son plaisir désintéressé au théâtre et de ses jouissances sans un regret au jeu des autres.

Dimanche 27 octobre

Lorrain vient me voir aujourd'hui et me parle d'une manière amusante des êtres antipathiques, ridicules, compromettants, avec lesquels la

---

1. Pour le *barbotage de la toilette* (acte IV, sc. 4), voir ici p. 228, n. 2. La *tentative d'empoisonnement* de l'ex-duchesse Padovani, conséquence de la scène précédente, se place en marge d'une soirée qu'elle donne et au cours de laquelle on a pu entendre une conférence « darwinienne » de Herscher sur le crime des authentiques *struggleforlifeurs* Lebiez et Barré (cf. t. III, p. 57, n. 1). Cf. acte VI, sc. 6. Enfin l'épisode du *flacon provocateur* nous ramène à la scène du *barbotage de la toilette,* dont il vient d'être question, et aux réflexions de Chemineau sur ce flacon, vestige du suicide manqué de Lydie Vaillant.

littérature le force à s'acoquiner, par exemple de Péladan et de ses vareuses bleu tendre à pèlerine, etc., etc. : « Tenez, hier, me dit-il, un journaliste, dont je ne vous dirai pas le nom, m'invite à déjeuner à la tour Eiffel... Il arrive accompagné de sa maîtresse, un laideron qu'il me présente comme une actrice et qui a encore le bout des doigts encore tout noir de piqûres d'aiguille... Il commande le déjeuner, un très bon déjeuner, et, le déjeuner commandé, me glisse que ça doit être payé par le chef de publicité de son journal. Ça m'agace, ce déjeuner que paye le chef de la publicité... Et puis, je sens qu'il n'a pas cent sous sur lui. En effet, il ajoute bientôt que, s'il a des difficultés, il me demandera ma carte... Enfin, le déjeuner fini, à la suite d'une longue conférence particulière avec le restaurateur, on nous laisse partir... Lui, toutefois, reste pour faire son article du soir, et il me prie de promener sa maîtresse pendant ce temps... Nous allons voir la troupe du khédive, et quand nous sommes là, la maîtresse de mon ami témoigne le désir d'être en communication avec la troupe ; et ma carte passée à un impresario et nous deux introduits sur le théâtre, la voilà qui serre la main à toutes ces danseuses du ventre, en leur disant solennellement : « Vous êtes une grande artiste ! » ...Ah ! vous savez, c'en est vraiment trop ! »

Mardi 29 octobre

Quand je pense que moi, misérable, je touche à la somme de 300 000 francs — tous mes gains littéraires —, à la somme de 300 000 francs, sortie de ma poche pour de la chinoiserie et de la japonaiserie. Eh bien, cette somme, qu'est-ce que ça représente au fond, quand on la décompose ? 300 objets à 1 000 francs, 600 objets à 500 francs, 1 200 objets à 250. Oui, cette somme formidable ne représente que ça !

Pour bien sentir une peinture, il faut sentir la beauté d'une larme d'émail dans un morceau de poterie, d'une coloration dans un pétale de fleur, d'un ton dans la sauce d'un fricot, enfin d'un tas de choses qu'on ne trouve pas dans la peinture à l'huile, mais dont la perception prédispose au vrai jugement de cette peinture. Je vous demande si, d'un côté ou de l'autre, Taine et Zola ont le moindre sentiment de tout cela. Ils jugent comme Guizot, comme Thiers, ils jugent *littérairement* la peinture — jugement imbécile — et tout comme pourraient la juger des aveugles à qui l'on raconterait le tableau devant lequel on les aurait placés.

Jeudi 31 octobre

Trois heures du matin. Parti hier soir pour prendre les Daudet et les accompagner à la première de LA LUTTE POUR LA VIE, j'ai la curiosité de prendre à la gare L'ÉVÉNEMENT. Oh ! le Chinois que ce Lorrain ! Dimanche, il a été avec moi charmant, si charmant que j'avais tout lieu de croire que, si par hasard il faisait un article sur la pièce, il le ferait tout aimable. Ah ! ouiche, l'article est plein de perfidies, de perfidies même à l'endroit de notre amitié [1]. Cet être, je crois, est le domestique de sa plume, qui l'emmène là où il n'a pas le dessein d'aller. Je le crois aussi de la race assez nombreuse des inconscients, car sans cela...

J'enfonce l'article au fond de ma poche, avec l'intention bien arrêtée de n'en pas souffler mot ; mais à peine suis-je entré chez Daudet que la première chose dont il me parle, c'est de l'article dudit Lorrain, de cet article qu'il trouve un manque d'éducation, une muflerie, l'article ayant été fait sur une carte d'entrée de lui pour la répétition générale et l'article préjugeant la pièce, ce qu'aucun des critiques n'avait eu l'indélicatesse de faire. Et s'animant et s'emportant à froid, il déclare que s'il avait eu des jambes, il aurait été le gifler.

Loti est venu de Rochefort pour assister à la pièce, et comme il aime le costume, il est venu en grand uniforme. En dînant, on cause des candidats pour le fauteuil d'Augier, des candidats ridicules comme Bergerat, des candidats sérieux comme Theuriet, et comme on lui demande pourquoi il ne se présente pas, il répond enfantinement qu'il se présenterait bien, mais qu'il ne sait pas trop comment ça se fait.

Alors, l'idée sournoise nous prend de jeter dans les combinaisons arrêtées d'avance, dans l'élection de Theuriet, cette candidature, qui va produire le même effet qu'un pied posé dans une fourmilière ; et cela est mêlé aussi de la pensée du désarroi que ça va mettre dans la hiérarchie maritime, cette anomalie d'un lieutenant de vaisseau académicien. Et tout chaud, Daudet propose à Loti de lui écrire le brouillon de sa lettre de présentation, pendant qu'il va être enfermé dans le cabinet de Koning, où il passe toute la soirée. Loti accepte et va attacher ses épaulettes d'or, des épaulettes toutes neuves, opération qui lui demande beaucoup de temps [2].

Sauf un peu de résistance à l'explosion de maternité de la duchesse Padovani, après la tentative d'empoisonnement sur elle de son mari, la pièce est acceptée, sans un sifflet, sans une protestation, et même très applaudie aux fins d'actes [3].

---

1. Dans cet article, DAUDET PEINT PAR ROSNY, consacré au personnage de Guadet-Daudet dans LE TERMITE de Rosny (cf. t. III, p. 148, n. 3) et à la première de LA LUTTE POUR LA VIE, Lorrain tâche de ruiner la pièce et l'auteur dans l'esprit des spectateurs et des acteurs ; il suggère en outre que Daudet est un morphinomane et qu'il guette l'héritage de Goncourt, « l'oncle de Champrosay, comme l'appellent quelques malicieux, obsédés du fameux testament littéraire dont ils se savent exclus ».

2. Il s'agit de pousser Loti à poser sa candidature à la succession d'Émile Augier. Il y eut 13 candidats à ce fauteuil, y compris Zola, qui n'obtiendra que 4 voix ; l'élection remise, Freycinet sera élu (11 nov. 1890). Quant aux candidats cités ici, Loti sera élu le 21 mai 1891 au fauteuil de Feuillet, Bergerat échouera encore et sans recours le 23 janvier 1896, devant Costa de Beauregard, et André Theuriet sera élu par 18 voix au premier tour, contre 4 à Zola, au fauteuil de Dumas fils en 1895.

3. A l'acte IV, sc. 6, Astier, par un ultime scrupule, arrête le geste de l'ex-duchesse Padovani au moment où elle va boire au verre empoisonné ; après un premier mouvement de colère, elle pardonne et accorde même à son assassin manqué ce qu'elle lui refusait depuis longtemps : le divorce qui lui permettra un riche remariage. C'est alors que se place l'*explosion de maternité* dont parle Goncourt : « Il n'y a plus d'épouse ici, plus d'amante, rien qu'une mère, une triste mère en cheveux gris », etc.

Moi qui trouve la pièce très bien faite, qui reconnais à Daudet des qualités d'invention scénique comme aucun de ses contemporains n'en a, qui admire l'écriture de la partie comique, ma seule critique est celle-ci : l'écriture de la partie dramatique est de l'écriture un peu *mélo*.

Qu'il est donc enfant, mon Dieu, ce Loti ! Il a arboré son uniforme de gala, mis des épaulettes surdorées, pour être mieux et de plus loin reconnu, et ce diable d'uniforme semble produire l'effet contraire. Et il se plaint d'une voix geignarde que Zola l'évite, que Mme Zola ne lui rend pas son salut, que Gille... etc., etc.

Dans la pièce de Daudet, deux acteurs décrochent l'émotion : Lafontaine au moyen du *vieux jeu,* mais d'un vieux jeu très savant ; et un débutant, Burguet, par un jeu tout nature, fait de gaucherie de corps et de simplicité de la parole. J'ai le pressentiment que ce Burguet deviendra le grand acteur du théâtre moderne. Quand à Mme Pasca, c'est une actrice du plus gros calibre dramatique, une vraie vocifératrice de tirades du boulevard du Temple, n'ayant ni tendresse ni sensibilité. Elle n'a pas même, la malheureuse, le physique du rôle. Car pour ce rôle de vieille amoureuse faisant de la maternité, il faudrait une femme grasse, qui pourrait entrer dans la chair de sa poitrine la tête de son amant, et le fondre et le cacher un peu dans le mol enveloppement de ses caresses.

En montant en voiture, Daudet remet à Loti le brouillon de sa lettre de présentation à l'Académie, qu'il a en effet écrite dans le cabinet de Koning, pendant qu'on jouait sa pièce.

Ce matin, en me levant, je tombe sur une presse universellement élogieuse. J'en suis bien heureux : c'est un verre de vie qu'on lui verse, à ce cher Daudet, selon l'expression de je ne sais plus qui, hier au soir. Ah ! je lui avais bien dit : « Les Jupillons au théâtre, c'est dangereux... Mais le vôtre n'est pas du peuple, et les milieux aristocratiques où il se meut le feront accepter de la presse et du public. »

Oh ! ma décoration, j'ai bien envie de ne plus la porter, aujourd'hui que dans la liste des chevaliers de la Légion d'honneur, je lis : « Auguste Mortier, *huiles* ; Lemoine, *ressorts et essieux* ; Durand, *fruits confits...* » Voyons, là, raisonnablement ! est-ce que la confection des livres et des fruits confits devrait avoir la même récompense ?

C'est caractéristique, au cimetière, l'immobilité des grandes et vraies douleurs devant une tombe.

Vendredi 1er novembre

Hier soir, Daudet disait aux amis réunis autour de lui dans son salon, à propos d'une lettre de M. Le Senne l'accusant d'avoir pris le sujet de sa pièce dans un roman fait en collaboration avec Edmond Texier : « Oui, j'ai répondu que par hasard, je n'avais lu aucun livre de M. Le Senne ; et c'est un curieux hasard, car je suis un grand liseur et je puis dire que pendant ces années-ci, il n'y a pas un livre de valeur qui m'ait échappé... Et puis, est-ce que je prends mes sujets, moi, dans les livres ? Je les prends dans la vie... A ce qu'il paraît, il y a dans le roman un secrétaire d'État, comme il y en a un dans ma pièce [1]... Ah ! dans le secrétaire d'État, on ne savait pas que je visais Emmanuel Arène, qui est le vrai type du *struggler for life* et qui a fait son élection sur mon dos en Corse... Oui, je voulais que Marais se fît sa tête ; mais il a eu peur ; ce n'est pas un brave, je crois..., à un mot *bravache* qu'il m'a fait ajouter à son rôle... Que veux-tu ! on tient à sa peau... » fait-il, sur un geste de dédain indigné de son fils.

Il reprend : « Vraiment oui, j'ai pris quelque chose au livre de ce monsieur !... La lettre que lit Lafontaine, c'est à quelques mots près la lettre que j'ai reçue [2]... Oui, oui, au collège Charlemagne, les enfants d'un bronzier, nommé Letailleur et que je ne connaissais pas, s'étaient liés avec Léon... Eh bien, un jour, j'ai reçu cette lettre, où il me disait qu'il avait vendu des marchandises, qu'il allait se tuer, qu'il me recommandait ses enfants... J'ai couru chez lui, je me rappelle toujours cela... Les ouvriers finissaient en bas leur déjeuner... On m'a indiqué un appartement tout en haut... Une bonne, les yeux gonflés de pleurs, à ma demande si M. Letailleur était là, m'a répondu que non, quand le plus grand fils s'est jeté dans mes bras, en me disant : « Où est mon papa ? » pendant que le plus petit me prenait les jambes, en me criant comme son frère : « Où est mon papa ? » Là-dessus, sa femme est rentrée, qui a dit qu'il était mort [3]... Après s'être manqué d'un coup de pistolet, il était allé se jeter dans le canal. Et le suicide avait été consenti par sa femme, arrangé avec elle. Il l'avait persuadée de la cruelle nécessité, lui montrant son mari en prison et ses enfants déshonorés.

« Je me vois avec son fils aîné, un grand dadais, une asperge montée, cherchant à attendrir le propriétaire, qui était M. Faure, sous-secrétaire d'État, qui, devant ce pauvre grand enfant larmoyant, lui disait le mot que je mets dans la bouche de Paul Astier, que « son père n'avait pas la *taille* des affaires ». Ah ! cette dureté, cette inhumanité, ça m'a indigné, ça m'a fait parler si haut qu'un moment, Mme Faure a entrouvert la porte du cabinet pour savoir ce qui s'y passait...

« Et vous savez, l'histoire du bail, dans la pièce, avec la duchesse Padovani, ça n'est pas plus inventé que le reste... Le bail avait été généreusement consenti et devait être renouvelé par une tante de Faure,

---

1. Grâce aux relations de sa femme, l'ex-duchesse Padovani, Paul Astier a été élu député, puis est devenu secrétaire d'État. – Il est difficile de dire quel roman précis Daudet est accusé d'avoir plagié, camille Le Senne et Edmond Texier ayant, d'après le catalogue de la Bibliothèque nationale, écrit en collaboration quatorze romans de 1879 à 1883.

2. A l'acte I, sc. 7, le père de Lydie Vaillant, l'ancien receveur des Postes – interprété par Lafontaine – est venu trouver Paul Astier pour qu'il renouvelle un bail fort avantageux, consenti jadis à la veuve d'un de ses amis, Caussade, par la duchesse Padovani et qui lui a permis de payer les dettes de son mari et d'élever ses enfants. Pour apitoyer Astier, Vaillant lui lit la lettre que lui a écrite, il y a huit ans, Caussade au moment de se suicider et où il lui recommandait sa famille. Astier refuse cependant, en invoquant la « lutte pour la vie ».

3. Add. éd. : *sa femme...*

morte d'apoplexie au moment de le signer... Mais il faut convenir que la vie a des rencontres assez étranges : il se trouve que ce Faure est à l'heure qu'il est le principal actionnaire du Gymnase. J'ai cru par délicatesse devoir prévenir Koning, qui m'a dit qu'il s'en *foutait.*

« Par exemple, en sortant de chez cet être qui s'appelle Faure, j'ai fait avec le pauvre enfant une visite qui a été pour moi comme un rafraîchissement, oui, comme un rafraîchissement d'âme [1]. Le postier de ma pièce — le brave L***, qui avait le bureau du Palais-Bourbon, là où il y a toujours beaucoup de monde, des députés... —, quand il m'a aperçu, a tout lâché, en me disant : « Que me vaut l'honneur de la visite de Daudet ? » et la chose sue, embrassant l'enfant, lui a dit : « Mon argent ? Il s'agit bien de l'argent que me doit ton père ! » Et voici l'histoire de cet argent. Mon postier avait réuni huit mille francs pour doter sa fille, quand, quelque temps avant son suicide, Letailleur lui demanda un emprunt pour se tirer d'affaire. Le père dit à sa fille : « Tu sais, tu as huit mille francs de dot : veux-tu en donner quatre mille pour sauver notre ami ? » Et la fille consentit de suite. »

Lundi 4 novembre

Hier, Fèvre, croyant mes dimanches recommencés, est venu me voir, et il me disait qu'il avait passé tout l'été à la Ferté-sous-Jouarre : « A l'auberge ? — Non, dans une petite maison que j'ai achetée... Oui, une maison abandonnée à l'époque de la guerre et qui, sans fenêtres et sans porte, était devenue l'asile de nuit des vagabonds... Je l'ai eue pour quatre cents francs et les réparations m'en ont coûté six cents autres... C'est un immeuble de mille francs... Oh ! le mobilier de là-dedans, on peut le laisser l'hiver sans gardien ! C'est, pour ainsi dire, un lit, une table en bois blanc et quatre chaises... Par exemple, le jardin est grand : il y a quinze ares ; c'est au moins trois fois grand comme le vôtre... Seulement, il est à l'état sauvage, il n'y a qu'un grand charme... J'y planterai des arbres fruitiers une autre année, je n'ai pas pu cette année [2]. »

Et l'on sent le bonheur profond, pénétrant, dilateur de tout l'être, qu'en compagnie d'une maîtresse il a éprouvé dans cette propriété qui paye trois francs d'impositions — bonheur supérieur aux bonheurs de banquiers aux châteaux et à chasses princières [3].

Je promène toute la journée à l'Exposition Mme Daudet, qui, pendant que je la ramène, me fait cette gentille confession que dans ses relations, il n'est pas d'homme ou de femme avec lequel ou laquelle elle ait plus

---

1. Add. éd. : *une visite...*

2. Le JOURNAL ne connaît point, parmi les familiers du *Grenier*, de littérateur nommé Faivre (c'est l'orthographe du Ms.). Lapsus probable pour Fèvre : Henry Fèvre, à la faveur de AUTOUR D'UN CLOCHER et de la mort de Desprez (cf. t. II, p. 1130, n. 1), était entré en contact avec Edmond de Goncourt.

3. Add. éd. : *il a éprouvé...*

de plaisir à se rencontrer qu'avec moi et qu'elle est certaine qu'il n'existe point, parmi les femmes que je connais, une amitié spirituelle plus aimante de ma personne et plus admiratrice de mon talent que la sienne.

Mardi 5 novembre

Un dîner a lieu ce soir chez les Charpentier, dans le but de faire rencontrer Daudet avec le docteur Robin, qui est en train de soigner miraculeusement Mme Charpentier.

Daudet arrive, ne tenant pas sur ses jambes et manquant de tomber en s'asseyant, aussi peu maître de son équilibre que le jour où il est venu chez moi. Il a été, ainsi que l'année dernière, atteint d'une dysenterie avec flux de sang, qui l'a considérablement affaibli [1]... Il parle avec tristesse des attaques de la presse s'adressant à son physique, se réjouissant de la vieillesse qui y vient, comme si elle n'était pas venue à ceux qui l'attaquent, et c'est pour lui l'occasion de nous entretenir assez plaisamment de Poupart-Davyl, qui lui reproche de n'avoir pas souffert de la vie et d'être par cela incapable d'en narrer les douleurs, tandis que lui, Poupart-Davyl, qui se pose en futur narrateur de ces douleurs, eh bien, il a été le bourgeois repu et sans entrailles, qui a fait poursuivre par ministère d'huissier Daudet pour l'impression de son premier volume [2].

Robin, que nous craignions ne pas devoir être accepté par Daudet, par suite des attaches de Léon à Charcot, semble devoir être consulté par le cher malade. Il parle, Robin, lui, de Bloy qu'il a beaucoup aidé de sa bourse pour l'*achèvement d'un chef-d'œuvre* qu'il devait terminer dans la quinzaine, mais qu'il ne menait jamais à sa fin. Un jour, cependant, le docteur se refusa à continuer les subsides, mais encore pris de pitié pour le misérable, lui permit de venir manger tous les jours chez lui, quand au bout d'un mois sa femme lui déclara, dans un moment d'exaspération, qu'elle quitterait la maison, si Bloy continuait à venir y manger.

Mercredi 6 novembre

Ce soir, grand dîner donné par L'ÉCHO DE PARIS à la presse parisienne. J'ai pour voisin Vacquerie, avec sa triste tête de vieux cheval de fiacre. Nous parlons des œuvres de Hugo qui resteraient à publier et qui ne peuvent maintenant dépasser cinq ou six volumes. Il y a à peine assez de copie pour faire un second volume de CHOSES VUES,

1. Add. éd. : *atteint...*
2. Non point tout à fait son premier volume, puisque Daudet avait déjà publié LES AMOUREUSES et LA DOUBLE CONVERSION, quand un ancien camarade de bohème, Poupart-Davyl, devenu imprimeur du Corps législatif, accepte de faire crédit au secrétaire de Morny pour éditer à compte d'auteur les fantaisies du ROMAN DU CHAPERON ROUGE en 1862, puis poursuit son débiteur et fait saisir son traitement, ce qui entraîne une intervention ironique mais bienveillante de Morny en faveur de Daudet.

mais il existe pas mal de notules, de pensées dont on pourra peut-être emplir tout un volume.

Comme je parle à Vacquerie de la toquade de mon frère pour TRAGALDABAS, il me conte que c'est le succès du TRICORNE ENCHANTÉ de Théophile Gautier aux Variétés qui l'avait fait écrire sa pièce, primitivement en trois actes, et qu'il voyait jouée par le comique Lepeintre jeune. Et donc, il avait prié Hugo d'inviter Roqueplan à déjeuner pour lui lire sa pièce. Mais Hugo n'ayant point de réponse au bout de huit jours, dans son désir passionné d'être joué, Vacquerie avait cette fois fait inviter à déjeuner Frédérick Lemaître, qui avait accepté le rôle. Là-dessus était arrivée une lettre de Roqueplan, s'excusant de n'avoir pas répondu, parce qu'il était en province, et se mettant tout à la disposition d'Hugo. Mais déjà le traité était signé avec Cogniard, qui lui demandait d'allonger la pièce, ce qui avait lieu à la diable aux répétitions. Enfin, la première avait lieu, une première où les figurants eux-mêmes sifflaient Frédérick Lemaître, qui, complètement ivre, ne pouvait presque se tenir sur ses jambes, quand, sous une fantasque inspiration de la saoulerie, sa tête d'âne lui ballottant sur la poitrine, il s'avançait vers la rampe et s'écriait : « Messieurs et citoyens, je crois que c'est le moment de crier : *Vive la République !* » Et alors, c'étaient des applaudissements jusqu'à la fin.

Jeudi 7 novembre

Quelqu'un avance que la trompe de l'éléphant est la perfection du mécanisme humain — qu'il y a 1 300 nerfs dans cette trompe de deux pieds et demi, tandis qu'il n'y en a que 800 dans tout un corps humain.

Daudet revient à Poupart-Davyl, et parle de ses *avatars* : avatar de bourgeois, avatar de dandy à pardessus cannelle, avatar de Chodruc-Duclos, et dans sa bouche, les descriptions de ces individus différents, se succédant dans le même homme, sont spirituellement charmantes.

Vendredi 8 novembre

Vraiment, devant la défection littéraire de Zola, devant sa honteuse attaque de *bourgeoisisme,* devant son bas et diplomatique retournement de veste et de cervelle, plus que jamais, comme protestation d'un vieux littérateur honnête et viril, je me sens poussé à faire une œuvre violente, une œuvre infâme, une œuvre déshonorante auprès des bourgeois [1].

Samedi 9 novembre

Je pensais que si Dieu voulait me donner encore dix ans de vie — avec l'intelligence et la vue —, voici décidément quelle serait l'ambition de mes dernières années. Je voudrais faire le vaudeville satirique qui

1. La décoration et l'éventualité d'une candidature académique de Zola avaient déjà irrité Goncourt (cf. t. III, p. 148, n. 1). Or, poussé par Coppée, encouragé même par les déclarations

me hante et qui serait une forme nouvelle dans mon théâtre. Puis, ensuite, l'étude érotique, dont j'ai depuis longtemps l'idée et que je voudrais parfaire lentement en y apportant le plus d'art et de haute spéculation philosophique que ma cervelle pourrait trouver. Et cela entremêlé de la biographie des quatre femmes de théâtre qui me restent à faire, et d'une série, très cherchée dans l'hypothèse et la devinaille de l'exotique, des cinq maîtres caractéristiques de l'art japonais : Outamaro, Hokousaï, Gakutei, Korin, Ritzono.

Oh ! que je désirerais ces dix années dans les conditions où je les demande, parce que je sens que, tout vieux que je suis, je ferais encore de la *copie* en avant de mon temps.

Dimanche 10 novembre

Aujourd'hui, c'est la réouverture du *Grenier*. Quand mes amis sont arrivés, je venais d'écrire cette lettre et j'allais l'envoyer :

« Monsieur le Chancelier,

« Je lis dans la liste des nombreuses nominations dans la Légion d'honneur publiée ces jours-ci : « M. Pierre Durand, *fruits confits.* » Je trouve à mon sens que la fabrication des livres et des fruits confits mérite, de la part d'un gouvernement, des récompenses différentes, et j'ai l'honneur de vous envoyer ma démission de chevalier de la Légion d'honneur, en vous priant de me rayer des cadres.

« Recevez... »

Mais, comme toutes les fois qu'on fait quelque chose de brave et qu'on a la faiblesse de consulter des amis, il est arrivé qu'on m'a fait peur du gros bruit que ça pouvait faire, et j'ai jeté au feu la lettre. Cependant, je trouvais original, au moment où Zola venait de se faire si plat pour la décrocher, de la rejeter si superbement.

Daudet entre en me disant si j'ai lu l'article du GIL BLAS. Je l'envoie chercher, et je vois que Zola nous menace de révélations futures [2]. Là-dessus, l'épaisse bête qui se nomme Raffaelli s'écrie, sur un ton de Lapalisse douloureux : « Est-ce affreux de voir des grands hommes

---

prêtées à Dumas fils et au secrétaire perpétuel, Camille Doucet, Zola va se présenter au fauteuil d'Augier. Il n'obtiendra d'ailleurs que 4 voix le 1er mai 1890 et 3 et 11 déc. 1890, à la reprise de l'élection où Freycinet l'emporte. Dès lors, Zola sera le candidat permanent, battu par Loti en 1891, par Lavisse en 1892, par Challemel-Lacour et Brunetière en 1893, par Heredia et par Bourget en 1894. Les efforts de Bourget, unis à ceux de Coppée, lui feront bien atteindre le chiffre relativement élevé de 14 voix, le 28 mai 1896, lors de l'élection au fauteuil de Dumas fils, mais à la reprise, Theuriet l'emportera. L'affaire Dreyfus intervenant, les chances de Zola s'effritent. A sa 25e candidature, contre Paul Deschanel, en 1899, il retrouvera à grand-peine une voix.

2. Interview de Jean des Ruelles, CHEZ ZOLA, dans le GIL BLAS du 11, à propos des remous suscités par la candidature académique de Zola : « Non, je ne le dirai pas... il n'est pas encore temps... Et pourtant, elle serait curieuse, cette *confession* ! Mais voilà, en la faisant... je semblerais vouloir me venger de mes anciens amis. » Plus clairement, Zola menace de mettre dans un roman des confrères qui, « après avoir prêté le même serment » que lui, « s'en sont allés le lendemain solliciter ceux dont ils avaient juré de dédaigner les votes ».

qui se déchirent comme vous ! » Et Daudet est obligé de lui raconter tout ce qu'il a fait de gentil pour Zola : de la négociation par laquelle il a fait passer dans LE BIEN PUBLIC son roman de L'ASSOMMOIR, de la course qu'il a faite chez lui pour lui faire demander le même prix qu'il avait eu pour son roman de FROMONT ET RISLER, et encore de son remplacement au feuilleton théâtral par Zola, qui n'aurait pas eu sa succession, s'il ne lui avait donné un fort coup d'épaule [1].

Mardi 12 novembre

Première séance chez le sculpteur Alfred Lenoir pour mon buste. C'est, pendant deux heures, autour de moi, des attitudes de brigands d'opéra-comique arrêtant une diligence, des renversements de torse en arrière comme sous des foudroiements, des pliements sur les jarrets de maîtres d'armes de régiment, des accroupissements de culs-de-jatte : le tout pour me voir à la *lumière frisante*, en face, de profil, en dessus, en dessous. Nom d'un chien ! ce n'est pas un métier d'ankylosé que la sculpture ! Il faut avoir les reins souples et rudement attachés pour n'avoir pas un lumbago tous les soirs.

Mercredi 13 novembre

Le prince Louis-Napoléon, à propos de l'article fait ce matin dans LE FIGARO sur Charles Edmond, dont on joue ce soir LA BÛCHERONNE au Théâtre-Français, me faisait remarquer le silence prudent, canaille, qu'il a gardé sur son père dans le rappel qu'il fait de son voyage dans les mers polaires [2]. Oh ! ces chevaleresques Polonais sont de terribles roublards !... Mais la légende est en train de tomber dans la merde.

Il faudrait bien avertir la critique d'art qu'elle n'a aucune raison, et pas plus que Diderot, de dire du bien de Fragonard et du mal de Baudouin, de Baudouin qui, dans ses dessins, est joliment son parent, et un parent au moins aussi fort que lui.

Jeudi 14 novembre

A un conseil de famille assemblé pour nommer un subrogé tuteur au jeune de Nittis, Dumas, sur ce que je crois que Zola sera nommé à sa seconde ou troisième présentation, me dit, avec des réticences des yeux et de la bouche, qui n'annoncent rien de bon pour la candidature

---

1. Daudet avait collaboré, entre autres journaux, au BIEN PUBLIC, mais c'est au JOURNAL OFFICIEL qu'il assurait chaque semaine une chronique théâtrale entre 1874 et 1880. Quant à Zola, avant de passer au VOLTAIRE (1878-1880), puis au FIGARO (1880-1881), il avait, d'avril 1876 à avril 1878, détenu le feuilleton dramatique du BIEN PUBLIC ; mais d'après Zévaès (ZOLA, 1945, p. 56), il devait cette rubrique à Yves Guyot. On ne sait donc trop que penser de l'affirmation de Daudet.

2. Charles Edmond, secrétaire du prince Napoléon, avait accompagné celui-ci dans son voyage arctique de 1857 et rédigé le VOYAGE DANS LES MERS DU NORD A BORD DE LA CORVETTE « LA REINE HORTENSE » (publié en 1857).

de l'auteur de L'ASSOMMOIR, qu'il trouvera une douce, mais persistante résistance [1].

Ce soir, Daudet me lit un passage de lui dans un livre sur Rousseau, dont l'auteur lui avait demandé la préface, un passage — c'est curieux — écrit d'un seul jet et sans ratures, dans une plénitude fiévreuse de santé, le jour même où, dans la soirée, il eut un vomissement de sang à la suite de la pendaison. C'est curieux, ce passage maladif, où Daudet, un connaisseur d'humanité, immole Diderot à Rousseau. On sent là-dedans une substitution du malade qu'il est au fou méchant du XVIIIe siècle. Mais Daudet étant un être bon, vraiment bon, son morceau n'a pas le sens commun [2].

Dimanche 17 novembre

Il est deux heures, et je pense qu'on joue HENRIETTE MARÉCHAL à Berlin, et je songe à la tête que font les philistins de l'endroit aux parisianismes du bal de l'Opéra.

Bonnetain nous entretient de l'escalier du FIGARO, dans le moment usé par les montées et les descentes journalières de Zola, et des conciliabules dans les coins par l'aspirant académique avec Magnard, avec Gille, dont le bureau est voisin de celui de Bonnetain, ce qui inquiète Zola et l'amène à parler dans le cou du *Figariste*.

Et il est question, dans des apartés, des livres que chacun fait. Rosny me parle avec un certain mépris de son TERMITE, paraissant dans la revue de Mme Adam, et me confesse qu'il est en train de travailler à un livre qu'il met au-dessus de tous ses précédents bouquins, et qui aura pour titre : LA BONTÉ, un livre un peu en opposition avec le courant littéraire contemporain, qui se plaît à peindre les roueries du mal, et qui peindra, selon l'expression de Rosny, les *ruses du bien*.

Huysmans, lui, remet à plus tard son livre sur la prostitution de Hambourg et a commencé son roman sur le monde Bloy et Cie, déclarant qu'il lui faudra deux ans pour le mener à sa fin [3].

A cinq heures, dépêche de Mauthner, de Berlin, qui m'annonce une sorte de succès.

Geffroy aurait dit à Daudet qu'il avait dîné ces jours-ci chez Descaves, où il y avait Guiches et Huysmans, et qu'il y avait eu un tel et si persistant *dégueulis* de méchancetés sur les uns et les autres, qu'en sortant, il avait besoin de prendre seul à seul une *gorgée d'air* et qu'à Huysmans, qui lui demandait : « Allez-vous par là ? » il n'avait pu s'empêcher de répondre : « Non, je vais de l'autre côté ! »

---

1. Cf. plus haut p. 345, n. 1.
2. Ni dans la bibliographie de Talvart et Place, ni dans la BIBLIOGRAPHIE DES ŒUVRES DE M.A. DAUDET, de Jules Brivois, aucune trace d'une préface de Daudet dans un livre consacré à Rousseau.
3. Le *roman sur le monde Bloy et Cie* ne verra pas le jour. DE TOUT recueillera en 1901 l'étude intitulée : A HAMBOURG.

Lundi 18 novembre

J'ai vu ce matin l'annonce d'un livre intitulé : LES ARTISTES LITTÉRAIRES par un M. Maurice Spronck. Je le feuillette à la boutique de Marpon, au passage de l'Opéra. C'est un normalien, un jeune de la suite de Brunetière. Il commence par déclarer que je n'ai aucune personnalité [1]... Eh bien, là vraiment, si je n'ai pas de personnalité, je ne sais vraiment qui en a dans ce temps ! Et notez que ce monsieur m'accorde presque d'être un chef d'école : un chef d'école sans personnalité, c'est un comble, ça !... Puis il termine en déclarant que chez nous, chez mon frère et moi, l'extrême sensibilité nous a conduits à l'impuissance... Au fond, c'est extraordinaire comme, à force d'analyse à côté et peut-être sans hostilité préconçue, les jeunes critiques pointus de ce temps arrivent à l'absolue méconnaissance des gens qu'ils jugent.

Mme Sichel parlait ce soit du docteur Chryshaber, ce médecin hongrois qui a été un des premiers spécialistes des maladies de la gorge. A la suite d'expériences faites sur des singes qui sont morts, la fièvre typhoïde s'est déclarée dans sa maison, et ç'a été d'abord sa femme, puis lui, puis, avant ou après lui, les domestiques, en sorte que la maison a été vidée de ses vivants en six mois. On en ferait une nouvelle à la Poe !

Mercredi 20 novembre

Aujourd'hui, le sculpteur Carriès, qui s'occupe de céramique, est venu me voir pour étudier mes poteries japonaises. Il a parlé d'une manière très intéressante de la cuisson en plein air ou dans des fours non complètement fermés, où le lèchement des flammes apporte des réussites imprévues, inespérées. Et son admiration va, comme la mienne, à ce qui n'a rien de porcelaineux, de glaceux, à de la poterie semblable à un morceau de bambou où à une enveloppe de coloquinte.

En me rendant à pied chez la Princesse, je m'arrête un moment devant le fruitier exotique de la rue de Berri, qui a exposé un fruit qu'il désigne sous le nom de *jack*, fruit de l'Indo-Chine. Le curieux de ce fruit à l'écorce brunâtre et qui a le grenu d'une peau du Levant, avant qu'elle soit écrasée pour la reliure, c'est que c'est tout à fait la couverte d'un porte-bouquet japonais que je montrais deux heures avant à Carriès et qui est bien certainement l'imitation de ce fruit.

La Princesse, apprenant que c'était aujourd'hui ma fête, et me demandant si c'est le jour de ma naissance, comme je lui dis que je suis né le même jour qu'elle, un 26 mai, jette en se tournant vers Popelin : « Je souhaite que ce jour-là ne vous porte pas malheur comme il me l'a porté à moi... dans ma vieillesse. »

---

1. Cf. Maurice Spronck, LES ARTISTES LITTÉRAIRES (1889), pp. 137-188 : dans cette étude sur les Goncourt en 7 points, le premier traite du *Caractère indéterminé de leur talent* et le second de leur *Absence de personnalité*.

Un mot assez drôle dit à la première de LA BÛCHERONNE de Charles Edmond, par le député Thompson à Floquet : « Maintenant, j'espère que vous ne crierez plus : *Vive la Pologne*[1] ! »

Dans la soirée, la Princesse s'approche de moi et me dit à l'oreille : « J'ai été grondée pour ce que je vous ai dit avant dîner. » Et m'entraînant dans un coin du salon et marchant à côté de moi : « Ah ! je n'y comprends rien, dit-elle, je ne sais pas pourquoi il tient à revenir ici..., quand l'autre va tous les jours chez lui, et dans une robe qui se voit un peu..., dans une robe sang de bœuf... Mon neveu me l'a fait remarquer l'autre jour... Oh ! oui, oui, je lui ai dit positivement de me laisser tranquille... Mais alors, il me dit que cette maison est son foyer, qu'il a été isolé par son fils..., puis il joue le malade, quand il me voit trop montée... Oh ! ce que je souffre... Ça ne m'étonnerait pas de devenir folle ! »

Jeudi 21 novembre

Aujourd'hui, Paul Alexis, qui vient, en compagnie d'Oscar Méténier, me soumettre le premier acte de CHARLES DEMAILLY, me confirme dans la certitude que Zola a un *petit ménage*[2]. Il lui aurait fait la confession que sa femme avait de grandes qualités de femme de ménage, mais bien des choses *réfrigérantes,* qui l'avaient poussé à chercher un peu de *chaleur* ailleurs. Et il parle du *revenez-y* de jeunesse, et de fureur de jouissances de toutes sortes, et de satisfaction de vanités mondaines chez ce vieux lettré, qui demandait dernièrement à Céard si en douze leçons il pourrait se tenir à cheval, de façon à faire un tour au Bois. Ah ! un Zola équestre, je ne le vois pas !

Là-dessus, Méténier qui, pour leur pièce de BETSY, a été voir Dupuis, le Dupuis des Variétés, qui, en parlant de lui, se qualifie toujours de *Monsieur Dupuis,* nous parle de sa réception dans une pièce sans feu, où, comme calorique, l'acteur a offert aux deux auteurs le récit de ses *coucheries* avec toutes les femmes de Paris. Dans ces histoires, il y en a de terribles concernant la femme de Mirbeau, la ci-devant Alice Regnault. Il raconte que pendant qu'elle avait été sa maîtresse, un jour qu'elle était restée longtemps dans son cabinet de toilette avec une amie et qu'elle lui avait dit que cette amie lui avait fait *pipi* dans la main, il avait eu le soupçon et bientôt la certitude qu'elle aimait les femmes.

---

1. Le mot est-il à double détente ? Lorsque Floquet avait été président du Conseil en 1888, les journaux avaient malignement souligné qu'il allait bien souvent dîner chez l'ambassadeur de Russie, sans doute pour se réconcilier avec le tsar et faire oublier le cri de *Vive la Pologne !* qu'on lui attribuait et qui, lors de la visite d'Alexandre II au Palais de Justice, en 1867, avait jailli d'un groupe d'avocats, parmi lesquels se trouvait Floquet. Mais d'autre part, on se rappelle que Charles Edmond est le pseudonyme littéraire du Polonais réfugié Chojecki, et Thompson semble insinuer que sa pièce est si mauvaise qu'elle suffirait à décourager les ardeurs polonophiles de Floquet.

2. En 1888, Jeanne Rozerot, une jeune Bourguignonne de vingt ans, fille d'un meunier de l'Auxois, qui travaillait en journée chez les Zola, est devenue la maîtresse du romancier, à qui elle donnera deux enfants, Denis et Jacques, en 1889 et 1891.

Et que depuis ce jour, l'un ou l'autre faisait une femme au spectacle et la ramenait, et l'on couchait à trois. Il ajoutait qu'une nuit, *Monsieur Dupuis,* soulevant la couverture, avait dit en voyant l'enlacement des corps : « Tiens, le groupe de Carpeaux ! » et que depuis ce temps, c'était devenu l'expression adoptée et que les deux amants se disaient : « Faisons-nous ce soir le *groupe de Carpeaux* ? »

Daudet, ce soir, m'a désolé, non seulement avec les trébuchements de sa marche, mais avec la souffrance de sa pauvre figure, prenant le *facies* d'un mourant. Oh ! comme il m'a dit sur un ton d'ironie désespérément triste : « Oui, dans la lettre où vous avez dit que j'étais votre exécuteur testamentaire, j'aurais voulu que vous eussiez dit que j'avais pour remplaçant mon fils... Car j'entends d'ici le rire de Zola, chez les Charpentier, quand il a lu votre lettre ! »

Dimanche 24 novembre

Hier, Daudet, dans un dîner donné à la critique, pour la remercier de la réussite de sa pièce, en cette année où il va gagner 200 000 francs, contait à Sarcey et à Wolff les misères de sa jeunesse où il n'avait pas un double de la chemise donnée à la blanchisseuse, où la semelle bâillante de ses souliers faisait *coui coui* dans la boue, où il avait eu faim sans avoir de quoi manger.

Il parlait d'un compagnonnage avec cet épouvantable Véron, qui déjà gagnait de l'argent et qui ne s'était jamais informé s'il avait dîné, lui qui ne gagnait pas encore d'argent. Et il rappelait un certain jour où, n'ayant rien à se mettre sous la dent, il s'était couché, lorsque Véron survenait, lui demandant pourquoi il était déjà au lit, à quoi Daudet lui répondait qu'il était embêté. Sur ce, Véron lui disait qu'il allait se faire apporter à dîner et qu'il dînerait près de son lit. Et Véron avait dîné, sans la phrase : « Tu ne prendrais pas quelque chose ? » Et lui, avait eu la force de ne rien laisser passer de sa souffrance et de son désir fou de mordre à une tranche de jambon, dont le goût lui était resté dans le souvenir.

Et il revenait à son passé de misère de la maison paternelle, aux larmes de sa mère, à la mauvaise humeur de son père, aux colloques dans les coins, dont on écartait les enfants, aux sorties nocturnes de son frère, allant porter des objets au Mont-de-Piété, à la saisie et à la vente de tout le mobilier de la maison, à la parole de son père lui disant qu'il fallait maintenant gagner sa vie — et il n'avait que quinze ans... Et il parle de ce que rapportait la littérature dans ce temps où l'on avait un article par mois dans LE FIGARO, et il dit la joie, oui, la joie qu'il avait quand, le soir, il pouvait rentrer avec une bougie, une bougie lui assurant quatre ou cinq heures de lecture ou de travail pendant la nuit — et se touchant la main, il disait avoir encore dans les doigts la sensation du rude papier qui enveloppait la bougie.

Lundi 25 novembre

Auguste Sichel, qui cependant était blond, soutenait que tous les Juifs sans mélange de race étaient roux ou noirs et que ceux qui n'appartenaient pas franchement à une de ces deux couleurs devaient leur nuance à la faute d'une ascendante avec un chrétien.

Mercredi 27 novembre

La blague tuera tout en France. Elle a déjà tué la religion, l'armée..., elle avait entamé la famille, en respectant toutefois la mère, l'être vénéré, l'être aux entrailles pour ainsi dire sacrées, n'osant encore la profaner de son rire... Eh bien, hier, au Théâtre-Libre, on a un peu trépigné cette pauvre *Croix de ma mère,* et une salle de spectacle a entendu sans protestation cette phrase dans la bouche d'un fils : « L'enterrement d'une mère amène beaucoup d'embêtement et de perte de temps [1]. » Oh ! je ne fais pas le procès à Ancey, qui est un garçon d'un grand talent : il n'est que le metteur en scène d'un sentiment démolisseur, qui est dans l'air et dont Vallès, peignant si cruellement la sienne, de mère, est un peu responsable [2].

Oh ! le moment de démoralisation, d'impudeur générale est vraiment caractéristique ! Avec la pièce de L'ÉCOLE DES VEUFS, on distribuait aux abonnés, aux abonnées qui le prenaient, un programme où était représentée une femme nue, dont le sexe était légèrement creusé dans le gaufrage polisson.

Les eaux-fortes de Rops que j'aime avant tout sont ces lettres d'invitation, ces programmes, ces adresses, ces menus, où l'eau-forte, dans les petites choses et les petits êtres magistralement dessinés, a ces doux tons gris, mangés, neutralisés, d'un crayon de mine de plomb du numéro le plus dur, sur de la peau de vélin.

Je pensais cette nuit, ne dormant pas, je pensais à l'influence que Léon Daudet avait eue sur son père, au darwinisme, au spencérisme, que ses goûts et ses tendances scientifiques avaient introduits dans sa littérature, en sorte que si Léon Daudet n'avait pas existé, peut-être Daudet n'aurait-il pas fait LA LUTTE POUR LA VIE.

Mardi 3 décembre

On ne saura qu'en posant pour son buste, devant un sculpteur chercheur et consciencieux, ce qu'il y a, dans les plans d'un visage, de méplats, de petites protubérances, d'épaisseurs, d'amincissements qui

---

1. Corr. éd. : *amène ;* texte Ms. : *amenait.* Cf. Ancey, L'ÉCOLE DES VEUFS, acte I, sc. 3, où Henri, le fils, dit à ses camarades venus lui présenter leurs condoléances après la mort de sa mère : « En résumé, voyez-vous, tout cela vous cause beaucoup de dépenses et beaucoup d'embêtement (*se reprenant*)... et beaucoup de tristesse ! »

2. Cf. t. II, p. 828, n. 2.

s'aperçoivent à la *lumière frisante,* et ce qu'il faut de boulettes de terre glaise et de grattages d'ébauchoirs pour rendre les insensibles creux et les imperceptibles saillies d'un plein ou d'un tournant de la chair, qui paraît blanc.

Et je causais avec Alfred Lenoir de l'âge où il s'était pris de passion pour la sculpture, et il me racontait qu'à l'âge de quatorze ans, ayant eu une fièvre cérébrale, ses études avaient été interrompues et qu'il passait ses journées à vaguer dans l'École des beaux-arts, dont son père venait d'être nommé directeur. Et dans ce vagabondage en cette maison d'art, il avait été pris du désir d'en faire autant que les jeunes sculpteurs qu'il voyait travailler. Or, il avait obtenu de se faire inscrire parmi les concurrents pour l'admission à l'École et, à quinze ans, il était admis le premier, sur l'éloge que Carpeaux faisait de son morceau de sculpture. C'était une petite académie, d'après un modèle affectionné par Regnault, un modèle à l'anatomie nerveuse, à la tête de mulâtre, et dont le corps *artistique* lui donnait une espèce d'enfièvrement dans le travail, un enfièvrement tel, me disait-il, qu'il sortait tout en sueur de ces séances du soir, pendant lesquelles avait lieu le concours.

Puis, à quelques années de là, Lenoir obtenait le second prix au concours de Rome, était découragé, dégoûté du travail de l'École, allait passer à ses frais huit mois en Italie, puis revenait à Paris, où il obtenait d'abord une seconde, puis une première médaille aux Salons.

Jeudi 5 décembre

Hier, dînait chez la princesse Bischoffsheim le validé d'aujourd'hui, Bischoffsheim, dit *Bisch* dans le monde galant [1]. Cet homme, à sa laideur cosaque joint une gaîté imbécile, éclatant dans une lourde et épaisse voix francfortoise. C'est le Sémite plaisantin ! Horrible à voir ! Horrible à entendre ! Les femmes qu'il n'a pas payées très cher sont bien dignes de commisération...

Hervieu, en parlant des batailles de paroles aux *dîners des Cosaques,* entre Rosny et Grosclaude, les dénommait assez spirituellement : « Les duels du rasoir et de la scie. »

Doucet annonce ce soir avoir reçu la lettre officielle de Zola se portant candidat à l'Académie.

C'est vraiment amusant, le spectacle de la candidature à l'Académie. Le jeune Houssaye, le fils du quarante et unième fauteuil qui se porte pour le quarantième, le jeune Houssaye, que j'ai vu, l'autre mercredi, tenir toute la soirée Doucet chambré dans un coin du hall, se partage aujourd'hui entre le même Doucet et Mme Renan, d'auprès de laquelle il se lève, un moment, pour faire tout haut, au milieu du salon, l'éloge

1. Le financier Raphaël Bischoffsheim était député de Nice depuis 1881. Sa réélection en 1889 avait été contestée, en vertu d'une accusation de corruption électorale.

de MADAME BENOITON, pensant que cette héroïque action sera rapportée à Sardou et lui vaudra sa voix [1].

Samedi 7 décembre

Mon buste paraît devoir être très ressemblant. Ce sera, je crois, l'effigie qui donnera le mieux l'idée de ma personne — toutefois sans l'immatérialité donnée par les jeux de physonomie.

Un mot de l'accoucheur de Mme Lenoir, à propos de la naissance des enfants : « Ces petites dames sont enragées pour les commencer..., mais pour les finir, c'est autre chose ! »

Ce matin, LE FIGARO a publié sur Champfleury un article biographique dans lequel l'auteur — sans aucun doute Troubat, qui a épousé la ci-devant maîtresse, la ci-devant cuisinière de Sainte-Beuve, irrité de ce que la Princesse dit dans mon JOURNAL, de la *putinerie* de la maison du critique —, dans lequel donc, l'auteur a inséré la lettre de Champfleury contre nous, donnée dans L'ÉVÉNEMENT lors de la publication de la préface de CHÉRIE [2]. Il y a, dans cette lettre contre la littérature de mon frère et de moi, un peu de la rage de voyou que mon frère avait déjà rencontrée au collège, où sa jolie figure et son petit être distingué poussaient les bas gamins et les sales crapauds de sa classe à le défigurer par des coups portés à la figure.

Cocodès de lettres, ainsi il nous appelle, c'est-à-dire ne méritant pas même la dénomination d'hommes de lettres, nous qui avons publié plus de volumes que lui, passé plus de nuits au travail que lui, moins donné de temps aux brasseries que lui !

« Des livres ne dégageant aucune émotion », dit-il encore, et c'est de RENÉE MAUPERIN, de GERMINIE LACERTEUX, de SŒUR PHILOMÈNE, des FRÈRES ZEMGANNO qu'il parle !

« De l'histoire tirée d'almanachs », ça lui va bien, à lui, cette attaque à notre histoire, lui, l'historien de la faïence et de l'imagerie patriotiques, le fabricateur des plus petiotes et misérables monographies qu'il y ait au monde !

Et l'attaque à Gavarni, dont nous avons fait la biographie, de la part du biographe de Daumier, c'est-il assez boutique et maison du quai !

Par exemple, ce qu'il y a de vraiment plaisant, c'est l'allusion à notre *courtisanerie.* Je n'ai été dans ma vie que trois fois aux soirées de Nieuwerkerke et ces trois fois, je l'ai rencontré promenant dans les salons du surintendant des Beaux-Arts l'échine courbe d'un mendiant

---

1. Pour cette histoire du « fauteuil des refusés », de cet imaginaire QUARANTE ET UNIÈME FAUTEUIL, qu'avait écrite Arsène Houssaye, candidat malheureux à l'Académie, cf. t. I, p. 230, n. 2. Le fils d'Arsène, Henry Houssaye ne brigue d'ailleurs pas, semble-t-il, le quarantième fauteuil : celui-ci, qu'occupait naguère Cuvillier-Fleury, était détenu maintenant, depuis 1888, par Jules Claretie. Henry Houssaye doit viser la succession fort disputée d'Augier, qui fait l'objet d'une élection reportée à 1890 et où le vainqueur sera Freycinet (cf. plus haut, p. 340, n. 2). Or, ce fauteuil Augier est le dix-neuvième. Henri Houssaye, qui échouera encore en 1893 à la succession de Taine, obtiendra en 1894 celle de Leconte de Lisle.

2. Cf. t. II, p. 1068, n. 1.

de places. Oh ! mais ce n'est rien cela, il existe de ce républicain, de ce littérateur, une signature au bas d'un certificat de grand écrivain délivré à l'Empereur à la suite de son HISTOIRE DE CÉSAR : signature, que moi, tout *mathildiste* que je suis, je n'aurais jamais donnée [1] !

Champfleury, il faut que je le confesse, c'est le manque d'observation de son réalisme, c'est le néant de sa littérature qui nous a rejetés un moment violemment de l'autre côté, en pleine école de la *fantaisie,* et il a fallu toute la vocation que nous avions en nous pour le *vrai* pour nous décider à revenir à cette littérature compromise par Pommageot [2].

Lundi 9 décembre

J'ai toujours eu la peur que quelque temps après le départ de N... de chez les Daudet, on ne découvrît quelque terrible méfait du monsieur. Hier, Daudet m'apprenait que N... avait vendu à un quidam quelconque le manuscrit des LETTRES DE MON MOULIN, manuscrit par lui volé dans le secrétaire de Daudet — et ce ne serait pas le seul manuscrit de Daudet volé et vendu par X..., dit N...

Quelque chose de plus laid encore que ce vol, ce serait cet abus de confiance : il aurait déterré dans la banlieue un pauvre jeune homme de lettres mourant de la poitrine et de misère, qui avait un roman en portefeuille. Il lui aurait persuadé qu'il ne trouverait jamais une revue ou un journal qui le publiât et qu'il n'avait qu'un moyen de le faire paraître, c'était de le publier sous son nom et qu'ils partageraient ensemble le prix. Et sur le consentement arraché au pauvre diable, il offrait le roman au frère de Daudet, touchait deux acomptes — comment ? par quels moyens ? se demande Alphonse, car jamais, au grand jamais, Ernest ne fait d'avances ! Et cela sans que le poitrinaire touchât un sol.

Larousse m'apporte aujourd'hui ma vitrine du petit salon, et je perds béatement ma journée à chercher des oppositions de couleurs et des contrastes d'émaux, dans le rangement de mes *tchiaré,* ces petites merveilles de céramique qui me semblent être par excellence la collection affectionnée des Japonais [3].

Mardi 10 décembre

C'est amusant, l'ignorance des journalistes. Le succès du livre d'URANIE de l'astronome Flammarion est fait par l'imagination d'un transport soudain dans les étoiles, au moment où leur arrive la lumière éclairant un événement de la Terre. Eh bien, cette imagination

1. Cf. t. II, p. 94, n. 1.
2. Pommageot le Réaliste fait une entrée ridicule dans le bureau de rédaction du SCANDALE, suivi de son disciple Soupardin, l'auteur des AMOURS D'UN DONNEUR D'EAU BÉNITE (cf. CHARLES DEMAILLY, ch. VII).
3. Les *tchiaré* sont de petits pots à thé.

appartient tout entière à Carlyle, dont je me rappelle avoir lu un article sur le temps et l'espace, traduit dans la REVUE BRITANNIQUE, où le transport dans telle planète vous donnait le spectacle du crucifiement de Jésus-Christ, ou dans telle autre, le spectacle de la mort de Gustave-Adolphe... Mais plus souvent que l'un d'eux ait le temps de lire [1] !

Je suis bien tenté d'écrire un petit volume qui aurait pour titre : les BLAGUES DE CE TEMPS, et passant de la sonnette électrique, qui ne va jamais, au suffrage universel, aujourd'hui aussi *biseauté* qu'un jeu de cartes du baron de Wormspire.

Mercredi 11 décembre

Mme Daudet faisait une remarque assez juste à propos des individus de notre société. Elle disait qu'en les voyant le soir, on ne se doutait pas de la pauvreté de leur mine, de la misère de leurs vêtements, mais que lorsqu'un enterrement les faisait voir sur le coup de midi, en pleine lumière ensoleillée, ainsi qu'elle venait de voir un de nos amis à l'enterrement de la mère de Frantz Jourdain, c'était tout d'un coup, vous sautant aux yeux, une triste et apitoyante révélation.

Dans le fiacre qui me mène chez la Princesse, j'ai dans les yeux à demi fermés les têtes stupidements stupéfiées de la femme et de la fille Charpentier devant ma vitrine aux poteries japonaises, et je réfléchissais à l'infériorité de la femme dans la dégustation du beau, en les plus grandes jusqu'aux plus petites choses. Et je pensais, à propos de cela, qu'il y avait eu des femmes qui avaient possédé d'immenses fortunes, et qui n'avaient jamais fait une collection de délicats et jolis objets qui fût citée, et j'arrivais à la persuasion que si les hommes de goût étaient des femmes, ils s'habilleraient encore mieux que les femmes.

Le manque absolu de tact, c'est la spécialité du normalien, de l'universitaire qui se fait badin et léger, et en cette spécialité de *gaffeur pignouf,* About avait le pompon ! C'est lui — raconte ce soir le peintre Gérome — qui, rencontrant Mme Clésinger, débutait par cette phrase à brûle-pourpoint : « Avec qui êtes-vous pour le moment ? » Interrogation qui lui valut cette riposte : « Pour le moment, avec un goujat ! »

1. Cf. Camille Flammarion, URANIE, 1889, pp. 47 sqq. — L'allusion à Carlyle est curieuse. L'article de la REVUE BRITANNIQUE ne peut être, d'après les tables de cette revue, que LES ASTRES ET LA TERRE OU PENSÉES SUR LE TEMPS, L'ESPACE ET L'ÉTERNITÉ, septembre 1854, pp. 5-34 ; il y manque l'exemple de Gustave-Adolphe, mais celui de Jésus-Christ s'y trouve : « Un observateur, placé dans une autre étoile fixe, voit N.S. Jésus-Christ accomplissant ses miracles et montant au ciel » (p. 15). Or cet article est anonyme et il n'y est pas question de Carlyle. Goncourt songe-t-il en même temps au passage célèbre du SARTOR RESARTUS (1834, III, 8), où Carlyle souhaite posséder l'analogue du chapeau magique de Fortunatus pour « s'élancer à son gré du feu de la Création du Monde à l'Embrasement final, être présent au Ier siècle, conversant face à face avec Paul et Sénèque », etc. ?

Jeudi 12 décembre

La main tremblotante de Daudet ne peut qu'avec la plus grande peine écrire la dédicace de mon exemplaire de LA LUTTE POUR LA VIE. Il s'écrie : « Ah ! les mains comme les jambes !... Les jambes, oui, je ne marche plus du tout... Cet escalier, il me faut un quart d'heure pour le descendre... et je ne puis sortir de voiture, traverser le trottoir sans un bras... Quand je n'aurai plus Ebner, je ne sais pas ce que je ferai... Parce que, le bras d'un domestique, c'est un enfantillage, mais ça me répugne... Oh ! je n'ai qu'un moment de bon, c'est quand j'ai descendu cet escalier, quand j'ai fait la course, quand j'ai attrapé ma cabine, quand je me suis traîné, soutenu sous les bras jusqu'à la douche, quand je suis rhabillé, quand je me suis refourré dans la voiture, quand j'ai enfin remonté cet escalier, je n'ai qu'un moment de bon, c'est de me laisser tomber sur ce canapé avec la satisfaction d'un devoir accompli... Ah ! on ne pourra pas dire que je ne résiste pas..., que je ne m'efforce pas à faire le *vivant* [1] !... C'est étonnant tout de même, ce qu'on peut, quand on veut... Oui, me traînant, ainsi que vous le voyez, d'une chaise à l'autre, pour rassurer ma femme, je fais tous les soirs la visite de la maison, des portes, des fenêtres, des conduits de gaz, je fais le gendarme, quoi ! »

Loti, venu pour ses visites à l'Académie, dîne. Il a vu vingt académiciens, qui se sont montrés tous *très gentils,* et Doucet comme les autres, mais il lui a reproché une *tendance à l'originalité* [2].

Une juiverie contée ce soir par Hervieu. L'affreux Bischoffsheim, le lendemain du jour qu'il avait dîné chez la Princesse avec la marquise de Casa-Fuentès, allait lui faire une visite ; et le soir, dans une loge des Variétés, où il se trouvait avec le ménage Lippmann, avec le ménage Strauss et Hervieu, il disait à Lippmann que si tout le temps de sa visite il n'y avait pas eu trois *Italianasses* cramponnés tout le temps à la marquise, il croyait bien que l'affaire était faite. Et sur un doute de Lippmann s'adressant à la laideur de l'homme, il disait : « Pardieu, ce n'est pas à l'aide de ma beauté que je l'aurais eue ! » Et l'on sentait que cet épouvantable Israélite avait eu des marquises, des femmes du monde bien nées, en leur offrant plusieurs mille francs, et il y avait dans l'insolence de l'homme d'argent un mépris pour toute l'humanité chrétienne, un mépris à souffleter. Ah ! c'est bien le Juif auquel, ces jours-ci, on reprochait la corruption électorale de son élection et qui, frappant sur son portefeuille bourré de billets de banque, s'écriait : « Veut-on m'empêcher de faire de ça ce que je veux ? » Et nous disions avec Hervieu : « Ces êtres avilissent, salissent tout ! »

Vendredi 13 décembre

Hier, au bas de je ne sais quel journal acheté pour tuer la demi-heure

1. Add. éd. : *ne* et *pas* dans le dernier membre de phrase.
2. Texte Ms. : *mais qui lui a reproché...*

du chemin de fer d'Auteuil à Paris, j'avais lu cette histoire, cette très vieille histoire, déchiffrée par Maspero sur le papyrus d'une momie.

Le roi Rhampsinitos possédait, caché dans un souterrain, un trésor dont il croyait avoir seul le secret de l'ouverture. Mais les deux fils de l'architecte du souterrain s'y introduisaient toutes les nuits. Le roi faisait mettre des pièges pour prendre les voleurs, et l'un des deux frères était pris, et l'autre lui coupait la tête afin de n'être pas reconnu lui-même. Or, le roi, qui avait une très belle fille, lui ordonnait de se prostituer à tout passant avec la demande, pour salaire, du récit du plus méchant tour qu'il avait commis. Le survivant des deux frères, sur le sein de la princesse, lui confessait son vol ; mais au moment où elle donnait le signal pour l'arrêter et le prenait par le bras, le bras lui restait dans la main : c'était le bras d'un mort sous lequel se dissimulait le sien...

L'étrangeté de ce roman pharaonique, le passé lointainement reculé dont il venait, le mystère de sa retrouvaille sous l'ensevelissement des siècles, tout cela m'avait pris la cervelle. Et je marchais à la nuit tombante dans le brouillard de Paris, absent de Paris et du temps présent, quand, devant moi, j'aperçus, marchant à l'aide, dans les mains, d'espèces de fers à repasser, un cul-dejatte, si petit, si petit, s'élevant si peu de terre, que je m'étonnais de ne pas le voir écrasé par les voitures, chaque fois qu'il traversait la chaussée.

Et la nuit, je ne sais comment, le roi Rhampsinitos et mon cul-de-jatte devenaient contemporains, se mêlant et se brouillant dans un rêve, où je voyais le roi, la fille du roi, le voleur, tous de profil, et toujours de profil, comme on les voit sur les obélisques, et avec des apparences de têtes d'éperviers, et au milieu sautillait mon petit cul-de-jatte, qui devenait à la fin un gros scarabée, de cette belle matière vert-de-grisée qui arrête le regard dans les vitrines du musée égyptien du Louvre.

Aujourd'hui, Lenoir me racontait, pendant ma pose à son atelier, que son père avait connu Houdon dans les dernières années de sa vie, où il habitait à l'Institut et pendant lesquelles il était tombé en enfance, ramassant des culs de bouteille qu'il donnait pour des pierres précieuses.

Samedi 14 décembre

Au fond, Huysmans n'est que mon *outrancier*, mais, je me hâte de le dire, un outrancier plein de talent.

Dimanche 15 décembre

On annonce contre Descaves des poursuites du Parquet à la sollicitation du ministre de la Guerre. Mais alors, bientôt, sur un roman qui prendra à partie la corporation des huissiers, l'auteur sera poursuivi sur la demande du ministre de la Justice ; sur un roman qui prendra à partie les attachés d'ambassade, l'auteur sera poursuivi à la demande du ministre des Affaires étrangères ; sur un roman qui prendra à partie les maîtres d'école, l'auteur sera poursuivi à la demande du ministre de l'Instruction publique, etc., etc. Et ce sera ainsi pour tout roman mettant à nu les canailleries d'un corps, car tous les corps de l'État appartiennent à un ministère.

Ça ne fait rien, Descaves me doit une fière chandelle pour l'avoir forcé de débaptiser son livre et lui avoir donné le titre de SOUS-OFFS au lieu de LES CULS ROUGES, qui était la dénomination primitive ! Un pareil intitulé tuait toute discussion, toute polémique. Il était impossible de citer le livre.

Cet intérieur Arman, un intérieur typique pour un roman [1] ! Cette femme de la bouche de laquelle il ne sort pas une idée, une phrase, un mot qui ne soit un cliché de LA REVUE DES DEUX MONDES ou du TEMPS et qui joue les précieuses, avec ce faux bossu, au nez de travers, qui s'appelle Anatole France, pendant que le mari a un emploi comme de plieur de bandes au FIGARO, pour soutenir le chic de cette maison faussement chic !

Lundi 16 décembre

Diderot, lui, pendant que Voltaire et les autres sont encore à *rimailler*, à s'entêter à être des poètes à chevilles et sans poésie, emploie uniquement la prose comme la langue de sa pensée, de ses imaginations, de ses colères, et contribue si puissamment à sa victoire, à sa domination en ce siècle, où, en dehors d'Hugo, la poésie n'est guère que l'amusement des petits jeunes gens de lettres à leur début et, pour ainsi dire, la perte de leur pucelage intellectuel.

Inquiet de n'avoir pas vu Daudet hier et de n'avoir reçu de lui aucun signe de vie, je monte chez lui à six heures. Je le trouve le nez dans un livre, comme s'il y avait la tête enfoncée : « Oui, je fais le plongeon dans des lectures, dit-il en relevant la tête. Ah ! je suis si... ah ! si malheureux, mon cher Goncourt !... Ce matin, j'ai voulu aller à la douche, je suis tombé dans l'escalier... Puis, concevez-vous ? je ne puis plus écrire, là, vraiment plus écrire... C'est ma femme qui vous a écrit la dépêche de ce matin... Vous ne l'avez pas reçue ?... Non, non, mon cher, ça y est, je savais bien qu'un jour, ça devait venir... Mme Daudet est à la répétition de la pièce d'Haraucourt [2]. Mon monde, je le pousse dehors, je ne suis un peu à mon aise que tout seul, que tout seul. »

Il se met à marcher en trébuchant : « Ah ! oui, la morphine est certainement quelque chose dans ces jambes et dans tout... Mais quand je n'en prends pas, je souffre des douleurs intolérables. Tenez, vendredi... Et tout se détraque chez moi... Autrefois, je prenais une dose de chloral qui me menait au matin ; eh bien, maintenant, je pisse au lit..., il faut que je prenne des doses qui me donnent une heure et demie, deux heures d'endormement... alors, plus de sommeil ! »

1. Il s'agit du salon de Mme Arman de Caillavet.
2. Il s'agit d'une adaptation de SHYLOCK, représentée à l'Odéon.

Je ne sais, mais aujourd'hui, Daudet m'apparaît plus saturé de morphine que jamais, et un peu avec l'aspect sommambulesque d'un fumeur d'opium ; et je trouve dans sa mémoire, d'ordinaire si nette, si précise pour le détail des choses de la maison, pour les lettres écrites, pour l'envoi des dépêches, je trouve comme un brouillard.

Mercredi 18 décembre

Aujourd'hui, Burty, que je n'ai pas vu depuis des mois, m'apporte un catalogue qu'il vient de faire des peintures que Dumoulin a rapportées du Japon et qui doivent être exposées après-demain chez Petit.

Il parle comme autrefois et semble par miracle être revenu à la lucidité de l'intelligence, à la clarté de la parole ; toutefois de son individu, qui porte sur son front et sa personne une grande fatigue, s'échappe une profonde mélancolie. Il n'a plus de relations avec personne, ni avec sa fille ni avec son gendre ni même avec les Charcot... et il paraît vouloir me faire entendre que sa séparation avec eux date de la première de GERMINIE LACERTEUX. Enfin, il ne voit plus âme au monde, mange chez lui, se couche à neuf heures, affirmant qu'il n'a point de maîtresse.

Cet aveu est jeté dans une suite de paroles, qui ont un rien d'illuminisme et coupées par des temps et accompagnées de petits gestes rétrécis : que les relations sont *fugaces* et trop pleines de *heurts* des tempéraments divers..., qu'on n'est rien dans la durée du temps et, comme il n'a ni l'ambition ni l'amour de l'argent, qu'il ne veut plus dans la vie que les jouissances rapides et *effleurantes* que donne la contemplation des objets d'art. Et comme je lui demande s'il ne travaille pas à une volumineuse machine sur le Japon, il me coupe avec un : « Non, non !... Une longue application m'est défendue depuis ma maladie. » Et revenant aux jouissances qu'il éprouve encore, il cite la conversation avec un être qui a l'intelligence de choses qu'il aime — et il finit en me demandant, d'une voix caressante et presque humble, de l'inviter à déjeuner.

Et malgré moi, je suis touché, et je sens qu'à travers l'abominable jalousie qu'il a eue de moi, toute sa vie, une vieille habitude, un restant tendre de notre acoquinement artistique dans le passé, le plaisir de converser avec moi du Japon triomphe de cette jalousie et le fait, par les moments tristes de sa vie, presque aimant de ma personne.

Je dîne ce soir chez la Princesse à côté — au travers de la duchesse de Rivoli — d'un monsieur que je ne connais pas et dont je demande le nom. C'est le baron de Saint-Amand, Imbert de Saint-Amand, cette espèce de diplomate, cette façon de littérateur et le plagiaire sans vergogne de mon histoire féminine du XVIIIe siècle. Monnier a fait les DISEURS DE RIENS de la bourgeoisie ; lui, est le vrai diseur de riens du monde, l'émetteur de tous les lieux communs distingués.

Jeudi 19 décembre

Réjane, la *Madone des singes* : c'est son dernier baptême, au dire de Koning.

Vendredi 20 décembre

M. Lenoir se plaignait des marbres en France fournis par l'État, tandis qu'en Angleterre, les sculpteurs sont fournis des marbres de la plus belle qualité. Le marbre que fournit généralement le dépôt de l'île des Cygnes est un marbre qu'il appelle un marbre *pouf*, un marbre sans la sonorité du métal, un marbre friable et dont on ne peut rien faire.

Dimanche 22 décembre

On cause pédérastie, et Huysmans dit que les pédérastes ne se reconnaissent pas tant à l'invite de l'œil, à la tendance aux attouchements caressants, qu'à un certain aigu chantant et féminisé dans la voix, qui doit tenir à la corrélation de la gorge avec les organes génitaux et au détournement des fonctions de ces derniers. Et il raconte une curieuse conversation qu'il a eue avec un pédéraste. Quand il parle de ces choses, on sent à l'éclairage de son œil, à l'humidité de sa lèvre, le *curieux du vice* qu'il y a en lui, en même temps que l'artiste expert.

Puis l'on s'entretient de la poursuite du livre des SOUS-OFFS de Descaves, de la rédaction *voyoute* de ses jeunes amis, et l'on craint que cette pétition, le chapeau sur l'oreille et les mains dans les poches, encore aggravée par la représentation au Théâtre-Libre de L'ENVERS DU GALON, ne le fasse *saler*, ne lui vaille trois ou six mois de prison [1].

Mardi 24 décembre

Alexandre Dumas publie dans L'ÉCHO DE PARIS des pensées qui pourraient passer pour des pensées fortes d'Arsène Houssaye.

Mercredi 25 décembre

Yriarte parlait ce soir à dîner des dessins de Tissot, rapportés de

1. L'ENVERS DU GALON, pièce antimilitariste, était due également à Descaves, qui retirera sa pièce. Cf. plus loin p. 362. La susceptibilité des militaires avait déjà été alertée par ses MISÈRES DU SABRE, et Freycinet, ministre de la Guerre, avait cédé à la pression des chauvins en demandant des poursuites contre SOUS-OFFS : le roman de Descaves faisait l'objet de 52 chefs d'accusation, dont 7 intéressaient les bonnes mœurs et 45 l'honneur de l'armée. L'auteur, défendu par Maurice Tézénas, sera acquitté par le jury de la Seine, le 15 mars 1890. — La pétition visée par Goncourt a paru dans LE FIGARO du 24. Elle groupait 54 signataires. Les aînés, Daudet, Zola, Ohnet lui-même, et Goncourt malgré ses réserves, avaient bravement signé en tête, avant les *jeunes* de la génération de Descaves, Ajalbert, Rosny, Courteline, Henry Fèvre, etc. Le texte était cinglant, non point *voyou* : « Depuis vingt ans, nous avons pris l'habitude de la liberté. Au nom de l'indépendance de l'écrivain, nous nous élevons énergiquement contre toutes poursuites attentatoires à la libre expression de la pensée écrite. Solidaires lorsque l'art est en cause, nous prions le Gouvernement de réfléchir. » C'était tout...

Jérusalem et qui ont produit un bouleversement chez Meissonier. C'est une espèce de chemin de la croix, en plus de cent cinquante pastels exécutés de la manière la plus exacte, d'après les indications des religieux du pays, et vous donnant — ainsi que des photographies — les petits sentiers d'oliviers où a dû passer le Christ, avec là-dedans des bonshommes, indiqués dans les Évangiles de telle profession et de telle localité, retrouvés dans le type général des gens de ce temps-ci de la même profession et de la même localité, où le peintre s'est transporté. Enfin, de la réalité rigoureuse, exécutée dans un état d'hallucination mystique et auquel une certaine maladresse naïve ne fait qu'ajouter un charme : de l'art qui a une certaine ressemblance avec l'art de Mantegna.

« Savez-vous, me dit le prince Louis, de retour de Russie, où il vient d'être nommé lieutenant-colonel dans un régiment du Caucase, savez-vous comment est mort Skobeleff ? Eh bien, voilà ! Une bouteille de champagne, une femme !... Une bouteille de champagne, une femme !... Une bouteille de champagne, une femme !... A la troisième bouteille de champagne, suivie de la troisième femme... rasé !... Une congestion cérébrale ! »

Jeudi 26 décembre

Mme Gaston Paris, qui a été emportée ces jours-ci par l'*influenza,* avait la plus grande lucidité dans les soins qu'elle prenait d'elle, au milieu d'une déraison, qui lui faisait tout le temps tendrement s'entretenir tout haut avec son premier mari.

Dimanche 29 décembre

Descaves, que je n'ai pas vu depuis l'apparition de son livre, vient aujourd'hui au *Grenier.* Il a toujours son air de *tapin* rognonnant et bougonnant, mais aujourd'hui teinté de mélancolie. Il a reçu sa citation à comparaître devant le juge d'instruction pour un lundi ; et un gendarme, qui a jeté le trouble dans son intérieur, est venu lui réclamer son livret pour rectification — c'est-à-dire pour radiation. Il conte que cette canaille de Quesnay de Beaurepaire a porté lui-même son livre à Sarrut, qui est au Palais l'avocat général le plus considérable et le plus considéré, en lui demandant de lire le livre et de lui dire, le lendemain, s'il était prêt à soutenir l'accusation « avec la plus grande énergie » et que Sarrut lui a répondu affirmativement, et que cette acceptation est très mauvaise pour lui. Il constate avec une certaine tristesse que sa vente, qui est à l'heure présente de 14 000, ne correspond pas au bruit fait autour du livre, et ajoute avec amertume que sur plus de deux cents articles, il n'y a pas trente lignes consacrées à la littérature du livre.

Il a eu la sagesse de retirer sa pièce : L'ENVERS DU GALON du Théâtre-Libre, ce qui lui a valu une lettre aigre-douce d'Antoine, qui lui a écrit que c'était une reculade et que cette reculade avait l'air de donner raison à la poursuite.

Lundi 30 décembre

Exposition de Chéret. Ce peintre d'affiches a vraiment le rire de la couleur et le rire de la physionomie et le rire du gambadement des corps.

Mardi 31 décembre

Je suis en pleine Guimard... Et je me presse d'écrire ces études de femmes de théâtre — peut-être, je m'abuse — mais je crois que, moi mort, on n'en fera plus de semblables, parce que jamais jusqu'ici, chez aucun lettré, ne s'est alliée la recherche du document imprimé avec l'écriture artiste et que jamais encore, la connaissance des livres d'une époque n'a marché de pair dans une mémoire avec la connaissance des tableaux, des dessins, des estampes, des objets d'art de cette époque — documentation aux apports, dans un bouquin, si neufs, si imprévus, si originaux.

ANNÉE 1890

Mercredi 1er janvier

En ce premier jour de l'année, un vieux malade comme moi tourne et retourne entre ses mains l'almanach nouveau, songeant que 365 jours, c'est de la vie pour un bien long temps, et interrogeant tour à tour chaque mois, pour qu'il lui dise par un signe, par un rien mystérieusement révélateur, si c'est le mois où il doit mourir.

Au fond, par cet influenza, je suis content de n'être pas mort l'année dernière. Dans le relevé nécrologique de la fin d'année, ça m'aurait embêté, je l'avoue, que mon nom eût le voisinage du nom de Champfleury.

Dîner chez la princesse. Un dîner tout intime, un dîner de six personnes où il n'y a autour de la table que la princesse, Mme de Galbois, Popelin, Blanchard, Yriarte et moi. Le nom de Blowitz est prononcé, et sur ce nom, Yriarte, cet homme un peu mystérieux et comme tout plein de secrets, et dont de temps en temps jaillissent des *racontars* les plus intéressants sur les personnalités contemporaines de tous les pays, raconte que Blowitz lui a pris sa place au TIMES, dont il était le correspondant pendant le Siège. Blowitz, qui s'appelle Oppert et qui a pris le nom de sa ville, était un pauvre diable de professeur à Marseille, tout à fait inconnu, ayant, croit-il, le grade de sergent-major dans la Garde nationale et qui, dans l'insurrection de Marseille, sauvait le préfet au moment où il allait être massacré et qui tombait avec cette recommandation sur le Bismarck [1]. Or dans ce moment, le correspondant du TIMES — mais le correspondant du TIMES avec un traitement

1. A la suite des bruits de collusion entre Thiers et les impérialistes et des provocations du préfet, le contre-amiral Cosnier, le 23 mars 1871, la foule envahit la préfecture de Marseille, arrête le préfet et crée une Commission départementale. L'avocat Gaston Crémieux tente de la maintenir dans la légalité ; il se heurte à l'incohérente brutalité de Landeck, délégué de la Commission de Paris, et à l'intransigeance du général Espivent, qui, le 24, proclame l'état de siège, le 4 avril, reconquiert la ville, sans peine, mais non sans effusion de sang et retrouve à la préfecture Cosnier et les autres notables emprisonnés, mais sains et saufs.

de 75 000 francs et la considération d'un ambassadeur ! — était lord Oliphant, ce personnage extraordinaire qui avait été tour à tour une espèce de Brummel, un familier de princes, un diplomate en Chine et au Japon, un martyrisé portant encore aux deux poignets les stigmates de la martyrisation, le fondateur d'une religion à laquelle il avait donné toute sa fortune, enfin un homme, pendant quelque temps, descendu à être un *brouetteur de feuilles mortes* et qui était redevenu l'homme du TIMES auprès de la France, traversant ces années tragiques [1]. Dans l'absence d'Yriarte très fatigué, qui était allé aux eaux, il lui arrivait d'employer Blowitz, qui, dans le reportage, avait une audace sans exemple et qui, dans ce moment où toute la diplomatie européenne, à l'affût de nouvelles, était à Versailles et ne pouvait parvenir auprès de M. Thiers, y pénétrait, lui, Blowitz, par les cuisines.

Or, dans le moment, il s'était passé ceci : un jour le *marseillanisme* de Thiers, discutant avec le comte d'Arnim, avait été tel que le comte n'avait pu s'empêcher de lui jeter : « Mais à vous entendre parler ainsi, on dirait vraiment que vous avez gagné la bataille de Sedan ! » Sur quoi Thiers s'était mis à larmoyer, en disant qu'il se plaisait à insulter un vaincu. Et à la suite de cette séance, impossible de réunir Thiers et le comte d'Arnim, Thiers boudant le comte, et le comte, qui était un homme distingué et bien élevé, ne se souciant plus de se rencontrer avec ce cacochyme pleurard. Et c'est Oliphant qui, après des causeries avec Thiers, le remplaçait et les 17 articles du traité — fait qu'on ignore absolument — étaient arrêtés entre le correspondant du TIMES et le comte d'Arnim [2].

En cette cuisine diplomatique, Oliphant se trouvait bien des petits services que lui rendait Blowitz et avait fait sentir très gentiment à Yriarte que Blowitz lui était d'une grande utilité ; et le traité signé, quand Thiers, pour remercier son remplaçant, lui offrait de le nommer grand-croix de la Légion d'honneur, celui-ci repoussait cet honneur et lui demandait en lieu et place la nomination d'Yriarte, qui avait de bon gré abandonné sa place à Blowitz, au consulat de Venise, où Yriarte se faisait une joie de mener de front le consulat et ses études historiques. Le consulat était promis ; mais je ne sais quel ministre s'y opposait, en alléguant qu'on ne sautait pas ainsi de la littérature à un consulat général.

Au milieu de ce dîner, je m'aperçois qu'une racine de dent, sur laquelle à peu près je mange depuis deux ans, dans le vide ou le plombage fatigué de mes autres molaires, je m'aperçois qu'elle s'est cassée. De vilaines étrennes !

Ce soir, le prince Louis parlait pour le monde qui était là de son voyage au Japon, de son dîner chez l'empereur et l'impératrice, puis

1. Add. éd. dans le dernier membre de phrase : *et qui...*
2. Il s'agit des préliminaires de Versailles (26 février 1871), qui se placent entre l'armistice de Jules Favre (28 janvier) et le traité de Francfort (10 mai) et qui prévoient déjà l'abandon de l'Alsace-Lorraine et le paiement d'une indemnité de guerre de 5 milliards.

il me continuait dans le creux de l'oreille ses remarques sur les femmes de l'Extrême-Orient [1]. Il m'avouait leur mépris à l'endroit des Européens au coït ressemblant au rapide coït des moineaux, habituées qu'elles sont au coït à perpétuité des autochtones, prenant une tasse de thé, fumant une pipe sans interrompre leur travail. Elles prétendent ainsi que l'Européen sent le *tigre.*

Jeudi 2 janvier

Frantz Jourdain, qui vient d'acheter l'exemplaire des HOMMES DE LETTRES de Monselet et qui l'a lu avec le plaisir attentionné qu'un apprenti bibliophile met à lire la première édition d'un livre, s'étonnait ingénument, ce soir, au coin de la cheminée de Daudet, des idées, des théories prises par Zola à ce livre. Et je lui disais que Zola n'était qu'un vulgarisateur puissant et canaille des sujets, des idées, des formes littéraires, que mon frère et moi avions trouvés et que son succès venait de ce que nos trouvailles, nous les avions émises discrètement, sans trop les tambouriner, tandis que lui, les avait criées comme de son invention, ainsi qu'un charlatan débite ses drogues à la foule sur une place publique.

Et Mme Daudet, qui écoute notre conversation, se met à parler du curieux livre qu'il y aurait à faire de tous ses emprunts, depuis les sujets comme LA FAUTE DE L'ABBÉ MOURET, qui est la conversion d'une femme par les milieux de MADAME GERVAISAIS, jusqu'aux noms de personnes, au nom du paysan *Jésus-Christ,* qui est le nom du frère de Germinie Lacerteux, et avoue qu'elle a été plusieurs fois tentée de le faire, et qu'elle l'aurait bien certainement fait si elle n'était pas la femme de Daudet [2].

Vendredi 3 janvier

C'est curieux comme le contact intime avec la cuisine d'un art est, pour un littérateur, la révélation de choses nouvelles et originales à apporter dans son métier. C'est ainsi que ce modelage appliqué et chercheur des plans, des méplats, des saillies, des creux pour ainsi dire imperceptibles de mon visage, me faisait penser que, si j'avais encore des portraits physiques d'hommes ou de femmes à faire, je les ferais plus plastiquement anatomiques, plus détaillés en la construction, la structure, le mamelonnement, l'amincissement du muscle sous l'épi-

---

1. L'empereur du Japon, hôte du prince Louis, est le célèbre Mutsu-Hito, qui depuis 1868 a inauguré l'ère du Progrès, le *Meiji,* détruit le vieil appareil féodal et modernisé l'équipement du Japon.

2. Sur cet emprunt pour la TERRE du surnom de *Jésus-Christ,* voir la note du 26 févr. 1890. Quant à LA FAUTE DE L'ABBÉ MOURET, entendez, au rebours de ce que semble suggérer la phrase, que l'abbé Mouret laisse se dissoudre sa foi et donne dans un panthéisme spontané au contact du jardin sauvage du Paradou, alors que Mme Gervaisais sent fondre son incroyance au contact prolongé de Rome.

derme, je pousserais plus loin l'étude d'une narine, d'une paupière, d'un coin de bouche.

Je disais distraitement tout à l'heure à Pélagie, qui venait de me verser un verre d'eau-de-vie : « Merci, je vais le *fumer* tout à l'heure. » Car maintenant, l'eau-de-vie chez moi est bien ce qui remplace le tabac, la chose qui me donne au milieu de mon travail des repos excitants.

Dimanche 5 janvier

Voici que cette LUTTE POUR LA VIE, cette pièce qui s'annonçait comme une pièce à deux cents représentations, est coupée en deux par l'*influenza*. Et Mme Daudet se plaignait avec raison que cette pièce, qui a rapporté si ce n'est tant d'argent, au moins tant de bruit au Gymnase, Koning l'ait arrêtée à la quatre-vingtième, ne lui ait pas donné les cent représentations, sans lesquelles on n'est pas, sous la plume de Sarcey, un auteur dramatique.

Lundi 6 janvier

Je ne peux m'empêcher de penser à la domination de nos goûts sur les gens au milieu desquels nous vivons. Ce sont des hommes, si indifférents au papier des livres, que nous avons forcés par notre exemple à faire des tirages de leurs bouquins en papier du Japon, de Chine, de Hollande, de Whatman. Ce sont des femmes de notre connaissance comme Mmes Daudet, Hugo, Ménard-Dorian, à qui nous avons imposé pour leurs salons les plafonds de soierie ou de tapisserie. C'est un rétractile à l'objet d'art comme Zola, que nous condamnons à acheter des bibelots. Quels bibelots par exemple ! Mais si nous lui avons enseigné la littérature, nous ne pouvons lui enseigner le goût...

Mardi 7 janvier

En ces heures de mon abandon de la porcelaine de Chine et de la poterie du Japon, c'est chez moi une jouissance amoureuse des yeux devant ces fleurettes si riantes, si spirituelles, si XVIIIe siècle français, du Saxe. Que ces Allemands aient eu cette légèreté de main une fois dans l'art, c'est bien curieux ; mais cette légèreté de main, ils ne l'ont eue — pourquoi ? — que sur la porcelaine.

Mercredi 8 janvier

C'est curieux, depuis trois jours, j'avais derrière moi Blanche d'une si mauvaise humeur et avec des tombées de bras si désespérées qu'impatienté, je n'ai pu m'empêcher de lui jeter : « Qu'est-ce que tu as ? — Rien, rien, m'ont répondu à la fois la mère et la fille. — Non, elle a quelque chose ! — Eh bien, voilà, fait la mère. Il y a deux fois par semaine, à la mairie de Passy, un cours fait par les *Femmes de France* pour soigner les malades, les blessés ; et l'imbécile voudrait y aller [1]... »

Oui, c'est vraiment curieux : au fond, le scientifique est devenu le goût de toutes les intelligences, depuis les plus hautes jusqu'aux plus basses, et ne voilà-t-il pas une pauvre petite créature qui, au lieu de couper des romans au bas des journaux, coupe des articles de science et a l'envie passionnée d'aller à un cours médical, comme autrefois une de ses pareilles avait l'envie d'aller au bal !

Groult vient me voir, un dessin d'un quelconque par Gavarni sous le bras, et je lui apprends à son grand étonnement que c'est le dessin de son ami Tronquoy costumé en patron de barque, que j'ai vu des années dans sa chambre et que j'ai même décrit dans mon livre sur lui [2]. Et là-dessus, comme il me parle d'un délicieux dessin qu'il vient d'acquérir, dessin représentant un vieillard au milieu d'objets d'art, prenant une prise de tabac au coin de sa cheminée et dont il ignore le nom, je lui dis : « Ça doit être ça ! » et je lui tends le premier volume des MÉMOIRES du baron de Besenval, où il y a en tête une vignette de son portrait dans son cabinet d'après Danloux. Et c'est ça !

Nous causons art, et cette causerie lui apporte une griserie, vraiment une sorte de pochardise, dans laquelle, s'arrêtant, renversé sur la rampe de l'escalier, en face d'un dessin de Watteau, les yeux tout ronds, le bout du nez fébrilement dilaté, la bouche contractée comme en une dégustation gourmande et ses phrases en déroute coupées de : « Vous le verrez, Monsieur, chez moi », il me parle d'un Constable, d'un Constable qui tue toute la peinture française de 1830, acheté 340 francs dans un Mont-de-Piété à Londres, et d'autres et d'autres achats...

Et il me conte cette bizarre, cette originale acquisition : « Deux Péronneau, deux Péronneau,... vous les verrez chez moi... achetés à quatre ou cinq heures de Bordeaux, achetés dans une propriété à laquelle on n'arrivait qu'au moyen d'une mauvaise carriole... » Le marché conclu et lui se disposant à les porter dans la voiture, la femme, qui venait de les lui vendre, lui disant : « Il y a encore une condition : ce sont mes aïeux... et je ne consentirai à les laisser sortir de la maison que la nuit tombée. » Et elle le promenait dans les vignes jusqu'au crépuscule. Ne trouvez-vous pas quelque chose de joliment superstitieux dans l'arrangement de cette femme pour que ces portraits de famille ne puissent se voir sortir de chez eux ?

Le soir, il était question au dîner de la princesse, d'une chasse au canard dans le Midi, en l'honneur du duc de Chartres. La barque du prince était suivie de batelets, où était la fleur des femmes de la haute

1. Fondée le 22 juin 1882, l'Union des Femmes de France se proposait de donner assistance aux malades et blessés en temps de guerre et aux victimes des désastres publics.

2. Cf. GAVARNI, pp. 116 sq. : ce costume de marinier, à chemise rouge, veste blanche et pantalon noir, porté dans les bals costumés vers 1836 par Gavarni, Tronquoy et leurs amis, avait un effet « *claquant* » et *tuait* tous les autres déguisements.

société orléaniste. Adonc, il arrivait que le prince, après avoir tiré, déposait le fusil qui lui avait servi sur un second fusil, qui partait et allait percer, sous la flottaison, le batelet le plus rapproché et la partie inférieure d'une dame qui était dedans. Grand émoi et l'appel d'un chirurgien pour retirer les plombs indiscrets, et la galante société s'inscrivant pour les plombs, qu'il devait retirer et dont les futurs possesseurs avaient l'intention de faire des boutons de chemises. C'est très dix-huitième, n'est-ce pas ?

Le contre-amiral Layrle, qui a fait autrefois une station de quatre ans au Japon et qui vient d'y passer encore deux années, parlait du silence que gardaient les Japonais sur les événements politiques vis-à-vis des Européens, et il nous contait que le président du Conseil et le ministre de la Marine, avec lesquels il est lié, qu'il avait connus à son premier séjour très *petits jeunes gens*, très *petits bonshommes*, il ne pouvait en tirer que des monosyllabes et des exclamations sans signification, quand il les interrogeait. Et il s'émerveillait que des gens qui avaient pris part à des actions militaires et dont l'un passait pour un homme de guerre tout à fait distingué, il n'était pas possible de leur extirper un détail de bataille, de combat, d'épisode militaire — disant que Canrobert ou Mac-Mahon, tout en gardant la plus grande discrétion dans leurs paroles et leurs jugements, ne pourraient se tenir de parler sur les affaires où ils ont assisté.

Jeudi 9 janvier

Faucou vient me voir, en compagnie de Tourneux, et m'apprend qu'à la suite de la publication d'une lettre un peu intime d'Augier dans son INTERMÉDIAIRE, Céard a fait un article abominable sur lui, un article dans le SIÈCLE qu'il me fait lire [1]. Il ajoute que l'article a été envoyé, souligné au crayon rouge, à Mme Augier, à Déroulède, enfin à cinq ou six personnes de la société de l'auteur dramatique, enfin qu'une dénonciation, qui n'est pas de l'écriture de Céard, mais qui est le développement à outrance de l'article, a été adressée au parquet pour qu'il fût poursuivi, visant et le fonctionnaire et le nouveau décoré.

C'est décidément un être atteint de la maladie de la méchanceté que ce Céard ! Ce qu'il y a d'amusant, c'est que je sens que par-dessus la tête de Faucou, il vise le Goncourt faisant ses travaux historiques avec l'intimité des détails donnés par la lettre autographe. Et un de ces jours, LA CLAIRON ou une autre étude va lui faire répandre la poche de son fiel.

J'ai été un assez bon prophète, quand j'ai annoncé, pendant l'Exposition, que les années de trop grande rigolade chez les nations

1. La lettre d'Augier était adressée, entre 1845 et 1848, à sa maîtresse Sarah Félix, alors en tournée : Augier y exprimait en termes assez vifs ses regrets de l'absente et ses sentiments actuels à l'égard de Rachel, la sœur de Sarah. Cette lettre avait été publiée par Faucou dans L'INTERMÉDIAIRE DES CHERCHEURS ET DES CURIEUX du 10 novembre 1889.

étaient suivies d'années *catastropheuses* [1]. Voici, pour commencer, l'*influenza* qui tue pas mal de monde, et l'on annonce que c'est l'appariteur du choléra, et de l'autre côté du Rhin, semble, cette fois sérieusement, se préparer contre nous la guerre pour le printemps [2].

A l'*Épatant*. — Hervieu m'a prié d'assister à la répétition de la pièce qu'il a tirée de POINT DE LENDEMAIN. Une salle de théâtre qui a les dimensions d'une salle de théâtre de château royal, et toute charmante avec sa décoration blanc et or, et ses deux grands panneaux rouges encadrant de vieilles tapisseries. La piécette aussi bien faite et arrangée que ça peut être. Mais ces *crébillonnades*, si séduisantes en leur prose à talons rouges dans les vieux petits bouquins où on les lit, me semblent parler au théâtre une langue la bouche-en-cœur, une langue, selon l'expression du peuple, *tourne-gueule*, fatigante, agaçante, d'une préciosité attaquant les nerfs [3].

Vendredi 10 janvier

Dans cette maison maudite qui est derrière mon jardin, ce sont, du jour à la nuit et de la nuit au jour, des aboiements de deux molosses, qui m'énervent et m'ont empêché deux nuits entières de dormir ; et si je n'avais retrouvé les volets intérieurs que j'avais fait faire pour mon frère pendant sa maladie, je serais obligé d'aller coucher dehors. Ah ! le bruit va-t-il être le tourment agaçant de mes dernières années, comme il l'a été de mon frère ! Oh ! le bruit, le bruit, c'est la désolation de tous les nerveux dans les centres modernes ! Mercredi dernier, Maupassant, qui vient de louer un appartement avenue Victor Hugo, me disait qu'il cherchait une chambre pour dormir, à cause du passage devant chez lui des omnibus et des camions.

A ce dîner de mercredi, la princesse, causant littérature et s'adressant à moi, me jetait ingénument : « Mais pourquoi voulez-vous faire du neuf ? » A quoi je répondais : « Parce que la littérature se renouvelle comme toutes les choses de la terre et qu'il n'y a que les gens qui sont à la tête de ces renouvellements qui survivent... Parce que sans vous en douter, vous n'admirez vous-même que les révolutionnaires de la littérature dans le passé... Parce que — tenez, prenons un exemple — Racine, le grand, l'illustre Racine, a été sifflé, chuté par les enthousiastes de Pradon, par les souteneurs du vieux théâtre et que ce Racine, avec

---

1. Cf. plus haut p. 311.
2. En fait, les avances de Guillaume II à la France ne cesseront vraiment qu'avec le *fiasco* de la visite en France de l'impératrice douairière, en février 1891. Cf. la note du 26 fév. 1891.
L'influenza était apparue le 10 décembre 1889 à Paris ; elle avait atteint le couple présidentiel et sévissait particulièrement parmi les employés et clients des magasins du Louvre. Cette grippe épidémique avait déjà, à la date du 4 janvier, tué 366 Parisiens.
3. L'*Épatant*, c'est le Cercle de l'union artistique (v. l'*Index*). POINT DE LENDEMAIN y sera créé le 11 janvier. Cette *crébillonnade*, comme dit Goncourt, est censée se passer en 1777 : Damon est appelé, en faveur d'une baronne et du marquis, son amant, à jouer un rôle de *chandelier*, et la récompense qu'il en reçoit est en même temps une vengeance contre la maîtresse de Damon, rivale de la baronne.

lequel on éreinte les auteurs dramatiques modernes, était en ce temps un révolutionnaire tout comme quelques-uns le sont aujourd'hui. »

Samedi 11 janvier

La princesse, en compagnie du prince Louis, est venue voir mon buste chez Lenoir, mon buste qui est presque achevé. Elle l'a trouvé très ressemblant et donnant bien l'idée de la puissance de ma tête lorraine, le complimentant de ce qu'il n'y a pas dans son buste les *maigrichonneries* qui sont dans mes portraits de Nittis et de Raffaelli.

Dimanche 12 janvier

J'ai par moments le sentiment d'avoir les yeux brûlés comme par la luminosité colorée des objets d'art que j'ai si amoureusement regardés.

Ce soir, Hennique lit chez Daudet son drame AMOUR, qui est en répétition à l'Odéon. Et tout en voulant ne laisser rien transpercer de ma colère intérieure, en l'écoutant, ce cher Hennique, je ne pouvais m'empêcher de me retourner à tout instant sur mon fauteuil. Comment ? Cet homme, qui vient d'avoir le succès du DUC D'ENGHIEN, que la presse ne demande qu'à acclamer, qui est tout près d'être sacré l'auteur dramatique des *jeunes* à la condition d'une seconde œuvre originale, va faire une pièce faite uniquement en vue de l'idéal dramatique de Porel, un drame à armures, dans la langue du chevalier Bayard, une pièce... une pièce consternante par son vieux jeu [1] ! Ma foi, si la pièce n'était pas reçue et presque montée, je crois que j'aurais eu le courage de lui dire de la f... au feu ! Mais aujourd'hui...

Mercredi 15 janvier

Lavoix rapportait un joli mot de cet homme sans talent, nommé Saint-Ybars, un mot d'un cynisme digne du neveu de Rameau. Walewski s'était opposé à la répétition d'une de ses pièces, et lui avait fait envoyer un billet de 500 francs. Il lui écrivit une lettre contenant cette unique phrase : « L'argent est une chose sale et ne peut se réhabiliter que par la quantité. »

« Renan, quel est le candidat que nommera l'Académie ?

— Le plus bête ! » me répond imperturbablement l'académicien.

Puis, partant d'un éclat de rire satanico-prêtreux, il me dit :

« Sans doute Thureau-Dangin qui, dans son histoire de la dynastie des d'Orléans, n'a pas parlé des journées de 1830, ni des journées de 1848, et de ce qui se passe encore dans la rue en 1832. Il me semble cependant que dans les gouvernements d'à présent, le peuple est un

1. AMOUR, qui sera représenté à l'Odéon le 6 mars 1890, est un drame historique, qui se déroule au temps de Louis XII et oppose deux frères rivaux.

facteur dont on doit tenir compte. Mais il y aurait, à ce qu'il paraît, une étude de la politique étrangère...

— Et après lui, qu'est-ce qui a le plus de chances ?

— Ferdinand Fabre.

— Ah !... Et Loti [1] ? »

Alors, il fait un mouvement de bouche et un clignement de yeux de côté, qui dit le sort de la candidature du frère du FRÈRE YVES, ajoutant :

« Cet homme est un enfant, un enfant !

— Et Zola ?

— Il aura une voix.

— Oh ! certainement, il n'en sera pas cette fois, mais à la troisième ou à la quatrième, il en sera... Les corps académiques sont si lâches !

— Je ne vous contredirai pas quant à ça, reprend Renan. Mais Zola, à l'Académie ? »

Et il me fait des yeux un *Nenni*, qui dit qu'il n'y arrivera jamais, et il ajoute : « Du reste, là-bas, nous sommes tous persuadés qu'il ne veut que du bruit autour de son nom. »

•

Jeudi 16 janvier

Pillaut, avec son dilettantisme musical de lettré et de penseur, cause de Wagner et dit que sa forme musicale fait penser à un monde futur et que ses sonorités sont des sonorités qui semblent fabriquées pour les oreilles de l'humanité qui viendra après nous.

« Je suis crevé, crevé ! » laisse échapper Daudet, auprès duquel je suis venu m'asseoir après dîner, le trouvant silencieux — et il est silencieux quand il souffre trop.

« Vous ne fumez pas ?

— Non, je ne fume plus. »

Un silence.

« Vous n'êtes pas allé à la douche ce matin ?

— Non, je fais du massage ; mais ça ne me procure pas pour un sou de soulagement, et je ne sais comment me débarrasser de mon masseur. »

Un silence.

---

1. L'Académie doit élire le successeur d'Augier : 13 candidats s'affrontant sans résultat, l'élection est remise et c'est Freycinet qui l'emportera le 11 déc. 1890.

Ferdinand Fabre, candidat timide au fauteuil Hugo en 1886, vaincu encore cette fois-ci, sera battu ensuite, le 21 mai 1891, par Loti au fauteuil Feuillet. Enfin, pour faire pièce à la candidature de Mun au fauteuil Jules Simon, la *gauche* académique ira chercher Fabre presque mourant ; mais de Mun l'emportera, le 1er avril 1897, et Fabre s'en ira quelques mois plus tard sans être académicien.

Thureau-Dangin sera élu seulement le 3 février 1893 au fauteuil Doucet. L'ouvrage ici visé est sa grande HISTOIRE DE LA MONARCHIE DE JUILLET (1884-1892), à laquelle l'Académie a attribué le prix Gobert. – L'allusion aux troubles de 1832 concerne l'insurrection des 5 et 6 juin, née à l'occasion des funérailles du général Lamarque et terminée par la prise du cloître Saint-Merry : c'est l'insurrection contée par Hugo dans LES MISÉRABLES. — Il va être question des chances académiques de Zola : cf. plus haut p. 345, n. 1.

Puis, au bout de quelques minutes, il se penche vers moi et les yeux brillants, il sort de lui et se répand au dehors, dans une sorte d'exaltation enthousiaste, toute son absorption concentrée de lecteur, depuis des semaines qu'il ne travaille plus, son absorption dans les voyages de l'Afrique [1]. Et le fiévreux imaginateur qu'il est me détaille, comme dans la confidence d'une hallucination, cette lutte de tous les instants avec les flèches empoisonnées, avec les fièvres qui tuent en quarante-huit heures, avec la faim, l'horrible faim en ces contrées manquant de la nourriture animale, végétale, frugivore, et il me promène dans ces forêts du commencement du monde que l'on met huit mois à traverser. Et il chante sur un ton épique l'énergie, la vaillance de Stanley, qu'il nomme le conquérant nouveau, le Napoléon touriste, et auquel il trouve, dans le style, des qualités de Bismarck, des qualités anglo-saxonnes [2].

Il s'arrête un moment et finit par dire tout pensif : « Vraiment, je ne conçois pas qu'un Koning, qu'un Duquesnel ne commande pas dans ce moment une pièce sur Stanley... Ce serait un succès certain. » Et j'ai un peu peur, au fond de moi, qu'il ne soit tenté de la faire, tant il est en ce moment capté par l'inconnu mystérieux du Congo et l'audace de l'aventure de Stanley.

Vendredi 17 janvier

Hier, dans mon tête-à-tête avec Daudet, sur un regard jeté sur un groupe de femmes réunies dans un coin du salon, un moment abandonnant l'Afrique et Stanley, il s'est écrié : « Dans le mariage, n'est-ce pas ? on accouple des femmes ayant dix ans de moins que les maris, qui arrivent déjà un peu usés au mariage et le sont à peu près tout à fait, quand la femme a acquis toute sa vitalité, toute sa richesse de besoins et de désirs... C'est l'histoire d'une dizaine de ménages que je pratique... Eh bien, ça devrait être tout le contraire : dans le mariage, pour que le ménage soit heureux, il faudrait que la femme eût dix ans de plus que le mari... Et à ce sujet, remarquez que le bonheur tranquille de certains ménages d'hommes encore jeunes, qui ont épousé des *touffiasses* plus vieilles qu'eux, ça tient à ce qu'elles ont dépensé leur vitalité et qu'elles se trouvent au même degré d'assouvissement et de l'*éteignement* de la chair que leurs maris. »

---

1. Texte Ms. au début de la phrase : *Puis au moment de quelques minutes...*
2. Daudet doit lire la traduction de IN DARKEST CONTINENT, publiée en 1890, d'abord d'après une adaptation de Scott Keltie, LA DÉLIVRANCE D'ÉMIN-PACHA (janvier), puis en traduction intégrale sous le titre de DANS LES TÉNÈBRES DE L'AFRIQUE (juin). C'est le récit du voyage de Stanley au Soudan égyptien, d'où il a ramené en 1888 le gouverneur Émin-Pacha, isolé depuis 1883 par la révolte mahdiste. Cette expédition inspira d'autant plus d'intérêt que ce fut la dernière de Stanley qui se fixe en Angleterre et se marie en 1890. Il séjournera quelque temps à Paris en avril 1890.

Samedi 18 janvier

Un après-midi passé devant les tableaux anglais de Groult, devant ces toiles génératrices de toute la peinture française de 1830, ces toiles qui renferment une lumière si laiteusement cristallisée, ces toiles aux jaunes transparences semblables aux transparences des couches superposées d'une pierre de talc. Oh ! Constable, le grand, le grandissime maître !... Il y a parmi ces toiles, un Turner : un lac d'un bleuâtre éthéré, aux contours indéfinis, un lac lointain, sous un coup de jour électrique, tout au bout de terrains fauves. Nom de Dieu ! ça vous fait mépriser l'originalité de Monet et des autres originaux de son espèce !

Pendant que défilait à Passy un convoi suivi d'un peloton de femmes noires en larmes, deux crieurs avinés criaient, avec des gaîtés de pochards, une chanson de café-concert intitulée : « *L'influenza, tout le monde l'a* [1] ! »

Dimanche 19 janvier

Aujourd'hui, après de longs mois de complète disparition, apparaît Villedeuil, tenant amoureusement par la main sa petite fille et dont la barbe devenue toute blanche lui donne un air patriarcal... Le voyant ainsi, mon souvenir n'a pu s'empêcher d'évoquer le Villedeuil à la barbe noire des soupers de la Maison d'Or.

A peine entré, marchant d'un bout à l'autre du *Grenier*, avec les petits rires à la fois pouffants et étouffés qui lui sont particuliers, il s'est mis à railler spirituellement l'erreur des gens qui veulent voir dans les Rothschild et les banquiers de l'heure présente, des réactionnaires, des conservateurs à outrance, établissant très nettement que tous, même y compris les Rothschild, ne détestent pas tant que ça la République, se trouvant, en l'absence d'empereurs et de rois dans un pays, les vrais souverains et rencontrant dans les ministres actuels, ainsi que les Rothschild l'ont rencontré chez Yves Guyot, par le seul fait de la vénération du capital chez un homme à la jeunesse besogneuse, rencontrant des condescendances qu'ils n'ont jamais obtenues de gens faits au prestige de la pièce de cent sous.

Mercredi 22 janvier

Cette vaisselle plate, ces assiettes d'argent au fond desquelles miroitent les lumières des lampes, c'est insupportable aux yeux fatigués.

L'amabilité de l'académicien Mézières, cette amabilité à jet continu à l'égard de tous et qui ressemble pas mal aux distributions de victuailles au peuple dans les anciennes réjouissances publiques, faisait dire à Mme Strauss que cette amabilité, elle, la mettait en veine de *butorderie*.

---

1. Sur l'épidémie d'*influenza*, cf. plus haut p. 370, n. 2.

Oraison funèbre à deux voix de l'homme insupportable qui s'appelait Eugène Piot [1].

YRIARTE. — Ah ! il m'aurait racheté cher la correspondance qu'il a eue avec moi ! Il y a une lettre où il demande à être directeur du musée du Louvre, une lettre extraordinaire... Puis il y a les lettres, quand il a découvert à Florence les fameuses quatre nielles et que l'année suivante, il retrouvait dans un autre carton, chez le même marchand, les deux autres, ce qui faisait la série complète, et qu'il commençait par ne pas vouloir payer ces deux autres,... et enfin obtenait de les emporter en disant qu'il enverrait l'argent de Paris. Ce que ledit Piot n'ayant pas fait, le marchand avait fait nommer une commission rogatoire et le poursuivait, s'il vous plaît, comme *truffatore*, c'est-à-dire comme escroc... Eh bien, moi, qui ai été l'arrangeur, le conciliateur, pendant une de ses absences, il n'a jamais eu pour moi, vous entendez, un mot de remerciement, un mot de rappel de la chose !

DREYFUS. — Moi, je me suis trouvé avec lui à Venise, quelque temps après la Commune, et j'ai assisté à un achat qu'il a fait d'une vingtaine d'objets, moyennant 12 000 francs — 12 000 francs en or, je me rappelle, qu'il avait sur lui —, une vingtaine d'objets dont il a fait plus de 100 000 francs... Dans cet achat, il y avait deux petits vases de Sèvres, qu'il me disait à eux seuls valoir 25 000 francs, en se lamentant un peu sur la difficulté du placement de ces deux vases à Paris, quelques semaines après la Commune.

Écoutez la suite de l'histoire de ces deux vases. Un jour, je montais chez lui, au moment où Mannheim allait en sortir, et je l'entendais lui dire : « Je ne connais qu'une chose : quand on charge quelqu'un de proposer à un acquéreur un objet moyennant 50 000, on doit livrer cet objet, si on est un honnête homme ! ... Vous vous refusez à livrer ? Eh bien, je ne veux plus vous connaître ! » Piot lui offrait une commission de cinq cents francs pour le défâcher, mais Mannheim ne daignait pas l'écouter et partait colère. Mannheim parti, Piot me confessait, sur un ton piteux, qu'en effet, il avait chargé Mannheim de vendre ces vases 50 000 francs à Edmond Rothschild, mais que sur ces entrefaites, Gustave lui en avait offert 60 000 francs et qu'il n'avait pu résister. »

Je rangeais mes lettres de l'année dernière et parmi les lettres admiratives d'enthousiastes de ma littérature, celle qui certainement

1. Eugène Piot, après une jeunesse de dandy, s'était voué à l'éducation des collectionneurs en publiant entre 1842 et 1846, puis en 1861 et 1862 LE CABINET DE L'AMATEUR. Il se constitua une riche collection, périodiquement renouvelée par ses ventes et par ses voyages de prospection à l'étranger. C'est dans un de ces voyages qu'il entraîna Gautier en Espagne en 1840, en faisant luire à ses yeux l'espoir d'une fructueuse *razzia* d'objets d'art. Il venait de mourir le 18 janvier 1890, en léguant au Louvre 8 objets d'art de la Renaissance italienne et à l'Académie des Inscriptions le produit de la vente de sa collection. Celle-ci comprenait en particulier quelques spécimens « splendides du travail du métal en Orient », parmi lesquels doivent sans doute figurer les *nielles* dont il va être question et qui sont des produits d'orfèvrerie obtenus en coulant un émail noir dans les creux d'un métal gravé.

m'a le plus touché est la naïve lettre en mauvais français d'un jeune peintre hollandais qui commence ainsi : « Permettez-moi de me présenter. Je m'appelle Jean Verhade et je suis le cadet d'un jumeau. Je deviens peintre et mon frère est chef dans la biscuiterie de mon père... »

Puis il me raconte qu'après deux années d'études à l'École des Beaux-Arts, à Amsterdam, il est installé dans un atelier à Hattem, petite ville, près de Zwolle, où il travaille de neuf heures du matin jusqu'à neuf heures du soir, heure à laquelle son beau-frère qui a un grand talent, vient lui dire ce qu'il y a de bon ou de mauvais dans son étude, après quoi il se met à lire sur son divan du JOURNAL DES GONCOURT.

Et il me parle du bonheur qu'il a eu de lire mes romans, « toutefois, ajoute-t-il, autant qu'il est permis d'avoir du bonheur, avec le malheur et la souffrance d'autrui ». Il a lu GERMINIE LACERTEUX, ce livre si triste qu'il n'a pas le courage de le relire. Puis il l'a lu à la campagne, un été qu'il y faisait du paysage, et il fait à propos du livre cette délicate observation qu'il y a des livres qu'il faut lire à la ville, près du feu, quand la famille est couchée... Enfin en sa langue tudesque, le fin dégustateur de littérature avance que, quoi qu'il ait une connaissance imparfaite de la littérature française, il a l'*impertinence* de croire qu'il jouit plus de mes livres que beaucoup de Français, et que, quand je parle du bonheur de la lumière sur les feuilles, cette gloire de l'été dans les arbres, il sent son cœur battre plus vite, et termine en disant qu'il a lu RISLER ET FROMONT, SAPHO, la série des ROUGON, les SŒURS VATARD, mais que jamais il n'a joui tant qu'avec MANETTE SALOMON et mon JOURNAL.

Jeudi 23 janvier

Une tempête de deux jours. Ce matin, avant déjeuner, je regarde au fond du jardin, et je ne vois plus mon grand arbre tout habillé de lierre, cet arbre qui faisait si bien et que je me réjouissais de faire photographier au moment de la floraison des rosiers qui sont à ses pieds. Il est à bas, à moitié chez le voisin, dont il a écrasé la grille.

Vendredi 24 janvier

Aujourd'hui, Ganderax vient déjeuner avec sa femme. La conversation tombe sur de Bonnières. On cherche à le définir : « Tenez, un peintre, sans talent, mais qui a quelquefois des comparaisons cocasses, me disait de l'homme : "De Bonnières, il me fait l'effet d'un torpilleur qui, sous l'eau, est entre deux bâtiments et reste indécis sur celui qu'il veut couler." »

Il ajoutait : « Mais le voici peint par lui-même. Je me trouvais dans une société où l'on bêchait fort Delpit, qui a ses défauts que je connais aussi bien qu'un autre, mais qui a ses qualités... Et comme on parlait de son besoin de réclames et que je racontais à de Bonnières qu'à propos d'une de ses pièces que tout le monde avait crue un succès et qui avait eu une dégringolade épouvantable au bout d'une quinzaine, il m'avait averti de la chose pour que je ne fasse pas un article trop chaud l'avant-veille du retrait de sa pièce... A cela, savez-vous ce que me répondait de Bonnières ?... Eh bien, ceci : « Laissez donc, il n'ignorait pas ce qu'il faisait, il vous connaissait, il savait que vous étiez *un ami plus sûr que moi* ! »

Et l'on cause enfants et de la préoccupation de l'argent chez les marmots des années présentes.

Le vieux Got a fait, à ce qu'il paraît, un enfant à une de ses élèves et ce produit, qui a cinq ou six ans, a été invité à passer une journée avec la petite fille de Réjane. Et voici le dialogue de ces deux enfants, qui ont des voix de ventriloques :

LE PETIT GOT. — Si tu veux me laisser jouer avec tous tes joujoux, comme s'ils étaient à moi, tu seras ma petite femme... (*Puis, au bout de quelques instants de réflexion* :) Mais tu sais, mon papa gagne beaucoup d'argent !

LA PETITE RÉJANE. — Ma maman aussi !

LE PETIT GOT. — Oui,... mais mon papa n'en dépense pas !

Samedi 25 janvier

Au fond la femme, et la femme la plus intelligente du monde, n'a pas plus d'idées à elle que les enfants intelligents : elle n'est que le gracieux perroquet des imaginations, des pensées, des paroles de l'homme, et le joli petit singe de ses goûts et de ses manies.

Dimanche 26 janvier

Un cocasse affamé de réclame que l'éditeur Havard. Toudouze racontait aujourd'hui qu'au moment de la publication d'un de ses livres, il lui avait insinué qu'il serait bon qu'il se laissât assommer par un assommeur qu'il lui trouverait, mais qu'une petite blessure était de toute nécessité, pour qu'il pût faire annoncer que l'auteur du livre avait été l'objet d'une vengeance particulière de la part d'un quidam qui s'était reconnu dans le livre. Et Toudouze ayant décliné la réclame, il n'avait pas été sans crainte pendant quelques jours que l'éditeur ne donnât suite à son imagination de publicité, tant il avait l'air d'y tenir.

Hennique, qui a dîné jeudi dernier chez Zola, nous fait rire avec son épatant faux mobilier moyenâgeux, Renaissance... Le lit de l'auteur de l'ASSOMMOIR serait défendu par une grille en fer forgé. Enfin, c'est un mobilier qui a fait dire à Hennique : « Chouette, chouette, voilà mon décor de L'AMOUR, au troisième acte [1] ! »

1. Sur L'AMOUR de Léon Hennique, drame en 3 parties et 4 tableaux, joué à l'Odéon le 6 mars 1890, cf. plus haut p. 371, n. 1.

Tissot, cet être complexe, mâtiné de mysticisme et de roublardise, cet intelligent laborieux en dépit de son crâne inintelligent et de ses yeux de merlan cuit, ce passionné, trouvant tous les deux ou trois ans un nouvel *appassionnement*, avec lequel il contracte un nouveau petit bail de sa vie, Tissot nous racontait, ce soir, chez Daudet, qu'il avait été au moment d'acheter 7 000 francs une petite montagne près de Jérusalem et d'y bâtir un atelier où il aurait imprimé et gravé son livre, un atelier qui, disait-il, serait devenu un atelier d'art religieux en même temps qu'une colonie française, faisant revivre l'influence de notre pays dans les Lieux Saints [1].

Et l'on parle du costume des peuples antiques, du drapement de leurs corps dans des morceaux d'étoffe carrés, sans coupe appropriée à la forme des membres et, pour ainsi dire, sans attaches, l'apparition du bouton n'ayant eu lieu que dans des vêtements non drapés, dans les vestes des Perses et des Mèdes. A ce sujet, il raconte qu'à Port-Saïd, il a vu, caché, la toilette d'une colonie de femmes indiennes, embarquées pour je ne sais où et dont l'adhésion des vêtements au corps, obtenue comme au moyen d'épingles, était faite absolument par l'art du drapé ; et cet art de fermeture sans épingles, sans boutons, sans nœuds de cordons, s'étend jusqu'aux pantalons des hommes, ces pantalons tout simplement drapés, que le prince Louis retrouvait encore au Japon.

Là-dessus, Tissot déplore un grand charme que Jérusalem est en train de perdre : elle était bâtie d'une pierre rose, qui la faisait paraître couleur de chair, et cette pierre est remplacée à l'heure présente par de la brique et de la tuile de Marseille d'une horrible couleur rouge de Saturne, rouge vilainement orangé.

Un moment, il est question de la personnalité du talent et de la répulsion que cette personnalité rencontre chez les imbéciles... A ce propos, Daudet raconte ceci. Belot lui parlait d'un certain dîner Dentu, dont faisaient partie Du Boisgobey, Élie Berthet, etc., lui disant qu'il entendrait des choses qui pourraient lui servir, et le poussait vivement à en faire partie [2]. Au bout de quelque temps, rencontrant Belot, le souvenir du dîner Dentu se réveillait chez lui et Belot, à sa demande s'il en était, lui répondait : « Tu as été *retoqué*, on t'a trouvé un talent trop personnel ! »

Mardi 28 janvier

Aujourd'hui, Burty vient pour ce déjeuner qu'il m'a demandé, et il arrive de bonne heure, comme à un rendez-vous désiré et depuis

---

1. Tissot avait entrepris une VIE DE N.S. JÉSUS-CHRIST, 365 *compositions d'après les quatre Évangiles, avec des notes et des dessins explicatifs* : c'est un choix de versets dont les illustrations cherchent à faire revivre avec une précision pittoresque le drame évangélique dans la réalité actuelle de l'Orient méditerranéen, sites et costumes. L'œuvre paraîtra en 2 volumes *in-folio* à Tours, chez Mame, en 1896-1897.

2. Ce dîner Dentu est le fameux dîner des Gens de Lettres (v. l'*Index*), fondé par le baron Taylor et, après la mort de celui-ci en 1879, présidé par l'éditeur Dentu.

longtemps attendu. Il va mieux, merveilleusement mieux ; mais au fond, il a une pauvre figure ruinée, avec, dessus, des rougeurs et des pâleurs d'un sang bien appauvri. A ma demande s'il travaille, il hésite d'abord, puis me dit que oui, qu'il travaille au lit, les longues heures qu'il ne dort pas, ajoutant bientôt que malheureusement, le matin, très souvent les *mots à couleur*, les *sonorités* qu'il a trouvées — ce sont ses expressions —, n'existent plus, c'est délavé, éteint...

La conversation va au Japon, aux impressions, aux images obscènes, qu'il me dit ne plus venir en Europe, parce qu'au moment où le pays a été ouvert aux étrangers, ils ont acheté ces images avec des moqueries et des mépris publics pour la salauderie des Japonais et que le gouvernement a été blessé, a fait rechercher ces images et les a fait brûler. Maintenant, ces images ne seraient pas, comme on l'a cru jusqu'ici, des images à l'usage des maisons de prostitution. Elles seraient destinées à faire l'éducation des sens des jeunes mariées ; et dans un volume illustré par la fille d'Hokousaï, racontant le mariage et ses épisodes, on voit, roulée près du lit des jeunes époux, une série de *makimonos*, qui doivent être une collection de ces images [1]. Il y a quelques années, Nieuwerkerke me parlait d'une série de tableaux érotiques qui avaient eu pour but d'allumer les sens du roi Louis XV, lors de son mariage, tableaux que j'avais déjà trouvés signalés par Soulavie [2].

Puis nous parlons de l'affaire Gouffé et du plaisir d'heureux chasseurs qu'ont dû avoir les policiers dans cette poursuite et cette découverte du criminel, et il me dit l'espèce de respect de leur état qu'ont ces gens, m'affirmant que dans l'affaire Germiny, deux fois il avait été pris et deux fois n'avait pas été poursuivi [3]. Cela avait mis chez les agents une certaine application irritée à le *repincer* et qu'enfin, à la troisième fois, comme on voulait encore une fois le soustraire aux poursuites, les agents se refusèrent à retirer leurs rapports, et dix mille francs ayant été offerts à chacun des trois agents, deux se montrèrent *inachetables*. Et comme nous parlions de l'étrange charme que des hommes comme Germiny peuvent trouver dans le danger d'être surpris, il me contait — est-ce la première fois ? — l'histoire de ce monsieur qui se faisait branler par une femme avec le bout de son ombrelle, en pleine rue de la Paix, devant l'étalage d'un bijoutier.

Je l'emmène voir mon buste de Lenoir, et en revenant, il remonte

---

1. Cf. HOKOUSAÏ, p. 210 : Oyei, une des deux filles nées du second mariage de l'artiste, épousa le peintre Tômei, divorça, vécut avec son père durant les dernières années d'Hokousaï et illustra ONNA TCHÔHÔKI, « un livre d'éducation pour la femme, qui traite de la civilité ».

Le *makimono* est un « rouleau de peinture qui, contrairement au *kakemono*, se déroule dans sa largeur et contient un certain nombre de motifs » (*ibid.*, p. 241, n. 1).

2. Cf. t. I, p. 800 où une allusion à ces tableaux initiateurs, dus à Boucher, comporte une référence vague à Thoré, de même que le passage similaire du BOUCHER, dans L'ART DU XVIIIe SIÈCLE (t. I, p. 224).

3. Pour l'affaire Germiny, cf. t. II, p. 746, n. 1. — Dans l'affaire Gouffé, on venait d'arrêter le 24 janvier Gabrielle Bompard, la complice de Michel Eyraud, assassin de l'huissier Gouffé, qu'ils avaient tué à Paris, pour le voler, le 29 juillet 1889.

chez moi ; et je sens qu'il a toutes les peines à s'en aller, pris d'un bonheur presque enfantin à se retrouver, à causer avec moi. Et je dois le dire, j'éprouve une espèce de *revenez-y* d'amitié, pour l'homme redevenu affectueux comme aux premiers jours de notre liaison. Enfin il se lève avec effort de son fauteuil et, passant la porte, me jette d'une voix câline : « Vous m'inviterez une autre fois encore, hein ? »

Mercredi 29 janvier

Ce matin, Poictevin entre chez moi, me jetant de la porte : « Hier, Huysmans me disait en dînant : "Zola voit les choses avec un télescope, Daudet avec un microscope, l'un en grand, l'autre en petit : il n'y a que Goncourt qui donne l'impression de la grandeur juste..." »

Puis s'exaltant je ne sais à propos de quoi, voici mon pauvre fou éreintant le Midi, Menton, le soleil, ce *globe de feu imbécile*, et criant par la chambre qu'il n'est sensible qu'aux crépuscules, qu'aux étoiles de la nuit, aux blancheurs argentées du matin, à toutes les choses de pénombre que n'a pas chantées Flaubert, qui était un sanguin, un *Molochien*, et dont la TENTATION DE SAINT-ANTOINE n'est plus pour lui le livre admiré d'autrefois [1]... Et il revient à son ambition de toutes les visites, à son ambition que je parle de lui dans mon JOURNAL, me demandant avec de pauvres et désarmantes implorations que ce ne soit pas sous une forme moqueuse. Et vraiment, ce serait bien impitoyable de ma part pour ce pauvre *énamouré de littérature*, de ma part, moi qu'il fleurit de Menton et de Paris comme une jolie femme !

Jeudi 30 janvier

Geffroy m'a demandé à voir mon buste. Je l'invite à déjeuner et l'emmène chez Lenoir. Non, je n'ai jamais vu un critique se montrer si féroce à l'endroit d'un artiste par ses réticences, par l'aumône avare de ses compliments, par l'ennui de sa personne et la désespérance de son dos dans l'atelier du pauvre diable qui le reçoit. Ah ! ce garçon est un bien singulier particulier, avec son admiration exclusive pour Rodin et pour Monet, sans qu'il lui reste absolument rien pour les autres. Il n'a même plus au fond de lui la moindre chaleur d'âme pour les œuvres littéraires, lui qui n'est rien qu'un homme de lettres et n'a jamais touché, pendant toute son enfance et sa jeunesse, à une chose avec laquelle on fait un dessin ou une apparence de dessin.

En regardant la gueule de tous ces aboyeurs criant le PATER de Coppée, sur toute la ligne du Boulevard, malgré moi, je pensais que le meilleur crieur serait l'académicien lui-même avec sa bouche égueulée de voyou [2].

---

1. Flaubert *Molochien*, cela fait allusion à SALAMMBÔ et au culte solaire de Moloch à Carthage. Cf. t. I, p. 636, n. 2.

2. LE PATER est un drame en vers, en un acte, de Coppée que Lemerre venait d'éditer à la fin de janvier.

Ce soir, je dîne avec les Lafontaine chez Daudet et la voix de Victoria Lafontaine, demeurée toute jeunette, restée la voix fraîchement musicale de la fillette honnête, par instants, me donne une singulière hallucination. Ne prêtant pas l'attention à ses paroles, j'ai deux ou trois fois la sensation de l'entendre rejouer HENRIETTE MARÉCHAL.

Daudet me dit à un moment de la soirée où je suis assis à côté de lui : « Je crois décidément avoir trouvé la formule. Le livre, c'est pour l'individu, le théâtre, c'est pour la foule ; et à la suite de cette formule, vous voyez d'ici les déductions... »

Vendredi 31 janvier

Je m'amuse — je crois l'avoir déjà écrit — à faire une collection de menus objets d'art de la vie privée du XVIIIe siècle, et d'objets spécialement à l'usage de la femme. Parmi ceux-ci, les montres, ces petits chefs-d'œuvre d'art industriel, avec les délicates imaginations de leur riche décor, sont parmi les bibelots que j'aime le mieux. Et les regardant aujourd'hui, et les voyant, l'une arrêtée à six heures et quart, une autre à neuf heures, une autre à midi et demie, ces heures m'intriguent : je me demande si ces heures sont des heures tragiques dans la vie de celles qui les ont possédées et si elles racontent un peu de la malheureuse histoire intime de ces femmes.

Les ironies féroces de la vie. Il a fallu que ce peintre inconnu et bien certainement sans talent qui peint, de la grandeur d'une maison, une SAINT-BARTHÉLEMY pour des expositions foraines en Amérique, il a fallu qu'il vînt s'établir en face de moi, en compagnie de ces deux molosses éternellement aboyant et, la nuit, m'empêchant de dormir et, le jour, m'arrêtant dans l'écriture que je jette sur le papier.

Samedi 1er février

Un après-midi passé avec les Daudet chez Tissot.

A notre entrée, le bruit terrestrement céleste d'un orgue-mélodium dont joue l'artiste ; et pendant qu'il vient à notre rencontre, les regards soudainement attirés par un trou illuminé, devant lequel est une aquarelle commencée, un trou fait dans l'ouverture d'une étoffe, jouant la toile levée d'un théâtre d'enfant et dans lequel se voit, figurée par de petites maquettes, une scène de la Passion, éclairée par une lumière semblable aux lueurs rougeoyantes éclairant un Saint-Sépulcre, le soir du Vendredi-Saint.

Puis aussitôt commence le défilé des cent vingt-cinq gouaches, dont Tissot fait le boniment à voix basse, comme on parle dans une église, avec parfois, détonnant dans sa parole religieuse, des mots d'argot parisien, disant d'une étude de la Madeleine encore pécheresse : « Vous voyez, elle est un peu *vannée* ! »

Des dessins très exacts, très rigoureux, donnant le cailloutage de ce pays de montagne, le piétinement des terrains par les troupeaux de moutons, la verdure émeraude de l'herbe au printemps, le dessèchement violacé des fonds de torrent, les silhouettes de candélabres des grands oliviers. Il y a de jolies colorations d'intérieurs aux grandes baies de verre, aux petits châssis de plomb, entre autres un intérieur d'Hérode avec sa femme. Un dessin d'un grand caractère est l'interprétation de la parole : *Vous suivrez un homme qui porte une cruche* — un homme à la robe jaune, gravissant au jour tombant la montée, qui contourne le rempart, et qu'en bas du dessin un apôtre désigne à un autre apôtre [1].

Il est des dessins d'apparitions dans de curieuses *gloires* fantastiques, dans des *gloires* qui ne pouvaient être entrevues que par un spirite faisant de la peinture.

Mais les beaux, les touchants, les remuants dessins, ce sont les dessins du crucifiement, dessins très nombreux, donnant presque heure par heure l'agonie du Christ et montrant sous le corps du crucifié, au haut du Golgotha, les affaissements des Saintes Femmes et l'étreinte amoureuse des bras de la Madeleine autour du bois de la croix.

Et à mesure que le drame se déroule, Tissot s'animant, s'exaltant et toujours parlant avec une voix plus basse, plus profonde, plus religieusement murmurante, prête aux choses représentées des sentiments, des idées, des exclamations, qui feraient une glose curieuse à joindre aux Évangiles apocryphes.

Incontestablement, cette représentation de la vie de Jésus en plus de cent tableaux, cette représentation où se mêle à une habile retrouvaille de la réalité des milieux, des localités, des races, des costumes, le mysticisme du peintre, produit à la longue, par le nombre, un grand apitoiement et même fait monter en vous une tristesse au souvenir de ce Juste, une tristesse qu'aucun livre ne vous apporte.

Nous montons un moment, avec Mme Daudet, voir l'arrangement de l'intérieur du haut qu'il a bâti, quand il a cru se marier avec Mlle Riesener. C'est très joliment arrangé dans le goût anglais, dans des compartiments de bois aux murs, en fenêtres garnies de lierre. Et dans le crépuscule, se refusant à chercher des allumettes, avec une voix qui se fait tout à fait mystérieuse et des yeux vagues, il nous montre une boule en cristal de roche et un plateau d'émail, qui servent à des évocations, où l'on entend, assure-t-il, des voix qui se disputent. Il tire d'une commode des cahiers, où il nous montre des pages entières, contenant l'historique de ces évocations, et nous montre enfin un tableau représentant une femme aux mains lumineuses, qu'il dit être venue l'embrasser et dont il a senti sur sa joue ses lèvres, des lèvres pareilles à des lèvres de feu.

Mme Daudet écoute cela avec curiosité, pendant que moi, qui ai

---

1. Voir plus haut p. 378, n. 1 sur cette VIE DE N.S. JÉSUS-CHRIST conçue et illustrée par James Tissot. Le passage concernant Hérode, c'est, dans MATTH., XIV, 3-12, l'épisode d'Hérodiade faisant demander à Hérode par sa fille Salomé la tête de Jean-Baptiste. L'*homme qui porte une cruche* se trouve dans MARC, XIV, 13 ou LUC, XXII, 10 : avant la dernière Cène, Jésus envoie deux des disciples préparer la Pâque dans la maison, quelle qu'elle soit, où entrera l'homme chargé d'une cruche, qu'ils rencontreront sur leur chemin.

horreur et peur de ces conversations *charentonnaises*, je la tire par sa manche pour la faire redescendre, comme un enfant qui en a assez du monsieur chez lequel sa mère l'a mené en visite.

Dimanche 2 février

Rosny, qui va publier LE TERMITE, disait aujourd'hui sur un ton mélancolique, un ton où passaient les entrailles du père pour sa progéniture, pour les quatre petites bouches qu'il faut remplir : « Oh, je ne suis pas exigeant ! je voudrais me vendre à 3 000, ça me satisferait, ça arrangerait les choses, et puis ce serait un progrès... J'ai vendu MARC FANE à peu près à 1 600, et je ne voudrais pas baisser. »

Céard a groupé autour de lui une cour de petits jeunes gens, qui parlent, sur des notes *épouffées*, de se *gargariser avec des crépuscules*, des *précieux ridicules* grotesques, dont Léon, avec son talent d'imitation, faisait aujourd'hui une parodie cruelle.

Il contait aussi que Céard avait, pour n'importe quoi dit par n'importe qui, un gros rire de campagne, qui était le procédé diplomatique avec lequel il conquérait toute cette jeunesse *gogo*.

Le petit Hugo, un peu poussé par Daudet, se serait décidé à raconter sa vie galante, dans un roman dont il aurait écrit deux chapitres que Daudet trouve très bien et qu'il se proposerait d'illustrer de quelques dessins des localités et de natures mortes, un petit livre tiré à 250 exemplaires [1]. « Ne pas mentir, être absolument vrai dans tout ce qu'il raconte ! » est la recommandation de Daudet, recommandation qu'il répète au jeune romancier, chaque fois qu'il le voit.

Lundi 3 février

Ce soir, la jeune Andrée Sichel confessait sa répulsion et son dégoût pour les danseurs et les valseurs sentant la flanelle échauffée, flanelle que tous ont pris l'habitude de porter en faisant leur service militaire et avec la mode des chemises à plastrons.

Mercredi 5 février

Cette idolâtrie de Geffroy de l'*artisterie* plastique me pousserait à faire un livre de réaction contre l'art et à dire que les religions iconoclastes doivent apporter un développement plus spiritualiste dans les cervelles... Puis enfin, je me demande si tous les chefs-d'œuvre des arts plastiques ne valent pas surtout par ce que nous littérateurs, nous leur prêtons de nos imaginations.

---

1. Le seul ouvrage de Georges Hugo mentionné au Catalogue de la B.N., en dehors de ses souvenirs sur son grand-père, c'est, en 1896, les SOUVENIRS D'UN MATELOT, qui ne correspondent nullement au sujet indiqué ici.

Jeudi 6 février

Ce matin, dans ma toilette du matin, presque dans mon déculottage, tombe Réjane, toute tourbillonnante dans une pelisse rose. Quelle vitalité, quelle alacrité il y a chez cette femme !

Je lui ai écrit à propos de la pièce de MONSIEUR BETSY de Paul Alexis, qu'elle se refuse à jouer, et au sujet d'une très jolie étude de sa personne, commencée par Tissot et qu'il va remonter au grenier, si elle ne vient pas poser. C'est une parole blagueuse, coupée de rires gamins et de remuements, qui ne peuvent tenir en place sur sa chaise. Et elle me dit qu'elle trouve bonne la pièce d'Alexis, mais son rôle détestable ; puis qu'il est question de jouer une seconde pièce de Meilhac, après LE DÉCORÉ, qu'elle est une nature franche, une femme de parole, et qu'elle ne veut pas répéter une pièce qu'après cinq ou six représentations, on arrêtera, laissant les auteurs le bec dans l'eau... Elle me parle ensuite du désir qu'elle a eu en avril de reprendre GERMINIE LACERTEUX, et peut-être de la jouer en Angleterre, où elle me dit qu'elle a un public à elle.

Descendant l'escalier : « Vous ne savez pas ? Figurez-vous qu'en venant chez vous, j'ai rencontré un auteur... Connaissez-vous Grenet-Dancourt ? C'est lui... Il m'a parlé d'une pièce pour moi, il l'avait sur lui, je l'ai fait monter dans ma voiture... Bref, il m'a lu son premier acte en chemin,... il y a bien eu à travers la lecture quelques cahots... Et tenez, le voilà qui m'attend, pour me lire le second en me reconduisant aux Variétés. » Et elle disparaît en pouffant de rire.

Ce soir, on causait livres de prédilection, et Daudet disait que dans les bibliothèques, il devait y avoir des complots entre eux pour vous faire lire celui-ci plutôt que celui-là, à l'instar de la carte forcée, pour vous empêcher de lire celui-là et même pour vous dégoûter de tel autre, votre livre favori et de chevet, et il expliquait ainsi son lâchage de Montaigne, et son envoûtement actuel de Diderot.

Porel, qui engraisse comme Napoléon, en la tourmente de sa vie, dans une petite visite qu'il nous fait, nous dit que les théâtres sont destinés à périr par la cherté des loyers et qu'il faudrait maintenant plusieurs millions pour ouvrir un théâtre dans un quartier vraiment central.

Une idée que caresse ce soir Daudet avec de jolies paroles, pensant sans le dire à la paralysie complète de ses jambes, et avec la réminiscence souriante du Bareith de Goethe, des petites villes littéraires allemandes du XVIIIe siècle, c'est la fondation d'une revue, qui s'appellerait la REVUE DE CHAMPROSAY, qui, dit-il, accorderait à son égoïsme d'avoir sa maladie entourée d'intelligences et permettrait d'imprimer toutes vives nos hautes conversations, les coudes sur la table, nos hautes et indépendantes conversations philosophiques, littéraires, artistiques [1].

---

1. Confusion probable, dans cette phrase, entre le Bayreuth de Wagner (on disait jadis Bareuth ou Bareith) et le Weimar de Goethe : le 4 janvier 1891, toujours à propos de cette REVUE DE CHAMPROSAY, qui ne verra jamais le jour, Daudet rappellera « l'action de Goethe à Weimar ».

Dimanche 9 février

Catulle Mendès expliquant à Jean Jullien qu'il était un Juif, mais un Juif qui n'était pas comme les autres, un Juif portugais, descendu des Juifs qui s'étaient retirés lors du crucifiement du Christ : « Oui, repartit Jean Jullien, oui, de ces Juifs qui s'étaient retirés pour mettre l'affaire en actions ! »

Je viens de lire à fond LE TERMITE de Rosny. Lui, nom de Dieu ! qui a la pensée métaphysique, la pensée obscure, il l'habille, cette pensée, d'un style décadent, d'un style aussi incompréhensible que celui de Francis Poictevin. Nom de Dieu ! moi qui avais placé des espérances, de grandes espérances sur ce talent...

Aujourd'hui, j'ai donné l'idée à Ajalbert de faire une pièce de LA FILLE ÉLISA dans ces conditions [1].

Pas la plus petite scène de maison de prostitution. Un premier acte qui est tout bonnement, dans le cimetière abandonné du bois de Boulogne, l'assassinat du lignard par la fille. Et le lignard doit être un Dumanet ingénu et mystique, pour la composition duquel je lui recommande de se remettre sous les yeux le jeu et la physionomie du jeune acteur Burguet dans la LUTTE POUR LA VIE [2].

Le second acte, qui est le clou de la pièce et dont la connaissance qu'il a du Palais m'a amené à m'adresser à lui, Ajalbert, littérateur avocat, commence au moment où le président dit : « Maître Un Tel, vous avez la parole. » C'est donc une plaidoirie et une défense qu'est toute l'exposition de la vie de la femme — et ceci est pour moi une trouvaille très originale. Puis la condamnation à mort, comme elle l'est à peu près dans mon livre.

Le troisième acte est à chercher dans la prison pénitentiaire, mais sans la mort ; je le verrais volontiers avec cette fin : la femme montée sur un tabouret, et atteignant le paquet de ses vêtements de sa vie libre, et lisant les deux dates de son entrée et de sa sortie, de sa sortie qui est dans un lointain où elle sent qu'elle n'existera plus [3].

Lundi 10 février

On prête à Carnot ce mot dit par lui, la veille de son élection : « Vous verrez que demain, ce sera une nullité qui sortira. »

---

1. Cf. t. III, p. 164, n. 1.
2. D'après l'édition *Ne varietur*, quand LA LUTTE POUR LA VIE de Daudet fut créée au Gymnase le 30 octobre 1889, Burguet interprétait Antonin Caussade, « chef de laboratoire, 25 ans » : c'est l'honnête orphelin, protégé par le père Vaillant et fiancé malheureux de Lydie Vaillant.
3. LA FILLE ÉLISA d'Ajalbert (Théâtre-Libre, 24 déc. 1890) se conformera au schéma indiqué ici, si ce n'est que le dénouement respectera mieux la donnée du roman. Élisa, étant prisonnière à vie, ne peut songer à regarder la date de sa sortie ; elle est en train de lire les étiquettes des paquets d'autres détenues ; elle fait le compte des années qui leur restent à *tirer*, elle s'embrouille et s'arrête à cette réflexion qui lui vient et qui est le mot de la fin : « Pour moi, il n'y a plus d'années, c'est toujours, toujours, toujours. » (acte III, sc. 9.)

Mercredi 12 février

Delzant me raconte que Mme Sandeau lui a laissé en mourant tous les papiers de son mari et que parmi ces papiers, il y a une lettre que Mme Sandeau portait toujours sur son cœur et qu'elle montrait de temps en temps à son mari, comme un reproche et une revanche de ses amours passées. C'était une lettre écrite par Mme Sand, pendant qu'elle était la maîtresse de Sandeau, écrite à un interne de l'hôpital, où la mère se combinait avec l'amante et où *Mon cher enfant* venait au milieu des expressions les plus passionnées, les plus libres, les plus allusives à leur heureux coït [1].

Jeudi 13 février

Hier, à mon arrivée, Popelin m'avait entraîné dans le salon du thé et s'était plaint amèrement à moi de ce que Mme Daudet avait dit quelque part que Mlle Abbatucci avait des conversations révoltantes avec les hommes et que lui, Popelin, était un lâche de ne pas l'avoir épousée. Je lui réponds que ça ne vient pas de moi, que j'ai été toujours l'ami de Mlle Abbatucci et qu'au fond, je le suis resté ; que bien certainement, on a exagéré les paroles de Mme Daudet, mais qu'il doit tenir compte de ceci : c'est que Mme Daudet est pour les liaisons de cœur à perpétuité, mariages ou autres, et ensuite, que, dans tout dissentiment amoureux, elle attribue la culpabilité toujours à l'homme.

Pendant que nous causions, et avec le sérieux d'hommes qui causent de choses délicates et périlleuses, la princesse est tombée sur nous et nous a demandé de quoi nous causions : « De rien », a laissé tomber Popelin.

On a annoncé le dîner, et au moment où l'on passait à table, la princesse m'a jeté :« Goncourt, venez à côté de moi ! » Puis presque aussitôt : « Vous causiez de moi ? — Non, princesse. — Je vous dis que vous causiez de moi ! — Non, non ! » Et l'interrogatoire revient à tous les services. Enfin, à la fin, je ne peux me retenir de lui dire : « Princesse, je vais vous dire la vérité. Nous causions de Mme Daudet qui, dans une discussion à votre sujet, a pris très vivement votre défense et a maltraité de paroles Mlle Abbatucci. » Popelin s'était placé près de moi ; et dans mon impatience des éternels *potins* de la maison et des colères à froid de cet imbécile contre tout le monde, je prononçai ma phrase assez haut pour qu'il l'entendît. Mais de sa mauvaise oreille qu'il avait de mon côté, il ne m'entendit pas ; et quand, en sortant de table, la princesse l'interrogea encore sur ce que nous disions, il lui répondit que nous parlions de Burty.

---

1. L'épisode se situe après le moment où George Sand rejoint Sandeau à Paris et avant la rupture, donc entre janvier 1831 et le début de 1833. L'*interne de l'hôpital* peut être Émile Regnault, un Sancerrois ami de Sandeau et étudiant en médecine. Il soigne avec dévouement Sand, frappée de congestion cérébrale à la fin de 1831. On le cite avec Latouche et Planche, parmi ceux qui furent alors les plus intimes amis de George Sand.

Donc, comme il fallait s'y attendre, aujourd'hui, au petit matin, le cocher de la princesse est chez moi ; et c'est un rendez-vous qu'elle me demande, en un billet fiévreux, dans la journée, ou chez moi ou chez elle. J'y passe à six heures, et elle ne peut s'empêcher de trouver odieux qu'on vienne faire des scènes aux gens de sa société, dans son salon, à propos de celle qu'elle trouve s'être si mal conduite avec elle. Et c'est une heure de pleurs, de sanglots, mais sans volonté de rompre. Et au moment de m'en aller, comme elle me dit qu'elle gardera le secret de ma visite, je lui dis : « Vous savez, princesse, dans ce moment-ci, Popelin sait que je suis chez vous... Maintenant, qu'il le sache ou qu'il ne le sache pas, s'il m'interroge, je lui dirai que je vous ai vue. »

A la demande de son opinion sur Loti, demande qu'on faisait ce soir à Tissot, le peintre hiérosolomitain répondait : « Oh ! j'ai de la prétention contre lui... Pour moi, c'est une espèce de tare d'avoir été un *aimeur* de Sarah Bernhardt... Je me défie de la *facticité* de ces hommes, qu'ils s'appellent Champsaur, Lorrain ou Loti. »

Samedi 15 février

Aujourd'hui, l'éditeur Rothschild m'envoie un FRAGONARD fabriqué par le baron Portalis. Vraiment j'aurai rencontré dans ma vie une bande de barons détrousseurs, depuis ce baron de Portalis jusqu'à l'autre baron, de Saint-Amand. M'ont-ils pillé, volé, dépouillé, ces deux barons ! Encore le baron de Portalis me vole-t-il sans m'éreinter, tandis que l'autre, c'est le démarqueur avec toutes les aggravations de la malhonnêteté et de la canaillerie.

Dimanche 16 février

Ce pauvre Rosny m'avoue aujourd'hui qu'il ne se vend pas, qu'en dépit des articles, le public ne veut pas mordre à son livre, qu'il va chercher quelque chose qui, pour le travail d'un jour, lui assure la vie matérielle des siens et que cela trouvé, il fera des livres tout à fait pour lui.

Léon Daudet, qui est venu me chercher pour dîner, dans le coupé qui nous emmène, m'entretient des folies du petit Hugo pour les femmes, de l'héritage d'érotisme qu'il tient de son grand-père et de son père, et des formidables dettes qu'il contracte, et des billets fantastiques qu'il signe après une bouteille de champagne, enfin du mangement prochain de sa fortune. A ce sujet, il me parle d'une *bande noire*, maintenant associée aux grandes cocottes et qui se compose d'hommes qui sont à la fois les hommes d'affaires de ces femmes et les prêteurs usuraires d'argent aux jeunes gens qui les entretiennent.

Ce soir, à mon entrée chez Daudet, après quelques mots vagues et distraits de bienvenue, comme s'il ne pouvait pas être maître d'un secret qu'il voudrait tenir enfermé, dans une sorte d'excitation fébrile, il se met à s'entrouvrir, pour ainsi dire, sur des scènes de théâtre qu'il serait en train de chercher, en des paroles enveloppées, et au bout desquelles il ne va pas entièrement, s'arrêtant comme s'il voulait reprendre ce qu'il a dit, puis ne pouvant pas se tenir, et reparlant et laissant entrer un peu plus de jour dans ses paroles. C'est une ébauche dramatique où, dans l'exposition voilée qu'il m'en fait, je reconnais l'amalgame de la folie du père de Drumont et la folie du père de Poictevin.

Je retrouve la scène de rupture de la fiancée de Drumont avec l'écrivain, cette scène où elle a la défense de lui dire pourquoi elle rompt avec lui et où, dans son innocence, elle a presque la croyance que les baisers fous qu'il lui a donnés un soir dans le jardin, c'est le commencement d'un petit accès de folie [1].

Puis, utilisant ce que je lui ai dit sur la mère de Poictevin et sur son précepteur, Daudet en a fait une scène très émotionnante, où la mère, ayant la connaissance que son fils est persuadé qu'il deviendrait fou comme son père, s'adresse à l'homme qui l'a élevé, à l'homme qui est son second père :

« Dites à mon fils qu'il n'est pas le fils d'un fou,... qu'il est le vôtre.

— Mais, Madame, c'est impossible que je lui dise une chose qui n'est pas !

— Voyons, ne m'avez-vous pas aimée ?

— Mais je ne l'ai jamais dit ! »

C'est là la scène, mais encore à l'état embryonnaire [2].

L'homme de lettres qui gagne le plus d'argent à Paris est nécessairement un Juif : c'est Halévy, qui fait ses éditions à ses frais chez Lévy, en lui abandonnant un droit ; et le redoutable Juif qu'est Lévy laisse entendre qu'en affaires, son coreligionnaire est encore bien autrement chien que lui !

Lundi 17 février

Une excentrique distinguée que cette comtesse Greffulhe : elle m'apparaît un peu comme la femelle du toqué qui se nomme Montesquiou-Fezensac [3]. On causait ce soir d'un buste de son torse en

---

1. Texte Ms. : *où elle a la défense de ne pas lui dire...*

2. L'OBSTACLE, pièce en 4 actes, sera créé au Gymnase le 27 déc. 1890. On y verra effectivement d'une part, le conseiller Castillan tenter de persuader à sa pupille, Madeleine de Rémondy, que son fiancé, Didier d'Alein, a hérité de la folie de son père, et d'autre part, la marquise d'Alein demander à Hornus, l'ancien précepteur de son fils, d'accepter la paternité imaginaire de Didier. Ce pieux subterfuge est d'ailleurs éventé par Didier, qui s'est convaincu du caractère tout accidentel de la folie de son père ; il est en outre rendu inutile par le geste de Madeleine : elle s'aperçoit que son tuteur veut l'épouser par intérêt et elle revient à Didier. — Si la sc. 6 de l'acte IV suit fidèlement le schéma, indiqué ici, du dialogue d'Hornus et de la marquise, en revanche, au moins dans l'édit. *Ne varietur*, la scène de rupture entre Madeleine et Didier (acte III, sc. 10) n'évoque plus les *baisers fous*, qu'on faisait prendre pour un signe de démence à la jeune fille : on utilise auprès d'elle un accès de colère de Didier, en présence d'une parente de Madeleine, à l'annonce de la rupture. Daudet a-t-il craint d'irriter Drumont, en démarquant trop fidèlement cet épisode de son existence ? Ou bien est-ce seulement après la terrible colère de Drumont (cf. t. III, p. 521, n. 1), à la suite de la représentation de L'OBSTACLE, que Daudet aurait modifié le texte de sa pièce ?

3. Montesquiou-Fezensac est le cousin de la comtesse Greffulhe : c'est lui qui avait présenté Goncourt à Mme Greffulhe.

gutta-percha, modelé par le sculpteur Franceschi, buste qui lui évite les fatigues de l'essai d'une robe et qu'elle garde dans une chambre fermée à clef, pour que la représentation fidèle de son corps n'ait pas à subir l'indiscrétion de regards profanes.

Mardi-Gras, 18 février

Je n'ai jamais vu un carnaval d'une dégoûtation si complète. Ce soir, sur les boulevards, parmi les déguisés, on ne voit que des hommes travestis en femmes et quelles femmes ! En *gadoues*, en *pierreuses*, en putains de chemins de ronde !

Mercredi 19 février

A propos des débordements d'Haviland, Bracquemond, aujourd'hui, me contait le mariage de Madeleine Burty avec l'illustre faïencier. Le passage que Bracquemond avait fait chez Deck l'avait passionné pour les *flambés*, et il avait attrapé quelques vagues notions sur les procédés pour les obtenir. Il éveillait à ce sujet la curiosité d'Haviland, alors ignorant comme tout et ne fabriquant guère que des pots de chambre pour l'Amérique, lui confiait que l'enduit de cuivre, la couleur de turquoise, changeait de couleur sous le lèchement de fumées de vieux souliers qu'on brûlait autour. A la suite d'une ou de deux causeries là-dessus, Haviland restait trois mois à Limoges, sans donner signe de vie, et au bout de ces trois mois, débarquait un jour à Sèvres avec deux plaques d'échantillons contenant des *rouges* superbes. Ce jour-là, la famille Burty dînait chez Bracquemond, et le sensuel Américain avait un tel regard obstiné, pendant tout le dîner, sur la fillette que, lorsque Bracquemond rentrait de reconduire la famille Burty à la voiture, Mme Bracquemond disait : « M. Haviland va épouser Madeleine ! » Et depuis ce jour, ajoute Bracquemond, Haviland n'a plus jamais mis la main à la pâte de son industrie, ne s'est jamais plus occupé de la fabrication.

Le jeune Houssaye, ce soir, me parlait de l'élection à l'Académie, me disait que Thureau-Dangin avait douze voix, mais ne les dépasserait pas, et que c'étaient Theuriet et lui qui avaient le plus de chances ; et encore Theuriet avait-il contre lui le sentiment presque général des académiciens, qui voulaient bien ne pas nommer Zola, mais ne consentaient pas à nommer un autre romancier [1]. Toutefois, à la fin, il a eu la pudeur de me déclarer qu'il croyait que l'élection serait remise.

1. Cf. plus haut p. 372, n. 1 sur la succession d'Augier et la candidature de Thureau-Dangin. Theuriet attendra plus longtemps que ce dernier, puisqu'il ne sera élu qu'en 1896, contre l'avocat Barboux... et contre Zola ! Quant à Henry Houssaye, il échouera devant Albert Sorel au fauteuil de Taine au début de 1894, mais il obtiendra à la fin de l'année la succession de Leconte de Lisle.

Jeudi 20 février

Ces jours-ci, en sortant d'un dîner chez Masson où la conversation avait roulé tout le temps sur les rapports des sexes, Hervieu disait à Léon Daudet : « Les gens du monde, ce sont des chiens et des chiennes avec des vêtements. » Se servir de cette phrase pour la préface de mon livre obscène [1].

Une vie qui me tue, mais dont l'activité me tire de l'ennui de la vieillesse. A deux heures, au Cabinet des estampes, et le choix avec l'éditeur Rothschild de trente portraits pour une édition de Jour de l'An de MARIE-ANTOINETTE [2]. De là, chez Chamerot, pour la rectification du titre et de la couverture de MADEMOISELLE CLAIRON ; de là, chez le libraire Durel, chez le fabricant d'instruments de chirurgie Charrière, chez Mlle Zeller ; et enfin de là, à la répétition des FRÈRES ZEMGANNO au Théâtre-Libre. Et par là-dessus, dîner chez Daudet, et causerie batailleuse au-delà de minuit.

Mme Gréville contait ce soir que c'était elle, qui, habitant avec son père le rez-de-chaussée de la maison de Gavarni, au Point-du-Jour, avait relevé le petit Jean Gavarni, qui était tombé, en se heurtant en courant à une grosse pierre d'un ancien seuil de la maison, demeurée dans une allée. Et elle avait été assez heureuse pour arrêter son saignement de nez, mais Mlle Aimée, qui était très jalouse d'elle, lui avait repris l'enfant d'entre les mains, n'avait pas su arrêter ce saignement, quand il était revenu, et le pauvre enfant était mort à la suite de l'anémie produite par la perte de tout son sang.

Rosny me persécute un peu de la logomachie de sa parole, à propos de mon jugement sur son style, que je trouve obscur. Je me tiens à quatre pour ne pas lui dire : « Tenez, cette bête de Pélagie qui me sert a lu dans les journaux quelques extraits de vous, s'est rappelée en même temps avoir lu L'ARMOIRE A GLACE de Poictevin, qu'on avait donnée comme une blague dans une feuille quelconque, et elle me disait : « N'est-ce pas ? Ce qu'écrit M. Rosny, ça ressemble à ce qu'écrit M. Poictevin. »

Vendredi 21 février

C'est singulier, cette occupation de la pensée de Stendhal par la femme [3]. J'ai des jours où j'ai besoin de la femme pour coucher avec elle, d'autres jours où j'ai besoin de l'amitié, et non de l'amour de femmes avec lesquelles je ne couche pas, et cela encore d'une manière un peu intermittente. Mais quant à faire de la femme la compagnie de mon esprit tous les jours, du matin au soir, non, non !

---

1. Cf. plus haut p. 276.
2. Cette édition ne se fera pas. Voir la note du 11 mars 1890.
3. Goncourt lit dans L'ÉCHO DE PARIS, en feuilletons, la première édition, procurée par Casimir Stryienski, de LA VIE DE HENRI BRULARD, publiée en librairie également en 1890. Dans cette édition, cf. pp. 14-15 la liste des femmes aimées, que Stendhal se remémore sur le chemin du lac Albano, se disant que sa « vie pouvait se résumer par les noms que voici ».

Samedi 22 février

Ces jours-ci, j'assistais à une petite altercation entre Ganderax et sa femme. Ninette aimerait à porter des bas en dentelle, de ces bas où il n'y a si rien sur la peau que la princesse croyait l'autre jour que Mme Strauss n'en avait pas chez elle dans ses souliers ; et Ganderax, avec raison, trouvait ça *cocotte* et doucement s'y opposait.

Ah ! c'est un miracle que des pièces si peu jouées dans le décor, si peu réglées, si peu sues, puissent être représentées, même à la diable, à deux jours de là.

En sortant de la répétition, j'emmène Paul Alexis et Oscar Méténier dîner chez Maire. Là, entre la poire et le fromage, Méténier, avec ses yeux écarquillés et sa figure blême me résume au dessert les quatre toilettes de condamnés à mort auxquelles il a assisté comme *chien* du commissaire de police.

Il décrit très bien le sentiment angoisseux qu'on éprouve au moment de l'entrée dans la cellule, et le mouvement qui vous fait instinctivement porter la main à votre chapeau et vous découvrir, absolument comme on le ferait devant un corbillard qui passe ; et il ajoute que lui qui était toujours en jaquette, ce jour-là, sans qu'il s'en rendît compte, revêtait une redingote.

Il faut dire que cette entrée est précédée d'un petit quart d'heure qui met une grande émotion chez les assistants à l'exécution. L'exécution, en principe, devrait être faite à midi. On triche, mais on veut que, si ce n'est pas en plein jour, ce soit au moins au petit jour. Et voici ce qui se passe. L'heure de l'exécution fixée à ce moment, le directeur de la Roquette dit aux six personnes, aux six assistants de fondation à l'exécution, dit en montrant du doigt la grande horloge qui est dans la cour : « Messieurs, l'exécution est pour quatre heures et demie, il est quatre heures dix minutes, la toilette est l'affaire de douze minutes, nous entrerons à quatre heures dix-huit minutes. » Et aussitôt la conversation cesse, l'échange des idées s'arrête et chacun redevenu silencieux, les yeux sur l'horloge, n'a plus d'attention que pour la marche invisible de l'aiguille sur le cadran, et son troublant rapprochement de la dix-huitième minute d'une heure, où la vie de l'homme, plein de vie, qui est là, dormant tranquille, ne va plus être à la demie.

Il est aussi un effet terrible pour les assistants, c'est que le petit jour, levé dehors, n'éclaire point encore l'intérieur de la prison ; et quand on marche dans ces demi-ténèbres derrière le condamné et qu'au moment où s'il avait les mains libres, il pourrait toucher la porte, les battants s'ouvrent comme dans un coup de théâtre et vous laissent voir soudainement, dans la clarté froide du matin, les deux montants de la guillotine et les yeux grands ouverts de toutes ces têtes de regardeurs. Le spectacle a quelque chose d'inexprimable.

Dimanche 23 février

Burty vient aujourd'hui au *Grenier*. Il y a incontestablement chez lui un mieux surprenant ; mais ça ne fait rien, sa figure est maladivement bouffie et, par moments, sa gaîté s'échappe en petits rires imbéciles.

Et comme je lui dis : « Eh bien, on m'a conté que vous étiez en train de faire un article sur mon ennemi intime, sur Champfleury ? » Il me répond : « Oh ! un livre !... Non, un article. » Et il ajoute : « Je me suis mis à le relire, c'est bien embêtant... Je n'ai pas pu aller au bout de MONSIEUR BOISDHYVER... Et son livre sur les caricatures, n'y a-t-il rien ! Et puis ce choix, comme collectionneur, des choses les plus laides de la terre — nous pouvons dire ça devant un royaliste ! fait-il en riant —, de ces épouvantables faïences de la Révolution, de ces assiettes... Et puis, l'homme était vraiment particulier. Il avait une dose d'acrimonie maladive... Au fait, vous savez qu'il a eu un enfant qui est mort fou : je crois qu'il avait flué en cet enfant le trop-plein de mauvaiseté de l'homme... Sa mort a été presque tragique. Ces années-ci, il courait beaucoup les filles... » Ici, un second rire idiot, comme s'il faisait un retour sur ses amours en fiacre. « Et dans les derniers jours de l'année dernière, il s'était arrêté à coucher à Paris avec l'une d'elles, une nuit. Puis, le lendemain, un de ces jours de l'*influenza*, de ces jours où le thermomètre ne descendait qu'à zéro, mais où il faisait froid dans l'intérieur des membres, comme si c'était à dix degrés au-dessous, il revenait de bon matin à Sèvres, sur le bateau, était pris de froid, tombait par terre en entrant chez le concierge de la Manufacture et mourait d'une congestion pulmonaire au bout de deux jours. »

C'est étonnant comme la présence de Drumont quelque part *encolère* les discussions. Ce soir, chez Daudet, tout le monde se chamaille.

Lundi 24 février

Daudet ne sortant plus de chez lui maintenant que pour aller à sa douche, je mène aujourd'hui Mme Daudet à la répétition dernière des FRÈRES ZEMGANNO, le ménage Daudet devant assister à la première. La pièce est étonnamment jouée, sauf deux ou trois suppressions et le premier acte dit trop bas par Antoine. Et comme je vais lui demander d'élever un peu la voix, il me dit, très nerveux, qu'il a été blessé du ton avec lequel quelqu'un lui a crié : « Plus haut ! » et qu'il s'est entêté là-dessus à parler bas.

Daudet, ce soir, me consulte sur la pièce qu'il est en train de faire, et nous avons une petite discussion, où j'ai pour moi Mme Daudet, une discussion à propos de la jeune fille ayant pris de l'amour passionné pour une attaque de folie et qu'il veut faire réapparaître pour dire des choses sentimentales, réapparaître pour une scène comme il y en a dans toutes les pièces [1]. Pour moi, cette idée tue l'originalité de la figure et

---

1. Voir plus haut pp. 387-388, sur le scénario de L'OBSTACLE : Daudet n'a pas su résister à l'attrait d'un dénouement heureux et dans la pièce définitive, Madeleine reparaît (acte IV, sc. 8) pour crier son amour devant Didier et lui promettre sa main.

j'arrive à lui dire qu'avec le respect qu'il semble témoigner pour le goût du public, il devrait subir tous les conseils et tous les amendements d'un Koning, qui, au fond, est le représentant parfait des basses exigences du public, pour un gros succès.

A ce qu'il paraît, c'est abominable, les folies du jeune Hugo ! Ce qu'il a mangé de sa fortune à lui et de sa mère et de sa sœur, on ne le sait pas, on ne peut en trouver le fond, et il y a des saisies sur tout chez le monde Hugo, et jusque sur le traitement de député de Lockroy, qui n'a que son traitement pour vivre. Sa femme, dans l'aveuglement de l'amour maternel, a tenu la chose secrète jusqu'au dernier moment ; et quand Lockroy a mis la police dans cette usine d'usure, où, à l'heure présente, ont disparu à peu près les quatre millions laissés par le père Hugo, il était trop tard. Puis il se trouve que parmi la *bande noire* des usuriers se trouvent des grands tapissiers, de formidables bijoutiers du Boulevard, enfin des commerçants considérables, que le gouvernement redoute de poursuivre.

Et au milieu de cette détresse, de cette ruine de sa famille, et où sa sœur, la gentille Jeanne, n'accepte aucune invitation de bal, parce qu'on n'a pas de quoi lui acheter une toilette, lui, continue sans gaîté sa vie déraisonnable et ses mélancoliques débauches. Jeudi, il n'est pas venu dîner chez Daudet, parce qu'il dînait en compagnie de Brandès, avec laquelle il devait coucher.

Mardi 25 février

L'orthographe des noms propres et la physionomie des gens une ou deux fois rencontrés dans la vie, ma mémoire ne les retient plus.

Ah ! ce restaurateur Maire, qui était autrefois, du temps qu'il était marchand de vin... quel gargotier aujourd'hui [1] !

Arrivé de bonne heure aux Menus-Plaisirs, j'assiste à la pose du premier décor, où machinistes et pompiers mêlés s'amusent à faire du trapèze et à soulever les haltères des FRÈRES ZEMGANNO.

Un premier acte, où l'on n'entend pas un mot dans l'ouverture des portes, le remuement des bancs, le passage des abonnés, tous des cabotins, et venant à la façon des dîneurs, qui veulent être remarqués, venant le dîner commencé.

Un second acte, très, très applaudi.

Un troisième plus froid, mais encore très applaudi à la fin, avec de chaleureux rappels des acteurs.

Moi qui suis resté au fond de ma baignoire sans me mêler à la salle, je crois à un succès. Arrivé dans les coulisses, je vois Méténier plus blême qu'à l'ordinaire, Paul Alexis affalé sur une rampe d'escalier avec une oreille tendue à la parole de sa femme, qui lui conte qu'Ancey est un mauvais camarade, qu'il a passé tout son temps à dire que la pièce était un four. Enfin, mes compliments à Antoine et mes plaintes

1. La phrase comporte une relative inachevée. Voir t. I, p. 266, n. 2, sur ces plaintes relatives à la décadence du restaurant Maire.

sur ce que je ne l'ai pas trouvé assez applaudi au troisième acte sont reçus par un : « Ça ne nous regarde pas, nous faisons notre petite affaire, voilà tout ! » Et n'oublions pas, au milieu de ce monde, Zola, avec ses phrases d'*Italianasse*, ses circonlocutions perfides sur un ton de commisération profonde, me disant qu'il lui semble que ça a marché... « que ça a été assez bien ».

Mercredi 26 février

Un éreintement général de toute la presse. Vitu déclare que la pièce est une fumisterie et laisse entendre que j'ai volé quelque chose à la *Grande Virginie*, qui est inspirée par ma *Grande Adèle* de GERMINIE LACERTEUX...

Moi, avoir pillé Zola ? C'est raide [1]. Aujourd'hui même, j'ouvre la VIE POPULAIRE, où on donne LES FRÈRES ZEMGANNO, et je tombe sur le nom de Philomène donné à un des premiers sujets de LA BÊTE HUMAINE [2]. Il m'a déjà pris Renée, dans RENÉE MAUPERIN, *Jésus-Christ* dans GERMINIE LACERTEUX, dont il est le frère, sans compter les petits noms de second et de troisième plan [3]. Ça ne se fait pas, ça ! Ça n'a jamais été fait par un auteur qui a un peu de pudeur. J'avais vraiment envie de lui écrire qu'il me prenne mes situations, mes caractères, mais qu'il me laisse mes noms propres.

Revenons à la pièce, que je trouve aussi bien faite que j'aurais pu la faire moi-même... Et dire que ce sentiment fraternel qui la remplit, présenté d'une manière si délicate, si émotionnante, enfin dire que ce moyen d'action sur les cœurs, cette chose absolument neuve au théâtre et remplaçant le bête d'amour de toutes les pièces, aucun critique n'en a signalé l'originalité ! Que voulez-vous ? J'en suis réduit à plaindre l'inintelligence de la presse théâtrale de l'heure présente !

Un vieux mot réédité ce soir, mais vraiment drôle, un mot sur la Vénus de Milo, dénommée maintenant la déesse de l'Agriculture, l'agriculture manquant de bras.

Gérome conte que M. Thiers ayant fait travailler Frémiet, en un

---

1. Add. éd. : le mot *pillé.* — Dans LE FIGARO du 26 février, dans sa chronique théâtrale, avant de traiter LES FRÈRES ZEMGANNO de « farce de fumiste », Vitu fait en effet allusion à la Virginie de Zola : « La Tompkins, qui connaît ses auteurs, s'est vengée comme la Grande Virginie de l'ASSOMMOIR en détraquant la machine. » On sait que la Grande Virginie, fessée par Gervaise en plein lavoir, s'en venge plus tard en introduisant Lantier dans le ménage Coupeau et en aidant à la déchéance de la blanchisseuse. La Tompkins, dans LES FRÈRES ZEMGANNO, se venge des dédains de Nello en truquant un accessoire et en provoquant ainsi la chute du jeune acrobate. Rapprochement forcé et bêtement perfide, car la riche écuyère américaine n'a rien de commun avec la populacière Virginie, inspirée visiblement de la Grande Adèle de GERMINIE LACERTEUX : c'est la bonne de lorette, voisine et rivale de Germinie et qui contribue à la faire descendre à son propre niveau.

2. Dans LA BÊTE HUMAINE de Zola, Philomène Sauvagnat, dont le prénom rappelle l'héroïne de SOEUR PHILOMÈNE, joue un rôle secondaire : maîtresse de Pecqueux, le chauffeur de Jacques Lantier, elle provoque sa jalousie en le trompant avec Lantier, d'où la bataille des deux hommes sur la locomotive et leur mort.

3. Renée, chez Zola, c'est Renée Saccard, l'incestueuse héroïne de LA CURÉE et du drame, RENÉE, que Zola a tiré de son roman. *Jésus-Christ* est le surnom d'un des paysans de LA TERRE ; voir dans GERMINIE LACERTEUX p. 12-15 le portrait du frère honnête et trop vite disparu de Germinie : « Les uns l'appelaient *Boda,...* les autres *Jésus-Christ.* »

temps où Frémiet était très misérable, il lui avait proposé de le payer avec un autographe.

Comme je parlais à Detaille du récit des toilettes de condamnés à mort que m'avait fait l'autre jour Méténier, il me disait avoir assisté à deux exécutions et voici quelles avaient été ses observations. Le condamné apparaissant au seuil de la porte de la Roquette comme une figure de cire, avec son apparence de vie figée ; et dans le silence qu'il appelait formidable, toujours un oiseau qui chante et dont le chant est dans ce silence comme le bourdon de Notre-Dame ; et au loin, l'entreclaquement imperceptible de branches d'arbres.

Jeudi 27 février

Coppée, auprès duquel je faisais allusion sur la cour de sa pension et du platane qu'il peint dans son nouveau volume de TOUTE UNE JEUNESSE, se mettait à rire : « Je n'ai pas dit cela, mais je suis encore poursuivi par l'odeur de cette cour, mais il y avait dedans des cabinets aux portes toujours ouvertes et, contre, étaient deux cochons très souvent en liberté... que l'on tuait et que l'on nous faisait manger tous les ans [1]. »

Aujourd'hui, je trouve la verve de Coppée bien *vieux jeu*, et son teint plus grisâtre, et plus marquée encore la buée qu'il semble avoir sur les yeux.

Daudet, blessé dans l'article de Champsaur d'hier de la phrase sur l'*intrigue de sa vie*, s'écrie éloquemment : « Moi, *intrigue ?* Pour mes amis, mais jamais pour moi [2] !... » Pourquoi donc ne vouloir pas admettre le charme, la séduction d'un être, la puissance d'un individu sur les autres ?

Samedi 29 février

Je ne puis m'empêcher de penser au servage absolu de la pensée de Zola qui, pour ses livres, pour son mobilier, pour le règlement intérieur de sa maison, pour tout au monde enfin, n'a jamais une conception à lui et qui, pour entrer à l'Académie, a même plagié la façon d'y entrer du nommé Halévy, en faisant son ABBÉ CONSTANTIN dans LE RÊVE [3].

Dans la non-concordance de la critique théâtrale avec le sentiment

1. Cf. TOUTE UNE JEUNESSE (1890), p. 27 : il s'agit, dans ce roman à demi autobiographique, de l'institution Batifol, rue de la Grande-Chaumière, où entre le petit Amédée Violette à la mort de sa mère, et de l'unique platane désolé, qui y tient lieu de jardin.

2. Cf. la CHRONIQUE PARISIENNE de Champsaur dans L'ÉVÉNEMENT du 27 février. Champsaur, critiquant LE TERMITE, se sert d'un passage de ce roman des mœurs littéraires pour dire des jeunes écrivains naturalistes peints par Rosny : « Ils attendent tout non de leur génie ou de leur talent, mais du patron, de Daudet, qui peut les caser dans un journal, leur faire accepter un feuilleton, un livre ; de Daudet, moins supérieur dans ses bouquins que dans l'intrigue de sa vie. »

3. Sur la candidature Zola, cf. t. III, p. 345, n. 1. LE RÊVE avait paru en novembre 1888. — Pour se faire pardonner ses pièces légères et surtout la série des PETITES CARDINAL (1873 et 1880), Ludovic Halévy avait écrit en 1882 L'ABBÉ CONSTANTIN, moyennant quoi, disait-on, l'Académie l'avait élu au fauteuil Haussonville en 1884. Voir, au lendemain de son entrée sous

sincère du vrai public, il me venait l'idée, si je tentais encore une fois une grande bataille au théâtre, de faire afficher au-dessous du titre de la pièce, avec l'indication qu'elle est jouée tous les soirs, des affiches couvrant les murs de Paris et ainsi conçues : « Je m'adresse à l'indépendance du public et lui demande, s'il trouve que c'est justice, de venir casser, comme il l'a fait pour GERMINIE LACERTEUX, le jugement porté dans les journaux par la critique théâtrale. — Edmond de Goncourt. »

Nom d'un chien ! Voici un livre qui n'est pas personnel : c'est le style de Coppée dans TOUTE UNE JEUNESSE. C'est du pur style de Daudet, et non de son style formé dans SAPHO, mais de ce style gracieusé et un peu agaçant du temps où il écrivait LE MAÎTRE D'ÉTUDES. Ah ! que c'est exaspérant, le tour spirituel, d'une manière continue, dans le récit et est-ce assez vieux et démodé, des allocutions semblables à celles du platane au merle, lui disant : « Va-t'en de mon ombre ennuyeuse, va au Luxembourg, où il y a des amoureux les mains dans les mains d'amoureuses, des tourlourous guignant les gros *nénés* de nourrice, des étudiants [1]... »

Le seul mérite du livre, c'est de n'être pas ennuyeux, de contenir — quoique effacée et sans relief — de la vie vécue.

Au fond, quand on pense au peu de chose dans la cervelle qu'il faut pour être un grand ou au moins un très populaire poète !

Samedi 1er mars

Porté à L'ÉCHO DE PARIS le commencement de la copie du JOURNAL DES GONCOURT (2e Série 1870-1890).

Je ne peux comprendre comment l'homme à l'aspect de brute qu'a Valentin Simond peut donner dans sa feuille des machines en dehors de la publication habituelle des journaux, comme l'autobiographie de Stendhal, comme l'autobiographie des Goncourt [2].

En sortant de l'ÉCHO, je trouve au café Riche, où je vais prendre un verre de madère, Paul Alexis et Méténier, sortant de la répétition de MONSIEUR BETSY, qui a très bien marché. Une petite femme est avec eux, une petite femme qui semble la maîtresse de Méténier, qui a des yeux noirs d'une douceur charmante et des mains sales.

Renan, pour le peindre moralement, il n'y a que le mot *vache*. Seulement, le mépris qu'on éprouve pour son caractère est tempéré, combattu par une certaine sympathie pour la sociabilité de sa personne.

---

la Coupole, dans la REVUE ILLUSTRÉE du 15 janv. 1886, la réponse apocryphe que Henry Becque imagine à son discours de réception et qui raille ce roman à succès, édifiant et médiocre.

1. Cf. TOUTE UNE JEUNESSE, p. 27 : le platane dissuade les oiseaux égarés de se percher en ce lieu désolé, la cour de la pension Batifol. — L'allusion au MAÎTRE D'ÉTUDES nous reporte dans la carrière littéraire de Daudet, par delà LE PETIT CHOSE, à l'année 1859 : le 24 novembre, Daudet publiait dans LE FIGARO cet article, sous-titré *Les Gueux de province* (cf. O.C. éd. *Ne var.*, V. II, 187 sqq.).

2. Sur l'*autobiographie de Stendhal*, cf. t. III, p. 390, n. 3.

Dimanche 2 mars

C'est Bracquemond, racontant qu'il s'est trouvé une compagnie de paysagistes inconnus, assez osés pour faire à toutes les compagnies de chemin de fer une demande de parcours sur la ligne, pour eux et leurs familles, à l'effet d'*étudier la nature.*

C'est Frantz Jourdain, s'élevant contre les gains insolents de Bouguereau et disant que toutes les fois qu'il va pisser, il perd cinquante francs.

C'est de Fleury, se plaignant de ce que Périvier n'a pas voulu laisser passer un article sur Constans, article aimable, mais, à ce qu'il paraît, pas assez, parce que dans le moment, Magnard intrigue pour être nommé officier de la Légion d'honneur [1].

Deux détails caractéristiques sur l'emportement des colères de tous les membres de la famille Daudet. Il arrive très souvent à la belle-sœur, une fois, à la suite d'une forte colère, a eu une projection d'un œil hors l'orbite.

Lundi 3 mars

Au fond, un découragement produit par cette hostilité sans trêve et sans merci de la critique et ses forcenés échignements de tout ce que je fais, de tout ce que les autres font d'après moi — découragement au milieu duquel tombe une lettre d'Allemagne me donnant le titre du plus grand écrivain contemporain de la France.

Avant de donner son manuscrit, on s'est relu et on a trouvé sa prose superbe ; puis, quand arrivent ces affreuses épreuves du JOURNAL, c'est dans le premier moment un désenchantement complet.

Je suis ce soir à la première de MONSIEUR BETSY. La pièce marche très bien, elle a tout ce qu'il faut pour cela, elle est très amusante, sans être originale — et par là-dessus admirablement jouée. Mais il y a contre les auteurs les mauvaises dispositions frénétiques, un jugeur *chic* s'écrier : « Ça ne peut pas avoir de succès ! » Pourquoi ? Une cravate blanche, entre deux âges, faisant bassement sa cour à Vitu, lui dit, pendant qu'on sort pour l'entracte, parlant de la pièce : « C'est un monsieur qui marche contre un mur, et qui met le pied dans tout ce qu'il trouve... » Oh ! les propos de corridors, la belle collection de haineuses imbécillités qu'il y aurait à ramasser !

C'est pour moi très amusant, cette représentation où j'ai, à ma gauche, Ludovic Halévy et, devant moi, Vitu, et où la possibilité d'un succès fait Halévy plus squalide et Vitu plus tête de mort qu'à l'ordinaire.

---

1. Le coup d'éclat du jeune duc d'Orléans, venu se présenter au conseil de révision (cf. plus loin p. 440, n. 2), avait démontré que la vigilance du ministre de l'Intérieur n'égalait pas sa brutale autorité. Aussi, l'incident ayant accru le désaccord entre Constans et le président du Conseil, Tirard, Constans démissionna le 1er mars ; mais dès le 13, Tirard doit se retirer à son tour, et dans le cabinet Freycinet, Constans aura à nouveau l'Intérieur.

Mardi 4 mars

De vieilles femmes qui ont la chair de la figure comme bossuée et vallonnée, ainsi que la croûte d'un échaudé !

Mme Sichel, revenant à son idée de l'appui moral nécessaire à la femme dans son existence, se comparait ce soir à un enfant malade, qui aurait besoin d'avoir sa tête appuyée sur une poitrine.

Mercredi 5 mars

Descaves, accompagné de sa femme, vient me voir aujourd'hui. Il craint que les choses soient en train de mal tourner pour lui. Il lui est revenu que le parquet, n'étant pas sûr d'obtenir une condamnation sur les attaques à l'armée, va faire porter tout son effort sur l'outrage aux bonnes mœurs. Et un de ses avocats, lui demandant combien il comptait avoir de prison et alors qu'il lui répondait : « Trois mois », lui disait : « Triplez au moins... Vous aurez un an ! » Et il est à la fois très triste et très irrité, déclarant que l'injustice l'exaspère et qu'il n'y a aucune raison pour le condamner, quand on ne poursuit ni Méténier ni Mendès pour leurs derniers romans [1].

A propos de la pièce de MONSIEUR BETSY, Lavoix me disait ce soir : « Au fond, vos amis, dans leur pièce, n'ont pas trouvé un mot si drôle que le mot de baron s'adressant à un maquereau. Il avait une altercation avec le ménage Judic et il s'écria : "Je ne dis rien à ta femme, parce que c'est une femme... Mais toi, je te repêcherai !" »

Cet Yriarte, il semble qu'il ait été un participant à toutes les combinaisons, en quoi que ce soit, de ce temps. Il contait ce soir qu'il avait eu le septième des actions du FIGARO, et la manière canaille dont Villemessant l'en avait dépossédé.

Ce soir, comme je parlais d'une manière un peu méprisante des femmes, la princesse m'interrompit me disant :

« Vous ne connaissez pas les femmes... Je ne vous ai jamais connu une maîtresse ! — En effet, princesse, je ne connais les femmes que d'après les récits des voyageurs. »

Jeudi 6 mars

C'est singulier, les tempéraments ! Je me trouve, au fond un peu manquer de bravoure physique, mais je me trouve posséder une bravoure littéraire comme je n'en connais aucune. Daudet est tout le contraire ; il n'a fait des choses braves en littérature qu'entraîné par nos exemples. Et encore, quand il a fait une chose brave, il sent le besoin

1. Pour Méténier, Descaves peut songer à MADAME LA BOULE, paru en 1889, ou peut-être mieux, étant donné le thème anti-militariste, à AUTOUR DE LA CASERNE, annoncé seulement le 24 mai 1890, mais qui a pu paraître auparavant en revue. Pour Catulle Mendès, parmi la dizaine de titres qui marquent sa production en 1889-1890, on peut penser à LA PRINCESSE NUE, annoncée en février 1890.

de la tempérer par une petite concession au public bête. Mais s'il s'agissait, à propos de la littérature, de se flanquer des torgnoles, de se donner un coup d'épée, il irait beaucoup plus résolument que moi.

J'éprouve une espèce de griserie à lire tout haut le premier numéro de mon JOURNAL dans L'ÉCHO DE PARIS.

Je passe devant les DÉBATS. La vue de la noire maison me donne l'idée de lire le feuilleton de Lemaître sur les FRÈRES ZEMGANNO. C'est curieux, cet homme qui est incontestablement un lettré, qui a de nature le jugement un peu paradoxal et qui, dans l'embrigadement dans la presse théâtrale et le contact journalier avec ces basses intelligences, est tombé à juger la pièce de théâtre absolument comme Besson [1] !

Ce matin, par la tournure de certains articles, j'ai senti que la presse était disposée à faire un gros succès à AMOUR et à Hennique, un succès sur mon dos et celui de mes disciples. J'aime mieux que l'éreintement soit à son profit qu'au profit d'un autre, qui n'aurait pas de talent et serait mon ennemi, tandis que Hennique m'a donné les plus grandes preuves d'amitié.

J'écoute la pièce d'Hennique dans la baignoire de sa femme, gêné et embêté, parce que je l'aime beaucoup, que j'aurais voulu lui voir faire une pièce moderne, que je trouve sa pièce *vieux jeu* et que j'ai peur de ne pas témoigner assez d'admiration aux yeux de sa femme et de sa belle-sœur. Puis c'est joué... comme par des figures de cire épileptiques !

Vendredi 7 mars

La femme amie vous donnant le bras pour aller à table et qui, dans le passage du salon et à la salle à manger, laisse un moment distraitement reposer sur la manche de votre habit une main mollement étendue, avec un appuiement mort des doigts, oui, c'est d'une pénétrante tendresse.

Dimanche 9 mars

Si vraiment le FIGARO avait publié le numéro de mon JOURNAL d'aujourd'hui, il aurait un peu remué Paris, la province, l'étranger [2]. Mais

---

1. Louis Besson rédige dans L'ÉVÉNEMENT la superficielle *Chronique d'un indifférent*, hostile à Goncourt. — A vrai dire, Jules Lemaître, dans sa *Semaine dramatique* des DÉBATS du 3 mars s'en prend à la « glaciale et gauche adaptation » des FRÈRES ZEMGANNO, non au roman, que ses finesses mêmes rendaient difficile à transposer au théâtre ; mais il ironise à la fin sur le seul moment intéressant de la pièce, selon lui, la mise en scène de l'accident de Nello : encore préfère-t-il l'homme « écrasé par un omnibus » qu'il a vu un jour dans la rue « porté à la pharmacie voisine ».

2. La série du JOURNAL (t. III de la présente édition) paraît de mars à octobre 1890 dans L'ÉCHO DE PARIS. Dans le numéro du 10 mars — et non du 9, date à laquelle ne paraît aucun passage du JOURNAL — est publié le second fragment, qui conte l'arrivée à Paris de la nouvelle de Sedan, la proclamation de la République et le Magny où Renan affirme la suprématie de la race allemande (3-6 sept. 1870). Pour le récit de ce moment historique, Goncourt regrette que L'ÉCHO DE PARIS n'ait pas l'audience du FIGARO, où avait paru en 1886 une partie de la première série du JOURNAL.

ce *si* favorable me manque absolument et me marquera jusqu'à ma mort. Car si des éditeurs publiaient illustrés mes livres historiques, si... si... si..., mais ces messieurs préfèrent publier les livres de n'importe qui !

Guiches disait aujourd'hui de Champsaur : « Oui, il mord, mais il mord avec des dents gâtés ! »

Aucun de mes amis ne me dit avoir lu l'article de ce matin.

Drumont racontait ce soir, chez Daudet, que Perret avait été décoré par la protection de son frère, Ernest Daudet, à la suite d'un roman paru dans le JOURNAL OFFICIEL, qui n'avait pas été payé le prix porté sur les états du journal, et laissait entendre qu'Ernest avait bien pu prendre sa part dans ce que n'avait pas touché Perret. Le JOURNAL OFFICIEL était une vraie caverne de brigands : un hasard a mis un moment dans les mains de Drumont les feuilles d'émargement et il a vu de la copie à lui, payée 100 francs, cotée 400 francs !

Ah ! c'est vraiment bête de publier des machines comme mon JOURNAL, quand on est si nerveusement pessimiste, qu'on s'attend que chaque ligne va vous procurer un embêtement, une altercation, un duel, et que même l'attente d'une plainte ou d'une lettre chagrine de Renan me met, le jour, dans un état d'anxiété, la nuit, dans un état d'insomnie.

Mardi 11 mars

Une avalanche de désastres, ces temps derniers. Le four noir des FRÈRES ZEMGANNO, l'abandon — sans explication — de l'illustration de MARIE-ANTOINETTE par Rothschild, le lendemain du jour qu'il m'écrivait qu'il allait m'envoyer des feuilles [1] ; le silence absolu des feuilles sur mon JOURNAL, sauf un coup de patte de Besson [2] ; une lettre d'hier de la princesse qui me demande de ne plus parler d'elle dans mes mémoires [3] ; aujourd'hui ou demain peut-être, quelque ennui au sujet du dîner de Renan chez Brébant ; et par là-dessus, ces jours-ci, l'achat d'un éventail ancien en nacre, où je crois que le marchand m'a fourré dedans.

Ajalbert vient me lire aujourd'hui le second acte de LA FILLE ÉLISA fait d'après mes indications, l'exposition de LA FILLE ÉLISA présentée dans une plaidoirie d'avocat. Et je trouve la plaidoirie admirablement faite et émotionnante au possible.

---

1. Cf. t. III, p. 390.

2. Dans sa *Chronique d'un indifférent* de L'ÉVÉNEMENT, Louis Besson, le 11 mars pastiche le JOURNAL en donnant le compte rendu détaillé et insipide d'une de ses journées à lui, et surtout, il écrit : « M. de Goncourt (l'aîné — et non plus l'autre, celui qu'on regrette) recommence pour son propre compte la publication du JOURNAL DES GONCOURT... »

3. La princesse Mathilde lui écrit, alarmée, le 10 mars : « ... Je vous en prie. Ne parlez plus de moi. Je vous remercie de tout ce que vous dites sur moi. Mais il y a des contemporains qui ne m'aiment pas et qui me gardent rancune de mes opinions. Oubliez-moi et croyez-moi votre dévouée — Mathilde. » (CORR., vol. IV, f° 331 ; cf. Billy, t. III, p. 85). L'alarme venait du fragment publié le 7 mars et reproduisant, dans une note du 13 août 1870, le récit de la colère de Mathilde, à la nouvelle des premières défaites, et de son ironie qui cinglait « les attentions et les petits soins qu'avait cette pauvre impératrice pour le cancer de Goltz ». — Conformément à la lettre qui suit, Edmond supprimera du volume imprimé ce passage du JOURNAL.

Ici, la lettre adressée à la princesse :

« Princesse,

« Il sera fait comme vous le désirez. — Je n'imprimerai pas la note de L'ÉCHO DE PARIS dans mon volume. Me priver de parler de vous, de votre existence, avec laquelle ma vie a eu l'honneur d'être si mêlée, ça prive de beaucoup d'intérêt mes volumes futurs, mais je vous obéis.

« Seulement, permettez-moi de vous dire que j'ai la conscience d'avoir été toujours préoccupé de vous faire auprès de la postérité aussi humainement sympathique qu'il était en mon pouvoir de le faire. Et tout dernièrement encore, dans la REVUE BLEUE, un article, qui parlait de la manière dont je m'exprimais sur votre compte, croyait y démêler — pardonnez l'irrévérence de l'auteur — un sentiment amoureux de votre auguste personne [1].

« Je baise le bout des doigts de Votre Altesse.

Edmond de Goncourt. »

Mercredi 12 mars

Au fond, chacun veut la vérité sur les autres et ne consent pas à la lire dite sur lui. Ces jours-ci, j'ai lu à Bracquemond une note très, très aimable sur lui et sa femme pendant le Siège et où je parlais, dans la famine générale, de son gros appétit et de l'appétit « de petit loup » de sa femme [2]. Eh bien, il m'a demandé de ne pas publier la note. Et je suis persuadé que si avant d'imprimer, je consultais tout le monde dont j'ai parlé, même à propos des mentions les plus caressantes, mais où je montrerais les gens humains, mon JOURNAL de douze volumes pourrait être réduit à douze feuilles d'impression.

La joie enfantine d'avoir un ministre à sa table, elle l'a ce soir, Mme Charpentier, jouissant à sa droite du voisinage de l'Excellence des Affaires étrangères, en la personne de Spuller, et ayant à sa gauche le millionnaire Cernuschi, duquel elle espère bien un legs pour ma filleule. Il y a encore Reinach, le ménage Magnard et Revel, le philosophe, et l'employé dans je ne sais quoi à Rouen.

La lourde bête de ministre des Affaires étrangères, dont Daudet me peignait l'admiration superlativement bête en écoutant avec lui une pièce de Du Boys, a découvert aujourd'hui Saint-François, qu'il commente en me demandant mon opinion sur sa littérature. Ma foi, je lui réponds que je ne connais pas de littérateur plus nul !

« Qu'est-ce que vous faites dans ce moment-ci, Zola ? » dis-je à l'auteur de la BÊTE HUMAINE, qui vient s'asseoir dans la soirée à côté de moi.

---

1. Cf. Édouard Rod, M. DE GONCOURT ET SES AMITIÉS LITTÉRAIRES, dans la REVUE BLEUE du 25 janv. 1890, à propos de l'ouvrage de Delzant : l'amitié d'Edmond pour la princesse Mathilde est « un sentiment qu'on devine très particulier, plus tendre, à vibrations plus profondes que l'amitié littéraire ».

2. Cf. t. II, p. 380.

« Mais rien... Je ne puis pas décidément m'y mettre... Puis l'ARGENT, c'est tellement vaste, que je ne sais par quel bout le prendre ; et les documents de ce livre, je suis embarrassé, plus que jamais je ne l'ai été, pour les trouver, pour les trouver, pour savoir où il faut frapper... Ah ! je voudrais en avoir fini de ces trois derniers livres... Après l'ARGENT, oui, viendra la GUERRE, mais ce ne sera pas un roman, ce sera la promenade d'un monsieur à travers le Siège et la Commune, sans intrigue... Mais au fond, le livre qui me parle, qui a un charme pour moi, c'est le dernier, où je mettrai en scène un savant... Ce savant, je serais tenté de le faire d'après Claude Bernard, par la communication de ses papiers, de ses lettres. Ce sera amusant... je ferai un savant marié avec une femme rétrograde, bigote, qui détruira ses travaux à mesure qu'il travaille.

— Et après, que ferez-vous ?

— Après, il serait plus sage de ne plus faire de livres, de s'en aller de la littérature, de passer à une autre vie, en regardant l'autre comme finie.

— Mais l'on n'a jamais ce courage ?

— C'est bien possible [1] ! »

Jeudi 13 mars

L'admiration dans tous les journaux pour les eaux-fortes de Mlle Cassatt, c'est à mourir de rire ! Des eaux-fortes où il y a un petit coin de réussi, dans un coin, au milieu d'un tout d'un dessin lourdement bête et d'une morsure maladroite. Oh ! vraiment, ce temps a la religion du *ratage*, dont le grand pontife est Degas et l'enfant de chœur Mlle Cassatt.

Pour moi, Marcadé, l'homme chargé dans le FIGARO de faire le dépouillement des revues, est d'un tel arriéré d'intelligence dans ses comptes rendus qu'il me semble un critique du temps de l'homme des cavernes !

Vendredi 14 mars

Un gouvernement, auquel il y aurait à demander un peu plus d'honnêtes gens dans le ministère et un peu plus de police dans la rue : c'est le gouvernement d'aujourd'hui [2].

Au fond, les financiers ne sont autre chose que des voleurs, mais

---

1. L'ARGENT paraîtra, sous ce titre, en mars 1891, après publication dans LE GIL BLAS. — LA GUERRE deviendra LA DÉBACLE, parue dans LA VIE POPULAIRE, puis, en juin 1892, en librairie. — Enfin le roman du savant sera LE DOCTEUR PASCAL, donné à LA REVUE HEBDOMADAIRE, puis en volume en juillet 1893. C'est sa mère, la vieille Félicité Rougon, que le docteur Pascal surprend alors qu'elle s'apprête à détruire ses dossiers (chap. I, éd. Charpentier, s.d., p. 22 sq.). — Après ce roman, qui clôt la série des ROUGON-MACQUART, Zola attendra seulement un an avant d'inaugurer avec LOURDES la nouvelle série des TROIS VILLES (août 1894).

2. Cette réflexion désabusée commente la chute du cabinet Tirard et la constitution, le 13 mars, du Cabinet Freycinet, où Constans a repris l'Intérieur (cf. plus haut p. 397, n. 1).

des voleurs qui ont acheté près des gouvernements l'autorisation de voler [1].

Samedi 15 mars

Oui, c'est peut-être une idée singulière, mais c'est la mienne et la voici : c'est que si le théâtre ne devient pas une exhibition de chiens savants, le théâtre ira à un théâtre qui passe à l'heure présente pour ne pas en être. Et dans ce temps, le succès ne sera pas aux pièces tirées d'un roman où la pièce n'existe pas, ne semble pas exister à la critique actuelle. C'est ainsi que, pour moi, les vraies pièces du théâtre de ce temps seront des pièces semblables à celles que j'ai faites, que je fais tirer de SŒUR PHILOMÈNE, des FRÈRES ZEMGANNO, de la FILLE ÉLISA, que je ferai peut-être même faire de MADAME GERVAISAIS.

Ce soir, une dépêche de Descaves, où il y a ce seul mot : *Acquitté* [2].

Dimanche 16 mars

On est aujourd'hui, chez moi, tout à la joie et à la surprise de l'acquittement de Descaves ; car le jury était presque uniquement composé de vieilles barbes grises, de gens qui avaient été militaires du temps qu'on se rachetait ; heureusement que le ministère public a été au-dessous de tout ce qu'on attendait, et Tézénas très habile... Le pauvre Geffroy était des applaudisseurs qui auraient pu avoir deux ans de prison [3].

Il va pas mal, mon *Grenier* ! Il est en train de s'emparer de l'attention de Paris, avec la pièce d'Hennique à l'Odéon, la pièce d'Alexis et de Méténier aux Variétés, avec le livre de Descaves et son acquittement [4].

Ce soir, Ajalbert parle du despotisme de Clemenceau, auprès des gens qu'il ne paye pas, et exigeant avoir autour de lui la cour de sa rédaction, quand il arrive de l'Opéra à minuit, un gardénia à sa boutonnière, et qu'il se couche tout de son long, sur la table couverte de canettes et que là, accoudé, ainsi qu'un Romain sur un *triclinium*, il préside, en homme de plaisir éveillé, des gens qui aimeraient à aller se coucher.

---

1. Le 14 mars, le juge d'instruction Prinet, qui avait renvoyé le 8 mars devant le tribunal correctionnel les principaux administrateurs de la Société des métaux, refuse d'augmenter le nombre des inculpés, comme le lui demandait un groupe de victimes de ladite Société, constitué en partie civile. Voir plus bas des détails sur cette affaire à propos de la note du 20 avril 1890.

2. Cf. t. III, p. 361, n. 1.

3. Le 15 mars, dans le procès de SOUS-OFFS, Descaves, après la plaidoire de Tézénas, et ses éditeurs, Stock et Mme Tresse, après la plaidoirie de Millerand, étaient acquittés : « Quelques applaudissements ont salué cette sentence ; ils venaient de quelques amis de M. Descaves... M. Bérard des Glajeux [le président] les a fait amener à la barre ; M. Tézénas a prononcé en quelques mots leur défense et eux aussi ont été acquittés... La défaite du Parquet était complète. » (c. r. d'Edgar Troimaux, dans L'ÉCHO DE PARIS du 17 mars.)

4. La pièce d'Hennique, c'est AMOUR, créé à l'Odéon le 6 mars ; celle d'Alexis et Méténier, c'est MONSIEUR BETSY, comédie en 4 actes, créée aux Variétés le 3 mars.

Mercredi 19 mars

La princesse, ce soir, tâche de se faire pardonner sa lettre. Elle me prend le bras pour aller dîner, me fait placer à côté d'elle, me caresse de regards amis et, à une observation que je fais sur son caractère et qui la dévoile, me dit en souriant : « Ça, vous savez, après moi, n'est-ce pas ? » faisait allusion à mon JOURNAL, et, se penchant vers moi, me jette dans l'oreille : « Vous savez, on a des ennemis qui... » Elle ne finit pas sa phrase ; mais ses yeux et sa bouche me disent gentiment qu'elle ne m'a demandé de ne plus parler d'elle qu'avec un regret.

Jeudi 20 mars

A propos des TABLEAUX DU SIÈGE, que je ne connaissais pas et que je venais de feuilleter chez Charpentier, avec la joie de trouver mes tableaux autrement vivants, autrement grouillants, autrement colorés, Daudet disait avec une grande justice que Théophile Gautier possédait la couleur des pays exotiques, mais pas du tout la couleur de la France, la couleur de Paris.

Coppée n'a pas seulement plagié absolument la voix de Banville ; il aurait, d'après Rodenbach, complètement plagié l'écriture de Leconte de Lisle.

Ce soir, Alexis me répétait la phrase de Réjane : « Moi, je ne suis bonne qu'à jouer les rosses... Rien que les rosses ! » Puis il me donnait ce détail instructif sur le besoin de menterie aimable et toute gratuite qu'a Porel. Il l'avait entendu me dire, à la première d'Hennique, qu'il me reprendrait GERMINIE et qu'il comptait faire de l'argent. Cela revenait dans une conversation qu'il avait avec lui, aux Variétés, dans la loge de Réjane, Porel lui disant : « Oui, je suis sûr que je ferais avec GERMINIE dix bonnes soirées. — Eh bien, vous allez la jouer ? — Ce n'est pas possible, je n'ai plus de décors... On ne garde pas des choses encombrantes comme ça. On a repeint dessus. »

Pourquoi me faire espérer une chose que je ne sollicitais pas de lui ? Mais c'est un tempérament : Porel est le prometteur *quand même.*

Samedi 22 mars

Je pense, en recopiant la fin de mon JOURNAL sur le Siège et la Commune, comme il sera pillé par Zola, quand il va faire la GUERRE, se passant absolument dans le même temps et les mêmes milieux.

Dimanche 23 mars

Est-ce que l'amitié tendre entre homme et femme n'est pas de l'amour qui s'ignore ? Cette idée me vient de ce que les rapports d'amitié respectueuse que vous avez dans la vie éveillée avec des amies tendres, quand ces rapports se représentent dans le rêve, ils prennent un caractère amoureux, ont des serrements de mains, des rapprochements de corps, des baisers sur les visages dépassant les frontières des baisers amicaux — et vont même parfois au-delà, l'au-delà tout à fait coupable et où la matérialité de la chose disparaît dans une infinie douceur spirituelle.

De Bonnières parle assez intelligemment du snobisme de Stendhal, qui a fait le choix d'une patrie étrangère pour avoir une place plus grande que dans son pays ; et il compare son snobisme à celui de Bourget, qui cherche à grandir et à avantager sa littérature du *chic* de l'anglicisme, du slavisme, etc., comptant sur le sentiment bêtement admiratif de la France pour les choses et les êtres qui ne sont pas de fabrication française — sentiment qui est à l'état de religion chez lui [1].

Ah, les professions libérales ! Descaves nous disait avoir été acquitté par onze voix, des voix de quincailliers, de charcutiers ; mais il y avait dans le jury un sculpteur, et le sculpteur a été pour la condamnation.

Ce couple Gréville, dont la vie se passe dans du dramatique, est au fond un couple comique. Mme Gréville a eu l'ambition d'être jouée, et elle a trouvé un Bernsdorf pour le faire. Seulement, c'est un monsieur qui a eu toutes sortes d'histoires et qui a vu peut-être une banquière dans la femme-auteur, si bien qu'il s'est mis si fortement à lui embrasser les mains qu'elle lui a envoyé son mari... qui est entré chez lui en claquant les portes et lui a dit : « Monsieur, apprenez que si vous continuez à manger les mains de ma femme,... apprenez qu'elle vous retirera sa pièce ! »

Ce jeune souverain allemand, ce névrosé mystique, ce passionné des drames religioso-guerriers de Wagner, cet endosseur en rêve de la blanche armure de Parsifal, avec ses nuits sans sommeil, son activité maladive, la fièvre de son cerveau, m'apparaît, pour l'avenir, comme un souverain bien inquiétant... si on ne l'enferme pas [2] !

Mardi 25 mars

Un morceau de littérature qui m'a fait rire aujourd'hui, c'est un article sur le goût artistique du mobilier, dédié par Champsaur à Guy de Maupassant, à ce propriétaire d'un mobilier qui semble réaliser l'idéal du mobilier rêvé par le possesseur d'un *Gros* 8 de l'avenue de Suffren, qui aurait fait sa fortune [3].

---

1. En ce qui regarde Stendhal, dans LA VIE DE HENRI BRULARD, que L'ÉCHO DE PARIS vient de publier (cf. t. III, p. 390, n. 3), le dernier chapitre, contant l'arrivée de Beyle à Milan, comporte cette déclaration : « Cette ville devint pour moi le plus beau lieu de la terre. Je ne sens pas du tout le charme de ma patrie ; j'ai pour le lieu où je suis né une répugnance qui va jusqu'au dégoût physique... » (éd. Stryienski, 1890, p. 298).

2. Guillaume II est au pouvoir depuis le 15 juin 1888. Qui eût dit que le renvoi de Bismarck paraîtrait un jour aux Français un symptôme alarmant ? C'est pourtant la toute récente démission de Bismarck (20 mars) et le choix par Guillaume II du docile Caprivi comme chancelier, qui provoquent visiblement les inquiétudes de Goncourt. — Confusion probable, de la part d'Edmond, entre Parsifal et Lohengrin.

3. Cet article, LE MANQUE DE GOÛT CONTEMPORAIN, paru dans L'ÉVÉNEMENT du 26 mars et où Champsaur se plaint que ni le Second Empire ni la Troisième République n'aient vu naître un style décoratif, est dédié à Guy de Maupassant, en raison du dégoût que lui inspire la tour Eiffel, dans LA VIE ERRANTE...

Jeudi 27 mars

Ganderax me contait hier que d'après mon JOURNAL, il s'était figuré Berthelot comme un homme tout à fait supérieur et que le hasard l'ayant fait dîner avec lui, il avait été surpris de l'entendre, tout le temps du dîner, rabâcher, à la façon d'un vieux chef de bureau, d'une mesure administrative qu'il aurait prise du temps qu'il était ministre et qui n'aurait pas été suivie.

C'est prodigieux comme le pouvoir et les honneurs abêtissent certains hommes !

Vendredi 28 mars

On me reçoit avec un accueil qui tourne presque à la tendresse à mon retour au dîner des Spartiates, à la suite de la gentille démarche faite auprès de moi pour y revenir.

Du Boisgobey, à côté duquel je suis, me parle de nos anciennes connaissances communes qui ne sont pas mortes depuis que nous nous sommes vus, me parle de Claudin qu'il compare dans son gâtisme larveux à un ver de latrine particulier à l'Afrique et dont sa maîtresse, dans ce pays, ne pouvait prononcer le nom arabe sans cracher à terre.

Les infortunes du petit Hugo amènent la conversation sur les usuriers. Borelli soutient qu'il n'y en a plus, que lui et ses amis les ont ruinés et qu'à l'heure qu'il est, un homme qui fait dans la nuit une perte au jeu de dix mille francs ne peut pas trouver à se les faire prêter. Et c'est pour lui l'occasion de parler de la partie du Cercle impérial, du temps où l'on pouvait dire qu'une chaise pendant une heure coûtait trente mille francs. Et il cause de l'original et emballé joueur Treilhard qui, un jour où ils devaient aller ensemble à l'Opéra, le laisse partir avant lui, en disant qu'il va le rejoindre. Et au moment où il entrait à l'Opéra, Treilhard lui jette, en descendant de coupé, qu'il a bien fait de s'en aller, que lui a perdu 180 000 francs. Il avait perdu 180 000 francs pendant le temps que Borelli avait mis à faire le trajet à pied du Cercle à l'Opéra !

La conversation retourne aux usuriers, qui étaient pour la plupart des valets de chambre de grandes maisons. Et Jollivet esquisse le portrait d'un usurier célèbre du temps, d'origine anglaise, appelé, autant que je m'en souviens, French, et la fin déplorable de sa femme et de sa progéniture. Après sa mort, dans sa famille, s'était introduit un des amis de Jollivet, qui était le plus parfait représentant de la perversion morale et qui s'amusa à essayer sur cette famille le pouvoir du livre érotique et de l'image obscène, et il obtint ce résultat que la femme de l'usurier mangea sa fortune en entretenant de sales hommes, que les deux filles devinrent des putains et des *gougnottes* et que le garçonnet mourut d'épuisement par la masturbation [1].

Il est alors question de l'Afrique, de l'insurrection qui est en train

1. Add. éd. : *devinrent...*

de se préparer sourdement à la suite du droit de suffrage donné par Crémieux aux Israélites de là-bas [1]. Et Borelli explique très bien que les Français qui habitent l'Algérie étant pour ainsi dire presque tous privés de leurs droits civiques, ce sont les Israélites qui sont les maîtres du suffrage, avec lequel ils font nommer leurs types et exaspèrent, de jour en jour, les Arabes. Et, à ce propos de l'influence désastreuse de la juiverie, je ne sais qui dit que la question du Dahomey est due tout bonnement à huit marchands juifs d'huile de palme de Marseille [2].

Alors, c'est un tollé de tous contre les Juifs, surtout après que Borelli a rapporté ce mot qu'a laissé un jour échapper Mme Gustave Rothschild : « Je voudrais bien avoir un gentilhomme pour concierge ! »

Depuis cette parole, Drumont, devenu fiévreux et agité de mouvements nerveux, jette de temps en temps à la table : « Ont-ils peur ?... Enfin, ont-ils peur ? » A quoi Borelli répond une fois : « Oui, oui... très peur... Il y a eu, justement, à ce sujet une réunion des gros bonnets, la semaine dernière. »

L'Afrique a amené les dîneurs à parler de la Légion étrangère ; et ce Borelli, dont le ton et l'esprit pitre m'étaient antipathiques, devient très intéressant, parlant de cette chose qu'il connaît à fond ; et je ne fais plus attention à l'écarquillement blanc de ses yeux et à ses attitudes de matamore.

Il est curieux sur l'anonymat des enrôlés de cette Légion, dont la patrie, le nom, les antécédents sont indécis, vagues et laissés volontairement vagues. Il peint l'enrôlement, où l'on demande à l'enrôlé d'où il est, et où on écrit son lieu de naissance sans y croire, où on lui demande son nom et où il donne dix fois sur cent le nom de Weber ou de Meyer et où on lui dit : « Non, il y en a trop, tu t'appelleras Lafeuille ou Martin. » Enrôlement où l'on n'écoute pas ce que l'enrôlé raconte sur sa vie d'autrefois. Pauvres diables au passé louche, qui font marché avec la dure existence, la *ficelle,* la mort, mercenaires aux grands yeux bleus, qui, n'ayant plus d'intérêt dans la vie, se prennent de tendresse, comme pour une maîtresse, se prennent de tendresse pour leur élégant capitaine, caracolant sur son petit cheval, une rose à la bouche.

Samedi 29 mars

Descaves donne, ce soir, un dîner, pour célébrer son acquittement,

---

1. Comme ministre de l'Intérieur dans la délégation de Tours, Crémieux avait accordé, par le fameux décret du 26 octobre 1870, la citoyenneté française aux indigènes israélites d'Algérie, jusqu'ici assimilés par le sénatus-consulte du 14 juillet 1865 aux indigènes musulmans.

2. Voir t. II, p. 281, n. 3 sur le protectorat établi au Dahomey du vivant de Glé-Glé. En 1887, celui-ci envahit les terres du roi de Porto-Novo, autre protégé français, ce qui provoque une expédition en 1889-1890, au terme de laquelle le successeur de Glé-Glé, son fils Behanzin, signe un traité non ratifié ; suit une autre expédition, celle de la colonne Dodds (1892-1894), qui aboutit à la prise de Behanzin (1894) et à l'annexion de son royaume (1900).

où il a invité ses avocats, ses éditeurs, ses amis célibataires et ses amis mariés avec leurs femmes.

L'avocat Tézénat est un Méridional froid, à l'aspect distingué et nerveux, au petit favori *côtelette* sur une joue maigre, une pommette osseuse. Millerand est un bon gros garçon.

On sent tout d'abord une profonde hostilité dans ce petit monde de lettres contre Rosny, qui les a blessés presque tous avec son TERMITE et par l'orgueil qui, malgré lui, filtre de sa personne, et par ses prétentions à vouloir leur apparaître comme chef d'école [1]. On l'accuse d'avoir laissé passer dans la REVUE INDÉPENDANTE un article qui sacre Champsaur grand homme, comme payement de la page de L'ÉVÉNEMENT consacrée par Champsaur à l'éloge du TERMITE et à l'éreintement de Daudet [2]. Et on se moque de l'épingle de sa cravate qui porte, à ce qu'il paraît, une couronne de comte.

Mme Bonnetain, qui est là, qui est vraiment jolie, mais avec une beauté un peu en lame de couteau, affiche une domination tourmentante sur son pauvre mari, qu'elle appelle à tout moment à ses côtés, comme un petit chien, et dont elle se fait accompagner, quand elle va pisser.

Huysmans cause avec moi du roman qu'il fait et du personnage de Buet qu'il y a fourré, de ce Buet, pédéraste bien authentique et auquel, un soir, il disait qu'il était curieux de voir une maison de sodomites bien connue, aux Champs-Élysées, et qu'il l'y menât. A quoi, le Buet lui disait, sur un ton fâché, qu'il ne connaissait pas ces maisons-là ; et quelques jours après, Huysmans recevait de Suisse une lettre dudit, une lettre qu'il a conservée comme un curieux document, où il y a cette phrase : « Vous n'avez donc pas compris que ce soir-là, j'avais lieu d'être nerveux... » Ce qui voudrait dire qu'Huysmans l'avait froissé, en ne s'adressant pas à lui en sa curiosité malsaine [3].

Il me parle aussi d'une entrevue avec Zola, qui lui a dit que son prochain livre allait être l'ARGENT, et qu'il allait le célébrer, parce que, lui a-t-il dit en le regardant, « ceux qui n'en gagnaient pas... » Là, il arrête sa citation dans un mouvement d'indignation colère, qui lui fait dire : « Vous sentez que c'est bien de moi qu'il parlait !... A-t-on vu un cochon comme ça ? »

Dimanche 30 mars

Lorrain, qui est venu aujourd'hui et qui a l'habitude de s'en aller avant l'arrivée du monde, s'attarde et se trouve encore là quand Daudet

---

1. Sur LE TERMITE, cf. t. III, p. 148, n. 3.
2. En fait, l'article de Champsaur accusait Rosny d'avoir peint les naturalistes avec indulgence dans LE TERMITE et de « n'avoir pas *vidé son sac* ». Sur l'attaque contre Daudet, cf. plus haut p. 395, n. 2.
3. Huysmans fera paraître LA-BAS en 1891. Chantelouve y figure, comme Charles Buet, un historien catholique. Voir son portrait chap. XII (éd. Crès, 1930, t. II, p. 29). C'est le mari, papelard et inquiétant, de la maléfique Hyacinthe Chantelouve, qui introduit Durtal aux messes noires du chanoine Docre.

arrive. Et quand il veut prendre la main de Daudet, celui-ci ne lui donne que deux doigts en lui disant : « Pourquoi la main ? » Enfin, à la fin de la séance, il se rapproche de lui, s'excuse sur le besoin bête dans son métier de faire un mot et finit par lui dire qu'il a un peu une tête de Christ et qu'il doit en avoir la mansuétude.

Quel diable de lettré est donc ce Morel, qui me dit, une année, gagner de l'argent en coloriant des plâtres, une autre, en faisant des imitations de laque !

Lundi 31 mars

Georgette, la petite Charpentier, la jeune épouse Hermant, aurait laissé percer son désenchantement de la vie devant Jacques Blanche, faisant son portrait au pastel.

Elle aurait dit : « Mon Dieu ! Qu'est-ce que je vais faire, maintenant que vous avez fait mon portrait ?... Oh oui ! les visites que va me faire faire ma mère en sortant d'ici... Tous ces gens sont ennuyeux comme tout !... Je suis dans la vie toute seule, toute seule. Quand mon mari travaille, ça le gêne que je sois à côté de lui... Si je n'ai pas un enfant avant dix mois, je me tuerai ! »

Mardi 1er avril

Ajalbert vient me lire le premier et le troisième acte de la FILLE ÉLISA. C'est pas mal, mais c'est inférieur au second acte.

Il me parle de ce pauvre Bonnetain, en puissance de cette femme sans esprit, sans intelligence, qui n'a pas même un cul à sa disposition, occupé à tout moment par les chirurgien — de cette femme n'ayant pas le moindre souci du comment son mari se procure de l'argent pour faire aller la lourde maison, et disant : « Ça, c'est une affaire d'argent, ça le regarde ! » — de cette femme dont la bêtise est si insupportable que les amis de Bonnetain ont pris le parti de se relayer auprès de lui.

Il me racontait son retour avec elle, lorsque Bonnetain l'avait raccrochée pour la seconde fois au *Jardin de Paris* et qu'il l'avait ramenée assise sur eux deux, et la pelotant en faisant l'éloge de ses cuisses. Il me la montre à la brasserie Pousset, en compagnie d'une fille les cheveux dans le dos, d'une fille à trois francs, et d'abord passant une nuit seulement chez Bonnetain, puis s'y installant, à la désolation de la portière, deux ou trois jours, puis... puis... Et il croit qu'une chaude-pisse de Bonnetain, qui lui a fait faire une retraite de six mois dans le Midi, combinée avec les six coups de revolver qu'elle a fait semblant de se tirer sur elle, c'est cela qui a amené et leur collage et leur mariage.

Dîner hier chez la princesse avec le ménage Renan. Gêne de me rencontrer avec Renan et d'échanger des poignées de main et des *Chers amis,* ne sachant pas s'il a lu des fragments de mon JOURNAL sur le Siège, publiés dans L'ÉCHO DE PARIS. Mais à la chaleur banale de son accueil, il semble n'en savoir rien ou affecter de n'en savoir rien.

Il laisse un moment débonder hors de lui son goût, son amour, sa passion pour le théâtre, avouant qu'il y pleure comme un enfant.

Ah, les jeunes ! Rosny, à la première de LA LUTTE POUR LA VIE, à cette première, où il y avait si peu d'élus, est arrivé tout chaud, tout bouillant, à la fin du troisième acte. Quant à moi, il sait ma tendresse, parmi les choses que j'ai écrites, pour mon journal du Siège et de la Commune : eh bien, il n'a jamais eu l'attention, je dirai, la politesse d'en lire un feuilleton — du reste pas plus que tous mes jeunes amis. Ah ! cette génération ne paye pas de réciprocité l'amitié des vieux !

Hier, Ganderax me parlait de la mêlée avec les hommes et les choses de la Commune de Forain, encore tout jeunet, presque un garçonnet. Il me disait que lors de la fusillade de l'archevêque, il avait été invité par Dacosta à venir voir ça, spectacle qu'il avait refusé, non par horreur, mais par absence de curiosité [1]. A son retour, Dacosta lui jetait pour accrocher dans son atelier, comme bibelot, un rabat de prêtre fusillé.

Samedi 5 avril

A propos de MADEMOISELLE CLAIRON, que je viens de publier, les bonnes critiques ! C'est une tâche ingrate, affirme un imbécile du nom de René Doumic, de faire, de restituer des portraits d'actrices, parce que la vie de toutes les actrices se ressemble [2]. Vraiment, c'est trop bête ! L'étude de la vie d'une tragédienne ressemble-t-elle à l'étude de la vie d'une danseuse ? Et même dans la même profession, la vie et la mort de la chanteuse Sophie Arnould sont-elles pareilles à la vie et à la mort de la chanteuse Saint-Huberty ? « Du reste, ajoute-t-il, mon M. Doumic, la vie de la Clairon est bien connue par ses MÉMOIRES. » Pardon, tout mon travail a pour but de prouver que ces MÉMOIRES ne disent pas la vérité. Puis, la femme ne l'intéresse pas, il n'y a que l'actrice ; moi, la femme m'intéresse autant que l'actrice. Enfin, il m'accable de son dédain pour avoir consacré 500 pages à cette actrice, qui a tenu une si grande place dans l'histoire du théâtre et de l'amour au XVIIIe siècle ! Va pour les mépris de René Doumic !

Il y a des enfants qui naissent si comédiens que ça vous fait réfléchir et demander si les parents, qu'on veut voir sous le jour le plus beau, qu'on se refuse à étudier dans la crainte de désillusionner ses amitiés, n'ont pas dissimulé au fond de leurs personnes ce qui jaillit et se montre au dehors de l'enfant procréé par eux.

Dîner chez Hennique. Un petit intérieur gentiment arrangé, avec de la japonaiserie bon marché et où sont accrochées aux murs quelques esquisses de Chéret, de Forain. Une jolie petite fille et une charmante belle-sœur, non mariée, qui a la voix et le rire de sa sœur à s'y méprendre. Malgré tout cela, le dîner a peu d'entrain, peu de gaîté, tient du sérieux d'un dîner de vieux parents, ce qui fait dire à Daudet,

1. Cf. t. II, p. 472, n. 1 sur l'exécution de Mgr Darboy.
2. Cf. René Doumic, MADEMOISELLE CLAIRON, dans LE MONITEUR du 31 mars 1890.

en s'en allant, que c'est vraiment du *bon-garçonnisme* d'être venu, lui qui refuse aujourd'hui les dîners les plus amusants !

Dimanche 6 avril

Hennique vient faire ses adieux au monde du *Grenier,* avant de partir pour la campagne, où il va pour faire sa pièce et dont il ne reviendra qu'en octobre [1]. Il me parle de sa petite fille, restée hier avec nous jusqu'à notre départ et nous regardant de ses yeux de souris éveillée — ce qui, par parenthèse, gênait la conversation. Il me dit : « Vous ne savez pas la première phrase qu'elle a prononcée en se réveillant : « Mais elle est gentille, Mme Descaves, je la croyais un peu *fredaine* comme Mme Bonnetain. » Et comme on lui demandait : « Qu'est-ce que tu veux dire par *fredaine* ? — Oh ! j'ai mon *vocable* — vocabulaire — comme M. Rosny. »

A propos de sa pièce, comme je lui dis : « Mais l'ARGENT, c'est le titre sous lequel Zola annonce son roman ? — Que voulez-vous ? me répond-il, l'idée du livre vient de moi. Dans le temps, je lui ai parlé d'une chose que je voulais faire sur ce sujet... Il me laissait aller... Toutefois, à un moment, j'ai vu qu'il m'écoutait si bien, ma foi, que je me suis arrêté... Mais même dans LE RÊVE, il y a un peu de mes causeries autour de mon projet de livre : UN CARACTÈRE... Oh ! il n'a fait que ça toute sa vie... Tenez, LE CAPITAINE BURLE, c'est une chose que lui a contée Céard, auquel il a demandé la permission d'en faire une nouvelle... Et ça été drôle, quand Céard en a fait une pièce où il a imprimé : *tirée de la nouvelle de Zola...* Il aurait pu aussi bien mettre : *tirée de ma nouvelle signée Zola* [2]. »

Et là-dessus, comme on parle de son impudence à nous déposséder des noms dont nous baptisons nos personnages de romans, Daudet nous signale même le nom de Nana, pris dans son roman de JACK.

Lundi 7 avril

J'ai une maison dont la sonnette ne sonne pas, dont la serrure de la porte d'entrée a des caprices qui empêchent quelquefois d'entrer, un système de cheminées qui vous tient sous la menace continuelle d'un incendie, un jardin où les fleurs ne fleurissent pas, etc., etc., ce qu'on appelle une charmante propriété — et c'est là, au fond, l'état habituel de toutes les choses de la terre possédées par l'homme.

Mardi 8 avril

A présent, quand j'écris un nom sur mon livre d'adresses, il me semble que c'est pour la liste des lettres de décès à envoyer après ma mort.

---

1. Add. éd. : *où il va...* — La pièce que prépare Hennique est L'ARGENT D'AUTRUI, un drame que jouera l'Odéon, le 9 février 1893.
2. Cf. t. III, p. 76, n. 1 sur la pièce de Céard.

Dans ce siècle, j'aurais peut-être été le seul, et sans ressentiment aucun contre les personnes et par le seul amour de la vérité, le seul à *remettre à leur point* les faux grands hommes : Renan, Sainte-Beuve, etc., etc.

Jeudi 10 avril

Décidément, les pastellistes de l'heure présente, en dépit de tout le talent qu'on veut leur prêter, n'ont pas l'art de représenter leurs contemporains *en beau.* Ce portrait de Madeleine Lemaire, c'est à faire peur, avec ses yeux battus comme de coups de poing, avec l'hébètement d'un visage de femme, qu'on dirait choisi le jour d'abondantes règles. Et les durs portraits de Tissot et les anémiques portraits d'Helleu, et les névrosés portraits de Jacques Blanche ! Autrefois, il y avait un effort pour représenter le charme, l'esprit, le sourire d'une figure de femme ; à présent, on dirait que nos pastellistes en faveur, avec leurs roses d'engelures et leurs violets plombés, on dirait qu'ils ne veulent exprimer que l'éreintement, l'ahurissement, le barbouillage de cœur, enfin tous les malaises physiques et moraux d'une physionomie de femme.

Touché à L'ÉCHO DE PARIS le mois de mars du JOURNAL DES GONCOURT. Pour la première fois, au lieu des visages de bois que j'ai trouvés toutes les fois que j'ai donné quelque chose à un journal, je suis tombé sur des mines de gens satisfaits, complimenteurs. On m'a parlé du succès de la publication, et le jeune Simond m'a demandé de signer un traité pour un second volume.

Samedi 12 avril

Le nouvel empereur d'Allemagne, en son tempérament mystico-religieux, aurait des coins de sadisme. Une femme, une cocotte connue à Paris, la Lowe, avec laquelle dans le temps a couché un ami de Jollivet, serait devenue la maîtresse du prince, quand il faisait son service militaire à Strasbourg. Elle aurait été sa maîtresse sans savoir qui il était, jusqu'à un certain jour, où il se trouvait encore si saoul le matin que, même avec son aide, il n'avait pu remettre ses bottes et avait été obligé de faire envoyer chercher son valet de chambre. Donc, la Lowe racontait à un ami de Jollivet, rencontré dans le train de l'Est, à sa montée à la gare de Saverne, racontait la manière dont le futur empereur faisait l'amour. Elle avait l'ordre de l'attendre toute nue, toute nue, de longs gants noirs lui montant au-dessus des coudes ; lui, se présentait également à poil, les bras liés, sans doute par rapport à son bras desséché, et, après l'avoir un moment regardée, se jetait sur la femme, qu'il renversait à terre, et jouissait d'elle avec une fureur animale [1]. Ces gants noirs, savez-vous bien ? c'est sadique... Et ils rappellent les bas noirs de Rops dans ses eaux-fortes obscènes.

Il est beaucoup question de M. de Rougé, ce mystificateur de la vie

1. L'empereur Guillaume II avait le bras gauche paralysé et déformé depuis sa naissance, accident dû sans doute aux mauvaises conditions de l'accouchement.

intime, faisant *minette* avec un pince-nez aux verres bleus à une femme au mont-de-Vénus roux, roux comme une flamme, faisant de ses ratages en amour — la plus grande humiliation des mâles — faisant des blagues, des blagues cruelles, des blagues triomphantes, avec des trouvailles de mots très Palais-Royal. C'est lui qui disait à une femme, auprès de laquelle il se trouvait dans un flasque désespérant et qui lui avait fait endosser une robe de chambre, espérant quelque chose du changement de costume : « Oui, me voilà en *peplum* et je me fais l'effet d'être Caracalla. Mais tu vois, ma queue n'a rien du tout de la vieille Rome ! » C'est lui qui, pendant le Siège, ayant toute une nuit *manqué* Sarah Bernhardt, reçut d'elle le matin, pour vaincre sa frigidité, une voie de bois, volée aux ambulances, et qui jeta à son domestique, le réveillant pour lui apprendre la chose : « Eh bien, qu'on le fasse décharger, ce bois ! Il a plus de chance que moi... »

Et le dîner des Spartiates d'hier se termine par une causerie sur l'Académie, où Valfrey nous entretient du peu de chances qu'a Brunetière d'entrer à l'Académie, à cause des gens qu'il a blessés dans ses fonctions de lecteur à la REVUE DES DEUX MONDES [1]. Borelli, lui, fait un portrait assez drolatique de ce critique *verdâtre,* qui fait des conférences classiques avec des chemises où il y a représentés nombre de petits laboureurs poussant une charrue, des impressions sur calicot ressemblant au fleuron de l'éditeur Lemerre sur ses livres.

Dimanche 13 avril

En corrigeant les épreuves de mon JOURNAL, il me vient vaguement l'idée de faire un grand drame dans ce milieu tragique [2].

Mercredi 16 avril

Hier, j'ai été prié de présider le banquet donné à Chéret par ses sympathiques pour sa décoration. Ils sont vraiment des enfants gâtés, ces peintres, ces sculpteurs ! Il y avait bien cent vingt littérateurs presque illustres pour boire à la gloire du décoré. Et j'ai fait mon premier discours, qui n'a pas été long : « Je bois au premier peintre du mur parisien, à l'inventeur de l'art dans l'affiche. »

L'homme, il faut le dire, est très charmant. Il a dans l'amabilité une espèce de bonne amitié câline tout à fait séduisante.

Jeudi 17 avril

Un roman comme la BÊTE HUMAINE, un roman comme en fabrique

1. Brunetière, en 1890, est parmi la douzaine de candidats que suscite la succession d'Augier, obtenue par Freycinet. Le 7 juin 1893, au fauteuil John Lemoinne, après avoir obtenu une voix de plus qu'Eugène Manuel, qui s'efface, il l'emporte sur Zola : les académiciens ont élu en lui l'ennemi déclaré du naturalisme.

2. Entendez : celui que créent à Paris le Siège et la Commune, sujets essentiels de la deuxième partie du volume III du JOURNAL.

aujourd'hui Zola, où tout est invention, imagination, fabulation, où les êtres sont de pures ou de sales sécrétions de sa cervelle, un roman sans un sou d'étude de la vraie humanité, n'a à l'heure qu'il est aucun intérêt pour moi. Je ne suis intéressé que par un roman où je sens dans l'imprimé, pour ainsi dire, la transcription d'êtres en chair et en os, où je lis un peu ou beaucoup des mémoires d'une vie vécue.

Sans un constant feuilletage des impressions japonaises, on ne peut vraiment se faire à l'idée que, dans ce pays d'art naturiste, le portrait n'existe pas et que jamais la ressemblance d'une figure n'est reproduite dans sa vérité et qu'à moins d'être comique ou théâtralement dramatique, la représentation d'un visage d'homme ou de femme est toujours hiératisée, et faite de ces deux petites fentes pour les yeux, de ce trait aquilin pour le nez, de ces deux espèces de pétales de fleurs pour la bouche.

Un groupe de Français intelligents, en ce temps tout pratique, devrait afficher ce programme, aux prochaines élections : « Nous nous *foutons* de la Légitimité, de l'Orléanisme, de l'Impérialisme, de la République opportuniste, radicale, socialiste. Ce que nous demandons, c'est un gouvernement de n'importe quelle couleur au rabais : le gouvernement qui s'engagerait, dans une soumission cachetée, à gouverner la France au plus bas prix [1]. »

Vendredi 18 avril

Maux d'estomac tout au matin, me donnant dans mon lit des insomnies anxieuses, où l'article de mon JOURNAL, paru la veille dans L'ÉCHO DE PARIS, semble devoir m'amener dans la journée des annonces de duel et de procès en diffamation [2].

Samedi 19 avril

Déjeuner chez moi, et lecture à Porel et à Réjane par Paul Alexis et Méténier, des deux premiers actes de CHARLES DEMAILLY. La lecture n'a pas de succès. Porel déclare les deux actes injouables, et moi, qui ne partage aucune des critiques qu'il émet, je trouve, de mon côté et pour d'autres raisons, lesdits actes *faiblots*, sans morsure sur le public, ne transportant pas à la scène l'amertume du livre.

A propos de ce pauvre diable de Méténier qui, dans le moment, a une crise de foie et ne mange rien à déjeuner, Réjane confesse qu'elle a eu un moment des crises hépatiques, des crises revenant tous les jours, et si douloureuses qu'elle avait déclaré à sa mère que si ça continuait, elle se tuerait ; mais les eaux de Pougues l'avaient guérie.

1. Suit un passage rayé : *le gouvernement qui ferait payer le moins d'impôts à ses bien-aimés concitoyens.*
2. Cf. t. II, p. 355, sur Juliette Drouet aux côtés de Victor Hugo.

Dimanche 20 avril

Octave Mirbeau, qui a touché à Paris, vient aujourd'hui au *Grenier*. Il quitte Joubert, qui n'a pu s'empêcher de lui témoigner son étonnement sur le bon marché que coûte l'achat de la presse, de la presse dont il a acheté le silence pour la modique somme de 200 000 francs ; et il n'y a pas que la presse française pour cette somme, il y a la presse autrichienne. Joubert croyait que ça lui coûterait bien autrement cher, et il tombait des nues, quand le MATIN, cet organe si répandu, s'est contenté de lui demander 15 000 : « Ah ! c'est vraiment pour rien ! » a-t-il été au moment de faire dire dans un remerciement au patron du journal.

Et il se met à entrer dans les détails du procès des métaux, qui sera un des procès les plus curieux du siècle, et ces détails l'amènent à dire le désir qu'il aurait de faire un roman sur l'argent [1]. Et il le ferait mieux que personne, ce roman, lui qui a été quelques années dans la boutique de l'argent, avec le sens de l'observation [2].

Et de Joubert, sa parole saute à la colonie française de Monte-Carlo, aux Tarbé, aux Dennery, à l'union de ces deux ménages unis par la pourriture et qui, tout en se disputant, ne peuvent vivre sans que les uns soient accrochés aux autres. Il nous entretient de la vieille N... qu'il nous montre surprise, il n'y a pas plus de cinq ou six ans, surprise par un de ses amis à donner une leçon de suçage, sur une canne, à un cercle de jeunes amies, qu'elle avait réunies dans son petit salon.

Il parle encore de l'alcoolisme de Valentin Simond et de Besson, descendu ivre mort du chemin de fer, à son dernier voyage et porté à l'hôtel à la façon d'un colis et dit que Maupassant n'a pas un bateau pour aller sur l'eau, mais un bateau pour avoir l'honneur d'y recevoir la princesse de Sagan et nous raconte, à ce sujet, son épatante servilité auprès du grand monde chic.

C'est beau dans ce moment, le *trompettage* par tout le journalisme de FUTURA, le livre de Vacquerie. Comme on sent que ce livre ne gêne personne, ne porte ombrage à aucun talent !

---

1. Deux industriels, Secrétan et Laveissière, avaient constitué en 1881 la Société industrielle et commerciale des métaux. Secrétan, directeur de la société, met en œuvre un plan de stockage et de hausses fictives qui devait lui assurer la maîtrise du marché mondial du cuivre. Dans cette opération, la Société des métaux est soutenue par le Comptoir d'escompte, dont le conseil d'administration comprend les principaux dirigeants de la Société des métaux. Mais celle-ci croula sous la masse de ses achats, les acheteurs ordinaires ayant refusé de se plier aux prix artificiellement gonflés et ayant suspendu leurs commandes de cuivre. Elle entraîna dans sa chute le Comptoir d'escompte, dont le directeur, Denfert-Rochereau, se suicida (cf. t. III, p. 305, n. 1). Les principaux administrateurs de la Société des métaux seront jugés, du 5 au 28 mai 1890, par le tribunal correctionnel de la Seine, pour délit d'accaparement et distribution de dividendes fictifs. Joubert, entré tardivement dans le conseil d'administration, sera acquitté ; Hentsch sera condamné à 3 000 francs d'amende, Secrétan et Laveissière, à quelques mois de prison et à des peines d'amende.

2. Entré dans l'administration préfectorale à la faveur du coup d'État du 16 mai 1877, Mirbeau en était sorti à la suite de l'échec de Mac-Mahon : il retourna alors au journalisme, entra au GAULOIS et en même temps fréquenta la Bourse.

Montégut, le peintre passionné de musique, est allé avec une bande de dilettantes exécuter du Wagner dans la forêt de Fontainebleau, la nuit, sur des partitions éclairées par des bougies tenues par les jeunes et jolies filles de Risler, et c'est un plaisir de l'entendre parler du *velours* de la musique, en plein air, sous des sapins.

Lundi 21 avril

J'ai reçu ces jours-ci une lettre de convocation de réunion électorale, où Bocandé, « candidat républicain radical », a ajouté de sa main, au-dessous : *Ami de Germinie Lacerteux.*

Mme Sichel me contait ceci. Elle va un de ces jours derniers voir Mme Strauss. C'était une journée de pluie, une journée où il n'y avait rien d'amusant à faire.

« Faites-vous quelque chose aujourd'hui ? dit Mme Strauss.

— Non, répond Mme Sichel.

— Eh bien, je vous emmène, je vais voir ma tante Mélanie, vous me tiendrez compagnie en voiture. »

On part dans l'excellent coupé et les voilà à Passy, dans l'ancienne campagne de la princesse de Lamballe, dans la maison du docteur Blanche [1].

« Vous ne tenez pas, n'est-ce pas, à voir ma tante ? » Et Mme Strauss laisse Mme Sichel dans le grand salon, où une sorte de régisseur femelle de la maison peignait à l'aquarelle des roses. Les deux femmes se mettent à causer et sur ce que dit Mme Sichel avoir vu dans l'atelier de Jacques Blanche le portrait du fils du médecin actuel de la maison :

« Ah ! vous connaissez le docteur Blanche ? — dit la peintresse à l'aquarelle. Il est justement ici, je vais le faire prévenir...

— Ah ! chère madame, c'est vous ! » dit le docteur Blanche en entrant, et le voilà, pendant que la pluie redouble, à se chauffer, en causant, les pieds devant un bon feu.

Mme Sichel lui dit qu'elle a accompagné Mme Strauss, qui est venue voir sa tante, Mélanie Halévy, et voilà Blanche commençant l'histoire de la famille Halévy... quand c'est un fou mélancolique qui arrive, suivi de toute sa famille. On passe au billard : autre fou morne, en tête-à-tête avec un parent. Mais le fou du salon est monté dans le cabinet du médecin et l'on revient au coin de la grande cheminée ; et là, dans l'expansion de la douce chaleur et l'entraînement du tête-à-tête, le docteur Blanche, se laissant aller à des confidences déjà commencées par sa femme, fait l'historique du mariage de Ludovic Halévy.

Ludovic avait eu un coup de cœur pour une sœur de Mme Strauss, une charmante jeune fille morte toute jeune, et un peu de son amour s'était reporté sur la survivante, avant qu'elle fût Mme Bizet. Celle-ci, faisant craindre, dans la constitution de sa cervelle, l'alliage de la folie

1. Cf. t. III, pp. 236-237, n. 1.

des Halévy avec la folie des X***, dont était sa mère, et de plus, horriblement mal élevée et par là-dessus encore, annonçant une femme d'un caractère dominateur, qui pouvait avoir une influence toute puissante sur son fils, n'agréait point du tout à la mère de Ludovic, qui se mettait à la recherche d'un autre parti et travaillait à le marier à la petite bourgeoise Bréguet, beaucuop moins menaçante dans l'avenir pour la domination qu'elle exerçait sur son fils [1].

La cour commencée, le mariage même arrêté, Ludovic voulait rompre ; mais il retrouvait une résistance chez la petite bourgeoise, qui se refusait à lui rendre la parole donnée et se faisait fort de se faire aimer un jour. Là-dessus, des jalousies de la mère et de la sœur de Ludovic, à se rouler par terre... Enfin, le mariage et au bout de très peu de temps, le docteur Blanche chargé de ramener la jeune épouse chez ses parents, par suite de la répulsion qu'il avait pour elle, répulsion dont on ne sait pas les causes, mais répulsion ayant pris un moment un caractère d'agressivité, qui faisait redouter un malheur... Et le rapprochement entre le mari et la femme n'avait lieu que lorsque Paradol, ayant perdu sa femme et ayant quelques remords de sa conduite, qui n'avait pas toujours été celle d'un mari modèle, prêchait à son frère l'excellence du foyer [2].

Mercredi 23 avril

Ce matin, mon marchand de vin, parlant de la qualité inférieure des vins de ces années, me dit qu'indépendamment de toutes les maladies spéciales, particulières à la vigne en ce siècle, la vigne non malade, qu'elle soit ancienne ou replantée, est attaquée d'*anémie,* ainsi que toute la végétation. La terre de notre vieux globe serait décidément fatiguée, usée, brûlée.

Défiez-vous de vos yeux, quand ils sont artistes. Ils commencent par avoir la religion d'un ton, par exemple : *feuille de rose dans du lait* (Boucher), *peau de lièvre* (Chardin), *lie de vin* (Delacroix). Puis c'est la religion encore plus bêtement fanatique d'une coloration, *sang de bœuf* ou *foie de mulet,* dans une poterie — et l'on arrive à aimer cela mieux qu'une forte pensée, qu'une belle phrase.

Jeudi 24 avril

Mirbeau vient déjeuner avec sa femme, avec cette Alice Regnault, qui fut une des beautés de Paris, mais à laquelle je trouve l'œil un peu *bestiau* et les pommettes, à l'heure actuelle, couperosées comme celles d'une vieille Anglaise. Mais la femme semble douée d'une douce bonne

1. Le nom des parents maternels de Mme Bizet est laissé en blanc dans le ms.
2. Lapsus probable, Prévost-Paradol étant simplement l'ami de Ludovic Halévy (cf. t. I, p. 257, n. 2) ; s'étant marié avec une jeune Suédoise, et non point avec une sœur de Ludovic Halévy, il n'est pas non plus son beau-frère.

humeur et apparaît comme une créature dont le contact de la vie doit être agréable et remontant.

Dans la conversation de Mirbeau, volontiers potinière, mais de temps en temps avec des envolées au-dessus des potins, il est question de Bonnières, qui aurait toujours eu des coadjuteurs en ses travaux et qui aurait pris tout dernièrement Wyzewa comme professeur d'esthétique et de philosophie de sa femme, à l'effet de collaborer anonymement dans le roman qui va paraître à la REVUE DES DEUX MONDES [1].

Il est question de notre ami Geffroy, qu'il me dit — c'est tout à fait invraisemblable — marié à une femme qui ressemble à une figure de la République par un prix de Rome. Enfin, il est question de Mme Gallimard, de cette femme si hystérique, qu'une course en voiture avec elle force les gens pratiques à crier : « Arrêtez, cocher, j'ai besoin de descendre ! » — et des bras enlaceurs de cette bourgeoise La Mottenfeu, desquels voudrait, à l'heure présente, se retirer Geffroy.

Dimanche 27 avril

Aujourd'hui, Rodenbach parle ingénieusement de la page imprimée du livre, qui, avec les combinaisons des interlignes, des à-la-ligne, de l'italique, des capitales, etc., etc., est arrivée à l'arrangement artistique et, comme il le dit, à l'*orchestration* de l'affiche.

La manifestation du 1er Mai fait causer du mouvement nihilo-socialiste actuel, où il n'y a aucun plan de reconstitution d'une nouvelle société, mais où il n'y a que la volonté de faire table rase de la vieille et laisser la nouvelle se faire toute seule [2]. A ce propos, quelqu'un cite la phrase que j'ai écrite dans IDÉES ET SENSATIONS sur le remplacement, comme agents de destruction dans les sociétés modernes, des Barbares par les ouvriers [3].

A dîner, Léon Daudet, qui vient de quitter Drumont, nous dit qu'il se croit empoisonné par les Juifs et que depuis trois jours, où il a bu un verre d'eau dans une réunion électorale, il a été pris de vomissements et que le marquis de Morès est dans le même cas que lui. Drumont a semblé tout à fait abattu et il a dit à Léon qu'après le 1er Mai, il serait jeté en prison, parce qu'il avait pris l'engagement d'honneur, avec une bande d'une douzaine de mille d'antisémitiques, d'aller protester devant les hôtels des Rothschild et qu'il sait qu'il y a des mandats d'arrêt signés d'avance contre lui, Morès et de Biez.

---

1. Robert de Bonnières, dont la REVUE DES DEUX MONDES avait donné LES MONACH, du 1er octobre au 1er novembre 1884, fait paraître en juin 1890 un roman mondain qui est un des événements littéraires de l'année, LE PETIT MARGEMONT ; mais ce n'est pas dans la REVUE, qui ne publiera plus rien de lui.

2. En 1889 s'était constituée la seconde Internationale socialiste. Le Congrès socialiste international, réuni à Paris lors de l'Exposition, avait décidé de fêter partout le 1er mai en chômant et en manifestant en faveur de la journée de 8 heures. Le 1er mai 1890 allait donc ouvrir la série de ces manifestations annuelles des ouvriers du monde entier. On l'attendait avec espoir ou anxiété. A Paris, le mot d'ordre sera suivi. Il y aura des charges de police dans les quartiers du centre, de nombreuses arrestations, mais aucun incident grave.

3. Cf. t. I, p. 153. Dans IDÉES ET SENSATIONS, nous n'avons pas trouvé trace de cette note qui figurait au t. I du JOURNAL imprimé (septembre 1855).

Lundi 28 avril

Il y a en moi un souvenir de la *fumerie* encore si présent, que je me surprends à dire, en me versant un verre d'eau-de-vie : « Allons, je vais encore en *fumer* un ! »

Mercredi 30 avril

On ne croit pas qu'il y aura quelque chose demain, mais il faut toujours tenir compte de l'imprévu... Ce qu'il y a de positif, c'est que le commissaire de police est venu prévenir la princesse de ne pas sortir.

Pichot a entendu deux blagueurs, dont l'un disait à l'autre : « Tu sais, tous ceux qu'on ramassera demain... on leur coupera le prépuce et on les relâchera. »

Jeudi 1er mai

Il me tombe ce matin, arrivé de cette nuit, l'agité Poictevin, qui me crie de la porte : « Oh ! Monsieur, je crois avoir créé un allumeur de cierges ! » Et des paroles exaltées, des cris, des rires stridents et la citation d'un escargot *nabot,* d'un bourdon *superfleurissant* les fleurs, etc., etc.

Deux étrangères photographient ma maison. Une journée où dans le silence plus grand que celui des autres jours, on tend l'oreille à des bruits de fusillade... On n'entend rien ; alors, la pensée va à Vienne, à Berlin, à Saint-Pétersbourg, à toutes les capitales de cette pauvre Europe, où se fait la promenade hostile à la pièce de cent sous.

Du bateau que j'ai pris pour aller à Paris, je vois battre outrageusement par les sergents de ville de pauvres diables d'inoffensifs, et les chapeaux voler du quai sur la berge.

Rien passé la place de la Concorde, rien à l'Hôtel de Ville. Seulement rue de Rivoli, des figures de révolution, que chargent de temps en temps les sergents de ville, les poursuivant dans les petites rues autour des Halles.

Au fond, une grande déception devant le néant de la manifestation et la placidité des battus.

Raffaelli, avec lequel je prends un verre de madère chez Riche, en me parlant de la toilette de la femme dans ce moment, de la toilette du dernier vernissage, dit avec une certaine justice que dans ce moment, où la toilette est plus personnelle chez la femme et nécessairement plus jolie comme toilette individuelle, c'est très laid comme toilette générale, comme toilette des masses.

Mme Daudet contait, ce soir, d'une manière charmante et avec les curieuses qualités d'imitation qu'elle a, une scène de jalousie de Mme de Banville, tout à fait typique.

Un jour, elle se trouvait rue de l'Éperon avec Banville, sa femme encore dehors. Tombe une élève du Conservatoire avec sa mère, des amabilités desquelles le timoré Banville s'éloignait, se reculant toujours, toujours un peu plus sur sa chaise. Et il y avait en outre là un jeune ménage de poète, avec un enfant de cinq mois vagissant. Mme de Banville rentre. Un œil foudroyant à la mère et à la fille du Conservatoire. Une allusion par la mère à une rencontre au catéchisme de Saint-Séverin, suivi d'un sec : « Je ne me rappelle pas du tout ! » de Mme de Banville. Enfin le vagissant vagissant trop, le ménage sort, suivi dans l'antichambre de Mme de Banville, qui rentre bientôt, disant : « Le pauvre petit ! C'est trop jeunes, ce papa et cette maman, ça n'entend rien à un bandage, ils l'ont trop serré... » Et s'adressant de l'œil à Banville : « Hein, *Toto,* nous savons mieux arranger ça, n'est-ce pas, mon ami ? » C'est pas mal féroce, cette publicité faite de l'infirmité de Banville, pour empêcher les griffes amoureuses du Conservatoire de s'attacher à lui !

Vendredi 2 mai

Une des ambitions les plus amusantes chez des gens *peuple* comme l'est Rosny, c'est de *faire* une femme du monde quelconque. Cette conquête est pour leur vanité de démocrate un chatouillement à nul autre pareil : on dirait qu'ils se sentent anoblis par le contact bourgeois de ses parties génitales.

Journée passée à voir fleurir les pivoines et à dormichonner dans mon lit.

Samedi 3 mai

Je ne connais rien de bête comme ces reconstitutions d'un monument historique dans un lieu autre que celui où il a été autrefois élevé ; et cette Tour du Temple, refaite au bas de Passy pour la Grande exposition de l'année dernière, jette un complet désarroi dans ma cervelle d'historien de la Révolution, quand, un peu somnolent, je l'aperçois à travers la buée de la vitre du fiacre qui me ramène le soir chez moi [1].

Dimanche 4 mai

Daudet vient me faire une dernière visite. Il part demain, en compagnie d'Ebner, pour Lamalou, n'ayant prévenu sa femme de ce soudain départ que quatre jours d'avance.

Daudet dit aujourd'hui très justement que la littérature, après avoir subi l'influence de la peinture pendant ces dernières années, était aujourd'hui en train de subir l'influence de la musique de devenir cette chose à la fois sonore et vague et non articulée qu'est la musique. Et Heredia, qui est là, parlant des vers de M. de Régnier et des poètes

1. Cf. t. III, p. 333, n. 2.

de la dernière heure, établit que leurs poésies n'étaient que des modulations sans un sens bien déterminé et ce qu'eux-mêmes baptisaient du mot *monstres* : leurs vers à l'état d'ébauche et de premier jet et où les trous sont bouchés avant la reprise et le parfait achèvement du travail par des mots sans signification.

« J'ai une pauvre mine, hein ? » me dit Daudet en rentrant et pendant que sa femme est allée faire un tour chez Edmée. Il ne me laisse pas répondre et reprend : « Depuis quelques jours, je ne marche plus du tout... La nuit tombée, même avec une lumière, je suis obligé de marcher sur mon cul... C'est pour cela que je veux aller deux fois à Lamalou, cette année... Après quoi, j'entends ne plus me soigner et je veux qu'on me laisse finir tranquillement... Et avec cela, maintenant, cette peine à écrire, et l'idée de la correspondance — car je ne peux pas charger Ebner d'écrire à ma femme —, l'idée de la correspondance est un supplice. »

Son frère Ernest est venu dîner et après dîner, Alphonse nous parle d'une visite que de Bonnières lui a faite, sans qu'il en sût bien le motif, et il nous parle complaisamment de sa dureté, de son méphistophélisme avec ledit monsieur, et de l'espèce d'épouvante morale qu'il s'est amusé à lui causer.

Il était question de l'académicien de Vogüé et Daudet lui aurait dit : « Au fond, il n'a pas le sou. — Mais si... — Allons donc, tout au plus cinq à six mille francs qu'il peut se faire à la REVUE DES DEUX MONDES et ailleurs... Je suis bien renseigné, je vous le dis, il n'a pas le sou... Et puis, un père dans l'ombre : un joueur de maisons de jeu infimes... Et par là-dessus, une mère d'âge, qu'affiche Yriarte... Ah ! je comprends le besoin qu'il a d'être idéaliste ! »

Et comme il répète encore : « Au fond, il n'a pas le sou » — sentant que c'est aussi bien l'empoisonnement de Bonnières que de Vogüé, — Bonnières se met à lui parler innocemment de son logement de garçon, de son cinquième, que des gens considérables ne reculent pas à monter : « Et vous n'avez pas d'ascenseur ? » lui jette Daudet. Et l'apostrophe trouble tellement le pauvre de Bonnières que le voilà à se plaindre de la difficulté du placement des cédilles dans la prose française.

Le *Il n'a pas le sou* amène naturellement la conversation sur ces gens qui sont toujours à la chasse d'un billet de mille, d'un billet de cinq cents francs [1].

Et Ernest nous fait la peinture, comme s'il l'avait vu ouvrir pour lui, de ce petit tiroir, dans le bureau du ministre, de ce petit tiroir des fonds secrets, contenant des deux cent, trois cent, quatre cent mille francs, petit tiroir sur lequel vivaient, toutes ces années, bon nombre de républicains dont le traitement était saisi ; et Ernest Daudet nous montre les trois quarts des hommes politiques, quand ils ne vivent pas des fonds secrets, entretenus par les émissions des sociétés financières.

1. Add. éd. : *sur ces gens qui sont...*

Puis c'est une revue des faillis illustres de ce siècle, non réhabilités. Tout d'abord Villemessant, dont on n'a jamais pu découvrir les descendants de ses créanciers. Puis Koning, qui ne se montre pas empressé de la réhabilitation. Enfin le défenseur de la morale, de Pène, qu'on a voulu décorer et qui a touché, en vue de sa réhabilitation, sur les fonds secrets, par la protection de Fourtou, vingt-cinq mille francs, avec la promesse de vingt-cinq mille autres plus tard, et qui, au lieu de commencer à payer ses créanciers, a mangé les premiers vingt-cinq mille et est mort avant d'avoir touché les autres [1].

Lundi 5 mai

Léon disait hier que la plus grande partie des femmes du faubourg Saint-Germain étaient des alcoolisées, non par leur fait, mais par le fait de leurs ascendants et que Potain leur ordonnait de la chicorée, ordonnance dont elles ne comprenaient pas la raison, mais qui avait pour but de leur faire boire de l'eau, beaucoup d'eau.

Je crois qu'il n'y a jamais eu dans le journalisme, depuis qu'il existe, une inintelligence aussi unanimement reconnue que l'inintelligence du nommé Besson de L'ÉVÉNEMENT.

Mercredi 7 mai

Dumas, que je trouve la face très anémiée, parle du traitement qu'il suit d'après une ordonnance de Gruby. Il ne mangeait pas, ne pouvait plus marcher, avait des vertiges. Gruby l'a mis à la vinaigrette de tout au monde, lui a donné comme boisson de la limonade, et Dumas prétend qu'au bout de six semaines, il a recouvré l'appétit et nécessairement, avec l'appétit, des forces.

Ce soir, Dumas, que j'avais senti si hostile à Zola, m'a étonné : il a déclaré qu'à la première élection, Lavisse serait nommé et qu'à la seconde, ce serait Zola [2].

En ce moment, dans l'autre salon, des paroles de la princesse jouant la colère à la tête longue et étroite d'imbécile d'Ollivier, qui lui dit avec son lourd accent du Midi, sur un ton de plaisanterie, qu'il est l'homme appartenant entièrement à ses amis, toujours prêt à la guerre et même à la guerre, si elle la veut. C'est à propos de l'élection dernière, où la princesse voulait que Lavisse fût nommé et où il est établi que l'élection n'a pas eu lieu par suite de la manœuvre d'Ollivier qui, avec

1. Add. éd. : *en vue de...* Le texte Ms. porte, d'autre part : *par la protection de Fortou,* lapsus probable ; car il n'existe point d'homme politique de ce nom. Goncourt veut dire *Fourtou* — Bardy de Fourtou, le ministre de l'Intérieur du 16 mai, chargé d'organiser les candidatures officielles et de révoquer les fonctionnaires républicains — mais il songe inconsciemment à Fortoul, le ministre de l'Instruction publique dans le cabinet issu d'un autre coup d'État, celui du 2 décembre.

2. Sur les vaines candidatures de Zola, cf. t. III, p. 345, n. 1. Lavisse avait été l'un des douze ou treize candidats à la succession d'Augier. Il sera élu seulement en 1892 au fauteuil Jurien de la Gravière.

le concours de Doucet, a fait remettre l'élection à une époque indéterminée. Et comme Ollivier se laisse aller à dire qu'il trouve le livre de Thureau-Dangin une merveille et qu'il se sent entouré d'un sourire général tout à fait ironique, il se hâte d'ajouter : « Et puis, voyez-vous ? son livre fait détester Louis-Philippe et je lui suis reconnaissant de cela [1] ».

Jeudi 8 mai

Nicolle, le jeune ami de Léon, parlait ce soir du mal — mal dont on ne se doute pas —, que faisaient les corps comme l'Académie, comme l'Institut, ces aristocraties qui n'existent pas en Allemagne, Dieu merci ! Il disait, à propos de l'Institut, où la médecine n'est guère représentée que par Charcot et par Bouchard, qu'aucun professeur, devant la vague promesse de Charcot de l'aider à entrer à l'Institut, n'avait le courage dans les examens, de préférer un élève à lui, oui, à lui, à un élève de Charcot. Et il énumérait toutes les bassesses que chacun était prêt à commettre pour attraper cette timbale, et avec des exemples à l'appui vraiment inimaginables !

Ah ! pauvre, pauvre Drumont ! Que la gent juive doit jubiler ! Le foudre de guerre antisémitique s'est-il suicidé avec son affiche jaune dernière ! Car s'il y a eu jamais une occasion pour manifester contre les Rothschild, c'était bien le 1er mai [2] ! Et l'engagement d'honneur dont il parlait quelques jours avant à Léon ?... Est-ce curieux, ce manque de bravoure *émeutière* chez cet homme si brave en dires ! A propos des craintes des Rothschild de la manifestation, Léon conte que l'hôtel de la rue Saint-Florentin a été gardé, deux ou trois jours avant la manifestation, par des militaires, qui y étaient entrés en civil et auxquels seulement pendant la nuit du 31 avril au 1er mai un fourgon aurait apporté leurs uniformes.

On causait de Berthelot, de cet homme si complexe, de cet homme à la fois si grand et si petit, et l'on parlait de la curiosité avec laquelle avait été attendu le premier acte de son ministère. Et le premier acte, d'après Lockroy, aurait été l'attribution à son usage seul des *lieux* du ministère de l'Instruction publique, sans l'intrusion de qui que ce soit, et il avait apporté à la question une persistance telle qu'il en avait deux ou trois fois entretenu le Conseil des ministres !

---

1. Cf. t. III, p. 372, n. 1.

2. Texte Ms. : *Car s'il y a eu jamais une manifestation pour manifester...* — Sur cette manifestation antisémite, qui n'a pas eu lieu, voir plus haut p. 1165. L'*affiche jaune dernière*, signée Drumont, Millot et de Biez, est celle que la Ligue antisémite fait placarder le 30 avril. Intitulée 1er MAI 1880, elle constate avec amertume que les petits bourgeois et les ouvriers, victimes de la finance juive, auraient dû s'unir autour de la Ligue et qu'ils n'en ont rien fait, et elle conseille aux antisémites de s'abstenir de participer à la manifestation socialiste du 1er mai, « dont le signe de ralliement est le triangle maçonnique des Juifs et dont le programme n'est même pas écrit par des Français... »

Vendredi 9 mai

Plus j'existe, plus j'acquiers la certitude que les hommes nerveux sont autrement délicats, autrement sensitifs, autrement frissonnants au contact des choses et des créatures de qualité inférieure que les femmes, qui, au fond, n'ont pas la pose et le mensonge de la délicatesse.

Dimanche 11 mai

Un numéro de journal de modes de ces temps-ci éditait un costume de femme *chic,* un costume qui n'a plus rien de féminin, où la robe est un carrick, où la femme n'a plus l'air d'être habillée du flottement d'une étoffe autour d'elle, mais de la tombée droite d'un gros drap anglais : un costume qui fait ressembler une femme à un jeune mâle d'écurie.

Oh ! l'ironie des jugements d'aujourd'hui ! Moi qui ai passé toute ma vie à me ruiner pour les choses les plus raffinées du mobilier et de l'élégance intérieure, moi qui ai vécu mon existence au milieu de femmes autrement aristocratiques que Bourget, à commencer par mes cousines de Villedeuil, ces types de duchesses d'Angoulême, à finir par la princesse Mathilde, moi, moi, je passe dans le public d'à présent pour un descripteur bien inférieur à cet ex-petit pion, pris en sevrage par les femmes juives et qu'une plume d'or surmontée d'une perle de dix francs, qu'une malle anglaise avec une serrure de nickel fait tomber en pâmoison : plume et malle qui sont pour lui le *summum* du chic aristocratique [1].

La maison Daudet, ce soir, est sens dessus dessous ! Un cousin qui vient de se brûler la cervelle, après avoir mangé 700 000 francs, et sans laisser de quoi même se faire enterrer. C'était un cousin qu'on ne voyait pas, mais dont la mort réveille le souvenir des relations tendres que l'on avait avec sa mère. Cette ruine et ce suicide, c'est la suite d'une liaison avec une fille doublée d'un usurier juif, tout comme ç'a été pour le jeune Hugo. C'est là, à l'heure présente, le caractère de la prostitution, qui n'opère plus qu'avec le concours d'un conseiller, d'un agent d'affaires, d'un associé à la *mangerie* du *miché.*

Lundi 12 mai

Pendant que ce matin, je suis à la librairie Charpentier, entre dans le bureau de son père la petite Jane, ma filleule, à laquelle son père dit au bout de quelques instants : « Tu sais, tu n'as pas le temps de t'amuser aujourd'hui, il faut aller t'habiller. » En effet, aujourd'hui, cette enfant doit aller au mariage de Mlle Pillaut, à une matinée musicale, à l'Exposition. Singulière maison que cette maison, avec sa maîtresse névropathe et promenant sa névropathie toutes les journées

1. Cf. t. III, p. 21, n. 1.

et toutes les soirées dans le monde, avec sa gamine, dont on fait annoncer par les journaux l'exposition de son portrait au Champ de Mars et dont on a l'air de chauffer le mariage dès l'âge de dix ans [1]. C'est vraiment la maison de l'éréthisme mondain !

Ce soir, parlant à Mme Sichel de la correction de sa mise et la comparant à la mise des grandes cocottes, pour moi la plupart du temps supérieure comme simplicité élégante à la toilette des femmes du monde, elle me dit : « Oui, oui, il y a du vrai dans ce que vous dites, et si vous faisiez encore des romans, je pourrais vous confier des choses curieuses... Tenez, moi, quand je me suis mariée, je connaissais très peu, même pas les livres, le monde interlope... Eh bien, quand mon mari me menait au théâtre — nous prenions en général des places de balcon —, bientôt, je voyais mon mari jeter un regard sur ces femmes, dans les loges. Et comme j'ai toujours eu le sentiment de l'élégance, ces femmes, je les trouvais mieux mises que moi... Car vous savez, il n'y a pas seulement la question d'argent, il y a une éducation pour la toilette... Et en me comparant à elles, je me trouvais une petite provinciale... Alors, le regard de mon mari, après y être resté un certain temps, revenait des loges sur moi, méprisant, avec quelque chose de grognon sur la figure... Et ça se passait en général à des pièces de Dumas, qui étaient la glorification de ces femmes. Alors, aux parties dramatiques de la pièce, je pleurais, je m'en donnais de pleurer... si bien que mon mari qui, après le spectacle, aimait à entrer chez Riche ou Tortoni, me jetait de très mauvaise humeur : « Avec des yeux comme vous en avez, c'est pas possible vraiment de s'asseoir dans un café ! »

Elle a été ces jours-ci chez Mme Strauss, où elle a rencontré Bourget, qu'elle avait vu deux ou trois fois dans sa vie.

Or ledit Bourget, sans préambule aucun, s'est jeté soudainement sur elle, en lui disant : « Oh ! chère Madame, que je voudrais vous étudier !... J'ai besoin d'une petite veuve pour mon prochain roman... Je sens dans votre vie des choses mystérieuses, qu'il faudra me conter ! » Là, il s'interrompt pour jeter à la galerie que tous les soirs, il se grise avec des jockeys, qu'il n'a trouvé rien de mieux dans la vie... Puis il propose à brûle-pourpoint à Mme Sichel de la reconduire, pour avoir *subito* toute la *copie parlée,* qu'il désire avoir pour fabriquer sa petite veuve.

Vraiment, Bourget, sous sa menteuse apparence d'homme bien élevé, je le pressentais *pignouf* ; mais sans ce récit de la femme la plus véridique de la terre je n'aurais jamais jaugé le degré de muflerie de mon confrère, descripteur du grand monde.

---

1. En 1890 le Salon annuel se scinde. Tandis qu'aux Champs-Élysées, dans le Palais de l'Industrie, la *Société des artistes français* ouvrait le 1er mai le Salon traditionnel, organisé par Bouguereau, des dissidents, ayant Meissonier à leur tête, constituent la *Société nationale des beaux-arts* et créent, sous la direction de Dubufe, une autre Exposition qui ouvre ses portes le 15 mai au Champs de Mars. Elle comportait davantage d'éléments jeunes ; mais l'ensemble n'avait rien de révolutionnaire. — Le portrait de Mlle Charpentier qui y figure est l'œuvre de Paul Robert.

Mercredi 14 mai

Me voici au vernissage, où je n'ai pu refuser un déjeuner à Jourdain, — le déjeuner immangeable auquel les peintres se condamnent toutes les années, par leur domesticité d'esprit pour les choses *chic* [1].

Ah ! vraiment, si j'étais ministre de la Guerre, sur un portrait de grimacier comme celui sous lequel Coquelin a eu la bassesse de se faire exposer, je prendrais un arrêté par lequel aucun de ses confrères ne pourrait jamais être que simple soldat dans l'armée — et encore avec des protections ! [2]

Rodin, Rodin, ça devient un sculpteur trop original, trop supérieur, trop grand artiste : ses enlacements amoureux ne sont plus, en leur allongement invertébré, en leur fluidité, en leur liquidité, des enlacements d'hommes et de femmes, ce sont des tortillages de lombrics [3]. Carrière, parmi les jeunes, le seul talentueux, le seul original, un réaliste fantomatique, un peintre psychologique, qui ne fait pas le portrait d'une figure, mais le portrait d'un sourire. Thaulow, le pastelliste danois, le peintre de l'eau à la suite de la fonte des neiges, de l'eau qui est comme la décomposition d'un prisme lunaire.

La femme du vernissage, par son air de toquée, par sa tenue excentrique, par le *coup de pistolet* de sa toilette : une créature tout à fait inclassable et si énigmatique qu'on ne sait si elle est honnête ou malhonnête, et même si elle est parisienne ou étrangère.

Jeudi 15 mai

Charcot, qui d'instinct en veut à tout le monde ayant de la célébrité, de la popularité, même une petite notoriété, et n'amnistie un peu que ceux qui ont consenti à s'asseoir à sa table, Charcot, qui peut-être exagérait, disait à Léon Daudet qu'il connaissait le médecin qui soignait Zola et que Zola était le plus sale des êtres.

Rodenbach, ce soir, chez Mme Daudet, causait de la hantise, dans la cervelle de Rodin, des compositions érotiques de Rops. Il montrait le sculpteur, vivant quelques années dans l'intimité du graveur, dans la familiarité de ses œuvres les plus secrètes et s'en souvenant, s'en souvenant trop. Et il raconte qu'ayant un jour reproduit dans une statuette cette *sphinge*, cette femelle accroupie ayant l'air d'aboyer à la lune, une des créations les plus originales de Rops, il se défendit d'abord de se l'être rappelée, puis devant la reconnaissance de la chose par les uns et les autres, avoua un jour que c'était entré chez lui, malgré lui, et qu'il n'avait pu s'empêcher de la reproduire [4].

---

1. C'est le vernissage du Salon du Champ de Mars.
2. Roll a peint Coquelin cadet « récitant un monologue la tête tendue en avant, les dents bien luisantes sous les lèvres entrouvertes, avec ce mouvement du doigt qui lui est familier quand il récite » (Armand Silvestre, c. r. du Salon, dans L'ÉCHO DE PARIS du 15 mai).
3. Rodin expose un des plâtres sur le thème du BAISER, se rattachant à la décoration de la PORTE DE L'ENFER (cf. t. II, p. 1243, n. 1).
4. Sans doute s'agit-il, chez Rops, du groupe de la femme accroupie sur une sphinge, gravé

Vendredi 16 mai

Dîner des Spartiates.

Philippe Gille, à propos du tombeau qu'on va élever à Métra, au compositeur de valses, parle de l'homme, du pochard, du récidiviste de la boisson, qui avait pris une telle habitude d'être ramassé et de coucher dans un certain poste, près de Clignancourt, qu'il avait demandé qu'on changeât le papier, parce qu'il prétendait que le vert de ce papier l'empoisonnait.

Et de ce pochard, il saute à cet autre pochard, de Callias, qu'il dit lui avoir fourni les plus charmants échos sur les pochards, de même qu'un cocu lui a fourni les plus instructifs *échos* sur le cocuage. Callias, il nous le montre sale, dégoûtant, comme si on l'avait ramassé dans le ruisseau, ivre à tomber et cependant, se tenant par la force de la volonté en équilibre sur le bord du trottoir sans jamais dévaler sur la chaussée, et toujours occupé à attacher à sa boutonnière une fleur fanée, un brin de verdure, un légume ramassé dans les ordures.

Et il nous conte cette anecdote typique de pochard. Gille est un simple fumeur de cigarettes ; un jour qu'il s'était laissé aller à fumer un gros cigare, il rencontre Callias, boulevard de Clichy, et comme Callias lui demande comment ça va : « Ma foi, lui répond Gille, avec un commencement de mal de cœur ! — Ah ! venez vite, je connais justement un bon endroit derrière le cirque Fernando. » Est-ce beau, cette phrase dénotant l'expérience qu'il avait du *dégueulage* dans les rues !

Et vraiment, Gille est un charmant conteur de ces épisodes parisiens par la bonhomie du *racontar*, les sous-entendus, les phrases inachevées, complétées par de petits rires gouailleurs et les interrogations comiques, les *Vous comprenez bien ?* de son bout de nez et de son œil tout rond.

Il nous parle d'un temps d'accalmie dans la griserie de Callias, où, reconduit par lui jusqu'à sa porte, il l'invitait à dîner, mais qu'à la troisième fois, il lui avait demandé à le quitter un moment, avant d'entrer, et bientôt était arrivé, un bouquet de violettes à la main pour sa femme. Et que cela avait, depuis ce jour, continué les autres fois qu'il l'avait retenu à dîner et que l'apport de ce bouquet de violettes lui paraissant un peu anormal, un jour, il l'avait suivi et l'avait vu disparaître dans une espèce de porte de cave, d'où à sa sortie, il avait avoué à Gille qu'il allait prendre une absinthe là, parce que dans cet endroit, « on pouvait boire tout à son aise, sans qu'on regardât ce qu'on buvait ».

Et l'on faisait la remarque qu'à l'heure présente, il pouvait y avoir encore des ivrognes, mais pas excentriques comme ceux-là, et que l'originalité du buveur se perdait.

Mais le récit le plus extravagant qu'il a fait, c'est le récit d'un voyage

---

comme frontispice des DIABOLIQUES de Barbey d'Aurevilly en 1886 (cf. Erastène Ramiro, CATALOGUE DE L'ŒUVRE GRAVÉ DE F. ROPS, 1887, p. 257).

entrepris en compagnie d'un nommé Cuisinier, ancien élève de l'École ayant mal tourné et inventeur d'une martingale, avec laquelle il se faisait fort de sauver le Théâtre-Lyrique, dont le directeur était l'ami de Gille [1]. Cuisinier avait fait sortir devant eux, dans le cabinet du directeur, tant de haricots qu'ils croyaient à sa fameuse martingale ; et le directeur, déjà en mauvaise affaire et n'osant s'absenter de crainte qu'on l'accusât de s'être enfui, chargeait Gille de l'accompagner avec un sac de cinq à six mille francs. A la première station à l'étranger, le Cuisinier commençait par prendre une chope d'eau-de-vie, qu'il voulait faire passer pour une chope de bière. Et comme Gille était pris de dégoût pour le saoulard et lui faisait grise mine, son compagnon de voyage lui disait à Francfort qu'il comprenait bien qu'il ne lui parlait plus parce qu'il était trop mal mis et que, s'il voulait lui donner vingt-cinq francs, il connaissait un endroit où on l'habillerait très bien, et il revenait dans un costume étrange. Puis c'était une chaise de poste d'émigré, où Gille menaçait de tirer avec son revolver sur des compagnons louches, que Cuisinier lui avait adjoints. Puis une salle de jeu fantastique, où il n'y avait du papier de tenture qu'à moitié des murs, puis une première moitié de journée, où la chance leur avait été favorable, puis la disparition de Cuisinier, puis sa rentrée complètement saoul, puis la perte totale du sac, moins deux cents francs, que Gille laissait à Cuisinier pour, sur un dernier coup, décidément sauver le Théâtre-Lyrique...

Et Gille, retrouvant le Cuisinier une dizaine d'années après, le retrouvait avec la redingote qu'il lui avait payée à Francfort et avec le parapluie ou au moins le manche de parapluie qui complétait son costume de vingt-cinq francs.

Dans ce dîner, il y a deux tristesses, deux mutismes, deux écroulements de personnalités tout à fait extraordinaires. C'est le vieil Houssaye, qui, dans un consternement indicible, ne dit pas un mot de tout le dîner. C'est Drumont, qui, dans un accablement presque maladif, accuse, mais sérieusement, tout en ayant l'air de blaguer, accuse les Juifs de lui avoir fait boire de l'*aqua tofana* et dont il ne jaillit plus — et encore à de longs intervalles — qu'une phrase comme celle-ci : « Oui, mon cher... oui, des marguilliers de paroisse qui sont pour les Rothschild [2] ! »

---

1. On situe mal cet épisode, tant le Théâtre-Lyrique a subi de vicissitudes depuis 1870. L'ancien local, incendié sous la Commune, réparé seulement en 1874, est cédé par son propriétaire, la Ville de Paris, à Castellano, qui en change l'affectation et y joue le drame, tandis que Jules Vizentini, ayant racheté la Gaîté à Offenbach y installe le 5 mai 1876 le Théâtre National Lyrique. Celui-ci, par suite de la faillite de Vizentini en 1878, émigre salle Ventadour, où il devient un moment le fief du chanteur Capoul. De successives résurrections de l'ancien Théâtre-Lyrique échouent, en 1884 avec Lagrené, en 1888 avec Senterre, qui y monte le JOCELYN de Benjamin Godard, mais doit fermer son théâtre en mars 1889. — D'autre part, Goncourt ne précise pas l'*École* d'où est sorti Cuisinier : l'École Polytechnique ? l'École Normale ?

2. Voir dans LA FRANCE JUIVE de Drumont (1886, t. II, p. 288), le développement sur l'*aqua tofana*, poison à base de cantharides et d'opium, qui aurait été inventé par une empoisonneuse italienne, nommée Tofana et exécutée en 1730, et qui ne laisserait point de trace. Il aurait été encore perfectionné, si l'on en croyait Drumont, par un pharmacien napolitain pour servir la politique occulte de la franc-maçonnerie.

Samedi 17 mai

Le vieil Houssaye s'est plaint à moi hier avec une certaine amertume de la phrase de mon JOURNAL où j'ai dit en parlant de lui : « Un poète un peu boursier [1]. » Est-ce beau ? Lui, le tripoteur d'un tas de sales choses !

Extraordinaire, la sympathie de la presse et de la gent des lettres pour le jeune Lavedan, que tout le monde sait une mauvaise gale, un parfait débineur, et l'entente de tous pour que la pièce réussisse [2].

Après avoir lâché le *Grenier*, il m'a écrit une lettre me demandant d'une telle manière ma présence à sa pièce que je n'ai pas pu ne point y aller. Une pièce avec un sentiment de modernité, parfois du dialogue, des mots, des mots un peu de fabrique, mais rien, rien d'un jeune, d'un *apporteur de neuf* au vieux théâtre.

Dimanche 18 mai

Ma conviction est que la tour Eiffel, à la façon d'un paratonnerre qui attire sur lui la foudre, fait tomber sur Paris tous les orages qui se promenaient dans l'air et qui passaient au-dessus autrefois... et qu'un jour, on sera forcé de la démolir. C'est en quelque sorte une revanche de la nature contre cette science qui l'embête, qui la tracasse, qui veut pénétrer son impénétrabilité.

Lundi 19 mai

Enfin l'édition illustrée de SŒUR PHILOMÈNE de Guillaume est parue. Des torche-culs que ces livres, qui ne vaudront pas un sou dans l'avenir. Il n'y a pour l'illustration des livres que l'eau-forte ou de la belle gravure sur bois. Le procédé Guillaume, comme le procédé Valadon, c'est de la cochonnerie, de l'industrialisme et pas de l'art. Puis conçoit-on qu'avec un procédé brouillardeux comme celui de Guillaume, il s'adresse à des *tachistes* — à des tachistes de talent, je le veux bien — au lieu de s'adresser à des dessinateurs au dessin arrêté et rigoureux ?

Je pense à l'injustice du sort des chevaux, des chiens, des chats, et je trouve que c'est la même chose chez les bêtes que chez les hommes.

Ce soir, le docteur Martin soutenait que la division du travail avait détruit l'ambition du bien faire ; et à l'appui de sa thèse, Mme Sichel disait : « Comment voulez-vous qu'il existe l'amour-propre d'une robe chez un couturier ou une couturière, où les manches, le corsage, les jupes sont faits par trois ouvrières différentes ? » Et l'on faisait la

1. Il s'agit de la rencontre pendant le Siège, le 31 décembre 1870, d'Arsène Houssaye : « Le poète un peu boursier parle de la ruine financière de la France. » L'expression a été supprimée dans le volume.

2. Cette sympathie se manifeste, ce 17 mai 1890, à la première de UNE FAMILLE comédie en 4 actes de Lavedan, créée au Théâtre-Français.

remarque que cette division du travail était peut-être bonne, utile, chez un peuple où l'ouvrier n'est pas artiste, comme en Allemagne, mais que cette division tue l'ouvrage bien fait chez un peuple artiste comme dans notre pays.

Puis il était question du fameux corset de soie noire que fait porter Bourget à sa femme *chic* et qu'elle n'a jamais porté, et Mme Sichel parlait d'un corset idéal, d'un corset coûtant quatre-vingts francs et durant huit jours, d'un corset fabriqué de deux morceaux de batiste, avec des baleines de la grosseur des arêtes du hareng [1].

Mardi 20 mai

Visite, en compagnie de Mme Masson, de l'ironique petite Malakoff, avec sa voix traînante et son regard de souris qui voit tout.

Mercredi 21 mai

Ce soir, danse de Japonaises chez la princesse. Vraiment, ces femmes de l'Empire du Soleil, c'est de la femme qui n'est pas belle ! Des faces qui ont quelque chose de l'aplatissement de nos masques à bon marché avec, dans les traits, joliment du cabossage de ces morceaux de carton. Puis vraiment, elles sont d'une petitesse, petitesse ridicule, et sont trop l'image des poupées qu'on fait d'après elles !

Maupassant me parle d'une lettre singulière qu'il vient de recevoir d'Angleterre, où un père lui envoie une photographie de sa fille et un coussin brodé par elle, et l'invite aux chasses de son gendre, qui sont magnifiques. Puis il m'entretient de sa santé, d'un rhumatisme qu'il aurait sur l'estomac et l'intestin, qui le force à aller faire une saison de Bourbonne-les-Bains.

Jeudi 22 mai

Ce soir, tout le monde, chez Mme Daudet, qui a les Hugo, est dans l'émotion et la colère des articles publiés par les journaux, à l'occasion de l'escapade des jeunes Daudet, Berthelot, Hugo. Mme Daudet est outrée avec justice contre le TEMPS et ce bon garçon d'Hébrard, qui n'a jamais rendu d'autres services à ses amis que l'insertion dans sa feuille d'articles désagréables [2].

---

1. Allusion à un épisode vite célèbre de MENSONGES (1887, p. 318) : on y voit le poète René Vincy aidant longuement à se rhabiller une dangereuse mondaine, Suzanne Moraines, et contemplant « sa taille prise dans son mince corset de satin noir ».

2. Cf. dans les *Faits-divers* du TEMPS, le 18 mai, le récit d'un incident survenu la veille au soir sur le boulevard des Capucines : après boire, Georges Hugo, Léon Daudet et le fils de Berthelot frappent à coups de canne un homme âgé, qui leur reprochait de chanter des refrains grivois et avait souffleté l'un d'eux. Ils sont menés au poste. Le lendemain, le TEMPS ramène la chose aux dimensions d'un « incident sans importance » et fait état d'une protestation de Georges Hugo, alléguant que ses amis ont simplement « corrigé un individu aux mœurs choquantes ».

Samedi 24 mai

Maintenant, le travail, je le redoute un peu, comme une déperdition de moi-même.

Dimanche 25 mai

Visite de Margueritte, de retour d'Alger, qui me parle de son état nerveux, asthmatique, et de la difficulté de son travail avec cet état maladif. Il est obligé d'espacer un roman d'observation par un roman d'imagination. Puis il se plaint que l'Afrique ne donne rien pour le roman, mais seulement un paysage ou une silhouette de bonhomme pour une étude à la Fromentin.

Ce soir, je trouve au lit Daudet, qui est arrivé ce matin de Lamalou. Il s'est fait une piqûre maladroite de morphine, et la cuisse est enflée, et il y a un peu de suppuration ; toutefois le médecin espère n'avoir pas un coup de bistouri à lui donner demain.

Mes regards tombent sur une lettre de Mme de Bonnières. Oh ! l'extraordinaire poseuse ! Elle a pris une écriture Louis XIV, une écriture du duc de Gesvres, une écriture dont chaque lettre a un centimètre de hauteur... Ah ! c'est voulu, cette écriture-là !

Lundi 26 mai

Aujourd'hui, j'ai soixante-huit ans.

Daudet a échappé au bistouri ; mais quand je lui dis adieu, que je lui prends la main, je la trouve bien fiévreuse. Il est vrai qu'il vient de lire le scénario et des scènes de sa pièce de l'hiver prochain à Koning [1].

Jeune fille disant à propos d'un prétendant atteint d'une légère calvitie : « Il est bien, mais il manque de mouron, sur sa cage ! » Renée Mauperin, on le voit, a fait son chemin chez les jeunes filles du monde !

A ce qu'il paraît, les radicaux sont furieux de la publication de mon JOURNAL, et Guesde a commandé dans le COMBAT un féroce article contre moi, et il me semble difficile que Séverine me pardonne ma comparaison de lard rance au sujet de Vallès [2].

Mercredi 28 mai

Une lettre d'Alidor Delzant m'annonce que Burty est mourant chez lui. Paraÿs, par Astaffort, Lot et Garonne

Un ancien soldat, propriétaire d'une petite maison à Billancourt et employé comme garçon de bureau aux Finances, et faisant mes

1. L'OBSTACLE, créé le 27 déc. 1890 au Gymnase, Cf. t. III, p. 388, n. 2.
2. Cf. t. II, p. 410. — LE COMBAT, qui ne dure que quelques mois, est un quotidien socialiste fondé par Antide Boyer, mais dirigé en fait par Guesde, qui, après son échec aux élections de septembre 1889, l'utilise pour préparer la grande manifestation socialiste du 1er mai 1890.

commissions à Paris, au moment où il prenait le bateau sur le quai du Louvre, à deux heures de l'après-midi, vous entendez, a été frappé d'un coup de couteau à la tête et volé. En cette année de grâce 1890, nous retournons aux détroussements moyenâgeux du Pont-Neuf.

De vraies soirées de *gala* que les soirées du mercredi, autrefois si intimes ! Est-ce pour amuser le jeune prince Louis, est-ce pour rappeler à elle le monde que la princesse a cru s'écarter d'elle, au moment de ses chamaillades amoureuses avec Popelin ?

Un curieux tableau que la tête du bon polichinelle de Braga, toute branlante contre le manche de son violoncelle, comme une tête de polichinelle sur la rampe d'un guignol. Et tournée vers la musique, la petite Naudin, avec son profil d'épervier des graphies égyptiennes, la broussaille crêpue de ses cheveux, son espèce de blouse blanche de petite fille, ses gants noirs, ses longs bas noirs, enfin, avec son aspect d'enfant prodige macabre, semblant boire de sa bouche entr'ouverte la mélodie. Plus loin, assise au piano, Mme Conneau, avec ses grands yeux profonds, ses beaux traits un peu ruinés, ses chairs pâles sortant d'un corsage de jais, l'éclair argenté d'une perle à l'oreille, écoutant gravement, sérieusement et comme avec la philosophie sereine d'une vieille belle femme d'autrefois. Et plus loin encore, tout à l'extrémité du piano, le masque de philosophe cynique de Gounod.

Jeudi 29 mai

Il se serait formé un abcès à la cuisse de Daudet, et mon pauvre ami serait dans l'attente d'un coup de bistouri. Il est couché, et je passe avec lui tout l'après-dîner, pendant que les gens du jeudi sont au salon. Et après s'être fait une piqûre, en l'absence de sa femme, comme on boit un verre d'eau-de-vie en cachette, il me raconte sa pièce du Gymnase de l'hiver prochain, il me la raconte sur un petit ton de fièvre et comme s'il la voyait dans une hallucination.

Vendredi 30 mai

Au Théâtre-Libre, les REVENANTS d'Ibsen. Décidément, le public parisien permet aux auteurs dramatiques étrangers d'être longs !

Willemin, le chirurgien qui a opéré Daudet ce matin et qui est ce soir dans notre avant-scène, me dit que l'opération a bien réussi, qu'il sera sur ses pieds dans huit jours ; et comme je demande s'il a souffert beaucoup, il me dit que Daudet aurait déclaré qu'il souffrait autant dans une douleur fulgurante.

Samedi 31 mai

Oh ! la belle camaraderie que celle du journalisme ! Tous les confrères, de cette pièce de Céard, faite avec le moutard costumé en artilleur de 1830 et l'enfant terrible de Gavarni et de Balzac, le petit Napoléon de LA MARATRE, tous les confrères ont proclamé l'originalité de la pièce et déclaré que c'était un chef-d'œuvre de bouffonnerie [1].

Je suis dans un état de fureur nerveuse. Dans ce moment-ci, on fait une édition illustrée française en Espagne des FRÈRES ZEMGANNO, que Charpentier a refusé d'éditer [2]. Il consent à la laisser publier, mais aux conditions les plus usuraires, les plus juives... Et dans sa lettre, me parlant de la seconde série de mon JOURNAL, il affirme qu'il lui appartient, se basant sur un article mal défini de notre traité, quand il sait parfaitement que je lui ai vendu notre JOURNAL seulement jusqu'à la mort de mon frère, qu'il sait parfaitement que je n'avais pas l'intention d'imprimer plus avant... Qu'il y prenne garde, s'il voulait être trop chien avec moi, je publierai la continuation du JOURNAL chez un autre éditeur, sous le nom du JOURNAL D'EDMOND DE GONCOURT, en appelant sur sa mauvaise foi l'attestation de mes amis et en demandant que mes exécuteurs testamentaires, quand mes traités seraient à la fin avec la maison Charpentier, redonnent le titre qu'il m'a empêché de donner... Ah ! j'en ai assez de ces exploiteurs de l'amitié des autres, qui, ainsi que dans un bois, le couteau sous la gorge, ont volé le parrainage de leurs enfants auprès de quatre messieurs qui étaient célibataires ou avaient donné l'assurance qu'ils n'auraient pas d'enfants... mon Dieu, dans l'honnête convoitise de leurs successions !

Dimanche 1er juin

Aujourd'hui, Geffroy me parlant des cancans extravagants faits par les potiniers de lettres sur les uns et les autres, me rapportait la confidence que j'avais faite à Daudet, confidence d'après laquelle il serait marié et que je tenais de Mirbeau — et il pouffait de rire, disant que toute cette histoire de mariage venait d'une rencontre que Mirbeau avait faite avec lui au bord de la mer, en compagnie d'une femme.

Par mon contact avec les Juifs de chez Bing et d'ailleurs, je sens que les Juifs n'aiment pas les natures propres, droites, franches et que

---

1. LA PÊCHE, un acte de Céard représenté, en même temps que LES REVENANTS d'Ibsen, au Théâtre-Libre le 30 mai 1890, est restée inédite. D'après les analyses de la presse, on peut reconstituer la pièce. Mme Choine, furieuse de voir le fils du ménage Vaudois, le petit Julot, manger l'unique pêche de son jardinet, se venge en insinuant à M. Vaudois que sa femme le trompe. Les Vaudois s'en vont, on entend un coup de feu et l'enfant terrible revient dire triomphalement : « P'pa qu'a assassiné M'man ! » Dans LA MARATRE de Balzac (Théâtre-Historique, 25 mai 1848), le petit Napoléon, fils du général-comte de Grandchamp, sème ses questions incongrues parmi les situations dramatiques que crée la rivalité entre la comtesse et sa belle-fille Pauline. Quand celle-ci, empoisonnée, s'écrie : « Je me meurs », son jeune frère s'exclame : « Pauline, en quoi c'est-il fait, la mort ? » (acte IV, sc. 17). Enfin LES ENFANTS TERRIBLES de Gavarni sont une série de 50 lithographies (1838-1842), déjà rapprochées de LA MARATRE dans le GAVARNI des Goncourt, p. 169.

2. LES FRÈRES ZEMGANNO, illustrations de Apeles Mestres, Madrid, *La Espana editorial, Mendizabal,* 1891 (Talvart et Place donnent à tort : 1879). Dans sa lettre (CORR., vol. VII, f° 434 sq.), Charpentier faisait observer que les éditions illustrées des œuvres des Goncourt, telles que celles de la collection Guillaume, concurrençaient dangereusement l'édition Charpentier, et il demandait qu'au moins l'édition espagnole des ZEMGANNO fût la dernière de ce genre.

leurs secrètes tendresses sont pour les êtres troubles, louches, douteux, et je sens combien ils se trouvent plus à l'aise avec un Burty qu'avec un Goncourt.

Léon Daudet me racontait, et c'est drôle dans sa bouche, que dernièrement, dans une dispute entre un ouvrier et un gandin, l'ouvrier avait jeté au gandin : « Va donc, petit Hugo ! »

Ça n'a-t-il pas l'air d'une légende de Gavarni, cette parole de l'ordonné petit Hermant à Georgette ? « Comment ? Une paire de bottines de 32 francs, la mettre dans la boue pour aller au cimetière ! »

Lundi 2 juin

C'est étonnant, quel besoin j'ai de repos, quel besoin j'aurais, tout le monde où je dîne parti, de vivre une semaine sur moi, enfermé chez moi, sans mettre le pied à Paris, et me débarrasser de la lecture de ces deux formidables colonnes de livres, qui montent de la tablette de mon meuble à cartons de dessins, qui montent jusqu'au plafond !

Gavarret, le mari de la sœur de Saint-Victor, dîne ce soir chez Mme Sichel. C'est un sourd, qui n'entend pas ce que vous lui dites, mais c'est un anecdotier à la mémoire toute fraîche et abondamment remplie, qu'il faut laisser parler sans l'interrompre. Et vraiment, il est très intéressant, cet octogénaire spectral, en la verve méridionale de ses récits, dans le bruit un peu nerveux du tapement continu d'un doigt sur l'étui vide de ses lunettes, et de temps en temps, le graillonnement d'un épais crachat qu'il envoie sur le tapis.

Il nous entretient de Royer-Collard, secrétaire de la Commune, de ses relations avec Danton, de la phrase de ce dernier : « Tu sais, tu es hors la loi, mais il y a une maison où je t'offre l'hospitalité et où tu seras en sûreté : c'est le ministère de la justice. » Royer-Collard préféra se retirer dans sa maison de famille, une façon de ferme près de Vitry-le-François, exploitée par sa mère ; et là, il passa tout le temps de la Terreur. Sa mère, une janséniste, était tellement respectée que, pendant toute la Terreur, tous les dimanches, elle faisait ouvrir la grande pièce de réception de la maison, où il y avait un Christ accroché au mur, et un livre de messe à la main, elle lisait la messe tout haut aux paysans agenouillés. Vingt fois, Royer-Collard fut décrété de prise de corps ; et toutes les fois, elle fut avertie de l'arrestation qui devait être faite de son fils.

Gavarret parle d'un discours sur Voltaire, que devait prononcer Royer-Collard à l'Académie et que lui seul et M. de Barante ont entendu. Royer-Collard était souffrant, ne pouvait se rendre à l'Académie. On saura que ses discours à la Chambre, Royer-Collard les lisait tout écrits d'avance ; mais pour ses discours à l'Académie, il jetait sur une feuille de papier quelques notes et improvisait dessus une causerie plutôt qu'un discours. Il dit donc à Gavarret : « Donnez-moi donc la feuille de papier qui est dans ce tiroir. » Et pour ses deux auditeurs, il parla son discours à l'Académie, finissant par dire qu'il comprenait qu'on commandât une étude sur Voltaire ; mais un éloge dudit, dans un pays où la majorité est si immensément catholique, ça lui paraissait manquer de tact. Puis tout en célébrant les qualités de l'écrivain, il lui reprochait de manquer de *grandeur*. Son petit discours fini, de Barante lui demanda la permission d'en transmettre la teneur à l'Académie, ce que lui refusait Royer-Collard. Et lorsqu'il était sorti, Royer-Collard, se tournant vers Gavarret, jetait sur la note la plus hautainement méprisante : « Ne croit-il pas, celui-là, qu'il est permis à tout le monde de tout dire ? »

Decazes était aux petits soins pour lui, faisant souper les branches des arbres du jardin du Luxembourg, qui donnaient de l'ombre à sa chambre, à son cabinet de travail, et lui rendant souvent visite, l'amusant des *potins* de la politique. Un jour qu'il s'était rencontré avec Gavarret et qu'il avait été très causant, très charmant, quand il fut sorti, après un long silence, Royer-Collard s'écria : « Un homme fatal cependant, l'homme qui sort d'ici... Le premier ministre qui a acheté un député français à beaux deniers comptants ! »

Ce froid doctrinaire, ce diseur de mots féroces, ce *dur à cuire* semblant fermé à toute tendresse, aurait été pris sur ces quatre-vingts ans d'une sorte de passion amoureuse pour la duchesse de Dino, à laquelle il écrivait tous les jours — passion dont la duchesse aurait chauffé l'innocente flamme, flattée de la grande importance politique de l'amoureux. Et il serait arrivé ceci, c'est que la duchesse aurait eu l'art, en 1844, dans l'année qui a précédé sa mort, de se faire rendre sa correspondance et de garder celle de Royer-Collard, qui serait conservée dans la famille.

Mercredi 4 juin

Montesquiou-Fezensac m'amène aujourd'hui le peintre Helleu, un grand garçon brun, à la tête d'un vieux cheval de fiacre et qui en a la mélancolie.

Lavisse répétait, ce soir, chez la princesse, une phrase dite à peu près ainsi par Bismarck à quelqu'un de sa connaissance : « J'ai cru que j'en étais arrivé à l'âge où la vie de gentilhomme campagnard remplit votre vie... Non, non, je m'aperçois que j'ai encore des idées que je voudrais émettre... Je ne ferai pas d'opposition... Seulement si on m'attaque, je me défendrai,... parce que lorsqu'on me bat, il me faut battre ceux qui me battent... ou sans ça, je ne peux pas dormir, et j'ai besoin de dormir. »

Je remarque chez Banville, qu'il y a très longtemps que je n'ai vu, une contraction nerveuse au-dessous de la pommette, à chaque fois qu'il parle. Ça doit être le reste d'une attaque d'apoplexie.

Jeudi 5 juin

Déjeuner chez le père Lathuille, endroit qu'a choisi Antoine pour la lecture de LA FILLE ÉLISA, pièce qu'a faite Ajalbert d'après mon roman. Ah ! quel vieux cabaret, avec ses garçons fossiles, et ses *déjeuneurs* qui ont l'air de comparses des repas de théâtre !... Ah ! c'est bien le cabaret démodé, figurant dans la gravure de l'attaque de la barrière Clichy, en 1814 et qu'on voit encadrée dans le vestibule [1].

Après la lecture de la pièce, Ajalbert m'entraîne chez Carrière, qui habite tout près, à la *Villa des Arts,* une triste villa aux murs d'un gris demi-deuil et aux petites portes d'un rouge pompéien. Je trouve Carrière en train de peindre d'après nature un grand portrait de Geffroy, qu'il doit réduire pour mon volume [2]. C'est d'une composition très originale, la grande toile esquissée pour Gallimard et représentant le *paradis* du théâtre de Belleville, cette grande toile faisant le fond de l'atelier et où les personnages s'arrangent admirablement dans le croisement des courbes hémicyclaires du haut de la salle.

Mais ce qu'il est vraiment, ce Carrière, il est le peintre de l'Allaitement. Et c'est curieux de l'étudier en sa tendre spécialité, dans quelques toiles qu'il n'a pas encore vendues et dans un nombre immense de dessins, qu'il dit être la représentation de *gestes intimes* et qui sont d'admirables études de mains enveloppantes de mères et de têtes de *téteurs,* où dans ces visages vaguement mamelonnés, il n'y a que les méplats du bout du nez, des lèvres et la valeur de la prunelle et où, sans apparence de linéature, c'est le dessin photographique du *momaque,* la configuration cabossée de son crâne.

Daudet va mieux. Ce soir, il faisait un amusant tableau de l'intérieur de Charcot. Le fils, qui est un homme tout physique et né pour les coups et les violences de l'existence, et qui a un crâne fuyant dans lequel se refuse à entrer l'imprimé des bouquins, veut dans ce moment-ci se marier, se marier à une fille de Gérome. Et comme son père s'y refuse et qu'il s'est déjà opposé à ce qu'il fût marin, sa véritable vocation, il ne veut plus manger à table et dîne dans sa chambre. Et son extraordinaire fille, qui s'était prise d'un béguin pour Léon Daudet, ayant déclaré tout haut un jour qu'il était tout naturel qu'une femme de la société qui aurait un sentiment pour un monsieur vécût en concubinage avec lui, ayant été fortement rabrouée par son père, a fait comme son frère et se fait servir dans sa chambre, de sorte que le père et la mère sont en train de dîner seuls à table !

Samedi 7 juin

C'est particulier comme la mort fait le ressouvenir pardonnant à l'égard des gens qu'on enterre. Malgré... malgré tout ce que je me

1. Le maréchal Moncey, à la tête de la Garde nationale de Paris, avait établi son quartier général dans le cabaret du père Lathuille, d'où il dirigea l'ultime résistance aux Alliés, à la barrière de Clichy le 30 mars 1814. — La gravure est celle de Jean-Pierre-Marie Jazet (1822), d'après le tableau célèbre d'Horace Vernet, LE COMBAT DE LA BARRIÈRE DE CLICHY (1820).

2. LES NOTES D'UN JOURNALISTE de Gustave Geffroy, que Goncourt fait orner, pour sa collection de livres modernes, d'un portrait monochrome à l'huile par Carrière.

rappelle de pas gentil de Burty, cette nuit, j'avais une sorte de remords de ne pas avoir accordé à ce pauvre garçon le déjeuner qu'il avait presque supplié de lui donner, en son regard de tendresse pour moi.

C'est maintenant abominable, ce cimetière Montmartre, avec sa route au tablier de fer sur la tête. Ce n'est plus un cimetière. On se serait cru dans une gare de chemin de fer, où un roulement des trains éteignait toutes les cinq minutes la triple célébration du talent, du caractère, de l'honnêteté de mon ami par Larroumet, Hamel, Spuller... Ah ! comme orateur funèbre, Hamel, ce célébrateur de Robespierre, est un rude Prudhomme, un comique tout à fait réussi ! Et si j'avais l'honneur d'être de la Société des gens de lettres, je demanderais par mon testament à n'être pas pleuré par lui !... Un tas de figures qu'il y a des vingt ans qu'on a vues et sur lesquelles on ne peut plus mettre les noms.

Je reconnais cependant d'Hervilly, plus décharné encore que par le passé et dont la barbe de fleuve, de grisâtre, est devenue du jaune sale du chanvre garnissant les vieilles seringues. Il me déclare avoir un fonds d'affectuosité pour moi et est empêché de me la déclarer à domicile par les gens de mon *Grenier,* qu'il appelle des *psyculogues.*

Je reconnais encore Degas, mais diantrement engraissé, toutefois s'en défendant et jouant toujours l'indifférence au sujet de ses œuvres. Il n'a pas été voir ses tableaux de la vente May, parce qu'on a toujours à craindre des déceptions à propos de tableaux qu'on a perdus depuis vingt ans et qu'il redoute une désagrégation de sa peinture, à cause d'un mélange de vinaigre avec je ne sais quoi, un mélange dont il a été toqué un certain moment... Pendant ce, Popelin m'annonce que Mme Popelin a une crise de nerfs, parce que après avoir donné la main à sa fille, j'ai refusé de la lui donner. Je lui dis que je ne comprends rien à ce qu'il me raconte, que je ne l'ai pas reconnue sous son épais voile de deuil et que je n'avais aucune raison de faire pareille chose, vu qu'elle avait toutes ces années parlé affectueusement de moi à Mme Daudet... Là-dessus, je passe boulevard de Clichy, c'est elle qui m'ouvre, et qui m'embrasse et qui m'avoue s'être imaginé ce que Popelin m'avait raconté.

Lundi 9 juin

Le roman mondain, le roman régnant et qui a comme ouvriers à l'heure présente Bourget, Hervieu, Lavedan et même Maupassant, n'a pas d'intérêt : c'est la monographie du rien. Il pourrait être peut-être intéressant, mais fabriqué par un homme du vrai grand monde, qui y aurait été procréé, nourri, élevé, par un homme comme Montesquiou-Fezensac, et qui dévoilerait les arcanes intimes de ce rien. Mais des écrivains pas nés et qui ont passé trois fois les manches d'un habit rouge... allons donc !

Du reste, mon opinion est que le roman mondain n'a pas trois ans de vie et qu'avant même ce temps, il aura assommé le lecteur !

Mardi 10 juin

Ajalbert causant avec moi d'une nouvelle où il veut mettre en scène une petite actrice du Théâtre-Libre, je lui dis que ce n'est pas une nouvelle qu'il faut faire, lui qui a assisté à l'enfantement du théâtre, qui a été de toutes les confidences, de tous les soupers après les représentations, qui a été mêlé à la cuisine des succès et des fours ; mais bien un livre où il racontera toute l'histoire intime de ce théâtre, au fond aussi curieuse que celle du ROMAN COMIQUE [1].

Jeudi 12 juin

Quand on aime quelqu'un comme j'ai aimé mon frère, on le réenterre toujours un peu dans les enterrements auxquels on assiste et tout le temps, en vous, revient cette désespérante interrogation : est-ce vraiment la séparation éternelle, éternelle, éternelle ?

Quel effet peuvent faire les impressions funèbrement spiritualistes d'une messe des morts sur le cerveau des gens pratiques qui se trouvaient à l'enterrement Rattier ?

A l'exposition des Champs-Élysées, il y a un buste de Norodom, roi de Cambodge, dont la laide ressemblance avec Wolft est effrayante [2].

Je n'ai jamais vu en peinture un trompe-l'œil de l'argenterie comme dans LE THÉ d'Otémar, où les lumières de l'argent — regardées de tout près — sont faites de deux copeaux de blanc recroquevillés et détachés de la peinture, ainsi que les folioles d'une fleur qui s'ouvre.

Daudet contait, ce soir, l'exaspération des purs journalistes lors du succès de SAPHO dans L'ÉCHO DE PARIS, contait qu'au dîner donné par Simond, comme Scholl soutenait que les romans ne jouaient point de rôle dans le succès d'un journal, il lui avait jeté : « Voyez-vous, mon cher Scholl, il faut comparer un journal à l'intérieur d'un appartement... Ce ne sont pas les gros meubles meublants qui font juger la maison, c'est un joli bouquet posé sur la cheminée et qui fait dire : "Voilà un intérieur distingué !" »

Vendredi 13 juin

Depuis plus de trente ans, il m'est venu une varice à la suite de leçons d'armes prises sur le coup de la quarantaine, dans la prévision d'un duel avec les gens du FIGARO, à la suite de la publication des HOMMES DE LETTRES [3]. L'idée de mettre un bas spécial m'a été insupportable

1. C'est de ce projet de nouvelle qu'est sorti le roman d'Ajalbert, beaucoup plus tardif, LA TOURNÉE, *Scènes de la vie de Théâtre* (1901), dédié à Antoine et qui évoque les tournées en province et à l'étranger du Théâtre-Libre, dénommé là l'*Excelsior*, et la figure d'Antoine, le Paul Vernal du roman.

2. Sur les deux Salons de 1890, celui du Champ-de-Mars et celui des Champs-Élysées, cf. plus haut p. 425, n. 1.

3. Texte Ms. : *leçons d'armes prises sur le coup de la quarante*... Plus loin le Ms. porte : *les petites veinules de la cheville et du coup se gonflent*...

et j'ai vécu sans donner la moindre attention à ma jambe. Mais ces temps-ci, quand je suis fatigué, les petites veinules de la cheville et du coup de pied se gonflent, et ça m'ennuie et ça m'inquiète comme une grosse infirmité qui prend possession de ma vieille personne.

Samedi 14 juin

Mme Burty et sa fille, Madeleine Haviland, viennent me voir. Madeleine est toujours jolie et plus distinguée que jamais en sa maigreur ; mais son pauvre visage est si décharné qu'il semble avoir les dents longues d'une Anglaise... Burty a passé toute sa vie, et jusqu'à ses derniers jours, à vendre dans les ventes, à vendre de la main à la main aux marchands, aux amateurs [1]. Il aurait vendu pour une quarantaine de mille francs de tableaux et d'esquisses modernes aux Américains par l'intermédiaire d'Hayashi. Et dans ses cartons, il y aurait une seconde collection d'eaux-fortes, au moins aussi belle que celle vendue en Angleterre et que l'on supposait être tout ce qui lui avait été donné — de bon ou de mauvais gré — par les graveurs.

Dimanche 15 juin

Ça me paraît tout triste de dîner ce premier dimanche chez moi, habitué que j'étais à dîner ce jour chez les Daudet, qui sont partis pour Champrosay hier.

Lundi 16 juin

Le foin emprunté chez Houssaye et que Banville fourre dans ses récits de la vie réelle rend *irréelle* la petite réalité vraie qu'il y introduit.

Mardi 17 juin

Le poids de la vieillesse, le sentiment des infirmités qui se trahissent, au milieu de l'éloignement des amis et des relations quittant Paris, me mettent du noir, du noir dans l'âme.

Vendredi 20 juin

Au cimetière Montmartre. Il y a aujourd'hui vingt ans que mon frère est mort, aujourd'hui vingt longues années que je lui ai survécu.

Hier soir, c'était le dernier dîner des Spartiates ; et malgré mon habitude de dîner seul ce jour-là chez moi, je me suis laissé entraîner chez Riche.

La conversation, je ne sais par quelle pente, a été amenée sur les

1. Texte Ms. : *à vendre de la main aux marchands, aux amateurs.*

bordels d'il y a trente ans, sur les bordels de la rue des Moulins, de la rue Saint-Marc, de la rue Feydeau, et Gille s'est montré un monographe très amusant de ces établissements. Il a parlé du bordel de la rue Saint-Marc, qui était juste en face de Péragallo et dont il gravissait l'escalier, tous les jours où il touchait de l'argent chez l'agent dramatique. Il nous fait le portrait d'une fille dont il s'était toqué et qu'on appelait la *Brunette*, d'une fille qu'il demandait un jour, après avoir été quelque temps sans la voir. On lui disait qu'elle était en haut ; et il se trouvait en présence d'une autre fille qu'il trouvait, ma foi, assez gentille et qu'il appelait à remplacer *Brunette*, quand les autres filles de la maison montaient et venaient le regarder de tout près, l'une lui cachant une partie de la figure avec sa main, l'autre faisant de même, et toutes deux disant : « Oh ! c'est bien lui... C'est Charavay ! » Charavay est le lutteur masqué, le masseur qui voulait tuer Daudet qui l'avait portraituré dans LE NABAB [1]. Puis les femmes retirées, la fille baisée lui disait : « Tu sais, *Brunette* est morte... et c'est moi qui ai payé l'entourage ! » Et comme il descendait, après avoir donné simplement ses cent sous de *bouche-l'œil*, les filles, qui l'attendaient sur l'escalier, lui demandaient : « As-tu payé l'entourage ? » sur un ton particulier, qui lui faisait abréger les adieux. Puis, quand il se trouvait sur le boulevard, un ami lui disait : « Mais, que diable as-tu sur ton paletot ? » Les filles, de l'escalier, lui avaient craché sur le dos. Et il ajoute : « J'étais complètement déshonoré... mais sous le nom de Charavay. »

A propos de Péragallo et de ses vols, il raconte que ne le connaissant pas encore et lui faisant une observation sur un compte, où il lui semblait qu'il manquait quelque chose, Péragallo, le tutoyant soudainement, lui avait dit : « Viens dîner avec moi » et l'avait emmené chez une maîtresse, qu'il avait baisée devant lui.

A la suite de ces récits, Gille m'emmène au phonographe du FIGARO, où Calmette me fait entendre une chansonnette chantée la veille par une chanteuse quelconque. C'est vraiment troublant, cette voix conservée dans de la ouate autour d'un rouleau et qu'on entend plus avec son cervelet qu'avec ses oreilles. Vraiment, ça a l'air de sorcellerie ! Après, il nous a servi le petit discours fait en sortant de Clairvaux par le prince d'Orléans, avec le bafouillement du discours [2]... Je pensais que j'avais écrit, dans IDÉES ET SENSATIONS, que la survie des hommes célèbres serait faite dans l'avenir non pas avec la peinture, non pas avec la sculpture, mais par une figuration en cire, dans laquelle une mécanique à la Vaucanson répéterait le mot le plus célèbre du mort [3].

---

1. Cf. t. II, p. 110, n. 1 et p. 761, n. 1.

2. Texte Ms. : *le bafouement du discours.* — Le fils aîné du comte de Paris, le jeune duc d'Orléans, avait le 8 février 1890 tenté un coup d'éclat en quittant son exil d'Ouchy et en venant se présenter au conseil de révision à Paris, pour être incorporé comme simple soldat dans l'armée française, violant ainsi le décret d'expulsion qui frappait la famille des prétendants : le 14 février, il avait été condamné à deux ans de prison et transféré à la centrale de Clairvaux, d'où il sortit le 5 juin par l'effet d'une grâce présidentielle. Sur les conséquences politiques de cette vaine tentative, cf. ici p. 397, n. 1.

3. Cf. t. I, p. 146 et dans IDÉES ET SENSATIONS, 1866, p. 118-120.

Et alors, le phonographe n'était pas inventé... Pense-t-on au mot célèbre, prononcé avec la voix même du mort et qui, par les perfectionnements, n'aura plus rien de la nasalité de Polichinelle ?

Dimanche 22 juin

J'ai acheté ces jours-ci, chez Rouquette, un exemplaire en grand papier des LETTRES de Mme de Sévigné. J'ai déjà un exemplaire de Saint-Simon en grand papier vélin, et il m'est arrivé de trouver en province une édition de La Bruyère publiée de son vivant, dans son vieux maroquin rouge du temps. C'est tout ce que je veux qu'il y ait chez moi de la littérature du siècle de Louis XIV, à moins de trouver une belle édition des ORAISONS FUNÈBRES de Bossuet.

Chez les *jeunes* que je reçois dans mon *Grenier*, comme Morel, comme Fèvre, plus aucun sentiment de la patrie. La patrie, ils ne la considèrent plus que comme une obligation d'être des soldats une partie de leur vie ; et la nationalité quelconque qui leur tomberait sur le dos, si elle n'exigeait pas le service militaire, leur serait égale. Pour son excuse, cette jeunesse, peut-on dire, n'avait pas l'âge d'homme en 1870, n'a pas souffert ce qu'a souffert l'homme de quarante, de cinquante ans.

Lundi 23 juin

Ça va-t-il recommencer comme du temps de mon frère ? Depuis la tombée du jour jusqu'à deux heures du matin, le jappement des deux molosses de mon voisin n'a pas cessé une minute, troublant mon travail du soir, empêchant mon sommeil. Ah ! cette villa d'Auteuil, si c'était à recommencer...

Et que je paye cher, mon Dieu, la jouissance d'un jardin !

Mercredi 25 juin

Saint-Gratien.

La princesse revient de Paris, où elle a été essayer une robe en foulard, commandée au mois de mai et qui n'est pas terminée. De là, elle a été chez Popelin, qu'elle a attendu une heure, sans qu'il rentrât. Elle est donc de la plus méchante humeur, affichant une telle indifférence pour vos personnes et tout ce qui vous intéresse, et acceptant avec une si mauvaise grâce et une distraction si férocement impolie le travail de notre amabilité qu'on s'en va de chez elle avec un sentiment de délivrance, d'allégement... Puis vraiment, l'amant est trop maussade ! Oh ! la vieillesse des maisons princières !

Et au milieu de la gêne produite par le mutisme de la patronne, la voix imbécilement grincheuse de Blanchard s'élève pour déclarer qu'on a abîmé le Bois de Boulogne et regretter le joli temps où il était un bois de poussière mangé par les chenilles.

Au fond, il n'y a de gentil dans la maison que le petit prince Louis, avec son ironie sourieuse et son indépendance de jugement.

Jeudi 26 juin

Pendant que ce matin, je suis en train de causer des conditions du traité de la deuxième série du JOURNAL DES GONCOURT, entre Fasquelle, qui lui annonce que Marpon est mort dans la nuit [1]. Le mourant, à ce que me dit quelqu'un, que je rencontre en sortant de chez Charpentier, aurait passé toute sa dernière journée de vie à faire ses comptes et à rechercher une somme de cinq francs, qui devait lui être due par la caisse de L'ÉVÉNEMENT.

De là je vais, en compagnie de Frantz Jourdain, au cimetière Montmartre pour remplacer notre pauvre pierre tombale, toute ruineuse, par une dalle en granit d'Irlande.

Puis à la sortie du cimetière, je monte chez Burty, pour examiner un peu la collection et donner à Mme Burty quelques conseils pour la vente. Je suis frappé combien dans ces dernières années, il avait perdu le goût et comme cet acheteur, qui achetait autrefois si bien, achetait maintenant mal. Mme Burty me montre une écritoire de laque, qu'elle me dit avoir été payée par lui à Hayashi 1 500 francs, dont je ne donnerais pas cent francs, dont je ne donnerais rien. Du reste, il n'a jamais eu le sentiment raffiné des laques, et son achat le plus artiste a été toujours dans les objets en fer, les gardes de sabre et les bronzes. Nous avons été d'accord qu'il ne fallait mettre en vente que les bonnes choses, que les choses supérieures, mais que si on livrait aux enchères tout l'infini des *riens* médiocres, dont l'appartement est bondé, dont tous les tiroirs et toutes les boîtes sont remplis, on obtiendrait le plus beau four du monde, en même temps qu'on porterait un coup à sa réputation de collectionneur émérite.

Samedi 28 juin

Je pensais aujourd'hui, en travaillant mon étude du peintre japonais Outamaro, à cet écrivain belge voulant bien me reconnaître un très grand talent, mais me refusant toute composition dans mes romans et le reste — à cause sans doute des transitions qui existent, mais qui ne sont pas soulignées par des phrases bêtes —, je pensais que mon Belge ne se doutait guère du mal que je me donnais justement à la construction, à l'architecture d'un simple article [2].

Mardi 1er juillet

Pris d'une sorte de cholérine ces jours-ci, je ne pouvais m'empêcher de me demander un peu si la tombe de granit commandée jeudi dernier

1. Entendez : qui annonce à Charpentier...
2. Goncourt publiera en 1891 OUTAMARO, LE PEINTRE DES MAISONS VERTES. *L'écrivain belge* est Firmin Van den Bosch qui, dans le MAGASIN LITTÉRAIRE ET SCIENTIFIQUE de Gand (pp. 65, 167, 283, 379), publie à partir de janvier 1890 une longue étude en général élogieuse, AUTOUR DU « JOURNAL » DES GONCOURT, dont la conclusion est que le JOURNAL était « le seul livre que les Goncourt pouvaient complètement bien faire » à cause de leurs défauts de composition.

à Frantz Jourdain n'avait point été un pressentiment ; et en même temps, mon esprit de collectionneur était tourmenté des mesures nouvelles de désinfection des chambres et des maisons de cholériques, qui pouvaient, moi mort, abîmer mes tapisseries et mes broderies et mes dessins.

Jeudi 4 juillet

Dans une lettre toute débordante d'une chaude et orgueilleuse maternité, Mme Daudet m'apprend les fiançailles prochaines de son fils Léon et de la petite Hugo.

Vendredi 5 juillet

Maupassant a fait d'une manière générale, dans Mme de Burne de NOTRE CŒUR, le portrait de la mondaine parisienne : la maquette lui a été fournie par Mme Strauss, qu'il a tenté d'avoir avant son second mariage et avec laquelle il a continué à flirter après... Je me rappelle encore certaine lettre montrée par Mme Strauss à Mme Sichel, dans laquelle Maupassant lui demandait une entrevue où l'on pût causer tête-à-tête, avec l'assurance que la causerie ne serait pas interrompue par un importun.

L'amusant, c'est l'éloge que la femme portraiturée prodigue au livre : « Non, Maupassant n'a jamais si bien fait », se tue-t-elle de répéter à tout le monde. Et à propos de l'éloge qu'elle faisait du livre à Mme Sichel et de la répulsion qu'elle sentait dans le fond chez son amie pour l'héroïne, elle lui disait : « Il y a tant de femmes comme ça ! » Et comme Mme Sichel hasardait timidement : « Mais vraiment, si peu, si peu de tendresse pour un homme l'aimant si complètement ?... » elle lui jetait durement : « C'est bien ce que les hommes méritent ! »

Mais si la vanité d'être peinte dans un livre satisfait complètement Mme Strauss, sa satisfaction n'est pas partagée par son entourage, qui trouve qu'elle n'a pas lieu d'être fière du portrait, et Mme Halévy s'écriait dernièrement : « A la place de Geneviève, je serais révoltée, indignée contre Maupassant ! »

Oui, Geneviève est bien l'allumeuse sans cœur, sans tendresse, sans sens qu'est Mme de Burne, et dans le petit cercle d'amis gravissant autour d'elle, ç'a été tout le temps son rôle. Elle a joué ce jeu avec Meilhac, dont elle montrait ces jours-ci une lettre toute charmante, datée de Vittel, où l'auteur dramatique disait que tout ce qu'il avait fait de bien, c'était à elle qu'il le devait. Et là-dessus, comme Mme Sichel l'interrogeait s'il ne lui avait demandé plus que de lui indiquer le chemin du beau :

« Si, comme les autres...

— Et alors ?

— Oh ! il est si difficile de refuser ce qu'il demande à un homme qui ne vous plaît pas... mais pas du tout ! »

Dimanche 6 juillet

Ça donne vraiment à réfléchir, ainsi qu'en faisait la remarque un journal du matin, ces nihilistes russes, ces artisans désintéressés du néant, se vouant à toute une vie de misère, de privations, de persécutions pour leur œuvre de mort — et cela sans l'espoir d'une récompense ici-bas ou là-haut, mais seulement comme par un instinct et un amour de bête pour la destruction [1] !

Hier, il est venu chez moi le reporter Puech de l'ÉCLAIR à l'effet de me peindre dans mon intérieur [2]. Je crains bien que l'article ne soit pas si caressant que celui qu'il a consacré à Zola, car je n'ai pu lui cacher un mépris allant presque jusqu'au dégoût. Un monsieur qui fait profession de peindre des intérieurs et qui ne sait pas distinguer un dessin d'une gravure, une poterie japonaise d'une majolique, une commode de Riesener d'une commode du faubourg Antoine, enfin qui ne se doute pas de l'originalité, de la canaillerie ou du plagiat d'un mobilier ! Non, je n'ai jamais rencontré un corps d'état dont les membres soient, dans leur partie, d'une si crasse, si infamante ignorance que les reporters !

Lundi 7 juillet

Départ pour Champrosay.

Mardi 8 juillet

Toute la soirée d'hier s'est passée dans le *racontage* — et tour à tour par le père et la mère — du mariage romanesque de Léon, follement amoureux de Jeanne Hugo depuis des années et dont la passion n'a pu se taire, à la nouvelle qu'un des fils de Berthelot l'avait demandée en mariage.

Et la demande faite par Daudet et accueillie par Mme Lockroy à la condition que Léon s'adressât personnellement à la jeune fille, il eut besoin de deux jours pour s'y décider. Enfin, introduit auprès de Jeanne, il lui dit, sans la regarder, la tête tournée de côté : « Mademoiselle, je vous aime depuis que je vous ai soignée : voulez-vous être ma femme ? » Jeanne, comme réponse, se jetait dans ses bras. Puis chacun allait pleurer dans une chambre, et Léon gardait jusqu'au dîner un tremblement nerveux.

---

1. Depuis une quinzaine d'années, les *nihilistes* russes recouraient aux attentats ; ils avaient réussi à abattre Alexandre II en 1881. Préludant à l'alliance franco-russe, le gouvernement français faisait arrêter ou expulsait les *nihilistes* réfugiés chez nous. C'est ainsi que le 5 juillet 1890, grâce aux bons offices d'un agent provocateur, Landezen, comparaissait en justice un groupe de terroristes russes, chez qui l'on avait saisi des explosifs. Les deux femmes, Mme Reinstein et Mlle Bromberg, furent acquittées. Reinstein et ses camarades furent condamnés à 3 ans de prison.

2. Dans cette interview publiée anonymement dans L'ÉCLAIR du 11 juillet 1890 et intitulée NOS AUTEURS, EDMOND DE GONCOURT CHEZ LUI, Edmond parle de sa santé, de son rythme de vie, de ses projets ; le reporter décrit le *Grenier* et prend Outamaro pour « un des grands poètes japonais, qui a fait des choses ravissantes sur les *Maisons vertes* ».

Et il est amusant, le cher amoureux, annonçant à tout le monde la nouvelle, sous le sceau du plus grand secret.

Le curieux, c'est qu'amoureux comme il était de Jeanne, il était timidement muet auprès d'elle et que ses attentions, son amabilité, ses blagues, s'adressaient à *Bichette,* à la fille de Mme Ménard-Dorian, si bien qu'elle avait pu se croire aimée et qu'à la nouvelle du mariage, Mme Dorian se sauvait de chez Mme Lockroy les larmes aux yeux. Et quelques jours après, Léon tâtant Mme Dorian au sujet d'un mariage de sa fille avec Georges Hugo, elle lui déclarait que c'était lui qu'elle aurait voulu pour gendre, s'échappant dans sa contrariété à lui dire que son hôtel était tout prêt à les recevoir, que la fortune de sa fille était de quatre ou cinq millions supérieure à celle de Jeanne, enfin que sa fille était une fille instruite, ayant une valeur intellectuelle, tandis que la petite Hugo n'était qu'une bonne fille.

Ah ! ce Léon, il était vraiment destiné à faire un mariage riche, aimé successivement par Mlle Charcot, Mlle Ménard-Dorian, Mlle Hugo.

Et nous disions avec Daudet, devant les incidents de cet amour, que ça ferait un joli roman psychologique, à la psychologie fabriquée avec les sentiments les plus délicats, les plus distingués, les plus *chouettement* purs.

Mardi 8 juillet

« La plus grande de mes angoisses, la voici ! » me disait Daudet en me montrant sa main : « Il y a des jours où il m'est tout à fait impossible d'écrire... La lettre à Mme Lockroy lui demandant la main de sa fille pour mon Léon, j'ai mis trois heures à la faire... Oh ! c'est d'une difficulté pour moi à mettre, comme ça, les mots les uns au bout des autres... Aussi, maintenant, je tâche de concentrer ma pensée devant une carte ou une feuille de papier, de manière à avoir le moins de mots à écrire. »

Le pauvre ami disait, quelques instants après, en se promenant devant la grille du fond du parc : « Comme je fais bien le monsieur d'une grande propriété... Oui, le monsieur qu'on promène dans une petite voiture ou le monsieur qui donne le bras à une sœur... Car c'est toujours comme ça dans les grandes propriétés ! »

Mercredi 9 juillet

De Béhaine m'annonce les fiançailles de son fils Francis.

C'est toujours, en cet été, un ciel tristement nuageux de la fin d'un jour de septembre. Et Mme Daudet dit en tendant la main vers l'échappée de l'horizon : « J'aime ça, moi, sous ce ciel concentré !... Je me sens intelligente, quand il fait laid... Oui, quand il fait beau, il me semble que ma pensée se disperse, se volatilise. »

Puis sa pensée revenant à son fils, à son mariage, elle laisse échapper sur une note mélancolique : « Ce mariage brillant, au fond, ce n'est pas le mariage que j'ambitionnais... j'aurais voulu un mariage qui me fournisse la certitude que Léon donnerait un jour tout ce qu'il vaut... J'aurais désiré pour lui un mariage avec une femme comme Germaine Pillaut, une femme qui avait en dot 6 000 livres de rente, ce qu'il apportait, lui... Dans quelques années, il en aurait gagné 6 000 et ils auraient ainsi vécu avec 18 000 livres de rente, jusqu'à ce qu'il ait fait sa carrière. »

Arrive Mme Lockroy avec sa gentille Jeanne, cette jeune fille qui a gardé de l'enfant dans sa bonne figure, et le fiancé, le pauvre garçon, la tête en capilotade couverte d'une calotte d'interne. N'a-t-il pas, dans un bond fait sous la porte basse de la terrasse où le père Lockroy cultive ses arbres fruitiers, ne s'est-il pas cassé la tête ? Et vous le voyez aussitôt transporté chez le docteur Willemin, entre sa belle-mère, à demi revenue de son évanouissement, et sa fiancée pleurant à chaudes larmes !

On cause, sur la terrasse, Hugo, et Mme Lockroy donne des détails sur sa vie à Guernesey. Hugo se levait au jour, à trois heures du matin l'été, et travaillait jusqu'à midi. Passé midi, plus rien, la lecture des journaux, sa correspondance qu'il faisait lui-même, n'ayant jamais eu de secrétaire, et des promenades. Un détail à noter : une régularité extraordinaire dans cette vie. Ainsi, tous les jours, une promenade de deux heures, mais toujours par le même chemin, afin de n'avoir pas une minute de retard, et Hugo disant à Mme Lockroy, excédée de traverser toujours le même paysage : « Si nous prenions une autre route, on ne sait pas ce qui peut arriver qui nous retarde !... » Tout le monde couché au coup de canon de neuf heures et demie, et le maître voulant que tout le monde soit au lit et agacé de savoir que Mme Lockroy restait levée dans sa chambre.

Un corps de fer, ainsi qu'on le sait, et ayant toutes ses dents à sa mort, et de ses vieilles dents cassant encore un noyau d'abricot, l'année de sa mort... Et des yeux ! Il travaillait à Guernesey dans une cage de verre, sans stores, avec là dedans une réverbération à vous rendre aveugle et à vous faire fondre la cervelle dans le crâne.

Un joli spectacle que celui des deux amoureux assis sur un canapé, les yeux dans les yeux, dans rien se dire ; et la soirée se termine dans l'effusion d'une embrassade générale, où je suis tendrement embrassé par la fiancée.

Jeudi 10 juillet

Aujourd'hui a fini de paraître dans L'ÉCHO DE PARIS mon journal du Siège et de la Commune. Eh bien, sauf quelques petites attaques dans les petites feuilles de chou républicaines, il n'y a pas eu la citation d'une ligne de ce morceau curieusement intime d'histoire dans un journal quelconque. C'est vraiment extraordinaire, la haine du journalisme pour ma prose et ma personne !

Daudet ah ! il marche mal, il marche bien mal... S'asseoir, se lever, se tenir debout en équilibre, pour attacher sa culotte après une piqûre de morphine, sont des exercices acrobatiques terribles pour ce pauvre garçon !

L'inmariable Riesener, qui a refusé Tissot, après l'avoir accepté et l'avoir laissé surélever sa maison d'un étage pour leurs enfants futurs, donc, la Riesener, qui, en ce moment, fait ainsi qu'un certain nombre de jeunes vieilles filles, à mon instar, et profite de sa connaissance intime avec Chenavard pour le vider de ses souvenirs picturaux, racontait aujourd'hui cette anecdote sur Corot.

Corot va voir Dupré et lui fait de chauds compliments sur ses tableaux exposés sur les quatre murs de son atelier. Éloge que Dupré coupe au milieu par ceci : « Je dois vous déclarer que les trois tableaux que vous avez le plus loués ne sont pas de moi... Ils sont d'un jeune homme chez lequel il faut que je vous mène. » Le jeune homme était Rousseau. Et Corot, sortant du pauvre atelier de Rousseau, disait à Dupré : « Derrière cette petite porte, il y a notre maître à tous les deux. »

Aicard, qui est venu dîner, me parle longuement et un peu enfantinement d'une préface qu'il prépare pour le Théâtre-Libre [1]. Est-ce curieux, cet homme qui a une tête cabossée d'homme de génie et qui n'a pas même de talent ! Ce qu'il possède en tout, c'est une voix musicale, où il y a, selon l'expression de Daudet, de la *meurtrissure,* de la brûlure, une voix empoignante, qui fait accepter victorieusement les pièces qu'il lit des acteurs en pleine disposition de le refuser.

Je ne sais qui disait ce soir, pendant le dîner, que jamais les acteurs ne mangeaient d'artichaut, lorsqu'ils devaient chanter ou déclamer, qu'il y avait une tradition qui faisait regarder ce légume comme ayant une action sur la langue, qui empêchait de prononcer distinctement.

Je regarde le sculpteur Rodin, que j'ai en face de moi. Quel crâne déprimé ! Il me fait tout à fait l'effet d'un de ces Sarmates, d'un de ces Barbares tournant autour de la colonne Trajane.

Ce soir, autour du canapé où sont assises les femmes, c'est une causerie sur l'amour, où Raffaelli, sur ses jambes en manche de veste, tient le crachoir. Et comme il parle en termes un peu exaltés de l'attraction exercée, un certain jour, par une cocotte rencontrée en tramway, Rosny, quittant le cercle et s'accoudant à la cheminée avec des effets de pantalon gris perle et le dédain d'un homme chéri par les femmes de la *haute,* laisse tomber de ses méprisantes lèvres : « Ah ! si nous parlons maintenant des femmes du demi-monde... »

Vendredi 11 juillet

Valentin Simond, accompagné de son fils, vient aujourd'hui demander un roman à Daudet pour L'ÉCHO DE PARIS.

Le bavardage sans couleur de Valentin tourne autour de la

1. Voir t. III, p. 336, n. 1, sur la représentation du PÈRE LEBONNARD au Théâtre-Libre et sur le prologue satirique dont Aicard le fit précéder.

personnalité de Mirbeau, dont il nous peint la nervosité et qu'il nous montre incapable de travailler, si on dérange un encrier, et absolument désespéré, s'il n'a pas trouvé l'épithète voulue, et prêt, s'il l'a trouvée, à embrasser tout le monde — tourne autour de la personnalité de Scholl, qu'il nous représente un moment en proie à des vertiges si troublants qu'on a dû poser des barreaux à la fenêtre de sa chambre à coucher de la rue de Clichy —, tourne autour de la personnalité de Lockroy, le badaud, le *museur,* le monsieur toujours en retard, mettant trois heures pour faire le trajet de la rue Laffitte, par des pauses chez tous les marchands de tableaux, de Lockroy dont il nous raconte cette anecdote.

Le jour où il fut nommé ministre et où il y avait conseil des ministres à quatre heures, Floquet s'empara de lui dans l'après-midi, ne le lâchant pas, jusqu'au moment où lui tendant sa montre, il s'exclama : « Ah ! mon Dieu, il est cinq heures ! » Il l'avait avancée d'une heure.

Samedi 12 juillet

Nous causions ce matin de la nuit de noces et des délicatesses à apporter en cette occurrence par un homme bien élevé. Et à ce propos, Daudet me parlait de Germaine Pillaut, mariée avec un gentil garçon, mais sans amour, et même un peu forcée par ses parents. La pauvrette s'était refusée à voir sa mère huit jours après le mariage. Et quand enfin, elle avait consenti à la voir et que sa mère lui avait dit : « Tu m'en as voulu ? — Oui, je t'en ai voulu, tout ce temps... Oh, c'est une horreur !... Si j'avais su,... jamais je ne me serais mariée ! »

Germaine avait été élevée dans une ignorance absolue, et sa mère, s'entretenant avec Mme Daudet, lui disait dans le tête-à-tête : « Il faudrait peut-être élever nos filles autrement... Mais cependant, si elles savaient, j'aurais peur que les parents, quand ils voudraient faire un mariage, trouvassent une résistance dont ils ne pourraient triompher. »

Dimanche 13 juillet

« Une chose grave, une chose que vous ne savez pas », me dit Daudet au moment où j'entre ce matin dans son cabinet, « c'est qu'il n'y aura pas de mariage religieux... Hugo n'a pas voulu qu'on baptisât ses petits-enfants... On doit obéir à ses intentions, à ses recommandations... Jeanne ne serait pas opposée à un mariage religieux, mais il faudrait la catéchiser, l'instruire... l'on n'a pas le temps... Puis, vous concevez, les cris des vieux amis de la maison ! La mauvaise humeur même de Lockroy qui, si le mariage avait lieu à l'église, ne serait pas bien certainement renommé... » Et sa pensée allant à son frère — qui, en dépit de ses opinions, s'est rué sans pudeur à cette illustre liaison et qui dînait dès hier chez les Lockroy —, il ne peut s'empêcher de dire : « Vous verrez le beau plongeon qu'il va faire, si le FIGARO et le GAULOIS s'emparent de ça et font une campagne contre ce mariage ! »

Puis après quelques moments de silence, il s'écrie : « Je connais la légende... On va dire : « Est-il habile, ce Daudet ! c'est lui qui a poussé son fils dans la maison. » Vous savez si cela est vrai ! Au fond, ce mariage ne procurera, à moi, que des coups de bâton ! »

Les Lockroy, cet après-midi, viennent pour le choix d'une bague de fiançailles. Jeanne est vraiment jolie, avec sa peau éblouissante de blancheur, dans son col pierrot, dans sa robe *beige*, nouée par une ceinture de la couleur verte d'une grande herbe et dans laquelle est passé un énorme œillet Marie-Louise, de ce rose délicieusement tendre.

Les deux fiancés sont là, au milieu de nous, mais cherchant à s'isoler dans des coins et cette fois, se livrant à des bavardages interminables, ce qui fait dire à Mme Daudet : « Mais que diable avez-vous à vous raconter ? Dans trois mois, vous n'aurez plus rien à vous dire ! »

Ni Lockroy ni Georges Hugo ne sont arrivés à l'heure où on se met à table, et la mère est toute triste, avec une nuance d'humiliation, de n'avoir à ses côtés, ce jour-là, ni son mari ni son fils. Enfin, au milieu du dîner, arrive Lockroy, auquel elle cherche une querelle d'Allemand, on le sent, pour n'avoir pas amené avec lui son fils.

Lundi 14 juillet

Pauvre Daudet, il est hanté par une idée fixe : la crainte de la *dégradation*, c'est-à-dire des hontes physiques qu'amène la paralysie. Et lorsqu'on cherche à le rassurer, il vous dit qu'à Lamalou, il a étudié la progression de son mal sur les autres et qu'il lui arrivera ceci l'année prochaine, cela l'autre année.

Mardi 15 juillet

Un curieux, un original cadre de nouvelles, imaginé par Daudet. C'est la clinique d'un oculiste, où il y a une chambre pour les gens qui doivent passer plusieurs jours dans une obscurité complète, et ces gens se racontent des histoires, des histoires à rougir, des histoires formidables d'impudeur. Et quelquefois l'histoire casse, est interrompue et quand l'homme d'un lit dit à son voisin de la veille : « Alors, avec votre sœur ?... » c'est un autre ophtalmique qui raconte une histoire du même genre.

Mercredi 16 juillet

Visite du cousin Ambroy, qui laisse par testament à Léon Daudet Fontvieille, la propriété où le père a écrit LES LETTRES DE MON MOULIN [1].

---

1. Timoléon Ambroy, un viticulteur provençal, était le frère d'Octavie Ambroy, qui avait épousé Louis Daudet, oncle d'Alphonse. Celui-ci se lia de la plus fidèle amitié avec Timoléon. Le romancier va séjourner dès 1864 (et même 1860) chez les Ambroy, dans leur château de Montoban, à Fontvieille, entre Arles et les Baux. Dans le voisinage, se dressaient quatre moulins dont l'un — sans doute le moulin Tissot — a abrité les rêveries de Daudet et servi de cadre aux LETTRES DE MON MOULIN.

Un amusant détail des amours de Jeanne et de Léon : Jeanne a exigé de Léon le serment qu'il ne mangerait pas de carpe, la carpe contenant beaucoup d'arêtes, dont l'une pourrait bien la priver de son mari futur.

Toujours à propos de ce mariage : Lockroy disait à Léon qu'il devait se considérer bien heureux de ce que le vieux Hugo fût mort, qu'il ne se doutait pas des discours, des pontifiements, des embêtements qu'il aurait eus à subir !

Jeudi 17 juillet

Drumont et son copain en antisémitisme, de Biez, dînent aujourd'hui.

J'ai l'étonnement d'entendre cette profession de foi sortir de la bouche de Drumont, dont le révolutionnarisme catholico-socialiste me semble fort calmé :

« Oui, oui, Constans est une crapule, mais une bonne crapule... Savez-vous qu'il y avait pour notre cas une dizaine d'années de bagne [1] ? Oh ! si nous avions eu affaire à Reinach ou à Ferry... Car au fond rien n'était plus facile que de nous faire assommer... Puis, voyez-vous, il n'y a plus personne pour descendre dans la rue... Dans notre conférence, qu'est-ce qui est venu à notre secours ?... Ah oui ! des jeunes ? C'étaient des vieillards, des militaires retraités... Non, il n'y a plus que des jouisseurs, des jouisseurs du bas comme du haut... Enfin, nous aurons notre revanche, quand il faudra solder les 37 milliards...

— Mais, lui dis-je, l'argent gagné avec vos livres, il n'est pas dans les 37 milliards ? Il n'est pas placé sur la rente [2] ?

— Vous savez, de Goncourt, que je suis complètement hostile à l'intérêt de l'argent.

— Votre argent, mon cher Drumont, vous me ferez croire que vous le gardez dans un coffre ?

— Je vais vous dire, fait Drumont après un silence embarrassé et avec un sourire, mon argent, je le place sur les Anglais... Ce sont nos plus cruels ennemis... et comme cela, il ne me semble pas être en contradiction avec mes doctrines. »

Vendredi 18 juillet

Petite chamaillerie à déjeuner, entre l'épouse et l'époux, à propos de son opinion sur la femme, venant de la *perspicacité*, de l'*expérience* de Monsieur, ce qui fait dire à Mme Daudet que son mari « est né au moment où les autres meurent ». Et s'emportant, elle s'élève contre cette expérience que les hommes acquièrent en vivant avec des monstres

1. Cf. plus haut p. 418 et p. 423, n. 2.

2. Ce chiffre de 37 milliards correspond à celui de la dette publique, au 31 déc. 1889. Drumont reprochait aux *opportunistes*, « séides de Gambetta », d'avoir, pour le plus grand profit de la banque juive, laissé s'accroître démesurément cette dette publique : rien qu'en 7 ans, elle se serait accrue de 8 milliards (LA FRANCE JUIVE, 98e éd., s.d., t. I, p. 520 sqq.). Le reproche sera repris et précisé dans la séance du Sénat du 18 déc. 1890 : la droite, additionnant les diverses dettes de l'État, arrivait au total de 37 milliards, alors qu'en 1876, la dette n'était que de 28 milliards.

de femmes avant leur mariage et qui leur donnent de toutes les femmes une idée pareille. Et l'animation qu'elle apporte à la discussion est telle qu'elle devient toute rouge et s'écrie que si ça continue, elle ne pourra plus manger !

Cette discussion est venue à la suite de conseils que le père donne à Léon pour garder sa femme et sa maison de certaines liaisons de femmes de la société Charpentier, de la société Lockroy.

Ce soir, on parle du jeune Hugo, en train de faire revivre en sa personne les séducteurs cruels portraiturés dans les LIAISONS DANGEREUSES — et cela sans grand besoin de sens, sans amour, mais par vanité seulement — visant toutes les jeunes femmes de la société de sa mère, ayant été déjà l'amant de la jolie femme d'un peintre connu, l'amant de la fille d'un musicien célèbre, toute nouvellement mariée. Tous les deux exprimons la crainte qu'il ne soit un jour tragiquement assommé par un mari ; et moi, personnellement, je suis frappé du caractère parfois fatal que prend sa figure, caractère qui est très visible dans le portrait en pied qu'en a fait Duez cette année.

Samedi 19 juillet

Lockroy aurait dit ces jours-ci à Léon : « Tu vas avoir une grande fortune que t'apporte ta femme... il faut la lui garder ! C'est un engagement à prendre vis-à-vis de toi et d'elle... Tu auras peut-être à te défendre contre ta belle-mère, en sa faiblesse pour son fils. »

Dimanche 20 juillet

Cet après-midi, est arrivée, la peau *joyeuse,* les yeux brillants, Mme Lockroy, tout heureuse et fière d'être cette fois accompagnée de son fils. Sortie de son mutisme de l'autre jour, elle a été aimable, causante, a fait de la musique.

Pendant ce, son fils confessé par Daudet lui avouait qu'il venait de rompre avec la petite de Menier, le chocolatier ; mais qu'avant de venir à Champrosay, il était passé chez son homme d'affaires et lui avait demandé dix mille francs pour les remettre à la petite.

Le bonheur de Jeanne a une expansion qui se répand sur tout le monde. Elle vous embrasse en vous jetant les bras autour du cou, à la façon folle des enfants tendres.

Lundi 21 juillet

Drumont vient aujourd'hui, amené par la gentille lettre de Léon, lui annonçant son mariage avec la fille Hugo, à la fois touché de la lettre, en même temps que très gêné par ses attaques contre les Lockroy.

Il m'annonce qu'il travaille à un livre devant avoir pour titre LE TESTAMENT D'UN ANTISÉMISTE et me conte d'une façon assez drolatique l'hospitalité donné à l'Ermitage par Nadar à Félix Pyat, du temps qu'il se cachait [1].

A la question sur ce qu'il voulait manger, Pyat commençait par répondre à Nadar : « J'aime mieux ne pas manger de pain que de ne pas manger du pain blanc, et je vous dirai que pendant tout le Siège, on m'en a procuré. Quant à la viande de boucherie, c'est la même chose, j'aime autant ne pas manger de viande que de ne pas manger de la viande de première catégorie, du filet. » On devait devant ce désir aller tous les jours à Corbeil. Quant au vin, il avait fait imperturbablement la même réponse : « J'aime mieux ne pas boire du vin que de boire du mauvais vin. » Et au bout de quelque temps, Nadar revenant à l'Ermitage, le domestique lui annonçait qu'un vin d'un cru très estimé, dont il avait un certain nombre de bouteilles, Pyat l'avait bu comme vin ordinaire.

Enfin une fois, où Nadar survenait avec sa famille et où Pyat était en train de déjeuner dans le jardin avec une donzelle, il ne donnait aucun signe qu'il s'aperçût dans la maison de la présence du maître de la maison.

Mardi 22 juillet

Il y a un côté imaginatif chez ma filleule, tout à fait extraordinaire. On peut commencer n'importe quelle histoire, elle vous donnera immédiatement la réplique. Ainsi qu'on lui dise : « Nous partons, n'est-ce pas ? pour la campagne. — Oui, et je mets dans mon petit panier... » Et elle nommera toutes les choses qui composent un déjeuner. Et chaque jour, sa petite cervelle trouve des choses charmantes. Elle a trouvé des *petits baisers flûtés,* où elle vous fait sur la joue, en vous embrassant, l'imitation d'un chant de petit oiseau. Et tout à l'heure, de sa voix gazouillante, elle se livrait à une improvisation sur le paradis, où elle disait que les messieurs et les dames du paradis avaient la bouche qui sentait l'eau de Cologne.

Mercredi 23 juillet

Il a été convenu ces jours-ci que Mme Lockroy et sa fille partiraient pour Guernesey et que Léon passerait ici une quinzaine de jours à piocher sa médecine, au bout de quoi il irait rejoindre sa fiancée. Donc, ce matin, il est arrivé deux gigantesques caisses de livres et quelques heures après, Léon. Nous finissions de déjeuner. Il a fait le tour de

---

1. Le TESTAMENT D'UN ANTISÉMITE paraîtra en août 1891. — Sur la demeure de Nadar en forêt de Sénart, l'*Ermitage,* cf. t. II, p. 751, n. 2. Le 22 mai 1871, tandis que les Versaillais entrent dans Paris, Pyat disparaît. Nous ne savons s'il passa tout de suite chez Nadar ou s'il se réfugia d'abord, sous les allures d'un jardinier, dans une maison des Champs-Élysées, comme le veut une autre tradition ; il gagna ensuite Londres en 1872. Condamné à mort par contumace le 27 mars 1873, il fut amnistié le 14 juillet 1880 et rentra en France.

la table, embrassant sa grand-mère, sa mère, son père,... puis soudain s'est mis à fondre en larmes, comme un grand enfant, et a disparu.

Là-dessus, on lui a dit qu'il n'avait qu'à s'en aller, à rejoindre sa bien-aimée. Et le voilà aussitôt défaisant ses caisses et refaisant sa malle et repartant, après avoir conté que la veille, il était allé avec Jeanne au Panthéon porter au tombeau d'Hugo toutes les fleurs qu'il avait portées à sa fiancée depuis le commencement de sa cour.

Jeudi 24 juillet

Après une longue concentration, la tête penchée en avant sur ses pauvres morts dans leurs bottines de feutre, Daudet laisse échapper : « Dire que toutes les nuits, je rêve que je marche... que je marche sur des plages, où des gens me disent : « Comme vous marchez bien sur les cailloux ! » Et le réveil... ah ! le réveil, c'est horrible ! »

Vendredi 25 juillet

A propos de Bourget, qui, lui aussi, se marie, mais à ce qu'il paraît avec réflexion et sans l'entrain amoureux de Léon, Mme Sichel m'écrit qu'il lui arrive de prendre de temps en temps sa fiancée par les épaules et de lui jeter : « Malheureuse ! Malheureuse ! »

Ce soir, Alphonse Daudet parle, avec une exaltation un peu fiévreuse et comme d'un souvenir passionnant, d'un voyage de trois semaines en mer qu'il avait fait autour de la Corse dans une goélette de la douane. Il avait dîné la veille chez Pozzo di Borgo, on s'était grisé, on avait lutté et dans la lutte, il s'était foulé un pied ; mais il se faisait porter en bateau par deux marins et quittait tout heureux, un soir de Mardi Gras, la place pleine de lumière et de cris de Carnaval, pour aller à une mauvaise mer, au danger, à l'inconnu. Et dans ce bâtiment, où il avait pour coucher, avec le capitaine, un espace grand comme le canapé où nous sommes assis, il parle de son bien-être moral tout le temps que dura la traversée. Il parle de sieste sur les écueils, au grand soleil et où tout le monde se séchait, aplati comme des cloportes sous un pot de fleurs. Il parle de bouillabaisses mangées sur des côtes sauvages, où le feu, fait avec des lentisques et des branches de genévrier, donnait un goût inoubliable au poisson. Et dans l'évocation de ce voyage, il se soulève de son abattement, ses yeux brillent : c'est le Daudet d'autrefois qui a la parole [1].

Un ménage peut-être pas aussi tendre qu'il le donne à croire par le sucre des paroles échangées entre le mari et la femme en représentation, c'est le ménage Banville. Au fond, la femme voudrait

---

1. Le voyage en Corse a duré de décembre 1862 à mars 1863. Après un séjour au phare des Sanguinaires, dont il sera question ici le 1er août 1894, Daudet obtient d'accompagner un douanier de ses amis, le père Vildieu, dans une tournée de surveillance de la douane, en bateau. C'est durant ce voyage, aux îles Lavezzi, qu'il entend conter le naufrage de la *Sémillante* (15 fév. 1855), qu'il évoque à son tour dans L'AGONIE DE LA « SÉMILLANTE », un des récits des LETTRES DE MON MOULIN.

l'héritage de Banville pour son fils, le peintre Rochegrosse, et Banville, pour s'assurer jusqu'au dernier moment des soins tendres, lui laisse ignorer ses dernières dispositions. Mme Dardoize raconte qu'à un retour de soirée, elle causait dans la nuit, avec Mme de Banville, de l'incertitude de cette succession, le poète au lit depuis deux ou trois grandes heures, quand on entendit derrière la porte une tousserie qui la fit ouvrir. C'était Banville qui écoutait la conversation des deux femmes... en chemise.

Samedi 26 juillet

Ç'a été vraiment une délivrance des pensées noires, après les lettres alarmantes de Blanche, de trouver à la maison la pauvre rhumatisante tout enveloppée de ouate et les mains encore gonflées, mais convalescente et non mourante, comme mon imagination me la représentait en montant à sa chambre.

Dimanche 27 juillet

Mme Dardoize, qui est ici en villégiature pour quelques jours, nous lit des fragments de lettres de sa fille, mariée au consul français de Birmanie, fragments nous initiant à la vie élégante de la colonie européenne de ce pays. On sent dans ces lettres qu'en ce pays de chaleur torride sans air, en ce pays d'anémie et d'épidémie, en ce pays au mois d'octobre meurtrier, en ce pays où un Européen ne peut guère vivre que trois ans — et encore avec des jours dans la montagne —, on sent que contre le voisinage de cette mort toujours à la porte, c'est au moyen du champagne, du bal, du flirtage, d'une vie mondaine enragée que ces hommes et ces femmes en chassent la pensée.

Ces lettres nous montrent aussi les gens couchant tout nus, et il est même question, dans l'une de ces lettres, à la suite d'une petite insolation, d'un délire, pendant toute une nuit, de l'épistolaire, se promenant dans sa chambre nue comme Ève, suivie, dans sa promenade, de son mari nu comme Adam. Et sans nous rien dire, nous pensions, Daudet et moi, que cette coucherie sans chemise devait joliment tuer le respect du mari pour la femme et ne plus lui faire voir dans l'épouse qu'une maîtresse.

La correspondance contient un croquis pris de sa voiture par la jeune femme, un croquis curieux représentant une maison de prostitution, le soir, une maison à l'avance d'un balcon semblable au balcon des baraques où l'on fait la parade, et où devant cinq petites portes sont assises cinq femmes, habillées comme des divinités du pays et ayant auprès d'elles un grand chandelier allumé, pareil à nos grands chandeliers d'église et qu'elles emportent dans la chambre, dont la porte devient noire, quand elles travaillent.

Lundi 28 juillet

Toute la journée, chez mon pauvre ami, une absorption, une

concentration, avec une tristesse sur sa pauvre figure jaune, qui fait presque peur.

Ce soir, la Dardoize racontait qu'à un dîner chez la duchesse de Reggio, malgré les signes de son mari, la duchesse demandait à un officier de marine pourquoi il n'avait mangé ni du veau ni du poulet qu'on lui avait servi. Il se trouvait que cet officier, pris avec sa femme par des anthropophages et séparé d'elle, avait mangé sans le savoir d'un pâté fait avec la chair de son épouse et depuis, ne pouvait plus manger de viande blanche... Pourquoi l'horreur à un certain degré, dans les histoires, au lieu d'apitoyer, pousse-t-elle à rire ?

Un curieux mot de Léon enfant, le lendemain de la prise de possession de Champrosay par les Prussiens : « Papa, est-ce que je puis me réveiller ? »

Mardi 29 juillet

C'est particulier, ce don de la grâce chez un enfant, ce don qui fait d'un mouvement comme celui de poser un petit panier à terre et de le reprendre, un spectacle enchanteur et qu'on ne peut expliquer, analyser, décrire. C'est ce don que possède à un degré supérieur ma filleule Edmée, avec de si jolis jeux de physionomie, le creusement dans le rire des deux fossettes de ses joues, le froncement de son petit bout de nez, l'attention sérieuse, réfléchissante de ses yeux, qui ont l'air de pomper vos paroles. Oh, le gentil petit être ! avec ses bras nus, son cou grêle sous son tablier écru aux broderies anglaises et avec le floquet de rubans à la Watteau, placé en haut de ses blonds cheveux frisés.

Mercredi 30 juillet

« J'ai le *cœur mort* », me disait ce matin Daudet, en me serrant le bras avec lequel je soutenais sa marche.

Avant-hier, ce jour où il était dans ce noir effrayant, alors qu'il causait de son cabinet de travail, avec moi qui me trouvais dans le salon, un moment où farfouillant dans son pupitre et s'adressant à moi qui n'étais plus dans le salon, il jeta à Mme Dardoize, qui venait d'y entrer : « Oh, cette boîte à cartouches de mon revolver ! quand je la rencontre sous la main, j'en ai peur, je la repousse bien vite... »

La Dardoize nous donnait aujourd'hui de curieux détails sur la maison de Saint-Denis, la fondation de l'empereur, où sa mère et elle ont été successivement élevées [1]. Elle mentionnait un détail de la surveillance extraordinairement exercée sur les jeunes filles : trois loges ayant vue sur les *lieux* et habitées perpétuellement par trois femmes, auxquelles on apportait là leur déjeuner et leur dîner.

Ce soir, il revenait à Daudet des souvenirs du *Petit Chose ;* il nous contait son anéantissement, cette nuit passée à l'hôtel, avant d'entrer

1. Cf. t. I, p. 956, n. 1.

au collège, cette nuit où il se jetait à genoux au pied de son lit et où il se mettait à prier pour la dernière fois [1]. Et il parle encore avec attendrissement de ce petit — maintenant un sous-préfet dans le Midi — qui pour lui avoir dit : « Oh ! que vous êtes joli, monsieur Daudet ! » fut puni et attira au jeune pion un regard furieux du proviseur.

La poste arrive, et elle apporte ce soir une lettre de la sœur de Daudet qui, en partant pour les bains de mer, leur fait part de son chagrin au sujet du mariage laïque de Léon et fait allusion à la douleur qu'éprouverait, si elle était encore vivante, leur mère, si catholique : « Ça me fait une brûlure à l'estomac, cette lettre ! » laisse échapper Daudet [2]. L'amusant, c'est que cette catholique exaltée touche 4 500 francs comme inspectrice des écoles de ce gouvernement qui a proscrit les crucifix des écoles et chassé les sœurs des hôpitaux.

Jeudi 31 juillet

Ce matin, Daudet m'a fait sur mon JOURNAL des compliments qui m'ont paru sincères ; il m'a dit avoir été frappé de la hauteur, de la grandeur de l'expression.

Rodin avoue qu'il a cédé trop facilement et que s'il avait écouté Bracquemond, s'il avait peut-être écouté de Goncourt, il n'aurait pas commis la lâcheté qu'il a commise [3].

Castagnary, qui venait souvent demander à Daudet l'hospitalité de la moitié de son lit, en son temps de misère, ne s'endormait qu'après des visions de rangements de salles de musées, devant des perspectives de statues bien alignées.

Gustave Geffroy me disait, à propos de quelques mots dits par moi pendant le dîner : « Je me suis tordu... Ce qu'il y a d'amusant chez vous, un pessimiste, c'est que vous avez des mots d'une gaîté féroce. »

Vendredi 1er août

J'ai, de temps en temps, une fatigue à continuer ce journal ; mais les jours lâches où cette fatigue se produit, je me dis qu'il faut avoir l'énergie de ceux qui écrivent mourants dans les glaces ou sous les

---

1. L'épisode, qui ne figure pas dans LE PETIT CHOSE, se situe le 1er mai 1857, date probable de l'entrée de Daudet comme répétiteur au collège d'Alès, qu'il devait quitter définitivement à la fin d'octobre 1857.

2. Daudet n'a qu'une sœur, sa cadette, Anna, née le 3 juin 1848.

3. Il doit s'agir du VICTOR HUGO destiné au Panthéon et commandé à Rodin en 1886. En 1890, la Commission des travaux d'art, mise en présence du poète nu, s'effare, demande à en voir l'effet sur place et pour cela, en fait brosser une reproduction en trompe-l'œil, qui falsifie l'œuvre du sculpteur et sert de prétexte à la refuser. Devant les protestations des écrivains d'art, Larroumet, directeur des Beaux-Arts, consent à prendre ce HUGO assis pour le jardin du Luxembourg et à commander à Rodin un HUGO debout et vêtu pour le Panthéon ; mais il fait payer cette mesure par un article insultant du FIGARO, accusant « une littérature médiocre et sans lendemain » — lisez Mirbeau, Geffroy, etc. — d'avoir perdu l'artiste en l'encensant. La *lâcheté* de Rodin, pour Goncourt, c'est sans doute de n'avoir pas refusé l'humiliante faveur de Larroumet.

Tropiques ; car cette histoire de la vie du XIXe siècle, comme je l'écris, sera vraiment curieuse pour les autres siècles.

Daudet nous donne ce soir des détails curieux sur les crédits extravagants et ruineux faits par les cafés, les restaurants, à ses contemporains. Il affirmait que les 180 000 francs, dont hérita Bataille, avaient passé à solder des notes de gargote. Il disait que Dusolier avait dû au café de l'Europe plus de 70 000 francs, qu'il n'a pas fini de payer. Le Richer, le maître du café de l'Europe, un type curieux, un fournisseur du *manger* aux jeunes gens dont les pères avaient du bien foncier, et venant lui-même surveiller en province les garanties de ses créances. C'est ainsi que Daudet l'a souvent rencontré, aux environs, et quand il lui disait : « Qu'est-ce que vous venez faire ici, père Richer ? » l'autre répondait : « Je viens voir comment vont les choses de O***. » Il venait surveiller les terres, les vignes de son ancien dîneur. Et c'était un renouvellement de billets, au milieu d'un accueil charmant et suivi d'une hospitalité de plusieurs jours.

Et Daudet parlait de ses dîneurs à lui, des bohèmes, qu'il emmenait habituellement dîner dans son petit ménage et auxquels il donnait de l'argent pour apporter un sac de bonbons à sa femme, un joujou à son enfant, déplorant l'influence mauvaise de LA VIE DE BOHÈME de Murger et l'infiltration, à la suite du succès du livre, du *carottage* dans la jeunesse des lettres d'alors.

Samedi 2 août

Lui, à la figure si douce, si gentiment aimable, si bonne, la morphine lui met quelquefois de la méchanceté sur la figure.

Lettre endiablée de Léon, où il dit que dans le contact de toutes les heures avec sa fiancée à Guernesey, il se sent brûlé, lui et elle... C'est ainsi que ce parfait bonheur va peut-être se changer en un supplice.

Dimanche 3 août

Ce soir, Daudet nous fait un pittoresque tableau de la rue des Douze-Maisons, donnant dans l'allée des Veuves, qu'il habitait du temps qu'il était chez Morny, une rue habitée par des clowns du cirque, l'homme aux chèvres des Champs-Élysées, une cithariste vivant avec le vieux Laffitte, le père de Mme Galliffet, etc., etc. C'est le séjour en ce morceau de Paris, aux habitants si particuliers, qui lui a fourni pour LES CONTES DU LUNDI, le récit de M. ARTHUR, une chose entendue à travers les cloisons [1]. Et il détaille combien ce récit, joint au récit

1. Le conte s'intitule simplement ARTHUR. Cette histoire d'ivrogne qui bat périodiquement sa femme a pu en effet inspirer le personnage de Bijard, la brute alcoolique de L'ASSOMMOIR. — C'est dans ce même coin de Paris que Daudet situe le gymnase Moronval de JACK. — Daudet s'est installé dans le courant de l'année 1862 au 12, passage des Douze-Maisons, qui correspondait au n° 25 de l'av. Montaigne, l'ancienne allée des Veuves, là où se dresse actuellement la Comédie des Champs-Élysées. Il semble en être parti dès avril 1864.

de la mort d'Achille, qui lui a été fourni par sa femme, battu avec GERMINIE LACERTEUX, a servi à Zola, dans L'ASSOMMOIR.

Lundi 4 août

En pensant aux choses magiques trouvées par ce siècle, comme le phonographe, etc., etc., je me demande si les siècles futurs ne trouveront pas des choses encore plus surnaturelles ; et si à propos, par exemple, des livres perdus de l'Antiquité, on ne trouvera pas le moyen, par une cuisine scientifique dans une boîte crânienne d'une momie d'Égypte ou d'un autre mort antique, de faire revivre la mémoire des livres lus par le possesseur de cette boîte crânienne.

Beau comme une femme, Daudet a eu des coquetteries de femme pour sa toilette. A la suite de son voyage avec Delvau dans la forêt Noire, dont il était revenu comme la forêt, il avait pris l'habitude de se laver avec du lait [1] ; et Mme Daudet était très amusante ce soir, racontant à ce propos qu'au commencement de son mariage, une bonne, donnée par la mère de Daudet, lui *rétrillonnait* complètement son café au lait pour garder le lait pour le lavage de son mari.

Mardi 5 août

Départ de Champrosay. Au fond, j'ai en moi un peu de colère, apportée par l'article de L'ÉVÉNEMENT de ce *tartufard* de Jules Case. Ah ! les bonnes crapules qu'il y a dans notre jeunesse des lettres ! Ce délicat me reproche les indiscrétions de mon JOURNAL. Et lui est venu chez moi, sur son humble demande, pendant des années, a été le premier arrivé, le dernier sorti ; et au moment où tout le journalisme me tombait sur le dos et en première ligne LE FIGARO, mettait à profit cette haine du FIGARO pour y faire son entrée par un article dirigé contre moi... Un joli type de Judas... Mais attendons : l'homme qui a fait cette canaillerie en fera d'autres [2].

Vendredi 8 août

Ces jours-ci, devant cette pauvre Pélagie, toute raidie par le rhumatisme et me donnant la crainte qu'elle ne se rétablisse pas, devant la menace de l'aboiement perpétuel des deux molosses d'en face, devant cette hostilité persistante du journalisme, je me laisse aller à la tristesse, au découragement de vivre.

---

1. Alfred Delvau avait fait financer ce voyage par LE FIGARO, où il en publia, en août-septembre 1865, le récit, édité en 1866 sous le titre : DU PONT DES ARTS AU PONT DE KEHL. Daudet et lui ont parcouru à pied les Vosges ; quant à la forêt Noire, ils n'en ont guère vu que la lisière, quand ils s'en revinrent de Bâle à Sasbach par Alt-Brisach du 25 au 28 juillet.
2. Cf. t. III, p. 203, n. 3 sur LE MOT SALE..., l'article de Jules Case visé à la fin du paragraphe.

Samedi 9 août

Mlle Angelina me disait hier : « Si M. Bing n'avait pas été décoré, nous aurions été obligés de nous en aller tous. »

Ma voisine, la femme du ci-devant pâtissier Petit, une très bonne femme, qui est venue voir presque tous les jours Pélagie, pendant l'aigu de son rhumatisme articulaire, lui disait : « Vous ne savez pas la chose qui ferait le plus de plaisir à mon mari ? C'est que M. de Goncourt lui laissât par testament un objet de quatre sous ; et même la chose ne vaudrait pas quatre sous, ce serait pour lui l'objet le plus précieux de la terre et dont la possession le rendrait le plus fier. »

Il y a vraiment un côté pion tout à fait extraordinaire chez Popelin. J'étais allé me laver les mains dans sa chambre à Saint-Gratien, et dans la chambre était venu jouer *Tortiti*, le jeune Benedetti. Popelin regarde la pendule, et dit : « Nous avons encore dix minutes... Voyons, qu'est-ce que je vais te lire ? Ah, tiens ! la bataille de Salamine. » Et le voilà lui lisant la bataille avec commentaires, explications, éclaircissements historiques, propres à épater la pauvre petite cervelle — et cela sur un ton pédagogique, pédagogique, pédagogique !

Après le dîner, Primoli me donne la représentation de ses instantanés en lanterme magique et où je me vois sur le seuil de ma maison d'Auteuil, grandeur nature.

Lundi 11 août

Aujourd'hui, en allant faire mes adieux à Mlle Zeller, établie dans la villa, je tombe sur le docteur Blanche, en conférence avec son père, au sujet de l'opération de la pierre que doit lui faire Guyon la semaine prochaine. Vraiment, la pauvre fille est bien maltraitée par le sort.

Mardi 12 août

Départ pour Jean-d'Heurs.

Traversant la campagne et voyant ces êtres de plein air, qu'on appelle des paysans, je pensais au contre-nature de notre vie à nous, citadins, et je m'étonnais qu'elle pût être aussi longue que la leur.

Mercredi 13 août

Il y a ici un membre de l'*Épatant* et à son sujet, je remarque l'assurance un peu prétentieuse que donne le club et le ton supérieur que les hommes de club prennent dans leur parlage superficiel de tout [1].

Je rêvais qu'on me fusillait, et j'en étais au moment où les fusils étaient en joue et j'avais l'émotion que j'aurais, si j'étais vraiment fusillé... avec toutefois la curiosité de connaître l'effet descriptif — pour moi seul,

---

1. L'*Épatant*, c'est le Cercle de l'union artistique (voir l'*Index*).

hélas ! — que ce foudroiement allait produire dans mon individu... Mais je me réveillais au moment où on allait commander le feu.

Vendredi 15 août

Ma cousine me contait le cas singulier d'un petit Reille, d'un enfant de cinq ans, qui avait une collection de vieux chapeaux d'hommes et de femmes, une collection qui le passionnait à la façon d'un vieux collectionneur, qu'il passait des heures à regarder, dont il ne voulait pas se séparer. Et lors d'un voyage à Luchon de ses parents, ayant demandé qu'on fît une caisse de sa collection, à l'arrivée là-bas, ne voyant pas sa caisse dans les bagages, il tombait dans un désespoir qu'on ne savait pas comment calmer.

Samedi 16 août

La combinaison de cartes qu'on nomme *patience*, c'est la passion que j'ai vue le plus immobiliser un corps dans l'attention. Ah ! les heures que passe devant une petite table mon membre du club !... Ah ! les heures que passait, devant une table du même genre, M. Antoine Passy !

Dimanche 17 août

Dans le Berry, une sœur montrait à ma cousine une femme portant un enfant et lui disait : « Voyez comme elle le porte, comme elle le tient serré contre elle ! Voici l'histoire de cette femme. Elle avait un petit garçon qui a été noyé, le croiriez-vous ? par un autre petit garçon de douze ans qui, à la fin, poussé de questions, laissait échapper : « Oui, je l'ai noyé, pour savoir comment on mourait ! » Et le petit monstre l'avait noyé dans un endroit très peu profond, où il s'amusait à lui enfoncer la tête sous l'eau, à le laisser reprendre haleine, à lui renfoncer la tête. Or depuis ce temps, son second enfant, cette femme ne veut pas le laisser un moment seul, n'accepte de travail que celui qui lui permet de garder son enfant près d'elle et même, à cause de cela, a une certaine peine à gagner sa vie. »

Jeudi 21 août

Evans, le dentiste, racontait à ma cousine, que les femmes, dans l'émotion de leur visite chez lui, oubliaient les choses les plus invraisemblables, quelquefois des lettres compromettantes — compromettantes comme tout ! — tombées de leurs poches.

Dimanche 24 août

Une femme demandait ce printemps à un gardien du Bois de Boulogne s'il n'allait pas pleuvoir. Le gardien interrogeant le ciel :

« Oh ! vous pouvez continuez à vous promener, il y a encore *de quoi faire une culotte de Suisse.* » Il faisait allusion au bleu qui était dans le ciel.

Lundi 25 août

Ce jourd'hui, Demoget, l'architecte de Jean-d'Heurs, parlait de la restauration du château de *** appartenant à la vieille Mme de Nettancourt, une singulière femme venant vendre en charrette au marché ses œufs et ayant ainsi refait la fortune de ses enfants, compromise par son mari [1]. Donc, un jour, elle faisait venir Demoget et lui disait : « Voici, il faut restaurer mon château, mais n'y rien changer. — C'est assez difficile, répondait l'architecte, il y a une tour du quatorzième, un corps de bâtiment du seizième, un bâtiment de 1800. — Non, reprenait la vieille femme, il n'y faut rien changer... Et encore moins au bâtiment de 1800 qu'aux autres ! Ce bâtiment, c'est la maison de Courtois, celui qui a reçu le testament de Marie-Antoinette, maison que mon mari, dans son admiration pour lui, a achetée et fait transporter pierre par pierre chez lui. »

Mardi 26 août

Pourquoi dans mes mauvaises nuits, toujours le même cauchemar, la perte de mes paletots, de mes effets dans un voyage en chemin de fer ou à la sortie d'une soirée, et cela dans une angoisse inexprimable ?

Une Mme de Marolles avait un frère à la mort, ma cousine la trouve sanglotant, agenouillée dans une chapelle de Sainte-Clotilde. Elle s'approche et lui dit : « Vous avez perdu votre frère ? — Non, c'est *Kiki !* » *Kiki* était un petit chien adoré par elle.

Elle était parente d'une autre passionnée de chiennerie, qui avait fait faire le portrait de sa chienne par Lambert et envoyait chez ce peintre tous les gens qu'elle rencontrait, pour s'assurer s'il avait bien rendu l'expression de ses yeux.

Vendredi 29 août

On parlait insomnie et ma cousine disait que lorsque ça lui arrivait, elle avait un moyen de la chasser : c'était de reconstituer la rue qu'elle habitait dans son enfance à Bar-sur-Seine, de reconstituer les maisons, avec les hommes et les femmes qui y étaient, et quand elle était arrivée à l'auberge de l'*Écu*, qui était à la moitié de la rue, elle était endormie.

1. L'indication du château est laissée en blanc. Nettancourt, d'où la châtelaine tire son nom, est une commune de la Meuse, dans le canton de Revigny ; les guides y signalent une belle église des XVe et XVIe siècles, mais point de château, non plus que dans les environs immédiats.

Dimanche 31 août

En ma dernière journée dans les lieux où je vais maintenant, la question : « Y reviendrai-je l'année prochaine ? » se pose dans mon esprit [1].

Lundi 1er septembre

Départ de Jean-d'Heurs.

Rentré à la maison, je trouve ma pauvre Pélagie les mains encore enflées, sa fille avec un œil très malade, et le jardin avec des arbustes mourants, et les aboiements des deux molosses d'en face durant jusqu'à une heure du matin. Je prends en grippe mon immeuble, déplore que mes collections m'attachent à cette maison et pense que j'aurais bien mieux fait de louer un grand appartement sur un square ou un jardin public.

Mercredi 3 septembre

Dans les parfums, l'Anglais introduit toujours du musc, et il en fait des parfums de sauvages, de Saxons. Ces senteurs canailles et migraineuses, qu'on les compare avec ce que c'était, la senteur d'une chemise de femme autrefois, l'odeur suave, à peine perceptible, du véritable iris de Florence, sans addition et immixtion d'autre chose puant bon.

Vendredi 5 septembre

La princesse parlait de la saleté de Desmaze ; et de la saleté du président, elle passait à la saleté de quelques femmes de l'Empire, dont l'une, disait-elle, lui avait avoué qu'elle n'éprouvait le besoin de changer de chemise que quand elle avait fait dedans.

Samedi 6 septembre

Je rencontre Hervieu sur le Boulevard. Nous nous attablons à un café.

Il me conte que Forain, qui s'était trouvé avec Maupassant à Plombières, est revenu *tué* par le gandinisme actuel du romancier, disant, à propos de trois gouttes de pluie sur un chapeau, qu'il ne pouvait plus le porter, etc., etc.

Il me conte aussi dans quelles conditions s'est opérée la séparation de Mme Kann avec Bourget. Le mari aurait dit, comme un entreteneur le dirait à une cocotte, peut-être même un peu plus durement : « Ma chère, il faut choisir entre moi et M. Bourget et vous me choisirez,

1. Add. éd. : le mot *journée*.

parce que vous n'auriez plus d'argent de moi et que Bourget ne peut vous en donner. » Mais le Kann aurait peur de Maupassant, qui le traite comme un nègre, et se résigne à le subir.

Lundi 8 septembre

Dans les cafés, ils sont arrivés à se faire fabriquer des verres minuscules pour liqueurs, qui ne contiennent guère plus qu'un dé... Dans vingt ans, les cafetiers auront des verres qui seront pleins avec une larme de n'importe quoi, qu'y verseront les garçons et qui coûtera 75 centimes.

Le soir, quand vous êtes assis à une table de café, le défilé sur le Boulevard, le défilé incessant et continu, au bout de quelque temps d'attention, n'a plus l'air d'un défilé de vivants, ça ressemble au passage mécanique des personnages d'un écran, au passage de silhouettes découpées qui n'ont pas d'épaisseur.

Mardi 9 septembre

Ah ! les gens qu'on aime vraiment, quand on est observateur, pour continuer à les aimer, il faut dire quelquefois : « Tais-toi, mon observation ! »

Mercredi 10 septembre

Pourquoi, autrefois et même au commencement du siècle, se tuait-on si facilement et pourquoi aujourd'hui se tue-t-on si peu ? C'est incontestablement que les gens appelés les *friands de la lame* sont devenus économes de leur peau et que la blague a touché au duel comme à toute chose.

Ce soir, dans le crépuscule d'une journée d'automne torride, sur la *Mouche*, la Seine ressemblait à un Ziem : son eau avait le bleu violacé, la pierre de ses ponts le rose saumoné, que le peintre donne à l'eau et aux pierres de Venise.

Je me promène avec une petite émotion dans ces écuries du cirque, au milieu de ces chevaux, de ces hommes, de ces femmes, d'où j'ai tiré, il y a déjà plus de dix ans, LES FRÈRES ZEMGANNO. Quelqu'un de la maison m'a salué. S'est-il trompé ? S'est-il rappelé ?

Pourquoi l'émotion du tour de force se traduit-elle chez moi par une humidité lacrymale, qu'il ne faudrait rien pour changer en larme ?

Samedi 13 septembre

Du coin de mon cabinet de travail, pendant que j'écris, j'ai devant moi, sur la porte de mon cabinet de toilette, en perspective et dans la pénombre, une courtisane d'Hokousaï, à la robe semée de grues volantes. Et par cette porte ouverte, tout au fond de ma chambre à coucher, un meuble en laque aux faucons argentés ; et au-dessus, un grand vase céladon, aux reliefs blanc et or se détachant d'une tapisserie crème, où une bergère verse d'une fiasque un verre de vin rose à un berger : un trou lumineux tout plein de couleurs et de clartés charmeresses.

Je pars par le départ de 5 heures pour Saint-Gratien, avec une terreur de l'ennui de cette petite cour, de ses soirées mortelles, de l'incompréhension boudeuse ou grognonnante de la princesse pour tout ce que je dis.

Dimanche 14 septembre

Les habitants de Saint-Gratien sont dans le moment le prince Louis, Popelin, le vieux Benedetti, le jeune ménage et ses trois enfants, imposant au château la tyrannie de leur bruit, l'éternel Blanchard, Mme de Galbois, une Mlle Rasponi, venue pour un séjour de six semaines et qui est là depuis cinq mois, les Ganderax, habitant Catinat et qui viennent dîner tous les soirs.

A dîner, on met sur le tapis le prince de N..., dont on parle comme d'un vrai filou, d'un escroc, ne soldant jamais ses dettes de jeu, ayant laissé payer par le Jockey-Club, tenant à honneur à ne pas laisser afficher le prince, une grosse partie qu'il avait perdue, se faisant inscrire pour 500 livres auprès d'un possesseur d'une écurie, prêt à faire courir, et empochant la somme quand il gagne, et ne donnant pas signe de vie quand il perd.

Enfin, c'est le prince populaire près de cette population domestique de la grandeur, dont l'un des membres disait : « Comme fils de la reine, je m'incline devant lui ; comme mon futur souverain, je le vénère ; mais comme homme, je le méprise plus que la boue de mes souliers. »

La soirée se passe, Dieu merci, sans lecture à haute voix d'un roman de la REVUE DES DEUX MONDES. La princesse s'abîme, une heure ou deux, dans un sommeil profond, léthargique. Popelin dessine à la sanguine, sur un bloc, des profils antiques. Le prince et Mme Ganderax *cartonnent* derrière un petit paravent ; et Ganderax de ses bras étendus, attirant comme un poulpe toutes les revues, tous les journaux, tous les prospectus, qui sont sur la table, les lit d'un bout à l'autre, sérieusement, pesamment.

Au milieu de la soirée, de retour du billard, le jeune Benedetti, qui a passé deux ans au Brésil, comme attaché à la légation, vient s'asseoir à côté de moi et se met à causer de la fièvre jaune, de cette épouvantable maladie qui, lors même qu'elle n'est plus épidémique, ne continue pas moins d'enlever à Buenos Aires, tous les jours, au moins vingt-cinq personnes [1].

1. Une lettre anonyme (CORR., vol. XXX, f° 383, s.d.) fera remarquer à Edmond de Goncourt, lors de la publication de ce passage en volume, que Buenos Aires est en Argentine, non au Brésil, et niera les ravages de la fièvre jaune à Rio de Janeiro après la fin de l'épidémie.

M'entretenant de la rapidité des décès, il me conte qu'un ingénieur ayant fait là-bas son affaire, ayant gagné une petite fortune, partait le lendemain matin par le paquebot pour l'Europe, avec sa femme et ses enfants. Le jeune Benedetti s'était trouvé en rapport avec le ménage et lui donnait à dîner la veille de leur départ. Le ménage le quittait assez tard, tout le monde très bien portant. A quatre heures du matin, on venait lui annoncer que l'ingénieur était mort. Alors, avait lieu une scène terrible entre lui et la femme. La femme voulait retarder son départ pour l'enterrement de son mari. Il lui objectait qu'il n'y avait pas à rester, parce que à six heures, son mari serait enterré, la décomposition du corps étant si rapide que l'enterrement a lieu deux heures après. Et dans la crainte qu'il ne se déclarât un cas chez la femme et les enfants, avec l'aide de la police, il embarquait de force la veuve et sa petite famille, au milieu des injures de la femme,... qui arrivée en Europe, lui adressait une lettre de remerciement.

Un détail particulier des enterrements de ce pays. Là-bas, pas de croque-morts : ce sont les parents qui portent la bière, quelquefois un flacon sous le nez, tenu de la main libre ; et bien souvent, un des porteurs rentre chez lui atteint de la fièvre jaune.

Lundi 15 septembre

Il est plus épileptiquement furibond que jamais, le bon Blanchard.

Au déjeuner, il s'est mis à se répandre sur ses malheurs, sur son manque de fortune, sur la fatalité de son sort depuis son enfance, sur la suppression d'un de ses cours... Là-dessus, Popelin lui objectant doucement qu'il était moins malheureux qu'il voulait bien le dire, le voici à lui crier que c'est dans la règle, qu'un richissime comme lui, qu'un monsieur qui a une fortune colossale, qu'un possesseur d'un hôtel comme celui qu'il a, trouve que les autres puissent vivre avec douze cents francs. L'amusant de cela était l'enragement de la voix, dénotant la plus basse envie.

Et savez-vous pourquoi il a perdu son cours à l'Institut agronomique ? Le voici. C'est que ne voulant pas s'avouer qu'il est aveugle, se refusant à être assisté d'un préparateur, il démontrait un jour l'organisation d'un poisson sur le squelette d'un oiseau, que sa main avait pris à tâtons. Vous concevez les rires d'un auditoire de très jeunes gens.

Dans une promenade avant dîner, je trouve la bienveillance de la princesse à l'égard du ménage Ganderax bien modifiée.

C'est une accumulation de petits débinages de Ninette, qu'elle accuse d'être adroite et dont elle dit que la meilleure définition donnée d'elle l'a été par un monsieur, qui la renseignait sur une réconciliation entre elle et la Potowska et l'expliquait parce que Ninette était « la créature la plus souple de Paris ». Et je l'entends avec étonnement, elle autrefois si engouée de Ganderax, dire qu'il n'a jamais rien fait, qu'il ne fait rien et que sa nomination dans la Légion d'honneur est bien extraordinaire. Et peu à peu se montant et s'encolérant, elle me conte que Mme d'Haussonville avait été une des femmes qui avaient déclaré de la manière la plus haute qu'elles ne recevraient pas Ninette après son divorce et qu'à une soirée chez Mme Strauss, elle avait vu le mari de Ninette, rencontrant M. d'Haussonville, lui prendre les mains et les garder dans les siennes, comme si, selon l'expression de la princesse, il voulait « les sucer ». Et malgré ce que je dis pour la défense de ce garçon, qui a été toujours charmant pour moi, elle va, elle va toujours plus violente dans ses accusations.

Mardi 16 septembre

Convives *extra* du dîner : le duc de Montmorency, un clubiste bavard et potinier, travaillant à plaire à tout le monde ; la princesse Ghika, une petite femme desséchée, dans une robe de dentelle noire, à l'allure aristocratique et excentrique, fatiguant deux chevaux dans la journée et émettant, avec une parole lente et tranquille, les paradoxes les plus renversants à propos de la vie pratique. Elle conte que ce soir, elle a envoyé son chien *Papillon* dîner chez le successeur de Magny à raison de cinq francs et qu'on ira le chercher dans le coupé qui doit la ramener du chemin de fer.

Une conversation voltigeante, qui se pose un moment sur un homme ou une femme et passe presque aussitôt à un autre personnage masculin ou féminin.

Il est question de Galliffet qui, à cause de son ventre d'argent, est tenu à garder autant qu'il est possible la mesure exacte de sa peau lors de la confection de la plaque et, se sentant engraisser, se soumet depuis quelques années à un régime d'amaigrissement torturant.

Il est question de la Castiglione, faisant cuire dans son appartement de la place Vendôme, faisant cuire des chats pour je ne sais quelle cuisine de sorcière, n'ayant pas de domestiques, mais des ouvriers plombiers, dont l'un lui sert de femme de chambre, et écrivant des mémoires, qu'elle lit par un guichet à un concierge.

Il est question de Mme Doche et d'une *maladie de saleté* de ladite, qu'un médecin aurait dit à la princesse avoir soignée.

Il est question de l'israélite Hirsch, refusé au cercle de la rue Royale et qui doit acheter l'immeuble pour mettre les membres à la porte [1].

Il est question de Mme Galliffet, cette ci-devant jolie femme, qui a une carie de la mâchoire et tout le bas du visage si épouvantant que son homme d'affaires, qui lui est tout dévoué, disait ces jours-ci : « Je ne la verrai plus, car j'ai été malade de la voir, l'autre matin. »

Mercredi 17 septembre

La voix revenant de Savoie nous apprend que les Charmettes avaient

1. Cf. t. I, p. 240, n. 1 sur le cercle de la rue Royale.

été achetées par les cochers de Chambéry et d'Aix, craignant que la propriété ne tombât aux mains d'un propriétaire peu respectueux, qui y apportât des changements, lui enlevât son caractère historique, tandis qu'eux, la laissent inhabitée et telle qu'elle pouvait être au temps des amours de Jean-Jacques [1].

C'est un précédent : bientôt, dans toute petite localité, la pierre ou le moellon historique qu'on vient voir sera acquis par un syndicat de cochers conservateurs...

Jeudi 18 septembre

Le prince Louis — ce qui est rare pour un prince — a des idées personnelles ; et ces idées, bonnes ou mauvaises, il les défend avec une certaine raideur, même à l'encontre de sa tante. Et il y a entre eux un sujet continuel de discussion, c'est son goût de l'état militaire et la faveur de son esprit pour les gens du métier. Or Popelin aurait insinué dans la cervelle de la princesse l'idée qu'il y avait un beau rôle à prendre pour un Napoléon dans cette fin de siècle, le rôle d'un Bonaparte civil, d'un Bonaparte pékin, d'un Bonaparte savant, lettré, intellectuel, et cela amenait la princesse à dire ces prodigieuses paroles : « Parce que nous avons eu un militaire dans notre famille, ils veulent tous l'être... Et Dieu sait que ça n'a pas réussi à l'autre ! (*Napoléon III*) Ça l'a fait mettre en prison et mourir en exil [2]. »

Le prince apporte aussi dans ce qu'il veut un doux entêtement et brave la dure autorité paternelle par une force d'inertie et une apparente inconscience de ses actes [3]. Quand son père lui a envoyé une dépêche au Japon, lui annonçant qu'il était exilé et le rappelant auprès de lui, il a continué son voyage, comme s'il n'avait pas reçu la dépêche [4]. Le père avait donné 20 000 francs au fils pour son voyage : la somme était insuffisante, le fils a tiré tranquillement des traites sur son père.

A ce propos, Mme Ganderax, flétrissant la cochonnerie du prince Napoléon, m'apprend qu'il reçoit de sa femme vingt-cinq mille francs pour les deux princes et qu'au lieu de les lui donner, ne donnant rien à l'autre, il ne lui remet que douze mille cinq cents francs, gardant pour lui la part de son fils rébellionné [5]. Et au bout de l'exposition de tous ces mépris pour le prince Napoléon, Mme Ganderax finit par cette phrase : « Puis vraiment, je n'aime pas à marcher à côté d'un monsieur qui pète tout le temps. »

Une chose caractéristique chez le prince Louis : dans l'étonnement

---

1. On sait que la maison louée le 6 juillet 1738 par Mme de Warens à M. Noëray, aux Charmettes, près de Chambéry, et célébrée par Rousseau dans le livre V des CONFESSIONS, appartient aujourd'hui à la ville de Chambéry.
2. Texte Ms. : *et cela amenait à dire ces prodigieuses paroles...*
3. Texte Ms. : *une apparente conscience de ses actes.*
4. Exil datant de la loi du 22 juin 1886. Cf. t. II, p. 1253, n. 3.
5. Cf. t. II, p. 831, n. 1, et p. 566, n. 3 sur la scission entre les partisans du prince Napoléon et ceux du prince Victor.

ou le mécontentement de ce qu'on lui dit, la prunelle apparaît, tout autour de son rond, en haut comme en bas, cerclée du blanc de l'œil, ce qui en fait un œil pareil aux yeux des guerriers japonais, dans les impressions en couleur. Ninette affirme que c'est une conformation de l'œil particulière à la maison de Savoie.

On cause, le soir, du petit Houssaye, qui dînait hier et qui a passé tout l'été en Bretagne avec Renan, à l'effet d'avoir sa voix à l'Académie ; et l'on ne pouvait s'empêcher de rire de la poursuite de ce fauteuil, menée comme une affaire, et aussi bien par le mari que par la femme, parlant si *iroquoisement* le français [1]. A ce propos, Mme Benedetti, qui a un véritable talent d'imitation, nous donnait une amusante répétition du baragouin anglo-saxon de ladite Mme Houssaye, faisant un tableau de la maison Buloz et disant de la noire épouse à moustaches de l'homme de la REVUE, qu'elle est au fond une *gaâmine*.

Vendredi 19 septembre

A propos de l'historique des jetons de l'Académie et de je ne sais quel académicien qui les toucha tous le jour de l'exécution de Louis XVI, quelqu'un raconte qu'aux journées de juin, Villemain, qui habitait l'Institut, dans la persuasion d'être tout seul à toucher, avait ouvert et clos la séance, quand Cousin, qui avait traversé les barricades et affronté dix fois la mort, apparut dans la salle en s'écriant : « Part à deux ! »

Samedi 20 septembre

Aujourd'hui, la princesse s'est levée de fort méchante humeur ; et sur la fin de la journée, au sujet d'un concert donné à Enghien, où Mme de Galbois montrait le désir d'aller, elle lui demandait assez brutalement quel intérêt elle portait à la femme qui donnait le concert... Là-dessus, Mme de Galbois, croyant voir dans cette interrogation une intention blessante, de s'écrier qu'elle ne portait à la femme aucun intérêt et qu'elle ne comprenait pas pourquoi la princesse lui disait cela. Là-dessus, sa dame d'honneur lui tenant tête, la princesse de s'emporter comme une soupe au lait, de déclarer que la vie devenait intolérable, qu'on lui demandait des explications à tout bout de champ, qu'elle serait obligée de s'enfermer dans sa chambre et de n'en plus sortir... Et se montant, se montant, dans sa colère, ses dernières paroles semblaient un congé pour sa dame d'honneur.

La Galbois sortait en pleurant. Et la Galbois sortie, voici la princesse qui se livre à une diatribe contre elle, disant qu'elle embête tout le monde, que Worth, excédé de sa présence, l'a priée de venir essayer ses robes avec Julie, sa femme de chambre, que Mme Virot, à qui elle

1. Cf. t. III, p. 354, n. 1 et p. 389, n. 1 sur les candidatures académiques d'Henry Houssaye.

a rapporté sept fois un chapeau, l'a dans le nez... Sur cette phrase, qu'elle entend de la porte, Mme Galbois rentre et demande une explication à la princesse ; et l'on entend, pendant un quart d'heure, dans l'autre salon, le bruit d'une voix colère mêlé à la plainte d'une voix pleureuse, au bout de quoi les deux femmes rentrent au salon, en apparence réconciliées.

Cette pauvre malheureuse Mme de Galbois, elle a non seulement contre elle Popelin, à cause de son hostilité bien connue avec Mlle Abbatucci, mais encore la jeune Benedetti, qui a su qu'un moment, elle avait eu l'ambition d'épouser son beau-père. Et sous l'excitation de ces deux haines, sa position près de la princesse est intolérable. Elle est bêtasse, *oisonne* comme on ne l'est pas, elle possède une famille impossible ; mais c'est une propre et honnête femme et si elle est remplacée, on verra par quelle intrigante elle le sera.

Gil-Naza, l'acteur crapuleux et ivrogne, entré d'une façon si nature dans la peau de Coupeau, du temps qu'il faisait les comiques en province, s'était trouvé jouer avec Fargueil et avait couché avec elle. Depuis, ils s'étaient retrouvés à l'Ambigu, lui très encanaillé, elle très supérieure, très vibrante, très précieuse et ne semblant avoir gardé aucun souvenir du passé. Donc, dans une scène d'amour, touchant presque au viol et qu'il jouait avec elle, Fargueil se plaignait qu'il se rapprochait d'elle d'une manière trop intime. « Bon ! » dit Gil-Naza, en crachant à terre, et désignant son crachat : « Voilà la ligne que je ne dois pas dépasser, n'est-ce pas ? » Et il recommençait la scène amoureuse, au milieu de laquelle il jetait à la pudique Fargueil : « Pardon ! Pour vous séduire, je n'ai qu'une pine et à cette distance, il me faudrait une trompe. »

Dimanche 21 septembre

Est-ce vrai ? La princesse déclarait qu'un amiral et un contre-amiral lui avaient affirmé que Loti aurait été surpris en flagrant délit de pédérastie et qu'il y avait contre lui un commencement d'instruction, abandonnée je ne sais pourquoi.

Cette jolie et distinguée Mme Kann, quelle manie que ce bistrage macabre du dessous des yeux, ce maquillage-cadavre emprunté à Mme La Valette ! Si j'obtenais ses faveurs, il me semble que je sortirais d'entre ses bras, avec l'hallucination d'être le sergent Bertrand, le militaire qui violait des mortes au cimetière Montmartre.

Lundi 22 septembre

Des rivalités, des jalousies entre les femmes du château, amenant en ce moment des scènes, dont la princesse a l'ennui et le contrecoup nerveux.

Aujourd'hui, sous le prétexte d'aller voir un arbre cassé par l'orage de ces derniers jours, la princesse m'emmène au fond du parc et se livre à une diatribe terrible contre Mme Ganderax, l'accusant d'avoir favorisé une intrigue entre le prince et Mme Bapst. Et elle me conte le scandale ayant eu lieu au château, dans un séjour de la séduisante femme, qui aurait eu une scène avec son mari au milieu de la nuit, dans laquelle ils se seraient battus et à la suite de laquelle aurait eu lieu un carillonnement formidable de sonnette et la demande par la femme du bijoutier d'une paire de draps, pour aller coucher dans le lit que j'occupe aujourd'hui, alors vide. Et à quelque temps de là, le pauvre et piteux mari confessait à la princesse qu'au moment d'un départ pour l'Italie, sa femme lui avait déclaré qu'elle ne le suivrait que s'il lui envoyait les gendarmes.

Et la princesse de traiter Mme Ganderax de mal embouchée, de se plaindre qu'elle s'était permise de lui dire comme à une petite fille qu'elle ne lui confierait plus rien, parce qu'elle disait tout à *Madi* — Mme Benedetti —, de trouver de la suprême indiscrétion d'avoir reproché à ladite Benedetti, ayant une maison montée à Fontainebleau, de prendre séjour à Saint-Gratien avec un entourage de dix personnes, enfin de se montrer tout à fait blessée des regrets qu'elle lui avait insolemment témoignés de n'avoir pas accepté l'invitation de Mme Duruy à sa campagne. Et avec une certaine justice, elle parle de ses bontés pour cette bâtarde, quand elle était enfant, du service qu'elle lui a rendue après son divorce, en la prenant près d'elle, en l'imposant pour ainsi dire à la société, qui ne l'aurait plus reçue sans son patronage.

Elle est surtout excitée contre elle par l'attitude hostile qu'elle a fait prendre au prince contre Mme Benedetti, à laquelle il ne parle plus seulement à table, mais à laquelle il se refuse à donner le bras pour y aller, quoique le vieux Benedetti lui ait rendu tous les services imaginables et qu'il trouve, dit la princesse, les procédés du prince si mauvais à l'égard de ses enfants qu'il est au moment de lui demander une explication.

Un moment, elle murmura : « Oui, j'étais arrivée à mon âge avec une espèce de tranquillité d'esprit ; mais depuis deux ans que de tracas, de déceptions, de croix ! » Des larmes filtrent dans sa voix, et c'est dans un sanglot qu'elle dit : « Voir tous les jours se resserrer la société autour de soi... et peut-être, un jour, mourir toute seule comme un chien ! »

Puis elle revient au prince, qu'elle accuse de n'avoir aucune reconnaissance de la pension de 20 000 francs qu'elle lui fait, qu'elle accuse de ne rien lui confier, qu'elle accuse d'être fermé sur tout ce qu'il fait. Elle suppose qu'il ne va qu'à son corps défendant en Russie, qu'il veut revenir près de sa sœur, le soupçonne d'être plutôt un Italien qu'un Français, ce qui la fait s'écrier que ce n'est pas, malgré tous ces défauts, son père, « qui est bien Français ». Et allant tout au bout d'un emportement où il n'y a plus que de la déraison, elle déclare qu'elle sera bien heureuse quand il sera parti... qu'elle ne lui laissera rien par son testament.

Ce soir, aussitôt après dîner, la princesse et le prince ont passé dans le premier salon ; et la porte fermée, presque toute la soirée, nous les avons entendus parler avec des éclats de voix, en arpentant la pièce.

Mardi 23 septembre

J'ai dans ma chambre un portrait de Flaubert cravaté de blanc par Giraud. Ce portrait m'agace et m'irrite, et j'ai envie de le décrocher, pour que mon regard cesse d'y aller. Il est d'une ressemblance frappante ; mais l'encanaillement de cette peinture facile fait de cette ressemblance une féroce calomnie. Avec le bombé bête de son front, le larmoiement de sa paupière inférieure, son nez rouge, ses moustaches tombantes, il me rappelle un domestique de bordel de l'École militaire, en tenue de garçon d'honneur d'une noce aux *Vendanges de Bourgogne*.

En passant devant le petit escalier, qui monte de l'antichambre par l'intérieur dans la chambre de la princesse, il me semble entendre la voix de Ganderax.

La princesse, descendue pour déjeuner, se met à table en pleurant et s'écrie, au milieu de ses larmes, qu'on lui rend la vie impossible, que le matin, Ninette l'a fait en quelque sorte comparaître en accusée devant le prince et son mari. Puis soudain, d'une voix à l'ironie féroce, elle jette à la table : « Oh ! il faut que je dise cela à Goncourt, pour qu'il le mette dans ses MÉMOIRES... Oui, oui, lorsque Mme Ganderax est sortie de ma chambre, dans son désespoir, dans sa fureur, vous ne savez pas ce que Cendron — sa femme de chambre — lui a entendu dire : « Il faut qu'aujourd'hui, je n'oublie pas ma visite à Mme Kann... » Hein, la cabotine ? »

Et c'est au coin de la cheminée du salon où, pour la première fois, on a allumé un peu de feu, un recommencement de l'éreintement de la malheureuse Ninette, où la princesse la traite de gueuse, de poissarde, d'Italienne, disant que le montage du prince contre les Benedetti vient uniquement d'elle, d'elle qui a dû mettre sur le dos de la jeune femme quelque méchanceté contre la Bapst.

Le vieux Benedetti excuse Ninette en disant qu'elle est une *emballée*, mais déclare que lui et les siens ne pourraient rester si cela continuait, parce que son fils, sous son apparence molle, est très violent, qu'il veut avoir une explication avec le prince et que si le prince n'est pas très convenable, très poli, il est décidé à lui envoyer des témoins... Il faut dire qu'hier, Mme Ganderax étant en retard pour le dîner, le prince n'a pas donné le bras à Mme Benedetti, mais l'a donné à Mme de Galbois — ce qui a paru avec une certaine raison, une affiche d'insolence du prince à l'endroit des Benedetti.

Du reste, les uns et les autres parlent de se couper la gorge : ce matin, dans l'explication avec la princesse, Ganderax a annoncé qu'il allait faire demander — par exemple je ne sais guère pourquoi ! — une explication par les armes à Benedetti fils.

Enfin, la sortie de la princesse contre Ninette et le prince s'est terminée par son refrain ordinaire, le désir du départ du prince, qu'elle a exprimé de la sorte : « Je voudrais bien qu'il fût parti,... ce garçon qui a de si drôles de maladies ! »

Mercredi 24 septembre

En regardant un petit cèdre *déodora* chez la princesse, ses étages de branches déchiquetés allant en diminuant jusqu'à son sommet, j'ai comme une révélation que la pagode, la construction chinoise, a été inspirée par l'architecture de cet arbre, ainsi que l'ogive, dit-on, le fut aussi par le rapprochement en haut d'une allée de grands arbres.

Dans une promenade tête-à-tête avec le vieux Benedetti, il me fait un portrait du prince comme d'un égoïste, d'un débineur de tout le monde, comme d'un garçon qui fait le vide autour de la princesse. Il me dit que cependant, c'est lui qui a arrangé ses affaires, qui a disposé la princesse à lui faire une pension qu'il avait été même, sur ses sollicitations, au moment d'en obtenir une autre de l'impératrice, mais que trois jours avant de se rendre chez elle, il n'avait pas assisté au service du prince impérial, qu'elle en avait été avertie par les Murat, qui sont ses *espions* à Paris, et qu'au lieu de lui faire une pension, elle l'avait aumôné d'une misérable somme d'argent que le prince n'aurait pas dû accepter... Du reste, d'après Benedetti, il aurait blessé tout le monde, les Murat, les de Mouchy, sa tante même, se refusant de donner la main à Mounet, sous le prétexte qu'il était cabotin, et s'étant montré de tout temps impoli avec Dieulafoy, à cause de sa manière de se coiffer, disant que ce n'était pas un médecin, mais un coiffeur... Et je partage pour mon compte un peu l'opinion du prince...

On cause, après déjeuner, eau dentifrice et la petite Benedetti avoue qu'elle n'aime pas l'*Eau du docteur Pierre*, « parce que c'est l'odeur que sent la bouche de tous les confesseurs... » Puis elle se met à causer avec moi des incidents de ces jours-ci et me dit qu'elle ne serait pas étonnée que le prince n'ait été excité contre elle par Mme Lippmann, dans le séjour qu'ils avaient fait tous deux à Plombières. Et elle me conte que Mme Lippmann lui aurait dit à brûle-pourpoint, après lui avoir parlé du prince et de Mme Bapst : « Mais vous, vous avez couché avec le prince ?... On dit que votre dernier enfant est de lui ! » Sur quoi la petite femme, très suffoquée, lui avait fait comprendre qu'elle ne voulait pas conserver de relations avec elle.

A six heures, la princesse, en sortant de l'atelier, me jette : « Goncourt, venez un peu, je voudrais causer littérature avec vous. » Et alors recommence un éreintement, un éreintement, cette fois, sans merci du ménage Ganderax, et tout particulièrement de Ganderax, que jadis... Elle moque son désœuvrement, son travail sur les coins de table du salon. Elle se plaint de son agressivité actuelle dans la conversation, l'accuse de prendre le contrepied de toutes ses opinions. Elle dit ne rien comprendre à cette vie, où l'homme est en rapport à la fois avec le monde le plus *chic* et le plus crapuleux. Elle peint sa déférence servile pour les gens riches, son agenouillement devant le succès, ses ménagements pour arriver à l'Académie [1]. Elle répète son discours en trois points, dans la visite qu'ils ont faite ensemble au duc de Massa, sur le perron, en prenant congé, discours où il le traitait tout simplement de grand seigneur, de lettré de mérite, d'homme de goût... Elle a honte de s'être si fort trompé sur lui, affirmant qu'il y a chez l'homme de la *rosserie* de normalien et de la bassesse, qui le mènera un jour à faire des vilenies, enfin termine son féroce débinage en proclamant qu'une société n'existe que par l'estime qu'on a les uns pour les autres et qu'on ne peut avoir vraiment de l'estime pour lui.

A dîner, ce soir, il y a Mme Lippmann et Jeannine Dumas, escortée de son fiancé, le vicomte d'Hauterive. La fiancée est très enrhumée et plus longue que jamais dans sa robe noire et un cache-nez qui lui monte jusqu'à la bouche : il y a chez elle du vieil oiseau et de l'asperge montée en graine. Je regardais Mme Lippmann et sa tête de toquée, et je pensais à la définition de sa cervelle donnée par son père : « Une cervelle remplie du *clair d'un œuf.* » Et je me remémorais encore ses culbutes en plein champ, à Plombières, devant le prince, emplissant les yeux du Monseigneur du bleu de ciel de ses pantalons.

Jeudi 25 septembre

En ces journées occupées de travaux d'art exécutés d'une manière mécanique, en ces soirées sans haute causerie et où la princesse sommeille des heures — bien souvent, de l'ennui comme nulle part.

Là dedans, le morose Popelin parle sur une note cabotinement pleurarde « des chagrins qu'on ne lui a pas épargnés et dont il est profondément malade », puis interrompt sa jérémiade pour proclamer sans pudeur qu'il était très beau et qu'il a encore un corps qui pourrait se mêler aux plus jeunes corps sans souffrir de la comparaison ; et il dit cela l'échine pliée en deux par des douleurs rhumatismales, et le ventre et les jambes enveloppés d'un châle blanc, qui le fait ressembler à un pétrin en jupon, prenant l'air sur le pas de la porte d'une boulangerie.

D'abord assez froide pour moi, la princesse, en ses confidences, en ses apartés avec moi, s'est reprise de tendresse pour ma personne, s'adressant de préférence à moi dans ses interrogations et me faisant l'honneur de mettre une robe mauve, le lendemain du jour où je célébrais cette couleur.

Vendredi 26 septembre

Aujourd'hui, le jeune Hayashi me dit : « Voulez-vous me permettre de vous demander un renseignement ? Vous avez le masculin et le

1. Ganderax ne sera jamais de l'Académie.

féminin dans votre langue : je le comprends pour l'homme et la femme, mais pour les choses inanimées ? » Et il me montre un bol : « Pourquoi ceci est-il masculin ? » Et après, il me montre une tasse : « Pourquoi cela est-il féminin ? » J'ai été embarrassé comme du pourquoi troublant d'un enfant.

Samedi 27 septembre

Champrosay.

Une immense tristesse ce soir en me couchant. Cette Mme Daudet si bien portante, si vivante, vous accueillant avec une telle exubérance de bonne amitié, Mme Daudet toute changée, tout abattue, tout enfermée en elle-même, avec une pauvre voix, où il y a comme la désespérance des grandes maladies.

Dimanche 28 septembre

Daudet m'avait dit hier que sa femme se croyait perdue, qu'il fallait à tout moment la tirer de cette idée, qu'il était à bout de forces.

Ce matin, il me conte que Barnier, son imbécile médecin, après l'avoir examinée, était resté stupidement muet et que pendant qu'il était dans le cabinet de toilette, elle lui avait pris la tête entre les mains, en s'écriant : « Ah ! c'en est fait de moi !... Nos enfants vont être des orphelins [1]. » Et cette terreur de son mal avait été encore aggravée, au moment où il se déclarait, par un séjour de sa cousine et des conversations avec cette malheureuse, qui vient d'être opérée d'un kyste à la matrice et dont la mère et la grand-mère sont mortes de cette maladie.

Le pauvre Daudet dit qu'il ne se sent plus, qu'il ne sait pas où il en est de sa santé, qu'il ne reviendra à lui que lorsque, à son retour à Paris, il saura ce qu'il en est.

Blanche, la femme de chambre, qui m'apporte une glace pour ma barbe, me dit qu'il y a aujourd'hui trois semaines que sa maîtresse est tombée malade et me confie que lorsqu'elle est seule, la pauvre femme passe tout son temps à pleurer.

Une promenade en voiture avec Mme Lockroy et Jeanne, dans le joli paysage mouillé de Yerres. Je suis frappé de la blancheur surnaturelle du teint de la charmante enfant, blancheur qu'il me semble être donnée dans les livres de médecine comme un indice de maladie de poitrine. C'est bizarre : dans cette figure d'enfant apparaît par moments comme le dessin de ces têtes de petites faunesses de Clodion.

Avant dîner, Daudet fait un tour du jardin à mon bras et le tressautement de son corps me fait mal. C'est un tremblement général, commençant par un claquement de dents et finissant par une gigue des

1. Add. éd. : le mot *pris*.

pieds, cela mêlé de jurements colère contre sa sale carcasse et de douces paroles pour me rassurer.

Mme Lockroy et sa femme de chambre ont passé le jour de leur arrivée à planter des clous pour y suspendre des étoffes, des draperies. Ça se fait dans une chambre d'auberge ; mais chez les gens qui vous reçoivent, c'est un manque de tact et ça a quelque chose d'une insolence.

Lundi 29 septembre

Comme tout se paye dans ce monde ! Cette fortune littéraire, ce bruit, cet argent gagné par Daudet, qui peut en être jaloux ? Ah ! j'ai le souvenir du tour de jardin d'hier et de la révolte nerveuse de la figure de mon pauvre ami contre la paralysie...

C'est prodigieux comme ce Léon a été aimé, et ce n'est pas seulement par Mlles Charcot, Ménard-Dorian, Jeanne Hugo... La petite Pailleron, en dansant avec lui, écrivit quelques mots sur son éventail et lui dit de les lire. Il y avait sur l'éventail : « Je vous aime. » Et la jeune Pillaut, en une des dernières visites qu'elle avait faites à Champrosay, avait été arrêtée en une effusion amoureuse par cette phrase de Léon : « Que vos paroles ne prennent pas ce chemin ! J'aime Jeanne Hugo !... » Et cela explique l'horreur qu'elle a eue dans le premier moment pour le mariage et son mari.

Ce matin, je ne trouve pas Daudet dans son cabinet. Il est monté près de sa femme, qui a une crise nerveuse. Mais c'est l'anniversaire de la naissance de Jeanne, il faut que dans son état de souffrance, la malade s'occupe du dîner donné ce soir, un dîner de douze personnes, où il y a Mme et Mlle Ménard-Dorian, de retour de Suède et sur leur départ pour Constantinople, Lockroy, etc.

Ce soir, après dîner, Lockroy parle duel, parle du duel du marquis de Morès avec Dreyfus, où il croyait ramener un cadavre, mais où Dreyfus eut la présence d'esprit, son coup tiré, de laisser tomber le bras le long de son corps et de recevoir la balle dans le bras, au lieu de la recevoir dans le ventre, ce qui le fait s'écrier : « Hein, c'est bien d'un Juif ? » Il conte que se défiant d'un *commandement* concerté entre Morès et ses témoins, il avait fait répéter sans pistolets le duel, ce qui doit vraiment allonger désagréablement l'émotion.

Il rappelle qu'il a été, une douzaine de fois, non sans émotion, le témoin de rencontres, se vantant, dans l'une, d'avoir conservé la jambe d'un député de la Chambre actuelle. Il faisait très froid, et craignant que le froid ne les fît trembler, il leur a fait remettre leurs paletots. Or, il est arrivé que le député avait un très long paletot et que la balle s'embarrassait dans les plis, à la hauteur du genou, au lieu de lui casser la rotule.

Il y a chez Lockroy un charme fait de la douceur de la parole, d'une sorte d'ensommeillement des gestes, de la jeunesse de la figure sous des cheveux gris.

On fait la remarque, après le départ de la jeune Ménard-Dorian, qui a dit se régaler de sauterelles et d'araignées, qu'elle a, la jolie fille, presque les moustaches d'un Saint-Cyrien.

Mardi 30 septembre

Nous nous entretenons ce matin de Lockroy. Daudet, un peu peut-être sous l'impression de douleurs lancinantes, s'écrie : « Oui, il a mis une sourdine à sa blague,... il a resserré ses gestes, comme ça s'apprend au théâtre... Mais c'est vraiment trop fort que cet ancien pitre de l'atelier Gleyre, l'homme qui n'a fait d'autres humanités que de *faire la roue*, ait été fait ministre de l'Instruction publique, Grand-Maître de l'université !... C'est de ces aberrations du suffrage universel, le favoritisme des monarchies ne peut pas aller si loin. »

Puis passant à Mme Lockroy : « Un moment, bien certainement, je lui ai su gré, dans les séjours qu'ils ont faits dans les hôtels ensemble, de n'avoir pas violé Léon... Mais depuis, j'ai su qu'elle avait une métrite chronique... Alors peut-être l'occasion lui a fait défaut... »

Sa parole, alors, devient grave et triste, et il me dit : « Ma vie est un martyre... Elle est couchée, je lui lis des mémoires, quelque chose qui puisse l'intéresser, et je lui lis jusqu'au moment où je sens qu'elle s'endort... Alors, je baisse la lampe et tout en dormichonnant, je surveille son sommeil... Et vous savez que mon état est un état de rétention, qui me faisait relever sept ou huit fois chaque nuit... Eh bien, je ne me relève pas, de peur de la réveiller... Enfin, voici trois ou quatre heures. Je sens qu'elle va se réveiller, qu'il se passe en elle des choses troubles,... que la *peur*, cette peur qui la met dans l'état moral où vous la voyez, une peur anxieuse lui vient... Alors, je lui mets la tête sur mon épaule pour lui donner confiance... Mais elle se réveille : ce sont des désespoirs, des larmes, une terreur de la mort, qui lui mettrait la main sur l'épaule... Alors, toutes les paroles qu'il faut dire... je vous le dis, ma vie est un martyre. »

Mercredi 1er octobre

A propos de Chaplet, le céramiste venu ce matin pour toucher le prix de vases qu'il a fabriqués pour le jardin, nous faisons la remarque, comme en général l'artiste industriel, l'artiste rejeté de l'art dans l'industrie, a le type amer, le type mauvais.

Lockroy, qui est venu dîner, raconte ses prisons, se plaint de l'enfermement de huit heures du soir, de ce qu'on appelle *être bouclé* et qui vous fait passer toute la nuit sans secours, si on est malade, comme il l'a éprouvé, du temps qu'il avait de grandes constrictions du cœur. Il dit que la prison est supportable trois mois, mais que passé ce terme, il se développe chez le prisonnier un besoin de sortir qui s'accentue tous les jours, et il déclare que le travail est impossible en prison, que le travail ne peut s'obtenir que dans une séquestration volontaire et non forcée.

Un amusant épisode d'un de ses séjours en prison. Pendant la Commune, il prend un fiacre et va faire une visite à un ami aux environs de Paris. Il est arrêté par les hussards du général Charlemagne et envoyé dans son fiacre à Versailles. Il est mis en prison, où il reste trois semaines, et comme il n'avait pas sur lui de quoi payer le fiacre, tous les matins, le cocher se présentait à la prison, lui faisait dire qu'il était à ses ordres, et en quittant la prison, il avait à payer trois semaines de fiacre.

Dans la conversation tombe le nom de Raoul Rigault, ce type du cynisme et de l'affichage de la perversion. S'étant trouvé avec lui à Sainte-Pélagie, sous l'Empire, il a été témoin de ceci. Raoul Rigault avait une orchite, qui le faisait horriblement souffrir, et lors des visites de sa mère, il gueulait : « Voilà ma sacrée nom de Dieu de mère, cette sale bête qui vient m'embêter ! Oh ! la rosse, elle ferait bien mieux de rester chez elle ! » Le ton d'exécration de ces sorties contre sa mère rendit ses codétenus curieux de savoir comment se passaient ces entrevues, et l'on écouta à la porte et l'on entendit Raoul, avec une voix câline de petit enfant, susurrer : « Que je te suis reconnaissant de tes soins !... Que tu es gentille, bonne petite mère ! N'est-ce pas, tu reviendras demain ? »

Après Raoul Rigault, il est question de Félix Pyat, et Lockroy nous conte qu'au commencement de la Commune, lui et un groupe républicain, qui se réunissait chez Bonvalet, voulaient éviter la guerre civile entre Versailles et Paris par une transaction. Sur ce, un secrétaire de Pyat venait le trouver à 6 heures du matin, de la part du révolutionnaire, lui faisant dire que son père l'avait sauvé en 48, qu'il s'adressait au fils pour le sauver comme l'avait sauvé le père, qu'il ne se faisait aucune illusion sur la Commune, qu'elle devait être écrasée par l'armée de Versailles, qu'il n'y avait pas de résistance possible, et il lui proposait un projet de conciliation à soumettre à Thiers. Le secrétaire lui disait le projet et quoique Lockroy le trouvât raide, il en demandait une copie, avait une grande peine à le faire accepter par ses amis, qui voulaient en présenter un plus modéré, enfin, le faisait passer.

Le lendemain, le projet était donné par tous les journaux. Seulement, dans le journal de Pyat, le projet — oui, le projet de conciliation rédigé par Pyat — était dénoncé à l'indignation et à la vengeance du peuple... Au fond, ce Pyat était un vrai traître de mélodrame.

Jeudi 2 octobre

La falsification de tout ce qui se mange et se boit à Paris est-elle bien organisée ! Il y avait à Paris une compagnie, connue, je crois, sous le nom des *Laiteries Réunies*, qui avait pour faire la prison des falsifications Vilain, le père de l'acteur du Théâtre-Français, auquel on donnait un traitement de 1 800 francs par an [1].

On causait, ce soir, de la dureté de Charcot avec ses malades, de la manière inhumaine dont il leur parlait de leur mort, à la date de six mois, d'un an, comme si la mort était un hôte attendu par lui sans crainte, et l'on contait la déroute morale de ce contempteur de la mort chez les autres, un jour de réveillon, où il avait mangé trop de boudin. Léon nous mimait de la manière la plus amusante son trouble, ses lamentations de femme, sa honteuse venette. Il nous le peignait, se croyant perdu, ne lui donnant pas le temps de prendre son chapeau pour courir chez Potain, qui avec son air niais, dans lequel ce jour-là entrait un peu d'ironie, lui disait : « Mon cher confrère, ce n'est qu'une indigestion ! » et lui ordonnait de l'ipéca. Et tout est ridicule dans cette indigestion, aussi bien la *frousse* du grand médecin que ce par quoi elle était donnée.

Vendredi 3 octobre

Il y a eu chez Hugo, dans le règlement de sa vie, un méthodisme incroyable. Le jour tombé, il ne lisait pas aux lumières une ligne d'un livre, une ligne même d'une lettre : il la mettait dans sa poche, disant qu'il la lirait le lendemain.

Et Mme Lockroy nous racontait, ce soir, qu'au commencement de la guerre, où tout le monde *haletait* après les nouvelles, un jour de brouillard, où les journaux étaient arrivés à la nuit et où on se les arrachait, il n'avait touché à aucune des feuilles éparses devant lui, demandant qu'on lui racontât ce qu'il y avait dedans.

Un conte fantastique à la Poe à faire avec ceci. On a calculé qu'avec l'aurification des dents, générale chez tout le monde aux États-Unis, il y avait 750 millions d'or dans les cimetières. Supposons, au bout de beaucoup d'années, où les millions seront changés en milliards, une crise financière et la recherche impie et macabre de cet or.

Samedi 4 octobre

Mme Lockroy a des yeux d'une douceur veloutée tout à fait charmants et où, quand la femme s'anime sous un petit *flirtage*, il se produit comme de petites bluettes de lumière, s'allumant, s'éteignant, se rallumant.

Dimanche 5 octobre

Retour de Champrosay, en emportant une profonde tristesse.

---

1. Entendez qu'il se déclarait responsable des fraudes découvertes et se laissait condamner aux peines de prison qui les sanctionnaient.

Lundi 6 octobre

Départ du premier volume de la deuxième série du JOURNAL DES GONCOURT.

Mardi 7 octobre

Dîner chez Mme Sichel avec un Russe, un chambellan de l'empereur, qui affirme que Tourgueniev n'était pas un Russe sincère, qu'il jouait à Paris le nihiliste, tandis que là-bas, il se montrait un aristocrate renforcé. L'opinion de ce Russe, c'est que Tourgueniev n'a de valeur qu'en ses premiers ouvrages, dans les scènes retracées du temps de son adolescence, où il a donné de véritables photographies de son pays. Et d'après les paroles du dîneur, il me semble que Dostoïevski est dans ces années, pour les Russes, l'auteur le plus russe, l'auteur reproduisant le plus fidèlement l'âme de ses compatriotes.

Mercredi 8 octobre

Vraiment, la somme de bêtise qui est au fond de la femme ; mais qui monte aussi rarement à la surface que les animaux inconnus des profondeurs de l'Océan, cette somme de bêtise, même chez les plus intelligentes, est immense.

On me disait ce soir chez les Zeller que ce qui avait si vivement indisposé le prince Louis contre la petite Benedetti, c'est ce propos méprisant, tenu par elle avec intention devant lui : « Les Bapst ? Oh ! je suis en relation avec eux... Quand mes diamants sont sales, j'envoie chez eux pour les nettoyer. »

Vendredi 10 octobre

Je ne sais ce qu'il va advenir de mon livre. On dirait qu'il y a un parti pris du silence dans les journaux. La petite note-réclame de librairie a paru seulement dans trois ou quatre journaux.

Il n'y a de place dans les journaux que pour les articles sur LA CLÉOPATRE à venir de Sardou... C'est vraiment, de la part des journaux, faire beaucoup d'honneur à cette CLÉOPATRE. Une CLÉOPATRE par un poète à la façon d'Hugo, bon ! Une CLÉOPATRE par un prosateur résurrectionniste à la façon d'un Michelet, d'un Carlyle, bon encore ! Mais une CLÉOPATRE par Sardou, ça ne peut être que de la belle histoire ancienne abîmée par un vaudevilliste.

La princesse, qui a été voir aujourd'hui Yriarte, perclus de rhumatismes, me parle de sa philosophie sereine. Il se console de ne plus marcher. Il se console d'avoir perdu les 15 000 francs de traitement que lui faisait Wallace, après lui avoir fait quitter le TIMES et LE MONDE ILLUSTRÉ, où il se faisait 36 000 francs, sans que le défunt ait songé à lui faire une pension. Il se console du vol de ses manuscrits de cet été. Il se console de l'encoche qu'on va faire dans sa petite maison de campagne, pour un grand lac au bas de Saint-Cloud, à l'effet d'amener de l'eau à Paris. Il se console de tout en disant qu'il a été favorisé par le sort en certains moments de sa vie et qu'il est naturel que ça change.

Dimanche 12 octobre

Une visite de Jean Lorrain, malade, se plaignant d'ulcérations à la gorge, quand il dîne en ville, quand il veille, quand il fait un excès, de Lorrain chantant la famille et la banlieue lointaine, du boulevard Tortoni, et allant de ce pas signer le bail d'un appartement, rue d'Auteuil, où il doit habiter avec sa mère.

« Hier, me dit ce soir Daudet, j'avais tant souffert de douleurs déchirantes, bien incompréhensibles avec les progrès de la paralysie, que j'ai fait des excès de morphine... Oh ! je n'ai plus compté... Eh bien, dans la nuit, je me suis trouvé, un moment, dans un joli état... j'avais la notion de l'être, je savais que j'étais. Mais où j'étais, qui j'étais, je n'en avais pas la conscience... Et ça a été, avec la perception successive de la veilleuse, du lit, des objets entrevus sur les murs de ma chambre, un bonheur de rentrer dans ma personnalité. »

Mardi 14 octobre

Pas d'articles et pas de nouvelles de mon article d'Outamaro déposé à L'ÉCHO DE PARIS.

C'est particulier, comme en dépit de mon nom connu, tout ce que je fais, par la nouveauté et l'originalité du travail, trouve une résistance à être imprimé. J'ai porté ces jours-ci à l'ÉCHO la plus intelligente et la plus complète étude qui ait été encore publiée sur un peintre japonais en Europe : eh bien ! en dépit de l'engagement de Simond de la faire paraître, je m'attends au renvoi du manuscrit.

Voici la dédicace que j'ai mise à l'exemplaire de Renan :

« A Renan,

« Un ami de l'homme — et quelquefois un ennemi de sa pensée. »

Jeudi 16 octobre

A mon grand étonnement, je reçois les épreuves d'OUTAMARO, et ça me fait une jouissance : voici une étude sur l'art du Japon qui va sortir du public restreint d'une revue spéciale et avoir les nombreux liseurs d'un grand journal.

En corrigeant ces épreuves, je pensais à la tendance de mon esprit de n'aimer à travailler que *d'après du neuf*, d'après des matériaux non déflorés par d'autres. Ç'a été d'abord les travaux d'après les autographes et les documents inédits du XVIIIe siècle. Après, ç'a été, avant tout le monde, les romans littéraires sur le peuple et la canaille. Aujourd'hui, ce sont des travaux sur ces artistes du Japon — ces artistes qui n'ont pas encore, à l'heure présente, de biographies imprimées.

C'est amusant, le fanatisme de tous les critiques pour célébrer le triomphe de Lemaître : il semble que le succès du DÉPUTÉ LEVEAU couronne tous les critiques des lauriers de l'auteur dramatique [1]. Il faut être vraiment de la presse, à l'heure présente, pour réussir ; et un de ces jours derniers, Daudet disait : « C'est à savoir s'il ne faudrait pas refaire un peu de journalisme... »

Chez Charpentier, je tombe sur Zola, qui vient d'apporter le commencement de la copie de son volume sur l'Argent [2].

Il est un peu remplumé et moins jaunâtre et moins ridé et moins macabre, et a sa voix mielleuse de fausse confraternité.

Son livre se compose de douze chapitres. Il en a fait huit, il ne lui en reste donc plus que quatre à faire. Il n'est pas tout à fait content de son livre, mais il ne faut pas le dire trop haut : ça pourrait nuire... Puis il y a d'autres livres dont il n'était pas content et qui ont marché cependant... Et puis, n'est-ce pas ? il n'est pas possible que tous les livres, quand on en produit un certain nombre, aient la même valeur... Enfin, l'Argent, c'est bon comme mobile d'une action, mais dans l'Argent pris comme étude,... il y a trop d'argent.

Et sur la demande que je lui fais de la santé de sa femme, il me dit qu'elle va mieux, mais qu'elle est arthritique, et c'est une énumération, qui n'en finit pas, de ce que l'arthrite produit sur son cœur, son estomac, son foie, sa vessie, ses jambes... « Au fond, finit-il par me dire, elle se porte bien », mais il me la fait entrevoir avec la plus belle collection de maladies mortelles.

Sur le pas de la porte, il me jette : « Vous avez lu le GIL BLAS de ce matin ? — Non, j'y suis maltraité ? — Heu, heu, heu... Il est au fond très respectueux... »

En sortant, j'achète le GIL BLAS, où Ginisty veut bien m'accorder un talent descriptif, et se plaint de ma sécheresse de cœur et de mon manque de patriotisme. C'est vraiment un peu excessif.

Sur la place du Carrousel, en train de porter un article au PETIT MONITEUR, je rencontre Descaves, qui me paraît plus ratatiné que jamais [3]. Il se lamente de ce que le succès de son livre ne lui a servi de rien et que dans les journaux, où il se représente, on lui répond : « Nous vous avons si violemment éreinté que si nous prenions de votre copie, nos lecteurs ne sauraient pas ce que cela veut dire. »

---

1. Lapsus dans le texte Ms. : *le succès du député Louveau...* Il s'agit du DÉPUTÉ LEVEAU, comédie en 4 actes de Jules Lemaître, créée au Vaudeville le 16 octobre 1890.

2. L'ARGENT, après publication dans le GIL-BLAS, paraîtra en librairie en mars 1891.

3. LE PETIT MONITEUR, que dirige Ernest Daudet, c'est le MONITEUR DU SOIR créé le 2 mai 1864 et dont on a vu quelle hostilité son apparition avait provoqué dans les journaux du soir (cf. t. I, p. 1068, n. 1). Nous ne trouvons aucun article de Goncourt dans cette feuille entre le 16 et le 31 octobre : serait-il allé porter la maquette d'une complaisante réclame, du genre de celle que constitue l'article signé *Robinson*, du 18 octobre et consacré au t. IV du JOURNAL (t. III de notre édition) ? Le rédacteur cueille et cite les passages les plus édifiants, les plus propres à donner de Goncourt l'idée d'un patriote et d'un parfait honnête homme.

Daudet est tout à fait rasséréné ! « Il n'y a rien, rien, rien ! » me crie-t-il à mon entrée, et la peur de la pauvre femme était pour rien. Et il s'est remis à travailler avec une main qu'il sent plus libre, plus propre à l'écriture, et la délivrance de ses noires inquiétudes le fait joliment plaisanter sur une lettre adressée au médecin de Daudet, tombée entre ses mains et qui commence ainsi : « Monsieur, la France est au moment de perdre un de ses plus célèbres écrivains... » Et cette lettre lui parvenait le jour même où un autre individu lui demandait ce qu'il préférait, d'être inhumé ou incinéré. A quoi il répondait que les deux lui étaient aussi désagréables.

Samedi 18 octobre

C'est superbe, les journalistes m'accusent de n'avoir ni patriotisme ni cœur ; ils nient même mon affection fraternelle. Pourquoi ? Simplement parce que mes souffrances patriotiques et mes deuils de cœur, c'est écrit. Si cela ne l'était pas, j'aurais, et à en revendre, tout ce qu'on dit me manquer.

Ces SONNAILLES, ces vers toujours funambulesques de Banville, comme c'est le talent d'un jongleur de lettres, qui n'a que des mots dans la cervelle !

Oh ! la terreur de mon livre chez les peureux, chez les couards, chez les ménageurs de la chèvre et du chou ! Dieu sait comme j'ai parlé de Berthelot et quel grand homme, en dehors de son métier, j'en ai fait près de la postérité. Eh bien ! j'ai reçu de lui une carte sans un petit merci, sans un mot de son écriture, une carte qu'il a craint même de corner, de peur de se compromettre.

Dimanche 19 octobre

Enfin, aujourd'hui, dans LE GAULOIS, un article de Margueritte, un article tout charmant, tout tendre, où l'on sent ce qu'il me dit dans une dépêche, venue après le journal : « qu'il m'aime profondément ».

Réouverture du *Grenier* aujourd'hui. Rosny, tout à fait mélancolique et justement désespéré, après les livres qu'il a faits, de ne pouvoir gagner sa vie et de n'avoir touché cette année que l'arrangement de la SONATE de Tolstoï. Raffaelli, plus émetteur d'idées supérieures encore que l'année dernière. Frantz Jourdain, supérieurement astiqué, un coup de vent XVIe siècle dans la chevelure et la barbe, et ma foi, beau, très beau, traitant avec une indignation comique les membres de l'Institut de *navets* ! Ajalbert, toujours avec sa bonne figure de bébé et encore tout sourieur de la vente d'un livre sur l'Auvergne, qu'il vient de faire acheter 3 000 francs par Dentu [1]. Bracquemond devenant plus sourd tous les jours. Hennique avec sa *gentilezza* un peu féminine de créole. Le jeune

---

1. EN AUVERGNE d'Ajalbert paraîtra chez Dentu en 1893.

Hermant, si bien imité par Léon Daudet que je ne sais plus si c'est lui qui me parle ou son imitateur. Chéret, à la tenue correcte, à la voix doucement apaisée, et le triste Vidal et le triste Toudouze et le triste Morel.

Ah ! vraiment bien peu vivants, bien peu verveux, bien peu brillants, nos jeunes !

Sur les quatre heures, Daudet, soutenu par son fils et ayant bien péniblement monté l'escalier, a apporté la gaîté de son esprit, tout souffreteux qu'il est et plus mal marchant que je ne l'aie jamais vu.

Mme Daudet dîne ce soir à table et le dîner se passe en aimables moqueries de Daudet et de sa femme sur le chic du futur ménage, où l'on a acheté une argenterie, une verrerie, des services de porcelaine, où il y a des plats à compartiments pour les asperges, des assiettes à trous pour les huîtres, enfin, un tas de machines qui font demander à papa et à maman le *déchiquement* du ménage.

Le peintre Duez, qui est allé cet été à Guernesey, en parcourant la maison, devant le mobilier *bricabracant* du grand poète, a laissé tomber de ses lèvres ironiques : « Un peu *Chat Noir* ! »

Mercredi 22 octobre

Margueritte vient me faire sa visite d'adieu avant son départ. Il ne va pas cet hiver en Algérie, trouvant que l'humidité chaude de là-bas le rend cérébralement paresseux. Il va en Corse, où il espère une atmosphère moins déprimante et où il s'imagine trouver quelque chose à faire de neuf, la Corse n'ayant point été explorée depuis Mérimée.

Alidor Delzant, que je n'ai point vu depuis la mort de Burty, me conte que Mme Burty aurait fait disparaître un codicille, où il me laissait le manuscrit de MADAME GERVAISAIS, que je lui avais donné, et quatre volumes de notes, où étaient écrits ses achats avec notes et commentaires, entremêlés de notes féroces contre sa femme.

Popelin, auquel je raconte cela en chemin de fer, me dit qu'il a reçu la visite de Mme Burty et qu'elle lui a, en effet, parlé de ces livres, lui demandant son conseil et affirmant — ce qui doit être — qu'ils sont remplis de calomnies les plus noires et les plus atroces à l'endroit de ses relations, de ses amis les plus intimes.

Lavoix me disait, ce soir, à Saint-Gratien, s'être trouvé à Jérusalem avec un placeur de vins très voltairien, qu'un jour, il avait rencontré dans la rue tout bouleversé, tout extraordinaire, et qui interrogé par lui sur ce qu'il avait, lui répondit : « Je viens du tombeau du Christ, où je ne sais pas ce qui m'est arrivé : j'ai voulu dire une prière, je les avais oubliées, et je rentre à l'hôtel pour en apprendre une. »

Jeudi 23 octobre

Pauvre maison Daudet, pauvre maison *désastrée*, selon l'expression du malheureux garçon, disant ainsi qu'elle n'est plus sous l'influence d'un bon astre, d'une bonne étoile. Daudet souffre affreusement dans ce moment-ci. Sa femme est de nouveau alitée. Son beau Lucien a été blessé à l'œil, dans une bête d'expérience de physique faite en cachette. L'enfant, qui va mieux, a été mené par sa grand-mère, ayant elle-même mal à un œil, chez l'oculiste Landolt, qui a fait pressentir à Daudet qu'elle pourrait bien le perdre.

Vendredi 24 octobre

Aujourd'hui, je trouve dans LA FRANCE un reportage dans lequel Renan me traite assez mal à propos de mon JOURNAL du Siège et de la Commune [1].

Il déclare, avec une indignation profonde, qu'il n'a jamais tenu une parole anti-patriotique, jamais au grand jamais... Pas une parole antipatriotique ? Nom de Dieu ! Je l'ai entendu dire que cela lui était parfaitement égal d'être sous la domination d'un Guillaume ou d'un Napoléon, et j'ai eu la mansuétude de ne pas rapporter la phrase de mon JOURNAL. Il me traite enfin de « monsieur indiscret ».

Dimanche 26 octobre

Toute la conversation sur Maurice de Fleury et son livre : AMOURS DE SAVANTS, où le jeune débutant, crachant sur le style, éreinte ses confrères stylistes et déclare vouloir « donner avec des mots simples l'illusion d'une chose vivante » — une profession de foi littéraire qui me semble soufflée chez ce pauvre roublard innocent par son maître à l'heure présente, par Zola [2].

Huysmans, qui tient le crachoir de la méchanceté, passe de ce pauvre Maurice de Fleury, dont la femme a l'air de jouer le rôle de dame d'honneur de Mme Zola, au mobilier dudit Zola, à son chandelier pascal, où le cierge, simulant un cierge cassé, éclaire son maître avec un jet de gaz, puis au vitrail représentant Dailly dans *Mes Bottes*, et dit que dans cette maison qui ne possède qu'un objet d'art, le portrait de Zola par Manet, on l'a relégué dans l'antichambre [3].

Huysmans a fini son livre qui doit paraître au printemps ; et comme je lui demande s'il ne le fait pas passer avant dans un journal : « Oh, impossible !... Il est terrible... J'ai eu de ce prêtre de Lyon, de chez lequel je viens, des détails, des détails [4]... »

---

1. Cf. dans la FRANCE du 25, J. Voland, RÉPONSE DE M. RENAN, citée fidèlement ici. Renan, d'ailleurs, n'a pas encore lu le JOURNAL. Pour l'ensemble de la polémique, v. t. II, p. 478, la *Préface* où Goncourt reprend les articles en cause.

2. Cf. Maurice de Fleury, AMOURS DE SAVANTS (1891) *Préface*, pp. 5-6.

3. Sur *Mes-Bottes*, cf. t. II, p. 785, n. 1. — Le portrait de Zola, lisant, pris de trois quarts, une des plus belles œuvres de Manet (1868) a été légué au Louvre par Mme Zola.

4. Dans LA-BAS (1891), l'ex-abbé Boullan deviendra le docteur Johannès, l'exorciste, l'adversaire du démoniaque chanoine Docre. Vivant chez l'architecte Misme, à Lyon, l'ancien missionnaire du Précieux Sang avait pris depuis 1875 la suite du « prophète » Vintras. C'est Berthe Courrière, l'étrange maîtresse de Remy de Gourmont, qui l'avait sans doute fait connaître à Huysmans : l'écrivain a idéalisé cette trouble figure. Les détails horrifiques confiés à Huysmans par Boullan doivent concerner les maléfices sataniques dont celui-ci accusait ses ennemis, notamment les occultistes Stanislas de Guaita et Papus.

Lundi 27 octobre

J'ai passé toute la journée aujourd'hui chez Lenoir, à chercher et à retrouver la ressemblance de mon frère, sur l'ébauche du médaillon qu'il fait en découpure pour sa tombe. Je suis parvenu, en guidant l'ébauchoir du sculpteur, à affiner la grosse et large matérialité qu'il avait donnée à sa figure, à resserrer ce bas du visage, où il y avait une si jolie et si petite bouche, ce bas du visage que tous les dessinateurs ont allongé au détriment du haut de la tête, je suis parvenu à lui refaire la ligne du nez tout à fait juste. Et c'était une petite joie intérieure, en interrogeant les menteuses photographies et les incomplets dessins étalés sur un divan, de faire revenir dans cette terre, petit à petit et autant que le souvenir le permet, de faire revenir le profil aimé.

Un original début de nouvelle que le commencement de récit de Mme Sichel, parlant d'un frère de Victor Jacquemont : « Il avait eu un peu le cerveau gelé, lorsqu'il était prisonnier de guerre à Leipzig et il s'appelait Porphyre... Et pendant un certain temps, il eut une singulière manie, c'était d'acheter tous les ciseaux et toutes les confitutres qu'il rencontrait sur son passage. »

Mardi 28 octobre

C'est étonnant comme toute ma vie, j'ai travaillé à une littérature spéciale : la littérature qui procure des embêtements. Ç'a été d'abord les romans naturistes que j'ai écrits ; puis les pièces révolutionnaires que j'ai fait représenter ; enfin, aujourd'hui, le JOURNAL. Il y a tant de gens auxquels la littérature ne fait que leur rapporter des caresses pour leurs nerfs.

Aujourd'hui, sur ma demande, on m'envoie de L'ÉCHO DE PARIS un *reviewer* que je charge de répondre à l'attaque de Renan, en lui remettant le canevas de la réponse. Mais j'ai eu le tort de causer un peu avec lui et de lui remettre, en prenant congé, mon volume, et j'ai une peur affreuse d'avoir à me repentir d'être un être poli.

Voici le morceau de prose qu'il a à mettre en dialogue, sans y changer, sans y ajouter rien.

« Vous avez lu l'interview de LA FRANCE, à propos de la publication de votre JOURNAL sur le Siège et la Commune ?

— Oui,... je l'ai lu avec un certain étonnement. Car voici le portrait que je faisais de lui, dans l'avant-dernier volume paru : « L'homme — Renan — toujours plus charmant et plus affectueusement poli, à mesure qu'on le connaît et qu'on l'approche. C'est le type, dans la disgrâce physique, de la grâce morale ; il y a, chez cet apôtre du doute, la haute et intelligente amabilité d'un prêtre de la science. »

« Oui, je suis... ou du moins j'étais « l'ami de l'homme, mais parfois l'ennemi de sa pensée », ainsi que je le récrivais dans la dédicace de l'exemplaire à lui adressé.

« En effet tout le monde sait que M. Renan appartient à la famille des grands penseurs, des contempteurs de beaucoup de conventions humaines, que des esprits plus humbles, des gens comme moi, vénèrent encore, un peu *estomaqués* quand ils entendent un autre penseur de cette famille proclamer que la religion de la patrie, à l'heure présente, est une religion aussi vieille que la religion du roi sous l'ancienne monarchie.

« Ici, je ne veux pas entrer dans la discussion à propos des conversations rapportées dans le dernier volume, que du reste M. Renan déclare n'avoir pas plus lu que les autres. Mais j'affirme sur l'honneur — et les gens qui me connaissent pourraient attester qu'ils ne m'ont jamais entendu mentir — que les conversations données par moi dans les quatre volumes parus sont, pour ainsi dire, des sténographies, reproduisant non seulement les idées des causeurs, mais le plus souvent leurs expressions. Et j'ai la foi que tout lecteur désintéressé et clairvoyant, en me lisant, reconnaîtra que mon désir, mon ambition a été de faire *vrais* les hommes que je portraiturais et que pour rien au monde, je n'aurais voulu leur prêter des paroles qu'ils n'auraient pas dites.

« M. Renan me traite de *monsieur indiscret*. J'accepte le reproche et n'en ai nulle honte — d'autant plus que mes indiscrétions ne sont pas des divulgations de la vie privée, mais tout bonnement des divulgations de la pensée et des idées de mes contemporains, des documents pour l'histoire intellectuelle du siècle... Oui, je le répète, je n'en ai nulle honte. Car depuis que le monde existe, les mémoires un peu intéressants n'ont été faits que par des indiscrets, tout mon crime est d'être encore vivant au bout de vingt ans qu'ils ont été écrits — ce dont humainement, je ne puis avoir le remords.

(En descendant l'escalier) « Et puis vraiment, M. Renan a été si *indiscret* à l'endroit de Jésus-Christ qu'il devrait bien permettre un peu d'indiscrétion à son égard. »

Mercredi 29 octobre

Une nuit nerveuse, sans sommeil, avec l'attente d'une gaffe de mon reporter au réveil. O surprise ! il a fait la chose avec un certain tact. J'aurais mieux aimé qu'il n'introduisît pas de son chef l'allusion aux ambitions politiques de Renan, mais enfin, j'attendais pis.

Dreyfus, qui était venu me demander, ces jours-ci, une expertise à propos d'un petit tableau de Gabriel de Saint-Aubin, dont il a fait l'eau-forte de L'ACADÉMIE PARTICULIÈRE et auquel j'avais assuré l'authenticité du panneau, m'apprend aujourd'hui que ce petit tableau appartenant à Ricard, le frère du peintre, fort désargenté dans le moment, il venait de le vendre 4 000 francs à Doucet, le couturier... Fichtre, il y a cinquante ans, il se serait vendu de 40 à 80 francs !

« Renan... un spiritualiste pratique, allez !... Il enfonce Calmann-Lévy lui-même... et ce n'est pas commode ! » me jette, du pas de sa porte, un ancien commis de la maison, établi boulevard Montmartre.

L'HONNEUR, la pièce de Fèvre au Théâtre-Libre, c'est Cécile de

Volanges refaite de notre temps [1]. C'est dommage que la pièce ait été fabriquée par un homme à la patte si lourde, au comique si épais : il y a vraiment une étude de la perversité tranquille et niaise d'une ingénue bourgeoise.

Jeudi 30 octobre

Lefebvre de Béhaine vient déjeuner et me remercier d'avoir accepté d'être le témoin du mariage de son fils.

Je n'ose pas trop lui parler de sa femme, qu'il me dit aller mieux, disant qu'il a passé trois mois à Rome avec sa malle toute faite au pied de son lit, prêt à partir sur un télégramme de sa belle-mère.

Il déclare que l'Italie, c'est le danger.

Son fils, plus grand que jamais, arrive dans un élégant costume d'officier de chasseurs à cheval, avec son coquet dolman faisant très bien sur sa longue personne.

Et l'on cause de la cherté du mariage à la Nonciature apostolique et ailleurs. Là-dessus, le vieil Édouard raconte que lors de son mariage, Mme Masson, sa belle-mère, se plaignant de cette cherté à l'abbé avec lequel elle réglait la cérémonie, l'abbé lui avait répondu : « Oh ! ce serait encore bien plus cher, Madame, si au lieu de marier votre fille, vous la faisiez enterrer ! »

Maison vraiment maudite en ce moment que la maison de Daudet ! Ce soir, où sa femme va un peu mieux et a dîné à table, après qu'elle s'est couchée, comme je le poussais un peu de questions, le trouvant triste : « J'ai passé une vilaine nuit, mon cher... Malgré toute l'énergie que vous me connaissez... Oui, je suis menacé d'abcès aux deux jambes... Et Willemin et son gendre voulaient me faire coucher ce matin... Mais le lit, j'en ai peur... Ils me conseillent de faire des piqûres au ventre, de laisser en repos les jambes... Eh bien, myope comme je suis, je ne vois pas, je ne peux pas... Puis ici, puis là, il faut trois mains ! »

Il dit cela tout en cherchant sur sa personne, à moitié dévêtue, une place où il pourrait se faire une piqûre, et je l'aide à la faire à l'avant-bras, en tenant pincé entre mes doigts un peu de sa chair.

Et il reprend : « Le lit, le lit... Mais je ne puis pas garder le lit commun avec les soins de ça !... Ah ! le lit... » Et quand je me lève pour m'en aller, il me dit gentiment : « Vous savez, si je ne puis pas me transporter chez vous dimanche, on vous attend à dîner, vous êtes le seul que nous voyons dans le moment, que nous aimons à voir. »

Daudet disait ce soir, avec une parfaite justice, que le succès des livres de Maeterlinck était dû à ce que c'étaient des livres en retard de quarante ans.

---

1. Dans L'HONNEUR de Henry Fèvre, comédie en 5 actes, donnée ce soir-là au Théâtre-Libre, Cécile Lepage, l'ingénue bourgeoise, est enceinte, ayant été violée par un ami de la famille : elle se résout sur le conseil de sa mère, à se laisser séduire par l'innocent et amoureux Edmond, qui endossera ainsi une encombrante paternité. — Dans LES LIAISONS DANGEREUSES de Choderlos de Laclos, l'honnête Cécile de Volanges, une fois qu'elle a cédé à Valmont, accepte, sans même en avoir conscience, le libertinage où il la fait glisser.

Dimanche 2 novembre

Ajalbert m'annonce que décidément, Antoine doit jouer LA FILLE ÉLISA en décembre. Ce sera lui qui fera l'avocat et Janvier, ce garçon qui a si bien joué dans la pièce de Jean Jullien, fera le pioupiou [1]. Quant au rôle de la fille Élisa, Antoine songe à l'actrice qui a joué Lucie Pellegrin et qui doit arriver ces jours-ci d'Amérique, et il se dispose à aller la cueillir à la descente du chemin de fer [2]. Il est très occupé de la mise en scène de la cour d'assises, où il veut beaucoup de monde. Un moment, il avait songé à mettre la scène en rapport avec la salle, mais il y a une trop grande élévation de la scène : l'idée à réaliser aurait coûté 5 000 francs.

Et Ajalbert m'invite en la compagnie d'Antoine, un de ces jours, à déjeuner au palais, pour étudier un peu le jeu d'un avocat plaidant.

Mme Daudet faisait, ce soir, un tableau des femmes ennuyées et désœuvrées comme Mme Lockroy, n'ayant l'air de connaître à Paris que la rue de la Paix et y passant la journée, en allant d'une boutique à l'autre, en allant du papetier Maquet chez Reboux, de chez Reboux chez Doucet, du magasin du *Vieux-Paris* chez l'épicier Cuvillier.

Mercredi 5 novembre

A la vue de l'exposition monstre de PORT-TARASCON, le livre de Daudet, à la lecture des articles enthousiastes, à la pensée du succès énorme du livre, je ne puis m'empêcher de songer — et en ami de cœur —, je ne puis m'empêcher de songer à la joie intérieure qu'un livre comme cela, fait uniquement pour une grosse somme d'argent, donne à Zola, prête aux accusations d'industrialisme chez Daudet à Huysmans... A ce que je pourrais lui dire là-dessus, s'il était tout à fait bien portant, que voulez-vous ? Il me répondrait : « J'ai des enfants ! » Eh bien ! Voilà la raison pour laquelle un homme de lettres doit être célibataire, ne doit pas avoir à songer à faire des dots à ses enfants.

Ce soir, dîner de réinstallation de la princesse. Elle s'indigne fort contre un article de Lorrain sur l'impératrice, racontant comme quoi le prince impérial a été tué parce que sa mère s'était refusée à lui donner de l'argent pour acheter un bon cheval et un harnachement solide [3].

---

1. Sur l'acte des Assises, où paraîtra Antoine en avocat, cf. le scénario de LA FILLE ÉLISA, t. III, p. 164. Le *pioupiou* Tanchon est le soldat amoureux d'Élisa, tué par elle dans un moment d'égarement. — La pièce de Jean Jullien est LE MAITRE, créé au Théâtre-Libre le 21 mars 1890 : Janvier y jouait, « âpre et sec », le fils Fleutiaut, un jeune paysan ligué avec sa mère pour souhaiter la fin du vieux père et faire le vide autour de lui.

2. Dans LA FIN DE LUCIE PELLEGRIN (Théâtre-Libre, 15 juin 1888), l'héroïne d'Alexis était interprétée par Nancy Vernet. En définitive, ce n'est pas celle-ci, mais Mlle Nau, qui incarnera la fille Élisa.

3. Jean Lorrain donnait assez régulièrement à L'ÉCHO DE PARIS une chronique corrosive ou simplement indiscrète intitulée *Une femme par jour*. Celle du 6 novembre, LA COUPABLE, évoque la mort du prince impérial, qui, seul parmi ses compagnons, n'a pu échapper à l'attaque des Zoulous, une pièce usée de sa selle s'étant rompue au moment décisif.

Elle s'indigne et nie la chose. Et c'est la princesse qui a raconté cela à tout le monde [1] ! Maintenant, vraiment, la femme, la mère est ou doit être tellement malheureuse qu'il y aurait de la clémence à ne raconter ces choses qu'après sa mort.

Jeudi 6 novembre

Mme Ganderax parlait hier du mépris de Worth, à l'heure actuelle, pour les Parisiennes qui dépensent par an une dizaine de mille francs chez lui : il tombe se faire habiller chez lui de si riches étrangères ! Et Mme Ganderax citait parmi ces étrangères, deux sœurs, deux Américaines, dont l'une lui avait fait ces jours-ci une commande de 60 000 francs, l'autre de 40 000 francs, et les deux sœurs à leur sortie de chez le couturier étaient allées acheter 12 000 francs de cheveux chez ***, coiffeur, rue La Fayette [2].

Ce soir, je trouve Daudet plongé dans LES TÉNÈBRES de Stanley [3]. La semaine dernière, c'était le naufrage de la *Jeannette* au Pôle Nord qui prenait sa pensée [4]. Je n'aime pas le voir là dedans : j'ai peur qu'il ait envie de faire un livre d'imagination en se servant de ces livres de voyages.

Et comme dans mes compliments sur PORT-TARASCON, je ne peux m'empêcher de lui dire que pour moi, j'aurais préféré lui voir publier sa CARAVANE, après un silence où il y a un mécontentement, une petite irritation dans sa physionomie, il développe la théorie que le bon livre est le livre « qui vous plaît à faire »... Oui, mais à la condition qu'il n'y ait pas beaucoup d'argent dans l'attrait de la fabrication.

Puis au bout de quelques instants, il se met à parler avec animation de sa pièce, qu'il est en train de retoucher, de sa pièce qui est une *olla podrida* des situations de la vie de Drumont, de Tissot, de Poictevin et où il y a vraiment des scènes d'une grande émotion, l'émotion d'une pièce de théâtre bien humaine [5].

On disait ce soir que vraiment l'Angleterre était le dépotoir et le charnier de la monarchie française, et l'on citait les noms de Charles X, de Louis-Philippe, de Napoléon III [6].

---

1. Cf. t. II, p. 832.
2. Le nom du coiffeur est laissé en blanc dans le Ms.
3. Stanley, DANS LES TÉNÈBRES DE L'AFRIQUE (1890). Cf. t. III, p. 373, n. 2.
4. Daudet lisait sans doute le livre de Geslin, L'EXPÉDITION DE LA « JEANNETTE » AU PÔLE NORD, 1883. Il s'agit de l'expédition américaine financée par le directeur du NEW YORK HERALD, James Gordon-Bennett et commandée par un descendant d'émigrés français, le lieutenant W. De Long. En septembre 1879, la JEANNETTE fut prise par les glaces et dériva avec la banquise jusqu'à ce que le 12 juin 1881, la ceinture de glace, s'étant desserrée, puis brusquement resserrée, brisât le vaisseau. Les naufragés tentèrent de gagner l'embouchure de la Léna, que 11 d'entre eux seulement atteignirent en décembre 1881. De Long était mort de faim et de froid au cours de cette marche épuisante.
5. Cf. t. III, pp. 387-388, n. 2.
6. De ces trois souverains exilés, le premier est mort en Autriche, à Goritz, et non en Angleterre, mais il s'était réfugié en 1831 et 1832 dans l'ancien château des rois d'Écosse, Holyrood, à Édimbourg. Louis-Philippe est mort dans un château du Surrey, à Claremont, en 1850, et Napoléon III, dans une ville du Kent, à Chislehurst, en 1873.

Vendredi 7 novembre

Ah ! les jeunes gens du Petit Journal, les jeunes gens de LA PLUME et autres sales petites feuilles de l'égout catholique, quelles chaudes prédilections pour les coquins ! C'est de Bloy, de ce misérable, de ce carotteur, de ce mendiant l'éreintement au poing, qu'ils font cet éloge et qu'ils représentent comme le grand littérateur, le grand moralisateur, le grand chrétien, le divin surnaturaliste [1].

Samedi 8 novembre

Triste dîner de mariage du jeune Béhaine. Un dîner de noces, où la mère n'est pas... est comme morte sans l'être.

Dimanche 9 novembre

Toujours travailler dans le silence. Pas un article sur mon JOURNAL, pas une citation de mon étude sur Outamaro. Non, je le répète je n'aurai pas été gâté par mes contemporains.

Cette vénération de certains, au fond, de la plupart des jeunes littérateurs, pour la littérature prenant des personnages et des décors dans le passé, cette vénération qui leur fait admirer SALAMMBÔ plus que MADAME BOVARY, a pour moi quelque chose de l'admiration respectueuse des gens des secondes galeries pour les pièces de théâtre ayant pris les personnages et les décors de notre ancienne monarchie.

Non, il ne faut pas se dissimuler qu'avec les apologues de Renan et les imaginations de ses deux enfants de chœur, les contes à la façon de THAÏS d'Anatole France et certaines nouvelles de Lemaître, un retour offensif a lieu en ce moment contre la réalité, la vérité, une réaction qui va certainement grossir ces années-ci [2]... Mais on peut être tranquille, la bonne humanité empaillée ou momifiée que ces messieurs mettent dans leurs élucubrations archaïques, ça ne peut avoir une longue existence !

Fèvre m'apporte L'HONNEUR, le roman fabriqué d'après la pièce jouée au Théâtre-Libre. C'est vraiment curieux que ce nom de Cécile, qu'il a donné à son héroïne, ne soit pas un ressouvenir de l'héroïne perverse et ingénue des LIAISONS DANGEREUSES, de Cécile de Volanges.

---

1. LA PLUME, *Revue de littérature, de critique et d'art indépendant,* a vécu du 15 avril 1889 à août 1905. Fondée par Léon Deschamps, elle a servi la cause du symbolisme. Elle a publié des textes de Stuart Merrill, de Ghil, de Maeterlinck, de Mallarmé, etc. Ses soirées au *Soleil d'or,* place Saint-Michel, ses dîners présidés par les personnalités littéraires les plus variées, ses numéros spéciaux sur les catholiques-mystiques, sur les décadents, sur Moréas, Barrès, etc. ont fait aussi son succès. — Pendant deux ans, Bloy est le grand homme de la revue : du 15 avril 1890 au 1er févr. 1892, il y publie toute une série d'articles, dont plusieurs sont repris dans BELLUAIRES ET PORCHERS. La revue l'encense et ici, Goncourt s'irrite surtout du long article du 1er nov. 1890, LÉON BLOY, d'Alcide Guérin, apologie du DÉSESPÉRÉ, cette « œuvre de mystique tendresse ».

2. Le mention de THAÏS nous suggère des évocations analogues de l'Antiquité : chez Renan, LE PRÊTRE DE NÉMI (1885), et chez Lemaître, quelques-uns des DIX CONTES de 1890 repris dans MYRRHA, VIERGE ET MARTYRE en 1894 (MYRRHA elle-même, HELLÉ, etc.).

Dîner chez les Charpentier avec les ménages Zola, Bruneau et Bauër.

Zola, que Mme Charpentier accuse d'être grognon ce soir, après un éloge que je fais de Réjane, restant muet, interpellé par la table, dit d'une voix maussade : « Pourquoi parler, quand je ne pense pas comme ceux qui sont à la même table ? » Et le voilà lui refusant à peu près tout, lui déniant d'être l'actrice des *grandes créations*, déclarant qu'il ne la voit pas dans ses pièces.

Et comme on lui jette : « Mais les pièces des autres ? » — et cela dans un rire qui semble lui dire : « Oui, nous te connaissons, tu es l'homme qui croit que le soleil a été fabriqué uniquement pour toi » — Zola, comprenant qu'il a été un peu énorme, vient à résipiscence, veut bien lui accorder de la modernité et des qualités particulières pour un rôle comme celui de Germinie Lacerteux.

Puis il se renfonce dans son mutisme et sa grognonnerie, que Mme Zola cherche à excuser auprès de nous tous : qu'il a mal travaillé ce matin, qu'il a eu une déception aux commissaires-priseurs devant un mobilier Louis XIV, qu'il voulait acheter — et peut-être, ce qu'elle ne dit pas, parce que Claretie lui a refusé deux billets pour la première de Becque [1].

Seulement, de temps en temps, il jette dans la conversation, d'une voix extatique : « Aux îles Baléares... » émettant cela comme une aspiration à ne plus faire de romans, à ne plus fabriquer de littérature.

Puis un moment, je ne sais à propos de quoi, il proclame qu'il a l'âme la moins rancunière du monde et qu'il n'a aucun souvenir du mal qu'on lui a fait,... et peut-être aussi du bien.

Au salon, comme on cause de l'inauguration du buste de Flaubert, Bauër raconte ceci [2]. Un soir, il est emmené par Brainne fils chez lui et invité à prendre connaissance de la correspondance de Flaubert avec sa mère. Bauër n'était pas seul, il était accompagné d'une gentille actrice, avec laquelle, je crois, il vivait et qui se faisait la lectrice de la correspondance. Elle en lisait une, deux, trois, puis à la quatrième, s'arrêtait tout à coup, prétextait une indisposition et demandait à Bauër de la reconduire.

A la porte, Bauër lui demandant ce que voulait dire ce soudain malaise, elle lui répondait : « Voulais-tu que je lise les lettres de l'amant d'une femme devant son fils ? » Le jeune Brainne n'aurait lu que les premières lettres.

Ces lettres tueraient la légende qui fait refuser à Mme Brainne Flaubert comme mari ; mais il n'aurait pas eu seulement Mme Brainne, il aurait eu, le polisson, Mme Pasca, Mme Pasca dont il disait un jour à Charpentier : « Mon cher, vous ne pouvez pas vous faire une idée des deux petites fesses de marbre qu'a la Pasca ! »

---

1. LA PARISIENNE, de Becque, créée à la Renaissance le 7 février 1885, est reprise au Théâtre-Français le 11 nov. 1890.

2. Il s'agit non d'un buste, mais d'un bas-relief, œuvre de Chapu, qui sera inauguré à Rouen le 23 nov. 1890. Cf. plus loin p. 495, sqq.

Et pendant tout le temps de ces histoires et de celles qui se succèdent, toujours le refrain de Zola : « Aux îles Baléares... aux îles Baléares ! »

Lundi 10 novembre

Une petite fille de dix ans laissée par sa mère dans sa voiture, pendant une visite. Alors, le cocher causant avec un autre cocher de l'affaire Gouffé, et la petite fille, rentrée à la maison, disant ingénument à une fillette plus grande qu'elle : « Oh ! ils ont dit de bien vilains mots... Heureusement que je les connaissais tous ! »

Le bruit court que la souscription Bizet a été inventée par un ennemi de Strauss, pour faire revivre dans le cœur de la ci-devant Mme Bizet la religion de son premier mari et augmenter son mépris pour le néant du second.

Ce soir, soirée de contrat de Francis de Béhaine chez les Gervais. Un grand appartement de la rue de Vaugirard, décoré de vilaines verdures et d'objets d'art de tous les temps, ramassés par le goût éclectique du général. Je trouve horribles ces expositions avec noms des donateurs, ces expositions ne se maintenant plus dans des bibelots, mais descendues aux objets utiles, aux ustensiles de la vie usuelle, comme des couverts, des fauteuils, et qui font ressembler la chambre de la mariée à un magasin de *vieux-neuf*.

Mardi 11 novembre

Le mariage à la mairie, ce mariage où il n'y a pas la mère, où il n'est pas question de la mère, où la grand-mère signe l'acte à la place de la mère, c'est triste, triste, triste ! Et *la cérémonie finie*, ainsi que le dit le garçon de bureau habillé de bleu, le vieux de Béhaine fond en larmes dans le cou de son fils, qu'il embrasse.

En sortant, j'entre chez Charpentier et je demande où en est mon volume du JOURNAL : « Trois mille cinq cents », me répond-on. Je devais m'y attendre, d'après le silence de la presse. Ça ne fait rien, c'est dur, quand on tire les SOUVENIRS DE JEUNESSE de Daudet à trente mille [1].

Mercredi 12 novembre

Mariage à Saint-Sulpice, où le nonce Rotelli, en sa grasse langue de cuisinier napolitain, donne la bénédiction du pape aux jeunes époux [2].

Extraordinaire, sous sa mitre d'or, ce Rotelli ! Avec ses yeux vagues aux paupières battantes, avec sa bouche entrouverte aux lèvres tombantes, avec son air de béatitude hypnotisée, avec sa molle chair

1. LES SOUVENIRS D'UN HOMME DE LETTRES ET TRENTE ANS DE PARIS avaient paru en 1888 ; le premier livre est réédité dès 1890 et le second en 1891.
2. Add. éd. : le mot *donne*.

pareille à de la gélatine en état de grâce, c'est le Bouddha le plus Bouddha en chair et en os que j'aie jamais vu.

Jeudi 13 novembre

Eh bien, je le dirai : la pièce qui passe pour la plus originale de Becque, elle descend du ferraillement de langue du CAPRICE de Musset, dans un milieu plus canaille et avec des mots plus crus [1].

Ces courses nous amènent ici des bandes d'apprentis assassins, passant la journée à étudier les maisons où il n'y a que des femmes et pas de chiens [2].

Un de ces soirs, le général Gervais parlait d'un général de ses amis qui, désolé de n'avoir pas d'enfant, pendant son commandement au camp de Châlons, avait tâché d'en obtenir un de sa femme, à la nature très nerveuse, en combinant la fin de son coït avec le coup de canon de l'ouverture du camp.

Jeudi 13 novembre

Daudet a reçu ce matin la visite d'Hugues Leroux, qui lui a raconté son voyage en Afrique [3].

« Mais pourquoi, lui ai-je jeté, ce voyage saharien fait par ce Parisien-Mouffetard ? — Eh bien, c'est vrai, il a filtré à la fin dans ses paroles quelque chose qui, au fond, a pu le mener... Hébrard, qui a eu là-bas de son général quarante jours de prison, je ne sais pas pourquoi... Le tout-puissant Hébrard a voulu faire lever la punition, le général s'est entêté... Et dans ce moment, ce général, qui a eu l'idée d'un chemin de fer transsaharien, voit son chemin tomber à l'eau, par suite des objections qu'on soulève contre le projet dans le TEMPS. »

Vendredi 14 novembre

Comment se fait-il que Daudet, qui est un latiniste bien supérieur à moi, qui nourrit l'insomnie de ses nuits de la lecture continue des plus puissants, des plus solides écrivains, de Montaigne, de Rabelais, de Pascal, de Shakespeare, de Goethe, n'ait pas les assises d'un style comme le mien ?

Dimanche 16 novembre

C'est amusant, comme ce Bourget, qui n'a pas le moindre sentiment, le plus petit goût d'art, s'entoure de tableaux, de sculptures, de

---

1. Cf. plus haut p. 491, n. 1.
2. L'hippodrome d'Auteuil, où se court notamment le Grand Steeple Chase de Paris, avait été créé pour les courses d'obstacles en 1873.
3. C'est le voyage d'où sortira AU SAHARA (1891).

céramiques, de bibelots *esthétiques*, qui embêtent ses yeux de pion et d'homme livresque, par cela seul que c'est *chic* ! Est-ce qu'on peut être original, quand on a autant en soi la domesticité de l'imitation ?

Aujourd'hui, au *Grenier*, Rosny parle de Dickens, de sa création de bonshommes et de bonnes femmes bien supérieure comme nombre à la création Balzac, et des emprunts que la littérature russe avait faits à ses livres. Là-dessus, je *partais*, déplorant que les jeunes du journalisme n'aient pas le sens, n'aient pas l'imagination de l'article à faire, et parlais du curieux et révélateur article qu'il y aurait à faire sur l'*inoriginalité* de la littérature russe, sur ses emprunts à nous autres, sur ses emprunts à la littérature anglaise, sur ses emprunts à Poe — cela bien entendu non dans une étude à vol d'oiseau, mais dans une étude savamment documentée.

Comme je disais ce soir chez Daudet que Raffaelli m'avait apporté, peint sur le parchemin de la reliure d'A REBOURS, un portrait d'Huysmans, merveilleux de vérité, dans une représentation un peu en laid, et que je cherchais à rendre avec des paroles, de la peinture et de la figure vraie, le côté grisâtre, le côté pour ainsi dire duveteux, plumageux, Neveux disait : « Oui, en effet, il y a de la chouette, de l'orfraie dans son visage. »

Mme Daudet, de sa vie couchée ou allongée, de sa vie horizontale, définissait ainsi, ce soir, assez joliment L'AMOUR MODERNE de Bourget : « C'est, disait-elle, un livre pour femmes à chaise longue [1]. »

Mardi 18 novembre

Pendant que tout à fait claustré, et la porte fermée aux visites, je travaille à mon discours de Flaubert, je songe avec une petite terreur, au fond de moi, que j'ai donné 2 500 francs de commission pour quatre ou cinq montres de la collection des montres XVIIIe siècle de la princesse Soltykoff. Mais Dieu merci ! je n'en aurai sans doute pas une, de ces montres commissionnées.

Jeudi 20 novembre

Hier, chez la princesse, j'ai éprouvé véritablement un mouvement d'embarras, de gêne, devant Mme Renan, ne sachant pas bien si elle devait me donner la main ou ne pas me la donner, et moi, si je devais la prendre ou ne pas la prendre. Quant à Renan, je l'ai évité, voulant laisser un peu de temps jusqu'au jour où je lui dirai : « Voyons, monsieur Renan, êtes-vous vraiment fâché avec moi ou ne l'êtes-vous pas ? »

Daudet, parlant ce soir des changements et des mutations qui se font

1. Corr. éd. : *l'AMOUR MODERNE ;* texte Ms. : *L'ART MODERNE.* Il s'agit certainement de LA PHYSIOLOGIE DE L'AMOUR MODERNE, publiée par Bourget en 1890.

dans les êtres, disait : « Vous, vous êtes devenu plus tendre que lorsque je vous ai connu... Moi, moi, il y a bien deux ou trois ans que je n'ai pas menti... Et autrefois, je mentais, en ma qualité de Méridional... Et les variations dans les amitiés ! Arène, au commencement de notre liaison, pour l'avoir aimé comme je l'ai fait, a dû avoir une séduction, un charme, qu'il n'a plus eus depuis... Et les lâchages et les énamourements neufs dans les choses de pur intellect... Moi, combien d'années j'ai été tout à Montaigne ! Puis un jour de ces années dernières, je suis passé à Diderot, en notant la date de mon infidélité. »

Vendredi 21 novembre

Dîner prié par Valentin Simond chez Voisin. Étonnement de ne trouver à ce dîner, en hommes de lettres de L'ÉCHO DE PARIS, que Mendès et Silvestre, dans cette table toute composée d'hommes de finance, au milieu desquels je me trouve pour la première fois et qui me semblent de forts sceptiques.

Ce Mendès a une conversation qui surprend par l'immensité de ses lectures françaises et étrangères, au milieu de son incessante fabrication de copie et de la perte de temps donnée à la putinerie. Nécessairement, le romantique qu'il y a dans sa peau est très admiratif de Maeterlinck, dont il voudrait voir jouer LA PRINCESSE MALEINE par des marionnettes. L'idée est jolie, la primitivité de l'œuvre serait ingénument rendue par des gestes en bois.

Dimanche 23 novembre

Pas dormi de la nuit, de peur de n'être pas réveillé à l'heure matinale du départ. A trois heures, regardé ma montre à la lueur d'une allumette. A cinq heures, en bas du lit.

Enfin, par un temps à ne pas mettre un chien dehors, me voici dans le chemin de fer de Rouen, avec Zola, Maupassant, etc.

Je suis frappé, ce matin, de la mauvaise mine de Maupassant, du décharnement de sa figure, de son teint briqueté, du caractère *marqué*, ainsi qu'on dit au théâtre, qu'a pris sa personne, et même de la fixité maladive de son regard. Il ne me semble pas destiné à faire de vieux os. En passant sur la Seine, au moment d'arriver à Rouen, étendant la main vers le fleuve couvert de brouillard, il s'écrie : « C'est mon canotage là dedans le matin, auquel je dois ce que j'ai aujourd'hui ! »

Débarqués à Rouen, visite à Lapierre pour l'apurement des comptes. Sa nièce vient nous dire d'attendre quelques instants, parce qu'on est en train de lui faire une piqûre de morphine ; et à quelques minutes de là, le médecin nous prie de ne faire qu'entrer et sortir, parce que le malade est très fatigué, et nous trouvons dans son lit ce pauvre Lapierre, qui est tout l'image de Don Quichotte agonisant.

De là, déjeuner — et fort bon déjeuner — chez le maire, un gros homme commun, très charmant, doublé d'une femme laide, très simple et très aimable personne, qui me recommande le champagne, du champagne fabriqué par sa famille : le champagne Goulet.

Et dehors, toujours de la bruine, de la pluie et du vent, le temps ordinaire des inaugurations à Rouen ; et là dedans, une population tout à fait indifférente à la cérémonie qui se prépare et prenant tous les chemins qui n'y mènent pas. En tout, une vingtaine de Parisiens de marque, dans les lettres et le reportage, et une fête avec tente pour les autorités et musique de foire, comme pour les Comices agricoles de MADAME BOVARY.

D'abord, une promenade dans le musée, à travers les manuscrits de Flaubert, sur lesquels est penchée une députation de collégiens de l'endroit, promenade qui pourrait bien être, d'après une conversation de Maupassant, une exposition de commissaires-priseurs pour la vente de ces manuscrits à de riches Anglais. Puis enfin l'inauguration du monument pour de vrai.

Moi qui ne peux lire chez moi une page de ma prose à deux ou trois amis sans un temblement dans la voix, je l'avoue, je suis plein d'émotion et crains que mon discours ne s'étrangle dans mon larynx, à la dixième phrase...

« Messieurs,

« Après notre grand Balzac, le père et le maître à nous tous, Flaubert a été l'inventeur d'une réalité, peut-être aussi intense que celle de son précurseur, et incontestablement d'une réalité plus *artiste*, d'une réalité qu'on dirait obtenue comme par un objectif perfectionné, d'une réalité qu'on pourrait définir du *d'après nature* rigoureux, rendu par la prose d'un poète.

« Et pour les êtres dont Flaubert a peuplé le monde de ses livres, ce monde fictif à l'apparence réelle, l'auteur s'est trouvé posséder cette faculté créatrice, donnée seulement à quelques-uns, la faculté de les créer un peu à l'instar de Dieu. Oui, de laisser après lui des hommes et des femmes qui ne seront plus, pour les vivants des siècles à venir, des personnages de livres, mais bien véritablement des morts, dont on serait tenté de rechercher une trace matérielle de leur passage sur la terre. Et il me semble qu'un jour, en ce cimetière aux portes de la ville, où notre ami repose, quelque lecteur, encore sous l'hallucination attendrie et pieuse de sa lecture, cherchera distraitement aux alentours de la tombe de l'illustre écrivain, la pierre de Mme Bovary.

« Dans le roman, Flaubert n'a pas été seulement un peintre de la contemporanéité, il a été un résurrectionniste, à la façon de Carlyle et de Michelet, des vieux mondes, des civilisations disparues, des humanités mortes. Il nous a fait revivre Carthage et la fille d'Hamilcar, la Thébaïde et son ermite, l'Europe moyenâgeuse et son Julien l'Hospitalier. Il nous a montré, grâce à son talent descriptif, des localités, des perspectives, des milieux que, sans son évocation magique, nous ne connaîtrions pas.

« Mais permettez-moi d'aimer surtout, avec tout le monde, le talent de Flaubert dans MADAME BOVARY, dans cette monographie de génie de l'*adultère bourgeois*, dans ce livre absolu, que l'auteur, jusqu'à la fin de la littérature, n'aura laissé à refaire à personne.

« Je veux encore m'arrêter un moment, sur ce merveilleux récit, sur cette étude apitoyée d'une humble âme de peuple qui a pour titre : UN CŒUR SIMPLE.

« En votre Normandie, Messieurs, au fond de ces antiques armoires, qui sont la resserre du linge, et de ce qu'a de précieux le pauvre monde de chez vous, quelquefois vos pêcheurs, vos paysans, sur les panneaux intérieurs de ces armoires, d'une maladroite écriture tracée par des doigts gourds, mentionnent un naufrage, une grêle, une mort d'enfant, enfin une vingtaine de grands et de petits événements : l'histoire de toute une misérable existence. Cet envers écrit de leurs armoires, c'est l'ingénu *Livre de raison* de ces pauvres hères. Or, Messieurs, en lisant UN CŒUR SIMPLE, j'ai comme la sensation de lire une histoire qui a pris à ces tablettes de vieux chêne la naïveté et la touchante simplesse de ce qu'ont écrit dessus votre paysan et votre pêcheur.

« Maintenant qu'il est mort, mon pauvre grand Flaubert, on est en train de lui accorder du génie, autant que sa mémoire peut en vouloir... Mais sait-on, à l'heure présente, que de son vivant la critique mettait une certaine résistance à lui accorder même du talent ? Que dis-je, « résistance à l'éloge » ?... Cette vie remplie de chefs-d'œuvre lui mérita quoi ? la négation, l'insulte, le crucifiement moral. Ah ! il y aurait un beau livre vengeur à faire de toutes les erreurs et de toutes les injustices de la critique, depuis Balzac jusqu'à Flaubert. Je me rappelle un article d'un journaliste politique, affirmant que la prose de Flaubert déshonorait le règne de Napoléon III, je me rappelle encore un article d'un journal littéraire, où on lui reprochait un *style épileptique* — vous savez maintenant ce que cette épithète contenait d'empoisonnement pour l'homme auquel elle était adressée [1].

« Eh bien, sous ces attaques, et plus tard dans le silence un peu voulu qui a suivi, renfonçant en lui l'amertume de sa carrière, et n'en faisant rejaillir rien sur les autres, Flaubert est resté bon, sans fiel contre les heureux de la littérature, ayant gardé son gros rire affectueux d'enfant et cherchant toujours chez les confrères ce qui était à louer, et apportant, à nos heures de découragement littéraire, la parole qui remonte, qui soulève, qui relève, cette parole d'une intelligence amie, dont nous avons si souvent besoin, dans les hauts et les bas de notre métier. N'est-ce pas, Daudet ? N'est-ce pas, Zola ? N'est-ce pas, Maupassant ? qu'il était bien ainsi, notre ami ? — et que vous ne lui avez guère connu de mauvais sentiments que contre la trop grosse bêtise ?

« Oui, il était foncièrement bon, Flaubert, et il pratiqua, je dirais, toutes les vertus bourgeoises, si je ne craignais de chagriner son ombre avec ce mot, sacrifiant un jour sa fortune et son bien-être à des intérêts

1. Cf. t. I, p. 518, n. 5 et p. 895.

et à des affections de famille, avec une simplicité et une distinction dont il y a peu d'exemples.

« Enfin, Messieurs, en ce temps où l'argent menace d'*industrialiser* l'art et la littérature, toujours, toujours, et même en la perte de sa fortune, Flaubert résista aux tentations, aux sollicitations de cet argent ; et il est peut-être un des derniers de cette vieille génération de désintéressés travailleurs, ne consentant à fabriquer que des livres d'un puissant labeur et d'une grande dépense cérébrale, des livres satisfaisant absolument leur goût d'art, des livres d'une mauvaise vente payés par un peu de gloire posthume.

« Messieurs,

« Cette gloire, afin de la consacrer, de la propager, de la répandre, de lui donner en quelque sorte une matérialité, qui la fasse perceptible pour le dernier de ses concitoyens, des amis de l'homme, des admirateurs de son talent, ont chargé M. Chapu, le sculpteur de tant de statues et de bustes célèbres, du bas-relief en marbre que vous avez sous les yeux, ce monument où le statuaire, dans la sculpture de l'énergique tête du romancier et dans l'élégante allégorie de la Vérité prête à écrire le nom de Gustave Flaubert sur le livre d'Immortalité, a apporté toute son habileté, tout son talent. Ce monument d'art, le comité de souscription l'offre par mon intermédiaire à la ville de Rouen, et le remet entre les mains de son maire [1]. »

Eh bien, non, je prononce la chose avec une voix qui se fait entendre jusqu'au bout, dans une bourrasque tempêtueuse, qui me colle au corps ma fourrure et me casse sous le nez les feuillets de mon discours. Car l'orateur, ici, est un harangueur de plein air. Mais mon émotion, au lieu de se faire aujourd'hui dans la gorge, m'est descendue dans les jambes, où j'éprouve un *tremolo* qui me fait craindre de tomber et me force à tout moment de changer de pied comme appui.

Puis après moi, un discours plein de tact du gros maire roux. Et après le maire, un discours de l'académicien de l'Académie de Rouen, à peu près vingt-cinq fois plus long que le mien et contenant tous les clichés, tous les lieux communs, toutes les expressions éculées, toutes les *Homaiseries* imaginables : un discours qui le fera battre par Flaubert, le jour de la Résurrection.

Maintenant, pour être franc, le monument de Chapu est un joli bas-relief en sucre, où la Vérité a l'air de faire ses besoins dans un puits.

A la fin du déjeuner chez le maire, Zola, en me caressant les bras, m'avait tâté pour une réconciliation avec Céard et je lui avais répondu, songeant combien cette brouille gênait les Daudet père et fils et combien même c'était embêtant pour nous deux, de nous faire, dans des milieux amis, des têtes de chiens de faïence, je lui avais répondu que j'étais tout prêt à me réconcilier. Et la cérémonie terminée, quand il est venu

1. Add. 1895 : tout le discours d'Edmond de Goncourt, inséré tant bien que mal à cette place.

me complimenter, nous nous sommes embrassés devant le médaillon de Flaubert, rapprochés l'un de l'autre comme par l'entremise de son ombre.

La cérémonie finie, il est trois heures et demie, et la pluie a redoublé et le vent est devenu une trombe. D'un lunch, dont Maupassant nous a fait luire l'offre pendant tout le trajet du chemin de fer de ce matin, il n'est plus question, avec la disparition de l'auteur normand chez un parent. Il faut s'enfourner dans un café avec Mirbeau et prendre un grog, qui dure les deux heures et demie que nous avons à attendre le dîner. Et Bauër, qui est venu la veille pour la représentation de SALAMMBÔ, nous conte que le directeur a eu l'aimable attention de faire remettre à tous les critiques dramatiques, dans une enveloppe, une clef des coulisses, après avoir recommandé à ses choristes d'être bien aimables pour ces messieurs de la presse parisienne, si bien qu'à l'heure du dîner, Bauër nous quitte pour aller dîner en *catimini* avec une de ces petites dames qu'il a invitée la veille [1].

Enfin, Dieu merci ! six heures sont sonnées, et nous voilà attablés chez Mennechet, autour d'un dîner ni bon ni mauvais, dont le plat officiel est toujours le fameux canard rouennais, plat pour lequel je n'ai qu'une assez médiocre estime.

Mais c'est un dîner amusant par le vagabondage de la conversation, qui va de l'envahissement futur du monde par la race chinoise à la guérison de la phtisie par le docteur Koch, qui va du voyageur Bonvalot à Pinchenon, le bibliothécaire de Rouen, tremblant que les pudiques Rouennais n'apprennent que c'était lui qui jouait le Vidangeur au bordel dans FEUILLE DE ROSE, la pornographique pièce de Maupassant jouée à l'atelier Becker, qui va de l'étouffement des canards à l'écriture des asthmatiques, reconnaissable aux petits points dont elle est semée et faits par les tombées de la plume sur le papier pendant les étouffements de l'écrivain [2]. Causerie à bâtons rompus, dont les causeurs verveux sont le jeune rédacteur du NOUVELLISTE, l'auteur d'UN MÉNAGE D'ARTISTE, joué au Théâtre-Libre, à la tête éveillée de petit chat, et le notaire penseur, l'auteur du TESTAMENT D'UN MODERNE, dont le teint anémique prend une singulière blancheur exsangue sous le gaz qui nous éclaire [3].

Et il est 8 heures 40, l'heure du train express pour Paris.

Lundi 24 novembre

Ah ! la critique ! Il y a quelques jours, dans un article contre Flaubert,

1. L'opéra de Reyer, sur un livret de Camille Du Loch d'après le roman de Flaubert, avait été créé à la Monnaie de Bruxelles le 8 février 1890 et repris le 23 novembre au Théâtre des Arts à Rouen.

2. Sur A LA FEUILLE DE ROSE, cf. t. II, p. 741.

3. L'auteur des MÉNAGES D'ARTISTES (c'est le titre exact de la pièce créée chez Antoine le 21 mars 1890) n'est autre qu'Eugène Brieux. Envoyé comme journaliste, « à Rouen pour les élections de 1885, Brieux y est resté comme rédacteur en chef du NOUVELLISTE DE ROUEN » (Antoine, MES SOUVENIRS SUR LE THÉÂTRE-LIBRE, p. 169). – LE TESTAMENT D'UN MODERNE, publié par Charpentier en 1889, est de Jean Revel.

injurieux comme un engueulement d'une descente de la Courtille, Bloy déclare que les livres de mon frère et de moi ne sont lus que par des *merlans* [1]. C'est là le ton de la critique néocatholique...

Aujourd'hui, l'épaisse et déloyale bête, qui a nom Besson, m'accuse d'avoir dit dans mon discours : « Je me rappelle *d'un* article », quand le texte donné par moi à L'ÉCHO DE PARIS porte imprimé dans le journal : « Je me rappelle un article. [2] » Il sait parfaitement mentir, mais a pleine confiance en sa nullité, en son rien, pour que je ne réclame pas contre sa canaillerie.

Mardi 25 novembre

Dimanche, Zola était amusant dans l'imitation comique de Paul Alexis, mélangeant en ses paroles d'hier, sur une note triste, la mort de son père, sur une note allègre, les recettes de MONSIEUR BETSY.

Mercredi 26 novembre

Aujourd'hui, Réjane vient me voir, sous le prétexte de lui mettre un mot aimable sur une de mes photographies. Je sens que sa visite cache quelque chose ; et en effet, elle me dit, au bout de quelques instants de tire-bouchonnement et après quelques phrases embrouillées, que Porel est en train de faire refaire les décors de GERMINIE LACERTEUX, qu'il a l'intention de la reprendre à sa rentrée à l'Odéon, mais qu'il lui avait recommandé de ne pas m'en parler, qu'il voulait me surprendre par un billet de répétition.

En effet, Porel, ajoute-t-elle, lui avait annoncé à l'automne que si elle avait un succès aux Variétés, il avait l'intention de reprendre GERMINIE cet hiver ou ce printemps.

Et la voici à me raconter verveusement les canailleries, le directeur du Vaudeville, qui d'après elle, est un tempérament d'avoué taré, qui fera toujours une canaillerie à côté de celle qui mène en police correctionnelle, et la voilà à me conter les canailleries de Derenbourg, qui avait voulu faire racheter à Porel un congé de Dumény, après lui avoir écrit une lettre, où il le poussait à demander très cher en lui insinuant qu'ils partageraient — canaillerie qui lui avait valu d'être traité de filou par Porel et par Sardou, intéressé dans l'affaire et le

---

1. Add. éd. : le mot Bloy — L'article visé, c'est LA BESACE LUMINEUSE parue dans LA PLUME du 15 nov. 1890 (sur Bloy et LA PLUME, cf. plus haut p. 490, n. 1). Bloy reproche à Flaubert de s'être repu de mots, mais il lui accorde la grâce d'un instant d'humilité qui lui a fait écrire SAINT JULIEN L'HOSPITALIER. Quant aux Goncourt, traités en *minores* de l'histoire et en stylistes maniaques qui ont « taraudé » la langue « avec une obstination d'helminthes », « leur œuvre déjà n'intéresse plus que les merlans du journalisme ou les derniers paveurs byzantins des écuries du Copronyme ».

2. L'article de Louis Besson, LE MONUMENT DE FLAUBERT, a paru dans L'ÉVÉNEMENT du 25 novembre : il parle des « passages laborieux » que contient « le discours pénible » de Goncourt et accuse, très gratuitement, celui-ci d'user souvent de l'incorrection imaginaire qu'il signale.

retenant par le pan de sa redingote, pendant qu'il voulait passer de l'autre côté de la porte.

Ce soir, au Théâtre-Libre, après la représentation de l'AMANT DE SA FEMME, où tout l'esprit est dans ce goût : « En fait de chutes, elle dégote le Niagara ! » et qui a trouvé un public fanatique, je trouve Scholl sur la scène, en train de passer sa tyrannique mauvaise humeur sur les acteurs, qui ont cependant très bien joué, mais auxquels il reproche de n'avoir pas eu le succès de la répétition [1].

Jeudi 27 novembre

Ce singe de Degas ! Hier, Réjane contait que Doucet le couturier avait commencé à faire une collection d'impressionnistes, parmi lesquels figurait au premier rang Degas, collection qu'il avait vendue et remplacée par une collection de peintres et de dessinateurs du XVIIIe siècle.

Après cette vente, Doucet rencontre un jour Degas dans la rue et se précipite au devant de lui avec toutes sortes d'affectuosités. Degas, clignant de la paupière et faisant le myope encore plus qu'il ne l'est, fait semblant de ne pas le reconnaître. Alors, le couturier de lui jeter : « Vous ne me reconnaissez pas, mais je suis monsieur Doucet... — Non, non, fait froidement Degas en le quittant, j'en ai connu autrefois un autre,... un monsieur Doucet qui était un homme de goût. »

Valentin Simond, qui vient chercher aujourd'hui les premières épreuves de mon JOURNAL, entame le chapitre de Scholl, de ses exigences, de ses tyrannies, de ses vantarderies bordelaises, dont il n'a pu jamais se défaire.

Simond m'affirme que c'est lui qui a fait avoir la rosette d'officier à Scholl, et il me conte les péripéties de cette décoration. D'abord, Scholl a pris l'engagement de donner sa démission de président du Cercle de je ne sais quoi, sur la *cagnotte* duquel il touche une vingtaine de mille francs par an — démission qu'il fit semblant de donner, mais qu'il retira depuis. Alors, une entrevue avec Waldeck-Rousseau, qui avait promis cette rosette, mais qui avait trouvé au Conseil des ministres une telle résistance qu'il avait été obligé de manquer à sa promesse. Dans cette entrevue, Scholl, qui avait annoncé sa décoration *urbi et orbi*, se livra à un emportement ridicule annonçant qu'il avait des amis en Hongrie, en Moldavie, et qu'il allait lâcher son ingrate patrie pour fonder un journal là-bas. L'amusant, c'est qu'après ce débondement violent, Simond trouvait Scholl affalé sur un divan, pleurant comme un enfant. L'homme hostile à cette décoration était Ferry, que Scholl avait échigné. Simond allait le trouver le jour même de l'entrevue avec Waldeck-

1. Dans ce vaudeville en un acte d'Aurélien Scholl, le vicomte de Saint-Rieul, après avoir blessé en duel Gontran, l'amant de sa femme, reconquiert celle-ci par le champagne et la gentillesse, au cri final de : « Enfoncé Gontran ! » Le mot cité par Goncourt figure à la sc. XI, à propos de Mme d'Aigrefeuille, « dont les chutes ont humilié le Niagara ».

Rousseau et à force d'obsessions lui arrachait la signature de la nomination ; et quand Simond venait lui apporter la bonne nouvelle, il voyait Scholl faire passer la rosette, qu'il avait dans sa poche, de sa poche à sa boutonnière.

Daudet a lu hier chez lui aux artistes du Gymnase L'OBSTACLE ; et aujourd'hui, toujours chez lui, a eu lieu la collation des rôles. Et ce soir, je venais d'arriver, quand se précipite dans le cabinet de travail le vieux Lafontaine, soufflant comme un soufflet de forge. Voici l'histoire. La pièce lue, il a demandé quarante-huit heures, selon son expression, pour se *rassembler*. Koning, agacé, lui a adressé une lettre qui l'envoyait *lanlaire*. Et le pauvre vieux cabot, tout désolé, explique humblement qu'il n'a demandé ses quarante-huit heures que pour arriver à se faire dire par sa femme de jouer, sa femme voulant jalousement le garder à Versailles.

Ce soir, après dîner, un grand coup de sonnette, la porte ouverte, et le bon Porel, que depuis des temps infinis on n'a pas vu. Il entre, s'assied et annonce ouvertement que l'Odéon reprendra, à la sortie de Réjane des Variétés, GERMINIE LACERTEUX, me disant qu'il fait faire des décors qui se plient, pour la jouer en province, si la pièce a un succès à la reprise.

Diable ! LA FILLE ÉLISA au Théâtre-Libre, la reprise de GERMINIE à l'Odéon, la publication du second volume du JOURNAL, et même l'étude sur Outamaro de ces jours derniers, ce n'est vraiment pas mal pour un presque septuagénaire.

Samedi 29 novembre

Dîner avec Ajalbert et Antoine, que je trouve troublé, troublé plus vraiment que ça ne mérite, par la défection de Bauër et s'excusant de son trouble, en disant qu'il y a pour lui dans ce lâchage un peu de la tristesse d'une affaire de cœur.

Ajalbert nous entretient de cette singulière boîte, qui s'appelle LE GIL BLAS ; du drolatique personnel de la direction, de ce d'Hubert n'ayant aucune connaissance des lettrés et demandant à Geffroy de lui apporter un article où il y aura de la gaudriole, de ce Desfossés disant à ses soirées chez lui, devant deux cents personnes, à quelqu'un qui refuse un verre de champagne : « Vous avez donc la chaude-pisse ? » Et ce Desfossés a pour femme une femme qui fait toujours le sujet de sa conversation de l'article le plus cochon qui a paru pendant la semaine dans le journal.

Ajalbert était très comique en racontant comment il avait obtenu la commande d'articles à cent francs, d'Hubert, dont il n'était pas connu du tout, en allant au GIL BLAS avec un pardessus *chic* et un bouquet de chrysanthèmes blancs à sa boutonnière, tenue qui faisait sortir les rédacteurs du bureau pour venir le voir sur l'escalier, où l'on fait antichambre au milieu de cocottes du plus bas étage.

A dix heures, lecture chez Antoine, rue Blanche, de LA FILLE ÉLISA, qu'Ajalbert lit très bien et qui met vraiment une grande émotion au cœur des cabotins et des cabotines qui se trouvent là. C'est Antoine qui fait l'avocat, Janvier, ce jeune plein de talent, qui fait le pioupiou mystique, et une Hongroise tombée à Paris et qui n'a joué que du Shakespeare, qui fait la fille Élisa [1].

Dimanche 30 novembre

Ce soir, en arrivant chez Daudet, je le trouve réticent, avec l'embarras, la gêne, que je connais bien à mon cher Méridional, quand il veut se taire... Mais au bout d'une demi-heure, il ne peut y tenir et me confie qu'il a été au moment d'envoyer promener Koning.

Oui, à la suite des demandes de Koning, pour qu'il fît plus apparent, plus grossièrement saisissable par le public, l'amour de sa jeune fille du monde, le débat entre les deux hommes est sorti de la littérature, est devenu personnel et Daudet est arrivé à dire à Koning qu'il n'avait connu que des *pouffiasses* et qu'il n'avait pas le plus petit sentiment de ce qu'était une jeune fille propre [2].

A quoi l'autre a répliqué que c'était peut-être possible, mais que le théâtre était différent de la vie réelle — phrase que Daudet a interrompue en lui disant que lui, au théâtre, ne voulait faire et ne ferait jamais que des choses se rapprochant de la vie.

Et comme à la fin de la discussion, Koning lui jetait ironiquement qu'il était tellement poète qu'il croyait mettre sur le papier des accentuations qui n'existaient pas, qui s'évaporaient dans l'étude des rôles, il lui ripostait par ce coup droit : « Mais pourquoi vous adressez-vous à moi ? Il faut cependant qu'il y ait quelque chose dans ce que je fais, qui vous attire ! »

On se quittait si mal que Daudet lui écrivait qu'il retirait sa pièce.

Et Koning, qui savait que Daudet avait eu la visite de Porel, arrivait fort colère, lui jetant à la tête toutes les dépenses qu'il avait faites.

Enfin, lorsqu'on s'était à peu près réconcilié, Koning disait à Daudet, en fermant la porte : « C'est bon, vous m'avez fait le coup... que j'ai fait à Lafontaine. » C'était un peu vrai : je crois bien qu'au fond, Daudet ne voulait pas retirer sa pièce, mais désirait n'être plus embêté des exigences imbéciles et anti-littéraires de Koning.

Mercredi 3 décembre

Je ne sais pas comment l'activité d'une cervelle littéraire trouve toujours, toujours, de la matière pour la faire travailler, en sorte qu'un auteur vivrait cent ans en conservant son intelligence, qu'il serait à tout

1. C'est Mlle Nau, qui interprétera effectivement l'héroïne de Goncourt et d'Ajalbert.
2. Add. éd. : le mot *petit*. — Voir t. III, pp. 387-388, n. 2 et pp. 392-393, n. 1, sur l'amour de Madeleine de Rémondy pour Didier d'Alein dans L'OBSTACLE.

jamais pressé et un peu haletant dans son travail, jusqu'à sa dernière heure.

Jeudi 4 décembre

Dîner chez Daudet.

Léon me coupe l'appétit à la soupe en me disant que Renan a écrit sur moi une lettre d'une violence inouïe et en revenant maladroitement pendant tout le dîner sur cette lettre ; et après le dîner, le père me laisse entendre que Porel ne jouera pas GERMINIE LACERTEUX. Soirée nerveuse.

On revient ce soir sur l'emprunt qu'a fait Flaubert à la nouvelle des DEUX GREFFIERS, publiée dans L'ÉCHO DES FEUILLETONS de 1848, emprunt découvert par Liesse [1]. Et là-dessus, Céard, qui dîne par suite de notre réconciliation, avance que LE CANDIDAT est tiré absolument d'UNE JOURNÉE D'ÉLECTIONS par Lezay-Marnésia, qu'il s'y trouve tout, même le journaliste romantique [2].

En rentrant, je lis la lettre de Renan : il me semble *bougrement encoléré,* le défroqué [3] !

Vendredi 5 décembre

Pélagie me parlait ce matin d'une pauvre famille bourgeoise d'ici, de la famille d'un inspecteur des eaux, dont la fille aînée mourante, après avoir vu mourir trois de ses frères et sœurs de la poitrine, disait à sa mère, lui parlant du jour de sa mort : « Tu seras aussi morte que moi, ce jour-là... tu ne sauras où donner la tête ! » Et elle se mettait à lui préparer les adresses des lettres de faire-part qu'elle aurait à envoyer ; puis elle lui indiquait une compagnie où pour son enterrement, elle obtiendrait un rabais de cinquante francs.

Et Pélagie ajoutait que la mère, à force d'avoir pleuré dans sa vie, avait les yeux d'un violet particulier, d'un violet ressemblant à certaines petites figues du Midi.

---

1. Au lieu de L'ÉCHO DES FEUILLETONS, il faut lire, semble-t-il : LE JOURNAL DES JOURNAUX, où avait paru en mai 1841, la nouvelle de Barthélemy Maurice. Voir ici t. III, p. 31, n. 1.

2. Flaubert a-t-il connu la pièce de Lezay-Marnésia, publiée en 1837 et qui ne fut jamais jouée ? Il a pu la découvrir parmi les lectures faites pour la partie politique de l'ÉDUCATION SENTIMENTALE ; cela n'est pas certain. Voir la discussion dans AUTOUR DE FLAUBERT (1912, t. I, ch. 6) de Descharmes et Dumesnil. Les deux pièces se ressemblent surtout en ce que les deux candidats, le Prenant de Marnésia et le Rousselin de Flaubert, font bon marché du bonheur de leur fille et de l'honneur de leur femme. Ici et là quelques détails curieusement identiques, comme un cordonnier, gros électeur, choyé par le candidat. Mais la pièce de l'ancien préfet Marnésia tourne à l'apologie de l'adversaire de Prenant, M. de Meley, monarchiste bon teint, alors que Flaubert méprise équitablement tous les partis.

3. Cf. plus haut pp. 484 et 485-486 pour les débuts de la polémique entre Goncourt et Renan. Inquiet de l'écho que trouvaient dans sa Bretagne natale les indiscrétions du JOURNAL sur son pacifisme, Renan avait écrit le 26 novembre à son cousin Morand une lettre reproduite dans LE LANNIONNAIS : Goncourt, disait-il, « n'a pas compris et il nous attribue ce que son esprit, fermé à toute idée générale, lui a fait croire entendre ». Renan se bornait à cette facile dénégation, affectant, au surplus, de ne tenir pour sienne que la pensée exprimée dans ses articles et ses livres et de mépriser « le radotage des sots ».

Mme Burty m'apporte aujourd'hui l'aquarelle de mon frère de la rue de la Lanterne, que j'avais donnée à son mari, et un joli porte-bouquet de Satzuma [1]. Elle me parle de son mari — ce que je savais bien — comme d'un malade et d'un fou méchant et qui a laissé des notes sur ses amis et connaissances, complètement imaginées par une cervelle hystérique.

Et à ce propos, elle m'apprend que lors de mon refus d'un dîner chez les Charcot, dont je ne connaissais pas alors les habitudes de débinage, refus simplement amené par la paresse d'aller dîner en ville et une certaine répulsion à étendre mes relations, il aurait dit à Charcot que mon refus avait été proclamé à son de trompe, devant des amis, dans cette phrase : « Que je refusais, parce que si j'y allais, j'étais sûr de m'en repentir le lendemain. » De là, une haine noire, pour moi, de la violente Mme Charcot et le sifflet de son mari, dans l'avant-scène de l'Odéon, à la première de GERMINIE LACERTEUX.

Des journées d'émotion, où l'on souffre d'avoir un système nerveux si susceptible.

Devant ce feu ouvert contre moi par un tas de journaux à propos de l'incident Renan, ne voulant pas *donner* dans ce moment, je suis obligé d'écrire à Simond que ma réponse à Renan fera la préface du volume du JOURNAL qu'il est en train de publier.

Dimanche 7 décembre

Ce soir, je trouve le monde féminin de Daudet et Daudet lui-même — et cela, il faut le dire, par un sentiment tendre d'amitié pour ma personne —, je trouve la mère, la fille, le mari dans une espèce de terreur à mon sujet et me conseillant presque d'arrêter la publication de mon JOURNAL.

C'est étonnant comme les femmes, même d'un esprit supérieur comme Mme Daudet, ont le respect de l'opinion et le besoin d'*être bien* avec tout le monde ! Ah ! les femmes ne seront jamais des révolutionnaires en littérature et en art !

Lundi 8 décembre

Grand étonnement ce matin. Je disais hier à Daudet : « Je ferais appel aux souvenirs de tous les dîneurs de Magny, que j'ai la conviction que tous, en se disant entre eux que ce que Goncourt rapporte des propos de Renan est de la sténographie, déclareraient tout haut que Renan n'a pas dit un mot de ce que j'ai imprimé. » Et voici que ce

1. Il existe deux aquarelles de Jules provoquées par le suicide de Gérard de Nerval, trouvé pendu rue de la Vieille-Lanterne à l'aube du 26 janvier 1855. Cf. dans l'iconographie de Delzant, le n° 36 : ÉTUDE DE VIEILLE RUE AVEC ESCALIER : « Cette aquarelle fut faite quelques jours après la mort de Gérard de Nerval. Ce n'est pas la rue de la Lanterne, mais une autre rue que Jules, mal renseigné, croyait avoir été le lieu du suicide. » LA RUE DE LA LANTERNE (n° 43) a donc été exécutée un peu plus tard. C'est celle-ci qui faisait partie de la collection Burty, Edmond l'ayant sans doute donnée à Burty pour le remercier d'avoir édité les eaux-fortes de son frère.

matin, d'une interview avec Berthelot, l'ami intime de Renan, il résulte, pour les gens qui savent lire entre les lignes, qu'il lâche tout à fait son ami dans les accusations de mensonge qu'il m'adresse [1].

Enfin je lis dans LE FIGARO, où je m'attendais à de noires perfidies, un article de Magnard qui, en blâmant indulgemment mes indiscrétions, écrit que mon JOURNAL *sue l'authenticité* [2].

Dans ces luttes intellectuelles, qui vous retirent de la réalité tranquille de la vie bourgeoise et qui vous tiennent dans un état d'activité cérébrale combative, il doit y avoir quelque chose de la griserie des gens dans une vraie bataille.

Mardi 9 décembre

Le père Renan devient tous les jours un peu plus fou. Aujourd'hui, il déclare dans le XIXe SIÈCLE que j'ai « perdu le sens moral [3] ».

Mercredi 10 décembre

Ce matin, en me réveillant, je me demande si la princesse ne va pas me ficher à la porte, ce soir.

Voici ce trembleur d'Alidor Delzant, qui entre chez moi avec une tête épouvantée et qui me parle, avec un effroi bête dans la parole, de ma polémique avec Renan, de l'escarmouche imminente entre Sardou et moi et de tout ce qui peut sortir de grave pour moi sur ce que j'ai dit de d'Aumale, à propos du procès Bazaine [4].

Ça ne fait rien, en m'habillant pour aller chez la princesse, j'ai en moi une curiosité un peu anxieuse de savoir comment elle va me recevoir.

Jeudi 11 décembre

Le patinage sur le lac du Bois de Boulogne, au crépuscule. Un ciel

---

1. Sur l'affaire Renan, cf. plus haut pp. 484 à 486, 504. L'interview de Berthelot se trouve dans L'ÉCLAIR du 8 décembre. Il déclare ne plus se souvenir si Renan a tenu ou non les propos en cause, que Goncourt a dû, en tout cas, incomplètement transcrire, Renan ayant pour habitude de « présenter à la fois la thèse et l'antithèse ». Il faut aussi faire la part de l'outrance d'une fin de repas. Enfin, Goncourt aurait dû faire comme lui, Berthelot qui a « vu beaucoup de choses tristes pendant le Siège » et qui s'est « bien gardé de les raconter ». Mais, ajoute-t-il « tout en désapprouvant son procédé, je suis loin de lui en faire un crime ». — On voit que Berthelot n'a garde de nier les paroles « défaitistes » de son ami Renan.

2. L'éditorial de Magnard, résumé ici, paraît dans le FIGARO du 8 sous la rubrique *La Politique*.

3. Cf. CHEZ M. RENAN, interview anonyme parue dans le numéro du 10 décembre. Renan n'a pas encore lu le JOURNAL ; il admire l'Allemagne de Goethe, mais il « place l'idée de patrie au-dessus de tout » et il était prêt à lui consentir tous les sacrifices, y compris celui de son repos, si on l'avait trouvé digne d'un mandat public. Il conclut : « Je ne crois pas que M. de Goncourt ait cru me désobliger en écrivant cela. C'est un écrivain qui a perdu le sens moral. »

4. Le passage sur Sardou, publié dans L'ÉCHO DE PARIS du 8 décembre 1890 le montrait comme un cabotin exclusivement préoccupé d'argent (c'est la note du 5 mars 1873, cf. t. II, p. 538). Dans le numéro daté du 11, paraissent les deux fragments du 17 août et du 10 décembre 1873 concernant le procès Bazaine, fragments qui incriminent le duc d'Aumale, coupable aux yeux des impérialistes d'avoir accepté de présider la Haute Cour, et ils montrent l'anxiété de la princesse Mathilde, favorable, visiblement, à Bazaine (cf. t. II, p. 549 et p. 558).

comme teinté du rose d'un incendie lointain, des arbres violets ressemblant à d'immenses feuilles de polypiers violets, une glace mate, de couleur neutre, sans brillant. Là-dessus, les silhouettes élégamment *déverticalisées* des noirs patineurs.

Un peintre a rendu merveilleusement ce ciel, ces arbres, cette glace, ces patineurs : c'est Jongkind.

Grosclaude, un joueur effréné, se confessant à nous, déclarait qu'après une grosse perte au jeu et l'embêtement immédiat qui la suivait, il éprouvait presque aussitôt une agréable impression d'anesthésie, comme produite par une piqûre de morphine.

Vendredi 12 décembre

Dîner dans l'hôtel alhambresque des Lockroy, dîner donné à l'occasion du mariage de Jeanne et de Léon, dîner où il y a autour de la table, mêlés aux deux familles des fiancés, les Gouzien, Catulle Mendès, Gille, du FIGARO, l'aquafortiste Rops.

On cause des Liesse, ce lettré depuis si longtemps disparu du pavé de Paris, Liesse, l'auteur d'UN ROMAN D'HIER, l'homme doué d'un certain don de dialogueur, malheureusement incapable de finir un livre, une nouvelle, un article, et qui, dans ce moment sustenté par Daudet, vient de quitter la Belgique et de faire sa réapparition ici.

A propos de Liesse, Rops dit : « Oh ! il y a chez lui de l'alcoolisme de son père !... Savez-vous qu'elle était sa vie, la vie de son père ? La voici. Il se levait et se mettait à jouer successivement du violon, du basson, de la clarinette. Cela le menait jusqu'au déjeuner, où il se faisait apporter une demi-douzaine de bouteilles de vin. Après quoi, on le couchait ivre mort, et il restait dans son lit jusqu'au lendemain, où il recommençait la vie de la veille... Liesse, ajoute Rops, il me fait l'effet d'un clavier sur lequel auraient tapoté des enfants et où il y a des touches qui ne rendent plus rien. »

Mendès rapportait, en crevant de rire, cette légende qui court la Belgique, à la suite d'une conférence qu'y aurait faite le bon Sarcey. C'était une conférence sur DAPHNIS ET CHLOÉ, où il aurait dit : « Alors, Daphnis baisa Chloé », en disant comme appendice à sa phrase : « Mesdemoiselles, je dois vous prévenir que dans ce temps, *baiser* n'avait pas le sens obscène qu'on lui prête aujourd'hui. » La chose, si elle n'est pas vraie, est bien *sarceyenne* !

Samedi 13 décembre

Vivre dans l'exaltation ou la dépression nerveuse dans lesquelles je vis ces jours-ci, ça doit pas mal user.

Je suis tellement saturé d'échignements dans la presse, ces jours-ci, que je cesse de lire les journaux, priant Charpentier de me faire la collection. Dans un mois, leur lecture ne portera plus.

Répétition ce soir, rue Blanche, de LA FILLE ÉLISA. Il nous est tombé du ciel, ou plutôt de l'Allemagne, une actrice toute shakespearienne, qui est tentée par le rôle, une actrice à coupé, à diamants, à toilette écrasante dans le *boui-boui* d'Antoine [1].

Ajalbert me racontait qu'il avait dîné dernièrement chez Lorrain avec Huysmans et Bauër et que Bauër avait dit à ce dîner que depuis qu'il avait bien parlé de moi, Zola s'était complètement éloigné de lui.

Dimanche 14 décembre

Gallimard m'apporte aujourd'hui les eaux-fortes de Raffaelli pour l'édition de GERMINIE LACERTEUX, tirée à trois exemplaires, eaux-fortes payées 2 500 francs, avec, en plus, l'achat de deux tableaux pour hâter leur achèvement [2]. C'est de la part de l'artiste, il faut le dire, de la malhonnêteté d'avoir livré de pareilles ordures, qui feront tache dans le beau monument typographique de Chamerot. Geffroy, lorsqu'il les a vues, s'est écrié : « Je ne les mettrai pas dans le volume ! » Et c'est ce qu'il faudrait faire.

Lundi 15 décembre

Je ne suis pas vraiment fâché que l'affaire Padlewski et l'affaire Eyraud interrompent un moment dans la presse la bataille *Renan contre Goncourt* [3].

Au fond, j'ai une certaine peur que lorsque nous nous rencontrerons chez la princesse, il se laisse aller à des paroles qui me forcent à lui dire : « Vos paroles méritent un soufflet. Je ne vous le donne pas. Mais regardez-vous comme l'ayant reçu. »

Ces jours-ci, un article d'Albalat dans la NOUVELLE REVUE sur le style de Chateaubriand, un article étudié et fort bien fait ; il montre vraiment en la langue de Flaubert une descendance trop directe de la langue de Chateaubriand, une descendance ressemblant trop à un plagiat [4].

---

1. Cf. plus haut, p. 503, n. 1.

2. Texte Ms. : *pour l'édition de LA FILLE ÉLISA.* Lapsus certain : il n'existe pas pour LA FILLE ÉLISA d'édition à 3 exemplaires commandée par Gallimard. Voir t. III, p. 186, n. 2, les caractéristiques de cette édition de GERMINIE LACERTEUX, qui se retrouvent presque toutes ici.

3. Sur les débuts de l'affaire Eyraud, cf. t. III, p. 379, n. 3. Le 23 mai, on avait appris que l'assassin de Gouffé avait été arrêté à La Havane, le 21 décembre, il va être condamné à mort par les Assises de la Seine et il sera exécuté le 3 février 1891 (sa complice, Gabrielle Bompard, fut condamnée à 20 ans de travaux forcés). — Le général russe Seliverstoff, un des chefs de la police politique, est tué à l'hôtel de Bade, place Vendôme, par le réfugié Padlewski le 21 novembre. Or celui-ci vient de réussir à passer à l'étranger avec la complicité avouée de Mme Duc-Quercy et du journaliste ami de Séverine, Georges de Labruyère, qui sont arrêtés le 17 décembre. Cette circonstance donna encore bien plus d'éclat à l'affaire Padlewski.

4. Goncourt, selon son habitude, écrit : *la REVUE NOUVELLE,* au lieu de la NOUVELLE REVUE, où avait paru le 15 décembre (pp. 763-785) CHATEAUBRIAND ET L'ÉCOLE RÉALISTE : Albalat étudie en détail l'influence du style de Chateaubriand sur celui de Flaubert, mais sans voir là de plagiat et en s'attachant plus largement à montrer en Chateaubriand « le père de l'école réaliste contemporaine ».

Mardi 16 décembre

J'avais bien vu que le ménage Daudet n'était pas satisfait de la louange littéraire que j'avais faite, dans mon JOURNAL, de Mme Daudet à ma première visite. Avec la connaissance que je possède de Daudet, j'avais bien compris que lorsqu'il me parlait de la réserve apportée par moi à l'éloge de la rédaction des MÉMOIRES de la princesse, cette réserve était bien plus allusive au MUR de sa femme qu'aux MÉMOIRES de la princesse. Aujourd'hui, à un dîner chez Charpentier, elle me confesse, ce qui n'est pas vrai, que son mari et elle avaient été très contents de mon éloge, mais que plusieurs de ses amies avaient laissé percer leur étonnement que j'avais été si peu aimable pour elle.

Ah ! vraiment, la chère femme est bien charmante, mais bien exigeante. La première chose qu'elle ait écrite, elle veut que ça soit une œuvre personnelle, tandis que personne au monde n'est personnel à son début, son mari pas plus que moi. Puis elle n'a pas compris que cette restriction apporte une valeur à la louange que je donne à sa poésie sur le nid fait avec les fils de sa broderie et que l'éloge banal, domestique, qu'elle veut et tel que je l'imprimerai dans le volume, je l'aurais ainsi rédigé pour une personne qui ne serait pas mon amie de cœur, pour une personne dont je n'estimerais aucunement le talent [1].

Ah ! la vérité, la vérité même aimable, comme son élaboration est difficile pour qu'elle arrive à plaire aux gens !

Jeudi 18 décembre

Ah ! la princesse j'avais bien la conscience qu'en nommant Mlle Abbatucci, le rappel de ce nom l'indisposerait secrètement contre moi [2]... Mais je ne pouvais pas faire qu'elle n'eût pas existé, qu'elle n'eût pas fait partie de la société intime de la princesse... Et puis au fond, cette fille a été toujours charmante pour moi, et il y a eu en moi la volonté de ne pas la tuer par basse déférence pour la haine enragée de la princesse.

> Chambre étrange : on eût dit qu'elle avait un secret
> D'une chose très triste et dont elle était lasse
> D'avoir vu le mystère en fuite dans la glace [3].

Ces trois vers de Rodenbach me font parler de la terreur qu'a des glaces Poictevin, terreur que Daudet veut qu'il ait empruntée à Baudelaire, qui l'aurait empruntée à Poe. Là-dessus, Rodenbach rappelle une tradition populaire, qui veut que le diable y fasse voir

1. Dans L'ÉCHO DE PARIS du 15 décembre avait paru cette note du 8 juillet 1874 qui félicitait Mme Daudet pour son poème du nid, mais qui, sur la description en prose d'un certain mur, faisait cette réserve : « Ce mur est merveilleusement décrit, mais la page est peu personnelle. » (Le Ms. disait : « ... mais c'est fait de ressouvenirs de nous tous ».) En volume, le passage du mur sera purement et simplement supprimé.

2. Mlle Abbatucci, qui « fait un chapeau », est nommée parmi les habituées de Saint-Gratien dont Goncourt détaille les occupations au cours d'un après-midi chez la princesse. Cette note du 9 novembre 1874 paraît dans le feuilleton daté du 19 décembre 1890.

3. Cf. Rodenbach, LE RÈGNE DU SILENCE (1891), *Du Silence*, VII, p. 194.

parfois son visage. L'un de nous se demande rêveusement si les morts n'y laissent pas de leur image, revenant à de certaines heures. Et Daudet compare la vie vivante de cette chose silencieuse au silence vivant des étoiles de Pascal [1].

Bien amusant ce soir, Rosny nous confiait à Daudet et à moi combien il était ennuyé de ce qu'ayant fait une préface au livre de la Krysinska, on le crût son amant, tout en laissant percer le gonflement de vanité qu'il en éprouvait [2]. Et il nous disait : « Oui, moi, je n'aime pas ces femmes-là, je n'aime que les femmes honnêtes... » Et sur l'ironie d'un sourire de ma bouche, il ajoute comme correctif : « ou du moins, celles qui me paraissent honnêtes. »

Vendredi 19 décembre

J'ai lu ces jours-ci que L'ÉCHO DE PARIS est interdit en Allemagne. Cette interdiction m'a tout l'air d'avoir été amenée par le passage de mon JOURNAL, pendant mon séjour à Munich chez de Béhaine [3].

Est-ce que j'appelle la guerre ?... Peut-être. Je suis bêtement chauvin, je l'avoue, et demeure humilié et blessé de la douloureuse guerre de 1870. Puis pour moi, la France commençant à Avricourt n'est plus la France, n'est plus une nation dans des conditions ethnographiques qui lui permettent de se défendre contre une invasion étrangère — et j'ai la conviction que fatalement et malgré tout, il y aura un dernier duel entre les deux nations, duel qui décidera si la France redeviendra la France ou si la France sera mangée par l'Allemagne [4].

Une disposition de l'esprit de tous les littérateurs modernes : c'est la tendance à ne trouver du talent qu'aux littérateurs du passé. Moi, c'est tout le contraire, je trouve cent fois plus de talent à Balzac qu'à Shakespeare, et je donnerais toutes les poésies de nos poètes du XVe et du XVIIe siècles pour le REISEBILDER d'Henri Heine.

---

1. En dépit de l'épithète *vivant*, allusion à la réflexion si célèbre de Pascal : « Le silence éternel de ces espaces infinis m'effraie » (PENSÉES, éd. Brunschvicg, III, 206). — Quant à la *terreur des glaces*, si elle ne se fait guère sentir chez Baudelaire, elle apparaît chez Poe à la fin de WILLIAM WILSON, où le narrateur reconnaît dans un miroir celui qu'il vient d'assassiner et qui marche à sa rencontre (NOUVELLES HISTOIRES EXTRAORDINAIRES, trad. Baudelaire, coll. Pléiade, 1951, p. 322). Cf. aussi, tout le développement contre l'éclat du verre dans LA PHILOSOPHIE DE L'AMEUBLEMENT : le miroir « considéré comme réflecteur contribue fortement à produire une monstrueuse uniformité » (HISTOIRES GROTESQUES ET SÉRIEUSES, ibid. p. 986 sq.). Baudelaire s'est particulièrement intéressé à ce dernier texte dont il a donné trois versions différentes dans LE MAGASIN DES FAMILLES (oct. 1852), le MONDE LITTÉRAIRE (mars 1853) et LE PAYS (septembre 1854).

2. Il s'agit de la préface mise à l'œuvre de Marie Krysinska, RYTHMES PITTORESQUES, *Mirages, symboles, femmes, contes, résurrections*, publiée en mars 1891.

3. Goncourt semble songer au passage du 19 juillet 1874 sur l'attitude stupide et injurieuse, pour les dîneurs français, de deux Allemandes dans un restaurant de Munich — passage paru dans L'ÉCHO DE PARIS du 16 décembre 1890. — En fait, rien dans la note du 19 annonçant cette suppression n'en indique le motif : « Un télégramme de Berlin nous apprend que L'ÉCHO DE PARIS vient d'être interdit en Allemagne. Nous remercions M. Caprivi de l'honneur qu'il nous fait. » Si on laisse de côté les quelques lignes inoffensives de Goncourt, aucun article de L'ÉCHO DE PARIS, depuis le 10 décembre, ne semblait justifier la mesure prise contre le journal.

4. *La France commençant à Avricourt...* Avricourt, à 25 km de Lunéville, était, depuis les annexions de 1871, la gare frontière sur la ligne Paris-Strasbourg.

Au dîner des Spartiates, Valfrey me disait que tout le monde politique était convaincu de la véracité des conversations que je donne de Renan.

Samedi 20 décembre

Dîner donné par Gallimard pour l'apparution de la fameuse édition de GERMINIE LACERTEUX, tirée à trois exemplaires [1].

Causerie avec le peintre Carrière, qui semble avoir un trou dans le palais, où de temps en temps, ses mots s'enfuient assourdis. Côté d'homme de lettres chez ce peintre de tempérament, côté qu'on rencontre souvent, trop souvent, chez le peintre moderne, pas peintre du tout. Et il me tire de sa poche un petit calepin, où il me montre une liste de motifs parisiens qu'il veut peindre et parmi lesquels il y a la *Marche de la foule parisienne,* cette ambulation toute particulière que j'ai souvent étudiée d'une chaise d'un café du Boulevard et dont il veut rendre les anneaux, semblables aux anneaux d'une chaîne, et encore *la Soif autour du théâtre de Belleville,* toute une population en bras de chemise offrant, à la porte, des bocks et autres rafraîchissements aux sortants du théâtre.

Dimanche 21 décembre

Après la tendre description de l'atelier de la princesse et le morceau sur sa séparation avec ses amis, voici la lettre que je reçois de l'altesse : « ... Vous voyez les choses en beau. Merci de vos souvenirs, vous allez me faire trop d'envieux ! Oubliez-moi. Croyez à mon sincère attachement. »

Le lecteur, qui lira, dans mon JOURNAL, ces pages du mois de septembre 1874, me trouvera-t-il payé vraiment et la lettre de son altesse ne me dit-elle, sous une forme polie, qu'elle trouve mes éloges compromettants [2] ?

Je rédige dans ma tête, en me promenant colère dans ma chambre, une lettre où je lui dis que je comprends que je suis pour elle un danger, un embarras,... que je me retire de son salon,... que je resterai *son ami de loin.*

Puis je relis sa lettre, je songe au milieu hostile à ma personne dont elle est entourée, à toutes les peurs de la femme mêlées aux peurs de Popelin qu'il ne passe un de ces jours dans le Goncourt un Viel-Castel, et je n'écris pas ma lettre [3].

Duret raconte aujourd'hui qu'il avait assisté à une représentation des FIDÈLES RONINS, où les 45 guerriers, tout couverts de sang, traversaient la salle dans toute sa longueur sur un petit praticable, établi au-dessus

1. Cf. t. III, p. 186, n. 2, et p. 508, n. 2.
2. Lire *novembre* 1874. Cf. t. II, p. 606 sqq. et CORR. vol. IV, l. du 20 déc. 1890.
3. Sur la présence de Viel-Castel chez Mathilde et sur ses MÉMOIRES, cf. t. III, p. 971, n. 1.

des Japonais assis à terre, et que le passage, à travers la salle, de ces guerriers ensanglantés était d'un effet terrible [1].

Lundi 22 décembre

Une sale âme que celle de ce Bergerat qui, au fond, est persuadé de la véracité des conversations par moi rapportées de Renan et qui, obéissant à de misérables rancunes, prend parti pour Renan [2].

A la porte des Menus-Plaisirs, je vois les décors de LA FILLE ÉLISA, arrivés en retard et qu'on n'a pas pu décharger de la voiture. Tout ce qu'on peut espérer, et encore si ça est, c'est une seule et unique répétition dans le décor.

Ajalbert me raconte que Bergerat, menacé d'être balancé au GIL BLAS, pour avoir parlé de la candidature de Banville à l'Académie, Banville étant un écrivain de l'ÉCHO, un écrivain de la concurrence, s'est fait pardonner aujourd'hui en m'échignant, moi qui donne mon JOURNAL à l'ÉCHO [3].

Mardi 23 décembre

Ce matin, le morceau de mon JOURNAL me semble devoir me procurer des embêtements [4]. Puis sur cette première impression de réveil, voici l'annonce de la première de L'OBSTACLE pour le même jour que LA FILLE ÉLISA, un vrai *coup du lapin* pour la pauvre fille, qui n'aura pas un critique à sa première. Une perfidie de Koning contre le Théâtre-Libre, qui retombe sur ma tête. Je trouve vraiment que Daudet aurait dû mettre son *veto* à cela. Mais je ne suis pas heureux dans ce moment avec les protégés de mon ami, avec les Bergerat, avec les Koning.

Oui, une seule fois dans le décor, la répétition de l'acte du tribunal ; et encore avec un tas de choses qui manquent et sans les bancs, qui doivent être faits et peints et séchés à la lampe demain matin. C'est effrayant, effrayant, la confiance d'Antoine dans la réussite de choses théâtrales ainsi improvisées.

---

1. Cf. t. II, p. 1051, n. 1, sur les FIDÈLES RONINS.

2. Cf. LA CARTE DES VINS, dans le GIL BLAS du 23. Bergerat réclame plaisamment cette carte des vins servis à la table du Magny pour juger si Renan était responsable des propos que le JOURNAL lui prête et qui paraissent *a priori* inexacts, parce qu'ils sont invraisemblables, c'est-à-dire « exceptionnels » : argument sans rigueur, que Bergerat affaiblit d'ailleurs encore indirectement en rappelant, aussitôt après, qu'il a, quant à lui, expurgé son compte rendu des conversations de Gautier.

3. Banville, pour qui Hugo avait voté sans qu'il fût candidat en 1882 et 1884, avait été pressenti par Coppée et Sully-Prudhomme en 1888 ; il se décide enfin à se présenter en 1890, mais on sait que dans cette succession disputée d'Augier, ce fut Freycinet qui l'emporta. Banville mourra sans avoir été académicien.

4. Le passage publié le 23 décembre, dans le numéro daté du 24, est le récit de la séance de réception de Dumas fils à l'Académie : il n'est pas tendre pour Dumas fils, habitué du salon de Mathilde, cf. t. II, p. 625, sqq.

Mercredi 24 décembre

Ce matin, billet de Daudet m'annonçant qu'il a forcé Koning à remettre L'OBSTACLE à samedi. J'aurais bien certainement fait la même chose que lui ; mais c'est agréable de rencontrer chez ses amis ce qu'on aurait fait pour eux.

Ah ! quelle vie trépidante pour un vieux comme moi ! Mais c'est de la vie, et peut-être mourrais-je d'ennui dans le calme, la tranquillité, la satisfaction trop grande.

Avant la répétition générale, Ajalbert me confie des ennuis de famille terribles, me parle de la souscription par un frère de billets montant à une somme de 90 000 francs, pour laquelle ce frère aurait seulement reçu 2 000 francs, me parle de deux ou trois procès, dont l'un pouvait aboutir à la correctionnelle. Et ces ennuis ont mis au lit sa mère, qui est asthmatique ; et ce matin, où il y avait rendez-vous au GIL BLAS pour parler de la pièce, il en a été empêché par une entrevue avec des avoués.

Grand succès ! Immense succès ! Cette plaidoirie du second acte, qui dure à peu près une demi-heure, Antoine la fait avaler au public, au milieu de frénétiques applaudissements, sans un moment de lassitude, d'ennui.

Dans le couloir, j'ai entendu cette phrase typique : « Ce n'est pas du théâtre, mais c'est très intéressant ! » Non, ce n'est plus du vieux théâtre : c'est du théâtre nouveau.

Jeudi 25 décembre

Jour de Noël.

Les ambitions de ce pauvre Céard sont tombées bien bas : il n'aspire plus qu'à être président de la critique théâtrale, à remplacer, un jour lointain, à remplacer Pessard.

Rodenbach me dit, ce soir, que traversant le Boulevard, il avait côtoyé deux messieurs, dont l'un disait à l'autre : « A l'heure actuelle, il n'y a pas au Palais un avocat foutu de plaider une cause comme Antoine a plaidé hier ! »

Daudet me confirme le succès, l'appuyant sur la parole d'Havet, le chef de claque et le marchand de billets, et par là-dessus très bon juge de l'argent que doit faire ou ne pas faire une pièce. Il est revenu de la répétition générale en annonçant qu'il croyait à un succès.

A la fin du dîner, sur le rappel par Léon, dans la conversation, d'un de ses professeurs aimés, Alphonse Daudet s'écrie qu'il aimerait à être professeur, que c'est intéressant d'être le père d'une intelligence, de la voir sous sa voix se développer et grandir... Il parle de l'influence du professeur sur l'élève, de la place qu'il prend dans la cire de sa cervelle, des grandes joies qu'il lui donne par le témoignage de sa satisfaction.

Et il déclare que vraiment pour lui les éloges de la presse, les articles des journaux les plus enthousiastes n'ont jamais fait au dedans de lui ce que faisait la poussée de la porte de la classe, la montée du professeur dans sa chaire et, après un moment de remuement de ses papiers, la proclamation : « Premier en version latine : Daudet. »

Après dîner, Daudet me conte à l'oreille que dans sa dispute avec Koning pour la remise de sa pièce, Koning lui avait jeté : « Hier, j'ai dîné avec Magnard et Lemaître, qui m'ont dit : "Ah ! si vous croyez que Daudet se laissera jouer, avec son Goncourt, son grand *lama,* vous vous trompez joliment !" »

Vendredi 26 décembre

Première de LA FILLE ÉLISA.

L'enfant donné aux cochons du CONTE DE NOËL, qui précède notre pièce, et plus encore la sempiternelle répétition d'un chant sur les cloches et clochettes de la nuit adoratrice mettent la salle dans une exaspération telle qu'Antoine rentre deux ou trois fois sans sa loge, nous disant : « Je n'ai jamais vu, je n'ai jamais vu une salle pareille [1] ! »

Bon ! après la réussite de la répétition générale, après cette assurance d'un succès, nous voici menacés d'un *four.* Là-dessus, nous allons, Ajalbert et moi, très nerveux, prendre un verre de chartreuse au café voisin, où je dis à l'auteur de la pièce : « Avec ce public, n'en doutez pas un moment, le premier acte va être *emboîté,* et la seule chance que nous puissions avoir, c'est qu'Antoine relève la pièce au second acte. »

Et au lever de la toile, je suis au fond d'une baignoire, où j'ai devant moi des jeunes gens, qui commencent à pousser des *Oh !,* des *Ah !* aux vivacités de la première scène [2]. Mais presque aussitôt, ils se taisent, se calment, et je les vois bientôt applaudir comme des sourds.

Nau est l'actrice qu'on pouvait rêver pour ce rôle. Elle est bien *filliasse* au premier acte, et bellement et modernement tragique au troisième acte. Janvier est le vrai séminariste en pantalon garance. Et la petite Fleury, la maîtresse de Méténier, est toute pleine de gaîté et d'entrain dans son rôle de *Marie Coup-de-Sabre,* avec sa voix drôlette et ses moulinets d'ombrelle de tambour-major.

Au fond, je n'ai vu applaudir sur aucun théâtre, je n'ai vu applaudir un acte comme j'ai vu applaudir la cour d'assises, et incontestablement, LA FILLE ÉLISA est le plus gros succès qu'ait jamais eu le Théâtre-Libre.

Samedi 27 décembre

Le bel article qu'il y aurait à faire sur la malhonnêteté dans la critique, et prendre pour *têtes de turc* Brunetière et Pessard.

---

1. LE CONTE DE NOËL d'Auguste Linert, « mystère moderne », montre la Rosa, la femme du berger Charlot, accouchant durant la nuit de Noël, trop tôt au gré de son mari, et donnant l'enfant inopportun à manger à ses cochons, après l'avoir étouffé, tandis que sonnent les cloches.

2. LA FILLE ÉLISA commence par la promenade des filles d'une maison close de l'avenue de Suffren à travers le cimetière abandonné de Boulogne et par les réflexions que leur inspire cette singulière promenade choisie par Élisa.

Mais quel est le jeune qui osera cet article ? Ce soir à L'OBSTACLE, Mirbeau me dit avec un accent de sincérité que jamais au spectacle, il n'a été touché comme il l'a été par LA FILLE ÉLISA, que jamais il n'a perçu un sentiment de pitié descendre sur une salle comme dans cette pièce.

L'OBSTACLE : des scènes pleines d'émotion, et la conception de la femme honnête, s'avouant déshonnête, s'inventant un amant pour délivrer son fils de l'idée fixe de l'hérédité, c'est pour moi du plus beau, du plus grand théâtre [1].

Ma seule critique est celle-ci, c'est que Daudet emploie chaud, chaud, et sans le laisser un peu refroidir, tout ce qui tombe dans le champ de son observation : ainsi les détails du mariage de son fils, etc., etc.

Lundi 29 décembre

Ah ! cette réclamation de Montégut, dans l'état névrosifié où est mon pauvre Daudet, je crains bien que ça lui porte sur le système nerveux [2] ! Le mode de travail d'après les vivants de son voisinage, et jamais à travers la réminiscence de livres, lave Daudet, pour tous ceux qui le connaissent, de tout soupçon de plagiat. Mais au fond, vis-à-vis de soi-même, c'est exaspérant, comme *trouveur*, d'avoir trouvé une très belle chose qui a été déjà trouvée par un imbécile.

Ce soir, le docteur Martin disait assez judicieusement qu'il eût été désirable que le petit Gavarni n'eût pas un cerveau, parce que la plupart des peintres réussissent seulement par des moyens qui ne sont jamais contrariés par la supériorité de leur cerveau.

Mercredi 31 décembre

Le petit Ajalbert n'a pas couillonné. A l'éreintement de Pessard, échignant notre pièce sans l'avoir vue, il a répondu par une féroce et insolente lettre mettant en doute la moralité de M. Pessard. J'attendais ce matin, une réponse à Ajalbert, où incidemment, il me traînerait dans la boue ; mais non, la réponse est prudente et même couarde [3].

Quel sera l'accueil de la princesse ce soir ?

---

1. Cf. t. III, pp. 387-388, n. 2.

2. Le GIL BLAS du 30 publie une lettre de Maurice Montégut : Daudet, dans L'OBSTACLE, aurait plagié LE FOU de Montégut, paru en 1882 chez Charpentier. Le journal publie un extrait de ce drame (2e partie, sc. 3), où, en vers de mirliton, Denise apprend à Roland qu'il est heureusement un enfant adultérin et non le fils de Roger de Champlêt, qu'elle avait épousé sans amour à seize ans et qui est devenu fou peu après.

3. Le 27, Hector Pessard, rendant compte de LA FILLE ÉLISA dans le GAULOIS, se fait gloire d'être sorti après le premier acte et traite la pièce par le mépris : « Cette adaptation d'un livre médiocre ne mérite pas que je me donne un torticolis de cerveau... en cherchant des mots à peu près décents pour faire comprendre des situations à la fois inintelligibles et répugnantes. » Le soir du 30, le FIGARO daté du lendemain publie une lettre d'Ajalbert protestant contre le manque de conscience de Pessard, qu'il voudrait voir déférer devant un jury d'honneur formé par le bureau du Cercle de la Critique. Le 31, dans le GAULOIS, Pessard prétend qu'il n'a voulu juger que le premier acte.

Elle ne m'a rien dit, n'a fait aucune allusion à mon JOURNAL, mais après dîner, elle est venue s'asseoir à côté de moi, y est restée longtemps, et je la sentais me regarder, au milieu de nos paroles qui ne disaient rien et derrière nos pensées secrètes qui n'arrivaient pas à nos lèvres, je la sentais me regarder avec un intérêt mêlé de curiosité pour l'être inexplicable que je suis à ses yeux.

Les confidences de l'imbécile de Galbois m'ont mis au courant de ce qui se passait au fond de l'âme de la princesse. Elle est un peu ennuyée de mes attaques contre quelques personnes venant dans son salon. Elle a toujours peur, sans l'oser dire, que le Goncourt apprenne un jour quelque chose de l'intimité amoureuse de la maison, et sincèrement ne voit pas bien ce que peut me rapporter cette littérature qui me fait tant d'ennemis.

ANNÉE 1891

Jeudi 1er janvier

Toute la journée à la correction des épreuves. Et dans les moments de repos, une longue contemplation du profil en bronze de mon frère, posé sur ma table de travail, de mon frère si ressemblant par moments, sous des coups de jour cherchés par moi et qui me le font revoir dans la vie de son joli et spirituel visage.

Je vais en faire fondre une seconde épreuve, par laquelle je remplacerai le Louis XV de mon balcon et signerai de son effigie, dans l'avenir, la maison où il est mort [1].

Ce soir, dîner chez Daudet où sont réunies les deux familles des fiancés. Dîner bien triste. Daudet, qui a eu ce matin une affreuse crise d'estomac et a lutté toute la journée, est obligé de se coucher au moment où l'on se met à table. Dans cette crise, il n'y a pas à en douter, un peu de fatigue des répétitions de L'OBSTACLE et bien certainement beaucoup de la méchante lettre de Montégut [2].

Lockroy raconte l'étonnante genèse de journaliste Magnier de L'ÉVÉNEMENT. C'était, dans le principe, un pédicure, oui, un pédicure qu'avait attaché à ses pieds Leverd, le député du Pas-de-Calais, et qui, de pédicure, est monté au grade de secrétaire, et pendant le Siège, a obtenu du gouvernement de Tours de faire un journal.

Le curieux, c'est que chez Périvier, c'est la même origine de fortune. Lui, n'était pas pédicure de profession, mais pédicure amateur et a eu l'art de faire les cors à Villemessant, à la fois comme ami et comme domestique, et si bien qu'à l'heure présente, ça lui rapporte les cent mille livres de rente qu'il touche tous les ans au FIGARO.

---

1. Le médaillon du sculpteur Lenoir, repésentant Jules de Goncourt, remplacera en 1892 le profil lauré de Louis XV, en bronze doré, qu'Edmond avait placé à son balcon comme enseigne d'un amateur du XVIIIe siècle et où il croyait reconnaître, d'après une aquarelle de Moreau, le médaillon de Caffieri qui ornait la salle à manger de Louveciennes. Cf. MAISON D'UN ARTISTE, t. I, p. 7.
2. Cf. t. III, p. 515, n. 2.

Samedi 3 janvier

Ah, quelle vie ! — Pas une minute de *flânocherie* — Je viens de m'apercevoir que je n'avais pas assez de copie pour mon second volume du JOURNAL, et je suis obligé d'ajouter l'année 1877. Et il faut que la chose soit faite pour le porter lundi à L'ÉCHO DE PARIS.

Dimanche 4 janvier

Huysmans parle aujourd'hui, avec une satisfaction un peu enfantine, de sa connaissance intime avec les voleurs, les recéleurs du Château-Rouge et de ses rappors avec la maîtresse de Gamahut [1].

C'est curieux, tout de même, cette maison de Gabrielle d'Estrées, devenue cet immonde garni et où la chambre même de la maîtresse de Henri IV serait devenue la *Chambre des Morts* : la chambre où l'on superpose plusieurs couches des ivrognes ivres morts, les uns sur les autres, jusqu'à l'heure où on les balaye au ruisseau de la rue. Garni qui a pour patron un hercule, dans un tricot couleur sang de bœuf, ayant toujours à la portée de sa main deux nerfs de bœuf et une *semaine* de revolvers. Et dans ce garni, des déclassés de tous les sexes, étranges : une vieille femme de la société, une *absintheuse,* se *mettant sous la peau* dans un jour vingt-deux absinthes, et de cette terrible absinthe colorée avec du sulfate de zinc, une sexagénaire que son fils, avocat à la cour d'appel, n'a jamais pu faire sortir de là, et qui, d'après la légende du quartier, se serait tué de désespoir et de honte.

Huysmans parle, dans ce quartier Saint-Séverin, d'un garni encore plus effroyable, du garni de *Madame Alexandre...*

Lorrain, qui vient après Huysmans et qui, je crois, est encore entré plus au fond de la société canaille de Paris, rabaisse les scélérats du Château-Rouge, dit que ce sont des cabotins, des criminels de parade, que font voir les agents de police aux étrangers menés par eux au Château-Rouge.

Et de là, la conversation va, par je ne sais quel chemin, à l'intelligence de ces femmes qui entretiennent un duelliste — ainsi, Séverine entretenant Labruyère, ainsi, Mme de Lancey entretenant Espeleta, — et qui, grâce à la peur de l'épée de l'un et de l'autre, échappent à toute attaque.

Après dîner, je lis chez Daudet l'année 1877 de mon JOURNAL et je rencontre toutes sortes d'hésitations de la part de la mère et de la

1. C'est le 30 nov. 1884 que Gamahut avait assassiné rue de Grenelle la veuve d'un commissaire de police, Mme Ballerich. On sait qu'un provocateur ayant fait paraître dans LE CRI DU PEUPLE un article approuvant ce meurtre, les deux fils de la morte, policiers eux-mêmes, se livrèrent dans les bureaux du journal de Vallès à une sanglante expédition punitive. Quant à Gamahut, il fut arrêté, condamné à mort et exécuté le 24 avril 1885.

Huysmans a connu non la maîtresse de Gamahut, mais celle d'un de ses complices, Nidi : elle s'appelait Louise Hellouin, dite la *Tache-de-Vin.* Le romancier décrira, dans LA BIÈVRE ET SAINT-SÉVERIN (1898), le bouge de Trolliet, le *Château-Rouge,* « connu aussi sous le nom de la *Guillotine* et situé au 57 de la rue Galande » (nouv. éd. 1901, p. 100 sqq.).

fille à laisser passer le morceau de la jeune fille tout heureuse, sans attendrissement de sa pitié pour les malheureux [1]. Vraiment de petites cervelles, les femmes !

Le directeur du théâtre de Berlin, voulant avoir L'OBSTACLE à 4 500 francs, au même prix qu'il avait payé LA LUTTE POUR LA VIE, et pensant que Daudet aurait des prétentions plus élevées pour cette dernière pièce, n'a trouvé rien de mieux que de lui envoyer 4 500 pour L'OBSTACLE, sans lettre, sans avertissement. Ma foi, Daudet a pris les 4 500 francs et a envoyé un reçu. Mais quand c'est fait, arrive un autre acheteur, qui lui offre, de L'OBSTACLE, 8 000 francs et qui, sur l'annonce que la pièce est vendue, déclare qu'il était prêt à aller à 10 000. Embêtement bien naturel du ménage. Alors, Mme Daudet dit à son mari : « Mais si tu envoyais une dépêche au directeur du théâtre de Berlin, où tu lui dirais que tu as reçu son argent seulement comme acompte, qu'on t'en offre 10 000 ? » Et le lendemain, Daudet recevait du directeur de Berlin le complément des 10 000 francs !

C'est curieux — et je dis cela sans aucune jalousie — comme l'argent vient à Daudet et ne va pas à moi... qui, du reste, n'en ai pas un besoin plus grand que je n'en gagne. Ainsi, voilà cette FILLE ÉLISA, qui certes fait autant de bruit que L'OBSTACLE et qui ne me rapportera rien, rien, tandis que L'OBSTACLE rapportera 100 000 francs à Daudet. Ainsi, voilà encore cette polémique autour de mon JOURNAL, qui aurait dû le faire vendre comme un livre de Drumont : eh bien, on n'a pas retiré et les 5 000 du premier tirage ne sont pas épuisés. C'est extraordinaire, les résultats négatifs de mes succès !

Daudet, ce soir, est repris de son idée de la fondation d'une revue, qui s'appellerait LA REVUE DE CHAMPROSAY, où il serait prêt à mettre 100 000 francs et où il grouperait autour de lui notre monde, dont il payerait la copie comme *oncques* directeur ne l'a fait jusqu'ici [2]. Il voit dans des interviews — des interviews autres que ceux qui se font dans les journaux courants —, un moyen, sans la fatigue de la rédaction, un moyen de propagation intellectuelle tout nouveau, un moyen qu'il veut beaucoup employer dans sa revue. Et cette revue, en la fin de son existence à demi paralysée, serait une exutoire pour son activité cérébrale.

L'idée est bonne, et avec le magasin d'idées que possède Daudet, il ferait un excellent directeur de revue. « Mais pourquoi ce titre : REVUE DE CHAMPROSAY ? lui dis-je. Je trouve la dénomination un peu petite, de la part d'un esprit large comme le vôtre. » A quoi il répond en me parlant de l'action de Voltaire à Ferney, de l'action de Goethe à Weimar et de l'indépendante littérature qui se fait en dehors des centres de population, dans les petits coins.

---

1. Cf. t. II, p. 731.
2. Sur ce projet, cf. t. III, p. 384.

Lundi 5 janvier

Philippe Sichel, auquel je demande qu'il m'indique ce qui lui ferait plaisir pour ses étrennes, me dit : « Une main de squelette. »

Mercredi 7 janvier

Poictevin pousse ma porte et, pendant que je lui dis que je ne peux pas le recevoir, me tend le FIGARO, où j'entrevois que Daudet pour se défendre du plagiat que lui reproche Montégut, désigne, sans les nommer, les trois individus qui sont les modèles, qui ont servi à la fabrication de sa pièce, et raconte ma scène d'indignation avec le pauvre et inconscient fou et la suppression du morceau contaminant sa mère [1]. Et plus navré que colère, le pauvre garçon me jette : « Vous l'avez donc dit, vous l'avez donc dit à Daudet ? » Je ne trouve rien de mieux à lui répondre que je lirai ce soir l'article avec attention et que je lui dirai toute ma pensée, le premier jour qu'il reviendra chez moi.

Visite d'Heredia, qui me parle d'un volume qu'il fait dans ce moment sur Ronsard pour la maison Hachette, sur ce poète qu'il dit avoir eu en son temps une popularité plus grande que Hugo n'en a eu dans ce siècle, de ce révolutionnaire de la poésie française qui, avec lui, n'est plus la poésie de Marot et de Mellin de Saint-Gelais [2]. Le curieux de cette révolution, fait remarquer Heredia, c'est que le retour à la nature, chez Ronsard, est amené par l'étude et l'emploi dans son œuvre de l'Antiquité, retour qui a lieu plus tard chez André Chénier par la même source et les mêmes procédés.

Puis Heredia me lit des vers de sa seconde fille, qu'il me peint avec une petite tête aux longs cheveux, un œil parfois un peu en dedans, l'ensemble d'une physionomie du Vinci, une fillette de quatorze ans qui joue encore à la poupée et qui s'amuse seulement, quand il pleut, à faire ces vers tout à fait extraordinaires [3].

Et c'est pour le père une occasion de s'étendre sur l'atavisme, de se demander si le style ne vient pas d'un certain mécanisme du cerveau, qui se lègue et dont sa fille a hérité. Car elle a toutes ses qualités de fabrication jointes à « une essence poétique », qu'il confesse ne pas avoir et qui doit faire d'elle, si elle continue, un poète tout à fait remarquable. Mais va te faire fiche ! Dans le moment, elle ne fait plus

1. Sur le grief de Montégut, cf. t. III, p. 515, n. 2. L'article en cause aujourd'hui est celui de Philippe Gille, ALPHONSE DAUDET ET « L'OBSTACLE », dans LE FIGARO du 7. Daudet, interviewé, cite, entre autres sources « vivantes » de son héros, « ce bon toqué de X***, qui apporte à Goncourt et à Daudet » une note de ses SOUVENIRS D'ENFANCE, où il parle de son ancien précepteur comme de l'amant de sa mère. Cette confidence de Daudet répond aux passages du JOURNAL donnés ici t. III, pp. 327 et 388. A noter enfin la curieuse expression : *contaminant sa mère :* lapsus pour *condamnant* ou *compromettant sa mère ?*

2. Le catalogue de la Bibliothèque nationale ne connaît d'autre poète français édité par Heredia que Chénier, dont il annota les BUCOLIQUES.

3. C'est Marie-Louise-Antoinette de Heredia, en littérature Gérard d'Houville qui commencera à publier ses vers dans la REVUE DES DEUX MONDES en 1894, puis à la REVUE DE PARIS, etc. Elle ne tardera pas à passer au roman. Elle épousera Henri de Régnier en 1895.

du tout de vers : il a eu la bêtise de lui acheter une guitare et elle est toute à sa guitare.

Jeudi 8 janvier

Quand je m'approche de Daudet pour lui dire bonjour, de sa bouche approchée de mon oreille, il murmure : « J'ai des embêtements sérieux... très sérieux. »

On passe à table, où je *m'emballe* et où je me laisse aller à dire à Rosny et aux autres *jeunes* qu'ils sont des lâches littéraires, que Daudet et moi, nous nous battons toujours tout seuls, sans le secours du plus petit corps d'armée, qu'un livre comme L'IMMORTEL n'a pas trouvé l'appui d'une seule plume amie, que la pièce de GERMINIE LACERTEUX a été défendue et soutenue seulement par des jeunes qui me sont inconnus.

Au sortir du dîner, pendant que je suis accoté à son bureau de travail, Daudet me dit à voix basse : « Des choses graves avec Drumont... Une lettre bondée d'injures, d'ignobles injures, ... qu'il termine en me disant qu'il m'enverrait des témoins si je n'étais pas un paralytique [1].

« Il y a certainement de ma faute... de ma faute... Dans l'article de Gille, il y a trois lignes de trop ; mais ces lignes, je ne les aurais pas certainement laissées si Gille, comme c'était convenu, m'avait communiqué les épreuves... Ne m'avait-il pas écrit que nous avions tout le temps ? Mais voilà, l'article de Rodenbach a été brûlé et l'article de Gille a passé, sans m'avoir été communiqué... Mon Dieu, je pense répondre à Drumont : « Attendez un peu... Au printemps, il y aura peut-être des moments où je pourrai me tenir quelque temps sur mes jambes en face de vous, et alors... »

Quelle sacrée chose que cette littérature qu'on fait d'après les vivants, la littérature qui est la nôtre, à Daudet et à moi, et qui aujourd'hui, si une suppression que j'envoie arrive en retard, peut bien, demain, m'amener des choses dans le genre de celles qui arrivent à Daudet !

Vendredi 9 janvier

Une dépêche de Mme Daudet me disant qu'elle a peur pour son mari et son fils, et me priant de passer rue Bellechasse.

Daudet, à mon entrée me parle, douloureusement des *injures de bagne*, contenues dans la lettre de Drumont, et me raconte la scène qui a motivé la dépêche de Mme Daudet, qu'il ignorait. Il avait écrit, ce matin, une lettre à Drumont, où il lui proposait de se battre à

1. Il s'agit toujours des modèles vivants de L'OBSTACLE et de l'article du FIGARO du 7. Dans cet article de Gille, Daudet citait Y***, qui avait déjà donné ses chats pour se plier aux goûts de sa fiancée, quand celle-ci lui rendit brusquement sa parole, conseillée en ceci par Mgr ***, qui assistait à l'entretien derrière une tenture. Drumont reconnut cet épisode de sa vie et surtout se reconnut dans le Didier de L'OBSTACLE, dont on éloigne la fiancée en lui faisant prendre la véhémence passionnée du jeune homme pour de la folie (cf. t. II, p. 1192-1193 et t. III, p. 156-157).

Champrosay, assis sur deux chaises, et sa femme, ayant pris connaissance de la lettre, avait obtenu qu'il la déchirât, mais était restée tout inquiète de l'état de fureur où il se trouvait.

Ce n'est rien cela, voici l'abomination de la chose. La lettre injurieuse, salissante, adressée au père, il en avait fait une copie qu'il avait envoyée au fils avec le post-scriptum : qu'il « aimait à penser que dans la maison, rue Bellechasse, tout le monde n'était pas paralytique ». La lettre était interceptée par Mme Daudet.

Ce Drumont a vraiment par moments quelque chose du fou furieux. Il ne peut reprocher à Daudet que l'indiscrétion du FIGARO, mais rien dans la pièce, rien dans l'article du FIGARO qui porte la plus petite trace de mauvaiseté à son égard. Et il oublie tout d'un coup les services à lui rendus par Daudet, les 7 000 francs dont il s'était porté garant vis-à-vis de Marpon pour la publication de sa FRANCE JUIVE, et toutes les haines que lui a values, dans le monde juif et dans le monde politique, son assistance comme témoin de son duel avec Arthur Meyer [1].

Et Mme Daudet se met à parler, avec des larmes dans la voix de la crainte que son fils ne rencontre Drumont.

Mais voilà — faible compensation — Debry, l'agent dramatique, qui apporte au ménage une grosse somme d'argent et demande des signatures pour des traités avec tous les pays de l'Europe. Je me sauve, en offrant à Daudet d'aller voir Drumont.

Samedi 10 janvier

Je donne à dîner ce soir à Ajalbert, à Antoine et à Janvier et à Mlle Nau, les deux premiers rôles de LA FILLE ÉLISA.

Mlle Nau, qui arrive la première et qui, vraiment, est une plus belle créature à la ville qu'au théâtre, me parle de la férocité d'Antoine avec les femmes et me dit que la grande salle de la rue Blanche pourrait être lavée avec les larmes de Barny et de toutes les femmes de sa troupe et me dépeint le plaisir cruel qu'il a à engueuler son monde, quand il y a un public, si bien que Mme France, qui est une roublarde, quand l'engueulement est trop fort, pousse les gens à la porte.

Antoine arrive tout heureux. La réclamation de 8 000 francs de l'Assistance publique — sur la menace qu'il allait fermer son théâtre et que la centaine de jeunes gens dont il avait reçu des pièces allait prendre à partie dans tous les journaux l'institution dévoratrice des Lettres —, oui, la réclamation de 8 000 francs est tombée à quelque chose comme 80 francs.

Ce Janvier est d'une myopie qui lui fait verser un verre de Cherry Brandy sur la table et non dans son petit verre. Le pauvre garçon gagne cent francs par mois, dans une compagnie d'assurances, et comme on le pousse à quitter sa compagnie et qu'on lui prédit qu'il lui sera

1. Cf. t. II, p. 1245, n. 1.

impossible de n'être pas un acteur, il s'y refuse doucement, disant qu'il ne veut pas faire trop de peine à son père, qui peut très bien ne rien connaître aux choses d'art, mais qui l'aime beaucoup, qu'il veut le laisser tranquillement *évoluer* et qu'il est persuadé qu'un jour, il le laissera jouer, mais alors sans trop de répugnance. Un cabotin curieux, ce Janvier, un cabotin qui a le sentiment familial.

Dans la soirée, il a été question de Rosny, et Ajalbert s'est écrié qu'il est tout changé depuis l'insuccès du TERMITE. Et la parole d'Ajalbert correspond à la remarque faite sur lui par Mme Daudet au dernier jeudi. Elle a été frappée du caractère méchant de sa physionomie par moments. Du reste, Rosny a trouvé un *truc* assez *ficelle* pour vous glisser des choses désagréables. A ce dîner, il me disait : « Je quitte Moréas et sa bande, ils prétendent que vous êtes un cerveau sans consistance. Mais j'étais là, et alors... » Il m'a défendu, je le crois, de manière à me faire plus entièrement éreinter.

Cette semaine, Nau aurait écrit à une personne qui l'avait invitée à dîner : « Impossible, j'avais oublié que je me mariais aujourd'hui ! » Et en post-scriptum : « Ça n'empêche pas le reste. »

Dimanche 11 janvier

L'arrangement entre Antoine et le théâtre des Nouveautés pour des représentations de LA FILLE ÉLISA, qui était presque arrêté hier, a manqué aujourd'hui. Le beau, c'est que la maîtresse de Brasseur, la propriétaire de ce théâtre, où le concierge, pour une pièce de vingt francs, vous donne la clef pour baiser une actrice dans sa loge, a dit à Frantz Jourdain : « Ne croyez-vous pas que la représentation de LA FILLE ÉLISA ne puisse porter un coup moral à mon théâtre ? »

On parle de Moréas, de Darzens, de Vignier qui a tué Caze, de ce petit monde du bas des lettres, dont le premier est Grec, le second Russe, le troisième Suisse, de ce monde dont chacun traite l'autre de canaille, de ce monde passant toute sa vie dans les salles d'armes, enfin de cette génération nouvelle de bohèmes n'ayant rien de l'inoffensivité des bohèmes de Murger, mais de cette espèce d'avant-garde littéraire des souteneurs et des escarpes de l'heure présente, cherchant à monter à l'assaut de la littérature par l'assassinat [1]. Le petit Montégut, le peintre, qui les a pas mal fréquentés, ces messieurs, effrayait un soir les Daudet par le tableau effrayant de ce bagne des lettres !

Daudet, qui, malgré mon offre de voir Drumont, n'a pas voulu me mettre dans la bagarre, me disait ce soir qu'il lui avait envoyé une note par Ebner et qu'il croyait qu'on touchait à une période d'accalmie. Mais dans le premier moment, la colère de Drumont ne trouvant pas à s'exercer sur Daudet et, à défaut de Daudet, sur son fils, s'était portée sur Gille, qui était venu trouver Daudet et lui avait laissé voir sa

1. Sur le duel entre Vignier et caze, cf. t. II, p. 1219, n. 1.

panique, un moment interrompue par un rire, sur la menace de Drumont d'imprimer que son père, le père du *Figariste,* était mort de la vérole — ce père mort à quatre-vingt-cinq ans d'une apoplexie ! La grande *furia* de Drumont contre Daudet vient de ce qu'il prétend que son ancien ami a fourni un prétexte à Constans pour le faire enfermer. Toutefois, il se montre un peu embarrassé de la violence de ses procédés et de sa lettre, répétant plusieurs fois à Ebner : « Mais comment, comment *en sortir* ? » Et comble du comique et signe de sa cervelle fêlée, ce furibond qui a voulu tuer le père, le fils et Gille par-dessus le marché, finit par trouver ce moyen d'en sortir, que je vous donne en mille à deviner : c'est que Daudet lui dédie sa pièce de L'OBSTACLE !

Daudet, dans cette entrevue, lui a fait dire par Ebner qu'il ne permettrait pas qu'il s'adressât à Léon, qu'il se mettrait toujours entre lui et son enfant ; et dans sa poche, il a, toute rédigée, une lettre où il lui propose le duel assis sur deux chaises, en faisant fort de lui fournir des témoins.

Au fond, Daudet perçoit chez Drumont une colère concentrée de l'insuccès de son dernier volume, du bruit qui s'est retiré de lui, et il redoute qu'il n'utilise l'incident pour rappeler sur lui l'attention du public, dans la préface de son volume, qui va paraître ces temps-ci, en l'échignant, lui, Daudet [1].

Lundi 12 janvier

Un détail qu'on me donnait sur le métier de couvreur et qui fait froid dans le dos. On me disait qu'on leur retenait par mois cinquante centimes pour la civière dans laquelle on les transporterait, le jour où ils tomberaient d'un toit.

Lavedan, auquel j'aurais envie de faire faire CHÉRIE en pièce et qui déjeune chez moi, me cite un mot de Mme de Beaulaincourt à Mlle de Montijo, poussée dans ses derniers retranchements par l'empereur, quelque temps avant de devenir impératrice, et venant la consulter sur ce qu'elle devait faire. La femme sans préjugés, après avoir réfléchi quelque temps, accouchait de cet axiome : « Mieux vaut un remords qu'un regret. »

Lavedan me parle de la réputation de méchanceté faite à mon *Grenier* par de mauvaises langues, représentant tout lettré qui vient chez moi comme un domestique ou un mauvais bougre. Et je crois que pas mal de ces mauvaises langues qui lui font cette réputation sont des familiers du *Grenier.* Ah ! la sale jeunesse que la jeunesse de l'heure présente !

Puis il me conte cette chose invraisemblable de Becque, mais qui lui a été affirmée par Claretie, c'est que Becque aurait été trouver Bourgeois et lui aurait carrément demandé que LA PARISIENNE ne

1. Le *dernier volume* de Drumont, c'est LA DERNIÈRE BATAILLE, publié en avr. 1890 et le *volume qui va paraître,* c'est LE TESTAMENT D'UN ANTISÉMITE, paru en août 1891.

faisant pas d'argent, il la fît maintenir sur l'affiche par ordre, parce que... parce que LA PARISIENNE était un chef-d'œuvre !

Il s'étend sur l'orgueil de l'auteur dramatique, orgueil qu'on ne peut s'imaginer et qui le rend moins féroce dans les répétitions que la légende ne le fait, parce qu'il est toujours tellement gonflé de voir représenter son œuvre qu'il est toujours disposé à se trouver sublime, même lorsqu'il est mal interprété.

Un des derniers mots cruels de Becque, au sujet des amours de Lemaître avec la vieille de Tourbey : « Jules Lemaître, il travaille dans les démolitions ! »

A six heures, réunion à L'ÉCHO DE PARIS des écrivains du journal, pour offrir ce qu'on appelle un bronze d'art à Valentin Simond.

Simond m'apprend une chose piquante : c'est la préoccupation anxieuse de Maupassant de se voir apparaître, dans mon JOURNAL. Et la manière dont il le sait est curieuse. Maupassant a un valet de chambre qui est une sorte de confident de sa littérature, disant : « Monsieur a commencé un roman, mais il ne sait vraiment pas encore à quel journal, il le donnera... Monsieur vient de terminer une nouvelle, je crois qu'elle vous est destinée [1]. » Et ce *famulus* racontait à Simond des terreurs de Maupassant à mon sujet, chaque jour, à l'ouverture du journal.

Banville, qui est là, avec sa vieille figure encore plus mauvaise qu'à l'ordinaire, se montre d'une frigidité glaciale avec moi. Je le sens embêté du bruit que fait mon JOURNAL dans la feuille où il écrit, si bien embêté qu'il annonce sa nouvelle sous cette rubrique d'assez mauvais goût : qu'il « n'a copié aucun personnage qu'on puisse reconnaître ni aucune scène réelle à laquelle il a assisté, mais qu'au-delà des *accidents*, il a tenté de voir un peu la vérité intime et profonde ». Le coup de patte, dans cette note, est donné à Daudet et à moi [2].

Lorrain, qui est à côté de moi et auquel Banville est rien moins que sympathique, me dit qu'il a l'air d'une tortue mangeant un trognon de salade, image qui peint assez bien ses tiraillements nerveux des mandibules et ses allongements tors du cou.

Mercredi 14 janvier

Le ricanement de Renan, l'ont-ils volé, mais l'ont-ils volé, ses deux enfants de chœur, Jules Lemaître et Anatole France !

Jeudi 15 janvier

Enfin, l'affaire Drumont et Daudet paraît assoupie. Gille, cependant,

---

1. C'est François Tassart, qui écrira de précieux SOUVENIRS SUR GUY DE MAUPASSANT, *par François, son valet de chambre* (1883-1893), publiés en 1911.

2. Banville publie du 20 janvier au 15 février dans L'ÉCHO DE PARIS, en mars en librairie un roman ayant pour héroïne une courtisane, MARCELLE RABY. Goncourt donne ici le texte exact de l'annonce parue dans L'ÉCHO DE PARIS du 12 janvier.

dans un moment de *frousse,* aurait communiqué les notes de Daudet à Drumont, qui lui aurait adressé une nouvelle potée d'injures, d'injures auxquelles aurait répondu une lettre de Daudet signifiant à Drumont qu'il ne voulait pas se soumettre à ce régime-là. A la suite de quoi ça serait terminé pour le moment par un certificat de Daudet, en vertu duquel le père de Drumont aurait été l'homme le plus sain d'esprit de toute la terre.

Ce soir, Mme Lockroy, en me reconduisant gentiment dans sa voiture par un affreux verglas, me parle des ennuis de Léon, qui craint d'être refusé à son examen d'interne, et cela par les machinations des Charcot, qui sont furieux de ce qu'il ait repoussé l'amour de leur fille et qu'il se marie avec Jeanne Hugo. Ce mariage a mis dans une telle exaspération Mme Charcot qu'elle dit que s'il n'est pas refusé, il veut qu'il soit reçu le dernier. Vraiment, on devrait bien un jour dévoiler la souveraineté tyrannique que cet homme s'est taillée dans le domaine de la médecine, et ses manœuvres corruptrices sur les basses âmes des médecins, ses confrères. Il aurait obtenu, au dire de Mme Lockroy, que Robin lâchât Daudet, en se réconciliant avec lui et en lui promettant de le faire entrer à l'Institut.

L'union de sales et de mauvais êtres que ce ménage Charcot !

Vendredi 16 janvier

Eugène Carrière, qui vient dîner à Auteuil avec Geffroy, m'apporte pour la collection de mes *Modernes* un portrait dudit Geffroy sur le parchemin blanc de son bouquin, NOTES D'UN JOURNALISTE, un portrait monochrome à l'huile qui est une merveille, un portrait ayant une étroite parenté avec les belles choses enveloppés des grands peintres italiens du passé [1].

Carrière et Geffroy me parlent d'un projet de faire ensemble un PARIS, par petits morceaux, amenés sous le coup de la vision, sans l'ambition de le faire tout entier à la suite d'un plan bien arrêté : un Paris fragmentaire, où se mêleraient les dessins du peintre à la prose photographique de l'écrivain [2].

Puis Carrière me conte dans la soirée, qu'un jour, en son absence, Émile Michelet, qu'il ne connaissait pas, est tombé chez lui, en le priant, au nom de l'admiration qu'il avait pour lui, de faire le portrait d'un enfant qu'il venait de perdre. Le voilà avec son petit carton sous le bras, allant au diable, le voilà installé dans une pauvre chambrette,

---

1. Sur la collection d'auteurs modernes de Goncourt, cf. t. II, p. 1118, n. 2.

2. Projet sans lendemain, semble-t-il, en ce qui concerne la collaboration avec Carrière ; en revanche, dans la collection des ouvrages gravés sur bois par Beltrand et Dété, paraîtront deux séries d'impressions parisiennes, LES MINUTES PARISIENNES : 2 HEURES, LA CITÉ ET L'ILE SAINT-LOUIS (1899), avec illustrations d'Auguste Lepère, et 7 HEURES, BELLEVILLE (1903), avec illustrations de Sunyer, à quoi s'ajoutent, toujours gravés par Beltrand et commentés par Geffroy, LES BATEAUX DE PARIS (1903), où les illustrations sont d'Eugène Béjot et Charles Huard.

devant un tout petit enfant, un enfant de cinq ou six mois, entouré de fleurs dans son berceau. Et le voilà s'efforçant de le faire ressemblant. Pendant qu'il travaille, le père sort de son cabinet, le regarde longtemps travailler, sans mot dire, et rentre dans son cabinet. Il en ressort quelques instants après, tendant au dessinateur une photographie, où était représenté un enfant de peintre primitif, et lui dit : « Est-ce qu'il ne serait pas possible de lui donner un peu ce caractère-là ? » Cette phrase casse bras et jambes à l'artiste... Oui, le *kyste de l'art,* comme dirait Daudet, tuant chez le père le désir de la ressemblance de son enfant mort, ça, c'est énorme et bien typique !

Samedi 17 janvier

Il faut que je l'écrive ici. Cet homme si calomnié, Daudet, il m'étonne, tous les jours, par sa haute bonté, par ses qualités d'entière abnégation avec sa femme, ses enfants, sa belle-mère, par l'apitoiement et les générosités de sa charité envers ses confrères malheureux, enfin par l'exercice de vertus vraiment chrétiennes, que moi, qui suis au fond un être bon, je ne me sens pas avoir au degré où il les a. Et aujourd'hui, en l'état de maladie où il est et où dans l'insomnie, il examine, scrute sa vie, il arrive, comme en ces heures qui précèdent la mort, à avoir un peu du pardonnement de Jésus-Christ à l'égard de ceux qui ont été les plus cruels pour lui ; et dans l'après-midi d'aujourd'hui, dans une visite que sa femme me faisait, elle me disait, le sentant trop miséricordieux : « Je pense bien que nous ne reverrons plus Drumont..., qu'Alphonse ne se remettra plus avec lui ! »

La femme, l'idée du plaisir que cet être énigmatique pour un enfant pouvait apporter à un homme, m'a été suggérée pour la première fois par mon père, disant à un compagnon d'armes, devant moi — je n'avais pas plus de dix ans —, disant qu'à la suite de je ne sais quelle affaire, en Autriche, il avait été fait prisonnier et envoyé sur la frontière de la Turquie et que jamais il n'avait été plus heureux, que le vin y était excellent et qu'on avait, tant qu'on voulait, des femmes charmantes [1].

Dimanche 18 janvier

Mme Daudet, ayant emmené Lucien patiner sur le lac et le ramenant enrhumé et se défendant de l'avoir emmené au froid sur le besoin qu'ont les enfants de sortir le dimanche : « Moi, dit Daudet, c'était le contraire, il y avait pour moi un plaisir de rester à la maison, quand j'étais enfant. »

1. La date de cette captivité de Marc-Pierre Huot de Goncourt est incertaine : était-ce quand il faisait campagne en Dalmatie et Istrie, en 1807-1808, ou au cours de la campagne d'Allemagne de 1813 ? La première hypothèse est géographiquement plus satisfaisante ; mais de toute façon, la captivité dut être courte, puisqu'en 1809 Marc-Pierre se bat en Italie et en 1814, il participe à la Campagne de France. Sur ces états de service du père des Goncourt, cf. Billy, t. I, p. 11.

Il ajoutait après un silence : « Ça tenait peut-être à ce que nous étions ridiculement vêtus... Ma pauvre mère avait une robe si minable et mon père, dont je sentais la dégringolade, s'arrêtait à causer avec des gens si inférieurs, d'un si laid aspect, avec des femmes qui avaient des boutons sur la figure, de vilains maux... Oui, j'étais heureux, seul, tout seul, dans la maison vide... Quelquefois cependant, on me laissait ma petite sœur,... et alors, je l'enlevais au bout d'une corde dans un arbre... et c'était l'envolée de la maison dans du roman et le transport de nos deux petits êtres dans des pays à la Robinson [1]. »

Les Lockroy sont des bourgeois étrangers, qui commencent à porter violemment sur les nerfs de Daudet. Il a sur le cœur, et avec justice, une certaine phrase de Lockroy adressée à son fils. Le pauvre garçon, éperdu, bouleversé par le dernier retard apporté à son mariage et s'étant laissé aller à dire qu'il ne reviendrait avenue Victor-Hugo que le jour où la date de son mariage serait fixée d'une manière définitive, Lockroy lui aurait brutalement dit : « Si tu ne reviens pas ce soir, ton mariage sera *indéfiniment* ajourné. »

Et à quelques instants de là, me parlant d'une discussion qu'il a eue avec Mme Lockroy à propos du mariage civil, il me disait avoir rappelé à Mme Lockroy — qui ne laissait pas marier sa fille à l'église, — qu'elle-même s'y était mariée. A quoi elle répondait : « Absolument ! » Et ça avait été, dans la suite de la discussion, en réponse à des paroles sensées de Daudet, une série d'*Absolument* ! si contradictoires, si déraisonnables, si bêtes, qu'il avait laissé tomber la discussion par pitié de la pauvre cervelle de la femme.

Le petit Hugo, lui, a été baptisé ; mais après ce baptême, il y aurait eu chez Hugo une crise de radicalisme qui l'aurait empêché de faire baptiser Jeanne, seulement ondoyée.

En m'en allant, Daudet m'annonce que Drumont a affirmé à Ebner que dans la préface de son volume ou toute autre part, il ne serait pas fait par lui allusion au démêlé entre lui et Daudet à propos de L'OBSTACLE.

Lundi 19 janvier

C'est typique, ces femmes scandinaves, ces femmes d'Ibsen : c'est un mélange de naïveté de nature, de sophistique de l'esprit et de perversité du cœur.

J'étais en train d'écrire à Mlle Zeller que je craignais la réponse de la censure, quand on m'a apporté une dépêche d'Ajalbert m'annonçant que « LA FILLE ÉLISA était interdite ». Vraiment, dans la vie, je ne suis pas l'homme des choses qui réussissent !

1. Sur la sœur de Daudet, cf. t. III, p. 456, n. 2.

Mardi 20 janvier

Ajalbert m'arrive, la mine consternée. Il me représente la première s'annonçant comme un succès, il me parle de 140 fauteuils d'orchestre déjà loués hier ; puis il me peint la désolation des femmes jouant dans la pièce, la désolation de cette pauvre Nau, qui n'était pas venue à la première répétition et à laquelle on annonçait, dans le décor de LA FILLE ÉLISA, que c'était LA MORT DU DUC D'ENGHIEN qu'on allait répéter [1].

Ah ! ce théâtre, c'est vraiment trop une boîte à émotions et une succession de courants d'espérance et de désespérance par trop homicide ! Voici qu'après dîner, mon deuil fait de l'interdiction, une dépêche d'Antoine, m'annonçant qu'il m'apportera peut-être une grande nouvelle dans la soirée.

Au fond, je crois que la nouvelle ne viendra pas et que je veille pour rien.

Mercredi 21 janvier

Antoine n'a pas sonné à ma porte hier soir, et cependant je lis dans le FIGARO de ce matin que la pièce doit être rendue avec la demande seulement de quelques coupures dans le premier acte.

Jeudi 22 janvier

Après les hauts et les bas d'espérance de ces jours-ci, je reçois une lettre d'Ajalbert, m'écrivant que Bourgeois, le ministre de l'Intérieur, oppose un refus formel à la levée de l'interdiction et que Millerand doit interpeller samedi. Et dans son interpellation, il doit lire le passage du livre sur la prostitution de Yves Guyot, faisant l'éloge de LA FILLE ÉLISA, et cet Yves Guyot est ministre de quelque chose dans le ministère actuel [2].

L'entêtement de la poursuite, après son moment d'hésitation, doit être dû à ce que le ministre se sent soutenu par Carnot, qui m'a déjà, de son autorité privée, supprimé les matinées de GERMINIE LACERTEUX — et cela par un acte de bon plaisir de souverain républicain [3].

Vendredi 23 janvier

Ah ! que ce Sarcey, comme je l'ai déjà dit, est bien le *goujat,* le valet

1. Sur LA MORT DU DUC D'ENGHIEN, la pièce de Léon Hennique, créée au Théâtre-Libre le 10 déc. 1888, cf. t. III, p. 371.
2. Cf. Yves Guyot, *Études de physiologie sociale,* LA PROSTITUTION, 1882, ch. I, p. 16 : « LA FILLE ÉLISA a été un scandale, parce que M. de Goncourt a quitté la région du *Demi-Monde,* où s'agitaient les *Dames aux Camélias* et autres *lionnes* pour jeter un coup d'œil sur la fille pauvre. » Guyot est ministre des Travaux Publics dans le cabinet Freycinet.
3. Cf. t. III, p. 207 et p. 210.

d'armée d'autrefois, égorgillant, avec un mauvais couteau passé entre les interstices de l'armure, l'homme d'armes tombé de cheval à terre. Derrière celui qui dit : « Tue ! » on est toujours sûr de l'entendre crier : « Assomme ! » Ç'a été comme ça avec les Communards, quand ils ont été vaincus. Ç'a été comme ça avec les prêtres, quand ils ont été persécutés [1]. Eh bien, aujourd'hui, après avoir fait un assez bénin compte rendu de LA FILLE ÉLISA, le voilà rédigeant l'article le plus éreinteur de la pièce, pour noblement fournir au ministre et à la censure des armes pour l'interdiction [2]. Ah ! la sale et basse âme !

Aujourd'hui, j'ai la tentation de me faire interviewer et je jette rapidement sur le papier les idées que je veux développer :

L'INTERVIEWER. — Ça vous a étonné, cette interdiction ?

MOI. — Non... Et cependant... Tenez, sous un régime monarchique, c'était logique ; mais sous un gouvernement républicain, l'ironie de la chose est vraiment amusante pour un sceptique... Mais examinons de haut la question. Nous avons comme président un président qui peut être un parfait honnête homme, mais qui est la personnification du néant et qui n'a dû sa nomination qu'à la constatation par tous de ce néant — et par là-dessus, c'est un président très *pudibard*... Maintenant, nous avons une chambre qui est la représentation de la médiocratie intellectuelle de la province... Car à l'heure qu'il est, Paris est sous le joug de l'obscurantisme des prétendus grands hommes de chefs-lieux. Autrefois, du temps où il y avait plus de Parisiens à la Chambre, il y en avait certes, dans le nombre, de médiocres ; mais le Parisien médiocre ressemble un peu à nos jeunes gens sans grande intelligence de la diplomatie, mais qui, au bout d'un certain nombre d'années, par la fréquentation de l'humanité supérieure des grandes capitales où ils passent, ont dépouillé quelque chose de leur médiocrité.

« Or, ce monsieur du pouvoir exécutif et ces médiocrates de province ont le chauvinisme de la tragédie, oui, du *personnage noble*... Mais comme l'intérêt du public est passé des empereurs et des rois de l'Antiquité aux marquis des XVIIe et XVIIIe siècles, puis des marquis aux gros bourgeois du XIXe siècle, ils entendent qu'on s'arrête à ce personnage noble de l'heure présente et qu'on ne descende pas plus bas.

« Ils ne se doutent guère, ces gens, qu'il y a cent cinquante ans, au moment où Marivaux publiait le roman de MARIANNE, on lui disait que les aventures de la noblesse pouvaient seules intéresser le public ; et Marivaux était obligé d'écrire une préface où il proclamait l'intérêt

1. C'est dans le XIXe SIÈCLE d'Edmond About que Sarcey se livrait à ces diatribes anti-communardes ou anticléricales.

2. En fait, Sarcey n'est pas plus dur dans LA FRANCE du 24 janvier que dans LE TEMPS du 29 décembre : ici et là, il reconnaît les qualités de style de la trop longue plaidoirie qui forme le second acte, mais il reproche au premier de ne point faire comprendre le geste meurtrier d'Élisa et à l'acte final, celui de la prison, d'être très ennuyeux. S'il justifie aujourd'hui l'interdiction par la curiosité malsaine qu'il a cru surprendre à l'endroit de la pièce, il concluait déjà le 29 décembre : « Ce sont de lugubres amusettes de mise en scène, bonnes à distraire un instant des curiosités de blasés. »

qu'il trouvait dans ce que l'opinion publique dénommait l'*ignoble* des aventures bourgeoises, et affirmait que les gens qui étaient un peu philosophes, et non dupes des distinctions sociales, ne seraient pas fâchés d'apprendre ce qu'était la femme chez une marchande de toile [1].

« Eh bien, à cent cinquante ans de là, il est peut-être permis à un esprit *un peu philosophe* dans le genre de Marivaux de descendre à une bonne et à une basse prostituée. Et je le dis, en dépit de l'interdiction de LA FILLE ÉLISA et du mauvais vouloir du chef du gouvernement pour GERMINIE LACERTEUX, ces deux pièces seront jouées avant vingt ans tout aussi bien que les pièces à empereurs, à marquis, à gros bourgeois. »

Samedi 24 janvier

Dans quelle bataille je vis ! Pendant que Millerand interpelle le ministre Bourgeois à propos de l'interdiction de LA FILLE ÉLISA, moi, je travaille à ma préface à l'encontre de Renan. Mais, au fond de moi, j'ai un regret de n'avoir pas accepté l'invitation d'Ajalbert et de ne pas me trouver à la Chambre. Ça devait me fournir une belle note.

A cinq heures, Ajalbert et Mlle Nau tombent chez moi, sortant de la séance. Mlle Nau y était entrée en faisant passer une carte à Millerand portant : *La Fille Élisa.*

Cela s'est passé comme ça devait se passer. L'interpellation a été enterrée au milieu de l'effarouchement pudibond de la Chambre et avec la fuite de ce soûlard d'évêque Freppel et après une réplique d'un assez bon goût du ministre Bourgeois.

Parmi les plus révoltés et les plus injurieux, un homme de lettres a été extraordinaire, c'est un nommé Dyonis Ordinaire. Qu'est-ce qu'il a fait, celui-là ? Je l'ignore !

Je ne suis décidément pas aimé des hommes politiques, et je le mérite par mon mépris pour eux. Floquet a dit à Millerand, sur un ton qu'on ne peut définir : « Vous êtes donc l'ami de ce de Goncourt [2] ? »

Dimanche 25 janvier

D'après ce qu'on me disait de Larroumet, des côtés tartuffards de l'homme, je ne serais pas étonné qu'il y eût chez lui, contre moi, un petit ressentiment de ce qu'il m'a écrit pour assister à l'inauguration

1. Goncourt cite presque textuellement la fin de l'avertissement placé en 1734 en tête de la seconde partie de LA VIE DE MARIANNE et supprimé dans les éditions de 1781 et de 1825 et dans beaucoup d'éditions modernes. Voir le texte exact dans l'édition Deloffre, 1957, p. 55 sq.

2. Pour le député socialiste Millerand, mieux vaut offrir à l'ouvrière honnête le spectacle de la vie misérable d'Élisa que celui de « la courtisane heureuse ». Bourgeois, ministre de l'Instruction publique, rend hommage à Goncourt, un des maîtres les plus puissants de la littérature contemporaine ; mais puisque la censure existe, elle ne peut que proscrire le tableau de la vie quotidienne d'une prostituée. Dionys Ordinaire avait interrompu Millerand en s'écriant : « C'est dégoûtant ! » Mgr Freppel, évêque d'Angers, avait quitté deux fois la salle des séances, quand Millerand, puis Bourgeois avaient cité des passages de la pièce.

du médaillon de Flaubert à Rouen et que je lui ai répondu très poliment, mais de manière à laisser transparaître que je n'en sentais pas le besoin, le gouvernement n'ayant rien fait pour la mémoire de Flaubert [1].

Vraiment, m'avoir refusé aux Français LA PATRIE EN DANGER, cette pièce impartiale, où j'avais opposé au royalisme de mon comte et de ma chanoinesse le beau républicanisme du jeune général, où j'avais fait de mon guillotineur une espèce de fou humanitaire, le sauvant de l'horreur de son rôle de sang — pour accepter cette pièce irritante de THERMIDOR, pour accepter cette pièce écrite dans cette langue : « Et le colosse désarmé par un hoquet, vaincu par une phrase, étranglé par une sonnette [2] ! »

Nous nous tordions avec Daudet à la lecture de cette séance de Thermidor, faite sur le modèle du récit de Théramène, avec les images de *Chacal éperdu,* avec les infinitifs archaïques de la vieille narration : *Et Tallien de redoubler ses coups*; enfin avec ce trépas inédit de Robespierre, *étranglé par une sonnette* [3]. Je crois qu'il n'existe pas dans toute la littérature française un morceau si ridicule ! Ah ! quel article, s'il y avait à l'heure présente un jeune dans le journalisme !

Et quand je pense que ce ci-devant pétrin de Coquelin, dans son admiration fanatique pour cette prose, venait la débagouler à domicile chez des gens comme Daudet avant la représentation, lorsqu'en 1866, mon frère lisant au Comité de la rue Richelieu notre PATRIE EN DANGER, ledit Coquelin a passé tout le temps sans l'écouter, à noircir une feuille de papier de croquis imbéciles qu'il faisait passer à ses confrères, les cabotins de la rue Richelieu [4].

Lundi 26 janvier

Ce Dyonis Ordinaire — qui, à propos de LA FILLE ÉLISA, s'exclamait à la Chambre : « C'est dégoûtant ! purement dégoûtant ! »

---

1. Sur l'inauguration du monument Flaubert, cf. t. III, p. 495 sqq. Larroumet comptait intervenir comme directeur des Beaux-Arts, poste qu'il occupait depuis le 12 juin 1888, après avoir été chef de cabinet de Lockroy, ministre de l'Instruction publique, et qu'il quittera le 16 août 1891 pour être nommé professeur de littérature française à la Sorbonne.

2. Goncourt fait allusion, dans sa pièce, au comte et à la chanoinesse de Valjuzon. Le jeune général républicain est Perrin, et le guillotineur humanitaire est l'ancien précepteur du comte, Boussanel. — Pour la citation de THERMIDOR, voir la note suivante.

3. Dans le THERMIDOR de Sardou représenté au Théâtre-Français le 24 jan. 1891, le récit du 9 Thermidor est fait par Lupin, en deux scènes successives de l'acte III. La sc. 8 contient l'essentiel des citations des Goncourt : « ... Thuriot agitant sa sonnette. Et Tallien de redoubler ses coups. Robespierre se démène... et toujours la sonnette va son train, couvrant ses cris de chacal éperdu. » A la scène 10, Lupin dit encore de Robespierre : « Sa voix épuisée se brise en un hoquet ridicule. » — On voit que Sardou a dû corriger un peu son texte pour l'impression. Mieux, pour la reprise de 1896, il établira une autre version de la pièce, où à l'acte III, 2e tableau, la chute de Robespierre est directement mise en scène dans le décor de la Convention.

De très violentes manifestations accueillirent, à la première et surtout à la seconde représentation, cette pièce antirévolutionnaire. Le gouvernement suspendit la pièce le 28 ; dans la séance de la Chambre du 29 janvier, Clemenceau intervint pour répondre aux interpellations de la droite : Reinach ayant séparé nettement les bienfaits et les méfaits de la Révolution, Clemenceau soutient au contraire que « la Révolution est un bloc ».

4. Cf. t. II, p. 139. Cette lecture date de 1868 (7 mars), non de 1866.

— Pélagie me rappelait qu'il avait habité dans la villa et qu'il y avait chez lui, tous les dimanches, des dîners qui étaient la réunion et le ramassis des plus sales femmes. Et chez ce vertueux parlementaire, la crapulerie s'allie à la plus dégoûtante hypocrisie. Dans ce temps-là, il voulait faire faire la première communion à sa petite fille ; mais pour ne pas se compromettre auprès de ses coreligionnaires en irréligion, il demandait que cette première communion se fit occultement, à quoi le curé d'Auteuil se refusa absolument et exigea que la fillette fît sa communion avec les autres.

Mercredi 28 janvier

Quelle maison que cette maison de la princesse ! Conçoit-on qu'hier, ni l'altesse ni Popelin ne m'ont dit un mot de l'interdiction de ma pièce ! Et pendant tout le dîner, Lavoix s'est mis à parler du style de Dumas fils, de Sardou, de Pailleron, comme s'il parlait du style de Bossuet ou de Chateaubriand — et cela en s'adressant à moi, comme à un monsieur qui n'aurait jamais écrit une ligne ! Ah ! vraiment, ce pauvre salon dégringole bien bas !

Puis, au moment où j'écris ma réponse à Renan, au moment où il me sait au plus mal avec lui, le bon Popelin m'annonce qu'il va faire l'émail de Renan. Je crois que c'est la petite vengeance qu'il tire de ce qu'a dit mon amie, Mme Daudet, sur son *lâchage* de Mlle Abbatucci.

Jeudi 29 janvier

A propos de mon morceau sur l'enfant de Béhaine, des frottements de son corps au vôtre, de son toucher de caresse, Francis Poictevin me disait timidement et pudiquement : « Je n'aime pas çà ! » Et je lui répondais : « Ah ! qu'on voit bien que vous avez été élevé par un prêtre ! Il n'y a que les prêtres pour découvrir, dans les choses les plus pures, de la saleté impure. »

Ce matin, très chaud article de Geffroy sur LA PATRIE EN DANGER, mais qui est-ce qui lit la JUSTICE ?

Qu'est-ce qui va sortir aujourd'hui de l'interpellation à la séance de la Chambre ?

Voici mes idées sur la réglementation et la police des théâtres, que j'exposais, ce soir, chez Daudet. Pas de censure et pas d'interdiction préventive. Une pièce amenant des batailles : pas interdite tout d'abord, mais seulement suspendue. Au bout de huit jours, après une semaine donnée aux passions, aux animosités, aux colères pour se calmer, une seconde représentation, où si les batailles recommençaient, alors seulement l'interdiction formelle.

Samedi 31 janvier

Je savoure cette annonce de la LANTERNE :

« LA FILLE ÉLISA, *le drame interdit par la censure,* a obtenu un succès considérable. Un premier tirage de 300 000 a été promptement épuisé. Nous avons dû procéder à une nouvelle édition [1]. »

Cette publication dans la LANTERNE, et cet assourdissement de Paris par la criée des camelots, encore une idée donnée à Ajalbert.

Cette fortune de Forain peut-elle vraiment durer ? C'est, parole d'honneur ! pas assez réalisé, et de l'art par trop embryonnaire ! Du reste, c'est un peu l'art de maintenant, qui ne comporte pas l'application.

Parmi les peu énergiques jeunes gens de ce temps-ci, Ajalbert est une exception : dans la loge d'Antoine à la porte Saint-Martin, pendant qu'il jouait une scène de LA TANTE LÉONTINE, Ajalbert me racontait qu'ayant dernièrement rencontré Vidal, il l'avait pris par le bras en lui disant, à propos de son article sur LA FILLE ÉLISA : « Tu es un cochon, tu es un cochon ! » et que Vidal s'était dérobé et que deux ou trois jours après, dans une longue lettre, il s'était excusé près de lui de son article, en disant qu'il était si malheureux dans le moment qu'il n'avait pu s'empêcher de se laisser aller à une mauvaise action [2].

Dimanche 1er février

Hennique racontait des imaginations de Maupassant indiquant chez lui — qui n'est pas au fond un méchant homme — de noires méchancetés sadiques.

Il a assisté à une peinture de la verge de Maupassant, une peinture en fac-similé de la vérole, à la suite de quoi le Maupassant a été trouver une maîtresse qu'il avait dans le moment, s'est désolé sur l'affreuse maladie qui lui rongeait les parties génitales et, après cette déclaration, a pris de force cette pauvre femme, qui est restée dans la terreur des épouvantables accidents futurs qu'il lui avait décrits, avec une technologie épouvantante !

Il me parle aussi de la réception d'un ingénu du ministère de la Marine, d'un confrère de Maupassant dans ce temps, de la réception de ce malheureux dans la *Société des maquereaux,* une maçonnique société de canotiers férocement obscènes, dont Maupassant s'était fait le président. Dans cette société, on branla le récipiendaire à tour de bras avec des gants d'escrime, on lui enfonça une règle dans le rectum... Et Hennique constate qu'il est mort quelque temps après, sans toutefois pouvoir affirmer que ce fût des suites de sa réception.

Lundi 2 février

Ce pauvre Ajalbert, il a touché 300 francs de LA FILLE ÉLISA, vendue

---

1. Le chiffre de 300 000 paraît énorme, mais c'est bien celui que donne LA LANTERNE dans son annonce du 1er février. Le texte de LA FILLE ÉLISA avait paru sous la forme d'un *Supplément littéraire* de ce journal.

2. TANTE LÉONTINE est une pièce de Maurice Boniface et Édouard Bodin, créée au Théâtre-Libre le 2 mai 1890 et reprise le 31 janvier 1891.

en toute propriété, et Charpentier, pour ne pas lui faire un procès, lui a pris tout entiers les 327 francs qui lui étaient dus par LA LANTERNE pour la publication de la pièce. J'ai alors écrit ce matin qu'on lui rendît ces 327 francs et qu'on les prît sur l'argent qu'on me devait, en déclarant le procédé pas mal *cochon*. Fasquelle, embêté de ma lettre, est passé dans la journée, disant que c'était le procédé d'Ajalbert qui l'avait blessé, le procédé d'Ajalbert qui ne l'avait pas prévenu ; mais tout en étant blessé seulement du procédé, quand je lui ai appris que j'avais écrit à Ajalbert, avant la conclusion avec LA LANTERNE, de lui offrir la moitié, il s'est jeté avidement sur ma proposition et, dans son désintéressement, lui rend seulement la moitié de ses 327 francs !

Hier, Daudet me parlait de 150 000 francs de billets souscrits par le jeune Hugo et trouvés à Vienne dans une maison ayant la spécialité du placement des valeurs volées, me parlait d'autres billets pour une valeur de 200 000 francs découverts par sa mère dans sa commode, au moment de les mettre en circulation. Et c'est ce qui faisait que Lockroy, qui redoutait des *crimes* dans l'avenir, demandait le régime dotal pour Jeanne, pour que Léon, s'il résistait à des sacrifices d'argent nécessaires au salut de son beau-frère, ne cédât pas à la faiblesse de sa femme pour son frère.

C'est vraiment très curieux ; il y aurait chez ce garçon très séduisant, très séduisant, un fond de *satanisme*. Un jour, à Guernesey, devant Léon Daudet, assis dans la chaise curule de son grand-père, il s'échappait à dire, en jetant un regard circulaire autour de lui : « Ah, c'est bon ! Comme il s'est échigné à travailler, à ramasser tout cela, ce grand-père... et c'est moi qui vais le manger... Ah ! la bonne blague que le génie ! »

Mardi 3 février

Mme Alidor Delzant, dans sa langue de provinciale prétentieuse, a fait mercredi dernier, chez Mme Daudet, un récit de la mort de Burty, dont Mme Strauss, qui est une véritable artiste dans l'imitation-charge, est en train d'amuser Paris... Ah ! le singulier ménage que ce ménage Delzant, avec leur adoration fanatique de Burty, dont les canailleries, qu'ils connaissent très bien, ne font que donner un petit coup de fouet à leur culte amoureux.

A quelqu'un qui me disait sur un ton de mauvaise humeur : « Vous faites un bruit, cette année ! » je répondais : « Oui, presque autant qu'un guillotiné. »

On ne se doute pas de la survie que donne, à l'heure présente, aux gens la collection. Champfleury était complètement oublié ; c'est la pauvre réunion de ses lithographies et de ses eaux-fortes qui sauve le littérateur d'une mort absolue.

Il y a des jours où j'ai lieu d'avoir un tel mépris intellectuel pour le moral de la femme qu'il me semble que si je revenais jeune et que si je refaisais de l'amour, je deviendrais pédéraste, parole d'honneur !

Mercredi 4 février

Aujourd'hui, ayant reçu dans la journée un billet de la princesse, trop souffrante pour recevoir ce soir, je vais dîner au restaurant et fais, avant, une séance chez Hayashi, où j'achète une poche à tabac de Gamboun, le spécialiste figurateur de la fourmi au Japon, un objet de la vie intime, au caractère d'un objet de sauvage, mais fabriqué par le sauvage le plus artiste de la terre.

C'est extraordinaire, la jouissance que procure à un amateur la possession d'un objet parfait : c'est si rare, le bibelot qui vous satisfait complètement !

Jeudi 5 février

Il y a vraiment, dans le journalisme, des gens qui ont un fameux toupet ! Ne s'est-il pas trouvé un reporter du GIL BLAS qui a écrit à la princesse, pour qu'elle donnât à sa feuille l'opinion de l'altesse sur l'interdiction de LA FILLE ÉLISA ?

Ce soir, chez Daudet, pendant que je me disais : « Où veut-il en venir ? » Rosny m'entretient longuement, avec une indignation surchauffée, des vols et des pillages commis par Zola dans mes bouquins. Tout cela pour arriver à se plaindre, à son tour, des emprunts faits à ses idées et à sa psychologie scientifique par Hermant et toute la jeunesse contemporaine, avec les mauvais sentiments à son égard développés par la conscience de leurs plagiats.

Au milieu de l'entretien mélancolieux de l'auteur du BILATÉRAL, le gras Porel, qui vient d'entrer, avec son sourire de danseuse, me réannonce officiellement devant tout le monde qu'il me joue le mois prochain et que les décors sont refaits, ce qui m'est confirmé par Frantz Jourdain, qui a vu, ces jours-ci, Cambon le décorateur.

Une pauvre santé, cet Ajalbert, avec sa blanche graisse anémique, le souffle misérable de sa voix, le bleu pâle et décoloré de ses yeux. Il semble encore tout tué, au bout de deux jours de sommeil, des courses et des démarches pour le lancement de LA FILLE ÉLISA.

Vendredi 6 février

Ce soir, un article d'éreintement, d'éreintement respectueux, portant le titre : A PROPOS DES MÉMOIRES D'UN HOMME DE QUALITÉ. C'est moi, de tous les littérateurs qui ont passé la cinquantaine, le plus *tombé* dans ce moment-ci. Il semble que je suis pour le groupe symboliste, pour ces jeunes blagueurs, l'écrivain qui les gêne le plus dans le sacerdoce de leur fumisterie !

Dimanche 8 février

Aujourd'hui, Darzens vient pour la première fois au *Grenier*, à l'effet de me faire signer une pétition pour demander l'abolition du décret de Moscou et, au fond, la démolition de la Comédie Française, pétition que je signe des deux mains [1]. Ce Darzens a l'aspect d'un grand lévrier fou, avec une espèce de vivacité de l'esprit et de la parole, et des fins de phrase roucoulantes qu'il doit devoir à son origine russe.

On parle du duel de Larroumet avec Lordon, et peut-être avec Bauër, dont l'article, dit-on, aurait été inspiré par quelques mots cruels à son égard [2]. On parle du dîner des symbolistes, et de la présence d'Anatole France, que Rodenbach explique par une certaine rancune contre les parnassiens, auxquels il ne pardonne pas le succès qu'il n'a pas eu [3]. On parle de Koning, qui avait 2 pour cent sur les droits d'auteur du MAITRE DE FORGES, qui, joints aux 2 pour cent du lever de rideau, sa chose, lui faisaient le tiers des droits d'auteur du Gymnase, qui sont de 12 pour cent [4].

Daudet, qui vient de déjeuner chez les Lockroy, où une députation de chauffeurs-mécaniciens est venue complimenter le député de Paris et le gendre d'Hugo du mariage de Jeanne, s'étend sur l'émotion que lui ont causée ces braves gens, avec leurs fleurs et leur discours de franche bonne amitié. Il compare cela au discours *insincère* de l'homme politique, parlant des deux grands vides, des deux grandes pertes de sa vie, de la disparition d'Hugo, de la sortie de la maison de Jeanne, et oubliant dans son speech la mort toute fraîche de son père.

Un moment, à la suite de Daudet et de son fils, apparaît le jeune Hugo, bien préoccupé, bien soucieux, bien sombre.

Le nom de Verlaine, prononcé dans le banquet symboliste, fait revenir le nom de Rimbaud et le souvenir de cette heure où la littérature a cru devoir s'*originaliser* par de la pédérastie. Et à ce propos, Daudet remémore le cynisme de la parole de Rimbaud, jetée tout haut en plein café et disant de Verlaine : « Qu'il se satisfasse sur moi, très bien ! Mais ne veut-il pas que j'exerce sur lui ? Non, non, il est vraiment trop sale et a la peau trop dégoûtante ! » Darzens nous apprend que Rimbaud est maintenant établi marchand à Aden et que dans des lettres qu'il lui écrivait, il parlait de son passé comme d'une énorme fumisterie.

---

1. Voir la note du 15 février.

2. On reprochait à Larroumet d'avoir instauré à la direction des Beaux-Arts le règne du bon plaisir. Paul Lordon, dans un écho anonyme de L'ÉCHO DE PARIS (1er février), le montrait en galante conversation dans une loge du Théâtre-Français le soir de THERMIDOR. Larroumet se battit en duel avec lui, le 10 et fut blessé au doigt. Bauër refusa le 10 un cartel de Larroumet, dont les actes, disait-il, relevaient seulement de sanctions administratives.

3. Barrès et Régnier avaient organisé le 2 février 1891 aux Sociétés savantes un banquet en l'honneur de Moréas, à l'occasion du PÈLERIN PASSIONNÉ, sous la présidence de Mallarmé : ce fut la consécration du symbolisme, provisoirement incarné par Moréas. Anatole France y assistait, et Bernard Lazare lui porta un toast ironique, qui s'adressait au transfuge du Parnasse et au critique du TEMPS, « au critique toujours bienveillant pour la jeune littérature » (Cf. Billy, L'ÉPOQUE 1900, pp. 130-132).

4. Aucune reprise du MAITRE DE FORGES n'est signalée au Gymnase en 1890 ni en 1891. L'allusion concernerait-elle les premières représentations de la pièce d'Ohnet, créée le 15 décembre 1883, et le lever de rideau de Jules Jourdet, VENDANGES SONT FAITES, qui l'accompagne à partir du 23 décembre ?

Il y avait aujourd'hui, chez les Hugo, l'exposition des cadeaux faits à la mariée. Mme Daudet parle de la mesquinerie des cadeaux de Vacquerie et de Meurice, qui doivent tant à Hugo et dont l'un donne un misérable coffret sculpté et l'autre une pauvre faïence. Elle me dit que mes deux écrins, contenant deux douzaines de couteaux et de fourchettes en argent, aux manches de vieux Saxe, ont eu un grand succès.

Lundi 9 février

A L'ÉCHO DE PARIS, cet après-midi, lors de l'entrée de quelqu'un, j'entends crier : « Vive le vainqueur ! » C'est Lordon qui vient de blesser Larroumet.

Ce soir, chez Mme Sichel, M. Villard soutenait que la qualité du Français, et sa supériorité sur tous les autres Européens, était l'ordre, la méthode, l'économie, et que dans tout l'univers — on ne savait pourquoi —, sa grande réputation était la légèreté. Puis il parlait avec admiration de la cité chinoise, telle qu'elle est décrite dans le livre d'un Simon, autre que le Jules Simon ; il parlait de ce pays si bien organisé qu'il n'y a pas de révolutions, c'est-à-dire pas de ce mécontentement des populations qui en fait chez nous, tous les vingt ans, des révolutions [1].

Mardi 10 février

Vraiment les jeunes, ça leur est vraiment trop égal, la voiture derrière laquelle ils montent dans le moment pour arriver ! Aujourd'hui, voici Guiches qui fait un panégyrique enthousiaste, dans le FIGARO, de Larroumet, de ce monsieur très peu sympathique, enfin de ce censeur, de ce policier, de ce représentant d'une institution dont tout homme de lettres doit avoir horreur.

Les Daudet ont signé ce matin le contrat de mariage de leur fils avec Jeanne ; et Alphonse me donnait des détails sur les *pannes* mises au compte de son fils. Ce sont des sommes d'argent dues par les libraires et d'une rentrée difficile et une rente de dix mille francs à la mère et le loyer de l'hôtel des Lockroy, dont elle doit la moitié à sa fille et qu'elle ne payera pas — toutes stipulations qu'il a fallu subir, parce que Léon est beaucoup moins riche qu'elle, mais que les Lockroy n'auraient jamais pu imposer à un jeune homme ayant une grande fortune ou un grand nom.

Détail comique : Mme Daudet rit de ce que Léon n'a trouvé rien de mieux pour le bain du jour de son mariage, qu'un bain au *Sel de Pennès,* et qu'elle trouve un vrai bain de médecin, de pharmacien.

1. Allusion à LA CITÉ CHINOISE, de G. Eugène Simon, ancien consul de France en Chine, œuvre publiée en mai 1890.

Là-dessus, la grand-mère opine pour qu'on mette dans son bain un flacon d'eau de Cologne russe, qui est un réconfortant que le père trouve utile, et Lucien se met à chercher l'odeur invraisemblable avec laquelle il peut parfumer le bain de son frère !

Jeudi 12 février

En lisant ce matin les journaux : vraiment, trop de réclame autour de ce mariage ! Après la liste circonstanciée des cadeaux exposés, parue hier dans le FIGARO, aujourd'hui, la liste particulière des cadeaux faits par le frère de douze ans, la petite sœur de cinq ans, puis le couplet sur la littérature du grand-père et de la grand-mère. Ah ! comment Daudet ne comprend-il pas qu'il attire la foudre sur la tête des deux jeunes mariés ?

On parle encore de fleurs fournies par la Ville, de l'orchestre de Lamoureux, etc., etc. Moi, ma pensée est que le caractère d'un mariage laïque, c'est dans la simplicité et l'uniformité de la célébration pour l'union de tous, grands ou petits de la terre.

A cinq heures et demie, les Montégut et Nicolle viennent me chercher dans le landau officiel des noces et me mènent à l'avenue Victor-Hugo.

J'y trouve Daudet tout agité, tout crispé, tout nerveux, avec comme un rien d'égarement dans l'œil. Il me conte qu'il a été tellement persécuté la nuit par le souvenir de l'incendie du bal Schwarzenberg qu'il adresse ce matin un télégramme à Lockroy pour qu'on fasse un examen de l'éclairage dans la Salle des fêtes, où doit avoir lieu le mariage, et qu'il a envoyé Ebner à la préfecture de Police demander un supplément d'agents de police [1]. Il est maladivement inquiet de la ruée de la foule, du danger que la petite quêteuse *Mémette* peut courir au milieu de tout ce monde, inquiet de la façon dont il va faire son ascension du grand escalier, à travers cette multitude aux quatre mille yeux fixés sur lui. Par là-dessus, des ennuis de famille : sa sœur s'est décidée à venir, mais a persisté à empêcher sa fille de quêter, et elle se tient avec son faible mari dans un coin du salon, comme à distance de son frère et des Lockroy [2].

Quant à *Mémette,* dont la mignonne petite figure disparaît dans un chapeau blanc grand comme un cerf-volant, elle est tout occupée d'un petit garçon de son âge, sur la poitrine duquel elle dodeline de la tête en chantonnant, et de temps en temps, l'embrasse à pleine bouche, pendant que le petit malheureux en est tout gêné, tout honteux. Un

1. Le 1er juillet 1810, pour fêter le mariage de Napoléon et de Marie-Louise, le prince Charles-Philippe de Schwarzenberg, ambassadeur d'Autriche, donnait un grand bal à l'ambassade, rue du Mont-Blanc dans une salle de bois dressée dans les jardins, quand un rideau de mousseline, enflammé par une bougie, mit le feu au fragile édifice. Napoléon et Marie-Louise s'échappèrent sans dommage du brasier. Mais le prince Kourakine, ambassadeur de Russie, fut piétiné par la foule ; plusieurs personnes périrent dans les flammes, entre autres la princesse Pauline de Schwarzenberg, née d'Arenberg, femme de Joseph, le frère de l'ambassadeur : cette mort était d'autant plus affreuse que la malheureuse attendait son neuvième enfant.

2. Sur la sœur d'Alphonse Daudet, cf. t. III, p. 456, n. 2.

spectacle qui nous fait dire, à Daudet et à moi, que la petite fille obéit à la loi naturelle, changée par la civilisation, et que dans l'enfance du monde, c'était la femme qui faisait la cour à l'homme, et non l'homme à la femme.

Le cortège est organisé, puis monté en voiture, et je me trouve avec Daudet, sa femme et son fils, aussi nerveux que son père et qui, sur l'erreur du cocher se trompant de porte, jette par la portière au sergent de ville : « C'est moi le marié, nom d'une pipe ! »

Malgré une petite pluie fine, du monde grouillant autour de la mairie, comme un jour d'émeute... Ah ! le terrible escalier n'en finissant pas et où, au travers d'une foule débordante, livrant à peine le passage, je monte, pour ainsi dire porté sur mon bras, le pauvre Daudet, dont je sens la peur de ne pouvoir arriver tout en haut précipiter les battements du cœur, remplir sa bouche de désespérances non formulées, me faire battre le bas des jambes du *fauchement* de ses pieds inertes, et dont le peu de vie qui y est encore semble se rebeller.

Enfin, Dieu merci, nous voilà en haut de l'escalier, nous voilà ayant traversé la salle, nous voilà sur l'estrade, où à bout de force et de volonté, Daudet se laisse tomber sur un fauteuil.

C'est effrayant, le monde qu'il y a dans la salle, c'est tout le monde politique, tout le monde littéraire, tout le monde élégant, en un mot, tous les mondes de Paris... Un moment de houle et de murmures un peu inquiétants pour la cérémonie, devant un bouquet aux rubans tricolores qu'une députation pénétrant de force dans la salle veut porter à la mariée. Un moment pendant lequel je murmure en plaisantant à l'oreille de Daudet : « Est-ce que ça va être comme THERMIDOR ? Est-ce qu'on va interdire [1] ? » Mais il ne me laisse pas finir et, d'un geste d'effroi, me ferme presque la bouche par un mouvement de main rabattant ma parole... Mais ce n'est qu'une minute de tumulte, au milieu duquel on voit se multiplier le commissaire Céard, tout gonflé de l'officialité de son rôle. Bientôt, tout se tait, tout s'apaise, et commence la cérémonie du mariage civil, suivi d'un discours de Marmottan, l'orateur le plus aphone que j'aie encore entendu.

Après Marmottan, Jules Simon adresse à la mariée une allocution vraiment très charmante, la véritablement trouvée allocution familiale d'un mariage civil. Ah ! le charmant comédien que ce Jules Simon — et non pas le cabotin, mais le délicat comédien de société !

Puis le défilé d'une heure, où, éreinté et un peu écœuré par la chaleur et l'odeur du lilas blanc, dissimulé derrière les Allard et les Ernest Daudet, je tends de temps en temps la main à un homme ou à une femme qui me découvre derrière eux.

Enfin, sur le coup de huit heures, les gens qui dînent chez les Lockroy sont de retour avenue Victor-Hugo. Et là est revenu avec nous le docteur Potain, le second témoin de Léon, qui, malgré les sollicitations de tout

1. Cf. p. 532, n. 2.

le monde, se refuse à dîner et s'en va, ayant pour principe que, s'il dînait une fois en ville, il serait obligé d'y dîner d'autres fois et que son travail du soir serait complètement perdu. C'est particulier, cette figure du docteur qui ne semble pas avoir l'achèvement arrêté, la solidification d'une figure, et que je comparais à un œuf sur le plat pas cuit — mais une figure où, je le reconnais, il y a une grande bonté, une tendre humanité.

Les dîneurs sont Schœlcher, le ménage Jules Simon, les Ernest Daudet, père, mère, fille, les deux frères Montégut, Nicolle.

Schœlcher, une tête de casse-noisette, non le casse-noisette méchant, mais le bon. Une chaîne d'or qui dépasse son gilet lui fait demander ce que c'est. Il se défend un moment de le dire, se plaignant, d'avoir aujourd'hui un gilet qui l'a laissée à découvert ; puis il avoue que c'est une chaîne au bout de laquelle il y a un médaillon contenant les cheveux de son père, et je l'entends à la fin du dîner discuter avec Daudet et soutenir que l'homme de maintenant vaut mieux que l'homme d'il y a deux cents ans.

Jules Simon, que je rencontre pour la première fois et que j'ai fort abîmé sur les racontars des uns et des autres, a un aimable haut de tête, un front intelligent, des yeux séducteurs, avec, par moments, du soucieux, du bougon, dans les coins de la bouche, sous ses petites moustaches rétrillonnées de marchand de vin. Sa femme, qui est laide, n'est point désagréable ; elle a une laideur de singesse intelligente.

Le dîner est cordial, mais sans grande gaîté, sauf un peu de bruyance entre le jeune Hugo et le Montégut de l'INTRANSIGEANT.

La mariée est heureuse à faire plaisir à voir, avec son joli sourire gai des lèvres entrouvertes, son sourire pudiquement sensuel.

Quant au marié — qui a la certitude, ce soir, « qu'on ne la lui prendra plus, qu'elle est à lui » —, quant au marié, qui a été toute la journée dans un état d'absence nerveuse, comme je lui témoignais mon étonnement de quelques observations très précises faites par lui à la mairie, il me dit que le peu de choses qu'il avait perçues dans la journée, ce peu de choses avait pris chez lui une intensité tout à fait curieuse.

Sur le coup de onze heures, on s'embrasse et on se quitte, et un Montégut et Nicolle veulent absolument me faire la conduite. Nicolle, un garçon incontestablement très savant, mais le plus grand bavard scientifique que je connaisse, me parlant dans le roulement de la voiture — sans miséricorde et sans le temps de ravaler sa salive —, me parlant successivement de l'adaptation de l'œil de l'aigle, de l'œil du sauvage pour la vision de grands espaces et de la myopie produite par la civilisation, me parlant des microbes du tétanos, qu'on trouve en quantité dans la terre des Hébrides, où les sauvages n'ont qu'à enfoncer leurs flèches pour qu'elles soient empoisonnées, et même dans nos terrains de banlieue, que lui a donné à observer un jardinier, portant des paniers de terre d'un bras excorié, également *tétanosé,* me parlant je ne sais plus de quoi encore, quand la voiture s'est arrêtée devant ma porte.

Dimanche 15 février

Huysmans, me parlant de son roman, qui paraît dans L'ÉCHO DE PARIS, me dit qu'il y éreinte le naturalisme de Zola, et déclare que s'il s'en fâche, il lui servira une interview de Xau, une brochure où l'homme de Médan l'abîme [1].

A propos de Fleury, dont je m'étonne de l'exposition toute particulière à tous les étalages de ses AMOURS DE MÉDECINS, il affirme qu'il fait la place, tous les matins, chez les libraires et qu'il y a chez tout Bordelais de la nature du placeur de vins de Bordeaux.

Darzens, qui nous a fait signer à Daudet et à moi une pétition demandant l'abrogation du décret de Moscou, vient tout penaud s'expliquer sur une note parue dans le FIGARO et qui a tué dans l'œuf la pétition et empêché Clemenceau de la soutenir à la Chambre. Cette note serait l'ouvrage d'Antoine, qui aurait dit l'avoir fait passer parce qu'il n'avait pas été consulté dans l'affaire. Diable ! les prétentions du directeur du Théâtre-Libre deviendraient énormes [2] !

Je dîne ce soir rue Bellechasse avec le jeune ménage, avec Léon qui s'échappe un moment à dire : « C'est vraiment bien bon d'être marié ! » — avec Jeanne aux yeux voluptueusement cernés. Et mari et femme sentent un peu l'échalote d'un poulet chasseur, qu'en vraie lune de miel d'un ménage d'étudiants, ils ont été manger ce matin chez Cabassu, à Ville-d'Avray.

Et au milieu de ce charmant et tout jeune bonheur, Mme Daudet a les yeux gonflés de larmes et des appuiements de sa tête sur sa main tout à fait mélancoliques. Elle sort, la pauvre femme, de scènes terribles avec sa mère, à propos de son frère non invité par les Lockroy le jour du mariage, à cause de son refus de laisser quêter sa fille, non invité ce soir, le jeune ménage ayant déclaré qu'il ne voulait d'étranger que moi.

Et Jeanne me ramène ce soir, dans le coupé donné par son frère, un coupé gros bleu, au petit filet jaune.

---

1. LA-BAS est publié en feuilleton dans L'ÉCHO DE PARIS du 16 février au 20 avril, et le 13 avril en librairie. Au chap. I, Des Hermies fait le procès du naturalisme, critiqué moins pour le « lourd badigeon de son gros style » que pour « l'immondice de ses idées », pour « avoir incarné le matérialisme dans la littérature » ; le naturalisme est rebaptisé le *cloportisme*. Étaient exceptés Flaubert et les Goncourt, « probes, séditieux et hautains » (édit. Crès, 1930, p. 5). Nous n'avons pu retrouver la trace de l'*interview de Xau*.

2. Cf. t. III, p. 536-537 sur la pétition proposée à Goncourt par Darzens. Elle avait été lancée par Jean Aicard à la suite des incidents de THERMIDOR, le ministère se retranchant derrière la responsabilité du Comité de lecture du Théâtre-Français. La pétition demandait qu'on substituât à ce Comité un directeur responsable ou un comité d'auteurs. H. Fouquier, dans le DÉCRET DE MOSCOU (FIGARO du 15), souligne les inconvénients des systèmes proposés ; il voit dans le geste d'Aicard une vengeance personnelle à la suite des déboires du PÈRE LEBONNARD (cf. t. III, p. 336, n. 1) et il montre que le gouvernement ne peut modifier le Comité de lecture, composé d'acteurs, sans empiéter sur l'autonomie des Comédiens Français, telle que l'avait définie le fameux décret de Moscou de 1812. — Quant à Antoine, il avait proposé à Sardou de représenter THERMIDOR au Théâtre-Libre.

Lundi 16 février

Ce matin, en songeant aux ennuis que ce pauvre Daudet a avec sa sœur et sa belle-mère, je songeais à ce qu'on pourrait appeler *la tyrannie des humbles* dans les familles, à leurs exigences, à leur susceptibilité, à leur facile hostilité.

Ce soir à six heures, en descendant l'escalier de Chamerot, où je viens de donner le bon à tirer de ma préface en réponse à Renan, je dis : « Le sort en est jeté, arrive ce qui pourra ! »

Mardi 17 février

Ce serait une grande illusion chez Huysmans, s'il croyait qu'il est en train de devenir un écrivain spiritualiste. On n'est pas un écrivain spiritualiste avec un style aussi coloré, aussi bellement matérialiste. On ne peut être un vrai spiritualiste qu'avec un style gris... Mais pourquoi, mon Dieu, s'enrégimenter tout à fait ou dans le camp naturaliste ou dans le camp spiritualiste ? Est-ce que la fabrication d'une GERMINIE LACERTEUX empêche la fabrication d'une MADAME GERVAISAIS ?

J'ai envoyé ce matin ma préface à Magnard et j'attends sa réponse pour savoir si elle passera dans le FIGARO. Et je ne suis en train de rien faire, et ayant besoin d'être absent de chez moi et un peu de moi-même, je m'en vais au musée du Louvre remiser mon esprit dans du vieux passé.

Ah ! cette vieille Grèce vert-de-grisée ! Ah ! ces mirois de Corinthe ! Ah ! toutes ces choses de la vie usuelle, rongées par la rouille des siècles et où survit et se détache, dans un fragment de métal pourri, la fière ronde-bosse et le puissant relief d'un corps de femme, emporté sur la croupe d'un animal galopant l'espace [1]. De là, la Grèce et sa sculpture dans la tête, en ma promenade hallucinée, presque aussitôt tomber sur les portraits à la mine de plomb de M. Ingres, sur ces crayonnages peinés, pignochés, d'un pauvre dessinateur qui expose dans un cadre rue de la Paix, tomber sur ces dessins, si remarquables par le côté *bêta* de la composition et des attitudes !... Alors, fuyant ces choses, se trouver soudainement devant les pylônes du palais d'Artaxerxès-Mnémon, soutenus avec ces hiératiques lions rosâtres sur la vétusté pâle des murs, se trouver devant la frise des Archers de la salle du Trône de Darius Ier, avec ces troublantes silhouettes de noirs guerriers de profil, aux yeux de face, à la barbe verte [2].

En rentrant, je trouve la réponse de Magnard, qui me dit qu'il accepte,

---

1. Cf. de Ridder, LES BRONZES ANTIQUES DU LOUVRE, II, 1915, n° 1707 : c'est un miroir à haut relief, sorti d'un atelier corinthien du IVe siècle et représentant une Aphrodite assise sur un bouc qui l'emporte.

2. Goncourt se trouve dans la salle de la Susiane ; mais les *pylones du Palais d'Artaxerxès-Mnémon*, à Suse, offrent aux yeux des têtes de taureaux stylisés en guise de chapiteaux. Pour la *frise des Archers*, qui provient également de Suse et qui est faite de briques émaillées, elle est d'autant plus célèbre qu'Hérodote a décrit ces Immortels de la Garde royale, représentés ici et qui furent battus à Platées.

et quoique je l'aie désirée, je me trouve maintenant avoir un peu peur de cette publicité.

Mercredi 18 février

C'est bien, tout à fait, ce roman d'Huysmans, de L'ÉCHO DE PARIS [1]. C'est de la prose qu'on ne trouve pas d'ordinaire au bas d'un journal et qui vous fait plaisir à lire au réveil. Oui, c'est de la plantureuse écriture avec de la pensée derrière — de la pensée un peu la mienne poussée à l'outrance, mais l'outrance lui appartient, et son outrance est tout à faire artiste.

Je dîne ce soir chez la princesse avec le ménage Camille Doucet, et je trouve la femme enthousiaste de la candidature de Zola à l'Académie, sentant chez elle de l'enthousiasme un peu surchauffé chez elle par la rancune de son mari contre Daudet, à propos de son livre de l'IMMORTEL.

Jeudi 19 février

Carrière, qui dînait chez Daudet, après dîner, est venu s'asseoir à côté de moi, et dans une langue vague et diffuse, ressemblant à sa peinture, et avec sa voix morte, m'a entretenu longtemps de son mépris pour le *chatoyant* en peinture et de ses efforts et de son ambition pour attraper les *fugitivités* de l'expression d'une figure, de son travail enfin, acharné et sans cesse recommençant, pour tâcher de fixer un peu du moral d'un être sur une toile.

Puis les apartés dans les coins se taisent, et c'est une conversation générale sur les honteuses *mensualités* des journalistes et de quelques hommes de lettres *aumônés* par les maisons de jeu, les sociétés financières. Charpentier raconte qu'un moment, attaché aux DÉBATS et chargé par le journal de régler la publicité avec le directeur des jeux de Bade, Dupressoir, qui le connaissait, l'avait vu enfant, lui montrait la liste des *arrosages* de la littérature, liste qui montait à deux, à trois cent mille francs, partagés entre les gens, à qui l'on ne demandait pas même de faire de la réclame, mais seulement de ne pas en parler, de ne pas ébruiter les suicides, quand Belot est mort, sa femme a dit à ses amis : « On lui doit son trimestre de Monte-Carlo, il touchait là par an 6 000 francs. »

Daudet raconte que son frère Ernest, se trouvant un jour dans le cabinet d'une société financière, où l'on faisait lors d'une émission d'une affaire une distribution aux gens de lettres, entendait par le téléphone appeler toute une interminable série d'hommes de lettres, parmi lesquels se trouvait le général Pittré.

A Nice, à l'heure qu'il est, le journalisme est, tout le temps qu'il

1. Cf. p. 542, n. 1.

le veut, entretenu de tout, logement, nourriture, locomotion en landau et le reste, et l'on racontait que Blavet envoyait des fleurs et des boîtes de fruits confits à toutes ses connaissances de Paris. C'est honteux, cette vie de *rentes* par la cagnotte et autres sales choses, et ils n'ont pas l'air de s'en douter, les journalistes !

Le nom de Blavet fait revenir dans la conversation la curieuse méchanceté maladroite de Magnard, qui vient de faire perdre à Blavet sa place à l'Opéra. Et comme il était venu voir Daudet, à propos de son article pour le mariage de son fils, il lui parlait de cette place et le *Figariste* lui disait :

« Ça m'a été très désagréable d'être forcé de donner ma démission à la suite de son article. J'avais 10 000 francs et un tas d'avantages de tous les genres.

— Et pourquoi Magnard vous l'a-t-il fait perdre, cette place ? interroge Daudet.

— Pourquoi... pour voir la sale gueule que je ferais le lendemain de son article ! »

Et en effet, il avait été présenter sa sale gueule, en tâchant d'apitoyer le potentat du FIGARO et de l'amener à le dédommager par quelque chose [1].

L'innocent homme de bonne volonté que ce Bauër ! Après son article enthousiaste sur Moréas, Scholl, un jour, lui apporta chez Tortoni le volume de vers dudit et lui demanda de lui expliquer une série de passages, ce que Bauër fut dans l'impossibilité de faire, au bout de quoi, poussé au pied du mur par les blagues de Scholl, il se laissa aller à dire : « Vous savez, je ne veux pas être en retard... »

Vendredi 20 février

Il était amusant hier, Carrière, nous entretenant de ses longs mois de captivité à Dresde et peignant des camarades en sabots et en blouse bleue, tout semblables, dit-il, à des facteurs ruraux l'été — et cela pendant qu'il gelait à pierre fendre —, parlant de la nourriture qu'on leur avait donnée dans les premiers temps et qui était une soupe au millet, de la mangeaille médiocre. Ce peintre a un comique froid particulier et assez désarçonnant pour les imbéciles, et comme il disait qu'au fond, les prisonniers n'avaient pas eu à se plaindre des Allemands et que la *gaffeuse* Mme Dardoize lui jette : « Alors, on a été très aimable avec vous ? — Oh ! Madame, on n'est pas aimable avec 25 000 hommes ! — Oui, reprend Daudet sur un ton de blague inexprimable, oui, il faudrait que la ville fût une place forte. »

Aujourd'hui, pour me distraire de mes préoccupations de demain

1. Le seul article récent de Magnard qui concerne l'Opéra avait paru sous la rubrique *La Politique* dans LE FIGARO du 21 janvier. A propos d'une éventuelle représentation de LOHENGRIN à l'Opéra, Magnard écrivait : « MM. Ritt et Gailhard... voudraient obtenir ainsi l'amnistie pour tous leurs méfaits artistiques. »

et d'après-demain, j'achète pour 600 francs de gardes de sabre et me délecte les yeux toute la soirée du gras de cire de ces contours de fer.

Samedi 21 février

Dyonis Ordinaire, mon insulteur, président de la Commission de la censure : c'est à cela que les velléités de rébellionnement devaient aboutir à la Chambre.

Toujours à propos dudit, Pélagie me conte qu'un jour, se trouvant seul avec son frère dans un compartiment de chemin de fer et parlant des gens de la villa, le frère s'était exprimé ainsi sur son compte : « Mon frère, il est républicain... comme votre parapluie et le mien *(sic)*... Seulement, il fait sa petite affaire de ce côté-là... »

Ce matin a paru dans le FIGARO ma réponse à Renan, faisant la préface du cinquième volume, et je passe une partie de l'après-midi chez Charpentier à écrire des dédicaces.

Une bonne fin de journée. Je trouve sur le bureau de Charpentier une grosse somme, faite de réimpression sur lesquelles je ne comptais pas ; et au kiosque, en sortant de la librairie, une interview dans le PARIS me montre Renan désarmant et, tout en me traitant de jeune étourdi, prêt « à me presser la main avec bonheur [1] ».

Dimanche 22 février

C'est bien un procédé du FIGARO ! Pour me remercier de ma préface donnée par lui hier, il paraît aujourd'hui, sous la signature de de Bonnières, l'éreintement le plus féroce du littérateur et du monsieur qui est chez moi [2]. Oh ! je m'attendais bien à quelque coup de Jarnac de Magnard dans la quinzaine, mais le lendemain, le lendemain... ç'a été vraiment une surprise ! Ainsi que Daudet, insulté par lui et ne le trouvant pas assez *gradé* en littérature pour se battre avec lui et se battant avec Delpit, de même moi, en dépit de la publication du PETIT MARGEMONT, je ne trouve pas encore assez *gradé* pour me colleter littérairement avec lui. Il y a seulement dans son article une chose qui me rend nerveux et m'embête de ne pouvoir *nettoyer*. C'est à propos d'un dîner fait chez moi par la princesse le 26 mai 1874, le jour de l'anniversaire de ma naissance, et qu'il dit que la princesse nie avoir fait, la canaille sentant bien que je ne peux pas mettre la princesse en cause dans un débat de journal. Or, tout le monde de la princesse sait

---

1. Dans cette interview anonyme (PARIS, 22 février), Renan proteste une fois de plus de son patriotisme, nie toute ambition politique, assure qu'en parlant de *radotages des sots*, il visait « les racontars des journaux cléricaux de la Bretagne ». Il tient Goncourt pour un de ses « plus illustres contemporains » et s'il le rencontre, il lui serrera la main avec bonheur en lui disant : « Vous avez été indiscret et peu délicat. J'ajouterais même un peu étourdi. »

2. L'article s'intitule MÉMOIRES D'AUJOURD'HUI. LE CAS de M. DE GONCOURT, et l'analyse qu'en fait Goncourt un peu plus loin en donne une idée fidèle. Bonnières termine par ce trait : « Est-il exact par exemple que le jour de sa fête, les princesses soient venues dîner chez lui ? Il dit que *oui*. — Les princesses disent que *non*. »

que dans la semaine qui précède son départ à Saint-Gratien, qui est toujours à la fin de mai et où se rencontrent, à un jour de date, les anniversaires de nos naissances, 26 et 27 mai, elle dînait ou déjeunait chez moi, sauf depuis deux années où le déjeuner accepté, elle s'est trouvée souffrante.

Mais vraiment l'article est curieux comme intensité de haine : depuis vingt ans, je ne bats plus que d'une aile ; LA FAUSTIN et CHÉRIE, ce n'est rien ; LES FRÈRES ZEMGANNO sont gâtés par le manque de tact ; on ne penserait plus à LA FILLE ÉLISA, si Ajalbert n'avait pas eu l'idée de la mettre en scène et d'écrire un second acte avec une chaleur et une éloquence dont je suis incapable [1]. Zola et Daudet n'ont fait que grandir par leurs œuvres, tandis que je n'ai pu qu'inventer une académie, que Vallès a trouvée ridicule et dont Vallès vient de s'échapper ; mon journal n'a de valeur que par sa malveillance et je n'ai donné des gens de mon temps que des images grotesques...

Enfin, son exaspération va à me peindre comme un « monsieur venu de sa province » : notez que j'avais dix-huit mois quand je suis venu à Paris, et notez que mon père et ma mère étaient des gens habitant Paris et mariés à Paris et qui, après leur mariage, avaient essayé d'un séjour en province. Enfin, il constate, Dieu merci ! que je n'ai « aucun pied à Paris », parce que j'y brouillerais la cour et la ville. Nom de Dieu ! il appelle « avoir un pied à Paris » d'avoir fait accepter sa femme par Mme Magnard comme sa dame d'honneur, ce bas lèche-cul du FIGARO.

Mardi 24 février

Une chose que j'ignorais, c'est l'avarice de Dumas, une avarice de thésauriseur, qui a deux cent mille livres de rente et qui fait seulement une pension de dix mille francs à chacune de ses deux filles. Encore n'a-t-il pas voulu donner à Jeannine le trousseau de trente mille francs, dont il avait gratifié Mme Lippmann, sous le prétexte qu'elle avait hérité de vingt mille francs d'une vieille demoiselle. Et Jeannine dit plaisamment que ces vingt mille francs ont été fort écornés par l'achat de balais, de torchons, de petits objets de ménage, que son père se refusait absolument à acheter.

Et voici, racontée par Mme Strauss, une visite au jeune ménage. Un pauvre appartement et presque sans meuble, dans le voisinage de l'École militaire, appartement qui lui est apparu comme l'installation d'un petit commis avec une ouvrière. Jeannine n'était pas habillée. Son mari lui dit d'aller s'habiller dans le salon : « Non, je ne peux pas, dit-elle, le brosseur y entre à tout moment. » Et la voilà qui passe sa robe devant Mme Strauss. Et comme Mme Strauss l'invite à dîner, elle lui dit qu'elle ne peut pas, qu'elle a du monde à dîner ; et comme on lui

1. Add. éd. : *si Ajalbert...*

demande ce qu'elle donne à ses invités, elle répond qu'il n'y a rien dans le quartier et qu'elle croit qu'il doit y avoir un gigot...

A quelques instants de là, le mari s'excusant du peu de *chic* de l'arrangement de l'appartement sur ce qu'il peut changer de garnison, Jeannine s'échappe à dire : « Ah ! il y aura bien dans ce temps-là, bien quelqu'un de *crevé,* de ceux qui ont l'argent... »

Il y a quelque temps, dans la *panne* où ils sont, Jeannine disait à son mari : « Ma foi, tu devrais bien prendre 30 000 francs sur notre capital : avec cela, nous vivrions doucement un an ou deux. — Oui, dit familièrement la femme de chambre, qui habillait Jeannine, en faisant allusion au père et à la mère Dumas, oui, d'ici là, c'est bien le diable si l'un des deux n'est pas claqué ! »

Et elle contait que quand les gendres de Dumas lui demandaient de l'argent, il les renvoyait à des créances encores dues à sa femme en Russie ; mais comme il y a une certaine donation faite par la femme au mari, Jeannine faisait entendre que si les gendres avaient la bêtise de s'échigner à les recouvrer, ce serait Papa qui empocherait.

Ce matin, à propos du patriotisme de Renan, je reçois une carte postale signée d'un *Patriote français, vainqueur à Coulmiers, 9 novembre 1870,* me disant : « L'article du 15 septembre 1870 de la REVUE DES DEUX MONDES, signé Renan, connu plus tôt, eût empêché son élection à l'Académie française. Car cet article anti-français n'était pas fait pour encourager les soldats de l'armée de la Loire qui, comme moi, l'ont lu à Orléans, avant de marcher à l'ennemi [1]. »

Lorrain, qui tombe chez moi avant déjeuner, me dit que les gens qui ont du nez ont senti dans l'article de Bonnières des affaires de femme et que Mlle Abbatucci devait être pour quelque chose là dedans... Je lui avoue que j'ai eu la même idée, mais que je ne comprends rien à cette hostilité, parce que, si j'ai rompu mes relations avec elle pour n'avoir pas de perpétuelles scènes avec la princesse, j'ai été cependant assez courageux pour ne pas l'omettre dans les personnes qui étaient de la compagnie intime de la princesse autrefois, ce que j'ai senti être très désagréable à l'altesse [2]... Enfin, je lui demande de ne pas y toucher, parce que j'ai eu dans le passé une certaine tendresse de cœur pour elle.

Il me conte — et cela doit être vrai — qu'on avait monté la princesse contre moi, au sujet de la bêtise dont Flaubert gratifie l'empereur dans mon JOURNAL et qu'on devait m'exécuter au Jour de l'An, lorsque

1. Dans cet article du 15 septembre, LA GUERRE ENTRE L'ALLEMAGNE ET LA FRANCE, Renan admet la nécessité de l'unité allemande et absout Napoléon III d'avoir « voulu utiliser l'inévitable ». Il tâche d'établir une balance équitable entre les responsabilités des deux pays. Anticipant sur « la paix provisoire ou plutôt l'armistice qui se conclura dans quelques semaines ou quelques mois », il appelle de ses vœux une organisation collective, « cœur d'États-Unis d'Europe liés entre eux par un pacte fédéral ». Cet article avait été repris en volume dans LA RÉFORME INTELLECTUELLE ET MORALE DE LA FRANCE (1871). Il n'avait donc rien de clandestin, rien qui pût le faire échapper à l'attention des Académiciens !

2. Cf. t. III, p. 509.

j'apporterai mon cadeau à la princesse [1]. Mais on ne sait pas ce qui s'est passé chez elle : tout le monde qui attendait l'exécution a été surpris de la voir très, très aimable avec moi. Ah, nom d'un chien ! Que je m'en irais avec plaisir de ce salon, où les grands hommes chéris sont maintenant les Lavoix, les Pichot, etc. !

Au fond, il y a chez cette femme, à l'apparence brave, une incontestable lâcheté, lâcheté particulière aux Napoléons, en même temps qu'une pente vers les gens plutôt pas tout à fait honnêtes qu'honnêtes — et qui sont de meilleurs domestiques.

Lorrain me parlait de la manière dont de Bonnières composait un article. Quand il avait son projet biographique en tête, il se mettait en campagne et colligeait sur son homme les mots méchants de tous ceux qu'il entendait. En effet, la méchanceté d'un homme unique, même très méchant, est toujours sur la même note, tandis que cette collaboration d'un tas de méchancetés produites par différents tempéraments, ça a, dans la variété, un complet tout à fait satisfaisant.

On sonne cet après-midi. C'est Guiches, qui vient chercher des renseignements pour faire, au sujet de la querelle, un article sur la princesse. Je l'en dissuade. Il me parle — est-ce vrai ? — de la résistance de Magnard à laisser passer l'article de Bonnières, vaincu par ses affirmations que je tenais des propos atroces sur son compte, et peut-être encore plus par son obstination à ne pas remporter l'article, et l'article aurait passé sur cette phrase de Magnard : « Au fond, je ne peux pas vous refuser un article ! »

Mercredi 25 février

En ces temps, je m'en vais toujours dîner chez la princesse avec un peu de trépidation et comme le pressentiment que je serais obligé de prendre mon chapeau.

En entrant, je demande à la princesse deux mots d'entretien, et l'interroge si vraiment, elle a dit n'avoir pas fait ce dîner chez moi : « Oui, me répond-elle franchement, oui, je ne me rappelle pas ! Comment ?... Mais comment ?... Non, je ne me rappelle pas. »

Elle ne se l'est pas rappelé, vraiment, ce dîner ! Mais elle n'a pas pensé qu'elle pouvait l'avoir oublié et n'a pas hésité à jeter sans doute un *Ce n'est pas vrai* ! avec cette absence absolue de réflexion et cet emportement têtu qu'elle montre par moments. Ah ! c'est une singulière amie !

Puis elle jette : « Mais quelle importance ça a-t-il, ce dîner ? On sait bien que très souvent, j'ai déjeuné chez vous... » Et un peu embarrassée devant l'ennui de mon front, elle cherche une diversion en me faisant une scène, qu'elle s'efforce de faire presque colère, sur mes attaques contre Renan, qu'elle me dit avoir été peiné, parce qu'il m'aimait beaucoup. Et à la suite de cette scène, derrière laquelle elle

1. Cf. t. II, p. 631.

masque son embarras, elle se fait tendre, me plaint de n'avoir pas une femme chez moi pour me modérer, pour m'assagir, me fait placer à côté d'elle à table, s'occupe gentiment de moi après dîner.

Mlle Zeller, à laquelle je raconte la chose, m'explique très vraisemblablement la filière du démenti aboutissant à de Bonnières. La princesse aura dit ne s'être pas rappelé ce dîner dans son intimité, Popelin aura transmis le propos à Mlle Abbatucci, qui en aura gratifié de Bonnières : « Oh ! voyez-vous, ajoute Mlle Zeller, non, vous ne la connaissez pas, Mlle Abattucci !... Enfin, chaque fois qu'elle me faisait un petit cadeau, j'avais comme la peur d'y trouver un serpent, une chose méchante. » Avant de m'en aller, je m'approche de Popelin et ne peux m'empêcher de lui dire assez nerveusement : « Vous savez, en dépit du manque de mémoire de la princesse, le dîner a eu lieu... Oui, je n'ai pas écrit sur mon journal un dîner qui n'existe pas ! »

Jeudi 26 février

Article épouvantable de ce sacré Lorrain, auquel j'avais demandé instamment de ne pas toucher à Mlle Abbatucci [1]. Que le diable l'enlève ! J'ai vraiment besoin en ce moment de calme, de tranquillité d'esprit.

Ce matin, je m'avise de faire une fouille dans mes lettres de l'année de 1874, et bonté divine ! j'y trouve un billet de Popelin qui confirme le dîner du mois de mai 1874. Et là-dessus, j'écris à la princesse la lettre suivante :

« Vis-à-vis des autres, ça m'est égal. Mais vis-à-vis de vous, je voudrais bien que vous vous rappeliez ce dîner du mardi 26 mai 1874, parce que je ne suis pas un homme à inventer dans mon JOURNAL un dîner, pour me donner les gants de faire fêter mon anniversaire par une altesse.

« Je ne trouve sur mon JOURNAL que la note imprimée dans le livre, où après dîner, les invités construisent sur un tas de papiers un hôtel idéal.

« Mais je fais appel à la mémoire de Pélagie, qui me dit que c'est un dîner qui a précédé les déjeuners des années suivantes, le seul dîner où on ait allumé les lustres des salons et où les invités étaient Mme de Galbois, Flaubert, qui a passé toute la soirée à vouloir vous voir fumer une cigarette, le vieux Giraud et sans doute Popelin.

« Enfin, je retrouve dans le mois de mai de cette année 1874, à propos dudit dîner, ce billet de Popelin :

« Mon cher ami,

« Comme le vieux Giraud faisait des manières, j'ai pris sur moi de lui dire que vous m'aviez chargé de l'inviter pour *mardi*.

---

1. Cf. DAMES D'HONNEUR, signé *Raitif de la Bretonne*, dans L'ÉCHO DE PARIS du 27. Lorrain accuse l'entourage de Mathilde d'avoir inspiré l'article de Bonnières, et il incrimine surtout l'une de ses dames d'honneur, qui « prend à son auguste Altesse un vieux sigisbée, une liaison de vingt ans » et qui veut rentrer en grâce par cette manœuvre.

« Je pense que vous ne me désavouerez pas.
« Tout à vous de cœur, »

Claudius Popelin. »

A midi enfin, arrive une dépêche de la comtesse Greffulhe, qui m'annonce d'une manière positive que l'impératrice de Prusse ne viendra pas décidément chez moi, dépêche qui me comble de joie, vu que dans l'état des esprits et le mouvement d'éreintement de ma personne, cette visite aurait fait demander ma tête [1].

Dîner, ce soir, chez Daudet avec Wolff, qui se montre très aimable avec moi et, à propos de son sympathique article sur la pièce de LA FILLE ÉLISA, qu'il avait trépignée à l'état de roman, avoue qu'il s'est fait un changement dans son esprit, un changement amené par tout ce qui s'est fait depuis [2].

Ce soir, à LA MEULE, au Théâtre-Libre, où on parle du départ de demain pour Bruxelles et du montage pour le soir de LA FILLE ÉLISA. Et vraiment, j'envie un peu la jeunesse d'Ajalbert, qui s'y rend avec la troupe. On doit revenir de là avec un chapitre de ROMAN COMIQUE [3].

Vendredi 27 février

Réception ce matin d'un billet de la princesse, envoyé par son cocher. Est-ce mon congé ? Non ! Elle n'a pas connaissance encore de l'article de Lorrain, dont ne lui a pas donné communication Popelin, qu'Hervieu a trouvé hier avant dîner en conférence secrète avec de Bonnières.

Quelques heures après le billet de la princesse, dépêche de Popelin, en réponse à mon billet bleu du matin, me disant qu'il est heureux d'avoir déchiré une lettre qu'il venait de m'écrire... Mon billet lui enlève un gros poids de dessus le cœur, et Dieu sait si ce malheureux cœur n'avait pas déjà un lourd fardeau de chagrin à supporter !...

Samedi 28 février

Nouveau billet de la princesse ce matin, me disant que toute la faute

---

1. L'impératrice veuve, Victoria, mère de Guillaume II, étant Anglaise d'origine (c'était la fille de la reine Victoria), le Kaiser songea à elle pour contribuer au rapprochement entre la France et l'Allemagne : elle vint à Paris *incognito*, se promena à pied dans les rues ; elle se fait annoncer chez Edmond de Goncourt par une lettre de la comtesse Greffulhe du 23 février. Mais entre-temps, les nationalistes ameutent les esprits contre la souveraine, dont on interpréta comme un outrage à la France vaincue la visite qu'elle fit à Versailles et à Saint-Cloud. Elle hâta son départ ; les journaux allemands crièrent au scandale et le Secrétaire d'État allemand fit à notre ambassadeur de méprisantes remontrances.

2. Dans sa *Gazette de Paris* du FIGARO le 28 avril 1877, Wolff avait traité le roman de Goncourt comme une ébauche où « tout restait à l'état d'indication » et qui laissait une impression bien plus écœurante que celle qu'on retirait des œuvres de Zola. L'article, bien plus indulgent, sur la pièce d'Ajalbert, paraît dans LE FIGARO du 27 déc. 1890.

3. LA MEULE, créée ce jour-là au Théâtre-Libre, est une pièce en 4 actes de Georges Lecomte. — La reprise bruxelloise de LA FILLE ÉLISA, qui provoque l'allusion à Scarron et à son ROMAN COMIQUE, aura lieu entre le 3 et le 6 mars.

est à de Bonnières, et comme elle ne dîne pas mercredi chez elle, pour assister à la pièce de Maupassant, m'invitant à dîner presque en tête-à-tête avec elle jeudi : enchantement et délivrance de tout souci [1] ! Mais voici Pélagie qui remonte et qui me dit que la princesse me demande le numéro de L'ÉCHO DE PARIS et que le domestique est chargé de le demander au journal, si je ne l'ai pas. Popelin lui aura fait une analyse diplomatique dudit article sans le lui montrer... Ah ! ça ne finira donc jamais, cette histoire-là ! Et cependant, je voudrais bien qu'elle eût une fin, dans un sens ou dans l'autre... Est-ce que, lorsqu'on est très embêté moralement, une bonne purgation ne serait pas le vrai remède spirituel ? Je me le demande aujourd'hui, où l'emmerdement de ce qui se passe autour de moi me semble moins aigu qu'il ne devrait l'être... Ça ne fait rien, j'ai un regret que la fatigue de mes yeux, ces jours-ci, m'ait forcé absolument de me purger aujourd'hui : ça m'empêche d'assister à l'enterrement de ce pauvre Boisgobey, ce dernier religieux du *Divin Marquis.*

Une petite satisfaction au milieu de tout cela. Je lis dans un journal d'art qu'à Londres, dans la galerie de *Burlington Fine Arts Club,* est exposée une collection d'eaux-fortes françaises où, parmi les aquafortistes les plus illustres, figurent trois eaux-fortes de mon frère et où se trouve LE TAUREAU de Fragonard.

Dimanche 1er mars

Hier, pendant que je complimentais Maurice Barrès sur son JARDIN DE BÉRÉNICE, ma pensée était moitié à ce que j'écrivais, moitié à la troupe d'Antoine me jouant ce soir à Bruxelles.

Oui, ce livre de Barrès, on pourrait le comparer à un pays où il y aurait des petits coins charmants, des oasis fraîchement délicieuses, puis des étendues de terrain où au lieu de palmiers-nains, il pousse seulement de la sophistique, des étendues qui n'en finissent pas, d'une stérilité et d'un ennui à faire pleurer.

Dire dans ce moment que, parmi ces directeurs du Boulevard au bord d'une faillite, je n'en ai pas trouvé un qui joue sa dernière carte sur LA PATRIE EN DANGER et tente l'aventure d'opposer ma pièce à THERMIDOR ! [2]

Visite de Rosny, qui m'exprime, avec les appuiements dont il a l'habitude, son dépit de ma réponse à Renan, parce que, m'assure-t-il, j'ai l'air de le considérer comme un personnage supérieur à moi. Il ne me semble pas avoir saisi l'ironie féroce de ma réponse sous une forme blagueusement révérencieuse.

Daudet me raconte ceci. Après mon départ de chez la princesse, mercredi, la princesse a eu une espèce de conférence avec Heredia, ayant

---

1. La *pièce de Maupassant*, c'est MUSOTTE, pièce en 3 actes, écrite en collaboration avec Jacques Normand et créée au Gymnase le 4 mars 1891.

2. Cf. plus haut p. 532, n. 3.

derrière son dos Popelin et le petit Hervieu. Parlant du dîner, que décidément, elle ne se rappelle pas — elle n'a reçu que le lendemain la lettre où je lui donnais copie du billet de Popelin — la princesse a bêtement et sottement opposé à son assertion l'assertion de *Madame Pélagie*, prononcée gros comme le bras. Puis elle a affirmé qu'elle m'avait maltraité de paroles..., qu'elle avait dit qu'il y avait des gens qui avaient demandé à ne pas venir dîner le même jour que moi,... qu'elle m'avait dit, à propos de la phrase sur la bêtise de l'empereur — de Flaubert et non pas de moi — que cependant, c'était lui qui m'avait décoré — enfin, un tas de choses qu'elle ne m'a pas dites, se bornant, comme je l'ai raconté, à se plaindre de mon attaque contre Renan et, aussitôt, à se faire pardonner son reproche par une tendre amabilité. Mais la pauvre princesse, quand la passion l'anime, elle ment comme une Italienne qu'elle est. Combien de fois ai-je été l'auditeur de pareils mensonges sur les gens les plus fidèles de son monde, dans de semblables circonstances ! Et le bon Popelin, appuyant tous les dires de la princesse de dodelinements de la tête flatteurs, soudain, s'est emporté contre mes MÉMOIRES, a déclaré que le portrait que j'ai fait d'elle est humiliant pour l'altesse, prétendant que j'en avais fait un être inintelligent, enfantin. Ah ! la parfaite canaille que ce Popelin, lui qui me disait un jour — je crois avoir reproduit ses paroles — qu'elle était une imbécile, une femme sans aucune valeur, et que c'était moi, lui et les autres de son salon, qui lui avions fabriqué cette réputation d'intelligence [1] !

L'amusant de ce conciliabule, c'est que Heredia, bêtement ou malignement, ne cessait de répéter : « Mais enfin, par qui Mlle Abbatucci a-t-elle pu savoir ce propos de la princesse, dit dans son intimité ? » A quoi, au bout de quelque temps, Popelin impatienté lui jetait sur une note colère : « Enfin, elle l'a su ! »

C'est vraiment particulier, la position des amis de la princesse qui ont pris parti pour elle contre la maîtresse de son amant : ils sont démolis par cet amant en l'honneur de sa belle et sont abandonnés par la princesse. Car tout ceci n'a pas d'autre cause que la cessation de mes relations avec Mlle Abbatucci par égard à la princesse.

Au fond, voilà mon plan : je voudrais, évitant un éclat, gagner la fin de mai en continuant à aller rue de Berri, me faire rare, rare, rarissime, cet été à Saint-Gratien et, au retour de la princesse à Paris, lui écrire que je suis vieux, fatigué, et que je renonce à aller dans le grand monde.

Lundi 2 mars

Très vraiment, sauf un peu d'enragement de ne pouvoir pas faire répondre au sujet du dîner fait par la princesse chez moi, l'attaque de de Bonnières ne m'avait pas beaucoup touché ; mais cette attaque

1. Cf. pp. 548-551 et p. 226.

m'a amené tellement de marques de sympathie, de témoignages d'apitoiement sur la blessure que cette attaque avait dû me faire, d'engagements d'aller le siffler, s'il faisait une conférence, que ça m'a remis la pensée sur l'injurieux de l'article et qu'au lieu d'atténuer ladite blessure, ça me la fait sentir.

Dans la boutique, dans l'antre de ce Meyer de la rue Laffitte, sur le coup de six heures, après une vente qui a quelque retentissement, les amateurs, attendant la rentrée du petit Juif chargé de leurs commissions, ont des figures priapiques de messieurs attendant, dans un salon de maquerelle, des femmes qu'on est allé chercher à leur domicile.

Mardi 3 mars

Mes embêtements, quand je ne me couche pas, me coûtent très cher, parce que je vais chercher une diversion à mes idées chez les marchands de bibelots et que je m'y ruine.

Daudet disait assez plaisamment ces jours-ci : « Si j'avais dans mon œuvre un arbre généalogique Rougon-Macquart, comme Zola, il me semble que je me pendrais à une des branches[1]. »

Ce soir, chez les Charpentier, dîner politique avec le ménage Constans, le ménage Floquet.

Un laid ménage que le ménage Constans ! Le mari, une tête de gendarme en civil, une mâchoire lourde, dans laquelle il y a la vilaine parole grasse du Midi. La femme, un œil clair de geai sous des paupières fripées, un teint brouillé, une bouche au méchant dessin, d'où sortent deux répliques rêches à une chose dite par Mme Daudet, à une chose dite par Mme Zola.

Floquet, lui, un agréable de province, ayant du papillonnement d'un papillon aux souliers de charrue, mais pas antipathique. Mme Floquet, une tête d'une beauté sympathique, animée par un aimable désir de plaire — et si chez elle, c'est de la banalité, c'est de la banalité très séduisante.

C'est amusant, le bonheur physique de Mme Charpentier entre des ministres et de grands personnages politiques, et qui se traduit par une espèce de ballonnement de toute sa ronde petite personne.

Après dîner, dans un coin du salon, causerie de Daudet et de moi avec Constans, qui nous raconte sur son séjour en Chine des choses sans grand intérêt et non perçues par une cervelle supérieure. Je me rappelle cette anecdote. Son cocher, ayant insulté le marquis Tseng, eut le choix entre une amende ridicule et cinquante coups de bambou. En sa qualité d'humain exotique, dénué de système nerveux, il préféra les coups de bambou.

La pensée de Constans est que la Cochinchine bien administrée

1. Cf. t. II, p. 772, n. 3.

rapporterait dans quelques années cent millions ; mais il nous donne connaissance de mesures extraordinaires d'imbécillité, venues par ordre de Paris, imposées par des tout-puissants de ministères, ne se doutant pas de ce que c'est qu'un pays de là-bas.

Constans méridional, Floquet méridional, Zola méridional, Daudet méridional, le musicien Chabrier, qui dînait, méridional... Ah ! ce pauvre Nord est-il en ce moment battu par le Midi !

Mercredi 4 mars

Quel fourbe que ce Popelin ! Après le billet que samedi, il m'écrivait en m'assurant de son amitié, dimanche, chez la princesse, à propos des MÉMOIRES de Talleyrand, il s'écriait : « Au moins, celui-ci ne s'exploite pas de son vivant et n'arrange pas ce qu'il entend dire ! » Et il lançait tout haut cela, tourné vers Mlle Zeller dans la méchante intention de lui faire de la peine.

Et aujourd'hui, Mlle Zeller me rappelait que celle sur le compte de laquelle j'avais de si belles illusions, de celle qu'elle défendait avec tant de passion contre ses parents, elle me rappelait que sa mère, qui l'avait bien jugée, sa bonne petite amie, la portraiturait ainsi : « C'est le mensonge fait femme ! » Et une autre de ses parentes ne cessait de lui répéter : « Défie-toi d'elle, c'est une Corse ! »

Parole d'honneur ! c'est dégoûtant l'enduit de graisse sous lequel disparaît la peau d'une actrice. Je faisais ce soir cette réflexion aux Variétés, dans la loge de Réjane, à laquelle je voyais se faire absolument en saindoux le visage qu'allait tout à l'heure baiser Baron [1].

Nau vient me voir. Elle a joué à Bruxelles LA FILLE ÉLISA, dans une salle où la recette est en général de quelques centaines de francs et où elle a fait 2 200 francs les trois soirs où on l'a représentée. Et puis, on ne l'a plus représentée, elle ne sait pas trop pourquoi, les autres pièces faisant des recettes fort inférieures. Elle croit — et elle a peut-être raison — qu'Antoine est jaloux de tout succès auprès de lui, même quand le succès est obtenu par une femme. Et puis vraiment, il y a chez cet homme un trop grand *je-m'en-foutisme* du public. A la première de LA FILLE ÉLISA, du cimetière, il n'y avait que le mur [2]. A la deuxième, enlevant le rôle de Tanchon à Arquillière, il l'avait donné à un garçon qui n'avait pas eu le temps d'apprendre le rôle. Puis c'est à la fois un brutal et un pleureur, un sentimental mal élevé en puissance des femmes de son théâtre. J'ai bien peur que ce soit encore un général Boulanger, un homme dont les destins font le jeu, mais qui, au moment de réussir, manque l'affaire, par l'absence de certains côtés amenant la réussite.

1. Add. éd. : *le visage...*
2. Le vieux cimetière de Boulogne sert de cadre au meurtre du lignard Tanchon par Élisa, à l'acte I de la pièce d'Ajalbert.

Jeudi 5 mars

Vraiment, ce Burty aura été un homme extraordinaire ! Comment ? Après toutes ces ventes de son vivant en France et en Angleterre, on retrouve encore dans les cartons du mort, quatre, cinq, six épreuves d'un même état !... Ça confirme ce que m'avait dit le jeune Flameng sur le nombre d'épreuves entrevues un jour par lui dans un carton de Burty. Mais par quel procédé pouvait-il obtenir des graveurs qu'ils lui en donnassent autant ?

A-t-on remarqué qu'aucun de nos peintres français du XIXe siècle n'a eu un talent d'aquafortiste original. Decamps, le peintre puissant, a fait des eaux-fortes qui semblent égratignées avec une épingle. De Meissonier, retirés le FUMEUR et l'HOMME A L'ÉPÉE, d'un travail encore pas très libre, le reste, ce sont des *chiures* de mouches. Delacroix a un travail bête, bête ! Oui, bête : sans esprit, sans accent, lourdement laborieux. Enfin la fameuse eau-forte de MONSEIGNEUR DE PRESSIGNY par Ingres, c'est une eau-forte d'architecte, une épure mordue... Je ne vois guère, parmi les peintres modernes, de belles colorations dans la nuit et le clair-obscur du métier que chez Fortuny, et qui encore arrive à l'intensité du noir par un très petit travail.

Extraordinaire — je ne puis m'empêcher de le répéter — cette bienveillance universelle pour Maupassant ! Ce *de* précédé d'un *Guy* qui a l'air de descendre des croisades, ce *de* qui a été pour moi un motif d'inimitié, de la part de mes confrères qui ne l'avaient pas !... Des choses malpropres, comme cette représentation de FEUILLE DE ROSE où en femme, avec un tricot représentant des grandes lèvres vert-de-grisées de la plus affreuse chaude-pisse, il se roulait amoureusement sur les genoux d'un camarade, comment ça ne lui a-t-il été jamais servi dans une attaque de journal ? Toutefois, en dépit de l'agenouillement de la presse devant l'œuvre dramatique du jeune maître, MUSOTTE est du Gymnase naturaliste, mais c'est du Gymnase, au fond.

Au dîner de Daudet, on cause du symbolisme, de Mallarmé, qu'on qualifie de roublard. Mme Rodenbach, qui se trouve à côté de moi, me murmure que sa femme lui a fait la confidence qu'il a eu un transport au cerveau, il y a quelques années. Alors, il serait sincère en sa langue logogryphique ?... Elle me conte quelques instants après que son mari avait préparé un grand article admiratif sur mon JOURNAL, coupé par l'article de Bonnières ; qu'alors, il l'a présenté au GAULOIS, où Meyer n'a pas voulu l'insérer, lui laissant entendre qu'il ne veut pas se mettre en contradiction avec le FIGARO, de peur que le FIGARO ne l'attaque sur son boulangisme passé. C'est vraiment drôle, le journalisme !

Ce soir, chez les Daudet, première visite de Jules Renard, l'ironique créateur de POIL DE CAROTTE, un garçon à la construction de la tête toute semblable à celle de Rochefort, mais sans la plantation rêche des cheveux, sans le toupet de clown, un garçon encore jeune, mais froid, sérieux, flegmatique, n'ayant pas aux bêtises qui se disent le rire de la jeunesse.

Mme Daudet m'entretenait ce soir de la haine de Mme de Nittis, se produisant à tout moment contre moi par des calomnies, m'accusant d'aller chez les gens seulement tant que la maison est amusante, quand elle sait très bien que je me suis éloigné de sa maison quand elle m'a fait une condition de me fâcher avec les Daudet et lorsque, il faut le dire, la *papillonne* de sa cervelle, après avoir passé de Burty à moi, était passée de moi à Dumas fils... Vraiment, je trouve, dans ce moment, trop de méchanceté dans le monde, trop de méchanceté féminine de la part de femmes envers lesquelles je me suis toujours conduit de la manière la plus correcte.

Vendredi 6 mars

Dans la légitime indignation où je me trouve, il m'arrive de monologuer bêtement tout seul, de cracher à cette princesse, à ce Popelin, à ces domestiques de la maison, tout ce que j'ai sur le cœur, m'interrompant tout à coup pour me demander si des êtres aussi méprisables pourraient amener quelque trouble dans ma cervelle. Ah ! les indignations de Daudet pour l'amie qu'est la princesse sont des indignations bien justes !

Dimanche 8 mars

On sonne. C'est un reporter qui vient m'interviewer sur le prince Napoléon, qui serait mort ou en train de mourir. Il tombe mal, vraiment. Car si je lui disais tout ce que j'ai appris sur lui de la princesse et des autres, le public saurait que ç'a été le plus sale prince de la terre, depuis qu'il existe des princes !

Heredia, qui a assisté au conciliabule du dernier mercredi chez la princesse, après mon départ, n'aurait fait que reprendre comme courtisan la phrase de la princesse s'adressant sournoisement à Popelin : « Mais qu'est-ce qui a pu rapporter à Mlle Abbatucci une phrase dite chez moi ? » Il raconte qu'à la première de MUSOTTE de Maupassant, la princesse a refusé la main à de Bonnières, refus imprimé dans la VIE PARISIENNE.

Darzens me donne des détails sur le séjour d'Antoine à Bruxelles. Il serait dans ce moment l'amant de *Marie Coup-de-Sabre*, et c'est à cause de cela qu'il aurait voulu remplacer Nau par ladite[1]. Méténier saurait la chose, aurait été informé par un collègue de son temps du commissariat de police d'une nuit passée à l'hôtel du Louvre par *Marie Coup-de-Sabre* avec Antoine, aurait écrit une terrible lettre à sa maîtresse.

Daudet me confiait qu'il avait cherché, ces jours-ci, à retrouver dans sa mémoire son enfance et que la légende qui faisait de lui, à cette époque, un catholique fervent était une légende. C'était, disait-il, le coquet surplis avec lequel il servait la messe, l'élégante calotte qu'il avait sur ses cheveux bouclés, les compliments sur sa charmante petite

1. C'est Mlle Fleury qui jouait dans LA FILLE ÉLISA le rôle de cette prostituée amie de l'héroïne et surnommée *Marie Coup-de-Sabre*.

personne, les compliments sur sa jolie voix de *tenorino,* enfin le cabotinage de la chose qui le séduisait et lui donnait l'air d'un enfant confit en dévotion.

Daudet cause avec Carrière, pendant que celui-ci fait son portrait, et le peintre faisant sans doute allusion à Gallimard, lui disant que c'était insupportable, le pessimisme chez les gens riches, ne se contentant pas de vous remplir et de vous abreuver, mais confessant longuement vos maux, vous servant encore plus copieusement les leurs et vous mettant à la porte dans le froid, eux entourés de toutes les aisances de la vie et sans inquiétude du lendemain, et vous, pauvres artistes, ayant le sentiment d'avoir perdu votre soirée dans un ressassement d'ennui et de tristesse, et parfois trouvant chez vous la mauvaise humeur de votre femme et retournant dans votre lit le regret de ne l'avoir pas passée, cette soirée, à faire dans votre intérieur des dessins qui auraient pu trouver un acheteur ou un éditeur.

Mardi 10 mars

Ce matin, Ajalbert tombe chez moi, revenant de Belgique, où il a trouvé dans Antoine un personnage aux dessous indéfinissables et, au fond, peu reconnaissant de ce que LA FILLE ÉLISA avait eu de providentiel pour son théâtre, en train de s'en aller *à vau-l'eau.* Ajalbert me peint le départ de la troupe le matin, et la misère des mines, du linge, des toilettes de ces femmes, vous enlevant tout désir de coucher avec ces créatures, désir qu'on caressait le soir de la veille du départ. Il me fait un tableau de la crise nerveuse de *Marie Coup-de-Sabre* recevant la lettre de rupture de Méténier et répétant, dans la cocasserie d'un désespoir à faire mourir de rire, répétant : « Maintenant que je suis seule sur le globe... hi ! hi ! »

A Ajalbert succède le Japonais Hayashi avec quelques coupes à *saki,* une traduction des MAISONS VERTES d'Outamaro. Et je lui parle des biographies d'artistes avec lesquelles je voudrais faire mon ART JAPONAIS AU XVIIIe SIÈCLE, lui citant entre autres les noms de Ritzono et de Gakutei.

De Ritzono, il me raconte ceci. Il a débuté en vendant sur le pont de Riogôku — le Pont Neuf de la Soumida à Yedo, — des bouts de bois ornementés, mais d'une ornementation très économique, parce qu'il manquait absolument d'argent. Et en même temps, il faisait des dessins en plein air. Un jour qu'il avait sa petite exposition devant lui, passait le prince Tsugarou, qui regardait l'étalage et lui disait d'envoyer chez lui tous ses morceaux de bois. Et il travaillait un temps pour le prince, ornant alors ses travaux de bois de belles et riches matières et en faisant de somptueux objets d'art, que collectionnait le prince et dont il faisait cadeau à ses amis les princes [1]. Et le prince le prenait en telle amitié, en telle estime qu'il voulait en faire son *ronin.* Mais arrêté dans son désir par le caractère de ses œuvres, qui étaient les œuvres d'un artisan,

1. Var. 1895 : *aux daïmio, ses amis.*

et non d'un poète ou d'un savant, il lui demandait une fois s'il n'avait pas un autre talent que celui d'ornemaniste. Ritzono, à la demande du prince, répondait qu'il était un savant militaire, un tacticien. Le prince, alors, le faisait interroger par le tacticien attaché à sa maison, qui venait trouver le prince, tout stupéfait de la science militaire de Ritzono, et lui demandait de le prendre comme tacticien en titre, heureux d'être son second.

De Gakutei, de l'artiste des *sourimonos* [1], du dessinateur de la femme sacerdotale, Hayashi me raconte cela. C'était un littérateur, un littérateur donnant ses inspirations à Hokousaï et qui, à la fin, fut si charmé, si séduit par son talent qu'il devint peintre et se fit son élève.

Mercredi 11 mars

Ah, les banquiers amateurs ! Aujourd'hui, Dreyfus m'amène le Rothschild de Vienne, qui croit avoir le goût des dessins français. Il me dit d'un air aimable deux ou trois choses, qui se trouvent être des bêtises, presque blessantes — bêtises à propos desquelles je le rembarre avec une certaine nervosité.

En dépit des hauts prix atteints par les eaux-fortes de Bracquemond à la vente Burty, Bracquemond entre furibond chez moi, en invectivant les mânes de notre ami : « Des trois, quatre, cinq épreuves du même état, concevez-vous ça ? s'écrie-t-il. Après toutes les ventes qu'il avait déjà faites !... Enfin, ma VOLAILLE PLUMÉE, on n'en a tiré que six épreuves, et il en avait deux !... Mais ce que vous ne savez pas, je ne l'ai jamais dit, c'est qu'il m'a volé chez moi deux eaux-fortes, dont l'une vaut un billet de cinq cents francs, tout comme le billet, et l'autre peut-être dix francs, mais une curiosité, une planche rarissime... La première, c'est la romance gravée par Millet... La seconde, c'est une eau-forte de Manet, qu'il a faite chez moi, que j'ai tirée moi-même, dont il n'a pas été content, et il a rayé le cuivre... Oui, oui, j'ai eu la conviction qu'il me les avait volées à la suite d'une visite qu'il m'avait faite ; et lorsqu'il est revenu, j'avais commencé à lui dire qu'il me les avait prises, ... mais il a joué une telle indignation que je n'ai pas osé persister. Mais je suis resté avec ma conviction... Alors, il était curieux, n'est-ce pas ? pour moi, de les retrouver à sa vente... Eh bien, la chère, celle de Millet, je ne l'ai pas retrouvée. Mais celle de Manet, celle tirée à une seule épreuve et que j'avais gardée, elle y était, elle y était ! »

Je l'interromps ici, en lui disant : « Bracquemond, peut-être pourrai-je vous renseigner sur l'autre. Une des dernières fois que j'ai vu Burty avant sa mort, il m'a dit que les marchands américains étaient extraordinaires, que l'un d'eux, tombé chez lui, lui avait offert un tel prix d'une méchante eau-forte de Millet, qui valait bien quarante sous, qu'il n'avait pu résister. C'était mille francs qu'il lui avait donnés. Il ne m'a pas désigné la pièce, mais ç'a tout l'air d'être celle qu'il vous a subtilisée. »

---

1. Sur ces impressions estompées et gaufrées, cf. HOKOUSAI, p. 26.

Si Dieu aidant, l'agonie du prince Napoléon pouvait se prolonger, durer une quinzaine de jours, ça ferait peut-être une diversion dans l'esprit de l'habitante de la rue de Berri...

Jeudi 12 mars

En rentrant chez moi, enfin une lettre qui m'apporte une bonne nouvelle, une lettre de l'Odéon me demandant des brochures pour commencer les répétitions de la reprise de GERMINIE LACERTEUX.

Vraiment, Rosny devient insupportable avec ses éreintements didactiques et au fond sans passion. Aujourd'hui, c'est Barrès sur lequel il tombe et qu'il déclare un plagiaire éhonté de THAÏS d'Anatole France, qu'il exalte comme un homme qui lui a fait un bon article. Certes, Barrès n'est pas un esprit original, un esprit pas même très sympathique, mais il a certaines qualités et une distinction dans le sophisme toute particulière, et la négation interminable, pédantesque, professorale, de ce garçon m'assomme, au point que deux ou trois fois, malgré moi, j'ai tiré ma montre, pris d'une envie insurmontable de m'en aller. Ah ! notre ami devient bien amer et Daudet disait avec raison, ces jours derniers, que ça l'embêtait de ne plus trouver chez lui le Rosny d'autrefois, le Rosny superbement dédaigneux du succès des autres, attendant le sien avec patience.

Vendredi 13 mars

Je lis, ce soir, dans un journal, la mort de Banville. Diable ! diable ! les gens de mon âge s'en vont autour de moi. Il faut cette année pousser les préparatifs de sa sortie de scène [1].

Samedi 14 mars

Oh ! la lettre de faire-part avec la mention de la bénédiction du pape, bénédiction préventive conservée dans un tiroir de commode, ça ne vous semble pas avoir quelque chose d'un décès dans la comédie italienne ? Comment n'a-t-on pas la discrétion, quand on a de telles faveurs en poche, comment n'a-t-on pas la pudeur de ne pas les divulguer en public ?

Ce matin, chez Bing, été voir l'exposition Burty. Le feu a l'air d'être à la vente. Voici, je crois, le japonisme lancé et qui va partir pour les gros prix, comme j'ai vu partir l'estampe et le dessin français du XVIIIe siècle.

Aujourd'hui, se vend ma collection de livres dans la vente Burty. J'avoue que j'aurais aimé assister à la vacation ; mais vraiment, c'est gênant de se voir vendre. Et cependant, je me demande avec une certaine

---

1. Var. et add. 1895, plus haut : *la mort de ce vieux camarade de lettres, de Banville,* et ici : *Au fond, malgré du froid arrivé entre nous, je lui suis resté et lui reste toujours reconnaissant de son article sur mon frère.* — Cf. sur cet article, t. II, p. 259, n. 1.

anxiété ce qu'a pu se vendre le manuscrit de MADAME GERVAISAIS, que j'avais donné à Burty, le seul manuscrit qui existe des romans des deux frères, les autres n'ayant pas été gardés par nous. J'avais donné 300 francs de commission, mais Gallimard avait donné une commission de 3 000 francs à Conquet. S'est-il vendu 310 francs ou un gros prix ?

Dimanche 15 mars

Une nuit d'insomnie. Ce matin, un moment d'endormement trouble, dans lequel j'ai rêvé ceci. Je me trouvais avoir couché dans une localité inconnue de la banlieue, et j'avais besoin d'assister le matin à un enterrement à Paris... C'était sans doute la préoccupation de l'enterrement de Banville. En descendant l'escalier, pendant que je me demandais où je pourrais trouver une voiture, je me rappelais qu'il me semblait avoir vu le bas de la maison occupé par un loueur. Et en effet, comme si je l'avais demandé, au moment où je posais le pied sur la dernière marche, un vieux landau s'engageait à reculons devant moi dans l'allée resserrée entre de hauts murs et si étroite que je ne pouvais voir l'attelage, et l'allée longue, longue ne finissait pas !

Enfin, à la sortie de l'allée, alors que le landau tournait dans la rue et que la portière m'était ouverte, je m'apercevais que le landau était attelé de huit cochons noirs, qu'avec de grandes guides et un peu à la façon de la voiture des chèvres des Champs-Élysées, menaient deux hommes ayant moitié l'aspect de postillons de Longjumeau, moitié l'aspect de toréadors. Et j'avais une terrible dispute avec ces hommes, qui soutenaient que j'avais pris la voiture, tandis que moi, avec un peu de lâcheté qu'on a dans les rêves, je m'excusais en leur disant que j'avais cru que la voiture était attelée avec des chevaux et que ce serait par trop ridicule d'arriver à un enterrement devant la porte de l'église avec un attelage comme le leur.

Au *Grenier,* on cause de Huysmans, qui se dit malade, inquiété par des espèces d'attouchements frigides, le long de son visage, presque alarmé par l'appréhension de se sentir entouré par quelque chose d'invisible. Est-ce qu'il serait par hasard victime du succubat qu'il est en train de décrire dans son roman [1] ? Puis une terreur secrète est en lui de ce que son chat, qui couchait sur son lit, ne veut plus y monter, semble fuir son maître.

I e chanoine de Lyon, qui lui a donné des renseignements sur la *messe noire,* dit-il, lui a écrit que ces choses devaient lui arriver et chaque jour, il lui mande ce qui suivra le lendemain, avec accompagnement d'ordonnances anti-sataniques pour s'en défendre.

Lorrain, qui nous donne ces détails sur Huysmans, affirme que

1. Cf. LA-BAS, ch. IX (éd. Crès, 1930, t. I, p. 221 sqq), où Gévingey détaille les maléfices du *succubat*, de la séduction d'un homme par un démon femelle, et ch. XIV (*ibid.*, t. II, p. 63), le récit de la nuit passée chez le chanoine Docre par Gévingey et au cours de laquelle celui-ci est attaqué par un succube. — Sur les relations de Huysmans avec le *chanoine de Lyon*, l'abbé Boullan, cf. t. III, p. 484, n. 4. — La *messe noire* visée ici est celle que célèbre le chanoine Docre et à laquelle Mme Chantelouve fait assister Durtal (cf. LA-BAS, ch. XIX).

l'auteur de LA-BAS porte maintenant sur lui un scapulaire contenant une hostie tachée de sang, qui lui a été envoyée par ledit chanoine.

Ce soir, Daudet faisait le portrait de Banville, disant que c'était l'homme qui avait peur de tout, peur d'une attaque de journal, peur d'un duel, peur de l'enfer, peur des coins d'ombre d'une chambre. Une peur qui l'avait empêché de sortir et de mettre en circulation le fond de son âme, qui était mauvais, acerbe, méchant. Une peur qui, par son universalité, devenait presque grandiose ! Toute sa vie, dans son existence, Banville avait été le Pierrot funambulesque.

Lorrain, dans la journée, m'avait dit qu'il avait rencontré chez Charpentier Zola et que celui-ci avait laissé filtrer son ressentiment de mon JOURNAL, se plaignant que je l'avais présenté au public comme une bête. Ce soir, ce mécontentement m'est confirmé par Mme Daudet, qui a eu une discussion au sujet du JOURNAL avec Mme Zola, prétendant que j'avais été désagréable pour tout le monde et répétant deux ou trois fois, avec la mauvaise voix de harengère qu'elle a dans l'animosité : « ... et pour vous-même ! »

Lundi 16 mars

L'enterrement de Banville, c'est ce qu'on peut appeler un enterrement chauffé près de la presse par l'épouse. Il y a un mot révélateur, rapporté par Mme Dardoize : « Des articles et pas de discours ! » s'écriait Mme de Banville. En effet, les discours ne font pas vendre les bouquins du défunt.

Un article de Mirbeau, dans L'ÉCHO DE PARIS, prenant ma défense contre de Bonnières, un article du tact le plus délicat et de la méchanceté la plus distinguée [1]. C'est, à l'heure qu'il est, le seul valeureux dans les lettres, le seul prêt à compromettre un peu de la tranquillité de son esprit, le seul prêt à se donner un coup de torchon. Ç'a été mon seul défenseur, mon seul champion. Quant aux gens de mon *Grenier*, pas un n'a dépensé pour moi une plumée d'encre.

Répétition à l'Odéon pour la reprise de GERMINIE LACERTEUX. Est-ce par cela que le directeur, les acteurs et moi-même savons que GERMINIE sera jouée seulement dix fois, que je trouve, à la fois chez eux et chez moi, un peu d'indifférence pour la reprise de cette pièce, dont l'annonce me faisait d'avance tant de plaisir ?

1. Cf. LE CAS DE M. DE GONCOURT, de Mirbeau, paru dans L'ÉCHO DE PARIS du 17 : Mirbeau ironise sur la médiocrité littéraire et le désir de flatter « une personne puissante », qu'on prête à R. de Bonnières et il se dit profondément ému par la franchise et la vaillance de Goncourt.

Jeudi 19 mars

Je trouve Daudet en train de lire la préface de Drumont, où il est imprimé que Daudet lui a dit le plus atroce mal de Lockroy[1]... Et, bien justement, Daudet s'étend longuement avec moi sur la méchanceté de l'heure actuelle, cette méchanceté perfidement assassine. J'avoue que je ne supposais pas Drumont capable d'une si basse vengeance : je le croyais un peu follement colère, capable d'une violence d'écriture, de paroles, de voies de fait, mais je n'aurais jamais supposé qu'il pût se faire le tortueux Jésuite travaillant à brouiller deux familles par des indiscrétions perfides.

Vendredi 20 mars

Dernière répétition de GERMINIE. Très grand caractère, le nouveau décor du cimetière Montmartre, exécuté d'après l'aquarelle de mon frère[2]. — Je ne sais décidément pas si la pièce est bonne ou mauvaise, mais pour moi, c'est un fort emmagasinement d'émotions dramatiques.

Ce soir, au dîner des Spartiates, on soutenait que l'homme de l'Occident était une individualité plus entière, plus détachée, plus en relief sur la nature, moins mangée par l'ambiance des milieux, par cela même une individualité plus déteneuse d'une volonté propre, que l'homme de l'Orient, dont l'individualité est comme perdue, fondue, noyée dans le grand Tout, en l'exubérance de végétalité et d'animalité — et faisant de l'homme de là-bas la proie du *nirvânisme,* de cette lâche et souriante veulerie d'une volonté, qui semble avoir donné sa démission devant le rien qu'est l'humanité en ces contrées exotiques.

Borelli disait à ce sujet une chose curieuse. Il déclarait que lui, qui est resté un fervent catholique, en cette terre, il sentait un peu mourir en lui l'idée religieuse, ne pouvant plus croire que Dieu peut s'intéresser à la prière de l'animalcule qu'il lui semblait être, en cette poussée incessante et ce fourmillement de la création.

Samedi 21 mars

Agonie de Musotte dans la pièce de Maupassant, agonie de Simone dans le MARIAGE BLANC de Lemaître, toutes ces agonies bourgeoises

1. Dans le corps même du volume, Drumont reproche à Daudet d'avoir accepté pour Léon un mariage purement civil, cédant en ceci au tuteur de Jeanne Hugo, à ce Lockroy, alors que lui, Drumont, a entendu « vingt fois Daudet traiter de *queue rouge* et de *paillasse* ce camelot qui a vendu de la politique comme ses pareils vendaient des cravates sous les portes cochères » (LE TESTAMENT D'UN ANTISÉMITE, 1891, p. 232). Rien dans la préface ne concerne Daudet et Lockroy.

2. Le cimetière Montmartre, dans la pièce d'Edmond, GERMINIE LACERTEUX, fournit le décor de l'Épilogue, où l'on voit Mlle de Varandeuil, qui a pardonné à sa bonne, chercher en vain sa tombe parmi les croix anonymes de la fosse commune. Sur l'aquarelle de janvier 1863, cf. t. I, p. 855, n. 1.

feront-elles amnistier ce soir mon agonie de Germinie ? Non : c'est de l'agonie peuple [1] !

Tout journaliste faisant une pièce a le talent dramatique, et si sa pièce ne l'est absolument pas, ses confrères sont merveilleux par la trouvaille des qualités qu'ils lui découvrent à côté.

Journée longue. Je vais tuer une heure ou deux à l'exposition Burty ; enfin, à six heures et demie, me voici chez Daudet, que je trouve s'habillant courageusement, en dépit de la grippe et du reste.

Daudet me raconte que Koning est complètement fâché avec Maupassant et que malgré toutes les avances de Maupassant pour se réconcilier, il persiste dans sa fâcherie. A cette heure, Maupassant paraît-il, serait devenu fou d'orgueil et le ton de ses lettres a un ton si autoritaire qu'il aurait blessé à fond le directeur du Gymnase. Et voici ce qui a amené la brouille. Maupassant voulait que la reproduction des articles sur la pièce, payée par Koning, comprît la partie qui célébrait son génie, se souciant peu de l'éloge de la pièce, qui est un peu l'éloge de son collaborateur ; et Koning, lui, se souciait peu de la célébration du génie de Maupassant, préoccupé seulement du succès de la pièce.

Or donc, Koning déclare que dans cette pièce, il y a bien du Normand qui passe pour du Maupassant et qu'il l'attend à sa seconde, à celle qu'il fera tout seul et où il s'annonce d'avance comme le créateur du nouveau théâtre [2].

A huit heures et demie, nous partons. J'avoue que j'ai une petite émotion, et un peu peur que la bataille de la première ne recommence. Non, les tableaux défilent, et rien, pas un *Oh !*, pas un mouvement de répulsion, pas un timide chutement, pas un sifflet, des deux, trois rappels à chaque acte. Il n'y a de désapprobateur, dans la salle, que la grosse tête de Sarcey, qui joue l'ennui.

Du reste, sauf le tableau du bal, qui manque de cohésion, et Dheurs, qui dit aussi mal qu'aux premières représentations tout ce qu'il y a de redoutable dans la pièce, jamais GERMINIE LACERTEUX n'a été jouée comme cela. Dumény est tout à fait entré dans la peau et la canaillerie de Jupillon. Mme Crosnier, qui ne laisse plus tomber les pénultièmes de ses mots, a apporté dans son rôle une énergie, une verdeur, une puissance, qu'elle n'avait pas encore déployées. Réjane a été admirable,

---

1. L'agonie de Germinie : celle d'une servante hystérique et tuberculeuse mourant à l'hôpital (cf. GERMINIE LACERTEUX, 9e tableau). — L'agonie de Musotte, c'est celle d'une grisette, qui vient d'avoir un enfant de Jean Martinel et qui en meurt : une fin conventionnelle, où en son délire heureux, l'agonisante voit un avenir doré pour le fils que Martinel emporte et qu'il va faire élever par Gilberte de Petitpré, qu'il s'apprête à épouser MUSOTTE, acte II, sc. 4. Sur cette pièce de Maupassant et Jacques Normand, cf. p. 552, n. 1). — Enfin, dans LE MARIAGE BLANC de Jules Lemaître (Théâtre-Français, 20 mars 1891), Simone Aubert est poitrinaire ; Jacques de Tièvre, le viveur désabusé, l'a épousée pour consoler son agonie et elle meurt, quand elle aperçoit, à la fin du drame, de la jalousie amoureuse de sa sœur, Marthe, la garde-malade jusqu'ici sacrifiée (acte III, sc. 7 et 9).

2. La seconde pièce de Maupassant, annoncée ici, est LA PAIX DU MÉNAGE à laquelle il travaillait dès 1890, mais qui sera représentée seulement le 6 mars 1893 au Théâtre-Français.

elle a dit la scène de l'apport de l'argent comme la plus grande artiste dramatique, ainsi que l'aurait pu dire Rachel [1].

Dimanche 22 mars

Rod, qui traverse Paris, apparaît dans mon *Grenier* — lui autrefois si maigre — avec une figure rondelette de lettré suisse.

Il me parle de ce qu'il fait, d'un roman en préparation, dont le sujet est assez original. Il étudie dans un petit village de Suisse qu'il habite l'été, la révolution produite par l'installation d'un hôtel. C'est chez ces gens, à la fois simples et avides, la ruine amenée par le prêt hypothécaire, le prêt auquel ils recourent pour bâtir des logements, des succursales à l'hôtel ; et avec la ruine, la mort des mœurs et des habitudes primitives sombrées dans les besoins de l'aisance et d'une vie matérielle, tout autre que celle dont ils se contentaient avant l'installation de l'hôtel.

Sarcey, embêté du succès de GERMINIE à la représentation d'hier, écrit ce soir dans le TEMPS, dans l'honnête désir de tuer la reprise, que cette pièce est la nullité dans la prétention et que le public regarde les tableaux comme des images d'Épinal dessinées par un Japonais de la décadence [2].

Lundi 23 mars

La visite de Rosalie — la nièce de Rose, la petite fille dont je me suis servi pour faire l'enfance de sœur Philomène au couvent —, la visite au bout de trente ans [3]. Cela m'a remué...

Au fond, j'avais un peu peur de cette visite comme une visite de chantage ; ç'a n'en a pas, jusqu'à présent, l'air.

Ah ! si je recommençais ma vie d'homme de lettres, comme je saisirais, à mon entrée dans ce monde de lâches, l'occasion d'avoir un ou deux duels. Car si je les avais eus, les attaques contre moi, à l'heure présente, mettraient des gants.

J'entre une minute à la vente Burty. Une folie d'enchères. Des bronzes, des bois, payés par lui une centaine de francs, montent à 1 500, à 2 500, à 3 000 francs !

Je trouve en rentrant une lettre de Mme de Nittis, qui m'accuse de lui avoir fait refuser une pièce à l'Odéon par Porel et me parle « de mes torts envers la mémoire de mon ami ». Est-ce qu'elle est folle ? Je n'ai jamais eu connaissance d'une pièce d'elle à l'Odéon !... Après tout, est-elle victime d'un racontar perfide ?... Ah ! je suis vraiment bien entouré de méchancetés, dans ce moment-ci !

---

1. Sur cette scène, cf. t. III, p. 194, n. 2.
2. La formule de Sarcey (*Chronique théâtrale* du TEMPS du 23 mars) est méprisante, mais elle ne signifie pas ce que Goncourt lui fait dire : « Le public qui était nombreux n'a point paru partager mes répugnances. Il a eu l'air de regarder cette suite de tableaux, qui ressemblent à des enluminures d'Épinal peintes par un Japonais de la décadence. »
3. Cf. t. I, p. 291, n. 2.

Mardi 24 mars

La lettre de Mme de Nittis m'a un peu porté sur les nerfs, cette nuit, et je lui écris ce matin :

« Madame,

« Vous me croyez vraiment capable d'une action aussi basse, aussi petitement méchante ? Oh, madame !... Je puis vous donner ma parole, ma parole sacrée, qu'avant la réception de votre lettre, j'ignorais absolument la présentation d'une pièce de vous à l'Odéon et que Porel, qui n'a pas connaissance de notre intimité passée, ne m'a jamais dit un mot de votre personne ni de votre œuvre.

« Du reste, je communique votre lettre à Porel, qui vous écrira.

« Agréez, Madame, l'assurance des sentiments d'un ancien ami, qui n'a jamais, jamais commis une traîtrise à votre égard et qui est resté, fidèlement et pieusement, le glorificateur du talent de votre mari. »

J'ouvre le FIGARO en déjeunant, et j'y lis avec stupéfaction, dans une réclame payée, que GERMINIE LACERTEUX a fait en deux représentations 7 872,75 francs et je passe une partie de la journée avec le journal devant moi, mes yeux allant pendant mon travail, avec bonheur, à ce chiffre.

Le raccrochage sur les quais, l'hiver. Une femme noire, immobilisée par le froid, sous un ciel où la lune met un rayonnement blême dans le moutonnement de nuages, couleur de suie, près de cette eau morne aux lueurs saumonées, trémolantes sur la fluctuation lente du fleuve, près de cette eau de suicide, qui semble appeler à elle.

Daudet, auquel je lis la lettre de Mme de Nittis, me dit que cette femme est si menteuse qu'il est disposé à croire que c'est une invention d'elle, une manœuvre pour faire recommander par moi sa pièce auprès de Porel.

C'est un épanouissement, une gaîté, une joie à l'Odéon, une joie qui descend des auteurs aux machinistes. Ah ! le succès au théâtre, quelle atmosphère ça fait, quelle griserie ça apporte à tout le monde ! Puis cette salle, si rétractile, si éplucheuse des mots, elle applaudit à tout rompre. Crosnier, qui a joué médiocrement ce soir, me disait avant le tableau du concierge : « Ah ! il y a des jours où on joue comme on ne joue qu'une fois... Samedi, j'ai eu le sentiment que je jouais comme je n'avais jamais joué, aux applaudissements de la salle... Et quand je suis rentrée dans ma loge, j'avais les yeux tout brillants et ma fille m'a dit : "Ah ! tu sais, maman, il ne faut pas te donner toute, ainsi que tu l'as fait ce soir, tu tomberais malade !"... Eh bien, aujourd'hui, non, c'est vrai, je ne suis pas la femme de samedi [1]... »

Jeudi 26 mars

Au cimetière, où je vois posée la dalle de granit sur la tombe de mon frère.

1. Sur le rôle de Mme Crosnier et le *tableau du concierge*, cf. t. III, p. 188, n. 1.

Ce soir, Rosny qui vient de lire chez Antoine sa pièce de NELL HORN, faite en collaboration avec son frère, nous parle de ce frère. Il nous le peint comme un esprit de la même famille que le sien, comme un mystique, mais avec une touche mélancolieuse, venant d'une santé plus frêle, d'une nature plus délicate. Il a pris un moment une autre carrière que la littérature ; mais cette carrière ne lui allait pas et il est revenu à la littérature. Mais il n'a voulu collaborer avec Rosny que lorsqu'il s'en est trouvé digne. Rosny ajoute que les deux frères ne pouvaient se faire la guerre, c'est-à-dire travailler chacun de leur côté, et que cela l'a décidé à lui donner l'hospitalité dans son talent. Du reste, cette collaboration, il n'en parle pas simplement, bonnement. Il est vraiment trop grandiloque, quand il parle des qualités morales de son frère, de la grandeur de leur fraternité — et bien solennellement embêtant !

Il parle un moment d'un troisième frère, un gamin, un ironique, un féroce moqueur de la religiosité de sa première communion, qui pissait dans son bénitier et se *gabelait* des immersions sacro-saintes du doigt de son grand frère.

Vendredi 27 mars

Ah ! qu'on est malheureux d'être comme je suis, d'avoir des nerfs qui me font tout percevoir du dedans des gens qui m'entourent, ainsi qu'un corps souffreteux reçoit inconsciemment l'impression des températures ambiantes en leurs moindres variations. Ainsi je sens parfaitement, au son de la voix de Daudet, les choses dites pour m'annoncer de vraies et positives bonnes nouvelles, et les choses dites pour m'être agréable, pour panser des blessures, les choses de gentille amabilité qui sont des compliments à côté de la vérité.

Samedi 28 mars

Très bien fait, *ouvrièrement,* L'ARGENT ! Oui, c'est une bonne amplification d'un honorable lettré entre les mains duquel serait tombé un scénario de Balzac.

J'ai pris un parti devant l'éreintement général dont je suis la tête de Turc, c'est de ne plus lire les articles sur le moment, je les lirai dans un mois, six semaines : à cette date, le venin de l'article est éventé, il n'empoisonne plus.

Dimanche 29 mars

Lorrain, qui fréquente des endroits innommables, me contait qu'en un de ces endroits, il avait entendu un individu dire qu'il allait quelquefois à sept heures du matin à la sortie de la prison de Poissy et qu'il emmenait avec lui un des sortants, avec lequel il se passait des choses « qui ressemblaient à *un roman de Goncourt* ». Merci, mon Dieu !

Mme Daudet m'apprenait ce soir que Banville, huit jours avant sa mort, lors d'une visite qu'elle faisait au ménage, n'avait pu, dans la souffrance du bruit que faisait mon JOURNAL à l'ÉCHO et du silence dans lequel tombait sa copie, n'avait pu, en une crise d'énervement, s'empêcher de se livrer ouvertement à une sortie féroce contre moi, tout embarrassé et tout gêné ensuite, dans sa reconduite de Mme Daudet, et craignant qu'elle ne remît plus les pieds rue de l'Éperon.

Mardi 31 mars

Ah ! il demeure loin, Descaves, il demeure près de cette église où, après l'affaire de Châtillon, je voyais descendre de pâles blessés [1].

Un petit logis de banlieue, tout plein de soleil, coquettement arrangé ; et là dedans, sa *longuette* femme, aux gestes timidement maladroits, mais ayant quelque chose d'ingénument bon sur la physionomie.

Je le trouve levé, mais encore allongé sur une espèce de chaise longue, je le trouve à la fois engraissé et désencoléré contre l'humanité, avec du rire bienveillant sur sa figure de petit bouledogue.

Jeudi 2 avril

Après un morceau sur les érotiques japonais, ainsi qu'après tous les morceaux que je travaille maintenant un peu, il me semble ressentir comme une déperdition cérébrale, comme un vide laissé dans ma tête par quelque chose qui en serait sorti et aurait été pompé par le papier de la copie.

Dîner chez Zola, dîner qu'il donne pour l'anniversaire de sa naissance — il a cinquante et un ans aujourd'hui — et qui nous fait inviter, les Daudet et moi, à sa table, depuis trois ou quatre années d'éloignement et de séparation.

Et là dedans, un mobilier de parvenu fastueux, un mobilier à la grosse richesse italienne, où se dressent des chaises à dossier doré de sept pieds, où on est reflété dans des glaces aux cadres faits de chasubles d'or et d'argent, où on aperçoit la rue de Paris à travers le coloriage archaïque d'un vitrail, où on évoque le ménage dormant dans une ruelle défendue par une grille de fer forgé : un mobilier qui a un peu l'air d'un héritage par Zola d'un cardinal vénitien, mais où tout ce décrochez-moi-ça *cathédraleux* fait un drôle d'entour à l'auteur de l'ASSOMMOIR et de NANA.

Le dîner est sans abandon. Daudet et moi, nous nous étions dit avant de partir qu'il fallait surveiller nos paroles dans ce milieu ; du reste, je suis gêné par l'attitude sournoisement hostile du bon Céard — qui,

1. Cf. t. II, p. 300, n. 1. Il s'agit de l'église Saint-Pierre de Montrouge, au carrefour d'Alésia. Lucien Descaves était né au 2, rue Montyon, — l'actuelle rue Mouton-Duvernet, et après son service militaire, il était venu s'installer chez son père, qui logeait alors rue Friant : c'est là que naît en 1892 Jean, le fils aîné de Lucien Descaves.

au mot de moi qui fait sourire les autres, devient sérieux, comme un âne qui boit dans un seau, ou se jette à un aparté avec son voisin.

On parle de ce pauvre diable d'Antoine, et je suis un peu étonné de l'entendre lâché ouvertement par Céard. Puis il se met à parler avec un enthousiasme factice, où je sens sa bougrerie, de l'originalité d'Ibsen dans le CANARD SAUVAGE ; et il nous parle en éclatant de rire, avec ses gros rires de l'Entrepôt des vins, de ce type extraordinaire d'un garde général renvoyé et qui était tourmenté certains jours d'arborer son képi à huis-clos [1].

Un moment, Daudet a été joliment verveux ; il a dit le remarquable *marchand de bonheur* qu'il ferait, assurant qu'il savait très bien le bonheur qu'il fallait à chaque homme, après l'avoir interrogé sur son tempérament, ses goûts, son milieu, etc., etc.

Zola, en me reconduisant, a laissé percer le désir de renouer avec nous, a parlé de réunions de l'hiver prochain, alors que sa maison serait tout à fait sur pied, son mobilier au complet.

Samedi 4 avril

Visite dans la journée à la princesse, que j'ai trouvée montant en voiture. Elle s'est montrée aimable, m'a invité à dîner jeudi — ce que j'ai refusé — à dîner dimanche — ce que j'ai refusé encore, tenant à lui prouver que je ne venais pas pour être invité à dîner. Là-dessus, elle m'a dit qu'elle ne reprenait pas ses dîners du mercredi à cause de son deuil. Est-ce bien vrai ? Ou si c'est vrai pour le moment, n'est-ce pas une combinaison pour refaire ses mercredis de l'hiver prochain avec des *cuphages* de Popelin, et de m'en éliminer ? Mon Dieu, que ça se fasse ! Je serai tout heureux de ma disgrâce ! Ça souffle maintenant trop froid, dans cette maison !

De la rue de Berri, je vais chez Bing, d'où j'emporte un ballot d'images japonaises à charger un cheval, que je charrie en courant chez Hayashi et que je me fais expliquer *dare-dare*, jusqu'à sept heures, heure à laquelle je me suis engagé à les rapporter chez Bing.

Je crois vraiment que lorsqu'on sait regarder, découvrir tout ce qu'il y a dans une image, on n'a pas besoin d'aller dans les pays à images. Ainsi, aujourd'hui, ayant sous les yeux une image de Toyokouni, représentant le bureau d'une *Maison verte*, d'une maison de prostitution, et me faisant donner une explication japonaise de tous les objets grands et petits garnissant ce bureau, j'avais la conviction que j'apporterais au lecteur, avec ma description une sensation du rendu de l'endroit, tout aussi photographique que la donnerait une description d'après nature de Loti.

---

1. Céard songe, dans la pièce d'Ibsen, au personnage du vieil Ekdal. Cf. notamment trad. La Chesnais, 1941, acte II, p. 120.

Dimanche 5 avril

C'est curieux, pendant que vous êtes à travailler dans votre chambre, en le silence de cette banlieue endormie, le rappel qui se fait soudain dans votre cervelle, occupée ailleurs, qu'on joue GERMINIE LACERTEUX à l'Odéon, avec ce sentiment complexe où se mêle à la fois du regret et de la satisfaction de n'y être pas.

Mardi 7 avril

Ça persiste même chez les vieux, l'allégresse intérieure éprouvée en se couchant, après une bonne journée de travail.

Vendredi 10 avril

Dans ce moment, une vie absolument en dehors de la vie réelle et toute remplie par la contemplation de l'objet et de l'image d'art, produisant une espèce d'onanisme de la rétine et de la cervelle, un état physique d'absence et de griserie, où l'on échappe aux embêtements moraux et aux petits malaises physiques.

Samedi 11 avril

La liberté et le bon marché de la vie, c'est ce que devrait nous payer un gouvernement républicain [1].

Or, le gouvernement républicain de l'heure actuelle, en fait de liberté, a adopté les mesures liberticides des anciens gouvernements : je ne citerai que la censure. Quant au bon marché de la vie, l'existence à Paris et en province a presque décuplé depuis Louis Philippe, en grande partie par la prépondérance donnée par la République à la société juive, et cela parallèlement à la diminution de la rente, à la baisse des fermages : les deux capitaux et les deux revenus des Français qui ne sont pas Juifs, pas tripoteurs d'argent.

Dimanche 12 avril

On parlait, au *Grenier*, de l'existence de plaisir inlassée et inlassable de Catulle Mendès, de l'émoustillement de collégien qu'il continuait à avoir près de la femme et qui, dans un café, lui faisait mettre la main dans leur gorge ; enfin, on s'étonnait qu'après avoir tant vécu sur la femelle, il n'y eût pas chez lui une saturation. Daudet explique cette

---

1. Passage rayé : *A l'heure qu'il est, tout Français qui a deux sous d'intelligence doit se foutre, n'est-ce pas ? du régime politique sous lequel il vit et n'avoir pas plus de respect pour le droit divin de la république que pour le droit divin de l'ancienne monarchie, et regarder ses souverains, qu'ils soient blancs, bleus ou rouges, comme ses* mangeurs. *Or, ce qu'il devrait exiger à l'heure présente du gouvernement, qu'il soit blanc, tricolore ou rouge, c'est la liberté et le bon marché de la vie.*

persistance de la flamme amoureuse chez lui par son rire, le rire d'un enfant, témoignant d'une enfance restée en lui et qui le faisait peloter une femme ou esthétiser sur la littérature avec l'ardeur juvénile de la prime jeunesse.

Lorrain, qui a été le témoin de Champsaur contre Lemaître, nous raconte le duel [1]. Il nous peint Lemaître sur le terrain, non comme un homme ayant peur, mais comme un homme épouvantablement encoléré d'être compromis, lui, écrivain des DÉBATS, avec de la basse littérature, et compare la mauvaise humeur de son corps et de sa figure au rechignement d'une orfraie tirée en plein soleil.

C'est vraiment curieux chez cet homme, le mélange de sales passions, dont Huysmans nous donnait l'autre jour l'historique — le mélange de sales passions et de vertus de famille. A mes reproches de lui voir mettre toute sa cervelle dans le journalisme, il me disait qu'il avait abandonné tout entière sa petite fortune à sa mère, fortune grâce à laquelle elle pouvait vivre auprès de lui et qu'il fallait qu'il gagnât sa vie avec sa plume.

Ce soir à dîner, la conversation est allée je ne sais comment au NEVEU DE RAMEAU ; et témoignant mon admiration pour la merveilleuse improvisation dans cette langue grisée, avec ces changements de lieux, ces brisements du récit, ces interruptions brusques et soudaines de l'intérêt, comme je comparais ce livre au livre de Pétrone, au festin de Trimalcion, avec ses lacunes, ses pertes du texte, ma comparaison avait un grand succès [2].

Après de nouveaux embêtements tout récents avec Drumont, après un déjeuner de réconciliation avec sa sœur horriblement froid, après un tas de petits tracas et la menace de choses désagréables dans le futur, de la part d'amis de lettres mal mariés et que lui et sa femme ne veulent pas recevoir, je trouvais ce soir Daudet triste, très triste ; et après ce débondement, qu'il avait tenu enfermé en lui tout l'après-midi, il me disait que tant qu'il avait eu ses jambes, tant qu'il pouvait aller, marcher, quoi qu'il pût craindre, il y avait chez lui une tranquillité d'esprit, parce qu'il tenait si peu à sa peau... Mais que maintenant, il se sentait mal à l'aise moralement, inquiet, tourmenté par l'idée de ne plus se sentir le défenseur de sa maison, le protecteur des siens.

Je ne connais pas une affection plus doucement caressante, plus tendrement enveloppante que celle de Jeanne Hugo, assise à côté de vous. Elle a vraiment un aimable petit cœur débordant dans des contournements, dans des penchements vers vous, en des grâces de corps aimantes, un aimable petit cœur bien rare à rencontrer dans le moment.

---

1. A la suite d'un article très acerbe de Félicien Champsaur, paru dans une revue de province, Jules Lemaître, qui avait pour témoins Clemenceau et Ganderax, échange deux balles sans résultat, le 10 avril, avec Champsaur, dont les témoins sont Bauër et Lorrain.

2. Comparaison déjà utilisée : cf. t. I, p. 1102, et n. 1, où c'était un rêve, et non l'œuvre de Diderot, qui suscitait un rapprochement avec le SATIRICON de Pétrone.

Mercredi 15 avril

Je crains bien que Rosny, après des reconnaissances dans des sentiers de droite et de gauche pour attraper le succès, n'ait pris cette fois dans ce but la grande route de l'embêtement.

Paul Alexis, de retour de sa province, vient m'apporter un exemplaire sur papier de Hollande de MADAME MEURIOT. Le pauvre garçon n'a pas hérité ! Le peu qui lui est échu de l'honnête homme de loi qui était son père et qui dépensait plus qu'il ne gagnait, il l'a laissé à sa mère, et le voilà condamné, le paresseux et lambin plumitif, à gagner sa vie ainsi qu'auparavant.

Il m'entretient de ses projets littéraires. Il veut d'abord, sous le titre du COUSIN TINTIN, faire une nouvelle, puis une pièce pour Baron, de l'histoire d'un testament fabriqué par la sœur d'un défunt. Il roule encore dans son esprit un roman qui serait le roman d'une jeune fille élevée au Sacré-Cœur, un Sacré-Cœur de province, un roman documenté par les conversations de sa mère et de sa sœur et dont le premier chapitre lui aurait été inspiré par la morphinomane assassinée ces jours-ci. Oui, il montrerait la mère menant l'enfant au couvent et abrégeant les adieux par la hâte qu'elle a de se morphiner ; alors viendrait l'étude de l'élevage de la jeune fille au couvent, puis sa sortie, le jour où sa mère serait assassinée, puis sa rentrée au couvent : une existence qui n'aurait qu'un jour de la vie du monde.

Et pendant qu'il passe son paletot avec des gestes balourds, il laisse tomber dans un rire qu'il cherche à rendre malicieux : « Puis, après, ce sera mon roman de Séverine et du docteur Guebhard... Mais je ne veux pas me presser [1]. »

Jeudi 16 avril

Dans la bouche de Grosclaude, des anecdotes sur le monde des duellistes, des professeurs de canne, des marchands de coups et de blessures, des anecdotes contées sur un ton froidement blagueur et prenant en cette note un drolatique que n'a pas la copie du conteur.

Un mot de Meyer du GAULOIS : « C'est vous qui rendrez compte de cet enterrement... Ce que je vous recommande, c'est de vous y montrer très vivant. »

Vendredi 17 avril

Ce soir, au dîner des Spartiates, Uzanne me conte toute l'histoire de la publication des la FRANCE JUIVE. C'est Uzanne qui a trouvé à Drumont un éditeur à Dijon, un certain Darantière. Ça faisait d'abord quatre volumes que Uzanne affirme avoir corrigés et réduits à deux. Le livre paru, le livre vendu avec le succès qu'il a eu, Drumont, sans

1. Sur la liaison et le mariage de Séverine et du Dr Guebhard, cf. t. II, p. 1134, n. 1.

aucune reconnaissance de la confiante avance faite par l'éditeur, l'aurait marchandé ignoblement et lui aurait imposé une réduction, qui lui imposait une perte dans la composition des quatre volumes primitifs.

Au fond, cet éreinteur de la juiverie serait le plus terrible des Juifs. C'est lui qui arrivant chez Marpon — et c'est Marpon qui le racontait à Uzanne — s'écriait : « Donnez-moi d'abord 3 francs 50 que me coûte ma voiture... et nous causerons affaires ! »

Dans une visite qu'un jour, il avait faite à Uzanne, il lui disait en le quittant :

« Qu'est-ce que vous rapporte LE LIVRE ?

— Peu de chose.

— Qu'est-ce que vous rapporte votre société bibliophilique ?

— Rien. »

Et Drumont descendait l'escalier, en lui jetant du palier de chaque étage : « Uzanne, vous êtes un dindon ! » Et tout le temps de sa visite, il avait professé qu'il était pour ce qui rapporte... et qu'il n'entendait pas se laisser *jobarder* par des mots.

Dimanche 19 avril

Champsaur est tout entier dans ce trait. L'article qu'il a écrit contre Jules Lemaître, il l'a adressé au domestique du critique avec, sur la lettre, cette adresse de sa main :

A Monsieur
le domestique de Jules Lemaître

A propos de son livre sur la bonté, qu'annonce Rosny et au sujet duquel il semble dire : « Attention ! vous savez que la bonté m'appartient et qu'il n'y a pas à y toucher[1] ! » — Daudet me parle ce soir de la privation grande qu'il éprouve maintenant à ne plus faire la charité, depuis qu'il ne marche plus : « Oui, dit-il en répondant à sa femme qui lui rappelle les bonnes œuvres qu'ils font ensemble, oui, c'est vrai ; mais ce n'est plus cela : dans ces bonnes œuvres, je ne joue plus le rôle de la Providence, de l'ange, si tu le veux, apparaissant au malheureux, au routier que je rencontre sur mon chemin. » Et il raconte alors de la manière la plus charmante, avec de l'esprit donné par le cœur, l'affalement, la nuit tombée, du routier éreinté devant la fontaine faisant face à la maison de son beau-père à Champrosay et son incertitude angoisseuse en tête des deux chemins du carrefour, interrogeant du regard l'un et l'autre et se demandant celui au bout duquel il y avait l'espérance du manger et du coucher, puis son aventurement dans l'un, puis dans l'autre, et son retour découragé au bout de quelques pas... Alors, dans ce moment, Daudet, penché derrière les persiennes fermées de sa chambre, mettait une pièce de cent sous

1. L'IMPÉRIEUSE BONTÉ, *roman contemporain*, de J.-H. Rosny, sera publié en 1894.

dans du papier et la jetait. Vous voyez la stupéfaction du malheureux devant la grosse pièce d'argent trouvée dans le papier, et son interrogation de la maison noire et silencieuse, et les coups de casquette saluant au hasard les fenêtres, et son décampement, et sa soudaine disparition dans le premier chemin venu, de peur qu'on ne se soit trompé et qu'on ne le rappelle.

Lundi 20 avril

Les Japonais, même intelligents, n'ont pas le moins du monde le sentiment de la construction, de la composition d'une étude historique. Ainsi, pour ce travail sur Outamaro, quand j'ai demandé pour la première fois à Hayashi : « Est-ce qu'il existe un portrait d'Outamaro ? — Non », m'a-t-il répondu tout d'abord. Ce n'est que lorsque je suis revenu à ma demande qu'une fois, il m'a dit : « Mais je crois en avoir vu un chez vous, dans un recueil que vous avez. » Et c'est comme cela que j'arrivais à faire connaître ce curieux portrait de l'artiste, authentiqué par son nom sur sa robe et par l'inscription du poteau, sur lequel il est adossé et qui porte : *Sur une demande, Outamaro a peint lui-même son élégant visage...*

Dans le livre sur les *Maisons Vertes*, je voyais une planche représentant des femmes du Yoshiwara, en contemplation devant la lune par une belle nuit d'été, et l'écrivain du livre affirmait que ces femmes avaient un très remarquable sentiment poétique [1]. Cette affirmation m'amenait à demander à Hayashi si par hasard il n'existerait pas quelque part des poésies imprimées de ces femmes, à quoi il me répondait que si, qu'il y avait un gros recueil très connu, et sur ma demande, m'en traduisait quatre ou cinq très caractéristiques — ce qu'il n'aurait jamais songé à faire, si c'était lui qui avait fait le travail que j'ai fait —, et ainsi de tout.

Mardi 21 avril

Chez la princesse le baron Larrey me parlait de la connaissance qu'il avait faite de Dumas père pour l'avoir présenté à son père, auquel il avait demandé la permission de le mettre en scène dans une pièce sur Bonaparte [2].

A quelque temps de là, à une représentation au Théâtre-Français, il tombait dans un coin sur la bonne tête et la grosse lippe de Dumas, qui s'offrait à lui montrer les coulisses. Et il était présenté à Rachel

1. Goncourt publiera en juin 1891 OUTAMARO, *Le peintre des maisons vertes.* Voir là, p. 86, le passage sur l'instinct poétique des *gueisha* du *Yoshiwara* de Yedo, à propos de la planche : CONTEMPLATION DE LA LUNE, contenue dans ce livre illustré par Outamaro et rédigé par Jipensha Ikkou : l'ANNUAIRE DES MAISONS VERTES ou *Livre illustré des choses qui se passent pendant l'année dans les Maisons Vertes.*

2. S'agit-il de NAPOLÉON BONAPARTE, drame en 6 actes, créé à l'Odéon le 10 janvier 1831 ? Mais le célèbre chirurgien des guerres napoléoniennes n'y paraît pas.

qui, après lui avoir donné une poignée de main, prenait son rôle ; et c'était des *Heu... heu...*, à la fin de quoi elle s'écriait : « Ça y est... ça y est ! » — absolument comme une petite fille expédie sa leçon de catéchisme. C'était pour lui une désillusion sur la grande artiste et en sortant, il jetait à Dumas : « Je ne vous remercie pas ! »

Il a été témoin de ce fait. Un jour que Dumas l'avait fait appeler, se croyant souffrant, et qu'il était au lit, on introduisait un pauvre journaliste nécessiteux de Marseille, qui venait lui demander des recommandations pour des journaux de Paris. Il lui promettait, quand il serait levé, ajoutant : « Mais en attendant que ça réussisse, il faut vivre, n'est-ce pas, Monsieur ? Eh bien, il y a trente francs sur la cheminée, prenez-en quinze ! »

Larrey racontait également, à l'honneur de Dumas fils, qu'un jour, il se trouvait là, quand on lui apportait une note qu'il ne pouvait payer, et que, sur la demande d'un billet de mille francs qu'il faisait à son fils, il était encore chez Dumas père quand on les lui apportait.

Jeudi 23 avril

J'ai dans mon bassin un petit poisson malade, que tous les autres viennent à deux ou trois faire chavirer sur le côté et enfoncent férocement au fond de l'eau, lui faisant une agonie abominable. Je l'ai retiré pour qu'il mourût en paix dans un bain de pied. La mise à mort du malade, ce n'est donc pas seulement chez les poules, c'est chez tous les animaux, et encore chez le sauvage et un peu chez notre paysan.

Ce soir, je causais avec Carrière ; et comme il me parlait de l'importance de l'enveloppe, des contours d'une figure, à ce propos, je lui parlais de la place donnée à la beauté des joues dans les descriptions de l'Antiquité et dans le modelage de caresses de la sculpture grecque, puis du rien pour lequel la joue est comptée aujourd'hui dans les deux arts. Trouverait-on, à l'heure qu'il est, dans une description de figure de femme de n'importe quel roman, la mention de la délicatesse, de l'élégance d'une joue ?

Rosny se plaignait ce soir mélancoliquement des attaques dont il est l'objet, et comme je lui disais : « Ce n'est rien encore,... mais vous verrez, quand vous serez entré dans la gloire ! — Mais j'y suis entré ! » s'écrie-t-il, avec un regard mauvais pour ma croyance à ce que ce n'est pas encore fait. Et il m'émunère longuement les trois ou quatre journaux où il est rendu compte de VALGRAIVE.

Vendredi 24 avril

Le sculpteur Lenoir me parlait aujourd'hui de l'état de délaissement où était tombée la pauvre Joséphine en ses vieux jours et me contait que son père, déjeunant avec son grand-père à la Malmaison, le sel manquant sur la table, la ci-devant impératrice avait été obligée de dire à son père, encore tout jeunet : « Mon père, lève-toi et va dire à Jean d'apporter le sel. »

Samedi 25 avril

Hier, la comtesse Greffulhe m'avait prié de lui faire une visite dans la soirée, ayant le désir de causer un peu seule avec moi.

On m'a fait monter dans un grand salon aux boiseries dorées, égayé par un admirable meuble de Beauvais aux bouquets de fleurs les plus papillotants sur un fond crème, un meuble au nombre incroyable de chaises, de fauteuils, de grands canapés, de petits canapés pour tête-à-tête. Dans la pièce éclairée *a giorno*, la comtesse arrive bientôt décolletée, dans une robe noire, aux espèces d'ailes volantes derrière elle, et coiffée les cheveux très relevés sur la tête et surmontés d'un haut peigne en écaille blonde, dont la couronne de boules fait comme un peigne héraldique. Là dedans, au milieu de ce mobilier d'un autre siècle, l'ovale délicat de son pâle visage, ses yeux noirs doux et profonds, la sveltesse de sa personne longuette lui donnent quelque chose d'une apparition, d'un séduisant et souriant fantôme, si l'on peut dire : caractère que je retrouve, exagéré et poussé à la maladie, dans son portrait en pied pastellé par Helleu.

Elle est très au courant de ce qui s'imprime de très littéraire et elle en parle avec simplicité, sans le moindre étalage de bas bleu. Elle me conte le plaisir qu'elle a à me lire et son étonnement de la résistance à l'admiration pour mes livres dans sa société. Elle est émerveillée de la connaissance que j'ai de la femme et me cite le passage où je décris le côté ankylosé que prenait le côté droit ou le côté gauche de la Faustin, quand ce côté se trouvait près d'un *embêtant*, déclarant qu'elle sent en elle comme une dilatation de son être près d'une personne sympathique [1].

Elle ajoute que je devrais bien faire dans un roman une femme de la société, une femme de la grande société, la femme qui n'a encore été faite par personne, ni par Feuillet ni par Maupassant ni par qui que ce soit, et que moi seul, je pourrais faire — et que je n'ai pas fait dans CHÉRIE, parce que Chérie est une jeune fille de la société de l'Empire, une jeune fille de cette société bourgeoise, aux femmes les coudes ramassés contre le corps... Et là, la comtesse me fait joliment la caricature du geste non naturel et contraint, avec lequel ces femmes croient faire de la dignité, disant que lorsqu'elle voit faire ce geste à une femme, elle sait d'avance ce qu'elle pense, ce qu'elle va dire. Et avec un hautain mépris de grande dame, elle moque encore cette caractéristique de la femme bourgeoise de l'Empire, son salut à une femme qu'elle regarde comme tenant un rang supérieur dans l'échelle sociale, salut qu'elle fait surtout avec un organe qu'elle ne me dira pas, mais qu'elle me fait comprendre être son derrière.

Tout cela est dit avec une parole légère, sans appuiement, des

1. Cf. LA FAUSTIN, chap. XVII, p. 123 sq. : c'est la sensation qu'éprouve la Faustin, dans le grand souper qui suit la représentation de PHÈDRE, à l'égard de son voisin de gauche, l'ennuyeux philosophe mondain calqué sur Caro.

mouvements d'un dessin élégant et dans la pose et l'attitude doucement dédaigneuses du modèle qu'elle me donne à peindre et qu'elle a le droit d'être.

Puis la comtesse, prenant une lampe à la main, me fait voir les tapisseries de Boucher de sa salle à manger, le portrait de Mme de Champcenetz peint par Greuze, un groupe d'AMOURS en marbre provenant du château de Ménars, qu'a possédé son beau-père — et qui aurait échangé le mobilier de la chambre de Mme de Pompadour contre un mobilier en acajou [1].

Je prenais congé de la gracieuse femme, au moment où elle me disait qu'elle me porterait, un jour, un petit volume composé d'histoires racontées par sa petite fille, à l'âge de cinq ans, pendant qu'elle était à sa toilette, histoires d'un caractère très original, inventées par l'enfant au moment où elle ne savait ni lire ni écrire, et qu'elle a fait copier dans un volume par un homme de ce temps qui a l'écriture de Jarry.

A ce moment, rentre le mari, un bellâtre de cercle, qu'au bout de trois paroles je reconnais pour un *néant* et qui, sans pitié pour ma fatigue, me promène devant un tas de gros bibelots, de bronzes douteux, de pauvres petits dessins français placés dans des cadres écrasants, un amateur qui me semble avoir été la victime de La Béraudière [2]. Enfin, j'arrive à me sauver.

Le comte Greffulhe me racontait cette anecdote, d'un canaille terrible, au compte du baron Pichon.

Ayant une folle envie de L'ESCALADE et d'une autre pièce avant la lettre de Lavreince, possédées par le baron, il lui demandait s'il voulait lui céder. Le baron lui répondait :

« Oui, à la rigueur, quoique ce sera un chagrin pour ma fille... Mais il faudra qu'on me les arrache !

— Qu'appelez-vous *arracher* ?

— C'est cinq mille francs !

— Je vous les donne.

— C'est fait ! »

Puis après un silence, le baron disait au comte : « Maintenant que les estampes sont à vous, comme on vous racontera l'histoire de l'acquisition, j'aime mieux vous la conter moi-même. J'avais un médecin, auquel je devais un certain nombre de visites et qui avait ces épreuves... Un âne en art que ce médecin ! Alors, je lui dis : "Vos épreuves n'ont pas d'intérêt, il n'y a rien d'écrit dessous. Moi, j'en ai

1. Ménars-le-Château est à 8 km au N.E. de Blois, sur la rive droite de la Loire. La marquise de Pompadour avait acheté en 1760 le marquisat de Ménars et poursuivi les travaux commencés en 1646 et qui seront achevés par son frère, M. de Marigny : Gabriel et Soufflot y avaient participé. D'admirables jardins descendaient jusqu'à la Loire. — La cousine de Montesquiou est une Chimay-Greffulhe par son mariage et les princes de Chimay avaient acquis le domaine de Ménars au XIXe siècle et ils y avaient créé sous Louis-Philippe un prytanée, un hospice de vieillards, etc.

2. Texte Ms. : *la victime de La Béraudière de — du baron*. Un blanc entre *de* et *du baron*. Passage d'autant plus énigmatique que la première mention du comte de la Béraudière dans LE JOURNAL était tout élogieuse : cf. t. I, p. 696-697.

où il y a imprimé le sujet que c'est..." Et je lui propose l'échange... Il est enchanté et me tient quitte des visites que je lui devais ! »

Dimanche 26 avril

Daudet, que j'avais senti tout triste au *Grenier*, dans la voiture qui m'emmène dîner chez lui, se déboutonne. Il est plein d'inquiétude pour l'avenir du bonheur de son fils. Le contrat est un vrai contrat de Robert Macaire.

A la liquidation, une somme de cinq cent mille francs est portée pour cinq années de l'éducation de Jeanne...

Dans son voyage de noces, Léon a rencontré dans le Midi un monsieur qui lui a dit : « Vous savez, vous me devez 80 000 francs... » Et c'était vrai, et sur la colère de Léon, les Lockroy ont payé de suite. Puis au lieu d'une pension de 6 000 francs, c'est une pension de 16 000 francs à Mme Lockroy, et l'hôtel dont elle ne paye pas le loyer et qui représente 14 000 francs.

Et ce soir, chez Daudet, malgré qu'il se retienne, qu'il cherche à ne pas parler, il lui est impossible de ne pas revenir avec moi au sujet qui le hante. Il se demande si Lockroy ne serait pas l'homme qu'a dépeint Drumont, me dit que depuis qu'il a mis son fils en garde, le pauvre enfant a été pris en grippe par les Lockroy et il me conte cette anecdote de mauvais augure. Brachet, ayant rencontré Léon à Marseille, lui a dit : « Je n'aime pas vous voir en voyage de noce avec votre belle-mère... Moi, la même chose m'est arrivée et ç'a été le point de départ de ma séparation et, plus tard, de mon divorce. »

Au moment de m'en aller, il me confie que son frère a dîné ces jours-ci dans une maison à côté de Mlle Abbatucci et qu'elle s'est plainte d'avoir été abandonnée par moi dans sa brouille avec la princesse et que ses derniers mots ont été ceux-ci : « Et Dieu sait que ça ne lui a pas servi près de la princesse ! »

Lundi 27 avril

J'ai reçu ce mois-ci un envoi touchant, j'ai reçu dans une grande enveloppe des feuilles, qui ont l'air de feuilles cueillies dans les forêts de l'Amazone par un enthousiaste littéraire du Brésil, qui me les adresse pour les déposer sur la tombe de mon frère.

C'est amusant, ce travail japonais d'OUTAMARO, ce transport de votre cervelle au milieu d'êtres aux habitudes d'esprit, aux histoires, aux légendes d'habitants d'une autre planète : du travail ressemblant un peu à un travail fait dans l'hallucination d'un breuvage opiacé.

Ce soir, au Théâtre-Libre, le CANARD SAUVAGE d'Ibsen... Vraiment, les étrangers, la distance les sert trop... Ah ! il fait bon être Scandinave ! Si la pièce était d'un Parisien... Oui, oui, c'est entendu, du dramatique bourgeois qui n'est pas mal,... mais de l'esprit à l'instar de l'esprit français, fabriqué sous le Pôle arctique, et un langage parlé, quand il s'élève un peu, toujours fait avec des mots livresques.

Des petites filles passent sur le Boulevard, des petites filles de sept ou huit ans, qui déjà inconsciemment font l'œil aux messieurs attablés à la porte des cafés ; et je vois une mère obligée de ramener à elle l'attention de sa *fifille* en l'enveloppant de la caresse de sa main.

Vendredi 1er mai

Daudet soutenait hier soir que tout ce que Bourget et les autres ont écrit sur Baudelaire était d'absolues contrevérités. Il affirmait que Daudet était un *sublimé* de Musset, mais faisant mal les vers, n'ayant pas l'outil du poète. Il ajoutait qu'en prose, il était un prosateur difficile, laborieux, sans ampleur, *sans flots*, que *l'auteur impeccable* n'avait pas la plus petite chose de l'auteur impeccable [1] ; mais ce qu'il possédait, ce Baudelaire, au plus haut degré et ce qui le faisait digne de la place qu'il occupait, c'était la richesse des idées.

Dîner chez Jean Lorrain avec Huysmans, Bauër.

Huysmans porte sur lui le bonheur du succès de son roman, LA-BAS. Et ce bonheur, chez l'auteur d'ordinaire contracté nerveusement sur lui-même, se traduit par le gonflement dilaté du gros dos d'un chat, quand il ronronne.

Au milieu du dîner, Bauër confesse le journaliste dans cette phrase : « Quand j'ai à faire un article où je ne sais que dire, j'écris mes deux cents lignes... Quand c'est un article que je sens, que *j'ai dans les nerfs*, je n'accouche jamais de plus de cent lignes. »

Samedi 2 mai

Un gros volume de vers, quelque talent qu'il y ait dedans, pour moi, c'est comme un opéra, c'est toujours trop long.

Lundi 4 mai

Chez Daudet, hier, on parlait de la femme de Rodenbach :

« Elle a l'air d'une femme malheureuse en ménage ! disait la belle-mère de Daudet. — Elle a l'air d'une névrosée ! » disais-je.

N'est-ce pas le jugement du romantisme et du naturalisme, jugements qui marquent deux périodes d'esprits, deux états de cervelles, des jugeurs tout différents ?

Daudet est dans ce moment hanté par des idées de théâtre bizarrement originales. Il parlait d'une pièce où il voudrait montrer

1. Cette laborieuse ironie renferme sans doute un lapsus et fait probablement allusion à la dédicace célèbre des FLEURS DU MAL « au poète impeccable », au maître et ami de Baudelaire, Théophile Gautier : confusion volontaire ou inconsciente de Daudet entre le dédicataire et l'auteur ?

dans le premier acte, au XVIIIe siècle, un fils se mariant contre la volonté de son père et le père donnant sa malédiction au chevalier et crevant son portrait. Puis en ce XIXe siècle, ce tableau se retrouvant dans la même famille, tombée dans la médiocrité et ayant perdu la chronique de ses origines. Et ce tableau crevé du chevalier — dont le public saurait l'histoire et pas les acteurs en scène — par sa ressemblance avec le jeune homme de la maison, prêt à se marier à peu près dans les mêmes conditions que son ascendant inconnu, serait comme un symbole d'atavisme.

Exposition de Carrière chez Boussod et Valadon.

Une première impression un peu cauchemardesque : l'impression d'entrer dans une chambre pleine de portraits fantomatiques, aux grandes mains pâles, aux chairs morbides, aux couleurs évanouies sous un rayon de lune. Puis les yeux s'habituent à la nuit de ces figures de crypte, de cave, sur lesquelles au bout de quelque temps, un peu du rose des roses-thés semble monter sous la grisaille de la peau... Et au milieu de tous ces visages, vous êtes attiré par des figures d'enfants aux tempes lumineuses, au bossuage du front, à la linéature indécise des paupières autour du noir souriant de vives prunelles, aux petits trous d'ombre des narines, au vague rouge d'une molle bouche entrouverte, à la fluidité de chairs lactées, qui n'ont point encore l'arrêt d'un contour — des figures d'enfants regardés, en des penchements amoureux qui sont comme des enveloppements de caresse, par des visages de femmes, aux cernées profondes, aux creux anxieux, aux grandes lignes sévères du dessin de l'*Inquiétude maternelle.*

Mardi 5 mai

Il fait de l'orage. J'ai contre ma poitrine ma petite chatte, dont le corps est agité par des secousses comme données par le contact d'une pile électrique ; et sur moi, ce n'est plus le regard distrait de la petite bête de tout à l'heure, mais le regard profond, mystérieux, énigmatique, d'une réduction de sphinx.

Jeudi 7 mai

Pélagie me rappelait hier qu'il y avait vingt-quatre ans qu'elle était chez moi ; et comme je le disais à Daudet, il se rappelait qu'il était venu déjeuner en 1874 et me donnait ce détail que ce jour, il avait pour tout argent à la maison dix-sept francs, mais qu'en rentrant, il lui était tombé du ciel 700 francs d'une réédition d'Hetzel.

Grosclaude parlait ce soir curieusement de la transformation du jeu, en la mort du noctambulisme. Il disait qu'il n'y avait plus de passionnés, d'*emballés*, qu'on jouait maintenant dans les cercles avant dîner, de cinq à sept, et après le spectacle, de minuit à deux heures, pas plus tard. Il ajoute qu'à l'heure présente, les joueurs veulent avoir tout leur sang-froid et il cite la partie de jeu d'un de ses jeunes amis d'autrefois

— et ce jeune ami, c'est lui — qui avait joué d'une seule haleine quarante-six heures de suite !

Ajalbert, de retour de ses vingt-huit jours, parle à faire peur du désordre et de la confusion qui existe dans les opérations militaires du moment, opérations faites dans la tranquillité et la sécurité d'esprit de la paix. Il se demande ce que ce sera en pleine guerre !

Samedi 9 mai

Je dîne aujourd'hui chez Pierre Gavarni, et je suis heureux de trouver, à mon instigation, sur un chevalet, le tableau du manège de femmes dont il avait fait un charmant dessin, presque à ses débuts.

Dimanche 10 mai

Ah ! ce pauvre Daudet, vraiment, souffre-t-il ! Je le vois aujourd'hui, au *Grenier,* s'interrompre en parlant, se contracter dans des tortillements de corps, s'allonger en des étirements de jambes douloureux — et cela avec sa pauvre figure de souffreteux !... Enfin le malheureux, pendant les deux heures qu'il passe chez moi, se fait trois piqûres de morphine.

Daudet et moi, nous nous élevons aujourd'hui avec une espèce de colère contre ce mangement de l'esprit français à l'heure actuelle par l'esprit étranger, contre l'ironie présente du livre qui n'est plus de l'ironie à la Chamfort, mais de l'ironie à la Swift, contre cette critique devenue helvétienne, allemande, écossaise, contre cette religion des romans russes, des pièces danoises [1] — Daudet disant que si Corneille a emprunté à l'Espagne, il a imposé le cachet français à ses emprunts, tandis qu'aujourd'hui, les emprunts que nous faisons dans notre servile admiration, c'est une vraie dénationalisation de notre littérature.

Puis on a parlé de la princesse de ***, de sa liaison avec Léon Renault, de la profonde passion de celui-ci pour la femme, de son agenouillement au pied de son lit pendant toute son agonie, puis de la main de la mère posée sur l'épaule de l'homme de la République, aussitôt le dernier soupir de la morte, et du : « Monsieur, vous n'avez plus rien à faire ici [2]. » Alors, le mari, séparé de corps et de biens, rentrant dans l'hôtel et le noble Faubourg reprenant possession du cadavre et, pour ne pas se rencontrer dans les appartements avec les amis compromettants de la princesse, faisant transporter son corps à l'église Saint-Pierre, où Léon Renault a passé toute la nuit en larmes. Et Daudet parle de la complexité de la nature de Léon Renault, qui a toute l'apparence d'une âme d'affaires, d'une fripouille politique, et qui se trouve être un passionné.

Je descends cinq minutes pour me laver les mains et passer une

1. Des *pièces danoises :* lire « norvégiennes », Goncourt pensant évidemment à Ibsen.
2. Le nom de la princesse est laissé en blanc.

jaquette, et je retrouve Daudet dormant sur le divan où il était assis, tant il est épuisé par la souffrance.

Et la trépidation de Daudet en voiture me fait mal ; et arrivé chez lui, il se morphine encore.

Ce soir, il me conte que Koning lui avait confié que Maupassant avait été indigne pour lui, qu'il ne cessait de répéter tout haut au Gymnase que L'OBSTACLE était une ordure ; et Koning, se rappelant la manière impartiale dont tout le temps, Daudet lui avait parlé du talent de Maupassant, lui faisait l'aveu qu'il nous considérait comme d'autres messieurs que ce Normand... Les amis de Maupassant cherchent, à ce qu'il paraît dans ce moment, à excuser Maupassant de ses éreintements forcenés, les mettant sur le dos de sa maladie. Mais il y a longtemps qu'elle dure, cette maladie ! Autrefois, elle était plus normande, plus hypocrite, plus renfermée ; aujourd'hui, c'est de la méchanceté à laquelle il faudra prochainement mettre la camisole de force.

Mercredi 13 mai

Après ces jours froids, ces jours gris, ces jours tristes, toute une journée de paresse dans un bain de soleil et la caresse d'haleines tièdes d'une brise du Midi.

Jeudi 14 mai

On cause peinture. Mme Daudet parle avec religion du talent de Puvis de Chavannes. Je ne puis me contenir sur ce talent refaisant les fresques anciennes avec leurs couleurs fanées, recommençant la peinture ingénue dans le siècle de Robert Macaire. Et je dis que le spiritualisme dans l'art est une affreuse blague et que les préraphaélistes, que l'on fait des spiritualistes, étaient des réalistes rigoureux ; seulement, l'humanité qu'ils peignaient était une jeune humanité, et on attribue à leur peinture l'ingénuité de l'humanité qui leur servait de modèle.

Énorme, cet Arthur Meyer ! Quel admirable type du journaliste du monde conservateur *chic* : « Messieurs, a-t-il dit ces jours-ci, voici la tenue que je veux aux journalistes du GAULOIS... Écrivez, Monsieur : *La barbe en pointe, la chaîne de montre saillante sur le gilet, mais... pas plus grosse...* Écrivez, Monsieur... *pas plus grosse que le cordon d'un monocle. Au doigt, la bague chevalière et en torsade.* »

Daudet nous entretient du plaisir que lui procurait la perspective du danger et de l'émotion bienheureuse qu'il avait eue un jour, en tournant la clef d'un hangar de son beau-père, où s'était introduit un voleur de jardin. Il attribue cette disposition de son esprit à la persistance des lectures romanesques de son enfance.

Cette conversation amène Rosny à parler de ses promenades de nuit, de son noctambulage dans les quartiers mal famés de Londres, dans les endroits réputés les plus dangereux des fortifications. Il dit que jamais rien ne lui est arrivé, qu'une boxe dans le quartier où il y a la plus grande agglomération de coquins. Il parlait encore assez mal l'anglais et un de ces hommes lui enfonça d'un coup de poing son chapeau sur les yeux. Il se mettait à boxer, et il avait affaire à un Anglais, heureusement, ne sachant pas boxer, ne sachant pas porter un coup droit. Il le jetait cinq fois par terre ; et à la cinquième fois, il ne pouvait se relever et restait assis dans un rentrant de porte. Et la bataille se passait au milieu d'un cercle de ses pareils, observant une parfaite neutralité et se reculant et se rangeant pour laisser le champ aux coups de poing.

Vendredi 15 mai

J'ai appris hier d'Hervieu qu'il avait dîné mercredi chez la princesse. Donc, les dîners du mercredi ont recommencé ; et moi, le dernier survivant du dîner de fondation, je ne suis plus invité, par la toute-puissance de Mlle Abbatucci sur Popelin. C'est vraiment d'une ironie un peu trop violente, la demoiselle renvoyée faisant et défaisant les invitations de la maison dont on l'a chassée.

Samedi 16 mai

Le Napolitain Pica, un sauvage des Abruzzes, parfumé à faire mal au cœur, qui se sert à même au plat rapporté sur la table, n'attendant pas qu'on le serve et dont les remuements de sanglier et la gesticulation balourde manquent de casser, après déjeuner, la statuette de Falconet qui est sur la cheminée de mon cabinet de travail.

Dimanche 17 mai

Haraucourt, à ce qu'il paraît, de temps en temps, chez les gens où il lit des vers, place une aquarelle, à la façon d'une chanteuse qui ne se fait pas payer, place deux fois par an un billet de concert à son bénéfice.

Comme je disais, ce soir, à Daudet, que je croyais décidément que Mlle Abbatucci faisait à l'heure présente les invitations chez la princesse : « Oui, c'est vrai, tout à fait vrai, me dit-il. L'autre jour, je n'avais pas voulu vous faire de la peine, et ma parole d'honneur ! vraiment, je ne pouvais le croire... Mais voilà tout entière sa phrase textuelle à mon frère, au dîner de Mme Gallaup après qu'elle s'est plainte que vous l'ayez lâchée et pris le parti de l'altesse : « Dieu sait que cela ne lui a pas servi... Car je lui ai fait casser son mercredi... On l'invitera encore deux ou trois fois, un autre jour... Et ce sera fini. »

Mardi 19 mai

Chez un individu qui a le goût de l'art, ce goût n'est pas limité au seul tableau. Il a le goût d'une porcelaine, d'une reliure, d'une ciselure, de n'importe quoi qui est dans l'art. J'irai jusqu'à dire qu'il a le goût de la nuance d'un pantalon ; et le monsieur qui se proclame uniquement amateur de tableaux et *jouisseur d'art* seulement en peinture, est un blagueur qui n'a pas le goût d'art en lui, mais s'est donné par *chic* un goût factice.

Mercredi 20 mai

Aujourd'hui, présentation chez moi du jeune Rosny par son frère. Un garçon à l'apparence nerveuse, ayant une petite grâce féminine, un sourire gentiment gamin.

Ce soir, à la sortie du MALE de Lemonnier, j'ai dans le dos deux jeunes gens qui disent, sans me connaître, je crois : « Oh ! c'est aussi mauvais que GERMINIE LACERTEUX ! »

Jeudi 21 mai

C'était si simple, pour le Créateur, de mettre dans le ventre de la femme un appareil pour crottes de gazelle musquées !

Dans la journée, j'achète onze *tchiaré* — petits pots à thé — qui sont des merveilles : de la poterie aux colorations comparables aux plus beaux veinages des marbres et des porphyres.

Au fond, l'œil amoureux de la couleur, à la fin, trouve que les colorations de la peinture à l'huile, c'est de la *gnognote* à côté de l'émaillure d'une faïence ou d'une porcelaine. Il y a entre autres, dans ces petits pots, un *tchiaré* d'ancien Seto, qui est une filtration de pourpre dans du vert... Non, c'est indescriptible !

J'ouvre LA FRANCE qui vient de paraître. Loti est nommé à l'Académie. C'est drôle, tout de même, cette nomination qui est la suite d'une espèce de fumisterie de Daudet et de moi [1]. Oui, je crois avoir raconté que le jour de la première de LA LUTTE POUR LA VIE, Loti dînait chez Daudet et que, pendant qu'il était allé attacher des épaulettes neuves, très résistantes, nous avions eu l'idée de le présenter à l'Académie et que Daudet avait occupé sa soirée, enfermé qu'il était dans le cabinet de Koning, à écrire la lettre de demande de Loti, qui n'avait fait que la recopier.

Vendredi 22 mai

Dans l'indignation que j'éprouve des mauvais procédés de la princesse, dans la colère sourde que mettent chez moi les canailleries amenées par la faiblesse de cette pauvre vieillarde amoureuse, je rêvais ce matin que j'avais été lui faire une visite et que toute la meute de

1. Cf. t. III, p. 340, n. 2.

ses petits chiens noirs, qui ont l'air de gros cervelas auxquels on a fait des pattes avec des allumettes, me déchiraient le bas de mon pantalon, me lacéraient mes bottines ; et il y en avait bientôt dans mon rêve, il y en avait bientôt, de ces affreux petits chiens noirs en bas de mes jambes, il y en avait à me donner l'impression de terreur d'un homme tombé dans une fosse aux rats de Montfaucon.

Samedi 23 mai

Zola, interrogé ces jours-ci sur les livres qui avaient eu le plus d'influence sur lui, a donné cette liste : poésies de Musset, MADAME BOVARY, livres de Taine.

Nom de Dieu ! Je crois que GERMINIE LACERTEUX a fait plus d'impression sur la cervelle de l'auteur de L'ASSOMMOIR que les livres précités par lui !

Dimanche 24 mai

Dîner, ce soir, avec un ancien compagnon des gaîtés de Daudet dans la maison de Delacroix à Champrosay, un peintre devenu littérateur, M. Gonzague Privat, qu'il y a dix-sept ans qu'on n'a vu.

Un de ces types malchanceux de la vie parisienne, un de ces êtres à la vie accidentée de hauts et de bas, un de ces hommes auxquels ont fait défaut les circonstances et auxquels, comme il le dit lui-même, a manqué *le tour de clef* qui fait le talent et la réussite. Un homme à la vie cassée par la perte d'une femme qu'il semble avoir aimée comme une maîtresse, un homme qui, à l'heure qu'il est, n'aurait plus qu'un intérêt sur la terre, un enfant, son petit Pierrot, un enfant de sept ans, qui a déjà l'éloquence du Midi et dont il parle avec des yeux qui se mouillent. Or donc, maintenant, fuyant la maison, où le mobilier lui rappelle le bonheur de son ménage, il sort à cinq heures du matin de chez lui, avec son petit qui s'en va à sa pension et auquel, pour déjeuner, pour dîner, il donne des rendez-vous, tantôt au cimetière Montmartre, tantôt à L'ÉVÉNEMENT, où il fait deux mètres de copie par jour, pour trois cents francs qu'on ne lui paye pas, et vaguant par les rues, par les boulevards, par les quais, ne rentre en son domicile qu'à minuit pour se coucher.

De sa vie d'autrefois, de cette vie de peintre en Algérie, où il gagnait 20 000 francs par an et qu'il est heureux d'avoir entièrement dépensés pour avoir fait tout à fait heureuses, dit-il, les courtes années d'existence de sa femme, il a gardé dans sa misère actuelle des bribes d'opulence : une maison de campagne, qu'il prête à des amis pour ne pas détruire la chambre de sa femme, d'admirables chiens du Mont Saint-Bernard, des ânesses d'Algérie, qui ont servi de monture à sa femme et qu'il est enchanté aujourd'hui d'offrir à ma filleule.

C'est touchant, ce veuf désintéressé de tout, sauf de son petit Pierrot, qui ne veut pas croire à la séparation éternelle de la mort et qui, lorsqu'il parle du passé de son bonheur, a quelque chose dans la parole à la fois de vague et de rêveur, mêlé d'un rien de l'ironie blagueuse d'un rapin parisien.

Lundi 25 mai

Un public imbécile à la pièce de Rosny, un public s'égayant sur des mots de religion dans ces scènes religieuses. Maintenant, une pièce très mal faite, en dix jours, et qui, au lieu de tourner autour de Nell Horn, tourne d'une manière embêtante autour des salutistes [1].

Dans la lumière flambante de la petite loge d'Antoine, je trouve Rosny s'efforçant de jouer le calme et l'indifférence. Mais il a dans les yeux cette humidité brillante que je connais, prête à se changer en larmes, et sa voix a une douceur de commande qu'ont les grandes émotions colères travaillant à ne pas se trahir. Et dans cette surhumaine lutte avec la nervosité de l'homme de lettres, Rosny me touche par des phrases jetées à travers l'affectation d'un hautain mépris pour le succès ou l'insuccès de la chose, disant, cet homme, auteur de trois ou quatre volumes du plus grand mérite, disant : « Oh ! voyez-vous, maintenant, rien ne m'intéresse que ce qui peut me faire manger le lendemain... Car vous savez, le 1er de chaque mois, je ne sais pas comment j'attraperai le 15 ! »

Vraiment, il y a là une grande injustice. Et en l'entendant parler avec cette voix qu'il cherchait à faire douce et qu'il ne parvenait qu'à rendre douloureuse, je trouvais en moi bien des pardons pour les amertumes et les orgueils agressifs du pauvre garçon.

Mercredi 27 mai

Ce mercredi, ce jour où je dîne chez la princesse depuis à peu près vingt-cinq ans et ce jour qui se trouve être aujourd'hui le jour de sa fête, je ne suis pas invité. Mlle Abbatucci a dit vrai.

La Slave, la Russe, pour moi, c'est tout à la fois la sauvagesse des sociétés qui commencent et la névrosée des sociétés qui finissent.

Mme Sichel me disait, ce soir, qu'elle croyait qu'un grand chagrin pouvait mourir dans la paix, le calme, l'isolement de la campagne ; mais qu'à Paris, l'enfièvrement de la vie ambiante autour de ce chagrin ne pouvait que l'exaspérer.

Jeudi 28 mai

Ce matin, une dépêche de la princesse qui m'invite à dîner pour lundi.

---

1. De NELL HORN DE L'ARMÉE DU SALUT, *roman de mœurs londoniennes* (1886), l'auteur, J.-H. Rosny aîné, avait tiré cette NELL HORN représentée au Théâtre-Libre le 25 mai 1891 ; on sait que Nell Horn est une fille-mère que la misère a jetée à la prostitution, qui s'agrège un moment à l'Armée du Salut, puis retombe.

Tout est blague dans ce temps-ci. J'ai reçu une lettre de Frantz Jourdain, me demandant comment je veux qu'on peigne l'intérieur des lettres de la dalle en granit de mon frère. J'ai vu toutes les inscriptions anciennes dans le granit et le basalte gravées et lisibles à tout jamais, sans peinture. Et comme j'exprime ce soir mon étonnement à Jourdain de ce peinturlurage, il me dit qu'on ne sait plus graver en creux et que l'inscription de l'érection de l'obélisque de la place Louis XV a été refaite déjà quatre fois depuis Louis-Philippe.

Les Lockroy dînaient ce soir. A la fin de la soirée, Daudet se penchant à mon oreille, me dit : « Encore des choses terribles... J'ai pleuré toute la nuit... et ce matin, à huit heures, j'étais avenue Victor-Hugo. »

Samedi 30 mai

« Princesse,

« Je suis bien reconnaissant de votre aimable invitation ; mais depuis quelque temps, je me sens vieux et las et j'ai pris la résolution de renoncer au grand monde, décidé à ne plus dîner dorénavant qu'en jaquette, chez des amis tout à fait intimes.

« Je baise tendrement le bout des doigts de Votre Altesse. »

Voici la lettre que j'adresse aujourd'hui à la princesse, avec un peu d'une émotion qui m'a empêché de dormir ce matin et me fait retarder l'écriture par beaucoup de tours dans mon jardin... Oui, un peu de cette émotion ennuyée qui vous vient, quand vous devez aller chez le dentiste.

Nécessairement, j'ai gardé le silence sur les paroles dites par Mlle Abbatucci à Ernest Daudet et ne lui en parlerai que si j'y suis tout à fait, tout à fait forcé.

C'est douloureux tout de même, en dépit des froids et des chauds de l'amitié de la princesse, en dépit de son parfait mépris pour la littérature, cette cassure d'une amitié intime qui a près de trente ans !

Exposition des Champs-Élysées ; c'est horrible, le crétinisme que prennent les têtes bourgeoises dans le marbre blanc [1].

Dimanche 31 mai

Enfin, après tant de jours de pluie froide, avec, dans cette pluie, des lamentations de vents d'automne, un jour au doux ventilement d'été.

Je reçois une lettre mélancolieuse de la princesse, qui me demande si je ne suis plus de ses amis. Je craignais une lettre colère, qui m'aurait forcé à lui écrire des choses que j'aurais été très malheureux de lui dire. Allons, c'est pour le mieux !

La conversation revient encore aujourd'hui au *Grenier* sur la conquête de la littérature française par la littérature étrangère. On constate la

---

1. Sur la scission du Salon en Exposition des Champs-Élysées et Exposition du Champ-de-Mars, cf. t. III, p. 425, n. 1.

tendance de la jeunesse du moment à n'aimer que le nuageux, le nébuleux, l'abscons, à mépriser la clarté. Et à propos de la révolution opérée dans les esprits, Daudet cite ce fait curieux : c'est qu'autrefois, la classe *chic* des humanités françaises était la classe de rhétorique, la classe des élèves promus à un grand avenir et des professeurs en vue, tandis que depuis la guerre avec l'Allemagne, c'est la classe de philosophie qui possède les intelligences du moment et les professeurs faisant du bruit, comme Burdeau. A l'humiliation que Daudet et moi éprouvons à voir notre littérature allemanisée, russifiée, américanisée, Rodenbach oppose la théorie qu'au fond, les emprunts sont bons, que c'est la *nutrition* avec laquelle s'alimente une littérature et qu'au bout de quelque temps, quand la digestion sera faite, les éléments étrangers qui auront grandi notre pensée disparaîtront dans une fusion générale.

Et ces emprunts nous amènent à parler de la roublardise de la jeunesse actuelle qui, dans l'*âge de l'imitation*, n'emprunte point comme ses innocents devanciers à ses vieux concitoyens, mais maintenant détrousse sournoisement les poètes hollandais, américains inconnus, inexplorés, et fait accepter ses plagiats comme des créations neuves, en l'absence de toute critique savante, liseuse.

Puis l'on parle de cette maison de bohème slave, de cette maison aux chevaux de pur-sang et au vin monté de chez l'épicier du coin, de cette maison N..., de cette maison extraordinaire qu'Ajalbert a fréquentée un moment, lors de la revue à la couverture sang-de-bœuf qu'a dirigée Madame, maison où il y aurait une gouvernante prise pour satisfaire aux plaisirs amoureux de la mère et de la fille.

Une phrase de Mme de Banville parlant de son mari et de ses livres : « Oh ! après le triste événement, la vente a très bien marché. »

Avant le dîner, pendant que je suis tête à tête avec Daudet, il laisse échapper son étonnement admiratif des trois dialogues philosophiques que va publier son fils, y trouvant, ainsi qu'il le dit, les *extériorités de son père et les intuitions* de sa mère [1]. Et c'est vrai. Il y a chez Léon un amalgame du Nord et du Midi ; et le garçon est curieux aussi, parce que c'est un enfant dans la conduite de la vie et qu'il se trouve avoir une cervelle d'homme mûr dans les choses de l'intellect. Daudet est surtout très frappé de la quantité et du bouillonnement des idées dans le livre de son fils.

Arrive Ajalbert, invité à dîner avant son départ pour l'Auvergne, où il va fabriquer le bouquin commandé par la maison Dentu et tâcher de faire une pièce [2]. Comme on lui reproche de ne pas assez travailler, il nous dit qu'il est un jumeau d'un frère mort, qu'il se sent seulement une moitié de vie, qu'il lui faut un effort énorme pour s'entraîner ; et comme nous lui citons l'exemple de Jean Lorrain, c'est l'occasion de parler des progrès énormes qu'il a faits, de l'artistique parisianisme des

1. Il s'agit de GERME ET POUSSIÈRE, paru en juillet 1891.
2. Cf. t. III, p. 482, n. 1.

milieux qu'il a conquis, et de sa guérison des emprunts de phrases ou d'épithètes faits aux autres, aux auteurs qu'il aimait et dont il était trop plein.

Lundi 1er juin

Elle est curieuse, vraiment, l'excitation mordillante et griffante que développe l'orage chez ma chatte ; puis l'assommement du sommeil brisé qui la suit et dont le réveil a lieu au milieu de bâillements et d'étirements qui n'en finissent pas. Ah ! elle est nerveuse, cette bête, j'allais dire comme une femme,... non, comme un homme.

Ça m'a fait plaisir de retrouver dans une interview d'Hervieu, une idée de mon JOURNAL sur l'avenir du roman, à la date du 6 juillet 1856 et qui dit : « ...Enfin, le roman de l'avenir est appelé à faire plus d'histoire des choses qui se passent dans la cervelle de l'humanité que des choses qui se passent dans son cœur [1]. » Il me semble que c'est là où va décidément le roman dans ce moment.

Au fond, j'aurais pu dire dans mon interview d'Huret : « J'ai donné la formule complète du naturalisme dans GERMINIE LACERTEUX, et L'ASSOMMOIR est fait absolument d'après la méthode enseignée par ce livre. Maintenant, du naturalisme, j'ai été le premier à en sortir — et non à l'imitation de Zola par une incitation basse, par le succès de L'ABBÉ CONSTANTIN qui lui a fait faire LE RÊVE [2] — mais parce que je trouvais le genre, en sa première forme, éculé... Oui, j'ai été le premier à en sortir par ce avec quoi les jeunes veulent aujourd'hui le remplacer, par le *rêve*, le *symbolisme*, le *satanisme*, etc., etc., en écrivant LES FRÈRES ZEMGANNO et LA FAUSTIN, cherchant, moi, l'inventeur de ce naturalisme, à le dématérialiser avant qu'aucun y songeât [3]. »

---

1. La célèbre enquête de Jules Huret, publiée d'abord dans L'ÉCHO DE PARIS et où semblait retentir le glas du naturalisme, est surtout connue par la protestation lapidaire de Paul Alexis : *Naturalisme pas mort. Lettre suit.* Ici, Goncourt fait allusion à ce passage de la réponse de Paul Hervieu : « Il se produit... une autre école, dont les Goncourt auraient eu la vue prophétique, lorsqu'en 1856, après une lecture d'Edgar Poe, ils écrivaient... » Suit la citation du JOURNAL, et Hervieu termine en décelant cette vocation intellectuelle du roman chez Barrès et « aussi chez un nouveau venu de talent original, dans les CONTES POUR LES ASSASSINS de Maurice Beaubourg » (ENQUÊTE SUR L'ÉVOLUTION LITTÉRAIRE, 1891, p. 33).

2. Cf. t. III, p. 395, n. 3.

3. Cette interview d'Edmond de Goncourt mérite l'analyse. Pour Goncourt, le naturalisme a atteint la durée moyenne des mouvements littéraires, le « demi-siècle d'existence » : il va disparaître après avoir « remplacé l'humanité de *dessus de pendule* du romantisme par de l'humanité d'après nature ». L'avènement des *symbolistes* et *décadentistes* doit se faire aux dépens de la physiologie, au profit de la psychologie. Mais où sont les prosateurs du mouvement ? Cette carence coïncide d'ailleurs avec l'usure du roman : « Le roman est un genre usé, éculé, dont j'ai fait tout pour tuer le romanesque, pour en faire des sortes d'autobiographies, de mémoires de gens qui n'ont pas d'histoire. » Pour terminer, Edmond de Goncourt proteste contre les étiquettes simplistes : il n'y a guère eu de naturalistes à l'état pur et lui-même, après la physiologique GERMINIE LACERTEUX, a donné avec MADAME GERVAISAIS un roman aussi rigoureusement psychologique que ceux qu'on réclame aujourd'hui (cf. ENQUÊTE..., p. 166 sqq.). C'est sur cette fin de l'interview que pourrait se brancher le supplément d'apologie auquel Goncourt songe aujourd'hui.

Mardi 2 juin

J'aurais vraiment l'envie de publier à l'automne un volume fait avec VENISE LA NUIT des PAGES RETROUVÉES, mais précédé d'un extrait de tout ce qu'il y a d'un peu bon dans les notes manuscrites de notre voyage d'Italie (1855-1856), et en le faisant suivre du petit morceau sur Naples et du plan du travail définitif [1]. Et en tête, j'écrirai une préface où je dirai : « Ce qu'on tente de faire à l'heure présente, ç'a été le début littéraire de mon frère et de moi. »

Si j'étais plus jeune, je voudrais faire un journal qui s'appellerait : DEUX SOUS DE VÉRITÉ !

J'étais en train de prendre un verre de madère, au café Riche. Passe Ajalbert : « Venez-vous dîner avec moi ? — Je voudrais bien,... mais c'est que je dîne avec Geffroy — Eh bien, allez le chercher, nous dînerons ensemble ! Dites-lui que je l'invite. »

Au bout d'une demi-heure, derrière Ajalbert, apparaît Geffroy suivi de son éternel Mullem... C'est agaçant, on ne peut jamais avoir Geffroy seul, il lui faut toujours un accompagnateur.

On dîne... Au fond, je suis un peu estomaqué de l'antipathie de Mullem et même de Geffroy pour Mme Daudet. Ils la font coupable de tout ce qu'il y a de timide dans les livres de son mari — et cela n'est pas vrai... Puis peu à peu, Mullem, sur la figure duquel monte la mauvaiseté d'un marchand de lorgnettes bilieux, se livre à une sortie, devenant de minute en minute plus féroce, contre Daudet, au sujet de sa liaison avec Drumont, en donnant à cette liaison les motifs les plus bas... Enfin, dans une espèce de colère sourde de la parole, chauffée par deux bouteilles de vin de Champagne, il arrive à nier la misère passée de Daudet, déclarant — et l'on sent qu'il parle dans l'amertume de son néant — déclarant qu'il y a une différence entre la misère de l'homme inconnu et la misère de l'homme connu et que Daudet a été tout de suite connu.

Mercredi 3 juin

Un drôle d'individu que ce Lorrain.

L'autre jour, il avait une main en bandoulière et disait qu'il s'était

1. Sur le projet de L'ITALIE LA NUIT, traduction fantaisiste et parfois féerique des « choses vues » du voyage de 1855-1856, cf. t. I, p. 168, n. 2. Le choix de notes extraites du carnet de route paraîtra en 1894, sous le titre de L'ITALIE D'HIER. NOTES DE VOYAGE (1855-1856). A ces notes s'ajouteront 43 croquis de Jules extraits du carnet. Conformément à l'intention qui s'exprime ici, Edmond y donnera le fragment de NAPLES (p. 223), déjà élaboré et sauvé de l'autodafé qui consuma les autres esquisses destinées à L'ARTISTE : des musiciens en barque, des chants, et en contraste la description atroce des chanteurs aveugles, etc. Suit « le *scénario* sur lequel nous voulions écrire NAPLES ». Ces fantaisies (et celles de VENISE LA NUIT plus encore que celle de NAPLES) montrent bien, comme le veut Goncourt, une involontaire prescience de certains effets de magie littéraire qu'ont obtenus Verlaine et un certain symbolisme. Goncourt, dans la note qui précède NAPLES, suggère discrètement cette amorce du rêve : « Des notes toutes brèves et prises seulement sur les êtres et les choses pouvant fournir une série de paragraphes poétiques, idéaux ».

entaillé la main en coupant maladroitement du pain. Aujourd'hui, je le trouve chez lui avec un œil poché et un trou dans la tête qui a nécessité la pose de six sangsues.

Il me conte qu'à sa sortie, l'autre jour, de mon jardin, se trouvant avec un garçon faisant des instantanés et ne sachant comment l'occuper, il l'a mené au Point-du-Jour. Là, surpris par l'orage, il est entré dans un cabaret sous une tente et s'est vu demander une cigarette par l'un, une consommation par un autre, qui, sur son refus, lui a tiré la moustache. De là, claque de sa part, suivi d'un coup de poing de l'autre part, auquel il a riposté par un coup de bouteille du pugiliste. Alors, ruée de tout le sale monde de la tente sur sa personne à coups de chaises, et heureusement, intervention du maître du café et de sergents de ville, qui l'ont reconduit, afin qu'il ne fût pas assommé à la sortie. Est-ce vrai ? N'est-ce pas vrai ? En tout cas, de toute manière, c'est trop une vie de bâton de chaise !

Jeudi 4 juin

Déjeuner chez moi, ce matin, en tête-à-tête avec le petit ménage Daudet-Hugo. Le papa et la maman de Daudet devaient venir ; mais le jeune Lucien a eu une reprise d'oreillons, et Mme Daudet ne veut pas quitter un moment le lit de son chéri, et Daudet ne veut pas quitter sa femme.

Je suis effrayé, ce soir, en entrant chez Daudet, de la souffrance de ses pauvres yeux de crucifié. Il m'avoue qu'il vient de se faire coup sur coup cinq piqûres de morphine.

A la fin de la soirée, Daudet a repris sa figure spirituelle et verveuse, comme s'il n'avait pas passé par d'affreuses souffrances, et a dit ce mot profond à propos d'Hervieu, qui a été appelé toute une soirée par la Munkacsy par un autre nom que le sien : « Oui, en effet, il est plus répandu que connu ! »

A ce Pica, il manque absolument la lèvre supérieure, et la montre de ses grandes dents blanches dans un sourire napolitain lui donne un caractère cannibalesque.

Samedi 6 juin

Hier, Mlle Zeller m'a écrit que la princesse lui avait annoncé sa visite aujourd'hui, pour cinq heures — ajoutant qu'elle croyait bien, au fond, que c'était à moi que la visite était destinée. Ma foi, comme je sens qu'une explication ne peut être qu'une source d'ennui pour elle et que les choses resteront absolument comme elles sont, je me sauve de chez moi.

Assis au coin de la Madeleine, dans la nuit qui tombe, le roulement incessant des voitures sur le pavé de bois fait comme un bercement, un doux chantonnement parisien de nourrice pour ma vieille pensée et l'endort presque.

La princesse n'est pas venue chez moi, mais m'a fait demander par Zeller chez lui pendant sa visite.

Dimanche 7 juin

Ce matin, Mlle Zeller est venue me voir, et m'a raconté la visite d'hier. A la vue de ma photographie, la princesse s'est écriée : « Eh bien, qu'est-ce qui s'est passé?... Pourquoi Goncourt m'a-t-il écrit cette lettre ? » Sur ce, Mlle Zeller lui racontait la chose, sans toutefois nommer Ernest Daudet.

Alors la princesse de se récrier sur ce que j'avais pu croire une telle chose, de dire qu'elle s'était refusée, dans sa loge du Gymnase, à avoir une explication avec de Bonnières, auquel elle avait refusé la main, de dire que quelqu'un lui avait affirmé que j'avais inspiré l'article de Lorrain — qui n'était certes pas tendre pour elle —, et qu'elle s'était refusée à le croire, de dire qu'elle n'avait pas repris ses mercredis, enfin de terminer par ces paroles : « Dites à Goncourt que je l'invite mercredi et que pour lui, je reprendrai, dans ce jour, mes mercredis avec les anciens dîneurs du mercredi. » Et cette invitation mêlée de choses tendres qui me forcent à l'accepter dans une acceptation où je lui envoie une copie de ma lettre à Lorrain [1].

Bien certainement, rue de Berri, on a voulu me rayer du dîner du mercredi. Maintenant, la princesse a-t-elle été un instrument, conscient ou inconscient, de la machination ou la réflexion lui a-t-elle montré la dure injustice de cette exécution ?... Mais il faut convenir que la pauvre princesse a près d'elle un joli fourbe ! C'est ce Popelin, qui mène souterrainement le complot en collaboration avec Mlle Abbatucci et qui joue l'amitié pour ma personne auprès de l'altesse, disant à la princesse, lorsqu'elle lui apprenait qu'elle m'avait invité le lundi, qu'il me verrait avec le plus grand plaisir. Et ce jour-là, où il ne dîne jamais, il venait dîner !

Non, je ne puis pas croire devant cette ambition dernière de Zola à devenir un librettiste en prose d'opéras, non, vraiment je ne puis croire qu'il n'y ait pas un léger ramollissement du cerveau chez le romancier [2].

Lundi 8 juin

« Oui, l'année prochaine, je serai prêt à recommencer, comme si de rien était... Mais en ce moment, je suis heureux d'arriver à la fin. » Antoine me dit cela, à la fois découragé et exaspéré et arpentant le théâtre, en donnant les ordres pour la plantation d'un décor, en

1. Cf. t. III, p. 550, n. 1, sur l'article de Lorrain. Sur l'incident Bonnières, cf. t. III, p. 546, n. 2.

2. Après avoir laissé Gallet écrire le livret du RÊVE (voir la note suivante), Zola se chargera lui-même de ceux de MESSIDOR, de L'OURAGAN et de L'ENFANT ROI, dont la musique restera confiée à l'ami du romancier, Alfred Bruneau, et qui seront représentés respectivement à l'Opéra le 15 fév. 1897 et à l'Opéra-Comique le 29 avril 1901 et le 3 mars 1905.

défendant qu'on le mette en rapport avec je ne sais qui, parce qu'il est dans son état nerveux.

Devant la perspective d'un ajournement du RÊVE à la rentrée, ce soir, Zola a le rognonnement d'un dogue prêt à mordre et Mme Zola, l'aigreur qui s'infiltre dans la voix d'une poissarde qui va bientôt vous engueuler [1].

Mardi 9 juin

On m'apporte le KOSHU GWAFOU, un livre japonais caricatural. C'est prodigieux comme dans la caricature japonaise, on retrouve de la laideur de Verlaine.

Le beau d'un dessin japonais représentant un oiseau, c'est que ce dessin, avec ses abréviations et le rendu seulement de ce que l'oiseau offre de caractéristique, on pourrait dire que c'est la synthèse de l'oiseau.

Mercredi 10 juin

Visite de Poictevin, plus fou que jamais, la cervelle cette fois hantée par les Acadiens, les Touraniens, la race à la fois blanche et cuivrée qui aurait précédé les Aryens et les Sémites et dont les Bretons seraient une filiation directe. Et c'est une succession de phrases transcendantales : « Que le péché, ce n'est pas, comme on l'a dit bêtement, la copulation, mais la distraction de l'individu de l'harmonie universelle... Que le moi, le moi est tout à fait méprisable, vu que c'est une victime de la subjectivité de l'être en un monde illusoire... Qu'il se fait un changement en lui, que les formes littéraires ne sont rien, qu'il n'y a que les idées, qu'il donnerait tout ce qu'il a écrit pour une page de Normand... qu'il craint d'être empoigné, comme par une pieuvre, par la subtilité des causes occultes. »

Il me dit cela, tout en me montrant un état épouvantable d'une vieille gravure représentant un crucifiement, où il trouve du rapprochement entre les cheveux du mauvais larron et je ne sais plus quoi de l'ordre philosophique.

Enfin, il se lève pour prendre congé, me disant qu'il aimerait bien à se retrouver avec moi là-haut,... que ce serait surtout agréable de se retrouver dans Sirius, la planète à la blancheur incandescente,... que chez les Touraniens, quand la maison prend un ton de vétusté, c'est un mauvais signe, qu'il faut la quitter... qu'il est en train de lui arriver des choses extraordinaires — et là, il a le rire bête du fou — qu'Alice, en soignant la patte de son chien, qui a eu la patte écrasée, est en train d'avoir un mal terrible au doigt ; qu'en sortant de chez le médecin, le cheval s'est abattu... et qu'alors, il s'en va après-demain.

---

1. LE RÊVE, opéra-comique de Louis Gallet, musique d'Alfred Bruneau, d'après le roman de Zola, n'attendra point la rentrée : il sera créé à l'Opéra-Comique le 18 juin 1891.

Ennui, toute la journée, de l'appréhension que la princesse va me demander le nom du dîneur auquel Mlle Abbatucci a parlé chez Mme Gallaup, demande faite hier par la princesse dans une lettre à Mlle Zeller.

Très charmant accueil de la princesse, qui me dit d'un ton pénétré qu'elle est heureuse de me voir.

Là-dessus, Popelin m'aborde sur un ton aimable et se plaint qu'il y a longtemps qu'on ne m'a vu chez la princesse. Je lui réponds que j'avais cru ne plus plaire dans la maison, que je ne suis pas homme à m'imposer quelque part, quand on ne veut plus de moi, que des cancans qui m'avaient été rapportés... Il m'interrompt en me disant qu'il ne faut pas écouter les propos, que je dois savoir combien il en a souffert, que dans ce cas, il vaut mieux s'expliquer et qu'en trois mots, tout s'arrange.

Sur ce, la princesse vient me chercher au fond du salon où nous causions, en me disant : « Que l'enfant prodigue me donne le bras ! » Et tout le dîner, elle me parle de mon jardin, du livre que je fais, de tout ce qu'elle sait m'intéresser.

Heredia, qui vient ce soir, me racontait ce cruel détail de la préparation du banquet Moréas, où se trouvaient réunis Barrès, Régnier, Moréas. Barrès disant soudainement : « Que c'est donc dur d'organiser la gloire d'un homme ! » — Régnier ajoutant : « Et de la gloire pour si peu de temps ! » — Moréas s'écriant : « Sacré nom de Dieu ! attendez donc que je sois parti [1] ! »

Primoli, dans un coin de salon, faisant allusion à mon JOURNAL, me parle de son voyage en Dalmatie, à Corfou, avec l'impératrice, de la facilité de la femme à s'ouvrir, et me confie qu'il a écrit cinq petits cahiers de ce qu'elle lui a raconté sur l'Empire.

Tout s'est passé parfaitement ce soir. Seulement, au moment où j'ai pris congé de la princesse, elle m'a dit : « J'irai vous voir un de ces matins. » Diable !

Jeudi 11 juin

Dîner chez Daudet, avec Barrès, un long garçon distingué, à l'immense nez, aux beaux yeux dans une cernure donnant un doux charme à son regard. Un esprit de contre-pied, de parti pris à l'encontre de tout ce qui est accepté ; mais une contradiction très délicate, très bien élevée et sauvée par une jolie ironie, de laquelle il dit que ça fait partie de son tempérament, comme le mysticisme fait partie d'un tempérament d'un autre. Malheureusement, les choses légères dites par lui le sont avec une voix lourdement nasale, provenant de son immense nez et peut-être d'une affection de poitrine.

1. Cf. t. III, p. 537, n. 3.

Samedi 13 juin

Aujourd'hui, Pica, venant déjeuner chez moi, est tellement parfumé que je crains de me trouver mal et que je suis obligé de lui demander de se laver les mains. Après quoi, sentant moins bon, il est un invité très agréable.

A un japoniste comme moi, c'était vraiment dû ! Il semble à Pélagie apercevoir la chatte passer comme un éclair dans l'escalier ; au bout de quelques instants, elle va voir où elle peut être cachée, et elle la retrouve sur son séant, avec un ronronnement d'orgue, en contemplation devant une vitrine de poteries japonaises.

Pendant la minute que je passe à L'ÉCHO DE PARIS, je vois apparaître dans l'entre-deux d'une porte Catulle Mendès, gras comme une maquerelle dont les affaires vont bien, Catulle qui jette aux Simond : « Ne me retenez pas, je vais manquer le train ! » Il part pour l'inauguration du buste de Glatigny [1].

Chez l'animal, il est un bonheur, un bonheur fait de ceci, c'est que jamais le *Linquenda tellus* d'Horace ne lui traverse la cervelle et que la mort le frappe sans qu'il sache qu'elle existe, tandis que ce soir, accoudé à la barre d'une fenêtre, au-dessus de l'odeur des roses de mon jardin, je pensais à cette obligation [2].

Dimanche 14 juin

Lorrain s'excuse de son brusque départ du *Grenier*, dimanche dernier, sur ce que Rosny l'insupporte, et non seulement par sa parole de raseur, mais encore par la conformation de sa tête qu'il compare à un œuf où l'on aurait collé du poil noir tout autour.

Et il me conte un dîner où ayant invité Mendès et sachant qu'il n'est heureux qu'au milieu de femelles, il a envoyé sa mère à la campagne et l'a fait dîner avec Nau. Et Mendès était à ses genoux au café, et le soir, ç'a été, pour cet amoureux de cinquante ans, une fête de pousser avec elle, sur le haut d'un omnibus, jusqu'à Boulogne et de remplir l'ombrelle de la *fille Élisa* de fleurs de marronniers, attrapées aux branches qu'on pouvait atteindre de dessus l'impériale.

Descaves m'apporte son portrait peint par Courboin sur le volume de SOUS-OFFS, un portrait où le peintre a trouvé le moyen d'exagérer le commun du pauvre garçon [3].

Il nous parle de Darien, disant que c'est un garçon étrange et qui ne travaille qu'au café ou dans la chambre d'un ami, le plus désordonné bohème qui soit, et avec cela, hanté par un tas de conceptions pratiques,

---

1. Il s'agit d'un buste dû au ciseau d'Alphonse Guilloux, inauguré le 14 à Lillebonne, ville natale de Glatigny. Le poème de Catulle Mendès, A ALBERT GLATIGNY, fut lu par Mlle Nau et parut dans L'ÉCHO DE PARIS du 17.

2. *Linquenda tellus et domus et placens uxcor,* « Il faut quitter la terre, sa maison et sa femme si plaisante » : c'est un vers de la célèbre ode à Postumus (Horace, ODES, II, 14).

3. Cf. t. II, p. 1118, n. 2 sur la collection d'auteurs modernes d'Edmond de Goncourt.

étranges, bizarres comme celle-ci, après l'échouement de laquelle il tombait chez Descaves, cette phrase dans la bouche : « Décidément, mon affaire du syndicat des marchandes des quatre-saisons est manquée, nom de Dieu ! » Et nécessairement, la plupart du temps sans le sou et obligé d'aller emprunter cinq francs à son frère le peintre, qui gagne de l'argent. Emprunt amenant le dialogue suivant :

« Frère, j'ai besoin de cent sous.

— C'est bien, les voilà... Mais j'ai besoin d'un modèle qui m'a manqué aujourd'hui... Tu vas me poser. »

Le jeune Rosny, qui m'avait beaucoup plu à la première visite, m'apparaît aujourd'hui comme un petit, un tout petit succédané de son frère.

A dîner, Daudet me disait : « Je n'ai pas voulu livrer Rosny à la risée des gens du *Grenier* ; mais figurez-vous que jeudi, il m'a dit, faisant allusion à la comparaison qu'on fait de lui avec un contremaître, qu'il était d'une famille mieux que bourgeoise et que son père lui avait souvent dit qu'il avait le droit de porter je ne sais quoi sur un champ de gueules... Et pendant qu'il me disait cela, j'ai vu la tête de son jeune frère penchée vers moi et cherchant à saisir sur ma figure l'effet de cette revendication. Il se sera dit : « Daudet est bon cheval de trompette : si je lui fais gober, il répandra la chose. »

Le crime Berland n'est pas le crime de quelques individus, c'est le crime de toute une société [1] !

Lundi 15 juin

J'ai eu aujourd'hui, en pleine rue, le compliment le plus flatteur qu'un vieux comme moi peut avoir d'une femme. Je passais en voiture découverte sur le boulevard Saint-Michel ; en ce moment traversaient la chaussée trois ouvrières, dont l'une, ma foi, qui était très gentille, dit à ses camarades en me touchant presque de la main : « Voilà l'entreteneur que je rêverais ! »

J'étais invité à quatre heures et demie par le jardin des Plantes au dîner que fait, tous les deux mois, le boa. Je suis exact, et j'ai devant moi le monstre de six mètres en son immobilité morte, avec ses écailles ternes, ses yeux en verre décoloré, une tache blanchâtre sur la tête comme il en vient aux serpents empaillés, au plafond des vieux musées de province. Et l'on jette dans la cage de verre un petit agneau blanc, au poil frisé, qui dans son innocence va flairer le serpent, tout prêt à jouer avec lui. Soudain le serpent mort, le serpent empaillé, se détendant comme un ressort d'acier, saisit la joueuse petite bête par une patte ; et en une seconde, sans que l'on puisse bien se rendre compte

1. Le lendemain, le 15 juin, la cour d'assises de la Seine condamnera Cholin à vingt ans de travaux forcés, Deville aux travaux forcés à perpétuité, et enfin Doré, Berland et sa femme à la peine capitale : ils avaient assassiné à Courbevoie la veuve Dessaigne, pour lui voler 23 francs. Le 28 juillet, Doré et Berland seront exécutés.

de ce qui s'est passé, tant la chose est rapide, l'agneau, qui n'a eu que le temps de jeter deux ou trois bêlements, est culbuté, enroulé, immergé, disparu, n'ayant plus au-dessus de lui qu'une pauvre patte, agitée par de mortels gigotements, qui vont en diminuant jusqu'à ce qu'elle devienne raide, immobile, dans le resserrement des anneaux énormes du serpent.

Et pendant ce travail de compression et d'étouffement, une vie de flamme est venue aux yeux du serpent, le terne de sa peau a disparu sous un vernissage comme produit par une petite suée, qui fait les squames de son dos semblables à de l'écaille blonde, semée çà et là de ronds noirs, pareils à des armoiries de *shoguns* japonais, tandis que les squames jaunâtres du ventre se nuancent du beau jaune impérial d'un émail chinois.

Alors, la gueule du monstre s'ouvre, et la patte, par laquelle l'agneau a été saisi, va rejoindre en l'air, tout ensanglantée, l'autre patte, et le serpent, resté un moment immobile dans son enroulement, de sa gueule qui a le rose pâle de l'ouïe d'un poisson, fait jaillir le dardement de sa petite langue fourchue, au scintillement noir du noir de la sangsue.

Puis alors commence la recherche de la tête de l'agneau, que dans sa stupidité de reptile, le serpent ne sait plus être sous lui, une recherche qui n'en finit pas et coupée des repos, des endormements où il n'y a d'éveillé en lui que le petit scintillement noir de sa langue fourchue, cela au milieu d'un resserrement de ses anneaux, laminant le petit corps, qui ne semble plus qu'une toison fripée, sans rien dedans.

Enfin, un grand déroulement du serpent, fait dans une lente exploration de sa cage, laisse voir la petite tête comme allongée, comme amaigrie, de l'agneau... Et l'on croit que cette fois, le serpent va l'engloutir ; mais il passe à côté et se coule, rampant à droite, à gauche, par moments, se dressant droit à une hauteur de trois ou quatre pieds, tout rigide et surmonté de cette tête carrée aux terribles protubérances des mâchoires, lui donnant à contrejour l'apparence d'un formidable serpent d'airain.

Mais il est six heures... Voilà une heure et demie que le boa cherche la tête de l'agneau, « distrait, dit l'homme du jardin des Plantes, par le monde qui l'entoure ». Ça peut être encore long... Ma foi, je m'en vais.

Mardi 16 juin

Toutes les fois que j'ai été au jardin des Plantes, j'ai été frappé de la rencontre qu'on y fait de femmes bizarres, originales, excentriques, exotiques, *inclassables*, et que le contact avec l'animalité de l'endroit semble disposer aux aventures de l'amour physique.

Aujourd'hui a paru OUTAMARO.

Mercredi 17 juin

Une jeune femme, qui ne me donnait pas son nom, m'avait soumis un roman très dramatique, qu'elle est venue rechercher aujourd'hui. Elle m'avoue qu'elle est la belle-sœur de la femme tuée par Chambige ; et en effet, elle s'était servie de cette mort dans son livre.

Ah ! le miracle produit par le physique des princesses dans l'optique des bourgeois ! Elles peuvent être massives, canaillement *portentoses*, n'avoir ni intelligence ni bonté ni amabilité sur leur grossière face, et bourgeois et bourgeoises de s'écrier, d'une voix entrecoupée par l'admiration : « Est-elle belle, hein ! »

C'est de la duchesse d'Aoste dont je parle, qui a le commun de son frère aîné, dans un étal de grosse viande un peu repoussant, et à laquelle les diamants qui constellent sa chair plébéienne rejettent votre souvenir à un de ces portraits de la Régence, représentant une bestiale et inhumaine beauté brune [1].

A la fin de la soirée, dans le salon de la princesse, la cernée des yeux faite au bistre, et maquillée genre cadavre, apparaît Mme Kann, la ci-devant Égérie de Bourget, l'Égérie actuelle de Maupassant, qu'elle me dit bien, bien malade... me laissant entendre qu'il est menacé d'une paralysie générale.

Samedi 20 juin

C'est étonnant comme la même situation en des temps divers donne lieu aux mêmes paroles ! Le marquis de Varennes racontait ce soir, chez Gavarni, que son grand-père ou son grand-oncle, emporté tout enfant dans les bois, à un moment de la Terreur, avait dit timidement : « Puis-je parler ici ? » C'est la même parole que celle de Léon Daudet, la maison de Champrosay envahie par les Prussiens, disant : « Puis-je me réveiller maintenant ? »

Le marquis de Varennes disait aussi que l'expression populaire : *Ne crie donc pas comme ça, tu vas nous faire prendre !* était une expression venant de la Terreur.

Dimanche 21 juin

Le petit Hermant, qui arrive de Moscou, disait assez spirituellement et peut-être assez justement des Russes : « Oui, ils sont charmants, mais un peu étonnés de la grandissime sympathie qu'ils trouvent chez nous pour eux, sans l'éprouver pour nous. »

Vraiment, les précautions de jour et de nuit que l'empereur de Russie est obligé de prendre pour la garde de sa vie, en font la plus misérable existence que je connaisse sur la terre ; et par là-dessus, il est d'un tempérament couard. Et ce qu'il y a de comique dans cette triste existence, c'est que l'empereur est persuadé que l'impératrice lui est

1. La duchesse d'Aoste était la princesse Laetitia, fille du prince Napoléon et sœur du prince Victor, ici visé, et du prince Louis. Elle avait épousé en 1888 Amédée de Savoie, duc d'Aoste, frère du roi Humbert Ier d'Italie.

un porte-bonheur et que, partout où il y a quelque chose à craindre, il la traîne à sa suite comme un fétiche [1] !

Lorrain contait que Sarah Bernhardt ne jouissait que depuis une dizaine d'années, à la suite d'une opération de Lannelongue qui avait doté la sécheresse de sa vulve de l'humidité d'une glande.

Et il nous dévoile les personnages de son article de L'ÉCHO DE PARIS d'aujourd'hui. C'est Mme Elzéar en compagnie de Maizeroy. Mme Elzéar recevant tous les jours deux lettres de la peintresse tribade Abbéma, une lettre triste, une lettre gaie, dont elle lisait l'une ou l'autre selon la disposition de son esprit — Mme Elzéar recevant une demande en restitution des diamants à elle donnés, non pour les reprendre, mais pour les mettre au Mont-de-Piété, par la marquise de Belbœuf, à l'époque où dans un moment de folie amoureuse, elle avait coupé avec ses dents le clitoris d'une jeune jardinière et qu'elle avait été obligée de trouver une centaine de mille francs pour étouffer l'affaire.

Lundi 22 juin

Lorrain, qui a des indignations semblant paradoxales, mais au fond assez justes, s'écriait hier : « Le plus grand maquereau de l'heure présente, c'est Lemaître... Coucher avec une femme qui a soixante-dix ans et qui donne des dîners, qui font des dîneurs des chauffeurs du talent, des metteurs en actions de la copie de l'homme,... oui, c'est faire des draps d'une vieille putain la nappe de sa fortune littéraire ! »

Mercredi 24 juin

Dîner chez les Ganderax avec la princesse, qui part demain pour Saint-Gratien.

Elle me parle de l'éreintement causé chez elle par les devoirs de famille, du bonheur de se retrouver quelques jours en tête-à-tête avec elle-même, dans la solitude.

Dans la soirée, en passant près de moi, elle m'invite à faire séjour à Saint-Gratien et comme je lui dis : « Oui, princesse, si vous voulez bien de moi », elle a une phrase énigmatique, dite avec un sourire : « Vous êtes un si mauvais sujet... Mais enfin, depuis trente ans que nous nous connaissons ! » En ce moment où l'un et l'autre, nous craignons d'approfondir les choses et vivons au milieu des sous-entendus, la phrase passe sans demande d'explications et je pense que le *mauvais sujet* ne veut dire dans la bouche de la princesse que le « mauvais sujet littéraire ».

Au moment où j'allais quitter le salon, entre le couple Strauss. Le Strauss me donnant la main à son entrée, je vais le trouver et lui dis

1. L'empereur de Russie : Alexandre III, qui avait succédé le 13 mars 1881 à son père, Alexandre II, victime des nihilistes. Il avait épousé en 1866 Marie Sophie, princesse de Danemark, devenue impératrice sous le nom de Maria-Feodorovna.

que je me porte responsable de ce que j'écris, mais que l'on ne peut vraiment me rendre responsable de ce qu'écrit un monsieur dans un volume où il dit que j'ai sali mes cheveux blancs en servant de témoin à Léon Daudet, que je ne cache pas que je suis l'ennemi théorique de la race juive, mais que ça ne m'empêche pas d'avoir des relations amicales avec des individus de cette race [1]. Et sur ce qu'il me dit que j'aurais dû écrire un mot à Drumont, je lui réponds que c'était impossible, parce que, un instant, j'ai cru être mêlé à l'affaire Daudet contre Drumont. Là-dessus, nous nous quittons en très bons termes.

Jeudi 25 juin

Aujourd'hui Primoli, m'a prié d'être son introducteur à Champrosay, où il veut se livrer à des *instantanés.* Monté à son hôtel pour prendre ses appareils, il rentre dans la voiture, un gros paquet de lettres à la main, parmi lesquelles il y a une invitation à dîner de la duchesse d'Uzès, à laquelle il répond au café de la gare. C'est l'homme le plus invité de Paris. Avant-hier, il était d'un grand dîner d'hétaïres à la tour Eiffel. Hier, il était d'un déjeuner je ne sais où, de la fête de Mme Lemaire au lac du Bois de Boulogne, du dîner des Ganderax, et encore de quelque chose après. Enfin, il est courbaturé des amabilités et politesses parisiennes !

Il fait une trentaine d'instantanés, dont un représentant ma filleule sur une des deux ânesses de Gonzague Privat.

On est dix-huit à table, et parmi les convives est ce pitre bégayant, qui se nomme Mariéton et qui est la tête de Turc sur laquelle chacun donne son coup d'esprit. Parmi les têtes autour de la table, il y a la tête aux longs cheveux *filles* de Charlot, le petit de Gonzague : une tête singulière, aux yeux les plus caressants, à la grande bouche canaille, mauvaise presque, une séduisante tête de *zingara* de baraque.

Ernest Daudet revenait aujourd'hui sur cette question des fonds secrets, dont il m'avait déjà parlé, disant qu'il n'y avait pas seulement le *mandat jaune,* qui exigeait une signature et où la signature certifiait la somme donnée ; mais qu'il y avait l'argent d'un certain tiroir du ministre, donné de la main à la main, argent qu'il croyait être l'argent avec lequel vivait Clemenceau et qu'il croyait bien encore être l'argent qui avait fait la fortune de Constans, argent dont le ministre ne spécifie la destination que sur une feuille de papier qu'il met sous les yeux du Président de la République, lorsqu'il quitte le ministère. Et le papier

---

1. Dans LE TESTAMENT D'UN ANTISÉMITE (1891, P. 244), critiquant la souplesse et l'entregent de l'avocat, Drumont avait dit de Strauss : « Goncourt l'a rencontré chez la princesse Mathilde et il n'est pas encore revenu de son étonnement de le voir là. Il nous en parle parfois dans l'intimité et j'espère que dans le JOURNAL,... nous retrouverons une esquisse de ce Juif de salon. » — Quant à Goncourt, Drumont lui reprochait, à lui, « le vieux gentilhomme », d'avoir consenti à servir de témoin au mariage civil de Léon Daudet et à « salir ses cheveux blancs dans une mascarade à grand orchestre, qui rappelle les *Sans-Culottides* » (p. 236). Cf. t. III, p. 563, n. 1 sur d'autres attaques de Drumont contre ce mariage non religieux.

est déchiré ou brûlé dans la visite. C'est Mac-Mahon qui avait donné ces détails à Ernest Daudet.

Samedi 27 juin

Avec la faiblesse des gouvernements actuels pour la canaille ouvrière dans toutes les questions de grève, les prix du revient de la vie deviendront impossibles, si un beau jour, les bourgeois ne font pas de la contre-grève ; si dans un jour comme celui-ci, où les garçons boulangers ont des exigences impossibles, les bourgeois ne s'associent pas pour pendant une huitaine, une quinzaine, ne pas manger de pain et le remplacer par du riz, des pommes de terre. Oui, on est près du moment où la rétribution des bas travaux, qui font vivre une société, deviendra telle que cette société ne pourra plus vivre [1].

Un rageur, l'homme qui au restaurant, devant l'apport d'un plat qu'on lui fait attendre, bat, silencieux, le rappel sur la nappe avec des doigts colères.

Chez le Juif près duquel on achète, il se passe une chose curieuse : aussitôt que vos achats se ralentissent, l'amabilité baveuse du *youtre* se renfrogne et devient poliment glaciale.

Lundi 29 juin

Un travail comme OUTAMARO, s'il était fait par quelqu'un du monde de l'Institut, il n'y aurait pas assez d'étonnement dans toutes les feuilles pour ce qu'il renferme de révélateur. Mais moi, je n'ai pas un article ! Après tout, L'ART DU XVIIIe SIÈCLE à son début n'en a eu guère plus, et je puis dire que mon livre l'a fait triomphant.

Mardi 30 juin

C'est curieux, ces moments d'enragement, tout pleins, en leurs ardeurs batailleuses d'une heure, de plans, de projets, de combinaisons de copie agressive ; puis l'heure passée, ces fièvres cérébrales sont mortes, éteintes, et c'est en vous une aspiration à la bonasserie d'une vie littéraire n'apportant aucun embêtement.

Il y a, au bas de mon perron, un AMOUR en bronze sur un piédestal de marbre du Languedoc. Et c'est un amusant spectacle, par ces jours de chaleur, de voir la petite chatte y chercher le frais, le ventre étalé sur le marbre, aux pieds de l'Amour. Puis après une longue sieste et force bâillements et force étirements, reprise au réveil de sa folie de jouer, la voilà s'adressant à l'enfant de bronze, lui faisant toutes les agaceries possibles, puis se remettant un moment le ventre au frais,

1. Le syndicat des garçons boulangers se plaignait des bénéfices exorbitants que prélevaient les placeurs qui leur fournissaient du travail. Ils se mirent en grève le 28 et 29 juin. Les boulangeries militaires durent ravitailler Paris.

puis revenant encore une fois à l'Amour, et cette fois, dépitée, découragée, l'abandonnant pour tout de bon, en passant entre ses jambes avec un gros dos courroucé.

Je tombe aujourd'hui dans un journal sur un morceau de critique agenouillé, extasié, pâmé, devant le chapitre de Barrès sur les pastels de La Tour à Saint-Quentin en sa PSYCHOTHÉRAPIE. Ce que disent ces figures, qui l'a dit la première fois, dans L'ART DU XVIIIe SIÈCLE ?... Et personne ne le rappelle [1] !

Mercredi 1er juillet

Aujourd'hui, Manzi, le metteur en œuvre des impressions Boussod et Valadon, est venu voir mes impressions japonaises.

Il m'a apporté une petite merveille, une impression en couleur qu'il a faite du profil de Degas en chapeau noir — une impression tirée à 6 exemplaires. Et à ce propos, il me conte que ce portrait a rendu Degas très froid à son égard pendant deux ans, où le Chinois de bonhomme qu'est l'artiste répandait dans la société que Manzi était fou, qu'il se ruinait, qu'il payait à des prix fous ses plus mauvaises œuvres. Et cela se terminait par la demande de Degas à Manzi de lui confier la planche pour retoucher le dessin du nez, qu'il ne trouvait pas juste, et oncques depuis Manzi n'a pu ravoir la planche.

Jeudi 2 juillet

L'autre jour, il m'a fallu me faire recevoir à la Société des auteurs dramatiques pour continuer à toucher mes droits. Là, j'ai eu la vision de la bassesse des gens sans talent qui font partie de ces commissions, par les congratulations et les salamalecs de Philippe Gille vis-à-vis de Camille Doucet et par les congratulations et les salamalecs de Camille Doucet vis-à-vis de Philippe Gille. Ah ! ce sont bien des assemblées de domestiques que ces assemblées-là !

Dans la vie littéraire, il y a une chose délicate, c'est le contact avec les critiques éreinteurs. Leur faire *grise mine*, c'est pas distingué ; être aimable avec eux, ça a quelque chose de plat. Aussi, je veux donner de mon JOURNAL, dans les volumes imprimés qui paraîtront encore, donner sur Sarcey et les autres des extraits tels que nous puissions nous donner, entre gens similairement éreintés, des poignées de main d'égaux à égaux.

1. Sans doute les Goncourt avaient-ils exprimé la « singulière impression » du visiteur de la salle La Tour au musée de Saint-Quentin : « Toutes ces têtes se tournent comme pour vous voir, tous ces yeux vous regardent. » (ART DU XVIIIe SIÈCLE, *I. La Tour*, p. 311). Et Barrès : « Ces quatre-vingts visages qui de tous ces murs me regardent, il leur a tiré leurs secrets à fleur de peau. » Cf. *Une journée à Saint-Quentin chez Maurice-Quentin de la Tour*, dans TROIS STATIONS DE PSYCHOTHÉRAPIE (1891), (rééd. 1923, p. 114). Néanmoins l'essentiel pour Barrès n'est pas de capter ces regards d'outre-tombe, mais de se guérir d'une analyse desséchante dont La Tour comme Taine — voire Goncourt — sont des types : « Observer, prendre des notes, toute cette froide compréhension par l'extérieur nous mène moins loin que ne feraient cinq minutes d'amour. » Suit un retour à Michelet.

Vendredi 3 juillet

En littérature, je crois qu'il est impossible à un homme non doué littérairement d'acquérir un certain tact de la matière. Mais en musique et en peinture, le non-doué musicalement ou picturalement est condamné à n'avoir jamais le sentiment intelligemment raffiné de la musique, de la peinture. Ce sont des choses si subtiles qu'un son, qu'un ton ! Et quant à la peinture, c'est de la blague, le sentiment, l'esprit, l'ingénuité, l'honnêteté, ces qualités inventées par les Thiers, les Guizot, les Taine, tous ces professeurs de peinture qui ne seraient pas foutus de reconnaître la plus ignoble copie d'un original ! Il n'y a en peinture que la tonalité et la beauté de la pâte.

Samedi 4 juillet

Dans une coupe à *saké* en laque rouge, je trouve représentée une petite Japonaise d'après l'idéal de beauté rêvé par ce peuple : la femme ayant les cheveux noirs, du noir de la laque dont ils sont faits, et le visage ciselé dans un morceau de nacre, apparaissant en une blancheur transparente.

Une scène féroce à faire dans un roman : ce serait une conversation de femme avec l'homme aimé, la conversation la plus amoureusement spiritualiste, entremêlée de perpétuels gargouillements, d'entêtés borborygmes, d'une ventriloquie d'entrailles des plus humaines.

Lundi 6 juillet

Au musée Guimet, où depuis longtemps Guimet sollicitait ma visite.

Tout en me montrant la malle de voyage de je ne sais quel antique *shogun*, contenant les armoiries des grands feudataires du Japon et le nombre de sacs de riz que produit chacune de leurs provinces, malle qui était pour lui un mémento pour l'établissement de l'impôt, tout en me montrant cette vénérable malle, le fondateur du musée me conte ceci. Il a fait venir un bonze de Ceylan, qui, du moment qu'il n'a plus porté le vêtement de prêtre, ne s'est plus senti un pratiquant, n'a plus prié et, dans le vide de l'occupation de ses prières, a été pris d'une ennui formidable, si formidable qu'un jour, voyant passer une procession, étant témoin de la vénération dont était entouré le porteur du Saint-Sacrement, il avait été repris du désir des pratiques religieuses, du désir de prier, si bien qu'il s'était fait catholique et, s'il vous plaît, un catholique exalté passant toute sa vie dans les églises, en sorte que M. Guimet avait été obligé de le renvoyer, parce qu'il ne lui était d'aucune utilité pour les recherches sur les religions de l'Orient et qu'il n'était au fond qu'un sacristain !

J'ai du malheur. Il m'arrive maintenant, en flânant à l'heure du dîner, de fréquemment rencontrer Scholl qui, dans l'embêtement du dîner avec lui-même, m'invite à manger sa soupe. Et je l'ai déjà refusé trois fois, parce qu'avec lui, il faut toujours être en garde et sous les armes et qu'il vous assomme de son énorme personnalité. Aujourd'hui, c'est encore une invitation que je décline sous le prétexte que je ne connais plus ce que c'est que la faim et que je doute fort que je dînerai. Mais enfin, je lui accorde quelques instants, et en battant le Boulevard, il me raconte qu'il va publier deux volumes de mémoires, que les éditeurs se disputeront, et me dit qu'il a loué un château près d'Étampes, où il va maintenant passer une grande partie de son temps ; mais il n'y a malheureusement que six chambres d'amis, et c'est vraiment bien peu ; aussi va-t-il se mettre à la recherche d'un grand kiosque en bois qu'on montera dans le parc, qui a sept arpents.

Mardi 7 juillet

Visite à Montesquiou-Fezensac, le Des Esseintes de A REBOURS. Un rez-de-chaussée de la rue Franklin, percé de hautes fenêtres aux petits carreaux du XVIIe siècle, donnant à la maison un aspect ancien. Un logis tout plein d'un méli-mélo d'objets disparates, de vieux portraits de famille, d'affreux meubles de l'Empire, de *kakémonos* japonais, d'eaux-fortes de Whistler.

Une pièce originale : le cabinet de toilette, au *tub* fait d'un immense plateau persan émaillé, ayant à côté de lui la plus gigantesque bouilloire en cuivre martelé et repoussé de l'Extrême-Orient, le tout enfermé dans des portières en bâtonnets de verres de couleur, une pièce où l'hortensia — sans doute un souvenir pieux de la famille pour la reine Hortense [1] —, l'hortensia est représenté en toutes les matières et sous tous les modes de la peinture et du dessin. Et au milieu de ce cabinet de toilette, une petite vitrine en glace, laissant apercevoir les nuances tendres d'une centaine de cravates, au-dessous d'une photographie un peu pédérastique de Larochefoucauld, le gymnaste du cirque Mollier, représenté en un maillot faisant valoir ses jolies formes éphébiques.

Comme j'étais en arrêt devant une eau-forte de Whistler, Montesquiou me dit que Whistler est en train de faire deux portraits de lui : l'un en habit noir avec une fourrure sous le bras, l'autre en grand manteau gris, au col relevé, avec, au cou, un rien d'une cravate d'une nuance, d'une nuance... qu'il ne dit pas, mais dont son œil exprime la couleur idéale.

Et Montesquiou est très intéressant à entendre développer la façon de peindre de Whistler, auquel il a donné dix-sept séances pendant un mois de séjour à Londres. L'esquisse, ce serait chez Whistler une *ruée sur la toile*, une ou deux heures de fièvre folle, dont sortirait toute construite dans son enveloppe la chose... Puis alors, des séances, de longues séances, où la plupart du temps, le pinceau approché de la

1. Montesquiou, dans LES PAS EFFACÉS, 1923, t. II, p. 216, reproduit en note ce passage et ajoute à cette mention de la reine Hortense : « Pas le moins du monde. »

toile, le peintre ne posait pas la touche qu'il avait au bout de son pinceau, le jetait, ce pinceau ! en prenait un autre — et quelquefois, en trois heures, posait une cinquantaine de touches sur sa toile,... chaque touche, selon l'expression, enlevant un voile à la couverte de l'esquisse. Oh ! des séances, où il semblait à Montesquiou que Whistler, avec la fixité de son attention, lui prenait sa vie, lui *pompait* quelque chose de son individualité ; et à la fin, il se sentait tellement *aspiré* qu'il éprouvait comme une contraction de tout son être et qu'heureusement, il avait découvert un certain vin au *coca,* qui le remettait de ces terribles séances !

Là-dessus, entre la comtesse Greffulhe et la conversation va à la femme du temps passé ; et Montesquiou en parle avec le tact et la grâce d'un descendant d'une vraie vieille famille, rappelant les bandeaux de cheveux bravement gris de sa grand-mère, où des fleurs de sureau s'arrangeaient si bien avec sa vieillesse. Et il conte cette anecdote sur cette grand-mère. Lors d'un mariage d'une de ses belles-filles, elle demande à une autre belle-fille de lui prêter un manteau, avouant que si prête de mourir, elle regardait à cette dépense. Puis trouvant le manteau à son gré, elle le gardait, disant à la propriétaire du manteau que pour la dédommager du prêt, elle prît la petite table qui était là et que sa belle-fille trouvait jolie. Or, cette petite table serait le plus merveilleux meuble du XVIIIe siècle, comme bronze ciselé, qui existe, et appartiendrait aujourd'hui à la comtesse de Beaumont [1].

Montesquiou n'est pas du tout le Des Esseintes de Huysmans. S'il y a chez lui un coin de *toquage*, le monsieur n'est jamais caricatural, il s'en sauve toujours par la distinction. Quant à sa conversation, sauf un peu de maniérisme dans l'expression, elle est pleine d'observations aiguës, de remarques délicates, d'aperçus originaux, de trouvailles de jolies phrases et que souvent il termine, il achève, par des sourires de l'œil, par des gestes nerveux du bout des doigts : une conversation où un analyste prévenu contre l'homme pourrait seulement, à la rigueur, découvrir, dans la concentration un peu mystérieuse du parler, un rien de la conversation d'un fou qui a été une intelligence, alors qu'un moment abandonné de sa folie, il dit des choses raisonnables.

« Qu'est-ce que vous dites, monsieur de Goncourt, de la surprise qui m'arrive ? » me jette la comtesse Greffulhe et elle nous raconte ceci. A propos d'un bal où elle devait aller en Diane, on lui a parlé d'un buste de Diane de Houdon, que possédait un de ses voisins de campagne, où elle trouverait sa coiffure. Elle va voir ledit buste, qu'elle trouve au milieu d'une chambre remplie de fleurs : une vraie chapelle ayant pour desservant un vieux ménage d'un soigné dans la vieillesse comme la comtesse n'en a jamais vu. Des rapports s'établissent entre la comtesse et le vieux ménage. La vieille femme meurt. La comtesse écrit une lettre de condoléance attendrie au mari, et elle apprend qu'il

1. Montesquiou (*ibid.*, p. 218, n. 1) corrige ainsi le passage : « Lisez Gramont. »

a passé la nuit à se promener sa lettre à la main. Des années se passent. le vieux bonhomme meurt ces temps-ci. Et la comtesse apprend que comme remerciements de sa lettre, il lui lègue dans son testament le fameux buste, dont il avait refusé 100 000 francs[1] !

Et l'on va faire le tour du petit jardin, du jardin comme au haut d'une fortification, du jardin dominant le Paris de la rive gauche et terminé par une sorte de serre bibliothèque des livres préférés par Montesquiou, en même temps qu'un petit musée des portraits de leurs auteurs, parmi lesquels mon frère et moi, nous figurons entre Baudelaire et Swinburne. Un petit jardin fantasque, qui a pour arbres une demi-douzaine de ces chênes et de ces thuyas en pot qu'il a achetés à l'exposition japonaise, arbres nains qui ont cent cinquante ans et qui sont de la grandeur d'un chou-fleur et sur la cime desquels on est tenté de passer la caresse de la main, comme sur le dos d'un chien ou d'un chat.

Mercredi 8 juillet

Ces jours-ci, en me promenant avec elle, j'avais sur les lèvres : « Si vous ne me faisiez pas l'honneur de m'aimer, nous pourrions avoir une camaraderie si agréable ! »

Jeudi 9 juillet

Départ pour Champrosay.

L'apparition de GERME ET POUSSIÈRE de Léon Daudet donne à la conversation de ce soir un tour philosophique, et elle aboutit par des détours et des méandres bizarres à la constatation du *progrès du crime*, et ça amène le jeune Léon, excédé de la présence de sa belle-mère, à proclamer, lui, le radical, le nihiliste d'hier, qu'il est convaincu qu'il ne peut exister de société sans religion, et il termine sa tirade par : « Au fond, je suis conservateur ! » Attrape, ménage Lockroy !

Vendredi 10 juillet

Ce matin, Daudet me disait qu'il avait envie d'introduire quelque part un personnage comme Céard, qui aurait dépouillé un romancier comme moi d'un de ses types, puis, nécessairement devenu son ennemi, continuerait à porter son gilet, le gilet de laine de Goncourt, qu'il lui aurait pris en même temps qu'il volait le romancier de son type — ce gilet attirant aux premières, avec le bedonnement du jeune auteur. Ce serait la punition du plagiaire, ainsi comiquement formulée par Daudet : « Tu porteras toute ta vie le gilet de l'homme que tu as filouté, et toute la salle reconnaîtra sous ce gilet Denoisel. »

Daudet ajoutait : « Faut-il vraiment avoir peu de personnalité pour

---

1. Montesquiou (*ibid.*, p. 219, n. 1) ajoute : « Vaut bien davantage. »

passer les bras dans les manches d'un type en papier comme un personnage de livre ! »

Alors, dans de vagues paroles, Daudet laisse percer son antipathie pour les Lockroy ; puis me confie que Jeanne, à la suite d'un mot colère de Léon, a un jour quitté son mari pour retourner chez sa mère ; qu'à la suite de cette équipée de la jeune femme, il y a eu entre eux et les Lockroy une scène terrible. Et Daudet se plaint douloureusement de l'action de Mme Lockroy sur l'esprit de sa fille, action hostile qui a changé les premières tendresses de la jeune femme en une glaciale froideur. Heureusement, la jeune femme est grosse et la naissance d'un enfant détachera peut-être Jeanne un peu de sa mère.

A ce propos, une intuition curieuse de Mme Daudet. Lors de l'explication entre les Daudet et les Lockroy, où Jeanne se laissa aller à une colère terrible, Mme Daudet dit à son mari : « Je ne serais pas étonnée que Jeanne fût enceinte, parce que je n'ai eu que trois colères dans ma vie, et ces colères ont toujours précédé une grossesse. » Et Mme Daudet avait dit vrai.

Aujourd'hui, Daudet me contait une visite de Cottin, suivi de ses deux infirmiers, chez lui — oui, chez lui —, d'une visite où tournant son chapeau entre ses mains avec la gêne d'un intrus, tout à coup, le pauvre homme avait fondu en larmes. Puis pendant les deux ou trois heures fixées par Charcot pour la durée de la visite, ç'a été une suite de *Te rappelles-tu ?*, devant les meubles achetés avec sa femme aux années heureuses de leur mariage. Je ne connais rien de plus lugubre que cette visite comme par un étranger, d'un mari, d'un père, d'un propriétaire, à sa femme, à ses enfants, à sa maison.

Samedi 11 juillet

Céard a fait demander par Léon Daudet d'écrire à Bourgeois de lui obtenir la croix. C'est curieux, le peu de personnalité qu'il y a chez les hommes de Médan ! Du moment que Zola est *rentré dans le rang,* Céard s'empresse de l'imiter.

Dimanche 12 juillet

Sur un banc du parc, au fond de la petite allée de pommiers, Daudet me faisait la confidence, ce matin, qu'il avait complètement construit deux petits romans, des romans de 300 pages.

L'un, c'est l'histoire de Belot ou les effets du divorce. Et il me parle d'un premier chapitre très curieux sur l'entrevue des deux filles et du père — qui est toujours leur père, mais n'est plus le mari de leur mère —, et où les deux fillettes, endoctrinées par la mère, font à leur père des scènes de *grandes femmes* pour lui arracher de l'argent [1].

---

1. Ce sera ROSE ET NINETTE, paru en 1892 : le premier chapitre conte bien une visite de Rose et de Ninette à leur père divorcé, le vaudevilliste Régis de Fagan, mais l'épisode prévu ici est rejeté au chap. III.

L'autre, c'est un roman très amer sur la jeunesse actuelle, avec épisode tiré de la vie de Brinn'Gaubast et dont le héros, le soutien de famille qui ne l'est pas du tout, est calqué sur ce fils de suicidé recommandé par le père au moment de se tuer [1].

Et Daudet me dit qu'il travaille à tous les deux à la fois, se reposant de l'un par l'autre.

Lundi 13 juillet

Très malheureux, les nerveux, en amitié. Dans la préoccupation d'un ami, dans sa mélancolie, ils se figurent une baisse de son affection, un refroidissement, et ce sont à ce sujet d'absurdes circumvagations de la cervelle et d'imbéciles imaginations.

Mercredi 15 juillet

Mme Daudet faisait la remarque que les ménages religieux ne procréaient jamais dans le Carême, que leurs enfants dataient presque toujours des grandes fêtes et qu'il y avait, à l'instar des œufs de Pâques, beaucoup d'enfants de Pâques.

Aujourd'hui, il y a un grand dîner chez les Daudet, où ont été invités le ménage Zola, le ménage Charpentier et Coppée.

Entre Zola. Ce n'est plus le dolent, le geignard d'autrefois. Aujourd'hui, il apporte dans sa marche, dans son verbe, quelque chose d'énergique, d'âpre, presque de batailleur. Et dans ses paroles revient à tout moment le nom de Bourgeois, le nom de Constans, auquel il a écrit ou qu'il a vu, accusant chez lui un curieux envahissement de l'*officialité* et peut-être d'une ambition politique. Quant à sa femme, auprès de laquelle je marche un moment et qui souffre d'affreuses migraines, elle me dit qu'elle est persuadée qu'elle deviendra folle ; et comme je la plaisante sur cette imagination biscornue, elle revient à son idée de folie, comme à une idée fixe et avec une persistance singulière.

Bientôt arrive Coppée, qui vient de Combs-la-Ville, d'un petit village de l'autre côté de la forêt de Sénart, où il a loué cette année. Dans la peau tannée du poète, la clarté aiguë de sa prunelle à la couleur de l'eau de mer donne à ce Parisien la physionomie d'un vieux loup de mer.

On s'est assis sur la petite terrasse, et l'on cause de la *mauvaiseté* de la jeune critique à notre égard. C'est l'occasion pour Zola de répéter sa phrase : « Qu'est-ce que ça fait, les éreintements ? Qu'est-ce que que ça fait ? Rien ! » Et il déclare que quant à lui, ça l'intéresse et que c'est pour lui une petite joie de savourer, le soir, un article féroce qu'il a entrevu le matin. Et le menteur qu'est Zola, cet homme si sensible

---

1. SOUTIEN DE FAMILLE ne paraîtra qu'à la fin de 1897 : l'œuvre était en cours de publication dans L'ILLUSTRATION, quand mourut Daudet. — Sur le *fils de suicidé* accueilli par Daudet, cf. t. III, p. 341. sqq.

à la critique qu'à la plus petite observation, on lui voit le visage tout bouleversé, se met à faire une profession d'amour à l'égard de ses éreinteurs, prenant contre nous la défense des symbolistes, des décadents, cherchant à leur trouver des mérites et s'attirant par ses généreux efforts cette jolie blague de Coppée : « Comment, maintenant, vous, Zola, vous vous occupez de la couleur des voyelles ? »

On passe à table, avec, déjà, un rien de nervosité monté dans la voix de Daudet par le côté mensonge des déclarations de notre confrère.

Là, il est question du RÊVE, ce qui amène Coppée à demander à Zola s'il a vraiment joué de la clarinette [1]. Et Zola de célébrer la clarinette, de proclamer que c'est l'instrument qui représente l'amour sensuel, tandis que la flûte représente tout au plus l'amour platonique : « Comme le hautbois représente le *paysage ironique* », jette un blagueur dans l'esthétique musicale de Zola, qui se met à parler longuement de sa toquade actuelle de faire un livret d'opéra en prose et de la belle et grande chose que pourrait en ceci produire l'union de la littérature et de l'art : « Oui, Zola, lui dis-je, vous êtes pour une bonne julienne fabriquée de ça et de ça ! » — pendant que Coppée murmure à l'oreille de ses voisins : « Moi, je n'aime que les chansons et la musique militaire », et que Daudet s'écrie que « la musique, pour les gens qui *aiment vraiment la musique,* » et la phrase est soulignée par une espèce de colère de la voix, « la musique est un art qui n'a pas besoin de l'accommodage d'un autre art, bien au contraire. »

Là-dessus, à la suite de son père, le jeune Daudet s'emballe, déclare, sans respect pour les théories de Zola, que la symphonie est la seule forme haute de la musique et professe très éloquemment que la musique ne doit avoir qu'une *action auditive* et donner seulement un plaisir des sens, s'étend sur Beethoven et en parle un long temps en passionné, un long temps pendant lequel Zola garde le silence,... au bout de quoi, après un profond soupir, avec la voix presque plaintive d'un enfant, il laisse tomber : « Pourquoi voulez-vous contrarier mon projet d'opéra [2] ? »

En sortant de table, la discussion va de la musique à la guerre de 1870, à la guerre de son prochain volume [3]. Sur ce qu'il n'y a pas de femmes, pas de *cochoncetés,* dans son roman, dit Zola, Magnard aurait été tenté de publier son livre dans le FIGARO, mais Zola a eu peur de cette publicité. Il a craint l'effet de certains chapitres qui ne paraîtraient pas assez patriotiques ; il a craint l'ennui d'une description de bataille qui a deux cents pages ; enfin, il a craint la diminution de la vente du volume par la publicité du feuilleton et il fait affaire avec la VIE POPULAIRE.

---

1. Allusion obscure : il n'y a point de clarinette ni dans le roman de Zola ni dans le livret de Gallet pour l'opéra-comique du RÊVE (cf. plus haut p. 593, n. 1).
2. Cf. plus haut p. 592, n. 2.
3. LA DÉBACLE, qui, après publication dans LA VIE POPULAIRE, paraîtra en volume en juin 1892.

Or, dans cette discussion sur la guerre, Zola est cassant, tranchant, autoritaire, parle de la guerre comme un stratège qui aurait vu toutes les batailles du siècle pourrait en parler, n'écoutant pas les objections, donnant des démentis, *butordant* à tort et à travers, enfin mal élevé au possible ; et Daudet et moi ne l'avons jamais trouvé d'un commerce si désagréable.

Le romancier ne redevient un peu bonhomme que lorsque nous l'amenons à nous narrer ses visites aux académiciens, et il se montre assez drolatique sur le compte de ceux qu'on lui avait représentés comme très hostiles. C'est de Broglie, qu'il a trouvé à une première visite « très froidement poli, très froidement poli », et qui, a une seconde visite, a fait les honneurs de sa personne à une dame, pour laquelle il s'est senti une bête curieuse : « J'ai trouvé ça pas *duc !* » dit Zola.

C'est Say, qui lui a simplement et sèchement dit que sa voix était promise.

C'est Lesseps, qu'il n'a pas vu, mais dont une grande fillette lui a fait voir, avec dénomination et explication de leurs caractères, tous ses frères l'un après l'autre.

C'est Camille Rousset, qui, le trouvant en train de regarder le plan de la bataille de Buzenval, où une petite étoile rouge marque la place qu'occupait l'historien, commençait par lui dire qu'il lui en voulait mortellement pour lui avoir fait faire sur son œuvre à lui une phrase bête : « Plus de fumier que de fleurs », et le congédiait en lui disant que l'heure était arrivée où il se faisait sonder.

Et l'amusant, c'est que ce curieux des éreintements et des mauvaises réceptions a répété, avec un peu de violence dans la voix, après l'énumération de ces académiciens hostiles à sa candidature : « Non, je n'y retournerai pas... Non, je n'y retournerai pas ! »

Jeudi 16 juillet

La vie chez les civilisés. Le collège jusqu'à dix-huit ans, puis une carrière d'examens jusqu'à vingt-cinq ans, et la moyenne de la vie est de quarante ans... C'est vraiment trop d'humanités dans la vie de l'humanité ; et un jour, elle retournera à la vie sauvage, à la vie agricole et chasseuse, à la vie des temps où l'homme vivait réellement les années qu'il passait sur cette planète.

Halperine-Kaminsky, le Russe traducteur de ses compatriotes, nous apprend que Dostoïevski était épileptique, épileptique comme Flaubert. Et comme je lui parle de la religion des Russes pour leurs auteurs, il nous conte qu'à l'enterrement de Dostoïevski, devant l'affluence et le recueillement du monde, un moujik avait demandé : « Est-ce un apôtre ? »

On cause cuisine ; et comme il en parle avec une certaine science, il nous avoue que la petite colonie d'étudiants russes à Paris, étant trop pauvre pour manger au restaurant, chacun tour à tour fait la cuisine pour son groupe.

Vendredi 17 juillet

Dans la promenade de ce matin, Daudet me demandait si mon frère avait été tourmenté par l'*au-delà de la vie.* Je lui répondais que non et que pendant sa maladie, il n'avait pas une seule fois fait allusion à cet au-delà dans ses conversations.

Alors, Daudet me demandait quelles étaient mes convictions à ce sujet et je lui répondais que malgré tout mon désir de retrouver mon frère, je croyais après la mort à l'anéantissement complet de l'individu, que nous étions des êtres de rien du tout, des éphémères de quelques journées de plus que ceux d'une seule journée et que s'il y a un Dieu, c'était lui imposer une comptabilité trop énorme que celle occasionnée par une seconde existence de chacun de nous dans un autre monde. Et Daudet me disait qu'il pensait tout comme moi et qu'il y avait dans ses notes un rêve où il traversait un champ de genêts aux petits sons crépitants des cosses qui crevaient, et il comparait ces éclatements à nos vies.

Samedi 18 juillet

La charmante et spirituelle et tendre *fifille* que ma filleule Edmée ! Le jardinier engueulant sa gouvernante, elle lui jetait : « Pourquoi que vous *aboyez* comme ça ? Moi, je ne veux pas que vous *aboyiez* »

C'est elle qui, dans sa prière du soir, demande la conservation de la santé de sa mère, de son père, de sa grand-mère, de son parrain, et s'interrompant soudain, demandait : « Est-ce que je ne puis pas aussi demander pour la santé de *Titine ?* » (sa gouvernante).

C'est encore elle qui, se levant un matin, à la suite d'un cauchemar où *Titine* l'avait quittée, répondait à sa mère, qui lui disait : « Mais il n'y a pas qu'une gouvernante dans le monde ! » répondait après un silence : « Est-ce qu'il n'y a pas qu'une maman qu'on peut aimer toute seule ? » laissant faire à sa mère le complément du raisonnement.

Aujourd'hui, Mme Masson est venue dîner avec une robe d'un rouge si discordant, si étrange, si fantasque, que cette fille de fou, dans cette robe et avec son visage mystérieux, nous a semblé à tous porter la toilette d'une folle.

Au moment de se coucher, pendant que Daudet soutenait que le talent n'était rien qu'une *intensité de vie*, un mélancolique cri de crapaud le faisait revenir à la fabrique de son père, où les ouvriers s'amusaient à mettre un crapaud sur une planche basculante, et avec un coup de bûche sur la planche, on le lançait dans l'air et, disait Daudet, la pauvre bestiole poussait un cri dans les étoiles et retombait *escrabouillée* sur le sol.

Lundi 20 juillet

Ces jours-ci, à la lettre qui contenait le rêve de se marier avec moi, j'ai répondu par une lettre brutale, qui doit tuer à jamais cette illusion chez la malheureuse. Aujourd'hui, j'ai reçu d'elle un billet contenant ces mots : « Mon pauvre moi ! » — billet qui m'a fait triste toute la journée. Au fond, il se pourrait bien que la pauvre fille fût la seule femme qui m'ait vraiment aimé !

Mardi 21 juillet

Frédéric Masson nous entretient de la fameuse histoire en vingt volumes qu'il veut faire de Napoléon [1]. Ce ne sera pas une histoire, ce sera un fouillis. L'homme est trop paperassier. Il appartient trop aux documents *torche-cul.*

Une histoire du grand empereur, il faudrait qu'elle fût faite par un historien qui aurait à la fois un cerveau à la Michelet et à la Carlyle.

Mercredi 22 juillet

La société juive a été funeste à Maupassant et à Bourget. Elle a fait de ces deux êtres intelligents des *gandins de lettres*, avec toutes les petitesses de la race.

Le jeune Cottin nous peint un Bourget tâchant de lire à la salle d'armes les noms des chemisiers à la mode sur les chemises des dévêtus, faisant ouvrir ses chemises par derrière pour n'avoir point de plis à ses plastrons, nous peint un Bourget — dans la cour attendrie, les larmes presque aux yeux, que se faisaient les fiancés —, nous peint un Bourget disant à sa bien-aimée : « Oui, tu regardes mes chaussettes... N'est-ce pas qu'elles sont jolies ? »

Enfin, Cottin nous le montre, ce Bourget, tenant presque le rôle d'un comique à son cercle, où on l'interpelle par : « Ohé ! le psychologue ! »

Jeudi 23 juillet

Sortant de la lecture dans Marbot de la bataille d'Eylau et de ce que le général raconte du mépris de la mort et du dévouement des soldats à l'empereur, Daudet faisait la remarque qu'il y avait bien autrement de dévouement pour un homme que pour une idée [2].

En nous promenant avant dîner, Rodin me parle de son admiration pour les danseuses javanaises, des croquis qu'il a faits d'elles, croquis rapides, pas assez pénétrés de leur exotisme et qui ont alors quelque chose d'antique. Il cause aussi d'études semblables sur un village japonais, transplanté à Londres, où se trouvaient également des

---

1. Ce sera NAPOLÉON ET SA FAMILLE en 13 volumes (1897-1919).

2. Cf. MÉMOIRES du général baron de Marbot, 3 vol., 1891, t. I, ch. XXXIV et notamment p. 343 : dévouement du 14e de ligne se faisant tuer sur un monticule que Napoléon a donné à tenir à ce régiment ; quand il se sent encerclé, le chef de bataillon survivant charge Marbot d'apporter à l'empereur l'aigle du régiment et les adieux des soldats.

danseuses japonaises. Il trouve nos danses trop sautillantes, trop brisées, tandis que dans ces danses, c'est une succession de mouvements engendrant et produisant un serpentement, une ondulation.

Nous recausons après dîner avec Rodin, et je lui dis que l'œil de l'Europe ancienne et moderne était et est resté plus sensible à la ligne qu'à la couleur, et je lui donnai cet exemple des vases étrusques, dont toute la beauté est obtenue par la silhouette des figurines, tandis que dans la céramique de la Chine et du Japon, c'est avant tout la tache coloriée qui en fait la beauté.

Neveux disait de son ami Céard : « Oh ! Céard, il a en paroles, près des jeunes gens, tous les scepticismes ; mais dans la vie pratique, il n'en a aucun ! »

Vendredi 24 juillet

Une REVUE DES DEUX MONDES, un JOURNAL DES DÉBATS sous le bras, un flacon de bromure dans une main, une rose dans l'autre, c'est la tenue d'un névropathe *chic* descendant à Lamalou.

Mlle Bouguereau, la fille du peintre, s'endort les coins de la bouche tirés en l'air, pour préparer son sourire du lendemain.

Dimanche 26 juillet

Ce soir, Daudet, dans une heure de souffrance et de non-croyance à la vie, disait : « Oui, je laisserai toutes mes notes à Léon... Si je les publiais, on dirait que je plagie mon fils ! »

Puis poussant droit aux médecins : « Concevez-vous qu'un homme comme Charcot n'est pas venu une seule fois à Lamalou, n'est pas venu étudier jour par jour, sur les êtres, l'effet de cela qu'il a prescrit ?... Oh ! vous savez, ce sont de pauvres *découvreurs*, ces illustres médecins !... Quand un malade leur dit : « J'ai remarqué qu'un œuf pris le matin à jeun m'a procuré tel jour un soulagement », ils notent l'observation et la prescrivent à tous leurs malades. Et c'est là à peu près toutes leurs découvertes... J'ai, par moments, à leur égard des idées de féroces mystifications. J'ai envie de leur dire : « Ce matin, à huit heures et demie — non : « à huit heures trois quarts — je me trouvais dans mon jardin, un hanneton s'est abattu sur moi : c'est curieux, n'est-ce pas ? j'ai été pris du désir de le manger ! » Et ma foi... Eh bien, soyez persuadé que le médecin auquel je dirais cela sérieusement prescrirait les hannetons à ses malades... Oui, Charcot m'avait demandé mes notes ; mais comme je vous le dis, je préfère les laisser à mon fils. »

Lundi 27 juillet

« Oh ! les tribades, je les connais bien, dit Daudet à mon bras, il y a toujours chez elles comme une buée autour du visage — je ne parle pas des *actives*, je parle de celles qui sont dévorées — et toujours une moiteur de la peau. »

Cet après-dîner, comme l'un de nous affirmait avoir entendu dire que le premier jour, le premier jour où il y avait la formation d'un enfant chez une femme, il se faisait chez elle un complet changement de caractère, étonnant les gens avec lesquels elle vivait, étonnant la femme elle-même, à ce propos, Mme Daudet disait qu'il y avait de bien curieuses choses à écrire, qui n'avaient pas été écrites, sur la transformation de la femme qui devient mère — et elle parlait, à sa seconde grossesse, de la révolte de son odorat devant l'odeur d'un potage, révolte qui avait pris le caractère comique d'une fureur.

Mardi 28 juillet

La souffrance apporte de temps en temps à Daudet une irritabilité bien excusable chez le pauvre garçon, et hier, sa femme se plaignait doucement qu'il s'en prît à elle de toutes les contrariétés que lui amenait la vie. Même l'autre jour, à propos d'une phrase sur l'état de ses jambes, « qui ne lui permettait pas d'être en deux bonds sur le dos de son jardinier », blessé de cette innocente phrase comme d'une allusion à son impotence, à sa déchéance de maître de maison, il entrait dans une vraie colère et lui défendait de continuer à parler.

C'est bien douloureux, dans ce ménage si uni, ces emportements maladifs et cette tendance à se blesser quelquefois des paroles les plus inoffensives de sa femme.

Jeudi 30 juillet

Je suis, avant dîner, entrepris par Rosny en une conversation supérieure, où sous la fatigue de son verbe raseur, on tourne des yeux implorateurs vers les gens qui sont là, des yeux leur disant : « A mon secours !... » Il me dit que ses travaux de l'heure actuelle sont pour marquer l'époque où ils ont été faits, pour les dater, que devant les plagiats dont sa littérature est l'objet, il veut donner l'heure des deux étapes de son talent, l'heure où il a donné la *vibration* de la LÉGENDE SCEPTIQUE, l'heure de la *vibration* de son observation à lui, qu'il n'a pas encore baptisée. Nous avions le *frisson* de la littérature, il a inventé pour son compte la *vibration* [1]. Et cela est coupé tout le temps d'allusions à moi et à Zola, à moi qui ai fait la découverte du naturalisme, à Zola, qui en a le bruit et les profits.

Au dîner, l'on cause de Flaubert, et comme je mets MADAME BOVARY au-dessus de tous ses livres, Rosny me lance : « Votre frère et vous, avez-vous dû l'embêter avec MADAME BOVARY ! » A quoi

1. Le *frisson* fait sans doute allusion au mot célèbre de Hugo, félicitant Baudelaire d'avoir introduit « un frisson nouveau » en littérature. Cf. CORRESPONDANCE de Hugo, éd. I.N., t. II, p. 313, lettre du 6 oct. 1859, reproduite par Baudelaire en tête de son étude sur Théophile Gautier.

je lui réponds : « Cher Monsieur, vous oubliez que j'ai du tact et que je connais très bien la corde sur laquelle il faut jouer avec les gens. » Les choses désagréables qu'il ne se fait pas faute de vous dire, est-ce de la méchanceté ou un manque absolu de savoir-vivre ? Peut-être tous les deux.

Après dîner, au milieu de beaucoup de paroles et de ratiocinations, l'homme à la *vibration* émet cette pensée, qui est vraiment une pensée assez forte : « L'homme est né pour la propagande de l'idée, la femme pour la propagande de l'espèce. »

Schwob, qui dîne pour la première fois, a l'air d'un gros rat un peu pelé ; et Hervieu, le gentil mondain, succombant à la fatigue de toutes les soirées de ces semaines, somnole et, dans sa somnolence, est plus ratatiné que jamais.

Samedi 1er août

J'entre ce matin dans l'*Isba*, où je trouve Daudet, le nez dans son petit cahier de notes, sa plume dansant entre ses doigts tremblants : « Voyez si c'est possible, me dit-il, de faire quelque chose, quand toute la contention de votre esprit est à un jambage, que vous ne pouvez obtenir de ces sacrés doigts... Je ne peux plus écrire, plus écrire... Et moi, ce n'est pas comme ma femme qui les construit dans sa tête. Moi, j'ai besoin de les chercher sur le papier, dans des surcharges, dans des ratures. »

Demain, c'était la fête de Daudet, mais on la lui souhaite aujourd'hui, où le jeune ménage est venu dîner.

Et à peine sorti de table, dans cette maison à l'atmosphère littéraire, on cause poésie ancienne, et grâce à la mémoire admirable de Léon, ç'a été la belle pièce de Villon :

> Comme je suis povrette et ancienne,
> Ni rien ne sais...

Puis la mélancolique pièce de Ronsard sur la vieille maîtresse :

> Quand vous serez bien vieille, au soir à la chandelle,
> Assise au coin du feu, devisant et filant.

Puis la glorieuse pièce de Malherbe, où il se tresse des couronnes :

> Mais trois ou quatre seulement,
> Au nombre desquels on me range,
> Savent tresser une louange
> Qui demeure éternellement [1].

---

1. Citations approximatives pour la pièce célèbre de Ronsard (SONNETS POUR HÉLÈNE, II, XLIII : au second vers, lire *auprès du feu* et *dévidant*) et pour la ballade de Villon (TESTAMENT, v. 892 sq. : c'est la prière mise dans la bouche de sa mère, la BALLADE POUR PRIER NOTRE-DAME. Lire au second vers : *Qui rien ne scay...*). Enfin le passage moins connu de Malherbe est tiré de l'ode A LA REINE MÈRE DU ROY, *sur les heureux succez de sa Régence* (III, 20, v. 147-150. Lire au v. 147 : *Et trois ou quatre...* et au vers 149 : *Peuvent donner une louange*). — A noter que la citation de Villon, le second vers de celle de Ronsard et le texte du quatrain de Malherbe sont des additions de 1895.

Je crois qu'à l'heure présente, il y a peu de fêtes d'écrivain où l'on fête de la si haute littérature, et c'était charmant, l'espèce de griserie poétique qui nous avait tous pris, hommes et femmes.

Dimanche 2 août

Aujourd'hui, le ménage Lafontaine est venu déjeuner.

Mme Lafontaine, avec les vocalises de sa voix, de cette voix à deux registres, dont le cristal juvénile monte à des notes de contralto, nous conte des anecdotes sur Céline Montaland.

A la mort de son père, avec des yeux qui pleuraient et des lèvres qui riaient, Céline disait : « Enfin, le pauvre vieux, je l'ai couvert de capucines dans son cercueil. » Et quant à sa mère, dont on lui demandait des nouvelles : « Maman ? Elle se pique le nez,... ça la distrait de la vieillesse ! »

Quand Lafontaine est parti, Daudet me dit : « Il ne sait pas que j'ai tout un demi-volume de notes sur lui. J'ai passé toute la matinée à le confesser... avec art, sans l'interroger, mais l'amenant à parler de lui et, peu à peu, du plus secret de lui. »

Puis il me parle d'un plan de pièce fait sur cet hobereau, haineux à l'humanité, qui avait tué un paysan et, condamné à la prison, donna ses propriétés au roi de Prusse — disant que depuis Timon, c'était le plus remarquable type de grand misanthrope.

Lundi 3 août

Départ de Champrosay, avec la tristesse des séparations au bout d'un mois de vies mêlées ensemble.

Jeudi 6 août

Œil énigmatique, œil de sphinx que l'œil de chat, œil qui n'est pour ainsi dire qu'une réverbération verte, ne s'éclairant par aucune des tendresses humaines du regard du chien et même des autres bêtes, œil mystérieux avec sa pupille en forme de caractère magique, changeante avec les heures du jour ; œil renfermant de l'inconnu, œil inquiétant, quand il vous observe et vous scrute.

Vitu, du FIGARO, ah ! la mensongère oraison funèbre qu'a faite de cet « homme de bien » la presse tout entière, Céard en tête, visant sa succession. Il manque à cette oraison funèbre deux anecdotes que voici. Vitu ne dînait jamais chez un banquier sans, avant le dîner, le taper ou chercher à le taper de deux à trois mille francs. Saint-Victor tenait ce détail de banquiers tapés par le *Figariste.* Et il vivait de quoi surtout ? Il vivait — Daudet me le disait, il n'y a pas huit jours —, il était entretenu par la *cagnotte* du Cercle de la presse, qui lui apportait 25 000 francs tous les ans !

Maintenant, comme honnêteté de critique dramatique, c'est lui qui a fait entendre dans son feuilleton sur GERMINIE LACERTEUX que cette Mlle de Varandeuil, dont je crois, pour tous, avoir fait un type de perfection féminine, aussi bien dans mon roman que dans ma pièce, oui, c'est lui qui a fait entendre qu'elle tribadait avec Germinie [1]. Voilà le brave homme qu'était cette rude canaille !

Samedi 8 août

Dîner à Saint-Gratien chez la princesse, que je trouve sans agressivité, — un mauvais symptôme de santé morale et physique, étant donnée la femme !

Dimanche 9 août

Je travaille à mon vaudeville satirique, sans savoir positivement si c'est distingué ou commun [2]. Après tout, il faut le dire, ce n'est qu'un premier jet et que la qualité de la chose ne peut être obtenue que par le *retravail*, le *retravail.*

Mercredi 12 août

J'étais en train de travailler, quand Groult a fait irruption chez moi et, malgré ma résistance, m'a emmené chez lui pour voir son Turner.

Eh bien, cette demi-journée perdue, je ne la regrette pas ! Car ce tableau est un des dix tableaux qui ont donné à mes yeux la grande joie. Car ce Turner, c'est de l'or en fusion, avec, dans cet or, une dissolution de pourpre. En voilà, de l'orfèvrerie qui dégote Moreau, *stupidifié* devant ce tableau d'un peintre dont il ne connaissait pas même le nom ! Ah ! cette SALUTE, ce palais des Doges, cette mer, ce ciel aux transparences roses d'une agalmatolithe, tout cela comme vu dans une apothéose, couleur de pierres précieuses ! Et de la couleur par coulées, par larmes, par congélations, telles qu'on en voit sur les flancs des poteries de l'Extrême-Orient. Pour moi, c'est un tableau qui a l'air fait par un Rembrandt né dans l'Inde.

Et la beauté de ce tableau est faite de ce qui n'est prêché dans aucun bouquin d'esthéticien, elle est faite de l'emportement, du *tartouillage,* de l'outrance de la cuisine — de cette cuisine, je le répète, qui est toute la peinture des grands peintres qui se nomment Rembrandt, Rubens, Velasquez, le Tintoret.

---

1. Cf. le compte rendu de la pièce de GERMINIE LACERTEUX, par Vitu, dans LE FIGARO du 20 déc. 1888 : Germinie Lacerteux est « naturellement l'amie de l'homme ou des hommes, et des femmes aussi ». Et dans la suite de l'article, Vitu insiste complaisamment sur l'affection passionnée de Germinie pour Mlle de Varandeuil.

2. Cf. t. II, p. 1226 sqq. sur A BAS LE PROGRÈS, qui sera joué au Théâtre Libre le 16 janv. 1893.

Jeudi 13 août

Il faisait, ce jour, une chaleur écœurante, où la fadeur du ruisseau montait dans l'air sans souffle. Me trouvant sur la place Saint-Germain-l'Auxerrois, je songeais tout à coup à la fraîcheur de la salle du rez-de-chaussée du Louvre en face de moi, à ces catacombes de la vieille Égypte pharaonique.

Et me voilà devant le colossal sphinx de granit rose de l'entrée, devant cette puissante image de la royauté, soudant une tête d'homme à un corps de lion, dont les pattes reposent sur un anneau, symbole d'une longue succession de siècles [1].

C'est un Ramsès, le fils de celui dont « le nom a fait le tour du monde par les exploits de son bras », dont les victoires sculptées ornent les murs d'Ibsamboul, de Louqsor, du *Ramasseum* ; et pendant que mon esprit est à sa glorieuse campagne contre les peuples de l'Asie occidentale, où séparé de son armée et attaqué par un corps de 2 500 chars, il n'échappe à la mort que par des prodiges de valeur, une voix de ventriloque, une voix comique de Bridoux, parlant avec un gardien de la permutation d'un camarade dans une brigade du Nord, me tire de ma rêvasserie, presque colère, et me chasse plus loin.

Et je m'enfonce au milieu de ces effigies d'une humanité antérieure à Jésus-Christ de 2 500 ans, je m'enfonce parmi ces femmes à la taille menue, aux hanches peu développées, aux cuisses charnues, à la chevelure pareille à celle de la fille de Séthi II, dont, « le noir des cheveux était le noir de la nuit », vêtues d'une robe chemise ouverte en triangle au milieu de la poitrine, les bras ornés de bracelets composés de douze anneaux, et qui — coquetterie bizarre — ont le dessous des yeux maquillé d'une bande de couleur verte. Je m'enfonce au milieu de ces hommes aux cheveux tuyautés tout droits, aux larges épaules, à l'étroit bassin, à la peau briquetée, vêtus du pagne plissé, appelé *schenti*, et tenant entre le pouce et l'index de la main gauche un petit sceptre et de l'autre main un grand bâton de commandement, vêtus d'une peau de panthère, quand ils sont des prêtres [2].

Et en ces matières impérissables du basalte, du granit, semble revivre tout autour de moi toute l'Égypte pharaonique, tout le monde des fonctionnaires et des courtisans des vingt-six dynasties, dans l'emphase lapidaire de leurs titres et de leurs charges. C'est le *chef des voiles du roi.* C'est le *chef de la maison de lumière*, le chef de l'équipement des jeunes soldats. C'est le *chef des conseils du roi et le commandant des portes.* C'est le *chef du secret pour proférer les paroles du roi.* C'est *les yeux du roi dans toutes les demeures* — sans doute le ministre de la

---

1. C'est un grand sphinx de granit rose du Moyen-Empire, peut-être d'Amenemhat II, usurpé par Apopi, par Mineptah, etc. Il est actuellement dans le passage souterrain qui mène des antiquités grecques aux antiquités égyptiennes.

2. Au début du paragraphe, *la fille de Séthi II* évoque-t-elle pour Goncourt une statue du Louvre ? Dans ce cas, légère erreur, car il ne pourrait s'agir que de la figuration de la déesse Hathor, représentée avec sa chevelure noire au côté de Séthi Ier dans une belle stèle de calcaire.

police. C'est le *chef des mystères du ciel, de la terre et des enfers, l'écrivain de la vérité dans la demeure de la justice.* C'est l'intendant des constructions du roi. C'est le chef de la grande écurie. C'est le *basilicogrammate de la table du roi* — le sommelier. C'est le *scribe de l'oreille du roi.* C'est le flabellifère à la gauche du roi. C'est le porte-chasse-mouche à la porte du roi. C'est le *favorisé du roi et le cher à son cœur.* C'est le *compagnon des jambes royales du Seigneur-des-Deux-Pays.*

Et je m'arrêtais à de plus humbles représentations, à celle de l'*écrivain de la maison des chanteuses,* et aussi à celle de cet humble fonctionnaire de l'intérieur, Se-Kherta, qui dit : « J'ai donné de l'eau à celui qui avait soif et des vêtements à celui qui était nu. Je n'ai fait aucun mal aux hommes. »

Et pendant que j'appartenais tout à la lecture de ces biographies de pierre et qu'il se faisait cérébralement en moi le transport qui se fait à la lecture d'un livre d'imagination parmi les personnages et les milieux de ce livre, je n'étais plus de mon temps, je n'étais plus à Paris. Il me semblait, d'après la belle imagination de Carlyle, avoir été jeté de par l'espace et le temps dans une de ces étoiles lointaines, lointaines, lointaines, où arrivait seulement aujourd'hui la lumière qui éclairait le passage de la mer Rouge sous Ramsès II et sa vision en retard de milliers d'années [1].

Mais la grande clarté de midi avait envahi la salle du rez-de-chaussée, me faisant trop matériellement visible ce que je me plaisais à voir dans le vague, l'indéterminé, la pénombre d'une espèce d'hallucination. Alors, au milieu du grand escalier montant au fond de la salle devant moi, il y avait un pan d'ombre attirant pour ma rêverie. J'y allai, me retournant à la moitié des marches pour jeter d'en haut un coup d'œil sur la salle d'en-bas, où toutes les figurations de vivants sont représentées par les sculpteurs de ce temps déjà dans la raideur et l'ankylose de la mort, de cette mort aimée, choyée, parée, momifiée, sauvée si élégamment du ver et de la pourriture et que dans cette salle surmontent à droite et à gauche, dans leur étrangeté mystérieuse, les têtes de ces grandes déesses léontocéphales.

Et je continuai mon ascension, le regard attiré sur les murs par de petites bandes rousses, effrangées comme de la charpie dans des cadres, par des morceaux de papyrus brûlés par le naphte de l'embaumement, qui me rappelaient à la fois des scories de manuscrits de Pompéi conservées dans les armoires du musée de Naples et les folioles noirâtres de l'état civil de Paris, me pleuvant sur la tête, le 24 mai 1871, lors de ma rentrée dans ma maison d'Auteuil.

Et m'approchant de plus près, je lisais, au-dessous, la traduction de l'un d'eux :

RÉCOMPENSE PROMISE POUR UN ESCLAVE FUGITIF.

---

1. Cf. t. III, p. 356, n. 1.

« L'an XXV, le XVI d'Épiphi,

« Un esclave d'Aristogène, fils de Chrysippe d'Alabanda, député, s'est échappé.

« Il se nomme Hermon et est aussi appelé Nilos, Syrien de naissance, de la ville de Bambyce, environ dix-huit ans, taille moyenne, sans barbe, creux au menton, signe près de la narine gauche, cicatrice au-dessus du coin gauche de la bouche, le poignet droit marqué de lettres barbares ponctuées.

« Il avait, quand il s'est enfui, une ceinture contenant, en or monnayé, trois pièces de la valeur d'une mine, dix perles, un anneau sur lequel sont un lecythus et des strigilles. Son corps est couvert d'une chlamyde et d'un perizoma.

« Celui qui le ramènera recevra 2 talents de cuivre et 3 000 drachmes. Celui qui indiquera seulement le lieu de sa retraite, si c'est dans un lieu sacré, 1 talent et 2 000 drachmes, si c'est chez un homme solvable et passible de la peine, 3 talents et 5 000 drachmes.

« Si l'on veut en faire la déclaration, on s'adressera aux employés du stratège. »

Oui, c'est tout le long de cet escalier, exposée sur ces fragments de papyrus, toute la vie civile du peuple du rez-de-chaussée. Ce sont ses contrats de vente — ses *écrits d'oui* — ses donations avec la formule : « Tu as donné et mon cœur est satisfait », ses partages, ses prêts, ses inventaires, ses réclamations, etc., etc.

Et je lisais encore cette PLAINTE EN VIOLATION DE SÉPULTURE :

« A Denis, hipparque des hommes et archiphylacite du Péri-Thèbes, de la part d'Osoroéris, fils d'Horus.

« Je porte à ta connaissance que l'an XXXIV du double règne de Philométor et d'Évergète II, lorsque Lochus est venu à Diospolis-la-Grande, des personnes ont envahi l'un des tombeaux qui m'appartiennent dans le Péri-Thèbes. L'ayant ouvert, ils ont dépouillé quelques-uns des corps qui y étaient ensevelis et en même temps ont emporté tous les effets que j'y avais mis, montant à la somme de dix talents de cuivre.

« Il est arrivé aussi que, comme la porte fut laissée toute grande ouverte, des corps en bon état ont beaucoup souffert de la part des loups qui les ont en partie dévorés.

« Puisque j'intente une action contre Poëris et Phtônis, son frère, je demande qu'ils soient cités devant toi et qu'après mûr examen, on rende la décision convenable.

« Sois heureux. »

Et je lisais encore ce CONTRAT DE MARIAGE, que je copiai :

« L'an XXXIII du roi Ptolémée, fils de Ptolémée le Dieu, étant Aetus, fils d'Apollonius, prêtre d'Alexandre et des deux frères, étant Démétria, fille de Dyonisios, canéphore devant Arsinoé Philadelphe.

« Le pastophore d'Ammon Api, de la partie occidentale de Thèbes, Pana, fils de Pchelcons, dont la mère est Tahet, dit à femme Taketem, fille de Relon, dont la mère est Tanetem : « Je t'ai acceptée pour femme ». Je t'ai donné un argenteus en tout pour ton don de femme.

Que je te donne 6 vingtièmes d'artabe par jour, 3 hins d'huile par mois, ce qui fait par an 36 hins d'huile, 1 argenteus et 2 dixièmes pour ta toilette d'une année, et 1 dixième d'argenteus en sekels pour ton argent de poche par mois, ce qui fait un argenteus et 2 dixièmes pour ton argent de poche d'une année. Ton argent de poche d'une année est en dehors de ton argent de toilette. Que je te le donne chaque année. A toi, il appartient d'exiger le payement de ton argent de toilette et de poche qui doivent être à ma charge. Ton fils aîné, mon fils aîné sera l'héritier de tous mes biens présents et à venir. Je t'établirai comme femme. Que je te méprise, que je prenne une autre femme que toi, je te donnerai 20 argenteus. La totalité des biens quelconques qui sont à moi et que je posséderai sont en garantie de toutes les paroles ci-dessus jusqu'à ce que je les accomplisse. Les écrits que m'a faits la femme Tahet, fille de Théos, ma mère, sur moitié de la totalité des biens qui appartiennent à Pchelcons, fils de Pana, t'appartiennent, ainsi que les droits en résultant. A toi tout cela ainsi. Fils, fille provenant de moi qui voudrait t'inquiéter, te donnera 20 argenteus.

« A écrit le scribe des hommes de Thèbes, prêtre d'Ammon Horpueter, fils de Smin. »

Et copiant ce papyrus, j'avais comme le sentiment de m'être endormi dans l'escalier, de m'être assoupi dans un endroit public et de faire un rêve, où la galopade de deux gamins en gros souliers, descendant les marches à cloche-pied, où la bruyance simiesque d'une jeune négresse en joie, où la dissertation, pleine de consonnes, d'archéologues tudesques, où le regard, par-dessus mon épaule, d'un Égyptien d'aujourd'hui, coiffé du fez classique, où l'*opoponax* odorant d'une cocotte, me frôlant de l'envolée du voile de son chapeau, où enfin les bruits, les parfums, le contact des gens, toutes les émanations modernes de la vie vivante, traversaient légèrement mon rêve dans le passé sans interrompre mon ensommeillement.

Samedi 15 août

Aujourd'hui, chez les Zeller, le vieux docteur Blanche parlait curieusement du culte de la Vierge chez l'ouvrière. Il disait être monté, rue du Bac, chez une ouvrière contrefaite, ayant une maladie du cœur très avancée, et autour du lit où elle était couchée, une vieille folle, qui était sa mère, dansait. La misérable créature avait sur sa commode une petite Vierge, près de laquelle une veilleuse brûlait. Voyant un moment les yeux du docteur se tourner vers le petit plâtre, d'un geste allant de sa mère à sa triste personne, elle disait : « C'est cela seul qui peut me faire supporter la vie, la vie telle que je l'ai ! »

Il trouva une autre fois une ouvrière, également contrefaite, également malade du cœur, dont la petite Vierge était tout entourée de fleurs et qui lui disait avec passion : « Oui, c'est mon aide, mon secours en ce bas monde. »

Oh ! les cochons que ces gouvernants qui travaillent à tuer la foi chez ces pauvres diablesses, auxquelles ils n'assurent pas le paradis sur la terre et dont ils se fichent pas mal, avec leur *Fraternité* écrite en grosses lettres sur la pierre de leurs ministères !

Dimanche 16 août

Départ pour Jean-d'Heurs.

A Saint-Dizier. Un chauffeur d'un train qui passe à un chauffeur d'un train arrêté : « Pas le temps d'arroser seulement sa casquette ! »

Causant avec *Marin* des canailleries financières de l'heure présente, il me dit : « Je rencontre, un jour de ces dernières années, Tarbé, directeur de la Compagnie générale de l'Algérie. Lui, l'homme calme, je le trouve tout à fait en colère. Je lui demande ce qu'il a. Et voici ses paroles textuelles : « Je sors avec deux collègues d'examiner les comptes de l'Isthme de Panama... Écoutez, quatorze cent millions ont été dépensés : eh bien ! quatre cent millions ont été seulement dépensés dans l'Isthme... Il y a un milliard qu'on ne retrouve pas... Il est impossible qu'on ne poursuive pas Lesseps [1] ! »

Mercredi 19 août

La duchesse de Rivoli raconte que le mariage du jeune Achille Fould avec Mlle Heine s'est fait ainsi. Mlle Heine, qui apportait au moins trente millions, était demandée — demandée, on le conçoit, par la noblesse, l'armée, la finance. Et quand une demande était faite, Mme Heine s'adressait au cousin de la jeune fille et lui demandait ce qu'il pensait de l'alliance Or le jeune Fould se montrait vaguement bienveillant toujours, disant qu'il y avait peut-être dans cette union des chances de bonheur pour sa cousine. Mais au bout de quelques jours, Mme Heine recevait les plus épouvantables lettres anonymes sur le compte du candidat aux trente millions. Et cela arriva pour un tas de demandeurs, qui furent évincés, et cela jusqu'au jour où le jeune Achille Fould fit sa demande, qui, elle, ne fut suivie d'aucune lettre anonyme !

Jeudi 20 août

Marin m'entretenait de la servitude honteuse d'un jeune Gontaut-Biron près d'un Ephrussi, d'un jeune Breteuil près d'un autre gros Juif, enfin de toute la jeunesse à grands noms près de ces rois de l'argent — le tout pour obtenir d'eux d'être fourrés dans une affaire qui leur donne l'aumône de cent mille francs à manger. Et le plus bas de tous serait le prince de Sagan, l'écuyer-cavalcadour du Juif Hirsch.

Et causant de ce monde du club de la rue Royale, il était amené à parler des clubs d'une manière générale et disait que pour y entrer

---

1. Sur les faits qui vont provoquer le scandale de Panama, voir la note du 22 déc. 1892.

tout de go, il fallait s'y présenter très jeune, parce qu'un homme qui jouit à Paris d'une certaine notoriété s'est fait nombre d'ennemis à quarante ans et est presque assuré de plus de boules noires qu'il n'en faut pour être refusé [1].

Vendredi 21 août

Une fin d'ouragan dans l'allée de ceinture. C'est tout à fait, dans le haut des arbres, comme des ondulations de vagues, avec des redressements de cîmes, dont la blancheur des feuilles retournées à un moment quelque chose, sur le gris du ciel, des moutons de la mer ; et le froissement bruissant et sonore des feuilles dont vous êtes entouré, qui va s'éteignant à travers bois en un murmure mourant d'eaux lointaines.

Samedi 22 août

L'architecte d'ici, qui avait vraiment une valeur, mon cousin ne peut plus rien en obtenir. Le pauvre diable a le désir aigu de la croix qu'il n'a pas et toute sa cervelle n'est plus occupée, et toujours et toujours, que de l'imagination de bancs d'école, à l'effet de s'attirer les bonnes grâces et l'appui d'un maire radical.

C'est particulier, je n'ai aucune mémoire des noms de localités où je passe très souvent, et même les aspects de ces endroits sont effacés en moi, comme les paysages dont un rêve vous laisse le souvenir.

Jeudi 27 août

Les arbres tels que je les vois avec mon œil de myope, à travers mon lorgnon nº 12, ne ressemblent en rien aux arbres peints dans les tableaux modernes et anciens ; oui, ces arbres que je vois sont plutôt, avec le fourmillement de la feuillée, les arbres de la photographie ou encore les arbres des petites eaux-fortes de Fragonard, où ce fourmillement de la feuillée est rendu par le *grignotis* du travail.

Dimanche 30 août

C'est curieux, les gens des deux sexes sortis de la domesticité de ma famille et en peu d'années grimpés à de grandes fortunes ou à des positions en vue !

C'est le petit Chapier, le fils de *Mascaro,* le petit-fils du vieux Chapier, du domestique à trois cents francs de mon grand-père, devenu millionnaire et faisant concurrence à l'établissement des eaux de Contrexéville.

---

1. Sur le *club de la rue Royale*, cf. t. I, p. 240, n. 1.

C'est Mme Ducos, la femme du ministre de la Marine, la nièce d'une domestique de mon oncle, placée chez une modiste de Bourmont et faisant les trousseaux des poupées de ma cousine, Mme Rattier, chez laquelle je me trouve et qui se trouva, ma foi, fort embarrassée, lorsqu'elle était sous-préfète, de ses rapports avec cette grandesse, autrefois vue à la cuisine. Du reste, cette Mme Ducos, une très jolie et très gracieuse femme, devenue tout à fait une grande dame, avec le tact de ne pas dissimuler son origine, est à l'heure présente une femme ruinée, avec sa fille, pour avoir voulu délicatement tenir les engagements financiers contractés par son fils lors du *krach* [1].

Mardi 1er septembre

Ici, toute conversation intelligente, sérieuse, instructive, ennuie ; il ne faut que causer cuisine et généalogie des familles lorraines.

Mercredi 2 septembre

Le banquier Mallet, auquel on demandait pourquoi les banquiers ne faisaient plus d'emprunts, répondait : « Parce que les bénéfices qu'un banquier pouvait faire dans un emprunt étaient maintenant mangés par l'*arrosage* de la presse. »

L'intérêt de l'argent prêté par un banquier, avec l'agio, la commission, revient à 12 %. Voilà de ces choses qu'il serait pour tout le monde de la plus grande utilité de savoir et que personne ne dit ou n'imprime et que très peu de gens savent !

Dimanche 6 septembre

Mme de Janson parlait aujourd'hui de Pommeyrac, lieutenant-colonel au 12e de chasseurs à Rouen, qui a fait un livre de cuisine et qui impose à tous les officiers sous ses ordres l'achat de ce livre et l'obéissance à ses prescriptions culinaires. C'est lui dont la petite fille dit : « Papa veut toujours tourner les sauces, ça fait que nous ne pouvons pas garder de cuisinières, parce que ça amène des disputes avec elles et que papa leur donne tout de suite leurs huit jours ! »

Lundi 7 septembre

C'est étonnant comme les femmes d'officiers et même leurs jeunes belles-sœurs, par l'habitude de ce qu'elles entendent tous les jours, sont disposées à accepter sans révolte les paroles les plus libres.

Sait-on que dans les couvents, il est permis aux religieuses d'avoir des chats, mais qu'il leur est défendu d'avoir des chattes ? Les amours

1. Cf. t. III, p. 919, n. 3.

des chats, étant extérieurs, ne leur tombent pas sous la vue, tandis qu'on craint que la grossesse, la mise à bas, la maternité de chattes, puissent éveiller la curiosité de l'amour chez ces femmes. C'est ce que m'affirme une jeune fille qui a passé deux ans dans un couvent de Rouen.

Mercredi 9 septembre

Dans le doux silence du bois, des souffles pareils à de fraîches haleines, à des respirations de la nature, mettant un moment un murmure dans les taillis et, sur la terre ensoleillée des chemins, un moment, faisant trembloter l'ombre portée des feuilles.

Une Russe, attendant chez une maquerelle de Paris le prince de Galles, un peu en retard, et qui baisait avec mon cousin, pour occuper ce retard, lui disait : « Le prince de Galles, il est tuant : il ne vous baise pas,... il vous mange à fond. »

Ces nuits-ci, où dans la journée, je pêche beaucoup à la ligne, quand je ferme les yeux avant de m'endormir, j'ai dans ma rétine le bouchon de ma ligne, avec le blanc de sa plume et le rouge du liège et les transparences de la rivière coulant sur des herbes, et la ride de l'eau, quand ça commence à piquer, et la fuite et le plongement et la disparition du bouchon dans les profondeurs sous-marines. C'est extraordinaire, mon œil a été transformé en un cliché de photographie coloriée, et aucun spectacle de ce monde ne laisse en moi une image pareille. Pourquoi une figure aimée, souvent regardée, ne se garde pas, ne revient pas, précisée, arrêtée, lignée dans votre œil, comme ce bouchon de ligne ?

Jeudi 10 septembre

Départ de Jean-d'Heurs.

Une Allemande en chemin de fer. Un teint d'enfant, avec une cernure de l'œil qui fait comme une ride noire sous l'œil gris, au blanc éclatant, un petit nez grec, fabriqué un peu à la grosse, une grande bouche relevée aux deux coins par un sourire montrant de jolies dents.

Vendredi 11 septembre

Dans la bataille littéraire du moment, on n'a pas dit — ce que je crois avoir dit, à propos de Flaubert [1] — que le grand talent en littérature était de créer, sur le papier, des êtres qui prenaient place dans la mémoire du monde, comme des êtres créés par Dieu et ayant eu une vraie vie sur la terre. C'est cette création qui fait l'immortalité du livre ancien ou moderne. Or les décadents, les symbolistes et les autres peuvent avoir mis des sonorités dans leurs plaquettes, mais jamais, au

1. Cf. t. III, pp. 496-497.

grand jamais, n'ont déposé là dedans l'être dont je parle — et même un être de second, de troisième plan.

Ce soir, autour de l'Opéra, des silhouettes à la curiosité batailleuse, devant les affiches annonçant la remise de LOHENGRIN [1]. J'entends un sergent de ville dire à un de ses camarades : « Combien sommes-nous ? Cinquante tout au plus ! » A des camelots, que des sergents de ville interdisent de crier LA PATRIE EN DANGER, le premier numéro d'un journal poussant à l'émeute, un camelot jette : « Dites comme moi : *Je vends dix centimes un bout de papier...* » J'ai passé devant la brigade. Lundi, ça m'étonnerait bien qu'il n'y eût pas de bruit, pas d'étal d'antigermanisme et il n'y aurait rien d'invraisemblable que l'empêchement de la représentation par la population parisiennne amenât cette guerre toute prête à sortir du plus petit incident.

Lundi 14 septembre

Toute la soirée d'hier, toute la matinée d'aujourd'hui, en complétant les recherches pour parfaire cette journée du 13 août, dans le musée égyptien, dont j'ai laissé la place en blanc, je rencontre ce dogme de l'immortalité de l'âme et de la résurrection, affirmé par tout le granit et la basalte sculptés de l'Égypte. Seulement, les Égyptiens, ils croyaient et professaient que ce qu'il y avait d'immortellement vivant dans le corps d'une femme ou d'un homme décédé entrait dans un être naissant et que, lorsqu'il avait parcouru tous les animaux de la terre, de la mer, de l'air — ce qui durait 3 000 ans — ce germe immortel rentrait dans un corps humain. Et cela me frappait, parce que le mystère de l'œil de ma chatte, par ce qu'il disait d'au-delà de ce monde, m'avait amené quelquefois la pensée de mon frère, ainsi que l'avait fait, il y a quelques années, un merle du jardin tué par moi [2].

Je dîne ce soir chez Riche. J'ai devant moi une table de gens de Bourse, au milieu desquels il y a un dos que je ne reconnais pas, mais dont la première parole et le premier rire me disent que c'est Scholl.

Il lâche ses boursiers, vient s'asseoir à ma table, me parle de sa pièce des BOULEVARDIERS, qu'il n'a pas écrite, mais qu'il a dans la tête et me jette comme phrase incidente dans le peu de hâte qu'il éprouve à la faire : « Au fait, vous savez, j'ai maintenant 60 000 livres de rente ! »

Jeudi 17 septembre

Très souffrant depuis quelque temps d'un détraquage de l'estomac, après deux remises par télégramme de mon départ, je pars aujourd'hui pour Champrosay.

---

1. La création du LOHENGRIN de Wagner à l'Opéra de Paris devait avoir lieu le 11 ; une indisposition du principal interprète, Van Dyck, et les manifestations antigermaniques la firent reculer : elle aura lieu seulement le 16 septembre ; des troubles éclateront surtout le 17 ; une nouvelle manifestation antiwagnérienne aux abords de l'Opéra, le 19, provoquera des charges de la cavalerie et de la police.

2. Cf. t. II, pp. 373-374.

Vendredi 18 septembre

Jeanne, la jeune mariée, a eu une crise nerveuse, cette nuit, et Daudet, qui a passé une partie de la nuit sur pied, a eu dans son insomnie l'idée d'une pièce. Et l'idée de sa pièce, il me la contait ce matin.

Un jeune homme, fatigué, lassé de la vie de Paris, revient dans son pays, dans la Camargue, avec ses fièvres et ses eaux. Il y retrouve, comme garde de marais, un garçon qui a été élevé avec lui, un garçon resté simple paysan et marié à une femme de sa condition, mais d'une nature délicate, distinguée. Le jeune homme, sans aucun amour pour elle, sans occupation dans sa vie, a l'idée, avec l'assentiment du mari, d'en faire quelque chose, de lui apprendre à lire, de lui donner quelque instruction... Et là, il songe, dans l'éclaircie de son intelligence, à placer la phrase qu'il a entendu dire à la mère de Mistral, après une lecture de son fils : « Je n'ai pas tout compris, mais *j'y ai vu une étoile.* »

Là-dessus, arrive passer une semaine chez lui une ancienne maîtresse, une actrice de *boui-boui*, qui fait éclater la jalousie de la femme du garde de marais, qui aime inconsciemment et un jour se refuse à préparer les plats du Nord que veut manger l'autre.

C'est alors que le mari, d'abord tout heureux et tout fier de l'éducation spirituelle de sa femme, vient trouver le jeune homme et lui embrassant les mains, lui dit « Monsieur Henry, il faut partir... Ma femme ne m'aime plus. »

Et le jeune homme s'en irait.

Daudet, là dedans, voudrait montrer l'intelligence apportant le malheur dans un intérieur tout aimant, tout heureux.

Il aurait aussi l'ambition de faire cette petite pièce très nature, de montrer son monde au milieu d'anguilles d'argent frétillantes, et tout grelottant de fièvre, comme la famille qui lui sert de modèle dans son souvenir [1].

Samedi 19 septembre

« Et te voilà, toi ?... Mon Dieu, que cette pièce est chaude !... Que tu dois être mal là, ma pauvre fille ! » C'est l'entrée de Mme Lockroy dans la chambre de sa fille allongée sur une chaise longue, et elle ouvre toutes les fenêtres et dérange tous les meubles.

Elle s'est fait précéder d'un canard à la gelée de chez Potel, qu'a apporté un chef traversant les verdures de la banlieue dans le blanc costume illustré par le peintre Ribot. « Il y a chez cette femme, dit Daudet, un désir d'épate *rastaquouère.* »

---

1. Cette évocation de la Camargue trouvera place non dans une pièce, mais dans la longue nouvelle publiée au printemps de 1897, LE TRÉSOR D'ARLATAN. Au reste, la donnée sera profondément modifiée. Henri Danjou, pour fuir l'actrice qui l'a fait souffrir, se réfugie bien en Camargue, mais Naïs, la femme du garde, ne joue qu'un rôle secondaire ; c'est sa jeune sœur, Zia, qui est l'héroïne du conte : cette adolescente tragique mourra, faute d'avoir pu exorciser l'obsession charnelle venue d'un épisode de son enfance.

Dimanche 20 septembre

Dans notre promenade en landau, il est amusant, le regard de Daudet fouillant pour sa CARAVANE toutes les maisons de paysans et de petits bourgeois et cherchant à percer les existences qui sont derrière ces murs : « Oui, je les habite ! » s'écrie-t-il [1]. Là-dessus, je lui dis : « Pensez-vous que, dans le siècle prochain, il y aura peut-être des appareils pour voir tout ce qui se passe derrière ces murs et y entendre tout ce qui s'y dit ? » Et en effet, ce sera peut-être. Le miracle de l'*instantané* est un miracle tout aussi étonnant que pourraient être ceux-ci [2].

Ce soir, où Jeanne est descendue dîner à table, il y a une discussion au sujet de Mme Charpentier, entre la jeune femme et le jeune mari, qui a tourné à la scène — Jeanne la défendant, Léon l'attaquant. Et devant cette altercation, j'ai été pris de peur pour le bonheur futur du ménage, trouvant chez la jeune femme, qui ne manque pas cependant d'intelligence, trouvant, lorsqu'elle discute, l'entêtement d'une femme du peuple, le *butement* borné de l'inintelligence et en même temps la métamorphose de cette bonne et douce figure en une figure où se dessine la mauvaise avance de la lèvre inférieure de la mère, quand quelque chose la blesse ou la contrarie. Et il arrive que la tenue de combat de la jeune femme, qui se refuse à céder, fait jaillir du jeune mari des irréflexions et des emportements de la parole, qu'il tient du tempérament colère de son père, du tempérament encore plus colère de son grand-père.

Lundi 21 septembre

Daudet me lisait deux lettres de Georges Hugo, tristes, tristes, tristes, des lettres d'un avachissement moral où il semble qu'il y ait le suicide à l'horizon.

Il avait eu l'idée de tirer de la misère et de l'horreur de sa vie du moment la documentation d'un volume de nouvelles, et, comme spécimens, lui en envoyait deux qui avaient une véritable valeur, pour les publier dans un journal. Mais il est arrivé que sa mère, sur le conseil de Mendès, a cru cela dangereux pour lui et a mis son *veto.* Et cependant, c'était peut-être le seul moyen de se conserver intelligent et propre et de ne pas tomber dans la crapulerie et l'ivresse démente des alcools à bon marché.

Ce soir, où je dis que les yeux des peuples de l'Occident sentent surtout le dessin et les yeux des peuples d'Orient surtout la couleur, Daudet, qui a l'irritabilité d'affreuses douleurs qu'il a éprouvées toute la journée et qui est au fond très respectueux de la peinture à l'huile, soutient que l'Orient n'a pas de peinture et pour ainsi dire pas d'art.

---

1. Cf. t. III, p. 160, n. 1 sur la CARAVANE.
2. C'est vers 1889 qu'apparaissent dans le commerce les pellicules en bobine, comportant une couche sensible (émulsion au gélatino-bromure) sur support papier détachable, pellicules substituées aux plaques et permettant la photographie instantanée.

Et moi, je suis assez bête pour m'entêter à soutenir le contraire, ce qui amène la discussion la plus vive, je crois bien, qu'il y ait jamais eu entre nous.

Mardi 22 septembre

Quelqu'un disait de Charcot : « C'est un homme qui, dans une maison où il a besoin, se glisse par l'escalier de service et, quand il a obtenu ce qu'il voulait, redescend par le grand escalier en brandissant sa canne comme un matamore ! »

Et Léon Daudet accuse l'omnipotence tyrannique de Charcot d'être la ruine de l'école médicale et d'avoir fait de la population des internes et des professeurs une population de domestiques, occupés seulement à lui plaire.

Et c'est une conversation très intéressante de Léon sur Spinoza, Leibniz, les philosophes du XVIIIe siècle, au milieu de laquelle je lui jette : « Mais il me semble que chez ces grands penseurs, il y a bien des lapalissades, sous des formules prétentieuses ou incompréhensibles. »

Mercredi 23 septembre

A la suite d'une pêche où j'ai reçu sur le dos, en pleine Seine, un tel orage de pluie et de grêle qu'il a fallu mettre mes mains dans mes poches pour qu'elles ne fussent pas entamées par les grêlons, j'ai eu ce matin une crise hépatique, douloureuse en diable !

Jeudi 24 septembre

Parlant à Daudet de l'optimisme de sa femme, je lui dis : « Oui, nous deux, hélas ! nous voyons les choses, le jour, comme les autres les voient la nuit dans une insomnie, après un cauchemar. »

Vendredi 25 septembre

Hier, dîner où il y avait les Lockroy, Valentin Simond, Bauër, Carrel. Une conversation qui était une vraie salade d'hommes politiques et de littérateurs !

C'était Delescluze, dont Valentin Simond racontait la dernière soirée, où il se faisait accompagner par lui au Comité de salut public, en disant qu'il avait besoin de causer avec un ami, et qui lui disait dans le trajet qu'engagé dans une cause qu'il n'avait pas choisie, il ne laisserait pas une mémoire déshonorée et qu'il ne lui restait plus qu'à mourir, ajoutant que la République était décidément fondée et qu'il restait assez de Jules Simon pour la défendre [1]. Et Bauër racontait son départ, le lendemain,

---

1. Sur la création, au sein de la Commune, d'un Comité de salut public, cf. t. II, p. 433, n. 1.

et sa marche aux coups de fusil, après avoir pris un bol de bouillon que lui avait donné une fille du quartier, ayant une réputation dans le genre de la *Goulue*.

Après Delescluze, c'était Vermorel, cet homme que Rochefort a accusé d'être un mouchard et qui, blessé, déchira l'appareil de ses blessures et se donna ainsi la mort.

C'était enfin, après beaucoup d'autres, le nommé Haraucourt qui, interrogé par Bauër sur le mouvement d'horreur qu'il avait dû éprouver au moment où il avait manqué de se noyer, cet été, lui avait répondu : « Non, mais seulement le sentiment qu'un être supérieur allait disparaître ! »

Samedi 26 septembre

Ce soir, le jeune Hugo, qui vient de passer son examen de fourrier et qui a une permission de quatre jours, tombe à dîner chez Daudet. Je lui fais raconter son horrible vie, cette vie où il existe encore des peines corporelles d'un code du temps des galères, comme la *double boucle*.

Ce garçon qui donnait comme rien une fourrure de 30 000 francs à une fille, il est curieux à entendre parler de l'importance que prend, auprès des pauvres diables avec lesquels il vit, un sou, oui, un sou.

Lundi 28 septembre

Départ de tout le monde de Champrosay.

A la fin du déjeuner, Léon coupant une tirade de sa mère, sur la tâche de chacun dans ce monde, par la phrase : « Maman, pas de conception protestante de la société ! »

En chemin de fer, Pignatelli, un voisin, racontait une chasse faite dans la forêt de Sénart à un vieux loup qui faisait un vrai carnage des chevreuils de la localité. Et pendant qu'on le tuait dans un coin de la forêt, lui, Pignatelli, tuait dans un autre coin une bête qu'il croyait être la louve de ce loup, mais qui était un chien, qui depuis dix-huit mois vivait en sa compagnie et dont il avait fait son rabatteur, chassant sous sa direction.

Mercredi 30 septembre

Voilà mes études japonaises arrêtées !... Hayashi, auquel j'ai acheté follement ces années-ci et auquel même j'ai donné 300 francs sur les 1 200 francs que m'a rapportés la publication d'OUTAMARO, m'a avoué qu'il lui était impossible de me donner des renseignements sur Hokousaï, parce que Bing préparait une étude sur cet artiste et que ses relations commerciales avec lui pourraient en souffrir.

Jeudi 1er octobre

Le suicide du général Boulanger ! Est-il heureux, ce Constans !... Il a vraiment la chance d'un homme qui a marché dans la m... au commencement de sa carrière, qui a été vidangeur [1] !

Mardi 6 octobre

Trois jours avec une affreuse douleur dans le côté. Je fais venir aujourd'hui Malhéné, qui me dit, ce que je pressentais, que j'ai un *zona,* auquel se mêle toujours un douloureux rhumatisme intercostal.

Mercredi 7 octobre

Hier, tout souffrant que j'étais, j'ai lu à Daudet ma farce satirique : A BAS LE PROGRÈS. Il me semble qu'il a été vraiment étonné de l'originalité de la chose.

En ce moment, où la littérature française devient la domestique des littératures étrangères, où l'esprit n'est plus l'esprit à la Chamfort, mais de l'esprit à la Swift, où les critiques font de la critique écossaise ou allemande, où le théâtre est une imitation du théâtre russe ou scandinave et va devenir, ainsi que l'annonce Antoine, un démarquage du théâtre d'Ibsen, oui, j'ai une satisfaction d'avoir écrit cette œuvre française, bien française, avec de l'esprit français, et des idées dans la brève, claire et *fusillante* forme française.

Vendredi 9 octobre

A mon rhumatisme dans le côté s'est jointe une douleur dans la cuisse, qui rend le sommeil tout à fait impossible et vous tient dans l'espèce de malaise de cœur qui précède l'évanouissement.

Dimanche 11 octobre

La cousine que Mme Daudet voulait me faire épouser vient d'être opérée une seconde fois d'une tumeur intérieure, cette fois non plus chez elle, mais aux Bénédictines, au Saint-Jean-de-Dieu pour les femmes, rue de la Santé [2].

La veille de l'opération, elle exprimait à Mme Daudet et à sa mère l'horreur qu'elle éprouvait pour tous les meubles de cette chambre, bien

1. Rochefort, dans ses attaques incessantes contre Constans, en 1891 et 1892, l'appelle le *vidangeur de Barcelone :* c'est une des activités commerciales que Constans aurait exercées durant son séjour en Espagne entre 1855 et 1866. — Boulanger venait de se suicider à Bruxelles sur la tombe de sa maîtresse, Mme de Bonnemain, le 30 septembre.

2. Lisant ce passage édité, le 16 mai 1895, Huysmans fait remarquer à Goncourt que ce sont « des Augustines qui sont rue de la Santé ». Il s'agit de la clinique fondée en 1839 par les religieuses Augustines du Saint-Cœur-de-Marie et qui subsiste encore au nº 29 de la rue de la Santé. (LETTRES INÉD. A E. DE G., éd. Lambert-Cogny, pp. 126 et 129).

certainement habitée plusieurs fois par la mort, et la répugnance qu'elle avait à toucher à cette sonnette du fond du lit, pénétrée pour elle de la sueur des mains d'agonisantes qui l'avaient secouée.

Mardi 13 octobre

C'est curieux, cet amour de *Mimi* pour le jeu. La voilà qui miaule sur une petite note triste ! On croit que c'est pour sortir, pour manger. Non, c'est pour qu'on la fasse jouer, qu'on joue avec elle.

Mercredi 14 octobre

C'est étonnant comme ce *zona* m'a tué, m'a pris toutes mes forces. Il me semble que je sors d'une maladie qui a duré six mois... et je souffre toujours du rhumatisme intercostal.

Jeudi 15 octobre

Une jeune Roumaine frappant à ma porte et demandant à me voir. Sur la réponse que je suis sorti, des pleurs lui montent aux yeux, dans l'impossibilité qu'elle est de revenir mercredi. Elle revient quelques minutes après et dit à Pélagie : « Est-ce que vous ne pourriez pas me donner quelque chose venant de M. de Goncourt ? » Et Pélagie, qui ne veut pas me déranger, lui donne le crayon avec lequel elle fait ses comptes de cuisine.

Dimanche 18 octobre

Daudet me parlait de la connaissance de Koning en fait de matière théâtrale, pour chaque théâtre, disant qu'au Théâtre-Français, il fallait des comédies à caractères, à types, tandis que chez lui, le public demandait un sempiternel duo d'amour.

Lundi 19 octobre

Aujourd'hui, à cinq heures, Porel et Réjane sont entrés chez moi et je leur ai lu ma farce satirique : A BAS LE PROGRÈS. Réjane, au commencement, a eu l'air de trouver la chose drôle et riait beaucoup ; mais elle a été bientôt glacée par le sérieux de Parfouru [1].

Non, une élucubration dramatique de collégien n'a jamais été entendue avec une bienveillance plus méprisante, avec des *Mon bon ami* plus plaignards, sortis d'une bouche en cul-de-poule, que ma pièce ne l'a été par Porel. Il m'a dit que ça n'était pas du théâtre, que ça n'avait la chance d'être joué nulle part, que c'était une machine à

1. Porel n'est que le nom de théâtre de Désiré-Paul Parfouru.

représenter par des hommes de lettres comédiens amateurs dans une petite fête, que je n'avais qu'à le faire imprimer, que peut-être comme ça...

Non, l'originalité de la conception, la qualité de l'esprit qui est un peu de l'esprit d'un Figaro du XIXe siècle, la semaille de hautes idées qu'elle renferme sous des formes cocasses, il ne s'en est pas douté ! C'est très bien, mais il n'a pas même compris l'actualité qu'il y a dans cette blague, de tout ce qui occupe ou embête en ce moment Paris.

Ah ! ce Porel, un extraordinaire metteur en scène, un merveilleux fabricateur d'acteurs ; mais quant au goût littéraire, quant à la reconnaissance de ce qui est original ou de ce qui ne l'est pas, un triste sire que mon ami, et mon très gentil ami.

Ah ! nom d'un chien ! comme il est difficile de faire accepter une chose qui ne ressemble pas à une chose déjà faite !

Mardi 20 octobre

Je ne sais vraiment pourquoi je tiens à la vie, quand je souffre comme dans ce moment, quand j'ai l'agacement perpétuel de l'aboiement des chiens de la villa, quand je me trouve sans argent pour me donner une bête de petite jouissance, quand j'ai le petit brisement de cœur du refroidissement de la princesse, quand j'entends les *A mort !* de la nouvelle jeunesse littéraire, quand le neuf et curieux livre d'OUTAMARO n'a aucun succès, quand cette pièce, que je sens devoir remuer Paris, ne sera pas jouée — ou jouée sur le Théâtre-Libre —, quand tout ce que je fais ne réussit jamais, n'accroche jamais une de ces chances qui font le succès, quand ma vie se continue dans des milieux aux gens, aux choses si hostiles !

Mercredi 21 octobre

Lorrain m'amène Bauër, auquel je suis resté reconnaissant de sa brave défense de GERMINIE LACERTEUX.

Il est amusant avec l'amour, le culte, la religion des *péripéties,* que lui a confessé Porel dans un séjour qu'il a fait au bord de la mer. Puis le gros bon sens du critique s'inquiète sympathiquement de l'inféodation de Daudet à Koning, à son *Théâtre de Madame* et exprime la crainte que ce commerce ne châtre la jolie indépendance théâtrale de l'auteur dramatique [1].

Vendredi 23 octobre

Un neveu de Pélagie, un jeune marié d'une trentaine d'années qui

1. Le *Théâtre de Madame,* c'est le titre que le Gymnase-Dramatique eut droit de prendre peu après 1820, grâce à la complaisance de la duchesse de Berry, veuve tragique et vite consolée (cf. t. II, p. 65, n. 3).

meurt poitrinaire, laissant un enfant de deux ans, disait à sa tante aujourd'hui — aujourd'hui qui est sans doute la veille de sa mort : « Oh ! j'ai fait un rêve drôle ces jours-ci... J'étais chargé de compter toutes les croix du cimetière ! »

Lundi 26 octobre

Vraiment, le hasard s'est chargé d'imposer à Zola la plus humiliante amende honorable de son passé, en le condamnant, comme premier acte de sa présidence de la Société des gens de lettres, à faire le panégyrique de Gonzalès [1]. Et remarquez qu'il pouvait le louanger seulement comme un monsieur qui a été utile à ses confrères, mais en ce moment, Zola met à son retournement d'habit presque comme de la fanfaronnade dans le « lècheculisme » de tout ce qu'il a attaqué autrefois. Et n'a-t-il pas déclaré en quelque sorte, diable m'emporte ! que LES FRÈRES DE LA CÔTE avaient été un livre inspirateur de son talent ! Ah ! comme caractère, celui-là !

Quelqu'un disait, ce soir, que d'après des relevés de statistique paraissant très exacts, il se perdait par jour un paquebot à vapeur sur les océans de ce monde.

Mercredi 28 octobre

Un M. Legrand, du SIÈCLE, vient m'interviewer au sujet du comité de lecture du Théâtre-Français.

Je le fais causer sur les gens qu'il a déjà vus, et il me raconte son entrevue avec Sarcey, qui après l'avoir écouté, lui a dit : « Oui, en effet, c'est très intéressant pour le public... Et vous me demandez mon opinion ? Sachez que moi, Sarcey, je ne me laisse jamais interviewer... J'ai, n'est-ce pas ? des journaux et une plume et pas besoin d'intermédiaire pour traduire ma pensée... Votre directeur, dites-vous, est curieux de savoir ce que je pense sur le comité de lecture ?... Eh bien, dit cyniquement le gros critique, qu'il me commande un article et qu'il me le paye ! »

Jeudi 29 octobre

Autrefois, des peintres épousaient une femme qu'ils choisissaient avec la pensée de faire avec son corps l'économie d'un modèle. Aujourd'hui, des hommes de lettres font, sans pudeur, du moral de leurs femmes la maquette documentaire de leurs romans. Exemple : Hermant et ses derniers livres [2].

Céard, s'il est un jour décoré, n'aura pas, fichtre ! la surprise de sa

1. Voir une allusion plus explicite au *panégyrique de Gonzalès* à la date du 26 juil. 1892.
2. Abel Hermant, le mari bientôt divorcé d'une des filleules d'Edmond de Goncourt, Jeanne Charpentier, venait de publier le 7 juin L'AMANT EXOTIQUE et SERGE le 21 octobre 1891.

décoration, tant il l'a fait bassement quémander par ses amis, ses relations, ses connaissances ! C'est le vrai mameluck de Zola dans la honteuse évolution du maître !

Samedi 31 octobre

Un mois, un mois entier, où la brûlure de mon rhumatisme intercostal me prive de sommeil toutes les nuits.

Alors, je me trouve dans la journée si fatigué, si las, que je suis obligé de me recoucher, ne dormant guère plus le jour que la nuit, mais trouvant un repos dans l'horizontalité. Et toute ma distraction est, dans ma chambre aux volets fermés et où les tapisseries sont comme serrées dans l'ombre, d'étudier la lumière sur le seul panneau où filtre un peu de jour, par l'étroit entrebâillement d'un volet. C'est un médaillon où une bergère, en ce costume *espagnolisé* mis à la mode par Vanloo, verse d'une fiasque un verre de vin à un berger à la culotte du jaune soufre d'une rose trémière, dans un paysage aux arbres bleuâtres, aux lointains couleur crème. Et la scène se voit, dans son étroit coup de jour, comme éclairée par une aube lactée, un ensoleillement doucement féerique, un rayonnement de midi ayant quelque chose de fantastique.

Dimanche 1er novembre

Daudet parlait de l'intérêt d'un livre qui raconterait l'enfance et la jeunesse des hommes qui ont *émergé*. Et il disait son étonnement de la ressemblance de sa *tumultueuse* enfance avec celle de Byron, quand il l'avait lue dans Taine [1]. Et là-dessus, il exprime son regret d'avoir écrit LE PETIT CHOSE quand il l'a écrit, dans un temps où il ne *savait pas voir*. Alors, je lui donne le conseil de refaire le livre, comme si l'autre n'existait absolument pas. Et vraiment, la comparaison serait curieuse entre ces deux livres : l'un au moment où l'observation n'existait pas encore chez l'écrivain, l'autre au moment où cette observation est arrivée à la perspicacité la plus aiguë.

Lundi 2 novembre

La fourberie de Popelin est insupportable dans les rapports sociaux ! Ne voulant pas avoir de difficultés avec la princesse, je lui communique deux passages de mon JOURNAL avec la demande de les imprimer, en lui affirmant que les plus grincheux n'y trouveront rien à redire. Là-dessus, je reçois une lettre dudit qui, au milieu des rances protestations de sa vieille amitié, me demande de lui déclarer très nettement si c'est lui que j'ai désigné.

Je lui réponds ceci :

« Mon cher Popelin,

---

1. Cf. Taine, HISTOIRE DE LA LITTÉRATURE ANGLAISE, liv. IV, chap. II, 1.

« Je suis souffrant, très souffrant... Permettez que je vous réponde en quelques mots.

« Non, il ne s'agit pas de vous ; et si c'était vous que j'avais eu dans la pensée, je vous aurais désigné, nommé, confiant dans la discrétion de la princesse, qui n'était pas femme à vous montrer la lettre.

« L'épithète de *grincheux* vise la généralité des gens approchant de près ou de loin la princesse, qui lui ont fait me demander l'année dernière de ne plus parler d'elle dans mon JOURNAL, trouvant que ce que je trahis de gentil, d'humain, de non-officiel de l'altesse, diminue la femme au lieu de la grandir — ce qui, Dieu merci ! n'est pas l'opinion de la presse française et de la presse étrangère.

« Je puis avoir des défauts, de grands défauts ; mais, mon cher Popelin, croyez bien que je suis un être franc, un monsieur sans dessous : c'est une qualité que veulent bien reconnaître mes amis.

« Mes amitiés. »

Mardi 3 novembre

Toujours des nuits sans sommeil, toujours un côté dont la peau semble à vif, avec dedans, de temps en temps, un élancement qui ressemble à la piqûre simultanée de deux ou trois sangsues.

Samedi 7 novembre

Avant les tentatives de l'impressionnisme, toutes les écoles de peinture de l'Europe sont noires, sauf la peinture française du XVIIIe siècle ; et je suis persuadé que cette peinture doit sa couleur laiteuse à la tapisserie, aux exigences du coloris que demande cet art industriel, par l'habitude qu'avaient nos peintres de ce temps, de travailler plus de la moitié de leur temps pour les manufactures de Beauvais et de Sèvres.

Dimanche 8 novembre

Quels laboratoires de mensonge que les journaux ! La LANTERNE cite, parmi les tombes délaissées, la tombe de mon frère, juste au moment où je viens de faire polir une dalle de granit de 3 000 francs et sceller dessus le profil découpé du cher enfant, exécuté en bronze, cet été, par le sculpteur Lenoir.

Ce soir, chez Daudet, longue et triste conversation sur la démocratisation de tout, démocratisation en train d'amener la mort du livre par l'expansion du journal, mort du théâtre par le triomphe du café-concert.

Lundi 9 novembre

Une femme du peuple se plaignant, près de la buraliste du chemin de fer, de son fils, s'écriait : « Ah ! on peut dire qu'il m'a coûté de la graisse ! »

Jeudi 12 novembre

Sully Prudhomme dîne ce soir chez Daudet. Sa tête, où court sur la tempe une mèche grise, semblable à une aile repliée d'oiseau, sa tête est penchée en avant à la façon d'un sourd et d'un homme d'Église ; et quand il parle, ses mains ont, au-dessus de son assiette, les mouvements bénisseurs d'un qui dit son *benedicite,* pendant que la bienveillance d'un œil bleuâtre va, dans un petit retournement de tête de tortue, solliciter à droite, à gauche, l'attention de ses voisins [1].

Sa conversation intelligente, substantielle, savante, aimant le mot abstrait, pourrait être qualifiée de conversation mystico-philosophique, et le poète est bavard, bavard de telle sorte qu'il n'a pas décessé de parler depuis la soupe jusqu'au dessert, et avec une petite voix flûtée, qui a parfois les sons mystérieusement enroués d'une voix d'adolescent en train de muer.

A la fin, sa conversation a été à la télépathie, et l'on sentait chez lui le combat d'une disposition à accepter la blague de ces miracles avec une certaine peur du ridicule qui s'attache aux adeptes de ce surnaturalisme.

Au fond, un homme d'un commerce doux, onctueux, d'une sociabilité presque prêtreuse.

Samedi 14 novembre

J'ai repris mon travail sur la Guimard, et j'y travaille autant que me le permet mon état maladif. C'est amusant, ces reconstitutions d'êtres du passé, faites de toutes pièces et de toutes choses ainsi que je les fais. Hier, j'étais à la bibliothèque de l'Opéra. Demain, j'irai chez un notaire, successeur du notaire de la Guimard, copier le contrat de mariage de la danseuse. Un autre jour, j'irai prendre chez Groult la description de son portrait en Terpsichore, peint par Fragonard dans son hôtel de la Chaussée-d'Antin. Un autre jour, j'irai à Pantin retrouver ce qu'il peut rester du local de son érotique théâtre ; un autre jour encore, j'irai chez M. Prieur de Blainvilliers, s'il existe encore, étudier la gouache de la rare estampe du CONCERT A TROIS [2].

Dimanche 15 novembre

Ernest Daudet me contait ceci. Un ami, un jeune ami à lui, était

1. Corr. éd. : *œil bleuâtre.* Texte Ms. : *homme bleuâtre.*

2. Sur le contrat de mariage de la Guimard avec Jean-Étienne Despréaux, danseur et chansonnier (13 août 1789), cf. LA GUIMARD, p. 221. Sur l'hôtel de la Chaussée d'Antin, bâti par Ledoux, architecte du roi et sur le portrait de la Guimard en Terpsichore par Fragonard, cf. *ibid.* p. 72. Sur les pièces légères jouées sur le théâtre particulier de la danseuse, cf. *ibid.* p. 44 sqq. (et ici la note du 24 nov. 1892 sur les recherches assez vaines d'Edmond à Pantin). — Enfin sur LE CONCERT A TROIS, cf. *ibid.*, p. 56 sq. : cette caricature de décembre 1770 représentait, « groupés autour de la Guimard, tenant à la main un papier de musique et se balançant en cadence, le grand entreteneur, le prince de Soubise, jouant de la pochette, le sous-entreteneur, le sieur de La Borde, brandissant un bâton de mesure de chef d'orchestre, enfin l'ami de cœur..., Dauberval, jouant du cor de chasse ».

allé, ces jours-ci, causer affaires avec un banquier israélite, un des grands banquiers parisiens. Ce jeune ami, qui est un exubérant, dans la chaleur de son exposition, posait la main sur le couvercle d'un sucrier faisant partie d'un verre d'eau posé sur le bureau du banquier, et emporté par un mouvement oratoire, l'enlevait en l'air, au bout de sa main. En cet instant, il vit un tel bouleversement sur les traits du banquier que rappelé au sang-froid, il lui dit : « Oh ! pardon ! » et remit le couvercle sur le sucrier. « Mais la mouche n'y est plus ! » lui jeta le banquier, et devant l'incompréhension du jeune homme : « Oui, la mouche que j'y mets, pour que le domestique ne vole pas mon sucre. » Tout démonté qu'il était, le jeune ami de Daudet continuait cependant à exposer son affaire, dans l'inattention du banquier, dont il voyait les regards se porter rapides, à droite, à gauche, quand tout à coup, dans un ramassement de main, il attrapa une mouche qui rentra dans le sucrier. Et alors seulement, le jeune ami se vit absolument écouté.

Mardi 17 novembre

Je reçois un singulier article paru dans la REVUE DE L'ÉVOLUTION, un article où un M. Dubreuilh, comptant les mille premiers mots de MANETTE SALOMON, répartis en sept groupes : *Êtres et Choses* (substantifs et pronoms), *Qualités* (adjectifs qualificatifs), *Déterminations, Actions, Modifications, Relations, Connexions, Interjections,* et les rapprochant des premiers mille mots du DISCOURS DE LA MÉTHODE de Descartes, des premiers mille mots de l'ESPRIT DES LOIS de Montesquieu, des premiers mille mots de TÉLÉMAQUE de Fénélon, etc., etc., me trouve beaucoup plus riche en DÉTERMINATIONS (adjectifs et articles) qu'en *Connexions* (les mots qui servent à lier les êtres et les choses), et arrive à pouvoir déclarer que je suis l'écrivain qui m'éloigne le plus du style de Descartes, mais me classe en la haute et respectable compagnie de Bossuet et de Chateaubriand [1].

Jeudi 19 novembre

Je reçois une vraie lettre de folle de Mme de Nittis, dont l'imagination hantée par des idées de persécution m'attribue dans le passé des crimes à son égard et me défend de parler d'elle et de son mari, parce que mes relations avec les Daudet, « ces bas calomniateurs », me la feront calomnier. Je ne réponds pas, et j'attends ce qu'elle va faire.

Vendredi 20 novembre

Hier, Champsaur, sur l'aveu que fait Daudet dans mon JOURNAL

1. Cf. Louis Dubreuilh, ESTHÉTIQUE SCIENTIFIQUE, NOUVELLE MÉTHODE DE CRITIQUE LITTÉRAIRE, dans la REVUE DE L'ÉVOLUTION SOCIALE, SCIENTIFIQUE ET LITTÉRAIRE du 15 nov. 1891.

qu'il est un être tout subjectif, l'a éreinté en faisant mon éloge [1]. Ah ! mon Dieu ! que cette amitié entre nous deux leur pèse, à ces gens qui, n'aimant pas, ne sont aimés de personne, et qu'ils seraient heureux de pouvoir nous fâcher !

Samedi 21 novembre

Dîner chez Frantz Jourdain avec les Daudet.

A la soirée, tout notre jeune monde des lettres, et Gibert qui chante au milieu des mépris fort peu dissimulés de ces jeunes — Gibert que Daudet et moi trouvons très intéressant et nous apportant, à nous qui n'allons point au *Chat Noir* et ailleurs, la note délicatement caricaturale des jouissances canaillement intellectuelles de ces endroits.

Dimanche 22 novembre

Le Rosny II est curieux, il semble un gentil petit joujou qui répète, avec une voix de joujou, les paradoxes, les sophismes, la logomachie de Rosny I.

Daudet parlait ce soir passionnément de la mer et disait qu'à cause de sa myopie, l'enchantement de la mer ne lui venait pas par les côtés de couleur qui empoignent les peintres, qu'il était pris, lui, qui a l'oreille si extraordinairement fine, par les côtés pour ainsi dire musicaux, par sa grande lamentation lointaine, son brisement contre les rochers, le bruit de remuement de draps mouillés qu'elle a à son bord, et il en imitait le bruit.

Mardi 24 novembre

Visite de la princesse qui me demande gentiment, tendrement même, à reprendre mes anciennes habitudes chez elle, à revenir dîner les mercredis.

Mercredi 25 novembre

Hier, la comtesse Greffulhe m'a envoyé un chevreuil, sans doute tué pendant la réception des grands-ducs [2]. Je l'ai remerciée en lui écrivant que je regrettais de n'être plus assez jeune pour faire un roman sur

---

1. *Éreinté,* c'est beaucoup dire. Dans ses *Propos de Paris* de L'ÉVÉNEMENT, le 20, Champsaur note le passage du JOURNAL où Daudet avoue, en « subjectif » qu'il est, ne pouvoir rien inventer et puiser ses sujets dans son entourage (cf. t. II, p. 766) et il se borne à dire : « C'est une confession ; et je n'en accuse point Daudet, pas plus que ne fait Goncourt. L'aveu toutefois est plaisant à retenir, rien de plus. » La malice ne prenait peut-être sa portée que parce qu'elle provenait de ce Champsaur, qui avait déjà violemment attaqué Daudet (cf. t. III, p. 395, n. 2). — Sur Goncourt, de fades compliments : « plaisir exquis » à lire ce « JOURNAL délicieux », etc.

2. Deux frères du tzar quittent Paris le 25 novembre après y avoir séjourné, le grand-duc Alexis, depuis le 28 octobre et le grand-duc Wladimir, depuis le 5 novembre. Ce dernier avait chassé le 20 novembre à Bois-Boudran chez le comte Greffulhe.

la grande dame de ce temps, étude pour laquelle j'aurais eu l'honneur de lui demander quelques séances.

Et c'est vrai, la société bonapartiste n'est vraiment pas du grand monde !

Jeudi 26 novembre

La publication de VAMIREH dans L'ÉCHO DE PARIS met ce soir la conversation sur Rosny.

C'est vraiment extraordinaire, l'engouement des femmes à l'endroit de l'homme autour duquel il se fait un peu de bruit. Une femme, parlant de l'auteur de VAMIREH, disait à Mme Daudet, qui le répète :

« Il est si beau, si beau...

— Oh ! oh ! fait toute la table.

— Oui, oui, je le lui dirai... »

« Et la dame, ajoute Mme Daudet, disait encore : « Il parle si bien, si bien... » qu'elle avouait rester jusqu'aux heures les plus avancées de la nuit, rester suspendue à ses lèvres !

— Aux lèvres de ce raseur, jette quelqu'un.

— De ce raseur intelligent », dit en souriant Léon Daudet.

Le père reprend : « Avec toute mon amitié pour Rosny et toute mon estime pour son talent, les deux frères me font l'effet, le grand, d'un maître d'école, le petit, d'un sous-maître, et je les vois tous les deux dirigeant les exercices scolastiques en frappant dans leurs mains. »

Et l'on parle du roman préhistorique, dont on admire les atmosphères. C'est moi, l'auteur de la trouvaille de cette beauté — de cette beauté dans cette œuvre que je trouve le *nec plus ultra* du faux. Quoi ! reconstituer une humanité d'il y a 20 000 ans, reconstituer avec des sentiments intellectuels, artistiques, épiques, une humanité qui était tout animale... Quoi ! faire parler des gens assez semblables aux naturels de la Terre de feu, dont toute la langue se compose de 75 mots ! Oui, une étude historique *hypothétique,* très bien ! Mais un roman ! Et vraiment, je me tenais les côtes de rire, quand je voyais représenter ce sculpteur d'un os à la moelle, dans la fièvre d'inspiration d'un artiste romantique de 1830 [1].

Samedi 28 novembre

J'avais juré, après cette troisième gelée de mon jardin en vingt ans, de ne plus le refaire ; mais ces serments ressemblent à des serments d'ivrognes qui jurent de ne plus boire ! Ces jours-ci, un des premiers jours de vaillance de ma convalescence, j'ai été à Versailles, chez Moser, et j'ai acheté de merveilleux arbustes qui vraiment, d'un coin du jardin,

1. Cf. VAMIREH, 1891, ch. IV, pp. 49-51 : Vamireh s'exalte à sculpter une fleur de renoncule sur une canine de tigre des cavernes.

font un tableau de coloriste. C'est un *thuya elegantissima,* une pyramide pourpre entre deux fusains si panachés qu'ils semblent des arbustes feuillés de blanc ; c'est un *juniperus elegans,* qui a le ton de vieil or des chrysanthèmes ; c'est un *thuya canadiensis aurea,* dont le branchage semble d'or, quand le soleil joue dedans. Enfin, c'est la petite merveille des merveilles : un *retinospora obtusa gracilis,* un petit arbuste, à la forme écrasée des arbres centenaires en pot de l'Extrême-Orient et qui a quelque chose d'une agglomération de choux de Bruxelles en velours.

Dimanche 29 novembre

On cause, ce soir, de Raffaelli, de ses côtés bon garçon, en même temps que de ses côtés communs. Mme Daudet parle des effets de poitrail qu'il fait et le peint piaffant et hennissant et dit qu'il lui rappelle le royaume des chevaux dans GULLIVER.

Mardi 1er décembre

Aujourd'hui, sur une seconde lettre injurieuse de Mme de Nittis, de cette folle vraiment méchante, je ne suis pas maître de mes nerfs, et je lui écris :

« Madame,

« Je me rends à vos désirs, trouvant trop bête d'imprimer les choses amicalement élogieuses que j'imprime sur votre mari et sur vous pour en être payé par des lettres semblables à celles que vous m'écrivez !

Edmond de Goncourt »

Sauf peut-être une note, que le journal n'a pas eu le temps de décomposer, il ne sera plus question de Nittis dans L'ÉCHO DE PARIS, et mon livre n'en parlera absolument pas.

Bien certainement, j'aurais pu l'envoyer promener, ne disant que du bien de l'homme et du peintre, mais elle se serait livrée dans les journaux à quelque incartade, à laquelle il aurait fallu répondre qu'elle était une folle, une vraie folle malheureusement laissée en liberté ! Et c'était facile à prouver avec la dépêche où elle m'appelait à *son secours* contre le voleur Groult, qui n'avait trouvé qu'un moyen délicat de lui prêter 5 000 francs : l'achat d'esquisses de son mari, remboursable à ce prix de 5 000 francs par elle ou son fils, à quelque époque que ce serait. Facile à prouver, avec ce duel monté par elle entre son mari et Daudet, où, par l'entremise de Zeller, elle voulait avoir comme témoins des élèves de l'École polytechnique, qui remplaceraient, l'épée à la main, son mari mort. Enfin, facile à prouver, par la note de mon JOURNAL, où de Nittis me faisait lire une lettre d'elle où, à propos de bottes, elle le menaçait de se tuer, menace qui revenait à tout moment, avec tous les caractères de la folie et les ennuis qui s'ensuivaient, et qui lui avait donné plus d'une fois l'envie de se brûler la cervelle.

Sur la lettre envoyée à Mme de Nittis, je m'en vais faire décomposer à L'ÉCHO DE PARIS toute la copie parlant de Nittis.

Pendant ce, le vieux Simond me parlait de Mirbeau, de son ménage, où, disait-il, le torchon commencerait à brûler. Il me contait que la femme de Mirbeau était venue se plaindre à lui que son mari était un paresseux, qu'il se refusait à travailler, qu'il fallait l'y forcer et que lui, Simond, devrait lui déclarer que s'il n'avait pas livré son roman avant novembre, il ne passerait pas dans l'ÉCHO. Puis il s'étendait sur le relancement dans le travail, opéré sur lui à tout moment par sa femme, et les ruses enfantines qu'il employait pour s'y dérober, faisant semblant de dormir, quand elle entrait dans sa chambre.

Mercredi 2 décembre

J'ai eu la visite ce matin de la pauvre Nau qui, selon son expression, se dessèche, ne pouvant pas jouer LA FILLE ÉLISA, et imagine des tournées à l'étranger irréalisables. Elle conte avoir rencontré Larroumet, qui lui aurait dit que la suppression avait tenu à un rien.

Ce soir, la princesse m'a parlé gentiment de ma santé, m'a fait mettre à sa droite à table, qui est sa manière de faire sentir à l'homme non académicien qu'il est en faveur près d'elle — enfin, a été tout à fait tendre avec moi [1].

Salles, le père de Mme Benedetti, qui s'est rencontré dernièrement avec Mme Sichel, lui disait que vraiment, la princesse avait de l'affection pour moi, qu'il l'avait entendue dire à des gens laissant entendre que je n'allais dans les maisons que pour surprendre les conversations : « Oh ! oh !... c'est un monsieur au-dessus de cela ! »

Au fond, pour continuer à vouloir m'avoir, il faut que ce soit vrai, car j'ai dû fièrement être battu en brèche près d'elle par Popelin et les autres !

Jeudi 3 décembre

Ce soir, chez Daudet, le petit Simond et Charpentier nous entretenaient du manque de bonne foi, du côté filou, enfin de la parfaite canaillerie de Bergerat.

Ils le montraient lâchant impudemment le GIL BLAS pour L'ÉCHO DE PARIS, quand il y était engagé jusqu'à la fin de décembre de cette année. Puis, lorsqu'il était entré à L'ÉCHO DE PARIS, avec un traité ne lui permettant qu'une collaboration au FIGARO, donnant toutes les semaines des chroniques au MATIN.

Henry Simond nous le peint, un jour, gémissant sur ses besoins d'argent pour un déménagement, pour la pension de son enfant — car il carotte comme pas un au nom du père de famille — et proposant

1. Add. éd. : *de faire sentir...*

une pièce de 500 vers contre un prêt de vingt-cinq louis, proposition à laquelle se refusait le vieux Simond, tout en lui prêtant les vingt-cinq louis. Or, il arrivait que pendant une absence de Simond, Bergerat allait trouver Mendès avec sa pièce de vers, en lui disant que c'était une affaire convenue.

Enfin, au FIGARO, où il a quatre chroniques par mois et où il n'en avait donné que deux, il s'indignait qu'on ne lui payât pas les quatre, disant à ceux qui cherchaient à lui faire voir la canaillerie de ses prétentions, disant que c'étaient des mufleries qu'on lui faisait !

Samedi 5 décembre

Borelli tombe chez moi ce matin pour me remercier de l'avoir recommandé à Antoine pour sa pièce [1].

Quel bavard, mais pour un homme qui ferait un roman, quel *renseigneur* ! Il me parle de cette femme, envoyée par Mazzini pour pourrir l'empereur et qu'à son arrivée à Paris baisa le beau Kaumard, qu'il compare à un Sicambre et qui mourut dans un état de racornissement, de réduction, semblable à celle que les Indiens opèrent sur une tête desséchée.

Il me conte les amours de la jeune Morny avec une petite Bretonne, une femme de chambre, à laquelle elle donna près de 400 000 francs et dont elle força la porte, lorsqu'elle était morte, et se jeta sur le cadavre en disant : « Je veux encore en jouir ! »

Et comme je lui dis : « Oh ! les beaux romans à faire par vous, par vous seul, parce que les Maupassant et les Bourget ne vivent pas dans ce monde, mais y passent une fois par hasard en habit rouge ! » Borelli me répond : « Oui, oui, mais hélas ! pour faire des romans ou des pièces sur ce monde, il ne faut pas en être. »

Et encore des histoires de toutes les couleurs. Borelli finit en disant qu'il n'aime que les filles et il exalte les filles, disant que ces créatures, sorties du *trou aux vaches,* arrivent à être les maîtresses du goût et de la mode à Paris, et cela par une admirable diplomatie, la plus savante conduite de la vie, sachant qu'elles perdent leur position, rencontrées un maquereau au bras ou une robe canaille sur le dos. Et leur comparant les femmes du monde, qui entrent dans la vie avec tant d'avantages, il constate que celles qui sont un peu retentissantes n'arrivent qu'à *se déclasser,* comme la fille Morny, comme la femme Pillet-Will.

Et il fait la remarque que tous les ans, il se fait à peu près 80 000 filles et que sur ces 80 000, il en surnage tout au plus une quarantaine, parmi les *régnantes* à Paris — et qui ne sont pas des femmes de Paris, parce qu'il existe toujours chez ces dernières un côté Gavroche, un côté blagueur, qui embête le *miché,* qui est généralement un être officiel :

1. Aucune trace d'une pièce de Borelli au Catalogue de la Bibliothèque nationale, ni dans les répertoires de Noël et Stoullig et de Thalasso.

« Oui, oui, fait Borelli, ces régnantes sont seulement des femmes nées en province, apportant un côté domestique, et toutes prêtes à dire *Monsieur le Comte* à l'homme avec lequel elles couchent. »

Ce soir, dîner pour la pendaison de la crémaillère chez le jeune ménage Daudet-Hugo, un dîner de dix-huit personnes, composé de tous les jeunes amis de Léon, au milieu desquels fait contraste Schœlcher et ses quatre-vingt-sept ans.

Parmi les dîneurs, un M. Hanotaux, des Affaires étrangères, qui vient causer tapis persans du XVIe siècle. Et il m'entretient de la colonie persane de Constantinople, faisant le commerce de ces tapis, qu'il a beaucoup fréquentée, de ces gens si polis, aux gestes d'un calme dessin, apportant quelque chose de mystérieux à leur commerce. Il me parle d'un certain tapis vert, acheté par l'un d'eux, qu'on ne pouvait pas voir, tapis auquel si on y faisait allusion, le Persan levait les mains à la hauteur de la tête, avec un *Chut !* de la bouche, réclamant une discrétion facile à garder.

Du reste, le marchand oriental a été toujours un peu cachottier de ses choses à vendre et peu désireux de les laisser voir, sachant que les choses vues par trop de monde perdent une partie de leur valeur. Il existe, à ce qu'il paraît, des documents anciens qui établissent le mystère dont entouraient leurs marchandises d'art les marchands des premiers temps. Et aujourd'hui encore, chez le Japonais Hayashi, la vente se fait aux clients dans une chambre à la porte fermée, et on ne peut aborder Hayashi qu'après ambassade. Et vraiment, on serait tenté de lui dire : « Est-ce que vous fabriquez de la fausse monnaie ? »

Dans la soirée, Gouzien dit à Daudet : « Tu sais, la première fois que je t'ai vu, c'est à la rôtisserie de la rue Dauphine... Tu avais une femme assise sur chaque jambe, qui se partageaient tes faveurs... Tu étais un peu saoul et pas gentil, ce soir... Du reste, tu étais assez mauvais dans ce temps-là ! »

Et comme Daudet cherche dans ses souvenirs, Gouzien ajoute : « Tu te rappelles la rôtisserie ? Un escalier de moulin...

— Oui, oui, fait Daudet, on y tombait toujours !

— C'est bon, reprend Gouzien, on y tombait toujours... Toi ! Mais moi, je n'y suis jamais tombé ! »

Dimanche 6 décembre

Aujourd'hui, ma volonté de ne pas me marier étant bien arrêtée, je suis obligé d'écrire une lettre brutale, de frapper sur un cœur qui m'aime peut-être, mais se montre trop exigeant, trop exigeant... et cela me rend malheureux toute la journée.

Armand Charpentier, un garçon bien pâle, bien hâve.

Rosny disait aujourd'hui au *Grenier* que d'après un travail assez sérieux, l'assassinat en moyenne ne rapportait guère que 15 francs et que les scélérats anglais, qui sont des gens pratiques, avaient absolument abandonné l'assassinat pour le vol.

On parlait du besoin de mensonge qu'a l'homme, et non pas seulement dans le livre qu'il lit, mais même, chez quelques-uns, dans l'exercice de la vie. A ce sujet, Daudet racontait que Morny ne voulait jamais recevoir un malheureux, une femme vieille ou laide, faisant tout, dans sa fuite de la réalité, pour n'être pas ramené à cette réalité. C'était Morny qui disait au frère de Daudet, quand il faisait jouer L'IDOLE, qui se passait entre des vieux : « C'est bien triste ! »

Je lisais à Mme Daudet la lettre de Mme de Nittis, qui me disait : « C'est de la méchanceté de femme de chambre renvoyée ! »

Lundi 7 décembre

De Béhaine vient déjeuner chez moi et me remet un petit paquet qui m'est adressé par sa femme. Il me dit que dans ce moment, le gouvernement fait bêtement tout pour jeter le pape dans la Triple Alliance.

Puis il me parle de Mme Masson et me conte qu'au moment de sa grandissime liaison avec la Zamoïska, il s'était passé ceci à Saint-Gratien : le mari l'avait renvoyée à son père avec une lettre où il se plaignait de sa tenue, de son attitude... Et comme moi, il confesse que cette femme a le charme de la bonté.

Un mot de l'impératrice, à propos des éreintements de la duchesse d'Aoste par la princesse Mathilde : « Ses paroles... ça s'envole d'elle comme des volées de canards sauvages ! »

Mardi 8 décembre

Dîner chez les Charpentier avec les Zola. En entrant, bonjour de Mme Zola, d'un sec, d'un sec ! « Bon, me dis-je, je vais avoir une scène avec Zola pendant le dîner. »

Non, il se contente de me dire, à la sortie de table : « Mais ce sont nos mémoires, vos mémoires ! »

Alors, il parle de ses superstitions, de l'additionnement des numéros de voitures qu'il rencontre, du nombre 7 qui est son nombre préféré, des frappements répétés d'après certains chiffres qu'il fait des portes et des fenêtres, avant de se coucher.

Là-dessus, entre Céard qui, à mon grand étonnement, vient à moi et me serre tendrement la main. Qu'est-ce qui amène ce changement ? Est-ce parce que Duményy doit jouer RENÉE MAUPERIN à Saint-Pétersbourg ?

Je reconduis les Daudet, qui me disent : « Vous l'avez échappé belle ! Mme Zola est furieuse contre vous à propos de votre phrase sur Médan, « la maison sans enfants [1] ». On a eu toutes les peines du monde à ce qu'elle n'éclatât pas, et vous avez vu, son irritation est tombée sur Mme Charpentier, dont elle a abîmé la propriété de Royan. »

---

1. Cf. t. II, p. 899.

Mercredi 9 décembre

Maupassant serait attaqué de la folie des grandeurs, il croirait qu'il a été nommé comte et exigerait qu'on l'appelât *Monsieur le Comte.* Popelin, prévenu qu'il y avait un commencement de bégayement chez Maupassant, ne remarquait pas ce bégayement à Saint-Gratien, cet été, mais était frappé du grossissement invraisemblable de ses récits.

Il parlait d'une visite faite par lui à Duperré, sur l'escadre de la Méditerranée, et d'un nombre de coups de canon à la mélinite, tirés en son honneur et pour son plaisir, coups de canon allant à des centaines de mille francs, si bien que Popelin ne pouvait s'empêcher de lui faire remarquer l'énormité de la somme. L'extraordinaire de ce récit, c'est que Duperré, à quelque temps de là, lui disait qu'il n'avait pas vu Maupassant !

Jeudi 10 décembre

Dîner chez Daudet avec Barrès. L'homme a une élégance fluette et élancée, et des yeux noirs d'une douceur charmante, sous de longs cils de femme.

Après avoir parlé du public de ses conférences en Belgique, de ce public inintelligent, incompréhensif de ce qu'on lui dit, il vient s'asseoir à côté de moi et caresse gentiment le vieil homme de lettres.

Il m'entretient de Nancy, où il y aurait des pèlerinages de jeunes gens dans la cour où est la plaque de ma naissance, me dit qu'il n'est pas bibeloteur, mais qu'il serait désireux d'avoir un mobilier Louis XVI — pas doré, mais blanc, de ce blanc si gai —, et que, dans ce moment-ci, lui cherche un M. Jouanin, un original dont toute la vie se passe chez les marchands de curiosités, à faire gratuitement les commissions de ceux qui veulent bien lui en donner, un original qui a toujours à la bouche : « Lisez M. de Goncourt ! »

Puis il passe aux journaux de Mlle Bashkirtseff, publiés très incomplètement et dont la collection innombrable des petits cahiers lui monterait — par un geste qu'il fait de la main —, lui monterait jusqu'à la ceinture et où il y aurait en tête une moquerie de la manie de poser de Stendhal, avec toutefois l'aveu que la chose est tentante [1].

A Barrès succède près de moi le jeune Rosny, qui me dit qu'il est content du livre écrit dans le moment en collaboration avec son frère, que le livre est passionné, renfermant de la belle passion, pas dramatique. Il m'avoue qu'ils sont en train de vivre en plein populaire, déclarant que ces gens sont très supérieurs dans le dévouement et le sacrifice aux gens éclairés, peut-être par une espèce d'inscience.

---

1. La Préface du JOURNAL de Marie Bashkirtseff, publié partiellement en 1887, ne mentionnait pas Stendhal, mais jouait coquettement avec la bonne opinion que l'artiste avait d'elle-même : « A quoi bon mentir et poser ? Oui, il est évident que j'ai le désir, non l'espoir de rester sur cette terre, par quelque moyen que ce soit... Non seulement je dis tout le temps ce que je pense, mais je n'ai jamais songé un seul instant à dissimuler ce qui pourrait me paraître ridicule ou désavantageux pour moi. Du reste, je me vois trop admirable pour me censurer. »

Cela est dit avec une douce voix et des paroles un peu nébuleuses.

Dimanche 13 décembre

On exaltait Veuillot et Hennique disait ses douloureuses dernières années. Il était encore maître de ses pensées et pouvait les formuler par la parole, mais il ne pouvait plus sur le papier leur donner la forme écrite. On se figure l'enragement, chez le merveilleux pamphlétaire, de ne pouvoir plus continuer à être un journaliste.

Lundi 14 décembre

Voici deux nuits où j'ai des insomnies de minuit au matin et où j'ai comme un délire de la pensée — des insomnies qui me font un peu peur.

Mardi 15 décembre

Un mois à peu près que paraît mon JOURNAL, et pas une lettre, un billet, un mot aimable ou complimenteur.

Mercredi 16 décembre

Duo avec Bracquemond :

« Corot : un enveloppeur d'aube de crépuscule !

— Théodore Rousseau : un découpeur. Turner : une pierre précieuse en liquéfaction. »

Une anecdote sur le goût des Américains. Haviland achète, il y a une quinzaine d'années, un Millet 1 500 francs. Il le rapporte le lendemain, disant : « Je vous l'achèterai, quand il vaudra 10 000 francs. »

Jeudi 17 décembre

Ce matin, pas bien, mais pas bien du tout. Demande à Daudet de m'avoir une consultation de Potain et de venir un peu causer affaires sérieuses... Vers les six heures, quand je suis couché, dépêche de Mendès, qui me demande à faire passer une réclamation de Oscar Wilde sur ce que je lui ai fait dire sur Swinburne. Nécessité d'écrire une lettre de cinq lignes, qui est un effort épouvantable pour ma faible tête [1].

Dans la fièvre de cette nuit, un cauchemar cocasse. Une demoiselle, à laquelle j'ai fait la cour dans les temps passés, arrivant en grand manteau de deuil, de la traîne duquel sortait soudain un petit prêtre, pareil à ces diablotins jaillissant d'une boîte, qui, un grand papier à la main, l'étendait sur mon lit et me faisait signer un mariage *in extremis*.

1. Cf. t. II, p. 1002.

Vendredi 18 décembre

Sacré mois de décembre ! Aujourd'hui, la fille et la mère sont prises de l'*influenza*[1]. Nous voilà bien !

Je viens de me lever.

On annonce Mlle Olga.

Entre une jeune femme, aux yeux brillants, à la taille svelte, à la marche élastique d'une Diane chasseresse, qui me tend une feuille de papier, où dans le premier moment, je crois reconnaître l'écriture de mon frère. C'est la copie de la page de GERMINIE LACERTEUX, où après la mort de sa fille, elle est tentée de voler une petite fille dans ce pensionnat qui se répand dans la rue[2].

« Oui, fait l'inconnue, c'est un artiste de mes amis qui m'a copié cela... et c'est mon histoire, mon histoire à moi... Car je suis une divorcée. »

Et s'adressant à moi fiévreusement : « Comment ? C'est vous, un homme, qui avez fait cela ?... Ça ne me semblait pas possible,... un homme exprimer des sentiments si féminins !... J'ai voulu voir votre portrait,... j'ai été à L'ÉCHO DE PARIS... Mais ça ne m'a pas suffi. J'ai voulu vous voir et j'en suis bien contente. »

Et ne voulant pas me fatiguer, me sachant malade, elle s'en va sans plus de renseignements sur sa personne.

Je ne sais, mais dans la distinction de son être et de sa toilette, elle m'a fait, je ne sais pourquoi, l'effet d'une écuyère qui fait de la haute école dans les pays où l'équitation est en grand honneur, l'effet d'une sorte d'Élisa.

Récit que me fait Mlle Zeller d'une visite à Mme Blanche, la femme insupportable de l'homme que tout le monde aime. Elle l'aborde dans son jardin, où l'autre l'arrête à distance, par un geste de la main qui ne lui permet pas de lui donner la sienne. Et le geste est suivi de ces mots : « Allez m'attendre dans le salon. »

Longue attente. La nuit vient : le domestique qui a apporté une lampe, pris de pitié pour la visiteuse, se met à causer avec elle.

Enfin Mme Blanche entre, en disant : « Vous avez vu votre princesse ? » — ennuyée qu'elle est des assiduités de son mari chez la princesse. Et sa dernière phrase, quand Mlle Zeller prend congé d'elle, est celle-ci : « Je vous dispense de la visite du jour de l'An, car nous y sommes. »

Samedi 19 décembre

Ce matin tombe chez moi, envoyé par Daudet, Barié, le bras droit de Potain. Auscultation des plus complètes, où il me dit qu'il y a dans le dos des petites choses à droite, des petites choses à gauche pas tout à fait satisfaisantes, mais que les poumons sont en bon état et qu'il n'y a pas à craindre une fluxion de poitrine.

1. Pélagie et Blanche Denis.
2. Cf. GERMINIE LACERTEUX, ch. XLIV, p. 191 sq.

Cette nuit, pour la première fois, j'ai pris du chloral ; et dans le sommeil trouble que ça procure, je rêvais qu'un homme me prenait par derrière les bras, un homme dont je ne pouvais voir la figure, mais dont je reconnaissais la voix pour être celle de Nittis et qui me demandait, dans un serrement amical contre lui, pourquoi il ne me voyait plus. Un rêve sans doute suggéré par les dernières canailleries de Mme de Nittis et dans lequel, refusant de lui répondre, je l'embrassais en fondant en larmes.

Lundi 21 décembre

Jamais, je crois, je n'ai eu des faiblesses de tête et de corps ressemblant plus aux faiblesses qui précèdent la mort. Cependant, aujourd'hui, il y a un peu de mieux, et avec ce mieux, la rentrée dans ma cervelle de projets, de choses en avant, que je n'avais plus du tout ces jours-ci.

Mercredi 23 décembre

Rodin a du poil au menton, mais pas au c... Car s'il en avait, il ne subirait pas toutes les humiliations qu'on lui fait subir à propos de son HUGO [1] ! Décidément, la colonne vertébrale d'un sculpteur est encore plus flexible, plus *rentrante* que celle d'un peintre.

Samedi 26 décembre

Une toux qui persiste, malgré la satisfaction des auscultations de Barié, et tous les jours, la nouvelle de la mort d'un homme de mon métier — ça trouble, à la fin [2] !

Dimanche 27 décembre

Rodenbach parlait de l'idée qu'il avait de faire un article d'après les renseignements d'une teneuse d'un grand cabinet de lecture de son quartier. Il disait, et c'est vrai, qu'on aurait ainsi, pour ainsi dire, le *téléphone* du goût littéraire public.

Lundi 28 décembre

Voilà tout près d'un mois que je n'ai mis le pied dehors, et je commence à avoir une envie de la marche dans les rues de Paris, du badaudage devant les étalages, de la poussée de certaines portes de marchands.

Et ce soir, je me suis mis à *re-regarder* des impressions japonaises et des porcelaines de Saxe.

---

1. Cf. t. III, p. 456, n. 3.
2. Albert Wolff et Henri de la Pommeraye venaient de mourir le même jour, le 23 décembre 1891.

ANNÉE 1892

Vendredi 1er janvier

Le premier jour de l'an, dans le vague de ma faiblesse, ne m'a pas donné l'impression, cette année, du renouveau d'une année nouvelle.

Voilà quatre semaines que je n'ai pris l'air extérieur. Ce soir, le dîner chez Daudet sera ma première sortie.

Dîner intime avec les Daudet, Mme Allard et la filleule, qui dîne pour la première fois à la grande table.

Causerie sur les ménages amis, ménages très gentils, très loyaux et même, nous croyons, très dévoués, mais un peu *glaçons* ; et nous tous, nous nous mettons à parler du charme du ménage Rodenbach, de l'homme à la conversation spirituellement animée, à la discussion littéraire passionnée, de la femme aux rébellionnements à voix basse et au flot de paroles irritées qu'elle vous jette dans l'oreille, quand elle entend une chose qui n'est pas vraie ou qui ne lui semble pas juste, et nous constatons que la vie nerveuse de ces deux êtres apporte de l'émotion au milieu de la veulerie de tous.

Dimanche 3 janvier

Des choses invraisemblables se passent au FIGARO. Voici ce que me conte Maurice de Fleury. Mme Laguerre est la maîtresse de Périvier, et il l'entretient avec les 6 000 francs qu'il a retirés sur le traitement de 12 000 francs de Bonnetain, et avec les 12 000 qu'il avait promis à de Fleury à la mort de Marcadé. Et c'est elle qui fait le *supplément*, un supplément fabriqué sur le modèle de L'INTERMÉDIAIRE [1].

---

1. Entendez L'INTERMÉDIAIRE DES CHERCHEURS ET DES CURIEUX (cf. t. II, p. 1089, n. 2). Le rapprochement s'impose, car à ce moment, le *Supplément littéraire* du FIGARO est exclusivement et curieusement composé par *Questions* et *Réponses.* Ainsi dans le numéro du 2 janvier 1892 : « Qui a été en 1870 le plus jeune engagé volontaire ? » Ou bien : « Qui était Mme Benzoni, qui habitait Venise en 1839, pour laquelle fut composée la célèbre chanson populaire *La Biondina in gondoletta,* et quel en est l'auteur ? » [*Sic*] Ou enfin : « Les peintres,

Fleury me dit qu'il gagne un peu d'argent en se faisant chloroformer dans les opérations chirurgicales, dans les opérations de Péan, auquel son année dernière a rapporté plus de 700 000 francs [2]. Puis il me parle d'un nouveau remède magique contre la faiblesse, d'une simple injection d'eau, non pas d'eau ordinaire, qui fait horriblement souffrir, mais d'une eau fabriquée à l'imitation de l'eau dans laquelle nagent les globules du sang.

Ce soir, chez Daudet, on cause du jeune Hugo, qui est très souffrant et qui, venu à Paris avec un congé de huit jours, a complètement disparu chez les putains, si bien que, le jour de l'an, il a oublié de dîner chez sa mère. Et hier, au moment de prendre le train, il a été pris d'une faiblesse nerveuse, à la suite de laquelle il a fallu le porter dans le *sleeping*.

Lundi 4 janvier

Première sortie dans la journée, première vraie sortie.

Mardi 5 janvier

Une surprenante lettre de Magnard, du directeur de ce FIGARO, qui m'a été toujours si hostile. Dans cette très gracieuse lettre, Magnard m'offre la succession de Wolff, le gouvernement de l'art, avec toute l'indépendance et la liberté d'idées que je puis désirer. Je refuse... Mais je ne puis m'empêcher de songer à tous les gens que l'acceptation aurait mis à mes pieds, au respect que j'aurais conquis dans la maison de la Princesse, enfin à la facilité avec laquelle j'aurais trouvé des éditeurs pour illustrer LA MAISON D'UN ARTISTE, MADAME GERVAISAIS, etc., etc.

Mercredi 6 janvier

En me remémorant quelques traits de méchanceté noire de Maupassant racontés par Hennique, j'ai le sentiment qu'il a de tout temps porté en lui un germe de folie [3].

Jeudi 7 janvier

Bing parlait de documents curieux qu'il attendait du Japon sur Hokousaï, d'anecdotes sur sa personne et sa vie par un contemporain,

---

les sculpteurs, les médecins réprouvent-ils en général l'usage malsain, disgracieux et trompeur du corset ? »

2. Tel est le texte Ms. On suppose que Fleury accepte de pratiquer les anesthésies au cours des opérations de Péan ; mais le texte ne dit rien de tel.

3. Le 1er janvier 1892, Maupassant déjeunait chez sa mère à Nice, quand il se mit à tenir des propos délirants ; il se reprit, demanda sa voiture, regagna le *Chalet de l'Isère* à Cannes et, dans la nuit, tenta de se suicider. Quelques jours plus tard, on le transporta dans la clinique du Dr Blanche, à Paris, 17, rue Berton. Il mourut sans avoir retrouvé la raison le 6 juil. 1893.

qui l'aurait connu et qui aurait même des lettres de lui. Et comme on cause des nombreux noms sous lesquels il a signé son œuvre, Bing raconte qu'un moment, il a signé *Raishin*, qui veut dire : « Tonnerre et tremblement », à la suite d'un terrible coup de tonnerre qui, dans sa peur et son tremblement, l'avait fait tomber de la chaussée dans une rizière.

Grand dîner chez les Daudet avec Schœlcher, Lockroy, le ménage Simon, Coppée. Décidément, ce Jules Simon a un charme : une grâce faite d'une certaine délicatesse de la pensée et de la douceur de la parole. Quant au Coppée, il est extraordinaire comme verve *voyoute*, et c'est un feu d'artifice, pendant toute la soirée, de drôleries à la fois canailles, à la fois délicates et fines. Oui, Coppée, c'est par excellence le causeur parisien du siècle de la blague, avec tout l'admirable sous-entendu de la conversation de nous autres, les phrases commencées, finies par un rictus ironique, les allusions farces à des choses ou à des faits connus du monde *select* et pourri de l'intelligence.

Chez Maupassant, ne dit-on pas qu'il avait un seul livre sur la table de son salon : le GOTHA ? C'était un symptôme du commencement de la folie des grandeurs.

Vendredi 8 janvier

Forain aurait épousé une petite femme *drôlette*, qui serait, à ce qu'il paraît, acceptée par le monde, où elle en place de *raides*.

Dans une maison, elle se plaignait de ce que son mari avait passé toute la journée avec une actrice du Gymnase, sur quoi Degas faisant allusion à la demi-impuissance de Forain et lui disant : « Mais que diable pouvez-vous avoir peur de ce qui a pu se passer entre eux ? — Et la main ? » jeta tout haut la femme Forain.

Samedi 9 janvier

Maupassant, un très remarquable *novelliere*, un très charmant conteur de nouvelles, mais un styliste, un grand écrivain, non, non !

Dimanche 10 janvier

Conversation sur le bruit autour de Maupassant, qu'on trouve trop grand, étant donnée la vraie et juste valeur de l'écrivain... Quelqu'un fait une triste remarque, c'est que Maupassant n'a pas un ami intime : en fait d'ami intime, il n'a que son éditeur, Ollendorff.

De Nion, qui vient pour la première fois au *Grenier*, nous annonce qu'il vient d'envoyer sa démission de directeur de la REVUE INDÉPENDANTE à Savine, à propos d'une lettre où il se plaint qu'elle soit rédigée sous l'influence de Rosny et de Ghil [1].

1. L'éditeur Albert Savine était le gérant de la REVUE INDÉPENDANTE, dont François de

Très gentiment et très amicalement, Daudet a travaillé à surexciter la curiosité de Koning sur ma pièce, et Koning lui a dit jeudi : « Mais pourquoi ne me donnez-vous pas à lire la pièce de Goncourt ? » Et il lui a parlé de la donner avec la sienne, au moment où le succès se ralentirait [2]. Cette manière de la jouer ne me plaît pas absolument. Je suis indécis. J'étais au moment, sans attendre la décision de la Chambre sur la censure, de la donner à Antoine. Enfin, je vais voir.

Au moment où j'allais partir avec le jeune ménage, Daudet nous lit le troisième acte de LA MENTEUSE. Il en est très content comme acte dramatique et me l'avait raconté en fiacre avant dîner, de façon à me faire croire à un grand effet. Eh bien, à la lecture, j'éprouve un froid... Pourquoi ? Je crois par cela que tout le dramatique porte sur des sentiments pas vrais, sur un suicide qui, au fond, est une imagination d'auteur et qui n'est pas logique chez la menteuse [3].

Lundi 11 janvier

Léon Daudet disait hier, à propos de Péan, que c'était une affaire montée en actions, avec, au-dessous de lui, au premier plan, une petite pléiade de médecins de Paris et, au second plan, tout un monde de médecins de province chargés d'envoyer à l'opérateur des sujets ; et sur le prix de l'opération, il y avait un prélèvement de 500 francs pour le petit médecin de province, de 2 500 à 5 000 pour le médecin de Paris qui faisait parvenir le malade à Péan.

Mardi 12 janvier

Je crois que beaucoup de l'intelligence de l'animal est produit par une vie intime, par une vie à tout moment mêlée avec l'homme. C'est l'histoire du chien. Et je suis persuadé que d'autres animaux vivant dans les mêmes conditions s'approcheraient de l'intelligence du chien. Voici chez moi cette chatte, qui a horreur d'être seule et qui est toujours avec l'un de nous. Eh bien, savez-vous la touchante petite preuve d'intelligence qu'elle a donnée aujourd'hui ? En jouant, elle avait griffé assez vivement Blanche ; celle-ci, après lui avoir donné deux tapes, fit semblant de pleurer, se couvrant tout le visage de ses deux mains. La chatte, qui était derrière elle, après avoir longtemps tendu le cou à la bien regarder, un moment, lui a sauté sur l'épaule et lui a baisé, léché

Nion était le rédacteur en chef et le critique dramatique. Entre le dernier numéro de décembre 1891 et le premier de janvier 1892, le nom de De Nion disparaît du sommaire. Une note, dans ce premier numéro de 1892, annonce que la critique dramatique « est désormais confiée aux soins de notre distinguée [*sic*] collaborateur, M. Georges Lecomte ».

2. Il s'agit encore de A BAS LE PROGRÈS ! (cf. t. II, p. 1226, n. 1.)

3. LA MENTEUSE, tirée de la nouvelle de Daudet (cf. LES FEMMES D'ARTISTES, 1874) par l'auteur et Léon Hennique, sera représentée au Gymnase le 4 février 1892. L'héroïne a réussi à coups de mensonges à se faire enlever, puis épouser ; mais au troisième acte, quand on annonce l'arrivée d'un ancien ami de son mari, Jacques Olivier, elle court s'empoisonner et meurt, la bouche fermée sur le secret que son mari tente en vain de lui arracher et qu'on apprend lorsque Jacques, arrivant enfin, s'écrie devant le cadavre, et c'est le mot de la fin : « Ça, c'est ma femme ! »

la partie du front que ne cachaient pas ses doigts, puis s'est étendue sur elle, en jetant de petits *miaou*, qui étaient comme d'humbles demandes de pardon.

Mercredi 13 janvier

Bonnetain, qui vient me voir après une longue disparition, raconte aujourd'hui qu'à un déjeuner chez Maupassant où se trouvaient Bauër et Lepelletier, Maupassant, aux hors-d'œuvre, avait dit un mot insignifiant, qui avait blessé Lepelletier et lui avait fait jeter dans l'oreille de Bonnetain : « Je vais le *repérer*. » Et là-dessus, la tête concentrée d'un homme qui cherche une vengeance, jusqu'au moment où Maupassant coupait un bifteck. Alors, Lepelletier commençait une monographie des maladies des yeux, et férocement, il s'étendait un quart d'heure sur leurs côtés symptomatiques d'affections de la moelle épinière. Et Bonnetain remarquait qu'à partir du moment où Lepelletier avait ouvert la bouche, Maupassant avait laissé son bifteck à peine entamé et n'avait plus mangé rien du tout.

Ah ! ça me paraît un mauvais bougre, ce Lepelletier !

Jeudi 14 janvier

Un *petit bleu* du GIL BLAS, où l'on me reproche comme manque de toute sensibilité, très sérieusement, d'être encore vivant à l'heure présente et au moins, si je vis, de n'être pas devenu fou à l'instar de Maupassant [1].

Vendredi 15 janvier

Hier, dîner chez Daudet avec le Barrès, qui me devient tout à fait sympathique, et l'illustre professeur Brochard, au lourd accent lillois et sans tout l'esprit qu'on veut bien lui prêter. Ce Caro II, cette coqueluche des femmes *chic* du jour d'aujourd'hui, est d'un commun, d'un commun !... Je trouve que les universitaires ne sont jamais ce qu'on appelle des *messieurs*.

J'envie — non, je n'envie pas — à Daudet cette facilité du compliment et de la louange ; cette faculté est refusée à l'homme du Nord.

Mme Sichel vient gentiment relier chez moi mon JOURNAL, que je ne me soucie pas de laisser emporter chez un relieur.

---

1. Le *petit bleu* désignait alors à Paris les cartes-lettres de couleur bleue utilisées pour la correspondance pneumatique. C'est ici faire allusion à la piquante rubrique du GIL BLAS intitulée *Petit billet du matin*, signée *M* et adressée chaque fois à un destinataire différent, qui fait les frais de la missive. A propos de la folie de Maupassant, le journaliste écrit à Goncourt : il est impossible de « diagnostiquer d'après votre œuvre une de ces fêlures par où la névrose s'infiltre dans le cœur ou dans le cerveau de l'artiste. Ni les passions, ni les dégoûts, ni même la douleur de survivre à la meilleure moitié de votre talent n'ont troublé vos habitudes hygiéniques d'homme d'ordre ».

Pendant qu'elle est en train d'installer son *cousoir*, le nom du peintre Gustave Moreau est prononcé par moi ; et sur un sourire un peu singulier de ma brocheuse, je lui demande si elle le connaît. Elle me répond que *oui*, qu'elle l'a beaucoup vu, toute jeunette, à Honfleur, où elle allait passer d'assez longues villégiatures chez un de ses parents, tenant très souvent compagnie à sa mère qui était sourde et ne voyait personne. Elle me dit qu'en sa qualité de fillette, elle ne faisait pas attention à ce monsieur qui avait vingt ans de plus qu'elle, mais qu'elle avait appris de sa mère, beaucoup plus tard, qu'il avait un sentiment pour elle et que lors de son mariage, il s'était laissé aller à dire presque amèrement : « Elle épouse un homme qui ne saura pas la comprendre ! » Et elle s'est rendu compte depuis pourquoi il ne saluait jamais son mari — ce que, dans le temps, elle attribuait à une répulsion pour la race juive.

Elle a même du peintre une rareté : un portrait à la mine de plomb d'elle vers sa quinzième année, un portrait qu'elle dit pas ressemblant. Gustave Moreau ne lui a fait qu'une visite, à la mort de sa mère. Il serait très violent. Un jour, à Honfleur, elle arrivait chez les Moreau au moment où la mère du peintre venait de casser quelque chose, et il entrait dans une colère telle que prise de frayeur, elle se mettait à pleurer. Mais aussitôt son emportement passé, c'était par le tendre fils une dépense de caresses, de *dorloteries* pour se faire pardonner par sa mère, qu'au fond il adorait.

Samedi 16 janvier

Rien n'est amusant comme la chatte se promenant sur la glace du petit bassin et, séparée des poissons rouges par cette espèce de vitre, au travers de laquelle elle les voit sous elle, toute dépitée, toute colère de ne pouvoir les attraper.

Dimanche 17 janvier

Entre Hervieu, soucieux de sa belle-sœur, qui vient d'être mordue par un chat et qui est chez Pasteur. Il me dit dans ce moment Mirbeau, sous le coup de l'*influenza*, dégoûté de tout, même des fleurs.

Hervieu est suivi de Daudet, qui m'annonce que Koning l'a chargé de me dire qu'il a reçu A BAS LE PROGRÈS ! — qu'il la trouve spirituelle, bien faite, mais qu'il croit que je serai *reconduit* à deux ou trois endroits, qu'il n'indique pas. Je n'ai qu'une confiance médiocre en Koning, et je ne me croirai joué au Gymnase que la toile levée sur mon acte.

Lundi 18 janvier

« Des morts ! des morts ! des malades !... Et point encore le nom de notre ami si précieux, de Tartarin-Daudet, enregistré sous ces rubriques. Il y a encore de beaux jours pour la gaîté française ! » Ceci est tiré de LA PLUME... C'est maintenant le ton de la critique des jeunes[1] !

Mme Sichel disait que les femmes qui n'étaient pas mariées, qui n'avaient pas d'enfants, avaient dans leurs habillements une tendance à conserver toujours quelque chose de *jeune*, à continuer à se vêtir des couleurs claires de vingt ans.

Mardi 19 janvier

Me voilà repris d'un rhume. Avec l'habitude que j'ai contractée dans les longues immobilités du travail assis à me couvrir de gilets, de tricots, à me coiffer de toquets, j'ai une facilité à me *bronchiter* — et la maison de Daudet m'est meurtrière à cause de la haine de Mme Daudet pour la chaleur.

Mercredi 20 janvier

Ça ne fait rien, c'est du drôle de parlementarisme que celui où un ministre répond par des coups de poing à une interpellation ! Non, ce n'est pas une réponse à l'article dans lequel il figure à l'acte d'achat du café de Toulouse, de la maison clandestine de jeu[2].

Et pour moi, cet acte de brutalité, qui a l'assentiment de la Chambre et de la majorité des journaux, dans le refroidissement du fait, amènera prochainement la fin du rôle politique de l'homme.

L'éloquente et trop logique amplification par Daudet sur le suicide raisonné de Maupassant, se sentant incapable de travailler, est démentie par le récit que voici et qu'on tient d'Ollendorff : Maupassant a cru qu'il avait une mine de sel dans la tête, que mangeaient les mouches, et les coups de revolver étaient destinés aux mouches.

Jeudi 21 janvier

« Je ne me sens pas, disais-je, ce soir, chez Daudet, je ne me sens pas en corrélation avec l'humanité décrite par les écrivains qui ne sont pas mes contemporains... Je ne me sens pas de l'humanité de Shakespeare, et je me sens de l'humanité de Balzac... Au fond, Shakespeare est le plus grand des romantiques, le fabricateur de personnages à la réalité épique. » Et j'ajoutais, au sujet de Balzac, que je le regardais comme le plus grand créateur d'humanité, comme le plus puissant émetteur d'idées ; mais que je devais déclarer qu'en le

1. Entrefilet anonyme paru dans LA PLUME du 15 janvier, p. 8.

2. Texte Ms. : *à l'acte dans lequel il figure en l'acte d'achat...* Allusion aux articles que Rochefort venait de publier contre Constans dans L'INTRANSIGEANT, les 10, 11 et 13 janvier, sous le titre : *Quarante ans ou la vie d'un ministre*. Le 11, Rochefort accuse Constans d'être depuis 1882 copropriétaire d'un tripot de Toulouse, le *café Divan*. Le 19 janvier, à la Chambre, Laur ayant demandé à interpeller le gouvernement sur ces articles et lui ayant reproché de couvrir un homme « qui est flétri par l'opinion publique », Constans quitta son banc et frappa l'interpellateur au visage, alors qu'il descendait de la tribune.

lisant, ce Balzac, j'avais parfois le sentiment de lire un livre de cabinet de lecture, parce qu'il n'était ni un styliste ni ce qu'on peut appeler un artiste en littérature.

Cela amène Rosny à dire qu'il est *banal* dans certains côtés de son œuvre. Et une fois ce mot *banal* opposé à *original*, c'est pour Rosny l'occasion de prendre le crachoir et de nous servir, pendant deux services, les raisonnements les plus faux, les illogismes les plus argutieux, les ratiocinations les plus hétéroclites, les *cautelles* de paroles vides et sonores les plus retorses, sans être arrêté par la tête de Daudet, qui a l'air d'un crucifié par un raseur ! Et pendant que l'aîné assourdit un côté de la table, le petit frère se met de la partie et assourdit l'autre côté ! Et ça continue des deux côtés, sans tact, sans merci, sans miséricorde pour la table.

Enfin, Mme Daudet est obligée de précipiter le dessert devant l'attitude exaspérée de son mari, qui, les bras serrés et contractés contre lui, les yeux baissés et se refusant à regarder les deux ergoteurs, cherche à se contenir avec des nuages sur la figure, des nuages noirs de mauvaise humeur, où il a un peu éclairé et tonné. Ah ! pour la paix des sociétés, ils sont redoutables en littérature, les deux frères !

Dimanche 24 janvier

« Où vont les livres aux grands tirages et quelle est souvent leur destination ?... Allez, elle est parfois bien singulière ! disait Rodenbach en souriant. Un jour, je rencontrai une femme, une très jolie femme, portant appuyé de son bras sur sa poitrine une espèce de buvard, où était écrit en très grosses rondes : *Piles électriques* et dessus, dans sa couverture chamois, la SAPHO de Daudet, dont le titre était très visible pour les passants. Intrigué, je suivis la femme, j'entrai bientôt en conversation avec elle, et cette femme, qui était une chanteuse d'un petit *boui-boui* musical, m'avoua que les deux titres qu'elle affichait ainsi sur sa poitrine l'aidaient merveilleusement à lever des hommes. »

Devant ce vieux dévalé au bas d'un lit, le cri de cette fille à sa bonne : « De l'eau de mélisse et un sapin ! » Ah ! la féroce légende de Forain !...

Non, Gavarni, dans ses légendes, n'a pas cette implacabilité, ce *sans-cœur*, et les dires sceptiques de Vireloque sont tempérés par une philosophie à la fois bonhomme et haute. Oui, l'œuvre de Gavarni fait sourire la pensée, mais ne fait pas froid dans le dos, comme le comique macabre de Forain... Vraiment, il y a dans le moment, en ce monde, trop, trop de méchanceté, trop de méchanceté chez l'artiste, le jeune, chez l'homme politique, pour que ce siècle ne soit pas la fin d'une société !

De Bonnières aurait avoué aux Daudet que l'article qu'il avait fait contre moi dans LE FIGARO venait des rapports qu'on lui avait faits, des propos qu'on lui avait répétés sur la *dinderie* de sa femme [1]. Oui, ces propos, je ne peux pas les nier !

---

1. Cf. t. III, p. 546, n. 2.

Mardi 26 janvier

Au fond, auprès de tous les japonisants, sauf ceux qui ont la religion du passé en tout, les vrais peintres caractéristiques du Japon sont les peintres à cheval sur le XVIIIe siècle et le commencement du XIXe.

Aujourd'hui, Koning s'est décidé à annoncer dans LE FIGARO qu'il recevait ma pièce : A BAS LE PROGRÈS, et que Noblet jouerait le rôle du voleur.

La fureur nerveuse d'entrer en rapport avec un ouvrier trop bête, et par là-dessus suffisant, comme l'est le peuple quand il n'est pas si simple...

Jeudi 28 janvier

Ce matin, je cherchais, dans L'ÉCHO DE PARIS, l'annonce de A BAS LE PROGRÈS, et je tombe sur l'annonce tout à fait imprévue de 15 représentations à l'Odéon de GERMINIE LACERTEUX. Et à midi, je reçois la lettre d'un éditeur espagnol qui m'achète la traduction de LA FEMME AU XVIIIe SIÈCLE. Cette avalanche de choses heureuses, y compris la réception d'avant-hier de ma pièce au Gymnase, me fait peur. Je crains une tuile !

Oh ! ce Méténier, il n'est bon à voir que dans les endroits clos et fermés : c'est l'homme dont les éclats de voix font retourner sur les boulevards les passants.

Je dîne ce soir chez Riche et à Scholl, qui dîne à côté de moi, j'ai la bêtise de dire :

« Soupez-vous ce soir chez Daudet ?

— Non, non... Puis vraiment, je n'aurais pas pu, vous voyez comme je suis grippé. »

Puis au bout de quelques secondes, il se relève de la table où il est assis, pour venir me dire, d'un air fiérot : « Ah ! vous savez, Daudet ne doit pas être content de moi... J'ai dit que l'idée de L'OBSTACLE était prise dans... » Je ne me rappelle plus la pièce qu'il cite [1].

Le souper dont je parlais à Scholl est le souper des noces d'argent du ménage Daudet. Un souper de cent personnes, dressé sur de petites tables remplissant toutes les pièces de l'appartement. J'ai à ma droite la montagne de chair qui s'appelle Mme Munkaczy et qui mange et boit comme pouvait manger et boire Gargamelle. Elle en dit de raides. Faisant allusion à la procréation de sa fille à Lamalou, elle dit à Daudet : « C'est trop drôle, cet enfant de Lamalou... On dit que c'est tout le contraire, n'est-ce pas ? » jette-t-elle à son mari, qui est assis à une autre table. Et se retournant vers Daudet : « C'est que vous, vous alliez à Lamalou-le-Haut, tandis que c'est à Lamalou-le-Bas qu'il allait. »

1. Cf. t. III, p. 515, n. 2, sur une autre accusation de plagiat concernant L'OBSTACLE.

Vendredi 29 janvier

On parlait hier d'une Parisienne, morte à près de cent ans, ces jours-ci, et qui se rappelait le temps où il passait sur les boulevards à peine une voiture tous les quarts d'heure.

Samedi 30 janvier

Pour être connu en littérature, être universellement connu, on ne sait pas combien il importe d'être homme de théâtre. Car le théâtre, pensez-y bien, c'est toute la littérature de bien des gens, et de gens supérieurs, mais si occupés qu'ils n'ouvrent jamais un volume n'ayant pas trait à leur profession, l'unique littérature en un mot des savants, des avocats, des médecins.

Dimanche 31 janvier

Daudet soutenait aujourd'hui avoir lu une lettre de Khalil-Bey à Mme X***, lui demandant cyniquement le coût du pucelage de son *culo.*

Ce soir, Léon Daudet nous lit chez son père des fragments du livre qu'il est en train d'écrire et qui a pour titre HÆRES [1].

De la littérature qui n'est plus la nôtre, de la littérature qui sort de la particularité du temps présent, pour revenir à la généralité des littératures anciennes. C'est une sorte de poème philosophique en prose, que le père trouve avoir une parenté avec OBERMANN. Des personnages — pour moi, un peu trop des vivants de livres — se mouvant dans des milieux d'une nature sylvestre, inspirée par la forêt de Sénart, où il a passé son enfance. C'est plein de pensées vivaces, de rapides descriptions, d'images à la façon antique, de phrases joliment faites finissant dans le tour d'un heureux hémistiche.

Lundi 1er février

Ce soir, chez Mme Sichel, le docteur Martin, l'habile spécialiste des maladies du nez et des oreilles, racontait sa vie, racontait qu'à trente-cinq ans, après avoir été à la tête de mines de soufre en Italie et en Espagne, après avoir dirigé une usine à Londres, il avait été trois ans cherchant une place de 1 200 francs sans la trouver... et n'avait trouvé, ô bizarrerie ! qu'une place d'écuyer, une place s'il vous plaît de 10 000 francs par an, qu'après des hésitations, qu'il avoue, il avait refusée...

Comment donc était-il devenu médecin ? Voilà... Il avait été question de le marier à la fille d'un médecin, et comme il avait répondu qu'il ne voulait pas, pauvre comme il l'était, se charger d'une femme et

1. HÆRES, *Histoire d'un jeune homme,* paraîtra en 1893.

d'enfants, on lui avait dit : pourquoi n'étudierait-il pas la médecine, avec l'aide et le concours de son beau-père ?... Cette idée lui était entrée dans la cervelle ; et sans épouser la fille du médecin, à trente-cinq ans, il se faisait étudiant en médecine, débutant à quarante ans, après avoir été un an étudier en Allemagne le larynx, une étude qui n'était point faite du tout en France. Et le succès venait au travailleur et, dit-on, l'argent qu'il gagnait servait à désintéresser complètement les créanciers de son père.

Mardi 2 février

Le docteur Martin me disait hier qu'il avait souvent vu Musset prendre son absinthe au café de la Régence, une absinthe qui était une purée. Après quoi, un garçon lui donnait le bras et le conduisait, en le soutenant, au fiacre qui l'attendait à la porte.

Visite chez Leroux des estampes japonaises de la vente Appert : exposition où l'on peut se rendre bien compte, en ces premiers tirages, de l'horreur des anciens imprimeurs japonais pour la couleur criarde et de leur tendance à imprimer presque en grisaille.

Au Théâtre-Libre, avec Mme Sichel, qui a cette qualité de s'amuser dans une partie de plaisir qui n'est pas amusante. La pièce, L'ENVERS D'UNE SAINTE, dépasse, comme ennui, tout ce que j'ai encore entendu au théâtre [1].

Mercredi 3 février

Ce matin, visite de Mlle Nau et de Janvier, du Théâtre-Libre, qui a l'ambition de jouer Jupillon et qui, ma foi, le jouerait très bien.

Cette visite est suivie de la visite de Guiches et de Huysmans, de Huysmans se plaignant sur un mode désolé de ne pouvoir se procurer les documents dont il a besoin pour son livre, tout en passant les dimanches à suivre les offices... Mais il ira à la trappe, cet été, sous un faux nom, avec une lettre de recommandation d'un prêtre qu'il a dans sa manche, et alors, il faudra bien... Et la phrase interrompue finit dans un sourire méphistophélique [2].

Ce soir, chez la Princesse, mauvaises nouvelles de Maupassant. Toujours la croyance d'être salé — abattement ou irritation. Se croit en butte à des persécutions de médecins, qui l'attendent dans le corridor, pour lui seringuer de la morphine, dont les gouttelettes lui font des trous dans le cerveau. Obstination chez lui de l'idée qu'on le vole, que son domestique lui a volé 6 000 francs, 6 000 francs qui, au bout de quelques jours, se changent en 60 000 francs.

---

1. Cette histoire d'une jalouse qui essaye de se châtier par le cloître, qui n'en ressort longtemps après que pour assouvir sa haine et rentrer s'enfermer à jamais, cet ENVERS D'UNE SAINTE est une comédie en trois actes de François de Curel, créée chez Antoine ce jour-là.

2. Sous l'influence, entre autres, de l'abbé Mugnier et après un important séjour à la trappe d'Igny, Huysmans va se convertir. Dans EN ROUTE (1895), il contera les cheminements parisiens de sa conversion, puis la victoire de la foi au monastère de Notre-Dame de l'Atre (lisez Igny).

Jeudi 4 février

En arrivant chez Daudet, en train de s'habiller pour le théâtre, je ne puis m'empêcher de lui dire que j'aime beaucoup mieux la mort naturelle de LA MENTEUSE dans sa nouvelle que sa mort par l'empoisonnement de la pièce. Oui, j'aurais voulu cette femme couchée dans son lit ainsi que dans la nouvelle, couchée le nez dans le mur, ne répondant pas aux interrogations furieuses, à elle adressées par son mari, qui alors, pris d'un accès de brutalité, la retournerait violemment de son côté, mouvement dans lequel elle expirerait [1].

Daudet me dit qu'il n'a plus l'émotion du théâtre, qu'il n'en a que la nervosité agacée... La pièce lui a semblé bien marcher à la répétition ; mais son frère, son faible et changeant frère, qui était hier tout admiratif, est venu lui dire ce matin, plus admiratif du tout, que son fils lui a rapporté que les corridors étaient tout à fait hostiles à sa pièce. Ce neveu, au front écrasé d'une brute, est l'idiot envieux que possèdent la plupart des familles — et lui avec l'ambition d'être littérateur, d'être auteur dramatique, à l'instar de son père, de son oncle.

Me voici au théâtre derrière les dos émotionnés de Mme Daudet, de Mme Hennique.

Une salle contenant le dessus du panier du *Tout-Paris*, au milieu duquel figure le jeune ménage Daudet-Hugo et où Jeanne, qui a ressenti dans la journée les premières douleurs de l'enfantement, est accompagnée de son accoucheur.

Un premier acte écouté sympathiquement. Pendant l'entracte, je rencontre Bauër, qui m'apprend que Réjane, qui devait reprendre GERMINIE LACERTEUX mardi, puis aujourd'hui, puis enfin samedi, a une maladie des fosses nasales, pour laquelle on lui a prescrit un repos de quinze jours... Et à ce qu'il me dit, elle avait l'aimable intention de la jouer trente fois au lieu de quinze, d'arriver à cent et, à la centième, de donner une petite fête chez elle... Ah ! la tuile que je pressentais ! Voilà la reprise de GERMINIE au diable.

Au second acte, un très grand succès, et Burguet, très excellent dans le dire et dans le jeu — toutefois, par moments, ressemblant trop à une marionnette en soutane, aux ficelles trop vivement secouées [2].

Ah ! diable ! voilà le troisième acte presque *emboîté* de suite, et le dramatique de la scène tué par les rires ! Un médecin ridicule, une agonie trop compliquée, la phrase finale : *Ça... c'est ma femme*, mal dite [3]. Toutefois, la cause du *four* n'est pas due à cela, elle est en ceci : c'est que le dramatique de l'acte, au milieu de détails d'une réalité absolue, ne s'appuie pas sur la vérité d'un être.

Sacré théâtre ! Et pauvres et malheureuses figures des gens que j'aime !

---

1. Cf. plus haut p. 653, n. 3.
2. Burguet joue ici l'abbé Pierre de Sonancourt, un jeune prêtre qui a réussi à obtenir des deux amants fugitifs qu'ils se marient.
3. Sur la phrase finale, cf. plus haut p. 653, n. 3. Le *médecin ridicule* intervient dans l'agonie de la menteuse, acte III, sc. 9.

Ah ! la tristesse de la figure de Daudet et la détresse de la figure d'Hennique !

Quant à moi, qui n'ai pas pu dîner, j'ai mal à l'épigastre et ai besoin de marcher, de dépenser mon embêtement dans de la locomotion.

Samedi 6 février

Dépêche tendrement exultante de Léon Daudet, m'annonçant la naissance de son fils, qui fait Mme Daudet grand-mère, ce dont, vraiment, elle n'a pas l'air.

Un des dîneurs habituels de Pierre Gavarni est le marquis de Varennes, un aimable bavard ayant vécu dans tous les mondes, le monde politique, le monde littéraire, le monde pictural, et tout débordant d'histoires, d'anecdotes, de potins, de bons mots. Oui, un mondain spirituel, mais un peu fatigant, avec une voix de casse-noisette et des poses et des attitudes de pantin, venant d'une conformation physique que je rencontre chez les farceurs de société : exemple, Borelli.

Dimanche 7 février

Dîner chez Charpentier avec deux femmes que j'étais curieux de voir de près : Séverine et la femme de Forain.

Séverine, un ovale court, ramassé, dans lequel il y a de tendres yeux, une grande bouche aux belles dents, et de la bonté. Par exemple, aujourd'hui, une figure où il y a de tels placages de poudre de riz qu'elle ressemble au visage d'un jeune gâcheur de maçon, très joli garçon.

J'ai à table, près de moi, la femme de Forain, un tout autre type : un grand nez pointu, des yeux clairs aux paupières lourdes sous une forêt de cheveux blond filasse, qui ressemble à une perruque de jocrisse et lui en donne un rien l'air, mais un jocrisse blagueur. Très aimable, avec de l'esprit, elle commence par me dire que le premier dessin qu'elle a fait a été une copie d'un dessin de moi ou de mon frère. Puis elle me confie — j'en doute — qu'elle est en train, dans ce moment, de déserter la peinture pour la cuisine, qu'elle fait des nouilles comme personne, qu'elle s'est même élevée à la confection de pâtés de foie gras, de pâtés de foie gras avec la croûte, et une croûte, s'il vous plaît, où elle peint des fleurs avec du jaune d'œuf, des feuilles avec je ne sais plus quoi : de la pâtisserie tout à fait artistique.

Après le dîner, je m'approche de Séverine et lui demande pourquoi elle ne fait pas un livre. Et la voilà, avec son doux parlage gazouillant — elle a une voix charmante, une voix un peu de menteuse —, la voilà, avec ces renversements de figure en arrière d'une petite fille qui vous parle de bas en haut, et qui montrent, dans son museau faubourien, la limpidité du bleu de ses yeux et l'émail de ses dents, la voilà qui me dit que cela ne lui est pas possible, qu'à l'heure présente, elle publie six articles par semaine.

Et elle ajoute que, du reste, elle n'est pas attirée par le livre, mais bien par le théâtre, disant, du haut d'une vue des choses assez profonde, que dans ce moment où tout se précipite, il est besoin du succès immédiat, qu'il n'y a pas pour les gens de l'heure présente à attendre les revanches que des *oseurs*, comme mon frère et moi, ont obtenues, et que, du reste, elle trouve que le théâtre est un meilleur metteur en scène de la passion que le livre. Comme je lui parle des obstacles, des empêchements qu'on trouve au théâtre, elle m'affirme — et sa figure souriante prend un caractère de résolution — qu'elle a une volonté que rien ne décourage, que rien ne rebute et qui arrive toujours au but qu'elle s'est fixé.

Au moment où j'allais prendre mon chapeau, je suis entrepris par la femme de Forain, qui voit dans ma tête, avec mes yeux noirs et mes cheveux blancs, *deux perles noires dans de la dentelle*, et qui, merci mon Dieu ! veut peindre ces perles et cette dentelle, en simplement dix séances de trois heures !

Mardi 9 février

A déjeuner Bauër, Lorrain, avec le ménage Daudet.

Bauër raconte l'histoire du suicide de la femme de l'acteur Duflos. Elle était venue le voir la veille ; et après être entrée avec lui dans tout le détail de ses maladives amours, la tribade lui avait dit qu'elle revenait des quais, où elle avait voulu se jeter dans la Seine, mais qu'elle avait trouvé « les ponts trop hauts et l'eau trop sale ».

Le lendemain, elle se couchait de bonne heure, laissant son mari seul aller au théâtre ; et quand il rentrait, comme elle lui demandait si c'était amusant et qu'il lui répondait que c'était ennuyeux : « Ah ! ennuyeux ! » faisait-elle, et le mari entendait au même moment une détonation et voyait le lit plein de sang. Elle s'était tiré un coup de revolver au cœur.

La mère arrivant, appelée par le mari, devenu fou, et ne croyant pas la chose sérieuse, disait au cadavre de sa fille : « Allons, finissons cette plaisanterie ! » et, la découvrant, s'apercevait qu'elle était morte. Alors, elle se mettait à injurier et à secouer ce pauvre cadavre, à peu près comme Duflos, il y a huit jours, brutalisait Sisos dans son agonie de LA MENTEUSE, s'écriant : « Comment ? moi qui t'ai élevée proprement..., moi qui t'ai mise dans des pensionnats de jeunes filles honnêtes !... Tu es devenue ça... Tu es devenue la putain de sales femmes, qui t'ont perdue [1] ! »

Et le mari recevait après cette mort des lettres anonymes de ces « sales femmes », lui détaillant méchamment les hontes de sa femme, pendant qu'elles répandaient le bruit que c'était lui qui avait tué sa femme.

Et avec l'anecdotier Bauër et le potinier à la mauvaise langue, Lorrain, la conversation du déjeuner se continue, se continue... et il est cinq heures quand on se quitte.

---

1. Sur la fin de la pièce de Daudet, cf. plus haut p. 653, n. 3 et p. 661.

Mercredi 10 février

Ce matin, lettre de Koning, une lettre polie et diplomatique d'ajournement aux calendes grecques, qui me met dans la nécessité de lui redemander A BAS LE PROGRÈS. Et le soir, l'annonce dans les journaux de la prochaine représentation de FANTASIO, qui tue la reprise de GERMINIE LACERTEUX. Voilà les deux événements heureux de ces jours derniers tombés à l'eau ; et le troisième, l'achat d'une traduction de LA FEMME AU XVIIIe SIÈCLE par un éditeur espagnol, ne sera pas payé avec l'édiction des lois protectionnistes [1].

Une fille de Canrobert, mariée à un marin, à un M. de Navicelles, parle ce soir de la Bashkirtseff, qu'elle a connue à l'académie Julian. Elle la représente comme une créature douée d'assez bons instincts, mais rendue impossible par une vanité dépassant tout ce qu'on peut imaginer. Elle a été témoin de sa fureur, quand, attendant de son exposition une médaille, elle a obtenu seulement une mention [2]. Alors, elle l'a fait chercher, arracher par son *famulus*, le descendant des anciens rois de Serbie, et l'a attachée à la queue de son chien.

La jeune Canrobert, une petite nature placide, au parler lent, au *gnangnan* d'où, au milieu de nombreux et longs temps, se fait jour du bon sens drolatique et pas mal épigrammatique.

Vendredi 12 février

On parlait hier de l'alcoolisation de Catulle Mendès, qui buvait extraordinairement de champagne, de kola, de bière, enfin de tout ce qui se boit, et, en même temps, de son côté insultant, querelleur dans les cafés. Et Ajalbert parlait presque d'une provocation en duel adressée à Chincholle, pour s'être permis d'adresser la parole à sa maîtresse Moreno.

Mais à propos de cette maîtresse, quelques jours auparavant, après s'être chamaillé sur le boulevard, le couple, trouvant le public gênant, était monté en fiacre pour se gifler à l'aise et avait été conduit chez le commissaire de police par le cocher indigné... Là, Mendès avait donné le nom de Courteline. Le curieux, c'est que cette vie de noctambule n'enraye pas la production énorme de l'écrivain.

Dimanche 14 février

En ce moment, tous les littérateurs, et les plus dissemblables comme

1. La loi protectionniste de janvier 1892, aboutissement de la campagne menée par les grands industriels et appuyée par le ministre de l'Agriculture, Méline, supprimait les tarifs particuliers, objets de traités distincts avec chaque pays, et enfermait les droits de douane entre un tarif maximum et un tarif minimum.

2. Sur cette déconvenue, cf. la note du 27 mai 1884 dans le JOURNAL de Marie Bashkirtseff (nouv. éd. 1938, p. 457). Le *famulus*, dont il est question dans la phrase suivante, est Alexis Karageorgevitch.

talent, affirment descendre de Flaubert... Ah ! s'il était vivant, comme ils tairaient cette prétendue descendance !

Ah ! quel gogo que cet Armand Charpentier ! Est-il possible de rester si innocent, si ingénu, si provincial, si peu informé, si peu renseigné, si *bébête*, en vivant à Paris, au milieu de ses lettres ?... Par exemple, il a l'air et la chanson d'un brave homme... A sa sortie, il est cruellement blagué par les Rosny.

Au Théâtre-d'Application, soirée où, pendant quatre heures, on dit, on déclame, on chante du Rollinat. Au fond, une soirée organisée pour populariser son talent de poète et de musicien, une soirée, je crains, malheureuse pour lui. J'entends les poètes dire que ses vers sont sans valeur ; et quant à sa musique, qui me charme quand elle est chantée par lui, je la trouve semblable à la musique de tout le monde quand elle est chantée par des ténors et des basses-tailles de l'Opéra [1].

Lundi 15 février

Oh ! le mensonge de l'écriture de Renan ! Oh ! la falsification ehontée de la vérité, à laquelle le défroqué se livre avec bonheur en se gabelant au fond de lui ! Je tombe ce soir, dans LE TEMPS, sur une préface des ses FEUILLETS DÉTACHÉS, où il parle de la « sérénité morale » de Calmann-Lévy, où il avance que « l'égoïsme mercantile contemporain n'a pas atteint sa maison [2] ». Il ose dire cela de ces Michel-Lévy, les plus grands égorgeurs, les plus féroces usuriers de la littérature !

Mercredi 17 février

En feuilletant les grandes planches FOUZI-YAMA d'Hokousaï, Manzi me disait : « Tenez, voici les grandes étendues jaunes de Monet [3]. » Et il disait vrai. Car on ne sait pas assez ce que nos paysagistes contemporains ont emprunté à ces images, et surtout Monet, que je rencontre souvent chez Bing, dans le petit grenier aux estampes japonaises où se tient Lévy.

La Princesse levant brusquement son nez de son assiette à soupe : « Voulez-vous que je vous dise ce qu'est Renan ? Un accommodeur

1. Créé par Bodinier en 1888 pour les élèves du Conservatoire, qui y interprétaient, à titre d'exercice, le répertoire classique, le Théâtre-d'Application se transforme dès 1891 et présente des œuvres nouvelles, la PASSION d'Haraucourt, DE FIL EN AIGUILLE de Gandillot, L'INFIDÈLE de Porto-Riche, etc. Parmi les comédiens qui s'y distinguent, citons Damoye, Barré et surtout Maurice de Féraudy.

2. Le titre exact de l'œuvre de Renan est FEUILLES DÉTACHÉES. Renan, dans sa préface, rend hommage à son éditeur ordinaire, qui vient de mourir brusquement, après lui avoir demandé, en attendant la publication des derniers volumes de l'HISTOIRE DU PEUPLE D'ISRAËL, de composer un volume de mélanges et de souvenirs à l'usage du grand public, qui attend une suite aux SOUVENIRS D'ENFANCE ET DE JEUNESSE, et ce volume, ce sont les FEUILLES DÉTACHÉES. – Citation presque exacte (sauf l'expression : « l'affreux égoïsme contemporain », mal copiée par Goncourt. Cf. *Préface*, p. IV).

3. Il peut s'agir soit des TRENTE-SIX VUES DU FOUZI-YAMA (1823-1829), soit des trois volumes des CENT VUES DU FOUZI-YAMA (1834-1835). Cf. HOKOUSAI, pp. 132 et 166.

de restes... Oui, un accommodeur de restes, il n'y a rien dans son livre... Oui, mais c'est plein d'enguirlandements, de fioritures, de jolie sauce autour de ce qu'il dit... Oh ! c'est prenant, je l'avoue, c'est prenant... Enfin, aujourd'hui, je voulais sortir et ne pouvais m'arracher à sa lecture... Mais mon Dieu, que de saints là-dedans !... Et combien il parle de l'amour, cet homme qui a le nez rouge !... Et ses Bretonnes, nous embête-t-il de ses Bretonnes !... Par exemple, quand je le verrai, je ne me cacherai pas de lui dire son fait sur sa Mme Cornu, sa bossue [1].

— La sœur de lait de l'empereur ? fait quelqu'un.

— La sœur de lait de l'empereur ? reprend, sur un ton de mépris, la Princesse. L'empereur n'a jamais eu qu'un frère de lait, un M. de Bure, qui fut un assez pauvre sire... Non, Mme Cornu est la fille d'une Mme Lacroix, la fille d'une femme de chambre de la reine Hortense, qui a été la confidente et l'agente de ses amours... De sales gens ! vous dis-je... Quand il a été question de marier sa fille à Cornu, n'a-t-elle pas demandé 200 000 pour sa dot ? Et comme on ne lui a donné que 50 000, elle a menacé de publier des lettres intimes qu'elle avait en sa possession... Oui, des lettres de Morny... Cette Cornu, ne m'a-t-elle pas un jour traitée tout haut de *cousine de l'assassin* ?... Oui, au commencement de l'Empire... Mais lorsqu'elle a vu l'Empire se consolider, lorsqu'est né le prince impérial, elle s'est rapprochée, s'est faufilée auprès de l'empereur, en se chargeant de sa petite prose galante... Son mari était un honnête homme, et je lui parlais ; mais à elle, je n'ai jamais adressé la parole... Et comme un jour, à Compiègne, je disais à l'empereur : « Comment recevez-vous cette femme ? » il me répondait : « Que voulez-vous ? je la reçois sur ma chaise percée. »

Et le dîner fini, la Princesse se fait apporter le livre, et on lit tout haut des passages, blaguant sa prose libidino-calotine, blaguant les amours d'Ernest avec la Bretonne « au geste discret [2] ».

Jeudi 18 février

Dîner chez Daudet avec les ménages Rodenbach, Jeanniot, Masson, Rollinat, Scholl.

---

1. L'exclamation de Mathilde : *Que de saints là-dedans !* ne se justifie guère, à moins qu'elle ne s'impatiente de l'étude consacrée aux PORTRAITS DE SAINT PAUL et surtout du passage des GALLOIS EN BRETAGNE (p. 89), où devant les archéologues gallois, l'auteur célèbre et cite quelques-uns des « vieux saints de Bretagne », venus du Pays de Galles ou d'Irlande et qui « sont [la] grande dévotion » de Renan. — L'amour tient une grande place dans le recueil, qu'il s'agisse des idylles bibliques évoquées dans L'AMOUR ET LA RELIGION, du développement consacré dans la *Préface* (p. XXXII sq.) à l'amour tel que Renan le veut, et surtout de la romanesque idylle d'EMMA KOSILIS. C'est dans ce conte que se trouvent plusieurs développements sur le charme amoureux qui se dégage des austères Bretonnes (pp. 4, 7, 12). — Enfin, le volume contient (ch. XXII) l'éloge écrit par Renan en juin 1875 au lendemain de la mort de sa protectrice et amie, Mme Hortense Cornu.

2. Cf. FEUILLES DÉTACHÉES, 1892, p. 12. Citation approximative d'EMMA KOSILIS. Renan, fidèle au charme des petites Bretonnes, ses compagnes d'enfance, dit : « Maintenant encore, la raison, les bonnes et douces choses m'apparaissent sous la forme d'une petite fille de douze ou quatorze ans, qui me fait un signe discret. »

Scholl a été vraiment tout le dîner, avec une voix enrouée me rappelant celle de Villemessant, verveux, drolatique, abondamment spirituel, et cela, aujourd'hui, sans férocité contre aucune personne. Il a travaillé à séduire le monde d'ici et il a tout à fait réussi. Et vraiment, quand on réfléchit à la dépense de substance cérébro-spirituelle faite par cet homme de soixante ans, tout le long des heures des journées de tous les jours, on est étonné de la vitalité de ce puissant Bordelais. Il disait joliment que je ne sais quel cercle de province lui avait fait écrire par son secrétaire qu'un *schisme* s'était produit entre les membres, à propos de la manière dont on devait prononcer son nom, et que de forts paris avaient été engagés, interrogation à laquelle il répondait : « Comment prononcez-vous *schisme* ? »

C'est vraiment curieux comme, chez Rollinat, ses récits de bohème de sa jeunesse à Paris ont l'air dans sa bouche d'être narrés par un paysan au lourd accent, le paysan qu'il est maintenant, vaguant toujours à travers les champs et toujours dehors de chez lui, et toujours à deux ou trois lieues de son logis, — de son logis composé de deux maisons, de deux cours, de deux jardins, d'un grand pré, où il envoie s'ébattre les enfants de ceux qui viennent le voir et dont la location est de 280 francs par an.

Samedi 20 février

Vraiment, pour son histoire de Marie-Antoinette, M. de Nolhac n'a pas fait grand frais d'imagination. Toute la reconstruction de la société autour de la reine, il me l'a empruntée et, dans son volume entier, il n'y a de neuf que la description de son appartement, dont il est à la fois le conservateur et le concierge [1]. Maintenant est-il pour ou contre elle ? On n'en sait rien ; car il la défend en donnant contre elle tout ce qu'il y a de préjudiciable, de vrai ou de faux, et en plaidant faiblement les circonstances atténuantes ; il la défend à la manière des gens qui provoquent l'éreintement d'un ami en fournissant des arguments pour cet éreintement tout en ayant l'air de prendre la défense du très cher. Du reste, l'auteur a quelque chose d'un fourbe dans la physionomie.

Dimanche 21 février

Au milieu de la campagne morale entreprise par Jules Simon contre la licence des rues, Lorrain me dit qu'il va faire une *bonne blague* audit Simon. Il a donné au COURRIER FRANÇAIS l'affiche illustrée du théâtre des danseuses espagnoles pendant l'Exposition — dont son fils avait

1. Pierre de Nolhac était alors conservateur du musée de Versailles. Son livre, LA REINE MARIE-ANTOINETTE, avait paru en 1890.

l'entreprise[1]. Il tient l'affiche de l'associé de Jules Simon fils, qu'il a eu un moment pour compagnon dans son voyage d'Espagne et qui a eu des difficultés d'argent avec ledit Simon fils.

Empoignement de Renan par les uns et les autres sur ses côtés menteurs, sur ce qu'il dit qu'il a travaillé à *s'éteindre*, à *se refroidir*, discussion que termine cette phrase de Daudet sur sa prose : « C'est vrai, c'est vrai... mais ça remue des idées chez moi. »

Une de ces dernières nuits, Ebner était à son poste à L'OFFICIEL. Il est appelé au téléphone et il entend une voix qu'il reconnaît pour la voix de Constans, lui demandant s'il a été envoyé au journal la démission du ministère[2].

« Oui, répond Ebner.

— Donnez-m'en la formule, fait la voix.

— La voici...

— D'où vous est-elle envoyée ?

— Je n'en sais rien... Je vais m'informer... Du ministère de la Guerre... C'est un soldat qui l'a apportée. »

Alors, Ebner entend dans le téléphone comme un *Nom de Dieu !* suivi de la retombée colère de l'anneau.

Ce soir, chez Daudet, Gonzague Privat dînait en compagnie de son petit garçon, de ce gentil compagnon de treize ans que, sauf les heures de collège, il a toujours avec lui et avec lequel il va marchant dans les rues, faisant ensemble du latin... ou des châteaux en Espagne. Il nous confesse qu'il est au moment de se retirer à Barbizon, pour écrire un livre sur Millet, et refaire un peu de peinture, peindre la forêt[3]. Et comme on le pousse de questions sur cette étrange résolution qui va interrompre les études de son enfant, il avoue que tout en fournissant tous les jours près de 800 lignes à L'ÉVÉNEMENT, il n'a pu toucher ce mois-ci de Magnier que cinquante francs. Et il ajoute qu'il n'y a rien à faire avec un homme qui, acculé dans ses derniers retranchements, vide son gousset de gilet dans sa main, vous disant : « Tenez, 70 francs, voici tout ce que j'ai... Eh bien, partageons !... Prenez 30 francs, et laissez-moi 40 francs, en ayant plus besoin que vous dans ma situation. »

Avec un de ses rédacteurs, nommé, je crois, Tournier, un jour ç'a été plus drôle. Magnier lui avait dit :

« Enfin, voulez-vous ma montre ?

— Oui ! » avait répondu Tournier, qui l'avait prise et mise dans

---

1. LE COURRIER FRANÇAIS ILLUSTRÉ. *Littérature, Beaux-Arts, Théâtre, Médecine, Finances* a paru de novembre 1884 à 1914, pour devenir en 1914 LE COURRIER FRANÇAIS ET INTERNATIONAL. Dirigé en 1892 par Jules Roques, avec la collaboration de Jean Lorrain, de Raoul Ponchon, etc., il eut à plusieurs reprises maille à partir avec les tribunaux, à cause surtout des dessins, jugés trop crus et parfois « anarchisants », qu'y publiaient abondamment Forain, Louis Legrand, Willette.

2. Le ministère Freycinet, dont Constans fait partie, venait de tomber le 18 février sur l'interpellation d'un député radical, Hubbard, demandant l'urgence pour la loi sur les associations, qui devait permettre la séparation de l'Église et de l'État. (L'adhésion de Léon XIII à la République faisait craindre, en contrepartie, un aménagement des lois sur les congrégations.) — Le ministère de la Guerre était détenu par le président du Conseil, Freycinet.

3. Aucune trace de ce livre sur Millet : projet sans lendemain ?

sa poche. Et le directeur était obligé de courir dans l'escalier après son rédacteur, en lui criant : « C'est une blague, Tournier, que vous me faites ?... Ce n'est pas sérieux, n'est-ce pas ? »

Lundi 22 février

Pélagie, qui a été quelques années lingère chez un grand boucher qui avait la fourniture des hôpitaux, me racontait que plusieurs fois, elle avait vu les garçons se laver les mains avec du vinaigre, après la fourniture des viandes... Vous pensez à ce que devaient manger les malades !

J'ai reçu hier une lettre de Yokohama. C'est un Français qui, après m'avoir complimenté sur la publication d'OUTAMARO, me dit : « La lecture de SŒUR PHILOMÈNE, que j'ai lue à quinze ans, a fait de moi un médecin. Plus tard, la lecture de LA MAISON D'UN ARTISTE m'a fait m'établir au Japon. En un mot, comme cette étoile qui guide le marin, ignorante elle-même du destin qu'elle dirige, vous avez eu une influence dominatrice sur toute ma vie... Et comme l'on disait dans les vieux drames : « Je vous suis dévoué corps et âme ! ». Et il ajoute qu'il sait le japonais et qu'il se met entièrement à ma disposition [1].

La vieille mère Sichel a eu ce beau mot, quand on lui a appris la mort de M. Abeille, l'un des clients de la maison : « Heureusement qu'il a tout payé ! »

Lévy, de chez Bing, me contait ce soir que, parmi les documents que son patron avait réunis sur Hokousaï, il y avait la demande par le peintre d'un emprunt d'un *yen* — quatre francs — à un éditeur, lui demandant que ces quatre francs lui soient payés en la plus petite monnaie possible, afin de solder ses infimes dettes criardes près des fournisseurs de son quartier. Cet emprunt de quatre francs fait penser qu'ils n'étaient pas richement payés, les grands artistes du Japon !

Mardi 23 février

Pourquoi Dieu, qui est tout-puissant, a-t-il donné à la merde une mauvaise odeur ?

Aujourd'hui a paru le sixième et dernier volume du JOURNAL DES GONCOURT [2].

Mercredi 24 février

Mme de Mailly, cette célébrité de la beauté parisienne, qui ne venait jamais chez la Princesse, dîne ce soir.

Sous l'envolement de cheveux blonds d'une nuance adorable, des yeux

---

1. C'est le Dr Michaut, dont il sera plusieurs fois question dans la suite du JOURNAL.
2. Ce sixième volume du JOURNAL, qui va de 1878 à 1884, est bien le dernier de la deuxième série, mais une troisième série de trois volumes paraîtra de 1894 à 1896 et comprendra les notes des années 1885-1895.

étrangement séducteurs, des yeux qu'une cernure artificielle aide à faire apparaître dans la nuit de l'arcade sourcilière comme des diamants noirs, un petit nez du dessin le plus précieux, et avec l'ensemble de traits et de contours délicats, et un cou frêle sortant d'une robe de velours rouge, enfin, une figure réalisant le joli dans toute sa grâce menue, avec un rien de fatal. Elle évoque chez moi, Mme de Mailly, le souvenir du pastel de la Rosalba, représentant cette svelte et mignonne femme de la Régence, un singe sur le bras [1].

Jeudi 25 février

En pissant dans un *rambuteau*, je suis frappé par les espèces de jolies fleurs de lys, illuminant comme de la blancheur de leur impression le papier violet d'une affiche pour le traitement des maladies vénériennes. C'est la lumière du gaz passant par les découpures en forme de fleur de lys de la guérite en tôle. Eh bien, je suis convaincu que les fleurs lumineuses, projetées à travers le texte sur le papier légèrement teinté d'un livre japonais, ont dû être imaginées par la vision de la lumière passant par une découpure semblable et dessinant en clair un ornement décoratif sur une surface foncée.

Je parlais à Daudet des articles qu'il aurait dans les journaux sur son roman de ROSE ET NINETTE : « Non, non, disait-il, je n'aurai rien au FIGARO, je n'aurai rien au GAULOIS... Du moment que mon frère est là, il apporte dans ces milieux quelque chose qui ne m'est pas favorable... Vous rappelez-vous l'article de Gille sur Léon ? »... Ici un silence. « Et cependant, sa pièce du Gymnase... c'est moi, qui l'ai toute refabriquée... Il me disait : « Tu sais, je te réserve ta part... — Laisse-moi tranquille, va-t'en, « laisse-moi travailler », lui ai-je répondu. » Daudet me dit cela, avec beaucoup de choses que je sens dans son cœur et sa tête, qu'il ne dit pas [2].

Mme Daudet, avec laquelle, à la fin de la soirée, je causais de choses indifférentes, penché sur un canapé derrière elle, se retourne vers moi, en laissant tomber de ses lèvres sur un ton profond et triste : « Ce Lorrain !... Ah ! ce Lorrain ! » Puis, après un long temps où elle semble ne vouloir plus parler, elle se décide à me dire : « Figurez-vous que dans la collection des articles du COURRIER FRANÇAIS, que Forain a apportés à Alphonse pour faire son article sur son album, j'ai lu une interview de lui, où il disait que votre journal posthume était féroce pour les Daudet [3]. »

1. Allusion à LA JEUNE FILLE AU SINGE du Louvre, qui, peut-être, représente Mlle Law.
2. Ernest Daudet fera représenter cette pièce en 5 actes, UN DRAME PARISIEN, au Gymnase le 27 septembre 1892.
3. La préface d'Alphonse Daudet paraîtra en tête de l'ALBUM de Jean-Louis Forain publié chez Simonis-Empis en 1893. — Sur LE COURRIER FRANÇAIS et ses illustrations, cf. plus haut p. 668, n. 1. — L'interview de Lorrain est publiée par Jules Bois le 1er fév. 1891 sous le titre : L'AME DE JEAN LORRAIN ; parlant élogieusement de Goncourt, Lorrain dit : « Son œil trop perspicace lui jouera de bizarres tours et après sa mort, lorsqu'on publiera les feuillets inédits du JOURNAL, il y aura telles pages, cruelles pour les Daudet, et d'autant plus irrécusables qu'elles reproduiront les choses telles quelles, admirablement, nettement, sans rien juger. »

Ah ! vraiment, c'est abominable ! Et ce Lorrain, quelle ténébreuse et inconsciente nature est-ce ? Les Daudet, les seuls êtres que j'aime, les seuls êtres desquels, quand quelque chose chez eux ne m'a pas paru parfait, je n'ai pas voulu dire... Et jamais, avec n'importe qui, une parole qui n'ait été une profession de la plus chaude amitié pour eux !...

J'ai dit à Mme Daudet : « Mais si ça était, le mal que je dirais de vous, ça hurlerait avec tout le bien que j'en ai imprimé ! »

Vendredi 26 février

On me rapportait que Mme Ludovic Halévy, jalouse du sentiment admiratif de son mari pour Mme de Mailly, l'appelait : « Une héroïne de roman du PETIT JOURNAL ». La dénomination est caricaturale ; mais toutefois, il faut reconnaître que sa beauté a quelque chose de fatal et qu'il y a parfois de l'acier dans son regard, dans sa voix.

Dimanche 28 février

Daudet, qui vient de publier son roman de ROSE ET NINETTE, roman qui est la psychologie de la femme de Belot et de ses filles, me contait qu'avant-hier soir, il allait en soirée chez son frère, il se heurtait à une petite pièce jouée par les deux filles de Belot ; et après la pièce, une femme, que sa myopie l'empêchait de reconnaître tout d'abord, lui donnait la main avec un bonjour sec. C'était Mme Belot, l'ancienne jolie femme, à l'heure présente durcie, racornie, poudrée à blanc, ressemblant à un spectre couvert de frimas.

Dîner chez Rodenbach avec les Daudet, les Hayem, Stevens, Mallarmé, Dierx.

Dierx, un poète grassouillet, aux hanches de femme, à la taille rondement replète, serrée dans une étroite redingote, avec sur ce corps une jolie tête chauve, aux longs cheveux tombant de l'occiput ; une tête qui a l'air d'une réduction de la tête de Leconte de Lisle.

Mallarmé, un tout autre type, quelque chose à la fois d'hirsute et de bon dans une barbe et des cheveux noirs grisonnants.

On parle valse, et à ce propos, je disais, je crois, justement, que les peuples qui sont joliment valseurs sont les peuples où le patinage est une habitude. Les Françaises valsent le corps tout droit, tandis que les Hollandaises et les autres femmes des pays de patinage valsent avec ce penchement, cette courbe en dehors d'un corps courant sur la glace.

Stevens parlait ce soir, dans un coin du salon, de l'effrayant avalement de bière et d'alcool de Courbet, qui consommait trente bocks dans une soirée et prenait des absinthes où il remplaçait l'eau par du vin blanc.

Lundi 29 février

M. Villard donnait, ce soir, chez Mme Sichel une explication de la chute du ministère, qui est peut-être la vraie. La maison Clemenceau avait besoin de l'adoption du frein automatique par tous les chemins de fer : une dépense de deux à trois cents millions, sur laquelle elle devait avoir une commission, une commission minime, mais sur deux ou trois cents millions, la commission, toute minime qu'elle pouvait être, devait assurer une honnête aisance à la vieillesse de Clemenceau [1]. Ce frein devant être établi surtout en prévision de la prochaine guerre, Clemenceau en parlait à Freycinet qui, avec son habileté diplomatique, n'avait pas l'air de se montrer hostile à l'adoption, mais le renvoyait au ministre des Travaux publics, à Yves Guyot. Et Guyot consultait les compagnies, qui déclaraient le projet absurde, fou, ruineux, et le frein automatique n'était pas accepté. C'est au milieu de la déception causée par le rejet de ce projet devant faire la fortune de Clemenceau que, dans la séance qui renversait le ministère, sans hostilité contre Constans, Clemenceau, dans son irritation contre Guyot et Constans et sollicité par son tempérament de *tombeur de ministères*, par son discours amenait la chute et l'éviction de Constans [2].

Mardi 1er mars

Il y a vraiment chez cette comtesse Greffulhe, dans l'attention aimable, dans le cadeau, de la grandeur de la grande dame d'autrefois. Hier, en rentrant chez moi, j'ai trouvé une bourriche de dix lapins, et la bourriche se trouvait entre trois paniers drapés d'étoffes japonaises : une azalée rare, un grand magnolia aux fleurs pourpres, une capricieuse orchidée.

Pas un mot dans une feuille quelconque sur mon JOURNAL paru depuis huit jours, et l'appréhension que ma pièce retirée du Gymnase ne soit pas reçue par Antoine.

En la désespérance de ce soir, une carte de Daudet me disant que Porel sort de chez lui et qu'on répète GERMINIE LACERTEUX dans deux jours... Cela va-t-il encore rater, cette espérance ?

Mercredi 2 mars

Je trouvais je ne sais quoi de l'absorption muette, des longs silences du conspirateur chez le très correct, très distingué, très sympathique Chéret. Aujourd'hui, cela m'est expliqué. Le peintre coloriste de l'affiche a eu une vie toute pleine de dessous mystérieux. D'abord en Angleterre un procès en adultère, et la condamnation à une grosse amende et à des excuses au cocu, ainsi que cela se pratique en ce pays, comme dédommagement du préjudice matériel et moral causé au mari. Puis Chéret, c'est l'époux d'une Anglaise laissée là-bas, vivant avec une

1. Texte Ms. : *La maison Clemenceau avait besoin de l'adaptation du frein automatique...*
2. Dans le débat qui amena la chute du ministère Freycinet-Constans le 18 février (cf. plus haut p. 668, n. 2), Clemenceau prononça un discours violent, s'opposant à la conciliation avec le clergé, demandée par Freycinet : « Vous ne ramènerez pas l'Église, parce que l'Église veut précisément le contraire de tout ce que nous voulons. »

Française mariée à un employé. En dernier lieu, il était en Angleterre en 1870 et 1871, peut-être compromis dans des affaires de la Commune. Enfin, son association avec Chaix ne lui aurait pas donné la petite fortune qu'on lui prête et a été la source de mille ennuis, de mille tracasseries, de mille difficultés !

On parlait ce soir chez la Princesse d'un bal original qui a eu lieu hier chez Mme Lemaire : un bal qui était l'inauguration de costumes en papier, de costumes plus riches, plus brillants, plus *claquants* que les costumes de soie et de satin et qui me rappelaient le costume en papier que s'était peint je ne sais plus quel peintre flamand pour une fête et qui éclipsa tous les brocarts de la fête.

Ganderax, qui y figurait avec un bonnet d'âne et une blouse qui avait dans le dos le mot : *Paresseux*, me disait : « C'est singulier, la différence des races septentrionales et méridionales ! Moi, un Septentrional, quand j'entre dans un bal où il y a des masques, je suis pris d'une tristesse, d'une tristesse... Tandis que ma femme, qui est une Italienne, toute seule dans sa chambre, mais un costume sur le dos, elle se mettrait à danser !... Maintenant, ajoutait-il, les peintres, qu'ils soient méridionaux ou septentrionaux, le travestissement les grise... Il y avait Detaille, Detaille bien en son costume de Philippe le Bel, qui, à l'entrée de Mme Munckaczy, s'est mis à danser autour de la grosse femme une étourdissante *czarda*, en donnant le branle le plus tempétueux à son manteau de papier fleurdelisé. »

Jeudi 3 mars

La saleté que le calorifère, le feu même, projette dans les appartements, fait que les reliures en vélin blanc, ces reliures italiennes, encore si propres aujourd'hui dans ce pays où l'on ne fait pas de feu, si elles ne sont renfermées chez nous, deviennent tristement noires.

Comme quelqu'un avançait que Mme Ménard-Dorian avait eu un grand désespoir de cœur, ayant aimé un homme qui l'avait trompée avec sa femme de chambre, Mme Daudet, faisant allusion au *gnan-gnan* de la femme dit : « Oh ! vraiment, je ne la crois pas capable de l'effort d'une faute ! »

Un trait de caractère de Barbey d'Aurevilly, que nous raconte Mme Hippolyte Fournier. Il était l'assidu dîneur dans une maison où Mme Fournier était en pleine faveur et où, quand il dînait, elle ne venait pas, ne témoignant pas la curiosité de le voir, de l'entendre. Voici la vengeance qu'il tira de son indifférence. Un jour qu'on se répandait sur elle en compliments, tout à coup, il interrompit l'éloge général, disant : « De qui parlez-vous ? — Mais, lui répondit-on, de Mme Fournier ! — Oh bien ! pour moi, la femme est jugée... Il faut qu'elle soit bien nulle, bien insignifiante, pour que le concert d'éloges sur elle soit si général ! »

Vendredi 4 mars

Visite de Champsaur, qui, au moment de partir pour l'Afrique, vient s'excuser de ses attaques contre Daudet, sur ma lettre où je lui écrivais que je ne pouvais vraiment le remercier du bien qu'il disait de moi, quand il éreintait si férocement mon meilleur ami [1]. Il m'assure avoir si aimablement parlé de SAPHO que Daudet lui a envoyé son roman de ROSE ET NINETTE. En voilà encore un de désarmé ! Daudet ne saura jamais tous ceux que j'ai forcés à apprécier son talent... et quelquefois au détriment futur du mien. Mais enfin !...

Samedi 5 mars

Un journaliste du FIGARO ne trouve pas les conversations que donne mon JOURNAL intéressantes. Saperlotte ! moi qui suis bien certainement aussi intelligent que ledit journaliste, je puis affirmer que ce que j'ai entendu dire par Michelet, Gavarni, Montalembert, Théophile Gautier, Flaubert, est supérieur à ce qu'il entend tous les jours !

Voici quinze jours que mon JOURNAL est paru et pas un article... Et dire que si j'avais accepté la succession de Wolff, mon JOURNAL aurait des articles partout !

Dimanche 6 mars

Cette petite Mme Hayem — si boulotte de la graisse qui envahit les Juives à un certain âge —, quelle cabotine et quelle affamée de la connaissance des gens de lettres en vedette ! Avant sa connaissance avec les Daudet, elle avait loué à Saint-Gratien et entendant du monde dans le jardin à côté, qu'on lui avait dit être habité par les Daudet, elle faisait tout haut, et d'une voix qui passait par-dessus le mur, l'éloge des livres d'Alphonse Daudet, en se promenant avec ses invités. Un jour, elle apprenait, un peu dépitée, que ce n'était pas Alphonse, mais Ernest Daudet qui demeurait à côté d'elle.

Dîner chez les Charpentier avec un monde de musiciens, tous vieux, tous laids, tous ventrus, tout mâchonnant de la mauvaise humeur.

Zola, qui est à côté de moi, à l'annonce qu'on doit reprendre GERMINIE LACERTEUX, commence par déclarer « que Réjane est incapable de créer un rôle... qu'elle n'a ni souffle, ni passion, ni âme... qu'elle ne sera jamais un *foyer*, non jamais... Oui, oui, que dans ma pièce, elle a été gentille dans quelques scènes... » et sans écouter les objections des uns et des autres, s'écrie : « Elle n'a aucun talent, aucun talent ! » répète-t-il plusieurs fois, absolument comme un sourd qui n'entendrait pas et serait brutalement impoli sans le savoir.

Est-il tout entier, Zola, dans cet éreintement *ab ovo* du dîner ! Il faudrait que tous les articles des journaux soient pour lui, que tous

1. Cf. plus haut p. 639, n. 1 et p. 395, n. 2.

les acteurs et actrices ne jouassent que lui. Et critiques et acteurs deviennent les têtes de Turc sur lesquelles s'exercent ses colères, quand ils louent ou jouent un autre que l'homme de Médan. Oh ! quel moi *goulu* a cet homme !

Là-dessus, il dit qu'il s'est fait nommer président de la Société des gens de lettres pour...

« Apprendre l'éloquence, lui dis-je.

— Non... mais pour apprendre à parler devant du monde sans être troublé, sans m'embrouiller comme autrefois, quand j'avais cinq ou six personnes devant moi, ce qui n'est plus maintenant.

— Zola, lui dis-je, vous finirez par devenir un homme politique.

— Oui, s'écrie chaleureusement Mme Charpentier, il parlera un jour comme député, comme sénateur ! »

Et Zola fait un assentiment de la tête, profond, convaincu, où l'on sent que sa pensée suppute tout ce que la politique a valu, a rapporté à la littérature de Lamartine, de Hugo.

A quelques minutes de là, Zola m'entretient de sa fatigue à finir LA DÉBÂCLE, de la copie énorme du bouquin, qui aura 600 pages, disant que le manuscrit est en train d'avoir mille pages de 35 lignes, — les petites pages habituelles de sa copie, formées d'une feuille de papier écolier coupée en quatre.

Et comme quelqu'un lui demande ce qu'il fera après LES ROUGON-MACQUART, après LE DOCTEUR PASCAL, il hésite un moment, puis il dit que le théâtre, qui l'avait beaucoup séduit, ne le sollicite plus autant, depuis qu'il approche de l'heure où il pourra en faire, ajoutant que toutes les fois qu'il est entré dans une salle de spectacle où on le jouait, il a eu le dégoût de la chose représentée. Il rappelle à ce sujet qu'étant entré voir la représentation de L'ASSOMMOIR, vers la dixième, Dailly, grisé par son succès, chargeait son rôle d'une façon odieuse, ajoutait des mots au texte, si bien qu'il avait été au moment de faire dresser par huissier un procès-verbal de ses ajouts et de ses enrichissements du rôle et de les lui interdire au bas d'une assignation.

Là, il s'interrompt pour nous dire qu'il a été à Lourdes et qu'il a été frappé, stupéfié par le spectacle de ce monde de croyants hallucinés, et qu'il y aurait de belles choses à écrire sur ce renouveau de la foi, qui, pour lui, a amené le mysticisme, en littérature et ailleurs, de l'heure présente [1]. En l'entendant, je pensais au roublard littéraire qui, sentant que le naturalisme est en baisse, songeait au bon tremplin qu'il trouvait là pour passer mystique avec une grosse vente, ainsi que d'anti-académique, il est devenu aspirant-académicien.

Puis lâchant Lourdes et toujours à sa littérature future, il avouait qu'il ferait volontiers, pendant un an, une chronique dans LE FIGARO, qu'il avait des idées à exprimer sur M. de Vogüé et autres, mais qu'il

1. Zola utilisera les indications fournies par ce séjour à Lourdes dans LOURDES, premier volume de la série des TROIS VILLES, qui paraîtra en août 1894.

voulait 50 000 francs..., mille francs par article, voulant bien faire cadeau de deux articles au journal, mais Magnard ne voulait lui donner que 34 000 francs... Et indécis entre le théâtre, LOURDES, la chronique du FIGARO, il finit dans le décousu d'une pensée diffuse, qui est en général la fin de ses conversations sur lui-même, où l'idée, au lieu de se clarifier, se trouble dans l'afflux des ambitions dévoratrices bataillant dans sa cervelle.

Mercredi 9 mars

On parlait, ce soir, d'un homme politique qu'on ne nommait pas, d'un voleur administratif qui aurait fait une scandaleuse fortune et qui, pour donner le change à l'opinion publique, se faisait poursuivre par des créanciers... fictifs.

Jeudi 10 mars

Un indéchiffrable être que ce Rosny ! Est-il méchant ou est-il seulement resté l'homme du peuple sans tact ? Pendant le dîner, tour à tour, il me dit que Rollinat n'a pas dû être content de ce que je dis de lui dans mon JOURNAL, puis que Cladel doit être dans le même cas et enfin que Mme Adam est blessée de ce que je l'ai comparée à une « belle et bien portante habitante de la campagne [1]. »

En se levant de table, comme on causait du tempérament conservateur que je possédais en dépit de moi, il s'écriait que pas un homme de mon parti ne me trouvait du talent et terminait en disant que les symbolistes portaient le même jugement sur moi, tout cela coupé d'une infinité de *cher maître* et de proclamations de tendresse pour ma personne !

Samedi 12 mars

Cette reprise de GERMINIE LACERTEUX, dont la pensée m'était si douce ces jours-ci, à mesure que l'heure approche de sa réalité, m'émotionne anxieusement, presque désagréablement.

Une représentation où jamais Réjane n'a été plus grande actrice, plus acclamée, plus maîtresse d'un public complètement dompté.

Ce pauvre Daudet, qui a fait l'effort de se traîner au théâtre, n'a pu rester jusqu'à la fin de la pièce, tant il souffrait ! Je le trouve bien, bien malade, depuis la chute de LA MENTEUSE.

Dimanche 13 mars

Les bienfaits du régime actuel en France à l'heure présente : c'est d'être tantôt volé, tantôt assassiné, tantôt dynamité.

---

1. Cf. t. II, pp. 927, 1011, 1032.

On cause femmes, et Raffaelli confesse avoir un même jour baisé six femmes : six femmes appartenant à des mondes différents.

Ce soir, chez les Charpentier, est venu chanter Bruant, le chansonnier-cabaretier, chez lequel je n'ai pas été, intimidé d'avance par l'engueulement canaille avec lequel on vous y reçoit.

Il est apparu en chemise de soie, sang de bœuf ; au dos, un veston de velours ; aux jambes, des houseaux de cuir verni. Sous une raie au milieu de la tête, des traits fins, réguliers, un œil noir velouté en l'ombre d'une profonde arcade sourcilière, un petit nez droit, un teint brun et mat, et sur cette figure un mélange de quelque chose de féminin et d'un mâle voyou, qui vous donne un tout d'androgyne énigmatique.

Ce qu'il a chanté devant les femmes de la société qui étaient là, non, c'est indicible ! Ç'a été, en ces poèmes du jour, les *michetons* fournisseurs de *galette,* les joyeux petits *marlous* donnant de la pantoufle dans les fesses de leurs *marmites,* des vérolées de Saint-Lazare, dans les médicaments, écrivant à leurs *maquereaux*... Ç'a été, en ce lyrisme de l'ignoble, des dénominations infâmes, des mots salissants, de l'argot purulent, des vocables de bas bordels et de maladreries vénériennes.

Et il fallait le voir, ce Bruant, éructer cela avec une voix d'airain, le voir comme je le voyais, de profil, le regard dans la mauvaise ombre de son œil perfidement câlin, le noir de charbon d'une narine retroussée, et des remuements dans les muscles de la face, pareils à des mouvements de mâchoires d'un féroce déchirant une charogne.

Pendant ce, moi qui cependant ne suis pas un pudibond, je croyais assister à une récréation de bagne... Et dire que les femmes de la société, sans la barricade d'un éventail, sans même de la rougeur à la joue, écoutant l'homme de tout près, avaient des sourires et des applaudissements de leurs jolis doigts aristocratiques, pour des mots tout pareils aux figurations obscènes dont leurs yeux se détournent des murs.

Ah ! les chansons de Bruant dans les salons et la dynamite sous les portes cochères ! Ce sont deux annonces bien symptomatiques de la fin des temps bourgeois.

Lundi 14 mars

Je reçois, ce matin, un livre de critique littéraire d'un nommé Spronck, dans lequel Schwob m'avait dit que mon frère et moi nous étions très bien traités. Le livre commence par dire que nous manquons de personnalité, d'originalité, et finit par la déclaration que notre sensibilité artistique nous a conduits tout droit à l'impuissance [1]. Pas de personnalité ! Alors, si les auteurs de GERMINIE LACERTEUX, qui, incontestablement, a créé l'école naturaliste, manquent de personnalité, qu'est-ce qui en a présentement en littérature ? Pas de personnalité,

1. Cf. t. III, p. 349, n. 1. Voir Maurice Spronck, LES ARTISTES LITTÉRAIRES, 1889, pp. 143 et 187-188.

nous ! Mais dans la vie, les hommes et les femmes autour de nous, je les ais vus se modeler sur nous, prendre tous nos goûts, nos goûts du tirage sur papier extraordinaire, de chambres aux plafonds habillés d'étoffe, nos goûts d'ameublement XVIIIe siècle ou japonais, nos goûts de mangeaille, enfin même plagier nos gilets et nos chaussettes !...

Et le critique, il faut le reconnaître, n'est pas délibérément un ennemi, c'est le possesseur d'une cervelle d'écrivain de LA REVUE DES DEUX MONDES qui cherche à se montrer équitable, mais qui, chaque fois qu'ils trouve quelque chose de bon chez nous, le trouve, dans une espèce de post-scriptum, défectueux par la façon dont il est produit, par notre mode de travail. Allons, il n'y a pas à sophistiquer tant que ça, c'est bon ou ça n'est pas bon, en littérature, une création, une phrase ou un mot !... Maintenant, dans l'appréciation de la valeur d'un écrivain, tenir compte, en défalcation de son mérite, des attaques qu'il subit, c'est vraiment bête. Car s'il poussait à la rigueur cette *jugeotte*-là, elle le mènerait à proclamer que le plus grand écrivain du siècle est Arsène Houssaye, comme ayant été le moins discuté, insulté, injurié !

C'est, apportée aux yeux par la porcelaine de Saxe, une gaîté toute particulière, une gaîté que ne leur donne pas la porcelaine de Sèvres, tout en ayant les fonds blancs et les gaufrages de sa rivale ; et cette gaîté est bien certainement due chez la première à la touche spirituelle, pétillante, vivante de la fleur, qui est bête chez l'autre et comme obtenue d'après des fleurs artificielles.

Les livres bien reliés de l'heure présente — ce qui prouve que les bibliophiles ne lisent pas du tout —, ce sont des livres dont on ne peut lire la fin des lignes entrées dans le dos de la reliure.

A propos de l'adverbe *absolument,* prononcé sur un ton de résolution à toute minute par Mme Lockroy, la femme ayant le moins de suite dans la conduite de sa vie, Daudet disait que *absolument* était la locution des gens faibles, la locution habituelle de Claretie.

Il ajoutait qu'il y avait très souvent beaucoup du caractère, du tempérament, de l'esprit des gens se révélant dans un mot, dans une phrase, et il citait la phrase venant à tout bout de champ du garçon mystique et philosophique, dont il a fait Élysée dans LES ROIS EN EXIL — phrase contrastant avec la phrase : « Tu vois ça ? », d'un peintre de sa connaissance dans ces temps-là [1].

Mardi 15 mars

Ce soir, dans la petite loge improvisée au fond de la scène pour ses rapides changements de costumes, Réjane me contait qu'hier, à la représentation de GERMINIE LACERTEUX, Sarcey répondait à

1. Sur Élysée Méraut, le précepteur du jeune prince des ROIS EN EXIL, cf. t. II, p. 780, n. 1. Son modèle, c'est Thérion, que Daudet a connu au Quartier latin. Quant à sa phrase favorite, il est difficile de savoir quelle elle est, Goncourt ayant omis de la citer et Daudet n'ayant, dans le roman prêté à Élysée Méraut, aucune formule qui fasse leitmotiv.

quelqu'un, lui faisant constater les applaudissements de la salle : « Oui, ils applaudissent, mais ils ne s'amusent pas ! »

Jeudi 17 mars

Causerie sur l'influence de la salle à manger de Mme de Loynes, l'ex-Tourbey, cette salle à manger où Rochefort, revenant de Nouméa, faisait son premier dîner de rentrée dans le monde, où Taine, où Renan, où les hommes de toutes les opinions politiques et de toutes les littératures ont leur couvert mis. Grosclaude nous peint en cette maison la digestion jubilante de Renan, ce qui me fait dire : « Oui, Renan se croit là chez Aspasie ! »

Conversation avec le vieux Stevens, qui est un vrai magasin d'anecdotes sur son monde et, ce qui est mieux, un extraordinaire *garde-mots* de toutes les phrases typiques de peintres de sa connaissance, dans le passé et dans le présent, des phrases qui définissent mieux que vingt pages de critique un moral, un caractère, un talent.

Il dit Diaz un causeur éblouissant et qui définissait ainsi la peinture de Delacroix : « Un bouquet de fleurs dans de l'eau croupie ! »

C'était encore lui qui répondait à Couture — lui conseillant blagueusement de s'en tenir à peindre sa forêt et qu'il ne savait pas mettre une bouche sous un nez et que, quand il voulait peindre une vierge, il faisait un Turc —, répondait : « oui, qu'il ne savait pas mettre une bouche sous un nez, mais qu'il lui arrivait quelquefois d'avoir la chance de mettre autour de ce nez et de cette bouche qui n'étaient pas d'ensemble, de la vraie chair et non pas du carton comme lui. »

Puis Stevens me parle avec enthousiasme de Millet, me dit avoir de lui une peinture de femme, faite avant d'aller à Barbizon, un des plus merveilleux morceaux de chair qu'il ait vus. Et comme il l'a fait porter à voir par son fils à Bonnat, celui-ci, qui a sa dose de méchanceté, s'était écrié : « Faut la porter, cette toile, à Henner, pour qu'il attrape une gifle ! »

Et il témoigne du respect de Rousseau pour Millet, qui, dès l'abord, ne lui trouvait pas de talent, ce qui, d'après Stevens, décida Rousseau à venir habiter Barbizon pour le conquérir ; et il arrivait au bout de quelque temps que la communion d'esprit entre les deux peintres amenait Millet à revenir sur ses premiers jugements.

Stevens s'étonne de l'absence complète du sentiment de l'art chez la plupart des grands écrivains, disant qu'il n'en est pas ainsi à l'égard de la littérature chez les peintres de talent, même chez ceux qui n'ont pas fait d'humanités, et déclarant qu'on ne les trouverait jamais à lire un livre d'auteur médiocre. Et il répète, dans le hiatus de sa bouche restant grande ouverte, au milieu de *hon... hon...*, ayant l'air de demander à la fin de chacune de ses phrases l'approbation de son auditeur, il répète plusieurs fois que Millet, Rousseau et les autres étaient des gens de *haut goût,* ce qui n'est pas commun dans ce bas monde.

Vendredi 18 mars

Aujourd'hui, à cette heure du jour qui devient insensiblement de la nuit et où ma pensée était allée mélancoliquement au passé, cherchant à retrouver les êtres chers qui n'étaient plus, j'avais laissé venir le crépuscule dans mon cabinet de travail, sans demander la lampe ; et peu à peu, l'image de mon père, que j'ai perdu à douze ans, m'apparaissait à la clarté des braises du foyer presque éteint, m'apparaissait dans le mystérieux brouillard et le pâle effacement d'un pastel accroché derrière son dos et reflété dans la glace que l'on a devant soi.

Et en la mémoire vague de mes yeux, je revoyais sur un long corps une figure maigre, au grand nez décharné, aux étroits petits favoris en côtelettes, aux vifs et spirituels yeux noirs : *les pruneaux de M. de Goncourt,* ainsi qu'on les appelait, aux cheveux coupés en brosse et où les sept coups de sabre que le jeune lieutenant recevait au combat de Pordenone avaient laissé comme des sillons sous des épis révoltés [1]. Une figure, où, à travers le tiraillement et la fatigue des traits encore jeunes, survivait la batailleuse énergie de ces physionomies guerrières, jetées dans une brutale esquisse par la brosse du peintre Gros, sur une toile au fond non recouvert.

Je le revoyais en sa marche militaire, quand, après la lecture des journaux, dans ce vieux cabinet de lecture qui existe encore au passage de l'Opéra, il arpentait, des heures, le boulevard des Italiens, de la rue Drouot à la rue Laffitte, en compagnie de deux ou trois messieurs à la rosette d'officier de la Légion d'honneur, à la figure martiale, à la grande redingote bonapartiste, barrant le boulevard, tous les vingt pas, avec les arrêts d'une conversation enthousiaste, où il y avait, en les amples gestes de ces grands corps, du commandement d'officier de cavalerie.

Je le revoyais dans le salon des demoiselles de Villedeuil, les filles du ministre de Louis XVI, les vieilles cousines de ma mère, ce froid et immense salon aux boiseries toutes nues, au mobilier rare, empaqueté dans des housses et où toujours, au dos d'une chaise, était oublié le *ridicule* d'une des deux sœurs, aux jardinières rectilignes contenant de pauvres fleurs fanées, aux *dunkerques* où s'étageaient des objets d'art légitimistes [2]. Je le revoyais dans ce salon, qu'on aurait pu croire le salon de la duchesse d'Angoulême, adossé debout à la cheminée, son diable d'œil noir tout plein d'ironie et à un moment, dans l'ennui de l'endroit solennel, jetant un mot qui secouait d'un rire la sèche vieillesse et les robes *feuille morte* et *caca dauphin* des antiques demoiselles.

---

1. Sur ce combat de Pordenone et la citation qu'elle valut à Marc-Pierre Huot de Goncourt, cf. Billy, t. I, p. 11. Tandis que Napoléon affrontait la 5e coalition en Allemagne, puis en Autriche, l'armée d'Italie, sous le commandement du prince Eugène, devait abandonner la Livenza aux Autrichiens de l'archiduc Jean et reculer sur le Piave après de sévères combats à Porcia et à Pordenone le 15 avril 1809.

2. Le Ms. porte bien *le ridicule d'une des deux sœurs* : lapsus ou jeu de mots sur *réticule* ?

Je le revoyais dans la Haute-Marne à Breuvannes, là où se sont passés les étés de mon enfance, par les ensoleillés matins de juillet et d'août, marchant de son grand pas que mes petites jambes avaient peine à suivre, marchant, à la main un *paisseau* arraché dans une vigne, et m'emmenant avec lui boire un verre d'eau à la *Fontaine d'Amour*, une source au milieu de prés fleuris de pâquerettes, apportant aux *gourmets d'eau* le bon et frais goût d'une eau qu'il trouvait comparable à l'*acqua felice* de Rome.

Quelquefois, le *paisseau* était remplacé par un fusil jeté sur l'épaule, et sans carnassière et sans chien, je le voyais tout à coup mettre en joue quelque chose que ma vue de myope m'empêchait de distinguer : c'était un lièvre, que son coup de fusil *roulait* et qu'il me donnait à porter.

Je le revoyais encore à Breuvannes, le jour de la rentrée des fruits, encadré dans l'œil-de-bœuf d'un grenier et canonnant à coups de pommes, dans la cour de notre maison, tous les gamins du village, baptisés par lui de noms drolatiques et dont les ruées et les bousculades et les batailles, autour de ce qui les lapidait, semblaient être pour mon père un amusant rappel en petit de la guerre.

Je le revoyais encore... Non, j'ai beau chercher, je ne revois plus sa tête ce jour-là... Je me souviens seulement, sur un drap, d'une main encore vivante, à la maigreur indicible, qu'on m'a fait baiser. Et le soir, rentrant à la pension Goubaux, dans un rêve qui tenait du cauchemar, ma tante de Courmont, l'intelligente femme dont j'ai fait Madame Gervaisais, celle qui, tout enfant, m'a appris le goût des belles choses, m'apparaissait, en une réalité à douter si ce n'était pas une vraie apparition, me disant : « Edmond, ton père ne passera pas trois jours. »

C'était la nuit du dimanche ; et le mardi soir, on venait me chercher pour aller à l'enterrement de mon père.

Ma mère..., elle, sa ressemblance est ravivée dans mon souvenir par la miniature du coin de la cheminée, une miniature de l'année 1829, une miniature de l'année de son mariage, qu'en ce moment j'ai dans le creux de la main.

Une figure de candeur, des yeux bleus de ciel, une toute petite bouche sérieuse, des cheveux blonds, tire-bouchonnés en boucles frisottantes, trois rangs de perles au cou, une robe de linon blanc à raies satinées et une ceinture et des bracelets et un floquet de ruban dans les cheveux, du bleu de ses yeux.

Pauvre mère ! Une vie de douleur et de malheur ! La perte de deux petites filles [1], l'existence avec un mari souffrant continuellement de ses blessures et de la ruine d'une santé par la campagne de Russie, faite tout entière l'épaule droite cassée, et encore tout jeune, tout ardent de vaillance et tout irrité de ne pouvoir rentrer dans la vie militaire, de

1. De ces deux jeunes sœurs de Goncourt, la première, morte en bas âge, nous est inconnue ; la seconde est Émilie, née vers 1823 et morte du choléra en 1832. Cf. Billy, t. I, p. 23, et JOURNAL, t. II, p. 1113.

ne pouvoir accepter d'être l'aide de camp du roi, ainsi que le sont ses camarades, d'Houdetot et Rumigny, de ne pouvoir faire les campagnes d'Afrique... Puis veuve, avec une petite fortune en terres, aux fermages difficiles à recouvrer. Et maudite dans ce qu'elle entreprenait de sage et de raisonnable, comme mère de famille, perdant dans de malheureuses affaires les placements qu'elle faisait en vue de l'avenir de ses enfants, placements faits à force d'économies et de retranchements sur elle-même.

Et je le revois, son doux et triste visage, avec les changements de physionomie que ne donne pas un portrait, dans trois ou quatre circonstances, laissant en vous, on ne sait comment, un cliché de l'être aimé en son milieu de ce jour-là.

Oui, je le revois, son doux et triste visage, un jour de mon enfance, où bien malade, à la suite d'une coqueluche mal soignée, j'étais couché dans son grand lit et où, penchée sur moi, elle avait près de sa tête la tête de son frère Armand, la jolie et aimable tête frisée d'un ancien officier de hussards — car ils étaient presque tous des soldats dans nos deux familles —, quand soudain — moi ne comprenant pas bien —, après avoir rejeté le drap de dessus la maigreur cadavérique de mon pauvre petits corps, elle tomba dans les bras de son frère en fondant en larmes.

Je la revois, ma mère, ce jour des mardis gras, où tous les ans, elle donnait un goûter aux enfants de la famille et à leurs petites amies et à leurs petits amis et où tout ce monde minuscule de Pierrettes, de Suissesses, d'écaillères, de gardes-françaises, d'arlequins, de matelots, de Turcs, emplissait de sa joie bruyante le calme appartement de la rue des Capucines. Ce jour-là seulement, un peu de la gaîté de ce carnaval enfantin l'entourant de sa ronde montait à son visage et y mettait un charmant rayonnement !

Je la revois, ma mère, en ces années où retirée du monde, n'allant plus nulle part le soir, elle s'était faite le tendre maître d'études de mon frère. Je la revois, dans sa bourgeoise chambre à coucher, en ses vieux meubles de famille, avec sa pendule Empire, accotée dans un petit fauteuil tout contre mon frère faisant ses devoirs, la tête presque fourrée dans le vieux secrétaire d'acajou, et surélevé, tout le temps qu'il fut petit, sur un gros dictionnaire placé sur sa chaise. Elle, ma mère, un livre ou une tapisserie à la main, les laissait bientôt tomber sur ses genoux, demeurant dans une contemplation rêveuse devant son bel enfant, devant son petit lauréat du Grand Concours, devant le cher adoré qui était la joie et l'esprit des maisons amies où elle le menait, et l'orgueil de son cœur [1].

Je la revois enfin, ma pauvre mère, au château de Magny, sur son lit de mort, au moment où le bruit des gros souliers du curé de campagne

1. Le *Grand Concours*, c'est le Concours général des lycées et collèges, où Jules de Goncourt, en classe de cinquième, obtint en 1844 deux seconds prix de version latine et de version grecque.

qui venait de lui apporter l'extrême-onction s'entendait encore dans le grand escalier. Je la revois sans la force de parler, me mettant dans la main la main de mon frère, avec ce regard inoubliable d'un visage de mère crucifiée par l'anxiété de ce que deviendra le tout jeune homme, laissé à l'entrée de la vie maître de ses passions et non encore entré dans le chemin d'une carrière.

Samedi 19 mars

Les haines littéraires contre moi tiennent en ce moment de la rage. Un jeune *lèche-cul* des gens égratignés par mon JOURNAL, nommé Du Tillet, cherchant à écouler de la bien médiocre littérature à la faveur de mon éreintement, déclare aujourd'hui, dans la REVUE BLEUE, à propos de la reprise de GERMINIE LACERTEUX, que personne ne peut lire mon JOURNAL sans avoir le rouge au front de ce que je dis de moi, et entre en révolte pour m'être permis de trouver intéressant de dire que lorsque j'avais cessé de fumer, j'avais retrouvé la notion de l'appétit. Ce jeune monsieur devrait bien m'enseigner l'art de faire ses mémoires sans parler de soi [1] !

Décidément, je crois que depuis le commencement du monde et dans n'importe quelle littérature, la violence de l'attaque n'aura jamais continué d'une manière si persistante contre un littérateur de soixante-dix ans, ayant fait ce que j'ai fait.

Dimanche 20 mars

Ces jours-ci, Hennique entendait Zola dire à sa femme, mourant de son délaissement — et il le sait bien — : « Qu'est-ce que tu as, *mon mignon,* ma *petite chérie* [2] ? »

C'est bien la monstrueuse hypocrisie de l'homme qui ajoutait : « Oui, nous revenons de Médan... Nous étions partis avec l'intention d'y passer quelques jours comme de vrais amoureux, mais... »

Lundi 21 mars

On causait aujourd'hui, chez Mme Blanc, des périls auxquels est exposé le bonheur des femmes mariées à des peintres-portraitistes.

Là-dessus, la jolie Mme Machard, se trouvant là, disait : « Moi, je fais un peu la police. »

Et elle racontait que tout dernièrement, une femme de la meilleure société, ayant deux enfants, au milieu de la pose, s'était couchée sur

1. C'est dans le numéro de ce jour de la REVUE POLITIQUE ET LITTÉRAIRE, dite REVUE BLEUE, que Du Tillet, à propos de la reprise de GERMINIE LACERTEUX, dénonce chez Edmond de Goncourt, dans le JOURNAL, « cette persuasion naïve que l'univers entier gravite autour de lui ». Quant à GERMINIE, c'est « une éclatante réunion de toutes les ficelles dramatiques à éviter ». Le passage visé du JOURNAL figure ici t. II, p. 939.
2. Cf. t. III, p. 350, n. 2, sur le *délaissement* de Mme Zola.

un divan et s'était mise à dire de telles choses que sortant de derrière un rideau où elle était cachée, elle lui avait dit :

« Madame, après la conversation que vous venez d'avoir avec mon mari, vous n'avez qu'à mettre votre chapeau et vous en aller.

— Bon ! répondait la femme du monde à la femme du peintre. Vous croyez peut-être que je suis amoureuse de votre mari ?

— Non, pas de mon mari..., mais du vice... Allons, ouste ! »

Mardi 22 mars

Ce soir, je vais voir rejouer GERMINIE, et je trouve dans la coquette loge de Réjane, aux murs comme habillés de rubans et aux meubles de laque blanc, je trouve l'actrice en compagnie de Porel, indignée de la mauvaise foi de Sarcey, parlant dans LE TEMPS, à la suite d'une représentation où on applaudissait à tout rompre, d'un public *dur,* et imprimant encore, sur cette représentation où de vieux messieurs décorés pleuraient comme des veaux, que deux femmes placées au-dessous de lui ne cessaient de répéter : « Oui, elle est bien malheureuse..., mais nous ne nous sentons pas touchées [1]. »

Et j'étais vraiment étonné de la naïve stupéfaction de ce directeur et de cette actrice. On a fait à Sarcey la réputation d'un esprit borné et d'un être sincère. Il est en effet un esprit borné ; mais en même temps, c'est le critique de la plus mauvaise foi. Quand la pièce était autant sifflée qu'applaudie, il mettait en avant l'ennui de l'œuvre. Eh bien non ! il n'y a pas d'ennui, quand les spectateurs sont tout près de se battre. Maintenant que la pièce est religieusement acceptée et qu'on pleure en sa tranquille et apaisée audition, il fait dire à ses compères qu'on n'est pas touché, qu'elle ne remue pas les cœurs !

Mercredi 23 mars

Il est positif que si les Rothschild ne prenaient pas peur et ne restreignaient pas leurs achats devant les sourds grognements à l'encontre de leurs richesses accaparatrices, cette famille posséderait avant peu tout le beau de la terre qui est encore à vendre. Car il n'y a pas un objet d'art, de quelque nature qu'il soit et en quelque coin de la terre qu'il pose, dont le possesseur ou le marchand n'ait l'offre de la chose tournée vers la rue Laffitte. Et ce soir, dans un coin du salon de la Princesse, nous causions, Yriarte, Georges Duplessis et moi, de la série des portraits-caricatures de Nieuwerkerke, aquarellés par Giraud et qui vont, je crois, au grand regret de la Princesse, entrer dans la collection d'un des Rothschild.

1. Au milieu du paragraphe, add. éd. : le mot *indignée.* L'article de Sarcey, conforme à l'analyse qu'en donne Goncourt, a paru dans LE TEMPS du 21.

Jeudi 24 mars

Aujourd'hui, jour de la mi-carême, Paris, ignorant jusqu'à ce jour des *confetti,* s'amuse, avec la joie folle et bruyante d'un grand enfant, de cette neige de papier, dont on se fouette la figure, dont on crible les voitures, dont on fait tout blancs les gens assis à la porte des cafés, qui sont obligés de mettre leurs soucoupes sur leurs consommations.

Je passais sur le boulevard des Italiens, quand il me semble entendre prononcer mon nom dans un groupe, puis aussitôt derrière moi, le tapage de petits talons de bottines de femmes, et au moment où je me retourne, un paquet de *confetti* en pleine figure avec cette phrase : « Pour GERMINIE LACERTEUX ! » Et l'envolée de la femme inconnue...

Samedi 26 mars

Aujourd'hui a paru dans L'ÉCHO DE PARIS l'article intitulé MON PÈRE, MA MÈRE, ce pieux morceau de littérature rétrospectif, qui me hantait depuis quelque temps et qui a été écrit sous le coup d'une émotion [1]. Je ne doute pas que l'article ne soit attaqué et qu'on ne me fasse un crime d'avoir eu l'impudence de publier cette chose intime dans un journal dit pornographique.

Visite à Mme Léon Daudet, couchée sur une chaise longue, dans une robe de soie bleu de ciel, sur laquelle courent comme des vagues les vieilles dentelles d'Angleterre que j'ai fait acheter à sa belle-mère pour les lui donner. Près d'elle le berceau du petit nouveau-né ; et dans la grande et luxueuse chambre à coucher, Léon Daudet, tout sautillant de bonheur et tout exubérant de la littérature dont il se nourrit depuis six semaines, enfermé avec sa femme en amoureux d'une lune de miel prolongée.

Ce soir, passé la soirée sur la scène de l'Odéon à voir jouer GERMINIE LACERTEUX, tantôt assis sur la cheminée de la chambre de Mlle de Varandeuil, tantôt sur le lit d'hôpital de Germinie, tout en causant avec ce Guénon, qui a tout l'air d'un amant de Réjane que tolérerait Porel et qui me fait remarquer, sur un morceau de papier blanc collé sur un portant, la désignation des tableaux de la pièce en la dénomination des machinistes et où les trois tableaux où Mlle de Varandeuil joue le rôle principal portent le titre de : *La Vieille.*

Mercredi 30 mars

Ce matin, le pauvre Francis Poictevin tombe chez moi, plus exalté que jamais. En voici un auquel j'aurai inoculé la folie de l'épithète ! En littérature, l'invention de situations, la création de personnages, l'architecture des phrases, ce n'est plus rien pour lui : il n'y a que la trouvaille d'une épithète — et bien souvent biscornue — où il apporte une recherche délirante, affolante, *charentonnesque* !

---

1. C'est le texte inséré dans le JOURNAL le 18 mars : cf. plus haut p. 680, sqq.

Mme Commanville, de retour de Rome, vient me remercier de ma lettre de recommandation près de Béhaine et me donne de tristes nouvelles de Maupassant. Il ne parle plus maintenant jamais de son manuscrit de L'ANGÉLUS. Dernièrement, il a voulu envoyer une dépêche à un quelconque et n'a jamais pu la rédiger. Enfin, il passe toutes ses journées à causer avec le mur qu'il a en face de lui.

Jeudi 31 mars

Antony Blondel, l'auteur de L'HEUREUX VILLAGE, parlait, ce soir, de la foi presque religieuse de Bourget en l'apothicaire. Il disait qu'au temps qu'il était peu fortuné, il dépensait une partie de son argent en produits pharmaceutiques ; et un jour qu'il l'accompagnait dans la recherche d'un appartement, Bourget lui exprimait son intention bien arrêtée de demeurer dans une maison où logerait un pharmacien.

Oui, on ne peut pas empêcher les anarchistes de l'être dans leur for intérieur ; mais on ne devrait pas leur permettre de le dire, de le proclamer, de l'inscrire sur leur chapeau... Ils ne se cachent pas de travailler à la mort violente de la société qui est ; or cette société serait une foutue bête de société si elle ne défendait pas sa vie et n'opposait pas la guillotine et le lynchage à la dynamite !

Vendredi 1er avril

Lorrain m'apporte un journal illustré où Pierre Loti, « le nouvel académicien », est représenté « dans son habitation de Rochefort » en Algérien de mardi gras, dans un intérieur alhambresque, ressemblant à l'ancienne salle à manger du restaurant Peters [1]. Quelle cervelle de chienlit a cet écrivain de talent !

Samedi 2 avril

Le vrai bon théâtre, c'est une émotion ou une gaîté procurée n'importe comment ; et ils existent, les gens qui dans leurs feuilletons font des traités sur le véritable art dramatique, eux qui admirent à la fois Molière et Scribe, les fabricateurs les plus dissemblables dans la composition d'une pièce !

Dimanche 3 avril

Loti, qui prononce son discours à l'Académie jeudi, dîne ce soir avec sa femme chez Daudet. Par extraordinaire, il n'est pas maquillé, n'a pas, je crois, le diable m'emporte ! dans l'intérieur de ses chaussures, la mécanique qui l'exhausse de quelques pouces, en le faisant marcher tout le long de son existence sur ses *pointes,* a enfin le teint blême, le

1. Sur l'élection de Loti à l'Académie, cf. t. III, p. 340, n. 2.

nez rouge, se dit malade, grippé, et se montre très inquiet de la qualité de sa voix pour la séance de jeudi.

Loti affirme que Camille Doucet — cet homme, dit-il, à la tête de loup — a avancé des choses infâmes sur son compte pour le faire refuser et, tout en restant furieux de son admission, lui fait toutes les gracieusetés imaginables et vient de lui dire qu'il comptait bien que ce serait chez lui et à l'exclusion de tout autre qu'il viendrait prendre une tasse de thé en sortant de la séance.

« Ça ne fait rien, jette Daudet, il y a une chose qui empoisonne sa vie. Il songe, quand on l'enterrera, qu'on pensera à l'enterrement de Loisillon [1] ! »

On se met à table. Rien n'est douloureux comme le penchement de la jeune femme de Loti, cherchant à entendre ce que dit Daudet. Car elle est sourde comme un pot, la jeune femme, et s'efforce à percevoir ce qui se dit avec le soulèvement de ses paupières, la tension de son petit nez, le happement de sa lèvre supérieure, et elle a, par là-dessus, la triste voix d'un oiseau malade, une voix qui n'a plus le diapason de la voix humaine.

Loti, qui est le compliqué par excellence, tout en étant de la dernière intimité avec Daudet, lui avait écrit qu'il ne voulait pas le fatiguer, qu'il s'en irait à neuf heures et demie, à mon heure — qui n'a jamais été mon heure —, et qu'il lui permît de se faire rechercher par sa nièce [2]. Or, à neuf heures et demie, voici que la porte du cabinet de travail s'ouvre et que défilent la sœur, le beau-frère, la nièce de Loti, suivis du successeur du *frère Yves,* aux yeux comme d'émail brillant et les hanches dessinées dans une élégante redingote bourgeoise.

Et ce monde divers présenté et installé, en dépit de sa grippe, Loti passe dans le salon et chante jusqu'à minuit, accompagné sur le piano par Mme Daudet, chante, en faisant des effets de cuisse rocaille, des chansons bretonnes qui ont l'air du *Dies irae* sur le biniou.

Je me rapproche de M. Blanc, le fils de Mme Bentzon, de LA REVUE DES DEUX MONDES, et je cause avec lui de ses voyages en Afrique, de son voyage en Sibérie et dans le nord de la Chine, qui a duré un an, et sa conversation est des plus intéressantes.

Dans son voyage en Asie, il a fait la découverte et l'achat d'une soixantaine de manuscrits, parmi lesquels il y a une VIE D'ALEXANDRE, non plus écrite cette fois par ceux que, selon son expression, il avait derrière lui, mais par ceux qu'il avait devant lui, par ses ennemis. Parmi ces manuscrits se trouvent encore trois biographies de Tamerlan, qui, tout en faisant massacrer un jour cent mille hommes, se fit enterrer aux pieds de son maître de philosophie.

Et le voyageur parle de ces populations de Samarcande, de ces populations calomniées par les Persans, de ces populations lettrées,

1. Dans L'IMMORTEL de Daudet, Loisillon est le secrétaire de l'Académie, qu'on enterre en grande pompe tout en daubant sur le peu de mérites du défunt, sur « cet avancement à la nullité, à la bassesse frétillante » (chap. VIII, éd. *ne varietur,* p. 87 sqq.).

2. Add. éd. : *avec Daudet...*

amoureuses de discussions littéraires et où il a vu un individu soudainement poser une fiche en terre portant l'annonce d'une thèse philosophique qu'il allait soutenir, et les passants et les vendeurs du marché abandonnant leurs choses à vendre pour se mêler à la discussion.

Il parle encore de son séjour de près d'un mois sur les hauts plateaux, où dans ces altitudes près desquelles le mont Blanc est une plaisanterie, il avait des saignements de nez comme en ont eu Biot et Gay-Lussac dans leurs ascensions en ballon.

Puis revenant à ses quatre années passées en Afrique — où il n'y a pas cependant l'intérêt historique des voyages en Asie —, il dit que le voyage n'a un charme que dans les pays où le voyageur rencontre la lumière, la chaleur, la gaîté des soleils levants, et que dans le froid, quelque intérêt qu'ait le voyage, c'est toujours triste.

Lundi 4 avril

Oui, quand je suis un jugeur en défaut sur le compte de mes amis, c'est qu'il m'arrive, et seulement pour ceux-là que j'aime bien, de dire à mon observation : « A ta niche et dors ! »

En sortant de chez Groult, où je suis allé prendre des notes sur la GUIMARD de Fragonard, il m'emmène voir un cheval qu'il veut acheter.

A ses côtés, dans sa voiture, je remarque pour la première fois qu'il est officier de la Légion d'honneur. Vraiment, si l'on est officier de la Légion d'honneur pour fabriquer des pâtes, et chevalier pour fabriquer les romans et les histoires que j'ai donnés au public, vraiment, il vaut mieux pour un homme de lettres n'être rien dans l'ordre de la Légion d'honneur !

Je repensais, en voyant sans aucun intérêt marcher, trotter, galoper le cheval futur de Groult, à sa gouache de Baudouin, LE MODÈLE HONNÊTE, et aux miennes. Non, aucun peintre au monde n'a fait de la gouache, cette peinture d'ordinaire compacte, solide, arrêtée, la peinture artistiquement barboteuse, la peinture joliment sale, ce chatoyant tripotage de colorations fluides et légères.

Mardi 5 avril

Ce matin, tombe chez moi Lagier, que je n'ai pas vue depuis une quinzaine d'années, Lagier devenue monstrueusement grosse. Elle vient me demander ma protection à L'ÉCHO DE PARIS pour que le rédacteur des *Lettres de l'ouvreuse* épargne son jeune mari, le jeune chanteur Dufriche, qui a succédé au médecin avec lequel elle a divorcé [1].

Elle a toujours sa langue rabelaisienne. Parlant de Dorsy, la maîtresse de Bauër, elle me dit qu'elle est large comme « le claque d'un invalide », et me parlant de Bauër, malade à Naples de ne pouvoir chier, elle me détaille les « conserves de merde » qu'il avait dans le cæcum.

---

1. Le rédacteur des *Lettres de l'ouvreuse* à L'ÉCHO DE PARIS n'est autre que Henry Gauthier-Villars, c'est-à-dire Willy.

Puis nous causons de nos morts, depuis le temps où nous nous rencontrions au boulevard du Temple chez Flaubert, et elle me demande des nouvelles de Maupassant.

Et à propos de Maupassant, elle me raconte qu'un jour, celui-ci ayant demandé comment elle avait pu se faire épouser par son docteur : « C'est bien simple ! » lui avait-elle répondu. « Mangeait-il un bifteck, je ne revenais pas du chic avec lequel il le mangeait... Se lavait-il la queue, je m'extasiais sur la beauté de son membre... Enfin, je lui disais qu'il était l'homme qui baisait, qui pétait, qui, faisait tout mieux que personne au monde... Or il me faisait beaucoup de queues, et comme les femmes avec lesquelles ça se passait trouvaient qu'il mangeait, qu'il baisait, qu'il pétait comme tout le monde, il revenait à la femme qui voyait chez lui une merveille dans tout... Là-dessus, ce roublard de Maupassant m'a dit : « C'est pas mal rédigé, ce que tu me dis là, tu devrais venir me le répéter demain... » Et plus tard, je retrouvais ma tirade dans FORT COMME LA MORT [1]. Ah ! il n'était pas encore fou, il avait très bien pigé cela ! » dit-elle en se levant, avec, dans sa figure de bonne femme, son terrible regard d'avoué.

Mercredi 6 avril

C'est particulier comme les mots qui ne sont pas de la langue courante, les mots un peu énigmatiques pour les cervelles sans éducation, les gens du peuple les aiment, les affectionnent, les recherchent ; et l'amusant, c'est que ces mots, toujours dans leur bouche, sont défigurés, dénaturés, risibles. Il y a en bas une ouvrière extraordinaire dans ce genre et qui disait tout à l'heure *concunivence* pour connivence.

Jeudi 7 avril

Décidément, c'est un jean-foutre que ce Loti ! Il a été, pour les antipathies imbéciles de l'Académie, d'un *lèche-culisme* dépassant tout ce qu'on peut imaginer.

Comment ? cet homme, dont le talent anti-académique est tout nôtre par les procédés d'observation et de style, pour complaire à l'Académie, s'est fait, de gaîté de cœur, le domestique éreinteur de tous les talents pères et frères du sien [2] !

---

1. Cf. Maupassant, FORT COMME LA MORT (édit. des *Œuvres complètes,* 1935, p. 23), à propos des avances que fait l'héroïne, Mme de Guillery, au peintre Olivier Bertin, qui va devenir son amant : « Elle lui disait des choses flatteuses, qui signifiaient : « Je vous trouve fort bien, Monsieur. » Et elle le faisait parler longtemps pour lui montrer, en l'écoutant avec attention, combien il lui inspirait d'intérêt. »

2. Loti, ce 7 avril, avait dans son discours de réception à louer Feuillet. Il s'en prit au réalisme et au naturalisme : « Comme de grands feux de paille impure qui s'allument, ils ont jeté une épaisse fumée par trop envahissante. La condamnation du naturalisme est d'ailleurs en ceci, c'est qu'il prend ses sujets uniquement dans cette lie du peuple des grandes villes où ses auteurs se complaisent. » D'où l'échec du naturalisme, « malgré le monstrueux talent de quelques écrivains de cette école ». (DISCOURS DE RÉCEPTION, 1892, p. 49 ; de moindres coups de patte p. 67 sq. et p. 77).

Ah ! je pensais, si j'avais été à sa place, le brave discours qu'il y avait à faire en glorifiant Balzac, Flaubert et les amis... On ne l'aurait pas laissé prononcer ce discours ? Eh bien, je l'aurais fait imprimer et aurais menacé l'Académie de ma démission, proclamant fièrement que, parce qu'elle m'avait nommé académicien, elle n'avait pas le droit de m'imposer des idées qui n'étaient pas les miennes... Et je suis sûr qu'il y aurait eu un tel *tollé* dans la presse et l'opinion publique que l'Académie, qui est lâche de sa nature comme tous les corps constitués, aurait été obligée de me subir avec mon discours.

Mais cela n'était pas vraiment à attendre de ce larbin des reines de Roumanie et de la REVUE NOUVELLE [1].

Et l'appétit d'*idéal moral* de cet auteur, dont l'amante, dans son premier roman, est un monsieur, et qui n'a fait au fond que chanter, tout le long de ses œuvres, les prostituées qui *font le trottoir* sous les cocotiers [2].

Donc, c'est en fureur que j'entre chez les Daudet, après avoir lu l'analyse de son discours dans un journal du soir ; et comme je m'exprime avec un peu d'indignation, Mme Daudet, du haut de son pardonnement universel, de me dire que c'est un enfant, qu'il est inconscient ; moi de lui répondre qu'une brave action peut être spontanée et par là inconsciente, mais qu'une lâcheté est toujours raisonnée.

Samedi 9 avril

Ce matin, Henri-Joseph, en m'apportant des cartonnages, me disait qu'il n'existait dans ce moment à Paris qu'un seul ouvrier ayant le tour de main pour écraser le maroquin du Levant et qu'il était chez Cuzin, qui lui donnait quinze francs par jour.

Chez Raffaelli, faisant l'ouverture de son nouveau logis, gentiment arrangé à la façon d'un cottage anglais, avec, aux murs, des papiers estampés d'après les dessins originaux de fleurs de peintres.

Entrée des femmes Ménard-Dorian, jetant un froid avec leur inanimée beauté et leur timidité gauche de parvenues.

Ce soir, chez Véfour, second dîner des Japonisants. Des enrichis dans le bas commerce, cherchant à s'anoblir en collectionnant de l'art tout

---

1. Loti avait été invité par la reine de Roumanie dans sa résidence d'été à Sinaïa. La reine Élisabeth se piquait d'être une lettrée ; sous le pseudonyme de *Carmen Sylva*, elle avait publié en France LES PENSÉES D'UNE REINE et traduit PÊCHEUR D'ISLANDE. Après Loti et par l'intermédiaire d'Hélène Vacaresco, elle invita de même Maupassant, Feuillet, Daudet. Sur la réception de Loti à Sinaïa en 1887 et à Bucarest en 1890, cf. Billy, L'ÉPOQUE 1900, p. 257. Loti fut mortifié des moqueries des dames d'honneur et de la froideur du roi qui, après une indiscrétion de l'écrivain, finit par interdire à la reine de revoir Loti.

Quant à la REVUE NOUVELLE, il doit s'agir en fait de la NOUVELLE REVUE de Mme Adam, qui avait accueilli les premiers romans de Loti.

2. Au début du paragraphe, l'allusion au *premier roman* de Loti renvoie à AZIYADÉ (1879). Goncourt songe-t-il à l'attachement d'Achmet pour Loti ? Mais l'objet du roman n'en est pas moins l'amour d'Aziyadé... La mention ironique, un peu plus haut, du *frère Yves* (p. 159) peut faire supposer ici une interprétation contestable de MON FRÈRE YVES, mais c'est là le quatrième roman de Loti.

nouvellement à la mode ; là-dedans, des malins comme Bing et d'autres vendeurs en chambre travaillant à exploiter ces imbéciles.

Dimanche 10 avril

Daudet racontait aujourd'hui qu'un de ses compatriotes, un paysan qui a un vrai talent d'écrivain provençal et qu'il a placé dans la maison Dentu, lui disait ce matin qu'il avait connu Anastay encore enfant, et lui révélait cette anecdote sur sa mère [1].

La mère d'Anastay était une belle paysanne, qui s'était prise d'amour pour le fils d'un garde de la Camargue, se faisait enlever par lui et au bout de trois jours hors du domicile paternel, ainsi qu'il se fait là-bas, rentrait chez son père, demandant à ce qu'il autorisât le mariage. Mais le père, contrairement à ce que font les pères dans ce cas, se refusait au mariage avec le fils du garde et la mariait de sa propre autorité avec le pharmacien Anastay, établi dans le pays. Or l'homme qu'on a guillotiné hier aurait été fait dans un coup de surprise par ce garde ou dans une sorte de viol par le pharmacien, qu'elle détestait.

Daudet, en dépit de ses défiances, s'est laissé allé à inviter ce soir Lorrain à dîner. Très heureux d'être accepté par la maison, Lorrain se montre causeur, verveux, spirituel, amusant. Il parle d'une certaine disposition de son être à être pris par le fantastique et dit — et cela surtout par les temps de neige — qu'il lui arrive de monter dans un tramway et de trouver aux figures qu'il a autour de lui des aspects si peu humains et si animalisés, si bestialisés, si férocisés, qu'au bout de quelque temps, il est obligé de descendre.

Puis il nous peint la vie toujours en vedette de Catulle Mendès dans les cafés, les brasseries, en compagnie d'une ou deux femmes, le trio mangeant des choses sucrées avec du beurre d'anchois et croquant des grains de café dans de l'eau de Cologne.

Puis il nous peint des intérieurs parisiens étranges, comme l'intérieur où la femme dit : « Pardon, avant de sortir, j'ai encore une heure de traduction de Nietzsche », le philosophe allemand de la dernière heure.

Finalement, il ridiculise les Hayem et conte drôlement que, faisant faire les chemises de leur commerce à Saint-Lazare, ils sont embêtés quand Saint-Lazare se désemplit. Comme ils ont la chance d'être quatre frères, chacun dépose une plainte à la police, comme quoi il est à tout moment raccroché et que la circulation est impossible dans les rues de Paris pour les familles honnêtes : aussitôt des razzias de filles, des internements à Saint-Lazare, et la reprise du travail des chemises à bon marché pour la maison Hayem.

---

1. Anastay, ancien sous-lieutenant, protégé des fils de la baronne Dellard, avait assassiné celle-ci et sa domestique, boulevard du Temple, le 5 déc. 1891. Condamné à mort le 26 févr. 1892, il venait d'être exécuté le 9 avril.

Lundi 11 avril

Ce Zola est vraiment l'homme chanceux par excellence ! Quand il lui arrive par hasard d'être attaqué, c'est un adversaire comme Loti auquel il a affaire et qu'il gifle sur les deux joues, ainsi qu'un brutal concierge calotte un maladroit enfant qui se serait laissé prendre, tirant par malice le cordon de la porte cochère [1].

Mme Sichel a eu un oncle qui se rappelait, tout enfant, pendant la Révolution, avoir été gratter le salpêtre sur les murs des églises.

Le docteur Camus, le médecin monteur et ciseleur de bronzes, vient de mourir d'un anthrax à la joue, après avoir été horriblement charcuté par des confrères. Sa femme racontait que son mari devait être opéré à 7 heures du matin ; et comme il avait du diabète, il lui avait été recommandé pour la chloroformation de ne pas le laisser boire de toute la nuit ; et que ne se sentant pas la force de résister à ses supplications, elle avait feint d'aller se coucher — elle avait déjà passé douze nuits près de lui. Elle était restée toute la nuit, assise sur une chaise, derrière la porte, à l'entendre demander à boire au domestique qu'il avait près de lui, n'osant se montrer, de peur de faiblir.

Mardi 12 avril

Tous ces jours-ci, un état comateux, un ensommeillement de l'être, et je me demande s'il n'y aurait pas moyen de tirer de cet état maladif de la littérature particulière.

Mercredi 13 avril

Ce soir, la Princesse a la figure désolée ; et comme, en lui donnant le bras pour passer à table, je lui dis :

« Vous avez quelque contrariété, Princesse ?

— Vous ne vous en doutez pas ?

— Si, peut-être... C'est sans doute ce que j'ai lu dans un journal... (L'annonce du mariage de Popelin fils, mariage fait par Mlle Abbatucci.)

— J'irai vous voir un de ces jours. »

A l'autre bout de la table, Popelin a sa tête de pompe funèbre et ne desserre pas les dents.

Et après dîner, allant, un moment, me mêler au groupe des fumeurs du hall, j'entends Popelin, achevant une tirade sur le despotisme des femmes, finir par cette définition méprisante de Cicéron : « La femme, voyez-vous, c'est le *perpetuus infans.* »

On cause de l'élection de Loti ; et le commandant Brunet, qui, est venu s'asseoir à côté de moi, rendant complètement justice à l'évocateur

1. Cf. Stiegler, ENTRE IMMORTELS, interview de Zola parue dans L'ÉCHO DE PARIS du 9 avril : l'attaque de Loti n'est pas « le procédé d'un galant homme ». D'ailleurs, Loti, qui est « un assez mince cerveau, une vraie tête d'enfant », n'est pas arrivé à l'Académie par son mérite, mais seulement parce que l'Académie a voulu faire pièce à Zola.

des climats qu'est Loti, trouve comme moi ses marins un peu conventionnels, très incomplets et manquant de beaucoup de choses qui font leur caractère, et surtout de l'orgueil de leur profession. A ce sujet, il me conte cette curieuse anecdote.

C'était lors du siège de Sébastopol, et à ce moment où on avait organisé des représentations théâtrales pur tenir un peu en joie les marins de la flotte. Il faisait une de ces admirables nuits d'Orient décrites par Loti. Et Brunet se promenait sur le pont, faisant son quart, quand il faisait signe de venir causer avec lui à un maître timonier faisant son quart de l'autre côté du bord. Il était un rien en relation avec lui, parce que ce timonier était l'*impresario* de représentations théâtrales sur le bâtiment. Et les deux hommes causaient dans la belle nuit, et Brunet lui parlant amicalement de son sort, l'autre lui disait : « Moi, je me regarde comme le plus heureux des hommes, je suis maître timonier en second, et je vais être nommé prochainement timonier en premier, et je serai un jour décoré... Oui, il n'y a pas une peau d'homme autre que la mienne dans laquelle je voudrais être... Dans ma vie, il n'y a qu'une chose qui m'embête, c'est que j'ai un frère plus jeune que moi, que j'aurais voulu voir amateur de *galon*... Eh bien, il s'est fait calicot ! » s'écriait-il avec un mépris où il y avait presque de la douleur... Or le calicot en question, savez-vous qui c'était ? C'était le Boucicaut du *Bon Marché !*

Samedi 16 avril

Pierre Gavarni, revenant aujourd'hui sur la *coyonnerie* du prince Napoléon, nous le montre entrant tout éperonné dans la chambre, près de Gravelotte, où il était couché avec Ferri, ouvrant la fenêtre et leur disant d'une voix furibonde : « Vous dormez, vous autres !... Regardez donc ça... Ne voyez-vous pas que tout l'horizon flambe ? Les Prussiens mettent le feu partout. — Ça ? dit Gavarni qui tombait de sommeil, en se retournant du côté du mur. Ça, ce sont les feux des bivouacs français ! » Et le Prince sortait, mâchonnant de gros mots [1].

Gavarni nous le montre encore dans la marche de Gravelotte sur Verdun, où il voyait l'empereur avec sa moustache cirée passer impassible à travers une vigne, nous le montre tout le temps préoccupé d'avoir son cheval de selle sous la main pour foutre le camp à la première apparition des Prussiens.

Et Gavarni faisait la remarque que la peur, qui amène d'ordinaire chez les peureux l'affaissement et le mutisme, développait chez le prince une fébrilité batailleuse.

---

1. Le combat de Gravelotte avait été livré le 16 août 1870 par Alvensleben contre les troupes de Bazaine : bataille indécise, à la suite de laquelle Bazaine se replia sur Metz et se fit battre à Saint-Privat.

Dimanche 17 avril

Dimanche de Pâques.

Ces jours-ci, Mme Rodenbach me contait que, dans ces derniers temps, son mari ayant été faire une conférence en Belgique, trouvant triste de dîner toute seule pendant les quelques jours de son absence, elle était allée dîner dans un *Family-Hotel* des Champs-Élysées, où habitait une Anglaise de ses amies, la fille, je crois, du directeur du STANDARD. On jouait encore GERMINIE LACERTEUX et on en parlait. Un prêtre, qui se trouvait à la table commune, s'écria tout à coup : « J'aurais vraiment une grande curiosité de voir la pièce, mais mon habit me le défend... Toutefois, je dois avouer que je n'ai jamais pu me déterminer à défendre la lecture du roman à mes ouailles. »

Dans la journée, Léon Daudet vient me dire que le dîner chez Papa est aujourd'hui transbordé chez lui. Il a, ce cher garçon, une activité, une vivacité, une alacrité de l'intelligence qui charme et enfièvre ; les idées chez lui, dans leur succession, ont quelque chose de la rapidité des mouvements d'un corps agile. Pendant deux heures qu'il reste au *Grenier,* il touche à un tas de questions anciennes et modernes et parle spirituellement, à l'heure présente, de la rapidité avec laquelle les produits matériels passent d'un pays dans l'autre et de la lenteur avec laquelle se transmettent les produits intellectuels, ce qu'il explique un peu par l'abandon de la langue latine, de cette langue universelle, qui était le volapük d'autrefois entre les savants et les littérateurs de tous les pays.

Ce soir, au dîner de l'avenue de l'Alma où sont Lockroy et Hanotaux, on s'entretient de Boulanger, que Lockroy affirme avoir été le sous-lieutenant de LA DAME BLANCHE, toutefois avec la force, un moment, d'un million d'hommes derrière lui, et qui aurait bien voulu du pouvoir, mais à la condition que ce pouvoir lui aurait été offert sur un plat d'argent, sans le plus petit allongement de la main pour le prendre [1].

On cause de Gambetta, dont la dictature à Bordeaux est déclarée la plus prudhommesque, la plus déplorablement influencée par les vieilles épaulettes, les antiques ganaches politiques ; et faisant un retour sur Saint-Just et les hommes de la Révolution, il dit que les désastres de 1870 viennent du réemploi des hommes de 48, au lieu de la mise aux affaires et aux armées de jeunes hommes.

On s'entretient de Constans, qui aurait, au dire de Hanotaux, le mot spirituel et qui aurait dit quelques jours après sa chute : « Tout de même, ils m'ont *débarqué* ! » — faisant allusion à l'abandon d'un

1. Dans l'œuvre de Scribe et Boieldieu, LA DAME BLANCHE (10 décembre 1825), le héros, l'humble sous-lieutenant Georges, est amené, par la protection de la Dame blanche, à se porter acquéreur, moyennant 500 000 livres qu'il n'a jamais eues, de l'immense domaine d'Avenel. Ainsi de Boulanger et de la France. Mais l'issue fut moins heureuse que dans l'opéra-comique, où Georges se révèle l'authentique descendant des Avenel et où une cassette opportunément retrouvée par Anne, la fausse Dame blanche, lui permet de tenir ses engagements.

homme sur une plage déserte. Et il disait avoir entendu Constans, tendant la main dans un corridor de la Chambre à Laguerre et celui-ci, les épaules dans le cou et l'air renfrogné, lui disant : « Mais vraiment, je ne sais pas si je dois vous la donner... ma main ! » Sur quoi Constans, colère, lui jetait : « Que vous la serriez ou que vous ne la serriez pas, cette main, elle vous serrera ! »

Lundi 18 avril

Je lis, dans un bouquin sur le Japon, la légende du thé. La voici. Dharma, un ascète en odeur de sainteté en Chine et au Japon, s'était défendu le sommeil comme un acte trop complaisamment humain. Une nuit, pourtant, il s'endormit et ne se réveilla qu'au jour. Indigné contre lui-même de cette faiblesse, il coupa ses paupières et les jeta loin de lui, comme des morceaux de basse et vile chair, l'empêchant d'atteindre à la perfection surhumaine à laquelle il aspirait.

Or ces paupières sanglantes prirent racine à la place où elles étaient tombées sur la terre, et un arbrisseau poussa, donnant des feuilles que les habitants du pays cueillent et dont ils font une infusion parfumée qui chasse le sommeil.

Mardi 19 avril

Dîner chez Zola.

Aujourd'hui, il joue l'affectuosité, a des *Mon bon ami* à tout bout de champ et se montre d'une *débonnarité* toute chrétienne pour Loti. Quant à Mme Charpentier, dans son rôle de directrice de la *Société maternelle,* on peut la comparer à une goutte d'eau sur une poêle : son activité en a le tressautement. Elle a vu aujourd'hui le préfet de police, un ministre, cinq ou six chefs de bureau, et surveille en personne les répétitions de la représentation de THÉRÈSE RAQUIN, qu'on va jouer au Vaudeville au profit de l'œuvre.

Mercredi 20 avril

De Béhaine déjeune chez moi. Il se plaint de l'incompréhension des républicains, qui ne se rendent pas compte qu'il y a un pont entre le Saint-Siège et Cronstadt et qu'en ce moment l'alliance russe est compromise et en suspens.

Nous causons du mariage du jeune Popelin et du trouble que ce mariage a jeté rue de Berri. Il me dit — je ne sais pas, diable, d'où il tient cela — que la Princesse a eu des fureurs d'enfant, qu'elle a voulu empêcher ce mariage, mais qu'elle s'est calmée sur ce qu'on lui a appris que Mme Doumerc était la cousine de Mme Carnot, et que son imagination lui a fait craindre d'être exilée... Si c'est vrai, c'est vraiment bien ironique, cette pauvre Princesse ayant la crainte d'être renvoyée de France par les menées de Mlle Abbatucci !

Jeudi 21 avril

C'est étonnant comme les animaux, même un peu sauvages, quand ils souffrent, cherchent à se rapprocher de l'homme et à obtenir un peu de sa commisération. Voici cinq, six jours que la chatte est en mal de chats. Eh bien, voici la pauvre bête dans sa souffrance ayant besoin qu'on soit près d'elle et elle vous suit de ses grands yeux tristes, quand on s'éloigne, et elle vous salue d'un petit miaulement, quand on revient, et elle vous remercie de votre caresse par un petit ronronnement tout doux. Vraiment, ils sont curieux, chez ces ignorants de la maladie, les regards profonds avec lesquels ils semblent vous demander de leur ôter leur mal.

Ce matin, il lui est né deux petits chats noirs, qui la tètent avec les tortillonnements avides de sangsues aspirant du sang.

Merveilleuse est la faculté d'imitation que possède Léon Daudet, et c'est, dans l'imitation de la voix, non seulement l'imitation de la voix, mais du personnage moral. Successivement, il fait Hermant, à croire que c'est Hermant qui parle ; il fait Zola, avec l'hypocrisie italienne de ses phrases scandées de *Mon bon ami.* Il fait Mariéton avec son bégaiement, il fait Neveux avec son roucoulement de la gorge. Mais son chef-d'œuvre, c'est l'imitation d'un Anglais philosophique et asthmatique, dont il donne à la fois les titubations de concepts étranges dans une langue étrangère et le râle du larynx, et cela d'une façon extraordinaire !

Du reste, ce don de l'imitation, il le tient de sa mère, qui est inimitable dans les traînements colères de la voix canaille de Mme Zola, quand sa mauvaise humeur en fait une harengère.

Samedi 23 avril

Déjeuner à Versailles avec les Daudet, chez le ménage Lafontaine.

Un gentil petit intérieur, mais un fichu déjeuner cuisiné par le maître de la maison, qui a la prétention de faire la cuisine comme pas un ! Une malheureuse idée aussi du maître de la maison : pour donner un caractère à la petite fête, il a fait allumer les bougies de la suspension de la salle à manger, que la superstitieuse Mme Daudet fait éteindre.

Tout en servant, Lafontaine raconte — et comme un comédien raconte, avec des temps et des jeux de physionomie — cette jolie anecdote. Il avait cédé, vendu un Ruysdael, trouvé en Hollande, à Adolphe Rothschild et venait de le lui livrer, quand le baron, dans la joie de son acquisition, se laissa aller à lui dire en forme de politesse : « Mais la baronne vous verrait avec plaisir. » Et le baron entraîne Lafontaine dans une pièce où la baronne, montée sur un escabeau et ceinte d'un tablier, nettoyait elle-même ses curiosités, entourée d'une vingtaine de larbins en mollets, qui lui passaient les objets placés sur une table et qu'elle replaçait dans une vitrine, après les avoir soigneusement frottés avec du vieux linge. « Et vous savez, il y en avait pour des centaines, des centaines de mille francs, dans les bibelots couvrant la table ! »

La présentation faite, Lafontaine, en se retirant, attrape un pied de la table, et voici une vingtaine de bibelots par terre. Un silence comme dans les jours tragiques, et la tête de la baronne, vous la voyez... quand un larbin ramasse sur le tapis — un tapis heureusement de cinq pouces d'épaisseur — un objet et, après l'avoir retourné dans tous les sens, le tend à la baronne en disant d'une voix de domestique : « Intact ! » Et c'est un autre qui chuchote le même mot ; et pour la dizaine d'objets tombés, c'est bientôt un chœur de larbins répétant : « Intact, intact, intact... » Là-dessus, le baron, prenant à bras-le-corps le comédien, le porte presque dehors en lui disant : « Mon cher, avec votre chance, c'est vous qui êtes la vraie curiosité d'ici ! » Et l'émotion, la suée de Lafontaine fut telle qu'il soutient que la couleur de ses gants avait changé... Et le récit de Lafontaine est coupé par la voix d'Edmée, exaltée par le déjeuner et la partie de campagne et s'écriant dans une espèce de délire : « Oui, moi, à la maison, je fais de la gymnastique et je défonce les canapés... »

Le déjeuner fini, nous partons avec M. de Nolhac visiter les pièces intimes du château historique. Et me promenant dans la demeure de ce grand passé, il me prend une tristesse en pensant à la petitesse du présent... Puis, çà et là, où badaudent des troupes d'ignares, l'histoire parle dramatiquement à l'historien de Marie-Antoinette. Dans cet escalier de marbre, je vois, tirés par les pieds, les deux gardes du corps décapités en bas et dont les têtes furent frisées au bout des piques qui les portaient. En poussant cette porte-fenêtre, je suis sur le balcon où Marie-Antoinette s'est montrée aux cannibales qui demandent les *boyaux de la reine* [1]. Et de la vie tragique ressuscite dans ce bâtiment mort, dans cette nécropole de la monarchie.

Maintenant, l'impression là-dedans, c'est un sentiment d'abomination pour ce bourgeois de Louis-Philippe, qui, avec son musée, ses peintures au rabais, a tué la belle antiquaillerie de cette demeure de la monarchie française au XVIIe et au XVIIIe siècle et n'a pas craint de faire la nuit avec un grand tableau fermant la fenêtre, la nuit dans la salle de bains de Mme Adélaïde, qui est peut-être le plus riche spécimen de la décoration intérieure au XVIIIe siècle.

Et quand nous rentrons, nous trouvons Daudet qui, à la suite de la matelote, des cèpes de conserve, du filet de bœuf mariné du déjeuner, a eu une affreuse crise d'estomac et que nous ramenons couché dans le landau, avec la pâleur et les geignements douloureux d'un mourant.

Dimanche 24 avril

Les Rosny font leur réapparition aujourd'hui à mon *Grenier*. Ils me

1. Allusion à la journée du 6 octobre. Cf. t. I, p. 445, n. 1.

disent avoir été claquemurés chez eux par des embêtements d'argent, et l'aîné m'annonce qu'il veut faire cette année un article où il proclamera bien haut tout ce que j'ai fait en littérature. Mais cela est dit en me remâchant si longuement que je ne suis pas reconnu par les lettrés, pas reconnu par les journalistes, pas même reconnu par les jeunes, que je me demande si cette promesse de ce fameux article n'est pas une manœuvre pour m'embêter !

Je passe un moment chez Daudet, qu'on a été obligé hier de remonter chez lui sur un fauteuil.

Dîner chez les Charpentier.

Il est question de Jacques Blanche. Mme Jeanniot raconte que l'ayant rencontré, après une causerie qui l'avait mené à sa porte, son fils ayant embrassé la main dudit, comme elle lui avait dit : « On n'embrasse que la main d'une femme », son enfant lui avait répondu : « Mais Maman, il a l'air d'une vieille demoiselle. »

Gibert chantait, et j'avais en face de moi une jeune femme d'un blond, d'un blond ! Je me penchais vers mon voisin, qui me répondit : « C'est Mme Dreyfus, la fille de Saint-Victor... » Alors, en la regardant avec mon lorgnon, je retrouvais les jolis yeux de ma filleule, mais sous des cheveux d'une *potasserie* extraordinaire. Je me rappelle alors ses désespoirs d'enfant, confiés à Pélagie, d'être brune et ses jalousies de la blondeur de Madeleine Burty.

Lundi 25 avril

Je le répète, à l'heure présente, la lecture d'un roman, et d'un très bon roman, n'est plus pour moi une lecture captivante et il me faut un effort pour l'achever. Oui, maintenant, j'ai une espèce d'horreur de l'œuvre imaginée, je n'aime plus que la lecture de l'histoire, des mémoires, et je trouve même que dans le roman bâti avec du vrai, la vérité est déformée par la composition.

M. Villard me parlait cet après-dîner de Freycinet comme d'un homme néfaste, d'un homme qui avait manqué tout, depuis les Mines du Midi, où il aurait débuté, jusqu'à la campagne de France, où il avait donné des preuves d'une incapacité notoire. Il m'entretenait de sa jalousie des talents pouvant lui porter ombrage, et me disait que dans cette campagne de France, il s'était refusé à employer un ingénieur nommé Lavallée, un monsieur tout à fait supérieur dans sa partie, et me donnait enfin sur Freycinet l'opinion toute crue de Gambetta.

Un certain soir, M. Villard se trouvait à la *Librairie nouvelle* avec Gambetta, auquel Achille faisait voir des livres nouveaux. C'était le temps où Gambetta commençait à être impopulaire, et une foule qui avait reconnu l'homme politique stationnait à la porte, houleuse, hostile [1]. M. Villard, qui avait sa voiture arrêtée devant la boutique,

1. Add. éd. : le mot *stationnait*.

lui prenait le bras, lui faisait traverser vivement un groupe qui l'apostrophait du nom de tyran, l'aidait à monter dans sa voiture, où une conversation libre et expansionnée s'établissait entre les deux hommes et où, le nom de Freycinet ayant été prononcé par M. Villard, Gambetta s'écria : « C'est un con... C'est un con ! » Et ce fut là toute son appréciation de l'homme.

Mardi 26 avril

Les anarchistes : des adversaires politiques ? Allons donc ! Ces gens dont les moyens d'arriver sont l'assassinat et le vol... Ils doivent être considérés comme des voleurs et des assassins.

Mercredi 27 avril

Ah ! les lâches que ces jurés de Ravachol ! Ah ! le misérable coyon que ce président Guez ! Oui, si l'état de siège n'est pas proclamé un de ces jours et si ces gredins ne sont pas jugés par des commissions militaires, la vieille société peut faire ses paquets, et elle est foutue, foutue !... Et dans de pareils moments, cette Chambre absente et ce Carnot ne la convoquant et ne la forçant pas à prendre des mesures de salut public [1] !

Ce soir, Straus disait qu'il y avait cinq jurés qui avaient voté la mort, dont deux étaient si indignés du vote de leurs autres collègues qu'ils ne voulaient pas rentrer dans la salle d'audience.

Vendredi 29 avril

Je dînais hier au café Riche. A la table à côté de moi étaient assis deux messieurs. L'un, la rosette d'officier de la Légion d'honneur à la boutonnière et semblant un parlementaire, toutefois d'aspect courtaud, commun, et presque monosyllabique dans sa conversation. L'autre à l'aspect d'un publiciste de province, exubérant et commis-voyageur en diable, parlant très haut et de temps en temps jetant un mot à effet pour l'épatement de la salle.

Le beau et sonore parleur venait de dire tout haut qu'il y avait à son âge une baisse dans l'appétit et dans d'autres fonctions plus intimes, en y ajoutant un *Mais cependant...*, avec un sourire inénarrable, quand il s'écria :

« Avez-vous lu le JOURNAL DES GONCOURT ? »

1. Le 26 avril, Ravachol comparaît devant les assises de la Seine. S'en prenant aux magistrats qui avaient figuré au procès des anarchistes de Clichy, il avait fait sauter à la dynamite, le 11 mars, l'immeuble où résidait le président Benoît, 136, bd Saint-Germain, et le 27, la demeure du substitut Bulot, rue de Clichy. Ravachol et son complice Simon sont condamnés aux travaux forcés à perpétuité et les trois autres inculpés sont acquittés. Mais le 21 juin, Ravachol répondra devant les assises de la Loire, à Montbrison, de trois assassinats qu'on lui attribuait et qui étaient antérieurs à ses attentats parisiens, et il sera condamné à mort et exécuté le 11 juillet.

L'AUTRE. — Hein ?... les cinq volumes ?

LE PARLEUR. — Non, je parle du volume de 1870... Les autres, je n'ai lu que des extraits... Ah ! mais vraiment, celui-là est très curieux.

L'AUTRE. — Trop question de lui, de sa collection...

LE PARLEUR. — Mais non, non... je ne trouve pas tant d'*égotisme* que ça.

L'AUTRE. — On l'a joliment *renfoncé*... Toucher à Renan !...

LE PARLEUR, *prenant ma défense.* — Mon cher, que Goncourt soit un *pignouf*, bien... Mais ce volume, vous aurez beau dire... Oui, que Goncourt soit un *pignouf*, c'est accordé... Mais il y a dans ce volume de 1870...

Pourquoi cette note m'ennuie-t-elle à écrire ? L'injure des paroles de mon défenseur, ne s'adressant pas personnellement à moi, ne m'a pas touché ; mais je souffre un peu de l'opinion certainement générale que le journalisme hostile à ma personne a donnée de moi, à tous ceux qui ne savent pas se faire une opinion personnelle sur ce qu'ils lisent.

Les observateurs doivent reconnaître au pas des agents de police en bourgeois, à ce pas régulier, tranquille, cadencé qui est le pas des sergents de ville.

Samedi 30 avril

Quand on commence à collectionner, devant le nombre des objets qu'on trouve au commencement de sa chasse et de sa recherche, on croit que la matière est inépuisable, qu'il y en aura toujours chez les marchands. Non, on se trompe, et il n'y en a plus sur le marché au bout de très peu de temps. En effet, depuis bien, bien longtemps, des gravures françaises du XVIIIe siècle dont il y avait des cartons bondés sur tous les quais, il n'existe plus que celles classées, dans les collections [1].

Et les belles impressions japonaises, depuis tout au plus une douzaine d'années qu'on les recherche, c'est fini d'en trouver chez Bing et Hayashi, et il semble même que malgré tous leurs efforts, ils n'en peuvent plus découvrir au Japon.

C'est étonnant comme le transport sur pierre apporte chez Raffet d'effet, de magie, de maîtrise à ses mines de plomb — au fond, gentillettes et d'un faire bien petiot.

Dimanche 1er mai

Aujourd'hui où l'on ne sait si la société française ne sera pas mise à cul et si un gros morceau de Paris ne sera pas dynamité, l'heureux Poictevin fait son entrée chez moi, tout éjoui, tout hilare, tout rayonnant, de la découverte de trois ou quatre épithètes, arrachées au

1. Passage rayé : *par toute la place du Carrousel*, après *des cartons bondés sur tous les quais...*

laborieux enfantement de sa pauvre cervelle ces jours-ci, et me fait hommage, comme à son procréateur, de gestes *lénifiants*, de bois *haleinés*, etc., etc. Il est dans une sorte d'extase bouddhique à propos de la trouvaille de *translucidement triste* pour peindre je ne sais plus quoi, et il dit à ce propos, assez éloquemment, qu'il n'y a de synonymes que pour « les âmes non nuancées ».

Mais sa gloire, son triomphe, fait-il avec de petits râles joyeux qui s'étouffent dans sa gorge, c'est le soulignement, comme marqué d'admiration, du correcteur de Lemerre, le soulignement d'une phrase où il compare les paupières d'une vierge aux pâles pétales d'une fleur — qui est, hélas ! presque comme toujours une réminiscence un peu dissimulée des paupières lobées d'une Alsacienne de mon JOURNAL [1].

Puis après des exaltations au rire fou, je cherche à le ramener, du latin de saint Bonaventure et de la *douce altitude de Dieu*, sur la terre et au premier... Mais il me consulte sans, bien entendu, écouter ma critique, sur cette phrase : « Le signe de la croix inscrit sur la personne humaine les quatre points cardinaux de l'espace spirituel, dans la rose des vents de la destinée humaine. »

Je traverse, en sortant de mon *Grenier*, les Champs-Élysées. Un désert où passent des voitures vides. Paris semble avoir été dépeuplé par une peste.

Nous causions ce soir avec Daudet de ce parti de l'anarchie, de ce parti destiné à devenir immense, de ce parti en train de recruter tous les ratés, tous les cocus, tous les bossus, tous les mécontents physiques et moraux de la vie, et nous parlions des comiques colères de notre cher Frantz Jourdain, abonné à LA RÉVOLTE, contre les bourgeois et des amusantes dislocations de son corps renversé, quand il prononce ce sale nom [2].

Neveux parlait ce soir de la méchanceté noire de Fabre, le romancier, son collègue à la Mazarine, et Daudet la définissait, cette méchanceté, en disant qu'elle joignait à la *mauvaiseté* du prêtre l'aigu de la maladie nerveuse.

Mercredi 4 mai

De Béhaine disait chez la Princesse que le pape, à quelqu'un lui demandant ce qui l'amusait encore, répondait : « La lecture d'une belle page de Cicéron. »

Après dîner, je vais causer un moment avec la Princesse de l'état de Popelin, qui serait assez malade, qui aurait des étouffements le forçant à se coucher dans un fauteuil. Elle me parlait d'une analyse

---

1. Cf. t. II, p. 953.

2. LA RÉVOLTE, anarchiste, est le journal de Jean Grave, qui a succédé le 10 sept. 1887 au RÉVOLTÉ et paraîtra jusqu'au 10 mars 1894. Par opposition au PÈRE PEINARD, d'allure beaucoup plus populaire, LA RÉVOLTE est doctrinale et sévère, c'est « LE TEMPS de l'anarchie ». Cet hebdomadaire a compté parmi ses abonnés Aurélien Scholl, France, Mallarmé, Georges Lecomte, etc.

de ses urines, faite dernièrement, et jugée mauvaise, et dans laquelle on aurait constaté une agglomération de petits cristaux provenant des reins.

Puis aussitôt, passant du père au fils, elle se montre heureuse que le futur époux de Mlle Doumerc soit venu lui demander d'aller voir son père, lui ait écrit qu'elle serait toujours bien reçue rue de Téhéran. Et voilà l'altesse qui laisse éclater sa reconnaissance de ce que cette démarche ait été faite d'une manière presque affectueuse et, faisant allusion à Mlle Abbatucci — en tripotant, moitié mélancolique, moitié irritée, la chaïr un peu exsangue de ses bras ronds et de ses belles mains blanches —, s'écrie : « Pour moi, ce qui s'est passé, c'est la bouteille à l'encre... C'est la bouteille à l'encre ! » Ma foi, tant mieux, la pauvre vieille amoureuse se satisfait de peu !

Jeudi 5 mai

En me rendant dans le bateau chez Daudet, je pensais à la méchanceté des femmes, à la méchanceté des mauvaises femmes, que La Bruyère a dit pire que la méchanceté des hommes, je pensais à la méchanceté de Mlle Abbatucci, à la méchanceté de Mme de Nittis [1].

Je venais à peine de m'asseoir chez Daudet dans mon fauteuil, lorsque Mme Dardoize vient me *ragoter* que Mme de Nittis continue à avoir une haine folle pour moi, que je la force à publier ses mémoires pour se défendre de mes allégations — notez que je n'ai dit que du bien d'elle et de son mari —, qu'elle a été contrainte de résilier ses traités avec Dentu, parce que je suis puissant à L'ÉCHO DE PARIS : ici, Mme Dardoize ni moi nous ne comprenons... Enfin, dans cet entretien, ce jour-là, avec ladite Dardoize, Mme de Nittis s'étendait sur les horreurs que j'avais dites d'elle à un sculpteur nommé, je crois, Malato, dans un dîner chez Charcot. Or, je n'ai jamais dîné chez Charcot, ayant refusé sa première invitation, cause peut-être des fureurs à mon égard de l'orgueilleux ménage médical. Vraiment, c'est dangereux de permettre à une folle comme ça de vivre en liberté.

Vendredi 6 mai

Je lis dans l'EN DEHORS un article en faveur de Ravachol, par cet homme de talent qu'est Mirbeau [2]. C'est embêtant... Et penser que ces partisans de l'anarchisme et du régime égalitaire que ça doit amener, Mirbeau comme le bon Scholl, sont des messieurs à qui il faut pour vivre et la femme et le boire et le manger cotés dans les plus hauts prix, des

1. La Bruyère a dit moins nettement : « Les femmes sont extrêmes : elles sont meilleures ou pires que les hommes. » (CARACTÈRES, III, 53).

2. L'EN DEHORS de Zo d'Axa vit du 5 mai 1891 au 19 févr. 1893. Il a eu parmi ses collaborateurs des écrivains célèbres, Verhaeren, Saint-Pol-Roux, Descaves, Mirbeau, etc. Il est encore plus nihiliste qu'anarchiste. L'*en-dehors*, dit Zo d'Axa, est « celui que rien n'enrôle et qu'une impulsive nature guide seule ».

messieurs qui dépensent une soixantaine de mille francs par an : je pense à ces messieurs soumis au régime des jouissances à bon marché de l'anarchie régnante.

Je tiens et manie un étui de porcelaine de Saxe, à la blancheur de la matière restée onctueuse, malgré son durcissement par le feu : cet étui de porcelaine, c'est comme si j'avais un morceau de savon dans la main.

Samedi 7 mai

Je passe à six heures prendre des nouvelles de Popelin. Je trouve à ses côtés la Princesse, ayant derrière elle une fenêtre dont le jour illumine son profil de gauche, dessinant toutes les petites rides de sa peau, qui ressemble à du basin aux toutes petites côtes. Je ne m'étais jamais aperçu comme aujourd'hui de la vieillesse de sa pauvre figure.

De là, je vais dîner chez Pierre Gavarni.

« Oui, Corot ne se servait jamais de vert... Il obtenait ses verts avec le mélange des jaunes avec du bleu de Prusse, du bleu minéral... et je vais vous en donner une preuve irrécusable. »

C'est le vieux peintre Decau, ami de Corot, qui demeure dans la maison de Gavarni et qui redescend quelques instants après, avec la blouse que Corot mettait pour peindre et qui est l'assemblage de deux tabliers de cuisine d'un bleu passé, avec, dans le derrière, un morceau neuf d'un bleu vif, morceau remplaçant le bas de la blouse brûlé comme un poêle... En effet, la blouse est toute couverte d'une pluie de taches tendres où manque le vert.

Decau a descendu avec la blouse une esquisse, où il a représenté le père Corot en train de peindre dans la campagne, recouvert de cette blouse : esquisse où, avec la révolte des cheveux blancs de sa tête nue, son teint de vivant en plein air, sa pipe en racine lui tombant de la bouche, il a tout l'air d'un vieux paysan normand.

Et Decau nous donne la formule du père Corot pour faire des chefs-d'œuvre en face de la nature :

« S'asseoir au bon endroit », ainsi que l'enseignait son maître Bertin, « établir ses grandes lignes, chercher ses valeurs », et, se touchant tour à tour la tête et la place de son cœur, « mettre sur sa toile ce qu'on a là et là ».

Decau ajoute : « C'était un peintre du matin, et non de l'après-midi ; il ne peignait pas quand il faisait grand soleil, disant : « Moi, je ne suis pas un coloriste, mais un harmoniste ! »

« Figurez-vous, reprend Decau, que Corot est resté jusqu'à quarante-cinq ans comme un petit enfant chez son père, qui ne croyait pas le moins du monde à son talent. Et il arrivait qu'un jour, Français ayant dîné chez le père de Corot, ce père, au moment où Français allait sortir, lui dit qu'il allait le reconduire ; et comme son fils s'apprêtait à le suivre, il lui fit signe de rester. Et dans la rue : « Monsieur Français, est-ce que vraiment mon fils aurait du talent ? — Comment, répondait Français, mais c'est mon professeur ! »

Dimanche 8 mai

La toquade mystique dont la France est atteinte s'est révélée cette année jusque dans la coiffure des modèles et des maîtresses de peintres, apparaissant aux *vernissages* avec des bandeaux à la Vierge et des têtes imitant les têtes des tableaux primitifs.

Rodenbach croit plus tard en littérature à un grand mouvement lyrique sur l'industrie, et il parle très éloquemment des mouvements recueillis, de l'aspect presque religieux des occupations mécaniques, enfin d'une synthèse poétique du travail ouvrier, d'une étude au-delà de la simple photographie littéraire.

On cause dynamite, on cause moyens de destruction et moyens de défense des êtres et des choses, et j'apprends une chose assez ignorée, c'est que le musée d'Anvers, ville dont la destination est d'être bombardée, a des murs pouvant rentrer sous terre, avec les tableaux qui y sont accrochés.

Lundi 9 mai

Daudet, qui venait d'apprendre que l'étude qu'il avait laissé faire de lui par un sculpteur du temps de sa jeunesse était devenue un ange de l'église Sainte-Perpétue à Nîmes, me faisait part de ce détail de la vie de Barrès, qu'on tenait d'une cousine de la femme du jeune écrivain.

Barrès, tout fraîchement marié qu'il est, a une maîtresse, une vieille chaîne qu'il n'a pas rompue ; et pour l'entretenir, il a persuadé à sa femme que chaque fois qu'il écrit au FIGARO, il est obligé de payer 500 francs, ce qui faisait dire un jour à la grande innocente : « C'est ennuyeux... Ce mois-ci, voilà deux articles de mon mari dans LE FIGARO : ça nous coûte 1 000 francs... Mais enfin, la publicité du FIGARO... » Donc, les 500 francs pris au ménage et les 150 ou 200 francs dont est payé l'article, ça fait l'entretien mensuel de la maîtresse.

Et Daudet ajoutait que la fameuse de Loynes, la ci-devant Tourbey, dont Barrès lui avait dit qu'elle ne méritait aucune considération, qu'elle était la dernière des dernières, il savait par son frère que ledit Barrès tâchait d'y passer sa vie et qu'il s'efforçait de lui persuader qu'il était son plus chaud ami.

Dans cette vie renfermée, sans exercice, un peu hallucinée par la morphine et toute donnée, jour et nuit, à la lecture de livres de toutes sortes, Daudet arrive à un état d'exaltation d'esprit, de griserie, pour ainsi dire, d'un bouquin, toute particulière. Je l'ai remarquée, cette griserie, pour le livre de Stanley, pour les MÉMOIRES de Marbot, et il y a dans cet emballement pour ces livres de vérité une pente de l'esprit du romancier qui me semble le retirer des livres d'imagination et le mener un jour à la fabrication de livres historiques.

Mardi 10 mai

Paresse.

La contemplation des pivoines du Japon s'ouvrant au soleil avec leurs couleurs soyeuses, et leur grand dessin floche, loin, loin des colorations coloristes des peintres des deux expositions [1].

La lâcheté, c'est dans le moment la maladie de la nation française. Lâcheté des bourgeois devant les anarchistes, lâcheté des littérateurs arrivés devant les plumitifs canailles. Voilà Zola, Coppée, présidant lâchement ces banquets de LA PLUME, ce journal dont la critique consiste à demander la mort des littérateurs qui ont un nom et dont le rédacteur en chef a été le complice dans la vente du manuscrit volé par N... chez Daudet.

Le sommeil de la sieste : un curieux sommeil, où, au milieu de l'espèce de l'évanouissement de l'être, il y a, je dirais, une perception poétique de ce qui passe autour de ce sommeil.

Mercredi 11 mai

J'ai reçu hier une lettre d'une femme qui signe Camille Grisart, se disant âgée de vingt-trois ans et ayant eu quelques années une vie très agitée, et me proposant de faire de sa vie un roman — destiné à avoir le plus grand succès. Je n'ai pas eu même la curiosité de voir la femme.

Coppée dîne ce soir chez Daudet, Coppée qui a présidé, ces jours-ci, la banquet de LA PLUME [2].

Il est comme toujours amusant, mais aujourd'hui un peu fatigant avec sa gaîté fouettée, son intarissable faconde gouailleuse, ses pitreries, genre *Chat Noir*, son incessant rire, *allumeur*, bon gré mal gré, du rire des autres. Un moment, Daudet ne peut s'empêcher de lui parler de la canaillerie du journal LA PLUME ; et un peu gêné, Coppée cherche à se faire pardonner dans la maison sa présidence par de la blague : « Zola, qui l'a présidé, a dit que c'était par curiosité. Moi, je l'avoue, c'est par lâcheté ! » Et vraiment sur sa lâcheté, il a l'éloquence de Panurge, se gabelant sans pudeur de sa personne et de ceux qui l'ont nommé président, sans lui reconnaître aucun talent. Or je ne puis me tenir de lui dire : « Oui, ç'a été un échange de lâchetés entre ceux que vous dites et vous, mon cher Coppée, qui avez subi l'honneur de cette présidence par la crainte d'attaques de leur part. » Il ne me répond pas, mais se retranchant derrière Zola, qu'il montre encore plus lâche que lui : après son discours, excusant les erreurs de correctionnelle de ce jeune monde, Retté lui ayant jeté : « Vous, vous êtes l'ennemi », Zola, faisant une place à côté de lui, répondait à Retté : « Venez donc,

---

1. Cf. t. III, p. 425, n. 1.

2. Outre les soirées du samedi au *Soleil-d'Or*, place Saint-Michel, la revue de Léon Deschamps, LA PLUME, organisa, dans divers restaurants du Quartier latin, des dîners mensuels, présidés par des personnalités souvent étrangères au symbolisme. Scholl inaugura la série de ces présidences le 8 mars 1892. Le 12 avril, Zola but « à la jeunesse » et déclara : « Il faut qu'elle soit injuste si elle veut créer des œuvres originales... Pour moi, je ne vous demande ni justice ni sagesse. » Le 10 mai, Coppée lut un sonnet complaisant : « Je suis un *pompier*, soit. Je ne suis pas pompeux. » Ensuite viendront Claretie, Vacquerie, Leconte de Lisle, Mallarmé, etc.

mon cher confrère, causer un peu avec moi », et cherchait bassement à l'engluer [1].

Là-dessus, Mme Daudet jette à Coppée :

« Voyons, pourquoi n'avez-vous pas fait donner le prix de poésie à Rodenbach ?

— Pourquoi, pourquoi ? Parce que nous sommes trois à l'apprécier à l'Académie... et que les autres, s'ils avaient entendu de ses pièces, se seraient roulés... D'ailleurs, Rodenbach, c'est connu, il a commencé par me plagier, puis il a plagié Bourget et maintenant, il plagie les décadents.

— Mais non, dis-je, je ne vois pas qu'il plagie du tout les décadents... »

Et mes paroles laissent entendre à Coppée que je regarde Rodenbach comme le poète de l'heure présente. Coppée se dérobe encore, répétant dans un enrouement comique : « Mais personne n'a de talent, personne n'a de talent », phrase qu'il répète plusieurs fois comme un refrain de chanson : un *tic* curieux qu'a le poète, et je pourrais citer à toutes mes rencontres une phrase drolatiquement *bêtasse* lui revenant toute la soirée.

Et la conversation est emportée vers Barbey d'Aurevilly et ses récits toujours étonnamment grandiloques. C'est ainsi que parlant de la constipation d'un ami, qui depuis trois semaines n'avait pu aller aux *lieux* et qu'il disait qu'il « avait le teint d'une couleur, d'une couleur... », répondant à l'interrogation des yeux de ceux qui l'écoutaient, il finissait ainsi sa phrase : « d'une couleur que je n'ose pas vous nommer ! »

Puis les individus abandonnés, l'on cause de la littérature, de ses modes, de sa fabrication, et je dis que dans tous les romans anciens, on ne sait pas où ça se passe et qu'il n'y a que dans les romans de ce temps où l'on perçoit le milieu d'une action romanesque, où l'on sait qu'on est en Orient ou en Occident, en France ou en Espagne, à Paris ou en province, au faubourg Saint-Germain ou au faubourg Saint-Honoré, et cela par la vertu de la description qu'on a tant blaguée ; et cherchant dans le passé, l'on cite l'acacia de Rousseau et l'allée d'arbres de LA PRINCESSE DE CLÈVES, dont personne ne peut se rappeler l'essence [2].

Rodenbach, qui vient d'entrer, au bout de quelques instants s'assoit à côté de moi et me dit à voix basse :

« Coppée m'a éreinté ?

1. Texte Ms. : *encore plus lâche que lui et auquel après son discours...*

2. Dans LA NOUVELLE-HÉLOISE (IV, XI), le bocage aux oiseaux, aménagé à Clarens par Julie de Wolmar, comporte des acacias, mais au milieu d'autres arbres. Confusion avec le noyer de la terrasse à Bossey ? Cf. CONFESSIONS, Livre I, éd. Grosclaude, 1947, p. 43). — Pour le roman de Mme de la Fayette, l'allusion n'est pas non plus très nette : il existe bien devant la maison de campagne de M. et Mme de Clèves « une grande allée de parc » que découvre M. de Nemours (nouv. éd. 1925, p. 158) ; mais nous pensons qu'il s'agit de l'épisode suivant : M. de Nemours, étant venu guetter Mme de Clèves par la fenêtre du pavillon où elle se retire, s'en revient tout rempli de sa passion « sous des saules, le long d'un petit ruisseau qui coulait derrière la maison ».

— Mais non, non...
— Voyons, qu'est-ce qu'il a dit ?
— Eh bien, il a dit qu'il n'y avait que trois hommes à l'Académie capables de vous apprécier... puis enfin, il a signalé en vous un rien de décadentisme.
— Ah, le méchant vieux gamin !... Il y a quelques jours, je me suis trouvé dans une maison avec lui, et il a été mauvais, mauvais à votre égard, sachant que cela m'était désagréable à entendre. »

Après un silence, il reprend :

« Mais savez-vous, ce dont certes vous ne pourriez vous douter, que c'est lui qui est venu me trouver, que c'est lui qui m'a presque sollicité de présenter mon livre, que c'est lui qui m'a assuré que j'aurais le prix, me disant que ce prix avait une importance, que je serais décoré après [1] ? Et c'est lui qui a fait en sorte que, pour la première fois, ce prix n'a pas été donné, quand Dumas, peut-être par une espèce de reconnaissance pour l'hospitalité donnée à son père par mon grand-père, déclarait tout haut en pleine Académie qu'il n'y avait que moi qui le méritais [2]. »

En sortant de chez les Daudet, le ménage Hippolyte Fournier, cherchant, sans la trouver, une définition de la beauté venue à Mme Daudet depuis quelques années, je leur dis : « C'est une beauté louis-quatorzième avec un sourire moderne ! »

Vendredi 13 mai

Déjeuner avec Hayashi, partant ce soir pour le Japon.

Le côté caricatural des bonshommes chez Hokousaï, Hokkei, Hiroshighé, enfin chez presque tous les artistes japonais, apprend aux intelligents, avant d'être en rapport avec les naturels du pays du Lever du Soleil, que c'est un peuple à l'esprit ironique, blagueur.

Au Salon du Champ-de-Mars [3].

L'art industriel français, sous le coup de fouet de l'art japonais de la vie intime, est en train de tuer le grand art. La cruche d'étain de Baffier, les vases en terre à amours et à femmes mythologiques en relief de Joseph Chéret, la commode aux hortensias de Montesquiou-Fezensac : c'est là le véritable original art de cette exposition.

Samedi 14 mai

Frantz Jourdain vient déjeuner avec moi et me lire des fragments

1. Rodenbach présentait à l'Académie BRUGES LA MORTE, qui paraît le 20 mai 1892.
2. Le docteur Constantin-François Rodenbach (1791-1846), un des artisans de l'indépendance belge, député dès 1831, fut, de 1832 à 1840, commissaire du district de Malines et tint un salon politique et littéraire largement ouvert aux étrangers : Dumas conte, dans ses EXCURSIONS EN BELGIQUE ET SUR LES BORDS DU RHIN (1841, t. 1, p. 221), comment à Malines le Dr Rodenbach lui offrit l'hospitalité lors des cérémonies d'un jubilé auquel assista Dumas. (Cf. Pierre Maes, GEORGES RODENBACH, Gembloux, 1952, p. 23.)
3. Cf. t. III, p. 425, n. 1.

d'un livre dont je lui ai donné l'idée. C'est un roman où, sous un nom supposé, il raconte son enfance, sa jeunesse, son passage à l'École des beaux-arts, son apprentissage du métier d'architecte [1]. Et l'intéressant bouquin est presque tout le temps soutenu par de la vie vécue ; seulement, l'engueulement qu'il met dans ses indignations parlées, il a tort de le transporter dans sa prose.

On m'avait dit que Carrière était une *rosse*, qu'il avait montré, à propos d'une commande de l'Hôtel de Ville à Chéret, une animosité indigne. Frantz Jourdain m'affirme que même tous les jours, il n'est pas bien bon pour l'ami Geffroy, et dans les milieux hostiles au critique. Si ça est vraiment, c'est épouvantable ! Geffroy, le chantre de son talent en tout endroit de sa copie, Geffroy qu'on appelle dans notre monde, à cause de son adoration tendre et soumise pour sa peinture, *la Femme du peintre* !

Dans la soirée, je vais faire une visite à la comtesse Greffulhe, qui m'a prié, ce soir où elle est seule, de venir causer de neuf à onze heures, voulant, m'écrit-elle, me présenter au buste de Houdon dont elle vient d'hériter.

Dans le crêpe, un peu décolletée, elle est charmante, et sa plainte d'avoir passé toute sa jeunesse dans le deuil n'est pas bien sérieuse.

Le buste de la DIANE jusqu'au-dessous des seins, jusqu'à la naissance de la taille, ce buste à la coiffure en croissant, aux coins de la bouche dédaigneusement tombants, est d'un modelé délicieusement humain, et dans un beau marbre blanc qui a comme une patine chaude. Et voici la comtesse ouvrant un immense carton et me faisant comparer le buste avec les photographies de la statue en pied de l'Ermitage, que lui ont envoyées les grands-ducs de Russie, statue exécutée en 1780 et qui est bien certainement une répétition agrandie du buste portant la date de 1778 — statue d'une réalité un peu trop matérielle pour une divinité et dont les photographies nous montrent indiquée la fente de pêche de ses parties naturelles.

J'ai mis la main sur un volume que je croyais imprimé et qui est écrit en caractères d'imprimerie d'une façon à tromper. Ce sont les petits poèmes littéraires de sa fille, contés le matin à sa mère pendant sa toilette et que la petite fille, alors âgée de cinq à sept ans, disait avoir le besoin de dire, sans quoi elle *éclaterait* ; ce sont LES PETITS CAILLOUX, où elle demandait aux petits cailloux pourquoi ils brillent au fond de l'eau et où ceux-ci répondent que c'est pour regarder les petites filles dans la prairie. C'est la pièce composée à Dieppe, où le gris, la tristesse du plumage des oiseaux de la mer l'amène à inventer que la mer est faite de leurs larmes — pièce qui a fait interrompre ces petites improvisations, la mère étant effrayée de la précocité mystérieuse de cet enfantin cerveau et consultant un médecin célèbre, qui ne pouvait l'expliquer que par les transmissions non encore étudiées de l'atavisme.

1. Ce sera L'ATELIER CHANTOREL (1893).

Et la causerie va à la commode aux hortensias et aux vers de Montesquiou-Fezensac, à son livre, dont un exemplaire est sur la table, à l'ennui que lui a causé le livre d'Huysmans : À REBOURS, et qui le faisait appeler dans la société : *Des Esseintes*[1].

Puis passant à mon JOURNAL, elle m'attaque gentiment sur mon horreur du progrès dans les choses, me parlant de la vie magique, surnaturelle que lui a faite le téléphone :

« Tenez, dit-elle, il y a une heure, je causais à Londres avec un Anglais pour une affaire que j'ai là-bas... Quand vous êtes entré, je m'entretenais à Bruxelles avec ma sœur, lui disant que je vous attendais... Et déjà dans la journée, j'avais arrangé un mariage et un divorce... Hier, j'étais fatiguée ; je m'étais couchée de bonne heure, mais ne dormant pas, je me suis mise à causer avec un monsieur dont j'aime l'esprit..., mais un monsieur que les convenances m'empêchent de recevoir fréquemment... N'est-ce pas ? dit-elle en riant, c'est singulier pour une femme dans son lit, de causer avec un monsieur qui est peut-être dans le même cas... Et vous savez, si le mari arrive, on jette le machin sous le lit, et il ne voit que du feu.

— Et quand vous causiez... vous étiez en chemise... Dans ce cas, pour une femme qui a un fonds de catholicité comme vous, Madame, la correspondance par téléphone, c'est grave, ça touche un peu au péché !

— Tiens ! c'est vrai, fait la comtesse riant toujours, là-dessus, il faut que j'interroge mon confesseur. »

Dimanche 15 mai

Au *Grenier*, Tissot répétait aujourd'hui une conversation de Whistler, qu'il a pratiqué à Londres : « Millais a fait des portraits qu'il faisait payer 3 000 livres — 75 000 francs —, moi, je veux arriver à gagner autant que lui en en faisant à mille livres. Mais comme il faut que j'en fasse trois au lieu d'un... » Il lui expliquait son procédé ; c'était de prendre une grosse toile torchonnée, comme celle sur laquelle il a peint lady Meux, et des pinceaux plats, avec lesquels il descendait d'une coulée de haut en bas. « Seulement », disait Tissot, et là, je crois bien que c'est Tissot qui parle : « il se plaignait de ne pouvoir faire que des femmes, et pas des hommes les jambes écartées, parce que la couleur leur pissait entre les jambes ! »

Ce soir, à propos de l'air empaillé de Lockroy au dîner de dimanche et du peu qu'il apporte dans le monde, Daudet revenait à ce personnage bizarre, à ce petit homme, fils d'un cabotin, grandi, poussé, élevé dans les coulisses de l'Opéra-Comique, sur les genoux de Mme Gérard, maîtresse du vieux Lockroy, entré à l'atelier de Gleyre, où il était le

1. Cf. t. II, p. 946, n. 1, p. 1083 et t. III, pp. 604-606. — Le livre de Montesquiou, ce sont LES CHAUVES-SOURIS (1892).

plus remarquable faiseur d'imitations, inventeur de calembredaines, exécuteur de tours de force, enfin le pitre le plus extraordinaire. Puis recueilli en Asie par Renan, qu'il avait séduit par son côté débrouillard et sa domesticité de preneur de places et d'arrêteur de paquebots, puis débutant au FIGARO par une série de 15 ou 20 lignes sous le titre de *Menus Propos* qui avait du succès, mais où il se montrait un sous-Rochefort, qu'il fut toute sa vie [1]. Au fond sans instruction, sans humanités, ne sachant ni le latin ni le grec, ayant appris ce qu'il a à l'heure présente, dans la cervelle, de philosophie en causant avec Léon Daudet, encore sur les bancs du collège, et devenu, ô ironie, grand-maître de l'Université..., grand-maître de l'Université ! Et Daudet peignait le petit homme porteur, toutes les fois que le temps le permet, d'un chapeau gris qui est un signe de gravité chez le parlementaire, ne prenant jamais une canne, la canne donnant une apparence de légèreté au porteur, et marchant sérieux, compassé, avec une envie folle de faire de temps en temps un saut périlleux [2] !

Lundi 16 mai

Mme Baignères parlait du divorce de Mme Lippmann qui, ayant fait une collection des *coups de canif* donnés par son mari au contrat, notamment avec une gouvernante, qu'elle avait eue chez elle, lui demandait la garde de ses deux enfants et un million. Mais M. Lippmann, qui avait fait en contrepartie une collection de documents sur les infidélités de sa femme, notamment avec le prince Troubetzkoï, lui offrait la garde du seul enfant qu'il regardait comme sien, avec une maigre pension de 12 000 francs, qu'elle se voyait forcée d'accepter.

Au fond, ces femmes vivant de la vie de théâtre, comme Mme Straus, transportent dans le monde, pour les hommes qu'un succès d'un jour met en vedette, presque les *lichades* des premières représentations ; et Mme Sichel assistait à une entrevue de cette dernière avec le jeune Porto-Riche, où il y avait de l'amabilité baveusement caressante de ces soirées.

Mardi 17 mai

Je reçois une carte de la baronne de Galbois, m'apprenant que Popelin est mort ce matin.

Il a été indigne pour moi, en ces dernières années, et cependant, cette

1. L'allusion à Renan concerne le grand voyage en Syrie et Palestine de 1860-1861 (cf. t. I, p. 585, n. 1). Édouard Lockroy a raconté certains épisodes de ce voyage dans AU HASARD DE LA VIE. Il accompagnait la mission comme dessinateur et se montra, selon Renan, un agréable compagnon de voyage, remportant « des succès inouïs de toutes sortes dans le Liban, surtout quand il chantait LA MARSEILLAISE » (cf. Pommier, RENAN, 1923, p. 136).

2. Texte Ms. : *le petit homme porteur, tout le temps que le permet, d'un chapeau gris...*

mort m'apporte une soirée de tristesse par un retour de ma pensée sur le côte-à-côte de nos deux existences d'autrefois.

Hier, à six heures, le fils Popelin m'avait dit : « Il y a un petit mieux... Ses crachats, de sanguinolents, de bruns, sont devenus verdâtres, enfin d'une meilleure nature... Mais il n'y a pas à se le dissimuler, c'est un homme touché, bien gravement touché... et dont l'existence maintenant demandera à être entourée de grandes précautions. »

Mercredi 18 mai

Je vais ce matin rendre visite à la Princesse. Je me cogne dans la cour contre le vieux Sauzet et je trouve près d'elle Benedetti et Bapst.

Elle est assise, dans une pose anéantie, sur le canapé du fond du petit salon précédant sa chambre à coucher. Ses paroles, dites d'une voix éteinte, sont coupées par de longs temps. Elle dit : « C'est le jour de Pâques, où nous avons déjeuné chez Ollivier... Au bois de Boulogne, il a voulu descendre... Il faisait frais..., je l'en ai empêché, je l'ai ramené ici... Il disait : « Je n'ai jamais été aussi bien ! » Il l'a dit aussi à son fils... C'est la nuit qu'il a été pris de sa crise... Oui, c'était le 17, il y a un mois. »

Au bout de quelques instants de silence, elle reprenait : « Je ne sais plus où j'ai envie d'être... Je veux être chez lui et ici... et je ne peux tenir quelques instants dans aucun endroit... Il est beau..., il y a un repos, une tranquillité dans ses traits... J'aurais désiré que son fils fît son portrait, mais il n'a pas voulu, ni lui ni un autre... C'est vrai que c'est bien triste ! »

Au moment où, la quittant, je vais passer la porte, elle me jette : « Goncourt, c'est loin, nos bonnes années ! »

Jeudi 19 mai

Des fleurs, des fleurs, un amoncellement de fleurs sur le corbillard comme je n'en ai jamais vu ; puis dans l'église tendue du haut en bas de noir, une nuit complète où des centaines de cierges grésillent comme des étoiles de feu... Un enterrement que la Princesse, pour son amant, a voulu princier ; et elle, à l'écart, sous une arcade, voilée des pieds à la tête et pareille à un paquet de noir où il n'y a de blanc que son mouchoir sur la figure, se tient debout, mais comme écroulée.

Nous prenons, Coppée, Heredia et moi, un coupé, et nous voilà quittant le convoi et le précédant par les rues, au cimetière du Père-Lachaise. On cause du mort. Heredia dit que ce sont les scènes qu'il a eues avec la Princesse, à propos du mariage, qui ont amené la crise qui l'a tué — ou, du moins, Popelin donnait cette cause à sa maladie, il y a quinze jours.

Et comme on parle de son beau dédain de la mort, j'ai dit qu'il a pu exister quand la mort était lointaine, mais qu'il n'existait pas chez lui ces jours où elle était toute prochaine et qu'il avait dit à Yriarte tout dernièrement, en parlant du capitaine Riffault, neveu de Mme de Galbois : « Je lui ai trouvé vraiment bonne mine... Est-ce heureux qu'il ne sache pas qu'il a une angine de poitrine et qu'il peut passer en nouant les cordons de ses souliers !... »

Coppée parle de Mendès, auquel il trouve la figure bien fripée, de Verlaine, qu'il dit sentir la cage d'oiseau mal tenue, pas nettoyée...

Nous sommes depuis une heure au Père-Lachaise, quand, précédant le convoi, arrive la Princesse qui, en dépit des exhortations de Benedetti, a voulu absolument venir au cimetière.

Elle descend de sa voiture, en une douleur comme colère, et jette au concierge, qu'elle a entendu demander à Heredia, en parlant de Popelin, s'il était un peintre d'histoire, jette impérialement : « Certainement ! »

Enfin arrive le convoi, et nous voilà en face du caveau où, tout en avant, détachée de tout le monde, la Princesse agenouillée sur la terre, la tête un peu appuyée à un petit arbre, prie pour le mort aimé, en un aveu bravement affiché de sa liaison.

Mais je reconnais, dans un groupe de femmes noires, le profil de Mlle Abbatucci qui vient se placer derrière elle, pour être la première après la Princesse à jeter de l'eau bénite sur la bière. La Princesse l'a-t-elle vue ? Comme un ressort qui se distend, elle traverse d'un pas précipité l'allée, prend le goupillon, le repasse fiévreusement à Heredia, comme si elle avait la crainte de rencontrer la main de son ancienne demoiselle d'honneur, et disparaît.

Vendredi 20 mai

Il n'y a plus qu'une chose qui m'amuse, m'intéresse, m'empoigne : c'est une conversation entre lettrés sympathiques, dans l'excitation d'un peu de vin bu à dîner.

A la *grrrrande* représentation de THÉRÈSE RAQUIN, au bénéfice de la *Pouponnière* de Mme Charpentier.

Le mal qu'on peut dire de cette pièce, où il y a du Henry Monnier battu avec un gros drame du Boulevard, c'est qu'elle aurait bien certainement mérité les éloges de Sarcey, si Zola n'était pas romancier.

Une jeune femme, que j'ai au balcon à ma droite et que j'ai dérangée cinq ou six fois en sortant dans les entractes, me dit, la dernière fois que je le fais : « Comment, monsieur de Goncourt, vous ne reconnaissez pas Renée Mauperin ? » C'était Cerny, la gentille actrice qui avait joué à l'Odéon la pièce de Céard. Et j'avais derrière moi une vieille femme sourde, que je n'avais pas regardée et que j'aurais donnée au diable, une amie lui répétant dans mon dos toute la pièce : la sourde était Mme Doche !

En sortant du Vaudeville, visite à la Princesse. Porte fermée. Auprès d'elle, seulement deux Juives intimes, Mmes Strauss et Kann.

Au cours de la visite, la Princesse me dit : « Mercredi, à huit heures du matin, j'étais dans la chambre de Popelin, agenouillée au pied de son lit, quand j'entendais une porte s'ouvrir ; et une femme, faisant de grands bras, se précipite vers moi. C'était, le croiriez-vous ? Mlle Abbatucci !... Il y avait en moi un mouvement de répulsion, comme si un serpent voulait me mordre, et je lui disais : « Allez-vous-en, Mademoiselle, c'est trop tard ! »

La Princesse ajoute : « Oui, si Popelin m'avait demandé cette réconciliation sur son lit de mort, je m'y serais prêtée... Mais il n'y avait que lui qui aurait pu obtenir cela de moi... Mais vraiment, c'était trop tard... Puis à quoi ça me servait, je vous le demande ? »

Quelques instants après, elle parle de sa vie désemparée, de ses incertitudes si elle doit rester à Paris ou aller à Saint-Gratien, disant qu'elle demandera conseil à ses amis, qu'elle ne sait plus ce qu'il lui faut faire... Elle s'interrompt, puis reprend : « Ah ! les allées du bois de Boulogne, où je l'emmenais !... Aujourd'hui, ces allées !... » Alors, citant un nom que je n'entends pas : « Il était à sa fenêtre, il m'a saluée, m'a fait signe d'entrer chez lui... C'était pour m'offrir des pensées d'une très belle couleur... Eh bien, en rentrant, je les ai brûlées, ces pensées... parce que j'ai pensé que s'il vivait encore, je les lui aurais données pour qu'il me les dessinât, me les peignît. »

Samedi 21 mai

Déjeuner chez Raffaelli, avec le beau Proust, le *dilettante* d'art républicain, le ménage Forain, une Américaine, organisatrice de l'Exposition de Chicago et dont les dents aurifiées font dire à Forain que ses dents ressemblent à des jets de gaz allumés pendant le jour, et des peintres que je ne connais pas [1].

Forain raconte ses démêlés avec ses créanciers, parmi lesquels se rencontraient des créanciers roublards, qui se faisaient ouvrir en chantonnant le refrain d'une chose en vogue dans le moment chez les artistes. Il narre joliment comment il a mis militairement à la porte de chez lui un créancier qui ne l'avait pas reconnu sous le costume d'un garde municipal, qu'il était en train d'endosser pour aller à un bal masqué chez Ménier. Et il nous donne comme le plus remarquable contempteur du créancier le peintre Dupray, qui, en train de peindre dans son jardin, surpris par un créancier, lui dit imperturbablement : « Prenez cette allée, vous trouverez à droite une petite porte où vous sonnerez et vous trouverez mon domestique, qui vous dira que je n'y suis pas ! » Puis je ne sais à propos de quoi, le nom de Meissonier est tombé dans la conversation, et l'on cite ce mot immense du peintre à un ami lui annonçant qu'il avait eu l'influence de faire nommer une rue *rue Meissonier :* « Bon ! vous m'avez fait rater mon boulevard ! »

---

1. L'*Américaine, organisatrice de l'Exposition de Chicago :* une loi fédérale du 25 avril 1890 avait décidé l'organisation pour 1893 d'une Exposition internationale à Chicago, pour le cinquième centenaire de la découverte de l'Amérique par Christophe Colomb. L'Exposition eut lieu avec succès, elle attira plus de 27 millions de visiteurs.

Le ménage Forain m'entraîne voir son petit intérieur, un intérieur ingénieusement machiné à l'anglaise, avec un atelier en haut où Forain travaille, atelier communiquant par une baie avec le grand salon au-dessous. Une riante et claire demeure d'un ménage de peintre. Forain me fait voir des lithographies qu'il vient de jeter sur la pierre, reprenant ce procédé abandonné et y débutant avec succès, mais avec un peu de l'imitation du faire de Daumier dont il a du reste, accrochés au mur, trois ou quatre croquetons remarquables. Il me fait voir un certain nombre de petits albums, explicatifs de son talent, où en deux ou trois coups de mine de plomb, qu'on pourrait appeler des *instantanés du crayon,* il surprend une attitude, un mouvement, un geste, et rien que cela de l'homme ou de la femme qui lui sert de modèle.

Et Forain me cause de son labeur, de sa peine à trouver la chose... oui, à la fois un dessin et une légende qui le satisfassent. Il parle des vingt, trente, quarante croquis qu'il est obligé parfois de faire pour arriver à l'image voulue. Et venant au dessin qu'il a publié ce matin dans L'ÉCHO DE PARIS, il me dit qu'il avait voulu exprimer, à propos de l'adultère, l'espèce de remords qu'une femme de la société éprouve devant le dégoût que lui inspire, dans une chambre d'hôtel, la serviette posée sur le pot-à-l'eau, pour faire bidet... Et en effet, il me montre un dessin où la femme est douloureusement hypnotisée par ce pot-à-l'eau, mais il n'avait pas trouvé la légende philosophique montant de ce pot-à-l'eau. Alors, il s'était mis à chercher une seconde traduction de sa pensée, qui avait raté ; enfin, toujours pour rendre cette chienne de pensée, il avait mis au bas du dessin : « Nous avons eu tort d'ôter nos bottines... Y a pas de tire-boutons... » Traduction dernière de sa pensée, qu'il avouait trouver tout à fait inférieure.

Et là, il ajoute, avec un éclair de l'œil féroce, comme opposition à cette lente et pénible trouvaille d'un dessin et d'une légende, la joie, certains jours, de « *jeter son venin* en un quart d'heure ! » Et l'homme est tout dans cette phrase.

Et là-dessus, la femme, toute vivante d'une vie gamine, blagueuse, raillarde, et qui va essayer une robe chez une grande faiseuse, lui demande du *pognon,* de l'argent — car il serait le caissier du ménage —, et Forain lui met dans la main une pièce de cent sous. Alors, la femme de s'écrier qu'elle n'a pas assez et de me prendre à témoin qu'elle a été une bête de ne pas s'emparer de la bourse pendant la lune de miel, et la voilà qui lui met sous le nez de pauvres gants qui demandent un renouveau... Et je me trouve forcé d'intercéder pour elle et d'obtenir une seconde pièce de cent sous, que Forain retire douloureusement de sa *profonde,* avec un soupir...

Dimanche 22 mai

Ils sont mystérieux, ces Rosny. Le petit frère a-t-il travaillé à tous les livres du grand ? Il me semble bien que le grand me l'avait dit. Aujourd'hui, comme je lui parlais de son portrait sur un de ses livres, portrait auquel il était de toute justice d'accoler celui de son frère, et que je lui disais que je voulais avoir leurs deux têtes sur MARC FANE, il me jetait un *Non* presque brutal, ajoutant : « Il ne peut être que sur VALGRAIVE. » Alors, je lui dis : « Alors, j'attendrai la BONTÉ [1]. »

Lundi 23 mai

En me débarbouillant ce matin, une envie tout à fait sérieuse de tirer cet automne une pièce de LA FAUSTIN, avec son dénouement féroce.

A trois heures, chez Carrière, à la villa des Arts à Batignolles.

Ce sont, sous mes yeux, au mur, sur des chevalets, des esquisses de têtes de femmes, rosées de la pâleur d'une rose thé fleurie à l'ombre, des vivantes comme vues dans l'évanouissement de leur couleur terrestre ; ce sont de petites faces d'enfants, aux prunelles de diamant noir, dans l'indécision noyée de leurs traits, dans la coloration lactée de leur chair. Ce sont, dans des pots de jardinier, des fleurs aux tons mourants, et de vagues dessertes de table, montrées dans le crépuscule d'une grisaille : des natures mortes un peu *hoffmannesques.* Ce sont les douze écoinçons des six dessus de portes de l'Hôtel de Ville, que Carrière vient de peindre : ces douze corps de femmes, en le contournement élégant de leur repos nu, en la rocaille de leur grâce. Ce sont des choses d'hier et des choses d'aujourd'hui : l'ébauche de Mullem, brossée, balafrée, égratignée en quelques heures, l'ébauche d'un enfant du peintre mort d'une diphtérie, où l'on sent l'influence de Vélasquez en ses premières œuvres.

Et ce sont encore des feuilles, des feuilles, des feuilles de papier, pour ainsi dire, les études de la CARESSE MATERNELLE et où un trait de sanguine ou de fusain a fixé des mouvements de tendresse : l'enroulement de bras autour d'un cou, l'écrasement d'un baiser sur une joue, les errements de mains tremblotantes autour d'un petit corps aimé... Ah, des mains ! Ah, la main ! ce morceau de l'être qui dit et raconte tant de choses sur lui ! Des mains, il y en a là, dans des tiroirs, des brassées, et en la surprise de toute leur éloquente mimique. Car Carrière est un dessinateur passionné de la main, comme l'ont été Watteau et Gavarni, et dans le portrait qu'il fait, même en un cadre resserré, cherche-t-il presque toujours, à côté du visage de l'homme, à y placer sa main.

A travers la succession des toiles, des morceaux de carton colorés, des feuilles de papier crayonnées, que Carrière me fait passer sous les yeux, mon regard va, tout le temps, à la grande *machine,* à la toile posée à terre, qui prend tout le fond de l'atelier.

C'est son exposition de l'année prochaine, c'est la composition dans laquelle le portraitiste et le peintre de la mère moderne va montrer son talent, dans des proportions historiques, sous une forme nouvelle,

1. Entendez L'IMPÉRIEUSE BONTÉ, qui paraîtra en 1894. DANIEL VALGRAIVE datait de 1891.

va nous donner du Paris contemporain, avec une humanité à la fois étudiée par un peintre et par un observateur littéraire. Oui, dans le brouillard vague de l'esquisse, dans le brouillard bitumeux de la grisaille, où çà et là un trait de craie arrête la silhouette d'une figure, enfin dans cette apparition figée d'un rêve, que met sur une toile la tâtonnante recherche d'un pinceau en la première idée d'un peintre : voici le théâtre de Belleville.

L'étude est prise des secondes galeries, en sorte que la vue puisse descendre au parterre, monter au paradis. D'abord quelques gros dos attentionnés, avec des têtes aplaties sur la rampe ; ça presque aussitôt coupé par un groupe debout, où une femme, le bras couché au-dessus de sa tête et touchant le plafond, semble une robuste cariatide qui le soutient ; et au-delà de ce groupe, court le tournant de la galerie, qui revient à gauche devant vous, jusqu'au montant de la scène, avec son monde d'hommes et de femmes, tassés, serrés, pressés, entrés les uns dans les autres, tandis qu'à droite, vous avez la tumultueuse foule de l'amphithéâtre, mêlée dans une des confusions grouillantes à la Goya, en ses lithographies de la TAUROMACHIE.

Et cette salle qu'il veut, lors de l'achèvement de la peinture, éclairée d'une double lumière, d'une lumière argentine à gauche, d'une lumière dorée à droite, lumière où transpercera le rouge de la tenture, il en montre l'effet harmonique sur deux longues et étroites pancartes.

Puis tirant, de je ne sais où, une carte du graveur à l'eau-forte Boutet, une enveloppe de lettre de faire-part de mort, où un soir, là, à Belleville, sur les bouts de papier qu'il avait dans sa poche, le peintre a cherché à *instantaniser,* en quatre coups de crayon, des poses, des attitudes du peuple au spectacle, il se met à parler, les yeux brillants, dans une espèce d'hallucination fiévreuse de la *bête humaine* dont il veut peupler sa toile ; de cette plèbe fermentante qu'il rêve d'y mettre, et de ces mâles vivants de la barrière, et de ces faubouriennes à la beauté sauvageonne, enfin de ces rudes et ingénus spectateurs sous l'empoignement d'un gros drame, et il se laisse aller à dire les « frissons de joie » qu'il aura à réaliser cette puissante, cette intelligente œuvre moderne.

En sortant de chez Carrière, j'étais en train de prendre un verre de madère chez Riche avec Geffroy, quand arrive Bonnetain, le visage décomposé. Dans la maison de santé où on a soigné sa femme, il était couché, lorsqu'on a apporté la femme assassinée par Mme X***. Il n'était séparé d'elle que par une cloison pour ainsi dire de papier, et il l'a entendue répéter toute la nuit, sans colère, sur une note mourante : « Ah ! que c'est dur d'en finir ! »

Et il disait cela avec sa figure tragique, ses yeux agatisés, et avec je ne sais quelle préoccupation de tout l'être, qui me donnaient le pressentiment que lui aussi n'était pas destiné à mourir d'une mort naturelle.

Mardi 24 mai

Lettre de Francis de Béhaine, jointe à une lettre de sa pauvre mère, pleine d'amitié pour moi et me demandant à tâcher d'agir sur son esprit malade et à chercher d'y détruire les absurdes préventions contre son mari. Une journée de tristesse, où je repasse notre affectueuse vie commune à Schliersee avec un retour sur la malheureuse femme qui, sous une apparence de rigidité protestante, était le vrai type de l'épouse tendrement dévouée.

Mercredi 25 mai

Lecture ce matin de ma pièce A BAS LE PROGRÈS à Antoine et à Ajalbert. Du monde, du monde toute la journée ; et à la queue de ce monde, la Princesse qui vient me chercher pour dîner.

Après quelques phrases banales, comme si toute seule, elle se parlait à elle-même, elle dit : « C'est curieux... les choses autour de moi me paraissent changées, et au milieu d'elles, je me trouve maintenant comme une étrangère... Je n'ai plus d'attention à ce que je fais... je lis et je ne sais pas ce que je lis... j'écris des lettres, et j'oublie à qui j'écris... Quoi ? Non, je ne sais plus... » Et elle me demande ce que j'ai fait après la mort de mon frère pour l'oublier ; et n'écoutant pas ma réponse, elle s'écrie : « Oh ! le réveil, ce réveil qui, au premier moment, vit encore dans le passé et ne se ressouvient pas d'hier... »

Et rappelant Popelin, débouchant le champagne à nos déjeuners d'ici, elle se met à pleurer en se promenant à grands pas, sur le tapis du salon qu'elle m'a donné, jetant au milieu de ses larmes : « Je suis tuée, tuée... Depuis quatre ans, ce que je souffre ! »

Jeudi 26 mai

Aujourd'hui, j'ai soixante-dix ans.

De la migraine. Je suis dans mon lit, quand je reçois la visite de Béhaine, auquel je lis le brouillon de ma lettre à sa femme.

Et le pauvre diable me dit qu'il a été enfin reçu par sa femme, mais qu'elle l'a abominablement traité, qu'elle l'a traité de *gueux*. Elle lui a dit entre autres choses : « J'ai voyagé avec la comtesse Primoli, complètement folle et criant dans le *sleeping car* : « A l'assassin, à l'assassin ! » Et elle était entourée de soins affectueux par ses deux fils, tandis que vous... » La misérable créature a-t-elle eu par ses jardiniers quelque connaissance d'un méchant bruit répandu à Asnières, où l'on représentait de Béhaine cloîtrant sa femme dans la propriété d'Asnières, pour vivre à l'étranger avec une maîtresse ? Je ne sais pas, mais il y a bien sûrement au fond d'elle un peu de la jalousie que, du temps où elle avait sa raison, elle éprouvait pour Mme Abeille, près de laquelle flirtait très innocemment son mari, épris de son *chic*.

Vendredi 27 mai

Hier, Mme Daudet avouait qu'elle écoutait aux portes, quand elle entendait une voix de femme qu'elle ne connaissait pas dans le cabinet de son mari, et qu'hier, elle avait tendu l'oreille à une voix d'Espagnole qui avait débuté par cette phrase : « J'ai neuf enfants... » Sur quoi, elle avait regagné son cabinet de toilette, absolument tranquillisée !

Dimanche 29 mai

Ce matin chez M. Bégis, pour renseignements sur la Guimard.

Chez ce collectionneur de manuscrits, de livres, de brochures sur les mœurs, un tas de documents curieux, entre autres, un grand registre, relié en vélin blanc et trouvé par Deflorenne en Angleterre, qui est toute l'histoire, jour par jour, de la Bastille : registre dont la publication a été dernièrement proposée au conseil municipal, qui n'a pas trouvé le document *assez parisien* [1]. Que diable veulent-ils donc comme document parisien ?

Puis c'est un volume manuscrit de pièces sur les prisonniers du donjon de Vincennes, et c'est avec une véritable émotion que je lis la lettre d'incarcération de Diderot et la lettre qui lui donne la clef des champs.

Potain racontait à Léon Daudet que ces jours-ci, ayant des enfants chez lui, le soir, pour les amuser, il s'était fait des moustaches avec du charbon. On était venu le chercher *dare-dare* pour une femme qui avait une pneumonie. Pendant sa consultation, il avait remarqué sur les traits des gens une interrogation inquiète à son égard, qu'il ne comprenait pas et qu'il n'a comprise que lorsqu'il est rentré chez lui, en retrouvant dans une glace sa moustache ! C'est un trait d'un médecin d'un autre siècle.

Mme Sartène, la couturière de Mme Daudet, lui disait qu'à la suite de la noce de Mme Rothschild, quatre clientes lui avaient renvoyé, pour les recompléter, quatre robes, sur lesquelles on avait jeté un liquide qui, des parties atteintes, avait fait un papier brûlé, répandant une odeur infecte.

Mardi 31 mai

Seconde séance de pose pour mon portrait.

Tout en me peignant, Carrière me raconte qu'hier, il a assisté à un déjeuner de noces, dans un monde curieux, le monde du *Bon Marché.* Un monde composé de petits provinciaux, entrés comme commis, ayant gagné de l'argent qu'ils placent à 20 % dans la maison, en sorte qu'une action de 100 000 francs rapporte 20 000 livres de rente. Et ces ci-devant petits provinciaux, en général de nature très singe, dégrossis par le contact d'acheteurs et d'acheteuses du grand monde, ont des manières

---

1. Sans doute s'agit-il d'un des volumes du dépôt d'archives constitué à la Bastille depuis 1659, qui furent jetés dans les fossés de la forteresse le soir du 14 juillet et dont la plus grande partie, sauvée et réunie à la bibliothèque de la Ville de Paris, puis à l'Arsenal, fut publiée sous le titre d'ARCHIVES DE LA BASTILLE de 1866 à 1882 par François Ravaisson.

très contournées, posent pour l'amour des beaux-arts et vivent dans de jolies maisons de campagne de la banlieue, où ils fêtent les cabotins.

Mercredi 1er juin

Le baron Larrey contait ce soir un épisode de Solférino. Il était à cheval aux côtés de l'empereur sur une petite éminence, au moment où la canonnade était effroyable, quand tout à coup, l'empereur lui dit : « Larrey, votre cheval est tué. » Il descendait et voyait à son cheval un grand trou au poitrail, d'où jaillissait une fontaine de sang. Ma foi, en sa qualité de chirurgien, il demandait une alène, de la grosse ficelle, et le recousait sur place, puis le faisait reconduire à l'ambulance entre deux chevaux qui le soutenaient. Et le pansant et le soignant comme un soldat blessé, il le sauvait ; et le bulletin de la santé du cheval devenait un sujet de conversation pendant toute la campagne, et même lors de l'entrevue de Villafranca [1]. Enfin, complètement rétabli, il était placé dans les écuries de l'impératrice.

Yvon, c'était convenu, devait représenter l'épisode dans son tableau de Solférino, mais le général Fleury s'y opposait, prétextant que la blessure du cheval déplaçait l'intérêt, le retirait de dessus la tête de l'empereur.

Jeudi 2 juin

Ce matin, j'ai à déjeuner les ménages Zola, Daudet, Charpentier. On est à la douceur, et Zola, qui sait qu'il ne sera pas nommé aujourd'hui à l'Académie, est d'humeur bonhomme, et Daudet et moi, quoiqu'il ait paru justement ce matin une interview un peu canaille à notre égard de l'homme de Médan, nous prenons sur nous de nous tenir et semblons ne l'avoir pas lue [2].

Zola nous quitte pour aller voir Busnach, qui croit avoir un cancer à la lèvre et qui passe ses journées à pleurer comme un enfant.

Ce soir, Loti dîne chez Daudet. Je suis frappé aujourd'hui de son aspect de gendarme d'une localité triste de la province.

Vendredi 3 juin

Pose, toute la journée, pour l'étude de Carrière.

Parlant de la société future, je disais que les gens les plus intelligents ne peuvent concevoir les formes d'une société future et que dans l'Antiquité, il n'y aurait pas eu une cervelle capable de prophétiser la

---

1. Cf. t. I, p. 1105, n. 1.
2. Sur les campagnes académiques de Zola, cf. t. III, p. 345, n. 1. L'interview prise par Louis de Robert, L'ÉLECTION ACADÉMIQUE, paraît dans L'ÉCHO DE PARIS du 3 juin : « Sans doute, il serait bien beau de refuser les honneurs... Mais citez-moi donc un homme qui l'ait fait ! Ce n'est pas mon ami Daudet, qui est officier de la Légion d'honneur ; ce n'est pas mon ami de Goncourt qui est chevalier et qui, s'il est l'adversaire de l'Académie, n'est pas opposé à son principe, puisqu'il compte en fonder une. »

société du Moyen Age, cette société à basiliques ténébreuses au lieu des temples pleins de lumière, cette société aux danses des morts remplaçant les théories des fêtes d'Adonis, cette société avec sa constitution, ses vêtements, son moral si différents de l'autre, cette société où les belles et classiques formes de la femme grecque et romaine semblent redevenues des formes embryonnaires, telles que nous les voyons retracées par le pinceau de Cranach dans des académies de femmes du temps.

Lettre désolante de la pauvre Mme de Béhaine, se plaignant d'avoir été livrée par son mari aux sœurs de l'Espérance pour la martyriser, d'avoir été battue par sa mère et me demandant d'aller la voir, au nom de mon frère.

Samedi 4 juin

Autant le travail dont l'idée me pousse soudain dans la cervelle m'est agréable et facile, autant le travail qui m'est demandé m'est douloureux. Il me semble que je concours sur un sujet qui m'est imposé... Réflexion à propos de LA VIE ARTISTE de Geffroy [1].

Lavisse me fait l'effet d'un historien qui fait de l'histoire patriotique de manière à arriver à l'Académie, en même temps qu'il témoigne une si belle impartialité pour la Prusse qu'il s'assure, en cas d'une seconde invasion, le respect du mobilier de son appartement par les Teutons.

Comment s'est faite la fortune de Dayot, Gavarni me l'apprend ce soir. L'éditeur Delagrave voyageait dans sa voiture en Bretagne. Un de ses chevaux tombe malade dans un village qu'il traversait. Il fait appeler le vétérinaire, qui soigne le cheval et lui parle de son fils, un étudiant du Quartier latin. Delagrave, à son retour à Paris, le prend sous sa protection et le *lance* dans la vie.

Dimanche 5 juin

Daudet disait ce soir : « La solidarité est telle entre nous deux que l'un ne peut pas louer l'autre. » Et il disait vrai.

Il ajoutait qu'il venait d'écrire, en pensant à moi, une note que voici : « La jeunesse actuelle ne prend pas pour guide un romancier, un poète, elle prend pour guide un critique, un professeur, un Lavisse... Cela prouve en elle une permanence de l'éducation écolière, qui n'existait pas du temps de Hugo. »

Lundi 6 juin

Une singulière mère que la fille de Saint-Victor, et une étrange maison que la sienne [2]. Sa petite fille étant tombée malade d'une scarlatine,

---

1. Ce recueil de chroniques d'art, dont Goncourt préface la première série et que Geffroy publie en 8 séries de 1892 à 1904, s'intitule exactement : LA VIE ARTISTIQUE.
2. Add. éd. : le mot *mère*.

elle disait : « C'est amusant, je vais être privée de voir mes amies pendant six semaines ! »

Et l'autre jour, Mme Sichel descendant l'escalier, avec Agathe, l'ancienne cuisinière de sa tante qu'elle vient de prendre à son service, et lui demandant si elle restait chez elle, elle lui répondait : « Oh non, c'est impossible ! Vous n'avez pas idée de la maison, c'est une maison de folle ! »

Mardi 7 juin

La domesticité de la France vis-à-vis de l'étranger, à l'heure présente, n'est pas seulement dans la littérature, elle est dans la mode, en cet élément de domination de notre pays de tous les temps. Aujourd'hui, nous recevons de l'Angleterre pour l'habillement de la femme française les effroyables couleurs esthètes !

Je pose la dernière fois, je crois, pour la première étude que fait de ma tête Carrière, et pendant ce, je l'interviewe pour la préface de LA VIE ARTISTIQUE de Geffroy [1].

Il me parle d'une année passée en Angleterre, où il était arrivé avec très peu d'argent et sans la connaissance de qui que ce soit et où, au bout de peu de jours, il était tombé dans la *misère noire.* Dans sa débine, il s'était imaginé de faire quelques dessins de femmes et d'amours — des réminiscences de l'École des beaux-arts — et les avait portés, dans la semaine qui précédait Noël, à un journal illustré. Les dessins avaient plu au directeur, qui lui en avait demandé deux, et le lendemain, il les apportait, et avec les quelques livres qu'il recevait, il courait de suite à une taverne mettre un peu de viande dans son estomac.

Le directeur s'éprenait de lui et l'invitait quelquefois à dîner et le retenait à regarder des bibelots et des images, le retenait à causer, si bien que tout à coup, ses yeux rencontrant la pendule, il s'écriait : « Ah ! vraiment, je vous ai fait rester trop tard... Vous ne trouverez plus d'omnibus. » Et l'Anglais demeurait au diable de *Crystal-Palace,* près duquel gîtait Carrière, qui répondait imperturbablement : « Oh ! je prendrai un cab, à la petite place de voitures qui est à côté [2]. » Et il revenait à pied et rentrait chez lui, tant c'était loin, à quatre heures du matin... « Ce qui m'a sauvé, jette-t-il en manière de péroraison, c'est qu'il y avait dans ma jeunesse, chez moi, beaucoup d'*animalité,* de force animale. »

Il me confessait qu'à Londres, il avait eu, tout le temps, un sentiment d'effroi du silence des foules.

Comme je lui parle du travail laborieux de son pinceau sur mon front,

1. Cf. la note de la page précédente.

2. *Crystal-Palace* est le principal vestige de l'Exposition de Londres de 1851 qu'il abritait. Édifié alors au Sud de Hyde Park, ce bâtiment, haut de 33 mètres, dû à l'architecte Paxton et qui inaugurait la construction en fer et en verre, fut plus tard transporté à Sydenham, dans la banlieue de Londres. On y abrita des reproductions d'objets d'art, représentatifs de toutes les époques et de tous les pays.

il me dit : « Quand je fais un être, j'ai la pensée, tout le temps, que j'ai à rendre *des formes habitées.* »

Puis nous causons des uns et des autres, et il me montre Mullem, en son enragement de raté, jouant le rôle de *décourageateur* auprès de Geffroy et amenant son copain de LA JUSTICE, par l'influence d'un médiocre sur une nature faible, tout supérieur que lui est Geffroy, l'amenant à son triste *A quoi bon ?* de ces années dernières. Et, par les soins de son ami, Geffroy avait été si bien emmerdé moralement que Carrière lui déclarait que, malgré toute son amitié pour lui, s'il continuait à se maintenir si désolant, il cesserait de le voir.

Jeudi 9 juin

Déjeuner chez Lorrain avec Mlle Read, Ringel le sculpteur, Henri de Régnier, qui m'a assez maltraité dans les petites revues.

Mlle Read, la sœur de miséricorde de Barbey d'Aurevilly. Une douceur des yeux, une blondeur des cheveux, une bonté de la figure, une bonté intelligente, spirituelle, qui met parfois sur son visage d'ange de la jolie gaminerie d'enfant.

De Régnier, un crâne sans derrière de tête et un bas de figure terminé par un menton de galoche, comme je n'en ai point encore vu ; et par là-dessus, de la distinction et de la gentillesse.

Lorrain racontait que son père, étant armateur, avait voulu un moment tenter l'élevage des bestiaux. Or, pour lui apprendre à cumuler, une nuit, on lui avait coupé la queue de vingt-cinq vaches. Cela ne l'avait pas découragé, il avait continué à acheter des vaches ; mais n'y connaissant rien, il achetait des vaches appelées *robiniennes,* des vaches ayant de vilaines mœurs et ne donnant pas de lait. Et à ses vingt ans, c'était lui qui était chargé de revendre les vaches. Et pour cette opération, ayant obtenu un beau *complet* gris perle et suivi d'un vacher, il courait les foires ; mais aussitôt qu'on l'apercevait, on s'écriait : « C'est le gars aux vaches *robiniennes* ! » Et il n'avait jamais pu en vendre une !

Vendredi 10 juin

Des années épeurées, des journées anxieuses, où un petit *bobo* ou un malaise vous fait de suite penser à la mort.

Samedi 11 juin

Carrière fait d'après moi une deuxième étude peinte.

Il est amusant, spirituel en diable, ce Carrière ! Il parle du *raté* disant toujours *nous,* des poètes d'à présent, qu'il trouve « plus près du piano que de la pensée », de la jeunesse littéraire portant dans la vie la figure d'un « petit débitant dont le commerce ne va pas ».

Puis il me demande si je connais la cour de l'hôtel Sully, rue Saint-Antoine, et m'apprend que là, il y a de grands bas-reliefs admirables et que c'est là — ce que personne n'a dit — que M. Ingres a pris complètement sa SOURCE : oui, et la pose et le mouvement de la figure, et même la forme de la cruche [1].

Dimanche 12 juin

Lorrain nous disait qu'aujourd'hui, le vin ordinaire des grandes cocottes, brûlées par les soupers aux écrevisses à la bordelaise et au champagne, était à la maison une boisson faite de centaurée, de réglisse et encore de je ne sais quoi de rafraîchissant et de dépuratif.

Lundi 13 juin

Un curieux habitacle d'un marchand de tableaux au XIXe siècle, c'est celui de Durand-Ruel. Un immense appartement rue de Rome, tout rempli de tableaux de Renoir, de Monet, de Degas, etc., avec une chambre à coucher ayant au chevet du lit un crucifix, et une salle à manger où une table est dressée pour dix-huit personnes et où chaque convive a devant lui une flûte de Pan de six verres à boire. Geffroy me dit que c'est ainsi tous les jours qu'est mis le couvert de la peinture impressionniste.

Mercredi 15 juin

De mauvais jours, vendredi dernier et aujourd'hui, des jours de colique hépatique.

Jeudi 16 juin

Visite de la Princesse venant savoir de mes nouvelles, et qui se montre affectueusement tendre. Parlant de son départ samedi prochain pour Saint-Gratien, elle dit : « La journée, ça ira, mais la soirée... »

Daudet nous entretient ce soir d'un livre qui lui trotte par la cervelle et auquel il est tenté de donner le titre : MÉMOIRES D'UN PAGE DU SECOND EMPIRE. Ce serait le récit de deux ou trois sales histoires de l'Empire, entre autres l'affaire Sandon et Billault, turpides affaires communiquant à son héros un amour, une passion du Devoir, qui deviendrait sa religion et qu'il professerait devant ses camarades, en pleine guerre de 1870, et au milieu de cette profession arriverait un obus qui *écrabouillerait* le groupe [2].

---

1. L'hôtel Sully, situé 62, rue Saint-Antoine, avait été construit de 1624 à 1630 par Jean Androuet du Cerceau pour le financier Mesme-Gallet. Il fut acquis par Sully en 1634. Dans la cour se trouvent des bas-reliefs dans le style de Jean Goujon, figurant LES QUATRE SAISONS et LES QUATRE ÉLÉMENTS. La façade sur le jardin comporte également un mur décoré d'arcatures et de statues.

2. Sur l'affaire Billault-Sandon, cf. t. I, p. 1100 Le titre de MÉMOIRES D'UN PAGE DU SECOND EMPIRE figure dans les carnets de Daudet, il apparaît comme sous-titre de LA CHANSON NÈGRE, fragment détaché du NABAB (cf. éd. *ne varietur* de ce roman, p. 381 sqq.). Mais le volume projeté n'a donné lieu qu'à des épisodes dispersés dans des nouvelles ou d'autres romans.

Samedi 18 juin

Au fond, tout ce mois-ci, il y a un petit empoisonnement de ma vie par la lettre, prétentieusement prudhommesque, de mon notaire, m'écrivant, il y a une quinzaine de jours, que mon projet d'académie après ma mort était irréalisable, et traitant le projet comme une fantaisie de *toqué*... Merci ! à cette fantaisie j'ai peut-être sacrifié mon bonheur, un mariage avec une femme qui m'aime !

Lundi 20 juin

Aujourd'hui, dernière séance pour la seconde étude de mon portrait. Portrait à la représentation délicate, intelligente, *penseuse,* mais un portrait un peu fatigué, et à la fin trop raclé au grattoir.

Carrière me dit qu'il veut le graver à l'eau-forte, dans le genre des préparations qu'a gravées mon frère d'après La Tour.

Puis au bout de quelques instants, il ajoute : « Ceci est confidentiel... J'ai depuis longtemps l'idée de faire un panthéon de ce temps-ci..., un panthéon où je mettrai des hommes et des femmes... où je placerai une Mme Daudet à côté de vous, une Sarah Bernhardt à côté de Rodin... N'est-ce pas ? ce serait gentil de donner ainsi une portraiture de l'humanité de ce temps... Puis ces eaux-fortes, ce serait pour moi une reposante distraction de la peinture. »

Mercredi 22 juin

Aujourd'hui, j'ai reçu la visite d'une lady je ne sais plus qui, une lady, ma foi, à l'air fort grande dame, mariée à un rajah de l'Inde et dont j'ai séduit la cervelle par la lecture de mes romans à Bornéo... à Bornéo !

Ah ! la grande jouissance, après des temps si implacablement beaux, de passer la soirée à entendre la pluie tomber, *goutter* avec son doux bruit sur les feuilles.

Jeudi 23 juin

Dîner à Saint-Gratien.

Quand la Princesse descend pour le dîner, tout en noir, la taille voûtée, les épaules resserrées, et comme ratatinée par le chagrin et n'ayant plus rien de la prestance et du port de l'altesse d'autrefois, elle met un sentiment de peine chez ses amis.

On lui sert de la soupe, qu'elle repousse avec des mots vagues sur l'ennui de manger quand on a l'âme en deuil ; et soudain, ses yeux se remplissent de larmes et elle se met à pleurer dans son assiette.

Après le dîner, elle raconte que le jeune Popelin, sous des prétextes quelconques, a refusé de lui rendre les lettres adressées à son père. Le jeune homme a la prétention d'être excentrique en tout : en cela, il le témoigne, le pauvre garçon, d'une manière un peu canaille !

Elle est dans ce moment seule à Saint-Gratien, avec le vieux Benedetti et ses deux petits enfants. Elle n'a pas voulu présentement du ménage Ganderax, dont elle trouve la femme trop bruyante et le mari trop servile pour tout ce qui réussit.

En revenant du chemin de fer, le docteur Blanche me parlait — avec un certain émoi, devant cette loi de nature féroce — du courant électrique qui pousse les gens des familles où il y a des aliénés à se réunir, à se joindre, à se marier ; et sans me nommer les gens, il me citait des multitudes de cas venus à sa connaissance comme médecin aliéniste.

Samedi 25 juin

Quand les gouvernements sont petits, tout petits, comme ceux de ce temps-ci, quand il y a pour souverain un Carnot et pour ministres des Loubet, des Bourgeois et autres, dans cet effacement du haut, tout de suite, des Ravachol ou, dans un autre ordre, des marquis de Morès deviennent des personnalités énormes, gigantesques, absorbant l'attention générale : personnalités qui ne seraient pas sous des gouvernements de valeur.

De l'exposition des *Cent Chefs-d'Œuvre* dont je sors aujourd'hui, il est pour moi indéniable que le premier prix de paysage de ce siecle appartient à Rousseau, le second à Corot [1]. Dupré a quelques toiles extraordinaires, mais il est trop inégal. Troyon a de petites toiles croustillantes, mais ses grandes compositions sont *bêtotes* et veulement peintes. Daubigny n'est qu'un Corot triste. Mais quant aux paysagistes anciens, ils sont abominables. Ruysdaël et Hobbema ont fait la nature sans l'animation particulière de sa vie végétale, et de plus, Hobbema a un feuillé qui ressemble au feuillé des paysages en cheveux.

Oh ! les ongles de Renan dans son portrait exposé aux Champs-Élysées ! Quelle structure animale ils ont ! Et comment sa femme ne les lui a-t-elle pas fait laver ? Est-ce qu'on ne croirait pas, chez lui, que des ongles de ce noir, ça fait partie de la couleur locale des détenteurs d'*idées générales* [2] ?

Mardi 28 juin

Hier, sur un pauvre petit catalogue, qui m'est tombé je ne sais d'où, j'ai donné commission pour des notes de Chamfort ainsi cataloguées : « Les rognures de son livre : MAXIMES ET PENSÉES, CARACTÈRES ET ANECDOTES. »

---

1. C'est la seconde exposition organisée sous ce titre à la galerie Georges Petit, la première ayant eu lieu en 1883. Celle-ci ouvre le 8 juin 1892. Le succès y va surtout aux portraits de Reynolds, de Lawrence et aux paysagistes français.

2. Allusion aux ironies de Renan à l'égard du JOURNAL et de ses comptes rendus des Magny. (Cf. t. II, p. 478-479, et t. III, p. 1275, n. 1.) — Le portrait de Renan est celui de Bonnat et l'exposition des Champs-Élysées est le Salon traditionnel (cf. t. III, p. 425, n. 1). Le Renan de Bonnat est représenté assis, les mains aux genoux, si bien qu'elles attirent l'attention.

Aujourd'hui, je regarde la couverture du catalogue avec attention et j'y lis : VENTE APRÈS DÉCÈS DE M. LESCURE, HOMME DE LETTRES. Une vente où se trouvent mêlés aux livres un bon mobilier de chambre à coucher en palissandre ciré, une belle pendule Empire en bronze doré, une tête d'homme de Ribot, deux dessins de Boulanger et une montre à remontoir en or.

Ça me fait froid dans le dos, ce catalogue ! Est-ce que, malgré toutes mes précautions, je serai vendu comme ça ?

Mercredi 29 juin

Le vieux Benedetti racontait, ce soir, une jolie anecdote de sa jeunesse. Il faisait sa première année de droit. Un ami de sa famille, chez lequel il avait dîné et qui était un peu souffrant ce soir-là, le priait de faire faire un tour de promenade en voiture à une parente relevant d'une longue maladie. Il prenait un fiacre, et voilà dans les Champs-Élysées le jeune Benedetti et la femme se plaignant de la marche trop cahotante de la voiture. Alors, Benedetti de crier par la portière : « Au pas, cocher ! » Et le cocher de répondre : « C'est pas dans ma voiture qu'on fait des choses comme ça ! » Indignation du jeune chevalier de la dame, qui saute à bas du sapin et se met à injurier le cocher, et intervention de la police, au milieu de laquelle la femme se trouve mal !

Aujourd'hui, je tirais de Lavoix quelques renseignements sur l'helléniste Hase, dont je voudrais faire sous un pseudonyme un des personnages d'une plaquette érotique où je tenterais d'introduire les conversations les plus hautes sur l'amour physique [1].

Lavoix me confirme la phrase : « C'est ma concubine, *quippe uxorem non duxi...* » — phrase dite à un quidam qui adressait ses salutations à Zoé comme si elle était Mme Hase [2]. Lavoix me le montre très amusant avec son parler tout farci de mots latins et grecs, et quelques instants après qu'il avait manqué d'être écrasé, lui disant : « Oui, par une voiture à deux chevaux, un *bige,* mon cher collègue. » C'était encore lui qui, se défendant de toujours travailler, faisait l'aveu que le dimanche, il lui arrivait parfois de lire un livre futile, et le livre qu'il montrait était le dix-septième volume de l'HISTOIRE DE L'EMPIRE de Thiers. Il avait l'habitude d'être chez lui tout nu, avec une robe de chambre à cru. Plein d'esprit, inconsciemment ironique, avec une parole lente et balourde d'Allemand qu'il était. Maintenant, une possession de la langue grecque comme personne. A propos d'une médaille sur la date de laquelle on n'était pas fixé et que lui montrait Lavoix, il s'écriait : « C'est une médaille du IIIe siècle, il y a un mot que je n'ai jamais trouvé dans les siècles précédents. »

Lavoix a assisté à sa mort, tous deux demeurant dans la partie annexe,

1. Cf. t. II, p. 486.
2. *Quippe uxorem non duxi,* « car je n'ai point pris femme ».

rue de Louvois [1]. Hase travaillait une partie de ses nuits, et déjà un peu souffrant, comme il persistait à travailler, une nuit, son domestique était venu le trouver, Lavoix, pour qu'il décidât son maître à se coucher. Il s'y refusait. Deux heures après, le domestique venait chercher Lavoix pour porter le mort sur son lit. Sa tête était tombée sur des épreuves fraîches du dictionnaire de Robert Estienne qu'il corrigeait, et la sueur de la mort lui avait imprimé quelques caractères des épreuves sur son front.

Jeudi 30 juin

Il y a quelque chose de caractéristique chez la femme qui vous aime et qui n'est ni votre épouse ni votre maîtresse, c'est dans la marche, sans que vous lui donniez le bras, l'approche par moments de son corps contre le vôtre, approche ayant quelque chose du frôlement caressant d'une chatte.

Vendredi 1er juillet

Dîner des Japonisants chez Véfour. Bing cause aujourd'hui de la folie des impressions japonaises chez quelques amateurs américains. Il parle d'un petit paquet de ces impressions qu'il a vendu 30 000 francs à la femme d'un des plus riches *Yankees,* et qui a dans son petit salon, en face du plus beau Gainsborough qui existe, une image d'Outamaro. Et l'on s'avoue que les Américains, qui sont en train de se faire le goût, lorsqu'ils l'auront acquis, ne laisseront plus en vente un objet d'art à l'Europe, qu'ils achèteront tout.

A ce dîner, il y a un jeune homme intéressant, un M. Tronquoy, qui s'adonne à l'étude sérieuse des langues chinoise et japonaise, avec l'idée de donner sa vie à la connaissance approfondie de ces langues, d'aller au Japon... Il est plein d'admiration pour la langue chinoise, qu'il dit être faite seulement par le *choc des idées,* avec la suppression ou la sévère abréviation de toutes les inutilités des langues occidentales.

Dimanche 3 juillet

Aujourd'hui, Ajalbert me parlait de la vie d'Antoine, au bord de la mer, à Camaret, où il loge dans le bastion d'un vieux fort, y lisant des pièces jusqu'à quatre heures du matin et apparaissant un peigne dans les cheveux, à la fenêtre, sur le coup de midi.

Il peint l'activité dévorante de cet homme, qui tout à coup, dans un endroit où il paresse inactif, le sollicite de se remuer, de se mettre en route, de faire un voyage ; et l'idée du voyage entrée dans sa tête,

1. A la Bibliothèque nationale, où Hase était conservateur des Manuscrits et Lavoix conservateur des Médailles.

il a besoin de décamper de suite, disant à son monde : « Le bateau part à 4 heures, il faut un quart d'heure pour y aller... Un quart d'heure, n'est-ce pas ? vous suffit pour vous préparer... » Et il arrive à temps, poussant devant lui les hommes et les femmes de sa troupe.

Et Ajalbert me conte un petit voyage de quatre jours, fait sur la côte bretonne, dans un grand omnibus loué par Antoine, contenant une cargaison de cabotins et de cabotines, voyage charmant, à la forte nourriture et très bon marché, grâce au côté débrouillard d'Antoine, arrivant dans un endroit et, sans consulter aucun autochtone, faisant toute une revue des auberges et instinctivement choisissant la meilleure et y installant sa charretée de voyageurs, les prix de tout arrêtés d'avance.

Lundi 4 juillet

Hier, Ajalbert me parlait, comme d'une véritable délivrance, du débarras d'un ver solitaire qui l'habitait depuis des années et qu'il ignorait. Un locataire amenant chez lui toutes sortes de troubles fantasques, par l'action de l'estomac sur le cerveau, et qui le matin, lorsque Ajalbert se levait tout plein du désir de travail, mettait en lui une impuissance, une résolution de la cérébralité qui l'alarmait — la bête dévoratrice se foutant de la copie du littérateur et l'inquiétant de l'éveil de son appétit non rassasié.

La manière dont il s'est aperçu de son existence est originale. Il venait de faire l'amour avec une femme sur son canapé, quand la femme, voyant l'apparence d'un petit bout de ruban blanc, un morceau du ver que les secousses amoureuses avaient détaché, s'écria : « Oh ! comme ça ressemble à un bout de ver solitaire !... C'est que je l'ai eu... Pourvu qu'il ne soit pas revenu ! » Alors Ajalbert, comparant ses malaises à ceux que la femme disait avoir éprouvés, eut la subite révélation que c'était lui qui en était le détenteur. Et le lendemain, il se débarrassa du monstre, qui avait vingt-deux mètres et dont il lui reste une terreur comme d'un effrayant succube.

LA DÉBACLE de Zola. Çà et là, un épisode d'un gros drame de Boulevard ; mais dans tout le volume, pas une page de grand écrivain, pas même un détail apportant la réelle émotion d'une chose vue ou soufferte, tout de la bonne littérature grossoyée d'après des racontars.

Oui, je le répète, je crois que si moi, si Zola, nous avions vu la guerre — et la guerre avec l'intention de la peindre dans un bouquin —, nous aurions pu faire un livre original, un livre neuf. Mais sans l'avoir vue, on ne peut faire qu'un volume intéressant, mais ressemblant à tous ceux qui ont été fabriqués avant vous sur le même sujet.

Mardi 5 juillet

Aujourd'hui, je pose pour le portrait que Carrière me fait sur l'exemplaire de GERMINIE LACERTEUX, éditée par Gallimard [1].

Tout en peignant, sa parole originale saute d'un sujet à un autre. Il dit que maintenant en France, une *entame* du patriotisme est faite surtout par le grand nombre de mariages contractés par des Français avec des étrangères, ce qui n'existait pas dans l'ancienne France, citant à ce sujet les trois frères Clemenceau, qui ont épousé trois étrangères : mariages qui donnent des enfants français qui ne sont pas tout à fait des Français.

Puis il parle de son antipathie pour le soleil, du mystère des ciels voilés, de la séduction mystique des crépuscules, confessant, sans s'en douter, l'amoureux peintre de grisaille qu'il est.

Mercredi 6 juillet

Lavoix, à propos de je ne sais plus qui, faisait joliment la caricature de ces anciens élèves de l'École des chartes qui, à la sortie de l'École, obtiennent une mission en Italie, arrachent du gouvernement la publication des bulles d'un pape quelconque, dont ils ont la bouche pleine dans le monde et qu'ils finissent par dénommer dans les conversations : *Mon pape.*

Il parlait aussi avec une irritation comique de Claretie, qui allait oser faire mettre sur une affiche à la porte du Théâtre-Français : CÉLIMARE, LE BIEN-AIMÉ ; et il disait : « L'Académie recevant Zola et le Théâtre-Français jouant Labiche : ce sont des institutions mortes. »

« Vous ne connaissez pas, me disait Lavoix, le mot d'un machiniste, à la première apparition de Claretie sur les planches du Théâtre-Français : « Ça, un directeur ? Mais il n'a pas de *paquet* ! »

Et ma foi il disait vrai, car c'est un directeur qui manque bougrement de virilité.

Jeudi 7 juillet

Aujourd'hui, on m'apporte le médaillon de mon frère que je substitue sur le balcon du boulevard Montmorency au médaillon de Louis XV de Caffieri, et j'ai un sentiment de bonheur, à voir cette maison, où est mort mon frère, portant sur sa façade comme une jolie signature des Goncourt [2].

Carrière, toujours l'intelligent causeur. De l'observation sur nos amis, parfois acérée, mais rien de la méchanceté noire que m'avait fait craindre Frantz Jourdain.

---

1. Cf. t. III, p. 186, n. 2.
2. Cf. t. III, p. 517, n. 1.

Vendredi 8 juillet

En ce moment, la nuque de la femme, et la nuque ronde, et la nuque frêle, avec, sur la lumière de la chair, son indiscret tortil de cheveux frisottés, produit un effet aphrodisiaque sur moi. Je me surprends à suivre — pour le plaisir de la voir — une nuque, comme d'autres suivent une jambe.

Samedi 9 juillet

Pourquoi me revient aujourd'hui dans l'oreille la voix de Lavisse, cette voix qui a une sonorité comme rebondissante et qui semble se répéter en résonances lointaines au fond de la gorge ?

C'était un peu étrange, ce soir, le retour vers les neuf heures à Auteuil, en voiture découverte, où au-dessus des arbres, dont le feuillé dans le crépuscule prenait l'aspect de découpures de papier noir à décalquer, s'élevant sur le blanc de vieil argent du ciel, la tour Eiffel, ressemblant à une gigantesque nasse de fer, au haut de laquelle serait allumée une lanterne.

Lundi 11 juillet

Aujourd'hui, c'est ma dernière pose pour le portrait que fait Carrière sur la fameuse édition de GERMINIE LACERTEUX.

Il me parle de la langue horrifique que parlent, à l'heure présente, les gens avec lesquels il prend le train de Vincennes, quand il va à sa petite maison de campagne du parc Saint-Maur, tous s'exprimant canaillement, tout le temps, en légendes de Forain, tous parlant, ce matin, de la translation d'un cimetière en traitant les morts du vocable : *charognes.* Et il me disait éloquemment : « Est-ce que vous n'avez pas en vous le sentiment de la *désespérance* en ce monde de maintenant, dont les uns portent un étron dans la main et les autres un cierge ? »

Et quelques minutes après, il disait ironiquement, de ce peuple de littérateurs et de peintres qui se précipitaient à la suite du *découvreur* d'un procédé littéraire ou artistique, que les découvertes n'avaient plus l'air d'être faites par un seul comme elles le sont depuis le commencement du monde, mais par un *monôme.*

Mardi 12 juillet

J'ai la visite, ce matin, de Montesquiou-Fezensac qui m'apporte son énorme et luxueux *in-quarto,* son bloc de poésie [1]. Pendant près de deux

1. Il s'agit des CHAUVES-SOURIS, dont l'édition est datée de 1893. Les allusions qui suivent s'appliquent à la galerie des *Lunatiques* ou, comme dit Montesquiou, des « nyctalopes humains », que ce soient ceux qui poussent l'extravagance jusqu'à la bestialité, tel Nabuchodonosor (cf. XLV, RUMINANT), ou que ce soient les simples excentriques, tel ce duc Charles-Frédéric-Auguste-Guillaume de Brunswick (1804-1873), chassé par ses sujets en 1830 et qui scandalisa Londres et Paris par sa vie folle et débauchée (cf. LIV, LUNEBOURG). — Quant à Eugénie, revenant aux Tuileries, cf. LXXXV, p. 379 : EMPERIÈRE.

heures, avec une voix de bronze sortant de ce corps languide, énervé, il m'explique la *cohésité,* le *vertébrage* du volume dans un galimatias historique de Charenton. En ce poème de la chauve-souris, chanté dans les rimes et le filigrane du papier, en ce dithyrambe de l'oiseau quadrupède de la nuit, c'est une célébration des grands toqués de l'humanité depuis Nabuchodonosor jusqu'au duc de Brunswick, jusqu'à Montesquiou gardant l'anonymat. C'est fou absolument, mais pas inintelligent, pas sans talent. Il y a même une visite de l'impératrice à Saint-Cloud qui ne manque pas d'un certain caractère, la visite de l'impératrice voilée, passant sous ces plafonds effondrés, où le bleu du ciel a remplacé la peinture, et qu'il montre en ces vers, jetant au démonstrateur du palais aux étrangers cette interrogation :

Alors, relevant son tulle,
La face pâle module :
« Me reconnaissez-vous, Jean ? »

Oh ! mon Dieu, si Montesquiou-Fezensac était un bohème comme Villiers de l'Isle-Adam, était un fréquenteur de brasserie, on le trouverait peut-être un poète extraordinaire. Mais il est bien né, il est riche, il est du grand monde : on ne le trouvera que baroque !

Départ pour Champrosay.

Mercredi 13 juillet

Tout en se défendant un peu de se rattacher à un remède et d'y croire, quand il a fait le sacrifice de sa vie, Daudet me confesse qu'il suit le traitement de Brown-Séquard. C'est son fils qui a été chargé de la négociation ; et au cours de la conversation, Brown-Séquard lui aurait dit qu'il traitait « le rival de son père ». Or Daudet a tout lieu de croire que c'est Zola, et Zola sollicitant du médecin l'injection particulière qui restitue les forces amoureuses et le refait un homme de vingt-cinq ans près de la jeune femme qui a succédé à Mme Zola [1].

Daudet me parlait d'affreuses douleurs amenées chez lui par l'injection du liquide de Brown-Séquard et qui produisaient chez lui une contracture de tout l'être, qu'il comparait au resserrement d'un cabestan autour de la roue d'un haquet de vin.

La cause du refroidissement de Rosny pour Daudet — il l'a avoué à Frantz Jourdain en le laissant libre de le lui rapporter —, c'est l'infériorité des menus qu'il lui offrait, comparée à la supériorité des menus qu'il faisait servir à des gens qu'il considérait comme ses inférieurs en cervelle. L'aveu est vraiment particulier, n'est-ce pas ?

Jeudi 14 juillet

L'aide-injecteur de Brown-Séquard disait à Daudet que, les cobayes

1. Cf. t. III, p. 350, n. 2.

s'épuisant, on avait songé aux testicules de taureaux, mais qu'on avait appris que les toréadors les mangeaient pour se donner de la vigueur et du jarret. Et je pensais en moi-même aux effets littérairement et peut-être physiquement fantastiques que pourraient produire chez les humains l'injection de testicules de féroces, l'injection de lion, l'injection de tigre.

Les deux Rosny, qu'on n'avait pas vus depuis des siècles, se sont décidés à revenir. Ce retour est amené incontestablement par le désir d'avoir une préface de Daudet pour une édition illustrée des XIPÉHUZ que doit faire Guillaume [1].

Oh ! le petit bonhomme insupportablement prétentieux que le cadet ! Il a commencé par trouver le plafond du salon bien bas, bien bas, tandis que chez sa mère, à Lille, c'était comme dans une église... Puis il a parlé de sa jeune femme, qui savait l'algèbre et la philosophie aussi bien que lui. Ç'a été coupé de compliments sur mon JOURNAL, qu'il trouvait, disait-il, dans tous les *recoins de son esprit* : compliments qui ne me touchaient pas, par leur caractère non spontané et leur rédaction dans la route.

Pendant cette conversation avec moi, l'aîné, qui causait avec Daudet de l'autre côté du salon et qui était tout à la conversation de son frère, la commentait par des phrases correctives à l'oreille de Daudet, comme celles-ci : « Pas tant que ça, mais à son âge... » quand il parlait de l'omniscience de sa femme, « Bon ! il est en train de gratter Goncourt », quand il me louangeait.

Et Daudet et moi avions en même temps l'impression que cette fraternité n'était pas la réédition de celle des Goncourt, et qu'elle pourrait bien casser.

Un moment, l'aîné parlait d'un départ pour le Brésil de quelque chose. Daudet, qui avait commencé à croire à l'expédition d'un stock de livres de Rosny, comprenait qu'il s'agissait du départ de sa mystérieuse passion, et l'on se demandait si par hasard cette passion ne lui avait pas fait quitter un moment sa femme et ses petits, sur le retard que les lettres venaient à lui parvenir et sur une parole qu'il avait laissé échapper un jour, disant qu'il se trouvait dans un tel état de misère qu'il ne pouvait plus les nourrir.

Vendredi 15 juillet

Ce matin, Daudet me parlait de l'*ombre comique* que le jeune Rosny projetait sur son frère, me disant que c'était à son réveil qu'il avait pris en horreur ces deux êtres et qu'il avait besoin qu'il se passât quelque temps avant qu'il les revît.

1. Texte Ms. : *d'IPSEHU.* Lapsus probable, pour LES XIPÉHUZ, dont la première édition remonte à 1887. Même confusion plus haut : cf. t. III, p. 148, n. 2.

Samedi 16 juillet

Dans les quelques tours que Daudet fait à mon bras avant déjeuner, il me parle de lettres de sa jeunesse retrouvées et où en 1859, dans un Midi reculé, loin de toute suggestion littéraire, il écrivait à son frère qu'il n'y avait en littérature que le roman, mais qu'il ne se trouvait pas encore assez mûr pour s'y mettre.

Il ajoutait : « Cependant, j'en avais fait un à quinze ans qui s'est perdu et que mon frère déclare sublime, mais qui était imbécile... Ce qu'il y a de certain, c'est que la première chose que j'ai faite, je l'ai tirée de moi-même. » Puis au bout de quelques instants de silence, il reprend : « C'est vraiment curieux. Chez moi, depuis 1858 — je ne vous connaissais pas —, ce sont de petits cahiers, ce sont des notes jetées au jour le jour, certes moins poussées que les vôtres ; mais enfin, c'est le même procédé de travail... Eh bien, chez les jeunes, au moins chez ceux que nous connaissons, je ne vois aucun procédé de travail particulier, personnel. »

Mardi 19 juillet

A propos des trois aéronautes du *Jupiter* sauvés de l'Océan, devenus très causeurs après leur sauvetage, Daudet disait que cinq ou six fois dans la sortie d'un danger, tout en s'observant, il n'avait pu se défendre de l'*ivresse de la parole* [1].

Un mot du vieil Isidore, le jardinier d'ici, qu'on vient de renvoyer aujourd'hui. Il venait trouver Mme Daudet pour l'allocation annuelle du taupier ; et comme Mme Daudet lui faisait remarquer qu'il n'y avait plus de taupes dans la propriété : « Oh ! Madame, s'écriait-il, il en remettra ! »

Jeudi 21 juillet

Dans le rêve, chez les figures hostiles, le côté sournois, astucieusement méchant, le jésuitisme des physionomies, c'est extraordinaire : non, ce n'est plus le dessin et la pleine lumière des haines du jour, ça en est pour ainsi dire les ténèbres et la grisaille.

Une jolie petite créature, la femme de François de Nion, des yeux d'un bleu angélique à la cernure migrainée ; et dans la physionomie, quelque chose de joliment retroussé à la chinoise.

Vendredi 22 juillet

L'anarchie aura une grande force, elle verra venir à elle toutes les

1. Le 11 juill. 1892, les aéronautes Porlié, Demeyer et Besançon, qui expérimentaient des signaux optiques à bord du *Jupiter*, au-dessus du cap de la Hève, sont entraînés au large par un coup de vent, sont contraints d'immerger la nacelle, passent la nuit cramponnés aux cordages et sont recueillis à l'aube par un cargo allemand.

déséquilibrées, les folles, les hystériques qu'a eues, dans le principe, pour lui le christianisme et qu'aucun parti politique n'avait pu jusqu'alors enrégimenter comme ouvrières et martyres.

Triste et attendrissant ménage que ce ménage Toudouze avec l'humilité triste du mari, l'égarement maladif de la bonne et tendre physionomie de la femme, avec le rire nerveux dans la bouche entrouverte du fils.

C'est curieux comme les moindres contrariétés sur lesquelles se met à travailler votre imagination, avec toutes les déductions pessimistes d'une petite fièvre d'irritation, deviennent de gros points noirs pour au moins vingt-quatre heures dans votre vie.

Samedi 23 juillet

Coppée et sa sœur viennent aujourd'hui dîner à Champrosay. Ce soir, l'ironique, le gouailleur, le blagueur est tout triste. Il parle avec de l'amertume dans un coin de la bouche de la longueur de sa vie et des différents individus qui l'ont habité, disant qu'il est très sensible à la température et qu'il ne retrouve de l'ancien Coppée que les jours où il fait la température d'un jour de son ancien passé ; et il s'écrie à propos des prétendus cent ans de son existence : « J'ai vu, j'ai éprouvé trop de choses. En un mot j'ai eu trop de sensations ! »

La sœur a le gris des yeux de son frère et des choses muettes de la physionomie qui paraîtraient indiquer qu'elle est un peu sourde : cela avec une parole interminable sur ses maux d'estomac.

Coppée, parlant de Mlle Read, déclare qu'elle n'aime que les affligés, les souffrants, les marmiteux, qu'elle hait les chanceux, les heureux, les gens ayant l'argent et la gloire. C'est la femme dont Mme Halévy dit : « Je ne la vois plus ; mais si je me cassais la jambe, je suis sûre qu'elle reviendrait auprès de moi ! » Au fond, cette créature angélique, je ne peux pas comprendre qu'elle ait pu supporter les mots épouvantablement obscènes de Barbey d'Aurevilly, à moins qu'elle n'ait trouvé dans cette récompense de ses soins de sœur de charité un peu de martyre.

Lundi 25 juillet

Toute la soirée à remuer des idées avec Daudet, à improviser, au courant de la parole, des articles de haute philosophie actuelle, qu'aucun de nos jeunes ne songe à faire pour un journal.

Nous parlons aussi du mensonge, du mensonge cynique du journalisme contemporain, où les journaux font aujourd'hui de Cladel un écrivain de la taille de Flaubert, quand aucun de ces journaux vantards de son talent ne voulait hier de sa copie.

Mardi 26 juillet

La pauvre et admirable gardienne de la folie que cette Mme Masson, gardant toute seule son père venant passer des journées entières sans parler, occupé tout le temps à couper des petits morceaux de bois avec un petit couteau, un eustache qui pourrait devenir meurtrier. Mme Allard me disait qu'elle lui apparaissait comme une résignée, destinée un jour à devenir une victime de la fatalité. Quelle énigme que cette femme à la réputation entamée par des *racontars* terribles et au si grand dévouement familial !

Dîner avec les ménages Charpentier et Zola.

Comme on parle à Zola du livre qu'il a annoncé être en train de faire sur Lourdes, il dit à peu près ceci :

« Je suis tombé à Lourdes par une pluie, une pluie battante, et dans un hôtel où toutes les bonnes chambres étaient prises. Et il me venait le désir, en ma mauvaise humeur, d'en repartir le lendemain matin !... Mais je suis un moment sorti... et la vue de ces malades, de ces marmiteux, de ces enfants mourants apportés devant la statue, de ces gens aplatis à terre dans le prosternement de la prière..., la vue de cette ville de la foi, née de l'hallucination de cette petite fille de quatorze ans, la vue de cette cité mystique en ce siècle de scepticisme..., la vue de cette grotte, de ces défilés dans le paysage, de ces ruées de pèlerins de la Bretagne et de l'Anjou...

— Oui, fait Mme Zola, ça avait une couleur ! »

Zola reprenant brutalement : « Il ne s'agit pas de couleur. Ici, c'est un remuement des âmes qu'il faut peindre... Eh bien, oui, ce spectacle m'a pris, m'a empoigné de telle sorte que parti pour Tarbes, j'ai passé deux nuits entières à écrire sur Lourdes [1]. »

Et l'on parle de son discours d'avant-hier sur Cladel, et comme Daudet lui laisse entendre que les « tables d'airain » n'étaient pas à leur place à propos de cette mémoire et lui demande s'il n'y avait pas moyen d'introduire un peu de vérité dans son oraison funèbre, Zola s'écrie cyniquement : « De ce que j'ai dit, je ne pense pas un mot... Si vous saviez comme j'ai écrit cela ! J'ai écrit cela dans ma chambre à coucher, en poussant tous les quarts d'heure un cri de désespoir... C'est ampoulé, c'est hors de proportion, oui, ça ne dit pas la vérité... Pour Gonzalès, j'ai donné mon impression vraie, mais pour Cladel — Et Zola s'adresse à Daudet —, pour Cladel, mon bon ami, je vous le répète, je ne pense pas un mot de ce que j'ai dit... C'est un mensonge [2]. » Et il termine par son refrain coutumier : « Après quoi, qu'est-ce que ça fait ? De Cladel, il ne sera plus question dans huit jours ! »

Nous restons un peu étonnés de ce cynisme, avec un rien d'indignation contre cette bassesse d'âme de ce triste ambitieux.

---

1. Cf. plus haut p. 675, n. 1.

2. Zola se réfère d'une part au discours prononcé à l'inauguration du buste d'Emmanuel Gonzalès, le 25 octobre 1891 (cf. MÉLANGES, éd. Bernouard, 1929, p. 267 sqq.). Zola se rappelle avec gratitude son plaisir d'enfant à lire LES FRÈRES DE LA CÔTE et il célèbre la bonté de Gonzalès, qu'il a connu par Manet. — D'autre part, il a prononcé le 23 juillet 1892, aux obsèques de Léon Cladel, un discours, où il rapproche, comme forgeron de belles phrases, Cladel de Flaubert, qui lui aussi « les voulait d'airain, toutes droites comme des tables de bronze, debout à jamais » (*Ibid*, p. 282).

Puis à dîner, il parle de son ambition de pouvoir parler, des essais qu'il fait de sa parole, jetant à sa femme comme avec un coup de boutoir : « Des romans, des romans, c'est toujours la même chose ! » Et il s'écrie, après un silence, qu'il n'a pas la faculté de la parole, qu'il n'éprouve pas la jouissance de l'inspiration, qu'il est gêné par la peur des choses communes, laissant apercevoir le désir presque furieux de greffer sur son talent, pour la complète réussite de sa carrière, l'éloquence d'un Lamartine et de doubler sa littérature de la publicité d'un homme politique.

Au fond, dans le dîner et la soirée, il y avait entre Zola et nous de grands silences, amenés par le manque de paroles de bonne confraternité, amenés par le rien qu'il y a dans sa parole diplomatique, amenés par ces espèces de grognements, où l'on ne sait pas bien si c'est un *oui* ou un *non,* amenés par cette succession tour à tour de noir et de blanc et de froid et de chaud dans ses jugements sur les hommes, et qui lui fait dire d'abord du mal d'un homme et aussitôt du bien, quand vous pensez comme il a d'abord pensé.

Mercredi 27 juillet

Mme Daudet, faisant allusion au dîner d'hier, peignait assez spirituellement la *congélation* des rapports des trois chefs du naturalisme.

Et comme on reparlait de Cladel, Daudet disait que Gill, le caricaturiste, qui était un bohème, mais qui avait au fond des qualités de cœur distinguées, n'avait pas voulu retourner chez lui, pour l'avoir vu, un jour où il déjeunait chez lui, pousser sa femme tout en larmes à table, avec la brutalité d'un bouvier maltraitant un *bestiau.*

C'était lui, lui, ce Quercinois à l'imagination vampirique, affirmant des choses énormes, affirmant que N... avait tué un enfant qu'elle avait eu de Silvestre, en lui perçant le cœur avec une épingle d'or ; et comme Daudet riait de l'accusation, poussé par l'ironie du rire de Daudet, il arrivait à s'écrier : « Mais puisque je vous dis que j'ai vu, que j'ai vu le cadavre de son enfant dans sa commode ! »

Je voudrais ce décret porté par la Chambre : « Vu l'insuffisance prudhommesque des présidents de chambre jugeant des anarchistes, et les *vestes* qu'ils obtiennent dans la discussion, dorénavant, les anarchistes seront jugés par des commissions militaires. »

Jeudi 28 juillet

J'accompagne Mme Daudet à la distribution de prix de Lucien et l'amène déjeuner chez Foyot.

En mangeant cette cuisine de gargote, j'ai une certaine jouissance à penser que c'est le restaurant de Brunetière, de Faguet, de mes ennemis littéraires, qui se régalent, dans les sauces, de ce beurre qui semble du cambouis pour les roues de chemins de fer : « Ah ! ces universitaires,

▲ Portrait d'Edmond de Goncourt. « Le poids de la vieillesse, le sentiment des infirmités qui se trahissent, au milieu de l'éloignement des amis et des relations quittant Paris, me mettent du noir, du noir dans l'âme. » *Journal,* 17 juin 1890. Photographie de Nadar vers 1895.

▲ « Daudet est un cochon maladif, avec les foucades d'un cerveau chez lequel, un jour, pourrait bien entrer la folie. » *Journal,* 5 mai 1876. Photographie de Carjat.

◄ Portrait de Mme Daudet (née Julia Allard, 1844-1940). « Elle avait la foi des gens heureux et amoureux, la confiance que tout s'arrangerait dans l'avenir. » *Journal,* 25 janvier 1885. Tableau par Auguste Renoir.

▼ M. et Mme Daudet. « Un ménage qui ressemble un peu à celui que je faisais avec mon frère : la femme écrit et je la soupçonne d'être l'artiste du ménage. » *Journal,* 5 juin 1874.

▲ Antoine lisant une pièce au Théâtre-Libre. « Vraiment, un amusant et drolatique metteur en scène qu'Antoine, avec son sifflet de contremaître et ses *Nom de Dieu !* jaillissant de son enrouement comme des déchirements de bronches. » *Journal,* 14 mars 1889.

▼ Sarah Bernhardt. « Elle a, cette femme, incontestablement une amabilité innée, un désir de plaire qui n'est pas de commande, mais naturel. » *Journal,* 10 octobre 1893. Photographie de Dornac.

▲ Réjane dans *Madame Sans-Gêne* de Victorien Sardou. « Moi, je ne suis bonne qu'à jouer les rosses... Rien que les rosses ! » *Journal,* 20 mars 1890. Photographie de Nadar vers 1890.

◄ Portrait de De Nittis. « Il fait partie de cette nouvelle génération de peintres gagneurs d'argent et à cheval sur Paris et Londres. » *Journal,* 23 février 1878. Photographie de Mulnier.

▼ Les ambassadeurs japonais en 1862. « Quelle richesse, quelle turgescence, quelle poésie de l'horrible dans cette fantaisie animale ! Quels yeux de cauchemar, quelles formes de rêve ! Quels hippogriffes, quels Pégases de l'opium ! Quelle ménagerie diabolique faite d'accouplements insensés, amples, superbes ! » *Journal,* 1er novembre 1862. Gravure d'après une photographie de Nadar.

FAC-SIMILÉ DU PORTRAIT D'HOKOUSAÏ, OCTOGÉNAIRE
Peint par sa fille OYÉI

EDMOND DE GONCOURT

HOKOUSAÏ

FACSIMILÉ DU PORTRAIT D'HOKOUSAÏ OCTOGÉNAIRE
PEINT PAR SA FILLE OYÉI

PARIS
BIBLIOTHÈQUE-CHARPENTIER
G. CHARPENTIER ET E. FASQUELLE, ÉDITEURS
11, RUE DE GRENELLE, 11

1896
Tous Droits réservés.

▲ Frontispice d'*Hokousaï*, Charpentier, 1896. « [...] voici le peintre qui est [...] le fondateur de l'École vulgaire, c'est-à-dire, l'homme qui [...] a fait entrer, en son œuvre, l'humanité entière de son pays, dans une réalité échappant aux exigences nobles de la peinture de là-bas. »

« Ce Burty, il crève d'envie et m'honore ▶ tout particulièrement de sa jalousie. » *Journal*, 27 novembre 1880.

◀ « L'ébranlement perpétuel du système nerveux par le plaisir, en un corps qui ne l'appelle ni ne le sollicite. » *La Fille Elisa,* Charpentier, 1877, p. 145.

▼ « Des femmes se tenaient la tête renversée en arrière, les mains nouées sous leur chignon à demi défait, les paupières battantes, le fauve des aisselles au vent. » *La Fille Elisa,* Charpentier, 1877, p. 196.

▲ Le salon de Victor Hugo. « Hugo [...] se montre aimable, simple bonhomme, pas le moins du monde sybillin ni *décréteur en paroles.* » *Journal,* 7 novembre 1870. Gravure d'après un dessin d'Adrien Marie.

▼ Photographie des « funérailles *foutatoires* du grand homme ». (*Journal,* 2 juin 1885). Le cortège accompagnant la dépouille mortelle de Victor Hugo descend les Champs-Elysées, le 1er juin 1885.

▲ Anatole France dans son cabinet de travail vers 1896. « Ce n'est vraiment pas un grand caractère ; mais c'est son affaire et pas la mienne, et je lui ai envoyé une carte. » *Journal,* 20 mars 1887. Gravure d'Henri Thinar.

Portrait de Robert de Montesquiou, vers 1895. ▶ « C'est singulier comme dans son visage jeunement aimable, il y a du vieillot, des rides d'une figure en bois et une fuite du crâne singulière ! » *Journal,* 15 août 1895.

▼ « Barrès, qui a la tête d'un oiseau desséché et dont je touche le maigre bras et ne sens qu'un os. » *Journal,* 26 avril 1896. Photographie de Dornac vers 1895.

BANQUET offert à EDMOND DE GONCOURT

LE VENDREDI 1er MARS 1895

Menu

POTAGE
Pot-au-Feu

HORS-D'ŒUVRE
Beurre — Olives — Filets de hareng — Saucisson

RELEVÉ
Truite saumonée sauce crevettes
Pommes de terre à l'anglaise

ENTRÉE
Filet de bœuf à la Brillat-Savarin

RÔT
Dindonneau au cresson sauce Périgueux
Salade endives et betteraves

ENTREMETS
Fonds d'artichauts à la crème
Gâteau mille-feuilles-Génois

GLACE
Bombe Chateaubriand

DESSERTS
Compotiers de fruits — Petits fours

VINS
Champagne en carafes frappées

CAFÉ ET LIQUEURS

▲ Menu du dîner organisé en l'honneur d'Edmond en 1895. « Mes noces d'or avec la littérature. » *Journal,* 1er mars 1895.

▲ Les Daudet, Edmond de Goncourt, Zola, Geffroy et Raffaelli en promenade à Champrosay. « Quand la vieillesse vient aux anciennes amitiés, malgré tout, il se glisse dans ces liaisons un peu de ce froid qui, sur scène, enveloppe le jeu des acteurs dans les actes où le gaz est baissé. » *Journal,* 3 janvier 1878.

▲ Les familiers du Grenier, sur le perron de la maison d'Auteuil, en 1885. On y reconnaît Edmond, assis sur une chaise, Raffaelli, Ajalbert, Régnier, Léon Daudet, Roger Marx, Alphonse Daudet et son épouse, Rosny aîné, Rodenbach, Carrière, Jourdain, Geffroy, Lecomte, Toudouze, Alexis, Hennique, François de Nion.

▼ Edmond de Goncourt, chez lui, en 1891. « Qu'est-ce que la vie ? L'usufruit d'une agrégation de molécules. » *Idées et sensations,* p. 25. Photographie de Dornac.

Ce numéro est accompagné d'un supplément musical.

L'ILLUSTRATION

Prix du Numéro : 75 cent. SAMEDI 1er AOUT 1896 54e Année. — N° 2788

L'ACADEMIE DES GONCOURT

GUSTAVE GEFFROY

ALPHONSE DAUDET

PAUL MARGUERITTE

JORIS-KARL HUYSMANS

LÉON HENNIQUE

ROSNY AINÉ

LES HUIT

ROSNY JEUNE

OCTAVE MIRBEAU

▲ Les premiers membres de l'Académie Goncourt, présentés au public quinze jours après la mort d'Edmond de Goncourt. « Pour avoir l'honneur de faire partie de la société, il sera nécessaire d'être hommes de lettres, rien qu'hommes de lettres. » *Testament.*

▲ Après le décès d'Alphonse Daudet, d'Octave Mirbeau et la démission de Paul Margueritte, la première séance de la nouvelle Académie Goncourt en 1903 ; reconnue d'utilité publique, elle réunissait Descaves, Geffroy, Rosny aîné, Huysmans, Léon Hennique, Léon Daudet, Rosny jeune, Elémir Bourges.

quels estomacs peu difficiles et quels dégoûtants appétits ! » me disait Mme Daudet.

Et quand nous arrivons sur les quatre heures à Champrosay, Méténier et Paul Alexis ont déjà lu les actes faits de la pièce de CHARLES DEMAILLY, que Daudet trouve pas mal, beaucoup mieux qu'il ne s'y attendait.

Ce soir, dînent les Rosny et Abraham Dreyfus, qui m'a si fort éreinté et qui cherche, le pauvre diable, à se faire pardonner par des flatteries si basses qu'elles me gênent un peu. Sa femme — la Beaugrand — a l'air d'une aimable et gentille femme n'ayant rien d'une ancienne femme de théâtre, d'une ex-danseuse.

Vendredi 29 juillet

Je lis les conversations de Goethe par Eckermann, et je trouve que l'écrivain allemand divisait l'humanité en deux classes, les *poupées* jouant un rôle appris, et les *natures*, le petit groupe d'êtres tels que Dieu les a créés [1].

Daudet me confessait qu'après le *four* de LISE TAVERNIER à l'Ambigu, il avait été drôle comme tout, à un souper distingué, original, qu'avait donné son beau-père, mais qu'après, quand il s'était trouvé tête à tête avec sa femme, il avait été pris d'une crise de nerfs et qu'il avait pleuré, pleuré comme un enfant et que cette crise de larmes n'avait été arrêtée que par les caresses pour ainsi dire maternelles de sa femme.

Samedi 30 juillet

Comme nous nous félicitons de notre *jugeote* des hommes et des femmes à première vue — faculté que nous trouvions n'appartenir guère qu'à nous seuls dans notre monde —, Daudet me disait : « Moi, c'est très curieux, les gens, je les juge par le regard, par l'observation ; vous, c'est par une espèce d'*intuition de l'ambiance.* »

Ce soir, Mme Daudet, un peu souffrante, est au lit où elle a passé la journée. Mme Allard est montée pour se coucher ; et comme il fait un orage qui met tout le ciel en feu, nous nous sommes établis tous deux dans deux cabanes en osier, sous la terrasse-véranda, et dans les éclairs et le bruit d'une pluie torrentielle, nous causons, une causerie

---

1. Eckermann note seulement, le 3 décembre 1824, à propos de l'opinion de Goethe sur Dante : « Il en parla avec la plus profonde vénération, et ce qui me frappa, c'est qu'il ne l'appelait pas un talent, mais une *nature*, comme s'il avait voulu exprimer par ce mot ce qu'il y avait chez Dante de large, de prophétique... » Mais Goncourt doit lire LES CONVERSATIONS dans l'édition de 1863, qui comporte une introduction de Sainte-Beuve et la traduction de Délerot ; car une note (est-elle de Sainte-Beuve ou du traducteur ?), mise à ce passage, dit : « Goethe avait dans l'intimité une façon originale de partager l'humanité. Elle se divisait, disait-il, en deux grandes classes : d'un côté sont les *poupées* qui jouent bien ou mal un rôle appris..., de l'autre côté est le petit groupe des *natures* restées telles que Dieu les a créées. » Et la note renvoie à Falk, c'est-à-dire au GOETHE AUS NÆHERN PERSONLICHEN UMGANGE DARGESTELLT de Johann-Daniel Falk (1836).

où l'illumination du fond de la campagne fait, de l'autre côté de la Seine, du *Pavé du roi* comme une chaussée d'argent.

Et Daudet, comme un peu grisé par l'électricité de l'orage, dit : « Oh ! c'est positif : dans les choses du con, j'ai été un scélérat, oui, un scélérat ! » Et il dit cela avec une espèce d'épouvante de lui-même. « J'ai couché avec les maîtresses de tous mes amis, avec la maîtresse de Bataille, avec la maîtresse de..., de..., de..., avec même la maîtresse de ce pauvre Delvau !... Oui, un moment, Delvau avait subi mon ascendant, avait voulu conformer sa vie à la mienne... Or, à ce Parisien, à cet homme qui n'avait jamais dépassé la barrière, moi qui, pour l'heure, avais horreur du *Rat mort* que nous avions fondé ensemble, avais horreur de la cochonnerie de Paris, je lui proposais un voyage dans la Forêt-Noire [1]... Mais je demandais à l'essayer avant de le prendre avec moi... Il demeurait alors dans une auberge, à un endroit où on s'est battu, sur le plateau de Châtillon... Je me rendais à son auberge, où il vivait avec une maîtresse, nommée Léontine, qui avait une très belle tête ; et cette nuit même, elle vint coucher avec moi... J'avais, vous le savez peut-être, une réputation de séducteur, d'homme à femmes.

« Le lendemain, après cette nuit d'amour, je faisais faire à pied dix-sept lieues à Delvau ; et comme il y avait un grand champ de terre labourée avant l'auberge, nous le faisions, ou plutôt moi, je le faisais à cloche-pied... Léontine avait fait préparer une soupe aux choux, une soupe aux choux dont je sens encore le fumet, et une paire de grands sabots pleins de paille, où elle m'arrangeait les doigts de pied là-dedans... Un vrai velours que la douce chaleur de cette paille !... Et la nuit, la nuit de la veille, ça recommençait... Et j'étais embêté parce que je trouvais canaille de tromper mon ami et que cette Léontine m'embêtait en me disant : « Que je t'aime, Daudet ! » sans savoir mon nom de baptême et en me faisant les plus abominables cochonneries... Le curieux de la vie, c'est que plus tard, je la retrouvai, cette Léontine, à la mort de Delvau, de Delvau dont elle tenait la main et qui venait de lui dire : « Tant que je vivrai, je te gratterai dans le creux de la main. » Eh bien, certainement, en ce moment, elle ne se rappelait plus avoir couché avec moi !

« Oh ! les choses du con ! reprenait-il... J'ai voulu écrire les MÉMOIRES D'UN FRÉNÉTIQUE... Une fois, j'ai été emmené par des femmes qui m'avaient habillé en femme... Et pendant quatre jours, je ne sais pas trop ce qu'on a fait de moi et quel a été mon sexe... Et le drôle de cela, c'est que plus tard au théâtre, où j'étais avec ma femme, à quelques places de nous au balcon, avec mon oreille — vous la connaissez, mon oreille —, j'entendais une de ces femmes dire : « Il est bien changé, bien décati, lui qui était si joli ! »

« Ah ! la folie que j'ai eue de la femme et la folie de la femme qu'elle

1. Sur ce voyage, cf. t. III, p. 458, n. 1.

a eue pour moi... Est-ce compréhensible, ce délire, dans ma vie ? J'ai rencontré deux femmes qui m'ont demandé de leur chier dans la bouche : l'une, je n'ai pu la satisfaire, et l'autre, à laquelle j'ai pu le faire, a vomi.

« Oh ! la femme, la femme, ce qu'elle a été dans ma vie !... A Lyon, tenez, une petite fille de quatorze ans, mettant contre ma chair la chair de son corps à travers son pantalon... J'ai toujours contre moi le moule de son corps, le ressaut de son petit mont de Vénus... Oh ! cette Marie M***... Oh ! cette blonde qui avait cette odeur du blé chauffé par le soleil... Un jour, sa mère vint voir la mienne et lui dit que sa fille était trop exaltée par ma présence... Cela se passait, je vous ai dit, quand elle avait quatorze ans... Eh bien, lorsque nous habitions notre appartement de l'Observatoire, cette Marie, qui avait quarante-cinq ans et qui était veuve, est venue me voir... Là, au bout de quelques instants de rappel de nos enfantines amours, je n'ai pu me tenir de mettre dans un baiser toute ma passion du passé, baiser au milieu duquel elle me jeta : « Demain, à l'hôtel ? »... Je n'y allai pas... Mme Daudet me doit vraiment quelque chose ! »

Dimanche 31 juillet

Aujourd'hui, Daudet me contait son dernier accès de catholicisme. Il avait dix-sept ans, allait trouver le père Félix, qui le recevait en sa qualité d'écrivain du FIGARO, et lui confiait son ambition de l'avoir pour directeur de sa conscience. C'était, ce père Félix, un petit homme carré et commun qui, pour se débarrasser de son jeune prosélyte, ne trouvait rien de mieux que de lui donner ses livres. Or, les livres du père Félix, après la lecture de quelques pages, l'adolescent Daudet les trouvait sans originalité et il les vendait, et ces livres lui rapportaient trois francs : ce qui lui permettait de manger pendant deux jours.

C'est miraculeux, le mieux que produit le traitement de Brown-Séquard sur Daudet ; lui qui avait besoin d'être porté sur un bras, il marche sans s'y appuyer, il fait une allée tout seul. Et comme je lui parlais aujourd'hui de ce mieux, il me disait : « Oui, c'est incontestable, voici une chose qui renforce ma vie dans la journée ; mais la nuit, ça m'enferme dans une immobilité, dans une espèce de paralysie qui me fait peur... Non, la nuit, je n'ai plus la force d'un mouvement... Puis il faut que je quitte le chloral : depuis deux jours, il me fait délirer de manière à épouvanter ma femme... Oh ! incontestablement, on est sur le chemin d'une grande découverte ; mais on n'en est encore qu'aux expériences, et il n'y a pas de réponse aux questions qu'on peut adresser aux médicastres injecteurs... Non, ajoutait-il, dans le liquide qu'on me met sous la peau, il n'y a rien qui produise de l'érotisme... » Et il m'avouait qu'on lui faisait instantanément huit piqûres de suite — ce que je trouve énorme !

Ce soir, Daudet parlait du symptomatique battement de paupière d'Hébrard, quand il mentait.

Mardi 2 août

Aujourd'hui, la Princesse — je ne sais pas ce qui se passe autour d'elle —, qui m'avait prié dans une lettre avant-hier de dire deux mots affectueux de Popelin dans un journal, me demande un article où je témoigne de l'intimité de nos bonnes relations. C'est vraiment dur, ce qu'elle me demande, et je n'ai cependant pas le courage de refuser ce mensonge à une vieille amitié... Mais Dieu merci ! mon JOURNAL rétablira la vérité.

Mercredi 3 août

Je ne sais ce qui fait qu'aujourd'hui la tête de Camille Doucet m'apparaît comme la tête d'un affranchi, jouant un rôle de traître antique dans une pièce de l'Odéon.

Oh ! la tranquillité et la sécurité de mon esprit, quand j'ai devant moi les trois mille francs d'étrennes du jour de l'an qui va venir ! Car le jour où la littérature ne me les donnera plus, avec mes pauvres dix mille livres de rente, je serai obligé de donner des bouquets de violettes d'un sou aux femmes chez lesquelles je dîne. Et pour l'année prochaine, il est encore quelques mille francs dans la cassette aux cachemires de ma grand-mère, destinés d'avance à l'achat de bibelots.

Jeudi 4 août

Après dix, quinze ans, sais-je ? je revois ce soir à dîner, chez Daudet, Liesse. Bien changé, ce pauvre bohème : calvitie monacale, un nez tombé dans la bouche, des yeux globuleux et comme remplis d'eau, une barbe inculte, une large et triviale face, enfin, pour un tableau, le parfait type d'un membre *besacier* d'un ordre mendiant.

De cet être à l'apparence abrutie, alcoolisée, sort de temps en temps un mot fin, une délicate remarque, la fine observation d'une étude constante de Paris et de ses aspects de nuit et de jour, sans qu'il paraisse rien de cette étude dans un livre ou dans un journal [1]. Puis de temps en temps, ce sont des phrases qu'il ne termine pas, qui restent inachevées comme par une suite d'interruptions dans les idées et dans un brisement de sa douce voix : ce que Daudet appelle le *gazouillement de l'égaré.*

Dimanche 7 août

« Monsieur Coppée ? »

Nous sommes devant la maison qu'il vient d'acheter à Mandres. Une bonne nous répond : « M. Coppée préside la distribution des prix, mais il va rentrer bientôt. » Le landau fait un tour dans la campagne.

Singulier, ce goût bourgeois de présidence, chez l'homme qui fait

1. Texte Ms. : *sans qu'il paraisse rien de cette — dans un livre,* un blanc entre *cette* et *dans.*

des imitations si comiques de Jules Simon ! Le goût de l'*estrade*, très bien pour ceux qui de naissance en ont la vénération, mais chez ceux qui le blaguent !...

Enfin, nous voilà revenus, rencontrant sur notre passage des petites filles portant sous le bras des livres dorés sur tranche, et la tête ceinte d'affreuses couronnes de papier vert. Coppée est rentré.

La maison est une grande maison, au plafond tout bas, tout bas, et où il y a une salle à manger où on doit manger comme dans un entrepont ; mais Coppée a soudé à l'ancien corps de logis un salon et un cabinet de travail, qui forment de jolies pièces.

Devant la maison, il y a une pelouse fermée par un hémicycle de très beaux arbres, où un tilleul met une lumière argentée dans le sombre des arbres verts.

Et à tout moment, sur la pelouse, des courses affolées d'un bouledogue tout noir et d'un lévrier de Syrie, au milieu des ébats de trois chats.

Dans le rafistolage de la maison, Coppée a eu l'idée de faire coller des bas-reliefs Clodion, à la teinte rose, au-dessus des portes et des fenêtres : la décoration des architectes sans clientèle de la banlieue de Paris. Et sur une pelouse, c'est un coquetier immense en plâtre, un vase Médicis ; et plus loin dans un massif, une tête de faune toujours en plâtre. Et Larroumet, un de ses voisins, qui nous accompagne, lui conseille l'achat d'un certain satyre, une reproduction de l'École des beaux-arts.

Ce Larroumet, ce conseiller du goût de Coppée, cet ex-directeur des Beaux-Arts, cet interdicteur de LA FILLE ÉLISA, c'est un petit bonhomme noirâtre, l'air pas bon, flanqué d'une femme et de deux filles, fagotées comme des provinciales de préfectures très reculées, et la femme avec un accent du Midi à jamais imperdable.

Au retour de chez Coppée, par la forêt où j'ai froid, je suis pris d'un frisson qui me force à me mettre au lit en rentrant.

Mardi 9 août

Partie charmante aux *Vieux Garçons* en compagnie de Mme Masson. Partie charmante, mais je trouve les parties de plaisir si peu amusantes que je suis revenu avec l'intime satisfaction qu'il n'y en aurait plus avant mon départ.

Mercredi 10 août

« Ce qu'il y a de plus horrible dans ma maladie, me disait le pauvre Daudet, c'est qu'à tout moment, j'ai envie de *faire pipi*, et il faut que je sois assis : vous concevez ! Alors, je me fais une piqûre de morphine qui arrête la circulation. »

Jeudi 11 août

Alfred Stevens est venu dîner avec sa jolie fille, aux yeux doucement pervers, mais si tristes dans le moment qu'ils ne sont que charmants.

Et depuis quatre heures jusqu'à dix heures, ç'a été chez l'artiste un jaillissement d'amusantes anecdotes sur les littérateurs et les peintres et gens de toutes sortes, coupées par son grognonnement porcin.

« C'est moi, dit-il, qui ai apporté MADAME BOVARY chez les Dumas. Dumas fils m'a dit : « C'est un livre épouvantable ! » Quant à Dumas père, il a jeté le livre par terre, en disant : « Si c'est bon, cela, tout ce que nous écrivons depuis 1830, ça ne vaut rien ! »

Puis il nous peint le duelliste Scholl, qui se bat cependant bravement, ayant peur de tout et portant sur lui un arsenal de revolvers, de coups de poing américains, de cannes à épée, et partant pour le terrain, les jours de ses duels, les poches pleines de charpie, de médicaments !

Et il continue après avoir parlé des curieux dîners au Restaurant du Havre, entre Corot, Rousseau, Millet, Diaz, Couture. Il continue : « Couture vint un jour me chercher pour dîner, me chercher dans ma petite chambre d'alors, et comme je lui disais : « Vous êtes triste aujourd'hui, Couture ? — Oui, me répondit-il, je sens que je ne suis pas un peintre, je peins avec mon cerveau, pas avec mon cœur »... Je ne sais si vous l'avez connu, Couture... C'était un petit ratatiné, frileux, ayant toujours sur le dos un collet de manteau. Et Diaz, qui était plein d'esprit, plein d'imaginations drolatiques, disait en le voyant déboucher : « Voici le champignon vénéneux ! »

De Couture, il saute à un amphitryon belge, à un célèbre gourmand de Bruxelles, qui a inventé dans sa salle à manger un courant d'air faisant uniquement le service d'enlever l'odeur des mets, et qui veut des conversations à l'instar des plats qu'on sert, du plat qu'il baptise de *plat grivois* ou de *plat philosophique.*

Au fait, le vieil Ingres était resté baiseur dans l'âge le plus avancé ; et lorsqu'il commençait à être excité à l'Opéra par quelque danseuse, il s'écriait : « Madame Ingres, en voiture ! » et il opérait dans le retour chez lui.

Sur le nom d'Astruc prononcé par Daudet : « Ah ! Astruc, j'ai assisté à une bonne scène entre lui et Whistler. Astruc avait fait mettre de côté chez Mme Desoye un éventail japonais ; mais comme il ne le retirait jamais, Mme Desoye s'était décidée à le vendre à Whistler, qui l'apporte à un dîner où je me trouvais. Colère d'Astruc, qui lance cette imprécation romantique à l'acheteur de l'éventail : « Je soulèverai toute la forêt de Fontainebleau, que je vous jetterai à la tête ! — Et moi, je vais vous donner un bon coup de poing sur l'œil ! »

Et il fallut se jeter contre lui et Astruc pour que le coup de poing n'arrivât pas à son adresse.

« Ah ! un mot admirable du fils Meissonier enfant, fait Stevens après un silence. Pendant une récréation, il était couché sur un banc. Un *pion,* craignant qu'il ne s'ennuyât, lui dit : « Mon petit ami, si vous alliez jouer avec vos camarades, là-bas ? — Oh ! non, Monsieur, la récréation me paraîtrait moins longue ! »

Ce mot profond amène dans la conversation la légende du *Professeur de paresse,* une légende que Daudet a entendu raconter en Afrique. Un garçonnet, aspirant à être reçu bachelier de cette école, est amené par sa mère au professeur, qui a sa chaire dans un jardin aux arbres chargés de fruits. Le professeur lui dit de se coucher à terre à ses côtés. Une brise s'élève et les fruits commencent à tomber. Alors, une figue tombe sur la joue de l'enfant, qui ne consent à faire aucun mouvement des bras pour la prendre, mais cherche à l'attirer seulement avec sa langue : ce qui ne réussissant pas, décide le garçonnet à dire au professeur de la lui mettre dans la bouche.

Vendredi 12 août

Comme nous nous plaignions hier, Daudet et moi, de nos insomnies, Stevens nous donnait son moyen de traiter les siennes. Il se faisait amener en imagination un cheval à sa porte et partait pour le bois de Boulogne, où évoquant tout ce qu'il avait l'habitude de voir dans une promenade réelle, il se trouvait endormi avant d'être arrivé à la Cascade.

La maîtresse de piano d'Edmée, qui vit avec sa vieille tante sourde, disait que sa surdité était complète quand le ciel était bas.

Départ de Champrosay, après un mois d'un séjour où tout le temps, j'ai été malade.

Samedi 13 août

C'est vraiment curieux, le moment que le pape a choisi pour recommander la République : c'est le moment de la dynamite, qu'on peut considérer comme un enfant terrible de la République [1].

Dimanche 14 août

La valeur imaginative d'un poète vous est révélée par sa prose : on sait véritablement ce que vaut l'auteur du PASSANT, quand on lit LES VRAIS RICHES.

Dépêche de Royat, qui m'annonce que CHARLES DEMAILLY, la pièce faite d'après mon roman par Oscar Méténier et Paul Alexis, est reçue par Koning.

Est-ce particulier ! Le coït, le manger, la boisson et, très souvent, la distraction de la société, tout cela m'est indifférent : il n'y a qu'une vraie jouissance pour moi, c'est la réédition d'un livre, c'est la fabrication d'une pièce de théâtre d'après une de mes œuvres.

---

1. Allusion à l'encyclique aux Français (20 févr. 1892), par laquelle Léon XIII recommandait la soumission aux pouvoirs établis : les catholiques français étaient invités à accepter la constitution républicaine et à porter leur effort sur un aménagement de la législation anticléricale.

Lundi 15 août

Une espèce d'indignation colère me prend dans la correction des épreuves d'une réédition de MADAME GERVAISAIS, publiée chez Lemerre, en pensant à l'injustice du complet insuccès de ce livre, insuccès qui a achevé mon frère.

Mercredi 17 août

Dans le chemin de fer pour Saint-Gratien, au moment où les journaux annoncent un mieux dans l'état de Maupassant, Yriarte me fait part d'une causerie qu'il vient d'avoir ces temps-ci avec le docteur Blanche.

Maupassant colloquerait toute la journée avec des personnages imaginaires, et uniquement des banquiers, des courtiers de Bourse, des hommes d'argent, et l'on entendrait tout à coup sortir de sa bouche : « Toi, est-ce que tu te fous de moi ? Et les douze millions que tu devais m'apporter aujourd'hui ? »

Le docteur Blanche ajoutait : « Il ne me reconnaît plus : il m'appelle *Docteur*, mais pour lui, je suis le docteur n'importe qui, je ne suis plus le docteur Blanche ! » Et il faisait un triste portrait de sa tête, disant qu'à l'heure présente, il a la physionomie du vrai fou, avec le regard hagard et la bouche sans ressort.

Il y a autour de la table de Saint-Gratien — en dehors de Pichot, de Lavoix et de moi, qui sommes en visite — Mme de Galbois, décidément revenue, la petite Italienne, les Benedetti avec leurs enfants, l'insupportable Blanchard, le peu sympathique Grandjean, le ménage Ganderax, dont le pauvre mari, le gaffeur par excellence, vient ce matin de faire maladroitement un article sur Montesquiou-Fezensac sans nommer Popelin [1].

Au dîner, Lavoix parle d'Augustine Brohan, qui a eu toute sa vie la manie du déménagement et qu'aujourd'hui, où elle dit *chemise* pour jupon et *lampe* pour pot de chambre, son fils déménage toutes les deux heures dans les cinq chambres qu'elle a en son grand appartement.

Mercredi 17 août

Le nom d'Augustine Brohan est l'occasion pour l'infirme Blanchard de déclarer, au milieu des rires et des haussements d'épaules de tout le monde, qu'il l'a connue comme actrice, mais — et il y revient deux fois — qu'il n'a jamais eu d'autre rapport avec elle... Quel bon savant du théâtre du Palais-Royal il ferait ! Il ne parle pas d'une chose

1. Le texte Ms., ici et plus loin, porte *Gros-Jean*, mais aucune personnalité de ce nom n'apparaît chez Mathilde. Ne serait-ce pas, par confusion avec le journaliste Grosclaude, une altération de *Grandjean* ? Cet inspecteur des Monuments historiques a été introduit chez Mathilde par Primoli vers 1885. La Princesse prend Charles Grandjean comme confident de ses démêlés avec Popelin, et il sert d'intermédiaire entre elle et Popelin : cf. Castillon du Perron, MATH., p. 264 sq. et p. 301.

quelconque sans se citer, sans citer l'article, l'article qu'il a fait dessus dans le numéro de tel mois, de telle année de LA REVUE DES DEUX MONDES. Et à propos des déménagements d'Augustine Brohan, il citait un article de ladite revue où il avait parlé d'une fourmi déménageuse, la *formica* je ne sais plus quoi [1].

Après dîner, la Princesse m'entraîne dans le salon-antichambre, où ont lieu ses conférences intimes ; et là, au milieu d'une heure de marche au galop, d'un bout à l'autre du salon, sans écouter un mot de ce que je lui dis sur la connaissance dans tout Paris de notre inimitié après sa rupture avec Mlle Abbatucci, moitié pleurant, moitié furibondant contre le jeune Popelin, elle me redemande un article sur le père, rabâchant tout ce qu'elle m'a déjà dit et se plaignant que l'homme aimé soit déjà oublié du public.

Et comme, ces jours-ci, elle m'a écrit que la maison était pleine et qu'elle me priait d'attendre le 10 septembre pour me rendre à Saint-Gratien et qu'elle vient de m'entendre dire en passant à table à la jeune Benedetti que je ne savais pas si je pourrais venir, parce que, au mois de septembre, j'allais dans la Meuse, elle insiste pour que je vienne et qu'elle m'attend et que je lui ai promis de venir.

Elle est vraiment singulière, l'altesse ! Elle a besoin d'un service de moi, d'un service qu'elle sent m'être pénible, parce qu'il me faut mentir dans de l'imprimé, et elle m'ajourne à un temps qui ne m'est pas commode et remplit sa maison de Grandjean !

Aussi ma détermination est prise. Je lui ferai son article, comme le paiement usuraire d'une vieille amitié, mais je ne séjournerai pas chez elle.

Jeudi 18 août

Par ces chaleurs sénégaliennes, des nuits d'insomnie, peuplées dans leurs courts ensommeillements de cauchemars.

Je rêvais qu'un dentiste, qui avait une tête de penseur sublime, mais en plâtre, me travaillait dans le fond de la mâchoire, et ce qu'il me faisait avec de petits instruments d'or était tout à fait délicieux.

Puis une interruption amenée je ne sais par quoi, et une nouvelle séance de mon dentiste à la tête de plâtre, mais qui prenait dans son plâtre l'aspect méchant de la tête de Zola, en sa seconde manière et ainsi que l'a peint Raffaelli sur mon ASSOMMOIR, et je l'entendais me dire avec une voix sortant comme d'un téléphone : « Ce que j'ai fait hier, c'était pour vous amuser... Mais il n'est que temps d'aller voir Péan : la carie de la dent s'est communiquée à l'os de la mâchoire... Peut-être est-il encore temps pour l'ablation [2]. »

1. Cf. l'article d'Émile Blanchard, MŒURS DES FOURMIS, publié dans LA REVUE DES DEUX MONDES du 15 oct. 1875 (voir p. 804 sur les *tapinomes*).
2. Var. 1896 : *le caractère de méchanceté de la tête du vieil Aussandon, et je l'entendais me dire...* Sur la tête *seconde manière* de Zola, cf. t. III, p. 105.

Et devant le rire méchant de ma tête de plâtre, j'avais l'effroi de l'attente de cette opération, qui a coûté la vie au frère de Rattier.

Vendredi 19 août

La bonne exposition que l'*exposition des Arts de la femme* ! On peut dire que c'est l'adaptation de ce pauvre XVIIIe aux choses de ce temps par des cochons sans goût ! Il y a là un lit et une armoire à glace avec des panneaux genre Watteau, qui dépassent en horreur d'art tout ce qu'on peut imaginer [1].

Samedi 20 août

Percheron, le possesseur de Tortoni, de cet endroit si bien situé, si achalandé, si connu, ne peut trouver à céder son établissement pour 80 000 francs. Un symptôme de ce temps : on ne veut plus de produits supérieurs, on ne veut plus de glaces, de sirops, de liqueurs de première qualité. Il n'y aura bientôt plus sur les boulevards que des brasseries et des bouillons.

Oh ! la salle de l'école française au Louvre ! A part le fond du portrait de Sarlovèze, de Gros, et quelques portraits de Prud'hon, les Pagnest, les Gérard, les Girodet, les Guérin, les Ingres et même les Géricault, est-ce assez des bonshommes en bois, peints avec de la bile ! On se sauve de là pour aller aux salles de la couleur... Eh bien ! non, les coloristes ne vous donnent pas le sentiment de la chair sous le soleil : l'ANTIOPE elle-même a le ton jaune doré qui dans un cadavre précède la décomposition [2]. Non, vraiment, ces chefs-d'œuvre de la peintre, ça mérite-t-il tant de *trompettage* et ça peut-il être comparé à des œuvres littéraires ? Non, il y a là une grande blague, dont on reviendra un jour.

Jeudi 25 août

Hier soir, j'étais couché et m'endormais, quand Pélagie m'a apporté une lettre venue par le dernier courrier. C'est une lettre de la Princesse, qui me harcelait à propos de l'article qu'elle m'a demandé sur Popelin et voulait que je le fasse passer dans LE TEMPS. Cette exigence napoléonienne m'a tellement porté sur les nerfs qu'elle m'a empêché de dormir toute la nuit. Et j'ai pris la résolution de ne plus lire les lettres du soir et d'en remettre la lecture au lendemain matin.

Gonzague Privat parlait ce soir, chez Daudet, où j'ai été dîner, de

1. Cette *exposition des Arts de la femme* se tient au palais de l'Industrie. Outre les bibelots et les accessoires de la toilette féminine, on y pouvait voir des cires du musée Grévin représentant l'estampe de Moreau le Jeune, LES DÉLICES DE LA MATERNITÉ, et un salon bourgeois en 1892. Sept dioramas de Poilpot retraçaient l'évolution des modes parisiennes de 1790 à 1867.

2. Cf. t. II, p. 273, n. 2.

l'arrosage de la presse par le Crédit foncier, disant l'argent donné aux journaux financiers, l'argent donné à la grande presse, l'argent de la petite presse, par exemple la mensualité de 500 francs donnée à Scholl, pour simplement énoncer qu'un des sous-directeurs méritait la croix. Et en dehors des mensualités, il parlait d'opérations qui subventionnaient les poches des journalistes de 2 500 à 3 000 francs... Enfin, il terminait en pronostiquant le krach du Crédit foncier et en disant en thèse générale qu'il n'y a pas de société financière où se présenterait un juge d'instruction, qui ne serait justiciable des journaux [1].

Vendredi 26 août

Ce matin, j'envoie cette lettre à la Princesse :

« Jeudi 25 août.

« Princesse,

« Non, pas au TEMPS ! Je suis mal avec Hébrard et ne donne de mes articles qu'aux journaux qui m'en demandent ou que je sais désireux d'en avoir.

« Maintenant, établissons la situation : Popelin a été mon ami jusqu'au jour où j'ai abandonné Mlle Abbatucci pour passer de votre côté. De ce jour, tout Paris lettré sait qu'il est devenu mon ennemi. Ce n'est pas une, ce sont cinq ou six personnes qui m'ont dit : « Qu'est-ce qu'a donc Popelin contre vous pour éreinter tout haut dans le salon de la Princesse, si férocement, votre JOURNAL ? » C'est lui qui a commis l'indiscrétion de raconter à Mlle Abbatucci l'oubli que vous avez fait du dîner d'Auteuil, lui qui cependant avait une si bonne mémoire et dont j'ai retrouvé, comme je vous l'ai écrit, un billet me demandant d'inviter pour ce dîner le vieux Giraud. C'est lui que des amis à moi ont trouvé deux fois chez lui en conférence avec de Bonnières, au moment où l'article du FIGARO allait paraître [2]. L'article sur Popelin devrait vraiment plutôt être fait par les Renan et les autres, dont il a chanté le talent, le caractère, et auxquels il a donné l'immortalité de l'émail et qui n'en diront pas un mot !

« Enfin, je vous ai promis cet article, je suis prêt à tenir ma promesse, à accomplir cette chose un peu dure, en considération d'une amitié qui date de trente ans. Seulement, réfléchissez, ne fermez pas vos oreilles et votre entendement, quand vous êtes animée par la passion. Avec les méchants que vous connaissez et qui vous guettent, ne croyez-vous pas que cet article soit un danger, qu'il peut amener des démentis auxquels je ne pourrai pas répondre, et peut-être des choses désagréables pour vous ? Réfléchissez encore un peu.

---

1. Texte Ms. : *le krack du Crédit financier.* La mention du Crédit foncier au début du paragraphe permet de croire à un lapsus ici. Faudrait-il aussi corriger *journaux* en *tribunaux* à la fin du paragraphe ?

2. Cf. t. III, p. 546, n. 2.

« Pour moi, dans le moment, je suis un peu souffrant, fatigué, pas en train d'écrire et prêt à partir pour la Meuse dans deux ou trois jours. Je ferai donc l'article au mois d'octobre, mais je ne peux ni le donner au TEMPS ni au FIGARO, où j'ai pris la résolution de n'écrire jamais depuis l'article de Bonnières.

« Je baise le bout des doigts de Votre Altesse [1]. »

Mardi 30 août

Ces jours-ci, en corrigeant les épreuves d'une réédition de MADAME GERVAISAIS, il m'est venu le désir de portraire la vraie Mme Gervaisais, qui fut une tante à moi, et de dire l'influence que Mme Nephtalie de Courmont, cette femme d'élite, eut sur les goûts et les aptitudes de ma vie [2].

La rue de la Paix, quand j'y passe maintenant, il m'arrive parfois de ne pas la voir telle qu'elle est, de n'y pas lire les noms de Reboux, de Doucet, de Vever, de Worth, mais d'y chercher, sous des noms effacés dans ma mémoire, des boutiques et des commerces qui ne sont plus ceux d'aujourd'hui, mais qui étaient ceux d'il y a cinquante, soixante ans. Et je m'étonne de ne plus trouver, à la place de la boutique du bijoutier Ravaut ou du parfumeur Guerlain, la pharmacie anglaise qui était à la droite ou à la gauche de la grande porte cochère qui porte le numéro 15.

Au-dessus, au premier, existait un grand appartement, qu'habitait ma tante, sous de hauts plafonds qui pénétraient mon enfance de respect. Et mes yeux ont gardé de ma chère parente le *souvenir de loin,* comme dit le peuple, le souvenir de ses cheveux bouffant en nimbe, de son front bombé et nacré, de ses yeux qu'on eût dit lointains dans leur cernure, de ses traits à fines arêtes, auxquels la phtisie fit garder, toute sa vie, la minceur de la jeunesse, du néant de sa poitrine dans l'étoffe qui l'enveloppait en flottant, des lignes austères de son corps — enfin de sa beauté spirituelle que, dans mon roman, j'ai un peu battue et brouillée avec la beauté psychique de Mme Berthelot [3].

Toutefois, je dois le dire, l'aspect un peu sévère de la femme, le sérieux de sa physionomie, le milieu de gravité mélancolique dans lequel elle se tenait, quand j'étais encore un tout petit enfant, m'imposaient une certaine intimidation auprès d'elle et comme une petite peur de sa personne, pas assez vivante, pas assez humaine.

De cet appartement où j'ai vu pour la première fois ma tante, il ne me reste qu'un souvenir, le souvenir d'un cabinet de toilette à la garniture d'innombrables flacons de cristal taillé et où la lumière du

---

1. Voir dans Billy, t. III, p. 24, la réponse de Mathilde (28 août), où elle renonce à « rien demander » à Goncourt « pour le pauvre disparu » et où elle l'accuse d'être ingrat envers la mémoire de Popelin, qui a exécuté « un émail de [son] frère ».
2. Sur cette réédition de MADAME GERVAISAIS, cf. t. III, p. 744.
3. Cf. t. II, p. 117, et dans MADAME GERVAISAIS, p. 41. D'ailleurs, Mme Gervaisais emprunte également sa physionomie « à la Poe » à Mme Marcille : cf. t. I, p. 1018-1019.

matin mettait des lueurs de saphir, d'améthyste, de rubis, et qui donnaient à ma jeune imagination, au sortir de la lecture d'ALADIN OU LA LAMPE MERVEILLEUSE, comme la sensation du transport de mon être dans le jardin aux fruits de pierre précieuse. Et je me rappelle — je ne sais dans quelles circonstances, j'avais couché deux ou trois nuits chez ma tante — la jouissance physique que j'avais, dans ce cabinet aux lueurs féeriques, à me laver les mains jusqu'aux coudes dans de la pâte d'amande : le lavage des mains à la mode chez les femmes distinguées de la génération de Louis-Philippe.

A des années de là, c'était au bout de la rue de la Paix — le second de la maison faisant le coin de la rue des Petits-Champs et de la place Vendôme — que ma tante occupait un vieil appartement charmant, un appartement qui coûtait, je crois bien, diable m'emporte ! en ce temps-là, 1 800 francs [1]. Dans le gai salon donnant sur la place Vendôme, on trouvait ma tante, toujours lisant, sous un portrait en pied de sa mère, qui avait l'air d'un portrait d'une sœur, d'une sœur mondaine : un des plus beaux Greuze que je connaisse et où, sous la grâce de la peinture du maître français, il y a la fluide coulée du pinceau de Rubens [2]. Le peintre, qui avait donné des leçons à la jeune fille, l'a représentée mariée, en la mignonnesse de sa jolie figure, de son élégant corps, tournant le dos à un clavecin, sur lequel, par derrière, une de ses mains cherche un accord, tandis que l'autre main tient une orange aux trois petites feuilles vertes : un rappel sans doute de son séjour en Italie et de la carrière diplomatique, en ce pays, du père de ma tante...

Et c'était, quand on entrait dans le salon, un lent soulèvement des paupières de la liseuse, comme si elle sortait de l'abîme de sa lecture.

Alors, devenu plus grand, je commençai à perdre la petite appréhension timide que j'éprouvais aux côtés de ma tante, je commençai à me familiariser avec sa douce gravité et son sérieux sourieur, remportant au collège, des heures passées près d'elle — sans pouvoir me l'expliquer —, des impressions plus profondes, plus durables, plus captivantes, toute la semaine, que celles que je recevais ailleurs.

De ce second appartement, ma mémoire a gardé, comme d'un rêve, le souvenir d'un dîner avec Rachel, tout au commencement de ses débuts, d'un dîner où il n'y avait qu'Andral, le médecin de ma tante, son frère et sa femme, ma mère et moi, d'un dîner où le talent de la grande artiste dramatique était pour nous seuls et où je me sentais tout fier et tout gonflé d'être des convives.

Mais ce dîner, c'était l'hiver, où je ne voyais ma tante que pendant quelques heures, le jour de mes sorties, tandis que l'été, tandis que le mois des vacances était une époque où ma petite existence, du matin au soir, était toute rapprochée de sa vie.

---

1. Var. 1896 : *2 500 francs.*
2. La mère de Nephtalie s'appelait Mélanie Tissot, avant d'épouser en 1799 Édouard Lefebvre. C'était la fille de riches négociants. Le portrait de Greuze est aujourd'hui à San-Remo chez Mme Le Bas de Courmont.

Dans ce temps, ma tante possédait à Ménilmontant une ancienne *petite maison*, donnée par le duc d'Orléans à Mlle Marquise ou à une autre illustre impure [1]. Oh ! le lieu enchanteur resté dans ma pensée et que, crainte de désenchantement, je n'ai jamais voulu revoir depuis ! La belle maison seigneuriale du XVIIIe siècle, avec son immense salle à manger, décorée de grandes natures mortes, d'espèces de fruiteries tenues par des gorgiases Flamandes, aux blondes chairs, et qui étaient bien certainement des Jordaens ; avec ses deux ou trois salons, aux boiseries tourmentées ; avec son grand jardin à la française, où s'élevaient deux petits temples à l'Amour, et avec son potager aux treilles à l'italienne, farouchement gardé par le vieux jardinier Germain, qui vous jetait son râteau dans les reins, quand il vous surprenait à voler des raisins ; et avec son petit parc et, au bout du parc, son bois ombreux d'arbres verts, où étaient enterrés le père et la mère de ma tante ; et encore, avec des dédales de communs et d'écuries, au fond de l'une desquelles on trouvait un original de la famille, occupé à fabriquer une voiture à trois roues et qui devait, un jour, aller toute seule.

Mais dans cette maison, mon lieu de prédilection était une salle de spectacle ruinée, devenue une resserre d'instruments de jardinage, une salle aux assises des places effondrées, comme en ces cirques en pleine campagne de la vieille Italie, et où je m'asseyais sur les pierres disjointes et où je passais des heures à regarder, dans le trou noir de la scène, des pièces qui se jouaient dans mon cerveau.

En ce ci-devant logis princier, ma tante, la femme de son frère, mère de l'ambassadeur actuel près le Saint-Siège, ma mère : les trois belles-sœurs menaient, tout l'été, une vie commune [2].

Là, comme ma tante n'avait pas le mépris de l'enfant, du gamin, quand il lui semblait trouver chez lui une intelligence, elle me souffrait auprès d'elle la plus grande partie de la journée, me donnant toutes ses petites commissions, me faisant l'accompagner au jardin, porter le panier où elle mettait les fleurs, qu'elle choisissait elle-même pour les vases des salons, s'amusant de mes *Pourquoi ?* et me faisant l'honneur d'y répondre sérieusement. Et je me tenais un peu derrière elle, comme pris d'un sentiment d'adoration religieuse pour cette femme, qui me semblait d'une essence autre que celle des femmes de ma famille et qui, dans l'accueil, le port, la parole, la caresse de la physionomie, quand elle vous souriait, avait sur vous un empire que je ne trouvais qu'à elle, qu'à elle seule.

Et il arrivait que ma mère, se trouvant sans autorité sur moi, quand j'avais commis quelque méfait, la chargeait de me gronder, et ma tante, en quelques paroles hautainement dédaigneuses, sans que jamais il y

---

1. Cf. t. II, p. 241, n. 1.
2. Mme Jules de Courmont était née Nephtalie Lefebvre de Béhaine : elle était donc la belle-sœur de Mme Armand Lefebvre de Béhaine, laquelle était la mère d'Édouard, l'ami d'Edmond et notre ambassadeur auprès du Vatican.

eût en moi l'instinctive révolte du garçonnet en faute, me causait une telle confusion que je ressentais une véritable honte d'une peccadille.

Du reste, pour mieux connaître la femme et, je le répète, l'influence qu'elle a exercée sur moi, voici l'un de ces dimanches de Ménilmontant, que j'ai publié dans LA MAISON D'UN ARTISTE.

« Vers les deux heures, les trois femmes, habillées de jolies robes de mousseline claire et chaussées de ces petits souliers de prunelle dont on voit les rubans se croiser autour des chevilles dans les dessins de Gavarni de LA MODE, descendaient la montée se dirigeant vers Paris. Un charmant trio, que la réunion de ces trois femmes : ma tante avec sa figure brune pleine d'une beauté spirituelle, sa belle-sœur, une créole blonde, avec ses yeux d'azur, sa peau blanchement rosée et la paresse molle de sa taille, ma mère, avec sa douce figure et son petit pied.

« Et l'on gagnait le boulevard Beaumarchais et le faubourg Saint-Antoine. Ma tante se trouvait être, en ces années, une des quatre ou cinq personnes de Paris énamourées de vieilleries, du *beau* des siècles passés, des verres de Venise, des ivoires sculptés, des meubles de marqueterie, des velours de Gênes, des points d'Alençon, des porcelaines de Saxe. Nous arrivions chez les marchands de curiosités, à l'heure où, se disposant à partir pour aller dîner en quelque *tourne-bride* près de Vincennes, les volets étaient déjà fermés et où, dans la boutique sombre, la porte seule, encore entrebâillée, mettait une filtrée de jour parmi les ténèbres des amoncellements de choses précieuses. Alors c'était, dans la demi-nuit de ce chaos vague et poussiéreux, un farfouillement des trois femmes lumineuses, un farfouillement hâtif et chercheur, faisant le bruit de souris trotte-menu dans un tas de décombres, et des allongements, en des recoins d'ombre, de mains gantées de frais, un peu peureuses de salir leurs gants, et de coquets ramènements du bout des pieds chaussés de prunelle, puis des poussées à petits coups en pleine lumière de morceaux de bronze doré ou de bois sculpté, entassés à terre contre les murs.

« Et toujours, au bout de la battue, quelque heureuse trouvaille, qu'on me mettait dans les bras et que je portais comme j'aurais porté le Saint-Sacrement, les yeux sur le bout de mes pieds et sur tout ce qui pouvait me faire tomber. Et le retour avait lieu dans le premier et expansif bonheur de l'acquisition, faisant tout heureux le dos des trois femmes, avec, de temps en temps, le retournement de la tête de ma tante, qui me jetait dans un sourire : « Edmond, fais bien attention de ne pas le casser ! »

« Ce sont certainement ces dimanches qui ont fait de moi le bibeloteur que j'ai été, que je suis, que je serai toute ma vie. »

Mais ce n'est pas seulement le goût de l'art que je dois à ma tante, et du petit et du grand : c'est elle qui m'a donné le goût de la littérature [1]. Elle était, ma tante, un esprit réfléchi de femme, nourri,

---

1. Texte Ms. et texte édité de 1896 : *Mais ce n'est pas seulement à ma tante que je dois le goût de l'art...* — La longue citation qui précède est prise à LA MAISON D'UN ARTISTE, t. I, p. 310-311.

comme je l'ai dit, de hautes lectures, et dont la parole, dans la voix la plus joliment féminine — une parole de philosophe ou de peintre — au milieu des paroles bourgeoises que j'entendais, avait une action sur mon entendement et l'intriguait et le charmait. Je me souviens qu'elle disait un jour, à propos de je ne sais quel livre : « L'auteur a *touché le tuf.* » Et cette phrase demeura longtemps dans ma jeune cervelle, l'occupant et la faisant travailler. Je crois même que c'est dans sa bouche que j'ai entendu pour la première fois, bien avant qu'ils ne fussent vulgarisés, les mots *subjectif* et *objectif.* Dès ce temps, elle mettait en moi l'amour des vocables choisis, techniques, imagés, des vocables lumineux, pareils, selon la belle expression de Joubert, « à des miroirs où sont visibles nos pensées », amour qui plus tard devenait l'amour de la chose bien écrite [1].

Avec la séduction qu'une femme supérieure met dans de l'éducation élevée, on ne sait pas combien grande peut être sa puissance sur une intelligence d'enfant. Enfin, c'est curieux, ma tante, je l'écoutais parler, formuler ses phrases, échappant à la banalité et au commun de la conversation de tout le monde — sans cependant qu'elles fussent teintées de *bleu* —, je l'écoutais avec le plaisir d'un enfant amoureux de musique et qui en entend [2]. Et certes, dans l'ouverture de mon esprit et dans la formation de mon talent futur, elle a fait cent fois plus que les illustres maîtres qu'on veut bien me donner.

Pauvre tante, je la revois quelques années après la vente de Ménilmontant, à une de mes premières grandes sorties autorisées par ma mère ; je la revois dans une petite maison de campagne, louée en hâte, un mois où elle était très souffrante, dans la banlieue, une maison cocasse à créneaux, collée contre un grand mur, avec, au-dessous, un jardin comme au fond d'un puits. C'était le matin. Ma tante était encore couchée. Flore, sa vieille femme de chambre, qui avait sur le nez un pois chiche paraissant sautiller, quand les choses allaient mal à la maison, me disait que sa maîtresse avait passé une mauvaise nuit. Et aussitôt que ma tante m'eut embrassé, son premier mot à sa femme de chambre était : « Donne-moi un mouchoir ». Et je m'apercevais qu'elle lui tendait le mouchoir de la nuit plein de sang et que ses maigres mains cherchaient à cacher. Et je la revois encore, avant son départ, dans un appartement de la rue Tronchet, comme perdue, comme un peu effacée, dans le brouillard d'émanations de plantes médicinales [3].

A Rome, le récit de la vie de Mme Gervaisais, de la vie de ma tante, en notre *roman mystique* est de la pure et authentique histoire. Il n'y a absolument que deux tricheries à l'endroit de la vérité dans tout le livre.

---

1. Le passage de Joubert qui nous paraît se rapprocher le plus de la formule citée par Goncourt est celui-ci : « Les beaux mots ont une forme, un son, une couleur et une transparence qui en font le lieu convenable où il faut placer les belles pensées pour les rendre visibles aux hommes » (Joubert, PENSÉES, éd. 1864, t. II, p. 361. Titre XXIV, IV, 7).

2. *Sans cependant qu'elles fussent teintées de bleu :* entendez que ses phrases n'étaient pas d'un *bas-bleu.*

3. *Avant son départ :* Mme de Courmont part pour Rome en 1842.

L'enfant tendre, à l'intelligence paresseuse, que j'ai peint sous le nom de Pierre-Charles, était mort d'une méningite avant le départ de sa mère pour l'Italie ; et sur ce pauvre et intéressant enfant, présentant un sujet plus neuf sous la plume d'un romancier, j'ai fait peser le brisement de cœur et les souffrances morales de son frère cadet en la folie religieuse de sa mère [1].

Et enfin, ma tante n'est pas morte en entrant dans la salle d'audience du pape, mais en s'habillant pour aller à cette audience [2].

Jeudi 1er septembre

Aujourd'hui, à l'*exposition des Arts de la femme,* je suis resté en faction devant la vitrine des bourdaloues [3]. Oh ! les coquets et galantins réceptacles du *pipi* de nos grandes dames du XVIIIe siècle, ces bourdaloues de Sèvres, ces bourdaloues de Saxe, à la forme de ce coquillage-nacelle qu'on appelle *nautile,* commençant dans les volutes d'un colimaçon, refermant ses bords avec un élégant gondolage et finissant comme en un bec émoussé. Oh ! les beaux, oh ! les royaux bourdaloues de Sèvres, en bleu lapis, autour d'un médaillon représentant une scène de Watteau, dans un encadrement de feuillage d'or, aux puissants reliefs de l'or de Vincennes. Mais plus familiers, plus humains, ces bourdaloues de Saxe, à l'anse faite d'un tortil de ronce enguirlandée de trois ou quatre fleurettes et où la blancheur de la porcelaine est semée de petits bouquets : bourdaloues d'une forme plus contournée, plus serpentante, plus amoureuse des parties secrètes de la femme.

Et les plus somptueux et les plus artistiques de ces pots de chambre idéaux appartiennent à une femme dont la pudeur n'a consenti à les exposer que sous l'anonymat de Mme X***.

Oh ! le vide, oh ! le creux des vers ! Et que les transports lyriques sont en général prudhommesques ! Que c'est bien de la pâture pour les pauvres cervelles de femmes !... Et s'il se trouve une soirée comme celle-ci, où je ne me trouve rien à faire, ma main n'hésite pas un moment entre un volume de La Bruyère ou de Joubert et un volume de poésie quelconque.

Samedi 3 septembre

Il y a des moments où je me demande si le grand art n'est pas inférieur à l'art industriel, quand celui-ci est arrivé au summum de la perfection,

---

1. Le Pierre-Charles du roman, de par son caractère, est le petit Arthur de Courmont (1832 ?-1841) ; mais dans le roman, sa vie à Rome auprès de sa mère est empruntée à celle du frère cadet d'Arthur, Alphonse, qui avait entre huit et dix ans durant le séjour à Rome de Nephtalie.

2. C'est la fin du roman : Mme Gervaisais, exténuée par les macérations, consent à se laisser ramener en France par son frère, mais après une audience pontificale, au cours de laquelle elle s'effondre et meurt (p. 276).

3. Cf. plus haut p. 746, n. 1, sur cette exposition.

si par exemple, un tableau de coloriste n'est pas inférieur à un flambé hors ligne, si... si... Mais je ne veux pas pousser la comparaison plus loin, pour que mon ombre ne soit pas lapidée par les critiques d'art de LA REVUE DES DEUX MONDES du XXe siècle !

Dimanche 4 septembre

Lorrain vient déjeuner ce matin à la maison ; et confiant en moi, il se répand sur sa jeunesse et me conte ses fiançailles avec une fille de Meurice. Tout gamin, il s'était pris d'une passionnette pour la fille de Gautier, pour Judith Mendès, qui venait aux bains de mer de Fécamp ; et comme elle peignait alors, il lui portait son chevalet, lui rendait mille petits services. En récompense, à lui qui ne connaissait et n'aimait que Musset, Judith faisait lire du Victor Hugo et du Leconte de Lisle.

Or, en ces années, le jeune Jean Lorrain avait vingt sous par semaine ; et en l'honneur de l'adorée, il se faisait faire la barbe qu'il n'avait pas et lui apportait de temps en temps un bouquet de quinze sous.

Et il se trouvait que le père de Jean Lorrain abominait la littérature et ne voulait consentir à aucun prix que son fils allât en faire à Paris, tandis que sa mère, qui était très jolie et qui était une femme honnête, qui n'avait jamais eu d'amour pour son mari, était portée vers les choses de l'intelligence et avait mis tout son cœur sur son fils, si bien que le père, jaloux de cette tendresse, l'avait fourré dans un collège de Paris, d'où il ne sortait qu'au jour de l'an et aux vacances.

Enfin, son père mort, Lorrain, publiait des volumes... Mais avant de mourir, le père de Lorrain avait mangé beaucoup d'argent dans des spéculations malheureuses, et le fils et la mère se trouvaient dans une position tout à fait misérable, et surtout en présence des exigences de la province, qui demandaient au jeune bourgeois de garder son cheval de selle et le même nombre de domestiques, pour que lui et sa mère ne parussent pas absolument ruinés aux yeux des gens qui les connaissaient.

C'est dans cette position difficile, dans ces embarras des commencements de sa vie de jeune homme, que Judith lui proposait un mariage littéraire qui devait lui faire gagner beaucoup d'argent. Il s'agissait pour lui d'épouser une fille de Meurice, qui se trouvait être une protestante si parfaite qu'elle glaça de suite ses velléités de mariage. Et quand il apprit qu'elle était une fille naturelle, ce fut pour lui un prétexte qu'il saisit aussitôt pour rompre.

C'est à Veules, chez Meurice, que Lorrain fit la connaissance de Mme Michelet, dont Meurice et Vacquerie — chose qui n'est pas connue — s'étaient faits les vendeurs de livres, comme ils l'étaient des livres de Victor Hugo.

Il assistait même, un jour, à la proposition de la vente d'un prétendu manuscrit de Michelet, intitulé : LE CHAT et que Meurice et Vacquerie ne voulaient pas reconnaître comme l'œuvre de Michelet, mais comme l'œuvre de Mme Michelet, qui était passionnée pour un chat, un chat hystérique, au dire de Lorrain, qui lui couvrait le cou de suçons amoureux. Et l'amour des bêtes chez Mme Michelet allait du chat à un chardonneret, qui parfois, à table, se baignait dans son verre.

Lundi 5 septembre

Départ pour Jean-d'Heurs.

Mardi 6 septembre

Sait-on que les cochons malades, les éleveurs de ces pays-ci les guérissent en leur faisant manger des écrevisses ?

Voilà un voleur que ce Du Bled, de LA REVUE DES DEUX MONDES ! Il vous *fait* vos livres comme un foulard ! C'est vraiment amusant, ce qu'il a fourré dans son CHEVALIER DE L'ISLE de mes livres historiques sur le XVIIIe siècle. Vraiment, en songeant à des pillards de cette espèce, on ne devrait pas mettre des autorités à ses livres : ça leur permet de vous voler sans avoir l'air de vous voler.

Cinq heures.

Le silence montant avec l'ombre dans le parc, qui n'a plus de lumières rasantes qu'en haut de la feuillée, et rien au loin, dans les champs, que le coup de fouet lointain d'un paysan rentrant avec sa charrette.

Mercredi 7 septembre

Oh ! l'été ! Moi, qui ne vis que par la littérature, ça me paraît un temps où l'usine où je travaille est fermée. Plus de publications de livres, plus de critique dans les journaux ; et si, par hasard, il est parlé de votre personne, c'est fait sans application, sans passion, sans animosité.

Le jeune Fould, le neveu de notre hôte, avait, ces temps-ci, la mission assez embarrassante d'obtenir les palmes académiques pour trois conseillers municipaux de là-bas ne sachant pas lire.

Jeudi 8 septembre

Une vie étrange ! Un lever à midi, un déjeuner à une heure qui dure jusqu'à trois heures, une sieste de quatre à cinq, un coucher à dix heures. Des heures où l'on dort, des heures où l'on mange en dormant à demi — une existence gargantuesque un peu somnambulique.

Vendredi 9 septembre

Quelle année ! J'arrive ici avec un gros rhume, et, ce matin, un horrible frisson et des vomissements. Et comme maîtres et domestiques sont, dans cette maison, des capons, je vais moi-même vider mon seau de toilette, pour qu'ils ne croient pas que j'ai apporté ici le choléra [1].

---

1. Une épidémie de choléra sévit à Paris, principalement dans les arrondissements périphériques, entre le 8 juillet et le 7 octobre.

Dimanche 11 septembre

A la suite d'une violente colique hépatique, j'étais dans mon lit, toute cette journée de dimanche, et j'avais la fièvre ; et ma pensée s'amusait de la fabrication à vide d'un article cocasse. Était-ce la greffe d'un peu de sa peau, prêtée par M. Dardoize à sa femme à la suite de la brûlure de ses mains, qui me l'inspirait ? Je ne sais... Mon article, c'était la fuite du bacille du *vomito negro* d'un tube de chez Pasteur, et sa recherche dans les endroits les plus excentriques de Paris par les membres de l'Académie de médecine, une poursuite moliéresque [1].

Dimanche 18 septembre

Dans une allée de la *tendue,* une petite allée tournoyante à la lisière du bois et où il y a çà et là une balafre de soleil sur les béquilles des *rejets* dissimulés dans la verdure, le souvenir de mes journées d'enfance passées autrefois à la *tendue* de Neufchâteau m'est revenu.

C'était l'habillement à la lumière et le départ encore dans la nuit, qui devenait une pâle aube à moitié du chemin, en l'heure de marche qu'on avait à faire. A l'entrée du bois, un grand pré, où des taches d'un vert foncé nous indiquaient des *mousserons* poussés pendant la nuit, que moi et le vieux Chapier nous ramassions. Puis l'arrivée à la cabane, l'allumement du feu, le pelage des pommes de terre mises avec un morceau de mouton dans un pot de fonte.

Alors, la première tournée, la plus riche de la journée et où les jours de passages, en septembre, se voyaient à droite et à gauche, jusque tout au bout d'une allée, de pauvres petits oiseaux voletant au-dessus du piège où leurs pattes étaient prises. Je me rappelle, un certain jour, la prise de vingt douzaines d'oiseaux.

Au bout de cela, rentrée à la baraque, refaçonnage de rejets aux ficelles détendues, cassées, par le vieux grognard de la Garde impériale, entremêlant son travail de récits cruels sur ses campagnes et disant que les soirs des batailles, n'ayant rien pour s'asseoir, il leur arrivait de prendre des cadavres d'ennemis, sur lesquels on s'asseyait pour manger.

Et après un déjeuner où nous avions des appétits d'enfer, une seconde tournée... Mon oncle, qui dînait à une heure à Neufchâteau, arrivait sur le coup de trois heures, au trot lent de *Cocotte.* Et à cinq heures, une dernière tournée où mon oncle, marchant en tête, donnait la volée aux oisillons qui n'avaient pas les pattes cassées, dans les grognements et la mimique colère du vieux serviteur suivant en queue.

Et tout le monde revenait souper à Neufchâteau, dans la nuit déjà noire.

---

1. Ce projet d'Edmond, qui figure dans le JOURNAL édité en 1896, est tout proche de la célèbre nouvelle de H.G. Wells, THE STOLEN BACILLUS.

Mercredi 21 septembre

On parlait ce soir du père Césarin, un mendiant original de Bar-le-Duc.

Un mendiant à l'esprit caustique, spirituellement méchant, qui avait été au collège avec les bourgeois les plus huppés de la ville et qui, au fait de leur vie privée dans les détails les plus intimes, en pleine rue, les interpellait avec une certaine éloquence, les blaguait et obtenait la charité par l'intimidation, la terreur d'une divulgation publique des choses secrètes de leur existence.

Il passait tous les hivers à la prison, qu'il appelait sa *maison de campagne,* s'y faisant enfermer à la suite de frasques drolatiques dans le genre de celle-ci. Un jour, la préfète sort seule de la préfecture, et voici mon Césarin qui lui offre le bras et s'indigne tout haut, et très drolatiquement, du refus de la dame. Rassemblement des habitants, intervention de la police, et billet de logement pour Césarin à sa *maison de campagne.*

Lundi 26 septembre

Marin est revenu de chasser à courre dans la Haute-Marne, à Beaumont, chez un riche chimiste de Lyon, un nommé Bredin, une espèce de Nemrod moderne, qui après avoir fait dans sa journée 150 kilomètres à cheval, trouve qu'il a exercé ses jambes, et non ses bras, et se livre, avant de s'endormir, à une ou deux heures de travail après un trapèze, qu'il a fait installer au-dessus de son lit.

Mercredi 28 septembre

Il y a ici, en villégiature, une petite femme, une jeune mère de deux petits garçons, une petite femme maladivement intéressante, qui a des douleurs rhumatismales dans les jambes, qui font qu'on la remonte le soir chez elle sur un fauteuil.

Ce soir, *Marin* me dit : « J'ai quelque chose à te dire dans ta chambre. » Et mon cousin, en tête à tête avec moi, me confie que depuis qu'il est revenu, il couche une heure ou deux, toutes les nuits, avec la petite femme et me demande d'attendre minuit chez moi.

Au fond, quand il est sorti de ma chambre, j'ai été pris d'une sorte de tristesse en voyant le nombre de femmes de la société, de mères de famille, que je croyais honnêtes et qui même ne se donnent pas par passion, par amour, par sentiment, mais se donnent par simple putinerie.

Samedi 1er octobre

Retour à Paris.

Lundi 3 octobre

C'est bon, ce deuil public pour le décès de cet ex-séminariste, qui avait refabriqué la philosophie de Rabelais à l'usage des *illustres vérolés* fin-de-siècle [1]. Au fond, Renan n'est que le rhéteur du *je-m'en-foutisme.*

Mardi 4 octobre

Fou, fou, plus fou que jamais ce Poictevin !

Le voici qui me dit de la porte :

« Oh ! il m'est arrivé à Bade une chose... C'était une nuit, une nuit... Je regardais une étoile avec une passion, une telle passion... qu'une Allemande s'est penchée sur moi, me disant : « Vous êtes aveugle ? »... Et elle était prête à me donner le bras... C'est singulier, hein ? fait-il avec un rire idiot.

— Et votre santé, dont vous vous plaigniez ?

— Maintenant, je suis des jours entiers sans pouvoir manger.

— Pourquoi ne voyez-vous pas un médecin ?

— Oh ! je ne crois pas aux médecins... Tenez, Catherine de Suède, les médecins voulaient la faire manger... Ça la rendait malade. »

Mercredi 5 octobre

Toutes les blagues autour du grand homme Renan, il faudrait en finir. Ne croit-on pas vraiment que Flaubert mériterait mieux les honneurs qu'on rend à ce dernier et que la succession littéraire du romancier enrichisse autrement la France que celle de l'ergoteur philosophique, dont la gloire dans vingt ans me paraît bien problématique ?

Jeudi 6 octobre

Daudet, que je revois ce soir, je le trouve bien mieux portant. Le traitement de Brown-Séquard, s'il n'amène un jour un malheur, a jusqu'ici quelque chose de miraculeux.

Il me contait qu'hier, à son retour à Paris, il avait été persécuté sur la route d'Ivry par un cocher de corbillard, complètement saoul et qui avait commencé la conversation avec le cocher de son landau par cette phrase : « V'là une drôle d'idée que t'as de ramener tes bourgeois à Paris par ce temps de choléra ! » Et si le cocher de Daudet, pour rompre la conversation avec le cocher de corbillard, mettait ses chevaux au pas, son collègue s'arrêtait pour l'attendre ou, s'il fouettait ses chevaux, son collègue le rattrapait bien vite, prenant plaisir à marcher de conserve avec lui et à lui tenir des propos folâtres.

---

1. Allusion au prologue du GARGANTUA, qui commence par : « Beuveurs tresillustres, et vous, vérolez tresprécieux... ». — Renan est mort dans la nuit du 1er au 2 octobre.

Du reste, Daudet ajoute qu'il a eu toujours l'affection des croque-morts, qu'il se rappelle à son retour de la Forêt-Noire, avec Delvau, en avoir rencontré une bande à Strasbourg, dont l'un, aussi saoul que celui de la route d'Ivry, voulait l'embrasser, disant : « Toi, tu me plais, je t'enterre à l'œil[1] ! »

Dimanche 9 octobre

Ah ! vraiment, si, après ma mort, je ne suis pas payé de ce que j'ai fait avec mon frère en littérature, mon ombre aura peut-être le droit de trouver la justice littéraire parfaitement injuste !

Mercredi 12 octobre

Incertitude, en allant à Saint-Gratien, de savoir comment la Princesse m'accueillera ce soir... Je ne suis pas fixé : l'altesse fait un fort somme après dîner, puis passe le restant de la soirée à se promener dans le salon du fond avec Lavoix, son ambassadeur intime, son chargé d'affaires pour les missions secrètes.

M. Salles, le père de la petite Benedetti, me dit, ce soir, qu'il lui est revenu, d'amis ayant vu Zola à Lourdes, que notre grand homme était, dans ce moment, bouffon à force de *pontifier*... Puis, à propos de GERMINAL, en sa qualité d'intéressé dans une houillère de Belgique, il me parle de l'attachement des mineurs pour la mine et me donne ce détail, qu'une grève de huit jours étant accordée là pour l'arrachement des pommes de terre, les femmes ont toutes les peines à décider leurs hommes à ce travail à ciel ouvert. Et il me cite un mot bien caractéristique du contremaître, lui rendant visite à Paris l'hiver et lui disant sur un ton intraduisible de dégoût : « Oh ! ça sent le bois chez vous ! »

Puis je ne sais quoi amène la conversation sur Lefranc, le ministre de Thiers, qui a laissé les discours d'inauguration les plus cocasses. Dans le principe, ce fut un mauvais avocat de province auquel le président du tribunal faisait confier un certain nombre de causes ; et comme on demandait à ce président la raison de cette préférence, il répondait : « Je vais vous le dire. Lefranc prend la parole. Au bout de cinq minutes de son bredouillement, le juge, mon voisin, me dit : « Il faut que la partie ait été bien sûre de la justice de son droit pour lui confier sa cause... » Nous dormons... Nous n'avons pas à nous défendre contre le talent de l'avocat. »

Vendredi 14 octobre

Tout ce temps dans le travail et la réécriture de nos notes sur l'Italie

---

1. Sur le voyage en Forêt-Noire, cf. t. III, p. 458, n. 1.

de 1855-1856 : notes qui devaient servir à faire une préface et qui feront un volume [1].

Un manque de réparation et par là une diminution de force vitale doit avoir lieu chez les vieux célibataires, que l'ennui de dîner seuls déshabitue de la faim du soir. C'est l'histoire de Gavarni, ça devient la mienne.

Samedi 15 octobre

Paul Alexis vient causer de la pièce.

Il me conte que Méténier et lui avaient introduit la pantomime de la fraise que Marthe avait à moitié dans la bouche et dont son mari voulait prendre l'autre moitié : un jeu charmant d'avance et de retraite, de fuite et de retour de visages amoureux [2]. Mais Koning avait prononcé le mot : « Impossible ! » Et Alexis insistant sur le pourquoi, Koning avait dit : « Si la pièce était jouée par une *gadoue* comme Léonide Leblanc, vous concevez combien je me foutrais que ses lèvres soient touchées par un acteur, mais Mme Sisos va être Mme Koning dans trois mois. C'est tout différent ! »

Et Paul Alexis passait de Koning à Zola, auquel Xau, ayant derrière lui Flammarion, était venu proposer 500 000 francs pour la propriété de ses trois volumes : LOURDES, PARIS, ROME. Zola n'avait pu accepter, parce qu'il avait vendu LOURDES au GIL BLAS.

Dimanche 16 octobre

Ce matin, je reçois par la poste un gros paquet de papiers d'affaires, que je rejette loin de moi, sans ouvrir l'enveloppe, en m'écriant : « Est-ce assez embêtant..., encore un manuscrit qu'un inconnu m'envoie pour le lire ! »

Enfin, j'ouvre le paquet. C'est la correspondance de mon frère et de moi avec mon vieux Labille, que son fils vient de retrouver et qu'il m'envoie de Jean-d'Heurs. Il y a une immense lettre de mon frère datée d'Alger. De moi, c'est une lettre après les journées de juin 1848, assez noire et assez prophétique sur l'avenir, des lettres sur l'arrestation de mon oncle en décembre 1851, et d'autres lettres qu'il sera amusant d'examiner à loisir.

A une heure, je suis au Gymnase, ou Méténier commence la lecture de CHARLES DEMAILLY. Des rires, des exclamations, des bravos, au milieu desquels je remarque, ce que n'ont vu ni Méténier ni Paul Alexis, la figure de bois de Sisos. Et il arrive qu'après la lecture Koning l'emmène et demeure un long temps, j'en suis persuadé, à la frictionner moralement. Et vraiment, je croyais qu'il allait nous annoncer qu'elle

---

1. Cf. t. III, p. 590, n. 1.
2. Ce jeu de scène entre Marthe et Charles, jeunes mariés, a été conservé dans le texte du CHARLES DEMAILLY d'Alexis et Méténier, acte II, sc. 1.

ne jouait pas : ce que j'aurais aimé, préférant le type ingénu et pervers de Cerny. Mais non ! Et ça m'embête qu'elle accepte le rôle, parce que je crains bien que Koning ne lui ait promis d'édulcorer complètement le rôle aux répétitions.

La collation des rôles commencée, Koning est tout le temps, avec une obstination qui porte sur les nerfs, à trouver le mari trop dur, trop mal élevé, laissant clairement voir son intention, par des atténuations imbéciles, de chercher à faire de cette femme sans cœur et sans esprit un rôle sympathique.

Mercredi 19 octobre

Déjeuner chez Lorrain, avec Bauër et un jeune officier faisant partie du corps d'occupation du Tonkin.

On cause de la concurrence faite à L'ÉCHO DE PARIS par LE JOURNAL, et de la baisse, en la vente, de 30 ou 40 numéros dans un certain nombre de kiosques, dont les acheteurs sont passés à la concurrence [1].

Là-dessus, Bauër affirme que Simond a gagné 240 000 l'année dernière avec L'ÉCHO, parle de sa roublardise, de son besoin de tromper, d'enfoncer les gens, prétendant que si, dans une affaire, il gagnait 500 000 francs et qu'à côté de lui on en gagnât 100 000, il s'arrangerait de manière à les faire perdre, quand même ça l'amènerait à n'en plus gagner que 200 000. Et il nous le montre, un moment, cherchant à s'emparer du GIL BLAS, en disant aux principaux actionnaires : « Laissez-moi être le maître, et alors que je serai le maître des deux journaux, nous réduirons la rédaction et ferons notre affaire à très bon marché. »

L'officier, un jeune et distingué militaire, buveur d'eau et très petit mangeur et qui m'apparaît comme un fort fumeur d'opium, décrit amoureusement la merveilleuse pipe qu'il possède et qui viendrait d'un ancien vice-roi de Canton, une pipe dont l'ivoire est devenu presque noir et dans laquelle il affirme que ses prédécesseurs auraient fumé pour plus de 400 000 francs d'opium. Longtemps, et très curieusement et très intelligemment, il nous entretient de l'activité cérébrale que la fumerie d'opium développe et du nombre de conceptions qu'elle amène dans un temps très court. C'est chez lui, en le quart d'heure que dure la fumée d'une pipe, c'est un plan de colonisation du Tonkin, c'est l'organisation d'une armée coloniale, c'est... c'est... et au milieu d'une espèce d'émerveillement pour la puissance de ses facultés sous cette excitation... Mais va te faire fiche ! Tout cela s'envole avec la dernière

1. LE JOURNAL est fondé le 27 sept. 1892 par Fernand Xau, selon la formule de L'ÉCHO DE PARIS : une brillante équipe de chroniqueurs et de conteurs, les rubriques importantes confiées à des journalistes éprouvés, l'information pure prenant le pas sur les considérations politiques. LE JOURNAL, du point de vue politique, observe une manière de neutralité vaguement teintée de républicanisme. Mme Adam, Séverine, Gyp, Bergerat, Coppée, Descaves, Mirbeau, etc., y collaborèrent. Forain y donna des dessins. En 1899, H. Letellier remplacera Xau. LE JOURNAL vivra jusqu'à la Seconde Guerre mondiale.

aspiration, et il n'en reste pas un souvenir assez net dans la mémoire pour se jeter à une table et fixer sur le papier quelque chose de cette fiévreuse inspiration de la cervelle.

Un moment, ce jeune officier faisait un tableau des belles nuits du Sénégal, où il a passé quelques années, de ces belles nuits lumineuses où, au milieu de leurs claires ténèbres, apparaissait soudainement, comme une vision, un bataillon noir de femmes d'ébène aux sveltes formes, les fillettes, les cheveux coupés, les jeunes filles, les cheveux nattés, les femmes, les cheveux sous un madras aux couleurs voyantes : toutes ces nubilités de dix à vingt ans formant un anneau de danse, un ondulant et voluptueux enchaînement féminin, au milieu duquel les *griots* font une musique de tous les diables et autour duquel les vieilles accroupies à terre éventent à tour de bras les danseuses. Une danse qui est une douce oscillation des torses, qui peu à peu s'enfièvre et d'où se détache et jaillit de temps en temps une femme qui, devant son fiancé, devant l'homme aimé, se torsionne debout comme sous le coït et, passant sa main entre ses cuisses, la retire et la montre tout humide de la jouissance amoureuse.

Dimanche 23 octobre

Après dîner, Daudet nous montre ses minuscules cahiers de notes d'autrefois, et je tombe sur une note, peignant d'après nature des garçonnets de la Camargue, forçant, tout nus, des perdrix à la course, course où Daudet dit qu'ils chauffaient l'air de leurs corps en feu. Il nous fait remarquer que les bonshommes informes qu'il mêlait à son écriture s'arrêtent en 1872.

Dans la soirée, Gonzague Privat, qui a dîné avec moi chez Daudet, nous fait part de l'idée d'un article qu'il a trouvée sur l'élection à l'Académie de Zola. C'est l'abbé Constantin entrant chez Homais, de pharmacien devenu libraire et qui lui fait acheter pour cadeau à une jeune nièce qui va se marier tous les romans de Zola, et les plus cochons, sauf LE RÊVE, sur la remarque de l'abbé que les jeunes filles rêvent trop [1].

Et comme l'idée de l'ex-peintre est joliment drolatique, nous cherchons à lui faire faire cet article seulement à trois personnages et à l'empêcher de dérailler à droite, à gauche, ainsi qu'il en a l'habitude. Et Daudet lui dit : « Voici comment vous devez entrer en matière : « Je me trouvais chez Homais le libraire, quand il me dit : Tenez, vous allez rire. Voici l'homme le plus candide que je connaisse... »

Et l'abbé Constantin entré dans sa boutique, il lui présente les livres de Zola revêtus de l'estampille académique. Et c'est POT-BOUILLE, dont le bon abbé dit : « Oh ! très bien, ça lui donnera une idée du ménage ! »

1. Sur les candidatures académiques de Zola, cf. t. III, p. 345, n. 1 ; et sur le rapprochement du RÊVE et de L'ABBÉ CONSTANTIN de Ludovic Halévy, cf. t. III, p. 395, n. 3.

Et c'est LA TERRE dont l'abbé dit : « Parfait pour elle, qui va habiter la province. » Et c'est LA FAUTE DE L'ABBÉ MOURET, que le satané Homais lui présente comme une faute dans une composition théologique sur le paradis terrestre, ajoutant : « Vous savez, qu'il est au moment d'entrer dans les ordres, M. Zola ?... Et qu'on parle de sa nomination à l'évêché de Lourdes ? »

Lundi 24 octobre

Diable ! diable ! Lavoix mort hier d'une congestion cérébrale... Il faut que les vieux amis de la Princesse se retiennent à la rampe !

Mardi 25 octobre

Aujourd'hui, à l'enterrement de Lavoix, j'étais frappé du rendu illusionnant d'une pluie battante, existant dans l'eau-forte de Buhot ayant pour titre : LES FIACRES.

Jeudi 27 octobre

Daudet contait qu'à sept ou huit ans, ayant perdu un soir sa bonne à Nîmes, il avait battu les rues dans un désespoir qu'on peut supposer ; et lorsqu'il avait retrouvé sa maison, revu les fenêtres éclairées de la fabrique, avant de rentrer, il avait embrassé dans son bonheur le marteau, le heurtoir de la porte, disant : « J'étais déjà un poète ! »

Il racontait après, sautant bien des années après, son navrement, son envie de pleurer, quand, au sortir de MAITRE GUÉRIN d'Augier, emmené souper chez Siraudin, il entendait blaguer la pièce... Et, ajoutait-il, il avait éprouvé le même sentiment de profonde tristesse, quand, au sortir de LA BELLE HÉLÈNE, il se cognait à l'enthousiasme du Boulevard.

Vendredi 28 octobre

« Oui, ce volume que je viens de terminer, me dit Poictevin avec sa pauvre figure d'halluciné, ce volume..., il est fait avec la sueur de mon âme... J'aurais voulu lui donner comme épigraphe la traduction du mot *medullitus* de saint Bonaventure... Mais *moelleux,* c'est commun, ça ne rend pas l'expression latine..., et *médulleux,* c'est botanique [1]. »

Dimanche 30 octobre

Un ménage bruyant force ma porte, passe sur le corps de Pélagie,

---

1. *Medullitus* est moins rare que ne semble le croire Poictevin : l'adverbe apparaît avec son sens figuré (« jusqu'aux moelles, au plus profond de l'être ») chez Ennius, Plaute, Apulée, Prudence, etc. — Le volume de Poictevin qui porte cette épigraphe est TOUT BAS, publié en 1893.

fait irruption dans mon cabinet de travail. C'est un petit Espagnol à la figure couturée de petite vérole comme on l'avait au XVIIIe siècle, à l'électricité de l'œil de Fromentin. Il se dit attaché d'ambassade, et sa femme, qui a l'air d'une Anglaise, est une Espagnole comme lui. Une admiration de mes livres, de LA MAISON D'UN ARTISTE, le bréviaire du ménage, une admiration tellement forcenée qu'elle me met en défiance. Et cependant, au milieu de tout ce qui me fait croire à un aventurier, à un rastaquouère, à un filou, des citations pas bêtes de mes livres, des appréciations très personnelles sur quelques-uns de mes confrères, des choses vraies, comme des achats de bibelots japonais à Wakaï, pendant un séjour au Japon.

Là-dessus, la femme me dit savoir que je fais maintenant une collection d'objets XVIIIe siècle à l'usage de la femme et qu'elle serait bien heureuse de les voir. Je les lui montre, et je l'avoue, après que le ménage est parti, je fais une inspection des petits objets en or, dont aucun ne manque.

En partant, ce ménage original, qui devait s'embarquer le lendemain soir et qui s'en allait au sortir de chez moi à Trianon, prendre les dessins de la chambre de Marie-Antoinette, que le mari voulait faire exécuter dans une villa près de Mexico, où il était envoyé, en partant, ce ménage me demandait donc à m'envoyer le lendemain une épée et des éventails, pour avoir mon avis sur ces objets. Et ces objets m'arrivaient le lendemain, avec un billet de la jeune femme, Mme Marie de la Conception de Carrère, où elle me disait qu'elle s'était permis d'ajouter à la collection d'éventails celui qu'elle portait, celui de son choix, qu'elle me priait d'accepter comme un souvenir de son estime : un éventail représentant Marie-Antoinette regardant avec le dauphin l'enlèvement d'une montgolfière, un éventail valant de 800 à 1 200 francs.

Je n'ai pas besoin de dire que je refusai l'éventail que j'aurais accepté s'il avait valu quarante sous ; mais vous concevez la honte intérieure que j'eus de mes soupçons !

Mercredi 2 novembre, jour des Morts

Deux nuits de souffrances intolérables..., deux nuits passées à crier. C'est curieux, autrefois, un rhume chez moi devenait une petite bronchite durant quinze jours, trois semaines ; aujourd'hui, un rhume se métamorphose au bout de quelques jours en une colique hépatique. Quel rapport peut avoir le foie avec les bronches ? Enfin, voilà trois attaques de ces abominables coliques en trois mois : ça devient inquiétant, avec, à l'horizon, Vichy qui a déjà tué mon frère.

Jeudi 3 novembre

Loti a été fait académicien par le côté *chauffe-la-couche* de son talent, par les érections sentimentalo-platoniques de ses livres, par ses adorations romanesquement et religieusement bêtes pour les Sarah

Bernhardt, les Juliette Adam, les reines de Roumanie, enfin pour tout le bétail féminin en vedette [1].

Vendredi 4 novembre

Le docteur Blanche disait ce matin à Mlle Zeller : « Vous voyez cette femme qui sort et qui a l'air parfaitement raisonnable ? Eh bien, elle se plaint d'avoir 35 000 hommes dans le ventre ! « Et il y en a un, ajoute-t-elle, qui parle toujours... Si celui-là pouvait au moins se taire ! »

Samedi 5 novembre

Je reconnais que j'ai la fièvre non pas tant à la chaleur de mes mains qu'à la sensation de mes yeux jetant des éclairs : sensation que je n'ai pas besoin de vérifier pour en avoir la certitude.

Mercredi 9 novembre

Toudouze, qui a fait un peu de vie intime avec le ménage Antoine, au bord de la mer en Bretagne, me contait que la Deneuilly, sa maîtresse, lui avait dit cacher, en les mouvements de découragement d'Antoine, son revolver, parce qu'il paraissait tout à fait décidé à se tuer, si son théâtre ne réussissait pas.

Jeudi 10 novembre

Aujourd'hui, répétition de SAPHO, avec Daudet et sa femme au nouveau théâtre de Porel [2].

Une salle, où l'on doit jouer samedi et qui semble devoir demander encore un mois de travail, une salle où il y a partout des *braseros* allumés pour sécher la salle, où l'on commence à poser les rideaux des loges, où Porel, pour qu'on entende les acteurs, est obligé de crier : « Deux minutes sans coups de marteau ! »

Cette pauvre Réjane, qui a déjà répété ce soir en costume, est éreintée, morte. Elle joue cependant trois actes pour nous. Jamais on n'a joué l'amour comme cela, et il y a une telle passion dans son jeu, un tel pelotage, de telles lichades, que Mme Daudet a peur d'amener Lucien à la première.

Du cabinet de Daudet, j'entends parler dans le grand salon. C'est Mme Charpentier, qui annonce à Mme Daudet le divorce de sa fille avec Hermant.

Samedi 12 novembre

Première de SAPHO au Grand-Théâtre.

---

1. Cf. t. III, p. 690, n. 1 pour l'allusion à la Reine de Roumanie.
2. Porel sera directeur du Grand-Théâtre de 1892 à 1893. Voir plus loin p. 811.

Ce pauvre Zola, là plus que partout ailleurs, il lui est impossible de cacher la haineuse envie que lui donne le succès d'un confrère. Il fallait entendre ce soir sur quel ton il a servi ce compliment à Daudet : « Mon bon ami, je vous félicite d'avoir votre pièce montée avec ce souci d'art... Oh ! c'est très artistique... très artistique... Mais dans une salle aussi peu terminée que celle-ci, ne croyez-vous pas qu'il y a toujours quelque chose à craindre ? L'électricité fonctionne bien, hein ?... Et puis, je ne serais pas surpris qu'il y eût une émeute pour la reprise des paletots. »

Mercredi 16 novembre

Ah ! le bel article à faire, intitulé les *Jeunes Vieux,* à propos de cet article d'un jeune qui proclame que l'amour qu'il y a dans MANON LESCAUT, WERTHER, SAPHO, GERMINIE LACERTEUX n'intéresse pas la jeunesse de l'heure actuelle. Elle trouve cet amour trop humain, trop bas pour la spiritualité de ses petites personnes... As-tu fini, Vandérem ?

Jeudi 17 novembre

Je tombe dans la boutique de Lermerre sur un Bourget à la figure de pleine lune, lui qui avait autrefois une pauvre petite mine crevarde, qui le faisait du reste plus distingué.

Nous causons de Maupassant, et il me raconte cette anecdote sur notre sadique confrère.

Un jour Maupassant lui dit sans autre préambule :

« Je voudrais vous faire baiser ma maîtresse.

— Aah !

— Oui... Par exemple, elle sera masquée... Oh ! elle est jolie... mais c'est une femme de la société... Elle ne veut pas être connue. »

En effet, Bourget apprenait plus tard que c'était la femme d'un gros universitaire.

Au jour où la femme devait venir, Bourget se rendait chez Maupassant, s'étant assuré d'avance une honorable retraite, dans le cas où il resterait insensible.

Arrivait la femme, un masque sur la figure et qui, disant qu'elle allait ôter son chapeau, revenait toute nue, n'ayant gardé, ce qui disait son origine bourgeoise, qu'une paire de bas de coton rose.

Ces bas de coton, le tremblement nerveux de la femme, la sueur froide de ses seins, la présence peut-être de Maupassant, faisaient qu'il ne satisfaisait pas la femme, en se retranchant sur ce que la présentation avait été trop brusque. Sur ce, la femme criait à Maupassant : « A moi, mon faune ! », se jetait sur lui et lui suçait la verge.

Mais voici le curieux : la froideur que cette femme avait rencontrée chez Bourget lui donnait l'idée d'*orgiaquer* avec un de la littérature ayant la réputation d'un *chaud-de-la-couche,* avec Catulle Mendès. Et Maupassant allait proposer la chose à Catulle, qui acceptait la proposition, mais à la condition qu'il pourrait amener sa petite amie.

Alors, entre eux quatre, avait lieu une terrible orgie, au bout de laquelle la femme de l'universitaire, dans une crise hystérique, allait chercher dans la chambre voisine le revolver de Maupassant et en tirait des coups à Maupassant et à Mendès, et il arrivait que Maupassant se blessait à la main, en la désarmant.

Ce serait cette blessure que Maupassant, rencontré un soir par moi en chemin de fer, m'aurait donnée pour une blessure faite par un mari qu'il était en train de déshonorer [1].

Mercredi 23 novembre

C'est curieux, la connaissance que l'étranger possède de ma MAISON D'UN ARTISTE. Il y a une vingtaine de jours, c'était ce ménage espagnol qui s'en montrait enthousiaste ; aujourd'hui, c'est une Américaine qui m'apporte un bouquet de chrysanthèmes et se répand en paroles élogieuses sur mes descriptions. Et c'est encore aujourd'hui, rue de Berri, l'ambassadeur de Suède et sa femme qui me demandent à voir ladite maison et qui m'étonnent par leur science de ce qu'elle contient [2].

L'ambassadeur m'apprend qu'il est le fils d'un collectionneur qui a perdu sa première collection dans un naufrage, la seconde dans un incendie, et qui est demeuré collectionneur et lui a légué sa maladie. Il aurait beaucoup trouvé de belles choses à Saint-Pétersbourg, où il a été ambassadeur pendant de longues années, avant d'être envoyé en France.

Jeudi 24 novembre

Petit voyage à Pantin, pour décrire la maison de campagne de la Guimard [3]. Dans ce quartier de misère et de laideur, de petits palais appartenant à des industriels comme Doistau, comme Delizy, le beau-père de Doistau. Chez Mme Delizy, qui est une amoureuse du mobilier XVIIIe siècle, je retrouve le petit et le grand salon de la danseuse, et un jardin d'hiver, tout rempli de plantes des tropiques, qui est le petit modèle d'une serre du Jardin des Plantes. Le côté comique, ironique, de cette princière installation, c'est que le mari, resté l'industriel de la première heure, va lire son journal à l'usine, fuyant et la belle serre et les beaux salons.

Dimanche 27 novembre

Cette pauvre Mme Anatole France, qui est au moment de divorcer, disait ces jours-ci à Mme Daudet : « Enfin, quand nous nous sommes

1. Cf. t. II, p. 918.
2. L'ambassadeur des Royaumes-Unis de Suède et Norvège était depuis le 5 juill. 1890 M. Due.
3. Voir dans LA GUIMARD, p. 47' sqq., la description sinon de la maison de campagne qu'occupait à Pantin la Guimard à partir de 1768 (la maison a été détruite et l'emplacement est douteux), du moins des boiseries, dont Edmond conte ici la découverte chez la femme du distillateur Delizy.

mariés, mon mari avait quatre paires de chaussettes de coton... Maintenant, il porte des caleçons de soie [1] ! »

Mardi 29 novembre

En faisant la table de LA GUIMARD, je pensais à l'amusante réception dans l'autre monde d'un historien comme moi, parmi les femmes du XVIIIe siècle, louangées ou égratignées par ma plume.

Mercredi 30 novembre

Une spirituelle définition, dans la conversation, de Renan par Henri de Régnier : « Renan, le bouffon de Marc Aurèle. »

Jeudi 1er décembre

Si les conservateurs avaient fait en politique ce que j'ai fait en littérature, s'ils avaient fait montre à la Chambre et ailleurs de leurs entrailles pour le peuple, ainsi que ça existe dans mes bouquins, s'ils avaient pris le patronage affectueux des déshérités, peut-être l'anarchie et la dynamite ne seraient pas.

L'emballement de Daudet pour les voyages sous l'Équateur est passé au pôle arctique, et aujourd'hui, parlant de deux intrépides voyageurs de ces dernières années, sa femme tout à coup l'interrompt : « Ah oui ! ce sont les deux voyageurs tombés dans une lézarde de la glace. » Et elle cherche, un moment, sans la trouver, la suite de ce qui leur est arrivé — Daudet, tous les soirs, faisant dans le lit conjugal la lecture à sa femme d'un chapitre d'un de ces livres de voyage, lecture au milieu de laquelle la femme, moins fanatique du pôle que son mari, s'endort.

Vendredi 2 décembre

Ce treillage, que j'ai fait élever au fond de mon jardin, par les nuits claires, a quelque chose de la construction aérienne d'un rêve et me rappelle le palais imaginaire, édifié dans le disque de la lune par Outamaro, en sa poétique illustration de L'ADMIRATION FOLLE DE LA LUNE [2].

Samedi 3 décembre

Après une jeunesse si pauvre, j'éprouve une espèce d'ahurissement devant le facile et abondant argent qui me tombe entre mes mains, qui le laissent couler à droite, à gauche. Avant-hier, c'étaient trois mille francs de porcelaines de Saxe ; hier, quatre mille cinq cents de portières,

1. Voir la note du 25 janv. 1893.
2. Cf. OUTAMARO, p. 178, mention du livre illustré de 5 planches d'Outamaro publié en 1789, L'ADMIRATION FOLLE DE LA LUNE ou *Yéhon Kiôghètsubô.*

en tapisserie crème fleurie de roses, d'œillets, de tulipes : une des plus gaies et des plus jolies choses du XVIIIe siècle que j'aie jamais vues.

Dimanche 4 décembre

On cause du talent de Bourget, et Rodenbach cite cette phrase d'une lettre de Huysmans : « Bourget, ça a l'air d'être écrit avec de la gomme à effacer. »

Ce Deschamps de LA PLUME, un sacré toupet de venir chez moi, et de venir un jour où il peut rencontrer Daudet, dont sa feuille de chou cannibalesque demande la mort tous les mois [1].

Quand il est sorti, Descaves raconte qu'il vient d'épouser la fille d'un riche cafetier de province et que, lors de sa nuit de noce, qui a eu lieu à Paris, il s'était flanqué une telle culotte au repas, il s'était si abominablement grisé que sa femme a été obligée de se relever et d'aller chercher le médecin du poste.

Lundi 5 décembre

J'entre dans le cabinet de Koning au moment où, à propos du mot de la fin de CHARLES DEMAILLY, du mot : *Un ivrogne !*, laissé tomber sur son mari par Marthe en sortant du café concert, Koning s'écrie : « Avec ce mot, vous vous privez de cinquante représentations !... Ce mot, voyez-vous, c'est le *Ça, c'est ma femme !*, le mot qui a tué LA MENTEUSE [2]. »

Puis c'est une discussiuon entre Koning et Paul Alexis, qui veut une répétition comme une première, et Koning, qui veut une répétition très restreinte, se basant sur ce que les premières sont froides, quand les répétitions sont très chaudes. Il ajoute que toutes les pièces de Daudet ont été tuées par la présence de ses amis aux répétitions.

La pièce devait passer mardi 13, mais elle est remise, ce jour étant l'anniversaire de la mort de la mère d'Alexis.

Mardi 6 décembre

Une chose vraiment qui me peine, c'est l'état de santé de Mme Sichel. Voilà la huitième semaine que la délicate femme a une extinction de voix, avec des symptômes de phtisie qu'elle a pu — et même que la malheureuse est persuadée — avoir gagnée au contact de son mari malade. Et hier, une barbe de dentelle sur la bouche, moitié de sa pauvre

1. Cf. t. III, p. 655.

2. Sur le mot de la fin dans LA MENTEUSE de Daudet et Hennique, cf. t. III, p. 653, n. 3 et p. 661-662. Dans le CHARLES DEMAILLY d'Alexis et Méténier, à la fin de l'acte V, Marthe, l'épouse indigne, est devenue chanteuse de café-concert ; Charles, guéri d'un premier accès de démence, vient par hasard dans l'établissement où elle chante, la reconnaît et meurt dans une crise de folie furieuse, tandis que Marthe, descendue de scène et quittant les lieux, reconnaît son mari, mais retrouve vite son sang-froid et commente dédaigneusement l'incident en disant à son entreteneur, Des Arnois : « Un ivrogne... »

voix aphone, moitié de la trace peu lisible d'un crayon courant sur des feuilles de papier, elle me disait, elle m'écrivait cette anecdote sur Henri Heine, que lui avait contée son médecin Gruby.

Gruby était appelé en consultation avec d'autres médecins chez l'oculiste Sichel, pour donner son avis sur une maladie des yeux dont était atteint Henri Heine, qui n'était point encore l'homme célèbre qu'il fut plus tard. Gruby attribuait cette maladie à un commencement d'affection de la moelle épinière et prescrivait un traitement ; mais comme il était en minorité, il n'était point écouté.

Dix ou douze ans se passaient, au bout desquels un médecin, venant le chercher et lui rappelant sa consultation, le menait chez Henri Heine. En ouvrant la porte, l'introducteur de Gruby disait à Heine : « Je vous amène votre dernier médecin. » Et Heine, se tournant vers lui, s'écriait : « Ah ! docteur, que ne vous ai-je écouté ! »

Gruby avait quelque peine à cacher son impression, en retrouvant en place de l'homme jeune et vigoureux qu'il avait entrevu autrefois, un paralytique presque aveugle, couché par terre sur le tapis.

Néanmoins, Heine, malgré ses souffrances, avait conservé ce vif et aigu esprit qu'il garda jusqu'au dernier jour. Et comme, après un examen très approfondi de sa personne, il demandait à Gruby : « Eh bien, en ai-je encore pour longtemps ? » et que celui-ci répondait : « Pour très longtemps », Heine fit : « Alors, ne le dites pas à ma femme ! »

Avant de s'en aller, Gruby, pour se rendre compte du degré de paralysie des muscles de la bouche d'Henri Heine, lui demandant s'il pouvait siffler, le poète, soulevant avec les doigts ses paupières inertes, jeta au docteur :

« Pas même la meilleure pièce de Scribe ! »

Je m'étonnais que Duflos jouât si bien Charles Demailly : il me revient aujourd'hui l'histoire de sa femme, ça m'explique son jeu admirable de mari malheureux [1] !

Mercredi 7 décembre

Un mot féroce sur Antonin Proust : « Oh ! il est coupable... Il ne se teint plus [2] ! »

Cette mauvaise langue de Lorrain m'apprend que Montesquiou-Fezensac est surnommé dans le monde *Prend ton luth* et *Haricot vert*, à cause du tortillage de son torse dans ses pardessus vert myrte.

Groult me raconte ceci. Il a acheté chez Montesquiou-Fezensac un tableau de Reynolds, représentant Georges IV, neuf mille francs. Montesquiou vendait le tableau pour le compte d'un ami. Là-dessus,

---

1. Cf. t. III, p. 663.
2. Antonin Proust, ancien ministre des Beaux-Arts, « soucieux de son élégance pommadée », dit Dansette (LES AFFAIRES DE PANAMA, 1933, p. 152), avait été accusé par LA LIBRE PAROLE du 2 décembre d'avoir reçu de Reinach 1 000 obligations de la Compagnie de Panama. Il est l'un des cinq députés contre qui sera demandée et accordée le 20 décembre la levée de l'immunité parlementaire.

Groult fait un voyage à Londres, rend une visite à Rochefort, visite dans laquelle on cause peinture :

« Oh ! soupire Rochefort, j'ai eu de Reynolds une tête de toute beauté... A ce moment, Helleu est tombé ici, me demandant à faire mon portrait... Je lui ai dit : « Je n'ai pas d'argent... Oui, j'en ai un jour, mais je n'en ai pas le lendemain... et je ne me soucie pas de faire faire mon portrait gratis. — Eh bien, donnez-moi quelque chose », me répondit-il, pendant qu'il était en arrêt sur ce portrait, qui m'avait coûté, je crois, une trentaine de francs... Et une bêtise que j'ai faite, je lui laissai décrocher mon Reynolds... Je posai une fois, puis je ne me rappelle plus ce qui arriva, il n'y eut pas une seconde séance... Oui, je voudrais bien le revoir, ce Reynolds !

— Mais je puis vous donner cette satisfaction, fait Groult.

— Vous ! reprend Rochefort en allant à lui et le prenant par les revers de son paletot.

— Ne secouez pas comme ça le propriétaire, dit Groult, qui lui raconte l'achat du tableau.

— Nom de Dieu ! s'écrie Rochefort, quand vous verrez Helleu, vous lui direz qu'il me doit cinq francs pour une heure de pose... Car moi, n'est-ce pas ? je ne suis pas un modèle ordinaire !... »

Jeudi 8 décembre

Dans notre métier, quand à la fois on a beaucoup de choses en train : feuilletons, livres, pièces de théâtre, on vit dans une espèce d'ivresse cérébrale.

Cet Hanotaux des Affaires étrangères, quel bavard, quel disert, quel parolier, mais aux paroles parfois intelligentes ! Aujourd'hui, il dissertait sur les futurs Américains qui sont en train de se faire chez les Africains de l'Algérie, sur cette jeune population née du contact des officiers et soldats français avec les prostituées autochtones de là-bas : une population pleine d'activité, de vitalité, mais privée de tout sens moral.

A un moment, comme on parlait de la foi, il a dit que ce sentiment n'existait pas chez lui, et il se comparait assez ingénieusement à un homme qui habiterait une chambre au-dessus de laquelle serait une autre chambre, où il aurait la perception qu'il se passe des choses..., mais qui ne l'intéressent pas le moins du monde.

A propos de l'article de Zola remerciant Bourget de ne pas se présenter à l'Académie, en lui accordant presque du génie, Frantz Jourdain rappelait ce soir à Daudet, qui était avec lui, qu'à un retour de chez moi en fiacre, Zola avait passé tout le voyage à nier absolument le talent de Bourget [1]. Mais en fait d'apostasie...

1. L'article de Zola, PAUL BOURGET, a paru dans LE GAULOIS du 7 décembre.

Vendredi 9 décembre

Quand je veux écrire un morceau de style, j'ai besoin de me laver les mains avant, je ne peux pas écrire les mains sales.

Samedi 10 décembre

« Vous savez, me dit Koning, lorsque j'entre dans son cabinet, Sisos a une entorse, une entorse qu'elle s'est donnée hier, en sortant de chez son couturier... Quand jouera-t-elle ?... Au fond, cette entorse me coûte 20 000 francs. »

Et là-dessus, il se met à me parler de la crise qui sévit sur les théâtres, m'affirmant qu'à l'heure présente, personne ne veut payer sa place, qu'il arrive même ceci de phénoménal que les rares payants demandent leurs coupons sur papier blanc, ainsi que des billets de faveur, et il me cite un monsieur de la société, dont il tait le nom, achetant pas mal de loges qu'il donne comme les tenant des auteurs.

Puis Koning enfourche le chapitre de ses éreinteurs, me racontant qu'un jour, on l'appelle au contrôle, où un monsieur faisait beaucoup de bruit pour entrer sans billet. C'était Valentin Simond complètement saoul, exigeant une loge, où il disait *vouloir s'étaler.* Et Koning était obligé de le faire mettre en fiacre par un sergent de ville. *Inde irae* de L'ÉCHO DE PARIS, au dire de Koning [1].

Dimanche 11 décembre

La seule phrase restée dans la cervelle et la bouche du vieux Lesseps, devenu *gaga*, est : « Restez-vous à déjeuner ? » C'est bien, n'est-ce pas ? la phrase préliminaire de l'achat d'une conscience.

Daudet faisait, ce soir, un tableau de la maison de Polignac à Alger, de cette maison incessamment sonore, de cette maison musiquante du matin au soir, avec le joli bruit de son piano et de son orgue, et toute remplie de femmes à demi nues, de toutes les couleurs, de négresses, de Moresques, d'adorables Mahonnaises, au milieu desquelles il était contraint à la chasteté par de récents malheurs.

Vendredi 16 décembre

Rentrée à huit heures d'une répétition qui a duré toute la journée et où l'on a réglé le tableau de la folie de Charles Demailly au café-concert des Champs-Élysées [2].

Ah ! ce bon Alexis, quel gros enfant du Midi, grognon, noirement humoreux, disputailleur sans trêve ni repos et si emmerdant que je prends parti pour Koning contre mon collaborateur !

---

1. *Inde irae,* « De là les colères... », Juvénal, SATIRES, I, 168.
2. Cf. plus haut p. 769, n. 2.

Samedi 17 décembre

Cet abbé Roussel qu'a chanté Maxime Du Camp, après ce qui lui est arrivé, me semble un impudent roublard. Dans un prospectus, qui s'appelle LA CHARITÉ PRIVÉE, ne donne-t-il pas un modèle de testament, qui commence ainsi : *Je donne et lègue à l'abbé Roussel, demeurant à Paris, rue La Fontaine, la somme de* [1]... ?

Ce soir, répétition en costume.

Dans la salle, aux deux avant-scènes, des espèces d'immenses clysopompes, au bout desquels brûlent des sortes de bols de punch devant une grande plaque métallique ; et dans la loge du fond des premières, une chambre noire. C'est la mise en train de la cuisine pour prendre avec le magnésium des photographies des principales scènes de la pièce. Et à la fin de chaque acte, c'est, aux mots *Un, deux, trois !* un flamboiement à vous rendre aveugle et où apparaissent les canailles de ma pièce dans une apothéose paradisiaque.

Comme public, rien qu'un monde de couturiers et de photographes.

A la fin du cinquième acte, après le grand brouhaha du concert, le passage sur la scène de la femme Demailly venant jeter son cri d'épouvante ou son cynique : *Un ivrogne !,* c'était froid, froid... Et il se trouve que c'est Havet, le marchand de billets, qui donne le dénouement. Demailly tombe mort ou mourant, pendant que sa femme continue à danser [2]. Ma foi, vraiment, on ne peut rien trouver de plus férocement antithétique !

Dimanche 18 décembre

Répétition générale. Une salle pleine comme à une première.

Le public à la fois amusé par l'esprit et intéressé par le dramatique de la chose. Mme Daudet se plaint d'avoir l'estomac retourné.

Un seul mouvement de réprobation au milieu du quatrième acte, à la scène précédant le mouvement de colère de Demailly, prenant sa femme dans les bras pour la jeter par la fenêtre, à la métamorphose

---

1. L'abbé Louis Roussel est le fondateur de l'œuvre des Apprentis d'Auteuil. La brochure visée par Goncourt semble, d'après le titre, celle-là même qu'a préfacée Maxime Du Camp : CHARITÉ PRIVÉE A PARIS. *L'Orphelinat d'Auteuil et l'abbé Roussel,* Paris, s.d. (Une réédition de la brochure paraît sous un autre titre, *La Vraie Solution de la question sociale,* en 1895.) Mais l'exemplaire de la Bibliothèque nationale ne renferme pas le formulaire signalé par Goncourt. — Au début du paragraphe, allusion au procès d'Annette Harchoux (31 janv. 1887). Cette ancienne pupille de l'œuvre des Jeunes Filles pauvres de Billancourt, également dirigée par l'abbé Roussel, était accusée d'avoir imité la signature de l'abbé Roussel sur un billet à ordre. Elle prétendit qu'elle était la maîtresse de ce prêtre, qui protesta énergiquement. Condamnée pour une autre affaire de vol, elle fut acquittée en ce qui concernait l'accusation de faux.

2. Sur le dénouement prévu par Alexis et Méténier et conservé dans le texte de la pièce, cf. plus haut p. 769, n. 2.

canaille de l'ingénue — peut-être parce que la partie tendre de sa comédie d'amour est trop sincère [1].

Cette soirée me semble devoir annoncer un grand succès, qui cependant, par ce rien du quatrième acte, peut devenir un four. Du reste, m'étant couché ce matin à trois heures, je suis mort de fatigue et n'ai qu'une vague conscience de ce qui se passe.

L'attente d'une presse terrible, d'après les conciliabules des journalistes et des comédiennes dans les corridors.

Lundi 19 décembre

A mon arrivée, à deux heures, au théâtre où il y a répétition, Koning m'apprend que sur l'annonce qu'il doit y avoir ce soir un terrible *bousin* au quatrième acte, il a prévenu le commissaire de police. Première émotion.

Il ajoute qu'il sera heureux de faire mettre au poste Bauër, qui est à la tête de la protestation et qu'il est prêt à offrir cinq cents francs à un agent de police pour qu'il fasse cette exécution, exécution satisfaisant, chez le directeur du Gymnase, de vieilles haines. Seconde émotion. Bauër est au journal où j'écris et, quelque éreintement qu'il fasse de la pièce, je lui suis et lui serai toujours reconnaissant d'avoir été le seul critique qui ait soutenu GERMINIE LACERTEUX.

« Allo ! » et une voix dans le téléphone, à laquelle Koning répond : « Bien, Prince. » C'est le prince de Sagan qui loue une loge pour ce soir.

Il est trois heures et demie. Ni Méténier ni Paul Alexis ne sont arrivés et cependant, il faut un rien adoucir la transformation coquine de la femme, au quatrième acte, et surtout modifier la fin du troisième, qui est mauvaise et que les journalistes doivent commencer à *emboîter,* pour ne pas paraître seulement siffler l'acte du journal [2]. Et nous trouvons avec Koning, ou plutôt Koning trouve une fin d'acte de vrai carcassier. Les lettres sont brutalement arrachées des mains de Marthe pai Nachette, et les paroles un peu bêtotes qui suivaient, remplacées par la rentrée du mari au moment où Marthe est penchée, aplatie sur la table, pour les reprendre — rentrée qui empêche toute explication et qui ne fait pas la femme si complice de la vilaine action de Nachette [3].

---

1. Cf. Paul Alexis et Octave Méténier, CHARLES DEMAILLY, acte IV, sc. 12 : après l'article de Nachette utilisant les lettres de Charles à sa femme, Charles est venu au SCANDALE, où arrive également Marthe, qui essaie de se disculper en jouant la comédie de l'amour. Quand elle voit que Charles résiste, elle abat son jeu : « Je t'ai épousé parce que j'étais une comédienne, comme tu dis... Je voulais un mari, un vrai... Et puis, une fois mariée, j'en ai eu du regret... Pleure, pleure. Tiens, je ne t'avais jamais vu pleurer », etc. Suit le jeu de scène indiqué.

2. L'acte du journal, c'est l'acte IV, où Charles vient demander satisfaction pour l'article infâmant de Nachette. Cf. la note précédente.

3. Il s'agit des lettres intimes de Charles, jeune marié et se moquant de ses amis dans ses confidences épistolaires à Marthe : Nachette, dans le roman, reçoit purement et simplement des mains de Marthe, désireuse de se venger, ces lettres, qu'il va publier dans LE SCANDALE et qui déconsidéreront Demailly aux yeux de ses amis. Le jeu de scène est à peu près identique dans la pièce, acte III, sc. II.

Il est près de cinq heures. La scène est aussitôt répétée entre Sisos et Colombey dans le cabinet de Koning, tandis que Villeray va porter les changements du dernier tableau à Duflos, très enrhumé qui ne se lèvera de son lit que pour la représentation.

Enfin Méténier et Alexis sont arrivés, et nous voici prenant un verre de madère chez Riche. Soudain, un engueulement formidable d'Alexis par Méténier, parce qu'Alexis trouve un peu exagérée la somme de 600 francs de fleurs, que Méténier a commandées dans la journée pour nos actrices. Moi, je ne dis rien ; mais je pense, au fond de moi, que c'est imbécile de fleurir, hors Sisos, de fleurir à ces prix-là ces prostituées sans talent qui figurent dans une pièce et qu'on n'a pas l'air d'un homme de lettres, mais d'un amateur gandin, dont on a reçu par hasard une pièce.

Tout en me menant au JOURNAL, pendant qu'Alexis fait une course, Méténier se plaint du côté *rat* d'Alexis et s'étend sur la réputation d'homme *chic* que l'on acquiert dans les théâtres par ces générosités florales. Je me retiens pour lui dire que j'aimerais mieux cet argent comme bouquet aux machinistes...

Au JOURNAL, sur le premier exemplaire qu'on me montre du *Supplément* consacré à CHARLES DEMAILLY, je vois qu'on a oublié le portrait de mon frère. Là, un photographe nous confirme le *bousin* du soir, à la tête duquel seraient Bauër et Pessard du GAULOIS.

Chez Riche, Méténier me parle de l'ennui qu'il a d'être forcé de dîner avec quelqu'un, puis après un silence, me dit : « Eh bien, je dîne avec ma maîtresse, et je n'ose pas vous inviter... et cependant, vous me feriez plaisir... — Qu'à cela ne tienne ! Je ne suis pas si pudibond que cela ! »

Donc, rendez-vous à sept heures chez Maguery. Je suis exact. Il fait un brouillard à ne pas voir de l'autre côté du boulevard. Sept heures un quart, sept heures et demie, pas de Méténier. Enfin, je vois sortir d'une voiture le ménage Zola, accompagné du ménage Charpentier. Je leur demande à m'asseoir à leur table, en attendant mon amphitryon en retard.

Enfin, il est huit heures, et pas encore de Méténier. Je me décide à commander avec Alexis une douzaine d'huîtres et elle est mangée, quand je vois poindre Méténier et sa maîtresse. Oh ! une charmante créature ! Une jolie fille née à Séville, à la taille bien découplée, à l'air gentil et distingué. Un intelligent haut de tête, des yeux clairs et voluptueux, un petit nez droit, un grain de beauté jeté au milieu d'une joue rose.

Et dans ce dîner impromptu, Méténier, comme grisé d'avance par la représentation de tout à l'heure et pris d'un débondement de paroles, se met à nous raconter en phrases coupées sa vie : « La petite Fleury, *Marie-Coup-de-Sabre* de votre pièce..., j'ai eu son pucelage... Et la seconde fois que je couchais avec elle, un enfant... Oh ! une misère..., une misère où je me privais de cigarettes pour qu'elle pût manger... Et dire qu'à douze ans, j'avais un domestique et un cheval !... Et qu'à quinze ans, je n'avais plus un sou et qu'il fallait faire vivre une mère et un frère... Et dix-huit cents francs comme *chien de commissaire de police* pour tout cela... Mais il y avait chez moi une volonté, une volonté... J'ai gagné 40 000 francs cette année, j'en gagnerai 60 000 l'année prochaine... J'ai même gagné au jeu 18 000 francs le mois dernier... Oui, je suis un joueur..., un joueur qui n'aime pas le jeu : je joue pour mettre du beurre dans ma vie ! »

La sonnette du théâtre coupe la monographie parlée de mon collaborateur.

Premier acte, froid, très froid. Duflos fortement enrhumé.

Second acte. La scène d'amour conjugal qui remplit l'acte, scène un peu artificielle jouée par l'actrice artificielle qu'est Sisos, n'a pas d'action sur le public.

Troisième acte. A cet acte qui est vraiment le premier acte de la pièce, la salle prise et le commencement des applaudissements.

Le quatrième acte, l'acte se passant au journal LE SCANDALE, l'acte où l'on devait culbuter la pièce, c'est un triomphe.

Je suis dans la petite loge de Koning sur le théâtre. Il ne peut se tenir de crier : « Je me fous d'eux ! » et il me serre les mains comme on les serre à une maîtresse.

Enfin, au dernier tableau, les acteurs sont couverts d'applaudissements, et surtout Duflos, qui joue d'une manière tout à fait supérieure sa scène de folie, qui joue toute la pièce, au dire d'Havet, comme il n'a jamais joué dans aucune pièce.

Je quitte le théâtre après que Koning m'a donné connaissance du rapport du contrôle : « Les journalistes sont furieux, Kerst ne fera pas d'article. »

Je cherchais de l'œil une voiture, quand on me prend le bras. C'est Mme Charpentier qui m'emmène prendre une tasse de chocolat chez Prévost, en compagnie du ménage Fasquelle et du ménage Zola, dont le mari et la femme me font de grands compliments sur la pièce.

Ce sera vraiment d'une jolie ironie, l'éreintement de la presse après le succès de ce soir !

Mardi 20 décembre

Au théâtre, les choses hautes, les choses sans concession bourgeoise, on les permet seulement à un Russe, à un Norvégien. Le Français, pour qu'il réussisse, il lui faut introduire dans sa pièce des choses basses à la portée de l'intelligence et du goût d'un Sarcey.

Mercredi 21 décembre

Ce Lorrain, il a vraiment de gentilles tendresses, des tendresses qu'on dirait féminines. Il m'a dédié, ce matin, UNE FLEUR DE BERGE dans L'ÉCHO, et cette dédicace était précédée d'un bout de lettre griffonnée au buffet de la gare de Lyon, au moment de son départ pour l'Afrique, contenant ceci :

« Cher maître, avant de partir, je songe à vous et au gros orage qui se prépare ; car je sors du journal, et ces oisons voient dans la pièce d'hier une insulte à la presse. J'ai voulu que ma dernière pensée fût avec vous, et demain matin, dans le torrent de sottises des journaux, je veux que vous trouviez dédiée à vous une humble et souffrante *fleur de berge*[1]. »

Jeudi 22 décembre

Daudet ayant ces jours-ci une contestation avec son domestique, le domestique s'écriait : « Je ne suis pas un ministre, moi !... je ne suis pas un voleur ! » Aujourd'hui, l'homme du bateau-mouche, arrivé au pont de la Concorde, annonçait ainsi l'endroit du débarquement : « La place de la Concorde, les Champs-Élysées », et désignant de la main la Chambre des députés : « Panama ! » Ces riens-là, ce sont des symptômes, de graves symptômes[2] !

Oh ! le théâtre ! Dans la joie d'avoir triomphé, dans la certitude de cent représentations, voici que je rencontre Alexis et Méténier, qui me disent que la pièce ne fait pas d'argent, qu'elle fait en ces premiers jours des 1 800 francs, ce qui n'est jamais arrivé après un succès.

Il y a incontestablement une réunion de malheureuses chances, la mauvaise presse, la politique, la *guigne* du théâtre, et peut-être, pour moi, la guigne de ce mois de décembre, où mon frère et moi avons été poursuivis en correctionnelle, où HENRIETTE MARÉCHAL a été jouée, où j'ai eu ces dernières années une fluxion de poitrine à la suite de laquelle je suis resté bronchiteux[3].

Samedi 24 décembre

Si, à la suite des révélations de toutes les canailleries parlementaires, il n'y a pas une révolution, une émeute, au moins un bouillonnement de la rue, ça prouvera que la France est une nation qui n'a plus de fer dans le sang, une nation anémiée, bonne pour la mort par l'anarchie ou par la conquête étrangère !

---

1. Cet article de L'ÉCHO DE PARIS décrit une fille phtisique et son blond souteneur, attablés dans une triste guinguette de Boulogne, au bord de l'eau : « Je la dédiais mentalement à M. de Goncourt, cette *fille Élisa* mâtinée de *Germinie Lacerteux*. »

2. La campagne contre les responsables parlementaires de l'affaire de Panama (pour une allusion antérieure, voir plus haut p. 770, n. 2) commence en novembre 1892 dans LA LIBRE PAROLE de Drumont et dans LA COCARDE, organe boulangiste. L'interpellation du catholique Dalahaye amène la constitution d'une commission parlementaire présidée par Brisson. Après la démission du ministère Loubet, un replâtrage amène Ribot à la présidence du Conseil (6 décembre). Durant le mois de décembre, la commission d'enquête découvre une série de chèques de Jacques de Reinach, distributeur de la publicité de la Compagnie de Panama, et la presse donne les noms, réels ou supposés, des bénéficiaires parlementaires inscrits sur les talons de ces chèques. Floquet, président de la Chambre, doit reconnaître qu'en 1888, étant président du Conseil, il a demandé à la Compagnie de faire leur part aux journaux républicains dans cette distribution des fonds de publicité, et de participer à la campagne antiboulangiste. La Chambre aura beau voter le 23 décembre la confiance au gouvernement, Floquet devra quitter son fauteuil présidentiel le 10 janvier 1893 et le ministère démissionnera à sa suite.

3. Cf. t. I, pp. 63, 1208 sqq. et t. II, p. 619.

Je n'ai pas remis les pieds au théâtre depuis la première ; j'y vais ce soir, avec la pensée que Koning va m'annoncer qu'il retirera très prochainement notre pièce.

Je suis en avance. Je vois meubler le salon du premier acte, je vois les pompiers l'œil au petit hublot de la toile, j'entends force *M... !* dans la lampisterie. Les acteurs arrivent, un peu tristes de ce qu'ils ne font pas d'argent, mais pas découragés. Toutefois, je sens une baisse dans l'admiration pour ma personne.

Koning, je le trouve étonné, presque stupéfait de cet insuccès, et l'attribuant seulement à la mauvaise presse. Et il m'annonce un épouvantable article de Sarcey, article auquel je m'attendais, et un article sans doute *vinaigré* de Lemaître [1]. Et comme je lui raconte ce qui s'est passé avec lui, à propos de GERMINIE LACERTEUX, il me dit que ce n'est pas la vraie raison et que ses mauvaises dispositions à mon égard, et il le sait bien, viennent de ce que je n'ai pas traité dans mon JOURNAL, pas assez traité Mme de Tourbey en femme du monde.

Mais, ce soir, il y a une recette de 3 200 francs, et comme on dit, la salle est *très distinguée,* ce qui fait qu'à la fin de la soirée, acteurs et directeur sont tout à fait rassérénés.

L'ennuyeux, c'est que Duflos est plus enroué que jamais et que l'on fait répéter son rôle à Montigny pour le remplacer.

Antoine, qui était dans la salle et auquel j'ai fait dire de me retrouver à la sortie, au café Marguery, est tout à fait d'accord avec moi pour rapprocher la représentation de A BAS LE PROGRÈS, qui me semble absolument de circonstance dans l'effondrement politique actuel.

Dimanche 25 décembre

Hier soir, au café, Antoine me parlait du succès que LA FILLE ÉLISA avait eu à Milan, de la popularité de mon nom dans le nord de l'Italie [2].

---

1. Sarcey dans sa chronique théâtrale du TEMPS, le 26 décembre, écarte dédaigneusement l'idée d'une vengeance des journalistes, mis en cause par le sujet de CHARLES DEMAILLY, car celui-ci est « si loin de la vérité et de toute vérité qu'il nous a tous laissés parfaitement indifférents ». Sarcey insiste sur les maladresses d'une affabulation obscure, sur l'invraisemblance de la vengeance de Marthe et sur le style parlé de ces conversations « qui affectent d'être spirituellement paradoxales et où triomphe le gongorisme des de Goncourt ». — Au contraire, l'article de Lemaître (DÉBATS, 26 décembre) sera relativement bienveillant : sans doute pourrait-on réduire à l'incohérence ou à l'obscurité le résumé de l'action, si l'on feignait d'ignorer le roman, et la méchanceté de Marthe a pu paraître outrée, mais Nachette est « d'un assez heureux relief » et son cynisme peut passer pour un trait professionnel. « En résumé, CHARLES DEMAILLY est une pièce que vous ne regretterez pas d'avoir vue »... *Ce qui s'est passé avec lui à propos de GERMINIE LACERTEUX* fait allusion à l'article sévère de Jules Lemaître à l'encontre d'Antoine, qui atteignait par ricochet GERMINIE, paru dans LE FIGARO du 10 janv. 1889.

2. Conduite par l'imprésario Schurmann, la troupe du Théâtre-Libre a donné du 11 au 18 décembre quelques représentations au Théâtre-Manzoni à Milan et au Théâtre-Carignano à Turin, où la duchesse d'Aoste tient, malgré le sujet scabreux, à assister à LA FILLE ÉLISA.

Lundi 26 décembre

Éreintement de toute la presse. Je crois vraiment, quand je serai mort, que mes confrères viendront chier sur ma tombe.

Chez Sarcey, c'est une colère, une fureur, un enragement. Il trouve, avec sa mauvaise foi habituelle, que mon théâtre — notez que je n'ai eu connaissance de CHARLES DEMAILLY qu'à la lecture faite aux acteurs et que la critique que j'en ferais, c'est qu'elle est trop faite d'après les principes de Sarcey —, il trouve donc que mon théâtre est le néant et que ce n'est ni du théâtre ancien ni du théâtre moderne. Et il se roule devant le manque d'esprit de mon frère, dont il appelle les jolis mots des niaiseries. Et il s'élève avec une vieille obstination contre la *prétention* de nos œuvres. Eh ! monsieur Sarcey, ce que vous appelez prétention, c'est seulement de l'application, c'est l'effort de bien faire ! Oui, ce gros et épais normalien, il est pour le travail courant sans prétention, lui qui ne laissera, dans toute sa prolixe et abondante copie, ni un jugement durable, ni une pensée, ni une phrase, ni une expression... Lui, ô blasphème ! que des confrères placent dans la famille des Gautier, des Saint-Victor, et qui, mort ou vivant, lorsqu'il n'occupera plus le rez-de-chaussée du TEMPS, peut s'attendre à être traité de bas scribe et de pauvre plumitif dramatique !

En réfléchissant aujourd'hui, j'avais la perception très nette que le nouveau théâtre avait affaire à une critique vieux jeu, à une critique inféodée à Scribe, et qu'il y était possible, comme pour GERMINIE LACERTEUX, d'y gagner par hasard une victoire, mais que le triomphe définitif de ce théâtre était ajourné à des temps où je ne serai plus, à un renouvellement complet de la critique [1].

Hier, Daudet me contait qu'au moment où son fils allait faire un article sur Maurice Barrès, il l'avait mis en garde contre son enthousiasme irréfléchi et l'oubli de sa valeur personnelle et qu'alors, Léon avait fait un très aimable article, mais où il indiquait ses origines intellectuelles : indication qui l'avait empêché de le remercier pendant huit jours, au bout de quoi le malin lettré lui avait dit : « Oui, vous avez gardé vos positions ! »

Mercredi 28 décembre

Cette Mme de Beaulaincourt, qui connaît tout le monde, me disait ce soir que les deux fils de Lesseps, dans le principe, se montraient opposés à l'affaire de Panama, mais que le père, qui était un terrible dominateur dans son intérieur, par cette domination à laquelle s'alliait un certain culte pour le *Grand Français*, était arrivé à triompher de leur résistance. Elle ajoute que Charles, du reste, est parfaitement inintelligent, mais que, malheureusement, ce n'est pas un moyen de défense que peut employer son avocat.

---

1. Nous avons dû corriger le texte Ms. qui portait : *et qu'il n'y était guère possible...*

Jeudi 29 décembre

Maurice Barrès, ce soir, cause d'une manière très intéressante du duel de Déroulède, dont il était témoin, et de la participation de Clemenceau dans tous les bas mystères, dans tous les sales dessous du moment.

Il connaît ce détail curieux : c'est que dans toutes les grandes et grosses questions, il votait contre le ministère, mais que ses quatre-vingts amis de la Chambre votaient pour le ministère. Il y a, paraît-il, une sorte de contrat passé entre lui et le gouvernement qui consent à lui laisser son action et son prestige de chef d'opposition, à la condition de lui apporter l'appui de ses *janissaires* de la Chambre.

Maurice Barrès disait que si Déroulède avait été tué ou blessé, Clemenceau aurait été écharpé par la foule qui attendait l'issue du duel à la sortie du parc [1].

Samedi 31 décembre

Chez Chappey, le marchand de curiosités de la rue La Fayette, je tombe sur Réjane, qui a l'air d'y faire ses galeries, avant dîner. Nous causons de CHARLES DEMAILLY, où elle était à la première ; et après m'en avoir parlé en bien, elle me donne ces détails sur l'influence de la critique : « Je vais voir, me dit-elle, une femme très intelligente, qui me reçoit avec cette phrase : « C'est drôle, Sarcey a éreinté la pièce, et j'ai passé hier une très amusante soirée au Gymnase ! »

« Une autre femme, plus timide en ses jugements, que je rencontre, me dit : « Eh bien, comment trouvez-vous CHARLES DEMAILLY ? — Mais très bien ! — Et moi aussi, mais je n'osais pas le dire ! »

Et elle me parle du mépris de Porel pour la presse, qui a éreinté tout ce qu'il a joué d'artistique.

« Du reste, pour prouver l'inintelligence des journalistes, ajoute-t-elle, figurez-vous que lorsque j'ai joué GERMINIE LACERTEUX, j'ai reçu haut comme cela de lettres — et ses deux mains dessinent la grandeur d'une cassette — pour me détourner de la jouer... Et c'étaient des amis, des gens qui m'étaient attachés et qui le faisaient dans l'intérêt de mon avenir... Eh bien, si je les avais écoutés, je serais restée une moule ! »

1. Le 20 décembre, à la fin de la séance où avait été levée l'immunité parlementaire de cinq députés compromis dans le scandale de Panama, Déroulède avait dénoncé Clemenceau comme protecteur et complice de Cornelius Herz. Malgré sa défense habile, Clemenceau, présenté comme un agent de l'étranger, voit sa réputation politique ruinée. Il se battit le 22 décembre, au champ de courses de Saint-Ouen. Déroulède avait pour témoins Barrès et Dumonteil. Six balles furent échangées sans résultat.

ANNÉE 1893

Dimanche 1er janvier

Je rêvais cette nuit que j'allais m'assurer si Sisos avait reçu le camélia blanc que j'avais acheté dans la journée ; et avant de rendre visite à Sisos, je montais au paradis pour voir l'effet de la salle. Et je voyais les acteurs jouant devant une salle vide, absolument vide. Le spectacle était si consternant que je me sauvais en courant du Gymnase, où j'oubliai par ce froid mon paletot... Puis, je ne sais comment, je me promenais dans une espèce de bal de barrière, en compagnie de Daudet, qui se trouvait être à la fois Daudet et mon frère, ou plutôt mon frère devenu Daudet, et que je perdais bientôt dans la foule.

La première lettre que je reçois pour mes étrennes est une lettre de Koning m'annonçant que les recettes de CHARLES DEMAILLY sont désastreuses et que la pièce de Leroux passera le 18 [1].

Dîner chez Daudet, en tout petit comité de famille ; et le soir, avec Alphonse, une longue et captivante causerie sur la fin de terre touchant au pôle, où il n'y a plus d'humanité, d'animalité, de végétation, où plus rien n'est, que glace et nuit — et sur l'effroi du silence qui règne dans ce monde glacé.

Mercredi 4 janvier

Robert de Montesquiou, venu aujourd'hui chez moi, pour me remercier d'une lettre écrite à son sujet à la comtesse Greffulhe, devient bientôt expansif, me parle avec une horreur rétrospective de son enfance passée chez les jésuites de Vaugirard, me dit que ses premières années auraient eu besoin d'un bain-marie de jupes de femmes, au lieu de sales soutanes de ces prêtres, me conte qu'à l'âge de quatorze ans, faisant

---

1. La pièce de Leroux : TOUT POUR L'HONNEUR, qui sera créée au Gymnase le 17 janvier 1893.

déjà des vers amoureux de la lune, un jour, en se rendant au réfectoire, où l'on mangeait du si mauvais veau, le gros jésuite qui les conduisait lui avait jeté, avec une ironie asthmatique : « Lueur rêveuse et blême ! » — le morceau d'un vers sur la lune, que l'espionnage de l'endroit avait surpris, en fouillant dans son pupitre — et que le sifflement méprisant de l'ironie de ce gros jésuite l'avait fait se recroqueviller sur lui-même et fermer son âme, et soigneusement en cacher la tendresse et l'exaltation [1].

Et Montesquiou m'entretient de son prochain volume de vers, qui sera tout entier consacré aux fleurs, et d'un pieux monument poétique qu'il veut élever à Desbordes-Valmore [2].

Ce soir, la conversation d'Yriarte était instructive sur le gouvernement de l'art à l'heure actuelle. Il déclarait que lorsque les choses arrivaient à leur jugement, tout était arrangé d'avance de manière qu'ils n'eussent rien à essayer, à tenter, rien à faire — et cela par le *biumvirat* de Clemenceau et de Proust.

Masson me faisait la confidence qu'interrogeant de Bonnières sur ce qui lui avait fait faire son article contre moi dans LE FIGARO, il lui avait répondu qu'il supposait que j'avais écrit des morceaux sur sa femme et que ça avait été pour me prévenir et tuer d'avance la portée de mon JOURNAL [3].

Et Masson affirmait que la *reine* était tombée dans la *cocotterie.*

Jeudi 5 janvier

Antoine est venu déjeuner ce matin, pour fixer le jour de la représentation : A BAS LE PROGRÈS !

Il causait des misères autour de lui, misères auxquelles souvent il ne pouvait donner de l'argent, mais qu'il allégeait en les faisant manger avec lui ; et il me parlait de *Marie-Coup-de-Sabre,* la ci-devant maîtresse de Méténier, qu'il soupçonnait d'être dans une débine atroce, parce que, disait-il, la pauvre fille a une *âme de blanchisseuse* et n'est point une *chevronnée* comme Nau ; et à son sujet, il me contait une triste impression qu'il avait dernièrement éprouvée [4].

Un matin qu'il était venu la chercher pour répéter et qu'elle devait déjeuner avec lui, son petit bonhomme, qui a l'allure débrouillarde de Méténier, lui dit en riant : « Maman va bien déjeuner... tant mieux ! Car chez nous, on ne mange pas tous les jours ! » Phrase qui fit fondre en larmes la mère.

---

1. Ces *jésuites de Vaugirard* occupaient, 35 rue de Sèvres, l'ancien hôtel de l'Aubespine (1785), qui les abrita depuis 1823 jusqu'à leur expulsion en 1880. Montesquiou, dans LES PAS EFFACÉS (1923, t. II, p. 220, n. 1), corrige l'indication relative à ses débuts poétiques. *A l'âge de quatorze ans,* disait Goncourt, et Montesquiou : « Mettez dix-sept. »

2. Le *prochain volume de vers* de Montesquiou est le CHEF DES ODEURS SUAVES (1894), et le « tombeau » de Marceline sera, également en 1894 : FÉLICITÉ, *étude sur la poésie de Mme Desbordes-Valmore.*

3. Cf. t. III, p. 546, n. 2.

4. Sur Mlle Fleury, interprète de *Marie-Coup-de-Sabre* dans LA FILLE ÉLISA, cf. t. III, p. 514-515 et pp. 557-558, 776.

Antoine est suivi de Charpentier, qui vient s'entendre sur l'illustration de l'ITALIE D'HIER, et il m'entretient longuement de la canaillerie formidable de Forain. Il est arrivé à se faire payer 300 francs au JOURNAL ses dessins par Xau, après avoir dit qu'il avait rompu avec Simond, s'engageant à ne pas donner de dessins pour le supplément d'aucun journal. Cela fait, il venait retrouver Simond, lui disait qu'il n'avait signé que pour le supplément, et qu'il était libre de donner des caricatures pour le corps du journal, et obtenait de Simond qu'il lui payerait 250 francs ses dessins, au lieu de 150 qu'il lui payait autrefois. Et il arrivait qu'il avait le toupet de publier un dessin dans le corps de L'ÉCHO DE PARIS, le même jour où il en publiait dans le supplément du JOURNAL. Notez bien que Forain ne vend que la photographie de son dessin, le patron pour ainsi dire, et que l'original, il le vend encore à des marchands ou à des amateurs 150 ou 200 francs. Et le souvenir me revenait que le dessin de Gavarni — l'original et la reproduction —, il le vendait 50 francs.

Et Charpentier n'en finissait pas sur le nid de vipères qu'est le couple Forain, me donnant à entendre leurs méchancetés, après un mois de séjour chez les Besnard, sur les fesses molles, fluentes, dévalées de Mme Besnard.

Apparition ce soir chez Daudet de Mme Barrès, en costume de Marguerite de Bourgogne, dans sa robe blanche de mariage, arrangée en surcot moyenâgeux, avec des enguirlandements de velours bleu — Mme Barrès, suivie de son mari, ayant dans l'œil l'inquiétude de l'effet produit sur le monde d'ici par la toilette de sa femme.

Barrès raconte à dîner toutes les misères, les odieuses misères que le prétendu philosophe impavide, se vantant tout haut de son insensibilité aux attaques du livre et de la presse, lui a fait subir à propos de sa plaquette : HUIT JOURS CHEZ M. RENAN. Ç'a été d'abord un travail pour le faire jeter à la porte de la REVUE DE SAINT-PÉTERSBOURG, où l'avait fait entrer Houssaye ; puis une pression ministérielle pour l'empêcher d'écrire au VOLTAIRE, qui était la seule feuille alors à sa disposition.

Samedi 7 janvier

Je viens de lire L'ENNEMI DES LOIS. C'est singulier comme les livres de Maurice Barrès ne me semblent pas fabriqués par un cerveau sain ; et ce dernier livre du jeune auteur — qui incontestablement n'est pas le livre de tout le monde — me fait l'effet d'un livre écrit par un jeune professeur de philosophie devenu fou.

On annonce aujourd'hui les dernières de CHARLES DEMAILLY pour la semaine prochaine. Je trouve poli d'aller faire ce soir une visite à mes acteurs.

Galliffet, dont les journaux annoncent la prochaine promotion au ministère de la Guerre, aurait dit aujourd'hui à Koning : « Voyez-vous, cinquante cadavres dans les rues de Paris, et l'on aura cinq ans de tranquillité ! »

Lundi 9 janvier

Répétition de A BAS LE PROGRÈS, rue Blanche. Ah ! la mauvaise impression ! L'esprit fin, délicat de la pièce me semble *énormifié*... J'ai le sentiment d'être en face d'un enfant de moi que je ne reconnais pas.

Antoine est lourd, terne, mais peut-être réserve-t-il ses effets pour la première. Pons-Arlès se montre tonitruant, au lieu d'être ironique, et Marcelle Valdey est nerveusement jacassante.

Mardi 10 janvier

Depuis que la jeunesse est idéaliste, depuis qu'elle proclame qu'il n'y a au monde que l'idée, je n'ai jamais vu la jeunesse avoir si peu d'idées sur n'importe quoi, d'idées personnelles dans la fabrication des bouquins, dans l'arrangement original de sa vie, dans la création de son entour, etc., etc.

Mercredi 11 janvier

« J'ai les oreilles déchirées par ce flux de paroles... et on appelle ça un causeur ! »

C'est la Princesse qui me jette cela dans l'oreille, en sortant de table d'auprès de Sardou, qui n'a cessé de parler. L'amusant, c'est que tout le temps, il a fait l'histoire de la prison de Marie-Antoinette d'après mon livre et que Ganderax et le jeune Blanche riaient de mon silence gouailleur. Il est bavard, bavard, ce Sardou, bavard à la façon d'une *claquette* de club de province !

Vendredi 13 janvier

Chappey, le marchand de bibelots, me parlant de la crise actuelle, me disait qu'aux autres jours de l'an, il n'y avait pas, dans la quinzaine qui les précédait, de journée où il ne fît de 2 500 à 3 000 francs et que cette année, il n'avait pas fait plus de deux cents à trois cents francs par jour [1].

Samedi 14 janvier

Répétition générale de A BAS LE PROGRÈS aux Menus-Plaisirs.

Me voici dans le placard, qui est ici la loge du directeur sur le théâtre, et j'entends la voix fiévreuse d'Antoine crier : « Madame Valdey, vous y êtes... Pujol, ça va, la projection ? » Et derrière la toile, le bruit de la salle, qui fait comme un brisement de mer.

Pons-Arlès est toujours le gueulard des premières répétitions.

---

1. Entre *de 2 500 à 3 000 francs* et *et que cette année*, un membre de phrase inintelligible dans le Ms : *et pour cadeaux*.

Antoine, lui, est assez bon ; mais à cet homme qui ne sait jamais ses rôles manque le souffleur qui n'arrive qu'à la troisième pièce, et mon cambrioleur passe des phrases entières de son rôle [1].

Au fond, cette pièce, qui demande à être très jouée, est récitée et n'est pas jouée... Antoine en a-t-il compris le sel attique ? Je ne le crois pas ; il me semble plus propre à sentir les effets dramatiques que les effets finement comiques. Le voilà, cet Antoine, arrivé à *bousiller* les pièces qu'il joue, à compromettre l'avenir d'une carrière si valeureusement commencée... C'est vraiment trop, de vouloir à la fois jouer à Paris, en province, à l'étranger.

Dimanche 15 janvier

A propos de la provocation en duel de M. de Guaita adressée à Huysmans, quelqu'un de mon *Grenier* dit que les gens qui ont un *de* devant leurs noms, bien rarement ne se battent pas, quand on passe avec eux un certain degré d'embêtement [2].

Hennique, qui passe presque seul la journée avec moi, n'est pas l'homme qu'il faut avoir avec soi le lendemain d'une pièce qu'on a fait jouer. Ah ! il voit noir dans les choses des autres ! Il me répète plusieurs fois que c'est si lourdement joué que les choses légères, poétiques, fantastiques, que j'y ai mises, ont l'air de réalités mal exprimées..., que c'était si mal joué qu'il en a été malade, qu'aucun mot n'a porté... et ainsi de tout, même du clair de lune de l'atelier, dont il ne s'est pas douté. Le curieux de cela, c'est que le désolant de ses paroles, c'est affectueux !

Un homme politique dont on ne m'a pas dit le nom affirmait ces jours-ci chez les Lockroy que Clemenceau était vendu à l'Angleterre et que non seulement il avait mis l'Égypte aux mains des Anglais, mais que c'était lui qui, jusqu'à ces derniers jours, avait empêché la signature du traité d'alliance entre la Russie et la France [3].

Daudet, parlant de la possibilité de l'élection à la Chambre de Drumont, disait avec justice que ce serait une mauvaise chose pour lui parce qu'il le savait très faible et qu'il se laisserait aller à des

---

1. Le programme du spectacle était ainsi composé : MADEMOISELLE JULIE de Strindberg, A BAS LE PROGRÈS de Goncourt et LE MÉNAGE BRÉSIL, de Romain Coolus, qui est *la troisième pièce* dont parle ici Goncourt.

2. Les occultistes patentés, Péladan, Guaita, après un temps de coquetterie réciproque, avaient « excommunié » l'abbé Boullan, après délibération d'un tribunal présidé par Stanislas de Guaita, le 23 mai 1887, et depuis, Boullan n'avait cessé d'affirmer à Huysmans qu'il avait à lutter contre les maléfices de ses adversaires (cf. t. III, p. 484, n. 4). Quand l'abbé Boullan mourut le 4 janvier 1893, son disciple Huysmans rendit hautement responsables de sa mort Guaita le maléfique et ses complices ; d'où le duel qui pointe ici et qui n'aura pas lieu.

3. Déjà De Giers et Ribot s'étaient engagés à « se consulter sur toutes questions de nature à mettre la paix générale en cause » (21-27 mai 1891), et cette entente diplomatique s'était doublée d'une alliance militaire conclue en août 1892 entre les chefs d'état-major des deux pays ; mais cette alliance, tenue secrète, ne sera ratifiée par un échange de lettres entre notre ambassadeur, Montebello, et De Giers qu'à la fin de l'année 1893 (lettres du 27 déc. 1893 et du 4 janv. 1894).

compromissions, que sa force, il la tirait du renfermement de son existence, de la solitude de sa vie.

Lundi 16 janvier

Toute la journée, ce sont successivement dans le cerveau des *précipités* d'espérance et de désespérance, qui se volatilisent comme des gouttes médicinales dans un verre d'eau.

Au fond, je suis saoul du théâtre. Ça dérange votre vie, ça vous retire du vrai travail, ça vous agite bêtement, mauvaisement.

A huit heures, par une neige et une glace à ne pas savoir si je ne serai pas obligé de coucher dans un hôtel à Paris — et seulement par un sentiment de déférence, de devoir envers mes acteurs —, je me risque, j'attrape le chemin de fer, j'arrive à la gare Saint-Lazare, où le cocher qui doit me mener chez Riche demande à un camarade le chemin pour m'y conduire par ce temps, à quoi le camarade répond qu'il n'y parviendra jamais par le boulevard.

Chez Riche, je retrouve Scholl, en train de dîner et qui n'ose s'aventurer place du Châtelet à l'Opéra-Comique, où il a une place pour la première de WERTHER [1].

Une voiture consent à me mener aux Menus-Plaisirs, où, sur la demande d'Antoine, je l'ai autorisé à jouer A BAS LE PROGRÈS à la fin du spectacle.

En attendant qu'on me joue, je me dissimule dans le fond de la loge de Daudet, et j'assiste à la pièce danoise de Strindberg, MADEMOISELLE JULIE, où la pauvre Nau, dans un rôle impossible, est fortement empoignée.

Enfin me revoilà dans un placard sur le théâtre. Antoine, qui est de fort mauvaise humeur, ne sait pas plus son rôle qu'à la répétition générale. Il intervertit les choses, passe des phrases, bafouille.

J'avais peur de la scène politique, mais tout passe, la scène politique et les autres, et il me semble qu'on rit et qu'on applaudit. Après tout, je n'ai pas dans ma caisse en bois une notion bien exacte de ce qui se passe dans la salle [2].

A la fin, mon nom est prononcé au milieu de faibles applaudissements, et j'ai le sentiment que la chose n'a pas porté ainsi que je l'aurais cru... Mais dans le moment, comme toute la salle, j'ai la préoccupation du retour plus que de tout le reste.

---

1. L'œuvre de Massenet est créée dans la salle de l'ancien Théâtre-Lyrique, construite sur la place du Châtelet en 1862, qui abrite aujourd'hui le théâtre Sarah-Bernhardt et qui hébergeait provisoirement l'Opéra-Comique, depuis que l'incendie de 1887 l'avait chassé de la salle Favart. Sur les ruines de celle-ci, l'architecte Bernier était alors en train de construire l'actuel Opéra-Comique, qui fut inauguré seulement le 7 déc. 1898.

2. La *scène politique* de A BAS LE PROGRÈS est la sc. 4, où le Père et le Voleur se trouvent d'accord pour condamner la « médiocratie provinciale » qui triomphe à la Chambre, la piètre composition du conseil municipal, et pour demander le gouvernement le moins coûteux possible. — Un peu plus haut, lire : « la pièce suédoise de Strindberg ».

Mardi 17 janvier

Enfin, Dieu merci, c'est fini des répétitions, des représentations !... Quel retour hier ! Pas de voiture du Théâtre-Libre à la gare de Saint-Lazare, et la marche — mon parapluie oublié chez Riche — dans des tourbillons de neige. Puis dans la gare Saint-Lazare, sur de la glace, près d'une pissotière, glissade des deux pieds, et me voici sur le dos, ayant touché des deux épaules. Enfin, je me relève, avec rien de luxé, rien de cassé, et je crois, diable m'emporte ! guéri d'un commencement de lumbago.

Jeudi 19 janvier

Une presse comme je n'en ai jamais eue. D'après LE FIGARO : c'est une « réunion de paradoxes vieillots, si ennuyeux que tout le monde a pris son chapeau ». D'après LA LIBERTÉ : « une bouffonnerie à l'esprit de cent kilos ». D'après LA LIBRE PAROLE : « un radotage pénible de vieillard [1] ». D'après LE NATIONAL, par la voix du talentueux et sévère Stoullig : « C'est la prétention dans l'ineptie, la nullité dans l'incohérence, l'absence absolue de toute fantaisie. »

Ce Philippe Gille, c'est le causeur typique de la conversation blagueuse de Paris : une conversation qui n'est pour ainsi dire pas parlée, mais mimée, une conversation où les interjections, les phrases cassées, les bribes du dire, ne sont que la ponctuation des jeux gouailleurs de la physionomie. Il fallait le voir et l'entendre mettre dans la bouche de Magnard, après l'épouvantable chute de voiture de sa femme : « J'espère qu'elle restera idiote ! » Et après son rétablissement inespéré, cette autre phrase du mari : « Non, non, elle est redevenue détestable ! »

Après cette pantalonnade, c'est un jugement profond, intelligent, sérieux dudit Magnard, qu'il nous présente comme une cervelle logique, raisonnable, sensée, et un être déraisonnable, injuste, passionné, déréglé. Et il nous le montre en son premier mouvement, qui est toujours débineur, éreinteur, massacreur, un jour attendant un évêque et lui disant : « J'attends un infect *ratichon*. — Si infect que ça ? — C'est tout de la canaille ! »

« Et l'évêque introduit, voilà mon Magnard — il a été au séminaire, vous savez ? — qui se met à le saluer avec ce cou cassé qu'ont seuls les enfants de chœur. »

Avec Gille, dîne chez Daudet Mme Adam. Elle a aujourd'hui la figure bien ridée, bien fripée, sous ses cheveux poudrés à blanc, mais incontestablement avec quelque chose d'aimable, de gracieux, de bon. Et sa causerie a l'expression juste, nette, précise, technique, sans rien de l'enguirlandement sentimental de la conversation féminine : c'est presque le parler d'un homme d'affaires. Et, chose curieuse, la pauvre

1. L'article du FIGARO, daté du 17 janvier, est d'Henry Fouquier. Celui de LA LIBRE PAROLE (19 janvier) est de Félicien Pascal. Le compte rendu de LA LIBERTÉ, paru le 18, est signé *Chrysale*.

femme cependant manque terriblement du sens de l'observation. Un moment, elle parle de la bonhomie de Magnard à Daudet, qui doit rire au fond de lui en se rappelant bien certainement les choses monstrueuses dites sur elle et qu'il a même reproduites en changeant les noms dans L'IMMORTEL, les choses monstrueuses dites dans sa salle à manger par Hébrard et Magnard, au milieu des renvois de ses truffes non encore digérées [1].

Un moment, on parle de la malchance de Koning [2]. Sur quoi, Daudet dit : « Oui, je m'apitoyais un peu sur lui..., mais ce que vient de me raconter Tessandier... ça a séché mon apitoiement ! Figurez-vous que Koning lui a fait et lui fait encore payer, jusqu'à son dernier sou, 80 000 francs. Elle était embêtée de doubler Pasca, avait un amant riche : alors, elle lâche le Gymnase... Son amant a payé 30 000 francs... Mais à la suite du krach, il a été ruiné, et Tessandier, obligée de payer les 50 000 francs par billets de 5 000 francs par mois [3]. Koning l'a fait saisir deux fois... Et il n'y a pas d'artistes mâles et femelles qu'il n'a égorgés ainsi. Car c'est un spécialiste dans l'exploitation des acteurs [4]. "Oui, finissait Tessandier en parlant de la succession des insuccès de Koning, oui, il y a une justice, une justice !"

Vendredi 20 janvier

En lisant LE ROMAN BOURGEOIS de Furetière, je suis étonné de l'originalité de sa définition du roman : « Le roman, écrit-il, n'est rien qu'une poésie en prose [5]. »

J'ai été vengé, en mon par-dedans, de toute l'injustice de Sarcey à mon égard, en lisant avant-hier dans LA LIBRE PAROLE :

« *Liste de publicité pour Panama* (extrait du rapport Flory).

« M. Francisque Sarcey : 3 000 F [6]. »

Ces trois misérables mille francs font imaginer toutes les *buona manna* que ce critique mendiant a dû se faire accorder par les sociétés financières.

---

1. Dans L'IMMORTEL, Daudet fait le portrait de Mme Ancelin, qui tient un salon académique et pour laquelle il s'inspire de Mme Aubernon et de Mme Adam : c'est « une bonne grosse dame toute ronde, la figure rouge et poupine, qui flûte ses mots ou plutôt ceux qu'elle recueille et colporte », une « bonne grosse mère bête comme un accident », et qui raffole de théâtre (éd. *Ne varietur*, pp. 32 et 41).

2. Koning venait d'essuyer deux insuccès au Gymnase, avec le CHARLES DEMAILLY d'Alexis et Méténier (v. plus haut p. 781) et avec la pièce d'Hugues Leroux, TOUT POUR L'HONNEUR, accueillie froidement le 17 janvier et qui n'aura que 8 représentations.

3. Sur le *krach*, cf. t. II, p. 919, n. 3.

4. Add. éd. : le mot *acteurs*, laissé en blanc dans le Ms.

5. Cf. Furetière, LE ROMAN BOURGEOIS, éd. Jannet, 1868, t. I, p. 5 : « Je chante les amours et les adventures de plusieurs bourgeois de Paris..., et ce qui est de plus merveilleux, c'est que je les chante, et si je ne sçay pas la musique. Mais puisqu'un roman n'est rien qu'une poésie en prose, je croirais mal débuter si je ne suivais l'exemple de mes maîtres. » Suit le début d'un exorde épique transposé sur le mode burlesque.

6. Le rapport Flory est celui de l'expert-comptable commis à l'examen des comptes de la Compagnie de Panama et qui déposa lors du procès intenté aux administrateurs de la Compagnie. Ce procès se déroula devant la cour d'appel de Paris à partir du 10 janvier.

Oh ! le repoussant gorille que ce monsieur !

Antonia Laurent racontait ces jours-ci qu'à la première visite qu'elle avait faite à Sarcey, il avait voulu immédiatement copuler avec elle sur le fameux canapé, le matelas de ses paillardises, et comme, dans le moment, elle avait un coup de cœur pour quelqu'un, elle s'y était refusée. « Alors, je garde mon *franc parler* ! » lui avait jeté l'intègre critique.

Dimanche 22 janvier

Aujourd'hui, les Rosny m'entretiennent longuement de l'hostilité haineuse du public à mon égard — ce qui est vrai, mais c'est une note sur laquelle ils appuient vraiment trop.

Je ne peux m'empêcher dans un petit accès de nervosité de leur dire : « Vous allez trouver que c'est prétentieux : eh bien, j'attribue cette disposition du public à ce que, dans ce moment en France, on commence à avoir à la fois horreur et peur de l'honnêteté, qui devient gênante pour la masse du public, du public qui n'a pas à apporter dans ma vie ou mon métier l'indulgence pour une action basse, pour une faiblesse, pour une trahison de principe... Car je crois être le type de l'honnête homme littéraire, du persévérant dans ses convictions et du contempteur de l'argent... Et j'oserai affirmer que je suis le seul, l'unique lettré de l'heure présente qui, avec l'autorité de mon nom, ayant pu faire encore pendant dix ans des romans bons ou mauvais, mais très bien payés, ne les a pas faits, dans la crainte qu'ils fussent inférieurs à ceux faits dans les années antérieures... Eh bien, pour moi toutes les sévérités et, je crois pouvoir dire, toutes les injustices ! Et pour Zola, toutes les tendresses !... Pour Zola, en train de retourner son habit comme on ne l'a jamais si cyniquement retourné, d'encenser les choses et les hommes sur lesquels il a vomi, enfin de se livrer à des bassesses qui déconcertent par l'aplatissement de l'être. »

Le soir, rue de Bellechasse, Daudet soutient *mordcius* que chacun est puni de ses mauvaises actions, puni de son vivant sur la terre, et il citait à l'appui de sa thèse Emmanuel Arène et les autres ; et Mme Daudet appuyant la thèse de son mari, en bonne épouse et en femme défendant le mariage chrétien, cite toutes les catastrophes arrivées aux femmes divorcées de sa connaissance... Moi, je n'ai pas la conviction d'un enfer si bien établi sur la terre !

Un moment, Daudet parle d'une pièce qu'il voulait faire sur la Peur : les paroles appuyées d'effets de lumière et de musique, et sans l'emploi des grosses choses qui font la terreur, et simplement par l'introduction de choses simples comme la tombée muettement mystérieuse de la pluie sur une route de campagne, la nuit.

Lundi 23 janvier

Au fond, je pense, avec une certaine ironie bien justifiée, du haut de quel mépris la critique dramatique, d'ordinaire si facile à la louange de n'importe quoi de pas original, a traité la pièce de l'homme assis sur quarante volumes en avant de tout ce qui avait été fait et écrit avant lui [1].

Mardi 24 janvier

Hier, on me contait une singulière histoire de tatouage. Une femme de Bogora en Algérie, éprise follement d'un vétérinaire français, ne trouva rien de mieux pour lui attester sa tendresse passionnée que de se faire tatouer sur la poitrine les différents fers à cheval pris dans un livre technique de la bibliothèque du vétérinaire, pendant une de ses absences. Et l'amant fut fort refroidi de retrouver sur la peau de sa maîtresse les images de son livre de maréchalerie !

Le radicalisme — c'est indéniable maintenant — a eu pour père nourricier Cornelius Herz, la canaille des canailles !

Mercredi 25 janvier

« Le *petit coquin* !

— De qui parlez-vous ? dis-je à la Princesse en entrant dans le salon, où elle se promenait de long en large avec le peintre Doucet.

— Vous le savez ! » répond la Princesse.

Et elle me conte que Dumas vient de lui rapporter ses lettres adressées à Popelin, mais qu'il y manque toutes les lettres qu'elle a écrites depuis trois ans... et où il est question de la *gueuse* !

Doucet me parlait ce soir des actrices anglaises, de leur aspect chaste, éphébique presque, de cette apparence qu'elles ont d'intactes et de glorieuses pucelles, apparence qui leur permet de dire dans des rôles comme ceux de Porcia, etc., de dire des choses énormes sans qu'on soit choqué : ce qui n'est pas donné à une actrice française, qui, lorsqu'elle dit une obscénité, une cochonnerie, a l'air d'y goûter.

« Pourquoi ne portez-vous pas à l'Académie Anatole France ? disait ces jours-ci Porto-Riche à Claretie.

— Y pensez-vous ? l'année où il va divorcer [2] ! »

Chez le républicain aux idées libérales, anticatholiques, on reconnaît bien le timoré, le *Lièvre* — comme on l'appelle au Théâtre-Français — qui a peur de l'ombre de ses oreilles.

1. L'*homme assis sur quarante volumes*, c'est Goncourt lui-même, qui médite amèrement sur l'échec de A BAS LE PROGRÈS !

2. Marié depuis le 28 avril 1877 avec Marie-Valérie Guérin de Sauville, Anatole France devient depuis 1886 de plus en plus intime avec Mme de Caillavet ; il annonce à sa femme sa résolution de rompre leur union par une lettre du 4 juin 1892. Le divorce sera prononcé le 2 août 1893. France devra attendre plus de deux ans aux portes de l'Académie : il sera élu au premier tour contre Francis Charmes et Costa de Beauregard au fauteuil de Lesseps le 23 janv. 1896.

Jeudi 26 janvier

Ce Forain ! Là où le sans-cœur des plus durs s'arrête et fait relâche, lui y met la férocité de ses légendes. On se communiquait, à propos de la mort de sa mère, une dépêche adressée à sa femme ainsi rédigée : « Du phénol et des fleurs », qui rappelle la légende du vieux monsieur tombé au champ d'amour : « De l'eau des Carmes et un *sapin* [1] ! »

Dimanche 29 janvier

J'ai écrit aujourd'hui au jeune Simond que je voulais répondre à Bauër, qui vient de faire deux articles combattant ma préface de A BAS LE PROGRÈS, sur le *brouillard slave* et les maladroits plagiats que seul peut inspirer le théâtre scandinave [2].

Lundi 30 janvier

J'accompagne aujourd'hui Daudet chez la Princesse, qui a témoigné le désir de l'avoir dans un petit dîner intime, composé des Masson et de « l'ami Goncourt ».

Aujourd'hui très souffrant, il est un peu agacé nerveusement par les lueurs que mettent dans les yeux les assiettes d'argent, et se voit forcé dans la soirée de se faire en *catimini* deux piqûres de morphine dans le salon du fond.

Le docteur Blanche, qui fait ce soir une visite à la Princesse, vient causer avec nous, dans un coin, de Maupassant et nous laisse entendre qu'il est en train de *s'animaliser.*

Mardi 31 janvier

Aujourd'hui, j'ai écrit à L'ÉCHO DE PARIS que je renonçais à mon article en réponse à Bauër. Je ne sais à quoi ça tient, mais ces jours-ci, je n'étais pas en train de travailler, de polémiquer, et mécontent de l'article, je l'ai jeté au feu.

Et cependant, il contenait des choses justes, mon embryon d'article.

---

1. Cf. t. III, p. 657.

2. Dans cette préface datée de décembre 1892, Goncourt, protestant contre l'influence de Tolstoï et d'Ibsen sur le théâtre français et mêlant Slaves et Scandinaves, écrit : « Oui, j'ai la conviction qu'il faut laisser, selon l'expression de Tourgueniev, le *brouillard slave* aux cervelles russes et norvégiennes, et ne pas vouloir le faire entrer de force dans nos lucides cervelles ; oui, je crois qu'en sa maladive transplantation le « brouillard » n'est appelé qu'à produire de maladroits plagiats. » — L'expression de Tourgueniev est citée à nouveau et expliquée ici, à la page suivante.

Les deux articles de Bauër, titrés LES GRANDS GUIGNOLS, avaient paru dans L'ÉCHO DE PARIS des 28 et 30 janv. 1893. Dans le premier, il défend Tolstoï contre le reproche d'obscurité, rappelle les modèles français des romanciers russes et termine par une apologie de LA PUISSANCE DES TÉNÈBRES, drame grandiose, simple, remuant et vrai. Dans le second, il incrimine la faillite du théâtre naturaliste en France et plaide pour Ibsen dont les créatures sont à la fois « symboliques et humaines ».

En définitive, Edmond de Goncourt ne répliquera pas à Bauër. Voir la note du 31 janvier.

Aux inspirations que le théâtre français, disait très justement Bauër, avait tirées de la tragédie grecque, de la comédie latine, des pièces espagnoles, et du bénéfice qu'il y aurait pour notre théâtre d'emprunter des inspirations au Nord, je lui répondais que les inspirations grecques, italiennes, espagnoles, étaient des inspirations de cervelles de la même famille, aux circonvolutions identiques, de cervelles latines et non hyperboréennes.

Et si je n'avais pas pu, dans une préface de trente lignes, entrer dans le détail, faire la distinction du théâtre de Tolstoï et d'Ibsen, je maintenais que pour être moins dense que le *brouillard scandinave*, il y avait tout de même dans les cervelles russes et leurs produits un léger brouillard, un *brouillard slave.*

Et à ce propos, je citais l'anecdote de mon JOURNAL, où, à un dîner entre Zola, Daudet et Tourgueniev, la conversation étant tombée sur la mort, comme les deux Français parlaient de la persistance et de la ténacité de cette idée, quand elle s'emparait d'eux, Tourgueniev disait : « Moi, c'est une pensée très familière ; mais quand elle vient, je l'écarte d'un petit geste de dénégation de la main », ajoutant : « Car pour nous autres, le *brouillard slave* a quelque chose de bon... *Il a le mérite de nous dérober à la logique de nos idées, à la poursuite de la déduction* [1]. »

Maintenant, quant à cette *latrie* de la littérature étrangère, aussi bien de la part du public que de la presse, je demandais à Bauër si dans LA PUISSANCE DES TÉNÈBRES — cette pièce que je trouve d'ailleurs tout à fait remarquable —, quand Nikita, assis sur la planche, fait craquer les os de l'enfant et qu'on entend piauler le petit écrasé, je demandais si la pièce aurait été plus loin, Tolstoï étant français [2]. Et je lui demandais encore si la pièce de MADEMOISELLE JULIE, avec la brutalité de ses audaces, aurait eu ses trois actes joués, M. Strindberg étant français.

Et quand Bauër venait répéter, d'après les petites revues, que le théâtre naturaliste était mort de la représentation de ses êtres exceptionnels, je lui faisais humblement remarquer qu'en littérature, toutes les œuvres qui passent pour des chefs-d'œuvre, DON QUICHOTTE, WERTHER, LE NEVEU DE RAMEAU, Valmont, la marquise de Merteuil, Cécile de Volanges des LIAISONS DANGEREUSES, sont des êtres exceptionnels qui, fabriqués par des auteurs de génie, trouvent au bout de cinquante ans des scoliastes pour faire de leurs êtres exceptionnels des êtres généraux, lui demandant enfin s'il croyait que les femmes d'Ibsen fussent considérées à l'heure présente en Norvège comme des types généraux de Norvégiennes.

---

1. Cf. t. II, p. 929. — Add. 1896 : *Brouillard tout à fait contraire à la fabrication de notre théâtre, fait de clarté, de logique, d'esprit.*

2. Cf. Tolstoï, LA PUISSANCE DES TÉNÈBRES, acte III, sc. 14. C'est la scène où Nikita — Goncourt écrit *Nitika* — accepte, sous la pression de sa femme et de sa mère, de supprimer l'enfant qu'il a eu d'Akoulina, sa belle-fille : on est dans la cour de la ferme, le meurtre se passe en contrebas de la scène, dans la cave, et Nikita, après coup, répète : « Comme ont craqué sous moi ses petits os ! »

Puis il devrait bien avouer — lui qui est le seul défenseur des tentatives révolutionnaires au théâtre — que tout ce qui est permis aux étrangers ne l'est pas à nous par la critique, qui nous défend un théâtre élevé, littéraire, philosophique, original, un théâtre qui dépasse l'intelligence et le goût d'un Sarcey, un théâtre renfermé dans les aventures bourgeoises du ménage contemporain — un sujet fini, usé, éculé.

Mercredi 1er février

C'est caractéristique, l'indifférence de ce pays devant la preuve que tous ses gouvernants sont des voleurs ou des complices des vols. Non, il n'y a plus d'indignation en France !

Jeudi 2 février

Cette nuit, une crise hépatique. Elle était en germe chez moi depuis plusieurs jours. J'ai compris pourquoi je n'ai pas pu faire ma réponse à Bauër.

Mme Ganderax, à laquelle quelqu'un demandait si elle permettait à la *Loute,* à sa fille, de la tutoyer, répondait spirituellement : « Si j'habitais rue de Varennes un grand hôtel entre cour et jardin, je lui imposerais le *vous.* Mais je n'habite qu'un petit appartement... Vous comprenez alors que le *tu*... »

Malgré mon brisement de corps, je vais donner ma première pose à Carrière [1].

Vendredi 3 février

Je devais ce soir dîner chez Fasquelle avec Zola, et vraiment j'étais curieux de le voir et de l'entendre après son triple échec [2] ; mais voilà que je suis plus souffrant, et obligé de passer toute la journée au lit. J'espérais me lever à six heures, mais impossible, et j'ai été obligé d'envoyer la petite porter mes regrets [3]. Après tout, c'est comme si j'avais vu Zola : je le sens, à travers les journaux, dans un enragement prêt à se répandre, mais arrêté tout au bord par la crainte que ses plaintes sur les gens ne leur soient rapportées et les aliènent pour

1. Outre cette esquisse de Goncourt représenté assis sur son canapé de Beauvais, Carrière est l'auteur de deux études peintes, d'une eau-forte, d'une lithographie représentant Edmond de Goncourt, à quoi s'ajoute le portrait destiné à l'un des trois exemplaires de l'édition Gallimard de GERMINIE LACERTEUX. Sur ces divers portraits, cf. Billy, t. III, p. 98.

2. Sur les précédentes campagnes académiques de Zola, cf. t. III, p. 345, n. 1. Son *triple échec* a eu lieu le jour même. Au fauteuil Renan, Zola, avec ses 4 voix (Coppée, Sardou, Claretie, peut-être Joseph Bertrand), contribue à l'échec de Berthelot, l'ami que Renan se souhaitait pour successeur et que les catholiques écartèrent pour éviter un trop vibrant éloge de l'auteur de la VIE DE JÉSUS : il n'eut que 10 voix contre 13 à Challemel-Lacour. A la même séance, Zola est écarté du fauteuil Marmier par Bornier et du fauteuil Rousset par Thureau-Dangin.

3. *La petite :* Blanche, la fille de Pélagie Denis.

toujours et les disposent, quelles que soient les circonstances qui peuvent se présenter, à ne jamais voter pour lui.

Dans ce moment, la chatte inventorie tous les petits recoins secrets de la maison. Je suis sûr qu'elle est dans un état intéressant et qu'elle est à la recherche d'une cachette où elle pourrait dissimuler ses petits et les sauver de la noyade.

Lundi 6 février

Aujourd'hui, sur ma demande, Carrière est venu faire une esquisse de ma personne sur mon canapé de Beauvais, et ayant pour fond une des portières à fleurs que je viens d'acheter.

Je parle à Carrière des choses homicides de ce temps, entre autres de la cherté de la vie. Il me dit que lui, habitant Strasbourg à dix-sept ans et recevant de ses parents dix sous le dimanche, en compagnie d'un camarade pas plus riche que lui, dansait toute la soirée dans un petit bal public — une danse arrosée de plusieurs bocks. Il ajoute que plus tard, à Saint-Quentin, il payait sa pension, où il était très bien nourri, quarante-cinq francs par mois et que cette pension, à l'heure présente, est de quatre-vingts francs, sans que le traitement de ceux qui y mangent ait augmenté d'un sou.

Je parle à Carrière de la tristesse des pays où la vie est chère, où il y a chez tous, chaque jour, un débat avec le prix de l'existence. Il me dit qu'il y a quelques années, faisant un voyage en Suisse, il entrait dans une brasserie où le patron chantait en faisant ses comptes, le garçon en rinçant les verres, la fille en balayant, tandis que chez nos marchands de vin, patrons et domestiques, tout est morne.

Je parle à Carrière de la dépopulation de la France. Il me dit qu'il lui faut un certain courage pour sortir dans la rue à la tête de ses cinq enfants, qu'on s'étonne, qu'on rit, qu'on les compte tout haut derrière lui.

Mercredi 8 février

Je reçois de Primoli une lettre où il me dit qu'il va tenter de faire jouer A BAS LE PROGRÈS à l'ambassade d'Autriche à Rome.

Au fond, peut-être cette pièce est une pièce de salon, demandant à être jouée par les acteurs d'un grand théâtre mêlés à des acteurs de société.

Ce soir, rue de Berri, Mme Ganderax qui avait accompagné la Princesse prendre le thé chez les frères Ephrussi, ces deux jeunes célibataires, ces deux Juifs, s'étonnait un peu d'y avoir trouvé tout le gratin du faubourg Saint-Germain, toutes les dames aux plus grands noms de la monarchie.

Jeudi 9 février

Aujourd'hui, au service de Mme Simond, ces chants d'église qui vous retournent le cœur et me ramènent toujours à l'enterrement de mon frère, mettaient dans mes yeux l'intérieur du caveau de famille et me faisaient malgré moi chercher ce que la mort avait laissé de l'être aimé, au bout de vingt ans.

A dîner, chez Daudet, Raffaelli, en gaîté et en verve, cause à la fois d'une façon très amusante et très technique sur les cris de la rue, dont la mélopée le réjouit, l'intéresse, l'attache aux pas du crieur ou de la crieuse, et sur ces cris il se livre à des remarques physiologiques.

Ainsi, il prétend que chez l'homme qui crie : « *Tônneaux..., tônneaux...* » le cri est un cri du ventre, un roulement de basse à la Lablache, qui n'amène aucune fatigue, qui, au contraire, est une gymnastique des muscles intérieurs, tandis que certains cris nerveux comme *ré-pa-ra-teur de por-ce-lai-nes,* des cris produits par des contractions de la gorge, doivent amener, au bout de très peu d'années, une laryngite.

Je quitte le dîner pour aller à la première de L'ARGENT D'AUTRUI, où j'ai une place dans la loge de Mme Hennique. La pièce est enfantine comme fabrication de financiers, coulissiers, manieurs d'argent, et cela est d'autant plus extraordinaire que la pièce est faite par un romancier tenté toujours d'apporter quelques détails *nature* aux personnages qu'il crée. Maintenant, la vraie Américaine qui joue l'Américaine de la pièce, et qui pourrait sauver l'œuvre d'Hennique, a un grand succès avec son accent anglo-saxon, la télégraphie nerveuse de ses mains, sa toilette et son hamac [1]. Et cependant, ni la critique ni le public ne s'en doutent, l'Américaine, en dehors du naturel de son jeu, interprète un rôle très bien fait, un rôle dessiné d'après une Américaine que Hennique a eue comme maîtresse avant son mariage et qui nous donne le mode et la syntaxe de la pensée de ces femmes.

Vendredi 10 février

Dîner chez Zola.

Il est vraiment plein d'anecdotes, ce Coppée, et rien n'est amusant comme de les lui entendre et voir conter, tout en *polichinellant.* C'est... c'est... c'est le prince de Sagan, qu'il nous montre en conférence avec un marchand de vin de Champagne, qui désire baptiser ses bouteilles de son nom princier et, devant les fortes exigences du prince, le coupe par un : « Mon prince, deux sous par bouchon ! » Et il moque joliment la puissance sur le monde gandin de ce personnage *falot* qui, déjeunant chez Valtesse et lui disant à propos du vin servi sur la table : « Mais à déjeuner, on ne boit pas de vin ! » a condamné la malheureuse depuis oncques à ne boire que de l'eau à déjeuner, ce qui est tout à fait contraire à sa santé.

---

1. Dans L'ARGENT D'AUTRUI, miss Kate accepte de passer pour l'épouse de l'affairiste Lafontas afin d'appâter le vieux banquier Tamisier. A l'Odéon, ce 9 février 1893, une actrice américaine, miss Calhoun, jouait ce rôle.

Bientôt, l'on cause des canailleries de l'heure présente, et Zola de plaider les circonstances atténuantes de la corruption avec un tas de circonlocutions et avec des phrases patelines, comme celle-ci, adressée à Daudet qui s'indigne : « Mais, mon bon ami, êtes-vous bien documenté ? » Sur quoi Daudet lui jette : « Enfin, Zola, auriez-vous *barboté* comme eux ? » A cette directe et brutale interpellation, à ce coup droit, Zola ne répond pas et fuit et s'échappe dans le bredouillement de paroles vagues.

Là-dessus, je ne sais qui venant à lui parler de sa lettre en réponse à Magnard, qui l'accusait de barrer aux autres l'entrée de l'Académie, après de vains efforts pour ne pas parler, Zola s'ouvre et nous confie que dans sa lettre, il y avait une phrase où il disait, comme pour Bourget, qu'il ne barrait pas le chemin de l'Académie audit Magnard [1]. La phrase aurait eu un effet de tous les diables au FIGARO ! Et Calmette serait venu dans la journée, serait revenu le soir, lui demander qu'on n'imprimât pas la phrase, le patron n'ayant nullement l'intention de se présenter.

Et un moment, Zola gémit sur cette suppression, qu'il avait dû consentir et qui avait enlevé le caractère de la primitive rédaction de sa lettre, se plaint d'une façon dolente des petites cochonneries qu'on lui fait depuis quelque temps au FIGARO.

C'est l'occasion pour Coppée et Daudet de faire à deux voix un portrait de Magnard comme le type du malade de la maladie de l'envie, chez lequel aux malheureux instincts de nature viennent se joindre les ennuis féroces de l'intérieur : le perpétuel rébellionnement du fils de la femme qui s'est jetée par la fenêtre — fils au sujet duquel Magnard disait un jour à Daudet : « Mon fils... je le hais ! » — et aussi la mauvaise humeur de sa seconde femme contre l'intromission dans la maison d'une fille naturelle retrouvée.

« D'où vient cette fille ? laisse échapper Mme Charpentier.

— D'une bonne, qu'il a eue à son service ! » répond Coppée, ignorant de ce qui se passe dans l'intérieur de la maison où il a dîné [2].

Sur ce, Zola se gratte l'oreille, un peu inquiet, tandis que Mme Zola, se penchant vers Mme Daudet, dit de sa voix mauvaise : « On a l'intérieur qu'on se fait... Et ce qui lui arrive, c'est juste... et ça me fait plaisir ! »

Pour rompre les chiens, Charpentier parle de la pièce d'Hennique, qui fait s'écrier à Zola, après avoir établi combien le théâtre est

1. Cf. Magnard, M. ZOLA ET L'ACADÉMIE dans LE FIGARO du 4 février 1893 : il accuse Zola de pratiquer à l'égard de l'Académie une tactique d'obstruction gênante pour des écrivains, tels que Bourget, qui, « par respect intellectuel », refusent de se présenter contre Zola, lequel a tort de s'obstiner « à barrer la route à des romanciers qui le valent ». Zola répond par une lettre à Magnard, du 4, reproduite le 5 dans le journal, où il prie Bourget, qu'il « aime beaucoup », de se présenter contre lui, ses candidatures successives à lui, Zola, répondant à une « ligne de conduite », à une position de principe qu'il ne peut abandonner, mais qui ne l'empêchera pas de prier ses amis de l'Académie de voter pour Bourget, quand il se présentera.

2. Cf. t. III, p. 350, n. 2 et plus loin p. 825.

rapetissant et combien L'ARGENT D'AUTRUI est enfantin : « Je suis sorti malade... oui, malade de la pièce de ce pauvre garçon ! »

Et le voici, ne pensant qu'à ses échecs au théâtre et oubliant qu'il parle à Daudet et à moi, le voici à abîmer le théâtre, à proclamer à la suite de Sarcey qu'il n'y a que le *théâtre amusant,* le *théâtre sans prétention,* à déclarer qu'il ne trouve aucun intérêt à l'autre. Sortie qui amène Daudet à lui dire ironiquement : « Oui, oui, Zola, vous avez raison..., il n'y a que nous seuls, les auteurs, que notre pièce intéresse ! »

Et la conversation, de la pièce d'Hennique, va au théâtre étranger, conversation au milieu de laquelle je lance avec un point d'interrogation gouailleur :

« Est-ce que l'adoration de la littérature étrangère ne serait pas une formule de l'envie [1] ?

— Voilà, voilà, s'écrie Zola, avec un *trémolo* des bras et des jambes épileptiques, avec quoi je veux faire mon discours... »

Et il s'arrête, n'osant pas prononcer le mot *Académie.* Et quelques instants après, il dit à Coppée, levé pour s'en aller, il dit mollement et sans chaleur : « C'est entendu, n'est-ce pas ? vous écrirez à Bourget... » Il reprend, s'adressant à nous : « Oui, Bourget, je veux le faire nommer. » Et riant, il ajoute : « Et aussi Manuel, peut-être, un autre jour [2] ! » Et l'on sent que sous la forme légère qu'il donne à ses paroles, le candidat remisé à la porte va sérieusement se poser comme le directeur des votes de l'Académie !

Dimanche 12 février

Rodenbach nous conte un dîner qu'il a fait à LA PLUME, comme accompagnateur de Mallarmé [3]. Il dit que Daudet et moi, avec notre observation aiguë, nous aurions emporté de curieux types de poètes cabotins. Il était à côté de Verlaine, complètement saoul, auquel une idée sadique, toujours la même, lui faisait le tour de la tête et lui revenait cinq minutes après dans un balbutiement : « Une idée de tourniquet de marchand de vin », fait Daudet, en mâchonnant un bout de cigare [4].

Mercredi 15 février

Encore une crise avec un glacement de l'être que rien ne peut réchauffer.

---

1. Dans la phrase précédente, le texte Ms. omet le sujet : *au milieu de laquelle lance avec un point d'interrogation gouailleur.*

2. Sur les échecs académiques de Manuel, cf. t. II, p. 1119, n. 3. Bourget sera élu seulement l'année suivante, le 31 mai 1894. Cf. t. II, p. 1225, n. 1.

3. Sur les précédents banquets de LA PLUME, cf. t. III, p. 705, n. 2. Le 7e banquet a lieu le jeudi 9 février, sous la présidence de Mallarmé, que le dernier président, Leconte de Lisle, avait désigné aux suffrages des convives pour le prochain dîner. Il y lut le célèbre SALUT, qui d'abord s'appelait TOAST et qui figure en tête des POÉSIES de Mallarmé :

Rien, cette écume, vierge vers
A ne désigner que la coupe...

4. L'expression, assez curieuse, doit évoquer le treuil ou tourniquet à l'aide duquel les marchands de vin en gros faisaient glisser sur leur haquet les tonneaux qu'ils livraient.

Jeudi 16 février

Causant du *pointillage* de la peinture de Pissarro et autres avec Carrière, il me dit : « C'est de la peinture pour tir... De la peinture qu'il faut voir à cinquante pas ! »

Au jour d'aujourd'hui, ces pauvres catholiques, les juifs, les protestants mêmes leur marchent-ils dessus ! Le peintre Renoir se trouvant ces jours-ci dans une maison protestante, où je ne sais quoi l'amena à parler des Valois, de Charles IX, le maître de la maison l'interrompit en lui disant : « On ne parle pas de ces gens-là ici [1] ! »

Ce soir, à propos des TROPHÉES de Heredia, Daudet disait : « Chez nous tous, c'est l'idée qui appelle le mot ; chez Heredia, c'est le mot qui donne naissance à l'idée. » Il y aurait un curieux article à faire là-dessus.

Le pauvre Pillaut ! Depuis neuf jours, il est sans connaissance à la suite d'une congestion cérébrale qui l'a fait tomber la tête contre l'angle de la cheminée.

Vendredi 17 février

Dire — c'est indéniable — que pendant près de vingt ans, les trois maîtres absolus de la France ont été le baron de Reinach, Cornélius Herz, Arton, et que la France, éclairée sur le compte de ces trois personnages, garde pour se gouverner le personnel de leur administration, de leurs bureaux !

Samedi 18 février

Nuit de fièvre, où je sens comme une approche de la mort. Insomnie cauchemardesque, où moitié dormant, moitié éveillé, je voyais que l'on faisait une vente, de mon vivant, de toutes mes collections dans un endroit pareil à une place de village et dans laquelle les trois quarts des objets étaient égarés, perdus, volés, ne se retrouvaient pas. Et au milieu de mes désespoirs, de mes fureurs, dire l'ironie muette des crieurs, de l'expert, du commissaire-priseur !

Au fond, j'ai beaucoup lu avant d'être homme de lettres, et très peu depuis que je le suis, ne lisant guère que les livres documentaires qui peuvent me servir pour mes travaux, et je me demande si mon originalité ne vient pas un peu de cela, qui ne me fait pas du tout réminiscent. Oui, je suis bien plus un méditant qu'un liseur.

Je rencontre Janvier, du Théâtre-Libre, actuellement à l'Odéon, qui me dit qu'il doit jouer dans un salon A BAS LE PROGRÈS !

Ce soir, dîner japonais chez Riche. Dans ce monde de bibeloteurs japonais, c'est une folie de surenchère entre Gillot, l'imprimeur, Manzi,

---

1. Le nom du peintre est correctement orthographié dans le texte imprimé ; le texte Ms. porte : *Renouard*.

l'homme de Boussod et Valadon, et Vever le bijoutier, le plus passionné de tous et qui nous montre le billet de sa place sur le paquebot pour l'Exposition de Chicago [1]. Et ce n'est pas l'Exposition qu'il va voir, il va surprendre Hayashi et lui enlever tout le *dessus du panier* des impressions japonaises, qu'il doit rapporter en France après l'Exposition.

Manzi me raconte l'origine de sa collection choisie d'estampes du Japon. Un jour que Hayashi lui disait ne rien avoir et qu'il lui exprimait son désir d'avoir des estampes hors ligne, le Japonais lui jetait cette interrogation :

« Iriez-vous jusqu'à douze mille francs ?

— Au double ! » lui répondait Manzi.

Alors, d'un tiroir d'un petit meuble dissimulé dans un coin, Hayashi lui tirait 400 merveilles d'impressions !

Dimanche 19 février

Frantz Jourdain raconte aujourd'hui que, faisant un traité d'électricité très important pour un client, le directeur de la société lui avait dit : « Je ne peux pas descendre plus bas, parce que je me suis engagé à donner une très forte commission à M. Lambert Sainte-Croix, qui a décidé votre client à s'adresser à moi. » C'est ainsi que l'existence de ce très *chic* et illustre M. Lambert Sainte-Croix se solde ainsi par des commissions, qui vont depuis l'installation de l'électricité jusqu'à la vente d'un cheval.

Ce Lambert Sainte-Croix serait un cynique, qui avouerait prendre des commissions supérieures sur les gens chez lesquels il dîne, déclarant posséder une action plus grande sur eux, et des commissions inférieures sur les gens chez lesquels il ne dîne pas.

Puis Frantz Jourdain portraiture un usurier *fin de siècle*. C'est un jeune homme, tout dernièrement commis à douze cents francs, dans le principe intermédiaire entre des fils de famille et des usuriers, aujourd'hui exerçant par lui-même, tout en étant homme de cercle et cavalier du bois de Boulogne.

Frantz Jourdain lui demandant dernièrement comment il avait pu prêter 50 000 francs à un garçon sans espérances, sans avenir, et quel gage il pouvait avoir, l'usurier avait souri et lui avait dit : « J'ai le meilleur de tous les gages ; il m'a donné un paquet de lettres de sa maîtresse, qui est une femme du grand monde ; s'il ne paye pas, c'est elle qui paiera. »

Lapauze, du GAULOIS, de retour de chez Lesseps, disait : « Je ne sais pas si le vieux ne sait pas tout et s'il ne joue pas la comédie du *gagatisme*. »

Ce soir, Daudet, comme je m'indignais du manque d'indignation de

1. Cf. t. III, p. 713, n. 1.

la France contre les saletés gouvernementales, me disait, peut-être justement : « Ça tient à une chose, c'est que maintenant, tout le monde est soldat, est maté, discipliné, asservi, et reste l'esprit sous le coup de la salle de police. »

Mercredi 22 février

Je parlais à une Américaine, en visite chez moi, du roman d'ELSIE, ce roman où la fille d'une femme mordue par un serpent au commencement de sa grossesse est un peu la fille de ce venin, a les habitudes, les goûts du serpent [1]. Cette Américaine me disait qu'elle connaissait l'auteur, qui est un médecin et qui avait fait ce livre tout à fait d'imagination. Mais voici le curieux : c'est qu'il lui était venu, de deux endroits différents de l'Amérique, deux lettres où les signataires lui demandaient comment il avait pu pénétrer ce secret de famille si bien caché à tout le monde.

Je tombe sur un ancien article de Brisson, le sous-Sarcey, où il me dit que j'ai moins de sensibilité que Daudet, moins de psychologie que Bourget, moins de puissance que Zola, moins d'esprit que Pailleron, moins de verve que Dumas, moins de philosophie que Maupassant, et que tout mon bagage consiste en quelques monographies « nullement supérieures à celles de Victor Fournel ou d'Adolphe Jullien ». Il s'agit de LA FEMME AU XVIIIe SIÈCLE, de LA VIE ET L'ŒUVRE DE GAVARNI, etc., n'est-ce pas ? Eh bien, je le dis, et je crois que beaucoup de gens seront de mon avis, quand je serai mort : ou ce critique est une parfaite canaille, ou un pur idiot.

Jeudi 23 février

Mallarmé, auquel Alphonse Daudet demande avec toutes sortes de circonspections s'il ne travaille pas dans le moment à être plus fermé, plus abscons que dans ses toutes premières œuvres, de cette voix légèrement câline, que quelqu'un a dit par moments se *bémoliser* d'ironie — au bout de beaucoup de phrases troubles comme celle-ci : « On n'écrit pas avec du blanc » —, termine sa nébuleuse amplification en lui confessant qu'à l'heure présente, il regarde un poème comme un *mystère* dont le lecteur doit chercher la clef.

Puis l'on cause de Villiers de l'Isle-Adam, pour lequel il professe une admiration un peu excessive, et l'on signale le rôle de Méphisto qu'a joué auprès de lui Catulle Mendès, dont il disait quelques jours avant sa mort : « Je meurs de Catulle Mendès ! »

Lundi 27 février

Hier, les Daudet se sont décidés à donner à dîner en petit comité

---

1. ELSIE VENNER, du romancier américain Olivier Wendell Holmes, paru en 1861 et traduit en français en 1862.

— moi seul présent — aux nouveaux mariés Parfouru et Réju, si vous l'aimez mieux à Porel et à Réjane [1].

La causerie a été d'abord sur l'insuccès de PÊCHEUR D'ISLANDE de Loti, et sur le tempérament du quartier qui semble ne pas vouloir de pièces tristes [2]. Puis de là, la conversation a sauté à Bauër, baptisé par Porel *l'Échauffé,* et dont les mouvements de l'âme sembleraient le résultat de coups de sang et qui, un moment très charmant pour Réjane, ne se trouvant pas assez le maître du théâtre, lui bat froid à l'heure présente ; puis de Bauër, la causerie est tombée sur Tessandier et Segond-Weber, que Porel déclare de vraies voleuses, des acheteuses de bijoux ne payant jamais les bijoutiers, qui finiraient en police correctionnelle, si elles étaient de simples grisettes.

La petite Germaine, la fille de Réjane — de Réjane qui, lors de l'invitation de Mme Daudet, s'est écriée : « Je vais passer huit jours à l'élever ! » —, est convenable, tout en disant des mots drôles ; mais a-t-elle déjà les attitudes, les mouvements, la grâce de mauvais aloi d'une courtisane, et les bras de femme amoureuse qu'elle avait déjà, quand elle les passait autour du cou d'Edmée ! C'est curieux, cette transfusion de la putinerie chez les gamines des femmes-filles, tout bourgeoisement qu'elles soient élevées, éduquées.

Mardi 28 février

Après une rechute, au bout de quinze jours, une nouvelle crise hépatique dans une voiture, où je dois guider le cocher qui ne sait pas son chemin, au milieu de vomissements et de claquements de dents.

Et arrivé à la maison, ce sont des vomissements dont les efforts sont si violents qu'ils me causent des douleurs dans les clavicules et me laissent les bras courbaturés.

Mercredi 1er mars

LE JOURNAL DES DÉBATS sur papier rose !... Pense-t-on à ce vieux Sacy, qui avait l'air d'un donneur d'eau bénite, s'imprimant sur ce papier rose ! Pense-t-on à ce papier-bonbon où Renan aurait déposé sa prose et où Taine la déposera encore [3] !

A la suite de la crise d'hier, je me suis vu forcé d'appeler le docteur Barié. Il m'a trouvé le foie à peu près à l'état normal et semble croire comme Potain que c'est un rhumatisme qui se promène sur l'estomac et le foie.

Mais quel régime il m'a prescrit !... Pas de matière graisseuse, pas

---

1. Cf. t. III, p. 632, n. 1 pour le patronyme de Porel. Quant à Réjane, on sait qu'elle se dénommait en réalité Gabrielle-Charlotte Réju.

2. PÊCHEUR D'ISLANDE, tiré du roman de Loti par l'auteur et Louis Tiercelin, musique de Guy Ropartz, est créé au Grand-Théâtre le 18 février et n'a que vingt représentations.

3. Cf. l'annonce parue en supplément au JOURNAL DES DÉBATS du 26 févr. 1893 : « LE JOURNAL DES DÉBATS transformé publie chaque jour deux éditions, l'une le matin, éditée sur *papier blanc,* et l'autre le soir, éditée sur *papier rose.* »

de foie gras, pas de bon beurre, pas de gibier, pas d'écrevisses, pas de poisson, pas même d'œufs !... « Enfin, vous me défendez tout ce qu'il y a de bon à manger ? — Oui, tout ce qu'il y a de bon ! » reprend le docteur, avec un sourire ironique.

Jeudi 2 mars

Depuis plus d'un mois, Toudouze tourne autour de moi pour m'enrégimenter dans sa *Société des romanciers,* qu'il fonde, le cher garçon, un peu à son profit. Je faisais l'homme qui ne dit ni oui ni non. Sur une demande directe d'en faire partie et sur une aimable indiscrétion de Daudet, m'apprenant que je devais être nommé président, je répondais à Toudouze par un refus formel, même brutal, lui déclarant que j'étais un individu *vivant hors cadre* et pas du tout *fabriqué pour faire partie d'une société.* Aujourd'hui où Daudet venait me voir et me trouvait assez souffrant au lit, il me contait l'ennui de Toudouze de mon refus, ennui d'autant plus grand que Daudet lui avait dit qu'il n'en serait que si j'en étais. Il me semble voir chez Daudet un regret de ne pas en être, en même temps qu'un amical et tendre regret de ne pas me voir en être non plus. Et, ma foi, à peine est-il parti que j'envoie un mot à Toudouze revenant sur mon refus — et cela, je puis le dire, rien que pour être agréable à mon ami.

Vendredi 3 mars

Le crépuscule dans la maladie n'est pas mélancolique comme dans la santé. C'est comme une mise en rapport de la lumière avec le demi-évanouissement de votre être.

Dimanche 5 mars

Une visite d'Heredia, qui me parle de Taine, qu'il doit aller voir en sortant de chez moi.

Après la guérison d'une embolie cérébrale, Taine aurait une embolie pulmonaire, serait dans un état désespéré.

Heredia me conte que dans ces derniers temps, sur le désir que Taine lui avait témoigné de lire LES TROPHÉES, il lui avait envoyé, avant la publication, un exemplaire tiré à la brosse. A la suite de cet envoi, il était passé quelques jours après chez lui, et Taine, au milieu d'énormes compliments, lui avait tenu sur son livre un discours délirant.

A propos du sonnet du poète sur un poisson, Taine lui disait : « C'est beau, c'est utile, c'est immortel, puisque vous l'avez fait... Tandis que Brunetière, il est laid ; il est *insignificatif,* il n'est d'aucune utilité... » Et très longtemps, Taine continuait le parallèle entre le poisson du sonnet et le critique de LA REVUE DES DEUX MONDES [1].

1. Taine songeait au poisson du RÉCIF DE CORAIL :

Heredia me confesse qu'il a publié son livre sur l'invitation de Leconte de Lisle et de Coppée lui promettant le prix de 8 000 francs de l'Académie ; mais de Bonnières, aussitôt qu'il a eu vent de cela, a été porter ses CONTES à Pingard ; puis il y aurait une poétesse protégée par Dumas... Toutefois, Heredia espère encore avoir, sur le prix, six mille.

Je reçois ce soir une dépêche de Toudouze, qui m'apprend que je suis nommé président de la *Société des romanciers* à la majorité de 69 voix sur 70 votants. Faut-il que mon Toudouze eût tripoté, falsifié, biseauté le suffrage ! Moi, avoir 69 voix sur 70 votants, moi si détesté de mes confrères, allons donc !

Maintenant, Zola a beaucoup travaillé à me faire nommer. Ah ! le farceur ! Un jour, il pourra dire : « Mais on disait bien haut que Goncourt n'avait aucune des ambitions bourgeoises que j'ai ? Vous voyez cependant qu'il a parfaitement accepté d'être président des Romanciers et qu'au fond, s'il était sûr d'être nommé, il serait président de la Société des gens de lettres, académicien, etc., etc. »

Lundi 6 mars

Ah ! mes contemporains, comme ils défilent ! Hier, pendant que Heredia me racontait sa dernière entrevue avec Taine — son fiacre attendant à la porte pour le mener chez lui —, Taine mourait.

Mercredi 8 mars

Hier, au moment que je croyais que c'en était fini de la maladie, que j'entrais en convalescence, encore une crise, et ce matin, la jaunisse !

Décidément, j'ai la conviction que si des gens comme Daudet, comme moi, des gens doués par Dieu des talents du romancier d'après nature, étaient médecins, ils seraient d'autres médecins que ceux qui nous soignent ; car ils n'ont pas l'observation aussi *fouilleuse* que la nôtre.

Vendredi 10 mars

Cette mort de Gibert, un jeudi de la mi-carême, en lançant des *confetti* du haut d'un café, on serait tenté de la prendre pour le dénouement imaginé d'un roman, racontant la vie d'un comique, d'un farceur, d'un *queue-rouge.*

Dimanche 12 mars

Armand Charpentier, à sa sortie du *Grenier,* a été une occasion pour ceux qui étaient là, une occasion de *se rouler* à ses dépens. Non, de

---

De sa splendide écaille éteignant les émaux
Un grand poisson navigue à travers les rameaux.
Dans l'ombre transparente, indolemment, il rôde...

ma vie, je n'ai vu un être atteint d'une jobarderie aussi intense et dont chaque parole, avant de sortir de sa bouche, me met dans un état nerveux, en la prévision indubitable qu'il va expectorer un snobisme ou une gaffe.

A ce qu'il paraît, ce drolatique affamé de réclame se promène en tout temps, en tout lieu, un article de petite revue, qu'il a dû faire, dans la poche, et l'offre à qui a le malheur de le rencontrer, disant bêtement : « L'ami qui a fait cela me regarde comme un maître... Je ne peux pas l'en empêcher, n'est-ce pas ? »

Mardi 14 mars

Hier, une troisième crise au bout de huit jours. J'ai pris une pilule de morphine, et la crise a eu lieu souterrainement, me faisant aujourd'hui les urines couleur de curaçao, les excréments comme du mastic, et me donnant la peau de la jaunisse..., mais sans la douleur.

Mercredi 15 mars

On me parlait d'une fillette d'une douzaine d'années qui, dans son désespoir d'être une fille, venait de faire une *neuvaine* pour devenir un garçon.

Mercredi 15 mars

Daudet me parle d'une visite de l'éditeur Lemerre, furieux de notre participation à la *Société des romanciers.*

Jeudi 16 mars

Le docteur Blanche disait ces jours-ci à Mlle Zeller : « Je ne vais pas voir M. de Goncourt, parce que, si on voyait ma voiture à sa porte, pensez-vous à toutes les suppositions qu'on ferait ! »

Samedi 18 mars

Comment se fait-il que la barbe, ce bouquet de poils, cette broussaille qui ne devrait rien avoir de physionomique, rende une figure triste, triste comme celle de Ganderax ou *pompe funèbre* comme était celle de Popelin ? Oui, c'est positif, il y a les barbes lugubres et les barbes guillerettes.

Elles ne finiront donc jamais, ces crises ! Voici la deuxième cette semaine. Avec la morphine, c'est curieux, la crise se fait dans une espèce de dissimulation : c'est ainsi que dans cette dernière, je n'ai pas eu de vomissements, et si j'ai eu un rien de frisson, il a eu lieu sans l'abominable refroidissement de glace de tout le corps de mes premières crises.

Dimanche 19 mars

Grassot aurait eu une enfance grandie à l'ombre des églises, une enfance pieuse dont le catholicisme se serait perdu à la *Pissotte.* Mais lorsqu'il se sentit mortellement atteint, le cabotin fut repris par la religiosité de ses premières années, au milieu d'épouvantables terreurs de L'enfer. Et un de ses amis, qui l'assista dans ses derniers moments, contait qu'une des plus terribles impressions de sa vie, ça avait été de voir le farceur du Palais-Royal, avec sa tête de mort, prier, prier et ne pouvant s'empêcher de rendre sa prière macabrement comique par ses *gnouf ! gnouf !* qui revenaient maintenant dans toutes ses actions.

Sait-on comment N... a donné la vérole à sa mère ? Il donnait la vérole à sa femme de chambre, que son père baisait concurremment avec lui.

Quelqu'un parlait, chez quelques gens de notre connaissance, de la répétition maniaque d'une même interrogation à tout bout de chaque phrase. Il citait le *Woin ? —* pour *Hein ? —* de Becque, le *Est-ce pas ?* du peintre Carrière, que Daudet disait avoir avalé à la suite de la pose pour son portrait et qu'il réservait à ses visiteurs pendant quelques semaines.

Lundi 20 mars

Tous ces jours-ci, j'ai été hanté par l'idée de la mort avec l'inquiétude sur le sort de mon testament, qui peut être cassé ainsi que mon Académie, avec l'inquiétude sur la conservation du manuscrit de mon JOURNAL. Je mourrai avec l'empoisonnement de ne pas savoir ce que deviendront les deux grandes ambitions de ma vie pour ma survie.

Mardi 21 mars

Quand on est bien malade, les figures de femmes amies penchées sur votre lit, on serait tenté de les attoucher, de mettre distraitement la caresse de ses doigts dans l'orbite de leurs yeux fermés, ainsi que les tout petits enfants le font à leurs nourrices.

Je ne sais pas si j'ai déjà cité quelques mots biscornus d'une amie de Pélagie, qui a l'amour des vocables recherchés et qui ne peut en prononcer un sans l'écorcher. C'est elle qui dit : *la cognito,* pour « incognito », *pince-bèche* pour « pimbêche », *concunnivence* pour « connivence ».

Mercredi 22 mars

Aujourd'hui, Alidor Delzant vient me voir. Naturellement, la conversation est sur l'actrice Ozy, dont il vient d'hériter de 50 000 francs, dont — il ne peut faire autrement — il compte faire trois pensions à trois hommes de lettres. Il hérite aussi de papiers, parmi lesquels il y a des correspondances amoureuses de Gautier, de Saint-Victor, de Doré, et surtout tout un gros paquet de lettres d'About, qu'il dit tout à fait charmantes de passion et d'esprit.

Delzant me dit que la grande fortune d'Ozy n'a pas été faite par les dons, cependant très considérables, que lui ont faits ses amants, mais bien plutôt par les placements qu'elle a fait faire de ces dons par ses amants, qui étaient presque tous des gens de Bourse. Du reste, elle ne poussait pas ses amants à la prodigalité des choses bêtes, comme bijoux, diamants : elle était pour les choses sérieuses. C'est ainsi que M*** qui a fondé les Magasins du Louvre et qui a été quinze ans son entreteneur en titre, invariablement, Ozy lui demandait dix, vingt, trente *Lyon* — actions du Chemin de fer — au lieu de tout objet quelconque qu'il était décidé à lui offrir [1].

Delzant est chargé de la direction de son tombeau, d'un tombeau monumental, mais tout fier qu'il soit d'avoir été choisi pour la direction artistique, il est embêté de ce que la défunte exige là-dedans de la sculpture de Doré... Sur quoi je ne puis m'empêcher de lui dire : « Mais voilà une occasion d'ériger dans son format gigantesque la BOUTEILLE de Doré et d'en faire la pyramide de celle qu'on accusait parfois de se piquer le nez [2] ! »

Là-dessus, Delzant, moitié riant, moitié indigné, se lève en me jetant de la porte : « C'est abominable, c'est abominable ! »

Bracquemond, que je n'ai pas vu depuis des siècles, remplace Delzant. Il entre d'un pas traînant, se laisse tomber sur un fauteuil, et d'une voix qui n'a plus sa chaude nervosité sourde, il se plaint de maux d'entrailles qui l'ont fait maigrir de quinze livres en six semaines, soulevant son gilet et me faisant voir un abdomen absent. Comme je lui dis qu'il travaille trop, il me répond : « C'est vrai, mais que voulez-vous ? maintenant le travail chez moi, c'est une vraie *maniaquerie*... Quand je ne travaille pas, je me promène dans mon atelier, en remuant les bras et les jambes comme un épileptique. »

Jeudi 23 mars

C'est étonnant comme les animaux sans tendresse, ainsi que les chats, quand ils sont malades, ont le besoin du voisinage de l'homme. Aujourd'hui où la chatte est dans les douleurs de la mise bas, elle ne peut rester seule, réclame du monde autour d'elle et miaule d'une manière toute mélancolique, quand on la quitte un moment.

Une jeune personne m'enseignait sans y prendre garde la manière dont on reconnaissait les pigeons mâles des pigeons femelles. Quand

---

1. Goncourt laisse en blanc le nom du fondateur des Magasins du Louvre, qu'il ignore sans doute. On sait que les *Galeries du Louvre* avaient été inaugurées le 26 mars 1855. Elles avaient été créées par un employé du *Pauvre Diable*, Chauchard, d'abord associé avec Hériot et Faré. Faré fut bientôt remplacé par un autre commanditaire, Payen.
2. Cf. t. II, p. 749.

on prend un pigeon par les pattes, si c'est un mâle, il baisse la queue, si c'est une femelle, il la relève. La pudeur, chez les pigeons, serait donc l'apanage des mâles.

Dimanche 26 mars

Des crises hépatiques, trois jours de suite... Où vais-je, si mon médecin ne fait rien pour arrêter ces crises ?

Lundi 27 mars

Dans ces jours où je ne peux pas travailler, j'ai horreur de la lecture des romans. Les livres de voyage, qui sont d'ordinaire la lecture préférée des malades, ces livres ne m'intéressent pas. Mon esprit est attiré par les coins mystérieux et inconnus de l'histoire reculée, par les recherches sur les hommes des cavernes, sur les cités lacustres, par les RÉCITS DES MÉROVINGIENS d'Augustin Thierry, par la narration trouble de Grégoire de Tours sur la fin ténébreuse de la période carlovingienne.

Mercredi 29 mars

Aujourd'hui, une faiblesse à ne pas même regarder des images.

Helleu vient me demander à faire des pointes-sèches d'après mon *facies.* Il choisit bien son moment !

Pas de chance ! Daudet, le seul ami qui m'apportait, tous les deux ou trois jours, tantôt sur le bras d'Ebner, tantôt sur le bras d'Hennique, un peu de vie intellectuelle, est tombé sur les genoux dans son cabinet en allant à son bureau, et il s'est produit un gonflement inquiétant dans l'un de ses genoux.

Jeudi 30 mars

Barié s'est décidé à me traiter énergiquement après avoir constaté une extension du foie au-delà des côtes. Il m'a fait mettre un vésicatoire, et j'ai passé toute une nuit avec un morceau de feu dans le côté. Ce matin, je crois, diable m'emporte ! que des cloches qu'a percées Pélagie, il est bien sorti un demi-litre de bile, oui, de bile ! Au fond, je sens en moi un grand soulagement.

Vendredi 31 mars

Ce jour où est mort le Christ, c'est chez moi une vraie résurrection.

Ah ! que je donnerais tous les CONDORS de Leconte de Lisle, et même toute la lyrique friperie des LÉGENDES DES SIÈCLES de Hugo pour cette page des MÉMOIRES D'OUTRE-TOMBE où Chateaubriand peint dans l'antichambre de M. du Theil, l'agent du comte d'Artois à Londres, ce paysan vendéen, cet homme qui *n'était rien,* au dire de ceux qui étaient assis à côté de lui, ce héros obscur qui « avait assisté à deux cents prises et reprises de villes, villages, redoutes, à sept cents actions particulières, à dix-sept batailles rangées », et qui, dans l'étouffoir fade de l'antichambre diplomatique, devant une gravure de la mort du général Wolfe, se grattait, bâillait, se mettait sur le flanc, comme un lion ennuyé, rêvant de sang et de forêts [1].

Samedi 1er avril

C'est vraiment curieux que le livre, les MÉMOIRES D'OUTRE-TOMBE, sur lequel mon frère est tombé mourant, ait recommencé à être la lecture des jours où je n'étais pas bien certain de la continuation de ma vie.

Dimanche 2 avril

On craindrait un peu de synovie chez Daudet à la suite de sa chute sur les genoux.

Il est question de la pièce des MIRAGES de Lecomte, et tous ceux qui l'ont vue l'éreintent. Descaves dit que c'est de l'Ibsen pour les concierges.

La matière catholique que Huysmans a brassée pour son dernier bouquin en aurait fait un pratiquant, et à l'heure présente, on le rencontre le dimanche à Saint-Séverin, suivant la messe dans son paroissien. Il serait à la trappe dans ce moment... Il aurait annoncé que le roman qu'il fait, une fois terminé, il n'en ferait plus, que seulement de temps en temps il donnerait une nouvelle, écrirait un Salon, et ce serait tout [2].

Lundi 3 avril

Je trouve que Napoléon excuse parfaitement M. de Bismarck. L'abus de la force chez lui est exécrable : un abus de la force de la même qualité, et sur une plus grande échelle encore.

Pour avoir reçu trop de monde samedi et dimanche, j'ai aujourd'hui une courbature où s'est mêlé un peu du frisson d'une crise hépatique. Je croyais que le vésicatoire m'avait nettoyé de tout. Me voilà vraiment condamné à me ménager d'une manière bien embêtante.

Mardi 4 avril

Sur cette dédicace : « A Carrière, peintre de talent, mais ami

1. Au début du paragraphe, allusion au poème célèbre, LE SOMMEIL DU CONDOR, qui montre le rapace planant, dédaigneux et endormi, dans les POÈMES BARBARES de Leconte de Lisle. De même, ce sauvage paysan ennuyé et bâillant, cet inconnu que Chateaubriand rencontre à Londres chez l'agent du comte d'Artois et dont on lui dit : « Ce n'est rien, c'est un paysan vendéen porteur d'une lettre de ses chefs. » (MÉMOIRES D'OUTRE-TOMBE, liv. XI, ch. 3, éd. Levaillant-Moulinier, 1952, t. I, p. 391 sq.).

2. Cf. t. III, p. 484, n. 4 sur LÀ-BAS, et p. 660, n. 2 sur EN ROUTE et la conversion de Huysmans. Après EN ROUTE, Huysmans écrira bien d'autres livres : LA CATHÉDRALE, L'OBLAT, etc.

médiocre... » que je mettais en tête d'un exemplaire de mes ÉTUDES D'ART, dont Roger Marx a fait la préface, et qu'il lisait par-dessus mon épaule, il me disait que les amitiés des peintres n'étaient vivaces que juste pendant le temps où on pouvait leur être utile, mais qu'il n'y avait pas de gens plus prompts au lâchage, quand l'utilité de la relation n'existait plus. Et il me contait qu'il voyait tous les jours Carrière, quand il était le secrétaire de Castagnary, et que maintenant, c'était tout au plus s'il lui faisait une visite tous les six mois.

Mercredi 5 avril

Rochegrosse vient m'emprunter le portrait qu'il a fait sur la couverture du livre de son père adoptif pour, de ce portrait, qui est bien certainement le portrait le plus ressemblant qui ait été peint du poète, faire un Banville dans son intérieur, du format d'un petit tableau de chevalet [1].

Avec ses cheveux plaqués sur le front et rognés au-dessus des yeux, avec son teint rougeaud comme s'il était fardé du rouge de la brique, avec le rire de sa bouche égueulée, avec son gilet aux trente-six petits boutons, il a tout l'air d'un pitre, d'un jocrisse.

Après Rochegrosse, Lorrain tombe chez moi de retour d'Alger, de Tunis. Il parle avec passion de ces pays qui apportent une espèce d'assoupissement à la nervosité parisienne. Mais son admiration enthousiaste est surtout pour le désert du soir, et il le peint tout à fait en peintre-poète. Dans la journée, la terre, le ciel, les burnous sont d'une couleur rougeâtre de vilaine poterie ; mais le soir, mais au crépuscule, le ciel se fait rose, les montagnes de l'horizon, apparaissant plus légères, moins denses que le ciel, ressemblent à des vapeurs mauves, et la terre du désert se voit bleue, bleue comme la mer, avec des ondulations du sol ayant l'air de vagues et sous le souffle d'une brise vous mettant du sel sur les lèvres.

Puis, c'est Alexis, qui m'apporte une lettre de Dumény, qui lui écrit que CHARLES DEMAILLY a été joué sept fois au Théâtre Michel, avec le plus grand succès, et que ces sept représentations à Saint-Pétersbourg équivalent à cent cinquante représentations à Paris [2].

Enfin, c'est Montesquiou-Fezensac, qui vient savoir de mes nouvelles, en même temps qu'il vient chercher son exemplaire des CHAUVES-SOURIS, pour le faire illustrer de son portrait par Whistler. Et nous parlons de Whistler, dont il me dit que le génie est la contradiction, la *bisbille,* m'affirmant qu'il est sûr que s'il lui demandait de montrer son portrait, il s'y opposerait, et que si, au contraire, il lui témoignait le désir de le garder caché aux regards de tout le monde, il lui enjoindrait de le montrer.

---

1. Sur la parenté de George Rochegrosse avec Banville, cf. t. III, p. 419, n. 1. Pour la collection de livres modernes de Goncourt, Rochegrosse avait peint le portrait de Banville sur la reliure de MES SOUVENIRS (1890).

2. Le Théâtre Michel avait été créé en 1835 sur la place du même nom ; il donnait des représentations en langue française.

Montesquiou me dit qu'il a rassemblé beaucoup de notes et de renseignements sur Whistler, qu'un jour il veut écrire une étude sur lui, laissant échapper de l'admiration pour cet homme qui, dit-il, a réglé sa vie de manière à obtenir de son vivant des victoires qui sont pour les autres, la plupart du temps, des victoires posthumes. Et il revient sur le procès du peintre avec le journaliste anglais qui avait parlé de l'*impertinence* de demander mille guinées pour « jeter un pot de couleur à la figure du public ». Et la réponse de Whistler est vraiment belle, quand on lui demande combien il a mis de temps à peindre sa toile et qu'il jette dédaigneusement : « Une ou deux séances ! » et que, sur les *Oh !* qui s'élèvent, il ajoute : « Oui, je n'ai mis à peindre qu'une ou deux matinées, mais la toile a été peinte avec l'expérience de toute ma vie [1] ! »

Whistler demeure dans ce moment rue du Bac, dans un hôtel qui donne sur le jardin des Missions étrangères. Montesquiou, invité dernièrement à dîner chez lui, a assisté à un spectacle qui lui a laissé la plus grande impression. C'était dans le jardin des Missions étrangères, à la nuit presque tombée, un chœur d'hommes chantant des *Laudate,* un chœur de mâles voix s'élevant, Montesquiou suppose que c'était devant de mauvaises peintures représentant les épouvantables supplices de leurs prédécesseurs dans les pays exotiques, s'élevant et s'exaltant en face de ces images du martyre, comme si les chanteurs du jardin étaient tous pressés de leur faire de sanglants pendants.

Jeudi 6 avril

Léon Daudet me confie que ses amis l'avaient poussé à se présenter au conseil municipal dans le quartier des Champs-Élysées, mais qu'il s'y est refusé [2]. Je l'en félicite, croyant bien qu'un jour, la politique aurait amené la désertion de la littérature. Maintenant, je crois bien que le père a eu une puissante action sur ce refus.

Léon m'apporte le baptême que Maurice Barrès vient tout fraîchement de donner à Zola : « Un imbécile consciencieux ! »

Vendredi 7 avril

Je n'ai eu vraiment cette année qu'une satisfaction, qu'un seul plaisir, c'est l'élévation de ce treillage au fond de mon jardin, de ce treillage

1. Montesquiou, dans LES PAS EFFACÉS, 1923, t. II, p. 221, n. 1, commentant ce passage, précise que le *journaliste anglais* n'est autre que Ruskin. — Sur cette affaire, cf. J. et E.R. Pennell, WHISTLER, 1913 : dans la FORS CLAVIGERA du 2 juil. 1877, Ruskin s'en prenait en termes très injurieux à des NOCTURNES de Whistler exposés à la *Grosvenor Gallery.* Cet article et en particulier l'expression fidèlement reproduite ici par Montesquiou furent jugés diffamatoires par le peintre, qui assigna Ruskin devant la Chambre de l'Échiquier à Westminster, le 25 nov. 1878 : après avoir essuyé l'ironie grossière de l'*attorney général,* à qui il fit la réponse citée à la fin du paragraphe, Whistler obtint un *farthing* de dommages-intérêts, mais dut payer la moitié des frais du procès.

2. Ces élections municipales auront lieu le 16 et le 23 avril sans apporter de grands changements : 16 nouveaux élus seulement, en face des 65 conseillers réélus. Tout au plus note-t-on un gain de 4 sièges pour les socialistes.

avec ses chapiteaux tout à fait réussis et qui doit être dans quelques mois habillé dans son architecture à jour de roses et de clématites du Japon. C'est pour moi en petit la *salle des Fraîcheurs* de Marie-Antoinette à Trianon.

Samedi 8 avril

Lecomte se consolait auprès de moi de l'éreintement général de sa pièce des MIRAGES avec les qualités dramatiques que lui a trouvées le feuilleton de Sarcey [1].

Il me dit vouloir continuer à faire du théâtre sans souci de la critique, et seulement aborder le roman à trente, trente-cinq ans, lorsqu'il aura vraiment vécu, se sera connu, aura connu les autres.

Dimanche 9 avril

« *Pète-moi dans la bouche !...* Oui, j'ai entendu cela de l'autre chambre, où il était couché comme moi avec une fille. »

C'est Hennique qui parle de Maupassant, et il s'étend sur le sadisme de l'être et sa puissance d'érection. Car il bandait à volonté et faisait le pari qu'au bout de quelques instants, le visage contre le mur, il se retournait la verge en l'air, et il gagnait son pari [2].

Hennique nous conte encore qu'un jour, Boborikine, l'auteur russe, était venu dîner avec eux et que Maupassant lui avait dit : « Il faut que j'épate le Moscovite. » On était aux Folies-Bergère, dont Maupassant avait ramené une femme, et toute la société était montée chez elle. Là, devant le Russe en observation et n'en croyant pas ses yeux, il avait tiré six coups de suite, et par là-dessus, passant dans une autre pièce où était couchée une amie, il lui avait encore donné du plaisir trois fois.

Enfin, après six semaines d'enfermement, ma première sortie pour un dîner chez Daudet. Je revois avec une émotion attendrie les êtres aimés et le milieu de mes habitudes de préférence : cette salle à manger et ce cabinet de travail.

Daudet me lit une lettre de Réjane, qui témoigne avec un certain cœur de la démoralisation de Porel, du sens-dessus-dessous de sa cervelle. Je l'aurais cru moins noyable sous un revers [3].

J'avais ce soir, en chemin de fer, vis-à-vis de moi, une vieille femme

---

1. Cf. LE TEMPS du 3 avril : dans MIRAGES, que Georges Lecomte avait fait représenter au Théâtre-Libre le 6 mars, Sarcey trouvait « une excellente langue de théâtre », le « ramassé puissant » des classiques et la promesse d'un grand talent ; mais le héros lui paraissait un insupportable névrosé.
2. Add. éd. : le mot *instants*.
3. En octobre 1892, Porel, abandonnant l'Odéon, prend la direction de l'Éden-Théâtre, qu'il baptise Grand-Théâtre et où il voulait donner des spectacles très variés, drames, comédies, tragédies, œuvres lyriques. Il y fit notamment représenter la LYSISTRATA de Donnay d'après Aristophane. Voir plus haut p. 801 l'insuccès de PÊCHEUR D'ISLANDE. Le 30 mars 1893, alors qu'on annonçait une reprise de NOS BONS VILLAGEOIS, Porel, écrasé sous les charges financières, ferme les portes du Grand-Théâtre.

toute charmante d'une grâce séductrice. Une toilette entièrement noire : gants, robe, grand manteau à deux pèlerines, capuchon ; une toilette où il n'y avait de blanc qu'une dentelle blanche bordant son capuchon, qui courait sur les bandeaux bouffants de ses cheveux gris et encadrait son visage. Ce visage était la ruine de la plus jolie, la plus aimable, la plus douce figure, avec seulement, sur la chair pâlie, de la meurtrissure dans l'orbite de ses beaux yeux et comme une dépression de fatigue dans les lignes de sa bouche. Et l'on ne peut s'imaginer la musique harmonieuse de ses paroles comme soupirées, et l'élégance de ce vieux corps se remuant avec les mouvements las d'une coquette malade.

Mercredi 12 avril

Je trouve dans ma boîte une affiche sur papier rouge ayant pour titre : MANIFESTE DES DYNAMITEURS, qui prêche une œuvre d'émancipation fondée sur *les chairs pantelantes et les cervelles éparses,* en annonçant de nouvelles explosions, et déclare qu'il faut que la société bourgeoise disparaisse, *dussent les belles cités* — c'est de Paris que les dynamiteurs parlent — *être réduites en cendres.* Pour que de telles choses soient imprimées ou distribuées, il faut que le ministère soit le complice imbécile de ces dynamiteurs !

Bauër me contait aujourd'hui qu'il avait assisté à Royan aux préliminaires du divorce de Georgette avec Hermant [1]. A la suite d'une dispute avec son mari, elle lui avait déclaré qu'elle voulait divorcer. Quelques jours après, se trouvant avec M. ***, elle lui disait assez haut, pour que son mari pût l'entendre : « Vous avez eu autrefois un sentiment pour moi, l'avez-vous toujours ? » L'interrogé répondait galamment : « Oui ! — Eh bien, en ce cas, vous êtes libre de m'épouser, car je vais divorcer ! »

Claire de Saint-Victor, l'amie intime de Georgette, demeurée la grue au-delà de l'impossible, était à Royan dans ce temps-là. Et un jour, comme elle disait d'une manière un peu agressive que les hommes de lettres n'aimaient que les actrices, Bauër ne put se tenir de lui dire : « Mais si votre père n'avait pas aimé les actrices, vous ne seriez pas aujourd'hui la femme du monde que vous êtes. »

Jeudi 13 avril

Zola s'est décidé aujourd'hui à venir prendre de mes nouvelles.

J'étais au lit à la suite d'une nouvelle crise arrivée ce matin, crise dont je me croyais pour longtemps délivré après l'effet de mon vésicatoire. Zola s'est plaint de malaises, de souffrances intérieures, d'angine de poitrine, de maux dont il souffrait aux premiers jours de sa liaison avec Flaubert. Il croit son cœur en mauvais état et va consulter

1. Il s'agit de Georgette Charpentier.

un médecin, son livre fini. Et comme je lui disais qu'il devrait se reposer, que son travail, dans ces dernières années, avait été excessif, abominable : « Oui, abominable, c'est le mot, reprend-il. Oui, je me suis surmené... Puis dans ce DOCTEUR PASCAL, j'ai dû me livrer à beaucoup d'études, d'investigations, de recherches, pour que ce dernier livre de la série des ROUGON-MACQUART eût un lien avec les autres... pour que l'œuvre eût quelque chose de *l'anneau du serpent qui se mord la queue.* »

Cette maladie de foie dont est mort mon frère, dont je suis gravement malade depuis l'automne, c'est pour tous les deux une acquisition littéraire. Car mon père est mort d'anémie, ma mère d'une maladie de femme, mon grand-père paternel de vieillesse, ma grand-mère d'un cancer au sein. Quant à ma famille maternelle, ma grand-mère est morte très âgée d'une fluxion de poitrine, et mon grand-père maternel a été gelé dans la retraite de l'armée française en Russie. Donc, c'est de la maladie sans atavisme.

Samedi 15 avril

Aujourd'hui, j'étais le témoin du mariage de la petite Andrée Sichel, et je me suis senti encore trop faible pour me rendre à la mairie de la rue d'Anjou-Saint-Honoré.

Dimanche 16 avril

Rodin se plaint près de moi de se trouver cette année sans entrain, de se sentir *veule,* d'être comme sous le coup d'une *influenza* non déclarée ; il a travaillé cependant, mais n'a exécuté que des choses sans importance.

Daudet parlait ce soir de la petite haine sourde que des gens sans humanités, comme Geffroy, comme Rosny, laissent jaillir par instants contre ceux qui ont fait leurs classes, ceux qui savent le latin.

Il me disait aussi que depuis un mois, il avait renoncé aux piqûres Brown-Sequard, et que depuis le jour où il n'en faisait plus, il se trouvait plus intelligent, incomparablement plus intelligent. Nous nous demandions alors si, par ces piqûres, on n'emmagasinerait pas de l'animalité.

Lundi 17 avril

Enfin, je puis me traîner aujourd'hui jusqu'à l'église Saint-Louis-d'Antin pour assister comme témoin au mariage religieux d'Andrée Sichel. Quand le prêtre, dans son discours aux mariés, a parlé de la tendresse d'Andrée pour sa mère, de ses soins, de ses prévenances, je crains bien que mes lèvres, malgré moi, aient ébauché un sourire que les yeux de mes voisins et voisines aient perçu.

Mardi 18 avril

Ce qui parfois me fait peur, c'est chez moi le refroidissement du corps. Il n'y a plus de maison que je trouve assez chauffée ; et en dépit de mes quatre gilets de flanelle, de laine, de drap, de tricot de chasse, il me faudrait partout où je dîne, même dans les temps les plus doux, il me faudrait un patelot d'hiver, une fourrure.

La petite-fille de Saint-Victor, qui, à ce qu'il paraît, est la plus jolie enfant du monde, a parfois des mots drôles. Sa mère lui demandant comment elle trouvait Mme Aubernon, elle lui répondait : « Bouffante ! » Ça rend parfaitement la figure, le corps, la toilette de l'énorme enflée.

Mercredi 19 avril

Chéret, auquel je disais que Carrière faisait mon portrait, s'écriait : « Mais ce n'est pas votre peintre, cet envelopppeur de formes !... Il vous faudrait Watteau comme peintre, ou plutôt comme dessinateur de votre portrait, parce que toutes les accentuations de votre visage sont aiguës. »

Jeudi 20 avril

Ce soir, chez Daudet, Bauër nous parlait des neuf années qu'il avait passées en Calédonie, de l'âge de dix-neuf ans à vingt-huit ans, à la suite de sa condamnation après la Commune. Il signalait la dépression morale qu'à la longue amenait l'état de condamné, disant qu'il était arrivé à ne plus parler et qu'à sa rentrée en France, il était resté pendant des années silencieux, muet.

Il fait un croquis de Verlaine, de ce cynique qui vocifère : « Heureux, moi ? Les femmes que j'ai aimées m'ont trompé avec des hommes, et les hommes que j'ai aimés m'ont trompé avec des femmes ! »

On cause du théâtre inauguré chez Mme Adam, où l'on représente les pièces ineptes écrites de l'autre côté des Pyrénées et où jouent le grotesque Vincent et la *falote* Dardoize. Ah ! ces deux êtres fourniraient, dans un roman, les plus extraordinaires types d'amateurs pour une représentation théâtrale dans un salon bourgeois ! A propos de ces représentations, Frantz Jourdain raconte que rien n'est plus amusant que les réceptions de Mme Adam de l'heure présente, où elle reçoit le faubourg Saint-Germain. Un laquais à la voix stentorienne, mais fort ignorant des noms de l'ancienne monarchie, les écorche tous, appelant Janzy : Janze, etc., etc. Alors, c'est une comédie de voir la maîtresse de maison quitter comme une folle la personne avec laquelle elle cause, se ruer sur son domestique, lui souffler tout haut le vrai nom, le forcer à le répéter.

Vendredi 21 avril

Oh ! la pluie, la voir, l'entendre tomber sur les feuilles de mon jardin, je donnerais pour cela le prix d'une stalle de l'Opéra !

Samedi 22 avril

Cette nuit, dans la fièvre qui a suivi une crise, le dixième tableau de MANETTE SALOMON naissait en ma cervelle, ainsi que s'était produit A BAS LE PROGRÈS ! Certes, le premier enfant de l'insomnie n'a pas eu de succès, mais le second pourrait en avoir.

Un tableau tout simple, sans dramatique, dans le décor d'un atelier démeublé de ses bibelots, où est l'enfant de Coriolis, debout, adossé à un divan sur lequel gît un polichinelle cassé.

Anatole entrant et tendant la main à l'enfant :

« Bonjour, crapaud ! »

L'enfant retirant ses mains derrière son dos :

« Bonjour, Monsieur !

— Tu ne me reconnais pas ?

— Si, tu imitais le monsieur qui imitait les bêtes. »

Anatole, gêné par la froideur de l'enfant, va s'asseoir devant un tableau commencé sur un chevalet. Pendant qu'il l'examine, entre Coriolis, qui lui frappe sur l'épaule :

« Eh bien, comment trouves-tu ça ?

— Très bien..., très bien... Mais, vois-tu ? j'aimais mieux quand tu faisais le soleil d'après nature... Celui-ci, ça me fait l'effet d'un soleil vu dans du *magnésium*.

— Peut-être... C'est que, vois-tu ? la lumière de maintenant, je la vois *noire* et, comme Turner, je suis à la recherche d'un jour vierge, primordial... Tu as quitté ta cave des Barbissonnières dans la forêt de Fontainebleau ?

— Oui, pour le moment, j'habite une maison..., une maison en construction, où les fenêtres ne sont pas encore posées... Là, au moins, on respire.

— Au fait, pourquoi n'es-tu pas venu dîner ?

— Vous n'étiez pas prévenus... J'ai craint de vous déranger... Comment va ta femme ?

— Elle va venir.

— Il est très gentil, ton fils... Charmant, charmant enfant !

— Hein ! avoue-moi-le, tu es brûlé, n'est-ce pas ? au *Spectre solaire*.

— Non, non... Pourquoi je viens te voir ? Par suite de cette vieille bête d'amitié, tu sais, du temps où nos deux vies étaient mêlées ensemble. »

La domestique entrant et posant le thé, et un carafon à moitié plein sur la table :

« Madame ne vient pas ?

— Non, Madame s'est couchée... Madame a la migraine. »

La domestique s'assoit familièrement sur une chaise. Coriolis, avec un mouvement d'impatience :

« Laissez-nous, nous n'avons pas besoin de vous. »

Après une longue pantomime de colère rentrée, alors, la tirade du livre :

« Eh oui, tu le vois, la maison, une vraie juiverie..., les deux cousines dont tu viens de voir l'une, qui sont plus maîtresses de la maison qu'elle-même..., la vieille mère qui fait tourner les sauces, en marmottant de l'hébreu dessus..., le scrofuleux de frère..., la parente qui est brodeuse en *sepharim*..., puis les Juifs d'Alsace, en paletot vert avec des boutons d'acier bleu... Ah ! je suis puni d'avoir aimé Rembrandt !... Et la grande cousine qui connaît des infirmiers de Charenton, qui viennent dîner avec les fous qu'ils sont chargés de promener...

— Tu n'as pas un cigare ?

— Non, elle me donne seulement de quoi en acheter deux par jour. »

Après un silence, il reprend :

« Tu comprends bien, mon ami : quand il y a un homme d'intelligence, il se trouve toujours une femelle pour lui mettre la main dessus... et on est vraiment bien enfant pour s'en plaindre... Je sais bien, il y a des moyens de casser ces machines-là. (*Ses mains font le mouvement nerveux de mains qui étranglent.*) Oui, il faudrait des choses pas bien..., il faudrait des meurtres... (*Une lueur féroce dans les yeux, mais cela tombe aussitôt.*) Mais maintenant, je suis une... (*Se mettant à rire d'un rire fou :*) Si tu veux voir un homme qui ne trouve pas la vie drôle... »

Il essaye de faire le balancement chinois d'un comique, mais son rire et sa blague se perdent dans l'étouffement brisé d'une voix d'homme que mouillent des larmes de femme.

Puis la tirade : « Oh ! oui, un joli instrument pour faire souffrir un homme..., cette poupée-là... Elle fait des trous dans le mur pour me moucharder... »

Le restant de la tirade dit comme avec un sentiment de peur :

« Quand elle sort, j'ai les yeux de la cousine sur moi, et quand je me repose, c'est comme si je leur mangeais une bouchée dans la bouche... Et mon fils, pourrais-tu le croire ? elles l'ont dressé à me dire : « Papa, tu ne fais rien. »

Ici, trouver un joli retour par Anatole sur leur passé, avant la liaison avec Manette.

Tout en faisant son récit, Anatole revenant de temps en temps à l'eau-de-vie. A la fin, il lève le carafon à la lumière de la lampe et cherche un dernier petit verre dans le carafon vide.

Coriolis sonne : « De l'eau-de-vie ! »

Au bout de quelques instants, la bonne rentrant : « Madame fait dire qu'il n'y en a plus. »

ANATOLE. — Tiens, mais il est tard... J'ai justement un rendez-vous avec Chassagnol...

Il va chercher son chapeau :

« Tu regardes... Ah oui, c'est un principe chez moi : toujours, mon chapeau, je le pose à plat... de peur que les bords ne tombent... Allons, adieu !

— Adieu ? un vilain mot... Dis-moi au revoir », dit Coriolis en lui tendant la main. Anatole la prenant et le ramenant à la rampe :

« Mon vieux, je te dirai au revoir quand le divorce sera rétabli en France... et que dans la maison, il y aura une chrétienne au lieu d'une juive [1]. »

Voilà... Mais il faudrait qu'au lieu d'être jeté, cela fût composé et écrit. Un professeur du collège de Vanves m'a demandé à faire la pièce. Cet universitaire fantasque, depuis, a donné sa démission, à l'effet de surveiller une succession à Montélimar, sa patrie. Là, il s'est livré à des cavalcades, dans l'une desquelles il s'est fendu la tête et laissé fuir peut-être un peu de sa cervelle, qu'il cherche à retrouver dans les montagnes tonifiantes de la Suisse. Je n'ai qu'une médiocre confiance en qui n'a jamais fait de théâtre, et je garde mon scénario de cette nuit, ne me souciant pas de donner l'idée de ce tableau à cet homme dont je refuserai sans doute la pièce [2].

Ah ! quel archifou que ce Poictevin ! Il tombe aujourd'hui dans la journée chez moi. On lui dit que je suis très souffrant au lit. Il force la porte de ma chambre, me demande à lire un morceau de son volume, et, sur mon refus, m'assassine pendant une heure avec la férocité d'un égoïsme tout à fait inhumain par l'exhibition d'épithètes dudit volume, semblables à celle-ci : la marche du Rhin comparée à une avenue *dorlotante* [3].

Samedi 22 avril

A la suite de ma crise de la nuit dernière, je me remets à cette triste et maigre et vide nourriture du lait.

Dimanche 23 avril

Lorrain faisait un tableau des coulisses du DOCTEUR BLANC, un tableau effrayant [4]. Tout un monde de petites femmes aux yeux allumés

---

1. La pièce de Goncourt suivra ce scénario, qui constituera non le Xe, mais le IXe tableau, scènes 3, 4 et 5. Elle sera représentée au Vaudeville le 27 fév. 1896.

2. Serge Chapoton avait proposé à Goncourt, le 18 juil. 1892, d'adapter MANETTE SALOMON, tout en hésitant, disait-il, à faire une Manette juive, assurée d'un succès trop facile dans l'atmosphère antisémite de l'époque. Le 14 août, Goncourt lui avait intimé l'ordre de garder à la pièce le thème racial du roman et, le même jour, le jeune professeur du lycée Michelet se récuse, mais demande la permission de consacrer une étude aux Goncourt. Survient alors l'accident dont parle Goncourt. Deux ans plus tard, le 19 avril 1895, il réapparaîtra pour redemander l'autorisation de s'attaquer à MANETTE SALOMON. Goncourt, qui s'est décidé à transposer lui-même son œuvre, refuse, mais lui confie CHÉRIE, le 30 avril. (Cf. CORR., vol. VII, f°s 316 sqq. et Billy, t. III, p. 109).

3. Ce passage appartient à TOUT BAS (1893), p. 138 : « Ce fleuve seul, dans son équanimité, comme sans passions, a la beauté lumineusement dérobée d'une avenue sans arrêt et dorlotante, au long des cathédrales aériennes, entre les Alpes et la grande mer... »

4. LE DOCTEUR BLANC de Catulle Mendès est un « mimodrame fantastique », mis en musique par Gabriel Pierné et présenté aux Menus-Plaisirs le 1er avril 1893.

de tribades sous des costumes masculins, au milieu d'enfants pervers, travestis en amours, et, circulant au milieu de ces êtres malsains, la Moreno, la maîtresse de Catulle Mendès, aux gestes anguleux, à l'air macabre d'une goule.

Lorrain disait encore, parlant de Mendès, qu'il avait parfois des imaginations de légendes, de contes féeriques, mais que ces imaginations étaient toujours abîmées par un manque de goût dans un détail.

Descaves tenait de quelqu'un de l'Assistance publique que jamais il n'y avait eu tant d'enfants abandonnés à Paris qu'il y en a eu un jour de la semaine dernière.

Lundi 24 avril

Dès huit heures du matin, je suis dans le bateau pour aller prendre chez Haro la description du pastel de La Tour représentant la danseuse Sallé et provenant de la récente vente de Mlle Denain ; puis des courses d'affaires arriérées par ma maladie, puis des visites aux marchands de bibelots, et après un déjeuner composé d'une pauvre tasse de thé, jusqu'à quatre heures, à la bibliothèque de l'Opéra, travaillé à la Camargo [1].

Je sens en moi, sur mes jambes de coton, une petite allégresse de reprendre possession du pavé de Paris, allégresse mêlée du vague de la faiblesse.

Mardi 25 avril

Aujourd'hui, à la suite de mes courses d'hier, j'ai une courbature et la migraine. Je prie le médecin d'examiner une varice que Pélagie me dit avoir de la grosseur d'un œuf à la cuisse, et la voilà condamnée à porter un bas en caoutchouc qui monte presque jusqu'au bassin.

Cette varice, développée par les quarante ou cinquante montées de l'escalier pendant ma maladie et dont le traitement arrive bien tard, me dit le médecin, pourrait amener un jour une plaie, qui demanderait six ou huit mois pour se guérir, et me jette dans le noir, d'autant plus que mon *Grenier*, mes bibelots, ont pris toute la maison et que je ne saurais lui donner une chambre, si elle était remplacée dans son service, et j'entrevois, le cœur serré, une séparation, si elle devenait infirme.

Là-dessus, Pélagie m'annonce que Blanche va s'en aller, se trouvant trop faible pour le service de la maison. Pauvre fille de phtisique, qui a trente-deux ans et qui semble une fillette maladive de dix-sept ans et qui, malgré sa grognonnerie, sa paresse un peu excusable par son manque de santé, n'a pas passé chez moi dix-huit années sans que je lui sois un peu attaché. Et cependant, je n'ose pas trop la retenir, parce qu'il me faut une fille plus forte, une aide plus utile pour sa mère.

Déraisonnable songe-creux que cette pauvre fille, qui me quitte, au

1. De même que les documents ramassés sur Adrienne Lecouvreur, ces fiches concernant la Camargo resteront dans les dossiers d'Edmond de Goncourt, mort avant d'avoir pu dépasser le stade de la documentation.

fond, pour réaliser le rêve d'avoir une maison et un jardin dans un village, où elle croit pouvoir gagner sa vie l'été en vendant des fraises à Plombières, l'hiver, en faisant des cravates.

Quoi qu'il en soit, j'éprouve une grande tristesse de cette révolution dans ma maison. Je m'étais fait à l'idée de mourir soigné par ma vieille Pélagie, soigné par sa fille, entrée toute gamine chez moi ; et dans l'état de santé où je suis et avec les vides faits tous les jours dans les amis littéraires, l'avenir me fait peur.

Mercredi 26 avril

En compagnie de Delzant, j'ai la visite de M. Henry Standish qui m'apporte le volume des lettres de son frère, Cecil Standish.

M. Henry Standish me parle du marquis de Hertford et de son fils, Richard Wallace. Il conte que ce dernier était très aimé des filles du baron d'Ivry, qui avait été le compagnon de plaisir du marquis ; et quand arriva la vente de ce dernier, avant la mise en vente de la collection, les filles du baron voulurent absolument lui offrir un objet, un objet important de la vente, dont elles lui donnèrent le choix : « Eh bien, puisque c'est votre désir, leur dit Wallace, je ne veux que ce petit tableau, et uniquement ce petit tableau... Un jour où j'étais réduit aux derniers expédients, ce tableau que j'avais acheté quelques années auparavant, je le portai à votre père, en lui disant : « J'ai besoin de six cents francs..., je ne veux pas vous les emprunter, mais achetez-moi ce petit tableau. » Votre père me les donna de suite... Ce tableau, voyez-vous, me rappelle un souvenir d'allégement, de délivrance, de bonheur. »

Et de la collection du baron d'Ivry, il est amené à me parler de la belle collection de livres provenant du prince de Poix et de sa mère, qui était une bibliophile passionnée : collection qui fut brûlée, lors de l'incendie du *Pantechnicon* à Londres. Avec les livres, il y avait aussi quelques tableaux, quelques porcelaines, et il arriva cela de bizarre qu'il n'y eut qu'une tasse de Sèvres qui resta intacte, mais dont le *bleu de roi* fut changé en le plus beau noir du monde : tasse qui fut offerte au musée de Sèvres, comme un témoignage de la solidité de la porcelaine.

Et de cet incendie, il saute à un incendie aux environs de Londres, où sa femme ne se sauva qu'en sautant par la fenêtre, où une femme de chambre fut brûlée et où tout fut anéanti dans la maison, sauf un coffret de fer à bijoux qu'on retira du feu tout rouge. Les diamants étaient intacts, et un magnifique collier de perles était aussi intact, mais les perles étaient devenues toutes noires et, chose curieuse, toutes noires qu'elles étaient, avaient conservé leur orient. Et l'extraordinaire de la chose lui en fit demander quelques-unes par le *Kensington Palace* [1].

---

1. Le *South Kensington Museum*, situé à Londres dans le quartier qui lui a donné son nom, sert tout à la fois de musée des Arts et Métiers et de musée des Arts décoratifs ; à l'occasion de la création de notre musée des Arts décoratifs, on avait beaucoup évoqué l'institution britannique qui avait servi de modèle.

C'est ensuite, amenée chez moi par Jean Lorrain, Mme Castera, cette maîtresse de Méténier, avec laquelle j'ai dîné le jour de la première de CHARLES DEMAILLY.

Toujours charmante, et l'air grande cocotte, sous une toilette un peu écuyère de cirque, mais ayant grand chic.

Ah diable ! elle n'est plus à la tendresse avec Méténier, comme chez Marguery, la séduisante Espagnole aux yeux noirs, aux cheveux blonds ! A peine est-elle assise, qu'elle se met à débiner le talent de son amant, à éreinter son physique, à dévoiler sa malpropreté. Et carrément, elle avoue qu'elle n'a pris Méténier que pour arriver au théâtre, dont elle a pris le goût tout enfant, lorsqu'on lui faisait jouer des pièces au couvent, se déclarant cyniquement une *rosse*.

Et en effet, la regardant attentivement, je trouve sous le sourire de la figure une petite dureté de mauvaise gale.

Puis, peu à peu entraînée par les suggestions méphistophéliques de Lorrain, qui fait des grimaces de singe, quand elle va de l'avant, elle arrive à nous conter des choses monstrueuses sur Méténier.

Elle déclare que la première fois qu'il l'a fait jouer EN FAMILLE au Cercle, trois jours auparavant, il lui avait demandé à emprunter cinquante louis, lui laissant craindre, si elle ne lui prêtait pas, de voir le rôle donné à une autre [1].

Elle ajoute qu'un jour encore, dans ces derniers temps, il est venu la trouver, tâchant de l'attendrir avec la mort imminente de son fils, et à la suite de l'attendrissement provoqué, lui demandant à emprunter quatre ou cinq mille francs, qu'elle ne lui a pas plus prêtés que les cinquante louis.

Mais ce qu'elle raconte de plus grave, c'est que cinquante louis auraient été aussi demandés par Méténier à un ami de son entreteneur, pour faire débuter sa maîtresse dans une de ses pièces, ce qu'il n'aurait pas fait, et n'aurait pas rendu l'argent, ce qui lui a valu du monsieur de la dame les lettres les plus insultantes.

Je reconduis la charmante *rosse,* qu'attend à la porte une fringante voiture découverte, attelée de deux chevaux aux floquets de rubans et conduits par un cocher aux bottes à revers.

Jeudi 27 avril

Dîner ce soir avec les Jeanniot, avec ce pauvre sourd qui est vraiment bien fatigant, avec cette jolie femme, mais que je trouve sans charme et dont les bandeaux plats entourant un front bas, déprimé, un front de reptile, me font croire qu'elle n'est ni bonne ni intelligente.

Ce soir, le jeune Vandérem vient en visite chez Daudet. Je le sens un peu gêné avec moi, qu'il a de temps en temps égratigné. Il cherche à se faire pardonner en me cherchant de l'œil quand il parle, et m'adressant des sourires pour me remercier de mon attention.

---

1. La seule représentation de EN FAMILLE, « pièce réaliste en un acte » d'Oscar Méténier, dont nous ayons trouvé la trace est celle du Théâtre-Libre, le 30 mai 1887.

C'est un petit homme, à la grosse tête légèrement hydrocéphalique, au front bombé traversé de rides ressemblant à des coups de sabre, aux traits ratatinés et vieillots, à la physionomie intelligente, à l'aspect d'un névropathe.

Il s'exprime finement, délicatement, moqueusement. En résumé, il me semble une petite personnalité distinguée et intellectuellement plaisante.

Samedi 29 avril

Ce regard du chat, profond, mystérieusement investigateur, presque inquiétant par sa fixité, cet œil ouvert sur vous comme un appareil qui prend votre image, doit faire penser que les chats sont de meilleurs *jugeurs* des gens qui les approchent que les chiens.

Aujourd'hui, cinquante-sept jours de sécheresse avec un vent d'est desséchant les êtres et les plantes.

Dimanche 30 avril

Sur le nom d'Oscar Wilde, Henri de Régnier, qui est chez moi, se met à sourire. J'interroge ce sourire : « Ah ! vous ne savez pas ?... Du reste, il ne s'en cache pas. Oui, il s'avoue pédéraste... C'est lui qui a dit un jour : « J'ai fait trois mariages dans ma vie, un avec une femme et deux avec des hommes ! »... Vous ne savez pas qu'à la suite du succès de sa pièce, à Londres, il a quitté sa femme et ses trois enfants et s'est établi dans un hôtel à Londres, où il vit maritalement avec un jeune lord anglais [1]. Un de mes amis qui a été le voir m'a décrit la chambre, où il n'y a qu'un seul lit avec deux oreillers, et quand il était là, est arrivée en pleurant sa femme, qui lui apporte tous les matins son courrier. »

Et comme je dis que chez un homme aussi plagiaire que lui littérairement, la pédérastie doit être un plagiat de Verlaine, de Régnier est de mon avis, disant que chez l'auteur anglais, l'éloge de Verlaine est toujours dans sa bouche.

Jeudi dernier, Liesse, s'approchant de moi, me fait, en compagnie de Daudet, des compliments sur CHARLES DEMAILLY, gênants par leur énormité, et dans son en-allée, en tête à tête avec Daudet, finissait son éloge admiratif de mon bouquin en parlant de son mépris pour la réédition inutile de livres comme LES AMOUREUSES, avec son affreuse image [2]. Là, le pauvre détraqué cérébralement s'arrêtait, s'apercevant

---

1. Oscar Wilde fait représenter à Londres le 22 fév. 1892 L'ÉVENTAIL DE LADY WINDERMERE et le 19 avr. 1893 UNE FEMME SANS IMPORTANCE. L'ami de Wilde est le jeune lord Douglas, dont le père, le marquis de Queensberry, va, par ses accusations, provoquer le procès de mœurs qui fera de Wilde pour deux ans un forçat.

2. La première œuvre de Daudet, son recueil poétique des AMOUREUSES (1858), est rééditée chez Boulanger en 1893, dans la *Petite Collection Diamant,* « ornée d'un portrait d'Alphonse Daudet et de 4 vignettes au procédé Charaire ».

qu'il parlait à l'auteur... Ses yeux devenaient tout ronds et il balbutiait quelque chose qu'il ne finissait pas. Daudet se contentait de rire.

Mais le lendemain, comme Daudet lui envoyait une culotte, il le blaguait sur sa gaffe, gaffe d'autant plus extraordinaire que les cinq cents francs que Daudet avait touchés de cette réédition, il les lui avait donnés, me dit-il, pendant que sa femme est un moment sortie.

A ce billet, Liesse lui répondait par une lettre de quatre pages, lui annonçant qu'il venait d'être si fortement engueulé par sa maîtresse d'hôtel qu'il était remonté dans sa chambre, de peur qu'on lui retire la clef et qu'on la donne à un voisin de son septième étage, un *plongeur,* un laveur d'assiettes dans un restaurant, lettre qu'il signe : *Un babillard fol et un ci-devant sans-culotte.*

Le malheureux, qui a incontestablement du talent, ne peut rien finir. Il est l'homme dont le masseur de Daudet, examinant la conformation de la tête, a dit : « En voilà un qui manque de volonté ! » Et le malheureux a toute une série de nouvelles, de romans commencés, retenus dans tel hôtel pour 50 francs, dans tel autre pour 200 francs !

Une singulière vie, ce pauvre diable, précédée d'une singulière enfance ! Tous les soirs, son père horriblement saoul ramenait des *rouleuses* trouvées dans la rue ; et tout le jour, le lendemain, c'étaient des remords, des pardons demandés à l'enfant du triste spectacle qu'il lui avait donné la veille.

Lundi 1er mai

A propos de Michel N..., le déshonoré du Cercle de la rue Royale, le docteur Martin rappelait que, pendant la guerre, il avait demandé à être décoré et avait offert pour ce de verser 30 000 francs à la souscription de chaussures lancée par Thiers. Il ajoutait que le caractère de la race juive diffère absolument du caractère de la race aryenne en ce que, chez cette race, toute chose au monde a une évaluation en argent. Ainsi, pour le Juif, la croix, c'est telle somme ; l'amour d'une femme du monde, c'est telle autre somme ; une vieille savate, c'est telle autre somme. Ainsi, dans une cervelle sémite, tout est tarifé : choses honorifiques, choses de cœur, choses quelconques.

Le malheureux Jacques Blanche aurait été jeté à la porte de trois maisons, la même semaine.

Mme de Saint-Marceau lui ayant amené de jeunes Espagnoles pour les peindre, il aurait dit que ces jeunes filles étaient de drôles de jeunes personnes, des jeunes personnes décolletées à midi. Et comme il allait, je crois, dîner chez Mme de Saint-Marceau, elle lui demandait comment il avait pu tenir son bête de potin devant tant de monde, qu'il était revenu aux oreilles du père, qui était *friand de la lame,* qu'elle ne voulait pas d'affaires chez elle et qu'elle le priait d'aller dîner ailleurs.

Après l'affaire Saint-Marceau, l'affaire Gervex. En sortant de prendre le thé chez Gervex, son ami, nouvellement marié, il aurait dit quelque part qu'on lui avait servi du thé dans une théière sale, mais que ce n'était pas seulement la théière qui était sale, mais les mains et les oreilles de la maîtresse de maison. Et la mère de Jacques Blanche envoyée chez Gervex en émissaire pour démentir le propos ou au moins l'adoucir, trouvait Gervex en train de commencer le portrait d'une dame, qui lui disait que sa robe n'était plus assez fraîche, qu'elle aurait dû peut-être en mettre une autre. A quoi Gervex répondait en riant : « Oh ! une robe sale pour une femme, ça n'a pas d'importance ; le grave, c'est d'avoir les mains et les oreilles sales ! » Et l'inconcevable, c'est que la mère de Blanche courait, en sortant de l'atelier de Gervex, chez Mme Straus la consulter pour savoir si c'était une allusion !

Enfin, c'était, comme troisième expulsion, l'expulsion Lemaire. Mme Jeanniot s'était amusée à peindre et avait envoyé à l'Exposition une aquarelle, baptisée par Mme Baignères : UN POULET ASSIS SUR UNE CHAISE. L'innocente aquarelle était reçue avec acclamation. Mme Lemaire, qui est l'amie de Mme Jeanniot, tout en donnant les mains à la réception, faisait l'observation qu'on avait été bien sévère pour deux ou trois femmes d'un vrai talent qui avaient été refusées. Aussitôt rentré chez lui, Jacques Blanche se mettait à son bureau et annonçait à Mme Jeanniot sa réception, malgré l'opposition de son amie, Mme Lemaire. Visite quelques jours après chez Mme Lemaire, où se trouvait Mme Jeanniot, avec laquelle elle s'était expliquée :

« Qu'est-ce qui vous amène ? fait Mme Lemaire.

— Mais le plaisir de vous voir !

— Moi, je n'en éprouve aucun.

— C'est seulement pour ce soir ?

— Non, Monsieur, c'est pour toujours ! »

Et il est obligé de prendre la porte, que lui désigne de l'œil Mme Lemaire.

Ce serait, dans le moment, une insurrection générale contre la méchanceté de ce garçon qui, trop gâté par ses parents, ne serait peut-être pas aussi méchant qu'il le paraît, mais serait resté dans un homme un *enfant terrible*.

Toutefois, ces trois affronts en quelques jours l'ont rendu très malheureux. Il parlerait de s'expatrier, de quitter cette France où il rencontre une inimitié générale, où tout le monde est jaloux de lui.

Dimanche 7 mai

Au bout de quinze jours, encore une crise.

Drumont a eu beau dire que j'avais déshonoré mes cheveux blancs en étant le témoin du mariage de Daudet et de la jeune Hugo, je ne peux m'empêcher de reconnaître que, dans ce syndicat du mensonge qui est partout, il est le seul journaliste qui ait le courage de dire la vérité [1].

---

1. Sur le trait de Drumont lancé contre Goncourt, cf. t. III, p. 600, n. 1.

Lundi 8 mai

Les horreurs que la Castera avait dites de Méténier devant moi, devant Bauër, elle a soutenu à Lorrain, en présence de Méténier, qu'elle ne les avait pas dites, ce qui lui a attiré de Lorrain la réponse qu'elle mentait. Après quoi, on a trouvé le moyen de s'embrasser, de se raccommoder, et l'on est parfaitement amis.

Mercredi 10 mai

M. Deschamps m'avait demandé, il y a quelques jours, de présider le banquet de LA PLUME de la saison prochaine, et peut-être pour peser sur moi, il m'envoyait ce billet de Magnard à lui adressé :

« Monsieur et cher confrère,

« J'avoue que je n'avais aucune idée sur le choix de mon successeur. Vous m'en suggérez une excellente. Cela me réconciliera avec l'excellent Goncourt, nous sommes un peu en froid... »

Et comme je ne lui avais pas répondu de suite, M. Deschamps m'écrivait qu'il considérait mon silence comme un acquiescement.

Je lui notifiai mon refus en même temps que j'écrivais cette lettre à Magnard :

« Cher Monsieur,

« M. Deschamps m'a communiqué indiscrètement une lettre de vous toute charmante à mon égard. Maintenant, je vous demande à abandonner votre proposition. Et voici la raison de mon refus. Je suis l'ami intime de Daudet et ne puis décemment présider le dîner d'une revue dont la critique cannibalesque a, des mois entiers, demandé sa mort, demandé son enterrement [1]. »

Il est bon vraiment, vis-à-vis de cette méchante petite revue, que tout le monde ne se montre pas lâche, comme Coppée et les autres.

Lorrain, qui a déjeuné hier avec la Castera chez Sarcey, me fait un repoussant tableau de ce déjeuner, qu'il compare aux déjeuners d'une table d'hôte des Batignolles. Ces déjeuners de Sarcey ont lieu le mardi et le vendredi. Là, mangent tous ceux qui grimpent l'escalier de l'hôtel du critique et auxquels on sert des vol-au-vent auxquels on allonge la sauce, des charcuteries médiocres, de la grosse viande. Les convives sont des femmes habillées de blouses sur des jupes lâches, des hommes dans le désordre d'une toilette pas faite et qui ont l'air de n'avoir pas de bretelles : du monde mal approprié et qui se liche et se pelote et se frottaille l'épiderme des uns contre les autres, dans un mobilier fané de foyer de théâtre et comme talé par les priapées du maître de la maison.

Au milieu du déjeuner, arrive Fouquier, le critique aux trente-six ménages, donnant le bras à une pâle Juive aux pommettes fardées de vie sanguine ; et il fait, avant de s'asseoir, le tour de la table en

---

1. Cf. t. III, p. 655-656.

embrassant toutes les femmes, disant à celles qui rechignent un peu que « c'est l'habitude de la maison ».

Jeudi 11 mai

Le jardin mange mon temps, ma vie. Depuis l'installation d'un arrosage chez moi, avec l'eau de la ville, après cette desséchante sécheresse, faire de la pluie sur les feuilles qui revivent verdissantes, ça m'enlève à tout, à la biographie de la Camargo, au scénario de LA FAUSTIN que je veux tirer de mon roman [1].

Barrès laisse échapper à dîner qu'il a fait un curieux livre sur Renan. C'est le rachat de son bossu de fils des mains d'une cocotte, de laquelle il aurait eu tous les détails sur la diplomatie jésuitico-philosophique du père pour obtenir un rabais. Quant au beau-frère Psichari, la cocotte s'exprimait ainsi : « Le Grec est un filou. »

Dans une visite que Mme Daudet a faite à la Princesse, elle a perçu chez l'altesse un sentiment de jalousie de notre tendre amitié.

Vendredi 12 mai

On a retiré à la chatte son petit. Au bout de recherches dans tous les coins de la maison, elle a, dans un accroupissement droit sur ses pattes de devant, des immobilités de sphinx en pierre, et ses pauvres paupières battent comme de l'envie de pleurer.

Dimanche 14 mai

Morel disait chez moi qu'autrefois, à la Bibliothèque nationale, les demandes de livres, qui ne s'élevaient pas au-delà de deux à trois cents, étaient montées depuis dix ans à dix-sept cents.

Ce soir, on parlait chez Daudet de la malheureuse Mme Zola, promenant mélancoliquement les deux enfants que son mari a eus avec sa femme de chambre [2].

Elle aurait eu une première femme de chambre, sur laquelle le bon Zola aurait commencé à pratiquer des attouchements. Elle l'aurait renvoyée et remplacée bêtement par une autre très belle fille, qu'elle avait gardée quelque temps, malgré les reproches d'imprudence faits par Mme Charpentier : ce serait celle-là dont Zola aurait fait l'hétaïre de son second ménage.

Là-dessus, Daudet parle du refroidissement de Céard pour Zola, venu à propos de cette maîtresse. Zola à Médan, la mère de ses deux enfants

1. En 1893, Edmond tire de LA FAUSTIN une pièce qu'il va porter à Sarah Bernhardt et que celle-ci, malgré l'entremise d'Henri Bauër, refusera le 22 février 1894. L'académie Goncourt a publié cette pièce le 15 juil. 1910 dans la REVUE DE PARIS.

2. Cf. t. III, p. 350, n. 2 sur les amours de Zola et de Jeanne Rozerot. Les deux enfants sont Denise, née en septembre 1889, et Jacques Zola, né en septembre 1891.

est installée aux environs, et Céard était le facteur des lettres envoyées à la belle : lettres dans lesquelles, pour une raison ou pour une autre, Zola, avec sa duplicité italienne, blaguait très durement son facteur. Et un jour d'irritation du rôle de Céard, Mme Zola, se moquant de la confiance que Céard avait en l'amitié de Zola, lui cita les blagues qu'il faisait sur son compte dans des lettres qu'elle avait eues, je ne sais comment, entre les mains.

Puis une scène entre les deux amis en a fait presque deux ennemis. Un soir, à Médan, à la suite d'une violente dispute entre le mari et la femme, Mme Zola faisait ses malles, se préparant à quitter immédiatement à tout jamais Médan, et Zola, retiré dans sa chambre, la laissait partir. Céard, qui se trouvait à Médan, dans une indignation louable, sortant de sa réserve diplomatique, traitait Zola de cochon, de salaud, s'il laissait ainsi partir cette femme qui avait partagé la misère de ses mauvaises années et qu'il flanquait sans pitié à la porte le jour de la bonne fortune.

Mme Daudet signalait le caractère de la toilette de Gyp, qui était toujours un mélange de gris et de blanc.

Lundi 15 mai

Exposition des Champs-Élysées.

N° 2954 : une jolie imagination. Sur la nacre d'une vraie coquille, une petite naïade, toute longuette, modelée en cire rose, en train de détacher la perle de la coquille.

Décidément, la peinture historique de Roybet est de la peinture canaillement décorative habillant des mannequins.

Mercredi 17 mai

Messe du bout de l'an de Popelin. Je m'étonne de n'y pas voir la Princesse. Un de ses domestiques me dit qu'elle est à la messe dite pour Popelin aux Incurables.

Pense-t-on à ce qu'est un gouvernement français, ayant la *frousse* de la victoire d'un général, de la victoire d'un Dodds au Dahomey, et qui tâcherait bien certainement de faire disparaître le gagneur d'une bataille sur l'Allemagne [1] ? Non, vraiment, les choses qui se passent actuellement en France, la corruption, la vénalité, l'antipatriotisme des gouvernants, la postérité ne voudra pas y croire !

J'ai acheté ces jours-ci un bourdaloue de Saxe, à l'anse faite d'une branche tordue, enguirlandée de fleurettes, où deux médaillons de fleurs

1. Il ne semble pas que le gouvernement ait redouté quoi que ce soit du général Dodds, qui n'était point d'esprit particulièrement indépendant. Goncourt doit interpréter le fait qu'aussitôt Behanzin vaincu, le parti colonial, voulant préparer plus commodément une extension de notre influence du Dahomey vers le Niger, à travers un territoire revendiqué par les Anglais, fit organiser le Dahomey en une unité administrative de plein exercice, relevant directement de Paris.

se détachent sur la porcelaine treillissée et au fond duquel volent des papillons. On dira tout ce qu'on voudra, les femmes qui faisaient pipi dans ces vases d'art devaient être des créatures plus policées que les femmes pissant dans nos affreux pots de chambre.

Jeudi 18 mai

A l'exposition des émaux de Popelin, au musée des Arts décoratifs.

Je tombe sur mes deux ennemies, que je n'ai pas rencontrées depuis des années. Je tombe sur Mlle Abbatucci, que je reconnais, sans la regarder, à ce je ne sais quoi du galbe d'un être, que les myopes gardent dans leur mémoire, et un instant après, sur Mme de Nittis, qui était tout près de moi sans que je m'en doute et que je reconnais au son de sa voix, à un mot qu'elle dit.

Mes deux ennemies sont toutes deux engraissées et ont perdu leur svelte élégance.

A l'exposition du Champ-de-Mars [1].

Carrière, une peinture plus nébuleuse, plus brumeuse que jamais et comme à la suite d'un parti pris. Ses figures, je les vois telles que je les ai vues à cinq pas dans les rues de Londres, par le brouillard noir de l'Angleterre [2].

Leconte de Lisle dînait chez Daudet. Il est en vérité joliment méchant ! Il comparait l'œuvre de Cladel à du nougat fait avec des cailloux. Il citait des vers de Bornier abracadabrants et récitait une épitaphe anticipée du nouvel académicien, où l'on disait que, s'il rimait mal, il buvait bien [3]. Enfin, il contait son moyen d'abréger les ennuyeuses visites des aspirants académiciens, en leur déclarant qu'il avait engagé sa voix pour dix ans. Tout cela dit et joué avec des savantes intonations et une mimique où semble mêlée l'ironie du cabotin et du prêtre.

Au sujet de Mallarmé, Leconte de Lisle affirmait qu'il y avait chez le symboliste des côtés fous, qu'il l'avait rencontré, un jour, ayant une lettre à la main, de sa fille, adressée au prince Azur, et qu'il était en train de porter sérieusement à la poste.

Comme il était question de Vigny, de son grand caractère, Daudet faisant allusion à sa pièce : LE LOUP, racontait qu'il était mort un peu à la façon de son loup, gardant un mutisme effrayant dans d'affreuses douleurs. Je ne sais plus qui ajoutait, comme trait du caractère décoratif de l'homme, qu'il avait fait jeter sur le pied de son lit un manteau d'officier, s'ensevelissant d'avance sous son ancien uniforme.

---

1. Cf. t. III, p. 425, n. 1.

2. Cf. Lemoisne, GAV., t. II, p. 96, qui signale seul ce voyage en Angleterre, auquel les Goncourt n'ont fait que de furtives et vagues allusions : ils étaient partis avec Gavarni le 6 oct. 1852 pour Londres, d'où ils rentrèrent au bout de quelques jours, Villedeuil réclamant ses trois collaborateurs, qui revinrent à temps pour assister le 16 octobre au souper d'inauguration du PARIS à la Maison Dorée.

3. La censure ayant interdit le MAHOMET d'Henri de Bornier, la Comédie-Française, pour le dédommager, avait repris LA FILLE DE ROLAND, dont le succès avait assuré, le 3 février, l'élection de l'auteur à l'Académie, où il sera reçu le 25 mai.

Cette mort amène Leconte de Lisle à dire que Holmès est sa fille, et de citer cette féroce phrase de la musicienne à ce père qui demandait à la voir, en ses derniers jours : « Il a voulu vivre tout seul, qu'il meure tout seul [1] ! »

Samedi 20 mai

En ce temps de bicycle et de japonaiserie, je vois, rue de la Chaussée-d'Antin, un marchand de ces instruments, le fameux Terront, qui a donné à la petite languette de cuir sur laquelle le bicycliste est assis, la silhouette d'un corbeau volant dans les kakemonos de Kiosaï [2].

Je ne sais, il y a chez moi, en ce moment, une faiblesse, une distraction de la mémoire qui m'effraye un peu. Je paye un bibelot. On me rend la monnaie du billet donné, et en sortant, j'ai été tellement absent de l'opération que je veux repayer l'objet.

Dimanche 21 mai

La désespérance souterraine de Zola, désespérance qu'il cache sous le masque d'une grosse bonne humeur, vient de ce que toute sa vie, faisant dans ses livres un bloc des choses volées aux uns et aux autres, il n'a jamais pu avoir en lui la confiance qu'a un auteur original, personnel, ne devant rien à qui que ce soit, et pas bassement préoccupé du succès de son vivant.

Lorrain a une comparaison assez juste pour les livres de Zola. Il les compare aux maisons de rapport construites à la grosse par un entrepreneur de maçonnerie.

Ce soir, Daudet prêche à son fils, qui est avant tout un liseur, la nécessité de *feuilleter les individus,* et il a une petite discussion avec lui, en déclarant très justement qu'il préfère l'indépendance d'un jugement bête à la servile admiration d'un homme qui admire d'après les autres.

Lundi 22 mai

Un amusant tableau à faire : la barbe, le matin, au bord de la Seine. Une rangée d'hommes assis somnolents sur le quai, et le barbier allant de l'un à l'autre, et les réveillant de leur demi-sommeil avec un : « C'est à toi ! » et opérant dans la lumière matinale du jour.

---

1. Vigny se lie dès 1828 avec le ménage Holmès et fréquente assidûment le salon de la rue Neuve-de-Berry ; la petite Augusta fut sa filleule. On sait que Philippe Busoni, dans une lettre à E. Deschamps du 25 janv. 1864, identifie avec Mme Holmès l'Eva de LA MAISON DU BERGER. Augusta Holmès se plaisait à souligner sa ressemblance avec son parrain, mais elle repoussa en plusieurs occasions l'hypothèse d'une plus intime parenté. Elle se brouilla avec Vigny, quand celui-ci voulut entraver sa vocation musicale.

2. Terront s'était rendu célèbre surtout par le « match vélocipédique » qui l'avait affronté à Corre sur une distance de 1 000 km, du 24 au 26 févr. 1893, au Vélodrome d'Hiver, distançant son concurrent d'une dizaine de kilomètres, sur ce parcours effectué en 41 h 58 min 52 s 4/5. Il était resté 25 heures sans descendre de bicyclette.

M. Villard m'entretenait chez Mme Sichel d'un voyage qu'il avait fait en Norvège, où il était tombé dans une verrerie qui était une colonie française, réfugiée là à la suite de la révocation de l'édit de Nantes, ayant conservé très reconnaissable le type français, mais n'ayant gardé de leur ancienne langue que le mot : *Sacré nom de Dieu !*

L'aristocratie du XVIIIe siècle a recherché avant tout le pur homme de lettres comme Rousseau, Diderot, etc. L'aristocratie bourgeoise du XIXe siècle fête de préférence le professeur, l'universitaire, le pion mondain. La première glorifiait l'imagination ; la seconde, la critique, qui est toujours l'impuissance de la création.

Mercredi 24 mai

Une histoire amusante.

Le jour de l'anniversaire de la mort de Popelin, le docteur Blanche reçoit un télégramme ainsi conçu : *Service du bout de l'an aux Invalides.* « C'est très bien, se dit le bon docteur. Justement je suis témoin d'un mariage à Saint-Xavier, c'est tout près... » Il arrive aux Invalides :

« Vous venez voir le tombeau de l'Empereur, c'est trop tôt...

— Il n'y a pas de service de bout de l'an ? Voici le télégramme !

— Il n'y a aucun service ! »

Le télégraphe avait remplacé : *Incurables* par *Invalides.*

Tout de même, c'est un peu *pharamineux* que la cervelle du docteur ait pu accepter un moment l'idée que la nièce de l'Empereur faisait dire une messe pour son amant dans le tombeau de l'Empereur !

Quelqu'un me contait, ce soir, chez la Princesse, qu'il avait assisté ces temps derniers à une pièce socialiste, à une synthèse en trois actes intitulée : LA CLOCHE DE CAÏN, représentée dans une salle louée par le parti.

C'était un premier acte où deux banquiers complotaient des opérations de Bourse infâmes, avec, au dehors, des clameurs au milieu desquelles l'un disait à l'autre : « Ne vous effrayez pas de ces clameurs... Vous allez voir ! » Et se mettant à la fenêtre, il s'écriait : « Mes amis, la nouvelle est certaine... L'Allemagne est au moment d'envahir la France. Tous les hommes à la frontière ! » Et pendant que LE CHANT DU DÉPART était entonné en chœur par le peuple, le banquier orateur disait à son ami : « Pas plus difficile que ça !... Et voyez-vous, la guerre, c'est le moyen de faire tuer la canaille d'un pays par la canaille d'un autre pays. »

Le second acte mettait en scène les deux mêmes hommes dans le même décor, avec, au dehors, une populace surexcitée qui cherchait à enfoncer les portes. Le banquier du premier acte disait à son compagnon : « Seconde balançoire », se mettait à la fenêtre et faisait un discours plein de promesses démocratiques, accepté par les cris de : « Vive notre député ! »

Au troisième acte, toujours les mêmes hommes et le même décor, mais la fenêtre ouverte laissant voir des lueurs rouges, laissant entendre des roulements de tambour, puis au bout d'un formidable silence, une fusillade. Et au moment où l'un des banquiers se félicitait de l'œuvre du peloton d'exécution, les deux banquiers et leur coffre-fort disparaissaient dans une explosion de dynamite.

Et dans cette salle où il n'y avait pas plus de vingt-cinq blouses sur quatre cents redingotes, ça avait été un enthousiasme furieux, et comme une seule voix acclamant la dénouement du cri de : « Vive Ravachol ! »

Jeudi 25 mai

Déjeuner chez Lorrain avec Bauër, le peintre Dannat, le peintre de ces terribles Espagnoles, de ces Espagnoles animalisées et comme *rotantes,* et la blonde Mlle Read [1].

Causerie sur la jeune femme de Forain, qui devient insupportable à tout le monde, même à son mari. Quelqu'un parle de la peur que fait le ménage dans les maisons où il est en visite et où personne n'ose s'en aller avant sa sortie dans la crainte des terribles choses qui vont se dire sur votre compte, quand vous aurez passé la porte.

Sur le nom d'Yvette Guilbert, prononcé je ne sais par qui, Bauër s'écrie : « Yvette Guilbert ? Tenez, j'ai été à Bullier ces jours-ci, je voyais de belles grandes filles danser, avec, sur le dos, des robes qui avaient deux ans de mode : eh bien, ces créatures me représentaient Yvette... Puis elle est insupportable, elle ne dit pas deux mots où elle ne cherche à vous tirer dix lignes de réclame [2] ! »

Mlle Read, cette vieille fille qui a vraiment la séduction de l'ingénuité, nous confesse qu'elle a six chats chez elle, parmi lesquels est le fameux chat noir aux yeux d'or de Barbey d'Aurevilly ; et ses yeux se mouillent presque en disant qu'il a quinze ou seize ans et en songeant au peu d'années qu'elle a encore à garder ce souvenir vivant de son ami adoré.

Plus maintenant aucune joie, aucune satisfaction avec le beau transport de la jeunesse. Une sensibilité émoussée qui a besoin d'être raiguisée.

Vendredi 26 mai

Tristes, les départs de son domicile à mon âge. Il faut songer à l'éventualité d'une mort subite et laisser des instructions.

Ce matin, Geffroy et Carrière entrent dans mon cabinet de travail, un énorme bouquet de fleurs des champs à la main, venant fêter mes soixante et onze ans. L'attention de ces deux cœurs amis m'a touché.

---

1. Texte Ms. : *de la blonde Mlle Read.* La correction s'impose, la garde-malade de Barbey d'Aurevilly n'étant visiblement pas citée ici comme sujet d'un des tableaux de Dannat, mais comme une des convives de Lorrain.

2. Passage rayé : *Et Bauër parle de son passage comme bonne chez la Desclausas* [lecture incertaine], *où elle vidait les pots de chambre.*

Cet après-midi, Mme Sichel vient me voir et m'offre de la façon la plus gentille, la plus affectueuse, les soins de son fils à Vichy huit jours, quinze jours.

Samedi 27 mai

Départ pour Vichy.

Le voyage amène chez moi une série de petites crises nerveuses. D'abord, je ne dors pas la nuit qui précède le jour de mon départ. Arrivé au chemin de fer, je cherche avec inquiétude ma malle dans les wagonnets du chemin de fer, craignant d'arriver à ma destination sans tout ce dont je m'enveloppe au lit. Au déjeuner, j'ai la terreur de n'être pas averti à temps pour remonter en wagon. Enfin, tout le temps, je suis plus trépidant que le chemin de fer !

Une maladive optique aujourd'hui. Mes yeux ne voient pas les arbres et maisons ainsi que tous les jours : arbres et maisons me semblent les arbres frisés et les petites maisons peinturlurées d'une boîte de joujoux.

J'avais en face de moi une jeune fille aux yeux bleus, aux cheveux blonds, au teint frais, frais d'un corps comme nourri de lait, que je regardais tout le temps sans pouvoir m'en empêcher et que je sentais à la fois gênée et flattée de mon regard et à laquelle j'étais tenté de dire : « Je vous regarde, parce que j'aime beaucoup les fleurs et que vous avez dans les yeux du bleu de la pervenche et sur les joues du rose de la rose. »

Dimanche 28 mai

Le docteur Frémont m'examine ce matin ; et pendant qu'il me tripote le foie, il me dit qu'il n'est pas très gros, mais sans que j'y sois pour rien, il sent dans mon côté la rétraction, la *mise en garde* d'un organe malade, qui se défend contre l'attouchement de l'auscultation.

Une triste impression que de se retrouver ici, où mon frère était déjà si malade, d'avoir en face de soi cette maison de Callou, autrefois si bruyante, si joyeusement sonore, maintenant silencieuse, de marcher solitaire sous ces arceaux de pâles platanes, qui font ressembler le vieux parc plein de jaunes figures à de mélancoliques limbes.

Le père du petit Pottecher, que j'ai retrouvé ici et qui y passe quelques jours avec son fils avant de regagner Bussang, m'édifie sur le compte d'Hébrard. Il était maire de Bussang, quand l'affaire des eaux de Bussang a été montée par Hébrard, Herz et autres tripoteurs. L'affaire était montée à 1 200 000 francs, ce qu'elle valait, mais les fondateurs créaient de suite 1 500 000 francs d'obligations, au moyen de quoi les 1 200 000 francs étaient payés. L'affaire ainsi indélicatement arrangée, M. Pottecher donnait sa démission de membre du comité de surveillance. Hébrard s'était attribué 800 actions, dont il aurait vendu une partie au-dessous du cours.

Mercredi 31 mai

Vichy, avec son improvisation de bâtisses, de baraquements, de boutiques pour la *Grande Saison*, a quelque chose de la construction féerique d'une ville d'Amérique.

J'ai voulu travailler au scénario de LA FAUSTIN, et j'ai été pris de tristesse, en me sentant pour le moment incapable d'en faire une pièce. Ce sentiment d'impuissance, c'est la première fois que je l'éprouve.

Ce soir, au *Guignol lyonnais.* C'est curieux comme la marionnette, cet insenséisme de la mimique humaine, me produit une singulière impression. Au bout de quelque temps, j'éprouve, pour ce spectacle des acteurs en bois, la répulsion que me donne la vision de fous.

Jeudi 1er juin

La nuit dernière, j'ai eu un cauchemar. Frémont, le médecin des eaux, était en train de m'ausculter le foie. Tout à coup, je le voyais, une grande épingle à cheveux de femme entre les dents, et je l'entendais s'écrier : « Ça ne fait rien, pour être plus sûr, il faut que je vous entre ça là... Un petit trou de rien ! » Et comme je me débattais et me retirais de l'épingle qu'il approchait de ma peau, je me réveillai.

Ce soir, en entendant ce bête d'opéra de MIGNON et en me rendant compte du tendre état nerveux où me met la musique sans la comprendre, je me disais qu'il était malheureux qu'elle agisse sur moi seulement physiquement, et pas cérébralement, que sa compréhension aurait pu apporter dans mon œuvre littéraire des notes attendries, des notes molles qui y manquent peut-être [1].

Vendredi 2 juin

Dans l'après-midi, tous les jours, les musiques du parc, tombant dans ma sieste, me donnent l'impression de me réveiller dans une foire où je me serais endormi sur un banc.

Pottecher me contait gaminement que dans une promenade faite ces jours-ci, en compagnie de son père, qui est un gros industriel des Vosges, à un moutard qui faisait le saut périlleux sur la route et auquel il donnait des sous, son père avait crié : « Vas-tu au moins à l'école ? » — phrase que la crainte de l'ironie de son fils avait fait terminer par cette timide ajoute : « ...ainsi que dirait M. Prudhomme ».

Samedi 3 juin

Je viens de voir à la musique le *Touranien* Richepin, qui, de jour, a l'air de jouer le Mounet dans les endroits publics ; quelques instants

1. MIGNON n'était point une nouveauté : l'œuvre d'Ambroise Thomas avait été créée à l'Opéra-Comique le 17 nov. 1866.

après, je le retrouve sur un bicycle, dans un maillot enveloppant d'une manière clownesque toute la musculature de ses formes [1].

Il est nécessairement logé au Chalet Sévigné.

Depuis ce matin, je trouve mon jeune compagnon de saison agité, inquiet, presque fiévreux. Je lui demande s'il est malade. Il me répond que non, mais qu'il attend une dépêche de Paris, une dépêche qu'il m'avoue, quelques instants après, devoir venir d'une jeune femme avec laquelle il vit et qui concourt aujourd'hui pour un prix de déclamation au Conservatoire. Deux fois, il rentre à l'hôtel demandant cette dépêche et, toute la journée, vit dans l'état d'une âme en peine, me disant que l'attente le rend malade. Il a des envies de partir pour Paris. Il me confie qu'il ne fermera pas l'œil de la nuit. Enfin, quittant le théâtre pendant un entracte de L'AMI FRITZ, il revient de l'hôtel, cette dépêche en main, tranquillisé, rasséréné [2]. Il y a vraiment chez ce garçon une bien grande jeunesse nerveuse de cœur.

Dimanche 4 juin

C'est curieux, du Dumas, du Sardou, de l'Erckmann-Chatrian, du Bisson, du Moineau, du n'importe qui, joué par la même troupe, ça paraît de la même qualité dramatique — et, le dirai-je ? la même pièce.

Lundi 5 juin

La malheureuse, elle a vraiment des imaginations attendrissantes ! J'attendais aujourd'hui une petite boîte de rosettes de la Légion d'honneur. Une petite boîte m'arrive. J'ouvre la boîte, et sous des feuilles de rosier, je trouve une bête à bon Dieu. Et dans une lettre que je décachette, elle m'écrit que cette bête à bon Dieu lui chatouillait le cou et qu'elle sera heureuse que je la tienne un moment dans la main, avant de lui donner la liberté !

Mardi 6 juin

Ici, avec le traitement, on n'a pas une parfaite conscience de soi-même. Il ne semble pas bien positivement qu'on soit l'individu qui était à Paris, il y a dix jours.

Je ne sais dans quel livre illustré par Tony Johannot, un être fantastique, juché derrière un monsieur tranquillement assis, et sans

1. Le terme de *Touranien* désigne un ensemble de peuples ouralo-altaïques habitant des frontières de la Baltique à l'océan Glacial. C'est dans LES BLASPHÈMES (1884, pp. 236 sq.) que Richepin se réclame d'une imaginaire ascendance touranienne : voir LES NOMADES, où il se donne comme aïeux « les Touraniens nomades et tueurs ».

2. A Vichy, joue-t-on déjà l'opéra de Mascagni, qui date de 1891, mais qui ne fut, semble-t-il, représenté en France qu'en 1905 ? Il est plus probable que L'AMI FRITZ qu'on joue là est la pièce qu'Erckmann et Chatrian avaient tirée de leur roman et fait représenter à la Comédie-Française le 4 déc. 1876.

qu'il s'en doute le moins du monde, lui retire, du haut du crâne mis à découvert, des cuillerées de cervelle. Cette image me donne un peu l'idée de l'effet produit par l'action de l'eau d'ici sur l'intelligence.

Jeudi 8 juin

Hier, au moment où j'étais arrivé aux jours dans lesquels les médecins d'ici probabilisent une crise pour les buveurs d'eau, j'ai reçu une sommation d'un M. Faustin, armateur à La Rochelle, etc., etc., m'interdisant d'*appeler ma pièce* — la pièce que les journaux ont annoncée que je tirais de mon roman : LA FAUSTIN — *du nom de mon roman, et ma principale actrice, du nom de mon héroïne.*

Voici ma réponse :

« Monsieur,

« Vous ignorez sans doute que j'ai publié en 1882, sous le titre de LA FAUSTIN, un roman — une étude d'actrice, tirée chez Charpentier à 16 000 exemplaires, republiée par Lemerre et traduite en plusieurs langues, notamment en anglais —, un roman enfin, jouissant en Europe, depuis douze ans, d'une certaine notoriété.

« Maintenant, je comprendrais votre réclamation, arrivant à son heure, si le nom de Faustin était la propriété exclusive de vous, Monsieur, et de votre famille ; mais il n'en est rien : indépendamment des Faustin de toutes professions qui peuvent exister en province, j'ouvre le Bottin de Paris, et je trouve : *M. Faustin, fabricant de sacs de papier, 12, rue de la Ferronnerie.*

« Je n'ai pas commencé ma pièce, je ne sais pas si mon état de santé me permettra de la faire ; mais si je la fais, si elle est jouée, j'ai l'honneur de vous prévenir, en dépit de votre interdiction, qu'elle portera le nom de mon livre et que je ne changerai pas le nom de mon héroïne, tout prêt, en mon nom et au nom de la littérature, à courir les risques d'un procès, parce que, si des prétentions semblables aux vôtres devaient prévaloir, le roman et le théâtre de nos jours seraient dans un temps prochain contraints de baptiser leurs personnages féminins et masculins des noms de Célimène, Dorine, Oronte, Valère, Éraste, etc., etc., ce qui vraiment n'est pas admissible.

« Agréez, Monsieur, l'assurance de ma considération distinguée.

« Edmond de Goncourt.

« P.S. — Et ainsi que vous l'avez ajouté à la plume sur votre carte de visite : *Chevalier de la Légion d'honneur.* »

Une excursion à Thiers en compagnie de mon jeune et charmant compagnon d'eau, Maurice Pottecher.

Une ville moyenâgeuse, avec les ogives de ses portes, l'arc surbaissé de ses boutiques, le treillis de fer de ses fenêtres, et où la pourriture du bois des maisons, la lèpre de la pierre sont telles que jamais je n'en ai rencontré de pareilles en aucune ville du monde. Et les petites portes basses et les petits escaliers noirs et les misérables chambrettes, qui sont plutôt des trous à humains que des logis, vous mettent sous les yeux comme l'apparition d'un Moyen Age marmiteux auquel on ne s'attend pas.

Là, dans une population hirsute, je n'ai vu qu'une jolie fille, une ouvrière, au visage tout noirci par la poussière de fer, ayant dans la bouche un brin de fraisier, avec, au bout, sa fraise toute rouge.

Dans le quartier de la coutellerie, je traverse une salle où des hommes couchés tout de leur long sur des planches ressemblent à des noyés de la morgue. Ce sont des émouleurs, qui travaillent toute la journée couchés à plat ventre, aiguisant des pièces de coutellerie sur une petite meule placée au-dessous de leur tête. Et dans ce travail horizontal, comme la circulation se fait assez mal, quelques-uns ont deux ou trois chiens couchés sur eux, pour leur tenir chaud.

Vendredi 9 juin

Dans l'espèce de foire qui se tient autour des bâtiments de la source de la *Grande Grille,* il y a un étalage en plein air, au coin duquel se tient un vilain Juif, à l'œil dormant d'un chat qui guette une proie. Ce sont des bandages, des seringues à injections, un tas d'objets louches et énigmatiques, parmi lesquels figurent des *anneaux de Vénus,* ces rondelles de caoutchouc dentelées, au moyen desquelles le peintre Bouchon me disait qu'on procurait à la femme des jouissances cataleptiques. Or, c'est amusant, devant le mystère de cette boutique sous une tente, où le marchand fait la bête, de voir s'arrêter des femmes cherchant à comprendre ce qu'on y vend, et tout à coup devinant le commerce de l'endroit, s'enfuyant toutes rouges, inquiètes si un passant a surpris leur attention devant l'étalage.

Par le train de cinq heures, la maîtresse de Pottecher est arrivée passer ici deux jours. C'est une petite femme, dont la famille est originaire de la Guadeloupe et sur la figure de laquelle s'entremêle le type de la mulâtresse avec un rien du type de la faubourienne parisienne : un petit museau futé, gamin, amusant, avec au-dessous une jolie taille. L'élève du Conservatoire se vante d'être petite et laide, comme Rachel.

Samedi 10 juin

Été manger des écrevisses à Malavaux. Le rire, le chantonnement, le parlage continu de la jeune femme, qui lui fait dire par son amant : « As-tu fini de *perrucher* ? » Mais tout cela assaisonné de gentillesse, d'amabilité, de bonne enfance...

Dimanche 11 juin

Ah ! les regards des femmes — vieilles, jeunes, même enfants — pour l'élève du Conservatoire, marchant à nos côtés dans la toilette noire la plus correcte, les regards assassins !

Lundi 12 juin

Aujourd'hui, dans les deux parcs, dans les cafés, le grouillement de la grande saison qui commence.

Zola annonce à son de trompe dans les journaux qu'il va se mettre à la recherche de deux ou trois idées sociales [1]. Je trouve drolatique l'annonce de cette future exploitation littéraire.

Au théâtre du Casino, où l'on joue une pièce à tirades sur l'éducation des jeunes filles, j'ai derrière moi une jeune spectatrice qui dit à sa mère : « Maman, ne me regarde pas tout le temps comme ça, quand on dit quelque chose de pas convenable..., je suis déjà bien assez gênée ! »

Mardi 13 juin

Mme Octave Feuillet est ici. Elle est toute ratatinée et a quelque chose de la tournure d'une fée bienveillante et proprette de féerie.

La mode pour les femmes est ici de porter deux ou trois roses jaunes à la ceinture, et pour les hommes, un numéro de LA REVUE DES DEUX MONDES sous le bras.

Mercredi 14 juin

Le café : tous les charabias de l'étranger et de la province, — les tonitruants : *Versez !* des garçons distributeurs de café, les expansions sur les analyses d'urine mêlées aux : « *Je suis calme comme le Destin* », *attaquez en chœur*, les courses des petits chasseurs efflanqués à la recherche des journaux et des petits bancs, le tapage des dominos, le *grommellement* des boissons, le bruissement des pas lointains des promeneurs sur le sable, les lourds écroulements sur les chaises de femmes obèses et d'hommes pachydermiques, les figures rieuses d'enfants dans la bouche desquels on met une cuillerée de café.

Ici, le café, c'est au fond l'émancipation de la femme bourgeoise de province hors sa vie d'intérieur et son intronisation dans la vie extérieure de la cocotte.

Jeudi 15 juin

Une tête de joueur : une face mafflue de dogue. Des cheveux rares coupés ras sur un crâne qui a l'air d'une lande. Pas de gilet. Chemise noire aux bouquets de roses jaunes, serrée aux hanches par une large ceinture, et sur cette chemise noire, un veston et un pantalon de laine blanche à raies bleues. Et le joueur a aux lèvres un énorme cigare dans un bout d'ambre monumental.

---

1. Cf. dans L'ÉCHO DE PARIS du 10 juin ce court écho, M. ÉMILE ZOLA CHEZ LES ÉTUDIANTS. A un banquet de l'association des étudiants, Zola a déclaré : « J'ai beaucoup écrit, mais je voudrais pouvoir parler ; je voudrais maintenant vouer ce qui me reste de vie à la défense de quelque idée sociale. » L'affaire Dreyfus allait donner carrière à cet apostolat.

Dans la nuit, une voix m'appelle par mon nom. C'est Gille, du FIGARO, arrivé ce soir avec sa belle-sœur, comme sa dévouée garde-malade, et qui se lamente et geint d'avoir à faire, avant de se coucher, un article sur LE DOCTEUR PASCAL [1].

Vendredi 16 juin

Ma voisine de table d'hôte, une aimable et élégante habitante du Morvan, possédant une propriété en Algérie, où elle va passer les trois mois d'hiver, me conte qu'une de ses grandes distractions là-bas, ces dernières années, était d'aller voir dans une excavation de rocher, aux environs de Bougie, et abritée par une colossale tige de ricin, un fumeur de *kif*, fumant toute la journée, les yeux sur une cage où voletaient deux petits oiseaux, dans un état d'extase complètement emparadisée.

J'ai passé la douzaine de jours où d'ordinaire, ici, les hépatiques ont une crise. Mais y échapperai-je jusqu'à la fin ? Car une crise, je la redoute dans cet hôtel plein de monde et bruyant.

Samedi 17 juin

A déjeuner, on parle jeunes filles de l'heure présente. Ma voisine me dit qu'elles ne dansent plus sous l'œil de leurs mères et que dans un bal qui avait eu lieu chez une très grande dame de sa connaissance, toutes les chambres étaient occupées par un jeune homme et une jeune fille, en train de flirter, rien de plus, mais qu'un groupe flirtait même dans le cabinet de toilette de la maîtresse de maison.

Je me trouve à la musique, assis à côté du prince d'Annam, interné à Alger et en traitement ici [2]. Il est coiffé d'un madras noir, coquettement tortillé sur la tête, et habillé d'une élégante blouse-veston gris perle, avec un large pantalon flottant de la même étoffe, recouvrant des souliers de cuir jaune ; et avec ses gants chamois et son ombrelle d'été, il est tout charmant dans sa pose molle et affaissée sur sa chaise de fer, pendant que, d'une main jaune dégantée, il marque la mesure d'une valse.

C'est curieux, cette tête à l'ovale ramassé, aux yeux retroussés, aux grosses lèvres, et qui a quelque chose de féminin qu'il doit à sa coiffure et à deux mèches de cheveux lui faisant des espèces d'accroche-cœur aux tempes : tête tantôt égayée de vrais rires d'enfant, tantôt s'enfermant dans un sérieux mauvais, perfide.

Le gâtisme de Lesseps serait sincère. Ma voisine me disait qu'une de ses connaissances, très intime dans la maison, un jour qu'elle était dans le salon avec Mme Lesseps et une de ses filles, avait entendu, dans

---

1. Rappelons qu'après avoir paru dans LA REVUE HEBDOMADAIRE, l'œuvre de Zola, dernier volume des Rougon-Macquart, sera annoncée dans la BIBLIOGRAPHIE le 7 juil. 1893.
2. Il s'agit du jeune empereur d'Annam, Ham Nghi, qui avait été entraîné dans la rébellion du 4 janv. 1885 et qui, capturé en novembre 1889, fut déporté en Algérie.

la cheminée du petit salon où se tenait le vieux, un crépitement sur lequel il était impossible de se tromper.

Dimanche 18 juin

On citait un ménage de vignerons, près d'Auxerre, qui avait bu dans l'année vingt-sept feuillettes de vin et quatre feuillettes d'eau-de-vie. Le mari était mort, mais la femme avait résisté !

A la demande de Bracquemond et de Rodin, j'écris cette lettre au ministre de l'Instruction publique, pour faire décorer Gustave Geffroy.

« Monsieur le Ministre,

« Mes amis Rodin et Bracquemond veulent bien croire que ma recommandation auprès de vous peut avoir une influence sur la nomination à la Légion d'honneur de Geffroy. Je ne sais pas si c'est une illusion de leur part, mais si par hasard c'était vrai, permettez-moi, Monsieur le Ministre, de vous recommander pour cette distinction l'écrivain qui, dans l'article de tous les jours, a apporté constamment la beauté du style, l'élévation des idées, qui, dans les jugements sur les artistes, a montré la prescience des vraies et sérieuses renommées de son temps, enfin, le premier critique d'art de l'heure présente.

« Et croyez, Monsieur le Ministre, que ce n'est pas l'opinion partiale d'un vieux camarade de lettres, mais bien celle de toute la jeunesse lettrée. »

Lundi 19 juin

C'est absurde, ce ferment batailleur qu'il y a en moi, avec cette impressionnabilité du système nerveux qui, dans les imaginations de la nuit et de l'insomnie, à propos des choses simples comme l'insertion de ma lettre dans L'ÉCHO DE PARIS, me fait entrevoir les complications les plus malheureuses, les conflits les plus violents.

On frappe chez moi ce matin, et la bonne de l'hôtel entre avec une énorme corbeille de roses, que m'envoie mon aimable voisine de table d'hôte, voulant fleurir mon dernier jour à Vichy, en remerciement du plaisir que lui ont causé ma causerie et la lecture de mes livres.

Ce soir, départ de Vichy par le train qui arrive à cinq heures du matin à Paris.

Mercredi 21 juin

A l'*exposition des Portraits de journalistes,* je suis abordé par un jeune homme qui est le fils d'Édouard Fournier et qui est peintre [1]. Il a trouvé

1. *L'exposition des Portraits des écrivains et journalistes du siècle* rassemblait un millier d'effigies diverses, de valeur très inégale. L'un des *clous* de l'exposition était la collection Goncourt de livres modernes, ornés de portraits des auteurs.

dans les papiers de son père un grand dessin à la plume de mon frère, qu'il m'offre gentiment de me rendre, si ça peut me faire plaisir. Je le fais causer et je découvre que ce dessin à la plume, c'est l'eau-forte de mon frère d'après le dessin de Gabriel de Saint-Aubin représentant le Pont-Neuf. Diable, si les peintres de ce temps ne savent plus distinguer une eau-forte d'un dessin à la plume !

Je reçois une lettre anonyme, à l'écriture imitant l'écriture lapidaire, où deux jeunes gens se prétendent possesseurs de la copie de terribles notes prises par Taine sur moi et me traitant de *Judas*, de *mouchard de lettres*, me menacent de les publier en compagnie d'autres notes à la recherche desquelles ils sont. Je ne sais si Taine a écrit sur moi ; mais sauf un éreintement littéraire, il ne pourra pas dire que j'ai épousé comme lui une vilaine femme pour de l'argent ; il ne pourra pas dire que, comme lui, j'ai placé peu patriotiquement tous mes capitaux à l'étranger. La lettre portait le timbre de la rue Bonaparte. Ne seraient-ce pas des élèves de l'École des beaux-arts, bien-pensants ?

Jeudi 22 juin

Lorrain me racontait ceci sur la Castera, à propos de sa pièce : TRÈS RUSSE. Elle avait commandé 6 000 francs de costumes à Laferrière et, ayant deux amants, avait fait payer 6 000 francs à chacun. Maintenant, quand Laferrière lui avait remis 6 000 francs, elle lui avait dit : « Non, on vous paye comptant... Je demande une remise, un escompte... Gardez 5 000 francs, et remettez-moi encore 1 000 francs. » Ça fait que, si la pièce lui rapportait 50 francs par représentation, elle lui a tout de même fait gagner 7 000 francs.

Il me faisait une peinture suggestive de l'intérieur de cette femme, qui a un appartement où il y a une salle à manger où l'on ne mange jamais, et qui consiste, pour ainsi dire, en une chambre à coucher et un cabinet de toilette : un endroit pour baiser, un endroit pour se laver. L'existence de cette femme, une existence tout extérieure : 1 500 francs de voitures tous les mois et 30 à 40 000 francs de robes par an.

Il me donnait des détails sur une bonne de la Castera, une bonne chevronnée, une ancienne bonne de Théo. C'est elle qui dit :

« Quand Méténier couchait avec Madame, il fallait toujours changer les draps.

— Comment ?... Il faisait une telle dépense d'amour ?

— Non..., c'est à cause de ses pieds. »

Et Lorrain s'écrie : « Ah ! les légendes de Forain... ça ne lui coûte pas beaucoup ! Quand on fréquente des bonnes de cocotte, elles en fournissent, des légendes de Forain, à toute heure, tous les jours ! »

Puis Lorrain me dit qu'il est très souffrant de débâcles d'humeur et de sang, qu'il craint d'avoir une tumeur dans le ventre, qu'il faut qu'il se fasse examiner par un chirurgien, ajoutant qu'il est en même temps attiré et alarmé par le bistouri, mais qu'il craint, encore plus que le bistouri, le chloroforme.

En descendant aujourd'hui les Champs-Élysées, je rencontre, sortant de la terrible séance de la Chambre, Clemenceau riant et s'esclaffant, entre un jeune homme et une jeune femme [1].

Samedi 24 juin

Ah ! le triomphe insolent de Clemenceau sortant de ces accusations fausses, mais vraies au fond, indemne, pur, insoupçonnable... Vraiment, la canaillerie a trop de chance sur la terre, en cette heure !

Dimanche 25 juin

Ça ! Clotilde, dans LE DOCTEUR PASCAL, une jeune fille, réelle, humaine ? Non ! Elle est bien bonne ! Et c'est vraiment curieux que le fabricateur de personnages si imaginaires, aussi sublunaires, soit acclamé comme le grand pontife de l'école d'après nature.

Non, non, Zola ne me représente pas le fabricateur serein et intermittent de chefs-d'œuvre : il me semble bien plutôt une machine graissée pour une besogne industrielle, sans trêve ni repos.

Visite de Francis Poictevin, qui me jette en sortant sur le pas de la porte : « N'est-ce pas ? Dieu est douceur et lumière ! »

Lundi 26 juin

A l'*exposition des Portraits des journalistes et des hommes de lettres* [2].

Un portrait de Villemain, d'Ary Scheffer, d'un modelage admirable. Je n'aurais pas cru Ary Scheffer un portraitiste de cette science. Quand on compare ce portrait au portrait de Guizot par Delaroche, Delaroche paraît un bien pauvre peintre.

Une parenté dans la construction de la tête de Chateaubriand et de Lamartine, tels que nous font voir les deux écrivains les deux peintres, Guérin et Decaisne.

Un curieux portrait que celui de Proudhon, se promenant au bord de la mer, par Tassaert. C'est le peintre qui a été le dernier continuateur de la couleur anglaise importée par Delacroix dans le MASSACRE DE SCIO.

Le jeune Philippe Sichel racontait ce soir qu'il avait disséqué le matin une jambe de frotteur — la jambe sur laquelle il posait — dont toutes

---

1. La *terrible séance de la Chambre* est celle du 22 juin 1893. Un député boulangiste, Millevoye, reprend la grande attaque de Déroulède contre Clemenceau (20 déc. 1892), dénonce sa collusion avec Cornélius Herz et lit des lettres qui auraient été échangées entre le Foreign Office et l'ambassade britannique à Paris et qui faisaient de Clemenceau un agent de la Grande-Bretagne. Mais Develle, ministre des Affaires étrangères, déclare Millevoye « victime d'une abominable mystification », et les lettres citées — qui provenaient d'un agent britannique, Norton, condamné deux mois plus tard à 3 ans de prison — sont si visiblement fausses que Millevoye s'écroule sous les injures et les quolibets. Il démissionne aussitôt, pour protester là-contre, ainsi que Déroulède.

2. Cf. plus haut p. 838, n. 1.

les veines étaient variqueuses, et avec des varices comme jamais on n'en avait vu. Et il me parlait des viciations organiques amenées par chaque état chez les individus, des tumeurs séreuses du dessus du genou des cordonniers, là où ils martèlent les chaussures, des tumeurs séreuses des religieuses au-dessous du genou, là où elles s'agenouillent.

Je rencontre ce soir, près du chemin de fer, montant en voiture, le ménage Forain : la femme très enrubannée, le mari terriblement pâle et paraissant encore plus mauvais qu'à l'ordinaire. Il m'annonce qu'il va partir pour Plombières, qu'il souffre d'affreux maux d'estomac. J'avais bien envie de lui dire que ça se voyait bien dans ses légendes !

Mardi 27 juin

Lorrain me communique une lettre de Bauër, où ce gros homme se montre tendre et mélancolieux, écrivant qu'il est dans « une crise de tristesse désespérée, n'ayant de goût à rien, convaincu de l'inutilité de tout ». Et il parle dans cette lettre du dégoût de lui-même, de la brute paresseuse qu'il est, du mauvais scribe qui n'a pas fait un volume d'art où il ait mis son peu de durée, du clown d'anecdotes, de variations sur l'ignoble actualité, du reporter des pollutions de théâtre, que les créateurs de songes et d'humanité ont le droit de mépriser, déclarant à la fin qu'il se vomit lui-même.

Lorrain me communiquait cette lettre pour cet aimable passage où, à propos du banquet corporatif des ROUGON-MACQUART, du festoiement de l'homme arrivé, célébré par Sadi-Mendès, Yung, Invernizzi, vieille et pas chouette, Bauër dit : « Quand fêterons-nous, par bataille et pour l'art, l'œuvre vaillante et sans cesse nouvelle de notre Goncourt ? Quand affirmerons-nous à une vingtaine, sans Toudouze ni Pessard, l'art hautain, combatif, contre l'art parvenu, satisfait [1] ? »

En buvant un verre d'*ale*, rue Royale, dans le roulement incessant des voitures sur le pavé de bois, je pensais que l'activité humaine est arrivée à faire le bruit continu d'un élément.

Dîner chez Frantz Jourdain avec Huret, Rosny, Ajalbert.

Huret, c'est décidément un pignouf insensible aux délicatesses de cœur et de talent. Il a perfectionné son appareil d'instantanéité ; mais il restera toujours à l'homme la basse jugeote d'un reporter.

Ajalbert parle du manque de tact et de connaissance d'humanité de Barrès qui, avec une soudaine invitation à déjeuner, comptait en faire son courtier électoral dans la banlieue.

---

1. Le tour de Goncourt viendra le 1er mars 1895. Quant à Zola, on avait fêté le 21 juin 1893 l'achèvement de ses ROUGON-MACQUART : le 7 juillet 1893, paraît le dernier volume, LE DOCTEUR PASCAL. Un grand banquet réunit, dans le bois de Boulogne, les amis du romancier sous la présidence du jeune ministre de l'Instruction publique, Raymond Poincaré, au Chalet des Iles, le 21 juin. Sur Peppa Invernizzi, v. l'*Index ;* le général Yung prit la parole pour demander à Zola de conter la Victoire après la Débâcle. Catulle Mendès salua en Zola « une des plus rayonnantes gloires de la France contemporaine » ; l'appellation dont se sert ici Goncourt pour le désigner semble une ironique variante sur le prénom poétique que Mendès s'était donné, le Persan Saadi venant relayer le Latin Catulle.

Mercredi 28 juin

Je n'ai plus l'entrain, l'emballement pour écrire la note du JOURNAL. Doit-elle être un peu longue, demande-t-elle un travail de style, j'hésite, je tâtonne, je n'ai plus la certitude de l'enlever.

Ce pauvre Lorrain doit être opéré vendredi d'une tumeur, d'une fistule, de je ne sais quoi dans les intestins ; et tous ces jours-ci, pour que sa pensée aille le moins possible à ce vendredi, il dîne et déjeune chez des amis ou donne à déjeuner et à dîner à des amis chez lui.

Aujourd'hui, il m'a invité à dîner et m'a servi comme curiosité Yvette Guilbert.

Non, elle n'est pas belle ! Une figure plate, un nez en pied de marmite, des yeux d'un bleu fade, des sourcils à la remontée un peu satanique, un enroulement autour de la tête de cheveux potassés, ressemblant à de la filasse, un buste aux seins attachés très bas : voilà la femme.

Maintenant, chez cette femme, c'est, dans une animation enfiévrée du corps, une vivacité de paroles tout à fait amusante. Elle entre, décrivant le fameux déjeuner ROUGON-MACQUART au bois de Boulogne, faisant le tableau des diverses catégories de femmes *épatantes* qui y figuraient, des silhouettes caricaturales des orateurs qui ont pris la parole, du bafouillement de Zola émotionné : un compte rendu drolatique qui aurait eu le plus grand succès dans un journal. Ce qu'il y a d'original dans sa verve blagueuse, c'est que sa blague moderne est émaillée d'épithètes de poètes symboliques et décadents, d'expressions archaïques, de vieux verbes comme *déambuler* remis en vigueur : un méli-mélo, un pot-pourri de parisianismes de l'heure présente et de l'antique langue facétieuse de Panurge.

Et comme je la complimente sur la manière intelligente dont elle a dit les vers de Rollinat, elle me dit le peu de succès qu'ils ont eu, et que justement dans cette soirée, où elle les disait, on lui a crié pendant sa déclamation : « Et la messe ! »

Au fond, cette femme enlevée à la cordonnerie du *Printemps* par un pauvre prince italien auquel elle est restée fidèle, tout à fait fidèle, n'a pas la flamme d'une grande artiste, mais l'ambition de se faire une grosse pelote — elle gagne plus de cent mille francs par an — et de se retirer dans deux ans pour, comme elle le dit, « se chanter à elle-même des romances tristes ».

Le comique de la mise en train des duels de Mendès dépasse tout ce qu'on peut imaginer : Yvette se trouvait hier au café, où se trouvaient réunis les témoins de son duel avec Bois et où, comme il était question de le différer, Moreno affirmait que c'était impossible, parce que tous deux devaient partir le lendemain pour Londres et jouer tous deux à Londres, et après cette déclaration, buvait deux ou trois bouteilles de champagne, à la suite de quoi, complètement saoule, s'écriait que tout comme Hersilie, elle voulait séparer les combattants, en portant son enfant et en le suspendant au-dessus de la tête des combattants [1].

1. On sait que la femme de Romulus intervint dans le combat singulier entre Romulus et

Contre cette porte fermée où il y a les bocaux d'eau phéniquée, les éponges, la table pour le charcuter, pour, selon son expression, l'*ouvrir comme une figue,* Lorrain dit des choses légères, rieuses, plaisantes, comme en dit un homme d'esprit pour lequel le lendemain est sans bistouri. Il a vraiment, ce garçon, la bravoure de chambre — une bravoure plus rare que l'autre.

Vendredi 30 juin

Malgré moi, toute la matinée, je ne puis m'empêcher de penser à ce pauvre diable qu'on *charcute,* là, tout près.

A cinq heures, je vais savoir de ses nouvelles. Sa mère, qui est à la porte, me dit : « De son lit, il vous a vu traverser la place... Entrez donc quelques instants, vous lui ferez un vrai plaisir. » Et tout bas : « Ç'a été bien dur. »

« Ah ! fait-il, me voyant entrer, on a été six minutes avant de m'endormir..., je croyais que je ne dormirais jamais. Pozzi m'a dit : « Vous avez pris de l'éther... » Oui, c'est vrai, j'en ai beaucoup pris à la suite d'un grand chagrin, qui me donnait des contractions de cœur..., et ces contractions, l'éther les calmait... Vous savez, l'éther, c'est comme un vent frais du matin, un vent de mer qui vous souffle dans la poitrine... Ah ! après, ce que j'ai souffert ! Il me semblait que j'avais le corps empli de phosphore et de flamme... Et puis la douleur amène de telles contractions qu'il a fallu chercher Malhéné pour me sonder... Il faudra encore que dans trois semaines je fasse une saison à Luchon... C'est bien ennuyeux d'être obligé de refaire son sang ! »

Puis après un silence, ses bras poilus jetés hors de son lit dans un étirement douloureux : « Oh ! dans la vie, il n'y a peut-être que quelques jouissances littéraires et quelques jouissances d'exquise gourmandise ! »

Samedi 1er juillet

Malédiction sur ce Verlaine, sur ce soulard, sur ce pédéraste, sur cet assassin, sur ce couard traversé de temps en temps par des peurs de l'enfer qui le font chier dans ses culottes, malédiction sur ce grand pervertisseur qui, par son talent, a fait école, dans la jeunesse lettrée, de tous les mauvais appétits, de tous les goûts antinaturels, de tout ce qui est dégoût et horreur !

Ce matin, visite de Roger Marx, qui me dit n'avoir traité dans sa préface que ce que nous avons écrit sur l'art moderne, mais qu'il veut compléter cette préface par ce que nous avons écrit sur l'art antique

Tatius : l'épisode fait l'objet notamment de la toile du Guerchin qui est au Louvre. — Dans LA FIN D'UN MESSIE paru dans le GIL BLAS du 22 juin, Jules Bois s'était réjoui de voir la jeunesse des lettres délaisser Catulle Mendès, attardé du Parnasse et accapareur de la gloire de Hugo. Le poète s'étant livré à des voies de fait sur la personne du journaliste, ils échangèrent deux balles sans résultat le 28 juin.

dans MADAME GERVAISAIS, sur l'art de l'Extrême-Orient dans LA MAISON D'UN ARTISTE et dans OUTAMARO, etc., etc. : études dont il fera un volume, et qu'il publiera sous le titre : LES GONCOURT, CRITIQUES D'ART [1].

J'entre un moment chez Lorrain, qui a passé une très mauvaise nuit et qui a eu des hallucinations, où il criait qu'on le délivrât de la *Dame aux feuilles mortes.* A cette heure, il y a un arrêt dans sa souffrance, qu'il compare à un homme embroché par un pal de feu.

Mme Duval, en me reconduisant, me dit que Pozzi lui a affirmé que l'opération faite à son fils est une des opérations les plus douloureuses.

Dîner à Saint-Gratien avec Mme Kann et M. d'Haussonville.

Mme Kann est toujours très excitante avec ses yeux bistrés, leur langage mélancoliquement polisson, sa distinction souffreteuse, son décolletage outrageant : elle est la femme séduisante de la séduction malsaine de la crevarde.

Comme on parle d'une Mme *** qui, sans être malade, est toujours en traitement, elle me dit spirituellement : « Quand une femme est arrivée à un moment où l'essai de ses robes ne lui prend plus tout son temps, où l'amour ne l'amuse plus, où la religion ne s'en est pas emparée, elle a besoin de s'occuper d'une maladie et d'occuper un médecin de sa personne. »

Le jeune d'Haussonville, que son père appelait *mon vieillard* : un petit monsieur, maigre, distingué, avec une voix flûtée, un joli causeur de salon, dans le genre tempéré.

Il conte qu'il a fait, ces jours-ci, la présentation de Bornier à Carnot, qui avait très mauvaise mine et qui aurait dit deux phrases, déjà dites à tous les académiciens reçus par lui et annoncées d'avance par Camille Doucet. C'est peut-être tout ce qu'il se croit permis de dire sans sortir de la Constitution.

La Princesse, jalouse de l'admiration qui ne va pas tout entière à elle, passe toute la soirée à éreinter la comtesse Greffulhe, à laquelle elle trouve un *air méprisant.*

Dimanche 2 juillet

Une nuit qui me coûte au moins 300 francs ! Un train de marchandises qui donne une telle secousse qu'un grand plat du Japon tombe sur une assiette de Chine, cascade sur une jardinière formée d'une coloquinte et d'une tige de bronze, et les trois objets sont en mille pièces. Ah ! les maisons qui bordent un chemin de fer, quand on y entre, on n'en sait pas tous les mouvements !

---

1. Roger Marx venait d'écrire une préface à la réédition du SALON DE 1852 et de LA PEINTURE À L'EXPOSITION DE 1855, réunis sous le titre d'ÉTUDES D'ART des Goncourt (1895). Dans MAÎTRES D'HIER ET D'AUJOURD'HUI (1914), il fera paraître un essai sur *Les Goncourt et l'art* (p. 4-48), où il étudiera les eaux-fortes de Jules de Goncourt, l'esthétique des Goncourt, leurs travaux sur le XVIIIe siècle et l'art japonais, et enfin le roman de MANETTE SALOMON, « ouvrage essentiel » sur « l'esthétique moderne ».

Aujourd'hui, la comtesse de Béhaine a passé deux heures avec moi : tout ce qu'elle dit est d'une justesse et d'une logique tout à fait remarquables, mais il s'y mêle une exaltation colère quand elle parle de son mari, de sa mère, de son frère, des infirmières données par Charcot, et une violence de paroles crues qui étonne chez une personne si honnête.

Elle m'affirme que son mari a eu des liaisons avec Mme Abeille, liaisons qui remontent à l'époque du mariage de sa sœur Claire..., qu'il a couché alors avec elle dans un hôtel des bords du Rhin. Et après m'avoir parlé de la faiblesse déplorable d'Édouard, me dit qu'une des dernières conversations que son beau-père a eue avec elle est celle-ci : « Ma chère Louise, il faut veiller sur votre mari : il est bon, il est intelligent, mais il manque de *tempérament moral.* »

Et elle me conte ceci de curieux. La mère de Béhaine avait en sa possession toutes les correspondances de son fils avec de sentimentales Allemandes, et elle n'avait trouvé rien de mieux que de les serrer, ces correspondances, dans ses chemises et ses jupons de la Comerie et de Paris. Et même, elle y avait joint une correspondance flirteuse que M. Duault avait eue avec elle. Quelques jours avant sa mort, au milieu de recommandations pour son enterrement et pour la distribution de petits legs, elle lui disait : « Après ma mort, je vous laisse un grand chagrin : c'est de prendre connaissance des lettres que vous trouverez dans mes effets et de les brûler. » Et comme je lui demandais le pourquoi de cette mission douloureuse, Mme de Behaine de me répondre : « Ma belle-mère ne m'aimait pas ! »

Lundi 3 juillet

Samedi, Primoli m'avait dit :

« Connaissez-vous N... ?

— Oui, un peu... Il m'a même demandé ma protection pour lui faire jouer une pièce au Théâtre-Libre.

— Eh bien, un conseil... S'il vient vous voir, je vous conseille de ne pas le recevoir.

— Pourquoi ?

— Parce qu'il a des embarras d'argent. »

Ce soir, on me rapporte, sur le compte du héros de la Légion étrangère, des choses incroyables.

Le ménage aurait manqué de passer en correctionnelle, Mme N... ayant emprunté des diamants à Mme Pillet-Will, qu'elle aurait mis au mont-de-piété et dont elle cherchait à vendre la reconnaissance.

Et il a une fille, et cette fille, à laquelle N... aurait conseillé de faire payer ses notes au moyen de la prostitution, serait à l'heure présente aux *Filles repenties*.

Mardi 4 juillet

Là, en ce centre de Paris, là, au milieu de ces habitations toutes vivantes à l'intérieur, là, en ce plein éclairage *a giorno* de la ville, sur cette maison portant *Tortoni,* 22, cette maison avec ses trois lanternes non allumées, avec ses volets blancs fermés — avec son petit perron aux trois marches, où dans mon enfance, sur les deux rampes, se tenaient appuyés un moment de vieux *beaux* mâchonnant un cure-dent, aujourd'hui vide —, il me semble lire une bande de papier, où serait écrit à la main : *Fermé pour cause de décès du Boulevard italien.*

Je passe une demi-heure assis sur un banc, près de la Madeleine, pris de la tentation d'aller au boulevard Saint-Michel où l'on se cogne, et de la crainte du ridicule d'un *gnon* attrapé par un vieux aussi indifférent à la politique que moi [1].

Mercredi 5 juillet

Je me montrais trop heureux de n'avoir pas eu de crise à Vichy. Lundi, je disais à Pélagie, au cimetière Montmartre, devant le tombeau de mon frère : « Je crois décidément qu'une crise se prépare chez moi. » La nuit dernière, elle a eu lieu, cette crise, et aussi douloureuse que les toutes premières.

Il y a des jours où j'ai envie de me tuer, en laissant un testament où je dirais que je me tue pour cela que je suis condamné à un souverain comme Carnot ; pour cela qu'il y a maintenant toujours dans le beurre de la margarine ; pour cela qu'il est permis aux marchands de vin, comme électeurs, de mettre de l'eau dans leur vin, etc., etc., enfin pour tous les *pour cela* du progrès dans la politique, l'industrie, le commerce, la cuisine.

Samedi 8 juillet

Enterrement de Maupassant dans cette église de Chaillot où j'ai assisté au mariage de Louise Lerch, que j'ai eu un moment l'idée d'épouser.

Mme Commanville, que je coudoie, m'annonce qu'elle part le lendemain pour Nice avec le pieux désir de voir, de consoler la mère de Maupassant, qui est dans un état inquiétant de chagrin.

Rodin, auprès duquel je suis assis, me dit que ma lettre à Poincaré — la lettre pour la nomination de Geffroy à la Légion d'honneur — a fait le meilleur effet et que, s'il n'était pas décoré le 14 juillet, il le serait le mois de juillet prochain.

1. Le traditionnel bal des *Quat'z Arts* ayant provoqué des condamnations pour attentat à la pudeur, les étudiants manifestèrent le 3 au Quartier latin, où le préfet Lozé les fit charger : un employé de nouveautés, Antoine Nuger, qui buvait à la terrasse du café d'Harcourt, reçut sur la nuque un porte-allumettes lancé par un agent des brigades centrales et mourut. Le soir, Millerand interpella à la Chambre sur ces brutalités policières. Le 4, sur le boulevard Saint-Michel, des individus inconnus des étudiants renversèrent des kiosques et des omnibus sans que la police intervînt. On cria à la provocation : ces troubles fournissaient, disait-on, au gouvernement un prétexte pour prendre, contre les ouvriers syndiqués de la Bourse du travail, d'insolites mesures militaires. L'affaire entraîna le remplacement de Lozé par Lépine à la préfecture de police.

L'autre jour, dans une visite chez Lorrain, j'avais entrevu Mme Jacquemin, qui m'avait paru d'une joliesse tout à fait raffinée.

Aujourd'hui, revenant sur la peintresse, comme je lui parlais du bleu de ses yeux, un bleu verdâtre de la mer, de son front mystique et, comme contraste, de sa bouche sensuelle, en résumé du haut de sa tête séraphique et du bas de sa figure de bacchante, Lorrain me contait son histoire.

Elle aurait été violée par son tuteur à peu près dans les conditions de l'anecdote naturaliste de Manet, racontée dans mon JOURNAL [1]. Puis elle aurait épousé un dessinateur d'ornement, un alcoolique qui, dans la décoration d'un château du Midi, l'aurait confiée dans son inconscience aux honnêtes soins de Léonide Leblanc. Là, Cazin, qui avait connu son père, alarmé, indigné de la pension bourgeoise qu'avait choisie pour sa femme le décorateur, serait venu la réclamer près de Léonide en sa maison de campagne de Meudon, de Léonide qui lui aurait réclamé 1 600 francs pour les deux mois de pension qu'elle avait passés chez elle. A la suite de ce repêchage, elle aurait eu pour amants quelques poètes et vivrait maintenant avec un graveur, dont la *popote* serait payée par le mari, qui y viendrait dîner tous les dimanches.

On ferait une nouvelle à la Poe de cette femme à la séduisante tête féminine et au corps dont on a retiré tous les organes féminins, au corps vidé comme un poisson préparé pour la salaison.

Ce soir, comme je dînais au restaurant Voisin, j'entendais le Bordelais Marquessac, le propriétaire du restaurant actuel, dire à des clients, à propos de la chaleur de cette année, que les vendanges, qui se font dans son pays en octobre, allaient se faire à la mi-août.

Le raisin, ajoutait-il, est si abondant qu'il y aurait cette année la récolte de la moyenne de quatre années. Un détail curieux sur le *sulfatage* de la vigne. Il disait que dans le Bordelais, il y avait nombre de foires et que ces foires mettaient sur les chemins beaucoup de saltimbanques mangeant les raisins sur la route. Alors, on s'était imaginé d'enduire les ceps de vigne du bord de la route de vert-de-gris, et quand la vigne avait été malade, on avait remarqué que ces ceps avaient échappé à la maladie, et le procédé avait été généralisé pour toute la vigne.

Dimanche 9 juillet

Des nuits pleines de cauchemars et qui me font, avant de me coucher, peur du lit ; des journées pleines de prévisions pessimistes pour le restant de ma vie.

Le succès de Maupassant près des femmes *putes* de la société constate leur goût *canaille,* car je n'ai jamais vu chez un homme du monde un teint plus sanguin, des traits plus communs, une architecture de l'être

---

1. Cf. t. II, p. 892.

plus peuple, et là-dessus, des vêtements ayant l'air de venir de la *Belle Jardinière* et des chapeaux enfoncés par derrière jusqu'aux oreilles. Les femmes du monde aiment décidément les beaux *grossièrement* beaux ; les cocottes sont plus difficiles, elles aiment les beaux *délicatement* beaux, quand je pense à cet autre écrivain à succès féminin, à Gaiffe, et que je le compare à Maupassant.

Elle s'en va décidément, Blanche, et ça m'attriste de voir partir de chez moi une femme que j'y ai vue entrer enfant, une figure que je suis habitué à voir depuis vingt ans.

J'ai besoin de sortir de mon moi-même et de me retrouver en société avec des intelligences remontantes.

Lundi 10 juillet

Départ pour Champrosay.

En montant en chemin de fer avec le jeune ménage, je m'aperçois au moment où le train part que j'ai laissé mon sac de voyage sur un banc de la gare. Léon télégraphie de Villeneuve-Saint-Georges, mais la soirée se passe sans le sac. Je vais même inutilement à la gare de Ris-Orangis, sur les minuit, par la nuit la plus noire. Je me couche un peu embêté, le sac de voyage est vieux, les bouchons des flacons et les couvercles des boîtes désargentés ; mais il y a dedans des rasoirs de Stockholm, les seuls que j'aie rencontrés toujours coupants, il y a un petit miroir qui servait à ma mère, enfin des objets de toilette d'une habitude de trente ans, depuis nos premiers séjours à Saint-Gratien. Allons, décidément, il est volé... Mais aujourd'hui, c'est le jour des oublis ! J'ai laissé mes clefs à Auteuil, et il faut forcer la serrure de la malle pour le linge de nuit.

Pas de chance ! Par là-dessus, une affreuse crise d'estomac de Daudet, qui l'a forcé de se coucher après dîner.

Mardi 11 juillet

Ce matin, on frappe de très bonne heure à ma porte et on dépose mon sac de voyage retrouvé et réexpédié de Paris.

Mon pauvre Daudet, je lui trouve la figure bien tirée, la moustache bien blanchie, et dans les yeux une fixité inquiète que je n'aime pas.

Mercredi 12 juillet

Ce matin, Mme Daudet, désolée de l'abus que fait son mari de la morphine, du chloral, disait qu'il y avait chez lui, dans le sommeil, des interruptions de respiration qui la faisaient en son inquiétude sauter hors de son lit, parlait de l'amour et de la curiosité des médicaments chez son mari, qui a dû payer une note de 400 francs chez le pharmacien avant de partir pour la campagne, ajoutant que Léon est bien le fils de son père sous ce rapport et qu'au moindre malaise, il prend vingt gouttes de Laudanum.

De bien imbéciles jugements littéraires a ce Delacroix ! Notamment sur Balzac, et sur ce chef-d'œuvre, EUGÉNIE GRANDET. Et pas peintre du tout, en écriture, des gens qu'il a rencontrés dans la vie... Et pas styliste non plus. Je n'ai guère rencontré de bien dans les deux volumes que cette phrase : « L'arrêté, le tendu de la peau qu'a seulement une vierge [1]. »

Daudet me disait ce soir : « Tout mon talent était fait de l'intensité de la vie chez moi ; cet état de la vie à l'heure présente me laisse sans talent. »

Jeudi 13 juillet

Daudet me parlant de sa faiblesse à la suite de la crise de ces trois jours, je lui disais que la douleur devait amener une dépense de force supérieure à celle exigée et obtenue par tous les exercices physiques, qu'un jour peut-être, on trouverait un instrument qui vous donnerait le chiffre de la déperdition amenée par une crise de foie, par des douleurs rhumatismales, et qu'on serait étonné de la dépense de force faite dans un état de maladie aiguë.

Ce matin, Daudet était un peu agacé par le *bafouillement* d'un maçon saoul qui lui apportait une note. Eh bien, est-ce que l'alcoolisme ne serait pas la vie logique de l'homme du peuple, quand l'alcoolisme n'est pas chez lui méchant, ne lui fait pas battre sa femme et ses enfants ? Car l'alcoolisme lui fait passer sa dure existence dans un état paradisiaque et sans qu'il ait la moindre perception de sa dureté.

Dans ce temps-ci, est-ce que vraiment tout ce qui est en vedette dans la société, tout ce qui a la considération et le respect, est indigne de cette considération, de ce respect ? Après le Panama de la Chambre, voici le scandale de LA REVUE DES DEUX MONDES, de la maison Buloz [2].

Hervieu, décoré d'après-demain, arrive ce soir dîner en chapeau de toile cirée, dans un petit manteau de caoutchouc, qui le fait ressembler, dit Mme Daudet, à un contrôleur d'omnibus, un jour de pluie.

Il est question de ce pitre de Mariéton, qui se serait constitué de sa propre autorité le chambellan drolatique de la duchesse d'Aoste, de la duchesse d'Uzès, de ce *suiveur* exaspérant de Bourget, qui l'aurait

1. Cf. JOURNAL, éd. Flat, 1893, t. I, p. 53, note du 12 janv. 1824, à propos de la fille du général Charles Jacquinot. — Sur EUGÉNIE GRANDET, cf. t. II, p. 437, note du 7 sept. 1854 : « la triste EUGÉNIE GRANDET » prouve « l'imperfection incurable du talent de l'auteur ».

2. Sur l'affaire de mœurs qui motiva en 1893 l'éloignement du fils du fondateur de LA REVUE DES DEUX-MONDES, Charles Buloz, cf. ici le passage du 30 août 1893 et, dans ENTRE DEUX GUERRES de Léon Daudet (1932, p. 172 sqq.), le récit, déjà cité par Billy (L'ÉPOQUE 1900, p. 305), de l'altercation violente entre Charles Buloz et Brunetière, au terme de laquelle Brunetière prit la direction de la revue. Charles Buloz, d'après L'ÉVÉNEMENT du 12 juillet, aurait subi le chantage de demoiselles de petite vertu ; à la suite de cet incident, Mme Buloz avait demandé la séparation de corps.

lâché dans une gare de la Grèce, sous prétexte de la recherche d'un chapeau. Il est question de Forain, fortement défendu par Hervieu, qui ne le reconnaît méchant qu'avec les indifférents. Il est question de Banville. Mme Daudet raconte qu'au milieu de la visite d'une élève du Conservatoire, Mme de Banville appelée dans le salon d'à côté par les cris d'une petite fille de six mois, Madeleine Esperanza, rentrait en adressant cette phrase à Banville, le nez dans le feu : « Oui, j'ai dit à la mère : il faut des bandes pas plus larges que le doigt. N'est-ce pas, mon ami, c'est de cet emmaillotage que nous nous servons ? » Banville assimilé à un enfant de six mois devant la jeune élève du Conservatoire !... Voilà une imagination de femme méchamment et férocement inventive !

Vendredi 14 juillet

Aujourd'hui, à propos d'un article sur l'anniversaire de Marat, je pensais que pendant les guillotinades de la Révolution, le cœur n'avait jamais armé le bras d'un fils, d'un amant, d'une épouse, que le cerveau seul, en son indignation désintéressée, avait mis un couteau homicide dans la main de Charlotte Corday. Mais dans cette note, je crains de me répéter [1].

Quels intéressants noms d'hommes et d'endroits donne le relevé d'une carte quelconque, d'une carte de Seine-et-Oise ! Ainsi *Macherin* ferait-il un original nom d'ouvrier républicain, et les charmantes localités pour un roman que le *Grand-Vert,* le *Petit-Vert.*

Samedi 15 juillet

Ah ! vraiment, quand il paraît une préface comme celle mise en tête de VATHEK par Mallarmé, je m'étonne qu'on ne demande pas que l'auteur soit mis à Saint-Anne [2] !

Le soir, Léon lit la mort de Socrate dans le PHÉDON : ça fait penser à Jésus-Christ au jardin des Oliviers.

Dimanche 16 juillet

Des nuits au sommeil interrompu par la criaillerie du petit Hugo-Daudet, dont le réveil est toujours colère.

La satisfaction intérieure, la plénitude heureuse de la reprise du travail, de la *dramatisation* du commencement de LA FAUSTIN. C'est, après la paresse de la maladie, après une trêve de plusieurs mois, comme une résurrection joyeuse de l'être pensant, si longtemps en catalepsie.

1. Cf. t. II, p. 996.
2. VATHEK, l'œuvre étrange de William Beckford, écrite en français et publiée en France en 1787, est rééditée par Mallarmé en 1876, chez Adolphe Labitte, avec une préface reproduite en 1893 dans VERS ET PROSE.

Grande et assez vive discussion avec Léon, à propos de L'AUVERGNE d'Ajalbert, dont son père lit un morceau qu'il déclare très bien, discussion où je sens qu'à l'heure présente, lui, ainsi que les jeunes de sa génération, ne nous trouvent aucun talent.

Dans l'après-midi, on me dit que ce grand garçon gâté était nerveux, parce que sa femme a été obligée d'aller voir sa mère malade et qu'il en est privé une partie de la journée.

Lundi 17 juillet

Nadar, que je trouve ce matin, toujours en vareuse rouge, dans le cabinet de Daudet, parle de souvenirs qu'il veut publier sous le nom de CAHIERS DE NADAR. Mais il n'a pris aucune note, et ses souvenirs seront plutôt des commentaires autour des lettres autographes qu'il possède : lettres très nombreuses, très curieuses, de Veuillot, de Proudhon, de Baudelaire, etc., etc. [1].

Sur Baudelaire, il cite ce mot d'Asselineau, disant qu'à l'hôtel Pimodan, il se couchait sous son lit, pour l'étonner.

Et au sujet de Veuillot, il s'étend sur son intimité avec l'écrivain catholique, malgré les divergences d'opinion, et sur le dîner qu'ils faisaient toutes les semaines ensemble, déclarant que Veuillot lui pardonnait plutôt de n'avoir pas fait baptiser son fils que de s'être marié à une huguenote.

Je ne sais quel sentiment le pousse à me dire qu'il y a une chose qu'il regrette dans sa vie, une remords qui lui pèse, c'est sa caricature sur Villedeuil, s'en excusant en disant que c'était un temps où on était rageur comme des chats-tigres. Puis, après l'émission de ce remords, c'est une célébration de l'honnêteté de Baudelaire, de Banville, de Bataille, une espèce d'hymne où il se pose comme un fervent, comme un religieux de cette qualité, et vraiment comme s'il voulait faire oublier le photographe carotteur qu'il est, la note de 2 000 francs qu'au dire de Jeanne il réclamait à la succession de son grand-père, au bout de dix-sept ans !

Ce soir, comme on causait de la prétendue croyance de Banville aux lutins, dont il cherchait à endormir la *malfaisance* avec de petits morceaux de papier vert, bientôt après, la causerie allait aux apparitions. Mme Daudet racontait alors que veillant son fils menacé d'une fièvre typhoïde, elle avait le sentiment que le monde surnaturel, dont elle se voyait séparée comme par un cristal ondé, s'ouvrait et laissait sa grand-mère s'approcher d'elle — d'elle qui, toute frissonnante, le bras tendu, criait : « Non, non ! »

Une autre fois, elle avait la perception comme d'un rapprochement d'elle de son père mort.

---

1. Il ne semble pas que Nadar ait réalisé son projet sous cette forme exacte : son volume de souvenirs que préfacera Léon Daudet, QUAND J'ÉTAIS PHOTOGRAPHE, 1900, comporte accidentellement des citations de lettres, mais n'utilise pas systématiquement la correspondance reçue par Nadar.

Mardi 18 juillet

Vacquerie, auquel on demandait ce qu'il pensait des TROPHÉES de Heredia, répondait que ça lui faisait l'effet des bibelots de la vente Spitzer [1].

Ce soir, Jeanne Hugo me parlait d'une jeune femme de la société de Reims, des mieux apparentée et richement mariée à Paris. Au bout de quelques années de mariage, elle faisait une série de visites au faubourg Saint-Germain, au faubourg Saint-Honoré, où elle prévenait les gens — pour leur éviter tout embarras et leur donner la liberté de ne plus la saluer — que cette vie de femme honnête l'ennuyait, qu'elle allait carrément se faire courtisane.

Elle me contait aussi que la nièce de Mme Dorian, la fille de la folle et hystérique Russe, dans le dégoût de la vie de sa mère, avait annoncé que, si on ne la donnait pas à sa tante, elle se laisserait mourir de faim — et elle avait commencé.

Est-ce vrai ? Ça n'en a pas l'air. Léon racontait que Barrès, ayant renvoyé un domestique et entendant une nuit du bruit dans son escalier, s'était contenté de crier à son voleur supposé : « C'est vous, Alexandre ? Allons, ce n'est pas raisonnable, allez vous coucher ! »

Mercredi 19 juillet

Daudet nous disait, ce soir, qu'il était tombé, à huit ans, sur un volume dépareillé de TOM JONES et qu'il y avait lu que la chose qui avait amené sa naissance avait été le résultat d'une distraction d'une demi-heure [2]. Cette phrase avait apporté un bouleversement dans ses idées et mis son esprit en quête du comment de la fabrication des enfants.

Jeudi 20 juillet

Ce matin, Scholl s'est livré dans L'ÉCHO DE PARIS à un éreintement féroce du décoré Céard qu'il appelle le *cabotin du musée Carnavalet*, Céard qui vient ce soir recevoir les compliments de la maison Daudet et qui, au lieu d'annoncer l'éreintement avec un mépris blagueur, garde le silence le plus complet [3]. Et ce silence nous gêne tous, et moi en particulier, Scholl ayant imprimé qu'on n'avait pu absolument le décorer que pour avoir fait une pièce tirée de RENÉE MAUPERIN.

---

1. Le 17 avril et le 16 juin avait eu lieu la vente de la collection Spitzer, composée d'« objets d'art et de haute curiosité de l'Antiquité, du Moyen Age et de la Renaissance », parmi lesquels figuraient notamment de nombreux ivoires, échelonnés du Ve au XVIIIe siècle, et des pièces d'orfèvrerie religieuse. Elle produisit 6 millions et demi ; des collectionneurs avaient payé jusqu'à 12 000 francs une bouteille en verre émaillé et un million une collection de 180 tabatières.

2. Ce trait ne semble pas figurer dans l'œuvre de Fielding.

3. La CHRONIQUE PARISIENNE parue en tête de L'ÉCHO DE PARIS du 21 est en effet une exécution sans merci de Céard : Scholl lui reproche d'être arrivé grâce à Zola au poste de sous-bibliothécaire au musée Carnavalet, d'avoir acquis ainsi comme fonctionnaire la Légion d'honneur aux dépens de travailleurs plus méritants, d'avoir, comme écrivain, un si mince et si médiocre bagage et enfin de ne garder son « franc parler » à l'égard de ses « maîtres naturalistes », Goncourt et Daudet, que pour leur témoigner une grossière ingratitude.

Avant dîner, Céard donne quelques détails curieux sur des exécutions auxquelles il a assisté. Il parle de la tête oscillante du condamné sur les épaules comme si elle ne tenait plus, de la longueur du visage par la descente de la mâchoire, de sa pâleur qui tourne au chocolat. Il parle au départ de la longue descente du couteau, descente qui dure bien une seconde, et nous fait voir le couteau remontant éclaboussé de sang comme du papier peigné avec la trace parfaitement indiquée des deux carotides. Ce sont des observations faites par lui à l'exécution d'Allorto et de ses complices, les assassins du jardinier d'Auteuil [1].

Au dîner, il nous entretient de Maupassant, déclare que chez lui, la littérature était toute d'instinct et non réfléchie, affirme que c'était l'homme qu'il a connu le plus indifférent à tout et qu'au moment où il paraissait le plus passionné pour une chose, il en était déjà détaché.

Vendredi 21 juillet

Schwob, avec sa tête de gras rongeur et une chemise sale, nous arrive aujourd'hui, avec, dans sa poche, le poète américain Whitman, qu'il est en train de traduire. Il nous traduit, au courant de la lecture, LA MAISON DES MORTS DE LA CITÉ, un morceau étrangement poétique sur un cadavre de prostituée, un morceau d'un lyrisme fantastique d'où sort tout entier Maeterlinck [2].

Incidemment, il nous dit que Maupassant avait fait la plus grande partie de ses nouvelles avec les racontars des uns et des autres. Et il affirme que le sujet du HORLA lui a été donné par Porto-Riche, qui est tout à fait inquiet quand on découvre en sa présence, dans cette nouvelle, le commencement de la folie du romancier et ne peut s'empêcher de s'écrier : « Si cette nouvelle est d'un fou, c'est moi qui suis le fou [3] ! »

Le hasard fait que les exécutions racontées hier par Céard reviennent dans la conversation, et Schwob décrit l'exécution d'Eyraud qu'il a vue [4]. Il dit que dans une exécution, la seule chose dramatique est l'apparition du condamné sur la porte, et que la rapidité de la décapitation dans tous ses détails — il a compté — ne dépasse pas cinquante secondes.

Il a eu la curiosité de suivre Eyraud au *Champ des Navets,* où il l'a vu mettre en terre, après qu'on a retourné sa tête, dont le visage se trouvait tourné du côté de son dos, dans la bière, sur laquelle il y avait écrit son prix : 8 francs. Puis il est allé boire, avec les bourreaux, un verre de vin dans le cabaret en face. Là, il a constaté le respect, la considération qu'il y a pour les descendants de bourreaux de père

1. Cf. t. III, p. 245, n. 1.
2. Le poème, daté de 1867, a paru dans LES FEUILLES D'HERBE. Cf. trad. Asselineau, 1956, p. 273 sq : LA MORGUE MUNICIPALE.
3. On sait que le Horla est l'être mystérieux dont le narrateur sent la présence près de lui et qui absorbe son énergie vitale, jusqu'à ce que la folie interrompe le journal intime que tient le héros de Maupassant.
4. Cf. t. III, p. 379, n. 3 et p. 508, n. 3.

en fils, et l'espèce de mésestime pour ceux qui le sont devenus par une alliance, un mariage avec une fille de bourreau. Les premiers, dans le langage argotique de la guillotine, s'appellent des *bings*.

Daudet avouait ce soir que dans sa jeunesse, lorsqu'il avait quelque chose d'agréable à l'horizon, il éprouvait le besoin de le savourer d'avance, dans la solitude, de fumer un cigare dans un coin en y pensant. N'est-ce pas là, un peu, la retraite de la première communion ?

Samedi 22 juillet

Dans notre promenade de ce matin, Daudet me dit : « Ce qui fait que j'ai l'air de n'avoir pas travaillé, c'est que j'ai eu l'idée de nous faire — oui, ma femme et moi — sous le titre de QUINZE ANS DE MÉNAGE. J'en avais écrit sept chapitres... Mais j'ai été obligé de le laisser là, ce livre : malgré toute la discrétion imaginable, cette double autobiographie, ça faisait de la peine à ma femme. Je ne désespère pas que, plus tard, son jugement ne se modifie, mais pour le moment... Vous concevez, c'étaient tous les petits et grands événements d'un ménage : les peurs de la jeune femme, de la vieille bonne, la venue de l'enfant, l'éducation, etc., etc. »

Et Daudet me confie qu'il y a dans son esprit une évolution conforme à celle qui s'est faite dans le mien, le dégoût de l'éternelle aventure, de l'éternelle complication de la chose romancée, s'étonnant que Zola n'ait pas la fatigue de ce recommencement perpétuel et s'écriant : « Et là-dedans, j'étais dans la pure réalité, et une belle et délicate réalité !... Oui, oui, j'espère qu'un jour, Julia me laissera finir ces QUINZE ANS DE MÉNAGE. »

Là-dessus, je lui disais : « En effet, la femme a la venette de la vérité nue, elle la tolère à peine en chemise de nuit. »

Dimanche 23 juillet

Aujourd'hui, fini le premier tableau de LA FAUSTIN. Ne trouvant pas encore le sentiment paternel chez son fils, Daudet affirmait que ce sentiment était apporté par un incident, et il contait que chez lui l'amour paternel était né d'une nuit où Léon, quitté par sa nourrice, avait couché avec lui et avait cherché sur sa figure, sur ses joues, de ses petites lèvres gourmandes, les seins de la Bourguignonne.

Lundi 24 juillet

C'est étonnant, le merveilleux imitateur qu'est Léon, imitateur de la mimique, imitateur de la parole et même imitateur de la forme de la pensée ; mais ce qu'il y a de curieux, c'est que son étude des gens est tout extérieure et pas le moins du monde morale, et que ce parfait imitateur n'est pas du tout observateur et qu'il ne se rend nullement compe de l'intelligence vraie, de l'honnêteté, de la loyauté, même du *bon-garçonnisme* d'un individu.

Mardi 25 juillet

Léon cause de l'entêtement de sa femme dans ses désirs et dont le *vouloir*, quand ils étaient contrariés, allait jusqu'à l'extrême.

Jeanne elle-même confesse les violences de son enfance, qui la faisaient mettre dans un cabinet noir et qui ne s'apaisaient pas à sa sortie, où elle s'écriait : « Je n'ai pas fini ! » et recommençait à tempêter. Il y a de cette violence de la mère dans le petit Charles, mon voisin de chambre, dont les cris, la nuit, ne sont pas des plaintes, mais des crises *colères*.

Jeudi 27 juillet

Frédéric Masson nous contait en riant que Walewski, qui lui avait fourni tous les documents pour la Walewska, dans son étude sur LES FEMMES DE NAPOLÉON Ier, ne voulait pas que l'on sût qu'il était le fils naturel de l'Empereur.

Vendredi 28 juillet

Comme Daudet se moquait de la gandinerie de son fils Lucien, Mme Daudet s'écrie : « C'est bien à lui de se moquer, vraiment ! Il était plein de recherches... Ne se lavait-il pas à l'époque de mon mariage avec du lait ? De manière que la vieille prenait pour son visage tout le dessus [1] ! Et n'ai-je pas été obligée, pour reconquérir la crème de mon café au lait, de l'accuser de sentir l'aigre d'un bébé ? »

Daudet balbutie : « C'est que j'étais revenu si brun de mon voyage avec Delvau dans la Forêt-Noire ! » et ajoute : « Oui, elle m'a corrigé de bien des choses par l'esprit... Parce qu'elle en avait, ma femme ! »

Samedi 29 juillet

Soudain, au milieu du silence de nous tous, Léon, jetant en bas d'une chaise ses pieds sur laquelle ils sont posés, s'écrie, se parlant à lui-même, dans un mouvement de révolte intérieure : « Je n'ai qu'un regret, je me trouve *emberlingué* de trop de philosophie... A quoi ça sert ? »

Ce cri me fait plaisir, parce que je le vois prêt à n'être plus l'homme des bouquins, mais tourné à *bouquiner de l'humanité*.

Daudet cause de sa famille et, dans un moment d'expansion, m'avoue qu'un jour d'affreuse *dèche*, il avait été demander cent francs à son frère, au Sénat, et que celui-ci les lui avait refusés. Quelques mois après, arrivait la chute de l'Empire, et Daudet recueillait son frère et le faisait manger. Ça ne m'étonne pas, ça, car Ernest n'est pas du tout le frère d'Alphonse.

---

1. La *vieille* ? Sans doute la servante ou la femme de ménage, qui devait lever la crème du lait pour les soins de beauté d'Alphonse. — Sur le voyage de Daudet en Forêt-Noire, cf. t. III, p. 458, n. 1.

Dans l'engourdissement de la sieste, le ratissage des allées pour demain me donne la sensation d'être peigné avec un peigne aux dents édentées.

Hervieu, ce soir, nous entretient des Baignères, de la maison qui a été l'échelon par lequel il est monté chez les Straus, et en parle comme de gens à l'apparence de grande fortune, et réduits à des expédients, comme de louer leur appartement à des Américains pendant l'été.

Puis il nous conte le fameux dîner donné par LA REVUE DES DEUX MONDES à Brunetière, lors de son élection à l'Académie, dîner qui précéda seulement de quelques jours la divulgation du scandale Buloz et où ce même immonde et hypocrite Buloz, en plein dîner, cria tout haut à Brunetière : « Maintenant que vous êtes de l'Académie, vous empêcherez, n'est-ce pas ? d'y entrer ce cochon de Zola [1]. »

Dimanche 30 juillet

Aujourd'hui, Daudet, revenant au commencement de sa maladie, à son vomissement de sang, déclarait que, lorsque de Paris il arrivait à la grande et haute avenue de peupliers par laquelle on montait à Champrosay, il éprouvait un bonheur intérieur tel qu'il le comparait à l'épongement frais d'un cheval de fiacre, arrivé à une station, après une course par un jour de feu — et c'est le lendemain qu'il tombait malade.

LES FEMMES DE L'EMPEREUR par Masson, fabriquées avec de vrais documents, n'ont pas le caractère historique : c'est de l'histoire qui ressemble par endroits à de l'histoire faite par Houssaye. Pourquoi ? Je ne m'en rends pas bien compte.

Daudet m'annonçait qu'il faisait une nouvelle inspirée par trois chapeaux verts achetés à Munich en 1866 et donnés par lui à trois hommes devenus fous : Gill, Bataille, Du Boys [2]... Il me contait que Bataille, un jour d'une grande course aux environs de Meudon, s'échappait à lui dire que son père était un alcoolique qui s'était noyé dans du purin de fumier, et que lui, il mourrait dans de la merde. Et il disait cela avec, sur la tête, un des trois chapeaux verts, où l'oiseau était si comiquement placé et le faisait si macabrement drolatique que Daudet partait d'un éclat de rire nerveux qu'il ne pouvait arrêter.

Chez Léon Daudet, le bouillonnement fiévreux de la copie, de la conversation, de la blague, de la charge, de l'*agrichage,* ça me fait peur par moments pour l'avenir de sa cervelle. Par là-dessus une mangeaille énorme suivie de siestes congestionnantes.

---

1. Brunetière, qui devient directeur de LA REVUE DES DEUX MONDES après l'éviction de Charles Buloz (cf. plus haut p. 849), en 1894, avait été élu le 7 juin 1893 au fauteuil John Lemoinne contre Zola — en récompense de ses attaques contre le naturalisme.
2. Voir l'anecdote des *trois chapeaux* dans A LA SALPÊTRIÈRE, publié d'abord dans TROIS SOUVENIRS (1896), puis dans LA FÉDOR (1897, p. 131).

Lundi 31 juillet

Une matelote aux *Vieux Garçons,* avec les vieux et jeunes Daudet et les Masson.

Masson raconte qu'ayant publié de Maupassant, dans sa revue des ARTS, la nouvelle SUR L'EAU, l'auteur lui avait demandé, avant de l'écrire, si ça lui serait égal qu'il éreintât la princesse de Monaco, à quoi Masson avait répondu : « Tout à fait égal ». Là-dessus, Masson avait été étonné que l'article fût plutôt aimable pour la princesse [1]. Quelque temps après, Masson publiait LES PRINCESSES ARTISTES DE LA FAMILLE NAPOLÉON, et comme on lui demandait d'y mettre Mme de Villeneuve et qu'il s'y refusait, comme n'étant pas une Napoléon, on lui disait qu'il n'était pas gentil, lui qui avait reçu cinq cents francs à la publication de SUR L'EAU. Il s'indignait, s'emportait, demandait à voir son reçu et à fin de compte, il était établi que c'était Maupassant qui avait empoché les cinq cents francs !

Le soir, lecture de la pièce d'Hennique, LES DEUX PATRIES, dont Daudet dit avoir donné l'idée. Un prologue très original, mais une pièce manquant de la mâle écriture nécessitée par le sujet [2].

Mercredi 2 août

Fête d'Alphonse Daudet. Toute la maisonnée Allard arrive de Bourg-la-Reine, dans une voiture aux rideaux de cuir, d'où sortent successivement la mère, le père, le petit dernier, le tzigane, Renée, Marthe, Adeline, avec sa tête de Gozzoli : un petit monde de fillettes distingué et pas bourgeois. C'est intéressant, cette famille : on se sent dans une aisance très restreinte, une allègre insouciance mêlée à un certain désordre artiste.

Le soir, Léon nous lit dans la NOUVELLE REVUE son article sur Hugo, un article tout à fait remarquable où foisonnent les idées, les images, les coups de lumière, dans une langue superbe, très supérieure à la prose de L'ASTRE NOIR, que je viens de lire en épreuves [3]. Ce jeune Daudet est incontestablement le premier critique de l'heure présente.

Jeudi 3 août

Avant dîner, causerie au fond du parc avec Rodenbach sur la réforme

---

1. Dans SUR L'EAU (1888, p. 234 sqq.), Maupassant ironise sans cruauté sur la principauté de Monaco, sur l'étiquette de la cour, sur l'embarras où un condamné à mort jette le petit État, sur le bon voisinage du Palais et de la Roulette ; mais ni dans le volume, ni dans LES LETTRES ET LES ARTS, où l'œuvre a paru d'abord, du 1er février au 1er avril 1888, il n'est question de la princesse de Monaco.

2. La pièce d'Hennique, LES DEUX PATRIES, jouée à l'Ambigu le 16 mars 1895, s'inspire du destin de Bernadotte : le maréchal Garnier, ayant épousé la reine d'Altenberg, se trouve déchiré entre ses deux patries quand ses sujets se révoltent et massacrent les soldats français de l'armée napoléonienne.

3. Cf. QUELQUES REMARQUES SUR VICTOR HUGO, dans la NOUVELLE REVUE du 1er août, pp. 634-637.

de l'orthographe, sur cette révolution tentée, non par des littérateurs, mais par des professeurs, et par courtisanerie démocratique, au profit de l'école primaire [1].

Reprise de la question à dîner, où Nolhac, le conservateur de Versailles, prend parti absolument pour la réforme, dans la préoccupation paternelle de faciliter l'orthographe à ses enfants, mais je crois bien plutôt par domesticité de fonctionnaire. Et la bataille de paroles amène un tollé contre l'Université et sa domination, domination non pareille et qui n'existe dans aucun pays universitaire d'Europe.

Pour moi, la réforme de l'orthographe, c'est la suite et le complément final de l'idée révolutionnaire, qui ne veut rien laisser du passé de la France monarchique. Et dire que des académiciens se sont faits les ouvriers de ce *ravacholisme* de la langue !

Vendredi 4 août

« Chère Mademoiselle,

« Je suis un vieil homme, n'ayant plus du tout d'amour sur moi, et vous voulez me donner un rôle d'amoureux que je suis incapable de jouer, même auprès de vous, toute charmante que vous êtes.

« Votre ami. »

Tous les six mois, Zola a une curiosité de nous tâter le pouls, à Daudet et à moi, de savoir où nous en sommes physiquement et cérébralement. Aujourd'hui donc, il dîne ici. Et nous l'attendons avec une certaine appréhension, vu l'état nerveux des uns et des autres. Mme Daudet recommande de n'être pas à l'*agrichage* et m'engage, avant son arrivée, à faire une bonne sieste reposante et adoucissante.

Zola parle du théâtre, dont, dit-il, il est dégoûté, mais cependant où il sent qu'il pourrait se renouveler, et est au fond tenté de faire une pièce entre ses romans de LOURDES et de ROME. Puis passant d'un sujet à l'autre, avoue son goût passionné de pâtisserie, dont il mange toute une assiette à son thé de quatre heures ; ensuite se met à célébrer l'insomnie, disant que c'est là où il prend ses déterminations, qui deviennent des actions lors de la mise de ses bottines, qu'il chausse en pensant tout haut : « Me voilà sur mes pieds ! »

Viennent alors les compliments doucereusement hypocrites, les interrogations qui sont des traquenards, les affirmations où, si vous le suivez, tout à coup, il vous arrête par un : « Ah ! mon bon ami, je ne vais pas aussi loin que vous ! » suivi à peu près d'une rétractation

1. A l'Académie, Octave Gréard avait présenté à la commission du Dictionnaire un rapport publié dans la REVUE UNIVERSITAIRE du 15 févr. 1893 et adopté à la fin de juillet par la commission comme une méthode provisoire — hélas ! — de travail, par 7 voix contre 6. Boissier soutenait la réforme, que combattit le « parti des ducs », Broglie, Aumale, Vogüé, ainsi que Leconte de Lisle, qui invoquait, avec François Coppée, la beauté intangible des mots. La réforme de Gréard était pourtant bien modérée et portait sur dix points propres à rallier l'unanimité, tels que le problème des consonnes doubles ou celui des contradictions entre les mots de même famille.

de ce qu'il a avancé. Enfin cet art de parler sans rien dire, que l'homme de Médan possède comme pas un.

Pendant ce, Mme Zola, vieillie, ridée, grippée et, selon l'expression de Mme Daudet, semblable à une vieille poupée de l'étalage d'un magasin en faillite, narre dans un coin à Mme Daudet sa triste vie de Médan, disant de son mari : « Je ne le vois qu'au déjeuner... Après le déjeuner, il fait quelques tours dans le jardin, attendant deux heures, attendant l'arrivée des journaux et jusque-là me jetant quelques paroles..., m'engageant à m'occuper de la vache. Mais je n'y connais rien, c'est bien mieux l'affaire de la jardinière... Puis il remonte lire les journaux, fait sa sieste... J'avais une cousine les autres années ; cette année, elle me manque, elle est aux bains de mer. » Et j'observe Zola qui, de loin, suit la conversation, inquiet.

L'on dîne, et un nuage noir qui fait craindre un orage amène Mme Zola à reparler des terreurs de Zola du tonnerre, de ses terreurs enfantines, où on le descendait à la cave, roulé dans des couvertures, des ses terreurs d'à présent, où, dans le billard de Médan, les fenêtres fermées et toutes les lumières allumées, il se met encore un mouchoir sur les yeux.

Au milieu de ces racontars sans intérêt, le vieux gamin de Coppée, qui commence à s'embêter, s'essaye à faire rire, à *bouffonner.* Il conte que ces jours-ci, quelqu'un s'étant présenté chez Emmanuel Arène, il lui avait été dit : « Il est sorti pour présider un jury d'honneur ! » Vous voyez d'ici le Panamiste remplissant ces fonctions ! Et ce mot est pour Coppée l'occasion d'ajouter que depuis des années, Becque, en accouchement laborieux des POLICHINELLES, confie à tout individu qu'il rencontre dans la rue, le retenant longtemps par le bouton, sur le trottoir, que dans sa pièce, on vient demander un monsieur pour l'arrêter et qu'il est répondu : « Monsieur est sorti pour présider un jury d'honneur[1] ! » Et il déclare qu'au fond, la position dans la vie de Becque est d'être l'auteur des POLICHINELLES, sans le moindre désir d'être joué, parce que jusqu'à la représentation, c'est un succès !

Et enfin, après dîner, une conversation assommante sur l'argent, sur ce qu'on paye une chronique à Coppée au JOURNAL, sur ce que Zola a vendu et vendra LOURDES et ROME, sur ce que L'ÉCLAIR a offert à Daudet pour une série d'articles.

---

1. LES POLICHINELLES de Becque sont une pièce en 5 actes, inachevée, dont le premier acte seul sera représenté à l'Odéon le 21 mai 1926. Le texte des ŒUVRES COMPLÈTES (t. IV, 1924) reproduit une copie postérieure à 1894 et où l'indication visée par Coppée ne figure pas. A l'acte III, sc. 17, *Toto* conte une précédente arrestation de Tavernier, le banquier véreux, appréhendé au cours d'une partie de chasse, et l'on voit, quelques instants plus tard, le même Tavernier arrêté une seconde fois chez sa maîtresse, qui pend la crémaillère, mais il n'est pas question de jury d'honneur. — Quant à Emmanuel Arène, c'était un des cinq députés contre lesquels, le 20 déc. 1892, le ministre de la Justice avait demandé et obtenu la levée de l'immunité parlementaire à la suite de la communication, faite à la commission d'enquête du Panama, de 26 chèques tirés par le baron Reinach.

Samedi 5 août

Mme Daudet disait spirituellement de notre cérémonieux dîner d'hier que cela ressemblait à une « corvée de famille ».

Aujourd'hui, Mme Léon Daudet a été à Paris et doit y passer toute la journée, et Daudet, qui connaît son fils, s'est écrié : « Léon est revenu ce matin de la gare avec son œil noir de veuf, son œil querelleur. Gare pour la journée ! »

Est-il bête à mon âge d'être encore mordu par l'animal spermatique ! Voici quinze jours que ma pensée, je voulais la garder tout entière sur ma pièce, et voici quinze jours qu'elle me fabrique, sous le noir de mes paupières, des images érotiques, qui enfoncent un peu celles de l'Arétin.

Couché à Paris, où j'ai dîné ce soir chez Mme Sichel, qui est redevenue aphone et m'avouait qu'elle passait ses nuits à pleurer.

Dimanche 6 août

Maudite soit cette gare de Lyon, dont je suis revenu hier avec un cheval fourbu et en voiture découverte ! Et ce matin, j'ai une petite crise qui n'amène pas de vomissements, pas de point au foie, mais se résout dans d'assez vilaines douleurs dans les cuisses.

Lundi 7 août

Il me restait sans doute un peu de fièvre de la crise d'hier, et je rêvais ceci. Gillot me faisait voir quelques dessins et tableaux qu'il venait d'acheter. Puis, me désignant un tableau à la couleur anglaise du XVIIIe siècle, il me jetait :

« Connaissez-vous les tableaux de Burrow ?

— Non.

— Eh bien, attendez ! Vous allez voir quelque chose de tout à fait étrange. »

Et il prenait une palette vendue avec le tableau, et il touchait avec un ton pris sur la palette — un ton tout à fait semblable au ton d'un personnage — et la femme touchée se mettait à faire des révérences, un Mezzetin à danser, des musiciens à jouer du violon, absolument comme si cette peinture d'un grand art était un tableau mécanique.

Mardi 8 août

Les impatiences des animaux, n'ayant pas de langage pour se faire entendre des humains, sont curieuses. Je regardais la chatte, à laquelle Pélagie avait fermé une porte qui l'empêchait de retrouver son petit chat. Elle ne miaulait pas, mais c'était chez elle des contractions colères de la gueule, comme si elle en voulait faire sortir de la parole.

Lorrain entre un moment à la maison. Il est bien changé. Il se plaint d'un dégoût absolu de la nourriture et est assujetti à deux pansements par jour.

Retour ce soir à Champrosay, où, dans le landau qui me ramène de la gare, le teint de Jeanne, qui est venue me chercher, ce teint de rose lumière, éclaire le fond de la voiture.

Mercredi 9 août

Pour moi, les romans de Mendès ne me semblent pas écrits par un homme, mais par une tribade.

Je lis ce soir aux Daudet le second tableau de LA FAUSTIN.

Jeudi 10 août

Le jeune écrivain anglais Sheppard nous révélait une conversation qu'il avait eue avec Zola au sujet de son futur voyage en Angleterre, Zola déclarant que Londres ne l'intéressait nullement, mais que ce voyage pouvait détruire l'idée qu'il n'était pas populaire à l'étranger, pouvait aider son élection à l'Académie ; et le malicieux Anglais terminait sa révélation par cette phrase : « Enfin, tous deux, nous avons côtoyé une heure le mot *réclame*, sans le prononcer [1] ! »

Vendredi 11 août

Xau avait fait demander à Daudet un article sur le déjeuner ROUGON-MACQUART pour le JOURNAL, et Daudet a appris depuis que c'est Zola qui avait fourni les paroles par lesquelles on devait l'amener à faire l'article [2].

Samedi 12 août

Aujourd'hui, Daudet souffrait de douleurs horribles dans le dos, et il me disait : « Il y a là, au milieu de ma colonne vertébrale, un petit point, un tout petit point... Vous savez, dans les autopsies, ce sont des riens qui ont amené la mort... Eh bien, de ce petit point, je sens partir toutes les irradiations de mon mal, qui vont jusque dans les yeux. »

Hennique vient de son Laonnais nous demander nos observations et nos critiques sur LES DEUX PATRIES.

Il reste coucher, et, le soir, nous l'interrogeons sur sa famille, sur son père. Son père, élevé au séminaire et destiné à être prêtre, s'engageait dans l'infanterie de marine, devenait général, gouverneur de la Guyane, de la Guadeloupe, et mourait de trente ans de vie exotique. Sa mort était précédée de la mort de sa femme. Et l'auteur de PŒUF se remémore quelques impressions de son enfance coloniale, entre autres l'*écoute,* à l'orée d'une grande forêt, vers la tombée de la nuit, l'écoute de l'éveil

1. Sur ce voyage de Zola, voir la note du 19 décembre.
2. Cf. plus haut p. 841, n. 1.

de la forêt, où de temps en temps, au-dessus de tous les bruits, s'élevait une grande lamentation d'animal que toute la ville allait entendre : lamentation mystérieuse et qu'on ne savait à quelle bête attribuer.

Lundi 14 août

Daudet passe à sa femme un journal, en lui disant : « Tiens, vois donc, il y aurait eu, à ce qu'il paraît, une tentative d'assassinat sur Lockroy [1]. » Mme Daudet distraite, comme il lui arrive souvent, prenant le journal et lisant dans un autre article, tout haut : « Mme Strauss portait une robe blanche... » Il y aurait là un effet comique à porter au théâtre.

A propos de cette tentative d'assassinat de Lockroy, je soutenais qu'il y aurait vraiment besoin, pour les candidats à la députation de l'heure actuelle, d'un *matelassage* tout pareil à celui des clowns anglais, d'être, toute une séance électorale, la cible de gifles, de coups de pied, de volées de bâton, de balles de revolver, sans être tués.

Mardi 15 août

Daudet m'annonçait que sa femme devenait très populaire en Amérique et qu'un grand et élogieux article sur sa littérature venait de paraître dans un journal de là-bas... Il ajoutait que ça désespérait au fond sa mère, qui assistait à l'insuccès littéraire de son fils, de son enfant préféré, et au succès de sa fille [2]... Ah ! ce serait une forte gaffe de la féliciter de la gloire de sa fille !

Ce matin, vient déjeuner un M. Roguenand, secrétaire du syndicat des mécaniciens, un socialiste opposé aux grèves, un homme à la tête bonne et honnête.

Il nous entretient des mécaniciens, dit que ces gens qui courent tous les jours le risque d'être tués, sont des êtres loyaux, n'ayant pas les côtés tracassiers des autres ouvriers, des êtres contents de leur état et en assumant la responsabilité. Il nous les peint comme des Juifs errants, n'ayant que le repos des dortoirs de refuge et sentant bien qu'ils ont contre eux, gens de passage, la *localité* des gares, mais au fond se considérant comme une aristocratie et ne consentant pas à être assimilés aux lampistes, au bas personnel de la Compagnie. Enfin il nous les montre, dans un accident, gravement blessés, courant au disque pour constater que le mouvement n'a pas été fait.

---

1. Le 14 août, Lockroy, en se rendant rue de Charonne à son comité électoral, reçut dans la poitrine un coup de pistolet qui ne le blessa que légèrement, la balle ayant heurté une côte. L'agresseur était le cocher-poète Moore, habitué des meetings et qui s'était signalé lors des funérailles de Vallès en récitant une de ses poésies au milieu de l'échauffourée du boulevard Saint-Michel. Hugo, disait-il, lui avait promis de faire éditer ses poésies, et Lockroy n'ayant pas tenu la promesse de Victor Hugo, il avait voulu se venger. Il fut condamné le 21 déc. 1893 à 6 ans de travaux forcés et à 10 ans d'interdiction de séjour.

2. L'*enfant préféré* et l'auteur malheureux, c'est Léon Allard.

Quand il a été décoré, il y a eu un banquet de cinq cents mécaniciens, où ils lui ont demandé de n'être ni député ni conseiller municipal, pour continuer à leur appartenir, à être leur homme.

Jeudi 17 août

« Aye ! Oye !... Mouche !... Guêpe ! » sont, ce matin, dans la bouche de Daudet, des imitations blagueuses des petites plaintes, des exclamations enfantines, des coquets cris de terreur, des manifestations un peu comédiennes avec lesquelles sa belle-mère cherche à occuper l'attention de son entour : « Jeune fille, il lui fallait bien certainement, s'écrie-t-il, l'admiration de vingt mille personnes ! »

Et cette femme d'une autre génération, Daudet me la représente, toute son existence, à gentiment geindre, en une nonchalance, une paresse de créole, contrastant avec l'activité de la vie de la femme d'à présent. Daudet ajoute : « Dans mon livre, je peins trois générations, et c'est avec ces infiniment petits que je tiens à les caractériser, à les *typifier* [1]... Il y aurait, reprend-il après un silence, quelque chose de curieux à écrire sur le veuvage de la femme après l'écoulement de la douleur. C'est au fond une ère de délivrance, de mise en liberté, de prise de possession de la maîtrise. Et au milieu de ces sentiments, comme un monument s'élevant dans leur cœur, fait d'un tas d'illusions de leur passé, de leur passé à distance, en sorte que des femmes qui ont été peu heureuses dans leur ménage se figurent avoir aimé leur tyran et en chantent l'éloge. Maintenant, à côté de celles-ci, des femmes trop écrasées par le mariage, redevenues libres, ne pouvant se relever de la servitude passée... »

Ce soir, tombe au milieu du dîner le nommé de Robert, du JOURNAL, envoyé par Xau pour avoir de Daudet une interview sur Charcot, dont la mort est annoncée ce matin par les journaux. Xau l'envoie à Daudet comme à l'ami intime de Charcot ! Diable ! il est mal renseigné, le directeur du JOURNAL ! Et après les mauvais procédés de Charcot pour Léon, le père se refuse à l'interview.

Au moment de s'en aller, de Robert m'apprend qu'il jouait au Théâtre-Libre un rôle de comparse dans ma pièce de LA PATRIE EN DANGER, qu'il disait au cinquième acte une phrase, que j'avais trouvée si mal dite que je lui avais retiré le rôle. Avec quels hommes se font maintenant les *reporters* !

Samedi 19 août

Hier soir, je suis allé avec les Daudet voir la lune et les étoiles dans l'observatoire de Flammarion, à Juvisy.

Aujourd'hui, il me reste comme un souvenir de rêve de cette visite.

1. Daudet songe sans doute au SOUTIEN DE FAMILLE, où les *trois générations* n'apparaîtront pas avec la netteté prévue ici, mais où Mme Eudeline est faite à l'image de Mme Allard. Voir la note du 11 juillet 1895.

Le Flammarion avec sa tête de Saint-Jean-Baptiste qu'offre dans un plat d'argent la peinture italienne à Hérodiade. L'épouse Flammarion, une pâle et fantomatique créature, maquillée à la diable et affectueuse avec nous à la manière d'une folle, et qui soudain disparaît comme une apparition. Le monsieur qui a découvert la dernière comète, une espèce d'albinos à la chevelure qui pourrait servir d'enseigne à la *Pommade du Lion*. Un jeune homme bancroche, qui nous est présenté par Flammarion comme l'humain de toute la terre ayant la vue la plus longue. Une amie de Flammarion, qui nous fait les honneurs du ciel en remplacement de Mme Flammarion, une petite femme ayant de très beaux yeux, une grande bouche, une physionomie libertine et un balancement voluptueux de bancale sur les échelles de l'observatoire. Un monde un peu fantastique, dans ce milieu légèrement magique, autour de cette lunette, qui a dedans des fils d'araignées, d'araignées qu'on fait jeûner, pour que leurs fils soient tout à fait ténus et deviennent des diviseurs de riens indivisables, lunette dont la gravitation fait comme le bruit d'une usine céleste.

Une déception. Je m'attendais à voir des étoiles grandes comme des fonds d'assiette. On m'en fait voir une. Est-ce la *gamma* d'Andromède ? Elle m'apparaît seulement grande comme une grosse émeraude de la vitrine d'un bijoutier, rue de la Paix.

En descendant l'étroit petit escalier de l'observatoire, fort mal éclairé, Daudet, qui perd le bout de caoutchouc de sa canne, dans sa désespérance, lâche mon bras et se laisse couler sur les reins, ainsi qu'un gamin, au bas de l'escalier. Ah ! c'est pour moi un vrai coup au cœur, qu'il donne un spectacle si cruel de son infirmité à des inconnus !

Dimanche 20 août

Tous les jours après le déjeuner, il y a une *heure de jeu* entre Edmée et son père, qui lui raconte des histoires, lui donne des explications — parfois baroques — de ce qu'elle a entendu ou commence à lire. Aujourd'hui, j'assistais à l'*heure de jeu*, et comme elle l'interrogeait sur le serpent du paradis, nous lui avons à nous deux, le papa et le parrain, improvisé une très jolie légende de ce serpent, mangé en matelote par Adam, comme une anguille de haie.

Lundi 21 août

La vieille Clérambaud, la maîtresse de piano d'Edmée, qui a beaucoup vécu dans l'intimité de Rossini, nous apprend ce matin qu'il avait pris volontairement sa retraite avant cinquante ans, disant, en faisant allusion aux opéras d'Halévy et de Meyerbeer : « Voilà l'invasion des Allemands ! »

Elle nous conte, après, cette escarmouche entre Wagner et Rossini : « Vous ne comprenez pas l'harmonie du silence ? — Si ! si ! » faisait

Rossini, qui prenait une feuille de papier, sur laquelle il jetait un point d'orgue.

Wagner ne revint jamais.

Mme Clérambaud nous donne ce détail curieux sur son manger, qui le faisait accuser de gourmandise, de gueulardерie : Rossini ne prenait, de son lever jusqu'à cinq heures de l'après-midi, où il dînait et mangeait nécessairement beaucoup, il ne prenait qu'une tasse de café glacé.

Cet après-midi, après une promenade en landau dans la forêt de Sénart, nous avons été faire une visite à Nadar, à l'Ermitage [1].

Oh, l'intérieur curieux ! C'est l'heure de la *verdoyante.* Dans le jardin, autour de l'absinthe, un monde hétéroclite d'hommes et de femmes, parmi lesquels je reconnais le vieux *famulus* de la maison, Bouvenne. Au milieu de ce monde, l'aphasique Mme Nadar, à la tête d'un vieux professeur devenu tout blanc, allongée dans une robe de chambre bleu de ciel, doublée de soie rose.

Nadar joue auprès de sa femme le rôle d'un tendre garde-malade, ramenant sur elle sa lumineuse robe de chambre, lui rejetant les cheveux des tempes, l'enveloppant de caresses.

Un ascenseur primitif enlève Daudet à travers le rideau de plantes grimpantes qui habille la maison. Et nous, à vaguer à travers la salle à manger hollandaise, les ateliers, les chambres, aux murs tout couverts de tableaux, de dessins, de photographies. Je remarque un portrait, d'une très blonde couleur, de Nadar fils à vingt ans par un inconnu ; une spirituelle grisaille de Daumier, représentant un Don Quichotte ridicule ; et un chef-d'œuvre de Manet, une lettre du peintre au bas de laquelle sont trois prunes, lavées à l'aquarelle, qui sont des merveilles de lavis et de coloriage artiste.

Et au milieu du pittoresque *bricabracant* de la maison apparaissent et disparaissent les dents blanches, les noires faces riantes, les madras de couleur de deux négresses, qui sont la domesticité du photographe.

Mardi 22 août

Départ de Champrosay, après que Daudet, dans une promenade au fond du parc et en des plongeons en ses souvenirs un peu effacés, m'a conté LE SOUTIEN DE FAMILLE, et le roman et la pièce. L'impression de ce récit, dont la mémoire sombre parfois, est que la double œuvre de Daudet est un peu compliquée, et trop la collection de tous les documents humains recueillis par lui, mis bout à bout.

Mercredi 23 août

Dans la fabrication de l'objet d'art, quel qu'il soit, il n'est pas de règle, il n'y a que le tact de l'artiste.

---

1. Cf. t. II, p. 751, n. 2.

Jeudi 24 août

Je crois que la nourriture a une grande action sur la production littéraire. A défaut du même travail — si l'on pouvait oublier —, que je voudrais deux fois faire avec deux alimentations diverses, un de ces jours, je tenterais de faire une nouvelle ou un acte, avec une nourriture restreinte et lavée de beaucoup de thé, et un autre acte ou nouvelle, avec une nourriture très puissante et beaucoup de café.

Dimanche 27 août

Visite de Geffroy. Son désir de fuir Paris, d'abandonner la bataille de la vie qui s'y livre, d'habiter la province, et là, d'y faire tranquillement et sereinement des livres qui le feraient vivre.

Mlle Zeller me disait que le vieux Blanche s'écriait devant elle, à la sortie d'une personne de chez lui, à laquelle il avait fait une grosse aumône : « C'est moi, bien plus que d'autres, qu'on devrait enfermer dans ma maison de fous ! » Et son fils Jacques lui répétait plusieurs fois : « Si mon père avait vécu dix ans encore, il nous aurait mis sur la paille ! » La bonne et douce figure du docteur disait un peu de ses inépuisables charités.

Mardi 29 août

Lettre de Mme Daudet furieuse contre moi d'une interview de Huret dans LE FIGARO, où il donne mon opinion en faveur du célibat des hommes de lettres [1]. Elle voit visés par l'interview elle et son mari — eux, les seuls êtres que j'aime à l'heure présente sur la terre ! Oh, la femme ! Oui, la femme n'a pas ce qu'a l'homme : la confiance, la foi dans l'amitié.

Mercredi 30 août

Dans leurs romans et leurs nouvelles, les tout jeunes romanciers, avec leur actuel mépris de l'étude d'après nature, ne créent plus des personnages humains, ils fabriquent des êtres métaphysiques.

Saint-Gratien.

Accueil maussade de la Princesse. Il y a autour du guéridon de l'atelier, où est servi le thé, Louis Ganderax, Étienne Ganderax, la petite Benedetti et Pichot, qui vient de faire le voyage avec moi. La conversation est languissante. On parle du cas de Buloz, et cela amène

1. Cette interview de Jules Huret a paru dans LE FIGARO du 27. Après avoir prophétisé la disparition de la « littérature d'art » sous l'effet de l'industrialisme et de la politique, Goncourt dénonçait encore le mariage des hommes de lettres, en des termes assez blessants pour les intéressées : « Quand il y a une saleté de faite dans un ménage — entendez-moi bien, je veux dire une action pas très noble, une faiblesse morale quelconque —, c'est presque toujours la femme qui en est l'instigatrice. »

la Princesse à nous conter la façon d'aimer de lord Hertford, jouant du piano au milieu de femmes valsant toutes nues, tout nu lui-même, mais ayant gardé ses bottes [1].

Et les deux frères partis, quand il ne reste plus autour de la table de thé que la petite Benedetti et Pichot, la Princesse, après un noir silence, s'écrie :

« Oh ! cet Étienne, il passe sa vie à relever ses moustaches... Vraiment, vous le trouvez bien ? Il a l'air de l'ouvrier qui sort un mètre de sa poche et prend des mesures chez vous... Quel imbécile !... Bah ! vous lui trouvez de l'esprit ? Oh ! c'est trop fort... Moi, je n'entends pas ce qu'il dit, c'est comme la jacasserie d'un perroquet sur un bâton... En voilà un diplomate, un diplomate toujours en congé [2] !

— Certes, je ne crois pas que ce soit un diplomate, lui dis-je, qui apportera sur un plat d'argent la Belgique à la France, mais...

— Je vous dis, reprend la Princesse, me coupant, que les deux frères ne vous servent que les choses des autres... Oh ! de la mémoire, ils en ont, mais ils n'ont que cela... Tenez, sur ce bureau, Louis écrivait là, il y a quelques jours, un article sur Maupassant, où il disparaissait sous les volumes, sous les brochures [3].

— S'il faisait un article critique ?

— Un critique ? Un drôle de critique qui ne trouve rien tiré de lui-même ! »

Je n'ai jamais trouvé la Princesse si débineuse des gens avec lesquels elle vit tous les jours, n'attendant même plus guère maintenant qu'ils aient passé la porte pour les éreinter.

A dîner, Étienne parle de la conversation qu'il avait eue avec une femme tenant une grande position là-bas, la première fois qu'il avait dîné avec elle. Elle lui avait dit : « Il y a une chose sur laquelle je voudrais bien être éclairée. On m'a dit que maintenant à Paris, dans l'intimité amoureuse, les femmes n'ôtaient pas leurs bas... De mon temps, nous les ôtions ! »

Quelque temps avant notre départ, la Princesse appelle Pichot dans le petit salon, pour l'entretenir de sa tristesse, de son ennui, de la fatigue que lui cause son entourage.

Samedi 2 septembre

Cette Séverine me semble, dans ce moment, une refaiseuse de pucelage pour femmes et pour hommes [4].

---

1. Sur le scandale Buloz, cf. plus haut p. 849.
2. Étienne Ganderax est alors secrétaire de 3e classe à la légation de France en Belgique.
3. La Princesse vise sans doute l'article sur LA PAIX DU MÉNAGE de Maupassant que Louis Ganderax publie dans la REVUE HEBDOMADAIRE en 1893 (t. X, p. 465-471).
4. Réflexion provoquée par UN SUICIDÉ, article paru dans L'ÉCHO DE PARIS du 1er septembre et où Séverine réhabilitait Édouard Soudey, considéré comme un « agitateur » anarchiste, puis comme un agent boulangiste par le gouvernement, accusé en même temps d'être un provocateur par les partis d'avant-garde et qui venait de se jeter dans la Seine le 27 août. Dans le même

Lundi 4 septembre

La pauvre folle qui a voulu s'en aller, qui s'en va, et qui a passé la nuit à pleurer [2] ! La voyez-vous avec les 5 000 francs qu'elle possède, après qu'elle aura acheté une maison de 3 000, vivre du revenu des 2 000 francs qui lui restent ? C'est vrai qu'elle compte faire des fraises et des cravates, mais le rendement de ces deux industries me semble bien problématique dans un village [3]. Et dans le moment, la débile créature est littéralement tuée par l'emballage, durant deux mois, des centaines de kilogrammes de bibelots achetés autour des Halles, qui, cachés dans tous les coins, sans que je le sache, écrasaient ma maison et vont remplir un wagon du chemin de fer. Et je suis plein, cependant, de pitié pour elle ; car c'est moi, avec mes goûts d'objets d'art et de fleurs, qui ai développé ces deux passions chez l'apitoyante toquée.

Peut-être est-ce un bien que, dans la nouvelle Chambre, toutes les têtes, toutes les capacités, de quelque couleur qu'elles soient, en aient été rejetées. La politique se fera en dehors de la Chambre, et les gens de la Chambre ne seront plus que des mandataires domestiques d'électeurs, des distributeurs à la province de tronçons de chemins de fer, de bureaux de tabac et de poste, de places de gardes champêtres, etc., etc. — en un mot, de bas ouvriers gouvernementaux, jouissant de la déconsidération des membres des parlements américains. Et si quelque chose peut tuer le parlementarisme, ce sera cela... Ça ne fait rien, la révolution contre l'intelligence va bon train [4] !

Rencontré Descaves, que j'emmène boire un verre de madère chez Riche et qui m'annonce que Huysmans est submergé par le mysticisme et qu'il ne parle plus que de finir ses jours à la trappe [5].

Mardi 5 septembre

Si l'on pouvait lire dans la cervelle des bêtes ! Quand a eu lieu ces jours-ci ce terrible déménagement de Blanche, la chatte a accompagné successivement la descente de chaque colis, puis est montée sur leur montagne dans le jardin et, quand on l'a chargée dehors, s'est mise à miauler. Cet animal, attaché à la maison, a eu peut-être le sentiment qu'on la déménageait et qu'on allait la quitter. Et la voiture partie,

---

journal, Séverine avait aussi, le 18 août, plaidé pour Moore, le cocher-poète, auteur d'un attentat contre Lockroy (cf. plus haut p. 862, n. 1) et le 28 juillet pour le révolutionnaire italien Cipriani, traité comme un criminel de droit commun.

2. C'est de Blanche Denis qu'il s'agit.

3. Texte Ms : *me rend bien problématique...*

4. Lors des élections du 20 août, l'usure de la première génération parlementaire de la Troisième République et l'élimination de députés compromis par l'affaire de Panama avaient amené à la Chambre beaucoup d'inconnus. Si les « républicains de gouvernement » gardaient 300 sièges environ, les conservateurs, en perdant 80, n'en avaient plus que 60 et les catholiques « ralliés », dont on escomptait le succès, n'avaient pu conquérir que 33 sièges, tous pris sur les conservateurs ; une nette avance de la gauche avait amené à la Chambre 122 radicaux et 48 socialistes. Ces nouveaux élus allaient donner aux débats parlementaires un style nouveau, plus proche de celui des réunions publiques.

5. Cf. t. III, p. 660, n. 2.

tous les habitants de la maison y étant encore, la chatte, dans de perpétuelles allées et venues, demeure inquiète, effarée. Hier où la remplaçante de Blanche est entrée, elle s'est mise à tourner dans la cuisine autour d'elle, en poussant des *Miaou !* qui ressemblaient à des lamentations.

Visite du docteur Michaut, le médecin qui m'a envoyé du Japon la vie d'Hokousaï et qui est de retour à Paris.

Il m'apprenait que l'affirmation absolue chez les Japonais leur paraît une impolitesse et qu'ils éludent autant qu'ils le peuvent le *oui* et le *non*, en sorte que si vous demandez à un Japonais votre chemin ou n'importe quoi, s'il ne vous répond pas, c'est qu'il ne trouve pas un faux-fuyant pour échapper à l'affirmation.

La petite, ce soir, au moment de son départ, m'embrasse tout en larmes et, passant la porte, ne me laisse pas la petite émotion d'un départ, mais la tristesse d'une mort.

Mercredi 6 septembre

Est-ce que le point de départ politique de Charles Dupuy ne serait pas le manifeste vraiment drolatique de style, publié contre HENRIETTE MARÉCHAL, signé en tête *Charles Dupuy,* manifeste réédité par lui dans LE GAULOIS, lors de la reprise d'HENRIETTE MARÉCHAL à l'Odéon [1] ? Il faut que je vérifie cela. Il serait amusant de découvrir que d'avoir été un des siffleurs en vedette d'HENRIETTE MARÉCHAL, cela l'a amené à être un jour garde des Sceaux !

C'est mystérieux, la nuit, avec les paysages noirs de la terre, au-dessous de ce bleu illuminé d'étoiles.

Jeudi 7 septembre

Départ pour Jean-d'Heurs.

Dans ces gares au passage incessant de trains, la pensée de ceux qui les habitent ne doit avoir le temps de se poser sur rien ; elle est sous le coup d'un ahurissement produit par ce mouvement perpétuel.

Vendredi 8 septembre

Un continuateur de Shylock.

Je lis, dans la TUNISIE FRANÇAISE du 2 septembre, ceci. Un juge — et le récit est fait par le contrôleur civil de la région — dit à un Arabe, assigné par un Juif en paiement d'une somme de cinq à six cents piastres :

« Pourquoi ne veux-tu pas payer ?

— Parce que je ne le puis pas. Quand j'ai emprunté, j'avais une

---

1. Cf. t. I, p. 1215, n. 2 et t. II, p. 1137, n. 3.

maison, un jardin, un *henchir,* du bétail. Aujourd'hui, cet homme a ma maison, mon jardin, mon *henchir,* mon bétail, et je lui dois encore plus qu'il m'a prêté.

— Tu vois bien — dit le juge se tournant vers le Juif — que ce malheureux n'a plus rien... Que veux-tu donc de lui ?

— Je veux, réplique le Juif, qu'il vienne travailler chez moi, sans salaire, jusqu'à ce qu'il se soit acquitté. »

Lundi 11 septembre

La femme du jeune Achille Fould, le neveu de Rattier, a un cocher anglais toujours saoul. Quand on lui en fait la remarque, elle répond : « La mode est d'avoir des cochers comme ça ! »

Il faut que ce soit vrai, qu'en vieillissant, on devient plus tendre à la souffrance de tout ce qui vit. Aujourd'hui, je suis entré dans la *tendue* et arrivé à un *rejet* où une mésange, les pattes brisées, se débattait en jetant de petits cris de douleur, j'ai rebroussé chemin et suis sorti du bois.

Mardi 12 septembre

La fièvre de mes crises de foie est inspiratrice, elle me fait trouver cette nuit pour mon dernier tableau de LA FAUSTIN le mâchonnement de la *renoncule scélérate,* qui peut faire accepter à la rigueur l'agonie sardonique [1].

Dans une visite que me fait au lit Rattier, qui a été sous-préfet de Doullens sous Napoléon III, il me parle de la prison de Doullens, de ses détenus du pavillon, où étaient enfermés les plus célèbres : Blanqui, Barbès, Raspail, Huber, Albert, parmi lesquels des haines violentes faisaient qu'un jour Raspail, à la sortie de cellule de Blanqui, lui versait son pot de chambre sur la tête.

Il me conte qu'un soir, vers 1852, où il était en train de dîner, on lui disait qu'il y avait trois hommes qui l'attendaient dans l'antichambre et demandaient à lui parler. Ces trois hommes étaient deux agents de police et Proudhon, qui s'écriait, dans le trajet à la citadelle, qu'il « ne pouvait comprendre cette décision, qu'il était un homme qui pensait, écrivait, passait pour être une intelligence... et qu'on l'enfermait avec des Raspail, des Blanqui, des Albert, ces brutes du pavillon ! »

Samedi 16 septembre

On parlait d'une femme en secondes noces, qui, lorsqu'elle avait envie

---

1. Sur cet ultime épisode de LA FAUSTIN, l'agonie de lord Annandale et le rire atroce, *sardonique,* du mourant, que ne peut se tenir d'imiter sa maîtresse, voir l'aveu de Goncourt (t. II, p. 922) : « Eh bien oui, cette agonie sardonique est une invention. » Sans doute l'idée qui lui vient d'utiliser, comme justification, les effets de la *renoncule scélérate* est-elle sortie de l'article *Sardonius Risus* dans le DICTIONNAIRE UNIVERSEL DE MÉDECINE, DE CHIRURGIE... de Robert James, traduit par Diderot, Eidous et Toussaint (1746-1748).

d'être satisfaite par son mari, faisait au lit l'éloge de celle en premières noces, qu'il avait beaucoup aimée.

Lundi 18 septembre

C'est enrageant pour un délicat comme moi, que cette cuisine de Daudet, qui est bonne, mais fort ordinaire, je la digère, tandis que cette cuisine de Jean-d'Heurs, cette cuisine surfine et même comme il n'en existe plus en province à l'heure présente, me donne des crises à mourir !

Mardi 19 septembre

Quand, dans la fièvre, je ferme les yeux, il me vient dans le noir de la vue des assemblages de petits carrés, de petits losanges, ressemblant fort au gribouillage géométrique des quartiers maraîchers de Paris dans le plan de Turgot de 1750, et sur lesquels ressortiraient des petites constellations de clous carrés, représentant d'une manière microscopique les rois, les reines, les valets, les as des jeux de cartes [1]... Puis ce sont des assemblées rembranesques, des files de têtes d'hommes peintes de la belle couleur de bile de sa peinture, pendant que le battement de la pendule — sans qu'il y ait aucun rapport avec mes visions — me semble dire très distinctement : *Polygraphe.*

Jeudi 21 septembre

Le jeune Achille Fould, au dire de *Marin,* aurait reçu un coup de pied dans le derrière, d'un monsieur exaspéré par son impertinence. Et n'aurait-il pas répondu aux témoins de son adversaire, qui lui offrait une réparation par les armes, qu'il les remerciait, mais que la chose lui était impossible, parce que, en se mariant, il avait juré à sa femme qu'il ne se battrait jamais en duel !

Étienne Fould, le frère d'Achille, l'aimable et joli garçon, assez malade de la poitrine, au moment où il venait de vendre son yacht à l'impératrice, avait de son médecin la prescription de faire deux mois de Méditerranée ; il s'adressait à une société anglaise, qui lui prenait pour la location de son yacht, pendant deux mois, cent mille francs. Il faut dire que dans un abordage, un bâtiment de cette société avait manqué de couler le bâtiment qu'Étienne venait de vendre à l'impératrice et que celui-ci avait fait condamner la société à quarante mille francs de dommages-intérêts !

Vendredi 22 septembre

Toute la nuit, de coléreuses clameurs des vents d'automne, semblables au grondement de lames irritées sur la mer.

1. Add. éd. : le mot *constellations.*

Vraiment, il est impossible d'avoir été soigné d'une manière plus affectueuse par le châtelain et la châtelaine, et j'ai un certain remords de quelques blagues un peu féroces de mon JOURNAL, sur leurs défauts et leurs manies.

Au milieu des atroces souffrances de ces nuits dernières, de ces insomnies fiévreuses qui vous font aller de votre lit à un canapé, du canapé à un fauteuil, j'avais un grand ennui moral : je pensais que si je venais à mourir ici, je serais obligé de demander à *Marin* — qui, certes, serait l'héritier de mon cœur, si je ne fondais pas une académie et s'il n'eût pas 40 000 francs de rente —, de lui demander d'appeler à Jean-d'Heurs Ebner, le secrétaire de Daudet, pour me ramener au cimetière Montmartre.

Samedi 23 septembre

Depuis dimanche que je suis dans mon lit, j'ai devant moi l'estampe de Nanteuil représentant L'INFANTE D'ESPAGNE, MÈRE DU ROI. Oh ! l'ennui de ces belles tailles ! Ah ! la peu amusante gravure aux yeux que cette gravure des Nanteuil, des Mellan, qui est si bien en rapport avec la perfection géométrique de tout dans ce siècle. Et quelle traduction chez eux de la beauté des femmes du temps, qui est toute monastique, et dont les portraits des jeunes et des vieilles ont l'air de portraits d'abbesses !

Comme l'on causait ce soir de la putinerie des femmes du monde dans l'armée, *Marin* dit : « Dernièrement, un de mes amis de l'armée — et je suppose que c'est un des plus fringants colonels de cavalerie — m'aborde en ces termes : « Je suis tombé à Paris hier, sans le sou, et ma maîtresse m'a dit très carrément : « Il me faut 15 000 francs dans les vingt-quatre heures, ou tout est fini entre nous... » Prête-les-moi ! » Je lui ai donné un bon sur le Crédit Lyonnais. Il me les rendait quinze jours après...

— Une cocotte ?

— Non, une femme de la société... Une femme de la grande société..., la femme d'un académicien !

— Ce n'est pas possible !

— Pas possible, tu crois ? »

Et il me jette dans l'oreille le nom de la belle Mme de N...

Je savais bien qu'il y avait des femmes du monde qui permettaient à leurs amants de devenir des entreteneurs — mais des entreteneurs délicats, discrets —, mais je ne croyais pas qu'elles osassent poser de tels *ultimatums* de filles.

Dimanche 24 septembre

Le capitaine de l'Isle, le descendant du chevalier favori de Marie-Antoinette, me contait que pendant la campagne de Crimée, un de ses camarades, un sous-officier de cuirassiers, se vantait auprès de lui d'avoir acheté à Andrinople un jeu de cartes contenant 64 positions, et que chaque jour il en tirait une et prenait la position de la carte, dans laquelle il se branlait.

Là-dessus, il m'apprenait que la famille Diez, la famille dans laquelle mon grand-père avait pris sa femme, avait été anoblie au XVIIe siècle pour avoir fondé une messagerie Laffitte et Caillard, qui allait de la Haute-Marne à Pont-à-Mousson. Puis les Diez auraient été de célèbres fondeurs de cloches...

Jeudi 28 septembre

Départ de Jean-d'Heurs.

Enfin, me voilà encore une fois rentré vivant dans mon *home*, dans mon nid d'art.

Samedi 30 septembre

Lorrain, de retour de Plombières, presque complètement rétabli, est amusant avec le *four* d'Yvette Guilbert auquel il a assisté hier à la Scala : « Ce qu'elle chante, dit-il, est si tristement cochon que ça ressemble à des vêpres obscènes, à une complainte sur l'iodure de potassium... Oui, dans sa robe blanche, ses gants noirs, avec sa tête de toquée, elle a bien l'apparence d'un être falot qui s'évapore d'une bouteille d'éther... Mais il faudrait, au lieu des insanités qu'elle a dans la bouche, du Bruant, du Rollinat... »

Dimanche 1er octobre

Paul Alexis, revenu du Midi, me raconte qu'il a été faire une visite à Mme de Maupassant, dont il est revenu avec la conviction que Maupassant était le fils de Flaubert.

Dans une longue conversation qu'il a eue avec elle et qui a duré de une heure à six heures, d'abord, Mme de Maupassant a mis une certaine animation à bien lui démontrer que Maupassant physiquement et moralement n'avait rien du tout de son père... Puis dans le cours de la conversation, elle lui disait au sujet de son enterrement : « J'aurais bien voulu pouvoir aller à Paris... Mais j'ai clairement écrit pour qu'il ne fût pas mis dans un cercueil de plomb... Guy voulait après sa mort la réunion de son corps au Grand Tout, à la mère-la-Terre, et un cercueil en plomb retarde cette réunion. Il a été toujours préoccupé de cette pensée et quand, à Rouen, il a présidé à l'enterrement de son cher père... » Ici, Mme Maupassant s'interrompt, mais très vite, sans se reprendre : « Du pauvre Flaubert... » Et plus tard, sans se douter des preuves qu'elle donnait contre elle, elle revenait au commencement de sa conversation : « Non, sa maladie ne tenait d'aucun de nous... Son père, c'est un rhumatisme articulaire... Moi, c'est une maladie de cœur... Son frère, qu'on a dit mort fou, c'est une insolation, à cause de l'habitude qu'il avait de surveiller ses plantations avec de petits chapeaux trop légers. » Et Paul Alexis se demandait s'il n'était pas présumable qu'un individu attaqué d'épilepsie se reproduisît à la génération suivante dans un fou [1].

Alors, Mme de Maupassant entretenait Paul Alexis des derniers mois de la vie de son fils. Un an avant sa mort, il lui écrivait une lettre à peu près conçue dans ces termes : « Les médecins disent que j'ai une anémie cérébrale : je n'ai pas d'anémie cérébrale, je suis seulement fatigué. Et la preuve, c'est que je viens de commencer L'ANGÉLUS, et jamais je n'ai travaillé avec une facilité pareille, et je marche de plain-pied dans mon livre comme dans mon jardin... Je ne sais pas si mon livre sera un chef-d'œuvre, mais ce sera mon chef-d'œuvre. »

Malheureusement, MUSOTTE venait se jeter en travers de son livre et le retardait [2].

A Noël, où il avait l'habitude de faire le réveillon avec sa mère, en bon fils, il lui écrivait qu'il ne pouvait y aller, parce qu'il réveillonnait, d'après sa phrase, « avec nos amies », et que du reste, ces dames iraient lui faire une visite dans quelques jours.

Mme de Maupassant se contentait de dire à Alexis que les *amies* étaient deux femmes juives : elle ne les nommait pas [3]. Incontestablement, c'étaient les sœurs Kann. Mais que se passait-il dans ce réveillon ? Le lendemain, Maupassant envoyait à sa mère une dépêche sans queue ni tête, lui annonçant que ces dames étaient fâchées avec lui et même avec elle ; et en effet, elle ne les a jamais revues. Le jour de l'an suivant, huit jours après, il venait voir sa mère, et jamais il ne fut si tendre, si affectueux ; mais au dîner, il délirait complètement, disant que maintenant il allait faire des choses sublimes, parce qu'on lui faisait prendre des pilules qui le conseillaient et lui dictaient de leurs petites voix des phrases comme il n'en avait jamais écrit. La nuit, à son retour, avait lieu sa tentative de suicide [4].

Paul Alexis a lu son testament daté de trois semaines avant sa mort, où il institue comme héritière sa nièce Simone, réservant le quart de sa fortune à ses ascendants et faisant quelques legs à des amis. Chose curieuse ! les deux témoins qui ont signé sont deux médecins. Il a voulu éviter que son testament fût cassé comme celui d'un fou.

---

1. Le récit de Paul Alexis apporte de l'eau au moulin de ceux qui veulent faire de Maupassant le fils de Flaubert. On sait que Mme Flaubert mère et Mme Le Poittevin étaient deux amies de pension, que la petite Laure partageait avec son frère Alfred l'amitié de Flaubert ; mais quand Le Poittevin et sa sœur se marient, Flaubert semble bien s'éloigner et quand il reprendra en 1863 avec Mlle Le Poittevin, devenue Mme Laure de Maupassant, des liens épistolaires, ce sera sur un ton qui ne permet guère de supposer une liaison antérieure. La date de naissance de Maupassant (5 août 1850) et celle du départ de Flaubert pour l'Orient (29 oct. 1849) ne constituent pas une objection absolument irréfutable, mais le ton de cette correspondance entre Mme de Maupassant et Flaubert en est une sérieuse (Cf. René Dumesnil, GUY DE MAUPASSANT, 1933, p. 66).

2. Cette sombre vie d'un garçon que la brutalité d'un soldat allemand a fait naître infirme une nuit de Noël, ce roman inachevé de L'ANGÉLUS a été publié fragmentairement dans LA REVUE DE PARIS, puis au tome II des ŒUVRES POSTHUMES (1910).

3. Texte Ms. : *Mme se contentait de dire à Maupassant que...*

4. Cf. t. III, p. 651, n. 3.

Paul Alexis était venu me prier d'assister à la première de LA PROVINCIALE et me parlait de l'envie qu'il avait de faire une pièce politique où l'homme politique ne serait ni une bête ni une canaille ni un cocu [1].

Mardi 3 octobre

La laideur du visage d'Haraucourt a été comparée par Barbey d'Aurevilly au croupion d'une poule mal plumée.

Chez les Sémites, le cerveau ne se développerait que jusqu'à vingt-cinq ans ; chez les Aryens, le développement dépasserait de beaucoup cet âge. Cette particularité du cerveau juif s'appellerait : *le mur.*

Lorrain décrivait ainsi le corps de Sarah Bernhardt : une poitrine bombée, pas de ventre du tout, une chute des reins très creuse, avec un ressaut du cul — une véritable arabesque à laquelle les vêtements de théâtre s'adaptent admirablement.

Mercredi 4 octobre

Francis Poictevin vient me mendier des compliments sur son livre de TOUT BAS, dont il m'a envoyé un exemplaire aux épithètes et aux expressions quintessenciées soulignées au crayon bleu par Rodenbach ; et prenant le volume en main, il me le commente tout haut en phrases semblables à celles-ci : « Rodenbach a trouvé ce passage étonnant. » Et c'est un autre passage, non souligné, que Huysmans a déclaré au-delà de l'impression que pouvait donner l'imprimé, et c'est un autre encore que Gustave Moreau préfère à tout ce qui a été imprimé jusqu'à présent sur les primitifs.

A ce qu'il paraît, il va à la messe en compagnie de Huysmans et escortés d'Alice, et comme je l'interrogeais sur l'état littéraire de l'écrivain, il me répondait : « Vous savez, il me disait ces jours-ci : « Quand vous ne me parlez pas des saints, vous m'ennuyez. »

Antoine serait un dépensier, un gâcheur d'argent extraordinaire. Toudouze, qui a fait un séjour, ainsi que les autres automnes, un séjour avec lui à Camaret, me disait que là, il tirait 200 cartouches par jour sur les oiseaux de mer et que cette année, il avait ajouté à ses distractions la photographie, qu'il déclarait devoir être faite en pleine lumière et sans qu'on fourre sa tête et ses clichés dans la nuit, et gâchait par ces nouveaux procédés une trentaine de plaques par jour.

Mardi 10 octobre

Déjeuner avec Sarah Bernhardt chez Bauër, qui, très aimablement, s'est entremis pour lui faire jouer LA FAUSTIN.

---

1. LA PROVINCIALE, pièce en 3 actes de Paul Alexis et Giuseppe Giacosa, créée au Vaudeville le 6 oct. 1893.

Un appartement au sixième, arrangé par un tapissier célèbre dans un grossier goût oriento-japonais, mais plein de lumière et de soleil.

Arrive Sarah, vêtue d'une robe gris perle, aux soutachements dorés, une robe tombante, sans taille, semblable à une tunique. De diamants, rien que sur un face-à-main dont le manche en est tout couvert. Sur la tête, un chiffon de dentelle noire, qui a l'air d'un papillon de nuit et sous lequel se dresse une chevelure semblable à un buisson ardent et *éclairent* des yeux à la prunelle d'un bleu transparent dans la pénombre de cils noirs.

En s'asseyant à table, elle se plaint d'être toute petite, ayant en effet une longueur de jambes de femmes de la Renaissance ; et tout le temps, elle est assise de travers, sur un coin de chaise, absolument comme une petite fille mise à la grande table.

Et c'est aussitôt, avec une vivacité, un entrain, un *brio* de la parole, l'histoire de ses tournées à travers l'univers, nous donnant ce curieux détail, que, sur l'annonce de représentations futures aux États-Unis, annonce toujours faite un an d'avance, une cargaison de professeurs de français est demandée pour mettre les jeunes gens et les *miss* de là-bas en état de comprendre et de suivre les pièces qu'elle doit jouer. Puis c'est l'histoire de son vol à Buenos-Aires, où les huit hommes qui s'étaient constitués ses gardiens ont été si bien ensommeillés qu'ils n'ont rien entendu, qu'elle, il a fallu la jeter à bas de son lit pour la réveiller et que son chien a dormi trois grands jours !

Je suis à côté, tout à côté de Sarah, et chez cette femme qui toucherait à la cinquantaine, le teint du visage qui n'a aucun maquillage, pas même de poudre de riz, est un teint de fillette, un teint d'un rose tout jeunet, sur une peau d'une finesse, d'une délicatesse, d'une transparence curieuse aux tempes, sous le réseau de petites veinules bleues. Ce teint, Bauër me disait que c'était le résultat d'une seconde jeunesse, qui lui était venue à la suite de son retour d'âge.

Un moment, Sarah parle de son hygiène, des haltères qu'elle fait le matin, d'un bain chaud d'une heure qu'elle prend tous les soirs. Puis elle passe à des portraits des gens qu'elle a connus, pratiqués. Elle nous montre Rochefort s'emballant à propos de Pasteur, le traitant de charlatan, de blagueur, au bout de quoi comme il s'écriait : « C'est bien malin, vous prenez un chien... », il a été encloué par ce joli mot que Lagrenée a jeté au pamphlétaire : « Vous le mordez ? » — un mot digne du XVIIIe siècle, mais que Rochefort ne trouva pas drôle !

Elle nous peint ensuite Dumas fils se donnant les gants de mots spirituels qu'il aurait dits aux gens, mais qu'il n'a trouvés qu'après leur départ. C'est ainsi qu'elle avait été lui faire une scène à propos d'un mot que Dumas se vantait auprès d'un ami de lui avoir dit et qui avait été fabriqué seulement après sa sortie.

Et en parlant de l'un et de l'autre, il lui vient à la bouche le nom de Griffon, le frère de Mme de Courmont, qu'un moment, dans la famille, on a craint de voir épouser Sarah. Elle nous conte qu'il était d'une société de petits jeunes gens qui venaient la voir tous les soirs dans sa loge à l'Odéon, qu'enfin, il avait obtenu de lui faire une visite chez elle et qu'elle était rentrée au moment où il disait dans l'antichambre à son fils âgé de trois ans et qui était sur un cheval de bois : « Votre sœur n'est pas là ? — Mais c'est mon fils », lui jetait Sarah. Là-dessus, un *écroulement* du pauvre Griffon, qui reprenait son paletot et qu'elle ne revoyait pas de trois semaines. Elle dit de lui : « Un Hamlet, un véritable Hamlet !... Il a fait de la peinture pas bonne, il est en train d'écrire un livre détestable... Et il est très intelligent, écrit de merveilleuses lettres, mais il n'a que le sens critique, n'est pas du tout un réalisateur. »

Elle a, cette femme, incontestablement une amabilité innée, un désir de plaire qui n'est pas de commande, mais naturel. Avec moi, elle a été charmante, m'a dit qu'elle était très flattée que j'aie pensé à elle, m'a témoigné vraiment le désir de jouer ma pièce. Et j'ai lieu de croire que si elle ne la joue pas, ce ne sera qu'à cause de sa sœur, qu'elle nous dit qu'elle va être forcée de faire enfermer. Je dois dîner chez elle mardi, avec Bauër, qui lira ma pièce [1].

Soit le déjeuner de ce matin, soit la fatigue de retourner à Paris dans la journée pour trouver une copiste mécanique, j'ai eu ce soir, en rentrant, une crise.

Mercredi 11 octobre

Ah ! ce Poictevin !... Le voici dans mon cabinet, tirant sans préambule de sa poche les ENTRETIENS LITTÉRAIRES et me lisant tout un article où Paul Adam déclare qu'il y a chez lui « la recherche intense de l'*insaisi*, et des phrases *totalisantes*, et beaucoup plus de *mentalité* que chez tous les intellectuels du moment, où l'habileté l'emporte sur la création [2]. » Mon Dieu ! Si cette critique est sincère, est-il possible que le critique se mette si avant le doigt dans l'œil ? Toute l'originalité de Poictevin est un plagiat des Goncourt, des Huysmans, il n'a à lui que le grain de folie qu'il apporte en ces plagiats.

Et le voilà passant d'un sujet à l'autre, avec une parole grisée, et me parlant du Rhin dont il est amoureux comme d'une femme, en sorte qu'Alice se montre un peu jalouse du fleuve, et s'écriant qu'il n'y a que Dieu — et ses amis sont dans la désolation qu'il ne m'occupe pas [3] —, qu'avant tout, il est un théologien, qu'il se prépare à une autre vie, qu'il n'a plus de rapports sexuels avec Alice... Ah ! le Poictevin devient embêtant ! embêtant !

Lundi 16 octobre

La France n'a plus la mesure d'une nation bien portante. Dans ses

1. Cf. plus loin p. 879, n. 1 sur la ressemblance éventuelle que Sarah Bernhardt craint qu'on ne découvre entre cette sœur et la *Bonne-Ame* de LA FAUSTIN.

2. Il s'agit des ENTRETIENS POLITIQUES ET LITTÉRAIRES, publiés de 1890 à 1893. L'entrefilet concernant Poictevin a paru dans la rubrique *Les Livres du* 10 octobre.

3. Les amis de Poictevin, au premier rang desquels figure Huysmans, récemment converti, doivent déplorer la trop tranquille incroyance d'Edmond de Goncourt.

sympathies, ses affections, c'est une détraquée dont les engouements ont l'humble domesticité d'une courtisane amoureuse [1].

Ce soir, je trouve Daudet, revenu hier de Champrosay aussi bien portant qu'il peut l'être, et devant mon perpétuel état maladif, devant les grosses migraines de sa femme, je ne puis m'empêcher de lui dire qu'il est le mieux portant de nous tous. Il m'avoue qu'il travaille depuis un mois comme dans le temps de ses *piochades* d'autrefois.

Mardi 17 octobre

Dîner ce soir chez Sarah, pour la lecture de LA FAUSTIN.

Le petit hall ou plutôt l'atelier, où la tragédienne reçoit, a quelque chose d'un décor de théâtre. Aux murs, deux ou trois rangées de tableaux posés sur le parquet sans être accrochés et qui ont quelque chose d'une préparation de vente chez un expert, tableaux que domine sur la cheminée son grand portrait en pied de Clairin, où elle est représentée sans front, sous une coiffure noire d'astrakan, dans une espèce d'emmaillotement blanc. Devant les tableaux, des meubles de toute sorte, des bahuts moyenâgeux, des cabinets de marqueterie et une infinité d'objets d'art rastaquouères, des figures du Chili, des instruments de musique de sauvages, de grands paniers de fleurs, où feuilles et fleurs sont faites de plumes d'oiseaux. Là-dedans, une seule chose d'un goût personnel, de grandes peaux d'ours blancs, mettant dans le coin où se tient la femme une blancheur lumineuse.

Au milieu de cela, une cage où un perroquet et un singe vivent en famille, un perroquet à l'immense bec, que tourmente, que martyrise, que plume le petit singe, toujours en mouvement, toujours faisant du trapèze autour de lui, et que couperait en deux de son formidable bec le perroquet, qui se contente de pousser des cris déchirants. Comme je m'attendrissais sur la vie affreuse faite à ce perroquet, on m'affirmait qu'un moment, on les avait séparés, qu'à la suite de cette séparation, le perroquet avait manqué mourir de chagrin et qu'il avait fallu absolument le remettre avec son bourreau.

Vers huit heures, arrive Sarah de sa répétition, et qui dit mourir de faim.

Elle est tout en blanc avec une espèce de grande bavette flottante sur la poitrine, et sa robe à longue traîne, toute constellée de paillettes d'or, se contourne autour d'elle dans un ondoiement gracieux.

A dîner avec Bauër et Lorrain, il y a son fils, qui a une tête d'homme d'écurie, sa belle-fille, et le Guérard, qui est sa Guénégaud [2].

Un dîner fin, délicat, où la maîtresse de la maison ne boit que d'une boisson dont le nom anglais m'échappe, qui est faite avec du vin de Bordeaux, de l'orange, de l'ananas, de la menthe.

---

1. L'amiral Avellan et ses marins, qui sont déjà fêtés à Toulon, vont arriver à Paris le 17 octobre et être follement acclamés, ainsi que l'ambassadeur de Russie, Mohrenheim, grand artisan de l'alliance franco-russe (cf. plus haut p. 785, n. 1).

2. La Guénégaud, c'est l'habilleuse de la Faustin, dans l'œuvre de Goncourt.

Sarah se montre très aimable, très occupée de moi, très attentive à ce que je n'aie pas froid. Toute la conversation est nécessairement sur les Russes. Le fils de Sarah parle d'un homme qui a crié : « Vive la Pologne ! » et qui a disparu sous les coups [1]. Bauër conte qu'il a vu un petit enfant qui criait dans les bras de sa mère : « Vive la Russie ! » pris par l'amiral Avellan et passé à toute son escorte, qui l'a embrassé tour à tour et dont l'un des officiers, pour lui donner quelque chose, lui a donné son aiguillette qu'il avait arrachée... Un moment, on parle de Zola, et l'on sent l'admiration de Sarah pour tous les gens en vedette dans la presse.

Enfin, l'on passe dans l'atelier pour la lecture. Pas de lampe, un éclairage de bougie, et une copie à la mécanique aux maigres lettres, beaucoup moins lisible que la grosse ronde des copistes, si bien que Bauër, tout en ayant mis ses lunettes, bute à chaque mot, ânonne déplorablement [2]. Enfin de ma vie, je n'ai entendu si mal lire. Je vous donne à penser mon état nerveux !

Alors, je demande à le relayer, et je lis le troisième, le sixième tableau et repasse à Bauër le septième tableau, qu'il lit encore si mal que je lui demande à lire le huitième.

Jusque-là, ç'a été froid, très froid. Enfin pâle comme tout, une main agitée, tressaillante devant moi, je lis, pas bien, mais nerveusement, le huitième tableau, et Sarah, cette fois, est tout à fait prise par la dernière scène.

Suit une préparation de thé et de rafraîchissements pendant laquelle il n'est plus question de la pièce.

Puis Sarah vient s'asseoir à côté de moi, me dit que la pièce est pleine de passion, que le dernier tableau est superbe, me demande de lui laisser la pièce pour lire le quatrième et le cinquième tableau qui n'ont pas été lus. Et se succèdent dans la bouche de Sarah des paroles qui ont l'air d'affirmer le désir de la jouer, et même une phrase où il est question de me mettre en rapport avec le directeur ; mais au fond de ce bout de conversation, il n'y a pas une parole décisive, il n'y a pas : « C'est convenu, je vous joue ! »

Maintenant, il y a bien des choses qui me sont hostiles. Sarah est une romantique ; elle a bien dans ce moment, par le bruit qui s'est fait autour de Réjane, la velléité de tenter de la modernité, mais son tempérament littéraire s'y refuse. Puis son fils, ce monsieur de la grande société parisienne, moyennant les dix mille francs que sa mère lui donne par mois, ne voudra pas que sa mère joue un rôle où le public pourrait voir son passé de cabotine [3].

---

1. Le texte Ms. porte : *d'un homme qui a crié : « Vive la Russie ! »*, ce qui rend absurde la suite, étant donné les circonstances.

2. Cf. t. II, p. 1290, n. 1, sur le premier contact d'Edmond de Goncourt avec la *machine à écrire*.

3. Var. 1896. Depuis *Puis son fils...*, au lieu du texte Ms., on lit : *Puis elle jouit, dans ma pièce, d'une bien vilaine sœur, et dans la vie, elle se trouve avoir une sœur, ce que je ne savais pas.* — La sœur de la Faustin, dans l'œuvre de Goncourt, c'est *Bonne-Ame*, une comédienne de mœurs fort libres. — Cf. plus haut p. 877, n. 1.

Jeudi 19 octobre

Heredia me raconte que dans un déjeuner où Dumas l'avait invité pour faire son éducation poétique, à l'occasion de la réception de Leconte de Lisle à l'Académie, un moment, ayant raconté quelque chose de drôle qui avait fait rire Dumas aux éclats, celui-ci lui tendant la bouteille de vin qu'il avait près de lui, lui jetait : « Prenez de celui-ci, il est meilleur [1] ! » A quoi Heredia — disant que c'était la première fois qu'il avait eu de l'esprit — le remerciait ainsi : « Mille remerciements, je suis habitué à celui-là. »

Puis il me parle d'une affaire avec Becque, que j'ignorais. Becque causait dans un salon de leur connaissance. Heredia entre et lui tend la main, Becque lui donne le bout d'un doigt. La dame, qui n'a rien vu, dit au bout de quelques instants à Heredia qu'il a l'air fâché :

« Non, c'est Becque qui, je ne sais pourquoi...

— Je l'ai fait exprès, répond Becque.

— Ah ! si vous l'avez fait exprès, vous m'en rendrez raison.

— Puisqu'il n'y a que vous qui le savez !... Personne n'a assisté... »

« Becque aurait prétendu qu'il voulait se fâcher avec moi, dit Heredia, parce que je lui offrais de somptueux cigares insultant à sa pauvreté. Le curieux, c'est qu'il les acceptait parfaitement bien et les fumait en me reconduisant chez moi... » Il aurait ajouté que dans les maisons où nous allions, il lui coupait ses effets.

Becque faisait traîner l'affaire trois semaines, si bien que le général Thomas, je crois bien, qui était témoin, fatigué de ses vaines promenades rue de Courcelles, menaçait Becque d'en faire une affaire personnelle. Enfin, un procès-verbal était dressé, en vertu duquel la première fois que Becque rencontrerait Heredia, il devait lui tendre la main, avec la faculté pour Heredia de la prendre ou de la refuser.

Et Heredia raconte qu'il y a quelque temps, entrant dans un bal et voyant un monsieur laid qui valsait et mettant son lorgnon pour s'assurer qui c'était, le valseur, qui se trouvait être Becque, lâchait sa danseuse et disparaissait.

« C'est un fou, une canaille, un lâche, disait en terminant Heredia. J'ai appris depuis par Perret, de la LIBERTÉ, qui était son témoin, qu'il avait traîné la chose comme ça, parce qu'il espérait de ma femme, de mes filles, du monde féminin que j'ai autour de moi, que j'abandonne l'affaire. »

Ce soir, Léon Daudet répétait un mot de Charcot sur son père, disant : « Quand je cause avec Daudet, il me semble que je suis sous un objectif. »

Samedi 21 octobre

Abordé par Alfred Stevens, qui me parle du travail incessant, effréné

1. Cette réception de Leconte de Lisle par Dumas fils à l'Académie avait eu lieu le 31 mars 1887.

de son vieil âge, me jetant dans l'oreille : « Je n'ose pas le dire, j'ai fait soixante-quinze tableaux depuis le mois de janvier. »

La pauvre mine qu'a Bracquemond, que je rencontre regagnant son chemin de fer ; et comme je ne peux m'empêcher de laisser voir l'étonnement que j'éprouve de son changement, il me dit : « Et je ne tiens pas sur mes jambes ! »

La nouvelle cuisinière de Mme Sichel, qui a été une douzaine d'années chez Mme Gavarret, la sœur de Saint-Victor, puis quelque temps chez Claire, racontait que dans cette maison de désordre, il y avait un volume de lettres de Saint-Victor à Lia, un volume de lettres amoureuses, qui traînait partout et que toutes les gouvernantes et que toutes les femmes de chambre passaient leur temps à lire ; volume qui à la fin venait de disparaître dans ces derniers temps, sans que Claire s'en doutât.

Dimanche 22 octobre

Visite de Villedeuil, qui tombe avec sa petite fille tous les six mois chez moi et m'intéresse et à la fois me séduit et m'étonne par sa conversation sur les révolutions économiques, qui ont lieu autour de moi et dont je ne me doute pas. Aujourd'hui, il me fait un tableau très curieux de la mort du *demi-gros* par l'introduction des *colis postaux* qui tuent l'intermédiaire.

Puis il m'apprenait — le tient-il des Pereire ? — que l'empereur de Russie trouvait qu'il y avait un peu trop de fraternisation démocratique entre la France et ses marins et qu'il avait demandé par une dépêche d'arrêter les fêtes, que Mohrenheim s'était gracieusement entremis et avait obtenu la continuation des fêtes un peu modifiées, un peu châtrées de populacerie. Et cette dépêche de l'empereur de Russie aurait été la cause du retard d'une demi-heure au banquet de l'Hôtel de Ville.

A Villedeuil succède Roger Marx, qui vient m'annoncer qu'il fait un bouquin pour les écoles, un choix de morceaux de littérature de Chateaubriand à nos jours, choix qui sera autrement brave que les *selecta* courantes et où il va se payer de donner beaucoup des Goncourt.

Et c'est encore Hennique, tout enfantinement heureux d'avoir reçue et au moment d'entrer en répétition à l'Ambigu sa pièce des DEUX PATRIES, à propos de laquelle il ne pouvait pas avoir une réponse de Claretie.

Ce soir, dîner chez Daudet, dîner avec Loti, qui, un moment, a hésité à y venir, parce qu'on lui avait dit que je disais un tas d'infamies sur son compte. Quand il s'en va, je lui dis en lui donnant la main : « Loti, ne croyez pas à ce qu'on vous a dit sur moi... Mais je ne vous le cache pas, je n'ai pas aimé votre discours à l'Académie et ne me suis pas caché de le dire... Mais c'est tout. »

Lundi 23 octobre

Aucune nouvelle de ma pièce et de Sarah Bernhardt. Je n'ai pas revu non plus Lorrain... Hésite-t-il à être le porteur de la mauvaise nouvelle ?

Mardi 24 octobre

Aujourd'hui, le jour du gala de l'Opéra, j'ai une petite crise qui me fait passer la journée au lit.

Enfin, le soir, je me décide à aller à l'Opéra [1]. Une déception. Vraiment, cette salle n'est pas favorable à l'exhibition de la beauté de la femme. Ces *œils-de-bœuf* de lumière du fond des loges, ça tue tout, ça éteint tout, et le doux éclat des toilettes claires et des décolletages. Et aujourd'hui, comme me le disait la comtesse Greffulhe, qui était charmante en blanc, il y avait trop d'uniformes de militaires, attirant l'œil à leurs chamarrures et empêchant les femmes de ressortir du fond sourd des habits noirs.

Souffrant, je reste à peine une heure et m'en vais.

Mercredi 25 octobre

Lorrain demandant au fils de Sarah Bernhardt :

« Eh bien, la pièce de Goncourt, comment la trouvez-vous ?

— Oh ! très bien !... Mais vraiment est-ce que vous pensez que ma mère puisse la jouer ? »

Enfoncé !

Samedi 28 octobre

Ah ! il devient embêtant, mon foie ! Tous les deux ou trois jours, une petite crise, à propos d'on ne sait quoi, et le dégoût croissant de la nourriture, et des suées de faiblesse tous les matins, et de la re-jaunisse à tout moment dans la figure.

Mardi 31 octobre

En faisant au cimetière la toilette de la tombe de mon frère, j'avais la pensée aujourd'hui qu'elle allait bientôt se rouvrir pour moi.

Jeudi 2 novembre, les Morts

Tout habillé, mon chapeau sur la tête, j'ai un commencement de crise qui m'empêche d'aller chez Daudet et me fait coucher ; mais la crise ne se décide pas et ne devient aiguë que le lendemain matin. Je me relève et me remets à mon JOURNAL au-delà de minuit ; et dans mon travail, il me semble mettre un peu de la hâte qu'y apportait mon frère dans les derniers mois de sa vie.

---

1. Cette soirée de gala était organisée en l'honneur de l'amiral Avellan. L'opéra français y était représenté, entre autres fragments, par le 4e acte d'HAMLET d'Ambroise Thomas et par le 5e acte du FAUST de Gounod ; la musique russe, par le final d'UNE VIE POUR LE TSAR de Glinka.

Dimanche 5 novembre

Ce matin, un amusant article en tête du FIGARO, une interview de Huret sur Tourgueniev, fabriqué avec des dires de Daudet, de Zola et de moi.

Il est amusant, pour ceux qui savent lire, par le dévoilement de l'état d'âme du trio naturaliste.

Daudet a dû blesser Zola en ses ambitions d'homme *chic*, d'homme correct, en dévoilant à ses futurs collègues de l'Académie qu'il ne portait pas de bretelles autrefois... Puis, diable ! la phrase : « Zola est devenu ambitieux... »

Quant à moi, qui voulais être tout à fait inoffensif, cet Huret — qui est au fond un vilain singe qui aimerait faire battre les gens — m'a fait dire, par la manière dont c'est rédigé, que Zola est un grossier personnage, ce que je pense, mais que je ne lui a pas dit, ne lui ayant parlé que de l'insensibilité de Tourgueniev aux délicatesses du talent, aux raffinements de style auxquels il ne comprenait rien, aux finesses de l'esprit, qu'il préférait un peu gros.

Quant à l'interview de Zola, elle est curieuse par l'amnistie bienveillante qu'il accorde au Slave pour ses éreintements de Daudet et de moi, lui étant épargné. Mais où Zola est tout entier, c'est dans cette phrase : « J'allais le voir très volontiers : quand le livre d'un ami paraissait, j'étais sûr d'en tirer un jugement original » — ce qui, traduit en bon français, veut dire un éreintement de l'ami [1].

Quel fourbe que ce Céard, et le contentement, le plaisir, la vilaine joie qu'il trouve à ses fourberies ! Par une suite de complications, il fait, contrairement à ses habitudes et à sa pensée intime du moment, un bon article à Curel sur son AMOUR BRODE. L'après-demain de l'article, se promenant à la pièce de MADAME SANS-GÊNE, dans les corridors du Vaudeville, en compagnie de Curel le remerciant de son article, soudain d'une loge jaillit une femme sur Céard, ne connaissant pas Curel, qui jette au critique : « L'avons-nous assez *emboîtée* avant-hier, la pièce de Curel [2] ! »

Hennique disait aujourd'hui que l'annonce d'une pièce de Vacquerie dans les théâtres subventionnés amenait une terreur bien naturelle — un

1. Cet article, intitulé IVAN TOURGUENIEV, avait paru dans LE FIGARO du 5 novembre. Goncourt résume clairement l'interview de Zola. Quant à lui-même, il soulignait que dans leur groupe, Tourgueniev goûtait seulement Flaubert et Zola, « Zola surtout », et un peu plus loin, Huret lui faisait dire : « Chose singulière... cet homme si fin, si délicat, si féminin, (c'est de Tourgueniev que je parle) se plaisait surtout en la compagnie de gens grossiers. » Enfin, Daudet avait parlé des *dîners des Cinq* (cf. t. II, p. 699, n. 1). Tourgueniev les entraînait dans des restaurants fort chers et, tandis que Zola tirait péniblement son écot de son porte-monnaie, l'écrivain russe lui faisait flegmatiquement observer qu'il avait tort de ne pas porter de bretelles... Flaubert étant mort et Tourgueniev malade, ajoute Daudet, « nous restions trois, *puis Zola est devenu ambitieux* : nous n'étions plus que nous deux Goncourt, alors ç'a été fini ». Cette *ambition* de Zola s'est traduite par ses candidatures académiques.

2. La pièce célèbre de Sardou, MADAME SANS-GÊNE, avait été créée au Vaudeville le 27 octobre 1893. — L'article de Céard sur L'AMOUR BRODE y découvre la « notation précise et nouvelle d'un cerveau de femme amoureuse jusqu'à la barbarie » et la parenté de Curel et de Marivaux, « la même virtuosité de psychologue » (cf. L'ÉVÉNEMENT du 27 octobre).

jour, Porel lui avouant que FORMOSA, qui avait fait dix-huit représentations fructueuses, il avait fallu la jouer cent fois par l'ordre du ministère !

Ce soir, à la première représentation de la pièce des ROIS de Lemaître, pour *réentendre* un peu la voix de Sarah Bernhardt. Eh bien, cette *voix d'or,* c'est très joli pour des vers peut-être, mais elle est d'un factice, d'un artificiel qui fait qu'elle n'est pas la voix qu'il faut pour un drame moderne, pour l'expression de sentiments *nature,* et j'aimerais vraiment mieux la voix de Réjane que celle de Sarah pour une pièce comme LA FAUSTIN.

Lundi 6 novembre

Je me suis mis bêtement à boire de l'eau de Vichy depuis trois jours, et c'est une résurrection. Aujourd'hui, j'ai pu aller chez Moser à Versailles. Maintenant, ce mieux durera-t-il ?

Il y a des contentements venant de certains spectacles, toujours exagérés par la parole des gens. Chez Nodier, c'était sa joie indicible devant des marionnettes ; chez Coppée, c'est son gaudissement au-delà de tout au monde, quand il a dans l'oreille les refrains de Paulus.

Mardi 7 novembre

Voici les jours de plantation d'arbustes, mes jours les plus remplis, les plus heureux.

Décidément, mon jeune ami Masson a fait un peu du grand Empereur un dieu des jardins [1] !

Mercredi 8 novembre

Aujourd'hui, invitation à l'incinération de Hermann Hirsch.

On lit au bas de la macabre invitation : « On se réunira au *four crématoire.* » Merci du spectacle *rigolo* offert par les funérailles *fin de siècle* !

Jeudi 9 novembre

Voici qu'en sortant de table, Léon Daudet, avec son emballement ordinaire, se met à proclamer que Wagner est un génie supérieur à Beethoven, et se montant, se montant, arrive à affirmer que c'est un génie aussi grand qu'Eschyle, que son PARSIFAL égale le PROMÉTHÉE.

Là-dessus, son père lui dit que, dans le langage *non articulé* qui est la musique, Wagner lui a donné des sensations comme aucun musicien,

1. La formule de Goncourt, évocatrice des Priapes, s'explique par le sujet du livre de Masson, NAPOLÉON ET LES FEMMES, dont le premier volume, *L'Amour,* paraîtra en librairie en 1894.

mais que dans le *langage articulé*, qui est la littérature, il connaît des gens qui sont infiniment au-dessus de lui, notamment le nommé Shakespeare.

Alors, Rodenbach, qui est là, prend la parole — et ce soir, il parle merveilleusement —, déclarant que les vrais grands sont ceux qui s'affranchissent des modes, des enthousiasmes, des engouements épileptiques d'un temps, et établissant que la supériorité de Beethoven est de parler à la *cérébralité*, tandis que Wagner ne s'adresse qu'aux nerfs, déclarant qu'on sort de l'audition de Beethoven avec un sentiment de sérénité, tandis qu'on sort de l'audition de Wagner endolori, comme si on avait été roulé par les vagues, un jour de grosse mer.

Puis la conversation déraille, et elle va à Rops, à cet aquafortiste du royaume de Satan, et c'est pour Rodenbach une occasion pour faire un amusant historique de la légion satanique, en tête de laquelle étaient Baudelaire et Barbey d'Aurevilly et qui se continue aujourd'hui par Verlaine et Huysmans, légion qui avait pour opposition la légion *bondieusante* et mystique, dont Veuillot avait le commandement.

Un moment, on cause de Bauër et de son effort d'être du *bateau en avant*, d'être avec les jeunes, ce qui fait dire assez drolatiquement à Rodenbach qu'il est tout à écouter *pousser la barbe des imberbes.*

Vendredi 10 novembre

Je vais faire une visite à la Princesse sur le coup de six heures, l'heure à laquelle on la trouve chez elle dans ce moment. A mon entrée dans le petit salon, je lui vois sa tête *mauvaise* que je connais si bien ; mais aussitôt qu'elle m'a bien regardé, qu'elle s'est aperçue de mon changement, de ma pâleur, de mon amaigrissement, elle devient bonne femme, me parle avec affection. Et comme je lui dis : « Voulez-vous encore m'inviter mercredi ? » Elle me répond : « Vous savez bien que vous l'êtes tous les jours ! »

Samedi 11 novembre

J'avais rencontré mercredi Catulle Mendès, qui m'avait dit qu'une révolution se préparait dans le journal, mais qu'on lui avait demandé sa parole de ne pas l'annoncer. Aujourd'hui, en ouvrant L'ÉCHO, je vois que la concurrence du JOURNAL l'a forcé à abaisser son prix à un sol — qui est destiné inévitablement, dans un très petit laps de temps, à devenir le prix de tout journal.

Dimanche 12 novembre

Réouverture du *Grenier*.

Le vieux Rosny parle, dans un coin, de Napoléon, et de temps en temps, à une phrase brillante de lui prononcée tout haut, regarde si elle a été entendue de la chambrée. Léon, dans un autre coin, esthétise avec le jeune Rosny. Raffaelli entretien Geffroy de ses essais d'eaux-fortes en couleur, qui vont paraître cette semaine. Daudet souffre et, malgré cela, jette dans la conversation générale un joli mot, une remarque fine. Roger Marx m'entretient de la danseuse Loïe Fuller, qui le fréquente et qui aurait un véritable goût d'art s'étendant de sa danse à un tableau, à un bronze, et me dit que rien n'est amusant comme une répétition où elle essaie les couleurs de l'arc-en-ciel, dans lesquelles elle va développant la grâce de ses attitudes.

Lundi 13 novembre

C'est vraiment curieux, combien ce bon Bauër manque d'idées personnelles, et l'infiltration qu'il y a en ce moment, dans sa critique, de la pensée et des dires de Lorrain. L'étude de ce matin qu'il fait de la peintresse aux tableaux qui ressemblent à des Gozzoli fabriqués à Sainte-Anne, c'est un retapage de la glorification de la peintresse Jacquemin inventée par notre ami [1]. Et personne ne pourrait décrire le gaudissement que le *gros enfant* — c'est l'expression de Lorrain — éprouve ces temps-ci à avoir en tête de sa loge, dans les théâtres, ladite peintresse et une amie qui a les yeux *vert poireau,* devanture qui le fait dans le fond ronronner et se *cramoisir* d'orgueil.

Mercredi 15 novembre

Dîner chez la princesse Mathilde — premier dîner par un de ces rares jours fastes où une crise ne me prend pas au moment où je vais m'habiller !

Il y a Dumas, sa fille Colette, Primoli se trouvant pour le moment à Paris, Pichot, Ganderax, qui est venu dans la journée me demander ma collaboration pour une revue qui se fonde, une sorte de seconde REVUE DES DEUX MONDES, dont il est le directeur [2].

Dumas revient très content des eaux de Lamalou, où il a été chercher un peu de soulagement au néphrétisme dont il est atteint, et semble tout à fait guéri de son engouement pour Mme de Nittis, dont il parle comme d'une folle insupportable.

Dans la soirée tombe rue de Berri la princesse Troubetskoï, avec sa terrible et énigmatique mâchoire, qui entreprend de me vanter le *pinceau coloriste* de M. Thiers, dans ses descriptions de batailles, et me recommande de lire le beau roman de la DUCHESSE DE LA VALLIÈRE par Mme de Genlis. C'en est trop, je me lève au milieu de sa recommandation et vais rejoindre dans le hall Dumas, déjà mis en fuite par l'imbécile princesse.

---

1. Cf. ÉCHO DE PARIS, 13 novembre : l'article de Bauër, à l'encontre de ce que ferait supposer la formule de Goncourt, concerne Jeanne Jacquemin elle-même.
2. Au début de 1894, Calmann-Lévy fera paraître LA REVUE DE PARIS, troisième du nom et qui durera jusqu'à nos jours. Jusqu'en 1912, Ganderax en fut le directeur littéraire, modeste et puriste. Lavisse et Fernand Gregh complétaient l'état-major de la revue, qui groupait encore Jules Lemaître, Barrès, Lucien Herr, Mme de Noailles, etc.

Dimanche 19 novembre

Je demande à Hennique, arrivé le premier, ce qu'il fait dans le moment. Il me dit qu'il écrit une nouvelle sur la maîtresse dont il m'a déjà parlé, l'ivrognesse anglaise [1].

Oui, une jeune femme toute charmante, une femme musicienne, lettrée, par là-dessus bonne protestante, allant au temple, et qui se grisait de façon à tomber et à rester comme morte une demi-journée. Après quoi, un réveil délicieux !

Il me raconte sa rencontre à l'Exposition, où il avait dîné à une table à côté d'elle, une seconde rencontre chez un peintre écossais, enfin un rendez-vous, où elle succombait en tenant dans une main une lettre qui la faisait pleurer, tout en lui donnant des baisers, lettre qu'il n'a jamais su ce qu'elle contenait.

Au fond, une femme mystérieuse, qui recevait de l'argent d'Angleterre, qui avait toujours de l'or dans sa bourse, sans qu'il pût soupçonner qu'elle eût un entreteneur en France.

Il me conte un voyage à Londres, où elle le présenta à sa famille, à un père cocher, à une mère cuisinière, à une sœur femme de chambre dans la même maison ; intérieur où il dînait et où le père, d'abord très poli avec lui, présenté comme le mari de sa fille, se pochardait à la fin et, saisissant un couteau, voulait le tuer.

Et il me parle de tous les détours dont il est obligé d'user avec sa femme à cause de l'emploi du *Je,* mettant ce *Je* sur le dos d'un ami.

Et c'est Lorrain qui conte un dîner qu'il vient de faire chez Hayem, ayant à côté de lui un instrument d'acier qui ressemble à un instrument de chirurgie et qui lui fait d'un morceau de viande une bouillie horrifique !

Lundi 20 novembre

Une triste fête passée au lit, à la suite de deux crises, arrivées l'une vendredi, l'autre dimanche.

Au milieu de mes souffrances, une chose m'a touché, m'a fait plaisir : c'est le ressouvenir de la petite Blanche, qui m'a envoyé de Plombières des gâteaux fabriqués par elle, sur lesquels était tracé : *Bonne fête, Monsieur Edmond !*

Mercredi 22 novembre

Henri de Régnier, qui vient me voir quelques instants après que Poictevin est sorti de chez moi, me parle de l'intérieur dudit.

Il n'y aurait jamais de feu chez lui, ou du moins un feu de veuve à peine visible, et le maître de la maison est enveloppé d'un grand châle,

1. Déjà en 1889 (cf. t. III, p. 254-255), Hennique parlait de ce projet, d'où sortira seulement en 1896 MINNIE BRANDON.

sous lequel il cache frileusement ses mains. Il n'y aurait pas non plus de lampe, mais un bout de bougie à la flamme tremblotante, le maître du logis prétendant que la lumière d'une lampe atténuerait chez lui le mystère des ombres.

Vendredi 24 novembre

Un regain de succès pour tous les vieux, pour Vacquerie, pour Dennery, pour Charles Edmond, etc., pour tous, excepté pour moi, dont Porel n'a pas même fait admettre GERMINIE LACERTEUX dans le répertoire du Vaudeville.

Samedi 25 novembre

A ce qu'il paraît, j'ai été *anathématisé* à la mairie du VIe arrondissement par les femmes de la *ligue de l'Émancipation,* pour le mal que j'ai dit du beau sexe dans mes livres, et qui, si elles ne sont pas décidées encore à venir me battre à domicile, sont résolues à m'adresser une lettre énergiquement motivée. C'est du moins ce que m'apprend un reporter de L'ÉCLAIR, qui venait me demander si j'avais reçu la lettre en question.

Dimanche 26 novembre

J'ai écrit à Sarah Bernhardt de me renvoyer ma pièce. J'ai reçu d'elle aujourd'hui un *petit bleu,* où elle me dit qu'elle a un tel désir de jouer quelque chose de moi qu'elle me demande à garder encore ma pièce six semaines pour la lire à tête reposée. Ma conviction est qu'avec un certain désir de la jouer, elle ne la jouera pas. Mais il n'y a rien à faire près des autres théâtres avant des mois.

Arrive Hervieu, dans sa tenue correcte, froide, compassée, qui m'annonce qu'il vient de finir une pièce en trois actes, que Daudet me dit, une heure après, être très remarquable.

En entrant, Daudet soutient que les interviews de lettrés sont les moins intéressantes et que les interviews vraiment intéressantes seraient celles de marchands, de banquiers, de cocottes, les interviews de tous les états et métiers de Paris, avec lesquelles on referait un TABLEAU DE PARIS de Mercier, encore plus dans la vérité vivante.

Puis, à propos des retards de la pièce de Rodenbach, qui est là, Daudet analyse blagueusement une lettre de Claretie, où Claretie est tout entier et où il dit à Daudet : « Mon Dieu, que je voudrais donc pouvoir te jouer L'ARLÉSIENNE ! Mais aux Français, tu sais, pas de musique... Ça ne fait rien, un jour il faudra bien qu'on te la reprenne... Je voudrais aussi rejouer L'ŒILLET BLANC, mais c'est bien peu de chose [1]... »

1. La pièce de Rodenbach dont il est question au début du paragraphe est LE VOILE, qui sera créé au Théâtre-Français le 21 mai 1894.

Enfin, c'est tout le long de la lettre un tas de bonnes intentions, que des quantités d'empêchements lui défendent de réaliser.

Quant à Hennique — car toute la littérature fait du théâtre à l'heure présente —, il est un peu nerveux. Le succès de GIGOLETTE lui fait craindre que Blavet ait le temps de finir la pièce qui doit passer après, ce qui le rejetterait au diable [1].

Daudet me conte dans un coin la fantastique vie de Fouquier qui, d'après les confidences d'Henri Simond, aurait eu à subir, ces derniers jours-ci, de terribles assauts, à propos d'un compte de 12 000 francs qu'il devait à sa cuisinière. Et d'après des renseignements positifs, il gagnerait avec ses kilomètres de copie cent à cent vingt mille francs par an. Mais le jeu, chez lui, a succédé à la putain. Et tous les soirs, il est à son cercle, avec très souvent, dans son gousset, une pièce de vingt francs qu'il a soulevée à quelqu'un ; et il joue, il joue — quelquefois heureusement au commencement, mais ne sachant pas s'en aller, il est complètement *ratiboisé* à deux heures du matin et obligé de rentrer chez lui.

Et à la maison, croyez-vous qu'il se couche ? Non. Il a des jeux de cartes tout préparés et continue la partie à lui tout seul, jusqu'au matin, se rendant compte, s'il avait pu continuer, qu'il aurait gagné à quatre heures, à six heures.

Lorrain sort de la répétition de sa pièce à l'Odéon et se plaint de Marck comme du metteur en scène le plus inintelligent [2].

Mercredi 29 novembre

Ce soir, chez la Princesse, le petit Houssaye n'a pas l'air de douter un moment qu'il n'ait pas le fauteuil de Taine à la prochaine élection [3].

Quant au second fauteuil que se disputent Heredia et Zola, il croit que, malgré l'appui d'Haussonville donné à Heredia, Zola passera [4].

En voyant l'interminable Mme Barrès se lever d'une chaise, je pensais à sa définition par Mme Daudet, disant que c'était un *dépliant* !

---

1. Le mélodrame de Pierre Decourcelle et Edmond Tarbé, GIGOLETTE, venait d'être représenté le 25 novembre 1893 à l'Ambigu, où il cèdera la place, comme le prévoit Hennique, à la pièce d'Émile Blavet et Pierre Berton, LES CHOUANS, tirée du roman de Balzac et créée le 12 avril 1894. Le drame d'Hennique, LES DEUX PATRIES, sera représenté à l'Ambigu beaucoup plus tard, le 16 mars 1895.

2. YANTHIS, pièce de Jean Lorrain, musique de Gabriel Pierné, sera créée à l'Odéon le 9 février 1894.

3. La veuve de Taine désirait voir attribuer le fauteuil académique de son mari à Albert Sorel. Néanmoins, Henry Houssaye, historien lui aussi, s'y présentera le 22 fév. 1894 en même temps que Montégut et Leroy-Beaulieu : scrutin sans résultat ; à la reprise de l'élection, le 31 mai, Houssaye se retirera, laissant Sorel triompher de Montégut, et il en sera récompensé par le fauteuil de Leconte de Lisle, auquel il est élu le 6 déc. 1894, sans concurrent, mais non point sans une préalable campagne mondaine, très remarquée, de Mme Henry Houssaye (René Peter, VIE SECRÈTE DE L'ACADÉMIE FRANÇAISE, 1940, t. V, pp. 176-177).

4. Cf. t. II, p. 1286, n. 1, sur la victoire de Heredia.

Vendredi 1er décembre

Nous parlions avec Daudet de l'appui que la femme, la femme la plus intelligente, a besoin de trouver chez l'homme. Là-dessus, Daudet me confie qu'il y a trois ou quatre ans, sa femme, ayant bien nettement lu au fond de lui la volonté d'en finir par le suicide, devançant l'aveu qu'il allait lui faire, avait été si éloquente dans l'appel où elle lui demandait de vivre pour elle, pour ses enfants, qu'il avait renoncé à mourir.

Hier, Zola, avec son nez en point d'interrogation, disait à Daudet : « Mon bon ami, croyez-vous que ce soit heureux pour Goncourt de reprendre son JOURNAL ? »

Au fond, Zola a une certaine appréhension de la publication des années où nous nous sommes légèrement mangé le nez.

Samedi 2 décembre

Exposition de Miss Cassatt.

Tentatives de coloration de planches à l'instar des impressions japonaises, tentatives intéressantes, mais encore très incomplètes.

Je rencontre à l'exposition la jolie Mme Jeanniot, qui m'annonce gentiment que son mari croit avoir trouvé un éditeur pour l'illustration de LA FILLE ÉLISA avec dix eaux-fortes qu'il gravera [1].

Dimanche 3 décembre

Chez Plon, on disait ces jours-ci que la bicyclette tuait la vente des livres, d'abord avec le prix d'achat de la manivelle, puis avec la prise de temps que cette équitation obtient des gens et qui ne leur laisse plus d'heures pour lire.

Daudet, parlant des BUVEURS D'ÂMES de Lorrain, disait que le grossissement mensonger de la psychologie tuait l'intérêt du livre, qui cependant n'est pas un livre sans valeur.

On cause du mariage du jeune Hugo avec Mlle Ménard-Dorian, qui se trouvent dans le moment réunis au jeune ménage Léon Daudet dans une propriété en Provence de la mère de la future mariée.

Mardi 5 décembre

Daudet m'a amené hier le docteur Rendu, médecin de l'hôpital Necker, qui m'a mis à l'*Huile de Harlem*.

Cette *Huile de Harlem,* ordonnée par un médecin de ce temps, est un médicament qui semble avoir été inventé par un hermétique moyenâgeux et dont le prospectus commence ainsi : *En Jésus-Christ*

1. LA FILLE ÉLISA sera rééditée chez Testard en 1895 avec 60 croquis gravés sur bois et 10 eaux-fortes de Georges Jeanniot.

se trouvent tous les Trésors de guérison tant du corps que de l'âme. Au fond, un médicament qui doit avoir une terrible action ; car après en avoir pris quelques gouttes, il vous remonte de l'estomac des fumées qui ont l'odeur de l'asphalte en fusion pour la réparation des trottoirs.

Mercredi 6 décembre

Alidor Delzant s'est amusé, ces derniers mois-ci, au rangement, au classement des autographes d'Ozy. Parmi ces lettres autographes des contemporains amoureux ou amants de la femme, il y a tout un volume de lettres de Charles Hugo, de lettres très intéressantes, de lettres très belles, au moment où Ozy est courtisée par le vieil Hugo et prête à lui céder et où le fils lui écrit qu'il ne veut pas partager cet incestueux commerce et qu'il se retire, le cœur déchiré [1].

Jeudi 7 décembre

Jeanniot m'amène l'éditeur Testard. Il veut faire une édition de grand luxe de LA FILLE ÉLISA tirée à trois cents exemplaires seulement. Elle serait illustrée d'une dizaine, d'une douzaine d'eaux-fortes de Jeanniot. Maintenant, il aurait l'idée — je trouve, l'idée malheureuse — de faire graver en double et bourgeoisement par un buriniste les dessins de Jeanniot qui auraient servi à ses eaux-fortes. Puis il voudrait en marge de petites gravures, jouant les croquetons au crayon noir ou à la plume, qu'on jette à l'heure présente sur les marges des livres déjà imprimés.

Quelle verve surchauffée, quelle vitalité fouettée, quel diable-au-corps de la cervelle chez ce Scholl ! C'est depuis la soupe jusqu'au fruit, depuis le lever de la table jusqu'à la sortie du salon, une suite d'échos parlés, une avalanche d'anecdotes, une succession de racontars, une enfilade de petits récits, sans exposition et comme enfermés entre deux astérisques, ne laissant pas un moment la parole aux autres, rendant Coppée muet, silencieux, consterné : un débordement de paroles drôles, amusantes, spirituelles, coupées, hélas ! de grosses vantardises, qui enlèvent un peu du charme de cette abondante causerie.

En dépit de cette dépense endiablée de mémoire et d'esprit, on sent l'homme touché par le diabète : il a une pauvre figure ratatinée, qui a la diminution d'un fruit à la fin de l'hiver.

Vendredi 8 décembre

J'ai reçu enfin hier la fameuse lettre d'*anathémisation* des femmes de la *ligue d'Émancipation,* lettre signée de Mme Potonié ! La lettre est polie, et je ne réponds pas, parce que si je répondais, je dirais crûment être persuadé que, si on avait fait l'autopsie des femmes ayant un talent

1. Add. éd. : le verbe *est.*

original, comme Mme Sand, Mme Viardot, etc., on trouverait chez elles des parties génitales se rapprochant de l'homme, des clitoris un peu parents de nos verges.

Samedi 9 décembre

Entrevu un moment Porel et Réjane chez Chappey, le marchand de bibelots.

Porel est devenu une couenne de lard, il en a la graisse et la couleur. On sent que ce n'est plus l'homme des luttes, des batailles, c'est maintenant l'homme qui a l'ambition de faire sa fortune et qui ne jouera plus que du Sardou et des auteurs à recettes assurées.

Je n'ai pu m'empêcher de lui dire que j'avais été un peu étonné que, parmi les pièces qui avaient fait le succès de Réjane, la seule qui n'eût pas été inscrite au répertoire du Vaudeville était GERMINIE LACERTEUX. Un peu embarrassé, Porel m'a répondu qu'il n'avait pas été le maître de le faire, mais que ce serait fait l'année prochaine.

Dimanche 10 décembre

Ce comte de Nion, qui a le rire si niais, trouvait aujourd'hui du comique, de la drôlerie à la dynamite, à la bombe de Vaillant [1]... Et la blague de ces choses *imblagables* ne lui est pas même personnelle, ne lui appartient pas : c'est tout bonnement un plagiat de la bête forfanterie de la jeunesse littéraire, qui est dynamiteuse par pose, par *chic*. Je n'ai pu m'empêcher de lui dire assez brutalement que je m'étonnais qu'un monsieur dans sa position fût aussi sympathique à des assassins, à des voleurs.

Raffaelli donnait ce détail sur notre bonne presse parisienne. Est-il absolument vrai ? Lors de l'Exposition de Chicago, le syndicat de cette presse avait demandé un ou deux millions pour faire de la publicité [2]. L'Amérique refusa. Sur ce refus, il n'y eut pas ou presque pas d'articles dans les journaux français. Et comme je lui parle des articles d'Uzanne dans LE FIGARO, il me dit : « Oui, on a donné les articles hostiles, mais on n'a pas donné les articles favorables à l'Exposition... Or, ajoute Raffaelli, la France a été amenée à croire par son journalisme que l'Exposition de Chicago avait été un four. Eh bien, c'est une complète erreur. L'Exposition aurait fait quinze millions, ce que n'a fait jusqu'à présent aucune exposition [3]. »

---

1. A la Chambre des députés, dans l'après-midi du 9 décembre, l'anarchiste Auguste Vaillant avait jeté une bombe à retardement, qui occasionna de nombreuses blessures, d'ailleurs légères. Cet attentat provoqua le mot historique du président de séance, Dupuy : *Messieurs, la séance continue* — et le vote, deux jours plus tard, des lois répressives dites *Lois scélérates.*
2. Cf. t. III, p. 713, n. 1.
3. Sous la rubrique *Sensations d'Amérique* avaient paru plusieurs articles d'Octave Uzanne. C'est dans celui du 31 mai 1893, LA VIE A CHICAGO, qu'il se montre pessimiste sur le succès de l'Exposition, où « plane dans l'air comme une lourdeur de *four.* Personne n'a l'air de s'intéresser au succès de la grande exposition. » Ce n'est d'ailleurs pas lui, mais Auguste Lemoine qui est chargé des comptes rendus détaillés de l'Exposition.

Ce soir, on affirmait chez Daudet qu'un *populo,* assistant par hasard à la séance de la Chambre et qui était blessé, avait cru, dans le premier moment, à un feu d'artifice, feu d'artifice qu'on avait l'habitude de tirer dans l'intérieur du Palais-Bourbon après un discours remarquable.

Montégut, le cousin de Daudet, qui fait la cuisine de L'INTRANSIGEANT, après dîner, dans une réminiscence reconnaissante, se met à parler de son opération chez les frères Saint-Jean-de-Dieu, des trois mois qu'il y a passés, de son premier lever, de son premier regard par la fenêtre dans ce jardin qu'il avait vu à son entrée tout dépouillé, complètement mort, et où la pousse d'une petite bande d'herbe le faisait pleurer bêtement.

Montégut s'étend sur les soins maternels donnés par ces hommes, ces gardes-malades, appartenant tout entiers à la souffrance, et si en dehors de la vie du siècle que celui qui le soignait et qui était à Paris depuis dix ans, n'était sorti que trois fois de la maison, une fois pour aller à Notre-Dame, une autre fois au Sacré-Cœur, une autre fois pour une visite semblable. Il célèbre leur discrétion à l'égard de votre vie, de vos opinions, de vos lectures, de vos journaux, et ne trouve dans sa mémoire comme blâme de ses relations, quand il recevait la visite des actrices du Théâtre-Libre ou de femmes du Quartier latin, en toilette exubérante, que ce rappel ironique du frère qui le soignait, jetant à haute voix dans ce monde féminin : « C'est l'heure de prendre votre lavement ! »

Mardi 12 décembre

Est-ce que je pourrai supporter cette *Huile de Harlem* ? Je me sens l'estomac et les entrailles tout à fait malades.

Jeudi 14 décembre

Pouvillon, de passage à Paris et qui vient de terminer un roman en forme de mystère sur Bernadette de Lourdes, parle d'un malaise nerveux qui l'a fait passer deux jours dans son lit à l'hôtel, et bientôt il nous entretient de sa grande névrose, qui est chez lui une entêtée hantise de la mort, avec l'effroi de ce qui peut arriver après, et que sans doute lui donne une éducation religieuse [1].

Descaves, dont le roman sur les aveugles va paraître dans le JOURNAL après le livre de Vandérem, s'extasiait devant moi sur la perfection de l'ouïe chez les aveugles [2]. Il me disait que l'un d'eux assurait reconnaître, chez des gens en train de causer, que la lampe était emportée ou éteinte, par le rien qui venait à la voix des causeurs.

---

1. L'œuvre de Pouvillon, publiée en 1894, s'intitulera BERNADETTE DE LOURDES.
2. LES EMMURÉS de Lucien Descaves paraîtront en librairie en 1894. Le roman de Vandérem qui paraît dans le JOURNAL en cette fin de 1893 est LA CENDRE, qui sera publiée en librairie en 1894.

Dimanche 17 décembre

« Retté, oui, je le connais. » C'est Rodenbach qui répond à Daudet : « Ç'a été chez Cladel, où il venait de bien drôles d'êtres, que je l'ai rencontré..., chez Cladel, où je ne retournais plus à la fin, parce que chaque fois que j'y allais, je me faisais deux ou trois ennemis mortels des gens qu'il recevait... Voici mon histoire avec Retté. Sur le nom de Hugo prononcé par l'un de nous, Retté dit quelque chose comme : « Hugo, un crétin ! » Je trouvai bon de relever ce jugement par un mot légèrement ironique. Mais sur mon mot, ne voilà-t-il pas que Cladel donne un formidable coup de poing sur la table et agonise ledit Retté, pendant un quart d'heure, d'épithètes outrageantes. Or depuis ce jour, chaque fois que je publie un volume, Retté n'a de cesse qu'il n'ait trouvé une revue, un journal voulant bien accepter un éreintement féroce de mon bouquin.

« Maintenant, sa vie est assez bizarre. Il avait épousé une femme qui se tuait les yeux, toute la journée et la soirée, à peindre des éventails pour le nourrir ; et quand elle se couchait, accablée de fatigue, lui, Retté, rentrait de la brasserie, saoul, et se mettait à hurler ses vers en se promenant furibondement d'un bout de la chambre à l'autre, de façon à la faire trembler sous ses couvertures, si bien que la malheureuse femme mourut au bout de six mois de cette vie-là, à la fois de l'épuisement de ses journées et des cauchemars de ses nuits. »

Et après Retté, Rodenbach fit le portrait de *** à l'immense tignasse, faisant une conférence où, par moments, apparaissaient de son visage, dans l'ouverture de sa chevelure, un petit bout de nez et un rien de bouche, qui *redisparaissaient* presque aussitôt sous la couverture complète de la figure par les cheveux [1].

Lundi 18 décembre

Ce soir, dîner de la Princesse chez Daudet. Les convives sont les Daudet, le jeune ménage, Primoli, Barrès et moi. La Princesse parle de Taine, de ses exigences au sujet de la dot de sa femme, du peu de droiture de ses rapports avec elle.

Barrès, en train de se rapprocher de moi, me fait l'historique de sa campagne électorale à Neuilly, impute à la police la tentative d'assassinat faite sur lui par les anarchistes, m'assure que dans cette bataille sa vie était en jeu, qu'on voulait le jeter en bas de la tribune, qui était très haute, et qu'il était obligé de se rendre aux assemblées dans l'escorte de quarante domestiques prêtés par ses amis, quarante domestiques qui lui servaient de gardes du corps, et il interrompt son récit deux ou trois fois pour répéter : « C'était très amusant... très amusant [2] ! »

1. Le nom du conférencier est laissé en blanc.
2. Barrès s'était présenté aux élections de 1893 : abandonnant son siège de Nancy, il avait été battu à Neuilly, lors du scrutin de ballottage du 3 septembre, par le radical Lefoullon.

Comme il me parle de très près et que je vois bien pour la première fois son visage, je suis frappé du décharnement cadavéreux de sa figure autour des ailes de son nez, autour de sa bouche. Barrès doit avoir une maladie organique, doit être phtisique.

Barrès est en train d'écrire une pièce politique, UNE JOURNÉE PARLEMENTAIRE, où il n'a pas osé risquer une séance. Toutefois, il craint que la pièce ne soit arrêtée par la censure [1]. Sa pièce annoncée ce matin, cet homme gâté par le succès s'étonne un peu comiquement que dans la journée un directeur de théâtre ne soit pas venu la lui demander.

Le petit Hahn s'est mis au piano et a joué la musique composée par lui sur trois ou quatre pièces de Verlaine, de vrais bijoux poétiques : une musique littéraire à la Rollinat, mais plus délicate, plus distinguée, plus savante que celle du poète berrichon.

Mardi 19 décembre

C'est Ajalbert, engraissé et qu'un paletot noisette fait paraître encore plus gros qu'il n'est.

Il me conte qu'à la suite de l'interview des *médanistes* sur Zola, il les avait attrapés comme pas gentils, peu reconnaissants à l'égard du maître [2]. Là-dessus, il rencontre Céard, qui l'aborde avec un air fâché en lui disant :

« Vous ne savez donc pas lire entre les lignes ?

— Mais si, lui avait répondu Ajalbert. Je n'ai pas écrit mon article ayant sous les yeux le texte de Huret, mais il me semble bien que Huysmans n'était pas très aimable, Hennique non plus. Vous-même...

— Moi, moi... Mais qu'est-ce que vous faites ce soir ? Voulez-vous venir dîner avec moi ? »

Et entrés au restaurant, comme Ajalbert lui dit par politesse : « Écoutez, si mon article vous ennuie, à cause de Zola, écrivez-moi

---

1. C'est ce qui se produira : la pièce de Barrès, confiée à Koning, devait être créée à la Comédie-Parisienne à la fin de janvier 1894 ; mais les censeurs élevèrent des objections, communiquèrent à la presse des analyses d'UNE JOURNÉE PARLEMENTAIRE, et finalement, après 14 jours, un Conseil des ministres décida de l'interdire. Antoine, dont les spectacles, destinés à ses abonnés et à ses invités, échappaient à la censure, put monter la pièce au Théâtre-Libre : la première aura lieu le 24 février 1894 (la répétition de la veille avait été réservée aux invités du FIGARO et aux amis de l'auteur).

2. Prétextant la première à l'Opéra-Comique, le 23 novembre, de L'ATTAQUE DU MOULIN, drame lyrique de Zola et de Bruneau, tiré de la nouvelle de Zola publiée dans LES SOIRÉES DE MÉDAN, Jules Huret s'en va demander aux autres auteurs du célèbre recueil ce qu'ils pensent de cet avatar musical d'un conte naturaliste et, plus généralement, des ambitions académiques de leur maître. Avec des nuances diverses de respect ou d'ironie, Huysmans, Hennique, Céard, Alexis témoignent tous quatre leur désapprobation devant l'évolution de Zola (FIGARO, 24 nov. 1893). Ici, un peu plus loin, Céard parlera du *coup de l'Italien :* il reprend une expression de son interview. Il comparait Zola à l'astucieux Sixte Quint et disait : « Zola, c'est bien le même Italien extérieur et masqué, aux mains papales..., qui veut tout conquérir. » — La *petite lettre* de Zola, à laquelle il est fait allusion, est un billet du 24 novembre, publié dans LE FIGARO du 25 et par lequel Zola reconnaît avec une équité ironique « un très grand talent » à ses amis des SOIRÉES DE MÉDAN et se refuse à « remuer la poussière sacrée des tombes » et à « fouiller dans le tiroir aux vieilles lettres d'amour ».

une lettre... », Ajalbert est tout étonné d'entendre Céard laisser tomber : « Ma foi, ça m'est bien égal ! » Puis, comme quelques instants après, Ajalbert lui disait : « Écoutez, vraiment, j'étais bien dans mon droit, quand je trouvais que vous l'éreintiez... La preuve, c'est la petite lettre qu'il vous a décochée... — Ça, s'écrie Céard en l'interrompant, c'est *le coup de l'Italien* ! »

Le *coup de l'Italien* dans la bouche de Céard, c'est drôle, n'est-ce pas ? Et à la suite de ce mot ennemi, c'est, pendant tout le restant du dîner, un vomissement de Céard sur son très cher ami Zola, qu'il abîme à fond, finissant par cette déclaration assez curieuse : c'est que la publication de l'interview de Huret dans LE FIGARO doit être une vengeance de Magnard contre Zola, à la suite de son effacement près de lui dans le voyage de Londres [1].

Mais quel homme est-ce, ce Céard ? Il n'a pas une seule amitié, une seule affection ! Il n'aime donc personne au monde ?

Mercredi 20 décembre

Tissot m'amène aujourd'hui Helleu, qui veut décidément faire une pointe-sèche d'après moi.

Causerie avec Tissot sur sa VIE DE NOTRE-SEIGNEUR JÉSUS-CHRIST, dont il va exposer plus de 300 compositions aux Champs-Élysées au mois d'avril. Il n'a pas encore trouvé pour le livre un éditeur en France, mais il ne doute pas d'en trouver un en Amérique [2].

Tissot parle d'un texte avec notules donnant la vie intime de Jérusalem dans ces temps, d'après des détails du Talmud non encore traduits et qu'il a fait traduire par un Juif russe.

Et vraiment, les détails donnés par ces notules sont curieux. On brûlait tellement d'encens dans le Temple qu'il y avait toujours dans le ciel un nuage qui allait jusqu'à la mer Rouge et qui faisait éternuer un troupeau de boucs près de Jéricho ! A propos de l'encens, qui joue un grand rôle dans le Talmud, il y est parlé comme d'un magicien, d'un prêtre célèbre qui faisait monter l'encens en colonne, au moyen d'une herbe qu'il mêlait à l'encens.

Une notule au sujet de la femme adultère nous apprend que les femmes adultères étaient habituellement déshabillées au Temple, mais qu'elles ne l'étaient pas quand leur corps était trop beau, de peur d'exciter les jeunes lévites.

Et un tas de curieux renseignements sur le service qui se faisait au Temple, les pieds nus sur les dalles de marbre, ce qui donnait la diarrhée aux vieux prêtres, pour lesquels il y avait un médecin *ad hoc* séjournant dans une partie du Temple. Il y avait aussi un corridor spécial passant

---

1. Voir au 10 août 1893 l'annonce de ce voyage. Élu membre, puis président de la Société des gens de lettres en 1891, Zola avait représenté la Société au Congrès international de la Presse, à Londres, en septembre 1893.

2. Cf. t. III, p. 378, n. 1.

dans le Temple pour se rendre à une certaine fontaine — corridor affecté aux prêtres qui avaient eu des pollutions dans la nuit.

On déplorait ce soir, chez la Princesse, cette publicité de la vente Maupassant, qui diminuait vraiment l'écrivain en dévoilant le goût ignoble de l'homme.

Jeudi 21 décembre

Ça ne fait pas l'éloge du goût des femmes du grand monde, cet engouement amoureux pour cet homme à l'aspect d'un marchand de vin, vivant dans l'entour des choses *canailles* de son intérieur. C'est de Maupassant, on le devine, que je parle.

Ce soir, chez Daudet, le ménage Descaves. La grande femme a vraiment dans la physionomie quelque chose d'ouvert, de bon, d'honnête ; quant à son petit mari, qui, en passant la porte, a l'aspect d'un roquet sur la queue duquel on a marché, il a l'âme élevée et tendre ; et dans ce temps où tout le monde fait un livre ou deux tous les ans, il est resté l'ancien travailleur.

Pendant toute la soirée, la conversation est sur Rosny, qu'on déclare un raseur anglo-saxon, mais dont on proclame la valeur littéraire, surtout dans ses premiers livres. Et l'on s'étonne que dans ce temps de la bombe Vaillant, aucun journal ne fasse allusion à son livre, qui est, pour ainsi dire, le compte rendu par avance du fait d'hier [1].

De Nion se met à parler admirativement de VAMIREH ; mais je le coupe en lui disant que là, l'effort de l'œuvre n'était pas de faire un beau paysage, mais de restituer l'*homme animal* de ce temps et qu'il n'existe pas du tout dans son livre. Daudet, lui, dit que dans ces sortes de livres, il n'a été original que dans LES XIPÊHUZ, mais là tout à fait original [2].

Daudet, qui sort tout enthousiaste de la lecture de la CORRESPONDANCE de Goethe et de Schiller, me disait :

« Ah ! Goncourt, la belle page à écrire sur l'amitié littéraire !

— Allez, lui ai-je répondu, c'est encore mieux de la mettre en pratique, comme nous le faisons ! »

Samedi 23 décembre

Hier, au moment où je me croyais presque guéri, une crise de quinze heures, et je suis tellement faible qu'aujourd'hui où on m'apporte les GEMMES de Jacquemart, que depuis très longtemps je désirais acquérir, tellement faible que, les cartons dénoués par Pélagie, je n'ai pas eu la force de feuilleter les eaux-fortes !

1. Voir LE BILATÉRAL, 1887, pp. 413-421 et 507-516.
2. Texte Ms. : *dans IPSÉHU*. Sur ce lapsus et sur l'admiration de Daudet pour LES XIPÊHUZ, cf. t. III, p. 148, n. 2.

A vau-l'eau le réveillon de demain chez le jeune ménage Daudet, et sans doute à vau-l'eau le dîner du jour de l'an, rue Bellechasse !

Quand j'étais dans mon lit, on a frappé et la tête de Blanche a passé par la porte entrouverte. Ça m'a fait plaisir de revoir cette figure qui manquait à la maison.

Souffrir comme cela, avec le peu de satisfaction littéraire qu'il m'est donné, il vaudrait peut-être mieux mourir.

Mercredi 27 décembre

Hennique, le bon, l'affectueux Hennique vient prendre de mes nouvelles.

Il me dit que Barrès est d'une avarice sordide. Il vendrait les livres qu'on lui envoie, et de cet argent, il ferait acheter les siens. Puis dans le cours de la conversation, il me fait cet aveu : « Oui, moi aussi, je prends des notes... Il faut avoir des armes. On ne sait pas, si un jour, un de vos petits camarades... »

Jeudi 28 décembre

Les Rothschild de Paris jamais, au grand jamais, ne se sont abaissés à une alliance avec un chrétien ! Ce sont seulement les femmes Rothschild de l'étranger qui ont pris des maris n'ayant pas leur religion, et contre la volonté de leurs parents et dans l'indignation de la vieille Rothschild.

Vendredi 29 décembre

Le petit Pottecher me contait qu'ayant présenté sa pièce au Théâtre-Français, Perret, le lecteur de l'endroit, lui dit qu'il trouvait sa pièce très bien, mais qu'il ne conclurait pas à la lecture, parce que sa pièce ne serait pas reçue, n'étant pas écrite en vue des acteurs.

Perret ajoutait que, lorsqu'il présentait la pièce d'un ami, d'un qui lui tenait au cœur, avant de la présenter, il indiquait à l'ami les modifications à apporter à tous les rôles, pour qu'ils fussent acceptés par le comédien Un Tel et la comédienne Une Telle. Et le rôle ainsi retravaillé et mis à la mesure de chaque cabotin et cabotine, et préalablement lu au domicile de ces messieurs et dames, l'acceptation de la pièce à la lecture du comité n'était plus qu'une formalité exigée par le règlement.

Hennique, qui succède à Pottecher et auquel je raconte la chose, me dit que lui, avait présenté LA MORT DU DUC D'ENGHIEN à Lavoix et que Lavoix lui avait également dit qu'il trouvait sa pièce d'une qualité supérieure, mais que, comme Perret, il ne conclurait pas à la lecture, parce que le montage de la pièce coûterait trop cher à la Comédie-Française, vu l'importance de l'ouvrage. Mais ne voilà-t-il pas que quelques jours après son refus, Lavoix se trouve dans l'antichambre d'un ministre, en même temps que Hennique, qui accompagnait le conservateur de la bibliothèque de l'Arsenal, et qu'il lui dit impudemment : « Mais que ne m'aviez-vous dit que vous étiez de la maison ! Je vous aurais eu la lecture. »

Daudet et son fils viennent savoir si je vais mieux. Léon est dans un nouveau volume, une satire des médecins contemporains, quelque chose comme les pérégrinations de Gulliver dans le monde médical [1]. Or, il dit que ce travail ne lui présente pas d'intérêt, parce qu'il y met tout ce qu'il a d'emmagasiné en lui, et que ça ne lui offre pas la jouissance d'inventer, d'imaginer. A quoi je lui dis de se défier de l'imagination et que je crois que ce qui fait le beau des vrais livres, c'est la sélection de cet emmagasinage.

Dimanche 31 décembre

Enfin, apparaît aujourd'hui Carrière, que je n'ai pas vu depuis des siècles.

Il m'apporte un portrait de Daudet, un grand lavis lithographique. C'est un portrait de cette série dont nous avions parlé, pendant qu'il faisait une esquisse de moi, qu'il devait exécuter à l'eau-forte et que, bien heureusement, il n'a pas fait par ce procédé, qui lui aurait pris un temps énorme, étant donné la grandeur de ces images. C'est merveilleux, le fondu, le flou, le *corrégianisme* de cette planche, et c'est étonnant qu'il se soit rendu maître du procédé aussi rapidement. C'est un portrait de Daudet crucifié, *golgothant,* mais de toute beauté comme facture.

Aujourd'hui, parmi les visiteurs du *Grenier,* Rod en train de réemménager en France, dans mon voisinage.

Quelqu'un demandant l'heure, on parle de la différence de l'heure sur les montres tirées des poches. Cela me fait dire : « Il y a un homme dont cette différence de l'heure a été l'empoisonnement de la vie. Cet homme, qui possédait deux cent cinquante pendules, peut-être les deux cent cinquante pendules les plus admirables qui aient été jamais fabriquées au monde, n'avait dans la vie qu'une préoccupation : c'était l'accord simultané de la marche de toutes ces pendules, auquel il n'a jamais pu arriver. Oui, oui, ç'a été l'empoisonnement de la vie de lord Hertford. » Alors, Rodenbach de s'écrier : « On en ferait un conte fantastique ! — Parfaitement, lui dis-je, et le possesseur des pendules mourrait au moment où toutes les pendules sonnent ensemble minuit, et encore n'aurait-il pas la jouissance de les entendre jusqu'au bout : il mourrait au onzième coup. »

Grand dîner chez Daudet en l'honneur des fiançailles du jeune couple Hugo et Ménard-Dorian, auxquels le maître de la maison dit gracieusement que le reste des convives, ce n'est ce soir que de la *figuration*.

---

1. Il s'agit des MORTICOLES, qui paraîtront en 1894.

La petite Dora Ménard-Dorian, que je vois pour la première fois, une délicieuse tête au charme slave et d'une ressemblance curieuse avec une tête au pastel de Doucet, qui est chez la Princesse.

Mme Ménard-Dorian, ce soir, se dégèle avec moi. Elle vient s'asseoir dans le fauteuil proche du mien, et nous causons art moderne. C'est chez elle une parole sensée, juste, technique, une parole coupée par des temps, et comme sortant du somnambulisme d'un être ! Et après l'art, il est question du mariage de sa fille, qu'elle me dit se marier à Paris — à l'encontre de l'assertion des journaux, qui annonçaient la célébration du mariage en province — mais en une sorte de mariage secret, évitant toute publicité.

Mme Dorian a un corsage à bandes diaprées de petites fleurettes de couleur rappelant le souvenir de ces images de parterre du XVIIIe siècle, et ainsi galamment habillée, avec ses grands yeux ombreux et le caractère de sa tête d'un autre temps, elle est vraiment originalement belle.

ANNÉE 1894

Lundi 1er janvier

D'aimables souhaits de la bonne année qui commence, dans un petit bout de lettre gentiment affectueux de Raffaelli.

Mais voici Lorrain, qui me parle du *flacon-serpent*, en imitation de jade vert, donné ce matin par Montesquiou-Fezensac à Sarah Bernhardt.

Et il peint la vie de cette femme répétant tout l'après-midi, jouant toute la soirée, tout en étant régisseur, metteur en scène, contrôleur, etc., et réduite à dîner dans sa loge. De curieux dîners où l'on mange couché sur le tapis — et cela s'appelle à la Renaissance : *manger sur l'herbe.* Sarah, toujours en compagnie de Sarita, l'amante pour laquelle Mme Duflos s'est tuée, d'une petite actrice, qui lui sert de secrétaire, et assez souvent de l'épais Busnach : dîners auxquels Sarah invitait Lorrain, qui a refusé, me disant qu'il ne pourrait manger dans un local de maquillage, de *gras*... Moi, cet immonde Busnach, ce type ignoble de mauvais marchand de contremarques, me dégoûterait encore plus.

Entrent Roger Marx et Frantz Jourdain, qui racontent à Lorrain que dans quinze jours, le théâtre de la Renaissance serait un théâtre d'opérette et que Sarah retournera dans les contrées rastaquouères avec toute sa troupe, — et sans doute aura perdu le manuscrit de ma pièce !

Après, est-ce bien vrai, bien vraisemblable, le racontar de Frantz Jourdain ?

Puis se succèdent Charpentier m'amenant ma filleule Jeanne, et les Daudet m'amenant ma filleule Edmée ; puis les Daudet m'emmènent dîner, Mme Daudet me rappelant dans le landau que commence aujourd'hui la vingtième année de notre intimité.

Et ce premier dîner de l'année fait, je puis dire, en ma nouvelle famille, je les accompagne à la porte des Ménard-Dorian, où ils vont retrouver le jeune ménage et le monde du dîner d'hier.

Mardi 2 janvier

Dans le chemin de fer en face de moi, un monsieur au teint de papier mâché, aux traits nerveusement tiraillés, aux yeux doucement ironiques, et qui, d'après ses paroles, semble un compositeur de musique. Il cause avec un voisin, un peintre, que je ne connais pas plus que lui, et parlant un moment des compositeurs français du XVIIIe siècle, il dit : « La préoccupation de ces hommes était avant tout de traduire leurs sentiments... Le métier chez eux n'était qu'un domestique, tandis que chez nos contemporains, c'est le patron. »

Mercredi 3 janvier

Une visite inattendue : Larroumet. L'ancien directeur des Beaux-Arts, qui a fait refuser LA FILLE ÉLISA, a fait part à Dreyfus du désir qu'il avait de me faire une visite et est venu aujourd'hui chez moi escorté de Dreyfus. Quel est son *biout'*, comme disent les Anglais [1] ? Craindrait-il une mauvaise note de mon JOURNAL ?

Dès l'entrée, il cherche à me faire la cour en me racontant ceci. Il avait publié un gros livre sur Marivaux et se présentait à un examen, de doctorat, je crois. Son examinateur lui disant : « Comment, Monsieur, un livre de 600 pages sur un auteur de second ordre ? » il lui aurait répondu : « Croyez-vous, Monsieur, que si ces 600 pages avaient été consacrées à Crébillon père, mon livre vaudrait mieux ? »

L'examinateur ne répondait rien et continuait de feuilleter la compendieuse monographie, quand, tombant sur notre nom au bas d'une note, il s'écriait : « Ah ! c'est trop fort, ce nom dans votre livre ! N'est-ce pas ? C'est bien eux, les Goncourt, ai-je lu dans un article de Sainte-Beuve, qui ont dit que l'antiquité a peut-être été faite pour être le pain des professeurs ? Les noms de ces écrivains ne doivent être jamais cités par un auteur qui se respecte ! »

Au fond, c'est curieux qu'une boutade comme celle-là ait le pouvoir d'inspirer de tels ressentiments dans une classe de gens.

Et le Larroumet me quitte, en me promettant de faire rechercher et de m'envoyer cette première édition de MARIVAUX, qui est toute pleine de citations de nos livres du XVIIIe siècle [2].

---

1. Goncourt transcrit approximativement la prononciation anglaise du mot *but*.

2. Dans MARIVAUX, SA VIE ET SES ŒUVRES (1882), une vingtaine de notes se réfèrent aux livres des Goncourt concernant le XVIIIe siècle pour y puiser un témoignage sur les mœurs ou une analyse de l'âme du siècle d'après un Chardin ou un Rosalba. Commentaires élogieux, quelques réticences sur la préciosité du style : voir par exemple p. 51, n. 1, la mention des pages des Goncourt consacrées à Watteau peintre de la Comédie Italienne, « pleines d'aperçus neufs et fins, malgré des recherches de style excessives ». Cf. encore p. 118, n. 2, p. 206, n. 3, etc.
Dans son article du CONSTITUTIONNEL du 14 mai 1866 (NOUVEAUX LUNDIS, t. X, pp. 393-416), Sainte-Beuve avait cité le *mot* des Goncourt visé ici d'après le recueil d'IDÉES ET SENSATIONS, 1866, p. 204.

Jeudi 4 janvier

Comme on causait à dîner des avantages et privilèges que la vie apporte à l'homme, Mme Daudet s'écriait : « Une femme ne choisit ni son danseur ni son mari ! » Et sur le rire de la table, elle s'écriait : « Oui, reprenait-elle, à un très petit nombre d'exceptions, elle n'a que le pouvoir de refuser le danseur tout à fait antipathique, le mari tout à fait antipathique ! »

Carrière m'entretient de son tableau du THÉÂTRE DE BELLEVILLE, auquel il travaille et qu'il espère avoir fini pour l'exposition [1]. Il me dit les soirées qu'il y passe pour en emporter l'impression morale, sensationnelle. Il ajoute qu'il va voir aussi les verreries, des fonderies, des agglomérations ouvrières, pour bien portraiturer ces multitudes dans leur ensemble ; car il ne s'agit pas ici de détacher des portraits particuliers, ils ne se voient pas dans une foule.

Il a tout à la fois et l'observation et l'esprit, ce Carrière. Ces jours-ci, le chirurgien Pozzi, auquel il était allé recommander pour une opération un pauvre diable, après de grands compliments sur sa peinture, l'invitant à venir le voir un jour à sa clinique, le spirituel blagueur le remerciait par cette phrase : « Merci, docteur, je ne tiens pas à jouir de la douleur des autres ! »

Vendredi 5 janvier

A-t-on remarqué l'influence de la gelée sur les chats ? Ils sont pris d'une nervosité qui les fait ne tenant pas en place et dispose les plus doux à griffer, à mordre, à la moindre taquinerie.

Dimanche 7 janvier

J'étais si bien portant ces jours-ci que j'ai dit hier au docteur Rendu de ne pas revenir d'ici à quinze jours, et ce matin, soudainement, j'ai un tel froid dans les bras que, couché dans mon lit tout habillé, avec deux paletots sur le corps et encore des fourrures jetées sur mes couvertures, je suis obligé de me faire repasser les bras avec des fers chauds.

Un article en tête du FIGARO, où Becque, ce grandiose type de l'envieux constipé, déclare que la *fin du théâtre* vient de la représentation d'HENRIETTE MARÉCHAL et m'éreinte, comme tout fraîchement furieux du bruit qu'ont fait cette pièce et GERMINIE LACERTEUX [2].

Je suis obligé de recevoir mon monde au lit. Ajalbert, qui vient me voir, parle de Vaillant, qui a crevé de misère toute sa jeunesse, est devenu

---

1. Cf. t. III, p. 436.
2. Cf. LA FIN DU THÉÂTRE dans LE FIGARO du 7. Becque fait effectivement remonter la crise du théâtre à HENRIETTE MARÉCHAL, pièce médiocre, selon lui, et qui tomba lourdement : « Aussitôt un parti se forma... où entrèrent tous les blackboulés de l'art dramatique. La *fin du théâtre* venait de commencer. »

fatalement anarchique et, décidé en fin de compte à mourir, a fait précéder son suicide de sa carte de visite à la Chambre.

Mardi 9 janvier

Le peintre Helleu : des yeux fiévreux, une physionomie tourmentée, et avec cela la peau et le cheveu du noir d'un corbeau.

Il vient faire une pointe sèche d'après moi, disant qu'il est tout intimidé, qu'il a rêvé toute la nuit qu'il manquait mon portrait, et que pour se mettre en train — lui qui ne fait que des femmes — il a essayé ce matin de se portraiturer lui-même.

Il travaille sur le cuivre non recouvert, avec une pointe de diamant qui a un tournant sur le métal que n'a pas la pointe d'acier et avec lequel il se vante de pouvoir faire un 8. Cette pointe de diamant, qui vient d'Angleterre, serait l'objet de la convoitise de graveurs à l'eau-forte contemporains, qui font de la diplomatie pour la lui emprunter, à la fin de la faire exécuter par un bijoutier parisien.

Pendant qu'il travaille, penché sur la planche de cuivre qui lui met un reflet rouge sur la figure, il me confesse ses goûts de bibeloteur, son amour des bois sculptés du XVIIIe siècle, et il m'avoue que pour le tableau qu'il finit dans le moment, tableau vendu seulement 2 000 francs, il vient d'acheter un cadre aux armes de France 1 500 francs.

Puis il parle du besoin de s'entraîner, de se monter, des quatre heures qu'il lui faut quelquefois pour *attraper l'assurance,* quatre heures au bout desquelles il est quelquefois mort de fatigue. Et il me parle aussi de ses tentatives pour obtenir des sortes d'instantanés dans le monde, au moyen de planches remisées au fond de son chapeau, et me conte la réussite d'une petite planche ainsi enlevée, où il a reproduit les yeux concupiscents de Tissot dans un décolletage de femme, dont j'ai oublié le nom.

Fanatique de Watteau, pendant un moment de repos, il me demande à voir la gravure de L'ILE ENCHANTÉE, qu'il ne connaît pas ; et pendant qu'il la regarde, il me dit qu'avant de connaître les portraits du maître, un jour, il avait demandé à Tissot à qui Watteau ressemblait et que Tissot lui avait répondu : « A votre femme ! » qui, dit-il, est jolie, mais a un grand nez. Et le piquant de cette ressemblance, c'est que la grand-mère de sa femme est de Valenciennes. Or c'est pour lui un sujet de plaisanter sa belle-mère, à laquelle il s'amuse à dire : « Dites donc, votre grand-mère a dû faire des farces avec Watteau ! »

Au crépuscule, il lève la séance et part tout agité, jetant à la porte : « Demain, je serai à sept heures à l'imprimerie... J'y serais dans une demi-heure, si je n'avais pas un rendez-vous ! »

Mercredi 10 janvier

Bracquemond m'apporte une eau-forte qu'il vient de finir, un coq en paraphes, un peu à la façon d'un coq japonais, d'un très grand style. Il me parle d'une planche en couleur qu'il tente d'exécuter d'après une de ses eaux-fortes et qu'il veut pousser jusqu'à douze couleurs, et avec des grains également colorés faisant des teintes plates. Et il dit que ces travaux ne sont beaux qu'à la condition d'être chers, qu'il n'y faut pas faire d'économies et que les colorations ne sont satisfaisantes qu'en employant la teinte foncée et la teinte claire d'une couleur, ajoutant que la sensation de la couleur est une sensation un peu nouvelle pour les yeux de l'Occident et qui n'est pas entrée dans la phase des explications. Et la conversation, de Bracquemond, saute aux MÉMOIRES de Delacroix, à l'encontre desquels il prépare un article qui met en lumière sa jalousie haineuse d'Ingres [1].

Bracquemond est suivi de Montesquiou-Fezensac, qui vient m'inviter à une conférence à la Bodinière, où il doit parler de Marceline Desbordes-Valmore, dont les poésies ont été, selon son expression, la consolation de ses *années sèches* [2]. Alors, il se répand sur le bonheur de sa vie dans le pavillon où il vient de s'établir à Versailles, sur cette séparation pleine d'aise qui se fait entre le monsieur en vareuse bleue de là-bas et le monsieur habillé de Paris, sur la satisfaction de ne plus être sous le coup d'une visite imprévue... Puis c'est de l'enthousiasme délirant au sujet de Sarah Bernhardt, à laquelle il s'apprête à faire cadeau, dit-il, d'un collier en corail rose laqué, qui aurait appartenu à une impératrice du Japon.

Ce soir, chez la Princesse, quelqu'un, sortant du cercle de la rue Boissy-d'Anglas, nous apprend que Vaillant est condamné à mort [3]. Dieulafoy, qui se trouve là, à propos des *racontars* de journaux insinuant que Rothschild a sollicité de lui un *exeat* du jury, affirme qu'il y a trois semaines qu'il n'a vu le baron [4].

Jeudi 12 janvier

Trois heures passées au musée. Ah ! c'est vraiment bien la peine

1. Bien entendu, il s'agit du JOURNAL de Delacroix (cf. plus haut p. 849), dont 2 volumes sur 3, correspondant aux années 1823 - 1854, venaient de paraître en 1893 dans l'édition de Paul Flat et René Piot.

2. Texte Ms. : *où il doit parler de Mélanie Waldor.* Lapsus corrigé en 1896 et qui prouve combien Gavarni est toujours présent à la mémoire d'Edmond : une vague ressemblance de noms, et c'est assez pour que Goncourt évoque inconsciemment les parties de campagne de Gavarni chez Mélanie Waldor. — Voir plus haut p. 782 une allusion à l'ouvrage que Montesquiou prépare sur Marceline Desbordes-Valmore.

3. Vaillant, condamné le 10 janvier, sera guillotiné le 5 février. Les anarchistes avaient menacé de le venger s'il était exécuté. — Le cercle de la rue Boissy-d'Anglas est le *Cercle de l'Union artistique* (v. l'*Index*), dont les locaux sont situés 5, rue Boissy-d'Anglas, après avoir occupé la maison Deliste, entre la rue de Choiseul et la rue de Gramont, puis un immeuble de la place Vendôme.

4. Cf. LA MALADIE DE M. DE ROTHSCHILD de Noël Gaulois, dans LA LIBRE PAROLE du 10 janvier : le baron de Rothschild, désigné pour faire partie du jury qui a jugé Vaillant, aurait, pour s'en dispenser, produit un certificat médical que le Dr Dieulafoy aurait signé après un dialogue rapporté par l'organe de Drumont et imaginé de toutes pièces, si l'on ajoute foi au témoignage du docteur.

d'avoir retiré du Salon carré l'EMBARQUEMENT POUR CYTHÈRE de Watteau pour y substituer la peinture pourrie de Claude Lorrain qui représenterait Diogène jetant son écuelle [1] !

Ah ! les chefs-d'œuvre ! Cette grande SAINTE-FAMILLE de Raphaël, de François Ier : ça, de la peinture ? Mais on jurerait que c'est une mosaïque en bois !

Courteline, un petit homme de la race des chats maigres, perdu, flottant dans une ample et longue redingote, des cheveux en baguettes de tambour plaqués sur le front, rejetés derrière les oreilles, de petits yeux noirs comme des pépins de poire dans une figure pâlotte. Ce petit homme, un *gesticulateur* ayant dans le sac de sa redingote des soubresauts de pantin cassé, et cela dans des conversations debout, où piété sur ses talons, sa parole a la verve comique à froid de ses articles et où son dire débute ainsi : « N'est-ce pas ? Je n'ai pas l'habitude de mettre mon pied sur un étron... »

Vendredi 12 janvier

Le jeune de Béhaine, qui est à Lille, chargé, comme officier d'ordonnance du général du 1er corps d'armée, de l'organisation militaire du département, me signalait la conquête absolue de la province par la juiverie et me disait tous les grands hôtels de la rue Royale de Lille, les hôtels de l'ancienne aristocratie, occupés à l'heure présente par des Juifs ayant occupé autrefois dans la ville les emplois les plus modestes, les plus bas, les plus domestiques.

Dimanche 14 janvier

Daudet racontait aujourd'hui qu'il avait reçu ces jours-ci un chèque d'Amérique, qu'il avait cru, avant de l'ouvrir, un envoi de l'éditeur qui vient de faire une édition de luxe des LETTRES DE MON MOULIN, un petit dédommagement du préjudice à lui causé par cette publication. Là-dessus, ayant ouvert le chèque et lu en anglais *thousand* — le chiffre *mille* — il avait dit à Ebner de le toucher et de garder pour lui cent francs.

Quelques jours s'étaient passés et Ebner ayant l'air d'avoir oublié la commission, Daudet lui disait : « Alors, vous gardez les mille francs ? — Au fait, c'est vrai, lui répondait Ebner, j'avais oublié !... Vous savez, c'est un pasteur de là-bas, qui demande un témoignage de cent lignes en faveur de Jésus-Christ... Eh bien, ce qu'il vous adresse dans son chèque, ce sont mille *shake-hands,* mille poignées de main, mille souhaits de bonne année ! »

« Concevez-vous, reprend en riant Daudet, dix poignées de main par ligne, c'est le prix que ce pasteur met à ma copie ! »

1. Le Catalogue 1890 ne signale sous ce titre aucune œuvre de Lorrain, mais bien la célèbre toile de Poussin, logée dès lors au Salon carré.

Daudet parle avec éloge de la pièce de Barrès, UNE JOURNÉE PARLEMENTAIRE, que lui a lue l'auteur [1].

Lundi 15 janvier

Mme Armengaud, dont la liaison avec Baïhaut est le sujet de la pièce de Barrès, passe une partie de sa vie au ministère à demander la grâce de son amant, qu'on lui a dit ne pouvoir être obtenue par l'opposition de Carnot [2].

Raynal disait, il y a quelques jours, devant Mme Sichel chez les Mayrargues, qu'elle avait passé dernièrement deux heures à pleurer chez lui, sans que ses larmes aient touché à sa beauté de marbre.

Tous les jours, tous les jours, elle va voir Baïhaut à la prison de Rambouillet — le ministère fermant les yeux sur cette infraction au règlement des prisons.

Mercredi 17 janvier

Ce matin arrive, tout rose de gaie et bonne santé, Rodenbach, venant me remercier du rouge de sa boutonnière, qu'il me fait la politesse d'attribuer à la lettre écrite à Hanotaux, des Affaires étrangères.

« Eh bien, disais-je à Gustave Geffroy, vous devez être content ? Vous écrivez maintenant partout.

— Oui, oui, me répondait-il, mais c'est le moment où il faut payer les billets dont l'échéance a été renouvelée, où il faut payer tout l'arriéré des années où on ne gagnait pas d'argent. »

Et il se plaint, se lamente d'être surmené.

Ce soir, je dînais chez la Princesse à côté de Mme Kann, la Juive à l'aspect poitrinaire, à la fiévreuse conversation, peut-être grisée de morphine et d'éther. Elle me confessait, à l'âge de quatorze ans, dans l'abandon et la non-surveillance des livres traînant partout en la maison de ses père et mère — et qui avaient fait que sa sœur avait lu à six ans MADAME BOVARY — avoir parcouru toute la littérature avancée des langues française, russe, anglaise, allemande, italienne. Et comme je l'interrogeais sur ce que cette effroyable avalanche de mauvaises lectures avait dû produire dans son cerveau, elle me répondait que cette ouverture par les livres sur la vie aventureuse lui avait donné

1. Cf. plus haut p. 895.
2. Baïhaut, qui était ministre des Travaux publics en 1886, avait déposé le 20 juin le projet de loi autorisant l'émission à lots de Panama. Il dut reconnaître qu'il avait demandé, pour ce faire, un million à la Compagnie, sur lequel il ne toucha d'ailleurs que 375 000 francs, le projet ayant été retiré par la suite. Il fut condamné le 20 mars 1893 à la dégradation civique et à 5 ans de prison, tandis que les autres parlementaires impliqués dans ce procès de corruption étaient tous acquittés. Adrien Dansette (LES AFFAIRES DE PANAMA, 1933, p. 203) admet que Baïhaut fut poursuivi par la haine de l'ancien camarade à qui le ministre avait pris sa femme, et il fait, comme Goncourt, état de LA JOURNÉE PARLEMENTAIRE, où le député Thuringe, un chéquard, est démasqué et poursuivi à outrance par son collègue Gaudechart, après avoir séduit, fait divorcer et épousé Mme Gaudechart.

l'éloignement des aventures, mais en même temps, lui avait fabriqué une pensée toute différente de la société au milieu de laquelle elle vivait.

Yriarte est revenu ce soir dans un état d'exaspération de la conférence de Montesquiou-Fezensac, se plaignant qu'on était forcé d'admirer le cousin de la comtesse Greffulhe par ordre et que si on échappait à la pression de la comtesse, on ne pouvait se dérober aux sollicitations des salons amis faisant des enrôlements. Et il faisait une très amusante description du tapis *esthète* et de l'encrier aux armes du conférencier.

Samedi 20 janvier

Sous le coup de ces crises répétées, sous le coup de cette dernière, qui m'a laissé plus affaibli que je ne l'ai été jamais, et en ce désir maladivement pressé de voir la floraison de mes fleurs au printemps, je me demandais ces jours-ci dans mon lit si je la verrais, cette floraison !

Dimanche 21 janvier

Aujourd'hui, la visite de Bonnetain, que je n'ai pas vu depuis son retour du Soudan et qui est en habit, en cravate blanche, en tenue directoriale, mais toujours avec son aimable tête sympathique [1].

Il proclame qu'on peut aller d'un bout de l'Afrique à l'autre avec une canne, et courant moins de danger que dans la banlieue. Mais, ajoute-t-il, quand il y a des militaires envoyés pour ces promenades, ils veulent absolument des coups de fusil pour avancer, et c'est d'eux que viennent toutes les complications ! Là-dessus, il affirme que le colonel Archinard pouvait parfaitement entrer à Tombouctou, mais comme il voulait les *trois étoiles* et qu'on lui a fait dire que toute l'attention était au Dahomey et au général Dodds, il a dû remettre l'entrée à une autre année [2]. Et il ajoute que ledit colonel l'avait empêché, par le croisement de la baïonnette d'un factionnaire, d'y entrer, lui, sa femme et sa fille.

Et il parle de la politique française là-bas, de sa soumission aux exigences de l'Angleterre, nous confiant que de Lamothe, le gouverneur du Sénégal, lui avait dit dans un moment d'expansion : « Si je pouvais vous faire lire les dépêches que j'ai dans ce meuble, sur notre humiliante attitude vis-à-vis de l'Angleterre, nous pleurerions ! »

Puis ce sont de tristes détails sur le gaspillage de là-bas et la malhonnêteté générale, excusée par cette phrase qui revient dans la

1. Bonnetain, attaché au FIGARO, part en 1892 pour un voyage d'études au Soudan, au retour duquel il est nommé en 1894 directeur des Affaires indigènes au Soudan français.

2. Comme le suppose Bonnetain, Archinard, après Djenné, (12 avr. 1893) s'apprêtait à prendre Tombouctou, compris dans le même ensemble commercial ; mais il fut rappelé en France dès octobre 1893 par Delcassé, assez hostile aux *Soudanais* et cédant à la pression de l'opinion publique, qu'alarmaient les pertes subies à Djenné. L'interprétation de Bonnetain semble donc assez aventurée en ce qui concerne les motifs prêtés à Archinard, mais elle reflète l'idée, très répandue alors, que le Soudan était pour les militaires un prompt moyen d'avancement.

conversation comme un refrain : « Vous savez, mon cher, là-bas, il se gagne une maladie qui fait voir les choses sous un autre angle qu'en Europe : ça s'appelle la *Soudanite*... » Et la *Soudanite* ferait faire de vilaines et féroces choses !

« Eh bien, le Niger, est-ce un bien grand fleuve ? lui demandai-je.

— Comme la Seine à Mantes... Mais que je vous raconte ma première entrevue avec lui... Nous voyagions, ma femme à cheval en tête, ma fille sur les épaules de porteurs au milieu, moi en queue, à cheval comme ma femme, éclairés par les hommes de l'escorte, fabriquant sur place de petites torches... Au petit jour, sur la route, qu'est-ce que j'aperçois sur la route ? Un camarade que j'avais connu autrefois, un toqué de littérature, un bras en écharpe, avec, sur la poitrine, une décoration flambant neuf, qui se dirigeait vers la France, tout heureux de sa décoration et du peu de gravité de sa blessure. »

Chaude reconnaissance, poignées de main à n'en pas finir, et successive reconduite de l'un par l'autre pendant des quarts de lieue, terminée par cette phrase : « Oui, mon cher Bonnetain, vous manquez vraiment de chance... » Et cette phrase venait d'un article de LA NOUVELLE REVUE, parvenu je ne sais comment, article célébrant mes mérites et déclarant qu'il ne m'avait manqué qu'un peu de chance, pour être aussi célèbre que M. Un Tel ou Un Tel. C'est au milieu de cette reconduite que le jour s'est levé et que le Niger n'a pas eu la chance d'être remarqué par moi [1] ! »

Puis, avec l'accent tendrement passionné qu'il a quand il parle de sa fille, il nous disait : « Elle n'a pas été une minute souffrante... et c'est une enfant que rien n'étonne. Elle aperçoit un lion, et savez-vous ce qu'elle dit ? "Oh ! j'en ai vu de plus beaux que cela au jardin des Plantes... Et surtout le grand qui est auprès de ma marraine et qui a des poils sur le dos et des bouquets entre les jambes." Elle parlait du Lion de Belfort, qu'elle voyait en allant chez sa marraine, qui demeure à Montrouge ! »

Lundi 22 *janvier*

Exaspéré par le manque de réponse du jeune Simond à mes lettres, je lui décoche ce billet : « Décidément, faut-il porter mes MÉMOIRES à un autre journal ? Un *oui* ou un *non*. » Mais pendant que Blanche porte la lettre à la poste, voilà qu'il arrive avec sa tête de menteur, l'air piteux et embarrassé, et me dit qu'il aurait un procès avec Ollendorff, s'il ne faisait pas passer un roman de Bergerat lui appartenant et qu'au lieu de me publier en janvier, il était obligé de ne me faire paraître que fin de mars [2]. A quoi je lui ai répondu que

1. A plusieurs reprises, Edmond parlant de la revue de Mme Adam écrit comme il le fait ici, LA REVUE NOUVELLE. La correction est ici nécessaire de toute évidence : l'article visé, de J. Aymé, PAUL BONNETAIN, figure dans LA NOUVELLE REVUE le 1er mai 1892.

2. Le roman de Bergerat, paru en 1894, est intitulé : *Les drames de l'honneur.* LA VIERGE.

les directeurs de journaux — et c'est une triste vérité — ne sont gentils que pour *les vilains chiens et les mauvais bougres*, et je l'ai prié de me laisser dormir — car j'étais au lit.

Mardi 23 janvier

Aujourd'hui, Ajalbert m'a apporté sur EN AMOUR, le livre qu'il m'a dédié il y a quelques années, son portrait peint par Carrière, portrait très ressemblant et délicatement flatté.

Mercredi 24 janvier

C'est curieux le profit que les Juifs savent tirer des relations qui sembleraient ne devoir leur rapporter rien : c'est ainsi que Dreyfus tire profit de moi, oui, de moi, grâce à la petite notoriété que je puis avoir, et se fait valoir auprès d'hommes de la société, de femmes du grand monde, les assurant que grâce à lui, ils obtiendront de voir ma collection, ils auront mon nom pour une œuvre de charité quelconque.

C'est ainsi qu'aujourd'hui, il vient me demander mon nom pour une exposition de Marie-Antoinette et que je me laisse aller à lui promettre de recevoir mercredi la comtesse de Béarn et la comtesse de Biron, les créatrices de cette exposition. Encore exigeait-il presque que je les reçoive un autre jour, parce que ce jour, ces dames vont au cours de Brunetière, et il a fallu que je me rebiffe et dise que si elles ne pouvaient pas manquer ce cours, moi, je ne pouvais pas manquer une journée de travail ou de bonne solitude à l'effet d'avoir sur le dos ces belles dames [1] !

Jeudi 25 janvier

A l'heure présente, le théâtre, c'est un théâtre tout de mise en scène, mise en scène napoléonienne avec MADAME SANS-GÊNE, mise en scène indienne avec IZEYL, et c'est triste à dire, ce sont les deux grandes actrices du moment, Sarah Bernhardt et Réjane, qui sont les chevilles ouvrières de ces honteux succès [2].

Comme je disais à Lorrain : « Je crois, diable m'emporte ! que Bauër m'en veut de ce qu'il a si mal lu ma pièce à Sarah Bernhardt ! Je ne l'ai pas revu depuis, quoiqu'il ait su que j'avais été très souffrant. — Non, me répond-il, mais au fond, il est très gêné... Il n'avait pas lu la pièce avant et n'a pas fait le choix des tableaux à lire... Puis vous savez, il se forge quelquefois des choses, ainsi qu'un fantôme... Un jour, ne

1. Add. éd. : le mot *dise.*
2. Sur MADAME SANS-GÊNE cf. plus haut p. 883, n. 2. — IZEYL d'Armand Silvestre et Eugène Morand, avec musique de Gabriel Pierné, est un drame indien qui se situe au VIe siècle avant Jésus-Christ. Il fut créé à la Renaissance le 24 janv. 1894. Sarah Bernhardt y jouait le rôle principal.

m'a-t-il pas dit : « Vous verrez, ça nous amènera de très mauvaises « choses... Daudet n'aime pas Sarah... »

Lorrain s'arrête ici dans les déductions de Bauër et passe à autre chose.

Vendredi 26 janvier

Ma première sortie. Dîner chez les Charpentier avec le ménage Zola, le ménage Xau, Robin, Catulle Mendès, Poincaré, l'ancien ministre.

Sur l'éloge lyrique du talent de Sarah Bernhardt fait par Catulle Mendès, Zola dit assez justement — mais au fond *érupe* contre les actrices qui ont refusé de le jouer — dit qu'elle est incapable de composer un rôle, incapable d'apporter sur les planches un être humain et qu'au fond, elle a peut-être du génie, mais pas de talent.

Et il continue à rognonner dans son coin à propos de tout où il n'est pas question de lui, s'écriant, à propos de l'interdiction d'UNE JOURNÉE PARLEMENTAIRE, que c'est très heureux pour Barrès, qu'il n'est pas du tout un auteur dramatique, que sa pièce aurait fait un four,... tandis que comme cela, il va remplir les journaux des réclames de son martyre.

Poincaré, qui m'a écrit une aimable lettre et qui me paraît, dans une gentille conversation à deux, simple, naturel, point du tout gonflé de son ci-devant ministère, veut bien me dire que s'il était resté à l'Instruction publique, il m'aurait fait officier de la Légion d'honneur, sans me consulter, parce qu'il savait que j'aurais mal reçu la proposition.

Dimanche 28 janvier

On cause nécessairement d'IZEYL, et Daudet raconte ceci. Noël, cet acteur qui a fait un si merveilleux garde-chasse dans une de ses pièces du Gymnase et qui joue en ce moment à la Renaissance, se trouvant nez à nez avec le chef de claque, celui-ci lui disait : « Ah ! l'autre jour, vous avez si bien joué que j'étais bien tenté de crier : « Bravo, Noël ! » Mais si je l'avais fait, mes hommes m'auraient imité... et Sarah Bernhardt m'aurait cassé aux gages [1]. »

Oui, cette suppression de la claque, dont les journaux ont fait grand bruit, est simplement la substitution à la claque habituelle d'une claque privée, qui ne doit applaudir que Sarah Bernhardt.

Daudet m'avait parlé d'une longue visite que lui avait faite la Princesse un de ces dimanches derniers, une visite où il avait été beaucoup question de moi et où il avait assuré la Princesse que j'étais un de ses meilleurs amis et qu'en dépit du débinage de mes amis dont elle est entourée, mon JOURNAL était un des livres qui la ferait le mieux et le plus glorieusement revivre dans la postérité, et il ajoutait qu'à certains *Oui, c'est vrai,* il croyait presque l'avoir convaincue.

---

1. Léon Noël avait joué le rôle du garde-chasse Sautecœur dans L'OBSTACLE de Daudet, pièce créée au Gymnase le 27 déc. 1890.

Ce soir, pendant que sa femme est allée reconduire sa mère, il me dit que le lendemain de cette visite, il a reçu de la Princesse une lettre d'une effusion extraordinaire, le remerciant de vouloir bien lui donner de son amitié ; et il me confesse qu'il ne l'a pas dit à sa femme, parce qu'il éprouve un sentiment d'ennui de la chaleur qu'elle lui témoigne et de la froideur qu'elle a pour sa femme, déclarant joliment juste la phrase que je venais de prononcer sur elle, quelques instants avant : « La Princesse n'aime pas les femmes. » Et cette injustice lui est d'autant plus pénible que longtemps, très longtemps, c'était lui qui était hostile un peu, à mon sujet, tandis que sa femme l'a toujours soutenue et a pris bravement sa défense chez les Gallaup et l'a vengée des noirceurs de Mlle Abbatucci.

Lundi 29 janvier

Dumas fils, que quittait un soir M. Villard, pour aller chez Hugo, s'écriait : « Ah ! vous allez chez le bon Dieu des cordonniers ? »

Delphine, la cuisinière de Mme Sichel, après avoir été douze ans chez Mme Gavarret, la sœur de Saint-Victor, et deux ans chez Claire de Saint-Victor, disait qu'elle se trouvait en paradis maintenant et qu'elle avait presque honte des deux années chez la fille de Saint-Victor, tant la maison était désordonnée et avait l'air d'un intérieur de cocotte [1]. Elle ajoutait qu'elle ne croyait pas tant que ça à la sagesse de son ex-maîtresse, vu que Claire rentrait souventes fois à quatre heures du matin, et si chiffonnée !

Mardi 30 janvier

Dîner chez les Lorrain, avec le ménage de La Gandara, Henri de Régnier, etc.

Une beauté tout à fait *gozzolienne,* cette Mme de la Gandara, avec ses beaux yeux songeurs au grand blanc, l'ovale long de sa figure, les lignes pures de son nez, de sa bouche, la délicatesse extatique de sa physionomie, ses blonds cheveux lui tombant en ondes dépeignées le long de la figure, comme les cheveux d'une Geneviève de Brabant, enfin avec ce caractère d'une tête où la nature s'associe au coquet effort de se rapprocher des Primitifs et qui lui donne, dans de la jeune vie, le charme archaïque d'une tête idéale d'un vieux musée. Et le cou un peu décolleté, sans un bijou, sans une fanfreluche qui distraie le regard, elle est habillée d'une robe de satin blanc, toute plate, toute collante en formes, avec seulement au bas cinq ou six rangs de petites ruches qui font un remous de luisants et de reflets de soierie à ses pieds.

Lorrain est toujours abondant en méchancetés et ne s'épargne pas lui-même, racontant que Mme Forain lui a jeté au milieu de ses paroles

1. Texte Ms. : *chez le fils de Saint-Victor...*

pluvieuses : « Je vais ouvrir un parapluie, si vous continuez à m'inonder ! »

Et il passe à un amusant croquis de Mme Desfossés, la femme de l'un des directeurs du GIL BLAS, qui ne peut parler d'une chose sans en dire le prix et dont la langue fournirait une curieuse documentation pour la langue d'une parvenue de ce temps dans une comédie. C'est elle qui, parlant de calculs qu'elle a rendus, dit qu'ils étaient aussi gros que ses diamants, dit qu'elle ne manque aucune première, parce que c'est là seulement qu'on peut voir le monde. C'est elle encore qui, racontant la fin de ses soirées passées au coin de son feu, dit : « Alors, mon mari gagne son Henri III et moi mon Louis XVI. » C'est des lits du ménage dont elle parle, elle qui, lors de son installation dans son hôtel, a mené les invités visiter toutes les pièces de la maison, ne leur faisant pas grâce des bidets d'argent des cabinets de toilette.

Puis il est question de la Jacquemin, qu'il a consignée à la porte, parce qu'il la croit une vampire, une succube, une démoniaque, qu'il était toujours malade à la suite de ses visites, qu'elle devait lui aspirer toute sa vitalité.

Gandara, tout en étant simple, naturel, est un monsieur distingué, qu'on sent en rapport avec les gens du vrai monde. Dans sa causerie sur la peinture, où ses trois admirations semblent se porter sur Rembrandt, Velasquez, Chardin, il a une expression caractérisant bien le premier et le dernier, quand il dit : « Chez Rembrandt, c'est une lumière d'or ; chez Chardin, une lumière d'argent. »

Mercredi 31 janvier

Aujourd'hui, la comtesse de Biron vient me demander mes conseils pour l'exposition de Marie-Antoinette, qui doit avoir lieu au musée Galliera.

La Princesse a vraiment la maladie de la juiverie ! A dîner, ce soir, il y avait autour de la table un ménage Ephrussi, Charles Ephrussi et cet affreux Reinach, au nez écrasé, aux deux yeux hors la tête comme des yeux de boxeur pochés. Vraiment, cet homme qu'elle n'a jamais reçu autrefois, est-ce bien le moment de le recevoir ? Ah ! cette femme-là a besoin d'un cornac pour la guider dans la vie !

Un moment, la Princesse se plaint que la réduction du 4 1/2 en 3 1/2 ait fort réduit son revenu, ait fort appauvri ses Incurables [1].

Jeudi 1er février

Hier soir, en rentrant, trouvé un papier de la mairie en tête duquel

1. Sur cette œuvre dont s'occupe la Princesse, cf. t. II, p. 605, n. 2. — A la rentrée des Chambres, en novembre 1893, on avait annoncé comme imminente la conversion en 3 1/2 p. cent de la rente 4 1/2 p. cent. Puis au début de décembre, on avait ajourné la mesure. Mais elle fut votée en définitive le 17 janvier à la Chambre et le 18 au Sénat.

il y a : *Terrains retranchés*, à la suite duquel titre il m'est offert 380 F 50 c pour 4 m 42 cm à prendre chez moi. Est-ce qu'on va faire un trou dans ma maison ou mon jardin ? C'est trop, c'est trop dans ce moment de malchance ! Ah ! c'est positif, je suis né maudit !

Les Helleu à dîner chez Daudet. La jeune femme, un grand nez, mais des yeux de caresse, pleins de ce regard chastement voluptueux qu'ont les yeux rapprochés du nez, et avec toutes les élégances de corps que révèlent les pointes-sèches de son mari.

C'est décidé. Barrès nous annonce qu'Antoine joue sa pièce ce mois-ci, et il est question de Cerny pour jouer la femme du parlementaire [1].

Vendredi 2 février

Au Théâtre-Libre, à la représentation de L'ASSOMPTION D'HANNELE MATTERN d'Hauptmann, on vient me dire que le papier de la mairie, qui m'a donné une nuit d'insomnie, ne me regarde pas, que c'est une erreur. Diable soit des erreurs administratives !

Samedi 3 février

Après le bruit autour de L'INTRUS et la publication dans la nouvelle REVUE DE PARIS de EPISCOPO ET CIE par Gabriele d'Annunzio, je sens venir, dans l'état de la domesticité actuelle de l'esprit français vis-à-vis de la littérature étrangère, la période de la latrie italienne, succédant à la latrie russe, à la latrie danoise [2]. C'est curieux, du temps de la Monarchie, nous avions plus d'indépendance que cela ! C'est depuis que la République existe que s'est développé cet asservissement, ce léchage-du-cul de l'étranger, que, dans un autre ordre, nous avons vu s'épanouir lors de la visite des marins russes et dont notre pays n'avait donné encore un exemple pareil [3].

Dimanche 4 février

La petite bonne, qui a un moment remplacé Blanche et qui s'en va de chez moi, disait à Pélagie : « Décidément, je vais chercher une place chez une cocotte... On y travaille peu, on y mange bien et on a la chance d'être emmenée au spectacle, aux bains de mer ! »

Toudouze, auquel je racontais le propos de la Marie, me disait : « Il y a deux ans, il s'en est présenté une chez moi à laquelle on avait dit,

---

1. Cf. plus haut p. 895, n. 1 sur la représentation chez Antoine de LA JOURNÉE PARLEMENTAIRE de Barrès, et p. 907, n. 2 sur le rôle que joue dans la pièce Mme Thuringe, qui sera d'ailleurs interprétée non par Cerny, mais par Marguerite Caron.
2. Comme EPISCOPO ET CIE, le roman de L'INTRUS est un ouvrage de Gabriele d'Annunzio, traduit par Hérelle en 1892.
3. Sur la visite des marins russes de l'amiral Avellan, cf. plus haut p. 878, n. 1, p. 879, p. 882, n. 1. Add. éd. : *existe que...*

les conventions acceptées : « Et puis les jours où nous sortirons le soir, vous coucherez dans l'appartement. Je ne veux pas que mon garçon — qui était encore un enfant — reste seul. » Ne voilà-t-il pas la petite bonne descendant l'escalier, avec une femme qui nous sert dans les moments où nous sommes sans domestiques et qui nous est toute dévouée, ne voilà-t-il pas qu'elle dit : « Je crois bien que je m'arrangerai avec eux, ils ont l'air de bonnes gens... Il y a bien une condition de coucher dans l'appartement qui est un embêtement, mais je coucherai avec le fils ! »

C'est de la folie, le succès de la pièce de MADAME SANS-GÊNE [1] ! Morel racontait que, passant devant le Vaudeville à quatre heures – et cela après les cent représentations — il y avait deux queues pour la location, n'en finissant pas ! Et se trouvant en chemin de fer ces jours-ci, il avait entendu une femme se vanter d'avoir vu la pièce quatre fois.

Daudet soutenait que les locutions des gens sont la plupart du temps en rapport avec la nature de leurs facultés. Ainsi, les gens qui ont le don de la vision des choses disent toujours : « Vous voyez bien ça ? » tandis que ceux qui ne sont pas *picturaux* et qui ont plutôt la compréhension que la vision des choses, disent : « Vous comprenez bien ça ? »

Ce soir, Rollinat, venu à Paris pour placer six morceaux de musique à Engel, qui lui a fait un traité par lequel il ne peut lui fournir que la demi-douzaine par an, nous joue ces morceaux. Il les interrompt de temps en temps, nous faisant face par une virevolte du tabouret du piano et nous parlant de sa vie plantureuse de là-bas, des chevesnes de trois livres, qu'il met bien ficelés à la broche et dont il arrose la peau craquante d'une livre de beurre, avouant que pour lui, bien manger a une grande importance. Et il se répand sur ses *pitancheries* avec son curé rabelaisien, s'écriant à sa table : « Ah ! je ne sais comment on est là-haut ; mais en attendant, je me trouve bougrement bien ici ! »

Dans sa vie provinciale, Rollinat ne se plaint que des temps de neige, qui l'emprisonnent chez lui ; et il cite une année où il a été enfermé quarante jours chez lui et où pour se distraire, il s'est livré à de voluptueuses cuisines.

Il nous répète qu'il n'a jamais pu écrire à une table, que c'est en marchant dans la campagne qu'il fait ses vers et la *carcasse musicale* de sa musique, avant de la reprendre au piano.

Lundi 5 février

Helleu, qui n'a pas réussi mon portrait, qui a fait un de Goncourt à l'âge de son baccalauréat, est revenu aujourd'hui pour essayer d'attraper ma ressemblance dans trois croquis jetés par son diamant sur une planche de cuivre.

---

1. Cf. plus haut p. 883, n. 2.

Nous causons. Je l'interroge sur sa vie d'artiste.

Il me dit qu'à sa première exposition, dont il ne se rappelle plus la date, il a exposé une gare et le portrait de sa femme, âgée seulement de quatorze ans et qui était une ronde et une grosse fillette, n'ayant rien de la sveltesse de maintenant.

Puis il me parle d'affreuses pannes, de deux jours qu'il a passés sans manger, n'ayant que l'argent du modèle, d'après lequel il a travaillé ces deux jours fiévreusement pour oublier sa faim. Heureusement qu'en farfouillant dans son atelier, à la fin de la seconde journée, il a trouvé une boîte de fer blanc dans laquelle trois ou quatre biscottes avaient été oubliées.

Mais dans ces misères d'argent, il aurait trouvé un véritable sauveur dans le peintre Sargent, qui en maintes occasions lui a fait vendre des tableaux.

Un jour, le trouvant souffreteux et découragé, il lui dit :

« Venez avec moi à Nice.

— Mais je n'ai pas le sou !

— C'est ça qui vous fait me refuser ?... Eh bien, voici un pastel que bien certainement, on vendra dans quelques années mille francs. Les voilà, les mille francs... et faites votre malle ! »

Helleu m'entretient d'une centaine de croquis qu'il a faits, dans un séjour à Boisboudran de la comtesse Greffulhe, croquis dans toutes les attitudes et montrant la charmante femme du lever au coucher, croquis qu'il avait demandés un jour pour les exposer et qui lui avaient été refusés, parce qu'il avait des croquis trop intimes, que la femme était montrée trop dans son déshabillé.

Helleu est avant tout un *croqueur* des ondulations et des serpentements du corps de la femme ; et il me disait qu'il avait chez lui tout un arsenal de planches de cuivre, sa femme ne pouvant faire un mouvement qui ne fût de grâce et d'élégance, et dix fois par jour, il s'essayait à surprendre ces mouvements dans une rapide pointe-sèche.

Jeudi 8 février

Les Béhaine, qui m'ont trouvé au lit, m'avaient parlé de la mauvaise santé de Masson. Ce soir, Mlle Zeller, qui a rencontré Mme Masson chez Mme Daudet, me dit qu'il a un commencement de maladie nerveuse et que son médecin lui a ordonné un voyage.

Vendredi 9 février

Moi qui depuis quarante ans, quoique chaque jour souffrant, étais toujours allant et venant, et jamais arrêté une demi-journée, me voici à tout moment cloué chez moi, privé de l'atmosphère du dehors et du contact des êtres, sans exercice de l'observation, sans trouvaille dans la vie humaine !

Une bonne ouvrait ce matin la fenêtre de la salle à manger, quand une balle de revolver a cassé le carreau à la hauteur de sa tête et est tombée à ses pieds, et j'apprends par le chien du commissaire de police que deux autres balles semblables à la mienne viennent de casser les carreaux d'une maison à côté. Ça va-t-il être la petite pièce en attendant la marmite ? Le commissaire de police croit que c'est tiré de l'impériale du chemin de fer.

Samedi 10 février

Aujourd'hui, Jeanniot vient exécuter un croquis de ma personne lisant à ma table de travail, pour en faire une eau-forte qu'il veut mettre en tête de son illustration de LA FILLE ÉLISA [1]. Comme je m'étonne de la rapidité avec laquelle il a attrapé ma ressemblance, il me dit : « Savez-vous que depuis trois ans, je dessine tous les matins d'après le modèle, depuis huit heures jusqu'à midi, et savez-vous que c'est vous qui avez amené cela chez moi ? Oui, c'est en lisant votre vie de Watteau, et à l'instar des dessins du matin du grand peintre, de ses *pensées,* comme il les appelait, n'est-ce pas [2] ? »

Ce soir, je reçois une carte barbouillée de la plus mauvaise, de la plus maladive écriture de Daudet, qui me fait demander un moment s'il n'a pas perdu la tête. Il m'accuse de ne lui dire ni bonjour en entrant chez lui, ni bonsoir en sortant. Il fait allusion à je ne sais quoi que lui aurait dit Burty sur mon attitude à ses réceptions, déclare qu'il est en bois tendre, tandis que moi, je suis en bois dur. Des reproches qui me font tomber de mon haut. Car à l'heure présente, il n'y a que lui que j'aime parmi mes contemporains, et il n'y a, parmi les maisons où je vais, que sa maison où je me trouve du plaisir à aller... Je crains bien que cette carte n'ait été écrite sous le coup des mauvaises suggestions de la morphine à trop haute dose. Mais quelle que soit la cause déterminante, elle me fait passer une fichue soirée, au bout de laquelle je me détermine à la jeter au feu, ne voulant pas laisser dans notre correspondance, toute tendre depuis vingt ans, ce billet dément, *charentonnais.*

Dimanche 11 février

De la gaîté douce, du comique léger, de la parole joliment malicieuse et de l'entrain communicatif, qui fait tout le monde causant autour de lui : ce sont les qualités de la conversation de Rodenbach.

Frantz Jourdain affirme qu'Armand Charpentier, qui vient de sortir, a fait annoncer dans les journaux une conférence sur son œuvre aux

1. Cf. plus haut p. 890, n. 1.
2. Cf. L'ART DU XVIIIe SIÈCLE, t. I, WATTEAU, p. 61 : à propos des dessins de l'artiste, Goncourt rapporte que Watteau se plaignait de n'avoir pas d'assez bonnes sanguines pour « pouvoir en faire ce qu'il voulait dans ces *pensées,* ces *pensées* qui semblent en les dernières années de la vie du peintre l'unique œuvre de ses matinées. »

Bouffes-du-Nord par un monsieur au nom inconnu de tout le monde, et que dans ce quartier lointain, ce quartier perdu, c'est lui qui a fait sa conférence sur lui-même.

« Comment, disais-je ce soir à Daudet, vous ne comprenez pas qu'avec mon état de santé dans le moment, avec des crises hépatiques toutes les semaines, avec cette non-représentation de LA FAUSTIN, ce retard méprisant de mon JOURNAL dans L'ÉCHO DE PARIS, cette publication anti-artistique de L'ITALIE D'HIER chez Charpentier, vous ne comprenez pas qu'au milieu de tous ces embêtements, je sois un peu morose ? »

A ces paroles, suivies de la déclaration de mon entière et franche amitié pour la maison, il me répond que des suppositions mises bout à bout lui avaient fait croire que je regardais comme une *corvée* d'aller chez lui.

Croit-il vraiment ce qu'il me dit là ? Car il sait que je ne vais que chez lui et que je ne veux aller nulle autre part, et il me prête donc la pensée de vouloir m'emprisonner tout à fait chez moi ?... Ça ne fait rien, ce billet est un mauvais symptôme : il dénote chez lui un travail pessimiste de la pensée sur les actions, les airs, les états d'âme aussi bien de ses amis sur lesquels il peut le plus compter que sur la tourbe des gens qu'il scrute comme romancier. Non, c'est très curieux, ni lui ni sa femme, sous une inspiration différente, n'ont l'absolue confiance dans l'amitié de leurs amis.

Eh bien, moi, je suis tout différent ; jusqu'à ce qu'un manque positif d'amitié m'ait averti, je me repose entièrement sur l'amitié des gens que j'aime. Puis, dix mille fois plus parleur que moi, Daudet est autrement fermé que moi sur ses sentiments intimes ; et au lieu de provoquer une explication, il emmagasine ses prétendus griefs et fait avec eux, au fond de lui, un roman noir.

C'est tout de même embêtant, parce que, dans l'avenir, il faut être en garde sur ce qu'on dira, sur ce qu'on sera, le jour où il y aura chez lui cette disposition à la défiance, au doute sur la sincérité du sentiment qui lui est apporté.

Mardi 13 février

Ah ! après ces crises, la vague dans la tête, le flageolement dans les jambes !

Ce matin, Pélagie entre dans ma chambre, disant : « Quelle nuit ! Un tapage sur le boulevard à croire que c'était une foule courant à un incendie !... Non, c'était toute une troupe d'hommes et de femmes qui ont braillé pendant une heure : *Vive l'anarchie !* » Et elle me tend un journal du matin, où est annoncée l'explosion de la bombe au Café Terminus [1].

---

1. Le 12 février, un jeune chimiste, Émile Henry, lance au Café Terminus, gare Saint-Lazare, une bombe qui fit de nombreuses victimes.

Mme Forain, me dit Lorrain, serait encore plus *gale* que son mari ; elle aurait l'œil froidement impitoyable du caricaturiste, tandis que son mari, tout mauvais chien qu'il est, aurait de temps en temps le respect du beau.

Mercredi 14 février

Une crise avant-hier, une crise hier, une crise ce matin. Une impossibilité de travailler, d'écrire même une lettre. J'ai vraiment peur, quand arrivera la correction des épreuves de mon JOURNAL, de n'être plus en état de faire cette correction.

Jeudi 15 février

Dans la fièvre qui suit ces crises, pas de rêves, mais une suite de vagues et inconsistantes visions d'êtres et de choses, au milieu de légers ensommeillements à tout moment brisés.

Vendredi 16 février

Cette nuit, je rêvais que je passais un examen. Un examen de quoi ? Je n'en sais rien. J'étais interrogé sur une histoire que j'avais écrite ; une sensation tout à fait douloureuse : la reconnaissance que je ne me rappelais pas un mot de ce que j'avais écrit.

Léon Daudet, qui vient avec son père prendre de mes nouvelles, me conte qu'il a été hier au bal chez Carnot et que l'Élysée était gardé... à croire qu'on avait mobilisé une partie de l'armée. En voilà un état de société où aujourd'hui le Pouvoir et l'Argent, Carnot et Rothschild, demain tout homme jouant un rôle gouvernemental, politique, financier, tout homme en vedette quelconque sera obligé de passer sa vie entre deux sergents de ville.

Samedi 17 février

M. de Brunetière, je ne sais vraiment pas s'il a le sentiment du beau dans la littérature ancienne, vu le *charabia* avec lequel il en parle ; mais ce que je puis assurer — et l'avenir le prouvera — c'est qu'il n'a pas la moindre connaissance de ce qui est bon ou mauvais dans la littérature moderne. Or les vrais connaisseurs en peinture goûtent aussi bien les belles choses modernes que les belles choses anciennes, et je crois que ce goût de la beauté universelle est aussi le partage des vrais connaisseurs en littérature.

Dimanche 18 février

J'ai remarqué dans la vie que les chanceux, les gens nés sous une heureuse étoile, regardent un peu méprisament les malchanceux, ceux dont ils disent : « Il a une figure d'homme qui n'arrivera à rien. »

Faut-il qu'un homme comme Pailleron ait si peu d'orgueil pour plagier aussi impudemment l'homme qui a dévoilé qu'il avait une perruque ! Après, était-ce une vengeance chinoisement académique et espérait-il faire enrager Daudet de tout l'argent qu'il comptait gagner par le simple rapetassage de NUMA ROUMESTAN [1] ?

Paul Alexis est de retour du Midi avec sa bonne figure et une apparence de santé provinciale ; mais ses yeux sont restés mauvais comme ils l'étaient : le pauvre garçon peut encore écrire, mais a toutes les difficultés pour lire.

Schwob dîne ce soir. C'est vraiment extraordinaire chez lui, cette science universelle, qui va de Tacite à Whitman, des auteurs les plus anciens aux auteurs les plus modernes et les plus exotiques ! Et cet érudit n'est pas seulement un homme de bouquins, il a la curiosité des coins d'humanité excentriques, mystérieux, criminels. Il nous décrivait, ce soir, le repaire du Château-Rouge, nous contait une visite faite par lui à la salle des femmes [2].

Il est en train de traduire un roman complètement inconnu de l'auteur de ROBINSON CRUSOÉ : roman qu'il me dit avoir quelque ressemblance avec GERMINIE LACERTEUX [3].

Lundi 19 février

Pendant que je pose pour un croquis aquarellé, qui doit servir à Jeanniot pour son eau-forte, lui le sourd, moi l'hépatique, qui ai le frisson d'une petite crise dans le moment, nous éreintons ce satanique bon Dieu qui, dans le pauvre petit corps de l'homme, a fait tenir autant de maladies qu'il a mis d'étoiles dans le ciel !

Ce de Nion, au rire si bête, aux paroles si enfantines, il a un vrai talent, et non pas ce procédé d'écrire que tout le monde attrape si facilement, mais l'imagination de milieux distingués et l'architecture de la composition.

---

1. CABOTINS ! de Pailleron (Théâtre-Français, 12 fév. 1894) fait songer à NUMA ROUMESTAN non par son sujet sentimental, les amours du sculpteur Cardevent et de Louise-Valentine, mais par les intrigues de jeunes Méridionaux ambitieux et vantards, que domine la silhouette de l'arriviste politique Pégomas. Sur Pailleron et sa perruque, voir dans L'IMMORTEL (éd. *Ne var.*, pp. 32 et 91) Danjou, l'auteur dramatique, portant avec ostentation une « toison noire et drue de pâtre du Latium » et « promenant sa tête orgueilleuse et dure avec ce geste habituel qu'il a de passer la main à plat dessus, sans doute pour s'assurer que son postiche est toujours en place ».

2. Cf. t. III, p. 518, n. 1.

3. Schwob fera paraître en 1895 sa traduction de MOLL FLANDERS de Daniel De Foe (1722), dont le titre exact résume ainsi la vie de l'héroïne : « Heurs et malheurs de la fameuse Moll Flanders, qui vit le jour dans les prisons de Newgate et qui [...] fut pendant douze ans une prostituée, pendant douze ans une voleuse, mariée cinq fois (dont l'une avec son propre frère), déportée huit ans en Virginie et qui enfin fit fortune, vécut fort honnêtement et mourut repentie... »

Mardi 20 février

Aujourd'hui, les Daudet sont venus déjeuner chez moi pour entendre la lecture de la partie de mon JOURNAL qui va paraître dans L'ÉCHO DE PARIS, lecture faite un peu pour savoir ce qui pouvait leur être désagréable dans ce que je disais de très aimable d'eux. Ils m'ont demandé avec une certaine raison la suppression de toute la mise en train du duel de Daudet avec Magnier, au sujet de l'abominable article de L'ÉVÉNEMENT sur Mme Daudet, craignant que mon morceau ne fasse revivre cette canaillerie aujourd'hui complètement oubliée [1].

Mercredi 21 février

Ils sont étonnants, ces artistes ! J'ai écrit une lettre qui a été, à ce qu'il paraît, d'un grand poids pour la réhabilitation du dessinateur Legrand, du COURRIER FRANÇAIS, condamné en police correctionnelle, réhabilitation sollicitée par son avocat Rodriguès, autour du CATALOGUE DE ROPS et de LA DANSE FIN DE SIÈCLE. Qui vient me remercier aujourd'hui de ma lettre ? Vous croyez que c'est le dessinateur, n'est-ce pas ? Non, c'est l'avocat [2] !

Jeudi 22 février

Enfin, aujourd'hui, sans un mot, sans une ligne de Sarah Bernhardt, le renvoi du manuscrit de LA FAUSTIN, renfermant une lettre de Bauër cherchant à excuser la muflerie de la tragédienne.

Chez Daudet, ce soir, on est tout à la pièce de Barrès [3]. Martel, qui sort de la répétition et qui arrive le premier, détruit l'idée qu'on a ici du succès de la pièce, déclare que la pièce ne lui plaît pas, mais que ce n'est pas un sentiment qui lui est propre, mais qu'il est partagé par tout le monde des couloirs, de Céard à Pessard. Daudet défend chaleureusement la pièce, disant qu'elle est faite avec des moyens échappant à la convention théâtrale, mais que la pièce est mal jouée, que Mlle Caron n'est pas bonne, que Christian est détestable. Descaves, qui survient, est de l'avis de Martel, se plaignant que la pièce est tout le temps un monologue.

Et l'on parle de la crise théâtrale arrivée dans les spectacles par la crainte d'une bombe, crainte qui a même arrêté la location de MADAME SANS-GÊNE, le grand succès de l'année [4].

Puis la nouvelle est apportée de l'échec de Zola et de l'élection de

1. Cf. t. III, pp. 129 sqq.
2. Louis Legrand, qui débutait au COURRIER FRANÇAIS, avait été poursuivi pour deux dessins, PROSTITUTION, allégorie à la manière de Rops, et NATURALISME, une caricature où Zola mesurait au compas les hanches d'un modèle. Condamné d'abord le 19 janvier 1889 à deux mois de prison, puis à une peine d'amende qu'il ne put payer, il fut emprisonné à Sainte-Pélagie.
3. Cf. t. III, p. 895, n. 1.
4. Cf. t. III, p. 883, n. 2.

Heredia à l'Académie [1]. Hervieu, qui vient de le voir, nous dit qu'il a très bien manœuvré, qu'il s'est montré un stratégiste très habile comme candidat.

Ça ne fait rien, je crois que depuis la fondation de l'Académie, il n'y a pas d'académicien homme de lettres entré sous la Coupole avec un si mince bagage ! Allons, officier de la Légion d'honneur et académicien, avec, par là-dessus, un prix de 6 000 francs pour cent sonnets : c'est vraiment payé !

Là-dessus, Toudouze m'apprend que le petit Simond, malgré les promesses qu'il m'a faites, lui a dit que mon JOURNAL ne passerait que dans un mois et demi. De là, embêtement de ce manque d'égards, qui va retarder ma cure à Vichy et me fera publier mon volume dans de mauvais mois pour la vente.

Vendredi 23 février

Représentation de LA JOURNÉE PARLEMENTAIRE au Théâtre-Libre, représentation du FIGARO [2].

Il semble que je n'ai jamais vu tant de crânes dénudés tassés dans un orchestre, crânes au milieu desquels se détachait la broussaille blanche recouvrant la tête de satyre de Naquet.

Un premier acte, une amusante exposition qui mettait hier dans la bouche d'Arthur Meyer cette phrase : « C'est bien, bien exagéré ! »

Dans l'entracte, visite de l'académicien d'hier, visite d'Heredia, qui nous raconte qu'il a démoli toutes les intrigues de Camille Doucet et que le jeune Houssaye n'a pas été nommé par suite d'un ballottage qui était organisé contre lui au profit de Zola et qui devait, à la prochaine réunion de l'Académie, faire nommer le romancier — ballottage qui avait été maladroitement porté d'un fauteuil sur l'autre [3].

Heredia affirme que Zola n'a aucune chance, que le duc de Broglie lui a dit qu'il ne serait jamais nommé, au moins tant qu'il serait vivant, qu'à l'étranger, il y avait une tendance à regarder la France comme un pays pourri et que si l'Académie le nommait, ce serait comme si elle donnait un *satisfecit* à ses ordures passées et futures. Mais à côté de ces répulsions, il y a des sympathies bien extraordinaires : la sympathie de Dumas, par exemple, qui, au dire de ses filles chez la Princesse, ne devait jamais voter pour lui et qui, à cette dernière élection, a fait à Leconte de Lisle une scène, lui disant : « C'est vous qui nous avez amené ce sale étranger ! »

1. Cf. t. II, p. 1286, n. 1 et ici la note de la page suivante.
2. Sur cette répétition générale réservée au FIGARO, cf. t. III, p. 895, n. 1.
3. Texte Ms. : *et que le jeune Houssaye n'a pas été nommé par suite qui était organisé contre lui.* — Au fauteuil Mazade, Heredia l'a emporté sans difficulté le 22 février ; mais le ballottage dont il parle a eu lieu, le même jour, sur le fauteuil de Taine, où Henri Houssaye, Leroy-Beaulieu et Montégut se partagent inutilement les voix, Zola ni Verlaine, qui se présentait aussi, ne recueillant aucune voix. On a vu (cf. t. III, p. 889, n. 3) qu'à la reprise de l'élection le 31 mai 1894, Houssaye laissera sagement passer Albert Sorel ; Zola, une fois de plus, ne bénéficiera d'aucun suffrage.

Un deuxième acte mal fait, vide. Du brouhaha du salon de la Paix devaient se détacher de temps en temps, dans le silence, des paroles à effet : ce qui n'est pas du tout. C'est manqué comme effet, ainsi que la Bourse dans la pièce d'Hennique [1].

L'acte troisième, l'acte pour moi où se trouve la scène originale : la féroce scène du suicide par contrainte.

Une salle amie, où cependant les applaudissements rencontrent une certaine résistance et où la scène du suicide fait naître des protestations.

Au fond, la pièce est un peu l'histoire des amours de Baïhaut et de Mme Armengaud, histoire à laquelle est annexée d'une façon présumable l'entrevue homicide de Clemenceau et de Rouvier, forçant Reinach au suicide [2].

Au fond, LA JOURNÉE PARLEMENTAIRE n'est pas si méprisable que je l'entends dire par quelques-uns ; seulement, c'est une pièce faite rapidement, pas étudiée, pas fouillée, où Thuringe et les parlementaires de son entour ne sont que silhouettés. Et vraiment, il y a une chance pour Barrès qu'il n'ait pas été joué librement sur un grand théâtre, parce qu'on eût attendu mieux de lui, qu'il y aurait une déception dans le public et, je crois bien, un insuccès pour le théâtre.

Maintenant, la pièce est très médiocrement jouée. Aucun des acteurs ne prend un relief, ne se détache dans un personnage dont on garde la mémoire, et jamais Antoine, je ne l'ai vu si gris, si terne !

Samedi 24 février

En lisant dans mes épreuves de L'ITALIE ces descriptions poétiques de femmes des tableaux primitifs, je me disais : si j'avais gâté ces descriptions avec des chevilles, c'est-à-dire si elles étaient en vers, elles seraient dans toutes les mémoires et dans toutes les bouches, tandis que dépourvues de chevilles, ce n'est dans aucune mémoire, dans aucune bouche [3] !

Oui, je suis ainsi fait, je donnerais tous les vers, depuis le

---

1. L'acte II de LA JOURNÉE PARLEMENTAIRE se passe dans le salon de la Paix au Palais-Bourbon, où parlementaires et journalistes sont attirés par l'interpellation annoncée et qui doit confondre Thuringe, le *chéquard.* – La pièce d'Hennique est L'ARGENT D'AUTRUI, créé à l'Odéon le 9 févr. 1893 et où l'acte IV se passe au milieu du brouhaha de la Bourse, dans l'attente du krach de la Banque Catholique et de l'effondrement de Lafontas, son directeur.

2. Dans la pièce de Barrès, la scène du suicide est la sc. IX de l'acte III : pour essayer de se sauver, eux et leurs amis également compromis, trois collègues de Thuringe, Isidor, Le Barbier et Legros, l'acculent au suicide. Sur le rôle de Rouvier et de Clemenceau, auprès de Jacques de Reinach, voir Dansette, LES AFFAIRES DE PANAMA, p. 110 sqq. C'est Reinach lui-même qui tenta de faire intervenir Rouvier auprès du maître-chanteur Cornelius Herz, pour que celui-ci mit fin à la campagne de LA LIBRE PAROLE et de LA COCARDE. L'opportuniste Rouvier, compromis dans l'affaire, et le radical Clemenceau, qui était lié avec Herz, se rendirent chez celui-ci en compagnie de Reinach le 19 novembre 1892. Herz refusa d'agir. Dans la nuit, le distributeur des fonds de la Compagnie de Panama, Reinach, mourait, officiellement, d'une congestion cérébrale, et selon certains, après s'être empoisonné à l'aconitine. Voilà tout ce que le film des événements nous révèle de cette journée tragique.

3. Cf. L'ITALIE D'HIER, p. 78, sur les femmes de Vérone en qui les Goncourt retrouvent tout le physique des créatures des Primitifs italiens.

commencement du monde et dans toutes les langues, pour les deux premiers volumes des MÉMOIRES D'OUTRE-TOMBE de Chateaubriand.

Dimanche 25 février

Comme je disais que je croyais que Barrès était atteint de quelque désorganisation intérieure, de Régnier nous confiait qu'après son élection de Nancy, il avait éprouvé une telle dépression par la fatigue de la campagne électorale que, sans être malade, il avait été obligé de passer un mois au lit [1].

Questionné sur un autre de ses amis, sur Paul Adam, de Régnier nous dit que c'est un corpulent, un sanguin, dont même la rêverie n'est pas contemplative, mais est active, et tout en reconnaissant, exaltant un peu ses mérites littéraires, déclare toutefois que chez lui l'occulte prime la littérature.

Daudet nous entretient du souper de Barrès, le soir de la première de LA JOURNÉE PARLEMENTAIRE, ce souper tout boulangiste, où il y avait Jules Delahaye, Andrieux et Millevoye — souper, me dit-il à l'oreille, un peu gênant pour sa belle-fille, qui s'est terminé par un toast où Jules Delahaye a remercié Barrès de son coup de balai donné aux *fripouilles parlementaires* [2].

Un amusant épisode. Georges Thiébaut, qui est un monsieur au franc-parler terrible, a tout d'un coup, d'un bout de la table à l'autre, jeté à Barrès, assis entre le ménage Magnard : « Vous savez, ce drôle de Fouquier vous a sifflé... Oui, vous a sifflé !... Ah, c'est bien cela, LE FIGARO !... Il donne une représentation en votre honneur et le lendemain, il vous sert un éreintement ! »

Là-dessus, je ne sais comment, la conversation étant allée sur le regret que quelques jeunes filles éprouvent de n'être pas des garçons, Raffaelli, qui vient d'entrer, parle de l'impératrice de Chine, qui, d'après les récits de M. Delacroix, qui a des mines d'étain à Malacca, répudie son sexe dans une masculinité singulière [3]. Elle fait venir des vierges et, les reins sanglés d'une ceinture à laquelle est adapté un godemichet d'ivoire, elle les dépucelle ; après quoi, elle les dote. Toujours d'après Delacroix, elle serait à la recherche des voluptés les plus raffinées, prête à les payer en souveraine, et elle aurait donné une grosse somme d'argent à un Chinois qui l'aurait engagée à s'enduire tout le corps de miel et à se faire lécher par de petits chiens ou de petits chats. Serait-ce un souvenir des oies becquetant la *frenia* de l'impératrice Théodora [4] ?

---

1. Maurice Barrès avait été député de Nancy de 1889 à 1893. Sur son échec récent à Neuilly, cf. plus loin p. 1077, n. 1.

2. Il faut sans doute entendre : un peu gênant pour la belle-fille de Daudet, étant donné les attaches de Jeanne Hugo avec Lockroy.

3. Il s'agit de l'impératrice Tseu-Hi.

4. C'était une des attractions que l'actrice Théodora, avant d'épouser l'empereur Justinien, offrait aux spectateurs de l'Amphithéâtre des Vénètes, à Byzance. Procope, ANECDOTA, IX, 7, éd. Isambert, 1856, p. 111. — *Frenia :* texte incertain.

Ernest Daudet dîne ce soir chez son frère. Ce qu'il sait d'intime, de secret sur les gens de théâtre, les gens du monde, les gens de la politique, les gens des affaires, c'est inconcevable !

Et il nous racontait la manière tout autocratique dont Clemenceau, en ce prétendu pays de légalité, avait pu mener, accélérer, emporter son divorce. Il faisait suivre sans résultat sa femme ; une de ses filles, oui, une de ses filles lui dit : « Tu n'arriveras à rien, c'est son amant qu'il faut faire suivre. » Enfin, sur cette indication filiale, on surprend le couple amoureux. La femme est menée à la préfecture de police, où le préfet de police — qui était, je crois, Lozé — lui déclare que si elle ne donne pas son consentement à un divorce, il la fait conduire à Saint-Lazare. Elle consent nécessairement. On la fait embarquer pour les États-Unis, en lui concédant d'avoir pour compagnon de voyage son amant, qui se trouvait être un jeune normalien. Et elle arrivait à New York que déjà nos magistrats français avaient prononcé le divorce [1].

Piquant détail. Elle était sans ressources. De quoi s'est-elle avisée pour vivre ? Elle a fait des conférences sur les panamistes, annoncées par de grandes affiches, où on lit son nom de jeune fille, suivi de : *Ex-femme de M. Clemenceau.*

Lundi 26 février

A l'anarchique heure présente, dans les maisons où les magistrats ont un appartement, il y a une porte intérieure en glace, fermée, qu'ouvre seule la portière. Cette porte existe chez le juge Meyer, qui habite le logement du dessous de Quesnay de Beaurepaire.

Mercredi 28 février

Lisant aujourd'hui dans la brochure LA JOURNÉE PARLEMENTAIRE, je trouve à la pièce de très grandes qualités, qualités dont je ne m'étais pas rendu tout à fait compte à la représentation [2].

Vendredi 2 mars

Ce Lorrain a vraiment une énergie morale tout à fait extraordinaire. Il me disait qu'hier, après avoir eu dans le ventre la cuiller d'argent à spéculum de l'interne et enduré tout ce temps le récurage de ses malheureux boyaux culiers, il avait été à un dîner masqué, d'où il était sorti à deux heures du matin. Il ajoutait que depuis huit jours, après ces heures angoisseuses de la journée, il avait dîné tous les jours en

1. Mme Clemenceau était d'origine américaine. Le 23 juin 1869, Clemenceau professeur de français à Greenwich, dans le Connecticut, avait épousé une de ses élèves, Miss Mary Plummer.

2. Add. 1896 : *Et je trouve le suicide par contrainte un acte parfaitement original et très bien fait.*

ville, où par une sorte de fatalité, il se trouvait dans toutes ces maisons avec les Forain [1]. Mme Forain continuant à l'asticoter et lui, déclarant à Forain que, si elle persistait, il se verrait forcé d'être insolent avec elle, il avait la surprise d'entendre le mari lui dire : « Foutez-lui des gifles ! »

Samedi 3 mars

A Versailles, chez Moser, acheter des plantes. L'allégresse d'un jour de vacances mêlée à la jouissance intérieure de la première sortie d'un malade.

Dimanche 4 mars

Daudet entre au bras d'Hennique. Il ne s'est pas encore assis qu'il me jette :

« Avez-vous lu l'article de mon frère aujourd'hui dans LE FIGARO ?

— Non.

— Eh bien, c'est sous un nom de banquier, l'histoire du second ménage de Zola, avec une Mme Zola tout à fait reconnaissable. C'est embêtant [2] !

— Oui, d'autant plus que nous y dînons mercredi.

— Et Zola va croire que c'est moi qui ai fourni les documents.

— Ah ! mon cher, vous avez un frère, vraiment, vraiment bien compromettant... Ça va être drôle, notre dîner... Zola ne laissera rien percer et nous accablera de ses *Mon bon ami,* mais bien certainement son ressentiment filtrera à travers Mme Zola, et votre femme *écopera* d'elle quelques mots désagréables ! »

Puis il est question du livre de Biré sur Hugo, de son *travail de taret* qui met au jour tous les mensonges, les *puffs,* les roublarderies du grand homme [3].

Arrive Rodenbach, auquel on demande où il en est de sa pièce et qui dit que Claretie est prêt à la jouer, mais qu'il ne veut pas de sa composition [4]. C'est un hasard, ajoute-t-il, qui lui a fait faire du théâtre, qu'il n'en fera sans doute plus et qu'alors, il aime mieux ne pas être joué que d'être joué avec une interprétation qui n'est pas dans ses vues. Claretie veut lui donner Baretta, et il désirerait avoir Moréno qui, pour lui, procurerait l'illusion d'une figure avec son recul dans le passé. Mais on le pousse à être joué, à prendre Baretta, qui n'est pas sans talent,

---

1. Dans *après ces heures angoisseuses de la journée,* add. éd. : le mot *heures.*

2. Sous la signature de Jacques Rigaud, dans la chronique des MŒURS DU TEMPS, LE FIGARO du 4 publie l'histoire du banquier Josuah Hildebrand, qui a un second foyer, composé de son ancienne femme de chambre et des deux fillettes qu'il a eues d'elle ; Mme Hildebrand accepte la situation et fréquente sa rivale. En ce qui concerne le double ménage de Zola, cf. t. III, p. 350, n. 2.

3. En 1894, Edmond Biré publie VICTOR HUGO APRÈS 1852, suite de la biographie acerbe du poète, dont les deux premiers volumes avaient paru en 1883 et 1891.

4. Cf. t. III, p. 888, n. 1.

et de prendre avec Baretta son mari Worms, qui a hérité dans la maison de l'influence de Got ; et ma foi, il a l'air de se rendre à la consultation du *Grenier.*

Puis Rodenbach nous apprend que la MADAME ROLAND, la pièce de Bergerat reçue au Théâtre-Français et annoncée en vers libres, est une pièce commandée par Bertrand et refusée par Gaillard, pièce que Bergerat a fait faire par Sainte-Croix et qu'il a retouchée. Les sociétaires, dit Rodenbach, ont eu peur de ces deux plumes éreinteuses... « *En vers libres,* fait-il avec un éclat de rire, je le crois bien : ce sont des vers d'opéra ! »

On revient à l'article du FIGARO, et l'on est convaincu que c'est un article insinué par Magnard, qui a gardé une rancune terrible à Zola de son écrasement à Londres [1].

Ce soir, Schwob dîne chez les Daudet, où il a apporté un volume de Daniel de Foe, qu'il nous traduit, qu'il nous interprète. C'est un traducteur très séduisant avec son mot-à-mot trouvant si bien l'expression propre, ses petites hésitations balbutiantes devant un terme archaïque ou un terme d'argot, avec son intonation lente, *a mezzo voce,* qui, au bout de quelque temps, a le charme berçant d'une cantilène. Ce volume, je crois, s'appelle LE CAPITAINE JACK, et c'est l'histoire d'un voleur enfant, écrit avec un sentiment d'observation moderne, avec mille petits détails d'une vie vécue contée bien certainement à l'auteur, enfin avec toute la documentation rigoureuse et menue d'un roman naturaliste de notre temps [2].

Au moment de nous en aller, un courrier arrive dans lequel Daudet nous lit quelques lignes de lettres indignées du méchant article de Bernard Lazare, paru hier contre lui dans LE FIGARO.

Mardi 6 mars

A propos de la condamnation de Jean Grave, le bon Drumont, qui n'a d'autre grief contre moi que d'être resté l'ami de Daudet, le bon Drumont m'accuse de m'être amusé « à écrire des priapées pour *salir les imaginations* et *troubler les âmes* » de mes contemporaines et me trouve méritant beaucoup plus Mazas que l'anarchiste pris sous la protection du clérico-socialiste [3].

Mercredi 7 mars

Dîner chez Zola, dans la nouvelle salle à manger, la salle à manger

---

1. Cf. t. III, p. 896, n. 1.
2. Le titre exact de l'œuvre de De Foe est : THE HISTORY OF THE LIFE AND SURPRISING ADVENTURES OF COLONEL JACK (1722).
3. Le 26 février 1894, Jean Grave est condamné à 2 ans de prison pour provocations au meurtre, au pillage et à la désobéissance des militaires, provocations contenues dans son livre : LA SOCIÉTÉ MOURANTE ET L'ANARCHIE (1893). Le 6 mars 1894, dans LA LIBRE PAROLE, Drumont s'élève contre les auteurs qui refusent d'intervenir en faveur du condamné et il s'en prend en particulier à E. de Goncourt, corrupteur des âmes et bien plus coupable, de par sa situation sociale, que l'ancien cordonnier Jean Grave.

d'introït à l'Académie, une salle à manger dans les proportions d'une salle à manger pour « noces et festins ». Une pièce incontestablement d'une très belle proportion, mais déshonorée par un épouvantable mobilier : des tapisseries de sainteté, des chandeliers de cuivre hollandais, enfin un mobilier qui a l'air d'être inspiré par le mobilier du *Lion d'Or.*

Un très beau et très fin dîner, au milieu duquel est servi un plat exquis : des bécasses au vin de Champagne — un mets dont la recette a été rapportée par Mme Zola de Belgique et dans la sauce duquel salmis est écrasé du foie gras, ce qui fait un velouté sucré inénarrable.

On entend Coppée, dont le ricanement de la voix prend quelque chose d'une pratique de polichinelle : « Oh ! les jeunes... Je me rappelle, moi, de mes premières visites chez Leconte de Lisle, je m'y rendais comme on va à la Mecque... Maintenant, eux, à la première entrevue, de bouche à bouche, ils vous traitent de *vieux con !* »

Alors, une discussion politique où le bon Frantz Jourdain se montre un énergumène anarchique, avec des opinions tout aussi jeunes que son fils, qui, à la frontière de Belgique, où il avait voyagé en lisant sans doute tout haut à ses camarades le livre de Grave, a manqué d'être arrêté à la frontière.

Pendant que Frantz Jourdain pérore, je ne sais plus qui me dit : « Vous connaissez le mot de Jourdain à Mirbeau : « Ah ! vraiment, vous avez été bien dur pour Henry... » Oui, Henry, le jeune homme à la bombe du Terminus [1] ! »

Rod, dans un coin de cheminée, me confie qu'il est en train d'écrire un roman où il y a vingt-cinq personnages : ce qui, dit-il, n'est pas dans ses habitudes [2].

Mme Zola m'a paru tout à fait dégoûtée de Médan, me disant que maintenant qu'on est dans les voyages, elle n'a plus aucun goût pour aller y ouvrir et fermer des armoires ; et puis qu'elle n'aime la campagne que lorsqu'on s'y installe au mois d'avril et que les feuilles, on en voit les premières pousses.

Jeudi 8 mars

« Combien de Tacite de Burnouf en six volumes ? — Dix francs, me répond le libraire Laroque. Il y a vingt ans, on l'aurait vendu trente-cinq francs... Mais aujourd'hui, on ne veut plus d'un auteur latin ! »

Mercredi soir, après mon départ, Zola aurait pris Daudet à part et lui aurait dit à propos de l'article de son frère dans LE FIGARO qu'il n'avait pas songé une minute à l'accuser d'avoir fourni les documents de l'article, qui avait été composé avec des renseignements venus de

1. Cf. plus haut p. 918, n. 1.
2. Parmi les œuvres qu'Édouard Rod publie en 1894, LE SILENCE comptera 19 personnages, mais ce roman est constitué en fait par deux nouvelles.

chez lui [1]. Daudet suppose que ce sont des indiscrétions échappées à Mme Zola dans un moment de colère, en tête à tête avec Mme Magnard.

Ce soir, chez les Daudet, la petite Claudel, l'élève de Rodin, dans un canezou brodé de grandes fleurs japonaises, avec sa tête enfantine, ses beaux yeux, ses dires originaux, son parler aux lourdeurs paysannesques.

Samedi 10 mars

Rien fait de toute la semaine, passée du matin au soir dans le jardin ; et aujourd'hui encore, un voyage à Versailles, pour compléter la collection des arbustes rares du jardin.

Dimanche 11 mars

Quinze jours sans crise, et la sensation de la rentrée en pleine jouissance de la vie.

Frantz Jourdain cause de l'avatar de Gallimard, de cet homme qui ne vivait que pour les livres, puis pour les tableaux, et qui maintenant passe toutes ses soirées aux Variétés, la boutonnière fleurie, au milieu des hétaïres de son immeuble, enfin devenu tout à fait un *fêtard* et déclarant hautement que les artistes, dont il faisait autrefois uniquement sa société, sont des êtres mélancolieux, tristes, embêtants et n'apportant dans leurs relations que du noir, et qu'il veut maintenant autour de lui *de la gaîté, de la joie* !

On remémore les coïts de Maupassant avec public. Le célèbre coït payé par Flaubert où, à la vue de la bonne tête du vieux romancier, une fille s'est écriée : « Tiens, Béranger ! » — apostrophe qui a tiré deux larmes de la glande lacrymale de Flaubert. Du coït devant le Russe Boborikine, qui a assisté à cinq coups tirés d'une traite.

Heredia, arrivé sur le tard, conte à Daudet sa campagne, qu'il se vante avoir menée avec une extrême habileté. Il s'étend sur l'opposition enragée de Dumas, protégeant la candidature de Zola, et de sa visite chez Leconte de Lisle, à la suite de laquelle Leconte croyait l'élection de Heredia à vau-l'eau. Et il nous confie comment s'est produite sa candidature. Il se trouvait dans un salon où d'Haussonville est venu l'interroger sur ses relations avec Zola, lui demandant s'il était lié avec lui de manière à ne pouvoir pas se présenter contre lui. Et sur sa réponse, d'Haussonville lui disait qu'au nom de M. de Broglie, il lui assurait huit voix qui lui resteraient tout le temps. Heredia demandait quelques jours pour réfléchir, se remuait, tâtait les gens et avait bientôt l'assurance qu'il pouvait joindre quatre autres voix aux huit voix promises, et sur l'appoint de ses douze voix, il se risquait, pensant que s'il échouait, ce serait un échec honorable.

1. Cf. plus haut p. 926, n. 2.

Lundi 12 mars

Mme Sichel, qui a dîné samedi chez M. Villard, se plaint comme d'une humiliation d'avoir été invitée à dîner avec les convives qui étaient à la table de M. Villard. Et savez-vous quels étaient ces convives ? C'étaient M. Mesureur, un ministre de demain, M. Grelot ou Grelon, secrétaire général de la Seine, et Faucou, oui, le Faucou, que j'ai connu si petit garçon et qui, dans la familiarité des gros bonnets de l'heure présente, serait devenu prétentieux, insupportable et assommant, avec son incessant parlage de Carnavalet [1] ! Ce que ces hommes sont mal élevés, pignoufs, voyous, Mme Sichel n'avait pas assez de paroles colorées pour me l'exprimer, se demandant, avec de l'étonnement indigné, comment la France était réduite à avoir de telles gens en haut de ses salons. Et avec ces mâles de la République, se trouvait la femelle Mesureur, une poétesse, une femme qui fait des vers, mais qui, dans la conversation, a les locutions caressantes d'une concierge !

L'amusant de ce dîner était le hautain mépris des deux filles de Villard pour ces intrus, se gardant de leur adresser la parole, et la plus jeune venant excuser près de Mme Sichel sa mère de lui avoir fait partager sa corvée, et annonçant que lorsque son père recommencerait à recevoir ce monde, elle aurait la migraine.

Mercredi 14 mars

Visite de la comtesse de Béarn, qui vient me remercier d'avoir bien voulu faire partie de la commission pour l'exposition de Marie-Antoinette, exposition qui du reste, au lieu d'être spécialisée, comme je l'avais demandé, va être étendue à tous les personnages contemporains et où l'on verra des bustes de la Guimard et de Camargo.

Jeudi 15 mars

A mon entrée dans le cabinet de Daudet : « Vous savez, il y a eu une bombe à la Madeleine, je passais en voiture devant, c'était une foule [2] !... »

Il y a à dîner Barrès et sa femme, sur leur départ pour l'Italie, le ménage Dorchain, dont la femme a l'air d'un fantôme qui a bu.

Ce soir, est venue pour la première fois chez Daudet Mme Martel ou plutôt Gyp. Un grand nez, une blondeur un peu fanée, mais une élégance brisée de corps dans une toilette blanche d'un goût tout à fait distingué, et voluptueuse, excitante. Elle parle avec amour des bêtes, de son cheval, qui lui écrase les pieds et auquel elle ne peut s'empêcher de porter tous les jours des morceaux de sucre, des chats qu'elle adore, des chiens dont son hôtel est une maison de refuge ; et comme on cause

1. *Grelot ou Grelon ?* Le secrétaire général de la préfecture de la Seine était en 1894 Bruman ; mais Grélot occupait ce poste en 1893.
2. C'est Pauwels qui était l'auteur de cet attentat, dont il fut la seule victime.

nourriture, elle dit qu'elle n'aime que les côtelettes et les œufs à la coque et qu'il lui arrive quelquefois de dîner et de déjeuner uniquement avec cela.

Arrive Lorrain, qui dit : « Aujourd'hui, Pozzi donnait un déjeuner à deux de ses opérés, à Mme Jacquemin et à moi... Aussi ai-je entendu la bombe, qui a fait le bruit d'un coup de canon tiré à la cantonade... Et c'était curieux, l'aspect de la Madeleine, ça ressemblait, vous savez à l'acte d'ANTIGONE où, devant le temple, sont ces gens faisant de grands appels de bras [1]. »

Lorrain est interrompu par Mariéton, qui est entré dans la Madeleine, grâce à la rencontre qu'il a faite à la porte d'un neveu de Périer. L'église était complètement noire, mais à la lueur d'une allumette qu'il a allumée, il a pu voir le mort, dont la figure exsangue était pareille à une figure de cire et dont le bas du corps semblait une bouillie, sur laquelle se répandaient les entrailles.

Lorrain, que je reconduis, m'apprend que Sarah Bernhardt, qui ne m'a pas joué, joue une pièce de Montesquiou-Fezensac et une pièce d'Oscar Wilde [2].

Vendredi 16 mars

Première visite de mon troisième Esculape, du docteur Millard, qui a une bonne figure réconfortante et qui écrit une ordonnance avec des rires d'un comique du Palais-Royal.

Dîner ce soir chez Charpentier, avec les Daudet, les Zola, les Frantz Jourdain, Lemaître, Degas, etc.

Degas n'est pas vieilli d'un cheveu ; au contraire, il est engraissé et a pris le teint fleuri du succès ! A une allusion sur la vente Duret, il laisse échapper un petit mouvement nerveux d'humeur et d'une voix rêche, dit que les amateurs sont des brocanteurs en chambre, dissimulant mal son effroi de ventes où le haut chiffre où sont cotés ses tableaux aujourd'hui peut faiblir demain.

Comme j'avais lu, sur la couverture de la revue de Mme Adam, l'annonce d'une nouvelle de Jacques de Nittis et que je lui demande s'il a continué à avoir des relations avec Mme de Nittis, il me répond qu'il l'a vue tout dernièrement et qu'elle lui a appris que son fils, tout en étudiant la médecine, faisait de la littérature — et nécessairement avec un grand talent [3].

---

1. Voir dans l'ANTIGONE de Sophocle l'entrée des quinze vieillards thébains formant le chœur et succédant, devant le palais d'Œdipe, à Antigone et à Ismène, au vers 100 : ils saluent le soleil qui se lève.

2. Au cours de la fête dont il va être question plus loin (cf. p. 959) et que Montesquiou organisa dans son « pavillon » de Versailles, sur le « Théâtre Éphémère » dressé pour la circonstance, Sarah Bernhardt « récita (je puis presque dire *créa*, car cette pièce en hérita une grande vogue) LE COUCHER DE LA MORTE » (Montesquiou, LES PAS EFFACÉS, 1923, t. II, pp. 138 et 292) — Sarah Bernhardt, en juin 1892, s'apprêtait à jouer la SALOMÉ de Wilde au *Palace Theater* de Londres, quand la pièce fut interdite en cours de répétitions. En France, SALOMÉ devait être créée le 11 janv. 1896 par Lugné-Poe et Lina Munte au Théâtre de l'Œuvre.

3. LA MORT DE PANPHILA, de Jacques de Nittis, paraît le 15 mars dans LA NOUVELLE REVUE (pp. 391-395).

Mme Charpentier, aux côtés de laquelle je suis, passe le dîner, avec une insistance maladroite, à me répéter que Millard est une vieille bête, que je devrais prendre Robin, qu'elle a donné à Zola qui, depuis douze jours qu'il le soigne, éprouve un mieux considérable.

Ah ! ces hommes de la nature de Lemaître, ces bâtards de Renan, qui n'ont l'indignation de rien et, au fond, éprouvent une indulgence sympathique pour la canaillerie morale, je ne puis dissimuler mon antipathie pour eux ! Puis encore, chez Lemaître, cette voix fausse, gracieuse pour le monde, qui est la voix des femmes qui sont des *gales* chez elles et tout miel dehors. Il entreprend la défense de Sarcey, traitant ses perfidies de gentillesses, le déclarant bonhomme, adoré de tout le bataillon des femmes de théâtre, appelées par le monstre ses *bébés,* et qu'il faut l'accepter avec son côté un peu épais, avec son gros ventre... « Et avec son style bedonnant », lui dis-je. Et il continue à faire le panégyrique dudit, tout en le blaguant légèrement, panégyrique qu'un peu impatienté, je coupe à la fin par la déclaration que Sarcey est pour moi la plus basse âme de la terre.

Un moment, je cause avec Zola, l'interrogeant sur sa maladie, qu'il me dit se porter sur les entrailles et, chose curieuse, amener chez lui des crises aussitôt qu'il se met à travailler et même à lire.

Lundi 19 mars

Hier, pris d'un commencement de crise, j'ai voulu dominer cette crise, j'ai voulu dîner chez Daudet ; mais tout à fait malade, il a fallu quitter la table à la soupe et prendre une voiture, avec la crainte de vomir par la portière et de passer aux yeux des allants et venants pour un pochard malade... C'est beau, la volonté, même sur le mal de cœur : je n'ai vomi que chez moi, aussitôt ma porte fermée.

Jeudi 22 mars

Ah ! quels éditeurs d'art que ce Charpentier et ce Fasquelle ! Dans L'ITALIE D'HIER — livre dont ils m'ont donné le dégoût — ils auront accompli un tour de force comme il n'en existe dans aucun livre illustré ! Pas une image ne correspondra avec le texte.

Dans mon lit, où je suis encore depuis dimanche soir, Lorrain me conte des histoires comme celle-ci :

« J'ai déjeuné ces jours-ci chez Mendès, me dit-il. Après déjeuner, il avait besoin de sortir. Moréno, sa *goule,* vous savez, m'a retenu et, au bout de quelques minutes de conversation, m'a jeté : « Est-ce que vous êtes vicieux ? — On le dit ! — Y a-t-il chez vous des jours où... tenez, comme chez moi, c'est le diable ?... Mais comme je veux rester fidèle à Mendès, comme je ne veux pas le tromper, l'homme ou la femme que je rencontre dans la rue, je l'accoste, je cause avec lui ou avec elle, je m'excite, je me monte le coup, je m'allume à son contact, et aussitôt le lâchage de l'homme ou de la femme, j'entre dans un *water-closet,* où je me branle. »

Samedi 24 mars

Aujourd'hui, je pose pour un artiste anglais, que l'éditeur Heinemann a amené de Londres à Paris, dans le but de lui faire faire mon portrait et les portraits qu'il veut intercaler dans notre biographie. C'est un jeune homme de vingt-deux ans, qui a fait une très intelligente étude des procédés lithographiques de Gavarni et de Daumier et a fait une remarquable série des professeurs d'Oxford. Il fait de moi, dans un travail tout à fait supérieur, un portrait horriblement canaille, qui fait de moi, il me semble, un Flaubert aviné [1] !

Dimanche 25 mars

Daudet, en arrivant chez moi, me fait part d'une conversation qu'il a eue ces jours-ci avec Depoux, son piqueur Brown-Sequard, qui, l'entendant souvent causer avec sa femme de ma maladie de foie et du néant des résultats obtenus par mes médecins, lui avait dit — et ça me paraît assez juste — qu'il trouvait leur traitement absurde, qu'un homme de soixante-dix ans ne devait pas être traité pour une maladie de foie comme un homme de quarante ans, qu'à cet homme, il fallait avant tout lui conserver sa force et que les eaux minérales, et surtout Vichy, étaient des eaux débilitantes ; que lui, s'il était mon médecin, il me ferait abandonner toutes les eaux minérales et me soignerait simplement avec des emplâtres américains et des piqûres de morphine en cas de crises, et avec seulement l'abstention de substances graisseuses dans la nourriture.

J'ai la visite de Tabarant, qui m'a dédié L'AUBE, et qui habite Conflans. Il nous apprend qu'il est voisin de Carlier, l'ancien préfet de police, avec lequel il va fumer presque journellement une cigarette et qui lui raconte les choses les plus curieuses. Il lui aurait dit que Maxime du Camp avait écrit une HISTOIRE DE LA PORNOGRAPHIE SOUS LA COMMUNE, histoire dans laquelle il affirme que le général Eudes avait fait fusiller Beaubourg, parce qu'il l'avait trouvé le cocufiant, à poil et n'ayant sur toute sa personne que le grand cordon de la Légion d'honneur.

En voiture, Daudet me dit qu'il a reçu ces jours-ci la visite du vieil acteur Lafontaine, qui est venu lui conter ses amours avec une jeune femme, mariée depuis deux ans ; et comme Daudet lui dit que son amour doit être un peu *vieux jeu* et satisfaire incomplètement la jeune femme : « Non, mon maître, je la *gamahuche* ! » Et comme Daudet lui jette : « Et *Mouton* ? (sa femme) — Elle n'a pas de sens... C'est une sainte ! » répond Lafontaine.

En fin de compte, le vieux romantique vicieux est très malheureux : sa passion est empoisonnée par une jalousie furibonde à l'endroit de tous les hommes qui fréquentent la maison de sa belle.

1. Goncourt le nommera plus loin : Rothenstein. Cf. la note du 6 avril, où l'on trouvera aussi le titre exact de l'œuvre publiée par Heinemann.

Mme Daudet, qui a remis à Ganderax pour sa REVUE DE PARIS une série de sensations, sous le titre ALINÉAS, se plaignait, ce soir, du côté correcteur, du côté *pion* de Ganderax et des sots points d'interrogation dont il avait semé ses épreuves, voulant partout et toujours substituer l'expression courante à l'expression distinguée, recherchée. Ah ! les normaliens restent, en dépit de tout, des normaliens !

Lundi 26 mars

Philippe Sichel, ce garçon si gentil, si bon, si travailleur, a une pleurésie, peut-être gagnée dans la fatigue de sa vie d'externe d'hôpital, suivie de piochage dans les bouquins pour ses examens. On conçoit les inquiétudes de sa pauvre mère, rapprochant, en sa pensée qui se souvient, cette pleurésie de la phtisie de son père.

Mercredi 28 mars

Des jours d'un beau d'été, qui me donnent dans mon état maladif un sentiment de demi-résurrection.

Dîner chez la Princesse, où j'ai bien manqué des mercredis, à la suite de mes crises. La Princesse, qui, par extraordinaire, vient d'être un peu malade, a eu un rien d'*influenza,* va bien, mais avec une flaccidité de la figure que je trouve mauvaise, et un affaissement vieillot du haut du corps.

Pichot, qui est aussi sous le coup de l'*influenza,* attribue la nouvelle épidémie au contact hétérogène des races pendant la dernière Exposition et affirme qu'un de ces jours, on découvrira bien certainement le microbe de l'Exposition.

Jeudi 29 mars

Déjeuner avec Lucien Daudet, que j'ai invité à déjeuner pour lui faire voir des dessins japonais et tâcher de lui faire prendre un peu du style de ces dessins de fleurs, d'oiseaux, de poissons, dans ses essais crayonnés ou peints. Un sentiment, par instants, de surprise, de trouver en face de soi un homme dans l'enfant qu'on a connu tout petit, tout bébé.

Vendredi 30 mars

Hier, après le déjeuner avec Lucien, je me suis senti du malaise, un commencement de crise ; mais j'ai voulu la dominer, cette crise, en triompher avec de l'énergie, et je suis parti dîner rue Bellechasse. Mais en chemin, la crise s'est si brutalement déclarée qu'arrivé à la porte de Daudet, j'ai remis au concierge ma carte, avec une ligne où je disais que je m'en retournais me coucher. Et je me jetais dans une voiture trouvée dans la rue ; mais le cocher faisait des difficultés pour me ramener ; je descendais de la voiture, pensant que dans le bateau, mon foie serait un peu moins durement secoué. Hélas ! j'ignorais les arrêts du soir du bateau et quand, au Trocadéro, je disais : « Le premier débarcadère, c'est Auteuil ? — Non, me répondait-on. C'est la Galiote, puis Grenelle, et Auteuil ne vient qu'après. »

Or l'Auteuil de ce dernier arrêt du bateau n'est pas du tout Auteuil : c'est le Point-du Jour, et il me fallait près d'une demi-heure pour arriver chez moi, avec ce vautour qu'une crise vous met dans le foie ! Et à la suite de cette course douloureuse, une nuit telle que je crois n'en avoir jamais passé de pareille dans ma vie et où l'on comprend les gens qui se jettent par la fenêtre.

Dimanche 1er avril

Aujourd'hui, trois enterrements : Pouchet, le fils Brainne, Mme Zeller. La marchande de couronnes, chez laquelle Pélagie a été commander une guirlande de roses et de pensées pour Mme Zeller, lui disait : « C'est étonnant comme on meurt dans ce moment-ci ! »

Chez cette pauvre Mme Zeller, il n'avait persisté qu'un sentiment tendrement humain : l'instinct d'embrasser, qui ne la quitta qu'au moment où elle entra en agonie.

A l'église d'Auteuil, où je suis à côté de Toudouze, je ne peux quitter des yeux cet étonnant crâne minuscule, cette pauvre petite tête qui n'a pas, au bout du long col du romancier, le renflement d'une pomme de canne au dessus d'un jonc [1].

Je retrouve, en rentrant du cimetière, au *Grenier,* Rodenbach, qui me dit écrire un poème inspiré par sa maladie, où il cherche à peindre l'affinement produit par la souffrance, l'espèce d'*étape supérieure* que cela fait monter à notre humanité.

Descaves nous apprend que le *pratique* Mendès, dans la prévision d'une *chape-chute* de L'ÉCHO, a fait un *traité préventif* avec le JOURNAL, y stipulant son entrée, le jour même qu'il quitterait L'ÉCHO. Et ce traité, enlevé par-dessus la tête de Xau, aurait été sans doute obtenu par l'influence des Lockroy.

Ce soir, Léon Daudet nous lit quelques morceaux des MORTICOLES, le livre contre les médecins, qui m'est dédié. C'est une abondance d'idées, une richesse d'images, de l'horreur, de l'horreur,... mais de l'horreur amusante, et un style brisé, plein de vie, au milieu d'une ironie féroce, d'une ironie à la Swift.

Lundi 2 avril

Exposition des Pastellistes.

Helleu : des pastels où l'on sent un œil de peintre amoureux de douces

1. Dans *cette pauvre petite tête*, add. éd. : le mot *tête*.

étoffes, de tendres nuances passées, de soieries harmonieusement déteintes. — Duez : des fleurs au beau et large dessin, reproduites dans leur mollesse et leur rocaille fripée. — L'Hermitte : de vieilles rues normandes aux puissants écrasis de pastel, balafrées en leur ombre bleuâtre de coups de soleil dorés.

La soupe servie, le docteur Martin tombe dîner chez Mme Sichel. Il nous parle du temps où, avant d'être médecin, il était le directeur d'une exploitation de soufre aux environs de Naples, une localité où il se nourrissait absolument de soupes aux choux et de salades de pommes de terre. Il arrivait cependant des jours où il lui venait l'envie de faire un dîner comme dans un restaurant de Paris. Or, il se trouvait que la contrée était pleine de bécasses, qu'on lui vendait — en le volant beaucoup — 50 centimes. Et achetant toutes celles qu'on lui apportait, il finissait par en avoir une quarantaine, qu'il surveillait et qu'il faisait rôtir, lorsqu'une plume se détachait du cou. Et ma foi, il avait de ses mains construit une rôtissoire en fer blanc, faisait rôtir la bécasse devant un feu de bois clair et flambant, ayant découvert l'art de la faire *couler dans le canapé,* et soutenant qu'il n'y avait pas dans le monde un rôtisseur de bécasses comme lui. La découverte des bécasses l'avait amené bientôt à la trouvaille dans un petit lac voisin d'écrevisses que personne ne mangeait, et il fallait l'entendre décrire les merveilleux courts-bouillons qu'il fabriquait.

Ce très aimable docteur Martin est vraiment un délicat. Je l'ai entendu parler femmes, bouquins, cuisine, et la manière dont il en parle ne peut laisser un doute sur cette qualité distinguée de l'homme.

Au milieu du dîner, c'est Millard qui entre comme une trombe et disparaît dans la chambre de Philippe. Il le trouve un peu mieux et croit qu'il pourra partir pour Hyères dans le milieu de la semaine prochaine, voyage où sa mère l'accompagnera et restera à le soigner pendant la première quinzaine de son séjour dans le Midi.

En fermant la porte, Mme Sichel me dit que les Ganderax ont loué une maison de campagne, qu'ils n'iront pas à Saint-Gratien et que ça fait un grand bruit dans le monde, qu'on se demande s'il n'y a pas un refroidissement de l'Altesse à leur égard. Je crois que ce changement de villégiature est tout bonnement amené par la nouvelle situation de Ganderax comme directeur de LA REVUE DE PARIS.

Mardi 3 avril

Dans mon état de souffrance continue, en cette succession de crises arrivant toutes les semaines, et avec la non-réussite de mes dernières tentatives littéraires et avec les écrasants regains de succès de gens auxquels je ne trouve aucun talent, et encore, mon Dieu, avec une certaine incertitude sur la profondeur de mes amitiés les plus intimes, la mort me paraît moins noire qu'il y a quelques années.

Mercredi 4 avril

Ce matin, visite de Poictevin, plus fou que jamais, mais avec l'introduction, dans sa maladive exaltation, d'une étude passionnée et déréglée des pères de l'Église, qui peut apporter de l'originalité à son prochain livre. Il me faisait un tableau mystiquement cocasse de Dieu contenant le bien et le mal, et compère du diable.

Lecomte, qui vient causer avec moi à propos d'un article qu'il veut faire dans LA REVUE DE PARIS sur mon ITALIE D'HIER, me parle d'un chef de bureau non pareil qu'il a au ministère du Commerce — chef de bureau qui par parenthèse est lorrain, et porte le nom d'une tante de mon père [1].

Ce chef de bureau veut que tout le monde soit heureux autour de lui et aperçoit-il, sous la forme d'un nuage, la contrariété d'un secret désir sur le front d'un de ses subordonnés, qu'il cherche à le satisfaire, ce désir, avant qu'il soit énoncé. Et Lecomte lui parlant ces jours-ci de la Hollande et de ses peintres, et le bienveillant chef de bureau, devinant l'envie du critique pictural de faire une tournée dans le pays de Rembrandt, lui disait, avant que la demande d'un congé lui fut faite : « Allez en Hollande... et n'y allez pas seul ! »

Jeudi 5 avril

Lorrain me fait déjeuner avec Mme Zimmermann, la sœur de Gounod, qui a fait le mariage de Buloz et qui parle de Mme Buloz avec une indifférence méprisante, disant qu'elle est très peu femme, qu'elle est avant tout une ambitieuse, qu'elle n'est point affectée par le désastre de son mari et que du reste, maintenant, dans les pièces qu'elle habite, il y a tant de portraits, tant de bustes de Brunetière, qu'elle ne doute pas que ça ne finisse entre eux par un mariage [2].

A propos de la sensibilité de Séverine, de ses quotidiennes larmes dans les journaux de toutes couleurs, Lorrain assure l'avoir entendue dans un café ainsi qualifier cette sensibilité : « Oui, des larmes pour les engelures de la bonne, la gale du vieux chien, les hémorroïdes du concierge ! »

Frantz Jourdain vient m'embrasser et me remercier de sa décoration qu'il a la politesse de m'attribuer.

Il me parle d'un dîner où il n'a pas invité Daudet, voulant l'inviter plus tard, avec moi et au milieu d'amis tout à fait sûrs, et qui lui a valu une lettre qui lui a été douloureuse ; et quand il l'a vu, Daudet lui aurait dit que du reste, tous ses amis l'abandonnaient. Était-il encore ce jour-là, dans la disposition d'esprit où il m'a envoyé cette maladive

1. Cf. Georges Lecomte, LES GONCOURT CRITIQUES D'ART dans LA REVUE DE PARIS du 1er juil. 1894. pp. 201-224. A partir de L'ITALIE D'HIER, il retrouve dans les autres œuvres des Goncourt ces deux mérites : ne point avoir « d'enthousiasme appris » et « percevoir l'essentiel d'une œuvre ».
2. Sur le scandale Buloz, cf. t. III, p. 849, n. 2.

carte ? Ah ! je crains bien que les excès qu'il fait de la morphine et du chloral lui font voleter des *papillons noirs* dans la cervelle !

Ce soir, Daudet revenait sur cette idée que le Midi n'est pas le pays de la couleur, des images, idée qu'il avait eue à vingt-six ans dans la maison de Delacroix à Champrosay. Et il racontait comment cette idée lui était entrée dans la cervelle : le crépuscule était venu, et un grand et merveilleux genêt d'Espagne qui remplissait presque tout le petit jardin était si lumineux qu'il pouvait lire à sa lumière. Or, ça lui donnait l'idée que la lumière ne vient pas du ciel, puis sa pensée allait à l'éclairage produit par la neige dans la nuit... et par une suite de déductions plus ou moins logiques, il arrivait, ce soir, à la révélation que le soleil ne produit pas l'image en littérature. Alors lui venaient à l'esprit les noms de Massillon, qui est un écrivain du Midi, et de Bossuet, qui est un écrivain du Nord, et dont le premier n'a pas l'image et dont l'autre en est tout plein, et il parlait de la langue décolorée de Thiers.

A la fin de la soirée, l'on causait de la précipitation des choses, des événements, des succès, de l'accélération de tout au monde, et l'on se demandait si ce n'était pas le caractère des fins de siècles, s'il n'y avait pas à ces époques, limitées par des calculs humains, une accumulation, un trop plein d'incidents voulant débonder pour débarrasser le siècle qui va venir. Et l'on fait un retour sur la fin du siècle dernier avec la Révolution, sur la fin du XVIIe siècle avec les guerres de Louis XIV, sur la fin du XVIe siècle avec la Ligue.

Vendredi 6 avril

Le jeune Rothenstein, qui est en train de faire pour l'éditeur anglais Heinemann un troisième croquis de ma tête, me signalait la cruauté qui venait par moments sur le visage de Lorrain, cruauté dont il avait été frappé hier, à la soirée chez Daudet [1].

Il me parlait d'un phalanstère momentané, établi entre Rossetti, Whistler, Swinburne, phalanstère tout rempli du matin au soir de disputes, de chamaillades, d'engueulements, et dans lequel on voyait vaguer Swinburne, le plus souvent ivre et tout nu, à l'indignation de Rossetti.

L'hiver dernier, sur un catalogue à prix marqués, j'achetai un peu à l'aveuglette, sans trop savoir ce qu'il y avait dedans, un livre ayant pour titre : « LA MAISON RÉGLÉE ET L'ART DE DIRIGER LA MAISON D'UN GRAND SEIGNEUR ET LE DEVOIR DE TOUS LES OFFICIERS ET AUTRES DOMESTIQUES EN GÉNÉRAL. *Avec la véritable méthode de faire*

---

1. Var. et add. 1896, au début de la phrase : *Le jeune Rothenstein qui fait un croquis de ma tête pour le livre : EDMOND AND JULES DE GONCOURT,* with Letters and Leaves from their Journal, *que va publier à Londres l'éditeur Heinemann.* Les bibliographies anglaises donnent pour titre à ce florilège des LETTRES et du JOURNAL : E. and J. de Goncourt, LETTERS AND JOURNAL, p. by Belloc and Shedlock, 2 vol., Heinemann. Ces volumes paraissent en décembre 1894.

toutes sortes d'eaux et de liqueurs, fortes, rafraîchissantes, à la mode d'Italie. A Paris, chez Nicolas Le Gras, au Palais, dans la Grand'Salle, au troisième pilier, à *l'L couronné.* MDCC. »

Et quand j'eus parcouru le petit volume, qui donne exactement le *Prix de la vie à Paris, en* 1700, ce fut un étonnement pour moi qu'il n'eût été déjà consulté et cité par un historien des mœurs françaises.

La Maison réglée est tout bonnement le livre d'un maître d'hôtel, mais d'un maître d'hôtel qui n'est pas le premier venu.

« L'office ayant été sa première inclination », écrit-il, il apprit son métier des premiers officiers de France, s'attachant à ne rien ignorer concernant les confitures et les liqueurs, mais travaillant encore à savoir faire en perfection toutes sortes d'eaux, tant de fleurs que de fruits, glacées et non glacées, sorbets, crèmes, orgeats, eaux de pistache, de pignon, de coriandre, d'anis, de fenouil et de toutes sortes d'autres grains, et apprenant à distiller des fleurs et des fruits, tant par le chaud que par le froid, et à préparer le chocolat, le thé, le café, que peu de gens, dit-il, connaissent encore en France — et enfin se donnant, après Môre, qui fut envoyé d'Italie au cardinal Mazarin, après Salvator, qui fut envoyé également d'Italie au maréchal de Gramont, se donnant pour le troisième maître d'hôtel qui avait contribué à la vogue de ces boissons.

Pour se perfectionner dans son art, il faisait un séjour de quatorze mois à Rome, d'où revenant en France, au mois de janvier 1660, émerveillé des beaux pois en cosse qu'il trouvait aux environs de Gênes, il en faisait cueillir deux paniers par les paysans, qui les lui apportaient avec quantité de boutons de roses, dont le tour de leurs champs est garni, et certaines herbes propres à les conserver dans leur fraîcheur. Et aussitôt, prenant la poste, il eut la bonne fortune, arrivé à Paris, de présenter, le 18 janvier, ses pois et ses roses au roi Louis XIV, par l'entremise de Bontemps, qui lui fit la grâce de le mener lui-même au vieux Louvre.

Ces roses fleuries, ces pois mûrs au mois de janvier, c'était une nouveauté à Paris, et Monsieur, et le comte de Soissons, et le duc de Créqui, et le maréchal de Gramont, et le comte de Noailles, et le marquis de Vardes, de s'écrier que jamais, en France, on n'avait vu rien de pareil pour la saison. Même en présence de Sa Majesté, le comte de Soissons prenait une poignée de pois, qu'il écossait et qui se trouvèrent aussi frais que si on venait de les cueillir. Et Sa Majesté, après avoir témoigné sa satisfaction à l'heureux maître d'hôtel, lui ordonnait de les porter au sieur Baudouin, contrôleur de la bouche, et de lui dire d'en faire un petit plat pour la reine mère, un pour la reine, un pour le Cardinal, et qu'on lui conservât le reste que Monsieur mangerait avec Elle.

Et comme Louis XIV faisait offrir un présent d'argent au porteur des pois et des roses, Audiger — c'est le nom de notre maître d'hôtel — refusait et faisait demander au roi le privilège de faire, de vendre et de débiter toutes sortes de liqueurs *à la mode d'Italie,* tant à la cour et suite de Sa Majesté qu'en toute autre ville du royaume, avec défense à tous autres d'en vendre et d'en débiter à son préjudice.

A peu de temps de là, Audiger obtenait son brevet de M. Le Tellier, mais il éprouvait de telles tracasseries dans les bureaux pour le scellement de ses lettres d'obtention, qu'il entrait chez la comtesse de Soissons en qualité de *faiseur de liqueurs,* en sortait, se mettait dans le régiment de cavalerie de Rouvray, faisait plusieurs campagnes, obtenait une lieutenance d'infanterie dans la compagnie Joyau, du régiment de Lorraine, se démettait, se refaisait maître d'hôtel du président de Maisons, puis de Colbert, et finalement établissait une boutique de limonadier, place du Palais-Royal, où il fournissait la cour et la ville.

C'est dans cette boutique de limonadier qu'Audiger écrit LA MAISON RÉGLÉE et nous donne la constitution de la maison d'un grand seigneur, en nous initiant au bon marché invraisemblable de la vie à Paris, en ces premières années du XVIIIe siècle.

La maison d'un grand seigneur devait être composée : d'un intendant, d'un aumônier, d'un secrétaire, d'un écuyer, de deux valets de chambre, d'un concierge ou tapissier, d'un maître d'hôtel, d'un officier d'office, d'un cuisinier, d'un garçon d'office, de deux garçons de cuisine, d'une servante de cuisine, de deux pages, de six ou quatre laquais, de deux cochers, de deux postillons, de deux garçons de carrosse, de quatre palefreniers, d'un suisse ou portier. Et en plus, d'un valet pour l'intendant, d'un valet pour l'aumônier, d'un valet pour le secrétaire, d'un valet pour l'écuyer, d'un valet pour le maître d'hôtel.

Or, l'aumônier, appointé à 200 livres, l'écuyer à 400, le maître d'hôtel à 500, le cuisinier à 300, le garçon d'office à 75, le cocher à 100, les palefreniers à 60, les laquais à 100, etc., etc., cela fait pour les traitements et gages de *trente-six personnes* composant la domesticité du grand seigneur, par « chacun an », la somme de *quatre mille dix livres.*

Maintenant, quelle était la dépense, par jour, de ces trente-six personnes ? Écoutons Audiger.

Dans les maisons bien réglées, et afin que chacun soit content, on donne une livre et demie de viande de boucherie, y compris les bouillons, les jus, coulis et entrées de grosses viandes pour la table du seigneur ; ce qui, par jour, pour les personnes ci-dessus, fait la quantité de cinquante livres de viande, lesquelles, à raison de cinq sous la livre, donnent la somme de . . . . 14 l. 10 s.

Les jours maigres, les légumes et les poissons revenaient au même prix que la viande les jours gras.

On donne aussi par jour à chaque personne trois sous de pain, ou une livre et demie ; ce qui fait, y compris le pain pour les potages . . . . 5 l. 8 s.

Pour le vin, les officiers et le cocher ont trois chopines par jour, et les autres domestiques une pinte, et quand le vin se paye en argent, les premiers ont cinq sous, les autres quatre : ce qui fait 7 l. 9 s.

Pour le bois et charbon pour la cuisine et l'office . . . . 3 l.

Pour le sel, le poivre, le clou de girofle, la cannelle et autres épiceries . . . . 20 s.

Pour les herbes, légumes, salades, huiles et vinaigre et verjus . . . . 20 s.

Pour la chandelle, tant pour la cuisine, office, antichambre, écurie, vingt-huit sous : qui font quatre livres de chandelle par jour 28 s.

Pour l'entretien et dépense journalière des ustensiles de cuisine . . . . 10 s.

Pour l'entretien aussi des batteries de cuisine et d'office 15 s.

Pour le porteur d'eau . . . . 5 s.

Soit la somme par « chacun an » de *neuf mille cinq cent trente-six livres, seize sols.*

Maintenant, Audiger établit la dépense à laquelle peut revenir la table du seigneur, à douze couverts par jour, soir et matin.

Pour le premier service de la table, il doit avoir à dîner : un grand potage, quatre petits plats, deux assiettes hors-d'œuvre ; pour le second service, un grand plat de rôt, deux salades, deux plats d'entremets ; pour le troisième service, un grand plat de fruits avec quatre compotes.

Pour la viande de rôtisserie, il faut, tous les jours, un chapon pour mettre au pot, deux poulets pour faire une entrée, trois pièces de rôt pour le matin, autant pour le soir, ce qui, à huit pièces de rôtisserie par jour à vingt-cinq sous chaque pièce, fait monter la dépense à . . . . 10 l.

Et Audiger estime, par jour, le pain à . . . . 36 s.

Le vin à . . . . 6 l.

Les légumes, ragoûts, crêtes, ris de veau, foies gras, beurre, etc., à . . . . 4 l.

Les fruits et compotes à . . . . 4 l.

La bougie à raison d'une livre par jour, tant pour la table que pour la chambre, à . . . . 30 s.

Les deux flambeaux de poing à . . . . 3 l.

Le bois, fagots, coterets en hiver, pour la chambre et l'antichambre . . . . 30 s.

Le blanchissage des nappes, serviettes de table, tabliers et torchons de cuisine et d'office, à . . . . 15 s.

Soit la somme, par « chacun an », de *onze mille huit cent quatre-vingts livres quinze sols.*

Maintenant passons à l'écurie du grand seigneur.

D'après Audiger, un grand seigneur ne peut avoir moins de quatorze chevaux de carrosse, qui font deux attelages.

Il compte par jour, pour chaque cheval, deux bottes de foin qui, à raison de 20 livres le cent, valent . . . . 8 s.

Un boisseau d'avoine . . . . 8 s.

Pour la paille de la litière, le maréchal, l'entretien des fers, le bourrelier . . . . 6 l.

Ce qui fait pour chaque cheval, par jour, 22 sous, et pour les quatorze . . . . 15 l. 10 s.

Le seigneur ne peut également avoir moins de seize chevaux de selle, dont la nourriture et l'entretien lui reviennent à douze livres et qui, avec la nourriture des chevaux de carrosse et les raccommodages du carrosse, montent par jour à vingt-neuf livres.

Soit, par « chacun an », la somme de *dix mille cinq cent quatre-vingt-cinq livres.*

En sorte que cette maison, montée sur le pied de trente-six officiers et domestiques et où il y a trente chevaux à l'écurie, ne coûte, en l'an 1700, que la somme de *trente-huit mille neuf cent soixante-quinze francs.*

Maintenant, si le grand seigneur se marie, la maison s'augmente pour le service de la dame : d'un écuyer, d'une demoiselle suivante — d'une demoiselle suivante dont la fonction est de faire honneur à la dame et de l'accompagner à la messe, aux visites et partout où elle va — d'une femme de chambre — d'une femme de chambre qui doit savoir peigner, coiffer, habiller et ajuster une dame, suivant le bon air et sa qualité, savoir blanchir et empeser toutes sortes de linges et de gazes, savoir raccommoder les dentelles, savoir *préparer un remède et le donner avec adresse* — d'un valet de chambre — d'un valet de chambre qui, dans ce temps-là, était en général tailleur pour femmes et qui devait prendre soin des habits de la dame et les mettre à la mode, quand ils n'y étaient plus, et tenir la porte de la chambre de la dame, quand elle se lève ou se couche, et *avoir beaucoup de discrétion dans ce qu'il peut voir ou entendre* — d'un page, d'un maître d'hôtel, d'un cuisinier, d'un officier, d'une servante de cuisine, de quatre laquais, d'un cocher, d'un postillon, d'un garçon de cocher, de sept chevaux de carrosse, de quatre chevaux de selle, pour monter les officiers.

Quand il y a des enfants, ce sont encore : une gouvernante d'enfants, une nourrice, un gouverneur ou précepteur, un valet de chambre, deux laquais, une servante pour la nourrice.

Toute la dépense de cette nouvelle domesticité, ajoutée à l'autre, ne s'élève guère, comme gages, qu'à *deux mille quatre cent soixante-cinq francs.*

Audiger établit aussi, « sur un pied honnête », le budget d'une maison « de moindre conséquence », d'une maison d'homme de qualité, où il y a un valet de chambre, une femme de charge, un cuisinier, un cocher, deux laquais, et à l'écurie, deux chevaux pour le petit carrosse-coupé, dont il donne le prix d'achat à cinq cents francs, ainsi que des deux moyens chevaux, *à deux mains,* valant de six cents à sept cents francs.

Et pour cette maison, où, en comptant le maître, il y a huit bouches à nourrir, Audiger arrive à la somme de quatre cent huit livres par mois, et à la somme, par « chacun an », de *quatre mille huit cent quatre-vingt-dix-neuf livres.*

Enfin, Audiger établit le budget d'un homme de qualité qui vit à l'auberge, paye la nourriture de ses gens et se sert d'un carrosse de remise.

Son valet de chambre, à raison de vingt-cinq sous par jour pour sa nourriture et cinquante écus de gages, lui coûte par mois trente-sept livres, dix sols, et par an . . . . 457 l. 10 s.

Ses deux laquais, à raison de seize sols par jour pour leur nourriture chacun et quatre-vingt-dix livres de gages, lui coûtent par an . . . . 585 l. 12 s.

Quant au maître, il peut dépenser, tant pour sa chambre garnie que pour le logement de ses gens, et pour sa pension et nourriture, un écu par jour, ce qui fait par an . . . . 1 098 l.

Et pour le carrosse de remise, à raison de vingt pistoles par mois, ce qui donne, par an, la somme de . . . . 2 400 l.

C'est ainsi, dit Audiger, que toute la dépense d'une personne qui veut se gouverner de la sorte, peut aller, par mois, à la somme de *quatre cent six livres, onze sols, six deniers* et par « chacun an » à *quatre mille huit cent dix-neuf livres.*

Dimanche 8 avril

Voici Paul Margueritte qui pousse la porte du *Grenier,* bien vivant, bien portant. Il parle de sa vie de travail de cet hiver, entre le piano de sa femme et les devoirs de ses petites filles... Sur le nom de Renard prononcé par l'un de nous, le voilà qui raconte qu'à la suite d'un déjeuner donné à l'ironiste et où il avait reçu le matin un envoi d'angélique qu'il ne savait à qui attribuer, Renard avait fait sur ce déjeuner un article où il avait peint son intérieur comme le plus infect intérieur bourgeois [1]. Et cet article, il le lui avait envoyé, avec un mot où il s'excusait auprès de ses fillettes de les avoir *déformées,* selon son habitude dans ses articles.

Et voici Pierre Gavarni, qu'il y a bien un an que j'ai vu et qui nous entretient de la contamination des campagnes par cette universalité de soldats rapportant la vérole dans les localités les plus sainement portantes.

Il signale aussi le changement curieux qui s'est fait chez les paysans de son département, qui, lorsqu'ils n'avaient pas le sol, étaient des conservateurs forcenés et qui, maintenant qu'ils possèdent des terres et de l'argent, sont socialistes !

Mardi 10 avril

Décidément, je me crois foutu !

Mercredi 11 avril

Visite de ce raseur de Grandidier, qui m'assassine pendant deux heures de l'énumération de ses porcelaines. Il aurait, me dit-il, dépensé depuis vingt ans, 40 000 francs par année à cet achat.

---

1. Texte Ms. : *un envoi d'angélique à qui il ne savait attribuer...*

Jeudi 12 avril

A dîner chez Daudet.

Mme Chenay, la belle-sœur du grand Hugo, qui a une tête desséchée et comme rapetissée, ainsi que ces têtes d'Indiens momifiées et réduites aux deux tiers de leur grandeur ; le ménage Richepin, le mari avec sa forte et riante prestance d'acrobate après une forte recette, la femme avec sa petite moustache et sa raie de côté, lui donnant le caractère d'un gamin monté sur une barricade ; le ménage Masson, de retour d'Italie, Masson réintégré dans son bon sens, sa femme avec des ailes-gigot en velours vert inénarrables ; le jeune ménage, avec Jeanne en beauté et en gracieuseté.

Il est question de Marseille, et Richepin parle assez drolatiquement de deux parentes de sa femme, natives de ladite ville, qui ont passé, avec les enfants de l'une, quelques jours dans son logis et dont le séjour a été pour lui une vraie jubilation. L'une, la mère, très exubérante, très grande parleuse ; l'autre, une concise, mais formulant des phrases dans lesquelles était comme condensée toute l'exagération de la parole méridionale. Ainsi, la mère disant de son enfant, à propos de je ne sais quel petit méfait : « Alors, j'ai fait des nœuds à mon mouchoir, et je lui en ai donné !... je lui en ai donné ! — Oui, reprenait la sœur, oui, quand je suis montée à ses cris, sa chair n'était qu'une bouillie ! » Un autre jour, la mère parlant encore de son enfant, de sa manie de toucher aux allumettes, de sa crainte qu'il n'incendiât la maison, et racontant que pour lui faire peur du feu, elle lui avait tenu un moment le doigt au-dessus d'une bougie, la sœur de s'écrier : « Le pauvre petit... Oui, ça sentait la fonte de la graisse ! »

Masson me parle de l'intérieur de l'ambassade près le Saint-Siège, de la parfaite *raisonnabilité* de sa sœur, mais de sa rancune persistante contre son mari, en même temps que de l'admirable résignation de Béhaine, acceptant tous les reproches sans une révolte, sans même une parole de mauvaise humeur.

Heredia, que je remerciais de l'envoi de la NONNE ALFEREZ, illustrée par Vierge, me donnait quelques détails sur le grand artiste paralysé. Dans le naufrage de son cerveau, il est resté une case intacte, la case du dessin. Il ne sait plus lire, plus écrire — oui, plus écrire : en sorte que pour signer maintenant un de ses dessins, il est obligé d'en copier la signature sur un dessin d'autrefois — et cependant, ô prodige ! de la main gauche, il dessine avec sa facilité passée, sur la lecture qu'on lui fait d'un chapitre, d'une page. Maintenant, dans ce grand corps paralysé, la santé physique va très bien. Il boit, il mange, fait des enfants, déborde d'une grosse gaîté. Ça ne fait rien, quel malheur que cette mort d'une moitié de lui-même, et bien certainement de quelque chose de son talent, qui allait faire un si beau, un si original, un si espagnol Don Quichotte !

Dimanche 15 avril

Oh ! la vieillesse ! Hier, tout l'après-midi, se faire ramoner les dents, avec la perspective de retourner chez le dentiste dans les premiers jours de la semaine prochaine. Aujourd'hui, à quatre heures, des quintes de toux terribles, d'une grippe amenée par le changement de température rousse... et avec le pressentiment...

Daudet proclame très bien fait le premier feuilleton de LOURDES et déclare qu'il aurait conçu le commencement du roman tout comme l'a fait Zola.

Sur ce qu'on se plaint de ne plus voir Huysmans et qu'on affirme l'étrangeté du personnage, Raffaelli signale sa mimique étriquée, contractée, ses gestes de maniaque. Il dit qu'il l'a vu ces jours-ci, dans la rue, fermer son parapluie d'une manière toute particulière, et après cela avoir un petit frottement des mains contre le haut de sa poitrine, moitié d'un prêtre, moitié d'un aliéné. Il s'étend sur l'incurvation de son poignet, sur sa marche qui n'est pas la grande enjambée ordinaire, mais d'une enjambée qui a l'air d'être retenue par une chaîne.

Et à cette marche de Huysmans, Raffaelli oppose la marche appuyée sur les plantes du Norvégien Thaulow, cette marche pesante et dandinante sur la terre d'un marin marchant sur un pont de navire. Et la marche de Thaulow amène Raffaelli à peindre ces gens du pôle, si peu assimilables à notre race qu'habitant même notre pays, on ne les voit qu'intermittemment, comme de grands oiseaux de mer, qu'un trop fort coup d'aile rapproche par hasard de vous. Et comme je lui demande si sa femme est vraiment aussi jolie qu'on le dit, il me répond qu'il n'en sait rien, que ces gens du Nord, avec leur blondeur de chanvre, ont quelque chose d'effacé, quelque chose qui ne fixe pas le regard, quelque chose qui ne reste pas dans la mémoire. Le souvenir de ces êtres fond dans la mémoire et il ne reste d'eux dans votre souvenir que des réminiscences pour ainsi dire irréelles. Tout ce qu'il se rappelle du couple, à la façon d'une hallucination, c'est leur vision, un jour que le mari était tout en jaune, la femme tout en bleu de ciel. Et ça, comme deux taches diffuses dans un mauvais dessin de photographie en couleur.

Lorrain, qui arrive au moment où l'on part, dit assez ingénieusement que le goût d'Hayem et d'autres Juifs pour la peinture de Moreau vient de ce que sa peinture est un peu de la joaillerie, et malmenant de paroles Hayem, s'écrie que « sa lâcheté appelle l'outrage ».

Léon, ce soir, nous fait, rue Bellechasse, une seconde lecture des MORTICOLES. C'est vraiment un livre à le faire assassiner par les médecins la première fois qu'il sera malade. Il nous lit une lâche, une honteuse mort de son médecin juif, à la suite d'un échec à l'Académie, un terrible morceau où Léon s'est inspiré de l'amusante coyonnerie de Charcot, un certain Mardi Gras, où il manqua mourir d'une indigestion de boudin [1]. Il nous lit ensuite un morceau tendrement ému sur deux

1. Cf. Léon Daudet, LES MORTICOLES, 1894, pp. 264-273 (histoire du Dr Wabanheim).

fillettes de seize ans, deux prostituées de la basse prostitution : un morceau à la documentation tout à fait originale, et coupé et dialogué merveilleusement [1].

Lundi 16 avril

Aujourd'hui, le gentil dîner du lundi de Mme Sichel, ce dîner affectueux, reposant, avec sa conversation paresseusement potinière, me manque. La pauvre mère est partie vendredi, accompagnant son fils malade, bien malade, dans le Midi. Vraiment, mes amitiés ne sont pas heureuses dans le moment ! Songe-t-on au douloureux drame se passant tous les deux ou trois jours chez la belle-sœur de Mlle Zeller ? Voit-on la malheureuse mère, tous les deux ou trois jours, obligée de quitter son deuil, et là, dans la maison de santé où est son mari, forcée d'imaginer avec un visage gai, les jeux, les occupations, les devoirs de son enfant mort, et de raconter ces cruels mensonges au père, comme si son fils était encore vivant... Et devant l'horreur d'avoir à lui inventer la première communion de son fils, qui devait avoir lieu au mois de mai, elle a arraché au médecin aliéniste de l'établissement la permission de lui annoncer la mort de son enfant.

Mardi 17 avril

N'est-elle vraiment pas un peu extraordinaire, Mme Jeanniot, l'épouse du peintre, une femme de trente-cinq ans qui prend des leçons de danse et n'en fait pas prendre à sa fille, qui est une fillette de quatorze ans ?

Mercredi 18 avril

Lorrain m'amène le ménage Polignac pour voir mes bibelots : le duc a l'air d'un chien noyé, la duchesse, une beauté froide, nette, coupante, la beauté de la fille de l'inventeur de la machine à coudre. On dit le mariage entre ces deux êtres conclu à la condition que le mari n'entrera pas dans la chambre de sa femme, moyennant une somme d'argent qui lui permettra de placer sa musique dont les opéras ne veulent pas.

J'ai chez moi, en même temps qu'eux, les Gandara, dont la femme est vraiment adorablement jolie avec son type de Primitif modernisé. C'est chez elle un vrai et sincère goût du bibelot et elle prend un tel plaisir à les voir, à les manier, qu'elle me dit ingénument à la porte : « Puis-je revenir sans mon mari ? »

1. *Ibid*, pp. 196-201 : c'est l'aventure de deux prostituées de dix-sept ans, affamées et malades, auxquelles un médecin de l'hôpital où elles échouent enlève les ovaires « pour en faire collection ».

Jeudi 19 avril

Exposition Marie-Antoinette.

Quelque chose portant sur les nerfs à cette exposition. On n'y entend que du français passant par le rauque gosier juif d'un Francfortois, et cette exposition prend le caractère d'une exposition israélite.

Ah ! le singulier connaisseur d'art que ce Bapst, ce rédacteur du catalogue qui, sur mon dessin de Moreau représentant Marie-Antoinette allant rendre grâce à Notre-Dame pour la naissance du Dauphin, met le nom de Prud'hon ! Ça dépasse vraiment la mesure de l'ignorantisme en art[1] !

Mme Daudet, qui revenait d'une série de visites mondaines et qui avait fini par le salon de Mme Beulé, n'en revenait pas de la bêtise, de l'ignorance, de la prétention de ce monde. Sur ce que je lui disais : « Mais pourquoi y aller ? — Oh ! une fois seulement par an... Que voulez-vous ? C'est pour être au courant de tout Paris ! » me répondait-elle, un peu honteuse.

Ce soir, on est tout à FALSTAFF de Verdi. Mariéton, qui est un peu l'écho de l'opinion universelle, affirme que ce n'est plus de la musique italienne, mais de la musique allemande, et que ça manque absolument de l'originalité des compositions anciennes du maître.

Dans une causerie avec Daudet, nous jugeons tous deux absolument de même le livre de Rosny, L'IMPÉRIEUSE BONTÉ. Nous trouvons *faiblot* tout l'imaginé du livre, le suicide de la femme, etc., mais très bien toute la reproduction de la réalité que Rosny a rencontrée dans la vie, et nous le reconnaissons comme un grand et puissant analyste de la souffrance humaine[2].

Samedi 21 avril

Cette petite femme de Forain, elle a vraiment l'esprit méchant de son mari, mais dans la méchanceté un esprit plus délicatement XVIIIe siècle que le sien. Dînant dernièrement avec Séverine et son amant Labruyère, elle appelait tout le temps du dîner Labruyère *Séverin.* Mais son mot supérieur de ces derniers jours est celui-ci. Embrassée sur l'épaule par Lorrain, Lorrain accusé d'aimer les hommes, elle lui jetait : « C'est un alibi que vous cherchez ? »

Oh ! l'abominable chose de publier des fragments de peinture sur ses contemporains ! Et l'ennui qui vous en revient, aussi bien de la part de ceux d'en haut que de ceux d'en bas, aussi bien de ceux existant à la cantonade que de ceux vivant à vos côtés.

---

1. Y eut-il une édition fautive du catalogue ? L'exemplaire de la Bibliothèque nationale porte : « Dessin de Moreau le Jeune... représentant la reine Marie-Antoinette allant le 21 janvier 1782 rendre grâce à Notre-Dame à Sainte-Geneviève pour la naissance du Dauphin... Appartient à M. E. de Goncourt » (CATALOGUE DE L'EXPOSITION DE MARIE-ANTOINETTE ET SON TEMPS, *Préface par G. Bapst*, 1894, n 56).

2. La *souffrance humaine* que Jacques Fougeraye apprend en administrant les charités d'un riche philanthrope, dont la femme, Jeanne, s'éprend en vain de lui : déçue, menacée par une maladie mortelle, elle se suicide.

Aujourd'hui, demandant à Pélagie qu'est-ce que pouvait avoir sa fille à laquelle j'avais vu ce matin une tête toute particulière, elle me répondait : « Elle n'a pas voulu déjeuner, elle pleure dans sa chambre... Elle dit que c'est à cause de vous.

— De moi ?

— Oui... pour ce que vous avez écrit sur elle ! »

Je vais trouver Blanche dans sa chambre. C'est la désolation en personne ! Et comme je lui déclare que je ne comprends rien à son chagrin, que j'ai toujours parlé d'elle avec tendresse, elle s'écrie douloureusement : « Ah ! vous m'avez faite si misérable, si pauvre... on serait tenté de me donner un morceau de pain ! »

Là-dessus, tombant dans L'ÉCHO DE PARIS sur l'annonce de mon JOURNAL, dont le premier article doit paraître le 25 avril, je pense à tous les embêtements que je vais avoir tous les jours à partir de ce jour.

Le dîner japonais, où je n'ai pas assisté depuis bien des mois. Hayashi et Bing de retour d'Amérique. Bing affirme de nouveau que là-bas, il y a des collections très considérables, mais en général composées d'objets n'ayant pas la délicatesse que nous demandons nous autres. En Amérique, le collectionneur ne donne pas sa collection à l'État comme chez nous, mais la vend, la vend très cher, et par là-dessus, tout comme chez nous, se fait nommer conservateur et jouit de ses bibelots jusqu'à sa mort comme s'il en était resté possesseur.

Dimanche 22 avril

Ce matin, on sonne. C'est le jeune Simond. Je me demande s'il ne vient pas me dire qu'il ne peut pas faire passer mon JOURNAL dans L'ÉCHO pour une raison quelconque. Non, il paraît au contraire très enchanté, me parle de l'intérêt qu'il a pris à le lire, me dit que c'est tout à fait du *Goncourt bien vivant,* m'avoue qu'il n'osait pas venir me voir, parce qu'il me savait très monté contre lui, enfin sollicite l'*aman* avec tant de gentillesse qu'il me désarme.

Visite de Bauër, tout aimable et tout affectueux, de Bauër qui n'est pas venu me voir depuis la lecture de LA FAUSTIN chez Sarah Bernhardt.

Rodenbach, qui touche à la fin des répétitions de sa pièce du VOILE, s'étend sur le caractère inégal, humoreux, de Claretie, caractère qui aurait succédé à son tempérament domestique d'autrefois. Et il constate avec Bauër l'affamement que dans ce moment le Théâtre-Français aurait de pièces gaies, de pièces vaudevillières, de pièces convoitées par Féraudy et la majorité du comité, tous deux déclarant que jamais la pièce d'Hervieu ne sera jouée [1].

Or, dans ce moment, le dieu du Théâtre-Français serait Augier,

1. On a vu, que LES TENAILLES attendront le 28 sept. 1895 pour être créées à la Comédie-Française.

regardé comme le parangon du théâtre bourgeois par les acteurs de la rue Richelieu, trouvant au talent de Dumas fils parfois des indépendances qui les font moins religieux à son égard.

Ganderax serait-il un compliqué ? Daudet raconte ce soir qu'il aurait écrit à Barrès, en lui demandant à acheter sa pièce pour LA REVUE DE PARIS, à condition de spécifier que son parlementaire n'était pas Burdeau et, en même temps, aurait avisé Burdeau de sa démarche [1].

Lundi 23 avril

Répétition chez Frantz Jourdain de A BAS LE PROGRÈS, joué par Janvier, Mlle Valdey, qui l'a déjà joué au Théâtre-Libre, et Darras, de l'Odéon.

Un programme a été lithographié par Ibels. J'allais sortir, quand il arrive. On me le présente et il me raconte ceci. Son père s'est battu à la première d'HENRIETTE MARÉCHAL, et lui, juste vingt ans après, s'est cogné à la seconde de GERMINIE LACERTEUX et a cassé un petit banc sur la tête d'un normalien de sa connaissance, avec lequel il était venu à l'Odéon.

Mardi 24 avril

Quinze jours sans crise, ça m'amène à aller dans des endroits où on ne me voit jamais.

Le vernissage du Champ-de-Mars [2].

Une perspective de roues de voitures acculées au trottoir, dans toute l'étendue de l'avenue de la Bourdonnais. A l'entrée, sur les escaliers, sous le péristyle, trois ou quatre rangées d'hommes et de femmes, passant tout le temps de l'exposition à regarder les gens qui entrent. Partout, du monde demandant à être reconnu, quêtant derrière lui le murmure de son nom. Ah ! ces messieurs et ces dames se fichent pas mal des tableaux et des sculptures !

Ce n'est plus la mode aux couleurs *esthètes*. Aujourd'hui, toutes les femmes sont en noir, avec, au dos, des pèlerines ruchées, des petits collets voletant derrière elles et les enveloppant de distinction. Mais les unes ont les cheveux tirebouchonnés à la diable, leur donnant l'aspect de folles, les autres sont coiffées avec des bandeaux plats, leur recouvrant les coins des yeux et leur enfermant le bas de la figure, quand elles sont brunes, comme deux bandes de taffetas noir, mais qu'elles soient brunes ou blondes, leur donnant à toutes un caractère d'inintelligence, bien loin de la *Primitivité* qu'elles recherchent.

Je rencontre Raffaelli, Rosny au bras de Guillaume, Helleu, Blanche, La Gandara, Montesquiou-Fezensac, qui m'emmène voir son portrait

1. Add. éd. : *de spécifier...*
2. Cf. t. III, p. 425, n. 1.

de Whistler, portrait dans lequel je trouve une facture merveilleuse du vêtement, mais un faire très inférieur dans la figure au dessin escamoté, dans les carnations tristes, sales, barboteuses.

En sortant, La Gandara me fait la conduite jusqu'au Trocadéro, me confessant son état nerveux, qui le rend incapable de travailler pendant toute la semaine de l'ouverture d'une exposition, m'avouant envoyer sa bonne, tous les matins, dès *potron-minet,* acheter tous les journaux et, les journaux apportés, vouloir anxieusement découvrir d'un seul coup d'œil si son nom y est.

Mercredi 25 avril

Dîner chez la Princesse avec les Duruy, un couple légèrement *Durham* et dont la graisse du mari a quelque chose de prépotent qui indispose tout d'abord contre lui ; mais au bout de quelques minutes de contact, on le trouve bon garçon et doué d'une jolie ironie de *pince-sans-rire* [1].

L'absence d'admiration de la Princesse pour qui que ce soit de talent ou quoi que ce soit d'original, dépasse tout ce qu'on peut imaginer. Parle-t-on de l'exposition de Tissot, dont l'effort, la conscience, le travail halluciné méritent l'attention, elle a une retraite méprisante de la bouche, bientôt suivie de la phrase : « C'est embêtant ! » Ah ! vraiment, en fait d'art, ce que cette princesse aime, on ne le sait vraiment pas, ou on le sait trop ! C'est tout ce qui est commun, banal, tout ce qui est domestiquement et poncivement du faux beau.

Puis à minuit, chez les Frantz Jourdain, où dans un coin de salon, sans toile, sans décor, sur une scène d'à peu près la largeur d'une descente de lit, se joue A BAS LE PROGRÈS ! Dans ces conditions, et au milieu d'une chaleur qui leur fait tomber du nez des gouttes de sueur, les acteurs jouent pas mal, et surtout Janvier, apportant au rôle une jeunesse qui manquait à Antoine.

Au fond, je constate que ma bouffonnerie est accueillie assez froidement ; mais on veut bien me dire qu'il en est ainsi de toutes les pièces jouées dans les salons, et devant un public de femmes qui n'osent pas manifester leurs sensations.

Jeudi 26 avril

Hayashi, qui est venu déjeuner ce matin, m'apprend que les gros prix des objets japonais ne sont pas seulement le résultat d'achats étrangers, mais proviennent aussi d'achats japonais. Depuis la révolution de là-bas, il s'est créé dans le pays une classe de parvenus qui, à l'instar de nos banquiers, croient s'ennoblir en achetant des objets d'art, en passant pour des collectionneurs [2].

---

1. *Un couple légèrement Durham :* cf. t. I, p. 555, n. 1.
2. Sur l'ère du *Meiji* au Japon, cf. t. III, p. 366, n. 1.

Tout en mangeant un bifteck, Hayashi m'affirmait que le peuple japonais était autrefois absolument végétarien et ichtyophage, et me révélait que son éloignement pour les étrangers était en grande partie venu de ce qu'il avait entendu dire qu'ils se nourrissaient de bœufs, de chevaux, le Japonais ne mangeant que l'animal à sang blanc, au sang ne ressemblant pas à celui de l'homme.

Un moment, il parle de la littérature et me dit que les Japonais qui sont à Paris et font métier de traducteurs, non seulement pour la plupart savent mal le français, mais sont même incapables de comprendre et de goûter les délicatesses de la langue japonaise. Et là-dessus, il s'écrie qu'il y a au Japon une grande, une belle, une poétique littérature, du VIIe au XIIe siècle, mais qu'au XIIe siècle, au milieu des guerres, des tueries, des massacres universels, la littérature devient seulement une littérature *descriptive de l'action,* n'ayant plus les qualités de la littérature ancienne, et que ces qualités ne reparaissent guère qu'à l'époque des imaginations d'art d'Outamaro et de ses contemporains [1]. Et comme je lui disais que les FIDÈLES RONINS était un roman d'aventure à la Dumas, il affirmait que dans ce roman et les romans de la même époque, il s'était fait un mélange des deux littératures [2].

En me quittant, il me murmure qu'au Japon, on s'occupe à me trouver une décoration, et sur l'indifférence d'un de mes gestes, il ajoute : « C'est trop juste, car c'est à vous surtout que nous devons de ne plus passer pour des Annamites, pour des exotiques sans art et sans littérature ! »

Dîner avec Coppée, le ménage Helleu. On parle du succès de l'exposition de Tissot, succès au fond duquel il y a pour l'artiste le désappointement de ne pas vendre ses quatre cents compositions un million, le prix qu'il en demande [3].

Il est question pendant le dîner de Sarah Bernhardt ; et comme on dit que Réjane est en train de la manger, Coppée se proclame son admirateur enthousiaste, déclare que dans le genre noble, elle est unique, qu'il y a chez elle des qualités d'*envolée lyrique* appartenant à elle seule.

Puis, je ne me rappelle plus qu'est-ce qui amène Coppée à parler de Lesseps, du *Grand Français,* qu'il a pratiqué dans le voyage fait en sa compagnie en Hongrie ; et il affirme que pendant tout ce voyage, il n'a fait que commettre des *gaffes,* pendant que nécessairement, on célébrait autour de lui son tact. Et ça l'étonnait, dit Coppée, parce qu'il sentait dans l'homme un finaud, un roué, mais qui se laissait emballer par son tempérament de Levantin, de Marseillais d'Asie-Mineure.

---

1. Depuis longtemps, l'usage s'était établi que les *mikados* abdiquent à vingt ans, mais le *mikado* Shutoku-Tennô, ayant réclamé le pouvoir pour son fils, déclencha, dans la première moitié du XIIe siècle, une longue guerre civile entre les grandes familles de l'aristocratie japonaise, les Minamoto, favorables au *mikado,* s'opposant aux Taïra et l'emportant finalement, quand Yoritomo fut vainqueur en 1185 et fonda l'institution des *shogouns* (ces fonctions, assez analogues à celles d'un *maire du palais* auprès d'un *roi fainéant,* devaient se perpétuer jusqu'au coup d'État de 1868).
2. Cf. t. II, pp. 1050-1051, n. 1.
3. Cf. t. III, p. 378, n. 1.

Samedi 28 avril

Les lettres anonymes commencent à propos de la publication de mon JOURNAL. La lettre que je reçois aujourd'hui ne contient pas, par extraordinaire, d'injures ; elle se contente de me jeter à la tête deux citations de Baudelaire et de Stendhal, affirmant qu'ils n'auraient jamais écrit de mémoires, qu'ils n'auraient jamais imprimé leur cœur, et vendu ce cœur six francs au public[1] !

Dimanche 29 avril

Oui, il est vraiment le type de la destructivité, cet Henry ! Le commencement de son manifeste, avec la hautaine et féroce revendication des tués et des blessés par ses bombes, c'est bien parlant aux imaginations anarchistes[2]. Ce papier, ça va faire des centaines de martyrs qui, au rebours des martyrs chrétiens, ces ouvriers du dogme de la charité, amèneront comme eux une transformation de la société actuelle, comme ouvriers du dogme de l'homicide !

Cette noire envie produite par la détention de l'argent, dans tout ce monde anarchiste, nous faisait dire aujourd'hui que ce n'était pas l'argent qui apportait à la vie les jouissances intérieures intraduisibles, que ces jouissances étaient produites par une bouteille de vin médiocre, le jour où on avait soif, par l'abandon d'une femme qu'on n'achetait pas, et mon Dieu ! quelquefois simplement par une matinée de beau temps dans la campagne, par du soleil, par de l'air grisant, en l'alacrité du physique et du moral en bonne santé et en joie.

Charpentier, toujours cocasse, déplore l'incarcération de Fénéon, incarcération qui va retarder l'article que depuis des années il doit faire sur son œuvre[3].

Hennique annonce qu'il a lu hier sa pièce des DEUX PATRIES et qu'il va entrer en répétition.

Puis on parle de Toudouze qui, après avoir obtenu de Daudet et de moi de nous être laissé fourrer par commisération pour sa personne dans sa *Société des Romanciers*, est venu annoncer l'autre jour à Daudet qu'on allait nous remplacer, nous mettre à la porte sans un vote —

---

1. Dans le texte Ms., depuis *affirmant*, la phrase se poursuit au singulier : *affirmant qu'il n'aurait jamais écrit...* etc. — ce qui ne peut se raccorder à la double mention de Baudelaire et de Stendhal.

2. Cf. t. IV, p. 918, n. 1 sur la bombe du café Terminus. Au procès, le 28 avril, Henry déclara aux jurés : « Vous connaissez les faits dont j^ suis accusé : l'explosion de la rue des Bons-Enfants, qui a tué cinq personnes et déterminé la mort d'une sixième ; l'explosion du café Terminus, qui a tué une personne, déterminé la mort d'une seconde et blessé un certain nombre d'autres... Ce n'est pas une défense que je veux vous présenter... je ne relève que d'un seul tribunal, moi-même, et le verdict de tout autre m'est indifférent. » Il fut exécuté le 22 mai.

3. Commis au ministère de la Guerre, fondateur de LA REVUE INDÉPENDANTE (cf. t. II, p. 1119, n. 2), mêlé de bien près au mouvement symboliste, Félix Fénéon fut arrêté le 26 avril pour « opinion anarchiste » et en raison de ses relations avec Matha, ancien gérant de l'EN DEHORS, et avec l'anarchiste hollandais Cohen. En août, il sera compris dans le Procès des Trente, intenté surtout à des intellectuels anarchistes à la suite du vote des *lois scélérates*, et il sera acquitté.

ce qui l'a fait fortement rabrouer par Daudet, lui reprochant d'avoir donné les mains à ce procédé malhonnête, sans une révolte, sans une résistance.

Et là-dessus, Daudet s'écrie : « C'est vraiment malheureux que nous n'ayons pas un mot français traduisant le mot latin *nutus.* » Et tout en faisant le mouvement d'abaisser la tête d'une manière exagérée : « Non, ni le mot *approbation,* ni le mot *assentiment* ne rendent cette expression imagée, ne rendent cette oscillation de poussah de carton à tête mobile qu'à Toudouze pour toute opinion émise... Le voyez-vous, le Toudouze, autrefois, chez Flaubert, avec ses plongeons approbateurs à tout ?... Non, non, il y a une chose que je n'aime pas chez les hommes : c'est la lâcheté morale ! »

Puis c'est un éloge enthousiaste du portrait de Montesquiou-Fezensac par Duret et Raffaelli [1]. Et comme il est question de l'excentricité du peintre, Duret raconte qu'il a été saisi à Londres, un jour où il donnait un déjeuner, où il y avait pour convives la duchesse de Westminster et je ne sais plus quel Anglais, tous deux les plus grandes fortunes de l'Angleterre : convives près desquels il avait trouvé drôle de faire asseoir, à la table du déjeuner, les deux exécuteurs de la saisie ! Et Whistler, à la suite de ce déjeuner où il abandonnait Londres, disait, en parlant de ces deux richissimes invités qui l'avaient laissé saisir, que ce n'était pas par cochonnerie, même par complète indifférence, mais parce que leur imagination ne leur avait pas fourni l'idée qu'il y avait dans son atelier de quoi acheter pour payer ses dettes !

Ce soir, Mme Daudet raconte que *Mémé,* étant en train de jouer aux Tuileries avec la petite Fasquelle, avait vu passer si près d'elle Zola qu'elle s'était crue obligée de lui jeter : « Bonjour monsieur Zola ! » Or Zola n'était pas seul ; il avait au bras une jeune femme et était suivi de deux enfants escortés d'une bonne. Oui, le voilà promenant son faux ménage dans l'endroit le plus public de Paris [2] !

Nous déplorons avec Daudet, à propos du feuilleton des EMMURÉS, cette recherche du style qu'il a prise dans la fréquentation d'Huysmans et qui n'est pas son lot, tandis que s'il écrivait tout simplement... Et au fond, ça m'attriste, parce qu'il est à l'heure présente un des deux ou trois consciencieux de la littérature, travaillant un volume pendant des années [3].

Mme Dardoize contait que les trois exécuteurs de Pouchet en avaient pour quinze mois à lire et à dépouiller les papiers de Pouchet.

Jeudi 3 mai

Aujourd'hui, dans le brisement du corps qu'a amené chez moi la

---

1. C'est le portrait de Montesquiou par Whistler exposé au salon du Champ-de-Mars. Cf. plus haut p. 949.
2. Cf. t. III, p. 350, n. 2.
3. L'auteur non désigné des EMMURÉS, roman sur les aveugles, qui paraissait alors en feuilleton dans le JOURNAL, n'est autre que Lucien Descaves.

crise d'avant-hier et où je me suis couché dans la journée, j'ai mon éternel cauchemar, mais dans une apparence de réalité qu'on pourrait qualifier de douloureusement lancinante.

Je suis dans une fête de jour, dans une ville vague de province, et une fête de jour en un grand édifice, tout semblable au casino de Vichy. Il faut que je m'en aille, parce que le lendemain matin, je quitte la ville et que j'ai besoin de faire ma malle. Le chemin du local de la fête à mon hôtel est tout droit et tout court, et depuis que je suis dans cette ville, je l'ai fait tous les jours ; mais je sors par une autre porte et je m'égare dans un lacis de petites rues au moment où la nuit commence à tomber. En battant des rues, des ruelles interminables, avec le sentiment que chaque pas m'éloigne de mon gîte, j'ai soudainement l'angoisse d'avoir oublié le nom de mon hôtel sans pouvoir le retrouver, quelque effort que je fasse. Angoisse horrible qui ne dure qu'un moment, il est vrai : une chance extraordinaire ! dans ce bout de ville sans passants et sans réverbères, passe un monsieur que je reconnais pour un voisin de table d'hôte et qui, à ma demande, me jette : *hôtel du Conservatoire*. Mais il se dérobe aussitôt, à l'instar d'une apparition, sans me donner aucune indication pour regagner l'hôtel. Mes yeux cherchent des voitures, mais à une petite place où j'en trouve, les cochers sont introuvables.

Je me décide à entrer dans un café où l'on est en train d'éteindre le gaz, et je demande le chemin de l'*hôtel du Conservatoire*. A ce nom, tous les gens du café et le patron lèvent la tête, me regardent en souriant gouailleusement : un sourire qui me fait comprendre que c'est un hôtel qui jouit d'une mauvaise réputation, qui est une sorte de bordel, et derrière moi, une voix s'élève qui crie : « Oh ! ce monsieur qui est descendu à l'hôtel du Conservatoire !... Il ne sait donc pas que le maître de l'hôtel a été sifflé au cirque, il y a huit jours ! »

Je demande alors que quelqu'un veuille bien, en le payant, me ramener à la fête dont je sors. Un petit bossu se met à marcher devant moi, un bossu effrayant, dont la bosse mouvante se déplaçait, allait d'une épaule à l'autre, à chacun de ses pas. Enfin me voilà revenu à ma fête éclairée *a giorno*. Mais non, ce ne sont plus les gens du casino de la journée, ce n'est plus le même monde. Partout des figures hostiles, des yeux me regardant de travers, des bouches chuchotant des choses méchantes. Oh ! mais voici un de mes amis les plus intimes, qui se trouve là par un hasard providentiel et auquel je demande à me reconduire. Et ne voilà-t-il pas que, sans me regarder, sans m'écouter, sans me répondre, il prend la taille d'une femme, se met à valser, et la salle s'agrandissant à chacun de ses tours de valse, à la fin, il disparaît dans l'éloignement de la salle devenue une salle à perte de vue et où tout le monde a disparu à sa suite, et où dans l'effrayant vide, les lampes s'éteignent l'une après l'autre. Je me réveille dans une terreur indicible.

Me sentant trop fatigué, trop faible, au moment où j'allais me rendre chez Daudet, je lui envoie une dépêche ; et cinq minutes après, je reçois une lettre de son frère, qui me dit l'indignation qu'il a éprouvée en lisant le portrait de sa mère, de laquelle j'ai dit, d'après l'expression de son frère, qu'elle était une *bohème de l'Église,* expression perdant son caractère, au milieu des tendres paroles où elle est prononcée [1]. Vraiment, cette peinture littéraire de ses contemporains est pour l'auteur d'un rapport désastreux ; ainsi, pour tout le bien que j'ai dit de quelques-uns, j'ai reçu une carte de Scholl ; mais par contre, trois lettres presque d'injures pour le reste, qui, certes, est bien anodin ! Enfin, à l'heure qu'il est, je n'ouvre pas une seule lettre, où je ne m'attende à être insulté.

Vendredi 4 mai

L'attente tous les jours d'une lettre indignée ou injurieuse. Et encore par là-dessus, l'inquiétante absence de nouvelles de Daudet, depuis l'entrevue de son frère avec lui, et le manque de la visite qu'il a l'habitude de me faire le lendemain du jour où je lui ai écrit que j'étais malade : tout cela me dégoûte de la publication de mon JOURNAL et me fait demander si je le continuerai l'année prochaine... Et cela dans une semaine où je ne cesse de souffrir et où j'ai un tel dégoût pour la nourriture que, sauf trois ou quatre soupes au lait, je n'ai pas mangé depuis lundi [2].

Samedi 5 mai

Frédéric Régamey vient *croquer* un portrait de moi pour LE MATIN. Il me montre une série déjà parue, où d'un dessin assez poussé, il fait pour le journal une sorte de résumé à la plume, très largement traité et qui a le caractère et les tailles de ces bois illustrant les livres du XVIe siècle.

Comme je feuillette ces portraits, je lui dis :

« Eh bien, là dedans, quels sont les gens qui se disent heureux ?

— Tenez, voilà Camille Doucet, dit Régamey en me montrant son portrait, qui se proclame le plus heureux des hommes et qui professe que pour être heureux, il n'y a qu'à le vouloir.

— Oh ! lui, c'est un comédien, un cabotin, un particulier qui se croit toujours en scène !

— Et voilà encore un parmi les heureux... Regardez-le, s'écrie Regamey, c'est Barthélemy-Saint-Hilaire. Il est tout le temps à parler du bonheur de vivre, des jouissances que chaque jour apporte...

— Oui, lui est plus sincère.

— Par exemple, reprend Régamey, Leconte de Lisle, lui, fichtre ! il ne la trouve pas belle, la vie !

— Oui, oui, Doucet est un menteur, Barthélemy-Saint-Hilaire, un cerveau de glossateur, tandis que Leconte de Lisle est une intelligence... Et ces portraits commencés l'année dernière, pourquoi n'en a-t-il paru qu'une dizaine ?

1. Cf. t. II, p. 1176.
2. Texte Ms. : *un seul dégoût pour la littérature,* lapsus symbolique...

— Ah ! vous savez ce que c'est que les journaux ! Tout d'abord, on a dit au MATIN qu'on allait publier deux de ces portraits par semaine ; puis, comme l'effet n'a pas été immédiat, on a laissé dormir la chose jusqu'à ces jours, où il est parlé d'une publication similaire dans une autre feuille... Oh ! LE MATIN a été victime d'une forte illusion, et ses employés ont éprouvé une rude déception ! Le père d'Edwards, le directeur, était très malade, et l'on savait qu'il devait laisser plusieurs millions à son fils. Or, l'idée répandue du haut en bas du journal était que le père mort, on allait faire un journal extraordinaire, avec une augmentation de tout le monde... Bon, le père meurt, le fils disparaît pour le faire enterrer, et l'on reçoit de province un télégramme du fils qui réduisait de 5 % tous les traitements !... Vous vous rendez compte de la consternation générale [1] ! »

Un moment, il est question des courses, et Régamey dit assez intelligemment que les courses sont en train de ruiner absolument la petite bourgeoisie, la classe intermédiaire entre le richard et le *sans-le-sou ;* et quand ce tampon va être détruit, les *sans-le-sou* vont se trouver nez-à-nez avec les grosses fortunes, et là va commencer la débâcle...

Un moment, il éreinte Cham, dont les caricatures n'ont jamais eu rien de généreux et qu'il appelle le champion de l'épicerie bourgeoise.

Dans un carton, il a quelques croquis qu'il a faits au palais de Justice pendant le procès d'Henry. C'est curieux, chez ce jeune méchant, le resserrement des deux lèvres, ressemblant à la contraction de la mâchoire d'un féroce prêt à sauter sur sa proie.

Une lettre de faire-part. C'est la lettre de décès de Léon Lerch, de l'ami intime de mes années depuis l'âge de quatorze ans jusqu'à l'âge de vingt-cinq, et qui, établi à une portée de fusil de moi, n'a jamais tenté de me voir. Pourquoi ? Je ne l'ai pas su, car si quelqu'un avait à se plaindre de l'autre, c'était moi. Maintenant, on le disait tout à fait maniaque. C'est curieux, il avait juste le même âge que moi. Ça a tout l'air d'un appel...

Dimanche 6 mai

J'attends avec un certain émotionnement Daudet. Quelle va être sa tête ? Il arrive au bras d'Hennique et se montre très affectueux, prenant mon parti, condamnant la lettre de son frère, dont il n'avait pas connaissance. Il est, je le répète, très amical ; mais au fond, je sens en lui des choses qui ne sortent pas, mais qui vont bientôt sortir.

En effet, quand nous sommes montés en voiture, il commence à me

1. Après l'éphémère MATIN de Garcin (1882-1883), Alfred Edwards fonde le 26 fév. 1884 LE MATIN que nous avons connu ; selon une formule nouvelle, le journal, renonçant apparemment à une ligne politique propre, appelait tour à tour des leaders de partis politiques différents, Ranc, Cassagnac, Jules Simon, etc., à traiter la question du moment. Cet éclectisme, joint à la précision de ses nouvelles de politique étrangère, assura le lancement du MATIN. Mais en 1895, Edwards dut vendre son journal qui, aux mains de Poidatz et de Bunau-Varilla, deviendra un organe banalement républicain.

peindre l'indignation de son compatriote Bonnet à propos de mon portrait physique de Mistral, m'indique de mauvais articles dans LES DÉBATS, dans LE COURRIER FRANÇAIS, me donne l'opinion de nos amis, de Geffroy disant, que « c'est de la littérature trop rapprochée », me parle de deux ou trois petites choses qui ne l'ont pas blessé, mais qu'il aurait préféré ne pas y voir, par exemple l'envie du suicide, qui est ridicule chez un homme qui ne se suicide pas [1] !

Et comme j'avoue avoir été entraîné par l'amour du vrai, la peinture du sincère, à avoir été peut-être inconsciemment indiscret, enfin à peindre les autres comme je me peins moi-même, j'ajoute : « Oui, j'ai eu tort de ne pas vous communiquer le volume et de vous prier de retrancher tout ce qui pouvait vous choquer. Car vous concevez bien que mon amitié est assez grande pour vous pour ne pas vouloir qu'une expression quelconque de cette amitié vous soit désagréable... Et le prochain volume, je veux vous le communiquer tout entier et que vous le lisiez avant la publication. » Là-dessus il s'écrie : « C'est justement ce que ma femme disait hier que vous feriez, et elle ajoute qu'elle est très agitée par la publication. »

Et quand j'entre rue de Bellechasse, je trouve Mme Daudet qui, en dépit de son intelligence, se laisse très facilement impressionner par le papotage des imbéciles, très douloureusement touchée par cette publication, m'avouant que les gens — des jaloux de notre amitié, et ils sont nombreux — lui ont demandé comment son mari et elle permettaient d'imprimer des détails d'une intimité si intime. Et comme Daudet jette au milieu de ses paroles que, pendant que je m'habillais, il a parcouru mon volume d'épreuves, et que dans le livre, ça n'a plus le caractère du journal, elle m'engage à publier la suite en livre et à ne pas le livrer à la malignité du public d'un sou.

Et maintenant, je dois le dire, dans les plaintes de Mme Daudet, pas la moindre note de refroidissement, mais un émoi effrayé pour elle, pour moi-même.

Enfin voilà le triste de la chose, c'est que ce volume qui est peut-être le plus grand monument d'amitié littéraire qui existe dans toutes les littératures, inquiète, chagrine, blesse les deux êtres auxquels il est dédié.

Grand dîner chez Daudet, et autour de la table le ménage Zola, le ménage Raffaelli, le ménage Rodenbach, le ménage Charpentier, le ménage Léon Daudet.

Dans les paroles de ce soir, chez les hommes, chez les femmes, il y a de la bataille, et la bataille éclate à propos de la monographie peinte

---

1. Pour les deux passages du JOURNAL auxquels ce paragraphe fait allusion, cf. t. II, pp. 1177 et 1185. — La chronique de *Au jour le jour*, dans LES DÉBATS du 26 avril, signé *H*, dénonce, à propos du t. VII du JOURNAL, « l'ingénuité déconcertante » de Goncourt et « cette sinistre monomanie de la *copie* ». Dans LE COURRIER FRANÇAIS du 6 mai, Raoul Ponchon, futur membre de l'Académie Goncourt, consacre sa GAZETTE RIMÉE au JOURNAL dont il transcrit en vers ironiques un certain nombre de passages retouchés ou apocryphes, tel celui-ci, le plus cruel :

Daudet m'est venu voir ce matin. Pauvre Diable !
Jamais je ne lui vis un air aussi misérable.
Quoique le plus jeune des deux,
Il est certainement bien plus que moi gâteux.

du Christ par Tissot, que Zola déclare l'avoir complètement empoigné et à laquelle il regrette de ne pouvoir faire un article, que Daudet assure être une œuvre qui l'aurait converti, s'il n'avait pas la « tête en pomme », que Raffaelli éreinte avec une injustice révoltante et proclame l'ouvrage d'un cireur de bottes [1] ! Et quand il est établi que la qualité de ces peintures est d'être surtout une reconstitution, il y a le parti de ceux qui disent que l'histoire du Christ doit être traitée légendairement, sans s'aider aucunement de la vérité des localités et des races, et nous qui soutenons que l'histoire du Christ est une histoire comme celle de Jules César et que la reconstitution de Tissot est faite en correspondance avec le mouvement historique contemporain. Un moment, la discussion s'anime si bien que Daudet, parlant de Raffaelli, s'écrie : « Quant à ce que dit *l'autre...* »

Et de Jésus-Christ, on saute à Ibsen, que Zola dit engendré par le romantisme français, par George Sand, etc., que Léon Daudet fait sortir du romantisme allemand, du roman indo-germanique ; et la controverse batailleuse passe de la salle à manger au salon, où Léon émet sa religiosité à l'endroit de Gœthe et dégoise de la métaphysique sublime, ce qui me fait m'écrier de temps en temps : « Trop d'idées supérieures ! »

Enfin arrive Gyp, curieuse de jouir du spectacle de Zola dans l'intimité.

Mardi 8 mai

Je m'étonne des bas *salamalecs* adressés tous les jours aux étudiants ; ce sont tous de futurs notaires, de futurs avoués, de futurs juges, qui en ont déjà les âmes et les goûts.

La morphine amène dans le rêve des conceptions fantaisistes, qui n'ont rien de cauchemardesque, des imaginations placides, reposantes, où le sommeil se complaît ; parfois, des visions artistiques, comme celle que j'avais cette nuit, où défilait devant mes yeux une série de kakémonos au miraculeux coloris et qu'un Japonais me disait être du nommé Pikiö, surnommé le Rembrandt du Japon.

Mercredi 9 mai

Après ces crises, on a la tête vide, comme déshabitée, avec seulement dedans une chaleur fumeuse.

C'est avec peur que j'ouvre tous les matins L'ÉCHO DE PARIS, oui, avec un émoi de ce que je peux avoir négligé d'y avoir ôté pour ma tranquillité.

J'ai la visite d'un littérateur viennois, M. Rodolphe Lothar, qui me propose, avant que je trouve à faire représenter LA FAUSTIN à Paris,

1. Cf. t. III, p. 378, n. 1.

de la faire jouer en allemand à Vienne par une actrice qui a un grand talent.

Jeudi 10 mai

Marx me parle, ce matin, de la sculpteuse Claudel, de son collage un moment avec Rodin, collage pendant lequel il les a vus travailler ensemble, amoureusement, tout comme devaient travailler Prud'hon et Mlle Mayer.

Puis un jour, pourquoi, on ne le sait, elle a quelque temps échappé à cette relation, puis l'a reprise, puis l'a brisée complètement. Et quand c'est arrivé, Marx voyait entrer chez lui Rodin tout bouleversé, qui lui disait en pleurant qu'il n'avait plus aucune autorité sur elle.

J'ouvre ce soir LE PARIS et je tombe sur un éreintement de mon JOURNAL [1]. Et la perfidie de l'éreintement est celle-ci, qui se trouve dans tous les éreintements : c'est que j'ai dévoilé au public avec une traîtreuse indiscrétion l'état maladif de Daudet. Au fond, le monde de la littérature est jaloux de cette amitié, qui va avoir, je crois, ce mois-ci, vingt ans de date et que rien n'a pu entamer, et il cherche férocement le moyen de nous brouiller.

Vendredi 11 mai

Lorrain me parle ce matin d'une grande fête donnée par Montesquiou dans son pavillon de Versailles et dont les invitations doivent être faites par Sarah Bernhardt, Sarah Bernhardt qui lui aurait demandé en grâce de ne plus attaquer Montesquiou, lui disant que chacun de ses articles agressifs contre Montesquiou, « c'était comme une gifle qu'elle recevait. »

Puis il est question de Liane de Pougy, dont il compare la beauté fine, délicate, à la grâce élancée, contournée d'une figure héraldique, me répétant un potin de Paris qui affirmerait que Meilhac a signé 80 000 francs de billets, rien que pour lui regarder le corps nu.

Mme de Bonnières vit entourée de tous les jeunes poètes, symbolistes, décadents, *altruistes* [2]. Quelqu'un lui disant qu'ils devaient lui faire la

1. Sous la rubrique : *Le Temps qui court* et sous le titre : LE JOURNAL DES G..C...T, Jean Tribaldy, dans LE PARIS du 10, publie un fragment imaginaire du JOURNAL, où Paul B...g.t s'élève contre ceux qui dévoilent au public les souffrances d'un ami : c'est « mêler du poison aux ordonnances de son médecin ».

2. Sur les *décadents*, dont le mouvement court parallèlement à celui des *symbolistes* et sur la revue d'Anatole Baju, LE DÉCADENT, cf. t. III, p. 158, n. 3. les *altruistes* sont plus obscurs : ils ne paraissent pas dans le copieux dénombrement des chapelles poétiques que donne Florian-Parmentier dans son HISTOIRE CONTEMPORAINE DES LETTRES FRANÇAISES DE 1885 A 1916 ; Guy Michaud dans son MESSAGE POÉTIQUE DU SYMBOLISME (1947) ne les mentionne pas. Mais peut-être peut-on tirer parti pour les situer du manifeste de l'ERMITAGE (nº 1, avril 1890, cité par Michaud, p. 386), où Henri Mazel caractérise ainsi l'époque : « Prédominance du sentiment altruiste, préoccupations morales, ...pessimisme, charité, socialisme ». Ainsi se dessinait un *symbolisme social* (Michaud, p. 458 sq.) dont Stuart Merrill fut, à l'ERMITAGE, le théoricien et Verhaeren, le plus authentique représentant.

cour : « Oh ! répondit-elle, avec de l'esprit que je ne lui connaissais pas, c'est sans danger. Ils ont été tous refusés au service militaire ! »

En effet, tout ce jeune monde est bancroche et déjeté.

Dimanche 13 mai

Gilbert, le chanteur de chansonnettes, comparait pittoresquement les amitiés des gens qui vont à tout le monde, « à des places de spectacle données ».

On causait aspect des ménages que Lorrain et moi connaissons, Lorrain disant que les ménages du grand monde passant la porte d'un salon lui apportaient, par la laideur des femmes, l'idée que dans ce monde, les hommes étaient les *prostituées,* tandis que dans le bas de la société, dans le peuple, c'étaient les femelles.

Et passant en revue les ménages que nous avions sous les yeux, nous parlions des assez vilains ménages de la littérature, et je lui disais que je ne connaissais de jolis ménages que chez les peintres comme le ménage Helleu, comme le ménage de La Gandara.

Daudet, à son entrée dans le *Grenier,* contait que dînant dernièrement avec un *jeune,* un garçon auteur de deux ou trois *articulets,* ce jeune, sur le nom de Flaubert prononcé par quelqu'un à ce dîner, disait simplement : « A peine si je l'honore de mon mépris ! »

Vraiment, cet Henri de Régnier a la conversation exquise et toute pleine de jolies images, de fines remarques, de délicates ironies. Il compare les vers de Montesquiou-Fezensac à des fleurs montées sur des fils d'archal, faisant remarquer qu'ils n'ont pas l'enchaînement gras, la sève moite des vrais beaux vers, ce qui me faisait jeter en l'air que Montesquiou avait quelque chose d'un vieux cep de vigne et qu'il se retrouvait un peu de cette dessication dans son talent.

Puis Régnier nous peint Fénéon, cet original né en Italie et ayant l'aspect d'un Américain, un être intelligent, travaillant à se faire une tête, cherchant l'étonnement des gens par une parole axiomatique, une comédie de concentration intérieure, une série de petites actions et manifestations mystificatrices — mais un homme de cœur, bon, sensible, appartenant tout entier aux excentriques, aux disgraciés, aux miséreux.

Les Daudet ont dîné hier chez les Baignères, en compagnie de Montesquiou-Fezensac, avec lequel ça amuse Mme Daudet d'entrer en relation. Très bien élevé, mais gâté par le bruit qui se fait autour de son nom, il lui arrive de dire inconsciemment des choses hautaines comme celle-ci : « Il y a à Versailles, savez-vous ? une charmante salle de spectacle : je veux en faire un Bayreuth. »

Il y avait à ce dîner Mme Gallifet qui, en dépit de toute la charcuterie chirurgicale que son corps a subie, a gardé un extraordinaire air de jeunesse — seulement, se tenant tout le temps le dos dans le mur, par suite d'une poussée de boutons. Et il était amusant de l'entendre dire à Montesquiou, à propos de son livre sur Marceline Desbordes-Valmore : « Oh ! c'est moi qui voudrais qu'on fît un joli livre, comme ça sur moi, après ma mort ! » et avec le vide des cervelles des femmes du monde, répétant longtemps cette phrase, à la façon d'un refrain [1].

Est-ce assez abominable, dans notre monde littéraire, cette jalousie de notre amitié, l'amitié des Daudet et de moi !

Après dîner, Daudet disait incidemment dans une phrase :

« Un jour que vous étiez dans un restaurant ou un café avec Lorrain...

— Vous dites ?... Jamais je n'ai déjeuné ou dîné avec Lorrain dans un café, un restaurant, un bouillon... Je n'ai même jamais pris un bock avec lui dans un endroit public, ce que j'aurais fait avec plaisir, mais dont j'ai été empêché, vous le savez, par la réputation qu'il a... Et vous me connaissez, je ne mens jamais !

— Oui, c'est vrai, vous ne mentez pas... Ça me fait plaisir, ce que vous me dites là !... J'aurais voulu que ma femme vous entendît, parce qu'on lui avait raconté, raconté des choses... et qu'elle avait dit qu'elle ne vous en parlerait jamais.

— Mais, mon Dieu, qu'est-ce qu'on a pu vous conter ?

— Eh bien, on a dit que vous étiez en train de dire avec lui du mal de nous.

— Tout haut, comme ça, de manière à ce que les voisins entendent ?... Vous avez pu croire ça ? »

Et je pensais, hélas ! combien le ménage est ouvert aux plus misérables potins, et le travail que ça fait dans le cerveau de malade de Daudet.

Au moment où je me lève pour m'en aller, Daudet s'écrie : « Tiens, c'est le jour de ma naissance, car je suis né un 13, et ce 13 était un vendredi ! »

Lundi 14 mai

On a calomnié les chats. Ils ont une tendresse, et une tendresse intelligente. Quand je suis bien portant, la chatte saute sur le pied de mon lit et s'y tient coite ; quand je suis malade, elle se couche contre ma poitrine, et comme elle a horreur de la barbe, elle me lèche de temps en temps le bout du nez dans un baiser.

Mardi 15 mai

Visite du médecin, qui me trouve un mouvement inégal du cœur, mais le foie en bon état et n'ayant pas l'air de se ressentir de ma dernière crise.

---

1. Texte Ms. : *à propos de son livre sur Mélanie Waldor.* Même lapsus que plus haut, p. 905, n. 2.

Mercredi 16 mai

Ah ! ce pauvre théâtre naturaliste, il reçoit dans ce moment un fort renfoncement par l'énorme regain de succès du théâtre Sardou[1] !

Vendredi 18 mai

En revenant de chez Moser — la seule amusette qui me donne la force et le courage de sortir de chez moi — je m'assieds en bas du restaurant de la *Tête Noire,* là où mon frère, déjà bien malade s'est assis avec moi, un jour de l'année de sa mort, et je me demande si j'ai encore devant moi autant de mois à vivre qu'en a eu mon frère[2].

Ah ! ce cher Montesquiou est pas mal autoritaire ! Moser me racontait qu'il avait reçu une sorte de commandement de passer chez lui, mais que très occupé dans le moment, il n'avait pu y aller. Là-dessus, Montesquiou lui avait fait dire que jamais, jamais il ne s'adresserait à lui.

Samedi 19 mai

Ce matin, je suis sorti faire un tour du bois de Boulogne, dont je suis si voisin et que je ne reconnais plus du tout, tant il est changé depuis la guerre. Ces sorties, je veux les continuer, parce qu'il m'a semblé que je rentrais en communication avec la vie extérieure, tandis que dans mon enfermement en mon jardin, j'ai une existence sans communication avec les vivants, une existence, pour ainsi dire, de cataleptique.

Dimanche 20 mai

Ajalbert m'apporte une lettre d'Antoine, de Constantinople, m'annonçant que la censure du *Grand Turc* avait interdit LA FILLE ÉLISA.

Je ne puis m'empêcher de dire à Ajalbert qu'à sa place, je regretterais joliment de n'avoir pas fait partie de cette tournée, en compagnie des vingt-cinq cabotins et cabotines qu'il traînait à sa suite et de l'étrange voyou belge, son impresario. Voit-on ce monde à travers les rues de Stamboul ! Ah ! le beau et l'original ROMAN COMIQUE à refaire au milieu des paysages orientaux !

Humbert, le conseiller municipal, avait pour maîtresse une obscure cabotine du Théâtre-Libre. Nommé député, il l'a quittée pour prendre

1. Tandis que MADAME SANS-GÊNE continue de triompher au Vaudeville, qui fêtera la 300e de la pièce le 31 décembre, ce même théâtre reprend, par alternance, le 2 mars, NOS INTIMES et la Renaissance revient à FÉDORA le 3 avril, avant de créer GISMONDA le 31 octobre. Le 19 septembre, NOS BONS VILLAGEOIS reparaîtront au Gymnase. C'est l'année Sardou..., d'autant plus amère à Goncourt que deux des théâtres voués à Sardou, le Vaudeville et le Gymnase, avaient à leur tête Porel, dont Goncourt espérait pour lui-même des reprises de GERMINIE LACERTEUX.

2. Cf. t. II, p. 249.

Du Minil, du Théâtre-Français. L'actrice du Théâtre-Français est la maîtresse commandée, imposée à tout homme arrivé en politique.

Mercredi 23 mai

Daudet et sa femme viennent prendre de mes nouvelles, et dans leur causerie, sans ressentiment et sans récrimination, ils me parlent de tout ce qu'a fait lever d'hostile contre eux mon livre. Puis ils m'engagent à me tenir en garde près de Lorrain, qui irait répétant : « Daudet doit être furieux contre Goncourt ! » Ah ! quel être double que ce potineur hystérique !... Et c'est au moment où il me parle de son attachement à ma personne et vient me voir presque tous les jours.

Mon JOURNAL, c'est, à ce qu'il paraît, l'objet de la conversation de tous les milieux littéraires. Il a fait tous les frais de la causerie du dernier dîner de la Tourbey, où étaient réunis autour de la table tous nos ennemis, et Daudet s'étonne de la portée de ce volume sur les esprits, portée bien supérieure à celle des volumes déjà parus.

Jeudi 24 mai

Chez Charpentier, pour le *départ* de L'ITALIE D'HIER, puis à l'exposition de Carpeaux.

Oh ! les admirables bustes de Gérome, de Giraud, de Me Beauvois, ce Vitellius de la basoche ! Non, sauf chez les Grecs, non, je ne connais pas de bustes pareils. Oui, des bustes supérieurs à ceux de Houdon, au fond d'un faire un peu sec et rétréci. Oui, des bustes où aucun sculpteur n'a mis comme lui, dans le marbre, le bronze, la terre cuite, la vie grasse de la chair.

Et ces bustes de femmes, où dans la puissance et la force de l'exécution — ce qui n'arrive jamais chez les sculpteurs qui font joli — il y a la délicatesse de construction, la finesse des arêtes, la mignonnesse des traits et, pour ainsi dire, la spiritualité matérielle de la créature féminine. Le beau buste que le buste coquet et hautain de la duchesse de Mouchy, avec son élégant mouvement de bras remontant un pan de manteau sur sa poitrine, le gracieux buste du profil nerveux de Mme Demarsay, le voluptueux buste de Fiocre, à la frimousse mutine dans sa jolie minceur et dont la fleur de l'entre-deux des seins a quelque chose de l'*amoroso* de tout le buste, n'a pas l'air d'une fleur dans un pot, ainsi que la plupart des fleurs placées là.

Et dans ces bustes, de l'exécution toute franche, pas de trucage, pas de blague, pas de partie frustre, pas de *gangue,* pour faire ressortir les parties finies [1].

Maintenant, ce qu'il y a de curieux, c'est l'infériorité des peintures, des dessins, des *griffonnis,* aux sculptures, où rien que dans les boulettes de terre, les croquetons de glaise, il y a du pétrissage de génie.

1. Texte Ms. et imprimé : *pas de cangue.*

Dîner avec les Besnard, qui reviennent lyriquement enthousiasmés de l'Algérie, avec Méténier, perdu de vue depuis des siècles, mais qui a gardé sa *platine,* son inlassable *platine* métallique.

Il nous fait des descriptions terribles des cercles de Paris, d'une partie où Clermont-Tonnerre a perdu 250 000 francs et, c'était curieux, où la *caisse de prêt* était déjà défendue. Oui, 250 000 francs, en empruntant six ou sept fois aux joueurs qui tenaient contre lui l'argent qu'ils lui avaient gagné. Il parle aussi de Rezuski, qui en est à son dernier million et qui n'a jamais gagné une partie et qui, lorsqu'il perd, est inondé de sueur, mais d'une sueur froide qui le fait se promener dans la salle, où il fait une chaleur étouffante, le col de sa redingote relevé.

Dimanche 27 mai

Plus fou que jamais, ce Poictevin ! Tout fraîchement débarqué de Bâle, ce matin, il me conte le prestigieux spectacle d'un endroit du Rhin, où à l'entour de madriers plantés dans le fleuve pour des pêches à la truite, il se fait des remous qui ressemblent à des baisers et que dans son prochain livre, il baptise de *fronces osculantes.* Et le voilà qui, s'animant et prenant sa voix de castrat, se met à me dire que dans ces remous, il y a toute une théologie de la Trinité : Dieu étant le nœud, le fils, l'expansion, le Saint-Esprit, le recueillement concentré. Je vous fais grâce de la comparaison mysticodémente !

C'est décidément LA PETITE PAROISSE, à laquelle Daudet travaillait ces temps-ci et qu'il est au moment de terminer. Il me dit qu'il vient d'en lire une partie à sa femme, qui a été un peu troublée par la passion mise dans le bouquin. C'est un mari trompé par sa femme, qui lui pardonne et veut la *raimer*, mais le recollage de la chair ne peut se faire [1].

Lundi 28 mai

Lettre d'Ernest Daudet à propos de son père, qui a l'air d'oublier que ce père est tout aussi bien le père de son frère que le sien, furieux de ce que je diminue la légende mensongère qu'il a fabriquée sur les parents dans son livre sur son frère et où le farceur s'est taillé une biographie, lettre où il voudrait me défendre de dire que son père avait un tempérament colère, lettre à laquelle je réponds : « C'est comme si vous vouliez défendre à un auteur d'une étude sur votre frère d'imprimer qu'il avait hérité dans sa jeunesse des colères paternelles — et je n'ai fait que cela, et presque textuellement d'après les paroles de votre frère [2]. »

---

1. Pour plus de détails sur le drame conjugal de Richard et Lydie Fenigan, voir la note du 5 févr. 1895.

2. Le livre d'Ernest Daudet : MON FRÈRE ET MOI, *Souvenirs d'enfance et de jeunesse* (1882). On y trouve d'ailleurs, en ce qui concerne Vincent Daudet, bien moins une *légende mensongère* qu'un ton bénisseur : Ernest Daudet revient à plusieurs reprises sur le côté inadapté de son père et sur ce *tempérament colère* dont parle Goncourt (cf. pp. 60, 154, etc.).

Saperlotte ! Si ces jours-ci, je n'avais pas ôté, comme exemple des colères irraisonnées de son père, que, sur sa demande à un repas d'un peu de vinaigre, il lui avait fait remplir une pleine assiette de vinaigre et l'avait forcé à l'avaler, il aurait demandé aux tribunaux que mon JOURNAL fût mis au pilon [1] !

Mardi 29 mai

Visite du docteur Michaut, de retour de l'Amérique méridionale où il a passé quatre mois. Il me parle de la fièvre jaune dans ces villes, vous faisant repasser sous les yeux toute l'horreur épouvantante de la peste de Marseille, et amenant chez les survivants un curieux dédain de la vie [2]. Il se trouvait à Santos faire partie d'une société, qui, en prenant l'apéritif de tous les matins, tirait à la courte paille qu'est-ce qui serait mort le lendemain. Il laisse percer le désir de retourner en Orient, au Japon, me peignant le soulèvement de cœur qu'il a en entrant dans une gare d'Europe devant les affiches *Bobœuf*, etc., etc.

Il cause médecine, dit qu'en France, un médecin est obligé de faire de la clientèle pour vivre, tandis qu'en Allemagne, le médecin a un traitement qui lui permet de rester à son laboratoire et laisse un professeur de pathologie tout à ses dissections et à ses travaux micrographiques. Et dans un séjour qu'il a fait à Francfort, il accompagnait presque journellement ledit professeur de pathologie à une dissection particulière. Car c'est curieux — et personnel à la race hébraïque — l'autopsie avait lieu le plus souvent chez un banquier, chez un riche Juif de l'endroit, dont les enfants voulaient préserver leur avenir des maladies de leur père. Et l'autopsie faite, le professeur lisait aux hommes de la famille assemblés ses notes, qui leur disaient : « Attention à tel organe ! »

Puis il se met à soutenir en riant que dans le remède, la pilule prise, pour qu'elle agisse en bien, il fallait un peu de foi du médecin transmise au malade et que les mauvais thérapeutistes, les sceptiques de la partie guérissaient moins de malades que les autres.

Ce soir, Daudet se montre plein d'indignation à propos de la lettre de son frère, le déclare affamé de réclame, tout en lisant une lettre de lui où il me menace d'un fort article d'échignement. Il s'excuse de ne pas lui avoir écrit aujourd'hui, parce que sa main tremblait trop, mais qu'il va écrire demain et qu'il lui dira que s'il fait cet éreintement, il ne craindra pas de lui affliger un fort *gnon* et qu'il affirmera mes dires.

Au dîner chez Frantz Jourdain, Mme Rodenbach m'apprenait que Bruges était la ville où on comptait le plus de toqués et que ces *toquades* des cerveaux des autochtones étaient attribuées au silence de cette ville restée moyenâgeuse.

En sortant, Daudet, qui s'est montré inconsciemment acerbe avec

1. Cf. t. III, p. 37.
2. La « grande peste » de Marseille, où se distinguèrent héroïquement Mgr de Belsunce et le chevalier de Roze, en 1720, tua 40 000 habitants sur 90 000.

Rodenbach, est grondé par sa femme. Il s'écrie : « Oui, c'est bête, je n'ai pas été maître de moi !... Que veux-tu ? toute cette réclame organisée à propos du VOILE m'a enlevé des illusions sur son compte... Je l'ai cru un artiste et je me suis aperçu que c'est un marchand ! »

Mercredi 30 mai

Dîner chez la Princesse avec la comtesse de Montebello, l'ambassadrice de France à Saint-Pétersbourg, une belle femme à la figure un peu pleine, rendue piquante par un faux grain de beauté en haut d'une pommette. Spirituellement causante, elle décrit les grandes fêtes de la cour, les *Fêtes des Palmiers,* où dans un souper de mille personnes, chaque table est dressée autour d'un palmier, dans un luxe de fleurs impossible à imaginer, en un éclat de costumes d'hommes indescriptible, et où l'Impératrice, qui est toute petite, disparaît sous les bouchons de carafe de ses admirables diamants : « Des fêtes *écrasantes* ! » dit la comtesse.

On disait l'élection de Bourget pas si certaine qu'on le croit [1]. On l'avait trouvé revenu trop en conquérant, trop en maître de la situation. Puis on a blagué un peu la *garden-party* de Montesquiou, où la comtesse Greffulhe, à la robe peinte d'orchidées, est restée toute la journée la figure voilée d'une gaze.

Le peintre Doucet, qui va mieux, me parlait de la métamorphose opérée chez lui par huit jours de traitement de Gruby, par huit jours de ses soupes réconfortantes à la viande et au fromage qui, au bout de huit jours, lui avaient remis un tel calorique dans le corps que lui, tout gelé qu'il était et tout prêt à se rendre dans le Midi, se sentait attiré par le Nord, la glace.

Jeudi 31 mai

L'affaire Turpin [2]. Dans les autres siècles, les *gens en vedette* étaient des *créateurs* ; aujourd'hui, ce sont des destructeurs. Tout ce retentissement autour de l'inventeur de la mélinite, n'est-ce point le corollaire de l'anarchie ?

Grand dîner chez les Daudet en l'honneur de Montesquiou-Fezensac. Nécessairement, tout le dîner, on ne parle que de la fête d'hier, qui

---

1. Cf. t. II, p. 1225, n. 1 et t. III, p. 796, n. 1 et p. 797, n. 2.

2. C'est ici la seconde affaire Turpin. L'inventeur de la *mélinite* (1887) avait été condamné en 1889 pour avoir divulgué des documents intéressant la Défense nationale dans son livre : COMMENT ON A VENDU LA MÉLINITE, où il accusait le capitaine Triponé d'avoir livré le secret de son invention. Gracié en 1893, il propose au gouvernement un nouvel explosif que le général Mercier, ministre de la Guerre, refuse de prendre au sérieux. Casimir-Périer, président du Conseil, allègue le 15 mai 1894 l'attitude de Turpin à l'égard du directeur général de l'Artillerie pour refuser tout contact avec l'inventeur. Réfugié en Belgique, Turpin annonce à la fin du mois qu'il est prêt à traiter avec une puissance de la Triplice. Interpellation à la Chambre. Le gouvernement promet d'accueillir mieux le chimiste, qui déclare finalement qu'il a renoncé à vendre sa découverte à l'étranger.

de l'avis de tout le monde a été parfaitement réussie et où — sauf les chansons de Nibor Yann qui détonnaient — les vieux arbres du jardin, l'originale tente sous laquelle ont eu lieu les déclamations, les toilettes de grand goût des femmes, tout était charmant en ce jour favorisé du ciel, où par extraordinaire, il n'a pas plu.

Montesquiou se plaint de n'avoir pu jouir de sa fête, tout occupé qu'il était de sa préparation et de son montage.

Bourget est nommé, mais il n'a tenu qu'à un cheveu que Deschanel fût nommé à sa place.

Vendredi 1er juin

Ajalbert m'amène voir mes japonaiseries la belle-sœur de Clemenceau et la petite Dora, qui s'étudie sérieusement, d'après les albums de l'Empire du Lever du Soleil, à exécuter d'authentiques grimaces japonaises.

Samedi 2 juin

Déjeuner chez Lorrain, avec Maurice Barrès, le ménage La Gandara, la comtesse Fleury — baronne Deslandes depuis son divorce — qui arrive à une heure passée.

La comtesse Fleury, une petite femme au grand nez courbe, sentant l'origine juive, ne méritant pas la réputation de beauté qu'elle a dans le monde, mais à la taille mince, au corps souple d'une élasticité animale. Elle est vêtue d'une toilette originale, d'une robe noire au haut de la poitrine et du dos, au bas de la jupe semée de pois d'or relevés de semblants de petites turquoises. Et une physionomie dont l'animation fait le diable dans son travail d'amabilité, et un corps toujours agité et contourné dans de la grâce remuante, et de la parole sortant d'une voix artificielle et un peu chantante à l'instar de Sarah Bernhardt, et plus chantante selon la célébrité des gens auxquels la femme s'adresse, et rencontrant parfois l'esprit. Au fond, une femme du monde pas mal cocotteuse.

Elle parle de son boudoir blanc, tout blanc, qui n'est que tendu et où tous les bibelots futurs doivent être blancs, de son amour de la porcelaine de Saxe, de sa religion pour les pièces portant la marque de Charles-Théodore, puis du *puffiste* Oscar Wilde, qu'elle déclare l'Anglais le plus spirituel qu'elle ait entendu.

Sur les *Oh ! oh !* qu'amène cette déclaration, elle dit en riant que c'est peut-être parce qu'il a le charme, quand il est quelque part, de ne parler qu'à une seule personne et que c'est toujours elle qu'il a choisie et lui a conté les plus charmantes choses.

« Mais, fait Lorrain, personne ne se répète plus que lui !

— Oh ! je ne l'ai vu que six fois... Alors, j'éviterai de le voir une septième ! »

Maurice Barrès a de temps en temps des ironies joliment

bonhommes ; il a coupé dans la bouche de Lorrain une théorie de recherche maladivement raffinée sur je ne sais plus quoi, par cette phrase : « Oh ! moi, je suis beaucoup plus simple ! »

Ma journée entamée, je vais en perdre la fin au Champ-de-Mars, et je vais d'abord à ce que j'aime, aux dessins, aux eaux-fortes, aux lithographies [1].

Dans ce moment, il y a un curieux effort de la lithographie et de la gravure vers la reproduction de la couleur. Une planche très remarquable est une lithographie de Lunois, intitulée DANSEUSES ESPAGNOLES AVANT LA DANSE. Une planche du plus grand caractère échappant à l'imitation japonaise par l'intensité des tons, le bleu cru du fond, le jaune, le rouge franc, les noirs d'ombre nocturne en pleine figure.

Dans les objets d'art, l'étain en pleine résurrection. Des reliures de Wiener de Nancy, que m'avait beaucoup vantées Marx, des reliures de Prouvé, le peintre, dont l'une, LA MÉLANCOLIE D'AUTOMNE, représente, sur une peau couleur de feuille morte et en relief, le recroquevillement des feuilles sèches dans cette saison sur les chemins.

Ici, je retrouve La Gandara, auquel le retard de la comtesse Fleury a fait manquer une séance et a donné une migraine qui l'empêche de travailler. Il me mène voir le portrait de ladite, qui est au Salon, et dans un décolletage où la robe s'arrête sous les aisselles, et la femme ainsi à demie nue. Il me dit qu'elle reçoit le plus souvent le soir, dans des robes couleur chair qui la font paraître toute nue. Et il me donne ce détail sur sa coquetterie : il a dîné un jour chez elle où elle avait un bouton à la lèvre, et elle est descendue avec une rose qu'elle tenait devant sa bouche, n'a pas dîné, l'a gardée, cette rose, jusqu'à minuit.

Puis nous voilà devant le portrait de la princesse de Chimay, qu'il a décidée, sans trop d'éloquence, à poser sans jupon, une chemise seulement sous la robe blanche qui la moule, et où il a vraiment rendu — ce qui était son ambition — le *nacré* de cette blanche et presque transparente rose.

Dimanche 3 juin

Comme je parlais de la mauvaise mine de Barrès au déjeuner d'hier, du tirage de ses traits, de la maladive cernure de ses yeux, Daudet disait qu'il lui faisait l'idée d'un *épuisé* et qu'il y avait dans sa littérature quelque chose de cet épuisement, et que les jolies tournures qu'il avait lui rappelaient la brillante agonie des poissons pêchés dans la Méditerranée. Puis plus sérieusement, il définissait son talent un apport dans le journalisme de termes abstraits, mais qui étaient dotés par lui d'une sorte de couleur.

Descaves nous conte qu'il avait été mandé un de ces soirs par Xau,

1. Cf. t. III, p. 425, n. 1.

à propos de certaines recommandations au sujet d'articles du JOURNAL, et qu'il l'avait senti si saoul qu'il avait compris que ce qu'il lui disait n'entrait pas dans sa cervelle ; et ces jours-ci, il recevait une lettre dudit qui lui reprochait de n'être pas venu au rendez-vous qu'il lui avait assigné.

Un directeur de journal qui ne porte pas mieux que cela le vin, ça doit faire, je le crains, un pauvre directeur !

Lundi 4 juin

Dîner chez Mme Sichel, de retour du Midi avec Philippe. La pauvre femme est horriblement souffrante d'une névralgie de l'estomac, qui l'empêche de manger. Son fils va mieux, au dire de Millard, mais dans un état d'énervement qui accuse la maladie. C'est une contradiction aigre à propos de tout, et à l'encontre de sa mère, qui me fait retrouver chez ce doux être son père, les jours où il était mal *luné*.

Mercredi 6 juin

Hier soir, Mlle Zeller m'avoue qu'elle a entendu dire que Mme Daudet était furieuse contre moi pour avoir parlé de ses couches et imprimé la comparaison de sa fille avec un gigot de sept livres, que Daudet était très mécontent de mon récit du duel de Drumont avec Arthur Meyer ; et comme je la pousse un peu pour savoir le nom du colporteur de ces nouvelles, elle me nomme Maurice Barrès [1]. Je le croirais volontiers, j'ai toujours eu de la défiance de ce jeune faux bonhomme.

La désolation intime d'avoir pu blesser mes meilleurs, mes seuls amis, avec leur facile ouverture aux potins les plus invraisemblables, la connaissance journalière de propos hostiles sur mon compte de tout le monde de la littérature, la réception de lettres injurieuses, tous ces embêtements moraux, entremêlés de cauchemars épouvantant mon sommeil, me font une vie d'enfer. Et vraiment, cette anxiété de tout le jour, cette horripilation de la nuit, me mènent parfois à me demander dans mon lit, au sortir d'un cauchemar, si ça ne va pas toucher à ma cervelle.

Ce matin, Francis Poictevin vient me lire des fragments de son nouveau livre. Il entre, disant dans un emportement colère que la communication chrétienne est une idolâtrie de sauvage ; que la manducation et la chiade du bon Dieu, c'est d'une matérialité dégoûtante ; que les Persans avaient une communion autrement spiritualiste, une communion sous la forme d'une essence d'*asclepia*, une fleur blanche aux corolles roses ; et que lui ne comprend que la communion au moyen d'une rose : « un baiser, une simple *osculation*,

1. Cf. t. II, pp. 1245-1246.

avec cette fleur dont le rose, dit-il, représente l'amour et le blanc l'innocence. »

Là-dessus, le voilà qui me lit dans un cahier manuscrit son livre, tout plein de Dieu et dans lequel il est devenu un métaphysicien disant des choses plus élevées que dans ses autres livres, et où il cite cette originale phrase de l'Allemand Boehme : « La matière est comme le portrait d'une personne absente [1]. »

Jeudi 7 juin

Je reçois à midi une lettre de Léon Daudet, qui, ainsi que cela se passe ordinairement chez lui, pris d'un soudain accès de japonisme, me demande à venir voir à deux heures mes albums et mes livres ; et il est accompagné du jeune ménage Hugo, le mari gras et fleuri et tout à fait gentil et caressant, et la femme aux beaux yeux réfléchis.

Vraiment, la violence presque colère — il n'y a pas d'autre mot — avec laquelle les goûts littéraires et artistiques de Léon vont à Gœthe, à Rembrandt, à Goya, enfin tout dernièrement à Hokousaï et à Hiroshighé, c'est tout à fait particulier. Il y a là du tempérament emporté de ses ascendants, du tempérament de son père dans sa jeunesse, du tempérament du grand-père.

Vendredi 8 juin

Toute la bataille entre Bauër et Antoine vient de ce que Dorsy, maîtresse d'Antoine, l'a quitté à la suite d'une brutalité du directeur du Théâtre-Libre et a pris Bauër, non qu'elle eût le moindre amour pour le critique, mais pour se venger [2]. Dorsy, une femme frêle, nerveuse, d'une nature intérieure tournée au ressentiment. Elle a pris une grande influence sur le gros enfant qu'est Bauër et dirige absolument sa critique, quoiqu'elle ne veuille pas vivre avec lui, disant qu'il reçoit un tas de filles et qu'elle ne soucie pas de jouer les Pompadour.

Seconde pose pour mon médaillon qu'exécute, en ce moment Alexandre Charpentier.

---

1. Le livre de Poictevin, publié en 1894, est OMBRES.

2. Dans *Toute la bataille entre Bauër et Antoine*, add. éd. : *et Antoine*. — D'après Antoine, Henry Bauër, d'abord chaud partisan du Théâtre-Libre, en aurait ensuite voulu à son directeur de ne point rester assez fidèle au naturalisme pur de ses débuts. Auguste Germain, secrétaire de Bauër, ayant été amené à retirer du Théâtre-Libre sa pièce, LA PAIX DE LA MAISON, la lettre de Germain à Bauër, et la réponse de celui-ci, publiées dans L'ÉCHO DE PARIS du 28 mars 1891, ainsi que son article du 4 avril LE CABOTINAGE, amorcèrent une violente polémique entre le critique de L'ÉCHO DE PARIS et celui que ce journal appelait « l'industriel du Théâtre-Libre ». Antoine ayant demandé réparation aux tribunaux, un arrêt du 16 déc. 1891 opposa à la violence de l'article de Bauër incriminé celle de la réponse d'Antoine et invita celui-ci à se satisfaire de l'hommage rendu à sa vie privée par Me Straus, défenseur de Bauër. « Au fond, c'est bien jugé, conclut Antoine, c'était déjà une vieille histoire sans intérêt. » (MES SOUVENIRS SUR LE THÉÂTRE-LIBRE, 1921, p. 248). Mais par la suite, il se plaint de la sévérité continue d'Henry Bauër à l'égard des pièces jouées au Théâtre-Libre. En revanche, Bauër se tournera avec bienveillance vers Lugné-Poe et l'Œuvre à ses débuts. Il se réconciliera avec Antoine seulement à l'occasion de la mort de Becque.

Une curieuse innovation de l'artiste, et dont je crois qu'il n'y a pas d'exemple chez les sculpteurs anciens et modernes : son esquisse en terre, après son premier travail, il la moule et établit son médaillon fini sur une suite d'épreuves semblables à des états d'eaux-fortes ; et quelquefois, il va jusqu'à six moulages. Il s'est même amusé presque toute une année à faire tous les cinq ou six jours une esquisse de son petit garçon et à la mouler. Il a exécuté un nombre infini de médaillons et une série de presque tous les auteurs et acteurs et actrices du Théâtre-Libre.

Comme je l'interroge sur ses débuts, il me dit bravement qu'il est *fils de pauvres,* qu'il avait un père cordonnier. Il voulut se faire sculpteur, ayant alors la conception d'un sculpteur comme d'un homme monté sur un échafaudage, frappant sur un ciseau avec un maillet. Son père refusant de le laisser prendre cette carrière, il abandonna la maison paternelle et subsista, on ne peut savoir comment, pendant des années de misère, où il coucha sous les ponts en compagnie de Forain, qu'il avait rencontré dans son existence vagabonde, une existence non de bohème, dit-il, mais de camelot.

Forain faisait alors de la sculpture et l'entraîna à l'école des Beaux-Arts, je crois dans l'atelier de Cavelier. Mais là, pétrir de la glaise ne lui semblait pas, avec les idées de son enfance, l'œuvre d'un vrai sculpteur frappant à tour de bras sur de la matière dure ; et il entrait dans un atelier de médailliste, où se creusaient des coins, où on incisait le métal, vivant de travaux commencés pour des camarades ou de bronzes de poignées de commodes pour un réparateur de vieux meubles, venant à l'atelier d'une manière intermittente, travaillant sans goût : « Car, s'écrie-t-il en levant la tête de sa terre, il n'y a que sept ou huit ans que l'amour du travail m'est venu,... et seulement quand j'ai été encouragé par des gens dont j'estimais au plus haut degré le talent, quand j'ai été encouragé par Rodin. »

Et maintenant, c'est un rude et acharné travailleur, s'appliquant dans les loisirs que lui laissent les médaillons, à faire de l'objet de la vie usuelle un objet d'art, ayant à l'exposition du Champ-de-Mars de cette année des corbeilles à miettes, des brosses, des bougeoirs, des jetons, des cartons pour estampes, des couvertures gaufrées de catalogues, des programmes du Théâtre-Libre. Et aujourd'hui, il est en train d'exécuter pour l'année prochaine un piano à queue en mosaïque et une grande fontaine en étain.

Oh ! la nouvelle décoration du café Riche, je n'ai encore rien vu d'aussi canaillement laid, avec ses fresques macabres de Forain, avec ses cariatides coloriées de Raffaelli, sur ce méli-mélo d'architecture orientale et Renaissance faubourg Antoine [1]. Ah ! mes vieux cafés, mes vieux restaurants, tout simplement or et blanc !

1. Entre *je n'ai encore rien vu d'aussi canaillement laid* et *avec ses fresques macabres de Forain*, le texte Ms. comporte un membre de phrase incomplet, qu'il a fallu supprimer : *d'aussi hideusement.*

Dimanche 10 juin

Ce Léon Daudet est vraiment un garçon de grand talent. Il y a dans ces MORTICOLES des morceaux de premier ordre. Quel dommage qu'il ait cette toquade de l'*imaginé* ! Car c'est la fabulation de son livre qui est la partie la plus faible, et même qui va nuire chez le lecteur à l'empoignement de la réalité de tout le reste. Ah ! selon moi, quel livre ça aurait été, avec un titre comme LES HOMMES DE LA MORT, un livre qui ne fût qu'une succession des beaux morceaux du volume, sans suite, sans lien, sans le Gulliver qui les rassemble et les recoud — des morceaux séparés par des grands lacs ou par plusieurs lignes de points [1].

Lecomte me confirme ce que Henri de Régnier me disait de Fénéon, proclamant qu'on ne pouvait se faire une idée combien il était porté à rendre service aux autres, et non pas seulement par un prêt de cinquante ou de cent francs, mais de toutes façons. Il me le montrait, lui qui n'aimait pas à écrire, faisant l'article d'un ami qui n'était pas en train, corrigeant les épreuves d'un autre, épreuves qui ne l'intéressaient pas du tout.

Il est question de la déconfiture d'Antoine, de son *lâchage* du Théâtre-Libre et de l'odieuse attitude de la presse à son égard [2]. Lecomte, tout en étant de mon avis, déclare qu'il s'est dévoyé de son passé désintéressé et tout à la révolution de l'art le jour où il a commencé sa grande vie du Boulevard et ses dîners au café Américain, dans la société et les idées d'un monde qui n'était plus le monde de ses débuts,

Rodenbach nous citait à propos de sa pièce des mots entendus par lui ou sa femme dans les corridors :

« Cette pièce est triste ! disait celui-ci.

— Oui, répondait celui-là, mais n'est-ce pas ? on ne peut pas toujours entendre des cochonneries...

— Ne trouvez-vous pas cette pièce lugubre ? disait l'un.

— Oh ! moi, répondait l'autre, ça ne m'a rien fait,... je suis en deuil [3]. »

Je lui avouais alors que je m'étonnais depuis longtemps qu'un reporter n'eût pas eu l'idée de sténographier dans un corridor de première quarante phrases de ce calibre et qu'avec ces quarante phrases, on aurait la mesure de la bêtise d'un public de théâtre.

Puis Rodenbach nie le talent de Maupassant, affirme qu'il n'a jamais mis dans ses livres une phrase qu'on puisse citer et parle un moment,

1. L'affabulation à la Swift que Goncourt critique dans LES MORTICOLES consiste dans l'aventure fantastique du marin Félix Canelon, perdu avec son navire et se retrouvant chez les Morticoles, peuple étrange de médecins et de malades, à la vie desquels il participe successivement comme pensionnaire d'hôpital, comme étudiant et comme domestique des médecins.

2. Presque au terme d'une saison particulièrement grise, à bout de ressources et le 25 avril, bafoué par le public dans LE MISSIONNAIRE de Luguet, Antoine conclut avec Larochelle fils la combinaison qu'il explique dans ses SOUVENIRS (15 juin 1894). Larochelle s'engageait à monter les trois spectacles qui restaient dus aux abonnés d'Antoine, et celui-ci lui abandonnait la jouissance du théâtre et la propriété de tout ce que contenait le magasin d'accessoires de la Villette.

3. Sur LE VOILE, cf. t. III, p. 888, n. 1.

très éloquemment, de la haine que rencontre le véritable artiste chez ses confrères, parce qu'ils sentent, dit-il, qu'eux, ils font de la littérature du jour d'hui et que l'autre fait de la littérature de demain.

A propos de LA MAISON TELLIER, du succès énorme dont Rodenbach venait de s'étonner, Toudouze contait que, se trouvant à l'enterrement de Maupassant dans la même voiture que Hector Malot, celui-ci lui avait appris que c'était lui qui avait donné l'épisode de la chose à Maupassant, mais qu'il avait gâté ce qu'il lui avait raconté en terminant la nouvelle par une fête, tandis que la matrulle avait dit à ses femmes : « Et ce soir, *dodo toutes seules* [1]. »

Lundi 11 juin

Il sera peut-être curieux pour les mortels du XXe siècle qui s'intéresseront à ce JOURNAL, à cette histoire intime de l'humanité des lettres pendant plus de quarante ans, de savoir combien l'auteur a été injurié de son vivant, et quelles basses et ignobles injures lui arrivaient par la voie des lettres anonymes. En voici une :

« Mon cher maître,

« Vous avez un merveilleux talent pour faire le portrait de vos amis.

« Quelle magistrale galerie de cons !

« Les cinq habitués du *Grenier*, les cinq détracteurs de Zola sont pour vous des c... vaniteux ; Daudet est un c... prétentieux ; Raffaelli, un c... ambitieux ; Rodin, un c... venteux et Burty, un c... gâteux.

« On n'est pas plus charmant !

« Vous ne signez que *Con-gourd*, mais vous êtes un vrai c... baveux. »

Mardi 12 juin

Exposition des Champs-Élysées [2].

Ah ! la pauvre peinture, ou durement noire ou fadement porcelainée, et où les grands maîtres de l'endroit, comme Bonnat, exposent ce TRIOMPHE DE L'ART, qui semble peint sur le fond d'un vieux chaudron avec le tartouillage d'un énorme pinceau de miniaturiste, comme Detaille, exposent LES VICTIMES DU DEVOIR, qui n'est qu'un trompe-l'œil vulgaire. Au fond, dans toutes ces toiles, quelques paysages, et encore... Oui, ma parole, je n'ai remarqué qu'une toile qui soit la peinture d'un vrai peintre, je n'ai remarqué que le tableau de l'Américain Orchardson, ayant pour titre L'ÉNIGME et représentant, assis sur un canapé, une femme et un homme, en costumes de l'Empire,

1. Au contraire, dans la nouvelle de Maupassant, ces dames, de retour à Fécamp, après les édifiantes cérémonies de Première Communion auxquelles elles ont été conviées, festoient avec tous les habitués auxquels Madame se borne, ce soir-là, à faire payer le champagne : « Ça n'est pas tous les jours fête ! »

2. Cf. t. II, p. 729 n. 1.

qui ont l'air de se bouder. C'est peint, cela, pâlement, dans un délavage d'huile ambrée, où les couleurs ont quelque chose des couleurs amorties d'insectes pris dans un morceau d'ambre, et des accessoires si joliment enlevés d'une touche à la fois spirituelle et flottante.

Non vraiment, tout le grand art a vraiment l'air de déménager dans l'art industriel : l'art industriel est tout l'intérêt de cette exposition. C'est de Ledru, une cruche en étain d'un très grand format, dont l'anse est faite de l'accrochement des bras d'une Naïade au bord du vase et dont les jambes s'en vont dans l'air, à la dérive sur le dos d'un dauphin, tandis que dans le bas de la cruche, une autre Naïade flotte au-dessus d'une vague, les mains enfoncées dans sa chevelure. Oh ! l'étain est tout à fait triomphant, et je crois que son emploi va avoir une action sur la sculpture et forcer le marbre, la pierre, le bronze à lutter avec le *flou* de cette matière.

C'est de Rispal, un médaillon en cire de couleur, représentant sainte Cécile, un médaillon d'un caractère artistiquement étrange, avec, sur un fond brun rouge, sa tête délicate, nubienne, et à travers le pétrissage de cette grasse matière, colorée fauvement, seulement le brillant de l'or d'un nimbe, l'éclair d'argent d'un ruban qui enferme sa chevelure.

Mercredi 13 juin

Bracquemond est venu aujourd'hui me voir ; il ne se remet pas, a toujours des douleurs d'entrailles et du dérangement, est bien changé, bien vieilli. Il revient sur les MÉMOIRES de Delacroix, affirmant que dans les deux volumes, il n'y a qu'une seule fois le mot *dessin,* et que toutes les fois qu'il a besoin de ce mot, il se sert du mot *couleur.* Il ajoute qu'il ne nomme que deux ou trois fois Ingres, mais qu'il parle tout le temps de lui d'une manière sous-entendue [1].

Il reconnaît cependant qu'il y a par-ci, par-là, un joli détail technique. C'est ainsi que Delacroix dit que Rubens — quoiqu'il soit reconnu que la chaleur est dans les ombres, les ombres reflétées, et la froideur dans les lumières — employait le jaune de Naples, qui est une couleur chaude, dans ses lumières, et que lui, Delacroix, agissait de même, parce qu'il trouvait que ça faisait bien [2]. Sur cette affirmation du peintre, Bracquemond allait au Louvre pour se rendre compte de la chose ; mais à sa première séance, il n'y voyait que du feu. Il revenait avec un certain entêtement, et un jour, devant la mauvaise copie d'un élève, il avait raison de l'énigme. Rubens préparait un corps avec un ton rose qu'il recouvrait, dans la lumière, de jaune de Naples, mais dans les ombres reflétées, il mettait un ton orangé, si ardent que dans la lumière, le jaune de Naples devenait une coloration froide.

1. Cf. plus haut, p. 905, n. 1.
2. Cf. JOURNAL de Delacroix, éd. Flat-Piot, 1893, t. I, pp. 143-144, note du 14 mai 1830.

Jeudi 14 juin

Enfin, voilà près de vingt jours que je n'ai eu une crise. Je dois peut-être cette trêve de la douleur au régime du lait où je me suis mis presque absolument, régime condamné par mon médecin, qui dit que le lait fait de la bile, tout comme le médecin qui l'a précédé me défendait les œufs par la même raison ; mais il se trouve que ce sont les seules choses que je puisse digérer, et la répugnance que j'ai pour la viande doit dénoter que c'est un aliment hostile à mon estomac.

Ah ! c'est bon, cette trêve ! Car à la crise de tous les commencements de semaine, qui me permettait de ressusciter le vendredi et de vivre le samedi et le dimanche, avait succédé la période des deux crises par semaine, période où la souffrance amenait chez moi une faiblesse au-delà de ce qu'on peut imaginer.

Vendredi 15 juin

Troisième séance de pose pour mon médaillon.

Comme je reviens sur sa succession de moulages des divers états de son travail, Charpentier me dit qu'en général, l'effigie la plus ressemblante ou du moins qui donne le mieux « l'aspect physionomique dont tout le monde garde le souvenir », est le premier état, en dépit de ses défauts, et que lorsqu'il établit définitivement son médaillon ou sa médaille, il commence par l'établir sur son dernier travail, remontant les divers états et l'achevant d'après le premier.

Aujourd'hui, ç'a été une succession de coups de sonnette, qui fait comparer la maison par Pélagie à une maison de commerce. Et pendant que Charpentier travaille, c'est Roger Marx, qui m'a fait envoyer une boîte par un pharmacien de Nancy, que mes femmes n'ont pas voulu ouvrir, croyant à une marmite explosive, boîte contenant un flacon d'une eau qu'emploie avec succès son père pour ses maux de foie.

C'est Jeanniot, qui m'apporte une suite d'études pour son illustration de LA FILLE ÉLISA, où il y a des croquis tout à fait merveilleux du *bordelier* de la maison de Bourlemont, des filles de la province bien différenciées des filles de l'École Militaire, du troupier ingénu amoureux d'Élisa [1]. Quel malheur que ces croquis soient condamnés par l'éditeur à des réductions minuscules, qui vont tuer la vérité *naturiste* de ces dessins, faits avec une conscience qu'on rencontre bien rarement chez l'illustrateur d'un livre de maintenant !

Puis enfin, ce sont les frères Carrière, dont le peintre me prend à part pour me demander d'aller au ministère solliciter la croix pour Geffroy, ce que je promets, mais ce qui m'embête, parce que je suis tout prêt à faire des lettres de recommandation — pour les autres — aux ministres de ce régime, mais du tout disposé à entrer en rapport avec ces messieurs.

---

1. Cf. t. III, p. 890, n. 1 sur cette édition de LA FILLE ÉLISA.

Samedi 16 juin

« Heu ! Heu !... » m'avait dit l'autre jour, Bracquemond, en faisant allusion à un passage de mon JOURNAL sur la Julie de Charles Edmond, avec un sourire des yeux qui donnait à penser au-delà de ce que j'avais écrit. Au fond, ce *Heu...* m'était resté avec l'appréhension de quelque chose de désagréable. Aujourd'hui, à ma sortie, je trouve dans ma boîte une lettre dont je ne reconnais pas l'écriture, mais qui me fait dire à demi-voix : « Voilà une écriture qui ne m'annonce rien de bon. » C'est en effet une lettre de Charles Edmond, qui, au nom de mon ancienne amitié, me demande la suppression du passage [1].

Et le livre paraît mardi, et je dois y passer lundi pour faire le départ. Pas de chance, avec ce retard de L'ÉCHO dans la publication dudit JOURNAL, et qui m'a forcé d'imprimer le volume avant, tandis qu'autrefois, je l'imprimais avant dans L'ÉCHO et que toutes les suppressions étaient faciles. Aujourd'hui, il va falloir faire un carton, je ne sais comment.

Ce soir, dîner des Japonisants. Je dîne près de Guimet, qui a le projet de nous donner un de ces jours la cérémonie du thé *tcha-do-you* — *tcha,* thé, *do,* du, *you,* eau chaude — dans toute la solennité de l'étiquette ancienne. Et l'on cause de la vente Montefiore, qui amène Gillot à dire que les choses supérieures trouvent toujours leur prix, et il est question de la garde de sabre représentant un serpent, vendue 1 000 francs.

A propos de la cuisine assez médiocre de l'endroit, il est parlé d'un cuisinier de Nîmes, un type de cuisinier pour un roman. Il se ferait présenter la liste des invités et, s'il y a parmi les invités un individu qui lui soit antipathique, refuse de faire le dîner. A propos de la commande qui lui était faite d'un dîner pour l'évêque, il s'écriait à celui qui lui faisait la commande : « Pas un mot de plus, je sais ce qu'il faut à Monseigneur ! » Et un jour que pour un repas de corps, quelqu'un lui demandait s'il pouvait faire une bouillabaisse pour trois cents personnes, il regardait indigné son interlocuteur dans les yeux, prenait son chapeau et disparaissait sans répondre.

Je réfléchissais que mes plus grands ennuis au sujet de la publication de mon JOURNAL viennent de la part d'amis. C'était Mme de Nittis pour l'avant-dernier volume, c'est Charles Edmond pour celui-ci. Cela me décidait presque à publier comme préface de celui que je ferai paraître l'année prochaine, ces trois lignes : « Parler intimement des autres de son vivant, même avec un sentiment sympathique ou amical, sans les blesser, les peiner, les chagriner; ça me paraît impossible et dans ce dernier volume, je ne veux plus parler que de moi. »

Dimanche 17 juin

Henri de Régnier, qui assistait à la *garden-party* de Montesquiou-

1. Cf. t. III, p. 120.

Fezensac, peignait la stupeur de l'élégante assemblée, quand elle avait vu entrer Mme Barrès avec sa ferronnière, et sur le haut de la tête quelque chose de vert et de jaune comme en portent les demoiselles qui jouent aux grâces. Une vieille parente de Montesquiou a demandé si elle ne sortait pas des voitures de saltimbanques qu'elle avait rencontrées en route. Un faiseur de méchants mots l'a baptisée : *la Greffulhe du pauvre,* baptême qui fait rééditer le mot de cette rosse de Carrière sur le mari : *Un bossu qui a été opéré.*

Puis toute la conversation va aux MORTICOLES de Léon Daudet, et je ne trouve pas chez les gens de mon *Grenier* le sentiment admiratif que j'ai pour le livre.

Lundi 18 juin

Enfin, Dieu merci ! tout est arrangé chez Charpentier, le plus facilement du monde. On n'arrivera pas à se couper la gorge. Le volume qui devait être tiré, broché, n'était pas broché, et même la feuille contenant le passage qui a offusqué Charles Edmond n'était pas tirée, et un petit morceau sur le Japon va tenir la place de mon ressouvenir amical, mais peut-être un peu équivoque.

Un moment, j'ai craint une crise, mais j'ai pris dix gouttes d'une solution ammoniacale anisée, qui l'a peut-être enrayée. Et l'histoire de cette solution est assez drôle. Je reçois, il y a quelques jours, une boîte en fer blanc avec, dessus, l'étiquette d'un pharmacien de Nancy. Tentative inutile de ma part pour l'ouvrir. Je la donne à Pélagie pour casser le couvercle à la cuisine. Terreur sur la figure de Pélagie qui, la retournant avec précaution, me dit qu'elle craint que ce ne soit une petite *marmite explosive.* On la met de côté, et le lendemain, j'ai l'explication de l'envoi par une visite de Roger Marx, qui me dit que c'est un remède commandé par lui pour moi à un compatriote, remède qui réussit parfaitement à son père, possesseur d'un foie malade comme le mien.

Ce soir, le jeune Philippe Sichel faisait un plaisant tableau d'un déjeuner chez Mme Straus : Mme Straus ayant devant elle une barricade de boîtes de flacons contenant toute la pharmaceutique en *-ine* à la mode de la dernière heure ; Straus masqué par un rideau de laxatifs, le jeune Bizet derrière un flacon de pancréatine pour ses maux d'estomac, Étienne Ganderax derrière une bouteille de lait pour la même raison que Bizet, et enfin Meilhac derrière quelque chose contre la goutte [1].

Mardi 19 juin

L'exposition de LA VIE DE NOTRE-SEIGNEUR JÉSUS-CHRIST de

1. Texte Ms. : *pour la même raison que Ganderax.* Lapsus probable.

Tissot au Champ-de-Mars, cette monographie réaliste de Jésus composée de 350 peintures et dessins, dont 270 sont exposés cette année et le restant sera exposé l'année suivante.

Un public nombreux, très enthousiaste, où se trouvent mêlés au public élégant des expositions une foule d'étrangers et un certain nombre de prêtres.

Tout d'abord, des dessins à la plume de la vallée de Josaphat, du jardin des Oliviers, du pont de Cédron, du chemin de Gethsémani, trop microscopiques, trop *petiots* de format et de facture : ces dessins auraient dû être de très grands, très grands dessins colorés, donnant les grandes lignes et la couleur du paysage. Mais, il faut le dire, il y a des reconstitutions de Jérusalem plus grandes et lavées de couleurs, qui ont un peu du caractère des grandes cités ninivites peintes par le peintre anglais Martin.

Quant aux dessins à la plume représentant des types juifs, ils nous les montrent portraiturés dans la vérité du type juif autochtone et donnant très exactement ces grands nez courbes, ces sourcils broussailleux, ces barbes en éventail, ces regards précautionneux soulevant de lourdes paupières, et les pensées calculatrices et les jovialités mauvaises et la perfide cautelle sous la bouffissure de graisse de ces faces.

Maintenant, dans la monographie particulière du Christ, en toutes ces rangées d'aquarelles à la linéature en général sèchement découpée dans une coloration un peu froide, un certain nombre d'aquarelles artistement composées et avec d'habiles groupements, comme les MAGES EN VOYAGE, JÉSUS PARMI LES DOCTEURS, etc., etc. Un rude et beau saint Pierre, bien tempétueux dans l'envolée autour de lui de sa tunique, une fraîche et jeunette figure de saint Jean l'Évangéliste. Une petite merveille du clair obscur, c'est l'aquarelle de JÉSUS DEVANT PILATE : PREMIER ENTRETIEN, où dans la demi-nuit que l'Orient aime à faire dans les lieux qu'il habite pendant la chaleur du jour, la robe blanche de Pilate est seulement éclairée par la grande baie au treillis de fer et où se devine plutôt que ne se voit la maigre silhouette du Christ, les mains liées derrière le dos, comme une apparition dans l'ombre rosâtre d'une tunique couleur de rose desséchée. Encore une aquarelle de la tonalité la plus distinguée, L'APPARITION DU CHRIST SUR LE LAC DE TIBÉRIADE, cette aquarelle rendant le gris de perle matutineux d'un paysage avant la montée dans le ciel du soleil.

Lorsque nous arrivons au dénouement dramatique de l'histoire de l'Homme-Dieu, la mise en scène matérielle de la préparation du crucifiement, comme LE PREMIER CLOU, LE CLOU DES PIEDS, LES CINQ COINS, me paraît plus émotionnante que LE CRUCIFIEMENT lui-même, en dépit même du nombre de ses représentations à toutes les heures, LE CRUCIFIEMENT où la comparaison se fait entre ses représentations et les représentations données par les vieux peintres de cette grande mort.

Une chose qui me frappe, qui m'étonne, c'est chez ce fervent de l'occultisme, ce spirite, cet évocateur d'esprits, c'est qu'il ne réussit que ce que lui apporte l'observation des choses de la réalité, qu'il n'a pas l'invention des choses *visionnées*, l'imagination des apparitions, et que le surnaturel de ses compositions est très médiocre ; ainsi, ce sommeil de Jésus entouré d'anges bleus tendant vers lui leurs mains indigo et qui, avec leurs petites flammes au front, font l'effet d'une queue de paon.

En dernier lieu, ma grande critique de cette œuvre — je le répète, très intéressante et faisant le plus grand honneur à l'artiste — est que son illustration est trop turque, trop *bédouinante*, et que par cette turquerie, elle rappelle les tableaux de la Bible d'Horace Vernet.

Mercredi 20 juin

Visite de la comtesse Greffulhe, en compagnie de Montesquiou.

Montesquiou pousse la porte en disant tout haut, un peu à la façon d'un boniment, que la comtesse est pleine de talent, qu'elle a écrit des choses tout à fait remarquables, et des choses comme seule, elle pouvait en écrire sur les états d'âme de la femme du grand monde, sur ses sensations, sur ses impressions, sur les victoires de la beauté et de l'élégance, et qu'elle devrait les publier, en faire un volume pour ses amis et que si le volume avait un succès, il fallait se laisser violer par un éditeur et le publier pour le gros public.

La comtesse se défend mollement, parle du péril pour une femme de publier un livre, disant que si par hasard, il y a une dissertation sur l'amour, une dissertation amenée par je ne sais quoi dans son esprit, les ennemis des deux sexes recherchent de suite quel incident de sa vie privée, quelle relation intime a pu amener cette dissertation et, s'ils ne trouvent rien, inventent quelque histoire calomnieuse. Mais tout en se défendant ainsi, la comtesse laisse percer le plaisir qu'elle aurait de se voir imprimée.

Alors, Montesquiou de revenir à la charge, de l'engager à se livrer à un épluchage sévère des notes écrites par elle, et ne voilà-t-il pas qu'il me demande en son nom une préface pour le volume, déclarant que je ne peux pas la lui refuser.

Et je ne refuse pas, ayant la conviction, d'après deux ou trois conversations avec la comtesse, qu'elle est très capable de révéler des choses curieuses sur la société aristocratique, et que ce serait intéressant à côté du volume de Mme Daudet sur la *femme bourgeoise*, le volume de Mme Greffulhe sur la *femme du grand monde* [1].

Et dans la conversation courante, qui va d'un sujet à un autre, j'apprends que le comte de Béarn vient d'acheter 200 000 francs toute la récolte 1869 d'un certain cru, dont la comtesse ne se rappelle plus

1. Sans doute Goncourt songe-t-il aux deux essais réunis dans les ŒUVRES de Mme Daudet en 1892, L'ENFANCE D'UNE PARISIENNE de 1883 et ENFANTS ET MÈRES de 1889. — On verra plus loin, p. 1000, que Goncourt, après lecture, dissuade la comtesse Greffulhe de publier ses notes.

le nom. Et du Béarn, on saute à je ne sais plus qui du faubourg Saint-Germain, qui vient d'avoir un incendie chez lui et s'est fait rembourser par une compagnie 25 000 francs pour les robes de sa femme, qui avaient été assurées l'une après l'autre, à l'entrée dans la maison.

En me quittant, au moment où elle passe devant mes dessins de Watteau, la comtesse me dit : « Vous savez, mon mari a payé à la vente Josse 25 000 francs un dessin de Watteau comme ceux-ci ! »

Saperlotte ! c'est vraiment une beau prix, et la vente de mes dessins devra produire une jolie somme... Je pensais au service que j'avais rendu à Josse la première fois que j'avais été chez lui, en lui déclarant qu'il avait 200 000 francs de dessins faux et en l'incitant à s'en défaire et d'en acheter de vrais. Eh bien, il était arrivé, à la fin de sa vie, à en acquérir de vrais, vraiment beaux.

Vendredi 22 juin

Me voilà dans le salon d'attente du ministère de l'Instruction publique, où dans la niche d'une cheminée faite sans doute pour un buste de Napoléon III, le buste trop grand d'une République en plâtre dépasse le rond où elle devait entrer. Et ça m'embête d'être là, parce que lorsqu'on vous voit dans ces endroits, on a toujours la pensée que c'est pour vous-même que vous sollicitez et non pour les autres. Dans l'attente longue de l'introduction, elle est curieuse, la lassitude des attitudes des solliciteurs et l'ennui de leurs grises physionomies. Il y a les timides, les importants. Une vieille femme à cheveux blancs, dans un deuil qui a quelque chose de monastique, m'intrigue.

Carrière raconte, avec sa voix étoupée et des sourires diaboliques, que Puvis de Chavannes et Carolus Duran ont deux peintresses qui leur tiennent au cœur et dont, tous les ans, le jury se fait un malin plaisir de refuser les productions ; et la petite guerre faite à ces femmes a tellement exaspéré Puvis de Chavannes qu'il a proposé autocratiquement de supprimer le vote.

Il est près de midi, et Rodin, qui devait se joindre à Carrière et à Bracquemond, n'est point encore arrivé. Nous précipitons l'entrevue, et le ministre, qui se trouve aujourd'hui être Leygues, prend poliment note de notre recommandation pour Geffroy, tout en nous faisant observer que pour les Lettres et les 80 000 instituteurs qui dépendent du ministère, il n'a que vingt croix.

A quoi je ne puis m'empêcher de lui dire que ce n'est vraiment pas assez.

Samedi 23 juin

Pas de nouvelles de Daudet. J'ai écrit. Point de réponse. Qu'est-ce qui se passe là-bas ? Est-ce qu'il aurait *coupé* dans de nouveaux potins ? Ah ! je voudrais bien être sorti de cet état d'inquiétude morale !

Départ aujourd'hui du septième volume du JOURNAL DES GONCOURT chez Charpentier, où je rencontre Léon Daudet, qui me parle d'ennuis que sa mère a avec les domestiques et qui expliquent sans doute son silence.

En rentrant chez moi, je trouve ce soir une lettre d'invitation de Mme Daudet pour le 2 juillet.

Dimanche 24 juin

Rodenbach proclame que Barrès est une vraie sangsue des vivants à la peau desquels il se colle, leur suçant toute la notation qu'il y a en eux de la vie vivante — lui, Barrès, qui n'a que des lectures de livres. Ç'a été d'abord Adam qu'il a ainsi sucé, puis Wyzewa, puis Léon Daudet, si prodigue, si donnant dans ses expansions, et Dieu sait, pour le payer, quel article vinaigré il lui a fait sur LES MORTICOLES [1] !

Paul Alexis venu aujourd'hui au *Grenier*, a toujours les yeux bien malades : il ne peut plus lire et est maintenant obligé de dicter ses articles.

Lundi 25 juin

Ce matin, dans mon lit, ouvrant L'ÉCHO DE PARIS, mes yeux tombent sur cette ligne imprimée en gros caractères : ASSASSINAT DE M. CARNOT [2]. Sapristi, il n'avait pas cependant une gueule à jouer les Henri IV, ce grand médiocre !

N'est-ce pas l'Italien Orsini qui, par sa tentative d'assassinat, a décidé l'Empereur à déclarer la guerre à l'Autriche, guerre qui a fait la toute-puissance de la Prusse et plus tard sa victoire sur nous [3] ? Ça va-t-il être cet autre Italien de malheur qui va nous amener la guerre avec la Triplice et parachever la mort de la France ?

Un tragique document de l'instabilité des choses humaines que le journal d'aujourd'hui, donnant trois pages sur le menu du déjeuner au « vol au vent Borgia », sur l'apothéose de la journée de l'homme dont la quatrième page annonce la mort « à minuit 45 minutes ».

Pas de chance, pas de chance vraiment dans la publication de mes livres ! EN 18..., mon premier volume, a paru le jour du coup d'État de Napoléon III, le septième volume du JOURNAL DES GONCOURT, peut-être le dernier volume que je publierai de mon vivant, voit ses

---

1. Cf. Maurice Barrès, MÉFIEZ-VOUS DES MÉDECINS, dans le JOURNAL du 15 juin 1894 : l'article accepte les sévérités de Léon Daudet à l'endroit des médecins, et même les débordements de « ce monstrueux pamphlet, né des longues veilles d'un carabin imaginatif, frémissant et torrentiel », de ce « livre atroce..., beau pourtant de jeunesse ».

2. Sadi Carnot inaugurait les fêtes de l'exposition de Lyon, quand il fut poignardé par l'anarchiste italien Caserio : celui-ci déclara avoir voulu venger Vaillant, dont le président avait refusé la grâce.

3. Voir t. I, p. 324, n. 3 sur l'attentat d'Orsini et la guerre d'Italie de 1859. Mais si celle-ci a affaibli l'Autriche, elle n'a point par elle-même fait *la toute-puissance de la Prusse* : confusion avec la guerre austro-prussienne de 1866, qui aboutit à l'écrasement de l'Autriche à Sadowa ?

annonces et ses échos arrêtés par l'assassinat du président de la République.

Mardi 26 juin

Mme Singer, à laquelle une amie parlait des MÉMOIRES de Mme Feuillet, l'interrompait en lui disant :

« Eh ! elle a dit tout ?

— Que voulez-vous dire avec *Elle a dit tout* ?

— Elle a avoué sa passion pour l'organiste de Saint-Lô... Oui, pendant les absences de son mari, surveillant le succès de ses pièces et la laissant seule, elle s'est prise d'amour pour un organiste de la localité, et d'une manière si visible que c'était le sujet de causerie de tout Saint-Lô... [1] »

Maintenant, ç'a n'a été peut-être qu'une passade platonique, spiritualiste, à la façon des passions des héroïnes de son mari.

Ces jours-ci, j'ai reçu une lettre de Rodolphe Lothar, m'annonçant que M. Bukovics, directeur d'un théâtre à Vienne, est heureux d'offrir à son public LA FAUSTIN, cette *primeur royale*, qu'il la jouera en janvier ou en février et qu'elle sera jouée par Mme Sandrock, qui serait à l'heure présente la meilleure Faustin existant en Allemagne « et même en France ».

Ce sera vraiment curieux, au moment où les scènes françaises s'approvisionnent de pièces étrangères, de voir une scène d'Allemagne jouer une œuvre dramatique française qui ne trouve pas d'interprète à Paris.

Mercredi 27 juin

Vraiment, la littérature du moment vit joliment sur mes types ! LE MARIAGE DE CHIFFON, c'est presque une réédition de RENÉE MAUPERIN, et LES DEMI-VIERGES de Marcel Prévost me semblent joliment tourner autour de la figure de Chérie [2].

Zola vient me *dédicacer* une série de ses volumes sur papier du Japon ou de Hollande qu'il me laisse acheter ; et tout en répétant dessus, avec une main qui tremble et qui a besoin d'être appuyée sur un livre, *son ami..., son ami...,* il rappelle, en disant n'avoir pas l'imagination des dédicaces, qu'employé chez Hachette, il avait assisté au départ de plusieurs livres d'About, entre autres du roman MADELON, et que dans ses dédicaces, sans doute préparées d'avance pour l'ébahissement des commis de Hachette, il y fourrait de la prose, des vers, des dessins, de la musique.

Zola se dit souffrant, énervé par des inquiétudes ressemblant aux

---

1. Dans les mémoires de Mme Feuillet, QUELQUES ANNÉES DE MA VIE (1894), aucune trace de cette idylle, vraie ou supposée.
2. LE MARIAGE DE CHIFFON : le roman de Gyp (1894).

douleurs sourdes de la pierre, quoiqu'il n'y ait pas d'hématuries, de sang dans ses urines, et fatigué par son dernier livre comme il ne l'a jamais été.

Puis il cause des MORTICOLES de Léon Daudet, auquel il reconnaît de grandes qualités et qu'il place à la tête des *jeunes*, tout en déclarant qu'il n'aime pas l'esprit du livre, soutenant que c'est du *tolstoïsme*, qui n'est jamais bien sincère chez un Français.

Arrive Tourneux, qui m'apporte ses deux énormes volumes sur la bibliographie de Paris pendant la Révolution [1]. Et il me parle des trésors littéraires que renferme l'hôtel du comte de Spœlberch de Lovenjoul à Bruxelles, des papiers de Sainte-Beuve que lui a vendus Troubat, et là-dedans, des lettres de Victor Hugo au temps de sa brouille avec le critique : « Ah ! ces lettres, s'écrie-t-il, ne lui font pas honneur : il y en a une où sous un sous-entendu très intelligible, il lui offre la possession de sa femme, en échange d'une forte réclame littéraire ! »

On annonce la baronne Deslandes — l'ex-comtesse Fleury — accompagnée de Mme La Gandara. Et voilà cette poseuse à se tortiller le corps et l'esprit à l'effet de nous étonner par l'originalité de ses idées et par la souplesse acrobatique de sa taille ; et de dire, dans une vantardise menteuse de cocotte, qu'elle s'est monté la tête pour un Polonais, sur le bruit qu'il avait volé, qu'il avait assassiné... à quoi elle était toute fière d'avoir répondu aux auteurs de la nouvelle, qu'en effet, « il était trop beau, trop distingué pour n'être pas un aventurier ».

On sent que ce que la femme regarde, touche, ne l'intéresse nullement, qu'elle n'est occupée qu'à produire des *effets*, dans l'intervalle desquels elle jette, pour la satisfaction du propriétaire, des phrases bêtes et vagues sur les choses.

Jeudi 28 juin

Vraiment, il semble que la femme a une peau d'été, une peau qui a la lumière veloutée de la fleur, au moment où la rose met son rose tendre dans la verdure. Et cette remarque, ne l'avez-vous pas faite à Paris, par les beaux jours de juin, et ne trouvez-vous pas que ces jours, le visage de la Parisienne éclaire l'ombre des rues ?

Dîner avec Ajalbert à la brasserie Riche.

Il me cite de l'éditeur Lemerre — gonflé des succès de vente des livres de Marcel Prévost et qui commence à prendre du mépris pour les grands noms de sa librairie, depuis Leconte de Lisle jusqu'à Bourget lui-même — il me cite ce mot : « J'ai fait un premier tirage de 15 000 des DEMI-VIERGES, et dans le sillage de ce livre, je jetterai un volume d'Hervieu. » Si ce pauvre nerveux d'Hervieu connaissait le mot, il en ferait une maladie !

---

1. Ce sont les tomes I et II de la BIBLIOGRAPHIE DE L'HISTOIRE DE PARIS PENDANT LA RÉVOLUTION, publiés l'un en 1890, l'autre en 1893 et que compléteront deux autres tomes en 1900 et 1906 et un volume de tables en 1913.

A propos de Marcel Prévost, Ajalbert me conte ceci. Marcel Prévost et Ajalbert vont voir à l'auberge de Mortefontaine Coppée, qui se trouvait ce jour-là absent. Ils mangent et passent la journée ensemble. Dans cette journée d'intimité, Marcel Prévost confesse son plan d'arrivée. Il est au moment de faire un roman patriotique sur l'Alsace, un roman à la façon d'Erckmann-Chatrian. Là-dessus, Ajalbert lui indique des livres à lire, l'abouche avec des gens du pays. Des mois se passent sans se revoir. Un jour cependant, Ajalbert va faire une visite à Marcel Prévost et trouve encore sur sa table des livres sur l'Alsace, et le livre le plus cher. Et comme Ajalbert lui demande où il en était, Marcel Prévost lui répond : « Ah ! le roman patriotique, je l'ai tout à fait lâché... J'ai pris une autre voie littéraire ! » Marcel Prévost avait obtenu, je crois, une préface de Dumas, avait eu un certain succès avec ses LETTRES DE FEMMES et choisissait comme voie littéraire la pornographie mondaine [1] !

Et là-dessus, Ajalbert se moque du monde introduit par Marcel Prévost dans ses romans, avec cette comparaison : « Son monde, le voilà ! Il m'invite à dîner : "Ça vous va, me dit-il, le dîner aux Champs-Élysées ?" Mais au lieu de m'emmener aux Ambassadeurs, il me fait entrer dans un bouillon. »

Fini la soirée au café des Ambassadeurs, à entendre Yvette. Elle n'a pas la grandeur canaille de Thérésa, mais elle possède une diction d'un détaché merveilleux et une intelligence supérieure dans le détaillement d'un couplet ; seulement, ce quelle chante est d'un choix déplorable comme paroles ! Je voudrais lui voir dire du Baudelaire, ou des scènes de Monnier comme L'EXÉCUTION.

En revenant, Ajalbert me faisait un tableau de l'hospitalité galante de Léonide Leblanc dans sa maison de Meulan. On partait par un train de 1 heure et demie du matin, arrivant à une sortie de théâtre ou de bal, en habit noir et en cravate blanche, et on passait là un jour, deux jours, la semaine, dans des chemises de nuit de l'actrice, sur lesquelles on mettait une blouse, dont il y avait là toute une collection.

Et de la femme, la maison en était toujours pleine. C'est là qu'il a rencontré la peintresse Jacquemin, qu'il n'a pas baisée, dit-il, mais qu'il a branlée... Pauvre Léonide, elle aurait été un peu tuée par Bauër, qui lui remémorait une ancienne vérole, attaque à la suite de laquelle elle avait pris le lit et y serait restée quinze jours !

L'Auvergne, à ce qu'il ressort des paroles d'Ajalbert, serait toute puissante, toute puissante à Paris, et elle devrait son influence prépondérante au dîner de la *Soupe aux Choux*, qui compte cinq à six sénateurs et autant de députés, et à une ligue auvergnate, qui serait comme une franc-maçonnerie *auverpine.* Et Ajalbert m'a appris qu'il y avait un journal pour les Auvergnats paraissant à Paris, qui tirait à 15 000, et que s'il avait vraiment bien voulu être décoré, il l'aurait été cette année [2]. Il avait ajouté en riant, que ce qui lui avait nui, c'était

---

1. Dumas fils a préfacé LA CONFESSION D'UN AMANT (1891) de Marcel Prévost.
2. Il s'agit sans doute de L'AUVERGNAT DE PARIS, fondé en 1882 et dirigé par Louis Bonnet.

d'avoir fait une FILLE ÉLISA, au lieu d'un VERCINGÉTORIX, que les journaux de sa province attendaient de lui.

C'est étonnant, il n'y a plus d'isolés comme moi ; chacun arrive par un enrégimentement dans des sociétés.

Vendredi 29 juin

Aujourd'hui, j'ai reçu, par la voie de L'ÉCHO DE PARIS, toujours à propos de la publication de mon JOURNAL, une enveloppe de lettre toute remplie de torche-culs embrenés : de la merde anonyme.

La bizarre et antithétique rencontre de papiers dans un carton. Ce torche-cul, que je garde comme un spécimen de la polémique littéraire contre mes œuvres en ce temps de voyoutisme, se trouve prendre sa place tout contre cet extrait de journal qui m'a été envoyé par Mme Sichel et qui est la réponse d'une femme à la demande du JOURNAL, questionnant ses abonnés sur l'amour : « J'affirme que ce sentiment est possible. Ne l'ai-je pas éprouvé une fois au moins ? Jeune fille, je me pris de passion pour un écrivain infiniment fier et rare, Edmond de Goncourt. J'appris longtemps après que c'était un vieil homme et que ses cheveux étaient blancs, ce qui fit évanouir mon rêve ; mais je lui continuai toujours mon culte, que je ne voulus pas rendre vulgaire par une correspondance qui aurait été méprisée par l'auteur lui-même, si j'en crois certaine interview récente...

« Quoi qu'il en soit, je lui dois des heures exquises, et les larmes les plus sincères que j'ai versées.

« Qu'il y ait là de quoi prononcer le mot *amour*, je ne sais pas ! Mais chez nous, quand l'âme est prise si violemment, se peut-il que la chair s'absente d'un concert où tout chante le désir d'aimer !

Diane »

Dimanche 1er juillet

Des gens, pour être aux premières du défilé du convoi de Carnot, ont passé la nuit aux Champs-Élysées, assis sur des pliants et s'adossant dos à dos pour s'essayer à dormir. Du moment qu'on a tué l'adoration de ce qu'on adorait autrefois, l'adoration que porte en elle l'humanité, avec la bassesse des âmes d'à présent, a dû se porter sur les êtres de néant ! Et l'enterrement de Carnot devient l'apothéose de l'homme médiocre. La petite Marie, qui a été aux Champs-Élysées, revient en disant : « On s'est bien amusé [1] ! » C'est le mot de la situation : les enterrements à cent mille francs, aux frais de l'État, ça remplace avec avantage la joyeuse marche du Bœuf-Gras !

Frantz Jourdain devient un imitateur comique des gens avec lesquels la vie le met en rapport, et un imitateur drolatique apportant dans ses

1. La *petite Marie*, c'est Marie Blaise, venue seconder sa tante, Pélagie Denis.

imitations un peu de sa furibonderie cocasse. Il nous peignait aujourd'hui un dîner des *Têtes de bois*, dîner au sortir duquel il disait qu'on avait envie d'embrasser des bourgeois, tant les convives de ce dîner étaient insupportables, poseurs et enragés contre tout écrivain qui a trouvé un éditeur. Le président serait Dolent, un monsieur embêtant et malpropre, qui aurait le mérite de casser dans une seule soirée cinquante encensoirs sur le nez de Carrière ; mais le grand homme du dîner serait Charles Morice, qui de critique est passé poète et lit au dessert des poésies qui, passant par sa voix caverneuse, font tout à fait l'effet de borborygmes.

Mardi 3 juillet

Ce matin, chez Lorrain, le peintre Hawkins, un particulier élevé en Allemagne, fils d'un père anglais, d'une mère de je ne sais plus quel pays, d'un grand-père autrichien, un produit excentrique de ces croisements de race. Il conte l'accouchement de Mme Gautherot, dont l'enfant était un paquet de cheveux entremêlé d'ongles, une vraie création d'Odilon Redon. Puis il passe à une autre accouchée de la campagne, où dans les cris et la fuite de toute une chambrée de paysannes épouvantées, l'être innommable mis au jour se sauve sous le lit.

C'est une suite de récits cauchemardement fantastiques, dans une espèce de narration clownesque à la mimique épileptique.

La Gandara, qui assistait à l'enterrement de Carriès et n'a pu déjeuner, m'apporte le portrait de Lorrain qu'il a bien voulu faire sur le volume des BUVEURS D'AMES. Il est très peiné, laissant échapper à voix basse : « C'était mon plus intime ami ! »

Mercredi 4 juillet

Aux pieds de mon lit — j'ai eu encore dans la nuit d'hier une crise de foie — Bracquemond et Roger Marx causent céramique, parlent de la margotine inventée par Chaplet, ce modelage colorié avec des terres de couleur [1]. Et de la céramique, la conversation va à la sculpture, à Carriès, dont les bustes, supérieurs à ses grès, trop japonais, sont traités par Bracquemond de sculpture romantique, de sculpture cherchant des effets picturaux.

Puis c'est un parallèle entre Carpeaux et Rodin, et comme je trouve Carpeaux un artiste plus complet : « Oui, plus complet, dit Bracquemond, mais il tient encore à l'École, tandis que Rodin est parfois mauvais, monstrueux, mais les parties réussies, quand il les réussit, c'est

---

1. Ne faudrait-il pas lire : *la barbotine* ? Goncourt orthographie *Chapelet* le nom du céramiste, mais il ne peut s'agir que d'Ernest Chaplet, qui découvrit en 1872 la *barbotine*, cette pâte tendre qu'on décorait avant cuisson à l'aide d'émaux et de terres colorées par des oxydes métalliques et qui se prêtait à des décorations florales en haut relief.

plus original. » Maintenant il avoue que, dans ses grandes sculptures comme LES BOURGEOIS DE CALAIS, ni les pieds ni les mains ne sont faits, ne sont achevés et déclare enfin qu'il manque absolument de composition, rappelant qu'à la suite d'une dispute à ce sujet avec Rodin, il lui avait dit : « La nature compose, je n'ai pas besoin de composer. »

Roger Marx contait sur Groult une chose qui pouvait faire un roman ou une pièce bien dramatique. Le père et le fils étaient les amants de la même femme. Enfin, le fils l'enlevait à son père et le crucifiait par mille petits supplices comme de se promener avec elle en voiture découverte autour de sa maison... Enfin, comme dernier coup de poignard, le fils épousait cette maîtresse de son père, que Groult continuait à adorer.

Jeudi 5 juillet

La presse italienne n'est pas contente de L'ITALIE D'HIER. Ces Italiens ressemblent aux jolies femmes qui ne peuvent supporter la plus petite critique de leur beauté. C'est tout de même curieux, cet éreintement de tout ce que j'écris, aussi bien ailleurs qu'en France — et cela par ce seul fait que je mets de la vérité dans ce que j'écris.

Ces jours-ci, à propos de l'exposition chez Sedelmeyer des tableaux de Turner, qui me charment, je l'avoue, je me demandais cependant si ce *faire* de la peinture n'allait pas au delà de la peinture coloriste, ne devenait pas de l'art industriel, ne faisait pas concurrence aux flambés avec leurs larmes de couleur.

Vendredi 6 juillet

Aujourd'hui, dans l'après-midi, pendant mon absence, c'est l'apport d'un premier paquet par un maître d'hôtel de la comtesse Greffulhe, suivi quelques heures après de l'apport d'un second paquet.

Ces deux paquets contiennent six petits volumes de la grandeur d'un porte-cartes, reliés en maroquin vert réséda, avec un titre enfermé dans un cœur.

Une lettre, jointe à ces volumes, m'apprend qu'ils sont tirés à cinq exemplaires, me dit que Montesquiou et moi sommes seuls à en avoir connaissance, et sur ces petits volumes intimes sollicite une lettre de moi, comme du *père de la littérature moderne.* Au fond, ce qu'elle veut, la charmante comtesse, c'est une incitation de ma part à éditer ces volumes pour le gros public, avec une préface de votre serviteur.

Ces confessions psychiques seront-elles publiées ? Ça me paraît bien délicat ! Et si elles ne sont pas publiées, dans le cas où les cinq exemplaires seraient détruits, se perdraient, je veux que mon JOURNAL garde un peu du secret des pensées d'une des reines de l'élégance de ce temps.

L'un de ces volumes a pour titre : VUES, et comme épigraphe : *« Je t'ouvrirai aussi mon cœur pour y prendre des instantanés. »*

Voici quelques-unes de ces VUES qui sont des pensées ou des impressions :

« Tout ce qui est à recommencer à brève échéance m'irrite, me met en fureur. J'aime le semblant d'infini. La vie sociale et physique me déroute.

« Métier de femmes de chambres, de tondeurs d'herbes et de confesseurs. »

Une impression d'une très grande vérité et que, les années où après la mort de mon frère, je créais mon jardin, j'ai moi-même ressentie, dans les gares de la grande banlieue à la tombée des jours de novembre :

« C'est dans une gare de chemin de fer qu'on se sent plus distinctement seule, la petite clarté d'une lampe qui jette un sinistre éclat sur les objets, l'attente du *monstre*, l'indifférence totale d'une foule affairée, occupée en détails de préoccupations ridicules. Quelle intensité prennent alors les tendres souvenirs passés ! »

Encore une impression sur l'action des milieux :

« Parfois, j'aime être en un endroit, où les choses sont à mon choix et répondent à mon approbation : leur personnalité me plaît ; mais parfois je hais tout ce qui tire de moi une remarque... Je préfère un milieu où rien n'attire mon admiration ni ma haine, et des choses indifférentes me permettant de ne rien éprouver.

« Un objet que j'aimerais me serait odieux comme des yeux que je ne connaîtrais pas et qui me suivraient partout tristement. »

Un autre petit volume a imprimé dans le cœur de la couverture : *Clamatur et non auditur*.

Celui-ci est tout débordant d'amour pour un être, dont elle est tristement heureuse de contempler longuement les yeux, ces yeux qui pensent à une autre... Serait-ce vraiment une passion pour ce mari, que je trouve si commun ? Et il n'est question dans ce petit volume que d'un cœur plein d'ombre dans une chambre pleine de soleil et d'âpres désespoirs, où elle mord la terre à genoux, et d'une existence où le *désemparement de l'amour* la jette dans la mondanité.

Et elle finit par dire que « son sourire s'est enfui dans la mort avec son âme et que son bonheur est couché d'avance dans le cercueil, qui ne recueillera que son corps à côté de l'alliance que j'ai ôtée, le jour où elle n'a plus été qu'une parodie mauvaise de mon amour assassiné. »

Un troisième volume, où se sent l'influence littéraire du cousin Montesquiou, porte dans le cœur de la couverture : *Tua res agitur* et à la première page :

A L'IRRÉEL
sont dédiées
ces
fugitives pages
furtives et brèves
Comme les
minutes
heureuses.

Il contient un curieux morceau, ayant pour titre :

PREMIER BAISER

« Les petits arbres de tilleul sentent le miel, ils sont parfumés d'une essence plus forte.

« Le noir de la nuit est chaud sur ma joue. Quelle marche douce dans ce pays inconnu !

« Une lueur lointaine s'est étendue sur le petit lac et les feuilles des petits arbres ont tremblé.

« Je sais que c'est un rêve, si souvent avec vous je suis venue ici, mais pourtant je ne connais pas ce pays.

« Mes yeux étaient à demi clos, effrayés de l'enlaçante nuit.

« Un souffle a aspiré mes lèvres, elles se sont échappées en un long baiser, secouant... douloureusement mon être. »

Puis c'est un hosannah de la beauté, où elle conte, elle chante, elle *lyrifie* la joie *surnaturelle* que lui donne la sienne propre !

« Ah ! peut-être, même sûrement, viendra le jour où je ne connaîtrai plus la joie folle et surnaturelle qui envahit de se sentir belle...

« On jouit plus délicatement de chacun de ses sens ; c'est une nouveauté de regarder, de *sentir,* de parler, d'écouter, de se mouvoir.

« Il semble qu'on soit un enfant ivre de joie, entrant en possession de joujoux rêvés. Quel bel hymne se chantent aux miroirs les yeux reflétés, s'aimant par procuration !

« Et rien ne restera de moi. Cette impression troublante qui vous enivre, ces effets de soleil sur mes cheveux bouclés, sur le brillant humide de mes lèvres et de mes dents éclatantes. L'inoubliable sensation de *moi, moi,* cessera... quand je serai vieille ! »

Un autre volume, intitulé : STANCES AU SOUVENIR, tourne un peu au pathos et montre encore mieux que dans ses autres petits livres combien elle n'est pas en général maîtresse du mot juste, de la vraie phrase descriptive pour peindre des impressions, en général délicatement originales.

Enfin, un volume plus grand portant pour titre : CHANTS DÉTAILLÉS, et où je remarque ces deux morceaux. L'un intitulé AUTOMNE :

« A cette époque de l'année, elle avait comme des envies de faire venir des choses de pays lointains.

« La gaze la tourmentait ! Elle en rêvait une qui viendrait de l'Inde, qui ferait autour de son corps des lignes de neige, qui se draperait sur ses mouvements en des plis tristes et longs comme l'abandon du saule vers la terre, avec toute la lourdeur de l'affaissement des choses légères. »

Le second intitulé : MES SOUVENIRS DE JEUNESSE, où elle s'arrangeait pour dormir, « voulant être belle la nuit pour sacrifier à ce je ne sais quoi d'inconnu, à ce mystérieux de l'ombre, amant impalpable sans apparence, ombre cachée, présence retrouvée, quoique n'existant pas. »

Là-dedans, des chapitres d'une pensée un peu trouble et portant le titre de CONDENSATIONS, d'ATMOSPHÈRE D'AMOUR, d'ATMOSPHÈRE DE BONHEUR COMPLET, avec des « provocations de sensations, mises au point de douceur comme de rajouter une eau tiède à un bain trop frais en s'en laissant envahir graduellement ».

Et alors, sous des titres comme LA FEMME QUI DONNE LA MODE et autres, c'est une autobiographie psychique d'une femme du grand monde, trop faite, hélas ! avec de vieux ressouvenirs et non avec des impressions instantanées, trop faite avec des observations générales et pas assez particulières, trop abstraite des milieux et où ne se trouve pas la signature d'une époque, d'une société, et même d'une manière tout à fait satisfaisante le portrait psychique de la personne qui se peint.

« Elle s'occupe de la mode pour ne pas la suivre, l'ayant donnée. C'est elle qui en décrète les changements et tord les étoffes étonnées de leurs nouvelles formes...

« Ce qui n'est pas destiné à être vu, est soigné, les détails sont personnels. Les parfums sont à peine perceptibles, le rire est de race, les gestes infiniment délicats et enchanteurs, la voix est *sa voix,* et dans tout elle-même, il y a du choix et de l'exquis.

« Une femme belle a dix fois moins de temps qu'une autre femme ; sa personne décuplée remplit forcément son esprit et prime toutes choses. Quiconque a été femme sait combien d'heures disparaissent dans la contemplation d'un arrangement... Elle est attirée par elle-même, son éclat la fascine. Involontairement, elle se regarde, et cette vue ne la rassasie jamais.

« *En revenant de l'opéra, au miroir.*

« Je reviens de l'opéra, et je suis étonnée de la transfiguration que la foule me fait subir.

« Je ne reconnais pas en moi la personne de chaque soir, à l'air fatigué et souffreteux, au geste étroit, craintive d'être trouvée jolie dans son milieu et s'enlaidissant pour trouver grâce devant lui.

« Le sang circule plus chaud dans mes veines, mes paupières enchâssent des yeux heureux de se mouvoir, ils se dirigent avec force vers ce qu'ils voient ou errent dans l'atmosphère transportant des regards.

« Quelle transfusion du sang que cette communication avec les yeux d'une foule ! Comment vivre, quand on ne peut pas provoquer cette grande caresse anonyme ?

« Ces indifférents pris au hasard, il y a quelques minutes, semblent une multitude d'amants passionnés, au milieu desquels on passe avec caprice, comme revenant en triomphe d'une victoire [1]. »

Et un dernier petit volume s'appelle : LITANIES AU MIROIR, dédié à l'objet qui donne à la femme la conscience de sa beauté, dédicace qui a au-dessous l'épigraphe : *Vision de ma vision, enivrement encore de ma griserie.*

---

1. Rayé depuis : *« Ces indifférents pris au hasard... »*

Et dans une langue à la fois religieuse et mystique, elle s'écrie :

« Oh ! les rayonnants retours, lorsque toute magnétisée des fluides apportés sur mon apparence, je rentrais, m'abattant vers toi pour surprendre les secrets émanés de moi-même [1]. »

Et ça finit par cette invocation :

« O Miroir,

« Minotaure insatiable, creuset d'immenses félicités », etc.

Lundi 9 juillet

Départ pour Champrosay.

Catulle Mendès a fait reconnaître les enfants qu'il a eus d'Holmès par son père, en sorte qu'il se trouve le frère de ses enfants ; et l'enfant qu'il a eu de Moréno, il l'a fait reconnaître par son fils, ce qui fait qu'il est à celui-ci je ne sais quoi.

Il est vraiment d'un bon conseil dans la vie, ce Daudet, et le nombre de catastrophes que grâce à ce père, le fils a évitées !

Léon reçoit de Gung'l du MATIN une lettre où il demande à le voir, au sujet des MORTICOLES, auxquels il veut consacrer un article [2]. Ce Gung'l est le fils de Lagier, dont la mère, en ses visites au boulevard du Temple, nous disait, à Flaubert et à moi, en parlant de lui : « J'ai laissé mon *emmerdeur* en bas dans le fiacre. » Depuis, l'*emmerdeur* a passé par la Légion étrangère et est devenu un sacripant.

Léon fait part de cette demande à son père, qui se rappelle que LE MATIN est un journal à la disposition de Waldeck-Rousseau, le mari de la fille aînée de Charcot, le beau-frère de la seconde fille de Charcot, que n'a pas voulu épouser Léon ; et Daudet croit être à peu près sûr que c'est Waldeck qui a fait courir dans les journaux, et notamment dans LE MATIN, le bruit du divorce de Léon avec Jeanne.

Or Daudet dit à Léon : « Attention, je flaire là une chose mauvaise pour toi. Waldeck-Rousseau, dont tu as fait le portrait comme l'avocat des MORTICOLES, est un avocat de talent [3]. Puis Péan est un monsieur qui gagne 800 000 francs par an, et ton livre nuit à son commerce. Songe qu'il ne faut pas offrir à Péan l'occasion de te demander cent mille francs de dommages-intérêts et à Waldeck-Rousseau, celle de les lui faire adjuger. Or donc, dis à Gung'l de venir te trouver ici. »

Ennui et trouble dudit de voir Daudet vouloir assister à l'entrevue, et qui après avoir cherché à l'écarter, se décide à le subir.

Alors, tableau emphatique du succès que le rédacteur du MATIN veut faire au livre de Léon ; mais pour cela, il est de toute nécessité que

1. Corr. éd. : *pour surprendre.* texte Ms. : *pour suspendre.*

2. L'orthographe du journaliste est rétablie d'après le passage du JOURNAL du 1er mars 1895, tel que le donne le texte imprimé et d'après L'ANNUAIRE DE LA PRESSE. Le Ms. porte ici *Gould*, puis *Goughe*, enfin *Gough.* Dans LE MATIN de cette période, le nom de Gung'l ne figure pas, les éditoriaux seuls étant signés.

3. Personnage bizarre, fort influent et sans moralité : tels sont les traits de l'avocat Méderbe dans LES MORTICOLES (p. 287).

Léon lui donne les noms de deux ou trois médecins qui lui ont servi de modèles.

Là-dessus, Daudet de s'écrier sur un air de parfaite bonne foi :

« Des noms ? Léon serait bien embarrassé de vous en donner ! J'avais beau lui dire, ainsi que c'est mon mode de travail, qu'ils soient reconnaissables, les médecins, qu'ils soient calqués sur un seul bonhomme ! Ah ouiche ! vous savez bien que les jeunes de ce temps sont des *synthétiques.* Et les types des MORTICOLES, où vous voulez voir le type d'un seul individu, sont des condensations des traits de dix médecins différents.

— Mais enfin, disait Gung'l, impatient et sentant que Daudet se fichait de lui, mais enfin, il est impossible, reconnaissable comme il l'est, que vous n'ayez pas eu l'intention de faire le portrait de Péan ! N'est-ce pas, monsieur Léon ? et permettez-moi de le désigner.

— Non, non, non, répliquait Daudet. Si vous le faisiez, mon fils serait dans l'obligation de vous faire un procès, surtout après ce que je viens de vous dire. »

Et le Gung'l battu, se retirant, déclarant qu'il allait tout de même faire un grand article sur le livre. Mais il ne paraissait pas une ligne sur LES MORTICOLES dans LE MATIN.

Mardi 10 juillet

Mme Daudet disait du style de Marcel Prévost : « Il écrit avec une allumette brûlée par le bout, l'allumette au moyen de laquelle on se fait les yeux chez les concierges. »

Mme Daudet parlait, quelques instants après, des domestiques impossibles qu'avait faits le service militaire, de ces paresseux ayant pris l'habitude de passer leur vie couchés sur leur lit, à fumer des cigarettes, et de ces révoltés incapables de supporter une observation, quand on tombe sur un domestique qui a été caporal ou sergent.

Mercredi 11 juillet

Bon ! le second jour de mon arrivée chez les Daudet, une crise, et une crise qui s'annonce comme une forte crise ! A trois heures, je descends trouver Daudet, auquel je dis : « Mon petit, il faut me faire une piqûre. » Il prépare ses aiguilles, les flambe, et le voilà, ainsi qu'il le dit, lui, le paralytique, accroché au bras de l'hépatique, montant tout trébuchant le petit escalier raide de ma chambre. Et ses mains tremblotantes me font la première piqûre qu'on m'ait faite, et si habilement que je ne sens rien du tout. Et je le vois un peu pâle de l'émotion de ma piqûre, lui qui se pique toute la journée, et cherchant avec des yeux inquiets autour de lui sa canne, qu'il a perdue et sans laquelle il ne peut s'en aller... Au bout d'un quart d'heure, j'avais le sentiment de l'évanouissement de la douleur dans un rien d'assoupissement.

Comme perversion des sensations, la piqûre a amené chez moi ceci : le tic-tac de la pendule est devenu la marche de Lucien de retour de Paris, sur le sable des allées, sa marche courante pour embrasser plus tôt sa mère.

Jeudi 12 juillet

La piqûre n'a fait qu'ajourner ma crise, et aujourd'hui, elle me revient si mauvaise que je suis obligé de me coucher à l'heure du grand dîner de chaque semaine.

Vendredi 13 juillet

On raconte que lorsque Cahen s'est installé dans le pays, il y a avait écrit sur toutes les maisons du petit village : *Cahen voleur.*

Eh bien, au bout d'un an, ces gens intraitables qui étaient tous des pillards, des braconniers, ces gens qu'on appelait les *Bédouins de Mainville,* il les avait fait tous acheter, en avait fait des gardes, des rabatteurs, des journaliers du château. Il n'en est pas ainsi chez le propriétaire catholique — voir LES PAYSANS de Balzac — il s'indigne du vol, il lutte contre lui [1]. Cette transaction chez le Juif avec la malhonnêteté est un vilain symptôme : elle prouve la confiance qu'a cette race dans la corruption et l'emploi journalier qu'elle en fait auprès des petits et des grands.

Mme Dardoize revient sur sa brave création des *Chevaliers du Brassard* ou du *Bon Ordre* pendant la Commune, et de ses huit entrevues avec Thiers à Versailles, à cinq heures du matin. Elle nous apprend que pendant tout le temps de la Commune, il y a eu communication par les égouts entre Versailles et Paris, par l'intermédiaire de deux agents de la voirie, tout dévoués à M. Thiers, que c'est par les égouts qu'elle recevait les communications du gouvernement, que c'est par les égouts qu'elle a fait échapper M. Bouteiller, décrété de mort par la Commune.

Lundi 16 juillet

Daudet nous faisait l'imitation drolatique d'un oncle, ancien militaire, qui en dépit de ses quatre-vingts ans, s'entraînait à faire quatre ou cinq lieues en faisant le simulacre de jouer du tambour avec le battement de ses bras et le bruit de sa bouche. Ce simulacre de tambourinement n'était tout d'abord qu'un coup de fouet pour la marche, puis dans ce tambourinement, au bout de quelque temps, revenaient des souvenirs de sa vie galante sur des *ran plan plan* exultants, des souvenirs de ses nombreux cocuages par sa femme, sur des *plan plan* mélancoliques, qui avaient l'air de tomber sur la peau d'âne d'un tambour voilé de

1. Allusion aux démêlés du comte de Montcornet avec les paysans de sa terre des Aigues, près de Soulanges.

crêpe, enfin toutes les réminiscences de sa vieille cervelle sur des batteries gaies ou attristées.

Le bonhomme aux cheveux grisonnants avait ceci de particulier que des deux côtés de sa figure, il portait deux longues mèches frisées, qu'il tortillait et passait des heures à appuyer contre un mur : un procédé original pour remplacer les *bigoudis* !

Ce pauvre être faible, qui avait été jeté à la porte de chez lui par sa femme et ses filles et qui ne vivait que de petites pensions faites par la famille, avait souffert en son Midi de la famine pendant le siège de Paris, tout comme les Parisiens ses donataires étant enfermés dans la capitale, le malheureux ne s'était guère nourri que de noix, dont il avait, je ne sais comment, des sacs chez lui.

Mercredi 18 juillet

Rêve de fièvre.

Je me trouvais dans une ville de province inconnue. Quelqu'un m'emmenait voir une fête dans une maison de prostitution pour la sortie de prison d'une fille reconnue innocente. J'arrivais au moment où une femme, montée sur une échelle, collait sur les murs une grande affiche portant : *Acquittement de la fille****

Dans la maison, c'était une procession de curieux, et le spectacle était original. Au milieu de grandes branches de pin des forêts des environs de la ville, les femmes étaient groupées toutes nues, disant des choses drôles dans un jargon particulier ; et autour d'elles, il y avait des entassements de fruits de toutes sortes, entremêlés de verres de bière, que prenaient les gens en défilant devant ces corps nus, éclairés par des becs de gaz.

Dans un coin, un petit théâtre de marionnettes, organisé par le maître de la maison, qui avait la tête de Karagheuz, me semblait représenter la pièce obscène composée et jouée par Maupassant dans l'atelier d'un peintre [1].

Et je trouvais le milieu bizarre, et je voulais le décrire, et je ne sais quoi m'empêchait de pouvoir prendre aucune note et me rendait colère. Puis j'étais préoccupé du livre de bord de la maison, où le bordelier avait écrit, jour par jour, l'histoire des filles de la maison et qui, d'après les citations qu'en faisaient ceux qui se le passaient de main en main, était très curieux et qui, chaque fois qu'il allait m'arriver en main, m'échappait.

« Drumont, me dit Daudet, ç'a été un camarade, un vrai camarade pour lequel je me serais fait tuer, et sans cependant que j'éprouvasse pour lui de la véritable amitié. Je le sentais crasseux ; et l'avare, l'homme rebelle à un service d'argent, selon mes idées, ne peut constituer un véritable ami. Puis il avait encore dans le rire, à propos de farces ignobles, quelque chose d'une hilarité de la cour des Miracles, d'une hilarité d'un Clopin Trouillefou. »

---

1. Sur A LA FEUILLE DE ROSE, cf. t. II, p. 741-742.

Cette gaffeuse de Mme Dardoize ! Il y a une dizaine d'années, se trouvant à Saint-Malo, un jour qu'elle avait été fortement roulée par une vague, elle sentait le besoin de compléter son éducation *natatoire* et avisant, en regagnant sa cabine, un grand gaillard sur son passage et qu'elle prenait pour un baigneur, elle lui jetait :

« Mon ami, j'aurai besoin de vos conseils demain.

— Bien, Madame... A quelle heure ?

— Mais à l'heure de la marée ! »

Quelque chose d'imperceptible passa sur la figure de l'homme. Là-dessus, Mme Dardoize regagna sa cabine et quand elle sortit rhabillée, de la cabine d'à côté sortait son futur baigneur, qui se trouvait être un curé et qui se mit à éclater de rire devant l'embarras de la femme !

Jeudi 19 juillet

Au lit, l'état de faiblesse qui suit la souffrance amène ma pensée, dans l'éveil, à ne faire aucun travail et à ne songer bienheureusement à rien.

Samedi 21 juillet

Mme Daudet revenait aujourd'hui sur les emportements de son mari dans les premiers temps de son ménage, qui lui faisaient jeter sur le parquet, en un accès de colère, un encrier, une lampe pleine d'huile, et elle contait ses désespoirs et ses longs travaux pour effacer ces taches.

Lundi 23 juillet

Cette bonne Mme Dardoize nous a lu avant son départ une nouvelle intitulée : ELLE ET LUI, où elle raconte la cour qu'on lui faisait à l'âge de quinze ans, dans l'île de Belle-Ile en mer, ladite cour entremêlée de prédications d'un jésuite qu'elle appelle le père Hangri. Le lyrisme démodé et éculé détonnant çà et là dans la pauvreté du style, l'inconscience de l'expression caractéristique et même l'absence de travail que demande la chose bien écrite, cela dépasse tout ce qu'on peut imaginer ! On sent que les livres qu'elle a lus, elle les a lus sans plus de profit qu'une mouche qui se promène sur les pages d'un volume.

Et vraiment, c'est bien ironique de penser que cette Dardoize a été chargée, par Yung, de la réception ou du refus des nouvelles et des romans présentés à LA REVUE BLEUE [1].

---

1. La REVUE BLEUE, qui durera jusqu'en 1939, remonte à 1863 : Eugène Yung, ancien lecteur de LA REVUE DES DEUX MONDES, et Émile Alglave fondent alors parallèlement, pour diffuser les cours de la Sorbonne ou du Collège de France, LA REVUE DES COURS LITTÉRAIRES et LA REVUE DES COURS SCIENTIFIQUES. Puis des chroniques politiques, des articles de critique, firent de la première LA REVUE POLITIQUE ET LITTÉRAIRE (1871), dite REVUE BLEUE à cause de la couleur de sa couverture. Jules Lemaître, en particulier y débuta brillamment en 1878-1879 par ses études sur les écrivains contemporains.

Mardi 24 juillet

Daudet disait :

« Mon père répétait : « L'homme qui se lève à quatre heures du matin... c'est une fortune faite ! » Mon père se levait à quatre heures du matin, et sa vie a été une suite de mauvaises affaires, de catastrophes, de ruines. »

Daudet ajoutait :

« Ma mère répétait : « Les familles nombreuses, Dieu les bénit ! » Et de ses dix-sept enfants, il n'y en a que trois de vivants ! »

Je relis LA FIANCÉE DE LAMMERMOOR, un roman de Walter Scott resté dans mon souvenir des lectures de ma jeunesse.

Tout d'abord, je suis frappé de l'art de la composition, puis bientôt, du manque d'intensité des scènes. Ça ne fait rien, c'est, au fond, un grand, un très grand imaginateur — et Daudet, auquel je racontais le roman, me disait que les romans de Walter Scott devaient être les inspirateurs des romans de Feuillet.

Mercredi 25 juillet

Daudet, en train de corriger des épreuves de sa PETITE PAROISSE pour L'ILLUSTRATION, me demandait s'il devait ajouter le sous-titre : *Étude passionnelle.* Je l'engage à n'en rien faire, trouvant ces doubles titres une chose pas distinguée, et lui conseille, s'il veut établir dans la pensée de l'acheteur que LA PETITE PAROISSE n'est pas un livre *prêteux,* de le dire dans une préface de dix lignes.

Jeudi 26 juillet

Un dîner de dix-neuf personnes, parmi lesquelles les deux frères Margueritte, et la gentille femme de Paul, le ménage Dorchain, les Frantz Jourdain et leurs enfants, l'éditeur Curel, Blaise, avec sa triste silhouette, sa voix caverneuse et sa barbe de maître d'hôtel des funérailles.

On parle du roman du LYS ROUGE d'Anatole France, que je ne sais plus qui disait, ces jours-ci, devoir vivre autant que MADAME BOVARY, assertion à laquelle toute la tablée répond que ce roman n'est qu'un succédané des romans de Bourget. Et moi, qui ai vu ce garçon dans le milieu de son passé, dans la boutique de libraire de son père, où sa mère faisait la cuisine sur une espèce de *gueux* de l'arrière-boutique, je me demande si un garçon élevé si *miséreusement* peut jamais peindre de la mondanité aristocratique. Pour la peindre, cette mondanité, il faut y être né.

Curel parle du fabricateur de livres artistiques, Guillaume, qui devait un million avant de faire des affaires avec lui et qui lui doit, à l'heure qu'il est, 327 000 francs sans en être préoccupé ; toutefois, lui apparaissant tous les samedis, en se rongeant les ongles, qui est sa manière de lui demander deux mille, trois mille, quatre mille, cinq mille francs.

Ce Guillaume, ce gros et épais homme, ce bloc de Gruyère, Curel nous le peint avec des côtés de délicat sybaritisme, avec sa serre à l'aquarium fleuri des nelumbos de toutes les couleurs, avec son atelier de soixante brocheuses au petit tablier galonné d'or, qui doit être pour lui un harem, avec ses perpétuels voyages en Suisse, avec sa plantureuse table garnie, tous les soirs, de gais convives, et nous montre cet industriel à la veille de faire faillite tous les lendemains ne pouvant vivre à moins de cent francs d'argent de poche tous les jours.

Margueritte est complètement changé. De fluet, maigriot et fatal Pierrot qu'il était, il est devenu un gros garçon, au dos rond, à l'épaisse figure, ressemblant à un hobereau de la Haute-Marne. Un tic particulier : je trouvais chez lui autrefois, quand il parlait, une espèce de contorsion de la bouche, que j'attribuais chez lui au désir de montrer ses dents qui sont fort belles ; aujourd'hui, c'est un formidable décrochage de la mâchoire, peut-être dû à ses torsions macabres de la bouche dans ses pantomimes.

Il est plus que jamais réservé dans ses jugements sur les uns et les autres, gardant une circonspection qui empêche toute expansion.

Vendredi 27 juillet

Longue promenade en voiture dans la forêt de Sénart, en tête à tête avec Daudet. Il se montre très tendre, me parle de l'affection de sa femme pour moi, qui serait tout à fait une affection comme pour un membre de sa famille, et me donne l'assurance qu'en dépit de tout ce qui a été dit, fait, inventé par les jaloux de notre amitié, cette affection n'a pas été entamée une minute.

Un moment, il me confesse sa sensibilité à propos des attaques de la presse et m'avoue qu'il n'a pas lu l'article de Tailhade, qu'il savait lui être très hostile. Moi, je lui conte mon procédé de neutralisation de l'attaque littéraire : c'est de mettre les articles dans une enveloppe cachetée et de les lire deux ou trois mois après leur apparition. A cette date, ils sont comme s'ils n'étaient pas, leur venin s'est évaporé !

Dimanche 29 juillet

La sœur de Daudet, inspectrice des études du treizième et du quatorzième arrondissement, parlait de la puissance des protestants, de leur étroite solidarité et des nombreuses places qu'ils avaient envahies. Et comme, un jour, elle se laissait aller, elle, la catholique, à constater l'influence grandissante de ce parti religieux devant la sœur d'Élisée Reclus, Mme Kergomard, occupant une importante position dans cette inspection des études, celle-ci lui jetait dans la figure : « Oui, c'est la revanche de l'édit de Nantes ! »

Vraiment, c'est curieux dans ce pays catholique, les Juifs et les protestants tout à fait omnipotents, et les catholiques à l'état de parias !

Mercredi 1er août

Aujourd'hui, une petite et proprette maison de paysan sur la route de Soisy, où Daudet a vu pendant des années une vieille femme sur la porte et qu'il voit cet été dans son lit, la fenêtre grande ouverte sur la vue au loin de la Seine et du coteau en face, lui met dans la cervelle cette imagination.

Il aimerait faire habiter cette petite maison, qui ne contient guère que deux chambres et une cuisine par deux vieux *douloureux*, dont l'existence, tout enfermée là-dedans, se passerait dans d'interminables parties d'échecs, entremêlées de piqûres de morphine, avec la contemplation de ce paysage à perte de vue. Et il disait qu'il ferait de cela une très curieuse nouvelle.

Et ceci, par des déductions trop longues à écrire, l'amenait à constater que nous étions tous deux des sybarites, des êtres qui savions très bien savourer les jouissances de la vie et en tirer tout ce qu'elles pourraient donner, si nous n'en étions pas empêchés par la *production,* cette maladie qui vous retire de la vie vivante et en supprime les satisfactions.

Ce soir, Daudet reparlait de son séjour pendant cinq semaines, la fin de décembre et le mois de janvier, dans le phare des Sanguinaires, cinq semaines qu'il avait passées, jour et nuit, tout au spectacle de la mer et de la tempête, sans écrire une ligne, et où il n'avait pour lecture qu'un vieux Plutarque, qui se trouvait là, je ne sais par quel hasard [1].

Jeudi 2 août

Le musicien Pugno, qui dîne ce soir, parle tout à fait éloquemment des petits drames accidentant la vie des exécutants.

Lui, il déclare avoir, à chaque concert qu'il donne, l'émotion anxieuse, maladive, de son tout premier concert, avec la préoccupation d'empêchements apportés à son exécution — et jusqu'à la dernière note — par les palpitations de son cœur, les contractions nerveuses de ses avant-bras, la chaleur de la salle qui peut rendre les touches du piano humides, une raie du parquet où peut glisser le pied de sa chaise. Et après ces exécutions, la dépense de l'émotion a été telle chez lui qu'il est pris de crampes d'estomac atroces.

Mais dans ses concerts de Londres, qui durent deux heures et où il est le seul exécutant, c'est surtout la préoccupation, à un moment, de la perte de la mémoire et, comme il le dit, d'un *trou tout noir,* qui se fait dans le souvenir.

A ce propos, il raconte qu'à un concert de Colonne, il avait éprouvé

1. Texte Ms. : *dans le phare des Sanguines.* Durant son voyage en Corse (décembre 1862-mars 1863), Daudet, cherchant la solitude, va s'établir en décembre et janvier au phare des îles Sanguinaires, isolé par la tempête. Ses souvenirs sont passés dans LE PHARE DES SANGUINAIRES, publié dans les LETTRES DE MON MOULIN, et dans LES SANGUINAIRES, qu'on trouvera dans LA FÉDOR (1896).

cette mortelle sensation, à la suite d'un embarquement sur un *do* naturel au lieu d'un *do* dièse ; heureusement, il avait eu le sang-froid de se lever, d'aller à Colonne, de lui dire : « Je voudrais une autre nuance », de revenir à son pupitre, sans répondre à l'étonnement de Colonne, d'entrouvrir sa musique, pendant que l'orchestre recommençait ; et grâce à ce *truc,* il était sauvé et la salle ne s'apercevait de rien.

Et le récit de ce trouble de sa mémoire l'amène à raconter comment Viardot a perdu sa place de chef de l'orchestre de l'opéra à la représentation de LA WALKYRIE [1]. Il arrivait que la Bréval prenait sur l'orchestre une avance que Viardot n'avait pas l'art de rattraper, à la suite de quoi un charivari épouvantable dans l'orchestre, et une salle qui se met à siffler, et Viardot jetant son bâton et se sauvant de l'opéra... Mais voici le curieux ! Qu'allait devenir la représentation ? Or il y avait, assis sur un strapontin, le nommé Mangin, chef des chœurs, qui était venu avec la conviction que Viardot n'irait pas jusqu'au bout, l'ayant vu parcourir la partition avec un œil qui n'en avait pas étudié les détails, tandis que lui la possédait à fond, et il attendait... Lorsque Viardot se fut retiré, il se présentait comme envoyé par la Providence pour conduire l'orchestre et le menait admirablement.

Larroumet, qui fait de la villégiature dans les environs, était venu en bicycle dîner, avouant qu'il tombait souvent, qu'il était couvert de contusions, mais que cela l'amusait. Sans hauteur et sans brillant dans l'esprit, il est amusant comme anecdotier, tenant un assortiment des plus riches d'historiettes, de racontars, de potins, qu'il conte avec sa voix à la fois lourde et flûtée. Son existence a cela d'original qu'il a commencé par être pendant trois ans sous-lieutenant de dragons. Mais un rhumatisme articulaire lui ayant fait quitter le service, cet homme à la tête volontaire a le courage de passer ses licences et d'entrer dans le professorat.

Vendredi 3 août

Daudet nous disait qu'enfant, il aspirait à devenir plus tard un marin en même temps qu'un littérateur et que la première fois qu'il avait vu Loti, il n'avait pu s'empêcher de lui avouer qu'il était ce qu'il avait voulu être et qu'il avait la carrière que son enfance avait rêvée pour lui-même.

Samedi 4 août

Les jeunes gens élevés à la campagne et passant des heures à contempler le paysage ou à regarder le bouchon flottant d'une ligne, gagnent à ce trop long contact avec la nature un lazzaronisme, une

1. Après sa création à Munich (1870) et à Bayreuth, l'œuvre de Wagner avait été représentée à l'opéra de Paris le 12 mai 1893.

torpeur, une paresse de l'esprit, qui, pour la plupart, les empêchent de faire quelque chose dans la vie. Pour avoir le goût fiévreux du travail et de la production, il faut presque toujours avoir grandi dans l'activité des capitales.

Lundi 6 août

Retour à Paris.

Petit bonheur de se retrouver dans cette chambre refaite pendant mon absence, en ses tapisseries à fleurs, en sa tenture crème relevée de galons bleus, en ce blanc où il y a comme une tiédeur.

Mardi 7 août

Colère au réveil. Toute cette harmonie d'hier soir à la lampe, détruite par la lumière du jour. Mon imbécile de tapissier a découvert un teinturier qui a teint tout ce qu'il y a d'étoffe moderne dans la chambre — et qui devait se raccorder avec les tapisseries du XVIIIe siècle — en un ton verdâtre dont la froideur détonne avec le ton crème des tapisseries.

Mercredi 8 août

Voici encore une fois chez moi la collection des petits carnets imprimés de la comtesse Greffulhe avec sollicitation d'une réponse, et voici la lettre que je lui écris :

« Chère Madame,

« Vous me faites l'honneur de désirer avoir mon appréciation sur ces charmants petits volumes qui contiennent, le dirai-je ? votre biographie psychique. Je vais le faire avec une complète franchise.

« Je les trouve très intéressants, ces petits volumes, comme donnant les sensations raffinées, sublimées d'une femme du grand monde. On n'a guère, en ce temps, que des sensations de femmes bourgeoises, et vos sensations sont joliment présentées, délicatement détaillées, artistement écrites, et il y a parfois des phrases dont je suis jaloux, comme celle-ci, adressée à votre miroir : « Comment vivre, quand on ne peut pas provoquer cette grande caresse anonyme ? »

« Sur cette publicité plus étendue donnée à ces confessions intimes, voici mon opinion. Vous parlez beaucoup de l'amour, et c'est dangereux pour une femme honnête. Vous avez parfois des phrases comme celle-ci, où vous dites que votre bonheur est couché d'avance dans le cercueil, où votre corps sera mis à côté de l'alliance que vous avez ôtée, le jour où elle n'a plus été qu'une parodie mauvaise de votre amour assassiné, phrases pouvant servir à des interprétations imbéciles des méchants.

« Maintenant, le plus grave, c'est, dans vos LITANIES AU MIROIR et ailleurs, l'espèce de très naturelle religion que vous avez de votre élégante beauté. Songez à toutes les jalouses, toutes les envieuses, toutes les enragées de vos triomphants succès sur la grande scène parisienne, et ce qu'elles clabauderont contre l'orgueil de cette beauté, orgueil que toutes les belles créatures, depuis Eve, ont eu de tout temps, oui, mais qu'elles taisaient, qu'elles renfermaient en elles-mêmes, qu'elles n'imprimaient pas.

« Agréez, chère madame... »

J'ai bien peur que cette lettre ne satisfasse pas la tentation de la publicité qu'a la comtesse.

Dîner ce soir chez Mme Sichel, qui se dispose à partir pour la Suisse avec son fils, qui a une pauvre mine et ce resserrement frileux des membres qu'avait mon frère avant sa mort. Millard a condamné le pauvre garçon à passer tout l'hiver dans ces établissements où l'on couche les fenêtres ouvertes et où l'on traite, hélas ! la phtisie par la congélation.

Vendredi 10 août

C'est incroyable que cette attaque de mon JOURNAL contre Sarcey n'ait pas été relevée par un seul *jeune* [1] ! Ils ont tous une pièce ou une idée de pièce en portefeuille, et ils sont à l'heure présente si politiques et si couards, les jeunes, qu'ils n'osent affronter le futur éreintement du critique dramatique.

Lundi 13 août

Je ne sais pas ce que m'a fait dire Frantz Jourdain aux Assises, en faveur de Grave, et dont je n'ai aucun souvenir, mais sa déposition m'a fait flétrir par le procureur général Bulot, et aujourd'hui que Grave est acquitté, ça me vaut dudit un remerciement où il me traite de *magnifique cercelle.* On me dit que c'est un anarchiste platonique. Alors, tant mieux pour ce que Frantz m'a fait dire [2] !

Mercredi 15 août

Ce matin, je ne sais quel journaliste supérieur, à propos de l'oubli où on prétend que Maupassant est tombé, déclarait qu'au fond, les

---

1. Sur la diatribe contre Sarcey qu'Edmond a ajoutée au manuscrit, à la date du 25 déc. 1888, lors de l'impression du volume VII du JOURNAL, paru en 1894, cf. t. III, pp. 201-203.

2. Utilisant les *lois scélérates* votées après l'assassinat de Carnot, le gouvernement fait poursuivre, du 6 au 12 août 1894 pour « association de malfaiteurs », trente écrivains ou publicistes anarchistes. Jean Grave, déjà poursuivi en février (cf. plus haut p. 927, n. 3), est à nouveau inculpé ; comme les autres accusés de ce *Procès des Trente* qui ne répondaient d'aucun délit de droit commun, il fut acquitté. On se rappelle que Drumont avait tancé Goncourt pour n'être point intervenu en faveur de Grave lors du premier procès. Cette fois, Edmond laisse Frantz Jourdain invoquer son témoignage et Grave, dans sa déclaration aux jurés, l'en remercie déjà dans les termes cités ici : « Je me consolerai du malheur en songeant que des hommes éminents, des cerveaux magnifiques, les de Goncourt, les Mirbeau,... les Séverine, m'ont accordé leur sympathie. »

romanciers, n'étant que des *rédacteurs de faits divers*, ne devaient pas avoir la prétention de se survivre et que seulement allaient à la postérité ceux qui étaient les inventeurs de théories philosophiques, comme Renan... Merci ! Je lui répondrai qu'Homère est plus connu que Platon. Et quant à Renan, il n'est que l'inventeur de la théorie de *la vie à la douce*, théorie déjà prêchée par Rabelais et dans une langue autrement succulente que la sienne !

Aujourd'hui, M. Mouret, je crois, le Marseillais avec lequel j'ai dîné chez Gavarni et qui parle si bien du chant des oiseaux, vient me remercier du mot que j'ai dit de lui dans mon JOURNAL.

Il me conte la chasse aux oiseaux de passage, l'unique chasse de Marseille et qui se fait avec un oiseau *rappeleur*, généralement un pinson, coûtant cinquante francs, quand il sait son métier. Et il me détaille les supplices par lesquels ce pauvre petit oiseau passe pour en arriver là. Quand au printemps, il commence à chanter, on lui arrache les plumes ; et si on ne parvient pas à le faire taire par ce procédé, on lui bouche les yeux et il se tait jusqu'à l'automne, où on lui rend la lumière. Alors, le pauvre oiseau, placé comme appeau, se donne à cœur joie de chanter, et les oiseaux de passage entendant ce petit être de leur espèce qui *ramage* sa chanson du printemps et de l'amour, se précipitent autour de lui et sont pris avec des gluaux ou tués à coups de fusil.

Eh bien, ce M. Mouret est au moment d'avoir réussi un pinson artificiel et, mieux, une grive artificielle, espèce d'oiseau dont on n'a jamais pu faire un rappeleur.

Samedi 18 août

Ah ! cette promenade *décentralisatrice* des Félibres dans le Midi, cette ridicule farandole à laquelle se sont associés la Comédie-Française et le Ministère et qui a eu pour résultat de nous menacer, par les parleurs de la langue d'*oc*, de ce troubadour en retard, le nommé Mistral, comme remplaçant d'Hugo [1].

Aujourd'hui, dans LE FIGARO, un article de Becque, qui proclame comme le premier auteur dramatique de ce temps, Sardou, cet homme sans style et ce voleur des idées de tout le monde. C'est bien là l'article d'un envieux, d'un homme jaloux de tous ceux qui ont au théâtre du talent !

Dimanche 19 août

Une bonne d'une voisine a demandé ces jours-ci à sa maîtresse d'aller

---

1. Dans le courant d'août 1894, les Félibres accomplissent un voyage spectaculaire dans le Midi, par Lyon, Valence, Avignon, etc., avec banquets, inauguration de bustes et représentations en provençal. Parmi les participants figurent les ministres Leygues, Guérin et Barthou, le critique Sarcey, Claretie et des sociétaires du Théâtre-Français, par exemple les deux Mounet, Mlle Bréval, de l'opéra, etc. L'étape la plus marquante fut le « consistoire » tenu en Avignon le 13 août.

chez son médecin. Mais la demande a été faite d'un air si extraordinaire que la maîtresse a dit à une amie : « Je ne sais pas, mais il me semble qu'elle ne reviendra pas ! » En effet, elle ne revenait pas ; et le lendemain, elle envoyait de Mantes une lettre où elle disait qu'ayant perdu ses économies, elle allait se jeter à l'eau et qu'elle ne s'était pas noyée à Paris, parce qu'elle ne voulait pas être exposée à la morgue. Deux jours après, sa maîtresse recevait une lettre d'un maire des environs de Mantes, qui lui demandait d'envoyer des parents pour reconnaître la pauvre noyée.

Mercredi 22 août

Dîner à Saint-Gratien.

La Princesse, en attendant le dîner, déplore avec Durangel la diminution de 8 000 francs de rente dans le revenu des Jeunes Filles Incurables, produite par la conversion de la rente [1].

A table, la petite Benedetti m'avoue sa désolation de sa petitesse, me contant que jusqu'à son mariage, elle s'était habillée devant une glace de toilette et que jamais elle n'avait tenté de la faire devant une psyché, qui lui montrait sa petite taille, prenant son parti du mauvais arrangement du bas de sa robe.

Pichot parle de la représentation sur le théâtre d'Orange, où, dit-il, le remuement dans le feuillage des vrais arbres du théâtre, amené par le mistral, rendait la scène vivante [2].

A notre retour en chemin de fer, Durangel, qui a beaucoup approché Thiers pendant la Commune, nous entretient du petit homme, dont il cite deux ou trois traits d'impolitesse et de manque d'éducation. Il nous le peint comme un capon supérieur, ne voulant pas donner sa signature pour certains ordres pouvant un jour engager sa tête, tout en battant militairement la charge avec ses doigts sur les carreaux de son cabinet.

Puis Durangel fait un tableau assez drolatique de l'homuncule tout nu, devant un grand feu dans la cheminée de la chambre habitée par le roi de Prusse, le comparant à un saucisson rose, frotté avec de la flanelle par Mme Thiers.

« Oui, s'écrie-t-il, il donnait ses audiences à six heures du matin, mais il dormait une partie de la journée. » Et c'est une entente parfaite entre nous sur les erreurs de ce grand homme, qui a dit à propos du premier chemin de fer : « Il faut donner ça à Paris comme un joujou, mais ça ne transportera jamais ni un voyageur ni un colis », qui, disant à Niel avant la guerre d'Allemagne : « Prenez garde de faire de la

1. Cf. t. III, p. 913, n. 1.

2. Sur la « tournée » des Félibres, occasion de cette représentation, cf. la page précédente. Au cours de la soirée mémorable du 11 août, à laquelle assistait Péguy et dont il a conservé le souvenir dans LES SUPPLIANTS PARALLÈLES, les deux Mounet avaient interprété ŒDIPE-ROI au théâtre antique d'Orange.

France une caserne ! » s'est attiré cette réponse : « Prenez garde d'en faire un cimetière. »

Un moment, comme on parlait du peu de sérieux des travaux de la statistique, Pichot affirme en riant que les statistiques recueillent sérieusement des blagues comme celles qu'il faisait quand il était dans le service de la clinique des enfants et qu'à propos de morts d'enfants de quatre ou cinq jours, il inscrivait : « Mort du dégoût de la vie, mort du spleen. »

Samedi 25 août

Dans un petit chemin de la plantation que longe le chemin de fer et sur lequel un train passe dans le moment, Moser me dit : « Vous ne pouvez vous douter de ce qu'on voit d'ici, dans les wagons, de couples qui s'embrassent, se pelotent, font mieux encore ! »

Moser me parle de Chauchard, qui a sa propriété dans les environs, disant que c'est un parvenu plein de mesquinerie et qui n'a la main ouverte que pour ce qui rapporte de la réclame à sa vanité.

En revenant de Versailles, je m'arrête un moment à Saint-Cloud et prends une absinthe au café de la Tête-Noire. Une jolie heure, que cette heure crépusculaire, qui vous montre sous un ciel évanoui, dans une vapeur bleuâtre, ce frais Bas-Meudon, où s'est passé le canotage de ma jeunesse.

Dimanche 26 août

Mon existence s'est passée tout entière dans la recherche d'un décor original des milieux de ma vie. Un jour, c'était ceci, un autre jour c'était cela. La semaine dernière, c'était l'achat de soieries, de robes portées par des femmes XVIIIe siècle, pour en faire des gardes de livres. Et toujours, toujours, de petits inventions auxquelles les autres ne pensent pas. Et dans les choses inférieures méprisées par les natures non artistes, j'aurai dépensé autant d'imagination que dans mes livres.

Je ne sais ce qui fait qu'aujourd'hui, Clemenceau m'a fait un grand article sur L'ITALIE D'HIER. Je vais être condamné à ne plus dire de mal de mon louangeur [1].

Mardi 28 août

Un jour arrivera-t-il où la science pourra traduire les souffrances de l'animal, voulant dire à l'homme ses sensations, ses besoins, ses désirs et ne pouvant les exprimer ? Je pensais à cela devant ma chatte dans les douleurs de l'enfantement et ayant l'air de me demander une sage-femme.

---

1. L'article a paru dans LA JUSTICE du 27 août 1894 et est tout élogieux, comparant le carnet de notes publié dans L'ITALIE D'HIER au cahier de voyage de Delacroix en Algérie, disant des Goncourt : « Ils voulurent être et furent des hommes de lettres complets », etc.

Axiome : tout ce qui est joli n'est pas commode. Exemple : le mobilier contourné Louis XV.

Mercredi 29 août

Ces jours-ci, on m'a apporté une vitrine tout en glace et en bois doré, dont j'avais donné les sveltes proportions et fait prendre le fronton sur un de mes cadres du XVIIIe siècle. Cette vitrine, remplie de Saxes à fleurs, que j'ai achetés ces dernières années, est une lumière dans le salon, elle éclaire la tapisserie du plafond et en fait voir la blondeur rosée come jamais on ne l'avait vue. Oui, il y a dans le joli et le riant de l'entour, pour l'artiste, un peu du plaisir exalté produit par la vue d'un corps de femme.

Le peuple dit et fait simplement quelquefois des choses très belles, qui hélas ! n'ont pas d'historien. Pélagie me racontait que lors de la mort de son père, qui tenait dans un village des Vosges le bureau de tabac, avec la vente de la mercerie et de l'épicerie de l'endroit, sa mère avait assemblé ses enfants et leur avait dit : « Écoutez, voici deux livres de ce qui nous est dû. Il y en a un des mauvaises payes : si vous m'y autorisez, je le brûlerai. Ceux qui sont honnêtes et qui pourront payer le feront ; quant aux autres, je ne voudrais pas que leurs enfants, qui ne sont pas responsables des mauvaises affaires ou de la mauvaise foi de leurs parents, souffrent un jour près de vous de leurs dettes. » Et le registre fut brûlé.

Jeudi 30 août

Un peu incité par la parole exaltée de Manzi, me parlant de la synthèse et des beaux résumés d'art dans les gardes de sabre japonaises des premiers temps, je monte aujourd'hui chez Hayashi et lui ai demandé à voir ces fameuses gardes. Il m'a fait voir des gardes du XIIe, du XIIIe siècle, etc. Je n'ai trouvé dans tout cela que de l'art bien rudimentaire. Seule, une garde du XVe siècle, un vol de grues, annonce ce que va être la garde de sabre des siècles qui suivent. Pour moi, décidément, les plus belles gardes de sabre sont les gardes à cheval sur les XVIIe et XVIIIe siècles.

Je ne sais combien il y a de mois que je n'ai été dans ce qu'on appelle un lieu de plaisir, toujours malade que j'étais. Ce soir, je tombe au cirque, à mon spectacle aimé des tours de force, au vrai spectacle, et me voilà, avant le commencement de la représentation, me promenant avec une certaine jouissance dans les antichambres et les écuries de ce lieu, que j'ai un peu immortalisé dans LES FRÈRES ZEMGANNO.

Un trapéziste extraordinaire, un homme volant dans l'espace ; et c'est singulier comme cet exercice a un retentissement chez moi et comme il n'est pas suivi seulement par mes yeux, mais par un jeu émotionné et presque actif de mes muscles et de mes nerfs dans l'immobilité.

Puis l'obscurité et le cirque tout tendu de noir, et un cheval tout noir, sur lequel se tient debout une Loïe Fuller, sous des flammes électriques de toutes couleurs : des lueurs violettes de cous de tourterelles, des lueurs roses de dragées, des lueurs vertes de mousse sous la lune, et c'est un ouragan d'étoffes, un tourbillonnement de jupes, tantôt éclairés de l'embrasement d'un ciel couchant, tantôt de la pâleur d'une aube.

Ah ! le grand inventeur d'idéalité que l'homme et ce qu'il a fabriqué dans cette vision d'étrange, de fantastique, de surnaturel, avec la matière d'étoffes et d'une lumière canaille !

Samedi 1er septembre

Annonce dans L'ÉCHO DE PARIS, annonce venant de je ne sais où, de la représentation de LA FAUSTIN à Vienne, au mois de janvier.

J'aimerais gagner un peu d'argent au théâtre. Avec cet argent, je m'amuserais à illustrer tous mes romans d'après mes idées et avec des dessinateurs et des graveurs de mon choix. C'est moi qui ai composé l'illustration de LA FEMME et de L'AMOUR AU XVIIIe SIÈCLE, et certes ce ne sont pas — le grand et le petit — les livres les plus mal fabriqués de ce siècle [1].

Dimanche 2 septembre

De temps en temps, il me tombe sous les yeux un article de Bergerat... Il est si pondeur de copie et déposeur de sa prose sur toutes les feuilles, à la façon des vers à soie !... Et je suis pris d'un apitoiement au bout de quelques lignes ! Il me fait tout à fait l'effet d'un vieux saltimbanque qui, dans un boniment emphatique, annonce qu'il va faire un saut périlleux et qui, dans ce saut qu'il manque, se casse le cou.

Au moment où entrent dans mon cabinet de travail Geffroy et Frantz Jourdain, arrive Jean Lorrain, débarqué à six heures du matin de Luchon, les mains couvertes d'emplâtres, par suite de piqûres de moustiques dans un sang, je crains bien, très avarié. Je l'invite à se mettre à table avec mes deux invités.

Après un peu d'indignation dépensée contre la magistrature, l'on cause d'abord de Fénéon. A propos de l'être bizarre qu'il est, Lorrain conte que dans le temps de LA REVUE INDÉPENDANTE, les rédacteurs recevaient la visite du père, qui parlant de la timidité de son fils, de son état moral facile à alarmer, à propos d'une note de tailleur qu'il ne pouvait payer, la faisait payer aux rédacteurs par une cotisation. Et c'était, à l'insu du fils, une carotte du père, dont Fénéon n'annonça la mort par aucune lettre de faire-part et dont il suivit seul le corbillard.

---

1. *Le grand et le petit* : de ces deux volumes, l'un, L'AMOUR AU XVIIIe SIÈCLE, n'est qu'un chapitre détaché de l'autre, de LA FEMME AU XVIIIe SIÈCLE. Pour l'édition illustrée de ce dernier ouvrage, cf. t. II, p. 1214, n. 1. Quant au premier, Goncourt songe sans doute à l'édition Dentu de 1875, ornée d'un frontispice de Lalauze et de vignettes et culs-de-lampe gravés par Boilvin.

Puis il est question de l'exécution du curé Bruneau, à propos duquel on dit que les meurtriers de profession ont des canines particulières, des canines parentes des canines des féroces [1], de l'admiration enthousiaste de Mirbeau pour les peintres anglais du XVIIIe siècle et de son mépris pour les Burne-Jones et les préraphaéliques [2], du musée de Saint-Quentin, où se trouve, à ce qu'il paraît, un concierge fanatique de mes études du XVIIIe siècle et déclarant que c'est seulement depuis mon livre qu'on vient voir les La Tour ; du mariage de Régnier avec la jacassante fille de Heredia, qui ne semble pas l'épouse de ce garçon distingué, à la parole discrète [3] ; du mouvement symbolique, que Geffroy croit être un mouvement bien dans le temps, ce temps scientifique dans lequel jurent les restitutions des choses usées de l'antiquité ; de Monet, qui aurait fait, aux différentes heures du jour, une trentaine de vues de la cathédale d'Angers, qui seraient supérieures, comme couleurs de pierres précieuses, d'après le dire de Frantz Jourdain, à l'émail du peintre anglais Turner [4].

On parle encore longuement des procédés nouveaux et des recherches biscornues des peintres du moment, et Geffroy cite un Charles Maurin, en train de peindre au vaporisateur, se vantant des effets inattendus qu'il va bientôt produire en public.

Sur l'annonce que Maurice Barrès prend la direction de LA COCARDE, qui me fait dire que la littérature n'a été qu'un moyen et qu'il a surtout une ambition politique, c'est, chez les gens qui sont là, une entente de sentiments hostiles et la déploration de son entrée dans le salon Daudet, où sa tenue supérieure, dédaigneuse, a écarté d'anciens familiers [5]. Là-dessus, plainte de Jourdain sur l'impolitesse de sa femme pour toutes les femmes d'auteurs fréquentant le salon de Daudet, et proclamant qu'elle est une dinde : « Non pas tant dinde que ça ! fait Lorrain. On cite un joli mot d'elle sur son mari : « Maintenant, il n'a plus en tête que le snobisme et l'ambition. »

Mardi 4 septembre

La haine dont je jouis en littérature, sur l'annonce de ma pièce LA FAUSTIN devant être jouée à Vienne dans le courant de janvier, fait dire au courriériste du FIGARO qu'on s'étonne que le *Deutsche Volkstheater* de Vienne joue une pièce qui, à en juger par le roman,

---

1. Après avoir pillé et incendié le presbytère d'Astille, puis assassiné en 1893, pour son argent, une fleuriste de Laval, cet abbé Bruneau, vicaire à Entramme (Mayenne), avait, le 2 janv. 1894, tué son curé, l'abbé Fricot, qui soupçonnait ses vols. Il fut condamné à mort le 10 juil. 1894 et exécuté le 31 août à Laval.

2. Texte Ms. : *son mépris pour les John Burns.*

3. Cf. t. III, p. 520, n. 3.

4. Il faut entendre : la cathédrale de Rouen, et non celle d'Angers ; c'est devant la cathédrale de Rouen qu'en 1893 et 1894, Monet s'acharne à saisir les reflets des heures sur les pierres du portail ou de la tour d'Albane et qu'il exécute notamment les quatre variations de la collection Camondo, passées au Louvre. Monet exposera un certain nombre de ses CATHÉDRALES en 1895.

5. Cf. plus loin p. 1077, n. 1, pour Barrès et LA COCARDE.

n'a rien de populaire et encore moins d'allemand. Comment ? ça ne les satisfait pas encore, mes ennemis littéraires, qu'on ne me représente pas en France, ils voudraient m'empêcher d'être joué à l'étranger !

Vendredi 7 septembre

J'avais été embêté ces temps-ci de n'avoir pas vu GERMINIE LACERTEUX sur la liste des reprises que Porel devait faire au Vaudeville ou au Gymnase cet hiver. Aujourd'hui, je suis heureusement étonné de lire dans L'ÉCHO DE PARIS que « par une erreur regrettable, elle n'a pas été indiquée comme devant passer au premier rang ». Mais est-ce positif ? Je ne vois pas cette annonce répétée par LE FIGARO et les autres journaux.

Samedi 8 septembre

Départ pour Jean-d'Heurs.

Voici les articles avec lesquels la presse accueille le septième volume de mon JOURNAL.

« Une anecdote, un paysage, une sensation, le Moi érigé en culte », c'est dans LA PLUME, que je lis en chemin de fer, « le travail accompli pour devenir célèbre, et non parce que une force supérieure vous oblige d'écrire. Petite histoire au jour le jour du ménage Daudet et notation exacte de toutes les frasques de jeunesse et des misères de l'auteur de SAPHO, naïveté qui désarme après la vanité qui vous a mis le fouet au poing. Voilà ce livre... Combien les vrais amis seraient reconnaissants d'arrêter ce supplice au plus vite ! Parmi les confrères qui vont au *Grenier*, il n'y en a donc pas un qui ait le courage de dire au Maître la vérité ? Tout Paris riant de l'un des signataires de GERMINIE LACERTEUX, et lui ne s'en apercevant pas, voilà qui nous navre ! » Suit la citation de la boutade : « L'idée que la planète la Terre peut mourir... » Et sur cette citation, cette dernière phrase : « Ce qui est pensée à s'avouer à soi seul — et tout le livre est fait de choses semblables, ou pires [1] ! »

L'écrivain de LA PLUME néglige de dire que cette honnête revue m'a demandé humblement d'être président d'un de ces dîners et que plus brave que Coppée et bien d'autres, j'ai refusé, ne leur cachant pas mon indignation de leur critique *nécrogène* de Daudet, alors très malade [2].

Lundi 10 septembre

Dans ce parc, où dessous chaque arbre penché sur la rivière il y avait

1. Cf. t. III, p. 146 sur l'idée de la mort de la Terre. — Ce compte rendu signé Z a paru, sous la rubrique *A travers les Livres* dans LA PLUME du 1er septembre.

2. Cf. t. III, pp. 655-656, 705, n. 2, et p. 824.

autrefois une truite, on n'en voit plus une, et dans cette rivière si poissonneuse, il n'existe plus de poissons blancs, il n'existe même plus de vérons. Et c'est comme cela partout. L'industrie est au moment de tuer tout ce que la planète avait de bon pour la nourriture de l'homme.

Mardi 11 septembre

On rebâtit tout le haut d'une aile du château, et devant les trente ouvriers étagés dans l'immense échafaudage, le propriétaire, se penchant sur moi, me dit : « C'est singulier, toutes ces silhouettes d'hommes là-dedans me représentent chacune une pièce de cent sous à la fin de la journée. »

Vendredi 14 septembre

Les éléments de la cuisine — viande de boucherie, gibier, poisson, légumes — sont si mauvais en Picardie, cette province où règne le veau aux pruneaux, que Rattier père, qui était un gourmet supérieur, après avoir passé une journée à Doullens où son fils était sous-préfet, lui dit : « Fais-toi nommer à Bayonne ou à n'importe où, et aussi loin que tu voudras, j'irai te voir... Mais ici, jamais je ne reviendrai, on mange trop mal ! »

Samedi 15 septembre

Une pauvre vieille sœur, très ingénue, est envoyée aux eaux de Bains, où les eaux se prennent dans une piscine. Intriguée par ce que pouvait écrire à toute minute sur un tableau le garçon, elle s'adresse à son voisin, un mauvais plaisant, qui lui répond : « Ma sœur, c'est chaque fois qu'on satisfait un petit besoin. » Alors tous les jours, on entendait la pauvre sœur, s'adressant au garçon, dire : « Monsieur Colombin, marquez une fois... » Et tout le monde de la piscine, à qui le mot avait été donné, de rire !

Rattier avoue qu'il a toutes les superstitions et raconte qu'aux journées de 1848, commandé pour prendre la barricade du faubourg Poissonnière, il faisait partie d'un bataillon autre que celui où son frère était capitaine et qui marchait en tête [1]. Au moment de l'assaut, un de ses camarades, qui était dans le bataillon de son frère, vint lui dire : « Vous êtes séparé de votre frère, ça vous serait peut-être agréable de vous trouver près de lui dans le moment : prenez ma place, je prendrai la vôtre. — Ah ! je vous remercie bien ! » fut la phrase de son premier mouvement. Mais se ravisant aussitôt : « Ma foi non, le hasard m'a placé ici. Si j'en changeais, je croirais que ça me porterait malheur. »

1. Cf. t. II, p. 296, n. 2 sur ces reprises du Nord de Paris par les troupes gouvernementales au cours des Journées de Juin.

Le bataillon commandé par le frère aîné montait à l'assaut presque à l'instant même et à la première décharge des insurgés, le capitaine Rattier, voyant les épaulettes blanches de l'homme qu'il avait près de lui pirouetter — les deux amis étaient chacun caporal dans leur bataillon — ne sut pas tout d'abord si c'était son frère et n'eut la certitude que ce n'était pas lui qu'en se baissant et voyant que l'homme tué n'avait pas de barbe. C'était le fils du tapissier Charre.

Dimanche 16 septembre

Je suis arrivé à l'endroit difficile de ma pièce, à la mise en scène de la jalousie de Coriolis, qui me paraît une chose plutôt livresque que scénique, et c'est le diable à arranger[1] !

M. Demoget, l'architecte de Jean-d'Heurs, qui a habité pendant des années Angers, disait que dans l'Anjou, il n'y avait pas de fermage, mais du métayage, qui forçait le propriétaire à entrer en relations avec son tenancier plusieurs fois dans l'année, et que chaque propriétaire se réservait dans la ferme un logement et qu'il était stipulé que, dans le cas où il n'amènerait pas de domestique, le laboureur ou sa femme lui en servirait, et que ces rapports fréquents du seigneur et de son paysan, rapports qui existent encore de nos jours, expliquaient cette parfaite entente de la noblesse et du peuple dans les guerres de la Vendée.

Six heures du soir.

Les ornières des allées sous bois se perdant, s'effaçant — le feuillage éteint avec de la verdure lumineuse seulement près des éclaircies — un ciel lavé de rose à travers les percées — le *Uît, uît* d'un petit oiseau voletant, à la recherche d'une branche pour dormir — le bruit balancé de cloches lointaines, lointaines — un grand silence montant de la terre abandonnée par le travail de l'homme.

Lundi 17 septembre

A constater combien tous les jours, augmente la répulsion de la femme de la campagne pour le travail de la terre. Il y a ici une jeune fille qui se marie et qui a refusé un laboureur très bien de sa personne, pour épouser un sculpteur en pierre, disant : « Ce n'est pas un laboureur, mais un sculpteur ! » A l'heure présente, les paysannes ne veulent plus épouser que des employés de bureaux, des gâcheurs de papier ou des façons d'artistes. Ce que j'ai dit pour les gros ouvrages de la terre devient tous les jours plus vrai.

Dieu, dans sa bonté, aurait bien dû accorder à la femme des excréments ressemblant à du crottin ou à de la bouse de vache ou même,

---

1. La passion de Coriolis, jaloux de voir Manette Salomon poser pour d'autres peintres que lui, croit d'acte en acte jusqu'à l'acte III où se détachent, à la sc. 1, l'analyse de cette hantise faite par Chassagnol, et à la sc. 6, l'éclat de Coriolis devant Manette.

s'il avait été, lors de la création de la femme, dans ses bons jours, des excréments semblables aux crottes musquées de la gazelle, et non du caca d'homme. J'avoue que la pensée de trouver une faiseuse de merde chez la créature-ange a toujours refroidi mes exaltations sentimentalo-amoureuses.

Mardi 18 septembre

Dans la pierre ancienne d'une vieille maison se lève chez vous un petit sentiment de jouissance qu'on n'a pas parmi du moellon d'hier, sentiment de jouissance très difficile à définir, mais parent du sentiment qu'on éprouve en voyageant dans un pays qui a un passé.

On parlait de Buhler, le dessinateur-paysagiste illustre, le créateur du parc d'ici. On le disait désagréable de rapports, humoreux, despote, mais ayant une véritable conscience d'artiste. Appelé par M. de Ludre, près de Nancy, pour dessiner son parc, il voyait marqué pour la coupe un petit bois d'arbres superbes.

« Ces arbres ne font plus partie de la propriété ?

— Non, vous voyez bien qu'ils sont vendus...

— Alors, il faut les racheter à quelque prix que ce soit !

— Vous plaisantez ?

— Alors, c'est non ? Eh bien, je ne me charge pas du parc. »

Chez un autre propriétaire, c'était sur le changement de place du château par l'architecte, place dont l'indication lui avait tout d'abord été demandée, qu'il refusait de continuer à se charger du parc.

Il faisait les plus grandes difficultés pour dessiner un parc dans les départements du Nord, disant que sur ce ciel brumeux, le paysage ne se détachait pas. Il avait également une répulsion à travailler en Normandie, disant qu'il n'y avait rien à faire en ce pays des pommiers, ces affreux arbres, en ce pays où il pleut trois mois et où le raisin ne mûrit pas, et déclarait ne faire son métier avec plaisir qu'en Bourgogne et en Lorraine, où il trouvait le ciel le plus riant, en ces provinces qu'il appelait des *provinces du Soleil levant.*

Mercredi 19 septembre

Rattier exprime aujourd'hui le regret de la perte d'une chose de famille vraiment curieuse. C'était un carnet contenant les échantillons de dentelle que son grand-père, fabricant de dentelles à Alençon, portait à la cour de Louis XVI, carnet qu'il croit avoir été volé par une femme de chambre allemande, toute puissante sur l'esprit de son beau-frère Crapelet.

Jeudi 20 septembre

Je pense aujourd'hui à l'existence bienheureuse que mon cousin et ma cousine — deux êtres, au fond, peu imaginatifs — se sont faite par une vie de créations continuelles, sans interruption, depuis trente ans : créations de bâtiments, créations de mobiliers, mais surtout créations de nature, où un jour, dans cet admirable parc aux plus belles, aux plus rares essences d'arbres pourpres et panachés, un jour, c'était la plantation des cent soixante espèces de lilas connues, un autre jour, la plantation de la collection unique de pivoines arborescentes d'un horticulteur d'Angers, un jour, la plantation de tous les rosiers catalogués sur tous les catalogues, enfin, la plantation de la collection de toutes les espèces, de toutes les variétés d'arbustes et de fleurs, leur apportant toute l'année une succession sans cesse renouvelée de jouissances, au milieu d'occupations ne leur laissant jamais toucher au vide de la vie des gens riches.

Samedi 22 septembre

Ma cousine rappelait aujourd'hui cette parole de son oncle, le vieux Léonidas Labille, si entiché de républicanisme dans sa jeunesse. Se lavant les mains devant sa mère, sa mère qui était d'origine noble, lui montrant comment un homme bien né devait se laver les mains, en enveloppant l'une dans l'autre, dans un mouvement tournant de caresse : « Non, s'écriait son fils, je veux me laver les mains comme un roturier ! » Et il se mettait à frotter canaillement la paume de ses deux mains l'une contre l'autre.

C'était cette grand-mère aristo, qui avait pris en grippe Marin, son petit-fils, disant : « Cet enfant n'a pas la *chair noble* ».

Dimanche 23 septembre

Ragornote, un joli mot du pays pour exprimer un petit reste : « Voulez-vous cette *ragornote* de truite, de framboise ? »

Un usage du pays, et pratiqué, je crois, dans ce seul pays. Quand dans l'Isle-en-Rigault, une jeune fille meurt, pendant quinze jours, les jeunes filles prennent le deuil, ne dansent pas. Il en est de même pour les jeunes garçons.

Mardi 25 septembre

Aujourd'hui, j'ai terminé MANETTE SALOMON. Ici, j'aurai mené à fin mes deux pièces de LA FAUSTIN et de MANETTE SALOMON.

Mercredi 26 septembre

Marin, qui vient de chasser chez Chandon, le marchand de vin de Champagne, me parlait de la grandeur des affaires de cette maison, où arrivait un Anglais réputé fameux dégustateur de vin de Champagne, qui, après avoir goûté un certain nombre de *cuvées,* s'arrêtait à une, disant :

« Combien avez-vous de cette cuvée ?
— Deux millions de bouteilles.
— A combien ?
— Dix francs.
— Je prends. »

Et sans plus de paroles ni de marchandage, était conclue l'affaire de vingt millions, dont les bouteilles étaient livrées à l'Anglais par lots de 25 000, de 50 000 bouteilles.

Marin me disait que la qualité du vin de Champagne était due à la nature de la montagne de Reims : un terrain à la couche de terre très mince et au-dessous de laquelle, c'est de la craie, mais un terrain tout plein de pyrites sulfureuses. Le curieux, c'est que les Chandon, avec un compost de même nature que celui de la montagne – pyrites sulfureuses et fumier — n'ont pu, à un kilomètre de là, propager la vigne donnant le vrai champagne.

Sur cette montagne de Reims, il y a des hectares de vigne valant cent mille francs et dont la culture coûte quatre mille francs par an.

Les Chandon ne gagneraient que vingt sous par bouteille.

Vendredi 28 septembre

Il y a ici un vieux domestique, le meilleur des hommes et le modèle des serviteurs, mais avec un fond de *janotisme* [1]. Il venait apprendre à Marin la mort d'Étienne Fould, le neveu de Rattier, en fondant en larmes. Comme ses larmes duraient trop, Marin, impatienté, lui cria : « Qu'est-ce que ça peut bien vous foutre, cette mort ? » Les larmes d'Aimé se séchant soudainement : « Au fait, c'est vrai ! » dit-il avec un sourire. Un vrai mot de comédie !

Samedi 29 septembre

On recause de la triste mort d'Étienne Fould, de la mort de ce jeune homme de vingt-neuf ans, à la grande fortune, à la beauté séductrice. Et il s'est vu mourir sans aucune illusion sur sa fin très prochaine, disant à un jeune médecin de ses amis, qui cherchait à le tromper, en lui tendant son bras : « Tâte ce pouls et dis-moi s'il y a plus de dix minutes de vie dedans ! »

Les deux frères avaient des rapports assez froids. Le défunt, réservé, peu parleur, passait sa vie à raccommoder les gaffes et les intempérances de langue de son aîné. Une des causes aggravantes du refroidissement entre les deux frères avait été Vervaines, la propriété de famille. Il y eut d'abord du tirage au sujet d'une écurie de cent mille francs qu'Étienne, beaucoup moins riche qu'Achille, trouvait trop chère. Enfin, il se résigna à payer sa moitié, mais à la condition qu'on ne toucherait

1. Cf. t. I, p. 749, n. 1.

pas au château, qu'il voulait conserver tel qu'il l'avait habité dans son enfance, dans sa première jeunesse. Confiant dans la promesse de son frère, il recevait un jour la visite d'un habitant d'Alençon, auquel il parlait incidemment d'un changement qu'il voulait faire dans sa chambre : « Votre chambre ? Que parlez-vous de changement à y faire ? Elle est démolie ! » C'était sa belle-sœur qui, sous la pression impérieuse d'un désir de femme, avait pris un peu légèrement possession du château, procédé qu'elle racheta, il est vrai, par les soins de vraie garde-malade qu'elle donna au mourant.

Dimanche 30 septembre

Ce qu'ils mangent, mon cousin et ma cousine, on ne peut s'en faire une idée ! Mais c'est ma cousine qui est amusante avec ses monologues, au moment où le domestique lui offre un plat : « Non, Aimé, je crains que ça me fasse mal... Je n'en prendrai pas... Je n'en veux pas. » Et tout en disant cela et en tâtonnant dans le plat qu'Aimé, connaissant sa maîtresse, lui laisse sous le nez, elle se sert largement.

Le malheur, c'est que la cousine est sujette à des congestions, qu'on l'a mise à un régime peu nourrissant, qu'elle ne suit pas, et qu'un jour, elle sera terrassée par l'apoplexie.

Une bonne, une excellente femme, ma cousine ! Seulement que le sang toujours à la tête fait s'emballer continûment à tort et à travers et à laquelle un jour, Marin a dit : « Vous savez, ma cousine, vous êtes pareille à une casserole sur le feu, toujours en train de bouillir... » Seulement, il a eu l'imprudence d'ajouter : « Mais où rien ne cuit ! »

Lundi 1er octobre

Retour à Paris.

Je ne connais pas d'ennui pareil à celui du chemin de fer, un ennui si démoralisant qu'il est impossible de penser sérieusement à une chose et que ce n'est, dans le secouement de votre cervelle, qu'une succession de choses fugaces et bêtes.

Mardi 2 octobre

Je lisais dans LA COCARDE un article demandant la suppression des musées, comme empêchant les artistes d'aujourd'hui d'être originaux [1]. Le rédacteur de l'article ignore donc qu'en peinture, ce sont généralement les peintres qui ont le mieux appris leur métier d'après l'étude des anciens, qui se dégagent de l'imitation, ignore donc qu'en

1. L'auteur de cet article, LES MUSÉES NUISIBLES, paru dans LA COCARDE du 3 octobre, n'est autre que Camille Mauclair : « Les grands penseurs ne furent grands que parce qu'ils n'étaient pas continuables » et, d'après Mauclair, la vue des génies rassemblés au Louvre décourage l'artiste.

littérature, ce sont les écrivains qui ont passé par le grec et le latin, qui sont les plus révolutionnaires, les plus chercheurs de formes nouvelles, et que l'ouvrier qui est indépendant d'humanités premières, lorsqu'il fait de la prose ou des vers, et même avec du talent, est toujours un auteur poncif ?

Mercredi 3 octobre

Un peu plus fou, un peu plus fou, chaque fois que je le vois, ce Poictevin ! Aujourd'hui, avec une parole exaltée, presque colère, il me parle de son tout nouveau livre, OMBRES, qu'il me surprend en train de lire, ne me trouvant pas l'admiration que lui a témoignée Paul Adam.

Puis il m'annonce, solennellement qu'il a été à Lourdes pour un vœu de chasteté, que lui et sa Ludine se sont engagés devant Dieu à ne plus faire l'œuvre de chair, tout en continuant à coucher dans le même lit comme frère et sœur, et il m'assure que de part et de l'autre, ça été obtenu facilement [1]. Amen !

Jeudi 4 octobre

Meunier m'apporte aujourd'hui des reliures, aux gardes faites avec des soieries anciennes ramassées par moi à droite et à gauche. C'est vraiment une ornementation de livres très charmante — et une collection de volumes ainsi agrémentés a encore le mérite pour moi d'être un album d'échantillons de robes du XVIIIe siècle.

Dimanche 7 octobre

Aujourd'hui, Bauër, que je n'ai pas vu depuis des mois, Bauër crevant de santé, le teint écarlate, tombe chez moi sur un bicycle, dont les ressorts gémissent sous le poids de sa santé écrasante.

Il est un peu découragé d'être, dit-il, de l'avant-garde intellectuelle et me confesse qu'il n'a jamais fait une campagne en faveur d'un talent sans que les Simond, avec leur coyonnerie morale, aient toujours trouvé qu'il allait trop loin ; et cela, il l'avoue, l'a amené à mettre beaucoup d'eau dans son vin.

Lundi 8 octobre

Visite de Mlle Belloc, m'annonçant que sur l'annonce du livre qu'elle publie en anglais sur mon frère et moi, sept cents exemplaires ont été demandés par l'Amérique [2].

On me contait aujourd'hui que la grand-mère de la petite Sand,

1. La *Ludine* de Poictevin, c'est sa maîtresse, Alice, ici dénommée d'après l'héroïne du second livre de Poictevin, LUDINE (1883).
2. Cf. plus haut p. 938, n. 1.

mariée au fils Lauth, eut pour époux un graveur toqué qui s'habillait en rose et qu'elle quitta pour suivre un jeune homme qui s'habillait comme tout le monde, et qu'elle avait gardé jusqu'à sa mort, sans le faire refaire, le matelas sur lequel elle avait été *très heureuse* [1].

Mardi 9 octobre

Geffroy, porteur de la figure d'un homme auquel commence à sourire le succès, m'apporte aujourd'hui son délicat volume du CŒUR ET L'ESPRIT.

Mercredi 10 octobre

Ce matin, en passant l'inspection de mes objets d'art, je me disais : « Je serais vraiment bien curieux d'assister à ma vente après décès ! »

Dîner à Saint-Gratien.

Une flotte de gens dans le chemin de fer : le vieux Bennedetti, d'Ocagne et sa femme, Bouchor le peintre, Doucet le peintre, revenu bien portant des bains de mer.

Un dîner où il est question du mouvement de la Terre autour du Soleil, mouvement contesté par l'Ocagne, opposant le *repos absolu* de l'espace au *repos relatif*, des paroles au-dessus de mon intelligence.

D'Ocagne est plus à ma portée quand il raconte spirituellement le dîner Louis XI de Loti à Rochefort, où il a assisté avec sa femme en compagnie d'une trentaine de personnes. Il nous peint le côté enfantin de cet écrivain amoureux de travestissements et dont la vie est un perpétuel carnaval, avec sa chambre bretonne où il s'habille en Breton, avec sa chambre turque où il s'habille en Turc, avec sa chambre japonaise où il s'habille en Japonais.

Pour ce repas, il avait fait venir un cuisinier de Paris et tous les jours, pendant un mois, à l'effet de le faire rétrograder dans la cuisine d'il y a quatre siècles, il lui avait fait cuisiner un plat d'après LE VIANDIER de Taillevent. A ce repas, on devait parler le vieux français des CONTES DROLATIQUES de Balzac, à défaut de l'autre, et on mangea avec ses doigts sur des assiettes faites d'une miche de main coupée en deux. Deux choses dans cette restauration de la mangeaille archaïque empoisonnèrent le bonheur de l'amphitryon : le *speech* de Mme Adam, qui ne fut pas dans le français demandé, et une malheureuse invitée, qui commit l'anachronisme de dîner dans une cotte de peluche.

Enfin, la couleur locale fut poussée à ce point qu'un fou armé de sa marotte sortit, à un moment, d'un pâté et qu'à la fin, on jeta les

1. Le membre de phrase *eut pour époux* ayant été omis lors de la rédaction, puis de l'impression de ce passage, il en résultait une équivoque entre Calamatta, le *graveur toqué* visé ici, et Frédéric Lauth, portraitiste qui avait épousé Aurore Sand. Voir aux 19 et 20 juin 1896 les conséquences de cette négligence. Edmond indique alors le membre de phrase omis, mais il ne prend pas garde que son texte appelle devant la seconde partie de la phrase un : *et qu'elle* omis également dans le Ms. et en volume et que nous avons pris la liberté d'ajouter.

assiettes du repas à d'authentiques mendiants de la Charente-Inférieure, que Loti avait fait costumer en mendiants du XVe siècle.

Le ménage d'Ocagne, deux aimables têtes où il y a de la bonté et du plaisir à vivre.

Jeudi 11 octobre

Retrouvé Daudet en bonne santé avec de la chair revenue sur le visage.

Mme Daudet me conte ceci. Ayant demandé à Mme Masson s'il y avait longtemps qu'elle n'avait vu Mme de Bonnières, elle lui avait répondu qu'elle ne la voyait plus. Et voici le pourquoi : « La dernière fois que je l'ai vue, disait Mme Masson, après une proclamation de principes socialistes, elle s'est écriée : « La fortune que vous avez, vous la devez à vos voleurs de parents, oui, qui étaient des marchands, et tous les marchands sont des voleurs !... » Ce qu'il y a de drôle, c'est qu'elle est elle-même la fille d'un marchand, qui aurait, à ce qu'il paraît, moins bien volé.

Là-dessus, Jeanne la déclare insupportable et nous la peint, à ses jours, parlant tout le temps de ses traductions de Nietzsche et de ses levers dès *potron-minet* pour l'étude de toutes les langues qu'elle prétend parler.

Au fond, cette petite de Bonnières n'est qu'une perruche bruyante et jacassante, qui répète les mots allemands que lui a appris Wyzewa.

Les Daudet parlent du dîner qu'ils ont donné à Zola après mon départ, dîner froid, contraint, gêné au possible. Sur l'annonce que daudet allait faire paraître son volume, Zola n'a pu se retenir de lâcher : « Un livre sur la jalousie, mais c'est un sujet qui a été souvent traité !... Est-ce que le LYS ROUGE d'Anatole France n'est pas là-dessus [1] ? » A quoi Daudet a répondu : « Il y a aussi OTHELLO !... » Et là-dessus, de la part de Zola, un emportement froid, venant de l'embêtement jaloux qu'un autre que lui publie un volume [2] ! Puis Coppée a le malheur de mettre sur le tapis les désordres conjugaux de Dumas, et c'est une occasion pour Mme Zola de faire des allusions sur les débordements de son mari, réduit à donner, dans sa nervosité, des coups de manche de couteau sur la table et qui, pris du désir irrité de quitter les lieux, n'attend pas même que le landau soit attelé pour le mener au chemin de fer et se précipite hors de la maison néfaste.

Vendredi 12 octobre

Cette mode de la femme, de n'avoir plus autour de la figure le liseré blanc du linge, met de la pauvreté dans sa personne. Elle m'apparaît, la femme d'aujourd'hui, ainsi que les misérables danseuses des bals de barrières d'autrefois à deux sous la contredanse.

---

1. Il s'agit de LA PETITE PAROISSE. Cf. plus haut p. 964.
2. Texte Ms. : *Et là-dessus, de la part de Zola, un emportement froid chez Zola, venant...*

Dimanche 14 octobre

On parle chez Daudet du livre de Barrès : DU SANG, DE LA VOLUPTÉ ET DE LA MORT, publié sous ce titre immense, livre dont Mme Daudet, très enthousiaste, lit des morceaux.

Daudet est tout à la préface du *pacan* Bonnet, et de temps en temps se gargarise avec une expression provençale [1].

Et Mme Daudet devient toute songeuse à la fin de la soirée, préoccupée s'il y a encore des brimades à l'atelier Julian, où Lucien entre demain.

Lundi 15 octobre

Trochu, causant de la vérité dans l'Histoire, disait à M. Villard : « C'est moi qui ai été chargé, le soir de la bataille d'Isly, de relever le nombre des morts. Il y avait vingt-six morts français, et ce sont ces vingt-six morts qui ont fait tout le tintamarre de la presse et du duché du maréchal [2]. » Il ajoutait que passant, un jour, à Mazagran, il avait voulu se rendre compte par lui-même de la vérité [3]. Or ici, les Français étaient derrière les murailles d'un fort, avaient des provisions et des munitions pour trois mois, et se trouvaient en présence d'ennemis mal armés, qui n'avaient ni canons ni échelles. A Mazagran, il y eut deux tués dans la fusillade, et un troisième qui mourut des suites de ses blessures.

Mardi 16 octobre

On peut aimer ou ne pas aimer la littérature de Barrès ; mais il faut convenir que chez lui, et surtout dans ce dernier livre au titre énorme, il y a une qualité : la qualité de l'épithète, qui n'est jamais l'épithète courante, mais toujours l'épithète ingénieuse, raffinée, intellectuelle, originale, toujours l'épithète rare — et ça, c'est la marque d'un écrivain.

Mercredi 17 octobre

Je ne sais pas comment il se fait que Daudet, d'un commerce si séducteur, et si rendeur de services, récolte des inimitiés comme pas un. Déjà, les mauvaises dispositions de Rosny contre lui m'avaient été divulguées, aujourd'hui, Frantz Jourdain me signale l'écartèlement qu'en fait la terrible langue de Carrière.

---

1. Le *pacan* Bonnet — autrement dit *le rustre* — c'est, par allusion au titre de son livre, Batisto Bonnet, ami et confident de Daudet, auteur de UN PAYSAN DU MIDI, LE VALET DE FERME, traduit du provençal et présenté par Daudet en 1895.

2. Sur les bords de l'Isly, affluent de la Tafna, Bugeaud, futur duc d'Isly avait vaincu les Marocains le 14 août 1844.

3. A Mazagran (départ. d'Oran), les 123 Français du capitaine Lelièvre avaient soutenu un siège, du 3 au 7 fév. 1840, contre 14 000 Arabes.

Jeudi 18 octobre

Sur l'annonce dans LE GAULOIS de la représentation de LA FAUSTIN à Vienne, au mois de janvier, et sur la velléité que j'avais eue de tenter de faire jouer le rôle en France par Hading, l'actrice des Français m'écrit pour m'affirmer son admiration de mes œuvres et me déclarer son désir de jouer ma pièce.

Dans cet article du GAULOIS, Lapauze répétait ce que je lui avais dit, que je ne m'étais pas décidé à lire ma pièce au comité du Théâtre-Français par crainte du manque de sympathie de Claretie pour ma personne. Aujourd'hui, je rencontre Lapauze sur le boulevard, qui me dit avoir causé avec Claretie et que Claretie avait un moment hésité à m'écrire, mais qu'il l'assurait que lui et les Comédiens Français me verraient avec plaisir présenter la pièce chez eux.

En entrant chez Daudet, j'entends la voix gracieuse de son frère Ernest me dire : « Bonjour, Goncourt ! » et me tendre la main. J'avais bien envie de la lui refuser. Je ne l'ai pas fait à cause de mon amitié pour Alphonse ; mais vraiment, cet Ernest est un bien curieux inconscient, croyant, après les bêtes et insolentes lettres qu'il m'a écrites, pouvoir continuer les relations avec moi comme par le passé. Il était en train de raconter comme quoi l'imagination fait absolument défaut à Lemaître et qu'une des raisons de sa relation intime avec la Tourbey vient de ce que dans les pièces que le journaliste fait, elle lui trouve les effets dramatiques de situations indiquées par elle, lui disant quelquefois, presque impatientée : « Comment ! vous ne voyez pas ce qu'il y a à tirer, dans ces conditions, de cette situation ? »

Alphonse disait, ce soir, que la non-connaissance par Barrès de l'amour, de la politique, enfin d'un tas de choses et sentiments, faisait le talent de Barrès et qu'il écrivait sur ces choses et ces sentiments avec une illusion qui avait quelque chose du mirage. Et il citait, à propos de son affirmation, ce mot que Barrès dit à Léon dans un moment d'expansion : « On ne sait pas tout ce qui me manque ! »

Vendredi 19 octobre

Aujourd'hui, on m'a apporté deux merveilles, deux portoirs dorés du temps de la Régence représentant des congélations dans une rocaille fleurie, et dorés dans un vieil or qui les fait ressembler à du bronze doré. Je pensais en les regardant, avec un sourire ironique sur les lèvres, au mobilier de Zola, et j'arrivais à penser que sa littérature comparée à la mienne, c'était un peu comme son mobilier.

Dimanche 21 octobre

Sur la *mouche,* à six heures et demie du soir.

Un ciel d'un bleu violacé, traversé de nuages qui ressemblent à des fumées noires d'industries. Dans le haut du ciel, la lumière électrique de la tour Eiffel avec son rayonnement de crucifix lumineux. A droite, à gauche, de temps en temps, des squelettes d'arbres n'ayant plus qu'un bouquet de feuilles obscures à leur sommet, et des bâtisses dont la nuit est comme lavée d'encre de Chine. Soudain, sur la courbe d'un pont, le passage au galop d'une voiture pareil au sillage d'une étoile filante. L'eau du fleuve toute remuante, toute vagueuse et où les lueurs d'émeraude et les lueurs de rubis des bateaux semblent y mettre les ondes bigarrées d'une étoffe zinzoline.

C'est curieux comme ce n'est pas infini, la société ! Et comme le hasard d'une confidence vous fait, tout à coup, découvrir des gens de votre connaissance dans les personnages d'une histoire dont vous ignoriez les noms jusqu'à ce jour. Il y a un mois, à Jean-d'Heurs, tous les matins, on faisait demander des nouvelles de M. Claudel, ce Claudel qui a épousé la jeune descendante des Chapier, ces domestiques de mon grand-père et de mon oncle, et qui habite le petit château de *** voisin du château des Rattier, et l'on parlait beaucoup des nuits entières passées par le médecin sous le toit de Claudel [1].

Ce soir, Daudet racontait, en vrai comédien, une visite du vieux Lafontaine, qui lui narrait, le désespoir dans l'âme, ses amours, ses amours séniles, ainsi qu'il les appelait, empoisonnées par la rivalité d'un médecin qui l'avait remplacé, et la femme qui l'a trompé est cette fille Chapier et le médecin qui l'a remplacé est le médecin de Jean-d'Heurs. Et Lafontaine donnait des détails sur le ménage, tels que ceux-ci. Un soir que la femme lui avait demandé de chanter et que le mari blaguait son chant d'une autre pièce, elle courait l'y souffleter ; et le mari sortait en pleurant et Lafontaine, en allant à sa recherche dans le parc, tombait dans l'eau. Il confiait à Daudet que cette jeune femme, qui avait vingt-quatre ans et qui est charmante, était la perversité en personne et que cela avait pris naissance chez elle dès l'âge de quinze ans. Or notez que cette jeune bourgeoise, cette fille d'un père auquel on attribue à l'heure présente trois millions, s'est laissé offrir par Lafontaine des cadeaux considérables, entre autres un coupé, ces cadeaux pris sur un gain à la Bourse de 20 000 francs, qu'ignorait la pauvre *Mouton*, sa femme.

Mardi 23 octobre

Bracquemond, auquel j'ai écrit pour avoir quelques renseignements au sujet de ce reflet d'une femme nue dans une glace que je veux tenter d'avoir dans la représentation de mon premier acte de MANETTE SALOMON, vient me voir et, après qu'il m'a donné quelques explications sur le truc du *reflet fantôme* au théâtre, cause avec moi des lithographies de Daumier et m'apprend qu'il a des épreuves magnifiques du VENTRE LÉGISLATIF et de la RUE TRANSNONAIN, payées deux sous pièce et

1. Le nom du *petit château, voisin du château des Rattier* a été laissé en blanc.

trouvées par lui sur le trottoir, en compagnie d'une quarantaine d'autres, aussi belles ; car il n'a pas choisi [1]. Et ce mépris, à certains moments, de la valeur de l'objet d'art me fait raconter par lui que chez son maître Guichard, il avait eu entre les mains des petits personnages découpés dans un vrai tableau de Watteau, avec un trou dans la tête où passait une ficelle, et qui devaient avoir servi de marionnettes dans un théâtre d'enfant. Et il croit bien que ces découpures venaient de chez le docteur Chomel, que fréquentait le peintre Corot, qui lui avait donné deux merveilleuses petites études, que les enfants s'étaient amusés à crever en les tapant contre l'angle d'une table, études qu'avait restaurées Guichard.

Mercredi 24 octobre

Ce matin, Marx vient m'annoncer qu'une rue de Nancy a été baptisée, non *Rue Edmond-de-Goncourt*, mais *Rue des Goncourt*, comme je l'avais demandé. Puis il m'annonce gentiment que mes amis veulent me donner un banquet, où chaque souscripteur recevra une médaille du profil qu'a modelé, cet été, le sculpteur Charpentier.

J'entends avec un certain étonnement la voix de Zola, en bas. Il vient me demander une lettre de recommandation pour de Béhaine. Il me dit qu'il veut avoir son conseil, et si oui ou non, il doit faire sa demande d'audience au pape. Il ajoute que comme ancien libéral, le cérémonial de l'audience l'embête et qu'il désire au fond être refusé, mais qu'il se trouve engagé vis-à-vis de lui-même par l'annonce qu'il en a faite [2]. Puis avec cette versatilité qu'il a dans la parole, il avoue au fond la grande curiosité qu'il a de la figure du Saint-Père et de la succession des chambres papales pour y arriver.

Alors, une diversion. Il parle de LOURDES, se plaignant que la campagne catholique faite contre son livre, qui serait une bonne chose pour un volume tiré à 30 000, est très préjudiciable à un livre tiré à 120 000, parce qu'elle lui enlève les 80 000 acheteurs qui pouvaient faire monter le tirage de son livre à 200 000 exemplaires.

Là-dessus, revenant au pape, il m'assure que le pape est l'esclave des Pères de Lourdes, parce qu'il reçoit près de 300 000 francs d'eux et que cette dépendance de Sa Sainteté sera peut-être une des causes du refus de son audience.

---

1. Voici les indications scéniques qui, dans le livret de MANETTE SALOMON (1896), se rapportent au *reflet fantôme* : *Coriolis en train de peindre Manette, vue de dos d'après un reflet dans une grande psyché, reflet fourni par un modèle qu'on ne voit pas, ainsi que Manette.* Et Goncourt ajoute en note : « Je voyais ce qu'en langue théâtrale on appelle un *clou* ce reflet fantôme d'une académie de femme dans une glace ; mais mon idée n'a pas été acceptée. » (acte I, sc. I, p. 13 et n. 1). Cf. plus loin, p. 1235 sq.

2. Zola avait beau être sans illusion sur le sort de sa demande d'audience pontificale, il y eut un moment où l'on put croire que Léon XIII allait l'accorder au futur auteur de ROME, grâce peut-être à l'active entremise de Lefebvre de Béhaine. Mais les instances de la Congrégation de l'Index et des Pères de Lourdes, que le premier roman des TROIS VILLES avait dressés contre Zola, eurent raison des intentions conciliantes du pape, surtout après que Bonghi eut prononcé au banquet de l'Association de la Presse, le 10 novembre 1894, un discours libre-penseur, auquel la TRIBUNA donna une provocante publicité.

En s'en allant, il me dit que ces derniers jours, il vient de relire MADAME GERVAISAIS, qu'il s'étonne que le livre n'ait point eu un grand succès, qu'il lui ferme quelques morceaux qu'il voulait faire.

Il ne doit rester que quinze jours à Rome, et peut-être une semaine de plus en Italie, consacrée à une excursion que Mme Zola veut faire à Naples, à Florence, à Venise.

Visite du docteur Michaut, qui vient de faire une petite promenade à Haïti. Il me parle de la mort de ce pays depuis l'abandon des Français, me signale les ruines des édifices, des routes, de tout, et l'absence d'une industrie quelconque, affirmant que la race nègre est incapable de civilisation [1].

Et la conversation va aux poisons, à la fabrication desquels les naturels du pays excellent, entre autres d'un poison trouvé dans les cadavres des cimetières, ne laissant aucune trace de son passage. Un missionnaire lui racontait que, passant dans un village où il avait eu une altercation avec un habitant, invité par un de ses parents à se rafraîchir, les verres remplis, la ruade d'un cheval à l'écurie ayant fait sortir un instant l'homme de la pièce, il avait eu l'inspiration de changer les verres de place et qu'après que son hôte eut bu le verre qui lui était destiné, il l'avait vu tomber agonisant.

C'est de là que viendrait cette poudre blanche que soufflent les voleurs dans une chambre pour engourdir les gens et les voler en toute sécurité. Et voici ce qui était arrivé à un Européen dont il avait fait connaissance. Cet Européen avait l'habitude de se coucher, son revolver sur sa table de nuit, et de mettre ses papiers et son argent sous son oreiller, et il avait vu son voleur s'emparer de son revolver, lui retirer la tête de dessus son oreiller et prendre son argent, cela sans pouvoir crier et sans pouvoir le dire, avant que huit ou dix heures se soient passées. Et c'est curieux, le secret de la recette de ces poisons si bien gardé et qu'on ne peut avoir ! Mais n'ignore-t-on pas aussi bien la composition des poisons de Locuste et de la Renaissance italienne ?

Et comme je lui dis que je crois encore à nombre d'empoisonnements, principalement dans des temps de choléra, il pense comme moi et s'étonne qu'il ne soit pas plus grand, avec la *culture* du charbon ou du typhus mise sur une brosse à dent ou n'importe quoi à l'usage de la personne, ce qui arrivera infailliblement dans quelques années.

A ce qu'il paraît, le montage de réclame du FIGARO autour du guérisseur du croup ne vient pas du docteur Roux, homme modeste qui n'a prétendu faire qu'une vérification et a substitué seulement le sérum de cheval au sérum de vache, c'est l'œuvre de Calmette, qui veut amener l'organisation d'un service à l'image de celui du vaccin contre la rage de Pasteur et le donner à son frère, médecin au Tonkin.

En sortant, je monte chez Lorrain, que je trouve au lit souffrant d'une gastrite et réduit à se nourrir de lait depuis une quinzaine de jours.

1. Les Français quittent Saint-Domingue sous le Consulat ; l'abandon est définitif en 1803 et le nouvel État indépendant d'Haïti est reconnu par la France en 1825.

Au dîner japonais de ce soir, Gillot apprenait à la tablée qu'il avait su qu'il y a une dizaine d'années, se trouvaient dans les docks de Londres des tonneaux contenant 20 000 gardes de sabres japonais et qu'elles n'y étaient plus et qu'aucune n'était venue en France et qu'on ignorait où toutes étaient passées.

Jeudi 25 octobre

Ce soir, à cinq heures, sur la Seine, un ciel non pas bleu, mais d'une lueur mourante légèrement azurée, sur lequel marchent de gros nuages rosâtres semblables aux nuages canailles d'une apothéose de théâtre.

Discussion chez Daudet sur la peinture, où agacé par l'éloge à tout casser de Whistler par Mme Daudet et Léon, qui est un remarquable esprit, qui a le sens musical, mais pas du tout le sens plastique, proclamant tous deux qu'il est le premier grand peintre du moment, je me laisse aller à dire : « *Premier peintre* ! On vous a raconté cela ! » Phrase qui blesse Daudet et qui lui fait me jeter : « Mais c'est avec mon goût que ma femme le juge ! » C'est curieux, ils se refusent à admettre, ainsi que c'est ma conviction, qu'à la rigueur, on peut apprendre à goûter la littérature, mais que jamais — je l'ai déjà dit — l'être qui n'est pas né pictural ne sentira ce rien indescriptible qui fait la valeur d'une peinture, pas plus qu'un être qui n'est pas né musical ne sentira ce rien de l'instrumentation ou du chant.

Toujours dans cette discussion, comme je fais la remarque que les peintres supérieurs n'attrapent pas la ressemblance que conquièrent des peintres très inférieurs, Léon Daudet dit ingénieusement : « Oui, les premiers sont les hommes de l'*objectivité* ; les autres, les hommes de la *subjectivité*. Pour la représentation parfaite, il faut des hommes d'une troisième catégorie qui réunissent les deux aptitudes. Je ne sais si la réunion de ces deux aptitudes a existé chez les anciens, mais bien certainement elle n'existe pas chez les contemporains. »

Un Anglais, amené par Jules Bois, annonce un krach dans la librairie anglaise, et la soirée finit par une bataille autour des articles de Séverine et sa quotidienne sensiblerie à l'endroit des *miséreux*, qui lui rapporte à peu près 60 000 francs par an, sans aucune dépense d'imagination [1].

Vendredi 26 octobre

Mon *château d'Espagne* serait d'avoir une galerie comme la salle de la gare Saint-Lazare, avec, tout autour, des livres jusqu'au haut de la poitrine, puis avec des vitrines de bibelots allant au-dessus de la tête [2].

---

1. Dans L'ÉCHO DE PARIS du 12 octobre sous le titre : CONTRE L'HIVER, Séverine, émue par de récents suicides dus à la misère, décide de rouvrir la souscription instituée par elle naguère, sous la rubrique : *Mon Carnet*, dans d'autres journaux. Les jours suivants, en post-scriptum de ses articles, elle signale les détresses et les dons.

2. La *salle de la gare Saint-Lazare* : la salle des pas perdus, construite comme la gare elle-même entre 1886 et 1889.

Un balcon tournant tout autour ferait un premier étage tapissé de dessins sur trois rangs ; et un autre balcon ferait un second étage, tout tendu jusqu'à la voûte des claires tapisseries du XVIIIe siècle. Et je voudrais travailler, manger, dormir là-dedans, dont le bas serait, avec sa tiède température, un jardin d'hiver, planté des plus jolis arbustes à feuilles persistantes, enfermant au milieu, dans le vert de leurs feuilles les QUATRE PARTIES DU MONDE de Carpeaux, en belle pierre blanche.

Samedi 27 octobre

Jeanniot m'apporte les eaux-fortes de l'illustration de LA FILLE ÉLISA commandée par Testard. Hélas, ce peintre de talent n'est pas du tout, mais pas du tout aquafortiste !

Dimanche 28 octobre

A la matinée de MADAME SANS-GÊNE, une représentation approchant de la trois-centième. Le succès extravagant de cette comédie trahit tristement le niveau du public. A ce propos, un mot de Dumas, Régnier lui disant : « Hein, ce Sardou, connaît-il son théâtre ! — Dites donc son public ! »

Lundi 29 octobre

Mme Sichel me parlait de trois ou quatre jeunes mariées de sa connaissance, enragées d'être devenues enceintes tout aussitôt qu'elles avaient été mariées. Elles espéraient des vacances de la maternité au moins pendant quatre ou cinq ans. Mme Sichel disait que cet égoïsme-là n'existait pas chez la mariée d'autrefois.

Ce charme, le déshabillé du style, appartient bien plus à la femme qu'à l'homme. Je fais cette remarque au sujet d'une lettre de Mme Baignères.

Mardi 30 octobre

Aujourd'hui, Porel vient entendre la lecture de LA FAUSTIN.

A déjeuner, il nous fait un tableau du dernier jour de l'Éden, où en réglant à la fin de la journée, il lui restait un louis sur ses trois cent mille francs de succession. Dans ce moment, par la fenêtre de son bureau, il jetait un regard dans la cour et le spectacle qu'il avait, c'était Donnay, qui cependant avait pas mal bénéficié de l'Éden, Donnay faisant des entrechats [1]. Et c'est curieux, ce récit venait au moment où Daudet venait de lui dire qu'au théâtre, Donnay manquait de

1. Sur le Grand-Théâtre, que Porel avait installé et dirigé dans la salle de l'Éden-Théâtre, cf. t. III, p. 811, n. 3. Porel y avait fait représenter la première pièce de Maurice Donnay, LYSISTRATA, le 22 déc. 1892.

sensibilité et que s'il avait cela joint à son esprit, il serait tout à fait un auteur dramatique.

Il y aurait, ce jour-là, une page curieuse pour la biographie de Sardou. Tout en faisant poser les rideaux du décor de la pièce de Sardou, la veille, il lui avait dit dans l'oreille qu'il fermerait le lendemain ; mais comme les acteurs étaient convoqués, Sardou lui demandait de laisser répéter le lendemain et par son amour de la mise en scène, retenait les acteurs jusqu'à cinq heures, pour cette pièce qui ne devait pas être jouée.

Il parle de Réjane, proclame qu'elle a été admirable, alors que dans son écroulement moral, elle l'a forcé, pour ne pas l'y laisser, de la suivre dans sa tournée. En wagon, il aurait été pris de l'envie de rejouer pour gagner sa vie et il s'était mis à réciter les premiers vers du LÉGATAIRE UNIVERSEL, qu'il avait joué autrefois, avec ses compagnons du chemin de fer, et tous s'étaient trouvés arrêtés dans leurs répliques : lui seul avait été jusqu'au bout [1].

Enfin, il s'écrie que tous les bonheurs s'étaient succédé chez lui depuis le jour où il avait eu son fils.

La lecture terminée de LA FAUSTIN, Porel me dit que la pièce ne peut pas être jouée par Réjane, qu'elle n'a pas la ligne du rôle, qu'il faut une tragédienne, qu'elle ne servirait pas la pièce et que même, la pièce nuirait à l'actrice, comme voulant usurper des rôles qui n'étaient pas son affaire.

C'est peut-être juste, mais Porel m'a un peu porté sur les nerfs : c'est quand il m'a dit qu'il faudrait retrancher le prologue et le tableau du souper, tableau dont la suppression, j'en étais sûr d'avance, je n'ai pu m'empêcher de le lui dire, et que les directeurs français étaient en train d'abaisser complètement le théâtre, en rejetant d'une pièce tout ce qui est élevé, tout ce qui est original [2].

Tout de même, il se passe quelque chose de vraiment extraordinaire dans la lecture d'une pièce. L'auteur est pour le moins aussi intelligent que le directeur et il a mis trois mois à chercher son œuvre, et jour et nuit, il l'a retournée de toutes les façons. Bon, voici que sur une lecture qui dure deux heures, le directeur a spontanément la vision

---

1. Sans doute est-ce entre 1863 et 1867 que Porel, entré à l'Odéon au sortir du Conservatoire, eut l'occasion de jouer l'œuvre de Regnard.

2. En ce qui concerne le membre de phrase : *le prologue et le tableau du souper, tableau dont la suppression, je n'ai pu m'empêcher de le lui dire, j'en étais sûr d'avance, et que les directeurs français...*, la seule addition que nous ayons crue utile est celle du pronon *le* dans *de le lui dire*. Pour tout le reste, on a une audace de syntaxe et non une omission. Le mot *suppression* sert de complément à *j'en étais sûr d'avance*, le pronon *en* faisant un apparent pléonasme, familier d'ailleurs à Goncourt (cf. plus haut p. 1020 : *l'eau du fleuve ou les lueurs des bateaux semblent y mettre les ondes bigarrées d'une étoffe zinzoline*). Quant à la proposition : *et que les directeurs français...*, selon un tour classique bien connu, elle sert de second complément à *j'en étais sûr*. — Le prologue est fourni par le chapitre I du roman, qui ouvre sur l'intrigue par la conversation de la Faustin et de ses amis au sommet des falaises de Sainte-Adresse. Le souper est fait, au chapitre XVII, des conversations rompues et piquantes qui suivent, autour de la table de la Faustin, la première de PHÈDRE. Sur le sort de la pièce d'Edmond et sur sa publication posthume, cf. t. III, p. 825, n. 1. Les deux passages visés forment le premier tableau et les scènes 1-5 du 4e tableau.

impeccable du sujet ! Si encore il emportait la pièce chez lui, réfléchissait dessus deux ou trois jours. Mais non, il a le don du jugement en douze temps !

Le refus de ma pièce ne me cause aucun embêtement, tant que je suis heureux d'être débarrassé de cette lecture dans laquelle je n'avais aucune confiance.

Au cimetière Montmartre, où le voisinage des industries a couvert le granit de la dalle de mon frère d'une crasse de fer qui n'en laisse plus voir le poli et la couleur.

Ce soir, dîner qui m'est offert par Ajalbert, Geffroy, Carrière, etc., dans un restaurant fréquenté par eux près la fontaine Gaillon [1]. J'y dîne avec Clemenceau, invité comme moi. Clemenceau, un causeur qui a quelque chose du brio d'un commis voyageur éloquent, mais un causeur plein de couleur et à la parole savamment coupée, brisée.

Un moment, il nous parle de l'abandon des enfants et il nous peint une mère forcée de se séparer de son petit, le regardant dans les bras qui l'ont pris, le regardant, sans pouvoir s'en aller, en continuant à bercer le creux qu'il a laissé dans sa jupe, puis mouillant ce creux de ses larmes.

Il raconte, après, un épisode d'une chasse de sa jeunesse où en revenant, il allait donner un coup d'œil à un châtaignier dont les châtaignes étaient volées tous les ans, désireux de s'assurer si elles étaient mûres. Ce châtaignier était dans un buisson de ronces de la hauteur d'une dizaine de pieds. « Il y a un homme là, tenez ! » s'écriait tout à coup le petit domestique qui l'accompagnait et il voyait en effet un homme couché sur le ventre et qui, lorsqu'il l'appelait, ne répondait pas, se mettait à ramper à quatre pattes en s'éloignant de lui et dont il ne savait la place que par le remuement du haut des brindilles. Alors, il se lançait à sa poursuite avec son domestique, espérant le prendre en haut où il y avait un petit vide dans la ronce ; mais là, l'homme surgissant soudain, piquait une tête dans le dévalement de la ronce de l'autre côté, piquait une tête comme dans une rivière, et disparaissait, sans que Clemenceau eût pu voir sa figure. Des années se passaient, il était nommé député. Un vieux bonhomme, un jour, forçait sa porte et lui demandait sa protection pour son fils, qui était aux galères et qui était le paysan qu'il avait poursuivi. C'était un paysan qui avait tué sa maîtresse et qui se cachait.

Et à la fin, c'est le récit, pour ainsi dire joué, de l'invraisemblable carotte qui lui a extorqué deux louis pour un lorgnon, récit qui ressemble à une spirituelle blague du Palais-Royal.

Dans la rue, Clemenceau s'avoue tout à fait empoigné par la

1. Sans doute s'agit-il du restaurant Drouant, place Gaillon, que devait illustrer l'Académie Goncourt. Mais n'imaginons pas une illusoire continuité entre ce dîner d'Ajalbert, de Geffroy et de Goncourt et les déjeuners futurs de l'Académie : jusqu'à la guerre de 1914, les réunions mensuelles de la « Société Goncourt » se tinrent, sous la forme d'un dîner, puis d'un déjeuner, au Café de Paris, avenue de l'Opéra.

littérature, déclare qu'il voudrait faire un roman et une pièce de théâtre, s'il ne lui fallait pas tous les jours fabriquer un article pour LA JUSTICE et toutes les semaines, deux articles pour LA DÉPÊCHE. Enfin, s'écrie-t-il, s'il lui arrivait d'avoir un jour libre sur deux, il écrirait ce roman, il écrirait cette pièce.

Jeudi 1er novembre

Je voyais, tout l'été, passer au bout de mon jardin deux jeunes filles folichonnes, au rire moqueur qui n'avait rien de blessant, mais au contraire, était comme un bonjour un rien gouailleur. Jamais un mot entre nous ; seulement à la fin, des paroles caressantes adressées à ma chatte. L'on disait que ces jeunes filles avaient passé un tas d'examens et que l'une d'elles venait d'être reçue avocat. Ces jours-ci, j'ai reçu une lettre de faire-part m'annonçant que cette jeune fille était morte âgée de vingt ans. Cette lettre, m'annonçant la mort de cette jeune fille que je ne connaissais pas, m'a fait l'impression du faire-part de la mort d'une personne connue, et mon imagination travaillant, je pensais à la jolie nouvelle qu'on pourrait faire avec la mort de cette jeune fille : le père venant apprendre à un homme qu'elle ne connaissait pas plus que moi, que sa fille s'était éprise d'amour pour lui, en lisant ses livres, et qu'elle lui demande de lui faire une visite avant qu'elle ne soit morte.

C'est affreux, au cimetière, ces tombes effondrées dont il ne sort plus de la terre qu'un haut de croix, ainsi que ces bâtiments coulés dont seulement un bout de mât dépasse l'eau.

Chez Daudet, Barrès, un causeur, à la conversation pleine d'observations ironiques et souventes fois coupée de paradoxes drolatiques. Ce soir, il faisait un portrait de Guesde, qu'il peignait avec ses longs cheveux, sa redingote en forme de soutane, sa voix nasillarde et son éloquence de prédicateur. Il le disait sans influence sur l'ouvrier gouailleur de Paris, mais exerçant une vraie domination sur l'ouvrier triste, à fond mystique, l'ouvrier de Roubaix, l'ouvrier du Nord de la France.

Georges Hugo me confiant que Hayashi lui avait donné une leçon sur le gaufrage des impressions japonaises et que cela se faisait, ainsi qu'il l'avait fait devant lui, par la rotation du coude d'un bras nu sur une feuille de papier mouillée.

On interroge Barrès sur LA COCARDE. Il se montre très indifférent pour ladite feuille — c'est pour lui une causerie de dix heures à midi avec des gens qu'il met à la recherche des documents qui l'intéressent — et dit, à l'encontre de Léon Daudet, qu'il n'a pas besoin de s'entraîner et de s'enfoncer dans un travail, qu'il peut très bien l'interrompre et le reprendre trois mois après.

Vendredi 2 novembre

Hier, Frantz Jourdain, me parlant de son fils, me disait que maintenant, dans les ateliers, tout est changé dans la pose du modèle, que ce ne sont plus les poses pondérées du *Soldat Laboureur,* de Marius sur les ruines de Minturnes, mais les poses tourmentées, contorsionnées des figurations de Michel-Ange, de Rodin [1].

Au théâtre, lorsqu'on n'est pas dans le vrai, qu'on travaille dans le faux, il faut immensément de talent, du génie même : c'est ainsi qu'une GISMONDA peut être faite par un Hugo et non par un Sardou, sous la plume duquel le théâtre historique devient simplement comique.

Samedi 3 novembre

Si vraiment ce capitaine Dreyfus n'avait aucun vice, n'était ni putassier ni joueur, ce qui explique et pallie les canailleries des catholiques, si le capitaine Dreyfus avait vendu son pays seulement pour placer l'argent en 3 %, ce serait vraiment bien juif [2] !

Dimanche 4 novembre

Lorrain que je vais voir, encore souffrant de sa gastrite, me fait un tableau pittoresque de l'intérieur de Séverine cherché dans le rustique, de sa salle à manger dont les murs sont peints en briques effritées, à l'imitation de la laiterie de Marie-Antoinette au Petit Trianon — salle à manger où mangent, tous les soirs, onze personnes, la mère de Séverine, son secrétaire, Labruyère, le secrétaire de Labruyère, etc., et auxquels viennent s'adjoindre une dizaine de non-réguliers tombant dans la soupe.

Lundi 5 novembre

C'est instructif, le mépris que donne la fréquentation intime des Juifs. Les deux jeunes Sichel, qui ont assisté au trucage du bric-à-brac et aux conciliabules de filous de la rue Pigalle, ont tous deux pour leurs parents juifs deux ordres de mépris : un mépris doucement hautain chez l'aîné, en raison de son caractère, un mépris colère chez le cadet.

Mercredi 7 novembre

Dîner chez la Princesse.

---

1. Confusion entre deux épisodes célèbres de la vie de Marius : Marius poursuivi par Sylla et réfugié dans les marais de Minturnes, et Marius sur les ruines de Carthage. — Quant au *Soldat Laboureur*, à la suite du vaudeville de Brazier, Dumersan et Francis (Variétés, 1er sept. 1821), d'innombrables gravures avaient popularisé la silhouette de l'ancien *grognard* coiffé de son bonnet de police et appuyé sur sa bêche.

2. Ainsi commence l'Affaire... Sur la foi du *bordereau,* lettre annonçant aux services allemands l'envoi de documents secrets et où l'on crut reconnaître son écriture, Alfred Dreyfus, capitaine d'artillerie attaché à l'État-major du ministère de la Guerre et Juif alsacien, va être traduit le 19 déc. 1894 devant le premier Conseil de guerre de Paris, par le ministre de la Guerre, le général Mercier, qui le fera condamner le 22 décembre, grâce au dossier secret communiqué aux juges militaires à l'insu de l'accusé et de son défenseur.

Après le dîner, exposition de son portrait par Doucet, un pastel où l'artiste, échappant au joli, a donné la ressemblance parfaite de la Princesse dans la pâleur de sa chair devenue un peu anémique.

On parle du mariage Brissac, à Bonnelles, du déjeuner debout auquel a assisté Primoli [1].

On parle du voyage en Amérique de Bourget, que la Princesse éreinte, disant qu'il lui avait plu avant son mariage, mais que depuis, il est devenu impossible et qu'il ne cherche qu'à se pousser dans le faubourg Saint-Germain.

On parle de Galliffet, qu'on dit insupportable avec l'étalage orgueilleux de son cocuage, et l'on raconte qu'un jour, au Cercle de l'Union, où il étalait ses malheurs conjugaux, quelqu'un le coupa, avec cette interruption : « Bon, bon... nous le savions bien avant vous ! »

Coppée, qui est arrivé avec un teint encore plus graine de lin qu'à l'ordinaire, est pris après dîner d'un mal d'estomac qui le force à s'en aller — un mal d'estomac ayant bien l'air d'être le précurseur d'une crise hépatique.

Jeudi 8 novembre

Dîner chez Daudet avec le ménage de peintres Besnard. La conversation est sur le style de Maeterlinck, qui me fait dire : « Maeterlink, ça me paraît comme une écriture sur du papier qui boit ! »

Primoli, qui vient le soir, cause de Bourget, dit qu'il n'a pas voulu contredire Hase affirmant qu'il était à l'étranger, parce qu'il est à Paris et qu'il ne vient plus chez la Princesse, et il ajoute que ce qui a été avancé hier sur son évolution et son passage dans la société des ducs, c'est tout simplement qu'il ne veut plus aller dans la société des femmes auxquelles il a fait la cour. Et Primoli craint vraiment qu'il ne puisse habiter Paris, étant donnée son extrême sensitivité, qui l'a fait plusieurs fois se fâcher avec lui, qui l'aime beaucoup, à cause des imaginations noires qu'il se forge.

Là-dessus, Daudet nous dit qu'il est très ulcéré contre moi, à propos de l'égratignure de mon JOURNAL, lui reprochant sa condescendance pour l'opinion des hommes et des femmes du monde, égratignure cependant adoucie par des choses très aimables [2].

Daudet pense absolument comme Primoli, alors qu'à l'heure présente, « il va se trouver dans les coups de fusil », étant en plein succès. Et Daudet raconte que l'écrivain trembleur, un jour, menacé d'un article de Bloy dans le GIL BLAS, avait consenti, pour l'éviter, à donner un article gratis, ce qui ne lui avait pas servi à grand-chose, Bloy l'ayant éreinté autre part [3].

---

1. Le château de Bonnelles, en Seine-et-Oise, à 4 km de Limours, construit au XIXe siècle dans le style Louis XIII, était alors la résidence de la duchesse d'Uzès.
2. Cf. t. II, p. 1218.
3. Après des préludes amicaux, les rapports de Bloy et de Bourget s'étaient tendus après un

Vendredi 9 novembre

J'achète un petit plat d'une fabrique moderne de la Scandinavie, représentant un vol de mouettes au-dessus de la mer. Dans cette appropriation japonaise, la nature du pays perce et rend pour ainsi dire l'imitation originale. C'est, comme fond, un blanc qui vous donne la sensation de la neige, et là-dessus, des oiseaux bleuâtres, ayant l'air de l'ombre portée de ces oiseaux sur des glaciers.

Dimanche 11 novembre

Ouverture du *Grenier.* Lorrain, Primoli, Geffroy, Carrière, Ajalbert, Toudouze, de La Gandara, Montesquiou, Rodenbach, Daudet et sa femme, etc.

Lorrain, toujours souffrant et ayant devant lui la perspective, mardi prochain, d'une double consultation de Robin et de Pozzi, me dit que lorsqu'il est malade, son enfance lui revient et que le littérateur, chez lui, est disposé à conter seulement des choses de ce temps-là.

Primoli arrive et fait un instantané de Lorrain et de moi.

Puis il cause de la Duse, avec laquelle il vient de passer huit jours à Venise, la Duse, l'actrice italienne dont on m'a parlé pour jouer LA FAUSTIN à Londres ou en Allemagne et qu'il dit une femme à laquelle il manque beaucoup de choses comme actrice, mais en dépit de cela, une très grande artiste. Il la peint comme une actrice d'une grande indépendance théâtrale, ne s'appliquant que dans les actes qui parlent à son talent, et dans les autres qui ne lui plaisent pas, mangeant du raisin ou se livrant à des distractions quelconques. Dans une pièce où elle avait à dire à une fille qui s'était mal conduite qu'elle *n'avait plus de fille,* il la voyait soudain, sans souci du public, faire un signe de croix à sa ceinture et envoyer un baiser à la cantonade, un baiser à sa vraie fille, qu'elle adore.

Montesquiou m'entraîne dans un coin, faisant allusion à ma lettre à la comtesse Greffulhe, sur les petits livres de sensations en prose lyrique, lettre qu'elle aurait trouvée très belle. Mais quand je pousse un peu Montesquiou, pour savoir si au fond, cette lettre, qui lui conseillait de ne pas les livrer à la grande publicité, ne l'a pas mécontentée, il se dérobe et me répond vaguement.

De Nion, dont la femme vient de subir une opération douloureuse, nous apprend que le jeune Simond ne veut plus à L'ÉCHO DE PARIS de littérature, qu'il lui faut de courtes histoires ayant un commencement, un milieu, une fin.

Survient Rodenbach, dont l'article dans LE FIGARO de ce matin fait grand tapage. C'est un éreintement très bien fait de Zola, où il proclame

---

article hostile de Bloy dans LE CHAT NOIR (12 juil. 1884). Ce fut la rupture totale, quand Bourget, en mai 1885, eut refusé à Bloy l'argent nécessaire pour enterrer Berthe Dumont. Bloy se vengea en transposant ce refus dans LE DÉSESPÉRÉ, où Bourget figure sous le nom d'Alexis Dulaurier. Cf. Bollery, LÉON BLOY, t. II, 1949, pp. 156-158.

que le livre sur Rome est fait, et il nomme MADAME GERVAISAIS, et que le livre naturaliste de L'ASSOMMOIR a été inspiré par GERMINIE LACERTEUX [1].

Descaves manque. Il a un rhumatisme aigu et sa femme une bronchite. Manquent aussi les Rosny, malgré la lettre très flatteuse que je leur ai écrite au sujet de L'INDOMPTÉE ; mais ils nous lâchent, Daudet et moi.

Daudet nous lit, ce soir, de son BONNET [2].

Je me suis trompé. Je croyais que son enthousiasme pour le livre venait un peu de son *provençalisme*. Mais non, ce Bonnet est un grand lyrique en prose et c'est la première fois qu'on a la poésie contenue dans le cerveau d'un paysan, mais d'un paysan en un endroit de France où le soleil *ensoleille* les cerveaux.

Lundi 12 novembre

Le baron Thénard était d'une avarice telle qu'à la fin de ses dîners, il faisait venir une bouteille d'un vin d'Espagne, dont il remplissait avarement un nombre de verres égal au nombre des convives et quand le plateau lui revenait avec des verres qui n'étaient pas bus, il prenait une feuille de papier, en faisait un cornet et reversait les petits verres restés pleins dans la bouteille.

Mercredi 14 novembre

Je cause avec Bracquemond et nous parlons de Raffet, l'artiste qui a le mieux rendu la bataille, l'assaut, qui a su masser les soldats, faire des bataillons, des espèces de bas-reliefs. Maintenant, l'artiste dont l'exécution lithographique sans noir ni blanc est la plus grise, la plus triste, la plus teinte d'hôpital qu'il soit.

Une jolie mode d'Italie, importée chez la Princesse par Primoli ; au milieu de la table, un carreau de soie pourpre, sur lequel, un jour, sont tombés naturellement des boutons de roses, un autre jour, des petits bouquets de violettes, un autre jour des chrysanthèmes.

Après dîner, Primoli me lit une lettre d'un Italien qu'il a abouché avec Zola, lettre ironique où il écrit que Zola l'a interrogé sur la *donna romana* et lui a dit qu'il consacrerait à l'étude de la femme romaine les trois derniers jours de son séjour à Rome.

---

1. L'article, M. ZOLA A ROME, est violent. Il dénonce le « narcissisme » de Zola, flatté par les communiqués quotidiens de son voyage à Rome. Après MADAME GERVAISIS, sur Rome, « tout est dit déjà ». Mais Zola a de même « refait dans L'ASSOMMOIR le roman-peuple créé avec GERMINIE LACERTEUX », et il écrira « demain un livre sur Paris et les mœurs révolutionnaires avec LE BILATÉRAL et MARC-FANE de M. J.H. Rosny. Il n'est au fond qu'un vulgarisateur énorme. »

2. Cf. plus haut p. 1018, n. 1.

Jeudi 15 novembre

Courteline se plaignait en blaguant du four de sa revue, à laquelle il avait assisté vingt-cinq fois, il comptait les répétitions, la trouvant plus amusante chaque fois [1]. Sur ce, Renard lui disant : « Tant mieux, tu aurais gagné trop d'argent ! — C'est trop fort ! Et que tu es rosse ! Songe donc un peu que j'ai deux faux-ménages et pas d'intérieur ! »

Dans la soirée, Pugno joue des morceaux tirés du mimodrame d'Amic : LES DEUX DRAPEAUX, dont il est en train de faire la musique, où les gestes des acteurs doivent avoir la brièveté ou la longueur de chaque petit morceau musical qui les enguirlande : ce qui donne un peu d'humeur à Taillade, qui n'est plus dans cette pièce qu'une marionnette à la mimique réglée par la musique de Pugno [2].

Un séide de Sardou faisant un mérite à la pièce de GISMONDA du luxe des costumes, j'avais sur les lèvres : « Oui, c'est un dîner infect servi sur de la vaisselle plate ! »

Ernest Daudet me dit qu'aujourd'hui, on a ouvert le ventre de Magnard, qu'on lui a retiré une poche de pus attenant à la vessie et que l'opération a parfaitement réussi.

Dimanche 18 novembre

Bauër, parlant de la jeunesse restée encore sur le visage de Sarah Bernhardt, dit que cette jeunesse ne s'y trouve que par la volonté de l'actrice, cette volonté qui à la scène lui met sur la figure les métamorphoses qu'elle veut et qui à la ville commande à la jeunesse d'y être. « Mais, ajoute-t-il, pour un peu qu'elle se détend, qu'elle se déraidit, l'âge apparaît. »

Puis comme il causait de l'ouverture de mon *Grenier* et de l'article que Lorrain y avait consacré le matin dans L'ÉCHO et comme je lui disais que j'aurais autant aimé qu'il n'en parlât pas — parce que l'article, aimable pour moi, était désagréable pour deux ou trois des invités — Bauër s'écriait que tout en l'aimant beaucoup, il le trouvait parfois bien compromettant [3]. Puis il arrivait, dans l'analyse psychologique qu'il faisait de Lorrain, à dire qu'il y avait un fond de méchanceté chez lui et racontait ceci.

---

1. Courteline et Marsolleau ont fait représenter aux Nouveautés le 26 oct. 1894 une revue de fin d'année en 3 actes et un prologue, LES GRIMACES DE PARIS, dont eux-mêmes disaient : « Nous n'avons rien voulu casser, notre revue est une revue qui ressemble à toutes les revues. »

2. Taillade — écrit *Tailhade* par Goncourt par confusion avec Laurent Tailhade — jouait le rôle de Kérouan, un vieux chouan, dans POUR LE DRAPEAU, d'abord intitulé LES DEUX DRAPEAUX, « mimodrame en 3 actes » de Henri Amic, musique de Pugno, que l'Ambigu créera le 18 février 1895 et qui mettait en scène les guerres de Vendée.

3. L'article, paru dans le numéro du 19, intitulé PALL-MALL SEMAINE et signé, comme à l'ordinaire, *Raitif de la Bretonne*, est féroce pour Zola et insidieux à l'égard de Rodenbach et de Montesquiou. Il donne l'article de Rodenbach sur Zola comme inspiré par l'envieux Magnard (cf. t. III, p. 926-927 et p. 896, n. 1), et il conclut : « Là-dessus, entrée triomphante de M. Georges Rodenbach venant recueillir les lauriers de son article, entrée suivie de celle, plus discrète, mais non moins méditée, du comte Robert de Montesquiou. »

J'ai mentionné plus haut le mot cruel de Mme Forain à Lorrain, mais il s'était passé beaucoup de temps depuis. Or un jour, rentrant avec Forain chez lui, Forain prenait dans sa boîte une lettre, la lisait sans rien dire, ouvrait aussitôt son secrétaire, comparait l'écriture de l'adresse avec l'écriture d'une autre lettre et passait à Bauër le contenu de la lettre, qui était une coupure du GIL BLAS, où il y avait à peu près cette noirceur. Quelqu'un demandant pourquoi Forain était aussi amer, l'un répondait : « C'est qu'il avait mangé de la vache enragée ! » Un autre ajoutait : « Il n'en a pas seulement mangé, il l'a épousée ! » Et montrant à Bauër la lettre tirée du secrétaire, qui était de Lorrain, et lui faisant remarquer la similitude avec celle de l'adresse de l'envoi, il lui disait : « Vous voyez, c'est de votre ami, mais je le repigerai ». Le mot de Mme Forain méritait une gifle morale, flanquée de suite, mais non au bout de beaucoup de mois et sous cette forme vilainement anonyme.

Je ne sais plus qui déplorait l'emprunt fait au Garde-Meuble des tapisseries des Gobelins et de la Savonnerie pour les réceptions des ministres, ce qui a amené le jeune Hugo à dire que quelqu'un de la boutique lui avait affirmé qu'on passait le lendemain de ces réceptions à décrotter ces tapis des crottes de nez des invités. Voilà la société républicaine !

Le peintre Helleu, qui va faire à Londres une exposition de ses eaux-fortes, me demande vingt lignes pour mettre en tête de son catalogue, que je lui refuse parce que vingt lignes, c'est deux cents, et que je n'ai pas le temps de les faire [1]. Bauër, qui l'a vu à son arrivée à Paris si fruste, si abrupt, si paysan, ne le reconnaissait pas dans l'artiste maigriot, longuet, distingué de ces années.

Lundi 19 novembre

Dans le premier journal que j'ouvre ce matin, je lis que Magnard est mort des suites de l'opération de Second. Je crois que cette mort va porter un coup au FIGARO.

Francis Poictevin m'apporte des chrysanthèmes pour ma fête. Il est émotionné et presque pleurant de ce que Rodenbach lui a fait un article dans L'INDÉPENDANCE, a écrit qu'il était un saint de la littérature [2]. Et le voilà perdant terre, à me dire que « le Saint-Esprit est la qualité quintessenciée de la substance » et à me parler de sa volatilisation, en me citant un mot grec. Dans ce moment, sa matinée se passe à aller *des aubes à l'hostie* — ce qui veut dire qu'il se lève avec sa maîtresse

1. En fait, Goncourt écrira cette préface au catalogue de Helleu : voir la note du 1er févr. 1895.

2. Si Poictevin pleure de gratitude, il est naïf. Le doux Rodenbach sait l'art des pointes : « M. Poictevin est une sorte de saint de la littérature », soit, mais c'est un mystique de l'art, non de la foi et « le Non-Moi n'existe pour lui que comme des objets existent pour le miroir, c'est-à-dire en tant que reflets. » (cf. L'INDÉPENDANCE BELGE du 19, sur le dernier livre de Poictevin, OMBRES).

à cinq heures du matin, pour étudier les aubes parisiennes, et qu'il va, toujours avec Alice, à la messe de six heures — puis cette confession faite, s'efforce de me convertir à l'immortalité de l'âme.

Ah ! le monde politique actuel ! Ce Mesureur, qui sera peut-être ministre demain, dans un séjour qu'il a fait dans la propriété de M. Villard, a laissé payer à celui-ci les notes de tout — et même le louage d'un landau pour promener sa femme, accablée de cadeaux — et continue à aller dans une maison où il reçoit les mépris les plus insultants des enfants et des familiers.

Mardi 20 novembre

Je crois qu'à aucune époque du monde, le mensonge sur les contemporains n'a été aussi grand que dans ce temps, de par la menterie du journalisme : c'est ainsi qu'il a donné à croire au patriotisme de Renan, au désintéressement de Taine et qu'aujourd'hui, il cherche à populariser la bonté de Magnard, qui fut le plus féroce envieux de la génération présente !

Oh ! ce Magnard, moi, ainsi que disent les voyous, je ne le pleurerai que de l'*œil du milieu.*

Jeudi 22 novembre

La mémoire de Magnard mise au point par Daudet : « Un jour, après un bon dîner, me dit Daudet, Magnard m'avoua qu'il était envieux et, se touchant le creux de l'estomac, laissa échapper : « Vous ne pouvez savoir comme ça fait mal ! » J'ai mis cet aveu dans un de mes bouquins [1]. »

Daudet continue : « Un jour, me voyant embrassé par mon fils et moi lui rendant son embrassade, il s'écria : « Moi, je hais le mien... et il me le rend bien !... C'est tout le portrait de sa mère ! »

Daudet continue : « Il n'avait la foi à aucun sentiment. Une fois que je lui soutenais qu'il y avait dans la vie de bonnes choses, il me jeta avec une ironie méphistophélique : « Oui, l'amitié... Goncourt, n'est-ce pas ? »

Samedi 24 novembre

Enfin, voici MANETTE SALOMON complètement terminée et bonne à donner au copiste. J'aurai mis six semaines à un travail qu'autrefois, j'aurais mené à la fin en quinze jours.

Dimanche 25 novembre

Rod, autrefois au profil en quartier de lune, aujourd'hui engraissé,

1. La formule est prêtée à l'envieux Costecalde dans TARTARIN SUR LES ALPES (éd. *Ne varietur*, 1930, p. 15).

la figure pleine, raconte un dîner de l'année dernière avec le ménage Forain, arrivé à huit heures dans la maison où l'on dînait, et la femme à son entrée s'écriant : « Pardon, nous sommes en retard... C'est que ma belle-mère est à l'agonie ! » Puis, quelques instants après : « Oui, elle a demandé un prêtre... et le prêtre m'a dit : « Je n'ai pas apporté de l'eau bénite, nous allons en faire ! » Et ça a duré comme ça, dans sa bouche blagueuse, sur l'agonie de sa belle-mère.

Je ne sais comment il a appris que Cameroni, auquel Zola avait demandé à le voir à son passage à Milan, avec sa timidité, sa répugnance à se montrer, lui a écrit qu'il ne pouvait le recevoir, qu'il était malade à la campagne.

Toudouze arrive, grave, le front chargé de nuages, et nous annonce qu'il va donner sa démission du comité des Gens de Lettres, à propos du conflit de la société avec Rodin. A ce qu'il paraît, il y aurait un dessous dans ce conflit, ce serait une hostilité contre Zola, qu'on aurait trouvé trop autoritaire et qu'on voudrait empêcher d'être renommé au mois d'avril. Et voici le prétexte mis en avant par les ennemis de Zola : Rodin ayant demandé une seconde avance de 5 000 francs, sur la présentation de la seconde maquette de Rodin, Zola la lui aurait fait accorder, sans faire passer la demande par le comité, et il y en aurait dans la Société qui voudraient même faire rendre les 5 000 francs à Zola [1].

Au fond, une partie du comité, composée de tout ce qu'il y a au monde de moins littéraire, se déclare un *comité d'affaires,* et toutes les fois qu'il se présente une question de générosité littéraire, accuse les auteurs de la proposition de sensiblerie humanitaire.

Ce soir, Daudet contait que le fils Magnard, pendant l'enterrement de son père, avait fait porter ses effets dans sa chambre et, à son retour du cimetière avec sa belle-mère, avait pris possession du lieu.

Le lendemain, au déjeuner, sur une observation de sa belle-mère sur la brusquerie de cette prise de possession, il était sorti, était resté une heure et demie dehors et en rentrant, avait jeté à sa belle-mère : « Eh bien, voilà : en t'abandonnant un quart de la succession, je puis te mettre dehors ! » Car c'est en ces termes diplomatiques qu'ont lieu les communications entre la belle-mère et le beau-fils !

Dans les derniers temps, le ménage ne se parlait plus. Le jour où

1. La Société des Gens de Lettres avait confié en 1891 à Rodin l'exécution de la statue de Balzac, livrable en 1893. Au début de 1894, Zola, président de la Société, s'était entremis pour obtenir au sculpteur une nouvelle avance et un nouveau délai d'un an ; la formule de Goncourt : *Zola qu'on voudrait empêcher d'être renommé au mois d'avril* est équivoque ; en fait, Zola a été remplacé dans ses fonctions dès avril 1894 par Jean Aicard. Celui-ci se heurte à la majorité du Comité, qui, à l'instigation d'Edmond Tarbé, adresse à Rodin une mise en demeure comminatoire, ce qui amène le 26 nov. 1894 la démission de Jean Aicard et celle de Toudouze et de deux autres membres du Comité. Aurélien Scholl, successeur d'Aicard, parvient à un accommodement qui permet à Rodin d'achever son œuvre. Mais quand le BALZAC parut au Salon de 1898, les Gens de Lettres refusèrent cette effigie inattendue. Rodin remboursa l'avance de 10 000 francs qu'il avait reçue et conserva la statue, qui se dresse aujourd'hui au carrefour Montparnasse.

il devait entrer dans la maison de l'opération, sa femme se présenta devant lui, implorant une réconciliation. Magnard gardant sa figure durement implacable, sa femme lui dit : « Oh ! je sais, c'est à cause de ta fille... Eh bien, qu'elle vienne !... Elle occupera une autre chambre... tu pourras la voir ! » Pris d'un attendrissement, Magnard se prit à pleurer et sa femme partie pour préparer sa chambre, il manda sa fille pour l'accompagner.

Il est question de la Tourbey — Mme de Loynes — où tous les jours de l'année, il y a du monde à déjeuner et à dîner, de cette salle à manger où depuis l'Empire, tous les hommes de la politique et de la littérature se sont assis ; enfin, de la puissance de cette femme, qui a l'oreille à la confidence de tous les secrets de ménage et de collage d'hommes connus, qu'elle conseille et dont elle est comme le directeur laïque. Et ce n'est pas seulement de tous ces hommes dont elle est le conseiller pratique, c'est de toutes les femmes de théâtre, la consultant pour mener leur barque et mettant à profit sa vieille expérience, la Tourbey, du reste, les poussant toujours à s'élever, à monter, à ne commettre aucune action, aucune démarche qui puisse les faire descendre.

La femme — il faut lui reconnaître ce mérite — est toujours occupée à être utile, à servir ses amis, ainsi que le témoigne cette anecdote. Un jour où Deschanel devait parler à la tribune, ayant entendu Barrès, à son déjeuner, dire que Deschanel avait dans la parole quelque chose de blessant qui indisposait contre lui les vieilles badernes de la Chambre, aussitôt, elle se mettait à écrire un billet à l'orateur, qui le mettait en garde contre les dangers de son éloquence, et chargeait Lemaître, qui sortait avec Barrès, de le lui remettre à la chambre. Lemaître, ignorant du dédale de la Chambre, priait Barrès de faire la commission, en sorte que c'était lui qui le remettait — lui dont le nom était peut-être dans le billet !

Mardi 27 novembre

Francis Poictevin me fait une visite, la veille de son départ pour un de ses séjours vagabonds de l'hiver.

« N'est-ce pas qu'Alice est quelqu'un ? me dit-il à son entrée. Au Luxembourg, où nous sommes allés ensemble, elle a baptisé le tableau de Carrière « un baiser vampirique » [1].

— Pas mal !

— N'est-ce pas que vous parlerez de moi dans votre JOURNAL ? Que vous direz que mon talent vient de la maladie ?... Ah ! ce que je souffre dans ce moment de ma superesthésie dans l'oreille... Oui, c'est comme le déraillement d'une voiture passant sur le rail d'un tramway... Sans doute un déplacement du tympan, un jour que je me suis mouché trop fort. »

1. La toile de Carrière, au Luxembourg, est une de ses plus célèbres variations sur le thème de la mère et l'enfant : LE BAISER MATERNEL.

En causant de Whistler, je lui dis qu'une de ses grandes qualités, c'est le mystère de ses fonds, un mystère mythologique qui lui appartient et qui n'est pas le mystère des fonds de Vinci. En causant de Whistler, je lui dis que son talent est surtout de rendre dramatique un pantalon, un pardessus jeté sur un bras, mais qu'il n'a jamais su peindre les carnations d'une figure, d'une main. Ces idées, je suis bien sûr de les retrouver dans un futur bouquin de l'homme avec lequel je cause, parce que le pauvre garçon est le plus grand braconnier d'idées que je connaisse !

Mercredi 28 novembre

Dire que c'est avec de la merde qu'on fait la bonne odeur d'une fleur !

Ça défile, ça défile, les vieux vivants ! Aujourd'hui, voici la lettre de faire-part du vieux Thierry, qui a fait jouer aux Français HENRIETTE MARÉCHAL.

Ce matin, un article cannibalesque de Drumont sur la princesse Mathilde, à propos de son entrevue avec Mme Casimir-Périer à la cérémonie funèbre du czar [1]. Sous une forme bien adoucie, ces jours-ci, je faisais cet article dans mon fauteuil au coin de la cheminée de Daudet [2]. Cette femme violente est lâche, et disposée à la bassesse dans les moments où les grands caractères se montrent. C'est elle qui, dans les batailles de Chennevières contre l'Institut, entreprises à son instigation, le lâchait quand ça devenait périlleux pour lui [3]. C'est elle qui, pendant la Commune, a été au moment de demander à rentrer en France.

Visite des deux Rosny. Dans le cours de la conversation, le vieux dit, peut-être avec vérité, que ce ne sont plus les éditeurs qui exploitent les auteurs, mais les auteurs qui exploitent les éditeurs et que ceux qui se vendent, par leurs exigences, leurs demandes de rééditions, coûtent plus qu'ils ne rapportent et n'enrichissent les maisons de librairie que de l'honneur de leur nom.

---

1. Alexandre III venait de mourir : la princesse Mathilde, cousine des czars, assiste le 19 novembre au service funèbre, célébré à l'église russe de la rue Daru. Sous le porche, Mme Casimir-Périer ayant voulu s'effacer, elle la fit passer devant elle en lui disant, selon les journaux : « Vous êtes la femme du chef de l'État, et d'un chef de l'État que je suis très heureuse de savoir où il est. » Drumont vit dans ce geste « l'obséquiosité d'une cuisinière exubérante » et invita l'Altesse à fuir les cérémonies et « à mourir tranquille dans son hôtel... entourée de Juifs qui plaident et même de Juives qui aboient ». Cf. LA NIÈCE DE CÉSAR dans LA LIBRE PAROLE du 28 nov. 1894). Voir ici, un peu plus loin, la mise au point de Primoli.

2. Entendez que Goncourt, au coin du feu, avait, ces jours derniers, désapprouvé devant Daudet la conduite de la Princesse, que condamne aujourd'hui l'article de Drumont.

3. Chennevières, comme directeur des Beaux-Arts, eut moins à lutter contre l'Institut que contre les autres fonctionnaires des Beaux-Arts et contre les artistes républicains, qui avaient à se plaindre de ses exclusives (cf. t. II, p. 615, n. 1). Il est peu probable que Mathilde, très réservée depuis 1870 dans ses rapports avec les autorités républicaines, ait été pour quelque chose dans la conduite de Chennevières. Ce nom ne serait-il pas mis là pour celui d'un autre grand fonctionnaire des Beaux-Arts qui touchait de plus près à Mathilde ? Sous l'Empire, Nieuwerkerke eut en 1863 à lutter contre Ingres et l'Institut, quand il voulut réformer l'école des Beaux-Arts, et Goncourt avait désapprouvé Mathilde, lorsqu'elle crut devoir envoyer ses condoléances à la veuve d'Ingres (cf. t. II, p. 64, n. 2).

Je sentais que ce petit discours était allusif, et bientôt il arrivera à le nommer. Comme je lui exprimais mon regret de ne plus le voir le dimanche, il s'excusa d'une manière vague, parlant de *rabibochages* qu'il lui faudrait faire, puis enfin, nommant Daudet : « Vous, me dit-il, vous allez chez lui comme patron... mais nous, nous nous trouvons mêlés, confondus avec sa nouvelle clientèle, et, vous le comprenez, n'est-ce pas ? ça ne peut pas nous aller. »

A propos de l'article de Drumont de ce matin, qui m'était resté sur l'estomac, je demande ce soir à Primoli ce qui s'est décidément passé entre sa tante et Mme Casimir-Périer. Il me dit qu'il n'y a eu qu'un échange de politesses entre les deux femmes, à propos d'une chaise placée sur le perron à la sortie de l'église, destinée à la présidente de la République et offerte par elle à la Princesse, et m'affirme que les discours mis dans la bouche de la Princesse sont de la pure invention. Allons, tant mieux !

Est-il saoul ou ne l'est-il pas, ce président Desmazes, dont l'entrée est toujours avec, à la bouche, un mot à double sens cochon et qui a tout le long de la soirée la démarche titubante et le sourire salivant d'un pochard ?

Mme Ganderax parle de la ténacité à vivre de Mme Dumas, qu'un flux de sang qui aurait tué tout autre, a revivifiée. C'était Mme Dumas dont la prière était celle-ci : « Mon Dieu, faites-moi la grâce de vivre assez pour voir M. Dumas dans son cercueil ! » Et sa prière pourrait être exaucée.

Le peintre Gérome, qui est un magasin d'anecdotes, rappelle ce mot de Pailleron, qui se plaignant de la *chienneté* de son beau-père Buloz et du roux ardent de la chevelure de sa femme, disait : « C'est la seule carotte que j'ai pu lui tirer ! »

Primoli me confie que dans le moment, Zola est chez lui à Rome, assistant à des projections avec lesquelles il va être condamné à faire dans son livre tout ce qu'il lui a été défendu de voir.

Jeudi 29 novembre

Je reçois d'Italie ce matin un ballot de musique et, jointe au ballot, une lettre d'un compositeur nommé Mario Vitali, qui me demande de faire un opéra de SŒUR PHILOMÈNE. L'idée est bizarre, et peut-être, cependant, la chanson de l'agonisante Romaine, enterrée sous les voix de l'office religieux célébré à la chapelle du fond de la salle, peut amener une antithèse musicale curieuse.

Exposition de dessins de Manet : une série de croquetons sans puissance et sans ingénuité. Vraiment, les religieux de ce talent sont des *emmurés* !

Exposition d'Ibels à la Bodinière : du Raffaelli battu avec du Daumier, et des ressouvenirs d'impressions japonaises, avec quelque chose de macabre qui lui appartient.

Je finissais d'écrire cette note, quand Ibels entre, m'aperçoit, vient à moi, et tout en me montrant des dessins de *pioupious*, dont il a essayé et réussi quelquefois à rendre l'aspect *Janot*, il me demande si je connais le mime Martinetti, et quand je lui ai répondu que je l'avais vu dans ROBERT MACAIRE : « Eh bien, me dit-il, voilà ! Martinetti a été très frappé de la silhouette naïve de votre soldat et il serait heureux de jouer dans une pantomime comme LA FILLE ÉLISA, où il aurait à mimer les amours et la mort d'un *troubade*. » Et il sollicite l'autorisation de faire le *TEXTE MIMÉ* de cette pantomime, que je lui accorde très volontiers.

Daudet m'apprend en entrant la mort de Faucou, enlevé en quelques jours par une pneumonie infectieuse. Pauvre garçon, je le revois en collégien venant chez moi le dimanche !

A dîner, l'espèce d'hésitation diplomatique de la parole de Lemaître à formuler une opinion, me fait dire qu'il me fait penser à ces grelottants qui bégayent à l'école de natation : « L'eau... elle est *bi-en bo-onne* ! »

Samedi 1er décembre

Scholl, ces jours-ci, a été nommé à l'unanimité président de la Société des Gens de Lettres, et il a eu cet honneur que cette nomination s'est faite en son absence et qu'une députation a été la lui transmettre à domicile [1]. Saperlipopette ! Le choix du président de la Société d'Escrime ne me paraissait pas le choix à faire dans le moment !

Dimanche 2 décembre

Aujourd'hui, Primoli est venu photographier chez moi les habitués du *Grenier*, qui étaient au nombre d'une vingtaine. Il y a eu des poses dans le *Grenier* et sur le perron. Charpentier, arrivé trop tard pour être photographié, a ce mot comiquement douloureux : « Oh ! moi, je ne suis d'aucun groupe ! »

A ce moment, Raffaelli, dans un accès fat d'ingénuité, proclame qu'il est en train d'attaquer la femme, que jusqu'à présent, il a été en son art intimidé par elle, mais qu'aujourd'hui, il a surmonté cette intimidation et qu'il veut la représenter comme on ne l'a pas encore fait, avec ses qualités morales et physiques et sans aucun souci de la mode, cette forme transitoire, et qu'il mettra du rouge, qu'il mettra du jaune où sa personne demande du rouge, demande du jaune, en échappant absolument à la formule du vêtement... [2] Puis le voilà à célébrer l'excellence de cet être, qu'il a toujours trouvé parfait chez les deux cents femmes qu'il a eues dans sa vie, et il se met à injurier Degas qui, dans sa série des *tubs*, a cherché à ignobiliser les formes

1. Cf. plus haut p. 1035, n. 1.
2. Entre *A ce moment* et *dans un accès fat d'ingénuité*, le nom du peintre est omis : d'après le paragraphe suivant, ce doit être Raffaelli. Autre add. éd. : *intimidé* entre *il a été en son art* et *par elle*.

secrètes de la femme, déclarant que l'homme ne doit pas aimer la femme et racontant la visite d'un modèle, qui lui a dit ces jours-ci : « C'est un drôle de monsieur, il a passé les quatre heures de la séance à me peigner [1]. » Ce qui amène Hennique à confesser que tous deux, Degas et lui, avaient eu les deux sœurs pour maîtresses et que sa belle-sœur *en détrempe* se plaignait de l'insuffisance des moyens amoureux de Degas.

Puis comme on parle de Barrès et du monsieur complexe qu'il est, Raffaelli de s'écrier : « Oui, à l'enterrement de Magnard, je le regardais, et je percevais dans son œil droit, du rêve, et dans son œil gauche, du terre-à-terre et de la *praticité.* » Et comme l'on rit, il se met à vanter la clairvoyance pénétrante de ses yeux et affirme que se trouvant en Angleterre, au milieu de personnes de sa connaissance, il avait dit d'un capitaine de l'Armée du Salut : « Oh ! mais il a des yeux de voleur ! » — parole qui avait fait pousser les hauts cris aux gens de son entourage. Et six semaines après, paraissait un article de journal sur le capitaine, apprenant qu'en effet, il avait volé dans sa jeunesse et fait de la prison.

Morel — arrivé au moment où j'allais partir et qui avait présenté une pièce à la Comédie-Française, ayant pour sujet la jalousie d'un mari aveugle et dont Mounet s'était si bien engoué qu'il la lui avait fait retoucher, après un premier échec, et avait été le lecteur au comité de la pièce en partie refaite — le pauvre Morel est tout triste d'un refus qu'il n'avait pas lieu d'attendre et de la chute à terre du *Pot au lait* construit dans sa tête sur le succès incontestable d'une pièce jouée par l'acteur Mounet.

Ce soir, Loti tombé chez Daudet et tout le temps debout contre un fauteuil, pour ne rien perdre de sa taille. Il parle de son voyage de quarante-huit jours dans le désert, disant sa joie des levers et des couchers de soleil dans cette pure lumière, sans aucune atténuation par les vapeurs, et cela dans le plein d'une santé — c'est son expression — qu'il doit à un tempérament de Bédouin ; joie toutefois empoisonnée par le compagnonnage d'un monsieur de Périgord qui lui avait été presque imposé par Mme Adam, homme de la plus grande amabilité, mais insupportable par sa blague continue des Lieux-Saints, en sorte, dit Loti, qu'il croyait voyager avec Scholl [2].

Lundi 3 décembre

Visite à la Princesse, qui est tombée hier dans l'escalier et qui a tout

1. Les études subtiles, mais sans complaisance que Degas consacre à la femme faisant sa toilette ont succédé aux danseuses et elles prennent de plus en plus d'importance à mesure que le peintre, dont la vue baisse, sort de moins en moins de chez lui. Dès 1882, c'est le TUB du Louvre, et combien d'autres variations sur ce thème.

2. Avec son ami Léo Thémèze, Loti part en 1894 pour le Proche Orient, quitte Le Caire le 21 février et traverse à dos de chameau une partie de l'Arabie pour gagner Jérusalem le 26 mars. Il visite ensuite la Galilée et la Syrie. Il tirera de ce voyage les trois volumes du DÉSERT, de JÉRUSALEM et de LA GALILÉE (1895).

le bras droit ankylosé ; et elle, toujours allante, toujours remuante, est allongée, immobile sous un morceau de soie orientale, se plaignant d'élancements dans l'épaule.

Mercredi 5 décembre

Enfin m'arrivent aujourd'hui de Londres les deux gros volumes publiés par l'éditeur Heinemann, les deux volumes portant pour titre : EDMOND AND JULES DE GONCOURT, et je l'avoue, cet hommage rendu à notre talent par l'Angleterre me donne un peu de fierté [1].

J'étais à feuilleter ces volumes, quand entrent dans mon cabinet l'éditeur Testard et Jeanniot, venant me faire voir presque tout l'ensemble des dessins et estampes illustrant le texte de LA FILLE ÉLISA. Il y a des croquis qui sont des merveilles d'observation et d'un dessin très savant. Mais ç'a été une idée déplorable d'en faire des illustrations de la marge, au lieu de les semer à travers le texte dans leur grandeur, tandis que ces croquis dans la reproduction, diminués à l'état de vignettes, perdent tout leur caractère. Le livre, avec les eaux-fortes exécutées par un autre que Jeanniot et contenant les croquis reproduits dans leur grandeur, ç'a aurait été un livre d'une réalité très renseignante, et ça ne sera pas.

La Princesse souffre encore de son épaule et ne peut se servir de sa main droite. A dîner, elle me fait rompre son pain et fait couper sa viande par Benedetti.

Primoli, qui a été voir aujourd'hui Réjane dans sa loge, en rapporte cet amusant récit. Il y a quelques années, quand elle sortait avec sa fille, elle était suivie par un monsieur qui regardait l'enfant avec des yeux tendres. Enfin, un jour, le monsieur aborda Réjane et lui dit qu'il voulait laisser par son testament à la petite 80 000 francs, que son idée étant de faire un legs de cette valeur à l'enfant d'une artiste, et d'une artiste qui ne serait pas mariée. Réjane ne repoussait pas la donation et avait une certaine curiosité de connaître le nom du monsieur, mais impossible ! Un jour même qu'elle recevait une boîte de chocolats pour sa fille, de l'inconnu, elle se rendait chez le marchand et lui demandait son nom : il ne le connaissait pas. Là-dessus, le bruit de son mariage avec Porel courait Paris, et elle croyait s'apercevoir que le monsieur l'évitait ; puis enfin, son mariage conclu, le monsieur disparaissait complètement : elle ne le rencontrait plus jamais.

Jeudi 6 décembre

Mme Daudet a reçu hier, à son jour, la visite d'Armand Charpentier, si heureux de cette intronisation dans le salon des Daudet, et si rasé de près qu'il ressemblait à une tête de veau tout fraîchement ébouillantée.

1. Cf. t. III, p. 938, n. 1.

On cause du manque de tact de Zola, qui choisit le moment du procès Romani pour adresser de plates amabilités au roi d'Italie et à la reine, qui se vantait, il n'y a pas bien longtemps, d'être *vierge de Zola,* de n'avoir lu aucun de ses livres [1].

Puis c'est une conversation sur Shakespeare, sur le dramatique qu'une cervelle théâtrale comme la sienne a tiré dans LA MORT DE CÉSAR de quelques phrases de Plutarque sur les présages annonçant sa mort, terminée par un accès d'enthousiasme *éperdu* de Léon Daudet sur le grand tragique anglais [2].

Vendredi 7 décembre

Aujourd'hui, en un livre de Soldi, LES ARTS MÉCONNUS, dans un chapitre sur l'art égyptien, au milieu de représentations d'Isis, d'Osiris, d'Horus, provenant de l'ancienne Tanis, je trouve une lettre en anglais, datée du 5 octobre 1885, oubliée dans son enveloppe par l'ancien possesseur du volume. Je pense au cadre de la jolie nouvelle que cette trouvaille pourrait faire écrire.

Dimanche 9 décembre

Heredia conte aujourd'hui ceci au *Grenier.* Mme N... apporte à Brunetière des articles pour LA REVUE DES DEUX MONDES et chauffe si joliment le secrétaire de la rédaction que ce critique incandescent, ainsi que tous les rachitiques normaliens très peu gâtés par l'amour, fait composer les articles, en dépit d'une certaine résistance trouvée à LA REVUE. Il est payé de sa complaisance par des faveurs si attachantes qu'il s'engage près de la femme séductrice à abandonner la sienne de femme, à quitter LA REVUE et à vivre à l'étranger avec elle. Mme N... était riche, et les gens qui parlent de ce scandale laissent supposer qu'il y a dedans de sales affaires d'argent.

C'est à ce moment que Brunetière reçoit de Léo Claretie — je ne lui en fais pas compliment — de Claretie, le dernier amant de la femme, un paquet de ses amoureuses lettres ; et le voilà adressant un billet à Mme N... où il lui annonce que tout est rompu. Sur ce, la femme se

---

1. Zola a été reçu le 1er décembre par le roi Humbert, qui lui a exprimé très aimablement ses intentions pacifiques à l'égard de la France. Le 4, le romancier et Mme Zola ont vu la reine Marguerite, plus réservée, mais qui, paraît-il, a surpris Zola par son accueil spirituel et affable, encore que d'après Solari, elle lui ait surtout parlé de Paul Bourget ! (Cf. ROME, éd. Bernouard, t. II, Notes, p. 696). — L'affaire Romani battait son plein : arrêté en septembre 1894 pour espionnage, ce capitaine français avait été condamné par la cour de Gênes à 14 mois de prison. Cet arrêt sera cassé en janvier 1895 et en mars, Romani sera gracié par le roi. Mais tandis que Zola est en Italie, on exploite contre lui cette affaire, comme en témoigne ce dessin de Forain qui montre Zola visitant une prison et le geôlier lui disant : « Maintenant, Excellence, voulez-vous voir un capitaine français ? » (FIGARO du 6 déc. 1894).

2. Dans le JULES CÉSAR de Shakespeare, il est plusieurs fois question des présages légendaires qui ont précédé la mort de César : cf. notamment acte I, sc. 3, le récit de ces phénomènes que fait Casca à Cicéron, et acte II, sc. 2, d'autres présages contés par César lui-même et par Calpurnia. — Dans LES HOMMES ILLUSTRES de Plutarque, voir CÉSAR, chap. LXXXI.

tue, mais voici où le récit d'Heredia se corse et demande à être contrôlé. La femme tuée, étendue sur son lit, Poirier, un de ses anciens amants, agenouillé au pied du lit, était en train de lui baiser la main, quand le mari, qui avait eu des soupçons de son cocuage passé et qui trouve le revolver encore chargé, en tire deux coups dans le dos de Poirier.

Ce Poirier, le bras droit de X... et le galantin qui profitait de ses assiduités dans la maison de son maître pour lui enlever sa seconde fille, qui ne rentrait que le lendemain et dont le père voulait faire vérifier la virginité... Du reste, ce serait bien étonnant que cette pucelle ne fût pas un peu ébréchée, vu le peu de pudeur de l'intérieur où elle a été élevée : son frère ayant — le mot scientifique m'échappe — ayant une érection perpétuelle, c'était elle qui lui versait de l'eau froide sur la verge.

Mme Daudet en visite aujourd'hui chez Mme Manuel, la conversation étant sur Zola, Mme de Y... de dire qu'elle ne lisait pas Zola, parce qu'elle craignait de trouver de vilains mots et que lorsque son mari vivait, il lui cornait les pages à lire. Et Mme Manuel lui demandant si elle n'avait pas même lu LOURDES : « Non, répondait-elle, l'abbé m'a averti que j'y trouverais des choses qui pourraient alarmer ma foi ! »

Et ça, c'est la femme dont Y... me disait, un jour d'expansion, que tous ses amis lui avaient passé sur le ventre !

Ce soir, Daudet me jette dans l'oreille : « Vous savez, cet amour paternel de Z... pour cette fille tout à coup retrouvée, m'a toujours paru louche. Eh bien, quelqu'un a tenu entre les mains une lettre de cette fille de Z..., commençant par cette phrase : « Bonjour, mon petit papa », et finissant par celle-ci, écrite en toutes lettres : « Je baise ta belle pine ! »

Lundi 10 décembre

Sur la Seine à cinq heures.

Une eau violacée, sur laquelle filent des bateaux avec une frange d'écume blanche à l'avant, sous un ciel tout rose, dans lequel s'élèvent d'un côté la tour Eiffel, de l'autre les minarets du Trocadéro, dans le bleuâtre d'édifices fantastiques de contes de fées.

Jamais Paris, dans la criée courante des journaux de ce soir, dans l'enchevêtrement des voitures, dans la rapidité volante des bicycles, dans la ruée affairée des gens, dans le coudoiement brutal des passants, ne m'est apparu si nettement comme une capitale d'un pays de la Folie, habitée par des agités.

Jamais aussi le Paris de ma jeunesse, le Paris de mon âge mûr ne m'a paru aussi miséreux que le Paris de ce soir : jamais tant d'œils tendres de femmes ne m'ont demandé un dîner, jamais tant de voix mourantes d'hommes ne m'ont demandé un sou.

« Oui, disais-je ce soir chez Mme Sichel, ces nouvelles lumières du gaz, du pétrole, de l'électricité, ces lumières crûment blanches et sèchement coupantes, quelles lumières auprès de la douce et laiteuse lueur des bougies ! Et comme le XVIIIe siècle a bien compris l'éclairage de nuit mettant en douce valeur la peau de la femme, en la baignant d'une lueur assoupie et diffuse de veilleuse, dans l'enfermement de tapisseries crème, où la lumière est bue par la laine des claires tentures. »

Mardi 11 décembre

Ah ! la bonne toquée qu'est cette Blanche ! Depuis quelque temps, je la voyais debout ou assise, un calepin ouvert dans une main, un crayon dans l'autre. La *foutue bête,* comme la baptise sa mère, compose des chansons qu'elle a l'ambition de voir chanter dans les cafés-concerts ! Et quand devant son inspiration, qui, par parenthèse, est grognonne, je me mets à rire, elle me défend de trouver la chose drôle et est toute prête à me dire : « Vous faites bien de la littérature ; pourquoi n'en ferais-je pas, moi ? »

Mercredi 12 décembre

Il doit y avoir en ce moment de fortes insomnies chez les directeurs de journaux. Car tous, tous, si on voulait les poursuivre comme chantage, on pourrait le faire. Car si chez quelques-uns, ce n'est pas le chantage au coin du bois, c'est le chantage bénin, qui est tout de même du chantage. Quel est le journal, je vous le demande, qui ne touche pas de l'argent des villes de jeu ? Et croit-on que les villes de jeu le payeraient, cet argent, si elles ne craignaient pas que les journaux fassent de la publicité autour des suicidés [1] ?

En compagnie de Bracquemond, Béraldi vient voir mes émaux de Popelin, pour un ouvrage sur la reliure contemporaine en quatre volumes qu'il prépare [2]. Et au sujet de ce livre, il me cite une phrase de LA MAISON D'UN ARTISTE, où je dis que les bibliophiles sont les plus ignares amateurs, les plus fermés à tout ce qui est bellement nouveau dans l'art. Va-t-il lever l'étendard de la révolte contre les reliures du vieux et peu imaginatif Bauzonnet ?

Bracquemond, resté au coin du feu, parle d'une tradition de l'Antiquité se retrouvant dans les artistes du Moyen Age, qui passent pour des ingénus et qui ne travaillent pas tant d'après nature qu'on ne le croit ; et comme il parlait très curieusement et très abondamment d'un retable qu'il venait de voir, où sous les coups de serpe du travail, il y avait la convention d'un beau antique, je lui jette : « Bracquemond,

1. Allusion à l'affaire des Cercles. Voir la note du 31 janv. 1895.
2. Ce sera LA RELIURE AU XIXe SIÈCLE, d'Henri Béraldi, publiée en 4 volumes, de 1895 à 1897. — Dans la phrase suivante, allusion à LA MAISON D'UN ARTISTE, t. I, p. 303 : après avoir dénoncé les bibliophiles qui se contentent de reliures bon marché, la reliure étant un art qui « ne supporte pas la médiocrité », Goncourt se moquait des « fanatiques du nom de Bauzonnet », qui ne voient pas que « ses reliures ont toujours un aspect un peu vieillot, un peu *Restauration* ».

vous êtes en train de fabriquer de la copie ? — Oui, mais je suis bien embarrassé ; car sur le papier, je ne sais pas opérer la liaison, le mariage de deux idées. »

Après dîner, chez la Princesse, le jeune Houssaye, avec son air niais, flanqué de son *english* femelle, tout enrubannée de rose, vient recueillir les compliments de son élection à l'Académie, à la suite de l'unanimité des votes, qui est la plus déshonorante réception qu'un lettré puisse avoir [1].

Mme Masson, dans un coin de salon, me rappelait un certain dîner chez Daudet à Champrosay, où elle avait eu l'étonnement d'entendre sortir de la bouche de son voisin de droite, Mistral, une invitation à venir passer le reste de la soirée à Paris, sortir de la bouche de son voisin de gauche, le nommé Brinn'Gaubast, cette phrase : « Moi, je ferais bien pis ! » — à propos de l'assassinat commis par Chambige.

Je suis frappé ce soir de l'aspect mort, empaillé du salon de la Princesse, de ce salon fermé autant que l'était le salon de la duchesse d'Angoulême à toute manifestation d'art ou d'écriture jeune. Ça n'a pas l'air vraiment d'un salon de Paris en 1894, ça ressemble à un salon moisi d'une émigration. Puis encore là, il manque ce qui donne de la vie, de la chaleur à une société, il manque, à défaut d'affection de cœur, les affections cérébrales nouées entre les communiants d'une même pensée, d'une même élaboration intellectuelle. Et ce sont des bonjours et des bonsoirs, et des poignées de mains entre des individus disparates, qui se réunissent hebdomadairement, sans qu'il y ait jamais chez eux une réunion et une embrassade des idées.

Jeudi 13 décembre

Je sens que je n'intéresse plus mon temps, que l'heure est passée où j'occupais l'attention du public, et à l'heure présente, j'aurais beau commettre des chefs-d'œuvre qu'il n'en serait pas plus question dans la presse que dans la conversation des sociétés.

Vraiment, sont curieux dans la vie littéraire les hauts et les bas du moral, et où le matin, c'est un découragement complet, et où le soir, c'est un bienheureux relèvement produit par un petit fait comme celui-ci. Daudet m'appelle près de lui à la sortie de table et m'apprend que ce matin sont venus chez lui Geffroy, Hennique, Lecomte, Carrière, Raffaelli, lui annonçant qu'ils voulaient me donner un banquet, et lui ont demandé de se mettre à la tête, et il a accepté avec l'idée de faire de ce beau repas une manifestation plus large que celle de la réunion du *Grenier,* ainsi que Frantz Jourdain et Marx en avaient eu la pensée, d'organiser un banquet à la Hugo, de deux cents convives. Et tout de suite, pour la souscription, ils se sont divisé entre eux le monde littéraire, le monde artistique, la jeunesse. J'avoue que savoir que l'idée première

1. Cf. t. III, p. 889, n. 3.

de ce banquet appartenait à Geffroy et qu'il y mettait tout son cœur, Geffroy dont je craignais un refroidissement dans l'affection, j'avoue que ça m'a fait un bien intime plaisir.

Vendredi 14 décembre

Ces jours-ci, j'avais demandé à Porel un rendez-vous pour la lecture de MANETTE SALOMON ; il me remet aux premiers jours du mois de janvier. C'est à la fois peu poli et d'un mauvais augure pour la réception. Du reste, je lis la pièce sans aucune confiance dans l'homme d'aujourd'hui et seulement par politesse pour le directeur qui a reçu autrefois GERMINIE LACERTEUX. Mais après cette lecture, bonsoir ! je le laisserai, sans le déranger, tout à son aise, jouer à perpétuité du Sardou.

Aux curieux d'art et de littérature qui dans le XXe siècle s'intéresseront à la mémoire des deux frères, je voudrais laisser un inventaire littéraire de mon *Grenier* destiné à disparaître après ma mort. Je voudrais leur faire revoir, dans un croquis écrit, ce microcosme de choses de goût, d'objets d'élection, de *jolités* rarissimes, triés dans le dessus du panier de la curiosité.

Des trois chambrettes du second de la maison, dans l'une desquelles est mort mon frère, il a été fait deux pièces dont la moins spacieuse ouvre sur la grande, par une baie qui lui donne l'aspect d'un petit théâtre dont la toile serait relevée.

De l'andrinople rouge au plafond, de l'andrinople rouge aux murs, autour de portes, de fenêtres, de corps de bibliothèque peints en noir ; et sur le paquet, un tapis ponceau semé de dessins bleus, ressemblant aux caractères de l'écriture turque. Comme meubles, des ganaches, des chauffeuses, des divans recouverts de tapis d'Orient, aux tons cramoisis, aux tons bleus, aux tons jaunes, miroitants et chatoyants, et au milieu desquels est une double chaise-balançoire, dont le repos remuant berce les châteaux en Espagne des songeries creuses.

Dans la petite pièce, le rouge des murs est rompu par une ceinture japonaise de femme du XVIIe siècle, une ceinture violette, où des hirondelles volent à travers des glycines blanches. Le rouge du plafond est rompu par un *foukousa* aux *mauves* — armoiries — de la famille Tokougawa et où, sur un fond d'un gris mauve, la blancheur d'une grue se détache au-dessus d'une gerbe d'or [1].

Sur l'armoire remplie de livres, prenant tout le fond de la pièce, se trouvent pendus quatre *kakémonos.*

Le premier *kakémono* d'O-Kio représente des petits chiens, lippus, mafflus, rhomboïdaux, dont l'un dort la tête posée sur le dos de l'autre, dessinés d'un pinceau courant dans un lavis d'encre de Chine, mêlé d'un peu de couleur verdâtre sur une plante herbacée.

---

1. Var. 1896 : *un foukousa, aux armes de la famille Tokougawa (les Mauves) d'ou, sur le fond...*

Le second *kakémono,* de Gankou, figure un tigre, mais un de ces tigres un peu fantastiques comme les imaginent les artistes d'un pays où il n'y en a pas. Le féroce, dans son déboulement ventre à terre du haut d'une colline, pareil au nuage noir d'un orage, est traité avec une *furia* de travail dans une noyade d'encre de Chine, qui lui donne une parenté avec les tigres de Delacroix.

Le troisième *kakémono,* qui est d'un rival de Sosen, de Ounkei, peintre peu connu en Europe, détache du tronc d'un arbre une singesse et son petit, dont les têtes, comme lavées d'une eau de sanguine sur les fines linéatures, rappellent les dessins aux trois crayons de Watteau.

Un quatrième *kakémono* de Korin, dont le fac-similé réduit a paru dans LE JAPON de Bing, fait jaillir sur la pâleur fauve du fond, comme d'un éventail de lames vertes, des iris blancs et bleus, enlevés avec une crânerie de pinceau qu'on ne trouve dans aucune fleur d'Europe : de l'aquarelle qui a l'aspect solide et plâtreux d'une peinture à fresque.

Là, se trouvent encore deux *kakémonos,* l'un de Kano Soken, le peintre révolutionnaire qui a abandonné l'école de Kano, le peintre sévère des philosophes, des ascètes, pour peindre des courtisanes, et qui nous fait voir une Japonaise venant d'attacher une pièce de poésie à un cerisier en fleur ; l'autre, non signé, un dessin influencé par l'art chinois, qui est une étude d'une princesse dans son intérieur et que Hayashi attribue à Yukinobou.

Quelques bibelots au sertissement de matières colorées, translucides, en cette fabrication habituelle à l'article de l'Empire du Lever du Soleil, sont accrochés aux murs. C'est un porte-éventail, une longue planchette d'un bois joliment veiné, sur lequel court en relief une plante grimpante aux feuilles découpées dans de la nacre, de l'écaille, dans une pierre bleuâtre semblable à la turquoise ; c'est un rouleau pour dépêches de trois pieds de hauteur, sur lequel serpente une tige de coloquinte aux gourdes vertes et dont le haut et le bas ont l'entour d'une large bande burgautée.

Sur une petite étagère de bois de fer se trouve l'assemblage d'originaux objets d'art. Un petit bronze formé d'une feuille de nénuphar toute recroquevillée, et après laquelle monte un crabe, un bronze d'une patine sombrement mordorée admirable. Une petite caisse dont les lamelles, formant des jours d'un dessin géométriquement différent, sont plaquées du plus beau bois jaune satiné et sur lesquelles des chrysanthèmes de nacre se détachent d'un feuillage en ivoire colorié. Une feuille de lotus qu'enguirlande la liane de sa tige fleurie de deux boutons : un morceau de bambou qui a l'air d'une cire, signé de l'artiste chinois Ou-Sipang. Un plateau en fer battu, assoupli en la large feuille d'une plante aquatique mangée par les insectes, sur laquelle se promène un petit crabe en cuivre rouge au milieu de gouttes d'eau fac-similées en argent. Une boîte à gâteaux, dont l'ornementation est laquée sur bois naturel et dont le couvercle représente le guerrier dessiné par Hokousaï en tête de son album intitulé *Yéhon Sakigaké*, LES HÉROS ILLUSTRES, le guerrier écrivant sur un arbre l'avis qui doit amener la délivrance de son maître [1]. Une écritoire dans un marbre rouge appelé là-bas *crête-de-coq,* sur un pied de bois noir, aux stries des vagues de la mer et au couvercle surmonté d'un vieil ivoire laqué représentant le dragon des typhons. Une boîte à papier où se voient des bestiaux en corne, paissant sous un soleil couchant, fait d'un morceau de corail, un pâturage de fleurettes d'or. Un crabe en bronze d'une exécution si troublante de vérité que j'étais tenté de le croire surmoulé, si le naturaliste Pouchet ne m'avait affirmé qu'il n'en était rien, se basant sur l'absence de certains organes de la génération. Ce bronze qui est moderne est signé : Schô-Kwa-Ken.

Au-dessus de la petite étagère qui contient ces bibelots, est suspendu un *foukousa,* qui est un véritable spécimen de coloration picturale franchement japonaise : un vase de sparterie roussâtre, qui renferme des chrysanthèmes blancs légèrement orangés, se détachant de feuilles vert pâle sur un fond écru.

Comme pendant, en face, au-dessus d'un divan pour les *apartés* des causeurs, recouvert d'une robe de femme chinoise entre des rangées d'assiettes *coquille d'œuf,* un *kakémono* brodé, où une gigantesque pivoine s'enlève au milieu de glycines blanches avec un relief énorme.

Mais la pièce orientale d'une grande valeur qui décore cette pièce, c'est au-dessus de la cheminée portant un *chibatchi* en bronze, damasquiné d'argent, entre deux cornets où sont incisées des grues et des tortues, c'est un tapis persan du XVIe siècle, ayant cet adorable velouté du velours ras, et tissé dans l'harmonie des deux couleurs de vieille mousse et de vieil or qui en forment le fond et sur lequel zigzaguent, ainsi que des vols aigus d'oiseaux de mer, des arabesques bleues [2].

La fenêtre qui, dans le *démansardage* des chambres formant le *Grenier,* a pris la profondeur de ces fenêtres du Moyen Age, où de chaque côté était un petit banc de pierre, est devenue, en cette baie retraitée, qui a du jour jusqu'à la nuit, le lieu d'étalage des gravures et des dessins aimés.

Sur la paroi de gauche sont exposés : LE CHAT MALADE de Watteau, cette spirituelle eau-forte de Liotard, avec seulement quelques *rentraitures* de burin — eau-forte mettant en scène *l'alarme d'Iris* et, contre l'opulent sein de la grasse fillette, la tête rebiffée de *Minet,* auquel un médecin ridicule du vieux théâtre italien tâte le pouls. Les deux bandes du SPECTACLE DES TUILERIES, ces deux eaux-fortes, où Gabriel de Saint-Aubin montre toute sa science du dessin dans la représentation microscopique des promeneurs et des promeneuses de la grande allée en 1762. Le SUNSET IN TIPPERARY — « Le coucher de soleil en

1. Dans HOKOUSAI (p. 180 sq.), Goncourt étudie le *Yéhon Sakigaké,* album datant de 1836, et énumère plusieurs types de guerriers japonais et leurs exploits, tels qu'Hokousaï les a peints ; mais le détail cité ici ne figure pas dans cette analyse.

2. Au début du paragraphe, le *chibatchi* est un « brasero pour fumeur », « l'objet aimé qu'avant tout autre, dans un incendie, un pauvre diable de Japonais se met à emporter » (MAISON D'UN ARTISTE, t. II, p. 244).

Irlande » — l'estampe que je regarde comme une des plus remarquables eaux-fortes modernes et où Seymour Haden, qui a retrouvé le noir de Rembrandt, a pour ainsi dire imprimé sur une feuille de papier la mélancolie du crépuscule.

Sur la paroi de droite, sont trois eaux-fortes de mon frère. Le portrait de Raynal d'après le La Tour de la collection d'Eudore Marcille, une de ces eaux-fortes que mon frère griffait en deux heures et qui, un moment, lui avait donné l'idée de graver toutes les préparations de Saint-Quentin. LA LECTURE, de Fragonard, d'après le bistre du musée du Louvre. Une tête d'homme de Gavarni, d'après un croquis dessiné avec un cure-dents, où le trait avachi du dessin est rendu par des pâtés d'un noir sans éclatements [1].

Dans la grande pièce, sur les deux battants de la porte d'entrée, deux vues de la nuit éclairée par la lune. L'un de ces *kakémonos,* signé Yôsaï, n'est qu'un reflet de l'astre dans une eau obscurée, au-dessus de laquelle appendent quelques brindilles lancéolées. L'autre, signé Buntchô, représente sur un ciel éteint une pleine lune sur laquelle montent des tiges de graminées aux fleurs bleuâtres et rougeâtres, dans les vagues et délavées couleurs que fait la lumière lunaire.

De petits corps de bibliothèque, de la hauteur d'un mètre et demi, sont adossés aux murs. L'un contient, sauf quelques brochurettes, tout l'œuvre de Balzac en éditions originales, cartonnées sur brochure. Plusieurs de ces volumes portent des envois d'auteur. L'exemplaire des MARTYRS IGNORÉS, provenant de la vente Dutacq, est l'épreuve corrigée de ce *Fragment du Phédon d'aujourd'hui* [2]. Il se trouve une autre épreuve de LA FEMME COMME IL FAUT, l'article publié dans LES FRANÇAIS PEINTS PAR EUX-MÊMES, avec le bon à tirer : *de B,* terminé par un paraphe en tortil de serpent.

Les trois autres corps de bibliothèque renferment des éditions originales de Hugo, de Musset, de Stendhal, mêlées à des éditions originales de contemporains, imprimées sur des papiers de luxe et contenant une page du manuscrit donné à l'impression. Ainsi les volumes de Daudet, de Zola. Ainsi le volume de Renan, SOUVENIRS D'ENFANCE. Ainsi le volume de MADAME BOVARY, renfermant une page du pénible manuscrit, toute biffée, toute raturée, toute surchargée de renvois, page donnée par Mme Commanville. Ainsi LE MARIAGE DE LOTI, contenant la page manuscrite de la dernière lettre de la désolée Rarahu. Ainsi l'édition des DIABOLIQUES de Barbey d'Aurevilly, illustrée d'une page de sa mâle écriture en encre rouge, au bas de laquelle il a jeté une flèche encore tout imprégnée de poudre d'or. Et au milieu

---

1. Les deux premières eaux-fortes sont identifiées ici. La première, qui ne figure pas dans le recueil de Burty est cataloguée par Delzant, p. 370. La seconde est le n° 1 des EAUX-FORTES de J. DE GONCOURT éditées par Burty, et la troisième, le n° 17 de ce même recueil.

2. Sur LES MARTYRS IGNORÉS (1837), cette conversation au Café Voltaire qui est donnée comme le 8e entretien de l'œuvre ébauchée, du PHÉDON D'AUJOURD'HUI, cf. LA MAISON D'UN ARTISTE, t. II, p. 301 : Goncourt signale quelques corrections sur son exemplaire en épreuves, corrections non reproduites dans le volume.

de tous ces imprimés dévoilant un petit morceau de l'écriture des auteurs, le livre de MA JEUNESSE de Michelet contenant, à défaut d'une page du manuscrit, un devoir du temps de son adolescence, sur Marius, en marge duquel le grand historien a écrit : « M. Villemain m'encouragea vivement et je pris confiance [1]. »

Un cinquième corps de bibliothèque réunit presque tout entier l'œuvre de Gavarni, qui compte, dans cette collection, près de six cents épreuves avant la lettre. Il est surmonté d'une vitrine où sont exposés cinq volumes reliés par les grands relieurs.

C'est un exemplaire de MANETTE SALOMON, décoré sur les plats de la couverture de deux émaux de Claudius Popelin, représentant la Manette sur la table à modèle vue de face, vue de dos.

C'est une réunion de tous les articles écrits sur la mort de mon frère, avec, en tête, les lettres d'affectueuse condoléance de Michelet, de Victor Hugo, de George Sand, de Renan, de Flaubert, de Taine, de Banville, de Seymour Haden, etc., portant sur un des plats de la reliure le profil de mon frère précieusement dessiné par Popelin dans l'or de l'émail noir.

C'est une HISTOIRE DE MARIE-ANTOINETTE, dont la reliure de Lortic est composée d'un semis de fleurs-de-lis d'or, au milieu duquel est encastrée une médaille d'argent frappée pour son mariage, où se lit : *Maria Antonia Galliæ Delphina,* médaille de la plus grande rareté.

C'est un exemplaire des MAITRESSES DE LOUIS XV, la dernière reliure de Capé, faite en imitation des riches reliures à arabesques fleuronnées du siècle dernier. Tous ces livres portant notre *E.J.* ciselé sur la tranche, qui est l'*ex libris* original que nous avons inventé pour les livres sortis de notre collaboration.

C'est LA FEMME AU XVIIIe SIÈCLE, un exemplaire de l'édition illustrée chez Didot avec la reproduction des tableaux, dessins, estampes du temps, où du sanguin maroquin du Levant, se détache un Amour en ivoire, jouant des cymbales, un Amour d'un gras merveilleux n'ayant pas la sécheresse des ivoires modernes.

C'est enfin L'ART AU XVIIIe SIÈCLE, un exemplaire de la première édition publiée en fascicules et dont mon frère grava les eaux-fortes, un exemplaire dans une reliure exécutée par Marius Michel sur mon idée, avec l'enlacement d'un lierre aux feuilles en fer de lance, et d'une branchette pourpre de *momichi* de mon jardin, reliure intaillée dans le cuir, coloriée dans la couleur des feuillages reproduits et où d'un rinceau formé de l'enchevêtrement des deux plantes, l'artiste relieur a contourné un grand *G.*

Au-dessus sont suspendus deux compotiers de Saxe aux élégantes gaufrures de la pâte blanche, aux fleurs peintes en camaïeu bleu ; et entre les deux compotiers, un plat ovale de Louisbourg, au bord délicatement ajouré et au milieu duquel éclate une tulipe violette.

---

1. Cf. t. II, p. 1118, n. 2.

Puis encore au-dessus, des médaillons de Nini, ces gracieuses et coquettes demi-rondes bosses des grandes dames du XVIIIe siècle, dans le relief amusant des fanfreluches de leurs toilettes et où se trouve le médaillon de SUZANNE JARENTE DE LA REYNIÈRE (1769), qui est son chef-d'œuvre, par la fine découpure du profil, le tortillage envolé des boucles de cheveux, la ciselure du tuyautage d'une guimpe cachant l'entre-deux des seins de la femme décolletée. Et au milieu des Nini, une tête de femme au nez retroussé, au ruban courant dans la frisure des cheveux, et se détachant en blanc sur le fond bleu, papier de sucre des Wedgwood, passe pour un portrait de Mme Roland. Et encore, grand comme une pièce de cent sous, en biscuit pâte tendre de Sèvres, un médaillon de Marie-Antoinette, dont la finesse du modelage peut lutter avec le travail des camées antiques.

Entre ces médaillons est suspendu le bistre original de Fragonard, dont la plaisante composition a été vulgarisée par l'aquatinte de Charpentier sous le titre : LA CULBUTE. Un jeune paysan, dans sa précipitation à embrasser son amoureuse, culbute le chevalet du peintre devant lequel elle est en train de poser. Le bistre de Fragonard est dominé par une sensuelle académie de femme couchée, vue de dos, une jambe allongée, l'autre retirée sous elle. Ce Boucher est bien le Boucher français et fait contraste avec deux autres, qui font connaître, l'un, un Boucher italien, l'autre, un Boucher flamand. Le premier, à l'élégance d'un corps du Primatice, montre la femme, les bras croisés au-dessus de la tête et hanchant, appuyée à un cippe, où tourne une ronde d'Amours. Le second, c'est le plein d'un corps vu de dos, bien en chair, capitonné de fossettes et qu'on pourrait prendre pour une étude de Rubens.

Et j'ai oublié deux dessins français, couronnant deux corps de bibliothèque.

L'un de Fragonard, une de ces puissantes gouaches jouant l'huile, où dans la tourmente blafarde d'un orage, éclate le coup de pistolet d'une jupe rouge de paysanne.

L'autre, un dessin aux deux crayons, n'est qu'une contre-épreuve de Watteau ; mais ils méritent vraiment d'être encadrés, ces doubles du dessin original, un rien atténués dans les valeurs, quand ils sont du grand maître français. Et ne payait-on pas dans le siècle dernier, à la vente de Mariette, des mille francs des contre-épreuves de Bouchardon ? Cette contre-épreuve, qui vient de la vente Peltier, représente une femme vue de dos retroussant d'une main par derrière sa jupe aux plis de rocaille, à côté d'une amie allongée sur le rebord d'une terrasse, où elle s'appuie de la main gauche, tandis qu'elle fait un appel de la main droite à la cantonade.

Sur la tablette supérieure des bibliothèques sont posés de petits bronzes japonais, dont les anses sont ingénieusement imaginées d'après la figuration de crevettes arc-boutées contre le col, de *tay,* les poissons aimés par les gourmets de là-bas, en la remonte d'une cascade, de petits rameaux de courges, avec les gourdes au milieu de leurs feuilles trilobées. Il est un de ces vases, à la patine du vieil acajou, décoré du feuillage fleuri d'une tige de cognassier, comme tombée du vase. Un autre de ces petits bronzes est formé du découpage à jour de branchettes de cerisier s'entrecroisant. Un autre, c'est l'imitation d'une bouteille d'osier treillissée. Un autre, l'imitation d'une nasse, après laquelle montent des grenouilles.

Enfin, un bronze extraordinaire comme fonte à cire perdue et qui n'a plus rien de l'aspect dur et cassant du métal : une petite jardinière, où des flots de la mer, qui font la décoration du fond, jaillit, d'un côté, la tête d'un dragon, de l'autre, sa queue, un dragon aux barbillons dorés. Ce bronze porte : *Fait par Tautchôsai Jukakou pour Shogakousai.*

Et ce bronze repose sur un pied admirable, un morceau de bois plié à la façon d'une serviette, avec l'incrustation d'une grecque en argent sur les rebords, et sur le plat, des poésies également incrustées en argent.

En fait d'objets chinois ou japonais, il y a encore sur les murs deux panneaux de Coromandel, ces riches panneaux de paravents à intailles coloriées, où des fleurs et des poissons ressortent si bien du noir glacé de la laque. Un bas-relief, composé d'un bâton de commandement en jade posé sur un pied de bois de fer admirablement sculpté. Une plaque de porcelaine ayant dû servir à la décoration d'un lit d'un grand personnage, une plaque de porcelaine de la famille verte, où les peintures de la porcelaine arrivent à la profondeur intense des colorations d'émaux enchâssés dans le cuivre. Une grande sébile en bois destinée à contenir des gâteaux secs, où un quartier de lune, fait d'une plaque d'argent, brille au milieu des aiguilles du noir branchage verticillé d'un sapin.

La cheminée porte, entre deux flambeaux d'émail de Saxe, une petite pendule du XVIIIe siècle et se trouve surmontée d'une glace, dans un cadre en bois doré du plus riche contournement, terminé par un cœur flamboyant traversé de deux flèches enguirlandées de fleurettes.

Le fond de la pièce, en regard de la baie ouvrant sur l'autre chambre, est comme une chapelle à la mémoire de l'ami Gavarni, renfermant une réunion de ses plus beaux dessins.

Là est son VIRELOQUE, exécuté avec ce procédé d'un fusain fixé, lavé à grandes eaux colorées et largement relevé de gouache, procédé donnant à une aquarelle la solidité d'une peinture à l'huile.

Ce dessin capital a comme pendant MY HUSBAND, une composition de deux débardeurs, enlevée avec le même procédé, et au moins la même vigueur.

A côté de ces deux aquarelles, puissamment gouachées, une aquarelle de la plus grande limpidité et au lavage le plus transparent, où une vieille potière dit à une autre : « *Ce qu'y a de monde à Paris qui n'attendent pas que les arrondissements soient prêts pour filer dans le treizième ! — Ça fait frémir*[1] ! »

1. C'est le 1er janv. 1860 que l'annexion des communes suburbaines comprises entre l'enceinte des fortifications et celle des Fermiers Généraux porta à vingt le nombre des arrondissements parisiens qui, jusque-là et depuis le Directoire, n'étaient que douze — d'où la traditionnelle plaisanterie, antérieure à 1860, selon laquelle on disait mariés à la mairie du XIIIe arrondissement les couples qui vivaient en concubinage.

Puis un costume de théâtre pour Mlle Julienne, un costume aquarellé d'une femme de campagne, avec l'indication en marge : *Chapeau de paille, ruban de chapeau, bonnet de batiste, manches de batiste.*

Et voici, à la mine de plomb mélangée de sanguine, l'étude de ce roux cruel, appuyé au-dessus d'un canapé, où, dans la lithographie terminée, est couchée une femme, lithographie baptisée L'OISEAU DE PASSAGE, type d'après lequel Dumény s'est grimé pour le rôle de Jupillon, dans GERMINIE LACERTEUX [1].

Ce sont encore, l'un à côté de l'autre, deux dessins. L'un, une DÉBARDEUSE, gravée dans LA MODE d'un précis et d'un fini d'exécution, où se sent encore le dessinateur mécanicien [2]. L'autre, un lavis de la dernière année de la vie de l'artiste, montrant un de ces androgynes femelles, au retrait de travers de la tête, dans les épaules, d'une tortue, lavis barboté, poché à la façon des plus grands maîtres.

La DÉBARDEUSE encadrée a été tirée de l'album des dessins de Gavarni du journal LA MODE — soixante-quinze dessins — offert par Girardin à la princesse Mathilde et à moi donné par la Princesse, un jour qu'elle me faisait l'honneur de déjeuner chez moi, et donné si gentiment, ainsi que je l'ai déjà raconté dans mon JOURNAL [3]. Un jour, la Princesse m'avait dit, connaissant toute mon admiration pour Gavarni : « Vous savez, Goncourt, les dessins de LA MODE, je vous les laisse dans mon testament. » Eh bien, le matin du déjeuner, elle arrivait l'album dans les bras et me le mettait dans les mains avec cette phrase : « Décidément, je me porte trop bien, je vous ferais trop attendre ! »

Maintenant, dans cette pièce comme dans l'autre, les deux fenêtres, en leurs rentrants, forment de petits cabinets d'exposition en plein lumière.

L'un est tout rempli d'aquarelles de mon frère exécutées en 1849, 1850, 1851, pendant nos années vagabondantes.

Voici une vue de la curieuse maison, en bois sculpté, de Mâcon ; voici une vue de la porte Bab-Azoum d'Alger, avec son ciel de lapis ; voici une vue du matin au bord de la mer à Sainte-Adresse ; voici une vue de Bruges, qui ressemble bien à un Bonington ; voici enfin une vue de la sale et pourrie rue de la Vieille-Lanterne, que mon frère a été prendre le lendemain du jour où Gérard de Nerval s'était pendu au troisième barreau de cette grille d'une sorte d'égout [4].

L'autre fenêtre a un panneau couvert de trois impressions japonaises.

La première, d'Outamaro, donne à voir Yama Ouwa, cette sorte de Geneviève de Brabant hirsute, allaitant dans la forêt son jeune nourrisson, au teint d'acajou, qui sera, un jour, le terrible guerrier Sakata-No-Kintoki.

---

1. Cf. t. III, p. 186-187.
2. Cf. t. I, p. 43, n. 2.
3. Cf. t. II, p. 851.
4. Cf. t. III, p. 505, n. 1.

La seconde, d'Harunobou, planche un peu fantastique, montre, dans une nuit où volent de gros flocons de neige, un amoureux qui joue de la flûte dans le voisinage de sa belle.

La troisième, d'Hokousaï, un très fin *sourimono*, représente, par un jour du Jour de l'An de là-bas, une longuette petite femme portant sous le bras une cassette contenant un cadeau, en une marche méditative, dans une robe aux délicates colorations comme diluées sous un bain d'eau, un *sourimono* encadré dans une étoffe où brillent sur un fond d'or des fleurettes blanches sortant d'un feuillage de turquoise. En tête est imprimée cette ligne d'une poésie : « Le vent du printemps qui a passé sur les fleurs des pruniers parfume ses cheveux semblables à des brindilles de saule. »

Dans l'autre panneau sont trois dessins de Gabriel de Saint-Aubin, de Watteau, de Chardin.

De Gabriel de Saint-Aubin, c'est le dessin de la vignette de L'INTÉRÊT PERSONNEL, gravé par son frère Augustin, une vignette qui peut tenir bien certainement à côté d'un dessin de Meissonier.

De Watteau, ce maître de la main et cet admirable interprète de sa nervosité, c'est une feuille de cinq mains de femmes dans différents mouvements et desquelles l'artiste, seulement avec de la mine de plomb et de la sanguine, la sanguine pourprée qui est à lui seul, a fait de la chair peinte.

De Chardin, sabré à la pierre d'Italie avec des rehauts de craie, sur un papier chamois, un croquis de vieille femme tenant un chat sur ses genoux. Et ce dessin est curieux, non seulement parce que les dessins vraiment authentiques du peintre sont de la plus grande rareté, mais encore parce que ce dessin est la première idée du grand portrait en pied que j'ai vu, il y a une trentaine d'années chez la baronne de Conantre, le seul portrait à l'huile de tous les portraits qui lui ont été attribués, que je reconnais pour un vrai Chardin et qui a été peint par le maître dans la manière chaude de ses ALIMENTS DE LA CONVALESCENCE du musée de Vienne.

Dans la grande pièce, la teinte uniforme des murs et du plafond est rompue çà et là par des broderies chinoises et japonaises. Au-dessus de la baie est tendue une bande de drap blanc sur laquelle sont brodés en soie bleue et violette, jouant le camaïeu, des chrysanthèmes entre des iris et des fleurs de cognassiers. En face et se faisant vis-à-vis est une autre broderie chinoise sur fond blanc, où une étagère en bois de fer et des consoles en laque de Pékin portent des fleurs et des grenades. Entre les deux fenêtres s'étale une tapisserie de décoration théâtrale, un grand morceau d'étoffe rouge, que recouvrent presque entièrement de larges feuilles de nénuphar et des gerbes de joncs massivement brodées en or et où, dans ce rouge et cet or, luit le blanc d'une tige de chrysanthème, le bleuâtre d'une grappe de glycine.

Et le plafond s'éclaire en un grand *foukousa*, du rose d'un soleil couchant à Tokio, dans lequel s'élancent de grands bambous verts, au vert tendre d'une pousse arborescente dans le mois de mai, et coupés par un nuage où volent de blanches grues.

Mais la curiosité grande des deux pièces c'est la réunion dans une vitrine des portraits des littérateurs amis, des habitués du *Grenier*, peints ou dessinés sur le livre le mieux aimé par moi et dont l'exemplaire est presque toujours en papier extraordinaire et renfermant une page du manuscrit autographe de l'auteur.

Alphonse Daudet, peint à l'huile par Carrière (1890), sur un exemplaire de SAPHO.

Zola, peint à l'huile par Raffaelli (1891), sur un exemplaire de L'ASSOMMOIR : un Zola un peu matérialisé, *naturalisé.*

Banville, peint à l'huile par Rochegrosse (1890), sur un exemplaire de MES SOUVENIRS, un portrait d'une ressemblance à crier.

Coppée, peint à l'huile par Raphaël Collin (1894), sur un exemplaire de TOUTE UNE JEUNESSE : un portrait un peu élégiaque, où rien ne se voit, sur la physionomie, de la rieuse gouaillerie du causeur.

Huysmans, peint aux crayons à l'huile par Raffaelli (1890), sur un exemplaire de A REBOURS : un portrait enlevé dans un beau et coloré relief et donnant la constriction de corps du nerveux auteur.

Mirbeau, dessiné à la plume par Rodin (1894), sur un exemplaire de SÉBASTIEN ROCH : deux profils et une tête de face dont la construction est d'un grand manieur de glaise.

Rosny, l'aîné, peint dans un lavis à l'encre de Chine par Mittis (1894), sur un exemplaire du BILATÉRAL.

Margueritte, peint à l'huile par Bouchor (1891), sur un exemplaire de TOUS QUATRE.

Rodenbach, peint à l'huile par Stevens (1891), sur un exemplaire du RÈGNE DU SILENCE : un portrait donnant l'aspect spirituellement animé de la physionomie du poète.

Gustave Geffroy, peint à l'huile par Carrière (1890), sur un exemplaire des NOTES D'UN JOURNALISTE : un portrait qui est un chef-d'œuvre.

Hennique, peint à l'huile par Jeanniot (1890), sur un exemplaire d'UN CARACTÈRE : un portrait d'une ressemblance charmante dans une habile peinture.

Descaves, peint à l'huile par Courboin (1890), sur un exemplaire des SOUS-OFFS.

Hervieu, peint à l'aquarelle par Jacques Blanche (1890), sur un exemplaire de PEINTS PAR EUX-MÊMES : un portrait donnant la douce expression mélancolieuse de ses yeux.

Hermant, peint dans un croquis légèrement aquarellé de Forain sur un exemplaire du CAVALIER MISEREY : un croquis amusant, donnant au jeune auteur, avec ses moustaches relevées, ses cheveux ébouriffés, l'apparence d'un petit chat en colère.

Ajalbert, peint à l'huile par Carrière (1894), sur un exemplaire de EN AMOUR.

Frantz Jourdain peint dans un lavis d'encre de Chine par Besnard

(1890), sur un exemplaire de A LA CÔTE : un lavis dont la pochade sort de dessous le pinceau d'un maître.

Rod, peint à l'huile par Rheiner, un peintre suisse (1892), sur un exemplaire de LA COURSE A LA MORT.

Jean Lorrain, peint à l'huile par La Gandara (1894), sur un exemplaire des BUVEURS D'AMES.

Toudouze, peint à l'huile par son frère (1890), sur un exemplaire de PÉRI EN MER.

Burty, peint à l'huile par Chéret, sur un exemplaire de PAS DE LENDEMAIN : un portrait d'un très brillant coloris.

Claudius Popelin, peint à l'aquarelle par son fils (1889), sur un exemplaire de UN LIVRE DE SONNETS : une aquarelle de la plus habile facture.

Bracquemond, peint à l'aquarelle par lui-même (1890), sur un exemplaire de DU DESSIN ET DE LA COULEUR : un portrait où l'habitant de Sèvres s'est représenté sous un aspect un peu rustique.

Montesquiou-Fezensac, peint à l'huile par de La Gandara (1893), sur un exemplaire du beau livre des CHAUVES-SOURIS : portrait rendant bien la silhouette et le port de tête du poète.

Mme Daudet, peinte à l'huile par Tissot, 1890, sur un exemplaire d'ENFANTS ET MÈRES : un portrait délicatement touché.

La princesse Mathilde, peinte à l'aquarelle par Doucet, 1890, sur un exemplaire de la rare brochure, HISTOIRE D'UN CHIEN : un portrait rendant, dans une aquarelle charmante, le gras et bon sourire de la Princesse.

Edmond de Goncourt, peint à l'huile par Carrière (1892), sur un exemplaire de GERMINIE LACERTEUX de l'édition *in-quarto* tirée à trois exemplaires aux frais du bibliophile Gallimard : un admirable portrait, où se voit, dans le fond, le médaillon de bronze de Jules et dans lequel Carrière a merveilleusement exprimé la vie fiévreuse des yeux de l'auteur [1].

Dimanche 16 décembre

Rentré ce matin, à trois heures du matin de chez la personne ridicule qui se nomme Mme Dardoize, à laquelle j'ai eu la faiblesse ridicule de la laisser jouer A BAS LE PROGRÈS par des ridicules, dans son appartement minuscule où, si les hommes ne se tenaient pas assis la tête en arrière, ils auraient le nez dans la rainure d'un dos de femme, qui sont là, par parenthèse, très décolletées. Et ajoutez la complaisance encore plus ridicule d'y accompagner Mme Daudet ! Cependant, je dois confesser qu'une élève du Conservatoire, nommée Los Rios, a joué gentiment le rôle de la fille du peintre.

---

1. Add. 1895 : *Henri de Régnier, peint à la gouache par Jacques Blanche* (1895), *sur un exemplaire : LE TRÈFLE NOIR.*

Aujourd'hui fait son entrée au *Grenier* Maurice Barrès, qui m'avait fait demander par Léon Daudet de venir chez moi le dimanche. C'est incontestablement un intéressant causeur, chez lequel le scepticisme s'enveloppe d'une ironie bien élevée. Il parle de la venette, dans ce moment-ci, d'hommes comme Arthur Meyer, comme les Simond, non arrêtés, mais menacés de l'être, et qui courent Paris à la recherche de poignées de main et de témoignages d'estime de gens qu'ils ne connaissent pas [1].

Puis il parle de Strindberg, qu'on trouve gros, mais auquel Rodenbach reconnaît comme talent une certaine *frénésie*.

Puis l'on s'amuse de l'ignorance absolue d'éditeurs tels que Curel, tels que le marchand de boutons successeur de Quantin, et l'on cherche un moment un ouvrage à peu près aussi connu que PAUL ET VIRGINIE à leur faire éditer comme inédit, apporté par un inconnu et avec seulement le changement du titre [2].

Quelqu'un ayant cité, comme un mot extraordinaire, le mot de Lemaître sur Veuillot « C'est du Chamfort au vitriol ! » — tout le monde de s'écrier que c'est un mot pareil à ceux que nous fabriquons toute la journée dans la conversation sans en tirer de vanité ni d'épreuve imprimée dans LES DÉBATS, et je ne sais qui met au-dessus le mot d'avant-hier sur Arthur Meyer, « escarpe à la Chambord [3] ».

Lundi 17 décembre

Exposition de Joseph Chéret, l'héritier direct de Clodion, avec son petit monde de Cupidons au sourire raillard, de Cupidons-Gavroches, et de nymphes fluides, plus séduisantes encore sur la panse d'un vase, dans le demi-relief, dans la demi-rondeur de formes émergeant de l'enveloppement de la glaise.

Une figurine charmante : le corps nu d'une petite fille assise sur le rebord d'une corbeille et qui, dans un mouvement de retournement en arrière, s'appuie des deux bras à l'anse.

Une conversation à voix basse entre deux garçons du café Riche :

« Des chevaliers d'industrie, je te dis !

— Oui, des chevaliers d'industrie... mais mes meilleurs clients, les consommateurs aux plus gros pourboires ! »

Mme de Baignères, énumérant les bienheureux *flirts* qui se produisent autour de ma filleule de Saint-Victor, lors de sa pose dans le monde sur un canapé, disait : « Il y a le flirteur de droite qui a dans lui la

---

1. Comme dans la note du 12 décembre, allusion à l'affaire des Cercles. Voir le détail de l'affaire au 31 janv. 1895.

2. Le *marchand de boutons successeur de Quantin*, c'est May : cf. t. III, p. 273.

3. Ce n'est pas dans LES DÉBATS, comme le ferait croire la phrase de Goncourt, que J. Lemaître a publié son étude sur Veuillot, mais dans LA REVUE BLEUE du 13 janv. 1894, et la formule exacte est : « Il a des galeries de portraits qui sont du La Bruyère au vitriol. » (p. 41). — L'expression : *escarpe à la Chambord* joue sur le terme culinaire de *Carpe à la Chambord* et fait allusion aux convictions légitimistes d'Arthur Meyer et à l'affaire des Cercles, à propos de laquelle Goncourt vient de citer son nom.

rondeur de sa hanche ; le flirteur de gauche qui a une boucle de ses cheveux sur la figure ; le flirteur debout de devant, qui a la vue de sa gorge et tour à tour d'un de ses seins sautant par-dessus le corset ; enfin les flirteurs de second plan, qui ont la télégraphie engageante de ses bras et de ses mains. »

Mercredi 19 décembre

On sonne, il n'est pas dix heures, c'est le ménage Zola, tout à la tendresse, le mari comme la femme, mais encore plus la femme qui a trouvé là-bas de la politesse comme on en sert aux femmes du monde : ce à quoi elle n'est pas habituée. Le ménage vient me remercier de l'accueil charmant que leur a fait de Béhaine sur ma lettre de recommandation, et ne s'interrompent pas l'un et l'autre dans l'effusion de leurs louanges sur la bonne grâce et la bravoure de l'ambassadeur.

Du reste, tout le monde français a été d'une bienveillance extrême. Guillaume, le directeur de l'École de Rome, de retour depuis trois jours de Paris avant le départ de Zola, voulait improviser un dîner. Hébert qui, certes, n'aime pas plus sa littérature que la mienne, lui a fait les honneurs de la chapelle Sixtine, et toujours un peu poseur, à la demande de politesse de Zola à l'effet de voir sa peinture, lui disant : « Après la visite de la chapelle Sixtine, on ne voit pas de l'Hébert. Vous la verrez, ma peinture, à Paris, où il n'y a pas de comparaisons si redoutables ! »

A Rome, Zola a vu Antoine, qui est venu le consulter pour savoir s'il devait accepter un engagement chez Porel, lui avouant qu'il était tout à fait à la mer [1]. Du reste, il est désemparé et n'a plus rien conservé de ses premières audaces. A sa première représentation, il avait une salle merveilleuse, les Crispi, les ambassadeurs, les princes italiens, enfin tout le dessus du panier de la société ; à cette salle, il a donné BLANCHETTE de Brieux, pièce dont le *vaudevilliérisme* a glacé la salle, qui s'attendait à de l'extraordinaire.

A Milan, Zola s'est rencontré avec Cameroni, ce pauvre être si affligé, si honteux de sa laideur, et qui redoutait de se voir forcé d'être le cornac de Zola, comme Pica l'avait été à Naples et qui, cependant, s'est décidé, après des pourparlers, à voir Mme Zola et à lui apporter un bouquet, avec cette phrase échappée avec effort à sa maladive timidité : « Madame, j'ai un demi-siècle sur les épaules, et cependant, vous êtes la première femme à laquelle j'ose offrir des fleurs ! »

Zola me quitte en remettant à notre première entrevue le récit de

1. Après l'accord conclu avec Larochelle (cf. plus haut p. 972, n. 2), Antoine ayant promis à ses créanciers des remboursements échelonnés, s'engage avec sa troupe pour une tournée d'automne en Belgique, en Allemagne, en Italie, etc., sous la conduite d'un impresario si endetté lui-même qu'un huissier menace au départ, le 6 septembre, de saisir les bagages de la troupe. Après des représentations assez bonnes à Bruxelles et en Allemagne, le séjour à Rome est un échec, qu'aggrave la fuite de l'impresario. — En ce qui concerne Porel, Antoine, rentré à Paris, jouera chez lui, au Gymnase, le 29 janv. 1895, dans l'AGE DIFFICILE de Jules Lemaître.

sa visite inénarrable à Billot, l'ambassadeur près le roi d'Italie, sur les cinq heures, au moment de l'allumement des lampes à pétrole, dans ce milieu bourgeois, bourgeois, bourgeois !

Ajalbert vient m'annoncer son mariage avec la petite et charmante et fringante Dora Dorian, me demandant d'être son témoin : « Diable, lui dis-je, vous allez être condamné à faire de l'équitation ! »

Je trouve ce soir, chez la Princesse, Anatole France. Très bavard, il parle avec la loquacité d'un académicien — qu'il n'est pas encore — goûté par le monde, mais avec une recherche d'idées paradoxales, anti-bourgeoises, un peu à la façon de Renan, qui rendent sa conversation amusante.

Puis il n'a plus la figure *nigaude* qu'il avait, quand il était jeunet : ses cheveux gris coupés ras, ses traits un peu grossis en font une tête franchement masculine, échappée à la jobarderie ingénue de son adolescence. Il est du reste très aimable avec moi, travaille surtout pour moi et fait de complimenteuses allusions à ma description de Florence dans L'ITALIE D'HIER [1].

Un moment, il indique et détaille spirituellement la recherche par les hommes politiques du militaire le plus bête dans l'armée pour en faire le ministre de la Guerre, parce que les hommes politiques sentent qu'il arrive toujours un jour où ce ministre de la Guerre a la tentation de *chambarder* les *pékins,* ses collègues, tentation qu'ont eue successivement à certaines heures tous les ministres de la Guerre, mais plus timidement que le général Boulanger, n'ayant pas son physique, sa popularité et son cheval noir.

Jeudi 20 décembre

La lourde parole qu'a ce Larroumet et comme ce n'est pas la parole des légers et pimpants racontars parisiens qu'il aime à débiter !

Aujourd'hui, c'est la chamaillade comique entre le sculpteur Injalbert et Coquelin cadet, qu'il narre avec toute la mimique d'un cabotin de province. C'est à propos de la statue de Molière qu'on doit ériger à Pézenas et où Molière devait figurer entre Lucette et un faune. Or, le Coquelin, cet insatiable de sa portraiture, avait ramassé 2 000 francs chez des souscripteurs et avait fait de cette somme, apportée par lui, la condition qu'il serait le faune accoté près Molière. C'était accepté par Injalbert ; mais ce sculpteur, qui a de la conscience, dans ses études sur les faunes, ayant acquis la conviction qu'ils étaient une race poilue, barbue, déclara un jour tout net au glabre cabotin « qu'il n'était pas du tout son affaire comme faune ». Coquelin de lui proposer comme transaction de faire tenir au faune, en avant de sa figure, un masque qui serait son portrait, mais Injalbert de refuser la transaction. Alors, des mots violents du comédien de la Comédie-Française, avec la menace

1. L'ITALIE D'HIER, 1894, pp. 73 sqq.

de retirer les 2 000 francs, et alors la phrase blagueuse du sculpteur que c'est Poquelin et pas Coquelin qui lui était commandé !

A ce qu'il paraît, Ajalbert épouse non seulement une jolie et intelligente femme, mais épouse une femme qui lui apporte 500 000 francs de dot. Et ce serait la récompense de sa délicatesse, au temps de l'épouvantable société de la mère, vivant au milieu de gouapes comme Darzens et autres et où il se faisait le gendarme de la pudeur de la fillette de quatorze ans, empêchant l'ordure de sortir des bouches devant elle. Et la reconnaissance tendre de la fillette se changeait plus tard chez la femme en amour.

Vendredi 21 décembre

Ce matin, on m'apporte un bon sur la poste périmé et qu'une seconde fois, j'allais laisser périmer. Le facteur qui l'apporte dit que le directeur me l'a envoyé, parce qu'il a lu dans les journaux que j'étais très malade, que je ne quittais pas le lit. Les journaux qu'a lus le directeur sont en retard d'un an.

Dimanche 22 décembre

Hayashi vient, ce matin, me mettre en français des noms de peintre de *sourimonos*.

A propos des décorateurs de morceaux de bois baroques comme Gamboun, il me dit que ce goût du baroque est général au Japon et que les jeunes filles de là-bas collectionnent des cailloux biscornus, des racines tortillardes d'arbustes.

Il y avait six semaines qu'on n'avait vu Descaves, il arrive avec une pauvre figure, nous raconte qu'il a eu la bouche à vif, comme s'il avait bu du vitriol, une maladie que son médecin appelle la *maladie des camps*, et affirme en plaisantant que c'est une punition de son livre des SOUS-OFFS.

On cause nécessairement du traître Dreyfus, et on se demande si réellement est vraie la scène dramatique qu'on raconte : le général Boisdeffre lui donnant à copier la lettre traîtresse, et Dreyfus, qui avait commencé à la copier, s'affaissant à la seconde ligne[1].

Au milieu des regrets de tout le monde de ne pas voir fusiller le coquin, entre Hennique qui me remet une lettre : « Daudet ne vient pas ? lui dis-je. — non, vous allez voir ! »

Et après que j'ai lu le billet, qui me dit qu'ils sont dans le malheur, qu'il a besoin ce soir de ma chère figure, Hennique me jette à voix basse : « Mme Léon Daudet a quitté le domicile conjugal. »

Ma foi, ce dénouement était désirable, quand on pense à la vie cruelle du mari depuis des mois. J'étais, jour par jour, mis au courant par la

1. Cf. plus haut p. 1028, n. 2.

mère et le père des détails navrants de cette existence ; mais je n'avais voulu écrire une ligne sur mon JOURNAL, ne voulant pas que s'il y avait un rapprochement, des révélations sur les mauvais jours de leur ménage puissent me faire accuser d'avoir manqué à la discrétion due à l'amitié. Mais aujourd'hui que le scandale va entrer dans la publicité...

Rue Bellechasse, je trouve le pauvre Léon, qui est venu dîner à la maison paternelle. Il a les yeux d'un homme prêt à pleurer, demeure des longs temps silencieux, perdu, abîmé dans l'amertume de ses réflexions ; puis il s'échappe de lui des paroles dites d'une voix triste, avec une intonation parfois doucement ironique, mais sans jamais la moindre colère contre sa femme. Et ce sont des paroles sans suite et sans lien, comme des soupirs de douleur jetés au milieu de notre conversation.

« Oh ! fait-il, des reproches inconcevables... Elle m'accusait d'éreinter Hugo : vous avez lu, n'est-ce pas, mon article sur lui dans la revue de Mme Adam ? Un article presque ridicule d'enthousiasme [1] ! »

Quelques instants après : « Ah ! cette lettre d'elle ! » Et il ne peut s'empêcher de la tirer de sa poche et de nous la lire, une lettre de huit lignes, où elle écrit qu'elle ne peut supporter plus longtemps ses injures et ses insultes et qu'elle quitte la maison avec son enfant.

L'ébouriffant de cette lettre, c'est que la lettre dit que la femme ne mettra pas entre elle et son mari d'huissier et qu'en même temps que la lettre, arrivait un exploit d'huissier demandant la séparation de corps appuyé d'un factum de huit pages, où les faits sont dénaturés à ce point qu'un jour où, dans un accès de désespoir, Léon menaçait de se tuer, elle l'accuse d'avoir voulu la tuer, elle !

« Ah ! s'écrie-t-il douloureusement, la rentrée dans cet appartement où il n'y avait plus personne et où je me suis promené de pièce en pièce, longtemps, longtemps, ç'a été vraiment dur !... Certes, dit-il — après un long silence et comme se soulevant de son accablement — elle n'encourageait pas ma littérature... et vous savez, c'est au commencement qu'on a besoin d'être encouragé... M'a-t-elle répété que j'étais un raté !... Oui, la vente des MORTICOLES l'a un moment troublée... mais bien vite, on lui a soufflé que c'était un succès à l'instar des succès de Drumont, dû seulement au vilipendage des gens... Tenez, l'autre jour, quand vous me lisiez dans MANETTE SALOMON cette scène où elle se vante de *verser du découragement* à son mari, il me semblait entendre lire mon histoire à moi [2] ! »

Un moment, il jette d'une voix profonde : « Cela, si ça m'était arrivé l'année dernière, je serais entré en décomposition... Non, je ne sais pas vraiment ce que j'aurais fait ! »

La haine de cette jeune femme pour ce jeune mari, qui l'adorait et qui l'aime encore et auquel elle n'a à reprocher que des violences de

1. Cf. t. III, p. 857, n. 3.
2. Dans la pièce d'Edmond de Goncourt, c'est la sc. 5 de l'acte V, où Manette déclare à Coriolis qu'elle n'a point cru à son talent.

paroles venant de sa jalousie, est inexplicable. Je ne puis l'expliquer que par un état cérébral touchant à la folie. A seize ans, elle a eu une maladie noire, qui a duré des mois, pendant lesquels elle restait couchée sur un divan, se refusant à toute sortie. Enfin, il ne faut pas oublier qu'elle est la nièce d'une folle ; et maintenant, cet état cérébral a-t-il été aggravé par la typhlite dont elle est encore malade ?

Oui, c'est positif, quand on examine ses griefs contre son mari, on y trouve de la folie. L'un des plus grands vient de ce qu'il fait de la littérature et à ce sujet, voici la phrase dans laquelle elle exprime sa contrariété : « La gloire de mon grand-père me suffit, je n'en veux pas une autre contre moi. » Mais voici un incident où j'ai été mêlé et où Jeanne m'est apparue comme une vraie toquée. C'était le jour de la première de CHARLES DEMAILLY. Nous entrons ensemble au Gymnase, le ménage Alphonse Daudet et le ménage Léon Daudet. Léon donne le bras à son père, qui a besoin d'être soutenu ; moi, comme de raison, j'offre mon bras à Mme Daudet : « Comment ? la fille de Victor Hugo a été réduite à entrer dans un théâtre sans le bras d'un homme ! » Ça a duré trois mois, le ressentiment de ce prétendu manque d'égards, sans qu'elle ait voulu dire bonjour, sans qu'elle ait voulu embrasser Mme Daudet ; et au bout de ces trois mois, un jour où Mme Daudet s'avançait pour la prendre dans ses bras, en lui disant que sa mauvaise humeur avait duré trop longtemps, elle en recevait presque des coups de poing.

Maintenant, en plus de l'état un peu dément de son esprit, il y a dans cette affaire, il y a la pression mauvaise de la mère et du beau-père, qui pensaient marier Jeanne à un bon jeune homme, qui vivrait domestiqué chez eux, serait un secrétaire utile à l'homme politique et permettrait au ménage de continuer à vivre aux dépens de Jeanne, comme il le faisait autrefois, ainsi que l'attestent les comptes de tutelle, où pendant cinq années, l'entretien de Jeanne est coté cent mille francs chaque année.

L'amusant, hélas ! bien triste, de ce mariage qui a fait accuser Léon Daudet d'avoir fait un mariage d'argent, c'est que jamais il n'a touché à l'argent de sa femme, que sa mère avait parfois de justes indignations de l'état de ses vêtements, de ses chaussures, et qu'il a été jusqu'à donner à sa femme une partie de son gain des MORTICOLES. Et comme Léon, sous le coup d'une espèce de répulsion de toucher à l'argent de Jeanne, lui a donné un pouvoir de gérer sa fortune, il arrive que si elle avait fait des dépenses exagérées, remis des capitaux à sa mère — la femme étant une mineure sous la direction du mari — il se trouverait responsable des sommes dépensées, détournées sur sa fortune particulière.

Et bientôt, comme assommé, éreinté, le pauvre Léon se lève pour aller coucher avenue de l'Alma, emmenant Lucien pour lui tenir compagnie la nuit, en ce grand appartement où il se trouve bien seul.

Lundi 24 décembre

Hier, Mme Daudet racontait cette anecdote sur le ménage Anatole France. Mme France, rentrant chez elle, trouvait un tapissier en train de poser des tentures écrues bordées de bleu : « Qu'est-ce que c'est que ça ? faisait-elle. — Je fais arranger mon cabinet », répondait le mari.

La femme s'approchait de la porte, mettait la clef dans sa poche et s'adressant à Anatole : « Eh bien, moi, je ne veux pas de changement ! Nous n'avons pas d'argent pour nous payer cette fantaisie... d'un autre côté, je ne me soucie pas que Mme Arman en fasse les frais. » Puis se tournant vers le tapissier : « La maison est à moi, entendez-vous... et vous allez déclouer tout ça, et l'on ne sortira d'ici que quand ce sera fait. » Et le déclouage durait jusqu'à neuf heures et demie.

Mercredi 26 décembre

Ce soir, chez la Princesse, la femme du propriétaire du MORNING POST disait qu'à Londres, il était nécessaire d'avoir deux cuisinières : une cuisinière anglaise pour le gros de la cuisine, et une cuisinière écossaise pour la cuisson du gibier, que seule sait rôtir à point la cuisinière écossaise.

Vendredi 28 décembre

Avant-hier, a eu lieu la séance de conciliation entre les deux époux, qui n'a pas abouti, séance dans laquelle le malheureux mari s'est décidé à parler. Au reproche de l'injure de *salope* adressée par lui à sa femme, il s'est écrié : « Oui, c'est vrai, monsieur le Président, mais voici dans quelles conditions. Elle m'avait craché à la figure, et c'est dans le dégoût et l'horreur de ce crachat me dégoulinant le long du visage que le mot a été dit par moi. » Et là, il a énuméré tous les soufflets qu'il avait reçus d'elle, sans jamais les rendre. Interrogée par le président sur la vérité des allégations de son mari, Jeanne a répondu qu'elle ne se rappelait plus... que la violence appelait la violence. Et le président lui demandant enfin si son mari est un homme honnête, loyal, généreux, au *Oui* de la femme succède un implacable *Jamais,* quand le président parle de conciliation.

Oui, jusqu'à cette séance, le pauvre garçon n'avait jamais rien dit de ces crachats, de ces soufflets de sa femme à son père, à sa mère, leur laissant croire que les griefs de sa femme pouvaient bien venir de ses violences à lui, tandis que les violences venaient seulement et rien que d'elle. Et Daudet parlait d'une note payée par Jeanne au tailleur de Léon et prise aussi bien sur l'argent de Léon que sur le sien, qu'elle lui avait tendue en lui disant : « Tiens, cochon, tiens, maquereau ! » et ajoute qu'un moment, son fils avait laissé échapper devant le président : « Et il y a encore une chose que je ne pourrai jamais dire. »

Lockroy, qui montre dans cette affaire un ressentiment incroyable contre Léon et auquel ce ressentiment inspire des machinations dignes d'un roman d'Eugène Sue, soutient que Léon est un déséquilibré et pousserait à un examen médical de sa personne. Vous prévoyez les conclusions d'un examen médical de l'auteur des MORTICOLES par Brouardel !

Mon Dieu, qu'il est vivant, qu'il est bruyant, qu'il est assourdissant, ce Mistral ! Il fait à lui seul le bruit de dix Septentrionaux. Mais au fond, il est amusant avec sa parole exubérante. C'est aujourd'hui dans sa bouche, et avec la mimique de sa physionomie et de tout son corps, l'histoire d'Adolphe Dumas, le poète boiteux destiné à devenir tailleur, le métier de tous les boiteux de là-bas.

Or, dans la petite auberge de rouliers tenue par ses parents, tombait un jour une troupe de comédiens nomades et il arrivait qu'à la suite de la représentation donnée dans la grande salle de l'auberge, la fille de l'auberge, une belle grande fille, séduite par les paillettes du comédien qui faisait le Prince Charmant, décampait avec lui à Marseille, où soudainement désenchantée de l'homme, elle se rendait à Paris. Là, en descendant de diligence, elle trouvait, pour ainsi dire dans la rue, un vieil Anglais que son histoire intéressait et qui la mettait quelque temps dans un couvent pour se dégrossir et l'épousait. Aussitôt qu'elle était épousée, elle faisait venir l'apprenti tailleur, pour lequel elle avait une grande affection, lui faisait faire ses études, de rapides études, au bout desquelles il devenait l'homme de lettres Adolphe Dumas, en relation avec Lamartine, qui, par lui, prenait connaissance de MIREILLE et écrivait l'article qui faisait Mistral célèbre [1]. Alors, c'est bien de ce temps catholico-romantique, pour remercier Dieu de l'article, Adolphe Dumas faisait communier, en sa compagnie et celle de deux autres littérateurs, Mistral à Notre-Dame, après qu'on s'était confessé au père Félix, communion suivie d'un gueuleton où l'on se grisait fortement.

« Une rechute religieuse comme ça, moi aussi, ça m'est arrivé ! s'écrie Daudet. C'était dans les premiers temps que j'écrivais au FIGARO, vers mes dix-sept ans. Je ne sais ce qui m'avait pris ; mais voici qu'un jour, je m'en vais trouver le père Félix et je lui demande de me confesser et de me donner l'absolution. Il s'y refusa, m'imposant de lire avant quatre gros volumes de ses conférences. Ma foi, les volumes étaient bien reliés, et les jours suivants, mon accès religieux étant un peu passé, et ayant faim, je vendais les quatre volumes du père Félix, ce qui me donnait à manger deux ou trois jours... Mais ce ne fut pas tout ce que me rapporta le père Félix. En 1860 — eh ! Mistral, je me rendais justement chez toi ! — à Lyon, je me trouve à court d'argent, j'offre à un journal un article sur mes contemporains, et je lui apporte un article où dans un portrait du père Félix, je racontai ma mauvaise action.

1. Cf. t. III, p. 297, n. 1.

Ce portrait du père Félix était accompagné d'un portrait de Rigolboche. Quand j'allai toucher mon article, je fus payé ; mais le rédacteur en chef me dit que je ferais bien de quitter Lyon, parce que des gens ayant l'air de mauvais bougres, indignés de cet amalgame du père Félix avec Rigolboche, étaient venus demander mon adresse. »

Et dans le bruit des conversations, j'entends vaguement la fin de la monographie d'Adolphe Dumas continuée par Mistral, Adolphe Dumas répétant, en faisait allusion à la pauvre auberge de son père : « Et cependant, j'avais un grand-père qui portait des bas de soie ! » Et Mistral, un jour, lui disant : « Mais quel était ton grand-père ? — Le capitaine Perrin », répondait l'autre. Et le capitaine Perrin aurait été ruiné par une fourniture d'ail de 300 000 francs à l'armée des Pyrénées-Orientales, qui lui aurait été payée en assignats, au moment où les assignats n'avaient plus aucune valeur.

Samedi 29 décembre

Dîner chez Hennique avec Octave Mirbeau et sa femme.

Ils sortent tous deux de chez Robin, chantant la bonté des remèdes chimico-gastriques, et les poches pleines de petites bouteilles et de cachets : un ménage de malheureux estomacs, tout à fait en puissance de la pharmacie.

Une mémoire prodigieuse, stupéfiante, que cette mémoire de Mirbeau, nommant, retrouvant sans jamais broncher, énumérant tous les noms de fleurs, et avec des notes amoureuses dans la voix, quand il les décrit, et des gestes caressants, qui ont l'air de craindre de les faner sous ses doigts.

« Au fait, vous savez, dit-il un moment, Rodin avait commencé mon buste, mais il n'en était pas content. Il devait le reprendre plus tard... Mais ne voilà-t-il pas qu'un jour, tout à coup, prenant un fil de fer, il le coupe par la moitié comme une motte de beurre, en fait un masque qu'il fiche contre le mur... » Et la chose telle qu'elle est, Geffroy affirme que c'est la plus belle chose qu'il ait faite.

En se levant pour s'en aller : « Au fait, vous savez, je ne suis plus du tout socialiste depuis que j'habite là-bas... Ah ! les paysans, ah ! les petits bourgeois, ils peuvent bien crever tous, que je m'en ficherais pas mal !... Figurez-vous que j'ai un voisin curieux, un voisin qui passe sa vie à bêcher, sans jamais rien semer, rien planter. Eh bien, cet animal jette toutes les pierres de son jardin dans le mien et casse tous mes châssis ! »

Dimanche 30 décembre

Le peintre de La Gandara me parle du *musée des robes* de quelques-unes de nos élégantes contemporaines, et particulièrement des robes de la comtesse Fleury, robes de gaze aux orchidées brodées, qui la font ressembler à une odalisque de cirque. Il vient de terminer un portrait lithographique de la comtesse de Polignac, en robe de velours noir, dont il est très content, me disant que les portraits qu'il fait sont tirés à une douzaine d'exemplaires, qui sont retenus par des amateurs, parmi lesquels il nomme le docteur Pozzi.

Sur le nom de Verlaine, que je disais ressembler à un faune kalmouk, il me dit l'avoir rencontré avant-hier complètement saoul et faisant, par sa conversation animée avec une femme, un attroupement autour de lui dans la rue ; et devant l'espèce de peur que la femme avait sur la figure, il demandait à Verlaine ce qui se passait ; le poète lui disait qu'il était en train de lui raconter OTHELLO.

Alors tombe chez moi cette pauvre Mme de Béhaine, qui recommençant ses plaintes contre son mari, contre son fils, contre sa belle-fille, et se montant, se montant avec la colère de ses paroles, me fait craindre la crise d'une rechute de folie. Elle m'affirme avec des détails qui peuvent être vrais, et j'en doute cependant, que les Gervais sont des Juifs et que son fils est très malheureux avec sa femme ; elle veut faire casser le mariage en cour de Rome ; que c'est seulement une question d'argent et que justement, un petit magot mis de côté par elle, avant sa maladie, elle l'a retrouvé et qu'elle va l'employer à cela, et qu'il arrivera ce qu'elle veut avec l'aide de cardinaux qui lui sont tout dévoués. J'ai beau lui faire des objections, elle va toujours, toujours, et sa voix à la fin est étouffée par des larmes : un spectacle qui me remplit d'une pénible émotion.

Elle part enfin. Arrive Daudet qui, à propos de la révocation de Lanessan, s'écrie : « Ah ! ce Lanessan, un drôle de particulier [1] !... Quand Simond a fondé L'ÉCHO DE PARIS avec lui, ils sont venus tous les deux me demander de la copie à Champrosay. Au milieu de la visite, je monte chercher quelque chose en haut... Vous connaissez, en dépit de la correction de sa vie, les idées parfois avancées de ma belle-mère. Je ne sais pas ce qu'elle a pu lui dire, pendant que je n'y étais pas ; mais en redescendant, j'entends Lanessan lu dire cette phrase : « Oui, nous vivons ensemble, mais jamais je ne l'épouserai, et *je porte avec fierté ce concubinage* ! » J'ai toujours pensé que l'homme politique devait ressembler à l'homme du monde qui parlait à ma belle-mère. »

Je dîne ce soir avec le pauvre garçon, qui a les yeux rouges d'un homme qui a pleuré. Il y a là le jeune Hugo prenant parti absolument pour Daudet contre Lockroy, auquel il a écrit une très dure lettre, lui reprochant ses procédés brutaux avec sa mère, ses duretés irrespectueuses avec le vieil Hugo, lui remémorant tout l'historique de sa haine contre Léon Daudet et finissant par cette phrase : « C'est toi que j'accuse. » L'ébouriffant, c'est que Georges lui a fait remettre cette

1. Jean-Marie-Antoine de Lanessan, journaliste, médecin, naturaliste et homme politique, était devenu en 1891 gouverneur général d'Indochine. Au milieu des troubles du Tonkin, Lanessan se heurte à deux de ses principaux collaborateurs, l'amiral Fournier, chef des opérations militaires, et le directeur des Finances, Prigant, qui rentrent en France en 1892 ; ce conflit eut pour conséquence le rappel de Lanessan en 1894.

lettre en mains propres par son cocher, cette lettre que Lockroy a affirmé avoir été interceptée par sa femme [1]. Alors, il lui en a envoyé une seconde copie, que, dans une lettre où il embrasse Georges, il dit n'avoir pas encore lue, sur la demande de sa femme. Un vrai tartuffard, ce Lockroy !

Jeanne aurait dépensé, en dehors de ses revenus, dans des dépenses exagérées, 210 000 francs, dont le mari est responsable.

Lundi 31 décembre

Ce soir, vers le coup de minuit, bien maigrie, bien creusée, bien vieillie, la pauvre figure de la Princesse, depuis sa chute dans l'escalier ; et comparé aux autres années, bien rétréci autour d'elle, le cercle de ses *souhaiteurs* de bonne année.

1. Texte Ms. : *lui a fait remettre cette lettre en mains propres par son cocher et que Lockroy a affirmé avoir été interceptée par sa femme.*

ANNÉE 1895

Mardi 1er janvier

On parlait aujourd'hui, au *Grenier,* du FIGARO, des changements survenus depuis la mort de Magnard, de la diminution des appointements, qui ont fait sortir de la rédaction Blavet, ce qui fait dire plaisamment à l'un des causeurs : « Oui, Rodays a dit : « Messieurs, le chantage étant supprimé, nous ne pouvons plus payer les anciens prix ! »

Un triste dîner du Jour de l'An chez les Daudet, mais dont le noir est un peu atténué par le riant tableau, autour de la table, des gentilles fillettes et des frimousses éveillées des petits garçons de la famille Léon Allard.

Mercredi 2 janvier

C'est curieux, dans la vie, la chance des uns, la malchance des autres. Tout ce qui arrive d'heureux à Dumas, c'est toujours au-dessous de ce qu'il mérite ; pour moi, le rien qui m'arrive d'heureux, c'est toujours immérité [1]. Pourquoi cela ? Serait-ce parce qu'il est un bâtard ?

Ce soir, une femme, agitant un éventail de plumes blanches, que je lui ai donné, me disait cette phrase gentille et comme seules les femmes en savent trouver : « Pour moi, les choses que vous me donnez et que je pose sur une commode ou que j'accroche au mur, ne me sont de rien ; je n'aime que les choses qui me suivent, que je porte avec moi, que mes doigts peuvent toucher, comme cet éventail. »

Samedi 5 janvier

J'ai écrit, vers le milieu du mois de décembre, à Porel pour lui

1. Compris dans la promotion du 1er janvier, Dumas fils vient d'être nommé Grand Officier de la Légion d'honneur.

demander à lui lire MANETTE SALOMON : il m'a remis après le Jour de l'An. Ces jours-ci, où je lui demande de me fixer le jour de ma lecture, il me renvoie après le 15. Je la trouve raide, très raide de la part de Porel : faire attendre un mois une lecture à l'auteur de GERMINIE LACERTEUX, c'est d'un sans-gêne bien napoléonien !

Du reste, pas de chance dans ce moment-ci avec mon théâtre. Aucune nouvelle de la représentation de LA FAUSTIN à Vienne ; et le Vincent Ferraro qui devait la faire jouer par la Duse et auquel j'avais envoyé le manuscrit, Pica m'écrit que c'est un filou, qui passe une partie de sa vie en prison.

Et par là-dessus, j'ai le pressentiment que Porel ne jouera pas MANETTE SALOMON.

Dimanche 6 janvier

Carrière, qui était à la parade de la dégradation militaire de Dreyfus, perdu dans la foule, me parlant de LA PATRIE EN DANGER, me disait que moi, qui avais si bien rendu le mouvement fiévreux de la rue pendant la Révolution, il aurait voulu que je fusse là et que bien certainement, j'aurais tiré quelque chose du frisson de cette populace [1].

Il ne voyait rien de ce qui se passait dans la cour de l'École militaire et avait seulement l'écho de l'émotion populaire par des gamins montés sur des arbres, s'écriant, lorsque Dreyfus arrivait, marchant droit : « Le salaud ! » et quelques instants après, à un moment où il baissa la tête : « Le lâche ! »

Et c'était pour moi l'occasion de déclarer, à propos de ce misérable, dont je ne suis cependant pas convaincu de la trahison, que les jugements des journalistes sont les jugements des gamins montés sur les arbres et que dans une occurrence semblable, il est vraiment bien difficile d'établir la culpabilité ou l'innocence de l'accusé sur l'examen de son attitude.

Et voici Hennique et Geffroy, les deux décorés du *Grenier,* auxquels tout le monde fait fête.

C'est particulier, l'*humour* des Anglais, ce comique féroce. Ce soir, un des amis de Léon, un tout jeune journaliste de la Grande-Bretagne, nommé Whibley, à la suite d'une thèse où Rodenbach s'était montré un peu quintessencié, disait, faisant allusion à son toupet de clown : « Oh oui, il devrait se faire le nez en rouge... Ce serait bien mieux, bien plus distingué, avec des théories comme ça ! » et il improvise de suite quatre vers : « Le bourgeois de Bruges se coupe les poils du cul en quatre... »

1. Le conseil de guerre de Paris a condamné Dreyfus le 22 déc. 1894 à la déportation à vie et à la dégradation militaire : celle-ci a eu lieu le 5 janvier et Dreyfus s'apprête à partir comme déporté pour l'île du Diable.

Lundi 7 janvier

Dîner chez Rodenbach avec les Besnard, Mallarmé, les Frantz Jourdain, Rosny.

Ce Mallarmé a vraiment une parole séductrice, avec de l'esprit qui n'est jamais méchant, mais soutenu d'une pointe de malice.

On a parlé de l'article de Strindberg sur l'infériorité de la femme d'après l'étude de ses sens, ce qui est incontestable sous le rapport du goût et de l'odorat ; et à propos de cette infériorité, je rappelais une observation, je crois, de mon JOURNAL, où j'affirme que le squelette d'homme a une personnalité que n'ont pas les squelettes de femmes, qu'on dirait faites par grosses.

Puis l'entrée de Péladan dans le bicyclisme a mis sur le tapis l'industrialisme de cette famille, et du père Péladan qui, aux cinq plaies du Christ, avait eu l'imagination d'une sixième plaie, l'ecchymose qu'avait dû faire la croix sur son épaule, et s'était fait de cette invention pas mal d'argent dans le Midi au moyen d'une image, avec une indulgence plénière, qu'il vendait une dizaine de francs.

Mercredi 9 janvier

Visite ce matin de la malchanceuse Nau, qui vient se plaindre à moi qu'on l'a volée à la Bodinière, qu'elle avait apporté l'idée des *Scènes vécues,* de petites piécettes, dont elle fournissait les acteurs et les actrices et dont une première représentation avait eu lieu. On va se passer d'elle, en continuant ses scènes vécues sous un autre titre [1].

Dans l'après-midi, visite du ménage Descaves. La vente des EMMURÉS n'ayant pas produit l'argent des SOUS-OFFS, il a été obligé de prendre la *Semaine parisienne,* ce qui l'embête beaucoup, ce pauvre garçon, parce que demeurant à Montrouge, les voitures et les dîners, qu'il est obligé de faire à Paris, lui coûtent presque plus que ce qu'il reçoit du journal [2].

A sa sortie, le ménage se croise avec le jeune Bracquemond, qui s'est remis à la peinture et qui passe sa vie à la Sainte-Chapelle, dont il est en train de faire des études d'après les vieux vitraux. Et il me parle du bien-être fiévreux qu'il éprouve dans cette lumière irisée de reflets chatoyants, se désolant de ne pouvoir rendre avec ses couleurs à l'huile le *sang en fusion* du rouge des vitraux.

Il est à peine sorti, que son père vient m'apporter ses souhaits de bonne année, se plaignant d'avoir été repris de ses douleurs d'entrailles, qui lui donnent une bien pauvre mine. Mais si le fils est aux vitraux

---

1. La *Bodinière* désignait familièrement le Théâtre d'Application (cf. t. III, p. 665, n. 1), d'après le nom de son fondateur, M. Bodinier. Le 14 déc. 1894, on y avait donné la première série de ces *Scènes vécues* dont parle Nau : VIEUX MÉNAGES d'Octave Mirbeau, P'TIT ZIZE de Georges Mitchell, où le rôle de Louise est tenu justement par Nau, et LA PEUR DES COUPS de Courteline.

2. La rubrique dont Descaves vient de se charger au JOURNAL s'intitule plus exactement : *Soirée parisienne.*

de la Sainte-Chapelle, le père, tout souffrant qu'il soit, est à la confection de la cheminée qu'il a composée pour l'hôtel décoré par Chéret, et il me la raconte avec la combinaison des bronzes dorés, des marbres, des flambés de Chaplet.

Ce soir, rue de Berri, on cause du décolletage des femmes ; et comme je disais que la gorge de la femme honnête devrait être la chose la plus secrète pour les autres, autres que le mari, d'Ocagne nous raconte la présentation d'un Chinois, qu'il a faite chez About. Ce Chinois s'était obstinément arrêté sur le pas de la porte du salon, il avait été obligé d'aller le rechercher et de le forcer à entrer. Et comme en sortant, il lui demandait la raison de son hésitation à pénétrer dans le salon, il lui répondait que devant ces femmes qui avaient leurs gorges à l'air, il avait cru à une mystification et qu'au lieu de l'avoir conduit dans un intérieur familial de lettré, d'Ocagne l'avait mené dans un *bateau de fleurs*.

Yriarte, me prenant dans un coin du salon, me dit que dans ce temps, il y a un illogisme auquel il ne comprend rien, que les talents les plus opposés se font des *langues* et qu'un banquet monté par Rodin en faveur de Puvis de Chavannes lui semble une chose *pharamineuse* [1].

Jeudi 10 janvier

J'avais le pressentiment que ce pitre de Bergerat, dans sa haine contre moi, inventerait quelque chinoiserie pour entraver le banquet qu'on veut me donner. Il a inventé un contre-banquet Dumas... Comme méchante imagination, c'est pas mal [2] !

Samedi 12 janvier

Ajalbert vient me voir, un peu émotionné. Il a écrit dans le GIL BLAS un article qui est en complète divergence avec l'article de Léon Daudet sur la dégradation de Dreyfus, et le père lui a écrit assez durement que c'était pas gentil d'ajouter aux ennuis que son fils avait dans le moment.

Je n'ai pas lu l'article du GIL BLAS ; mais Ajalbert m'affirme que tout en étant d'opinion contraire avec Léon, son article est conçu dans une forme tout amicale [3]. Je l'engage à aller voir Daudet qui, sous le

---

1. Le banquet Puvis de Chavannes, organisé par Rodin, aura lieu le 16 janvier à l'hôtel Continental, en présence de deux ministres, Leygues et Poincaré. On y remarquera les discours de Lemaître et de Brunetière et les vers de Catulle Mendès.

2. C'est dans le JOURNAL du 8, sous le titre de : UN AUTRE BANQUET A DONNER, que Bergerat propose cette idée, que lui ont suggérée le banquet Puvis et la récente décoration de Dumas.

3. Dans LE CHÂTIMENT, qu'avait publié LE FIGARO du 6 janvier, Léon Daudet, décrivant la cérémonie de la dégradation, détaillait la « tête chafouine et blafarde », la « fixité d'audace têtue », etc., qui lui semblaient des preuves de la culpabilité de Dreyfus. Dans le GIL BLAS du 9, Ajalbert réplique par CRIME ET CHÂTIMENT : fort de son expérience d'avocat, il montre que rien ne ressemble plus à un coupable qu'un innocent harassé et il proteste contre l'attitude de la foule, autour de Dreyfus, et surtout contre les cris de *Sale Juif* !

coup du divorce de son fils, est peut-être dans le moment d'une susceptibilité un peu nerveuse.

Dimanche 13 janvier

Daudet fait un portrait comparé de Bergerat et de Panurge, en établissant ingénieusement que c'est, chez les deux Parisiens, la même absence de moralité, les mêmes turlupinades, la même peur des coups.

On se demande s'il existe encore des bohèmes de l'intensité de ceux du temps de Murger, on ne le croit pas. Cependant, Rodenbach affirme qu'il y a encore, dans notre partie, des crevards de faim sans pudeur, semblables aux chiens des environs des casernes, qui, à l'heure réglementaire, viennent partager le repas d'hôpital de Verlaine [1].

Heredia arrive à six heures au *Grenier*, toujours bruyant, toujours sonore, et nous fait un tableau de salon composite de Mme d'Agoult, ce salon de femmes et d'hommes excentriques, au milieu desquels son frère, M. de Flavigny, comme cariatide de cheminée, était l'homme de Paris qui tenait le mieux son chapeau sous le bras.

Des hommes de ce salon, Heredia était le plus jeune ; et un soir, Mme d'Agoult lui dit : « Restez après qu'on sera parti, je vous lirai quelque chose ! » Le baron Saillard, qui avait surpris la phrase, lui dit : « Vous savez, elle veut coucher avec vous. » Et comme Heredia ne se montrait pas trop désireux de faire l'amour avec cette aïeule, le baron lui rendait le service de lui tenir compagnie, de demeurer même après lui et de peut-être le remplacer. La femme, baptisée autrefois : « Une âme et des cheveux », avait toujours ses cheveux tombant jusqu'aux jarrets, mais qui étaient devenus tout blancs ; quant à l'âme de la femme, elle était sous la puissance d'une maladie nerveuse priapique, qui la faisait, dans les dernières années de sa vie, se livrer à ses domestiques, à la recherche de la jouissance dans l'amour, que, pas plus que son amie Mme Sand, elle n'avait jamais rencontrée [2].

Avant dîner, Daudet, assez monté contre Ajalbert, me parlait, dans le fiacre qui nous menait rue de Bellechasse, de la petite Dora Dorian, qui va épouser Ajalbert.

Un jour, Léon Daudet, au moment de quitter son ami Hugo, trouvait la jeune fille dans l'escalier. Et elle lui disait à brûle-pourpoint : « Je n'ai jamais pu savoir comment vous me trouviez... si je vous plaisais vraiment. » Et sur une phrase vague de Léon, elle reprenait : « Quant à moi, je suis heureuse de vous le dire : depuis que j'existe, je n'ai pas trouvé un homme dont j'aime autant le caractère, l'intelligence, le physique, que vous... » Déclaration coupée par cette phrase de Léon : « Dora, vous êtes trop énigmatique pour moi. » Deux jours après,

1. Si l'anecdote est récente, elle se rapporte au dernier séjour que fit Verlaine à l'hôpital Bichat, du début de décembre 1894 au 21 janv. 1895.

2. La formule : *Une âme et des cheveux* était attribuée par les Goncourt à Jules de Saint-Félix dans le JOURNAL, t. I, p. 1107.

les Daudet recevaient la lettre d'Ajalbert qui annonçait son mariage avec Dora. Avait-elle voulu l'amener à quelque acte de familiarité amoureuse, dont elle se serait vantée près d'Ajalbert, ou plutôt, sachant la rupture de Jeanne et de Léon, voulait-elle se l'assurer pour mari après le divorce ?

Du reste, la petite personne serait un être redoutable, et Georges Hugo avouait à Daudet qu'il ne voudrait jamais se fâcher avec elle, parce qu'il était sûr d'avance qu'elle brouillerait son ménage.

Et alors, revenant à son fils, il me dit sur une note douloureuse, indignée : « Vous savez, ils ont inventé, à l'heure présente, de l'accuser d'être un brutal, d'être un détraqué, d'être un impuissant. »

Léon Daudet qui, dans ce moment, pour combattre les tristesses de sa vie, se plonge plus avant dans le travail et a écrit toute la journée dans la chambre de son frère, nous demande à nous lire après dîner un commencement d'article sur la Pitié et la Douleur, qui me fait m'écrier : « C'est curieux, n'est-ce pas ? C'est le catholicisme qui a apporté dans le monde la pitié pour les *miséreux* et il a fallu dix-huit siècles pour que cette pitié eût son développement en littérature, développement qui commence à Dickens... — Et continue avec vous ! » me crie-t-on.

Au fond, les Daudet font peine. A la suite d'un quart d'heure passé avec Heredia, à causer du divorce de son fils, pendant que je m'habillais, Daudet, pris d'émotion et, à la suite de cette émotion, d'un tremblement nerveux, avait toutes les peines à descendre l'escalier à mon bras. Ce soir, la pensée et la parole de Mme Daudet reviennent à tout instant aux gens quelconques qui peuvent être favorables à sa belle-fille, hostiles à son fils. Elle a eu mercredi dernier la visite de Mme Zola, qui s'est montrée très peu aimable. Hier soir, dans une soirée donnée chez Charpentier, les Zola ont à peine dit bonjour à Lucien. De cela, la pauvre mère parle toute la soirée, déclarant que le lendemain en dépit du gros rhume qu'elle a, elle ira voir Mme Charpentier, lui donnera tous les détails, de sorte qu'elle soit éclairée et rende justice à son fils.

Lundi 14 janvier

Dans une séance de récrimination contre l'administration de Godard, Cornu le scientifique, qui était resté silencieux tout le temps, enterra la discussion par ces paroles : « A quoi bon l'amitié, si elle ne sert pas à défendre ses amis quand ils ont commis des fautes ? »

Je lis dans une revue un article de Renan, disant que Puvis de Chavannes prêche pour les grands, pour les petits, pour son siècle. J'aimerais mieux pour mon compte qu'il prêchât moins et qu'il peignît mieux. Ah ! la célébration de la peinture par les choses morales contenues dans la palette d'un peintre, quelle bonne blague !

Mercredi 16 janvier

Démission du Président[1]... Ça ne dure pas longtemps, les présidences... Vraiment, le fichu régime que ce parlementarisme, où les parlementaires ressemblent à de grands enfants, pris de temps en temps du désir de casser leurs joujoux !

Visite du docteur Michaut, qui me parle de Lanessan, disant qu'il n'avait aucune tenue, qu'à un grand dîner donné par lui au Tonkin, il avait prononcé un toast dont les paroles avaient fait sortir les femmes qui parlaient français, paroles dont il s'était excusé en disant : « Moi, que voulez-vous ? je suis resté un étudiant en médecine... Et ma femme, quoi ? c'est une blanchisseuse, que j'ai à la fin épousée ! »

Il me conte que lorsque les premiers Hollandais ont débarqué au Japon, les Japonais, qui ont toujours leurs femmes avec eux, même dans leurs bateaux, s'étonnèrent de ces hommes vivant sans femmes et se figurèrent que les moutons, qu'ils voyaient à bord, leur en servaient, si bien qu'aujourd'hui encore, les Japonaises injurient leurs compatriotes couchant avec un étranger en les appelant *femmes-moutons.*

Il me dit aussi que causant, quelque temps après notre dernière Exposition, avec un Allemand à Francfort, celui-ci vantant cette Exposition, s'étonnait comme nous nous étions vitement relevés depuis la dernière guerre, ajoutant toutefois qu'avant la guerre, il avait cru à notre décadence par le développement des cafés-concerts et les inepties qu'on y débitait et que, malheureusement pour nous, il avait remarqué à cette Exposition une progression énorme de ces cafés-concerts[2].

Je tombe en retard dans le dîner de la Princesse, où tout le monde, les sérieux et les blagueurs, sont dans la préoccupation de la démission de Casimir-Périer et l'accusent de désertion.

La Princesse qui, avec moi, était d'abord bravement pour lui, quand elle apprend qu'il a larmoyé à son avènement, qu'il a besoin de respirer de l'éther, qu'il a des nerfs de femme, l'abandonne et passe aux éreinteurs, dont l'un s'écrie blagueusement : « Le pauvre garçon, ça va nuire à son avenir ! »

A propos de l'infecte collection de Thiers prenant deux salles du Louvre, Yriarte me contait que Tauzia, qui avait été très hostile à cette désastreuse occupation de notre musée, lors de l'ouverture de la salle où est le fameux service, avait lancé la phrase : « Messieurs, la salle à manger ! » — phrase qui avait manqué lui faire perdre sa place[3].

---

1. Depuis longtemps, les socialistes attaquaient Casimir-Périer, grand actionnaire des mines d'Anzin et héritier de la fortune et du conservatisme autoritaire de son grand-père, le ministre de Louis-Philippe. Après la chute du cabinet Dupuy, provoquée par l'affaire Raynal (voir la note du 20 janvier), le président de la République démissionne, en protestant contre une démoralisante « campagne de diffamation et d'injures » et contre les « fictions constitutionnelles » qui privent le chef de l'État « de moyens d'action et de contrôle ».

2. Sur l'Exposition de 1889, cf. t. III, p. 208, n. 1.

3. La collection Thiers comportait quelques antiques, des terres cuites de la Renaissance et des temps modernes, des faïences, des verres de Venise, des pierres précieuses, des peintures et objets d'art d'Extrême-Orient, etc. Les 8 et 10 juin 1881, Mlle Félicie Dosne, se conformant aux volontés de son beau-frère et de sa sœur, en avait transmis la propriété au musée du Louvre,

Jeudi 17 janvier

J'arrive chez Daudet alors qu'on ne sait pas encore le candidat nommé à la présidence de la République. Comme on s'entretient des chances de Faure, Daudet conte ceci.

Un bronzier, dont le fils était en classe avec Léon Daudet, était le locataire d'une vieille dame, qui avait pris en pitié la position difficile de ce père de famille, tolérait le retard de ses termes, lui avait même permis d'élever un petit atelier dans la cour de sa maison. La vieille dame meurt d'apoplexie et son neveu Faure hérite. Il réclame les termes en retard et fait impitoyablement exécuter le bronzier. Le pauvre diable, désespéré, commence à se tirer un coup de pistolet dans la tête, se manque et va se jeter dans le canal, léguant dans une lettre ses deux garçons à Daudet, chez lequel il venait le dimanche. Daudet, prenant la chose à cœur, se rend chez Faure, tenant par la main ce garçonnet tout en larmes, auquel Faure ne trouve pas autre chose à dire que cette phrase : « Votre père n'avait pas la taille des affaires. » Daudet indigné s'écrie que tant qu'il aura du sang dans les veines et de l'encre dans son encrier, il le poursuivra.

Au fond, pris d'une certaine peur de cette menace, le secrétaire rendait plusieurs visites à Daudet et à la fin faisait obtenir une bourse à l'enfant.

Des années se passent. Daudet fait représenter la LUTTE POUR LA VIE, où il a introduit la phrase dite par Faure à l'enfant. Il se trouve que pour lors, Faure est un des actionnaires du Gymnase et qu'il vient le féliciter après la pièce [2].

Une parenthèse : ce fils à la bourse devait être, dans la vie et dans le futur roman de Daudet, le *soutien de famille* et n'a été que le paresseux, le *feignant,* l'inintelligent, tandis que c'est le petit frère qui a discrètement rempli son rôle [3].

Revenons à Faure. Le sentiment de Daudet est que c'est un homme dur et un rien capon ; et à cet appui, il nous dit qu'à une visite de Faure, celui-ci, peut-être pour l'intimider, lui ayant parlé de sa force à l'épée et de sa fréquentation de la Société de l'escrime à l'Élysée, Daudet lui avait riposté par : « Très bien, j'ai ma salle d'armes en bas... Si ça vous tentait de faire un assaut ? »

à condition que la collection occuperait la salle du Comité Consultatif des Musées et le salon rouge attenant, « au premier étage de l'aile Nord... au-dessus de la porte Marengo ». Le *fameux service* doit désigner, dans la collection de porcelaines, apport personnel de Mme Thiers, le « Service de table en ancienne porcelaine de Sèvres, pâte tendre, décoré de jetées de fleurs polychromes et de filets bleus avec rehauts de dorure », qui comportait 257 pièces. (Cf. Charles Blanc, COLLECTION D'OBJETS D'ART DE M. THIERS LÉGUÉS AU MUSÉE DU LOUVRE, 1884, nos 809-1066).

2. Voir t. III, p. 342, une première mention de ces faits.

3. Dans LE SOUTIEN DE FAMILLE, le fils aîné du suicidé est devenu Raymond Eudeline : comme dans la réalité, faible et vaniteux, il déçoit les espoirs de ces protecteurs et de son frère cadet, Antonin, qui s'est sacrifié pour lui. — Quand le roman paraît dans L'ILLUSTRATION en 1897, il provoque, dans le temps même où meurt Daudet, le scandale qu'on pouvait attendre de ses attaques contre le président de la République et contre la corruption parlementaire.

Là-dessus entre quelqu'un, qui nous dit que c'est Faure qui est nommé président de la République.

Bach, le marchand de tableaux, dernièrement mort, l'homme au flair si remarquable — c'est Gouvet qui l'a rapporté à Daudet — aurait dit lors du mariage de Léon : « Lockroy a pensé que c'était un jeunet avec lequel il pourrait escamoter les comptes de tutelle ! »

Samedi 19 janvier

Vraiment, cette pièce de Coppée, POUR LA COURONNE, cette pièce au succès triomphal, c'est d'un recul effrayant, c'est la réapparition de la tragédie dans son dramatique le plus enfantin, dans son surhumain le plus imbécile.

Dimanche 20 janvier

Barrès arrive au *Grenier* à deux heures ; et longuement, il parle de la démission de Casimir-Périer, nous apprenant que l'élection d'un président de la République coûte très cher, que c'est une affaire d'au moins cent vingt mille francs et que l'élection a été faite en grande partie avec l'argent des compagnies, et que l'arrêt du Conseil d'État sur les compagnies et la demande de poursuites contre Raynal l'ont mis dans une position très délicate [1].

Le rêve de gouvernement de Barrès, en le sortant un peu du vague philosophique de ses paroles, serait un président nommé pour dix ans, avec des ministères composés de gens n'appartenant pas à la Chambre et par cela moins renversables. Au fond, je crois que ce qu'il voudrait, ce serait une espèce d'empereur Napoléon décennaire.

Et comme il parle de son établissement au printemps avenue Maillot, Gavarni, qui pousse la porte, le menace de ne pouvoir pas dormir dans les aboiements des cent cinquante chiens du jardin d'Acclimatation, ce qui jette une petite terreur au fond de ce nerveux, amoureux de silence.

Ah, la tranquillité des logements ! Les chiens du jardin d'Acclimatation font raconter à Morel qu'une vieille dame de sa connaissance, prise de terreur à la suite du développement des cambrioleurs à Paris, avait été se loger au-dessus d'un poste de police, mais qu'elle se trouvait au-dessus des deux cellules où l'on enfermait les filles et les voleuses

1. Sur la démission de Casimir-Périer, cf. plus haut p. 1074, n. 1. L'affaire Raynal est sortie d'un procès engagé par le ministre des Travaux publics, Barthou, contre les compagnies ferroviaires d'Orléans et du Midi, au sujet de la date à laquelle cessait à leur égard la garantie de l'État : le Conseil d'État leur ayant donné gain de cause, Barthou démissionne et l'opposition met en cause Raynal, alors ministre de l'Intérieur, après avoir été ministre des Travaux publics lors de la signature des conventions de 1883 qu'invoquaient les compagnies. Raynal accepta la formation d'une commission d'enquête, qui conclut qu'il n'y avait pas lieu de le poursuivre ; mais entre-temps, la Chambre ayant refusé la priorité à l'ordre du jour gouvernemental, le ministère s'était retiré le 14 janvier.

arrêtées, et qu'elles se criaient à travers le mur des choses si épouvantables que cette vieille dame se voyait forcée de déménager.

Duret, qui a encontré Barrès à la porte, sans être bien sûr que ce fût lui, dit qu'il a bien tort de faire de la politique socialiste, qu'il a un air *aristo,* qui ne sera jamais en faveur dans une réunion populaire, qu'il n'a rien même d'un journaliste de ce *bord,* qu'il est trop littéraire, trop raffiné, trop métaphysique, rappelant cette phrase de Bismarck déclarant que lorsqu'il avait préparé un discours pour la Chambre, quand il le prononçait à la Chambre, les choses distinguées qu'il y avait introduites, il ne les employait pas et les remplaçait par des choses grossières [1].

Ce soir, Daudet raconte avoir reçu de Barcelone une lettre d'un financier excentrique, d'une sorte d'Osiris, qui déjà lui avait proposé de le conduire dans son yacht à Chicago, une lettre, entendez-vous ? dans laquelle il lui offre, s'il veut lui dédier un de ses livres, 150 000 francs pour faire les frais de son élection de député [2].

Lundi 21 janvier

Oh ! la jeunesse des lettres, je la trouve bien pressée de jouir du succès, bien avide d'argent, bien incapable de travailler de longs mois dans la retraite, le silence, la maigre rétribution de son labeur, ce qu'a fait notre génération. J'ai bien peur que les rares fabricateurs de livres de ce jeune monde soient mangés par le journalisme, où se touchent de grosses payes avec le tintamarre de la gloire.

Je dois lire ce soir le prologue et les dix tableaux de MANETTE SALOMON. Bon, je m'enrhume ce matin et les picotements à la gorge commencent !

Porel est exact. Il est à neuf heures chez Daudet. Et je commence à lire ; mais impossible de continuer et Daudet finit presque tous les tableaux que j'entame.

Impossible de deviner quelque chose sur le sort de la pièce pendant la lecture de sept tableaux ; mais au septième, commencent chez Porel les : « C'est beau... C'est très beau... Ah, c'est superbe ! » une série d'exclamations à faire croire que la pièce est reçue.

Mon Dieu, que ce Porel est fort, et vraiment, il n'est pas possible de trouver un directeur plus habile pour refuser une pièce sans blesser l'auteur !

---

1. Barrès, député boulangiste de Nancy depuis 1889, n'a pas été réélu quand il s'est présenté en 1893 à Neuilly ; nouvel échec à Neuilly en 1896. Mais de septembre 1894 à mars 1895, il milite dans LA COCARDE en faveur d'un « socialisme fédéraliste ». Il regroupe là, sous un nationalisme composite et contre les Panamistes, une équipe formée d'éléments de droite, comme Maurras, et de certains socialistes, tels qu'Eugène Fournière, Alfred Gabriel, F. Pelloutier. Peu importe à Barrès de n'être point reconnu comme socialiste par Jaurès ou Sembat, dont il dit : « Ils sont garçons marchands de vin au comptoir où je bois ma liqueur. » (Cité par Pierre Moreau, MAURICE BARRÈS, 1946, p. 100).

2. Le 12 octobre, Goncourt nommera ce banquier espagnol, Daniel Grant, qui lui a fait, entre-temps, des offres du même genre.

Donc, après la dépense de toute cette admiration, il nous a déclaré que pour cette pièce tout à fait supérieure, pour ce poème, il fallait un acteur comme j'avais eu une actrice en Réjane pour GERMINIE LACERTEUX ; il fallait un acteur romantique, un passionné, un vibrant, comme un Fechter, comme un Mounet-Sully jeune, et qu'il n'en existait plus... Et sur le nom de Meyer, que lui jette Daudet, il s'écrie qu'il est froid, qu'il est sec, qu'il n'est pas amoureux, ajoutant : « Vous savez, il n'y a plus d'amoureux au théâtre : le théâtre d'Augier, ce théâtre du bon sens, a tué l'acteur de la passion... Nous n'avons plus que des raisonneurs. »

Cette déploration ingénieuse de l'artiste romantique est entremêlée du calcul du nombre de décorations, du coût du montage de la pièce, qui peut s'élever à quarante, à cinquante mille francs, du manque du côté artiste chez Carré, de ses dissentiments avec lui, dissentiments qu'il compare aux rapports de Coriolis et de Manette à la fin de ma pièce.

Et il trouve un tas de raisons et de paroles, avec lesquelles il cherche un peu à nous étourdir, pour me prouver que ma pièce, étant une pièce supérieure, si elle n'est pas supérieurement jouée, fera plus facilement un *four* qu'une pièce inférieure.

Je ne me sens pas le besoin de batailler devant une décision qui me paraît arrêtée ; je me contente de lui dire, sur une note qui fait rire Daudet : « C'est embêtant, tout de même, de faire des pièces si sublimes ! »

Et je le laisse pérorer, mais au fond, je ne puis me le dissimuler, il se fait un écroulement dans moi après cette espérance qu'y avaient mise, un moment, les transports d'enthousiasme de Porel.

Mardi 22 janvier

C'est particulier comme, aussitôt que les inconnus de mon *Grenier* deviennent un peu connus, ils lâchent le *Grenier*. Encore faut-il remercier ceux dont le *PPC* n'est pas une vilenie à l'endroit du patron, ainsi que les Case, les Caraguel, etc.

Mercredi 23 janvier

Quelle petite et étroite tête d'oiseau a ce d'Haussonville ! Ce sont bien les pauvres dimensions d'un crâne de causeur de salon.

Le docteur Pozzi nous déclare sa conviction que Casimir-Périer est à la première période de Maupassant ; et cette conviction, il la base sur la brusquerie de sa démission, sur son larmoiement sans fin lors de son élection, sur ses crises nerveuses, sur son usage journalier d'éther, sur sa marche à coups de talon — des symptômes précurseurs de l'ataxie et de la paralysie générale — ajoutant qu'il y a des fous dans la famille et offrant de parier qu'avant six mois, son assertion serait confirmée.

A la fin de la soirée arrive Lemyre de Vilers, apportant de Madagascar à la Princesse des napoléons de 1803, de 1811 en pièces de cinq francs, des pièces vieilles d'un siècle, tout usées, et parmi lesquelles se trouve une curieuse et rare *Élisa, princesse de Lucques et de Piombino.*

Vendredi 25 janvier

Zola ne se doute pas que ce qu'il fait depuis plusieurs années et qu'il va continuer à faire, LA GUERRE, LOURDES, ROME, PARIS, sont des sujets de livres d'histoire et pas du tout des sujets de romans, et que des sujets d'histoire traités en romans ne peuvent faire que de mauvais romans.

Samedi 26 janvier

Aujourd'hui, sous le titre : BANQUET GONCOURT, a paru en tête du FIGARO, un article féroce contre moi [1]. Et ce n'est plus le littérateur qu'on attaque, c'est l'homme. On insinue que j'ai exploité littérairement l'affection fraternelle et l'on met en doute cette affection, bientôt si joyeusement enterrée ; et Dieu me pardonne, on m'accuse de faire le silence sur la collaboration de mon frère [2].

Et l'article, signé Maurice Talmeyr, se termine par une allusion à un *Comité des funérailles*, qu'appelle pour mon compte le rédacteur de l'article, qui me semble bien devoir être le rédacteur des nombreux entrefilets de LA PLUME, où il déclare à chaque corbillard qui passe dans la rue le regret de ne pas y voir Alphonse Daudet [3]. Que voulez-vous ? C'est le ton de la critique homicide, anthropophage, caraïbe, de l'heure présente.

Le soir même, l'épais Formentin, emboîtant le pas du FIGARO, s'indigne de ce que j'use du pronom possessif *Je* pour parler de moi dans mes MÉMOIRES — connaissez-vous un moyen pour un auteur d'écrire des mémoires sans se servir de ce *Je* ? — et s'étonne de la sorte de notoriété que j'ai, avec « le peu que j'ai produit ». Saperlotte ! qu'est-ce qu'il demande, ce monsieur ? Quarante volumes, et sur des sujets non explorés, ce n'est rien pour lui [4] ?

Dimanche 27 janvier

Je pensais, cette nuit, qu'une des causes des implacables inimitiés littéraires que je rencontre était la propreté de ma vie. Oui, c'est positif

1. Var 1896 : *M. Maurice Talmeyr, dans un éreintement de mon JOURNAL m'accuse de travailler à faire oublier la place que mon frère a dans notre œuvre.*

2. Add. 1896 : *C'est juste au moment où je viens d'obtenir, avec une certaine peine, qu'une rue de Nancy, devant s'appeler RUE EDMOND-DE-GONCOURT, s'appelle RUE DES GONCOURT.* Cf. plus haut p. 1021.

3. Cf. t. III, p. 656, n. 1.

4. L'article a paru dans LE JOUR daté du 27 sous le titre LUI. L'expression curieuse : *du pronom possessif JE* n'est pas de Goncourt, mais bien de Formentin : « *Je, Moi, Moi, Je,* le pronom possessif déclame là dedans avec une majesté stupéfiante. »

en ce temps, on a le goût de la vie malpropre. En effet, quels sont, en ce moment, les trois dieux de la jeunesse ? Ce sont Baudelaire, Villiers de l'Isle-Adam, Verlaine : certes trois hommes de talent, mais un bohème sadique, un alcoolique, un pédéraste assassin.

Quel sensitif instrument divinateur et révélateur est devenu pour moi mon système nerveux ! Ma MANETTE refusée la veille, je lis le lendemain matin un article de Bergerat blaguant durement Porel d'avoir refusé POUR LA COURONNE de Coppée, le formidable succès de l'Odéon [1]. J'ai aussitôt le pressentiment que je recevrai une lettre de Porel, me redemandant ma pièce ; et cette lettre arrive le soir, lettre où Porel me dit de remettre la pièce à Carré, et si elle lui agrée, qu'il cherchera l'*oiseau bleu* pour jouer le rôle de Coriolis. Samedi, quand je lis l'article du FIGARO, je me dis : « Avant vingt-quatre heures, la lettre de refus de Carré ! » et je la reçois ce matin.

Lorrain, qui m'a boudé pour l'avoir grondé d'échigner les gens qu'il rencontre chez moi, s'est décidé à revenir aujourd'hui au *Grenier.* Ces quinze jours, il les a passés dans la corruption des mondes du haut et du bas de la société, dans des brasseries avec des femmes baptisées l'*Ave Maria,* l'*Angélus,* l'*Article de la Mort* — dans l'intérieur d'un fabricant de vitraux, nommé Poncin, donneur de spectacles où se mêlent et se coudoient des femmes à diamants et des hommes à casquette — et encore, je ne me rappelle plus où. Je comprends bien la curiosité de Lorrain pour ces mondes purulents un jour par quinzaine ; mais tous les jours, tous les jours, je trouve ça écœurant.

Du monde aujourd'hui, beaucoup de monde, venu pour panser la blessure qu'a dû me faire l'éreintement de Talmeyr. Je me suis trompé, j'avais cru dans le premier moment que c'était un Juif révolté de l'antisémitisme de mon JOURNAL.

Daudet s'est montré très amicalement embêté de l'article ; et quand à Léon, il m'amuse ce soir avec ces exclamations répétées de quart d'heure en quart d'heure : « Ce Talmeyr ! », exclamations dont on ne peut rendre le mépris !

Lundi 28 janvier

Une piste.

MOI. — J'ai dîné mercredi chez la Princesse avec Mme Straus, elle était en beauté.

Mme ***. — Ah ! elle est cependant souffrante... Je l'ai vue samedi, elle venait d'avoir une crise nerveuse... Elle ne mange pas, à ce qu'il paraît, depuis une quinzaine de jours... Il se passe quelque chose chez elle. (*Mme *** se tait un moment, puis reprend :*) Mme de Baignères,

---

1. Cf. DIX ANS VOLÉS, dans LE JOURNAL du 22 janvier. Bergerat fait plus que *blaguer* Porel : il est scandaleux que celui-ci ait pu refuser, il y a dix ans, à l'Odéon la pièce qui vient d'y triompher le 19 janvier.

qui la sait par cœur, me disait qu'elle n'aimait que l'amour et qu'un moment, si Maupassant lui avait dit de le suivre, elle aurait tout abandonné... A-t-elle un sentiment ?... Et pour qui ? (*Un silence*). L'autre jour, je lui parlais de son fils et elle me disait qu'il travaillait, qu'il allait être reçu externe chez Pozzi. A ce nom, lui qui était là, a regardé sa mère d'une certaine façon... Oui, il y a plusieurs petites choses, qui me font penser que c'est lui.

MOI. — Tiens, tiens, vous pourriez être sur la piste... Comment Pozzi, qui ne vient pas d'ordinaire chez la Princesse, dînait-il avec elle, rue de Berri, mercredi dernier ?... Puis je vais vous donner un petit détail qui a son importance. Elle, si frileuse et qui avait toujours aux dîners de la Princesse un bout de fourrure ou de dentelle sur les épaules, alors qu'on gèle un peu chez la Princesse depuis le remplacement du gaz par l'électricité, en dépit de mes objurgations de voisin de table, elle a voulu absolument rester décolletée...

Mme ***. — Ça a l'air de confirmer la chose... Il faudra que je lui écrive que j'ai vu samedi dans ses yeux quelque chose de si douloureux qu'elle doit avoir une peine morale... Je vous tiendrai au courant lundi.

Mardi 29 janvier

Dimanche dernier, sur le nom de Lemyre de Vilers prononcé par moi, Pierre Gavarni, qui l'a connu à la préfecture de Limoges, dit : « C'est un vilain homme, un intelligent, mais un méchant. » Et ces paroles me font repasser sa figure de mercredi chez la Princesse, et le côté *mamelouk*, que j'avais trouvé à la figure de cet homme, dont la parole, une autre fois, m'avait séduit.

Là-dessus, Daudet avait raconté que pendant le Siège, il l'avait accompagné le jour où il avait été chargé d'apprendre aux commandants des forts des environs de Paris la reddition de Metz, et qu'un chien de la banlieue abandonnée, mourant de faim, étant venu aboyer à la portière, tout en causant avec lui, il l'avait froidement tué d'un coup de revolver, ce qui lui avait donné une impression mauvaise de l'homme.

Mercredi 30 janvier

Le prince Borghèse parlait ce soir du pape, avant son élévation à la papauté, et disait que partout, on s'écriait : « Oh ! c'est impossible, ce libéral [1] ! » Et se servant du mot *la duplicité papale,* à propos d'une entrevue où il se trouvait, il affirmait que le pape avait déclaré que les gouvernements devaient s'entendre avec les vœux des populations, à l'exception de Rome, comme capitale de la catholicité, comme domicile du pape, et que là devait se perpétuer à jamais un

1. Le cardinal Pecci était devenu le pape Léon XIII le 20 fév. 1878.

gouvernement ecclésiastique, en sorte que d'après cette théorie, de tous les États de la terre, Rome seule serait condamnée à ne jamais choisir le gouvernement de ses aspirations.

Jeudi 31 janvier

Quel abject monsieur que ce Lemaître, qui après avoir éreinté le Théâtre-Libre, après avoir appelé GERMINIE LACERTEUX la plus ignominieuse des pièces, refait du Théâtre-Libre avec nombre de vols de toutes sortes dans les pièces qu'il a tuées [1] ! Ah ! il mérite vraiment, ainsi qu'on l'a fait, d'être comparé au Thénardier, le dépouilleur de cadavres sur le champ de bataille de Waterloo.

Ce soir, Daudet me parle d'une visite d'Hébrard venant lui demander de la copie quelconque pour LE TEMPS et se présentant, après le froid qui a existé entre eux deux, sous l'aspect d'un blagueur mélancolique, peignant l'isolement de sa vie en son peu de goût pour les hommes politiques et en pleine perte de ses amis peuplant les cimetières, et jouant le bon prince, en affirmant à Daudet qu'il aurait pu le taquiner au sujet de LA CARAVANE, promise à ses actionnaires, et allant jusqu'à louer Drumont, auquel il ne reproche guère que son peu d'aptitudes pour les vérifications [2].

Hervieu, qui est là, maigri, diminué, fondu par une attaque de goutte, cite une brasserie rue Saint-Lazare, où se rendaient tous les soirs Hébrard, Simond, Canivet, dernièrement arrêté — arrestation qui faisait demander à Hébrard, chaque fois qu'il mettait le pied dans la brasserie, des nouvelles dudit, ce qui a la fin insupportait Hébrard, redoutant le même sort, qui cessa d'y aller ainsi que les autres non arrêtés. Et le maître de la brasserie disait : « Oh ! ils m'ont bien promis de revenir ; mais dans ce moment, ils ont de l'ennui et, voyez-vous, ils restent chez eux [3]. »

En effet, ces messieurs avaient pendant une dizaine de jours un gros ennui : la perspective d'aller coucher la nuit suivante au Dépôt.

Puis Masson nous révèle l'existence d'un journal du Siège de Detaille, qui serait très intéressant.

A la fin de la soirée, arrive Helleu, qui a passé toute la journée par

1. Sur l'article visé, UN ÉCHAUFFÉ, dirigé contre Antoine et par ricochet contre Goncourt, cf. t. III, p. 214, n. 1. L'indignation d'Edmond de Goncourt est rallumée par la représentation de l'AGE DIFFICILE, au Gymnase, le 29 janvier 1895. Dans la pièce de Lemaître, ce qui peut paraître un emprunt au répertoire du Théâtre-Libre, c'est peut-être le sujet lui-même, la trop jalouse affection vouée par le quinquagénaire Chambray à sa nièce Jeanne, qu'il a élevée ; mais c'est surtout ce couple de comparses, les Montaille, dont le mari sait monayer les infidélités de l'inquiétante *Yoyo*, sa femme.

2. Sur le projet, non exécuté, de récits philosophiques, qui se seraient intitulés LA CARAVANE, cf. t. III, pp. 159-160, n. 1.

3. L'anecdote se rattache à l'affaire des Cercles. Une campagne de presse ayant été déclenchée contre des maisons de jeux, un certain nombre de journalistes furent accusés de chantage. Le secrétaire du syndicat de la presse parisienne, Raoul Canivet, fut arrêté le 13 décembre 1894, mais le ministère public abandonna les poursuites en ce qui le concernait ; en revanche, six autres inculpés furent condamnés le 21 fév. 1895 à des peines variant de un an à cinq ans de prison.

ce froid à peindre les statues de Versailles à demi ensevelies dans la neige, parlant de la beauté de ce spectacle et du caractère de ce monde polaire. Et sur la passion de la peinture d'après des vitraux de Bracquemond fils, il me confesse avoir ce goût et avoir travaillé à Chartres, à Reims, à Notre-Dame, qu'il a habitée, la matinée, presque deux années, visitant tous les coins et recoins des tours, au milieu de ces anges suspendus dans le ciel, ayant comme des mouvements de corps pour se retenir et ne pas tomber en bas. Et il nous parle d'une fête, où peignant au milieu des chants, des roulements de l'orgue, du son des cloches en branle, il donnait des coups de pinceau sur sa toile à la façon d'un chef d'orchestre complètement affolé.

Daudet a, ce soir, comme un retour de santé sur la figure, venant de l'heureux lançage de son livre : LA PETITE PAROISSE.

Vendredi 1er février

Je reçois ce matin une singulière lettre d'un M. Bigand-Kaire, capitaine au long cours, me témoignant son regret de ne pouvoir assister à mon banquet, sous la menace de reprendre la mer au premier jour, et m'offrant, en remerciement de sa respectueuse gratitude pour les joies intellectuelles que mes œuvres, compagnes fidèles de tous ses voyages, lui ont procurées, m'offrant un dessin de Pouthier, l'Anatole de MANETTE SALOMON. Et le dessin est curieux, et je me rappelle que Pouthier m'en parla beaucoup dans le temps. C'est un dessin dédié à Eugène Sue et qui porte au revers la note suivante : *Portrait de Mlle X***, qui a servi pour la création de la Mayeux dans LES MYSTÈRES DE PARIS.*

Et M. Bigand-Kaire ajoute qu'il ne serait pas impossible que lorsque je me suis trouvé à Croisset, j'aie aperçu « un grand trois-mâts saluant trois fois avec son pavillon amené bas, très bas, comme on salue un souverain, l'excellent maître Gustave Flaubert, que cette petite manœuvre étonna d'abord, puis ravit ensuite... C'était un hommage à ma façon, que je rendais à l'illustre écrivain... »

Déjeuner chez les Dorian pour les fiançailles d'Ajalbert avec Mlle Dora Dorian. Une composition pas mal panachée, où se trouvent attablés à la même table, Geffroy, Lecomte, Antoine, Georges Hugo, le vieil acteur Taillade, une tête de casse-noisette avec un beau front.

Georges Hugo me parle à l'oreille d'une vingtaine de dessins de son grand-père, représentant les femmes qu'il a eues pendant son séjour à Guernesey, des dessins d'un faire très détaillé, très naturiste, aux crayons de couleur indiquant la nuance d'une jarretière, d'un corset, vingt dessins érotiques de femmes sans tête.

Et pendant qu'Antoine accuse Porel d'avoir fait goûter à la France du Shakespeare sous forme d'opérettes, Taillade conte que jouant OTHELLO, dans je ne sais quelle adaptation française, au moment où il jetait cette interpellation au ciel : « Qu'est-ce que fait donc le tonnerre là-haut ? » un machiniste lui criait du cintre : « Monsieur Taillade, il n'est pas *équipé* [1]. » Et la salle de rire dix minutes !

La maison Dorian, la plus charmante maison d'été qui soit ; mais par le terrible froid qu'il fait, avec ses grands jours, ses baies, ses murs de vitres, c'est aujourd'hui une glacière ; et aujourd'hui, après le déjeuner, Mme Dorian, ma voisine de table, demande un tabouret et s'assoit le dos dans le feu d'une cheminée.

En descendant de la gare, on prend un verre de punch dans un café, où Antoine s'expansionne et ne dissimule pas qu'il est entré chez Porel à la façon d'un Iago, faisant entendre que Porel ne l'avait engagé que pour l'assassiner [2].

Je sonne. On tarde à m'ouvrir. Je m'impatiente et resonne à casser la sonnette. Apparaît la tête effarée de Blanche, qui me crie : « Le feu est à la maison ! » En effet à la suite d'un feu de cheminée dans mon cabinet de travail, le feu vient de prendre dans un petit cabinet au-dessus ; et Pélagie, sa fille et sa nièce courent affolées par la maison, jetant dans le chéneau des paquets de choses enflammées. Les fumistes enfin arrivent et bouchent avec du mortier la cheminée. Mais le feu n'est pas éteint ; et devant la vapeur de gaz carbonique qui remplit tout le haut de la maison, ils préviennent les femmes de dormir avec précaution, une jeune mariée ayant été, ces jours derniers, asphyxiée dans ces conditions à Auteuil. Ce qui fait que mon monde ne dort la nuit que d'un œil, se relevant, de temps en temps, pour aller tâter le mur et sentir s'il se refroidit.

Ah ! une vilaine soirée, cette soirée dans l'émotion de l'incendie ! Et cependant, j'ai fait tout de même dans cette soirée les trente lignes sur les pointes sèches de Helleu, qu'il m'a demandées pour une exposition à Londres et qu'il doit venir chercher dimanche [3].

Voici ces lignes, qui ne seront peut-être imprimées qu'en anglais.

« Février 1895.

« Mon cher Helleu,

« Vous me faites l'honneur de me demander de présenter en quelques lignes au public anglais votre Œuvre. Je le fais avec grand plaisir, ne me cachant pas cependant la difficulté grande à bien parler de vos pointes-sèches, à la fois si légères et si colorées, vos pointes-sèches d'une égratignure sur le cuivre si artiste.

---

1. Cf. OTHELLO, acte V, sc. II :
Are there no stones in heaven
But what serve for the thunder ?
En ce qui concerne Porel metteur en scène de Shakespeare, Antoine semble songer plus particulièrement au SONGE D'UNE NUIT D'ÉTÉ, représenté à l'Odéon le 14 avr. 1886 dans une adaptation de Paul Meurice qu'accompagnait la musique de Mendelssohn.

2. Cf. plus haut p. 1058, n. 1.

3. Le catalogue de l'exposition londonienne : HELLEU'S DRY-POINTS AND PASTELS, *with introductory note by Edmond de Goncourt,* London, 5 Vigo Str., 1895. — La lettre-préface d'Edmond sera reprise dans le CATALOGUE DES POINTES-SÈCHES D'HELLEU, Paris, Lemercier, 1897.

« Votre Œuvre, c'est, d'après le cher modèle qui prête la vie élégante de son corps à toutes vos compositions, une sorte de monographie de la Femme dans toutes les attitudes intimes de son chez-soi — dans le renversement las de sa tête sur le dos d'un fauteuil — dans son agenouillement devant le feu d'une cheminée, avec le joli retournement de son visage contre le chambranle et la fuite contournée du bas de son corps — dans une rêverie, qui lui fait prendre dans la main la cheville d'une jambe croisée sur l'autre — dans une lecture, avec le défrisement d'une boucle de cheveux le long de sa joue, quelque chose d'interrogateur au bout du nez, une bouche un rien entrouverte, où il y a comme l'épellement heureux de ce qu'elle lit — dans le sommeil, où de l'enfoncement en l'oreiller émerge la vague ligne de deux épaules, et un profil perdu, au petit nez retroussé, à l'œil fermé par de noirs cils courbes.

« Et si la femme, ainsi représentée dans son intérieur, sort de chez elle, regardez-la sur cette merveilleuse planche : LA FEMME DEVANT LES TROIS CRAYONS DE WATTEAU DU LOUVRE, regardez-la, une main sur une ombrelle, avec toute l'attention de sa séduisante et ondulante personne, penchée sur les immortels dessins de la vente d'Ymécourt.

« Non, je ne sais vraiment pas un autre mot pour les baptiser, ces pointes sèches, que de les appeler les *instantanés* de la grâce de la Femme.

« Agréez, mon cher Helleu... »

Samedi 2 février

A une lettre de Huret, qui se met à ma disposition pour répondre directement ou indirectement à Talmeyr, dans LE FIGARO, je réponds par ce billet :

« Cher Monsieur,

« Je vous remercie de votre offre. J'ai pour principe de ne pas répondre. On m'accuserait d'avoir assassiné mon frère — ce qui arrivera peut-être un jour — que je me tairais. Je laisse au temps à faire justice de ce qu'il y a de vrai ou de faux, de juste ou d'injuste, dans les attaques dirigées contre ma littérature et ma personne. »

Dimanche 3 février

Ce soir, on disait que la gauche poignée de main, qui se donne *en tierce,* avec le coude retourné contre le corps, vient des poignées de main données par le prince de Galles pendant un rhumatisme qu'il avait à l'épaule.

La mode du triste enfermement du cou des femmes viendrait également des *fanfioles* avec lesquelles la princesse de Galles cacherait des humeurs froides.

Et ces modes, déjà enterrées à Londres, seraient adoptées par nous, ainsi que les modes de Paris le sont par la province attardée.

Ce soir, sur la place de la Concorde, où il ne reste de la neige que sur les fontaines, sous un ciel *gros bleu,* piqué de quelques rares étoiles, les sirènes des fontaines ont l'air de femmes-poissons négresses recouvertes de burnous blancs, en une étoffe de verre filé.

Lundi 4 février

Il se dit dans le monde que le jeune Hugo se fait tout haut une espèce d'honneur d'avoir couché avec sa femme avant la célébration de ses noces. Voici du neuf dans le mariage actuel : si la théorie se répand, la consécration de l'union de l'homme et de la femme paraîtra prochainement bien démodée.

La chose qui caractérise le mieux une noce juive, c'est le *revenez-y* pendant toute la cérémonie de cette persistante criée : « Prenez garde à vos porte-monnaie s'il vous plaît ! »

Mardi 5 février

Je lis LA PETITE PAROISSE. Une scène tout à fait supérieure, cette nuit où après le pardon du mari, la chair des deux époux ne peut se ressouder, puis le journal du petit féroce, et enfin mille choses très charmantes [1].

Mais que le livre aurait une autre grandeur, s'il avait été terminé par cette nuit et le doute de ce qui arrivera ! Mais pourquoi cette fin aux péripéties du roman-feuilleton [2] ? Non, Daudet a l'idée fausse du roman de 450 pages... Eh bien, je trouve que pour un roman comme le sien, qui a six figures de premier plan, 350 pages seraient suffisantes et que le livre gagnerait en intensité. Mais voilà peut-être, au milieu des très grandes qualités de Daudet, le petit malheur de sa littérature : il ne sait pas faire de sacrifice, il ne peut se décider à jeter à l'eau rien des choses vues, senties, éprouvées de sa vie. Il faut que tout lui serve, même lorsque ça n'entre que forcément dans sa copie. C'est ainsi que j'y trouve Quiberon, où il a été, la petite parente qui s'est donnée à lui comme dans le baiser au phénol, sa proposition de duel à Drumont, les paniers de fruits et de légumes volés à Champrosay, etc. [3]

---

1. Pour la première allusion, cf. LA PETITE PAROISSE, ch. XIII (Richard Fenigan, qui a pardonné, sent sa jalousie se réveiller devant la beauté de Lydie). La seconde vise la suite des lettres, formant journal, que le jeune prince Charlexis d'Olmütz, voisin et ravisseur de Lydie Fenigan, adresse, tout au long du roman, à un camarade de collège.

2. Entendez l'assassinat de Charlexis par un braconnier, meurtre dont Lydie et Richard se croient mutuellement coupables.

3. *Quiberon :* Lydie y est abandonnée, enceinte, par son amant Charlexis, (chap. IX). — Le *baiser au phénol* : celui que donne à Charlexis une jeune femme qui vient d'enterrer son mari (« édit. définitive », 1901, p. 91). — Comme Daudet, infirme, l'a offert à Drumont (cf. t. III, p. 521), le vieux duc d'Alcantara, père de Charlexis, propose à Richard Fenigan de se battre avec lui au pistolet en restant assis sur une chaise (p. 127). — Enfin les larcins de Champrosay ont inspiré l'épisode de Lydie s'enfuyant du logis au petit matin et surprenant à l'œuvre les voleurs de fruits et de légumes (p. 45).

Mercredi 6 février

Maurice de Fleury, qui n'était pas venu à la maison depuis des années, m'apporte aujourd'hui une brochure sur l'insomnie et me fait un peu cette visite, me dit-il, pour me témoigner son indignation de l'article de Talmeyr du FIGARO[1].

Elle serait bien intense en ce moment, cette haine du FIGARO ; car il m'apprend que de Rodays a demandé un nouvel éreintement de mon banquet à quelqu'un de mon *Grenier*, qu'il n'a pas voulu me nommer et qui aurait refusé.

Jeudi 7 février

Ce capitaine au long cours, Bigand-Kaire, qui m'a écrit une si aimable lettre, est venu ce matin et m'a forcé d'accepter son dessin de Pouthier, me disant que je lui ferais une vraie peine si je ne l'acceptais pas.

A propos du paquebot aux 380 passagers noyés, sans l'arrêt du bâtiment anglais qui l'a abordé, il s'indigne de l'inhumanité en mer de ces Anglais et me raconte qu'il y a quelques années, une goélette, portant trente pêcheurs, a été coupée en deux par un bâtiment anglais, et deux ou trois pêcheurs s'étant accrochés aux bastingages du bâtiment, les hommes de l'équipage britannique étaient en train de rejeter les hommes à la mer, pour rejeter tout témoignage de leur inhumanité, quand il y eut chez quelques-uns une révolte de la pitié qui leur fit tendre la main à ces malheureux[2].

Willette, amené aujourd'hui par Geffroy, pour faire le menu du banquet du 22 février, pendant qu'il fait un croquis de ma personne, me dit qu'il y a sur ma figure de singuliers passages de douceur et de dureté.

Ce Willette, une tête moyenâgeuse, une tête de mauvais truand de la cour des Miracles, une tête à la Clopin Trouillefou.

Après la lettre louangeuse écrite ce matin à Daudet sur LA PETITE PAROISSE, je ne lui cache pas que pour moi, son livre serait autrement original, s'il l'avait arrêté après la nuit où revient, entre l'époux et l'épouse pardonnée, le souvenir *inchassable* de l'adultère, empêchant le rapprochement des chairs. Là-dessus, il me fait cette confession. Dans le principe, il avait eu l'idée — idée devant laquelle il avait reculé ensuite — de faire la résurrection de l'amour et la ressoudure passionnée de la chair dans la griserie du crime commis par le mari sur le jeune prince d'Olmütz avec la complicité de la femme[3].

Mallarmé contait ce soir qu'il avait été mis dans un pensionnat à

1. Maurice de Fleury apporte une brochure de 51 pages qu'il a publiée en 1894 : L'INSOMNIE ET SON TRAITEMENT.

2. Le 30 janv. 1895, l'*Elbe*, transatlantique allemand qui se rendait à New York, avait coulé en mer du Nord, avec 380 personnes à bord, après avoir été abordé par un navire anglais, le *Crathie*.

3. Cf. plus haut p. 964 et p. 1086, n. 1 et n. 2.

Auteuil — un pensionnat tenu par un abbé dans la propriété de dix-huit hectares du baron Gros — par une grand-mère entichée d'aristocratie et désireuse de voir chez elle, le dimanche, des petits de la noblesse. Là, sur son nom plébéien, il avait été reçu à coups de poing et à coups de pied par ses nobles condisciples, ce qui lui avait donné le toupet de déclarer que ce n'était pas son vrai nom, qu'il était le comte de Boulainvilliers. Et quand cette grand-mère le faisait appeler, il restait très longtemps dans le lointain du parc avant de se rendre à l'appel, laissant son vrai nom se perdre, s'évaporer dans son retard à y répondre [1].

Vendredi 8 février

Dîner chez Fasquelle.

Collection de têtes de femmes plus laides les unes que les autres, au milieu desquelles apparaît la tête de dogue de Mme Ginesty, et collection de têtes de Juifs, parmi lesquelles se montre la tête rogue et grinchue du nommé Samuel.

Nous causons avec Zola de son roman de ROME, dans les notes énormes duquel il s'avoue perdu, déclarant que pour ce livre, il ne se sent pas la bravoure de ses autres bouquins. Puis dans le moment, lui, l'homme du travail de la matinée, il se lève à onze heures par suite de douleurs névralgiques, qui se changent, à une heure du matin, en une affreuse rage de dents. Et enfin, il a les préoccupations de trois procès sur les bras ; le procès en diffamation à propos de LOURDES, un procès avec le Brésil, je ne sais à propos de quelle piraterie, un procès avec le GIL BLAS, dont il n'a pas touché un sol des 50 000 francs qui lui sont dus pour son roman de LOURDES [2].

Alors, sa parole retourne à Rome, avouant que pendant qu'il était là-bas, sa pensée appelait tout le temps la mort du pape, appelait le spectacle d'un conclave, qu'il est en train de mettre en scène avec une documentation très à effet, très dramatique [3].

---

1. C'est de mai 1854 à avril 1856, entre douze et quatorze ans, que Mallarmé fut mis interne dans cette institution aristocratique. Henri Mondor (VIE DE MALLARMÉ, 1946, p. 14 et MALLARMÉ LYCÉEN, 1954, p. 13) oppose à la version de Goncourt celle d'Henri de Régnier (NOS RENCONTRES, pp. 190-192), selon laquelle ce n'est point la grand-mère maternelle de Mallarmé, Mme Desmolins, mais une « vieille tante férue de noblesse qui l'avait fait placer dans ce pensionnat ».

2. Le roman, publié d'abord dans le GIL BLAS, parut en librairie en août 1894. Nous ne savons rien des deux derniers procès évoqués ici. Le premier fut provoqué par diverses allusions que Zola avait faites aux démêlés d'un entrepreneur de travaux publics avec l'abbé Peyramale, lors de la construction de la basilique. L'entrepreneur visé, M. Bourgeois, intenta à l'écrivain un procès en diffamation, qui vint en correctionnelle le 24 oct. 1894 et se termina par un arrangement à l'amiable, Zola ayant fait la preuve de sa bonne foi.

3. Nulle part dans ROME, Zola ne met directement en scène un concile, puisque le pape qu'il présente est Léon XIII, qui ne mourra qu'en 1903, et qui est déjà en possession du trône pontifical quand débute le roman.

Dimanche 10 février

Nous finissons le siècle dans des années méchantes, où la politique se fait à coups de dynamite, où les assassins, avant de tuer, s'amusent de la peur de l'assassiné, où la jeune critique met la perspective du corbillard pour l'éreinté dans ses articles, où l'image même a la férocité du dessin de Forain.

Marcel L'Heureux vient me demander d'écrire dans une revue imprimée en français en Amérique et fondée par le prince Poniatowski ; et comme je demande à un habitué du *Grenier* ce qu'il est, ce prince, il me répond : « Un aventurier, qui fait le commerce des citrons. » Et ici, un détail curieux : il n'existe à Paris que les caves qui se trouvent sous l'église Saint-Eustache où les citrons se conservent parfaitement, et ces caves se louent très cher.

C'est drôle, tous ces noms historiques à la tête de machines industrielles, ainsi que ce Polignac en train de monter un bazar pour l'ameublement et le décor des appartements.

Daudet a un cousin de sa femme, un cousin ridicule, le type du sot pour comédie. C'est lui qui, toutes les fois qu'il rencontre dans ce moment Léon, lui jette :

« Tu souffres, hein ?

— Non, fait Léon, insupporté, qui prend ses papiers et décampe.

— Oui, peut-être tu ne souffres pas encore... mais tu souffriras, va ! » fait le cousin ridicule, à l'instant où Léon passe la porte.

C'est encore lui qui, aujourd'hui, à propos du tout jeune prince d'Olmütz enlevant la femme de Richard Fénigan, disait à Daudet :

« Mais où as-tu pris un garçon de dix-sept ans enlevant une femme mariée [1] ?

— Où je l'ai pris ?... Dans ta famille ! »

Et Daudet lui cite une proche parente, une mère de famille, qui s'est sauvée avec un collégien ayant encore sa tunique sur le dos... « Tiens, c'est vrai ! » fait le cousin, comme frappé d'hébétement.

Hermant est venu aujourd'hui voir Daudet et s'est dégelé et a été presque tendre. La similitude de sa situation avec celle de Léon Daudet l'a fait causer divorce, et il a dit à peu près ceci, qui est d'un haut intérêt pour la jeune fille de l'heure présente. La généralité des jeunes filles supérieures regarde le premier mariage comme un essai, un essai sans chance de durée, ces demoiselles ne se cachant pas de dire que lors de ce mariage, elles n'ont pas la connaissance des hommes et que cette première union n'est qu'un apprentissage, n'est qu'une étude pratique de l'homme dans le mari, apprentissage qui les met en état de faire un choix judicieux, au *second tour*, au second mariage.

Tout à la fin de la soirée, Daudet me jette de son fauteuil, où il écrit :

---

1. Dans la phrase précédente, Goncourt avait d'abord écrit : *une femme mariée* ; puis il a rayé l'expression pour lui substituer : *la femme*, en laissant en blanc le nom du héros de LA PETITE PAROISSE (cf. plus haut p. 1086, n. 1).

« Au dîner de Fasquelle de vendredi dernier, les Charpentier vous ont-ils dit quelque chose ?

— Non.

— Bien sûr ? Ils ne vous ont rien dit ?

— Non, parole d'honneur ! »

Alors, Daudet vient s'asseoir à côté de moi et me parlant presque à l'oreille :

« Je ne devrais pas vous dire ça... Mais puisque Zola n'a pas gardé le secret auprès de Mme Charpentier, malgré l'engagement que nous avions pris de n'en parler à personne, je puis bien vous le dire... Eh bien, voilà ! Le président de la République, par suite d'un échange contre deux croix de chevalier, a obtenu pour vous une croix d'officier, et Poincaré a demandé à présider le banquet pour vous la remettre... Je dois vous avouer que Zola s'est très bien conduit, a mis beaucoup de chaleur à l'obtention de la chose, s'est proposé pour aller chez le ministre tout seul ; mais je ne l'ai pas voulu, nous y avons été ensemble. »

Là-dessus, un récit drolatique de la visite de Zola et de Daudet au ministère, Zola voulant porter le chapeau de Daudet pour qu'il pût s'appuyer sur sa canne et sur son bras, et Zola prononçant son *speech,* les deux chapeaux à la main.

Daudet reprend : « Et vous savez ce qui est arrivé à votre propos avec Zola ? C'est que, me sentant touché de ce qu'il était pour vous, dans ma poignée de main, il était pris soudainement d'un revenez-y d'amitié et me confessait l'horreur de sa vie, m'avouant que pendant deux ans, il a eu à craindre de se voir éclaboussé du sang de ses enfants, du sang de sa maîtresse, assassinés par sa femme, à craindre de se voir lui-même défiguré par cette furie, cette furie dont les hurlements le forçaient à se calfeutrer la nuit dans sa chambre, pour qu'on ne l'entendît pas [1]. » Et ce récit est fait par Zola dans une espèce de crise nerveuse, où les pleurs lui inondent le visage.

Au bout de quelque temps, on recause du banquet et de l'admission des femmes, qui y a été décidée. J'y étais opposé, parce que, quelque mesure qu'on prenne, ça amènera des froissements et des inimitiés à mon endroit. J'avais surtout une peur, c'est que l'admission fut bornée aux gens de mon *Grenier* et que ça empêchât Mirbeau, qui a été mon seul défenseur contre de Bonnières, d'y amener sa femme. Ça ne sera pas, toutes les femmes des membres du comité étant admises. Ça ne fait rien, cette question des femmes m'amènera des embêtements, il aurait mieux valu que le banquet fût tout masculin, quitte à être moins décoratif.

Lundi 11 février

Frantz Jourdain me communique la lettre d'acceptation de Rops pour le comité du banquet, lettre chaudement sympathique, où je lis :

1. Cf. t. III, p. 350, n. 2.

« Il y a quelques jours, je relisais mes anciens calepins de notes, de ces notes qu'on s'adresse à soi-même, et j'y retrouve ceci : *Dans le travail, lorsque par lâcheté, l'envie de faire du* chic *vous prend et que l'on se sent glisser à la facilité et à la légèreté banale de l'exécution, penser aux Goncourt, à la sincérité, à l'honnêteté, à la droiture, à la probité de leur œuvre.* Et voilà pourquoi il a été mon maître, si indigne élève que je fusse. »

Mercredi 13 février

Aujourd'hui, c'est d'abord Eugène Cros, qui a vaillamment répondu dans LA PETITE RÉPUBLIQUE aux attaques de MM. Talmeyr et Formentin et qui m'apporte dans cette première entrevue l'admiration de Jaurès, l'éloquent orateur socialiste, dont il est le secrétaire [1].

Puis c'est Alexandre Charpentier, qui me tire de sa poche deux exemplaires — bronze et étain — du médaillon carré qu'il a fait de moi cet été, où il me semble avoir une physionomie bien canaille, l'aspect d'un vieux pochard gaga.

Alexandre Charpentier est suivi du sculpteur Lenoir qui, après avoir été amputé d'une côte et d'un poumon, a depuis trois mois une fillette couchée sur une planche, à la suite d'une affection de la colonne vertébrale. Il me parle d'une idée de sculpture, qui lui a été donnée par sa seconde petite fille, un moment malade d'une bronchite. C'est donc une enfant debout dans sa chemise, en un resserrement peureusement inquiet de ce qui se passe, et une tête chauve de vieux médecin penchée sur la poitrine de l'enfant. Un groupe curieux par le contraste et qu'il appellera : L'AUSCULTATION.

Chez la Princesse, on est, tout le commencement du dîner, au duel de Canrobert et de Hubbard [2].

Un moment, Henri Houssaye parle du discours de Sorel, s'étonne un peu de ses restrictions et dit qu'à l'Académie, le jour du discours, Mme Taine montrait une tête pas très satisfaite [3]. Et le nom de Taine fait répéter à la Princesse que c'est un drôle de professeur d'esthétique, l'homme qui lui avait dit que pour lui, toutes les femmes étaient la même.

---

1. Cf. plus haut p. 1079-1080 sur les attaques de Talmeyr et de Formentin. — LA PETITE RÉPUBLIQUE FRANÇAISE avait été fondée sous les auspices de Gambetta le 13 avr. 1876 ; mais elle était passée en 1886 sous le contrôle d'un groupe dirigé par Léon Say, puis sous celui d'Andrieux, avant de devenir, sous la direction de Maurice Dejean, en 1895, un des principaux organes socialistes, avec Millerand, Gérault-Richard et Jean Jaurès.

2. Le maréchal Canrobert meurt le 29 janvier et l'État prend en charge ses funérailles : le 31, Hubbard interpelle le gouvernement, reprochant à Canrobert d'avoir été un des « mitrailleurs » du Deux Décembre et le second de Bazaine à Metz. Le fils du maréchal, le lieutenant Canrobert, provoque en duel le député, qui, malade, ne se bat que le 16 février et est légèrement blessé.

3. On a vu (cf. t. III, p. 889, n. 3) que selon le désir de Taine, sa veuve avait fait campagne pour Sorel ; pourtant, celui-ci fit de franches réserves sur la méthode et la sensibilité historique de Taine. D'une part, « pour expliquer les faits, Taine les lie ; pour les montrer, il les arrête », et ce faisant, il immobilise l'histoire ; d'autre part, Napoléon, comme le Comité de Salut public, lui est resté étranger : Taine eut beau chauffer le creuset, « l'affinité manquait et le bronze ne se forma point ».

Après dîner, dans le hall, Coppée parle de l'insensibilité de Hugo, disant que sa Jeanne n'était pour lui rien que de la matière poétique et affirme que ses voyages sur l'impériale des omnibus et ses racontars sur l'inspiration qu'il trouvait là-haut, n'étaient qu'un moyen d'échapper à Mme Drouet qui, s'il avait pris un fiacre, serait montée avec lui et l'aurait gêné dans ses excursions érotiques.

Puis il conte qu'il a été une seule fois chez Callias ; que ce soir, il y avait une très belle fille, dont les bras nus voilés de dentelle noire étaient très excitants et que Verlaine, pris d'un féroce accès de sadisme, s'était emparé du tisonnier et voulait marquer ses bras au fer rouge et qu'il avait fallu, sous les cris de la pauvre fille, se jeter sur lui et lui arracher le tisonnier des mains.

Dreyfus, qui a assisté aux Français à la seconde du PARDON de Lemaître, dit qu'il y a eu des *Oh !*, des *Ah !*, des rires et que la pièce n'aurait pas été au bout sans Bartet.

Jeudi 14 février

Dîner en tête à tête avec Daudet. Léon a été pris, ainsi qu'il est irrésistiblement empoigné quelquefois, par le désir de voir le patinage en Hollande et il est parti avec Lucien et le ménage Hugo. Et les autres invités du dîner sont malades, comme l'est à peu près tout Paris [1].

Ce soir, quelqu'un du ministère des Affaires étrangères dit que tous les hommes politiques sont compromis dans des questions d'argent, que ce n'est pas la centaine dont on a parlé, que c'est toute la Chambre et le Sénat et que si par hasard, il s'en trouve quelques-uns d'intacts, de probes, ils se font complices des voleurs, laissant entendre qu'en dehors de Panama et de deux ou trois affaires retentissantes, il y a bien des actes, de vilains actes motivés par de l'argent [2].

C'est ainsi que, lorsque Ismaïl-Pacha, qui aimait la France, proposa à Decazes, pour cent millions, les actions de jouissance de l'Isthme de Suez, achat qui aurait rendu la France maîtresse de la Compagnie, et que Decazes, qui n'était pas inintelligent, les laissait sur son refus offrir à l'Angleterre, il a lieu d'être soupçonné [3].

---

1. Une épidémie d'influenza sévit sur Paris depuis janvier.

2. Dans cette phrase, *la centaine dont on a parlé* fait allusion à la « liste des 104 », dont il fut souvent question dans l'affaire de Panama. Parmi les chèques émis le 17 juil. 1888 par Reinach et destinés à récompenser des services plus ou moins occultes, figurait une somme de 1 340 000 francs payée à Arton : d'après une note de Reinach communiquée par Cornelius Herz à l'ancien préfet Andrieux et lue par celui-ci à la Commission d'enquête parlementaire le 22 déc. 1892, cette somme aurait été distribuée par Arton à 104 députés. Trois d'entre eux étaient nommés ; pour le reste, des listes plus ou moins fantaisistes circulèrent ; une d'entre elles, publiée par LA FRANCE, valut à ce journal un procès, le 9 fév. 1896. D'autres chiffres furent avancés, et quand Arton put être interrogé en 1897 par la justice française, sa fameuse liste s'était entre-temps réduite à 26 noms.

3. Ismaïl-Pacha, pour remédier à l'état du Trésor égyptien, proposa 176 000 actions du canal de Suez au gouvernement français, qui refusa en invoquant les charges financières du pays, tandis que l'Angleterre, ayant accepté, obtint la prépondérance dans la compagnie du Canal (novembre 1875).

Vendredi 15 février

De Régnier, un homme d'un commerce charmant et un spirituel causeur, mais un poète dont le magasin d'accessoires me paraît bien pauvre : des roses et des flûtes, des flûtes et des roses, et parfois une fontaine.

Samedi 16 février

Le banquet a l'air d'être lancé. C'est aujourd'hui dans LE FIGARO, la reproduction de la belle préface de Geffroy en tête de l'édition de GERMINIE LACERTEUX de Gallimard [1]. C'est un article très aimable de Céard, *regoncourtisé,* dans LE MATIN [2] ; une annonce gentille dans LA COCARDE, et ce soir, il me semble que Formentin se revenge du succès du banquet par un éreintement de LA PETITE PAROISSE [3].

Dimanche 17 février

Ce matin a paru dans le GIL BLAS un article illustré des frères Weber : l'article, sous la forme de mon journal rendant compte du banquet, où est assez intelligemment trouvé tout ce qui peut réveiller de vieilles haines ou en créer de nouvelles ; le dessin : la caricature montrant à ma droite une princesse Mathilde ignoble et à ma gauche Daudet gaga, écroulé sur la table. J'avoue que je serais désolé que la Princesse eût connaissance de cette vilenie, que lui procure mon intimité avec elle.

Frédéric Régamey m'apporte le dessin d'un portrait qu'il avait fait de moi dans mon cabinet de travail pour LE MATIN, un dessin très artistement fait.

Il me parle d'une série d'hommes de la Bourse, qu'il est en train de *pourtraire,* qu'il ne dessine pas d'après nature, mais qu'il emporte dans sa mémoire de la Bourse, où il les étudie longtemps, les reprenant, les réétudiant dans leur immeuble, jusqu'au jour où il est content de leur ressemblance, ainsi attrapée à vol d'oiseau.

Et à ce sujet, il m'apprend qu'il est un élève de Lecoq de Boisbaudran, un original bonhomme, qui avait prêché le dessin de mémoire, disant que dans le dessin d'après nature, il y avait le danger d'être empoigné par le détail et que l'on faisait moins synthétique, et allant jusqu'à soutenir que lorsqu'on travaillait d'après l'être vivant, on faisait moins nature que de mémoire — bien entendu pour une mémoire exercée à ce genre de travail — par la fatigue du modèle, produisant chez lui une espèce d'ankylose du mouvement.

---

1. LES FEMMES DES GONCOURT. Sur l'édition Gallimard de GERMINIE LACERTEUX, cf. t. III, p.867, n. 2.

2. Dans cet article intitulé EDMOND DE GONCOURT, Céard laissait de côté le romancier et le dramaturge pour souligner seulement tout ce que Goncourt devait à la peinture et tout ce que la peinture lui devait : aussi souhaitait-il que dans la salle du banquet, l'œuvre de l'écrivain fût évoquée par des reproductions de Watteau, de Gavarni, des Japonais.

3. Cette chronique de *Au jour le jour* est consacrée dans LE JOUR du 17 à LA PETITE PAROISSE, « au roman insipide et morose » d'un auteur victime des psychologues qu'il veut à tort imiter.

Je lui contais alors qu'Eisen père avait développé le talent de son fils, le merveilleux vignettiste du XVIIIe siècle, en lui faisant faire chez lui des copies de mémoire des tableaux de musées, devant lesquels il allait passer des heures, deux ou trois jours de suite.

Enfin, le comité, sur mon intervention occulte, a décidé que les femmes ne seraient pas admises au banquet. Décision qui me vaut une aimable scène de Mme Daudet, qui avait fait faire pour ce jour la belle robe japonaise brodée que je lui avais donnée et qui me reproche d'être un *misogyne*, un ennemi des femmes.

Lundi 18 février

Succession de reporters du GAULOIS, de L'ÉCLAIR, de L'ÉVÉNEMENT, du QUOTIDIEN ILLUSTRÉ. Ah ! l'ignorance de ces reporters, ne sachant rien de votre existence, n'ayant pas feuilleté un seul de vos livres et vous demandant ingénument de leur faire leur article.

Je dîne avec Mme Baignères, celle qui a une réputation de méchanceté d'esprit. N'est-elle pas calomniée ? Pour moi, dans cette soirée, l'entendant causer, il me semblait entendre causer une femme du XVIIIe siècle, à la conversation spirituellement voltigeante et non appuyée, n'ayant pas le mot du journaliste, ainsi que l'ont les femmes d'esprit de ce temps, ainsi que l'a Mme Straus, l'amie de Mme Baignières, mais dont la parole est toute en sous-entendus finement malicieux, en propos pareils à des sourires moqueurs.

Veut-on une phrase de la femme qui fasse juger de la tournure de son esprit ? « Oh ! je viens de faire un rêve bête, bête ! laissait échapper le mari. — Êtes-vous sûr, mon ami, que vous n'étiez pas bien réveillé ? » disait la femme.

Mardi 19 février

Blanche, revenant de Paris, ces jours-ci, s'écriait :

« Oh ! toutes les boutiques de la rue Montmartre sont maintenant occupées par des Juifs !

— Comment as-tu vu cela ?

— Oh ! c'est bien facile... Les étalages ont un désordre particulier, qui les fait ressembler à des marchandises de *solde*, faisant croire aux passants qu'elles sont à très bon marché... Eh bien, là-dedans, il y a de la cochonnerie à très bon marché ; mais tout ce qui vaut quelque chose est plus cher qu'ailleurs ! »

Mercredi 20 février

Donc, je vais être nommé officier de la Légion d'honneur !

Au fond, je me demande si ça me fait un très véritable plaisir, et je n'en sais vraiment trop rien. Quand ma pensée va à cette nomination, elle ne s'y arrête pas, comme elle s'arrête aux événements de votre vie qui vous donnent de la sincère joie, et passe de suite à autre chose.

Oui, je le déclare : ça me ferait un plaisir bien plus profond d'avoir une de mes deux pièces jouée par des acteurs de talent.

En relisant LE GAULOIS, que je n'ai fait que parcourir ce matin, je tombe sur un écho, où il est dit que le banquet pourrait bien être remis à cause de la mort de Vacquerie, faisant partie du comité. J'espère bien que ce ne sera pas. Cette vie de chaque jour, entre l'éreintement et l'apothéose, me met dans un état nerveux que j'ai hâte de voir finir et qui me permettra de me mettre tranquillement à la correction de mon huitième volume du JOURNAL et à la composition de mon livre sur Hokousaï.

Ce soir, chez la Princesse, j'ai la surprise de me rencontrer avec des orateurs de mon banquet, avec Heredia, qui doit parler à la place de Coppée bronchité, de Régnier, qui doit parler au nom de la jeunesse. Et là-dessus, on m'apprend que Poincaré a la grippe, et l'on me demande si le banquet doit avoir lieu après-demain, sur le doute émis par LE GAULOIS et répété par plusieurs journaux.

Je n'en sais rien, n'ayant vu personne du comité ; mais je commence à avoir du banquet par-dessus la tête, avec le désir irrité d'en finir le plus tôt possible.

Jeudi 21 février

Cette vie d'émotion ne vous donne pas une souffrance, mais vous apporte une anxiété physique, dont le sommeil et les digestions se ressentent.

J'entre chez Daudet ce soir, en lui disant :

« Ah ! je vous suis bien reconnaissant d'avoir fait annoncer dans LE FIGARO, qu'en dépit de tout, le banquet aura lieu...

— Vous n'avez donc pas vu Geffroy ? fait Daudet, m'interrompant. Eh bien, tout est renversé... Il y a eu ce matin un article dans LE RAPPEL [1]. Par là-dessus, j'ai reçu une lettre de Mendès, qui trouvait le banquetage pas convenable ce jour-là, une lettre de Claretie, qui se défendait d'y assister... et Clemenceau, flanqué de Geffroy, venait me demander avec force éloquence la remise... Enfin, j'apprenais que Poincaré, qui se sert de sa grippe pour aller ou ne pas aller quelque part, se *carapatait*, ne viendrait pas, enverrait la décoration par Pol Neveux... Ma foi, j'ai tenu bon jusqu'à trois heures... Mais passé trois heures, j'ai eu peur... j'ai eu peur de vous faire *étriper*, et j'ai fait annoncer que sur votre demande, le banquet était remis. Alors, Geffroy a couru chez Frantz Jourdain, qui n'y était pas et qui ne devait rentrer

---

1. Le 21 février, LE RAPPEL se borne à annoncer la mort de Vacquerie, son rédacteur en chef.

qu'à sept heures, et a fait renvoyer par sa femme une dépêche au Grand Hôtel. »

Diable ! voilà un banquet qui joue de malheur, et je trouve, au fond, la remise faite sur des exigences vraiment exagérées. Comment ! sur la mort d'un monsieur avec lequel je ne me suis rencontré qu'une fois dans ma vie, à un dîner donné par L'ÉCHO DE PARIS, mon banquet ne peut pas avoir lieu le lendemain de sa mort ! Mais en ce temps d'*influenza*, qui dit qu'il ne peut pas mourir un second membre du comité, d'ici à la semaine prochaine ? Puis le mensonge de tout cela, le deuil de ce médiocre, dont on veut faire un deuil à la Hugo... Et les larmes de Claretie, qui a passé sa vie, ainsi que le disait ce soir Coppée, à refuser ses pièces ! Et tout cela, parce que c'est un journaliste républicain, une façon d'homme politique.

Je pense aussi aux difficultés avec le Grand Hôtel par ce *décommandement* du banquet la veille du jour où il devait avoir lieu, et la mauvaise humeur très légitime de Frantz Jourdain, qui s'était prononcé très carrément pour le maintien de la date et qui, en rentrant chez lui, a trouvé tout fichu à l'eau.

Oui, je me serais privé de la présence de Claretie, de Mendès, de l'éloquence de Clemenceau et du ministre. Et puis, des attaques ? Avec moi, il y en aura toujours !

Au fond, malgré tout le cœur que Daudet a témoigné là-dedans et en dépit de tout le mal que l'organisation de ce banquet lui a donné, je lui en veux un peu — non, je ne lui en veux pas — de n'avoir pas composé le comité seulement d'amis, de vrais sympathiques et d'avoir voulu y fourrer un tas de noms retentissants, dont je me serais très bien passé, tels que Rochefort, qui n'a pas même répondu à la lettre de Daudet, tels que Vacquerie, cause de tout ce *tra-la-la*, qui n'avait pas été consulté.

Enfin, ce banquet en mon honneur, avec tous ces retards, tous ces renvois, toutes les tergiversations sur la date, est en train de me rendre ridicule.

Vendredi 22 février

C'est particulier, dans mes rêves, la persistance de ce cauchemar toujours le même, le cauchemar de la perte des mes habits, de ma fourrure. Et cette nuit, le rêve avait une telle réalité que ne croyant pas dormir, je me disais : si vraiment ce cauchemar de mes nuits passe dans mon existence éveillée, la vie devient insupportable !

Je reçois un livre demandé sur un catalogue à prix marqué de Mathias et qui a pour titre : DÉTAILS SUR QUELQUES ÉTABLISSEMENTS DE LA VILLE DE PARIS, *demandés par S.M.I. la reine de Hongrie à M. Lenoir, lieutenant de police*, 1780. Et je trouve dans ce volume qu'en 1780, il y a encore des hôpitaux où cinq ou six individus sont confondus dans le même lit et que l'hôpital de la Charité, un hôpital de cent vingt lits qui vient d'être fondé, est un hôpital dans lequel la journée d'un malade bien soigné et seul dans son lit coûte un peu moins de dix-sept sous.

Curieuse, vraiment, l'occupation que met dans la pensée de Paris mon banquet. Le cousin Marin, qui vient me voir, me dit que ç'a été le sujet de la conversation du cercle de la rue Royale toute la soirée [1].

Ce soir, le sculpteur Lenoir se présente chez moi avec deux journaux à la main, dont l'un dit que le banquet a lieu, dont l'autre dit qu'il n'a pas lieu, et demande à Pélagie quel est le journal qui dit vrai. Et je pense un peu anxieusement aux gens qui vont avoir le nez cassé à la porte du Grand Hôtel.

Dimanche 24 février

Daudet, aussitôt arrivé, me parle de l'importance qu'a pris le banquet, du bruit qu'il fait, des articles qu'il inspire, de la volte-face de la critique devant la remise *demandée par moi*, disant que j'aurais publié un chef-d'œuvre, qu'il n'aurait pas amené la centième partie de ce tapage, constatant avec moi l'imbécillité des choses productrices du succès à Paris.

Entre Heredia, qui nous donne quelques échantillons de son discours à l'Académie, écrit dans une prose condensée, où il réduit à sa vraie taille le petite père Thiers, d'où l'indignation des gens du palais Mazarin, qui lui demandent la suppression d'une phrase d'un hautain mépris pour ledit homme politique. Et aux politiciens de circonstances, aux Thiers, il oppose Lamartine, un politique aux grandes vues, aux envolées de la pensée à travers l'avenir, qui fut un prophète miraculeux de tout ce qui est advenu depuis sa mort dans notre vieille société [2].

On vient à parler de Freycinet et Heredia nous cite ce mot de sa tenace fille, faisant allusion à son retour aux affaires dans l'avenir : « Pour nous renvoyer tout à fait, nous, il faudrait nous guillotiner ! »

Je dîne ce soir avec Léon et Lucien, revenus en soixante-douze heures de Stockholm pour le banquet, tous deux émerveillés de ces paysages hyperboréens, et Léon tout à fait mordu par la *folie des neiges*, et un moment, ayant eu la tentation de pousser jusqu'au cap Nord. Oui, la folie des neiges ! Et à ce sujet, on a raconté à Daudet que deux pauvres vaches des environs de Paris, prises de cette folie, s'étaient ruées dans la campagne, avaient tué un homme qui avait voulu les forcer à rentrer dans leur étable et que finalement, on a été forcé de les abattre sur place.

1. Sur le *cercle de la rue Royale*, cf. t. I, p. 324, n. 1.

2. Heredia sera reçu par Coppée à l'Académie le 30 mai. Il évoquera dans son discours Lamartine et Thiers, à propos des études que son prédécesseur Mazade leur avait consacrées. Du premier, il célébrera effectivement la clairvoyance politique, Lamartine ayant « prédit en termes formels l'ouverture de l'isthme de Suez, l'immense développement des voies ferrées, les difficultés actuelles entre l'État et les grandes compagnies », etc. Quant au second, il suggère sa médiocrité : « Grâce à l'heureux équilibre de facultés multiples et moyennes, M. Thiers parut supérieur aux plus grands. »

Mardi 26 février

Dans LE RAPPEL, un reportage, où tout ce que j'ai dit au reporter est faux, adultéré, imbécilifié [1].

Ces reporters qui n'ont pas un sou de mémoire et qui ne descendent pas à prendre des notes ! Dorénavant, je leur dirai : « Je ne cause qu'avec des reporters qui prennent des notes : c'est une sorte de garantie m'assurant qu'il sera imprimé à peu près ce que j'ai dit, et non tout autre chose. »

Mercredi 27 février

Rodenbach vient me voir ce matin, me disant gentiment qu'il a demandé à faire un article en tête du FIGARO sur le banquet, que de Rodays a refusé, qu'il a demandé alors de faire un article sur l'œuvre de mon frère et de moi, que Rodays a encore refusé et que dans l'entretien qu'il a eu avec lui à ce sujet et qui a duré trois quarts d'heure, une des raisons mises à l'appui de ce refus par le directeur du FIGARO a été que j'étais un artiste *anti-patriotique*... que je m'agenouillais devant les Japonais... que je travaillais à rabaisser l'art français, cet art de clarté...

Ce de Rodays, l'esprit le plus borné de la terre, émettant des idées bêtes dans des phrases supérieures. C'est lui qui, complimentant Forain de ses dessins, lui jette : « Bien, très bien, mais trop de blancs dans vos compositions. » C'est lui encore qui dit de Mounet : « Sauf dans HAMLET, un acteur de province ! »

Vraiment, un personnage amusant que cette Princesse. Elle ne veut autour des gens de sa société que du bruit venant d'elle et est affreusement jalouse du bruit fait en dehors d'elle, en sorte que devant le tintamarre du banquet devant le public, devant l'annonce par tous les journaux que je vais être nommé officier de la Légion d'honneur, elle garde sur ces événements, avec moi, un silence obstiné, presque de mauvaise humeur.

Jeudi 28 février

Je reçois ce matin une lettre d'une inconnue qui m'émeut vraiment. S'associant aux hommages qui vont me fêter demain, elle me conte qu'un certain jour de son existence, elle a fui une maison, dans laquelle « avaient succombé brutalement toutes ses radieuses espérances, toutes ses douces confiances de femme, n'emportant de la maison que nos chers livres, qui lui ont donné de si grandes joies littéraires. » Elle ajoute

---

1. Dans cette interview de René Malliet (CHEZ M. E. de GONCOURT, dans LE RAPPEL du 26), Edmond s'insurge surtout, une fois de plus, contre la vogue des Russes et des Scandinaves, qui doivent tout aux écrivains français et en particulier à lui, Goncourt : « Strindberg m'avouait, l'autre jour, qu'il entendait me devoir le secret de son théâtre analytique. Ibsen et les autres ont bien voulu reconnaître aussi qu'ils procédaient de moi... »

qu'habitant Paris depuis des années, elle n'a jamais songé à voir le survivant des deux frères, mais que bien des fois, elle a été s'agenouiller solitaire sur la tombe du mort et que vendredi, tout en se réjouissant des honneurs qui me seront rendus et tout en me plaignant de les recevoir tout seul, elle retournera au cimetière.

Ce soir, je trouve Daudet préoccupé ; enfin, au bout de quelque temps, il s'ouvre, se déboutonne. Il est encore sous le coup de la nouvelle que Coppée est très malade d'une pneumonie, au *plus bas*, aurait dit le concierge hier. Et le cher ami avait eu peur d'une nouvelle remise. Heureusement que les nouvelles d'aujourd'hui sont bonnes. Je ne puis toutefois m'empêcher de lui dire : « Sauf pour votre mort, plus de remise — ou je renonce au banquet ! »

« Ah ! fichtre, fait-il tout à coup, LE GAULOIS, n'est-ce pas ? a donné mon article de LA REVUE ENCYCLOPÉDIQUE : COMMENT IL FAUT LIRE LES GONCOURT... Et Lafontaine qui se délecte, qui se nourrit du GAULOIS ! Or l'homme qui ne sait pas vous lire, dans mon article, c'est lui [1] ! »

Là-dessus, Toudouze me peint le hourvari produit dans la maison de Jourdain par la remise du banquet, vendredi dernier. Ce jour-là, plus de cent coups de sonnette chez lui, et les bonnes n'ayant pas littéralement le temps de manger.

Vendredi 1er mars

Une charmante attention de Mme Rodenbach. Elle m'a envoyé ce matin un gros bouquet de roses apporté par son blond bébé, porté sur les bras de sa bonne avec ce gentil billet du père : « Constantin Rodenbach apporte à M. de Goncourt le respect et l'admiration du siècle prochain, dont ils seront tous les deux. »

Le bébé parti, j'ouvre LA LIBRE PAROLE et je suis agréablement surpris d'y trouver un article pareil à ceux du temps où j'étais en communauté de cœur avec Drumont, et où il s'associe à ceux qui me fêteront [2]. Je l'en remercie dans un billet, où, lui parlant des revenez-y de souvenir pour lui de Daudet, qui doivent aussi exister chez lui après tant d'années d'amitié et de vie côte à côte, lui disant que l'un et l'autre ne peuvent finir dans ces vieillesses haineuses, indignes de deux nobles âmes.

Alors, les heures qui n'en finissent pas d'une journée au bout de laquelle il y a une chose émotionnante, et l'impossibilité de rester chez

---

1. LA REVUE ENCYCLOPÉDIQUE consacre aux Goncourt son numéro du 1er mars, qui s'ouvre sur cet article de Daudet ; celui-ci part de cette question : « Comment faut-il lire les Goncourt ? » que lui avait posé, il y a douze ou quinze ans, un vieux brave homme, éberlué par la composition elliptique des romans des deux frères.

2. Dans cet EDMOND DE GONCOURT de LA LIBRE PAROLE (1er mars), Drumont évoque les « heures charmantes » vécues avec Goncourt avant que Champrosay ne fût devenu le *village des mauvais amis* ; il célèbre l'œuvre historique des deux frères, aux dépens, il est vrai, de LA FAUSTIN ou de LA FILLE ÉLISA, mais il conclut qu'Edmond est « un homme qui a remué beaucoup d'idées, qui a fait penser beaucoup d'autres hommes ».

soi, et le besoin de se promener au dehors avec des yeux qui ne voient pas et sur des jambes qui ne savent où aller.

Une queue interminable et une entrée si mal organisée qu'au bout de quarante minutes d'attente sur l'escalier, Scholl perd courage et abandonne le banquet. Enfin, en dépit d'un garçon qui se refuse à me laisser entrer, j'ai pu me faufiler dans le salon du haut, tandis que Daudet est allé de suite s'asseoir en bas à la table du banquet.

De chaudes, de nerveuses poignées de mains m'accueillent ; et l'une de ces mains est la main de Lafontaine, me tendant un petit bouquet de violettes, entouré par une carte de sa femme, sur laquelle est écrit : *Henriette Maréchal* — le rôle joué par elle en 1865.

L'on descend pour dîner ; et descendant l'un de derniers, du haut de l'escalier tournant, je suis frappé du bel et grandiose aspect de cette salle à manger ayant la hauteur de deux étages, avec son éclairage *a giorno*, avec l'heureuse disposition de ses tables pour 310 couverts, et dans le bruissement d'aimable et joyeuse humeur des convives s'installant.

J'ai Daudet à ma gauche et le ministre à ma droite, le ministre encore grippé, qui me dit gentiment avoir refusé de dîner la veille chez le président de la République, voulant se réserver pour mon banquet [1].

Le dîner est au dessert. Frantz Jourdain se lève et lit des dépêches de la Belgique, de la Hollande, des goncourtistes d'Italie, Cameroni et Vittorio Pica, d'Allemagne, parmi lesquelles se trouvent ces deux lignes de Georges Brandès : « Tous les écrivains scandinaves seront avec moi aujourd'hui, quand je crie : *Gloire au maître initiateur !* »

Et au milieu de ces dépêches, l'hommage d'un fleuriste de Harlem, me demandant à baptiser de mon nom une jacinthe nouvelle.

Et ce sont encore des lettres et des dépêches d'amis littéraires de la France, qui n'ont pu assister au banquet : des lettres et des dépêches de Sully-Prudhomme, de Claretie, de Philippe Gille, de Déroulède, de Margueritte, de Henri Lavedan, de Theuriet, de Larroumet, de Marcel Prévost, de Laurent Tailhade, de Curel, de Puvis de Chavannes, d'Alfred Stevens, de Helleu, d'Alfred Bruneau, de Gallé de Nancy, de Colombey, de Mévisto.

Alors, le ministre prend la parole et prononce un discours comme jamais il n'en a été prononcé par un ministre décorant un homme de lettres, se défendant d'être là comme ministre et me demandant presque humblement de la part du gouvernement la faveur de me laisser décorer.

Et ici, en laissant ma personne de côté, il est bon de constater que jusqu'ici, les hommes du gouvernement ont donné de très haut la croix aux hommes de lettres et aux artistes et que c'est la première fois qu'ils ont l'air de s'honorer de la croix donnée.

Du reste, impossible de mettre plus de louange délicate et d'amitié respectueusement affectueuse dans ce discours de vrai lettré, qui, je

1. Le ministre : Raymond Poincaré, ministre de l'Instruction publique.

l'avoue, m'a fait les yeux humides un moment. Ici, je ne puis résister au désir de donner un morceau de ce discours.

« Le temps est passé des théories de commande, des esthétiques obligatoires et des littératures d'État. Dans une démocratie qui vit de liberté et que féconde la variété des inspirations individuelles, le gouvernement n'a rien à édicter, à diriger ; il n'a qu'à remplir, s'il le peut et comme il le peut, un rôle discret d'amateur clairvoyant, respectueux des talents sincères, des belles passions et des volontés généreuses.

« Or de talent plus fier que le vôtre, de passions plus ardentes que celles que vous avez nourries, de volonté plus souveraine que celle que vous avez appliquée aux recherches d'art et au travail de style, il me paraît difficile d'en découvrir ; et c'est vraiment, par excellence, une vie d'écrivain que cette vie si droite et si pleine, que vous aviez commencée à deux, côte à côte, dans la joie de vos cœurs jumeaux, et que vous avez reprise, avec une vaillance inébranlable, dans la mélancolie de la solitude.

« Vous n'avez vécu que pour les choses de l'intelligence ; et non content de chercher dans l'observation de notre coin de nature et d'humanité matière à remplir vos études et à satisfaire la curiosité de vos goûts, vous avez élargi l'horizon contemporain, vous avez ressuscité le charme d'un siècle disparu, vous avez rapproché de nous la fantaisie et le mystère des arts lointains.

« Vous n'avez eu de plus chère ambition que de savoir et de voir ; vous n'avez connu de plus exquises jouissances que celles des idées, des lignes et des couleurs ; et les sensations que vous avez aimées, vous les avez voulu rendre avec l'effort de signes nouveaux et le frémissement de notations personnelles. Vous avez assoupli votre langue aux exigences complexes de la peinture des réalités observées, aux nécessités changeantes des traductions d'une âme, au caprice même des impressions les plus fugitives. Vous avez mis dans votre style les jeux de la lumière, les frissons du plein air, la coloration et la vie du monde extérieur ; vous y avez mis aussi les secousses intérieures, les émotions subtiles, les troubles secrets du monde moral ; et désireux de retenir dans votre phrase un peu de ce qui luit ou de ce qui vibre, de ce qui aime ou de ce qui souffre, vous avez demandé à la richesse et à la diversité des formes l'art d'exprimer fidèlement la multiplicité infinie de la nature.

« Le gouvernement se devait à lui-même, mon cher maître, de s'incliner devant votre existence et devant votre œuvre ; et si indifférent que vous soyez aux attestations officielles, il a pensé que vous ne refuseriez pas une distinction que vous n'avez jamais sollicitée que pour d'autres. M. le président de la République a bien voulu, sur ma proposition, vous conférer le grade d'officier de la Légion d'honneur, et vous accepterez que je vous en remette cordialement les insignes. »

Et l'émotion que j'ai ressentie, ce moment, a été partagée par l'assemblée, dont les applaudissements ont été frénétiques. « Non, m'ont dit des gens qui avaient assisté à nombre de banquets, non, nous n'avons jamais été témoins d'une si entière adhésion du cœur des assistants ! »

Puis ç'a été un toast d'Heredia, fêtant mes noces d'or avec la littérature.

Puis le discours attendu de Clemenceau, disant que moi, le chevalier de Marie-Antoinette, j'étais arrivé par l'amour de la beauté, de la vérité, à devenir l'apologiste d'une Germinie Lacerteux, d'une fille Élisa, qui devaient être des femmes de la tourbe qui l'accompagnaient à l'échafaud. Une déduction pas mal tirée par les cheveux, dans un discours trop long, qui faisait dire dans mon dos à Daudet commençant à souffrir : « Homélie, homélie ! »

Puis un Céard tout à fait réconcilié, s'attendrissant sur le vieux passé de nos relations littéraires.

Puis de Henri de Régnier, un délicat morceau littéraire.

A Henri de Régnier succède Zola, qui avoue loyalement que sa littérature me doit quelque chose ; et lui, qui s'apprête à faire Rome, veut bien rappeler MADAME GERVAISAIS.

Après Zola, Daudet fait le discours de l'ami intime, un discours tout plein d'une affectuosité tendre :

« ... On a bu à l'homme illustre, à Goncourt romancier, historien, auteur dramatique, écrivain d'art. Moi, je voudrais boire à mon ami, au compagnon fidèle et tendre, qui m'a été bien bon pendant des heures bien mauvaises. Boire à un Goncourt intime, que nous sommes quelques-uns à connaître, cordial et doux, indulgent et naïf, un naïf aux yeux aigus, incapable d'une pensée basse et d'un mensonge même dans la colère. »

Et Daudet termine par cette phrase : « A l'écrivain qui, depuis Jean-Jacques Rousseau, a le plus passionnément aimé, cherché la vérité ! »

Je me lève alors et dis ce peu de paroles :

« Messieurs et chers confrères de l'art et de la littérature,

« Je suis incapable de dire dix mots devant dix personnes... Or, vous êtes plus nombreux, Messieurs !... Je ne peux donc que vous remercier en quelques brèves paroles de votre affectueuse sympathie et vous dire que cette soirée, que je vous dois, me paye aujourd'hui de bien des duretés et des souffrances de ma carrière littéraire.

« Merci encore une fois ! »

On monte en haut prendre le café et les liqueurs ; et ce sont des embrassades, des rappels à mon souvenir de gens dont j'ai oublié le nom et la figure, des présentations d'Italiens, de Russes, de Japonais, des lamentations du sculpteur Rodin, qui se plaint de sa fatigue et parle de son besoin de repos, de la demande par Albert Carré d'un rendez-vous, pour causer de MANETTE SALOMON, des remerciements de Gung'l, le fils de Lagier, pour les quelques lignes de mon JOURNAL sur sa mère, des mots à l'oreille d'Antoine, qui viendra me raconter des choses, des choses énormes sur l'intérieur du Vaudeville et du

Gymnase. C'est un baiser sur la main de ce grand toqué de Darzens qui m'a dédié un volume dont il ne m'a jamais donné un exemplaire [1].

Moi au milieu de cela, il me semble m'apercevoir dans une glace avec, sur la figure, un doux hébétement, quelque chose d'un bonheur bouddhique.

Onze heures sonnent. Je me sens mourir de faim, n'ayant absolument rien mangé. Je sais que les frères Daudet doivent souper avec Barrès et le jeune ménage Hugo ; mais j'ai la crainte d'apporter du froid avec ma vieille tête au milieu de ces turbulentes jeunesses. Puis j'espère un restant de chocolat à la maison, où j'ai dit à mes femmes d'en faire pour elles en m'attendant ; mais quand j'arrive, plus de chocolat, plus de gâteaux, tout est mangé.

Je suis revenu, un superbe panier de fleurs à la main, un panier mis devant moi pendant le repas et que, dans mon émotion, je n'avais pas regardé attentivement, n'ayant pris connaissance que du billet de Mme Mirbeau, qui me l'avait envoyé. A la maison, quand j'y mets les doigts et les yeux, je m'aperçois que c'est un tas de petits bouquets destinés à fleurir les boutonnières des gens du comité... Est-ce bête, est-ce bête !

Samedi 2 mars

Éreinté de mon ovation d'hier, je m'étais recouché dans la journée, quand Frantz Jourdain vient m'apporter le dessin du menu de Willette.

Le pauvre garçon me détaille tous les ennuis qu'il a eus pour le classement des gens et me conte les exigences d'Ernest Daudet voulant être à la table d'honneur, de Daudet n'étant venu au banquet que lorsqu'il a senti sa réussite et qu'il a su que le ministre parlerait. Et il est resté une demi-heure, à la fois humble et arrogant, voulant cette place qu'à la fin, on lui a donnée sur une lettre de Claretie, annonçant qu'il était malade. Conçoit-on le toupet de cet animal, après les lettres qu'il m'a écrites l'année dernière [2] ?

Ah ! mon menu, qui a eu un si grand succès hier, je ne le trouve vraiment pas beau ! J'ai les yeux d'un empalé par un paratonnerre rougi à blanc ; mon frère a tout l'air d'une poupée de coiffeur, et ces femmes allégoriques, ce sont des allégories d'un carnaval de Montmartre. Puis ce dessin est dans un cadre riche du goût de Willette. Fichtre, quel goût !

Ce soir, j'ai besoin d'embrasser Daudet, que je sentais souffrir hier de la longueur des discours et que j'ai perdu dans la possession de mon individu par la presse des félicitants.

1. UKKO TILL (1891), où paraît le clown Little-Tony, est dédié « à Edmond de Goncourt, au cérébral écrivain de ce chef-d'œuvre pur, LES FRÈRES ZEMGANNO ».
2. Cf. t. III, pp. 955 et 964.

Dimanche 3 mars

J'ai reçu dans la journée une merveilleuse corbeille d'orchidées de Jeanne Hugo. Me voilà bien embarrassé. Il va falloir lui dire bien poliment que je me refuse à la voir. Et en arrivant chez Daudet, je lui montre la lettre de Jeanne, en lui disant de ne pas en parler d'ici à demain à sa femme, dont cette tentative d'embauchage de son ami par sa bru empoisonnerait nerveusement la soirée.

Bientôt arrive Mme Daudet, tout heureuse d'étrenner sa belle robe japonaise aux blanches fleurs brodées et qui a été tout à fait réussie par le couturier. Puis nous voici à la table de Charpentier, où se trouve Poincaré en dépit de sa grippe. Et je le sollicite de publier son très aimable et très éloquent discours, et j'arrive à le décider à le donner à LA REVUE ENCYCLOPÉDIQUE [1].

Après dîner, sur ce divan à gauche de la cheminée du cabinet de travail de Charpentier, qui peut être appelé le coin de Zola, de Daudet, de Goncourt, on cause des discours du banquet, du discours de Clemenceau, habitué à parler à une Chambre, à batailler, à être interrompu et qui ne s'est pas trouvé au Grand Hôtel dans son élément et qui a fait *four*, un *four* dont il se serait rendu compte. Et Poincaré disait, tout en le louant, que la raison de la froideur qui l'avait accueilli venait de ce qu'il avait été fait en vue de sa personnalité et non de la mienne, que ça avait été trop une rentrée en scène de Clemenceau dans la vie publique.

Et il est question du morceau littéraire de Régnier, qu'on trouve *sécot*, peu admiratif.

Un monsieur, que je ne reconnais pas, me fait les plus grands compliments : c'est l'ancien ministre Constans, avec lequel j'ai dîné une fois. Diable, est-ce que les hommes politiques *sous la remise* croient rentrer en scène de par moi ?

A onze heures, Sarah Bernhardt, accoudée sur le marbre de la cheminée du grand salon, lit nonchalamment avec sa voix d'or, à travers un face-à-main, l'HOMMAGE A EDMOND DE GONCOURT, de Robert de Montesquiou :

> Les paons blancs réveillés par la Faustin qui rêve
> Glissent en notre esprit avec moins de douceur
> Que la grâce de vos héroïnes, sans trêve,
> Maître : Marthe, Renée et Manette et leurs sœurs.
> . . . .
> Les paons blancs évoqués par la Faustin qui songe [2].

Et pendant que Sarah récite ces vers, il m'est donné de les suivre dans un exemplaire calligraphié par Montesquiou et enluminé par

1. Dans son compte rendu du banquet, Henri Lapauze insérera *in extenso* le discours de Poincaré, tel que celui-ci l'a reconstitué pour la revue (REVUE ENCYCLOPÉDIQUE, 1895, p. 107).
2. Ces paons blancs de la Faustin sont ceux qui se promenaient autour du château écossais où l'amant disparu, William Rayne, l'avait jadis emmenée (cf. LA FAUSTIN, ch. 1, p. 14).

Caruchet, où, sur le chamois du papier, de délicates plumes blanches de paon, peintes d'une discrète manière à la gouache, semblent les élégants filigranes du papier.

Je vais remercier Sarah dans sa toilette d'idole et sa séduction indéfinissable de magicienne antique.

Tout le temps, elle s'était tenue dans le fond du salon, se refusant à venir me dire bonjour et disant pour s'excuser devant Léon Daudet, qu'elle ne connaissait pas, « qu'il fallait passer devant ces *abominables Daudet* », qu'elle a « en exécration ». Pourquoi cette haine ? Alphonse Daudet n'en sait rien du tout.

Là-dessus, Montesquiou me présente à « ses femmes », aux belles dames du noble faubourg et d'ailleurs, qu'il entraîne à sa suite, à la duchesse de Rohan, à la comtesse Potocka.

Puis enfin la soirée se termine par la SOULARDE d'Yvette Guilbert, la SOULARDE, où la diseuse de chansonnettes se révèle comme une grande, une très grande actrice tragique, vous mettant au cœur une constriction angoisseuse.

Mardi 5 mars

L'action grande de la littérature sur la femme, j'en ai la preuve, le témoignage, par le nombre de lettres de femmes que j'ai reçues ces temps-ci à propos de mon banquet.

Mercredi 6 mars

Nau vient me voir ce matin et me dit que la jeunesse littéraire est très montée contre de Régnier à propos de sa phrase sur la *jeunesse assagie* de son *speech* de vendredi.

Une lettre de Jeanne Hugo, qui a dû être dictée par Lockroy, lettre intelligente et dans laquelle elle prend poliment, même gentiment, son parti de n'être point reçue par moi.

Lecomte vient me chercher pour le mariage d'Ajalbert et de la petite Dora. En chemin, dans le landau de la noce, il m'annonce son mariage à lui. Il s'agit d'une jeune fille qu'il a aimée étant jeune homme et qu'il n'a pu épouser, n'ayant alors ni fortune ni position. Elle est devenue veuve ; et son tendre sentiment persistant, il se marie avec une femme qui ne le forcera pas à mettre tous les soirs un habit noir pour aller dans le monde et lui permettra de travailler, ce qui est, au fond, ce qu'il aime le mieux dans l'existence.

Et nous voici chez les Dorian, où s'organise le cortège, et bientôt à la mairie de Passy, où a lieu le mariage célébré par l'aphone et sourd Marmottan — moi à la place que j'avais au mariage du pauvre Léon Daudet, dont ce mariage Ajalbert me semble une copie — glaciale cérémonie suivie d'un défilé de tout le grand monde républicain, qui dure une heure.

De retour, presque aussitôt, un dîner de 48 couverts, disposé d'une manière charmante dans deux pièces, où deux grandes tables, fleuries de fleurs d'amandiers, forment un T et où la table des vieux a pour tête la table des jeunes, au milieu de laquelle apparaît la mariée toute jolie avec son clair visage comme fardé aux pommettes et avec son rire sonore — tout le dîner égayé, animé, fouetté par des violons tsiganes faisant rage et dont les chabraques rouges promènent leurs musiques nerveuses derrière le dos des convives.

Et un dîner très amusant, très cosmopolite, très parlant à la curiosité de l'estomac, un potage bulgare aux olives, dont Mme Dorian a rapporté la recette de ses voyages, des canards à la purée de foie gras, des espèces de boudins blancs faits de la chair de brochet farcie de truffes, etc.

Un moment, Carrière a l'ambition de prononcer un discours nuptial ; mais son éloquence un peu bafouilleuse est coupée par les blagues de Léon Daudet et son discours n'est qu'une pantomime de Pierrot embêté par un blagueur.

Un monde de femmes, tout aimables pour l'homme du banquet et parmi lesquelles se montre pour moi pleine d'attentions gentilles Mme Clemenceau, la Viennoise, la belle-sœur de l'homme politique et qui me dit avoir été épousée comme une Renée Mauperin, tant elle était le type du livre [1].

Un amusant détail. Le coiffeur qui a coiffé la mariée lui a demandé si son mari était petit ou grand ; et comme la mariée l'interrogeait sur ce que ça pouvait lui faire, il lui disait que c'était pour la coiffer en vue de sa taille, proportionnant l'échafaudage des cheveux de l'épouse à la hauteur de l'époux.

Jamais je n'ai rencontré dans ma vie des yeux si doucement tendres et, le dirai-je ? en même temps si pervers, que les yeux de la fille du peintre Stevens. Elle éveille chez moi l'idée d'un ange précipité du ciel.

Jeudi 7 mars

Tout le temps du dîner, les uns attaquent, les autres, parmi lesquels est Besnard, défendent l'exposition des peintres français à Berlin [2].

Daudet me présente après dîner M. Finot, le directeur de LA REVUE DES REVUES, un Polonais, je crois, qui me parle aimablement du succès de ma littérature dans les pays slaves, dans ces contrées, où se forment des réunions d'une trentaine de personnes pour entendre la lecture d'un livre nouveau, et il m'apprend à mon grand étonnement que CHARLES DEMAILLY est le roman de tous mes romans qui a eu le plus grand

1. La femme de l'ingénieur Paul Clemenceau était Autrichienne.
2. L'Exposition internationale des Beaux-Arts de Berlin se tiendra du 1er mai au 19 sept. 1895. La Société nationale des Beaux-Arts de Paris y enverra 150 toiles ou sculptures — parmi lesquelles figureront celles de Puvis de Chavanne, de Gervex, de Carrière, etc. — après une polémique inspirée par les scrupules patriotiques qu'éprouvaient certains artistes français à exposer en Allemagne.

succès là-bas [1]. Et comme je lui parle un moment de LA FAUSTIN, qu'on doit représenter à Vienne, il me dit que Vienne, c'est un pays bourgeois, incapable de goûter de la littérature raffinée.

Et je reviens causer avec Daudet, qui annonce à Hervieu que la vente de son livre de L'ARMATURE ira à 30 000 exemplaires, et déclare les cent premières pages de EN ROUTE de Huysmans mortelles, mais sa Trappe superbe [2].

Vendredi 8 mars

Albert Carré, qui a été voir Daudet sur la reproduction de son article de LA REVUE ENCYCLOPÉDIQUE dans LE GAULOIS, article qu'il terminait en disant que c'était surtout aux directeurs de théâtre qu'il faudrait apprendre la vraie façon de lire les Goncourt, Albert Carré, qui m'a demandé un rendez-vous au banquet de vendredi, vient ce matin [3].

Il me fait entendre, en dépit de sa lettre personnelle de refus, que c'est Porel qui a été le plus hostile à la réception de la pièce.

Ah ! le théâtre, c'est tout plein de dessous troubles et de combinaisons louches ! Je ne puis lui dissimuler mon étonnement de cela, venant de la part de l'homme qui a repris HENRIETTE MARÉCHAL et qui a eu la bravoure de monter GERMINIE LACERTEUX et qui, enfin, dans la lecture que je lui ai faite de MANETTE SALOMON, a laissé percer une espèce d'admiration pour les derniers tableaux de la pièce. Carré persiste à me faire entendre que c'est Porel qui a été opposé à l'acceptation de la pièce, tout en m'ayant demandé de l'envoyer à Carré et s'engageant à la jouer si elle lui agréait.

Je ne puis m'empêcher de lui dire :

« Je n'y comprends rien... Alors, que signifie cette lettre où il me demande de lui laisser ma pièce, et qu'à son retour d'Amérique, il fera en sorte de la jouer sur un bon théâtre ?

— Vous avez la lettre... Pouvez-vous me la montrer ? dit Carré.

— Oui... tenez, la voici !

— Ah ! fait Carré. Eh bien, c'est une affaire conclue, la réception de votre pièce... Un bon théâtre, ça ne peut être que le Vaudeville ou le Gymnase... Eh bien, je prends l'avance sur lui... Mais les affaires doivent être des affaires... Je vais vous écrire une lettre où je vous demanderai de me réserver la pièce pour le Vaudeville ou le Gymnase, et l'autorisation d'en faire l'annonce dans les journaux, lettre à laquelle vous me répondrez... Vous permettez que je prenne une copie de la

1. LA REVUE DES REVUES, mensuelle, puis bimensuelle, fondée en 1890 par E.W. Smith pour fournir aux Français un florilège des articles publiés dans les périodiques du monde entier, faisait place depuis 1892, sous la direction de Jean Finot, à des articles originaux d'écrivains français. En 1900, elle deviendra LA REVUE et en 1919, LA REVUE MONDIALE, qui durera jusqu'en 1936.

2. Daudet songe d'une part aux chapitres où Durtal, en voie de conversion, analyse les éléments de son retour à la foi et « essaie » sur lui l'influence de divers sanctuaires parisiens, et d'autre part à toute la seconde partie, le séjour de Durtal à Notre-Dame de l'Atre.

3. Add. éd. : *son article.* Cf. plus haut p. 1099, n. 1.

lettre ?... Justement, c'est aujourd'hui le départ du courrier pour l'Amérique. »

Ma foi, tant pis, Porel ne sera pas content, mais il ne m'avait pas demandé le secret, que j'aurais gardé s'il me l'avait fait promettre — et gardé quand même ce silence aurait empêché ma pièce d'être jouée.

Un vendredi faste que celui-ci, ou MANETTE SALOMON est reçue et où il y a juste sept mois que je n'ai eu une crise de foie, moi qui en avais toutes les semaines à cette époque l'année dernière.

Samedi 9 mars

En lisant L'ARMATURE d'Hervieu, j'ai l'impression d'une chasse où les chiens font à tout moment défaut et poursuivent d'autres lièvres que celui qu'ils ont fait lever : c'est-à-dire que je trouve le livre sautant trop d'un personnage à un autre. En résumé, un livre contenant deux belles scènes de théâtre, mais un livre sans cohésion, sans resserrement de l'ensemble.

Puis il y a encore chez Hervieu trop de préoccupation des LIAISONS DANGEREUSES et de mettre dans la peinture de ce siècle, qui n'a pas la méchanceté dans l'amour du siècle dernier, la noire *mauvaiseté* du livre de Laclos.

Dimanche 10 mars

Frantz Jourdain entre chez moi avec une figure dramatique, et m'apprend que ce matin, dans L'ÉCHO DE PARIS, Lepelletier a avancé que Roger Marx, pour faire son chemin, a abjuré dans ces derniers jours sa religion à Nancy. Il me demande une lettre pour Simond et me tâte pour être le témoin de Marx, dans le cas d'une rencontre.

Je lui dis que ce duel me paraît impossible, Roger Marx n'étant pas allé à Nancy, n'ayant pas abjuré le judaïsme, et qu'on ne peut lui refuser l'insertion de ces deux faits de toute vérité. Maintenant, j'ajoute que si par impossible, un duel avait lieu, malgré toute mon amitié pour Marx, je ne puis lui servir de témoin, que je me trouve trop vieux, trop ignorant de la pratique de ces sortes d'affaires, enfin pas du tout l'homme qui puisse lui être vraiment utile, ce que je voudrais être, si j'étais appelé à être le témoin de quelqu'un.

Helleu, qui est arrivé de Londres hier et qui repart pour l'Angleterre demain, vient me remercier de la LETTRE-PRÉFACE que je lui ai écrite pour son exposition [1]. Il montre une joie, une joie un peu enfantine, de l'argent qui lui est tombé là-bas. Oui, il a vendu pour 14 000 francs de pointes-sèches, disant qu'à sa première exposition chez Durand-Ruel, il en avait vendu pour 30 francs.

Ce peuple anglais, comme *moutons de Panurge*, est extraordinaire.

---

1. Cf. t. III, p. 1084.

Du moment que la princesse de Galles a pris sous sa protection le talent de l'aquafortiste, tout Londres a sauté à la suite de la princesse de Galles. Et à l'heure présente, Helleu retourne à Londres pour faire des portraits de femmes de la *high life*, ne lui accordant que deux heures de pose et lui payant 1 000 francs. Il en fera deux par jour : total 2 000 francs.

Rodenbach me conte alors que le morceau de Geffroy sur LES FEMMES DES GONCOURT n'a passé dans LE FIGARO que par suite de l'absence de Rodays, qui pour se rattraper avec moi, le jour du compte rendu de Huret de mon banquet, a fait passer en première page ce *Petit-Prudhomme*, où il a fait entendre que Clemenceau et moi, nous étions des ratés : l'un de la politique, l'autre de la littérature [1].

Survient de Nion, la figure assez piteuse. Dans une nouvelle qu'il a publiée dans L'ÉCHO, il a donné, par amour de la couleur locale, à une femme auquel il fait jouer un rôle abominable, le vrai nom et la vraie profession d'une loueuse de voitures de Dieppe, et la loueuse de voitures lui réclame 25 000 francs de dommages-intérêts [2].

J'ai reçu ce matin une tendre lettre de Mme Daudet, à laquelle j'avais remis le manuscrit du huitième volume de mon JOURNAL, pour qu'elle vît si une de mes notes la blessait, la choquait. Et il s'est trouvé que le jour anniversaire de la mort de son père, elle lisait dans mon JOURNAL un morceau ému sur cette mort [3].

Mardi 12 mars

J'ai la grippe, la grippe très fort, et la *pneumonie des vieillards* me guette. Ce serait curieux que mon banquet, ainsi que l'a vaticiné Talmeyr, fut un banquet des funérailles. Cette idée me hante un peu et me fait une petite peur.

Mercredi 13 mars

Le retentissement de mon banquet, c'est inimaginable, ce que ça m'amène de mendiants et de brocanteurs de la société.

C'était tout à l'heure une vieille Russe, au bout du nez gelé, voulant me vendre à 4 000 francs une boîte d'or où est peinte une SAINTE FAMILLE, donnée à un de ses aïeux.

---

1. Dans LE FIGARO du 2 mars, où figure le compte rendu du banquet par J. Huret, la rubrique des *Échos* signée *Le Masque de fer*, comporte un entrefilet, GONCOURT ET CLEMENCEAU, où l'on souligne que l'un et l'autre sont « des esprits critiques avant tout, négateurs et négatifs ». Sur l'expression de *Petit-Prudhomme*, cf. t. III, p. 143.

2. Cf. F. de Nion, DE LA CAVE AU GRENIER, dans L'ÉCHO DE PARIS du 8 févr. 1895. La belle Églantine, femme de Cournollet, maître de postes à Villers, cache successivement ses deux amants, l'un parmi les sacs de farine du grenier, l'autre dans la cave à charbon, quand rentre le mari ; celui-ci prend Dieu à témoin : « Celui qui est en haut me paiera de tout ça un jour ! » — Ce qui provoque l'apparition de l'homme blanc du grenier, suivi de l'homme noir de la cave... Dans L'ÉCHO du 25 février, de Nion enregistre la protestation de l'authentique Mme Cournollet, loueuse de voitures à Villers.

3. Cf. t. III, p. 238.

Elle avait été précédée d'un Bordelais désireux de me colloquer un prétendu éventail ayant appartenu à Marie-Antoinette, représentant le comte d'Artois, avec au-dessus : *Il reviendra*, éventail qui, d'après le racontar du Bordelais, aurait été fabriqué à la suite d'un exil du comte d'Artois, pour s'être grisé, dans le temps où il flirtait avec la reine.

Jeudi 14 mars

Quelle mémoire, ce Scholl ! Le débagoulage à dîner de vingt, de trente anecdotes, avec cent noms que la vanité qu'il a de ses illustres connaissances groupe toujours autour de ces anecdotes. Et quelle vitalité chez cet homme, tous les jours couché à deux ou trois heures du matin et levé à huit heures, et sans plus de sommeil en plus qu'une sieste d'une demi-heure dans la journée ! Maintenant, que de coke dans ce poêle !... Quatre repas par jour... et il faut le voir manger de la viande !

Vendredi 15 mars

Lu EN ROUTE. D'abord un vrai plaisir de lettré à la dégustation d'une expression, d'une épithète, d'une image. La célébration du plain-chant merveilleusement faite par un artiste catholique [1].

Puis, de la peine à lire le reste. Vraiment, il est une limite pour ce qui peut être romancé, et pour moi, la Trappe s'y refuse et ne peut avoir d'intérêt que dans la confession d'un trappiste, et aucun dans la confession d'un auteur qui y a pris pension pendant quelques semaines.

Dimanche 17 mars

Cet innocent Alexandre Charpentier avouait que, lorsque Georges Charpentier avait refusé d'éditer son second roman, il n'avait pu se tenir de fondre en larmes devant ledit Georges et ses commis, en sorte que *Caillou* — nom familier de Georges Charpentier — ému lui-même, s'était vu forcé de lui taper sur les épaules, en lui disant : « Ne vous désolez pas, je vous en prendrai un autre... plus tard [2]. »

Lundi 18 mars

Le correspondant de LA PRESSE LIBRE, près duquel Daudet s'étendait ces jours-ci sur la malchance de mon existence, l'interrompait en faisant allusion à la fraternité littéraire des deux frères et disant : « Que

1. Voir dans la 1re partie, le plain-chant à Saint-Sulpice (ch. I, éd. Crès, t. I, p. 8 sqq.), à Saint-Séverin (ch. II, p. 50) et chez les Bénédictines de la rue Monsieur (ch. VII, pp. 178-186).
2. Confusion probable : Alexandre Charpentier est sculpteur, et l'auteur d'un médaillon représentant Edmond de Goncourt ; celui-ci doit songer à Armand Charpentier, qui, en 1895, publie LE ROMAN D'UN SINGE, auquel Goncourt fait allusion le 25 avril.

dites-vous d'une collaboration sans méfiance comme la leur ?... Ça doit procurer des joies indicibles ! »

Ce soir, dîner chez les Ganderax.

« Comment va *Madame la Vente ?* » C'est ainsi que *la Loute*, la petite fille aux mots de Forain, accueille Mme Charpentier, la patronne de la *Pouponnière*.

Mme Arthur Baignères, une Cérès attaquée d'éléphantiasis, mais une femme qui a l'esprit de se moquer la première de sa grosseur et qui conte qu'un cocher de fiacre la voyant monter dans sa voiture, s'écriait : « Tiens, maintenant, on marche au poids ! »

Mercredi 20 mars

Taigny, qui n'est pas cependant un être supérieur, disait très justement que pour être le bienvenu dans la société, il fallait chez l'homme une moyenne d'esprit, de cœur, d'honnêteté.

La Princesse m'étonne ce soir. Elle, qui ne m'a jamais parlé de ma décoration, qui a gardé un silence obstiné, quand Mme Daudet s'est écriée : « Vous avez vu dans les journaux la belle fête qu'on a donnée à M. de Goncourt ? » — me dit : « Comme vous venez d'habitude le premier, je suis descendue au salon plus tôt qu'à l'ordinaire, pour vous annoncer que je vous ai commandé une croix en diamant. »

Je reçois les premières épreuves du huitième volume de mon JOURNAL, et je n'ai pas le sentiment de plaisir intime que j'ai eu à la réception des premières épreuves des autres volumes. J'attribue cette indifférence à tous les ennuis que m'a apportés la publication du septième volume.

Jeudi 21 mars

Visite de Jacques Blanche, qui me raconte qu'à la suite d'un dîner avec Forain, où Forain avait tenu des méchants propos au sujet des rapports de Montesquiou avec son secrétaire, propos qui lui auraient été attribués, le secrétaire l'avait attendu à la porte de mon banquet pour le battre. Heureusement qu'il n'avait pu y venir ! Des témoins auraient été constitués... Enfin, l'affaire est arrangée.

Vendredi 22 mars

Cette pauvre Nau a été vendue ces jours-ci. Blanche, en passant un matin devant chez elle, a vu une voiture à bras toute pleine de garde-manger, de cages à poulet, de marmites ; et près de la voiture, un chiffonnier, tenant sous son bras un casier de musique et au bout de ce bras, dans une main, les trois chapeaux du mari entrés l'un dans l'autre.

Dîner chez Zola, qui reçoit ce soir de Béhaine.

A dîner, conversation sur le bonheur, que tous les convives déclarent d'une voix unanime ne pas exister ; et Zola, qui là-dessus est plus affirmatif que nous tous, tombe le soir dans une tristesse noire, qui le fait muet.

Samedi 23 mars

Zola nous a donné un fort bon dîner hier ; mais par suite de l'ouverture de toutes les portes, pour l'exhibition *a giorno* des affreuses statues et bas-reliefs de son escalier, il faisait dans son salon un froid glacial, et je me sens repris de l'*influenza.*

Dimanche 24 mars

On se demande au *Grenier* si la conversion de Huysmans est bien sincère. Voyons ! Si vraiment l'homme était converti, est-ce qu'il aurait fabriqué un volume tout plein d'une Florence à la cantonade [1] ? Sa conversion aurait été silencieuse, comme l'est la vie d'un trappiste. Puis, talent à part, j'ai une grande défiance de Huysmans. Il m'a toujours fait l'effet d'un mystificateur, et je me demande s'il n'a pas voulu tout bêtement *le mettre* au public, et devant son *gobage* naïf, se donner simplement la satisfaction de dire tout bas, dans sa barbe poivre et sel, avec un sourire méphistophélique : « Elle est bien bonne, bien bonne ! »

Lundi 25 mars

Reprise de l'influenza. Avec le mal de tête et la lassitude de cette maladie particulière, il me faut du courage pour travailler tout l'après-midi avec Hayashi et arriver à nous deux à la traduction laborieuse de ces préfaces japonaises d'Hokousaï, si difficilement transportables dans notre langue.

Oh ! les turgescences du front jaune d'Hayashi, dans l'enfantement de cette traduction, et les *Ha ! ha !* dont il scande sa lecture du texte pour s'entraîner au français, et sa tête amusamment crispée, sur un fond de porte en blanc, où sont cloués de petits guerriers découpés en bois jaunâtre, provenant d'armoires de bonzeries et qui semblent des bonshommes de pain d'épice héroïquement farouches.

Mercredi 27 mars

Visite de Renard et de Pottecher, me disant qu'ils sont un peu écœurés de la tenue morale des hommes de lettres, leurs contemporains, et qu'ils sont venus chercher auprès de moi un peu d'affermissement dans la

---

1. Durtal déplore que Florence, cette « fille aux aberrations de laquelle il était rivé, continue à se promener dans [sa] cervelle » (EN ROUTE, 1re p., ch. V, éd. Crès, t. I, p. 132) et à lui inspirer à Paris, puis à la Trappe, d'érotiques visions (cf. 1re p., ch. VI, t. I, p. 159 et 2e p., ch. II, t. II, p. 50).

grande doctrine de l'art ; et ils m'entretiennent des idées que j'ai jetées au travers des esprits à propos du roman, du théâtre.

Dimanche 31 mars

Je suis tout à fait pris par l'*influenza*. Des suées qui vous enlèvent avec la force physique la volonté cérébrale.

Visite de Rodenbach, que LE FIGARO avait presque tué et dont la soudaine résurrection me fait mieux que plaisir.

Mardi 2 avril

Vraiment, la cervelle de mon ami Daudet est de temps en temps visitée par les papillons noirs de la morphine. Aujourd'hui, ne m'écrit-il pas, sans rime ni raison, qu'il a la pensée que je suis dans la croyance qu'il est détaché de moi et qu'au contraire, il n'a jamais eu tant besoin de mon réconfort !

Mercredi 3 avril

Visite de Zilcken, l'aquafortiste hollandais, venu à Paris pour faire une pointe sèche de mon *facies*.

Un long garçon, maigre, sec, osseux, avec l'accentuation d'une forte pomme d'Adam dans un cou d'échassier.

Il me parle d'un article fait sur moi par un littérateur de ses amis, article intraduisible en français, parce que la langue hollandaise est beaucoup plus riche que la langue française et ayant cinq ou six expressions pour rendre une chose qui n'en a qu'une chez nous, et cet article, à son dire, serait un débordement d'épithètes, ressemblant à une éruption volcanique.

Dîner ce soir chez la Princesse avec Carraby.

D'épais sourcils, de ces arcades sourcilières profondes, comme il y en a dans les bustes antiques, avec, au fond, des yeux d'un gris d'aigle ; les beaux traits d'un prélat romain.

Il parle intelligemment de Giquel, ce Français qui s'était fait général du Céleste Empire et qui a eu quelque temps 100 000 francs par an pour lancer à travers l'Europe une vingtaine de Chinois, qui venaient y apprendre le mépris de notre civilisation. Puis il nous entretient de James de Rothschild, celui qui s'est tué — un moment, ayant comme une honte d'être un Rothschild et mettant une vanité à s'appeler son secrétaire, jusqu'à un certain jour, où il avait été froissé de n'être pas traité comme un Rothschild et l'était redevenu avec excès.

Jeudi 4 avril

Ce soir, chez Daudet, la comtesse de Nion, avec, sur le corsage d'une robe grise, une garniture d'anciens boutons en cailloux du Rhin, avait quelque chose d'une Diane chasseresse.

A dîner, je disais que, lorsqu'on arrive à une position comme celle de Camille Doucet sans aucun talent, il faut, pour y arriver, un terrible nombre de basses et de louches actions, et comme on vient à parler de sa bonté d'après l'article de Coppée, je rappelle le mot que m'a dit la Princesse, je crois en 1865 : « Vous ne pouvez vous figurer combien cet homme est méchant [1] ! » Et en effet il n'y avait qu'à voir sa tête de vieux Frontin, pour se rendre compte qu'il ne pouvait être bon.

Et comme ce soir, je revenais avec Rodenbach sur les éloges mensongers et faits mensongèrement sur le défunt, il me disait qu'il aurait bien envie de remettre dans LE FIGARO le mort au point, mais... Et il soutenait, qu'il n'y avait qu'en France, grâce à l'esprit de politesse qui y existe, où des réputations étaient ainsi faites à des nullités, que cela n'existait pas à l'étranger, où les réputations étaient vraiment faites aux hommes qui les méritaient.

Un moment, il est question du procès d'Oscar Wilde, et Rodenbach, disant que la pédérastie est bien démodée, raconte que voulant faire au FIGARO un article sur Verlaine, Magnard s'était écrié : « Non, non, il porte trop la pédérastie en bandoulière [2] ! »

Vendredi 5 avril

Qu'est-ce qui domine chez Lorrain ? Est-ce la méchanceté ou l'absence absolue de tact ?

Samedi 6 avril

La collaboration des femmes... Mme Daudet a fait changer dans LA PETITE PAROISSE presque tous les noms, qui étaient de vrais noms portés par des gens de Champrosay. Par contre, la comtesse de Nion n'a pu faire changer dans une nouvelle le nom et la profession d'une loueuse de voiture de Villers, sur le compte de laquelle il a mis les infamies d'un conte du XVIe siècle, et la loueuse de voiture lui demande 25 000 francs de dommages-intérêts [3].

Zilcken revient faire un croquis. Il me dit que l'aciérage n'enlève rien au brillant de ses pointes sèches, mais à la condition de l'emploi d'une autre encre, qu'il a découverte.

Dimanche 7 avril

La pédérastie d'Oscar Wilde ne me semble pas de la pédérastie bien individuelle, mais de la pédérastie à l'imitation de Verlaine, de Swinburne, de mon Anglais de LA FAUSTIN.

---

1. L'article de Coppée : UN SECRÉTAIRE PERPÉTUEL, dans LE JOURNAL du 4 avril.
2. Voir plus loin, à la date du 28 mai, ce qui concerne le procès Wilde.
3. Cf. plus haut p. 1109, n. 2.

Ce sacré Carrière n'a-t-il pas dénommé le fils de Frantz Jourdain : *le jeune Symbolant* [1] ? Le nom est vraiment drôle pour qui connaît la furibonderie du Symbolisme et du Décadentisme du père et du fils.

Ernest Daudet parle du néant de Rodays et de sa prétention à se croire le premier journaliste de la terre et dont, au fond, toute l'ambition est de faire le numéro rapportant le plus d'argent. Et il arrive que ce directeur de journal, par le développement de ses théories d'imbécile supérieur, reçoit quatre personnes dans son après-midi, tandis que Magnard en recevait cinquante.

Ce voyage en Angleterre de Daudet, dans son état de santé, me paraît bien aventureux, j'ai bien peur qu'il y ait été déterminé un peu par le voyage de Zola et les racontars qui ont fait décupler sa vente, de l'autre côté de la Manche, depuis ce voyage [2].

Daudet parle ce soir d'une réponse qu'il veut faire à Larroumet, qui a dit que son livre L'IMMORTEL avait été fait à la suite d'un refus, que ça n'est pas, qu'il veut s'expliquer.

Un moment, il est question de ce triste enterrement de ce pauvre Vidal, où il n'y avait que Byl, Fèvre, Toudouze.

« Halévy ? Des épluchures de Droz ! » jette Daudet à quelqu'un, qui avait ébauché son éloge.

« Oh ! un de ces bons garçons... qui sont au fond de mauvais bougres.
— Oui, oui, dit Ernest Daudet, qui se découvre. Un jour, je causais avec lui de l'Académie, et il m'a coupé, en me disant qu'à l'Académie, on n'aimait pas les polygraphes. »

Finalement, on se demande comment cette mélancolie noire de Zola, annonçant qu'il voudrait s'en aller, se retirer, se combine avec sa présence partout où se groupe du monde, à l'enterrement de Doucet, au banquet de Berthelot [3].

Mardi 9 avril

Deux femmes causaient ces jours-ci sur le bateau. L'une racontait à l'autre qu'elle avait eu une petite fille très malade, mais que le médecin l'avait parfaitement remise sur pied avec de la *belle Madone* : elle voulait dire « de la belladone ».

---

1. Voici apparaître Francis Jourdain.
2. Profitant d'une trêve de la *Doulou*, Alphonse Daudet partira avec sa famille le 6 mai pour Londres, où il sera accueilli par Henry James et où il liera amitié avec Georges Meredith, perclus comme lui. — Sur le voyage de Zola, cf. t. III, p. 896, n. 1.
3. Le banquet Berthelot, le 5 avril 1895, groupa, au salon des Familles, Poincaré, Rodin, Léon Bourgeois, etc., autour du savant. Contrairement à ce que croit Goncourt, Zola n'y alla point seulement pour se montrer. Le banquet fournit en effet aux orateurs l'occasion de répondre au retentissant article de Brunetière, revenu converti de Rome et proclamant la « banqueroute de la science », dans APRÈS UNE VISITE AU VATICAN (REVUE DES DEUX MONDES, 1er janv. 1895), auquel Berthelot avait lui-même répliqué par LA SCIENCE ET LA MORALE, article paru dans LA REVUE DE PARIS du 1er févr. 1895. « Puisqu'on a eu l'imprudence de soulever ce débat entre la science et la foi », dit Zola, il a voulu, lui écrivain, montrer que la liberté d'écrire a pour seul garant « l'affranchissement des esprits par la science » (discours reproduit dans les MÉLANGES, éd. Bernouard, pp. 312-315).

Mme Duponchel, la femme du directeur de l'Opéra, âgée de quatre-vingt-quatre ans, est une vieille amie du docteur Blanche. Dans le trouble de sa cervelle en train de déménager, le docteur est resté vivant, en sorte qu'elle disait ces jours-ci à Mlle Zeller : « Il y a longtemps que je n'aie vu le docteur. » Très souvent, elle dit à ses bonnes : « Mettez le couvert pour le docteur, il vient ce soir ! » Et elle les aide à mettre le couvert et elle attend, assise à table, où au bout d'un long moment, elle dit : « Il est si occupé, servez lentement, il va venir. »

Le dîner fini sans le docteur, la vieille femme s'écrie : « Il n'a pas pu venir, voyez-vous ? ma fille, nous l'aurons un autre jour. »

Mercredi 10 avril

Ce que mon banquet m'a coûté, ce qu'il m'a rapporté d'aumônes à faire, ce qu'il m'a valu de carottes, de la part de mendiants de toute sorte, de mendiants d'une ingéniosité comme celui d'hier !

« Monsieur, me dit Pélagie, il y a en bas quelqu'un, qui a une communication très importante à vous faire de la part de M. Bing. » Je me trouve en face d'un quidam, qui me déclare avoir été chez Bing et qu'il veut se confesser à moi. Là, il s'interrompt en voyant la porte ouverte et me demande à être entendu de moi seul. La porte fermée, alors, il me raconte qu'il a été chargé d'un recouvrement qu'il a mangé et que là-dessus, il a été mis dehors.

Et le voilà faisant au romancier qu'il sait que je suis, un douloureux tableau, ma foi, pas mal fait, de l'état moral de l'individu qui a commis un acte indélicat et qui ne peut se replacer qu'avec un certificat que l'homme qu'il a volé est dans l'impossibilité de lui donner, n'ayant devant lui que le suicide — tirade qu'il termine en disant qu'il n'a pas mangé depuis le matin.

Un racontar si bien rédigé qu'il me fait douter complètement de la vérité de l'indélicatesse de ce faux voleur et qui me semble un *truc* très original pour attendrir un romancier psychologue et lui attraper une pièce de cent sous.

Les cervelles troublées par la littérature du *Chat noir* et de Bruant, c'est innombrable ! Et parmi ces cervelles, il y a la cervelle d'un fils de Raimbaud, l'aide de camp de l'Empereur, ayant pris l'habitude de vivre dans la société des *grinches* et des joyeux marlous, et qui passait son existence couché dans une chemise de femme, au milieu d'un cercle de Montmartrois lui chantant des vers de lunapar. Et quand son père voulait absolument le voir, il n'avait qu'un moyen, c'était de faire faire par le préfet de police une rafle, et on le ramassait toujours dans ce monde, où il ne trouvait aucun mal à se trouver et à y être trouvé.

Le curieux, c'est que son frère, d'ailleurs morphinomane comme lui, a été perverti dans un autre sens par Tolstoï. C'est lui qui répétait, je crois à l'ambassade de Russie : « Les pauvres qui sont maintenant dans la rue, ce sont eux qui devraient manger notre dîner et nous, prendre le leur. » Yriarte, qui l'a beaucoup rencontré à l'hôtel Continental, où il se rendait sous le prétexte de lire les journaux russes, laisse entendre qu'il y allait pour un autre motif, lui qui pouvait faire partie des clubs et des grandes réunions de la société française et qui les évitait.

Jeudi 11 avril

Une gouvernante anglaise, appartenant à la religion catholique, a quitté la maison Daudet, lorsqu'elle a appris que l'auteur de LOURDES y était reçu.

Daudet, un peu excité par son fils, me semble, depuis quelque temps, avoir la tentation d'être le maître d'une revue, et ce soir, dans une causerie avec le jeune Philippe, le remonteur dans le moment de la revue de Mme Adam, il semblait disposé à acquérir ladite revue, à la condition qu'il en serait complètement le maître et que Mme Adam n'y aurait plus d'influence prépondérante [1].

A la fin de la soirée, au moment où je sors dans l'antichambre pour prendre mon patelot, Sherard, ivre à froid, dit qu'il a écrit à de Rodays, lui demandant quel est le drôle qui a fait l'article dans LE FIGARO sur Oscar Wilde, pour lui casser les reins, s'indignant qu'on traite ainsi un homme qui n'est pas condamné [2]. Et il se met à parler avec attendrissement de sa mère, qui est à l'article de la mort, de sa femme, qui l'adore, de ses deux enfants. A ma question s'il ne croit pas ce dont on l'accuse, il s'écrie qu'il ne s'occupe pas de ce que ses amis font dans les *water-closets.*

Et me parlant du profond chagrin que lui cause ce procès, et qui le rend malade, et qui l'empêche de manger, de fumer — tout en fumant un gros cigare — l'étrange et sympathique toqué me passe mon paletot, me demandant d'envoyer un témoignage de sympathie à Oscar Wilde.

Samedi 13 avril

Je dîne avec Georges Bousquet, qui a écrit LE JAPON DE NOS JOURS et qui, à propos du cours de droit qu'il a fait là-bas, constate la reconnaissance que tout Japonais a pour celui qui lui apprend quelque chose : « Oh, *sensei* ! » — le maître — répète avec tendresse l'étudiant.

Bousquet raconte qu'il a été un moment tellement séduit par le Japon qu'il avait écrit à sa famille de quitter la France, de lui amener une demoiselle dont il était épris, et qu'ils vivraient tous là comme dans le Paradis.

---

1. Il s'agit de LA NOUVELLE REVUE.
2. Dans LE FIGARO du 9, cet article, OSCAR WILDE, signé *Tit* et paru sous la rubrique *Au jour le jour*, fait de l'écrivain britannique « un simple fumiste », et surtout il anticipe sur la sentence en parlant du « triste personnage qui vient de si tristement finir » et en le traitant comme « un homme condamné pour attentat aux mœurs ». Pour les péripéties du procès Wilde, voir la note du 28 mai.

Il sortait de l'exposition des Pastellistes et Ballu, qui venait de faire les honneurs de la salle au président Faure, lui disait : « J'ai attrapé une courbature à tâcher de lui faire comprendre quelque chose à ce qu'il regardait. » Il manquerait vraiment du sentiment de l'art, notre président !

Dimanche 14 avril

Frantz Jourdain me parle des réelles générosités de Gallimard, de l'argent prêté à Geffroy, du manuscrit du BILATÉRAL acheté à Rosny 1 500 francs, du manuscrit de VALGRAIVE acheté 1 000 francs, des premiers tableaux de Carrière, acquis à des prix que le peintre trouvait inférieurs, mais qu'il ne pouvait toutefois se faire offrir nulle part, enfin de l'évolution mondaine de l'homme, qui lui semblait amenée par un accès de mauvaise humeur à la suite du peu de reconnaissance rencontrée chez les gens de l'art et de la littérature qu'il a obligés.

De Régnier m'apporte son portrait très ressemblant, peint par Jacques Blanche, sur son volume aux trois trèfles [1].

Duret dit qu'à Londres, les rapports étaient impossibles avec Oscar Wilde, qu'on ne pouvait se trouver avec lui dans un restaurant ou un café. Là-dessus, Régnier affirme qu'un de ses amis, qui avait vu Oscar Wilde à Londres, lui ayant demandé à Paris, avant de renouer des relations avec lui, quelles espèces d'amis il avait là-bas, Oscar Wilde lui avait répondu carrément : « Je n'ai pas d'amis, j'ai des amants ! »

La question est agitée de savoir si c'était un *actif* ou un *passif* et quelqu'un déclare que ça devait être un *passif*, parce que comme *passif*, l'homme rencontre dans la pédérastie le plaisir qu'il ne goûte pas avec la femme.

Paul Alexis, venu au *Grenier* par extraordinaire, se plaint de ses yeux, qui, en dépit d'un traitement, ne voient pas mieux et le forcent à dicter ses articles.

Le soir, Léon Daudet nous lit un fragment des KAMTCHATKA, fragment d'une désopilante folie. Une curieuse cervelle, ce garçon !

Alphonse Daudet nous raconte, ce soir, qu'étant encore au collège, il s'était fait inviter à passer quelques jours à la campagne par un camarade et que sa villégiature s'était passée dans la chambre du haut d'un bordel, où les femmes craignant la visite de quelqu'un de la police l'avaient caché. Et il était sorti de cette chambre avec le souvenir d'une peau de femme qui était comme de la soie, et l'horreur des lentilles, tant on lui en avait fait manger pendant les trois jours qu'il y avait passés.

Lundi 15 avril

Comme je m'étonnais du goût des femmes du monde pour des gens

1. Jacques Blanche avait exécuté ce portrait, à l'aquarelle gouachée, pour orner l'exemplaire Goncourt du TRÈFLE NOIR.

communs dans des genres différents, comme Maupassant et Bourget — mauvais goût que n'ont pas les grandes cocottes — Mme Sichel me faisait remarquer que les femmes qui passaient pour avoir eu des relations avec eux étaient des Juives, des femmes qui n'appartenaient qu'aux hommes *en vedette*, les entretenant avec un peu de leur popularité.

Mercredi 17 avril

On cause à la table de la Princesse des KAMTCHATKA, et Ganderax, qui a reconnu dans Turniquel le fils Arago, me jette : « Vous savez, on dit qu'il va épouser Jeanne Hugo [1]. » Est-ce que Léon aimerait encore sa femme ?

Ce soir, dans un coin du salon, Yriarte me racontait cette anecdote sur Balzac. Hertford, le prisonnier de l'Empire, lit sous Louis-Philippe LA FILLE AUX YEUX D'OR, croit reconnaître, dans le type qui a servi à Balzac, une fille qui avait passé dans ses orgies en un des endroits où il avait été interné, et demande à Jules Lacroix à le faire dîner avec lui à la Maison Dorée, où il l'invite.

Le jour convenu, Lacroix arrive tout seul, disant qu'il lui a été impossible de le rencontrer. Mauvaise humeur d'Hertford, qui force Lacroix à s'excuser sur ce qu'il est très difficile d'arriver à Balzac, affirmant que Hugo et ses amis ne correspondent avec lui que par lettres. Hertford toutefois, avec le despotisme qu'il apporte à ses caprices, s'entête pour le voir ; et enfin il est convenu qu'il aura une entrevue avec le romancier, à une première de la Porte-Saint-Martin. Mais là encore, Lacroix arrive seul, dit que dans le moment, Balzac est menacé de Clichy, qu'il n'ose sortir que le soir et que ses soirs, il les donne à sa maîtresse et à ses amis. Alors, Hertford de s'écrier :

« Clichy... Clichy ! Qu'est-ce qu'il doit ?

— Mais une grosse somme, répond Lacroix. Peut-être 40 000 francs, peut-être 50 000, peut-être plus !

— Eh bien, qu'il vienne, je lui paierai ses dettes ! »

En dépit de cette promesse, Hertford ne put jamais décider Balzac à entrer en relations avec lui.

Cet Yriarte est plein d'anecdotes. Il me racontait ensuite que l'expédition des Mille avait été faite surtout avec 70 000 francs de Lévy dus à Dumas père et avec lesquels il avait acheté des revolvers à Lille et des chemises rouges, il ne sait plus où, revolvers et chemises rouges qu'il sema sur le littoral de la Méditerranée, dans les endroits où on supposait qu'il y avait des garibaldiens, Dumas naviguant dans cette goélette que commandait sa maîtresse, costumée en capitaine de

1. Les *Kamtchatka*, qui donnent son titre au livre de Léon Daudet, publié en 1895, sont les snobs qui peuplent, aux extrémités de la mode, une « burlesque péninsule », aussi brumeuse et stérile que la région qui sert à les baptiser. Félix Turniquel est l'un d'entre eux : cet héritier de toute une lignée de Turniquel célèbres est « l'espoir crémeux de la diplomatie, le roi des prétentieux » (p. 9 sq.).

vaisseau et qu'Yriarte ramena en France enceinte, ayant toutes les peines, en cet état, à lui faire quitter son costume masculin [1].

Jeudi 18 avril

Dîner chez Daudet.

Lefèvre, un particulier auquel je n'avais pas fait attention jusqu'à ce jour et qui est un particulier curieux, un individu qui faisait un moment le commerce des plumes d'autruche et qui, à la suite d'une querelle avec les autorités anglaises, est passé chez les Zoulous, l'avant-veille de la mort du prince impérial et qui, prévenu par le courrier qui portait les dépêches, est arrivé sur les lieux, quatre heures après sa mort.

Le prince, avec huit hommes, dont il avait le commandement, avait passé la nuit dans un endroit où, le matin, les Zoulous, se glissant à travers les roseaux, le surprirent, au moment où il avait commandé à ses hommes de prendre le galop et où sautant sur son cheval, une sagaïe lui entrait derrière l'épaule et le traversait de part en part.

Quand Lefèvbre arriva, le Prince était par terre, *sagaïé* et dépouillé de tous ses vêtements. Ce qui avait contribué à sa mort, dit Lefèvre, c'est qu'au milieu de ses hommes en costume sombre et ayant l'air un peu de pompiers, avec son uniforme rouge et sa culotte blanche, il avait l'air d'un général anglais.

Lefèvre nous cite plusieurs légendes des Zoulous et, entre autres, celle de l'éléphant considéré comme le représentant de la force, de la bonté, de l'intelligence.

Cette légende nous montre l'éléphant, quand il entre dans un fleuve, posant légèrement le pied pour ne pas écraser le sable, écartant doucement les branches pour ne pas les briser et sauvant une gazelle d'un serpent qui la guette, sans faire peur au serpent. Or un jour, l'éléphant veut s'assurer de la gratitude de la nature et des animaux à son égard, et il trouve que l'eau se fait fraîche et le sable chaud à ses pieds, que les branches s'écartent docilement de son passage, que les animaux l'entourent respectueusement, quand il se sent mordu par un crocodile, au pied. Il le prend avec sa trompe ; et au moment de le tuer, la gratitude de l'eau, du sable, des branches d'arbres le sauve et l'éléphant le rejette à l'eau.

Dimanche 21 avril

Daudet parle de la Campagne de France de 1871, disant qu'il est impossible de la décrire sous le jour canaille où il l'a vue.

---

1. L'épisode se place en 1860 lors de la conquête de la Sicile par Garibaldi et ses *Mille* (cf. t. I, p. 565, n. 1). Voir dans LES AVENTURES DE MA VIE de Rochefort (1896, t. I, pp. 210-213) quelques pages sur *l'amiral Émile*, la figurante, Émilie Cordier, que Dumas emmena dans cette « expédition », sur son yacht, costumée en enseigne de vaisseau et qu'il présenta à Garibaldi. Elle figura à la droite du grand Italien, au banquet qu'il offrit à son état-major après la prise de Palerme (27 mai 1860).

Le jour de Champigny, à propos de *Capitulards*, jeté à de braves soldats, il traite l'insulteur de *Vieux con !* et toute la journée, revient, répété par les uns et les autres, ce mot de *vieux con,* jusqu'à un arrangement [1].

Un autre jour, à Issy, je crois, un zouave ivre lui mord amoureusement le cou dans la descente d'un escalier, zouave auquel il envoie un *pain*, qui le fait dégringoler, zouave qu'il revoit dans la cour, quelques instants après, prendre un glaçon dans de l'eau gelée où il y avait du sang, et cette eau sanguinolente lui dégouliner de côté d'un coin de la bouche.

Un autre jour, c'est encore un zouave, devant un public à cinquante centimes, se branlant d'une main, d'une autre main s'enfonçant une canette dans le cul et l'ombre chinoise de cela sur la tente.

Ce soir, à dîner chez Daudet, Lavedan, avec l'inquiétude du visage et l'approche de l'oreille d'un sourd. Ah ! ça se dérobe dans le lointain, l'expression figurée de celui-ci, le mot argotique de celui-là, la tonalité blagueuse de la parole de ce dernier, et ces conquêtes de l'ouïe, dont est fait tout son talent, c'est fini, c'est perdu.

Quand je quitte Daudet ce soir, il me dit après un silence : « Je serais bien étonné qu'avant trois mois, il n'arrivât pas quelque chose de grave à mon pauvre Léon. »

Lundi 22 avril

La jalousie de Mme Besnard, la femme du peintre, est telle qu'elle force son mari à dire à Mme Daudet : « Placez-moi dans vos dîners à côté d'une femme impossible. » Elle ne veut pas lui permettre de fumer dehors, le soir, une cigarette sur son boulevard et lui a fait dernièrement une scène, pour avoir trop causé à table avec Marcelle Frantz Jourdain, qui est encore une gamine.

Vraiment, il n'y a pas lieu à être fier d'avoir été nommé officier de la Légion d'honneur, quand cette année, pour le centenaire de l'École normale, sont données vingt croix d'officiers et cinquante de chevaliers.

Ah ! ces normaliens, ils remplissent tout, et cette semaine, entièrement L'ILLUSTRATION et LE MONDE ILLUSTRÉ. Les photographies qu'on donne d'eux, par la prétention des poses, le théâtral des attitudes, viennent à l'appui du mot de l'un d'eux, qui disait que tout homme sortant de l'École normale avait du talent, et du génie, diable m'emporte ! quand il ressortait de l'École d'Athènes. Et quelles récréations de potaches, leur *Méga* [2] ! Et Daudet faisait la remarque hier que dans ces êtres supérieurs, il n'y a pas un imaginatif, pas un

1. Sur la bataille de Champigny, cf. t. II, p. 347, n. 1.

2. Le *Méga*, la burlesque cérémonie d'initiation des *conscrits*, est représentée sur la couverture du numéro spécial de L'ILLUSTRATION (20 avril) : sous la menace d'un guerrier romain à la mode d'Offenbach, un *conscrit* baise une vertèbre du légendaire squelette de mégathérium conservé à l'École. — Dans LE MONDE ILLUSTRÉ du 20 avril, un court article anonyme, retraçant l'histoire de l'École normale, et six photographies de M. Gerschell illustrant la vie des normaliens.

poète, pas un romancier, sauf Richepin, qui n'est vraiment ni l'un ni l'autre.

Je fais aujourd'hui les deux expositions de Guys, l'exposition de la rue Laffitte, l'exposition de Petit [1].

La critique de l'heure présente veut en faire un grand monsieur. Mais non, Guys est un dessinateur rondouillard et le plus sale enlumineur de la terre.

Guys n'a vraiment qu'une valeur, c'est d'être le peintre de la basse putain dans le raccrochage du trottoir. Il a rendu la provocation animale de son visage, sous ce front mangé par d'écrasants bandeaux, la lasciveté de la taille sans corset, le roulis des hanches dans la marche, le retroussage ballonnant de la jupe, la tombée des mains dans les poches du petit tablier, l'attache dénouée du chapeau au chignon, l'excitation lubrique de son dos et de ses bras nus, en la mollesse et l'avachissement de l'étoffe qui l'habille — et cela dans les eaux verdâtres d'une aquarelle de Morgue.

Mercredi 24 avril

Aujourd'hui, avec la grève des omnibus et les conflits que ça a amené, je vois, en allant rue de Berri, toutes les têtes des rues occupées par des municipaux [2]. Oh, le joli état de société ! Et rue de Berri, j'entends la Princesse et les invités du mercredi, trouvant ça drôle, faire bêtement des mots comme ceux-ci : « Enfin, nous voilà délivrés du bruit ! » Ou bien : « Maintenant au moins, on peut traverser les boulevards sans être écrasés ! » Ils ne comprennent pas que ces grèves, c'est un des moyens de destruction anarchiste de l'ancienne société.

Jeudi 25 avril

Grand dîner chez Daudet.

Les ménages Ganderax, Charpentier, la mère et la fille Lemaire, Montesquiou, Brochard. Un dîner assourdissant, un dîner de perruches, avec toutes ces femmes babillantes dans une espèce de surexcitation, avec tout le bruit vide sortant de leurs bouches. C'est surtout la Ganderax avec son admiration de *vocératrice*, ses enthousiasmes effervescents pour n'importe qui en vedette, n'importe quoi à la mode.

Le soir, on cause du fils Guizot, qui faisait inconsciemment une étude sur Montaigne, avant que Daudet lui eût appris que Montaigne était

---

1. Du 28 mars au 20 avril, une première *Exposition Constantin Guys* a lieu à la galerie Laffitte, 20, rue Laffitte. Puis, du 17 avril au 1er mai se tient à la galerie Georges Petit, 12, rue Godot-de-Mauroy, l'*Exposition posthume des Visions de Constantin Guys, High Life-Low Life.* Le catalogue est préfacé par Robert de Montesquiou.

2. Pour obtenir une augmentation de salaires, les employés des omnibus parisiens se mirent en grève du 22 au 25 avril. La journée du 23 avait été marquée par des incidents boulevard Magenta : les grévistes assiégèrent et lapidèrent deux tramways qui circulaient ; les gardes républicains et les agents chargèrent pour dégager les deux véhicules.

un homme du Midi, de ce fils Guizot que Brochard, qui l'a pratiqué, déclare un imbécile ayant de la mémoire [1].

Dans un autre coin du salon, c'est une conversation sur Stevens, sur ce ménage à tout moment traversé d'incidents judiciaires et où l'on entendait le mari dire à sa femme qu'un homme d'affaires viendrait le lendemain pour une signature, et la femme répondre tranquillement : « Non, demain, à dix heures, je serai dans mon bain ! » Sur quoi le mari jetait par terre tous les meubles de la pièce. Et il est question des deux fils, ces chevaliers du biceps, se battant tous les soirs et mettant en bouillie les gens d'un coup de poing.

Dans un autre coin, Mme Charpentier parle du côté inamusable à la maison des jeunes filles de maintenant, chez lesquelles toutes les jouissances sont épuisées à seize ans, qui n'ont plus le bonheur d'un spectacle, d'un bal blanc, d'une tasse de chocolat apportée dans leur lit, etc.

Dans un autre coin, ce sont des blagues sur Oscar Wilde, au milieu desquelles j'entends Léon Daudet jeter dans un rire : « Oh ! celui-là, sa mère, quand elle le regardait dans son berceau, a dû penser : En voilà un qui saura se retourner ! »

Enfin, Daudet, près duquel je me suis assis un moment, avant de partir, me donne d'amusants détails sur les éditeurs à trois cents acheteurs, comme Conquet, comme Testard, comme Ferroud, disant que celui-ci, qui est une pure bête, a un talent remarquable, le talent de persuader ses souscripteurs qu'ils sont un peu des collaborateurs de l'illustration, leur montrant des premiers états, enregistrant avec admiration leurs observations, les en remerciant et leur promettant bien que le graveur en tiendra compte.

Dimanche 28 avril

Visite de Margueritte, accompagné de son frère.

L'homme malingre, tout changé, épaissi, engraissé, bronzé, ayant l'aspect d'un gentilhomme campagnard et parlant de la facilité de son travail à l'heure présente.

Après la sortie d'Armand Charpentier, Rodenbach nous dit que dans son volume du singe, il a volé une idée de nouvelle de Villiers de l'Isle-Adam, qu'il n'a pas publiée, mais dont lui, a donné l'analyse dans LE FIGARO. Un savant retiré du monde, qui, à l'heure de ses repas, avait besoin d'avoir de la société autour de sa table, y avait appelé des singes et un jour, sur un bruit dans le jardin, il allait voir et trouvait un singe crucifié. Cette nouvelle, Villiers de l'Isle-Adam ne savait comment la finir, indécis s'il devait faire le dénouement catholique ou

1. Guillaume Guizot n'acquiesçait point si docilement à l'idée que lui suggérait Daudet. Dans son ouvrage posthume, MONTAIGNE, ÉTUDES ET FRAGMENTS, 1899, ch. IV, p. 37, il tâche au contraire de montrer que si la langue de Montaigne doit beaucoup à la Gascogne, son caractère n'a à peu près aucun des traits prêtés communément aux Gascons.

anti-catholique, et il la racontait aux amis, comme il avait l'habitude de le faire, quelquefois trouvant des choses en parlant [1].

Rodenbach nous explique l'annonce ce matin du JOURNAL, annonçant la collaboration de Mendès et de Silvestre. Ils auraient réclamé 200 actions aux Simond, les menaçant d'un procès correctionnel, et le procureur de la République, tout bien vu et bien considéré, les aurait engagés à renoncer aux actions et aurait engagé les Simond à rompre les traités qui les liaient à L'ÉCHO DE PARIS, et ils doivent recevoir chacun 15 000 francs du JOURNAL, avec lesquels ils solderont les avances de L'ÉCHO.

On constate qu'il y a vraiment trop d'art industriel dans le moment, l'art industriel étant devenu les Invalides des mauvais sculpteurs.

Coppée disait ces jours-ci qu'il n'avait pas prononcé de discours à l'inauguration du buste de Cladel, parce qu'il avait eu peur d'attraper à la cérémonie un *pou de bronze.*

Ce soir, Daudet va pisser cinq ou six fois. En rentrant, il me dit que sa vessie va très mal, qu'il n'a plus de sommeil, que Depoux lui a conseillé de ne pas travailler durant quelques jours, qu'il a suivi ce conseil, mais que malgré lui, sa tête travaille ; et le voilà à me parler de la retraite de Russie, qu'il vient de lire dans les MÉMOIRES de Castellane, à m'en parler avec une exaltation fiévreuse s'écriant qu'il faudrait que l'histoire de l'Empire fût faite par un poète [2].

Lundi 29 avril

Mme Ludovic Halévy, qui revient de Rome, où elle a passé quinze jours, parlait d'un prince romain atteint d'une singulière folie. Il fait attacher à tous ses pantalons des poches de toile goudronnée, qu'il remplit d'eau, et aussitôt qu'il vous a donné la main, il la plonge dans l'eau d'une de ses poches et noie le microbe que vous pouvez lui avoir apporté.

Je causais ce soir avec une femme qui a une véritable passion du linge et qui me parlait, en artiste, de l'oreiller et de sa garniture à longs plis en festons découpés, qu'elle trouvait l'oreiller de la malade ayant quelque coquetterie. Elle faisait la remarque que le drap de coton

---

1. Le *volume du singe* est LE ROMAN D'UN SINGE (1895) d'Armand Charpentier : le Dr Halifax partage ses repas avec son singe Golo, qui tout ensemble devient amoureux de l'amie de son maître et dévot, restant des heures en contemplation devant un crucifix. Il finit, perdu de jalousie, par se pendre et on l'enterre *chrétiennement.* Le « conte parlé » de Villiers de l'Isle-Adam est inédit ; dans son VILLIERS DE L'ISLE-ADAM, article nécrologique du 20 août 1889, Rodenbach en donne un résumé semblable à celui que rapporte Goncourt, mais plus explicite sur un point (les singes avaient vu un crucifix dans la chambre du docteur) et agrémenté d'une très belle métaphore : « Effrayante et bizarre conception dont le symbole s'entrevoit sans être nettement démêlé. Et voilà pourquoi Villiers la racontait sans cesse depuis des années, espérant en trouver la formule complète au tournant d'une phrase, dans l'excitation de son propre récit — infatigable araignée qui court toujours à travers sa toile pour l'agrandir et la parfaire en soleil de dentelle. »

2. Cf. le JOURNAL — et non point les MÉMOIRES, qui n'existent point — du maréchal de Castellane (5 vol., 1895-1897), t. II, ch. V, de la page 172 (19 oct. 1812) à la page 216 (20 déc. 1812).

conserve quelque chose de l'humanité de l'être qui a couché dedans, une émanation que ne garde jamais la toile.

Puis elle constatait l'évolution de la toilette de la femme, disant que la camisole, les jarretières, le bonnet de nuit avaient été remplacés depuis sa naissance par la chemise de nuit, les attaches des bas au corset, une coiffure différente de celle du jour.

Mardi 30 avril

Au Salon, LE THÉATRE DE BELLEVILLE de Carrière, la résurrection des morts de la banlieue au jugement dernier. Ah ! le cochon de grisailleur qu'est devenu un homme de si grand talent !

Vraiment, ce Puvis de Chavannes me fout en colère, ce représentant de l'Idéal, avec ses Muses qui ont l'air de panneaux de bois découpé, avec ces pieds et ces mains à peine équarris d'idoles de Java [1]. C'est vraiment trop fort, ce manque de tout talent !

Le goût de l'Empire s'impose à tout, aux chaises mêmes de jardin de la *Ménagère*.

Ce soir, dîner avec Holmès chez Daudet. Léon, qui a dîné hier dans un restaurant espagnol et a bu des vins capiteux, qui a déjeuné ce matin pour le vernissage des Champs-Élysées avec les Hugo, a une atroce migraine et va se coucher après la soupe, et alors de l'Holmès toute la soirée.

Elle a une toilette dans laquelle se voit un plastron avec des dorures d'un harnachement de cirque. Après s'être plaint de la critique, qui a traité son opéra du mot : *la chose*, elle parle de l'union de la musique avec la parole, tout en reconnaissant qu'il ne faut pas de paroles de génie ; et Daudet, contrairement à ses idées de tous les jours, l'encourage dans cette voie, disant que la musique est pour les paroles quelque chose comme l'élévation de l'ostensoir à la messe.

Puis Holmès nous chante, nous joue LA MONTAGNE NOIRE.

Aimable et bien élevée, cette femme a quelque chose de peu sympathique. Très belle, dit-on, dans sa jeunesse, elle est de la race des femmes qui, à un certain âge, se mettent à ressembler à des hommes et cette ressemblance masculine, cette ressemblance avec Floquet, est encore accusée par un pince-nez, qu'elle porte tout le temps.

Sa MONTAGNE NOIRE me paraît ressembler à tous les opéras de la terre, avec des paroles un peu plus *romance*. Quant aux petits morceaux de musique, qu'elle baptise : *Chants divins* ou *héroïques*, et pas mal *érotiques*, sa musique a l'air d'avoir une certaine originalité, mais les compositions descendent — c'est très appréciable — de son long concubinage avec Mendès.

1. Au Salon de 1895, Puvis de Chavannes expose la maquette du grand panneau destiné à la bibliothèque de Boston : LES MUSES INSPIRATRICES ACCLAMENT LE GÉNIE MESSAGER DE LUMIÈRE.

Mercredi 1er mai

L'actrice Bonnaire, causant avec Rémusat, le parlementaire correct des Centres, lui disait : « J'ai un gamin intelligent comme tout... Seulement, il est impossible de le faire mordre à l'orthographe... il n'y a pas moyen vraiment... Tenez, je suis sûre qu'il ne trouverait pas même l'orthographe du mot : *merde* ! »

A propos de merde, j'assistai, ces jours-ci, au premier caca d'une petite chatte tout nouvellement née. C'était d'abord un petit cri, comme si elle accouchait ; ensuite comme un étonnement, et bientôt une horreur de la mauvaise odeur de la chose lui sortant du corps ; puis un enfouissement colère sous le sable, et la petite bête restait un moment dans une immobilité perplexe, anxieuse.

Jeudi 2 mai

Dîner chez Daudet, où Georges Hugo chante les louanges d'Aicard, en disant que pendant son service à Toulon, il l'a sauvé du suicide par son aimable compagnonnage.

C'est l'occasion pour Loti de déclarer qu'il a du talent, ce que Daudet nie et, parlant de l'homme, nous dit que c'est un être capricieux, trop ouvert tout d'abord et se refermant soudainement et vous lâchant pour passer à une autre relation. Il nous le peint avec son cheval, ses bottes, son costume de cabotin dans ses visites chez les Parrocel. Au fond, tous ceux qui le pratiquent reconnaissent son absolue servitude près de sa sœur, qui le grondait quand il restait trop tard avec Georges Hugo, et l'on gémit sur son enfance de bâtard, introduit dans la maison paternelle malgré le père.

Un assez triste personnage, ce Loti, avec son grand nez, ses chairs grises, sa parole avare, sa voix sans timbre. Sa peur de perdre une ligne de sa taille, le tenant debout, une main appuyée au dos d'un fauteuil, le fait ressembler à un morne oiseau au plumage malade.

Ah ! quel pauvre petit être maigrichon que la femme Rod ! Quelle malingre santé !

Mlle Read, avec sa figure d'ange qui a souffert, se montre tout à fait aimable avec moi en reconnaissance de ce que j'ai dit de gentil sur Barbey d'Aurevilly, me disant : « Ah ! qu'on est heureux en quelques lignes, de fixer ainsi une figure [1] ! »

Samedi 4 mai

Ce matin, en allant chez Charpentier, dans le bateau, à côté de moi, un cabotin, étudiant son rôle sur cette copie manuscrite en largeur distribuée aux acteurs, un cabotin à la tournure ramassée et concassée d'un fou de Vélasquez, avec le noir ras d'une barbe d'un curé du Midi.

---

1. Cf. t. II, p. 1158.

Dimanche 5 mai

Je suis en train de déjeuner. On sonne. C'est le jeune Simond qui me sollicite pour boucher le trou que fait à L'ÉCHO la désertion de Mendès et de Silvestre [1].

Dans l'après-midi, apparaît Villedeuil, ayant à la main sa grande fille de douze ans, toujours souriante, Villedeuil que je n'ai pas vu depuis des mois. Il s'excuse de n'avoir pas assisté à mon banquet, étant alors au lit, et il me conte qu'on lui a ouvert deux fois le ventre ; et quoique l'opération, au dire du chirurgien, ait parfaitement réussi, il attend qu'il soit tout à fait vaillant pour recommencer. Et comme je lui demande, un moment après, s'il a toujours aussi peu besoin de sommeil qu'autrefois, il laisse échapper qu'il dort moins que jamais, parce que, lorsqu'il se réveille, il pense à l'opération qui l'attend et est dans l'impossibilité de se rendormir. Alors, il saute à bas de son lit et cherche l'oubli de cette opération dans le travail, la lecture, la mise de sa pensée dans quelque chose qui le distraie de son idée fixe.

Puis il parle du président de la République, de Faure, qu'il dit être arrivé là par une vie qui a pris pour modèle la vie des parlementaires de la Grande-Bretagne. En effet, il l'a entrevu un moment au Havre, dans son dernier voyage, et a été frappé de sa tenue de vieux *gentleman* anglais, de son chapeau gris, de ses guêtres blanches.

Puis il cause assez curieusement de la restriction de la dépense chez les gens riches, de la disparition des beaux équipages au bois de Boulogne, qui n'a plus que la voiture de la reine d'Espagne, des loyers de 6 000 francs payés par des millionnaires, etc., et cela, dit-il, non par avarice, mais par absence de goût de dépense ; et il affirme qu'il est besoin d'une Cour dans un pays, pour être le stimulant des grosses dépenses et des folies du luxe [2].

A Villedeuil succède Tabarant, qui s'est mis à la recherche d'un clou pour l'Exposition de 1900, et a trouvé celui-ci : la reconstitution du palais de l'Exposition de 1796, sous François de Neufchâteau, avec ses 104 exposants — reconstitution dans laquelle il a été aidé par les plans et les dessins de Verniquet, qu'il a trouvés à Genève et qu'il veut compléter par des exposants et des exposantes en costume du temps. Hébrard, qui a été empoigné par ce *clou* et qui veut en donner la primeur, lui a demandé de l'aider à le lancer par des interviews avec moi, Sardou et autres [3].

Ce soir, dîner d'adieu chez Daudet, qui part demain avec tout son monde pour l'Angleterre. Nous causons de la pauvre mine de Henry Simond, qu'il a vu hier, de son air d'homme tué par la cuisine de L'ÉCHO

---

1. Add. éd. : *me sollicite.* Sur les démêlés d'Armand Silvestre et de Catulle Mendès avec L'ÉCHO DE PARIS, cf. plus haut p. 1124.
2. Dans ce paragraphe, *la reine d'Espagne* : Isabelle II. Cf. t. II, p. 600, n. 1.
3. Il ne semble pas que ce projet ait été exécuté lors de cette Exposition de 1900, qui se tiendra, à partir du 14 avril 1900, sur le Champ de Mars et qui présentera, comme attraction historique, une reconstitution du Paris du Moyen Age, d'après des dessins de Robida.

DE PARIS et les appétits de la danseuse Invernizzi, et de la débilité de sa poignée de main. Sur quoi Daudet me dit : « Figurez-vous que j'ai lu dans Stanley qu'un gorille, un jour, avec ses dents canines, qui décrochent la tête d'un léopard, avait coupé le bout des doigts d'un nègre et que, lorsqu'il les avait eus dans sa gueule, il les avait recrachés. Eh bien, quand Henry Simond m'a donné la main, il m'a semblé que c'était cette main du nègre, à laquelle il manquait le bout des cinq doigts. »

Mardi 7 mai

Il vient de mourir, ces temps-ci, une sainte laïque, Mlle Nicolle, qui était parvenue à se faire admettre à la Salpêtrière pour soigner sa mère et qui, cherchant l'emploi de son doux cœur aimant, après la mort de sa mère, avait pris la tâche de faire lire les petites idiotes par l'ingéniosité des inventions, par la tendresse de ses imaginations.

Départ, chez Charpentier, de mon huitième volume du JOURNAL DES GONCOURT qui paraît demain chez Charpentier.

Mercredi 8 mai

Ganderax arrive en retard dîner chez la Princesse, retenu à LA REVUE DE PARIS par les débats d'un traité qui assure à la revue la publication des MÉMOIRES de Gounod.

C'est drôle, cette nature de femme italienne de Mme Ganderax, ne craignant pas de se disputer avec les cochers de fiacre et de parler dans le rassemblement d'une rue, aimant la disputaille en plein air, comme si, dans son gosier, était demeuré un vieux reste d'éloquence du Forum.

Un moment, il est question d'un homme qui fait l'argenterie chez les Ganderax, possesseur d'une voix de ténor et auquel on fait prendre des leçons de vingt francs chez un professeur grec, nommé, je crois Kritikos. Or le futur ténor, la semaine dernière, sur les plaintes de son professeur, qui ne le trouvait pas en voix, s'écriait « que ces jours-ci, il n'avait pas mangé son saoul ! »

La Princesse a vraiment une beauté : c'est la qualité de la peau ; et en ses vieilles années, où elle est légèrement anémique, la blancheur de ses bras et de ses mains est merveilleuse, dans la toilette qu'elle porte depuis quelque temps, une toilette de dentelle.

Jeudi 9 mai

Aujourd'hui, je dîne pour mes douze francs chez Voisin, et je continue à être dans l'étonnement de manger là, pour ce prix, de la viande supérieure, des légumes accommodés au beurre sans margarine et de boire une demi-bouteille de vin qui n'empoisonne pas, quand j'entends parler de déjeuners coûtant par tête trente, cinquante francs chez le restaurant établi dans l'hôtel de la Païva [1] ; et quand je demande ce qu'on y mange d'extraordinaire, je ne puis tirer des gens que cette phrase : « Oh ! un caviar... un caviar comme on n'en mange nulle part ! » Merci ! Moi, je préfère un bon fricot français.

Vendredi 10 mai

Oh ! le bleu qui habille les femmes cette année, le bleu qui met sur elles la note dure que le bleu de Prusse apporte dans la peinture et n'ayant rien de la nuance céleste dont on le baptise et qu'a le bleuet dans l'ensoleillement de midi !

J'entre aux Beaux-Arts, où il y a une exposition d'un nommé Fouace, aux tableaux représentant des femmes nues et des monseigneurs décorés de la Légion d'honneur. Ah ! ce n'est pas bon, les femmes nues et les monseigneurs ! Mais ce peintre, pour donner l'illusion d'un morceau de roquefort vert-de-grisé sous une cloche de cristal, à côté d'une bouteille de Frontignan ou de Lunel, avec sa couverte de toile d'araignée pourrie par l'humidité de la cave, enveloppant la topaze du vin, est vraiment l'égal de Chardin. Après, pourquoi ce peintre du roquefort aux Beaux-Arts ?

Dimanche 12 mai

Aujourd'hui, Tissot, Rodenbach, Montesquiou, viennent me remercier de ce que j'ai dit d'aimable sur leur compte dans mon JOURNAL [2].

Tissot, grossi, épaissi, ayant dans la parole quelque chose de la lourdeur, de la lenteur des Anglais gras. Il m'entretient de la préparation de son livre chez les Mame, disant que bon nombre de fac-similés, encadrés, pourraient être pris pour des originaux et déclarant que dans cette publication, rien n'a été donné au bon marché. Les exemplaires de son livre, publié en deux volumes, coûteront 1 500 francs [3].

Rodenbach s'élève avec une vive éloquence contre un article de Talmeyr, blaguant la théorie de l'art pour l'art, et soutient que l'art qui sert à la religion, qui sert à n'importe quoi, est de l'art inférieur, blaguant joliment l'homme qui a dit que son roman avait fait baisser de dix centimes le transport des ouvriers dans les chemins de fer, et proclamant que le beau dans l'art est de n'être utile ni aux autres ni à soi-même [4].

Montesquiou a l'air tout reconnaissant de la publicité que j'ai donnée

1. Sur l'hôtel de la Païva, cf. t. I, p. 1183, n. 1. Il était alors occupé par le restaurant Cubat.
2. Cf. t. III, pp. 361, 381-382, 418, 437, et pp. 604-605.
3. Cf. t. III, p. 1112, n. 2.
4. Cf. LA BANQUEROUTE DE L'ART de Maurice Talmeyr (FIGARO, 10 mai 1895). L'auteur voit dans la théorie de l'art pour l'art « l'une des plus destructives mystifications de ce siècle », un rêve de jardin sans racines et sans sol. Quand aux tarifs ferroviaires consentis aux ouvriers sous l'influence supposée de Talmeyr, il n'en est naturellement pas question dans cet article tout général.

à son *home* et parle de la Duse, de cette singulière créature qui ne l'a pas reçu, à son voyage à Bruxelles, fait tout exprès pour la décider à jouer dans sa matinée pour Desbordes-Valmore, qui dernièrement s'est refusée à recevoir les compliments de la reine des Belges [1].

Ces dimanches me tuent. A la fin de la journée, le parler auquel je me force me donne des picotements à la gorge, une tendance à l'extinction de voix qui me fait craindre la perspective d'une phtisie laryngée.

Lundi 13 mai

Cet après-midi, Hayashi me confessait qu'avant d'avoir été forcé par moi de traduire la préface de la MANGWA, il ne l'avait jamais lue, ainsi que tout Japonais, en sorte qu'à l'heure présente, nous étions les deux seuls hommes de la terre qui savions comment la MANGWA avait été fabriquée [2].

Ce soir, M. Villard racontait une visite qu'il avait faite à Félicia Mallet, pour la décider à venir chanter chez lui, et nous peignant le déséquilibrement de la créature.

Il était dix heures, et elle était en train de dîner. Tout à coup, pendant qu'elle causait avec lui, elle s'écriait avec des gesticulations de folle : « Ah ! cette mouche... cette mouche ! » Et la mouche rebourdonnant contre une glace, elle se levait de table et donnait de grands coups de serviette contre la glace, vociférant : « Réjane... Réjane ! » appelant ainsi à son aide la puanteur connue de son haleine pour tuer la mouche. Puis c'était une engueulade avec une bonne, pour la débarrasser de la mouche. Enfin rassise, elle jetait à Villard : « Quelle drôle d'idée ont vos parents de m'entendre !... Jamais ils n'y comprendront goutte. » Et comme il l'assurait du contraire en prenant son chapeau : « Je vois bien que vous vous embêtez avec moi... Oh ! alors, allez-vous en... »

M. Villard racontait aussi ce mot assez drôle d'un trottin, qui dans l'ovation de la foule faite à l'amiral Avellan au Cercle militaire, au milieu des acclamations et des vivats, répétait douloureusement : « Avec tout ça, il y a quelqu'un qui me pince les fesses [3] ! »

Mercredi 15 mai

Mme Ajalbert, en compagnie de Mme Helleu, m'apporte à voir la

---

1. La *reine des Belges :* la princesse Marie-Henriette d'Autriche, mariée en 1853 à Léopold II.

2. Cf. HOKOUSAÏ, p. 98. Après s'être brouillé avec l'écrivain Bakin, dont il était l'illustrateur, Hokousaï s'arrête à Nagoya et aux cours de ses conversations avec Bokousen, il s'amuse à dessiner plus de 300 compositions, que ses amis le décident à publier en volume sous le titre de HOKOUSAÏ MANGWA, « dont la traduction littérale est *man*, au gré de l'idée, *gwa*, dessin : la traduction serait peut-être : *Le dessin tel qu'il vient spontanément.* » Telles sont les indications données par Hanshû dans la préface du premier volume de la MANGWA, traduite pour Goncourt par Hayashi.

3. Sur la réception de l'amiral Avellan, cf. t. III pp. 878-879.

charmante pointe sèche qu'a faite Helleu, d'après son élégante personne fumant une cigarette.

Ce soir, arrive au dîner de la Princesse Mme Ganderax, un peu brisée de sa journée, où elle a enterré Joubert, marié un des fils Calmann-Lévy, ce mariage et cet enterrement entremêlés d'un certain nombre de visites.

Vilmorin n'aurait plus maintenant ses jardins pépiniéristes de plantes et de fleurs dans le Midi de la France où l'abri des roseaux pendant l'hiver n'est plus suffisant, il aurait été obligé de les transporter en Égypte.

Samedi 18 mai

Coppée, c'est vraiment en littérature le représentant de l'âme du petit bourgeois.

Hayashi, qui est venu dîner chez moi, me dit que la nourriture du Japon a été de tout temps, même depuis l'introduction des boucheries, seulement du poisson, avec un peu de gibier l'été. Et parmi les poissons, il me parle de l'un d'eux, nommé le *kouzou*, poisson peu estimé, mais qui se vend très cher le premier jour de son arrivée : ce jour-là, les Japonais mettent une vanité à en manger.

Nous causions des *sourimonos*, des *sourimonos* de Kyoto qui ont une grandeur brutale et où les hommes ont quelque chose de féminin, et des *sourimonos* de Yédo, où les hommes sont tous masculins et qui ont la délicatesse et le fini de travaux de femmes.

Dimanche 19 mai

Georges Lecomte cause de son voyage en Andalousie, où l'Andalou fait l'œil à la femme et la pince et la pelote sur la voie publique. Il dit qu'il a été obligé de donner un coup de poing à un de ces chaleureux, qui s'était presque assis sur sa femme, pendant qu'il était entré chez un marchand de tabac ; et il raconte qu'il a rencontré à Gibraltar des Anglaises qui se sont plaintes de n'avoir pu rester à Séville, à cause des attouchements *cochonnes* des hommes.

Descaves laisse percer son dégoût du monde théâtral, de ce monde où Georges Daudet, ce formidable nul, est quelqu'un, de ce monde menteur, qui éreinte une pièce dans les corridors et en fait l'éloge le lendemain dans ses feuilletons. Il citait un dîner entre ces critiques, où Lemaître, se vantant du succès de Sarcey et d'Yvette Guilbert, avait fait dire : « Il est plus *en bosse* que jamais [1] ! »

A l'éloge que je faisais de L'AUTRE FEMME de Rosny, disant que le livre était documenté de toute la psychologie de sa frasque amoureuse, il citait la phrase de Rosny, fabriquée pour les amis : « Je me suis payé cette intrigue pour avoir des remords. »

---

1. Sur les railleries de Goncourt touchant le physique de J. Lemaître, cf. t. III, p. 308.

Puis Lecomte nous entretient de Granet, qui se promène à l'heure présente sur le boulevard les épaules déployées, la large poitrine ouverte, revenant sur le passé de cet homme, qu'il a eu comme ministre aux Postes et qui a été si près d'avoir le sort de Baïhaut.

Il nous peint l'antre infect qu'il avait peuplé de si grandes canailles que lui et trois ou quatre autres collègues, légués par Sarrien, s'enfermaient pour n'avoir pas de commerce avec la *gens* Granet. Il citait l'un d'eux, envoyé au ministère de la Guerre pour une communication, qui, sur sa mine de coquin, faisait demander si vraiment c'était un employé des Postes. Il en citait un autre, qui au restaurant de la Légion d'honneur, où ils allaient déjeuner, mettait en adjudication, à 15 et à 20 francs, des permis de chemin de fer en blanc volés dans le cabinet du ministre.

Mercredi 22 mai

A rapprocher la critique théâtrale du FIGARO de GERMINIE LACERTEUX de la critique des DEMI-VIERGES, et à voir combien cette critique s'est humanisée [1].

Visite de Champsaur, qui, au nom de son premier compte rendu, me force à lui donner un exemplaire sur Hollande de mon dernier volume du JOURNAL. Oh ! la canaillerie sous-cutanée du visage de cet homme !

Il me parle d'Irving et des procédés seigneuriaux du comédien anglais. Se trouvant à Londres, Champsaur lui demande deux places : Irving lui aurait eu une avant-scène, l'aurait invité à souper avec sa société, et sur le déclinement de son aimable invitation, lui aurait fait servir une collation dans l'avant-scène. Il n'y a jamais eu rien de pareil chez nos comédiens français. Après tout, est-ce bien vrai ?

Bracquemond arrive anéanti par l'orageux de la journée d'aujourd'hui. Il est très maigri, très anémié, se plaignant de l'effort qu'il lui faut maintenant pour graver, pour écrire une lettre, et disant, en se touchant le front, qu'il a quelque chose au cerveau qu'il ne définit pas.

Et il regagne Sèvres, tout heureux, tout content d'avoir trouvé chez Sagot des titres de romans de 1830, deux petits bois de Johannot, bien enfantins, qu'il déclare de petits chefs-d'œuvre.

En passant la porte, il me jette du boulevard : « Avez-vous vu les CATHÉDRALES de Monet ? Ce sont de petites crottes jaunes, bleues, roses... mais de loin, c'est admirable [2] ! »

---

1. Marcel Prévost avait tiré des DEMI-VIERGES une pièce en trois actes, représentée au Gymnase le 22 mai 1895. Si le public accueillit favorablement le brio de l'exécution, il fit des réserves sur le sujet, les expériences amoureuses de Maud de Vouvre et de ses amies, qui ne furent acceptées qu'à la faveur du dénouement moral, Maud se voyant abandonnée par Maxime, qu'elle aime, quand il apprend ce qu'elle est. Tel est le sens du compte rendu d'Henry Fouquier dans LE FIGARO du 22 mai.

2. Cf. t. III, p. 1007, n. 4.

Dîner chez la Princesse. Le ménage Straus, le ménage Ganderax, le ménage de Bouchand, et Primoli, qui vient d'arriver d'Italie, il y a deux jours.

Mme de Bouchand, trop grande, provincialement mise et, selon l'expression de Mme Straus, ayant la poitrine habillée d'un pantalon, mais des traits d'une finesse, d'une délicatesse, d'une découpure, avec des yeux d'une tendresse dans la transparente cernure des yeux de petite fille.

Un orage suivi d'une pluie formidable, et au milieu du dîner, la pleine nuit. C'est l'électricité qui s'est éteinte par suite d'un plomb qui a sauté, et il faut allumer des bougies. Voici ce que valent les nouvelles découvertes. Pour celle-ci, il faudrait un électricien à domicile.

On cite quelques mots de cette grosse Mme Aubernon, qui sont vraiment des mots qui semblent originaires du XVIIIe siècle : « Ce qui fait la quiétude de ma vie, c'est d'avoir aboli le souvenir. Oui, je regrette souvent ma mère... mais très peu à la fois. »

Vendredi 24 mai

Une journée fatigante par la succession de gens qui me prennent toutes ses heures.

D'abord Rodophe Lothar, me demandant une préface pour une pièce sur Borgia, qu'il a fait recevoir par Lugné-Poe [1].

Le Lothar suivi, aussitôt sa sortie, d'un baron de Vitta, qui a acheté l'exemplaire de 10 000 francs de LA FILLE ÉLISA, avec tous les dessins et les croquis de Jeanniot, et qui, sans tact et sans pitié, me fait retourner toute ma collection de dessins du XVIIIe siècle pour les lui montrer. Et je ne sais plus qui encore.

Puis à la fin de la journée, un orage épouvantable, ainsi que tous les jours de cette année, et pendant lequel j'attends à dîner, dans le passage de l'Opéra, Descaves qui ne vient pas.

Samedi 25 mai

Exposition de la Révolution et de l'Empire [2].

Des héros aux crânes étroits de crétins, des meubles aux formes droites sur des pieds maigres, des intérieurs de famille avec de petits enfants travestis en vétérans de la Vieille Garde. Mais au milieu de cela, des nippes remuantes et des défroques plus mémoratives que tous les imprimés. Oui, des chapeaux qui ont le roux de la poudre des batailles historiques, le chapeau d'Austerlitz, le chapeau de Waterloo ; et à côté de ces feutres, ce chapeau de paille, ce vieux panama, tout

---

1. Aucune pièce de Rudolph Lothar ne sera jouée par Lugné-Poe au théâtre de l'Œuvre.
2. En mai et juin, aux Champs-Élysées, se tient l'*Exposition historique et militaire de la Révolution et de l'Empire*, où la Révolution était sacrifiée et qui valait surtout par les portraits que Greuze, Ingres, Gérard, etc., avaient exécutés de Bonaparte, de sa famille et de ses généraux.

gondolé, au cordonnet noir, que le grand empereur portait à Sainte-Hélène. Et tout près du chapeau de l'exil, cette veste de piqué blanc aux taches jaunes, qui semblent sorties du foie du Prométhée de l'île africaine. Enfin, ce lit sur lequel il est mort, ce lit qui a la grandeur d'un lit de garçonnet, ce lit en fer, monté sur des roulettes, avec son petit dais en forme de tente militaire, sa soie verte passée, son mince matelas, son traversin, son gros oreiller, ce lit entre les rideaux duquel il y a peut-être eu, dans l'insomnie, la plus grande souffrance morale de notre siècle.

Mais dans tout ce garde-meuble de l'Empire, j'oublie deux merveilleuses cuirasses en acier bleuté, qui ont l'air d'avoir été retrouvées sur un champ de bataille romain, cuirasses faites pour la poitrine des généraux de l'Empire et qu'ils ne voulurent pas porter à la tête de soldats n'ayant que du drap sur leurs pectoraux.

En sortant de là, entré à l'exposition des fleurs. Des orchidées, des *lilia*, je crois, qui ont l'air de fleurs de chair, avec la petite tache de sang d'une fraise : des fleurs étranges qui sont comme un passage de la flore à de l'animalité angélique.

Dîner le soir chez Gavarni. Maison qui, avec la nourriture un peu ouvrière des repas, la bonne et ouverte physionomie du maître de la maison, de la femme, des enfants, de la bonne, me fait croire me trouver dans un intérieur d'artiste du XVIIIe siècle.

Après le dîner, Gavarni me dit faire — et faire tranquillement, comme tout ce qu'il fait — un tableau de Jeanne d'Arc sous les murs d'Orléans, le soir de la bataille. Et il va me chercher un petit modèle en cire de sa JEANNE équestre : une Jeanne d'Arc nue sur un cheval qu'il s'est ingénié à représenter le plus moyenâgeux qu'il est possible et dans des proportions tout à fait mathématiques. Et son intention est de peindre sa Jeanne d'Arc au bord de la Loire, sur un cheval blanc éclairé par le soleil couchant, une Jeanne d'Arc ayant le caractère d'un bas-relief. Aussi a-t-il fait pour ce tableau nombre d'études de chevaux blancs dans le soleil.

Dimanche 26 mai

Un jour où je me trouve avoir soixante-treize ans.

J'ai la visite, ce matin, de deux Allemandes, les demoiselles Kirschner, dont l'une est peintre et l'autre femme de lettres et qui aurait, sous le pseudonyme d'Osipp Schubin, combattu en Allemagne pour ma gloire. Ces deux femmes m'étonnent par la connaissance qu'elles ont de MANETTE SALOMON et de LA MAISON D'UN ARTISTE.

La femme de lettres me dit avoir donné LA MAISON D'UN ARTISTE au petit-fils de Schiller, qui est peintre et qui, pris de passion pour le livre, s'en est fait le propagateur près de tous les artistes allemands. La peintresse, elle, me conte qu'à l'arrivée de l'exemplaire, s'étant jetée dessus, sa mère avait retiré d'entre ses mains le volume ouvert à la première page, en s'écriant : « Non, il ne sera pas lu par toi toute seule ; moi, je veux le lire tout haut ! »

On parle au *Grenier* de Mme Segond-Weber, et Armand Charpentier raconte qu'il y a bien longtemps, il a été la chercher pour la récitation d'un morceau de poésie, dans une représentation d'amateurs. C'était rue de la Roquette, dans une chambre, au haut d'un escalier comme il n'en a jamais rencontré, un escalier où de temps en temps, le manque des marches vous forçait à vous pendre à la rampe. Il entrait : une chambre séparée par un drap ; et il était reçu d'un côté du drap par la mère, tandis que la fille finissait de s'habiller de l'autre côté. Et il arrivait ceci, c'est que la mère, témoignant tout haut au visiteur l'ennui qu'elle éprouvait de voir sa fille, qui avait un brevet d'institutrice et la faculté de gagner sa vie, courir les aventures, la fille lui criait de l'autre côté du drap : « Tu te trompes : un jour, je ferai la fortune de la maison ! »

Fille d'un père fusillé sous la Commune, elle affecte d'être du peuple et l'on raconte que, se trouvant un jour dans le grand monde avec Caron, qui était la fille de la fruitière demeurant à côté de chez elle, elle l'avait abordée avec ces paroles : « Te rappelles-tu le temps où j'allais acheter des carottes chez ta mère ? »

Puis l'on cause de Lorrain, et La Gandara, qui a été le voir à la maison de santé de Pozzi, dit qu'il souffre *mort et passion* de ses pansements.

Lundi 27 mai

Gavarni a fait L'ÉCOLE DES PIERROTS, Forain fait L'ÉCOLE DES MICHÉS.

Une femme de la haute bourgeoisie, toute charmante et très distinguée, d'intelligence très ordinaire, mais qui aurait le goût de la cuisine et qui ferait dans des casseroles d'argent, devant une flambée résineusement odorante de bois parfumés, des plats idéaux, de l'ambroisie terrestre un peu variée... Si j'étais plus jeune, j'aurais fait une nouvelle très fouillée de cette idée.

Mardi 28 mai

Aujourd'hui, Mme Segond-Weber m'est amenée par Montesquiou, venant me demander à jouer LA FAUSTIN.

Je suis frappé de sa beauté, de la fine ciselure de ses traits, de son pénétrant regard noir. Son projet est de demander à Porel de remplir le personnage de la Faustin. Je ne lui ai pas caché qu'il l'avait refusée, et ma situation délicate avec lui dans le moment.

Elle est remplacée par ce pauvre de Nion, dont l'affaire vient demain et qui me demande une lettre attestant sa parfaite honnêteté et son malheureux amour de la couleur locale, lettre que nous rédigeons ensemble [1].

---

1. Cf. plus haut p. 1109, n. 2.

Daudet est arrivé hier d'Angleterre et m'a fait inviter à dîner aujourd'hui par Lucien, de Londres.

Je le trouve tout plein de vie et d'entrain, et par ma foi ! engraissé et n'ayant plus rien de la tête de crucifié que lui a faite Carrière. Il parle avec une certaine fierté des *écrasements* qu'il a subis, de ces conversations où l'on est placé entre deux personnes qui se renouvellent toutes les cinq minutes, de ces conversations qui durent deux ou trois heures.

Puis il saute à Stanley, qui a sa photographie sur son bureau et où la largeur de la mâchoire dépasse de beaucoup la largeur du crâne. Parlant du voyageur avec une espèce de respect émotionné, il m'apprend qu'il a eu avec lui une conversation sur les idées religieuses, où Stanley lui a avoué qu'il ne subsiste en lui que sa prière d'enfant. Et alors, cet homme qui parle très mal le français, en sorte qu'il parle anglais quand il s'anime, avait été de la plus grande éloquence, disant que cette prière lui revenait aux lèvres, toutes les fois qu'il y avait un danger sur la mer, sur la terre, dans le ciel.

Puis il est question d'Oscar Wilde, et comme Daudet a eu les confidences de Sherard, qui est allé le retrouver à Londres et qui voyait Oscar Wilde tous les jours, il est très intéressant sur le sujet [1].

Le malheureux, à ce qu'il paraît, était dans l'impossibilité de coucher à Londres. Retourné à l'hôtel de ses amours, le maître d'hôtel arrivait lui dire que le marquis Queensberry était en bas avec des boxeurs, que cela allait amener du scandale et qu'il fallait partir. Il se rendait dans un autre hôtel, grimé, travesti ; mais une heure ne s'était pas passée, que le maître d'hôtel lui disait : « Vous êtes M. Oscar Wilde, je vous prie de sortir ! » Il allait encore frapper à la porte d'un hôtel dont le propriétaire se refusait à le recevoir, en dépit de l'offre de trois cents francs. Enfin il s'était décidé à se rendre chez son frère qui, lui, n'était pas un pédéraste, mais un alcoolique prédicant et auquel il demandait *la place par terre pour son corps.* Il voulait bien le recevoir, mais en le prêchant toute la nuit.

Triste famille, où la mère des deux frères est toujours ivre de gin, dont les bouteilles remplissent sa chambre, et où la belle-sœur d'Oscar, une pauvre créature chez laquelle l'indignation est morte, disait à Sherard que tous les Wilde étaient des fous.

Quant à Mme Daudet, c'est un emballement sans critique pour l'Angleterre ; il n'y a que les femmes qu'elle trouve filamenteuses et

1. Sur le voyage de Daudet à Londres, cf. plus haut p. 1115, n. 2. — Après un esclandre lors d'une représentation de THE IMPORTANCE OF BEING EARNEST (St-James's-Theater, 14 fév. 1895), le père de lord Alfred Douglas, l'ami de Wilde, le marquis de Queensberry qui, d'après son fils, faisait sa compagnie ordinaire de boxeurs et de jockeys (cf. Robert Merle, OSCAR WILDE, 1948, p. 109), poursuivit Wilde d'hôtel en hôtel et enfin provoqua un plus grave scandale en remettant au portier de l'*Albermarle Club* une carte avec ces mots : *Oscar Wilde posing as sodomist.* L'écrivain eut l'imprudence d'engager contre lui un procès en diffamation qu'il perdit et qui entraîna son arrestation le 5 avr. 1895. Mis d'abord en liberté provisoire le 7 mai, à la suite d'un premier arrêt de la cour d'Old Bailey du 26 avril, il se vit enfin condamné à deux ans de *hard labour* le 25 mai.

d'une maigreur hommasse, maigreur qu'elle attribue à la fatigue des exercices gymnastiques.

Mercredi 29 mai

Aujourd'hui, une journée de visites depuis dix heures du matin jusqu'à sept heures du soir, une journée qui me tue et me fait coucher après dîner.

Parmi les visiteurs, le général Meredith Read, un aimable dîneur des *Spartiates*, me racontant que ces jours-ci, à la suite d'une grande tempête, il y avait eu toute une journée de nuit qui avait fait se coucher les oiseaux et produit une certaine émotion dans la population. Et il n'y a de cette perturbation terrestre qu'un exemple en 1811.

Jeudi 30 mai

Daudet disait, ce soir, que lors de son arrivée à Londres, devant l'ordre, la stabilité, la prospérité du pays, avec l'intelligence médiocre de la race n'ayant que la ténacité, il comparait dans sa pensée le Français, avec ses qualités intelligentielles, à un bel enfant qui prendrait plaisir à se déchirer de ses dents et de ses mains, à s'estropier, à se rendre difforme.

Vendredi 31 mai

Galdemar, du GAULOIS, venant m'interviewer sur les DEMI-VIERGES de Marcel Prévost, me disait que l'auteur affirmait qu'un médecin lui avait indiqué un couvent où les jeunes filles se branlaient avec le crucifix de la tête de leurs lits, qu'elles décrochaient.

Dans ce moment, existe un sentiment hostile contre moi, à cause de mes études sur l'art japonais. Il n'y a pas seulement que l'imbécile directeur du FIGARO qui y voit de l'anti-patriotisme [1]. A propos d'une note de mon dernier livre du JOURNAL, sur la porcelaine de Saxe, j'ai reçu une lettre d'un marchand de gravures que je n'ai pas l'honneur de connaître, m'écrivant : « Est-ce que la japonaiserie vous fait oublier que tous les artistes de la cour de Saxe étaient français [2] ? ». Je n'ai pu me tenir de lui jeter cette carte : « Alors, Monsieur, ayez la bonté de me dire pourquoi la porcelaine de Saxe diffère absolument de la porcelaine de Sèvres [3] ? »

L'AUTRE FEMME de Rosny est incontestablement une œuvre de talent sortie d'une idée originale, mais parfois la *maniaquerie* prédicante de sa conversation passe dans le livre, et c'est insupportable.

1. Cf. plus haut, p. 1098.
2. Cf. t. III, p. 367.
3. Add. éd. : *ayez la bonté...*

Samedi 1er juin

Une journée d'émotion, où il a fallu faire une opération chirurgicale à la petite Marie qui, en marchant sans chaussures dans sa chambre, s'est enfoncé dans le pied une aiguille qu'elle a cassée en voulant la retirer [1].

Ce soir, je donne à dîner à Geffroy et à Descaves. On parle du talent qu'a Rosny pour peindre le bonheur du manger, les joies d'un estomac satisfait, le gaudissement physique d'un repas plantureux chez un être. Puis on passe aux livres de Léon Daudet, et mes amis — je les trouve bien sévères — reprochent à son talent le manque de la vache enragée, qu'a eue dans sa vie le père, et son absence de sensibilité dans la peinture des malheureux.

Dimanche 2 juin

Daudet m'apprend qu'un procès est en germe à la suite du divorce de son fils, Lockroy disant partout que les 150 000 francs dépensés en sus des revenus pendant les années de ménage et par la femme, auraient servi à payer les dettes de garçon de Léon.

Apparition au *Grenier* de Raffaelli, arrivé d'Amérique depuis deux jours, dans une entrée où l'on sent la réussite. Alors, avec des paroles dont il cherche le mieux qu'il peut à renfoncer l'orgueil, il nous dit sa réception triomphale, le nombre des invitations à dîner, qui ne lui ont pas permis une seule fois, pendant son séjour là-bas, de dîner en son particulier, les reporters attachés à ses pas, notant ses exclamations dans la rue et les publiant le lendemain dans les journaux. Enfin, il termine en disant qu'il rapporte 700 articles de sa tournée.

J'ai reçu une lettre si aimable de Mme Adam que je suis forcé d'aller chez elle, ce soir, assister à une représentation théâtrale, où on doit jouer une pièce de sa composition, intitulée LES TEMPS NOUVEAUX, et une pièce grecque [2].

Vraiment, les Parisiens et les Parisiennes ne sont pas difficiles à l'endroit du plaisir qu'on leur offre. Je croyais à une vraie salle de spectacle ; c'est quelque chose dans le genre du théâtre Dardoize, un rien plus grand. Or, c'est trois heures sur une étroite chaise, où l'on ne peut asseoir qu'une fesse. Là, sur la scène, jouant un rôle dans la pièce politique de Mme Adam, je revois le petit de Nittis. Il a une pauvre mine souffreteuse, des yeux rouges de lapin blanc, une poitrine étroite, au fond, un aspect sympathique par la pauvre santé qu'on sent dans ce jeune corps. Mais vraiment, quelle désastreuse idée de vouloir

---

1. Marie Blaise, la nièce de Pélagie Denis.
2. La pièce de Mme Adam s'intitule plus exactement LE TEMPS NOUVEAU et elle sera éditée avec MOURIR, COUPABLE, etc., par l'auteur en 1896 dans MON PETIT THÉÂTRE. Voir dans LES SALONS DE PARIS EN 1889 de Claude Vento (1891) le récit de la première représentation théâtrale donnée le 20 févr. 1887 par Mme Adam dans le grand salon de son nouvel hôtel du boulevard Malesherbes.

jouer avec cette parole qui, autrefois, avait l'air de s'enfuir par un trou dans le palais et que maintenant, à force d'études et d'efforts, il fait remonter et sortir par les narines !

Lundi 3 juin

Ce soir, Mme Sichel me parlait de ses relations à Honfleur avec Mme Aupick, la mère de Baudelaire.

Elle me peignait cette femme petite, délicate, mignonne, un rien *boscotte*, avec de grosses mains noueuses, maladroites, pouvant tenir six dominos et, par là-dessus, si aveugle qu'elle était obligée de coudre contre son nez.

Puis elle me décrivait sa maison, en haut de la falaise, au bas de la côte de Grâce, choisie par le général, autrefois ambassadeur à Constantinople, dans un endroit qui lui rappelait l'entrée de la Corne d'Or, une maison à la chambre du général tendue avec de la toile à voile et ressemblant à une tente, aux autres pièces recouvertes d'une toile de Jouy et renfermant dans l'écurie deux carrosses d'apparat, dont la propriétaire avait été obligée de vendre les chevaux, quand elle avait été réduite à vivre de sa pension de veuve, carrosses que les bonnes sortaient et promenaient une heure, tous les samedis, sur les pavés de la cour.

Il semblait à la jeune fille qu'était Mme Sichel que la vieille femme avait une haute idée de l'intelligence de son fils, mais qu'elle n'osait en témoigner par suite de l'autorité qu'avait sur son esprit un M. Hémon, regardant son fils comme un chenapan qui parlait toujours de venir voir sa mère, ne venait jamais, et ne lui écrivant que pour lui demander de l'argent.

Une révélation curieuse de cette causerie, c'est que la mère de Baudelaire, qui mourait après son fils, mourut de la même maladie, mourut aphasique. Ainsi tombe la légende qui attribue à la vie de désordres de Baudelaire cette maladie, qui ne fut chez lui qu'un résultat de l'atavisme.

La vieille femme disait plusieurs fois dans sa langue romanesque à Mme Sichel, qui s'appelle Laure : « Je regrette que mon fils n'ait pas envie de se marier, je désirerais bien vivement qu'il fût votre Pétrarque. »

Mardi 4 juin

Du fond de mon jardin, regardant tous les lumignons qui brillent au ciel dans le bleu de la nuit et qui sont des mondes, je me demandais si tous ces mondes n'ont pas des Homère, des Alexandre, des Phidias, des Praxitèle, des Jésus-Christ, des Napoléon, et s'il n'y a pas tant de gloire répandue dans l'espace illimité de l'Univers que ça ne vaut pas la peine de se sacrifier pour une chose bien moins rare qu'on ne le croit sur notre planète.

Mercredi 5 juin

Dîner chez la Princesse. Le monde ordinaire du mercredi, et Burdan.

C'est curieux, le côté crapuleusement cochon qu'apporte la présence de Primoli aux dîners de la Princesse. Aujourd'hui, il cite ce mot de Benjamin Constant, auquel on disait : « Comment pouvez-vous aller si souvent en voiture avec Mme de Staël, qui sent si mauvais ? » et qui répondait : « Oui, mais pendant qu'elle sent ce que vous dites, je pète tout le temps ! » Puis au sortir de table, il promène avec des rires de faune, au salon, sous le nez des gens, une petite femme en porcelaine, ayant devant elle une boule en cristal qu'elle remplit de son urine au moyen d'une petite vessie qu'il presse.

Vient le soir M. Paléologue, rédacteur aux Affaires étrangères, qui me dit avoir lu LA MAISON D'UN ARTISTE au Japon.

Et après avoir parlé du Japon, il m'entretient de la Chine, des délicatesses de ce peuple, qui a pour nous le dédain qu'on a pour les sauvages, de ce peuple qui ne jette jamais un papier, mais qui brûle tout ce qui est écrit sur du papier, comme une émanation intime et sacrée de l'être.

Et il causait longuement de cette société tout appuyée sur le passé, me citant, à propos du Tonkin, la demande par la France de la cession d'un territoire, où toutes les paroles dites aux Chinois pour leur prouver la convenance de cette cession avaient été vaines, quand on rappela que ce territoire avait été cédé autrefois par un ancien Empereur. Alors, aussitôt, la cession fut obtenue. Selon l'expression du causeur, un *déclenchement* subit eut lieu dans l'esprit des plénipotentiaires chinois : il existait un précédent !

Jeudi 6 juin

Quand j'arrive chez Daudet, je ne peux m'empêcher de m'écrier : « Qu'est-ce qu'il y a ? Vous êtes tous mélancolieux ! » On ne me répond que par un sourire des yeux, qui me dit : « Oui, vous reconnaissez cela ! » Il me semble qu'il y a du Lockroy dans cette tristesse. Et quelques instants après, Léon fredonnant, son père impatienté lui jette : « Tu ne vas pas cesser, hein ? — Mais ça t'arrive souvent de chantonner, mon père ! » répond Léon.

Dans un coin du salon, un moment, Ganderax me parle des tristes années de sa jeunesse. Son père mort, sa mère malade aux eaux des Pyrénées, il était mis au collège, où entre les ignominies et les brutalités de ses camarades, l'adolescent n'avait de bon dans la journée que le quart d'heure où une aimable et humaine sœur lui pansait un vésicatoire.

Vendredi 7 juin

Est-ce que la communauté de vie avec un animal comme un chien, un chat, ne vous disposerait pas à le retrouver dans le ciel avec plus de joie qu'un parent à l'affection médiocre ?

Samedi 8 juin

Tous les jours à midi, un temps orageux, où il fait étouffant, et des matins et des soirs, où il fait froid.

L'expression du peuple pour les hommes qui se maquillent, une expression entendue dans une rue d'Auteuil, derrière le dos de Lorrain : « Oh, le *plâtré* ! »

Dimanche 9 juin

Régamey disait que l'escrime est un exercice développant la folie vaniteuse chez l'homme et me donnait des détails curieux à ce sujet sur les escrimeurs du temps.

C'est vraiment curieux, les imaginations maladives qu'ont les Daudet à l'endroit de leurs amis. Jeudi, j'étais parti de bonne heure, parce que j'avais un fort mal de tête. Mme Daudet m'a écrit une lettre toute pleine de crainte de désaffection de ma part, et comme je lui dis : « Madame, j'aurais par hasard la colique et je quitterais tout à coup votre maison après dîner, que vous croiriez que je vais écrire un article de journal contre vous. »

Et après une gentille bataille de paroles, où je ne peux me tenir de lui dire que je ne comprends pas comment des intelligences comme la sienne soient dupes de racontars de méchants imbéciles, elle veut bien me dire : « Vous ne savez pas combien je suis votre amie, et vous verrez que vous me pleurerez quand je serai morte ! » A quoi je réponds : « Grâce à Dieu, j'espère bien que c'est vous qui pleurerez ! »

Lundi 10 juin

Conversation avec le jeune Philippe Sichel sur le *sanatorium* de Leysin et les originaux de toutes les nations qu'on y traite, et où une grosse Allemande ridicule lui a dit un jour de cet hiver : « Vous, Messieurs les Français, vous aimez avec le cerveau, mais très peu avec le cœur ! »

Mardi 11 juin

Une des trahisons faisant connaître, chez les hommes de lettres et les artistes que je connais, la bassesse de l'extraction, c'est le manque de délicatesse dans le manger.

Et l'on pourrait dire aussi que le goût des étoffes *Liberty* est un manque d'aristocratie dans le goût [1].

---

1. L'*étoffe Liberty*, dont le goût se répand alors et qui tire son nom de son inventeur, est une soierie souple et légère, principalement employée pour les tentures et l'ameublement.

Mercredi 12 juin

Le prince Louis, arrivé ce matin de Russie, dîne ce soir chez la Princesse.

La Puliga, qui a commencé à LA VIE PARISIENNE le genre Gyp et que je n'avais pas vue depuis des siècles, est du dîner. J'avais un souvenir de la femme comme une cervelle de joli oiseau siffleur ; mais sa causerie avec moi, ce soir, sur l'Angleterre, me surprend, m'étonne par ce qu'elle me dit de neuf et d'inconnu sur la femme anglaise.

Elle me peint, en sa complète transformation, cet être domestique ne voulant plus du mariage, ayant assez de l'ancienne servitude conjugale, se refusant à être plus longtemps la bonne d'un ivrogne et fondant des clubs féminins, avec des tableaux qui représentent une femme dans les flammes et une femme montant au Ciel — la première, la femme des siècles passés, la seconde, la femme des siècles futurs — avec, en bas, cette épigramme décochée aux hommes : *Ils disent... qu'ils disent* !

Elle me parle d'un roman intitulé SARAH GRAND, qui a abordé la question sexuelle dans le mariage et qui est beaucoup plus érotico-médical que mes romans [1]. Et elle m'affirme que sur les théâtres de Londres, le baiser, la caresse, le pelotage vont plus loin qu'on ne l'oserait sur un théâtre de France. Enfin, elle termine en disant que toute l'hypocrisie apportée là-bas par la Réforme, l'Angleterre est en train de la rejeter, de la vomir.

Elle me dit avoir reçu des lettres de Londres, pendant le séjour de Daudet, qui lui disaient que Daudet n'avait pas l'air d'aimer les Anglais.

Jeudi 13 juin

C'est étonnant, le côté croyant, naïf, ingénu, même un peu bêta, d'une femme qui a roulé comme Mme Adam.

Ce soir, confessant sa *foi de charbonnier* au surnaturel, elle conte les choses invraisemblables dont elle a été témoin, dit qu'à dix-huit ans, ayant été consulter une sorcière pour le chien perdu d'une amie, au moment de s'en aller, la sorcière l'avait presque retenue de force et lui avait prédit toute sa vie — mais tout, tout, depuis le livre qu'elle allait écrire sur Proudhon jusqu'à... Là, elle s'interrompt [2]. En sorte que cette malheureuse Adam est emprisonnée dans cette bonne aventure, ce qui fait dire à l'un de nous qu'il y aurait à faire une belle chose littéraire d'un homme ou d'une femme, dont toutes les actions seraient sues d'avance, sans que cette homme ou cette femme puisse se dérober à leur fatalité.

---

1. Sarah Grand semble être, en fait, le pseudonyme de Frances Elisabeth Mac-Fall, auteur de THE HEAVENLY TWINS (1899), de IDEALA (1894), de OUR MANIFOLD NATURE, *Stories from life* (1894), etc.

2. Le *livre qu'elle allait écrire sur Proudhon* semble désigner une des premières œuvres de Juliette Lamber, publiée en 1858 et signée Juliette La Messine : IDÉES ANTI-PROUDHONIENNES SUR L'AMOUR, LA FEMME ET LE MARIAGE.

Elle raconte encore que son père n'avait pas voulu qu'on la baptisât et que sa mère l'avait fait baptiser dans une promenade par un curé de sa connaissance ; et comme elle criait beaucoup, le curé avait dû la calmer, en lui disant : « Si tu continues, je vais t'ouvrir la tête, et j'y mettrai le sel et l'huile que voilà ! »

Samedi 15 juin

Dîner chez Ajalbert, où manquent autour de la table Geffroy, Carrière, Antoine.

Un cinquième de l'avenue Bugeaud, un petit intérieur tout fleuri de pivoines et d'iris, où sourit la bonne figure d'Ajalbert et où se développent les attitudes serpentines de l'élégante petite Slave.

Mme Ménard-Dorian, qui dîne, raconte la visite que lui a faite aujourd'hui Rochefort, venant la consulter pour acheter des souliers et un vêtement en alpaga à un petit garçon qui l'accompagne. Ce petit garçon serait le fils du jeune duc d'Orléans et d'une actrice, qu'il aurait lâchée, après lui avoir fait un enfant, et dont par une espèce de blague anti-monarchique, il complète les mille francs de pension faits à la mère, s'amusant à jouer le père adoptif de cet enfant de sang royal.

Le petit bonhomme, dit Mme Dorian, a le bleu des yeux et la blondeur des d'Orléans, mais possède surtout la preuve authentique de la descendance de cette famille en ceci. C'est que lorsque Rochefort lui dit : « Tiens, voilà deux sous, tu les donneras à ce pauvre. — Merci ! répond le petit, je n'en donnerai qu'un, c'est bien assez ! »

Le dîner a été excellent, et Mme Dorian partie, la soirée, au milieu de ces fleurs, entre ce garçon à la parole assoupie et cette jeune femme aux sinueuses ondulations du corps, avec la perspective, pour le retour, de mon chemin de fer à la porte, promet d'être tranquillement délicieuse, quand mon animal d'ami, par un froid d'hiver, me propose d'aller entendre Yvette Guilbert ; et malgré la contrariété de ma figure, nous voici bientôt dans une voiture ouverte où l'on gèle ; nous voici au café des Ambassadeurs, où il n'y a pas de loges fermées, et me voilà, moi, obligé de gagner à pied la gare Saint-Lazare.

Dimanche 16 juin

Visite au *Grenier* du peintre américain La Farge, amené par Raffaelli. Un aquarelliste de l'Inde et du Japon, où il a passé six mois, et qui dit des choses intéressantes avec la voix un peu chantante des Anglais. Il nous entretient un moment du rôle important que joue l'écriture au Japon et du mépris que les peintres de l'école de Kano ont pour l'écriture des peintres de l'école vulgaire, pour l'écriture d'Hokousaï, qu'ils accusent de faire signer presque toujours ses dessins par des lettrés de ses amis.

Ce soir, dernier dîner chez les Daudet, ils partent samedi, dîner où Mme Daudet est presque en larmes, parce que Léon a emmené Lucien à la campagne et prévenu de son absence par un billet sa mère, qui répète : « Je n'aime pas ça... Je n'aime pas ça ! »

Daudet me cite le mot de Huret, qui aurait dit tout joyeux : « Maintenant que Heredia est à l'Académie, nous saurons tout ce qui s'y passe ! »

On parle de la petite Dorian, de sa tenue, de ses fumeries de cigarettes le jour de son mariage, de sa montée sur la table, de ces mots à Léon Daudet : « Qu'est-ce que tu as, que tu fais ta gueule ce soir ? » — de ses repos sur les genoux du jeune Hugo, de tout son travail endiablé à l'effet de rendre jaloux son pauvre gros mari.

Puis on cause de Dayot, de ses intrigues, de l'introduction de sa copie et de sa personne partout, et l'on m'apprend que Mme Dorian a quitté hier soir le dîner d'Ajalbert pour aller coucher la petite fille dudit, qu'elle a en pension chez elle.

Lundi 17 juin

Sarcey me traite de « *névrosé* qu'il faut plaindre ». Si vraiment c'est lui, en littérature, qui représente la santé, je me félicite de représenter la maladie !

Mardi 18 juin

En regardant dans le fond de mon jardin ces pilastres au treillage tout fleuri de roses, je pensais que mes amis les peintres ont sous les yeux une chose qu'ils ne voient pas et dont ils seraient émerveillés, s'ils la rencontraient autre part.

Mercredi 19 juin

Mme Routier de Grandval, cette femme qui a la tentation de faire un beau livre illustré de LA MAISON D'UN ARTISTE, est revenue aujourd'hui. Elle me dit qu'elle a fait demander à Quantin le prix auquel sont revenus les deux volumes de Gonse sur le Japon, qu'il a été dépensé 150 000 francs et qu'elle trouverait cette somme pour une publication semblable, si je voulais lui signer un traité, par lequel je chargerais de la publication un M. Guillaume Petit, à la tête d'une société de gravure et auquel je la crois associée [1]. Est-ce une femme sérieuse ? Est-ce une intrigante ?

Ce soir, chez la Princesse, on cause du mariage de Dumas, qui n'aura pas attendu les trois mois de convenance, mariage peut-être précipité par une scène terrible de Dumas, près du lit de Colette souffrante, avec son autre fille, qui lui aurait dit : « As-tu fini de nous embêter avec

1. Dans ce paragraphe, allusion à L'ART JAPONAIS par Louis Gonse, publié en 2 vol. in-folio chez Quantin en 1883.

la vertu de Mme Escalier ? » Phrase qui, si elle n'avait pas fait donner des coups de poing par Dumas à sa fille, avait cependant amené une série de bourrades qui l'avaient jetée deux ou trois fois sur le lit de Colette [1].

Les témoins pour Dumas seront Sardou et Bertrand, le témoin de Mme Escalier serait Legouvé, choix qui fait beaucoup rire les femmes, à propos d'une chose que je ne sais pas.

Le prince Louis parle des usages et des superstitions russes, nous apprenant que là, donner la main encore gantée, donner la main dans un entre-deux de porte, c'est regardé comme une impolitesse.

Puis revenant au Caucase, il nous effraye de la force musculaire des gens du pays, nous citant un Tatar ayant pris à la gorge un Arménien et de ses trois doigts enfoncés dans la chair, lui ayant arraché la gorge, au bout de laquelle était venue la langue.

Jeudi 20 juin

Au cimetière... Dire qu'il y a vingt-cinq ans, un quart de siècle, que nous sommes séparés.

Au retour, je trouve le bateau plein, et pas un bout de banc pour s'asseoir, quand un monsieur me fait une place à côté de lui. Sur mon merci, il me répond avec un aimable sourire : « C'est moi qui vous remercie de m'avoir ouvert les yeux, d'en avoir fait tomber les écailles... J'étais tout à l'art ancien, c'est vous qui m'avez fait aimer le XVIIIe siècle. »

Il se refuse à me donner son nom et cause jusqu'à Passy, d'une façon originale, en homme du métier, du bâtiment, déclarant qu'il n'y a que les époques ignorantes et pas éclectiques pour produire de bonnes choses, des choses passionnées, tandis que dans les époques connaisseuses de tout, il y a une indifférence pour tout.

Samedi 22 juin

Pierre Gavarni me parlait en connaisseur équestre des statues de Jeanne d'Arc de Frémiet et de Dubois et me disait que dans ces deux statues, les étriers sont à l'envers. Pourquoi ? Parce que tous deux avaient comme objectif la fameuse statue du Colleone et que dans cette statue, les étriers sont à l'envers.

Au fond, sous sa forme légère et badinante, il y a autant de philosophie dans la tirade française de Beaumarchais que dans la tirade livresque du scandinave Ibsen.

---

1. La première femme de Dumas fils était la princesse Narishkine ; veuf, il se remarie avec Mme Escalier. Les deux filles qu'il eut de son premier mariage sont Colette, qui épousa Maurice Lippmann, et Jeannine, devenue Mme d'Hauterive de la Charlotterie.

Dimanche 23 juin

Il m'amusait, ce matin, Bauër, avec son morceau sur la pitié en littérature, dont il attribue absolument la découverte aux Russes, oubliant qu'il y a pas mal de pitié cependant dans GERMINIE LACERTEUX [1].

C'est d'abord Montesquiou, qui m'apporte son volume : LE PARCOURS DU RÊVE AU SOUVENIR, et le feuillette, un moment, avec l'intention un peu *jeune* de m'en lire ; mais sentant que je ne le sollicite pas de commencer et pressé par un tas de rendez-vous aristocratiques, il se décide à n'en rien faire et à s'en aller.

Après lui, voici Descaves, qui se félicite de ne l'avoir pas rencontré, venant de l'éreinter tout fraîchement.

Puis ce sont Hermant, revenant de Rome, plus fondu, plus rapetissé, plus *minusculisé,* et Rodenbach, tout souriant sous son chapeau gris et qui entre en citant ces deux vers du volume de Montesquiou :

Depuis trop longtemps, la Suisse
Fait sa cuisse [2].

Il est suivi presque aussitôt de Barrès, dont le bistre et le décharnement du visage sont effrayants, et la causerie plus charmante que jamais.

Et sur ce que Descaves dit que Tailhade est très malade, Barrès nous parle de cet être bizarre, qui, après avoir conquis les inimitiés de toute la terre par des œuvres fabriquées en bonne santé, fait de temps en temps une petite maladie au bout de laquelle il a l'appétit de l'amitié de l'homme qu'il a insulté. C'est ainsi que dans son livre AU PAYS DU MUFLE, après avoir mis Barrès au régime de l'huile de foie de morue, il le rencontre, s'excuse, lui demande pour se faire pardonner ce qu'il peut retrancher : « Tout », lui dit en riant Barrès. Alors, dans la seconde édition, il substitue *Bagès* à Barrès. De même, avec Maizeroy, dans les bras duquel il se jette un jour soudainement sur le boulevard. Là, le changement était plus difficile, l'emploi d'un nom propre était

---

1. Cet article du 24 juin, dans L'ÉCHO DE PARIS, s'intitule LA LUMIÈRE DU NORD. Goncourt et Zola sont visés par l'allusion à ces « cénacles naturalistes où bonzes et derviches tourneurs... repoussaient l'invasion des Barbares et ne pouvaient souffrir les idées venues du Nord en dominatrices ». Après Wagner vinrent « les grands Russes, Tolstoï et Dostoïewski, lesquels apportèrent la pitié, la critique des forces brutes et du hasard de la guerre, l'étude des individualités effacées, dont la littérature française ne se souciait pas ». Enfin Ibsen, révélant l'individu et l'individualisme, conquit tout entière « la cité du naturalisme ».

2. Cf. Robert de Montesquiou, PARCOURS DU RÊVE AU SOUVENIR (1895). p. 116, la pièce dont le titre même est un calembour, CANTONNADE :

Depuis trop longtemps la Suisse
Fait sa cuisse,
Et je veux baisser les tons
Des cantons.
Depuis trop longtemps, de Berne
Qui nous berne
Nous avons subi le joug
et le Zug...

Douze quatrains à l'avenant...

impossible, et le nom de Maizeroy seulement remplaçable par un nom forgé de *maquereautin* [1]. Parlant de l'esprit de Tailhade, il le compare à l'esprit du cercle d'un bain de mer.

Et l'on revient à Montesquiou, dont tout le monde vante la sociabilité, la conversation, mais on déplore son accès de production et son amabilité pour ceux qui l'éreintent, comme Lorrain, comme Doumic, qui lui a fait un terrible article et auquel il a été faire des *langues :* « Le maladroit, dit Barrès, s'il avait un peu attendu, ce serait Doumic qui aurait pris l'avance ! »

Et il est question de l'élection de Lemaître, élection toute patricotée avec l'intermédiaire d'Halévy par Mme de Loynes, et l'on peut dire que c'est elle qui a été élue [2]. Singulière maternité de cette femme à l'endroit de cet homme, un vilain enfant, pour lequel elle a été en personne, quand il a eu un duel avec Champsaur, chercher Clemenceau comme témoin [3]. Duel où l'on n'aurait pas mis de balles dans les pistolets et à la suite duquel il aurait pris Clemenceau en exécration, Clemenceau le traitant tout à fait en petit garçon.

La de Loynes amène à parler d'Ernest Daudet, le vrai maître d'hôtel de la maison et qui doit y *patrouiller* des affaires d'argent. Là-dessus, ce mot de Daudet, rapporté par Rodenbach, lui avouant qu'il ne la connaissait pas et l'autre lui disant sérieusement : « Ça vous manque ! »

Mercredi 26 juin

Ce matin, visite de Guillaume Petit, qui m'apporte le traité pour la publication de LA MAISON D'UN ARTISTE.

Dans la journée, visite de Mirbeau et de sa femme, qui viennent m'inviter à dîner. Entre Gallé, le verrier de Nancy, et aussitôt une conversation enthousiaste entre les deux hommes sur l'horticulture, où l'exaltation de Gallé, avec la mimique de son corps desséché et la fièvre de ses yeux, est amusante.

Puis au moment où je vais sortir, Testard, assez gêné de son ambassade, vient me proposer de vendre ma collection de dessins du XVIIIe siècle au baron Vitta, tout en en gardant la propriété jusqu'à

---

1. Énumérant les senteurs qui ne sauraient rivaliser avec « les pieds de Péladan », Tailhade avait d'abord écrit dans LA BALLADE DU MARCHAND D'ORVIÉTAN (cf. AU PAYS DU MUFLE, 1891, p. 29) :

Ni l'ambre, ni l'huile de foie
Que l'Islande à Barrès envoie

Il corrige, dans l'édition de 1894, p. 86 :

Que l'Islande à Bagès envoie

Une note précise alors l'intention de cet envoi : « Pour le remettre de ses fatigues wagnériennes et autres. » Quant à Maizeroy, auteur de romans mondains et galants, la BALLADE CONFRATERNELLE POUR SERVIR A L'HISTOIRE DES LETTRES FRANÇAISES (*ibid.* 1891, p. 37), le désignait d'abord ainsi :

C'est Maizeroy qui torche le bidet.

L'édition de 1894, p. 102, porte :

C'est Poitrasson qui hume le bidet.

2. Lemaître est élu triomphalement au fauteuil Duruy le 20 juin 1895.
3. Cf. t. III, p. 571, n. 1.

ma mort. Je n'ai pas besoin de dire que je refuse presque grossièrement. Si j'acceptais, il me semble que je ne serais plus que le concierge de ma collection.

Dîner avec la Princesse la veille de son départ, chez Mme Straus, un dîner succulent, plein de recherches délicates et pendant lequel on entend tout le temps une voix de basse de maître d'hôtel vous dire dans le dos : « *mouton-rothschild*... »

Il est question du mariage de Dumas à la mairie des Batignolles et de la résignation pleine de fureur des deux filles, auxquelles Dumas aurait dit jadis, en parlant de Mme Escalier : « Je vous défends de saluer ça ! »

Mme Straus a vraiment un joli esprit de femme, pas du XVIIIe siècle, mais bien du XIXe, relevé d'une petite pointe comique charmante. Elle conte aujourd'hui très alertement des anecdotes sur la vieillesse du père d'Halévy, auquel on donnait tous les soirs neuf sous, avec lesquels il rapportait très exactement trois journaux, mais au bout d'un long, long temps ; et quand on l'interrogeait, il disait qu'il s'était promené dans le Ranelagh ; et un de ces soirs, où il était resté encore plus longtemps à se promener qu'à l'ordinaire et qu'il rentrait, tout suant, dans l'inquiétude de la famille, au bout de quelques instants, on entendait la voix de sa femme répéter dans le plus grand étonnement : « Mais il n'a plus son gilet de flanelle... Il n'a plus son gilet de flanelle ! » Et l'on n'a jamais su ce qu'était devenu ce gilet de flanelle.

Mme Straus ajoute que, quand il était devenu complètement *gaga* de son état, il s'en était parfaitement rendu compte et en avait profité pour dire aux gens toutes les choses désagréables qu'il n'avait pu leur dire pendant toute sa vie.

Jeudi 27 juin

Visite de Mme Segond-Weber, ayant vu Porel, qui s'est montré froid pour LA FAUSTIN, a parlé d'une scène où l'actrice n'avait pas le temps de changer de costume, mais l'a assurée qu'il jouerait MANETTE SALOMON cette année.

Ah ! ces travaux de poète, ces travaux à la Régnier, qu'on voit tous les soirs dans le monde, il ne faut pas les comparer aux travaux des prosateurs comme Daudet, comme Zola, comme Goncourt, qui, lorsqu'ils font un livre, disparaissent de la société pendant six mois.

Dîner avec Rodenbach chez Voisin. Il me dit avoir été élevé dans une école de Jésuites, dont on avait voulu le renvoyer pour avoir écrit quelque chose sur l'amour, puis être venu à dix-neuf ans à Paris, où pauvre petit garçon de lettres, très admirateur de Leconte de Lisle, il avait eu à subir ses brutalités.

Puis il me raconte avoir assisté à un traité entre Verlaine et l'éditeur Vanier, où l'éditeur ne voulait donner que vingt-cinq francs de quelques pièces de poésies qu'il venait d'écrire et où Verlaine tenait à en avoir trente francs. Et cela se terminait par Verlaine tenant d'une main son reçu et ne lâchant que, lorsque dans l'autre main, il recevait un napoléon et deux pièces de cent sous, dont il disait : « Un sale Badinguet et deux pièces suisses ! » Et comme Rodenbach le complimentait de sa victoire : « Non, non, je n'aurais pas cédé... j'aurais eu une scène ! » dit Verlaine, faisant allusion à l'autorité d'une sale femme avec laquelle il vivait.

Samedi 29 juin

Ce matin, cette Mme Routier de Grandval et ce graveur Guillaume Petit, qui a l'air d'un ouvrier qui a mal à l'estomac, sont venus m'apporter ce traité, qui doit me rapporter 40 000 francs, de l'illustration de LA MAISON D'UN ARTISTE, dans deux ans — quand je serai mort... C'est drôle, je n'ai pas confiance dans ces êtres, j'ai même peur que ce beau traité ne me coûte quelque chose.

Dimanche 30 juin

De Régnier parle de Tailhade, dont il a été le témoin dans un duel, et dit qu'il est persuadé que dans ce moment-ci, il cherche à se faire tuer. Il a été voir, chez Pozzi, Lorrain, qu'il a trouvé couché sur une chaise longue, dans une flanelle blanche, et entouré de fleurs envoyées par Otéro.

Abel Hermant, qui était venu dimanche, est revenu aujourd'hui. Cela me paraissait bien anormal, quand il m'a attiré dans un coin et m'a demandé d'écrire à Poincaré pour lui obtenir la décoration le 14 juillet. Alors, dans mon souvenir, ont remonté ses visites à Daudet, au bout desquelles il y a eu, un jour, cette parole de Daudet : « Mon cher, je voudrais bien vous voir une fois où vous ne me demanderez rien. »

Lundi 1er juillet

Mme Sichel me dit ce soir : « Ah ! vous savez, j'ai retenu l'appartement dont je vous ai parlé... Vous savez, ce n'est pas au cinquième, c'est au sixième... Et j'ai le vertige, quand je regarde dans la rue d'aussi haut ; et lorsque il y a un orage, j'ai le sentiment peureux qu'un étage si près du ciel va être enlevé... Enfin, c'est pour les enfants que j'ai fait cela... pour Philippe qui trouvera du bon air à cette altitude. »

Mercredi 3 juillet

Des orages tous les jours. Un état de malaise, de mal au cœur. Un temps tuant.

Appartenir à cette race supérieure, qui sent le poisson pas frais et la margarine dans le beurre, à cette race supérieure qui ne peut boire du vin ou de la liqueur dans un gros verre de marchand de vin, etc., c'est une aristocratie de nature qui coûte bien des embêtements dans l'existence.

Vendredi 5 juillet

Le retour du manque d'appétit, de l'horreur de la viande et, dans l'insomnie du matin, des peurs absurdes d'ennuis, de tracasseries, de procès, que peut amener ce traité de LA MAISON D'UN ARTISTE avec cette femme et cet homme de paille. Et dans la pose horizontale du lit, cette pose qui fait voir les choses en noir, j'entrevois des responsabilités qui ne sont pas dans le traité ; et à la fin des fins des imaginations insomnieuses, j'ai le cauchemar tout éveillé d'être forcé de vendre ma maison, mes collections pour payer un travail qu'on m'a acheté.

Samedi 6 juillet

A la gare Saint-Lazare, je trouve Léon Daudet et de Régnier, et aussitôt en route pour Carrières-sous-Poissy.

Nous voici dans cette maison de Mirbeau, recouverte d'un treillage vert tendre, dans cette maison aux larges terrasses et trouée de nombreuses fenêtres, dans cette maison inondée de jour et de soleil. Un intérieur d'après le modèle des cottages anglais, toujours égayé de couleurs claires, avec des meubles en bois aux formes hétéroclites et aux couleurs excentriques, comme cette jaune salle à manger, nuance gomme gutte, et ces cadres de dessins vert de lézard, des colorations que je trouve abominables, mais toujours lumineuses et apportant une clarté riante, mais bien inharmonique pour des yeux de peintre.

Maintenant, dans le jardin, dans le petit parc, des plantes venues de chez tous les horticulteurs de l'Angleterre, de la Hollande, de la France, des plantes admirables, des plantes amusant la vue par leurs ramifications artistes, par leurs nuances rares, et surtout des iris du Japon, aux fleurs grandes comme des fleurs de magnolia et aux colorations brisées et fondues des plus beaux flambés. Et c'est un plaisir de voir Mirbeau, parlant de ces plantes, avoir dans le vide des caresses de la main, comme s'il en tenait une.

C'est une longue promenade dans cinq hectares de plantes, puis la visite aux poules exotiques dans leur installation princière, avec leurs loges grillagées, au beau sable, d'où s'élèvent quelques arbustes et renfermant ces poules cochinchinoises, ces poules toutes noires avec leurs houppes blanches, les petits combattants britanniques, enfin ces poules dans l'embarras des plumes de leurs pattes, courant avec la gêne de gens dont la culotte serait tombée sur les pieds.

On rentre, et Mirbeau parle d'un article sur LE PORTRAIT DE DORIAN GRAY, un livre qu'il trouve très supérieur aux livres de

Huysmans, et le nom d'Oscar Wilde amène la conversation sur la pédérastie. Alors, il nous conte qu'un marchand de Poissy, avec lequel sa femme est en rapport pour la vente de ses œufs exotiques, avait un fils qui, allant à sa pension, rencontra un monsieur qui lui avait dit : « Ça vous embête, n'est-ce pas la pension ?... Si vous voulez venir avec moi, je vous ferai la vie très agréable... Vous aurez une *chambre algérienne* ! » A ce qu'il paraît, la *chambre algérienne* est d'une séduction irrésistible et après deux ou trois entretiens, le garçonnet suivait le monsieur, qui serait un employé du *Gagne-Petit* et ne serait pas un pédéraste, mais un courtier en pédérastie. Et un oncle du jeune garçon, étant venu consulter Mirbeau, pour savoir si son père ne devait pas faire un procès, avait cité tout un monde parmi lequel nous aurions deux ou trois connaissances, qu'il n'a pas nommées, et le Segonzac, qui dans ses transports amoureux criait à son jeune amant : « Je te tue, je t'égorge ! »

Le père de Mirbeau, un de ces beaux vieillards maigres, nous est présenté et se plaint de sa mémoire, n'ayant pas reconnu de Régnier. Lorsqu'il nous quitte, Mirbeau nous dit : « Vous voyez, mon père a plus de quatre-vingts ans, et aucune infirmité ; mais vu son âge, il se croit dans l'obligation d'en avoir. Et quand on lui demande : « Pourquoi nous fais-tu répéter cinq ou six fois une chose, ce qui ne t'arrive jamais quand il y a du monde ? » Il nous dit : « Je réponds à tort et à travers. » Mais ça n'est pas vrai, car il entend très bien. »

Avant dîner, on va faire un tour dans la partie de la propriété qui est de l'autre côté de la route et qui est le potager, un potager immense, semblant descendre jusqu'à la Seine et comme bastionné en haut d'une sorte de terrasse à l'italienne, toute remplie de rosiers et pouvant, avec un peu d'arrangements, quelques vases mis sur les pilastres, devenir un coin de terre délicieux.

En ce moment arrivent pour dîner Pol Neveux, Rodin et Arthur Meyer, avec lequel se serait raccommodé Mirbeau.

Drôle, cet Arthur Meyer, avec sa tenue élégante de mannequin de loueur d'habits à la soirée, ses gants gris perle, qui ne quittent jamais ses mains, son visage de faïence, sa voix théâtrale, ses phrases axiomatiques, qui doivent épater une duchesse d'Uzès, avec, enfin, l'automatisme en même temps que l'artificialité de toute sa personne.

On rentre dîner ; et à dîner et le soir, une conversation qui peint, qui juge, qui calomnie peut-être pas mal de gens.

C'est Xau qui vient d'acheter le GIL BLAS et qu'Hébrard appelle spirituellement un *homme de génie subalterne.* C'est Becque, avec ses indiscrétions sur ses conquêtes dans les femmes du grand monde, ses vantardises de commis-voyageur du temps des diligences. C'est Bauër, dont l'ignorance enfantine de cette grosse tête amuse follement Léon Daudet. C'est Catulle Mendès et sa tenue dans les restaurants, où dans l'ahurissement des bourgeois, il jette à une connaissance à l'autre bout de la salle : « Merci ! un homme à femmes, Don Juan ? Il n'a jamais pu leur foutre un enfant ! » C'est Coppée, qui semble la bête noire de Mirbeau et dont il détaille méchamment quelques méchancetés qui lui sont revenues. C'est Allais, ce comique mangé de mélancolie, continuant ses articles dans la vie et le lendemain du jour où le colonel avait permis aux hommes mariés de son régiment de coucher avec leurs femmes, allant le trouver et lui disant gravement : « Mon colonel, je suis bigame ; alors, je vous demande un congé pour le jour et pour la nuit. »

Et à onze heures, dans la petite voiture de la petite maison, Mme Mirbeau, comme cocher, me ramène au chemin de fer, pendant que les valides nous accompagnent à pied.

En chemin de fer, Rodin, que je trouve vraiment changé et très mélancolieux de son état d'affaissement, de la fatigue qu'il éprouve à travailler dans le moment, se plaint presque douloureusement des contrariétés que dans le métier de sculpteur et de peintre infligent aux artistes les commissions d'art qui, au lieu d'être des aides de leur travail, par les sollicitations, les démarches, les courses, leur font perdre un temps que lui, aimerait mieux employer à faire de l'eau-forte.

Dimanche 7 juillet

Visite de Lorrain, qui sort de la maison de santé de Pozzi, ma foi, avec une assez bonne mine.

Il me parle de cette maison de la mort, où sont décédées quatre femmes pendant le temps qu'il y a passé, de cette maison, où l'on n'entend parler que de l'enlèvement d'ovaires et d'utérus, où il y a des rendez-vous de femmes pour s'entraîner à l'opération, pour se montrer le point de recousage de Pozzi, ne laissant point de traces pour dégoûter un mari ou un amant...

Il a souffert horriblement pendant quatorze nuits, où se renouvelait chez lui la souffrance de l'opération, de manière qu'il a dû être morphiné tout le temps. Maintenant qu'il est sorti, deux fois par jour, un interne, après des lavages d'eau bouillante et d'alcool, lui introduit dans le corps de gros tuyaux, des tuyaux semblables à des tuyaux d'arrosage de jardin.

Lundi 8 juillet

Rose Lemoine a avoué à Mme Sichel, ces jours-ci, qu'elle est fiancée depuis près de huit mois à Jacques Blanche, que le secret devait être gardé, mais quand il a cru que sa mère devait mourir, il l'a confié à des amis, et que maintenant sa position est fausse, qu'elle ne sait pas si elle doit accepter une invitation à Dieppe, parce qu'elle ne peut pas dire : « J'attends sa mort ! »

Mardi 9 juillet

Aujourd'hui, de Nion, me trouvant un peu souffrant, au lit, me supplie de venir témoigner demain au palais de Justice, dans sa bête d'affaire [1].

Mercredi 10 juillet

Aujourd'hui, où j'attends du monde, où je dois aller dîner ce soir à Saint-Gratien, me voici embarqué à midi sur le bateau qui passe devant le palais de Justice ; et au bout de trois quarts d'heure, au palais de Justice, dans lequel je ne suis pas entré depuis le jour où j'ai figuré avec mon frère et Alphonse Karr entre les gendarmes [2].

Sur les bancs de pierre du palier de la 9e Chambre, je trouve de Nion et sa gentille femme, chez laquelle l'attente apporte un petit encolèrement charmant.

Ah ! sur ce palier, un vilain spectacle que le passage, à la sortie d'une petite porte verte, de ces femmes douloureusement émotionnées et cachant mal leur émotion, de ces femmes furieuses, dont la rage irraisonnée a l'air de vouloir se porter sur ceux qui les accompagnent ; et au milieu de ces femmes, la promenade d'avocats à la laideur extravagante, qui ont l'air de singes en toge.

Enfin, au bout de deux heures et demie d'attente, on vient nous prévenir que l'affaire est remise au 30 octobre.

Jeudi 11 juillet

A l'heure présente, Napoléon ne m'intéresse plus, tant il a été révélé, tant il est mis au jour.

Il faut aux personnages historiques des coins fermés, des morceaux de vie ignorés, des jours se dérobant aux recherches de l'érudition, et je crains que Masson et les autres fanatiques de la mémoire napoléonienne aient rendu à cette grande figure les plus mauvais services.

Samedi 13 juillet

Georges Charpentier me racontait que, lorsque son fils était très malade à l'hôpital de Saint-Quentin, un homme du régiment chargé de faire la barbe à ses camarades et venant demander aux malades de l'hôpital ceux qui voulaient se la faire faire, apercevant tout à coup le jeune Charpentier, s'écriait : « T'es encore vivant ? Pas possible !... On a annoncé l'autre jour à la chambrée que tu étais mort ! » Et le pauvre père me parle du mieux qui est survenu, depuis qu'il l'a ramené à Paris.

1. Cf. plus haut p. 1109, n. 2.
2. Cf. t. I, pp. 63 sqq.

Dimanche 14 juillet

Se rend-on compte de l'industrielle cervelle de l'auteur fabriquant un livre sur Rome et qui, dans l'intérêt de la vente, va coller à cette grandiose chose un petit amour bêta [1] ?

Je dîne chez les Zeller, avec Lorrain et sa mère.

Lorrain raconte que, pendant qu'il était chez Pozzi, un Juif, habitant Auteuil, avait fait marché avec Pozzi pour débarrasser son épouse de son utérus et de ses ovaires et que l'utérus ayant été reconnu bon, il s'était entêté à obtenir un rabais sur l'opération.

Cette réclamation a peut-être amené, dans le délire que Lorrain eut pendant quelques nuits, des cauchemars... anti-sémitiques, où il criait à sa mère : « Maman, j'ai des Juifs dans mon lit ! » tout comme il aurait crié : « Maman, j'ai des punaises ! »

On cause de Bauër, la mère et le fils s'étant trouvés avec lui à Alger. A ce qu'il paraît, il avait si peu de curiosité du pittoresque de la ville qu'on n'avait jamais pu le décider à faire l'ascension de la ville haute, à parcourir le quartier de la Kasbah, parce qu'on n'y allait pas en voiture et qu'il passait sa vie dans un petit café, au milieu des cabotins de la troisième catégorie et de journalistes inférieurs, célébrant sa venue dans les feuilles de l'endroit.

Mardi 16 juillet

Ah ! la cervelle des animaux, ce qui s'y passe, ça m'intrigue ! Quand j'apporte à mes poissons rouges le pain du coup de midi, et que tous s'élèvent à la surface de l'eau avec des happements gourmands, y a-t-il un sentiment de reconnaissance pour la silhouette noire qui jette le pain dans l'eau ensoleillée ?

Mercredi 17 juillet

A Saint-Gratien.

La Princesse, à la suite de sa chute dans le petit escalier montant à sa chambre, a bien la figure en *peau de figue,* selon l'expression de *la Loute,* la gamine de Ganderax. Benedetti me dit : « Ah ! vous n'avez pas vu la Princesse dans le premier moment, elle avait un œil sorti de la tête ! » L'œil est rentré, mais elle a encore, autour des yeux, des meurtrissures noires, qui me donnent une certaine émotion ; mais il n'y a chez elle aucun retour de tendresse pour l'affection qu'on lui témoigne et qui la fait rentrer en dedans des gens.

Aujourd'hui, vingt personnes à dîner et, parmi ces personnes, le président Desmazes, qui aujourd'hui a trouvé le moyen d'avoir même

---

1. Dans la ROME de Zola, les démarches de l'abbé Froment et ses promenades dans Rome s'entrecroisent avec l'amour de Benedetta Boccanera et de son cousin Dario, qui s'aimaient depuis l'enfance et qui allaient être réunis quand Dario meurt empoisonné.

des taches de graisse à son chapeau et qui, largement abreuvé, devient au dessert d'une crapulerie crapuleuse.

Une Mme Raynal, une femme ayant un grand fils, mais d'un aigu des traits et d'une pénétrance du regard extraordinaires. Ah ! l'affinée créature qu'elle a dû être ! Elle disait n'être heureuse que couchée sur un canapé, avec un amusant livre et pas de bas. C'est bien d'une créole, qu'elle est, je crois.

Hébert, enfin de retour à Paris, bien vieilli, bien vieilli.

Je reviens avec l'oculiste Landolt, qui cause ironiquement du confort si vanté des grands hôtels d'Amérique. Et ce sont ces deux fameux robinets d'eau froide et d'eau chaude dans une cuvette de marbre d'un coin de la chambre, qu'on est dans l'impossibilité de déplacer et qui est de la plus grande incommodité pour se laver ; et c'est cet éclairage au gaz, placé au milieu de la chambre, qui ne vous permet pas de lire au lit, près duquel il n'y a ni bougeoir ni allumettes ; et c'est le service des domestiques, qui ne brossent jamais les habits.

Il raconte qu'ayant été appelé pour examiner les yeux d'un Américain très riche, qui occupait tout le premier d'un hôtel, et demandant une lampe, l'Américain lui avait dit que bien certainement, il n'en trouverait pas et qu'il n'était pas bien sûr s'il pourrait se procurer des bougies.

Nous causons des yeux de Maupassant, qu'il dit avoir été de très bons yeux, mais semblables à deux chevaux qu'on ne pourrait mener et conduire ensemble — et que le mal était derrière les yeux.

Jeudi 18 juillet

Avoir fait commandeur de la Légion d'honneur Sardou, cet industriel, ce démarqueur !

Ce soir, à sept heures et demie, un ciel ressemblant à ces papiers marbrés que font les Anglais, au fond doucement bleuâtre, et dont des filets de nuages roses divisent l'infini en grands morceaux polyédriques, et là-dessous, une perspective de maisons noires, se détachant d'une chaussée pâle. Un effet vraiment original.

Dimanche 21 juillet

Aujourd'hui, enterrement du jeune Charpentier, ce garçon de vingt ans.

Les heures où l'on va à un enterrement, où on le suit, me semblent des heures où l'activité de votre esprit est comme engourdie par du néant.

En voiture, Mme Daudet s'élève avec des paroles colères contre ce militariat universel, qui est le tourment de la pensée de toutes les mères, envoyant leur malédiction à Bismarck.

A l'église, le pauvre père, dont tous les arrangements avec Fasquelle, me disait Zola, avaient été faits en vue de la continuation de la dynastie des Charpentier, dans l'affaissement de sa douleur, a l'aspect d'un vieillard.

Lundi 22 juillet

Ce soir, Mme Sichel me parlait des yeux d'acier de Mme Escalier, de ses aventures, d'une aventure avec le docteur Martin, qui aurait été sérieuse.

Mme Singer, qui a dîné ces jours-ci avec Dumas, peignait le bonheur de l'intérieur, sorti tout à fait du désordre bohème de l'ancienne maison Dumas et où maintenant, il y a une bonne cuisine, de délicats dîners et un domestique stylé, passant au maître un paletot, quand il sort le soir pour faire un tour dans sa propriété — un bonheur bourgeois qu'il n'aurait jamais eu avec ses filles.

Mardi 23 juillet

Dîner donné à la Maison d'Or par L'ÉCHO DE PARIS pour les décorations d'Anatole France et de Paul Margueritte.

J'arrive second, et me trouve en tête-à-tête un quart d'heure seul avec Sarcey, tête-à-tête assez embarrassant.

Aux deux bouts de la table, en face de moi, d'un côté, la tête cramoisie de Bauër, à faire croire qu'il va s'y produire une explosion, et de l'autre, la tête de Scholl, diminuée, rapetissée comme par un procédé de dessication indienne.

La surprise de l'amabilité du toast d'Anatole France, qui veut bien se dire fier de tenir sa décoration du ministre qui m'a décoré.

Je cause avec Germain, qui me parle du four de Réjane en Amérique, avec Bauër qui se plaint d'être venu pour passer un seul jour à Paris et qui est obligé de servir de témoin demain matin à Tailhade, qui se bat avec un monsieur qu'il a accusé d'avoir envoyé sa mère pleurer chez lui dans une première affaire.

Tailhade, avec ses mèches de cheveux poivre et sel, le *gnon* à sa tempe droite, les grands blancs de ses yeux, une certaine élégance dans sa toilette, le *gardénia* odorant de sa boutonnière, a quelque chose d'un fou distingué [1]. De temps en temps, dans sa figure, se passent d'étranges bouleversements nerveux.

Mercredi 24 juillet

La satisfaction, à mon âge, de voir un volume à peu près terminé et qui pourrait à la rigueur paraître, si l'on mourait. Voici HOKOUSAÏ n'ayant plus besoin que de quelques visites dans les collections parisiennes, le voici architecturé, divisé en chapitres et au moment d'être paginé.

Au chemin de fer, que je vais prendre pour me rendre à Saint-Gratien, rencontre de Paul Alexis, venant me voir et qui me raconte, le pauvre

1. Le « *gnon* » *à sa tempe droite* : sans doute la cicatrice d'une des blessures de Tailhade, atteint au restaurant Foyot, le 4 avril 1894, par les éclats d'une bombe anarchiste.

garçon, qu'il a vu Landolt et que celui-ci, après l'examen de ses yeux, a dit que c'était « une ruine à laquelle il manquait plusieurs étages ».

Ce soir, à dîner chez la Princesse, la duchesse de Montebello, l'ambassadrice de Russie. Une physionomie pimpante, des yeux frisés, un minois chiffonné et un travail pour plaire, qui doit avoir quelque chose de la caillette du XVIIIe siècle. Oui, très agréable, très charmante, très plaisante, la duchesse, mais manquant de la grande aristocratie. Au milieu de son joli babil, elle dit spirituellement avoir été très préoccupée autrefois du pourquoi telle femme avait une passion pour un homme commun, du pourquoi tel homme avait un profond sentiment pour une femme sans aucun charme, mais que, Dieu merci, maintenant elle était débarrassée de cette préoccupation, que ce pourquoi ne l'intéressait plus, ne la faisant plus chercher... Elle dîne en chapeau, une nouvelle mode.

La Princesse bien fatiguée, bien concentrée, bien vieillie, ce soir. Plus de ces violences de langage qui semblaient faire partie de sa santé. Un moment, elle me dit : « Oh ! je ne parle plus beaucoup... On dit tant de nullités, quand on parle, que le silence, ça m'en évite quelques-unes ! »

Du reste, tout le monde qui l'entoure est frappé de ce changement. La petite Benedetti, avant le dîner, m'en avait entretenu longuement, disant que la Princesse n'était pas absente, mais bien distraite de son monde ; et citant des mots d'autrefois, elle me rappelait cette phrase cocasse de la Princesse, impatientée d'une longue conversation de ses deux neveux, dans un autre salon, avec des généraux, s'écriant en faisant allusion au grand empereur : « Quel malheur que ces gaillards aient eu un parent militaire ! »

Vendredi 26 juillet

Ah ! l'admiration de l'heure présente pour les moindres croquetons lithographiques de Whistler, qui se vendent quarante ou cinquante francs ! C'est amusant de les comparer à cette série posthume de lithographies non terminées de Gavarni et qui ont été tirées d'après l'état des pierres, après la mort du grand lithographe.

Dimanche 28 juillet

Hayashi vient déjeuner. Je lui demande qu'est-ce qui l'a poussé à apprendre le français au Japon et ce qui l'a amené à venir en France. Il me répond que c'est la popularité au Japon de l'histoire de Napoléon. Et cette connaissance de l'histoire de l'Empereur lui est arrivée par des livres en langue hollandaise, que son père avait apprise de son maître, un médecin hollandais.

Puis il me raconte qu'il a commission d'un Américain pour aller en Chine en janvier prochain lui acheter 500 000 francs de porcelaines, qu'il choisira d'après son goût ; et il s'étend sur la confiance qu'il a inspirée à des collectionneurs américains, tout prêts à payer de gros prix les objets qu'il leur annoncera. Et il est amusant à entendre parler de ces gens, pour la plupart n'ayant aucun goût d'art, mais ayant la vanité d'avoir des objets d'art plus chers que leurs voisins. C'est ainsi qu'il me parle d'une boule de cristal de roche, achetée par lui 125 000 francs, pour le compte d'un individu qui est mort avant de l'avoir vue et qui était prêt à payer n'importe quelle somme l'objet qu'on lui assurait unique.

A peine Hayashi est-il sorti que tombe dans mon cabinet la comtesse Greffulhe, tout enthousiasmée d'une opération de Péan, avec ses jurons, son épinglage d'art, qui fait du corps de l'opérée un *tablier de dentelle*, et également enthousiasmée de la bicyclette, dont l'ondulante rapidité, dit-elle, *pousse au rêve*.

Elle m'apporte une photographie de son élégante personne en grande toilette, me demandant d'intervenir auprès de Bracquemond pour qu'il la grave.

Lundi 29 juillet

Mme Sichel me disait qu'à la réception d'Heredia, à l'Académie, elle se trouvait à côté de Mme Dieulafoy, celle qui s'habille en homme, et qu'elle avait été frappée du contraste de cette figure de femme, à laquelle l'éducation a donné le désir de plaire, dans ce laid et sérieux vêtement d'homme.

Vendredi 2 août

Je suis vraiment pris de la velléité de faire à mon dernier volume du JOURNAL une préface vengeresse [1].

Une nouvelle grave. Aujourd'hui, est venu voir Pélagie un petit cousin, employé chez Brion, loueur de voitures, qui avait passé la journée d'hier et la nuit d'aujourd'hui aux écritures pour le cataloguement de chevaux de Brion, dans la prévision d'une prochaine guerre avec l'Allemagne [2].

Samedi 3 août

Installation à Champrosay, où je trouve Daudet pas mal portant, mais un peu inquiet du départ de son fils Léon demain et de son séjour chez Georges Hugo, à Guernesey.

---

1. On verra plus loin Goncourt renoncer à ce projet.

2. Rien ne semble justifier les alarmes de Brion : l'Allemagne, dont la politique d'expansion se heurte à l'Angleterre, tend à se rapprocher de la Russie et de la France : celle-ci accepte d'envoyer ses navires de guerre à l'inauguration du canal de Kiel (19-21 juin 1895) et Hanotaux répond aux interpellateurs, inquiets de cette apparente concession, en invoquant l'alliance franco-russe.

Dimanche 4 août

Ce matin, dans l'*Isba* où il travaille tous les matins, Daudet me dit que Lockroy est la crapule la plus parfaite qu'il connaisse sur la terre, que tous les beaux sentiments, ça lui paraît bon à mettre dans des discours, ça lui paraît de l'éloquence parlementaire, mais qu'il n'y croit pas pour un sou.

Et il me raconte le plan Lockroy, pendant le dernier séjour des jeunes mariés à Guernesey, faisant moucharder Léon et la petite Gouzien, un peu amenée là pour le triomphe de sa *combinazione* et espérant les faire surprendre dans une attitude équivoque. Mais pendant qu'il leur tendait ce piège, lui-même, au dire de Daudet, aurait été surpris par sa femme, la main dans le lit de N... malade... Et Georges Hugo, regardé entre les deux yeux, à une demande de Daudet sur l'intimité de Lockroy et de N... aurait répondu : « Oui ».

L'embûche tendue à Léon à Guernesey se serait poursuivie au retour à Paris. N... aurait été tout à coup sérieusement prise de goût pour le chant, aurait demandé à la petite Gouzien de lui donner des leçons et ne les prenant pas, trouvait un prétexte pour sortir aussitôt après déjeuner, les laissant en tête-à-tête, espionnés par les domestiques en les trous de serrure. Mais l'honnête Léon s'était contenté de faire de la musique avec elle... Et plus tard, lorsque le bruit d'un mariage avec elle a couru Paris, sur une observation de son père, Léon aurait rompu même un peu brutalement avec elle.

A fin de compte, Daudet voit son fils aller à Guernesey avec une appréhension un peu exagérée, avec le mirage d'une imagination maladive, dans la conviction où il est que les hommes politiques sont capables de crimes. Et il a recommandé à Léon d'être prudent, lui faisant entendre qu'un soldat anglais lui cherchant dispute pourrait bien être un homme payé par Lockroy — Lockroy contre lequel il vient de faire un article terrible, qui va passer dans LE FIGARO et où il le désigne sous le nom de *Turlupin* [1].

Déjeuner, où toutes les jeunes et gentilles nièces de Daudet, arrivées à l'improviste de Bourg-la-Reine, souhaitent la fête — par moi oubliée — de Daudet.

Le soir, le gros et gras curé réjoui de Champrosay dîne ; et dans l'honnête conversation de la soirée, Mme Daudet et Mme Dardoize rappellent tour à tour les mots spirituels de leurs enfants et petits-enfants et donnent l'idée du charmant recueil qu'on pourrait faire de ces dires ingénus. On cite ce mot de ma filleule, qui un vendredi saint, à Sainte-Clotilde, devant un petit Christ d'ivoire de la sacristie, s'écria : « Oh, Maman ! Comme le bon Dieu, depuis qu'il est mort, est rapetissé ! » Et l'on cite encore le mot colère de Lucien contre son

1. Cf. Léon Daudet, POLITIQUE D'ÉTÉ, dans LE FIGARO du 13 août : Turlupin est ce « freluquet carié » qui parle « avec une voix de cabotin » et qui, « comme d'autres l'eau et le gaz, inventa le Panama chez soi à tous les étages. »

père, après une gronderie : « Ce vieux célèbre ! » Et le mot devient tout à coup à la mode, et l'on ne nous appelle plus depuis ce jour dans la maison que « les deux vieux célèbres ».

Lundi 5 août

Sur de tristes détails donnés sur les démêlés de Nadar avec son fils et sur sa ruine, visite à l'Ermitage, ce logis étrange, où un jour, dans une visite de l'immeuble, nous apercevions sur une terrasse des morceaux de charbon et dessus, des bas de femmes roses.

« Il est sorti, mais il va revenir », nous dit une de ses rieuses négresses ; et l'on entre dans la cuisine-salle à manger, où il y a, tout contre la fenêtre, la pauvre paralysée, cherchant, le col tors, à apercevoir quelque chose de ce qui se passe sur le chemin de la forêt. Autour de la femme de Nadar, trois ou quatre femmes inclassables, parmi lesquelles la jeune femme à moustaches baptisée par Nadar le *Perroquet.*

Enfin Nadar apparaît, en vareuse rouge, toujours en garibaldien, nous parle du besoin qu'il a de vendre l'Ermitage, de la vente qu'il a manqué d'en faire aux hôpitaux, nous dit qu'il est décidé à fonder une maison de photographie à Marseille, en mettant sa pauvre paralysée dans une bastide aux environs.

Lorsqu'il nous remet en voiture, un moment arrêté à la portière, il s'ouvre sur le chagrin que son fils fait à sa mère : « Quant à moi, fait-il d'une voix sourde, il ne me parle pas, ne me salue plus... Dans ma jeunesse, j'étais violent, prêt à frapper, et cependant, lui — il lève le doigt en l'air et il le laisse retomber — je ne lui ai jamais fait même cela, je ne l'ai jamais retomber — je ne lui ai jamais fait même cela, je ne l'ai jamais puni ! » Et sur l'invitation que les Daudet lui font d'amener un jour sa femme à dîner, ses yeux se mouillent comme de reconnaissance.

Quand on regarde le teint de bile de l'homme, le dur labour dans sa figure des rides, ses yeux de féroce avec la méchante danse d'une verrue au-dessus d'un sourcil et qu'on entend sa parole lente, douce, affectueuse, on se demande : « Est-il vraiment mauvais ? Est-il vraiment bon ? »

Mercredi 7 août

Cette gloire devant laquelle la jeune génération est agenouillée à quatre pattes, cette gloire fabriquée uniquement avec L'APRÈS-MIDI D'UN FAUNE, dont, au bout de vingt ans, le sens n'est point encore établi par les glossateurs et que le sphinx roublard qui en est l'auteur se garde bien de révéler, n'est-ce pas une mystification qui a trop duré ?... Oh ! ce temps, comme insanité dans l'enthousiasme, Mallarmé, Villiers de l'Isle-Adam, les grands hommes de la jeunesse !

Jeudi 8 août

Maintenant que je m'endors avec tant de peine, il m'arrive de chercher une idée agréable, qui me fasse le *dodo* de la nourrice, mais va te faire fiche, je ne la trouve plus même, cette idée agréable !

On cause ce matin des livres pour l'éducation des enfants, maintenant écrits pour de grands garçons, pour de grandes filles et tout à fait incompréhensibles pour de jeunes cervelles. Mme Daudet dit, et elle est dans le vrai, que cela vient de ce que, lorsqu'un républicain rouge ou un Juif a fabriqué un de ces petits traités, le gouvernement veut de suite lui faire cadeau de la vente d'une dizaine de mille d'exemplaires.

Je tombe, cet avant-dîner, dans une conversation de Daudet avec Finot, l'ex-Polonais, le directeur de LA REVUE DES REVUES, dans une conversation sur l'agonie des races, sur la mort d'un peuple et sur le décès de la langue, dont il ne reste plus, comme l'a dit Chateaubriand, que les mots répétés par les perroquets sur la cime des arbres [1]. Et Finot parle de l'extinction d'une peuplade en Russie, dont il ne reste plus qu'un individu et sur laquelle un philologue a fait un gros volume.

Puis Finot saute à Tolstoï et affirme qu'il est seulement le vulgarisateur et le *développeur* de beaucoup d'idées appartenant à des sectes : ainsi, l'idée de la résistance au militariat, prêchée par un ancien maçon passé apôtre et habillé de blanc, sur le besoin que les théories ont de parler aux peuples par des signes extérieurs [2].

Puis de Tolstoï, Finot passe à la Pologne, affirmant que le sentiment de l'indépendance existe toujours, malgré la punition infligée aux enfants qui parlent leur langue à l'école, malgré l'amende qui frappe l'homme qui dit un mot polonais dans la rue ; et à ce sujet, il cite cette phrase instinctive échappée dernièrement à sa femme. Il avait reçu des poésies polonaises hostiles à la Russie et s'était mis à les chanter, quand sa femme, s'apercevant que la fenêtre était ouverte, jeta dans un petit cri d'effroi : « Et la fenêtre ? » Et Finot, obligé de lui dire : « Mais, ma chère, nous ne sommes pas à Varsovie, ici ! »

Vendredi 9 août

Musique après déjeuner. Le SANCTUS de Beethoven, chanté par le contralto ébréché de Mme Dardoize, me donne une émotion nerveuse, qui me met des larmes dans les yeux. Ces chants d'église balancent en moi tout le douloureux de mon passé ; et moi, le sceptique, l'incrédule, sur lequel l'éloquence de la chaire ne pourrait pas mordre,

1. Cf. Chateaubriand, ESSAI SUR LA LITTÉRATURE ANGLAISE... (1836, t. II, p. 247 sq.).

2. L'*ancien maçon passé apôtre* est Basile Soutaïev, un maçon des campagnes, qui, vers 1880, crée dans le gouvernement de Tver une nouvelle secte. Celle-ci renie toute religion extérieure et se propose seulement de faire régner la justice et le bonheur par l'amour du prochain. Partisans de la non-violence, les *soutaïevtsy* refusent le service militaire. En ce qui concerne Tolstoï, ses idées religieuses et morales subissent sans doute l'influence des *soutaïvtsy*, mais aussi celle des *doukhobortsy*, des *stundistes* et d'autres doctrines d'origine populaire qui se multiplient en Russie à la fin du XIXe siècle.

je sens que je serais peut-être *convertissable* par du plain-chant ou de la musique qui en descend.

Samedi 10 août

On disait aujourd'hui que l'être préféré dans la famille, et aimé d'une manière trop injuste, par une revanche de la Providence, cet être, en dépit de toute la chaleur de la tendresse sous laquelle il était couvé, avortait, ne réussissait pas dans la vie, et chacun de nous ayant en vue quelqu'un de sa famille, nous étions dans le vrai.

Cette bonne et ridicule Mme Dardoize, son cerveau est comme la boîte de tous les vieux clichés poétiques. Ne se vantait-elle pas aujourd'hui de perdre de sa personnalité dans un orage et de se sentir mêlée au coup de tonnerre, à l'éclair ?

Dimanche 11 août

Ce matin, en faisant le petit tour de promenade, que chaque matin, Daudet fait à mon bras, nous parlons de l'espèce d'atmosphère que crée la littérature d'un temps, de la difficulté qu'ont les êtres d'y échapper.

Nous parlions du sentimentalisme des femmes de 1830, qui n'existe pas chez les femmes de maintenant et Daudet, faisant allusion à sa belle-mère, à Mme Allard, m'avouait qu'il n'avait pu résister à faire d'après elle la femme de 1840 dans LE SOUTIEN DE FAMILLE, et qu'au fond, il avait une certaine peur... et que ma foi, il lui en lirait avant la publication, espérant que cette audacieuse lecture l'empêcherait de se reconnaître [1].

Ah, cette Dardoize ! Mais peut-être encore plus drolatique, le Dardoize ! Au retour d'une absence, après des lettres passionnées, à la suite d'un examen détaillé de l'appartement, par un coup d'œil circulaire à la Napoléon, la phrase : « Est-ce qu'il y a du papier aux lieux ? » — ce fut le premier mot de la tendresse maritale de cet homme d'ordre.

Lundi 12 août

« Qu'est-ce que vous me faites dire ?... Qu'est-ce que vous me faites dire ? »

C'est une phrase jetée soudainement par la pauvre cousine Pauline, morte d'une opération, à la suite d'un aveu qu'elle s'était laissé arracher par Alphonse Daudet, l'insinuant juge d'instruction littéraire qu'il est.

1. La *femme de* 1840, c'est la veuve du suicidé (cf. t. III, p. 1075, n. 3), Mme Eudeline, « nature molle et rêvassière ». Derrière le comptoir de sa petite boutique, sous ses longues anglaises sentimentales, « comme les dames en portaient aux beaux jours de Lamartine et de Ledru-Rollin », elle reste plongée dans un roman de cabinet de lecture (LE SOUTIEN DE FAMILLE, « édit. définitive », p. 83).

Oui, cette jeune et belle et vertueuse veuve lui avait avoué qu'un jour, ayant mené son petit garçon à l'Hippodrome, elle s'était trouvée à côté d'un homme aux grosses moustaches, aux gants de peau de chien, d'un type au fond antipathique, que cet homme lui avait *fait le genou* et que toute frissonnante, elle avait senti monter en elle le désir du mâle... Alors, dans un mouvement de colère, elle avait arraché son enfant à la représentation, était rentrée chez elle et avait passé toute la soirée à pleurer dans l'humiliation de sa chair.

Ce soir, après une attaque sur les modes de ces dernières années et un éreintement de ces manches *engonçantes*, qui font ressembler les femmes à des porte-manteaux, sur un doute émis par moi au sujet de l'authenticité de la momie de Cléopâtre conservée à Londres, voici tout à coup Mme Daudet s'écriant qu'elle en a assez de nos railleries, que tout le monde est contre elle, qu'elle ne veut pas être traitée ainsi qu'une imbécile, que son mari lui a fait une leçon comme à une petite fille, qu'elle se révolte enfin contre cette tyrannie, qui ne veut pas lui permettre de croire à ce qui lui fait plaisir de croire [1]. Et c'est vraiment un spectacle douloureux que l'illogisme et la mauvaise foi de cet emportement, où la chère et excellente femme a dans la voix les pleurs qu'a Edmée dans ses colères enfantines.

Si cette scène s'était passée dans une maison où je n'aimerais pas, j'aurais trouvé un prétexte pour m'en aller dans deux ou trois jours ; mais, si cet état nerveux doit continuer, je jouerai ici les muets, comme je les joue chez la Princesse.

Tout de même, c'est vraiment trop fort que la momie de Cléopâtre ait été au moment de brouiller de vieux amis comme nous.

Mardi 13 août

Ce matin, Daudet excuse sa femme, disant que depuis le divorce de Léon, elle est touchée, que son caractère n'a plus la même égalité. Il ajoute que son appétit de l'assentiment de tout le monde a été blessé de trouver des gens dans le camp de sa belle-fille, que son système nerveux est maintenant tout prêt à s'emballer à la moindre occasion ; et à ce sujet, il me citait ce petit fait : deux lettres étant arrivées de Guernesey, l'une adressée par Léon à sa mère, l'autre à lui, tout à coup il avait entendu sa femme sangloter, parce que sa lettre à elle contenait huit lignes et la sienne, quatre pages.

L'on cause, après déjeuner, d'Aicard et l'on reconstitue, avec le témoignage de Daudet et de Mme Dardoize, sa dramatique enfance.

Il serait le fils d'une femme, dont le mari, fouriériste et saint-simonien, s'étant aperçu de l'attachement de sa femme pour un ami, l'aurait autorisée à vivre avec lui. Puis l'enfant né de cette singulière union, mis au collège, aurait été pris en affection, soigné, surveillé par une

1. Dans *l'authenticité de la momie de Cléopâtre*, add. éd. : *de la momie...*

fille beaucoup plus âgée que lui et née légitimement de sa mère avant le passage à l'ami et, à la fin, aurait été introduit dans la maison de son père, malgré lui, maison qui avait le contre-coup d'un autre drame concernant cette mère.

Et Daudet raconte que se trouvant avec Aicard chez les Parrocel, Aicard lui disait un jour : « Vous ne m'aimez pas, vous ? » et Daudet de répondre : « Peut-être... Car vous ne faites pas un mouvement qui ne soit un mouvement romantique, vous ne dites pas une parole qui ne soit une parole lyrique... Enfin, il n'y a rien chez vous qui soit naturel. » Alors, Aicard, l'entraînant dans la campagne, au milieu des champs, lui disait tout à coup : « Écoutez-moi », et il lui racontait sa bâtardise, et pis que cela, lui racontait que sa mère avait été emprisonnée pour je ne sais quel méfait et qu'il ne sortait du collège que pour lui porter des provisions dans sa prison. Et cette confession, coupée de sanglots, était suivie d'une rentrée à la maison, où il demeurait deux heures à pleurer, étendu, brisé sur son lit.

Là venait le trouver Daudet, qui lui disait : « Après la confession que vous m'avez faite et que je garderai, il faut qu'il se fasse une grande amitié entre nous. » Et il le décidait à passer quelques jours chez les Parrocel, d'où le singulier bonhomme s'en allait un jour, de très grand matin, en lui faisant ses adieux dans un bout de lettre.

Du temps se passait, et un jour que Daudet entrait au Théâtre-Français, à la suite d'Aicard, il trouvait Coquelin très mal disposé pour l'œuvre et l'auteur et comme Daudet disait qu'il méritait toute l'estime et la pitié des acteurs de la Comédie-Française.

« A cause de sa naissance, de son père ? lui jetait Coquelin.

— Non... pour quelque chose de plus triste ! reprenait Daudet.

— Oui, oui, nous y voilà, à cause de sa mère, rugissait Coquelin.

— Comment ? tu le savais !

— Ah ! mon cher, tu ne te doutes pas qu'avec cette histoire, il a *fait* Dumas, Augier, tout le monde [1] ! ».

Et Mme Dardoize qui l'a beaucoup fréquenté, déclare qu'il est le plus grand cabotin du monde.

Mercredi 14 août

Mme Daudet parle d'une vieille tante, qui couchait dans la chambre à côté d'elle et qui, tous les soirs, racontait au portrait de son mari défunt depuis des années toute sa journée.

---

1. Il est exact que Jean-François-Mathieu Aicard (1810-1853), le père de Jean Aicard, était saint-simonien ; il s'était battu au cloître Saint-Merry en 1832 et avait suivi le père Enfantin à Ménilmontant ; il est exact aussi que Jean Aicard, après la mort de son père, devint pensionnaire, au lycée de Mâcon d'abord, où il se sentit dépaysé, puis au lycée de Nîmes. Mais Henri Rochefort et Léon Daudet citent tous deux comme une pure invention la partie de la confidence rapportée ici, qui concerne sa présumée bâtardise et que Jean Aicard aurait faite en grand secret à plusieurs académiciens, lors de sa campagne académique de 1896 (au fauteuil de Dumas fils, il ne réussit pas à avoir plus de 9 voix ; il sera élu seulement en 1909). Léon Daudet précise même : « Loti avait été une de ses *poires*. » (PARIS VÉCU, t. II, 1930, p. 121).

Ah, les interviews ! A la suite d'une interview avec Duret, parue dans le GIL BLAS, la femme du suicidé du SOUTIEN DE FAMILLE a fait défense à Daudet de publier la lettre de son mari qui fait l'ouverture du livre, défense qui nécessairement le contrarie et le met dans un état nerveux [1].

Dans une promenade en landau, tête-à-tête, dans la forêt, Daudet me donne quelques détails sur son livre, sur l'ironie de la fin, où son héros s'engage parmi les *marsouins* dans l'admiration générale, quand c'est pour fuir la colère du père de la jeune fille qu'il a engrossée [2]. Il dit avoir fabriqué dans son bouquin un Bouddha à la façon de Zola, flanqué d'une femme méridionale [3].

Au fond, il semble avoir fait une œuvre originale, avoir écrit un roman historique, non avec les modes d'un temps, mais avec la psychologie des âmes de ce temps.

Jeudi 15 août

Depuis plus d'un an, je n'avais pas eu de crises de foie, je me croyais guéri, débarrassé, pour mes dernières années, de ces affreuses souffrances. Aujourd'hui, une petite crise. La scène de l'autre soir avec Mme Daudet, qui m'a vraiment peiné, a-t-elle contribué à l'amener ? Plus d'une fois les embêtements moraux m'en ont donné.

Je passe la journée au lit. Cependant, à six heures, réfléchissant qu'on a invité Montesquiou et que par hasard, ce jeudi, il n'est venu personne de Paris pour dîner, je me lève et me prépare à jouer le rôle d'une figure de cire autour de la table.

Il est vraiment amusant, intéressant, ce Montesquiou, avec sa parole verveuse, son magasin d'anecdotes, son érudition des cocasseries, tout cela mêlé au désir de plaire.

Il nous parle de son jardinier japonais, qui a été d'abord à la comtesse Greffulhe, qu'il a quittée, parce que le garde chargé de le nourrir et qui recevait une somme pour sa nourriture de chaque jour, tous les jours, lui faisait manger un lapin, qu'il tuait tous les matins, en sorte qu'au bout de trois ans de ce régime de lapin, il s'était réfugié chez Montesquiou, lui disant qu'il lui était impossible de continuer. Ce jardinier japonais parlerait le français par axiomes, axiomes choisis dans

---

1. Dans cette interview signée *Ganteaire* (est-ce un pseudonyme de Duret ?), ALPHONSE DAUDET ET LE MONDE POLITIQUE (dans le GIL BLAS du 13 août), Daudet confie au journaliste que son roman « débute par la lettre rigoureusement exacte que m'a écrite un pauvre diable pour me léguer le soin de ses enfants avant d'aller se jeter dans le canal ». Sur le suicide authentique, cf. t. III, p. 342. Dans LE SOUTIEN DE FAMILLE, la lettre en question est celle qu'écrit Victor Eudeline, le père du « soutien de famille », à son vieil ami Pierre Izoard (« édit. définitive », p. 8).

2. Au chap. XIV, *Un faible*, le frère aîné, Raymond, qui vient de s'embarquer avec le 5e *Marsouins*, écrit à son cadet en lui avouant qu'il s'est engagé pour fuir ses responsabilités, ayant engrossé Geneviève Izoard, la fille de son protecteur.

3. Le *Bouddha à la façon de Zola* semble, dans le roman, être Valfon, le ministre des Affaires étrangères, dont la femme, d'origine portugaise, devient la maîtresse de Raymond Eudeline.

l'idiome le plus moderne. Ainsi il s'était présenté à lui avec cette phrase : « Jamais canaille... C'est épatant ! » Et il disait du jardin japonais, à l'opposite du jardin français : « Jardin japonais, jamais d'agglomération. »

Puis comme il est question de son volume sur les pierres précieuses et que Daudet dit superstitieusement que la pierre précieuse est dangereuse, maléficiante, Montesquiou conte que lord Lytton, qui avait un culte pour la comtesse Greffulhe, lui avait laissé une pierre gravée admirable. Mais sur cette pierre gravée, il y avait des caractères qui intriguaient la comtesse. Elle la faisait porter à un mage, qui l'avertissait de se défaire au plus tôt de cette pierre sous peine de mort subite, ce qui était arrivé à Lytton. Là-dessus, la comtesse montait en voiture, se faisait conduire au bord de la Seine et jetait la pierre à l'eau : « C'est depuis ce temps, dit Montesquiou en riant, que le fleuve est si mauvais pour la santé parisienne [1]. »

Et le restant de la soirée, avec une mémoire énorme, Montesquiou nous dit du Hugo, du Desbordes-Valmore, et du Montesquiou ; et dans la pose qu'il prend, piété sur une jambe et un bras replié contre la poitrine, on sent le débiteur habituel de la poésie dans le grand monde, et un peu le cabotin élégant de l'aristocratie.

Au fond, c'est singulier comme dans son visage jeunement aimable, il y a du vieillot, des rides d'une figure en bois et une fuite du crâne singulière !

Samedi 17 août

J'avais cru que la crise de foie d'avant-hier était une *crisette*, mais la colique hépatique, cette nuit, m'a fait entendre toutes les heures, depuis onze heures jusqu'à huit heures.

Lundi 19 août

Mon livre en aura fait fabriquer, des journaux. Ces jours-ci, Mme Dardoize a avoué en fabriquer un et a lu à ces dames un morceau sur la mort de Banville à laquelle elle a assisté.

Hier soir, on la presse de lire ce morceau aux *vieux célèbres*, et elle cède volontiers.

Ah ! la pauvre femme, elle ne se doute pas de la présentation, de la mise en scène, de l'architecture d'une chose littéraire ; et le spectacle vraiment dramatique auquel elle a assisté, et avec les détails assez bien observés qu'elle donne, ne fait pas un récit dramatique !

---

1. Dans LES PAS EFFACÉS, 1923, t. II, p. 225, n. 1, Montesquiou corrige ainsi ce que Goncourt lui fait dire dans le JOURNAL : « J'ai dit : *que la chambre est si agitée* (c'était auprès de la Concorde) ». Et il ajoute cette mise au point plus générale : « Celles de ces anecdotes [contées par Goncourt d'après Montesquiou] que je conte moi-même dans cet écrit [LES PAS EFFACÉS] se rectifieront d'elles seules. »

Des détails inexplicables dans cette douleur de la femme qui, lorsqu'on lui apprend que Banville est mort, au lieu d'aller se jeter sur son cadavre, prend par un bras la Dardoize, qu'elle fait tomber à genoux sur le parquet du salon et se livre à une prière interminable. Puis quand la concierge a fait la toilette de son mari, elle a l'idée de se coucher dans le lit du mort et de passer la nuit à ses côtés.

Cette lecture fait recauser de Banville, et avec les confidences de Mme Dardoize — et elle ne dit pas tout — avec les confidences de la femme guettée tous les soirs dans l'escalier, à sa rentrée du monde, du spectacle, par Mme de Banville, en train de préparer le chocolat du milieu de la nuit de son mari, il apparaît la fausse et méchante femme qu'elle était, et le ménage *tartuffard* de cabotins hypocrites que faisaient ces deux êtres. Et l'on ne peut se faire une idée de l'asservissement honteux auquel elle avait réduit ce pauvre Banville, qui n'osait plus regarder une femme et lui adresser directement la parole. Et Mme Dardoize de déclarer combien Mme de Banville était menteuse et la richesse de ses infernales imaginations sur le compte des gens.

La caractéristique scène, qui montre au fond sous son vrai jour le ménage, est celle-ci. Dans une de ces conversations de la nuit, Mme de Banville contait à Mme Dardoize, happée sur l'escalier, ses inquiétudes au sujet du testament de Banville et sa crainte qu'il laissât son avoir à des neveux, à des nièces. Soudain, elle s'arrête, disant à Mme Dardoize : « Vous n'avez pas entendu du bruit ? » Mme Dardoize, prêtant l'oreille, lui indique la porte du salon. Alors, Mme de Banville se précipite sur la serrure, ouvre violemment la porte, derrière laquelle Mme Dardoize aperçoit Banville en chemise. Et la porte est violemment refermée avec un brutal : « Allez-vous en ! » jeté à Mme Dardoize. Pense-t-on à la terrible scène qui s'est passée dans la chambre ?

Mardi 20 août

Toute la soirée passée à lire de la Desbordes-Valmore, une vraie poétesse, qui a très souvent, dans ses vers, de la haute et pleine langue des prosateurs, et pas du *ronron* vide des poètes ordinaires et souvent extraordinaires.

Jeudi 22 août

Aujourd'hui, dix-neuf personnes à table.

Larroumet avec sa tête de bottier alsacien ; sa femme avec son caractère de gouvernante dans une maison du Midi protestante ; ses deux filles, avec l'innocence de leurs yeux bleus et de leurs chairs bien portantes, ayant l'aspect de petites bonnes vertueuses de province. Brisson, des ANNALES, un bon gros garçon heureux, aux gestes câlins, ayant quelque chose de la confiance dans la vie d'un enfant gâté ; sa femme, la fille de Sarcey — dont je doute de la fabrication par ce monstre — une agréable femme ayant dans la physionomie un peu du masculin des femmes du grand siècle ; et enfin le curé de l'endroit, tout dans la joie bruyante de se trouver dans un milieu si littéraire et rouge comme un vit de noce.

Il est question de TARTARIN SUR LES ALPES, et Daudet confesse que le nihilisme du livre lui a été fourni au théâtre du Vaudeville par l'inimitié de Dupuis et de Dieudonné, inimitié née en Russie, Dieudonné ayant comme maîtresse une petite nihiliste et disant de Dupuis : « Est-ce qu'il a encore un grand-duc dans sa loge ? » Et Dupuis parlant de la maîtresse de Dieudonné et la traitant d'un « paquet de dynamite [1] ».

Au moment de s'en aller, la fille de Sarcey — qui, du reste, à propos de l'indépendance de ses goûts littéraires, avait dit à Mme Daudet : « Ah ! je n'ai pas été élevée par mon père ! » — vient à moi et m'avoue avec des phrases louangeuses le bouleversement qu'a produit chez elle la représentation de GERMINIE LACERTEUX. C'est drôle, n'est-ce-pas ? après la façon dont la critique du père a traité la pièce.

Vendredi 23 août

Un retour de la crise de ces jours derniers. Me voici tout à fait repincé !

Dimanche 25 août

Holmès vient dîner aujourd'hui. Elle arrive dans une robe écossaise au vestinquin qui la fait ressembler à une grosse dondon habillée par le couturier Ossian.

Presque aussitôt, elle se met à chanter généreusement et sans trêve. Et dans les morceaux qu'elle chante, il y a une légende intitulée SAINT-AMOUR, vraiment originale, une légende, c'est curieux, qui lui a été fournie par une marchande de vin du Midi, rencontrée par hasard chez un éditeur de musique. Voici le *libretto*. L'Amour se trouve tout à fait dans la *dèche* ; des châtelaines du Midi, qui lui doivent beaucoup, s'adressent au Saint-Père pour qu'il soit canonisé, et elles obtiennent sa canonisation et un asile pour lui dans l'église de Saint-Amour, où une ancienne statue d'un petit Amour, enguirlandé de chapelets, serait la figuration du nouveau petit saint.

Et avant et après dîner, chez la femme, retour de Vichy, c'est une parole qui ne s'arrête pas ou une voix qui ne cesse pas de se faire entendre, sans le besoin d'un repos de quelques minutes, et défilent les chants héroïques, les chants divins, les chants érotiques, ces derniers avec une voix mouillée, où la chanteuse semble chanter avec sa matrice.

Parolière et musicienne — ce qui est une faculté toute particulière — Holmès disserte sur la qualité des vers qu'il faut mettre dans ce qu'elle

1. Dans TARTARIN SUR LES ALPES, le « nihilisme » est représenté par Sonia de Wassilieff, qui a tué le président du Conseil de guerre coupable d'avoir déporté son frère. Tartarin est entraîné dans des aventures héroï-comiques par amour de la belle révolutionnaire, qui se gausse de lui.

fait, des vers, dit-elle, « légèrement à l'état de squelette et dont la chair est faite de sa musique ».

Un moment, elle nous entretient de Wagner, qu'elle a vu toute jeunette et qui, dans la visite qu'elle lui a faite, joua du piano d'une façon assez peu satisfaisante, pour faire jouer ses créations par Richter, et qui chantait faux, si faux qu'en dépit de son admiration enthousiaste, elle fut surprise.

Ce que sa conversation signale surtout de curieux, c'est l'engouement de la France dans le moment pour les œuvres étrangères. A l'heure présente, on joue à l'Opéra du Wagner quatre fois par semaine ; et il y a soixante-cinq opéras qui attendent et qui ne seront peut-être jamais représentés !

Cette Holmès est une Irlandaise — et Daudet attribue une partie de son talent à sa nationalité, à l'esprit légendaire de son pays — une Irlandaise qui a perdu dans son enfance sa mère, dont son père ne s'est pas occupé, qui a eu des gouvernantes complaisantes, de sales intrigues. Elle a rencontré Catulle Mendès à Bayreuth, s'est prise d'un sentiment pour l'écrivain, s'est laissé ramener par lui à Paris, pendant que Judith était restée quelque part, le bras cassé. Là-dessus, Holmès est devenue enceinte, a passé des mois terribles dans l'attente que son père la tuerait, a été délivrée de cette crainte par la mort de son père, arrivée miraculeusement avant son accouchement, puis a commencé sa vie avec Mendès, « sa vie de malheur », laissait-elle échapper tout à l'heure en causant avec Mme Daudet, vie pendant laquelle elle a eu cinq enfants, elle qui déteste les enfants, et dont l'un est mort par manque de soins de la mère, dit Mendès.

Holmès avait vingt-cinq mille livres de rentes, qui ont bien pu décider Mendès à lui faire volontairement un enfant, vingt-cinq mille livres de rentes qu'il a croquées ; mais il est juste de reconnaître que c'est lui qui a maintenant la charge des enfants.

Holmès a un suivant, un enthousiaste en tout bien et tout honneur, dont chaque phrase admirative, en son accent tudesque, est comme un coup de marteau frappé sur des consonnes.

Un drôle de bonhomme que ce Glaser, traducteur aux Affaires étrangères et dont l'existence a quelque chose d'une existence balzacienne.

Tombant de Hongrie sur le pavé de Paris, sans savoir le français, sans connaître personne qu'un compatriote demeurant rue des Chevau-Légers, dont il demande ainsi l'adresse à un sergent de ville : « *la riou de Cheva-au Léguers* », il débute par être mis au poste.

Enfin au bout de quelque temps, il a attrapé trois leçons d'une heure à cinquante centimes et a trouvé à louer une chambre moyennant cinquante francs, gagnés je ne sais avec quel travail.

Ce jour-là, Glaser, qui s'adresse la parole dans toutes les occasions solennelles, se dit : « Glaser, maintenant que tu as le lit et le pain, tu peux prétendre à tout ! »

Au milieu des hauts et des bas des premiers temps de cette existence, le boulanger chez lequel il achetait son pain le prend en pitié et lui ouvre un crédit. Puis le boulanger meurt au bout de quelques années et Glaser se dit : « Glaser, ces gens ont été bons pour toi, cette femme avec ses trois enfants en bas âge est menacée de perdre tout ; Glaser, tu dois être son protecteur. »

Et il l'épouse et a d'elle un quatrième enfant, beau comme Antinoüs, qui est le secrétaire de Périvier ; et le fils et les deux filles du boulanger ont à l'heure présente des positions presque heureuses.

Lundi 26 août

Riesener, le peintre du temps de Louis-Philippe, le petit fils du célèbre ébéniste, était un gourmet avec des aptitudes de cuisinier très remarquable, et Mme Daudet, très liée avec sa famille, racontait que, le lendemain de son mariage, sa joie d'avoir réussi à déjeuner la cuisson de poissons quelconques s'était témoignée par une danse, qui avait fait tomber du plafond le lustre de l'appartement au-dessous du sien.

Le soir, je lis de mon JOURNAL aux Daudet ; et à propos d'une soirée chez eux, où je peins très gentiment les papillons noirs de leurs cervelles maladives à propos de leurs amis et de moi en particulier, je sens Mme Daudet un petit peu crispée [1]. Je suis obligé de lui dire : « Entre nous n'y a-t-il pas une amitié tout à fait extraordinaire dans la gent des lettres, une amitié qui dure depuis plus de vingt ans sans aucun refroidissement, une amitié qui, par sa singularité dans ce siècle de dévorateurs des uns par les autres, intéressera les gens qui nous liront encore dans cinquante ans ? Eh bien, n'y a-t-il pas un intérêt à noter les inquiétudes d'une amitié pareille, qui, dans sa tendresse, a quelque chose des inquiétudes de l'amour ? »

Mardi 27 août

En nous promenant ce matin dans le parc, Daudet me dit ne plus pouvoir porter le poids de sa souffrance, que pendant les quatre jours qu'il vient de passer, il a fallu qu'il se retînt pour ne pas hurler et que ce qu'il s'est fait de piqûres de morphine et ce qu'il a absorbé de chloral est inimaginable. Oui, à l'heure présente, les remèdes de l'adoucissement de la souffrance, ça ne mord plus sur lui.

On cause ce soir de la folie, de la folie dans les ménages, et l'on parle de ce mariage de la fille de Yung avec M. Heim, un rédacteur du TEMPS, qui, le jour de son mariage, courut ses amis pour se faire rappeler son nom et qui, la nuit, poursuivit sa femme, une chaise à la main, si bien que, près d'un mois, la mère fut obligée de venir coucher, cachée dans un cabinet, surgissant au moment où il voulait la tuer.

Ce drame fait s'ouvrir Mme Dardoize, qui nous confie la vie

1. Cf. t. III, p. 961.

douloureuse, selon son expression, « le calvaire » d'un frère mort il y a quelques années.

Il épouse une jeune fille de bonne famille, riche, jolie, quand au dîner de noce, sa mère tout à coup se trouve mal. Interrogée dans la nuit par sa fille, la mère répond que regardant avec attention sa belle-fille, elle a été effrayée par l'expression terrible, pendant un moment, de sa physionomie. Le mari s'aperçoit dès la même nuit qu'il a affaire à une folle ; et l'on apprend bientôt que cette fille, que les parents ont mariée dans le plus complet silence sur son infirmité, avait une chambre capitonnée, étouffant les cris et les révoltes de son corps, tous les jours, pendant deux heures. La mère avait cherché à empêcher le mariage par des lettres anonymes, ne parlant pas de la folie de la jeune fille, mais prédisant au futur époux une vie bien malheureuse.

Le mari, qui était un honnête homme, au lieu de la faire enfermer, cherchait à la garder le temps qu'elle ne voulait pas vivre dans sa famille. Un jour, un bon jour, son père la décide à le suivre au bord de la mer chez des amis de Dardoize. Mais, au bout de quelques semaines, elle devient impossible, et l'on décide qu'il faut la ramener à Paris, la faire voir par des médecins, qui décideront si on doit l'enfermer. Il est convenu que son père et Mme Dardoize l'accompagneront.

Arrivé au chemin de fer, le père se dérobe et laisse sa fille aux soins de sa belle-sœur. Et voilà la pauvre Dardoize, seule dans un compartiment avec cette femme, qui commence à entrer en fureur et à la menacer. Arrivée à Rennes le matin, la folle ne veut pas descendre de son wagon et se met à dire des ordures par la portière. Dardoize, obligée d'implorer la protection du chef de gare, que la folle accueille par les paroles les plus révoltantes et qui est forcé de la menacer de la prendre par les coudes et de la jeter dans la prison de la ville. Cette menace lui fait peur et la calme pour un moment. Mais Dardoize ayant demandé de mettre quelques voyageurs dans son compartiment, le chef de gare s'y refuse, craignant que dans son état d'hystérie, elle ne commette quelque acte d'obscénité. Cependant, quelques voyageurs, touchés de l'affreuse situation de Mme Dardoize, entrent dans le compartiment d'à côté et surveillent la folle par le petit carreau ; et le voyage continue ainsi jusqu'à Paris, Mme Dardoize craignant à tout moment d'être étranglée par sa belle-sœur.

A Paris, elle est mise chez le docteur Blanche, où elle reste deux ans. Puis, sur un mieux, elle ressort ; et bientôt, on est obligé de la renfermer, je ne sais dans quelle maison de santé de province, où un médecin ou un gardien lui fait un enfant, une fille qui porte le nom du père, qui n'a pas voulu et, je crois, ne pouvait la désavouer. Et le frère de Mme Dardoize à peu près mort de chagrin, elle vit encore enfermée dans une maison de santé de Bourg.

Jeudi 29 août

C'est curieux, la méchanceté chez les enfants de Mme Ganderax, qui n'est pas une femme méchante ; la méchanceté du fils qu'elle a eu de Girardin, faisant, enfant, des plans pour assassiner sa mère ; la méchanceté de la petite fille, de la *Loute* qu'elle a eue de Ganderax, dont les mots ne sont pas des mots des ENFANTS TERRIBLES de Gavarni, mais seraient des mots des ENFANTS TERRIBLES de Forain.

Aujourd'hui à dîner, Flammarion, l'éditeur, parlait du goût de l'astronomie qu'a eu son frère tout enfant et n'ayant pas plus de quatre ans, quand il fit voir à des marmots de son âge une éclipse de soleil dans un baquet d'eau.

Il nous dit qu'on vend très peu de Chateaubriand, et pas du tout de Lamartine. La meilleure vente serait la vente des galeries de l'Odéon, très supérieure à la vente du passage de l'Opéra. Un petit fait curieux : à la librairie de la porte Saint-Martin, les livres ne se vendent que dix jours après qu'ils ont commencé à se vendre dans les autres librairies, absolument comme si le boulevard Saint-Martin était en province.

Vendredi 30 août

Déjeuner chez les Brisson, la jeune femme ayant témoigné un vif désir de m'avoir avec les Daudet, déjeuner, cependant, où je me rends avec une certaine crainte d'y rencontrer Sarcey, après les choses désagréables que nous nous sommes dites réciproquement.

Une habitation où s'est ruiné un sculpteur et où il a beaucoup de bâtiments, quelques-uns joliment rustiques sous leur couverte de vigne vierge, une jolie serre, où se voient, en fait de fleurs, les vieilles poupées des petites filles, un jardin un peu à l'abandon.

Salle à manger où, à la suite d'un dîner végétarien, a été peint un Sarcey énorme dans une épouvantable peinture décorative le représentant au milieu de tous les légumes de la terre.

Flammarion, l'astronome, déjeune et après déjeuner, au milieu d'une célébration dudit, un peu enthousiaste, de l'aérostation, comme je lui disais en plaisantant : « Vous n'avez pas passé votre lune de miel en ballon ? » il me répond : « Ça a dû se faire !... Ça ne s'est pas fait, mais tenez, c'est assez curieux... J'avais un ami, l'abbé Proger, qui, aussitôt que j'avais fait un livre, le refaisait au point de vue clérical : ainsi, LA PLURALITÉ DES MONDES, refait par lui à l'usage des écoles chrétiennes... Et sans jamais me citer... Ça ne fait rien, il était mon ami... Quand j'ai dû me marier, il m'a dit : « Vous deviez vous marier à l'église. — Je ne sais pas, peut-être... » lui ai-je répondu. Enfin, il me demande à me marier, quoiqu'il ne fût pas prêtre de la paroisse : « Soit, mais pas de billet de confession ! — C'est grave, j'en référerai à l'archevêché. — Flammarion ? Eh bien, oui », répond l'archevêque. Et quand il me rapporte la réponse, il me dit : « Vous voyez, j'ai fait tout ce que vous avez désiré. Eh bien, vous devez faire une ascension, le jour de votre mariage, je voudrais bien en être... — C'est convenu, à une heure à la mairie, puis le déjeuner, et rendez-vous à trois heures à la Villette. » Il me marie et me dit : « N'est-ce pas, c'est toujours convenu ? — Non, Godard a eu un coup de sang et c'est remis... » Au déjeuner, Mme Godard lui annonce que ce sera seulement un retard de quelques jours... « Au bout d'une semaine, le départ est décidé... Je passe chez l'abbé l'avertir que c'est le lendemain, je ne le trouve pas, on me dit qu'il est à sa campagne de Saint-Maur-la-Varenne. Je laisse un mot, en lui disant de se trouver à la Villette à six heures juste. Il ne vient pas, il n'était pas rentré à Paris. Un ami, qui était là, part à sa place... Mais voilà le curieux ! Le vent nous pousse juste au-dessus de la Varenne et là, un calme nous y arrête... Nous étions à 800 mètres, j'entends une voix qui m'appelle par mon nom... Le ballon était juste au-dessus de son jardin, nous ne le voyons pas, mais nous, nous voyons sa maison... Un moment, l'idée de redescendre et de le prendre, mon ami en ayant assez... Mais le vent revient, et nous étions le lendemain à cinq heures à Spa.

— Et votre femme ?

— Elle ne voulait pas descendre. »

L'intérieur des Brisson, un intérieur plaisant, aimable, où l'on sent du vrai bonheur conjugal, et animé et égayé par les jeux de deux rondelettes petites filles, dont la plus petite, âgée de trois ans, qui s'est grisée avec le champagne d'une compote de fruits glacée, fait les plus extravagants sauts de carpe sur l'immense canapé tenant une partie du salon.

Samedi 31 août

« Oui, monsieur de Goncourt, la table a fait en l'air 65 oscillations avant de retoucher la terre ; et lorsqu'on lui a dit de s'en aller, elle a été retrouver sa place. »

C'est Mme Allard, la belle-mère de Daudet, qui, les mains sur un guéridon, entre les mains de sa fille et de son petit-fils Lucien, nous raconte des choses abracadabrantes, qui mettent dans une colère sourde son gendre et moi [1].

Oui, cette femme qui a horreur du prêtre et de la religion et qui, dans la société de deux ou trois vieilles femmes détraquées, est passée *médium*, a mis toute son existence dans cette antichambre de la folie et, si Daudet ne fait bonne garde, la communiquera à sa fille et à son petit-fils, nerveux comme il l'est.

Dimanche 1er septembre

Daudet ne peut écrire proprement, ne peut écrire une lettre qu'après déjeuner et surtout après dîner. Il faut que de la nourriture, de la vie emmagasinée l'empêche de trembler.

Mme Dardoize écrit un journal, a écrit des pensées sur l'amitié à

1. Texte Ms. : *son père et moi.*

propos de la *chamaillade* de Mme Daudet et de moi ; mais la femme est vraiment si *hannetonnante*...

Lundi 2 septembre

Départ de Champrosay.

Mardi 3 septembre

En arrivant chez moi, je trouve, envoyée par Delzant, la collection des articles publiés sur mon JOURNAL, réunie, collée, reliée. Et la lecture de ces articles, par moi oubliés, me fait, à mon grand regret, renoncer à mon projet de préface du neuvième volume, qui ne devait contenir que des éreintements, parce que vraiment, si le JOURNAL a trouvé des éreinteurs, il a rencontré vraiment des enthousiastes.

Samedi 7 septembre

Ah ! le facile esprit de ces critiques comme M. de Brunetière, qui ne trouve rien de mieux pour vous désigner au mépris public, que de vous appeler un romancier japonais, quand tous les romans japonais sont des romans d'aventure et que les romans de mon frère et de moi ont cherché avant tout à tuer l'aventure dans le roman [1] !

Dimanche 8 septembre

Des chaleurs torrides, des chaleurs de près de 40 degrés à l'ombre, des chaleurs qui m'empêchent de dormir, de manger, qui me tiennent couché toute la journée sur mon lit, avec l'imagination toute tournée vers la recherche d'une boisson qui peut tuer la soif dans la fièvre de votre être.

Lundi 9 septembre

Je trouve que la jeunesse littéraire actuelle, avec son mépris des *grondantes colères* de la chair et son culte de la *psychiatrie*, de cette beauté lui défendant de chanter la *brutale nature* et le *sensuel amour*, a quelque chose de l'hypocrisie de la religion protestante.

Mardi 10 septembre

Départ pour Jean-d'Heurs.

1. Cf. t. II, p. 927, n. 2.

Mercredi 11 septembre

Quels malaises dans ces matinées, où je passe les heures anxieux si je ne vais pas me trouver mal ! Toutes ces eaux minérales que je bois pour mon foie, pour mon estomac, m'apportent, je crois, de l'anémie... Mon Dieu, qu'elle ne devienne pas cérébrale !

Nos manœuvres de ces années amènent de terribles servitudes militaires. A Neufchâteau, ces jours-ci, l'avoué des Rattier avait à loger 80 soldats et officiers ; et dans la ville, les matelas étaient arrivés à se louer 25 francs pour une nuit.

C'est curieux, ces hauts et ces bas de la santé ! Des matinées où l'on se demande si l'on ne sera pas forcé de se mettre au lit ; des après-midi, où après de la marche et de la nourriture, on sent en soi comme un espèce de soulèvement du vague et de la déliquescence de la vieillesse.

Jeudi 12 septembre

Une vie à la fois matérielle et contemplative, où l'estomac est nourri de la plus délicate cuisine et la vue est charmée par les plus beaux arbres de la terre.

Samedi 14 septembre

Un vétérinaire disait au propriétaire d'un vieux chien disparu que très souvent, il arrivait qu'un chien, se sentant près de sa fin, allait mourir dans un coin de bois, sur un morceau de terre, ignoré, inconnu.

Rattier, qui a des terrains à Saint-Denis, venant de sa famille, me disait que l'hectare de terre loué aux maraîchers valait là 15 000 francs.

Mardi 17 septembre

Ce soir, en revenant le long de la rivière, au crépuscule, ce bord de l'eau près duquel j'ai passé et je passe matin et soir, dans tous les séjours que j'ai faits ici, et qui ne m'avait rien rappelé, soudainement, s'est fait reconnaître à moi comme un endroit, où tout enfant, dans un séjour à Bar-le-Duc, on m'avait mené promener, on m'avait mené visiter le Jean-d'Heurs du temps du maréchal Oudinot.

Mercredi 18 septembre

La duchesse de Luynes disait à quelqu'un, admirant la richesse, le luxe des fleurs à Dampierre : « Mes jardiniers remuent dans l'année 600 000 pots de fleurs [1]. »

Il est question du vieux marquis d'Andlau, qui possédait dans le Perche l'ancienne propriété d'Helvétius, grossie et agrandie par deux

1. Sur Dampierre, cf. t. I, p. 1198, n. 2.

générations de propriétaires et qui compte 42 fermes et 10 moulins. Les moulins, c'est d'un rapport médiocre aujourd'hui, et encore quand on arrive à les louer. Eh bien, lorsqu'un moulin n'allait pas et qu'il se présentait un usinier pour remplacer le meunier, le marquis se refusait à laisser établir une usine, disant que l'industrie amenait la corruption des mœurs dans les campagnes [1].

Ce détail vous dit que c'était un noble représentant de la propriété d'autrefois, un représentant aux larges aumônes, à la bienfaisance active.

Dimanche 22 septembre

Rattier parle d'un médecin de Châlons, nommé Titon, qui l'a soigné, mort il y a une dizaine d'années en laissant une grande réputation dans les départements de l'Est.

C'est peut-être l'unique médecin qui a eu l'idée de demander à ses malades un journal heure par heure de leurs souffrances et de leurs malaises du jour et de la nuit. Et pour moi, ce serait un renseignement des plus sérieux pour un traitement : il y a tant de diagnostiqueurs qui se trompent et, dans la confiance absolue de leur diagnostic, n'écoutent rien de ce que leur racontent les malades.

L'histoire de ce Titon est curieuse. Petit paysan, il était pris en affection par un vieux médecin du pays, sur l'intelligence de sa figure, et ce médecin faisait les frais de ses études de médecine à Paris. Mais lorsque celui-ci avait fini son internat à Paris et était au moment de devenir une illustration dans la capitale, le vieux médecin lui disait : « J'ai fait de vous un médecin, un médecin qui en sait plus que moi, un médecin tout à fait supérieur. Je l'ai fait, je dois vous l'avouer, pour que vous donniez tous vos soins à ma fille, dont vous connaissez la santé maladive et qui ne peut continuer à vivre que sous une surveillance tout à fait aimante... » Et Titon épousait la fille du vieux médecin et passait toute sa vie à être l'intelligent garde-malade de sa femme, à laquelle il ne survivait que six mois.

Lundi 23 septembre

Un vieux braconnier d'ici disait : « Avant de mourir, je voudrais avoir encore une belle *petiote.* »

Ce soir, à dîner, M. de Saint-Laurent, chef d'escadron d'artillerie nous donnait quelques détails sur les grandes manœuvres qui viennent d'avoir lieu ; et comme on le questionnait sur le général Négrier, il le peignait comme un amoureux de la popularité et de la publicité des

---

1. Il s'agit du domaine de Voré-au-Perche, dont avait hérité le comte d'Andlau, descendant d'Helvétius. Le domaine est situé dans l'Orne, sur la commune de Rémalard. Keim signale, entre autres moulins appartenant à ce domaine, ceux de Rémalard sur l'Huisine et ceux de Vaujour sur le ruisseau de Boiscorde ; à l'inverse de son descendant, Helvétius avait essayé de faire exploiter le minerai local, mais ses voisins s'émurent et il échoua (HELVÉTIUS, SA VIE ET SON ŒUVRE, 1907, p. 203 sqq.).

journaux, et il racontait ce petit fait dont il avait été témoin. Un lièvre — à ce qu'il paraît, il y a toujours l'incident du lièvre dans les manœuvres — un lièvre, rejeté par une charge de cavalerie dans la foule des spectateurs, avait été pris par l'un d'eux, quand le général, se portant en avant, s'écria de sa voix la plus impérative : « Gendarmes, emparez-vous de ce lièvre et remettez-le au maire de la localité. » Cette déclaration retentissante, à propos d'un lièvre, a passé pour de la mise en scène au-dessous d'un commandant de corps d'armée.

L'on passe en revue les généraux ; et Jamont semble être le général dans lequel l'armée a le plus de confiance.

Mardi 24 septembre

Un quartier de lune d'argent sur un ciel rose, les sommets des grands arbres dans une brume de chaleur ; et dans le silence endormi du parc, le bruit de pluie d'un jet d'eau.

Jeudi 26 septembre

L'homme d'affaires français ne veut rien risquer, tandis que l'homme d'affaires anglais est bien plus aventureux. C'est ainsi que les mines d'or, offertes il y a dix ans à des maisons françaises, ont été refusées par toutes ces maisons [1]. Et l'un des Hottinguer, auquel *Marin* reprochait sa bêtise, lui répondait : « Nous sommes tous des c... et, ce qu'il y a de beau, dans toutes les circonstances, c'est toujours comme cela ! » Le curieux, c'est que le premier rapport, présenté à la maison Mirabaud et dont Wendel, qui en a eu connaissance, assure qu'il n'y avait pas un mot dont la réalisation ne se soit faite, eh bien, ce rapport avait été refusé, parce que d'abord, l'auteur était catholique, puis qu'on l'accusait de *se piquer le nez.*

Il y avait peut-être un peu de vrai dans ce dernier reproche, mais c'est justement ce *piquage de nez* qui faisait la valeur du rapport. Oui, l'auteur du rapport avait passé tout son temps au Cap dans les cercles, les cafés, les lieux de plaisir, et n'avait fait qu'une apparition d'une quinzaine aux mines. Mais dans son séjour au Cap, de ses conversations avec les ingénieurs des compagnies, avec les employés venant faire la fête quelques jours, de ces confidences des uns et des autres dans une griserie générale, il avait soutiré tous les documents dont il avait besoin et n'avait eu qu'à les contrôler, qu'à les vérifier aux mines.

---

1. La découverte de nouveaux gisements au Transvaal en 1884, en particulier dans le Witwatersrand, avait fait passer en dix ans la production d'or du Transvaal de moins d'un million de francs en 1886 à 214 millions en 1895. En France, des campagnes de presse attirent l'attention du public sur les actions des mines d'or du Transvaal (voir ex. dans LE GAULOIS la rubrique financière de 1895 et, le 14 juin, l'alléchante interview du financier anglais sir Edgar Vincent). Après la hausse rapide de ces actions, une réaction se produira à la fin de 1895. Voir plus loin le passage du 13 févr. 1896.

Vendredi 27 septembre

Compiègne, un ancien noceur, à présent un fou érotique, vit dans une maison de campagne, dont sa femme s'est sauvée, parce que son amour l'aurait tuée. L'érotisme a fait naître chez lui, pour ainsi dire, un sixième sens : la perception de la femme, et de la femme invisible, par les atomes amoureux qu'elle dégage. Une femme traverse-t-elle la propriété, une femme que ses yeux ne voient pas, que ses oreilles n'entendent pas, aussitôt une érection se produit chez lui.

Dimanche 29 septembre

Voici deux nuits où j'ai des cauchemars tout à fait pénibles, vous laissant une impression douloureuse, même dans le réveil ; des cauchemars, où ma mère, qui ne revenait jamais dans mes rêves, m'apparaît dans la dévastation de ma maison d'Auteuil, m'apparaît dans une émigration à l'étranger, comme un être qui, debout, serait frappé de catalepsie, ne répondant rien à mes paroles, indifférente aux catastrophes dans lesquelles je me débats, presque hostile.

Lundi 30 septembre

Mme de Morlaincourt nous disait que son grand-père vidait dans ses vingt-quatre heures 22 bouteilles de vin, dont quatre la nuit.

Mardi 1er octobre

L'eau, cette matière de miroir liquide, je ne me rassasie jamais de la regarder et je passe de longs moments devant cette cascade de Jean-d'Heurs, où le courant morne de la rivière fait tout à coup cette rampe de lumière et où la mousse verdâtre des rochers se couronne d'un bouillonnement d'argent d'où jaillissent comme des tridents de cristal et ces ruissellements de perle et de diamant se déversant dans la grande nappe tranquille d'eau bleuâtre, sur laquelle viennent mourir, en éclatant, les bulles du grand bouillonnement.

Mercredi 2 octobre

Départ de Jean-d'Heurs.

Ah ! le terrible train omnibus ! Une heure d'arrêt à Saint-Dizier, deux heures d'arrêt à Vitry-le-François.

Dans l'ennui de cet arrêt, où il n'y a ni buffet ni petite boutique de librairie et où il pleut à verse, ma pensée se tourne vers cette famille Jacobé, cette famille de l'ancien maire de Vitry, cette famille qui m'a volé mon nom de Goncourt, malgré l'achat de la seigneurie de Goncourt par mon grand-père, malgré tous les titres possibles, malgré déjà la notoriété de notre nom en littérature — et n'ayant, elle, cette famille, pour tout titre, qu'une quittance de percepteur du temps du Directoire, sur laquelle il y a Jacobé... *de Goncourt*, comme domicile. Au fond, il s'agissait d'un mariage d'un fils, qu'on faisait bénéficier, à mon détriment, de la mort d'un frère tué à Sébastopol. Et dans cette affaire, la canaillerie du gouvernement de Napoléon III, quand mon frère et moi, nous avons fait, hélas ! trop tard un recours au Conseil d'État et qu'il a cherché, dans la forme de l'acte de naissance de mon père, à nous chicaner sur ce nom de Goncourt, affirmé à nous seuls dans le portrait de notre grand-père à la Constituante ! Cela contre les fils d'un des plus brillants officiers de cavalerie du premier Empire et cité parmi les actions d'éclat aux FASTES DE LA GLOIRE pour son refus de se rendre, au combat de Pordenone, et les sept coups de sabre reçus sur la tête ; de l'officier qui fit toute la campagne de Russie, l'épaule droite cassée, le lendemain de la bataille de la Moskowa ; du chef d'escadron de vingt-six ans, qui eut deux chevaux tués sous lui à Waterloo ; du camarade des Rumilly, des d'Houdetot, sollicité par eux de devenir en leur compagnie aide de camp de Louis-Philippe et général [1].

Jeudi 3 octobre

Je disais dernièrement à quelqu'un : « Oui, dans mon JOURNAL, j'ai voulu recueillir tout ce qui se perd de curieux dans la conversation ! »

Vendredi 4 octobre

Malgré la belle scène de l'aveu de la femme au mari, LES TENAILLES, ça ne vous prend pas, parce qu'on sent tout le temps l'hypothèse de sentiments prêtés par l'auteur à l'héroïne de sa pièce [2]. C'est le défaut de toutes les pièces à thèse, avec leurs êtres imaginés pour le soutien de la thèse.

Samedi 5 octobre

J'ai l'intime conviction, et presque les preuves, que les femmes de quarante ans qui n'ont pas de mari ni d'amant sont folles par moments dans le secret de leur intérieur.

Dîner à Saint-Gratien.

La Princesse bien portante, aimable, presque affectueuse. Tous les

---

1. Sur l'affaire Jacobé, cf. t. I, p. 550, pp. 686 sq. et sur le combat de Pordenone, cf. t. III, p. 680, n. 1.

2. Dans LES TENAILLES (Théâtre-Français, 28 sept. 1895), Hervieu plaidait contre la loi qui subordonne le divorce au consentement des deux conjoints : tour à tour, Irène Fergan et son mari souffrent de ces « tenailles » dont l'un des deux époux veut maintenir l'étreinte. La scène de l'aveu est la VIe de l'acte III : pour sauver son fils du régime d'internat que Robert Fergan veut lui imposer, Irène avoue à son mari que l'enfant n'est pas de lui.

Benedetti, avec la petite femme qui n'est plus en défiance avec moi, les Grandjean, ce ménage un peu terne, et d'Ocagne, dans le moment le boute-en-train de l'endroit avec de l'esprit de mathématicien.

La Princesse a, par-ci par-là, des espèces de toquades d'affection irraisonnées pour des gens quelconques. Cette année, c'est pour un peintre de fleurs, nommé Gille, dont elle achète les éventails, les panneaux, les dessus de boîtes, qu'elle force ses amis à prendre comme illustrateur de leurs livres, et du *gentillet* talent duquel, matin et soir, elle a l'air d'assommer ses invités.

Dimanche 6 octobre

Les honneurs rendus aux grands hommes — tout Pasteur qu'ils peuvent être — deviennent, il me semble, un peu excessifs ; ils héritent peut-être trop de ce qui appartenait à Dieu autrefois [1].

Lundi 7 octobre

Aujourd'hui, Roger Marx vient chez moi pour la publication de morceaux d'HOKOUSAÏ dans LA GAZETTE DES BEAUX-ARTS et LA REVUE ENCYCLOPÉDIQUE.

En causant de choses et d'autres, il me raconte que dans le tableau de Meissonier, intitulé, je crois, LE CHANT et où il avait peint sa maîtresse, la Besançon, devenue depuis sa femme, s'étant permis de trouver à la Besançon une tête allemande, Meissonier l'avait fait appeler chez lui et s'était livré à un emportement sénile, répétant à tue-tête qu'elle n'avait pas une tête allemande, mais la tête d'une bonne patriote française.

Mercredi 9 octobre

Visite de Toudouze revenant de Camaret, où il s'est trouvé avec un monde bien étrange et bien mêlé, habitant son cabaret. Il y avait Becque, laissant reposer ses mots cruels et se montrant bon enfant. Il y avait le philosophe Izoulet. Il y avait l'aquafortiste Legrand, flanqué d'une femme et d'un enfant, un hurluberlu sauvage, courant la campagne sans chapeau, un jour, vous disant bonjour, un autre jour, marchant sur vous sans crier gare. Il y avait l'éditeur Pelet, du quai Voltaire, à l'aspect d'un tortionnaire moyenâgeux, et toujours escorté de deux grands chiens qui piétinaient toute la nuit sur la tête du ménage Toudouze. Et, à tous les repas, des disputes terribles entre Pelet, Legrand et la femme Legrand, où l'on se jetait à la tête des mots déshonorants ; et à la fin

1. Allusion aux funérailles nationales de Pasteur, le 5 octobre : autour de l'Institut Pasteur, grand déploiement de troupes sous les ordres du général Saussier, long cortège, avec tous les ministres derrière le corbillard, cérémonie à Notre-Dame en présence du président de la République, du grand-duc Constantin, du prince Nicolas de Grèce, etc.

des fins, l'émoi d'un duel entre Legrand et un monsieur du dehors, qu'arrangeaient Antoine et le philosophe Izoulet.

Jeudi 10 octobre

Les chats auraient-ils la perception de la maladie de leurs maîtres et une espèce de compassion tendre s'éveillerait-elle chez eux ? Autrefois, quand j'ai eu de grandes crises hépatiques, la chatte, qui ne venait pas sur mon lit, y dormait des heures, se réveillant pour me lécher le bout du nez. L'autre jour, Pélagie ayant une indigestion et toute brisée, s'étant étendue sur l'escalier, la chatte, après avoir longtemps tourné autour d'elle, avec des *Miaou* qui la plaignaient, se couchait sur elle. Enfin aujourd'hui, où j'ai une petite crise, mais où rien de mon malaise ne se témoigne à l'extérieur, elle a passé deux ou trois heures sur ma table de travail, où il n'est pas possible de la faire rester les autres jours.

Samedi 12 octobre

Je suis en butte à une vraie persécution de la part d'un banquier de Barcelone, nommé Daniel Grant. Il a commencé, dans une première lettre, à m'inviter à une exposition à Barcelone, en mettant à ma disposition un yacht, qui viendrait me prendre dans tel port de France que je lui désignerais. Dans une seconde lettre, il m'a fait, spontanément, et sans que rien au monde ne pût l'y engager, l'offre de 75 000 francs pour arranger mes affaires ou celles de ma famille. Enfin, dans une troisième, il m'annonce l'envoi d'un encrier d'argent pesant 1 000 grammes avec une plume d'or. Je croirais que mon banquier de Barcelone est un fou ; mais je suis obligé de lui adresser cette lettre :

« Monsieur,

« A la lettre, où vous mettez à ma disposition la somme de 75 000 francs, je n'ai pas répondu, parce qu'on n'accepte pas de l'argent d'un monsieur qu'on ne connaît pas — et même d'un monsieur qu'on connaît.

« Aujourd'hui, que vous m'annoncez l'envoi d'un encrier d'argent voté par le casino de Barcelone, j'ai le regret de le refuser, craignant que ce soit un cadeau que je devrais à vous seul.

« Agréez, monsieur, mes salutations. »

Lundi 14 octobre

Je trouve Mme Sichel à moitié déménagée dans son nouvel appartement du boulevard Malesherbes. Elle est revenue de Suisse avec l'apparence de deux sous de santé, et presque de la voix.

On met la table dans un petit salon, encore sans rideaux, et nous faisons un affectueux et gai dîner.

Croirait-on qu'elle paye à l'heure présente un sixième trois mille francs ? Maintenant, il faut vraiment reconnaître qu'avec leur chauffage par le calorifère de l'escalier, leurs eaux chaude et froide, leurs bains pouvant se chauffer en vingt minutes, leurs interminables corridors remplis d'armoires, les appartements modernes sont tout à fait confortables et qu'avec un ascenseur, ils ne sont impossibles que pour les domestiques.

Mercredi 16 octobre

Bracquemond, ressuscité par un séjour de deux mois en province, vient me voir au sujet d'une eau-forte que la comtesse Greffulhe m'a demandé de lui faire faire d'après une photographie.

Il est question de l'achat de l'objet d'art par les Américains ; et c'est pour lui l'occasion de me raconter cette anecdote concernant Haviland. Un jour, Bracquemond voit chez Barbedienne un très beau dessin de Millet et le complimente sur sa qualité ; un autre jour, il ne le revoit plus, et demandant à Barbedienne ce qu'il est devenu, celui-ci lui apprend qu'il l'a vendu à Haviland ; un autre jour, il le voit revenu à la même place et s'étonne. Alors, Barbedienne de lui dire : « Oui, il me l'a rapporté avec ces paroles : Je vous l'achèterai quand il coûtera 15 000 francs... Dans ce moment, où il coûte 1 500 francs, ça ne vaut rien. »

Je trouve ce soir la Princesse très enrhumée, qui s'abrite derrière son rhume pour ne pas aller samedi à l'enterrement du baron Larrey et laisse entendre que cette Dodu, qui l'a soigné et qui n'est que sa filleule pour sa décoration de la Légion d'honneur, pourrait bien être sa maîtresse.

Ce matin, la Princesse a eu à déjeuner les deux filles de Dumas, dont la plus jeune prend des leçons de chiromancie avec Mme de Thèbes et a tiré la bonne aventure à toutes les femmes de la maison, qui sont encore émotionnées des choses extraordinaires qu'elle leur a dites [1]. La fille Dumas a même tiré cette bonne aventure aux hommes qui étaient là, à Gille, l'aquarelliste, menacé, d'après la chiromancienne, d'une grosse maladie. Là-dessus, quelques paroles énigmatiques des dames pieuses de la maison à l'aquarelliste, pour qu'il se trouvât en état de grâce, quand la maladie qu'il ignore arrivera.

Et voici, pendant qu'on cause de cela, Mme de Galbois, qui ne peut pas manquer une occasion de porter sur les nerfs de la Princesse, montant chez elle et en rapportant une espèce de préparation à la mort de Veuillot. Aussitôt, la Princesse d'entrer en colère, de s'écrier que Veuillot est la plus grande canaille de la terre, que saint Labre est son saint... Et au bout de sa tirade, par une déduction pas absolument logique, de déclarer que les dévotes ne se lavent pas le derrière, assertion

1. La *plus jeune fille de Dumas* : Jeannine, devenue Mme d'Hauterive.

contre laquelle proteste la baronne et que coupe la Princesse par cette repartie à brûle-pourpoint : « Madame, je connais à fond Saint-Denis, Écouen, Picpus : eh bien, je puis faire le serment qu'il n'y a pas un bidet ! »

Et comme à ce propos, je disais que j'avais eu chez moi des ouvrières à qui le meuble en question était défendu par leur confesseur : « Oui, c'est possible, dit Mme Benedetti, mais mon Dieu, vous savez qu'il y a dans le clergé des inintelligences... Puis il y a des prêtres qui ont l'horreur de la femme et de tout ce qui en fait, comme ils disent, un être de concupiscence, comme l'abbé Laine, n'est-ce pas, Princesse ? qui se vantait de n'avoir jamais parlé à la femme qui le servait — comme un vieux prêtre de campagne qu'ont connu mes parents, qui ne rencontrait jamais une femme sans dire presque tout haut : *Passe, peste !* »

Jeudi 17 octobre

Mariage de Régnier avec Mlle de Heredia.

Une église pleine de monde, comme pour le mariage d'un personnage officiel. A ce sujet, le jeune Houssaye, plus intelligent que d'habitude, me dit que dans l'effondrement des hommes politiques, c'est nous, les littérateurs et les peintres, qui sommes en vedette, qui sommes tout : « Au fond, ajoute-t-il, c'est la fin d'un pays. »

La mariée pas jolie, des cheveux de négresse, et sans voile, et costumée en mariée du *fandango.*

C'est curieux ces noces si retentissantes, au public d'une première, ça éveille chez moi l'idée d'un prochain divorce.

Dimanche 20 octobre

Aujourd'hui, Paul Margueritte, accompagné de son frère, est venu prendre congé de moi, avant de partir pour le Midi. Il va à Nice, cette fois, et espère dans ce dernier hivernage, clôturer la série de ses hivers loin de Paris, qu'il a la tentation de réhabiter, depuis qu'il est mieux portant.

Après les deux frères, c'est Duret, qui revient de faire un voyage d'un mois en Allemagne et qui rentre en France un peu navré de la grandeur, de la prospérité, de la confiance de cette Allemagne, contre laquelle il lui semble impossible qu'il y ait jamais une revanche.

Une chose qui l'a surtout blessé, c'est le manque d'hostilité de ce peuple contre nous et la pensée chez lui qu'un jour, ça doit s'arranger avec nous et que nous devons redevenir amis, sans, par exemple, aucune restitution de leur part !

Lundi 21 octobre

Des affiches annonçant le DUGUESCLIN de Déroulède, où le nom de Coquelin est imprimé en bien aussi grandes lettres que le nom du connétable.

Je lis un feuilleton, dans LE JOUR, des MÉMOIRES de Rochefort : ça me semble les mémoires d'un *queue rouge.*

Une femme de chambre, qui s'était présentée pour entrer chez la belle Mme Hochon, était reçue par elle dans le costume d'Ève, sans que cela parût la gêner ; mais ça gênait la femme de chambre, qui n'entrait pas chez elle.

Mardi 22 octobre

Lenoir, qui a la commande de la statue du maréchal Canrobert, me disait qu'on devait lui faire connaître un tailleur qui avait à s'y tromper le physique et la tenue théâtrale du maréchal ; et il est tout pressé d'en faire une maquette.

Mercredi 23 octobre

Roger Marx, qui vient aujourd'hui pour le classement des images d'un de mes articles sur Hokousaï, m'apprend que la Routier de Grandval n'a pas abandonné le projet de l'illustration de LA MAISON D'UN ARTISTE, qu'elle se remuait beaucoup et qu'il croyait qu'elle arriverait à avoir l'argent de la publication [1].

Bracquemond soutenait que l'école anglaise, en dépit de son charme et de son habileté, manquait d'originalité, qu'elle descendait, cette école, d'Holbein, de Rubens, de Van Dyck, de Perronneau et, en ces derniers jours, des Primitifs italiens ; enfin, qu'il ne trouvait là dedans d'original qu'Hogarth, sur quoi je lui disais que sa pâte ressemblait diantrement à la pâte de Chardin.

Vendredi 25 octobre

Dîner chez Drouant, place Gaillon, avec Bonnetain, Geffroy, Descaves, les deux Clemenceau, Rosny, le peintre Monet [2].

Bonnetain, que je n'ai pas vu depuis le retour du Soudan, je le trouve bien changé. Le malheureux, qui a pris du calomel ce matin, ne dîne pas et va six ou sept fois aux *water-closets.*

Clemenceau parle d'un très curieux personnage avec lequel il est en rapport, d'un Persan qui, je crois, a été ministre de Perse en Angleterre et qui lui racontait ceci. Il avait entendu dire qu'il y avait chez les Kurdes une contrée, où, dans l'hospitalité offerte aux étrangers étaient

---

1. Sur ce vain projet d'une édition illustrée de LA MAISON D'UN ARTISTE, cf. plus haut pp. 1144, 1147, 1149. — L'article sur Hokousaï est celui que publie LA GAZETTE DES BEAUX-ARTS le 1er déc. 1895, HOKOUSAÏ. SES ALBUMS TRAITANT DE LA PEINTURE ET DU DESSIN AVEC SES PRÉFACES, et qui correspond au chap. LI du volume.
2. Cf. t. III, p. 1025, n. 1.

comprises les femmes de la maison. Un jour, chargé d'une mission, il fit un crochet du côté de la contrée en question et demandait au chef du pays si c'était une légende. Le Kurde lui répondit en faisant venir sa femme et ses filles et en lui disant : « Faites votre choix. » Et comme il demandait au Kurde quelle était la raison de cette offre, le Kurde répondait : « Considérant la brièveté de la vie et sa dureté, nous avons comme religion la *religion de la jouissance*. Nous l'exerçons à notre profit, mais nous tenons aussi à en faire profiter les autres. »

Pendant ce, le frère de Clemenceau ne cesse de décolérer contre la pièce de Caraguel, LA FUMÉE, PUIS LA FLAMME, et de là, je ne sais par quel chemin, arrive à s'indigner que le coït, « cet acte vénérable », soit considéré comme une chose comique, drolatique.

Quant à Rosny, il tient le crachoir tout le temps, moins discuteur, moins ergoteur que par le passé. Maintenant, c'est par des amplifications énormes, des théories abracadabrantes, des paradoxes colossaux, des violences cyniques de la parole, qu'il *rase* son monde.

Tout d'abord, il s'élève avec de la colère contre le mariage, répondant à celui qui lui demande pourquoi il s'est marié, qu'il s'est marié, parce que dans le temps, il croyait à des choses bêtes, à la légitimité des enfants. Et comme un autre convive ajoute : « Et puis, un peu par devoir, n'est-ce pas ? — Non, s'écrie Rosny, tout simplement à cause de l'enflure d'un ventre. » Et il nous force à lui dire : « Oui, vraiment, pour un mauvais coup, le mariage, c'est trop ! » Alors, c'est une demande féroce de l'extermination de la race blanche, qui va embêter les autres races. Enfin, c'est un *bêchage* cruellement gouailleur de Daudet, de sa femme, de Léon, qu'il dit avoir le physique du Juif le plus judaïsant.

En sortant, comme je lui demande pourquoi son frère n'est jamais avec lui, il me fait cette réponse singulière : « Parce qu'il est trop moi... Et quand je vais quelque part, j'ai besoin de sortir de moi. »

Dimanche 27 octobre

Visite de Lorrain, revenu des Pyrénées, gros, gras, rose, et qui me conte, en pouffant de rire, une entrevue avec Loti, qui, tout en ne lui cachant pas qu'il avait une certaine défiance de sa personne, lui contait dans cette visite, où il le voyait pour la première fois, qu'il avait fait un enfant à la fille d'un paysan des environs et que par crainte du scandale et de ses frères, il avait envoyé la mère et l'enfant à Rochefort.

Sur l'hésitation de Lorrain de monter à son cabinet de travail par la fameuse échelle de corde, et surtout sur sa crainte de la descente, il lui disait qu'il pourrait descendre par l'escalier de service. Et après avoir apparu à Lorrain au commencement de la visite dans une chemise de flanelle blanche, sous laquelle il jouait à la *pelote* avec des Basques, il finissait par s'habiller en Turc pour un bal.

Ce qu'il y a de certain, c'est qu'il n'a pas su inspirer du respect à Lorrain ; il faut l'entendre se *gausser* de lui.

Rod, qui succède à Lorrain, se loue de la complète indépendance qu'Arthur Meyer lui octroie dans la critique littéraire qu'il fait au GAULOIS.

Ce matin, deux mots sur une carte m'avaient appris le retour de Daudet et son désir de m'avoir à dîner. Je le sens mélancolieux. Il me dit qu'il n'a rien fait cet automne et sans qu'il me le dise, je le sens toujours dans l'ennui de la lettre de la femme du suicidé, qui lui bouleverse le commencement de son roman du SOUTIEN DE FAMILLE [1].

Il me fait part du bruit qui court, que Porel serait en train de divorcer avec Réjane, Réjane qui n'aurait pu résister à la toute puissance du grand Empereur de la pièce de MADAME SANS-GÊNE, à l'acteur ***, qui serait devenu son amant [2].

Mardi 29 ctobre

De tous les livres du passé, LE NEVEU DE RAMEAU est le livre le plus moderne, le livre semblant écrit par une cervelle et une plume d'aujourd'hui.

Mercredi 30 octobre

Dîner chez la Princesse, de retour, cette semaine, de Saint-Gratien.

Je dîne avec un comte Brevern de la Gardie, secrétaire de la Légation impériale de Russie à Bruxelles, et qui me parle de Tolstoï, avec lequel sa famille était liée.

Il me dit que c'est un fou, dont les variations d'opinions sont extraordinaires, et me raconte qu'un jour, trouvant un numéro de LA REVUE DES DEUX MONDES chez sa belle-mère, il s'écriait : « C'est d'une mauvaise lecture, cette revue... Il ne faut pas que votre fille la lise. » A quelque temps de là, demandant à la même femme si sa fille avait lu ANNA KARÉNINE et celle-ci répondant que ce n'était pas une lecture pour une jeune fille, il lui soutenait qu'une jeune fille devait être instruite de tout, pour se conduire dans la vie.

Un autre jour, au dire de M. Brevern de la Gardie, Tolstoï, après une longue *anathémisation* de l'eau-de-vie, ayant retenu à déjeuner le monsieur avec lequel il causait, lui faisait servir de l'eau-de-vie. Sur quoi, l'autre lui rappelant sa conversation de tout à l'heure, Tolstoï lui disait qu'il n'avait pas de mission pour empêcher le mal ! Alors, pourquoi cette prédication ?

Il y a du fourbe dans cette race de Renan. Son fils, ce bossu, dont le vipérin de la jeunesse s'est épaissi dans l'âge mûr et qui, lorsque Marx a apporté la nouvelle à LA GAZETTE DES BEAUX-ARTS que j'allais lui donner un morceau d'HOKOUSAÏ, a fait preuve d'une opposition tout à fait hostile, est venu, ce soir, me remercier de vouloir bien collaborer à LA GAZETTE.

---

1. Cf. plus haut p. 1165, n. 1.
2. Le nom de l'acteur est laissé en blanc dans le manuscrit.

Jeudi 31 octobre

On passe à table.

« Tiens, votre mère ne dîne pas ?

— Non... Elle a un peu de migraine. »

En sortant de table, quand nous sommes passés dans le salon, Mme Daudet me dit : « Je n'ai voulu rien dire devant les domestiques... mais voici ce qui l'a empêchée de venir. Dans LES IDÉES EN MARCHE, Léon n'a pas consacré d'article à mon frère, et elle m'a écrit une lettre très montée contre Léon, qu'elle doit même morigéner. Et lorsque j'ai été la voir au sujet de cette lettre, elle s'est plainte du manque d'esprit de famille, a déclaré qu'en littérature, il y a les gens en possession de la réclame, et les autres, ceux à qui on la refusait, cette réclame, avec une injustice marquée [1]. » Enfin, elle n'est pas venue, comme le dit sa fille, pour la *mettre en pénitence.*

Elle est pas mal tyrannique, la chère femme ; et au fond, elle est exaspérée des succès littéraires de sa fille et de l'insuccès de son fils, qui est un loyal et excellent garçon, mais qui manque absolument d'un talent original.

Il se serait passé de graves choses dans le Landerneau littéraire. Bourget, monté par les Calmann-Lévy, qui voudraient l'avoir, aurait, à la suite d'un oubli de Lemerre dans un compte, à propos de COSMOPOLIS, et d'une entrevue qui aurait suivi, oui, le doux Bourget aurait dit à Lemerre :

« Prenez votre chapeau et allez-vous en !

— C'est me faire entendre que je suis un voleur ?

— Prenez-le comme vous le voudrez. »

Sur le récit de cette brouille de Bourget avec Lemerre, fait par Hervieu, Daudet lui disant incidemment qu'il ne comprenait pas l'exaspération de Bourget contre moi, à propos d'une égratignure de mon JOURNAL, entremêlée de beaucoup de choses aimables, Hervieu lui répondait : « Non, ce n'est pas à cause de cela... C'est que Goncourt n'a pas payé ! — Comment, pas payé ? — Oui, pas payé la notice qu'il lui a consacrée ! Les gens qu'il a glorifiés ont soldé leur notice par de vrais services... Dumas s'est mis en quatre pour lui ouvrir le théâtre... Taine, Dieu sait que Taine l'a aidé dans son ascension... Goncourt n'a rien fait... Et voici le pourquoi [2] ! »

Voici que Georges Lefèvre entre, tout heureux, tout gentiment gonflé du succès de son FAUNE, ce « devoir poétique », ainsi que l'a baptisé je ne sais quel journal, et tout étonné des 240 francs qu'il touche, chaque soir.

1. Voir t. III, p. 863, la même plainte de la mère de Mme Daudet à propos de l'insuccès littéraire de son fils, Léon Allard.

2. Sur l'*égratignure* du JOURNAL, cf. t. II, p. 1218. La suite vise l'essai consacré aux Goncourt par Bourget dans les NOUVEAUX ESSAIS DE PSYCHOLOGIE CONTEMPORAINE, 1886, pp. 135-198.

Dimanche 3 novembre

Visite de Mme de Béhaine, traitant son mari de bandit et persistant dans l'idée de faire casser en cour de Rome le mariage de son fils.

Le protestantisme, avec sa comédie de perfection et son refoulement de tous les appétits humains, au bout de quelques générations, amène dans les êtres un débondement pervers ou maladivement irrationnel, comme chez Loti, qui est ou qui fait tout ce qu'il faut faire pour être cru pédéraste, comme chez les femmes Ménard, qui professent l'athéisme, le socialisme — tout en se nourrissant de laitances de carpes et couchant dans des draps de soie.

Lundi 4 novembre

Rosny s'occupe trop, non de ce qui fait la vente d'un livre — il a trop de fierté dans l'esprit pour cela — mais des courants d'esprit qui soufflent dans le moment, des courants mystiques, symbolistes, tolstoïstes. Il ne demeure pas assez lui-même, n'est pas assez convaincu qu'un tempérament d'écrivain ne se prête pas aux évolutions, aux changements de front, aux métamorphoses.

J'ai reçu, cet automne, une lettre d'Angleterre d'un enthousiaste de LA MAISON D'UN ARTISTE, avec, dans une enveloppe, une certaine poudre rapportée du Japon par un parent de l'auteur de la lettre, qui était médecin. La traduction de la lettre m'apprenait que cette poudre, vendue là-bas très cher par les prêtres, était de la poudre qui, prise avant de mourir, empêchait la rigidité du cadavre après la mort. Le pourquoi de l'emploi de cette poudre, que je ne supposais pas toutefois offerte pour mon usage, m'intriguait, quand aujourd'hui, Hayashi me donne l'explication de ladite poudre, appelée au Japon *dosha*. Là-bas, on met en bière les morts comme ils sont venus au monde, dans le ramassement où on les met au Pérou dans une poterie.

Dans la rue, une cocotte arrêtée sur le trottoir dans une causerie avec un monsieur et disant avec un rond de bras sensuel : « Ç'a été pour moi une douche de bonheur... »

Ah ! ce ministère radical ! Je pensais ce soir, à Lockroy vivant aux crocs des deux petits-enfants de Hugo, à ce Mesureur qui pendant le séjour d'un mois dans la propriété de Villard en son absence, a laissé payer par lui toutes ses notes de voitures chez les loueurs, enfin toutes ses dépenses quelconques [1].

Mercredi 6 novembre

Rue de Berri, la conversation est sur Joubert, l'homme d'argent. On

---

1. Une nouvelle affaire de chemin de fer, le procès des Chemins de fer du Sud (compagnie locale de la côte provençale), venait de provoquer la chute du cabinet modéré présidé par Ribot, le 28 octobre ; un ministère radical homogène, qui tombera d'ailleurs six mois plus tard par suite d'un rebondissement de cette affaire, se constitue sous la présidence de Léon Bourgeois, avec Lockroy à la Marine et Mesureur au Commerce.

vante l'énergie en face de la mort de l'homme, demandant à son médecin de le faire durer, au prix des plus grandes souffrances, huit jours de plus, pour régler une affaire. Mme Ganderax parle d'une folie particulière des grandeurs qui lui est arrivée à un certain âge : la préoccupation d'avoir des relations avec les rois, tous les rois de l'Europe.

On cause du mariage de Jacques Blanche et de sa délivrance par la mort de sa mère, qui voulait qu'il ne fît de la peinture que contre de l'argent, beaucoup d'argent.

Jeudi 7 novembre

Ce matin, en ouvrant L'ÉCHO DE PARIS, je tombe sur une interview d'un M. Raoul Aubry, qui donne une conversation que j'ai eue avec lui mardi dernier.

Ce monsieur a dénaturé absolument ce que je lui ai dit de Berthelot, en sorte que le sentiment admiratif et sympathique de mon JOURNAL, à part quelques critiques, est transformé en un sentiment méchamment hostile. Puis il me fait prêter à Renan des paroles qu'il n'a dites que modifiées par d'importants correctifs qu'il passe sous silence, paroles qu'il était convenu qu'il n'imprimerait pas. En effet, quel que soit mon peu d'estime pour le caractère de Renan, je trouve de mauvais goût de continuer une polémique avec un confrère qui est dans la tombe. Puis, il me dote d'idées poétiques sur le crépuscule, qui sont de lui. Enfin, il me fait dire que jamais Berthelot n'aurait eu le courage de me décorer comme l'a fait Poincaré : une phrase qui peut se penser, mais qui ne peut être dite que par un mufle [1].

On parle chez Daudet de cette maison Callias, de cette maison des Batignolles où toute la littérature a passé, de cette maison dont il y aurait à faire une originale monographie. Georges Lefèvre, qui a beaucoup fréquenté la maison, conte qu'il y avait à la cuisine, à toute heure du soir, une provision inépuisable d'œufs et de beurre, qui permettait aux retardataires du dîner, dont beaucoup n'avaient pas déjeuné le matin, et quelques-uns, pas dîné la veille, de se faire deux œufs sur le plat.

Daudet rappelle la blague de Castagnary, disant un jour plaisamment à Vallès : « Je te joue, contre ce que tu voudras, dix-sept mots de ton

---

1. Cf. *Monsieur Berthelot ministre*, UNE HEURE CHEZ M. DE GONCOURT, de Raoul Aubry dans L'ÉCHO DE PARIS du 8 novembre. Sur Renan, Goncourt cite d'abord le passage du JOURNAL qui fait dire à Renan : « Non ! pas la vengeance ! Périsse la France ! » etc. (cf. t. II, p. 278). Il ajoute : « Mais ce n'est rien cela. Nous l'avons entendu dire bien des fois : « Eh ! qu'est-ce que ça me fait à moi, que ce soit Guillaume ou Napoléon qui nous gouverne ! » — ce qui ne se trouve pas dans le JOURNAL sous cette forme brutale (cf. t. II, p. 348.). — En ce qui concerne Berthelot, Goncourt le dit « rebelle à tout sentiment littéraire, hostile à toute espèce d'art » ; il affirme qu'il n'aurait pas eu le courage de présider comme Poincaré le banquet Goncourt et il cite l'anecdote de Berthelot et des lieux d'aisance (cf. t. III, p. 423). — Enfin Aubry le fait s'écrier dans le soir qui tombe : « Ah non ! ce n'est pas M. Berthelot qui s'attarderait à rêver ainsi dans les crépuscules ! »

répertoire, comme *travailleur, miséreux, pognon*, etc., que tu ne pourras plus employer... Et tu sais, si tu perds, tu n'es plus fichu d'écrire ! »

Vendredi 8 novembre

On est, à la fin du travail de sa journée, un peu las, un peu vague, mais l'esprit tranquille, serein, sans aucun embêtement moral à la cantonade. Un imbécile sonne. C'est un jour où vous ne recevez pas. Vous le lui faites dire. Il a des paroles suppliantes pour monter un moment. Un fond de politesse vous empêche de le mettre à la porte. Bon, le voici assis au coin de votre feu. Vous lui déclarez que vous n'avez rien à lui dire. Il ne s'en va pas. Il vous pose des questions auxquelles vous ne répondrez d'abord pas. Mais un moment, votre interlocuteur laisse percer une si épaisse bêtise, une si énorme ignorance de ce sur quoi il vous interroge, que vous vous échauffez, vous vous indignez et que dans votre indignation du néant de l'interviewer, vous parlez, vous commettez des indiscrétions [1]. Là-dessus, l'homme se lève, en vous donnant sa parole qu'il n'imprimera que ce que vous lui permettez de dire. Et le lendemain, devant la lecture de ce que vous avez dit, idiotement grossi, et même de tout ce que vous n'avez pas dit, vous avez perdu la bonne tranquillité d'esprit des jours derniers ; et votre pensée est toute à la possibilité de lettres injurieuses, de duels ou, du moins, à la perception de haines irréconciliables semées par la visite de ce monsieur, que vous n'avez reçu que parce que vous êtes bien élevé.

Là-dessus, je prends la résolution de ne plus jamais me laisser interviewer.

Ce soir, j'assiste au Théâtre-Français, en compagnie des Daudet, à la représentation du FAUNE et des TENAILLES.

Comment un gaillard comme ce Georges Lefèvre peut-il avoir commis une piécette aussi classiquement mythologique que ce FAUNE ? Comment cet ancien commerçant de plumes d'autruche n'a-t-il pas rapporté dans sa cervelle un peu de l'exotisme du pays des Zoulous ?

Reichenberg, une marionnette, qui a la mimique des bras d'une femme qui sort d'une baignoire.

Après LE FAUNE, LES TENAILLES d'Hervieu : une peinture psychologique distinguée des *CERCLEUX*, avec deux fins d'acte très dramatiques [2].

Brandès, une voix dure, mais de l'énergie dramatique. Quant à l'illustre Bargy, il a l'aspect étriqué d'un clerc d'huissier et joue la pièce avec une voix à la fois geignarde et fatale de 1830. Ah ! Delaunay était un autre amoureux !

---

1. Add. éd. : *de ce...*
2. Sur LES TENAILLES et sur la scène de l'aveu au troisième acte, cf. plus haut p. 1179, n. 2. Quant à l'autre *fin d'acte très dramatique,* c'est celle de l'acte II, où Irène Fergan se donne à Michel Davernier, après le refus de divorcer que lui oppose son mari.

A la fin de la pièce, Mme Daudet s'écriait : « C'est féroce... mais vraiment, c'est la revanche. Oui, la revanche des rires et des indulgences pour les fautes du mari et des sévérités pour les peccadilles de la femme. » Et elle ajoute, après un silence : « Ah, les maris !... Il faut que je m'occupe de façonner, de faire un mari à cette chère petite Edmée... dès qu'elle aura douze ans. » Et son mari et moi de rire !

La toile tombée sur les applaudissements de la salle, Daudet disait : « C'est curieux... A propos de ces deux pièces qui ont un grand succès, vous le voyez, j'ai reçu deux lettres de Claretie : dans l'une, il me disait avoir perdu LE FAUNE ; dans l'autre, il me disait ne pas aimer du tout LES TENAILLES. »

Samedi 9 novembre

Cet homme de talent qui s'appelait Baudelaire a dit parfois des énormités, ainsi que le jour où il appelait Guys le peintre de la vie moderne, et Gavarni le peintre de la chlorose [1].

Dimanche 10 novembre

Réouverture du *Grenier* : Primoli, Lorrain, Rodenbach, Raffaelli, Roger Marx, Descaves, Toudouze, Daudet et sa femme.

Lorrain est en train de parler, en physiologiste, de la narine retroussée, respirante, aphrodisiaque de Lina Munte, dans la pièce d'Otway [2], quand Primoli entre, nous jetant : « Je viens d'assister à une chose... oh, mais ! qui a été tout à fait émotionnante pour moi... Vous savez, ou vous ne savez pas, qu'il y avait une légende en Italie sur le bateau de Tibère attaché à la rive, le bateau de fleurs où il prenait le frais... Oui, une légende, qui le disait au fond du lac de Nemi... Les archéologues s'étaient moqués de la légende... En dépit d'eux, il y avait eu cependant quelques tentatives pour vérifier la légende, mais sans succès. Or, tout récemment, un antiquaire de Rome a été trouver le prince Orsini, possesseur du lac, et fit un arrangement avec lui, par lequel il aurait le tiers et le prince, les deux tiers des objets qu'on trouverait. L'arrangement accepté, voici un plongeur sous son scaphandre au fond du lac, un plongeur qui reste sous l'eau cinq heures, s'il vous plaît... J'avais été convoqué et j'ai pu les photographier au moment où il sortait de l'eau avec des objets détachés du bateau. Et

---

1. Goncourt songe au tire de l'essai consacré à Constantin Guys, LE PEINTRE DE LA VIE MODERNE et publié dans LE FIGARO des 26, 28 nov. et 3 déc. 1863, avant d'être inséré dans les CURIOSITÉS ESTHÉTIQUES. — On a déjà vu (t. I, p. 279) la même allusion irritée aux vers de L'IDÉAL :

Je laisse à Gavarni, poète des chloroses,
Son troupeau gazouillant de beautés d'hôpital.

(FLEURS DU MAL, *Spleen et Idéal,* pièce XVIII).

2. Lugné-Poe présente à l'Œuvre, dans la salle de la Comédie-Parisienne, le 8 novembre, la VENISE SAUVÉE d'Otway dans une traduction de Gyl Pène, avec Lina Munte dans le rôle de la courtisane Aquilina et Gémier dans celui du sénateur Antonio.

l'effet de cet homme au scaphandre, avec cet appareil sur la figure ressemblant à un masque antique, ç'a été comme une apparition dans une vision, dans un rêve d'un buveur d'opium. Et cet homme vous parlant de ce bateau au fond de l'eau, grand comme un navire de ligne, avec un revêtement entier d'émail à l'extérieur, et, à l'intérieur, de plaques de marbre vert et de marbre rouge [1]... J'ai vu une fois le plongeur rapporter une tête de lion avec un anneau dans la gueule, l'attache des barques qui s'accolaient au navire. Mais la merveille jusqu'à ce jour retrouvée est une tête de Méduse [2]. »

Rodenbach, qui est venu un des derniers, à propos du nom de Poictevin, prononcé par l'un de nous, s'écrie : « Vous ne savez pas ce qui m'est arrivé ? Ma bonne entre un matin chez moi, à sept heures du matin, alors que j'étais encore couché, et me dit : « Il y a un monsieur qui demande à vous voir — Qu'il revienne un autre jour, à une autre heure ! » Elle revient me disant : « C'est M. Poictevin, qui demande instamment que vous le receviez. » Alors, je vois entrer Poictevin, qui me dit : « Regardez ma langue ! » Je regarde, ainsi qu'il le désirait, sa langue, qui était toute blanche et comme avec des pustules au bout. Et le voilà me répétant plusieurs fois : « On m'empoisonne chez moi... Sauvez-moi... cachez-moi... donnez-moi un lit dans un coin de chambre. » Vous voyez d'ici la chose, et mon ennui et en même temps, ma pitié pour le pauvre diable. Enfin, j'ai une idée, je lui dis : « Pour « prendre une détermination dans un cas comme le vôtre, il y a besoin « d'une consultation intime d'amis... Allons chez Huysmans. » Et au milieu de cela, il tirait une pièce de cent sous de sa poche, criant : « Vous voyez, je n'ai que cela, on ne me donne rien ! » Huysmans lui promet de le mener, le lendemain, dans une maison de santé aux environs de Paris, où il sera très bien soigné ; et nous le menons dans un hôtel près de là. Le lendemain, quand nous venons le rechercher, la maîtresse de l'hôtel nous apprend que la veille, il est sorti pour dîner, puis rentré dans sa chambre pour se coucher, et presque aussitôt ressorti, et qu'on ne l'a plus revu... Il était allé retrouver Alice. »

Ces derniers temps, par acquit de conscience, Rodenbach s'informait près de son concierge, qui lui disait qu'il était bien malade, que depuis des mois, il n'était pas sorti de sa chambre et lui faisait entendre qu'il était perdu.

Je ne sais qui a rencontré au bois de Boulogne le gros Zola bicyclant avec sa maîtresse, pendant que sa femme voyage toute seule, je ne sais où [3].

Ce soir, Daudet me lit une lettre de Léon, datée de Madrid, une lettre ivre d'enthousiasme sur Vélasquez.

1. Add. 1896 : *cet homme...*
2. En 1895, l'antiquaire E. Borghi tenta de récupérer dans le lac Nemi des fragments des célèbres galères qu'avait fait construire non point Tibère, mais Caligula ; ces travaux risquant d'endommager les deux navires, le gouvernement italien les fit interrompre après qu'on eut retrouvé un certain nombre d'objets en bronze, dont les magnifiques têtes de lion et la MÉDUSE, qui se trouvent aujourd'hui au musée des Thermes. On sait que les galères furent remises à flot en 1928-1931, puis coulées à nouveau, par les Allemands, en 1943.
3. Cf. t. III, p. 350, n. 2.

Mercredi 13 novembre

C'est abominable, la malchance du livre d'art à l'heure présente. Ce n'est pas assez du krach de la maison Quantin, il y a quelques années ; aujourd'hui, c'est le krach des livres publiés par L'ART, dont les exemplaires sur Chine et sur Japon se donnent à des prix ridicules chez le libraire Lemercier.

Ce soir, Primoli me fait voir l'*instantané* qu'il a fait du plongeur au scaphandre, apparaissant à la surface de l'eau du lac Nemi, tenant dans une main une amphore, dans l'autre des carreaux de marbre.

Jeudi 14 novembre

Ce soir, chez Daudet, Larroumet cause curieusement du Maroc, qui est le dernier asile du vieil islamisme et où les supplices auraient une qualité de férocité dégotant ceux de la Chine. Il parle de cinq incisions faites au rasoir dans la main d'un supplicié, incisions dans lesquelles on fait entrer recourbés les cinq doigts, dont les ongles, repoussant et entrant dans les plaies, font mourir l'homme du tétanos au bout de quinze jours, quand il ne se casse pas avant la tête contre un mur. Mais un supplice d'une imagination diabolique, c'est celui-ci : on endort un homme avec du chloroforme, puis on lui ouvre le ventre et on le remplit de cailloux et on le recoud. Alors ses tortureurs ont la jouissance de l'étonnement de l'homme à son réveil et de son ignorance amusante des horribles douleurs qu'il éprouve.

Là-dessus, je ne sais ce qui lui prend, il vient causer debout aimablement avec moi, me disant que c'est lui, avec Lockroy, qui a lutté en ma faveur contre le Sénat et que c'est un peu à lui que je dois la continuation des représentations de GERMINIE LACERTEUX [1]. C'est peut-être possible ; mais cependant, c'est lui qui a empêché les représentations de LA FILLE ÉLISA à la Porte-Saint-Martin [2].

Mme Barrès, coiffée différemment avec un rien de frisottis dans ses bandeaux, autrefois tout plats, est changée à miracle : cette coiffure lui fait des yeux charmants et la rend, je crois même, aimable.

Dimanche 17 novembre

« Dites donc, Helleu, est-ce vrai que de la Gandara a divorcé ?

— Je le crains... Cet été, il aurait rencontré un de mes amis, auquel il aurait dit : « Ne vous mariez jamais, jamais... » Mais tenez, voici ce qu'on raconte. Mme de la Gandara avait des relations avec un monsieur, un monsieur qui lui donnait de l'argent, qui la mettait à même de porter des robes des grands faiseurs. Une bonne renvoyée a adressé une lettre anonyme à son mari, qui l'a surprise avec le monsieur, a gardé un enfant et l'a renvoyée avec le dernier.

---

1. Cf. t. III, p. 205.
2. Cf. t. III, pp. 529-531.

— C'est curieux, elle avait un visage d'ange...

— A jeun, oui. Mais quand elle avait pris de la nourriture, bu du champagne, ses yeux s'allumaient de lueurs d'un ange pervers. »

Mercredi 20 novembre

Visite de Manzi, parlant du saut des objets d'une vente à l'autre, parlant de la brique hispano-moresque vendue 750 francs à la vente Fortuny et montant à 19 000 francs à la vente du duc dans la collection duquel elle était passée.

La Princesse et Primoli ont été aujourd'hui à Marly voir Dumas, qui est malade. Le jour de l'érection de la statue d'Augier, déjà un peu souffrant, il a tenu à y assister, pour mettre à néant la légende de son antagonisme, vrai ou faux, avec l'auteur du MARIAGE D'OLYMPE. A son retour, pris de douleurs cérébrales, il avait la malheureuse idée de s'entourer la tête de linge imbibé d'eau froide, à la suite de quoi il lui venait une névralgie, qui lui amenait un enflement de la tête, avec des taches de sang à la peau, et des rages de dents et des lancinements des tempes à se jeter par la fenêtre.

A l'entrée de la Princesse dans la chambre où l'avait précédée Primoli, qui avait été frappé de son changement et de son affaissement, se reprenant, se raidissant, Dumas s'écriait : « Ah ! vous êtes d'une famille qui ne craint pas d'entrer dans la chambre d'un pestiféré ! » Puis la Princesse lui disant qu'elle lui enverrait Dieulafoy, il lui jetait sur une note enfantine : « Et je serai obligé de faire ce qu'il m'ordonnera ? » Mais bientôt, retombant dans le noir, comme la Princesse lui faisait compliment de l'arrangement de la maison, du *confort* qu'y avait apporté sa femme, il murmurait tristement, faisant allusion à son mariage : « Je ne l'aurais pas fait, si j'avais cru que c'était pour un temps si court [1] ! »

Il était question d'un entretien curieux entre Montebello, l'ambassadeur de Russie, et Berthelot, notre nouveau ministre des Affaires étrangères, *carottant* à l'ambassadeur des renseignements sur la Russie, tandis que l'ambassadeur carottait du ministre-chimiste des renseignements sur le moyen de tirer parti des phosphates qu'il possède dans sa propriété en Algérie.

Jeudi 21 novembre

Une drôlette de petite cervelle que cette cervelle de l'enfant Daudet-Hugo. Aujourd'hui, pour l'amuser, Mme Daudet lui dessinait aux crayons de couleur une maison, et lui demandant si pour l'accompagner, il ne fallait pas mettre un arbre à côté : « Non, dit-il avec un sourire gamin, ça embêterait la maison ! »

1. Cf. plus haut p. 1145, n. 1.

Le notaire de Daudet lui disait, ces jours-ci, qu'en présence des lois financières qui se préparaient, la plus grande partie des gens qui avaient de l'argent le plaçaient à l'étranger, regardant de son devoir d'avertir ses clients de l'effroi du capital français devant l'avenir que lui préparait le gouvernement [1].

La pièce des VIVEURS de Lavedan met la conversation sur le théâtre ; et l'on reconnaît que le théâtre de Donnay et de Lavedan, c'est l'apothéose de la littérature de LA VIE PARISIENNE.

Puis la conversation s'élève. Il est question de la guerre, qu'avec les sentiments des générations nouvelles de tous les pays, Rodenbach affirme devoir disparaître un jour et que Daudet et moi, avec les haines des races et le *chaotique* qui, au fond, gouverne les événements, nous croyons devoir exister jusqu'à la mort de la planète. Et Rodenbach d'appeler à l'appui de ses prévisions la lutte actuelle, et déjà presque victorieuse, de l'individualisme sur le collectivisme.

Dimanche 24 novembre

Ç'a été un désastre, la vente de ce pauvre Nadar : le tableau de Manet, qu'il comptait monter aux enchères à 10 000 francs, s'est vendu 1 200 francs ; un spirituel tableautin de Daumier, représentant un DON QUICHOTTE n'a guère dépassé une centaine de francs ; et les dessins de Guys, sauf trois ou quatre, se sont vendus des vingt, des trente francs.

Et par là-dessus, une critique injustement bête de Barbey d'Aurevilly, parue dans le premier article de ses PETITS CAHIERS, lui a valu un éreintement de Descaves, dans ces termes féroces : « Un vieux monsieur, crachant sa dernière dent... [2] »

J'ai acheté, ces temps-ci, deux lithographies de Forain : une femme nue, mettant ses bas au sortir de la baignoire, et une planche intitulée A L'AUDIENCE. Je n'aurais jamais cru que Forain pût arriver à ce large travail, à ce savant modelage et à la belle couleur de ces deux pierres, où dans la seconde, se trouve une vieille femme en noir à la misère tout à fait tragique. La seule critique, c'est que le travail rappelle peut-être un peu trop le *faire* de Daumier.

Mercredi 27 novembre

Mme Zola, toute guillerette, toute reverdissante, un bouquet de violettes à la ceinture, vient me donner des nouvelles de Béhaine et me remercier, sur une note enthousiaste, de l'accueil que lui a fait l'ambassadeur. Et dans cette escampette de quinze jours, tout à fait

1. Le ministère Bourgeois présentera à la rentrée de 1896 un projet d'impôt général sur le revenu : la droite protestera notamment contre la progression du taux de l'impôt et contre la déclaration contrôlée du revenu. Le gouvernement devra se contenter d'un vote de principe obtenu à quelques voix de majorité le 26 mars, et il renoncera à l'application.

2. La phrase commence par *Et par là-dessus, à la suite d'une critique...*, ce qui se raccorde mal avec la suite, d'où la correction.

extraordinaire, elle me parle de la lettre qu'elle écrivait tous les jours à son mari et de la lettre que tous les jours lui écrivait son mari — sans doute en descendant de bicyclette avec sa maîtresse.

Visite de M. Pécune, qui a succédé à son père au *Rocher de Cancale* et qui m'apprend que Gavarni — ce que ne m'avait jamais dit Gavarni et ne savait pas son fils — a peint en 1837, amené chez son père par Eugène Sue, a peint, sur le plâtre des murs, des scènes carnavalesques — peintures qu'il a mis quelques mois à exécuter, pendant lesquels il avait, tous les matins, un ami à déjeuner, ce qui faisait, quand il les a terminées, qu'il devait cinq cents francs, qu'il a oublié de payer.

Ce soir, chez la Princesse, Primoli, auquel je conte la visite de Mme Zola, se met à rire, pousse des *Ah !*, des *Ah !* et finit par me dire qu'elle a un flirtage avec un journaliste italien, qu'il croit du reste platonique.

Tout le temps du dîner, on parle du mieux, de la résurrection de Dumas, de mots spirituels et brutaux prononcés par lui dans son retour à la vie. Il aurait repris connaissance en s'écriant : « Oh ! toutes ces femmes attachées à mes fesses ! »

Après dîner, Coppée, Porto-Riche et moi, nous causions dans le hall de la pièce lamentable de Bornier, quand Primoli vient à nous et nous dit : « Dumas est mort... La Princesse vient de recevoir une dépêche [1] ! »

Et tout en se passant de main en main cette dépêche de 8 heures 30, la causerie se fait sur le mort. Straus prétend qu'il n'était pas avare, comme il en avait la réputation, qu'il a été associé à des actes de bienfaisance faits par lui, mais qu'il avait pour théorie qu'il fallait rendre des services anonymes, que c'était le moyen de ne pas encourir l'ingratitude des gens. Et en dépit de la dureté de son regard, on le peint comme un être bon, cherchant à jouer l'impassible.

Puis on cause de Mme Escalier, que Straus dit avoir épousé Dumas avec un sentiment dans le cœur pour un autre, pour un jeune avocat, que justement recommandait dans ces derniers temps Dumas à son avoué Chéramy. « Oui, oui », fait la Princesse, répondant à des réflexions intérieures peu favorables à la femme, et comme quelqu'un parle de son apparent attachement : « Ta, ta, ta ! Tous ces jours-là, la poudre de riz et les petits frisons... Oh ! voyez-vous, il y a des instincts de femme qui ne se trompent pas... Moi, je vois des choses noires, noires, qui vont arriver... Dumas a fait son testament au mois de juillet... » Et la Princesse remue la tête d'un air qui ne dit rien de bon. Cela amène à parler de l'hostilité des deux filles, et surtout de Jeannine, qui, rappelant à quelqu'un la phrase de son père, défendant à sa sœur et à elle de « saluer ça » — Mme Escalier — disait : « Eh bien ! maintenant, chaque fois qu'il la voit, il lui trouve un amant de moins. »

1. La *pièce lamentable* de Bornier est LE FILS DE L'ARÉTIN, créée au Théâtre-Français le 27 nov. 1895.

Jeudi 28 novembre

Cette mort de Dumas m'a remué. Il meurt, je crois bien comme est mort mon frère, d'une désagrégation du cerveau à la base du crâne.

Mon Dieu, quelle domination sur les esprits a le théâtre en France ! Pense-t-on que sur la nouvelle de la mort de Dumas, le président de la République, le roi de France du moment, assistant à une première représentation à la Comédie-Française, sur la nouvelle de la mort de Dumas, a quitté le théâtre avec sa femme et sa fille et a laissé sa loge vide toute la soirée.

A ce sujet, Daudet rappelait que la mort de Flaubert était arrivée à ses amis et aux autorités de la République, ainsi que la mort de Dumas, au Théâtre-Français, pendant une première et que les autorités et les amis n'avaient pas quitté leurs places, avaient applaudi la pièce représentée, avaient rempli, quelques-uns le cœur gros, leur devoir de public poli.

Un joli mot de Daudet. A propos des vers du FILS DE L'ARÉTIN de Bornier, il a baptisé sa poésie : « De l'infanterie montée ». Ce soir, nous dînons avec Léon, de retour d'Espagne et d'Alger, où il a passé deux jours.

Vendredi 29 novembre

C'est positif, en fouillant mes souvenirs, je ne trouve chez moi, pendant toute ma jeunesse, aucun désir de devenir une personnalité de premier plan. Je n'avais que l'ambition d'une vie indépendante, où je m'occuperais paresseusement d'art et de littérature, mais en amateur et non, ainsi que cela a été, en forçat de la gloire.

Samedi 30 novembre

Je suis un peu de l'avis de Calinot, qui disait : « Je ne vais qu'à l'enterrement de ceux qui viennent au mien ! » Et cependant je vais m'inscrire rue Alphonse de Neuville par politesse pour les filles de Dumas, avec lesquelles il m'est arrivé de dîner quelquefois chez la Princesse.

Il y a maintenant à Paris, pour l'enterrement de l'homme célèbre, un peu de la curiosité d'autrefois pour le Bœuf Gras. Des hommes, des femmes, des enfants, assis sur les bancs, attendant le passage du cortège.

Mais, mon Dieu, ce qu'il y a de sergents de ville ! Je n'en ai jamais vu tant que ça aux journées révolutionnaires de 1848, de 1851. En revenant de m'inscrire par l'avenue de Villiers, j'aperçois, rue Viette, l'ancienne maison de Nittis, là où il y a eu comme un déraidissement entre Dumas et moi et comme un commencement de relation.

Pourquoi ce canaille d'enterrement civil, demandé par ce conservateur et ce réactionnaire ?

Au *Centenaire de la lithographie.* Exposition curieuse pour les origines de l'art. On y voit le MERCURE, *dessiné pour l'Imprimerie lithographique de la rue Saint-Sébastien, N° 23*, qui doit être considéré comme la première lithographie artistique française. Une JEUNE FILLE LISANT, de Denon, dans le travail naïf de la pierre, se montre comme la jeune Parisienne de 1810, sous son air ingénu, son costume provincial, sa coiffure vieillotte. Une curieuse planche : LA GALERIE DE BOIS AU PALAIS-ROYAL, avec la boutique du vieux libraire Dentu. Et voici, dans LA FAMILLE PAJOU, les types et la mode presque rustique de la bourgeoisie, jeune et vieille, de la fin de l'Empire. Henriquel-Dupont fait revivre l'assassin Louvel, à l'homicide enfoncement des yeux. Le vieil Isabey a une série de délicates et romantiques femmes, dans l'envolement aérien d'un voile autour de leurs cheveux. Gigoux se révèle dans quelques portraits, entre autres dans un portrait de Delacroix, comme un lithographe de premier ordre ; Et Achille Devéria, parmi de nombreux portraits de Mérimée et de Dumas père. Et ce sont des Delacroix et des Raffet, des Raffet où se trouve une épreuve d'un tirage exceptionnel, avec une poésie de Dumas père l'encadrant.

La multitude des sergents de ville de ce matin m'est expliquée ce soir par Mlle Zeller, qui, à l'Institut, a entendu dire qu'on craignait une agression des Communards contre la bière de l'auteur de la lettre contre la Commune [1].

Dimanche 1er décembre

Primoli vient de bonne heure, et c'est une longue causerie avant l'arrivée du monde. Il me parle de Dumas, de la dernière nuit qui a précédé l'enterrement et où il a veillé le mort, pour laisser reposer ses filels, de la vanité qu'avait Dumas de la beauté de ses pieds et qui l'a fait exposer à Marly dans son costume de travail, nu-pieds, et me dit que Dumas lui a laissé son manuscrit de L'AFFAIRE CLEMENCEAU.

Puis il est question de son voyage en Espagne avec l'Impératrice, l'année 1877, voyage où à Ronda, le maître de l'hôtel où ils se trouvaient, voulant garder le plus longtemps possible de si riches hôtes et affirmant, en ce temps où n'existait pas encore le chemin de fer, que dans le moment, il n'existait pas de moyens de transport, il était envoyé par l'Impératrice chez un toréador, de passage avec sa troupe, demander des places dans sa diligence, prévenu par l'Impératrice que les toréadors étaient les hommes les plus galants de la terre. Et le toréador mettait

---

1. Plutôt qu'à la LETTRE SUR LES CHOSES DU JOUR du 6 juin 1871, adressée au Dr Henri Favre et qui est une apologie de Thiers à l'intention des monarchistes et des bonapartistes, Goncourt doit songer aux LETTRES A JUNIUS (18 avril-26 mai 1871), publiées anonymement à Bruxelles en juin 1871 sous le titre de LA RÉVOLUTION PLÉBÉIENNE. D'ailleurs, tout en condamnant dédaigneusement la Commune à n'être « qu'une saturnale, c'est-à-dire une représentation carnavalesque, une féerie infernale et lugubre » (*Préface*, p. 9), Dumas fils dénonce aussi les « rancunes provinciales » de l'Assemblée versaillaise et un aveuglement qui refuse de voir derrière la Commune le « développement du quatrième état, la classe ouvrière... grand événement de la fin de ce siècle » (*ibid.*, p. 11).

aussitôt sa voiture à la disposition de l'Impératrice, disant que son monde monterait à cheval ou sur le haut de la voiture. Et l'Impératrice et Primoli, la note payée, se sauvaient de l'hôtel comme des insolvables, se faisant prendre sur la grande route. Et le toréador les menait, je crois, à Séville, sans vouloir recevoir le moindre payement qui lui était fait plus tard de Londres par l'Impératrice, dans l'envoi de boutons de chemises en diamant.

Barrès, qui vient assez tard, cause de Magnard, soutenant, ce que je ne croyais pas, que l'homme avait l'ambition de l'Académie, surtout, disait-il spirituellement, parce qu'il était blessé d'être le collègue de Rodays et de Périvier. Et il m'affirmait que parmi les lettrés, j'étais presque le seul qu'épargnait la causticité de Magnard.

Ce soir, je dîne avec les Charpentier, que je n'ai pas revus depuis l'enterrement de leur fils et qui ont demandé à dîner chez Daudet, un jour où il n'y avait pas de monde.

On cause de Bauër, de son déséquilibrement, de son article de ce matin, qui rend impossible la signature de la pétition en faveur d'Oscar Wilde, qui semblerait une signature forcée par l'intimidation [1]. On cause de Bergerat, sur le compte duquel la femme et le mari s'accordent pour le déclarer un méchant ; et Mme Charpentier parle d'une soirée où, devant la résistance de Gautier à faire son testament et la crainte que tout le peu de son argent n'allât à ses sœurs, Bergerat le traitait avec abondance de canaille, de cochon, de crapule.

Et l'on parle des peignées homériques entre les sœurs de Gautier et la Grisi, d'entre lesquelles s'échappait Gautier, les laissant placidement continuer à s'arracher les cheveux.

Lundi 2 décembre

Venu pour voir l'exposition de Jeanniot chez Durand-Ruel, je tombe sur une petite exposition d'un peintre hollandais, Ten Cate, que j'avoue à ma honte ne pas connaître. Oh ! c'est d'un *barboteux* ! Et dans ce *barboteux* de l'huile, du pastel, de l'aquarelle, des étincellements, des pétillements d'êtres et de choses à la Nittis, charmeurs des yeux !

Colette Dumas aurait dit à ses amies : « On prêtait à notre père trosi millions de fortune... Non, il n'avait pas trois millions... Mais il est impossible qu'il n'eût pas plus de onze cent mille francs, la vente de ses tableaux et de son hôtel ayant produit cent mille francs... » Et elle laissait entendre qu'il avait dû donner de la main à la main de l'argent à Mme Escalier.

Ce serait la même Colette qui, exprimant son regret de ce que Dumas ne s'était pas fait enterrer à Villers-Cotterêts, où reposent son père et son grand-père et où elle aurait aimé à le retrouver après sa mort, aurait

1. Condamné le 25 mai 1895, Wilde purge sa peine dans des conditions très dures, d'abord à Wandworth, puis à Reading. Une pétition tendant à adoucir son sort avait été lancée en France par Stuart Merrill dans LA PLUME. Dans POUR OSCAR WILDE, que L'ÉCHO DE PARIS publie le 2 décembre, Henry Bauër s'indigne qu'à part Maurice Donnay et Lucien Descaves, les écrivains français se soient dérobés par pharisaïsme.

eu cette parole d'espérance de Mme Escalier : « Je vous ferai une petite place. »

Mme Sichel me parlait du mariage Decourcelle avec Mlle About, mariage à l'apparence tout à fait cocotteuse, avec, à l'intérieur de l'église, le monde des actrices, avec, à l'extérieur, les vingt coupés fringants, remplaçant les landaux de mariage, considérés par Mme About comme des voitures *vieux jeu*, ces jeunes coupés, attelés de jeunes étalons qui, mis en rut par le mariage, ne pouvaient être tenus en bride et galopaient autour de l'église.

Mardi 3 décembre

Porté mon manuscrit d'HOKOUSAÏ chez Charpentier.

En revenant, je trouve une lettre de Nion, qui me prie de recopier et de signer de ma signature une lettre rédigée par son avocat Tézénas [1]. Si jamais elle est imprimée sous mon nom, je proteste ici.

Mercredi 4 décembre

Visite de Mme Arman de Caillavet, amenée par le petit Hahn et accompagnée de son fidèle, Anatole France.

Mme Arman, c'est la femme dont il sort de la bouche des clichés de LA REVUE DES DEUX MONDES, ainsi que les phylactères que l'on voit s'envolant de la bouche des saints. Il me semble qu'elle a d'assez beaux yeux, mais des joues, ainsi que le dit Mme Daudet, un peu semblables aux ballons roses des enfants dégonflés par l'humidité. Et elle est petite, et il y a chez elle une exagération des manches, qui la fait toute courtaude.

Quant à France, il parle difficilement et mal, mais ne cesse de parler, toutefois en remuant des idées. Sur ce que je déclarais que je jugeais tout avec la vue, et même si un plat était trop salé, France disait que quand l'animalité s'élève, il y a une prédominance de la vue sur l'odorat, qui est le sens de la bête primitive, ajoutant que le goût des parfums était chez la femme une marque de son infériorité.

Tourneux m'apporte une BIBLIOGRAPHIE DE MARIE-ANTOINETTE, et ce tout petit homme, gros et bedonnant, est plus que jamais *cobaye*, cochon d'Inde.

Ça fait peine de voir chez la Princesse ce Gualdo, marchant appuyé sur deux cannes, avec des instants où la vie semble figée chez lui.

De la salle à manger de la Princesse, dont la baie ressemble à un petit théâtre, Primoli nous régale, dans le hall, de projections d'après ses instantanés. C'est vraiment très intéressant, cet agrandissement qui, de ces images d'un pouce de hauteur, en fait des décors qui vous donnent l'illusion de la grandeur des hommes et des animaux, des arbres, des

1. Cf. plus haut p. 1109, n. 2.

constructions. Et vraiment, ce Primoli a un certain talent, ainsi que disent les peintres, pour *piger le motif* — un motif faisant tableau.

Jeudi 5 décembre

Grand dîner chez les Daudet : les Ganderax, Coppée, Hervieu, Scholl, Poincaré, Pol Neveux, Jean Finot. Pas de causerie générale, des *apartés* pendant et après le dîner.

Après dîner, Carrière me demande à poser pour sa série de grandes lithographies, représentant, selon son expression, la *fleur choisie* des contemporains et où il veut faire, de suite avec moi, Rodin, Réjane, Rochefort.

Mme Dardoize rapporte qu'un reporter a eu la malencontreuse idée d'aller interviewer Mme de Nittis sur son intimité avec Dumas et qu'elle s'est écriée, en poussant de petits cris d'horreur : « Ne me parlez jamais de M. Dumas, c'est un homme abominable ! »

Daudet, se penchant à mon oreille, au moment où je lui dis adieu, me dit qu'on est venu le pressentir à mon endroit pour l'Académie et que c'était fait, si je disais : *Oui*. Je lui ai dit — ce qui est vrai — que pas plus maintenant qu'autrefois, je n'en ai eu le désir, je n'en ai eu l'ambition.

Poincaré, auquel je demandais ce qu'il faisait dans le moment, m'a dit : « Je vous relis ! » J'avais envie de lui répondre, si ça n'avait pas frisé la blague : « Et c'est tout ? »

Dimanche 8 décembre

Daudet, s'écriant à son entrée dans le *Grenier* : « Vous avez lu, n'est-ce pas ? Georges Lefèvre imprimant qu'il n'a pas reçu de lettre du ministre, le jour où Ricard déclare à la tribune qu'il lui en a donné une [1]... Le pauvre diable, dans quel guêpier s'est-il fourré !... J'ai peur qu'il perde sa place — une place que je lui ai fait obtenir de Poubelle... Et il a trois enfants ! »

Et nous voilà nous répandre tous les deux sur la non-connaissance des hommes par les politiques républicains, qui vont charger un exubérant comme ce Lefèvre, un monsieur qui a des fuites de paroles, selon l'expression latine, oui, le charger d'une mission secrète.

Et cela fait dire à Daudet que Morny, qui n'avait pas les humanités littéraires d'un Bourgeois, d'un Ricard, avait une autre connaissance

1. Arton, chargé jadis par Reinach de prospecter les parlementaires favorables à la compagnie de Panama, s'était réfugié à Londres. Il faisait, pour une autre affaire, l'objet d'une demande d'extradition qui vint devant le tribunal de Bow Street. Son avocat, Me Newton, demanda, le 29 nov. 1895, la comparution de Georges Lefèbvre, qui était venu voir Arton en prison : d'après celui-ci, Lefèvre, muni d'une lettre du ministre de la Justice, Ricard, lui avait proposé de l'argent et toutes facilités pour sa défense, s'il livrait les papiers qu'il possédait sur Panama. Lefèvre déclara n'avoir agi que comme journaliste et nia la lettre de Ricard. Mais ce dernier, pendant ce temps, lisait à la Chambre une lettre de lui, confiée à Lefèvre, adressée à Cochefert, chef de la Sûreté, alors à Londres, et lui proposant la collaboration de Lefèvre pour découvrir les documents Arton.

de l'humanité en chair et en os et n'aurait jamais commis une gaffe pareille. Oui, chez les républicains, sauf les coquins avérés, ils ne connaissent les hommes que par les livres, et par cela sont incapables de gouverner.

Barrès me présente Bonnamour, qui a demandé à venir au *Grenier,* pendant que Robert de Montesquiou annonce que ne pouvant louer sa maison de la rue de l'Université, sa maison où autrefois Lamartine a eu un appartement, il vient de s'y faire un logement, célébrant la tranquillité de ce domicile et disant que, lorsqu'il y a quelque part une grande artère comme le boulevard Saint-Germain, toutes les rues parallèles entrent dans le silence et qu'il n'y a plus de bruit que dans les rues perpendiculaires.

A dîner, on parle chez Daudet d'un potin qui court le monde de la Chambre, potin d'après lequel le président de la République, Faure, aurait fait arracher du greffe une feuille et fait substituer un faux acte de décès de son beau-père, qui aurait été condamné aux galères ; et je ne sais quel journal, faisant allusion à ce bruit, déclarait qu'il ne serait plus à l'Élysée dans trois mois [1].

Le jeune Hugo, qui dîne ce soir avec nous, affirme que Lockroy voulait sa mort, en le poussant par ses rigueurs à la désertion, fait un tableau pas mal ironique de la prise de possession de son beau-père de ce beau cabinet de la Marine avec sa vue sur la place, sur l'Obélisque, en essayant tour à tour tous les sièges, le proclame le plus grand comédien de la terre, mais ayant perdu à cette heure une partie de ses moyens, croit du reste qu'il va être débarqué, Bourgeois ayant invité son *tombeur* Judet à déjeuner pour ces jours-ci.

Lundi 9 décembre

Le fils de Bleichröder, le banquier allemand, protégé par Bismarck, a été refusé en mariage par une jeune fille sans fortune ; et comme la mère de la jeune fille lui demandait de réfléchir et lui disait que la différence de religion n'avait pas l'importance qu'elle lui attribuait, la jeune fille répondait à sa mère : « Les Juifs, ce n'est pas une religion, c'est une race. »

Mercredi 11 décembre

Ces jours-ci, des interviews où je suis obligé d'affirmer ma non-ambition de l'Académie.

---

1. Dans LA LIBRE PAROLE du 11 décembre, Drumont écrit : « Le 23 mai 1843, M. Belluot, avoué à Amboise et dont M. F. Faure a épousé la fille, a été condamné par la Cour d'Assises d'Indre-et-Loire à 20 ans de travaux forcés pour 16 faux et autres méfaits. S'il ne s'était pas enfui à Pampelune, le père de la présidente de la République serait mort au bagne sous la casaque du forçat. » Mais Félix Faure, informé des intentions de Drumont, avait pris les devants en confiant à Hugues Le Roux le soin de dévoiler dans LE FIGARO cette tragédie familiale. Le scandale tourna court et les milieux parlementaires se solidarisèrent avec le président (cf. A. Dansette, HISTOIRE DES PRÉSIDENTS DE LA RÉPUBLIQUE, 1953, p. 114).

Un roi de France ayant pour beau-père un forçat, c'est de la fichue et bien gênante souveraineté pour un pays ; et je trouve que vraiment, si on n'est pas responsable des canailleries de ses parents, les gens qui ont une pareille tare doivent avoir une certaine pudeur et se contenter, dans la société, des troisièmes plans.

Visite de d'Ocagne, que je vois souvent rue de Berri. Nous parlions, en le déplorant tous les deux, du goût de la Princesse pour les Juifs ; et il me contait qu'un jour, en même temps qu'il avait laissé percer son antipathie pour la race et qu'il s'étonnait que la Princesse leur fût si favorable, la Princesse lui avait dit assez drolatiquement : « Vous voulez que je reçoive mal un monsieur, parce que ses ancêtres ont crucifié Jésus-Christ ? »

Jollivet me disait, ce soir, que la publication de LA DÉBÂCLE avait grossi, au nom du patriotisme, le parti de l'Académie qui ne voulait pas de Zola, parce que ce livre, le lendemain de la publication, s'était trouvé entre les mains de tous les gens de la diplomatie appartenant en Europe au parti prussien et s'appuyant sur la sincérité des documents produits et s'exclamant sur la décadence de la France, si bien qu'à Constantinople, Cambon avait eu, dans le salon de l'ambassade, une prise de bec avec je ne sais quelle femme d'ambassadeur, où abusant de son sexe, elle se montrait d'une insolence dépassant tout ce qu'on peut imaginer.

Jeudi 12 décembre

Je trouve, à mon arrivée chez Daudet, Rochefort, qui y dîne. Il est revenu d'Angleterre le corps athlétique, la figure large de méplats carrés ; et son toupet de clown, depuis qu'il a blanchi, plus rigide que jamais, a l'air de l'enveloppe en papier frisé d'un manche de gigot. Et cette santé, dont il se vante et qui, d'après lui, n'a jamais aucune anicroche, lui donne la puissance d'un verbe qui ne semble pas connaître la fatigue [1].

Nécessairement, la conversation est sur le mariage de Faure ; et il m'étonne, ce défenseur ardent, dans son journal, du président, déclarant dans la conversation qu'il est impossible qu'il continue à présider aux destinées de la France. Et il finit *charivaresquement* son lâchage, en s'écriant : « Oui, c'est une variante de :

Et l'on verra le bourgeois éclairé
Donner sa fille au forçat libéré [2].

Après dîner, où il ne prend aucune liqueur, déclarant que dans

1. Rochefort vivait en exil en Angleterre, depuis la condamnation qui l'avait frappé en même temps que le général Boulanger le 13 août 1889. L'élection du président Félix Faure ayant été l'occasion d'une nouvelle amnistie, Rochefort put rentrer en France, en février 1895 et reprendre son activité de journaliste à la tête de L'INTRANSIGEANT.

2. Cf. CHARLES DEMAILLY, ch. LXIV, p. 287 : c'est la chanson que chante Montbaillard, le directeur du SCANDALE, venu rendre visite à Demailly ; c'était aussi le chant dont Villemessant égayait ses invités en 1858 : cf. t. I, p. 382.

le plaisir, le froid, le chaud, le cachot, la nage pour se sauver de la Calédonie, il n'a jamais usé d'un excitant, d'un réchauffant, et cela toujours, même dès sa première jeunesse.

Après dîner, debout contre la cheminée, il cause avec nous, avec une courbe aimable de son grand corps penché sur vous, et parfois, une de ses mains touchant votre genou pour appuyer sa parole.

Il parle de son séjour en Angleterre, de sa réception dans le monde aristocratique, en ce pays où la noblesse vous classe et où on le voulait appeler le marquis de Rochefort, et avoue toutefois que pendant les six ans qu'il a passés là-bas, il se serait fort ennuyé sans la *chasse aux tableaux*, qui prenait une partie de ses journées et où il a fait des découvertes extraordinaires. Et parmi ces trouvailles, il cite la VENISE de Turner, appartenant à Groult, qu'il a payée dans un Mont-de-Piété 200 francs et que Groult a payée 40 000 francs. Enfin, d'après ce qu'il dit, il aurait acheté pour 15 000 francs de tableaux, tableaux qu'il aurait revendus 250 000 francs. Et alors, il explique cette vente, dont l'aveu du gain énorme semble l'embarrasser un rien, en disant qu'il avait appris de la manière la plus positive que Périer devait faire un coup d'État et qu'il s'était résolu à cette vente dans la prévision d'un exil, de la suppression des journaux où il pouvait faire passer de la copie.

A dix heures, il nous quitte pour aller écrire son article, qu'il n'a pas fait, attendant aujourd'hui une interpellation à la Chambre. Quand il est sorti, Daudet, tout en reconnaissant son goût de la basse littérature, comme la littérature de Dennery, pour lequel il est en train de solliciter Lockroy, à la fin de le faire commandeur, lui reconnaît — est-ce en faveur de tous ? — une qualité : l'indignation contre l'injustice.

Mme Adam qui, avec un fond de roublardise pour ses intérêts, me paraît un peu plus ingénue pour le reste chaque fois que je la vois, vante une collection de lettres de Dumas, qui, dit-elle, l'a fait connaître à elle-même, bien mieux qu'elle se connaissait.

Ce soir vient Gyp, que Mme Daudet avait trouvée si malade et qui a passé deux mois au lit à la suite d'une opération au péritoine. Cette femme, avec ses traits fripés, mais avec ses bras nus gantés jusqu'aux coudes et avec ce fourreau de satin blanc qui dessine son corps ondulant, a quelque chose de malsainement tentateur. Elle cause avec moi de sa maladie sur une note comique, disant qu'elle entendait le médecin dire derrière un paravent à sa garde : « Voilà une petite dame qui est en train de se laisser couler ! » Et s'élevant presque contre son mari, contre ses enfants, qui l'on fait opérer malgré elle, dans la perte de connaissance du chloroforme, elle laisse percer le regret de ne pas s'être en allée et d'avoir à recommencer une autre fois — la souffrance à la fin l'ayant abandonnée, et se trouvant dans cet espèce d'état vague qui précède l'évanouissement.

Samedi 14 décembre

Toute la semaine, un barbouillage de l'estomac, que j'attribuais à des moules mangées lundi dans une sole normande chez Mme Sichel. Mais non, c'était le travail sournois d'une crise de foie ; et aujourd'hui, en sortant de chez Gillot, où dans un malaise indicible, j'avais fait une étude de ses *kakémonos*, j'ai vomi quatre ou cinq fois dans la voiture qui me ramenait chez moi ; puis dans mon lit, le glacement de l'être, suivi au bout d'une heure d'une fièvre de cheval.

C'est particulier comme chez moi, ces fièvres hépatiques ont des inspirations batailleuses.

Dans la fièvre d'aujourd'hui, j'envoyais au FIGARO un acte d'huissier, dans lequel je poursuivais pour diffamation M. de Bonnières et Talmeyr, disant que tous les actes de ma vie avaient eu pour but d'acquérir la considération des gens délicatement honnêtes et que M. de Bonnières en m'accusant de me vanter dans mon JOURNAL d'un fait qui n'était pas, et M. Talmeyr en me montrant comme un exploiteur de la fraternité, ont porté atteinte à cette considération. Et dans ma fièvre éveillée qui, peu à peu, devenait du rêve, j'allais trouver l'avocat qui avait à Paris la plus grande réputation de méchanceté, et un ressentiment particulier contre LE FIGARO, et il consentait à prendre la parole et à rappeler dans sa plaidoirie que c'était LE FIGARO qui, avec la phrase *Style épileptique* d'un article de Silvestre, avait appris au public parisien que Flaubert était atteint de cette infirmité ; que c'était encore LE FIGARO qui, lorsque Daudet était malade, aux eaux d'Allevard, lui avait décoché l'article de Poupart-Davyl, etc. [1] Et dans mon rêve, de Bonnières et Talmeyr étaient condamnés ; et le bruit retentissant du procès centuplait la vente du JOURNAL et le faisait traduire dans toutes les langues.

Au fond, ce procès de ma fièvre, un saltimbanque pourrait le faire ; et le perdrait-il, il lui serait passablement profitable.

Dimanche 15 décembre

Si vraiment, dans l'autre monde, les artistes s'intéressent encore à leur gloire terrestre, Hokousaï me doit quelque reconnaissance. Ce matin, pouvant à peine me tenir sur mes jambes, mais ayant un rendez-vous chez Haviland, qui marie son fils lundi et part à Limoges jeudi, je suis à dix heures chez lui, en présence de ses Hokousaï, devant lesquels je suis de temps en temps obligé de m'asseoir sur une marche d'escalier.

Descaves est souffrant et son médecin lui a dit qu'il fallait « surveiller sa mœlle ». Et frappé par cette parole, il est hanté par la peur de la mort et dit, le pauvre diable, à sa femme : « Tu es trop jeune, tu te remarieras, il faut prendre un brave garçon. »

La *Loute*, la petite à Ganderax, revient dans la conversation du *Grenier* avec une phrase dite à Daudet, que je ne connaissais pas.

1. Pour ces diverses allusions, cf. t. III, pp. 546, n. 1, 1079, n. 1, 344, t. I p. 895-896.

Un jour, je crois, que je dînais avec lui chez sa mère, elle dit à Daudet, au moment où il allait passer à table : « On dit que tu marches mal, laisse-moi me mettre derrière toi pour que j'aie le plaisir de te voir bien ! »

Ce grand enfant qu'est de Nion, cet enfant capable de toutes les imbécillités, a loué, pendant son séjour aux bains de mer de cette année, sa maison de Chatou, et l'a louée à des Juifs et comme bonne blague, il s'est amusé à leur laisser comme une bibliothèque de gare de chemin de fer qui serait remplie de LIBRES PAROLES et de bouquins de Drumont. Oui, il s'en est vanté à Raffaelli. Savez-vous ce qui est arrivé ? Au bout de quinze jours, il a reçu une lettre de ses locataires, qui lui mandaient qu'il y avait des punaises dans sa maison et que c'était un motif de résiliation. Les punaises, c'étaient eux qui les avaient apportées. Et maintenant, de Nion n'a rien touché et est dévoré par les punaises.

La jeune Hugo est tout embellie depuis son mariage, elle n'a plus du tout de moustache et a gardé ses beaux yeux profonds.

Lundi 16 décembre

Décidément, la collection japonaise la plus parfaite, la plus raffinée pour les bronzes, les fers, les bois ornementés, les laques, les poteries, tous les objets industriels, c'est la collection de Gillot ; mais la plus belle, la plus extraordinaire pour les impressions, c'est celle de Manzi.

Mardi 17 décembre

Chez Flaubert, l'impassibilité d'un style qui ne semble pas prendre part à ce que le romancier raconte de comique ou de tragique.

Mercredi 18 décembre

Visite de Finot, de LA REVUE DES REVUES, au sujet de l'illustration d'un article d'HOKOUSAÏ [1]. Il me raconte son intronisation dans sa revue, qui lui a été vendue comme ayant 1 000 abonnés et qui en avait 70, et les dures premières années où il portait lui-même à la poste les numéros. Il parle dix langues.

Visite du ménage Lecomte, dont je ne connaissais pas encore la femme.

Visite de Bracquemond, en train de se livrer à des impressions d'étoffes artistiques, m'avouant que la gravure est complètement tuée par la photogravure, mort qu'il annonçait dans deux articles publiés par lui en 1886, mais qu'il croyait devoir être plus tardive et ne pas le toucher.

---

1. Le fragment d'HOKOUSAÏ, publié dans LA REVUE DES REVUES du 1er févr. 1896 et intitulé : LES APPARITIONS, correspond au chap. XXXV du volume.

Ce soir, rue de Berri, le ménage Grouchy, un ménage peu sympathique, la femme avec sa voix aigre, le mari avec son rire de snob. Ce singulier chercheur de documents, qui passe sa vie à en découvrir pour les autres, me parle de curieuses trouvailles qu'il a faites sur Mme Condorcet et ses adultères avec Dupaty.

Jeudi 19 décembre

J'ai reçu hier une dépêche de Daudet, qui m'annonçait que Porel lui avait dit qu'on montait MANETTE SALOMON après les VIVEURS [1]. Il me confirme aujourd'hui la mauvaise volonté de Porel, qui lui a fait entendre que c'était son associé qui se chargeait du montage de la pièce et qu'il ne voulait pas s'en mêler. C'est la perspective de beaucoup d'embêtements et de petites machinations, si elle est jouée, pour l'empêcher de réussir.

Georges Lefèvre est accueilli par des poignées de mains qui cherchent à être chaudes, mais au milieu d'un silence assez glacial. Il parle toute la soirée, au milieu d'un petit cercle, contre lequel en passant, je l'entends dire : « Newton est un homme grand comme ça — et il élève sa main bien au-dessus de sa tête — et qui me jetterait par une fenêtre d'une seule main [2]. »

Samedi 21 décembre

En lisant le premier feuilleton de ROME dans LE JOURNAL, j'ai eu le sentiment que Zola allait *faire sa Séverine* dans ce roman, allait chercher à raccrocher de la vente au moyen de l'attendrissement des bonnes âmes. En voilà un auteur qui ne se renouvelle pas ! Est-ce toujours le roman ROUGON-MACQUART !

Dimanche 22 décembre

Entre chez moi de La Gandara, la figure toute jaune, les traits contractés par le chagrin et qui, à peine s'est-il laissé tomber sur un divan, se met à me parler de son divorce, avec l'accent d'un homme qui aimerait encore sa femme et qui serait désespéré d'en être séparé.

Sur ce que je lui parle de sa beauté, qui avait le caractère d'une beauté toute de douceur et de tendresse, il avoue cette douceur, et d'un caractère de caresse vraiment inexprimable, mais seulement les jours où il était malade, où il avait la migraine ; mais que les autres jours, c'étaient des scènes du matin au soir, des scènes où les éclats de sa voix aggravaient l'état de son père, qui avait une maladie de cœur, qu'enfin, c'était une pure détraquée, qui s'était jetée à la Seine il y a trois ou quatre ans.

---

1. VIVEURS ! de Lavedan occupe la scène du Vaudeville depuis le 20 nov. 1895.
2. Cf. plus haut p. 1201, n. 1.

Enfin, il assure avoir saisi un brouillon de lettre, qui révélait une liaison qu'elle aurait avec quelqu'un [1]. Et il dit les déchirements de cœur qu'il a éprouvés devant la désolation de sa petite fille, qui adore sa mère et qui voudrait les faire revivre ensemble, et raconte une scène bien éprouvante de ces derniers temps où, étant en visite en même temps que sa femme au couvent de l'Assomption et ayant emmené l'enfant faire un tour de promenade dans le square à côté, la petite de ses deux bras entourant les corps de son père et de sa mère, s'efforçant de les rapprocher dans une réconciliation.

On demande à Rodenbach s'il a de récentes nouvelles de ce pauvre Poictevin. Il nous apprend que Huysmans avait été chargé de lui chercher une sœur pour le soigner ; mais c'était difficile, parce qu'il a pris l'habitude de prier tout nu, à l'imitation du pêcheur de l'Écriture [2]. Ah ! l'étonnant mystique, qui, à Lourdes, avait fait le vœu avec sa maîtresse de renoncer aux liens charnels qui les unissaient, qui même, un moment, n'avait plus voulu manger ou du moins ne prendre que la nourriture insubstantielle de Catherine de Sienne [3] !

De Poictevin, Rodenbach passe à des anecdotes sur Rops et raconte qu'en Belgique, un mari, fait un certain nombre de fois cocu, avait tué sa femme, à la suite de quoi un tas de correspondances amoureuses avaient été produites par le défenseur du mari. Parmi ces correspondances, une des plus vives était signée : *Féli.* Or ce *Féli*, c'était Félicien Rops, et l'avocat si bien exploita le sadisme des lettres de l'infâme *Féli* que son client fut seulement condamné à dix ans de prison. Et l'avocat avait mis une telle notoriété mauvaise autour du nom du signataire des lettres que Rops quitta Paris, se rendit à Bruxelles, annonça à Picard qu'il venait avec l'intention d'envoyer des témoins à la canaille d'avocat. Mais le soir, il alla au spectacle, apprit là que l'avocat était une fine lame, rentra chez Picard, en disant : « Demain, je repars pour Paris... je me suis assez montré. »

Et de Rops, Rodenbach saute à Dierx, très malade, en ce moment, de névralgies de la tête. Ce Dierx, sans aucune fortune, avait acheté trois ou quatre Monticelli, au temps où on les payait un louis. Au moment où fut organisée la montée sur les tableaux de ce peintre, Dierx se vit, pour ainsi dire, arracher un de ses tableaux par un marchand contre quatre mille francs ; et ces quatre mille francs lui servirent à aller embrasser sa mère à l'île Bourbon, au bout de trente-cinq ans de séparation ; et ses autres Monticelli, il les vendit dernièrement pour venir en aide à son frère, compromis dans la débâcle des mines d'or [4].

---

1. Texte Ms. : *qui ne liaison...*
2. Allusion à la dernière apparition du Christ ressuscité aux Apôtres, en train de pêcher : « Simon-Pierre, entendant que c'était le Seigneur, se mit le sarrau à la ceinture — car il était nu – et il se jeta à l'eau. » (St-Jean, XX, 7).
3. Voir t. III, p. 758 sur ces jeûnes, que Poictevin attribuait alors à Ste Catherine de Suède.
4. Sur les nouvelles mines d'or du Transvaal, cf. plus haut p. 1177, n. 1. Sur la *débâcle,* voir la note du 13 fév. 1896.

Lundi 23 décembre

Mme Blanc, parlant du ménage de Claire de Saint-Victor et des brutalités de son mari, qui avaient lieu très souvent au déjeuner, racontait que sa petite fille, n'ayant pas l'air de faire attention à ce qui se passait et regardant le plafond, chantonnait : « Moi, quand je serai grande, je ne me marierai pas avec un monsieur... Ils sont trop méchants... Je marierai avec un domestique, comme le bon François. »

Mardi 24 décembre

Aujourd'hui, Mlle Zeller me dit que La Gandara est une canaille, qu'il a fait à sa femme une vie d'enfer, ne la menant jamais nulle part, sous prétexte que les toilettes du monde étaient trop chères, et payant des robes et des loyers à d'autres femmes. Elle ajoute que la lettre en question, non envoyée, a été repêchée dans le seau de la toilette, que le chagrin que je croyais avoir entrevu sur ses traits, c'est la suite de ses noces, que la pauvre femme s'est jetée à l'eau à la suite de la vie malheureuse que lui faisait son mari. De quel côté est la vérité ? Je vois dans les deux versions des affirmations qui ne m'inspirent pas confiance ; et les deux êtres, étant des êtres pas naturels, il est très difficile de les juger.

Mercredi 25 décembre

Ce soir, je trouve la Princesse en grand décolletage, attendant à dîner le duc d'Aoste et l'ambassadeur d'Italie.

Et tout le monde de vous chuchoter à l'oreille : « Hein, qu'elle est belle ! »

Mais non, c'est une beauté trop mâtinée de la beauté de la *belle Écaillère*. Quelle plantureuse santé et quel poitrail et quel étal de viande de la troisième catégorie !

Quant à l'ambassadeur d'Italie, le comte Tornielli, il a tout l'air d'un vieux brigand d'Opéra-Comique [1].

Jeudi 26 décembre

Je reçois une curieuse lettre du Dr Barié. Il me remercie d'un client belge, que je lui ai donné et qui s'est présenté à lui en lui disant : « Je crois avoir une maladie de cœur ; je voulais consulter un médecin de Paris, mais je ne savais lequel, quand j'ai lu le dernier volume du

1. La « beauté de la *belle Écaillère* » (celle de la duchesse d'Aoste : cf. t. III, p. 598) fait allusion à Mme Cibot, qui avait été « la belle écaillère » du *Cadran bleu*, boulevard du Temple, et qui « demeura comme un modèle de Rubens, en gardant une beauté virile que ses rivales de la rue de Normandie calomniaient en la qualifiant de *grosse dondon* » (Balzac, LE COUSIN PONS, éd. de la Pléiade, p. 561 sq.). — Add. éd. : *Tornielli.* Le nom de l'ambassadeur est absent du manuscrit.

JOURNAL des Goncourt, où j'ai vu que vous aviez donné vos soins à M. Edmond de Goncourt. Là-dessus, je me suis décidé à m'adresser à vous. Me voilà, examinez-moi ! »

La causerie, ce soir, est sur la mort de ce pauvre diable de Lebaudy, assassiné par le ministère de la Guerre, comme riche, et l'on parle des articles homicides de Séverine, que, dans la presse, personne n'ose attaquer, défendue qu'elle est par l'épée du spadassin Labruyère, qu'elle entretient [1].

Et comme Mme Allard, dans son révolutionnarisme, célèbre son utilité humanitaire, allant jusqu'à lui pardonner l'abandon de ses enfants, je ne puis m'empêcher de m'écrier : « Mais tout ce cœur, toute cette sensibilité, toute cette tendresse pour les miséreux, ce n'est au fond que le mécanisme d'une agence de publicité, dont la directrice touche par an quarante ou cinquante mille francs ! »

Ce soir, j'étais frappé de la beauté de Mme Ménard-Dorian. Sa tête a le caractère d'un siècle à la forme plus sévère, à la physionomie plus apaisée, avec une rêverie dans les yeux semblant une poétique absence de la vie, et cette tête est portée sur des épaules ayant la rondeur fuyante d'épaules qu'on ne voit plus. Oui, dans ce salon, où elle se sent aujourd'hui à l'aise, il y a chez elle comme une transfiguration, et l'inanimation de sa figure d'autrefois prend une vie qui paraît éclairée par un sourire intérieur.

Dans ce volume, le dernier volume imprimé de mon vivant, je ne veux pas finir le JOURNAL des Goncourt sans faire l'histoire de notre collaboration, sans en raconter les origines, en décrire les phases, indiquer dans ce travail commun, année par année, tantôt la prédominance de l'aîné sur le cadet, tantôt la prédominance du cadet sur l'aîné.

Tout d'abord, deux tempéraments absolument divers : mon frère, une nature gaie, verveuse, expansive ; moi, une nature mélancolique, songeuse, concentrée, et — fait curieux — deux cervelles recevant, du contact du monde extérieur, des impressions identiques.

Or le jour où, après avoir fait tous deux de la peinture, nous passions

---

1. Max Lebaudy, fils de l'industriel, meurt de la typhoïde le 24 déc. 1895 à l'hôpital militaire d'Amélie-les-Bains. Autour de cette mort, polémiques et procès se lèvent, auxquels Goncourt va faire mainte allusion et que nous résumons ici. Du vivant de Lebaudy, une campagne de presse menée notamment par Séverine, avait dénoncé le traitement de faveur dont le « petit sucrier » aurait joui à l'armée ; maintenant encore, on attribuait sa mort non à une éventuelle dureté du service militaire, mais aux fatigues de la vie mondaine que le jeune soldat avait continué à mener grâce à de nombreuses permissions de convalescence (voir surtout, les articles de Séverine dans LA LIBRE PAROLE des 21 juillet et 29 déc. 1895 et dans L'ÉCHO DE PARIS du 8 nov. 1895). Le 28 déc. 1895, Berry ayant interpellé le ministre de la Guerre sur les responsabilités encourues dans la mort de Lebaudy, Cavaignac ordonne une enquête. Celle-ci donne à penser que diverses personnes s'étaient targuées auprès du jeune millionnaire de lui faire obtenir ou supprimer les faveurs de l'autorité militaire, selon qu'il satisferait ou non à leurs demandes d'argent. Ulrich de Civry, ami de Max Lebaudy, directeur de L'ÉCHO DE L'ARMÉE, Lionel Wertheimer, dit de Cesti, ancien boulangiste, directeur d'une agence de correspondance politique, Armand Rosenthal, dit Jacques Saint-Cère, échotier du FIGARO et de LA VIE PARISIENNE, Georges de Labruyère, amant de Séverine, et cinq comparses plus obscurs sont arrêtés. Le 26 mars, Cesti et U. de Civry sont condamnés à 13 mois de prison, les autres inculpés sont acquittés.

à la littérature, mon frère, je l'avoue, était un styliste plus exercé, plus maître de sa phrase, enfin plus écrivain que moi, qui, alors, n'avais guère d'autre avantage sur lui que d'être un meilleur *voyant*, autour de nous et dans le commun des choses et des êtres non encore mis en lumière, de ce qui pouvait devenir de la matière à de la littérature, à des romans, à des nouvelles, à des pièces de théâtre.

Et voici que nous débutions, mon frère, sous l'influence de Jules Janin, moi, sous l'influence de Théophile Gautier ; et l'on peut reconnaître dans EN 18... ces deux inspirations mal mariées et donnant à notre premier livre le caractère d'une œuvre à deux voix, à deux plumes.

Viennent après LES HOMMES DE LETTRES — reparus sous le titre de CHARLES DEMAILLY — livre appartenant plus à mon frère qu'à moi, par l'esprit mis par lui dans le livre et ces brillants *morceaux de bravoure* qu'il recommencera plus tard dans MANETTE SALOMON — moi ayant surtout travaillé dans ce livre à l'architecture et aux gros ouvrages de l'œuvre.

Alors succédaient les biographies d'art et les livres historiques, écrits un peu sous ma pression et la tendance naturelle de mon esprit vers la vérité du passé ou du présent : œuvres où il y avait peut-être un peu plus d'apport de moi que de mon frère. Dans cette suite de travaux se faisait la fusion, l'amalgame de nos deux styles, qui s'unissaient dans la facture d'un seul style, bien personnel, bien Goncourt.

Dans cette concurrence fraternelle à bien écrire, il était arrivé que mon frère et moi avions cherché à nous débarrasser de ce que nous devions à nos aînés : mon frère à rejeter le papillotage du style de Janin, moi la matérialité du style de Gautier. Et nous étions à la recherche, tout en le voulant très moderne, d'un style mâle, concret, concis, à la carcasse latine se rapprochant de la langue de Tacite, que nous lisions alors beaucoup. Et surtout, il nous venait une horreur des grosses colorations, auxquelles j'avais un peu trop sacrifié, et nous cherchions, dans la peinture des choses matérielles, à les spiritualiser par des détails moraux.

Ainsi, cette description du bois de Vincennes, dans GERMINIE LACERTEUX :

« D'étroits sentiers, à la terre piétinée, talée, durcie, pleins de traces, se croisaient dans tous les sens. Dans l'intervalle de tous ces petits chemins, il s'étendait par places de l'herbe, mais une herbe écrasée, desséchée, jaune et morte, éparpillée comme une litière, et dont les brins couleur de paille s'emmêlaient de tous côtés aux broussailles, entre le vert triste des orties... Des arbres s'espaçaient, tordus et mal venus, de petits ormes au tronc gris, tachés d'une lèpre jaunâtre, des chênes malingres, mangés de chenilles et n'ayant plus que la dentelle de leurs feuilles... De volantes poussières de grandes routes enveloppaient de gris les fonds... Tout avait la misère et la maigreur d'une végétation foulée, la tristesse de la verdure de la barrière... Point de chants d'oiseaux dans les branches, point de parcours d'insectes sur le sol battu... Un bois à la façon de l'ancien bois de Boulogne, poudreux et grillé, une promenade banale et violée, un de ces endroits d'ombre avare, où le peuple va se balader à la porte des capitales — parodies de forêts, pleines de bouchons, où l'on trouve dans les taillis des côtes de melons et des pendus [1] ! »

Maintenant, il arrivait peu à peu, dans cette fabrication de nos volumes, que mon frère avait pris plus spécialement la direction du style et moi la direction de la création de l'œuvre. Il lui était venu une paresse un peu dédaigneuse à chercher, à retrouver, à inventer — tout en imaginant un détail plus distingué que moi, quand il voulait s'en donner la peine. Peut-être déjà souffrant du foie et buveur d'eau de Vichy, était-ce un commencement de fatigue cérébrale ? Du reste, il avait eu de tout temps une répugnance pour la trop nombreuse production, pour la *foison des bouquins*, comme il disait. Et on l'entendait répéter : « Moi, j'étais né pour écrire dans toute ma vie un petit volume *in-douze*, dans le genre de La Bruyère, et rien que ce petit *in-douze* ! » C'est donc uniquement par tendresse pour moi qu'il m'a apporté le concours de son travail jusqu'au bout, jetant dans un soupir douloureux : « Comment, encore un volume ?... Mais vraiment, n'en avons-nous pas fait assez, d'*in-quarto*, d'*in-octavo*, d'*in-dix-huit* ? » Et parfois, pendant à cette vie abominable de travail que je lui ai imposée, j'ai comme des remords et la crainte d'avoir hâté sa fin.

Mais tout en se déchargeant sur moi de la fabrication ouvrière de nos livres, mon frère était resté un passionné de style ; et j'ai raconté, dans une lettre à Zola, écrite au lendemain de sa mort, le soin amoureux qu'il mettait à l'élaboration de la forme, à la ciselure des phrases, au choix des mots, reprenant des morceaux écrits en commun et qui nous avaient satisfaits tout d'abord, les retravaillant des heures, des demi-journées, avec une opiniâtreté presque colère, ici changeant une épithète, là faisant entrer dans une période un rythme, plus loin refaçonnant un tour de phrase, fatiguant, usant sa cervelle à la poursuite de cette perfection du style, si difficile, parfois impossible de la langue française, dans l'expression des sensations modernes et, après ce labeur, restant de longs moments brisé sur un canapé, silencieux dans le nuage d'un cigare opiacé [2].

Et cet effort du style, jamais il ne s'y livra avec plus d'acharnement que dans le dernier roman qu'il devait écrire, dans MADAME GERVAISAIS, où peut-être la maladie, qui était en train de le tuer, lui donna dans certains fragments, je le croirais, comme l'ivresse religieuse d'un ravissement.

Dimanche 29 décembre

Daudet me parlait des fureurs de ce bon Jourdain, fureurs peu

1. Cf. GERMINIE LACERTEUX, ch. XLVIII, pp. 201-203.
2. Cette lettre de juillet 1870 a été donnée par Zola dans l'EDMOND DE GONCOURT de UNE CAMPAGNE (1881), (éd. Bernouard, p. 170) et par Delzant, p. 187.

redoutables pour ceux contre lesquels elles éclatent : « Oui, dis-je, du fulminate de coton ! »

Et comme Daudet trouve le mot drôle, je ne puis m'empêcher de reconnaître que j'ai parfois de l'esprit, mais seulement dans le tête-à-tête intime et qu'il suffit de la présence d'un homme dont je méprise le talent, comme Scholl ou Rochefort, pour me rendre complètement bête, absolument éteint... « Moi, s'écriait Daudet, c'est tout le contraire, mon esprit se plaît aux escarmouches. »

Lundi 30 décembre

Il faut bien que je me l'avoue. A l'heure présente, avec mon nom et l'intérêt littéraire que présente mon JOURNAL, je ne puis le faire passer dans aucune feuille. Quoique je ne l'aie pas offert à d'autres qu'aux Simond, tous les directeurs de journaux savent qu'il est à la disposition de qui en voudra, et personne n'en veut.

Exposition Bing. Je ne fais pas le procès à l'idée de l'exposition, je le fais à l'exposition du jour d'aujourd'hui [1].

Quoi ! ce pays, qui a eu le coquet et rondissant mobilier de paresse du XVIIIe siècle, il est sous la menace de ce dur et anguleux mobilier, qui semble fait pour les membres frustes d'une humanité des cavernes et des lacustres ? La France serait condamnée à des formes comme couronnées dans un concours du laid, à des coupes de baies, de fenêtres, de dressoirs, empruntées aux hublots d'un navire, à des dossiers de canapés, de fauteuils, de chaises cherchant les rigides platitudes de feuilles de tôle et recouverts d'étoffes où des oiseaux couleur *caca d'oie* volent sur le bleu pisseux d'un savonnage, à des toilettes et autres meubles ayant une parenté avec les lavabos d'un dentiste des environs de la morgue ? Et le Parisien mangerait dans cette salle à manger au milieu de ces panneaux teintés en faux acajou, agrémentés de ces arabesques en poudre d'or, près de cette cheminée jouant le chauffoir pour les serviettes d'un établissement de bain ? Et le Parisien coucherait dans cette chambre à coucher, entre ces deux chaises épouvantant le goût, dans ce lit qui est un matelas posé sur une pierre tombale ?

Vraiment, est-ce que nous serions *dénationalisés*, conquis moralement par une conquête pire que la conquête de la guerre, en ce temps où il n'y a plus de place en France que pour la littérature moscovite, scandinave, italienne et peut-être bientôt portugaise ? En ce temps où il semble aussi n'y avoir plus de place en France que pour le mobilier anglo-saxon ou hollandais ?

Non ! Ça, le mobilier futur de la France ? Non ! non !

En sortant de cette exposition, comme je ne pouvais m'empêcher de répéter tout haut dans la rue : « Le délire... le délire de la laideur », un jeune homme, s'approchant de moi, me dit : « Vous me parlez, Monsieur ? »

---

1. Bing présente, 22, rue de Provence, une exposition de mobilier « art nouveau » avec des panneaux d'Albert Besnard, des meubles d'Eugène Pinte, de Van de Velde, etc.

ANNÉE 1896

Mercredi 1er janvier

Un temps d'une tristesse d'enterrement où m'arrivent les lettres bordées de noir m'annonçant la mort du peintre Doucet et de l'éditeur Testard, ces deux hommes de quarante ans.

Et c'est Roger Marx, qui s'indigne avec justice de ces nominations de la Légion d'honneur, où Case est préféré à Rosny.

Et c'est Jean Lorrain, appelé par Séverine « ma chère Lorrain » et qui ne peut répondre nulle part à Séverine, par la peur qu'elle a faite aux directeurs de journaux de dévoiler quelque chose de leurs saletés d'argent, et qui est réduit à lui envoyer sa riposte dans une lettre recommandée. Il raconte que Labruyère a été demander à un représentant de Lebaudy, pour que les attaques cessent, 70 000 francs pour les pauvres de Séverine, et qu'un sténographe caché dans un salon à côté avec deux témoins a sténographié la demande [1]. Il ajoute — la chose est drôle — que le monde féminin des spectacles et des cafés-concerts est dans une effervescence furibonde contre Séverine, l'assassine du *représentant de la noce.*

Puis succèdent les Hugo et Léon Daudet, qui m'emmène rue Bellechasse et, tout le temps de notre trajet en voiture, remue des idées, disant que les lignes droites du paysage hollandais ont dû influer sur le livre de la MÉTHODE de Descartes, disant, à propos des personnages de Shakespeare, qu'en littérature, le cerveau anglo-saxon a besoin d'un brouillard mystique avec lequel il se grise comme avec du gin.

Chez les Daudet, un dîner de vingt et une personnes, réunissant toute la famille de sa sœur et de son frère Ernest, dont la fille Thérèse dîne à côté de son fiancé, reçu pour la première fois à la table d'Alphonse Daudet.

Cette Thérèse, une brune fillette, au duvet de la lèvre menaçant, à

1. Cf. plus haut p. 1210, n. 1.

la beauté auvergnate contrastant avec la délicate distinction de ses cousines, et dans laquelle le bonheur de se marier met une vraie joie animale.

Jeudi 2 janvier

Visite de Mme Charpentier et de ma filleule Jane.

Mme Charpentier s'indigne de l'assidu compagnonnage en public de Hugo avec Léon et me déclare que Mme Lockroy est en train de mourir de l'attitude de son fils, dont elle attend tous les jours le coup de sonnette — qui ne tinte pas.

Testard serait mort en jouant aux cartes chez son beau-père, au moment où tout à coup, la tête penchée vers une voisine, celle-ci lui disait : « Testard, vous trichez, vous regardez dans mon jeu. » Il mourait d'un arrêt du cœur, d'une syncope.

Dimanche 5 janvier

Hennique, qui est seul au *Grenier*, m'entretient longuement de l'Anglaise qui a été sa maîtresse et qui est en train de devenir l'héroïne du roman qu'il écrit dans le moment [1]. Il me reparle de sa rencontre à la grande Exposition qui a suivi la guerre, exposition à laquelle il a le tort, je crois, de substituer un restaurant comme localité de son coup de cœur [2]. Il me peint, comme avec un restant de souvenir amoureux, sa beauté, sa distinction, l'élégance de ses toilettes. Il me raconte la scène où elle s'est donnée à lui, en lui avouant qu'elle n'était plus vierge.

Et le récit de la perte de sa virginité qu'il a obtenu après et avec beaucoup de difficultés est celui-ci. Elle avait douze ans et promenait une petite sœur. Elle était abordée par une vieille femme qui faisait beaucoup de *mamours* à sa petite sœur, et elle se retrouvait avec elle dans les parcs, un certain nombre de fois, lorsqu'un jour, la vieille femme lui proposait de la mener voir le musée Tussaud. On prenait une voiture, et, après un grand tour dans une partie de Londres que la petite ne connaissait pas, la vieille femme la faisait monter dans une maison qu'elle disait en face de Tussaud, où on allait se rendre de suite. Là, la fillette trouvait des gâteaux et un sirop qui l'endormait. On la déshabillait, on la parfumait, et elle était violée. Mais il arrivait qu'elle se réveillait à temps pour voir l'homme qui l'avait violée, un Anglais important, un lord, et quelques années après, l'ayant reconnu dans une rue de Londres, sur la menace d'une dénonciation faite par ses parents, il lui faisait une rente, que Hennique dit être de 20 000 francs.

La préoccupation de l'auteur et la difficulté du sujet, c'est d'enlever

1. Cf. t. III, p. 254-255 et p. 887 sur cette liaison de Hennique. Le roman en préparation, MINNIE BRANDON, paraîtra en 1899.
2. Il s'agit de l'Exposition de 1878.

aux saouleries de cette élégante femme la hideur de la saoulerie, même lorsqu'elle était ivre morte n'était pas répugnante comme la soularde de chez nous. Enfin, au bout de deux ans de vie commune dans une petite maison de Montmartre, après avoir tout fait pour la guérir, Hennique prenait le parti de se séparer d'elle, qui se décidait, après beaucoup de larmes, à retourner en Angleterre ; et dans la dernière embrassade à la gare, la dernière étreinte, Hennique sentait dans ses vêtements, entre elle et lui, une bouteille d'eau-de-vie.

Pour la première fois, Mourey, l'auteur de PASSÉ LE DÉTROIT, un livre de raffiné d'art et de littérature, vient, sur mon invitation, au *Grenier*. C'est un garçon pâle, aux grands yeux noirs, avec quelque chose de nasal de Barbès dans la voix.

Frantz Jourdain, assez mélancolique et qui semble encore sous le coup du tonneau d'ordures que lui a versé sur la tête Bauër, a tout à coup une rage d'éloquence contre l'épithète *honteuses*, mettant au pilori des maladies toutes naturelles chez le jeune homme — et cela, au moment où, dans un autre coin du *Grenier*, Raffaelli, à propos du mobilier exposé chez Bing, parle sérieusement de la perversion morale engendrée par ces meubles anglo-saxons et du développement de la pédérastie amené par les étoffes *Liberty* [1].

Ce soir, chez Daudet, Léon apporte un album de caricatures du jeune Hugo, qui a vraiment le sentiment du comique d'un corps, d'une physionomie. Il y a un frère de Clemenceau saisi dans son nerveux dégingandage ; un Glaser, en sa mimique extatique devant la nuque d'Holmès chantant au piano, et plusieurs Ajalbert tout à fait extraordinaires, Ajalbert, avec son cou dans les épaules, ses paupières aux lobes gonflés, qui ont l'air de coquilles de noix qu'on met sur les yeux des enfants qui louchent, le boursouflement de toute sa personne, qui pourrait être dessinée à la façon de certains dessins japonais faits uniquement avec des circonférences, des moitiés de circonférence, des quarts de circonférence.

Lundi 6 janvier

Ce matin, Henry Simond est venu me demander mon dernier volume du JOURNAL DES GONCOURT pour L'ÉCHO DE PARIS. Ma foi, devant l'ennui de chercher ailleurs et la débine dissimulée, mais non douteuse de l'ÉCHO, j'ai consenti à lui vendre ma prose dix sous la ligne, au lieu de vingt sous qu'il me payait autrefois. Voici ce que me rapporte ma réputation grandissante.

Ce soir, sur le désir de Lorrain, je vais voir à la Comédie-Parisienne son acte de BROCÉLIANDE.

La pièce est précédée d'UNE MÈRE, une pièce suédoise de Mme Ellin Ameen, tout à fait dans le goût embêtant de ce que *l'Œuvre* et Lugné-Poe font subir à la France. Ça représente une mère, et un berceau dans lequel est un bébé qu'on ne voit pas. La mère fait entendre au

1. Cf. plus haut p. 1141, n. 1 (étoffes *Liberty*) et p. 1213, n. 1 (exposition Bing).

public que son fils est infirme, que sa *virilité*, diable m'emporte ! lui fait défaut, qu'il n'aura aucune jouissance dans la vie. Là-dessus, elle le baptise, et le fait mourir de froid, cet assassinat mêlé d'intermèdes de prédication par un pasteur sans éloquence. Et, un moment, la nouvelle que le décor de Lorrain est cassé me fait craindre d'avoir à entendre LES FLAIREURS qui est encore plus *cimetiéreux* qu'UNE MÈRE [1]. Mais non, on a raccommodé le décor, et voici les gentils vers poétiques de la prime jeunesse de Lorrain qui défilent dans la salle rassérénée. Par malheur, il y a des chœurs, et moi, qui ne sens jamais quand on chante faux, cette fois, les chœurs chantent si audacieusement faux que je m'en aperçois, et la salle encore mieux que moi. Alors, ce sont des gaîtés et, à la suite, des empoignades des acteurs, des actrices, des vers, et j'ai la tristesse d'avoir, dans la loge où est la mère de l'auteur, le contrecoup nerveux de l'échignement de la pièce.

Mercredi 8 janvier

En ouvrant un journal dans mon lit, je lis qu'hier soir, à la Comédie-Parisienne, la dompteuse de lions, Bob Walter, a frappé et ensanglanté la figure de Lorrain à coups de clef [2]. Je me suis trouvé heureux que ce ne fût pas avant-hier, où j'aurais pu devenir un acteur dans cette scène de brutalité.

Visite de Charpentier, qui m'annonce qu'il abandonne la librairie au mois de juillet, qu'il est fatigué, découragé, *désambitionné*, qu'il avait tout combiné pour assurer sa succession à son fils dans de bonnes conditions, mais du moment qu'il n'existe plus, il en a assez, et il veut sortir de cet appartement, de cette librairie, où tout lui rappelle son enfant. Il ajoute qu'il n'a plus de cœur à ce métier, où maintenant, pour vivre, il faut faire des économies sur l'impression, le papier, l'encre, et fabriquer des volumes avec beaucoup de mauvaises images.

Il est encore là, lorsque arrivent Ajalbert et sa jolie femme, qui sèchent de ce que les plâtres ne sèchent pas dans le petit hôtel qu'on leur bâtit, et qui sont empêchés même de le visiter, l'architecte ne voulant monter l'escalier qu'à la dernière heure.

Et c'est Bracquemond, qui me parle de Doré, de son extraordinaire facilité, des deux ou trois bois qu'il couvrait pendant qu'on allumait la lampe, après s'être livré toute la journée à de la gymnastique ou à de la peinture gigantesquement exécrable. Et il s'étend sur l'étonnement de la douzaine de dessinateurs travaillant chez Philipon

---

1. Au cours de ce même spectacle, après UNE MÈRE d'É. Ameen et BROCÉLIANDE de Jean Lorrain, Lugné-Poe présentait encore LES FLAIREURS de Charles Van Lerberghe et DES MOTS ! DES MOTS ! de Quinel et Dubreuil. Goncourt est parti après la pièce de Lorrain.

2. Voir dans Billy, L'ÉPOQUE 1900 (1951, p. 69), un autre épisode, scatologique celui-là, de la longue polémique entre Jean Lorrain et la « théâtreuse d'occasion », Bob Walter... Lorrain la traite de « cocotte vieillarde », et l'incident de l'Œuvre s'explique par un article récent, le *Pall Mall Semaine* du 27 déc. 1895 dans le JOURNAL : à propos d'un intermède de danse du ventre auquel elle s'était livrée, lors de la représentation de la LYSISTRATÈ de R. de la Villehervé au Théâtre des Poètes, le journaliste avait écrit que l'on s'était en vain « armé de clefs » (pour la siffler), car elle avait « été insignifiante, pas même ridicule ».

et dont il était, quand Philipon leur montrait les premiers dessins de ce Doré, envoyé d'un collège de province. Enfin, il déclare qu'il n'a jamais rencontré un homme ayant une mémoire de l'œil pareille à la sienne et que cet œil de Doré était vraiment un instrument photographique gardant le cliché d'une chose seulement entrevue.

Et voici Montesquiou, qui vient me souhaiter la bonne année et, jusqu'à sept heures et demie, parle, parle avec son verbe imagé et verveux, sa voix métallique. C'est d'abord de Verlaine, à ce qu'il paraît bien malade dans le moment, et qu'il s'occupe à ne pas laisser mourir de faim [1]. Puis c'est du vrai enthousiasme pour les AMANTS de Donnay, pièce lui faisant dire que la révolution que nous avons faite dans le roman et le dialogue, que nous y avons introduite, a amené cette révolution théâtrale, menée dans le moment par Hervieu, Donnay, Lavedan. Et il se met à vanter, à vanter, le naturel de Granier, qui aurait une scène de pleurs à la suite d'une rupture, qui serait, comme vérité, sans précédent au théâtre et à faire croire qu'elle vient d'être battue dans la coulisse par Guitry [2].

Enfin, il me dit sa résolution d'abandonner les vers pour la prose, et il me cause d'un ouvrage que lui seul peut bien faire, d'IMPRESSIONS SUR LE FAUBOURG SAINT-GERMAIN, impressions qui donneraient l'historique des dernières années de son existence et de son agonie, commencée le jour du mariage de la fille du duc de Doudeauville.

Ce soir, je reçois une lettre insolente de M. Arthur Meyer, qui m'avait fait demander un article sur Hokousaï et auquel j'avais envoyé un morceau sur les *Albums guerriers* et un morceau sur le Fouzi-Yama, deux morceaux parmi les meilleurs que j'ai écrits et que, sur ma demande assez raide de me les renvoyer, au bout d'un mois qu'il les avait gardés sans les faire paraître, il m'a écrit qu'il les trouvait mal composés, mal faits, et sans aucun intérêt pour le public, ajoutant qu'il était heureux que ma lettre « lui évitât le souci de compromettre ma bonne renommée auprès de ses lecteurs ». Je crois que depuis que j'existe, c'est la plus grande insolence que j'ai eu à subir dans ma carrière littéraire. Ah ! cet « homme du monde », ce n'est bien, ainsi que l'appelle Daudet, qu'un *chemisier* !

Jeudi 9 janvier

Visite d'Antoine, m'annonçant qu'on parle au Vaudeville de MANETTE SALOMON comme d'une pièce qu'on va monter dans

1. Le ménage Le Rouge, Cazals, Delahaye s'occupaient du sort de Verlaine d'un peu plus près que Montesquiou ! Il est vrai que celui-ci lui avait offert le 7 déc. 1895, chez Foyot, un somptueux dîner, auquel d'ailleurs Montesquiou s'était contenté d'envoyer son secrétaire pour le représenter... Depuis Noël, Verlaine ne sort plus, il a la fièvre ; un mieux passager le 7 ; mais le soir, la fièvre reprend ; tombé du lit, il passe la nuit sur le carreau ; une broncho-pneumonie se déclare et le 8 au soir, il meurt.

2. Add. éd. : le mot *croire.* — La *scène de pleurs* est la dernière de l'acte IV ; ces sanglots suivent le départ de Georges Vétheuil, dont le rôle est tenu par Lucien Guitry. Après avoir naguère refusé de quitter pour lui le comte de Puyseurs, Claudine Rosay, qu'interprète Jeanne Granier, voudrait suivre Georges dans sa mission lointaine, mais il refuse et vient de partir seul.

quelques jours, et bientôt, causant intimement des deux directeurs, il me jure que ces deux hommes, tout en ayant l'air d'être très mal ensemble, s'entendent comme larrons en foire pour toutes les roublarderies du métier, et il me dit que Réjane a une autorité autocratique telle qu'une figurante n'ose plus se mettre un ruban bleu dans les cheveux sans sa permission.

L'annonce, dans un journal sur la table, de la possibilité que la Duse donne quelques représentations en France le fait s'écrier que c'est un artiste extraordinaire, qu'elle a barré toute l'Europe à Sarah Bernhardt, condamnée à faire ses tournées dans les pays exotiques, qu'elle seule serait capable de jouer la Faustin, qu'elle est enfin une femme ayant quelque chose de la simplicité naturelle et touchante de la Desclée, unie par moments à la flamme d'une Sarah Bernhardt ou d'un Mounet.

Il me quitte en laissant percer la certitude qu'avant deux ou trois ans, il sera directeur de l'Odéon.

Ce soir, Daudet parle de Bourget, de son procès avec Lemerre [1] ; et si vraiment Lemerre a le courage de publier les lettres à lui adressées, à propos du *chauffage* de ses éditions et du lâche désarmement des attaques, le public se trouverait en face d'un des plus bas caractères d'homme de ce siècle.

Samedi 11 janvier

Ce matin, à l'enterrement de Mme Descaves, cette jeune femme de vingt-six ans, qui était le type de l'épouse bonne et honnête de la petite bourgeoisie.

Oh ! ce quartier de Montrouge, ce quartier miséreux et sans caractère, avec ses usines mélancoliquement muettes, et ce mur de ceinture plus morne qu'ailleurs ! Et le pauvre logis rustique, où le ménage avait introduit une petite élégance de lettré, logis aujourd'hui déchiramment sonore des sanglots de la mère et où se tient affalé contre la porte du cabinet de travail le pauvre mari, comme foudroyé debout. Le cher garçon sent bien tout ce qu'il a perdu, en la compagne qui apportait à son pessimisme, à ses grogneries, à ses crises néphrétiques, la douce sérénité de son compagnonnage et son ingénu rire d'enfant.

Dans le trajet de la maison à l'église, j'accoste Huysmans, devenu tout à fait poivre et sel, sous sa tonsure de forçat, et comme je lui demande des nouvelles de Poictevin, il me le peint devenu tout à fait fou et reposant dans son lit dans une sorte de *coma* mystique, en face de sa maîtresse, couchée sur une chaise longue, par suite de rhumatismes osseux qui ne lui permettent plus de marcher — et ces deux êtres, l'un fou, l'autre incapable d'un mouvement, exploités par deux terribles bonnes *fin de siècle*, qu'il a pu faire mettre à la porte ces jours-ci.

1. Cf. plus haut p. 1187.

Dimanche 12 janvier

Aujourd'hui au *Grenier*, c'est Pierre Gavarni, de retour du Limousin depuis deux jours, puis Lecomte, puis Daudet poussé dans le dos, tout le long de mon escalier, par Hennique.

Fatalement, on parle de l'enterrée d'hier, et Daudet nous apprend que cette pauvre femme, toujours gaie, toujours rieuse, ayant été invitée par le médecin à boire du champagne la nuit même de sa mort, avait voulu que son mari et sa mère trinquassent avec elle à sa santé. Et quelques heures après, Descaves, lui touchant les mains, avait la douloureuse surprise de les sentir presque froides. Et cette santé au bord de la mort rappelait à Daudet le détail d'une autre mort, du fils de Charpentier, qui, la nuit de sa mort, s'était mis à chanter les cantiques de sa première communion, comme si son enfance remontait en lui. Et à ce sujet, Daudet rappelait encore cet officier qu'il avait rencontré à Lamalou, devenu aphasique à la suite d'une chute de cheval et qui, lorsque la parole lui était revenue, la langue qu'il avait parlée était le patois des îles Baléares, le patois de la nourrice qui l'avait élevé.

Entre, la tête bandée, Jean Lorrain, qui raconte les quatre coups que lui a portés Bob Walter, lui criant : « En voilà deux pour moi, un pour Séverine, un pour la comtesse Pelion [1] ! » Il affirme qu'elle le visait aux yeux, qu'elle avait voulu l'aveugler, et il craint que la marque lui en reste. Il soutient avoir vu la sténographie prouvant la demande de Labruyère de 35 000 francs pour arrêter les attaques contre Lebaudy [2].

Et de Labruyère, la conversation saute à Jacques Saint-Cère, maintenu au FIGARO, en dépit des révélations qui lui avaient été faites, par Magnard, qui aurait dit avec son scepticisme méchant : « Oui, je le garde, pour voir la tête qu'il fera, quand on l'arrêtera ! » Et ça fait raconter à Bauër, qui a maintenant la tête d'un gros moine de Rabelais, une histoire d'un officier fréquentant la maison, envoyé au fond de l'Afrique par le ministre de la Guerre et qui, rencontrant Lavedan à son retour à Paris, se refusait à entrer en relation avec Lavedan, et lui jetant à la fin : « Oui, c'est vous qui m'avez fait perdre ma carrière, en me menant dans cette maison [3] ! »

« Et Lavedan, j'espère, n'y est plus retourné ? jette une voix.

---

1. Dans le *Pall Mall Semaine* qui était en cause (cf. p. 1217, n. 2), Lorrain, outre Bob Walter, avait attaqué Séverine, qu'il rendait responsable de la mort de Max Lebaudy, et il avait de surcroît ridiculisé une des spectatrices de LYSISTRATÈ, « un vieux Bouddha mamelu, joufflu, maflu et très turlututu, qu'on me dit être une comtesse, la comtesse P...thion, la veuve, paraît-il, du fameux P...thion, membre de la Constituante ». Lorrain, pour les besoins de la cause, a-t-il déguisé le nom de l'intéressée ou Goncourt l'a-t-il mal entendu ?

2. Cf. plus haut p. 1210, n. 1 et p. 1214.

3. Sur le rôle de Rosenthal, dit Saint-Cère, dans l'affaire Lebaudy, voir plus haut p. 1210, n. 1. La *maison* mentionnée ici est la sienne, et le récit oral de Bauër s'éclaire par son article du jour même dans L'ÉCHO DE PARIS : « M. Rosenthal eut un salon et il y reçut tout Paris. Un capitaine d'infanterie, L..., y fut amené par un homme de lettres, il y connut une baronne avec laquelle il noua des relations intimes. Quelque temps après, il fut mandé au ministère de la Guerre : « Vous avez, lui dit-on, des relations indignes d'un officier français, avec une femme qui est désignée à la police comme un agent de l'étranger. » Et le pauvre capitaine fut rayé du tableau d'avancement et envoyé au fond de l'Afrique. »

— Il y est retourné plus que jamais », reprend Bauër.

Et toutes ces choses me font dire que l'argent est en train de faire de telles saletés qu'il va bientôt être honorable d'être pauvre.

« *Un enfant ! Des yeux d'enfant !...* C'est trop fort ! » s'écrie Daudet à propos des discours et des articles sur l'enterrement de Verlaine. « Un homme qui donnait des coups de couteau à ses amants, qui, dans un accès de priapisme de bête sauvage, ses vêtements jetés à terre, se mettait à courir tout nu après un berger des Ardennes [1]... Et l'article de Barrès, qui n'a jamais fait un vers et qui a tenu un des cordons du poêle, Barrès qui est au fond un amoureux du chic, de la cravate bien nouée, de la vie correcte ! ... Le farceur, il n'a écrit cet article que pour proclamer qu'il est le prince intellectuel de la jeunesse [2] ! »

Ce soir, on racontait ce mot du fiancé de Thérèse Daudet : « Dieu merci, c'est fini de me promener devant les NOCES DE CANA [3] ! » A ce qu'il paraît, c'est l'endroit officiellement adopté à l'heure présente pour les entrevues de mariage pendant tout le cours de l'année, l'Exposition des aquarellistes étant seulement pour les entrevues du mariage du printemps.

Lundi 13 janvier

Un joli portrait que me faisait ce soir Mme Sichel de la veuve Darmesteter, une Anglaise délicate, maladive, éthérée, ayant par moments comme des sursauts littéraires, puis des évanouissements de la vie, avec des abandonnements du corps d'une syncope sur les dossiers des fauteuils et des canapés : une femme, dit-elle, qui semble vivre de lait, de rosée et d'esthétique. Et en effet, cette femme, qui se nourrit de rien, racontait qu'un merlan cuit dans du lait lui avait fait les trois repas d'une journée.

Mercredi 15 janvier

Reçu ce matin une lettre d'Albert Carré, qui me confirme le passage de MANETTE SALOMON après LES VIVEURS et me demande un rendez-vous pour la distribution [4]. Et la nouvelle de ce prochain montage de la pièce m'a amené hier la visite de Gabrielle Drunzer, une très jolie brune et un ancien modèle, et aujourd'hui la visite de

---

1. Allusion au discours de François Coppée, prononcé le 10 janvier, au cimetière des Batignolles lors des obsèques de Verlaine et qui deviendra la préface du CHOIX DE POÉSIES. Les premiers mots lancent ce thème de l'*enfant* Verlaine : « Saluons respectueusement la tombe d'un vrai poète, inclinons-nous sur le cercueil d'un enfant. » Le terme revient à diverses reprises, et Coppée a tout un développement sur les yeux de l'enfant, qui, après un chagrin, « ouvre à nouveau ses yeux encore mouillés de larmes... »

2. L'*article de Barrès* peut désigner, au sens strict LES FUNÉRAILLES DE VERLAINE, paru dans le FIGARO du 10 ou, au sens large, le discours qu'il prononce aux obsèques et qui paraîtra dans L'ERMITAGE de février 1896.

3. Au Louvre, au Salon carré.

4. Cf. plus haut p. 1207, n. 1.

Janvier, désireux de jouer Anatole, et qui me dit avoir fait, dans ce désir, des études de poses et d'attitudes d'étudiants dans le Quartier Latin.

Jeudi 16 janvier

Le lendemain du Jour de l'An, je tombais chez Hayashi, vers les trois heures, et j'apprenais qu'il avait donné la veille un dîner à toute la colonie japonaise, aux trente Japonais habitant Paris, que ce dîner, commencé le 1er janvier, avait duré pour quelques-uns jusqu'à midi du 2 janvier et que Hayashi venait d'aller se coucher ! Ces jours-ci, je lui demandais ce qu'il avait donné à manger à ses compatriotes, et il me disait que de ses propres mains, il leur avait cuisiné une soupe à l'oie, une barbue crue accommodée avec du navet râpé, des homards cuits dans du riz, sur lequel on verse une tasse de vinaigre en l'éventant, etc., etc.

Vendredi 17 janvier

Visite de Dumény, venant me demander le rôle de Coriolis dans MANETTE SALOMON. Il me parle du succès qu'il a eu dans CHARLES DEMAILLY à Saint-Pétersbourg et de l'impression produite par cette pièce sur l'empereur de Russie, qui a eu la curiosité de prendre connaissance de GERMINIE LACERTEUX. Et la pièce lue par lui, il disait avec un sentiment de regret à Dumény : « L'impératrice ne pourrait pas y assister [1]. »

Du talent, du grand talent dans le VOYAGE DE SHAKESPEARE de Léon, mais une conception de livre fausse. On ne peut pas intéresser aux aventures imaginées d'un être qui a existé, aventures où l'on sait d'avance qu'il n'y a rien de vrai dans tout ce qui est conté.

Dimanche 19 janvier

Causerie au *Grenier* sur Dumas, qui, pour avoir dans ses derniers jours des érections, avait recours à l'hypnotisme et aurait eu des rapports charnels avec Loïe Fuller — causerie suivie d'une forte discussion entre Bauër et Heredia sur l'alexandrin, que défend Heredia, dont ne veut pas Bauër.

Dans un coin du *Grenier*, de Fleury, le *Bianchon* du FIGARO, me conte ceci. Un garçon de sa connaissance, dans l'anxiété d'une forte échéance, se fait faire par lui une piqûre d'eau salée. En sortant de chez Fleury, l'homme à la piqûre fait la remarque, dans la descente de l'escalier, qu'il n'avait pas le pas traînant qu'il avait en montant,

---

1. La tzarine est Alexandra-Feodorovna, princesse de Hesse, qui a épousé en 1894 Nicolas II, monté sur le trône cette année-là.

s'étonne bientôt, place de l'Europe, du sifflement qui lui vient à la bouche, enfin ressent un relèvement physique, au milieu duquel sa tristesse devient moins profonde, moins noire, et où peu à peu pousse dans son cerveau la pensée qu'il est déjà plusieurs fois sorti d'embêtements semblables et qu'il en sortira encore cette fois. Hein, vous ne connaissiez pas la piqûre pour échéance laborieuse ?

Lundi 20 janvier

Visite de Carré et de Porel, les deux directeurs du Vaudeville.

Ah ! quel *tripatouilleur*, ce Porel ! Avant sa visite j'avais supprimé un tableau de Fontainebleau. Ça ne lui suffit pas. Il me demande la suppression du tableau du Bas-Meudon. J'ai beau lui dire que le tableau a pour but de varier les milieux de la pièce et d'empêcher que quatre tableaux se succèdent dans le même atelier ; j'ai beau insister sur l'importance de la scène de la fin, où éclate la colère de Coriolis de ne pas voir venir Manette, et son emportement contre Anatole, et qui amène la tirade poétique sur l'amour qu'on ne voit pas, mais qui chuchote sur toutes les berges, par cette belle nuit tropicale, rappelant une nuit des colonies au passionné créole, à toutes mes paroles, Porel m'oppose un front d'entêtement un peu bestial [1].

Puis après cela, il ose me dire qu'il ne changerait pas la fin, mais qu'il intervertirait les tableaux, qu'il trouve le dîner du dernier tableau d'un effet scénique très froid, qu'il vaudrait mieux finir par le brûlement des tableaux [2]. Je lui fais observer qu'il y a une gradation cherchée, voulue, que c'est d'abord un assassinat moral de l'artiste, puis un assassinat de l'être social, de l'homme, qu'il y a encore chez Coriolis de la révolte au premier assassinat, et qu'il n'existe plus de force de résistance au second. Et comme Porel me jette : « Une pièce qui s'appelle MANETTE SALOMON, et où la femme n'apparaît pas dans les deux derniers actes ! » je ne puis m'empêcher de lui répondre, avec un peu d'indignation, si vraiment, il ne sent pas la toute-puissance de la femme à la cantonade, se révélant dans chaque réponse de la bonne, et si vraiment, ce n'est pas une démonstration du pouvoir de Manette,

1. Le *tableau de Fontainebleau*, maintenu dans la brochure, est le 6e tableau : Coriolis et Manette dans la grange-atelier des Crescent à Barbizon. Le *tableau du Bas-Meudon* est le second ; voir dans le livret de MANETTE SALOMON p. 40 et 41 les deux passages auxquels Goncourt fait allusion. En note, p. 31, Edmond de Goncourt proteste contre la suppression de ce tableau, qui fait notamment tomber le morceau sur les prix de Rome, qui élevait la pièce au-dessus du vaudeville souriant ; le tableau aidait à dépeindre mieux Chassagnol, le théoricien forcené, et il « montrait les colères de l'amour de Coriolis en dévoilant le passionné créole ».

2. Le *brûlement* des toiles de Coriolis occupe le 7e tableau, sc. 8 : exaspéré d'avoir renoncé sous l'influence de Manette à ses tentatives les plus originales, alors que les tableaux de cette première manière ont maintenant le plus grand succès, Coriolis fait descendre du grenier des toiles de cette époque, les fait brûler et retirant du feu le lingot incandescent de blanc d'argent que la fonte des couleurs a formé, il le jette sur les genoux de Manette en criant : « Tiens ! la Juive, voilà un lingot de 30 000 francs ! » — Le *dîner* auquel Coriolis a convié son vieil ami Anatole et qui est gâté par l'insolence de la cousine de Manette, qui fait le service se situe au 9e tableau.

autrement distinguée et plus positive encore en son absence qu'elle aurait pu l'être par sa présence.

Je crois que décidément, s'il persiste à vouloir cette fin, je ne pourrai pas subir ce *piétinement*, ainsi que disent les Japonais pour exprimer une trop grosse humiliation. Et vraiment, Porel se montre bien peu intelligent à propos de cette pièce contre la juiverie, ne comprenant pas qu'on perd le bénéfice de l'attaque, en rejetant cette scène de la fin dans le milieu de la pièce.

Quant aux acteurs, j'aurais voulu avoir Noblet pour jouer Anatole, et une actrice un peu plus actrice pour jouer Manette, mais ce que je demande n'est pas possible, à ce qu'il paraît.

Il est convenu que la lecture aura lieu demain chez moi.

Mardi 21 janvier

A deux heures, le *Grenier* est envahi par quinze ou seize comédiens et comédiennes. C'est Rosa Bruck, avec sa dure physionomie de Juive, son physique assez parent de Manette, c'est Mme Grasset, qui fait Mme Crescent, c'est Luce Colas, qui joue Rébecca. C'est Candé, que Porel aurait choisi pour jouer Coriolis à cause de sa voix chaude ; c'est Mayer, qui est chargé du rôle de l'esthète Chassagnol, c'est Grand, qui représente Garnotelle [1]. C'est Lerand, qui crée Crescent, c'est Galipaux, qui ressuscite Anatole.

Au fond, tous ces gens-là, par le gris qu'il fait aujourd'hui, sont assez laids et me paraissent mi-partie comme des singes, mi-partie comme des curés du Midi. On s'installe et Porel lit les cinq premiers tableaux.

Une suspension arrosée de verres de Xérès et de Malaga.

Et les lampes allumées, Porel lit les derniers tableaux, qui ont de petits applaudissements discrets et amènent une joie expansive sur la figure de Galipaux. Carré, à côté de moi, s'est montré très gentil, très applaudisseur de l'œil à certains passages, et même, au second acte, me dit qu'il croit nécessaire la scène de la fin... Mais je le trouve bien effacé devant l'omnipotence de son collègue.

Et les uns gagnent le chemin de fer, les autres l'omnibus [2].

Les directeurs restés un moment avec moi, après que leur monde est parti, je leur parle du *clou* que pourrait être la femme peinte d'après un modèle nu reflété dans une glace par un *reflet-fantôme*, et je tâche de les amener à mon idée, mais tout de suite, ils parlent par avance du refus de la censure et paraissent décidés à ne rien tenter de cette exhibition originale [3].

En descendant l'escalier, Porel tout à coup s'écrie : « J'aurais peut-être dû donner le rôle de Coriolis à Mayer. — Mais, lui ai-je dit, ne redoutez-vous pas sa froideur ? »

1. Texte Ms. : *qui représente Denoisel.* Denoisel, personnage de RENÉE MAUPERIN, ne figure pas dans MANETTE SALOMON, où Grand joue le rôle de Garnotelle.
2. Après *l'omnibus,* quelques mots qui restent en suspens : *et Rosa Bruck...*
3. Cf. t. III, p. 1021, n. 1.

Si Mlle Zeller n'avait pas dû venir me voir avant dîner, je me serais couché, tant j'ai le système nerveux à bas.

Mercredi 22 janvier

Ce matin, tous les journaux donnent la distribution de la pièce, et je reçois de Daudet un petit mot de félicitation, avec le mot : *Ouste !* devant le nom de Rosa Bruck.

Visite de Geffroy, que je n'avais pas vu encore cette année et qui m'avait pressé par lettres, ces jours-ci, d'aller à une exposition de Lautrec, qui veut faire une illustration de LA FILLE ÉLISA.

Ce soir, rue de Berri, rencontre de Béhaine, que je vois faire dans le salon de la princesse une entrée bien mélancolique. Causant avec moi, il laisse percer la certitude de son rappel et m'avoue qu'il a été très mal reçu par Berthelot, reçu par un homme n'ayant pas l'éducation polie d'un ministre [1].

Jeudi 23 janvier

Je croyais que Porel avait abandonné son idée de la suppression du second tableau, mais je reçois ce matin une lettre qui me la demande positivement, une lettre qui se termine par cette phrase : « Vous avez la brochure pour dire les mauvais procédés de cet abominable Porel, je vous abandonne ma tête en souriant, pourvu que vous m'accordiez ce que je vous demande avec instance. » Il faut céder, mais c'est vraiment insupportable d'avoir affaire à un orthopédiste comme celui-là.

On cause ce soir chez Daudet du prurit de l'admiration à l'endroit de Verlaine, du fanatisme de la jeune génération contemporaine, prête à le sacrer comme le premier poète du siècle. Là-dessus, quelqu'un parle de sa dernière manie, de sa manie de tout peindre en or, dans cette tanière de pauvre, tout, même sa sonnette.

Rodenbach rappelle qu'il a assisté dernièrement à la remise par Verlaine de quelques pièces de poésie à Vanier, qui lui en demanda le titre : « LE LIVRE POSTHUME ! » dit Verlaine. Et Rodenbach ajoute : « C'était sa destinée qui avait parlé par sa voix [2]. »

Vendredi 24 janvier

Je ne sais vraiment pas comment Drumont a pu endosser devant

1. Effectivement, Lefebvre de Béhaine, qui était ambassadeur auprès du Saint-Siège depuis le 30 oct. 1882, est remplacé dans ce poste en mai 1896 par le préfet de la Seine, Poubelle, qui fera d'ailleurs à Rome un séjour diplomatique assez bref, car il démissionnera en 1898.

2. Sous ce titre, Verlaine envisageait une publication beaucoup plus vaste, mais il redistribua dans VARIA la plupart des pièces auxquelles il songeait pour le LIVRE POSTHUME, dont il sépara également, en bloc, toutes les INVECTIVES, si bien que le recueil, tel qu'il fut publié en 1903, ne comporte que 7 poèmes inspirés par Eugénie Krantz ou Philomène Boudin, les habituelles compagnes du poète.

le public une lettre de poissarde comme celle adressée à Rochefort par Séverine [1]. Il faut qu'il soit son amant. Tant pis, ça va diminuer sa personnalité politique.

Cette vie remplie d'épreuves d'HOKOUSAÏ à corriger, de notes du JOURNAL à composer, de relectures avec corrections de MANETTE SALOMON, ça vous porte au-dessus des réalités de l'existence, ça vous fait dans une espèce de vague fiévreux qui n'est pas sans charme.

Samedi 25 janvier

Un état d'éréthisme cérébral, où votre cervelle travaille à vide, bouillonne, surchauffée.

La personne qui veut bien m'aimer encore dans le moment me fournit de roses et de purgatifs.

Dimanche 26 janvier

Oh, Paris ! Le nombre de canailles qu'il autorise par lâcheté à vivre en vedette !

On parlait aujourd'hui de N..., qui aurait fait trois ans de Mazas et dont *tout Paris* mange les dîners. Comme le disait Poilpot : « Allons dîner chez le réclusionnaire ! »

Un moment, le théâtre étant la partie littéraire où l'on gagne le plus d'argent, les Juifs de la littérature étaient seulement des auteurs dramatiques : voir Dennery, Halévy... Maintenant, la jeune génération israélite a compris la pesée toute-puissante de la critique et l'espèce de chantage qu'on pouvait par elle exercer sur les théâtres et les éditeurs, et elle a fondé la REVUE BLANCHE, qui est un vrai nid de jeunes *youtres*, et l'on peut penser qu'avec le concours de leurs aînés, qui font les fonds de presque tous les journaux, ils seront les maîtres de la littérature française avant vingt-cinq ans [2].

Puis il y a encore ceci en leur faveur : il existe chez leurs confrères un sentiment de franc-maçonnerie qui les pousse à les soutenir, à les vanter, à les mettre en avant, si bien que dans le moment, le jeune

---

1. Dans LA LIBRE PAROLE du 19 janvier 1896, Séverine avait lancé un appel en faveur d'une belle-sœur de Rochefort ; celui-ci nia toute parenté avec cette personne. Il s'ensuivit une longue polémique, au cours de laquelle Rochefort reprocha notamment à Séverine, dans l'INTRANSIGEANT, d'avoir eu Georges de Labruyère pour collaborateur et pour *nervi*, et de l'avoir abandonné maintenant qu'il était compromettant (cf. plus haut p. 1210, n. 1). L'article de Séverine auquel Goncourt fait allusion et que Drumont publia « sous sa responsabilité » dans son journal, le 24, s'intitule A QUEL TITRE ? Séverine y traitait Rochefort de lâche, y comparait son évasion de Nouméa aux aventures de Rocambole, l'accusait de préférer les Prussiens aux Français et d'être à la solde de la police.

2. Add. éd. : le mot *penser*. — La REVUE BLANCHE prit en octobre 1891 la suite d'une publication liégeoise de même titre. Félix Fénéon en était « l'éminence grise » et Lucien Muhlfeld la cheville ouvrière. Elle était dirigée par les frères Natanson. C'est seulement en 1902, à la mort de Muhlfeld que Léon Blum y assurera la critique des livres. La revue révélera Benda, elle publiera notamment des textes de Jules Renard, de Mirbeau, de Charles-Louis Philippe, et elle durera jusqu'en avril 1903.

Vandérem, qui est l'auteur de deux romans sans personnalité, est proclamé par les critiques juifs de l'Allemagne et de l'Angleterre comme le prince de la jeunesse littéraire de la France.

Et ce soir, comme à propos de la publication dans L'ILLUSTRATION d'une soirée de Saint-Cère, il est parlé dudit, quelqu'un cite ce mot de lui : « J'ai eu vraiment de la chance, j'allais lui dédier mon prochain volume [1] ! »

Mardi 28 janvier

Cette Mme Adam me semble une vraie roublarde. Elle a un gros traitement comme directrice de la NOUVELLE REVUE et paye la copie aux auteurs des prix ridicules. Du reste, en la regardant bien, je trouve que, dans la bonté composée de sa physionomie, l'œil, en dépit de l'aimable composition, a la coquinerie qu'avait l'œil de Lagier.

Dîner ce soir chez Roger Marx, en une de ces nouvelles et confortables maisons à ascenseurs dans un appartement aux grandes baies, à la grande terrasse, où l'enfant est tout à l'admiration des levers de soleil. Un dîner que je croyais tout à fait tête-à-tête et qui est un dîner de dix-huit personnes et où il y a Rochefort, Willette, le ménage Chéret, le comte de Biron, Helleu, Frantz Jourdain, Roche, le *gypsographe* de Loïe Fuller.

Rochefort, aujourd'hui, je ne lui trouve plus la grâce, la gentillesse, la câlinerie apportées par le pamphlétaire aux dîners d'autrefois de Charpentier : c'est un verbeux, qui me rappelle la bruyance et le commun des paroles d'un commis-voyageur à un dîner d'auberge du temps des diligences. Il donne trop à entendre que ses admirations littéraires sont trop exclusivement Blum, Dennery. Et même ce qu'il dit de l'art n'est pas d'un dilettante délicat, fin appréciateur de l'art. Et tout le temps, imposant le silence aux autres, il cause d'une façon mercantile des coups qu'il a faits, qu'il fait tous les jours en peinture, sans laisser voir de lui au monde qui l'écoute, qu'il est un vrai connaisseur [2].

A table, Mme Marx me parle de l'effroi que lui causent mes yeux, des yeux qui ont l'air de fouiller au fond des gens. Et à ce propos, je lui disais la qualité qu'ils avaient de percevoir d'une façon vraiment curieuse les choses morales, agréables ou désagréables, qui viennent de se passer chez les gens avant mon arrivée.

Ce Willette, une physionomie inquiétante, avec ses cheveux bouclés, sa vieille figure glabre, sa physionomie faussement paterne du curé aux confitures.

Une femme très pastellée, mais très agréable, Mme Chéret ! Une amabilité coquette, un *montant* spirituel, un charme féminin, et des yeux restés très jeunes, avec quelque chose des yeux honnêtement coquins qui vous intriguent sous un loup à un bal masqué.

1. Cf. plus haut p. 1210, n. 1. — Ce *mot de lui :* de Vandérem ?
2. Add. éd. : le mot *voir.*

Mercredi 29 janvier

Dans une visite, le petit Julia me raconte la genèse de Xau, d'après Schwob, dont le père l'a eu comme saute-ruisseau dans le PHARE DE LA LOIRE.

Fils d'un savetier et d'une fille de trottoir, qui a causé le suicide de son père en continuant son ancien métier, et renvoyé de Nantes lors de la cessation du journal, il tombe à Paris comme secrétaire d'un boulangiste.

A mon grand étonnement, la première personne que j'aperçois chez la princesse, c'est Poincaré, rencontré chez Mme Strauss et qui a accepté l'invitation de l'altesse, à laquelle il avait beaucoup plu.

La conversation est sur les plagiats de d'Annunzio, ce qui fait raconter à Ganderax ceci, qui n'a pas été imprimé : il y a dans son livre un certain morceau du Sâr Péladan, que M. de Vogüé n'a pas voulu qu'on traduisît, parce qu'il le trouvait tellement beau qu'il craignait qu'une traduction le profanât [1].

Un moment, on cause des séances de la Chambre, et on interroge Poincaré sur l'attention que demande la Présidence [2]. Il répond spirituellement que l'état d'esprit d'un président de la Chambre a quelque chose de la somnolence d'un monsieur en voiture qui, à un instant, en sort à la suite d'un cahot — d'une parole énorme ou insurrectionnelle dans un discours.

Jeudi 30 janvier

Aujourd'hui, en travaillant à la préparation de la lithographie de mon portrait, Carrière me disait : « Je n'ai su mon métier que depuis la découverte que j'ai faite, que la ligne courbe était la ligne du contour de toute chose, et jamais la ligne droite. » Et crayonnant une main sur une feuille de papier, il ajoute : « Voyez-vous, ça doit se dessiner avec la ligne ondulante d'une plante... Et c'est ainsi que doit être dessinée une femme, un horizon, enfin tout. »

Ce soir, chez Daudet, dans une conversation qu'il tient debout, sans vouloir s'asseoir, Clemenceau conte des morceaux de sa vie.

C'est d'abord quatre années passées en Amérique, sans un but précis, quatre années occupées à voir, à étudier. Puis le retour en France, et la vie au milieu du jeune monde républicain, avec trois ans de nourriture

---

1. D'après Guy Tosi (D'ANNUNZIO A SON TRADUCTEUR G. HÉRELLE, 1946, p. 94 sq.), c'est d'Annunzio lui-même qui supprima plusieurs passages de IL PIACERE (éd. Oleandro, pp. 79, 82 et 156-157, 118, 378-382), quand ce roman fut traduit par Hérelle en 1895 sous le titre de L'ENFANT DE VOLUPTÉ, tous ces passages étant directement inspirés de L'INITIATION SENTIMENTALE (éd. 1887, pp. 93, 134, 137, 172). D'autres emprunts à Péladan ne furent pas camouflés ; R. L Doyon (LA DOULOUREUSE AVENTURE DE PÉLADAN, 1946, p. 52 sq.) signale également le plagiat dans IL PIACERE d'un passage de CURIEUSE. Ce fut la GAZETTA LETTERARIA de Turin et le critique italien Enrico Thovez qui, à partir de janvier 1896, signalèrent ces sources françaises de IL PIACERE.

2. A la rentrée de 1896, Poincaré est élu vice-président de la Chambre.

chez ce ***, cet homme aux crédits extraordinaires et chez lequel Dusolier n'aurait pas encore fini de solder son compte, lui marié en province et sa vieille maîtresse continuant à dîner chez le gargotier célèbre, sous sa garantie. Et après, le dispensaire de Montmartre, où Clemenceau dit avoir vu des choses bien curieuses [1].

Clemenceau est un buveur d'eau, comme Rochefort, et je remarque que tous les deux ont une vitalité extraordinaire. Clemenceau ne boit de vin qu'à la Chambre et à la suite seulement d'un discours préparé, étudié d'avance, qui le fait arriver à la tribune dans un état d'énervement — excitant dont il n'a pas besoin pour un discours improvisé.

Il lui est arrivé cependant parfois de boire du vin, et même de se griser, une fois entre autres où, ayant devant lui le crâne du frère de Manet, à la calvitie semblable à un pain à cacheter blanc qui l'agaçait, il lui jetait dessus une tasse de café noir qu'il était en train de prendre.

Vendredi 31 janvier

Un curieux titre que je relève dans un catalogue de livres : HISTOIRE NATURELLE DE L'AME, *par feu M. Hunault,* 1744, *publiée par les soins de M. La Mettrie.*

Samedi 1er février

Bing, le marchand de japonaiseries qui a la prétention d'avoir le monopole même des études sur le Japon, me cherche noise à propos de la traduction par Hayashi de quelques passages d'une biographie japonaise, qu'il dit avoir payée à un Japonais pour la lui livrer en manuscrit et que le Japonais a canaillement imprimée [2].

Cette attaque du Juif prussien a lieu chez les jeunes Juifs de la REVUE

1. D'après Zévaès, CLEMENCEAU (1949), la chronologie de la vie de Clemenceau avant 1870 s'établit autrement que celle que suggère ici Goncourt, qui a peut-être mal interprété les confidences de Clemenceau. D'après Zévaès, Clemenceau a fréquenté les étudiants républicains entre 1861 et 1865, durant ses études de médecine ; après avoir été reçu docteur en 1865, il part pour l'Angleterre, puis pour l'Amérique, d'où il adresse au TEMPS en septembre et octobre 1867 ses LETTRES DES ÉTATS-UNIS ; il devient à New Greenwich, dans le Connecticut, professeur de français dans une institution de jeunes filles et il épouse le 23 juin 1869 une de ses élèves, Miss Mary Plummer, et ne retourne en France qu'à l'automne 1869, pour exercer d'abord la médecine en Vendée et revenir à Paris au 4 septembre 1870 : il loge alors à Montmartre chez son ami Lafont, 19 rue Capron, et il est nommé maire du XVIIIe arrondissement. — Au contraire, d'après Dubly, (LA VIE ARDENTE DE CLEMENCEAU, 1930, t. I, p. 44), Clemenceau serait reparti pour quatre ans en France après s'être fiancé à New Greenwich et serait revenu ensuite épouser sa fiancée et la ramener en Vendée peu avant le 4 septembre. Mais ces indications sont peu cohérentes, puisque entre les LETTRES DES ÉTATS-UNIS de septembre-octobre 1867 et le mariage de Clemenceau, célébré en juin 1869, il ne s'écoule pas quatre ans !

2. La REVUE BLANCHE commence, le 1er févr. 1896, à publier LA VIE ET L'ŒUVRE DE HOK'SAI de S. Bing. Celui-ci, à la fin de sa préface, p. 101, indique en note l'incident provoqué par la publication au Japon et la traduction par Hayashi de la biographie d'Hokousaï par I-ijima Hanjûrô, qui avait documenté Bing. Mais l'incident est mentionné en termes très courtois à l'égard de Goncourt : « Rien d'ailleurs dans cet incident qui ne soit tout profit pour le public. On aura le régal d'un important ouvrage de plus du grand littérateur », etc.

BLANCHE. Au fond, l'attaque est assez sournoise, et l'auteur m'écrit pour se plaindre que certains journaux, en fractionnant cinq ou six lignes, ont dénaturé le caractère de son article. Au fond, je crois que cet envoi vient de ce que la canaille pense que je n'ai pas lu la REVUE BLANCHE et qu'en me l'envoyant, il me force à la lire.

Dimanche 2 février

Le pauvre Descaves, tout fondu, tout ratatiné, et bien triste.

Mardi 4 février

Ce matin, M. Émile Berr souligne dans le FIGARO l'attaque de Bing dans la REVUE BLANCHE.

J'ai à déjeuner, ce matin, le ménage Mirbeau.

Mirbeau parle de Rodin, qui aurait triomphé de la défaillance physique et morale de ces dernières années et se serait remis au travail et ferait des choses tout à fait extraordinaires. Et il nous montre le sculpteur lui montrant des sculptures anciennes et, sur son silence, lui disant : « Vous trouvez cela pas bon, n'est-ce pas ? Eh bien, moi je le trouve détestable ! » Et dans le moment, il inaugurerait une nouvelle sculpture, à la recherche d'un modelage fait par le jeu des lumières et des ombres.

Et l'on parle de Rosenthal, qui aurait tapé le docteur Robin de 50 000 francs ; et comme en sortant d'ici, Mirbeau doit voir la Madame et que sa femme, craignant qu'il ne s'emballe, cherche à le raisonner, il a un petit mouvement de colère, qui lui fait jeter : « Tu ferais croire vraiment que je suis un bébé ! »

Le soir, je sens la nécessité de répondre au FIGARO, et j'écris cette lettre à de Rodays :

« Monsieur,

« Je vous demande de publier cette lettre en réponse à l'article de M. Berr d'hier.

« Je plains M. Bing de s'être laissé voler par M. I-ijima Hanjûrô, qui, payé par lui pour lui ramasser au Japon des documents sur Hokousaï, au lieu de se contenter de les lui transmettre manuscrits, les a fait imprimer en deux petits volumes, qui sont, à l'heure présente, entre les mains de tous les japonisants.

« Malheureusement, la divulgation de ces documents par l'impression donnait le droit à M. Hayashi, ainsi qu'à tout autre interprète de les traduire.

« Maintenant, d'après la note de M. Bing, mon livre ne serait que la traduction d'I-ijima Hanjûrô. Non, mon livre, annoncé dès 1891 et qui paraîtra la semaine prochaine, contient 400 pages, et à peine une trentaine de ces pages sont-elles empruntées à l'ouvrage en question. Les 370 autres pages sont remplies par la vie d'Hokousaï de l'OUKIYO-YÉ de Kiôden, que j'ai donnée le premier en juin 1892 dans L'ÉCHO DE PARIS [1] ; par la traduction des nombreuses préfaces des albums et des livres d'Hokousaï — dont une seule avait jusqu'alors paru —, par l'étude approfondie des dessins et des estampes du grand peintre ; enfin par une bibliographie des plus complètes des albums et des livres, rédigée par Hayashi, qui, depuis de longues années, avait collectionné les matériaux de cette savante étude.

Agréez, etc. »

La lettre écrite, ma foi, quoiqu'il soit tard, je la porte chez Daudet pour qu'il la fasse remettre par son fils à Rodays.

Je m'admire, moi, l'homme qui vais avoir soixante-quatorze ans ; toutefois, je réfléchis que je serai bien heureux, l'année prochaine où je ne publierai plus rien et entrerai dans l'apaisement de l'esprit dans lequel vivent avant la mort certains Italiens, passant les dernières années de leur vie sur une montagne, loin pour ainsi dire de la vie active d'en-bas [2].

Mercredi 5 février

M. Roche, qui a fait des reproductions si originales de Loïe Fuller, vient aujourd'hui étudier ma collection de *sourimonos* et m'apporte une collection d'essais, où il se trouve des choses charmantes, des gaufrages à peine coloriés, qui ont l'air de visions prêtes à s'évanouir, et j'invite l'artiste, tenté par une accentuation plus accusée, à ne pas le faire et à se contenter de colorations d'aurore et de crépuscule.

Visite de Paul Alexis, que je n'ai pas vu depuis une éternité et qui me dit avoir donné un terrible coup de collier et, depuis un an, avoir fabriqué huit actes : trois actes sur l'adolescence d'un homme, une pièce qu'il veut appeler CHÉRUBIN ; et une pièce politique en cinq actes, malheureusement refusée par les Français, par le Vaudeville et par Coquelin [3].

Visite du docteur Michaut, qui me dit avoir assisté au Japon à des marchés de poteries sans valeur par Bing, disant : « Bon, avec une note en anglais collée en dessous, mes excellents clients de Paris vont se jeter dessus ! »

Ce Pichot a parfois des chinoiseries d'esprit assez amusantes. Dans le salon de la princesse s'est faufilé un raseur qui cherche à s'introduire chez tous les gens de la société et même ne craint pas de proposer des articles aux directeurs de revues qui y viennent.

---

1. Dans sa préface d'HOKOUSAÏ, p. 6, Edmond de Goncourt explique qu'il doit à l'obligation du Dr Michaut la traduction de la biographie d'Hokousaï tirée du livre manuscrit : OUKIYO-YÉ ROUIKO, par Kiôden, « complété successivement par Samba, Moumeiô, Guekkin, Kiôsan, Tanéhiko ».

2. Cf. t. II, p. 122.

3. Parmi les œuvres éditées de Paul Alexis ne figure aucune pièce de théâtre postérieure à 1894.

Or il propose un article à Pichot pour la REVUE BRITANNIQUE : « La revue ne paye rien, fait Pichot croyant s'en débarrasser.

— Ça m'est indifférent », répond l'intrus.

Pichot réfléchit un moment et ajoute avec un ricanement de singe : « Mon Dieu, si ! elle paye..., mais si peu que c'est humiliant pour ceux qui acceptent. »

Lemyre de Vilers, en dépit de sa tête de janissaire, est un causeur intéressant, un causeur émetteur d'idées. Ce soir, dans le hall de la princesse, il disait, tout en se tapotant de temps en temps les fesses, il dit que 89 avait été fait pour amener une diminution dans la disproportion des fortunes d'alors par la radiation des privilèges argentifères de la noblesse, par la vente des biens du clergé, et qu'aujourd'hui, c'est vraiment curieux, il existe entre la richesse et la pauvreté une inégalité comme jamais le monde n'en a vu. Il attribue cette disproportion à trois causes : la vapeur, l'électricité, la chimie. Et à l'appui de sa thèse, rappelant les idées de la génération qui nous a précédés et qui ne reconnaissait de solide que la propriété territoriale — idée dans laquelle j'ai été foncièrement élevé —, il déclare avoir reçu de son beau-père une propriété rapportant autrefois vingt-cinq mille francs : des bois où il y avait du minerai qui ne se vend plus, de la planche qui n'a plus de débit depuis qu'on fait des planchers en fer, de la charbonnette qui a cessé d'être employée par la cuisine, maintenant faite presque entièrement au gaz, du tan qui vient d'être remplacé par un produit chimique, en sorte que ces bois ne rapportent plus guère à l'heure présente qu'une dizaine de mille francs.

Et cela, il en parle en philosophe, moins touché de ce déficit dans sa fortune qu'amusé par la curiosité du spectacle que le présent lui rapporte, va bientôt amener, affirmant que la liberté du travail n'existe que pour ceux qui ont de quoi manger et s'élevant contre l'anonymat des sociétés de finance.

Puis il déclare qu'il n'y a plus de pouvoir, plus de gouvernement, plus rien, qu'il n'existe qu'une seule autorité : le juge d'instruction armé du cabriolet... et qu'il est un pont pour arriver à la mensuration de M. Bertillon, sans doute un Juif, car il n'y a qu'un Juif capable d'une invention semblable et qu'il veut étendre à toute l'humanité : « Oui, Messieurs, nous serons tous mensurés, tous, tous, rappelez-vous-le... Ah ! qu'est-ce qui connaît Mme Bertillon ?... Il y a des grosseurs de toutes les natures, de toutes les espèces, mais celle-là est particulière... Elle est tout en projection des seins — des seins énormes ! » Et Lemyre de Vilers dessine dans l'espace, à la hauteur de sa poitrine, un geste qui a l'avancement d'un mètre.

Jeudi 6 février

Tous ces jours-ci, un fond d'ennui provenant de la note de ce cochon de Bing. Enfin aujourd'hui, la publication de ma lettre à la première page du FIGARO, amenant chez moi un rassérènement complété par l'apport de quelques-uns de mes dessins du XVIIIe siècle encadrés, auxquels l'or du cadre et le luisant du verre font gagner cent pour cent.

Ce soir, chez Daudet, Porel m'annonce qu'il viendra me voir dimanche matin pour causer de quelques suppressions. Enfin, il semble avoir renoncé à bouleverser la fin de la pièce, ce qui décidément me l'aurait fait retirer.

Dimanche 9 février

Le petit Mauclerc disait à Léon Daudet que Jean Lorrain, il le voyait sous l'aspect d'un garçon de bain [1]. Cette image rend assez drolatiquement son jeune bedonnement, sa graisse, sa mollasserie des chairs.

Lundi 10 février

Ce matin, Porel vient me demander de retirer la première scène du cinquième tableau : la scène s'ouvrant par une porte violemment fermée avec un cri de femme, et la trouvaille sur un tabouret de la chemise de Manette, suivie du récit de Coriolis, racontant que, depuis que Manette ne pose plus pour les peintres, elle pose pour elle-même. Il prétend que cette tirade du commencement tue l'effet de la tirade de la fin, la tirade de la mort du singe. J'ai beau lui répliquer que le tableau est très court, pas assez rempli, et que l'amour de son corps de Manette, c'est l'originalité de la femme et du roman, et qu'il a besoin d'être indiqué dans la pièce. Mais il tient à la suppression, tout en finissant par me dire : « On fera, bien entendu, ce que vous voudrez. » Mais je sens très bien qu'il ne le fera pas et que, si je le forçais à le faire, ce serait si mal fait que je serais obligé d'y renoncer.

C'est curieux, dans les pièces mondainement bourgeoises, ce directeur n'a pas peur du nu et a déshabillé dans les VIVEURS, Dieu merci ! assez bas les femmes de son théâtre [2]. Et dans cette pièce, qui a littérairement et artistiquement besoin du nu, le modèle n'est présenté au public qu'en chemise et en jupon, et il m'est même défendu de faire un récit du nu de Manette, créant avec la forme ondulante de son corps d'admirables statues d'un moment.

Mme Sichel, dans une visite au ministère de la Marine, le jour de Mme Lockroy, entendait la femme du ministre dire : « Il fait froid, rapprochez-vous de la cheminée... Les bureaux sont chauffés, mais les appartements de réception ne le sont pas, les architectes disant que dans cette vieille pierre, ce serait dangereux de faire passer les conduits d'un calorifère... Puis ici, tout coûte un million : on a besoin d'une lampe, c'est un million... Alors, vous concevez, on renonce à tout. »

1. Le manuscrit porte *Le petit Mauclerc* : peut-être s'agit-il en fait de Camille Mauclair.
2. Sur VIVEURS ! de Lavedan, voir plus haut p. 1207, n. 1.

Mardi 11 février

Hier, dans notre entretien à propos de la première scène du cinquième acte, Porel m'avait répété à propos du culte de son corps de Manette : « Mais c'est de l'*onanisme*, de l'*onanisme* », je lui écris aujourd'hui que ce n'est pas de l'onanisme, mais simplement l'amour plastique de son corps et que la suppression de la scène ramène la Manette au modèle banal d'un vaudeville.

Porel, si on le laissait faire, d'une pièce qui n'est pas de M. Tout le Monde, ne laisserait rien de personnel, la *scalperait* de toute son originalité.

Les mondaines du monde littéraire, croyez-le bien, ne lisent jamais un livre, elles ne savent que ce que leur apprend une pièce de théâtre ou, sur l'ouvrage ancien ou moderne, ce que leur dit une conférence de Larroumet, de Brunetière.

Ce soir, chez Pezons, au Point-du-Jour. Une lionne couchée sur le dos, les pattes en l'air, à demi repliée, les yeux presque clos : de la chatterie michelangelesque.

Des rauquements de lions, au bout desquels sort de leur gueule entrouverte une haleine qui est comme une fumée.

L'ennui, le fier et dédaigneux ennui d'un lion dans une cage trop étroite me fait penser au resserrement étroit du grand Napoléon dans la petite île de Sainte-Hélène.

Mercredi 12 février

« Bonjour, Monsieur ! » C'est Alidor Delzant qui me jette ce bonjour d'un bout du jardin à l'autre, avec la voix d'un perroquet qui parle très bien.

Il me parle d'un différend entre les deux frères Rosny, mais aujourd'hui atténué et qui lui a permis de les avoir tous deux dernièrement à déjeuner.

Guillaume, l'éditeur en faillite, en chapeau roux et en paletot très râpé, vient me demander de lui donner quelque chose, dans mes anciennes publications, pour une bibliothèque qu'il veut fonder de livres à un franc, disant que le public ne veut plus payer un volume 2 francs 75 centimes.

Ce soir, rue de Berri, Porto-Riche me parlait de la jouissance qu'il avait eue aux représentations de GERMINIE LACERTEUX, quoiqu'il comprît le théâtre d'une manière toute différente que moi, qu'il fût pour l'acte et non pour le tableau. Puis, entonnant avec moi l'éloge de Réjane comme artiste dramatique, il disait que dans le comique, l'habitude qu'elle avait de jouer du Meilhac, qui est la répétition toujours de la même chose, le rabâchage de la même idée, lui faisait trop souligner ce qui était comme spirituel ou drôlet, souligner, comme si elle s'adressait tous les soirs à un public inintelligent.

Jeudi 13 février

Ah ! ces directeurs de théâtre, ils ne peuvent pas se faire à l'idée qu'une scène originale peut aussi bien obtenir un succès qu'un four !

Départ chez Charpentier à deux heures de mon livre d'HOKOUSAÏ.

En sortant de la librairie, je tombe chez Daudet sur Zola. Ils causent de Charpentier qui, indépendamment d'autres dettes, aurait perdu une grosse somme sur les mines d'or [1]. Zola n'aurait pu lui prêter cette somme. Fasquelle effrayé, se serait décidé à se séparer de Charpentier, fort de cette clause dans les sociétés commerciales, où le jeu à la Bourse d'un membre est considéré comme une cause de résiliation. Du reste, Fasquelle se serait conduit en prince, il lui donnerait par an 36 000 francs, plus 20 000 pris sur les bénéfices ; si Charpentier mourait, il assurerait 20 000 à sa femme, et au décès du mari et de la femme, il ferait une pension de 4 000 francs à chacune des filles.

Et Zola ajoute diaboliquement : « L'amusant, c'est que Fasquelle a peur d'avoir fait une mauvaise affaire, et cette appréhension, vous savez, on peut la lire dans ses yeux clairs. Quant à Charpentier », c'est toujours Zola qui parle, « il a toutes les peines à cacher sa joie : oui, il danserait, si la mort de son fils n'était pas si proche ; et le voici faisant tout de suite son entrée dans une vie grandiose, dont le commencement est la location d'un appartement de cinq mille francs à la porte Maillot. »

Vendredi 14 février

Répétition de MANETTE SALOMON au Vaudeville, où je vais pour la première fois.

Mon impression est que Dumény aurait été meilleur que Candé et au moins beaucoup plus distingué. Quant à Mayer, je trouve qu'il ne dit pas du tout les tirades comme il devrait les dire, en rêveur, en toqué, en *hachisché* [2]. Pour Galipaux, en dépit de tout ce qu'on m'a dit à son encontre, je le trouve très amusant, très drôle, et je suis tout prêt à voir en lui l'acteur idéal pour jouer Anatole.

J'étais parti avec l'intention de tenir presque violemment à mon morceau sur la pose de Manette pour elle-même, mais au contact de Porel, de sa gentillesse peut-être jouée, ma résolution fond et je me demande si vraiment ça mérite de me donner la peine et l'ennui de batailler, la chose étant imprimée.

---

1. Sur les mines d'or du Transvaal et le succès qu'elles obtinrent à la Bourse de Paris en 1895, cf. plus haut p. 1177, n. 1. Mais un conflit anglo-vénézuélien ayant provoqué le 17 déc. 1895 un discours menaçant du président des États-Unis, Cleveland, les bruits d'une guerre imminente déclenchèrent sur les marchés de Londres et de Paris, à partir du 20, une baisse générale dont les actions minières du Transvaal subirent le contrecoup. Leur chute devint catastrophique quand on apprit le 1er janv. 1896 le raid Jameson du 26 décembre, épisode saillant de la révolution avortée des *uitlanders* de Johannesburg contre les Boërs, qui déniaient tout droit politique aux mineurs et employés étrangers des compagnies aurifères.

2. Mayer interprétait Chassagnol, l'esthéticien un peu fou et drogué, mais supérieurement intelligent, que les Goncourt avaient chargé dans leur roman de présenter leurs propres idées.

D'ingénieuses inventions trouvées par Porel : des éclairages de l'atelier le transformant, le faisant autre, des dialogues échangés pittoresquement dans la montée ou la descente d'un escalier, d'intelligentes occupations des mains, des jambes, du corps, vous distrayant de la longueur des tirades.

Parti batailleur, je reviens dans un heureux apaisement de l'esprit.

Dîner, ce soir, à la Fontaine Gaillon, avec Carrière, Geffroy, Willette, Descaves, Louis Désiré, qui, sans me connaître, s'est toujours montré, dans LA JUSTICE, d'une grande amabilité pour moi [1].

Willette nous montre la première idée, avec croquis, du numéro de LA VACHE ENRAGÉE qu'il prépare pour la Mi-Carême [2]. Dans ces croquetons, se voit une vache en carton bêtement placée sur un char ; je lui dis qu'il devrait faire comme au Japon pour le lion de Corée : mettre deux gamins dans la peau d'une vache et la faire marcher avec leurs jambes, et l'idée a l'air de lui plaire.

Après une discussion assez vive entre Geffroy et Carrière à propos de la supériorité de Constable sur Turner, que Carrière trouve plus inspiré par la nature, on cause de la pièce de Meilhac, GROSSE FORTUNE, de la répétition de laquelle sortent Descaves et Geffroy et qu'ils disent au-dessous de tout.

Samedi 15 février

De Béhaine, que j'avais invité à déjeuner, arrive à une heure. Je ne l'attendais plus et m'étais assis à table. Il s'étonne, je lui dis de regarder sa montre, et le voici tout troublé : il dit être parti de chez lui à onze heures, avoir passé par la Muette, etc. Je sens chez lui une tête un peu affolée par la perspective de son remplacement [3].

Et nous causons. Le pauvre garçon me dit qu'il n'y a encore rien de décidé relativement à son changement, mais que sa femme lui rend la vie bien douloureuse, qu'elle ne veut pas le recevoir à la Comerie et qu'elle se refuse à lui donner les clefs de l'appartement de Paris, qu'il est réduit à sa chambre à coucher et à un cabinet pour recevoir le monde.

Et tout en ayant autant à se plaindre de sa femme, sa bonté lui fait témoigner une certaine pitié pour la pauvre folle, et il souffre de l'état coléreux de son fils vis-à-vis de sa mère.

Au fond, devant l'insuffisance de Candé et l'importance que Galipaux a prise dans MANETTE, la pièce tourne un peu à la pièce comique, à la farce, que la critique traitera comme un vaudeville infecté de l'esprit démodé d'un vieux rapin, ce qui n'aurait pas été si Galipaux avait eu pour contrepoids un amoureux romantique, un acteur passionné de 1840.

---

1. Cf. p. 1026, n. 1.
2. Cette revue fondée par Willette eut la vie brève : elle dura du 11 mars 1896 au début de 1897.
3. Cf. plus haut p. 1225, n. 1.

Porel, à la fin de la répétition, m'annonce que la pièce passera le 27 février.

Dimanche 16 février

« La biographie d'Arthur Meyer, la voulez-vous, s'écrie Bauër, la voulez-vous ? Il est le fils d'un petit tailleur du Havre, confectionneur de vêtements pour les marins en train de faire la noce. Tout gamin, il vole vingt francs à son père, qui le fait enfermer dans une maison de correction, où il passe quatre ans. C'est là où il fait ses humanités.

— Je le continue à Paris, reprend Rodenbach, il est chez un tailleur pour mesure de culotte, rien que pour culotte, et il vous effleure le périnée du doig en vous disant : « Ça vous touche là, n'est-ce pas ? » Là, chez son tailleur, au risque de ne pas dîner le soir, il va déjeuner d'un œuf à la coque chez les grands restaurants, et ces déjeuners lui font faire quelques connaissances. »

Maintenant, la suite de sa biographie, il faut la demander à Forain et se faire raconter sa cocasse domesticité chez Blanche d'Antigny, chez Mme de Lancey, la propriétaire de Luciennes [1].

Lecomte, qui a assisté à quelques séances du tribunal jugeant l'assassin de la petite Neut, parle de l'effrayante décomposition du visage de Voignier, à chaque confrontation de sa triste et sale personne avec les petites filles qu'il a violées [2].

Lundi 17 février

Aujourd'hui, très mauvaise impression à la répétition. Mayer réclame contre la longueur de la tirade sur les regardeurs d'une exposition [3].

Galipaux, tout à l'effroi du singe, déclare qu'avec ses petits cris, il va tuer la tirade de Candé sur la synagogue [4].

Rosa Bruck est détestable dans le monologue de la petite pièce d'or [5].

Enfin, Carré, qui arrive au dernier tableau, trouve que Candé joue la scène avec du bien gros dramatique — ce qui est vrai [6].

---

1. Cf. t. I, p. 148, n. 2, t. II, p. 943 et t. III p. 294.
2. L'affaire Neut remontait au 23 juil. 1890 : une fillette de neuf ans, Alice Neut, est étranglée et jetée dans le canal de l'Ourcq ; on soupçonna d'abord Antoine Périer, arrêté le 26 août ; coupable de détournements de fonds à l'égard de son patron, on reconnut, après enquête, qu'il était étranger au meurtre de la petite Neut. Enfin on arrêta l'assassin, Voignier, qui fut condamné à mort le 15 févr. 1896 (sa peine sera commuée).
3. Cf. tabl. V, sc. 2 : Coriolis parle de la triple rangée de spectateurs qu'il a trouvée devant son tableau, et Chassagnol part de là pour croquer les différents types de *regardeurs* de tableaux au Salon.
4. Cf. tabl. IV, sc. 2 : dans son atelier, tandis que s'agite Vermillon, le singe d'Anatole, Coriolis conte l'étrange impression que lui a faite la synagogue de la rue Notre-Dame de Nazareth, où il a suivi Manette.
5. Cf. tabl. IV, sc. 7 : Manette surprend Coriolis fouillant par jalousie dans son coffre ; il y trouve une roupie d'or, qu'il reconnaît pour l'avoir donnée à la petite fille d'un modèle, venu jadis poser dans son atelier ; la fillette était Manette, et celle-ci voit un signe du destin dans cette coïncidence : elle décide alors de consentir au vœu de Coriolis et de ne plus poser que pour lui.
6. Cf. tabl. IX, sc. 6, la tirade de Coriolis contre la famille juive de Manette.

En sortant du théâtre, sur le Boulevard, toute une foule animée d'une joie bestiale ; et les femmes comme grisées, jetant des poignées de *confetti* dans la figure d'inconnus, toutes prêtes à se laisser peloter par eux.

Oh, ce Carnaval ! est-ce une résurrection pour un moment d'une chose bien morte ! Et ces *confetti*, est-ce peu une distraction française, une distraction d'une nation policée !

Mercredi 19 février

Je me plaignais de la mollesse, de la veulerie du jeu de Candé. Là-dessus, Porel me dit : « Qu'est-ce que vous voulez ? Un jour, je lui dis à propos de je ne sais quelle scène de passion qu'il était en train de jouer : « Voyons, qu'est-ce que vous feriez, si votre femme vous trompait ? » Il me répond tranquillement : « Je la quitterais. »

Rosa Bruck, qui assiste au dernier tableau qu'elle n'avait pas vu jouer, s'écrie : « Dieu merci, que je n'y parais pas ! Je recevrais une pluie de petits bancs. »

Jeudi 20 février

Oh ! la sacrée difficulté d'avoir un singe qui fasse sa partie dans la représentation ! D'abord, ç'a été un singe qui a mordu Galipaux à la tête et qui l'a laissé dans l'épouvante de tous les singes, grands ou petits ! Puis on a découvert un petit singe tout doux, tout caressant, pendant qu'on le tenait dans les bras, mais du moment que le terrorisé Galipaux l'a tenu à distance de lui, attaché sur sa cage, le petit animal a poussé des cris de fureur, des éternuements de rage, à tuer toutes les tirades qu'on disait à sa compagnie.

Vendredi 21 février

On n'a pas l'idée de la disgrâce du corps et des bras de Rosa Bruck — et lève-t-elle une main en l'air, ça n'est pas une main de chair, c'est une main articulée, louée chez un bandagiste.

Aujourd'hui, la mise en scène du dîner entre Coriolis et Anatole du dernier tableau est arrivée au miracle comme réalité d'un repas [1]. Il y a des paroles dites la bouche pleine, des avalements de verres de vin, des retournements de salade, enfin une peinture en action du troussement, du flambement, du cuisinement d'un *faisan à la géorgienne*, une peinture en action étourdissante, étourdissante !

Une répétition, commencée à une heure et finie passé six heures, répétition amusante, mais éreintante.

J'entre chez l'éditeur Lemerre, qui se trouvait sur sa porte. Je trouve sa figure nerveusement ravagée, et le voici aussitôt à déblatérer contre

1. Cf. plus haut p. 1223, n. 2.

Bourget, parlant de tout ce qu'il a fait pour faire mousser sa littérature, et qui l'a payé en l'appelant un filou,... en touchant à son honneur — et il dit cela, ma parole, avec l'indignation d'un honnête homme. Et sa vengeance est de proclamer avec une voix qui s'entend dans le passage, que ledit Bourget a peut-être quelques qualités de psychologue, mais qu'il « n'est point un *artiste*, n'est point un *artiste* [1] ».

Dîner, ce soir, chez Frantz Jourdain avec le ménage Zola, le ménage Le Corbeiller à la blonde et blanche femme, le ménage Aman-Jean, dont le mari a une tête de vieux cheval de fiacre mis à la réforme pour vice rédhibitoire et qui m'annonce que Mme Adam l'a chargé de faire dans sa revue le compte rendu d'HOKOUSAÏ.

Samedi 22 février

Des éveils, le matin, dès *patron minette*, où repassent et se jouent dans ma cervelle les tableaux prêts pour la représentation.

C'est vraiment très amusant, la cuisine de la matérialisation d'êtres imaginatifs. Maintenant, pour que la chose fût tout à fait sans nervosité, il faudrait travailler avec des artistes comme Réjane. Ici, sauf Galipaux, il faut tous les monter, avec la peine qu'on éprouve à mettre en jeu des machines mal graissées.

Dîner chez les Mirbeau. Le ménage vient de prendre un pied-à-terre, avenue de l'Alma, où tous les samedis, ils donnent un dîner et où des amis des lettres et des arts viennent passer la soirée.

Un très haut atelier recouvert d'un papier anglais à fond blanc tout fleuri de bouquets d'œillets à l'imitation des toiles de Perse. Avec l'atelier, une petite cuisine et deux chambres, ou plutôt deux mansardes : l'une où couche le ménage, quand il vient à Paris ; l'autre arrangée en salle à manger, mais une salle à manger qui ne peut contenir que six personnes.

Les dîneurs sont Grosclaude, ce spirituel banal, et le ménage Robin, dont je ne connaissais pas la femme, qui ne manque pas d'une amabilité originale, d'une amabilité à la tournure étrangère.

Je ne sais ce qui amène Robin à causer de la Hongrie, de l'orgueil de la nation, et à l'appui de son dire, il conte cette anecdote. Sur le grand pont de Petsh, toujours foisonnant de monde, le cardinal Batthyany passe dans son équipage, au grand trot, et, sans souci de la foule, renverse un malheureux qui, en se relevant, lui jette : « Jésus-Christ n'allait pas en voiture ! » Le cardinal de lui répondre : « Jésus-Christ était le fils d'un charpentier... et moi, je suis descendant d'une famille élevée au rang de princes de l'Empire depuis plus d'un siècle ! »

Placé tout près de Mme Mirbeau, je perçois pour la première fois la finesse, la délicatesse de ses traits, et je m'explique le renom de beauté qu'elle a eu sous le nom d'Alice Regnault.

---

1. Cf. plus haut, p. 1187.

Un dîner de gourmet, où une poularde cuite à l'étouffée dans une vessie de porc a pour sauce ce court-bouillon de volaille où flottent des truffes.

Robin, qui est un collectionneur de vins et de liqueurs aux vieilles dates, a apporté une bouteille de vin venant d'une vigne qui ne produirait que quatorze bouteilles. J'en ai bu de moins rare, mais meilleur.

Et ce vin fait causer d'un autre vin, d'un vin de *la Ruchotte*, qu'il dit supérieur à tous les grands crus de Bourgogne, qu'il veut nous faire goûter, et l'on organise un dîner pour le 2 mars, où l'on mangera de la potée et nombre de plats rustiques bourguignons.

Le soir, du monde, beaucoup de monde : les Zola, les Rodenbach, les Helleu, les Charpentier, Mme Magnard, que je n'ai pas vue depuis des années, avant la mort de son mari.

Zola, qui vient de finir son avant-dernier chapitre, est tout à fait répulsif par l'indifférence impolie avec laquelle il accueille les choses qui intéressent les autres, et l'énorme intérêt qu'il témoigne à son sujet, quand il parle des épreuves de ROME, que Fasquelle a dû recevoir. Quant à Mme Zola, elle bombarde des éclairs de ses yeux méchants Rodenbach pour l'éloge qu'il a fait de MADAME GERVAISAIS, et l'éreintement qu'il a fait par avance de la future ROME de Zola [1].

Vraiment, Jean Lorrain n'a pas de chance cette année ! Il aurait rencontré, dit Mme Charpentier, un vieux monsieur du faubourg Saint-Germain, qui lui aurait craché à la figure, en l'appelant « sale journaliste ». Lorrain lui aurait donné des coups de canne sur la tête. La foule, indignée des coups donnés à ce vieillard, aurait mené Lorrain avec le battu chez le commissaire de police, du cabinet duquel serait sorti ce dernier, le visage tout ensanglanté, criant : « Eh bien, je ne le regrette pas ! »

Dans un coin, un moment, Mirbeau me parle d'une pièce politique terrible, qu'il est en train de fabriquer et qui me semble destinée à la Renaissance [2].

Dimanche 23 février

Du monde au *Grenier*, beaucoup de monde. Daudet, qui s'est blessé au pied dans l'escalier de sa belle-mère, ne peut monter et, après une courte visite au salon, s'en va.

De Nion m'apporte son portrait, peint par Raffaelli sur l'exemplaire de son roman de l'OBEX.

Je ne sais qui cite cette phrase supercotentieuse prêtée au jeune Kahn : « Il n'y a que trois poètes : Salomon, le Dante et moi ! »

Au dîner de ce soir, Léon fait ses plus amusantes imitations de Zola,

---

1. Cf. t. III, p. 1031, n. 1.
2. Ce sont LES MAUVAIS BERGERS, qui mettent en scène l'égoïsme patronal et l'ingratitude des ouvriers envers le militant socialiste Jean Roule, et qui seront représentés à la Renaissance le 14 déc. 1897.

avec sa voix zézeyante, ses *Mon bon ami* et son écrasante et malhonnête personnalité, s'écriant à la fin qu'il ne pourra pas s'empêcher un jour de le fourrer tout vivant dans un livre.

Le frère Ernest et sa femme ont dîné ce soir, et entre les deux frères, aujourd'hui un peu nerveux, c'est une discussion assez aigre, au milieu de laquelle Léon, avec son emballement ordinaire, déclare qu'il ne faut plus d'autorité, plus de gouvernement.

Lundi 24 février

État fiévreux, dans lequel je n'ai du sommeil qu'à mon entrée dans les draps et où je me réveille à 2, 3 heures du matin, à me retourner jusqu'à 7 heures et demie, 8 heures, pour laisser dormir le matin ma vieille Pélagie, abîmée de douleurs pendant la nuit, et ses deux crevardes de fille et de nièce.

Heure de découragement au commencement de la répétition de Porel, trouvant que le boniment du prologue se perd dans la grandeur du décor — et si le prologue ne porte pas ou est empoigné, la pièce est fichue [1].

Ce demi-éclairage du lustre, dans cette salle complètement emballée, a quelque chose de la vie ensommeillée, léthargique de la BELLE AU BOIS DORMANT, et dans laquelle, de temps en temps, le petit cri plaintif et lointain du singe, dans le fond du théâtre, met une note étrangement lugubre.

Mardi 25 février

Une alternative dans votre esprit d'espérances folles et de désespérances imbéciles, de morceaux revenant à votre mémoire, et trouvés tour à tour sublimes, puis bêtes.

En montant en chemin de fer, j'achète un ÉVÉNEMENT, où je trouve un échignement du *Goncourisme*, où l'auteur ne nous trouve aucun, aucun talent et où l'infiniment peu de cela qu'il y aurait chez nous appartiendrait entièrement à mon frère [2]. Cette critique ne me surprend pas, je l'attendais.

Les costumes de Gavarni de 1830, mis à des gens de 1860, je n'aime pas cela du tout. Je trouve que, lorsqu'il n'existe point un recul d'un siècle dans le temps, ces costumes donnent aux acteurs un aspect caricatural, une apparence de chienlits du Carnaval.

Cette dernière répétition va bien, et je sens en moi une élévation du pouls, qui donne à mon être une sorte de petite griserie, quand j'entends Porel, penché sur moi, me dire : « Tonnerre, Candé a la voix prise ! » Je ne m'en étais pas aperçu.

1. Dans ce *Prologue*, Anatole, entouré de ses amis, s'amuse à présenter Paris en *cicerone* fantaisiste, du haut du labyrinthe du Jardin des Plantes, à un groupe d'Anglaises en promenade.
2. Cf. LE « GONCOURISME » d'Albert Le Roy dans L'ÉVÉNEMENT du 25.

Dîner chez Zola, en l'honneur de Béhaine, qui s'est abstenu sans doute de crainte, dans le moment, de reportage [1].

En me lavant les mains dans le somptueux cabinet de toilette du romancier, Zola me dit qu'il n'a plus à écrire que son dernier chapitre de ROME, ce qui est l'affaire de quinze jours. Alors, il va pouvoir se livrer à sa campagne dans le FIGARO : « Ça, dit-il, ça m'amusera,... des articles, l'affaire de trois heures,... mais j'aime mieux les faire en deux jours... Je veux reprendre la question des *jeunes* et faire en sorte d'être à la fois comique et brave [2]... Oui, oui, il y a certaines gens que je veux éreinter, mais... mais... *(une lueur anxieuse vient à ses yeux)* mais il faudrait les éreinter sans les nommer, parce que, n'est-ce pas ? mon bon ami, les nommer, ça leur fait une réclame. » Que dites-vous de ce pamphlétaire, genre nouveau, fouillant dans le vide des anonymes ?

Au dîner, qui est toujours à la recherche des choses nouvelles, du kanguroo, une viande qui ressemble à du mauvais chevreuil et qui ne vaut pas mieux que le renne, me rappelant le cheval de fiacre du Siège.

Ah ! cette maison où il n'y a jamais la joie d'une petite flamme dans une cheminée, où l'éclairage à l'électricité fait mal aux yeux et où on gèle, à cause des portes ouvertes pour l'exposition, dans l'escalier, des sarcophages — des sarcophages d'épiciers romains —, et de retables sculptés au couteau, qui devaient orner la chapelle d'une maison d'aveugles !

Mercredi 26 février

J'ai eu froid hier chez Zola, et je sens en moi le malaise d'un rhume futur. J'ai eu déjà chez lui une crise de foie l'année dernière, à la suite d'un dîner à la température glaciale.

Avant de partir pour le Vaudeville, je casse mon petit verre à eau-de-vie : un mauvais présage.

Je suis vraiment maudit ! Arrivé au théâtre, le portier m'annonce que la répétition générale n'a pas lieu, que Candé est complètement aphone, ne peut pas jouer, et laisse douter s'il pourra jouer demain, après-demain.

Huret, qui a pénétré au théâtre, m'annonce que le syndicat des critiques dramatiques, Céard en tête, réuni dans un café à côté est dans un état d'exaspération, que ces messieurs se plaignent hautement de

---

1. Cf. plus haut p. 1225, n. 1.
2. Durant l'année 1896, Zola va publier au FIGARO une série d'articles, réunis en mars 1897 dans NOUVELLE CAMPAGNE. A l'intention des *jeunes*, Zola décoche deux articles. LE SOLITAIRE (éd. Bernouard, 1928, p. 21-28) où, à propos de la popularité de Verlaine qui vient de mourir, il se gausse du goût exclusif de la jeunesse d'alors pour « des foudroyés, des inconnus et des incomplets », est suivi immédiatement de A LA JEUNESSE (*ibid.* pp. 29-36), où il brise net avec la génération qui le suit et qui heurte en lui son besoin de clarté, le goût qu'il a pour son époque et son culte de la science ; cette jeunesse-là n'est pas « toute la jeunesse », et le naturalisme renaîtra.

la malhonnêteté de mon refus de recevoir Perret, le président du syndicat.

Voici le fait. Un employé du théâtre, du fond de l'ombre d'un corridor, a crié à Porel : « Il y a là des messieurs qui veulent absolument entrer... Monsieur Perret... » J'ai entendu *M. Perrin* ; du reste, j'aurais entendu *M. Perret*, ça aurait été la même chose, étant si peu au fait des choses souterraines du théâtre que j'ignorais que M. Perret fût président de ce syndicat presque aussi inconnu de moi que son président. C'est Porel qui signifiait son *veto*, sa défense d'entrer, et j'étais absolument de son avis, ne voulant pas laisser juger la pièce par ces messieurs, déjà mal disposés pour moi, par onze cents lignes d'un rôle de passion lues par un souffleur de théâtre. Et il me revient que des ennemis, peut-être des Juifs font courir le bruit que la pièce est refusée par la censure à cause des violences contre les Juifs — espérant peut-être que le gouvernement ira au-devant de leur tout-puissant désir.

Ce soir, Tardieu, le secrétaire de Bauër, qui vient m'interviewer, m'apprend qu'une protestation des critiques dramatiques a paru dans le TEMPS.

Jeudi 27 février

Bon, j'ai eu la bêtise de parler hier au secrétaire de Bauër, qui m'avait paru discret et sympathique, et je lis ce matin un interview qui doit me mettre en froid avec les directeurs et me rebrouiller tout à fait avec Céard [1].

Il a été décidé que la pièce passerait demain et serait à la fois une répétition et une première. Or, ce matin, une nuée de dépêches, me redemandant de donner aux expéditeurs des places dans la nouvelle distribution, ce qui est impossible, les abonnés du vendredi prenant presque toutes les places, et les places qui resteront devant être seulement données au monde du journalisme.

Une singulière personne que la princesse ! Elle me demande avec obstination une avant-scène pour la première, ne l'a pas fait retirer et, après l'avoir fait retirer sur une lettre de mauvaise humeur du théâtre à moi adressée, la renvoie. Au fond, je suis charmé qu'elle n'assiste pas à ma pièce : le singe, les attaques contre les Juifs, la blague de l'Institut, ça l'aurait horripilée.

Une dépêche de Porel m'annonce que Candé va mieux, qu'il pourra jouer demain. Les changements de places me forcent à faire des envois de lettres avec la plume de Lucien, presque toute la soirée, chez Daudet.

Vraiment, c'est une vie, pour un homme tout près de soixante-quatorze ans, qui ne lui permet pas de s'ennuyer !

---

1. Dans cette interview d'Eugène Tardieu, L'INCIDENT DU VAUDEVILLE, donné dans L'ÉCHO DE PARIS du 28, Goncourt dit : « Je n'ai aucune autorité dans ce théâtre... On m'a fait faire un tas de choses que je n'aurais voulu faire... J'attends comme tout le monde la décision de MM. Porel et Carré, décision qui leur sera dictée par des raisons d'argent auxquelles je n'ai rien à voir. » Sur Céard, il se borne à s'étonner de ce qu'on lui a dit : que c'était lui qui, « dans un café voisin, organisait la protestation ».

Vendredi 28 février

Une brave lettre de Descaves dans L'ÉCHO DE PARIS, déclarant qu'on lui a fait signer la protestation des critiques dramatiques publiée dans le TEMPS, qu'il ne l'a pas signée, et que bien au contraire, il a protesté contre ce blâme, pouvant, par-dessus la tête des directeurs, m'atteindre, moi pour lequel il a une respectueuse admiration.

Ah ! les complications de cette répétition changée ! Ce matin, dans les journaux, une note disant que les anciennes cartes ne seraient pas acceptées, après la dépêche d'hier qui m'annonçait qu'elles seraient acceptées, mais les porteurs de ces cartes placés ailleurs. Changement qui m'a fait passer toute la soirée à des écritures embêtantes. Je pense à tous les mécontents que cette note va faire, après l'assurance donnée dans mes lettres que les porteurs d'anciennes cartes seraient placés.

Vraiment, on dirait que les directeurs font tout pour faire tomber MANETTE, et jusqu'à l'annonce de la pièce qui doit lui succéder, et qu'ils font — ce qui ne s'est jamais vu — le jour de la répétition [1].

Puis, nouveau changement : chez Porel, où je fais entrer Servières, auquel on refusait l'entrée de ce soir sur son ancienne carte, il est décidé que toutes les anciennes cartes, seulement à moi données, seront acceptées...

Confiance et amabilité de Porel, déclarant que la répétition de mardi a très bien marché.

J'entre une seconde au foyer, où les acteurs, assis en tas dans un coin, répètent à voix basse, Candé espérant parler le soir et ayant demandé ce *raccord* comme mémoire.

Ce soir, le prologue est accepté par les rires du public, qui montre un peu de froideur pour les quatre tableaux de l'atelier.

Candé a retrouvé à peu près sa voix et Galipaux est très amusant.

Mais où le succès se dessine, c'est au tableau du brûlement des tableaux et au tableau du Luxembourg, que Galipaux dit comme un grand, un très grand comédien [2].

Dans le dernier tableau, le dîner anti-sémitique, il me semble sentir sous les bravos une sourde résistance, qui n'ose se produire et qui pourrait amener une bataille demain. En tout cas, j'ai un casse-tête dans ma poche.

L'apparence d'un succès.

Samedi 29 février

Aujourd'hui se déclare chez moi un violent rhume. Je ne puis aller à l'enterrement d'Arsène Houssaye. Je me couche et reste au lit jusqu'à l'heure du théâtre, avec la pensée que, pour la première fois que je vais

---

1. C'est une reprise de AMOUREUSE de Porto-Riche, présentée au Vaudeville le 24 mars 1896.
2. Le tableau VIII se passe dans une guinguette du Luxembourg, et à la sc. 1, Anatole, qu'interprète Galipaux, éblouit une pauvre « peintresse » en lui donnant la recette pour faire à bon marché une copie du portrait de l'empereur.

avoir un franc succès, je n'en jouirai pas, que la pneumonie infectieuse est à la cantonade.

La vraie première. Arrivée de très bonne heure au théâtre. Conversation dans sa loge avec Galipaux, pris d'un délire d'enthousiasme pour son rôle et qui se plaint d'avoir été pris pour un pitre, disant qu'il est élève de Régnier, mais que jusques à présent, on ne lui a confié que des rôles où il entrait par une trappe et sortait par une fenêtre.

Une salle encore vide, où, dans la demi-nuit de la salle, s'entend seulement le babillage *a mezza voce* des ouvreuses. A un moment, le flambement du gaz du lustre et le grand jour dans cette salle, où lentement entrent, un à un, de rares spectateurs... Puis soudainement, cette salle si longue à s'emplir, tout à coup pleine.

Je suis au fond de l'avant-scène des directeurs, séparée par une barrière à hauteur d'épaule d'une moitié de cette loge. La première personne qui y pénètre, c'est une Juive, la grosse Mme Stern, que je rencontre chez la princesse, et bientôt suivie du petit Hahn, également Juif, tandis que, dans mon compartiment, s'établit le ménage juif de Porto-Riche.

Enfin, la toile se lève sur une salle très brillante.

Le prologue fort applaudi. Les trois premiers tableaux froidement accueillis et pendant lesquels Porto-Riche se retournant vers moi, trois ou quatre fois, aux tirades à effet, me dit : « C'est curieux,... ça n'a pas l'air de porter ? »

De nouveaux Juifs entrent dans les deux loges, où il n'y a plus que des Juifs.

Le récit de la mort du singe dans un reste d'ivresse par Galipaux : c'est un vrai succès d'émotion, et Mme Lemaire, la seule catholique de l'avant-scène et qui prend plaisir à la pièce comme étant du bâtiment, m'avoue qu'elle n'a pu se retenir de pleurer ; et là-dessus, Robert de Montesquiou vient me complimenter au nom de la comtesse Greffulhe [1].

Quelle bougresse mal élevée, cette Rosa Bruck ! Malgré mon peu de satisfaction de son talent, je lui avais envoyé un superbe bouquet pour le tableau de Barbizon, je ne le lui ai pas vu aux mains et, la rencontrant à sa sortie de scène et lui demandant si elle l'a reçu, elle me tourne le dos sans me répondre [2].

Au tableau de : « Tiens, la Juive, voilà un lingot de 30 000 francs », ce sont des bravos universels, des bravos fous, suivis de trois rappels [3].

Au foyer, des amis viennent me féliciter de *mon triomphe*, des amis auxquels s'est joint Catulle Mendès, qui me dit vouloir me témoigner son admiration dans son article du JOURNAL. En effet, il a applaudi

1. Cf. tabl. V, sc. 3 : Anatole revient, ivre et bouleversé, d'enterrer au bois de Boulogne le malheureux Vermillon, et il fait le récit émouvant de ses adieux à son singe.

2. Cf. tabl. VI, sc. 3 : Mme Crescent a fait visiter son jardin à Manette, qui revient les bras chargés de fleurs.

3. Cf. plus haut p. 1223, n. 2.

comme un sourd et me semble très saoul. Et comme une grosse larme de pochard suspendue à un cil vient à tomber, je le vois la rattraper dans le vide avec un coup de main, de la façon dont on attrape une mouche. Et l'allusion dans la pièce à la grossesse de Manette l'aurait fait presque embrasser en pleine représentation la jeune femme avec laquelle il était au théâtre et qui se trouverait, de par ses œuvres, dans le cas de Manette [1].

Le tableau du Luxembourg est joué par Galipaux aussi merveilleusement qu'il l'avait joué la veille.

Enfin, arrive le dernier tableau. Je regarde les gens de l'avant-scène et j'y vois tant de Juifs que je n'ose pas rester au milieu d'eux, devant ce qui va se débiter contre leur race en mon nom.

J'entends le dernier tableau sur les planches du théâtre et, après, les acclamations enthousiastes qui saluent mon nom.

Un moment, j'ai entrevu Porel, qui, tout hostile qu'il était à la pièce et peu confiant dans le succès, ce soir, y croit réellement et me dit que sitôt qu'il va être de retour de Belgique, dans deux jours, il viendra me voir le matin,... qu'il veut causer avec moi... Et je sens bien positivement chez lui l'intention de reprendre GERMINIE LACERTEUX ou de jouer LA FAUSTIN.

Enfin, je sors du Vaudeville avec la certitude de cent représentations.

Je surprends toutefois, devant le marchand de vin du théâtre, ce dialogue entre deux marchands de contremarques :

« Ça n'aura pas le succès des VIVEURS [2].

— Ah, c'est autre chose ! »

Dimanche 1er mars

Dans le FIGARO, un article de Fouquier — c'est un peu impudent —, l'auteur ou du moins le toucheur d'une part du MODÈLE à l'Odéon, un article qui est un vrai nid de vipères, une invraisemblable accumulation de perfidies [3]. Tout d'abord, l'*Académie Goncourt*, qui fait des gens qui me fréquentent des snobs admiratifs de mon talent ; et aussitôt, l'ennui de la pièce, le procédé déjà employé par Sarcey pour tuer GERMINIE LACERTEUX, l'ennui dans une pièce où tout le long des tableaux, Galipaux fait rire la salle. Enfin des scènes comme le brûlement des tableaux : des hors-d'œuvre, rien que des hors-d'œuvre [4] ; et le personnage d'Anatole n'existant plus dans la pièce, n'étant plus qu'un personnage de la VIE DE BOHÈME, aggravé par la prétention

---

1. Cf. tabl. V, sc. 5 : Manette presse Coriolis de prendre une esquisse d'après son corps et finit par lui avouer qu'elle est enceinte ; Coriolis regrette discrètement que la société moderne ne permette pas de sauvegarder la beauté d'un modèle, comme la légende veut qu'on l'ait fait en Grèce, dans un cas semblable, pour Laïs.

2. Cf. plus haut p. 1207, n. 1.

3. LE MODÈLE, créé à l'Odéon le 28 janv. 1896, était dû à la collaboration d'H. Fouquier et de G. Bertal.

4. Texte Ms. : *Enfin des scènes comme le brûlement des tableaux, comme les scènes des hors-d'œuvre, rien que des hors-d'œuvre.*

de son discours. Enfin, il termine en insinuant que Candé n'était pas malade du tout.

Au fond, qui me dit que cet entreteneur de petits ménages, ce joueur tapant d'un louis les gens de sa connaissance sur son chemin, ce journaliste vénal auquel Poictevin a donné 1 500 francs pour faire l'éloge d'un de ses livres, n'a pas reçu une somme semblable d'un banquier juif pour un éreintement aussi cherché, aussi travaillé de ma pièce ?

Et ce qui n'arrive jamais, on a supprimé la soirée d'Huret, qui avait passé deux journées au Vaudeville [1].

De nombreux amis viennent ce dimanche au *Grenier* me féliciter de mon triomphe d'hier. Parmi ceux-là est Bauër, qui m'a fait un très bon article et qui me confie que Porel et même Carré, qui a reçu MANETTE, étaient hostiles à la pièce.

Le soir, Léon Daudet me disait que devant l'attitude louche de Porel, mes amis avaient craint qu'il ne voulût pas me jouer.

Lundi 2 mars

Sauf l'article de Bauër et un éloquent et enthousiaste éloge de Catulle Mendès, c'est presque partout un éreintement de la pièce, et je croyais impossible un compte rendu aussi infidèle, aussi traître d'une représentation regardée par mes amis comme un triomphe [2].

Ce matin, je reçois une lettre du maire de Venise — c'est drôle, cette qualification dans la ville des doges — qui me demande de prendre la direction et le gouvernement d'une salle consacrée à l'art japonais, dans une exposition internationale de peinture que Venise organise pour l'année 1897.

La fille de notre boulangère, qui a assisté à la représentation de MANETTE SALOMON de dimanche, disait à Blanche qu'elle croyait qu'avant peu de jours, il y aurait bataille au Vaudeville.

Dîner chez le docteur Robin. Un grand appartement au premier, rue de Saint-Pétersbourg. Les convives sont le ménage Mirbeau, Grosclaude, Robert de Montesquiou. Mallarmé devait être du dîner, mais il en est empêché par la rédaction d'une préface sur les peintures de Berthe Morisot, dont il ne peut sortir [3].

Un dîner amusant, un dîner bourguignon venu en grande partie de

---

1. Jules Huret était chargé au FIGARO des deux rubriques *Soirée théâtrale* et *Courrier des théâtres.*

2. Le compte rendu d'Henry Bauër a paru dans L'ÉCHO DE PARIS du 2 mars et celui de Catulle Mendès, dans le JOURNAL du 2 mars. Bauër aime l'originalité de Manette, Juive dévoratrice, mais éprise en artiste sincère de son métier de modèle ; il préfère le système des *tableaux*, plus frémissant et plus coloré, à celui des *actes* traditionnels. Catulle Mendès rappelle sa constante admiration de Parnassien pour les images des Goncourt et s'exalte devant « l'éternel désastre du génie dans l'abîme abominable et divin du corps de la femme ».

3. Berthe Morisot était morte le 2 mars 1895. Mallarmé rédige la Préface du Catalogue de l'exposition des œuvres de l'artiste, qui se tint chez Durand-Ruel du 5 au 23 mars 1896. Cette Préface sera reprise, sous la rubrique *Quelques médaillons et portraits en pied*, dans DIVAGATIONS en 1897.

Dijon : la potée dans sa casserole de cuivre, des pieds de cochon truffés, un pâté d'alouettes tout à fait particulier, à la croûte de croustade, enfin une salade de truffes blanches, assaisonnée avec une huile qui a un goût de lampe, aimé par les fanatiques de cette salade. Et toute cette nourriture arrosée des crus les plus extraordinaires de la Bourgogne et où s'entremêlent les vins de la côte de Beaune, à l'amertume appréciée par les uns, et les vins de la côte de Romanée, au jus de pruneau apprécié par les autres — et ces préférences donnant lieu à des conflits sérieux.

Une maîtresse de maison à l'amabilité tout en éveil de petits soins autour de vous [1]. On cause de la première de MANETTE, on cause des dîners impossibles de la grosse Mme Aubernon, qui aurait dit, ces derniers temps, à l'infernal Becque, au sujet d'une attaque contre Hervieu : « Mon cher, vous êtes indécrottable, Hervieu est le seul qui avait consenti à dîner avec vous... Vous allez être condamné à dîner avec des raseurs comme Ganderax. »

Puis, au sortir de table, la conversation va aux alchimistes, aux hermétiques, dont le maître de la maison a une superbe collection et qu'il a l'embarras de ne savoir à quelle bibliothèque la léguer. Et il se met à parler des choses curieuses renfermées dans ces bouquins, et à en parler comme un conférencier [2]. Il s'étend sur la recherche par ces hommes de l'essence primitive de la matière, et il nous conte l'origine du phosphore. Arnaud chercha cette essence primitive de la matière dans le corps d'animaux vivant en communauté avec la terre, comme des reptiles, des crapauds, en remplit une marmite de fer qu'il mettait sur le feu pour un laps de temps de quarante années ; mais comme il avait soixante ans et qu'il mourait vingt ans après, il était remplacé, d'après ses instructions, dans la surveillance de la cuisson de la marmite de fer, par son fils. Et au bout des vingt années, une nuit en rapport avec certaines considérations astrales, le feu éteint, il ouvrait la marmite, au fond de laquelle il y avait un peu de poudre blanche qui, mise en contact avec un liquide indiqué, éclatait dans le serpentin et remplissait la pièce obscurée d'une lueur magique [3].

Et c'est avec des paroles un peu hallucinatoires, le récit de la recherche de la fabrication de l'*homunculus*, qui apparaît dans un reflet d'or, avec des parties d'un être humain, avec l'apparence d'une tête au bout d'un commencement de corps... Mais là s'arrête sous le coup d'une terreur divine le *transmuteur*, se voyant dans la nécessité pour cette humanité de sa façon de forcer Dieu à lui donner une âme.

Et Robin finit par nous entretenir de Paracelse, qu'il dit être un homme aussi grand que Luther, ce révolutionnaire qui le premier a osé penser librement dans la science.

---

1. Add. éd. : le mot *soins*.
2. La phrase se poursuit sans s'achever : *comme un conférencier qui aurait...*
3. Il s'agit d'Arnaud de Villeneuve (1235-1311), à qui s'identifie le Prospero de Renan dans L'EAU DE JOUVENCE et qui s'est vu attribuer une foule de découvertes chimiques, dont les historiens de la chimie tendent à le dépouiller.

Et Mme Robin va à la recherche d'un vieux portrait de Paracelse pour nous le montrer, ce qui fait dire à Montesquiou : « A la bonne heure, ici, ce n'est pas une ignoble photographie de Saint-Cère qu'on va décrocher dans un coin ! »

Un instant, au théâtre du Vaudeville. Une salle amusée par la pièce, avec quelques vides dans les loges et les fauteuils de balcon.

En sortant, je rencontre dans l'escalier Porel revenant de Bruxelles. Il se montre aimable, mais ces trous dans la salle à une troisième représentation, la froide réponse d'un employé à un *Eh bien, ça ne va pas mal ?*, des paroles que je surprends sur les répétitions de la pièce qui doit me succéder, me mettent dans l'esprit qu'au théâtre, on ne croit pas à la durée de ma pièce.

Mardi 3 mars

Je reçois ce billet de Lorrain :

« Cher Monsieur et ami...

« Vous me voyez outré... j'arrive de Paris, où je n'ai pu trouver Xau au JOURNAL. Le JOURNAL publie, ce matin, un *Raitif* tronqué, où tout le passage vous concernant a été défiguré ; car la première partie seule a été conservée intacte, et toute la seconde, traitant du troisième tableau, de la scène du lingot et de la femme juive, et exaltant votre bravoure et la justesse de votre roman prophétique, a été supprimée en bloc *judaïca causa* [1]. J'ai d'ailleurs écrit à Xau ce que j'avais à lui dire, et vous aurez ce soir ou demain le manuscrit de ma copie.

« Le Juif est tout-puissant : vous en voyez la preuve. »

Voici un document curieux sur la pression exercée par les Juifs sur la critique à propos de MANETTE SALOMON.

Mercredi 4 mars

Je me rends ce soir rue de Berri avec une certaine curiosité de la tête que la princesse va me faire, après les éreintements des deux ou trois journaux que seulement elle lit, en même temps qu'avec une certaine inquiétude de l'attitude à mon endroit des Juifs qui peuvent s'y trouver.

Je n'ai pas de chance. C'est un jour de juiverie. Il y a à dîner l'affreux Reinach, le ménage Strauss ; mais ils me font bonne mine, et Mme Strauss, qui est une femme d'esprit, est même très aimable avec moi.

Le dîner se passe à causer de l'Italie, de la défaite d'Adoua, de la chute de Crispi, et comme je dis que dans ma conviction je crois bien que cette défaite pourrait amener la chute de la monarchie italienne,

---

1. Lorrain signe *Raitif de la Bretonne* dans LE JOURNAL sa chronique intitulée *Pall Mall Semaine.* Cette chronique du 3 mars est censée reproduire un DIALOGUE DANS UNE LOGE, à la générale de MANETTE SALOMON : dans cette discussion, l'adversaire de Goncourt, qui n'aime pas ces Gavarni et ces Devéria présentés sur la scène, a presque le beau rôle.

Reinach appuie mon dire en rappelant que Mazzini a déclaré quelque part que Crispi serait le dernier ministre de la maison de Savoie [1].

Au dîner dernier, j'avais fortement poussé la princesse à acheter à la vente Dumas la collection des portraits caricaturaux de Giraud, faits aux soirées de Nieuwerkerke, et elle s'y était montrée tout à fait opposée, déclarant que jamais elle ne mettrait les 6 000 francs que Dumas avait mis à cet achat. Aujourd'hui, elle annonce qu'elle les a achetés, et en a fait elle-même l'éloge avec l'orgueil d'une personne qui aurait eu l'intelligente idée de l'acquisition [2].

Je crois que nulle part et à aucune époque, il n'a existé une collection de ressemblances aussi parfaites des célébrités d'un règne — généraux, hommes politiques, magistrats, médecins, littérateurs, artistes. Car au fond, ce ne sont pas des caricatures, mais des portraits *accentués* dans ce qui en fait le caractère, et par cela plus ressemblants que des photographies.

Gualdo, qui se traîne paralysé dans le salon, me dit avoir assisté hier à MANETTE SALOMON, qui a été très applaudie, mais dans une salle où il y avait beaucoup de vides.

Jeudi 5 mars

Ce matin, du noir dans la pensée, et la crainte que MANETTE SALOMON ait seulement une quinzaine de représentations après cette première triomphale.

Au milieu de ce découragement et de ces méchantes prévisions, arrive Gaston Méry de la LIBRE PAROLE, auquel je lis l'interview qu'il m'a demandée — l'ayant écrite pour qu'il ne me fasse pas dire plus que je n'en veux dire, et éviter les ennuis que j'ai eus à la suite de l'interview Berthelot [3]. Puis, après lui avoir lu ce morceau et avoir vu l'effet produit sur lui, je me sens repris d'espoir dans une espèce de fièvre, qui me fait nerveusement me promener d'un bout de la chambre à l'autre, comme on doit marcher sur un champ de bataille.

Vendredi 6 mars

Inquiétude d'un rhume qui tourne à la bronchite. Hier, je n'ai pas été chez Daudet et veux rester enfermé jusqu'à dimanche soir.

---

1. Si la victoire du négus Ménélik sur les Italiens du général Baratieri à Adoua, le 1er mars 1895, n'a point entraîné la chute de la maison de Savoie en provoquant celle de Crispi, elle a bouleversé le pays et freiné les ambitions coloniales de l'Italie.

2. Add. éd. : *l'éloge...* Sur ces portraits-charges exécutés par Giraud aux soirées du Louvre, cf. t. I, p. 916.

3. Cf. plus haut p. 1189, n. 1. Voir la LIBRE PAROLE du 7 mars : LES JUIFS ET « MANETTE SALOMON ». Goncourt éprouve, non la haine des individus — il a des amis juifs — mais la « peur de la race » : les Juifs, selon lui, seront bientôt en mesure de s'approprier la fortune de la France aux dépens « d'une population de catholiques miséreux qu'ils tiendront dans l'asservissement ». Il attribue à l'influence juive la sévérité des comptes rendus de MANETTE SALOMON et fait allusion, sans nommer l'auteur, à l'amputation de l'article de Lorrain (cf. p. 940).

Puis, un agacement nerveux depuis quelque temps : un bruit de cloches lointaines dans les oreilles.

Ce matin, en ouvrant L'ÉCHO DE PARIS, je tombe sur un article portant en tête : POUR EDMOND DE GONCOURT, et cet article affectueux de Margueritte est, en ce moment où se joue la pièce, le récit de l'achat du roman de MANETTE SALOMON, à la sortie de sa réception au baccalauréat, un récit tout à fait charmant, tout à fait original.

Samedi 7 mars

Être bronchité, condamné à garder la chambre, dans un moment où il serait si intéressant de se rendre compte par soi-même de la fortune de sa pièce !

Est-il bête, ce mouton de public auquel la critique a persuadé que la pièce est ennuyeuse et qui, tout en riant aux larmes du jeu de Galipaux, pendant les dix tableaux, a la conviction qu'il ne s'amuse pas !

Aujourd'hui a paru dans le LIBRE PAROLE mon interview antisémitique ; ça changera-t-il les choses, ça ne les changera-t-il pas ?

On peut aujourd'hui, je crois, violer la *routinerie* du public avec une pièce d'un théâtre nouveau, mais avec une pièce contenant du dramatique d'un bout à l'autre, comme GERMINIE LACERTEUX, mais pas encore avec une pièce parlant d'art, de littérature, de psychologie... LA FAUSTIN est bien un peu parente de GERMINIE... Mais après cet insuccès, quand la jouera-t-on ?

Dimanche 8 mars

La nuit, la crainte de mourir au milieu de l'impression du dernier volume de mon JOURNAL, et non encore parfaitement assuré de l'exécution des clauses de mon testament.

Visite du docteur Cabanès venant savoir de moi si je connaissais quelques détails particuliers sur la maladie nerveuse de la princesse, autres que ceux donnés par moi dans l'HISTOIRE DE MARIE-ANTOINETTE. Il aurait trouvé le rapport, un rapport de 40 pages, du docteur Saiffert, dans un livre, me dit-il, portant un titre sous lequel il n'y avait pas à le trouver [1].

Et le docteur se laissant aller à causer me parle des curieuses additions qu'il y aurait à faire à la biographie des gens du XVIIIe siècle et de

1. Le nom de la princesse névropathe est omis par Goncourt : il s'agit de la princesse de Lamballe, dont les Goncourt avaient dit dans leur HISTOIRE DE MARIE-ANTOINETTE (p. 93) : « La plus grande beauté de Mme de Lamballe était la sérénité de la physionomie. Malgré les secousses et la fièvre d'une maladie nerveuse, il n'y avait pas un pli, pas un nuage sur son beau front. » Dans LA PRINCESSE DE LAMBALLE INTIME (1922, chap. VII), le Dr Cabanès étudiera de près les syncopes nerveuses de Mme de Lamballe, d'après cette source inattendue que lui fournit le Dr Saiffert (Goncourt écrit : *Sieffert*) : le cas de la princesse, auprès de qui le Dr Saiffert avait été appelé en consultation, fait l'objet de l'Observation VI dans son TRAITÉ DES MALADIES CHRONIQUES (1804), t. I, pp. 231 sqq.

la Révolution avec les observations des médecins, perdues dans des livres qu'on ne connaît pas. Ainsi, le rhumatisme déformateur de Couthon, indiqué dans Portal, ce médecin à la fois des *aristos* et des *démocs* et dont il connaît le possesseur actuel des carnets de visite, dont il compte avoir communication un jour [1].

Dans les CORRESPONDANTS DE LA MARQUISE DE BALLEROY, voici comme est annoncée l'apparition de l'admirable livre de ROBINSON CRUSOÉ : « Il court un voyage nouveau, traduit de l'anglais d'un homme qui a été vingt-huit ans seul dans une île déserte. Je le crois fait à plaisir, mais je doute qu'il en fasse à ceux qui le liront [2]. »

Georges Lecomte me parle de la curieuse attitude de Zola, à la première de MANETTE SALOMON, pendant le tableau du Luxembourg, à la tirade contre l'Institut, ne se mêlant pas aux applaudissements de tout le monde, de peur de compromettre ses chances à l'Académie, tandis que sa femme, par esprit de taquinerie, claquait des mains à tout rompre [3].

Lundi 9 mars

Hier a paru dans les DÉBATS un féroce éreintement de MANETTE SALOMON par ce Lemaître, qui écrivait déjà à propos de GERMINIE LACERTEUX que c'était « la plus ignominieuse de toutes les pièces jouées au Théâtre-Libre », servant, ce jour-là, en domestique les haines du FIGARO, et sans pudeur cherchant à hâter la chute d'une pièce à laquelle une pièce de lui devait succéder [4].

Dans l'article d'hier, ce Lemaître, à la tête curieusement ressemblante à l'un des criminels des chauffeurs de la bande d'Orgères, au torse d'un faux bossu, parle de cette soirée « accablante, où on a eu le sentiment de mon impuissance à repenser », de la pitié produite « par ma vieillesse irrésignée, se donnant l'illusion de produire », enfin imprime perfidement et lâchement tout ce qui peut tourmenter, troubler, empoisonner les dernières années d'un homme de mon âge [5].

Et sait-on la raison de cette attaque coléreuse chez ce sceptique, chez

---

1. On sait que le révolutionnaire Couthon était à peu près paralysé des membres inférieurs. Le Dr Cabanès a retrouvé le cas Couthon dans l'Observation III du *Rachitisme arthritique et rhumatismal,* subdivision des OBSERVATIONS SUR LA NATURE ET LE TRAITEMENT DU RACHITISME..., par Antoine Portal, 1797, et il a publié ses conclusions dans la 3e série du CABINET SECRET DE L'HISTOIRE (nouv. éd. 1920, pp. 329-389).

2. Le titre de la publication est indiqué exactement par Goncourt ; ces documents étaient édités par Édouard de Barthélemy (2 vol. in-8, 1883). La citation se trouve au t. II, p. 182, et est extraite d'une lettre du 13 juill. 1720 (l'œuvre de De Foë paraît en Angleterre en 1719 et est traduite en français en 1721), écrite à Mme de Balleroy par le secrétaire de M. Caumartin de Boissy, sans doute au nom de ce dernier.

3. Tab. VIII, sc. 3 : Anatole se venge des mépris de l'arriviste Garnotelle en détaillant devant lui les bassesses qu'il doit faire pour entrer à l'Institut.

4. Sur la scène de l'Odéon, une pièce de Lemaître succéda à la GERMINIE de Goncourt : c'est RÉVOLTÉE, créée le 9 avril 1889. Cf. t. III, p. 214, n. 1, sur l'article de Lemaître suscité par l'incident d'Antoine et des *Gueux imbéciles.*

5. Dans ce paragraphe, la mention des *chauffeurs de la bande d'Orgères* rappelle les exploits des 23 criminels qui pendant deux ans écumèrent les environs d'Orgères, non loin de Châteaudun, tuant, volant, torturant leurs victimes pour leur faire avouer où se trouvait leur argent. Ils furent condamnés à mort le 26 floréal an V.

cet enfant de chœur de Renan, à l'indifférence d'ordinaire si indulgente à la médiocrité ? C'est que je me suis permis d'appeler dans mon JOURNAL l'ex-X... devenue Mme de N..., *la X*... Oui, j'ai eu l'audace de donner le *la* des grandes actrices du XVIIIe siècle à cette vieille putain, qui a commencé par les trottoirs des boulevards extérieurs, dont Hector Crémieux me parlait du sans-limites et sans-rivages de son puits d'amour, et qui joue auprès du critique sans préjugé le rôle d'une *maman Warens*, ordonnançant sa vie heure par heure, lui indiquant les articles à faire, lui fournissant les sujets de ses pièces, lui choisissant les témoins de ses duels, enfin donnant à son profit ces dîners qui l'ont fait entrer à l'Académie.

Car, c'est curieux, cette Académie, si pudibonde pour quelques-uns, elle se montre bien bonasse pour quelques autres, et peu de souteneurs ont tiré d'une femme les profits que M. Lemaître a tirés de sa vieille *marmite*.

Mardi 10 mars

Pas de chance ! Mme Grassot, qui jouait avec tant de naturel Mme Crescent, vient de perdre sa fille et s'est fait remplacer.

Aujourd'hui pose chez Nadar fils, qui me reproduit dans une douzaine d'attitudes, dans l'une desquelles j'ai sous les yeux l'album d'autographes de la maison, ouvert à une page où il y a de l'écriture de Faure, d'Arthur Meyer, de Liane de Pougy, du général Dragomiroff.

Mercredi 11 mars

Le petit Julia m'annonce qu'il a lu dans le MERCURE DE FRANCE un manifeste de Gourmont, déclarant que s'il a critiqué et critiqué Dumas et Zola, il y a un vieux qui a tous les respects de la jeunesse, et ce vieux, c'est moi [1].

Continuation de la guigne. Réjane qui devait jouer un mois en Belgique MADAME SANS-GÊNE a fait un *four* et revient dimanche. On conçoit que le mari de la femme qui touche 800 francs par soirée — 1 200 francs, au dire de Mirbeau — sera pressé de la faire rejouer.

Jeudi 12 mars

Dans ce filou monumental qu'est Saint-Cère, ce qui me révolte,

---

1. Louis Dumur et Ernest Raynaud ayant voulu ressusciter l'ancienne PLÉIADE, Alfred Vallette, qui venait du SCAPIN, se joignit à eux pour publier une nouvelle revue, un « recueil de littérature », qui fut LE MERCURE DE FRANCE, dont le premier numéro porte la date du 1er janv. 1890. Jusqu'à sa mort, Vallette allait s'identifier, en compagnie de sa femme, Rachilde, avec la nouvelle revue, où Remy de Gourmont était le porte-parole du symbolisme. – Dans M. ZOLA, publié dans le numéro de mars 1896, Gourmont répond aux attaques de Zola contre les jeunes admirateurs de Verlaine et de Villiers (cf. plus haut, p. 1242, n. 2) et oppose à Zola « un écrivain qui ne professa aucun des évangiles chers aux nouveaux venus et qui pourtant,... est unanimement tenu pour un grand écrivain et pour un maître par cette jeunesse à qui M. Zola répugne : c'est M. Edmond de Goncourt. »

m'indigne, c'est le côté bas escroc existant chez l'homme et qui lui fait voler un cocher de fiacre [1].

Vendredi 13 mars

Barié, que j'ai appelé, me trouve moins bronchité que je ne le croyais.

Le FIGARO annonce que ma pièce ne sera jouée que jusqu'au 24, et que le 25 aura lieu la reprise d'AMOUREUSE [2]. Une pièce d'un Juif remplaçant une pièce contre les Juifs, est-ce une combinaison pour désarmer les Sémites de l'abonnement et de la presse !

Samedi 14 mars

Jean Lorrain fait dire dans un de ses *Pall Mall* à Liane de Pougy, appelant Mme Strauss *Manette Salomon* : « Pourquoi m'en veut-elle ? N'avons-nous pas toutes deux Meilhac et le même coiffeur [3] ? »

Dimanche 15 mars

M. Rais, de Nancy qui m'a demandé d'être président d'un comité nancéien en l'honneur de Verlaine, que j'ai accepté, malgré mon antipathie pour l'homme, mais par reconnaissance d'un article enthousiaste sur notre œuvre, vient me voir et me consulter à propos de la formation de ce comité [4]. Causant de l'homme, il me raconte que Verlaine, dans un banquet qui lui avait été offert à Nancy, avait reçu comme hommage de Gallé un délicieux vase décoré de clématites et que Verlaine, à sa descente de chemin de fer, l'avait vendu contre quarante absinthes.

Bauër, arrivé en bicycle, parle de l'inconscience de Séverine, qui lui a dit un jour en parlant de Mme Sand qu'elle ne pouvait comprendre le *désordre dégradant* de sa vie. En dépit de son toupet, il dit l'avoir vue battre de l'aile dans cette circonstance : ils étaient tous deux à l'ÉCHO, lors du bruit des poursuites, et soutenaient à qui mieux mieux qu'elles n'auraient pas lieu, quand le petit Simond, qui écrivait quelque chose, levant la tête de son bureau, dit : « Labruyère, vous serez arrêté demain ! » Labruyère ne broncha pas, mais elle perdit contenance et ne put prononcer que des paroles balbutiantes [5].

Labruyère la ferait son esclave, non seulement par des coups, mais aussi par une basse adulation de son talent, et à ce sujet, Bauër racontait

---

1. Cf. plus haut p. 1210, n. 1.
2. La pièce de Porto-Riche avait été créée à l'Odéon le 25 avr. 1891.
3. Goncourt omet la pointe : « Mais moi, je n'ai pas tué Coriolis » (voir *Pall-Mall Semaine* du 16 mars dans le JOURNAL).
4. L'*article enthousiaste* est le fascicule des HOMMES D'AUJOURD'HUI (1886-1892, n° 274) consacré à Edmond de Goncourt : Verlaine énumère élogieusement les quatre romans de celui-ci, en insistant sur « cette adorable FAUSTIN », et il vante aussi la MAISON D'UN ARTISTE, vrai « poème en prose » ; « Ces cinq livres placent E. de Goncourt tout simplement à la tête des prosateurs contemporains. A leur tête. A tous ! »
5. Cf. plus haut p. 1210, n. 1.

que, dans le passage du corridor au juge d'instruction, les deux amants s'étant rencontrés et jetés dans les bras l'un de l'autre, Labruyère se relevant de l'embrassade, jeta à Séverine : « Tenez, le municipal que voilà est votre assidu lecteur. » Et Bauër ajoute que les magistrats sont très bénins avec Labruyère, parce que leur lâcheté leur fait craindre la plume de Séverine.

Et c'est encore Bauër qui parle de Saint-Cère et qui affirme qu'il a annoncé devoir fonder un journal après son acquittement, et que cet homme, représenté par la presse amie si écrasé, si à bas, écrivait à Capus pour le féliciter de sa pièce L'INNOCENT, lui disant que malgré ses malheurs, il suivait de son attention les succès de la littérature [1].

La femme, elle aussi, aurait un peu de cette audace. Elle aurait reloué un grand appartement et recevrait assez mal les gens qu'elle n'aurait pas trouvés assez assidus auprès d'elle après l'arrestation de son mari, et comme elle se permettait de dire des choses très désagréables à un monsieur que Bauër ne nomme pas, celui-ci aurait fini par s'écrier : « Oui, Madame, j'ai dîné deux ou trois fois chez vous, mais vous ne m'aviez pas dit, avant, que M. de Saint-Cère avait été condamné pour escroquerie. »

Et quelqu'un raconte le griffement de la figure de Mme Boissy d'Anglas, la maîtresse à la fois de Bourgeois et de Maurice Lefèvre, par la femme de ce dernier, avec des ongles — ce serait historique — qu'elle laissait pousser depuis deux mois.

Alphonse Daudet, qui est venu de bonne heure, n'a pu encore monter aujourd'hui au *Grenier* ; et tout le temps, dans la bibliothèque où on est redescendu, mes yeux ne pouvaient quitter ses mains exsangues, ressemblant à des mains d'albâtre, et ses mains me restent dans les yeux comme un affreux souvenir, comme un affreux présage — et cela au moment où il se prépare à aller à Venise, dans ce moment si mal choisi pour se rendre en Italie [2].

Au moment où je m'habille pour aller dîner chez Fasquelle, Léon Daudet, croyant que je dîne comme d'habitude rue Bellechasse, vient me chercher. Il a assisté à deux séances consacrées aux *tapeurs* de Lebaudy, où il a été frappé du caractère de bas escrocs de ces gens, à l'exception de Cesti au sang-froid et au calme d'un coquin supérieur, devant les grosses et canailles colères de Labruyère [3].

Dîner chez Fasquelle. C'est amusant, dans cet intérieur, l'effort, l'effort malheureux vers l'imitation d'un intérieur chic, et la table du dîner avec des fleurs mises dans des choses ressemblant à des rouleaux de pâtisserie.

---

1. Cf. plus haut p. 1210, n. 1.
2. Cf. plus haut p. 1250, n. 1. Daudet part avec sa famille pour l'Italie au début d'avril et il s'installe à Venise, au Grand-Hôtel où le comte Primoli lui a retenu un appartement ; il est conquis par Venise, fait de longues promenades en gondole, mais tombe gravement malade, parmi la rumeur des fêtes qui accueillent Guillaume II et la *Kaiserin*, et il doit rentrer en France en renonçant à Florence et à Rome.
3. Cf. plus haut p. 1210, n. 1.

Les convives sont le ménage Zola, le ménage Richepin, le ménage Mirbeau, dont la femme, dans une espèce de gaine de satin et des manches de dentelle d'or, est originalement jolie, le ménage Rostand, un poète à l'estomac pessimiste et une femme à la peau comparable à une rose dans du lait, le ménage Xau, le mari à la configuration batracienne et à la physionomie d'une aimable crapule, le ménage Charpentier et ma mystérieuse filleule, qu'un moment, Zola compare à voix basse à ces trous d'eau dormante qu'on trouve dans les bois, tout pleins de choses inconnues ; enfin, Clemenceau.

Pendant le dîner, le nom de Saint-Cère revient dans la conversation, et c'est l'occasion, en ce temps d'indulgence pour les coquins et dans cette tablée où est Xau, de plaindre les *tapeurs* de Lebaudy, de déclarer qu'ils n'ont rien fait que ce qui se fait tous les jours, et c'est l'occasion pour Mme Charpentier, qui est ma voisine, de dire que Saint-Cère est tout plein de la religion de l'art et de la littérature.

Zola vient causer avec moi. Il est dans la joie d'avoir fini son volume... Oui, maintenant, il va pouvoir se livrer à sa série d'articles promis au FIGARO [1]. Toutefois, il se trouve dans une position assez difficile... Ses derniers articles dans ledit journal et l'anticléricalisme de son livre sur Rome ont beaucoup nui à sa candidature... Oh si l'élection avait eu lieu aussitôt la mort de Dumas, il était nommé ! Maintenant, il croit qu'il ne le sera pas [2]. Et le voilà avec son côté très particulier, son côté double, à me présenter la chose sous ses deux points de vue, dans ce langage trouble et inextricable qui était la conversation de Cromwell, à me dire sa satisfaction s'il était nommé,... mais ne vaudrait-il pas mieux vraiment, pour lui, de ne l'être pas ?... Parce que ça lui permettrait une allure plus franche dans ses articles du FIGARO... Et sa voix devient la voix mauvaise de l'éreinteur futur ; mais presque aussitôt, elle se transforme, se fait prêtreuse, proclamant à propos de sa candidature que l'injustice profite toujours à ceux qui en sont victimes.

Et il saute à son livre sur Paris auquel il va se mettre et qu'il veut faire très bien [3]. Là, il entonne l'éloge de MANETTE SALOMON, se répand sur le plaisir que lui a causé cette représentation, depuis des années qu'il ne va plus au théâtre, me fait des compliments sur la bravoure de ma pièce — je pensais à son attitude que m'avait signalée Lecomte, pendant la tirade contre l'Institut [4] — et il finit impudemment de son dithyrambe, en criant presque : « Voyez-vous, il n'y a que cela, la bravoure, il n'y a que cela ! » Foutre ! il en manque dans le moment !

J'entre un moment dans le petit salon où l'on fume, et j'entends Xau

---

1. Cf. plus haut p. 1242, n. 2.
2. Au fauteuil de Dumas fils, Zola parvint, le 28 mai, à réunir 14 voix, chiffre qu'il n'avait pas encore atteint, mais des scrutins successifs le ramenèrent à 8 voix, et à la reprise de l'élection, le 30 mai, ce fut Theuriet qui l'emporta.
3. Le troisième volume des TROIS VILLES, PARIS, paraîtra en feuilleton dans le JOURNAL, puis en librairie en mars 1898.
4. Cf. plus haut p. 1252, n. 3.

et Mirbeau peindre tout à tour la vanité imbécile, la crasserie et la jobarderie de Lalou de LA FRANCE.

Lundi 16 mars

Lorrain me montre un billet de Liane de Pougy — un billet écrit sur du papier sang de bœuf — où elle lui annonce avoir reçu une lettre de Meilhac, lui disant qu'après ce que Lorrain a écrit venant d'elle dans l'ÉCHO, il renonce à la voir [1].

Mardi 17 mars

Les vers, ça m'ennuie décidément presque autant que la musique.

Porel n'a pas défendu la pièce, n'a pas fait une seule réclame qu'il pouvait faire en l'honneur du merveilleux jeu de Galipaux.

Mercredi 18 mars

Ce matin, on me fait passer une carte où, sous un nom, il y a écrit au crayon : *Le monsieur d'Adramiti.* C'est un naturel du pays, frappé de l'exactitude de ma peinture de cette ville de l'Asie Mineure, dans MANETTE SALOMON, venant me demander si c'est d'après nature que je l'ai faite [2].

Ce soir, en sortant de la rue de Berri, j'entre au Vaudeville.

Galipaux me dit spirituellement de MANETTE : « C'est une pièce qui plaît infiniment aux gens qui n'aiment pas à payer leurs places ! » Et il ajoute assez justement : « Au fond, vous n'avez pas besoin de l'argent qu'un succès vous aurait rapporté pour manger... Et tout le Paris, tout le Paris curieux de théâtre sera venu applaudir votre pièce... Il y a là de quoi vous satisfaire. »

Ce n'est plus la pièce des premiers jours. On a fait des coupes sombres dans les tirades, et Galipaux, grisé par son succès, n'a plus le jeu sobre de la première et se livre à un tas de pitreries qui le font applaudir à tout casser.

Au milieu des rires de la salle, je m'assois un moment dans l'avant-scène, où se trouvent un jeune homme *chic* et une jeune femme qui me semble être une étoile d'un petit théâtre. Ils ont l'apparence consternée, la jeune femme répétant : « Il n'y a pas de sujet,... il n'y a pas de sujet... Vraiment, les auteurs de maintenant font des pièces pour voler les gens ! »

Et le jeune couple part au milieu de la pièce, en tapant les portes.

Vraiment, le théâtre vous met de trop près en contact avec de la grosse inintelligence.

---

1. Cf. plus haut p. 1254, n. 3.
2. Une simple allusion à la lumière humide d'Asie Mineure dans la pièce, tabl. VII, sc. 9. Le passage est à chercher dans le roman, dans une lettre de Coriolis à Anatole (MANETTE SALOMON, chap. XII).

Jeudi 19 mars

Daudet me dit ce soir que Zola s'est indignement conduit avec moi, qu'à la première, devant l'emballement de la salle et la croyance à un grand succès, il n'avait pu se tenir et, prenant à part deux ou trois individus, leur avait fourni de quoi éreinter la pièce, et que l'un d'eux serait venu le trouver, indigné de cet éreintement par un soi-disant ami et, le lendemain, il m'aurait écrit sa lettre admirative, seulement après s'être assuré que la critique avait tué ma pièce.

Ce que je trouve drôle, c'est que Daudet me dise cela comme si l'annonce de cette canaillerie devait m'étonner, me surprendre ; mais il ne se doute donc pas que depuis des années, j'ai la conviction, les preuves qu'en dépit de ses chaudes poignées de main et de ses *Mon bon ami*, Zola travaille, avec la perfidie de l'Italien qu'il est, à ruiner mon œuvre, qu'il sent être pour la sienne une menace dans l'avenir [1] ?

Mme Dardoize me disait ce soir que c'était vraiment indigne de la part de Porel, de me couper aussi brutalement, au moment où dans le public commençait à se faire un mouvement de réaction contre la critique.

C'est curieux, comme en cette fin de siècle, les vieux chefs d'école sont peu soutenus, peu défendus. Dire que parmi les *jeunes* de mon *Grenier*, dont on fait des janissaires de ma littérature, pas un n'a relevé, n'a souligné les articles de Fouquier et de Lemaître.

Samedi 21 mars

La convalescence habituelle de toutes mes petites maladies du printemps : une visite chez Moser et l'achat d'un tas d'arbustes. Et au bout de quatre heures de marche et de remarche dans la terre labourée des plants, mes yeux, dans l'omnibus de Boulogne, se fermaient et quand ils se rouvraient, mal réveillés, une annonce, dans la dépolissure du verre d'un carreau, me semblait vraiment imprimée dans le firmament, en haut du ciel [2].

Dimanche 22 mars

On cause au *Grenier* de ce désir de l'Académie, pas mal assoupi du temps de Flaubert, et qui avec la génération des Hervieu, des Rod, des Lavedan, s'est réveillé tout ardent, tout passionné. Et comme on ne trouve pas très catégorique le refus de Daudet, je lui demande, ce soir, très nettement ce qu'il ferait si on le nommait à l'Académie sans les formalités qui sont d'ordinaire demandées. A quoi Mme Daudet

---

1. Corr. éd. : *avec la perfidie de l'Italien qu'il est.* Texte Ms. : *avec la perfidie de l'atelier qu'il est.*

2. La phrase a dû être complétée et modifiée, vu l'état du texte Ms. : *Et au bout de quatre heures de marche et de remarche dans la terre labourée des plants, que dans l'omnibus de Boulogne, se fermaient et quand ils se rouvraient, mal réveillés, l'annonce de* [un blanc] *dans la dépolissure du verre d'un carreau,* etc.

me répond presque avec violence : « Eh bien, il acceptera ! — Il reste toujours la question de la lettre », ajoute au bout de quelques instants Daudet, sans dire s'il l'écrira ou s'il ne l'écrira pas.

Décidément, je crois qu'il n'y a que moi qui n'ai pas faim et soif d'un fauteuil, et j'ai peur, diable m'emporte ! que Daudet en ait, tout en le cachant, aussi envie que Zola.

Lundi 23 mars

La pensée ennuyeuse que ma pièce va être jouée ce soir pour la dernière fois — après, je crois, 28 représentations — ne m'est, pour ainsi dire, pas venue, dans la fatigue et la jouissance de toute une journée passée à voir planter des arbustes.

Mardi 24 mars

Quel cerveau volatilisé que celui de Maeterlinck ! Dans le TRÉSOR DES HUMBLES, ce ne sont pas des idées, mais des fumées, des vapeurs d'idées.

Mercredi 25 mars

Que c'est beau, les deux magnolias avec l'abondance de leurs grandes fleurs blanches, faisant de la lumière laiteuse autour du cognassier, placé au milieu d'eux et tout flambant de ses fleurettes rouges !

Jeudi 26 mars

Cette nuit, dans un rêve, j'avais sur moi penchée une tête de femme, aux yeux pailletés d'or et dont le bout des cils était fleuri de fleurettes de myosotis.

Ah ! la couardise de la magistrature, acquittant, sauf Cesti, toute la bande des *chanteurs* Lebaudy !

De Béhaine vient me voir. Il n'est pas officiellement dégommé, mais il se regarde comme l'étant [1].

Il a déjeuné ces jours-ci chez le duc d'Aumale et s'est fait présenter à Blanche Passy, qui y déjeunait avec son frère, et sur son nom et sa parenté avec nous, Blanche s'est écriée, parlant de mon frère : « Oui ! Mon cher ami Jules de Goncourt ! » et pendant un quart d'heure, dans un coin du salon, a causé de mon frère, de ma mère, des petits goûters costumés du Mardi Gras dans l'appartement de la rue des Capucines [2]. Ce souvenir tendre, chaleureux, de la part de notre ancien *camarade*, de ma mère, de mon frère, de moi, m'a été au cœur, m'a fait un véritable plaisir. j'avais la crainte qu'elle n'eût gardé de la lecture de RENÉE MAUPERIN, où je l'avais cependant peinte avec la fierté, la noblesse,

1. Cf. plus haut p. 1225, n. 1.
2. Cf. t. II, p. 135, n. 2 et t. III, p. 681.

l'indépendance de son caractère, j'avais gardé la crainte qu'elle n'eût gardé un mauvais souvenir des Goncourt... Non, ce sera son frère qui l'aura empêchée de nous revoir... Après tout, elle ne peut que nous reprocher de l'avoir fait mourir préventivement d'une maladie de cœur, et ses soixante ans d'aujourd'hui démentent victorieusement notre dénouement.

Daudet disait ce soir : « J'ai eu ces jours-ci une pensée qui a pour moi le caractère d'une révélation : c'est que beaucoup de gens, par des circonstances mystérieuses, inconnues, sont arrêtés dans leur développement, leur mûrissement ; il leur arrive de la barbe, il leur pousse des cheveux blancs, ils demeurent des enfants, des potaches. »

Il avait vu dans la journée Zola, qui était venu sans doute pour avoir des renseignements sur son *académisation*, et qui avait débuté par lui demander s'il comptait faire quelque chose sur Venise, parce que son père y était né, et qu'il se réservait d'écrire un jour, un livre dessus [1]. Il est vraiment extraordinaire, ce Zola, avec son vouloir gourmand de tout peindre, de ne rien laisser aux autres. Et Mme Daudet disait : « Zola ressemble à ces chiens en train de ronger un os et qui ont une patte sur un autre. »

Là-dessus, et au moment où il allait se livrer à des interrogations académiques, Hervieu venait lire une pièce à Daudet, ce qui forçait Zola à s'en aller dans l'ignorance de ce qui se passe entre Daudet et l'Académie.

Vendredi 27 mars

Aujourd'hui m'arrivent ces trois blocs de solide papier à la large impression, qui sont le ROBINSON CRUSOÉ de la « traduction revue sur la belle édition donnée par Stockdale en 1790 », ornée de 19 gravures de Delignon, d'après Stothart [2].

Ce n'est plus le petit volume acheté chez un colporteur de la campagne et que j'ai lu, naufragé dans une vieille bergère de la chambre à four de Breuvannes, avec un tel soin d'être seul tout au livre, dans une pièce déserte... Non, c'est un tout autre livre, mais dont je comprends aujourd'hui, en dehors de sa curiosité, le succès colossal qu'il a dû avoir en sa longueur un peu ennuyeuse, chez un peuple tout marin, chez un peuple tout biblique.

---

1. François Zola était né à Venise d'une famille dalmate le 2 août 1795 ; il en partit en 1820. Au terme de son voyage en Italie, à Venise, un banquet fut offert à Émile Zola le 10 déc. 1894, où le professeur Castelnovo et le romancier rappelèrent cette origine vénitienne des Zola.

2. Cette ancienne traduction « revue et corrigée sur la belle édition donnée par Stockdale en 1790, augmentée de la vie de l'auteur » (par A.G. Labaume) a paru chez Panckoucke, en 3 vol. in-8, an VIII – La traduction utilisée est celle de Thémiseuil de Saint-Hyacinthe et de J. Van Effen.

Samedi 28 mars

C'est un employé de Nadar, qui m'apporte la série de photographies qu'il a faites de moi lors de la représentation de MANETTE SALOMON.

C'est Georges Lecomte, qui m'apporte son ESPAGNE, ce volume qu'il m'a si louangeusement dédié pour « la belle leçon d'art et de vie » que j'ai donnée à la jeune génération d'écrivains d'aujourd'hui.

C'est Guillaume, qui traite avec moi pour un petit volume fabriqué avec quatre ou cinq biographies tirées de mon livre : QUELQUES CRÉATURES DE CE TEMPS [1].

Enfin, le soir, une lettre de Nau m'apprend qu'elle sollicite de jouer à son bénéfice LA FILLE ÉLISA à bureau ouvert, et la misère noire de la pauvre diablesse me fait écrire une lettre violente à Ajalbert contre ce Bourgeois, ce ministre radical, souteneur de la censure.

Dimanche 29 mars

Aujourd'hui où les Daudet partent ce soir pour Venise, dans le désir de passer quelques heures avec eux, avant leur départ, je vais leur demander à déjeuner.

Alphonse Daudet, les cheveux coupés, un feutre couleur tabac posé en casseur sur la tête, est tout guilleret, tout débordant de la petite joie d'un écolier partant en vacances. Léon, lui, est absorbé par la combinaison d'un sac et l'arrangement des sangles, tandis que le mondain Lucien se plaint que sa famille emporte seulement au-delà des Alpes, seulement six malles. Quant à Mme Daudet, elle est un rien maussade par l'éreintement de deux jours d'empaquetage d'affaires.

Et cela au milieu de déchirement de papiers, de décachetage de lettres, d'ouverture d'articles de journaux remontant à plusieurs jours, parmi lesquels un journal américain affirme que Mme Daudet, avant de se marier à Daudet, avait été fiancée à Verlaine... Indignation très justifiable de la femme, faisant promettre à Daudet qu'aussitôt leur arrivée à Venise, son mari enverra une hautaine rectification à la feuille américaine.

Et sur le coup de trois heures, l'on s'embrasse tendrement, avec, au fond, l'inquiétude entre vieux et souffrants comme nous le sommes, Daudet et moi, l'inquiétude de savoir si l'on se reverra.

Au *Grenier*, Frantz Jourdain parlait d'une conférence d'art, où il venait d'être doctrinairement proclamé que « l'art commence où la vie finit ». Nom de Dieu !

---

1. C'est le choix publié sous le titre de PREMIÈRE AMOUREUSE et qui contient, outre ce récit, UN AQUAFORTISTE, LA REVENDEUSE DE MACON, LE PASSEUR DE MAGUELONNE et L'ORGANISTE DE LANGRES (libr. Borel, 1896, « coll. du Lotus Bleu »).

Lundi 30 mars

Mon singe de MANETTE SALOMON est à vendre quelque part, avec cette annonce :

VERMILLON, *le Singe qui a eu tant de succès au Vaudeville.*

Mardi 31 mars

Le côté vieillot, professoral, dogmatique des jeunes revues, et chez elles l'enthousiasme irraisonné, fanatique des littératures étrangères !

Jeudi 2 avril

Je suis vraiment sérieusement bronchité, et je pense que si je venais à mourir, Daudet étant en Italie, mes dispositions testamentaires pourraient être entravées.

A L'ÉCHO DE PARIS, où je porte le manuscrit de mon JOURNAL (années 1892, 1893, 1894), Henry Simond me parle de l'exaspération de Céard contre moi, lors de la protestation du syndicat dramatique au sujet de la répétition de MANETTE SALOMON, où Porel refusa l'entrée du Vaudeville aux membres voulant forcer la porte, me disant qu'il avait l'air d'un fou, et je ne serais pas étonné qu'il le soit un peu, en effet, cet homme qui était mon ami, devenu soudain mon ennemi, puis redemandant à devenir mon ami et se refaisant mon ennemi, sans que rien de ma part n'ait motivé toutes ces variations !

Je ne peux m'empêcher de lui dire que lui, qui tenait à l'amitié ou au moins à la copie de Daudet père, il doit s'attendre qu'il ne lui pardonnera jamais la caricature où Steinlen représente son fils léchant les doigts de pied du duc d'Orléans [1]. Il m'affirme que la lithographie a été tirée sans qu'elle lui ait été communiquée. Au fond, il n'a pas l'air de se rendre compte de la gravité de la chose.

Dimanche 5 avril

Visite de Nau, qui me dit avoir habilement manœuvré et avoir obtenu de la préfecture de Police, sauf les affiches sur les murs, une sorte de main-levée tacite de l'interdiction de la pièce, et la permission d'annoncer la location dans les journaux, enfin que tout marchait très bien et qu'elle croyait à une fructueuse représentation de LA FILLE ÉLISA.

Lundi 6 avril

Je reçois ce matin, une lettre qui porte en tête : *Moscou 18/31 mars*, en même temps qu'un petit paquet. C'est une lettre d'une dame russe

1. La lithographie ainsi décrite est intitulée SOUS L'ŒIL DES MORTICOLES. Et elle parut dans L'ÉCHO DE PARIS le 31 mars.

que je ne connais pas, me demandant quand paraîtra le prochain volume de mon JOURNAL et m'exprimant sa reconnaissance pour le plaisir que donnent mes livres, « le bien qu'ils font ». Et ne m'envoie-t-elle pas, comme *carte de félicitation de Pâques*, une petite vue du Kremlin de la grande fenêtre de son salon, peinte par sa fille — une vue du Kremlin sous la neige, entrevu à travers les fusées de fleurs garnissant l'intérieur de la fenêtre.

Au milieu des éreintements, des engueulements, des calomnies, des injures de mes concitoyens, en ma douloureuse vie littéraire, cette délicate sympathie venant de l'étranger, c'est l'apport d'un peu de douceur.

Antoine vient me voir au sujet de la représentation de LA FILLE ÉLISA, au bénéfice de Nau, et se montre hostile à cette représentation, disant que la chose a une importance et qu'elle est à réserver dans l'intérêt d'Ajalbert, auquel la représentation, plus tard, dans de bonnes conditions peut rapporter de l'argent et de la renommée.

On faisait la remarque, ce soir, que jamais les Rothschild de Paris n'ont marié leurs filles avec un Français.

Mardi 7 avril

Désagréable, l'attente du médecin, avec la crainte de trouver sur son *faciès* des choses funéraires.

L'article alambiqué de Guillemot dans le FIGARO sur l'élection de Daudet, et que bien certainement, Daudet a lu avant la publication, c'est au fond son acceptation, et la comédie finira comme l'a dit l'autre jour Mme Daudet [1].

Toujours au sujet de la représentation de Nau, Ajalbert vient me voir, me raconte la visite que lui a faite Nau, hier, à neuf heures du soir, pour obtenir qu'elle joue, me montre un article du JOURNAL, où elle me fait un peu trop désireux de la voir jouer, se plaint de ce qu'elle veut nous forcer la main, me peint Antoine pas du tout disposé à jouer, Antoine qu'il a trouvé, ce matin, dans son lit : sur les draps, une sommation à payer quatre cents francs à sa femme, par suite de sa surprise en adultère avec Deneuilly, somme qu'il ne peut payer, sa femme ayant fait en même temps opposition sur les fonds qui lui sont dus à la Renaissance [2].

---

1. Dans cette interview de Guillemot (FIGARO du 7) ALPHONSE DAUDET ET L'ACADÉMIE, Daudet, avant de partir pour l'Italie, admet qu'un « sang nouveau » circule dans l'Académie. A la lettre de candidature qu'on exigerait de lui, il ne se refuse pas, mais attend d'être sollicité : « Ce serait vendre les palmes de l'habit avant de l'avoir. »

2. En octobre 1883, Antoine avait épousé, à son retour du service militaire, une jeune modiste, Marie Rambour. Puis, dès ses débuts dans les cercles d'amateurs, en 1884, il s'éprit de Pauline Verdavoine, télégraphiste de son métier et actrice par vocation : elle devait créer Sœur Philomène au Théâtre-Libre, sous le nom de Mlle Deneuilly. Elle renonça d'ailleurs au théâtre pour se consacrer exclusivement à Antoine, dont sa mort, en 1913, devait seule la séparer.

Jeudi 9 avril

Ce matin, lettre d'Ajalbert qui me dit qu'Antoine a été injurié en plein boulevard par Nau, lettre bientôt suivie de la visite d'Ajalbert et d'Antoine, qui m'assurent qu'il n'y a pas de décors, que les répétitions ne sont pas commencées, que la location est misérable. Enfin, dans ces conditions, Antoine se refuse absolument à jouer : or, sans Antoine, il ne peut y avoir de représentation. Ça me peine à l'égard de la pauvre diablesse, pour laquelle je ne puis faire que lui payer la loge que j'avais prise.

Enfin, Barié, revenu de Hollande, me met à l'iodure de sodium et à l'arsenic.

Vendredi 10 avril

Tous les embêtements. La poitrine avec le poids, dessus, d'une commode, et comme des miaulements de petit chat, la nuit, dans les bronches. Les retards de l'annonce de mon JOURNAL dans L'ÉCHO DE PARIS. La visite de Mme Routier de Grandval, m'apprenant que le Petit, avec lequel elle m'a fait signer un traité pour l'illustration de LA MAISON D'UN ARTISTE, est en faillite et me demande la résiliation du traité, ce qui me donne l'appréhension bête d'un procès. Enfin la crainte du bouleversement de mes dispositions testamentaires et de mon rêve après ma mort, par la future nomination de Daudet à l'Académie.

Dimanche 12 avril

C'est aujourd'hui, entre les habitués de mon *Grenier*, une interrogation un peu inquiète à propos de l'article de Guillemot sur la nomination de Daudet à l'Académie, en même temps que sur ce voyage en Italie, qui m'a semblé, dès le principe, une villégiature pour laisser mûrir la chose à l'abri de toute indiscrétion.

De Régnier, très bien informé et dont les renseignements doivent venir d'Heredia, le porte-voix et le saute-ruisseau, je crois, du plan Brunetière, parle d'une combinaison très compliquée qui ferait manquer l'élection du 21 mai, et apporterait la certitude à Daudet d'être nommé dans trois mois avec dix-neuf voix.

Et dans la narration de ce complot académique, de Régnier cite un mot terrible d'un membre de la droite, ayant sur le cœur LES ROIS EN EXIL et auquel on disait :

« Bien sûr, vous voterez pour lui ?

— Oui.

— Et pourquoi ?

— Mais parce que ce jour-là, il se sera déshonoré. »

Et là-dessus, Rodenbach s'écrie : « Et sa lettre !... Et encore s'il l'avait écrite dans la jeunesse..., mais il l'a écrite à quarante-cinq ans, en plein âge de la raison et de la conduite de la vie [1] ! »

Et c'est, chez ceux qui sont aujourd'hui là, une sorte d'indignation méprisante, contenue par l'amitié que j'ai pour lui.

Oui, cette amitié m'empêche de rien dire ; mais vraiment, pour les deux sous de satisfaction vaniteuse que lui procurera cette élection, quels reproches de manque de caractère ça lui vaudra-t-il un jour et quelle diminution de l'homme lui amènera ce petit grandissement !

Oh ! c'est incontestable qu'il a sourdement envie de cet habit et de cette épée ridicule ! Je me rappelle maintenant la mauvaise humeur qu'il a témoignée à propos de l'interview où j'avais déclaré que ni Daudet ni moi n'étions des gens à nous jeter au travers de l'élection de Zola [2]. Puis je le vois me poussant un jour à entrer à l'Académie, me disant que je n'avais qu'à dire un mot... et que de ma nomination, il avait fait la condition de la sienne.

Et sur cette déception sur la grandeur de l'ambition de l'homme, s'ajoute la tristesse d'un écho du JOURNAL du matin, annonçant qu'il est tombé malade à Venise.

Décidément, j'en ai la conviction, il n'existe à l'heure présente, chez les lettrés, que moi, moi seul n'ayant pas l'ambition de l'Académie.

Mercredi 15 avril

Visite, ce matin, de M. Fauveau, l'avocat envoyé par Mme Routier de Grandval pour me demander la résiliation de mon traité avec le graveur Petit. Sa conversation m'ôte un peu de l'anxiété que j'ai de cette affaire et qui me réveille tous les matins à cinq heures et m'amène des gorgées de bile dans la gorge.

Dans l'après-midi, Carrière m'apporte le grand portrait lithographié qu'il vient de faire de ma tête pour une série de contemporains édités par la maison Lemercier et dont la première livraison doit se composer des portraits de Puvis de Chavannes, de Rodin, de Rochefort, de Verlaine et de moi.

C'est une admirable planche rappelant, quoique le procédé soit différent, l'aquatinte des portraits anglais du XVIIIe siècle. Un modelage comme en ferait sur une figure la lumière d'un clair de lune, avec des ombres noyées, dans l'estompage et le lavage, de douceurs indicibles et où il n'y a de noir que le noir des prunelles ; un modelage où il y a cependant, dans la fonte de sa caresse, les dessous d'un dessin sculptural, mais comme cherché et trouvé dans de la moelle de sureau.

---

1. Allusion à la lettre que Daudet se décida en 1883 à écrire au FIGARO pour couper court aux bruits qu'avaient fait courir les premières démarches auxquelles il avait consenti après la mort de Feydeau (24 avr. 1883) : « Je ne me présente pas, je ne me suis jamais présenté, je ne me présenterai jamais à l'Académie. » En juillet 1885, pour répondre à Fouquier, qui voyait dans L'IMMORTEL le pamphlet d'un candidat évincé, Daudet avait reproduit en tête de son roman sa lettre au FIGARO.

2. Texte Ms. : *au travers de l'élection de Daudet.* Lapsus probable, d'où la correction. Cf. t. III, p. 148, n. 1.

Enfin, ce portrait n'est peut-être pas parfaitement ressemblant, mais tous les portraits qu'on a faits de moi jusqu'à présent me semblent donner de ma personne une ressemblance inintelligente, commune, bourgeoise, et ce portrait de Carrière me paraît être le premier portrait montrant quelque chose de la tête de l'homme qui a fait les livres que j'ai faits, mon premier portrait à la ressemblance intellectuelle.

Jeudi 16 avril

L'AUBE, une jeune revue d'art qui m'a demandé pour son premier numéro quelques lignes, et qui ne les a pas trouvées assez longues, en leurs lieu et place, publie à grand *flafla* un article de Saint-Cère, tout fraîchement échappé de la correctionnelle. Comme témoignage de sympathie pour les coquins, c'est, de la part de cette jeune revue, symptomatique.

Exposition chez Bing des tableaux, dessins, pointes sèches et eaux-fortes de Louis Legrand.

L'intérêt de cette exposition, ce sont ses danseuses gravées ou mieux encore les PETITES DU BALLET, où l'on perçoit la vulgarité des abattis, la roture des attaches, le canaille des anatomies, le faubourisme des minois, les ascendances alcooliques des formes et des contours de ces fillettes dans leur métier de grâce — et cela montré dans un dessin puissamment ressenti dans la magie d'un clair-obscur théâtral, où malheureusement, quelquefois, le grain donne à ces études quelque chose d'une gravure industrielle.

Sont exposés quelques dessins très voluptueux de CAUSERIES CONFIDENTIELLES DE DANSEUSES, en la luminosité, le rayonnement, le flambement, pour ainsi dire, du nimbe fait par leurs *tutus* relevés au-dessus de leurs maillots.

Quant aux dessins de Legrand — d'une modernité religieuse — d'une sorte de fils de charpentier, de *Jésus populo*, c'est canaille et voilà tout.

Vendredi 17 avril

Dans la journée, on me monte une lettre dont l'enveloppe venant de Paris m'intrigue par la ressemblance de l'écriture avec celle de Daudet. J'ouvre la lettre, et j'ai la surprise de trouver une carte de Daudet envoyée de la rue de Bellechasse, qui m'annonce en ces termes son retour imprévu de Venise : « Me voilà de retour, un peu fêlé, mais sans la grande casse. »

Je veux y aller, le soir ; mais un peu souffrant et repris de mon oppression de poitrine, un féroce vent de Nord me retient chez moi.

Samedi 18 avril

Nom d'un chien ! En ouvrant ce matin dans mon lit L'ÉCHO DE PARIS, je tombe sur la note publiée dans le JOURNAL, racontant, comme quoi Léon Daudet, sur le refus d'Henry Simond de se battre aux lieu et place de Steinlen, a fait irruption dans le bureau du journal, pour se porter à des voies de fait contre lui, et a été jeté à la porte par les garçons [1].

Me voici rue de Bellechasse, où je trouve Alphonse la figure fondue, tirée et jaune, jaune à la suite d'une épouvantable crise d'estomac qui l'aurait fait revenir à Paris.

Et aussitôt, on cause du fils, qui nécessairement n'avait pas prévenu de son coup de tête Papa et Maman, qui ont lu la note de l'ÉCHO au milieu de leur café au lait de ce matin.

Bientôt arrive Léon, en compagnie de Georges Hugo. Il se montre exaspéré de la note de l'ÉCHO, dit avoir donné deux soufflets au jeune Simond, qui n'a fait aucune résistance, et déclare qu'il n'y a eu aucune intervention des garçons.

Son père, du haut de son expérience, lui dit qu'il a eu tort de le souffleter dans son bureau, au milieu de ses salariés, qu'il fallait le souffleter dans la rue ou au théâtre.

Le vilain de l'affaire, c'est que Léon avait écrit de Venise à Simond et que Simond ne lui a pas répondu, ne lui a pas même écrit ce qu'il m'avait affirmé, le lendemain de la publication de la caricature de Steinlen, que le dessin ne lui avait pas été communiqué avant la publication. Et Léon déclare que ce qui l'a enragé, c'est ce silence, c'est le refus d'une note atténuant l'offense du dessinateur, chez un homme qui, depuis dix ans, était reçu chez son père et chez lui, avait mangé vingt fois à leur table.

Alors, entre le père et le fils, et Georges, et Léon Allard qui est survenu, on se demande qu'est-ce qui a pu décider ce Simond, qui avait tout intérêt à se garder la collaboration du père, à cette hostilité qui le brouille à jamais avec la famille, on se demande s'il n'y a pas une pesée du ministère, une vengeance de Lockroy.

Au milieu de cette conversation, arrive Mme Daudet dans un état nerveux bien compréhensible, et disant que les succès rapides de son fils ont déchaîné une envie générale, une envie à laquelle n'ont pas échappé ses amis. Et elle cite au milieu de paroles amères le nom de Descaves, qu'elle accuse d'avoir attaché le grelot et pour lequel Léon avait été si généreux de réclame dans son article sur les EMMURÉS, et elle s'encolère tout à fait contre Ajalbert qui a été si mauvais pour le fils « en offrant une fleur au père et à la mère », criant bien haut qu'elle veut absolument le rencontrer, et lui dire ce qu'elle a sur le cœur.

Au fond, sauf ma filleule, tout le monde est revenu malade de là-bas, souffrant de l'estomac et ne sachant pas bien si cet empoisonnement vient d'huîtres qu'ils ont mangées là-bas ou de stations sans fin dans les canaux les plus empuantis.

Dimanche 19 avril

Visite de Henry Simond, accompagné de Rosati, qui vient plaider

1. Cf. plus haut p. 1262, n. 1.

sa cause. Et comme je lui reproche de n'avoir pas répondu à la lettre de Léon Daudet envoyée de Venise, de n'avoir pas publié une note disant qu'il n'avait pas eu connaissance du dessin avant la publication, il me dit que ça lui était impossible, parce que la lettre de Léon Daudet était une lettre de provocation à terme. Ah ! vraiment, c'est de la malchance, moi, l'ami de la famille Daudet, à voir en ces jours mon JOURNAL paraissant dans cette feuille ennemie !

Entre Lorrain, qui me parle d'un dîner fait chez Paillard avec Liane de Pougy et son entreteneur, quand traverse le restaurant un homme qui fait un humble salut à Liane de Pougy, qui lui rend son salut. C'était le Tom Levis des ROIS EN EXIL de Daudet [1].

« Comment ! s'écrie l'entreteneur de la dame. Vous saluez un usurier ?

— Mais oui, répond Liane ; car je ne sais pas si demain, je ne serai pas forcée de lui emprunter de l'argent.

— On paye..., on ne salue pas les vendeurs d'argent.

— Mais tout le monde, reprend Liane de Pougy, tout le monde vend quelque chose... Moi, je vends mon cul... Il n'y a que vous qui ne vendez rien, parce que vous êtes une bête. »

Puis on parle de l'alcoolisme de Verlaine, de la déliquescence que cela avait mis dans sa chair, et Rodenbach rapporte la phrase de Mallarmé, disant qu'il ne pourrait jamais oublier le bruit mou, visqueux, qu'avait fait après sa mort l'enlèvement du plâtre du moulage sur sa figure : enlèvement dans lequel était venue une partie de sa barbe avec un morceau de sa bouche.

Ce soir, je dîne chez les Daudet. Léon, souffrant d'une terrible migraine, est couché et ne dîne pas.

Mme Daudet, en proie à une irritation folle, me fait une scène à propos de deux dîners acceptés chez Zola et chez Rodenbach les jeudi et dimanche de la semaine prochaine, dîners qui devaient avoir lieu en son absence et sans ce retour imprévu d'Italie. Au fond, elle a à cœur la publication de mon JOURNAL dans l'ÉCHO, me disant qu'on ne publierait rien de ce que j'ai dit d'amical sur son fils.

Lundi 20 avril

Aujourd'hui, juste au-dessous du premier feuilleton de mon JOURNAL, la note féroce de Henry Simond, en réponse à la note de Léon Daudet publiée dans le FIGARO [2].

Vraiment, je suis maudit ! A chaque œuvre de moi, il y a une

1. Tom Levis, « agent des étrangers », est l'intermédiaire de toutes sortes de combinaisons internationales, et il est, un moment, sur le point d'arracher au roi Christian la renonciation à ses droits sur la couronne d'Illyrie (ch. VIII).

2. Dans LE FIGARO du 19 (UNE EXPLICATION), Léon Daudet dément avoir été chassé des bureaux de L'ÉCHO DE PARIS, et reproche à Simond de se mal conduire avec lui après s'être assis souvent à sa table en ami. C'est ce que nie violemment H. Simond (SOUS L'ŒIL DES MORTICOLES, dans L'ÉCHO DE PARIS du 21), proclamant bien haut que Léon Daudet lui « a toujours été antipathique et comme homme et comme écrivain ».

anicroche, un incident porte-malheur, tout à fait indépendant de l'œuvre. C'est l'accusation canaille de Bing à propos d'HOKOUSAÏ[1]. C'est la protestation des journalistes au sujet de la répétition de MANETTE SALOMON[2]. Enfin aujourd'hui, la publication de cette note injurieuse, qu'a l'air d'accepter ma copie insérée dans ce sacré journal.

Exposition chez Jouault de lithographies de Toulouse-Lautrec, un homuncule ridicule, dont la déformation caricaturale semble se refléter dans chacun de ses dessins.

Exposition de Carrière chez Bing. Au milieu de toutes les grisailles de l'exposition, un petit dos de femme nue d'une divinité de porcelaine de Saxe : un tableautin que je voudrais à tout prix avoir, si j'achetais des tableaux modernes.

Là je tombe sur Bing, ce sale et bas Juif, qui m'a fait cette attaque perfide et qui s'accroche à moi, me force à lui donner la main, sollicite mon concours pour une exposition internationale du livre moderne, me comble de ses *mamours* et me retend à la porte une main que je ne prends pas.

Mardi 21 avril

J'ai reçu, hier soir, une lettre de Mme Daudet, où, ne tenant aucun compte de mon traité avec l'ÉCHO, de mon ignorance de la note devant paraître avec mon feuilleton, elle termine sa lettre par cette phrase blessante et tout injuste : « ... Mais vous ne comptez pour rien une amitié de vingt ans, qui peut-être vous lasse et que bien des gens essayent depuis longtemps d'atteindre au fond. »

Cette lettre m'a rendu bien triste et je sens que les *papillons noirs* qui hantent la cervelle du ménage et l'injustice aveugle de la femme font de notre amitié une amitié entamée, une amitié qui ressemble à un amour où il n'y a plus une entière confiance.

Et j'écris à Daudet que parfois Mme Daudet est bien dure pour ses amis,... que si les faits qui se sont passés entre Léon et Henry Simond avaient eu lieu à l'heure présente, jamais je n'aurais porté mon JOURNAL à l'ÉCHO, mais qu'il sait qu'il y avait des mois que j'avais traité avec les Simond et que je ne pouvais prévoir que ma copie, composée ces jours-ci, paraîtrait justement le jour où paraîtrait la note injurieuse. Et je lui dis que je n'ai qu'un moyen de rompre avec eux, c'est si l'ÉCHO retranche la moindre chose amicale que j'ai dite de Léon dans mon JOURNAL, ajoutant que la question d'argent étant inférieure chez moi, je suis tout prêt à demander aux Simond la renonciation à la publication de mon JOURNAL, mais que je doute absolument qu'ils me l'accordent sans le prétexte d'un retranchement dans ma copie.

Et répondant à l'allusion secrète faite par Mme Daudet à mes

1. Cf. plus haut p. 1229, n. 2.
2. Cf. plus haut p. 1242-1243.

relations d'amitié avec Mme Sichel, qu'elle regarde comme une ennemie, parce qu'elle voit sa belle-fille, je lui dis : « Ai-je toujours besoin de me défendre près de vous à l'encontre des gens qui vous ont raconté que je disais du mal de vous dans les restaurants et les cafés, où jamais de ma vie je ne me suis trouvé en compagnie de Lorrain[1] ? »

Mercredi 22 avril

M. Maus, avocat et dilettante lettré belge, vient me demander l'autorisation de représenter GERMINIE LACERTEUX dans la *Maison d'Art* de Bruxelles.

Georges Lecomte m'apporte son livre sur l'Espagne, qui m'est dédié dans une dédicace toute chaude d'une amitié admirative[2].

Ce soir, chez la princesse, le baron Imbert de Saint-Amand, appelé par un mauvais plaisant, à cause de sa saleté et de sa mauvaise odeur, *Camembert de Saint-Amand,* et qui se présente décidément à l'Académie, demande à m'être présenté, je ne sais pourquoi, me fait des compliments à tout casser sur mes livres, s'étendant complaisamment sur les vols qui m'ont été faits de mes conceptions originales dans l'histoire et dans le roman — lui qui est mon plagiaire historique le plus éhonté et qui n'a pas craint de *faire,* comme dans un bois, mon morceau sur la méchanceté de l'amour au XVIIIe siècle[3]. Je n'ai jamais assisté à l'étalage d'une inconscience aussi bouffonne.

Jeudi 23 avril

Dîner chez Zola, s'étonnant maintenant que l'émotion en son individu, au lieu de se porter au creux de l'estomac, à l'épigastre, se fait entre les deux yeux, et disant qu'il en demandera la raison à un médecin, qui bien certainement n'en saura rien[4].

A dîner, Gualdo, qui se traîne paralysé en tous les lieux du monde et de plaisir, et Giacosa, qui établit que le talent de d'Annunzio n'existe qu'à la condition d'être électrisé par un courant intellectuel.

Vendredi 24 avril

Huit jours où je suis réveillé à quatre heures du matin par des crampes d'estomac, que me cause l'embêtement de la lettre de Mme Daudet à propos de la publication de mon JOURNAL dans la feuille des Simond.

1. Cf. t. III, p. 962.
2. ESPAGNE, de Georges Lecomte, publié en mai 1896. La dédicace porte : « A Edmond de Goncourt. Pour la belle leçon d'art et de vie qu'il nous donne, je dédie ce livre, en témoignage d'admiration pour l'écrivain, de sûre et profonde amitié pour l'homme. »
3. Pour l'accusation de plagiat, cf. t. II, p. 714 et pour le *morceau sur la méchanceté de l'amour au* XVIIIe *siècle,* cf. t. II, p. 67, n. 1. Imbert de Saint-Amand gardera une voix aux divers scrutins pour l'élection du successeur de Dumas fils ; une voix encore, et une seule à la succession du duc d'Aumale le 24 mai 1898, malgré les volumes où il avait soutenu la cause des Orléans.
4. Texte Ms. : *et disant qu'il la demandera à un médecin...*

Au fond de moi, devant l'ennui que me procure tout acte de vie intellectuelle, j'ai comme une joie de la pensée libératrice, de faire le mort l'année prochaine en attendant le vrai néant.

Samedi 25 avril

Aujourd'hui, je vais toucher chez Pellerin, mes droits de MANETTE SALOMON et j'ai un véritable étonnement, quand il me compte 7 600 francs.

De là, je me rends chez Daudet et j'arrive, je l'avoue, très nerveux, et sur un mot mal sonnant de la femme ou du mari, prêt à rompre. Mais quand j'entre, la femme et le mari, les bras tombés contre eux, les bras cassés, me disent : « Nous sommes bien malheureux, Léon est très malade ! » Aussitôt, c'est fini de ma méchante disposition, je suis désarmé et j'entre dans le partage de leur chagrin.

En mauvais état de santé depuis son retour de Venise, son indignation de canailleries de gens qu'il devait considérer comme des amis, sa colère rentrée de ce duel qui se refuse à son emportement — et cela, avec cette tendance au bouillonnement de la cervelle, a amené une fièvre muqueuse, et les violentes douleurs à la nuque et l'excitation qui en sont l'ordinaire accompagnement.

Il est couché depuis dimanche soir, et Vaquez a été hier assez effrayé de son état pour faire venir ce matin Potain, qui a trouvé à Léon une température de 39 degrés.

On est en train de lui chercher une certaine garde, que se disputent les chirurgiens et les médecins, et de préparer son installation dans une chambre où il n'aura pas le bruit de la rue.

Son état est vraiment grave ; car Potain, qui l'a examiné avec une attention paternelle, a dit qu'il en avait pour trois semaines. Il y aurait chez lui un attendrissement un peu pleurard, qui lui ferait craindre que son frère courût des dangers dans la rue, dans ce moment de changement de ministère, et des hallucinations de l'ouïe, comme l'entente de la criée de la démission du Président [1].

Dimanche 26 avril

De La Gandara arrive le premier au *Grenier,* et se trouvant en tête-à-tête avec moi seul, bientôt, il me parle de sa femme, de la *réattaque* soudaine d'amour qui s'est faite chez lui pour elle, en la voyant si jolie, qu'il l'a entrevue, le jour du vernissage — et il se lamente sur sa faiblesse pour tout ce qui n'a pas rapport à son métier, à la peinture. Et m'avouant

---

1. L'affaire des Chemins de fer du Sud, où le gouvernement avait remplacé un juge trop peu zélé, en cours d'instruction, avait provoqué une protestation du Sénat et un heurt prolongé entre la haute assemblée et la Chambre des députés ; mis une nouvelle fois en minorité au Sénat le 21 avril et n'ayant réuni à la Chambre que 257 voix contre 324 abstentions le 23 avril, le ministère Bourgeois démissionne ; c'est un cabinet homogène modéré, présidé par Méline, qui lui succède le 29.

qu'il n'a aucun doute sur son cocuage, que dans la lettre qu'il a surprise, la femme s'offrait à aller rejoindre le monsieur, qui, sans doute, est le père de son second enfant, il se compare au buveur d'absinthe auquel on a dit que cela le tuera et qui va à la bouteille quand même, ainsi que lui se sent vouloir aller à sa femme.

Et après cet aveu, il reste un grand moment silencieux comme s'il vous interrogeait, comme s'il vous demandait ce qu'il doit faire. Et comme je lui dis que dans les questions de cœur, on ne doit prendre conseil que de soi-même, il s'écrie : « Oh ! si je me remets avec elle, j'aurai un mois d'un bonheur inexprimable... Mais le restant de la vie avec son caractère, son déséquilibrement, ce sera un enfer ! » Et il demeure à soupeser dans sa pensée, à soupeser la volupté de ce mois contre toute une vie *à vau l'eau*.

Au milieu de la confession de La Gandara, c'est une irruption de six personnes entrant comme un ouragan dans le *Grenier*, et parmi lesquels sont Primoli, Jacques Blanche, Barrès, qui a la tête d'un oiseau desséché et dont je touche le maigre bras et ne sens qu'un os.

Et Blanche parti, Raffaelli le traite de *kleptomane* et déclare que dans son tableau de LA FAMILLE THAULOW, rien ne lui appartient, que c'est du Rubens, du Van Dyck, du Reynolds, du Landseer.

Puis une discussion s'élève entre moi et Duret, déclarant à l'encontre de mon opinion, avec une petite colère à froid qui montre le côté étroit et rageur de sa personne, qu'il n'y a pas de mouvement hostile à l'endroit de l'argent, qu'il n'y aura jamais de mouvement contre cette toute-puissance, que la levée de boucliers contre les Juifs est sans profondeur.

Ce soir, dîner chez Rodenbach avec le ménage Mirbeau, le ménage de Nion, Robin, Mallarmé.

De gentilles choses à propos de mon JOURNAL, qu'on dit attendre et lire tous les matins.

Robin décrit le pesage de la respiration, pesage qui permet de découvrir l'aptitude que les gens ont à devenir phtisiques et à chercher les moyens de les en défendre.

Mirbeau parle de sa pièce politique que Guitry se fait fort de jouer à la Renaissance ou tout autre part, si Sarah Bernhardt se refuse à la représentation [1].

Et la soirée se termine par un éreintement terrible de Coppée, éreintement de ses côtés bourgeois et peu originaux, fait en partie double avec les sourires, les clins d'œil, les approbations de bout du nez de Mallarmé et les paroles cruelles de Rodenbach, lui reprochant d'avoir volé sa poésie à tout le monde, son théâtre à Dennery, ses chroniques à Joseph Prudhomme, sa voix à Banville, son écriture à Leconte de Lisle.

1. Cf. t. III, p. 1240, n. 2.

Lundi 27 avril

Je rencontre à l'Exposition du Champ de Mars Chaplet, qui parle de cette mode de l'étain, qui a *battu son plein* pendant deux ou trois ans et qui est en train de passer, disant que l'étain avait été compris d'une manière tout autre qu'au XVIe et au XVIIe siècle, où la décoration n'était jamais en dehors, faisait toujours *partie du pot* et dont le relief, si par hasard, il venait à exister, n'était jamais considérable.

La fièvre muqueuse ou plutôt typhoïde est complètement déclarée chez Léon. Sa mère, que je vois un moment, d'une voix pleine de larmes, me dit qu'aujourd'hui, il est dans un état de torpeur qui la désespère. Quant à Alphonse, il ne peut couper la dysenterie qu'il a rapportée de là-bas avec tout le laudanum et le bismuth de son pharmacien. Ah ! le sacré voyage d'Italie et les imprudentes stations que le père et le fils ont faites au fond des canaux putrides !

Mardi 28 avril

Aujourd'hui, on m'apporte la résiliation de mon traité de la MAISON D'UN ARTISTE avec l'homme de Mme Routier de Grandval. C'est pour moi une délivrance de ce bête de souci, qui m'a empêché de dormir bien des nuits et où mon imagination trouvait les conceptions les plus diaboliques pour me tourmenter à ce propos.

J'ai toujours vu, quand il y a chez un mari un sentiment d'indépendance à l'encontre d'une satisfaction indigne de vanité ou de mépris pour de l'argent non tout à fait flatteusement gagné, j'ai toujours vu la femme, cet être noble, être la conseillère d'une basse transaction.

Mercredi 29 avril

Lorrain, qui vient me voir ce matin, m'entretient de la pièce qu'il monte aux Folies-Bergères, tout occupé de la mise en scène qu'il veut naturelle, et non théâtrale, comme le désirerait Mariquita [1].

Puis il se plaint en riant que la charcuterie de Pozzi dans son corps y a apporté une phosphorescence, qu'il a un besoin enragé de coït et que tous les excès qu'il fait dans le moment, au lieu de le faire maigrir, l'engraissent.

Marcel Prévost, qui dîne pour la première fois rue de Berri, me cause de la voyante Couédon et me dit qu'elle commence à prendre de l'argent.

C'est pour la princesse Pio di Savoya, cette Espagnole mariée à un Italien, l'occasion de nous raconter sa visite à la voyante, et elle le fait d'une manière très vivante.

C'est d'abord une cour, où plus de quarante personnes, des ouvrières, des cocottes, des femmes du monde, attendent, les yeux tournés vers la montée d'un escalier, que défend le concierge. Au milieu de ces

1. Il s'agit de L'ARAIGNÉE D'OR, pantomime créée aux Folies-Bergères le 7 mai 1896.

femmes est un vieillard en proie à une violente douleur, arc-bouté contre la muraille, ne cessant de demander d'une voix larmoyante qu'on le laisse monter.

La princesse, elle, donnait de l'argent au concierge, qui lui disait d'avoir l'air de s'en aller et, sortie de la cour, la faisait monter par un petit escalier. La porte du petit appartement ouverte, elle se trouvait en présence de la mère, une femme pâle, toute confite en dévotion et la bouche pleine de l'éloge de MM. les ecclésiastiques. La mère était remplacée par le père, un petit homme trapu, rougeaud, tout à fait hostile aux prêtres, les malmenant de paroles méprisantes et proclamant que la vue surnaturelle de sa fille venait d'un contact divin et n'avait aucune parenté avec leurs momeries. Et ces deux manières de voir, tout opposées et hautement affichées chez le père et la mère, se retrouvaient dans la loge du concierge, où l'homme joue la croyance à la puissance surnaturelle de sa locataire, tandis que la femme déclare qu'elle ne se donnerait jamais la peine de monter l'escalier pour entendre ses blagues, me font croire à une machine très bien montée où des rôles ont été donnés à tout le monde.

Et même quand les yeux de la voyante sont fermés, ces versets à terminaisons féminines, avec lesquels l'ange Gabriel tutoie la princesse, ont tout l'air d'une langue divine inventée par un malin.

Oui, ce sont des versets se terminant par *princièrement née, très jalousée,* et à la demande de la princesse si elle aura un enfant, la réponse : « *Bientôt, tu seras déformée.* »

A une demande sur le passé de la princesse, la voyante s'est refusée de répondre, prétextant que c'était une inutilité.

La princesse a voulu lui donner de l'argent, elle n'en a pas voulu, lui disant de le donner au curé de sa paroisse.

Elle est convaincue qu'elle est sincère, et c'est l'opinion de Mme de Thèbes, qui la croit destinée à devenir folle. La princesse, qui ne demande au fond qu'à y croire, ajoute que sa sœur y est allée de son côté et que la Couédon lui a parlé d'une maladie qu'elle avait eue autrefois, et qu'elle lui avait révélé le traitement tout particulier qu'elle suivait.

A la suite de ce récit fait avec une certaine grâce animée, Primoli me dit : « Convenez que nos femmes sont plus aimables que les vôtres ? »

C'est peut-être vrai, il est demeuré chez elle, dans la conversation, quelque chose de l'ingénuité expansive et du flot de paroles de la causerie des petites filles entre elles.

Là-dessus, il me montre le manuscrit de l'AFFAIRE CLEMENCEAU, que lui a légué Dumas et que l'auteur avait fait remonter dans un format transatlantique.

Et l'on cause du ministre Rudini, que la princesse Pio dit avoir le mauvais œil et être un porte-malheur.

Jeudi 30 avril

C'est curieux : au bout de six semaines d'allaitement et de tendres soins maternels, ma vieille chatte semble tout à coup avoir perdu la mémoire que la petite chatte est sa fille ; elle en est devenue jalouse comme d'un chat étranger, la grogne et, quand la minette s'approche d'elle pour jouer, la gifle de ses deux pattes, tout comme une mère brutale.

Aujourd'hui, il y a chez Léon un abaissement de température, qui fait dire à Potain que la maladie avait un caractère bénin, mais que toutefois, on ne devait pas regarder le malade comme hors de danger.

Barrès, qui se trouvait là, comme on parlait de sa tendre amitié pour Léon, s'élevait contre la réputation d'inintelligence et de jobarderie, qui lui avait été faite dans le monde et qui n'est pas ; car au contraire, il est un très bon voyant, et ses caricatures montrent un observateur délicat et aigu.

Alphonse avoue qu'il a été vraiment très malade à Venise, qu'il a eu des hallucinations, mais qu'il s'est refusé à appeler un médecin italien.

Samedi 2 mai

La maladie suit son cours chez Léon, mais avec un dégagement du cerveau.

Deux heures passées à la soirée de l'atelier de l'avenue de l'Alma, chez Mirbeau. Beaucoup de monde. Tous les ménages d'art et de littérature de ma connaissance.

Richepin parle de cinq semaines d'enfermement chez lui dans le travail, cinq semaines ainsi remplies. Lever à six heures, après quoi une heure de bicyclette ; déjeuner à sept heures, puis travail jusqu'à midi ; alors, le second déjeuner, suivi d'une récréation, en compagnie de ses enfants, jusqu'à deux heures, et dans laquelle on se livre à tous les exercices acrobatiques ; et là-dessus, retravail jusqu'à sept heures. Et le soir, coucher sur les neuf heures.

Richepin avoue toutefois que dans cette débauche de travail, il est des jours absolument *anémiés,* où il est incapable de faire autre chose que de remuer de la terre.

Carrière, qui vient causer avec moi, un moment contemplant l'atelier coquet, clairet, propret, émet cette réflexion cocasse : « Ne trouvez-vous pas que cette salle a quelque chose de *balnéaire* et que les invités, au lieu d'être en habit noir, devraient être drapés dans des peignoirs-éponge ? »

Clemenceau affirme — et c'est sans doute à la suite d'une auscultation — que la petite Jane Charpentier a les poumons attaqués.

Dimanche 3 mai

Déjeuner chez Lorrain, à propos de la fréquentation duquel j'ai reçu une lettre anonyme indignée. Je déjeune avec la jolie Mme de La Gandara, et un peintre italien, nommé Orsati, qui a apporté des dessins pour l'illustration de Poe, d'un fantastique assez macabre, et parmi ceux-ci, une perspective de mains mystérieuses dans l'ombre, ayant le caractère d'une apparition de chauves-souris.

Lorrain parle de la représentation, aux Folies-Bergères, de sa pièce, L'ARAIGNÉE D'OR, où joue Liane de Pougy, et se vante d'avoir racolé cinquante Montmartrois pour tomber sur les siffleurs, dans le cas où il y aurait une cabale montée contre sa belle.

Puis il est question du portrait de La Gandara, représentant Mme Beer, la Juive chez laquelle est mort Leconte de Lisle et qui aurait une très belle peau, une opulente gorge, et avec le reste presque ordinaire, avec presque pas d'yeux, et dont un M. le comte d'Humières, un *clubman* spirituellement mordant, dit qu'elle a des yeux « en boutonnières de caleçon, le nez à la friandise, et la bouche pareille à un croupion de colombe ».

Je retrouve au *Grenier* Margueritte, de retour à Paris, et Mirbeau, auxquels viennent se joindre bientôt d'autres habitués.

On parle de Xau, toujours saoul et vivant dans une absence alcoolique de ce qui se passe au JOURNAL et de ce qu'il y fait lui-même. Et on le peint rentrant chez lui à cinq heures du matin, tous les jours, les poches bourrées de notes de tapissiers, payées à des actrices et que va rechercher sa femme aussitôt qu'il est endormi.

On parle du chic d'âme grandiose de Gordon Bennett, qui, ayant pris un rédacteur antisémite, fait sémite par un chèque de 40 000 francs envoyé par le baron Hirsch, renvoya le rédacteur en remboursant les 40 000 francs au baron.

On parle du fumiste Hallays, de son aspect lugubre, et de cette rencontre avec je ne sais plus qui, où il lui disait avec un sérieux mortel : « Ne me détournez pas de mon chemin... je vais croiser le fer avec un penseur. » Le penseur était Brulat.

On parle de l'ironie mauvaise de Renard, qui devant le volume de MOLL FLANDERS, où le nom de Foë était tout petit et celui de Schwob énorme, s'écriait : « Tenez, il a avoué. »

On parle des difficultés d'argent au milieu desquelles vit Heredia, d'un faux Barye qu'il avait chargé Saint-Cère de vendre à Gordon Bennett et qui, à la suite de la rupture du marché, avait amené certaines lettres comminatoires, qu'il tremblait qu'on publiât, quand Saint-Cère a été arrêté.

On dit que la phrase : *les éclats de la marmite,* qui a eu un si grand succès dans la polémique entre Rochefort et Séverine, a été fournie par Forain, qui, lors de l'arrestation de Labruyère, aurait dit : « On a fait sauter le couvercle de la *marmite* [1]. »

Enfin, Mirbeau raconte qu'après mon départ d'hier de chez lui, est

1. Sur la polémique entre Rochefort et Séverine, cf. t. III, p. 1226, n. 1.

arrivé de Bonnières, tout à fait ivre, chaviré et bonassement expansif. Et il ajoute que Mme de Bonnières, dont la gentillesse n'a pas peur du mot réel, disait dernièrement à une amie : « Non, je ne prendrai jamais d'amant... Ça peut amener de trop grands tracas à une femme mariée... Du reste, j'ai dans mon mari ce qu'il y a de mieux, *il porterait sur la queue un candélabre.* »

Lundi 4 mai

Ajalbert vient me voir, encore très émotionné de la mort de sa mère. Il vient de recevoir, datée d'un café de Belfort, une lettre d'Antoine, lui demandant d'organiser, sur la demande de Saint-Cère, qui a été toujours *gentil* pour les auteurs du Théâtre-Libre, une recommandation en sa faveur par les hommes de lettres qui y ont été joués, afin de placer sa copie au GAULOIS et ailleurs [1].

Antoine jouerait une fois trois petites pièces de son répertoire dans une soixantaine de localités différentes, et aurait cent francs de fixe, avec un gain sur les bénéfices, qui porterait ses gains de chaque à peu près à trois cents francs.

A l'Exposition du Champ de Mars.

Les cinq panneaux décoratifs de Puvis de Chavannes pour la bibliothèque de Boston : VIRGILE, ESCHYLE, HOMÈRE, L'HISTOIRE, L'ASTRONOMIE. Je n'en démords pas, les bonshommes du peintre idéaliste me semblent des découpures de planches ; et chez ces plates et crayeuses effigies, jamais que des gestes qui sentent la pose de l'atelier. Quant à ses dessins, devant lesquels je voyais des gens se pâmer, jamais le contour carré ou ressenti ou ondulant des grands dessinateurs, mais toujours le contour rondouillardement bête ; et quand ce contour est un peu poussé, un peu travaillé, c'est un dessin de dessinateur, et pas un dessin de peintre [2].

La sculpture, elle, cette année, tourne à la *chiennerie* : ce sont des emmêlements de torses roulés l'un sur l'autre à la façon des amours de vers de terre — et décidément, Rodin abuse trop de la *gangue.*

Léon a pu rester un quart d'heure sur son lit à causer gaiement avec Georges Hugo ; mais on n'a le droit d'être rassuré absolument qu'au bout de vingt et un jours.

Songe-t-on ce qu'est la menace de la surdité pour un médecin, qui se voit ne pouvant plus faire d'auscultation, ne pouvant plus exercer ? Ce serait le cas du docteur Millard, dont la tristesse noire, depuis deux ans, était attribuée à un tas de choses qui ne sont pas.

1. Antoine s'est d'abord fait mettre en congé au début de mars par Porel qui l'immobilisait sans l'utiliser et qui finit par résilier le contrat d'Antoine. Celui-ci part alors à travers la France avec les tournées Baret pour une série de représentations qui l'amèneront sur la Loire à la fin de mai.

2. Add. éd. : *de dessinateur...*

Mercredi 6 mai

Sur les six heures, je trouve les Daudet encore émotionnés de l'alerte par laquelle ils ont passé hier, pendant une espèce de défaillance qu'a eue Léon hier et où il disait à son père : « Je vais... je vais mourir ! »

Mais aujourd'hui, Vaquez, qui sort de sa chambre, nous dit qu'il a une bonne température ne dépassant pas 37 degrés. Il ajoute que le malade est tout à fait revenu à la tranquillité et que cette tranquillité, il l'avait même déjà la nuit dernière, où il s'était amusé à faire peur à sa garde avec le spectre de Tourade, spectre qu'il lui disait s'élever au-dessus du bataillon de bouteilles de sirop, qu'on lui avait permis de mêler à son lait d'ânesse.

Et Vaquez parti, nous étions complètement rassurés, quand la femme de chambre entre précipitamment et dit : « M. Léon demande à voir sa mère, tout de suite ! » Et quelques instants après, elle reparaît, nous jetant : « M. Léon demande à voir son père tout de suite ! »

Je donne le bras à Daudet et le mène à la porte de la chambre n'osant pas entrer par discrétion, et je m'en vais, plein d'une inquiétude qui me dure toute la soirée.

Chez la princesse, Lavisse dit à table des riens prétentieux, avec un sourire de danseuse. Et Mariéton annonce que ce matin, Massenet était choisi pour le Conservatoire ; mais dans l'entrevue qu'il a eue avec le ministre, on lui a parlé de certaines réformes qu'il n'a pas voulu accepter, et c'est Théodore Dubois qui sera nommé.

Oh mais ! je dois des excuses à la petite Heredia, que j'avais mal, très mal vue le jour de son mariage avec de Régnier. C'est qu'elle est vraiment jolie avec ses yeux diablement noirs, et la mignonnesse de traits rares chez une brune, et cette forêt de cheveux qui lui fait comme une visière d'un casque d'ébène avançant sur le front. Et cette femme, qu'on m'avait peinte comme tout à fait désagréable, se montre vraiment charmante avec moi, me parle du plaisir qu'elle a eu à lire CHÉRIE et de l'étonnement qu'elle a éprouvé d'y retrouver beaucoup de sensations de son enfance.

De Béhaine, la figure tirée, maladive, chagrine, qui ne fait qu'apparaître un moment dans la soirée, me dit qu'il a reçu une carte d'Hanotaux. Est-ce une indication de son maintien à Rome ?

Jeudi 7 mai

« Pas mal ! » me répond le domestique auquel je demande comment va Léon, sous le coup de l'anxiété avec laquelle j'ai monté l'escalier.

La crise d'hier, arrivée comme celle de l'avant-veille, à la tombée du jour, au crépuscule, a été moins terrifique. C'est étonnant : ce garçon, qui, sur ses pieds, est le garçon qui se fiche de tout, au lit redevient un petit enfant.

Ce soir aux Folies-Bergères, L'ARAIGNÉE D'OR de Lorrain, pantomime dans laquelle le chaste Amadis, guidé par un acteur costumé en corbeau, veut délivrer ceux que retient et endort dans le péché la séductrice Oriane. Mais l'épée d'Amadis s'émousse contre les fils d'or de la toile, dans laquelle apparaît la triomphante araignée, et il tombe dans l'ensommeillement vainqueur, où il aura pour volupté de voir Oriane peigner cent fois le jour ses cheveux rutilants.

C'est embêtant, comme toutes les pantomimes où les acteurs ne se donnent pas des coups de pied dans le cul, et Liane de Pougy, que je ne connais que par la photographie aux ravissants yeux que j'ai vue chez Lorrain, apparaît, dans son maquillage théâtral, moins fine, moins délicate, moins précieusement jolie, et dans cette création de grâce, n'a pas la mimique ondulante, serpentine qu'il faudrait pour rendre la Circé moyenâgeuse.

Samedi 9 mai

Continuation du mieux chez Léon.

Daudet parle avec émotion d'une scène d'amitié attendrie de Mme Charpentier, avant son départ pour la Suisse, où elle s'accuse d'avoir délaissé un moment Mme Daudet, toute sanglotante, avec le gigotement lamentable de ses petits bras.

Les articles de Zola, dans le FIGARO, sont des articles d'un homme qui fait ses petites affaires avec le reniement honteux de tout ce que sa jeunesse a adoré [1].

Ah ! vraiment, la fin de la vie de cet homme de lettres est d'une bassesse remarquable !

Dimanche 10 mai

Paul Margueritte, accompagné de son frère Victor, vient déjeuner chez moi.

Paul Margueritte me parle d'un dîner avec Rosny, qu'il a trouvé bien acerbe et qui continue à lui faire légèrement peur.

Et comme on dit qu'il ne doit pas être commode dans son intérieur, Victor Margueritte raconte que sa fille aînée, qui a une quinzaine d'années, s'est enfuie de chez lui et s'est engagée comme fille de brasserie au café Harcourt et là, s'est laissée emmener dans la chambre de Jean de Tinan, un jeune poète, qui, lorsqu'il a appris qu'elle était la fille de Rosny, a été trouver le père, qui lui aurait dit qu'il avait un rendez-vous pour le moment et n'aurait été la rechercher que le lendemain... Mais le surlendemain, elle était pendue à la sonnette du poète.

---

1. Sur la campagne de Zola au FIGARO, cf. t. III, p. 1242, n. 2. L'allusion de Goncourt peut viser l'article de L'ÉLITE ET LA POLITIQUE (FIGARO du 9 mai ; dans NOUVELLE CAMPAGNE, p. 99), où Zola commence par renier le « mépris extraordinaire pour la politique » qui était sien à ses débuts dans les lettres ; plus probablement, Goncourt songe à PEINTURE (FIGARO du 2 mai ; NOUVELLE CAMPAGNE pp. 91-98), où Zola abjure les dogmes impressionnistes pour lesquels il a bataillé en 1866 — la « note claire », la « tache », la « théorie des reflets » — devant l'abus qu'en font, selon lui, les disciples de Manet, de Monet, de Pissarro.

Armand Charpentier, qui est là et qui est le seul qui soit parvenu à entrer chez Rosny, dit qu'il l'a vue lorsqu'elle avait une dizaine d'années, et qu'elle était très jolie.

Victor Margueritte est tout à fait dégoûté de l'état militaire et cherche une place dans le civil, où sous l'abri de cette position, il pourrait faire de la littérature, du théâtre. Il a un NÉRON refusé par l'Odéon et doit publier dans la REVUE DE PARIS, cet été, un gros paquet de vers sur l'Afrique, des vers tristes, dit son frère, inspirés par le soleil noir de là-bas [1].

Un moment apparaît Geffroy, accompagné de Louis Désiré.

Puis c'est Heredia, et comme la conversation vient sur le procès Lemerre et Bourget, il est intéressant comme champion de Lemerre, rapportant cependant ce mot assez juste de d'Haussonville : « On ne tutoie pas son éditeur ; mais quand on est arrivé à le tutoyer, on ne le poursuit pas [2] ! »

Puis Heredia peint la basse adoration de l'argent chez Bourget, lui parlant, pendant une promenade, de la dot de 1 500 000 francs d'une fille Rothschild et lui répétant vingt fois avec la voix basse qu'on a dans une église : « Pensez-vous à cela qu'est 1 500 000 francs ? » — nous montre le caractère soupçonneux du romancier, *dollarisé* par son voyage en Amérique.

Il s'étend sur son imitation servile de Balzac, s'échappant à dire à Coppée dans un dîner qui a précédé son procès avec Lemerre : « Balzac a fait des procès, et je trouve que cela lui a réussi ! »

Enfin, Heredia dévoile le côté misérable, le côté *rat* de l'homme maintenant gagneur d'argent, qui, débarquant dans le grand hôtel de Hyères, au prix de trente francs par jour d'un grand appartement, demandé par le maître d'hôtel, ne craignait pas de dire sans vergogne : « Vous savez qui je suis, n'est-ce pas ? Les articles et les lettres que j'écrirai ici seront écrits avec l'en-tête de votre hôtel... Ce sera quinze francs. »

Heredia devait venir aujourd'hui pour machiner quelque chose avec Daudet au sujet de l'Académie. N'a-t-il pas dit, en entrant, à Pélagie : « Daudet est là-haut ? » Et sur son *Non,* il a ajouté d'un air mécontent : « Il ne vient donc plus ? »

Lundi 11 mai

Les Daudet me disent aujourd'hui Léon triste, abattu, toutefois sans une aggravation de son mal... Mais comme on est seulement au vingt-et-unième jour, on n'est pas encore délivré de toute crainte.

M. Villard a apporté à Mme Sichel un volume de Théophile Gautier, où il est question de l'hospitalité qu'il lui a donnée en Espagne, dans

1. La REVUE DE PARIS du 15 août 1896 publiera ce *paquet de vers* de Victor Margueritte, 8 poèmes réunis sous le titre de SOUS LE SOLEIL.
2. Cf. t. III, p. 1187. Add. éd. : le mot *vient.*

une bâtisse à l'immense pièce où était écrit à la craie sur les murs : *Antichambre, Salon, Salle à manger.* Et M. Villard raconte, ce soir, qu'après un petit somme qui avait suivi le dîner, l'admirable causeur qu'était Gautier s'était livré à une stupéfiante improvisation sur le nombril de la Vénus de Milo.

Mardi 12 mai

Journée passée au jardin, dans le fleurissement des roses, le chant des oiseaux, la lumière printanière, et dans l'apaisement de ce vent de Nord-Est, qui, depuis six semaines, me traverse la poitrine de son souffle comme d'un coup d'épée.

Mercredi 13 mai

Le peintre Detouche m'apporte une série de dessins des derniers moulins et des antiques rues de Montmartre, en train de disparaître dans une démolition générale.

Une rue curieuse est la rue de l'amour en plein air et où il y a toute une muraille, ainsi qu'une glace de café, donnant des dates, avouant des noms, racontant des passades.

Il est remplacé par le docteur Michaut parlant de la médecine au Japon, de la visite du médecin étranger payé vingt-cinq dollars, de la rapacité du docteur anglais, entrant son chapeau sur la tête dans la chambre du malade et, s'il n'aperçoit pas ledit billet sur un meuble quelconque, disparaissant sans avoir ôté son chapeau.

Puis c'est la veuve du peintre Brendel, une Allemande que je ne connais pas et qui me dit qu'ayant souvent entendu mon nom prononcé par son mari, elle vient me demander mes conseils pour la vente de ses tableaux.

Léon a eu une mauvaise soirée hier, où il a plongé ses parents dans l'inquiétude ; aujourd'hui, c'est son bon jour.

Un moment, Daudet parle de griseries du curaçao auxquelles il s'est livré dans le Midi, griseries qu'il dit différentes des griseries de vin blanc et pendant lesquelles il voyait les sèches plaines de là-bas comme brouillardeuses et comme coupées de canaux.

Au moment où je vais quitter le salon de la rue de Berri, la princesse me jette : « Daudet se présente donc à l'Académie ? » Et comme je lui réponds : « Ça en a l'air, mais je n'en sais rien », elle, si favorable à la vieille institution, fait des signes de réprobation et me lance : « Dites-lui qu'il ne se présente pas ! »

En ramenant ce soir Mlle Zeller de chez la princesse, elle m'annonce que le mariage de Jeanne Hugo et du fils Charcot est officiel.

Jeudi 14 mai

Vraiment, c'est un acte de bravoure de Claretie d'avoir pris la responsabilité de *préfacer* la vente de la collection de tableaux d'Arsène Houssaye, cette collection peut-être unique comme ne contenant pas un seul tableau vrai et où l'expert, tout le temps, s'est vu forcé d'imprimer : *Attribué à...* et, quand c'était un portrait : *Portrait présumé de...*

Je crains bien que l'épreuve de la vente aux enchères ne soit pas la conséquence rêvée par Claretie, mais la consécration du goût du faux qu'a eu toute sa vie, en littérature et en art, Arsène Houssaye.

Dans la terrible polémique entre Rochefort et Séverine, *les éclats de la marmite,* l'image injurieuse qui a eu un si grand succès n'appartient pas à Rochefort, mais à Forain qui aurait dit lors de l'arrestation de Labruyère : « On n'aurait fait encore sauter que le couvercle de la *marmite*[1]. »

Vendredi 15 mai

Dîner à la fontaine Gaillon, avec Carrière, Descaves, Vaquez, que je venais de quitter au chevet de Léon Daudet[2].

Rosny, qu'on ne voit plus dans notre société, amène la remarque de l'étonnement de Mallarmé de le rencontrer au bal de l'Hôtel de Ville. Il serait tout à fait pris de l'ambition de *raser* les femmes du monde.

Descaves conte alors, à son sujet, que lorsqu'il a été question de le décorer l'année dernière, son frère lui a demandé, de la part de la préfecture de Police, des renseignements. Il lui a répondu qu'il n'en avait pas, mais que si la préfecture avait besoin de renseignements, les recherches étaient à faire, non au nom de Rosny, mais au nom de Boex. Rosny n'a pas été nommé, et depuis, le frère de Descaves ne lui a jamais parlé de l'enquête faite par la préfecture de Police.

On parlait de la supériorité de l'Anglais sur le Français dans les affaires. Là-dessus, je disais que je croyais le cerveau d'un Anglais plus concentré sur une seule chose, tandis qu'il y avait dans une cervelle française beaucoup d'école buissonnière.

Dimanche 17 mai

Lucien vient déjeuner. Il m'apprend que Léon commence à manger et qu'aujourd'hui, on lui a permis un jaune d'œuf.

Je parle à Rodenbach d'un livre intitulé : LES NUITS, LES ENNUIS ET LES AMES DE NOS PLUS NOTOIRES CONTEMPORAINS, reçu hier et dans lequel aussitôt que j'y ai mis les yeux, je n'ai pu le quitter, intrigué par les qualités de style et de pensée de l'œuvre, la délicatesse méchante de l'ironie, descendant un peu de celle de Villiers de l'Isle-Adam ; et comme je lui cite le nom d'Ernest La Jeunesse, mis au bas d'une dédicace

1. Cf. t. III, p. 1226, n. 1.
2. Cf. t. III, p. 1026, n. 1.

très louangeuse, il me dit que ce nom n'est pas un pseudonyme, mais le vrai nom de ce garçon, qui n'aurait pas plus d'une vingtaine d'années. Ce *jeune*, qu'on pourrait appeler un caricaturiste psychologique, porterait en lui comme une marque de cette destination : il aurait une voix de Guignol. Morel, qui l'a rencontré à la REVUE BLANCHE, dit qu'il est d'une impertinence dont on n'a pas idée. Il l'a entendu dire des choses dans le genre de celle-ci : « Monsieur, qu'est-ce que vous venez faire ici ? On n'y reçoit que des gens de talent. » Phrase qui lui attira un jour cette riposte : « C'est pour savoir où vous avez pu déposer vos couilles » — allusion à sa voix de castrat.

Les Margueritte, qui viennent passer une heure, parlent de Cladel, que le militaire semble avoir beaucoup fréquenté : il dit, au milieu d'une sympathie admirative pour sa personne et son talent, que lorsqu'il était gris, il battait sa femme [1].

On reparle de la fuite de la fille de Rosny de chez son père et à ce sujet, Frantz Jourdain raconte que Rosny, autrefois si fermé sur son intérieur, maintenant beaucoup plus ouvert, à un dîner chez lui, disait à une dame qu'il connaissait à peine, parlant de sa fille, qu'elle avait tout à fait les instincts déplorables de sa mère.

Gallimard vient me demander pour l'*Exposition internationale du livre moderne*, qui doit avoir lieu chez Bing, de lui prêter mon manuscrit des FRÈRES ZEMGANNO, et les deux volumes de ma collection où il y a le portrait de Daudet et le mien [2].

Un amusant détail sur les manuscrits originaux qui lui sont arrivés pour être exposés. Le feuilletage du manuscrit de Grave, L'ANARCHIE ET LA SOCIÉTÉ MOURANTE, a fait sortir des pages une punaise.

A propos de mon portrait de Carrière tiré par la maison Lemercier, Gallimard parle curieusement du vieux Lemercier, l'admirable tireur de lithographies, par lequel seul Gavarni voulait être tiré.

Tout jeunet, il commençait à fabriquer des paniers d'osier sous une porte cochère, assez maladroitement. Dans la même rue habitait une jeune fille, faisant le même métier, mais avec beaucoup plus d'adresse que lui. Elle lui donnait des leçons et devenait sa femme. Bientôt, le ménage habita près d'une imprimerie de lithographie, et entrant parfois dans l'imprimerie, le mari prenait intérêt au travail, demandait à entrer comme ouvrier. On l'acceptait, mais on le mettait aux gros ouvrages des débutants dans le métier : on lui faisait porter des pierres. Toutefois cependant, il arrivait, en cachette du patron, à tirer quelques épreuves et les tirait d'une manière si remarquable que quelques ouvriers lui proposaient de se mettre à la tête d'une petite société qu'ils fondaient :

1. Texte Ms. : *que le militaire semble avoir beaucoup fréquenté et qui dit...* Le *militaire* est Victor Margueritte : cf. plus haut p. 1279.

2. Sur cette collection de livres modernes de Goncourt, cf. t. II, p. 1118, n. 2. Les deux volumes visés sont la SAPHO de Daudet, portant sur le vélin de sa couverture le portrait à l'huile de l'auteur par Carrière (1891), et la GERMINIE LACERTEUX, ornée des deux portraits à l'huile d'Edmond et de Jules de Goncourt, par Carrière également (1892).

c'est là l'origine de la grande maison qui fut plus tard la maison Lemercier.

L'homme était très bon, très excellent et fut victime de sa bonté. Il fut volé de 1 200 000 francs par un caissier qu'il avait, pour ainsi dire, adopté comme un fils et marié à une jeune fille de sa connaissance — caissier qui leva le pied et se sauva en Belgique avec une maîtresse. Et Lemercier ne poursuivit pas son caissier, dont il aurait pu rattraper quelque chose, par considération pour sa femme, le suppliant de ne pas déshonorer ses enfants.

Au milieu de la gêne produite par l'escroquerie de son caissier, il y eut de sa part une demande d'emprunt de 40 000 francs au père de Gallimard, qui devait amener l'entrée dans sa maison du fils Gallimard, qui, un jour, devait prendre sa place.

Dîner, ce soir, chez les Zeller, où Lorrain raconte qu'il a reçu ces jours-ci une lettre dans laquelle il y avait une puce, avec ces mots : *Tuée sur le c... de Liane de Pougy, à Jean.*

Lundi 18 mai

Le jeune Sichel, arrivé ces jours-ci de Leysin, donnait ce détail sur l'esprit de discorde qui règne dans les sanatoriums : « On entre en octobre, et la moitié du monde ne salue plus l'autre en mars. »

Ah, ce Zola ! Il y a huit jours, c'étaient tous les ministres du présent et du passé qui pouvaient revenir, que cet ancien éreinteur des hommes politiques glorifiait [1]. Aujourd'hui, il chante les Juifs, le tout pour avoir la voix d'Halévy [2] ! Non, je crois qu'il n'est pas dans l'histoire des lettres un pareil retournement d'habit.

C'est vraiment une piraterie littéraire stupéfiante que celle des Espagnols. Je reçois, sans aucun doute envoyée par l'éditeur, une EPOCA annonçant une « traduction de l'HISTOIRE DE MADAME DE POMPADOUR faisant suite à l'HISTOIRE DE MARIE-ANTOINETTE ». Dans les autres pays, on vous envoie au moins un exemplaire de l'ouvrage traduit.

Il y a une dégringolade de goût ou de soin dans la fabrication chez tous les fils d'un bon ouvrier. Exemple : les Lortic fils comme relieurs, les Jacques fils, comme encadreurs.

---

1. Allusion à L'ÉLITE ET LA POLITIQUE. Tout en protestant tout au long de l'article contre la médiocrité du personnel politique, Zola ne laisse pas de passer une revue élogieuse des nouveaux ministres dont il vante la culture : l'historien Hanotaux, Poincaré, aux « discours fraternels » pour les gens de lettres, Leygues, le « terrible Bourgeois »,... ce sage si clair et si pondéré », Lockroy, cet « ancien journaliste d'infiniment d'esprit » ; il est d'ailleurs juste de faire remarquer que certains de ces ministres, tel Bourgeois, étaient déjà renversés, quand Zola faisait leur éloge. Cf. NOUVELLE CAMPAGNE, p. 103 et FIGARO du 9 mai.

2. Dans POUR LES JUIFS (dans le FIGARO du 16 mai ; cf. NOUVELLE CAMPAGNE, pp. 109-113), Zola, indigné devant l'antisémitisme montant, répond à quelques-uns des reproches faits aux Juifs et nie que l'antisémitisme ait des racines populaires. On voit se profiler déjà le Zola de J'ACCUSE.

Mercredi 20 mai

Visite de la princesse Pio di Savoya, qui raconte ses visites à tous les mages, les somnambules, les tourneuses de table des quartiers excentriques, disant qu'en Italie, elle n'a pas ces occasions, qu'on la brûlerait et qu'elle se paye ici tout le surnaturel possible.

Elle est accompagnée par la comtesse de Gramont, qui m'apprend que sa famille a, dans un château de la Sarthe, un mobilier d'un petit et grand salon donné par la reine Marie-Antoinette à la duchesse de Polignac et dont sa famille a hérité. Le mobilier du petit salon, qui a des bois admirables, est recouvert d'une soierie bleu et blanche, tout usée. Mais le mobilier du grand salon est en tapisseries, et des plus belles tapisseries, représentant des bergeries. Il y aurait surtout un écran merveilleux, dont il a été offert 30 000 francs.

Ce soir, rue de Berri, on causait de la reine d'Angleterre ; et la princesse, qui avait, dans le principe, de fortes préventions contre elle, déclarait que lorsqu'on la connaissait, « on la trouvait une personne tout à fait royale ».

Et la peignant quand elle était venue à Paris, sous l'Empire, la peignant avec sa toilette ridicule, sa robe courte, son chapeau de satin blanc à plumes, ses mains affreuses chargées de bagues, son cabas, la princesse disait qu'aussitôt qu'on était en rapport avec elle, elle faisait tout oublier de son accoutrement par sa tenue et par la dignité et l'approbation de sa parole [1].

De la reine d'Angleterre, on saute à l'impératrice d'Autriche, que Primoli dit séduisante par son air de toquée, et l'on parle de sa manie de se cacher le bas du visage avec un éventail, et l'on raconte qu'elle n'est jamais retournée en Belgique, parce qu'une indiscrète s'est permis, en passant devant elle, d'abaisser avec la main l'éventail de l'impératrice [2].

Et il est question du couronnement du tzar, que Schefer, de l'Institut, affirme être une cérémonie mongole et que le premier secrétaire de l'ambassade russe, qui a dîné, déclare horriblement fatigante, la cérémonie commençant à neuf heures du matin et finissant à deux heures [3].

Vendredi 22 mai

Ç'a été vraiment bien fait pour moi, le *Sic vos non vobis* [4] ! J'ai peint une Rome que les artistes trouvent supérieure à celle que vient de peindre Zola. Ma Rome a fait un four atroce, et celle de Zola remplit le monde de ses cent mille exemplaires. J'ai écrit la PATRIE EN DANGER,

1. Sur ce voyage de Victoria à Paris, cf. t. I, p. 142, n. 4.
2. Cf. t. I, p. 617, n. 3.
3. C'est alors M. Narischkine qui occupe le poste de premier secrétaire à l'ambassade de Russie. — Nicolas II est couronné à Moscou en mai 1896.
4. Cf. t. II, p. 1249, n. 1.

un drame sur la Révolution et que je puis dire sans grande vanité être une autre mise en scène de ces temps que celui de ce pitre de Bergerat ; ma pièce sur la Révolution a été refusée par le Théâtre-Français, et la pièce de Bergerat a tout le succès possible [1].

Non, pas de chance ! Ces jours-ci, en corrigeant les épreuves de mes journées de maladie, pendant les années 1892, 1893, 1894, j'avais comme un ressentiment de la vie cruelle de ce temps ; et hier, il m'est revenu une de ces crises de foie dont je me croyais à tout jamais débarrassé.

Samedi 23 mai

Je reçois un catalogue de Morgand, renfermant un certain nombre de livres modernes avec des dédicaces, et ne trouvez-vous pas mal ironique qu'à côté de deux livres de nous avec une dédicace à Victor Hugo, se trouvent LES TROPHÉES de l'académicien Heredia avec une dédicace à Mme Anna Saint-Cère ?

Lundi 25 mai

Au milieu de ma visite rue de Bellechasse pour avoir des nouvelles de Léon, Mme Daudet me jette :

« Vous avez reçu des témoins du comte Greffulhe ?

— Non ! Qu'est-ce que ce potin-là ?

— Mais c'est à propos des croquis de la comtesse faits par Helleu... et qui ont été faits à son insu, et pendant une de ses absences [2].

— Je n'en savais rien du tout... Helleu ne m'avait pas dit un mot de cela... Et ces croquis, je les croyais faits en parfaite connaissance du mari. »

En rentrant, je trouve une lettre de Forain qui m'annonce que, si je continue à parler de sa vie privée, il s'adressera aux tribunaux.

Mardi 26 mai

Jour de ma naissance et publication du dernier volume de mon JOURNAL, au milieu des ennuis qui ont commencé à son apparition dans l'ÉCHO et qui vont suivre.

Voici la raison de la lettre de Forain. J'ai dit, en racontant la vie du sculpteur Charpentier, que Forain avait un moment couché sous les ponts avec lui [3]. Or, comme dans le moment, il organise des *garden-party* dans le monde chic, on conçoit combien ce rappel de son passé de miséreux a été irritant pour lui. Mais comme sa lettre est au fond polie, elle m'a permis de lui écrire celle-ci :

---

1. MANON ROLAND, drame en 5 actes et en vers, de Bergerat et Camille de Sainte-Croix, créé le 4 mai 1896 au Théâtre-Français.
2. Cf. t. III, p. 915-916.
3. Cf. t. III, p. 971.

« Monsieur.

« J'ai toujours parlé de votre personne et de votre talent sympathiquement. Et quand je note la dureté de votre œuvre pour le temps présent, cette dureté, je la mets plus au compte de la *mauvaiseté* de cette fin de siècle que de votre nature. Maintenant, si j'ai donné quelques détails des misères de votre jeunesse, j'avais cru qu'ils n'avaient rien de blessant, lorsqu'ils étaient publiés le jour où vous aviez conquis la grande position que vous occupez. Mais il sera fait ainsi que vous le désirez, d'autant plus facilement qu'avec ce dernier volume, ma vie littéraire est terminée.

« Agréez, Monsieur, les sentiments de haute estime artistique, exprimés quand même dans mon JOURNAL. »

Mercredi 27 mai

Dîner rue de Berri pour fêter la naissance de la princesse, qui a aujourd'hui ses soixante-seize ans.

Avant dîner, conférence diplomatique entre la princesse, Mme de Galbois et Primoli, qui m'intrigue un peu : nous étions treize à dîner et Ganderax, sur la résistance de Mme de Galbois à dîner chez sa nièce, va gentiment dîner avec sa fille.

Bourdeau, avec son teint anémique, sa voix expirante, me paraît un aimable homme et un causeur apportant des choses dans sa conversation.

Le fils Jadin, qui a un amusant esprit d'atelier, parle de la férocité du paysan normand. Car, peignant et vivant dans le monde de la chasse, il habite presque toute l'année là-bas un ancien pavillon de chasse, qui a appartenu à Mme de Prie, la maîtresse du Régent, un pavillon, où il y a encore deux pièces avec les boiseries du temps, les deux seules épargnées par les Prussiens, qui ont fait du feu des boiseries des autres pièces. Et à ce sujet, il me conte qu'il possède peut-être une des plus belles boiseries du XVIIIe siècle : c'est la glace de la chambre à coucher de la reine à Fontainebleau, entourée d'un cadre de roses sculptées, d'un travail miraculeux, et achetée pendant la Révolution par son grand-père, qui était commissaire-priseur.

Pendant le dîner, la princesse me parle avec un peu d'accablement de la fatigue de sa vie à Paris et du bienheureux repos qui va succéder chez elle, dans son existence à Saint-Gratien, où elle ne se sent plus la force de subir les fatigantes villégiatures de dix personnes pendant quatre mois, comme celles des Benedetti, ajoutant en souriant : « Oui, le vieux, je suis prête à le mettre dans mon lit, mais les autres ! »

Mme Ganderax nous apprend que Mme de Bonnières, prise d'une phtisie galopante, est partie pour le *sanatorium* de Leysin. Et Jadin, qui semble l'avoir pas mal fréquentée, parle de la langue *archi-libre* de la petite femme, disant en prenant congé des gens sur les minuit : « Voici l'heure de la génération ! » C'est curieux, ces horreurs, ces infamies, ces crapauds sortant de la bouche de ces femmes éthérées, diaphanes !

La soirée se termine par une sérénade montée par Primoli en l'honneur de la princesse, où des Italiens, habillés en vrais *chienlits*, nous jouent et nous chantent des chansons napolitaines qui semblent une ivresse du *gagatisme*.

Jeudi 28 mai

Le parler mélancolique des Anglaises dans le travail de la digestion faisait ce matin, dans les fonds de salle du restaurateur Voisin, un gazouillement tout à fait triste.

Rencontré Ajalbert en costume militaire : un pot à tabac sur lequel serait tombé un morceau de drap bleu.

J'entre chez le marchand d'estampes Dumont, qui a, exposés dans sa boutique, des reliquats de la vente Forain. Il me dit que c'est un monsieur avec lequel les rapports manquent d'agrément, un monsieur qui n'est jamais content et dont la vente de ses dessins embryonnaires, qui a monté à 18 000 francs, ne le satisfait point encore. Il ne l'a pas même remercié des quatre jours d'exposition, pendant lesquels sa boutique a été toute bouleversée. Quant à Mme Forain, venue à la vente et placée en première ligne, elle poussait tout si absurdement qu'il a été obligé de lui faire dire à l'oreille que si elle continuait, tous ses clients allaient abandonner la vente. Le ménage ne voulait pas que le plus infime croqueton se vendît moins de cent francs. Je pensais aux cinquante francs dont Beugnet payait des dessins terminés comme mon VIRELOQUE [1].

Deux petites ouvrières revenant de leur travail. L'une parlait tout haut dans la rue, disant à l'autre : « Oh ! ma chère, ce monsieur, il est trop important, trop *tuyau de poêle*. » Cette comparaison, tirée du chapeau de l'homme en tenue, m'a paru originale.

Vendredi 29 mai

Je me mets à table, quand une voiture s'arrête devant la porte. Une personne en descend et me fait passer sa carte. C'est Docquois, envoyé par Xau, à la suite de l'article de Formentin dans le JOUR, qui annonce à Paris que les Daudet et moi sont fâchés à propos de la publication de mon JOURNAL dans l'ÉCHO, article assez bien renseigné et parlant de la lettre colère de Mme Daudet [2].

---

1. L'aquarelle de Gavarni, qui a été gravée par Jules de Goncourt (n° 20 des EAUX-FORTES, éd. Burty).

2. Cet article de Charles Formentin, LA RUPTURE DAUDET-GONCOURT, paraît dans le JOUR du 30 mai. Il annonce que Goncourt trouvera désormais porte close rue de Bellechasse, n'ayant point rompu avec L'ÉCHO DE PARIS après la publication de la caricature de Steinlen (cf. t. III, p. 1262, n. 1). Il parle de la lettre où Mme Daudet a dit à Goncourt « en termes très ironiques et très fins... des choses très aigres-douces que M. de Goncourt comprit enfin. » Pour finir, il annonce la candidature de Daudet à l'Académie.

L'article est *goujatement* méchant.

Samedi 30 mai

Je repensais qu'avant-hier, les Daudet m'avaient semblé un peu froids, quand je tombe, dans l'ÉCHO, sur un démenti très net de Daudet sur notre brouille, et en même temps sur la déclaration de sa non-présentation à l'Académie [1].

Vu dans la journée Daudet, qui me parle des duretés qu'il a dites à Possien, au sujet de l'article Formentin. En sortant, hélas ! je lis un article de Possien, que je constate n'être pas dans l'attitude si terre-à-terre que m'avait promise Daudet [2].

Dîner chez Gavarni, qui me porte sur les nerfs avec tous ses *si*, ses *mais*, ses hésitations à propos de la statue de son père, qui me font presque le pousser à refuser.

Gavarni, en me reconduisant, me parle des trahisons de la lumière électrique, où l'on voit en la scène de l'incantation de Faust, dans le jardin de Marguerite, les 8 de l'arrosoir [3].

Dimanche 31 mai

Je reçois la lettre d'un inconnu, indigné de l'article de Formentin et me disant que c'est une canaille arrivée, par ses bassesses auprès de Laurent, le directeur du journal, à se faire nommer conservateur du musée Galliera et qui, lors de la déconfiture du pauvre Laurent, a été le rédacteur anonyme des papiers qui l'ont fait mettre en faillite.

Visite de deux femmes, se faisant annoncer comme les cousines de Blamont, le parent qui est venu m'annoncer dans mon lit le coup d'État du Deux Décembre [4] ; et l'une me présente sa fille, une gentille fillette, qui serait la petite-fille d'une Mme de Montchevrel, qui aurait des lettres de ma mère lui annonçant son installation à Nancy, lui annonçant ma naissance comme la naissance d'un gros garçon bien portant.

---

1. Dans cette interview, CHEZ M. A. DAUDET (L'ÉCHO DE PARIS du 31 mai), Daudet explique les *potins* qu'évoque l'article de Formentin par le fait que la fièvre typhoïde de Léon a interrompu toutes réceptions chez les Daudet ; et il montre la dédicace amicale du volume IX du JOURNAL de Goncourt, qu'il vient de recevoir : « Quant à ma candidature académique, je ne crois pas qu'il soit désormais nécessaire de démentir cette invraisemblable nouvelle. »

2. Selon Possien, dans le JOUR du 31 (LA BROUILLE DAUDET-GONCOURT), Daudet lui-même aurait reconnu de vive voix qu'il y avait eu une brouille momentanée ; Possien souligne aussi que Daudet n'a pas nié catégoriquement avoir eu un instant l'intention de se porter candidat à l'Académie.

3. Voir le livret de Michel Carré et Jules Barbier pour le FAUST de Gounod, acte III, sc. 11. L'*incantation de Faust*, c'est l'amoureuse prière dans le jardin, sous la lune :

Laisse-moi contempler ton visage
Sous la pâle clarté...

tandis que Marguerite se laisse prendre au charme perfide des fleurs ensorcelées par Méphisto. — *Les 8 de l'arrosoir* : pour éviter que la poussière des planches ne s'élève, on a aspergé la scène et l'éclairage électrique révèle pour les spectateurs haut placés les courbes humides laissées sur le sol par cet arrosage.

4. Cf. t. I, p. 27.

Montesquiou chasse ces timides femmes, au moment où j'allais leur demander de prendre connaissance de ces lettres. Il me parle de mon JOURNAL et veut bien me faire ce compliment que, dans ce temps, mes livres sont les seuls qui apportent aux vrais lettrés un topique, un cordial.

Il est question de Mme de Bonnières, à propos de laquelle il me cite ce mot d'une femme de sa connaissance qui ressemble à un mot de l'autre siècle : « C'est une personne avec laquelle on ne peut pas se donner le plaisir de se lier, parce que ce serait se préparer un chagrin. » Et il me disait que ce départ pour Leysin venait d'une visite à la voyante, qui l'avait effrayée par ses recommandations de se soigner.

Duret entre, et tous deux parlent de la perte que Whistler vient de faire de sa femme et de la douleur qu'il doit éprouver, douleur d'autant plus grande qu'il mettra un soin à la cacher, trouvant que la douleur est une chose peu décorative, et qu'il est avant tout l'homme d'une attitude. Et Duret donne ce singulier détail sur cet individu bizarre, qu'à l'heure du crépuscule, à la nuit tombante, il a la vision de fantômes, qu'il a peur de se trouver seul et que plusieurs fois, il lui a demandé de ne pas le quitter.

Et Duret parle comme d'un malheur de ce mariage de Whistler avec la veuve d'un architecte, qui n'avait aucune fortune et qui l'a poussé à une vie dépensière, au-delà de ses ressources, et qu'il regrette vraiment pour lui sa liaison avec cette Irlandaise qu'il a connue et qui, ayant mené une vie de misère avec lui, l'aurait arrêté dans ses goûts de somptuosité [1].

Raffaelli, qui entre, détourne la conversation de Whistler et l'amène à Zola, à son échec à l'Académie d'hier, à son article du FIGARO sur les animaux [2]. Là-dessus, Duret crie, autant que son organe lui permet de crier, qu'il lui a appris le sentiment d'hostilité que Brunetière avait contre lui et qu'il n'a pu l'empêcher de lui faire une visite, qu'il n'a pu enfin, en lui apportant un pointage fait avec le monde de l'endroit — pointage rendant son élection impossible —, l'empêcher de venir à Paris, le jour de l'élection.

Ce soir, un ciel tout semblable à l'étamage d'une glace, sillonné de zigzags noirs de petites chauves-souris. Du côté du couchant, un restant de lueur mettant autour des grandes verdures diffuses un contour d'un jaune pâle ; et dans l'apaisement des bruits de Paris, par les jardins lointains, des rires de petites filles, mêlés à des aboiements de petits chiens ressemblant à des jappements de joujoux.

---

1. Le 11 août 1888, Whistler avait épousé Beatrix Godwin, fille du sculpteur John Birnie Philip et veuve, depuis 1886, de l'architecte E.W. Godwin. Sa femme entraîna Whistler dans de grands voyages, qui ne lui laissèrent guère le loisir de créer de grandes œuvres. Elle venait de mourir le 20 mai 1896. — L'*Irlandaise* : Joe l'Irlandaise, de son vrai nom Mrs Joanna Abbott, modèle favori de Whistler lors de son séjour en France en 1861-1862. C'est alors que Courbet fit son portrait dans la toile intitulée JO FEMME D'IIRLANDE (cf. J. et E. Pennell, WHISTLER, SA VIE ET SON ŒUVRE, trad. fr. 1913, p. 63).

2. Cf. L'AMOUR DES BÊTES (dans NOUVELLE CAMPAGNE, pp. 45-52) et ENFIN COURONNÉ (*ibid.*, pp. 123-129) : dans ce dernier article, paru dans le FIGARO du 30 mai, Zola se console de ses échecs académiques en contant la séance de la Société protectrice des animaux, qui lui a décerné un diplôme d'honneur, et il achève l'article sur une revue attendrie de toutes les bêtes qui peuplent les ROUGON-MACQUART. Sur l'échec académique de Zola, cf. t. III, p. 1256, n. 2.

Lundi 1er juin

Au salon des Champs-Élysées, où, après la visite de deux ou trois salles, pris d'un dégoût pour cette peinture, où les êtres ont l'air d'être des veilleuses en porcelaine rose, je me sauve de l'exposition.

De là, chez Daudet, qui me dit — c'est facile à dire — de ne pas me laisser embêter par les attaques, lorsque arrive Heredia qui nous dit que les soldats et l'argent sont fournis à l'insurrection de Cuba par trois grandes maisons d'Amérique acheteuses de tous les sucres de ces années dernières et qui font détruire par les insurgés les plantations — ce qui doit faire monter le sucre à des prix énormes [1].

Au fond, en sortant de chez Daudet, tout tendre et tout plein de *Cher ami !* qu'il est, je le trouve gêné avec moi. Puis je ne suis pas content de son interview avec Possien et l'ai vu bien pressé, dans sa dépêche, de me recommander de ne pas parler. Et voilà deux fois que je vais rue de Bellechasse, et Mme Daudet ne vient pas me serrer la main. M'évite-t-elle ? Enfin, l'attitude de mes amis n'a rien de franc... Il me vient parfois l'idée que, dans son désir de se présenter à l'Académie et sa gêne vis-à-vis de moi, il voudrait rompre. Malgré ses dénégations, il y a de l'Académie sous jeu, et quand je rentre dans mon cabinet, où j'ai oublié le livret du Salon, je le trouve dans un tête-à-tête, aux deux têtes très rapprochées, avec Heredia, qui bien certainement est expédié auprès de lui par la noble assemblée.

Ce soir, dîner avec le docteur Martin, qui cause de la suggestion et dit que le théâtre n'est qu'une des formes de la suggestion.

Mardi 2 juin

Les anémones, ces fleurs *au floc velu de petits filaments noirs,* ainsi que les décrit René François, prédicateur du Roy, ces fleurs qui semblent peintes sur un crêpe noir, ces fleurs au mystérieux endeuillement des couleurs, me font penser aux fleurs du jardin de Pluton [2].

Mercredi 3 juin

A propos de l'envoi de son volume de ROME, j'écris à Zola, avec les compliments voulus, que ses trois volumes, LOURDES, ROME, PARIS, sont bien plutôt des livres d'histoire que des romans, qu'il aurait dû faire ces livres bravement historiques et rejeter l'épisode amoureux, qui,

---

1. Depuis la Guerre de Sécession, les Américains avaient acquis des intérêts dans les plantations de Cuba et des Antilles. Dès 1895, Cuba est en insurrection armée ; les troupes espagnoles, quoique décimées par le climat, commençaient à reprendre l'avantage sur les troupes cubaines de Gomez et de Maceo, quand l'explosion du cuirassé *Maine* devant la Havane, le 15 févr. 1898, vint fournir aux États-Unis l'occasion d'une guerre contre l'Espagne, d'où sortit, en août 1898, l'indépendance de Cuba.

2. La citation est tirée de DES MERVEILLES DE NATURE ET DES PLUS NOBLES ARTIFICES..., par René François, à Rouen, 1621, ch. VIII, p. 162 (Goncourt ramasse dans sa formule plusieurs traits épars). – René François est le pseudonyme du père Étienne Binet.

dans une conception élevée, a toujours quelque chose de méprisable, et que pour lui, qui avait l'ambition de faire sa sortie des ROUGON-MACQUART, ça aurait été le moyen de se renouveler complètement.

Le docteur Michaut me racontait que, pendant son séjour au Japon, un frère de Mévisto était venu y donner des représentations. Les Japonais étant curieux de la vie aristocratique française, l'*impresario* leur avait demandé de jouer des pièces se passant dans le grand monde. Mais une difficulté s'étant élevée entre l'*impresario* japonais et la troupe, les acteurs français faisaient leur entrée dans un salon du faubourg Saint-Germain en marchant sur les mains, et l'abbé Constantin d'Ohnet tirait un affreux brûle-gueule de sa poche [1]. Or, l'*impresario* s'étant permis quelques observations sur le jeu excentrique de la troupe, les acteurs se mettaient à jouer avec une telle distinction qu'après avoir été applaudis dans leurs charges, ils obtenaient les plus terribles *fours.* Alors arrivait ce dénouement : le peintre Bigot, qui habite depuis vingt ans le Japon et qui était leur interprète, s'emparait un soir de la caisse du théâtre, qu'il emportait chez lui et les payait. De là, des démêlés avec la police, et l'expulsion de la troupe.

Ce soir, il n'est question, rue de Berri, que de la *garden-party* de l'ambassade d'Angleterre. Helleu, que je trouve parmi les convives de la princesse, dit qu'aujourd'hui, cette fête a fait sortir des millions des poches des mondaines. Et voici les manches plates en train de revenir détrôner les manches écrasantes de ces dernières années ; et voici la mode de petits manteaux à la Watteau attachés haut d'un côté, relâchés de l'autre par une cordelette, et ayant quelque chose de tombant, d'abandonné, d'une grâce charmante.

Dans le cours de la soirée, Primoli dit avoir fait dans la journée une visite à Mme Daudet et, au bout d'un instant de silence, me jette cette phrase : « Goncourt, voulez-vous parier une chose, qu'avant un an, vous serez brouillé avec Mme Daudet ? »

A quoi je réponds tristement : « C'est bien possible ! »... Oui, dans cette visite, le fond de son âme injuste a dû s'échapper !

Jeudi 4 juin

Je me rends à ce dîner de la convalescence de Léon Daudet avec une certaine appréhension des dispositions de Mme Daudet à mon égard.

Je trouve Daudet très chaud de paroles et Léon très tendrement affectueux. Il parle des petites terreurs que lui donnaient pendant sa maladie ses connaissances en médecine, disant que, quand Potain, qu'il appelle le génie de la médecine, promenait sa délicate oreille le long

1. Lapsus : l'abbé Constantin fournit le titre et le personnage principal du roman d'Halévy (1882) et de la pièce que Crémieux et Decourcelle en tirèrent en 1887.

de son dos, il pensait à la phtisie, et que partout où son observation vagabondait sur son corps, il savait la maladie qu'il craignait.

Mme Daudet, elle, ah ! je crains bien que la prophétie de Primoli se réalise ! Ce sont des allusions à des amitiés à moi qui lui sont hostiles, ce sont des phrases ambiguës, où c'est moi qui serais la cause de l'article de Formentin... Oui, ce n'est pas sa lettre irraisonnée, folle, mais la plainte douloureuse que j'en ai jetée dans l'oreille de deux ou trois intimes. Enfin, c'est une invitation à Champrosay avec la formule : « si toutefois je m'y plais... »

Daudet m'avoue que, quand il a ouvert LA LIBRE PAROLE de Drumont et qu'il a lu le titre : LES MAUVAIS AMIS DU VILLAGE DE CHAMPROSAY, pensant à ce qu'il pouvait contenir de méchant, il a fondu en larmes [1]. Maintenant, il m'affirme — j'ai peine à le croire — qu'il n'avait jamais songé à entrer à l'Académie ; mais comme il y a des gens qui lui tiennent de près — c'est de son frère qu'il parle —, dont l'aspect pas bienveillamment interrogateur l'amuse, il ne voulait pas s'ouvrir, il ne voulait pas parler.

Vendredi 5 juin

Villedeuil, qui passe une heure avec moi, me disait que si en temps de paix, le gouvernement met un impôt de quatre francs sur la rente, on peut être assuré qu'en temps de guerre, il fera impudemment banqueroute [2].

Samedi 6 juin

Et par-dessus tous les ennuis du moment, le neuvième volume du JOURNAL, selon l'expression de Fasquelle, n'a pas l'air de « vouloir partir ».

Dimanche 7 juin

Lorrain me peint Liane de Pougy comme une putain à toquades cérébrales. Voici l'histoire : elle s'était prise d'un sentiment pour le médecin Robin. Ledit Robin prétexta un jour un banquet scientifique

---

1. Le titre exact est LE VILLAGE DES MAUVAIS AMIS, article de Drumont paru dans la LIBRE-PAROLE du 2 juin. Il est moins féroce que son titre (sur celui-ci, voir ici t. III, p. 1099, n. 2), Drumont évoquant, à propos de la brouille momentanée de Goncourt et de Daudet, les jours jadis heureux de Champrosay, l'enfance de Léon Daudet. Il rappelle ses démêlés avec Daudet, mais conclut : « Je ne lui en veux pas... Ils se sont passés de moi et je me suis passé d'eux. »

2. Le ministre des Finances dans le ministère modéré de Méline, Cochery, avait présenté, au lieu de l'impôt général et progressif sur le revenu (cf. t. III, p. 1195, n. 1), un projet d'impôt direct par cédules, la propriété bâtie ou non bâtie, les créances hypothécaires, les valeurs mobilières, y compris la rente française, étant frappées séparément et uniformément d'une taxe de 4,5 p. 100. Le projet fut *torpillé* par le « financier » des modérés, Rouvier. Le gouvernement, après l'échec d'un autre projet en 1897, abandonnera la réforme fiscale.

pour dîner avec une ancienne relation. Liane en fut informée et se donna de dépit au peintre Béraud, un vrai déménageur. Là-dessus, Robin lui signifia son congé. Alors, la scène de nuit sous les fenêtres de Mme Robin, l'interpellant, lui demandant son mari, puis l'empoisonnement et le raccommodage, auquel Lorrain a assisté et où elle était charmante en sa pâleur d'empoisonnée et où, au milieu d'un lac de larmes, elle s'engagea vis-à-vis de Robin à n'avoir que des amants qu'elle n'aimerait pas.

Arrive toute la famille Daudet, avec le convalescent pâli, mais solide sur ses jambes, et l'intelligence faisant feu comme par le passé. Tous très cordiaux, et même aujourd'hui, Mme Daudet qui m'invite très affectueusement à Champrosay, dans les premiers jours de juillet.

Les Daudet sont accompagnés de Maurice Barrès ; et comme je raconte que Bauër, dans sa haine contre Antoine, aurait proposé à Lorrain ce traité : « Ne parlez jamais d'Antoine et j'éreinterai Montesquiou », Barrès conte qu'il a dîné avec lui et qu'à ce dîner, il a proclamé qu'il voulait faire dépenser des sommes tellement énormes à ses commanditaires que lui, s'est cru obligé de lui dire : « Pensez-le, mais ne le dites pas si haut ! »

On cause des 751 pages du volume de ROME de Zola, et je soutiens que l'attention française ne se soutient éveillée tout au plus que 350 pages d'un volume d'imagination ; et Barrès me donne raison, déclarant qu'il ne goûte pas entièrement le livre de LA PAIX ET LA GUERRE de Tolstoï, ainsi que les romans de Goethe, qui commencent par de l'ennui et dont l'intérêt est remis au lendemain.

Barrès est coupé par Léon, qui s'écrie : « Et c'est un homme faisant un volume de 600 pages qui parle ainsi ! »

Et comme je demande à Barrès quel est ce livre, il me répond que c'est un livre qui comprend une période de dix ans, et ce sera l'histoire du Boulangisme [1].

Et comme il parle d'une intrigue là dedans et que je lui dis qu'il devrait faire ça comme mémoires, d'après ce qu'il a vu, d'après ce qu'il a su, il me dit beaucoup de paroles vagues, qui ne m'expliquent pas du tout le *romancement* de la vraie histoire.

« Oh ! vous, Barrès... six cents pages... c'est pas possible ! jette de Régnier.

— Vous savez..., elles ne sont pas du tout écrites. »

Et on lui parle de son article sur Clemenceau, de la valeur de cet article éreinteur, ce qui lui fait dire : « Bah ! au bout de quelques années, les premiers moments de ressentiment passés, l'éreinté ne doit pas garder rancune... Car un éreintement comme le mien, c'est une constatation

---

1. Le dessein de Barrès est plus ample encore qu'il ne le dit, puisque L'APPEL AU SOLDAT (1900), qui compte 549 pages dans l'édition originale et qui analyse la phase boulangiste de Sturel, n'est que le volet central du triptyque que forme le ROMAN DE L'ÉNERGIE NATIONALE, où le précédent LES DÉRACINÉS (1897) et où le suivent LEURS FIGURES (1902), qui ressuscitent l'affaire de Panama.

de la valeur de l'homme que j'attaque... Il n'y a de ressentiment à avoir que contre les articles écrits avec de la goujaterie [1]. »

Lundi 8 juin

Rencontré Raffaelli, qui me dit n'aimer de l'art industriel que celui où l'on sent les doigts de l'homme et qui lui fait détester l'art industriel anglais, où la main de l'homme est tellement dissimulée sous le ponçage, le ratissage, que la fabrication de l'objet semble obtenue par une mécanique.

Mardi 9 juin

Si la France se montre pour mon JOURNAL si méprisante, je reçois de l'étranger des témoignages d'une sympathie bien tendre : ainsi ce portrait de Mme Gioconda de Angeli, de Milan, avec cette dédicace au bas : « A Edmond de Goncourt, la plus obscure et la plus enthousiaste de ses admiratrices, désolée de la préface du neuvième volume du JOURNAL » — la préface où je dis : « Le neuvième volume du JOURNAL des Goncourt est le dernier que je publierai de mon vivant. »

Jeudi 11 juin

Longue conversation avec le docteur Toulouse, médecin de Sainte-Anne, qui vient, avec l'aide de spécialistes, vous mensurer l'ouïe, la vue, l'odorat, enfin tous les sens, et va se livrer à ce travail sur quelques hommes de lettres, sur quelques artistes, sur quelques musiciens : travail curieux, à propos duquel il dit que les professions manuelles laissent des stigmates matériels et que les professions intellectuelles doivent amener des stigmates, il est vrai, difficiles à constater, mais qu'il voudrait tâcher de définir [2].

Réunion dans le *Grenier* du comité Gavarni, où Willette, au lieu de la banale statue, propose de faire un buste, flanqué d'un côté d'une statuette de débardeuse, de l'autre d'un Vireloque.

Quand j'entre chez Daudet, il est en train de parler d'un cas de fièvre typhoïde produit à Marseille par des huîtres et qui a amené la mort de deux jeunes filles et où tous les accidents étudiés chez ces deux mortes se sont répartis chez eux tous à Venise. Lui, Daudet, c'étaient des hallucinations, où une tourbe de gens s'emparait de lui et le faisait tourner dans tous les sens, supplice qui lui avait fait dire à son monde

---

1. Dans CLEMENCEAU LITTÉRATEUR, paru au FIGARO le 20 mai 1896, Barrès ironise sur les « effets de rhétorique vulgaire » du GRAND PAN que vient de publier Clemenceau : « Rien ne manque à Clemenceau pour exceller dans la littérature, que d'avoir quelque chose à dire. »

2. La mort d'Edmond de Goncourt interrompra l'enquête que le Dr Toulouse comptait mener sur lui, comme il venait de le faire pour Zola (cf. l'ENQUÊTE MÉDICO-PSYCHOLOGIQUE D'ÉMILE ZOLA, 1896).

de ne pas le laisser seul[1]. Mme Daudet, c'étaient des spasmes, et chez Léon et Lucien, c'était la colique. Puis, revenant à la fièvre typhoïde de son fils, il me dit que la maladie de Léon est surtout venue de ce que, lorsqu'il a présenté sa note au FIGARO en réponse au jeune Simond, Rodays étant pour le moment absent de Paris, Périvier lui en avait fait corriger l'agressivité et, enfin, il n'avait pas su un moment si décidément elle passerait.

Ce soir, comme on lit des épreuves de la CORRESPONDANCE de Hugo, qu'a communiquées Georges, et parmi ces épreuves, les lettres relatives à sa brouille avec Sainte-Beuve, et qu'on est incertain s'il a été trompé par Sainte-Beuve, Léon dit avoir entendu Lockroy raconter que l'illustre poète avait un jour déclaré que tous les grands hommes étaient cocus, et que lui l'avait été plus que tout autre... Mais si le cocuage Sainte-Beuve est incertain, le cocuage Vacquerie est de toute probabilité.

Au fond, les lettres de Hugo ne sont ni assez franches ni assez indignées ; il a l'air de vouloir se continuer la critique bienveillante de l'homme qui l'a trompé ou qui a voulu le tromper.

Vendredi 12 juin

Visite de Mme Mirbeau, qui se plaint doucement de la paresse littéraire gagnée par son mari dans cette vie contemplative de la plante.

Samedi 13 juin

Toudouze est venu aujourd'hui pour l'arrangement du livre que fait l'éditeur Armand Colin avec les PAGES CHOISIES de l'œuvre des Goncourt.

Il a été témoin de la fusillade de Millière, et voici une réduction de son long récit de la chose[2].

Le vendredi de la semaine de l'entrée des Versaillais à Paris. Une petite pluie brouillardeuse. Un homme en redingote, tête nue, les cheveux roulés à la séminariste, causant tranquillement entre deux officiers, suivis d'un peloton de soldats. L'arrivée au Panthéon l'homme montant les marches, les soldats adossés à la grille, qui a été refermée. Un débat, où on veut le forcer à s'agenouiller et où il résiste et tombe à la fin sur un genou. — Alors, ouvrant son gilet et offrant le plastron de sa chemise aux coups de fusil, il crie : « Vive le peuple, vive l'humanité ! » Une décharge, où son plastron blanc devient tout rouge. Puis le coup de grâce, où le côté où il a été donné devient tout noir,

---

1. Add. éd. : le mot *dire.*

2. Millière avait été élu député de Paris à l'Assemblée Nationale. Pendant la Commune, il reste à Paris, participe aux tentatives de conciliation entreprises entre la Commune et Versailles par les maires de la capitale ; à la fin de la lutte, exaspéré par la sauvagerie du bombardement versaillais, il accepte le commandement de la 18e légion de la Garde nationale, où il semble s'être efforcé de parer aux représailles de la Commune dans les derniers jours de la lutte. Pour sauver son beau-père de l'arrestation, le 26 mars, il se dénonce lui-même ; le général de Cissey, qui déjeunait au Foyot, donne l'ordre de le fusiller sur le champ, ordre exécuté, dans les conditions que raconte Goncourt, par le capitaine Garcin.

comme carbonisé. Alors, la grille ouverte, et une centaine de personnes venant regarder le fusillé, auquel un des curieux prend ses bottes.

Dimanche 14 juin

Bonnet m'apporte ce matin un billet émotionné de Daudet, m'annonçant un éreintement de mon JOURNAL dans le FIGARO, par son frère Ernest, et me demandant avec une certaine inquiétude si cet éreintement m'empêchera de venir dîner ce soir [1].

Un éreintement signé Daudet, au moment où il y a des bruits de brouille entre les Daudet et moi, c'est bien une petite canaillerie, une canaillerie dans les moyens de cet Ernest, qui a voulu être aussi désagréable à son frère qu'à moi.

Oui, ce faux Daudet ne peut me pardonner dans ces derniers volumes tout amicalement remplis des vrais Daudet, père, mère, fils, fille, de n'avoir jamais prononcé son nom, par la raison que je n'ai pas d'estime pour son talent et bien moins encore pour son caractère.

Ce même jour, un amusant article de Mirbeau dans le JOURNAL, blaguant Formentin et dont l'épigraphe de cette chanson populaire, *J'ramasse l'crottin des chevaux d'bois,* correspond parfaitement avec la conservation de ce musée Galliera, où il n'y a rien à conserver par le conservateur, « que sa place » [2]. Et fait curieux, dans toutes les attaques outrageantes dirigées contre moi, jamais un jeune de mon *Grenier* n'a versé pour ma défense une plumée d'encre. Seul Mirbeau, à l'encontre de Formentin et de Bonnières, a pris ma défense spirituellement, délicatement et bravement, et je lui en ai une grande reconnaissance.

Ce soir, dîner avec Mme Adam, Mariéton, le critique danois Brandès.

D'après Mme Adam, Gambetta serait mort d'un coup de revolver tiré par une femme sur lui et non, comme l'ont dit quelques journaux, dans le mouvement de la désarmer [3]. A ce sujet, Mme Adam raconte ceci : c'est qu'un soir, dans une bonne aventure tirée par elle à Gambetta, elle lui aurait dit de se défier du sexe, qu'il serait tué par une femme. Et Mariéton, qui s'était trouvé à cette soirée, confirmait la chose. Mme Adam ajoutait que lorsqu'elle avait fait cette prédiction à l'homme politique, il lui aurait répondu que ce n'était pas la première fois que cette prédiction lui avait été faite.

Brandès, une petite tête, un nez au vent, des yeux fébrilement

---

1. A PROPOS DU « JOURNAL DES GONCOURT », dans le FIGARO du 14 juin. Après une évocation rétrospective et aimable du banquet Goncourt, Ernest Daudet réitère contre le JOURNAL les critiques habituelles : indiscrétion, vanité, « champ de reportage » trop étroit.

2. Après avoir fait construire par Ginain de 1878 à 1889 le bâtiment de l'actuelle avenue Wilson, pour abriter les collections qu'elle comptait léguer à la Ville de Paris, la duchesse de Galliera se ravisa : la ville de Gênes eut les collections, et Paris le bâtiment du musée, où l'on s'apprêtait en 1896 à organiser des expositions temporaires des divers arts appliqués à l'industrie (Reliure, 1902, Ivoire, 1903, etc.). Dans les intervalles de ces expositions spécialisées, il devait abriter les plus récentes productions des décorateurs français. Peu à peu, un fonds permanent de tapisseries vint en garnir les murs.

3. Voir t. II, p. 979, n. 1 sur la version traditionnelle de la mort de Gambetta. Pour la critique des autres hypothèses, voir Gheusi, GAMBETTA, 1932, p. 280 sqq.

intelligents, des cheveux mi-gris, mi-blancs qui ont quelque chose de la coloration des piquants du porc-épic. Et c'est chez lui un frétillement du corps, une éruption de la pensée, un flux de la parole, au milieu d'une lutte avec le sexe des mots français très amusant.

Il parle drolatiquement de l'ignorance française, se moque de l'inepte présentation au public parisien des auteurs de son pays, affirmant qu'Ibsen n'est que l'écolier, le disciple, le vulgarisateur, par le roman et le théâtre, des conceptions d'un philosophe de là-bas. Puis, à propos du symbolisme qu'on lui attribue et de la femme, dont quelques *jeunes* toqués font le symbolisme du protestantisme ou du catholicisme, il déclare que c'est tout bêtement une jeune femme en chair et en os, très réelle, qu'il s'est mis à aimer avec la tendresse et les illusions d'un vieillard [1].

Et soudain, il lui vient une belle colère à propos des traductions, soutenant *mordicus* qu'une chose écrite dans une langue n'est pas traduisible dans une autre langue et que nous ne pouvons avoir aucune idée de la langue d'Ibsen, pas plus que de la langue de Strindberg, qu'il déclare un malade cérébral, mais un très grand écrivain.

Brandès, qu'à sa conversation, on prendrait pour un socialiste et qui n'est au fond qu'un sceptique, éprouve toutefois pour la bourgeoisie une horreur répulsive qu'il ne peut contenir, criant que c'est une caste infecte et qui est à l'agonie au bout de cent ans d'existence, tandis que la noblesse a mis des siècles à mourir.

Et Brandès est très intéressant sur toutes les sociétés qu'il a fondées là-bas pour l'éducation du peuple, qui demeure en ces contrées paysan et ouvrier, à la différence du paysan et de l'ouvrier français, qui, aussitôt qu'il a emmagasiné un peu d'instruction dans une école, trouve que le gouvernement lui doit une place, un emploi.

Brandès nous disait que la langue suédoise était, après l'italien, la langue la plus musicale de l'Europe ; et sur cette affirmation, on faisait la remarque qu'une grande partie des chanteuses était fournie par la Suède.

Lundi 15 juin

Hier, on racontait que le petit Daudet-Hugo, auquel on demandait s'il aimait sa petite tante, ma filleule, répondait par un clignement de l'œil et un bruit de la bouche. Sur la demande d'une réponse plus

---

1. Pour le *philosophe de là-bas*, cf. Georg Brandès, H. IBSEN, Berlin, 1907 (p. 7 sq.), où après avoir signalé la monumentale injustice qui laissait Soeren Kierkegaard ignoré et incompris, Brandès ajoute : « Cette injustice a tourné au profit du grand dramaturge norvégien... Du fait que Kierkegaard était inconnu en Europe, Ibsen parut d'autant plus original et d'autant plus grand. » — La *jeune femme en chair et en os*, ce peut être Mlle Émilie Bardach, cette jeune et audacieuse Viennoise de dix-sept ans, rencontrée à Gossensass en 1889 et qui a *posé* pour Hedda Gabler, ou bien Mlle Hildur Anderson, jeune femme de vingt-sept ans, pianiste virtuose et qui attira l'attention d'Ibsen quand il revint à Christiana en 1891 : concurremment avec Émilie Bardach, elle aurait inspiré la Hilda de SOLNESS (cf. A. E. Zucker, LA VIE D'IBSEN LE CONSTRUCTEUR, trad. Servicen, 1931, pp. 184-186, 188-191, 203 et Lugné-Poe, IBSEN, 1937, p. 74).

affirmative, même clin d'œil et même bruit de la bouche. Enfin, à une troisième interrogation, le bambin de quatre ou cinq ans murmurait : « Je dis *oui* et *non* dans ma chambre ! » C'est là bien la parole d'un enfant de divorcés, qui n'ose dire sa vraie pensée ici ou là, où elle peut être en contradiction avec les sentiments de la maison.

Très particulier, ce petit bonhomme, par un côté blagueur, qu'il doit tenir de son père et qui lui faisait dire hier, dans une promenade au Bois de Boulogne, avec Mme Daudet : « Je me sens extraordinairement *dimanchard* ! »

On n'a pas idée de la ruine, à la fin de la journée, des gens venant jouer aux courses [1]. Hier, une femme, complètement à sec, demandait à un conducteur d'omnibus de lui faire crédit ; une autre femme, mourante de soif, demandait à Pélagie un verre d'eau.

Mardi 16 juin

Tous les Daudet, avant leur départ pour Champrosay, viennent déjeuner chez moi, tous très cordiaux, très *amiteux*.

On cause de la *dindonnerie* de cette Mme Adam, parlant des hommes et des choses dans la plus complète ignorance de ces hommes et de ces choses, confondant Brande avec Brandès et ayant longtemps cru qu'Ibsen était un *jeune* de la Scandinavie. Et son bavardage était tellement imbécile que Brandès, sautillant sur son fauteuil, s'écriait : « Vous dites, Madame ? » et se retournant vers Daudet ou vers moi, en des remuements de hochequeue, nous jetait des : *Madame dit...*, à mourir de rire par leur indignation.

En ce temps où les frontières n'étaient pas ouvertes comme aujourd'hui, Brandès nous parle d'une demande à lui faite par Bourget, ce jeune monsieur pratique, une demande de le faire connaître dans les pays du Nord, demande étonnant Brandès par ce quémandage d'aumône littéraire près d'un *petit Scandinave de rien,* selon l'expression du critique. Et Brandès cause encore d'un article qu'il vient de faire dans LE TEMPS sur Marcel Prévost, où ledit Marcel n'a laissé que les louanges, supprimant les allusions à des ressemblances avec des œuvres passées, déclarant qu'il ne parlera plus jamais de ce passé.

Par discrétion, je ne parle pas de l'article du bon Ernest. Cependant, je ne peux m'empêcher de dire à Alphonse qu'il pouvait faire cet article dans un autre temps, mais que le faire dans ce moment-ci, c'était absolument donner la main à Formentin et à ceux qui disent que nous sommes brouillés.

Mercredi 17 juin

Un Suédois, le docteur Oscar Lavertin, agrégé de l'université d'Upsal, vient prendre chez moi la description des deux gouaches de Lavreince

1. Add. éd. : *des gens...*

représentant M. DE BEAUMARCHAIS *lisant dans le « Mercure » un extrait du « Figaro »* et LE CONCERT AGRÉABLE. Il serait en train de préparer une biographie du gouacheur avec une série de pièces tirées des archives du pays et la reproduction d'une quinzaine de dessins conservés en Suède [1].

Toudouze vient m'annoncer les retranchements qu'il croit devoir faire dans les PAGES CHOISIES de Colin, les extraits de MADAME BOVARY dans cette singulière collection ne permettant pas de croire à un adultère et pouvant faire supposer que les deux amants sont deux époux. Si j'avais su, j'aurais refusé cette publicité de castrat.

Jeudi 18 juin

Aujourd'hui, dernier dîner chez les Daudet.

Au moment où on parlait de l'air volontairement triste que Brandès trouve à Hervieu, ledit Hervieu entre et raconte d'une voix tout à fait mélancolique qu'il vient de terminer une comédie en trois actes, qu'il l'a présentée à la Comédie-Française et que Claretie en est enchanté [2]. Puis à propos de la réclame à nous tous demandée pour les MALADIES DE L'AME par ce comte Desplaces, il nous apprend que c'est une machine montée par Ollendorff, qui est un merveilleux monteur de réclame et qui a, par des procédés semblables, fait la popularité de Delpit, d'Ohnet.

Vendredi 19 juin

Au cimetière, puis au dîner donné par Fasquelle chez Cubat, en cette maison de la Païva, où je dînais avant la guerre avec Gautier, Saint-Victor.

Zola, qui me passe la présidence du dîner, me dit — ce que je ne crois guère — qu'il voulait parler de mon JOURNAL dans un de ses articles du FIGARO, mais que l'article d'Ernest Daudet l'en empêche.

Amabilités de Claretie, qui se met à ma disposition pour la présentation de LA FAUSTIN au Théâtre-Français.

A la fin de la soirée, Antoine vient s'asseoir à côté de moi, m'annonçant qu'il a le projet de venir me demander LA FAUSTIN pour l'Odéon et qu'il engagera une étoile pour la jouer [3].

Un moment, Maizeroy vient me parler de notre sang lorrain et de nos familles militaires, me contant que, lorsqu'il a quitté l'armée, sa

---

1. Ce sera NICLAS LAFRENSEN, *Konsthistorisk Studie*, d'Oscar Lavertin, Stockholm, 1899.
2. Cette pièce, LA LOI DE L'HOMME, sera créée au Théâtre-Français le 15 février 1897.
3. Le 1er juin 1896, le directeur des Beaux-Arts, Henri Roujon, propose à Antoine de prendre avec Ginisty la direction de l'Odéon ; Antoine accepte, mais il se heurte très vite aux usages établis et à l'opposition de Ginisty : celui-ci présente sa démission et Roujon oblige Antoine à démissionner du même coup, le 27 oct. 1896 ; après quoi, Ginisty est nommé seul directeur, et l'on offre à Antoine d'être directeur de la scène, avec les mêmes appointements que Ginisty, mais sous son autorité : Antoine accepte d'abord, puis le 22 novembre, donne sa démission définitive.

grand-mère a cessé avec lui tout rapport pendant quelques années, l'appelant *chieur d'encre.*

En rentrant à la maison, je trouve une lettre d'avoué m'annonçant que les Lauth me font un procès en diffamation à propos d'une anecdote de mon JOURNAL.

Ah, vraiment ! ce neuvième volume m'apporte trop d'ennuis, et je serai bien heureux si j'échappe à une crise de foie.

Samedi 20 juin

Jour anniversaire de la mort de mon frère.

Je lis la lettre de l'avoué écrite au nom de M. Lauth.

Il m'annonce que voulant croire à ma bonne foi, ses clients consentent à ne pas employer la voie judiciaire, mais c'est à la condition que j'écrirai une lettre à M. Lauth, où je dirai que ma bonne foi a été surprise, à la condition que je retirerai immédiatement tous les exemplaires, et chaque contravention constatée après un délai de quatre jours à Paris, de huit jours en province, de quinze jours à l'étranger, me rendra passible d'une somme de cinquante francs par chaque contravention [1].

Le retrait m'est vraiment demandé dans des conditions impossibles.

Maintenant, voici le passage en question que le passage d'un membre de phrase fait seulement poursuivable :

« *Lundi 8 octobre.* — On me contait aujourd'hui que la grand-mère de la petite Sand, mariée au fils Lauth, *eut pour époux* un graveur toqué qui s'habillait en rose et qu'elle quitta pour suivre un jeune homme qui s'habillait comme tout le monde, avait gardé jusqu'à sa mort, sans le faire refaire, le matelas sur lequel elle avait été très heureuse. »

Or ce maudit membre de phrase : *eut pour époux,* passé à l'impression, a fait croire à M. Lauth que c'était de lui dont il était question, disant qu'il était peintre et non graveur et se défendant de s'habiller en rose, tandis que le graveur qui s'habillait en rose était Calamatta, dont la femme mena une conduite impossible et dont la fille épousa Maurice Sand, dont une des deux filles est la femme du jeune Lauth [2].

Ce matin, déjeuner avec Georges Brandès, qui me conte des détails curieux de cette vie nomade, chassée de sa patrie et promenée en Allemagne, en Russie, en Italie et tout dernièrement en Angleterre.

En Russie, où il faisait des conférences, c'est curieux, il voyait un jour entrer chez lui une jeune fille qui lui disait qu'elle avait une sœur très admirative de son talent, mais malade, mais alitée, et qui demandait comme une faveur d'entendre sa parole. Il se serait rendu au désir de la malade, qui, à la suite de cette visite, apprenait à fond le danois et avait, depuis, traduit en russe tout ce qu'il avait écrit.

---

1. Texte Ms. : *et où chaque contravention...*

2. En définitive, un carton fut fait pour ce passage, qui fut remplacé par la note du *Jeudi 4 octobre. — Meunier m'apporte aujourd'hui...,* jusqu'à : *un album d'échantillons de robes du* XVIIIe *siècle.* Par une note de la BIBLIOGRAPHIE DE LA FRANCE du 27 juin 1896, l'éditeur pria les libraires de renvoyer tous les exemplaires de la 1ere édition qu'ils avaient en leur possession. — Voir t. III, p. 1116, le texte manuscrit du passage cité ici par Goncourt.

En Italie, à Florence, il était tombé malade d'une fièvre typhoïde, qui avait duré cinq mois et, à la fin de sa convalescence, où on le tenait encore à la diète, il mangeait les bougies de l'hôpital.

En Angleterre, dont il vient, il aurait passé toute sa vie dans la société des assassins russes, des assassins nihilistes, hommes et femmes, qui, dans la vie privée, seraient les gens les plus doux de la terre.

Puis revenant à son pays, il est très intéressant sur Ibsen, qu'il représente avec la face rouge d'un de nos cochers de remise soulards, et la marche podagre à petites enjambées d'un homme dont les jambes seraient liées l'une à l'autre par une chaînette. Il me le peint, avant dîner, buvant de grands verres d'eau-de-vie, dissimulée sous le nom de vin blanc ou de bière. Et il faut que cet homme d'incorrection, de désordre, de vice, ainsi que tous les hommes de génie, dit Brandès, ait le malheur d'être marié à la femme la plus assagie, la plus raisonnable, la plus rigoureusement correcte qu'il soit possible de trouver.

Et toujours parlant sans trêve ni repos, et avec une rapidité qui s'accélère de plus en plus, peu à peu, il se grise de sa parole dans sa lutte et sa bataille avec la langue française, et à la fin, il lui vient sur la figure une espèce de nervosité polichinellesque.

A la fin, il me nomme un écrivain danois, un de mes enthousiastes de là-bas, dont je n'ai pu retenir le nom, qu'il me dit avoir proclamé mon JOURNAL comme l'ouvrage le plus neuf qu'ait produit le siècle.

Puis se levant à la fin d'une séance de trois heures, il se jette sur ma main, que je ne puis l'empêcher de baiser, et dans notre séparation, j'ai la perception de découvrir chez lui pour moi un vrai sentiment de tendresse de lettré [1].

---

1. Suivent quelques pages d'une lecture très difficile et qui témoignent visiblement d'une fatigue cérébrale d'Edmond de Goncourt, momentanée d'ailleurs, puisque le style de ces notes redevient cohérent à partir du 3 juillet. On n'a aucun témoignage sur cette crise. Nous donnons ci-dessous ce passage sans prétendre l'avoir toujours parfaitement déchiffré. Dans le corps du texte, nous reprenons le JOURNAL au 3 juillet.

Samedi 27 juin

Foire de' Neuilly aveuglément séance de ventriloque.

Dimanche 28 juin.

La vraie histoire...

« Je ne veux plus être battue et je me sauve pour faire la noce. »

D'Harcourt ému par de Tinan a suivi de suite la fille pas de lettre ; va trouver Rosny, qui lui dit : Je n'en suis qu'au hors-d'œuvre.

Et la lettre terrible de la prude de tout.

La fille 14 *ans, petite, pâle, et dans l'espèce de repas qu'il avait fait, Loys dit qu'il voulait servir pour une étude domestique.*

Tout au caractère, cette jolie tête, aux yeux clairs, de Puj... plaisait et par... comme je l'avais vu la première fois.

Uzanne parle de l'exposition de Chicago, de la calomnie de l'Américain.... lequel il a vu de très belles choses et qui avaient élevé des palais comme les palais de la Renaissance. Il parle de la somptuosité, qu'il les... un poulet, l'ail on jette le reste qui ne sert, un goût de gaspillage étonnant un Français.

A ce qu'il paraît Meilhac et Robin se cotisent pour faire un 60 000 de rente à Liane de Pougy et Meilhac paye le mobilier d'une chambre pour que Robin ne couche pas dans le lit où a couché le peintre.

En rentrant chez moi,... et Lecomte.

Vendredi 3 juillet

Journée passée en tête-à-tête avec Mirbeau au Clos-Saint-Blaise. Les Robin devaient venir, mais dans le moment, Robin appartient à Liane de Pougy.

Montesquiou devait partir avec moi à 2 heures 25, mais il n'est venu que pour dîner à 7 heures, par suite d'une journée passée avec le maire de Douai pour préparer une fête en l'honneur de Valmore. Nous causons de la mauvaise fabrication du JOURNAL et de la non-connaissance de la valeur de la copie par Xau, auquel il n'a pu faire accepter des articles de La Jeunesse, après son remarquable livre, les NUITS, LES ENNUIS ET LES AMES DE NOS PLUS NOTOIRES CONTEMPORAINS. Sur la philosophie avec laquelle Mme Robin accepte la trahison de son mari, lui donnant des conseils comme en donnerait un frère. Et il m'apprend que Zola a demandé la résiliation de son traité avec le FIGARO, sur un article qui n'avait pas passé ; et cette conversation sur les uns, les autres de la littérature est coupée entre des promenades au milieu des fleurs, où, à propos d'espèces de baies de senteur qui mettent comme une grande palette, il me dit : « Zola, voyant ces pois de senteur, me disait : "Du temps que je n'avais pour ainsi dire pas de quoi manger, je ne pouvais résister, quand il s'en trouvait, d'en acheter pour un soir, et je les mettais sur ma table de nuit, et cette légère odeur de fleur d'oranger me faisait avoir dans la nuit des rêves où repassait toute mon enfance." »

Tout le dîner, Montesquiou parle avec une verve intarissable des gens étranges, femmes bizarres en paquets, qui étaient à la fête d'hier de Castellane.. Des compotiers à trois étages, avec des bonbons légitimistes. Ça entremêlé d'un éloge de l'Engadine, et de la bonne chambre chez un pharmacien où il n'avait pas l'*odeur de paillasson* d'un grand hôtel, conservant tous les miasmes des choses. Voulant pousser à y aller Mme Mirbeau, qui est souffrante et qui veut se distraire de sa maison et passe trois semaines à Évian avec une femme de sa connaissance [2].

En chemin de fer, tout en me parlant du livre en prose qu'il veut faire et que seul il peut faire, de ses souvenirs sur de vieilles figures du faubourg Saint-Germain, il me conte mille anecdotes, et celle-ci, arrivée à une femme de sa connaissance très fière de sa fortune. Elle

---

Lecomte qui a vu hier Antoine, raconte qu'il est encore là, s'y attelle, qu'il ne peut pas revenir de quelques jours à cause de ses engagements, enfin arrive au ministère avec des chaussures jaunes et un chapeau de paille, avec lequel on ne peut pas laisser entrer, enfin pénètre auprès du ministre, et parle un... avec une telle éloquence de ce qu'il veut faire qu'il le convainc et que sur quel qu'il refuse et sur quelque objection de Roujon, le ministre dit à Roujon : « Vous avez préparé le décret, eh bien, donnez-moi le que je le signe ! »

Toudouze parle de la récolte de vin que va faire son beau-père cette année, au lieu des dix qu'il faisait avant le philoxéra.

Sur l'anecdote de Jean de Tinan, l'Exposition de Chicago vue par Uzanne, l'amour de Meilhac et du Dr Robin pour Liane de Pougy et l'affaire Antoine, cf. plus haut p. 1279, t. III, p. 892, t. III, p. 1254 et plus haut pp. 1293-1294 et 1300.

2. Add. éd. : *à y aller.*

engage une petite bonne au bonnet propret. Et toutes les conditions faites, au moment où l'autre va sortir, elle s'arrête sur la porte et lui jette : « Je demande à Madame si Madame *fait le chien* : dans ce cas, je n'accepte plus les conditions. » *Faire le chien,* c'est faire le marché avec sa bonne.

Ici s'achève le JOURNAL *d'*Edmond de Goncourt, *mort treize jours plus tard à Champrosay dans la propriété d'Alphonse Daudet, qui reçut son dernier soupir.*

NOTES SUR LE VOCABULAIRE DU « JOURNAL »

Le lexique du *Journal* des Goncourt (1911) de Max Fuchs relevait et parfois expliquait « toutes les particularités du vocabulaire » rencontrées dans les 9 volumes édités par E. de Goncourt. Il s'agit ici seulement d'éclairer certains termes, choisis dans le texte intégral du *Journal* et qui, pour beaucoup de lecteurs actuels, ont été rendus obscurs par le glissement de la langue parlée ou par un emploi figuré ; un tel choix ne va pas sans arbitraire. Nous nous référons, ici ou là, à l'ouvrage de Fuchs, aux *Exentricités de la langue française* de Lorédan Larchey (éd. de 1862), au *Dictionnaire de la langue verte* d'Alfred Delvau (éd. de 1866) et au *Langage parisien au* XIXe *siècle* de L. Sainéan (1920).

A

ABOYEUR : crieur de journaux.

ALPHONSE : homme qui vit aux dépens d'une femme.

AFN'AFN, orth. phonétique p. *half and half,* mélange de bières ou de boissons alcoolisées — d'où la transcription inexacte donnée par E. de G. dans le volume imprimé : *aff-aff,* l'*eau d'aff* désignant l'eau-de-vie en argot.

APRÈS, employé absolument, dans le même sens que *après cela,* avec une valeur explicative : après tout... il n'y a pas lieu de s'en étonner, car...

B

BADOUILLARD : viveur, noceur.

BANQUE, BANQUISME, par analogie avec les pratiques des saltimbanques et des bonimenteurs : réclame mensongère et tapageuse.

BEDOLLE, *p.* BEDOLE : imbécile, baderne.

BÉQUILLER : manger.

BISTINGO : cabaret, restaurant à bon marché.

BIZET, *p.* BISET : garde national qui faisait son service sans porter l'uniforme.

BLOUSE, au sens de *blousier* : voyou revêtu de la blouse.

BOUBOUILLE : l'ordinaire du ménage.

BOULVARI, *p.* BOULEVARI : grand bruit, tumulte, désordre.

BOURGEOIS : patron.

BOUSINGOTISME : indépendance d'allure anarchique, par allusion aux jeunes républicains tapageurs d'après 1830, les *bousingots.*

BRULEUSE DE MAISON (*Vêtue en*), par extens. de la loc. fam. *Être fait comme un brûleur de maisons :* avoir mauvaise allure, être très mal vêtu.

C

CALINOTADE : *v.* *CALINO dans l'*Index*.

CANARD : nouvelle suspecte contenue dans un journal ; petit imprimé contenant le récit d'un événement du jour et par ext. le crieur qui vend cet imprimé.

CARCASSE : intrigue savamment machinée dans une pièce de théâtre.

CARCASSIER : auteur dramatique habile à imaginer ces sortes d'intrigues.

CASCADE : improvisation, charge bouffonne à laquelle se livre sur scène un acteur comique.

CHAFRIOLANT, du verbe *se chafrioler* : se délecter à des plaisirs sensuels.

CHAILLOT : *A Chaillot !* exclamation d'impatience adressée à un importun.

CHARABIA : patois auvergnat et par ext. Auvergnat.

CHIEN *(Sacré)*, eau-de-vie très forte.

CHIQUER : manger de bon appétit.

CHOUMAQUE : cordonnier.

CINQSOUTADOS : cigare à cinq sous.

COCODÈS : jeune viveur d'une élégance outrée, sous le Second Empire.

CONSOLATION *(Débit de)* : estaminet.

D

DÉ : *se sauver du dé de la causerie*, expression forgée à partir de *tenir le dé*, au sens de « diriger la conversation ».

DIAMANT : verre d'eau-de-vie.

DISCRÉTION : ce qu'on gage ou ce qu'on joue sans le déterminer précisément et qu'on laisse à la volonté de celui qui perdra.

DOUILLETS *(les)* : parties tendres et délicates d'un corps.

E

ENFANT DE CHŒUR : pain de sucre.

ENTRANCE : caractère de l'homme entreprenant et importun.

ÉPAFFER : chercher à étonner, à éblouir.

ÉTAMINES : épreuves sévères par lesquelles ont fait passer quelqu'un.

F

FERROUILLAT : brocanteur.

FILER : s'en aller en cachette, en partic. hors du collège.

FLAN : (1) *Du flan !*, formule de refus ironique. — (2)* *Rôles « flan »* : sans doute certains rôles de vaudeville où des expressions telles que « *Zut ! Du flan !* » et « *Des navets !* » abondaient au point d'apparaître « comme le fonds de la langue des vaudevillistes » (Villemot, cité par Lorédan Larchey).

FLANELLE : « homme qui se livre à une sorte de flânerie galante, c'est-à-dire qui se borne, près des femmes dont l'amour se paie, à des frais de conversation » (L. Larchey).

G

GARDES DU COMMERCE : agents établis à Paris pour l'exécution des jugements emportant la contrainte par corps.

GASPARDO, variante de *Gaspard* : rat.

GONDOLE : voiture publique assurant le service de Paris à Versailles.

GORGIASE, féminin de *gorgias*, substantif masc. : « vain, glorieux, qui aime la parure » (Napoléon landais, *Dictionnaire*, 1852, cité par Fuchs).

GRINCHE : voleur.

H

HEURE *(A l')*, au sens figuré : comme s'il s'agissait d'obtenir d'un ouvrier ou d'un cocher qu'on paie à l'heure le plus de travail possible ou la course la plus longue possible durant le temps pour lequel on le rémunère.

J

JAR : argot.

JUS DE BOTTES, coups de pied.

L

LANGUES *(Faire des)*, au figuré, métaphore empruntée au vocabulaire de la séduction érotique et qui s'applique à la sollicitude flatteuse, à la complaisance empressée qu'on déploie à l'égard de quelqu'un.

LAVER : vendre, pour se procurer des ressources, certains objets qui auraient dû rester en la possession du vendeur.

LÉGENDE : histoire humoristique prise à la vie quotidienne et de même ordre que celles que suggèrent les *légendes* mises sous les dessins ou les lithographies d'un caricaturiste.

LEVER : pour une professionnelle de l'amour, faire une conquête galante.

M

MANGER, employé absol. : dissiper son patrimoine.

METTRE A QUELQU'UN *(Le)* : Lui en faire accroire, le tromper.

MINZINGUE, MIN'ZINGUE ou MANNEZINGUE : cabaretier.

MISTRON : jeu de trente-et-un.

MODERNE : terme péjoratif appliqué aux *fashionables* par les gens du peuple, d'après Larchey.

MOMAQUE : petit enfant.

MONTER DERRIÈRE, au sens figuré : *Monter derrière des collaborations,* se laisser porter par le succès d'un auteur en renom, avec qui on collabore, à la façon d'un cavalier monté en croupe derrière un autre ou d'un laquais juché à l'arrière d'une voiture de maître.

MOUCHOIR *(Tenir le),* variante de l'expression *Jeter le mouchoir à une femme* : la choisir parmi plusieurs autres, comme faisait, dit-on, le sultan pour désigner celle de ses femmes qu'il voulait honorer de ses faveurs.

MOXA : par anal. avec la mèche qu'on faisait brûler au contact de la peau pour cautériser certaines tumeurs ou soulager certaines douleurs aiguës, désigne au figuré l'effet de surprise qu'on attend d'une solution inattendue et énergique, d'un procédé littéraire original, etc.

MUTUELLE *(École)* : école où les élèves les plus instruits expliquaient aux autres ce qu'ils venaient d'apprendre eux-mêmes.

N

NAVETS : *Des navets !,* exclamation marquant un refus ironique.

O

OPÉRATEUR : terme commun appliqué aux divers charlatans, marchands d'élixir et arracheurs de dents, dont la parade attirait les badauds sur les places publiques.

OURSON : bonnet à poil des grenadiers de la Garde nationale sous la Monarchie de Juillet.

P

PAIN A CHANTER : hostie ; le contexte fait croire à un lapsus, les Goncourt songeant à un *pain à cacheter,* cette rondelle de pâte non fermentée qui servait à fermer les lettres.

PASSE : permis gratuit de circulation sur les chemins de fer.

PÉTRIN : mitron.

PIANO *(Vendre son)* : être triste, désespéré (Larousse) ; le passage implique surtout l'idée que l'on affiche cette tristesse, que l'on spécule sur l'émotion qu'elle doit provoquer.

PICTON : vin aigrelet.

PIQUEUSE DE CARTES : joueuse incorrigible (l'expression évoque non point les marques imperceptibles qu'un *grec* qui *pique une carte* y imprime pour la reconnaître, mais les points que l'on pique sur une carte *ad hoc* pour marquer les coups au trente-et-quarante).

PITANCHEUR : qui aime la bombance.

PLAN : mont-de-piété.

PLATINE : facilité de parole, propension au bavardage.

POSER : *se poser un homme* ou plus précisément *se le poser sur l'estomac,* c'est, pour une femme, obtenir de cet homme les satisfactions amoureuses qu'elle en attend.

PRATIQUE : petit instrument de fer blanc que les montreurs de marionnettes se mettent dans la bouche pour se faire une voix criarde.

PRESSE, par analogie avec cet enrôlement forcé des matelots qu'on appelait *la presse,* s'applique ironiquement à un recrutement opéré sans discernement parmi une masse de gens peu qualifiés.

PUFF : réclame éhontée ou nouvelle à sensation, inventée de toutes pièces.

Q

QUEUE : infidélité en matière d'amour.

R

RAMBUTEAU : urinoir.

RÉDOWER : danser la *rédowa*, danse bohémienne introduite à Paris, à la fin de la Monarchie de Juillet.

REGARD : influence qu'est censée exercer sur le fœtus l'attention qu'une femme enceinte porte sur tel être ou tel objet.

REMISE, au masculin : voiture de louage.

ROMAIN : personne payée pour applaudir au théâtre.

S

SAINT-JEAN *(Ce n'est que de la)* : ce n'est rien en comparaison d'une autre chose.

SALON, au sens particulier du salon d'une maison de tolérance.

SOYER : verre de champagne glacé qu'on hume avec une paille.

SUPRÊME, par anal. avec la préparation culinaire qui consiste à choisir, pour les servir avec une sauce onctueuse, les parties les plus délicates d'une volaille : s'applique à un homme ou à une femme qui présente sous une forme plus raffinée toutes les qualités qu'on peut trouver dans telle catégorie de personnes.

T

TAF : peur.

TALMA : petit manteau court qui couvrait les épaules et la poitrine.

TEINTURIER : celui qui aide un homme politique ou un écrivain dans la confection de ses discours ou de ses ouvrages.

TEMPS *(En quatre)* : très rapidement, par allusion à la charge du fusil qui s'opérait *en quatre temps*, quand on le chargeait par la culasse, alors que la charge par la bouche se décomposait *en douze temps*.

TONTONNER : tourner sur soi-même comme un toton.

TORDION : contorsion.

TOUFFIASSE : variante de *pouffiasse*, déjà signalée par Fuchs, mais que semblent ignorer Larchey, Delvau et Sainéan.

TROUBADE ou TROUBADOUR : troupier.

V

VACHE : lâche.

VENT-DESSUS, VENT-DESSOUS *(être)*, variante de l'expr. *Être vent-dessus, vent-dedans* : être ivre.

VERRE D'EAU, pour désigner l'ensemble d'objets — carafe, sucrier, verre, etc. — qui permet de se servir un verre d'eau sucrée.

VINAIGRE *(A bon)*, par allusion au cri de *Au bon vinaigre !*, poussé par les marchands de vinaigre ambulants, qui portaient leur baril sur le dos, se dit lorsqu'une personne en porte une autre sur son dos.

VOLAILLE : semble s'appliquer à un individu inconsistant ou inconséquent.

Z

ZÉPHYR : soldat des compagnies de disciplines en Algérie.

RÉFÉRENCES BIBLIOGRAPHIQUES

Nous indiquons entre crochets la référence abrégée utilisée dans l'annotation du *Journal*

AVENEL (Henri), *La Presse française depuis 1789 jusqu'à nos jours,* 1900 [Avenel].

BARBIER (Antoine), *Dictionnaire des ouvrages anonymes,* 5 vol., 1872-1889 [Barbier].
Bibliographie de la France, Journal général et officiel de la Librairie [BIBL. DE LA FR.].

BILLY (André), *Vie des frères Goncourt,* 3 vol. Les éditions de l'Imprimerie nationale de Monaco, 1956 [Billy].

BILLY (André), *Sainte-Beuve, sa vie et son temps,* 2 vol. 1952 [Billy, S.B.].

CASTILLON DU PERRON (Marguerite), *La Princesse Mathilde,* 1953 [Castillon, MATH.].

DELZANT (Alidor), *Les Goncourt,* 1889 [Delzant].

DURRY (Marie-Jeanne), *Flaubert et ses projets inédits,* 1950 [FLAUBERT ET SES PROJETS...]

FLAUBERT (Gustave), *Correspondance inédite* recueillie, classée et annotée par René Dumesnil, Jean Pommier et Claude Digeon, 4 vol., 1953 [Flaubert, COR. SUP.]

FOSCA (François), *Edmond et Jules de Goncourt,* 1941 [Fosca].

GONCOURT (Edmond et Jules de), *Gavarni, l'homme et l'œuvre,* « édition définitive », 1925 [GAV.].

GONCOURT (Jules de), *Lettres,* « édition définitive », 1930 [LETTRES].

GONCOURT (Jules de), *Eaux-fortes,* Notice et catalogue de Philippe Burty, 1876 [EAUX-F.].

HANOTAUX (Gabriel), *Histoire de la France contemporaine,* 4 vol., 1903-1908 [Hanotaux, H.F.C.].

HATIN (Eugène), *Bibliographie historique et critique de la Presse périodique française,* 1866 [Hatin].

KÜHN (Joachim), *La Princesse Mathilde,* trad. Guidau, 1935 [Kühn, MATH].

LARCHEY (Lorédan), *Les Excentricités du langage*, 4e éd., 1862 [Larchey].

LEMOISNE (Paul-André), *Gavarni, peintre et lithographe*, 1928 [Lemoisne, GAV.].

MAHÉRAULT (Joseph), *L'Œuvre de Gavarni*, Catalogue raisonné par J. Armelhaut (pseud. de Mahérault) et E. Bocher, 1873 [Mahérault].

NOËL (Édouard) et STOULLIG (Edmond), *Les Annales du Théâtre et de la Musique*, 1876-1896 [Noël et Stoullig].

RICATTE (Robert), *La Création romanesque chez les Goncourt* (1851-1870), 1953 [CRÉATION ROMANESQUE].

SIMOND (Charles), *La Vie parisienne au XIXe siècle, Paris de* 1800 *à* 1900, 3 vol., 1900-1901 [Simond, PARIS].

THALASSO (Adolphe), *Le Théâtre-Libre, 3e éd.*, 1909 [Thalasso].

YRIARTRE (Charles), *Les Cercles de Paris*, 1864 [Yriartre, CERCLES].

INDEX

Le présent index constitue un répertoire complet des noms de personnes, des périodiques et des lieux de Paris qui figurent dans le *Journal.* Pour ceux qui sont peu connus du public, nous avons, autant que nous le pouvions dans les limites de cette édition, complété les indications du texte et des notes par de brèves notices.

Les noms de personnes sont en caractères romains et les autres noms en italiques ; les personnages imaginaires sont distingués par une astérisque.

Les noms mal transcrits par les Goncourt sont suivis de la lettre *p.* (pour) et du nom rectifié, ou bien, si un report est nécessaire, de la lettre *v.* (voir) qui renvoie au nom exact.

Les chiffres en italiques indiquent les passages qui comportent une note explicative en bas de page. Ceux qui se trouvent entre crochets désignent les passages où le personnage intéressé est visé sans être nommé.

A

ABADIE (Charles), né en 1842, ophtalmologiste. — III : 95.

ABBATUCCI (Jacques-Pierre-Charles), 1792-1857, député de la Corse, puis du Loiret sous Louis-Philippe, la Constituante et la Législative ; entre dans l'opposition avec Odilon Barrot, se rallie au bonapartisme ; nommé sénateur, puis ministre de la Justice (1852-1857). — II : 512, 555, 605, 613, 800.

ABBATUCCI (Jacques-Charles), 1816-1885, fils aîné du précédent, député de la Corse sous la Législative, conseiller d'État (1857) ; député bonapartiste de la Corse de 1872 à 1876, puis de 1877 à 1881 : il avait été réélu comme candidat officiel du gouvernement du 16 Mai. — II : 555.

ABBATUCCI (Marie), fille du précédent, demoiselle d'honneur de la princesse Mathilde. — II : 459, 464, 471, 512, 555, 581, 598, 599, 601, 603, 605, 606, 723, 750, 794, 796, 797, 798, 799, 800, 811, 816, 832, 836, 854, 855, 870, 871, 872, 888, 936, 949, 957, 958, 960, 973, 989, 1007, 1020, 1021, 1036, *1067*, 1075, 1101, 1102, 1146, 1261 ; III ; 33, 38, 41, 56, 57, 62, 122, 127, 142, 147, 152, 176-177, 178, 191, 210, 211, 214, 217, 224, 225, 227, 228, 249, [254], 256, 277, 298, 320, 328, 386, 469, *509*, 533, 548, 550, 553, 557, 578, 583, 587, 592, 594, 692, 695, 702, 712-713, 745, 747, 827, 912.

ABBATUCCI (Antoine-Dominique), 1818-1878, frère de Jacques-Charles Abbatucci, général. — II : 1117 ; III : 127.

ABBAYE-AUX-BOIS. — I : 292.

ABBÉMA (Louise), 1858-1927, peintre de portraits. — II : *826* ; III : 599.

ABBOTT (Joanna), modèle de Whistler et de Courbet. — III : [*1290*].

ABEILLE (M.). — III : 669.

ABEILLE (Mme). — II : 885.

ABOUT (Edmond). — I : 196, 206, 258, 299, 300, 304, 313, 319, [339], 350, 392, 445, 454, 455, 457, 460, 488, 519, 520, 521, 524, 527, 533, 582, 693-694, 696, 701, 705, 739, 778, 820, 843, 881, 946, 1082, 1096, 1133 ; II : 122, 185, 644, 802, 848, 987, 1010, 1027, 1032, 1054, 1077, 1113, 1124 ; III : 356 ; 982, 1071, 1200.

AMIGUES (Jules), 1829-1889, écrit dans *la Presse* et *le Temps* à la fin de l'Empire ; rédacteur en chef de *l'Ordre* bonapartiste après 1872 ; auteur avec Desboutin, de *Maurice de Saxe* (Théâtre-Français, 1870). — II : 624.

AMIC (Henri) né en 1853, auteur de romans, de comédies et de souvenirs. — III : *1032*.

AMI DU PEUPLE (L'), le journal de Marat. — I : 884.

AMPÈRE (Jean-Jacques), 1800-1864, fils du physicien, ami de Mme Récamier, professeur de littérature médiévale au Collège de France et auteur de récits de voyage. — I : 454, 921.

* AMYOT (Gabrielle), dans *Flora Fuchs* de Mme de Nittis. — III : 32.

AMYOT (librairie), 6, rue de la Paix, dirigée par Ferdinand-Fleurus Amyot (1818-1875), qui contribua à faire connaître la littérature russe, lança E. Feydeau et fonda les *Archives diplomatiques* en 1861. — I : 492.

ANACRÉON. — I : 321, 422, 481, 820 ; II : 509.

ANACRÉON (Banquets d'), sous Louis-Philippe. — I : 481.

ANAÏS (Nathalie Aubert, dite), 1802-1871, ingénue de l'Odéon et du Théâtre-Français. — I : 195.

ANASTASI (Auguste-Paul-Charles), 1820-1889. élève de Delaroche et de Corot, peintre de paysages romantiques et lithographe. — II : 234, 496, 563, 708, 709, 797, 798, 811, 832, 841, 871, 959.

ANASTAY, 1866-1892, assassin de la baronne Dellard. — III : 691.

* ANATOLE : Anatole Bazoche, le bohème ami de Coriolis dans *Manette Salomon*. — II : 306, 471, 951 ; III : 1083, 1222, *1223*, 1224, 1235, [1237], 1238, 1246.

ANCELIN, garde du commerce. I : 42.

ANCELOT (Virginie), 1792-1875, femme de l'auteur dramatique Jacques Ancelot ; tient un salon où les écrivains se succèdent, de Chateaubriand à Daudet, entre 1824 et 1864. — I : 796.

ANCEY (Georges Matheron de Curnieu, dit Georges), 1860-1917, attaché d'ambassade, écrivit des pièces *rosses* pour le Théâtre-Libre. — II : 950 ; III : *352*.

ANDEERSEN (Mlle Hildur), inspiratrice d'Ibsen. — III : [*1298*].

ANDLAU (famille d'), — III : 185, III : 314, 1175.

ANDOCIDE. — I : 1101.

ANDRAL (Dr Gabriel), 1797-1876, successeur de Broussais à la Faculté ; a travaillé à réformer l'anatomie pathologique. — I : 164, 182, 281 ; III : 749.

ANDRÉ, homosexuel. — I : 939.

ANDRÉ (Édouard-François), 1833-1894, banquier, député et collectionneur. — I : 1085, 1105 ; II : 550.

ANDRÉ (Mme Édouard), 1840-1912, née Nélie Jacquemart, connue sous ce nom comme portraitiste et peintre de genre. — II : 550, 617.

ANDRIEUX (François-Guillaume-Jean-Stanislas), 1759-1833, auteur de comédies et de contes en vers. — I : 607, 745, 924.

ANDRIEUX (Louis), 1840-1931, préfet de police (1879-1881), député, contribua par ses révélations à faire éclater le scandale de Panama. — III : 924.

* ANDROMAQUE, chez Racine. — I : 964.

* ANGÉLIQUE, héroïne du *Roland furieux* de l'Arioste. — II : 1286.

ANGLAIS (Café), au coin du boul. des Italiens et de la r. Marivaux, créé en 1815 par Chevreuil, racheté en 1848, par Martin, restaurateur de Bordeaux ; en vogue surtout sous le Second Empire, célèbre par un de ses salons, le *Grand-Seize*, par sa cave où l'on soupait, par l'excellente cuisine d'Adolphe Dugléré. Démoli un peu avant 1930 — I : 119, 749, 799, 919 ; II : 51, 133, 814 ; III : 250.

ANGLAISE (Taverne), désigne tantôt l'établissement de Lucas, en vogue dès le règne de Louis-Philippe, tantôt celui de Noël et Peters, qui date du Second Empire. — I : 166, 526 ; II : 781, 801.

ANGOULÊME (Marie-Thérèse-Charlotte, duchesse d'), 1778-1851, fille de Louis XVI, femme de Louis Antoine de Bourbon, duc d'Angoulême, compagne d'exil de Louis XVIII. — I : 39, 126, 702 ; II : *176*, 179, 315 ; III : 680.

ANICET-BOURGEOIS (Auguste), 1806-1871, auteur de vaudevilles et de mélodrames. — I : [935], 968, *1095*.

ANNALES POLITIQUES ET LITTÉRAIRES (Les). — III : 1167.

ANNE D'AUTRICHE. — I : 917.

ANNENKOFF (Michel-Nicolaïevitch), 1838-1899, général et ingénieur russe, crée le Chemin de fer Transcaspien (1887) et prépare le Transsibérien. — III : 92.

ANNIBAL. — II : 50, 698.

ANNUNZIO (Gabriel d'). — III : 914, 1270.

ANTIGNY (Marie-Ernestine Antigny, dite Blanche d'), 1840-1874. Ancienne demoiselle de magasin devenue la maîtresse de Mensentsoff, chef de la police du tzar. De 1866 à 1873, joue au Palais-Royal et aux Folies-Dramatiques. Une beauté à la Rubens qu'admire Banville. Fréquente les *redoutes* d'A. Houssaye. Entretenue après 1870 par Bischoffsheim. — II : 482 ; III : 1237.

ANTOINE (André). III : 68, 73, 99, 108, 112, 113, 115, 168, 169, 210, 213, 217,

232, 237, 239, 240, 241, 242, 243, 245, 247, 248, 259, 362, 392, 393, 435, 488, 502, 503, 508, 512, 513, 522, 523, 529, *542*, 557-558, 567, 569, 586, 592, 631, 643, 653, 672, 717, 727, 728, 765, 778, 784, 785, 875, 950, 962, *970*, *972*, *1058*, 1083-1084, 1102, 1143, 1181, 1218, *1263*, 1264, 1277, 1294, *1300*, [*1302*].

ANTONELLI, gouverneur de la Banque de France. — I : 503.

ANTONELLI (Cardinal Jacques), 1806-1876, le conseiller politique de Pie IX. I : 454, 458.

* ANTONIA, héroïne du *Violon de Crémone* d'Hoffmann. — I : 828.

ANTONIETTA, maîtresse d'Antonin Péri à Milan. — I : 311.

* ANTONY, de Dumas père. — I : 549, 954, 1194 ; II : 1288.

ANTONY, aubergiste à Marlotte. — I : 994.

ANTONY, tailleur, rue Saint-Honoré. — I : 587.

AOSTE (Laetitia Bonaparte, duchesse d') 1866-1926. — II : [1261] ; III : [58], 152, 598, 645.

APOLLONIUS DE THYANE. — I : 485.

APPERT (G.) collectionneur. — III : 660.

APPLICATION (Théâtre d'). — III : 665, *1070*.

ARAGO (François), 1786-1853, l'astronome, membre du Gouvernement provisoire en 1848. — I : 189, 226 ; II : 355.

ARAGO (Emmanuel), 1812-1896, fils de François, journaliste (sous le pseud. d'*Emmanuel*), député de la Constituante et de la Législative, ministre de la Justice et de l'Intérieur dans le gouvernement de la Défense Nationale, député, puis sénateur des Pyrénées-Orientales jusqu'à sa mort. — II : 304, 384, 483, 672.

ARAGO (Alfred), 1816-1892, second fils de François, peintre, inspecteur des Beaux-Arts à partir de 1852. — I : 970, 1098, 1177, 1178 ; II : 38, 59, 115, 235, 873.

ARAGO (François), né en 1862, petit-fils de l'astronome, attaché d'ambassade (1880-1903), député des Alpes-Maritimes. — III : 1119.

ARAGO (Étienne), 1802-1892, frère de l'astronome François A. ; auteur dramatique, député républicain (1871), conservateur du Musée du Luxembourg à partir de 1879. — I : 1215.

ARBOUVILLE (Mme d'), 1810-1850, née Sophie de Bazancourt, femme du Génl. d'Arbouville, auteur de *Poésies et Nouvelles* (1855), tient salon 10 pl. Vendôme, y reçoit Sainte-Beuve, qui écrit pour elle *le Clou d'or*. — I : 418.

ARCHINARD (Louis), 1850-1932, général, un des conquérants du Soudan français. — III : *908*.

ARCOS (Santiago Arcosy Megalde), artiste chilien, peintre d'histoire et de genre, expose à Madrid et à Paris, surtout entre 1878 et 1900. — III : 61.

ARDAILLE. — III : 288.

ARÈNE ATHLÉTIQUE (L'), ouverte 31 rue Lepeletier en 1867. — II : 110.

ARÈNE (Emmanuel), 1856-1908, député puis sénateur de la Corse entre 1881 et 1904 et auteur dramatique. — III : 342, 789, *859*.

ARÈNE (Paul), 1843-1896, compagnon de jeunesse de Daudet et auteur de contes provençaux. — II : 751, 992, 1040, 1125 ; III : 35, 118, 256, 262, 495.

ARÉTIN (l'). — I : 91, 217, 470 ; II : 624.

ARGENSON (René-Louis, marquis d'), 1694-1757, ministre des Affaires étrangères de 1744 à 1747. — I : 308.

* ARGENTON (d'), dans *Jack*, de Daudet. — II : 866, 882.

ARISTOPHANE. — I : 344, *[345]*, 351, *[358]*, 422, 895, 966, 1101 ; II : 402, 500, 573.

ARLINCOURT (vicomte Charles-Victor Prévost d'), 1788-1856, auteur de romans extravagants (*Le Solitaire*, 1821) et de vers riches en calembours involontaires. Après 1848, fait figure de pamphlétaire légitimiste. — I : 78, [*529*].

ARLINCOURT (Mme d'), fille du sénateur Chollet, mariée en 1808 au vicomte d'Arlincourt. — I : 78.

ARMAILLÉ (d'), collectionneur. — II : 898, 901.

ARMAN DE CAILLAVET (Mme Albert), 1847-1910, née Léontine Lippmann, ouvre à partir de 1878, 12, av. Hoche un salon littéraire et politique dont Anatole France, son ami, est le centre de 1886 à 1910. — III : 27, *359*, 1063, 1200.

ARMENGAUD (Mme). — II : 1220 ; III : 181, 923.

* ARMIDE, dans *la Jérusalem délivrée* du Tasse. — I : 761.

ARNAL (Étienne), 1794-1872, acteur comique du Palais-Royal. — I : 112, 127.

ARNAUD DE VILLENEUVE, 1235-1313, médecin et alchimiste. — III : *1248*.

ARNAUD, de l'Ariège (Frédéric), 1819-1879, avocat, député de l'Ariège à la Constituante de 1848 ; c'est un des démocrates chrétiens groupés autour de l'*Ère Nouvelle* de Lacordaire. Maire du VIIe arrondissement en 1870, puis député et sénateur républicain. — II : 704.

ARNAUD (Simone), auteur dramatique. — III : *[26]*.

ARNAUD (le Grand). — I : 895.

ARNAULDET, archiviste des Estampes, à la Bibliothèque Nationale. — II : 781-782.

ARNIM (Edouard, Cte d'), 1824-1881, diplomate allemand, négociateur du

traité de Francfort. — II : 559, 637 ; III : 365.
ARNOULD (Sophie), 1740-1802, chanteuse de l'Opéra, célèbre par son esprit et par sa liaison avec le Cte de Lauraguais — I : 330, 875, *1095* ; II : 704, 996, 1011 ; III : 410.
ARNOULD-PLESSY (Mme), *v.* PLESSY (Mme).
* ARNOUX (Mme), dans *L'Éducation sentimentale* de Flaubert. — II : 1266.
ARPIN, lutteur célèbre sous Louis-Philippe et au début du Second Empire. — I : 38, 64 ; II : 75.
ARQUILLIÈRE (Alexandre-Claudius), né en 1870, acteur du Théâtre-Libre, du Théâtre Antoine, du Gymnase, etc. — III : 555.
ART (L'), périodique. — II : 638, 658 ;
ARTS (cercle des), club d'artistes, d'écrivains, comme Mérimée, de gens du monde, fondé 12 rue de Choiseul en 1836 ; vers 1860, devenu « le cercle des *épiciers* », tant il est tombé dans une quiétude bourgeoise. — I : 246.
ARTAGNAN (d'). — II : 673.
ARTAXERXÈS-MNÉMON. — III : 543.
ARTHUR (John). — II : 1083.
ARTISTE (L'), périodique. — I : 227, 232, 247, 253, 259, 267, 305, 314, 436, 900 ; II : 499, 828, 1211.
ARTOIS (comte d'), le futur Charles X. — I : 39, 334 ; III : 807.
ARTON (Aaron, dit), financier d'origine allemande, chargé en 1888 de rechercher pour la Cie. de Panama des parlementaires complaisants, dont la liste fait l'objet de tractations occultes entre la fuite (1891) et le retour d'Arton (1897). — III : 798.
ARTUS (Alexandre), chef d'orchestre à l'Ambigu, puis au Châtelet ; compositeur, il se consacre surtout à la musique de scène (sérénade du *Passant* de Coppée, partition de *Michel Strogoff* de J. Verne et d'Ennery). Meurt fort âgé en 1911. — I : 541, 542.
ASPASIE. -III : 679.
ASSAS (Chevalier d'). — I : 146.
ASSELINE (Louis), 1829-1878, littérateur et journaliste, fonda en 1866 *la Libre Pensée.* — I : 104, 105, 198-199, 204, 255, 256, 261, 270, 271, 280, 316, 744 ; II : 909.
ASSELINEAU (Charles), 1820-1874, attaché à la Bibliothèque Mazarine ; ami de Banville, de Baudelaire, dont il fut, en 1869, le premier biographe. — I : 196 ; II : 435.
ASSEMBLÉE NATIONALE (L'), quotidien. — I : 74, 204.
ASSI (Adolphe-Alphonse), 1840-1886, militant ouvrier du Creusot impliqué dans le 3e procès de l'Internationale (20 juillet 1870) ; gouverneur de l'Hôtel de Ville sous la Commune ; déporté à Nouméa où il meurt. — II : 397.
* ASTIER (Paul), fils de l'académicien Astier-Réhu, dans *l'Immortel* et dans *la Lutte pour la Vie* de Daudet. — III : 140, 228, 338, 342.
ASTRUC (Gabriel), né en 1864, journaliste, vaudevilliste et mémorialiste. — III : [*129*], 136, 138, 177.
ASTRUC (Zacharie), 1835-1907, littérateur et sculpteur. - II : 991 ; III : 742.
* ATHALIE, de Racine. — I : 340.
* ATHANASSIADIS, dans *La Faustin* d'E. de Goncourt. — II : *891.*
ATHIS (Jean), vaudevilliste. — II : [*1283*].
ATTILA. — II : 331 ; III : 311.
AUBANEL (Théodore), 1829-1886, éditeur d'Avignon et poète du Félibridge. — II : 1183, *1184*, 1187 ; III : 118.
AUBE (L'), périodique. — III : 1266.
AUBER (Daniel-François-Esprit). — I : 672, 717, 1000.
AUBERNON (Mme), 1825-1899, née Euphrasie-Héloïse-Lydie de Nerville, fille d'un trésorier général, vit séparée de Georges Aubernon, conseiller d'État, et tient, depuis 1874, square de Messine et, en été, au *Cœur Volant* à Louveciennes, un salon bourgeois et discipliné. II : 976, 1046 ; III : 27, 132, 166, 171, 814, 1133, 1248.
AUBERT, libraire-graveur, célèbre par ses publications de modes et comme éditeur de Daumier et de Gavarni. — I : 45, 144.
AUBERT (Mlle), fille de Louis Aubert, officier en retraite, et de sa femme, Constance Junot, née en 1803, fille ainée du maréchal et de la duchesse d'Abrantès, connue dans les lettres sous le nom de Constance Aubert et restée en rapports amicaux avec Gavarni, familier du salon maternel. — I : 566.
AUBERTIN (Dr). — III : 151.
AUBRIOT, journaliste. -I : 116.
AUBRY (François-Auguste), 1821-1878, libraire et expert parisien. — I : 996.
AUBRY (Raoul). — III : 1189.
AUBRYET (Xavier Aubriet, dit), 1827-1880, débuta en 1849 à l'*Artiste*, qu'il dirigea de 1856 à 1858 avec Éd. Houssaye ; rédacteur au *Corsaire*, à l'*Événement*, au *Moniteur du Soir.* — I : 189, 275, 279, 280, 300, 302, 303, 305, 314, 337, 339, 344, 356, 375, 418, 477, 591, 596, 598, 666, 679, 689, 690, 710, 744, 918, 963 ; II : 149, 187, 474, 515, 518, 1211, 1225, 1271.
AUDEBRAND (Philibert), 1815-1906, journaliste, a laissé des souvenirs sur la bohème littéraire et mondaine et sur le journalisme parlementaire en 1848. — I : 191, 414.
AUDIFFRET-PASQUIER (Edme-Armand-Gaston, duc d'), 1823-1905, dé-

B

I : 782, 947, 965, 1009, 1177, 1178 ; II : 58, 59, 87, 113, 644, 701, 1214.
BAUËR (Henry), 1815-1915, journaliste d'opposition sous l'Empire, déporté après la Commune, et célèbre critique dramatique de l'*Écho de Paris.* — II : 381 ; III : 13, 251, 541, 108, 136, 196, 243, 491, 499, 502, 508, 545, 629-630, 633, 661, 663, 688, 761, 774-775, 791-792, 812, 814, 824, 830, 841, 875, 877, 878-879, 885-886, 910-911, 921, 948, *970,* 984, 1015, 1032-1033, 1146, 1151, 1154, 1156, 1199, 1220, 1221, 1222, 1237, 1243, *1247,* 1254, 1255, 1294.
BAUFFREMONT (colonel de.) — I : 73.
BAUFFREMONT (princesse de), née Valentine de Riquet, Ctesse de Caraman-Chimay, épouse à 22 ans en 1861 le prince Paul de B., s'en sépare en 1874 et se remarie en Saxe avec le prince Bibesco. — I : 1036.
BAUZONNET, relieur. — I : 799 ; II : 669 ; III : 1044.
BAYARD, dessinateur originaire des îles Seychelles. — I : 54.
BAYARD, bourgeois de Nancy. — I : 569.
BAYARD (Jean-François-Alfred), 1796-1853, vaudevilliste, collaborateur de Scribe, dont il épouse la nièce en 1827. — I : [159], [672], *706, 1175 ;* II : [*4*], [1274], [1276].
BAYARD (Émile-Antoine), 1837-1891, élève de Léon Cogniet, surtout connu après 1870 par ses illustrations de romans contemporains. — I : 706.
BAYLE (Pierre), l'auteur du *Dictionnaire* — I : 58.
BAZAINE (le maréchal). II : 291, *326,* 348, 494, 511, 549, 559, 600.
BAZELAIRE (Mme), femme de ménage des Goncourt. — II : 134, 136.
BAZIN, compagnon de jeux de Jules de Goncourt à Gisors. — I : 158, 160, 474.
BEARDSLEY (Dr Amos), médecin anglais. — II : [*1150*].
BÉARN (Comtesse de), morte en 1839, née Marie-Charlotte-Pauline de Tourzel, épouse en 1795 le Cte. Alexandre-Léon Galard de B. ; dame d'honneur de la Duchesse d'Angoulême. — I : 702.
BÉARN (Comte de). — III : 979.
BÉARN (Comtesse de), fille du Cte Octave de Béhague ; soeur de la marquise de Ganay. — III : 178, 910, 980.
BEAU (Julienne-Stéphanie-Marie, dite Juliette) dite aussi *Juliette la Marseillaise, lionne* du Second Empire, paraît en 1860 aux Bouffes-Parisiens, en 1861 au Vaudeville, puis se laisse enlever et épouser par un étranger riche et titré. — I : 271, 680, 693, 739, 904.
BEAUBOURG, fusillé sous la Commune. — III : 933.
BEAUFORT (de), directeur du Vaudeville. — I : [204], 315, 324, 1049.
* BEAUFRILAN, dans *Très Russe* de Jean Lorrain. — II : [*1252*].
BEAUGRAND (Léontine), née en 1842, danseuse de l'Opéra, élève de la Taglioni, célèbre par ses pointes, sa maigreur et son esprit ; retraite en 1880 ; épouse Abraham Dreyfus. — II : 1224 ; III : 737.
BEAULAINCOURT (Mme de), 1818-1904, née Charlotte-Sophie de Castellane, fille du maréchal, mariée avec le marquis de Contades (1836), puis avec M. de Beaulaincourt-Marles (1859) ; célèbre par ses liaisons (le marquis de Coislin, le Cte Fleury), son salon littéraire et diplomatique et sa correspondance avec Mérimée. — III : 58, 62, 524, 779.
BEAULIEU (Anatole de), 1819-1884, peintre romantique, élève de Delacroix, ami du comte d'Osmoy et du ménage Allard. — I : 1113 ; II : 975, 979, 1143.
BEAUMARCHAIS (théâtre). — II : *94.*
BEAUMARCHAIS. — I : 206, 470, 504, 517, 593, 763, 808, 1082 ; III : 1145.
BEAUME (Joseph), 1796-1885, élève de Gros, peintre de genre. — I : 696.
BEAUMONT (abbé de), coadjuteur de l'archevêque de Bordeaux avant la Révolution, fils naturel du duc de Bouillon et de Marie Rinteau, dite Mlle de Verrières, donc demi-frère de Marie-Aurore de Saxe, la grand-mère paternelle de G. Sand. — II : 193.
BEAUMONT (Csse de), 1768-1803, née Pauline de Montmorin, fille du ministre des Affaires étrangères, mariée en 1786 à Christophe de B., amie de Chateaubriand. — II : 1269 ; III : 329.
BEAUPLAN (Arthur Rousseau de), 1823-1890, auteur dramatique et sous-directeur des Beaux-Arts entre 1871 et 1879. — I : [109].
BEAUREPAIRE, *v.* QUESNAY DE BEAUREPAIRE.
BEAUSSIER (Vicomte et Vicomtesse de). I : 831.
BEAUVALLET (Léon), 1829-1885, fils du tragédien Pierre-François B. (1802-1871) ; lui-même acteur (suivit à ce titre Rachel en Amérique) puis auteur dramatique. — I : 304.
BEAUVALLET, lapsus probable pour *BONVALET (Restaurant).* — II : 829.
BEAUVALLON (Jean-Baptiste Rosemond de Beaupin de), né en 1821, beau-frère d'Ad. Granier de Cassagnac ; critique dramatique au *Globe* en 1845 ; condamné le 6 oct. 1847 à 8 ans de réclusion à la suite de son duel avec Dujarrier ; libéré par Caussidière en mars 1848 ; retourne finir ses jours à la Guadeloupe. — II : *182,* 336.
BEAUVAU (Mme de), née

avocat, député de la Côte-d'Or, sous la Seconde République, et de l'Ain, sous l'Empire ; succède à M. de Belleyme comme président du Tribunal de Ire instance de la Seine (1856-1870). — I : 420, 903.

BENOIT-CHAMPY (Mme), née Thureau, belle-fille du précédent. — I : 986.

BENOUVILLE (Jean-Achille), 1815-1891, artiste français ; a peint des paysages dans la plus froide tradition classique. — II : 83, 498.

BENTIVOGLIO (Duc de). — I : 378.

BENTZON (Thérèse de Solms, dame Blanc, dite Thérèse), 1840-1907, romancière de la *Revue des Deux Mondes* ; a laissé des traductions de romans américains et des études sur la littérature et les mœurs américaines. — III : 687.

* BEPPO, dans le conte en vers de Byron qui porte ce titre. — I : 468.

BÉRALDI (Henri), 1849-1931, collectionneur, auteur d'ouvrages sur les graveurs. — III : 1044.

BÉRANGER. — I : 40, 183, 226, 280, 286-287, 306, 321, 464, 559, 576, 588, 593, 597, 647, 666, 741, 748, 809, 859, 893, 1069, 1123, 1168, 1186 ; II : 70, 129, 641.

BÉRAUD (Jean), 1849-1936, peintre, élève de Bonnat. — III : 1294.

BERENDSEN, traducteur danois de *Renée Mauperin*. — III : 879, 1159 ; III : 930.

* BÉRÉNICE, chez Racine. — II : 1075.

BERGERAT (Émile), 1845-1923, poète, romancier, auteur dramatique et chroniqueur du *Voltaire* et du *Figaro* ; gendre de Th. Gautier. — II :[509], 514, 516, 521, 531, 579, 635, 792, 803, 819, 830, 840, 878, 988, 1125 ; III : 642, 927, 1006, *1071*, 1072, 1080, 1199.

BERGERAT (Estelle Gautier, Mme Émile), née en 1847, fille aînée de Théophile G. et d'Ernesta Grisi ; épouse en 1872 Émile B. — I : 791, 855, 987 ; II : 469, 470, 502, 510, 514, 516, 521, [579].

BERGERON (Louis), 1811-1890, insurgé de 1832, impliqué dans l'attentat du Pont-Royal ; journaliste républicain du *Siècle* (1836) et du *Charivari*, où il signe *Émile Pagès* ; après 1848, se tourne vers les assurances et l'industrie. — I : 1161.

BERLAND, assassin de la veuve Dessaigne à Courbevoie en 1891, exécuté le 28 juillet 1891. — III : *596*.

BERLIOZ. — I : 883 ; II : 116.

BERNARD (Samuel), 1651-1739, célèbre financier. — I : 874.

BERNARD (Claude). — I : 1132 ; II : 145, 189, 216, 221, 223, 614, 771, *1160* ; III : 402.

BERNARD (Mme Claude). — II : 223.

BERNARD (Virginie-Charlotte), 1826-1898, actrice, parcourt la province et l'étranger (1849-1875), joue ensuite à Paris, notamment au Théâtre de Cluny. — II : 596.

BERNARD-COUBERT (Bonne-Félicité), *v.* *MOLLÉ* (Mme Mathieu-François).

* BERNERETTE, dans *Frédéric et Bernerette*, le conte de Musset. — I : *564*.

BERNHARDT (Sarah). — II : 674, 689, 758, 835, 840, 908 ; III : 87, 162, 259, 387, 413, 599, 724, 764, 875-876, 877-879, 881, 884, 888, 901, 905, 910-911, 921, *931*, 948, 951, 959.

BERNHARDT (Maurice), fils de la précédente. — III : 879, 882.

BERNHARDT (Régina), 1855-1874, sœur de Sarah B., entra au ballet de l'Opéra. — II : 674.

BERNHARDT (Jeanne), 1811-1900, sœur de Sarah B., tient des petits rôles au Vaudeville ; accompagne Sarah en Amérique ; va vivre à Bruxelles d'une rente que lui sert sa sœur. — III : 877.

BERNIS (Cardinal de). — I : 119, 261.

BERNY (Mme de), 1777-1836, née Louise-Antoinette-Laure Hinner, la *Dilecta* de Balzac. — II : [*639*].

BERNSDORF, directeur de théâtre. — III : 405.

BÉROALDE DE VERVILLE (François), 1558-1612, l'auteur du *Moyen de parvenir*. — I : *301*, 774 ; III : 114.

BERQUIN (Arnaud), 1747-1791, l'auteur d'idylles ingénues et de *l'Ami des Enfants*. — I : 844 ; II : 924.

BERR (Emile), 1855-1923, journaliste. — III : 1230.

BERRY (Marie-Caroline-Louise de Naples, duchesse de), 1798-1870. — I : 183, 801 ; II : *65*, 903, 1285.

BERRYER (Pierre-Antoine), 1790-1868, le célèbre avocat et orateur légitimiste. — I : 382, 913 ; II : 183.

BERT (Paul). — II : 784, 820, 1078, 1164, 1195, 1199.

BERTAL (Georges Albert, dit), 1856-1897, journaliste et auteur dramatique. — III : [1246].

BERTALL (Charles-Albert d'Arnoux, dit), 1820-1882, dessinateur et caricaturiste. — I : 805.

BERTAUTS, imprimeur en lithographie — I : 75, [151], 1014.

BERTAUX, lapsus probable *p.* BERTAUTS. — I : 151.

BERTHÉLEMOT, confiseur et organisateur de bals de société. — I : 112.

BERTHÉLEMY (Jean-Simon), 1743-1811, peintre, décorateur du Sénat et auteur de croquis de costumes pour l'Opéra. — I : 699.

BERTHELIER (Jean-François-Philibert), 1830-1888, chanteur d'opéras-bouffes et d'opérettes. — I : 395.

C

CAMARGO (Marie-Anne de Cupis de), 1710-1770, danseuse de l'Opéra (1726-1751), célèbre par ses prouesses techniques et sa liaison avec le Cte. de Clermont. — II : 1064 ; III : 818, 825, 930.
CAMBACÉRÈS, le second Consul. — I : 721.
CAMBON (Charles-Antoine), 1802-1875, décorateur de théâtre. — III : 1203.
CAMBON (Joseph), 1754 ou 1756-1820, Conventionnel, spécialiste des questions financières, vit dans la retraite après Thermidor. — II : 869.
CAMERONI, écrivain italien. — III : 1058, 1100.
CAMESCASSE (Jean-Louis-Ernest), 1838-1897, avocat républicain sous l'Empire, préfet après 1870, préfet de police (1881-1885), député, puis sénateur. — II : 906, 992, 1002, 1012, [1054], 1083, 1203.
* CAMILLE, dans *Cinna* de Corneille. — I : 340.
CAMONDO (Isaac de), banquier, propriétaire d'une collection de toiles impressionnistes léguées au Louvre. — II : 651-652, 943.
CAMPAN (Jeanne-Louise-Henriette Genet, Mme), 1752-1822, femme de chambre de Marie-Antoinette ; fonde après Thermidor un pensionnat à St-Germain et dirige de 1807 à 1814 la maison d'éducation d'Écouen. — I : 480.
CAMPANA (Musée). — I : 816, 884, 902, 912, 917, [998].
CAMPARDON (Émile), 1837-1915, chef de la section judiciaire des Archives (1885-1908), auteur d'études érudites sur le XVIIIe siècle. — II : 127-128.
CAMPELLO (Mme de), 1835-1890, née Marie-Désirée Bonaparte, fille de Charles-Lucien et petite-fille de Lucien Bonaparte ; épouse en 1851 Paul, Cte. Campello. — II : 109.
CAMUS (Dr), médecin et collectionneur. — II : 564, 721, 948, 997 ; III : 277, 692.
CANALETTO (Antonio Canal, dit le), 1697-1768, le peintre des *Vues de Venise.* — I : 610, 959.
CANDÉ (Adolphe), 1858-1931, acteur du Vaudeville. — I : 748.
* CANDIDE, de Voltaire. — I : 748.
CANINO (les princesses,) sans doute Charlotte Primoli, Marie Campello et Auguste Gabrielli, toutes trois familières chez Mathilde et filles de Charles-Lucien, prince de Canino. — I : 1099.
CANISY (Mme de), connue par sa liaison avec le prince Napoléon. — II : 234, 843 ; III : 56, 57.
CANIVET (Raoul), journaliste, secrétaire du Syndicat de la Presse. — III : 1082.
CANNON (Tom), lutteur. — III : 339.
CANOVA (Antoine), 1757-1822, sculpteur italien. — I : 807.
CANROBERT (le Maréchal). — II : 626, 696, 834, 1204 ; III : 369, *1091,* 1184.
CANROBERT (la Maréchale), née Mac-Donald. — II : 21, 216, 852.
CANTACUZÈNE (famille). — I : 844.
CAPÉ, relieur.— III : 1050.
CAPENDU (Ernest), 1826-1868, auteur dramatique, collaborateur de Th. Barrière. — I : [324].
CAPONI. littérateur italien, ami de Zola. — II : 874.
CAPOUL (Victor), 1839-1924, un des plus célèbres chanteurs d'opéra-comique — II : 265 ; III : 216.
CAPUCINES (Hôtel des), hôtel du ministère des Affaires Étrangères sous Louis-Philippe, au coin du bd. et de la r. des Capucines, célèbre par la fusillade du 23 févr. 1848. — I : 865.
CAPUCINS (Hôpital des), aujourd'hui Hôpital Cochin, alors spécialisé pour les maladies vénériennes. — I : 163.
CAPUS (Alfred), 1858-1922, auteur dramatique et journaliste. — III : 1255.
CARABY, *v.* CARRABY.
CARACALLA. — I : 275.
CARAGUEL (Clément), 1819-1882, journaliste politique, vif et caustique, au *Charivari* (1848), puis aux *Débats* (1865), où il succède bientôt à Janin dans le feuilleton dramatique. — II : 1133 ; III : 203, 251, 252, 1078, 1185.
CARAMAN (princesse de). — II : 824.
CARCANO (Filippo), 1840-1914, paysagiste italien, d'obédience réaliste. — III : 336.
CARDINAL (Dr). — I : 171.
* CARDOVILLE (Adrienne de), dans *le Juif errant* d'Eugène Sue. — I : 38 ; II : 121.
CARICATURE (La), périodique. — I : 853.
CARJAT (Étienne), 1828-1908, caricaturiste. — I : 888, 893.
CARLIER, préfet de police. — III : 933.
CARLOS (don), 1848-1909, un des prétendants *carlistes* au trône d'Espagne ; déclenche de 1872 à 1876 la seconde guerre *carliste.* — II : 690.
CARLOTTA, *v.* GRISI (Carlotta).
CARLYLE. — III : *356,* 479, 612, 619.
CARMONTELLE, l'auteur des *Proverbes. — I : 221, 800.*
CARNAJOU, dentiste. — III : 19.
* CARNEVALE, excentrique italien populaire à Paris sous Louis-Philippe.
CARNOT (Lazare). — II : 837.
CARNOT (Sadi), 1837-1894, président de la République. — III : 78, 111, 147, 210, 213, 267, 303, 385, 529, 699, 725, 844, 846, 907, 919.
CARO (Elme-Marie), 1826-1887, philosophe et académicien. — I : 999 ; II :

élégances féminines de Paris. — I : 526, 986 ; III : 253.
CHAPOTON (Serge). — III : *817*.
CHAPPEY, marchand de curiosités, r. La Fayette. — III : 780, 784, 892.
CHAPRON (Léon), 1840-1884, avocat de Paris, puis journaliste : critique dramatique à l'*Événement* et au *Gil Blas*; quelques monographies de la vie de la rue. — II : 920, 924, 926.
CHAPU (Henri-Michel-Antoine), 1833-1891, le sculpteur de *Jeanne d'Arc écoutant ses voix*. — II : 1290 ; III : 498.
CHAPUYS-MONTLAVILLE (Louis-Alceste, baron de), 1800-1868 député de Louhans (1834), censeur de Balzac, préfet du Second Empire et sénateur. — I : 868.
CHARAVAY *p.* CHARVET, *le Lutteur masqué. — II : [110]*, 760 ; III : 440.
CHARAVAY (Étienne), 1848-1899, fils et frère de célèbres libraires marchands d'autographes, archiviste-paléographe et expert en autographes. — III : 78.
CHARCOT (Dr Jean-Martin), 1825-1893, le neurologue célèbre de la Salpêtrière. — II : 802, 823, 875, 903, 934, 940, 1000, 1003, 1149, 1189, 1266, 1292 ; III : 14, 135, 200, 220, 235, 237, 260, 270, 323, 344, 423, 426, 436, 478, 505, 526, 607, 613, 629, 702, 845, 863, 880, 945, 991.
CHARCOT (Mme Jean-Martin). — II : 1209, 1273 ; III : 237, 505, 526.
CHARCOT (Mlle), une des filles des précédents. — II : 1288 ; III : 237, 475, 526, 991.
CHARCOT (Mlles), *v.* LIOUVILLE (Mme) et WALDECK-ROUSSEAU, (Mme).
CHARCOT (Jean), né en 1867, fils du Dr Jean-Martin Ch., explorateur. — III : 436, 1281.
CHARDIN. — I : 118, 339, 356, 537, 545, 602, 608, 619, 701, 727, 870, 884, 902, 922, 952, 1009, 1018 ; II : 36, 53, 594, 1051 ; III : 417, 913, 1054, 1129, 1184.
CHARETTE (Athanase de la Contrie, baron), 1832-1911, officier des zouaves pontificaux sous l'Empire, général de brigade en 1870. — II : 985.
CHARIER, à Torcy. — I : 276.
CHARIER DE GERSON. — I : 276.
CHARIVARI (Le), quotidien. — I : 39, 44, 51, 126, 177, 250, 470, 755, 985, 1045 ; II : 544, 1282 ; III : 115.
CHARLEMAGNE (l'empereur). — I : 1099 ; II : 817.
CHARLEMAGNE (général). — III : 477.
CHARLEMONT (Eduard), 1848-1906, peintre autrichien de genre et de portraits. — III : 336.
CHARLES VIII, roi de France. — I : 183.
CHARLES IX, roi de France. — I : 936, 995 ; III : 798.
CHARLES X, roi de France. — I : 597, 747, 753, 771 ; II : 229, 394 ; III : 489, 1110.
CHARLES (Mme), prostituée. — II : 747, 1071.
CHARLES-ALBERT, 1798-1849, roi de Sardaigne. — I : 386.
CHARLES-ALBERT, charlatan. — I : 661.
CHARLES-EDMOND (Charles-Edmond Chojecki, dit), 1822-1899, Polonais réfugié en France, collaborateur au *Temps*, bibliothécaire du Sénat (1860) et auteur dramatique. — I : 327, 331, 334, 339, 353, 364, 374, [393], 399, 412, 416-418, 423, 442, 443, 448, 452, 455, 457, 461, 463, 472-473, 486, 487, 490, 492, 496, 512, 516, 517, 519, 520-521, 533-534, 538-545, 562, 587, 591, 596, 633, 664, 681, 689, 690, 705, 707, 712, 733, 735, 737, 740, 744, 764, 769, 774, 776, 784, 788, 790, 802, 823-825, 866, 938, 941, 971, 974, 977, 1017, 1052, 1104, 1118, 1122, 1137, 1161, 1175 ; II : 117, 142, 180, 182, 217, 249, 267, 276, 291, 317, 348, 359, 371, 384, 394, 399, [475], 556, 633, 634, 655, 896, 970, 980, 984, 1134, 1285 ; III : 37, 40, 128, *347*, *350*, 976, 977.
CHARLES-EDMOND (Mme), désignée le plus souvent sous son prénom de Julie. — I : 423, 442, 472-473, 505, 511-512, 516, 519, 527, 533, 566, 656, 665, 670, 678, 689-690, 697, 705, 707, 865-866, 878, 945, 1129, 1175 ; II : 378, 516 ; III : 976.
CHARLES-THÉODORE. — III : 967.
CHARLET (Nicolas), 1792-1845, dessinateur et lithographe, voué aux guerres napoléoniennes. — I : 493, 755.
* CHARLOTTE, dans *Werther* de Goethe. — II : 352.
CHARNACÉ (de), à Croissy. — I : 275-276, 719.
CHAROLAIS (Hôtels du Petit et du Grand). — I : 227.
CHARPENTIER (Alexandre), 1856-1909, sculpteur, se spécialisa dans l'art décoratif. — III : 970-971, 1021, 1091, 1110, 1286.
CHARPENTIER (Armand), né en 1864, auteur de romans prônant souvent l'émancipation de la femme. — III : 644, 665, 803, 917, 1041, *1110*, 1123, *1124*, 1135.
CHARPENTIER (François-Philippe), 1734-1817, graveur. — III : 1051.
CHARPENTIER (Gervais), 1805-1871, éditeur de la *Bibliothèque Charpentier*. — I : 150, 259, 1100, 1113, 1139, 1162.
CHARPENTIER (Mme Gervais). — II : 991.
CHARPENTIER (Georges), né en 1846, fils et successeur du précédent, le grand éditeur des écrivains naturalistes. — II : 511, 658, 682, 711, 717, 731-733,

750, 755, 770, 772, 779, 783, 793, 803, 817, 819, 827-828, 830, 848, 858-859, 875, 878-879, 885, 889, 891, 898, 900, 913, 917-919, 926, 932-933, 938-939, 948, 962, 968, 998, 1001, 1004, 1006, 1045, 1053, 1057, 1064, 1066, 1068-1069, 1124-1125, 1153, 1155, 1157, 1159, 1192-1193, 1198, [1200], 1201, 1203, 1217, 1220, 1230, 1239-1240, 1254 ; III : 4, 14, 24, 28, 31, 43, 53, 105, 107, 116, 170, 173, 177, 183, 189, 249, 286, 289, 321, 351, 356, 404, 424, 433, 451, 481, 491-492, 507, 535, 544, 546, 554, 562, 608, 645, 662, 675, 677, 698, 719, 735, 775, 783, 834, 918, 931-932, 957, 963, 975, 977, 981, 1039, 1073, 1104, 1110, 1122, 1126, 1128, 1153, 1155, 1199, 1217, 1227, 1235, 1240, 1256.

CHARPENTIER (Mme Georges), née Marguerite Lemonnier. — II : 511, 711, 717, 724, 750, 752, 755, 764, 774, 778, 783, 803, 817, 827, 891, 898, 900, 936, 938, 948, 968, 969, 1015, 1026, 1044, 1053, 1069, 1155, 1157, 1178, 1191, 1198, 1207, 1239, 1272 ; III : 14, 53, 102, 107, 123, 182-183, 286, 289, 351, 356, 401, 491, 554, 608, 645, 674, 677, 695, 712, 735, 765, 775-776, 796, 825, 911, 957, 1073, 1090, 1122, 1199, 1215, 1240, 1279.

CHARPENTIER (Georgette), fille des précédents, devenue Mme Abel Hermant, divorcée en 1893. — III : [175], 183, 256, 289, 409, 765, 812.

CHARPENTIER (Jeanne), sœur de la précédente, filleule d'Edmond de Goncourt. — III : *[425]*, *[634]*, 901, 1215, 1256, 1275.

CHARPENTIER, frère des précédentes. — III : 1153, 1155, 1217, 1220.

CHARPY. — I : 407.

CHARRE ou CHARR, tapissier. — I : 128 ; III : 1010.

CHARRAS (Mme Veuve), fille de Georges-Marie-Charles Kestner (1803-1870), industriel alsacien et député républicain (1848-1851) ; femme de J.B. Adolphe Ch. (1810-1865), ami de Carrel, en 1848 député du Puy-de-Dôme et sous-secrétaire d'État à la Guerre, exilé en Suisse après le Deux-Décembre. — II : 780.

CHARRIER (Mme), sage-femme à la Maternité. — I : 200.

CHARRIÈRE (Dr), marchand d'instruments de chirurgie. — III : 190, 390.

CHARTRES (Robert-Ferdinand d'Orléans, duc de), 1840-1910, fils du duc d'Orléans et de la princesse Hélène, frère puîné du Cte de Paris. — III : 368.

CHARVET, le *Lutteur masqué*. — II : [110], [761] ; III : [440].

CHARVET (Dr Alexandre), 1799-1879. — II : 978.

* CHARVIN, dans *Charles Demailly*. — I : 680.

CHASLES (Philarète), 1798-1873, professeur au collège de France, auteur d'études sur Cromwell, Galilée, l'Arétin et de *Mémoires* pleins de vie (1877). — I : 99, 246, 280 ; II : *1005*.

CHASSAGNOL dans *Manette Salomon*. — II : 1238 ; III : 816, 1224.

CHASSAGNON ou CHASSAIGNON (Jean-Marie), 1735-1795, illuminé lyonnais, au style extravagant, auteur d'un pamphlet contre les classiques et d'une dénonciation des excès révolutionnaires, *les Nudités ou les Crimes du peuple* (1793). — II : 207.

CHASSELOUP-LAUBAT (Mme de) née Marie-Louise Pilié, mariée en 1862 à Justin-Prosper de Ch. L. (1805-1873), ministre de la Marine sous Napoléon III. — I : 1141.

CHASSÉRIAU (Théodore), 1819-1856, élève d'Ingres séduit par le soleil d'Orient. — I : 782 ; II : 1224.

CHASSIRON (Mme de), née Caroline Murat, fille aînée du Prince Lucien Murat et de miss Fraser, épouse à 24 ans en 1856 le baron Charles de Ch., diplomate et maître de requêtes au Conseil d'État. — II : 160.

CHAT-NOIR (Cabaret du), fondé en 1881 par Rodolphe Salis 82 bd Rochechouart et transféré en 1885 rue de Laval. — II : 1222 ; III : 38, 483, 639, 705, 1116.

CHAT-NOIR (Revue du). — II : 1076, 1109, 1145.

CHATEAUBRIAND. — I : 78, 147, 161, 370, 433, 464, 518, 632, 637, 685, 692, 717, 763, 828, 1064 ; II : 3, 41, 66, 205, 247, [250], 253, *259*, 362, 690, 765, 1005, 1269, 1288 ; III : 78, 87, 130, 157, 229, 508, 533, 638, 807, 808, 840, 881, 924, *1161*, 1172.

CHATEAU DES FLEURS (Le), bal créé par Victor Bohain en 1847, 1 r. des Fleurs, près de la r. de Chaillot. — I : 270, 1072.

CHATEAU-ROUGE (Salle du), salle de bals et de concerts, créée par Bobeuf en 1845, dans l'ancienne propriété verdoyante de Gabrielle d'Estrées 4 r. du Château-Moulin, au haut de la chaussée Clignancourt ; la vogue en passe dès 1864. — I : 280 ; II : 647.

CHATEAU-ROUGE, bouge du quartier St Séverin.

CHATEAUROUX (Marie-Anne de Mailly-Nesle, duchesse de), de 1717-1744, une des quatre sœurs de Nesle maîtresses successives de Louis XV. — I : 488 ; II : 840.

CHATEL (abbé Ferdinand-François), 1795-1857, créateur après 1830 d'une *Église catholique française*, où les offices se célébraient en français et qui fut fermée par la police en 1842. — I : 236, 919.

CHATELET (Théâtre du). — II : 173, 451.
CHAUCHARD (Alfred), 1821-1909, l'un des fondateurs des magasins du Louvre, possesseur d'une collection de tableaux. — III : [806], 1004.
CHAUCHARD (Général), chevalier d'honneur de la Psse Mathilde. — II : 177, 601, 603, 625, 797.
CHAULIEU (Guilllaume Amfrye, abbé de), 1639-1720, l'*Anacréon du Temple.* — I : 606.
CHAUMIÈRE (Bal de la), v. GRANDE-CHAUMIÈRE.
CHAUMONT (Mme), marchande d'objets d'arts. — III : 181.
CHAUVELOT (Mme Robert), 1886-1937, née Edmée Daudet, fille d'A. Daudet, filleule d'E. de Goncourt. — II : 1258, 1264, 1266, 1275 ; III : 50, 132, 421, 452, 455, 540, 600, 611, 650, 696, 743, 801, 863, 901, 953, 1191, 1267.
CHAVAGNAC (Mme). — I : 1167.
CHAVETTE (Eugène Vachette, dit), 1827-1902, humoriste, fils du restaurateur Vachette. — I : 703-704 ; III : 72.
CHAZELLES (Eugène-Amédée-Scipion, Cte de), né en 1801, officier de cavalerie, gentilhomme de la Chambre du roi Charles X. — I : 832.
CHELLES, acteur de l'Odéon. — II : 880, 882, 1135, 1141.
CHEMINS DE FER (Cercle des), au coin du Boulevard et de la r. de la Michodière, issu en 1854 de la *Conférence* créée par Morny entre les compagnies ferroviaires ; recrute parmi les gens d'affaire et les gens du monde. — I : 234.
CHENAVARD (Paul), 1808-1895, élève d'Ingres, peintre lyonnais à tendances philosophiques ; projeta une *Histoire de l'Humanité* se déroulant sur les murs du Panthéon ; ami de Baudelaire. — II : 79, 544.
CHENAY (Mme Paul), née en 1822, Julie Foucher, sœur de Mme Victor Hugo, mariée au graveur Paul Ch. ; à partir de 1865, assure fréquemment la garde d'Hauteville-House. — III : 944.
CHÉNIER (André). — I : 370 ; III : 520.
CHENNEVIÈRES (Philippe de), 1820-1899, auteur de contes normands et de recherches sur les artistes provinciaux, directeur des Beaux-Arts (1873) ; fonde l'Académie de Bellème, dont E. de Goncourt est membre. — I : 48, 179, 183-184, 323, 656, 842, 879, 902, 911 ; II : 225, 273, 274, 319, 329, 561, 570, 613, 615, 622 ; III : 287, *1037.*
CHENNEVIÈRES (Mme Philippe de) — II : 571.
CHÉRAMY (Mes), avoués de Dumas père et de Dumas fils. — III : 1196.
CHERBULIEZ (Victor), 1829-1899, romancier français d'origine suisse. — II : 735, 737.
CHÉRET (Jules), né en 1836, le peintre de l'affiche. — III : 96, 363, 410, 413, 483, 672, 707, 814, 1056, 1071, 1227.
CHÉRET (Mme Jules). — III : 1227.
CHÉRET (Joseph), 1839-1894, sculpteur et céramiste. — III : 1057.
CHÉRI (Rose-Marie Cizos, dite Rose), 1824-1861, actrice du Gymnase (1842-1861) célèbre par sa grâce émouvante ; épouse en 1847 Lemoine-Montigny, directeur du Gymnase. — I : 892.
* CHÉRIE, dans le roman d'E. de Goncourt. — II : 1034, 1067, 1178 ; III : 576, 982.
* CHÉRUBIN, dans *le Mariage de Figaro* de Beaumarchais. — I : 517, 831, 940, 1015 ; II : 746.
CHERUBINI, le grand compositeur italien. — I : 104.
CHESNEAU (Ernest), 1833-1890, critique d'art, s'est intéressé à l'art romantique et à la peinture anglaise ; inspecteur des Beaux-Arts (1862). — I : 896, 926, 1043, 1045, 1099, 1180 ; II : 156, 220, 310, 871.
CHESNELONG (Pierre-Charles), 1820-1899, député des Basses-Pyrénées (1865-1876), puis sénateur inamovible ; bonapartiste converti au légitimisme, connu par ses démarches à Frohsdorf, en vue de la fusion, en 1873. — II : 646.
CHEVREUX-AUBERTOT (les), marchands de tissus ; 35 r. Poissonnière (1831, 1839) ; hôtel pl. St-Georges ; se lient à Rome avec J.J. Ampère en 1850 ; Mme Ch.-A., déjà veuve, meurt en 1893. — I : 921 ; II : 96.
CHEVALIER (Philippe), mort en 1871. — II : 377.
CHEVALIER (Louis-Marie-Arthur), 1830-1874, fils d'un opticien célèbre, connu lui-même pour ses découvertes dans ce domaine. — I : 700.
CHEVALLIER (Sulpice), né en 1745, père de Gavarni. — I : 86, 123.
CHEVALLIER (Mme Sulpice), 1771-1845, née Marie Thiémet, mère de Gavarni. — I : 123.
CHEVANDIER DE VALDROME (Eugène), 1810-1878, directeur de la manufacture des glaces de Cirey ; député de 1859 à 1869, ministre de l'Intérieur dans le cabinet Ollivier. — I : 1053.
CHEVET, célèbre marchand de comestibles au Palais-Royal, 4-7 Galerie de Chartres (1855). — I : 162, 862, 1138 ; II : 322, 655.
CHEVREAU (Julien-Théophile-Henri), 1823-1903, conseiller d'État, préfet du Rhône (1864), de la Seine (1870), député bonapartiste de l'Ardèche (1885). — I : 1122-1123.
CHEVREUL (Michel-Eugène), 1786-1889, le chimiste. — II : 1151, 1264.

Chinois I. 987. 459 II 25

CHEYLUS, brocanteur. — III : 98.
CHICARD (Bal), voir les passages du *Journal* indiqués ici, source essentielle de toutes les notices sur le bal Chicard. — I : 212, 528, 529, 534, 775.
CHIEN VERT, v. RIEU (Marie). — I : 230 ; II : *859*, *913*, [*1014*].
CHILD (Théodore), journaliste américain. — II : 905, 1084, 1097, 1115.
CHILLY (Charles-Marie de), mort en 1872 ; acteur à la Gaîté (1856), directeur de l'Ambigu, puis de l'Odéon (1866). — I : 542, 854.
CHIMAY (Hôtel de). — II : 823.
CHIMAY (Psse. Alexandre de), née Hélène de Brancovan. — III : 968.
CHINCHIN, courtisane. — II : 715.
CHICOT (Marie), cuisinière de Sainte-Beuve. — II : [*101*], [118].
CHINCHOLLE (Charles), 1843-1902, secrétaire de Dumas père, rédacteur du *Figaro*, auteur dramatique. — III : 664.
* CHINGACGOOK, dans *le Derniers des Mohicans* et *les Pionniers* de F. Cooper. — I : 49 ; II : 801.
CHODRUC-DUCLOS, mort en 1842 ; royaliste et homme à la mode sous l'Empire ; étale sa misère, réelle ou feinte, au Palais-Royal après 1815. — III : 345.
CHOISEUL (Café de), passage Choiseul ; sous l'Empire, attire les chanteurs et habitués du théâtre des Italiens, les journalistes parisiens et anglais et Offenbach. — I : 212.
CHOISEUL, le ministre de Louis XV. — I : 39, 486, 559, 926.
CHOISEUL (duchesse de), femme du précédent. — I : 921.
CHOISEUL-PRASLIN, v. PRASLIN.
CHOLLET, homosexuel et assassin. — I : 1024.
CHOMEL (Dr). — III : 1020.
CHOPIN. — I : 202 ; II : 945 ; III : 51, 321.
CHORIER (Nicolas), 1612-1692, avocat de Grenoble, historien et auteur de l'érotique *Aloysia*. — II : [*618*].
CHRÉTIEN, assassin. — I : 589.
CHRISTIAN (Christian Perrin, dit), 1824-1889, acteur comique des Délassements-Comiques, des Variétés, etc. — I : 939 ; III : 921.
* CHRISTINE, dans *l'Œuvre* de Zola. — II : 237, 1239.
CHRISTOPHE (Ernest), 1827-1892, sculpteur. — I : *698*, 700 ; II : 380.
CHRYSALE, pseud. d'un chroniqueur de *la Liberté*. — III : [*787*].
CHRYSHABER, v. KRISHABER.
CIALDINI (Enrico), 1811-1812, combattant du *Risorgimento*, député et sénateur, ambassadeur à Paris (1876-1881). — II : *813*.
* CIBOT (Mme), dans *le Cousin Pons* de Balzac. — III : *1209*.
CICERI (Pierre-Charles), 1782-1868, peintre, a travaillé aux décors de l'Opéra. — I : 106, 145.
CICERI (Eugène), fils du précédent, débute en 1851, paysagiste et décorateur. — I : 255.
CICÉRON. — I : 28, 364, 422 ; III : 692, 701.
CIMABUÉ. — I : 431.
CIMAROSA. — I : 99.
CINCINNATUS. — I : 821.
CINQ (Dîner ou Société des). — II : 698, 928.
CIRCOURT (Mme de), 1808-1863, née Anastasie de Klustine, épouse en 1830 le Cte Adolphe de C., polygraphe genevois ; amie de Mme Swetchine, de Sainte-Beuve ; reçoit aux *Bruyères*, à Celle-St-Cloud. — I : 1010.
CIRQUE (Café du). — I : 516.
CIRQUE, désigne dans le *Journal* tantôt le *Cirque d'Été* et le *Cirque d'Hiver*, animés par la troupe Franconi, tantôt le *Cirque impérial* du carré Marigny. — I : 300, 449, 471, 491, 492, 520, 529, 654, 776, 781, 807, 890, 1001, 1054, 1207 ; II : 744 ; III : 463, 1005.
CITRON, v. ORANGE (prince de).
CIVETTE (A la), le débit de tabac du Palais-Royal. — II : 394.
CLADEL (Léon), 1835-1892, le romancier du Quercy. — II : 556, 557, 632, 731, 751, 896, 1032-1033 ; III : 676, 734, *735*, 827, 894, 1124, 1283.
CLAIRIN (Georges), 1843-1920, peintre portraitiste et décorateur. — III : 878.
CLAIRON (Claire-Joseph Léris, dite Mlle), 1723-1803, la grande actrice du Théâtre-Français. — I : 166 ; III : 198, 410.
CLAIRVILLE (Louis-François Nicolaie, dit), 1811-1879, vaudevilliste. — I : 30, [*776*], 1000 ; II : *565*, [*1180*].
CLAMART, l'amphithéâtre de dissection. — I : 651 ; II : 20.
CLARENCE (Charles Cappua, dit), 1819-1866, jeune premier à voix douce à l'Odéon, au Cirque, à la Gaîté. — I : 625, 1055.
CLARETIE (Jules), 1840-1913. — II : 763, 805, *888*, 917, 973, 987, 989, 1001, 1013, 1069, *1140*, 1141, 1169, [*1197*], 1241, 1291 ; III : 79, 87, 92, 185, 248, 336, 491, 524, 729, 790, 888, 926, 948, 1019, 1095-1096, 1100, 1103, 1191, 1281, 1300.
CLARETIE (Mme Jules). — II : 1010, 1097.
CLARETIE (Léo), 1862-1924, journaliste et critique, cousin de Jules Claretie. — III : 1042.
CLARY (Comte et Comtesse de) : Joseph-Adolphe, Cte. Clary, 1837-1877, officier d'ordonnance de Napoléon III, marié à Angèle-Louise-Charlotte Marion. — II : 611.
CLARY (Julie), v. SURVILLIERS (Comtesse de).
CLAUDE, 1807-1880, chef de la Sûreté sous le Second Empire. — II : 416.

* CLAUDE : Claude Lantier, dans *l'Œuvre* de Zola. — II : *1237*, *1238*, *1239*.
CLAUDEL, à Jean-d'Heurs. — III : 1020.
CLAUDEL (Camille), 1856-1896, sœur de Paul Claudel, sculpteur, élève de Rodin et de Dubois. — III : 929, 959.
CLAUDIN (Gustave), 1823-1896, secrétaire de Lamartine, chroniqueur du *Figaro*, romancier, auteur de souvenirs sur le Boulevard de 1840 à 1871. — I : 275, 280, 292, 309, 313, 316, 318-319, 324, 329, 374, 402, 498, 585, 591, 592, 594, 598, 668, 679, 690, 695, 703, 739, 740, 743-744, 761, 772, 776, 779, 796, 797, 816, 851, 852, 867, 909, 918, 943, 1001, 1039, 1055, 1068 ; II : 714, 1062 ; III : 406.
CLAUDIUS, cartomancien. — I : 662.
CLAVEAU, Normalien, journaliste au *Figaro* sous le pseud. de *Quidam*. — II : 1066, 1070, *1077*.
CLAYE (Jules), 1806-1888, imprimeur, spécialiste de l'impression des gravures sur bois. — I : 641, 771 ; II : 193, 627, 659.
CLEMENCEAU (Georges). — II : 427, 868, 984, 1146, 1157, 1269 ; III : 100, 111, 167, 296, 403, 542, 600, 672, 729, *780*, 782, 785, 840, 923, 925, 967, 1004, 1027, 1095-1096, 1102, 1104, 1109, 1147, 1184, 1228-1229, 1256, 1275, 1294, 1295.
CLEMENCEAU (Mme Georges), née Mary Plummer. — III : 925.
CLEMENCEAU (Paul), frère de Georges Cl., ingénieur. — III : 729.
CLEMENCEAU (Mme Paul). — III : 1106.
CLÉMENT, officier. — I : 424.
CLÉMENT, marchand d'estampes. — II : 653.
CLÉMENT (Charles), 1821-1887, journaliste et critique d'art. — I : 963.
CLÉMENT XIII, pape. — I : [423].
CLÉMENT DE RIS (Athanase Louis Torterat, comte), 1820-1882, critique d'art, conservateur du Musée de Versailles (1878). — II : 331.
CLÉOPATRE. — II : 87 ; III : 1163.
CLÉRAMBAUD (Mlle), pianiste. — III : 864-865.
CLERMONT (Louis de Bourbon-Condé, Cte de), 1709-1770, académicien sans titres littéraires (1754) et successeur malhabile de Richelieu dans la campagne de Hanovre (1758). — II : 128.
CLERMONT-TONNERRE (famille des). — I : 289 ; III : 964.
CLERMONT-TONNERRE (Aimé-Marie-Gaspard, duc de), 1780-1865, ministre de la Guerre sous Villèle (1823-1828). — I : 432 ; II : 228.
CLÉSINGER, libraire. — I : 196.
CLÉSINGER (Auguste), 1814-1883, sculpteur. — I : 37, 55, 84, 836.
CLÉSINGER (Mme Auguste), 1828-1899, née Solange Dudevant, fille de George Sand ; épouse en 1847 Clésinger, dont elle est séparée dès 1852. — III : 356.
CLICHY, prison pour dettes, 70 rue de Clichy ; sert à cet usage de 1826 à 1867. — I : 937.
CLODION, le sculpteur. — I : 212, 239, 359, 816 ; II : 87, 169, 1251 ; III : 474, 741, 1057.
CLODOCHE, danseur célèbre dans les bals populaires sous l'Empire. — II : 450.
* CLOPIN TROUILLEFOU, le Roi des Mendiants dans *Notre-Dame de Paris* de V. Hugo. — III : 994, 1087.
CLOQUET (Jules), 1790-1883, chirurgien de Napoléon III, ami du père de Flaubert. — I : 597.
CLOSERIE DES LILAS, v. BULLIER *(Bal)*.
CLOTILDE (Princesse), 1843-1911, fille du roi Victor-Emmanuel II, ép. en 1859 le prince Napoléon. — I : 434, 705, 865, 923, 1004, 1126 ; II : 166, 167, 180, [207], 832, [*1261*], 1262, 1264 ; III : 58.
* CLOTILDE Rougon, dans le *Docteur Pascal* de Zola. — III : 840.
CLOUET (François), 1510-1572, le peintre. — III : 182.
CLUNY (Théâtre de). — II : 595.
COBOURG (Frédéric de Saxe), 1737-1815, chef de l'armée autrichienne des Pays-Bas en 1792. — I : 190, 420, 449, 702 ; II : 286.
COCARDE (La), le journal de Barrès. — III : 213, 1007, 1014, 1027.
COCHIN le fils (Charles-Nicolas), 1715-1790, dessinateur et vignettiste. — I : 243, 523, 560.
COCK (Jean-Claude de), 1668-1735, sculpteur flamand. — I : 731.
COCO (Mlle). — II : 168.
COFFINHAC. — I : 832.
COGNIARD (les Frères), auteurs dramatiques et directeurs de théâtres, l'un, Théodore (1806-1872), de la Porte-st-Martin, l'autre, Hippolyte (1807-1882), du Vaudeville et des Variétés. — I : 590 [655], 693, 1000 ; II : *921* ; III : 345.
COGNIET (Léon), 1794-1880, peintre d'histoire et de portraits. — I : *873*.
COHEN (Louise), sans doute p. CAHEN D'ANVERS (Louise). — II : 903.
COIN, agent de change compromis en septembre 1864 dans une affaire de mœurs. — I : 1106.
COLAS (Luce), actrice du Vaudeville, de l'Œuvre, du Théâtre-Antoine. — III : 1224.
COLAS (Marie, dite Stella), actrice charmante, mais exiguë, vouée aux rôles d'enfants, entrée au Théâtre-Français en 1856 et devenue Mme Pierre Cor-

CONNEAU (Mme Henri). — III : 432.
CONQUET (Léon), 1848-1897, libraire établi à Paris en 1873 et rénovateur du livre illustré. — II : 1217 ; III : 561, 1133.
CONSALVI (Hercule), 1757-1824, cardinal, conseiller de Pie VII. — III : *101*.
CONSTABLE. — III : 368, 374, 1236.
CONSTANCE (Constance Resuche, dite), actrice des Variétés (1850-1857), habituée du *Grand Seize* et maîtresse, entre autres, de Galliffet. — I : 272, 304.
CONSTANS (Ernest), l'homme politique. — III : *287*, 288, 312, *397*, 450, 524, 554-555, 600, 608, *631*, [*656*], *668*, *672*, 694-695, 1104.
CONSTANS (Mme).— III : 554.
CONSTANT (Benjamin). — III : 1140.
CONSTANT (Constant Wairy, dit), 1778-1845, valet de chambre de Napoléon Ier, de 1800 à 1814. — I : 1113.
CONSTANT (abbé Alphonse-Louis), 1810-1875, gagné à l'occultisme, où il est célèbre sous le nom d'*Eliphas Levi ;* auteur du *Dogme et rituel de la Haute Magie* (1860-1865). — I : 76.
CONSTANT (Mme), 1832-1888, née Noémi Cadiot, épouse du précédent, remariée avec le ministre Rouvier ; connue après 1865 sous le pseud. de *Claude Vignon ;* sculpteur, critique littéraire et romancière. — I : 77, 737.
* CONSTANTIN (abbé), de Ludovic Halévy. — III : 762.
CONSTANTIN (prince Nicolaïevitch), 1827-1892, frère d'Alexandre II. — I : 308, 1011 ; II : 914.
CONSTITUTIONNEL (Le), quotidien. — I : 188, 417, 505, 526, 755, 879, 894, 1132, 1191, 1200 ; II : 888.
CONTADES (Mme de), *v.* BEAULAINCOURT (Mme de).
CONTI (Louis-François de Bourbon, prince de), 1717-1776. — I : 875.
CONTINENTAL (Hôtel). — III : 1166.
COOPER (Fenimore). — III : 312.
COPIA (Jacques-Louis), 1764-1799, graveur allemand. — II : [*1168*].
COPPÉE (François). — II : 819, [*1042*], *1045*, *1053*, 1159, 1168, [*1201*] ; III : 4, 18, 26, 45, 156, 214, 228, 380, *395*, *396*, 404, 608-609, 652, *705*, 706, 711-712, 734, 740-741, [*743*], 795-796, 803, 824, 859, 884, 891, 928, 951, 984, 1008, 1017, 1029, 1055, 1076, *1080*, 1092, 1095-1096, 1099, *1114*, 1124, 1131, 1151, 1196, 1201, [*1221*], 1272, 1280.
COQUELIN aîné. — I : 1212 ; II : 139, 725, 897, 934, 1030, 1031, 1059, 1196 ; III : 426, 532, 1164, 1184, 1231.
COQUELIN cadet. — II : 1009, *1259 ;* III : 1060.
COQUEREAU (abbé Félix), 1808-1866, aumônier de *la Belle Poule* lors du retour des Cendres ; aumônier de la princesse Mathilde. — I : 1050, 1178 ; II : 608, 955.
CORA, *v.* PEARL (Cora).
* CORALIE, dans *les Illusions perdues* de Balzac. — I : 761 ; II : 935.
CORAZZA (Café), au Palais-Royal, centre jacobin sous la Révolution ; accueille la *Société du Caveau. — II : 917.*
CORCELET, marchand de comestibles. — II : 353.
CORDAY (Charlotte). — I: 902, [996]; II : 116 ; III : 850.
CORDIER. — II : 1286.
CORIOLAN. — II : 659.
* CORIOLIS, dans *Manette Salomon.* — II : 1176, 1238 ; III : 815, 1010, 1078, 1080, 1222-1224, 1233, 1238.
CORMENTIN (Louis, baron de), 1826-1866, fils du pamphlétaire Louis de C., dit *Timon ;* supplée Gautier à *la Presse* et fonde avec lui et Du Camp la seconde *Rev. de Paris* (1851). — I : 319, 1074.
CORNARO (Louis), 1462-1566, hygiéniste italien. — I : 357.
CORNEILLE (Pierre). — I : 245, 265, 310, 518, 537, [809], [852], 883 ; II : 48, 231, 627, 628, 684, 863, 904 ; III : 124, 581.
CORNÉLIE, *v.* COURMONT (Cornélie Lebas de). —
CORNÉLIE, mère des Gracques. — I : 914.
* CORNÉLIS (André), de P. Bourget. — III : 21.
CORNÉLIS VAN HAARLEM, 1562-1638, peintre hollandais d'histoire et de portraits. — I : 601.
CORNELIUS (Pierre de), 1787-1867, peintre allemand de l'école *spiritualiste.* — I : 613.
CORNU (M^{e}), notaire. — I : [427].
CORNU (Sébastien),1804-1870, peintre élève d'Ingres. —I : 298, 789, 902 ; III : 666,1073.
CORNU (Mme), 1809-1875, née Hortense Lacroix, femme du précédent ; filleule de la reine Hortense, amie et correspondante de Louis-Napoléon avant le Deux-Décembre ; auteur d'études sur la littérature allemande. — I : 298, 789, 902, 1208 ; III : *666*.
COROT. — I : 88, 150, 409 ; II : 101, 335, 1287 ; III : 647, 703, 725, 742, 1021.
CORRÈGE (Le). — I : 350, 368, 431, 602, 608, 613, 723 ; III : 287.
CORRESPONDANT (Le), périodique. — I : 182, 366, 373 ; II : 50.
CORSAIRE (Le), hebdomadaire. — I : 61, 65, 203, 260, 381.
CORVIN (Pierre — de Kroukovsky), 1844-1899, officier russe vivant en France, auteur de pièces de théâtre et de romans publiés sous le pseud. de *Pierre Newsky.* — II : [687].
COSAQUES (Dîner des), ou des *Bons Cosaques*, au *Café*

Américain entre 1880 et 1890, avec C. Mendès, Barrès, Raffaelli, etc. — II : 1257.
COSNIER (contre-amiral), préfet de Marseille en 1871. — III : [365].
COTELLE, maître des requêtes au Conseil d'État. — II : 948.
COTTIN, ou par erreur COTIN, conseiller d'État et chef de cabinet de Rouher, beau-père de F. Masson. — II : 577 ; III : 305, 607.
COTTIN (Mme), femme du précédent. — II : 577.
COTTIN, fils des précédents, inspecteur des finances. — III : 612.
COTTIN (Mlle), soeur du précédent, *v.* MASSON (Mme Frédéric).
COTTIN (Mme), 1773-1807, née Sophie Ristaud, la romancière de *Claire d'Albe* et de *Malvina.* —I : 43, 262, 1058, 1082 ; III : 242.
COUÉDON (Mlle) ; voyante. — III : 1273-1274.
COUËT (colonel de). —I : 233-234.
* COUPEAU, dans *l'Assommoir* de Zola. — III : 36, 469.
COURASSE, voisin des Goncourt. — II: [217], 224.
COURBET. — I: 140, 269, 287, 392, 856, 1078 ; II : 109, 124, 416, 417, 435, 502, 775, 1043 ; III : 671.
COURBOIN (François), né en 1865, graveur, conservateur des Estampes (1906) et historien de l'art. — III : 595, 1055.
COURCEL (Alphonse Chodron, Baron de), 1835-1919, ambassadeur à Berlin (1881-1886) et à Londres (1894-1898). — III : 9.
COURCY (Charles de), né en 1824, fils d'un vaudevilliste, rédacteur à *l'Illustration* et auteur de pièces jouées à l'Odéon (en 1860 et 1862). — I : [503], 534, 589.
COURIER (Paul-Louis). — I : 291, 422, 573.
COURMONT (Louis-François-Dominique Le Bas de), 1706-1777, père de Louis-Marie et de Charles Claude Le Bas de C. — I : 227.
COURMONT (Mme Louis-Fr.-Dominique Le Bas de), née Louise Élisabeth Le Noir de Sérigny, fille de Séraphin et d'Élisabeth Jourdan de la Salle, mariée en 1740 au précédent. — I : 227.
COURMONT (Mme Louis-Marie Le Bas de), 1757-1836, belle-fille des précédents, née Adélaïde-Louise de Monmerqué, mariée en 1784, veuve en 1794, remariée à François-Pierre Guérin ; grand-mère des Goncourt par sa fille Annette-Cécile Guérin. — I : 720, 1084-1085.
COURMONT (Armand Le Bas de), 1786-1832, fils aîné de la précédente, chevalier de l'Empire, capitaine de hussards. — I : 721 ; II : *1181 ;* III : 172, 682.
COURMONT (Alfred Le Bas de), 1824-1860, fils aîné du précédent, cousin des Goncourt. — I : 456.
COURMONT (Eugène Le Bas de), 1826-1884, frère du précédent. — I : 219, 246 ; II : 137.
COURMONT (Philippe de), 1830-1871, frère du précédent, capitaine de hussards, mort « aux batailles de Paris » pendant la Commune, le 21 mai. — I : 146 ; II : 283, 455.
COURMONT (Élisabeth Le Bas de), 1790-1837, fille de Louis-Marie et soeur d'Armand de Courmont. — I : 721.
COURMONT (Jules Le Bas de), 1789-1865, fils cadet de Louis-Marie de Courmont, celui que les Goncourt appellent « notre oncle », châtelain de Croissy-Beaubourg, conseiller à la Cour des Comptes. — I : 35, 65, 67-68, 227, 275, 277, [328], [369], 427, [505], 721, [766], 1084-1085, 1097, 1111, 1150-1151, 1192-1196 ; II : 530, 550, [758], [*1284*] ; III : [*753*].
COURMONT (Mme Jules Le Bas de), 1802-1844, née Nephtalie Lefebvre (de Behaine), la tante des Goncourt, modèle de Mme Gervaisais. — I : [197] ; II : [197], 241, *1118 ;* III : 681, 748-753.
COURMONT (Arthur Le Bas de), 1831-1841, fils aîné des précédents. — III : 753.
COURMONT (Alphonse Le Bas de), 1834-1880, frère du précédent, cousin des Goncourt. — I : 99, 119, 188, [197], 207-208, 217, 277, 326, 373, 427, 435, [468], 567, 587, 644, 705, 808, 823, 862, 1122, 1192, 1193, 1195 ; II : 137, 141, [155], 251, 865 ; II : III :[753].
COURMONT (Mme Alphonse Le Bas de), 1845-1901, née Eugénie Griffon, mariée au précédent en 1865. — II : 155, [*1118*], *1284 ;* III : 876.
COURMONT (Charles-Claude Le Bas de), 1747-1820 ? fils de Louis François Dominique et d'Élisabeth Le Noir de Sérigny, frère de Louis-Marie. — I : 83.
COURMONT (Cornélie Le Bas de), 1781-1863, fille du précédent et d'Augustine-Madeleine-Marie Duval. — I : 83, [119], 227, [760], [1004] ; III : 192.
COURRIER FRANÇAIS (Le). — III : 667, 670, 921, 957.
COURRIER DE PARIS (Le). — I : 417.
COURT DE GÉBELIN, 1725-1784, érudit et chonologiste. — I : 966.
COURTELINE (Georges). — III : 664, 906, 1 032.
COURTILLE (La). — I : 238 ; III : 500.
COURTOIS (Adèle), courtisane du Second Empire. — I : 271, 363, 595, 818.
COURTOIS (Edme-Bonaventure), 1756-1816, Conventionnel, auteur avec Danton d'un complot hypothétique pour faire évader du Temple la reine Marie-Antoinette. — III : 461.

père (le Gal de Custine), guillotinés ; femme d'esprit, aimée par Chateaubriand. — I : 123.
CUSTINE (Astolphe de), 1790-1857, fils de la précédente, l'auteur de *la Russie en 1839.* — I : *913 ;* II : 43.
CUVIER. I : 910 ; III : 335.
CUVILLIER (H.), vins et comestibles, 16 r. de la Paix. — III : 175, 488.
CUVILLIER (Jean-François) père et fils, 1695-1768 et 1731-1777, graveurs et décorateurs allemands. — I : 613.
CUVILLIER-FLEURY (Alfred-Auguste), 1802-1887, précepteur, puis secrétaire du duc d'Aumale, critique des *Débats* (1834). — I : 290, 437, 741, 907 ; II : 498, 559, 842.
CUZIN, relieur. — III : 690.
CYDALISE (Ninette, dite), maîtresse de Camille Rogier, puis de Gautier (1834), morte vers 1836, au temps du Doyenné. — II : 545.
CYRANO DE BERGERAC. — I : 189.
CZAPSKA (Comtesse), auteur, sous le pseud. d'Ary Ecilaw, de divers romans et de la pièce de *l'Officier bleu* (1889). — III : [218].
CZINSKI, *p.* CZYNSKI (Jean), 1801-1867, démocrate polonais émigré, journaliste, romancier et auteur dramatique. — I : 562.

D

DACIER (Mme). — I : 789.
DA COSTA, participe à la Commune. — III : 410.
DAES. — I : 38.
DAILLY (Adolphe), 1816-1887, épouse en 1843 Adélaïde-Thérèse Frochot, demi-sœur de Louis et de Blanche Passy ; maître de la poste aux chevaux de Paris. — I : 160, 235, 399, 787.
DAILLY (Joseph-François), 1839-1897, débute en 1860, joue dans plusieurs théâtres ; son succès : *Mes Bottes* de *l'Assommoir.* — III : 176, 484, 675.
DALLOZ (Paul), 1829-1887, un des fils du juriste Dalloz ; depuis 1851, rédacteur, puis directeur du *Moniteur.* – I : 594, 740 ; II : 194, 671, 673.
DALLOZ, atelier de photosculpture. — II : 29.
DALOU, le sculpteur. — II : 1011, 1242, 1243, 1256, 1266 ; III : 100.
DALY (César), 1811-1894, archéologue et architecte, restaurateur de la cathédrale d'Albi ; fonde en 1840 la *Revue de l'architecture et des travaux publics.* — II : 845.
DAMALA (Aristide Darall, dit Jacques), 1854-1889, est engagé pour jouer Armand Duval par Sarah Bernhardt, qui l'épouse ; joue dans divers théâtres, et surtout au Gymnase, entre 1882 et 1889. — II : 1205 ; III : 162.
DAMANT (Michel), neveu de Rose Malingre. — I : [480], [492].
DAMAS-HINARD (Jean-Stanislas-Albert de), 1805-1891, traducteur du théâtre espagnol et secrétaire des commandements de l'impératrice Eugénie. — I : 339.
DAMPIERRE (Mme de). — I : 523.
DAMPIERRE (Anne-André-Marie Picot, Cte de), 1835-1870. — II : 353.
DAMRÉMONT, diplomate, fils du Gal Charles-Marie-Denis D. (1783-1837). — I : 101.
DANGEAU. — I : 214.
DANLOS, marchand d'estampes. — I : 330.
DANLOUX (Pierre), 1753-1809, portraitiste. — III : 368.
DANNAT (William), 1853-1829, peintre américain. — III : 830.
DANNER (Louise-Christine Rasmussen, Csse de), 1815-1874, épouse morganatique de Frédéric VII de Danemark. — I : 865.
DANTAN Jeune (Jean Pierre D., dit), 1800-1869, statuaire, surtout connu par les figurines caricaturales de ses contemporains groupées dans le *Musée Dantan,* au coin du passage des Panoramas. — I : 1055-1056 ; II : 682.
DANTE. — I : 303, 317, 364, 594, 708, 712, 823, 1058, 1073 ; II : 460, *1106,* 1243.
DANTON. — II : 303, *908 ;* III : 434.
DARANTIÈRE, imprimeur dijonnais. — III : 573.
DARBOY (Mgr Georges), 1813-1871, archevêque de Paris fusillé par la Commune. — II : [408], *447,* [472], 488, [*1131*].
DARCIER (Joseph Lemaire, dit), 1820-1883, auteur et interprète de chansons populaires. — I : 344.
DARCOURS (Charles), rédacteur au *Journal illustré.* — II : [*1144*].
DARDENNE DE LA GRANGERIE (Mme), née en 1847, née Suzanne du Closel, épouse le journaliste D. de la G. ; signe *Philippe Gerfaut* ses articles ; auteur de romans pour la jeunesse et de deux recueils de pensées. — II : 961.
DARDOIZE (Mme, amie des Daudet). — II : 917 ; III : 303, 308, 454-455, 545, 562, 702, 756, 814, 953, 993, 995, 1056, 1138, 1159, 1161-1162, 1163-1164, 1166-1167, 1170-1171, 1173, 1201, 1258.
DARGÈS, pseud. d'un échotier du *Figaro. — I : 896.*
DARIEN (Georges Adrien, dit Georges), 1862-1921, fils du Gal Adrien, frère du peintre Adrien, le romancier réfractaire de *Biribi* (1890), du *Voleur* (1897), etc. ; auteur, avec Descaves, des *Chapons* (Théâtre-Libre, 1890). — III : 595.
DARIMON (Alfred), 1819-1902, un des *Cinq* députés républicains de 1857, réélu en 1863. — I : 705, 713, 764.

944, 947, 964, 972, 994, 1059, 1060, 1076, 1086, 1110, 1112, 1114, 1151, 1170, 1190, 1266 ; III : 37, 51, 156, 257, 484, 528, 539, 591, 736, 765, 855, 934, 935, 1018, 1073, 1092, 1097, 1103, 1136, 1144, 1173, 1261, 1283, 1296.

DAUDET (Edmée), *v.* CHAUVELOT (Mme Robert).

DAUDET (Georges), sans parenté avec les précédents, critique dramatique au *Petit Moniteur* sous le pseud. de *Rocheray*. — III : 1131.

DAUMAS (Melchior-Joseph-Eugène, général), 1803-1871, officier de l'armée d'Algérie sous Louis-Philippe, sénateur (1857) et auteur d'ouvrages sur l'Algérie. — I : 191.

DAUMIER. — I : 45, 74, 84, 340, 547, 562, 578, 588, 751, 756, 769, 804, 805, 868, 921, 932, 1045, 1063, 1145 ; II : 135, 671, 776, 819, 1156 ; III : 115, 116, 354, 865, 933, 1020, 1038, 1195.

DAUPHIN (Louis de France, dit le Grand), 1661-1711, fils de Louis XIV. — II : 464.

DAUVIN, marchand de tableaux. — II : 464.

* DAVARANDE (Mme), dans *Renée Mauperin*. — II : 1016.

DAVID, le peintre. — I : 302, 350, [400], 415, 435, 444, 812, 884, 971, 1167 ; III : 294.

DAVID (Charles-Louis-Jules), 1783-1854, fils du précédent, établi en Grèce pendant l'exil de son père, puis professeur de littérature grecque à la Sorbonne (1831-1840). — I : 400.

DAVID (Baron Jérôme), né en 1822, fils du précédent, officier d'ordonnance du roi Jérôme et du prince Napoléon, député gouvernemental en 1859 et 1863. — I : 531.

DAVID (Félicien), 1810-1876, le compositeur. — I : 672.

DAVID, employé au ministère de la Guerre. — I : 1106.

DAVILLIER (Baron Jean-Charles), 1823-1883, collectionneur et historien de l'art. — II : 643.

DAYOT (Armand), 1856-1934, critique d'art. — III : 286, 289, 720, 1144.

DAYOT (Mme Armand). — III : 286, 289, 290.

DEBAIN (Alexandre), 1809-1877, facteur d'instruments de musique. — I : 1131.

DÉBATS, *v.* *JOURNAL DES DÉBATS*.

DEBAUVE (Célina), protégée de Sainte-Beuve. — II : [101], 206.

DEBERTIER. — I : 874.

DEBRAUX (Paul-Émile), 1796-1831, auteur de chansons populaires, souvent bonapartistes. — II : 70.

DEBRUYÈRE, directeur de théâtre. — III : 176, 182.

DEBRY, agent de la Société des Auteurs dramatiques. — II : 1141, 1147, 1151 ; III : 522.

DEBUCOURT (Philibert-Louis), 1755-1832, peintre et graveur. — I : 184, 247, 323, 729 ; II : 1149.

DEBURAU (Gaspard), 1706-1846, le grand mime du siècle. — I : 241, 330 ; II : 153, 898, 954 ; III : 13.

DEBURAU (Charles), 1829-1873, fils et successeur du précédent. — I : 238, 885 ; II : 560.

DÉCADENT (Le), périodique. — III : 158, 212.

DECAISNE (Henri), 1799-1852, peintre belge, élève de Girodet et de Gros. — III : 840.

DECAMPS. — I : 81, 98, 269, 297, 346, 532, 536, 538, 602, 641, 696, 710, 727, 728, 953, 1066, 1074, 1088 ; II : 11, 76, 100, 279 ; III : 556.

DECAMPS (Mlle), fille du peintre. — I : 1088.

DECAU (Eugène), 1829-1894, élève de L. Cogniet, paysagiste et sculpteur. — III : 703.

DECAZES (Élie, duc), 1780-1860, le ministre de Louis XVIII. — III : 435.

DECAZES (Louis-Charles-Amadieu, duc), 1819-1886, fils du précédent, ministre des Affaires étrangères (1873-1877). — II : [633], 646, 661, 716-717, 751, 752, 1032 ; III : *1092*.

* DÉCHELETTE, dans *Sapho* de Daudet. — II : *1207*.

DECK (Joseph-Théodore), 1823-1891, céramiste, s'inspire de la céramique orientale. — II : [607] ; III : 389.

DECKER, peut-être pour DECK (Joseph-Théodore). II : 607.

DECOURCELLE (Adrien), 1821-1892, auteur de mélodrames et de vaudevilles. I : [412], 507.

DECOURCELLE (Mme Adrien). — I : 507.

DECOURCELLE (Pierre), 1856-1926, fils du précédent, auteur de romans populaires et de mélodrames. — III : [*889*], 1200.

DEDON. — II : 888.

DEFLORENNE (la Librairie Bachelin). — III : 718.

DEFLY (Armande Dieudé), 1785-1875, dame de compagnie de lady Wittingham, épouse morganatique de Paul de Wurtemberg ; puis lectrice de la princesse Mathilde (1856). — I : 843, 901, 926, 981 ; II : 176, 235, 239.

DEFODON (Émilie), morte en 1908, ingénue de l'Ambigu et de la Porte-St-Martin (1860-1864) ; devenue Mme Chevandier de Valdrôme. — I : 678, 701.

DEFOE (Daniel). — III : 920, 927, [1252], [1260], 1276.

DEGAS. — II : 569, 867, 874, 883, 894, 997, 1019, 1097, 1240 ; III : 402, 437, 501, 602, 652, 723, 931, 1039-1040.

DEIBLER (Louis), 1823-1904, bourreau. — III : 152, 180.

DÉJAZET (Virginie). — I : 72, 267, 628, 672 ; II : 1174 ; III : 196, 1218.

DEJOUX. — III : 247.

DELAAGE (Marie-Henri), 1825-1882, rédacteur au

cine, célèbre par sa longue rivalité avec Mlle George. — I : 598, 863.
DUCKETT (William), 1804-1863, journaliste, assure la publication du *Dictionnaire de la Conversation*. — I : [297].
DUCLAY (Virginie), actrice, joue les ingénues aux Variétés (1851-1855), au Palais-Royal, au Gymnase, entre 1856 et 1863. — I : 498.
DUCLOS (Charles Pinot), 1704-1772, romancier et secrétaire perpétuel de l'Académie. — II : 113.
DUCLOS (Marie-Anne de Chateauneuf, dite Mlle), 1670-1748, l'actrice du Théâtre-Français. — I : 330.
DUCROT (Auguste-Alexandre), 1817-1882, général. — II : 352, 763, 852.
DU DEFFAND (Mme), célèbre espitolière et amie de Voltaire. — I : 440, 462, 1031 ; II : 752.
DUDEVANT (Casimir, baron), époux de George Sand. — II : 382.
DUE, ambassadeur de Suède. — III : [767].
DUEZ (Ernest-Ange), 1843-1896, portraitiste. — III : 451, 483.
DUFAURE (Armand-Jules-Stanislas), 1798-1881, un des *leaders* du Centre-Gauche, plusieurs fois ministre et président du Conseil entre 1871 et 1879. — I : 927, 1064 ; II : 427, 464, 614, 716.
DUFLOS (Raphaël), né en 1858, acteur du Vaudeville, du Gymnase, du Théâtre-Français. — III : 663, 770, 775-776, 778.
DUFLOS (Mme Raphaël). — III : 663, 901.
DUFOUR (Mme), gouvernante et correctrice de Sainte-Beuve, qu'elle quitte en 1866. — I : 1097, 1114.
DUFRICHE, chanteur. — III : 688.
DUGAZON (Rose Lefèvre, dame), 1755-1821, la grande cantatrice. — II : 117.
DUGUÉ (Ferdinand), 1815-1913, auteur de mélodrames. — I : [506], 541-542 ; II : 61.
DUGUÉ (Mme Ferdinand). — I : 541-542 ; II : 61.
DUGUÉ (Mlle). — I : 537, 541-542.
DUGUÉ DE LA FAUCONNERIE (Henri-Joseph), 1835-1914, député bonapartiste de l'Yonne entre 1869 et 1893. — III : 293.
DUGUESCLIN. — III : 1183.
DUHAMEL (Mlle), actrice du Théâtre-Libre, d'Antoine. — III : 243.
DUJARDIN (Karel), 1635-1678, peintre hollandais. — I : 602.
DUJARRIER, 1816-1845, journaliste, gérant de *la Presse* avec Girardin, tué en duel par Rosemond de Beauvallon le 11 mars 1845. — II : 182.
DULAC ou DU LAC (le Père Stanislas), 1835-1909, jésuite, directeur de l'école de la rue des Postes, puis de l'école Ste-Marie de Cantorbéry et prédicateur. — III : 307.
DULONG (Alphonse), journaliste. — I : 587.
* DUMANET, type de troupier ridicule, popularisé par *la Cocarde tricolore* (1831) des frères Cogniard. — III : 385.
DUMAINE (Louis-François Person, dit), 1831-1893, acteur de mélodrame, directeur de la Gaîté (1865-1868) et de l'Ambigu (1869-1870). — II : 549.
DUMANOIR (famille). — I : 254.
DUMANOIR (Philippe-François Pinel, dit), 1806-1865, auteur dramatique. — I : 30, [159], [267], [759].
DUMAS, industriel. — II : 373.
DUMAS (Adolphe), 1806-1861, auteur dramatique, secrétaire de Lamartine, à qui il fait connaître Mistral à l'occasion d'une mission folklorique (1856), qui fait de lui un félibre. — III : 1064-1065.
DUMAS (Christian-Léon), général aide de camp de Louis-Philippe, fils du général Mathieu Dumas. — I : 741.
DUMAS (Thomas-Alexandre, général), 1762-1806, père d'Alexandre Dumas père. — II : *1223*.
DUMAS père (Alexandre). — I : 42, 149, [195], 198, 259, 395, 497, 546, 664, 678, 744, [789], 790, 950, 995, 1007, 1013 ; II : 172, 355, 673, 675, 1028, 1051, [1064], *1223* ; III : 11, [171], [216], [217], 574, 707, 742, 922, 951, 1119, 1198, 1199.
DUMAS fils (Alexandre). — I : 65, 99, 139, 163, 238, 275, 301, 304, 326, 341, 350, 366, 381, 395, 400, [664], 1007-1008, 1036, 1057, 1059, 1095, 1136, 1147, 1148, 1177-1178, 1181, 1212 ; II : [9], 38, 69-70, 86, [91], 143, 146, 147, 152, 159, 210, 213, 221, 235, 464, 470, 512, 513, 521, 532, 538, 567, 595, [613], 620, 664, 673, 678, 686, 689, 726, 761 ; III : 8, 12, 320, 347, 361, 422, 425, 533, 548, 557, 575, 707, 742, 790, 800, 803, 833, 876, *880*, 886, 912, 922, 929, 944, 946, 949, 953, 975, 976, 981, 984, 989, 997, 1005, 1017, 1024, 1032, 1038, 1046, *1068*, *1071*, 1094, 1095, 1098, 1100, *1111*, 1125, 1135, *1145*, 1148, 1156, 1161, 1179, 1182, 1187, 1194, 1196-1198, 1199, 1201, 1204, 1222, 1223, 1250, 1253, 1274.
[1] DUMAS fils (Mme Alexandre), 1826-1895, née Nadejda Knorring, d'origine balte, mariée au prince Alexandre Naryschkine ; liée dès 1852 avec Dumas fils, qu'elle épouse après son veuvage en 1864. — I : 1094 ; II : 470, 512, 1179 ; III : 1038.
[2] DUMAS fils (Mme Alexandre), 1851-1934, née Henriette Regnier de la Brière, fille de l'acteur Regnier, vieil ami de Dumas fils ; mariée à l'architecte Félix Escalier ; liée

E

F

d'Anatole France. — I : 278, 495 ; II : 1133, 1135, 1165, 1205.
FRANCE (Anatole). — I : [278], *666-667*, 1200, 1229, 1291 ; II : *5*, 10, 23, 233-*234*, 302, 307, 311, 358, 490 ; III : 525, 537, 560, 790, 996, 1017, 1159, 1165, 1200.
FRANCE (Mme Anatole), 1857-1921, née Marie-Valérie Guérin de Sauville, mariée au romancier en 1877, divorcée en 1893. — II : 1229 ; III : 767, *790*, 1062.
FRANCE (Louise), actrice, joue les matrones tragiques et les vieilles scélérates à l'Ambigu (1888) et au Théâtre-Libre ; morte dans la misère en 1903. — III : 522.
* FRANCHEMONT dans *Charles Demailly*. — *I : 679*.
FRANCHETTI (commandant Léon, Joseph), engagé volontaire en 1855, organise en 1870 un escadron de francs-tireurs rattaché au 14e corps, blessé à Champigny, meurt le 6 déc. 1870. — II : 377.
FRANCK (Adolphe), 1809-1893, philosophe, professeur au Collège de France, auteur d'un *Dictionnaire des sciences philosophiques* (1875). — I : 1215 ; II : 232, 235, 709-710 ; III : 1001.
FRANÇOIS Ier. — I : 809, 887, 936, 1172 ; II : 968 : III : 906.
FRANÇOIS II, empereur d'Autriche, I : 405.
FRANÇOIS D'ASSISE (Marie-Ferdinand), 1822-1902, roi d'Espagne, époux de la reine Isabelle. — II : 599.
FRANÇOIS (René), *v.* BINET (le P. Étienne).
FRANÇOIS DE NEUFCHATEAU (Nicolas-Louis François, dit), 1750-1828, écrivain, membre du Directoire. — III : 1127.
FRANCONI (les), famille d'écuyers, fondateurs du Cirque Olympique et des Cirques d'été et d'hiver. — I : 96, 1001 ; II : 318, 407 ; III : 212.
FRANDIN, diplomate. — III : 849.
FRANKLIN (Benjamin). — I : [*418*].
FRASCATI, lieu de plaisir, fondé sous le Directoire, à l'angle de la rue de Richelieu et du Boulevard. Démoli vers 1837. — III : 78.
FRAVILLE (de), officier. — III : 319.
FRÉBAULT (Charles-Victor), 1813-1888, général français, député, puis sénateur à partir de 1871. — III : [1260.].
* FRÉDÉRIC Moreau, dans *l'Éducation sentimentale* de Flaubert. — III : 1266.
FRÉDÉRIC le Grand. — I : 601, 606 ;
FRÉDÉRIC VII de Danemark. — I : 787.
FRÉDÉRIKA, *v.* BRION (Frédérique).
FRÉDÉRIQUE (Mme). tenancière. — I : 251.
FREMIET, le sculpteur. — I : 37 ; II : 1140 ; III : 62, 841, 1145.
FRÉMONT (Dr), médecin de Vichy. — III : 831.
FRENCH, usurier. — III : 406.
FRÉRE (Charles-Théodore), 1814-1888, peintre de genre, a peint des scènes orientales. — I : 696 ; II : 134.
FRÈRE (abbé Ph. A.), professeur d'Écriture Sainte à la Sorbonne, auteur de *l'Homme connu par la Révélation* (1833). — II : 561, [580].
FRÈRE (Judith), compagne de Béranger. — I : [666].
FRÈRES PROVENÇAUX (Les), restaurant fondé au Palais-Royal en 1798. — I : 127, 160, [*882*] ; II : 396.
FRÉRON (Élie-Catherine), 1719-1776, le célèbre polémiste. — I : 370 ; II : 27.
FRESNE (de). — I : 415.
FREUDEBERG (Sigmund), 1745-1801, peintre bâlois, élève de Greuze et de Boucher ; outre ses scènes paysannes, on lui doit une suite d'estampes sur les mœurs françaises au 18e s. — I : 350, 985.
FREYCINET — II : 698 ; II : 947, 1029 III : 288, 303, [*402*], *667*, 671, *672*, 698.
FREYCINET (Mme). — III : 303.
FROEHNER (Wilhelm), 1835-1925, archéologue allemand, conservateur-adjoint au Louvre. — II : 36, 154.
FROIDURE. — I : 477 ; II : 1117.
FROMENT-MEURICE (François-Désiré), 1802-1855, frère utérin de Paul Meurice, orfèvre et joaillier. — I : 1026.
FROMENTIN. — I : 960, 1024, 1166 ; II : 101, 332, 634, 675, 679, 681, 709, 719-720, 736, 926, 1023, 1080, 1112, III : 431, 764.
FRONTIN (Brasserie), bd. Poissonnière, devenue après 1870 un centre de ralliement des radicaux. — II : 336, 545.
* FRONTIN, personnage de valet de l'ancienne comédie. — II : 724, 779.
FRONTON (Marcus-Cornélius), 100-175, rhéteur latin, précepteur de Marc-Aurèle. — II : 513.
FUALDÈS (Antoine-Bernardin), 1761-1817, procureur impérial à Rodez, destitué en 1814, assassiné le 19 mars 1817 à Rodez par Jausion et Bastide. — III : 1020.
FULLER (Loïe), 1869-1928, la célèbre danseuse. — III : 886, 1005, 1082, 1227, 1231.
FUNAMBULES (Théâtre des). — I : *123*, 356, 424, 937 ; II : 1076, 1097, 1210.
FURETIÈRE. — III : *788*.
FUSIL, marchand de tableaux. — II : 848.

G

GABORIAU (Émile), 1835-1873, auteur de romans policiers. — III : 927.
GABRIEL (Jules-Joseph-Gabriel de Lurieu, dit), 1792-1869, auteur de vaude-

345, 404, 673, 778, 805, 839, 1199, 1211, 1280, 1300.

GAUTIER (Victor-Théophile), né le 24 avr. 1836, fils de Théophile Gautier et de Mlle Eugénie Fort ; familièrement dénommé *Toto ;* supplée son père au *Moniteur ;* sous-préfet d'Ambert ; chef du bureau de la Presse au ministère de l'Intérieur (décembre 1868) ; secrétaire particulier de Rouher après 1870 ; traducteur d'Arnim. — I : 855, 987, 1053 ; II : 188, 221, 571, 598, 709 ; III : 184.

GAUTIER (Mme Victor-Théophile). — II : 523, 598, 606.

GAUTIER (Estelle), fille aînée de Théophile Gautier, *v.* BERGERAT (Mme Émile).

GAUTIER (Judith), 1850-1917, seconde fille de Théophile G. et d'Ernesta Grisi ; épouse de Catulle-Mendès (1866), séparée de lui en 1878 et divorcée en 1896 ; auteur de romans orientaux, mémorialiste et ardente wagnérienne. — I : 28, 790, 987, 1057, 1067, 1159 ; II : 18, 25, 493, 505, 520, 640 ; III : [115], 517, 754, 1169.

GAUTIER (Émilie et Zoé), sœurs cadettes de Théophile Gautier. — II : [25], 468.

GAUTIER (Estelle), amie de Berlioz. II : [116].

GAUTIER (Gabrielle), 1845-1883, actrice du Gymnase. — III : [1017].

GAUTHIER-VILLARS (Henry) *v.* WILLY.

GAUTRUCHE, dans *Germinie Lacereux.* — III : 142.

GAVARNI (parents de), *v.* CHEVALLIER (Sulpice et Marie).

GAVARNI (Guillaume-Sulpice-Chevallier, dit), 1804-1866, le lithographe. Apprenti chez l'architecte Dutillard (1814-15), à l'atelier Jecker (1817) ; élève de l'institution Butet (1818), des Arts-et-Métiers (1819-20) ; apprenti graveur chez Adam (1821-24) ; part graver le pont de Bordeaux, devient employé du cadastre à Tarbes et voyage dans les Pyrénées (1824-28) ; s'installe à Paris ; célèbre dès 1832 ; se marie en 1844 ; séjourne en Grande-Bretagne (1847-51) ; collabore au *Paris* de Villedeuil (1852-53) et devient alors l'ami des Goncourt. — I : 33, 35, 38, 43-53, 58, 75-78, 84-86, 108-112, 118-127, 128, 140, 144, 149, 152, 161, 164, 166, 231, 233, *236*, 240-242, 247, *250-251*, 252-253, 260-261, 268-271, 281, 282, 286-287, 290, *291*, 295, 298, 302-303, *304-305*, 307, 335-337, 345, 350, 359, 412, 415, 417, 418, 423, 424-425, 430, 433, 436-437, 441, 443, 458-459, 475, 476, 480, 481, 484, 493, 522-524, 528-529, 531, 546-547, 558, 560-562, 562-564, 565-568, 584, 588, 589, 597, 633, 635-636, 641, 671, 672, 674-676, 678, 681, 691, 697, 699-701, 701, 709-710, 717, 738, 746-747, 748, 755, 766-769, 770, 775, 800, 818, 819, 826, 842, 850, *853*, 879, 881, 886, 896, 900, 902, 906, *909-910*, 918, 924, 938, 945, 951, 952-953, 961, 970, 977, 984, 987, *996-997*, 1003-1004, 1014, 1017, 1034 ; II : 7, 8, 12, 16, 24, 25, 37, 39, 41, 45, 47, 51, 52-53, 59, 68, 69, 75-76, 90, 91, 92, 130, 131, 132, 149, 150, 177, 189, 200-201, 217, 220, 242, 244, 257, 265, 268, 296, 309, 325, 348, 367, 385, 394, 427, 501, 532, 534, 539-540, 544, 546, 639, 652, 781, 793, 865, 876, 1036, 1057, 1068, 1090, 1143, 1157, 1205 ; III : 116, 185, 187, 234, 254, 288-289, 367, 389, 434, 657, 673, 715, 750, 760, 783, 933, 1048, 1050, 1052-1053, 1076, 1135, 1157, 1174, 1191, 1195, 1241, 1283, *1288*, 1295.

GAVARNI (Jean), 1845-1857, fils aîné des précédents. — I : *125*, [172], 268, 270, 281.

GAVARNI (Mme), née Jeanne-Léonie Martin de Bonabry, épouse Gavarni en 1844. — I : 76 ; II : 9, 268.

GAVARNI (Pierre), né en 1846, frère du précédent, élève de Fromentin, peintre de genre et sculpteur. — I : 76, 655 ; II : 52-53, 68, 130, 319, 329, 518-519, 546, 577, 615, 838, 1035, 1059, 1075, 1291 ; III : 116, 120-121, 288-89, 515, 581, 598, 662, 693, 702, 720, 1002, 1081, 1134, 1145, 1195, 1219, 1288.

GAVARNI (Mme Pierre). — III : 120, 268.

GAVARRET (Dr Louis-Denis-Jules), 1809-1890, disciple d'Andral, professeur de physique médicale. — II : 1209 ; III : 434-435.

GAVARRET (Mme), épouse du précédent, née Eudoxie de Saint-Victor, sœur du critique Paul de Saint-Victor. II : 1054, 1209 ; III : [220], 880, 911.

* GAVROCHE, dans *les Misérables* de V. Hugo. — III : 38, 643.

GAYDA (Joseph), critique de *l'Événement*, seconde E. Blavet dans sa chronique de *la Vie parisienne* au *Figaro.* — III : 1079, 1128, 1129, 1150, 1176, 1191.

GAYET (Mme et Mlle), victimes des assassins Chrétien et Joannon. — I : 588.

GAY-LUSSAC (Joseph-Louis), 1778-1850, le célèbre physicien et chimiste. — III : 688.

GAZETTE DE CHAMPFLEURY. — I : 214.

GAZETTE DE FRANCE. — I : *330*, 928 ; II : 1213, 1214 ; III : 1197, 1291.

GAZETTE DE PARIS. — I : 204.

GAZETTE DES BEAUX-ARTS. — II : 198, 199, 324 ; III : 1171, 1186.

GAZETTE DES ÉTRANGERS. — II : 1194.

GAZETTE DES THÉÂTRES. — I : 396.

GAZETTE DES TRIBUNAUX. — I : 954 ; III : 960.
GAZETTE MÉDICALE. — I : 651.
GÉANT (Café du), café-concert du bd. du Temple, fondé en 1851 par Pâris, ancien tragédien ; tire son nom des géants que Pâris engagea successivement dans sa troupe. — I : 493.
GEFFROY (Mathieu-Auguste), 1820-1895, historien et professeur. II : *132*.
GEFFROY (Gustave). — II : 1026, 1041, 1045, 1052, 1054, 1055, 1057, 1077, 1176, 1178, 1220, 1255, 1264 ; III : 10, 19, 26, 54, 63, 68, 69, 84, 86, 91, 96, 105, 110, 132, 142, 154, 164, 168, 180, 186, 197, 248, 274, 281, 292, 295-296, 305, 306, 320, 326, 337, 348, 380, 383, 402, 417, 435, 456, 502, 508, 526, 533, 590, 707-708, 716, 720, 721, 723, 813, 830, 837, 846, 865, 885, 907, 957, 975, 980, 1006-1007, 1015, 1025, 1029, 1045, 1055, 1065, 1069, 1084, 1087, 1092, 1095, 1108, 1117, 1185, 1224, 1235, 1280.
GEFFROY (Edmond-Aimé-Florentin), 1804-1895, artiste dramatique et peintre. — II : 764.
GÉGÉ, *v.* PRIMOLI (Cte. Joseph).
* GENEVIÈVE DE BRABANT, héroïne de la légende populaire. — III : 912, 1053.
GÉNIE, maître des requêtes au Conseil d'État et secrétaire de Guizot. — I : 363.
GENIOLE (Alfred-André), 1813-1861, élève de Gros, peintre de genre et de portraits. — I : 125.
GENLIS (Mme de). — I : 480, 741, 963 ; III : 886.
GENS DE LETTRES (Dîner des), *v.* *DENTU (Dîner)*.
GENSÉRIC, roi des Vandales de 428 à 477. — II : 279.
GENTIAN *p.* GENTIEN (Robert), collectionneur. — III : 1005, 1024, 1251.
GEOFFRIN (Marie-Thérèse Rodet, Mme), 1699-1777, célèbre par son salon. — I : 420 ; III : 1080.
GEORGE III d'Angleterre. — I : 860.
GEORGE IV d'Angleterre. — III : 770.
GEORGE V, roi de Hanovre (1819-1878). — I : *875* ; II : 762.
GEORGE (Marguerite-Joséphine Weimer, dite Mlle), 1787-1867, la célèbre actrice. I : 749, 938.
GEORGEL (abbé Jean-François), 1731-1813, grand-vicaire et homme de confiance du cardinal Louis de Rohan. — I : *308*.
GÉRARD (le baron François), 1770-1837, peintre d'histoire. — III : 746.
GÉRARD (Louis-Alphonse), né en 1820, graveur, a travaillé pour le *Musée des Familles*, *l'Illustration*, etc. — I : 270.
GÉRARD (Mme), actrice de l'Opéra-Comique. III : 709.
GERDY (Pierre-Nicolas), 1787-1856, chirurgien. — I : 402, 405.
GÉRICAULT. — II : 283 ; III : 746.
GERLACH (Léopold de), 1790-1861, aide de camp et conseiller écouté du roi de Prusse Frédéric-Guillaume. — I : 630, 632 ; III : [1219].
GERMAIN (Auguste), 1862-1915, chroniqueur, romancier et auteur dramatique, rédacteur pendant 30 ans à l'*Écho de Paris* sous la signature : *Capitaine Fracasse*. III : 1155.
* GERMINIE, *v.* * LACERTEUX (Germinie).
GERMINY (Eugène Lebègue, Cte de), fils du gouverneur de la Banque de France, Charles Gabriel de G. ; condamné pour attentat aux mœurs en 1876. — II : [720], *745* ; III : 1061.
GÉROME (Léon), 1824-1904, peintre et sculpteur. — II : 642, 892, 935 ; III : 90, 354, 436, 963, 1038.
GERSON, *v.* CHARIER DE GERSON.
GERVAIS (général). — III : 491, 492, 1065.
* GERVAISAIS (Mme), d'E. et J. de Goncourt. — I : [193] ; III : 681, 748.
* GERVAISE, dans *l'Assommoir* de Zola. — III : 197.
GERVAISE DE LATOUCHE (Jean-Charles), 1715 ?-1782, avocat au Parlement de Paris, auteur du *Portier des Chartreux*. — I : [571].
GERVEX (Henri), 1852-1929, peintre français. — III : 200, 822.
GESVRES (Léon Potier, duc de), 1620-1704, gouverneur de Paris, réputé pour sa dureté et son faste. — III : 430.
GHIKA (Princesses). — I : 112 ; III : 466.
GHIL (René), 1862-1925, littérateur, créateur de la « poésie scientifique ». — III : *652*.
GIACOSA (Giuseppe), 1847-1906, auteur dramatique italien. — III : [*875*], 1270.
GIBBON (Édouard), 1737-1796, historien anglais, célèbre par la *Décadence et Chute de l'Empire romain*. — II : 62, 634.
GIBERT, chanteur comique, mort en 1893. — II : 1207, 1280 ; III : 192, 218, 332, 337, 738, 803.
GIBIAT, mort en 1885, directeur du *Constitutionnel*. — III : 1158.
* GIBOU (Mme), dans le *Roman chez la Portière* d'Henri Monnier. — I : 738.
* GIBOYER, dans *les Effrontés* et *le Fils de Giboyer* d'Émile Augier. — II : 1188.
* GIL BLAS, de Lesage. — I : 605.
GIL BLAS (Le). — II : 912, 925, 1026, 1041, 1045, 1052, 1054, 1055, 1057, 1061, 1279, 1281 ; III : 1, 27, 69, 87, 94, 99, 161, 170, 228, 346, 481, 502, 512, 535, 642, 653, 760, 912, 1030, 1038, 1071, 1092, 1151, 1164.
GIGOUX (Jean), 1806-1894, peintre d'histoire et lithographie, célèbre par sa liaison avec Mme Hanska. — I : 43 ; III : 1197.
GIKA, joaillier. — II : 1201.

GILL (Louis-Alexandre Gosset de Guines, dit André), 1840-1885, peintre, écrivain et caricaturiste politique. — III : 83, 735, 856.
GILLE, peintre de fleurs. — III : 1179, 1182.
GILLE (Philippe), 1831-1901, auteur dramatique, critique littéraire et critique d'art. — II : 680, 866, 1069, 1211, 1237 ; III : 12-13, 15, 49, 104, 132, 133, 143, 144, 199, 340, 347, 350, 351, 362, 363, 506, 520, 521, 523, 525, 602, 670, 787, 837, 1100.
* GILLENORMAND dans *les Misérables* de V. Hugo. — II : 193-[194].
GILLES L'ÉGARÉ. — I : 340.
GILLET (Restaurant), à la porte Maillot. — II : 319.
GILLOT, marchand de primeurs. — III : 37.
GILLOT, imprimeur et collectionneur d'objets d'arts japonais. — II : 215, 819, 798, 976, 1022, 1204-1205.
GILLY (Numa), 1834-1895, maire radical de Nîmes, député (1885-1888), célèbre pour avoir dénoncé certains trafics d'influence en 1888. — III : *251*.
GIL-NAZA (David-Antoine Chapoulade, dit), né en 1825, acteur, débute à l'Odéon (1873) et passe à l'Ambigu (1877-1880), où il est le Coupeau de Zola, dans *l'Assommoir*. — III : 468, 469.
GIL-PÉRÈS OU PÉREZ (Jules-Charles-Pérès Jolin, dit), 1827-1882, acteur comique. — I : 393, 592, 598, 739, 899, 936.
GINESTY (Mme), peut-être *p.* GINISTY (Mme). — III : 1088.
GINISTY (Paul), né en 1855, littérateur et administrateur. — III : 154, 481.
GIOCONDA DE ANGELI (Mme), admiratrice italienne des Goncourt. — III : 1295.
GIORGION, *v.* GIORGIONE.
GIORGIONE. — I : 609 ; II : 543, 623.
GIOTTO. — II : 496.
GIQUEL (Prosper-Marie), 1835-1886, marin, fit les campagnes de la Baltique, de Crimée et de Chine ; instruisit de jeunes Chinois qu'il conduisit en France en 1877. — III : 1113.
GIRARDIN (Émile de). — I : 35, 47, 62, 76, 92, 121, 142, 291, 560, 743, 746, 778, 787, 791, 846, 896, 913, 966, 981, 1012, 1013, 1035, 1037, 1107, 1123, 1126, 1139, 1161, 1176-1177, 1180, 1183, 1198, 1209 ; II : 9, 13-14, 62, 126, 158, 191, 196 ; III : 865, 879, 893, 989, 1016, 1018, 1033, 1053.
[1] GIRARDIN (Mme Émile de), 1804-1855, née Delphine Gay, épouse G. en 1831. — I : 35, 47, 78, 291.
[2] GIRARDIN (Mme Émile de), née Mina Brunold, Csse. de Tieffenbach, veuve du prince Frédéric de Nassau ; remariée à Girardin en 1856, séparée de lui judiciairement en 1872. — I : 903, 970 ; II : 509.
GIRARDIN (Alexandre de), fils d'Émile de G. et de sa première femme, Delphine Gay. — III : 916, 1007, 1022, 1094.
GIRARDIN (Mme Alexandre de), *v.* GANDERAX (Mme Louis).
GIRARDIN (de), fils des précédents. — III : 1112.
GIRARDIN (Mlle de), 1859-1865, fille d'E. de Girardin et de sa seconde femme. — I : 1198 ; II : *9*.
GIRAUD (Charles-Joseph-Barthélemy), 1802-1881, ministre de l'Instruction publique en 1851 ; professeur de droit romain. — I : 984, 1004, 1149, 1150 ; II : 112, 118-19, 145-46, 188, 600, 1227. III : 235, 265, 471, 551.
GIRAUD (Eugène), 1806-1881, peintre et graveur français. I : 271, 825, 842, 843, 844, 861, 912, 913, 916, 936, 949, 974, 1144-1177, 1178-1181 ; II : 38, 39, 40, 42, 59, 122, 164, [174], 214, 235, 272, 458, 463, 464, 470, 471, 512, 567, 571, 599, 600, 601-602, 605, 608, 610, 611, 616-617, 631, 644, 703, 797, 811, 815, 836, 914, 915, 953-954 ; III : 685, 747, 1249.
GIRAUD (Victor), 1840-1871, fils des précédents, peintre, élève de Picot et de Cabanel ; scènes orientales. — I : 1177, 1179 ; II : 42, 59, 164, 174, 222, 235, 797.
GIRAUD (Mme Eugène). — II : 42, 59.
GIRAUD (Charles), 1819-1886, frère et élève d'Eugène G. — I : 842.
GIRODET-TRIOSON (Anne-Louis Girodet de Roucy, dit), 1767-1824, peintre français. — I : 727 ; III : 746.
GIRON (de), architecte. — I : 911.
GIROUX (Mlle), *v.* ROULAND fils (Mme Gustave).
GIROUX (André), 1801-1879, paysagiste et peintre de genre. — I : 106.
* GIROUST dans *Charles Demailly*. — I : 679.
GISETTE, *v.* DENNERY (Mme Adolphe).
* GIUSEPPE (don), peut-être le négociant Giuseppe, dit Beppo, le mari accommodant, dans *Beppo* de Byron. — I : 603, 721.
GLACHANT (Charles), chef du cabinet du ministre de l'Instruction publique, Duruy (1864), puis inspecteur général de l'enseignement secondaire. — II : 1126.
GLADSTONE. — III : 1033.
GLASER, traducteur allemand. — III : 1169-1170, 1216.
GLATIGNY (Albert), 1839-1873, le poète des *Vignes Folles* (1860). — III : 595.
GLEYRE (Charles-Gabriel), 1808-1874 ; artiste suisse, travaille à Paris ; le peintre des *Illusions perdues*. — I : 691 ; III : 475, 709.
GLOBE (Le), périodique. — I : 975 ; II : 1066.
GLOUVET par erreur *p.* GOUVET (Louis-Maurice). — III : 132.

de Madeleine Brohan ; prit part à la fondation de la *Mode* — I : 310.
GOUJON (Jean), le sculpteur. — I : 802, 856.
GOULET, marchand de vin de Champagne — III : 495.
GOULU (Mme). — III : 155.
GOULUE (La), la danseuse du Moulin-Rouge peinte par Toulouse-Lautrec. — III : 630.
GOUNOD. — I : 857, 1214, III : 37, 1128.
GOUPIL (Adolphe), 1806-1893, marchand de tableaux. — II : 383 ; III : 1010.
GOURGAUD (le baron Gaspard), 1783-1852, le général qui écrivit à Sainte-Hélène les *Mémoires* dictés par l'empereur Napoléon. — I : 408.
GOURGUES ou GOURGUE (Dominique-Armand, Cte, puis marquis de), 1823-1893, marié en 1849 à Jenny de Chazelles. — I : 832.
GOURMONT (Rémy de). — III : *1253*.
GOUZIEN (Armand), né en 1839, critique dramatique et musical à *l'Événement*, au *Gaulois ;* rédige avec Arnold Mortier les « Soirées théâtrales » du *Monsieur de l'orchestre* au *Figaro ;* directeur des Beaux-Arts. — II : 693, 1200 ; III : 506, 573, 644.
GOUZIEN (Mlle). — III : 1159.
GOUVET (Louis-Maurice), ami de jeunesse de Daudet, qui avait partagé sa chambre r. de l'Université en 1864. — II : 1009 ; III : 130, [132], 178, 1075.
GOY (André de), 1830 ?-1863, ami de Nerval, traducteur de Dickens. — I : 341.
GOYA — I : 97, 646, 671, 917, 968 ; II : 98 ; III : 121, 220, 240, 271, 716, 969.
GOZLAN (Léon), 1803-1866, chroniqueur et romancier. — I : 32, 44, 316.
GOZZOLI (Benozzo). — III : 857, 886, [712].
GRAMONT (Antoine III, duc de), 1604-1678, maréchal de France. — III : 939-940.
GRAMONT, ou à tort *Grammont* (duchesse de), 1730-1794, née Béatrix de Choiseul, sœur du célèbre duc, mariée à Antoine-Antonin de Gramont. — I : 1051 ; II : 37.
GRAMONT (Louis de), 1854-1912, fils du Cte Ferdinand de G., l'ami de Balzac ; romancier et auteur dramatique. — III : [174].
GRAMONT (Élisabeth de —, duchesse de Clermont-Tonnerre). — III : 41, 276 ; 604, 1284.
GRAMONT-CADEROUSSE, 1833-1865, un des viveurs du *Café Anglais*, amant de Mme de Persigny et d'Hortense Schneider. — I : 806, 962, 974, 1044, 1158 ; III : 962.
GRAND, acteur. — III : 1224.
GRAND (Sarah), pseud. de Frances-Élisabeth MacFall, femme de lettres britannique. — III : *1142*.
GRAND BALCON (Brasserie du), 11 bd. des Italiens, fondée sous Napoléon III par Binding, célèbre par sa bière et les leçons de billard de Paysan ; disparue peu avant 1882. — I : 143, 167, 193, 815 ; II : 30.
GRAND-HOTEL. — III : 1096, 1103, 1166.
GRAND-SEIZE (Le) v. ANGLAIS (Café).
GRAND-THÉATRE. — III : [*763*]
GRANDE-CHAUMIÈRE (Bal de la), à l'emplacement du croisement actuel du bd. Montparnasse et du bd. Raspail ; fréquenté par les étudiants (1787-1855). — I : 92, 667.
GRANDIDIER (Ernest), 1833-1912, collectionneur de porcelaines de Chine. — II : 1000 ; III : 943.
GRANDIER (Urbain), 1590-1634, mort brûlé vif à Loudun. — I : [294].
GRANDJEAN (Charles), 1857-1933, inspecteur des Monuments historiques. — III : 744, 745, 1179.
GRANDVILLE (Jean-Ignace-Isidore Gérard, dit), 1803-1847, dessinateur et caricaturiste. — I : 142, 607, 1099 ; II 97.
GRANET (François Marius), 1775-1849, peintre, excelle dans les clairs-obscurs. — I : 331.
GRANET, ministre des Postes. — III : 1132.
GRANGÉ (Pierre-Eugène Basté, dit Eugène), 1810-1887, auteur de vaudevilles, drames, et opéras-comiques. — I : 497, 542-543, 827 ; II : 61.
GRANGÉ (Mme Eugène). — I : 497, 541, 593, 688, 827 ; II : 61.
* GRANCEY, dans *Charles Demailly*. — *I :* 679.
GRANIER (Jeanne), née en 1852, actrice, spécialisée d'abord dans l'opérette, puis dans la comédie. — III : *1217*.
GRANIER de CASSAGNAC *v.* CASSAGNAC.
GRANT (Daniel), banquier de Barcelone. — III : [*1077*], 1180-81.
GRASSET (Mme), actrice. — III : 1224, 1252.
GRASSOT (Paul-Louis-Auguste), 1800-1860, acteur comique. — I : 356, 361, 549, 731, 733, 748, 844, 933 ; II : 80, [707] ; III : 805, 866.
GRATRY (Auguste-Joseph-Alphonse), 1805-1872, prêtre et philosophe, restaura la congrégation de l'Oratoire (1852), qu'il quitta après une vive campagne contre le dogme de l'Infaillibilité pontificale (1869). — I : 912.
GRAVE (Jean) né en 1854, ouvrier cordonnier, anarchiste, fonda la *Révolte*. — III : *927, 928, 1001*, 1283.
GRAVELOT (Hubert-François Bourguignon, dit), 1699-1773. graveur et dessinateur. — I : 584 ; II : 785, 1066.
GRÉBANT, magistrat. — II : 787-792.
GRÉCOURT (Jean-Baptiste-Joseph Willart de), 1683-1743, poète épicurien. — I : 214, 819.

I

J

K

KAEMPFEN (Albert), 1826-1907, rédacteur en chef du *Journal Officiel*, directeur des Beaux-Arts (1882), puis des musées nationaux. — II : 1056, 1122.
KAHN (Gustave), 1859-1939, le poète symboliste. — III : 1240.
KALERGIS (Demetrios), 1803-1867, général grec, combattant de l'Indépendance, ministre de la Guerre (1854), ministre plénipotentiaire à Paris (1861). — I : 1020.
KALERGIS (Mme de), 1822-1874, née cTesse Marie Nesselrode, épouse séparée du diplomate russe Jean Kalergis, tient à Paris, 8 r. d'Anjou, un salon célèbre ; inspiratrice de *la Symphonie en blanc* de Gautier (1849). — I : [1013], 1052.
KALKBRENNER (Frédéric-Guillaume), 1784-1849, compositeur allemand, fixé à Paris. — I : 394.
KANN (Mme), née Marie Warchawska ; une des amies mondaines de Maupassant ; sœur de Mme Albert Cahen et tante d'Ida Rubinstein. — II : 1200 ; III : 462, 469, 471, 598, 712, 845, 874, 907.
KANO, artiste japonais. — III : 1047, 1143.
KANO SOKEN, artiste japonais. — III : 1047.
KANT. — I : 460, 1120 ; III : 206.
KARAGEORGEVITCH (prince Alexis). III : [664].
KARR (Alphonse). — I : 62, 63, 66, 70-71, 212, 515 ; II : 206, 1152.
KAULBACH (Wilhelm von), 1805-1874, peintre allemand, élève de Cornélius. — I : 602, 613.
KAULLA ou à tort *Kaula* (baronne Lucy de), d'origine bavaroise, épouse judiciairement séparée du colonel Théodore Jung, accusée en 1880 par le journaliste Yvan de Wœstyne d'avoir utilisé ses relations avec le Gal de Cissey, ministre de la Guerre entre 1870 et 1876, pour des trafics sur les fournitures militaires et à des fins d'espionnage ; porte l'affaire devant les tribunaux en décembre 1880. — III : 879, 895.
KAUNITZ (Wenzel-Antoine, prince de), 1711-1794, ambassadeur d'Autriche en France (1750-1753), puis chancelier impérial. — II : 184.
KELLER (Dr), médecin d'A. Daudet. — III : 220.
KELLY, avocat américain. — II : 1299.
KÉRATRY (Émile, Cte de), 1832-1905, ancien officier, député de l'opposition (1869), préfet de police du 4-Septembre et auteur de comédies. — II : 291.
KERGOMARD (Mme), sœur d'Élysée Reclus. — III : 997.
KERST, journaliste. — III : 775.
KERTEUX, couturier. — II : 903.
KERVÉGUEN (Marie-Aimé-Philippe-Auguste, Vte de), 1811-1868, député gouvernemental du Var (1852-1868). — II : 122, 127.
KESTNER (Mme Charles), femme de l'industriel de Thann, député républicain (1848-1852), dont le fils devint le sénateur Auguste Scheurer-Kestner et dont les filles épousèrent Victor Chauffour, Charras et Charles Floquet. — II : 624.
KESTNER (Mlles), *v.* FLOQUET (Mme Charles) et CHARRAS (Mme).
KEYSER (de), médecin du XVIIIe siècle. — I : 162.
KHAAYAM (Omar), l'auteur des *Rubaiyat*. — II : 330.
KHALIL-BEY, ambassadeur de Turquie à Paris sous le Second Empire. — I : 124-125 ; III : 287, 659.
KIODEN, artiste japonais. — III : *1230*.
KIOSAI, *v.* HOKKEI.
KIRSCHNER (Mlles). — III : 1134.
KISSELEFF (Mme), femme du Gal Nicolas Dimitriévitch K. (1800-1869), ambassadeur de Russie à Paris (1844-1854) ; Mme K., amie de Fortunée Hamelin, habitait Paris. — I : 240.
KISTEMAECKERS, libraire bruxellois, éditeur des écrivains naturalistes. — II : 926, 1084, 1108.
KLEIN (Victor). — II : 489.
KNAUS (Louis), 1829-1910, artiste allemand, peintre de scènes populaires. — II : 1170 ; III : 304.
KOCH (Dr Robert), 1843-1910, le grand bactériologiste allemand. — III : 499.
KOCK (Paul de). — I : 182, 190, 192, 293, 294, 320, 420, 469, 591, 928, 1089, 1202 ; II : 141.
KŒCHLIN (les), famille célèbre de filateurs alsaciens. — I : 638.
KŒNIGSWARTER (Maximilien), 1815-1878, banquier d'origine hollandaise, naturalisé ; député gouvernemental de la Seine au Corps Législatif (1852-1863). — I : 797, 943.
KŒNIGSWARTER (Mme Maximilien). — I : 217.
KOMATI. — II : 662.
KONING (Victor), 1842-1894, auteur dramatique, directeur de la Gaîté (1868), de la Renaissance (1875), du Gymnase (1880), de la Comédie-Parisienne (1893-1894) où il échoue ; a épousé Jane Hading (1884), puis Raphaële Sisos (1893), mort fou. — I : 803 ; II : 1140, 1174, [1180], 1205, 1206, 1207, 1209, 1220, 1246, 1276 ; III : 196, 216-217, 229, 321, 325-326, 340, 342, 367, 373, 393, 421, 430, 503, 512, 537, 564, 581, 584, 632, 633, 653, 655, 657, 663, 743, 760, 768-769, 771-772, 774-775, 777-778, 783, 787.
KORIN, artiste japonais. — II : 1052 ; III : 127, 346, 1047.
KORSAKOFF (Mme Rimsky

recteur des Eaux-et-Forêts. — II : 656.
* MARÉCHAL (M.), dans la pièce des Goncourt. — II : 912, 1132, 1135, 1137.
* MARÉCHAL (Mme), *ibidem*. — I : 1202 ; II : 1222.
* MARÉCHAL (Henriette), *ibidem*. — II : 1072, 1152 ; III : 1100.
MARÉCHAL DE METZ (Nicholas-Charles-Laurent), 1801-1887, ouvrier sellier de Metz, devenu peintre (débute en 1826), puis maître-verrier, auteur des verrières du Palais de l'Industrie (1855). etc. — I : 217.
MARGELIDON, collectionneur. — II : 713.
MARGONNE (de), ami de Mme de Balzac mère, et châtelain de Saché, où Balzac vint souvent se réfugier dans le calme. — III : [265].
* MARGUERITE, dans *Faust* de Goethe. — III : 1289.
MARGUERITE, la cuisinière d'Antoine-Victor de Goncourt, l'oncle de Neufchâteau. — II : 129, 136, 591.
MARGUERITE DE BOURGOGNE. — I : 789, 790 ; III : 783.
MARGUERITE DE NAVARRE. — I : 1184.
MARGUERITTE (Paul). — III : 5, 12, 13, 51, 52, 64, 97, 108, 113, 115, 144, 321, 431, 482, 483, 943, 996-997, 1055, 1100, 1123, 1156, 1183, 1281, 1276, 1279, 1283.
MARGUERITTE (Mme Paul). — III : 996.
MARGUERITTE (Victor). — III : 996, 1123, 1183, 1279-1280, 1283.
MARGUERY (Restaurant). — III : 258, 775, 778, 820.
MARIA, sage-femme, maîtresse de Jules et d'Edmond de Goncourt. — I : 328, 347, 352, [357], 362, 336, 392, 480, [484-485], 487, 511, 526, 564, 663, 710, 736, 750-751, [760], 812-814, 818, 945, 1130, 1138, [1211] ; II : 149, 201, 261, [1048].
MARIA-ALEXANDROVNA, impératrice de Russie, 1824-1880. — II : [43].
MARIA-FEODOROVNA, impératrice de Russie, 1847-1928. — III : *599*.
MARIA *la Polkeuse*, danseuse de Mabille sous Louis-Philippe, dite aussi *la Fille de l'air*, amazone émérite. — I : 328.
MARIANI, 1800 ?-1849, patriote italien, aide de camp de Charles-Albert. — I : 386.
MARIE, maîtresse d'E. de Goncourt. — III : 298-302.
MARIE, maîtresse de Jules de Goncourt, — I : 36, 178, 205, 210, 224-225, 230, 247, [264], 267, 293, 562.
MARIE, nièce de Pélagie, *v.* BLAISE (Marie).
MARIE-AMÉLIE (reine). — II : 174.
MARIE-ANTOINETTE. I : 184, 240, 242, 307-308, 316, 411, 416, 427, 428, 444, 696, 702, 704, 735, 865, 918, 924, 929, 945, 954, 1092, 1166, 1207 ; II : 116, 134, 233, 395, 464, 616, 639, 1026, 1089, 1164 ; III : 461, 667, 697, 784, 811, 872, 910, 930, 947, 1028, 1050-1051, 1102, 1200, *1251*, 1284-1285.
* MARIE-COUP-DE-SABRE, dans *la Fille Élisa*. — III : 514, 557-558, 775, 782.
MARIE-HENRIETTE, reine des Belges, 1836-1902, fille de Joseph, l'archiduc d'Autriche, mariée en 1853 au futur Léopold II. — III : *1130*.
MARIE-JEANNE, domestique de Jean-Antoine Huot de Goncourt. — I : 284 ; III : 317.
MARIE-LOUISE (l'impératrice). — I : 380.
MARIE DE MÉDICIS. — II : 185.
MARIE M..., maîtresse de Daudet, *v.* RIEU (Marie). — III : 739.
MARIE-SOPHIE-AMÉLIE, 1841-1925, reine des Deux-Siciles, devint en 1859 reine de Naples, subit le siège des Garibaldiens (1860-1861) : son héroïsme la rendit populaire. — II : [527].
MARIE-THÉRÈSE D'AUTRICHE, (Marie-Thérèse) reine de France. — I : 865 ; II : 543 ; III : 939.
MARIÉTON (Paul), 1862-1911, poète, un des promoteurs du *Félibrige*. — III : 136, 197, 298, 600, 696, 849, 931, 947, 1278, 1297.
MARIETTE (Auguste-Édouard), 1821-1881, égyptologue. — II : 85.
MARIETTE (Jean-Philippe), 1694-1774, graveur, contrôleur de la Grande Chancellerie, collectionneur et érudit. — III : 1051.
MARILHAT (Prosper), 1811-1847, peintre orientaliste. — II : 86.
MARILLIER (Léon), 1842-1901, maître de conférences de philosophie aux Hautes-Études et à Sèvres. — III : 217.
MARIN, *v.* LABILLE (Eugène).
MARIO, *v.* UCHARD (Mario).
MARIO (Giuseppe, Cte de Candia, dit), 1810-1883, ténor italien. — I : 311, 379.
MARION (Mlle). — I : 1207.
MARIQUITA, danseuse à la Porte-St-Martin. — I : 936, 968.
MARIUS. — II : [1028] ; III : *1028*, 1050.
MARIVAUX. — I : 1051 ; III : 530-531.
MARKOWSKI, bottier d'origine polonaise, ouvre le 20 oct. 1857, 12 r. Buffaut, une salle de danse assez mal réputée, où il danse *la Frisca*, pas de son invention, et où paraît Rigolboche. — I : 594, 595, 666, 740.
MARMONTEL. — I : 453, 537, 702, 894.
MARMOTTAN (Paul), né en 1856, ancien conseiller de préfecture, critique d'art et historien de l'Étrurie napoléonienne. — III : 540.
* MARNEFFE (Mme), dans *la Cousine Bette* de Balzac. — I : 964 ; III : 93.

Louvre, célèbre par ses prunes à l'eau-de-vie. — I : 213.
MOREAU, le Jeune. — II : 199, 558, 818 ; III : 947.
MOREAU (Eugène Lemoine, dit Eugène), 1806-1877, auteur de vaudevilles et de drames. — I : [*546*].
MOREAU (Gustave). — I : 494, 516 ; II : 702, 828, 894, 1023 ; III : 141, 268, 617, 655, 875, 945.
MOREAU de Tours (Dr Jacques-Joseph), 1804-1884, médecin aliéniste. — II : *35*.
MOREL (Eugène), 1869-1934, littérateur, directeur de *la Revue d'Art dramatique* (1900-1903), bibliothécaire à la Bibliothèque nationale. — III : 409, 441, 483, 825, 915, 1040, 1076, 1283.
MORELLET (André), 1727-1819, l'Encyclopédiste. — I : 420.
MORENO (Marguerite). — III : 664, 818, 842, 926, 932, 991.
MORÈRE, journaliste, rédacteur à *l'Illustration*, ami de Gavarni. — I : 112, 216, 523, 550-551, 588, 764, 1003-1004, 1014-1015.
MORERI (Louis), 1643-1680, l'auteur du *Dictionnaire historique*. — I : 459.
MORÈS (Antoine-Vincent Manca de Vallombrosa, marquis de), 1858-1896, voyageur français, installé d'abord dans le Far-West américain, puis voyage en Asie, et de retour en France, se lance dans le mouvement antisémiste et boulangiste ; tué par les Touaregs au cours d'une exploration du Sahara. — III : 448, 475, 725.
MORGAND *(Catalogue)*. — III : 1286.
MORICE (Charles), 1861-1919, un des témoins du symbolisme, auteur d'études d'art. — III : 986.
MORISOT (Berthe), 1841-1895, l'artiste impressionniste. — III : 1247.
MORIZOT, éditeur. — I : 307, 430, 558, 674, 675, 953.
MORLAINCOURT (famille de). — III : 315.
MORLAINCOURT (Mme de). — III : 1178.
MORLOT (Mgr François-Nicolas), 1795-1862, archevêque de Paris (1857) et grand aumônier de l'Empire. — I : [*909*], [*912*], [*919*].
MORNAY (Charles-Henri-Edgar, Cte de), 1803-1878, ambassadeur à Stockholm et pair de France, marié en 1848 à la Csse Samoïloff. — I : 67, *318*.
MORNING POST (The), quotidien. — III : 1063.
MORNY (le duc de). — I : 235, 457, 468, 491, 633, 639, 660, 693-694, 734, 737-738, 740, 966, 995, 1051, 1064, 1071, 1093, 1094, 1162, 1167 ; II : 4, 473, 538, 638, 683, 684, 980, 1061, 1234, 1268 ; III : 228, 306, 324-325, 457, 645, 666, 1201.
MORNY (duchesse de), morte en 1896, née Sofia Troubetzkoï, fille du prince Serge T., épouse en 1857 le duc de Morny, veuve et remariée en 1868 à José Isidoro Osorio y Silva, duc d'Albuquerque. — I : 1095, 1135 ; II : 27-28, 171.
MORNY (« la petite »), sans doute Sophie-Mathilde-Adèle Denise, fille des précédents, née en 1863, mariée en 1881 à Jacques Godart, marquis de Belbeuf, et divorcée en 1903. — III : 326, 643.
MORONOBOU (Hishigawa), 1618-1694, un des *primitifs* de l'estampe japonaise. — II : 1199.
MORTARA (Edgar). — I : 417.
MORTEMART (famille). — I : 73.
MORTIER (Auguste), huilier. — III : 341.
MORTIER (général). — I : 1004.
MORTIER (Arnold Mortjié, dit), 1843-1885, chroniqueur dramatique du *Gaulois* et du *Figaro* (1873) et librettiste. — II : 987.
* MOSCA, dans *la Chartreuse de Parme* de Stendhal. — I : 101.
MOSER, horticulteur à Versailles. — II : 874 ; III : 640, 884, 926, 962, 1004, [1083].
MOSSELMAN ou à tort *Mosselmann* (Hippolyte), fils d'un riche propriétaire minier de Belgique, frère de la comtesse Lehon, dandy du Boulevard, ami d'Alfred Tattet, entretient Mme Sabatier. — I : 84, 856 ; II : 26.
MOTAY (Tessié du), *v.* TESSIÉ DU MOTAY.
MOTHES, fabricant de capsules au baume de copahu. — I : 564.
* MOTTENFEU (comtesse de), dans *le Diable au corps* d'Andréa de Nerciat. — II : 787 ; III : 418.
MOTTU, banquier et homme politique, maire du XIe arrt. (15 sept. et 5 nov. 1870), figure sur la liste du gouvernement insurrectionnel du 31 oct. 1870. — II : 326.
MOUCHY (Antoine-Just-Léon-Marie de Noailles, duc de), né en 1841, député bonapartiste (1862-1870, 1874-1877 et 1885-1889). — I : 1044, 1048, 1200 ; III : 472.
MOUCHY (duchesse de), née en 1841, Anna, princesse Murat, fille du prince Lucien Murat et de miss Fraser, épouse le 18 déc. 1865 Antoine-Just-Léon-Marie de Noailles, duc de Mouchy. — I : 1200 ; II : 160, 162, 832, 835 ; III : 963.
MOULIN-ROUGE (Restaurant du), au rond-point des Champs-Élysées, tenu par Bourdin. — I : 70, 73, 199, 204, 262.
MOUNET-SULLY. — III : 11, 14, 16, 472, 832, 1040, 1078, 1098, 1219.
MOURET (Gabriel), né en 1865, poète, traducteur de Poe et de Swinburne, a fait connaître en France Ruskin et le préraphaélisme. — III : 1216.
MOUSQUETAIRE (Le), quoti-

dien. — I : 104, 167, 176, 381.
MOUSTAPHA-FAZL-PACHA, 1830-1875, fils d'Ibrahim-pacha, ministre de l'Instruction publique, puis des Finances de Turquie. — II : 127.
MOUSTIER (François-René de), 1817-1869, diplomate et ministre des Affaires étrangères (1866-1868). — I : [*632*] ; II : 119, 194.
MOUTARD'S CLUB, cercle mondain. — I : 115.
MOUTON (Eugène), 1823-1902, magistrat, légiste et auteur de livres humoristiques. — III : 235.
MOZART. — II : 325.
MULHOUSE (Café de). — I : 354.
MULLEM (Louis), 1836-1908, auteur de pièces jouées au Théâtre-Libre et de contes, rédacteur à la *Justice*, ami de Geffroy. — II : 1175 ; III : 87, 160, 164, 590, 715, 722.
MULLER (Charles-Louis), 1815-1892, peintre d'histoire, l'auteur de l'*Appel des dernières victimes de la Terreur*. — I : 76, 1181.
MULLER (Otfried), 1797-1840, archéologue allemand, mort à Athènes des fièvres contractées durant ses fouilles de Delphes. — I : 365.
MULOT, à Bar-s-Seine. — I : 790-791.
MUNIÉ (Alexandre Turlin, dit), mort en 1879, acteur de l'Odéon et du Vaudeville. — I : 993.
MUNKACSY (Michel Lier, dit Mihaly), 1844-1900, peintre hongrois établi à Paris, auteur de grandes compositions à effets dramatiques. — II : 990, 1223 ; III : 82, 591.
MUNKACSY (Mme). — II : 1223 ; III : 658, 673.
MUNSTER (Georges-Herbert, cte de), 1820-1902, diplomate allemand, ministre du Hanovre à Saint-Pétersbourg, tout dévoué à la Prusse, ambassadeur d'Allemagne à Londres et à Paris (1885-1900). — I : 631.
MUNTE (Lina), morte en 1909, actrice française de la Porte-St-Martin, de l'Ambigu (Virginie dans *l'Assommoir*) ; paraît à l'Œuvre en 1895 ; reste presque sans emploi. — III : 1191.
MURAT (famille). — III : 472.
MURAT (le maréchal). — III : 329.
MURAT (princesse), morte en 1879, née Caroline-Georgine Fraser, épouse en 1831 à Bordentown (États-Unis) le prince Lucien Murat, fils du maréchal de France. — I : 1200.
MURAT (prince), fils de la précédente : l'anecdote, si elle est récente, se rapporterait à Louis-Napoléon, né le 22 déc. 1851, et si elle est rétrospective à Achille-Charles-Louis-Napoléon, 1847-1895. — I : 1159.
MURAT (Joachim, prince), 1834-1901, fils du prince Lucien et de miss Fraser, petit-fils du maréchal ; général, aide de camp de Napoléon III. — II : 160.
MURAT (Caroline, princesse), *v.* CHASSIRON (Mme de).
MURAT (Anna, princesse), *v.* MOUCHY (duchesse de).
MURGER. — I : 54, 56, 62, 147, 171, 178, 198, 215, 261, 269, 273, 275, 291, 298, 300, 302, 304, 315, 317, 319, 321, 327, 339, 341, 399, 460, 469, 499, 656, 664, 666-667, 751, 772, 814, 992, 994-995, 1053 ; II : 181, 501, 811, 1109 ; III : 74, 113, 457, 523, 1072.
MURILLO. — I : 602, 830 ; II : 263.
MURR ou *Muir*, amant anglais de Rachel. — I : 904.
MUSARD (Philippe), 1793-1859, chef d'orchestre des bals des Variétés, puis des bals de l'Opéra et créateur de l'établissement de concerts et de bals dit *Concert Musard*, installé en 1836 r. Vienne, puis aux Champs-Élysées. — I : 231, 695.
* MUSOTTE, de Maupassant. — III : 557.
MUSSET (Alfred de). — I : 31, [72], 147, 176, 194, 195, 279, 356, [376], 433, 511, 666, 689, 911, 923, 975, 995, 998, 1000, 1053, 1097, 1139 ; II : 37, 547, 618, 901 ; III : 59, 493, 579, 660, 754, 1049.
MUSSET (Paul de). — I : 150, 911, 913, 927, 947.

N

NABUCHODONOSOR. — III : 731.
* NACHETTE, dans *Charles Demailly*. — I : 440, 530, 679 ; III : 774.
NADAILLAC (Mme de), 1825-1887, née Cécile Delessert, fille de Gabriel D., mariée en secondes noces en 1852 à Sigismond du Pouget de Nadaillac. — II : 1163.
NADAUD (Gustave), 1820-1893, chansonnier célèbre. — I : 822, 869, 893, 1134 ; II : 951.
NADAR (Félix Tournachon, dit), 1820-1910, caricaturiste, fondateur de la *Revue comique*, photographe célèbre, passionné de navigation aérienne. — I : 35, 43, 55, 108, 262, 268, 269, 344, 354, 392, 679, 877, 893 ; II : 342, 460, 533, 751, 859, 1014, 1115, 1267 ; III : 452, 851, 865, 1160, 1195.
NADAR (Mme), épouse du précédent. — III : 865, 1160.
NAIN JAUNE (Le), périodique. — I : *983*, 1016, 1044 ; II : 963, 1159.
NAJAC (Émile de), 1828-1889, auteur de comédies, vaudevilles et opérettes. — I : 693 ; II : 569, 601.
NAJAC (fils). — II : 601.
NALER. — II : 613.
* NANA, de Zola. — III : 411.
NANTEUIL, artiste, ami de Pouthier. — I : 815 ; III : 872.
NANTEUIL (Robert), 1623-1678, graveur. — III : 872.

O

P

par Carmel, son sommelier. — III : 1268.
PAILLARD DE VILLENEUVE (Adolphe-Victor), 1802-1874, avocat et juriste, rédacteur en chef de la *Gazette des Tribunaux* (1836), spécialiste de procès littéraires, avocat de V. Hugo, d'A. Karr, etc. — I : 77, 418-419.
PAILLERON (Édouard), 1834-1899, l'auteur du *Monde où l'on s'ennuie* (1881) et co-propriétaire de la *Revue des Deux Mondes* après son mariage. — II : 892, 955, 989, 1044, 1200 ; III : 276, 533, 800, 920, 1038.
PAILLERON (Mme Édouard), fille de François Buloz, épouse le précédent en 1863. — III : 1038.
PAILLERON (Marie-Louise), fille des précédents, femme de lettres. — III : 475.
PAIN (Olivier), 1845-1885, publiciste déporté pour participation à la Commune, s'évada avec Rochefort, collabora après 1879 à *L'Intransigeant*, se rendit en Égypte où le *Mahdi* le retint prisonnier. — II : *1172*.
PAÏVA (vicomte José de), diplomate portugais, ministre du Portugal à Paris, à Berlin. — II : 226.
PAÏVA (Albino-Francisco, marquis de — y Araujo), 1827-1872, confondu avec le précédent par les Goncourt, noble Portugais ruiné, donne son nom en 1851 à Thérèse Lachman, qui l'écarte en 1853 et fait annuler leur mariage en 1871 ; se suicide à Paris. — I : 1012.
PAÏVA (Thérèse Lachman, marquise de), 1819-1884, courtisane née d'un commerçant juif de Moscou, successivement épouse (1836) d'Antoine Villoing, tailleur français de cette ville, maîtresse, à Paris, du pianiste Henri Hertz, épouse (1851) du marquis de Païva, maîtresse, puis épouse (1871) du comte Henckel de Donnersmarck, avec qui elle s'en va en Allemagne peu après 1878. — I : 369, 438, 970, 1011—1012, 1065, 1183 ; II : 34, 87-88, 126, 134, 144, 146, 149, 155, 197, [226], 475, 701, 1214 ; III : 1129, 1300.
PAJOT, ami de jeunesse de Zola, commissaire de police. — II : 1234.
PALAIS-ROYAL (Théâtre du). — I : 46, 150, 561, 639, 664, 962, 965, 1089, 1156 ; II : 49, 396, 427, 777, 778, 909, 946, 1064, 1095, 1129, 1261 ; III : 312, 413, 744, 805, 931, 1026.
PALAIS DE L'INDUSTRIE, édifice destiné à abriter aux Champs-Élysées l'Exposition Universelle de 1855. — I : 125 ; II : 870.
PALATINE (Charlotte-Élisabeth de Bavière, duchesse d'Orléans, dite Princesse), 1652-1722, fille de Charles-Louis, électeur Palatin, épouse en 1671 Philippe d'Orléans, frère du roi. — I : 852.
PALÉOLOGUE (Maurice), né en 1859, diplomate et historien. — III : 1140.
PALIKAO (Charles-Guillaume-Antoine Cousin-Montauban, Cte de), 1796-1878, général, commandant du corps expéditionnaire en Chine (1860) et chef du dernier cabinet du Second Empire (9 août-4 sept. 1870). — II : 273, 494.
PALIZZI (Giuseppe), 1813-1887, paysagiste italien, établi en France. — I : 56, 151, 984, 991, 994 ; II : 916, 1079.
PALLADIO (Andrea), 1518-1580, architecte italien. — I : 599.
* PAMÉLA, de Richardson. — II : 224.
* PANÇA (Sancho), de Cervantès. — I : 460, 822, 844 ; III : 252.
PANSERON (Auguste), 1796-1859, compositeur et professeur de chant au Conservatoire. — I : 385.
* PANTAGRUEL, de Rabelais. — I : 551.
PANTHÉON (Théâtre du). — I : 108.
* PANURGE, de Rabelais. — II : 879 ; III : 705, 1072, 1108.
PAPETY (Dominique-Louis-Féréol), 1815-1849, peintre de genre et d'histoire. — I : 490.
PARABÈRE (Marie-Magdeleine de La Vieuville, Ctesse de), 1693-1750, maîtresse du Régent. — I : 478.
PARABÈRE-SANCY *v.* SANCY-PARABÈRE.
PARACELSE, médecin et hermétiste. — III : 1248, 1249.
PARDO-BAZAN (Emilia de Quiroga, comtesse de), 1851-1921, romancière et critique espagnole. — III : 170, 285.
PARENT (Ulysse), mort en 1880, élève de Drolling, peintre paysagiste et dessinateur (donnait en particulier aux journaux des croquis d'après les tableaux du Salon) ; compromis dans la Commune. — II : 476.
PARENT-DUCHATELET (Dr Alexis-Jean Baptiste), 1790-1836, médecin de la Pitié, auteur d'ouvrages sur l'hygiène et sur la prostitution parisienne. — I : 1188.
PARFAIT (Noël), 1813-1896, député de 1871 à 1893, auteur de drames, ami et collaborateur de Gautier. — II : 326.
PARFOURU, *v.* POREL.
PARIEU (Marie-Louis-Félix Esquirou de), 1815-1893, ministre de l'Instruction publique (1849-1851) et ministre présidant le Conseil d'État dans le cabinet Ollivier (1870). — I : 417.
PARIS (Café de), créé en 1822, fermé en 1856, 24 bd des Italiens, à l'angle de la r. Taitbout, dans l'immeuble de lady Yarmouth, mère de lord Seymour ; centre du Boulevard entre 1840 et 1848, célèbre par son *veau*

Rossey ; épouse en 1854 Théophile Du Buisson. — I : 199.
PASSY (Jenny), 1833-1894, sœur de la précédente, épouse en 1857 Léonce Éthis de Corny. — I : 159, 160.
PASTELOT (Auguste-Pierre-Étienne, dit Alexis), mort en 1867, acteur du Gymnase, puis après 1848, acteur des drames militaires du Cirque Impérial, enfin acteur comique des Variétés. — I : 471.
PASTEUR (Louis). — I : 926 ; II : 615 ; III : 655, 756, 876, 1180.
PASTORET (Claude-Emmanuel-Joseph-Pierre, marquis de), 1756-1840, le premier président de la Législative, déporté au 18 Fructidor, ministre d'État sous la Restauration. — II : 111.
PATER (Jean-Baptiste-Joseph), 1695-1736, peintre. — I : 451, 606, 608, 922.
PATIN (Henri), 1793-1876, professeur à la Sorbonne, critique littéraire et traducteur d'Horace. — I : 469, 882 ; II : 221, 672, 703.
PATIN (Mme Henri). — II : 703.
PATINOT, administrateur des *Débats*. — III : 34.
PATON (Mme Jules), *v.* ROZIER (Jacques).
PATRAT (général), tué à Palestro en 1859. — II : 227.
PATRIE (La), quotidien. — I : 38, 173, 293, 853, 891.
PATTERSON, *p.* PATERSON, *v.* BONAPARTE-PATERSON.
PATUREAU, collectionneur. — I : 253.
* PATUROT (Jérôme), dans les deux romans satiriques de Louis Raybaud, *Jérôme Paturot à la recherche d'une position sociale* (1843) et *J.P. à la recherche de la meilleure des républiques* (1848). — I : 454.
PAUL (St). — I : [276], 1107 ; II : 25, 220.
PAULIN (J.-B. Alexandre), 1793-1859, libraire et l'un des fondateurs du *National ;* créa *L'Illustration* (1843). — I : 107, 139, 216.
* PAULINE : Pauline Quenu, dans *La Joie de vivre* de Zola. — II : 1026.
PAULUS (Jean-Paul Habans, dit), 1845-1908, chanteur populaire. — II : 884, 1287.
PAURELLE (Antoinette, dite Elmire), actrice des Délassements-Comiques, du Vaudeville, du Palais-Royal entre 1859 et 1872 ; célèbre par sa beauté, fut Cupidon dans *Orphée aux Enfers* et l'une des admirations de jeunesse du futur Père Charles de Foucauld. — I : 852.
PAUSANIAS. — I : 184.
PAUWELS, anarchiste, mort en 1894. — III : *[930]*.
PAVLOVSKY (Isaac), littérateur russe, auteur de *Souvenirs sur Tourguéneff* (1887). — III : 67.
PAYEN (Anselme), 1795-1871, le célèbre chimiste. — I : 329.
PAYS (Le), quotidien. — I : 270, 275, 292, 304, 548, 749, 762, 880.
PÉAN (Dr Jules-Émile), 1830-1898, chirurgien, un des fondateurs de la chirurgie gynécologique moderne. — III : 651, 653, 745, 991.
PÉAN DE SAINT-GILLES (Mme), grand-mère maternelle de Louis et Blanche Passy. — I : 160.
PEARL (Emma Cruch, dite Cora), 1842-1886, courtisane, maîtresse, entre autres, du prince Louis-Napoléon ; se risque dans le rôle de Cupidon lors d'une reprise d'*Orphée aux Enfers* aux Bouffes-Parisiens, en 1867. — I : 1093.
PECCOT (Antoine), jeune mathématicien. — III : 169.
PECQUEGNOT, *v.* PÉQUÉGNOT.
PÉCUNE, propriétaire du restaurant *Au rocher de Cancale*. — III : 1196.
PÉLADAN (Joseph, dit Joséphin — ou le *Sâr)*, 1858-1918, occultiste, auteur des dix-neuf romans de *L'Éthopée* et d'essais esthétiques ou mystiques. — II : 1236 ; III : 1070, 1228.
PÉLAGIE, *v.* DENIS Pélagie.
PELET, éditeur. — III : 1180.
PELION (comtesse). — III : 1220.
PÉLISSIER (Aimable-Jean-Jacques, duc de Malakoff), 1794-1864, maréchal de France qui s'illustra par la prise de Malakoff (1855), gouverneur d'Algérie en 1860. — I : 631.
* PELLEGRIN (Lucie), de Paul Alexis. — III : 488.
PELLERIN, éditeur. — III : 1271.
PELLETAN (Eugène), 1813-1884, journaliste, romancier, auteur de la *Profession de foi du XIXe siècle* (1852), membre du Gouvernement de la Défense Nationale, puis député et sénateur. — I : 148, 593, 654, 1037, 1051 ; II : 303, 316, 483, 802.
PELLETIER, secrétaire au ministère d'État en 1858. — I : 394.
PELLETIER (Pierre-Ambroise), mort en 1866, acteur applaudi des Funambules (1843-1857), puis des Délassements-Comiques (1858-1859), second régisseur aux Folies-Dramatiques (1860-1863). — I : 356.
PELLETIER (Édouard), mort en 1900, conseiller à la Cour d'Orléans, révoqué en 1870, réintégré et révoqué définitivement en 1883. — II : 388.
PELLICO (Silvio), l'auteur de *Mes Prisons*. — II : 840.
PELTIER *(Vente)*. — III : 1051.
PÈNE (Henri de), 1830-1888, journaliste, fondateur du *Gaulois* et du *Paris-Journal*, chroniqueur brillant, monarchiste. — I : 355, 360 ; II : 725, 733, 736 ; III : 1139.
PÈNE (Mme de). — I : 1071.
PENGUILLY-L'HARIDON (François-Marie-Pierre-Louis, baron), 1783-1867,

1742-1832, professeur de médecine au Collège de France (1769), médecin de Louis XVIII, créateur de l'Académie royale de médecine (1820). — II : 41.

* PORTAL (Mme), dans *Numa Roumestan* de Daudet. — III : *15*.

PORTALIS (Roger, baron de), mort en 1912, bibliophile. — II : 668-669.

PORTANT, graveur sur métaux. — I : 311.

PORTE CHINOISE (A la), 33 rue Vivienne (en 1855), magasin de thé et d'objets de Chine, tenu par Houssaye. — I : 706.

PORTE-SAINT-MARTIN (Théâtre de la). — I : 86, 126, 688, 749, 935-937, 967-969 ; II : 165 ; III : 534, 1193.

PORTE-SAINT-MARTIN (Café de la). — I : 789.

* PORTHOS, de Dumas père. — II : 1098.

PORTO-RICHE. (Georges de). — III : 16, 710, 790, 1196, 1234, 1245, *[1254]*.

PORTO-RICHE (Mme de) — II : 1245.

POSSIEN, rédacteur au *Jour* — III : 1289, 1291.

POSSOT, jeune ornemaniste, célébré par les Goncourt dans *Une Voiture de Masques*. — I : 41.

POST (Die), quotidien. — III : 9.

POTAIN (Dr Pierre-Carl-Édouard), 1825-1901, professeur de pathologie interne, puis de clinique médicale (1877), spécialiste des maladies du cœur et du poumon. — II : 940, 1086, 1170, 1273, 1282 ; III : 52-53, 55, 70, 123, 137, 154, 422, 478, 540, 647, 648, 718, 801, 1271, 1275, 1292.

POTEL ET CHABOT, traiteurs. — I : 515, 562 ; III : 627.

POTEMKINE, le favori de Catherine II. — II : 616.

POTIER, officier français, inventeur d'un type nouveau de canons. — II : 329.

POTIN (Épicerie). — II : 869.

POTOCKA (Comtesse), née Emmanuela, fille du duc di Regina, épouse du Cte Nicolas Potocki ; célèbre par son cercle de dévoués intimes, les *Macchabées*, par ses dîners du vendredi, avec Widor, J.E. Blanche, Lemaître, par l'amitié de Maupassant et pas sa fin tragique dans un hôtel misérable. — III : 60, 465, 1105.

POTONIÉ-PIERRE (Mme), fondatrice et secrétaire de la ligue féministe : *La Solidarité* (vers 1889). — III : 891.

POTOWSKA, *v.* POTOCKA (comtesse).

POTTECHER (Maurice), 1867-1943, auteur de légendes, nouvelles et contes, fondateur du *Théâtre du peuple* de Bussang (1895) ; a épousé Georgette Camée, qui fut la grande actrice du *Théâtre d'Art* de Paul Fort. — III : 831, 832, 834, 898, 1112.

POTTER (Paul), 1625-1654, artiste hollandais, paysagiste et animalier — I : 544, 729.

* POTTER (de), dans *Sapho* de Daudet. — II : 1201.

POUBELLE (Eugène-René), 1831-1907, préfet de la Seine (1883-1896). — III : 1201.

POUCHARD, instituteur. — I : 254.

POUCHARD, (Mlle). — I : 299, 648, 658.

POUCHET (Georges), 1833-1894, aide naturaliste au Muséum, suppléant de Paul Bert (1875), puis professeur d'anatomie comparée au Muséum (1879) ; ami de Flaubert. — I : 920 ; II : 826, 862, 864, 1028 ; III : 935, 953, 1048.

POUCHKINE. — II : 503.

POUGY (Liane de), morte en 1953, née Anne de Chassaigne, épouse d'un officier de marine, qu'elle quitte pour mener une vie tapageuse ; amie de Meilhac, de Jean Lorrain, etc., après 1914, épouse le prince Georges Ghika et mène une vie très retirée. — III : 959, 1253, 1254, 1257, 1268, 1276, 1279, 1284, 1293-1294, 1303.

POUILLET (Eugène), 1835-1905, avocat spécialiste des questions de propriété industrielle, artistique et littéraire. — II : 387-388.

POULET-MALASSIS (Paul-Auguste), 1825-1878, l'éditeur ami de Baudelaire. — I : [224], 744, 909.

POULMANN, forçat en rupture de ban qui assassina à Nangis l'aubergiste Genthon le 30 mai 1843. — I : 592.

POULOT (Denis), 1831-1905, manufacturier, maire du XIe arrondt., auteur du *Sublime*. — II : [833].

POUPART-DAVYL (Ludovic-Joseph-Amédée), 1835-1890, auteur dramatique et romancier. — II : 684 ; III : *344*, 345.

* POURCEAUGNAC (M. de), de Molière. — I : 437, 523.

POURRAT, précepteur des enfants Passy à Gisors. — I : 158, 160, 370.

POURRAT (Antonin), fils du précédent. — I : 158, 160.

POURTALÈS (Comtesse Edmond de), morte en 1913, célèbre sous le Second Empire pour sa beauté et son esprit. — I : 962 ; II : 38 ; III : 218.

POURTALÈS-GORGIER (comte de), vice-consul à Fou-Tchéou en 1881. — II : 877 ; III : 212.

POUSSET (Brasserie ou Taverne), au carrefour de la rue de Chateaudun et du Faubourg Montmartre, surnommée le *Cul de Bouteille ;* Catulle Mendès y règne et Antoine y entraîne les auteurs du Théâtre-Libre. — III : 409.

POUSSIN, le peintre. — I : 350, 435, 545, 881, 1065 ; II : 79, 82, 182.

POUTHIER (Alexandre), peintre bohème, ami de jeunesse d'E. de Goncourt. I : 34, 37, 55, 61, 94, 101, 146, 152, 153, 162, 166, 197, 212-213, 221, 226, 257, 265, 282, 292, 338, 432-434, 436, 598, 635, 638, 676, 764, 806, 815, 958, 993, 1041, 1211 ; II :

Q

R

RICHELIEU (duchesse de), née Marie-Alice Heine, fille de Michel Heine, épouse en 1875 Marie-Odet-Richard-Amable Chapelle de Jumilhac, duc de R. (1847-1880). III : 41, 277.
RICHEPIN (Jean). — II : 942, 993, 1077, 1289 ; III : 832-*833*, 944, 1122, 1256, 1275.
RICHER, propriétaire du *Café de l'Europe*. — III : 457.
RICHER-SÉRISY, 1762-1800, rédacteur de *L'Accusateur public*, anti-révolutionnaire et hostile à Bonaparte ; déporté à Cayenne en 1797 à la suite du coup d'État du 18 Fructidor, s'évade, meurt d'épuisement au Maroc. — II : 207.
RICHERAND (Dr Anthelme-Balthasar), 1779-1840, se fit connaître par ses *Nouveaux Eléments de physiologie* (1800), qui eurent un succès étonnant ; professeur à la Faculté de médecine de Paris (1807) ; ses livres valaient mieux que son enseignement. — II : 119.
RICHET (Dr Charles), né en 1850, le célèbre physiologiste. — III : 221.
RICHTER (Hans), 1843-1916, chef d'orchestre allemand, le grand interprète de Wagner. — III : 1169.
RICO ORTEGA (Bernardo), 1825-1894, sculpteur et aquarelliste espagnol. — III : 336.
RICORD (Philippe) 1800-1889, chirurgien, spécialiste de la syphilis. — I : 37, 319, 420, 664, 897, 1056 ; II : 4, 18, 56, 146, 221, 350, 501 ; III : 112.
RICOURT (Achille), propriétaire-fondateur de *L'Artiste* (1831), qu'il doit céder à A. Houssaye en 1843. — I : 436.
RICQUIER-DELAUNAY (Edmond), 1827-1900, chanteur, se produit notamment à l'Opéra-Comique (1853-1855). — I : 166.
RIESENER (Jean-Henri), 1734-1806. ébéniste de Louis XVI. — I : 247 ; III : 1170.
RIESENER (Léon), 1808-1878, petit-fils du précédent, peintre. — III : 1170.
RIESENER (Mlle), fille du précédent, familière du salon Daudet. — II : 1192 ; III : 382, 447.
RIEU (Marie), morte en 1867, maîtresse d'A. Daudet, à partir de 1858 ; désignée ici sous le surnom de *Chien vert* ; inspiratrice de *Sapho*. — I : [230] ; II : [859], [913] ; III : [739].
RIFFAULT (général), inspecteur du génie, familier du salon de la princesse Mathilde. — II : 1038, 1102, 1199, 1219, 1235, 1262, 1263 ; III : 68, 712.
RIGAUD (Hyacinthe), le grand peintre classique. — II : 456.
RIGAULT (A.), collectionneur. — I : 184.
RIGAULT (Hippolyte), 1821-1858, professeur, puis rédacteur aux *Débats*. — I : 314, 365.
RIGAULT (Raoul), 1846-1871, membre de la Commune, fusillé le 24 mai. — II : 724 ; III : 477.
RIGOLBOCHE (Marguerite Bédel ou Badel, dite), danseuse du *Prado*, célèbre en 1855-1860 ; ses *Mémoires* sont attribués à Ernest Blum et à L. Huart. — I : 562, 581, 586, 641, 693, 744, 783, 865, 883, 933, [939] ; III : 1065.
RIMBAUD (Arthur). — II : 1243 ; III : 212, 537.
RIMBLOT (Julie-Constance), morte en 1855, élève de Beauvallet, pensionnaire au Théâtre-Français de 1845 à 1852. — I : 324.
RIMSKY-KORSAKOFF (Mme), *v.* KORSAKOFF (Mme Rimsky).
RING (de), premier secrétaire d'ambassade à Vienne. — II : 525.
RINGEL (Désiré), né en 1847, sculpteur français, auteur de bustes en cire colorée. — III : 722.
RIOULT (Louis-Édouard), 1790-1855, peintre d'histoire. — I : [782].
RIPALDA (duc de), voyageur. — II : 956.
RIS (Clément de) *v.* CLÉMENT DE RIS.
RISPAL (Jules-Louis), mort en 1910, sculpteur, élève de Thomas. — III : 974.
RISTORI (Mme Adélaïde), 1821-1906 la grande tragédienne italienne. — I : 668, [676] ; II : 1106.
RITZONO, peintre et laqueur japonais. — II : 1052 ; III : 127, 276, 346, 558.
RIVAROL. — I : 322, 327, 344, 880.
RIVIÈRE (Henri), 1827-1883, commandant de marine, tué à Hanoï ; auteur de romans et nouvelles. — II : 235.
RIVOLI (duchesse de), morte en 1903, Marguerite Laure-Juliette-Adélaïde-Paule, fille adoptive de Mme Furtado-Heine ; veuve du Gal Michel Ney, épouse en 1882 Victor Masséna, duc de Rivoli, député des Alpes-Maritimes (1863-1870). — III : 360, 622.
ROBBIA (Lucca della). — I : 634, 1056.
ROBERT (Hubert), 1733-1808, le peintre d'architecture et paysagiste. — I : 308, 419, 545, 735, 1166 ; II : *319*.
ROBERT (Léopold), 1794-1835, le peintre de *La Moisson dans les Marais Pontins*, célèbre par la passion qu'il conçut pour la princesse Charlotte Bonaparte et par son suicide. — I : 210.
ROBERT (Louis de), né en 1871, romancier, rédacteur à *L'Écho de Paris*, puis au *Journal* (1892). — III : *[719]*, 863.
ROBERT-FLEURY (Joseph), 1797-1890, peintre d'histoire. — I : [1162].
ROBERT-HOUDIN (Jean-Eugène), 1805-1871, prestidigitateur. — I : 1056.
ROBERTI (Dr), ami de Frédéric Masson. — III : 186.

Conseil et ministre des Finances (1887). — III : [78], 312, 923.
ROUVIER (Mme Maurice), *v.* CONSTANT (Mme).
ROUVIÈRE (Philibert), 1809-1865, peintre, puis acteur à la Porte-St-Martin, à la Gaîté, à l'Odéon, au Théâtre-Français. — I : 679, 775, 888, 1148 ; II : 967.
ROUVROY (Louise), morte en 1884, chanteuse, débute à Toulouse en 1845, engagée à la Gaîté-Lyrique en 1853 ; après des tournées à l'étranger et en province, se produit à Paris en 1869. — I : 35, 60, 73, 203 ; III : 155.
ROUX, officier des zouaves de la Garde. — I : 630 ; II : 519.
ROUX (Dr Philibert), 1780-1854, chirurgien, élève de Bichat. — II : 119.
ROUX (Dr Émile), 1853-1933, le collaborateur de Pasteur. — III : 1022.
ROY (Charles), 1683-1764, dramaturge et auteur d'épigrammes. — I : [1006].
ROYALE (Cercle de la rue), dit encore *Moutard's Club*. — I : 240 ; III : 622, 822, 1097.
ROYBET (Ferdinand), 1840-1920, peintre et graveur. — III : 826.
ROYE (Guy de), 1345-1409, archevêque de Lens en 1385, fondateur du collège de Reims à Paris. — III : [95].
ROYER (Paul-Henri-Ernest de), 1808-1877, procureur général à la Cour de Paris (1850), et garde des Sceaux (1851), puis procureur général près de la Cour de Cassation (1853), ministre de la Justice (1857-1859). — I : 65, 66, 71-72, 326, 1136-1137.
ROYER (Alphonse), 1803-1875, romancier et auteur dramatique, directeur de l'Odéon (1853-1856), puis de l'Opéra jusqu'en 1862. — I : 166, 539, 650, 679, 740, 1027.
ROYER-COLLARD. — I : 201, 895, 933, 1007 ; II : 672, 673 ; III : 434-435.
ROZEROT (Jeanne), 1868-1914, maîtresse d'Émile Zola, mère de Denise et Jacques Zola. — III : [731], [*825*], [953], [1192], [1196].
ROZIER (Jacques), pseudonyme littéraire de Mme Jules Paton, née Pacini, auteur du *Divorce de Sarah Moore*. — II : *[1151]*, [1153].
* RUBEMPRÉ (Lucien de), dans *Les Illusions perdues* et *Splendeurs et misères des courtisanes* de Balzac. — I : 62, 215, 444, 470, 500, 735.
RUBENS. — I : 99, 252, 295, 319, 358, 434-435, 451, 480, 545, 558, 602, 609, 610, 613, 731, 768, 802, 856, 998, 1108, 1137, 1140 ; II : 115, 133, 185, 225, 693, 868, 966, 1015, 1886 ; III : 82, 294, 617, 749, 974, 1051, 1184, 1272.
RUDE (François), le sculpteur de *La Marseillaise*. — I : 1140.
RUDINI (Antoine, marquis de), 1839-1908, président du Conseil italien (1891-1892), après le premier ministère Crispi. — III : 1274.
RUDOLPHI (Maison), 23 bd des Capucines, orfèvrerie. — I : 321, 959.
RUGGIERI, famille célèbre d'artificiers. — I : 954.
RUMIGNY (Marie-Théodore, Cte de), 1789-1860, officier, se distingua à Wagram et à Smolensk, aide de camp du duc d'Orléans (1818-1830), député (1830-1837), aide de camp du roi jusqu'en 1848. — III : 682, [1179].
RUMILLY, sans doute *p.* RUMIGNY. — III : 1179.
* RUY GOMEZ (don), dans *Hernani* de V. Hugo.
RUYSDÆL. — I : 727, 729 ; III : 696, 725.
* RYONS (de), dans *L'Ami des Femmes* de Dumas fils. — II : 147.
RZEWUSKI, *v.* REZUSKI.

S

SABATHIER, *p.* SABATIER (Raymond-Gabriel-Baptiste), 1810-1879, officier détaché aux Affaires étrangères, consul général de France à Alexandrie (1852), d'où il exerça une grande influence en Égypte et en Syrie. — I : 745.
SABATIER (Apollonie-Aglaé Savatier, dite Mme), 1822-1890, maîtresse du banquier Hippolyte Mosselman, modèle de *La Femme piquée par un serpent* de Clésinger, et de la *Femme au chien* de Ricard, inspiratrice de Baudelaire ; reçoit Flaubert, Gautier, Saint-Victor, etc., le dimanche r. Frochot. — I : 84, 316, 319, 517, 539, 856, 1066 ; II : *[26]*, [473], 1203.
SABINE, maîtresse de Charles de Villedeuil. — I : 35, 59-60.
SACCAULT, aubergiste de Marlotte. — I : 56, 992.
SACY (Samuel-Ustazade Silvestre de), 1801-1879, fils de l'orientaliste et homme d'État ; entre en 1828, pour n'en plus sortir, à la rédaction des *Débats* ; conservateur de la Mazarine (1836), sénateur (1865). — I : 368, 399, 528, 552, 895, 906, 924, 947, 953, 966, 981, 1013, 1017 ; II : 64, 163, 173, 220, 236, 627 ; III : 801.
SADE (le marquis de). — I : 179, 216, 301, 316, 319, 331, 417, 525, 551, 645, 675, 683, 685, 798, 799, 800, 811, 815, 872, 974 ; II : 42, 321, [552], [631], 733, *746*, 922, 926, 1104, 1259.
SAGAN (Charles-Guillaume-Bosan de Tayllerand-Périgord, connu sous le nom de prince de), 1832-1910, arbitre des élégances. — II : 1245 ; III : 622.
SAGAN (Princesse de), morte en 1905, née Jeanne-Alexandrine-Marguerite Seillière, fille du baron François-Florentin-Achille S., épouse en 1858 le précédent. — I : 962 ; II : 1122, 1288.

T

que. — I : 398, 804 ; II : 736, 737, 738.
TINTORET (le). — I : 536, 726 ; II : 767 ; III : 617.
TIPOO-SAEB, 1749-1799, dernier nabab du Mysore. — I : 998.
TIRARD (Pierre-Emmanuel), 1827-1893, homme politique. — II : *1048*.
TISSERANT (Hippolyte), 1802-1876, acteur des boulevards depuis 1828, joue dans *l'Honneur et l'Argent* à l'Odéon ; auteur d'un grand nombre de chansonnettes et monologues. — I : 196.
TISSOT (James), 1836-1902, peintre et graveur français, voué à la peinture religieuse. — II : 596, 942-943, 966, 1045, 1126, 1192 ; III : 361, 378, 380-382, 387, 412, 447, 489, 709, 896, 904, 950, 951, 958, 978, 1056, 1129.
TISSOT (Mélanie), *v.* BÉHAINE (Mme Édouard de).
* TITANIA, dans *le Songe d'une nuit d'été* de Shakespeare. — I : 591 ; III : 153.
* TITI, dans *l'Exécution*, une des *Scènes populaires* de Monnier. — II : 351.
TITIEN (le). — I : 178, 217, 319, 478 ; II : 848, 858, 1015, 1207.
TITON (Dr), médecin de Châlons-sur-Marne. — III : 1176.
TOCHÉ (Raoul), 1850-1895, auteur d'opérettes et de comédies, chroniqueur dans divers journaux sous les pseud. de *Frimousse*, *Gavroche*, etc. — II : 886.
TOCQUEVILLE (Alexis de), l'auteur de *la Démocratie en Amérique*. — I : 703.
TOKOUGAWA, noble famille japonaise. — III : 1046.
TOLSTOÏ (Jacques Nikolaevitch, Cte), 1791-1867, ami de jeunesse de Pouchkine, se fixa en 1823 à Paris, où bientôt ses dettes l'amenèrent à jouer le rôle d'agent secret du tzar. — I : 317.
TOLSTOÏ (Léon). — III : 68, 96, 153, 321, 482, 792, 1116, *1161*, 1186, 1294.
TOLSTOÏ (Comtesse), cousine du précédent, admiratrice des Goncourt. — II : 793.
* TOMPKINS (la), dans *les Frères Zemganno*. — III : 182, 212.
TONY, marchand de chevaux des Champs-Élysées. — I : 777, 878.
TOPFFER (Rodolphe), 1799-1846, l'écrivain suisse. — I : 49.
TORCY (M. et Mme Wladimir de), voisins de campagne des Courmont à Croissy. — I : 425-426.
TORNIELLI (Luigi, comte), 1836-1908, diplomate, ambassadeur à Paris. — III : [889].
* TORPILLE (La), surnom d'Esther Gobseck, dans *Splendeurs et Misères des Courtisanes* de Balzac. — I : 618.
TORTONI (Café), à l'angle du bd. des Italiens et de la r. Taibout. Dirigé par Velloni (1798), puis par son commis Tortoni ; célèbre par sa cuisine et son perron ; symbolise l'esprit du Boulevard ; disparaît en 1893. — I : 400, 799, 823 ; II : 399, 969, 1096 ; III : 177, 425, 480, 545, 746, 846.
TOTO, surnom de Victor-Théophile Gautier. — II : 535.
TOUCHARD-LAFOSSE (G.), 1780-1847, chroniqueur et journaliste. — I : [98].
TOUDOUZE (Gustave), 1847-1904, romancier. — II : 1198, 1210 ; III : 282, 377, 483, 734, 765, 802, 841, 875, 914, 922, 935, 952, 973, 1030, 1035, 1056, 1099, 1115, 1180, 1191, 1296, 1300, *1303*.
TOUDOUZE (Mme Gustave). — III : 734, 1180.
TOUDOUZE (Édouard), 1848-1907, frère de Gustave T., peintre de genre et auteur de compositions décoratives. — III : 1056.
TOULMOUCHE (Auguste), 1829-1890, élève de Gleyre, peintre de genre et auteur de portraits d'actrices. — II : 570.
TOULONGEON (marquis de), aide de camp de Napoléon III, commandant des chasses à tir impériales, en 1862. — I : 865.
TOULOUSE (Dr Édouard), né en 1865, psychiatre français, auteur, entre autres travaux, d'enquêtes médico-psychologiques sur Zola et H. Poincaré (1896 et 1901). — III : *1295*.
TOULOUSE-LAUTREC (Henry de), le peintre du *Moulin-Rouge*. — III : 1225, 1269.
TOUQUET, mort en 1830, colonel en demi-solde qui devient, en 1815, un libraire-éditeur libéral. — I : *437*.
TOURADE. — III : 1278.
TOURBEY (Marie-Anne Detourbay, dite Jeanne de), 1837-1908, courtisane aimée sous l'Empire par Marc Fournier et le prince Napoléon, tient rue de l'Arcade un salon littéraire, avec Renan, Flaubert, etc. Héritière d'E. Baroche ; épousa en août 1871 le Cte Victor-Edgar de Loynes, dont elle se sépara tout en gardant son nom ; ouvrit 152 av. des Champs-Élysées un salon littéraire et politique de droite dont le centre était Jules Lemaître. —I : 161, 490, 497, [502], 503, 589, 689, 690, 740, 777, 778, 789, 838, 852, 878, 889-890, 895, 918, 955, 1032, 1065, 1154-1155 ; II : 158, 167, 196 ; III : 118, 261, 679, 704, 778, 963, 1036.
TOURGUÉNEFF. — I : 941, 942, 1138, II : 499, 500, 503, 540, 575, 620, 621, 639, 642, 643, 666, 678, 690, 692, 693, 699, 700, 701, 719, 726, 727, 728, 739, 766, 891, 928, 929, 999, 1000, 1003, *1008*, 1019, 1024 ; III : 67, 69, 321, 479, 792, 883.
TOURNAY (Maurice), pseud. de Julia Allard (Mme Daudet) pour ses premiers essais littéraires.
TOURNEMINE (Charles-

U

V

VILLENEUVE, bibliophile. — II : 898.
VILLENEUVE OU VILLENEUFVE (Mme de), 1769-1843, née Catherine-Honorine Clary ; épouse en 1791 Henri-Joseph-Gabriel Blait de Villeneufve. — III : 857.
VILLERAY, du Gymnase. — III : 775.
VILLERS (Georges de), ami de la Leinenger. — II : 657.
VILLIERS (Pierre), 1760-1849, officier, auteur de pièces de théâtre et de guides de la région parisienne. — I : 118.
VILLIERS (de), noble russe, gouverneur de Sibérie. — I : 1098.
VILLIERS DE L'ISLE ADAM (Auguste, comte de), 1840-1889. — I : 1098 ; II : 921 ; III : 156, 312, 313, 731, 800, 1080, 1123-*1124*, 1160, 1282.
VILLON (François). — III : *615*.
VILLOT (Marie Joseph-Frédéric), 1805-1876, fonctionnaire des musées nationaux (1848), chargé de surveiller la restauration des Rubens de la galerie Médicis au Louvre (1860), secrétaire général du musée de Louvre (1861). — I : 434 ; II : 640.
VILMORIN (Pépinières). — III : 1131.
VIMERCATI (Ottaviano, Cte), 1815-1879, officier et diplomate italien, agent diplomatique de Cavour auprès de Napoléon III ; attaché militaire à Paris (1861). — I : 914 ; II : 122, 142.
VIMERCATI (Mme), femme du précédent. — II : 71, 164, 169.
VIMERCATI (Mlle), fille des précédents, *v.* GANDERAX (Mme).
VINCENT, reçu dans le salon Daudet. — III : 173, 814.
VINCENT DE PAUL (St). — I : 323, 451, 809, 916 ; II : 210, 677.
VINCI (Léonard de). — I : 267, 481, 483 ; II : 54, 254, 255, 558, 1105 ; III : 520, 1037.
VINOT DE PRÉFONTAINE (Alexis-François de), 1801-1867, allié à la famille Passy. — I : 157, 162.
VINOT DE PRÉFONTAINE (Mme Alexis-François), 1825-1900, née Lucie Passy, fille de Ferdinand Passy et cousine germaine de Louis et Blanche Passy ; épouse le précédent en 1845. — I : 200.
VINOY (Joseph), 1800-1880, général, remplaça Trochu comme commandant de l'armée de Paris à la fin du Siège (22 janv. 1871) et contribua à la répression de la Commune. — II : 289, 371, 379, 380, 382.
VIOLANTE *(la Cosidetta)*, courtisane vénitienne, modèle du Titien dans la toile ainsi intitulée de la Galerie de Vienne et attribuée jadis à Palma le Vieux. — I : 543.
VIOLLET-LE-DUC (Eugène Emmanuel), 1814-1879, l'architecte restaurateur de Notre-Dame, de Pierrefonds, etc. — I : 184, 844 ; II : 107, 145, 188, 207, 234, 451, 612-613.
VIOLLET-LE-DUC (Mme). — II : 99.
* VIRELOQUE (Thomas), le philosophe en haillons de Gavarni. — I : [48], 85, 111 ; II : 340, 1090 ; III : 657, 1052, 1295.
VIRGILE. — I : [153], [157], [413], 424, 708, [735], 742, 816, [1151] ; II : [95], 943, 1012, [*1249*] ; III : 132, 135, 297.
* VIRGINIE, dans *Paul et Virginie* de Bernardin de Saint-Pierre. — II : 107.
* VIRGINIE (la Grande), dans *l'Assommoir* de Zola. — III : 394.
VIRGINIE, maîtresse de Gavarni. — I : 424.
VIROT (Mme), modiste. — III : 468.
VITALI (Mario), compositeur italien. — III : 1038.
VITELLIUS (l'empereur). — III : 963.
VITET (Louis, dit Ludovic), 1802-1873, littérateur et homme politique. — I : 1013 ; II : 118 ; III : 35.
VITTA (baron de), bibliophile. — III : 1133, 1147.
VITTOZ, bronzier. — I : 192.
VITTOZ, sculpteur français du XIXe siècle, auteur du *Laocoon* et du *Déluge* du musée de Sidney. — I : 1199.
VITU (Auguste), 1823-1891, rédacteur au *Constitutionnel*, sous l'Empire, rédacteur en chef du *Peuple français* (1870), hostile au gouvernement de la Défense nationale et à Trochu. — I : 267, 269, 280 ; II : 1031, [*1139*], 1292 ; III : 197, 198, 215, 245, *394*, 397, 616.
VIVET (Frédéric), compositeur de romances ? — I : 806.
VIVIER (Eugène), 1817-1900, corniste virtuose, célèbre encore pour sa ressemblance avec Napoléon III et pour le parti humoristique qu'il en tire. — I : 309.
VOGÜÉ (comtesse de), cousine par alliance du marquis Melchior de Vogüé (1829-1916), archéologue et diplomate ; née Hastings Henriette Anderson, épouse en 1846 Marie-Victoire-Raphaël de Vogüé. — II : 1035.
VOGÜÉ (Eugène, vicomte de), 1848-1910, fils de la précédente, contribue à répandre Tolstoï et Dostoïevski en France par son livre sur *le Roman russe* (1886) ; le romancier des *Morts qui parlent*. — III : 153, 421, 675, 1228.
VOIGNIER, assassin de la petite Alice Neut (23 juil. 1890). — III : *1237*.
VOILLEMOT (André-Charles), 1823-1893, élève de Drolling, peintre de genre et portraitiste. — I : 55, 214, 428 ; II : 578, 897 ; III : 112, 113.
VOISIN (Félix), 1832-1915, préfet de police (1876), et philanthrope. — II : 714.
VOISIN (Café), rue Saint-Honoré ; fut, après le Café Anglais, le siège du *Dîner*

W

Il nous reste à remercier tous ceux qui ont apporté à cette édition du *Journal* leur obligeant concours, et d'abord M. l'Administrateur général et MM. les Conservateurs des divers départements de la Bibliothèque nationale, M. le Conservateur de la Bibliothèque de l'Arsenal, M. le Conservateur de la Bibliothèque de la Faculté des Lettres de l'Université de Paris et leurs collaborateurs, qui nous ont réservé l'accueil le plus bienveillant et prêté le secours de leur expérience.

En ce qui concerne l'établissement, l'annotation et la révision du texte, il serait bien injuste de ne pas joindre aux noms cités dans l'Introduction ceux de tant de personnes qui nous ont fourni, ici ou là, une aide utile et de précieux renseignements ; MM. Gérald Antoine, Roger Asselineau, Francis Bar, Jean-Bertrand Barrère, G. Beaumont, Jacques Blondel, la princesse Édouard de Broglie, le prince Dominique de Broglie, le prince Hubert de Broglie, le comte de Bueil, MM. Michel Cadot, Pierre G. Castex, Jean-Claude Chevalier, Mme Marius Dechavanne, MM. Frédéric Deloffre, Jacques Droz, Mme Marie-Jeanne Durry, MM. Léon Edel, Marcel Galliot, le Dr Maurice Genty, MM. Henri Goube, Henri Grimal, Jean Honoré, Maurice Lavarenne, Mlle Annie Le Galloc'h, M. Jean Levaillant, Mme Jean Loubignac, Mme Georges Moulinier, MM. Stéphane Mourey, Olivier de Neufville, Marc Paillet, Maurice Parturier, Jean Pérus, Claude Pichois, Guy Raynaud de Lage, François Retournard, Pierre Sabatier, Claude Tamisier, Louis Trénard, Georges Vallet, M. et Mme Antoine Vallet, MM. Claude Vatin, Paul Viallaneix, Francis Vian, François Villard et Jules Vuillemin.

TABLES DES MATIÈRES

Crédits photographiques

Nous indiquons les crédits photographiques page par page, de haut en bas et de gauche à droite.

P. 1, Edmond de Goncourt, © Photothèque Hachette. P. 2, Alphonse Daudet, © Photothèque Hachette. P. 3, Julia Daudet, © Bibliothèque nationale, Paris ; Alphonse et Julia Daudet, © Photothèque Hachette. P. 4, *Antoine lisant une pièce au Théâtre-Libre*, peinture par Dillon, musée Carnavalet, Paris, © Lauros-Giraudon ; Sarah Bernhardt, © Archives Larousse-Giraudon. P. 5, Réjane, Bibliothèque nationale, Paris ; © Collection Viollet. P. 6, De Nittis, © Collection Sirot-Angel ; Les ambassadeurs japonais © Bibliothèque nationale, Paris ; P. 7, Frontispice d'Hokusai, © Bibliothèque nationale, Paris ; Burty, © Bibliothèque nationale, Paris ; P. 8, Deux illustrations pour *La Fille Élisa*, © Bibliothèque nationale, Paris ; P. 9, Le salon de Victor Hugo, Bibliothèque nationale, Paris ; © Lauros-Giraudon ; Funérailles de Victor Hugo, Maison de Victor Hugo, Paris, © Photothèque Hachette. P. 10, Anatole France, © Photothèque Hachette. P. 11, Robert de Montesquiou, © Collection Sirot-Angel ; Maurice Barrès, © Archives Larousse-Giraudon. P. 12, Banquet offert à Edmond de Goncourt, Bibliothèque des arts décoratifs, Paris, © J.-L. Charmet. P. 13, A Champrosay, © Bibliothèque nationale, Paris. P. 14, Les familiers du Grenier, © Collection Viollet ; Edmond dans le Grenier, © Photothèque Hachette. P. 15, L'Académie des Goncourt, © J.-L. Charmet. P. 16, La première séance de l'Académie Goncourt, © Harlingue-Viollet.

Recherche iconographique

Anne Mensior - Studio Clam !

DÉPÔT LÉGAL : SEPTEMBRE 1989

Nº ÉDITEUR : S 804